明清大型字書疑難字考釋與研究

上册

熊加全 著

岳麓書社·長沙

國家社科基金重大項目（23&ZD313）
國家社科基金一般項目（21BYY027）
中國博士後科學基金特別資助項目（2017T100600）
中國博士後科學基金面上一等資助項目（2016M600629）
湖南師範大學中國語言文學一流學科資助項目

熊加全

河南潢川人，博士，教授，博士生導師，湖湘青年英才，湖南師範大學瀟湘學者特聘教授。主要從事近代漢字、歷代辭書、訓詁研究。出版《〈新修玉篇〉研究》《〈新修玉篇〉疑難字考釋》《〈玉篇〉疑難字考釋與研究》三部專著，在《中國語文》《古漢語研究》《語言科學》《語言學論叢》等刊物發表學術論文五十餘篇，主持完成國家社科基金項目三項、中國博士後科學基金項目二項及多項省部級項目，現主持在研國家社科基金重大項目一項。獲河北省優秀碩士學位論文、河北省優秀博士學位論文、湖南省社會科學優秀成果獎。

目　録

上篇　明清大型字書疑難字研究

凡　例

一、《漢語大字典》（簡稱《大字典》）每頁分爲左右兩欄，本書在徵引《大字典》時以括號標明出處，標注方式如下："《大字典》286A"即指《大字典》第286頁左欄。

二、《中華字海》（簡稱《字海》）每頁分爲左中右三欄，本書在徵引《字海》時亦以括號標明出處，標注方式如下："《字海》85B"即指《字海》第85頁中欄。

三、《大廣益會玉篇》（簡稱《玉篇》）每頁分爲上下兩欄，上下欄各自又分爲左右兩欄，本書在徵引《玉篇》時亦以括號標明出處，標注方式如下："《玉篇》16下左"即指《玉篇》第16頁下欄之左欄。

四、其他如《説文解字》（簡稱《説文》）、《篆隸萬象名義》（簡稱《名義》）、《類篇》、《改併五音類聚四聲篇海》（簡稱《篇海》）、《直音篇》、《詳校篇海》、《篇海類編》、《字彙》、《正字通》、《康熙字典》、《字彙補》等字書每頁分爲上下兩欄，本書在徵引上述字書時亦以括號標明出處，標注方式如下："《名義》10上"即指《名義》第10頁上欄。

五、玄應《一切經音義》（簡稱玄應《音義》）、慧琳《一切經音義》（簡稱慧琳《音義》）、希麟《一切經音義》（簡稱希麟《音義》）、可洪《新集藏經音義隨函録》（簡稱《可洪音義》）等音義書皆分爲多册，每頁分爲上中下三欄，每欄分爲數行，本書在徵引上述音義書時亦以括號標明出處，標注方式如下："玄應《音義》（56，P836A7）"即指玄應《音義》第56册第836頁上欄第7行。

六、所引《玉篇》主要包括以下三種版本：《續修四庫全書》第228册影印日本昭和八年京都東方文化學院編東方文化叢書本《玉篇（殘卷）》，簡稱"原本《玉篇》"；中華書局1987年影印張氏澤存堂本《大廣益會玉篇》，簡稱“《玉篇》”;《四部叢刊初編》影印建德周氏藏元刊本《大廣益會玉篇》，簡稱“元刊本《玉篇》”。

七、所引《集韻》主要包括以下三種版本：上海古籍出版社 1985 年影印上海圖書館藏述古堂影宋鈔本《集韻》，簡稱“《集韻》”或“述古堂影宋鈔本《集韻》”；中國書店 1983 年影印清揚州使院重刻本《集韻》，簡稱“揚州使院重刻本《集韻》”；中華書局 2005 年影印國家圖書館藏宋刻本《集韻》，簡稱“宋刻本《集韻》”。

八、所引《正字通》主要包括以下兩種版本：中國工人出版社 1996 年影印清康熙九年弘文書院刊本《正字通》；上海古籍出版社 2002 年出版《續修四庫全書》第 234—235 册影印湖北省圖書館藏清康熙二十四年清畏堂刊本《正字通》。

九、爲求簡潔，文中稱引前修時賢之説，皆直書其名，不贅“先生”字樣，敬請諒解。

十、下列論著徵引較多，爲求行文簡潔，文中採用簡稱，對應關係如下：

簡稱	全稱
1.《説文》	《説文解字》
2.《繫傳》	《説文解字繫傳》
3.《名義》	《篆隸萬象名義》
4.《玉篇》	《大廣益會玉篇》
5. 元刊本《玉篇》	《四部叢刊初編》本《大廣益會玉篇》
6. 玄應《音義》	玄應《一切經音義》
7. 慧琳《音義》	慧琳《一切經音義》
8. 希麟《音義》	希麟《一切經音義》
9.《可洪音義》	可洪《新集藏經音義隨函録》
10.《增韻》	《增修互注禮部韻略》
11.《龍龕》	《龍龕手鏡》
12. 朝鮮本《龍龕》	朝鮮本《龍龕手鏡》
13.《新修玉篇》	《新修絫音引證群籍玉篇》
14.《篇海》	《改併五音類聚四聲篇海》

15.《海篇》	《新校經史海篇直音》
16.《釋文》	《經典釋文》
17.《義證》	《説文解字義證》
18.《義疏》	《爾雅義疏》
19.《箋疏》	《山海經箋疏》
20. 段注	段玉裁《説文解字注》
21.《注箋》	《説文解字注箋》
22.《大字典》	《漢語大字典》(第二版)
23.《字海》	《中華字海》
24.《疏證》	《廣雅疏證》
25.《校注》	《新校互注宋本廣韻(定稿本)》
26.《校箋》	《唐寫全本王仁昫刊謬補缺切韻校箋》
27.《叢考》	《漢語俗字叢考》
28.《疑難字》	《疑難字考釋與研究》
29.《續考》	《疑難字續考》
30.《考正》	《字典考正》

部首表

（爲便於查檢，本表依《大字典》《字海》部首排序，而非依《字彙》《正字通》《康熙字典》等明清字書部首排序，部首右邊的數碼指該部首在檢字表中的頁碼）

檢字表

（爲便於查檢，本表依《大字典》《字海》部首排序，而非依《字彙》《正字通》《康熙字典》等明清字書部首排序，字右邊的數碼指該字在正文中的頁碼）

勹　部

儿　部

冫　部

冖　部

卩　部

刀　部

力　部

又　部

土　部

巾 部

彳 部

彡 部

夕 部

广 部

宀 部

木 部

支　部

犬　部

歹　部

牙　部

戈　部

瓦　部

止　部

攴　部

日　部

牛 部

毛 部

气 部

片 部

斤 部

爪 部

月 部

欠 部

殳 部

方 部

火 部

户 部

心 部

爿 部

示 部

石 部

目 部

网　部

肉　部

缶　部

舌　部

竹　部

臼　部

自　部

舟　部

色　部

衣　部

羊 部

米 部

聿 部

艸 部

羽 部

糸 部

走 部

赤 部

車 部

豆 部

酉 部

辰 部

豕 部

貝 部

頁　部

面　部

韭　部

骨　部

香　部

鬼　部

食　部

風　部

音　部

韋　部

髟　部

馬　部

鬲 部

黃 部

麥 部

鹵 部

鳥 部

魚 部

鹿 部

黑 部

上　篇

明清大型字書疑難字研究

第一章　緒論

一、解題

明清是我國字書發展史的最後總結階段，在這一時期出現了《字彙》《正字通》《康熙字典》等一批重要的大型字書，對現代大型字典的編纂產生了重大影響。學界對這一時期的字書已有一些研究，取得了一定的成績，但通過對其進行全面的測查與研究，發現其中仍貯存大量的疑難字有待考釋。這些疑難字，基本上被現代大型字典《漢語大字典》（以下簡稱《大字典》）和《中華字海》（以下簡稱《字海》）未作考辨地加以繼承，成爲字典中的老大難問題，因此也降低了其編纂質量與利用價值。通過對明清大型字書收録的疑難字進行全面的測查與研究，本書對明清大型字書收録的2000餘個疑難字作出了考釋，並對明清大型字書疑難字的成因與類型進行了全面的分析與歸納，藉此爲明清大型字書文本的校勘與整理、疑難字的考釋與研究以及現代大型字典的修訂與完善提供重要的參考資料。

二、相關概念介紹

本書所謂的“明清大型字書”，是指在明清時代出現的部頭龐大、收字宏富的字書，主要以梅膺祚《字彙》、張自烈《正字通》、章黼《直音篇》、李登《詳校篇海》、（舊題）宋濂《篇海類編》、張玉書等《康熙字典》、吴任臣《字彙補》等七部字書爲代表。本書之所以這樣選擇，是因爲這七部字書在明清字書中編纂質量和利用價值都較高，代表明清時代字書編纂的最高水準，對現代大型字典《大字典》和《字海》影響也很大。

疑難字是在漢字發展史上產生的一種重要現象，學界很早就有人對這種現象進行了分析與研究，但首次對疑難字概念進行明確界定與説明的是楊寶忠師。楊師在其《疑難字考釋與研究》中説："本書所説的疑難字，是指音義不詳或形音義可疑的字。疑難字又可分爲疑字和難字，難字是指音未詳、義未詳或音義未詳的字，疑字是指音義雖全，但形音義可疑，也就是形音義之間或字形與字用之間有矛盾的字。"楊師對疑難字概念内涵的界定，是其以《大字典》和《字海》所收疑難字爲研究對象，在考釋與研究《大字典》和《字海》疑難字的過程中，結合《大字典》和《字海》所收疑難字的實際情況作出的客觀分析與評斷。我們認爲楊師對疑難字概念内涵的界定比較符合《大字典》和《字海》疑難字的實際情況。這一概念全面地囊括了《大字典》和《字海》疑難字的各種類型，有利於我們在疑難字研究過程中擇定所要研究的疑難字對象。

通過對明清大型字書所收疑難字進行全面的測查與研究，可以發現明清大型字書所收疑難字的類型與楊師在研究《大字典》和《字海》所收疑難字過程中提出的疑難字概念内涵也是基本契合的。明清大型字書疑難字主要有形音義可疑、義闕、字形與字用之間有矛盾以及字際關係未作認同或誤作認同等幾種情況，也存在部分音未詳或音義未詳的類型。由於時間和精力所限，本書主要以明清大型字書收録的形音義可疑、義闕、字形與字用之間有矛盾以及字際關係未作認同或誤作認同等幾種類型的疑難字爲研究對象，而對於部分音未詳或音義未詳類型的疑難字，則俟以後有機會再對其進行專門系統的考釋與研究。

三、研究現狀綜述

明清大型字書在字書發展史上的重要性很早就引起了學界的關注，學界對其相關問題進行了研究，對其所收疑難字也作了相應的考釋，取得了一定的成績。同時，有些研究成果雖不是以明清大型字書所收疑難字爲直接研究對象，但在他們研究疑難字的過程中，對明清大型字書所收疑難字也多有考釋。因此，以下即從明清大型字書疑難字的直接研究成果和明清大型字書疑難字的間接研究成果兩個方面分別對其進行論述。

（一）明清大型字書疑難字的直接研究成果

以《字彙》《正字通》《直音篇》《詳校篇海》《篇海類編》《康熙字典》《字彙補》等明清大型字書疑難字爲研究對象的考釋成果主要有：張涌泉的《論梅膺祚〈字彙〉》[①]、《論吴任臣的〈字彙補〉》[②]、《〈正字通〉對〈字彙〉的匡正及存在的問題》[③]，在對《字彙》《字彙補》《正字通》的相關問題進行探討的過程中，對其所收疑難字也進行了不少考釋。張青松的《〈正字通〉異體字考釋成果與現代大型字典編纂》[④]、《〈正字通〉疑難字考釋九則》[⑤]、《〈正字通〉異體字訓釋指瑕》[⑥]、《〈正字通〉疑難字考釋八則》[⑦]、《〈正字通〉異體字誤釋探因》[⑧]等對《正字通》收録的異體字、疑難字的相關問題進行了研究與考釋。又其《〈正字通〉異體字研究》[⑨]雖以《正字通》異體字爲研究對象，但對《正字通》所收疑難字也進行了大量的考釋，收穫頗多。楊寶忠、辛睿龍的《〈漢語大字典〉收録〈字彙補〉疑難字考（十則）》[⑩]，王亞彬的《〈字彙補〉疑難字考釋十二則》[⑪]、《〈字彙補〉疑難字例釋》[⑫]、《大型字書疑難字新考（十二則）》[⑬]及其博士學位論文《〈字彙補〉"補字"問題研究》[⑭]等對《字彙補》收録的一些疑難字進行了深入的考釋。熊加全的碩士學位論文《〈正字通〉溝通字際關係材料的測查與研究》[⑮]及《〈正字通〉俗訛字考》[⑯]、《利用〈正字通〉考

① 《中國語文》1999年第6期。
② 《中國文字研究》第一輯，1999年。
③ 《中國語文》2005年第4期。
④ 《勵耘學刊》（語言卷）第十五輯，2012年。
⑤ 《中國文字研究》第十七輯，2013年。
⑥ 《勵耘語言學刊》第十九輯，2014年。
⑦ 《中國文字學報》第五輯，2014年。
⑧ 《古漢語研究》2016年第2期。
⑨ 張青松《〈正字通〉異體字研究》，語文出版社，2016年。
⑩ 《語文研究》2016年第1期。
⑪ 《語言研究集刊》第二十四輯，2019年。
⑫ 《漢語史研究集刊》第二十七輯，2019年。
⑬ 《漢語史學報》第二十八輯，2023年。
⑭ 河北大學博士學位論文，2022年。
⑮ 河北大學碩士學位論文，2010年。
⑯ 《河北大學學報》（哲學社會科學版）2011年第4期。

辨大型字書疑難俗字舉例》[①]、《利用〈正字通〉考釋現代大型字書疑難俗字》[②]、《〈正字通〉字際關係認同失誤辨正》[③]等對《正字通》收録的疑難字也作了大量的考釋。此外，白薇的碩士學位論文《〈直音篇〉與〈四聲篇海〉字頭對比研究》[④]，王學敏的碩士學位論文《〈直音篇〉與〈四聲篇海〉釋義對比研究》[⑤]，李學蓮的碩士學位論文《〈直音篇〉異體字整理與研究》[⑥]，王碩鵬的碩士學位論文《〈詳校篇海〉與〈四聲篇海〉字頭對比研究》[⑦]，李二忠的碩士學位論文《〈詳校篇海〉與〈四聲篇海〉釋義對比研究》[⑧]，陳建貴的博士學位論文《〈詳校篇海〉校補〈四聲篇海〉研究》[⑨]，郭春霞、劉敏的《校讀〈重刊詳校篇海〉》[⑩]，楊琦的《〈詳校篇海〉較〈四聲篇海〉新增釋義研究》[⑪]，吴麗君的碩士學位論文《〈篇海類編·花木類〉注音釋義研究》[⑫]，楊琴的碩士學位論文《〈篇海類編·身體類〉注音釋義研究》[⑬]，趙宇陽的碩士學位論文《〈篇海類編〉天文類和地理類注音釋義研究》[⑭]，李超的碩士學位論文《基於字料庫的〈篇海類編〉與〈詳校篇海〉字頭比較研究》[⑮]，劉曉英的《〈漢語大字典〉引用〈篇海類編〉釋義的疏失》[⑯]，陳英傑的碩士學位論文《〈字彙〉字形整理之研究》[⑰]，吕瑞生的博士學位論文《〈字彙〉異體字研究》[⑱]，哈達的碩士學位

① 《中國文字學報》第五輯，2014年。
② 《民俗典籍文字研究》第十六輯，2015年。
③ 《漢語史研究集刊》第二十輯，2015年。
④ 河北大學碩士學位論文，2009年。
⑤ 河北大學碩士學位論文，2009年。
⑥ 河北大學碩士學位論文，2016年。
⑦ 河北大學碩士學位論文，2008年。
⑧ 河北大學碩士學位論文，2009年。
⑨ 湖南師範大學博士學位論文，2018年。
⑩ 《古籍研究》第七十四輯，2021年。
⑪ 《語言研究》2023年第2期。
⑫ 湖南師範大學碩士學位論文，2015年。
⑬ 湖南師範大學碩士學位論文，2017年。
⑭ 湖南師範大學碩士學位論文，2018年。
⑮ 渤海大學碩士學位論文，2019年。
⑯ 《古漢語研究》2021年第4期。
⑰ 河北大學碩士學位論文，2000年。
⑱ 中國文化大學博士學位論文，2000年。

論文《〈字彙〉研究》[①]，吴萍、鄭賢章的《〈字彙〉音義訛誤例析》[②]，鄭瑾繁的碩士學位論文《〈字彙〉釋義研究》[③]，曹軍的碩士學位論文《〈正字通〉中的訛字研究》[④]，毛承慈的碩士學位論文《〈字彙〉〈正字通〉俗字比較研究》[⑤]，單志鵬的碩士學位論文《基於字料庫的〈正字通〉新收字研究》[⑥]，王引之等的《字典考證》[⑦]，渡部温的《康熙字典考異正誤》[⑧]，白俊騫的博士學位論文《〈康熙字典〉古文研究》[⑨]，林秀芳的碩士學位論文《〈康熙字典〉與〈漢語大字典〉宀部字比較研究》[⑩]，夏敏的碩士學位論文《〈康熙字典〉俗字整理與研究》[⑪]，司玉俠的碩士學位論文《〈字彙補〉釋義研究》[⑫]，陳凡的碩士學位論文《〈字彙補〉"古文"研究》[⑬]，馬健的碩士學位論文《〈字彙補〉研究》[⑭]等，在對《直音篇》《詳校篇海》《篇海類編》《字彙》《正字通》《康熙字典》《字彙補》等明清大型字書的字形、字音、字義等問題以及對現代大型字典的影響進行研究的過程中，對其所收疑難字也進行了不同程度的考釋，取得了不少的成績。

（二）明清大型字書疑難字的間接研究成果

以其他時代辭書爲研究對象的疑難字考釋成果，雖不以《字彙》《正字通》《直音篇》《詳校篇海》《篇海類編》《康熙字典》《字彙補》等明清大型字書所收疑難字爲直接研究對象，但對明清大型字書中的疑難字也多有考釋，主要有：胡吉宣的《玉篇校釋》[⑮]在文字考訂、字義梳理和疑

① 内蒙古師範大學碩士學位論文，2004年。
② 《古漢語研究》2016年第4期。
③ 湖南師範大學碩士學位論文，2016年。
④ 北京師範大學碩士學位論文，2008年。
⑤ 北京師範大學碩士學位論文，2009年。
⑥ 渤海大學碩士學位論文，2019年。
⑦ 王引之等《字典考證》（見《康熙字典》附録一），上海古籍出版社，2013年。
⑧ ［日］渡部温《康熙字典考異正誤》（見《康熙字典》附録二），上海古籍出版社，2013年。
⑨ 福建師範大學博士學位論文，2012年。
⑩ 福建師範大學碩士學位論文，2015年。
⑪ 華東師範大學碩士學位論文，2015年。
⑫ 湖南師範大學碩士學位論文，2016年。
⑬ 華中科技大學碩士學位論文，2018年。
⑭ 渤海大學碩士學位論文，2019年。
⑮ 胡吉宣《玉篇校釋》，上海古籍出版社，1989年。

難字考釋等方面均有大量收穫，代表了目前《玉篇》研究的較高水準。張涌泉的《漢語俗字叢考》[1]首次系統運用俗字理論對現代大型字典《大字典》和《字海》的疑難字加以清理和考釋，收穫極多，是字書疑難字考釋的代表之作。楊寶忠的《疑難字考釋與研究》[2]、《疑難字續考》[3]、《疑難字三考》[4]等，從字書源流關係對《大字典》和《字海》的疑難字進行考釋，創獲極豐，是繼《漢語俗字叢考》之後的又一代表。此外，蔣冀騁的《説文段注改篆評議》[5]、《〈説文解字〉注音釋義研究》[6]，龍宇純的《唐寫全本王仁昫刊謬補缺切韻校箋》[7]，葛信益的《廣韻叢考》[8]，周志鋒的《大字典論稿》[9]，余迺永的《新校互注宋本廣韻（定稿本）》[10]，徐時儀的《一切經音義三種校本合刊》[11]，姚永明的《慧琳〈一切經音義〉研究》[12]，鄧福禄、韓小荆的《字典考正》[13]，韓小荆的《〈可洪音義〉研究》[14]，鄭賢章的《〈龍龕手鏡〉研究》[15]、《漢文佛典疑難俗字彙釋與研究》[16]，趙振鐸的《集韻校本》[17]，周志鋒的《大字典論稿》[18]，柳建鈺的《〈類篇〉新收字考辨與研究》[19]，張磊的《〈新撰字鏡〉研究》[20]，熊加全的《〈新修玉篇〉

① 張涌泉《漢語俗字叢考》，中華書局，2000年。
② 楊寶忠《疑難字考釋與研究》，中華書局，2005年。
③ 楊寶忠《疑難字續考》，中華書局，2011年。
④ 楊寶忠《疑難字三考》，中華書局，2018年。
⑤ 蔣冀騁《説文段注改篆評議》，湖南教育出版社，1993年。
⑥ 蔣冀騁《〈説文解字〉注音釋義研究》，商務印書館，2023年。
⑦ 龍宇純《唐寫全本王仁昫刊謬補缺切韻校箋》，香港中文大學，1968年。
⑧ 葛信益《廣韻叢考》，北京師範大學出版社，1993年。
⑨ 周志鋒《大字典論稿》，浙江教育出版社，1998年。
⑩ 余迺永《新校互注宋本廣韻（定稿本）》，上海人民出版社，2008年。
⑪ 徐時儀《一切經音義三種校本合刊》，上海古籍出版社，2023年。
⑫ 姚永銘《慧琳〈一切經音義〉研究》，江蘇古籍出版社，2003年。
⑬ 鄧福禄、韓小荆《字典考正》，湖北人民出版社，2007年。
⑭ 韓小荆《〈可洪音義〉研究》，巴蜀書社，2009年。
⑮ 鄭賢章《〈龍龕手鏡〉研究》，湖南師範大學出版社，2004年。
⑯ 鄭賢章《漢文佛典疑難俗字彙釋與研究》，巴蜀書社，2016年。
⑰ 趙振鐸《集韻校本》，上海辭書出版社，2012年。
⑱ 周志鋒《大字典論稿》，浙江教育出版社，1998年。
⑲ 柳建鈺《〈類篇〉新收字考辨與研究》，遼寧大學出版社，2011年。
⑳ 張磊《〈新撰字鏡〉研究》，中國社會科學出版社，2012年。

研究》[1]、《〈新修玉篇〉疑難字考釋》[2]、《〈玉篇〉疑難字考釋與研究》[3]等，也取得了不俗的成績。

綜上所述，儘管前人對《字彙》《正字通》《直音篇》《詳校篇海》《篇海類編》《康熙字典》《字彙補》等明清大型字書的相關問題有所研究，對其所收疑難字也作了不少考釋，但也存在以下不足：

1. 已有考釋成果不夠全面系統。目前，學界對明清大型字書所收疑難字進行了分散的考釋，然尚未從字書發展史的角度對明清大型字書所收疑難字進行全面的清理，致使對明清大型字書疑難字的考釋不夠全面徹底。

2. 已有相關考釋結論尚有争議。受明清大型字書所收疑難字形音義有誤、字形考釋存在缺環以及文獻例證缺失等因素影響，有些考釋結論疑點頗多，尚難令人信服，需要重新考釋。

3. 明清大型字書疑難字的相關理論問題研究尚未深入。明清作爲中國字書發展史上的一個重要時期，學界尚未對這一時期疑難字的形體演變規律進行全面深入的分析，尚未對其成因進行系統的研究，也未對其類型進行全面的歸納。

4. 明清大型字書對現代大型字典的不良影響未予清理。現代大型字典《大字典》和《字海》大量地引用了《字彙》《正字通》《直音篇》《詳校篇海》《篇海類編》《康熙字典》《字彙補》等明清大型字書的内容，其中就包括錯誤的字形、字音、字義以及字際關係認同失誤等方面的内容。目前，學界尚未對這些不良影響進行全面的清理。

有鑒於此，本書對《字彙》《正字通》《直音篇》《詳校篇海》《篇海類編》《康熙字典》《字彙補》等明清大型字書所收疑難字進行了系統的考釋，對其相關理論問題進行了深入的研究，並對《字彙》《正字通》《直音篇》《詳校篇海》《篇海類編》《康熙字典》《字彙補》等明清大型字書對現代大型字典的不良影響進行了全面的清理，這對現代大型字典編纂、

---

① 熊加全《〈新修玉篇〉研究》，中國社會科學出版社，2019 年。

② 熊加全《〈新修玉篇〉疑難字考釋》，中國社會科學出版社，2019 年。

③ 熊加全《〈玉篇〉疑難字考釋與研究》，中華書局，2020 年。

漢字發展史研究、漢字理論建設、文獻解讀等都具有重要的價值。

四、研究目的和意義

（一）研究目的

本書研究的目的主要體現在以下幾個方面：一是在對《字彙》《正字通》《直音篇》《詳校篇海》《篇海類編》《康熙字典》《字彙補》等明清大型字書疑難字的材料進行封閉性、窮盡性測查的基礎上，對其在編纂和刊印過程中産生的諸多失誤作出全面系統的校勘與整理；二是對《字彙》《正字通》《直音篇》《詳校篇海》《篇海類編》《康熙字典》《字彙補》等明清大型字書中的疑難俗字的考釋成果進行全面搜集，並對其正誤作出客觀評析；三是對《字彙》《正字通》《直音篇》《詳校篇海》《篇海類編》《康熙字典》《字彙補》等明清大型字書中前人未作考釋的疑難俗字進行全面搜集，並對其作出全面考釋；四是訂正《大字典》和《字海》所收的見於《字彙》《正字通》《直音篇》《詳校篇海》《篇海類編》《康熙字典》《字彙補》等明清大型字書中的字形和音義内容方面的錯誤信息，並對其轉録自《字彙》《正字通》《直音篇》《詳校篇海》《篇海類編》《康熙字典》《字彙補》等明清大型字書中未作考釋的疑難字作出考釋。

（二）研究意義

第一，有助於疑難俗字的考釋與研究。《大字典》和《字海》的出版，引起了學者們對其所收疑難俗字進行考釋的熱潮，取得了豐碩的成果。學者們對貯存於《字彙》《正字通》《直音篇》《詳校篇海》《篇海類編》《康熙字典》《字彙補》等明清大型字書的疑難俗字也進行了考釋，但通過對《字彙》《正字通》《直音篇》《詳校篇海》《篇海類編》《康熙字典》《字彙補》等明清大型字書進行全面的測查與研究，可以發現《字彙》《正字通》《直音篇》《詳校篇海》《篇海類編》《康熙字典》《字彙補》等明清大型字書中還貯存大量可以考釋的疑難俗字。本書對《字彙》《正字通》《直音篇》《詳校篇海》《篇海類編》《康熙字典》《字彙補》等明清大型字書中未作考釋的疑難字進行了全面的考釋，藉此可爲疑難字的考釋與研究提供更加全面的參考資料。

第二，有助於明清大型字書的校勘與整理。本書通過對《字彙》《正字通》《直音篇》《詳校篇海》《篇海類編》《康熙字典》《字彙補》等明清大型字書疑難字進行全面的考釋，發現《字彙》《正字通》《直音篇》《詳校篇海》《篇海類編》《康熙字典》《字彙補》等明清大型字書在字形收録、注音、釋義以及字際關係辨析等方面都存在很多問題。全面考釋與研究《字彙》《正字通》《直音篇》《詳校篇海》《篇海類編》《康熙字典》《字彙補》等明清大型字書疑難字，可對其在編纂和刊印過程中産生的諸多失誤作出全面的勘正，藉此爲其以後的校勘與整理提供參考，並有助於中國辭書史的深入研究。

第三，有助於現代大型字典的修訂與完善。大型字書是以收字龐大爲其顯著特徵，這造成了歷代許多大型字書的一個明顯缺陷，即盲目求全求大而缺乏必要的考辨工作。本書對《大字典》和《字海》沿襲《字彙》《正字通》《直音篇》《詳校篇海》《篇海類編》《康熙字典》《字彙補》等明清大型字書的錯誤内容進行了全面的清理，並對其轉録自《字彙》《正字通》《直音篇》《詳校篇海》《篇海類編》《康熙字典》《字彙補》等明清大型字書中未作考釋的疑難字進行了系統的考釋，爲其以後修訂與完善提供借鑒。

第四，有助於構建完整的漢語文字學體系。傳統文字學偏重於小篆以前古文字的研究，而對隸書以下近代漢字的發展演變關注不夠，造成漢字研究嚴重的頭重腳輕的局面。本書通過對《字彙》《正字通》《直音篇》《詳校篇海》《篇海類編》《康熙字典》《字彙補》等明清大型字書疑難字進行系統的考釋與研究，可爲近代漢字的整理與研究提供重要的參考材料，從而可以勾勒出古今漢字發展演變的完整脈絡，有助於構建完整的漢語文字學體系。

第五，有助於漢字相關理論的深入研究。本書對《字彙》《正字通》《直音篇》《詳校篇海》《篇海類編》《康熙字典》《字彙補》等明清大型字書疑難字考釋成果進行了全面的甄别，並對《字彙》《正字通》《直音篇》《詳校篇海》《篇海類編》《康熙字典》《字彙補》等明清大型字書中未作考釋的疑難字進行系統的考釋，藉此探明了《字彙》《正字通》《直音篇》

《詳校篇海》《篇海類編》《康熙字典》《字彙補》等明清大型字書疑難字的演變軌跡，並分析了《字彙》《正字通》《直音篇》《詳校篇海》《篇海類編》《康熙字典》《字彙補》等明清大型字書疑難字的形成原因，從而有助於對漢字簡化的正確認識，並可爲漢字的整理與規範化研究提供一定的理論參考。

五、研究方法和程序

（一）研究方法

本書的研究方法是將文獻整理與文字考釋的方法相結合。在文獻整理方面，通過《字彙》《正字通》《直音篇》《詳校篇海》《篇海類編》《康熙字典》《字彙補》等明清大型字書與相關辭書、文獻的比勘，對《字彙》《正字通》《直音篇》《詳校篇海》《篇海類編》《康熙字典》《字彙補》等明清大型字書在編纂和刊印過程中産生的諸多失誤作出全面的校勘與整理。在文字考釋方面，以漢字構形理論爲指導，綜合運用以形考字、以音考字、以義考字、以序考字、以用考字等考釋方法，並盡可能地提供具體的文獻用例，對《字彙》《正字通》《直音篇》《詳校篇海》《篇海類編》《康熙字典》《字彙補》等明清大型字書的疑難俗字進行全面的考釋。

（二）研究程序

本書研究的基本程序是：以《字彙》《正字通》《直音篇》《詳校篇海》《篇海類編》《康熙字典》《字彙補》等明清大型字書所收疑難字爲研究對象，以文字學、音韻學、訓詁學、漢字構形學、辭書學、文獻學等理論爲指導，綜合運用以形考字、以音考字、以義考字、以序考字、以用考字等考釋方法，通過《字彙》《正字通》《直音篇》《詳校篇海》《篇海類編》《康熙字典》《字彙補》等明清大型字書與相關辭書、文獻的比勘，在對《字彙》《正字通》《直音篇》《詳校篇海》《篇海類編》《康熙字典》《字彙補》等明清大型字書疑難字的材料進行封閉性、窮盡性測查的基礎上，對《字彙》《正字通》《直音篇》《詳校篇海》《篇海類編》《康熙字典》《字彙補》等明清大型字書疑難字進行系統的整理與研究。具體分爲以下幾個步驟：第一，在對《字彙》《正字通》《直音篇》《詳校篇海》《篇海類編》《康熙字典》《字彙補》等明清大型字書疑難字材料進行封閉性、窮盡性測查的基礎上，對《字彙》《正字通》《直音篇》《詳校篇海》《篇海類編》《康熙字典》《字彙補》等明清大型字書疑難字的考釋成果和未作考釋的疑難字進行全面的測查和搜集。第二，以漢字構形理論爲指導，綜合運用以形考字、以音考字、以義考字、以序考字、以用考字等考釋方法，並盡可能地提供具體的文獻用例，對《字彙》《正字通》《直音篇》《詳校篇海》《篇海類編》《康熙字典》《字彙補》等明清大型字書疑難字的考釋成果作出全面的甄別，對其未作考釋的疑難字作出全面的考釋。第三，在以上研究的基礎上，從字形、字音、字義以及字際關係認同等方面對《字彙》《正字通》《直音篇》《詳校篇海》《篇海類編》《康熙字典》《字彙補》等明清大型字書疑難字的成因與類型作出全面的分析與歸納。第四，將以上解決的問題與《大字典》和《字海》相比勘，對《大字典》和《字海》的相關失誤也作出勘正，並補充《大字典》和《字海》所未收的《字彙》《正字通》《直音篇》《詳校篇海》《篇海類編》《康熙字典》《字彙補》等明清大型字書的字形和音義內容。

第二章　明清大型字書疑難字考釋成果評析

從古至今，漢字的數量一直在不斷增長，這主要是由於兩個方面的原因，一是由於社會的不斷發展，需要創造更多的文字來準確地表達語言；二是由於社會用字的不斷普及，産生了大量的俗字、訛體。唐代之後，字書漸開俗字入典之風；逮至遼金，此風大盛。由於編者水平所限，加之編纂失誤與傳抄失誤致使大量俗字、訛體與正字失去聯繫，字書收録之字與文獻脱節，因此也嚴重影響了歷代字書的編纂水平與利用價值。有鑒於此，自《説文》《玉篇》《龍龕》《類篇》《新修玉篇》《篇海》等字書以來，歷代字書都對其所收的疑難俗字進行了不同程度的考釋工作，不但提高了其編纂水平，也爲人們的使用提供了重要參考。明清作爲中國辭書史的最後發展階段，在中國辭書史上具有重要的地位，它們也對其收録的疑難字作了大量的考釋，並取得了一定的成績。通過對《字彙》《正字通》《直音篇》《詳校篇海》《篇海類編》《康熙字典》《字彙補》等明清大型字書在疑難字考釋所做的工作進行全面的測查與研究，可以發現有的考釋結論確當，在字辭書編纂與修訂中應予採用；有的考釋結論屬於妄斷，缺乏有力證據，不可輕信。以下即從以上這兩個方面，通過舉例的方式，對《字彙》《正字通》《直音篇》《詳校篇海》《篇海類編》《康熙字典》《字彙補》等明清大型字書在疑難字考釋方面所做的工作進行全面的甄别與評價。

一、結論確當的考釋及例析

明清大型字書對其收録的疑難字作了大量的考釋，有許多考釋結論是可信的，我們也可以通過新發現的直接材料或間接材料證明其考釋結論的確鑿性，這些考釋成果爲後世大型字書的修訂與完善提供了許多可資借鑒的資料，也爲傳世漢字的整理與研究工作提供了參考。

1. 㑇

《字彙·人部》:“㑇，普罪切，配上聲。不可也。”(37上)

《正字通·人部》:“㑇，㑇字之訛。《六書故》倍作㑇，舊本訛作㑇，不可也，與否溷，改音配上聲，非。”(43下)①

按:《玉篇·人部》:“㑇，匹亥切。不肯；詌妄也。”(15下右)箋注本《切韻》(斯2071)上聲海韻普乃反:“㑇，不肯。”(133)故宮本《王韻》、故宮本《裴韻》、《廣韻》皆同。《集韻》上聲賄韻普罪切:“㑇，不可也。”(348)下文上聲海韻普亥切又曰:“㑇，不可也。或作倗。”(350)《玉篇校釋》“㑇”字下注:“‘不肯；詌妄也’者，‘不肯’句。《切韻》:‘㑇，不肯。’《集韻》云‘不可也’，重文作倗。《切韻》:‘倗，不肯也。’本書:‘倗，不也。’不肯急言之爲倗，不可急言之爲否。否，唾也。《説文》云:‘相與語唾而不受。’亦即‘不肯；詌妄’意也。”(539)胡氏所言疑可商榷。《廣雅·釋詁四》:“倗，不也。”王念孫《疏證》:“倗即不肯之合聲。”《廣韻》上聲等韻普等切:“倗，不肯也。”(218)“㑇”與“倗”儘管義同，然形音俱别，二字當爲同義關係，而非異體關係。《正字通》所言疑是。《説文·人部》:“倍，反也。从人，咅聲。”(163下)“倍”本義即指“違背；背叛”，後作“背”，“倍”亦可與“悖”相通，義爲“乖謬逆亂”，如:《管子·五輔》:“長幼無等則倍。”“倍”,《廣韻》音“薄亥切”。“㑇”即“倍”之異體字。故“㑇”與“㑇(倍)”音義皆通，“㑇”疑即“㑇(倍)”字俗訛。《康熙字典·人部》:“㑇,《集韻》普罪切，配上聲。不可也。又古文倍字。見《秦詛楚文》。”(34下)《康熙字典》謂“㑇”爲“倍”字古文，此是其佐證也。故“㑇”疑即“㑇(倍)”字俗訛。

① 由於《字彙》和《正字通》不僅是明清時期的重要字書，而且也是《康熙字典》與現代大型字典《大字典》和《字海》編纂的重要基礎，所以全書各例先引《字彙》和《正字通》，然後以“按”字揭出筆者考釋。

2. 㓆

《字彙·卩部》:"㓆，其凶切，音筇。病也。《詩·小雅》:'亦孔之㓆。'又姓。"（64下）

《正字通·卩部》:"㓆，邛字之訛。毛氏曰:'邛，从邑，从工。'俗作卬，非。卬即俯卬之卬。舊注音筇，病也，訓同邛注，訛从卩，分爲二。"（117上）

按:《康熙字典·卩部》:"㓆，邛字之訛。《韻會》:'毛氏曰：邛，从邑，从工。'"（99上）《新修玉篇》卷二八《卩部》引《川篇》:"㓆，巨恭切。㓆（當爲字頭誤重）州名。"（228上左）《篇海》卷九《卩部》引《龍龕》:"㓆，巨恭切。縣名；亦州名。"（715上）"㓆"字,《新修玉篇》與《篇海》引書不同，當以《新修玉篇》爲是,《龍龕》未見收録此字。《正字通》謂"㓆"即"邛"字之訛，所言當是。《説文·邑部》:"邛，邛地，在濟陰縣。从邑，工聲。"（131上）段玉裁據《外戚侯表》《玉篇》改"地"爲"成"，並刪"在"。《廣韻》平聲鍾韻渠容切:"邛，勞也；病也。又臨邛縣，亦邛僰。又姓。"（12）故"㓆"與"邛"音義並同，"㓆"當即"邛"字之訛。"㓆"又即"卬"字之訛。《隸辨·張公神碑》:"明暴視兮儼㓆㓆。"顧藹吉按:"低卬之卬，即俯卬之卬，其字從匕，變從工。"（62上）此即其證。《大字典》收録"㓆"字，謂"邛"的訛字，所言是也。又據《正字通》《隸辨》之説，謂"一説'卬（仰）'的訛字"。據上文可知,《正字通》本謂"㓆"即"邛"字之訛，而未言"㓆"即"卬"字之訛，此即因轉録失真而誤。

3. 㖅

《字彙·口部》:"㖅，朔栗切，音率。飲酒貌。"（76上）

《正字通·口部》:"㖅，㖅字之訛。舊注音訓與六畫㖅同，並非。"（151下）

按:《康熙字典·口部》:"㖅,《篇海》音率。飲酒貌。《正字通》:'㖅字之訛。'"（132下）《龍龕》卷二《口部》:"㖅，音率。飲酒之皃。"

（277）《正字通》謂“啗”即“咰”字之訛，所言當是。《名義·口部》：“咰，所律反。蚡冒也。”（46 下）《名義》訓“蚡冒也”，當爲誤截《史記》書證“楚先有熊咰，是爲蚡冒”所致的訓釋失誤。《玉篇·口部》：“咰，所律切。飲也。《史記》曰：‘楚先有熊咰，是爲蚡冒。’”（26 下左）《廣韻》入聲術韻所律切：“咰，飲酒皃。”（384）“啗”與“咰”音義並同，“啗”當即“咰”字之訛。《大字典》收録“啗”字，據《龍龕》訓“飲酒貌”，又以《正字通》之説作爲“一説”，失當。《字海》亦收“啗”字，直謂“咰”的訛字，是也。

4. 嘎

《字彙·口部》：“嘎，訖黠切，奸入聲。嘎嘎，鳥聲。”（81 下）

《正字通·口部》：“嘎，舊注奸入聲，嘎嘎，鳥聲。按：本作戛，俗加口，非。”（165 上）

按：《康熙字典·口部》：“嘎，《廣韻》古黠切，《集韻》訖黠切，並音戛。《廣韻》：‘嘎嘎，鳥聲。’”（148 下）《廣韻》入聲黠韻古黠切：“嘎，嘎嘎，鳥聲。”（399）《集韻》同。《正字通》謂“嘎”本作“戛”，所言是也。《説文·戈部》：“戛，戟也。从戈，从百。讀若棘。”（266 下）“戛”本義訓“戟也”，引申義可指“鳥鳴聲”。例如：唐白居易《畫雕贊》：“軒然將飛，戛然欲鳴。”宋蘇軾《犍爲王氏書樓》：“山猿悲嘯谷泉響，野鳥嘐戛巖花春。”宋劉兼《秋夕書事》：“摇落江天萬木空，雁行斜戛塞垣風。”以上諸詩中的“戛”字皆義指“鳥鳴聲”。“戛”，《廣韻》亦音“古黠切”。故“嘎”與“戛”音義並同，“嘎”當即“戛”之增旁俗字。

5. 哶

《字彙·口部》：“哶，莫蟹切，音買。羊聲。”（82 上）

《正字通·口部》：“哶，俗芈字。舊注羊聲，改莫蟹切，音買，誤。”（166 上）

按：《康熙字典·口部》：“哶，《廣韻》莫蟹切，《集韻》母蟹切，並音買。《集韻》：‘哶哶，羊鳴。’”（150 上）《玉篇·目部》：“哶，彌解切。

羊鳴也。”（26下左）《正字通》謂“嘪”即“芈”字之俗。所言當是。《玉篇校釋》“嘪”字下注：“《切韻》：‘嘪，羊聲。’又收紙韻爲芈之或體。《集韻》：‘嘪嘪，羊鳴。’慧琳五八・二：‘嘪同咩。’本書：‘咩，羊鳴。’《羊部》：‘芈，羊鳴也。’”（1033～1034）慧琳《音義》卷五八《僧祇律》第四卷：“咩咩，又作嘪同。彌爾反。《説文》：‘羊鳴也。’”（58，P603B3）故宫本《王韻》上聲紙韻彌婢反：“芈，羊鳴。亦作嘪。”（472）故宫本《裴韻》同。《集韻》上聲紙韻母婢切：“芈，《説文》：‘羊鳴也。’或作哶。”（316）以上諸説皆是其證。故“嘪”即“芈”“哶（咩）”之異體字。

6. 坒

《字彙・土部》：“坒，毗意切，音避。配合也。《太玄經》：‘陰陽坒參。’”（88下）

《正字通・土部》：“坒，舊注音避，配合也。《太玄經》：‘陰陽坒參。’按：《太玄》本作比。《説文》：‘坒，地相次比也。’與陛通。坒之爲坒，猶坋之爲坌，音義同。舊注分爲二，《六書略》‘坒’注引《説文》，‘坒’注引《太玄》，並非。”（187下）

按：《康熙字典・土部》：“坒，《正字通》同坒。左思《吴都賦》：‘工賈駢坒。’按：《六書略》‘坒’注引《説文》，‘坒’注引《太玄經》‘陰陽坒參’，不知經本作比，分坒、坒爲二，誤。”（170下）《集韻》去聲至韻毗至切：“坒，配合也。《太玄》：‘陰陽坒參。’”（481）《太玄・玄首》：“陰陽坒參，以一陽乘一統，萬物資形。”范望注：“坒，比也。”司馬光集注引王涯曰：“坒，配合也。”《正字通》《康熙字典》謂“坒”同“坒”，所言當是。《説文・土部》：“坒，地相次比也。衛大夫貞子名坒。从土，比聲。”（289上）《名義・土部》：“坒，毗利反。相連也。”（8上）《玉篇・土部》：“坒，毗利、毗栗二切。地相次坒也。”（7下右）故“坒”與“坒”音同義通，“坒”當即“坒”之異體字。《廣雅・釋詁三》：“坒，次也。”王念孫《疏證》：“坒，字亦作坒。”此是其證也。故“坒”當即“坒”之異體字。《康熙字典》轉録左思《吴都賦》作“工賈駢坒”，然今本本作“坒”，《康熙字典》轉録失真。

7. 帹

《字彙·巾部》:"帹，腫與切，音主。覆棺衣。亦作幯。"（135 下）

《正字通·巾部》:"帹，俗褚字。《檀弓》:'褚幕。'注:'褚，覆棺之物，似幕形，以布爲之。'舊注知帹亦作幯，不知幯、帹本作褚，誤分褚、帹爲二。"（312 上）

按:《康熙字典·巾部》:"帹，《廣韻》丁吕切，《集韻》展吕切，並音貯。《玉篇》:'棺衣也。亦作褚。'……《類篇》:'或作幯。'"（287 下）《玉篇·巾部》:"帹，竹與切。棺衣也。亦作褚。幯，同上。"（127 上右）《正字通》所言是也，《玉篇》即其證也。《玉篇校釋》"帹"字下注:"'棺衣也'者，《切韻》同。又云:'亦著也。'又:'褚，裝衣也。'《禮記·檀弓》:'褚幕丹質。'鄭注:'以丹布幕爲褚，葬覆棺。'疏云:'褚謂覆棺之物。'本書《衣部》:'褚，市官也；卒也；裝衣也。'今本不言與'帹'同，'帹'爲棺衣者，謂覆棺之幕也。"（5504）胡氏所言亦其證也。故"帹""幯"與"褚"音義並同，即爲異體字。

8. 帞

《字彙·巾部》:"帞，莫格切，音陌。絡頭；又頭巾。"（136 上）

《正字通·巾部》:"帞，舊注音陌，絡頭；又頭巾。帕有怕、陌去入二音。舊本知帕同帓，不知帕俗作帞，誤分爲二。"（313 下）

按:《康熙字典·巾部》:"帞，《廣韻》《集韻》並莫白切，音陌。《廣雅》:'帞頭，幧頭也。'揚子《方言》:'絡頭，帞頭也。自關而西，秦晋之郊曰絡頭，南楚江湘之間曰帞頭。'……按:帞與帕音義並同，當通用。"（289 上）箋注本《切韻》入聲陌韻莫白反:"帞，頭巾。"（146）故宫本《王韻》、《唐韻》、《廣韻》同。《廣韻》入聲鎋韻莫鎋切:"帕，帕額，首飾。"（398）"帕"訓"帕額，首飾"與"絡頭""頭巾"訓異義同，皆指"裹頭巾"，故"帞"與"帕"音義並同，即爲異體字。

9. 㡜

《字彙・广部》:“㡜，房連切，音便。《玉篇》:‘庡也。’又紕連切，音篇。義同。”（143 上）

《正字通・广部》:“㡜，蒲眠切，音楩。《玉篇》:‘庡也。’又先韻音篇。義同。通作偏。”（331 上）

按:《康熙字典・广部》:“㡜,《玉篇》:‘音偏。庡也。’”（309 下）《玉篇・广部》:“㡜，音偏。庡也。”（104 下右）《正字通》所言當是。《玉篇校釋》“㡜”字下注:“‘音偏’者，㡜爲偏下之屋也。上（55）庡,《埤倉》:‘下屋也。’《切韻》:‘庡，偏屋。’偏屋即㡜也。”（4259）故“㡜”訓“庡也”，即指“偏屋”，本當作“偏”。

10. 廙

《字彙・广部》:“廙，夷益切，音弋。屋通也。”（144 下）

《正字通・广部》:“廙，同廙。舊注廙亦作翼，分廙、廙爲二，訓屋通，非。”（334 下）

按:《康熙字典・广部》:“廙,《篇韻》夷益切，音弋。屋通也。”（314 上）《篇海》卷三《广部》引《川篇》:“廙，音弋。屋通也。”（619 上）《正字通》所言當是。《説文・广部》:“廙，行屋也。从广，異聲。”（191 上）《玉篇校釋》“廙”字下注:“二徐《説文》作‘行屋也’，漏奪‘下聲’二字，則與《巾部》之‘帟’同。行屋謂行旅所張之幄也，非‘廙’字義。‘行屋下聲’者，在屋内緩步輕聲，小心翼翼,《禮》云‘堂上不趨’是也，故接引《倉頡篇》‘謹敬皃’以申許義。”（4223）胡氏所言近是。原本《玉篇・广部》:“廙，餘力反。《説文》:‘行屋下聲也。’《倉頡篇》:‘謹敬皃也。’野王案：今亦爲翼字，在《羽部》也。”（488 ~ 489）《名義・广部》:“廙，餘力反。謹敬皃。”（220 上）《新撰字鏡・广部》:“廙，餘力反。行屋下聲；謹敬（白）[皃]；翼也。”（577）《玉篇・广部》:“廙，余力切。行屋下聲。又謹敬也。亦作翼。”（104 上右）故二徐本《説文》“廙”訓“行屋也”，當爲“行屋下聲也”之誤。段玉裁、王筠皆據二徐本《説文》之謬而誤作説解，俱失考證。“廮”，原本《玉篇》、《名義》、《新撰字鏡》皆作“廮”，故《説文》本當作“廮”，而今本作“廮”者，亦當爲二徐本之誤。《篇海》訓“屋通也”，非是。《大字典》“廮”字下以《正字通》之説作爲“一説”，《字海》“廮”字未溝通其與“廮”的異體關係，疑並非是。

11. 彮

《字彙・彡部》：“彮，余竦切，音勇。垂帶飾貌。”（149 下）

《正字通・彡部》：“彮，俗字。舊注垂帶飾貌。按：《詩・衛風》：‘容兮遂兮，垂帶悸兮。’本作容，訛作彮，改音勇，非。”（345 下）

按：《康熙字典・彡部》：“彮，《集韻》尹竦切，音勇。垂帶飾貌。”（328 下）《集韻》上聲腫韻尹竦切：“彮，垂帶飾皃。”（305）《正字通》謂“彮”本作“容”，所言當是。《詩・衛風・芄蘭》：“容兮遂兮，垂帶悸兮。”程俊英、蔣見元注：“容，容儀可觀，形容成年貴族走路摇擺貌。遂，因走路摇擺引起的佩玉摇動貌。毛傳：‘佩玉遂遂然。’悸，《韓詩》作‘萃’，悸和萃都是檠的假借字。形容走路時大帶下垂摇動有節度貌。馬瑞辰《通釋》：‘容兮、遂兮與悸兮皆形容之詞。’”“容”，《廣韻》音“餘封切”，《集韻》又音“尹竦切”。故“彮”與“容”音同義通，“彮”本當作“容”。

12. 徙

《字彙・彡部》：“徙，所綺切，音史。毛垂也。”（150 上）

《正字通・彡部》：“徙，舊注音史，毛垂也。按：《毛部》毢音義同，贅作徙，改音史，誤。”（345 下）

按：《康熙字典・彡部》：“徙，《集韻》所綺切，音躧。毛垂貌。”（328 下）《集韻》上聲紙韻所綺切：“徙，毛垂皃。”（309）《正字通》所言當是。《直音篇》卷七《毛部》：“毢，音徙。毛垂貌。”（283 上）“徙”與“毢”音義並同，當即異體字。《詳校篇海》卷三《毛部》：“毢，想里切，音璽。毛垂皃。亦作徙。”（149 下）《篇海類編》同。以上二書皆其證也。

故“㣚”當即“毲”之異體字。《大字典》“㣚”字下以《正字通》之説作爲“一説”，不確;《字海》“㣚”字下據《正字通》之説直謂同“毲”，是也。

13. 彩

《字彙・彡部》:“彩，倉晏切，音粲。文彩盛貌。”（150 上）

《正字通・彡部》:“彩，燦、粲通。”（346 上）

按:《康熙字典・彡部》:“彩，《集韻》倉案切，音璨。文彩盛貌。”（329 上）《集韻》去聲换韻蒼案切:“彩，文彩盛皃。”（557）《正字通》所言當是。《廣雅・釋詁三》:“粲，文也。”《史記・太史公自序》:“自孔子卒，京師莫崇庠序，唯建元元狩之間，文辭粲如也。”《法言・孝至》:“君人者，務在殷民阜財，明道信義，致帝者之用，成天地之化，使粒食之民粲也，晏也。”李軌注:“粲，文采；晏，和柔。”“粲”，《廣韻》音“蒼案切”。“彩”與“粲”音義並同，故“彩”當即“粲”之增旁俗字。

14. 彸

《字彙・彳部》:“彸，陟隆切，音忠。征彸，行遽也。”（150 上）

《正字通・彳部》:“彸，同伀。征彸，行遽也。《六書統》:‘怖貌。’”（346 下）

按:《康熙字典・彳部》:“彸，《廣韻》職容切，《集韻》《韻會》諸容切，並音鍾。《廣韻》:‘征彸，行貌。’《韻會》:‘行遽也。’又《集韻》:‘征彸，怖遽貌。’”（329 下）《龍龕》卷四《彳部》:“征彸，音正，下音鍾。征彸，惶遽趍走皃也。”（495）故宫本《裴韻》平聲鍾韻職容反:“彸，征彸，行皃。”（539）《廣韻》同。《集韻》平聲鍾韻諸容切:“彸，征彸，怖遽皃。”（16）《文選・四子講德論》:“百姓征彸，無所措其手足。”李善注引《方言》曰:“征彸，惶遽也。”今本《方言》卷十作:“佂伀，遑遽也。江湘之間，凡窘猝怖遽謂之潤沭，或謂之佂伀。”周祖謨校箋:“玄應《音義》卷十三、卷十九、卷二十引‘佂伀’作‘怔忪’，音義同。”（63）《龍龕》卷一《心部》:“怔忪，上音征，下音鍾。怔忪，心動懼皃也。”（53）《玉篇·心部》：“怔，之成切。怔忪，懼皃。”（40上右）故“征彸”“佂伀”“怔忪”並同，皆義指“驚慌失措貌”。

15. 伾

《字彙·彳部》：“伾，符羈切，音皮。走貌。”（150下）

《正字通·彳部》：“伾，與伾通。”（347上）

按：《康熙字典·彳部》：“伾，《集韻》貧悲切，音皮。走貌。”（330上）《集韻》平聲脂韻貧悲切：“伾，走皃。”（50）《正字通》所言疑是。《説文·人部》：“伾，有力也。从人，丕聲。”（160下）《廣雅·釋訓》：“伾伾，衆也。”王念孫《疏證》：“伾伾，群行貌也。”《集韻》平聲脂韻攀悲切：“伾，《説文》：‘有力也。’引《詩》：‘以車伾伾。’一曰衆也。”（48）“伾”與“伾”形近義同，故“伾”當即“伾”通過改換義符而形成的異體字。《大字典》收録“伾”字，第❶義項據《集韻》訓“走貌”；第❷義項據《正字通》之説而謂同“伾”。《大字典》這樣處理是有失妥當的，《大字典》據《正字通》之説直謂“伾”同“伾”，即妥。《字海》未溝通“伾”與“伾”的字際關係，亦失考證。

16. 忔

《字彙·心部》：“忔，許訖切，音迄。癡也。”（155上）

《正字通·心部》：“忔，同忥，俗省。《説文》忥，許既切。舊注訓同忥，改音迄，非。”（356下）

按：《康熙字典·心部》：“忔，《集韻》許訖切，音迄。癡貌。本作疙。又《集韻》魚乙切，音仡。義同。”（339下）《集韻》入聲迄韻許訖切：“忔，癡皃。”（675）下文魚乙切又曰：“疙，癡皃。或作忔。”（675）《正字通》所言當是。《説文·心部》：“忥，癡也。从心，气聲。”（220下）《玉篇·心部》：“忥，許氣切。癡也。”（41上左）《廣韻》去聲未韻許既切：“忥，静也。《説文》曰：‘癡也。’”（257）“忔”與“忥”音近義同，“忔”當即“忥”字之俗。又《廣雅·釋詁三》：“疙，癡也。”曹憲《博雅音》：“疙，居乙、魚乙二反。”《名義·疒部》：“疙，居乞反。癡也。”（111上）《玉篇·疒部》：“疙，魚乙切。癡皃。”（57上左）“疙”與“疕”音義並同，“疙”當即“疕”字之俗。“忥（忾）”與“疕（疙）”亦音近義同，當即通過改换義符而形成的異體字。錢大昭《廣雅疏義》：“‘疙’者，《玉篇》：‘疙，癡貌。’本此。《説文》作忥，云：‘癡貌。’疙、忥古今字。”此是其證也。故“忥（忾）”“疕（疙）”當因涉義改换義符而形成的異體字。

17. 怉

《字彙·心部》：“怉，部巧切，音鮑。懷也。”（156上）

《正字通·心部》：“怉，舊注音鮑，懷也。本借抱。”（359下）

按：《康熙字典·心部》：“怉，《集韻》博巧切，音飽。悖也。又薄晧切，音抱。懷也。”（343上）《集韻》上聲晧韻簿晧切：“怉，懷也。”（401）《正字通》所言當是。《説文·衣部》：“褎，褱也。从衣，包聲。”（168下）徐鉉注：“今俗作抱。”段玉裁注：“《論語》：‘子生三年，然後免於父母之懷。’馬融釋以‘懷抱’。即褱褎也。今字‘抱’行而‘褎’廢矣。”《集韻》上聲晧韻簿晧切：“褎，《説文》：‘褱也。’或作抱。”（401）“褱”“懷”字同，故“怉”與“抱”“褎”音義並同，“怉”當即“抱”通過改换義符而形成的異體字，二字本當作“褎”。

18. 恞

《字彙·心部》：“恞，延知切，音夷。悦也。《詩》作夷：‘我心則夷。’”（158上）

《正字通·心部》：“恞，同怡。”（365上）

按：《康熙字典·心部》：“恞，《廣韻》以脂切，《集韻》《韻會》《正韻》延知切，並音夷。《爾雅·釋言》：‘悦也。’《廣韻》：‘悦樂也。’又通作夷。《詩·小雅》：‘既夷既懌。’注：‘夷，悦也。’”（348下）《名義·心部》：“恞，與之反。悦也。”（78下）《玉篇·心部》：“恞，羊脂切。悦也；忻也。”（39下左）《字彙》《正字通》《康熙字典》所言皆是。《爾雅·釋言》：“恞，悦也。”陸德明《釋文》：“恞，本又作夷。”《詩·商頌·那》：

“我有嘉賓，亦不夷懌。”鄭玄箋：“夷，說也。”朱熹注：“夷，悦也。亦不夷懌也，言皆悦懌也。”又《爾雅·釋詁上》：“怡，樂也。”《廣雅·釋詁一》：“怡，喜也。”“怡”，《廣韻》音“與之切”。“恞”與“怡”音義並同，即爲異體字，本作“夷”。《玉篇校釋》“恞”字下注：“‘悦也’者，《爾雅·釋言》文，釋文：‘恞，本作夷。’《詩·風雨》：‘云胡不夷。’《節南山》：‘既夷既懌。’傳、箋並云：‘夷，說也。’《楚辭·陶壅》：‘羨余術兮可夷。’王注：‘夷，喜也。’《切韻》：‘恞，悦樂。’又‘忻也’者，忻亦喜悦也。”（1674）此說亦印證了以上諸說。

19. 愋

《字彙·心部》：“愋，呼淵切，音暄。恨也；又忘也。”（162 上）

《正字通·心部》：“愋，呼淵切，音暄。恨也；又忘也。通作諼。”（374 上）

按：《康熙字典·心部》：“愋，《廣韻》況袁切，《集韻》許元切，並音暄。《玉篇》：‘恨也；忘也。’又《集韻》于元切，音袁。揚子《方言》：‘愋、諒，智也。’通作諼。”（359 下）《玉篇·心部》：“愋，許袁切。恨也；忘也。”（39 下左）《正字通》《康熙字典》所言當是。《玉篇校釋》“愋”字下注：“‘恨也’者，通作喛。《方言》六、《廣雅》二並云：‘喛，恚也。’本書：‘恚，恨也。’疑愋恨義出《埤倉》。又‘忘也’者，通作諼。”（1679）《方言》卷六：“喛，恚也。”錢繹《箋疏》：“《說文》：‘恚，恨也。’通作‘哇’。謝靈運《擬陳琳詩》云：‘哀哇動梁埃。’”下文又曰：“卷十二云：‘爰、喛，哀也。’注云：‘喛，哀而恚也。音段。’宋本作‘音喚’。《廣雅·釋詁二》：‘爰、喛，恚也。’‘喛’，曹憲音‘呼館、虎元’二反。《玉篇》作‘虛元切’。‘虎’，即‘虛’之訛。《廣韻》換韻：‘喛，恚也。’《玉篇》：‘愋，恨也。’‘愋’與‘喛’同。”（240）故“愋”訓“恨也”，與“喛”音義並同，即爲異體字。又《玉篇·言部》：“諼，許園切。忘也。”（42 下右）《詩·衛風·考槃》：“獨寐寤言，永矢弗諼。”鄭玄箋：“諼，忘也。”故“愋”訓“忘也”，與“諼”音義並同，即爲異體字。

20. 㤿

《字彙·心部》:“㤿，莊加切，音楂。誕也。”（165下）

《正字通·心部》:“㤿，俗奢字。”（381下）

按:《康熙字典·心部》:“㤿，《集韻》陟加切，音奓。誕也。”（368下）《集韻》平聲麻韻陟加切:“㤿，誕也。”（206）《正字通》所言疑是。《説文·大部》:“奢，張也。从大，者聲。奓，籒文。”（214下）“奢”本義指“奢侈”，引申義指“誇張”“誇大”。例如:《文選·子虛賦》:“今足下不稱楚王之德厚，而盛推雲夢以爲高，奢言淫樂而顯侈靡。”李善注引郭璞曰:“奢，闊也。”晉陸機《文賦》:“故夫誇目者尚奢，愜心者貴當。”“奢”,《廣韻》音“式車切”。故“㤿”與“奢”音義皆通，“㤿”疑即“奢”字之俗。

21. 憓

《字彙·心部》:“憓，胡桂切，音慧。愛也；又順也。相如《封禪書》:‘義征不憓。’”（165下）

《正字通·心部》:“憓，同惠。《史·相如〈封禪書〉》:‘義征不憓。’注:‘不順也。’一説:惠本从心，俗加心，非。”（382上）

按:《康熙字典·心部》:“憓,《字彙》與惠同。司馬相如《封禪書》:‘義征不憓。’注:‘不順也。’”（368下）《廣韻》去聲霽韻胡桂切:“憓，憓（當爲字頭誤重）愛也。”（271）《正字通》所言當是。《爾雅·釋詁下》:“惠，愛也。”《爾雅·釋言》又曰:“惠，順也。”《史記·司馬相如列傳》:“陛下仁育群生，義征不憓。”《漢書·司馬相如傳下》作:“陛下仁育群生，義征不譓。”故“憓”同“譓”，二字本當作“惠”。《集韻》去聲霽韻胡桂切:“憓，愛也；順也。通作惠、譓。”（508）此即其證也。

22. 㥛

《字彙·心部》:“㥛，許及切，音吸。心熱貌。”（166上）

《正字通·心部》:“㥛，同翕。合也。舊注音吸，心熱貌，非。”

（383 上）

按:《康熙字典・心部》:“熻,《集韻》迄及切，音翕。心熱貌。”（370 上）《玉篇・心部》:“熻，許及切。心熱也。”（40 下右）《正字通》謂“熻”同“翕”，所言疑是；然改訓“合也”，疑非是。《玉篇校釋》“熻”字下注:“《集韻》入聲緝韻:‘熻，心熱皃。’《方言》十二:‘翕，熾也。’又十三:‘翕，炙也。’《廣雅》作熻，熱也。又云:‘翕，熾也。’本書《羽部》:‘翕，炙也。’《火部》:‘熻，熱也。’”（1700）《廣韻》入聲緝韻許及切:“翕，火炙。”（431）《文選・思玄賦》:“温風翕其增熱兮，惄鬱邑其難聊。”劉良注:“翕，熱貌。”“熻”與“翕”音同義通，故“熻”本當作“翕”。

23. 懪

《字彙・心部》:“懪，許縛切，音學。驚懪；又遽視。又丘縛切，匡入聲。義同。又厥縛切，音腳。義同。”（168 下）

《正字通・心部》:“懪，厥縛切，音矍。驚也。又《史記》:‘晏子懪然攝衣冠謝。’又遽視。《後漢・李固傳》:‘秦使懪然遂爲寢兵。’《法真傳》:‘太守懪然不敢言。’通作矍。”（388 上）

按:《康熙字典・心部》:“懪,《廣韻》《正韻》許縛切,《集韻》《韻會》怳縛切，並音矆。《集韻》:‘驚也。一曰遽視。或作愯。’又《廣韻》具籰切,《集韻》《韻會》局縛切，並音玃。諦視也。”（376 下）《玉篇・心部》:“懪，許縛、具縛二切。驚也；又遽視也。”（40 上左）《正字通》所言當是。《説文・瞿部》:“矍，隹欲逸走也。从又，持之矍矍也。讀若《詩》云‘穬彼淮夷’之穬。一曰視遽皃。”（73 下）徐鍇《繫傳》:“左右驚顧也。”《文選・東都賦》:“主人之辭未終，西都賓矍然失容。”李善注引《説文》曰:“矍，驚視貌也。”“矍”,《廣韻》音“居縛切”。“懪”與“矍”音義並同，故“懪”本當作“矍”。

24. 㦽

《字彙・心部》:“㦽，虎孔切，烘上聲。心神恍惚貌。”（168 下）

《正字通·心部》:“𢤱,與戇同。舊注音烘上聲,訓心神恍惚,誤。”(388 上)

按:《康熙字典·心部》:“𢤱,《廣韻》呼孔切,《集韻》虎孔切,並音嗊。心神恍惚貌。《集韻》或省作憤。”(376 下)《集韻》上聲董韻虎孔切:“𢤱憤,心恍惚曰𢤱。或省。”(302)《正字通》所言當是。《説文·心部》:“戇,愚也。从心,贛聲。”(219 下)慧琳《音義》卷一三《大寶積經》第四十二卷:“愚戇,卓降反,又濁巷反。《音訓》云:‘無知專愚曰戇。’《考聲》云:‘精神不爽皃也。’《説文》:‘愚也。從心,贛聲也。’”(57,P649B9)又慧琳《音義》卷一八《十輪經》第五:“戇愚,卓降反。鄭注《周禮》云:‘生而癡騃童昏者也。’《説文》:‘愚也。從心,贛聲也。’”(57,P764B11)又慧琳《音義》卷四八《瑜伽師地論》第八十七卷:“愚戇,丁絳反。《三蒼》:‘愚無所知也,亦鈍也。’《廣雅》:‘戇,頑嚚者也。’”(58,P392B10)“戇”,《廣韻》音“陟降切”,又音“呼貢切”。故“𢤱”與“戇”音近義通,“𢤱”當即“戇”之偏旁易位俗字。《大字典》《字海》俱收“𢤱”字,第(一)義項分别據《集韻》訓“心神恍惚貌”“神情恍惚”;第(二)義項據《正字通》之説而謂同“戇”。《大字典》《字海》這樣處理“𢤱”與“戇”的字際關係,俱失當。《大字典》《字海》應據《正字通》之説而直謂“𢤱”同“戇”,即妥。

25. 𢼸

《字彙·攴部》:“𢼸,直刃切,陳去聲。理也。”(189 上)

《正字通·攴部》:“𢼸,伸、申、信古通。《集韻》:‘伸,或作𢼸。’篆作。據此説,𢼸即伸,本讀平聲。舊注理也,與伸義近,改直刃切,陳去聲,與‘戰陣’陣字音溷,分爲二字,非。又《集韻》:‘𢼸,或作抻、搷。’亦非。”(439 下)

按:《康熙字典·攴部》:“𢼸,《廣韻》《集韻》並直刃切,音陣。《説文》:‘理也。’《類篇》:‘治也。’又《集韻》升人切,音申。義同。又《集韻》癡鄰切,音胂。與伸同。申也;引戾也。”(444 上)《説文·攴部》:“𢼸,理也。从攴,伸聲。”(62 下)《玉篇·攴部》:“𢼸,直信切。《説文》

云：‘理也。’”（85 下左）《正字通》所言近似。《名義・支部》：“敒，時升反。理［也］；治也。”（178 上）《新撰字鏡・支部》：“敒，時升反。理也；治也。”（611）《集韻》平聲真韻升人切：“敒，理也；治也。”（116）《廣雅・釋詁二》：“伸，理也。”“伸”，《廣韻》音“失人切”。故“敒”訓“理也”，與“伸”音義並同，即爲異體字。《玉篇校釋》“敒”字下注：“通作伸。《廣雅》二：‘伸，理也。’《集韻》：‘伸，或作敒。’《釋詁》：‘神，治也。’治、理義同。”（3433）此説印證了《正字通》之説。《集韻》平聲真韻癡鄰切：“伸，申也；引戾也。或作敒、抻、搷。”（120）故“伸”訓“申也；引戾也”，亦同“敒”。《大字典》收録“敒”字，第一義項據《説文》《類篇》訓“理”“治”，第二義項據《集韻》之説而謂同“伸”；《字海》亦收“敒”字，第一義項據《説文》訓“理”，第二義項亦據《集韻》之説而謂同“伸”。據上文可知，“敒”字第一義項亦同“伸”。《大字典》《字海》應於“敒”字下謂同“伸”，其下再分爲兩個義項，第一義項據《説文》《玉篇》《集韻》等訓“治”“理”；第二義項據《集韻》訓“伸展”“引申”。

26. 棌

《字彙・木部》：“棌，此宰切，音采。柞木也。《相如傳》：‘棌椽不斲。’又去聲倉代切。義同。”（215 上）

《正字通・木部》：“棌，倉宰切，音采。柞木也。《司馬遷傳》：‘棌椽不斲。’《揚雄傳》：‘唐虞棌椽。’通作采。《漢・藝文志》：‘墨家者流，茅屋采椽。’注：‘翦茅覆屋，以柞爲椽也。’又泰韻音蔡。義同。”（510 上）

按：《康熙字典・木部》：“棌，《集韻》《韻會》《正韻》並此宰切，音采。《玉篇》：‘槲也。’《史記・始皇紀》：‘棌椽不刮。’注：‘棌，木名也。一作采。’”（508 下）《玉篇・木部》：“棌，千代切。槲也。”（59 下右）故宫本《王韻》去聲代韻倉代反：“棌，木名。”（498）故宫本《裴韻》、《廣韻》。《正字通》所言當是。《玉篇校釋》“棌”字下注：“‘槲也’者，‘槲’疑涉上文‘槲’字而誤。《集韻》：‘棌，椭也。’通作采。《史記・秦始皇紀》：‘堯舜采椽不刮。’《李斯傳》：‘采椽不斲。’徐廣曰：‘采，一名櫟。'《漢書・相如傳》應劭注:'櫟,采木也。'《藝文志》:'茅屋采椽。'顔師古注:'采,柞木也。字本從木作棌。'以茅覆屋,以棌爲椽,言其質素也。《司馬遷[傳]》《揚雄傳》並作棌椽,注皆云:'棌,柞木也。'柞櫟,尋常之木,所在有之,以爲榱椽,表其樸也。桷者,榱椽也,以棌木爲之,因謂桷爲棌。"(2341)胡氏所言不確。《名義・木部》:"棌,[千]代反。菜音(當爲"音菜"之倒誤)。槲木也。"(116上)《新撰字鏡・木部》:"棌,子代反。斛(當爲"槲"字之誤)木。"(383)故《玉篇》訓"槲也",不誤。"槲"即"柞櫟",一種木名。《史記・李斯列傳》:"采椽不斲,茅茨不翦。"裴駰《集解》引徐廣曰:"采,一名櫟。一作柞。"又《史記・太史公自序》:"茅茨不翦,采椽不刮。"司馬貞《索隱》引韋昭云:"采椽,櫟榱也。"王引之《經義述聞・爾雅下》:"柞,一名櫟,一名椽,一名采……采爲柞之異名。"以上諸説皆其證也。故"棌"訓"槲也",通作"采"。

27. 楉

《字彙・木部》:"楉,如灼切,音若。木名,楉榴,石榴也。"(218上)

《正字通・木部》:"楉,舊注音若,楉榴,石榴也。按:丹若,石榴別名,俗作楉,非。"(518上)

按:《康熙字典・木部》:"楉,《唐韻》而灼切,《集韻》日灼切,並音若。《博雅》:'楉榴,柰也。'《廣韻》:'楉榴,安石榴也。'一作若。張衡《南都賦》:'梬棗若榴。'又《山海經注》:'大木之奇靈者爲若。'"(516上)《廣雅・釋木》:"楉榴,石榴。"《玉篇・木部》:"楉,如灼切。楉榴,柰屬。"(62下左)《正字通》《康熙字典》所言當是。王念孫《疏證》:"楉與若同。若、石聲相近,故若榴又謂之石榴。各本脱'石榴'二字,《藝文類聚》《太平御覽》及李善《南都賦》注並引《廣雅》云:'若榴,石榴也。'今據補。《玉篇》云:'楉榴,柰屬也。'《初學記》引《埤倉》云:'石榴,柰屬也。'則楉榴、石榴之爲柰,以同類而通稱也。《南都賦》云:'梬棗若榴。'蔡邕《翠鳥詩》云:'庭陬有若榴,緑葉含丹榮。'《藝文類聚》引陸機《與弟雲書》云：‘張騫爲漢使外國十八年，得塗林安石榴也。’《御覽》引《廣志》云：‘安石榴有甜、酢二種。’《酉陽雜俎》云：‘石榴，一名丹若，甜者謂之天漿。’”胡吉宣《玉篇校釋》：“‘楉榴，柰屬’者，原引《廣雅》《埤倉》二書之删併。《廣雅・釋木》：‘楉榴，石榴，柰也。’《初學記》廿八引《埤倉》：‘石榴，柰屬也。’《唐韻》：‘楉榴，安石榴。’《藝文類聚》引陸機《與弟雲書》云：‘張騫爲漢使外國十八年，得塗林安石榴也。’《御覽》引《廣志》云：‘安石榴有甜、酢二種。’案：産自西域，故字亦作若留、石榴。《文選・蜀都賦》：‘若榴競裂。’《南都賦》：‘樗棗若留。’注引《廣雅》作：‘石留，若榴也。’《酉陽雜俎》：‘石榴，一名丹若，甜者謂之天漿。’”（2485）以上二説皆印證了《正字通》《康熙字典》之説。故“楉榴”即“石榴”，亦名“丹若”，“楉”本當作“若”。

28. 橛

《字彙・木部》：“橛，其月切，音掘。橛株，山名。亦作橛。”（219 下）

《正字通・木部》：“橛，同橛。舊注橛株，山名，誤。”（524 上）

按：《康熙字典・木部》：“橛，《唐韻》《集韻》並其月切，音掘。橛株，山名。”（521 下）《名義・木部》：“橛，渠月反。[橛] 株，山名也。”（124 下）《集韻》入聲月韻其月切：“橛，橛株，山名。”（679）《字彙》《正字通》所言當是。《玉篇・木部》：“橛，渠月切。橛株，山名。亦作橜。”（62 下左）“橛”與“橛”音義並同，且位置相同，當即同字異體。箋注本《切韻》（斯 2071）入聲月韻其月反：“橛，株橛（當爲‘橛株’之誤倒）。”（142）敦煌本《王韻》、故宫本《王韻》、《唐韻》同。故宫本《王韻》入聲月韻其月反下文又曰：“橛，橛株，山（别）[名]。”（514）《廣韻》入聲月韻其月切：“橛，橛株，山名。”（389）“橛株”當同“橛株”，故“橛”當即“橛”之異體字。《詳校篇海》卷三《木部》：“橛，其月切，音掘。橛株，山名。亦作橛。”（183 下）《篇海類編》同。此二書亦其證也。又《山海經・東山經》：“東山經之首，曰橛螽之山。”郭璞

注："速、株二音。"郝懿行《箋疏》："《廣韻》云：'橚株，山名。'疑即'橚蠡'之異文。"（255）郝氏之説當是。《名義》是以原本《玉篇》爲基礎編纂而成的，《名義》作"橚株"，可見顧野王原本《玉篇》"橚"字下當以《山海經》爲訓，其所見《山海經》亦作"橚株"。《切韻》系韻書亦作"橛株""橚株"，此亦其證也。故"橚"當即"橛"之異體字。

29. 㯗

《字彙·木部》："㯗，户閒切，音閑。木名。"（223下）

《正字通·木部》："㯗，同橌。舊注音閑，分爲二，誤。"（535上）

按：《康熙字典·木部》："㯗，《集韻》何閒切，音閑。木名。"（532下）此字《説文》《玉篇》皆未收，《廣韻》亦不録，《集韻》始收之，當即丁度等據俗書所增。《集韻》平聲山韻河閒切："㯗，木名。"（154）《正字通》所言疑是。《説文·木部》："橌，大木皃。从木，閒聲。"（114下）"橌"，《廣韻》音"下赧切"。"㯗"與"橌"音近，又"閑"古多假借爲"閒"，故"㯗"疑即"橌"通過改换聲符而形成的異體字。《集韻》改訓"木名"，疑爲望形生訓。

30. 㯷

《字彙·木部》："㯷，居蔭切，音禁。格也。"（225下）

《正字通·木部》："㯷，桊、㯷並俗禁字，宜刪。"（539上）

按：《康熙字典·木部》："㯷，《集韻》《類篇》並居蔭切，音禁。揚子《方言》：'格也。'《類篇》：'今竹木格。一曰所以扞門。'"（537上）《方言》卷十三："㯷，格也。"郭璞注："今之竹木格是也。"《集韻》去聲沁韻居蔭切："㯷，《方言》：'格也。'謂今竹木格。一曰所以扞門。"（622）《正字通》所言當是。《廣雅·釋詁三》："禁，止也。"《周禮·地官·囿人》："囿人掌囿遊之獸禁，牧百獸。"鄭玄注：禁者，其藩衛也。"禁"，《廣韻》音"居蔭切"。"㯷"與"禁"音同義通，故"㯷"本當作"禁"。《玉篇校釋》"㯷"字下注："㯷之言禁止也，格之言扞格也，皆動静同稱。"（2467）此説是其證也。故"㯷"當即"禁"字之俗。

31. 泀

《字彙・水部》:“泀，相咨切，音司。水名。《瑯邪代醉編》:‘泀字經史不載。’而《兖州圖經》曰:‘魯國泀水。’”(244上)

《正字通・水部》:“泀，舊注音司。水名。引《瑯邪代醉編》:‘泀字經史不載。’《兖州圖經》曰:‘魯國泀水。’按:《圖經》本作泗，泀即泗之訛。”(582下)

按:《康熙字典・水部》:“泀,《集韻》新兹切，音思。水名。”(600上)《集韻》平聲之韻新兹切:“泀，水名。”(53)《正字通》所言當是。《説文・水部》:“泗，受泲水，東入淮。从水，四聲。”(227上)桂馥《義證》:“《漢志》出卞者，泗之源也。入泲者，乃其中流，非末流也。乘氏有泗者，言入泲之後，與泲合而東入淮。其合泲在乘氏，非謂泗出乘氏也。”《水經注・泗水》:“泲在湖陸西，而左注泗，泗、泲合流，故《地記》或言泲入泗，泗亦言入泲，互受通稱，故有入泲之文。”“泗”,《廣韻》音“息利切”。“泀”與“泗”音近義同,“泀”當即“泗”字之俗。又《卍新纂續藏經》本唐智周撰《因明疏抄》:“疏軌法師唐興者，即紛洲温城縣寺名也。西方河者，即彼名倚，倚服也。泀慈舟者,《爾雅》云:‘順流爲沿，逆流爲泝。’流裁流，爲詞文、爲亂騫者。立斬也，羽
蠘慮此上二字，並是鳥飛意也。”此“泀”當即“汎”字之俗。《卍新纂續藏經》本唐智周撰《因明入正理論疏前記》卷下:“唐興者，芬州唐興寺也。雋法師者，亦有作隽字，二皆得第二聲也。審釋門樞紐也者，樞門臼也。紐者，衣紐也。綺歲者，十五已下，名爲綺歲、爲著綺衣。奇者，奇才也。汎慈舟者，汎者理也，如善將船者。又汎者直渡也。”此是爲其證。

32. 炨

《字彙・火部》:“炨，職略切，音酌。炨爍，草木華色盛貌。”(266上)

《正字通・火部》:“炨，俗灼字。舊注音義同灼，誤分爲二。”

（630 下）

按：《康熙字典·火部》："焃，《集韻》《類篇》並職略切，音酌。焃爍，草木花色盛貌。《正字通》俗灼字，《字彙》誤分爲二。按：《字彙》本之《集韻》《類篇》也，灼字義甚多，《玉篇》亦有花盛一義似可與焃通，然其他義固與焃無與，《正字通》以焃爲俗灼字而駁《字彙》之誤分，非是。"（664 上）《集韻》入聲藥韻職略切："焃，焃爍，艸木華色盛皃。"（719）《正字通》謂"焃"即"灼"字之俗，所言當是。《説文新附·火部》："爍，灼爍，光也。从火，樂聲。"（209 下）左思《蜀都賦》："符采彪炳，暉麗灼爍。"劉逵曰："灼爍，艷色也。"《古文苑·宋玉》："珠翠灼爍而照曜兮，華袿飛髾而雜纖兮。"章樵注："灼爍，鮮明皃。"故"灼爍"即爲"鮮明貌""光彩貌"之義。"灼"，《集韻》亦音"職略切"。"焃爍"當同"灼爍"，"焃"當即"灼"之異體字。《康熙字典》所言不確。

33. 牯

《字彙·牛部》："牯，與犕同。"（276 上）

《正字通·牛部》："牯，同犕。"（652 上）

按：《康熙字典·牛部》："牯，《廣韻》烏后切，《集韻》於口切，並音嘔。《玉篇》亦作牰。義闕。《廣韻》：'特牛。'《集韻》或作犕。"（696 下）《玉篇·牛部》："牯，烏后切，又烏遘切。"（109 下右）《龍龕》卷一《牛部》："牯，音嘔。特牛也。"（116）《廣韻》上聲厚韻烏后切："牯，牿牯牛。"（223）《字彙》《正字通》所言當是。《玉篇·牛部》："犕，烏口切。特牛。"（109 下右）《集韻》平聲矦韻烏侯切："犕，特牛也。"（268）"牯"與"犕"音近義同，當爲異體字。《直音篇》卷六《牛部》："牯，音歐。特牛。犕，同上。"（249 上）此亦其證也。《大字典》《字海》"牯"字下第（二）義項皆未溝通其與"犕"字的字際關係，俱失考證。

34. 瑊

《字彙·玉部》："瑊，諸深切，音斟。石次玉。又古銜切，音緘。《長卿賦》：'瑊玏玄厲。'"（288 下）

《正字通·玉部》:“瑊，同玪,《説文》本作玪。舊本四畫玪注引周伯温曰:‘俗作瑊。’本注音切重出，分瑊、玪爲二字，矛盾。”(678下)

按:《康熙字典·玉部》:“瑊,《廣韻》職深切,《集韻》《正韻》諸深切，並音斟。《廣韻》:‘瑊，石之次玉也。’……又《廣韻》古咸切,《集韻》《韻會》居咸切,《正韻》古銜切，並音緘。或作玪。”(735下)《廣雅·釋地》:“瑊功，石之次玉。”《山海經·中山經》:“(葛山)其下多瑊石。”郭璞注:“瑊石，瑊功，石似玉也。”《漢書·司馬相如傳上》:“其石則赤玉玫瑰，琳瑉昆吾，瑊功玄厲，碝石武夫。”顏師古注引張揖曰:“皆石之次玉者。”《正字通》《康熙字典》所言是也。《名義·玉部》:“瑊，古咸反。玪字也。”(5下)《新撰字鏡·玉部》:“瑊玪，二同。古減反。美石次玉也。”(317)《龍龕》卷四《玉部》:“玪瑊，古咸反。下又音針。皆美石次玉也。二同。”(435)《玉篇·玉部》:“瑊，古咸切。瑊玏，美石次玉也。玪，同上。”(5下左)以上諸書皆其證也。故“瑊”當即“玪”之異體字。

35. 甗

《字彙·瓦部》:“甗，力胡切，音盧。酒器。”(294下)

《正字通·瓦部》:“甗，力吾切，音盧。小甕。通作盧。”(690下)

按:《康熙字典·瓦部》:“甗,《廣韻》落胡切,《集韻》《韻會》龍都切，並音盧。《玉篇》:‘酒器。’”(754上)《龍龕》卷二《瓦部》:“甗，音盧。酒器也。”(315)《玉篇·瓦部》:“甗，力胡切。酒器。”(79上右)《廣韻》平聲模韻落胡切:“甗，酒器。”(46)《正字通》所言當是。《説文·瓦部》:“盧，飯器也。从皿，𧇡聲。盧，籀文盧。”(99上)下文《皿部》又曰:“𠀆，㽃也。从甾，虍聲。讀若盧同。𧇡，篆文𠀆。罏，籀文𠀆。”(269上)《廣韻》平聲模韻落胡切:“盧,《説文》曰:‘飯器也。’”同一小韻下文又曰:“𠀆，飯器。《説文》曰:‘㼜也。’𧇡，上同。罏，籀文。”(46)《集韻》平聲模韻龍都切:“盧,《説文》:‘飯器也。’”同一小韻下文又曰:“𠀆罏甗甗,《説文》:‘㽃也。’古作甗，籀作罏，亦从瓦。”(87)故“甗”即指“古代用以盛酒、飯等物的器皿”，非專指“酒器”，與“盧”“𥂖”“鑪”“罏”諸字音義並同，即爲異體字。《玉篇校釋》“甗”字下注：“《集韻》𥂖或作鑪、甗。本書：‘𥂖，飯器也。’‘鑪，罍也。’並與盧同。”（3132）此説亦其證也。故“甗”與“盧”“𥂖”“鑪”“罏”即爲異體字。

36. 癚

《字彙·疒部》：“癚，同癉。”（305上）

《正字通·疒部》：“癚，同癉。”（716上）

按：《康熙字典·疒部》：“癚，《廣韻》多旱切，《集韻》黨旱切，並音亶。病也。與癉同。《爾雅·釋詁》：‘癚，病也。’《詩·大雅》：‘下民卒癉。’釋文：‘癉，沈本作癚。’”（786下）《爾雅·釋詁下》：“癚，病也。”《龍龕》卷四《疒部》：“癚，多旱反。病也。”（474）《玉篇·疒部》：“癚，都旱切。病也。”（57下右）箋注本《切韻》（斯2071）上聲旱韻多旱反：“癚，病。”（134）敦煌本《王韻》、故宫本《王韻》、《廣韻》同。《字彙》《正字通》《康熙字典》所言是也。《名義·疒部》：“癚，多但反。病也。癉字。”（110下）《集韻》上聲緩韻黨旱切：“癚癉，風病。或从單。”（370）《詳校篇海》卷二《疒部》：“癚，多簡切，舊音膽。病也。與癉同。”（129上）《篇海類編》同。以上諸書皆其證也。《玉篇校釋》“癚”字下注：“‘病也’者，《禮記·緇衣》：‘章善癚惡。’鄭注：‘癚，病也。’本《釋詁》文。《切韻》同。癚與癉同。《詩·板》：‘下民卒癉。’毛傳：‘癉，病也。’《緇衣》引作：‘下民卒癚。’本書：‘癉，勞病也。’”（2265）胡氏所言亦印證了其説。又《禮記·緇衣》：“有國者章善癚惡，以示民厚，則民情不貳。”《大字典》“癚”字第（一）義項下第❸義項據此文獻用例訓爲“憎恨”，“癚”訓“憎恨”亦同“癉”。《集韻》上聲𤨏韻典可切：“癉，怒也。”（404）“怒也”與“憎恨”義同，故此“癚”亦同“癉”。《大字典》“癚”字第（一）義項下收録三個義項：第❶義項據《爾雅》《集韻》訓“病”“風病”；第❷義項據《正字通》訓“勞病”；第❸義項據《禮記·緇衣》之“章善癚惡”這一文獻用例訓“憎恨”。據上文可知，《大字典》第（一）義項下的三個義項皆同“癉”，《大字典》應加以溝通。

《字海》“𤻍”字第（一）義項下收録兩個義項：第❶義項據《集韻》訓“風病”；第❷義項謂同“癉”，訓“憎惡”。據上文可知，“𤻍”訓“風病”亦同“癉”，《字海》於此義未作認同，亦失當。

37. 𤺌

《字彙·疒部》：“𤺌，符非切，音肥。足上瘡。”（305 上）

《正字通·疒部》：“𤺌，舊注音微，足上瘡。按：《詩·小雅·巧言章》：‘既微且尰。’朱傳：‘骭瘍爲微，腫足爲尰。’本作微，舊注改符非切，音肥，誤。”（716 上）

按：《康熙字典·疒部》：“𤺌，《廣韻》《集韻》並無非切，音肥。足上瘡。又《集韻》：‘通作微。’《詩·小雅》：‘既微且尰。’朱傳：‘骭瘍爲微，腫足爲尰。’”（786 下）《廣韻》平聲微韻無非切：“𤺌，《三蒼》云：‘足上瘡。’”（31）《正字通》所言是也。《爾雅·釋訓》：“骭瘍爲微，腫足爲尰。”郭璞注：“骭，脚脛；瘍，瘡也。”陸德明《釋文》：“微，《字書》作𤺌。《三蒼》云：‘足創。’”邢昺疏引孫炎曰：“皆水濕之疾也。”《詩·小雅·巧言》：“既微且尰，爾勇伊何？”鄭箋：“此人居下濕之地，故生微尰之疾。人憎惡之，故言女勇伊何，何所能也。”以上諸説皆其證也。《集韻》平聲微韻無非切：“𤺌，足瘡也。通作微。”（58）此亦爲其證也。故“𤺌”本當作“微”，當音“無非切”。《字彙》改“符非切，音肥”，非是。

38. 砆

《字彙·石部》：“砆，符遇切，音婦。白石也。”（320 上）

《正字通·石部》：“砆，符遇切，音付。白石。本作坿。相如賦：‘雌黄白坿。’蘇林曰：‘白坿，白石英也。’”（748 下）

按：《康熙字典·石部》：“砆，《集韻》符遇切，音付。白石。本作坿。司馬相如《子虛賦》：‘雌黄白坿。’蘇林曰：‘白坿，白石英也。’”（841 上）《玉篇·石部》：“砆，音附。白石。”（106 上右）《集韻》去聲遇韻符遇切：“砆，白石。”（495）《正字通》《康熙字典》所言當是。敦煌本《王韻》平聲虞韻坿夫反："坿，白石英。又扶付反。"（362）下文去聲遇韻符遇反："坿，白坿。又附夫反。"（405）故宫本《王韻》同。《史記・司馬相如列傳》："其土則丹青赭堊，雌黄白坿，錫碧金銀，衆色炫燿，照爛龍鱗。"裴駰《集解》引《漢書音義》曰："白坿，白石英也。""砎"訓"白石也"，當爲"白石英也"之脱誤。"砎"與"坿"音義並同，"砎"當即"坿"字之俗。

39. 笈

《字彙・竹部》："笈，忌立切，音及。書箱也。《史・蘇秦傳》：'負笈從師。'"（340下）

《正字通・竹部》："笈，同极。《説文》本作极，驢上負也。今俗呼書篋爲笈。《史・蘇秦傳》：'負笈從師。'"（791上）

按：《康熙字典・竹部》："笈，《廣韻》巨業切，《集韻》極業切，並音跲。負書箱也。《史記・蘇秦傳》：'負笈從師。'又《廣韻》其立切，《集韻》極入切，《正韻》忌立切，並音及。義同。"（894下）慧琳《音義》卷十《勝天王般若經》後經續："負笈，奇急反。《風土記》云：'笈，謂學士所以負書箱，如冠箱而卑者也。'謝承《後漢書》云：'負笈隨師也。'"（57，P581B9）慧琳《音義》卷八六《辯正論》卷第六又曰："負笈，下其輒反。《考聲》云：'笈，盛書篋也。'《漢書》云：'負笈隨師。'是負書也。《埤蒼》云：'笈，編竹爲箱也。'《古今正字》從竹，及聲。篋，音謙葉反。"（59，P110A1）《名義・竹部》："笈，奇縶反。負笈尋師也。"（143下）《玉篇・竹部》："笈，楚洽、奇立二切。負書箱也。"（71上右）《正字通》所言當是。《説文・木部》："极，驢上負也。从木，及聲。或讀若急。"（119下）徐鍇《繫傳》："今人爲木牀以跨驢背，以負載物，即古之极也。"段玉裁注："极，當云'驢上所以負也'。""极"，《廣韻》音"其輒切"；"笈"，《廣韻》音"其立切"，又音"其輒切"。故"笈"與"极"音同義通，"笈"當即"极"字之俗。《玉篇校釋》"笈"字下注："《説文》：'极，驢上負也。'本書《木部》：'极，驢上負版。''柭，极也。''极'與'笈'同，'柭''笈'亦聲相轉。"（2814）此説亦印證了《正字通》之説。故“笈”當即“极”字之俗。

40. 褩

《字彙·衣部》:“褩，補潘切，音般。衣表也。”（440 下）

《正字通·衣部》:“褩，同幋。”（1033 上）

按:《康熙字典·衣部》:“褩,《集韻》逋潘切，音般。《類篇》:‘衣表也。吴俗語。’”（1169 下）《集韻》平聲桓韻逋潘切:“褩，衣表也。吴俗語。”（148）《正字通》所言疑是。《説文·巾部》:“幋，覆衣大巾。从巾，般聲。”（155 下）《廣韻》平聲桓韻薄官切:“幋，大巾。”（77）《集韻》平聲桓韻蒲官切:“幋,《説文》:‘覆衣大巾。’”（148）又《説文·衣部》:“表，上衣也。”段玉裁注:“上衣者，衣之在外者也。”故“表”本義即指“外衣”。“褩”訓“衣表也”，即指“衣外之衣”，與“幋”訓“覆衣大巾”義可相通，故“褩”與“幋”音義皆通，又“衣”旁、“巾”旁義通，俗書常可换用，故“褩”疑即“幋”之異體字。《大字典》“褩”字以《正字通》之説作爲一個義項,《字海》“褩”字未溝通其與“幋”的字際關係，疑並非是。

41. 襰

《字彙·衣部》:“襰，盧回切，音雷。劍飾。或作鐳。”（442 下）

《正字通·衣部》:“襰，盧回切，音雷。劍飾。或作鐳。”（1036 下）

按:《康熙字典·衣部》:“襰,《集韻》盧回切，音雷。《篇海》劍飾。”（1174 下）《集韻》平聲灰韻盧回切:“襰，劍飾。”（109）《字彙》《正字通》所言是也。《名義·金部》:“鐳，力迴反。古櫑。”（177 下）《玉篇·金部》:“鐳，力回切。劍首飾也。”（84 上左）《廣韻》平聲灰韻魯回切:“鐳，劍首飾也。亦作櫑。”（55）故“襰”與“鐳”“櫑”音義並同，即爲異體字。《詳校篇海》卷五《衣部》:“襰，盧回切，音雷。劍飾。或作鐳。”（343 上）《篇海類編》同。此亦其證也。《大字典》《字海》俱收“襰”字，皆未溝通其與“鐳”“櫑”的異體關係，俱失考證。

42. 魓

《字彙·鬼部》:“魓，壁吉切，音畢。斗星名。今作畢。”（563上）

《正字通·鬼部》:“魓，俗字。舊注音畢，斗星名，誤。今作畢。”（1338下）

按:《康熙字典·鬼部》:“魓，《五音集韻》卑吉切，音畢。斗星名。今作畢。”（1549下）《玉篇·鬼部》:“魓，音畢。”（95上右）《新修玉篇》《篇海》引《玉篇》同。《玉篇》義闕，元刊本《玉篇》補訓爲“斗星名”。《詳校篇海》卷一《鬼部》:“魓，壁吉切，音畢。斗星名。今作畢。”（26下）《篇海類編》同。《詳校篇海》《篇海類編》《字彙》《正字通》謂“魓”今作“畢”，所言是也。《爾雅·釋天》:“濁謂之畢。”郭璞注:“掩兔之畢，或呼爲濁，因星形以名。”《詩·小雅·漸漸之石》:“月離于畢，俾滂沱矣。”朱熹注:“畢，星名。”故“魓”與“畢”音義並同，“魓”當即“畢”字之俗。《玉篇校釋》“魓”朱熹注:“元刊云:‘斗星名。’案:當云‘星名’，此直音畢，即《釋天》‘濁謂之畢’，郭云‘掩兔之畢，或呼爲濁，因星形以名’，蓋畢八星壘貫兩叉出，田網之畢即取星象而作，因而星名即謂之畢。”（3935）胡氏此説亦是。故“魓”當即“畢”字之俗。

43. 鳷

《字彙·鳥部》:“鳷，旨而切，音支。鳥名。漢武鳷鵲觀。”（571上）

《正字通·鳥部》:“鳷，與雉同。”（1359下）

按:《康熙字典·鳥部》:“鳷，《廣韻》《集韻》章移切，《正韻》旨而切，並音支。《玉篇》:‘鳥名。’漢武帝造鳷鵲觀，在雲陽甘泉外。”（1571上）《玉篇·鳥部》:“鳷，之移切。鳥名。”（114下右）故宫本《裴韻》平聲支韻章移反:“鳷，鳥名。漢有鳷鵲觀。”（544）《正字通》所言是也。《廣韻》平聲支韻章移切:“鳷，鳥名。漢武帝造鳷鵲觀，在雲陽甘泉宫外。雉，上同。”（14）《集韻》平聲支韻章移切:“雉鳷，《説文》:‘鳥也。一曰雉度。’或从鳥。漢有鳷鵲觀，在雲陽甘泉。”（24）以上二書是其證也。《玉篇校釋》“鳷”字下注:“‘鳥名’者，《説文》作雉，鳥也，一曰雉度。徐鍇傳曰：‘漢西京有雉雖觀。’《切韻》：‘鳿，鳥名。漢有鳿鵲觀。’《廣韻》‘雉’同‘鳿’。本書《隹部》：‘雉，鳥也；度也。武帝造雉雖觀，在雲陽。’”（4785）此亦印證了《正字通》之説。故“鳿”當即“雉”之異體字。

44. 䳇

《字彙·鳥部》：“䳇，普厚切，音剖。鳥名。”（574上）

《正字通·鳥部》：“䳇，俗字。《爾雅》鳭鷯，一名剖葦，本作剖。舊注音剖，鳥名，誤。”（1369上）

按：《康熙字典·鳥部》：“䳇，《廣韻》《集韻》並普后切，音剖。雀名。”（1581上）《名義·鳥部》：“䳇，匹部反。雀鳥。”（244下）《玉篇·鳥部》：“䳇，匹部切。鳥名。”（114上左）故宫本《王韻》上聲厚韻普厚反：“䳇，雀。”（486）故宫本《裴韻》、《廣韻》同。《集韻》上聲厚韻普后切：“䳇雖，雀名。或从隹。”（437）《正字通》所言當是。《爾雅·釋鳥》：“鳭鷯，剖葦。”郭璞注：“好剖葦皮，食其中蟲，因名云。江東呼蘆虎，似雀，青斑長尾。”《説文·鳥部》：“鷯，刀鷯，剖葦，食其中蟲。从鳥，尞聲。”（75上）“䳇”訓“雀鳥”，與“剖葦”義通，本當作“剖”。《玉篇校釋》“䳇”字下注：“《切韻》：‘雀也。’音‘剖’，應即‘鳭鷯，剖葦’之‘剖’所俗作。”（4761）此説印證了《正字通》之説。故“䳇”本當作“剖”。

45. 鵨

《字彙·鳥部》：“鵨，商居切，音舒。鳥，似鳧。”（574上）

《正字通·鳥部》：“鵨，俗字。《爾雅》舒鳧、舒雁，俗改作鵟，今鵨即舒訛省。舊注音舒，鳥，似鳧，誤。”（1369上）

按：《康熙字典·鳥部》：“鵨，《玉篇》失余切，《廣韻》傷魚切，並音書。鳥，似鳧。”（1581上）《玉篇·鳥部》：“鵨，失余切。”（114下左）《玉篇》義闕，元刊本《玉篇》補訓爲“鳥也”。《集韻》平聲魚韻商居切：“鵟，鳥名。似鳧。或作鵨、雓。”（66）《正字通》所言近是。《玉篇校釋》

“鴾”字下注：“義闕，元刊云‘鳥也’。《切韻》：‘鴾，鳥名，似梟。’《集韻》作鷡，鳥名，似梟，云‘或作鴾’，應即‘舒梟’之‘舒’。”（4790）此説印證了《正字通》之説。故“鴾”當即“舒”因受“梟”字類化影響而産生的俗字；而“鷡”“雓”即“鴾”之異體字，亦當即“舒”字之俗。元刊本《玉篇》補訓爲“鳥也”，當爲望形生訓；而《集韻》訓“鳥名。似梟”者，亦當爲望形生訓。

二、結論有誤的考釋及例析

明清大型字書在疑難字考釋方面，存在很多因受妄斷俗訛、誤作認同等因素影響而致使結論有誤的現象。對於這種現象，後世字書在編纂與修訂過程中應注意加以甄别，避免因承訛襲謬而誤導讀者。

（一）僅據字形而致辨析失誤

明清大型字書在疑難字考釋方面，存在很多僅據兩字或多字字形相近、或構字部件部分相同而將音義完全不同的字誤作認同的現象。

1. 乭

《字彙・乙部》：“乭，胡結切，音頁。乭毒，國名。”（27 下）

《正字通・乙部》：“乭，乩、乱二字之訛。乭毒，國名。誤。”（17 上）

按：《集韻》入聲屑韻奚結切：“乭，乭毒，國名，身毒也。”（703）《康熙字典・乙部》：“乭，《集韻》奚結切，音頁。乭毒，國名。”（12 上）“乭毒”，即“印度”的古譯名。又《集韻》平聲齊韻堅奚切：“卟，《説文》：‘卜以問疑也。’引《書》‘卟疑’。一曰考也。或作乩，通作稽。”（96）又《集韻》去聲换韻郎段切：“亂，理也；又兵寇也；不理也。俗作乱。”（309）故“乭”與“乩”“乱”儘管形近，然音義俱别，不可訛混，故《正字通》謂“乭”即“乩”“乱”二字之訛，所言非是。

2. 俶

《字彙・人部》：“俶，蘇谷切，音速。倊俶，不伸。”（34 下）

《正字通·人部》:“俶，佩字之訛。《通俗文》:‘物不伸曰縮。’義同縮，改作俶，非。”(37下)

按:《康熙字典·人部》:“俶,《廣韻》息逐切,《集韻》息六切，並音速。《玉篇》:‘傗俶，不伸。’按：俶見《廣韻》一屋音夙。《正字通》以爲佩字之訛，非。”(29上)《玉篇·人部》:“俶，音夙。傗俶，不伸。”(15下左)《廣韻》入聲屋韻息逐切:“俶，傗俶，不伸。”(373)《集韻》同。《説文·人部》:“佩，大帶佩也。从人，从凡，从巾。佩必有巾，巾謂之飾。”(159上)“佩”,《廣韻》音“蒲昧切”。故“俶”與“佩”儘管字形相近，然音義俱别，二字不可混同,《正字通》謂“俶”即“佩”字之訛，既無書證亦無例證，其説非是。《康熙字典》謂《正字通》以爲“俶”即“佩”字之訛非，所言是也。

3. 剭

《字彙·刀部》:“剭，直角切，音濁。刑也。”(56下)

《正字通·刀部》:“剭，劚字之訛。”(97下)

按:《康熙字典·刀部》:“剭,《集韻》竹角切，音剟。《玉篇》:‘刑也。’《説文》:‘去陰之刑也。’本作斀。《書·吕刑》:‘劓刵斀黥。’”(81下)《玉篇·刀部》:“剭，貞角切。刑也。”(82下右)《康熙字典》所言是也。《説文·攴部》:“斀，去陰之刑也。从攴，蜀聲。《周書》曰:‘刖劓斀黥。’”(63下)“斀”,《廣韻》音“竹角切”。“剭”與“斀”音義並同,“剭”當即“斀”之異體字。《集韻》入聲覺韻竹角切:“斀,《説文》:‘去陰之刑也。’引《周書》:‘刖劓斀黥。’古作剭。”(661)“斀”即“斀”之異體字。此是其證也。《説文·斤部》:“斸，斫也。从斤，屬聲。”(301上)《廣韻》入聲燭韻陟玉切:“斸，斫也。”(377)“劚”即“斸”之異體字。《正字通·刀部》:“劚，同斸。”(99上)此即其證也。故“剭”與“劚”音義俱别，二字不可混同,《正字通》謂“剭”即“劚”字之訛，既無書證亦無例證，非是。

4. 劅

《字彙·刀部》:"劅，俗劀字。"（56下）

《正字通·刀部》:"劅，𠠩字之譌。《六書統》:'𠠩，古文毒字。'俗因形相似作劅。舊注以爲俗劀字，闕𠠩不載。按：𠠩非古文，今不從。"（98下）

按:《康熙字典·刀部》:"劅,《唐韻》古滑切，關入聲。本作劀。《玉篇》:'去惡肉。俗劀字。'"（82下）箋注本《切韻》（斯2071）入聲黠韻古（骨）[滑]反:"劅，去惡肉。"（144）敦煌本《王韻》入聲黠韻古滑反:"劅，去惡肉。"（428）故宫本《王韻》入聲黠韻古滑反:"劅，草。"（516）故宫本《王韻》改訓"草"，於前代韻書皆無徵，非是。故宫本《裴韻》入聲黠韻古滑反亦曰:"劅，去惡肉。"（611）此亦其證也。"劅"當即"劀"之異體字。《説文·刀部》:"劀，刮去惡創肉也。从刀，矞聲。"（86下）"劀",《廣韻》音"古滑切"。"劅"與"劀"音義並同，故"劅"當即"劀"之異體字。《玉篇·刀部》:"劅，古滑切。去惡肉。俗劀字。"（82下右）《廣韻》入聲黠韻古滑切:"劀,《説文》曰:'刮去惡瘡肉也。'《周禮》曰:'劀殺之齊。'劅，俗。"（397）以上二書皆其證也。又《説文·屮部》:"毒，厚也，害人之艸，往往而生。从屮，从毐。𠠩，古文毒，从刀、菖。"（9上）"毒",《廣韻》音"徒沃切"。"劅"與"𠠩"音義俱别，二字不可混同，故《正字通》謂"劅"即"𠠩"字之譌，非是。

5. 呮

《字彙·口部》:"呮，去致切，音氣。垂足坐。"（73上）

《正字通·口部》:"呮，譌字。舊注音氣，垂足坐。按：从口，與足非類。一曰䫏字之譌。"（142下）

按:《康熙字典·口部》:"呮,《篇海》去致切，音跂。垂足坐也。"（122下）《龍龕》卷二《口部》:"呮，俗。去致反。正作跂。垂足坐。"（274）"呮"當即"跂"字俗譌。《説文·只部》:"䫏，聲也。从只，甹聲。"（44下）"䫏",《廣韻》音"呼刑切"。"呮"與"䫏"音義俱别，二字不可混同,《正字通》"一曰"之説疑不可據。

6. 咱

《字彙・口部》:"咱，俗齧字。"(76上)

《正字通・口部》:"咱，俗齨字。舊注俗齧字，非。"(151上)

按:《康熙字典・口部》:"咱,《篇海》五結切。與齧同。"(132下)《龍龕》卷二《口部》:"咱，俗。五結反。正作齧。"(276)《新修玉篇》《篇海》引《龍龕》皆同。故"咱"當即"齧"字之俗。《説文・齒部》:"齨，老人齒，如臼也。一曰馬八歲齒臼也。从齒，从臼，臼亦聲。"(39下)"齨",《廣韻》音"其九切"。故"咱"與"齨"音義俱别,《正字通》謂"咱"即"齨"字之俗，且謂"舊注"非，既無書證亦無例證，其説非是。

7. 啕

《字彙・口部》:"啕，於釵切，音挨。啕嘔，小兒言。"(77上)

《正字通・口部》:"啕，俗哅字。哅亦作詾。舊注於釵切，音挨；啕嘔，小兒言，誤。按：兒言何凶之有，从匈加儿尤非。"(154上)

按:《康熙字典・口部》:"啕,《篇海》於釵切。啕嘔，小兒言也。按：唲,《廣韻》《集韻》《類篇》書作啘,《篇海》因訛作啕。《正字通》云'俗哅字'，非。"(136下)《詳校篇海》卷一《口部》:"啕，於釵切，音挨。~嘔，小兒言。"(41上)《篇海類編》同。《玉篇・口部》:"唲，乙佳切。唲嘔，小兒語也。"(26上左)《廣韻》平聲佳韻於佳切:"啘，啘嘔，小兒言也。"(53)"啕嘔""啘嘔""唲嘔"並同,"啘"即"唲"字之俗,"啕"又當即"啘"字之俗。《康熙字典》所言是其證也。又《集韻》平聲東韻呼公切:"詾，大聲。或作哅。"(10)故"啕"與"哅"音義俱别，二字不可混同,《正字通》謂"啕"即"哅"字之俗，其説非是。《康熙字典》謂《正字通》所云非，是也。

8. 喥

《字彙·口部》:“喥，蕩亥切，音怠。嚎喥，言不正。”（78下）

《正字通·口部》:“喥，咍字之訛。舊本‘嚎’注訓‘嚎（咍）[喥]，言不正’，今‘喥’訓與‘嚎’同，本作咍，加心作喥，音怠，非。”（158上）

按:《康熙字典·口部》:“喥，《廣韻》徒亥切，《集韻》蕩亥切，並音殆。《玉篇》:‘嚎喥。’《廣韻》:‘言不（止）[正]。’”（140下）《玉篇·口部》:“嚎，他亥切。嚎喥，言不正。”下字曰:“喥，達改切。嚎喥。”（26上左）《廣韻》上聲海韻徒亥切:“喥，[嚎喥]，言不（上）[正]。”下文他亥切又曰:“嚎，嚎喥，言不（止）[正]。”（185）又《説文·口部》:“咍，蚩笑也。从口，从台。”（29上）“咍”，《廣韻》音“呼來切”。故“喥”與“咍”音義俱别，二字不可混同，《正字通》謂“喥”即“咍”字之訛，且謂“舊本”非，既無書證亦無例證，其説非是。

9. 嗂

《字彙·口部》:“嗂，尹竦切，音勇。嚾嗂，欲吐。”（80上）

《正字通·口部》:“嗂，喀字之訛。舊注欲吐，與喀義近，改作嗂，音勇，非。”（162上）

按:《康熙字典·口部》:“嗂，《集韻》尹竦切，音勇。嚾嗂，欲吐。或作㖡。”（145上）《集韻》上聲腫韻尹竦切:“嗂㖡，嚾嗂，欲吐。或从甬。”（305）故“嗂”“㖡”即爲異體字。《廣韻》入聲陌韻苦格切:“喀，吐聲。”（414）《集韻》入聲陌韻乞格切:“㗇喀，嘔也。《國語》:‘伏弢喀血。’或從口。”（734）“嗂”與“喀”義近音别，二字不可混同，《正字通》謂“嗂”即“喀”字之訛，既無書證亦無例證，其説非是。

10. 㗿

《字彙·口部》:“㗿，鄰知切，音離。哸㗿。哸，多言也；㗿，言不正也。”（81上）

《正字通·口部》:“喲,嘃字之訛。舊注義與《説文》嘃相近,改鄰知切,音離,誤。”(163 下)

按:《康熙字典·口部》:“喲,《玉篇》力之切,音離。言不(止)[正]也。”(147 上)《玉篇·口部》:“喲,力之切。言不正。”(27 上右)《説文·口部》:“嘃,高气多言也。从口,蠆省聲。”(27 上)“嘃”,《廣韻》音“許介切”,又音“他達切”。“喲”與“嘃”音義俱别,二字不可混同,故《正字通》謂“喲”即“嘃”字之訛,疑不可據。此“喲”疑即“譎”字之俗。《玉篇·言部》:“譎,力支、力泥二切。欺慢之言也。”(42 下右)《廣韻》平聲支韻吕支切:“譎,弄語。”(18)“言不正”與“欺慢之言”“弄語”義可相通,故“喲”與“譎”音同義通,“喲”當即“譎”之異體字。

11. 啠

《字彙·口部》:“啠,郎果切,音裸。啠哆,脣垂貌。”(81 上)

《正字通·口部》:“啠,舊注音裸,啠哆,脣埀貌,誤。凡埀下者皆作䫅,脣下埀作哆。啠即㫁字之訛。”(164 下)

按:《康熙字典·口部》:“啠,《廣韻》來可切,《集韻》郎可切,並音砢。《廣韻》:‘啠哆,脣垂貌。’”(148 上)《廣韻》上聲哿韻來可切:“啠,啠哆,脣垂皃。”(206)《集韻》上聲哿韻郎可切:“啠,啠哆,垂皃。”(404)《説文·斤部》:“斷,截也。从斤,从㡭。㡭,古文絶。㫁,古文斷。”(301 下)“㫁”,《廣韻》音“徒管切”。故“啠”與“㫁”音義俱别,二字不可混同,《正字通》謂“啠”即“㫁”字之訛,且謂“舊注”誤,既無書證亦無例證,其説非是。

12. 嚳

《字彙·口部》:“嚳,乙角切,音喔。誇聲。”(83 下)

《正字通·口部》:“嚳,礐字之訛。舊注音喔,誇聲,誤。”(170 下)

按:《康熙字典·口部》:“嚳,《廣韻》於角切,《集韻》乙角切,並音渥。《玉篇》:‘誇聲也。’”(154 下)《名義·口部》:“嚳,乙學反。誇也。”（45 上）《玉篇・口部》:“嚳，乙學切。誇聲也。”（26 上左）故宫本《裴韻》入聲覺韻於角反:“嚳，誇。”（607）《廣韻》入聲覺韻於角切:“嚳，誇聲。”（380）又《説文・告部》:“嚳，急告之甚也。从告，學省聲。”（24 下）“嚳”,《廣韻》音“苦沃切”。故“嚳”與“嚳”音義俱别，二字不可混同,《正字通》謂“嚳”即“嚳”字之訛，且謂“舊注”非，既無書證亦無例證，其説非是。

13. 噝

《字彙・口部》:“噝，才資切，音慈。醜貌。”（83 下）

《正字通・口部》:“噝，俗嗞字。舊注音慈，醜貌，非。”（171 上）

按:《康熙字典・口部》:“噝,《集韻》牆之切，音慈。㗢噝，愧貌。”（154 下）《集韻》平聲之韻牆之切:“噝，㗢噝，愧皃。”（53）故“噝”當訓“㗢噝，愧皃”,《字彙》訓“醜貌”，非是。《説文・口部》:“嗞，嗟也。从口，兹聲。”（28 上）《集韻》平聲之韻津之切:“嗞,《説文》:‘嗟也。’《廣雅》:‘嗞、听，笑也。’一曰啼不止。”（53）故“噝”與“嗞”音義俱别，二字不可混同,《正字通》謂“噝”即“嗞”字之俗，且謂“舊注”非，既無書證亦無例證，其説非是。又佛經有“噝”字用例，今提供如下:《卍新纂續藏經》本明屠根著《金剛經注解鐵鋑餡》卷下:“此貪嗔癡，雖分三事，總是妄心，是故噝味總一般。”從文意來看，“噝味”當同“滋味”,“噝”當即“滋”字之俗。此“噝”與上文《集韻》所録之“噝”即爲同形字。

14. 坧

《字彙・土部》:“坧，同墌。”（88 下）

《正字通・土部》:“坧，同墌，俗作垩。《篇海》垩音陀，亦作堶，合堶、垩爲一非，从石無陀音。”（189 上）

按:《康熙字典・土部》:“坧,《集韻》之石切。同墌。基址也。”（171 下）《集韻》入聲昔韻之石切:“墌坧，(碁)[基]址也。”（745）故“坧”當即“墌”之異體字。又《龍龕》卷二《土部》:“垩，通；堶，正。徒禾反。飛塼戲也。二。”（246）故“𡋯”當即“堉”之異體字。故“𡋯”與“坧”音義俱别，二字不可混同，《正字通》謂“坧”俗作“𡋯”，既無書證亦無例證，其説非是。

15. 𡛼

《字彙·女部》：“𡛼，古文姣字。”（101下）

《正字通·女部》：“𡛼，俗奻字。舊注古文姣，非。”（228下）

按：《康熙字典·女部》：“𡛼，《玉篇》：‘古文姣字。’”（205上）《玉篇·女部》：“𡛼，古巧切。古文姣。”（18上右）故“𡛼”當即“姣”之異體字。又《説文·女部》：“奻，訟也。从二女。”（265下）“奻”，《廣韻》音“女還切”。故“𡛼”與“奻”儘管構字部件相同，然音義俱别，二字不可混同，《正字通》謂“𡛼”即“奻”字之俗，且謂“舊注”非，既無書證亦無例證，其説非是。

16. 娎

《字彙·女部》：“娎，許列切，音歇。喜也。”（105上）

《正字通·女部》：“娎，許列切，音歇。《説文》：‘娎也。’《玉篇》：‘喜也。’亦作㛑。”（239上）

按：《康熙字典·女部》：“娎，《集韻》許列切，嫣入聲。《説文》：‘娎也。’《玉篇》：‘喜也。’亦作㛑。”（212下）《説文·女部》：“娎，娎娎也。从女，折聲。”（265上）《玉篇·女部》：“娎，許列切。喜也。”（17下右）《集韻》入聲薛韻之列切：“㛑，女字。”（709）故“㛑”與“娎”儘管構字部件相同，然音義俱别，二字不可混同，《正字通》謂“娎”别作“㛑”，既無書證亦無例證，其説非是。《康熙字典》謂“娎”亦作“㛑”，當因承襲《正字通》之謬而誤。

17. 㛸

《字彙·女部》：“㛸，余制切，音曳。婦人病胎。”（107上）

《正字通·女部》：“㛸，同媂。俗字。舊注音曳，婦人病胎，誤。”

（245 上）

按:《康熙字典·女部》:“㛷,《廣韻》餘制切,《集韻》以制切，並音曳。婦人病胎。又《集韻》征例切，音制。義同。”（217 下）《廣韻》去聲祭韻餘制切:“㛷，婦人病胎。”（277）《集韻》去聲祭韻征例切:“㛷，病子在娠謂之㛷。”（510）下文以制切又曰:“㛷，婦人病娠。”（516）又《集韻》去聲霽韻丁計切:“媂，闈室神名。一曰黠媂，女皃。”（504）故“㛷”與“媂”儘管構字部件相同，然音義俱別，二字不可混同,《正字通》謂“㛷”同“媂”，且謂“舊注”誤，既無書證亦無例證，其説疑不可據。

18. 嶃

《字彙·山部》:“嶃，七豔切，音塹。與塹同。坑也；遶城水也。”（130 上）

《正字通·山部》:“嶃，嶃、嶄、嶃並同。舊注汎云同塹，泥。”（302 上）

按:《康熙字典·山部》:“嶃,《集韻》七豔切。同塹。坑也；遶城水也。”（275 上）《集韻》去聲豔韻七豔切:“塹,《説文》:‘阬也。一曰大也。’或作壍、嶃。”（627）故“嶃”即“塹”之異體字。《篇海》卷十二《山部》引《餘文》:“嶃，七豔切。阬也；遶城水也。”（754 上）“嶃”訓“遶城水也”，即指“護城河”;“塹”即義指“坑，壕溝”，亦指“護城河”，故“嶃”與“塹”音義並同，即爲異體字。《直音篇》卷六《山部》:“嶃，與塹同。”（232 上）《詳校篇海》卷四《山部》:“嶃，七豔切，聲同茜。阬也；遶城水也。同塹。”（263 下）《篇海類編》同。以上諸書亦皆其證也。又《集韻》平聲銜韻鋤銜切:“巉，巉巗，高也。或作嶃，亦書作嶄。”（297）下文上聲豏韻士減切又曰:“嶃巉磛，高峻皃。或從毚，亦作磛。”（456）“嶃”與“嶄”“嶃”音義俱別，不可混同，故《正字通》謂“嶃”與“嶄”“嶃”並同，疑不可據。《大字典》“嶃”字下據《正字通》之誤而收録一個義項，謂同“嶄”，疑亦非是。

19. 琇

《字彙・彳部》:“琇，息救切，音秀。琇徣，行相待也。”(151下)

《正字通・彳部》:“琇，透字之訛。逗留非作琇徣。舊注音秀，行相待，誤。”(350上)

按:《康熙字典・彳部》:“琇，《集韻》息救切，音秀。琇徣，行相待也。”(332下)《集韻》去聲宥韻息救切:“琇，琇徣，行相待也。通作宿。”(613)下文力救切又曰:“徣，琇徣，行相待也。或作留。”(615)故“琇徣”本作“宿留”。又《説文新附・辵部》:“透，跳也；過也。从辵，秀聲。”(36下)“透”,《廣韻》音“他候切”。故“琇”與“透”音義俱别，二字不可混同,《正字通》謂“琇”即“透”字之訛，且謂“舊注”誤，既無書證亦無例證，其説非是。

20. 徻

《字彙・彳部》:“徻，側賣切，音債。步立貌。”(153上)

《正字通・彳部》:“徻，適字之訛。舊注音債，步立貌;《篇海》音詐，義同，並非。”(354上)

按:《康熙字典・彳部》:“徻，《廣韻》竹賣切,《集韻》陟卦切，並音近債。《廣韻》:‘步立貌。’”(337上)《廣韻》去聲卦韻竹賣切:“徻，步立皃。出《聲譜》。”(285)下文去聲禡韻陟駕切又曰:“徻，步肥也。”(332)“步肥也”不辭，當爲“步立也”之誤，此當因受下文“膪膪，肥也”影響而誤。《集韻》去聲禡韻陟嫁切:“徻，步立也。”(594)此即其證也。又《説文・辵部》:“適，之也。从辵，啻聲。適，宋魯語。”(33下)“適”即“適”之本字。“適”,《廣韻》音“施隻切”。故“徻”與“適”音義俱别，二字不可混同,《正字通》謂“徻”即“適”字之訛，且謂“舊注”非，既無書證亦無例證，其説非是。

21. 忎

《字彙・心部》:“忱，與諶同。《詩・大雅》:‘天難忱斯。’言天命去

留靡常，有難信也。又情也；又誠也。⿱冘心，同上。”（155 下）

《正字通·心部》：“⿱冘心，⿱宄心字之訛。《說文》⿱宄心載《宀部》，宄古文作⿱九又，亦作⿱宄心，訛作⿱冘心。舊注同忱，誤。”（358 下）

按：《康熙字典·心部》：“⿱冘心，《正字通》：‘俗忱字。’”（341 下）《龍龕》卷一《心部》：“⿱冘心，氏壬反。誠也；信也。與忱同。”（64）“⿱冘心”當即“忱”之偏旁易位俗字。又《說文·宀部》：“宄，姦也。外爲盜，内爲宄。从宀，九聲。讀若軌。⿱九又，古文宄。⿱宄心，亦古文宄。”（148 下）“⿱宄心”即“宄”之《說文》古文。“宄”，《廣韻》音“居洧切”。故“⿱冘心”與“⿱宄心”音義俱别，《正字通》謂“⿱冘心”即“⿱宄心”字之訛，且謂“舊注”非，既無書證亦無例證，其説非是。《康熙字典》謂“⿱冘心”即“忱”字之俗，所言是也；然其謂此爲《正字通》之説，非是。

22. ⿰忄⿸尸又

《字彙·心部》：“⿰忄⿸尸又，而兖切，音軟。愞弱也。”（157 上）

《正字通·心部》：“⿰忄⿸尸又，同怶。[illegible]即皮字篆形。舊注沿《篇海》音軟，訓愞弱，誤。”（362 下）

按：《康熙字典·心部》：“⿰忄⿸尸又，《廣韻》而兖切，《集韻》乳兖切，並音軟。《廣韻》：‘弱貌。’”（346 上）《廣韻》上聲獮韻而兖切：“⿰忄⿸尸又，弱皃。”（199）“⿰忄⿸尸又”字，箋注本《切韻》（斯 2071）作“懦”，故宫本《王韻》作“愞”，“愞”“懦”爲同字異體，故“⿰忄⿸尸又”當即“懦（愞）”字之俗。《集韻》上聲獮韻乳兖切：“愞，弱也。或作懦、⿰忄⿸尸又。”（385）此是其證也。“⿰忄⿸尸又”當爲亦聲字，其聲符“⿸尸又”既表音又表意。《廣韻》上聲獮韻而兖切：“⿸尸又，弱也。”（199）此是其證也。又《玉篇·心部》：“怶，普皮切。恐也。”（40 上右）故“⿰忄⿸尸又”與“怶”音義俱别，二字不可混同，《正字通》據“皮”之篆文字形“[illegible]”與“⿸尸又”形近而謂“⿰忄⿸尸又”同“怶”，其説非是。

23. ⿸疒心

《字彙·心部》：“⿸疒心，征例切，音制。婦人孕病。”（162 上）

《正字通·心部》:“𢗊，薏字之訛。舊注音制，婦人孕病，非。方書女人下部病有𤺊無𢗊。一説懘訛爲𢗊。”（374 下）

按:《康熙字典·心部》:“𢗊，㛷字之訛。按:《集韻》《類篇》㛷字征例切，音制，病子在娠謂之㛷，《集韻》十三祭内有㛷字，《廣韻》有𢗊字無㛷字，疑是《廣韻》之訛。”（360 上）《龍龕》卷一《心部》:“𢗊，音制。婦孕病皃也。”（67）《廣韻》去聲祭韻征例切:“𢗊，婦孕病皃。”（276）周祖謨校勘記:“𢗊，《集韻》作㛷，是也。㛷亦見本韻餘制切下，注云:‘婦人病胎。’此注‘病皃’，北宋本、巾箱本、黎本作‘病兒’，當據正。”（390）《康熙字典》、周氏所言是也。故“𢗊”當即“㛷”字之訛。又《説文·心部》:“薏，滿也。从心，啻聲。一曰十萬曰薏。”（218 上）“薏”，《廣韻》音“乙力切”。“𢗊”與“薏”音義俱别，二字不可混同，故《正字通》謂“𢗊”即“薏”字之訛，非是。又《説文·心部》:“懘，高也。一曰極也。一曰困劣也。从心，帶聲。”（217 下）“懘”，《廣韻》音“特計切”，又音“丑例切”。“𢗊”與“懘”音義俱别，二字亦不可混同，故《正字通》“一説”之説亦非。

24. 憅

《字彙·心部》:“憅，直隴切，音重。遲也。又與憧同。”（162 上）

《正字通·心部》:“憅，同憧。又與慟通。見漢《郭仲奇碑》，从慟爲正。”（374 下）

按:《康熙字典·心部》:“憅，《唐韻》直隴切，《集韻》柱勇切，並音重。《説文》:‘遲也。’”（360 上）《説文·心部》:“憅，遲也。从心，重聲。”（217 上）《説文·心部》下文又曰:“憧，意不定也。从心，童聲。”（220 上）“憅”，《廣韻》音“直隴切”;“憧”，《廣韻》音“尺容切”。“憅”與“憧”音義俱别，二字不可混同，故《字彙》《正字通》謂“憅”同“憧”，並非。

25. 𢡝

《字彙·心部》:“𢡝，謨皆切，音埋。慧也。”（167 下）

《正字通·心部》:“䜌,懇字之訛。从貍則不慧,六書無䜌。舊注音埋,訓慧,非。”(386 上)

按:《康熙字典·心部》:“䜌,《廣韻》莫皆切,《集韻》謨皆切,並音埋。《博雅》:‘慧也。’”(374 上)《方言》卷一:“儇,慧也。秦謂之謾,晉謂之䜌。”郭璞注:“䜌,音(悝)[埋],或莫佳反。”(1)《名義·心部》:“䜌,麥豺反。慧了也。”(77 下)《玉篇·心部》:“䜌,莫皆切。慧也。”(40 下左)又《說文·心部》:“懇,美也。从心,須聲。”(216 下)《集韻》入聲覺韻墨角切:“懇懇,《說文》:‘美也。’或从貌。”(659)“懇”即“懇”之異體字,而“䜌”與“懇”音義俱别,二字不可混同,《正字通》謂“䜌”即“懇”字之訛,且謂“舊注”非,既無書證亦無例證,其說非是。

26. 戧

《字彙·戈部》:“戧,色降切,霜去聲。捍船木也。又楚浪切,音創。義同。”(170 上)

《正字通·戈部》:“戧,截字之訛。”(392 上)

按:《康熙字典·戈部》:“戧,《廣韻》色絳切,《正韻》色降切,並(淙)[霜]去聲。《廣韻》:‘捍船木也。’”(380 上)《廣韻》去聲絳韻色絳切:“戧,捍船木也。”(238)《通俗編·雜字》:“戧,今江船所用以代纜,住則下,行則起者是也。”又《廣韻》上聲準韻尺尹切:“蠢,出也。《爾雅》云:‘作也;動也;不遜也。’截,古文。”(188)“截”即“蠢”之異體字。故“戧”與“截”音義俱别,二字不可混同,《正字通》謂“戧”即“截”字之訛,既無書證亦無例證,其說非是。

27. 抭

《字彙·手部》:“抭,同舀。”(173 下)

《正字通·手部》:“抭,抗字之訛。舊注同舀,非。”(400 上)

按:《康熙字典·手部》:“抭,《廣韻》以沼切,《集韻》以紹切,並腰上聲。舀字重文。《說文》:‘舀,或从手从宂,抒臼也。’”(391 下)《說文·臼部》:“舀，抒臼也。抭，舀或从手从穴。”（145 上）“抭”,《廣韻》音“以周切”,《集韻》又音“以紹切”。又《廣雅·釋詁三》:“抭，投也。”《玉篇·手部》:“抭，于筆切。揘擊也。”（31 上左）“抭”與“抭”儘管形近，然音義俱別，二字不可混同,《正字通》謂“抭”即“抭”字之訛，且謂“舊注”非，既無書證亦無例證，其説非是。

28. 捬

《字彙·手部》:“捬，莫亥切，音買。貪也。”（177 下）

《正字通·手部》:“捬，拇字之訛。舊注音買，貪也；又七畫挴亦訓貪，改音每，並非。”（409 下）

按:《康熙字典·手部》:“捬,《唐韻》莫亥切,《集韻》母亥切，並音莓。貪也。按:《集韻》作挴，即挴字之訛。”（404 下）《廣韻》上聲海韻莫亥切:“捬，貪。”（185）《方言》卷十三:“挴，貪也。”郭璞注:“挴，亡改反。”（81）“捬”與“挴”音義並同，“捬”即“挴”字之俗。《康熙字典》所言是其證也。又《説文·手部》:“拇，將指也。从手，母聲。”（251 上）“拇”,《廣韻》音“莫厚切”。故“捬”與“拇”音義俱别，二字不可混同,《正字通》謂“捬”即“拇”字之訛，既無書證亦無例證，其説非是。

29. 揀

《字彙·手部》:“揀，多動切，音董。打也；擊也。”（177 下）

《正字通·手部》:“揀，揀字之訛。舊注音董，訓擊，非。《佩觿集》:‘揀，都公反。打也。’不詳揀所自出，訓打，亦非。”（410 下）

按:《康熙字典·手部》:“揀,《集韻》覩動切，音董。擊也。”（406 上）《玉篇·手部》:“揀，都籠切。打也。”（32 上右）《集韻》上聲董韻覩動切:“揀，擊也。”（300）又《廣雅·釋詁一》:“揀，擇也。”“揀”,《廣韻》音“古限切”，又音“郎甸切”。“揀”與“揀”音義俱别，二字不可混同,《正字通》謂“揀”即“揀”字之訛，且謂“舊注”、《佩觿集》非，既無書證亦無例證，其説非是。

30. 撔

《字彙·手部》:“撔，七接切，音妾。飯臿也。”（187上）

《正字通·手部》:“撔，撿字之訛。舊注音妾，飯臿，非。”（432下）

按:《康熙字典·手部》:“撔,《玉篇》七葉切，音妾。飯桌也。按:《廣韻》《集韻》从木作檚。《正字通·木部》重出。”（437下）《玉篇·手部》:“撔，七葉切。飯桌也。”（32下右）“撔”,《廣韻》《集韻》皆作“檚”，從形義關係來看，當以作“檚”爲是,“撔”當即“檚”字俗訛。《康熙字典》所言是也。又《説文·手部》:“撿，拱也。从手，僉聲。”（251下）《廣韻》上聲琰韻良冉切:“撿,《説文》:‘拱也。’”（227）《集韻》上聲琰韻居奄切:“撿，束也。”（452）故“撔”與“撿”音義俱別，二字不可混同,《正字通》謂“撔”即“撿”字之訛，且謂“舊注”非，既無書證亦無例證，其説非是。

31. 栐

《字彙·木部》:“栐，於丙切，音永。木可爲笏。又居六切，音菊。櫟實也。”（210下）

《正字通·木部》:“栐，樣字之訛。舊注音永，木可爲笏，非。樣木，櫟屬。樣，音象，與橡爲一物。舊注又音菊，櫟實，亦非。”（495上）

按:《康熙字典·木部》:“栐,《唐韻》《集韻》並於憬切，音永。栐木可用爲笏。按：韻書無菊音,《字彙》誤訓櫟實,《正字通》遂以爲樣字之訛，非。”（495上）《玉篇·木部》:“栐，于丙切。木可用爲笏。”（63上左）《廣韻》上聲梗韻于憬切:“栐，木可爲笏。”（215）《集韻》上聲梗韻于憬切:“栐，木名。”（422）故“栐”即指“一種可以用來做笏的木名”。《詳校篇海》卷三《木部》:“栐，於丙切，音永。木可用爲笏。又居六切，音菊。櫟實也。”（177下）《篇海類編》同。《詳校篇海》《篇海類編》訓“櫟實也”，非是。《説文·木部》:“梂，櫟實。从木，求聲。”（113上）《新撰字鏡·木部》:“梂，渠鳩、渠掬二反。櫟實也。”（384）

《集韻》平聲尤韻渠尤切："梂，《説文》：'櫟實也。'"（257）下文入聲屋韻居六切："梂，木實。"（647）故《詳校篇海》《篇海類編》"栐"又音"菊"，訓"櫟實也"，當因"栐""梂"形近，故而誤植"梂"字音義於"栐"字之上所致的訓釋失誤。又《説文·木部》："樣，栩實。从木，羕聲。"（111下）徐鍇《繫傳》："樣，今俗書作橡。"朱駿聲《通訓定聲》："栩、柔、柞、櫟，一木也。其實爲樣，亦謂之象斗，亦謂之梂。""樣"，《集韻》音"似兩切"。"栐"與"樣"音義俱别，二字不可混同，故《正字通》謂"栐"即"樣"字之訛，其説疑不可據。《康熙字典》所言是其證也。

32. 棑

《字彙·木部》："棑，薄邁切，音敗。船後木棑也。又平聲步皆切。棑筏也；又盾也。"（215上）

《正字通·木部》："棑，棐字重文。舊注音敗，船後木棑；又步皆切，棑筏也，盾也，並誤。"（510下）

按：《康熙字典·木部》："棑，《唐韻》薄佳切，《集韻》《類篇》蒲皆切，並音牌。《唐韻》：'棑，筏也。'又《類篇》：'盾也。'又《唐韻》蒲拜切，《集韻》步拜切，並音憊。《廣韻》：'木名。'《玉篇》：'船後棑木。'"（509上）敦煌本《王韻》去聲怪韻蒲界反："棑，舩後頭［棑木也］。"（409）故宫本《王韻》同。《玉篇·木部》："棑，皮拜切。船後棑木也。又步街切。棑筏也。"（62下左）《集韻》平聲皆韻蒲皆切："棑，盾也。一曰桴也。"（105）《説文·木部》："棐，輔也。从木，非聲。"（121上）《廣韻》上聲尾韻府尾切："棐，輔也。"（171）"棑"與"棐"儘管構字部件相同，然音義俱别，二字不可混同，故《正字通》謂"棑"即"棐"字重文，且謂"舊注"非，既無書證亦無例證，其説非是。

33. 炏

《字彙·欠部》："炏，同欶。"（228下）

《正字通·欠部》："炏，俗少字。舊注同欶，誤。六書有少無炏，

《篇海類編》炊音余，呼犬聲，尤誤。”（548 上）

按：《康熙字典・欠部》：“炊，《玉篇》羊朱切，音逾。呼犬聲。《廣韻集編》俱作炊。按：字見《玉篇》，《正字通》云舊注之誤，改訓俗少字，未知何據。”（547 下）《玉篇・欠部》：“炊，羊朱切。炊炊，呼犬聲。歈，同上。”（45 下左）“炊”，《廣韻》《集韻》作“炊”，“炊”“炊”“歈”即爲異體字。“炊”與“少”音義俱別，二字不可混同，《正字通》謂“炊”即“少”字之俗，且謂“舊注”誤、“《篇海類編》炊音余，呼犬聲，尤誤”，其説非是。

34. 氈

《字彙・毛部》：“氈，旨而切，音支。輕毛。”（237 上）

《正字通・毛部》：“氈，俗翅字。”（566 下）

按：《康熙字典・毛部》：“氈，《玉篇》之移切，《廣韻》《集韻》章移切，並音支。《博雅》：‘毤氈，罽也。’一曰輕毛貌。”（577 下）《廣雅・釋器》：“毤氈，罽也。”王念孫《疏證》：“毤氈，猶氉毦也。按氉毦，罽之細者也。《廣韻》：‘毤氈，輕毛皃。’《太平御覽》引《通俗文》云：‘細葛者謂之毤氈。’義並相近也。”《廣韻》平聲支韻章移切：“毤氈者，輕毛皃。”（14）又《玉篇・羽部》：“翅，升豉切。翼也。”（121 上左）《廣韻》去聲施智切：“翅，鳥翼。”（242）故“氈”與“翅”音義俱別，二字不可混同，《正字通》謂“氈”即“翅”字之俗，既無書證亦無例證，其説非是。

35. 毠

《字彙・毛部》：“毠，女居切，音袽。犬多毛。”（237 上）

《正字通・毛部》：“毠，毠字之訛。舊注音袽，專訓犬多毛，誤。”（567 上）

按：《康熙字典・毛部》：“毠，《玉篇》女於切，《廣韻》女余切，《集韻》女居切，並音袽。犬多毛貌。”（578 下）《玉篇・毛部》：“毠，女於切。犬多毛。”（122 上右）箋注本《切韻》（斯 2071）平聲魚韻女余反：

“犯，犬多毛。”（110）故宫本《王韻》、《廣韻》同。《太平廣記》卷九百零四引何承天《纂文》：“隴西以犬爲猶、獖、犯、毴，皆多毛犬也。”又《集韻》平聲麻韻居牙切：“褁，毛衣謂之褁裟。或作毠、袈。”（208）“袈裟”亦作“毠毟”，“毠”當即“袈”之異體字。故“犯”與“毠”音義俱别，二字不可混同，《正字通》謂“犯”即“毠”字之訛，且謂“舊注”誤，既無書證亦無例證，其説非是。

36. 沯

《字彙·水部》：“沯，子各切，音作。水激石貌。”（243下）

《正字通·水部》：“沯，同砅。舊本《石部》作砅，分爲二。”（580下）

按：《康熙字典·水部》：“沯，《集韻》㴉或省作沯。”（598下）《集韻》入聲曷韻子末切：“㴉沯，水激石皃。或省。”（688）故“沯”當即“㴉”之異體字。又《説文·石部》：“砅，履石渡水也。从水，从石。《詩》曰：‘深則砅。’濿，砅或从厲。”（233上）“砅”，《廣韻》音“力制切”。“沯”與“砅”儘管構字部件相同，然音義俱别，二字不可混同，《正字通》謂“沯”同“砅”，其説非是。

37. 泶

《字彙·水部》：“泶，雪律切，音恤。水流泶泶也。”（252上）

《正字通·水部》：“泶，沭字之訛。”（600上）

按：《康熙字典·水部》：“泶，《廣韻》辛律切，《集韻》雪律切，並音卹。泶泶，水流貌。”（624下）《廣韻》入聲術韻辛律切：“泶，水流泶泶。”（385）《集韻》入聲術韻雪律切：“泶，泶泶，水流皃。”（671）又《説文·水部》：“沭，水。出青州浸。从水，术聲。”（227上）段玉裁注：“‘出’下有奪文……當補‘瑯邪東莞南入泗’七字。”《廣韻》入聲術韻食聿切：“水名。在瑯邪。今沭陽縣，在海州。”（385）故“泶”與“沭”音義俱别，二字不可混同，《正字通》謂“泶”即“沭”字之訛，既無書證亦無例證，其説非是。

38. 溹

《字彙·水部》:“溹，泝字之訛。”（254上）

《正字通·水部》:“溹，渾字之訛。”（604下）

按:《康熙字典·水部》:“溹,《正字通》:‘泝字之訛。’”（630上）《龍龕》卷二《水部》:“溹泎溹溹，四俗；泝，今；泝，正。音素。舟中抒水者，泝斗也。又逆流而上也。六。”（234）故“溹”當即“泝”字之俗。《字彙》謂“溹”即“泝”字之訛，所言是也。《正字通》謂“溹”即“渾”字之訛，於前代字韻書皆無徵，其説非是。《康熙字典》“溹”字下謂《正字通》“泝字之訛”,“《正字通》”當爲“《字彙》”轉録之誤。

39. 濆

《字彙·水部》:“濆，先結切，音泄。濆注也。”（257下）

《正字通·水部》:“濆，潰字之訛。舊注音泄，訓濆注，非。”（611上）

按:《康熙字典·水部》:“濆,《廣韻》《集韻》並私列切，音薛。注也。”（640上）《廣韻》入聲薛韻私列切:“濆，濆注。”（402）《集韻》入聲薛韻私列切:“濆，注也。”（708）。《玉篇·水部》:“沸，方味切。泉涌出皃。潰，同上。”（88下右）《廣韻》去聲未韻扶沸切:“潰，潰渭，水溢。”（255）《集韻》去怪韻怖拜切:“湃，滂湃，水聲。或作潰。”（527）故“濆”與“潰”音義俱别，二字不可混同,《正字通》謂“濆”即“潰”字之訛，且謂“舊注”非，既無書證亦無例證，其説非是。“濆”疑即“渫”字之訛。《説文·水部》:“渫，除去也。从水，枼聲。”（236下）《玉篇·水部》:“渫，息列切。除去也。”（90下右）《廣韻》入聲薛韻私列切:“渫，治井；亦除去。”（402）《集韻》入聲薛韻私列切:“渫,《説文》:‘除去也。’一曰漏也。或作泶、泄、洩。”（707）《文選·江賦》:“磴之以瀿瀷，渫之以尾閭。”李善注:“《莊子》:‘海若曰：天下之水，莫大於海，萬川歸之而不盈，尾閭渫之而不虚。’”今本《莊子·秋水》作“尾閭泄之”。“渫”“泄”即爲異體字。故“渫”本義指“淘井；淘去泥污”，引申義指“液體或氣體排出、漏出”。又“注”既可指“流入”“灌入”之義，亦可指“傾瀉”之義，例如：《儀禮·有司》：“二手執挑匕枋以挹湆，注于疏匕。”鄭玄注：“注，猶寫也。”《東觀漢記·光武紀》：“暴雨下如注，水潦成川。”《三國志·吴志·朱然傳》：“鑿地道，立樓櫓臨城，弓矢雨注。”故“潰”與“渫”音同義通，又“枼”旁、“冓”旁、“貫”俗寫或可訛混，如韓小荆《〈可洪音義〉研究》“渫”俗作“溝”（749）、“遘”俗作“遺”（457）、“覯”俗作“覿”（458），“潰”當即“渫”字俗訛。

40. 溋

《字彙·水部》：“溋，與湆同。船没也。”（258 下）

《正字通·水部》：“溋，澡字之訛。舊注同湆，船没，非。”（612 下）

按：《康熙字典·水部》：“溋，《集韻》湆，或作溋。”（642 上）《集韻》平聲覃韻胡南切：“湆，《方言》：‘沈也。’或作溋。”（283）故“溋”當即“湆”之異體字。又《説文·水部》：“澡，洒手也。从水，喿聲。”（236 下）《廣韻》上聲晧韻子晧切：“澡，澡洗。”（205）“溋”與“澡”音義俱别，二字不可混同，《正字通》謂“溋”即“澡”字之訛，且謂“舊注”非，既無書證亦無例證，其説非是。

41. 濈

《字彙·水部》：“濈，昨代切，音在。測也。又疾則切，音賊。義同。”（259 下）

《正字通·水部》：“濈，濺字之訛。舊注音在，測也；又音賊，義同，並非。”（615 上）

按：《康熙字典·水部》：“濈，《廣韻》《集韻》並昨代切，音在。《博雅》：‘測也。’又《廣韻》昨則切，《集韻》疾則切，並音賊。義同。”（644 上）《廣雅·釋言》：“濈，測也。”曹憲《博雅音》：“濈，才代，又音賊。”又《玉篇·水部》：“濺，子賤切。濺水也。”（90 下右）《廣韻》平聲先韻則前切：“濺，疾流皃。又子賤切。”（82）下文去聲線韻子賤切又曰：

“濺，濺水。”（317）故“溅”與“濺”音義俱别，二字不可混同，《正字通》謂“溅”即“濺”字之訛，且謂“舊注”非，既無書證亦無例證，其説非是。

42. 烌

《字彙·火部》：“烌，虚尤切，音休。《篇海》：‘吴俗謂灰曰烌。’”（265下）

《正字通·火部》：“烌，同烋。《篇海》：‘吴俗謂灰曰烌。’”（629上）

按：《康熙字典·火部》：“烌，《集韻》虚尤切，音休。吴俗謂灰爲烌。”（662上）《集韻》平聲尤韻虚尤切：“烌，吴俗謂灰爲烌。”（255）又《名義·火部》：“烋，虚樛反。美也；微也；福也；慶也；善也；嘉也。”（212上）《玉篇·火部》：“烋，火虯切。美也；福禄也；慶［也］；善也。”（100下右）《集韻》平聲尤韻虚尤切：“烋，美也；和也；善也。通作休。”（255）“烌”與“烋”儘管構字部件相同，且讀音亦同，然義訓區别甚明，故二字不可混同，《正字通》謂“烌”同“烋”，既無書證亦無例證，其説疑不可據。

43. 狂

《字彙·犬部》：“狂，之怨切，音注。黄犬黑頭。”（279上）

《正字通·犬部》：“狂，狴字之訛。一曰狌訛作狂。黄犬黑頭，無狂名。”（658上）

按：《康熙字典·犬部》：“狂，《廣韻》之戍切，《集韻》朱戍切，並音注。《説文》：‘黄犬黑頭也。从犬，主聲。讀若注。’”（705下）《説文·犬部》：“狂，黄犬黑頭。从犬，主聲。讀若注。”（203上）《廣韻》去聲遇韻之戍切：“狂，黄犬黑頭。”（261）又《説文·犬部》：“狴，狾犬也。从犬，㞷聲。”（204下）“狴”即“狂”之篆文。“狴（狂）”，《廣韻》音“巨王切”。“狂”與“狴（狂）”音義俱别，二字不可混同，故《正字通》謂“狂”即“狴（狂）”字之訛，非是。又《玉篇·犬部》：“猩，所庚切。猩猩，如狗，面似人也。又音星。犬吠聲。狌，同上。”（110上右）“狂”與“㹟”音義俱别，二字亦不可混同，故《正字通》“一曰”之説亦非是。

44. 犮

《字彙·犬部》：“犮，扶廢切，音費。犬聲。”（279 上）

《正字通·犬部》：“犮，俗犮字。《集韻》吠作狒犮，誤。”（658 下）

按：《康熙字典·犬部》：“犮，《集韻》房廢切，音茷。本作吠，或作狒。”（706 下）《名義·犬部》：“𤝔，扶廢反。犬鳴也。”（236 上）《新撰字鏡·犭部》：“犮𤝔，扶廢反。犬鳴。吠古文。”（473）《集韻》去聲廢韻房廢切：“吠，《説文》：‘犬鳴也。’或作狒、犮。”（537）故“𤝔”即“犮”之異寫字，而“犮”當即“吠”之異體字。《説文·犬部》：“犮，走犬皃。从犬而丿之。”（204 上）“犮”，《廣韻》音“蒲撥切”。“犮”與“犮”音義俱别，二字不可混同，《正字通》謂“犮”即“犮”字之俗，且謂《集韻》誤，既無書證亦無例證，其説非是。

45. 㾪

《字彙·疒部》：“㾪，神夜切，音射。病也。”（305 上）

《正字通·疒部》：“㾪，㿗字之譌。舊注音射，病也，誤。”（715 下）

按：《康熙字典·疒部》：“㾪，《集韻》神夜切，音射。《玉篇》：‘多病也。’”（786 上）《玉篇·疒部》：“㾪，時夜切。多病也。”（57 下左）《玉篇校釋》“㾪”字下注：“《集韻》去聲禡韻同：‘㾪，病也。’疑爲勞苦疲乏之病。《力部》：‘勩，勞也。’《廣雅》：‘苦也。’”（2274）又《龍龕》卷四《疒部》：“㿗，杜回反。陰病也。”（471）《廣韻》平聲灰韻杜回切：“㿗，陰病。”（55）“㾪”與“㿗”音義俱别，二字不可混同，《正字通》謂“㾪”即“㿗”字之訛，且謂“舊注”非，既無書證亦無例證，其説非是。

46. 瘈

《字彙·疒部》：“瘈，古洽切，音甲。瘈蹄，足病。又苦洽切，音

恰。創也。”（305 下）

《正字通·疒部》：“㾜，㾤字之訛。舊注音甲，獸足病；又音恰，創也，並非。”（716 下）

按：《康熙字典·疒部》：“㾜，《廣韻》古洽切，《集韻》訖洽切，並音夾。《玉篇》：‘羊蹄間㾜疾。’《集韻》：‘獸足病謂之㾜。’又《博雅》：‘㾜，創也。’”（787 下）《廣雅·釋詁一》：“㾜，創也。”《玉篇·疒部》：“㾜，古洽、苦洽二切。羊蹄間㾜疾。”（57 上左）《集韻》入聲乞洽切：“㾜，創也。”下文訖洽切又曰：“㾜，創也。一曰獸足病謂之㾜。”（786）《説文·心部》：“㾤，静也。从心，疾聲。”（217 上）《集韻》去聲霽韻壹計切：“㾤，《説文》：‘静也。’”（507）故“㾜”與“㾤”音義俱別，二字不可混同，《正字通》謂“㾜”即“㾤”字之訛，且謂“舊注”非，既無書證亦無例證，其説非是。

47. 皏

《字彙·白部》：“皏，普活切，音潑。皏眛，淺白色。”（307 上）

《正字通·白部》：“皏，䏼字之訛。舊注淺白色，誤。”（720 下）

按：《康熙字典·白部》：“皏，《集韻》普活切，音潑。皏眛，淺白色。”（793 下）《集韻》入聲末韻普活切：“皏，皏眛，淺白色。”（692）《廣雅·釋詁四》：“䏼，舂也。”《廣韻》去聲廢韻方廢切：“䏼，暘也。”（293）下文入聲月韻房越切：“䏼，舂米。”（388）儘管“皏”與“䏼”形近，然音義俱別，二字不可混同，《正字通》謂“皏”即“䏼”字之訛，且謂“舊注”非，既無書證亦無例證，其説非是。

48. 瓜

《字彙·目部》：“瓜，古華切，音瓜。眼也。”（313 上）

《正字通·目部》：“瓜，脈字之訛。舊注音瓜，眼也，誤。”（733 下）

按：《康熙字典·目部》：“瓜，《集韻》同瞗。”（814 下）《玉篇·目部》：“瓜，古花切。眼也。”（22 下右）下文又曰：“瞗，古花切。瞗眼。”（22 下左）《集韻》平聲麻韻姑華切：“瞗，目也。或作瓜。”（210）《玉篇校釋》於“䀣”字下注：“《集韻》麻韻䀣同䁯，眼也。本書：‘䁯，眼也。’䁯、䀣一字，猶㾨、𤵸一字。”（846）胡氏所言是也。正如“䟫”同“踻”、“駎”同“騧”等，“䀣”當即“䁯”之異體字。又《説文·目部》：“䀰，目財視也。从目，𠂢聲。”（66下）段玉裁注：“財，當依《廣韻》作邪。”“䀰”，《廣韻》音“莫獲切”。儘管“瓜”“𠂢”二旁形近，俗書常可訛混，但“䀣”與“䀰”音義俱別，二字不可混同，故《正字通》僅據“䀣”“䀰”字形相近而謂“䀣”即“䀰”字之訛，且謂“舊注”非，其説非是。

49. 砆

《字彙·石部》：“砆，杜結切，音迭。砲砆也。”（320下）

《正字通·石部》：“砆，砆字之訛。”（748下）

按：《康熙字典·石部》：“砆，《廣韻》徒結切，音迭。砲砆。”（840下）《龍龕》卷四《石部》：“砆，徒結反。砲砆也。”下字曰：“砲，音雹。砲砆，石皃也。”（445）《玉篇·石部》：“砆，音迭。砲砆。”（106上右）《廣韻》亦同。《山海經·南山經》：“會稽之山，四方，其上多金玉，其下多砆石。”郭璞注：“砆，武夫石，似玉。今長沙臨湘出之，赤地白文，色蘢葱不分明。”故“砆”與“砆”儘管形近，然音義俱別，二字不可混同，《正字通》謂“砆”即“砆”字之訛，疑不可據。

50. 碽

《字彙·石部》：“碽，古紅切，音工。擊石聲。”（323上）

《正字通·石部》：“碽，磧字之訛。舊注音工，擊石聲，誤。”（754上）

按：《康熙字典·石部》：“碽，《廣韻》古紅切，《集韻》沽紅切，並音公。擊石聲。”（846下）《玉篇·石部》：“碽，古紅切。擊聲。”（105下左）《廣韻》平聲東韻古紅切：“碽，擊聲。”（6）《集韻》亦同。又《説文·石部》：“磧，水陼有石者。从石，責聲。”（192下）《廣韻》入聲昔韻七迹切：“磧，砂磧。”（419）故“碽”與“磧”儘管形近，然音義俱別，二字不可混同,《正字通》謂“碽”即“磧”字之訛，既無書證亦無例證，其説非是。

51. 磟

《字彙·石部》:“磟，盧皎切，音蓼。磟㭰，垂貌。”(325上)

《正字通·石部》:“磟，磟字之訛。舊注音蓼，磟㭰，垂貌，非。”(757下)

按:《康熙字典·石部》:“磟,《廣韻》盧鳥切,《集韻》朗鳥切，並音蓼。磟磪，石垂貌。”(851下)原本《玉篇·石部》:“磟，力皎反。《字書》:‘磟，鳥垂皃。’”(526)《玉篇·石部》:“磟，力皎切。磟磪，石垂皃。”(105下右)《廣韻》上聲筱韻盧鳥切:“磟，磟㭰，垂皃。”(200)《集韻》上聲筱韻朗鳥切:“磟，磟磪，石垂皃。”(391)又原本《玉篇·石部》:“磟，力篤反。《埤蒼》:‘磟碡，車軨也。’《字書》:‘磟碡，輾車也。’”(526)《玉篇·石部》:“磟，力竹切。磟碡，田器。”(105下右)“磟”與“磟”儘管部分構字部件相同，然音義俱别，二字不可混同,《正字通》謂“磟”即“磟”字之訛，且謂“舊注”非，其説非是。

52. 稇

《字彙·禾部》:“稇，同秈。”(331下)

《正字通·禾部》:“稇，稇字之訛。舊注同秈，誤。”(772下)

按:《康熙字典·禾部》:“稇,《正字通》:‘稇字之訛。’《字彙》:‘同秈。’”(868上)《集韻》平聲僊韻相然切:“秈,《方言》:‘江南呼稉爲秈。’或作稇。”(164)故“稇”當即“秈”通過改换聲符而形成的異體字。又《廣韻》上聲忝韻他玷切:“稇，鄉名。在濟北蛇丘縣。”(228)故“稇”與“稇”儘管形近，然音義俱别，二字不可混同,《正字通》謂“稇”即“稇”字之訛，且謂“舊注”非，既無書證亦無例證，其説非是。《康熙字典》轉録《正字通》之説而未作校正，亦失考證。

53. 緉

《字彙·糸部》:“緉，息有切，脩上聲。絆前兩足。”（357上）

《正字通·糸部》:“緉，同緧。舊注義與緧近，改息有切，脩上聲，誤分爲二。”（826下）

按:《康熙字典·糸部》:“緉,《集韻》息酉切，音滫。《玉篇》:‘絆前兩足也。’《類篇》緧，或從酉作緉。”（947上）原本《玉篇·糸部》:“緧，先酒反。《莊子》:‘連之以羈緧。’《說文》:‘絆前兩足也。漢令，蠻夷卒有臬緧也。’”（631）《玉篇·糸部》:“緉，先酒切。絆前兩足也。”（125上左）《玉篇校釋》“緉”字下注:“廣益本‘緉’由‘緧’訛，既訛之後，校者又據《說文》補‘緧’字于部末‘綿’‘縲’之間，今移併於此。《說文》作‘䌹’，隸遞省爲‘䌹’‘緧’，‘緧’訛爲‘緉’。《集韻》《類篇》並以‘緉’爲‘緧’之或體，實僞字當刪。”（5383）胡氏所言當是，“緉”當即“緧”之俗訛字。又《說文·糸部》:“緧，馬紂也。从糸，酋聲。”（277上）原本《玉篇·糸部》:“緧，且牛反。《考工記》:‘車下阤，不援其邸，必緧其牛後。’鄭衆曰:‘緧，紂也。’《方言》:‘紂，自關而東，周、洛、韓、鄭、汝、潁而東謂之緧也。’緅，《字書》亦緧字也，或復爲鞧字，在《革部》。”（630）《玉篇·糸部》:“緧，七由切。牛馬緧也。亦作鞧。緅，同上。”（125上左）“緧”與“鞧”“緅”即爲異體字。故“緉”與“緧”儘管形近，然音義俱別，二字不可混同，《正字通》謂“緉”即“緧”字之訛，且謂“舊注”非，既無書證亦無例證，其說非是。

54. 緰

《字彙·糸部》:“緰，直祐切，音胄。《博雅》:‘(集)[業]也。’一曰緒也。”（359下）

《正字通·糸部》:“緰，緭字之訛。舊注改音胄，引《博雅》‘(集)[業]也’，誤。”（832下）

按:《康熙字典·糸部》:“緰,《廣韻》直祐切，音胄。《博雅》:‘(蒙)

［業］也。'《類篇》：'一曰緒也。'"（954下）《集韻》去聲宥韻直祐切："緍，《博雅》：'業也。'一曰緒也。或作紬。"（615）故"緍"當即"紬"之異體字。又"緍"訓"業也""緒也"，訓異義同。《廣雅・釋詁四》："緒、紬，業也。"此即其證也。此"業"即"事業"之義。又《説文・糸部》："緭，繒也。从糸，胃聲。"（274上）原本《玉篇・糸部》："緭，胡貴反。《説文》：'緭，繒也。'《埤蒼》：'緭，緒也。'"（602）此"緒"當爲"絲端"之義。《玉篇校釋》"緭"字下注："今據《埤蒼》緭訓爲緒，緒，絲端也，絛，編緒也，二書義正相符合。"（5330）故"緍"與"緭"儘管字形相近，然音義俱別，二字不可混同，《正字通》謂"緍"即"緭"字之訛，且謂"舊注"非，既無書證亦無例證，其説非是。

55. 荵

《字彙・艸部》："荵，奴協切，音捻。草名。又忍甚切，壬上聲。果木名。"（401下）

《正字通・艸部》："荵，葱字之訛。舊注音捻，艸名；又忍甚切，壬上聲，果木名，並非。"（929下）

按：《康熙字典・艸部》："荵，《唐韻》奴結切，音涅。草也。又《集韻》忍甚切，音稔。木名。"（1075上）《玉篇・艸部》："荵，奴（佔）［帖］切。草名。"（69上右）《廣韻》入聲屑韻奴結切："荵，草也。"（401）《集韻》上聲寑韻忍甚切："棯荵，木名。《爾雅》：'還味，棯棗。'或从艸。"（442）又《玉篇・艸部》上文又曰："葱，且公切。葷菜也；又淺青色。葱，同上，俗。"（64下右）"葱"即"葱"字之俗。"荵"與"葱"儘管字形相近，然音義俱別，二字不可混同，故《正字通》謂"荵"即"葱"字之訛，且謂"舊注"非，既無書證亦無例證，其説疑非是。

56. 蕎

《字彙・艸部》："蕎，同上（蘼）。"（413下）

《正字通・艸部》："蕎，藹字之訛。舊注同蘼，非。"（960上）

按:《康熙字典·艸部》:“蒿,《集韻》同薅。”(1100下)《集韻》平聲豪韻呼高切:“薅,《説文》:‘拔去田艸也。’籀文作蓐,或作茠、拺、鎒、蒿。”(190)故“蒿”當即“薅”通過改换聲符而形成的異體字。又《爾雅·釋草》:“蒿侯,莎;其實媞。”“蒿”,《廣韻》音“胡老切”。故“蒿”與“蒿”儘管部分構字部件相同,然音義俱别,二字不可混同,《正字通》謂“蒿”同“蒿”,且謂“舊注”非,既無書證亦無例證,其説非是。

57. 薇

《字彙·艸部》:“薇,武悲切,音梅。草名。”(413下)

《正字通·艸部》:“薇,薇字之訛。舊注音梅,艸名,誤。”(960下)

按:《康熙字典·艸部》:“薇,《集韻》同莓。”(1100下)《集韻》平聲脂韻旻悲切:“莓,艸名。《博雅》:‘莌莓,黄文,内虚。’或作薇。”(50)故“薇”當即“莓”通過改换聲符而形成的異體字。又《説文·艸部》:“薇,菜也,似藿。从艸,微聲。薇,籀文薇省。”(10上)“薇”,《廣韻》音“無非切”,又音“武悲切”。故“薇”與“薇”儘管部分構字部件相同,然音義俱别,二字不可混同,《正字通》謂“薇”同“薇”,且謂“舊注”非,既無書證亦無例證,其説非是。

58. 蠇

《字彙·虫部》:“蠇,同蠣。”(431下)

《正字通·虫部》:“蠇,同蠆。”(1010上)

按:《康熙字典·虫部》:“蠇,《集韻》蠣本字,同蠤。”(1145下)《説文·虫部》:“蠇,蚌屬,似蝶微大,出海中,今民食之。从虫,萬聲。讀若賴。”(283上)《名義·虫部》:“蠇,力制反。水蚌也。”(253上)《玉篇·虫部》:“蠇,力制切。蚌屬也。”(117下右)《廣韻》去聲祭韻力制切:“蠣,牡蠣。蚌屬。蠇,上同。”(278)《集韻》去聲祭韻力制切:“蠇,《説文》:‘蚌屬,似蝶微大,出海中,今民食之。’或作蠣、蠤。”(514)故“蠇”“蠣”即爲異體字。《字彙》謂“蠇”同“蠣”,是也。又《説文・虫部》:“蠆，毒蟲也。象形。”（280 下）《名義・虫部》:“蠆，丑芥反。螫［蟲］。”《玉篇・虫部》:“蠆，丑介切。螫蟲。或作蠤。”（117 下左）“蟎”與“蠆”儘管構字部件相同，然音義俱别，二字不可混同，故《正字通》謂“蟎”同“蠆”，非是。《康熙字典》謂“蟎”同“蠤”，亦失考證。

59. 袔

《字彙・衣部》:“袔，同襜。”（437 上）

《正字通・衣部》:“袔，同裒。滇南謂（掖）［腋］袖爲袔袖，或曰鶴袖，鶴即袔之轉聲。舊注同襜，非。”（1024 下）

按:《康熙字典・衣部》:“袔，《唐韻》胡个切，音賀。與襜同。《玉篇》:‘腋袖也。’又《集韻》苦瓦切，音髁。同袴。小衫。又口個切，音坷。《通志・六書略》:‘夾衣也。’”（1160 下）《廣雅・釋器》:“袔，袖也。”《玉篇・衣部》:“袔，何箇切。腋袖也。襜，同上。”（128 下左）《廣韻》去聲箇韻胡箇切:“襜，腋袖也。袔，上同。”（329）《集韻》去聲箇韻何佐切:“袔襜，《博雅》:‘腋袖也。’或從賀。”（589）故“袔”“襜”即爲異體字。又《龍龕》卷一《衣部》:“褁，俗；裒，正。烏可反。裒袲，衣皃也。”下字曰:“袲，奴可反。裒袲，衣好皃也。”（104）《玉篇・衣部》:“裒，於可切。［裒袲］，弱皃。”下字曰:“袲，奴可切。裒袲，衣好皃。”（128 下左）故“袔”與“裒”儘管構字部件相同，然音義俱别，二字不可混同，《正字通》謂“袔”同“裒”，且謂“舊注”非，非是。

60. 訛

《字彙・言部》:“訛，普弭切，音嚭。具也。又匹夷切，音紕。義同。”（449 上）

《正字通・言部》:“訛，同諀省。舊注音嚭，具也，與庀溷。訛、訛二注並誤。”（1054 上）

按:《康熙字典・言部》:“訛，《廣韻》匹婢切，《集韻》普弭切，並音仳。言具也。又《集韻》普鄙切，音嚭。義同。又《集韻》篇夷切，嚭平聲。《博雅》：'具也。'《集韻》或省作訛。"（1197上）原本《玉篇·言部》："訛，匹尒反。《廣雅》：'訛，具也。'《字書》：'古文爲庀字，在《广部》。'毀呰之訛爲諀字也。"（295）《玉篇·言部》："訛，匹（示）[尒]切。具也。今作庀。"（43下右）《廣韻》上聲紙韻匹婢切："訛，具也。"（165）《集韻》上聲紙韻普弭切："訛訛，言具也。或省。"（316）又《廣雅·釋詁三》："諀，誤也。"原本《玉篇·言部》："諀，補奚反。《字書》：'或紕字也。紕，縷并也。在《糸部》。或爲性字。性，誤也；謬也。在《心部》。'"（290）《玉篇·言部》："諀，必奚切。誤也；謬也。"（43下右）故"訛"與"諀"儘管部分構字部件相同，然音義俱別，二字不可混同，《正字通》謂"訛"同"諀"，且謂"舊注"非，既無書證亦無例證，其說非是。

61. 訡

《字彙·言部》："訡，淫浸切，淫去聲。譧訡，怒言。又啼不止也。"（449下）

《正字通·言部》："訡，同吽。舊注訓怒言，近似，音淫去聲；又啼不止，誤。"（1055下）

按：《康熙字典·言部》："訡，《玉篇》《集韻》並于禁切，音顮。譧訡，怒言。"（1199上）《玉篇·言部》："訡，于禁切。譧訡。訡，同上。啼不止也。"（44上右）《集韻》去聲沁韻于禁切："訡，譧訡，怒言。"（622）《考正》"訡"字下注："按我們的理解，'訡，同上。啼不止也'，是說'訡'字讀音同上'于禁切'，而意義'啼不止也'則不與'訡'字共有。《字彙》編者誤解了《玉篇》的原意。"（408）鄧氏、韓氏所言當是也。又《廣韻》上聲厚韻呼后切："吼，牛鳴。吽，上同。"（222）《集韻》平聲矦韻魚侯切："吽，狋吽牙者，兩犬争。東方朔說。"（268）故"訡"與"吽"音義俱別，二字不可混同，《正字通》謂"訡"同"吽"，非是。

62. ⿱什言

《字彙・言部》:“⿱什言，古文計字。”（453 下）

《正字通・言部》:“⿱什言，⿱伿言字之訛。舊注古文計字，非。”（1068 下）

按:《康熙字典・言部》:“⿱什言，《正字通》:‘⿱伿言字之訛。《字彙》作古文計字，非。’”（1217 上）《龍龕》卷一《言部》:“⿱什言，古文計字。”（50）故“⿱什言”當爲“計”之異體字。又《説文・言部》:“⿱伿言，待也。从言，伿聲。讀若饕。”（48 下）徐鍇《繫傳》:“此亦與徯字義相通也。”“⿱伿言”，《廣韻》音“胡禮切”。故“⿱什言”與“⿱伿言”儘管部分構字部件相同，然音義俱別，二字不可混同，《正字通》謂“⿱什言”即“⿱伿言”字之訛，且謂“舊注”非，既無書證亦無例證，其説非是。《康熙字典》轉録《正字通》之説而未作校正，亦失考證。

63. ⿰言⿰丨艮

《字彙・言部》:“⿰言⿰丨艮，俗懇字。”（454 下）

《正字通・言部》:“⿰言⿰丨艮，俗詪字。《説文》:‘詪，很戾也。’俗因作⿰言⿰丨艮，本作很。舊注俗懇字，非是。”（1073 下）

按:《康熙字典・言部》:“⿰言⿰丨艮，《正字通》俗詪字，《字彙》作‘俗懇字’，非。”（1223 上）《龍龕》卷一《言部》:“**⿰言⿰丨艮⿰言⿰豸艮**，俗。口本反。正作懇。二。”（45）故“**⿰言⿰丨艮**”“**⿰言⿰豸艮**”即“懇”字之俗;“⿰言⿰丨艮”當即“**⿰言⿰丨艮**”之楷定字，故亦當即“懇”字之俗。又《説文・言部》:“詪，（眼）[很]戾也。从言，𥃩聲。”（50 上）原本《玉篇・言部》:“詪，古恨反，胡典反。《説文》即（詪）[很]也。《廣雅》:‘詪詪，語也。’”（268）故“⿰言⿰丨艮”與“詪”儘管部分構字部件相同，然音義俱別，二字不可混同，《正字通》謂“⿰言⿰丨艮”即“詪”字之俗，且謂“舊注”非，既無書證亦無例證，其説非是。《康熙字典》承襲《正字通》之説，亦失考證。

64. ⿰言啐

《字彙・言部》:“⿰言啐，同誶。”（455 下）

《正字通・言部》:“譐，俗誶字。舊注同謼，誤。”（1076 上）

按:《康熙字典・言部》:“譐,《類篇》同謼。”（1227 下）《玉篇・言部》:“謼，火訝切。詐也。譐，同上。”（44 上右）《集韻》去聲禡韻虛訝切:“謼譐，詐也。或作譐。”（595）“譐”“譐”即異寫字，並即“謼”字之俗。《説文・言部》:“誶，讓也。从言，卒聲。”（51 下）《玉篇・言部》:“誶，息醉切。言也；問也；罵也；讓也。”（43 上右）“譐”與“誶”儘管部分構字部件相同，然音義俱别，二字不可混同，故《正字通》謂“譐”即“誶”字之俗，且謂“舊注”誤，既無書證亦無例證，其説非是。

65. 豑

《字彙・豆部》:“豑，同豍。音篦。”（460 下）

《正字通・豆部》:“豑，豒字之訛。舊注同豍，誤。”（1088 下）

按:《康熙字典・豆部》:“豑,《類篇》與豍同。”（1244 下）《集韻》平聲齊韻邊迷切:“豍,《博雅》:‘豍豆，豌豆也。’或作豑。”（100）故“豑”當即“豍”之異體字。又《説文・豊部》:“豒，爵之次弟也。从豊，从弟。《虞書》曰:‘平豒東作。’”段玉裁注:“爵者，行禮之器，故从豊；有次弟，故从弟。豒，今《書》作秩。”“豒”,《廣韻》音“直一切”。故“豑”與“豒”儘管部分構字部件相同，然音義俱别，二字不可混同,《正字通》謂“豑”即“豒”字之訛，且謂“舊注”非，既無書證亦無例證，其説非是。

（二）僅據字音而致辨析失誤

明清大型字書在疑難字考釋方面，也存在很多僅據兩字或多字字音相同或相近而將形義完全不同的字誤作認同的現象。

1. 傿

《字彙・人部》:“傿，五晏切，音彦。僞物也。”（40 上）

《正字通・人部》:“傿，喭、諺之訛。舊注音彦，僞物也，誤。僞物當作贗，本借鴈，改作傿，非。”（51 上）

按:《廣韻》去聲諫韻五晏切:“贗,僞物。偐,上同。”(310 ~ 311)《集韻》去聲諫韻魚澗切:“贗,僞物也。亦作偐。”(561)故“偐”即“贗”之異體字。《廣韻》去聲線韻魚變切:“唁,弔失國。《説文》曰:‘弔生也。’《詩》曰:‘歸唁衛侯。’喭,上同。”同一小韻下文又曰:“諺,俗言。”(316)故“偐”與“喭”“諺”儘管音同,然意義區别甚明,“偐”與“喭”“諺”不可混同,故《正字通》謂“偐”即“喭”“諺”之訛,所言非是。

2. 愕

《字彙·人部》:“㑼,逆各切,音咢。多也。”(40 上)

《正字通·人部》:“㑼,愕字之訛。舊注音咢,多也,誤。”(51 上)

按:《廣韻》入聲鐸韻五各切:“㑼,多也。”(410)《集韻》同。《廣雅·釋詁一》:“愕,驚也。”“愕”,《廣韻》亦音“五各切”。“㑼”與“愕”儘管音同,然意義區别甚明,二字不應混同,故《正字通》謂“㑼”即“愕”字之訛,並謂“舊注”誤,既無書證亦無例證,所言疑非是。《大字典》收録“㑼”字,據《廣韻》訓“多”,又以《正字通》之説作爲“一説”,疑亦非是。

3. 啺

《字彙·口部》:“啺,同上(哳)。”(77 上)

《正字通·口部》:“啺,同哳。與喝别。”(153 下)

按:《康熙字典·口部》:“啺,《集韻》先的切,音錫。啺啺,鳥聲。或作唽。唽,《集韻》同上。”(136 上)《康熙字典》《字彙》謂“啺”同“唽”,所言是也。《集韻》入聲錫韻先的切:“啺唽,啺啺,鳥聲。或从析。”(748)此是其證也。《正字通》謂“啺”同“哳”,非是。《廣韻》入聲鎋韻陟鎋切:“哳,嘲哳,鳥鳴。”(398)《集韻》同。“啺”與“哳”義同音别,二字不可混同,故《正字通》之説非是。《正字通》謂“啺”與“喝”别,所言是也。“喝”即“唐”之《説文》古文,“啺”與“喝”儘管形近,然音義俱别,二字不可混同。

4. 㖢

《字彙・口部》:“㖢，抽離切，音癡。《玉篇》:‘㖢嗛。’”（77 上）

《正字通・口部》:“㖢，俗呰字。舊注改音痴，㴔嗤。”（153 下）

按:《康熙字典・口部》:“㖢,《集韻》才支切，音疵。《玉篇》:‘嗛食也。’《集韻》本作餈，同呲。”（135 下）《玉篇・口部》:“㖢，疾離切。㖢（當爲字頭誤重）嗛也。或作餈。”（26 下右）《集韻》平聲支韻才支切:“餈,（歉）［嗛］食也。或作呲、㖢。”（29）故“㖢”與“餈”“呲”即爲異體字。又《説文・口部》:“呰，苛也。从口，此聲。”（27 下）《廣韻》上聲紙韻將此切:“呰，口毁。《説文》:‘苛也。’”（165）《集韻》平聲支韻才支切:“呰，苛也；瑕也。”（29）故“㖢”與“呰”音同義别，二字不可混同,《正字通》謂“㖢”即“呰”字之俗，既無書證亦無例證，其説非是。

5. 嚝

《字彙・口部》:“嚝，呼宏切，音轟。鐘鼓之聲。”（84 下）

《正字通・口部》:“嚝，俗訇字。舊注音訇，鐘鼓聲，即訇義，从訇爲正。”（172 下）

按:《康熙字典・口部》:“嚝,《廣韻》虎横切,《集韻》呼横切，並音諻。《玉篇》:‘嚝，嘖聲。’《廣韻》:‘鼓鐘聲。’”（157 上）《名義・口部》:“嚝，火横反。嘖聲皃。”（45 上）《玉篇・口部》:“嚝，火横切。嚝，嘖聲。”（26 上左）又《廣韻》平聲庚韻虎横切:“嚝，鼓（鍾）［鐘］聲。”（120）《正字通》謂此“嚝”當即“訇”字之俗，疑可商榷。《説文・言部》:“訇，騃言聲。从言，匀省聲。”（49 下）《廣韻》平聲耕韻呼宏切:“訇，匉訇，大聲。又姓。”（124）故“嚝”與“訇”音同義别，二字不可混同,《正字通》謂“嚝”即“訇”字之俗，既無書證亦無例證，其説非是。此“嚝”當即“鍧”之異體字。慧琳《音義》卷八三引《考聲》:“鏗鍧，鐘聲。”《廣韻》平聲耕韻呼宏切:“鍧，鏗鍧，鐘鼓之聲相雜也。”（124）故“嚝”與“鍧”音義並同，即爲異體字。佛經有“嚝”

字用例，提供如下：《大正藏》本唐澄觀述《大華嚴經略策》："法化横周，豎窮無際。修因嚝遠，算數難量。圓機圓修，方造其境。然隨機隱顯，浄穢虧盈；稱物淺深，大小互現。雖虧盈而浄穢交徹，雖大小而通局相融。識智叵量，言豈能盡？故依經説，略示其狀。"從上下文文意來看，"嚝遠"當同"曠遠"，此"嚝"當即"曠"字之俗。又《卍新纂續藏經》本宋宗曉編《施食通覽》卷上《出生圖紀》："西壁即嚝野之身，東壁即佛所化者，今明受祭，唯圖曠野之像焉。"從上下文文意來看，"嚝野"當同"曠野"，此"嚝"亦當即"曠"字之俗。此"嚝"與上文《名義》《廣韻》所録之"嚝"即爲同形字。

6. 坒

《字彙·土部》："坒，毗至切，音陛。地相次有等級也。《六書正譌》隸作陛，非。"（88 下）

《正字通·土部》："坒，同陛。《説文·土部》：'坒，地相次比也。衛大夫貞子名坒。'《𨸏部》：'陛，升高階也。'分爲二，泥。"（188 下）

按：《康熙字典·土部》："坒，《廣韻》《集韻》並毘至切，音鼻。《説文》：'地相次坒也。'又配合也。一曰比肩也。又人名。衛（夫人）［大夫］貞子名坒。又與陛通。賈誼《治安策》：'人君如堂，群臣如坒。'一作陛。"（171 上）《説文·土部》："坒，地相次比也。衛大夫貞子名坒。从土，比聲。"（289 上）徐鍇《繫傳》："若今人言毗田也。"《名義·土部》："坒，毗利反。相連也。"（8 上）《玉篇·土部》："坒，毗利、毗栗二切。地相次坒也。"（7 下右）《文選·吴都賦》："士女佇眙，商賈駢坒。"李善注引許慎《淮南子》注曰："坒，相連也。"故"坒"本義即指"相連接"。《説文·𨸏部》又曰："陛，升高階也。从𨸏，坒聲。"（308 上）段玉裁注："自卑而可以登高者謂之陛。"故"陛"本義即指"臺階"。"坒"，《廣韻》音"毗至切"；"陛"，《廣韻》音"傍禮切"。故"坒"與"陛"儘管音近，然意義區别甚明，二字不可混同，《正字通》謂"坒"同"陛"，非是。《康熙字典》謂"坒"與"陛"通，當因承襲《正字通》之説而誤。又其以賈誼《治安策》"人君如堂，群臣如坒"爲例，並謂“坒”一作“陛”，然今本本作“陛”，故其説疑不可據。“坒”本當作“比”。《説文·比部》：“比，密也。二人爲从，反从爲比。”（166下）“比”本義指“親近”，引申義可指“相連接”。《漢書·諸侯王表》：“諸侯比境，周帀三垂，外接胡越。”顔師古注：“比謂相接次也。”“相接次”即指“相連接”。“比”，《廣韻》亦音“毗至切”。“坒”與“比”音義並同，故“坒”本當作“比”。《文選·吴都賦》：“士女佇眙，商賈駢坒。”張銑注：“駢坒，闐駢相次貌。坒，次也。”北魏酈道元《水經注·滱水》：“池之四周，居民駢比。”唐劉禹錫《吊馬文》：“一蹊千趾，駢比齟齬。”“駢坒”亦作“駢比”，此是其證也。《大字典》《字海》“坒”字下皆據《正字通》之誤而收録一個義項，謂同“陛”，並非。

7. 姕

《字彙·女部》：“姕，同姿。”（103下）

《正字通·女部》：“姕，同姿。《説文》分姿、姕爲二。姕，婦人小物也。引《詩》‘屢舞姕姕’。按：《小雅·賓筵》‘屢舞僊僊’‘屢舞僛僛’‘屢舞傞傞’，無所謂‘姕姕’者，《説文》不詳經文，誤引類如此。”（235下）

按：《康熙字典·女部》：“姕，《廣韻》即移切，《集韻》將支切，並音資。《説文》：‘婦人小物也。’又《廣韻》此移切，《集韻》七支切，並音雌。姕妓，婦人不媚貌……又淺氏切，音此。舞也。一曰婦人貌。”（210上）《説文·女部》：“姕，婦人小物也。从女，此聲。《詩》曰：‘屢舞姕姕。’”（263上）下文又曰：“姿，態也。从女，次聲。”（263下）《名義·女部》：“姕，且紫、子兒二反。婦人小物也。”（26上）下文又曰：“姿，子私反。態也。”（26下）《玉篇·女部》：“姕，且貲、子兒二切。《説文》曰：‘婦人小物也。《詩》曰：屢舞姕姕。’”（17上右）下文又曰：“姿，子思切。姿態也。”（18上右）故“姕”與“姿”音同義别，二字不可混同。《直音篇》卷一《女部》：“姿，音兹。姿態。姕，同上。又音雌。”（25下）《直音篇》謂“姕”同“姿”，非是。《字彙》《正字通》承襲《直音篇》之誤而謂“姕”同“姿”，亦並非是。

8. 帹

《字彙·巾部》:“帹，將遂切，音醉。五彩繒。”（136下）

《正字通·巾部》:“帹，俗裨字。”（315下）

按:《康熙字典·巾部》:“帹,《廣韻》子對切,《集韻》祖對切，並音晬。《玉篇》:‘[會]五綵繒。’”（291上）《玉篇·巾部》:“帹，子内切。綵繒。”（127上左）《廣韻》去聲隊韻子對切:“䊜,《説文》:‘會五綵繒也。’綷，上同；帹，亦同。”（290）《集韻》同。故“帹”與“䊜”“綷”音義並同，即爲異體字。又《玉篇·衣部》:“裨，子憒切。襌衣也。”（128下右）《集韻》去聲隊韻祖對切:“裨,《方言》:‘單衣謂之裨。’”（532）故“帹”與“裨”音同義別，二字不可混同,《正字通》之説非是。

9. 帠

《字彙·巾部》:“帠，於營切，音縈。覆也。”（137下）

《正字通·巾部》:“帠，褮字之訛。”（318上）

按:《康熙字典·巾部》:“帠,《廣韻》於營切,《集韻》娟營切，並音謍。《玉篇》:‘覆也。’《集韻》:‘帠，收豢也。’”（293下）《名義·巾部》:“帠，紆營反。覆。”（279下）《玉篇·巾部》:“帠，紆螢切。覆也。”（127上左）故宫本《王韻》平聲清韻於營反:“帠，覆。”（464）故宫本《裴韻》、《廣韻》同。《集韻》平聲清韻娟營切:“縈帠,《説文》:‘收豢也。’或从巾。”（241）此“帠”即“縈”之異體字。《大字典》未收“帠”字此義，可據補。又《説文·衣部》:“褮，鬼衣。从衣，熒省聲。”（170下）故宫本《王韻》平聲清韻於營反:“褮，鬼衣。右胡坰反。”（464）故宫本《裴韻》、《廣韻》同。故“帠”與“褮”音同義別，二字不可混同,《正字通》謂“帠”即“褮”字之訛，既無書證亦無例證，其説非是。

10. 幏

《字彙·巾部》:“幏，奴可切，那上聲。屋所容受也。”（138上）

《正字通·巾部》:“幏，㝈字之訛。舊注那上聲，屋所容受也。按:

《篇海》‘㑨’注：‘宬也。’屋所容受，亦作㡮。㑨、㡮訓宬，並非。”（319下）

按：《康熙字典·巾部》：“㡮，《廣韻》同㑨。”（295下）敦煌本《王韻》上聲哿韻乃可反：“㑨，宬。”（396）故宫本《王韻》同。《廣韻》上聲哿韻奴可切：“㑨，宬也。㡮，上同。”（206）故“㡮”同“㑨”，即訓“宬也”，義指“收藏物品的房屋”。又故宫本《裴韻》上聲紙韻尺氏反：“袳，衣張。亦袲。”（571）《廣韻》上聲紙韻尺氏切：“袳，衣長［張］。亦作袲。”（165）《廣韻》下文上聲哿韻奴可切又曰：“袲，裒袲，衣好皃。”（206）故“袲”即“袳”之偏旁易位俗字。故“㡮”與“袲”音同義别，二字不可混同，《正字通》謂“㡮”即“袲”字之訛，且謂“㑨”“㡮”訓“宬”非，既無書證亦無例證，其説非是。

11. 庣

《字彙·广部》：“庣，他彫切，音挑。不滿之處。《漢·律歷志》：‘斛外旁有庣。’”（141下）

《正字通·广部》：“庣，同斛省。《漢·律歷志》作庣，舊注分爲二。”（328下）

按：《康熙字典·广部》：“庣，《廣韻》吐彫切，《集韻》《正韻》他彫切，並音祧。《廣韻》：‘不滿之貌。’《前漢·律歷志》：‘旁有庣焉。’注：‘師古曰：庣，不滿之處也。’”（306下）《廣韻》平聲蕭韻吐凋切：“庣，不滿之皃。”（90）《漢書·律歷志》：“其法用銅，方尺而圜其外，旁有庣焉。其上爲斛，其下爲斗。”鄭氏曰：“庣音條桑之條。庣，過也。算方一尺，所受一斛，過九氂五豪，然後成斛。今尚方有王莽時銅斛，制盡與此同。”師古曰：“庣，不滿之處也。音吐彫反。”《説文·斗部》：“斛，斛旁有斛。从斗，庣聲。一曰突也。一曰利也。《尔疋》曰：‘斛謂之疀，古田器也。’”（302上）段玉裁改“斛”爲“斛”，並注：“庣，各本作斛，今正。斛旁有庣，謂斛中有寬於方尺之處；若作有斛，是斛外有物名斛矣。《漢·律歷志》曰：‘量者，龠、合、升、斗、斛也。其法用銅，方尺而圜其外，旁有庣焉。’鄭氏曰：庣，過也。算方一尺，所受一斛，過九氂五豪，然後成斛。劉徽注：《九章算術》曰：'晉武庫中所作銅斛，其篆書字題斛旁云：律嘉量斛，方一尺而圜其外，庣旁九氂五豪，冪一百六十二寸，深一尺，積一千六百二十寸，容十斗。及斛底律嘉量斗，方尺而圜其外，庣旁九氂五豪，冪一百六十二寸，深一寸，積一百六十二寸，容一斗，升居斛旁，合龠在斛耳上。'與《律歷志》同。按：庣旁者謂方一尺而又寬九氂五豪也，不寬九氂五豪則不容十斗，故製字从斗、庣會意。"段氏所言是也。又《爾雅·釋器》："㪷謂之疀，古田器也。"郭璞注："皆古鍬鍤字。"《廣雅·釋詁三》："㪷，穿也。"王念孫《疏證》："《説文》：'㪷，突也。'突與穿同義。《爾雅》：'㪷謂之疀。'鄭注《少牢》下篇作'挑謂之畝'。疀、畝並與鍤同，所以穿地者也。""㪷"字，《廣韻》亦音"吐凋切"。故"庣"與"㪷"音同而義別，二字不可混同，《正字通》謂"庣"即"㪷"字之省，且謂"舊注"誤，既無書證亦無例證，其説非是。

12. 𢍏

《字彙·廾部》："𢍏，𣎵字宜从此。"（145下）

《正字通·廾部》："𢍏，彙本字。音位。艸木𢍏朩貌。从朩，畀聲。篆作，隸作彙，與蟲屬彙省作蝟音同義別。舊本《彑部》彙同蝟，《正韻》彙引《爾雅》'彙，毛刺'，與蝟同合爲一，皆未詳𢍏之本義。今《正譌》分爲二。"（337上）

按：《康熙字典·廾部》："𢍏，《説文》𣎵字篆文。"（317上）《説文·朩部》："𣎵，艸木𣎵孛之皃。从朩，畀聲。"（123下）段玉裁注："當作：'𣎵孛，艸木之皃。'《周易》：'拔茅茹以其彙，征吉。'《釋文》云：'彙，古作䓕。'按：䓕即𣎵字之異者，彙則假借字也。"段玉裁所言是也。《玉篇·朩部》："𣎵，有未切。草木𣎵（字）[孛]也。𣗥，同上。"（72上左）《集韻》去聲未韻于貴切："𣎵，《説文》：'艸木𣎵孛之皃。'或作𣗥、䓕。"（489）"𣎵"，《説文》篆文作""。據《説文》篆文可知，"𢍏""𣎵"當皆爲""之隸定字，"𣗥"當即"𣎵"之俗訛字，"䓕"又當即"𣎵"之異體字。又《説文·㣇部》："𧰲，蟲似豪豬者。从㣇，

胃省聲。蝟，或从蟲。”（195下）《玉篇·希部》：“彙，胡貴切。蟲似豪豬也。或作蝟。又類也；茂皃也。彙，同上。”（111下右）《廣韻》去聲未韻于貴切：“彙，類也。《説文》作彙，蟲也，似豪豬而小。《爾雅》曰：‘彙，毛刺。’是也。蝟，《説文》同上。”（254）《集韻》去聲未韻于貴切：“彙，《説文》：‘蟲似豪豬者。’隸作彙，或作蝟。”（489）故“彙”與“彙”“蝟”即爲異體字；而“彙”訓“茂皃也”，當如段氏所言，其字本當作“卉”。故“㚘”與“彙”音同義别，二字不可混同，《正字通》所言非是。《康熙字典·廾部》：“㚘，《説文》卉字篆文。”（317上）此是其證也。故“㚘”當即“卉”之異體字。《大字典》收録“㚘”字，據《正字通》之説而謂同“彙”，非是；《字海》亦收“㚘”字，據《康熙字典》之説而謂同“卉”，是也。

13. 𢍁

《字彙·廾部》：“𢍁，力之切，音犂。剥也。”（145下）

《正字通·廾部》：“𢍁，斄字之訛。舊注音訓與斄同，重出。”（337上）

按：《康熙字典·廾部》：“𢍁，《類篇》陵之切，音犂。剥也。”（317上）《説文·刀部》：“剺，剥也；劃也。”（86下）《集韻》平聲之韻陵之切：“剺，《説文》：‘剥也；劃也。’或从廾。”（54）故“𢍁”當即“剺”字之俗。又《説文·攴部》：“斄，坼也。从攴，从厂。厂之性坼，果孰有味亦坼，故謂之斄。从未聲。”（63下）《廣韻》平聲之韻許其切：“斄，坼也。”（30）《集韻》平聲之韻陵之切：“斄，坼也。”（54）下文虚其切又曰：“斄，《説文》：‘坼也。从攴，从厂。厂之性坼，果孰有味亦坼，故謂之斄。’”（56）故“𢍁”與“斄”音同義别，二字不可混同，《正字通》“𢍁”即“斄”字之訛，既無書證亦無例證，其説非是。

14. 㤁

《字彙·心部》：“㤁，他點切，音忝。㤁（當爲字頭誤重）弱。”（160上）

《正字通・心部》:“悿，俗忝字。舊注音忝，悿弱，非。”(369 上)

按:《康熙字典・心部》:“悿,《廣韻》他玷切,《集韻》他點切，並音忝。《玉篇》:‘弱也。’又《集韻》他典切，音腆。悿憸，心惑也。”(354上)《玉篇・心部》:“悿，他點切。弱也。”(39 下右)《廣韻》上聲忝韻他玷切:“悿，悿(當爲字頭誤重)弱。”(228)《集韻》上聲銑韻他典切:“悿，悿憸，心惑。”(380)又《說文・心部》:“忝，辱也。从心，天聲。”(223 上)《廣韻》上聲忝韻他玷切:“忝，辱也。”(228)故“悿”與“忝”音同義別，二字不可混同,《正字通》謂“悿”即“忝”字之俗，且謂“舊注”非，既無書證亦無例證，其說非是。

15. 暋

《字彙・日部》:“暋，弭隕切，音閔。謚也。齊有暋王。”(201 上)

《正字通・日部》:“暋，俗暋字。”(470 上)

按:《康熙字典・日部》:“暋,《集韻》美隕切，音愍。謚也。《史記》齊湣王，或作暋王。”(471 上)《集韻》上聲準韻美隕切:“湣，謚也。《史記》齊有湣王，或作暋。”(354)《荀子・王霸》:“及其綦也，索爲匹夫，不可得也，齊湣、宋獻是也。”楊倞注:“湣，與閔同。”故“暋”即“湣”之異體字，也作“閔”。又《爾雅・釋詁上》:“暋，强也。”《說文・攴部》:“暋，冒也。从攴，昏聲。”(63 下)《玉篇・日部》:“暋，彌賓切，又眉殞切。强也。”(96 上右)“暋”與“暋”音同義別，二字不可混同,《正字通》謂“暋”即“暋”字之俗，既無書證亦無例證，其說疑不可據。

16. 暤

《正字通・日部》:“暤，昊本字。《說文》从日，皋聲，晧旰也。篆作暤，舊本闕，俗作皥，誤。”(470 下)

按:《康熙字典・日部》:“暤,《廣韻》胡老切，號上聲。《說文》:‘晧旰也。’《玉篇》作皥。”(472 上)《說文・日部》:“暤，晧旰也。从日，皋聲。”(134 下)段玉裁注:“暤，俗从白作皥。”王筠《句讀》:“晧旰，雙聲，形容之詞，蓋盛明之貌。”“暤”訓“晧旰也”，即“潔白明亮的樣子"。"暤",《廣韻》音"胡老切"。又《玉篇·日部》:"昊,胡老切。昊昊元氣,廣大也。"(95下左)故"暤"與"昊"儘管音同,然形義俱别,二字不可混同,《正字通》謂"暤"即"昊"之本字,非是。《大字典》"暤"字下據《正字通》之説而收録一個義項謂同"昊",亦非。

17. 楂

《字彙·木部》:"楂,麤卧切,音剉。拭也。"(219上)

《正字通·木部》:"楂,担字之訛。舊注初卧切,音剉,訓拭,非;《手部》揸、摣,亦非。"(520下)

按:《康熙字典·木部》:"楂,《集韻》:'樝,或作楂。'"(518下)《新修玉篇》卷十二《木部》引《餘文》:"楂,七過切。拭也。"(112下右)《篇海》同。《新修玉篇》《篇海》《字彙》訓"拭也",皆因承襲《集韻》之謬而誤。《集韻》去聲箇韻千箇切:"楂,(栻)[拭]也。"(589)《廣韻》去聲過韻千過切:"揸,拭揸。"(331)"楂"與"揸"音義並同,故此"楂"當即"揸"字誤刻。《集韻》平聲麻韻莊加切:"樝,《説文》:'果似梨而酢。'或作楂、柤。"(205)故此"楂"當即"樝"之異體字。又《方言》卷十:"担,取也。南楚之間,凡取物溝泥中謂之担。"《説文·手部》:"担,挹也。从手,且聲。"(255下)"担",《廣韻》音"側加切",又音"兹野切""徐野切"。故"楂"與"担"音通義别,二字不可混同,《正字通》謂"楂"即"担"字之訛,且謂"舊注"非,既無書證亦無例證,其説非是。

18. 洔

《字彙·水部》:"洔,毗面切,音卞。導水使平也。"(244上)

《正字通·水部》:"洔,與汴同,《説文》本作汳。舊注音卞,導水使平,分爲二。"(583上)

按:《康熙字典·水部》:"洔,《集韻》皮變切,音卞。導水使平也。"(601上)《集韻》去聲線韻皮變切:"洔,導水使平。"(576)又《説文·水部》:"汳,水。受陳留浚儀陰溝,至蒙爲雝水,東入於泗。从水,反聲。”（226 下）《集韻》去聲線韻皮變切：“汳汴，《說文》：‘水。受陳留浚儀陰溝，至蒙爲雝水，東入于泗。’或從卞。”（576）“洴”與“汴（汳）”音同義別，二字不可混同，《正字通》謂“洴”同“汴（汳）”，既無書證亦無例證，其說疑不可據。

19. 穲

《字彙·禾部》：“穲，力霽切，音例。禾穲。”（335 下）

《正字通·禾部》：“穲，糲字之訛。舊注音例。禾穲。按：《說文》𥞥，黍穲，良薛切，改从萬，非。又《說文》‘黍𥞥已治者曰穲’，別作穲，亦非。”（781 上）

按：《康熙字典·禾部》：“穲，《集韻》與秎同。”（878 上）《名義·禾部》：“秎，良計反。黍穲也。又穲。”（149 下）《玉篇·禾部》：“秎，良計切。黍穲。穲，同上。”（74 上左）《廣韻》去聲祭韻力制切：“秎，黍穲。穲，上同。”（278）《集韻》去聲祭韻力制切：“秎穲𥞥，黍穲謂之秎。或从厲，古作𥞥。”（514）故正如“癘”同“痢”（見《集韻》514）、“驪”同“駑”（見《廣韻》278）等，“穲”當即“秎（𥞥）”通過改換聲符而形成的異體字。又《廣韻》去聲祭韻力制切：“糲，麤也。”（278）《集韻》去聲祭韻力制切：“糲，米之不精者。”（514）故“穲”與“糲”音同義別，二字不可混同，《正字通》謂“穲”即“糲”字之訛，既無書證亦無例證，其說不可據。

20. 繏

《字彙·糸部》：“繏，息絹切，旋去聲。索也。”（364 下）

《正字通·糸部》：“繏，俗㳬字。”（841 下）

按：《康熙字典·糸部》：“繏，《集韻》須絹切，音選。《類篇》繏或从選作繏。”（967 下）《方言》卷五：“（槌）其横，關西曰㮴，宋、魏、陳、楚、江淮之間謂之㯿，齊部謂之㭹。所以縣㯿，關西謂之繏，東齊、海岱之間謂之繏，宋、魏、陳、楚、江淮之間謂之繯，或謂之環。”“繏”，郭璞注：“繏，相主反。”《集韻》去聲線韻須絹切：“繏繏，

《博雅》:‘繳、纀,索也。’或从選。”(571)“纀”“纆”即爲異體字。又《説文·糸部》:“𦆠,以長繩繫牛也。从糸,旋聲。”(277下)“𦆠”,《廣韻》音“辭戀切”。“纆(纀)”與“𦆠”儘管音近,然義訓區別甚明,《正字通》謂“纆(纀)”即“𦆠”字之俗,既無書證亦無例證,非是。

21. 脅力

《字彙·肉部》:“脅力,與脅同。腋下也。”(381上)

《正字通·肉部》:“脅力,俗脅字。”(878上)

按:《康熙字典·肉部》:“脅力,《集韻》迄業切,音脅。腋下也。本作胠。”(1014上)《集韻》入聲業韻迄業切:“胠脅力,腋下也。或从劫,亦作胣。”(784)故“脅力”當即“胠”之異體字。又《直音篇》卷二《肉部》:“脅,虛業切。兩膀腋下。脇脅力𦟍,同上。”(76下)《直音篇》謂“脅力”同“脅”,非是。《集韻》入聲業韻迄業切:“脅,《説文》:‘兩膀也。’或書作脇。”(784)“脅”即指“從腋下至肋骨盡處”。故“脅力”與“脅”音同義別,二字不可混同,《直音篇》謂“脅力”同“脅”,非是。《字彙》《正字通》謂“脅力”同“脅”,當皆因承襲前代字書之謬而誤。

22. 脉

《字彙·肉部》:“脉,之仍切,音蒸。熟也。”(382上)

《正字通·肉部》:“脉,俗脝字。舊注音義同脝,分爲二,非。”(880上)

按:《康熙字典·肉部》:“脉,《字彙》之仍切,音蒸。熟也。”(1017下)《龍龕》卷四《肉部》:“脎,之仍反。熟也。”(409)《新修玉篇》引《龍龕》同,《篇海》引《龍龕》“脎”作“脉”,“脎”“脉”同字異寫,並即“脛”字之俗。《廣雅·釋器》:“脛,𩞁也。”王念孫《疏證》:“𩞁,古熟字也。”《廣韻》平聲蒸韻煮仍切:“脛,熟也。”(130)故“脎”“脉”與“脛”音義並同,並即“脛”字之俗。又《廣韻》平聲清韻諸盈切:“鯖,煮魚煎食曰五侯鯖。䰳脝,並上同。”(126)“脝”即“鯖”之異體字。故“脉”與“脝”儘管音同,然形義俱別,二字不可混同,《正字通》

謂“脉”即“脏”字之俗，非是。

23. 諳

《字彙·言部》:“䛳，烏含切，音諳。䛳阿，語不決也。”（456下）

《正字通·言部》:“䛳，諳、譫、䛳、諗並同。舊本譫同諳，不誤。䛳音切同諳，別訓䛳阿，語不決，非。又譫、䛳、諗並俗字，《㳅原》譫同諳，亦非。”（1078上）

按:《康熙字典·言部》:“䛳，《集韻》《類篇》並烏含切，音諳。䛳阿，語不決也。或作諗，通作媕。”（1229下）《說文·女部》:“婀，媕婀也。从女，阿聲。”（264上）《廣韻》平聲覃韻烏含切:“媕，媕婀，不決。”（147）《集韻》平聲覃韻烏含切:“䛳，䛳阿，語不決。或作諗，通作媕。”（284）故“䛳阿”同“媕婀”，“䛳”與“媕”“諗”即爲異體字。又《集韻》平聲覃韻烏含切:“諳譫諳，《說文》:‘悉也。’一曰諷也。或作譫，亦從弇。”（283）故“諳”“譫”“諳”即爲異體字。“䛳”“諗”與“諳”“譫”音同義別，以上諸字不可混同，故《正字通》謂“諳”“譫”“䛳”“諗”並同，非是。

24. 譵

《字彙·言部》:“譵，同懟。”（458上）

《正字通·言部》:“譵，俗對字。舊注同懟，非。”（1081下）

按:《康熙字典·言部》:“譵，《集韻》《正韻》並直類切，音墜。怨也。與懟同。”（1235下）原本《玉篇·言部》:“譵，治遂反。《字書》:‘亦懟字也。懟，怨也。在《心部》也。’”（291）《玉篇·言部》:“譵，直類切。怨也。或作懟。”（43下右）《集韻》去聲隊韻直類切:“懟譵，《說文》:‘怨也。’或从言。”（477）故“譵”即“懟”之異體字。又《玉篇·口部》:“對，多耒切。對答也。今作對。”（27上左）故“譵”與“對（對）”音同義別，二字不可混同，《正字通》謂“譵”即“對（對）”字之俗，且謂“舊注”非，既無書證亦無例證，其說非是。

25. 趦

《字彙・走部》:“趦，此移切，音雌。倉卒也。”（471下）

《正字通・走部》:“趦，趦字之訛，本作趑。”（1115上）

按:《康熙字典・走部》:“趦,《廣韻》取私切,《集韻》千咨切，並音趑。同趀。”（1277上）《廣韻》平聲脂韻取私切:“趀,《説文》云:‘倉卒也。’趦，上同。”（23）《集韻》平聲脂韻千咨切:“趀趦,《説文》:‘倉卒也。’或從資。”（42）故“趦”當即“趀”之異體字。又《廣韻》平聲脂韻取私切:“趑，趑趄，趨不進也。”（23）《集韻》平聲脂韻千咨切:“趑,《説文》:‘趑趄，行不進。’”（42）《直音篇》卷三《走部》:“趑，音雌。趑趄，行不進。趦，同上。”（106上）“趦”與“趦”“趑”音同義別，不可混同，故《正字通》之説非是。

（三）僅據字義而致辨析失誤

明清大型字書在疑難字考釋方面，還存在很多僅據兩字或多字意義相同或相近而將形音完全不同的字誤作認同的現象。

1. 刟

《字彙・刀部》:“刟，同刐。”（53下）

《正字通・刀部》:“刐、刟並訛字。一説：鉊，俗作刟。”（91上）

按:《集韻》平聲蕭韻丁聊切:“刐刟㓢,《博雅》:‘斷也。’或从召、从兆。”（174）“刟”與“刐”音義並同，即爲異體字。故《字彙》謂“刟”同“刐”，是也。《説文・金部》:“鉊，大鐵也。从金，召聲。鎌謂之鉊，張徹説。”（297下）《名義・金部》:“鉊，之姚反。刈。”（173下）《廣雅・釋詁一》:“刈，斷也。”“刟”與“鉊”儘管義同，然讀音區別甚明，二字不可混同，故《正字通》一説“刟”即“鉊”字之俗，疑不可據。

2. 唩

《字彙・口部》:“唩，烏和切，音窩。小兒聲。”（76下）

《正字通・口部》:“唩，俗呱字。舊注音窩。小兒聲。與呱義同。重

出。”（152 下）

按：《康熙字典・口部》：“啘，《集韻》烏和切，音倭。《玉篇》：‘小兒啼。’又《集韻》鄔毀切，音委。聲也。”（134 下）《玉篇・口部》：“啘，烏和切。小兒啼。”（27 上右）《集韻》平聲戈韻烏禾切：“啘，小兒啼。”（197）《説文・口部》：“呱，小兒嗁聲。从口，瓜聲。《詩》曰：‘后稷呱矣。’”（24 下）“呱”，《廣韻》音“古胡切”。故“啘”與“呱”儘管義同，然讀音區别甚明，二字不可混同，《正字通》謂“啘”即“呱”字之俗，既無書證亦無例證，其説非是。

3. 㖤

《字彙・口部》：“㖤，他典切，音腆。吐也。”（77 上）

《正字通・口部》：“㖤，哯、𪗾並同。舊注𪗾音現，哯音衍，㖤音腆，訓辭或詳或略，誤分爲三。”（153 下）

按：《康熙字典・口部》：“㖤，《集韻》他典切，音腆。吐也。”（136 上）《集韻》上聲銑韻他典切：“㖤，吐也。”（380）《説文・口部》：“哯，不歐而吐也。从口，見聲。”（27 上）《集韻》上聲銑韻胡典切：“哯𪗾，《説文》：‘不歐而吐。’或從幵。”（381）故“㖤”與“哯”“𪗾”儘管義同，然讀音區别甚明，不可混同，《正字通》謂“㖤”同“哯”“𪗾”，既無書證亦無例證，其説疑不可據。

4. 唽

《字彙・口部》：“唽，思積切，音錫。唽唽，鳥聲。”（77 上）

《正字通・口部》：“唽，哳字之譌。舊注鳥聲，義與哳同，改音錫，誤分爲二。”（153 下）

按：《康熙字典・口部》：“喅，《集韻》先的切，音錫。喅喅，鳥聲。或作唽。唽，《集韻》同上。”（136 上）《集韻》入聲錫韻先的切：“喅唽，喅喅，鳥聲。或从析。”（748）故“唽唽”當同“喅喅”，“唽”當即“喅”之異體字。又《廣韻》入聲鎋韻陟鎋切：“哳，嘲哳，鳥鳴。”（398）《集韻》同。故“唽”與“哳”義同音别，二字不可混同，《正字通》謂“唽”

即“哳”字之訛，且謂“舊注”誤，既無書證亦無例證，其説非是。

5. 啛

《字彙·口部》:“啛，七醉切，音翠。先嘗也。”（78上）

《正字通·口部》:“啛，俗嚌字。舊注音義同啐，重出。一曰唼字之訛。”（156上）

按:《康熙字典·口部》:“啛,《集韻》取内切，音倅。先嘗也。通作啐。”（138下）《集韻》去聲隊韻取内切:“啛，先嘗也。通作啐。”（532）故“啛”當即“啐”之異體字。又《説文·口部》:“嚌，嘗也。从口，齊聲。”（25上）“嚌”,《廣韻》音“在詣切”。《集韻》入聲狎韻色甲切:“唼唼，唼喋，水鳥食皃。或从妾。”（789）“唼”又可引申爲“小歠也”。《漢書·王陵傳》:“始與高帝唼血而盟，諸君不在邪？”顔師古注:“唼，小歠也。”故“啛”與“嚌”“唼”皆義近而音别，不可混同，故《正字通》之説非是。

6. 嗱

《字彙·口部》:“嗱，職日切，音質。嗱咄，叱呵也。”（81下）

《正字通·口部》:“嗱，俗叱字。舊注音質，嗱咄，叱呵也。與叱訓同，改作嗱，非。《篇海》或作嗱，亦非。”（165上）

按:《康熙字典·口部》:“嗱,《廣韻》《集韻》並陟栗切，音窒。《博雅》:‘嗱，咄也。’《廣韻》:‘嗱咄，叱呵也。’又《廣韻》《集韻》並丁結切，音瞠。《集韻》:‘嗱咄，語無節也。’”（148下）《廣雅·釋言》:“嗱，咄也。”《龍龕》卷二《口部》:“嗔嗱，二俗；嗱，正。丁結、陟栗二反。~咄，叱呵也。三。”（276）《廣韻》入聲屑韻丁結切:“嗱，嗱咄。”（402）《集韻》入聲屑韻丁結切:“嗱，嗱咄，語無節。”（700）又《説文·口部》:“叱，訶也。从口，七聲。”（27下）“叱”,《廣韻》音“昌栗切”。故“嗱”與“叱”義同音别，二字不可混同,《正字通》謂“嗱”即“叱”字之俗，且謂“舊注”非，然既無書證亦無例證，其説非是。

7. 娝

《字彙·女部》:“娝，俯九切，音缶。好色貌。又鋪杯切，音胚。義同。”（104 下）

《正字通·女部》:“娝，譌字。舊注俯九切，音缶，好色貌；又音胚，義同，並非。一曰媱字之譌。”（238 上）

按:《康熙字典·女部》:“娝,《廣韻》方九切,《集韻》俯九切，並音缶。好色貌。一曰女儀也。”（212 上）《名義·女部》:“娝，甫友反。好色也。”（28 下）《玉篇·女部》:“娝，甫九、普來二切。好皃。”（17 下左）《集韻》上聲有韻俯九切:“䋨，好皃。或作娝。一曰女儀也。”（432）又《説文·女部》:“媱，曲肩行皃。从女，䍃聲。”（262 上）《廣韻》平聲宵韻餘昭切:“媱，美好。”（93）故“娝”與“媱”儘管義同，然形音俱別，二字不可混同,《正字通》“一曰”之説非是。

8. 尣

《字彙·尢部》:“尣，户八切，音滑。足病。”（121 下）

《正字通·尢部》:“尣，尬字之譌。舊注音滑，足病，誤。”（282 下）

按:《康熙字典·尢部》:“尣,《集韻》户八切，音滑。足病。《正字通》:‘尬字之譌。’”（253 上）《集韻》入聲黠韻户八切:“尳，足病。或作尣。”（695）“尣”即“尣”之異寫字，而“尳”即“尳”之異寫字。《詳校篇海》卷五《尢部》:“尣，户八切，音滑。足病。亦作尳。”（344 下）《篇海類編》同。此是其證也。故“尣（尣）”即“尳（尳）”之異體字。《廣韻》去聲怪韻古拜切:“尬，尲尬，行不正。”（285）故“尣”與“尬”儘管義可相通，然形音俱別，二字不可混同,《正字通》謂“尣”即“尬”字之譌，既無書證亦無例證，其説非是。《康熙字典》轉録《正字通》之説而未作校正，亦失考證。

9. 屡

《字彙·尸部》:“屡，通回切，音推。西南梁益謂履曰屡。”（123 下）

《正字通・尸部》:“𡲰，屨字之訛。”（288 上）

按:《康熙字典・尸部》:“𡲰,《廣韻》他回切,《集韻》徂回切，並音蓷。《玉篇》:‘履也。西南梁益閒謂履曰𡲰。’《廣韻》:‘𡲰，履屬。有頸曰𡲰。’《集韻》:‘粗履不借也。’”（259 上）《方言》卷四:“扉屨，麤履也。西南梁益之間或謂之𡲰，或謂之[尸+家]。履其通語也。”郭璞注:“𡲰，他回反。字或作[尸+彳委]，音同。”（30～31）《説文・履部》:“屨，履也。从履省，婁聲。一曰鞮也。”（173 下）“屨”,《廣韻》音“九遇切”。故“𡲰”與“屨”儘管義通，然形音俱別，二字不可混同,《正字通》謂“𡲰”即“屨”字之訛，既無書證亦無例證，其説非是。

10. 帇

《字彙・巾部》:“帇，尼輒切，音聶。手之疌巧也。从手持巾，言其易也。會意。”（135 上）

《正字通・巾部》:“帇，同疌。《説文》:‘手之疌巧也。从又持巾。’孫愐尼輒切，篆作𦘒,《正譌》切訓與《説文》同。从手持巾，言其易也。《總要》:‘帇，音臬。手捷巧也。疌，敏速也。小篆加手作捷。’《六書本義》:‘疌，手足相應敏也。亦作帇。帇，手之疾巧也。亦作疌。通用捷。皆疾枼切。’據《本義》，帇、疌、捷無二義二音,《總要》合疌、捷爲一，復分帇、疌爲二，何其無定見也?《本義》説是。”（311 下）

按:《康熙字典・巾部》:“帇,《唐韻》尼輒切，音聶。《説文》:‘手之疌巧也。’《六書正譌》:‘从手持巾，言其易。亦作疌。’《六書正義》:‘疌，手足相應敏也。通作捷。’”（287 上）《説文・𦘒部》:“𦘒，手之疌巧也。从又持巾。”（59 下）《名義・帇部》:“帇，女涉反。手之捷巧[也]。”（287 上）《玉篇・帇部》:“帇，女涉切。手之捷（舒）[巧]也。”（130 下右）“帇”即“𦘒”之異體字。又《説文・止部》:“疌，疾也。从止，从又。又，手也。屮聲。”（32 上）“疌”,《廣韻》“疾葉切”。“帇（𦘒）”與“疌”儘管義近，然形音俱別，二字不可混同，故《正字通》據《六書本義》之説而謂“帇（𦘒）”同“疌”，疑不可據。《康熙字典》轉録《六書正譌》之説而未作校正，亦失考證。

11. 幦

《字彙・巾部》:“幦，眉展切，音免。幕也。”（137 上）

《正字通・巾部》:“幦，俗幎字。舊注音免，幕也，誤。”（317 下）

按:《康熙字典・巾部》:“幦，《廣韻》《集韻》並彌兖切，音緬。《玉篇》:‘幕也。’”（292 下）《玉篇・巾部》:“幦，彌兖切。幕。”（127 下右）《廣韻》上聲獮韻彌兖切:“幦，幕。出《玉篇》。”（198）《説文・巾部》:“幎，幔也。从巾，冥聲。《周禮》有幎人。”（156 上）《玉篇・巾部》:“幎，亡狄切。大巾也；幔也；簾也；覆也。”（126 下左）故“幦”與“幎”儘管義近，然形音俱別，二字不可混同，《正字通》謂“幦”即“幎”字之俗，且謂“舊注”誤，既無書證亦無例證，其説疑不可據。

12. 䎬

《字彙・彐部》:“䎬，時招切，音韶。擊也。”（149 上）

《正字通・彐部》:“䎬，㪇字之譌。㪇載《攴部》，音浸。擊也。舊本䎬訓與㪇同，改音韶，誤。”（345 上）

按:《康熙字典・彐部》:“䎬，《廣韻》市昭切，音韶。擊也。”（326 下）故宫本《裴韻》平聲宵韻市佋反:“䎽，擊也。”（456）鉅宋本《廣韻》平聲宵韻市昭切:“䎽，擊也。”（94）宋本《廣韻》“䎽”字作“䎬”。周祖謨校勘記:“‘䎬’，當依《説文》作‘䎽’。《説文・巴部》:‘䎽，搉擊也。’《萬象名義》《玉篇》此字均從‘巴’作‘䎽’。”（149）周氏所言是也。《説文・巴部》:“䎽，搉擊也。从巴、帚。闕。”（310 下）段玉裁注:“搉者，反手擊也。”徐灝《注箋》:“䎽者，反覆手以擊物也。”“䎬”當即“䎽”字之譌，故宫本《裴韻》、鉅宋本《廣韻》皆作“䎽”，此即其切證。又《集韻》去聲沁韻子鴆切:“㩰㪇，擊也。或从攴。”（621）故“䎬”與“㪇”儘管義同，然形音俱別，二字不可混同，《正字通》謂“䎬”即“㪇”字之譌，既無書證亦無例證，其説非是。

13. 㤨

《字彙·心部》:“㤨，丘中切，音穹。憂也。”(155上)

《正字通·心部》:“㤨，㤖字之譌。忓，本作㤖。舊注憂也，譌作㤨，改音穹;《訂正篇海》亦作悹，並非。”(357上)

按:《康熙字典·心部》:“㤨,《集韻》丘弓切，音穹。《廣雅》:‘憂也。’亦作悹、㥍。”(340上)《集韻》平聲東韻丘弓切:“悹,《廣雅》:‘憂也。’或作㥍、㤨。”(14)故“㤨”同“㥍”，並即“悹”字之俗。又《説文·心部》:“忓，憂也。从心，于聲。讀若吁。”(222下)“忓”,《説文》篆文作“[illegible]”,“㤖”當即“[illegible]”之楷定字，亦同“忓”。“忓”,《廣韻》音“況于切”。故“㤨”與“㤖(忓)”儘管義同，然形音俱別，二字不應混同,《正字通》謂“㤨”即“㤖”字之譌，且謂“舊注”非，既無書證亦無例證，其説非是。

14. 㤶

《字彙·心部》:“㤶，龙巷切，茫去聲。㤶戇，愚也。又謨郎切，音茫。㤶懞，惛也。”(159上)

《正字通·心部》:“㤶，俗惷字。”(367下)

按:《康熙字典·心部》:“㤶,《集韻》莫江切，音厖。惛也。又《集韻》《類篇》並龙巷切。戇愚也。”(352上)《集韻》平聲江韻莫江切:“㤶，㤶懞，惛也。”(23)下文去聲絳韻龙巷切又曰:“㤶，㤶戇，愚也。”(466)又《説文·心部》:“惷，亂也。从心，春聲。《春秋傳》曰:‘王室曰惷惷焉。’一曰厚也。”(220下)《玉篇·心部》:“惷，充允切。擾動也;亂也。”(41上左)《淮南子·氾論訓》:“愚夫惷婦，皆能論之。”高誘注:“惷亦愚，無知之皃也。”故“㤶”與“惷”儘管義同，然形音俱别，二字不可混同,《正字通》謂“㤶”即“惷”字之俗，既無書證亦無例證，其説非是。

15. 扱

《字彙・户部》:“扱，忌立切，音及。户牡也。即户鍵。”（170下）

《正字通・户部》:“扱，扅字之訛。”（393下）

按:《康熙字典・户部》:“扱,《廣韻》其立切,《集韻》極入切，並音及。《博雅》:‘户牡也。’《廣韻》:‘户鍵也。’”（382上）《廣雅・釋宫》:“扱，户牡也。”《廣韻》入聲緝韻其立切:“扱，户鍵。”（430）《玉篇・户部》:“扊，余染切。扊扅，户（壯）[牡]。”下文又曰:“扅，余之切。扊扅。”（55下左）“扱”與“扅”儘管義同，然形音俱别，二字不可混同，故《正字通》謂“扱”即“扅”字之訛，既無書證亦無例證，其説非是。

16. 斮

《字彙・斤部》:“斮，陟慮切，音著。斫也。”（193下）

《正字通・斤部》:“斮，斮字之訛。舊注音著，訓斫，非。”（451下）

按:《康熙字典・斤部》:“斮,《廣韻》《集韻》並章恕切，音翥。斫也。”（454下）《廣韻》去聲御韻章恕切:“斮，斫也。”（258）《集韻》同。《説文・斤部》:“斮，斬也。从斤，昔聲。”（301下）《玉篇・斤部》:“斮，側略切。斬也；斵也；削也。”（81上右）“斮”與“斮”儘管義同，然讀音區别甚明，且“庶”旁、“昔”旁形音俱别，俗書未見訛混或换用之例，故《正字通》謂“斮”即“斮”字之訛，且謂“舊注”非，其説疑不可據。

17. 暞

《字彙・日部》:“暞，公了切，音皎。明也。”（201下）

《正字通・日部》:“暞，皞字之訛。舊注音皎，明也，與皞義近，改從臬，非。”（470下）

按:《康熙字典・日部》:“暞,《集韻》吉了切，音皦。《玉篇》同曒。明也。《類篇》一曰清别貌。”（471下）《名義・日部》:“曒，公鳥反。明也；皎也。暞，上文。”（205上）《玉篇・日部》:“曒，公了切。明也。

暤，同上。”（95 下右）故“暤”當即“曒”之異體字，此“明”即“光明”之義。又《説文・日部》：“暤，皓旰也。从日，皋聲。”（134 下）“暤”訓“皓旰也”，即“潔白明亮的樣子”。“暤”，《廣韻》音“胡老切”。故“暤”與“暤”儘管義近，然形音俱别，二字不可混同，故《正字通》謂“暤”即“暤”字之訛，既無書證亦無例證，其説非是。

18. 歎

《字彙・欠部》：“歎，呼勒切，音黑。欬也；又唾聲。”（230 下）

《正字通・欠部》：“歎，俗喀字。舊注欬也，與喀義近，改音黑；又唾聲，並非。”（552 上）

按：《康熙字典・欠部》：“歎，《玉篇》呼勒切，《廣韻》呼北切，《集韻》迄得切，並音黑。咳也。一曰唾聲。”（554 上）《名義・欠部》：“歎，呼勒反。欲唾聲也。”（90 下）《玉篇・欠部》：“歎，呼勒切。欬也。”（45 下左）《廣韻》入聲德韻呼北切：“歎，唾聲。”（428）又《廣韻》入聲陌韻苦格切：“喀，吐聲。”（414）《集韻》入聲陌韻乞格切：“峈喀，嘔也。《國語》：‘伏弢喀血。’或从口。”（734）故“歎”與“喀”儘管義近，然形音俱别，二字不可混同，《正字通》謂“歎”即“喀”字之俗，既無書證亦無例證，其説非是。

19. 焀

《字彙・火部》：“焀，胡谷切，音斛。火貌。”（266 上）

《正字通・火部》：“焀，呼谷切，音斛。火貌。《説文》本作焅，俗作焀。”（631 上）

按：《康熙字典・火部》：“焀，《廣韻》《集韻》並胡谷切，音斛。《玉篇》：‘火貌。’”（665 上）《玉篇・火部》：“焀，火哭切。火皃。”（100 下左）《廣韻》入聲屋韻胡谷切：“焀，火貌。”（366）又《説文・火部》：“焅，旱氣也。从火，告聲。”（209 上）《廣韻》入聲沃韻苦沃切：“焅，熱氣。”（374）故“焀”與“焅”儘管義通，然形音俱别，二字不可混同，《正字通》謂“焀”即“焅”字之俗，然“焅”字未見有俗書作“焀”者，且“告”旁、“谷”旁字形區别甚明，二者不易訛混，其説疑不可據。

20. 縸

《字彙·糸部》:“縸，牽奚切，音溪。繫縭也。又惡絜。”（360下）

《正字通·糸部》:“縸，同縭。舊注與縭注同，縭音離，縸音溪，分二字，非。”（834上）

按:《康熙字典·糸部》:“縸，《集韻》牽奚切，音溪。繫。或作縭。《類篇》繫縭也，今惡絜。”（957上）《集韻》平聲齊韻牽奚切:“繫，《説文》:‘繫縭也。’今惡絜。或作縸。”（97）故“縸”當即“繫”通過改換聲符而形成的異體字。又《説文·糸部》:“縭，繫縭也。从糸，虒聲。”（278上）“縭”，《廣韻》音“郎奚切”。故“縸”與“縭”義同而音别，二字不可混同，《正字通》謂“縸”同“縭”，且謂“舊注”非，既無書證亦無例證，其説非是。

21. 脇

《字彙·肉部》:“脇，先結切，音泄。臆中脂也。”（380下）

《正字通·肉部》:“脇，訛字。臆中脂。本作膕。舊本作脇，音泄，非。”（876上）

按:《康熙字典·肉部》:“脇，《集韻》先結切，音屑。脂也。一曰臆中脂。”（1012上）《名義·肉部》:“脣，先結反。臆中脂也。脇字。”（68下）《龍龕》卷四《肉部》:“脇，或作；脣，正。先結反。臆中脂也。”（416）《玉篇·肉部》:“脣，先結切。臆中脂。脇，同上。”（36下右）故“脇”即“脣”之異體字。又《名義·肉部》:“膕，齒欲反。臆中膏也。”（67下）《龍龕》卷四《肉部》:“膕，昌玉反。狼膕膏。又俗音獨。”（416）《玉篇·肉部》:“膕，齒欲切。狼膕膏，謂臆中膏也。”（36上左）故“脇”與“膕”儘管義同，然讀音區别甚明，二字不可混同，《正字通》謂“脇”本作“膕”，且謂“舊注”非，既無書證亦無例證，其説非是。

22. 豥

《字彙·豕部》:“豥，五改切，音近矮。豥豭，豕也。”（461 上）

《正字通·豕部》:“豥，豭字之訛。舊注豭豕，訓同豭，改音矮，非。”（1090 下）

按:《康熙字典·豕部》:“豥，《字彙》五改切，皚上聲。豥豭，豕也。”（1248 上）《左傳·定公十四年》:“野人歌之曰:‘既定爾婁豬，盍歸吾艾豭?’”陸德明《釋文》:“艾，五蓋反。老也。《字林》作豥，音艾。三毛聚居者。”黄焯彙校:“宋本及何校本作豥，是也。‘三’字上脱‘豕’字。”故“豥”即“豥”字之訛。又《説文·豕部》:“豭，牡豕也。从豕，叚聲。”（195 上）《方言》卷八:“豬，北燕、朝鮮之間謂之豭。”《廣雅·釋獸》:“豭，豕也。”“豭”,《廣韻》音“古牙切”。“豥”與“豭”儘管義通，然形音俱别，二字不可混同，故《正字通》謂“豥”即“豭”字之訛，且謂“舊注”非，既無書證亦無例證，其説非是。

23. 餗

《字彙·食部》:“餗，許穢切，音誨。飯臭也。”（545 下）

《正字通·食部》:“餗，俗餀字。舊注許穢切，音誨，飯臭，與《爾雅》餯義同，分餀、餗爲二，非。”（1301 上）

按:《康熙字典·食部》:“餗,《集韻》同餯。”（1504 上）《集韻》去聲廢韻許穢切:“餯,《爾雅》:‘餀謂之餯。’或作餗。”（537）故“餗”當即“餯”字俗訛。又《爾雅·釋器》:“餀謂之喙。”郭璞注:“説物臭也。”陸德明《釋文》:“李云:‘餀、餯皆穢臭。’”《説文·食部》:“餀，食臭也。从食，艾聲。《爾雅》曰:‘餀謂之喙。’”（103 上）《玉篇·食部》:“餀，呼帶切。食臭也。”（46 上左）故“餗”與“餀”儘管義同，然字形相去甚遠，二字不可混同,《正字通》謂“餗”即“餀”字之俗，且謂“舊注”非，既無書證亦無例證，其説非是。

24. 鬋

《字彙・髟部》:“鬋，同鬄。”（559下）

《正字通・髟部》:“鬋，鬋字之訛。舊注同鬄，非。”（1330上）

按:《康熙字典・髟部》:“鬋，《篇海》與鬄同。”（1540下）《龍龕》卷一《長部》:“鬋，俗；鬄，正。他歷、施隻二反。《説文》云:‘除髮也。’二。”（90）故“鬋”當即“鬄”字之俗。又《説文・髟部》:“鬋，女鬢垂皃。从髟，前聲。”（183上）《玉篇・髟部》:“鬋，子淺切。鬋截也。”（28下右）故“鬋”與“鬋”儘管義近，然形音俱别，二字不可混同，《正字通》謂“鬋”即“鬋”字之訛，且謂“舊注”非，既無書證亦無例證，其説非是。

（四）全然不顧而致辨析失誤

明清大型字書在疑難字考釋方面，還存在很多兩字或多字形、音、義俱别而卻誤作認同的現象。

1. 僼

《正字通・人部》:“僼，同禍。《太玄經》:‘勇侏之僼，盜蒙決夬。’注:‘無道爲侏，反義爲僼，無道反義，衆惡所歸，故宜決。’按:僼亦臆造，不可從。《同文鐸》因字从人从討，以僼爲伐字，誤也。”（55下）

按:《康熙字典・人部》:“僼，《集韻》房越切。與伐同。揚子《太玄經》:‘勇侏之僼，盜蒙決夬。’注:‘無道爲侏，反義爲僼。無道反義，衆惡所歸，故宜決。’”（44下）《集韻》入聲月韻房越切:“伐，《説文》:‘擊也。从人持戈。一曰敗也。’或作僼。”（680）《太玄經》:“勇侏之僼，盜蒙決夬。”范望注:“僼，音伐。無道爲侏，反義爲僼。”故“僼”當即“伐”之異體字。《正字通》謂“僼”同“禍”，既無書證亦無例證，且“禍”字諸俗字異體未見有作“僼”者，此説不足爲據。《大字典》“僼”字下據《集韻》之説而謂同“伐”，然又以《正字通》之説作爲“一説”，非是。

2. 哫

《字彙·口部》:“哫，竹洽切，音劄。豕食。”（73 上）

《正字通·口部》:“哫，俗唼字。六書非因豕食立哫，舊注誤。”（143 下）

按:《康熙字典·口部》:“哫，《集韻》側洽切，音眨。《玉篇》:‘豕食。’”（124 上）《玉篇·口部》:“哫，阻洽切。豕食。”（27 上左）《集韻》入聲洽韻側洽切:“哫，豕食。”（787）又《玉篇·口部》:“唼，所甲切。唼喋，鳧食也。亦作啑。”（26 上左）《集韻》入聲合韻作荅切:“师，唊也。或作唼、啑。”（771）下文入聲狎韻色甲切又曰:“唼啑，唼喋，水鳥食也。或从妾。”（789）故“哫”與“唼”音義俱别，二字不可混同，《正字通》謂“哫”即“唼”字之俗，既無書證亦無例證，其説非是。

3. 啃

《字彙·口部》:“啃，於歇切，音謁。《玉篇》:‘怒也。’”（75 上）

《正字通·口部》:“啃，哨字之訛。舊注音謁，引《玉篇》‘怒也’;《篇海》又音抉，義同，並誤。”（148 上）

按:《康熙字典·口部》:“啃，《廣韻》於列切，音焆。《玉篇》:‘怒也。’《集韻》:‘怒氣。’”（129 上）《玉篇·口部》:“啃，於列切。怒也。”（27 上左）《廣韻》入聲薛韻於列切:“啃，怒啃（當爲字頭誤重）。”（405）《集韻》入聲薛韻娟悅切:“啃，怒也。”（713）又《説文·口部》:“哨，不容也。从口，肖聲。”（28 上）《廣雅·釋詁二》:“哨，衺也。”《玉篇·口部》:“哨，且醮切。大胷哨後。哨，小也。又先焦切。”（25 下左）“啃”與“哨”音義俱别，二字不可混同，故《正字通》之説疑不可據。

4. 嘪

《字彙·口部》:“嘪，許戈切，火平聲。吐氣聲也。”（83 上）

《正字通·口部》:“嘪，俗呵字。舊注許戈切，吐氣聲，與呵義近，从靴無義;《篇海》亦作吙，並非。”（170 下）

按:《康熙字典・口部》:“𠿮,《廣韻》許肥切,《集韻》呼肥切，並音靴。《廣韻》:‘《道經疏》云：吐氣聲也。’《集韻》:‘或作吙。’”（154上）《廣韻》平聲戈韻許肥切:“𠿮,《道經疏》云:‘吐氣聲也。’”（105）《集韻》平聲戈韻呼肥切:“𠿮，吐氣也。或作吙。”（202）故“𠿮”“吙”即爲異體字。《玉篇・口部》:“呵，許多切。責也。與訶同。”（26下右）故“𠿮”與“呵”音義俱别，二字不可混同,《正字通》謂“𠿮”即“呵”字之俗，且謂“舊注”非，既無書證亦無例證，其説非是。

5. 埭

《字彙・土部》:“埭，盧没切，音禄。埂埒也。”（89下）

《正字通・土部》:“埭，殔字之訛。舊注音禄，埂埒，非。”（190下）

按:《康熙字典・土部》:“埭,《集韻》勒没切，音啤。埂埒也。”（173上）《集韻》入聲没韻勒没切:“埭，土埂（垺）[埒]也。”（683）《釋名・釋喪志》:“假葬於道側曰殔。殔，翳也。”《廣韻》去聲至韻息利切:“殔，埋棺坎下。”（249）“埭”與“殔”音義俱别，二字不可混同,《正字通》謂“埭”即“殔”字之訛，且謂“舊注”非，既無書證亦無例證，此説疑不可據。

6. 妑

《字彙・女部》:“妑，蒲巴切，音琶。妑頭，女兒雙髻。”（102上）

《正字通・女部》:“妑，妮字之訛。舊注音琶。妑頭，女兒雙髻。非。”（229下）

按:《康熙字典・女部》:“妑,《集韻》邦家切，音巴。女名。一曰妑頭，女兒雙髻也。又《廣韻》普巴切,《類篇》披巴切，並音葩。女字。”（206上）《玉篇・女部》:“妑，柏麻切。女名也。”（18上右）《廣韻》平聲麻韻普巴切:“妑,《字林》云:‘女字也。’”（108）《直音篇》卷一《女部》:“妑，音杷。妑頭，女雙髻。又音葩。女字。”（28上）《詳校篇海》卷二《女部》:“妑，蒲巴切，音琶。妑頭，女兒雙髻。又批巴切，音葩。女字。”（119上）《篇海類編》同。《龍龕》卷二《女部》:“妮，俗；妮，同；**䋫**，正。奴果、五果二反。婐～也。三。”（282）“㛂”即“㛂”字之俗。《説文·女部》：“㛂，婐㛂也。一曰弱也。从女，厄聲。”（262上）《玉篇·女部》：“㛂，乃果、五果二切。委皃也。”（16下左）故“妑”與“㛂（㛂）”音義俱别，二字不可混同，《正字通》謂“妑”即“㛂（㛂）”字之訛，且謂“舊注”非，既無書證亦無例證，其説非是。

7. 嫬

《字彙·女部》：“嫬，商署切，音庶。女字。又之奢切，音遮。義同。”（109上）

《正字通·女部》：“嫬，嫵字之訛。舊注音庶，女字；又音遮，義同，沿《篇海》誤。”（251上）

按：《康熙字典·女部》：“嫬，《集韻》之奢切，音遮。女字。又商署切，音恕。義同。”（222上）《集韻》平聲麻韻之奢切：“嫬，女字。”（204）下文去聲御韻商署切：“嫬，女字。”（492）故“嫬”訓“女字”，當指“女子人名用字”。《説文·女部》：“嫵，媚也。从女，無聲。”（261上）《玉篇·女部》：“嫵，亡甫切。美女。《説文》云：‘嫵媚也。’”（18上左）故“嫬”與“嫵”音義俱别，二字不可混同，《正字通》謂“嫬”即“嫵”字之訛，且謂“舊注”非，既無書證亦無例證，其説疑不可據。

8. 峑

《字彙·山部》：“峑，倉先切，音千。山顛也。”（126下）

《正字通·山部》：“峑，岑字之訛。舊注山顛，與岑義近，改音千，非。”（294下）

按：《康熙字典·山部》：“峑，《廣韻》此緣切，《集韻》逡緣切，並音詮。山巔也。”（265下）原本《玉篇·山部》：“峑，且泉反。《韓詩》：‘習習谷風，惟山峑原。’峑原，山巔也。”（465）《玉篇·山部》：“峑，七全切。山巔。”（102下左）《玉篇校釋》“峑”字下注：“引《韓詩》爲《小雅·谷風》文，今典籍無用‘峑’字者，僅見於此。《毛詩》作‘崔嵬’，傳云：‘崔嵬，山巔也。’義與韓同。字明與石戴土之‘崔嵬’别矣。”（4168）《説文·山部》：“岑，山小而高。从山，今聲。”（188 下）《方言》卷十二：“岑，高也。”（78）原本《玉篇·山部》：“岑，仕金反。《爾雅》：‘山小而高曰岑。’郭璞曰：‘言岑崟然也。’《方言》：‘岑，大也；高也。’郭璞曰：‘岑崟，峻皃也。’《漢書》：‘我頭岑岑，無有毒邪？’野王案：岑岑，庠痹之意也。”（460）《玉篇·山部》：“岑，士今切。山小而高也。”（102 下右）故“崟”與“岑”音義俱別，二字不可混同，《正字通》謂“崟”即“岑”字之訛，且謂“舊注”非，既無書證亦無例證，其説非是。

9. 崹

《字彙·山部》：“崹，杜兮切，音題。崥崹，山貌。又土雞切，音梯。義同。”（129 上）

《正字通·山部》：“崹，俗嵽字。”（299 下）

按：《康熙字典·山部》：“崹，《廣韻》杜奚切，《集韻》田黎切，並音啼。崥崹，山貌。又《集韻》：‘山形漸平貌。’《正字通》：‘嵽字之訛。’”（271 下）《廣韻》平聲齊韻杜奚切：“崹，崥崹，山皃。”（49）《文選·七命》：“既乃瓊巘嶒崚，金岸崥崹。”李善注：“崥崹，漸平貌也。”《廣韻》入聲屑韻徒結切：“嵽，嵽嵲，高山。”（400）《集韻》去聲霽韻大計切：“嵽，岹嵽，山形。”（505）故“崹”與“嵽”音義俱别，二字不可混同，《正字通》謂“崹”即“嵽”字之俗，既無書證亦無例證，其説非是。《康熙字典》轉録《正字通》作“嵽字之訛”，亦非。

10. 㡡

《字彙·巾部》：“㡡，直誅切，音除。牀帳也。”（139 上）

《正字通·巾部》：“㡡，俗㡿字。舊注㡿音主，㡡音除，知幮同㡿，不知㡿俗作㡡，分爲二。”（321 上）

按：《康熙字典·巾部》：“㡡，《廣韻》直誅切，《集韻》重株切，並音廚。《廣韻》：‘帳也，似廚形。出陸該《字林》。’”（297 下）《廣韻》平聲虞韻直誅切：“㡡，帳也，似廚形也。出陸該《字林》。”（43）故“㡡”

即義指“一種似橱形的帳子”。又《玉篇·巾部》:“帹，竹與切。棺衣也。亦作褚。”（127上右）《廣韻》上聲語韻知吕切:“帹，棺衣。”（173）《集韻》上聲語韻展吕切:“帹䊝，覆棺衣。或从著。”（331）“帹”即義指“覆蓋棺材的布”。故“幮”與“帹”音義俱别，二字不可混同，《正字通》謂“幮”即“帹”字之俗，既無書證亦無例證，其説非是。

11. 弲

《字彙·弓部》:“弲，居延切，音堅。弓弭也。又吉勸切，音絹。義同。”（148上）

《正字通·弓部》:“弲，俗彏字。舊注弓弭也，誤分爲二。《泝原》:‘弲，本作彏。’”（343上）

按:《康熙字典·弓部》:“弲，《集韻》規掾切，音絹。弓䚦。又《廣韻》古縣切，音睊。”（323下）《廣雅·釋器》:“弲，䚦也。”《廣韻》去聲霰韻古縣切:“弲，䚦也。”（313）“弲”訓“䚦也”，義指“弓末彎曲處”，古或稱“弓弭”。又《説文·弓部》:“彏，弓曲也。从弓，雚聲。”（270上）《廣韻》平聲仙韻巨員切:“彏，弓曲。”（89）“彏”訓“弓曲也”，當指“弓彎曲的樣子”。《六書泝原·弓部》:“弲，楷彏。”（643下）故“弲”與“彏”音義俱别，二字不可混同，且字形相去甚遠，“彏”字楷書不可能作“弲”，《正字通》謂“弲”即“彏”字之俗，且謂“舊注”誤，既無書證亦無例證，其説非是。《六書泝原》謂“弲”爲“彏”之楷定，疑不可據。

12. 㦪

《字彙·心部》:“㦪，同愓。”（166下）

《正字通·心部》:“㦪，俗㦤字。舊注同愓，誤。”（384上）

按:《康熙字典·心部》:“㦪，《篇海》徒朗切。與愓同。放蕩也。”（371下）《龍龕》卷一《心部》:“㦪，俗；惕，正。徒朗反。放惕也。或作愓。”（57）故“㦪”當即“惕”字之俗，亦或作“愓”。又《集韻》去聲怪韻下介切:“㦤，忖度也。”（527）故“㦪”與“㦤”音義俱别，二字不可混同,《正字通》謂“⿰忄焉”即“⿰忄監”字之俗，且謂“舊注”誤，既無書證亦無例證，其説疑不可據。

13. ⿰忄怱

《字彙·心部》:“⿰忄怱，俗憁字。”（166下）

《正字通·心部》:“⿰忄怱，俗恖字。《韻會》收⿰忄怱，非。”（384上）

按:《康熙字典·心部》:“⿰忄怱,《廣韻》蘇公切,《集韻》《韻會》蘇叢切，並音楤。《廣韻》:‘惺⿰忄怱，了慧人也。’”（371下）《龍龕》卷一《心部》:“惺，音星。惺⿰忄怱，了惠人也。”（56）《玉篇·心部》:“惺，桑經切。惺⿰忄怱，了慧也。”下字又曰:“⿰忄怱，蘇公切。惺⿰忄怱。”（40上右）“憁”“⿰忄怱”即同字異寫。又《説文·心部》:“恖，多遽恖恖也。从心、囱，囱亦聲。”（212上）“恖”,《集韻》音“麤叢切”。故“⿰忄怱”與“恖”音義俱别，二字不可混同,《正字通》謂“⿰忄怱”即“恖”字之俗，既無書證亦無例證，其説非是。

14. ⿰扌穴

《字彙·手部》:“⿰扌穴，以律切，音聿。⿰扌穴，揘擊也。又胡決切，音穴。義同。”（173下）

《正字通·手部》:“⿰扌穴，同舀。”（400上）

按:《康熙字典·手部》:“⿰扌穴,《集韻》胡決切，音穴。⿰扌穴，揘擊也。又《博雅》:‘投也。’”（391上）《廣雅·釋詁三》:“⿰扌穴，投也。”《玉篇·手部》:“⿰扌穴，于筆切。揘擊也。”（31上左）又《説文·臼部》:“舀，抒臼也。抭，舀或从手从宂。”（145上）“抭”,《廣韻》音“以周切”,《集韻》又音“以紹切”。“舀”之或體爲“抭”，而“⿰扌穴”與“舀”音義俱别，二字不可混同，故《正字通》謂“⿰扌穴”同“舀”，既無書證亦無例證，其説非是。

15. ⿰日尌

《字彙·日部》:“⿰日尌，與曃同。曖曃，一作曖⿰日尌。”（202下）

《正字通·日部》:"㬥,同曃。宋玉《高唐賦》:'其始出也,㬥兮若松榯。'注:'㬥,茂貌。榯,直竪貌。'言朝雲狀如此。榯,音時。"(472下)

按:《康熙字典·日部》:"㬥,《集韻》徒對切,音隊。茂也。宋玉《高唐賦》:'㬥兮若松榯。'注:'㬥,茂貌。'"(474上)《集韻》去聲隊韻徒對切:"㬥,茂皃。"(529)《文選·高唐賦》:"(朝雲)其始出也,㬥兮若松榯。"李善注:"㬥,茂貌。"又《玉篇·日部》:"曃,陀愛切。曖曃,不明皃。"(95下左)《集韻》去聲代韻待戴切:"曃,曖曃,暗也。"下文他代切又曰:"曃,曖曃,不明。"(534)故"㬥"與"曃"音義俱别,且字形區别甚明,二字不可混同,《字彙》《正字通》謂"㬥"同"曃",疑並非是。

16. 樳

《字彙·木部》:"樳,徐心切,音尋。木名,似槐。"(223上)

《正字通·木部》:"樳,同梣。"(532下)

按:《康熙字典·木部》:"樳,《唐韻》徐林切,《集韻》《韻會》徐心切,並音尋。《唐韻》:'木名。似槐。'《集韻》:'以爲炭,鍊生鐵,一烹乃熟。'亦作尋。《山海經》:'尋木長千里,在句纓南,生河上西北。'郭璞《贊》:'眇眇尋木,生於河邊。疏枝千里,上干雲天。'左思《吴都賦》:'西蜀之於東吴,小大之相絶也,亦猶(疏)[棘]林螢耀,而與夫樳木龍燭也。'按:樳與梣音同物異,樳,木之最大者,《正字通》同梣,似誤。"(530下)《玉篇·木部》:"樳,詞林切。木名。"(63上右)《廣韻》平聲侵韻徐林切:"樳,木名,似槐。"(144)《正字通》之説疑非是。《説文·木部》:"梣,青皮木。从木,岑聲。"(111上)《集韻》平聲侵韻才淫切:"梣,青皮木名。一曰江南樊雞木也。其皮入水緑色,可解膠益墨。"(275)"樳"與"梣"音義俱别,二字不可混同,《正字通》謂"樳"同"梣",既無書證亦無例證,其説疑不可據。《康熙字典》所言是也。

17. 殑

《字彙・歹部》:“殑，色拯切，升上聲。殑殑，欲死貌。”（233 上）

《正字通・歹部》:“殑，殑字之訛。舊注訓同，分二音，誤。”（558 上）

按:《康熙字典・歹部》:“殑，《廣韻》山矜切，《集韻》色矜切，並音桄。《玉篇》:‘（殑）[殑] 殑，欲死貌。’”（563 上）《名義・歹部》:“殑，渠升反。[殑殑]，掣縮也。”（112 下）下字曰:“殑，所矜反。殑殑也。”（113 上）《玉篇・歹部》:“殑，巨升切。殑殑，掣縮也。”下字曰:“殑，色兢切。殑殑，欲死皃。”（58 上右）“殑”“殑”即爲聯綿詞“殑殑”兩個用字，二字不可混同,《正字通》謂“殑”即“殑”字之訛，其説非是。

18. 炳

《字彙・火部》:“炳，乃木切，訥上聲。熱也。”（264 下）

《正字通・火部》:“炳，炳字之訛。舊注乃木切，嫩上聲，熱也，泥。”（627 下）

按:《康熙字典・火部》:“炳，《集韻》奴困切，音嫩。《玉篇》:‘熱也。’又《廣韻》乃本切,《集韻》弩本切，並嫩上聲。《博雅》:‘爁、炳，燠也。’”（659 上）《廣雅・釋詁三》:“炳，燠也。”《玉篇・火部》:“炳，乃困切。熱也。”（100 上左）《説文・火部》:“炳，明也。从火，丙聲。”（208 下）《玉篇・火部》:“炳，彼皿切。明著也。亦作昺。”（100 上右）“炳”與“炳”音義俱别，二字不可混同,《正字通》謂“炳”即“炳”字之訛，且謂“舊注”泥，既無書證亦無例證，其説非是。

19. 瘖

《字彙・疒部》:“瘖，呼骨切，音忽。多睡。”（302 上）

《正字通・疒部》:“瘖，瘖字之訛。舊注音忽，多睡，誤。”（709 上）

按:《康熙字典・疒部》:“瘖,《廣韻》呼骨切，音忽。多睡。”（778 上）《玉篇・疒部》:“瘖，呼骨切。多睡病也。”（57 下左）《廣韻》入聲没韻呼骨切："痻，睡多。"（391）《玉篇校釋》"痻"字下注："本書《㝱部》：'寣，卧驚也。'《心部》：'惷，寢熟也。'並音呼骨切，與痻近。今蘇俗謂睡酣熟曰落痻。"（2277）《説文·疒部》："瘖，不能言也。从疒，音聲。"（151 下）《玉篇·疒部》："瘖，於深切。不能言。"（56 下右）故"痻"與"瘖"音義俱别，二字不可混同，《正字通》謂"痻"即"瘖"字之訛，既無書證亦無例證，其説非是。

20. 䀵

《字彙·目部》："䀵，申之切，音詩。眴也。又以其切，音移。視也。"（314 上）

《正字通·目部》："䀵，眙字之訛。舊注音詩，眴也；又音移，視也，並非。"（735 下）

按：《康熙字典·目部》："䀵，同眣。《類篇》同眣，誤。又《廣韻》式其切，《集韻》升基切，並音詩。眴也。"（818 上）《集韻》平聲之韻升基切："眣䀵，以目通指也。《春秋傳》：'眣魯衛之使。'或从矣。"（51）《公羊傳·文公七年》："眣晉大夫使與公盟也。"陸德明《釋文》："眣，以目通指曰眣。本又作䀵，音同。"故"䀵"當即"眣"之異體字。又《説文·目部》："眙，直視也。从目，台聲。"（68 上）"眙"，《廣韻》音"丑吏切"，又音"丈證切"。故"䀵"與"眙"音義俱别，二字不可混同，《正字通》謂"䀵"即"眙"字之訛，既無書證亦無例證，其説非是。

21. 矠

《字彙·矛部》："矠，與逆切，音虩。長矛也。左太沖《吴都賦》：'長矠短兵。'"（318 下）

《正字通·矛部》："矠，俗矜字。"（744 上）

按：《康熙字典·矛部》："矠，《廣韻》《集韻》並呼昊切，音殈。矛也。與矜同。又《集韻》馨激切，音闃。義同。或作𥎦、矜。又刑狄切，音檄。義同。長矠謂之勃盧。又營隻切，音役。小矛也。與鈠、鍛並同。"（833 下）《玉篇·矛部》："矠，呼役切。矛也。"（81 上左）《集韻》

入聲錫韻呼狊切："矝，矛屬。或作殺。"（755）《集韻》入聲昔韻營隻切又曰："鎩鎩殺，小矛。或從役，從矛。"（747）《説文·矛部》："矜，矛柄也。从矛，今聲。"（302上）《集韻》平聲庚韻渠京切："矜，戈戟柄。"（233）故"殺"與"矜"音義俱别，二字不可混同，《正字通》謂"殺"即"矜"字之俗，非是。

22. 秵

《字彙·禾部》："秵，女余切，音袽。臭草也。《集成》音如。注同。"（331下）

《正字通·禾部》："秵，俗字。舊注引《集成》音義並非。一曰䅳字之訛。"（772下）

按：《康熙字典·禾部》："秵，《玉篇》女魚切，音袽。臭草也。"（868上）《玉篇·禾部》："秵，女魚切。臭草也。"（74下右）《集韻》平聲麻韻居牙切："枷，《説文》：'柫也。淮南謂之柍。'或作䅳。"（208）"䅳"即"枷"通過改换義符而形成的異體字。故"秵"與"䅳"音義俱别，二字不可混同，《正字通》謂"秵"即"䅳"字之訛，且謂"舊注"非，既無書證亦無例證，其説非是。

23. 豞

《字彙·豸部》："豞，貀字之訛。"（463上）

《正字通·豸部》："豞，狗字之訛。"（1094下）

按：《康熙字典·豸部》："豞，《篇海類編》與貀同。按：即貀字之訛。"（1254上）《詳校篇海》卷二《豸部》："豞，音信。獸名。"（117下）《篇海類編》同。《字彙》謂"豞"即"貀"字之訛，是也。《集韻》去聲震韻思晉切："貀，獸名。"（540）"豞"與"貀"音義並同，"豞"即"貀"字之俗。《直音篇》卷六《豸部》："貀，音信。獸名。"（258下）《直音篇》作"貀"，此亦其證也。又《名義·豕部》："豞，呼（叵）［逅］反。豕鳴。"（237上）《玉篇·豕部》："豞，呼逅切。豕鳴也。"（111上左）敦煌本《王韻》去聲候韻呼候反："豞，豕聲。"（419）故宫本《王韻》、故宮本《裴韻》、《廣韻》同。故“㺃”與“狗”音義俱别，二字不可混同，《正字通》謂“㺃”即“狗”字之訛，既無書證亦無例證，其説非是。

24. 輬

《字彙・車部》：“輬，魯堂切，音郎。𨏶輬，軘軨。又兵車。”（481 下）

《正字通・車部》：“輬，俗輬字。舊注音郎，兵車，誤。”（1135 下）

按：《康熙字典・車部》：“輬，《廣韻》魯當切，《集韻》盧當切，並音郎。兵車也。”（1304 下）原本《玉篇・車部》：“輚，徒郎反。《埤倉》：輚輬，軘軨也。’”（411）《玉篇・車部》：“輬，音郎。𨏶輬，軘軨。”下字曰：“𨏶，音唐。𨏶輬。”（87 上左）“𨏶輬”當同“輚輬”，其訓“軘軨”，即指“古代的一種兵車”。又《説文・車部》：“輬，卧車也。从車，京聲。”（302 下）《玉篇・車部》：“轀，於昆切。轀輬車。”下字曰：“輬，力羊切。卧車也。”（86 上左）據《玉篇》訓釋體例，上文當校作：“轀，於昆切。轀輬，卧車也。輬，力羊切。轀輬。”故“輬”訓“轀輬”，即“古代的卧車”，後來也用作“喪車”。又慧琳《音義》卷九四《音續高僧傳》第二十九卷：“轀輬，上穩魂反，下略張反。《史記》云：‘秦始皇居轀輬車中。’制如車，有窻牖，閉即温，開則涼，其形廣大，以羽飾之。又漢霍光薨，載柩以轀輬。車如輜車，有四輪。自漢已來，唯載梓宫也。輬字亦從良作輬。《説文》云：‘轀輬，卧車也。’二字並從車，昷、京亦聲。昷，音温之也。”（59，P239B12）此“輬”當爲“輬”之異文，而非其異體字。故“輬”與“輬”音義俱别，二字不可混同，《正字通》謂“輬”即“輬”字之俗，且謂“舊注”非，既無書證亦無例證，其説非是。

25. 軺

《字彙・車部》：“軺，同軫。”（481 下）

《正字通・車部》：“軺，軺字之訛。舊注同軫，誤。”（1135 下）

按：《康熙字典・車部》：“軺，同軫。”（1304 下）《集韻》上聲薺韻遣禮切："軫軺，《説文》：'礙也。'一曰至也。或从启。"（343）故"軺"當即"軫"通過改换與字音相同的聲符而産生的異體字，因爲"启""軫"《集韻》皆音"遣禮切"。《字彙》謂"軺"同"軫"，是也。又《説文·車部》："輑，軺車前横木也。从車，君聲。讀若帬，又讀若褌。"（303上）原本《玉篇·車部》："輑，牛隕反。《方言》：'輑謂之軸。'《説文》：'軺車前横也。讀若帬，一曰若褌。'"（398）"軺"與"輑"音義俱别，二字不可混同，故《正字通》謂"軺"即"輑"字之俗，且謂"舊注"非，既無書證亦無例證，其説非是。

26. 齾

《字彙·齒部》："齾，居藝切，音計。狂犬。"（591上）

《正字通·齒部》："齾，齾字之訛。舊注音計，狂犬，非。"（1411下）

按：《康熙字典·齒部》："齾，《集韻》居例切，音罽。狂犬也。"（1630上）《集韻》去聲祭韻居例切："猘，狂犬也。或作狾、瘈、齾。古作狛。"（513）"齾"當即"猘"之異體字，義爲"狂犬"。又《集韻》入聲曷韻郎達切："齺，《説文》：'齒分骨聲。'或作齾。"（689）"齾"當即"齺（齣）"之異體字，義爲"齒分骨聲"。故"齾"與"齾"音義俱别，二字不可混同，《正字通》謂"齾"即"齾"字之訛，且謂"舊注"非，既無書證亦無例證，其説非是。

第三章　明清大型字書疑難字類型

本書通過對《字彙》《正字通》《直音篇》《詳校篇海》《篇海類編》《康熙字典》《字彙補》等明清大型字書所收疑難字進行全面的考釋與研究，進而對其形成原因進行深入的歸納與分析，可以發現明清大型字書疑難字的形成主要有因字形致誤、因字音致誤、因字義致誤以及因字際關係不明等四種主要類型。以下即從這四個方面通過舉例的方式來分别加以分析與説明。

一、因字形致誤形成的疑難字

從字形來看（即指字頭），《字彙》《正字通》《直音篇》《詳校篇海》《篇海類編》《康熙字典》《字彙補》等明清大型字書收録的疑難字有很多是因俗寫變易而産生的，也有一些是因楷定不同或轉録失真而産生的。然而，令人遺憾的是，這些形誤字大都被現代大型字書《大字典》和《字海》未加考辨地加以轉録，不但降低了其編纂質量，也給讀者的辨識造成了困難。因此，我們有必要對《字彙》《正字通》《直音篇》《詳校篇海》《篇海類編》《康熙字典》《字彙補》等明清大型字書收録的形誤字進行系統的考辨與研究。

（一）因俗寫變易而産生的疑難字

《字彙》《正字通》《直音篇》《詳校篇海》《篇海類編》《康熙字典》《字彙補》等明清大型字書收録了大量因俗寫變易而産生的形誤字，這些形誤字只會徒增漢字的數量，而不會産生其他有價值的信息，對漢字使用者來説，完全是一種不必要的負擔。因此，我們應加强對其進行全面的考釋與研究。

1. 侙

《字彙・人部》:"侙，胎德切，音忒。儙侙也。"（37 上）

《正字通・人部》:"侙，俗字。舊注音忒，儙侙，誤。"（43 下）

按:《康熙字典・人部》:"侙,《字彙》:'胎德切，音忒。儙侙也。'"（34 下）《篇海》卷十五《人部》引《廣集韻》:"侙，他得切。"（828 下）《篇海》收録"侙"字，義闕。《詳校篇海》卷五《人部》:"侙，胎德切，音忒。儙侙也。"（374 下）《詳校篇海》補訓爲"儙侙也"，於文獻無徵，疑非是 。《正字通》謂"侙"爲俗字，所言是也。《爾雅・釋言》:"爽，忒也。"陸德明《釋文》:"忒，或作侙。"郝懿行《義疏》:"忒,《説文》作侙，云:'失常也。'通作忒，云:'更也。'更變亦失常。"今查《説文》,"侙"字本作"忕"。《説文・心部》:"忕，失常也。从心，代聲。"（219 下）朱駿聲《通訓定聲》:"忕，即忒之或體。"故"忕"即"忒"之異體字，而"侙"當即"忕"通過偏旁易位而形成的異體字。《詳校篇海》補訓爲"儙侙也"，當因不識其爲"忕"字之俗而妄補。《字彙》亦訓"儙侙也"，此即因承前而謬。《大字典》《字海》收録"侙"字，皆據《字彙》之誤而訓"儙侙"，疑並非是。

2. 㓝

《字彙・刀部》:"㓝，户經切，音刑。罰罪。又成也；法也。"（54 下）

《正字通・刀部》:"㓝，同型，古借刑。"（94 下）

按:《康熙字典・刀部》:"㓝,《集韻》:'荆，古作㘬。'"（77 上）《正字通》所言當是。《集韻》平聲青韻乎經切:"荆,《説文》:'罰罪也。从井、刀。'引《易》:'井，法也。'古作㓝，通作刑。"（247）同一小韻下字曰:"㘬,《説文》:'鑄器之法也。'一説以土爲法曰㓝，以金爲法曰笵，以木爲法曰模。"（247）《説文・土部》:"型，鑄器之法也。从土，荆聲。"（289 上）《廣韻》平聲青韻户經切:"型，鑄鐵模也。又作㘬。"（127）"型",《説文》篆文作"[illegible]"，古文作"[illegible]""[illegible]"等形，故"㓝"當即"型"

之異體字。《集韻》於"荆"字下謂"荆"古作"剨"，非是。《字彙》"剨"字承襲前代字書之誤而訓"罰罪。又成也；法也"，當失考證。《大字典》《字海》俱收"剨"字，皆據《集韻》之誤而謂同"刑"，疑並非是。

3. 觓

《字彙·刀部》："觓，古屑切，音結。理角也。"（54下）

《正字通·刀部》："觓，譌字。舊注音結，理角；《篇海》音喧，角（起）[毛]貌，並非。"（94下）

按：《康熙字典·刀部》："觓，《玉篇》音喧。角毛。"（77下）《龍龕》卷一《刀部》："魝，或作；觓，正。音結。刺理角也。"（100）《説文·刀部》："魝，楚人謂治魚也。从刀，从魚。讀如鍥。"（87上）《廣韻》入聲屑韻古屑切："魝，割；治魚也。"（399）"觓"與"魝"音同形近，"觓"當即"魝"字之俗。《龍龕》溝通"觓"與"魝"的字際關係，是也；然謂"魝"爲"或作"而"觓"爲"正"，當即正俗顛倒。又《龍龕》訓"刺理角也"，當爲望形生訓。《篇海》卷四《刀部》引《龍龕》："觓，音結。理角也。"（627下）《篇海》轉訓爲"理角也"，當因承襲《龍龕》之謬而誤。又《玉篇·角部》："觓，音喧。角毛。"（122下左）《玉篇校釋》"觓"字下注："形聲不諧，俗僞字也。"（5205）胡氏所言當是。《玉篇》改音"喧"，改訓"角毛"，疑亦非是。《詳校篇海》卷二《刀部》："觓，呼淵切，音喧。角毛皃。舊音結。注：理角也。"（82下）《篇海類編》同。《詳校篇海》《詳校篇海》《篇海類編》訓"角毛皃"，又謂"舊注"訓"理角也"，當因承前而謬。《字彙》訓"理角也"，亦因承前而謬。《正字通》謂"觓"爲譌字，並謂"舊注"訓"理角""角（起）[毛]貌"並非，所言是也。《康熙字典》承襲《玉篇》音義之誤而未作校正，亦失考證。

4. 㔓

《正字通·勹部》："㔓，古文翰。《漢·王莽傳》：'㔓翼已成。'舊本闕㔓，有平、去二聲。"（106上）

按:《康熙字典·勹部》:“𠣬,《正字通》:‘古文翰字。’《前漢·王莽傳》:‘𠣬翼已成。’按:《王莽傳》並無此字。”(89上)《正字通》謂“𠣬”爲古文“翰”,然“𠣬”與“翰”字形相去甚遠,且“翰”古文俗體未見有作“𠣬”者,二者不易混同,故《正字通》此説疑不可據。今查《漢書·王莽傳》作:“莽羽翼已成,意欲稱攝。”故“𠣬”當同“羽”,“羽”古文作“[illegible]”(信陽楚簡)、“[illegible]”(熹·春秋昭十八年)等形,“𠣬”疑即“羽”字古文俗寫之誤。《康熙字典》轉録《正字通》之説而未作校正,亦失考證。《大字典》收録“𠣬”字,據《正字通》之説而謂同“翰”,又加“按語”曰:今本《漢書》作“羽翼已成”;《字海》亦收“𠣬”字,據《正字通》之説而謂同“翰”,疑並非是。《大字典》《字海》疑應徑謂“𠣬”即“羽”之訛字,方妥。

5. 匴

《字彙·匚部》:“匴,須兖切,音選。器也。”(61下)

《正字通·匚部》:“匴,俗字。舊注音選,器也,誤。”(110下)

按:《康熙字典·匚部》:“匴,《篇海》須兖切,音選。器也。”(93上)《新修玉篇》卷十六《匚部》引《川篇》:“匴,音選。器也。”(147下右)《篇海》同。“匴”字,《説文》《玉篇》皆未收,《廣韻》《集韻》亦不録,當即金人據俗書所增。《正字通》謂“匴”爲俗字,所言是也。《説文·辵部》:“選,遣也。从辵、巽。巽遣之,巽亦聲。一曰選擇也。”(34下)“匴”與“選”音同,又“匚”旁、“辶”旁俗寫形近,或可訛混,如“匹”作“[illegible]”、“遏”作“[illegible]”、“遭”作“[illegible]”等,“匴”疑即“選”字之俗。《新修玉篇》《篇海》訓“器也”,疑爲望形生訓。《字彙》《康熙字典》亦訓“器也”,當因承前而誤。

6. 㖤

《字彙·口部》:“㖤,同嘟。”(79下)

《正字通·口部》:“㖤,同嘟。”(161上)

按:《康熙字典·口部》:“㖤,《廣韻》於六切,音郁。喉聲。按:《玉篇》《集韻》别作㖪。”（144 上）《龍龕》卷二《口部》：“嘁，於六反。~，喉聲。”（276）《廣韻》入聲屋韻於六切：“嘁，喉聲。”（373）“嘁”當即“㖪”字之俗。《方言》卷十三：“㖪，聲也。”郭璞注：“㖪，荒麥反，亦音郁。”《名義・口部》：“㖪，呼麥反。聲也。”（44 下）《玉篇・口部》：“㖪，呼麥、於六二切。聲也。或作欭。”（26 上右）華學誠《揚雄方言校釋匯證》：“㖪，錢繹《方言箋疏》：‘《玉篇》㖪音呼麥、於六二切，云：聲也。或作欭。《説文》：欭，吹氣也。於六切。《玉篇》：嚍，嚍嘖，叫呼。《法言・問神篇》吴祕注：嚍，呼陌切，叫呼也。嚍與㖪字異義同。’按：翟灝《通俗編・語辭》：‘《桂海虞衡志》：粵中俗字有閄，和鹹切，隱身忽出驚人之聲也。按：揚子《方言》：㖪，聲也。《廣韻》音呼麥切。所云閄字，當以作㖪爲正。’又章炳麟《新方言・釋詞》：‘《説文》：**猧**，屰惡驚詞也。讀若楚人名多夥。《史記・陳涉世家》：夥頤，涉之爲王沈沈者。服虔曰：驚而偉之，故稱夥頤。其説是也……又轉則爲嚄㖪。《史記・外戚世家》曰：嚄大姊何藏之深也。《正義》曰：失聲驚愕貌也。《方言》：㖪，聲也。今凡驚歎亦曰嚄㖪。’”（877）以上諸説是也。敦煌本《王韻》入聲屋韻於六反：“㖪，聲。又呼麥反。或作欭。”（422）故宫本《王韻》入聲屋韻於六反：“㖪，聲也。”（511）“嘁”與“㖪”音同形近，敦煌本《王韻》、故宫本《王韻》入聲屋韻於六反之下皆收録“㖪”字而未收“嘁”字，《廣韻》入聲於六切之下皆收録“嘁”字而未收“㖪”字，“嘁”“㖪”當爲一字，“嘁”當即“㖪”字之俗。《集韻》入聲屋韻乙六切：“㖪喐，聲也。或从郁。”（648）《集韻》入聲乙六切之下收録“㖪”字而未收“嘁 ”字，而《廣韻》入聲於六切之下皆收録“嘁 ”字而未收“㖪”字，此亦爲“嘁 ”即“㖪”字之俗之證。故“嘁 ”“㖪”二字當以作“㖪”爲是，“㖪”本音“荒麥反”，義爲“驚歎之聲”，同“嚄㖪”；郭璞又音“郁”者，當因“或”音“越逼切”而産生的誤讀。“㖪”，後世字韻書亦音“於六反”，皆因承前而誤。“嘁 ”或爲“㖪”經俗寫而産生的俗字，或因“㖪”字俗讀改换聲符而産生的俗字。又《集韻》謂“㖪”或作“喐”，“喐”當因“㖪”又音“郁”，或因“㖪”俗作“嘁 ”，進而改换聲符而形成的俗字。《龍龕》《廣韻》改訓“喉聲”，於前代辭書皆無徵，非是。《直音篇》卷一《口部》：“𠯋，音郁。喉聲。嘟，同上。”（41 上）《詳校篇海》卷一《口部》：“𠯋，乙六切，音彧。喉聲。亦作嘟。”（43 上）《篇海類編》同。《直音篇》《詳校篇海》《篇海類編》承襲前代辭書音義之誤，且未溝通其與“㖪”字的字際關係，俱失考證。《字彙·口部》：“𠯋，同嘟。”（79 下）《正字通》同。《字彙》《正字通》亦未溝通其與“㖪”字的字際關係，亦失考證。《康熙字典》承襲《廣韻》義訓之誤而未作校正，非是；然其謂“𠯋”字《玉篇》《集韻》別作“㖪”，是也。《大字典》收録“𠯋”，據《廣韻》之誤而訓“喉聲”，且未溝通其與“㖪”字的正俗關係，非是；《字海》亦收“𠯋”，據《廣韻》之誤而轉訓爲“打嗝兒聲”，亦未溝通其與“㖪”字的正俗關係，亦非。

7. 埯

《字彙·土部》：“埯，於檢切，音掩。土覆物也。”（90 下）

《正字通·土部》：“埯，舊注音掩，土覆物。按：弇、揜、掩皆有覆物之義，本作奄，俗加土作埯。”（194 下）

按：《康熙字典·土部》：“埯，《廣韻》《集韻》衣檢切，《韻會》倚广切，《正韻》於檢切，並音揜。土覆物也……又《集韻》《韻會》本作奄，或加土。”（176 下）《廣韻》上聲儼韻於广切：“埯，土覆。”（230）《正字通》謂“埯”本作“奄”，俗加土作“埯”，疑可商榷。此“埯”疑即“掩”字俗訛。慧琳《音義》卷七《大般若波羅蜜多經》第五百三十九卷：“掩泥，或作揜，同。淹撿反。《集訓》云：‘掩，藏也。’《韻英》云：‘掩，覆也。’《説文》云：‘掩，斂也。從扌（音手），奄聲也。’亦作弇也。”（57，P520A10）慧琳《音義》卷五六《正法念經》第五卷又曰：“掩面，於儼、烏感二反。《廣雅》：‘掩，覆也；亦藏也。’”（58，P548B2）“埯”與“掩”音同，又“土”旁、“扌”旁形近，俗寫常可訛混，故此“埯”當即“掩”字俗訛。“掩”本訓“覆也”，訛作“埯”，後人見其從“土”，遂改其訓爲“土覆物”，此即爲望形生訓。“掩”又本當作“奄”。《説文·大部》：“奄，覆也。从大，从申。申，展也。”（212 下）《淮南子·脩務訓》：“萬物至衆，而知不足以奄之。”高誘注：“奄，蓋之也。”“奄”，

《廣韻》音“衣儉切”。故“掩”本當作“奄”。

8. 㜯

《字彙·女部》:“㜯，籀文𡢕字。”（109上）

《正字通·女部》:“㜯，籀文𡢕。”（250上）

按:《篇海》卷六《女部》引“併了部頭”:“㜯，音𡢕。籀文。”（656下）《詳校篇海》卷一《女部》:“㜯，呼毛切，音蒿。籀文𡢕字。除田艸。”（123下）《篇海類編》同。《説文·艸部》:“𡢕，拔去田艸也。从蓐，好省聲。薅，籀文𡢕省。茠，𡢕或从休。《詩》曰:‘既茠荼蓼。’”（21下）“𡢕”，《廣韻》音“呼毛切”。“㜯”與“薅”音義並同，“㜯”當即“𡢕”字《説文》籀文“薅”之偏旁易位俗字。《大字典》《字海》此字形皆未收，可據補。

9. 㝂

《字彙·宀部》:“㝂，紆勿切，音鬱。㝂火種。”（117上）

《正字通·宀部》:“㝂，俗字。舊注音鬱，火種，非。”（272上）

按:《康熙字典·宀部》:“㝂，《字彙》紆勿切，音鬱。火種。”（241上）《新修玉篇》卷十一《宀部》引《川篇》:“㝂，音鬱。㝂（當爲字頭誤重）種火也。”（99下右）《篇海》同。《正字通》謂“㝂”爲俗字，且謂“舊注”非，所言疑是。“㝂”疑即“䆟（奥）”字之俗。《説文·宀部》:“奥，宛也。室之西南隅。”（147上）《集韻》去聲號韻於到切:“奥，《説文》:‘宛也。室之西南隅。’或作䆟。”（586）“奥”又音“乙六切”。《字彙·大部》:“奥，乙六切，音郁。水之内曰奥。《詩·衛風》:‘瞻彼淇奥。’又暖也。《詩·小雅》:‘日月方奥。’”（101上）《詩·衛風·淇奥》:“瞻彼淇奥，緑竹猗猗。”毛傳:“奥，隈也。”又《詩·小雅·小明》:“昔我往矣，日月方奥。”毛傳:“奥，煖也。”故“㝂”與“䆟（奥）”音同形近，“㝂”疑即“䆟（奥）”字之俗。《新修玉篇》訓“種火也”，當爲見其從“火”而妄補，疑不可據。

10. 寲

《字彙·宀部》:“寲，魚基切，音疑。《玉篇》:‘察也。’”（118 下）

《正字通·宀部》:“寲，俗字。舊注音疑，引《玉篇》‘察也’，誤。”（276 上）

按:《康熙字典·宀部》:“寲,《玉篇》魚基切,《字彙》語其切，並音疑。察也。”（245 下）此字《說文》《名義》皆未收,《廣韻》《集韻》亦不録,《玉篇》收於部末，且義闕，當即陳彭年等據俗書所增。《玉篇·宀部》:“寲，魚基切。”（54 下右）元刊本《玉篇·宀部》:“寲，魚基切。察也。”《玉篇校釋》“寲”字下注:“義闕，元刊云‘察也’，意謂有疑而審查之，僞字擬删。”（2164）胡氏所言疑可商榷。《新修玉篇》卷十一《宀部》引《玉篇》:“寲，魚基切。”（99 下左）《篇海》同。《新修玉篇》《篇海》引《玉篇》亦皆義闕，元刊本卻補訓爲“察也”，於前代字韻書皆無徵，疑不可據。《詳校篇海》卷三《宀部》:“寲，延知切，音疑。察也。又便也；難也。”（146 上）《篇海類編》同。《詳校篇海》訓“察也”，當爲承襲元刊本《玉篇》之謬也；其又訓“便也；難也”，於前代字韻書亦無徵，疑亦非是。“寲”疑即“嶷”字俗訛。《說文·山部》:“嶷，九嶷山，舜所葬，在零陵營道。从山，疑聲。”（188 上）“嶷”,《廣韻》音“語其切”。“寲”與“嶷”音同，又“山”旁、“宀”旁俗寫形近，或可訛混，如:“巃”俗作“寵”（見《字海》631C）、“峕”俗作“言”（見《叢考》457）、“宇”俗作“峷”（見《魏安定王造像》）、“安”俗作“岦”（見《魏元凝妻陸順華墓誌》）等，故“寲”疑即“嶷”字俗訛。

11. 庢

《字彙·广部》:“庢，此古字也，後人下加一作底。”（141 上）

《正字通·广部》:“庢，同底，俗省。舊注古文底，誤。”（327 上）

按:《康熙字典·广部》:“庢,《廣韻》同底。”（305 上）《篇海》卷三《广部》引《川篇》:“庢，音紙。山也。”（617 下）《篇海》訓“山也”，疑非是。今案:“庢”疑即“底”字之俗。《龍龕》卷二《广部》:“庢，俗；

底，正。都禮反。下也；平也。又止也。二。”（300）朝鮮本《龍龕》卷五《广部》：“底，正。都禮切。下也；平也。又止也。底，俗。”（27）《龍龕》、朝鮮本《龍龕》溝通“底”與“底”的異體關係，是也；然謂“底”俗、“底”正，則正俗顛倒，非是。《直音篇》卷六《广部》：“底，典禮切。下也；器屐也；當也；止也。底庡，上同。”（233 下）《詳校篇海》卷一《广部》：“底，音扺。同底。”（69 上）《篇海類編》同。以上諸書皆其證也。又韓小荊《〈可洪音義〉研究》（416）“底”俗作“底”，《可洪音義》卷二《倒行般若經》第七卷：“底，丁禮反。下也。又音旨。致也。”（59，P581C9）又《可洪音義》卷一八《阿毗曇毘婆沙》第卌一卷：“底，丁禮反。又音祇，悞。”（60，P104A3）以上“底”字皆爲“底”字之俗。此亦其證也。故“底”當即“底”字之俗。《可洪音義》音“旨”，又音“祇”，皆爲俗讀，不可據。《篇海》音“紙”，亦爲俗讀；其訓“山也”，則當爲韓道昭妄補，亦不可據。《大字典》收録“底”字，據《篇海》之誤而音 zhǐ，訓“山”，又據《廣韻》而謂“一説‘底’的訛字”，非是。《大字典》據《廣韻》之説直謂“底”即“底”的訛字，即可。《字海》亦收“底”字，據朝鮮本《龍龕》之説而謂同“底”，是也。

12. 慉

《字彙·心部》：“慉，昌六切，音觸。動而痛也。”（163 下）

《正字通·心部》：“慉，昌六切，音觸。痛也……又賈誼疏：‘一二指搐，身慮亡聊。’訛作慉。師古曰：‘動而痛也。’古本注‘搐’謂指束不可屈伸，非痛也。《正韻》慉音祝，引師古説亦非。”（378 上）

按：《集韻》入聲屋韻敕六切：“搐，牽制也。”（644）《漢書·賈誼傳》：“一二指搐，身慮亡聊。失今不治，必爲固疾。”顔師古注：“搐，謂動而痛也。聊，賴也。搐音丑六反。”（2239）戴侗《六書故·手部》：“搐，初六切。抽掣也。”並注曰：“通作慉。《漢書》曰：‘一二指慉，身慮無聊。’師古曰：‘動而痛也。’”（331 下）《正字通·手部》：“搐，昌六切，音觸。牽制也。《六書故》：‘搐，通作慉。’非。”（418 上）《正字通》所言是也。據上文可知，《漢書·賈誼傳》本作“搐”，而非作“慉”，

“慉”當即“搐”字之訛。又《資治通鑒·漢文帝前六年》:“一二指慉，身慮亡聊。失今不治，必爲固疾。”胡三省注引顔師古曰:“慉，謂動而痛也。聊，賴也。慉，音丑六翻。”（476）據上文可知，此“慉”亦當爲“搐”字之訛。《大字典》“慉”字下據《字彙》《正字通》及《資治通鑒》收録“牽痛”這一義項，未溝通其與“搐”字的字際關係，有失考證；《字海》“慉”字下據《資治通鑒》收録“牽痛”這一義項，亦未溝通其與“搐”字的字際關係，亦失考證。

13. 眈

《字彙·日部》:“眈，都含切，音耽。日晚色。”（198上）

《正字通·日部》:“眈，晚字之訛。舊注音耽，日晚色，非。”（462上）

按:《康熙字典·日部》:“眈，《玉篇》丁含切，音耽。《篇海》:‘日晚色。’”（464上）此字《玉篇》收於《日部》之末，且無義訓，《廣韻》《集韻》亦不録，當即陳彭年等據俗書所增。《玉篇·日部》:“眈，丁含切。”（96上右）元刊本補訓爲“日晚色”，當因從“日”“沈”爲説而妄補，疑不可據。“眈”與“晚”字形相去甚遠，二字不可混同，《正字通》謂“眈”即“晚”字之訛，疑亦非是。《玉篇校釋》“眈”字下注:“元刊云:‘日晚色。’日莫天色無光也。《風俗通·山澤篇》:‘沈者，莽也。’本書:‘暻，日無光也。’眈與莫從日在艸中同意，莫色蒼莽即眈也。”（3991）此當爲胡吉宣承襲元刊本《玉篇》義訓之誤而爲説，疑亦非是。“眈”疑即“眈”字之俗。《説文·目部》:“眈，視近而志遠。从目，冘聲。《易》曰:‘虎視眈眈。’”（66上）“眈”，《廣韻》音“丁含切”。“眈”與“眈”音同形近，正如《龍龕》“瞠”俗作“瞠”、“瞸”俗作“瞸”、“映”俗作“映”、“矐”俗作“曜”、“䁔”俗作“晲”等，“眈”疑即“眈”字之俗。

14. 暌

《字彙·日部》:“暌，枯回切，音奎。日入也。《玉篇》:‘違也，日月

相違。'"（201 上）

《正字通·日部》："暌，枯灰切，音奎。日入也。《玉篇》：'違也，日月相違。'《正韻牋》：'睽孤之睽从目，暌違之暌从日，俗多誤用。'《滹原》又以暌即睽之訛。"（470 上）

按：《康熙字典·日部》："暌，《玉篇》去圭切，音恢。違也。《正韻牋》：'睽孤之睽从目，暌違之暌从日，俗多誤用。'"（471 上）《玉篇·日部》："暌，去圭切。達也。"（96 上右）《玉篇校釋》校"達"爲"違"，並注曰："'違也'者，原作'達也'，今正。《禮部韻略》及《韻會舉要》並引本書：'暌，違也，日月相違。'本書《目部》：'睽，乖也。'《人部》：'偰，左右視也。'《耳部》：'聧，耳不相聽也。'並爲乖違之義。"（3989）胡氏所言是也。《文心雕龍·雜文》："或文麗而義暌，或理粹而辭駁。"《大正藏》本無著菩薩造、真諦三藏譯《攝大乘論序》："愷昔嘗受業，已少滌沈蔽。伏膺未久，便致暌違。今重奉值，倍懷蹈舞。"又《大正藏》本梁僧祐撰《弘明集》卷第十二《張新安答》："寔知放華猶昏，文宣未旭，非旨暌以異通。"又《大正藏》本《廣弘明集》卷第十六《與廣信侯書》："是則慈雲既擁，智海亦深，影末波餘，希時灑拂，但暌違轉積，興言盈瞼。"從文意來看，以上"暌"字皆爲"違也"之義。《廣韻》平聲齊韻苦圭切："睽，乖也。"（52）"乖""違"義同，故"暌"與"睽"音義並同，"暌"當即"睽"之異體字。又《古今韻會舉要》平聲齊韻傾畦切："暌，日入也。《玉篇》：'違也，日月相違。'"（87 下）《古今韻會舉要》訓"暌"爲"日入也"，於文獻皆無徵，疑不可據。《字彙》《正字通》訓"日入也"，當因承襲《古今韻會舉要》之謬而誤。《大字典》"暌"字下據《古今韻會舉要》之説而收録"日入"這一義項，疑亦非是。

15. 㬟

《字彙·日部》："㬟，丑被切，音諂。㬟㬟，温溼貌。又去聲丑諫切。赤色也。"（201 上）

《正字通·日部》："㬟，㬫字之訛。舊本㬟訓與㬫同，㬫音赧，㬟音剗，誤分爲二。《説文》有㬫無㬟。"（470 上）

按:《康熙字典·日部》:“㬎,《廣韻》丑晏切,《集韻》丑諫切,並音瘲。赤色。又《集韻》丑赧切。㬎㬎,温濕貌。”(471上)《龍龕》卷四《日部》:“㬎,丑晏反。赤色也。”(428)故宫本《裴韻》去聲諫韻丑晏反:“㬎,赤(白)[皃]。”(597)《廣韻》去聲諫韻丑晏切:“㬎,赤色也。”(312)《正字通》所言當是。《説文·日部》:“㬎,温溼也。从日,赧省聲。”(135下)《名義·日部》:“㬎,女板反。赤皃。”(204上)《龍龕》卷四《日部》:“㬎,奴板反。温溼也。又奴諫反。”(427)《玉篇·日部》:“㬎,女版切。温溼也;赤也。”(95下右)故宫本《裴韻》去聲諫韻初鴈反:“㬎,温溼。一曰赤色皃。又(爲)[乃]晏反。”(597)“㬎”與“㬎”音同,“㬎”當即“㬎”字之俗。《集韻》去聲諫韻丑諫切:“㬎,㬎㬎,温溼。一曰小赤。”(562)下文乃諫切又曰:“㬎,㬎㬎,温溼。一曰小赤。”(562)“㬎”本當爲“㬎”字之俗,《集韻》未加溝通,卻訓“㬎”爲“㬎㬎,温溼。一曰小赤”,亦訓“㬎”爲“㬎㬎,温溼。一曰小赤”,疑並非是。余迺永《校注》於“㬎”字下注文中卻據《集韻》之誤而謂“㬎㬎爲疊韻連語”,疑亦非是。《大字典》《字海》“㬎”字皆承襲《集韻》之謬,且未溝通其與“㬎”字的字際關係,疑並非是。

16. 暕

《字彙·日部》:“暕,苦濫切,音勘。日出貌。”(202上)

《正字通·日部》:“暕,暾字之訛。舊注日出貌,與暾義近,改音勘,分爲二,非。”(471下)

按:《康熙字典·日部》:“暕,《廣韻》苦濫切,音喊。日出貌。”(473上)《廣韻》去聲闞韻苦濫切:“暕,日出皃。”(358)《集韻》同。《正字通》之説疑非是。《名義·日部》:“暾,敕昆反。日出形盛。”(205下)《玉篇·日部》:“暾,他昆切。日欲出。”(95下左)《廣韻》平聲魂韻他昆切:“暾,日出皃。”(71)“暕”與“暾”儘管義同,然形音俱别,二字不可混同,故《正字通》之説非是。“暕”疑即“瞰”字之俗。《廣雅·釋詁一》:“瞰,視也。”敦煌本《王韻》去聲闞韻[苦濫反]:“瞰,視。”(416)故宫本《王韻》去聲闞韻苦濫反:“瞰,視。”(505)故宫本

《裴韻》、《廣韻》同。"瞰"與"瞰"音同形近，"瞰"當即"瞰"字俗訛。《唐韻》去聲闞韻苦濫反："瞰，視。"（672）此"瞰"當即"瞰"字俗訛。此即其證也。又《可洪音義》卷二八《賢聖集音義》第廿六卷："瞰，苦濫反。正作瞰。"（60，P494B14）此亦其證也。故"瞰"當即"瞰"字俗訛。《廣韻》訓"日出皃"，當爲陳彭年等妄補，不可據。《集韻》訓"日出皃"，當因承襲《廣韻》之謬而誤。《大字典》收録"瞰"字，據《廣韻》訓"日出貌"，又以《正字通》之説作爲"一説"，疑並非是。《字海》收録"瞰"字，據《廣韻》訓"日出貌"，疑亦非是。

17. 杌

《字彙・木部》："杌，五忽切，音兀。木無枝也。又檮杌，頑凶，無疇匹之名。又姓。"（207 上）

《正字通・木部》："杌，五忽切，音兀。木無枝。又姓。又不安也。《書・泰誓》：'邦之杌隉。'或作𣆶，義同。"（483 下）

按：《康熙字典・木部》："杌，《唐韻》《集韻》《韻會》《正韻》並五忽切，音兀。《玉篇》：'木無枝也。'《集韻》：'木短出貌。'"（485 上）《詳校篇海》卷三《木部》："杌，五忽切，音兀。樹無枝。又杌（當爲字頭誤重）摇也。"（175 下）《篇海類編》同。"杌"訓"摇也"，當即"扤"字俗訛。《説文・手部》："扤，動也。从手，兀聲。"（257 上）《廣韻》入聲没韻五忽切："扤，動摇。"（391）《周禮・考工記・輪人》："輻廣而鑿淺，則是以大扤，雖有良工，莫之能固。"鄭玄注："扤，摇動貌。"《文選・上林賦》："揚翠葉，扤紫莖。"李善注引郭璞曰："張揖曰：扤，摇也。"故"杌"訓"摇也"，與"扤"音義並同，當即"扤"字俗訛。《大字典》"扤"字下第❸義項據《篇海類編》訓"摇，動摇"，據上文可知，此"杌"當即"扤"字俗訛。其下又以《史記・司馬相如傳》和漢馬融《長笛賦》作爲例證：《史記・司馬相如傳》："揚翠葉，杌紫莖。"裴駰《集解》引郭璞注："杌，摇也。"漢馬融《長笛賦》："摇演其山，動杌其根者，歲五六而至焉。"從上文所引《文選・上林賦》及文意上來看，以上二文之"杌"亦皆爲"扤"字俗訛。《大字典》"杌"字下第❸義項應溝通其與“扤”字的字際關係。

18. 杋

《字彙·木部》:“杋，思晉切，音信。木名。”（207 上）

《正字通·木部》:“杋，思晉切，音信。木名。”（483 下）

按:《康熙字典·木部》:“杋,《集韻》慖人切，音瞋。木名。又《集韻》鉏臻切，音蓁。《玉篇》息晉切，音信。義並同。”（485 下）此字《説文》《名義》皆未收,《玉篇》收於《木部》之末，當即陳彭年等據俗書所增。《玉篇·木部》:“杋，息進切。木名。”（63 下右）《集韻》去聲震韻思晉切:“杋，木名。”（540）《説文·手部》:“扟，从上挹也。从手，卂聲。”（255 下）《玉篇·手部》:“扟，所巾切。從上挹。”（32 下右）“杋”與“扟”形近，因“木”旁、“扌”旁俗書常可訛混，故“杋”疑即“扟”字俗訛。鉅宋本《廣韻》平聲臻韻所臻切:“杋，從上擇取物也。”（64）“杋”字，宋本《廣韻》作“扟”，作“扟”是也。此即其證也。《集韻》平聲臻韻疏臻切:“扟,《説文》:‘從上挹也。’《博雅》:‘掊、扟，減也。’”（128）同一小韻下文又曰:“杋，木名。”（128）《集韻》校作“扟”，是也；然於同一小韻下文又收“杋”字，改訓“木名”，此當爲誤本《廣韻》所致，進而妄改義訓，非是。又慧琳《音義》卷五八《十誦律》第一卷:“攫其，九縛反。《説文》:‘攫，杋也。’《蒼頡篇》云:‘攫，搏也。’言獸瞋則攫也。杋，音遲逆反。”（58，P612A4）此文之“杋”亦當即“扟”字俗訛。《説文·手部》:“攫，扟也。从手，矍聲。”（255 下）段玉裁注:“按:《衆經音義》卷五、卷十二引《説文》同，而注之曰：扟，居逆切。是其所據《説文》作‘丮’，轉寫訛作‘扟’耳。丮者，持也。”此即其證也。故《玉篇》所録之“杋”，疑即“扟”字俗訛。《玉篇》音“息進切”，疑爲陳彭年等妄改；其訓“木名”，疑爲望形生訓。《集韻》“杋”字音義當因承襲《玉篇》之謬而誤，疑亦不可據。

19. 柭

《字彙·木部》:“柭，步昧切，音沛。木生柯葉貌。《詩·大雅》:‘柞

棫柭矣。’”（210 下）

《正字通・木部》：“柭，舊注步昧切，音沛，木生柯葉。引《詩》：‘柞棫柭矣。’按：柭、拔音同義别，《大雅》‘柞棫拔矣’‘柞棫斯拔’，皆叶兑韻，音佩。《詩》傳：‘拔，挺拔而上，不卷曲蒙密。’辭義甚明，未可合柭、拔爲一。舊本《手部》拔音佩，引《詩》不誤，與柭注自相矛盾。《説文》：‘柭，棓也。从木，犮聲。’北末切，篆作𣐍。舊注不詳考《説文》，拔溷柭，非。”（495 下）

按：《康熙字典・木部》：“柭，《集韻》北末切，音撥。棓也。擊禾連枷……又《韻會》蒲蓋切，《篇海》蒲昧切，並音佩。木生柯葉也。”（496 上）《古今韻會舉要》去聲泰韻蒲蓋切：“柭，生柯葉貌。《詩》：‘柞棫柭矣。’又隊韻。”（335 上）《正字通》所言是也。《集韻》去聲夳韻蒲蓋切：“拔，木生柯葉皃。《詩》：‘柞棫拔矣。’或作杮。”（519）《詩・大雅・緜》：“柞棫拔矣，行道兑矣。”鄭玄注：“今以柞棫生柯葉之時，使大夫將師旅出聘問，其行道士衆兑然，不有征伐之意。”孔穎達疏：“於柞棫之木拔然生柯葉矣，以此之時，將其師旅，行於道路兑然矣，言無征伐之心也。”又《詩・大雅・皇矣》：“柞棫斯拔，松柏斯兑。”孔穎達疏：“柞棫拔然而枝葉茂盛。”故《古今韻會舉要》訓“柭”爲“生柯葉貌”，此“柭”當即“拔”字之訛；又其引《詩》“柞棫柭矣”，此“柭”亦即“拔”字之訛。《洪武正韻》去聲隊韻步昧切：“拔，枝葉生。《詩》：‘（松柏）[柞棫] 斯拔。’又曰：‘柞棫拔矣。’”（253）此亦其證也。《詳校篇海》卷三《木部》：“柭，蒲撥切，音鈸。矢末也。又蒲貝切。同杮。木生柯葉。又百轄切，音八。棓也。”（177 上）《篇海類編》同。《詳校篇海》《篇海類編》“柭”又訓“木生柯葉”，並非。《字彙》訓“木生柯葉貌”，引《詩・大雅・緜》作“柞棫柭矣”，亦並非是。《康熙字典》亦收“木生柯葉也”這一義項，亦因承前而謬。《大字典》“柭”字下據《古今韻會舉要》《篇海類編》而收録“木生枝葉”這一義項，亦非。其下又以清王源《楊安城先生傳》之“千年老樹，棖柞柭栴，騈翳五六十里，冥晦不見日”作爲例證，從文意來看，此“柭”亦當以作“拔”爲是。《字海》“柭”字下據清王源《楊安城先生傳》之“千年老樹，棖柞柭栴”這一例證而收録“生長（枝葉）”這一義項，疑亦非是。

20. 㮯

《字彙·木部》：“㮯，巨隕切，音郡。木也。”（215 下）

《正字通·木部》：“㮯，同梱。舊注音郡，木也，誤。《説文》作梱，《正譌》作梱，从梱爲正。”（512 上）

按：《康熙字典·木部》：“㮯，同梱。又《集韻》胡昆切，音渾。木名。又《篇海》巨隕切，音窘。木也。”（510 上）《新修玉篇》卷十二《木部》引《川篇》：“**㮯**，巨隕切。木也。”（112 下左）《篇海》同。《詳校篇海》卷三《木部》：“㮯，巨隕切，舊音郡。木也。”（181 上）《篇海類編》同。“**㮯**”“㮯”當即異寫字。《正字通》所言當是。《説文·木部》：“梱，門橛也。从木，困聲。”（116 下）《爾雅·釋木》：“髡，梱。”郝懿行《義疏》：“《釋文》：‘梱，五門反。’則與棞聲義近。《説文》：‘棞，梡木未析也。’”《廣韻》平聲魂韻牛昆切：“梱，《爾雅·釋木》曰：‘髡，梱。’”（72）《集韻》平聲魂韻胡昆切：“棞梱，《説文》：‘梡木未析也。’或从困。”（137）正如韓小荆《〈可洪音義〉研究》“悃”俗作“悃”，“㮯”當即“梱”字之俗。《新修玉篇》卷十二《木部》引《廣集韻》：“梱，户昆切。大木未剖。”（112 下右）《直音篇》卷四《木部》：“梱，音魂。大木未剖。”（141 上）以上二書之“梱”皆爲“棞”字之訛。此即其證也。故“**㮯**”“㮯”當即“梱”字之俗。“**㮯**”“㮯”音“巨隕切”，當爲望形生音；其訓“木也”，當爲望形生訓。《康熙字典》謂“㮯”同“梱”，是也；然又承襲前代韻書音義之誤而未作校正，亦失考證。

21. 棷

《字彙·木部》：“棷，千候切，音湊。橘屬。相如賦：‘黄柑橙棷。’”（219 上）

《正字通·木部》：“棷，千候切，音湊。橘屬。《上林賦》：‘黄柑橙棷。’”（521 下）

按：《康熙字典·木部》：“棷，《唐韻》倉奏切，《集韻》《韻會》《正韻》千候切，並音輳。《類篇》：‘橘類。出武陵。’”（519 下）《龍龕》卷四《木部》：“楱，倉奏切。插也。”（382）此“楱”當即“揍”字之俗。《集韻》去聲候韻千候切：“揍，插也。”（618）“楱”與“揍”音義並同，故此“楱”當即“揍”字之俗。

22. 槯

《字彙・木部》：“槯，倉回切，音崔。木名，堪作杖。又徂回切，罪平聲。義同。”（221 下）

《正字通・木部》：“槯，倉雖切，音崔。木，堪作杖。”（528 上）

按：《康熙字典・木部》：“槯，《唐韻》昨回切，《集韻》《類篇》倉回切，並音崔。木名，堪作杖。又《集韻》昨回切，音摧。義同。又《集韻》狙猥切，崔上聲。木蘊積也。”（526 上）《集韻》上聲賄韻祖猥切：“槯，木蘊積。”（348）此“槯”當即“嶊”字之俗。原本《玉篇・山部》：“嶊，子罪反。《甘泉賦》：‘（彼）［波］詭（崔）［嶊］而成觀。’《漢書音義》曰：‘山林之崇積之也。’”（473）《玉篇・山部》：“嶊，子罪切。山林崇積之貌。”（103 上右）敦煌本《王韻》上聲賄韻子罪反：“嶊，嶊嶉，崇積。”（389）故宮本《裴韻》同。故宮本《王韻》上聲賄韻子罪反：“⿱山椎，崇積。”（477）《廣韻》上聲賄韻子罪切：“嶊，山林崇積皃。”（184）《漢書・揚雄傳》：“於是大夏雲譎波詭，嶊嶉而成觀。”孟康曰：“嶊嶉，林木之崇積皃也。”“⿱山椎”與“嶊”音義並同，“⿱山椎”即“嶊”字誤刻；“槯”當即“⿱山椎”通過偏旁易位而產生的俗字，亦當即“嶊”字之俗。

23. 欏

《字彙・木部》：“欏，郎何切，音羅。《博雅》：‘欏、落，籬也。’《廣韻》：‘杪欏。’”（228 上）

《正字通・木部》：“欏，郎何切，音羅。《博雅》：‘欏、落，籬也。’”（545 下）

按：《康熙字典・木部》：“欏，《廣韻》魯可切，《集韻》《韻會》良何切，並音羅。《玉篇》：‘椤木也。’《唐韻》：‘杪欏木，出崑崙山。’……又

《唐韻》來可切，音樏。裂也。”（544 上）《廣韻》上聲哿韻來可切：“欏，裂也。”（206）余迺永《校注》校“欏”爲“攞”，並謂：“欏字切三、王一、全王從手旁。”余氏所言是也。《集韻》上聲哿韻朗可切：“攞，揀也；裂也。”（404）此亦其證也。故“欏”訓“裂也”，此“欏”當即“攞”字俗訛。

24. 汥

《字彙·水部》：“汥，與攸同。秦刻石《嶧山文》如此。”（242 上）

《正字通·水部》：“汥，同攸。游行水中也。从支、水，會泅者擊水意。”（576 下）

按：《字彙補·水部》：“汥，又之宗切，音中。水名。”（112 上）此“汥”當即“汷”字俗訛。《説文·水部》：“汷，水也。从水，夂聲。夂，古文終。”（228 下）“汷”，《集韻》音“之戎切”。“汥”與“汷”音義並同，故此“汥”當即“汷”字俗訛。《大字典》“汥”字下第（二）義項未溝通其與“汷”字的俗訛關係，失考證。

25. 爮

《字彙·爪部》：“爮，蒲交切，音庖。爮刮。”（272 上）

《正字通·火部》：“爮，爬字之訛。舊注音庖，爮刮，非。”（644 上）

按：《康熙字典·爪部》：“爮，《字彙》蒲交切，音庖。爮刮。按：爮字諸書皆不載，疑爲爮字之訛，然《廣韻》六豪‘搔’注云‘爮刮也’，繹‘爮刮’之義當从爪，必因其爲俗用之字，故不載耳。”（684 上）《直音篇》卷二《爪部》：“爮，音庖。爮**⿰爪蚤**。”下字曰：“**⿰爪蚤**，搔同。”（63 上）《正字通》所言當是。《廣韻》平聲麻韻蒲巴切：“爬，搔也。”（109）“爮**⿰爪蚤**”當同“爬搔”，“爮”當即“爬”字俗訛。韓小荆《〈可洪音義〉研究》（613）“爬”俗作“爮”，此即其證也。故此“爮”當即“爬”字之訛。《直音篇》改音“庖”，非是。《詳校篇海》卷四《爪部》：“爮，蒲交切，音庖。爮刮。本掊搔字，當從指爪之爪，與掊同。”（246 下）《篇海類編》同。《詳校篇海》謂“爮”本爲“掊搔”字，於文獻無徵，文獻中“爬搔”用例衆多，而未見“掊搔”用例，故其據此謂“爮”同“掊”，非是。《篇海類編》承襲其謬而未作校正，亦非。又《龍龕》卷二《爪部》：“爮，蒲交反。似瓠，可爲飲器也。又音雹。瓜爮也。”（330）《廣韻》平聲肴韻薄交切：“爮，似瓠，可爲飲器。”（98）下文入聲覺韻蒲角切：“瓝，瓜瓝。爮，上同。”（379）“爮”與“爮”音義並同，故此“爮”又當即“爮”字俗訛。

26. 畈

《字彙・田部》：“畈，䟽字之訛。”（297 下）

《正字通・田部》：“畈，䟽字之訛。”（698 下）

按：《康熙字典・田部》：“畈，《字彙》：‘䟽字之訛。’”（763 下）《龍龕》卷一《田部》：“畈畹，音踈。窓也。二。”（153）《字彙》《正字通》所言當是。《説文・疋部》：“䟽，門户疏窻也。从疋，疋亦聲；囱象䟽形。讀若疏。”（42 下）段玉裁注：“於門户刻鏤爲窻牖之形。”朱駿聲《通訓定聲》：“窗穿刻爲文。”王筠《句讀》：“疏窻者，刻鏤門户，使之疏通也。”清黄生《字詁》：“疋，鳥足之疏也……鳥足開而不斂，故作疋字象之。疋有稀義，故窗户之稀者曰䟽。”“䟽”，《集韻》音“山於切”。故“畈”與“䟽”音同義通，“畈”當即“䟽”字之訛；“畹”即“畈”之異寫字，亦當即“䟽”字之訛。韓小荆《〈可洪音義〉研究》（681）“䟽”字俗作“畈”，此即其證也。《大字典》“畈”字下以《字彙》之説作爲“一説”，失考證；《字海》據《字彙》之説而直謂“畈”即“䟽”的訛字，所言是也。

27. 睧

《字彙・目部》：“睧，呼昆切，音昏。悶也。”（315 上）

《正字通・目部》：“睧，呼昆切，音昏。悶也。”（738 上）

按：《康熙字典・目部》：“睧，《字彙》呼昆切，音昏。悶也。”（822 上）此字前代字韻書皆未收，始見於《字彙》，當即梅膺祚據俗書所增。“睧”當即“睯”字之俗。《集韻》平聲魂韻呼昆切：“睯，悶也。《莊子》：

‘慰暋沈（也）[屯]。’”（139）《莊子・外物》：“心若懸於天地之間，慰暋沈屯。”陸德明《釋文》：“慰，鬱也；暋，悶也。”“暋”與“暋”音義並同，故“暋”當即“暋”字俗訛。

28. 瞈

《字彙・目部》：“瞈，烏孔切，音蓊。瞈矇，目不明也。”（315 下）

《正字通・目部》：“瞈，俗字。”（739 上）

按：《康熙字典・目部》：“瞈，《字彙》烏孔切，音蓊。瞈矇，目不明也。”（824 上）《集韻》上聲董韻母揔切：“矇，瞈矇，目不明。”（301）《正字通》所言當是。《名義・日部》：“暡，於孔反。[暡曚]，天氣不明。”（205 上）《玉篇・日部》：“暡，於孔切。暡曚，天氣不明也。”（95 下左）故宮本《裴韻》上聲董韻莫孔反：“曚，暡曚，日未明。”（567）《廣韻》《集韻》並同。“瞈矇”與“暡曚”音同，又“日”旁、“目”旁形近，俗書常可訛混，故“瞈矇”當即“暡曚”之俗。“暡曚”俗作“瞈矇”之後，改其訓爲“目不明也”，此當即望形生訓。又《新撰字鏡・目部》：“瞈，阿孔反。氣盛皃。”（100）此“瞈”亦當即“暡”字之俗。敦煌本《王韻》上聲董韻阿孔反：“暡，氣盛皃。”（384）故宮本《王韻》、故宮本《裴韻》、《廣韻》亦皆同。故“瞈”訓“氣盛皃”，與“暡”音義並同，亦當即“暡”字之俗。

29. 瞌

《字彙・目部》：“瞌，得合切，音答。大垂目貌。”（316 上）

《正字通・目部》：“瞌，俗字。”（739 下）

按：《康熙字典・目部》：“瞌，《字彙》得合切，音答。大垂目貌。”（825 上）《直音篇》卷一《目部》：“瞌，音答。大垂目貌。”（37 下）《詳校篇海》卷三《目部》：“瞌，得合切，音答。大垂目皃。”（171 下）《篇海類編》同。《正字通》謂“瞌”爲俗字，所言當是。“瞌”疑即“聕”字俗訛。《集韻》入聲合韻德合切：“聕，大垂耳皃。”（771）“瞌”與“聕”音同，又“目”旁、“耳”旁形近，俗書常可訛混，故“瞌”疑即“聕”

字俗訛。“瞎”訛作“瞎”，後人遂改其訓爲“大垂目皃”，此當即望形生訓。

30. 瞮

《字彙・目部》:“瞮，敕列切，音徹。明也。”（317上）

《正字通・目部》:“瞮，舊注音徹，明也。从徹爲正。”（741上）

按:《康熙字典・目部》:“瞮，《字彙》敕列切，音徹。明也。”（828下）《詳校篇海》卷三《目部》:“瞮，敕列切，音徹。明也。”（173上）《篇海類編》同。《考正》“瞮”字下注:“《篇海類編》訓爲‘明’，蓋以爲‘瞮’即‘㬚’之俗字。”（280）《考正》謂“瞮”即“㬚”字之俗，是也，然非探本之論;《正字通》謂“从徹爲正”，所言是也。《龍龕》卷四《日部》:“㬚，直列反。明也；通也。”（429）《集韻》入聲薛韻敕列切:“㬚，明也。”（711）“瞮”與“㬚”音義並同，即爲異寫字，二字本當作“徹”。《説文・攴部》:“徹，通也。从彳，从攴，从育。”（62上）《廣韻》入聲薛韻直列切:“徹，通也；明也；道也；達也。又丑列切。”（405）“瞮”“㬚”與“徹”音義並同，“瞮”“㬚”當即“徹”之異體字。慧琳《音義》卷八《大般若波羅蜜多經》第五百七十五卷:“映㬚，上英敬反，下持折反。通也。經作徹也。”（57，P544A4）此是其證也。

31. 瞸

《字彙・目部》:“瞸，乞及切，音泣。目睛中枯也。”（317下）

《正字通・目部》:“瞸，俗字。舊注音泣，目睛中枯，泥。”（742下）

按:《康熙字典・目部》:“瞸，《集韻》乞及切，音泣。目睛中枯也。”（830下）《集韻》入聲緝韻乞及切:“瞸，目睛中枯也。”（768）“瞸”疑即“㬤”字之訛。《廣雅・釋詁二》:“㬤，曝也。”箋注本《切韻》（斯2071）入聲緝韻去急反:“㬤，欲燥。”（148）故宫本《王韻》、故宫本《裴韻》、《唐韻》、《廣韻》皆同。故“瞸”與“㬤”音同，又“目”旁、“日”旁形近，俗書常可訛混，“瞸”疑即“㬤”字俗訛。《集韻》訓“目睛中枯也”，疑爲望形生訓。

32. 矄

《字彙・目部》:“矄，許云切，音熏。目暗。”（317下）

《正字通・目部》:“矄，許君切，音熏。目暗。”（742下）

按:《康熙字典・目部》:“矄,《集韻》許云切，音熏。目暗也。”（831上）《集韻》平聲文韻許云切:“矄，目暗也。”（131）“矄”疑即“曛”字俗訛。《名義・日部》:“曛，詡軍反。昏也。”（205下）《玉篇・日部》:“曛，許云切。黄昏時。”（95下左）《可洪音義》卷一一《瑜伽師地論》第七十卷:“曛暮，上許君反。日入也；亦黄昏時也。”（59，P942B7）箋注本《切韻》（斯2071）平聲文韻許云反:“曛，日入。”（115）故宫本《王韻》同。《廣韻》平聲文韻許云切:“曛，日入也。又黄昏時。”（66）《集韻》平聲文韻許云切:“曛，日入餘光。”（131）故“矄”與“曛”音同，又“目”旁、“日”旁形近，俗書常可訛混，“矄”當即“曛”字俗訛。《大正藏》本唐道世撰《法苑珠林》卷第十七:“時日已暮，即馳迎還。其夕南澗十餘軀像，悉遇盜亡。其後久之，像於矄暮間放光，顯照三尺許地，金輝秀起，焕然奪目。”從文意來看，此“矄”當即“曛”字俗訛。又《嘉興藏》本清徐昌治輯《醒世録》卷四《感應緣》:“衆莫能止，乃遣兩僧送之。顯既至山，日將矄夕，遂欲停宿。兩僧危懼，捨之而還。顯獨留山中，燒香禮拜。”從文意來看，此“矄”亦當即“曛”字俗訛。以上二例皆其證也。故“矄”當即“曛”字俗訛。《集韻》訓“目暗也”，當爲望形生訓。

33. 禯

《字彙・示部》:“禯，尼容切，音醲。厚祭也。”（329下）

《正字通・示部》:“禯，乃同切，音醲。厚祭也。”（767上）

按:《康熙字典・示部》:“禯,《玉篇》尼龍切，音醲。厚祭也。”（861下）《玉篇・示部》:“禯，尼龍切。厚祭也。”（4上左）《玉篇校釋》“禯”字下注:“《廣韻》《集韻》並無。本書《農部》:‘農，厚也。’故醲爲厚酒，襛爲厚衣，穠爲花木盛，《廣韻》云‘花木厚’，厚與盛多義近，故濃爲多露，䢉爲露濃，噥爲多言，襛爲盛多，䰩爲毛多，獳爲多毛犬，然禯爲厚祭未見所出，蓋由襛字訛變後所改訓者。”（59）胡氏所言當是。《説文·衣部》：“襛，衣厚皃。从衣，農聲。《詩》曰：‘何彼襛矣。’”（169上）“襛”本義指“衣厚皃”，引申義爲“茂盛”。《詩·召南·何彼襛矣》：“何彼襛矣，唐棣之華。”朱熹集傳：“襛，盛也，猶曰戎戎也。”“禯”與“襛”音同，又“衤”旁、“礻”旁形近，俗書常可訛混，故“禯”當即“襛”字俗訛。《龍龕》卷一《礻部》：“禯，女容、而容二反。禯華也。”（110）此“禯”即“襛”字俗訛。此即其證也。又鉅宋本《廣韻》平聲鍾韻女容切：“禯，禯華。又衣厚皃。又而容切。”（11）此“禯”亦即“襛”字俗訛。此亦其證也。故“禯”當即“襛”字俗訛。《玉篇》訓“厚祭也”，當如胡氏所言，蓋由“襛”字訛變後所改訓，此當即望形生訓也。

34. 箑

《字彙·竹部》：“箑，色求切，音搜。竹名。又户乖切，音懷。高竹節。”（346上）

《正字通·竹部》：“箑，俗字。”（804上）

按：《康熙字典·竹部》：“箑，《集韻》疏鳩切，音搜。竹名。又《集韻》呼乖切，《篇海》户乖切，並音懷。竹節高也。又《集韻》同簑。”（912下）《集韻》平聲皆韻乎乖切：“箑，高竹節。”（105）《康熙字典》所言當是。《玉篇·竹部》：“簑，乎罪切。竹高節。”（71下左）“高竹節”與“竹高節”義同，故“箑”與“簑”形近義同，此“箑”當即“簑”字俗省。

35. 脺

《字彙·肉部》：“脺，與脆同。小耎易斷也。又顔色面貌潤澤也。”（382上）

《正字通·肉部》：“脺，膬、脆同。睟肰見于面，本作睟。舊注顔色潤澤，非。”（879下）

按:《康熙字典·肉部》:“脺,《集韻》促絶切,音臎。耎易破也。本作脃。又此芮切,音毳。又蒼没切,音猝。義並同。又雖遂切,音邃。顏面澤也。一曰腦也。”(1016下)《集韻》去聲至韻雖遂切:“脺,顏面澤也。一曰腦也。”(474)《正字通》所言是也。《玉篇·目部》:“睟,思季切。潤澤皃。《孟子》曰:‘其色睟然。’”(22下右)《廣韻》去聲至韻雖遂切:“睟,潤澤皃。”(244)《集韻》去聲至韻雖遂切亦曰:“睟,潤澤皃。”(474)《孟子·盡心上》:“其生色,睟然見於面。”趙岐注:“睟然,潤澤之貌也。”故“脺”訓“顏面澤也”,與“睟”音義並同,當即“睟”字之俗。《集韻》又訓“脺”爲“腦也”,於前代字韻書皆無徵,疑因與“髓”音近而妄補。

36. 荿

《字彙·艸部》:“荿,時盈切,音成。草也。”(400上)

《正字通·艸部》:“荿,稱人切,音成。艸也。”(924上)

按:《康熙字典·艸部》:“荿,《集韻》時征切,音成。《類篇》:‘草也。’”(1069下)《玉篇·艸部》:“荿,時盈切。草。”(68下右)《集韻》平聲清韻時征切:“荿,艸名。”(239)《類篇·艸部》:“荿,時征切。艸名。”(22上)“荿”疑即“筬”字俗訛。《名義·竹部》:“筬,時盈反。竹杼也。”(143下)“荿”與“筬”音同,又“艸”旁、“竹”旁俗書常可訛混,故“荿”當即“筬”字俗訛。玄應《音義》卷十《十二門論》:“機杼,丈與反。《字林》:‘杼,機持緯者。’今俗呼杼爲筬。《埤蒼》:‘筬,竹杼也。’”(56,P972B4)上文中的“筬”字,《大字典》“荿”字下第❷義項引玄應《音義》皆作“荿”,“荿”當即“筬”字之俗。此即其證也。《玉篇》訓“草”,當因不識其爲“筬”字之俗而妄補。《集韻》訓“艸名”,當因承襲《玉篇》之謬而誤。《類篇》訓“艸名”,當因承襲《集韻》之謬而誤。《字彙》《正字通》訓“草也”,亦皆因承前而謬。《康熙字典》轉録《類篇》“草也”之訓而未作校正,亦失考證。《大字典》“荿”字下據《玉篇》收録“草名”這一義項,疑非是;《字海》“荿”字據《集韻》徑訓爲“一種草”,疑亦非是。

37. ⿰⿱艹⿱罒方阝

《字彙·邑部》:“⿰⿱艹⿱罒方阝，胡茂切，音候。地名。”（497 下）

《正字通·邑部》:“⿰⿱艹⿱罒方阝，鄸字之訛。舊注因《篇海》胡茂切，音候，地名，誤。”（1177 下）

按:《康熙字典·邑部》:“⿰⿱艹⿱罒方阝,《正字通》:‘鄸字之訛。’”（1344 下）《新修玉篇》卷二《邑部》引《類篇》:“⿰⿱艹⿱罒万阝，音候。地名。”（19 下右）《篇海》卷十三《邑部》引《類篇》:“⿰⿱艹⿱罒方阝，音候。地名。”（811 上）“⿰⿱艹⿱罒万阝”“⿰⿱艹⿱罒方阝”即同字異寫。《玉篇·邑部》:“鄸，莫中切。《左氏傳》云:‘曹公孫會自鄸出奔宋。’鄸，曹邑也。”（11 下右）“⿰⿱艹⿱罒方阝”與“鄸”字形區别甚明，二字不易混同，故《正字通》之説疑非是。《康熙字典》轉録《正字通》之説而未作校正，亦失考證。“⿰⿱艹⿱罒万阝”“⿰⿱艹⿱罒方阝”疑即“⿰蔓阝”字之俗。《説文·邑部》:“⿰蔓阝，蜀廣漢鄉也。从邑，蔓聲。”（130 下）姚文田、嚴可均校議:“‘蜀’字議删。《地理志》: 廣漢縣屬廣漢郡，非蜀郡所領，蓋轉寫涉上文而誤耳。”《玉篇·邑部》:“⿰蔓阝，亡願切。廣漢鄉名。”（11 上右）“⿰⿱艹⿱罒万阝”“⿰⿱艹⿱罒方阝”與“⿰蔓阝”形近義通，如韓小荆《〈可洪音義〉研究》（578）“蔓”字俗作“⿱艹⿱罒万”,“⿰⿱艹⿱罒万阝”“⿰⿱艹⿱罒方阝”當即“⿰蔓阝”字之俗。《字彙補》（216 下）謂“⿰⿱艹⿱罒万阝”同“⿰蔓阝”,“⿰⿱艹⿱罒万阝”“⿰⿱艹⿱罒方阝”與“⿰蔓阝”形近，此亦其佐證也。“⿰⿱艹⿱罒万阝”“⿰⿱艹⿱罒方阝”,《新修玉篇》《篇海》皆音“候”，形音不諧，疑爲編者妄補。《大字典》《字海》“⿰⿱艹⿱罒方阝”字皆據《正字通》之説而謂“鄸”的訛字，疑並非是。

38. ⿸广⿱秝鬼

《字彙·鬼部》:“⿸广⿱秝鬼，郎擊切，音歷。鬼名。”（563 上）

《正字通·鬼部》:“⿸广⿱秝鬼，魔字之訛。舊注音歷，汎云鬼名，誤。”（1339 上）

按:《康熙字典·鬼部》:“⿸广⿱秝鬼,《集韻》狼狄切，音歷。鬼名。”（1549 下）述古堂影宋鈔本《集韻》入聲錫韻狼狄切:“⿸广⿱秝鬼，歷名。”（753）揚州使院重刻本《集韻》、宋刻本《集韻》皆作“鬼名”，當以作“鬼名”

爲是。《正字通》所言當是。《説文新附·鬼部》:"魔，鬼也。从鬼，麻聲。"(186下)《玉篇·鬼部》:"魔，莫何切。魔鬼也。"(94下左)《廣韻》平聲戈韻莫婆切:"魔，魔鬼。"(104)故"魘"與"魔"義同，又"厤"旁、"麻"旁形近，俗寫或可訛混，如韓小荆《〈可洪音義〉研究》"瀝"俗作"㴯"(555)、"櫪"俗作"櫪"(556),《正字通》(126)謂"厤"即"麽"字之訛,"魘"當即"魔"字之訛。"魘",《集韻》音"狼狄切",當爲望形生音。

(二)因楷定不同而産生的疑難字

楊寶忠師説:"漢字書寫，有古、篆、隸、草、楷之别，楷書字典在收録非楷書字形時，需要對字形加以楷定。所謂楷定，是指用楷書筆法把非楷書字體的字轉寫下來。由於古文、篆書、草書字體相對難識，楷定標準不一，楷定字形與其通用字形失去聯繫，因此産生疑難字。"[①]《字彙》《正字通》《直音篇》《詳校篇海》《篇海類編》《康熙字典》《字彙補》等明清大型字書也收録了一些因楷定不同而産生的形誤字，這些形誤字也給現代大型字書的編纂以及讀者的辨識造成困難，因此，也有必要對其進行深入的考釋。

1. 匤

《字彙·匚部》:"匤，丘六切，音曲。匤匣也。"(61下)

《正字通·匚部》:"匤,《説文》𠙹或从玉作𠤘，楷書省篆作匤，曲(當作豊)、匤同。舊注音曲，訓匤匣，分爲二，非。"(109下)

按:《康熙字典·匚部》:"匤,《唐韻》丘玉切,《集韻》區玉切，並音曲。匣也。"(92下)《廣韻》入聲燭韻丘玉切:"匤，匤(當爲字頭誤重)匣也。"(377)《集韻》入聲燭韻區玉切:"匤，匣也。"(654)"匤"字《説文》《玉篇》皆未收,《切韻》亦不録,《廣韻》始收之，當即陳彭年等據俗書所增。《正字通》謂"𠤘"楷書省篆作"匤","曲(當作豊)""匤"同，當是。《説文·曲部》:"豊，骫曲也。从曲，玉聲。"(269

① 見楊寶忠《疑難字考釋與研究》第820頁，中華書局，2005年。

上）“豊”,《集韻》音“區玉切”。“豊”字,《說文》篆文作“□”。“匤”與“豊”音同，正如《集韻》(193)“□”同“畱”，而“畱”即《說文》“□”之楷定字，故“匤”當即“豊”字《說文》篆文“□”字楷定之俗。《玉篇校釋》“□”字下注:“《說文》:‘□，骫曲也。’骫曲猶言委曲。《廣韻》有‘匤’字，云‘匣也’，蓋即‘□’字。漢碑漢印並以此爲曲字，殆以□字罕用而加玉爲聲符。”（3175）胡氏此說印證了《正字通》之說。故“匤”當即“豊”之《說文》篆文“□”字楷定之俗。《廣韻》訓“匣也”，當因陳彭年等不識而妄補。《集韻》亦訓“匣也”，當因承前而謬。《大字典》《字海》收録“匤”字，皆據《廣韻》之誤而訓爲“匣子”，疑並非是。

2. 屳

《字彙・山部》:“屳，即仙字。入山長生曰仙。”（125 上）

《正字通・山部》:“屳，舊注即仙字。按:《說文・人部》从人在山上，篆作□，舊本訛从入，非。”（291 上）

按:《康熙字典・山部》:“屳,《集韻》相然切，音鮮。山居長往也。《字彙》:‘即仙字。入山長生曰仙。’按：與《人部》仚音義不同,《正字通》訛合爲一，反駁《字彙》之非，不知其本有兩字也。”（262 上）《龍龕》卷一《山部》:“屳，音仙。遷也，遷入山隱曰屳也。又許延反。輕舉皃也。”（70）《集韻》平聲僊韻相然切:“屳，山居長往也。”（164）《正字通》謂“屳”當即“仚”字之訛，所言當是。《說文・人部》:“仚，人在山上。从人，从山。”（165 上）“仚”本義指“人在山上”，引申義可指“輕舉皃”“神仙”。《玉篇・人部》:“仚，許延切。輕舉皃。《說文》云:‘人在山上也。’”（15 下左）《隸辨》仙韻“僊”字下曰:“仙本作仚，音許延切。人在山上也。後人移人於旁，以爲神仙之仙，從僊爲正。”（45 上）故“屳”與“仚”音義並同，“屳”當即“仚”字《說文》篆文“□”楷定之訛。《龍龕》訓“遷入山隱曰屳也”,《字彙》訓“入山長生曰仙”，當皆爲望形生訓。《康熙字典》謂屳“與《人部》仚音義不同，《正字通》訛合爲一，反駁《字彙》之非，不知其本有兩字也”，此說亦不可據。《大字典》《字海》俱收“仚”字，皆謂同“仙”，從音義來看，《大字典》《字海》不誤，然從字形演變關係來看，當以謂“仚”即“仚”的訛字爲是。又《大字典》以唐劉禹錫《九華山歌》“悠悠億萬年，氣勢不死如騰仚”詩句作爲例證，從文意來看，此“仚”亦當即“仚”字之訛。

3. 屺

《字彙・山部》:“屺，同岊。”（125 上）

《正字通・山部》:“屺，同岊。《泝原》作峁，《六書故》作㞦。”（291 下）

按:《康熙字典・山部》:“屺，《集韻》:‘扈，古作屺。’《六書故》作㞦。”（262 下）《説文・邑部》:“扈，夏后同姓所封，戰於甘者。在鄠，有扈谷、甘亭。从邑，户聲。𡵍，古文扈从山、马。”（128 下）“𡵍”，《説文》篆文作“𡵍”。“屺”當即“扈”字《説文》古文“𡵍”之篆文“𡵍”楷定之俗。《集韻》上聲姥韻後五切:“扈，《説文》:‘夏后同姓所封，戰於甘者。在鄠，有扈谷、甘亭。’亦姓。古作屺。”（340）此是其證也。《龍龕》卷一《山部》:“峁岜，二俗。岊，正。子結反。山高皃也。古文。今作㞦。三。”（78）《玉篇・山部》:“岊，子結、才結二切。高山皃。”（102 下左）《直音篇》卷六《山部》:“岊，節、截二音。山高貌。𡵂㞦峁岜，並同上。”（230 上）“岜”，《大字典》轉録作“岜”，“岊”，《大字典》轉録作“岊”，皆爲同字異寫；“岊”“㞦”亦即同字異寫。“岜（岜）”“岊（㞦）”“𡵂”“峁”與“岊（岊）”音義並同，俱爲異體字。“屺”與“岊”音義俱别，且未見“岊”字或體有作“屺”者，故《字彙》謂“屺”同“岊”，疑不可據。《正字通》承襲《字彙》之説而謂“屺”同“岊”，疑亦非是。《康熙字典》轉録《集韻》之説，是也；然其又轉録《六書故》之説而未作校正，亦失考證。《大字典》“屺”字下據《正字通》之説而收録一個義項謂同“岊”，疑非是；《字海》“屺”字據《正字通》之説而直謂同“岊”，疑亦非是。

4. 浯

《字彙・水部》:“浯，縛牟切，音裒。水。出廣漢剛邑道徼外，南入漢。”（248 上）

《正字通・水部》:“浯，俗涪字。舊注訓同涪，涪音浮，浯音裒，分二字，非。”（591 下）

按:《康熙字典・水部》:“浯,《集韻》匹備切，音濞。水名。或从平作泙。”（613 上）《集韻》去聲至韻匹備切:“浯，水名。”（482）《正字通》所言當是。《説文・水部》:“涪，水。出廣漢剛邑道徼外，南入漢。从水，咅聲。”（224 下）《玉篇・水部》:“涪，扶鳩切。水。出徼外，南入漢。又縣名。”（87 下左）“涪”,《説文》篆文作“𣶒”。“浯”與“涪”義同，“浯”當即“涪”字《説文》篆文“𣶒”楷定之俗。“涪”俗作“浯”,《集韻》改其讀爲“匹備切”，此當爲望形生音。

5. 甈

《字彙・瓦部》:“甈，同墼。”（294 下）

《正字通・瓦部》:“甈，同墼。”（690 下）

按:《康熙字典・瓦部》:“甈,《字彙》:‘同墼。’”（753 下）《龍龕》卷二《瓦部》:“甈，苦結反。正作㓤。瓶也。”（316）“甈”當即“甈”之楷定字,《大字典》引《龍龕》轉録作“甈”是也。《字彙》《正字通》謂“甈”同“墼”，所言是也。《可洪音義》卷二二《釋迦譜》第九卷:“甈，音擊。經本作墼。”（60，P258A9）“甈”即“甈”之楷定字，故“甈”亦當即“墼”字之俗。《直音篇》卷四《瓦部》:“甈，與墼同。”（180 上）《詳校篇海》卷一《土部》:“甈，訖逆切，音激。正作墼。土墼。《説文》:‘瓴甋也。’”（73 上）《篇海類編》同。以上諸書亦皆其證也。《大字典》《字海》收録“甈”字，皆據《龍龕》之説而謂同“㓤”，疑並非是。

6. 㝋

《字彙・穴部》:“㝋，乳演切，音輭。柔皮革。”（336 上）

《正字通·穴部》:“䆿,甍字之訛。非从穴、从允,舊本附《穴部》,誤。”(782 下)

按:《康熙字典·穴部》:“䆿,《正韻》乳兖切,《六書音義》音輭。柔皮革。《周禮·冬官·考工記》注:‘《蒼頡篇》有鞄䆿。’”(880 下)《直音篇》卷三《穴部》:“䆿,音輭。柔革。”(126 下)《正字通》所言當是。《説文·甍部》:“甍,柔韋也。从北,从皮省,从夐省。凡甍之屬皆从甍。讀若耎。一曰若儁。㼱,古文甍;𤿭,籀文甍,从夐省。”(61 下)“甍”,《説文》篆文作“”,籀文“”。“甍”,《廣韻》音“而兖切”。“䆿”與“甍”音同,“䆿”當即“甍”之《説文》篆文或籀文楷定之訛。《大字典》“䆿”字下第(二)義項以《正字通》之説作爲“一説”,疑有未當。

7. 幸

《字彙·羊部》:“羍,他達切,音獺。小羊也。達字从此。幸,同上。”(368 上)

《正字通·羊部》:“羍,徒荅切,音獺。小羊也。《毛詩》作達。《大雅》:‘誕彌厥月,先生如達。’義同。李時珍言‘羊七月曰羍’,誤。篆作羍,達字从此。《正譌》以通用達爲非,泥。幸,俗羍字。”(849 上)

按:《康熙字典·羊部》:“幸,《玉篇》同羍。羍,《廣韻》《集韻》並他達切,音闥。《説文》:‘小羊也。讀若達。’《玉篇》:‘生也。’又《集韻》通作達。《詩·大雅》:‘誕彌厥月,先生如達。’傳:‘達,生也。’《釋文》:‘鄭云羊子也。’又《廣雅》:‘美也。’”(976 下)《玉篇·羊部》:“幸,他達切。生也;小羊也。傘,同上。”(109 下右)《玉篇校釋》“幸”字下注:“‘生也’者,今通作達。《詩·生民》:‘先生如達。’毛傳:‘達,生也。’《正義》引薛綜曰:‘羊子初生曰達。’《説文》羍讀若達。”(4530)胡氏所言是也。“羍”字,《説文》篆文作“”。“羍”即“”之楷定字,而“幸”即“”楷定之俗。《直音篇》卷六《羊部》:“幸,音撻。生也;小羊也。羍傘,同上。”(250 上)《康熙字典·羊部》:“幸,《玉篇》同羍。羍,《廣韻》《集韻》並他達切,音闥。《説文》:‘小羊也。讀若達。’《玉篇》:‘生也。’又《集韻》:‘通作達。’《詩·大雅》:‘誕彌厥月,先生如達。’傳：‘達，生也。’《釋文》：‘鄭云羊子也。’”（976下）此亦其證也。《大字典》收録“羍”字，第❶義項據《廣韻》《正字通》之説而謂同“羍”，是也；然第❷義項據《玉篇》訓“生”，卻未溝通其與“羍”“達”二字的字際關係，失當。

8. 覑

《字彙·見部》：“覑，披免切，偏上聲。視貌。”（444上）

《正字通·見部》：“覑，視字之譌。舊注披免切，偏上聲，視貌，非。”（1040下）

按：《康熙字典·見部》：“覑，《集韻》匹典切，片上聲。視貌。”（1179上）《玉篇·見部》：“覑，匹典切。”（23下右）《玉篇》義闕。《集韻》上聲銑韻匹典切：“覑，視皃。”（279）《集韻》補訓爲“視皃”。《説文·見部》：“視，瞻也。从見、示。”（175上）“覑”與“視”儘管義通，然字形相去甚遠，二字不易訛混，故《正字通》謂“覑”即“視”字之訛，疑不可據。“覑”疑即“覛”字俗訛。《説文·見部》：“覛，衺視也。从𠂢，从見。䛖，籀文。”（240上）“覛”，《説文》篆文作“[illegible]”，“覑”疑即“覛”之《説文》篆文“[illegible]”楷定之訛。《玉篇》音“匹典切”，疑爲望形生音。

9. 鴚

《字彙·鳥部》：“鴚，札色切，音側。鳥名。”（571上）

《正字通·鳥部》：“鴚，舊注音側，鳥名。按：鴈，《説文》从鳥、从人，厂聲，唐本从仄、从鳥。徐鉉曰：‘从厂从人，義無所取，當从雁省聲。’據此，从仄、从鳥者，即鴈也。改音側，非。”（1360上）

按：《康熙字典·鳥部》：“鴚，《集韻》札色切，音側。鳥名。按：《説文》鴈字从人、厂聲，唐本从仄、从鳥。或云鴚即鴈字。”（1572上）此字《説文》《玉篇》皆未收，《廣韻》亦不録，《集韻》始收之，當即丁度等據俗書所增。《集韻》入聲職韻札色切：“鴚，鳥名。”（756）《正字通》所言當是。《説文·鳥部》：“鴈，鵝也。从鳥、人，厂聲。”（75下）徐鉉

注：“从人、从厂，義無所取，當从雁省聲。”《玉篇·鳥部》：“鴈，五諫切。大曰鴻，小曰鴈。”（113上左）《廣韻》去聲諫韻五晏切：“鴈，《禮》曰：‘孟春之月，鴻鴈來賓。’《白虎通》曰：‘（贄）[贄]用鴈者，取其隨時。’”（310）“鴈”，《説文》篆文作“[篆文]”；“仄”，《説文》篆文作“[篆文]”。“⿸仄鳥”當即據《説文》“鴈”字篆文“[篆文]”誤爲楷定而形成的俗字。《集韻》改音“札色切”，當爲不識其爲“鴈”字之俗而妄改，此當即望形生音。《大字典》收録“⿸仄鳥”字，其下分爲兩個義項：第（一）義項據《集韻》音 zè，訓“鳥名”；第（二）義項據《正字通》之説而音 yàn，謂同“雁（鴈）”。《字海》亦收“⿸仄鳥”字，其下亦分爲兩個義項：第（一）義項據《集韻》音 zè，訓“一種鳥”；第（二）義項據《正字通》之説而音 yàn，謂同“雁（鴈）”。《大字典》《字海》這樣處理俱失妥當，《大字典》《字海》既然認同《正字通》之説，就應删去第（一）義項；反之，《大字典》《字海》既然認同《集韻》之訓，就應删去第（二）義項。據上文可知，《正字通》謂“⿸仄鳥”即“鴈”也，所言當是，故《大字典》《字海》皆應删去“⿸仄鳥”字下第（一）義項，直謂同“鴈”，方妥。

（三）因轉録失真而産生的疑難字

《字彙》《正字通》《直音篇》《詳校篇海》《篇海類編》《康熙字典》《字彙補》等明清大型字書也收録了一些因轉録失真而産生的形誤字，這些形誤字對漢字使用者來説，亦屬多餘，因此，也應加强對其進行系統的考釋。

1. ⿰彳⿱日夂

《字彙·彳部》：“⿰彳⿱日夂，七役切，音戚。小行貌。”（152上）

《正字通·彳部》：“⿰彳⿱日夂，復字之訛。舊注音戚，小行貌，誤。”（351下）

按：《康熙字典·彳部》：“⿰彳⿱日夂，《廣韻》《集韻》並七役切，清入聲。《玉篇》：‘小行貌。’”（334上）《玉篇·彳部》：“⿰彳⿱日夂，七役切。小行皃。”（48上右）《廣韻》入聲錫韻七役切：“⿰彳⿱日夂，小行。”（420）《集韻》入聲錫韻七役切：“⿰彳⿱日夂，小行也。”（748）《新修玉篇》卷十《彳部》引《玉篇》：

“徥，七役切。小行皃。”（90 上右）《篇海》同。“徥”即“復”字轉録之誤。《説文・彳部》：“復，往來也。从彳，复聲。”（37 上）《玉篇・彳部》：“復，符六、扶救二切。重也；返復也。”（47 下右）《廣韻》入聲屋韻房六切：“復，返也；重也；亦州名。”（369）“徥（復）”與“復”音義俱别，且未見“復”字俗書有作“徥（復）”者，故《正字通》謂“徥（復）”即“復”字之訛，且謂“舊注”誤，其説疑不可據。今案：“徥（復）”疑即“復”字之訛。《説文・彳部》：“復，卻也。一曰行遲也。从彳，从日，从夊。”（37 下）《玉篇・彳部》：“復，他對切。古退字。”（47 下右）“徥（復）”與“復”形近義通，“徥（復）”疑即“復”字之訛。《玉篇》《廣韻》音“七役切”者，當爲望形生音，《廣韻》“旻”即音“七役切”。

2. 梎

《字彙・木部》：“梎，於交切，音妖。梎栭，鐮柄也。”（213 下）

《正字通・木部》：“梎，梎字之訛。舊注音妖，梎栭，鐮柄，不知根本作梎，俗訛爲梎。”（506 上）

按：《康熙字典・木部》：“梎，《廣韻》《集韻》並於交切，音䚻。《廣韻》：‘梎栭，鐮柄。’《類篇》作梎，木柯也。又《集韻》余救切，音宥。木名。”（505 上）《名義・木部》：“梎，乙交反。鐮柄也。”（125 上）《玉篇・木部》：“梎，乙交切。柯也。”（61 下右）《廣韻》平聲肴韻於交切：“梎，梎栭，鐮柄。”（98）《集韻》平聲爻韻於交切：“梎，木柯曰梎。”（186）下文去聲宥韻余救切又曰：“梎，木名。”（612）“木柯”與“鐮柄”訓異義同，故“梎”與“梎”音義並同，“梎”當即“梎”字之俗。《集韻》於上文俗寫作“梎”，又於下文收録“梎”字，改訓“木名”，於前代字韻書皆無徵，非是。又《康熙字典》謂“梎”字《類篇》作“梎”，訓“木柯也”，然《類篇・木部》本作：“梎，於交切。木柯。”（201 下）“梎”與“梎”形近，亦當即“梎”字之俗。《康熙字典》轉録作“梎”，非是。又《康熙字典》轉録《集韻》“木名”之訓而未作校正，亦失考證。又《説文・木部》：“根，木株也。从木，艮聲。”（114 上）《玉篇・木部》：

“根，柯恩切。株也。”（60上左）“梎”即“根”之異體字。“梎”與“梎（根）”音義俱别，二字不可混同，《正字通》謂“梎”即“梎（根）”字之訛，非是。《大字典》《字海》“梎”字下分别據《集韻》收録“木名”、“一種樹”這一義項，疑並非是。

二、因字音致誤形成的疑難字

《字彙》《正字通》《直音篇》《詳校篇海》《篇海類編》《康熙字典》《字彙補》等明清大型字書所收字形的字音也存在許多問題，有些是因形近而誤，有的是因誤識而誤，有的是因不識妄補或妄改而誤，也有的是因誤植而誤，還有的是因誤置而誤。這些錯誤的讀音信息卻往往被現代大型字書《大字典》所承襲，不但給讀者的辨識造成疑誤，也給後人的考釋工作造成障礙。因此，我們應根據漢字構形理據，並結合漢字俗寫變易規律，加强對明清大型字書所收字形的字音方面的失誤進行全面的考辨與研究。

（一）因形近致使注音失誤而産生的疑難字

《字彙》《正字通》《直音篇》《詳校篇海》《篇海類編》《康熙字典》《字彙補》等明清大型字書所收字形的字音問題，有些是因俗寫形近，致使反切用字訛誤，從而造成注音失誤，我們應對這種現象進行深入的考辨與研究。

1. 杸

《字彙·木部》：“杸，與殳同。軍中士所持者。又木名。又姓。”（208上）

《正字通·木部》：“杸，舊注與殳同。按：《正韻》‘殳’‘祋’載魚韻，‘杸’注：或作祋。又都外切。《詩》：‘何戈與祋。’恐傳寫誤以木爲示，當是杸字，今不敢改。《説文》：‘杸，軍士所持也。’又：‘祋，殳也。’又：‘殳，杖也。’雜出分訓，非。殳俗作杸，訛作祋，從殳爲正。”（487下）

按：《康熙字典·木部》：“杸，《唐韻》市朱切，《集韻》慵朱切，並音殊。《司馬法》:‘執羽從杸。’《説文》:‘杸，軍士所持殳也。’……又《韻會》都外切，音祋。木名。”(488下)《集韻》去聲夳韻都外切:“杸，木名。”(519)《集韻》訓“木名”，疑非是。《説文·殳部》:“杸，軍中士所持殳也。从木，从殳。《司馬法》曰:‘執羽从杸。’”(60下)《玉篇·殳部》:“杸，時朱切。軍中所持也。”(81下右)《廣韻》平聲虞韻市朱切:“杸,《説文》曰:‘軍中士所持殳也。《司馬法》曰：執羽從杸。’”(40)《集韻》同。“杸”字,《集韻》又音“都外切”，訓“木名”，於前代字韻書皆無徵，當因與“祋”形近而誤混，進而又妄改音訓義訓。《説文·殳部》:“祋，殳也。从殳，示聲。《詩》曰:‘何戈與祋。’”(60下)《玉篇·殳部》:“祋，丁外、丁括二切。殳也。”(81下右)《廣韻》去聲泰韻丁外切:“祋，殳也。”(282)故“杸”音“都外切”，當因“杸”“祋”形近訛混而妄補，其訓“木名”，亦當爲丁度等妄補。《洪武正韻》平聲魚韻慵朱切:“杸，或作祋。又都外切。案:《詩》:‘何戈與祋。’恐傳寫之訛，以木爲示，當是杸字，今不敢改也。”(48)此即其證。《詳校篇海》卷三《木部》:“杸，都内切，音對。木名。又尚朱切，音殊。軍士所持。與殳、祋同。”(176下)《篇海類編》同。《詳校篇海》《篇海類編》“杸”音“對”，訓“木名”，皆因承襲《集韻》之謬而誤；又其謂“杸”與“祋”同，亦不可據。《字彙》“杸”字又訓“木名”，亦因承襲《集韻》之謬而誤；又其訓“姓”，亦因“杸”“祋”形近，進而誤植“祋”字之義於“杸”字之上所致的訓釋失誤。《萬姓統譜·泰韻》:“祋，見《姓苑》。”《後漢書·來歙傳附來歷》:“歷乃要結光禄勳祋諷。”此即其證也。《康熙字典》轉録《韻會》“木名”之訓而未作校正，疑亦非是。《大字典》《字海》“杸”字下分別據《集韻》之誤而收録“木名”、“一種樹”這一義項，疑並非是。

2. 殌

《字彙·歹部》:“殌，居穴切，音決。死也。又渠京切，音擎。義同。”(233上)

《正字通·歹部》:“殌，俗字。”(558上)

按:《康熙字典·歹部》:“殌,《字彙》居月切，音決。死也。又渠京切，音擎。義同。”(564上右)《新修玉篇》卷十一《歹部》引《川篇》:“殌，居定切。死也。”(102下右)《篇海》卷三《歹部》引《川篇》:“殌，居宂切。死也。”(624下)“殌”字,《新修玉篇》與《篇海》讀音不同，從形音關係來看，當以《新修玉篇》爲是。《篇海》音“居宂切”,“宂”當爲“定”字之誤。《詳校篇海》卷一《歹部》:“殌，音擎，一音決。死也。”(79上)《篇海類編》同。《詳校篇海》《篇海類編》改音“擎”，於前代字書無徵，疑非是；又謂“一音決”，當因轉録《篇海》“居宂切”之音作“居穴切”而産生的。《字彙》《康熙字典》“殌”字音“決”，又音“擎”，此亦因承襲前代字書之謬而誤。《大字典》“殌”字轉録《篇海》又誤録作“居穴切”而音 jué，亦非。《字海》音 jǐng，是也。今案:“殌”當即“剄”字之俗。《説文·刀部》:“剄，刑也。从刀，巠聲。”(87上)段玉裁注:“《耳部》:‘小罪聅，中罪刖，大罪剄。’剄，謂斷頭也。”《左傳·定公四年》:“(左司馬戌)謂其臣曰:‘誰能免吾首？’吴句卑曰:‘臣賤，可乎？’……句卑布裳，剄而裹之，藏其首，而以其首免。”杜預注:“司馬已死，剄取其首。”“剄”,《廣韻》音“古挺切”,《集韻》又音“吉定切”。故“殌”與“剄”音同義通，“殌”當即“剄”字之俗。

(二)因誤識致使注音失誤而産生的疑難字

《字彙》《正字通》《直音篇》《詳校篇海》《篇海類編》《康熙字典》《字彙補》等明清大型字書所收字形的字音問題，有些是因誤識而産生的，這類注音問題極具迷惑性，我們應根據字書傳承演變關係及漢字構形理據對其進行深入的考釋。

1. 婷

《字彙·女部》:“婷，以證切，音孕。美貌。”(103下)

《正字通·女部》:“婷，俗孕字。舊注音孕，美貌，誤。”(235下)

按:《康熙字典·女部》:“婷,《正字通》:‘俗孕字。’”(210上)《新修玉篇》卷四《女部》引《川篇》:“婷，音朶。美皃。又奴果切。”(29下右)《篇海》卷六《女部》引《川篇》:“婷，音孕。美皃。又奴果切。”

（654 下）"婷"字,《新修玉篇》與《篇海》讀音不同，當以《新修玉篇》爲是。"婷"疑即"娱"字之訛。《説文・女部》:"娱，量也。从女，朶聲。"（264 上）《名義・女部》:"娱，當果反。量也。"（26 下）《玉篇・女部》:"娱，當果切。量也；揣也。"（17 上左）《正字通・女部》:"娱，丁可切，音朶。《説文》:'量也。'《玉篇》:'揣也。'並未詳。一曰女容如華之㮇，言美好也。"（238 下）"美貌"與"女容如華之㮇，言美好也"義同，故"婷"與"娱"音義並同，"婷"當即"娱"字之訛。《篇海》音"孕"，"孕"當爲"朶"字之訛。《直音篇》卷一《女部》:"婷，音孕。美貌。"（29 上）《直音篇》音"孕"，當因承襲《篇海》而誤。《詳校篇海》卷二《女部》:"婷，以證切，音孕。美皃。"（120 下）《篇海類編》同。《詳校篇海》《篇海類編》《字彙》等字書讀"以證切，音孕"，亦皆因承襲前代字書而誤。《説文・子部》:"孕，裹子也。从子，从几。"（311 下）《玉篇・子部》:"孕，弋證切。妊子也；含實也。"（134 上左）故"婷"與"孕"音義俱别，二字不可混同,《正字通》謂"婷"即"孕"字之俗，且謂"舊注"誤，既無書證亦無例證，其説非是。《康熙字典》轉録《正字通》之説而未作校正，亦失考證。《大字典》《字海》俱收"婷"字，皆據《正字通》之説而謂"婷"同"孕"，疑並非是。

2. 㦸

《字彙・广部》:"㦸，穫北切，音或。區也。"（142 下）

《正字通・广部》:"㦸，與域通。舊注區也，義同域，改音或，分爲二，非。《訂正篇海》音或，不定也，疑也，尤非。"（330 上）

按:《康熙字典・广部》:"㦸,《玉篇》:'古文或字。'"（308 下）《玉篇・广部》:"㦸，古或字。"（104 下左）《正字通》所言當是。《説文・戈部》:"或，邦也。从口，从戈以守一。一，地也。域，或又从土。"（267 上）《廣韻》入聲職韻雨逼切:"域，居也；邦也。"（426）《集韻》入聲職韻越逼切:"或域䧙,《説文》:'从口，从戈以守一。一，（名）［地］也。'或从土、从阜。"（760）"域"即"或"之異體字，音"雨逼切"；而"㦸"當即"域"通過改换義符而形成的異體字，亦同"或"，亦當音

“雨逼切”，義爲“邦國”“封邑”。《篇海》卷三《广部》：“㕓，音或。不定；疑也。”（618 上）據上文可知，《篇海》“㕓”字音義皆不可據，“㕓”當音“雨逼切”，義指“邦國”“封邑”，《篇海》音“或”，並訓“不定；疑也”，當因從“或”爲説而誤。《直音篇》卷六《广部》：“㕓，音或。區也。”（234 下）《直音篇》訓“區也”，“區”“域”義同，是也；然音“或”，當爲《篇海》所誤，非是。《詳校篇海》卷一《广部》：“㕓，胡國切，音或。不定也；疑也。又區也。”（70 上）《篇海類編》同。《詳校篇海》《篇海類編》音“或”，訓“不定也；疑也”，此當爲《篇海》所誤，非是；其訓“區也”，是也。《字彙》音“或”，訓“區也”，正如《正字通》所言，其義是，而其音非。

3. 熝

《字彙·火部》：“熝，盧谷切，音鹿。煉也。”（269 上）

《正字通·火部》：“熝，爊字之訛。舊注音鹿，煉也，誤。”（638 上）

按：《康熙字典·火部》：“熝，《集韻》盧谷切，音禄。煉也。”（674 上）《集韻》入聲屋韻盧谷切：“熝，煉也。”（639）《正字通》所言當是。《廣雅·釋詁四》作：“爊、熅、煨、煫，煴也。”《廣韻》平聲豪韻於刀切：“爊，埋物灰中令熟。”（101）《集韻》平聲豪韻於刀切：“爊，煨也。”（190）“爊”即“爊”之異體字。又《廣雅·釋詁二》：“煉，爇也。”“爇”即“焚燒”“烘烤”之義。故“熝”與“爊”義通，“熝”疑即“爊”字俗省。慧琳《音義》卷三四《十住斷結經》第五卷：“煻煨，徒郎反，下烏迴反。《通俗文》：‘熱灰謂之煻煨，亦熝也。’《廣雅》：‘煨，温也。’經文作煴。於文反。烟、煴，（光）［火］氣也。《説文》：‘鬱煙也。’煴，非字體也。”（58，P90B7）慧琳《音義》卷五五《罪業報應教化地獄經》又曰：“煻煨，徒郎反，下烏迴反。《通俗文》：‘熱灰謂之煻煨。’煨亦熝也。《廣雅》：‘煨，煴也。’熝，音烏刀反；煴，於云反。”（58，P529B4）故上文中的“熝”字皆爲“爊”字之俗。此是其證。又《龍龕》卷二《火部》：“爊，正。爊，今。烏刀反。埋物灰中令熟。二。”（239）“爊”楷定即作“熝”。此亦其證。《名義·火部》：“熝，於勞反。煴也；熅也。”

（211上）"𤐤"楷定亦作"爊"，《玉篇》此字作"爊"，而"爊"同"爊"，故此"爊（𤐤）"亦即"爊（爊）"字之俗。此亦其證也。又《齊民要術》卷第八："其魚，草裹泥封，煻灰中爊（烏刀切）。"繆啟愉校釋："北宋本作'爊'，明抄、湖湘本誤作'爊'。"此亦其證也。故"爊"當即"爊"字之俗。《集韻》音"盧谷切"，當爲望形生音。

4. 甈

《字彙·瓦部》："甈，苦結切，音怯。瓶也。"（294上）

《正字通·瓦部》："甈，舊注音怯，瓶也。一説瓦坯未燒，與墼同義，訛作甈，非。"（689下）

按：《康熙字典·瓦部》："甈，《字彙》苦結切，音怯。瓶也。又《正字通》一説瓦坯未燒，與墼同義。"（752上）《龍龕》卷二《瓦部》："甈，俗。音擊。正作（墼）[墼]。土~。"下字曰："甈，苦結反。正作㓞。瓶也。"（316）《龍龕》謂"甈"即"㓞"字之俗，然從字形演變來看，"㓞"無緣變作"甈"，《龍龕》所言疑不可據。"甈"當即"墼"字之俗。《可洪音義》卷二二《釋迦譜》第九卷："甈，音擊。經本作墼。"（60，P258A9）此是其證也。"甈"可楷定作"甈"，"甈"當即"墼"通過改换義符而形成的異體字。《直音篇》卷四《瓦部》："甈，與墼同。"（180上）此是其證也。故"甈"當即"墼"字之俗，而"甈"又當即"甈"字之俗，亦當同"墼"。《新修玉篇》卷十六《瓦部》引《龍龕》亦曰："甈，音擊。正作墼。土墼也。"下文引《龍龕》又曰："甈，苦結切。瓶也。"（145上左）《新修玉篇》"甈"字音"苦結切"，訓"瓶也"，此即因承襲《龍龕》之謬而誤。《篇海》卷三《瓦部》引《龍龕》："甈，音（墼）[墼]。正作（墼）[墼]。土（墼）[墼]也。"下文引《龍龕》又曰："甈，苦結切。瓶也。"（620上）《篇海》上文"甈"字音"（墼）[墼]"，謂正作"（墼）[墼]"，是也；然下文"甈"字又音"苦結切"，訓"瓶也"，此亦因承襲《龍龕》之謬而誤。《詳校篇海》卷一《瓦部》："甈，苦結切，舊音怯。瓶也。"（73上）《篇海類編》同。《詳校篇海》《篇海類編》《字彙》亦皆音"怯"，訓"瓶也"，當皆因承襲前代字書之謬而誤。《正字通》“一説”謂“瓦坯未燒，與墼同義，訛作甓”，所言當是。《康熙字典》轉録《字彙》之訓而未作校正，亦失考證。《大字典》“甓”字據《龍龕》之説而謂同“䰈”，又據《篇海》之説而謂“一説同‘墼’”，失考證;《字海》“甓”字據《龍龕》之説而謂同“䰈”，亦失考證。

（三）因不識致使注音失誤而産生的疑難字

《字彙》《正字通》《直音篇》《詳校篇海》《篇海類編》《康熙字典》《字彙補》等明清大型字書所收字形的字音問題，還有更多是因後人不識，進而妄補或妄改注音而産生的，這也是明清大型字書字音致誤的主要原因，我們應加强對這類失誤現象進行全面的清理與研究。

1. 㕿

《字彙・厂部》:“㕿，郎狄切，音歷。分也。”（67 上）

《正字通・厂部》:“㕿，𢉫字之訛。舊注訓同𢉫，改音歷，溷麻，誤。”（124 上）

按:《康熙字典・厂部》:“㕿，《集韻》狼狄切，音曆。分也。”（104 下）《集韻》入聲錫韻狼狄切:“㕿，分也。”（752）《正字通》謂“㕿”即“𢉫”字之訛，所言當是。《廣雅・釋言》:“𢉫，共也。”王念孫《疏證》:“𢉫，通作靡。”《集韻》平聲支韻忙皮切:“靡𢉫𢉫劘，分也。《易》:‘吾與汝靡之。’或从分，京房从刀，或省。通作縻。”（33）“㕿”與“𢉫”形近義同，“㕿”當即“𢉫”字俗訛。“㕿”，《集韻》音“狼狄切”，當因丁度等不識其爲“𢉫”字俗訛，又見其從“厤”而妄改，此當即望形生音。

2. 㝔

《字彙・宀部》:“㝔，訖逆切，音激。揚貌。”（118 下）

《正字通・宀部》:“㝔，訛字。舊注音激，揚貌，非。”（275 下）

按:《康熙字典・宀部》:“㝔，《字彙》:‘音激。揚貌。’《正字通》:‘訛字。’按:《玉篇》《類篇》俱載《穴部》，注:‘口吊切。空也。’惟《廣韻》二十三錫收‘竅’字，訓古歷切，从穴，揚貌。三十四嘯另收訓古吊切，亦從穴，空也。疑揚貌从宀，空从穴，《正字通》泛言訛字，不可从。”（245下）此字《説文》《玉篇》皆未收，《集韻》亦不録，當即陳彭年等據俗書所增。《廣韻》入聲錫韻古歷切：“竅，揚皃。”（421）《正字通》所言疑是。“竅”疑即“竅”字之訛。《説文·穴部》：“竅，空也。从穴，敫聲。”（149下）《廣韻》去聲嘯韻苦弔切：“竅，穴也。”（321）“竅”本義指“孔”“穴”，引申義可指“翹起”。例如：明馮夢龍《古今譚概·巧言部·俗語歇後》：“吴中黄秀才相掀唇，人呼‘小黄竅嘴’。”此“竅”即“翹起”之義。又《大字典》“竅”字下以明馬歡《瀛涯勝覽·占城國》中的“其雄雞，紅冠白耳，寙腰竅尾”作爲例證，從文意來看，此“竅”當即“翹起”“揚起”之義。故“竅”與“竅”義同，又“宀”旁、“穴”旁形近，俗書常可訛混，故“竅”疑即“竅”字俗訛。“竅”字，《廣韻》音“古歷切”，疑爲望形生音。《康熙字典》謂“疑揚貌从宀，空从穴”，疑不可據。

3. 岮

《字彙·山部》：“岮，胡老切，音號。山名。”（125下）

《正字通·山部》：“岮，嶨字之訛。舊注音號，汎云山名，泥。”（293上）

按：《康熙字典·山部》：“岮，《集韻》下老切，音號。山名。《正字通》：‘嶨字之訛。’”（264上）《集韻》上聲晧韻下老切：“岮，山名。”（399）《正字通》所言疑是。《龍龕》卷一《山部》：“嶨𡾙，二俗；嶧，正；崿，今。五各反，厓崿，重巘山也。四。”（78）《玉篇·山部》：“崿，五各切。山名。”（103下右）故宫本《王韻》入聲鐸韻五各反：“崿，厓崿。”（524）《唐韻》《廣韻》並同。《集韻》入聲鐸韻逆各切：“崿，厓也。”（730）“崿”或體作“嶨”，韓小荊《〈可洪音義〉研究》（433）“崿”俗作“嶨”，此即其證也。《玉篇》訓“崿”爲“山名”，當於“山名”前補“峟崿”二字。唐陸廣微《吴地記》：“峟嶨山在吴縣西十二里，吴王僚葬此山中。”清顧祖禹《讀史方輿紀要·浙江二·杭州府》：“峟嶨山在縣西二里，峭聳清絶，下浸浮溪。”“峟崿”同“峟嶨”，即指“山名”。故

“㖞”與“㖞”形近義同，正如“愕”俗省作“忓”（見《〈可洪音義〉研究》第433頁）、“諤”俗省作“訏”（見《〈可洪音義〉研究》第433頁）等，“㖞”疑即“㖞”字俗省。《集韻》音“下老切”，疑爲望形生音。

4. 憨

《字彙·心部》：“憨，許鑑切，軒去聲。怒也。”（166上）

《正字通·心部》：“憨，與憨同。舊注音軒（上）[去]聲，訓怒也，非。”（383上）

按：《康熙字典·心部》：“憨，《集韻》許鑑切，音㺖。怒也。”（370上）《集韻》去聲鑑韻許鑑切：“憨，怒也。”（630）《正字通》謂“憨”同“憨”，所言當是。《可洪音義》卷一三：“荒憨，呼甘反。正作憨也。”（59，P1031C10）《可洪音義》卷二二又曰：“荒憨，呼甘反。癡也。正作憨也。”（60，P246B1）此是其證也。故“憨”當即“憨”之異體字。《集韻》“憨”字音義，疑不可據。

5. 挈

《字彙·手部》：“挈，鄰溪切，音黎。手持也。”（177上）

《正字通·手部》：“挈，挈字之譌。舊注手持，義同挈，音黎，非。”（409下）

按：《康熙字典·手部》：“挈，《集韻》良脂切，音黎。手持物也。”（404上）《集韻》平聲脂韻良脂切：“挈，手持物。”（44）《正字通》之說疑是。《說文·手部》：“挈，縣持也。从手，㓞聲。”（252上）“挈”，《廣韻》音“苦結切”。“挈”與“挈”形義皆近，“挈”疑即“挈”字俗訛。《集韻》音“良脂切”，疑爲望形生音。

6. 欸

《字彙·欠部》：“欸，呼來切，音咍。飲也。”（229上）

《正字通·欠部》：“欸，同咍。舊注飲也，誤與《篇海》同。”（548下）

按:《康熙字典·欠部》:“欸,《集韻》呼來切,音咍。飲也。”(548上)《玉篇·欠部》:“欸,許來切。飲。”(45下左)《集韻》平聲咍韻呼來切:“欸,飲也。”(111)又《説文·口部》:“咍,蚩笑也。从口,从台。”(29上)“咍”,《廣韻》音“呼來切”。“欸”與“咍”音同義别,二字不可混同,故《正字通》謂“欸”同“咍”,其説疑不可據。“欸”疑即“欱”字俗訛。《説文·欠部》:“欱,歠也。从欠,合聲。”(177下)《名義·欠部》:“欱,呼合反。歠也。”(90上)《玉篇·欠部》:“欱,呼合切。歠也。”(45下右)“欸”與“欱”形近義同,故“欸”疑即“欱”字俗訛。“欱”俗作“欸”,後人見其從“台”,遂改其讀爲“呼來切”,此疑即望形生音。

7. 溤

《字彙·水部》:“溤,莫下切,音馬。水名。”(253下)

《正字通·水部》:“溤,漹字之訛。舊注音馬,汎云水名,誤。”(603下)

按:《康熙字典·水部》:“溤,《玉篇》莫把切。水也。《干禄字書》:‘俗馮字。’”(629上)此字《説文》《名義》皆未收,《廣韻》《集韻》亦不録,《龍龕》《玉篇》始收之,當即唐宋人據俗書所增。《龍龕》卷二《水部》:“溤,音馬。水名。”(232)《玉篇·水部》:“溤,莫把切。水。”(92上右)《正字通》所言疑不可據。《説文·水部》:“漹,水。出西河中陽北沙,南入河。从水,焉聲。”(228上)《名義·水部》:“漹,於乾反。”(188上)《玉篇·水部》:“漹,於虔切。水,出西河。”(89下左)《廣韻》平聲仙韻有乾切:“漹,水名,出西河也。”(90)下文去聲願韻於建切又曰:“漹,水名,在襄陽宜城入漢江也。”(303)“溤”與“漹”形音俱别,二字不可混同,《正字通》謂“溤”即“漹”字之訛,既無書證亦無例證,其説疑不可據。“溤”疑即“馮”字俗訛。《干禄字書》:“溤馮,上俗下正。”《大正藏》本宋志磐撰《佛祖歷代通載》卷第十一:“是夕溤長命少府亦夢同焉,又多見先亡者。”“溤長命”,《大正藏》本宋志磐撰《佛祖統紀》卷第三十九、《卍新纂續藏經》本清弘贊輯《六道集》卷五以及《卍新纂續藏經》本日本佐佐木憲德輯皆作“馮長命”，當以“馮長命”爲是，此“㵹”當即“馮”字俗訛。以上二書皆其證也。故“㵹”當即“馮”字俗訛。“㵹”，《龍龕》音“馬”、《玉篇》音“莫把切”，當皆爲望形生音；又其訓“水名”“水”，當皆爲望形生訓。

8. 炩

《字彙·火部》：“炩，力正切，音令。炩火也。”（265 上）

《正字通·火部》：“炩，⿰火零爧並俗字。舊注改力正切，音令，尤誤。”（628 上）

按：《康熙字典·火部》：“炩，《篇海》力正切，音令。火也。”（660 下）《篇海》卷十三《火部》引《川篇》：“炩，力正切。炩火也。”（788 下）《正字通》所言當是。《廣韻》平聲青韻郎丁切：“爧，火光皃。”（129）《集韻》平聲青韻郎丁切：“爧⿰火零，火光也。或从零。”（246）正如《集韻》“拎”同“⿰扌零”“⿰扌靈”，“舲”同“⿰舟零”“䑼”，“酃”同“⿰酉零”“醽”，“砱”同“⿰石零”“⿰石靈”，“昤”同“⿰目零”“⿰目靈”，“衿”同“⿰衤零”“⿰衤靈”，“𤖅”同“⿰爿零”“⿰爿靈”等，“炩”亦當同“⿰火零”“爧”。《篇海》音“力正切”，當爲望形生音；又其訓“炩火也”，“炩”當爲字頭誤重，“火也”之訓當爲望形生訓。

9. ⿱伐火

《字彙·火部》：“⿱伐火，房滑切，音伐。火也。”（265 上）

《正字通·火部》：“⿱伐火，烕字之訛。《説文》烕篆作⿱戌火，俗因篆形誤作⿱伐火。舊注不詳考《説文》，改音伐，汎訓火，非。”（629 上）

按：《康熙字典·火部》：“⿱伐火，《篇海》音伐。火也。”（662 上）《篇海》卷十三《火部》引《川篇》：“⿱伐火，音伐。火也。”（788 下）《正字通》所言當是。《説文·火部》：“烕，滅也。从火、戌。《詩》曰：‘赫赫宗周，褒似烕之。’”（209 上）《玉篇·火部》：“烕，許悦切。滅也。”（100 上左）正如韓小荆《〈可洪音義〉研究》“篾”俗作“⿱⺮伐”（591）、“蔑”俗作“茷”（591）、“蠛”俗作“⿰虫茷”、“筏”俗作“⿱䒑戈”（435）等，“⿱伐火”當即“烕”字之俗。“烕”俗作“烋”後，後人不識其爲“烕”字之俗，見其從“伐”，遂改其讀爲音“伐”，此當即望形生音；見其從“火”，遂改其訓爲“火也”，此當即望形生訓。

10. 焨

《字彙・火部》:“焨，呼改切，音海。燥也。”（266上）

《正字通・火部》:“焨，俗字。舊注音海，燥也，誤。一説與煤同。”（630下）

按:《康熙字典・火部》:“焨,《集韻》許亥切，音海。燥也。”（664下）《集韻》上聲海韻許亥切:“焨，燥也。”（349）《正字通》“一説”之説當是。慧琳《音義》卷五八《十誦律》第二十六卷:“炱煤，徒來反，下亡才反。煙塵也。《通俗文》:‘積烟以爲炱煤。’律文作㸃焨，非體也。”（58，P617A1）此是其證也。韓小荆《〈可洪音義〉研究》（583）“煤”字俗作“焨”，此亦其證也。故“焨”當即“煤”通過改換聲符而形成的異體字。《集韻》音“許亥切”，疑爲望形生音；又其訓“燥也”，疑爲見其從“火”而妄補。

11. 牄

《字彙・片部》:“牄，昌豔切，諂去聲。屋櫓峕版。”（274下）

《正字通・片部》:“牄，同牃。舊注訓與牃同，牃音鹽，牄改昌豔切，諂去聲，字同切異，誤。”（647下）

按:《康熙字典・片部》:“牄,《集韻》昌豔切，音襜。屋櫓峕版也。”（691上）《集韻》去聲豔韻昌豔切:“牄，屋櫓峕板也。”（627）《正字通》所言當是。《説文・木部》:“櫓，檐也。从木，詹聲。”（116上）段玉裁注:“櫓之言隒也，在屋邊也。”《説文・木部》又曰:“檐，梠也。从木，昆聲。”（116上）徐鍇《繫傳》:“檐，即連櫓木也，在椽之峕際。”《集韻》平聲鹽韻余廉切:“櫓,《説文》:‘檐也。’亦作牃。”（287）故“牄”與“櫓”“牃”義同,“牄”當即“櫓”“牃”之異體字。“牄”當音“余廉切”,《集韻》改音“昌豔切”，疑不可據。

12. 璹

《字彙·玉部》:"璹,神六切,音蜀。玉名。"(290下)

《正字通·玉部》:"璹,神六切,音蜀。玉名。"(683上)

按:《康熙字典·玉部》:"璹,《廣韻》市玉切,《集韻》殊玉切,並音蜀。玉名。"(743上)此字《説文》《玉篇》皆未收,《切韻》亦不録,《廣韻》收之,當爲陳彭年等據俗書所增。《廣韻》入聲燭韻市玉切:"璹,玉璹。"(376)"玉璹"疑同"玉鐲","璹"疑即"鐲"受"玉"字類化影響而改換義符所産生的俗字。"鐲",《廣韻》音"直角切",故"璹"亦當音"直角切",《廣韻》改音"市玉切",疑爲望形生音。《集韻》入聲燭韻殊玉切:"璹,玉也。"(652)《集韻》音"殊玉切",此當因承襲《廣韻》之謬而誤;其訓"玉也",此當爲望形生訓。《字彙》《正字通》音"璹",訓"玉名",當皆因承襲《集韻》之謬而誤。

13. 璹

《字彙·玉部》:"璹,徒到切,音道。玉也。"(291下)

《正字通·玉部》:"璹,譌字。舊注音道,玉也,誤。"(684上)

按:《康熙字典·玉部》:"璹,《玉篇》徒到切,音導。玉也。"(745上)《玉篇·玉部》:"璹,徒到切。玉也。"(6上左)《玉篇校釋》"璹"字下注:"璹即璹之譌分。"(163)胡氏所言當是。《説文·玉部》:"璹,玉器。从玉,𠷎聲。讀若淑。"(5下)《名義·玉部》:"璹,視六反。玉器。"(4下)《新撰字鏡·玉部》:"璹,視左反。玉器也。"(316)《玉篇·玉部》:"璹,市六切。《説文》云:'玉器也。'璹,同上。"(5上右)正如"幬"同"幬""幬","璹"當即"璹(璹)"字之俗。《集韻》去聲號韻大到切:"璹,玉名。"(588)《集韻》作"璹",此即其佐證也。"璹"字,《玉篇》音"徒到切",當爲望形生音;又其訓"玉也",當爲望形生訓。

14. 矎

《字彙·目部》:“矎，卑見切，音變。閉目。”（318 下）

《正字通·目部》:“矎，俗字。舊注音變，閉目，誤。”（743 下）

按:《康熙字典·目部》:“矎,《字彙》卑見切，音變。閉目也。”（833 上）《新修玉篇》卷四《目部》引《川篇》:“矎，音變。閇目。”（40 上右）《篇海》卷七《目部》引《川篇》:“矎，音變。閉目也。”（693 上）“閇”“閉”字同。《正字通》謂“矎”爲俗字，所言當是。今案:“矎”當爲“瞸”字之俗。《玉篇·目部》:“瞸，思獵切。閉目。”（23 上右）《集韻》入聲帖韻息協切:“瞸，閉目。”（783）故“矎”與“瞸”義同，又“矎”“瞸”形近，“矎”當即“瞸”字俗訛。韓小荆《〈可洪音義〉研究》（749）“燮”字俗作“㸈”、“躞”俗作“蹀”等，此皆其佐證也。“瞸”字訛作“矎”,《新修玉篇》《篇海》改音“變”，皆爲望形生音。

15. 罤

《字彙·网部》:“罤，吐敢切，音毯。魚網。”（367 下）

《正字通·网部》:“罤，俗罽字。”（847 下）

按:《康熙字典·网部》:“罤,《集韻》吐敢切，音毯。魚罔。”（975 下）《集韻》上聲敢韻吐敢切:“罤，魚罔。”（449）《正字通》所言疑是。《説文·网部》:“罽，魚网也。从网，𠜎聲。𠜎，籒文鋭。”（154 下）“罽”，本義指“魚罔”，引申義指“氈類毛織品”。《爾雅·釋言》:“氂，罽也。”郭璞注:“毛氂所以爲罽。”邢昺疏:“罽者，織毛爲之，若今之毛氍毹。”“罽”，同“繝”“㲨”。《玉篇·糸部》:“繝，几例切。毛布也。或作㲨、罽。”（125 下右）此是其證也。“罽”即“罽”字之俗。韓小荆《〈可洪音義〉研究》（500）“罽”俗作“罽”，此即其證也。“罤”疑即“罽”“罽”“繝”諸字交互影響而産生的俗字。《集韻》音“吐敢切”，疑爲望形生音。

16. 穜

《字彙·耒部》:“穜，宅江切，音幢。種入也。”（374 下）

《正字通·耒部》:“穜，種字之譌。宜删。”（863 下）

按:《康熙字典·耒部》:“穜,《集韻》傳江切，音幢。種入也。”（993 上）《集韻》平聲江韻傳江切:“穜，種入也。”（24）《正字通》之説疑是。《説文·禾部》:“穜，埶也。从禾，童聲。”（140 下）徐鍇《繫傳》:“布之也。”故宫本《裴韻》去聲種韻之用反:“種，又之隴反。正［作］穜。”（583）《廣韻》去聲用韻之用切:“種，種植也。又之隴切。”（237）“穜”“種”即爲異體字。“穜”與“穜”義同，正如韓小荆《〈可洪音義〉研究》(831)“種”俗作“穜”,“穜”當即“穜”字之俗，亦同“種”。《集韻》音“傳江切”，當爲望形生音。《字彙》音“幢”，當亦因承前而誤。

17. 聕

《字彙·耳部》:“聕，而至切，音二。聽音不敢言也。”（376 上）

《正字通·耳部》:“聕，俗字。宜删。”（866 下）

按:《康熙字典·耳部》:“聕,《廣韻》《集韻》並仍吏切，音餌。聽音不敢言也。”（997 上）此字《説文》《玉篇》皆未收,《切韻》亦不録,《廣韻》始收之，當即陳彭年等據俗書所增。《廣韻》去聲志韻仍吏切:“聕，聽音不敢言也。”（252）《集韻》去聲志韻仍吏切:“聕，聽音也。”（483）《正字通》謂“聕”爲俗字，所言當是。“聕”疑即“暗”字俗訛。《説文·日部》:“暗，日無光也。从日，音聲。”（135 上）《玉篇·日部》:“暗，於紺切。不明也；日無光也。”（95 上左）《廣韻》去聲勘韻烏紺切:“暗，日無光。又默也；深也；貧也。不明也。”（357）“暗”俗書或作“瞄”,“日”旁、“目”旁、“耳”旁形近，俗寫常可訛混，故“聕”疑即“暗”字俗訛。《廣韻》音“仍吏切”，疑因從“耳”爲説而誤；又其訓“聽音不敢言也”，疑因從“暗”爲説而誤，因“暗”有“默也”之義。《集韻》音“仍吏切”，訓“聽音也”，當因承襲《廣韻》之謬而誤。

18. 趍

《字彙·走部》:"趍，同跍。"（470上）

《正字通·走部》:"趍，俗字。舊注同跍,《篇海》趍亦作踋，並非。"（1112上）

按:《康熙字典·走部》:"趍,《集韻》詰結切，音猰。跳貌。或从足作踋。按:《正字通》沿《字彙》之誤書作趍，今改正。"（1273下）《直音篇》卷三《走部》:"趍，音劫。"（107下）"趍"字,《字海》轉録作"趍","趍（趍）"當即"趍"字異寫，亦當同"踋"。《集韻》入聲屑韻詰結切:"趍踋，跳皃。或从足。"（703）《新修玉篇》卷十《走部》引《餘文》:"趍，苦結切。跳皃。"（91下左）《篇海》同。《直音篇》卷三《走部》:"趍，音挈。跳皃。"（106下）《詳校篇海》卷三《走部》:"趍，苦結切，音挈。跳皃。亦作踋。"（200上）《篇海類編》同。故《正字通》《字彙》所收之"趍"當即"趍"之異寫字，而《正字通》謂"舊注同跍"之"跍"當即"踋"字誤刻。據此可知,《直音篇》所收之"趍（趍）"亦當即"趍"之異寫字。《直音篇》音"劫"者，當因章黼不識"趍（趍）"即"趍"字異寫而妄改，此當即望形生音。

19. 趘

《字彙·走部》:"趘，丑倫切，音春。走貌。"（470下）

《正字通·走部》"趘，遁字之訛。舊注音春，走貌，誤。"（1113下）

按:《康熙字典·走部》:"趘,《集韻》敕倫切，音杶。《類篇》:'走貌。'"（1275上）《集韻》平聲諄韻敕倫切:"趘，走皃。"（124）《正字通》溝通"趘"與"遁"的字際關係，疑是。《説文·辵部》:"遁，遷也。一曰逃也。从辵，盾聲。"（34下）"遁"本義指"遷移"，引申義可指"逃走""逃跑"。例如:《左傳·莊公二十八年》:"諸侯救鄭，楚師夜遁。"此"遁"即"逃走"之義。又《吕氏春秋·高義》:"我與吴人戰，必敗。敗王師，辱王名，虧壤土，忠臣不忍爲也。不復於王而遁。"高誘注:"遁，走也。"故"趘"與"遁"義同，又"走"旁、"辵"旁義通，俗書常可换用，如“𧺆”同“迹”、“趪”同“透”、“𧼯”同“遘”等，故“趚”疑即“遁”字之俗。“遁”，《廣韻》音“徒困切”，而“趚”字《集韻》音“敕倫切”者，疑爲丁度等妄改，因從“盾”之字亦可音“敕倫切”，如“輴”“鶥”皆音“敕倫切”。又《龍龕》卷二《走部》：“趚，徒困反。”（325）《〈龍龕手鏡〉研究》謂此“趚”即“遁”之異體，而謂《集韻》所收之“趚”與《龍龕》之“趚”不同，然據上文可知，《集韻》所收之“趚”亦當即“遁”之異體字。

20. 趨

《字彙·走部》：“趨，於幰切，音偃。走貌。”（471上）

《正字通·走部》：“趨，俗字。舊注音偃，走貌，非。或曰：‘趨訛作趨。’”（1114下）

按：《康熙字典·走部》：“趨，《集韻》隱幰切，音偃。《類篇》：‘走貌。’”（1276上）此字《説文》《玉篇》皆未收，《廣韻》亦不録，《集韻》始收之，當即丁度等據俗書所增。《集韻》上聲阮韻隱幰切：“趨，走皃。”（362）《正字通》“或曰”之説疑是。《説文·走部》：“趨，走輕也。从走，烏聲。讀若鄔。”（30下）《名義·走部》：“趨，於杜反。走輕也。”（100上）《玉篇·走部》：“趨，於杜切。走輕也。”（48下右）“趨”與“趨”義通，又“烏”旁俗書或可寫作“焉”，如韓小荆《〈可洪音義〉研究》（726）“烏”俗作“焉”，故“趨”疑即“趨”字俗訛。《集韻》“趨”音“隱幰切”，疑爲丁度等因不識其爲“趨”字俗訛而妄改。

21. 踊

《字彙·足部》：“踊，良蔣切，音兩。足踞也。”（474下）

《正字通·足部》：“踊，訛字。舊注良蔣切，音兩，足踞，誤。”（1121上）

按：《康熙字典·足部》：“踊，《海篇》良蔣切，音兩。足踞也。”（1285下）《新修玉篇》卷七《足部》引《玉篇》：“踊，尺兩切。踞也。”同一部首下文又引《龍龕》：“踊，尺兩切。踞也。”（64上右）《玉篇》只收“踹”字而未收“踊”字，《龍龕》只收“𧿹”字而未收“踊”字。《玉篇·足部》：“踹，尺兩切。踞也。”（34 下右）《龍龕》卷四《足部》：“𧿹，昌兩反。踞也。”（462）“踹”“𧿹”即爲異體字。“踊”與“踹”音義並同，又“尚”旁俗書或與“兩”形近，如韓小荆《〈可洪音義〉研究》（379）“敞”俗作“敞”、“廠”俗作“㕫”“㕫”等，“踊”當即“踹”字俗訛。《篇海》卷九《走部》引《龍龕》：“踊，音兩。踞也。”（713）《篇海》“踊”音“兩”，當因不識其爲“踹”字之俗而妄改，此當即望形生音。《直音篇》卷二《足部》：“踊，音兩。足踞。”（66 下）《詳校篇海》卷三《足部》：“踊，良蔣切，音兩。足踞也。”（204 下）《篇海類編》同。《直音篇》《詳校篇海》《篇海類編》《字彙》亦音“兩”，當皆因承襲《篇海》之謬而誤。

22. 𨌆

《字彙·車部》：“𨌆，思營切，音星。車也。”（481 下）

《正字通·車部》：“𨌆，訛字。舊注思青切，音星，車也，誤。”（1136 上）

按：《康熙字典·車部》：“𨌆，《玉篇》《五音集韻》並息營切，音騂。車也。”（1304 下）此字《説文》《名義》皆未收，《廣韻》《集韻》亦不録，《玉篇》收於《車部》之末，當即陳彭年等據俗書所增。《玉篇·車部》：“𨌆，息營切。車也。”（87 上右）《正字通》謂“𨌆”爲訛字，所言當是。箋注本《切韻》（斯 2071）入聲末韻盧達反：“辢，辛辢。”（143）敦煌本《王韻》同。故宫本《王韻》入聲末韻盧達反：“辢，~蒿。”（515）“~蒿”當爲“辛辢”之誤，此即因誤脱“莿”字，故而誤植“莿”字之義於“辢”字之上所致的訓釋失誤。故宫本《裴韻》入聲褐韻盧達反：“辢，辛辢。”（611）《唐韻》入聲曷韻盧達反：“辢，辛辢。”（700）《廣韻》同。“𨌆”與“辢”形近，又“束”旁俗書常可寫作“車”旁，如：《龍龕》“嫩”俗作“𡤛”（282）、韓小荆《〈可洪音義〉研究》“漱”俗作“𣿍”（682）等，“𨌆”當即“辢”字俗訛。《玉篇》音“息營切”，與“辛”音近，當爲望形生音；又其訓“車也”，當爲望形生訓。

23. ⿺辶戌

《字彙·辵部》:“⿺辶戌，休筆切，音旭。衆走也。”（487 下）

《正字通·辵部》:“⿺辶戌，⿺辶戉字之訛。五畫⿺辶戉不誤，改从⿺辶戌，休筆切，音旭，衆走，非，宜存⿺辶戉删⿺辶戌。”（1151 上）

按:《康熙字典·辵部》:“⿺辶戌，《等韻》況出切，音烼。衆走貌。”（1319 上）此字《説文》《玉篇》皆未收，《廣韻》亦不録，《集韻》始收之，當即丁度等據俗書所增。《集韻》入聲質韻休必切:“⿺辶戌，衆走皃。”（670）《正字通》所言當是。《説文·辵部》:“⿺辶戉，踰也。从辵，戉聲。《易》曰:‘雜而不⿺辶戉。’”（36 上）《玉篇·辵部》:“⿺辶戉，胡厥切。散走也。”（50 上右）《名義·辵部》:“⿺辶戉，胡厥反。越字。散也；遠也；墜也；迭也；迂也；踰也；揚也；走也；躐也。”（96 上）《新撰字鏡·辵部》:“⿺辶戉，胡厥反。越字。”（535）“⿺辶戉”“⿺辶戉”並即“⿺辶戉”字之俗。“⿺辶戉”與“⿺辶戌”形近義通，又“戉”旁、“戌”旁、“戍”旁、“戊”旁形近，俗書常可訛混，故“⿺辶戌”疑即“⿺辶戉”字俗訛。《集韻》音“休必切”，當因不識其爲“⿺辶戉”字之訛而妄改。

24. 鈌

《字彙·金部》:“鈌，與鏃同。又上紙切，音示。義同。”（504 上）

《正字通·金部》:“鈌，俗鏃字。”（1194 下）

按:《康熙字典·金部》:“鈌，《集韻》善指切，音視。《玉篇》:‘箭頭。’又作木切。本作鏃。義同。”（1367 下）《玉篇·金部》:“鈌，食指切。箭頭。”（84 下右）“鈌”當即“鏃”字之俗。《廣雅·釋器》:“鏃，鏑也。”慧琳《音義》卷二六引《字林》:“其鏃，箭鏑也。江南言箭金也，山東言箭足。”（57，P936B2）《玉篇·金部》:“鏃，子木切。箭鏃也。”（83 下左）故“鏃”本義即指“箭頭”。故“鈌”與“鏃”義同，“鈌”當即“鏃”字俗省。《集韻》入聲屋韻作木切:“鏃族鈌，《説文》:‘利也。’一曰矢末。或省，亦作鈌。”（637）此即其證也。韓小荆《〈可洪音義〉》“鏃”俗作“鋜”，“鋜”與“鈌”形近，此亦其證也。故“鈌”當即

“鏃”字之俗。《玉篇》音“食指切”，當爲望形生音。《集韻》上聲旨韻矧視切：“鉃，箭鏃。”（317）《集韻》於上聲旨韻矧視切一讀下亦收“鉃”字，此即因承襲《玉篇》之謬而誤。《字彙》謂“鉃”與“鏃”同，是也；然又謂“又上紙切，音示。義同”，此亦因承前而謬也。《正字通》直謂“鉃”即“鏃”字之俗，是也。《康熙字典》亦收“音視”這一讀音，亦因承前而誤。《大字典》《字海》“鉃”字下皆據《玉篇》《集韻》之誤而收録音 shì、“箭頭”這一義項，並非。《大字典》《字海》直謂“鉃”同“鏃”，即可。

25. 鉽

《字彙·金部》：“鉽，施隻切，音釋。鼎鉽。”（505 上）

《正字通·金部》：“鉽，釴字之訛。舊注施隻切，音釋，鼎鉽，誤。”（1197 上）

按：《康熙字典·金部》：“鉽，《廣韻》賞職切，《集韻》設職切，並音識。《廣韻》：‘鼎鉽也。’”（1371 下）此字《說文》《玉篇》皆未收，《切韻》亦不録，《廣韻》始收之，當即陳彭年等據俗書所增。《廣韻》入聲職韻賞職切：“鉽，鼎鉽也。”（425）《廣韻》“鼎鉽”之“鉽”當爲字頭誤重。《集韻》入聲職韻設職切：“鉽，鼎屬。”（755）《集韻》校作“鼎屬”，是也。《正字通》謂“鉽”即“釴”字之訛，所言疑是。《爾雅·釋器》：“（鼎）附耳外謂之釴。”郭璞注：“鼎耳在表。”《名義·金部》：“**𨥫**，余力反。鼎耳附外也。”（176 上）《玉篇·金部》：“釴，餘力切。鼎附耳外也。”（84 上右）《廣韻》入聲職韻與職切：“釴，鼎附耳在外也。”（426）“釴”即指“附耳在脣外的方鼎”。“**𨥫**”即“釴”字之俗；而“鉽”與“**𨥫**”“釴”義同，“鉽”疑即“**𨥫**”字進一步訛變所致的俗訛字，亦當同“釴”。《廣韻》音“賞職切”，當爲望形生音。《集韻》音“設職切”，當因承襲《廣韻》之謬而誤。

26. 闁

《字彙·門部》：“闁，魚吕切，音語。小門。”（514 下）

《正字通·門部》:“闑，闥字之訛。舊本闥訓宫中小門，訛从幸，義與闥近，沿《篇海》魚吕切，音語，非。”(1228上)

按:《康熙字典·門部》:“闑,《集韻》偶舉切，音語。小門。”(1409下)《集韻》上聲語韻偶舉切:“闑，小門。”(328)《正字通》所言當是。《廣雅·釋宫》:“闥謂之門。”《説文新附·門部》:“闥，門也。从門，達聲。”(250上)《名義·門部》:“闥，他曷反。門也。”(106下)《玉篇·門部》:“闥，他曷切。門内也。飛闥，突出方木也。”(55上左)《廣韻》入聲曷韻他達切:“闥，門内。”(392)《集韻》入聲曷韻他達切:“闥,《博雅》:‘闥謂之門。’”(688)“闑”與“闥”形近義通，正如《集韻》(689)“躂”俗作“踤”,“闑”當即“闥”字俗省。《集韻》改音“偶舉切”，當爲望形生音。《大字典》“闑”字下以《正字通》之説作爲“一説”,《字海》“闑”字未溝通其與“闥”字的字際關係，疑並非是。

27. 颸𩗺𩘀

《字彙·風部》:“颸，延知切，音移。大風。又風收。”(542上)

《正字通·風部》:“颸，俗字。舊注音移，大風，又風收，並非。”(1292下)

按:《康熙字典·風部》:“𩘀,《玉篇》羊脂切，音移。大風。又風收。《篇海》作颸。”(1493下)下文又曰:“颸,《篇海》延知切，音移。大風。”(1494上)《新修玉篇》卷二十《風部》引《龍龕》:“颸，音紅。大風。”(176下左)《篇海》卷八《風部》引《龍龕》:“颸，音移。大風也。”(702下)“颸”字,《新修玉篇》與《篇海》讀音不同，當以《新修玉篇》爲是。《龍龕》卷一《風部》:“颸，俗;䫹，正。音紅。大風也。二。”(126)此是其證也。據《龍龕》可知,“颸”當即“䫹”字之俗，如韓小荆《〈可洪音義〉研究》(478)“虹”俗作“[illegible]”,“颸”當即據“䫹”字俗寫字形誤作楷定而成的俗訛字。又《玉篇·風部》:“𩘀，羊脂切。”(94上左)“𩘀”當即“颸”之異寫字，亦當即“䫹”字之俗。《玉篇》音“移”，疑亦非是;《玉篇》義闕，元刊本《玉篇》補訓爲“風收也”，亦不可據。《直音篇》卷五《風部》:“𩘀，音夷。風收也。”(215

下)《直音篇》訓“風收也”，當爲元刊本《玉篇》所誤。《詳校篇海》卷三《風部》:“颾，延知切，音移。大風。又風收。”(189下)《篇海類編》同。《詳校篇海》《篇海類編》訓“颾”爲“大風”，又訓“風收”，當因合“颾”“𩘍”爲一字所致。《詳校篇海》《篇海類編》認爲“颾”“𩘍”爲一字，是也；然其音“移”，訓“風收”，當皆因承前而謬。《字彙》音“移”，訓“風收”，亦當因承前而謬。又《新修玉篇》卷二十《風部》引《玉篇》:“颾，羊脂切。大風也。”(176下左)《篇海》卷八《風部》引《玉篇》:“颾，羊脂切。微風也。”(702下)“颾”當即“𩘍”之異寫字，亦當同“𩘍”，亦當即“䫷”字之俗。《新修玉篇》補訓爲“大風也”，是也;《篇海》補訓爲“微風也”，疑亦非是。

(四)因誤植致使注音失誤而產生的疑難字

《字彙》《正字通》《直音篇》《詳校篇海》《篇海類編》《康熙字典》《字彙補》等明清大型字書所收字形的字音問題，也有一些因形近訛混而致誤植甲字之音於乙字之上而產生的，我們也應對這種現象加以關注。

1. 𢤦

《字彙·心部》:“𢤦，始制切，音世。情態。從坴，與上慹字不同。”(165上)

《正字通·心部》:“𢤦，舊注音世，情態，从坴，與上慹字不同。按：六書埶同勢，與執音義異，𢤦即慹字訛文，非分二音二義也，訓情態不必别作𢤦。”(380下)

按:《康熙字典·心部》:“𢤦,《篇海》如列切，音熱。情態也。與慹字不同。慹从執，此从埶。”(367上)《龍龕》卷一《心部》:“㦻，或作；慹，通；慹，正。之涉、奴叶二反。不動皃也。三。”(69)《正字通》所言當是，“𢤦”當即“慹”字之訛。《新修玉篇》卷七《心部》引《龍龕》:“𢤦，音慹。”(74上右)《篇海》卷十《心部》引《龍龕》:“𢤦，音慹。同。”(732下)以上二書，“𢤦”字皆音“慹”。《直音篇》卷二《心部》:“**慹**，音世。情態。”(78上)從字形上來看，“**慹**”當即“𢤦”之俗寫字，然《直音篇》改音“世”，並改訓“情態”，當如《正字通》所言，因“𢤦

（𢡟）”字從“埶”，而文獻中古“勢”字常用“埶”爲之，“勢”字《廣韻》音“舒制切”，又有“形勢”“情勢”之義，故而誤植“勢”字音義於此，遂致此誤。段玉裁《説文解字注·丮部》：“《説文》無勢字，蓋古用爲埶之。”《荀子·解蔽》：“申子蔽於埶而不知知。”楊倞注：“其説但賢得權埶，以刑法馭下。”此“埶”即“勢”的古字。此即其證也。又《詳校篇海》卷四《心部》：“慹，始制切，音世。情態也。與慹字不同。”（236下）《篇海類編》同。《詳校篇海》《篇海類編》《字彙》“慹”字音義皆因承襲《直音篇》之謬而誤，俱失考證。《康熙字典》謂“如列切，音熱”，當爲“始列切，音勢”之誤，其音義亦因承襲前代字書而誤。《大字典》《字海》“慹”字下皆據《字彙》之説而收録“情態”這一義項，疑並非是。

2. 槼

《字彙·木部》：“槼，羊恕切，音豫。舁食者。又平聲音余。篗輿。”（226上）

《正字通·木部》：“槼，余據切，音豫。舁食者。又魚韻音余。篗輿。”（540下）

按：《康熙字典·木部》：“槼，《唐韻》羊洳切，音豫。或作轝。舁食者。又《篇海》羊諸切，音余。篗輿，以竹爲之。”（538下）《名義·木部》：“槼，餘鹿反。載物器也。”（124下）敦煌本《王韻》去聲御韻余據反：“槼，轝食者。”（405）故宫本《王韻》同。《廣韻》去聲御韻羊洳切：“槼，舁食者。或作轝。”（259）《集韻》去聲御韻羊茹切：“槼，食輿也。”（493）《新修玉篇》卷十二《木部》引《餘文》：“槼，羊恕切。舁食者。”（116上左）《篇海》同。《詳校篇海》卷三《木部》：“槼，羊恕切，音豫。舁食者。又音余。篗輿也。”（187上）《篇海類編》同。《詳校篇海》《篇海類編》“槼”字又音“余”，訓“篗輿也”，疑並非是。《集韻》平聲魚韻羊諸切：“槼，篗輿也。”（69）故《詳校篇海》《篇海類編》“槼”字又音“余”，訓“篗輿也”，皆爲誤植“槼”字音義於“槼”字之上所産生的訓釋失誤。《字彙》《正字通》《康熙字典》“槼”字亦又音“余”，訓“篗輿”，皆因承襲前代字書之謬而誤。《大字典》“轝”字下第（二）義項謂據《篇海》音 yú，訓“篏輿”。據上文可知，此義項亦因承訛襲謬而妄增，應刪。“轝”當即“轝”之異體字。《唐韻》去聲御韻羊洳反：“轝，舁食者。或作轝。”（643）此亦其證。

（五）因誤置致使注音失誤而產生的疑難字

《字彙》《正字通》《直音篇》《詳校篇海》《篇海類編》《康熙字典》《字彙補》等明清大型字書所收字形的字音問題，還存在一些因誤置而致注音失誤的現象，我們也應對這種現象加以研究。

1. 皫

《字彙・白部》：“皫，毗照切，瓢去聲。白色。又彌笑切，音妙。義同。”（307 下）

《正字通・白部》：“皫，皮召切，瓢去聲。白色。舊注又音妙，非。”（721 下）

按：《康熙字典・白部》：“皫，《集韻》彌笑切，音妙。白色。”（796 上）《玉篇・白部》：“皫，毗照切。白色。”（95 上右）《玉篇校釋》“皫”字下注：“案：皫與上皫一字，猶《口部》嘌、噍亦一字也。”（3945）胡氏所言當是。《玉篇・白部》：“皫，孚沼切。白色。”（95 上右）“皫”與“皫”音近義同，正如“嘌”同“噍”、“颮”同“飄”等，“皫”當即“皫”之異體字。《集韻》去聲笑韻彌笑切：“皫，白色。”（582）“皫”字從白、票聲，《集韻》當置於去聲笑韻毗召切這一音讀之下，然其卻置於去聲笑韻彌笑切這一音讀之下，此即因誤置所致的讀音失誤。《大字典》《字海》“皫”字據《集韻》之誤而音 miào，且未溝通其與“皫”字的字際關係，俱失考證。

2. 翻

《字彙・羽部》：“翻，虎擭切，音剨。𦐊翻，飛疾也。又直各切，音澤。義同。”（371 下）

《正字通・羽部》：“翻，霍國切，音剨。𦐊翻，飛疾也。又此格切，

音澤。義同。一説翮、翯並俗翯字。翯借用鶴，因作翮，从翯爲正。”（856上）

按：《康熙字典·羽部》：“翮，《集韻》直格切，音宅。翽翮，飛貌。又《集韻》霍虢切，音謋。翯，或省作翮。”（985下）《集韻》入聲陌韻霍虢切：“翯翮，翽翯，飛疾皃。或从隺。”（735）正如“矐”或作“睢”、“矐”或作“睢”等，《集韻》謂“翮”即“翯”之或體，是也。《集韻》於入聲陌韻直格切又收“翮”字，注曰：“翮，翽翮，飛皃。”（733）“翮”從“隺”而音“直格切”，形音不諧，故《集韻》將“翮”字置於“直格切”這一反切之下，非是。《新修玉篇》卷第二十六《羽部》引《餘文》：“翮，虎伯、瑒伯二切。翽翮，鳥飛疾也。”（213上左）《篇海》卷十四《羽部》引《餘文》：“翮，虎伯、場伯二切。翽翮，飛疾也。”（819下）《新修玉篇》音“瑒伯切”、《篇海》音“場伯切”，皆因承襲《集韻》之謬而誤。《直音篇》卷七《羽部》：“翮，音宅。翽翮，飛貌。”（282上）《直音篇》音“宅”，亦因承襲《集韻》之謬而誤。《詳校篇海》卷五《羽部》：“翮，虎擭切，音剨。翽翮，飛疾也。又直格切，音澤。注同。”（363上）《篇海類編》同。《詳校篇海》《篇海類編》《字彙》又音“澤”，亦因承襲《集韻》之謬而誤。又《説文·羽部》：“翯，鳥白肥澤皃。从羽，高聲。《詩》云：‘白鳥翯翯。’”（70上）《玉篇·羽部》：“翯，胡角切。翯翯，肥澤皃。”（121上左）“翯”“翮”與“翯”音義俱别，不可混同，故《正字通》“一説”之説非是。《大字典》“翮”字下據《集韻》“翮”又音“直格切”而收 zhái 這一讀音，非是。

3. 襴

《字彙·衣部》：“襴，與袨同。襴褄，衣敝也。又力涉切，音獵。衣貌。”（442上）

《正字通·衣部》：“襴，同袨。舊注重出。又音獵，衣貌，非。”（1036下）

按：《康熙字典·衣部》：“襴，《集韻》力盍切，音臘。《類篇》：‘襴褄，衣敝。’又力涉切，音鬣。衣貌。”（1174下）《集韻》入聲合韻落合切："衲，衲𧛾，衣敝。"（773）下文入聲盍韻悉盍切："𧛾，衲𧛾，衣敝。"（774）下文力盍切又曰："襴，襴𧛾，衣敝。"（775）《正字通》所言當是。"𧛾""𧜀"即異寫字，"襴𧛾（𧜀）"與"衲𧛾"音義並同，"襴"當即"衲"之異體字。《詳校篇海》卷五《衣部》："衲，落合切，音臘。衲𧜀，衣敝也。亦作襴。"（339下）《篇海類編》同。此即其證也。又《集韻》入聲葉韻力涉切："襴，衣皃。"（779）"襴"當連"𧛾（𧜀）"字爲訓，爲疊韻聯綿詞，單訓無義，《集韻》據"襴"字從"鼠"，又誤將其置於"力涉切"這一讀音之下，且誤脱被訓聯綿詞"襴𧛾（𧜀）"，非是。《直音篇》卷七《衣部》："衲，音拉。衲𧜀，衣敝。襴，同上。又音獵。衣貌。"（303下）《直音篇》《字彙》謂"襴"同"衲"，是也；然又音"獵"，訓"衣貌"，當因承襲《集韻》之謬而誤。《康熙字典》又收"衣貌"這一義項，亦非。《大字典》《字海》"襴"字下據《集韻》之誤而收録音 liè、"衣貌"這一義項，疑並非是。

三、因字義致誤形成的疑難字

《字彙》《正字通》《直音篇》《詳校篇海》《篇海類編》《康熙字典》《字彙補》等明清大型字書所收字形的釋義也存在很多失誤，究其致誤之由，一方面是因爲傳抄失誤而産生的，一方面是因爲編纂失誤而産生的。以下即從傳抄失誤與編纂失誤這兩個方面分别對明清大型字書字義失誤的現象進行分析與研究。

（一）傳抄失誤

字書一經問世，大都會經過歷次輾轉傳抄，在傳抄過程中，難免會出現文字訛誤的現象。同時，後世字書又是在前代字書的基礎上編纂而成的，由於歷代字書重編纂而輕考校，一方面，前代字書的訛誤往往被後世字書未加考辨地承襲下來，另一方面，後世字書在編纂與流傳的過程中自身也會産生一些新的訛誤。通過對《字彙》《正字通》《直音篇》《詳校篇海》《篇海類編》《康熙字典》《字彙補》等明清大型字書的釋義内容進行全面的測查與研究，可以發現其釋義問題有很多是因爲傳抄失誤而産生的。《字彙》《正字通》《直音篇》《詳校篇海》《篇海類編》《康熙字典》《字彙補》等明清大型字書因傳抄失誤而產生的釋義失誤現象主要分爲以下幾種情況：

第一、因訛文致使字義失誤而產生的疑難字

訛文是指古書在流傳過程中產生的文字訛誤。《字彙》《正字通》《直音篇》《詳校篇海》《篇海類編》《康熙字典》《字彙補》等明清大型字書的釋義問題有很多是受形近而誤、聲同或聲近而誤等因素影響而產生的。

1. 倭

《字彙·人部》："倭，烏櫆切，音煨。倭遲，回遠之貌。《詩·小雅》：'周道倭遲。'又謹貌；又順貌。"（39 上）

《正字通·人部》："倭，烏魁切，音煨。《說文》：'順貌。'又倭遲，回遠貌。《詩·小雅》：'周道倭遲。'與逶迤、遹池、委蛇、威遲、委移並通。"（49 下）

按：《康熙字典·人部》："倭，《玉篇》《唐韻》並於爲切，音煨。《說文》：'順貌。'又倭遲，回遠貌。《詩·小雅》：'周道倭遲。'與逶迤、遹池、委蛇、威遲、委移並通。"（39 下）故宫本《王韻》平聲支韻於爲反："倭，慎皃。又烏和反。"（438）故宫本《裴韻》平聲支韻於爲反："倭，慎皃。《詩》：'周道倭[illegible]（遲）。'"（545）《廣韻》平聲支韻於爲切："倭，慎皃。"（15）"倭"字，《切韻》《廣韻》訓"慎皃"，疑並非是。《說文·人部》："倭，順皃。从人，委聲。《詩》曰：'周道倭遲。'"（160 上）《玉篇·人部》："倭，於爲切。《說文》云：'順皃。'《詩》云：'周道倭遲。'"（12 下左）《說文》《玉篇》皆訓"順皃"，故"慎皃"之訓當爲"順皃"之誤。《集韻》平聲支韻於爲切亦曰："倭，《說文》：'順皃。'引《詩》：'周道倭遲。'"（39）此亦其證也。《詳校篇海》卷五《人部》："倭，於非切，音威。順貌。《詩》云：'周道倭遲。'又謹貌。"（375 下）《篇海類編》同。"謹貌""慎皃"義同，故《詳校篇海》《篇海類編》《字彙》訓"謹貌"，皆因承前而謬。《正字通》《康熙字典》"倭"字下皆未收"謹貌"這一義項，是也。

2. 偭

《字彙・人部》:“偭，莫見切，音麪。鄉也。又背也。《離騷》:‘偭規矩而改錯。’”（40 下）

《正字通・人部》:“偭，莫變切，音面。向也。一曰偕也。又背也。《離騷》:‘偭規矩而改錯。’揚子《法言》:‘吾寡見人之好假者也，邇文之視，邇言之聽，假則偭焉。’賈誼賦：‘偭蟂獺以隱處。’偭與面通。《説文》:‘鄉也。’引《禮・少儀》:‘尊壺者面其鼻。’改作偭，字異義同。”（52 下）

按:《康熙字典・人部》:“偭，《廣韻》《集韻》並彌兖切，音緬。向也。一曰偕也。”（42 上）《類篇・人部》:“偭，彌兖切。鄉也。一曰偭焉不顧見。又彌箭切。《説文》:‘鄉也。’引《少儀》:‘尊壺者偭其鼻。’一曰偕也。”（279 上）《類篇》訓“偭”爲“偕也”，疑非是。《説文・人部》:“偭，鄉也。从人，面聲。”（163 上）《廣雅・釋詁一》:“偭，偝也。”《廣韻》上聲獮韻彌兖切：“偭，背也。”（198）《集韻》上聲𤣗韻彌兖切：“偭，鄉也。一曰偭焉不顧見。”（386）下文去聲線韻彌箭切又曰：“偭，《説文》:‘鄉也。’引《少儀》:‘尊壺者偭其鼻。’一曰偝也。”（576）“背”“偝”字同。據上文可知，《類篇》訓“偭”爲“偕也”，於前代字韻書皆無徵，當爲“偝也”之誤。《正字通》《康熙字典》亦訓“偭”爲“偕也”，此即因承前而謬。《大字典》“偭”字下承襲《正字通》之謬而收録“偕”這一義項，亦失考證。

3. 儁

《字彙・人部》:“儁，與俊同。又衛也；絶異也。又勝也。”（44 上）

《正字通・人部》:“儁，同俊。又勝也。《左傳》:‘得儁曰克。’又卓特也。《世説》:‘神鋒大儁。’舊注又衛也，誤。通作雋。”（61 下）

按:《正字通》謂“舊注又衛也”誤，所言是也。《詳校篇海》卷五《人部》:“儁，祖峻切，音俊。偉也；絶異也；勝也。《左傳》:‘得儁曰克。’又羌複姓。又與俊同。”（378 下）《篇海類編》同。《字彙》訓“衛也”，於文獻無徵，非是。據《詳校篇海》《篇海類編》可知，《字彙》訓“衛也”，當爲“偉也”之訛誤，蓋因“衛”“偉”形音相近而誤也。

4. 儑

《字彙·人部》：“儑，五含切，音玵。不慧也。又謔言。又五合切，音蘖。傝儑，不著事。”（44下）

《正字通·人部》：“儑，五葛切，音蘖。不慧也。又謔言。又傝儑，不著事。舊注‘不慧’改‘五含切，音玵’，非。”（62下）

按：《詳校篇海》卷五《人部》：“儑，五含切，音譺。不慧也。又謔言。又五合切，音礘。傝儑，不著事。又去五紺切。昂儑也。”（379下）《篇海類編》同。《廣韻》平聲覃韻五含切：“譺，謔弄言。”（149）故“儑”訓“謔言”，與“譺”音義並同，即爲異體字。又《詳校篇海》訓“儑”爲“昂儑也”，於歷代字韻書皆無徵，疑非是。敦煌本《王韻》去聲勘韻他紺反：“傝，傝儑，不自安。又吐盍反。”下文五紺反又云：“儑，傝儑。”（416）故宫本《王韻》、故宫本《裴韻》、《廣韻》皆同。《集韻》去聲勘韻五紺切：“儑，傝儑，不自安也。”（623）下文他紺切：“傝，傝儑，不自安。一曰無恥也。”（624）故《詳校篇海》謂“儑”音“五紺切”，訓“昂儑也”，當爲“傝儑也”之誤。《新修玉篇》卷三《人部》：“儑，五甘切。不慧也。《韻》又謔弄言也。或從言。《韻》又五紺切。傝儑。”（27上左）此是其證。《篇海類編》承襲《詳校篇海》之誤而訓“儑”爲“昂儑也”，失考證。《大字典》“儑”字下承襲《詳校篇海》之誤而收録“昂儑”這一義項，亦失考證。又“儑”訓“不慧也”，當音“五含切”，敦煌本《王韻》、故宫本《王韻》、故宫本《裴韻》、《廣韻》、《集韻》皆同，故《正字通》改音“五葛切，音蘖”，並謂“舊注‘不慧’改‘五含切，音玵’，非”，疑不可據。

5. 僫

《字彙·人部》：“僫，呼肱切，音昏。惛迷也。”（45上）

《正字通·人部》：“僫，呼昆切，音昏。《説文》：‘惛也。’”（65上）

按:《康熙字典·人部》:“儚,《唐韻》呼肱切,音薨。惛也。”(53上)《玉篇·人部》:“儚,呼肱切。恨也;迷惛也。”(13下左)《玉篇校釋》“儚”字下注:“‘恨也’未審所出,疑引《説文》‘惛也’之訛。‘迷惛也’者,字與‘儚’同,‘儚’下引《爾雅》:‘儚儚佪佪,惛也。’郭璞曰:‘皆迷惛也。’《釋文》:‘字或作懜。’本書《心部》(170):‘懜,慙也;不明也。’‘不明’即‘惛也’。(369)‘懵,心亂心迷也。’《頁部》:‘顭(顭),《字書》云:惛也。或作儚。’皆異部重文也。”(461)胡吉宣謂《玉篇》訓“恨也”,疑爲“惛也”之訛,所言是也。《説文·人部》:“儚,惛也。从人,薨聲。”(163下)《名義·人部》:“儚,霍弘反。惛迷也。”(18上)《玉篇·人部》:“顭,霍肱切。《字書》云:‘惛也。’或作儚。”(20上右)敦煌本《王韻》平聲登韻呼弘反:“儚,惛迷。或作顭。”(382)故宫本《王韻》同。故《玉篇》訓“恨也”,於歷代字韻書皆無徵,當爲“惛也”之誤。《新撰字鏡·人部》:“儚,霍弘反。惛也;迷昏(惛)也。”(70)此是其證也。《大字典》《字海》“儚”字下皆據《玉篇》之誤而收録“恨”這一義項,疑並非是。

6. 勴

《字彙·力部》:“勴,盧對切,音類。推也。”(59下)

《正字通·力部》:“勴,力對切,音類。《説文》:‘推也。’”(104下)

按:《康熙字典·力部》:“勴,《唐韻》《集韻》並盧對切,音類。《玉篇》:‘推也。一曰懷也。’又《集韻》倫追切,音纍。推也;勉也。”(87下)《玉篇·力部》:“勴,力對切。推也。一曰懷也。”(37下左)《玉篇校釋》“勴”字下注:“‘推也’者,引《説文》文,《切韻》同。《集韻》引《埤倉》:‘礧,推石自高而下也。’本書《攴部》:‘敼,摧也。’‘一曰懷也’者,《集韻》云‘勉也’,‘懷’與‘勉’義似相反而亦相成,爲推己及人,推衣推食,皆懷義也。”(1589)胡吉宣謂“‘一曰懷也’者,《集韻》云‘勉也’,‘懷’與‘勉’義似相反而亦相成,爲推己及人,推衣推食,皆懷義也”,此説疑不可據。《説文·力部》:“勴,推也。从力,畾聲。”(294上)徐鍇《繫傳》:“書史謂於城上推木石下摧敵謂之勴。”

段玉裁注："勵者，以物磊磊自高推下也。"《名義·力部》："勵，力憒反。推也；壞也。"（71上）"壞也"與"推也"義可相通，故《玉篇》之"一曰懷也"，"懷也"當爲"壞也"之誤。吕浩《〈篆隸萬象名義〉校釋》"勵"字下注："白藤禮幸認爲'壞也'當作'懷也'。"（114B～115A）白藤禮幸據《玉篇》之誤而謂《名義》之"壞也"當作"懷也"，非是。吕浩援引其説卻未作校正，失考證。《大字典》"勵"字下據《玉篇》之誤而收録"懷"這一義項，亦失考證。

7. 孟

《字彙·子部》："孟，莫更切，萌去聲。《説文》：'長也。'《廣韻》：'勉也；始也。'又州名。漢河内郡，古孟津，唐置孟州。又姓。魯仲孫氏爲三桓之孟，故曰孟。"（112下）

《正字通·子部》："孟，蒙弄切，音夢。《説文》：'長也。'又嫡長曰伯，庶長曰孟。《書·康誥》：'王若曰孟侯，朕其弟小子封。'孔安國曰：'五侯之長。'又《禮緯》：'妾子長于庶子則稱孟。'又女子之兄亦曰孟。《廣韻》：'始也。'《李尋傳》：'寅孟之月。'又大也。《管子》：'高言孟行以過其情。'又州名。漢河内郡，唐置孟州。又姓。"（260上）

按：《康熙字典·子部》："孟，《唐韻》《集韻》《韻會》《正韻》並莫更切，音夢。《説文》：'長也。'"（229下）《玉篇·子部》："孟，莫更切。長也；子也；始也。"（134上左）《玉篇校釋》"孟"字下注："'子也'者，諸書無訓'孟'爲'子'者，此非妄經刪誤，即是'子'爲'字'訛。蓋原或引《詩》'寺人孟子'，《左氏傳》'惠公元妃孟子'，《論語》'謂之吴孟子'等文，刪者妄以句末一字爲訓義，全書多此類。'子'或爲'字'之形誤者，孟爲長幼之字。《左傳》疏云：'孟、仲、叔、季，兄弟姊妹長幼之别字也。孟與伯俱長也。'"（5815～5816）胡吉宣謂《玉篇》訓"孟"爲"子也"非，所言是也；然其謂"此非妄經刪誤，即是'子'爲'字'訛"，疑可商榷。《名義·子部》："孟，莫更反。長也；姊也；勉也；始也。"（293下）《方言》卷十二："孟，姊也。"（72）《廣雅·釋親》："孟，姊也。"據《名義》，可知原本《玉篇》"孟"字下當有引《方言》《廣雅》而訓“姊也”這一義項，而今本《玉篇》訓“子也”，疑爲“姊也”之聲誤。《大字典》“孟”字下據今本《玉篇》之謬而收録“子”這一義項，疑亦非是。

8. 展

《字彙·尸部》:“展，之輦切，旃上聲。轉也；開也；舒也；整也；省視也；審也；適也；由也。又誠也。《詩·小雅》:‘展也大成。’又信也。《方言》:‘荆吴淮汭之間謂信曰展。’又展衣。后以禮見於君及見賓客之服也。《禮記》作襢衣。又姓。”(123 上)

《正字通·尸部》:“展，知演切，旃上聲。轉也；開也。《聘禮》:‘史讀書展幣。’注:‘謂專陳其幣也。’又整也；審也。《書·旅獒》:‘分寶玉于伯叔之國，時庸展親。’《檀弓》:‘反其國不哭，展墓而入。’注:‘方氏曰：凡物展之，則可省而視，故視謂之展。’又誠也；信也。《方言》:‘荆吴淮汭之間謂信曰展。’《詩·鄘風》:‘展如之人兮。’《小雅》:‘展也大成。’又姓。”(287 上)

按:《玉篇·尸部》:“展，知演切。轉也；由也；適也。”(55 下左)《玉篇校釋》“展”字下改注文“由也”爲“申也”，並注曰:“‘申也’者，‘申’原訛‘由’，今正。《晉語》:‘侈必展。’韋注:‘展，申也。’《文選》謝靈運詩注引《莊子》司馬彪注:‘展，申也。’《廣雅》四:‘展，舒也。’本書:‘舒，伸也。’”(2207)胡氏所言是也。《名義·尸部》:“展，猪璉反。信[也]；整也；展[衣也]；誠也；陳也；適也；申也；重也；親也；審也。”(107 上)《新撰字鏡·尸部》:“展，知善反。誠也；親也；舒也；敬也；轉也；信也；陳也；重也；俱也；整也；適[也]；申也。”(173)《龍龕》卷一《尸部》:“展，知演反。舒[也]；申[也]；直也；又審也。亦姓。”(163)慧琳《音義》卷三六《蘇婆呼經》下卷:“或展，哲輦反。俗字也。古文正從㠭、從衣作𧝓。㠭音同上。《考聲》云:‘展，申也；直也；舒也。’經文從手作搌，非也。”(58，P117B12)《漢書·谷永傳》:“永自知有内應，展意無所依違，每言事輒見答禮。”顔師古注:“展，申也。”《後漢書·仲長統傳》:“昔文帝之於鄧通，可謂至愛，而猶展申徒嘉之志。”李賢注：“展，猶申也。”以上諸書亦皆其證也。故《玉篇》訓“由也”，當即“申也”之誤。《新修玉篇》卷十一《尸部》引《玉篇》：“展，知演切。轉也；由也；適也。”（98上右）《篇海》同。《詳校篇海》卷四《尸部》：“展，之輦切，音氈，上聲。誠也；舒也；信也；開也；整也；審也；適也；由也；轉也；省視也；展衣也。”（259下）《篇海類編》同。《新修玉篇》《篇海》《詳校篇海》《篇海類編》《字彙》等後世字書俱訓“由也”，皆因承襲《玉篇》之謬而誤。《大字典》“展”字下據《玉篇》之謬而收録“由”這一義項，應删。

9. 廜

《字彙·广部》：“廜，郎古切，音鹵。府也；庵也；廡也。”（144上）

《正字通·广部》：“廜，郎古切，音鹵。《說文》：‘廡也。’按：廡不必别立廜名，贅作廜非。舊注府也，庵也，亦非。”（334上）

按：《康熙字典·广部》：“廜，《唐韻》郎古切，《集韻》籠五切，並音魯。《說文》：‘廡也。’《玉篇》：‘府也。’《廣雅》：‘庵也。’”（313上）《玉篇·广部》：“廜，力古切。府也；庵也。”（104上右）《玉篇》訓“廜”爲“府也”，疑非是。《說文·广部》：“廜，廡也。从广，虜聲。讀若鹵。”（190上）《廣雅·釋宫》：“廜，庵也。”原本《玉篇·广部》：“廜，力鼓反。《說文》：‘廜，廡也。’《廣雅》：‘廜，庵也。’”（482）《名義·广部》：“廜，力鼓反。廡也；庵也。”（219下）《新撰字鏡·广部》：“廜，落胡反。廡。”（581）《龍龕》卷二《广部》：“廜，音盧。廡也。”（299）敦煌本《王韻》上聲姥韻郎古反：“廜，庵。”（389）故宫本《王韻》、故宫本《裴韻》同。以上諸字韻書皆未見有訓“廜”爲“府也”者，“府”“廡”聲近，故“府也”疑即“廡也”之聲誤。《字彙》訓“廜”爲“府也”，當因承襲《玉篇》之謬而誤。《康熙字典》轉録《玉篇》“府也”之訓而未作校正，亦失考證。《大字典》《字海》“廜”字下皆據《玉篇》之誤而收録“府”這一義項，疑並非是。

10. 恎

《字彙・心部》:“恎，達各切，音鐸。忠也；正也。又直陌切，音宅。義同。又初加切，音叉。恎㦃，未定貌。”（157 下）

《正字通・心部》:“恎，初加切，音叉。恎㦃，未定貌。舊注鐸、宅二音，訓忠、正，非。”（364 下）

按:《康熙字典・心部》:“恎，《廣韻》徒落切，《集韻》達各切，並音鐸。《集韻》:‘忖也。一曰企也。或作忏、㥃。’”（347 下）《龍龕》卷一《心部》:“忏恎，徒各反。微也。二同。”（63）故宫本《王韻》入聲鐸韻徒各反:“恎，徵。亦作忏。”（524）《廣韻》入聲鐸韻徒落切:“恎，徵也。亦作忏。”（409）“恎”字，《龍龕》訓“微也”，故宫本《王韻》、《廣韻》訓“徵也”，當皆爲“懲也”之誤。《名義・心部》:“恎，徒各反。懲也；憂也。”（78 下）《玉篇・心部》:“恎，徒各切。忠也；正也。又池陌切。忏，同上。㥃，同上。又忖㥃也；懲也。”（38 下左）慧琳《音義》卷九四《續高僧傳》第三十卷:“恎懘，上唐各反。《字書》正從度作㥃，㥃又作忏，音並同。《廣蒼》云:‘恎，懲者也。’許叔重云:‘慁憂也。’又企也。《古今正字》義同。上從心，宅聲。下敕厲反。顧野王云:‘懘介，猶怵陽也。’《子虛賦》云:‘胸中曾不懘介。’是也。《説文》云:‘極也。從心，帶聲也。’”（59，P241B6）以上諸書皆其證也。“恎”訓“懲也”，當即“㥃”之異體字。《廣雅・釋言》:“懲、㥃，忎也。”曹憲《博雅音》:“忎，徒落。”王念孫《疏證》:“忎，與艾通，亦通作刈。”故“恎”與“㥃”音義並同，即爲異體字。《大字典》“恎”字下據《廣韻》義訓之誤而收録“徵信”這一義項，疑亦非是。

11. 憲

《字彙・心部》:“憲，曉見切，音獻。决也。又興盛貌。又縣瀍示人曰憲，後人因謂憲爲瀍。”（166 下）

《正字通・心部》:“憲，曉見切，音獻。法也；制也。《書・説命》:‘監于先王成憲。’又縣瀍示人曰憲，後人因謂憲爲瀍。”（383 下）

按:《玉篇·心部》:“憲，許建切。法也；誡也；制也。《説文》曰：‘敏也。’”（41上左）《玉篇校釋》“憲”字下注:“又‘誡也’者，‘誡’當爲‘誡’，形之誤也。《説文》:‘誡，敕也。’本書:‘敕，誡也。’‘誡，命也；告也。’並與法令憲章義洽。”（1732）胡氏所言當是。《名義·心部》:“憲，欣建反。欽也；法也；表也；敏也。”（72上）《新撰字鏡·心部》:“憲，欣遺反，去。法也；遠也；敏也；迅也。”（126）《龍龕》卷一《心部》:“憲，許建反。法度也；制禁也。”（67）慧琳《音義》卷二六《大般涅盤經》第十六卷:“憲制，上軒建［反］。《玉篇》云:‘法也；制禁也；法度也。’”（57，P937A10）以上諸書“憲”字皆未見有“誡也”之訓,《玉篇》訓“誡也”，當如胡氏所言爲“誡也”之誤。《大字典》“憲”字下據《玉篇》之誤而收録“誡”這一義項，疑亦非是。

12. 扮

《字彙·手部》:“扮，房刎切，焚上聲。握也。又逋患切，班去聲。打扮，粧扮。”（172上）

《正字通·手部》:“扮，房吻切，音粉。《説文》:‘握也。’《太玄》:‘地則虚三，以扮天［之十八也］。’范氏注曰:‘扮，猶并也。’又逋患切，班去聲。今俗以裝飾爲打扮。”（396下）

按:《康熙字典·手部》:“扮,《廣韻》《正韻》房吻切,《集韻》《韻會》父吻切，並音憤。《説文》:‘握也。’一曰動也。”（386上）《廣韻》平聲文韻府文切:“扮，掘也。”（66）《廣韻》訓“掘也”，疑非是。《説文·手部》:“扮，握也。从手，分聲。讀若粉。”（255上）《玉篇·手部》:“扮，伏粉切。握也；動也。”（30上右）《龍龕》卷二《手部》:“扮，房吻反。握也。又芳粉反。”（212）敦煌本《王韻》上聲吻韻房吻反:“扮，握。”（390）故宫本《王韻》、故宫本《裴韻》同。故《廣韻》訓“掘也”，於前代字韻書皆無徵，當爲“握也”之誤。《集韻》平聲文韻方文切:“扮，并也。一曰握也。”（129）《集韻》改訓作“握也”，此是其證也。《大字典》“扮”字下據《廣韻》之誤而收録“掘”這一義項，疑亦非是。

13. 捳

《字彙・手部》:“捳，五角切，音岳。抨捳也。”（177 下）

《正字通・手部》:“捳，鸑字之譌。本作鸑，俗或省作岳，見馬融《圍碁賦》。”（410 上）

按:《康熙字典・手部》:“捳，《唐韻》五角切，《集韻》逆角切，並音嶽。抨也。”（405 上）《玉篇・手部》:“捳，吴角切。抨也。”（31 上左）《廣雅・釋詁三》:“捳，捽也。”王念孫《疏證》:“捽者，《説文》:‘捽，持頭髮也。’”《名義・手部》:“捳，吴角反。捽也；擇也。”（56 上）可見原本《玉篇》“捳”字當亦引《廣雅》訓“捽也”，今本《玉篇》訓“抨也”，“抨”即爲“捽”字之訛。敦煌本《王韻》入聲覺韻五角反:“捳，抨。”（423）故宫本《王韻》同。《廣韻》入聲覺韻五角切:“捳，抨捳（當爲字頭誤重）。”（378）《集韻》入聲覺韻五角切:“捳，抨也。”（658）“捳”字，《切韻》《廣韻》《集韻》皆訓“抨”，亦當皆爲“捽”字之訛。《新修玉篇》卷六《手部》引《玉篇》:“捳，五角切。抨捳。”（56 上右）《新修玉篇》訓“抨捳”，注文之中的“捳”字當爲字頭誤重，“抨”亦當爲“捽”字之誤。《字彙》訓“抨捳也”，當因承襲前代字書之謬而誤。《康熙字典》訓“抨也”，亦因承前而誤。又《集韻》入聲鐸韻逆各切:“鶚鸑鵞，鵰屬。或從隹、從屰。”（730）故“捳”與“鸑”形音義俱別，二字不可混同，《正字通》謂“捳”即“鸑”字之訛，其説非是。《大字典》《字海》“捳”字下皆收“抨”這一義項，俱失考證。

14. 斃

《字彙・攴部》:“斃，與獘同。”（191 下）

《正字通・攴部》:“斃，舊注同獘。按：斃、敝、獘義别。”（445 上）

按:《康熙字典・攴部》:“斃，《集韻》毗祭切。《爾雅・釋言》:‘斃，踣也。’注:‘前覆。’”（449 下）《玉篇・死部》:“斃，卑世切。仆也；頓也；上也；敗壞也。”（58 下右）《玉篇校釋》校“上也”爲“止也”，並注曰:“又‘止也’者，‘止’原訛‘上’，今正。《周禮・大司馬》‘大弊’‘羅弊’‘從乃弊’，並注云：‘弊，止也。’止與頓義近。又‘敗壞也’者，當爲‘敗也；壞也’。《論語・公冶長》：‘弊之而無憾。’皇疏：‘弊，敗也。’《鄭語》：‘周其弊乎。’賈注：‘弊，敗也。’《秦策》：‘黑貂之裘弊。’注云：‘弊，壞也。’本書部首：‘㡀，敗衣也。與敝同。’‘敝’下云：‘壞也；敗也；頓仆也。或作獘，俗作弊。’”（2301）胡氏所言是也。《名義・死部》：“斃，裨世反。獘字。仆也；頓也；斷也；決也；止也。”（113 下）此是其證也。故《玉篇》訓“上也”，當爲“止也”之誤。《大字典》“斃”字下據《玉篇》義訓之誤而收録“上”這一義項，非是。

15. 檌

《字彙・木部》：“檌，都内切，音對。車箱。亦作轛。”（226 上）

《正字通・木部》：“檌，同轛。”（540 上）

按：《康熙字典・木部》：“檌，《唐韻》都隊切，《集韻》《韻會》都内切，並音對。《玉篇》作轛。《説文》：‘車横軨也。’《周禮・冬官・考工記》：‘輿人參分軹圍，去一以爲轛圍。’轛或从木。《廣韻》：‘車箱立曰轛，横曰軹。’”（538 下）《玉篇・木部》：“檌，都潰切。車箱。亦作轛。”（62 下右）《玉篇》謂“檌”即“轛”之異體字，是也；然訓“車箱”，非是。原本《玉篇・車部》：“轛，都憒、中歲二反。《考工記》：‘參分軹圍，去一以爲轛圍。’鄭玄曰：‘兵車之轛圍二寸八十一分寸之十四，轛，式之植者衡者也，以其向人爲名也。’鄭衆曰：‘謂車輿軨立者也。立者爲轛，横者爲軹。’《説文》：‘横笭也。’或爲檌字，在《木部》。”（397）敦煌本《王韻》去聲至韻追類反：“轛，車横軨。”（404）下文去聲隊韻都佩反：“轛，横笭。亦作檌。”（409）故宫本《王韻》同。《周禮・考工記・輿人》：“參分軹圍，去一以爲轛圍。”鄭玄注：“鄭司農云：‘轛讀如繫綴之綴，謂車輿軨立者也。立者爲轛，横者爲軹。’”故《玉篇》訓“車箱”，於前代字韻書皆無徵，當爲“車笭”之誤，然此誤非始於《玉篇》，自《唐韻》已然。《唐韻》去聲隊韻都對反：“檌，車箱作轛。《考工記》云：‘立曰轛，横（只）［曰］軹。’”（656）據上文可知，“檌”即“轛”之異體字，《唐韻》訓“車箱”，當爲“車笭”之誤。“車笭”“横笭”“横軨”義同，皆指“車軾下面横直交接的闌木”。《玉篇》訓“車箱”，當因承襲《唐韻》之謬而誤。《字彙》訓“車箱”，亦因承前而謬。《大字典》“𣝯”字據《玉篇》之誤而訓“車箱”，且未溝通其與“𨏥”字的異體關係，失考證;《字海》直謂“𣝯”同“𨏥”，是也。

16. 沙

《字彙・水部》:“沙，師加切，音紗。細散石也。别作砂，非。又水旁曰沙。又汰也。”(243上)

《正字通・水部》:“沙，所加切，音紗。水名。楚東有沙水。又疏土也。《毛詩傳》:‘水旁曰沙。’又地名。西徼外有沙州，唐屬中國。”(579上)

按:《康熙字典・水部》:“沙，《唐韻》所加切，《集韻》《韻會》《正韻》師加切，並音紗。《説文》:‘水散石也。’”(596下)《詳校篇海》卷四《水部》:“沙，師加切，音紗。水散石。又沐也；嘶也。又流沙，地名。又姓。亦作砂。”(281下)《篇海類編》同。《詳校篇海》《篇海類編》訓“沐也”，疑非是。《説文・水部》:“沙，水散石也。从水，从少，水少沙見。楚東有沙水。”(231下)《玉篇・水部》:“沙，所加切。《説文》曰:‘水㪔石也。’”(88下右)《廣韻》平聲麻韻所加切:“沙，沙汰。《説文》曰:‘水散石也。’《爾雅》曰:‘潁爲沙。’謂大水溢出别爲小水之名。亦州。取沙角山爲名，即《三秦記》鳴沙山也。又姓。”(108)《詳校篇海》訓“沙”爲“沐也”，於前代字韻書皆無徵，疑爲“木也”之誤。《文選・琴賦》:“若乃春蘭被其東，沙棠殖其西。”李周翰注:“沙棠，仙果木名。”又《文選・上林賦》:“沙棠櫟櫧，華楓枰櫨。”郭璞注引張揖曰:“沙棠，狀如棠，黄花赤實，其味如李，無核。”故“沙”有“沙棠，木名”之義。《詳校篇海》訓“沐也”，當爲“木也”之聲誤。《篇海類編》亦訓“沐也”，當因承襲《詳校篇海》之謬而誤。《大字典》“沙”字下據《篇海類編》之誤而收録“沐”這一義項，疑亦非是。

17. 潅

《字彙・水部》:“潅，口角切，音確。霑也；漬也。又公泼切，音角。義同。”（254下）

《正字通・水部》:“潅，渠角切，音確。《説文》:‘灌也。’又霑也；漬也。”（605上）

按:《康熙字典・水部》:“潅，《唐韻》口角切，《集韻》克角切，並音確。《説文》:‘灌也。’又《集韻》忽郭切，音霍。又光鑊切，音郭。義並同。又訖岳切，音覺。漬也。”（631下）《詳校篇海》卷四《水部》:“潅，古岳切，音角。又乞約切，音確。注俱霑也；漬也；濯也。”（289上）《篇海類編》同。《詳校篇海》《篇海類編》訓“濯也”，疑非是。《説文・水部》:“潅，灌也。从水，隺聲。”（234上）原本《玉篇・水部》:“隺，口角、公握二反。《説文》:‘潅，沾也。’《廣雅》:‘潅，漬也。’”（434）《玉篇・水部》:“潅，口角、公渥二切。霑也；漬也。”（89上右）《集韻》入聲覺韻克角切:“潅，《説文》:‘灌也。’一曰漬也。”（656）《詳校篇海》《篇海類編》訓“潅”爲“濯也”，於前代字韻書皆無徵，當爲“灌也”之誤。《大字典》“潅”字下據《篇海類編》義訓之誤而收録“濯；洗”這一義項，非是。

18. 爞

《字彙・火部》:“爞，女涉切，音聶。火也；又小暖也。亦作曡。”（271下）

《正字通・火部》:“爞，俗字。小暖。不必作爞、曡。”（643上）

按:《康熙字典・火部》:“爞，《廣韻》尼輒切，《集韻》昵輒切，並音聶。《玉篇》:‘煗也。或作曡。’《廣韻》本作曡。小煗也。”（682上）《篇海》卷十三《火部》引《玉篇》:“爞，女涉切。火也。或作曡。”（791上）《篇海》訓“火也”，疑非是。《名義・火部》:“爞，女涉反。（燸）[煗]也。”（211下）《玉篇・火部》:“爞，女涉切。煗也。或作曡。”（100上左）《玉篇・日部》又曰:“曡，女涉切。小煗也。”（95下左）故“爞”

即“𤑔”之異體字，當訓“煗也”。《篇海》訓“火也”，“火”當即“煗”字誤刻。《詳校篇海》卷五《火部》：“㸎，女涉切，音聶。火也。亦作𤑔。小煗也。”（322上）《篇海類編》同。《詳校篇海》《篇海類編》《字彙》“㸎”字下俱收“火也”這一義項，皆因承襲《篇海》之謬而誤。《大字典》《字海》“㸎”字下皆據《篇海類編》收録“火”這一義項，亦並非是。

19. 㸲

《字彙·牛部》：“㸲，胡頰切，音叶。犍也。”（276上）

《正字通·牛部》：“㸲，呼業切，音協。犍也。”（652上）

按：《康熙字典·牛部》：“㸲，《廣韻》胡頰切，《集韻》檄頰切，並音叶。《玉篇》牛健。”（696下）《玉篇·牛部》：“㸲，音叶。牛健。”（109下右）《玉篇》訓“牛健”，疑非是。《廣韻》入聲怗韻胡頰切：“㸲，㸲（當爲字頭誤重）犍。”（437）故《玉篇》訓“牛健”，“健”疑爲“犍”之聲誤。《新修玉篇》卷二十三《牛部》引《玉篇》：“㸲，音叶。牛犍。”（190下右）此亦其證也。《集韻》入聲帖韻檄頰切：“㸲，牛健謂之㸲。”（783）《集韻》訓“㸲”爲“牛健謂之㸲”，當爲宋本《玉篇》所誤。《大字典》“㸲”字下據《玉篇》收録“牛健”這一義項，疑亦非是。

20. 犺

《字彙·犬部》：“犺，口浪切，康去聲。健犬。又猰犺，不順貌。”（278下）

《正字通·犬部》：“犺，口浪切，康去聲。《説文》：‘健犬也。’又猰犺，不順貌。”（657上）

按：《康熙字典·犬部》：“犺，《唐韻》苦浪切，《韻會》《正韻》口浪切，並音抗。《説文》：‘健犬也。’又《玉篇》：‘猬也。’”（704上）《玉篇·犬部》：“犺，口盎切。健也；猬也。”（110上左）《玉篇》訓“犺”爲“猬也”，疑非是。《説文·犬部》：“犺，健犬也。从犬，亢聲。”（204上）《廣雅·釋詁二》：“犺，健也。”《名義·犬部》：“犺，口盎反。健也。”（234下）《龍龕》卷二《犬部》：“犺，苦浪反。猰犺，不順皃。”

（319）故宫本《王韻》去聲宕韻苦浪反：“犺，㹞犺，所爲不時。”（505）故宫本《王韻》同。《唐韻》去聲宕韻苦浪反：“犺，㹞犺，不順。”（674）《廣韻》同。《集韻》去聲宕韻口浪切：“犺，《説文》：‘健犬也。’”（602）故《玉篇》訓“猬也”，於歷代字韻書皆無徵，非是。《玉篇校釋》“犺”字下注：“本書犺爲猬者，猬有毛刺，亦不順意。”（4562）胡氏望文爲説，不可據。《新修玉篇》第二十三《牛部》引《玉篇》：“犺，口盎切。健也；獪也。”（192上左）《篇海》同。“獪”字，《説文》訓“狡獪也”，即“狡詐”之義，與“㹞犺，不順”之義相通，故《玉篇》訓“犺”爲“猬也”，“猬”當爲“獪”字之誤。《新撰字鏡·犭部》：“犺，苦浪反。㹞［犺］也；健也；獪也；所爲不仁。”（472）此亦其證也。《康熙字典》轉録《玉篇》“猬也”之訓而未作校正，亦失考證。《大字典》《字海》“犺”字下皆據《玉篇》之誤而收録“刺猬”這一義項，俱失考證。

21. 䑞

《字彙·生部》：“䑞，户光切，音皇。花蘂；又榮也。”（295下）

《正字通·生部》：“䑞，同葟。華榮也。《説文》本作䑞，篆作[illegible]，隸作䑞。”（692下）

按：《康熙字典·生部》：“䑞，《廣韻》《集韻》並胡光切，音黄。華榮也。同葟。”（757上）《新修玉篇》卷第二十九《生部》引《龍龕》：“䑞，音皇。花榮也。與䑟同。”（231上左）《篇海》卷十二《生部》引《龍龕》：“䑞，音皇。花蘂也。與䑟同。”（755下）“䑞”字，《新修玉篇》與《篇海》義訓不同，當以《新修玉篇》所言爲是。《説文·生部》：“䑞，華榮也。从舜，生聲。讀若皇。《爾雅》曰：‘䑞，華也。’葟，䑞或从艸、皇。”（108上）《名義·舜部》：“䑞，胡光反。華榮也。葟字。”（139下）《玉篇·舜部》：“䑞，胡光切。草木華榮也。”（69下左）《龍龕》卷一《生部》：“䑞，音皇。花榮也。與䑟同。”（186）以上諸書皆其證也。故《篇海》訓“花蘂也”，當爲“花榮也”之誤。《直音篇》卷六《生部》：“䑞，音黄。草木榮；又花蘂。”（233上）《直音篇》訓“草木榮”，是也；然其又訓“花蘂”，此即因承襲《篇海》之謬而誤。《詳校篇海》卷四《生部》:“䅿，胡光切，音皇。花蘂也；榮也。與䅿同。”（265 下）《篇海類編》同。《詳校篇海》《篇海類編》訓“花蘂也”，皆因承襲《直音篇》之謬而誤。《字彙》訓“花蘂”，亦因承襲前代字書之謬而誤。《大字典》“䅿”字下據《字彙》之謬而收録“花蘂”這一義項，亦非。

22. 稖

《字彙・禾部》:“稖，七浪切，倉去聲。禾穎也。”（333 下）

《正字通・禾部》:“稖，俗字。禾穎不必别作稖。”（776 下）

按:《康熙字典・禾部》:“稖，《集韻》七浪切，倉去聲。禾穎也。”（873 上）《玉篇・禾部》:“稖，七浪切。禾頃也。”（74 下左）《集韻》去聲宕韻七浪切:“稖，禾頃也。”（602）《新修玉篇》卷十五《禾部》引《玉篇》:“稖，七浪切。禾稖傾也。”（136 下右）“傾”“頃”字同，注文之中的“稖”字當爲字頭誤重。又《篇海》卷十三《禾部》引《玉篇》:“稖，七浪切。禾項也。”（796 下）“項”當爲“頃”字誤刻。《直音篇》卷四《禾部》:“稖，七浪切。禾頓也。”（169 下）《直音篇》訓“禾頓也”，“頓”當爲“頃”字誤刻。《詳校篇海》卷五《禾部》:“稖，七浪切，音倉去聲。禾頓也。”（329 下）《篇海類編》同。《詳校篇海》《篇海類編》亦訓“禾頓也”，皆因承襲《直音篇》之謬而誤。《字彙》訓“禾穎也”，於前代字韻書亦無徵，“穎”當爲“頃”字之誤。《正字通》《康熙字典》訓“禾穎”，亦失考證。《大字典》“稖”字下據《字彙》之誤而收録“禾穎”這一義項，亦非。

23. 筯

《字彙・竹部》:“筯，治據切，音住。匙筯，食所用也。”（343 上）

《正字通・竹部》:“筯，同箸。”（797 下）

按:《康熙字典・竹部》:“筯，《玉篇》直據切，《類篇》遲據切，《正韻》治據切，並音住。匙筯。與箸同。《廣東新語》:‘蛋人謂筯曰梯。’又蟲名。《神異經》:‘南海有水蟲名曰筯，蚌蛤之類也。其小蟹大如榆莢，筯開甲食，則蟹亦出食。筯合甲，蟹亦還入。爲筯取食以終始，生死不相離。'"（902 下）《玉篇·竹部》："筯，直攄切。匙筯。與箸同。"（71 上左）故"筯"同"箸"，義指"筷子"。又《直音篇》卷四《竹部》："筯，治攄切。梜也。"（150 上）《直音篇》訓"梜也"，"梜"同"筴"，亦指"筷子"。《廣韻》入聲怗韻古協切："筴，箸筴。又古洽切。梜，上同。見《禮》。"（437）此即其證也。又《詳校篇海》卷二《竹部》："筯，治攄切，音住。匙筯。與箸同。又挾也。"（103 下）《篇海類編》同。《詳校篇海》《篇海類編》訓"挾也"，形義不諧，於前代字韻書亦皆無徵，當爲"梜也"之誤。《大字典》"筯"字下據《篇海類編》之誤而收録"挾"這一義項，亦非；《大字典》未收"蟲名"這一義項，可據《康熙字典》所引《神異經》補收。

24. 籙

《字彙·竹部》："籙，盧谷切，音六。圖書。一曰簏也。"（349 上）

《正字通·竹部》："籙，力竹切，音六。圖書。《正韻》：'通作録，俗作籙。'一曰簏也。"（809 下）

按：《康熙字典·竹部》："籙，《廣韻》力玉切，《集韻》《韻會》龍玉切，《正韻》盧谷切，並音禄。籍也。又圖籙。張衡《東京賦》：'高祖膺籙受圖，順天行誅。'又《集韻》：'簏也。'"（923 下）《集韻》入聲燭韻龍玉切："籙，簏也。一曰籍也。"（653）《集韻》訓"簏也"，疑非是。《新撰字鏡·竹部》："籙，力玉反。圖籙。"（457）《龍龕》卷四《竹部》："籙，力玉反。啚籙。"（395）箋注本《切韻》（斯 2071）入聲燭韻力玉反："籙，圖。"（141）敦煌本《王韻》入聲燭韻力玉反："籙，圖籙。"（423）故宫本《王韻》、故宫本《裴韻》、《唐韻》、《廣韻》皆同。《集韻》訓"簏也"，於前代字韻書皆無徵，當爲"圖籙也"之誤。《詳校篇海》卷二《竹部》："籙，盧谷切，音禄。圖籙。一曰籍也。又簏也。"（108 上）《篇海類編》同。《詳校篇海》《篇海類編》又訓"簏也"，皆因承襲《集韻》之謬而誤。《字彙》《正字通》亦又訓"簏也"，亦因承前而謬。《康熙字典》轉録《集韻》"簏也"之訓而未作校正，亦失考證。又《正韻》謂"籙"即"録"字之俗，所言當是。《周禮·天官·職幣》："皆辨其物而奠其録。"

鄭玄注："定其録籍。"孫詒讓正義："凡財物之名數，具於簿籍，故通謂之録。""録",《廣韻》亦音"力玉切"。故"籙"與"録"音同義通,"籙"當即"録"字之俗。《大字典》"籙"字下據《集韻》之誤而收録"竹箱"這一義項，非是。

25. 綃

《字彙·糸部》:"綃，秦昔切，音籍。引舟竹索。又疾各切，音昨。草繩。亦作筰。"(358下)

《正字通·糸部》:"綃，千昔切，音籍。引舟竹索。又藥韻音昨。草繩。亦作筰。"(829下)

按:《康熙字典·糸部》:"綃,《廣韻》在各切,《集韻》疾各切，並音昨。《玉篇》:'亦笮字。'《集韻》秦昔切，音籍。《類篇》:'引舟筊。'"(951上)《廣韻》入聲鐸韻在各切:"綃，草繩也。"(411)《廣韻》訓"草繩也"，疑非是。原本《玉篇·糸部》:"綃，徂各反。《山海經》:'綃姑之水出陽華山，東注于門水。'《字書》亦笮字也。笮，竹繩也。在《竹部》。"(653)《名義·糸部》:"綃，徂各反。竹繩。"(276上)《玉篇·糸部》:"綃，才各切。亦笮字。竹繩。"(125下左)故宫本《裴韻》入聲鐸韻在各反:"綃，竹繩。"(525)故《廣韻》訓"草繩也"，於前代字韻書皆無徵，當爲"竹繩也"之誤。《説文·竹部》:"筰，筊也。从竹，作聲。"(92下)《廣韻》入聲鐸韻在各反:"笮，竹索。西南夷尋之以渡水。筰，上同。"(411)《集韻》入聲鐸韻疾各切:"筰,《説文》:'筊也。'一説西南夷尋以渡水，益州有筰橋。或作笮、䈥。"(728)"竹繩"與"筊也""竹索"訓異義同，故"綃"與"笮""筰""䈥"音義並同，即爲異體字。又《集韻》入聲鐸韻疾各切:"綃綽，綯綃，艸絚。或從乍。"(728)據上文可知,《集韻》訓"綃"爲"綯綃，艸絚","艸絚"亦當爲"竹絚"之誤。《直音篇》卷七《糸部》:"綃，音昨。草繩；竹繩。"(293上)《直音篇》"綃"字下收録"草繩"這一義項，此即因承襲《廣韻》義訓之謬而誤。又《詳校篇海》卷三《糸部》:"綃，秦昔切，音籍。亦作筰。引舟竹索。一疾各切，音昨。草繩。舊本亦笮字。竹繩。笮與筰同。”（163下）《篇海類編》同。《詳校篇海》《篇海類編》《字彙》《正字通》訓“綪”爲“草繩”，亦皆因承前而謬也。《大字典》《字海》“綪”字下皆據《廣韻》之謬而收録“草繩”這一義項，俱失考證。

26. 虓

《字彙·虍部》：“虓，倪制切，音藝。虎貌。一曰虎息也。”（420上）

《正字通·虍部》：“虓，倪器切，音藝。《説文》：‘虎貌。’《釋名》：‘剛强貌。’”（979上）

按：《康熙字典·虍部》：“虓，《唐韻》魚肺切，《集韻》魚刈切，並音乂。《玉篇》：‘虎貌。’又《類篇》牛例切，音劓。義同。”（1115下）《龍龕》卷二《虎部》：“虓，今魚既反。虎息也。”（322）《龍龕》訓“虎息也”，疑非是。《説文·虎部》：“虓，虎皃。从虎，乂聲。”（98下）《名義·虎部》：“虓，魚廢反。虎皃。”（239下）《新撰字鏡·虍部》：“虓，魚廢反。虎皃。”（650）《玉篇·虍部》：“虓，魚廢切。虎皃。”（112下右）故《龍龕》訓“虎息也”，於前代字書皆無徵，當爲“虎皃也”之誤。《廣韻》去聲廢韻魚肺切：“虓，虎皃。”（294）《集韻》去聲廢韻魚刈切：“虓，《説文》：‘虎皃。’”（537）《廣韻》《集韻》亦未見“虎息”之訓，此亦其證也。《直音篇》卷六《虎部》：“虓，音乂。虎貌；又虎息。”（257下）《直音篇》訓“虎貌”，是也；然又訓“虎息”，當因承襲《龍龕》之謬而誤。《詳校篇海》卷五《虍部》：“虓，以智切，音刈。虎貌。一曰虎息也。”（322下）《篇海類編》同。《詳校篇海》《篇海類編》《字彙》“虓”字下一曰“虎息也”，亦皆因承襲《龍龕》之謬而誤。《正字通》《康熙字典》“虓”字下未收“虎息也”之訓，是也。《大字典》“虓”字下據《龍龕》之謬而收録“虎息”這一義項，亦非。

27. 踛

《字彙·足部》：“踛，力竹切，音陸。翹踛，行也。”（474下）

《正字通·足部》：“踛，俗字。”（1121下）

按：《康熙字典·足部》：“踛，《廣韻》《集韻》並力竹切，音六。翹足也。《玉篇》：‘翹踛也。’郭璞《江賦》：‘夔𧤗翹踛於夕陽。’注：‘《莊子》曰：翹尾而踛。司馬彪曰：踛，跳也。’按：《莊子·馬蹄篇》作陸，音義云：‘《字書》作𨀩。’”（1286 上）《集韻》入聲屋韻力竹切：“踛，翹足也。”（645）《集韻》訓“翹足也”，疑非是。《龍龕》卷四《足部》：“踛，音六。翹踛也。”（465）《玉篇·足部》：“踛，力竹切。翹踛也。”（34 下左）《廣韻》入聲屋韻力竹切：“踛，翹踛也。”（370）《文選·江賦》：“夔𧤗翹踛於夕陽，鴛雛弄翮乎山東。”“踛”訓“翹踛”，即指“舉足跳躍行走”。《集韻》訓“翹足也”，於前代字韻書皆無徵，非是。《康熙字典》收録“翹足也”這一義項，當因承襲《集韻》之謬而誤。“翹踛”當同“翹陸”，“踛”本當作“陸”。《莊子·馬蹄》：“齕草飲水，翹足而陸，此馬之真性也。”《晉書·慕容垂載記》：“失籠之鳥，非羅所羈，脱網之鯨，豈罟所制！翹陸任懷，何須聞也。”《隋書·盧思道傳》：“失翹陸之本性，喪江湖之遠情。”從文意來看，以上“翹陸”皆爲“舉足跳躍”之義，故“翹踛”當同“翹陸”，“踛”本當作“陸”。《大字典》“踛”字下據《集韻》之誤而收録“翹腳”這一義項，亦非。

28. 蹹

《字彙·足部》：“蹹，達合切，音踏。《左傳·宣十二年》注：‘斥候蹹伏謂蹤跡隱伏。’”（477 上）

《正字通·足部》：“蹹，同蹋。《正韻》：‘踏，亦作蹋、蹹。’《左傳·宣十二年》注：‘斥候蹹伏謂蹤跡隱伏也。’”（1126 上）

按：《康熙字典·足部》：“蹹，《廣韻》徒合切，《集韻》達合切，並音踏。謵蹹。《干禄字書》：‘通作蹋。’”（1292 下）箋注本《切韻》入聲合韻徒合反：“蹹，謵蹹。”（147）故宫本《裴韻》入聲沓韻徒合反：“蹹，謵。”（618）《唐韻》入聲合韻徒合反：“蹹，謵蹹。”（716）《廣韻》入聲合韻徒合切：“蹹，謵蹹。”（432）箋注本《切韻》訓“謵蹹”不辭，“謵蹹”當爲“躐蹹”之誤，因“謵”“躐”聲近而誤。《名義·足部》：“躐，吕涉反。踐也。”（61 下）《玉篇·足部》：“躐，良涉切。踐也。”（33 下左）“躐”“蹋”義同，而“謵”“蹹”義不相涉，故箋注本《切韻》訓“謵蹹”，當爲“躐蹹”之誤。慧琳《音義》卷一四《大寶積經》第六十八卷：“蹉蹹，談合反。《廣雅》：‘履也。’《説文》：‘踐也。’有作踏，非也。”（57，P672B6）下文卷一九《大方廣十輪經》第四卷：“蹹，談合反。踐也。”（57，P772B4）下文卷二九《金光明經》第六卷：“蹋，談臘反。《説文》云：‘蹋蓮，踐也。從足，搨聲。’經作蹹，非也。”（57，P1032A9）下文卷六九《阿毘達磨大毘婆沙論》第一百二十卷：“踐蹋，上前剪反。《毛詩傳》云：‘踐，行皃也。’鄭注《礼記》：‘踐，履也；升也。’下潭闔反。《廣雅》：‘蹋亦履也。’《説文》：‘亦踐也。’二字並從足，戔、搨聲。論作蹹，俗字也。”（58，P841B11）《集韻》入聲合韻達合切：“踏，踐也。或作蹹、蹋。”（772）以上諸書皆其證也。《新撰字鏡・足部》：“蹹，談塔反。踼踐也。蹋，上正作。”（134）“踼”當爲“蹦”字之訛，“蹦”同“躐”，《集韻》“躐”或作“蹦”。此亦其佐證也。故“齧蹹”當爲“躐蹹”之誤。故宫本《裴韻》訓“齧”，當爲“齧蹹”之脱誤；《唐韻》訓“齧蹹”，“蹹”當爲“蹹”字轉録之誤；《廣韻》訓“齧蹹”，當因承襲前代韻書之謬而誤。《龍龕》卷四《足部》：“蹋蹹，徒合反。齧蹹也。又踐也，履也。二。”（468）《龍龕》謂“蹹”同“蹋”，是也；然訓“齧蹹也”，亦當因承襲前代韻書之謬而誤。《大字典》“蹹”字下據《廣韻》之誤而收録“齧蹹”這一義項，非是。

第二、因脱文致使字義失誤而產生的疑難字

脱文，即指古書在流傳過程中產生的文字脱落的現象。《字彙》《正字通》《直音篇》《詳校篇海》《篇海類編》《康熙字典》《字彙補》等明清大型字書的釋義問題有很多是因脱文而產生的。

1. 侻

《字彙・人部》：“侻，他括切，音脱。狡也；輕也；可也。”（36下）

《正字通・人部》：“侻，他括切，音脱。狡也；輕也。《魏志・王粲傳》：‘劉表以粲體弱通侻，不甚重也。’”（42上）

按：《集韻》入聲末韻他括切：“侻，《博雅》：‘可也。’一曰狡也。一曰輕也。”（693）《集韻》徑訓“侻”爲“狡也”，當誤脱被訓聯綿詞“僣侻”。箋注本《切韻》（斯 2071）入聲屑韻他結反：“偺，偺侻。”（144）敦煌本《王韻》入聲屑韻他結反：“僣（偺），偺侻。”（429）故宮本《王韻》入聲屑韻他結反：“僣（偺），~侻。”（517）故宮本《裴韻》入聲屑韻他結反：“偺，~侻。”（612）《唐韻》同。《廣韻》入聲屑韻他結切：“偺，偺侻，狡猾。”（400）以上諸韻書皆其證也。《詳校篇海》卷五《人部》：“侻，他括切，音脱。《博雅》曰：‘可也。’一曰輕也。又偺侻，狡猾也。”（373 下）《篇海類編》同。以上二字書亦其證也。故《集韻》“侻”下“一曰狡也”之訓，當爲“一曰偺侻，狡也”之脱誤。《字彙》《正字通》訓“狡也”，當皆因承前而謬。《大字典》“侻”字下據《字彙》之謬而徑收“狡”這一義項，非是。

2. 偺

《字彙・人部》：“偺，他結切，音鐵。偺侻，狡猾也。《佩觿集》：‘有以偺侻之偺爲踰僣，其順非有如此者。’”（43 上）

《正字通・人部》：“偺，他協切，音鐵。偺侻，狡猾也。《佩觿》：‘俗以偺侻之偺爲踰僣之僣，非是。’”（59 下）

按：《康熙字典・人部》：“偺，《廣韻》《集韻》並他結切，音鐵。偺侻，狡猾也。《佩觿集》：‘俗以偺侻之偺爲踰僣之僣，非是。’”（48 上）箋注本《切韻》（斯 2071）入聲屑韻他結反：“偺，偺侻。”（144）敦煌本《王韻》入聲屑韻他結反：“僣（偺），偺侻。”（429）故宮本《王韻》入聲屑韻他結反：“僣（偺），~侻。”（517）故宮本《裴韻》入聲屑韻他結反：“偺，~侻。”（612）《唐韻》同。《廣韻》入聲屑韻他結切：“偺，偺侻，狡猾。”（400）故“偺”當訓“偺侻”，義指“狡猾”。《集韻》入聲屑韻他結切：“偺，狡也。”（701）《集韻》徑訓“狡也”，當誤脱被訓聯綿詞“偺侻”。《詳校篇海》卷五《人部》：“偺，他結切，音鐵。偺侻，狡猾也。又儣偺，多詐。”（378 下）《篇海類編》同。《詳校篇海》《篇海類編》《字彙》《正字通》皆訓爲“偺侻，狡猾也”，此亦其證也。《大字典》《字海》“偺”字下第一義項皆據《集韻》徑訓“狡”，亦不確。

3. 㒟

《字彙·人部》:“㒟，尼了切，音鳥。美也。又㑤㒟，舞者㒟身若環也。一云㑤㒟，細腰。”（45上）

《正字通·人部》:“㒟，同褭。美也。又㑤㒟，舞者㒟身若環也。一云㑤㒟，細腰。《集韻》或作嬝。”（64下）

按:《康熙字典·人部》“㒟，《廣韻》《集韻》《韻會》《正韻》並同褭。又㑤㒟，舞者㒟身若環也。一曰㑤㒟，細腰，或作嬝。”（52下）《玉篇·人部》:“㒟，乃了切。㑤㒟，舞者㒟身若環也。”（15上右）箋注本《切韻》（斯2071）上聲筱韻烏皎反:“㑤，㑤㒟，身弱好皃。”（135）敦煌本《王韻》上聲筱韻奴鳥反:“㒟，㑤㒟。”（394）故宮本《王韻》上聲筱韻烏皎反:“㑤，㑤褭，身弱好皃。”（481）下文奴鳥反又曰:“㒟，騕馬。”（481）《廣韻》上聲筱韻烏皎切:“㑤，㑤㒟，好皃。”同一小韻下文又曰:“嫋，嫋嬝，細弱。”（200）下文奴鳥切又曰:“㒟，㑤㒟。”同一小韻下文又曰:“嬝，嫋嬝。”（201）故“㒟”當連“㑤”字爲疊韻聯綿詞，其訓“舞者㒟身若環也”與訓“身弱好皃”訓異義同，皆義指“體態苗條嬌美”。又“嫋嬝”訓“細弱”，亦指“體態細弱嬌美”，與“㑤㒟”音義並同，故“嫋嬝”同“㑤㒟”。《集韻》上聲筱韻乃了切:“㒟嬝，美也。或从女。”（391）《集韻》謂“㒟”同“嬝”是也；然其徑訓“美也”，當誤脱被訓聯綿詞“㑤㒟”。《集韻》上聲筱韻尹鳥切:“㑤嫋，㑤㒟，美皃。或从女。”（392）此是其證也。故“嫋”即“㑤”之異體字，而“嬝”即“㒟”之異體字。《字彙》徑訓“美也”，亦誤脱被訓聯綿詞“㑤㒟”，此即因承前而謬。又《説文·馬部》:“褭，以組帶馬也。从衣，从馬。”（170下）《集韻》上聲筱韻乃了切:“褭，《説文》:‘以組帶馬也。’一曰騕褭，馬名。”（391）“㒟”與“褭”音同義别，故《正字通》謂“㒟”同“褭”，非是。《康熙字典》亦謂“㒟”同“褭”，當因承襲《正字通》之謬而誤。

4. 婐

《字彙・女部》:“婐，五果切，訛上聲。婐婐，女侍態。韓昌黎《元和聖德詩》:‘日君月妃，焕赫婐婐。濆鬼濛鴻，嶽祇嶪峨。’”（103下）

《正字通・女部》:“婐，五可切，訛上聲。《説文》:‘婐婐也。一曰弱也。’”（236下）

按:《康熙字典・女部》:“婐，《廣韻》《集韻》並五果切，訛上聲。婐婐，美貌。”（210下）《玉篇・女部》:“婐，烏果切。婐婐也。”下字又曰:“婐，乃果、五果二切。委皃也。”（16下左）《玉篇校釋》於“婐”“婐”二字下校作:“婐，烏果切。婐婐，委皃也。婐，乃果、五果二切。婐婐也。”並注曰:“‘婐婐，委皃’者，原作‘婐婐也’，‘婐’下云‘委皃也’，今依全書疊韻字通例改正。《切韻》云:‘婐婐，身弱皃。’”（590）胡氏所言是也。《龍龕》卷二《女部》:“婐，俗；婐，通；**婐**，正。奴果、五果二反。婐～也。三。”（282）敦煌本《王韻》上聲哿韻烏果反:“婐，婐婐，身弱好。又佳華反。”下文奴果反又曰:“婐，婐婐。”（396）《廣韻》上聲果韻烏果切:“婐，婐婐，身弱好皃。”（208）以上諸書皆其證也。故“婐”“婐”當如胡氏所言訓作:“婐，烏果切。婐婐，委皃也。婐，乃果、五果二切。婐婐也。”《玉篇》訓“婐”爲“委皃也”，誤脱被訓聯綿詞“婐婐”，遂致拆駢爲單。“委皃也”與“身弱好”“身弱皃”“身弱好皃”諸訓訓異義同，皆指“身體柔美之皃”。《大字典》“婐”字下據《玉篇》之誤而收録“委貌”這一義項，亦非。《大字典》引《玉篇》此義應據胡吉宣之説校作:“婐，婐婐也”，並將此義項歸並於第一義項之内，即妥。

5. 崿

《字彙・山部》:“崿，逆各切，音諤。崖崿。”（129上）

《正字通・山部》:“崿𡿪，崿、𡿪、嶀並同。”（299下）

按:《康熙字典・山部》:“崿，《廣韻》五各切，《集韻》《韻會》《正韻》逆各切，並音諤。崖也。張衡《西京賦》:‘坻崿嶙峋。’注:‘坻，除也。崿，崖也。嶙峋，殿階高峻貌。’”（272 上）《玉篇·山部》：“崿，五各切。山名。”（103 下右）《玉篇校釋》“崿”字下注：“‘山名’者，當云：‘峉崿，山名。’”（4211）胡氏所言是也。《玉篇》訓“崿”爲“山名”，“山名”前當誤脱被訓聯綿詞“峉崿”。唐陸廣微《吴地記》：“峉咢山在吴縣西十二里，吴王僚葬此。”清顧祖禹《讀史方輿紀要·浙江二·杭州府》：“峉咢山在縣西二里，峭聳清絶，下浸浮溪。”以上“峉咢”即指“山名”。“咢”即“崿”之異體字。韓小荆《〈可洪音義〉研究》（433）“崿”俗作“咢”，此即其證也。故《玉篇》訓“崿”爲“山名”，當於“山名”前補“峉崿”二字，“峉崿”同“峉咢”。《大字典》收録“崿”字，第❸義項據《玉篇》之誤徑訓“山名”，非是。

6. 嘤

《字彙·山部》：“嘤，於丙切，音影。山名。”（132 上）

《正字通·山部》：“嘤，以忍切，音影。左思《吴都賦》：‘其山則嵬嶷嶢屼，嘤冥鬱岪。’注：‘皆山高險貌。’舊注汎云山名，非。”（305 上）

按：《康熙字典·山部》：“嘤，《廣韻》煙涬切，《集韻》於郢切，並音瀴。《集韻》：‘嘤嫇，山貌。’左思《吴都賦》：‘其山嘤溟鬱岪。’注：‘山氣暗昧之狀。’”（279 上）《玉篇·山部》：“嘤，烏頂切。山名。”下字曰：“嫇，亡頂切。嘤嫇，山。”（103 下左）《玉篇》訓“嘤”爲“山”，據其下字“嫇”字注，可知“山”前當誤脱被訓聯綿詞“嘤嫇”二字，然其訓“山名”，非是。《文選·吴都賦》：“嵬嶷嶢屼，嘤冥鬱岪。”李善注：“嵬嶷，高大貌。嘤冥鬱岪，山氣暗昧之狀。”故“嘤嫇”當同“嘤冥”，義指“山氣暗昧之狀”。《玉篇》訓“嘤”爲“山名”，非是。又《廣韻》上聲迥韻烟涬切：“嘤，嘤溟，山水。”（218）“嘤溟”當同“嘤嫇”“嘤冥”，《廣韻》訓“山水”，當爲望形生訓。《篇海》卷十二《山部》引《玉篇》：“嘤，烏頂切。山名。”（755 上）《篇海》訓“山名”，此即因承襲《玉篇》之謬而誤。《直音篇》卷六《山部》：“嘤，音影。嘤嫇，山名。”（231 上）《直音篇》於“山名”前增補“嘤嫇”二字，是也；然其訓“山名”，此當爲《篇海》所誤。《詳校篇海》卷四《山部》：“嘤，於丙切，音影。山名。又巊溟，山水也。”（265 上）《篇海類編》同。《詳校篇海》《篇海類編》訓“山名”，皆爲《篇海》所誤；又其訓“巊溟，山水也”，當爲《廣韻》所誤。《字彙》訓“山名”，亦因承襲前代字書之謬而誤。《大字典》《字海》“巊”字下皆據《玉篇》之謬而收録“山名”這一義項，疑並非是。

7. 序

《字彙·广部》:“序，象吕切，音叙。與叙同。又商學名。《孟子》:‘殷曰序。’《明堂位》:‘夏后氏之序。’又堂東西廡也。《説文》:‘東西牆也。’所以序别内外也。又姓。”（141 上）

《正字通·广部》:“序，雪遇切，徐去聲。東西序，今廊廡之類，堂東西廡也。又商學名。又次序。又文家次第其事，列卷首曰序。或作叙。又姓。”（327 上）

按:《康熙字典·广部》:“序，《唐韻》徐吕切，《集韻》《韻會》《正韻》象吕切，並音緒。《爾雅·釋宫》:‘東西墻謂之序。’注:‘所以序别内外。’……又《玉篇》:‘長幼也。’《孟子》:‘長幼有序。’”（304 下）《玉篇·广部》:“序，似吕切。學也；舒也；東西牆也。又長幼也。”（104 上右）《玉篇》訓“序”爲“長幼也”，疑非是。原本《玉篇·广部》:“序，徐舉反。《尚書》:‘西序東向，東序西向。’孔安國曰:‘東西廂謂之序。’《爾雅》:‘東西牆謂之序。’郭璞曰:‘所以序别内外也。’犍爲舍人曰:‘東西堂，序尊卑處也。’《周禮》:‘射于州序。’鄭玄曰:‘序，州黨之學也。’《考工記》:‘鮑人治革之事，欲其厚薄序也。’鄭玄曰:‘序，舒也。謂其革均也。’《礼記》:‘夏后氏養國老於東序，養庶老於西序。’又曰:‘古之學者遂有序。’鄭玄曰:‘万二千五百家爲遂。’又曰:‘序，夏后氏之序也。’鄭玄曰:‘序亦學也，次序王事也。’《孟子》:‘序者射也。’《白虎通》:‘學有教，里有序。序者，序長幼也。’《廣雅》:‘反坫謂之序。’古文爲阧字，在《阜部》。”（481）故《玉篇》訓“長幼也”，當爲“序長幼也”之脱誤。《康熙字典》轉録《玉篇》“長幼也”之訓而未作校正，亦失考證。《大字典》“序”字下據《玉篇》之誤而收録“長幼”這一義項，非是。

8. 彋

《字彙·弓部》:“彋，胡盲切，音宏。弸彋，弓聲，又帷帳起貌。”(148下)

《正字通·弓部》:“彋，户萌切，音宏。弸彋，弓聲，又帷帳起貌。”(343下)

按:《康熙字典·弓部》:“彋，《廣韻》户萌切，音宏。《玉篇》:‘弸彋，帷帳起貌。’揚雄《甘泉賦》:‘帷弸彋其拂汨兮。’注:‘弸彋，風吹帷帳之聲也。’又《集韻》:‘弸彋，弓聲。’”(325上)《名義·弓部》:“彋，禹萌反。[弸彋]，帷帳起也。”(166下)《新撰字鏡·弓部》:“彋，禹萌反。[弸彋]，[帷]帳起皃。”(598)《龍龕》卷一《弓部》:“彋，户萌反。弸彋，開張皃也。”(150)《玉篇·弓部》:“彋，禹萌切。弸彋，帷帳起皃。”(80下左)故宫本《裴韻》平聲耕韻户萌反:“彋，揚雄《甘泉賦》云:‘帷弸彋其拂[汨兮]。’”下文普耕反又曰:“弸，弸彋。”(553)《廣韻》平聲庚韻户盲切:“彋，弸彋，帷帳起皃。”(120)下文平聲耕韻户萌切又曰:“彋，弸彋，開張也。”(123)“彋”訓“弸彋，開張皃也”“弸彋，帷帳起皃”，訓異義同，皆源於《文選·甘泉賦》李善注。《文選·甘泉賦》:“帷弸彋其拂汨兮，稍暗暗而靓深。”李善注:“弸彋，風吹帷帳之聲也。”又敦煌本《王韻》平聲庚韻胡盲反:“彋，起皃。”(376)故宫本《王韻》、故宫本《裴韻》、《廣韻》、《集韻》皆同。據上文可知，敦煌本《王韻》訓“彋”爲“起皃”，當爲“弸彋，帷帳起皃”之脱誤。故宫本《王韻》、故宫本《裴韻》、《廣韻》、《集韻》等韻書亦訓“起皃”，皆因承襲敦煌本《王韻》之謬而誤。《大字典》“彋”字下據《集韻》之誤而收録“起貌”這一義項，非是。又《集韻》平聲耕韻乎萌切:“弦，弸弦，弓聲。或作彋。”(234)“弸弦”同“弸彋”，“弦”即“彋”之異體字。據上文可知，“弸彋”，李善訓爲“弸彋，風吹帷帳之聲也”，故《集韻》訓“弸弦”爲“弓聲”非是，當爲“風吹帷帳之聲”之誤。《康熙字典》轉録《集韻》之訓而未作校正，亦失考證。《大字典》“彋”字下第一義項引《集韻》承襲其謬而未作校正，應據正。

9. 慞

《字彙·心部》:“慞，止良切，音張。慞惶，懼也。”（164上）

《正字通·心部》:“慞，止商切，音章。慞惶，懼也。”（378下）

按:《康熙字典·心部》:“慞，《廣韻》《集韻》並諸良切，音章。《集韻》:‘慞惶，懼也。’”（365上）《廣韻》平聲陽韻諸良切:“慞，懼也。”（112）《廣韻》訓“慞”爲“懼也”，當誤脱被訓聯綿詞“慞惶”。慧琳《音義》卷六三《根本説一切有部律攝》第五卷:“慞惶，上掌商反，下音皇。《考聲》云:‘慞惶，言怖懼皃也。’《字書》云:‘慞惶，憂懼也。’《説文》云:‘惶，恐也。’並從心，章、皇皆聲。”（58，P726A4）《玉篇·心部》:“慞，之羊切。慞惶也。”（40上右）《集韻》平聲陽韻諸良切:“慞，慞惶，懼也。”（214）以上諸書皆其證也。故《廣韻》訓“慞”爲“懼也”，當以校作“慞惶，懼也”爲正。《新撰字鏡·心部》:“慞，諸良反。懼也。”（549）《龍龕》卷一《心部》:“慞，音章。懼也。”（53）《新撰字鏡》《龍龕》訓“慞”爲“懼也”，亦皆因誤脱被訓聯綿詞“慞惶”而誤。《大字典》“慞”字，第❶義項據《玉篇》訓“〔慞惶〕彷徨疑懼貌”；第❷義項據《廣韻》訓“懼怕”。據上文可知，《大字典》“慞”字下第❷義項因據《廣韻》之誤而妄增，應删。

10. 掊

《字彙·手部》:“掊，蒲侯切，音裒。掊克謂聚斂也。又減也。又普偶切，音剖。擊也。”（178上）

《正字通·手部》:“掊，蒲侯切，音裒。《説文》:‘把也。今鹽官入水取鹽曰掊。’又掊克謂聚斂也。與裒通。《詩·大雅》:‘曾是掊克。’又姓。《史·袁盎傳》:‘乃之掊生所問占。’”（411上）

按:《康熙字典·手部》:“掊，《唐韻》步侯切，《集韻》《韻會》《正韻》蒲侯切，並音裒。《説文》:‘把也。’……又聚斂也。《詩·大雅》:‘曾是掊克。’……又蒲枚切，音裴。克也。又姓。《史記·袁盎傳》:‘乃之掊生所問占。’注:‘秦時賢士善術者。’《漢書》作棓。”（406下）《集韻》

平聲灰韻蒲枚切："掊，克也。"（111）《集韻》訓"掊"爲"克也"，疑非是。《詩·大雅·蕩》："曾是彊禦，曾是掊克。"毛傳："掊克，自伐而好勝人也。"朱熹集傳："掊克，聚斂之臣也。"《漢書·叙傳下》："曾是强圉，掊克爲雄，報虐以威，殃亦凶終。"此"掊克"即爲"聚斂"之義。佛經亦有"掊克"用例，當如《字彙》《正字通》所言，亦義指"聚斂"。《大正藏》本宋浄善重集《禪林寶訓》卷第二："佛鑒謂昺首座曰：'凡稱長老，要須一物無所好。一有所好，則被外物賊矣。好嗜慾則貪愛之心生，好利養則奔競之念起，好順從則阿諛小人合，好勝負則人我之山高，好掊克則嗟怨之聲作。總而窮之，不離一心。心若不生，萬法自泯。平生所得，莫越於斯。汝宜勉旃，規正來學。'"從文意來看，此"掊克"當義指"聚斂"。《卍新纂續藏經》本明大建校《禪林寶訓音義》："掊克，聚斂也，謂刻剥民財也。"此是其證也。故《集韻》訓"掊"爲"克也"，當即"掊克"之誤分。《大字典》"掊"字下據《集韻》之誤而收録"克"這一義項，疑亦非是。又《正字通》據《史記·袁盎傳》又訓"掊"爲"姓"，亦非。《廣韻》平聲灰韻薄回切："棓，姓。《前漢·爰盎》：'之棓生所問占。'"（56）《集韻》平聲灰韻蒲枚切："棓，姓也。漢有棓生。"（111）《史記·袁盎傳》："袁盎心不樂，家又多怪，乃之棓生所問占。"（2745）故"掊"訓"姓"，此"掊"即"棓"字之訛。《康熙字典》所言亦其證也。《大字典》《字海》"掊"字下皆據《正字通》之誤而收録"姓"這一義項，並非。

11. 海

《字彙·水部》："海，呼改切，音醢。滄溟也。《説文》：'天池以納百川者。'《爾雅》：'九夷、八狄、七戎、六蠻，謂之四海。'海者，晦也，取其荒遠冥昧之義。"（247下）

《正字通·水部》："海，呼改切，音醢。《説文》：'天池以納百川者。'《釋名》：'海，晦也，主承濊濁，水黑如晦也。'《爾雅》：'九夷、八狄、七戎、六蠻，謂之四海。'海者，晦也，取荒遠晦昧義。"（590下）

按：《康熙字典·水部》："海，《唐韻》《正韻》呼改切，《集韻》《韻會》許亥切，並音醢。《説文》:‘天池也，以納百川者。’”（612上）《玉篇·水部》:“海，呼改切。大也，受百川萬谷流入。”（89下左）《玉篇校釋》校“大也”爲“大水也”，並注曰:“‘大水也’者，原作‘大也’，依慧琳引補‘水’字。慧琳三·三:‘顧野王曰：大水也，受萬川之泄。《老子》曰：滄海所以能爲百谷王者，以其善下之故也。’是本書原文。”（3681）胡氏所言是也。《玉篇》訓“海”爲“大也”，於歷代字韻書皆無徵，當爲“大水也”之脱誤。《大字典》“海”字下據《玉篇》收録“大”這一義項，其下以《水滸傳》第三回之“魯達在逃，行開個海捕急遞的文書，各路追捉”作爲例證。據上文可知，《玉篇》“大也”之訓當爲“大水也”之脱誤，又“海捕”義指行文各地緝捕逃犯，猶今通緝，故此“海”當指“全面的”“大範圍的”，而非“大也”之義。故《大字典》“海”字下“大”這一義項當爲誤設，應删。

12. 穤

《字彙·禾部》:“穤，奴登切，音能。穀芒長也。”（335下）

《正字通·禾部》:“穤，俗字。”（780下）

按:《康熙字典·禾部》:“穤，《廣韻》乃庚切，《集韻》尼耕切，並音獰。禾芒曰穤。又穀芒長也。”（877下）《廣韻》平聲庚韻乃庚切:“穤，穀芒長也。”（122）《集韻》平聲耕韻尼耕切:“穤，禾芒曰穤。”（236）“穤”字，《廣韻》置於庚韻，《集韻》置於耕韻，然《集韻》與《廣韻》義訓不同，當以《廣韻》爲是，《集韻》是在《廣韻》的基礎上編纂而成的，《集韻》訓“禾芒曰穤”，疑爲“禾芒長曰穤”之脱誤。《康熙字典》收録“禾芒”這一義項，當因承襲《集韻》之謬而誤。《大字典》《字海》“穤”字下皆據《集韻》收録“禾芒”這一義項，疑並非是。

13. 膴

《字彙·糸部》:“繅，亡暮切，音務。繅淹餘也。又斐古切，音撫。絲也。”（362下）

《正字通·糸部》:“繅，扶古切，音撫。絲也。又暮韻音務。繅淹餘

也。”（837下）

按:《康熙字典·糸部》:“紶,《廣韻》芳武切,《集韻》斐父切，並音撫。《玉篇》:‘緌淹餘也。’《廣韻》:‘絲也。’《類篇》紨或作紶。”（962上）《廣韻》上聲麌韻方武切:“紶，絲。”（177）《廣韻》訓“絲”，疑非是。原本《玉篇·糸部》:“緐，亡句反。《埤蒼》:‘緌淹餘緐（當爲字頭誤重）也。’”（659）《名義·糸部》:“緐，亡句反。緌淹餘也。”（277上）《玉篇·糸部》:“紶，亡句切。緌淹餘也。”（126上右）《集韻》上聲麌韻斐父切:“紨紶,《説文》:‘治敝絮也。’或从撫省。”（334）《玉篇校釋》“紶”“緐”二字下注:“引《埤蒼》‘餘’下‘緐’字衍，應删。《切韻》:‘緐，緌淹餘也。’《集韻》同，並本《埤蒼》。淹，俗作綩。後增字（417）‘綩’字義缺,《集韻》作掩，云:‘或作掩，通作淹。’又以‘緐’爲‘紨’之或體。本書（209）:‘紨,《説文》:治敝絮也。’‘治敝絮’與‘緌淹餘’事相類，故‘緐’與‘紨’聲義並近。”（5442）胡氏所言當是。《廣韻》訓“紶”爲“絲也”，於前代字韻書皆無徵，疑爲“治絲也”之脱誤。《集韻》謂“紶”爲“紨”之或體，據《説文》訓作“治敝絮也”，所校當是。《詳校篇海》卷三《糸部》:“紶，亡暮切，音務。緌淹餘也。又斐古切，音撫。絲也。”（166下）《篇海類編》同。《詳校篇海》《篇海類編》《字彙》《正字通》《康熙字典》亦收“絲也”之訓，皆因承襲《廣韻》之謬而誤。《大字典》《字海》“紶”字下皆據《廣韻》收録“絲”這一義項，疑並非是。

14. 翐

《字彙·羽部》:“翐，直質切，音姪。翐翐，飛舒遲貌。”（370下）

《正字通·羽部》:“翐，逞質切，音姪。翐翐，飛舒遲貌。”（854上）

按:《康熙字典·羽部》:“翐,《廣韻》直一切,《集韻》《韻會》《正韻》直質切，並音秩。《玉篇》:‘飛貌。’《類篇》:‘翐翐，飛舒遲。’《莊子·山木篇》:‘翂翂翐翐，而似無能。’”（983上）《玉篇·羽部》:“翐，音秩。飛皃。”（121下右）《玉篇》訓“翐”爲“飛皃”，當誤脱被訓聯綿詞“翐翐”。《廣韻》入聲質韻直一切:“翐，翐翐，飛皃。出《莊子》。”（381）《集韻》入聲質韻直質切：“翐，翐翐，飛舒遲皃。”（667）《莊子·山木篇》：“東海有鳥焉，名曰意怠。其爲鳥也，翂翂翐翐，而似無能。”陸德明《釋文》：“司馬云：‘翂翂翐翐，舒遲貌。一云：飛不高貌。’”以上諸書皆其證也。故“翐”當訓“翐翐，飛皃”或“翐翐，飛舒遲貌”。《康熙字典》轉録《玉篇》“飛貌”之訓而未作校補，亦失考證。《大字典》“翐”字下據《玉篇》之誤而收録“飛貌”這一義項，亦非是。

15. 艏

《字彙·舟部》：“艏，始九切，音首。舟也。”（391上）

《正字通·舟部》：“艏，舊注音首。船首也。按：揚雄《方言》本作鷁首，俗加舟作艗艏。”（900下）

按：《康熙字典·舟部》：“艏，《類篇》始九切，音首。舟也。揚子《方言》：‘船首謂之閤閭，或謂之艗艏。’”（1047下）《方言》卷九：“（船）首謂之閤閭，或謂之艗艏。”郭璞曰：“鷁，鳥名也。今江東貴人船前作青雀，是其像也。”《廣雅·釋水》：“艗艏，舟也。”王念孫《疏證》：“艗首，本作鷁首，畫鷁於船首，因命其船爲鷁首也。”《名義·舟部》：“艗，（莫）[魚]狄反。鷁首，舩[頭]。”（185上）《玉篇·舟部》：“艗，魚狄切。舟頭爲鷁首。”（87下右）《廣韻》入聲錫韻五歷切：“艗，艗（舟）[首]，舟頭爲鷁首。”（422）故“艏”當訓“艗艏”，“艗艏”本作“鷁首”，本義指“船頭”，亦可用來代指“船”。又《集韻》上聲有韻始九切：“艏，舟也。”（433）《集韻》訓“艏”爲“舟也”，當誤脱被訓聯綿詞“艗艏”。《字彙》亦訓“舟也”，亦誤脱被訓聯綿詞“艗艏”。《大字典》“艏”字下收録三個義項：第❶義項訓“艗艏”；第❷義項據《正字通》訓“船的前端或前部”；第❸義項據《集韻》訓“船”。據上文可知，《大字典》應删去第❸義項，並將第❷義項合併入第❶義項，方妥。《字海》“艏”字下分爲兩個義項：第❶義項訓“船的前部”；第❷義項謂見“艗”。據上文可知，《字海》第❷義項應合併到第❶義項中去，方妥。

16. 艍

《字彙・舟部》:"艍，盧谷切，音鹿。舟名。"（391 下）

《正字通・舟部》:"艍，力竹切，音鹿。艕艍。見前舸注。"（901 下）

按:《康熙字典・舟部》:"艍，《廣韻》《集韻》並盧谷切，音鹿。舸艍，舟也。"（1048 下）《玉篇・舟部》:"舸，古侯切。舸艍，舟名。"下文又曰:"艍，力木切。舟名。"（87 上左）《玉篇校釋》將"艍"移於"舸"字之下，校"艍"字注文爲"舸艍"，並注曰:"'舸艍，舟名'者，艍原列第十九文，云'舟名'，今依例移改。《切韻》:'舸艍，船名。'《唐韻》作'舟名'。《廣雅・釋水》:'舸艍，舟也。'《疏證》云:'《集韻》:舸艍，大艑也。'《吴志・吕蒙傳》:'盡伏其精兵艕艍中。'《藝文類聚》引《物理論》云:'工匠經涉河海，爲舸艍以浮大川。'《北堂書鈔》:'豫章艕艍洲，在域之西南，作艕艍大艑之處。'"（3535）胡氏所校是也。《名義・舟部》:"舸，古侯反。[舸]艍，舩。"下字曰:"艍，力木反。[舸艍]。"（184 下）此亦其證也。故據《玉篇》訓釋體例，其訓"艍"爲"舟名"，當以校作"舸艍"爲是。《新撰字鏡・舟部》:"舸，古侯反。[舸]艍，舩名也。"下文又曰:"艍，盧谷反。舟名。"（267）據上文可知，"艍"字下義訓亦應以校作"舸艍"爲是。《龍龕》卷一《舟部》:"艍，音鹿。舟名也。"（133）《龍龕》訓"艍"爲"舟名也"，亦誤脱被訓聯綿詞"舸艍"。《字彙》亦訓爲"舟名"，亦誤脱被訓聯綿詞"舸艍"。《大字典》"艍"字下收録兩個義項:第❶義項訓"舸艍";第❷義項據《玉篇》訓"船名"。據上文可知,《大字典》"艍"字下第❷義項即因承襲《玉篇》之謬而誤設，應删。《字海》"艍"字據《玉篇》徑訓爲"船名"，亦非。

17. 莍

《字彙・艸部》:"莍，語巾切，音銀。草多貌。"（399 下）

《正字通・艸部》:"莍，魚琴切，音吟。《説文》:'艸多貌。'借亭名，江夏平春有莍亭。"（922 下）

按:《康熙字典・艸部》:"莍，《唐韻》語巾切，音狺。《説文》:'草多貌。’又亭名。《集韻》:‘江夏平春有菦亭。’”(1068下)《玉篇·艸部》:“菦,牛斤切。草也。又江夏郡有菦亭。”(65下左)《玉篇》訓“草也”,疑非是。《説文·艸部》:“菦,艸多皃。从艸,沂聲。江夏平春有菦亭。”(16下)《名義·艸部》:“菦,牛斤反。草多。”(135下)《玉篇》訓“草也”,於前代字書皆無徵,當爲“草多也”之脱誤。《集韻》平聲之韻魚其切:“菦,艸名。一曰艸多皃。”(57)《集韻》訓“艸名”者,當因承襲《玉篇》之謬而誤。《類篇·艸部》:“菦,魚其切。艸名。又魚斤切。《説文》:‘艸多皃。江夏平春有菦亭。’”(14上)《類篇》訓“艸名”,又因承襲《集韻》之謬而誤。《字彙》《正字通》“菦”字下未收“艸名”這一義項,是也。《大字典》“菦”字下據《玉篇》《類篇》之誤而收録“草名”這一義項,非是;而《字海》“菦”字下據《集韻》之謬而收録“一種草”這一義項,亦非。

18. 跔

《字彙·足部》:“跔,巨又切,音舊。跔蹊,行貌,又醜行貌。”(472上)

《正字通·足部》:“跔,巨又切,音舊。行貌。”(1116上)

按:《康熙字典·足部》:“跔,《廣韻》巨幼切,《集韻》祁幼切,並𧺝去聲。醜行之貌。《玉篇》:‘跔蹊,蹌行貌。’《類篇》:‘跔蹊,行不正也。’”(1278下)《玉篇·足部》:“跔,渠幼切。跔蹊,蹌行皃。”下字曰:“蹊,丘幼切。跔蹊。”(34上左)《廣韻》去聲幼韻丘謬切:“蹊,[跔]蹊,蹌行皃。”下文巨幼切又曰:“跔,跔蹊,醜行之皃。”(355)《集韻》去聲幼韻輕幼切:“蹊,跔蹊,行不正也。”下文祁幼切又曰:“跔,跔蹊,行不正。”(620)《直音篇》卷二《足部》:“跔,音舊。跔蹊,醜行貌。”(67上)《詳校篇海》卷三《足部》:“跔,巨又切,音舊。跔蹊,蹌行皃,又醜行皃。”(202上)《篇海類編》同。故“跔”當連“蹊”字爲訓,“跔蹊”即爲一個聯綿詞,義爲“行不正之貌”。《正字通》訓爲“行貌”,“行貌”之前誤脱被訓聯綿詞“跔蹊”。《大字典》“跔”字下據《正字通》之誤而收録“行貌”這一義項,應删。

19. 鏈

《字彙·金部》:“鏈，力延切，音連。鉛礦也。《説文》:‘銅屬。’”（509上）

《正字通·金部》:“鏈，零年切，音連。真鉛也。《説文》:‘銅屬。’通作連。《史·貨殖傳》:‘江南出金、錫、連。’注:‘徐廣曰：鉛未煉者。’《六書故》曰:‘今人以銀鐺之類相連屬者爲鏈。’”（1211上）

按:《康熙字典·金部》:“鏈，《唐韻》力延切，《集韻》陵延切，並音連。《説文》:‘銅屬。’《玉篇》:‘鉛礦也。’又《正字通》:‘通作連。《史記·貨殖傳》:江南出金、錫、連。注：徐廣曰鉛未煉者。又《六書故》:今人以銀鐺之類相連屬者爲鏈。’又《集韻》抽延切，音脡。義同。一曰丱也。”（1389上）《集韻》平聲僊韻抽延切:“鏈礝，銅屬。一曰丱也。或从石。”（166）《集韻》訓“丱也”，疑非是。《説文·金部》:“鏈，銅屬。从金，連聲。”（295上）《廣雅·釋器》:“鉛礦謂之鏈。”《玉篇·金部》:“鏈，力仙切。鉛礦也。”（83上右）敦煌本《王韻》平聲仙韻丑延反：“鏈，鉛朴。又力延反。”（367）同一小韻下文力延反又曰:“鏈，鉛（松）[朴]。又丑連反。”（368）故宫本《王韻》平聲仙韻丑延反:“鏈，鉛朴。又力延反。”（454）同一小韻下文力延反又曰:“鏈，鉛朴。又丑連反。”（454）《廣韻》平聲仙韻丑延切:“鏈，鉛礦也。又力延切。”下文力延切又曰:“鏈，鉛礦。又丑延切。礝，上同。”（86）故《集韻》訓“丱也”，於前代辭書皆無徵，當爲“鉛丱也”之脱誤。《康熙字典》轉録《集韻》“丱也”之訓而未作校正，亦失考證。《大字典》“鏈”字下據《集韻》之誤而收録“礦”這一義項，並以《周禮·地官·序官》鄭玄注作爲“按語”，非是。

20. 黇

《字彙·黄部》:“黇，他兼切，音添。白黄色也。”（583上）

《正字通·黄部》:“黇，他牽切，音添。《説文》:‘白黄色。’”（1395上）

按：《康熙字典·黄部》："黇，《唐韻》《集韻》並他兼切，音添。《説文》：'白黄色也。'《玉篇》：'黄色。'又《集韻》將先切，音箋。義同。或作䵎。"（1608 下）《龍龕》卷一《黄部》："黇，他兼反。黄色也。"（182）《玉篇·黄部》："黇，他兼切。黄色也。"（9 下左）《龍龕》《玉篇》訓"黄色也"，疑非是。《説文·黄部》："黇，白黄色也。从黄，占聲。"（293 上）段玉裁注："白色之㡀而黄也。"朱駿聲《通訓定聲》："黇，淺黄色。"《名義·黄部》："黇，他兼反。白黄色也。"（11 下）故《龍龕》《玉篇》訓"黄色也"，於前代字書皆無徵，當爲"白黄色也"之脱誤。故宫本《王韻》平聲添韻他兼反："黇，黄色。"（469）故宫本《裴韻》、《廣韻》同。故宫本《王韻》、故宫本《裴韻》、《廣韻》訓"黄色"，亦當爲"白黄色"之脱誤。《集韻》平聲沾韻他兼切："黇，《説文》：'白黄色也。'"（292）《集韻》據《説文》校作"白黄色也"，此亦其證也。《康熙字典》轉録《玉篇》"黄色"之訓而未作校正，亦失考證。《大字典》"黇"字下據《廣韻》收録"黄色"這一義項，疑亦非是。

第三、因衍文致使字義失誤而産生的疑難字

衍文，即指古書在流傳過程中産生的多出文字的現象。《字彙》《正字通》《直音篇》《詳校篇海》《篇海類編》《康熙字典》《字彙補》等明清大型字書的釋義問題有很多是因衍文而産生的。

1. 佸

《字彙·人部》："佸，户括切，音活。會也。又古活切，音括。會計曰佸。"（35 上）

《正字通·人部》："佸，古活切，音括。《説文》：'會也。一曰：佸佸，力貌。'《詩·王風》：'不日不月，曷其有佸。'注：'佸，至也。'"（38 上）

按：《康熙字典·人部》："佸，《廣韻》《集韻》《韻會》並户括切，音澌。《説文》：'會也。一曰：佸佸，力貌。'又《詩·王風》：'不日不月，曷其有佸。'注：'佸，至也。'"（29 下）《廣韻》入聲末韻古活切："佸，會計曰佸。"（394）《廣韻》訓"佸"爲"會計"，疑非是。《説文·人部》：

“佸，會也。从人，昏聲。《詩》曰：‘曷其有佸。’一曰：佸佸，力皃。”（162 上）敦煌本《王韻》入聲末韻古活反：“佸，會。”（427）故宫本《王韻》入聲末韻古活反：“佸，會也。亦作（适）[佸]。”（515）故宫本《裴韻》入聲褐韻古活反：“佸，會。《詩》云：‘曷其有佸。’”（610）《集韻》入聲末韻古活切：“佸佸，《説文》：‘會也。’引《詩》：‘曷其有佸。’一曰：佸佸，力皃。或作佸。”（691）《廣韻》訓“佸”爲“會計”，於歷代字韻書皆無徵，當爲“會”之衍誤。《字彙》收録“會計”這一義項，亦因承前而誤。《正字通》《康熙字典》皆未收“會計”這一義項，是也。《大字典》“佸”字下據《廣韻》之謬而收録“會計”這一義項，亦非是。

2. 妰

《字彙·女部》：“妰，職略切，音灼。静妰，婦貌。又張格切，音窄。義同。”（102 下）

《正字通·女部》：“妰，俗字。舊注沿《篇海》音灼，静妰，婦貌；又音窄，義同，並非。《篇海》又解也，尤非。”（232 上）

按：《康熙字典·女部》：“妰，《集韻》陟略切，音勺。静也。一曰静妰，婦貌。”（207 下）《玉篇·女部》：“妰，張略切。静妰也。”（18 上左）《新修玉篇》《篇海》引《玉篇》並同。《玉篇》訓“静妰也”，注文之中的“妰”字疑爲字頭誤重，應删。《集韻》入聲藥韻陟略切：“妰。静也。”（721）此即其證也。“妰”訓“静也”，即指“婦女嫻静貌”。《直音篇》卷一《女部》：“妰，音灼。婦貌；又静妰也。”（28 下）《直音篇》訓“静妰也”，亦因承襲《玉篇》而誤，當爲“静也”之衍，“婦貌”“静也”訓異義同，皆指“婦女嫻静貌”。又《詳校篇海》卷二《女部》：“妰，職略切，音灼。静妰；又婦皃；又解也。舊本張格切，音窄。”（119 下）《篇海類編》同。《詳校篇海》《篇海類編》訓“静妰”，注文之中“妰”字亦當爲字頭誤重；又其訓“解也”，於歷代字韻書皆無徵，當爲“静也”之誤。《大字典》“妰”字下據《篇海類編》之誤而收録“解”這一義項，疑亦非是。

3. 㢈

《字彙·广部》:“㢈，呼委切，灰上聲。廦也。”（143 上）

《正字通·广部》:“㢈，呼委切，灰上聲。廦也。”（331 下）

按:《康熙字典·广部》:“㢈,《唐韻》胡罪切,《集韻》《韻會》户賄切，並音匯。《玉篇》:‘廦㢈也。’”（310 下）《玉篇·广部》:“㢈，胡罪切。廦㢈也。”（104 下右）《玉篇》訓“廦㢈也”，當爲“廦也”之衍誤。《集韻》上聲賄韻互賄切:“㢈，廦也。”（347）此即其證也。《康熙字典》轉録《玉篇》之訓而未作校正，亦失考證。《大字典》“㢈”字下第（一）義項據《集韻》訓“壁”“牆”，是也；然又據《玉篇》而謂“一説廦㢈”，非是。

4. 焧

《字彙·火部》:“焧，倉紅切，音聰。熅器也。”（267 上）

《正字通·火部》:“焧，俗熜字。”（633 下）

按:《康熙字典·火部》:“焧,《篇海》倉紅切，音聰。熅器也。《正字通》:‘俗熜字。’”（667 下）《龍龕》卷二《火部》:“炵，或作；焧，正。倉紅反。熅器也。”（240）《龍龕》訓“熅器也”，疑非是。《名義·火部》:“焧，青公反。熅。”（210 上）《玉篇·火部》:“炵，青公、子孔二切。熅也。”（99 下左）故宫本《王韻》平聲東韻倉紅反:“炵，熅。又子孔反。”（437）故宫本《裴韻》、《廣韻》同。故《龍龕》訓“焧（炵）”爲“熅器也”，當爲“熅也”之衍誤。正如“窓”“牕”同“窻”，“炵”“焧”亦當同“熜”,《正字通》謂“焧”即“熜”字之俗，所言是也。《大字典》轉録《廣韻》“炵”字又作“熜”，此即其佐證也。《大字典》“焧”字下據《龍龕》之誤而收録“熅器”這一義項，非是;《字海》“焧”字下據《正字通》之説而直謂同“熜”，是也。

5. 瓢

《字彙·瓜部》:“瓢，皮招切，殍平聲。瓠也；蠡也。《方言》:‘蠡，

或謂之瓢。'《漢・東方朔傳》:'以瓢測海。'《周禮》:'禜門用瓢齎。'謂取甘瓠割去蒂以盛酒也;齎,盛也。"(292下)

《正字通・瓜部》:"瓢,皮苗切,殍平聲。匏瓠剖開可爲酒尊,爲要舟浮水。《方言》:'蠡,或謂之瓢。'《漢・東方朔傳》:'以瓢測海。'《周禮》:'禜門用瓢齎。'謂取甘瓠割其蒂以盛酒也;齎,盛也。"(686下)

按:《康熙字典・瓜部》:"瓢,《廣韻》符霄切,《集韻》《韻會》毗霄切,《正韻》毗招切,並音飄。《玉篇》:'瓠瓜也。'《廣韻》:'瓠也。'《正字通》:'匏瓠剖開可爲酒尊,爲要舟浮水。'"(747下)《玉篇・瓜部》:"瓢,婢饒切。瓠瓜也。"(73上右)《玉篇》訓"瓠瓜也",疑非是。《玉篇校釋》"瓢"字下據日本刊《古文舊書考》引原本《玉篇》曰:"瓢,裨猋反。《周禮》:'凡祭祀禜門用瓢齊。'鄭玄曰:'取甘瓠割其蒂,以其齊爲酒樽也。'《方言》云:'陳楚宋魏之間,或謂蠡爲瓢。'郭璞云:'瓠勺也。'野王案:一瓢飲是也。"並注曰:"引《周禮》爲《春官・鬯人》文,句末奪齊字,齊本作齎,依鄭注改,原亦奪注文,今據慧琳九五・四引《周禮》鄭注及《方言》補。引《方言》爲卷五。顧案'一瓢飲'爲《論語・雍也》篇文,以申上引《周禮》《方言》字義。孔安國曰:'瓢,瓠也。'皇疏:'瓢,瓠片也,瓠持盛飲也。'慧琳又引《説文》作:'瓢,蠡也。'當亦爲本書原引文。《廣雅・釋器》:'瓠,瓢也。'《切韻》:'瓢,瓠也。'慧琳又引《三蒼》:'瓢,瓠勺也。'"(2891)胡氏所言當是。故《玉篇》訓"瓢"爲"瓠瓜也",於前代字韻書、文獻皆無徵,當爲"瓠也"之衍誤。《新修玉篇》卷十四《瓜部》引《玉篇》:"瓢,符宵切。瓠也。《方言》云:'蠡,或謂之瓢。'《論語》:'一瓢飲。'"(133下右)此亦其證也。《康熙字典》轉録《玉篇》"瓠瓜也"之訓而未作校正,亦失考證。《大字典》"瓢"字下據《玉篇》之誤而收録"瓠瓜"這一義項,亦非。

6. 㾑

《字彙・疒部》:"㾑,苦八切,音恰。用力也。"(301下)

《正字通・疒部》:"㾑,苦甲切,音恰。用力疲也。"(707下)

按:《康熙字典·疒部》:“痞,《字彙》苦八切,音恰。用力疲也。”(777 上)《龍龕》卷四《疒部》:“痞,俗。苦八反。正作劼。用力也。”(478)《新修玉篇》卷十一《疒部》引《龍龕》亦曰:“痞,苦八切。正作劼。用力也。”(104 上左)《篇海》同。《直音篇》卷三《疒部》:“痞,丘瞎切。用力也。”(113 下)《詳校篇海》卷二《疒部》:“痞,苦八切,音恰。用力也。正作劼。”(126 下)《篇海類編》同。故“痞”即“劼”字之俗,當訓“用力也”。《叢考》“痞”字下已據《龍龕》溝通二者之間的字際關係,是也。《正字通》改訓“用力疲也”,於前代字書皆無徵,當爲“用力也”之衍誤。《大字典》“痞”字下據《龍龕》訓“用力”,是也;然又據《正字通》之説而謂“一説用力疲”,非是。《字海》“痞”字據《字彙》(當爲《正字通》之誤)之説而徑訓爲“用力疲”,亦非。

7. 癎

《字彙·疒部》:“癎,余廉切,音鹽。瘡也;又病走。”(305 下)

《正字通·疒部》:“癎,俗字。舊注音鹽,瘡也,又病走,並非。”(717 上)

按:《康熙字典·疒部》:“癎,《廣韻》《集韻》並余廉切,音鹽。《廣韻》:‘病走。’又《博雅》:‘癎,創也。’”(788 上)《玉篇·疒部》:“癎,弋廉切。瘡也;病走也。”(57 上左)《玉篇》訓“病走也”,疑非是。《廣雅·釋詁一》:“癎,創也。”《名義·疒部》:“癎,弋廉反。創也;病也。”(111 上)《新撰字鏡·疒部》:“癎,弋廉反。創;病。”(149)《龍龕》卷四《疒部》:“癎,余廉反。病也。”(470)敦煌本《王韻》平聲鹽韻[余廉反]:“癎,病。”(380)故宫本《王韻》平聲鹽韻余廉反:“癎,病。”(468)故宫本《裴韻》同。《玉篇》訓“病走也”,於前代字韻書皆無徵,當爲“病也”之衍誤。《廣韻》平聲鹽韻余廉切:“癎,病走。”(150)《廣韻》訓“病走”,當因承襲《玉篇》之謬而誤。《字彙》訓“病走”,亦因承襲前代辭書之謬而誤。《大字典》《字海》“癎”字下第❷義項分別據《玉篇》《廣韻》之謬而訓“病走”,俱失考證。

8. 䂘

《字彙·矛部》:“䂘，大冬切，音同。刺矛也。”（318 下）

《正字通·矛部》:“䂘，俗字。刺矛，誤。”（744 下）

按:《康熙字典·矛部》:“䂘,《廣韻》《集韻》並徒冬切，音彤。《博雅》:‘刺也。’《玉篇》:‘刺矛也。’”（834 上）《龍龕》卷一《矛部》:“䂘，徒冬反。刺矛也。”（141）《玉篇·矛部》:“䂘，大冬切。刺矛也。”（81 上左）《玉篇校釋》:“‘刺矛也’者,《廣韻》同。《廣雅·釋詁一》:‘䂘，刺也。’《切韻》:‘䂘，矛也。’應原引《廣雅》‘刺也’、《埤倉》‘矛也’之誤合。”（3225）胡氏所言疑可商榷。《廣雅·釋詁一》:“䂘，刺也。”《名義·矛部》:“䂘，大冬反。刺也。”（168 上）《新撰字鏡·矛部》:“䂘，大冬反。刺。”（606）故“䂘”當以訓“刺也”爲是。《龍龕》《玉篇》訓“刺矛也”，當爲“刺也”之衍誤。又故宫本《王韻》平聲冬韻徒冬反:“䂘，刺矛。”（437）故宫本《王韻》訓“刺矛”，亦當爲“刺”之衍誤。故宫本《裴韻》平聲冬韻徒冬反:“䂘，矛。”（539）故宫本《王韻》訓“矛”，又當爲“刺矛”之脱誤。《廣韻》平聲冬韻徒冬切:“䂘，刺矛。”（9）《廣韻》訓“刺矛”，亦因承前而謬。《集韻》平聲冬韻徒冬切:“䂘，《博雅》:‘刺也。’”（15）《集韻》據《廣雅》校作“刺也”，是也。《大字典》“䂘”字下據《廣雅》訓“刺”，是也；然據《玉篇》之謬而謂“一説刺矛”，非是。

9. 紾

《字彙·糸部》:“紾，止忍切，音軫。轉繩也。又捩也。《孟子》:‘紾兄之臂而奪之食。’又與袗同。單衣也。”（355 上）

《正字通·糸部》:“紾，章引切，音軫。《説文》:‘轉也。’《考工記》:‘老牛之角紾而昔。’注:‘角理紾轉也。’又捩也。《孟子》:‘紾兄之臂而奪之食。’謂轉戾其臂也。又與袗同。單衣也。”（823 下）

按:《康熙字典·糸部》:“紾,《廣韻》章忍切,《集韻》《正韻》止忍切，音軫。《説文》:‘轉也。’《淮南子·精神訓》:‘千變萬軫。’……又《廣韻》知演切，《集韻》知輦切，並音展。轉繩也。”（942 上）《龍龕》卷四《糸部》：“紾，之忍反。單衣也。或作縝。又知演反。轉繩也。”（400）《廣韻》上聲軫韻章忍切：“紾，單衣。或作縝。”（186）下文上聲獮韻知演切：“紾，轉繩也。出《玉篇》。又音軫。”（197）《龍龕》《廣韻》訓“轉繩也”，疑並非是。《説文・糸部》：“紾，轉也。从糸，㐱聲。”（273 下）原本《玉篇・糸部》：“紾，徒展反。《考工記》：‘凡相角，老牛之角紾而錯。’鄭衆曰：‘讀爲抮縛之抮。’《説文》：‘紾，轉也。’”（596）《玉篇・糸部》：“紾，徒展切。紾（當爲字頭誤重）轉也。又音軫。”（124 下右）《龍龕》《廣韻》訓“轉繩也”，於前代字韻書皆無徵，當爲“轉也”之衍誤。《集韻》上聲獮韻知輦切：“紾，轉也。”（387）《集韻》校作“轉也”，是也。此亦其證也。《字彙》《康熙字典》亦收“轉繩也”這一義項，皆因承前而謬。《正字通》據《説文》校作“轉也”，是也。《大字典》“紾”字下據《廣韻》之誤而收録“轉繩”這一義項，疑亦非是。

10. 䎁

《字彙・耳部》：“䎁，胡骨切，音鶻。耳聲。又濁垢。”（377 上）

《正字通・耳部》：“䎁，俗字。舊注音鶻，耳聲，又濁垢，非。”（867 下）

按：《康熙字典・耳部》：“䎁，《廣韻》户骨切，音搰。耳聵。《玉篇》：‘耳聲。’又濁垢。又《埤蒼》：‘春秋地也。’”（999 上）故宫本《王韻》入聲没韻胡骨反：“䎁，地名。亦耳聲黑。”（514）“耳聲黑”之“黑”當爲衍文，此即因“䎁”字從“黑”而妄增。《名義・耳部》：“䎁，下兀反。春秋地名也。”（40 下）《新撰字鏡・耳部》：“䎁，下（光）[兀] 反。春秋地 [名]。”（119）《龍龕》卷二《耳部》：“䎁，户骨反。耳聲也。”（315）《玉篇・耳部》：“䎁，胡骨切。耳聲。《埤蒼》云：‘春秋地 [名] 也。’”（24 上右）敦煌本《王韻》入聲没韻胡骨反：“䎁，耳聲。”（426）《廣韻》入聲没韻户骨切：“䎁，耳聲。”（392）據以上諸字韻書可知，“䎁”字僅有“春秋地名”“耳聲”之訓，而未有“耳聲黑”之訓，故“耳聲黑”當爲“耳聲”之衍誤。又《集韻》入聲没韻胡骨切：“䎁，《埤蒼》：‘地名。’

一曰耳黧。”（683）《集韻》訓“耳黧”，於前代字韻書皆無徵，當因從“黑”爲説而妄改。《集韻》入聲没韻胡骨切又載“䁖”字，注曰：“䁖，濁垢。”（683）《集韻校本》注曰：“明州本、毛鈔、錢鈔‘䁖’字作‘䁖’，从耳。余校、陳校、顧校、錢振常校同。方校：‘案：䁖訛䁖，據宋本及《廣韻》正。’”（900）以上諸校皆是。《集韻》訓“䁖”爲“濁垢”，於前代字韻書亦無徵，當因從“耳”“黑”爲説而誤。又《詳校篇海》卷五《耳部》：“䁖，胡骨切，音鶻。耳聲也。又濁垢。”（381下）《篇海類編》同。《詳校篇海》《篇海類編》《字彙》又訓“濁垢”，當因承襲《集韻》之謬而誤。《康熙字典》收録“耳黧”“濁垢”這兩個義項，亦因承前而誤。《大字典》“䁖”字下據《廣韻》《字彙》之誤而收録“耳朵上的黑斑”與“污垢”這兩個義項，疑並非是；《字海》“䁖”字下據《廣韻》之誤而收録“耳朵上的黑斑”這一義項，疑亦非是。

11. 脽

《字彙·肉部》：“脽，視追切，音誰。尻也；髖也。《前漢·東方朔傳》：‘連脽尻。’師古曰：‘臀也。’”（382上）

《正字通·肉部》：“脽，是爲切，音誰。尻骨也。《漢·東方朔傳》：‘連脽尻。’師古曰：‘臀也。’”（879下）

按：《康熙字典·肉部》：“脽，《唐韻》示隹切，《集韻》《韻會》《正韻》視隹切，並音誰。《説文》：‘屍也。’《正韻》：‘髖也。’《正字通》：‘尻骨也。’《博雅》：‘臀謂之脽。’”（1017上）《説文·肉部》：“脽，屍也。从肉，隹聲。”（82下）《廣雅·釋親》：“臀謂之脽。”《玉篇·肉部》：“脽，是惟切。尻也。”（35下左）《廣韻》平聲脂韻視隹切：“脽，屍也。”（26）《新修玉篇》卷七《肉部》引《玉篇》：“脽，是隹切。《説文》：‘屍也。’”（69上右）《篇海》卷十五《肉部》引《玉篇》：“脽，是惟切。尻也。”（837下）《直音篇》卷二《肉部》：“脽，音誰。尻也；髖也。”（73上）《詳校篇海》卷五《肉部》：“脽，是爲切，音誰。尻也；髖也；臀也。”（385下）《篇海類編》同。“脽”訓“屍也”“臀也”“尻也”“髖也”，諸訓訓異義同，皆指“臀部”。據上文可知，《正字通》訓“尻骨也”，於前代字韻書皆無徵，當爲“尻也”之衍誤，因爲“脽”即指“臀部”，而非僅指“尻骨”。《康熙字典》轉録《正字通》“尻骨也”之訓，亦失考證。《大字典》“脽”字下據《正字通》之誤而收録“尾椎骨”這一義項，疑亦非是。

12. 腆

《字彙·肉部》:“腆，他典切，天上聲。厚也；多也；至也；善也。”（382 上）

《正字通·肉部》:“腆，他典切，天上聲。《説文》:‘設膳腆。腆，多也。’又厚也。”（880 上）

按:《康熙字典·肉部》:“腆，《唐韻》《集韻》《韻會》《正韻》並他典切，音舔。《説文》:‘設膳腆。腆，多也。’《玉篇》:‘厚也。’”（1017 下）《詳校篇海》卷五《肉部》:“腆，他典切，音悿。厚也。又多言也；至也；善也。”（385 上）《篇海類編》同。《詳校篇海》《篇海類編》又訓“多言也”，當爲“多也”之衍誤。《説文·肉部》:“腆，設膳腆。腆，多也。从肉，典聲。䠅，古文腆。”（83 下）《直音篇》卷二《肉部》:“腆，他典切。厚也；多也。”（74 下）以上二書皆其證也。《字彙》校作“多也”，此亦其證也。《大字典》“腆”字下據《篇海類編》之誤而收録“多言”這一義項，亦失考證。

13. 袸

《字彙·衣部》:“袸，在殿切，音荐。衣小帶。”（437 下）

《正字通·衣部》:“袸，在殿切，音荐。《爾雅》:‘衿謂之袸。’郭注:‘衣小帶。’”（1027 上）

按:《康熙字典·衣部》:“袸，《唐韻》徂尊切，《集韻》徂昆切，並音存。《類篇》:‘衣帶。’《爾雅·釋器》:‘衿謂之袸。’注:‘衣小帶。’又《廣韻》在甸切，音荐。又《集韻》徂悶切，存去聲。義同。又《玉篇》:‘褰脟衣。’”（1162 下）《集韻》平聲䰟韻徂尊切:“袸，衣帶。《爾雅》:‘衿謂之袸。’”（141）下文去聲恨韻徂悶切又曰:“袸，衣衿。”（551）下文去聲霰韻才甸切又曰:“袸，《爾雅》:‘衿謂之袸。’”（567）《集韻》訓

“衣衿”，疑非是。《爾雅・釋器》：“衿謂之袸。”郭璞注：“衣小帶。”《名義・衣部》：“袸，辭見反。衿也；小帶也。”（282下）《名義》以《爾雅》及郭注爲訓，可見原本《玉篇》亦然。《龍龕》卷一《衣部》：“袸，在見反。小帶也。”（107）《廣韻》平聲魂韻徂尊切：“袸，《爾雅》云：‘衿謂之袸。’袸，小帶也。又音荐。”（71）下文去聲霰韻在甸切又曰：“袸，小帶。”（315）故《集韻》“袸”字於平聲𡨋韻、去聲霰韻以《爾雅》爲訓，是也；然又於去聲恨韻訓“衣衿”，於前代字韻書皆無徵，當爲“衿”之衍誤，此即爲“袸”之“又音”，亦當以《爾雅》爲訓，此“袸”亦當爲“小帶”之義，而非“衣衿（襟）”之義。《大字典》《字海》“袸”字下皆據《集韻》之誤而收録“衣襟”這一義項，疑並非是。

第四、因倒文致使字義失誤而産生的疑難字

倒文，即指古書在流傳過程中産生的文字位置前後顛倒的現象。《字彙》《正字通》《直音篇》《詳校篇海》《篇海類編》《康熙字典》《字彙補》等明清大型字書的釋義問題也有的是倒文而産生的。

1. 巤

《字彙・巛部》：“巤，良涉切，音列。毛巤。”（133上）

《正字通・巛部》：“巤，力涉切，音列。壯髮也；又駿毿也。”（307下）

按：《康熙字典・巛部》：“巤，《唐韻》良涉切，《集韻》力涉切，並音獵。《説文》：‘毛巤也。象髮在囟上及毛髮巤巤之形。’《廣韻》：‘本也；又鼠毛也。’《玉篇》：‘亦作鬛。’”（282上）《廣韻》入聲葉韻良涉切：“巤，本也；又鼠毛。”（435）《廣韻》訓“巤”爲“本也”，又訓“鼠毛”，疑非是。《説文・囟部》：“巤，毛巤也。象髮在囟上及毛髮巤巤之形。”（216上）《玉篇・囟部》：“巤，閭涉切。《説文》云：‘象髮在囟上及毛［髮］巤［巤］之形也。’亦作鬛。”（21上右）敦煌本《王韻》入聲葉韻良涉反：“毿，長毛。亦作巤、獵。”（433）故宫本《王韻》入聲葉韻良涉反：“巤，邁也。”（522）故宫本《王韻》訓“邁也”，當因漏收“邋”字，故而誤植“邋”字之義於“巤”字之上所致的訓釋失誤。敦煌本《王韻》

入聲葉韻良涉反："邋，邁。"（433）《廣韻》入聲葉韻良涉切："邋，邁也。"（435）此即其證也。故宫本《裴韻》入聲葉韻良涉反："鬣，毛鬣。"（617）《集韻》入聲葉韻力涉切："鬣，《説文》：'毛鬣也。象髮在囟上及毛髮鬣鬣之形。'"（779）故《廣韻》訓"鼠毛"，當爲"毛鬣"之倒訛；又其訓"本也"，於歷代字韻書皆無徵，疑亦非是。《康熙字典》轉録《廣韻》之訓而未作校正，亦失考證。《大字典》收録"鬣"字，第❶義項訓"毛髮"，並以《説文》、玄應《音義》、《廣韻》作爲書證，引《廣韻》作"鼠毛"；第❷義項據《廣韻》訓"本"，疑並非是。《大字典》"鬣"字第❶義項引《廣韻》應校作"毛鬣"，第二義項疑應删。

2. 犃

《字彙·牛部》："犃，匹智切，音譬。牛具。"（276 上）

《正字通·牛部》："犃，犕字之訛。"（651 上）

按：《康熙字典·牛部》："犃，《玉篇》：'音譬。牛具。'"（695 上）《龍龕》卷一《牛部》："犃，音譬。貝牛也。"（117）《玉篇·牛部》："犃，音譬。牛具。"（109 下右）《龍龕》訓"貝牛也"，"貝"當爲"具"字誤刻，"具牛"當義指"共置兩牛而耕"；《玉篇》訓"牛具"，當爲"具牛"之誤倒。《正字通》所言當是。《説文·牛部》："犕，兩壁耕也。从牛，非聲。一曰覆耕穜也。讀若匪。"（23 下）《集韻》去聲隊韻補妹切："犕犕，《廣雅》：'耕也。'一曰兩壁耕。或從北。"（531）"犃"與"犕""犕"義通，又"非"旁、"北"旁、"比"旁俗寫形近，或可訛混，故"犃"疑即"犕""犕"之俗。《龍龕》改音"譬"，疑非是。

第五、因誤植致使字義失誤而産生的疑難字

誤植是指字書在傳抄過程中把甲字釋義誤植於乙字之上的現象。《字彙》《正字通》《直音篇》《詳校篇海》《篇海類編》《康熙字典》《字彙補》等明清大型字書的釋義問題有許多是因義訓誤植而産生的。

1. 丯

《字彙·丨部》："丯，下蓋切，音害。《説文》：'相遮要害也。'"

（25 下）

《正字通・丨部》:“丯，居拜切，音介。《説文》:‘艸蔡也。象艸生散亂。凡丯之屬皆从此。’‘夆，相遮要害也。’讀若害。分丯、夆爲二。舊本誤以丯爲夆，移《説文》‘夆’訓入‘丯’注，非。”（9 下）

按:《康熙字典・丨部》:“丯，《唐韻》古拜切，《集韻》居拜切，並音介。《説文》:‘艸蔡也。象艸生散亂。凡丯之屬皆从丯。’按:《説文》丯與夆别。夆，相遮要害也，讀若害，《字彙》誤以丯爲夆，移《説文》‘夆’訓入‘丯’注，非。”（6 下）《康熙字典》《正字通》所言是也。《説文・丯部》:“丯，艸蔡也。象艸生之散亂也。凡丯之屬皆从丯。讀若介。”（87 下）又《説文・夂部》:“夆，相遮要害也。从夂，丯聲。南陽新野有夆亭。”（109 上）“夆”，《廣韻》音“胡蓋切”。故《字彙》“丯”字下謂“下蓋切，音害。《説文》:‘相遮要害也。’”，當爲誤植“夆”字音義於“丯”字之上所致的訓釋失誤，非是。

2. 妵

《字彙・女部》:“妵，他口切，偷上聲。好貌。又人名。《左傳・昭二十一年》:‘華妵居于新里。’”（102 下）

《正字通・女部》:“妵，他口切，偷上聲。《説文》:‘女字。’又好貌。又人名。《左傳・昭二十一年》:‘華妵居于新里。’”（232 上）

按:《康熙字典・女部》:“妵，《廣韻》天口切，《集韻》《韻會》《正韻》他口切，並音黈。好貌。又人名。《左傳・昭二十一年》:‘華妵居于公里。’”（207 下）《説文・女部》:“妵，女字也。从女，主聲。”（261 上）《名義・女部》:“妵，泰口反。女字。”（24 下）《新撰字鏡・女部》:“妵，他后反。人名。《傳》有華妵。”（185）《龍龕》卷二《女部》:“妵，天口反。人名。”（282）《玉篇・女部》:“妵，他口切。女字。”（18 下左）箋注本《切韻》（斯 2071）上聲厚韻他后反:“妵，人名。《傳》有華妵。”（138）敦煌本《王韻》、故宫本《王韻》同。故宫本《裴韻》上聲厚韻他后反:“妵，人姓。《傳》有華妵。”（579）“人姓”當爲“人名”之誤。《廣韻》上聲厚韻天口切:“妵，人名。《左傳》有華妵。《説文》:‘女字也。’”（222）《集韻》上聲厚韻他口切：“妵，《説文》：‘女字也。’”（439）《左傳・昭公二十一年》：“華妵居於公里，亦如之。”故“妵”當訓“女字也”，即指“女子人名用字”。又《增韻》上聲厚韻他口切：“妵，好貌。又人名。《左傳・昭公二十一年》：‘華妵居于新里。’”《增韻》訓“妵”爲“好貌”，於前代字韻書皆無徵，當因《增韻》此處未收“黈”字，故而誤植“黈”字之義於“妵”字之上所致的訓釋失誤。《廣韻》上聲厚韻天口切下文又曰：“黈，好皃。”（222）《集韻》上聲厚韻他口切“妵”字下文又曰：“黈，《廣雅》：‘好也。’”（439）此是其證也。故《增韻》訓“妵”爲“好貌”，非是。《直音篇》卷一《女部》：“妵，音斢。好貌。又人名。”（29上）《直音篇》訓“好貌”，當因承襲《增韻》之謬而誤。《詳校篇海》卷二《女部》：“妵，他口切，音偷上聲。女字。又好皃。又人名。《左・昭二十一年》：‘華妵居于新里。’”（119下）《篇海類編》同。《詳校篇海》《篇海類編》《字彙》《正字通》《康熙字典》等後世字書亦訓“好貌”，當皆因承前而誤。《大字典》“妵”字下據《增韻》之謬而收録“美好”這一義項，疑應删。

3. 嫃

《字彙・女部》：“嫃，止忍切，音軫。慎也。”（108下）

《正字通・女部》：“嫃，俗字。舊注音軫，慎也，泥。”（248下）

按：《康熙字典・女部》：“嫃，《集韻》之人切，音真。女字。”（220下）《集韻》平聲真韻之人切：“嫃，女字。”（116）《新修玉篇》卷四《女部》引《餘文》：“嫃，之人切。女字。”（31上右）《篇海》卷六《女部》引《餘文》：“嫃，之人切。女名。”（656上）《直音篇》卷一《女部》：“嫃，音真。女字。”（26下）故“嫃”當音“之人切”，訓“女字”，即指“女子人名用字”。又《詳校篇海》卷二《女部》：“嫃，之人切，音真。女名。又上音軫。慎也。”（122下）《篇海類編》同。“嫃”字，《詳校篇海》又音“軫”，訓“慎也”，於前代字韻書皆無徵，當爲誤植“姫”字之義於“嫃”字之上所致的訓釋失誤。《玉篇・女部》：“姫，章引切。姫（當爲字頭誤重）慎也。”（18上左）《集韻》上聲軫韻止忍切：“姫，慎也。”

（352）此是其證也。《篇海類編》亦又訓“慎也”，當爲《詳校篇海》所誤。《字彙》音“軫”，訓“慎也”，亦當因承襲前代字書之謬而誤。《大字典》《字海》“嫃”字下皆據《字彙》之説而收録“謹慎”這一義項，疑並非是。

4. 嵉

《字彙·山部》：“嵉，唐丁切，音亭。山，在鴈門。”（129 上）

《正字通·山部》：“嵉，崞字之訛。舊注山，在鴈門。與崞注同，改唐丁切，音亭，作嵉。誤。”（300 上）

按：《康熙字典·山部》：“嵉，《集韻》唐丁切，音庭。山名，在白登。”（272 上）《玉篇·山部》：“嵉，音霆。山名。”（103 下左）《集韻》平聲青韻唐丁切：“嵉，山名，在白登。”（244）清顧祖禹《讀史方輿紀要·山西六·大同府》：“白登山，酈道元曰：‘今平城東十七里有臺，臺南對岡阜即白登山。’”“嵉”即指“山名”，在今山西省大同市東。《篇海》卷十二《山部》引《玉篇》：“嵉，音霆。山，在鴈門。”（753 下）《篇海》訓“山，在鴈門”，非是。《説文·山部》：“崞，山，在鴈門。从山，𦎫聲。”（188 下）原本《玉篇·山部》：“崞，公霍反。《説文》：‘崞，山，在鴈門也。’”（459）《玉篇·山部》：“崞，音郭。山，在鴈門。”（102 下右）“崞”即指“山名”，一在山西省渾源縣西北，一在山西省原平市西北。故《篇海》訓“嵉”爲“山，在鴈門”，當爲誤植“崞”字義訓於“嵉”字之上所致的訓釋失誤。《直音篇·卷六》：“嵉，音亭。山，在鴈門。”（231 上）《詳校篇海》卷四《山部》：“嵉，唐丁切，音庭。山，在鴈門。”（263 上）《篇海類編》同。《詳校篇海》《篇海類編》《字彙》訓“嵉”爲“山，在鴈門”，皆因承襲《篇海》之謬而誤。故“嵉”與“崞”音義俱別，二字不可混同，《正字通》據《字彙》義訓之誤而謂“嵉”即“崞”字之訛，其説疑不可據。

5. ⿱敦山

《字彙·山部》：“⿱敦山，都昆切，音敦。《字林》：‘［去］畜勢也。’又山

貌。”（130 下）

《正字通・山部》:“嶜，俗字。舊注引《字林》:‘[去]畜勢也。’又山貌。按：山貌不必別作嶜。《臞仙肘後經》:‘宦牛、閹豬、鐓雞，皆謂去畜勢也。’借鐓非作嶜，《字林》亦無此語。”（302 下）

按:《康熙字典・山部》:“嶜,《集韻》都昆切，音敦。山貌。《字彙》引《字林》:‘[去]畜勢也。’《正字通》:‘《臞仙肘後經》: 宦牛、閹豬、鐓雞，皆謂去畜勢也。借鐓非作嶜,《字林》亦無此語。’”（276 上）《集韻》平聲魂韻都昆切:“嶜，山皃。”同一小韻下文曰:“驐,《字林》:‘去畜勢也。’”（141）《正字通》所言當是。《篇海》卷十二《山部》引《餘文》:“嶜，都昆切。《字林》云:‘[去]畜勢也。’”（754 下）《篇海》引《字林》訓“[去]畜勢也”，當爲誤植“驐”字之義於“嶜”字之上所致的訓釋失誤。《直音篇》卷六《山部》:“嶜，音敦。[去]畜勢也。又山貌。”（229 上）《詳校篇海》卷四《山部》:“嶜，都昆切，音敦。《字林》云:‘[去]畜勢也。’”（264）《篇海類編》同。《直音篇》《詳校篇海》《篇海類編》《字彙》等字書“嶜”字下亦皆引《字林》收録“[去]畜勢也”這一義項，皆爲《篇海》所誤。

6. 庎

《字彙・广部》:“庎，古拜切，音界。獨也。”（141 上）

《正字通・广部》:“庎，居拜切，音界。獨居也。與夰通。《六書故》曰:‘庎，庋版，令足流水以受滌濯。今人設之于廚。’”（326 下）

按:《康熙字典・广部》:“庎,《集韻》居拜切，音介。所以庋食器也。《六書故》:‘庎，庋版，令足流水以受滌濯。今人設之於廚。’《集韻》:‘或作楖。’”（304 下）《玉篇・广部》:“庎，古拜切。所以庋食器也。”（104 下右）《篇海》卷三《广部》引《玉篇》亦曰:“庎，古拜切。所以庋食器也。”（617 下）《集韻》去聲怪韻居拜切:“庎，所以庋食器者。或作楖。”（526）故“庎”即“楖”之異體字，義指“用來擱置食器的架子”。又《直音篇》卷六《广部》:“庎，音介。獨也。”（234 上）《直音篇》訓“獨也”，於前代字韻書皆無徵，疑不可據。《廣雅・釋詁三》:“介，獨也。”敦煌本《王韻》去聲怪韻古拜反：“夼，夼居。”（408）故宫本《王韻》同。故宫本《裴韻》去聲界韻古拜反：“夼，獨居。”（591）《唐韻》《廣韻》同。《集韻》去聲怪韻居拜切：“介，獨也。”同一小韻下文又曰：“夼，《博雅》：‘獨也。’”（526）《直音篇》訓“庎”爲“獨也”，當因“庎”與“介”“夼”讀音相同，遂誤植“介”“夼”字之義於“庎”字之上而誤。《詳校篇海》卷一《广部》：“庎，居拜切，音界。所以庋食器。又獨也。”（69上）《篇海類編》同。《詳校篇海》《篇海類編》訓“庎”爲“所以庋食器”，是也；然又訓“獨也”，此即因承襲《直音篇》之謬而誤。《字彙》徑訓“獨也”，亦因承前而謬。《正字通》訓“獨居也”，並謂與“夼”通，此即因承襲前代字書之謬而又誤作溝通，亦非。《大字典》《字海》“庎”字下皆據《正字通》之誤而收録一個義項謂同“夼”，疑並非是。

7. 懇

《字彙·心部》：“懇，口很切，音墾。懇惻，情實也；信也；悃也。”（167上）

《正字通·心部》：“懇，口狠切，音豤。切也；肫篤也。”（384下）

按：《康熙字典·心部》：“懇，《唐韻》康很切，《集韻》《韻會》《正韻》口很切，並音墾。《説文》：‘悃也。从心，豤聲。’本作懇，今作懇。《集韻》：‘誠也。’《廣韻》：‘懇惻，至誠也。’”（372上）《玉篇·心部》：“懇，口很切。悲也；誠也；信也。”（41上右）《玉篇校釋》“懇”字下注：“案訓‘悲’者，應是‘懇惻’連文之義，‘懇懇’重言形況。《漢書·司馬遷傳》：‘意氣懃懃懇懇。’”（1723）胡氏所言不確。《名義·心部》：“懇，口佷反。美也；誠也；信也。”（72上）《新撰字鏡·心部》：“懇，口很反。誠也；敬也；信也；至誠也；亦堅忍也。”（125）《龍龕》卷一《心部》：“懇，可佷反。懇惻，至誠也；又信也。又莫角反。美也。”（66）《廣韻》上聲很韻康很切：“懇，懇惻，至誠也。”（191）慧琳《音義》卷三一《大灌頂經》第十一卷：“懇惻，上口恨反。《通俗文》云：‘至誠曰懇。’鄭注《考工記》云：‘懇，堅忍也。’《文字典説》：‘從心，豤聲。經作懇，誤也。’下楚力反。《孟子》云：‘無惻隱之心非人也。’

《廣雅》云：‘惻，悲也。’《説文》：‘惻，痛之至也。從心，則聲也。’”（58，P24B6）以上諸書皆未見有訓“愬”爲“悲”者，胡吉宣謂“訓‘悲’者，應是‘愬惻’連文之義”，此説亦不可據。“愬惻”義指“誠愬痛切”，用來形容“至誠之貌”，而非“悲也”之義。據上文可知,《玉篇》訓“愬”爲“悲也”，當爲誤植“惻”字之義於“愬”字之上所致的訓釋失誤。又《名義》《龍龕》訓“愬”爲“美也”，亦不可據。《説文・心部》：“懇，美也。从心，貇聲。”（216 下）“懇”,《廣韻》音“墨角切”。故《名義》《龍龕》訓“愬”爲“美也”，當因“愬”“懇”形近，故而誤植“懇”字之義於“愬”字之上所致的訓釋失誤。《大字典》“愬”字下據《玉篇》之誤而收録“悲”這一義項，亦非。

8. 托

《字彙・手部》：“托，莫報切，音帽。撼也。”（172 下）

《正字通・手部》：“托，扽字之譌。《佩觿集》：‘扽，撼也。亦作扥。’舊注義同扥，譌作托，音帽，非。《訂正篇海》：‘托，音帽。毛鷹，鷂鸇也。’尤非。”（398 上）

按：《康熙字典・手部》：“托，《集韻》莫報切，音冒。擇也。通作芼。”（388 上）《集韻》去聲號韻莫報切：“毛托，擇也。鄭康成説。或从手，通作芼。”（587）故“托”當訓“擇也”，即“毛（芼）”之異體字。又《新修玉篇》卷六《手部》引《餘文》：“托，莫報切。毛鷹，鷂鸇。”（53 下左）《篇海》同。《新修玉篇》《篇海》訓“毛鷹，鷂鸇”，當爲誤植“毛”字之義於“托”字之上所致的訓釋失誤。《廣韻》去聲號韻莫報切：“芼，擇也。”同一小韻下文又曰：“毛，毛鷹，鷂鸇。”（327）此是其證也。《詳校篇海》卷四《手部》：“托，莫報切，音帽。毛鷹，鷂鸇也。”（268 下）《篇海類編》同。《詳校篇海》《篇海類編》訓“毛鷹，鷂鸇也”，皆因承襲前代字書之謬而誤。又《字彙》訓“撼也”，當因“托”“扥（扽）”形近，故而誤植“扥（扽）”字之義於“托”字之上所致的訓釋失誤。《龍龕》卷二《手部》：“扥，都困反。撼扥（當爲字頭誤重）也。”（215）《廣韻》去聲慁韻都困切：“扽，撼扽（當爲字頭誤重）。”（303）

此是其證也。故《正字通》據《字彙》義訓之誤而謂“扥”即“扽”字之訛，亦失考證。

9. 㧐

《字彙·手部》:“㧐，息勇切，音竦。挺也。杜工部《畫鷹詩》:‘㧐身思狡兔。’”（186下）

《正字通·手部》:“㧐，息勇切，音竦。動也；上也。《禮部韻略》:‘挺也。’杜甫《畫鷹詩》:‘㧐身思狡兔。’注:‘㧐猶竦也。’省作捒。舊本分爲二，非;《六書故》專訓‘推撼’，亦非。”（432上）

按:《康熙字典·手部》:“㧐,《唐韻》息拱切,《集韻》筍勇切,《正韻》息勇切，並音悚。執也；推也。”（436下）《玉篇·手部》:“㧐，先勇切。執也。”（32上右）《玉篇校釋》“㧐”字下注:“‘執也’者,《切韻》同。又云:‘推也。’《集韻》收腫、講二韻:‘推也；執也。’㧐之執亦有上舉意，㧐之言聳也。又爲推者，與摐相近，今俗謂推撞曰㧐。”（1306）胡吉宣謂“㧐之執亦有上舉意，㧐之言聳也”，疑可商榷。箋注本《切韻》（斯2071）上聲腫韻息拱反:“㧐，執。”（129）敦煌本《王韻》上聲腫韻［息拱反］:“㧐，執。亦推。”（384）故宫本《王韻》上聲腫韻息拱反:“㧐，執。亦推。”（471）故宫本《裴韻》同。《廣韻》上聲腫韻息拱切:“㧐，執也。”（161）《集韻》上聲腫韻筍勇切:“㧐捒，執也；推也。或省。”（304）下文上聲講韻雙講切又曰:“㧐，執也。”（307）今案:“㧐”訓“動也”“上也”，於歷代字韻書皆無徵，當因“㧐”訓“執也”，與“竦”同，故而誤植“竦”字之義於“㧐”字之上所致的訓釋失誤。《廣雅·釋言》:“竦，執也。”王念孫《疏證》:“《楚辭·九歌》:‘竦長劍兮擁幼艾。’王逸注:‘竦，執也。’《玉篇》作㧐，同。”（375下）故“㧐”訓“執也”，同“竦”。又《廣雅·釋詁一》:“竦，上也。”《文選·南都賦》:“結根竦本，垂條嬋媛。”李善注:“竦，上也。”又《文選·海賦》:“若乃霾曀潛銷，莫振莫竦。”李善注:“《廣雅》曰:‘振，動也。’竦，亦動也。”故《正字通》訓“㧐”爲“動也”“上也”，當爲誤植“竦”字之義於“㧐”字之上所致的訓釋失誤；胡吉宣謂“㧐之執亦有上舉意，㧐之言聳也”，此説於文獻無徵，疑亦非是。又“擵”訓“推”，當同“搈”。《集韻》上聲董韻損動切：“搈，推也。”（302）“擵”訓“推也”，與“搈”音義並同，當爲異體字。又“擵”訓“挻也”，亦當同“竦”。《洪武正韻》上聲董韻息勇切：“擵，挻也。杜甫《畫鷹詩》：‘擵身思狡兔。’注：‘擵猶竦也。’音筍勇切。”（154）此是其證也。

10. 斁

《字彙·攴部》：“斁，卑吉切，音畢。戰盡也。”（190下）

《正字通·攴部》：“斁，同畢。篆作斁。舊注訓戰盡，分爲二，非。”（443下）

按：《康熙字典·攴部》：“斁，《廣韻》卑吉切，《集韻》壁吉切，並音必。《説文》：‘戰盡也。’《類篇》：‘火貌。’又《集韻》必至切。畫也。一曰召使疾行也。”（447下）《説文·攴部》：“斁，斁盡也。从攴，畢聲。”（63下）段玉裁注：“事畢之字當作此，畢行而斁廢矣。”段氏所言是也。二徐本《説文》訓“斁盡也”，當爲“盡也”之衍誤。《名義·攴部》：“斁，卑謐反。盡。”（178下）《玉篇·攴部》：“斁，畢蜜切。盡也。”（85上左）《廣韻》入聲質韻卑吉切：“斁，盡也。”（383）“斁”“斁”即同字異寫。以上諸書皆其證也。《字彙》訓“戰盡也”，於歷代字韻書皆無徵，當爲“斁盡也”之誤。又《集韻》入聲質韻壁吉切：“斁，《説文》：‘斁，火皃。’”（664）《集韻》訓“斁”爲“火皃”，於前代字韻書亦無徵，當因“斁”“熚”音同，故而誤植“熚”字之義於“斁”字之上所致的訓釋失誤。《説文·火部》：“熚，熚䰩，火皃。从火，畢聲。”（206下）《廣韻》入聲質韻卑吉切：“熚，火皃。”（383）《集韻》入聲質韻壁吉切：“熚，《説文》：‘熚，火皃。’”（664）以上諸書皆其證也。又《集韻》去聲至韻必至切：“斁，畫也。一曰召使疾行也。”（480）《集韻》訓“斁”爲“畫也”，於前代字韻書亦無徵，當爲“盡也”之誤；其訓“召使疾行也”，形義不諧，於前代字韻書亦無徵，俟考。《類篇·攴部》：“斁，壁吉切。火皃。又必至切。畫也。一曰召使疾行也。”（107下）《類篇》訓“火皃”“畫也”，皆因承襲《集韻》之謬而誤。《康熙字典》承襲前代辭書義訓之謬而未作校正，亦失考證。《大字典》“𢿩”字下分别據《類篇》《集韻》之謬而收録“火貌”“晝”這兩個義項，疑並非是。

11. 靳

《字彙·斤部》：“靳，居焮切，巾去聲。固也；吝也。又戲而相愧曰靳。又姓。又具吝切，音覲。義同。”（193 下）

《正字通·斤部》：“靳，居慶切，巾去聲。《説文》：‘靳，當膺也。’徐曰：‘固也，靳制其行也。’引《左傳》：‘如驂之有靳。’一曰吝也。又恥而惡之曰靳。《左傳·莊十一年》：‘乘丘之役，公以金僕姑射南宫長萬，公右歂孫生搏之。宋人請之，宋公靳之，曰：始吾敬子，今魯囚，弗敬子矣。’注：‘請之者，魯聽其得還也，萬弑閔公出奔陳。’又姓，楚大夫靳尚。又靳、芹音義各别，《篇海》‘靳，音勤。水菜’合爲一，非。”（451 下）

按：《康熙字典·斤部》：“靳，《集韻》渠巾切，音勤。同芹。楚葵也。今水中芹菜是也。又几隱切，音謹。肕也。按：靳與《革部》靳之不同，《正字通》引《左傳》及《説文》與靳字相混，非是。”（454 下）《説文·革部》：“靳，當膺也。从革，斤聲。”（56 上）《玉篇·革部》：“靳，居覲切。固也；當膺也。又戲而相愧曰靳。”（123 上左）《廣韻》去聲焮韻居焮切：“靳，固。又姓，楚有大夫靳尚。”（301）《集韻》去聲焮韻居焮切：“靳，《説文》：‘當膺也。’一曰吝也。杜預説：‘戲而相愧曰靳。’”（545）故《字彙》《正字通》“靳”字諸義，皆因“靳”與“靳”形近，故而誤植“靳”字之義於“靳”字之上所致的訓釋失誤。《康熙字典》所言是也。《集韻》平聲欣韻渠巾切：“芹，《説文》：‘楚葵也。’今水中芹菜。亦作靳。”（132）此“靳”疑即通過改换“芹”字所從義符“艸”旁爲聲符“堇”旁而産生的一個雙聲字。又《集韻》上聲隱韻几隱切：“靳，肕也。”（359）玄應《音義》卷一九：“牢靳，居近反。靳，肕也。肕，音而振反。”（57，P43B7）慧琳《音義》卷二四《度世經》第五卷：“剛靳，上古昂反，下居近反。剛，堅鞕也。靳，柔肕也。”（57，P893A9）“靳”與“靳”音近義同，此“靳”當即“靳”字俗訛。

12. 浫

《字彙·水部》:“浫，許侃切，音罕。浫洝，水溼潤貌。”（247下）

《正字通·水部》:“浫，寒侃切，音罕。浫洝，水溼潤貌。”（590上）

按:《康熙字典·水部》:“浫，《集韻》許旱切，音罕。《玉篇》:‘水也。’《類篇》:‘水名。’又浫洝，水溼潤貌。”（611上）《玉篇·水部》:“浫，音罕。水也。”（92上右）《集韻》上聲旱韻許旱切:“浫，水名。”（367）《新修玉篇》卷十九《水部》引《玉篇》:“浫，呼旱切。水名。”（166上左）《篇海》卷十二《水部》引《玉篇》:“浫，音罕。水也。”（766上）《直音篇》卷五《水部》:“浫，音罕。水也。”（205上）《詳校篇海》《篇海類編》同。《字彙》《正字通》訓“浫”爲“浫洝，水溼潤貌”，於前代字韻書皆無徵，疑非是。《集韻》平聲模韻汪胡切:“窏，窏洝，卑下也。”（92）《文選·長笛賦》:“運裛窏洝，岡連嶺屬。”李善注:“窏洝，卑曲不平也。”吕向注:“窏洝，潤濕貌。”故《字彙》《正字通》訓“浫”爲“浫洝，水溼潤貌”者，當因“浫”“窏”形近，遂誤植“窏”字之義於“浫”字之上所致的訓釋失誤。《康熙字典》亦收“浫洝，水溼潤貌”這一義項，當因承前而誤。

13. 涔

《字彙·水部》:“涔，鋤林切，音岑。漬也。又涔涔，雨多貌。一曰魚池。又取魚也。《爾雅》:‘槮謂之涔。’又牛馬跡中水曰蹄涔。”（248下）

《正字通·水部》:“涔，鉏林切，音岑。《水經》:‘涔水出漢中南縣東南旱山，北至沔陽縣南入于沔。’又涔陽，渚名，在郢中。《楚辭》:‘望涔陽乎極浦。’又涔涔，雨多貌。又《爾雅》:‘槮謂之涔。’注:‘聚柴水中取魚也。’又牛馬跡中水曰蹄涔。”（592下）

按:《康熙字典·水部》:“涔，《唐韻》鉏針切，《集韻》《韻會》《正韻》鉏簪切，並音岑。《説文》:‘漬也。’一曰涔陽渚，在郢中。”（614上）《類篇·水部》:“涔，徐心切。漬也。又才淫切。罧也。又鉏簪切。一曰涔陽渚，在郢中。又慈鹽切。涉水也。又在銜切。蹠跡水也。”（400

下）《類篇》訓“洿”爲“涉水也”，疑非是。《集韻》平聲鹽韻慈鹽切：“洿，《博雅》：‘濅、洿，栫也。’或作橬，通作潛。”（289）此“洿”義指“聚集柴木于水中以捕魚”，同“橬”“潛”。《類篇》訓“洿”爲“涉水也”，當爲誤植“潛”字之義於“洿”字之上所致的訓釋失誤。《説文・水部》：“潛，涉水也。从水，朁聲。”（233上）《集韻》平聲鹽韻慈鹽切：“潛，《説文》：‘涉水也。’”（288）以上二書是其證也。《大字典》“洿”字下據《類篇》收録“涉水”這一義項，亦非是。

14. ⿱壯犬

《字彙・犬部》：“⿱壯犬，徂郎切，藏上聲。彊犬也。又大也；盛也。又去聲，才浪切。義同。”（280上）

《正字通・犬部》：“⿱壯犬，昨朗切，藏上聲。《説文》：‘妄彊犬也。’别作奘，見《大部》。舊注又大也，盛也，與奘溷。”（660上）

按：《康熙字典・犬部》：“⿱壯犬，《唐韻》徂朗切。《説文》：‘妄彊犬也。从犬，从壯，壯亦聲。’”（709上）《説文・犬部》：“⿱壯犬，妄彊犬也。从犬，从壯，壯亦聲。”（203下）《名義・犬部》：“⿱壯犬，俎尚反。强犬也。”（234上）《玉篇・犬部》：“⿱壯犬，阻良、阻亮二切。强犬。”（110上左）《新修玉篇》《篇海》引《玉篇》並同。《直音篇》卷六《犬部》：“⿱壯犬，音莊。狂犬。又音墻。”（253上）《詳校篇海》卷一《犬部》：“⿱壯犬，側霜切，音莊。狂犬。又妄强犬。”（48下）《篇海類編》同。《字彙》訓“⿱壯犬”爲“大也”“盛也”，於前代字書皆無徵，疑非是。《説文・大部》：“奘，駔大也。从大，从壯，壯亦聲。”（215上）《玉篇・大部》：“奘，昨朗切。大也；盛也。”（99上左）敦煌本《王韻》上聲蕩韻在朗反：“奘，大。”（484）《廣韻》上聲蕩韻徂朗切：“奘，大也。”（214）《字彙》訓“⿱壯犬”爲“大也”“盛也”者，當因“⿱壯犬”“奘”音同形近，故而誤植“奘”字之義於“⿱壯犬”字之上所致的訓釋失誤。《正字通》“⿱壯犬”别作“奘”，於前代字韻書皆無徵，非是。《大字典》“⿱壯犬”字下據《字彙》《正字通》之誤而增加一個義項謂“⿱壯犬”即“奘”的訛字，亦非。

15. 韁

《字彙·田部》:“韁，居良切，音江。界也；境也；邊埵也。又上聲巨兩切。《月令》:‘可以美土韁。’”（299 下）

《正字通·田部》:“韁，同畺。”（702 上）

按:《康熙字典·田部》:“韁,《唐韻》《集韻》《韻會》《正韻》並居良切，音薑。《説文》本作畺。界也……又《正韻》:‘蠶白也。’”（769 下）《洪武正韻》平聲陽韻居良切:“彊,《賈誼新書》:‘衛侯名辟彊，周行人曰啓彊。辟彊，天子之號也，諸侯弗得用，衛侯更名燬。’顔師古曰:‘辟彊言辟禦彊梁者。辟，音壁；彊，音渠良切。’一説辟讀曰闢，彊讀曰韁，言開土地也。又《詩》:‘鶉之彊彊。’箋云:‘居有常匹，飛則相隨之貌。’陸音姜。壃韁，同上。”同一小韻下文又曰:“蠕，蠶白。”（124）《洪武正韻》“韁”無“蠶白”之訓，而“蠕”訓“蠶白”當爲“蠶白死”之脱誤。《玉篇·虫部》:“蠕，記良切。蠕蠶。”（119 下右）箋注本《切韻》（斯 2071）平聲陽韻居良反:“蠕，蠶白死。”（122）故宫本《王韻》同。《廣韻》平聲陽韻居良切:“蠕，蠶白［死］也。”（112）《集韻》平聲陽韻居良切:“蠕，蠶白死。”（217）以上諸書皆其證也。《康熙字典》轉録《洪武正韻》“蠶白也”之訓而未作校正，亦失考證。《大字典》“韁”字下據《洪武正韻》收録“蠶白”這一義項，然據上文所引《洪武正韻》可知，“蠶白”當爲“蠕”字之義，而非“韁”字之義，此即因誤植“蠕”字之義於“韁”字之上所致的訓釋失誤，應删。

16. 疲

《字彙·疒部》:“疲，蒲糜切，音皮。勞力也；乏也；倦也。”（301 上）

《正字通·疒部》:“疲，頻彌切，音皮。勞力［也］；乏也。”（705 下）

按:《康熙字典·疒部》:“疲,《唐韻》符羈切,《集韻》《韻會》《正韻》蒲糜切，並音皮。《説文》:‘勞力也。’《玉篇》:‘乏也。’《增韻》:‘倦也。’……又《增韻》:‘止也。’”(774下)《詳校篇海》卷二《疒部》:“疲,蒲縻切,音皮。乏也;勞力也;倦也;止也。”(126上)《篇海類編》同。《詳校篇海》《篇海類編》訓“止也”,疑非是。《説文·疒部》:“疲,勞也。从疒,皮聲。”(153上)《名義·疒部》:“疲,被羈反。勞也;憊也;嬾也;倦也。”(110上)《龍龕》卷四《疒部》:“疲,音皮。勞也;倦也;極也。”(468)《玉篇·疒部》:“疲,被爲切。乏也;勞也。”(57上右)《新修玉篇》《篇海》引《玉篇》同。《直音篇》卷三《疒部》:“疲,音皮。勞也;乏也。”(112上)《廣韻》平聲支韻符羈切:“疲,勞也;乏也。”(18)《集韻》平聲支韻蒲糜切:“疲,《説文》:‘勞也。’或作罷。”(32)故《詳校篇海》《篇海類編》訓“疲”爲“止也”,於前代字韻書皆無徵,當因“疲”與“罷”在“勞也”“倦也”這一意義上可以相互通用,故而誤植“罷”字之“止也”這一義項於“疲”字之上所致的訓釋失誤。《廣雅·釋詁一》“罷,勞也。”王念孫《疏證》:“罷與疲同。”《廣韻》平聲支韻符羈切:“罷,倦也;亦止也。又音糴。”(18)此即爲其證也。《康熙字典》轉録《增韻》曰“止也”,亦非。《增韻》平聲支韻蒲糜切:“疲,勞也;乏也。亦作罷。”下字曰:“罷,同上。又倦也;止也。”故“止也”之訓當爲“罷”字之義而非“疲”字之義。此即其證也。《大字典》“疲”字下據《篇海類編》收録“止”這一義項,疑亦非是。

17. 皮

《字彙·皮部》:“皮,兵媚切,卑去聲。劈麻苧皮頭也。一曰皮皺,不伸也。”(308上)

《正字通·皮部》:“皮,邦妹切,卑去聲。劈麻苧皮頭也。一曰皮皺,不伸也。”(722下)

按:《康熙字典·皮部》:“皮,《篇海》兵媚切,音祕。劈麻苧皮頭也。又皮皺,不伸也。”(797下)《詳校篇海》卷三《皮部》:“皮,兵媚切,音卑去聲。劈麻苧皮頭也。亦作帔。一曰皮皺,不伸也。”(142下)《篇海類編》同。故“皮”訓“劈麻苧皮頭也”,當即“帔”之異體字。“皮”一曰“皮皺,不伸也”,此當因誤植而妄增。《玉篇·皮部》:“皮,争義切。皮皺，皮不伸。”（123 上右）《廣韻》去聲寘韻平義切：“皮，皮䙌（皺）。”（240）下文争義切又曰：“皮，皮皺，皮不展也。”（243）故《詳校篇海》《篇海類編》又訓“皮”爲“皮皺，不伸也”，當因“皮”“皮”形近，故而誤植“皮”字之義於“皮”字之上所致的訓釋失誤。《字彙》《正字通》“皮”字下亦謂“一曰皮皺，不伸也”，皆因承襲前代字書之謬而誤。

18. 眈

《字彙·目部》：“眈，都含切，音耼。《説文》：‘視近而志遠也。’《易·頤·四爻》：‘虎視眈眈。’又上聲，都感切。義同。”（312 上）

《正字通·目部》：“眈，都干切，音丹。《説文》：‘視近而志遠也。’《易·頤·四爻》：‘虎視眈眈。’又樂也。又侵韻，音沈。《詩·衛風》：‘于嗟女兮，無與士眈。’叶上葚，葚平聲。”（731 下）

按：《康熙字典·目部》：“眈，《唐韻》丁含切，《集韻》《韻會》《正韻》都含切，並音酖。《説文》：‘視近而志遠。’《易·頤卦》：‘虎視眈眈。’《釋文》：‘虎下視貌。’又樂也。《書·無逸》：‘惟眈樂之從。’傳：‘過樂之謂眈。’《中庸》：‘和樂且眈。’《詩·小雅》作湛，《爾雅·釋詁》作妉，《説文》作媅，音義並同。”（812 上）《説文·目部》：“眈，視近而志遠。从目，冘聲。《易》曰：‘虎視眈眈。’”（66 上）《玉篇·目部》：“眈，當含切。《説文》云：‘視近而志遠也。’”（21 下右）《廣韻》平聲覃韻徒含切：“眈，視近而志遠。又音耽。”（147）《正字通》訓“眈”爲“樂也”，於前代字韻書皆無徵，非是。《玉篇·耳部》：“耽，丁含切。《詩》云：‘士之耽兮。’耽，樂也。”（23 下左）《詩·衛風·氓》：“于嗟女兮，無與士耽。”毛傳：“耽，樂也。”《禮記·中庸》：“妻子好合，如鼓瑟琴。兄弟既翕，合樂且耽。”鄭玄注：“耽，亦樂也。”故“樂也”當爲“耽”字之義，而非“眈”字之義，今本《詩·衛風·氓》作“耽”，是也。《正字通》因“眈”“耽”音同形近，故而誤植“耽”字之義於“眈”字之上，非是。《康熙字典》“眈”字下又收“樂也”這一義項，亦非。其所引《書·無逸》《中庸》今本皆作“耽”，此亦其證也。《大字典》“眈”字下據《正字通》之誤而收録“樂”這一義項，亦非。

19. 睈

《字彙·目部》:“睈，丑郢切，音逞。睈睈，昭視也；又意不盡也。”（314上）

《正字通·目部》:“睈，譌字。舊音睈，睈睈，照視也，又意不盡也，誤。”（735下）

按:《康熙字典·目部》:“睈，《廣韻》《集韻》並丑郢切，音逞。《玉篇》:‘睈睈，照視也。’又《廣韻》:‘意不盡也。’”（818上）《名義·目部》:“睈，丑井反。照視也。”（36下）《玉篇·目部》:“睈，丑郢切。睈睈，照視也。”（22下右）故宫本《王韻》上聲静韻息井反:“睈，睈睈，昭（照）視。”（485）《廣韻》上聲静韻丑郢切:“睈，視也；又意不盡。”（216）下文息井切又曰:“睲，睈睲，照視。”（217）《集韻》上聲静韻息井切:“睲，視也。”下文丑郢切又曰:“睈，睈睈，照視也。”（424）龍宇純《校箋》注曰:“睈字《集韻》丑郢切同。《廣韻》作睲，《集韻》此亦作睲，疑當從之。昭字《廣韻》《集韻》並作照，當从之。”（382下）龍氏所言是也。“睈”，當訓“睈睲，照視也”。《名義》“睈”字下訓“照視也”，誤脱被訓聯綿詞“睈睲”。《玉篇》訓“睈睈，照視也”，“睈睈”當爲“睈睲”之誤。故宫本《王韻》“丑郢反”這一讀音字下誤脱“睈”字，“息井反”這一讀音之下的“睲”字又誤作“睈”。《廣韻》“睈”字下訓“視也”，“視也”之前誤脱被訓聯綿詞“睈睲”；其後又訓“意不盡”，“意不盡”當爲“悜”字之訓誤植於此所致的訓釋失誤。《玉篇·心部》:“悜，丑井切。慏悜，意不盡也。”（39上右）下文又曰:“慏，彌井切。慏悜。”（39上左）故宫本《王韻》上聲静韻丑郢反:“悜，慏悜，意不盡。”下文彌井反又曰:“慏，慏悜，意不盡。”（485）《廣韻》同。此是其證也。《集韻》“悜”下訓“視也”，“視也”前亦誤脱被訓聯綿詞“睈睲”；而“睈”訓“睈睈，照視也”，“睈睈”亦當爲“睈睲”之誤。《新修玉篇》卷四《目部》引《玉篇》:“睈，丑郢切。睈睈，照視也；又意不盡。”（38上右）《詳校篇海》卷三《目部》:“睈，丑郢切，音逞。睈睈，照視也；又意不盡也。”（170 上）《篇海類編》同。《新修玉篇》《詳校篇海》《篇海類編》《字彙》訓“睈睈，照視也”，皆因承襲《玉篇》之謬而誤；又其訓“意不盡”，皆因承襲《廣韻》之謬而誤。《字彙》謂“睈”爲訛字，亦不可據。《大字典》《字海》“睈”字下皆據《廣韻》之誤而收録“意不盡”這一義項，俱失考證。

20. 睒

《字彙·目部》：“睒，吐濫切，塔去聲。候視也。又失冉切，音閃。暫視也。”（314 上）

《正字通·目部》：“睒，矢拜切，音閃。《説文》：‘暫視貌。’木華《海賦》：‘爩昱絶電，百色妖露，呵嗽掩鬱，巘睒無度。’注：‘言群妖吞吐光色眩惑無定也。’通作覢。舊注吐濫切，塔去聲，訓候視，非。”（736 下）①

按：《康熙字典·目部》：“睒，《唐韻》《集韻》《韻會》《正韻》並失冉切，音閃。《説文》：‘暫視貌。’”（819 下）敦煌本《王韻》去聲闞韻吐濫反：“睒，夷人以財贖罪。”（416）故宮本《王韻》同。此“睒”當即“賧”字之訛。故宮本《裴韻》去聲闞韻吐濫反：“賧，夷人以財贖罪也。”（603）《唐韻》同。故宮本《王韻》、《唐韻》校作“賧”，是也。《廣韻》去聲闞韻吐濫切：“賧，夷人以財贖罪。”同一小韻下文又曰：“睒，候視。”（358）《廣韻》於“夷人以財贖罪”這一釋義之上校字頭“睒”作“賧”，是也；然於同一小韻下文又收“睒”字，訓“候視”，非是。敦煌本《王韻》去聲闞韻吐濫反：“䀡，候視。又敕黯反。”（416）故宮本《王韻》同。故《廣韻》訓“睒”爲“候視”，當爲誤植“䀡”字之義於“睒”字之上所致的訓釋失誤。《廣韻》誤植“䀡”字之義於“睒”字之上，遂致“吐濫切”這一讀音之下的“䀡”字失載。《集韻》去聲闞韻吐濫切：“賧，夷人以財贖罪也。或作倓。”同一小韻下文又曰：“睒，候

① 筆者原據《廣韻》之謬而謂“䀡”訓“候視”，同“睒”（見拙著《〈新修玉篇〉疑難字考釋》第 51 頁“䀡”字注），今更正於此。

視也。”同一小韻下文又曰：“貼，候視。”（625）《集韻》於“夷人以財贖罪也”這一釋義之上校字頭“睒”爲“賧”，是也；於“吐濫切”這一讀音之下補收“貼”字，亦是；然於“吐濫切”這一讀音之下仍收“睒”字，訓“候視”，當爲《廣韻》所誤。《詳校篇海》卷三《目部》：“睒，失冄切，音閃。暫視。又吐濫切，音毯去聲。候視。”（170下）《篇海類編》同。《詳校篇海》《篇海類編》《字彙》訓“睒”爲“候視”，亦皆因承襲《廣韻》之謬而誤。《大字典》“睒”字下據《廣韻》之誤而收録“候視”這一義項，亦失考證。

21. 葭

《字彙·竹部》：“葭，古牙切，音加。葭蘆，箄（葦）未秀者。”（344下）

《正字通·竹部》：“葭，葭字之訛。舊注音加，葭蘆，箄（葦）未秀者，與《艸部》‘葭’訓同，改从竹，非。”（802上）

按：《康熙字典·竹部》：“葭，《篇海》古牙切，音加。葭蘆。《説文》：‘葦未秀者。’《北堂書鈔》：‘葭亦作笳。’《宋書·樂志》：‘葭，李伯陽入西戎所造，即箛也。’”（908下）《新修玉篇》卷十四《竹部》引《龍龕》：“葭，古牙切。葭簫，卷蘆葉吹之。”（129下左）《篇海》卷五《竹部》引《龍龕》：“葭，古牙切。葭蘆也。《説文》：‘箄（葦）未秀者。’又音遐。”（644下）“葭”字，《新修玉篇》與《篇海》義訓不同，當以《新修玉篇》爲是。《龍龕》卷四《竹部》：“葭，或作；笳，正。音加。笳簫，卷蘆葉吹之也。二。”（389）此是其證也。《篇海》訓“葭蘆也。《説文》：‘箄（葦）未秀者。’”者，當因“葭”“葭”音同形近，故而誤植“葭”字之義於“葭”字之上所致的訓釋失誤。《直音篇》卷四《竹部》：“笳，音加。捲蘆葉吹之。葭，同上。”（152下）故“葭”當即“笳”之異體字，即指“我國古代北方民族的一種吹奏樂器，似笛”。《詳校篇海》卷二《竹部》：“葭，古牙切，音加。葭蘆。《説文》：‘箄（葦）未秀者。’”（105下）《篇海類編》同。《詳校篇海》《篇海類編》“葭”字義訓皆因承襲《篇海》之謬而誤。《字彙》訓“葭蘆，箄（葦）未秀者”者，亦因承襲前代字書之謬而誤。《正字通》據《字彙》義訓之誤而謂“篌”即“葮”字之訛，亦非。《康熙字典》訓“葮蘆”，並引《說文》“葦未秀者”，亦非。

22. 篠

《字彙·竹部》:“篠，蘇果切，音瑣。竹名。”（345 上）

《正字通·竹部》:“篠，莜字之訛。”（802 上）

按:《康熙字典·竹部》:“篠,《廣韻》蘇果切,《集韻》損果切，並引鎖。《廣韻》:‘竹名。又席也。’《博雅》:‘簃、篠，席也。一曰箪也。’又篠人，漢縣名。《漢書》作莜,《括地志》作篠。”（908 下）《玉篇·竹部》:“篠，先果切。竹名。《漢書》有篠人縣，本作莜。”（71 下左）“篠”本當訓“竹名”,《玉篇》又訓“篠人縣”者，即因“篠”“莜”音同形近，進而誤植“莜”字之義於“篠”字之上所致的訓釋失誤。《名義·竹部》:“篠，先果反。竹名。”（143 上）敦煌本《王韻》上聲果韻蘇果反:“莜，莜人縣，在上黨。”同一小韻下文又曰:“篠，竹名。”（395）故宮本《王韻》、《廣韻》、《集韻》同。以上諸書皆其證也。故“篠”與“莜”音同義別，二字不可混同,《正字通》謂“篠”即“莜”字之訛，其説非是。

23. 簙

《字彙·竹部》:“簙，裴古切，蒲上聲。籍也；領也。又手版也。”（348 下）

《正字通·竹部》:“簙，薄故切，蒲去聲。籍也；領也。又手版也。”（808 下）

按:《康熙字典·竹部》:“簙,《廣韻》《正韻》裴古切,《集韻》《韻會》伴姥切，並音部。籍也……又《類篇》弼碧切。壁柱。”（921 上）《類篇·竹部》:“簙，伴姥切。籍也；笏也。又白各切。蠶具。又弼碧切。壁柱。”（166 上）《類篇》又訓“簙”爲“壁柱”，疑非是。《說文·木部》:“欂，壁柱也。从木，薄省聲。”（115 下）《廣韻》入聲陌韻弼戟切:“欂，《說文》曰:‘壁柱也。’”（415）故《類篇》又訓“壁柱”，即因“簙”“欂”形近，進而誤植“欂”字之義於“簙”字之上所致的訓釋失誤。《康熙字典》轉録《類篇》“壁柱”之訓而未作校正，亦失考證。《大字典》“簿”字下據《類篇》之誤而收録“壁柱”這一義項，非是。

24. 羃

《字彙·网部》:“羃，狼狄切，音力。羃羃，煙貌。唐豆盧田詩:‘羃羃野煙起。’”（367 下）

《正字通·网部》:“羃，郎敵切，音力。羃羃，煙貌。唐豆盧田詩:‘羃羃野煙起。’”（848 上）

按:《康熙字典·网部》:“羃，《廣韻》郎擊切，《集韻》《韻會》狼狄切，並音歷。羃羃，煙貌。又《玉篇》:‘蓋食巾。’”（976 上）《玉篇·网部》:“羃，郎的切。蓋食巾。”（77 上右）《玉篇校釋》“羃”字下注:“《廣韻》入聲廿三錫郎擊切，《廣韻》《集韻》並云:‘羃羃，煙狀。’此云‘蓋食巾’者，涉上文‘羃’下注文而誤。‘羃羃’疊韻形容詞，本止爲‘歷’。左思《吴都賦》:‘羃歷江海之流。’劉逵曰:‘羃歷，分布覆被皃。’《集韻》或從冃作羃。”（3051）胡氏所言當是。箋注本《切韻》（斯 2071）入聲錫韻莫歷反:“羃，覆食巾。”（145）敦煌本《王韻》入聲錫韻莫歷反:“羃，覆食巾。本作冖。”（430）故宫本《王韻》同。“覆食巾”“蓋食巾”義同，此亦其證也。又《文選·吴都賦》:“夤緣山嶽之岊，冪歷江海之流。”劉逵注:“冪歷，分布覆被貌。”“羃羃”“羃歷”“冪歷”並同，“羃”當本作“歷”。據以上諸文可知，“羃”無“蓋食巾”之訓。《玉篇》訓“蓋食巾”，當因誤植“羃”字之訓於“羃”字之上所致的訓釋失誤。《康熙字典》轉録《玉篇》“蓋食巾”之訓而未作校正，亦失考證。《大字典》《字海》“羃”字下據《玉篇》之誤分別收録“蓋食巾”“覆蓋食物的巾”這一義項，並非。

25. 翁

《字彙·羽部》:“翁，烏紅切，甕平聲。長老之稱，今稱人父曰尊翁。漢高祖荅項羽曰:‘吾翁即若翁。’又鳥頸毛亦曰翁。《漢·郊祀志》:‘鳧翁雜五采文。’又飛貌。又姓。”（370 上）

《正字通・羽部》:“翁，烏風切，甕平聲。長老之稱，今稱人父曰尊翁。漢高祖答項羽曰:‘吾翁即若翁。’《漢・郊祀志》:‘殊翁雜五采文。’孟康曰:‘翁，雁頸也。’又姓。《貨殖傳》翁仲。”(853下)

按:《康熙字典・羽部》:“翁,《廣韻》《正韻》烏紅切,《集韻》《韻會》烏公切，並音螉。《説文》:‘頸毛也。’《玉篇》:‘鳥頸下毛。’《前漢・禮樂志》:‘赤鴈集六紛員，殊翁雜五采文。’注:‘孟康曰:翁，鴈頸。’又《玉篇》:‘飛貌。’”(982上)《玉篇・羽部》:“翁，於公切。鳥頸下毛。又飛皃。又老稱。或作䎃。”(121上左)下文又曰:“翁，孚云切。翁翁，飛皃。”(121下右)《玉篇校釋》“翁”字下注:“‘又飛皃’者,《廣雅・釋訓》‘翁翁，飛也’，應此‘飛皃’出《埤蒼》。”(5120)胡氏所言非是。《廣雅・釋訓》:“翁翁，飛也。”王念孫《疏證》:“《莊子・山木篇》:‘其爲鳥也，翂翂翐翐而似無能。’釋文:司馬云:‘翂翂翐翐，舒遲貌。一云:飛不高貌。’李云:‘羽翼聲。’翂與翁同。”《廣雅・釋訓》訓“飛皃”，本作“翁翁”，而非作“翁翁”。《名義・羽部》:“翁，於公反。父也;尊老。”(262下)下文曰:“翁,(乎)[孚]云反。飛。”(264上)據此可知原本《玉篇》“翁”亦未訓“飛皃”，而《玉篇》又訓“翁”爲“飛皃”者，當因“翁”“翁”形近，故而誤植“翁”字之義於“翁”字之上所致的訓釋失誤。《新修玉篇》卷第二十六《羽部》引《玉篇》:“翁，於公切。鳥頸下毛。又飛皃。又老稱。亦作䎃。”(212下右)《篇海》同。《新修玉篇》《篇海》又訓“翁”爲“飛皃”，皆因承襲《玉篇》之謬而誤。《詳校篇海》卷五《羽部》:“翁，烏紅切，聲同弘。老稱也。又父曰翁。漢高祖答項羽曰:‘吾翁即若翁。’又鳥頸毛。《玉篇》:‘又飛貌。’又姓。”(362上)《篇海類編》同。《詳校篇海》《篇海類編》轉録《玉篇》“飛貌”之訓而未作校正，亦失考證。《字彙》“翁”字下又訓“飛貌”，亦因承襲前代字書之謬而誤。《正字通》“翁”字下刪去“飛貌”之訓，是也。《康熙字典》亦轉録《玉篇》“飛貌”之訓，亦失考證。《大字典》“翁”字下據《玉篇》之誤而收録“飛的樣子”這一義項，亦非。

26. 胱

《字彙·肉部》:“胱，姑黄切，音光。膀胱，水府。”（380下）

《正字通·肉部》:“胱，孤荒切，音光。膀胱，水府也。”（875下）

按:《康熙字典·肉部》:“胱,《正韻》姑黄切，音光。膀胱，水府也。《類篇》:‘脅下。’《博雅》:‘膀胱謂之脬。’”（1011下）《集韻》平聲唐韻姑黄切:“胱，膀胱；脅也。”（225上）《集韻》訓“胱”爲“脅也”，疑非是。《説文·肉部》:“膀，脅也。从肉，㫄聲。髈，膀或从骨。”（82上）《龍龕》卷四《肉部》:“膀胱，上音傍，下音光。膀胱，脬也；水府也。”（408）《玉篇·肉部》:“膀，步方切。《説文》:‘脅也。’亦作髈。”下字曰:“胱，古黄切。膀胱也。”（35下右）箋注本《切韻》（斯2071）平聲唐韻古皇反:“胱，膀胱。”（123）敦煌本《王韻》、故宫本《王韻》、《廣韻》同。故《集韻》訓“胱”爲“脅也”，於前代字韻書皆無徵，當因“膀”“胱”連用，故而誤植“膀”字之義於“胱”字之上所致的訓釋失誤。《類篇·肉部》:“胱，姑黄切。膀胱，脅下。”（147下）《類篇》訓“脅下”，當因承襲《集韻》之謬而誤。《康熙字典》轉録《類篇》“脅下”之訓而未作校正，亦失考證。《大字典》“胱”字下據《集韻》之誤而收録“脅”這一義項，疑亦非是。

27. 胼

《字彙·肉部》:“胼，俗胼字。”（381上）

《正字通·肉部》:“胼，俗胼字。”（878上）

按:《康熙字典·肉部》:“胼,《集韻》蒲眠切，音蹁。胼胝，皮堅。《玉篇》:‘皮厚也。手足胼胝。’《集韻》或作跰，通作骿。”（1012上）《詳校篇海》卷五《肉部》:“胼，蒲眠切，音駢。胼胝，皮堅厚也。《史記》曰:‘手足胼胝。’又北孟切，音迸。腹脹也。”（384上）《篇海類編》同。《詳校篇海》《篇海類編》“胼”字又音“迸”，訓“腹脹也”，疑非是。《龍龕》卷四《肉部》:“胼，部田反。胼胝，皮上堅也。”（407）《玉篇·肉部》:“胼，步田切。皮厚也。《史記》曰:‘手足胼胝。’”（35下左）《新修玉篇》《篇海》引《玉篇》並同。箋注本《切韻》（斯 2071）平聲先韻蒲田反：“胼，胼胝。”（117）《廣韻》平聲先韻部田切：“胼，胼胝，皮上堅也。跰，上同。”（84）《集韻》平聲先韻蒲眠切：“胼，胼胝，皮堅。或作跰，通作骿。”（159）《直音篇》卷二《肉部》：“胼，音緶。胼胝，皮堅厚。胼，同上。”（74 上）故《詳校篇海》《篇海類編》“胼”字又音“迸”，訓“腹脹也”，於前代字韻書皆無徵，當爲誤植“脝”字之義於“胼”字之上所致的訓釋失誤。《集韻》去聲諍韻北諍切：“脝，腹脹皃。”（605）此即其證也。《大字典》“胼”字下據《篇海類編》之誤而收録“腹脹”這一義項，亦非。

28. 腄

《字彙·肉部》：“腄，直追切，音垂。臀也。又縣名，在萊州。《秦始皇紀》：‘過黃、腄。’《漢·主父偃傳》：‘飛芻輓粟，起於黃、腄。’又株垂切，音追。《説文》：‘瘢胝也。’一曰馬及鳥頸上結骨。又直類切，音墜。義同。”（382 上）

《正字通·肉部》：“腄，朱暉切，音追。《説文》：‘瘢胝也。’一曰馬及鳥頸上結骨。李舟説。又是爲切，音誰。縣名，在東萊郡。《秦始皇紀》：‘東巡，過黃、腄。’《漢·主父偃傳》：‘飛芻輓粟，起于黃、腄。’……又隊韻音墜。義同。《説文》分脽、腄爲二，脽，尻也，與腄别，舊注沿《韻會》‘腄，臀也’，誤。本作腄，篆作〓，俗作腄。”（880 上）

按：《康熙字典·肉部》：“腄，《唐韻》竹垂切，《集韻》《韻會》株垂切，並音箠。《説文》：‘瘢胝也。’一曰馬及鳥脛上結骨。李舟説。又《集韻》《韻會》並是爲切，音垂。臀也。”（1017 下）《集韻》平聲支韻是爲切：“腄，臀也。”（27）《正字通》所言當是。《説文·肉部》：“腄，瘢胝也。从肉，垂聲。”（83 上）《名義·肉部》：“腄，筑垂反。瘢胝也。”（67 上）《玉篇·肉部》：“腄，竹垂切。《説文》：‘瘢（腄）［胝］也。’又馳僞切。縣名。”（37 下右）故宫本《王韻》平聲支韻竹垂反：“腄，瘢胝也。”（440）下文去聲寘韻池累反又曰：“腄，縣名。”（490）

故宫本《王韻》平聲支韻竹垂反："腄，瘢胝。"（547）下文去聲寘韻池累反又曰："腄，縣名，在東萊。"（585）《廣韻》同。《集韻》訓"腄"爲"臀也"，於前代字韻書皆無徵，當因"腄""脽"音近，故而誤植"脽"字之義於"腄"字之上所致的訓釋失誤。《説文·肉部》："脽，尻也。从肉，隹聲。"（82下）《廣雅·釋親》："臀謂之脽。"《玉篇·肉部》："脽，是惟切。尻也。"（35下左）《廣韻》平聲脂韻視隹切："脽，尻也。"（26）"尻也""臀也""尻也"，諸訓訓異義同，皆指"臀部"。此即其證也。又《古今韻會舉要》平聲支韻是爲切："腄，臀也。"（59上）《古今韻會舉要》訓"腄"爲"臀也"，當因承襲《集韻》之謬而誤。《字彙》訓"臀也"，亦因承前而謬。《康熙字典》亦收"臀也"這一義項，亦因承前而誤。《大字典》"腄"字下據《集韻》之誤而收録"臀"這一義項，亦非。

29. 䒌

《字彙·色部》："䒌，眉病切，音命。閉目也。與瞑同。又《集韻》：'䒌艵，青黑色也。'"（392下）

《正字通·色部》："䒌，與瞑、眠通。又《集韻》：'䒌艵，青黑色也。'"（903上）

按：《康熙字典·色部》："䒌，《廣韻》《集韻》並莫定切，音冥。䒌艵，青黑色。又《正韻》眉病切，音命。閉目也。與瞑同。"（1051上）《字彙》訓"䒌"爲"閉目也"，疑非是。《龍龕》卷四《色部》："䒌艵，上莫定反，下千定反。䒌艵，青黑色也。"（523）《玉篇·色部》："艵，千定切。艵䒌，青黑色也。"下字曰："䒌，亡定切。艵䒌。"（21上右）"䒌"字，《新修玉篇》《篇海》引《玉篇》同。敦煌本《王韻》去聲徑韻千定反："艵，艵䒌，青黑色。"下文莫定反又曰："䒌，艵䒌。"（417）故宫本《王韻》同。《廣韻》去聲徑韻千定切："艵，䒌艵，青黑［色］。"下文莫定切又曰："䒌，［䒌艵］。"（345）《集韻》去聲徑韻莫定切："䒌，䒌艵，（赤）［青］黑色。"下文千定切又曰："艵，䒌艵，青黑色。"（607）《直音篇》卷七《色部》："䒌，音命。䒌艵，青黑色。"（304下）《詳校篇海》卷四《色部》:“䳟，亡定切，音命。艴䳟也。”(297下)《篇海類編》同。故《字彙》訓“䳟”爲“閉目也”，於前代字韻書皆無徵，當爲誤植“瞑”字之義於“䳟”字之上所致的訓釋失誤。《集韻》去聲徑韻莫定切“䳟”字下文又曰:“瞑，閉目。”(607)此即其證也。故《字彙》訓“閉目也”，非是；又其謂同“瞑”，亦非。《正字通》承襲《字彙》之謬而謂“䳟”與“瞑”“眠”通，亦非。《康熙字典》“䳟”字下據《洪武正韻》收録“閉目”這一義項，亦非。《洪武正韻》去聲敬韻眉病切:“瞑，閉目。”同一小韻下文曰:“䳟，䳟艴。”(306)故《洪武正韻》“瞑”“䳟”二字義訓分别甚明，《康熙字典》“䳟”字下據《洪武正韻》收録“閉目”這一義項，當因承襲《字彙》之謬而誤。《大字典》“䳟”字下亦據《洪武正韻》收録“閉目”這一義項，然據上文所引《洪武正韻》可知“瞑”訓“閉目”，“䳟”訓“䳟艴”，二字義訓分别甚明，故《大字典》“䳟”字下據《洪武正韻》收録“閉目”這一義項，亦當因承襲《字彙》《正字通》《康熙字典》之謬而誤。

30. 蠬

《字彙・虫部》:“蠬，力支切，音離。蟄蠬，蟲名。”(433下)

《正字通・虫部》:“蠬，螭字之譌。舊注音離，蟄蠬，蟲名，誤。”(1014下)

按:《康熙字典・虫部》:“蠬，《唐韻》吕支切，《集韻》鄰知切，並音離。《類篇》:‘螹蠬，龍無角。一曰蟲名。’”(1150下)《集韻》平聲支韻鄰知切:“蠬，螹蠬，龍無角。一曰蟲名。”(31)《集韻》訓“蠬”爲“螹蠬，龍無角”，疑非是。《説文・虫部》:“螹，螹離也。从虫，漸省聲。”(283上)段玉裁注:“《史記》《文選》同。《漢書》作‘漸’。《上林賦》説水族曰:‘蛟龍赤螭，䱭䲛螹離。’司馬彪曰:‘螹離，魚名也。’張揖曰:‘其形狀未聞。’按：許以此介於蠵、蠏二篆間，必介蟲之類。”《玉篇・虫部》:“螹，才廉切。螹蠬也。”(118上左)《廣韻》平聲支韻吕支切:“蠬，螹蠬，蟲名。”(18)故“蠬”即訓“螹蠬”，亦作“螹離”“漸離”，義爲“蟲名”。《集韻》訓“龍無角”，於前代字韻書皆無徵，當因

“蠬”“螭”形近，故而誤植“螭”字之義於“蠬”字之上所致的訓釋失誤。《説文·虫部》:“螭，若龍而黄，北方謂之地螻。从虫，离聲。”（282下）《名義·虫部》:“螭，丑支反。龍無角。”（255上）《玉篇·虫部》:“螭，丑支切。無角，如龍而黄。”（118上左）《龍龕》卷二《虫部》:“螭，丑知反。無角龍也。”（220）故宫本《裴韻》平聲支韻丑知反：“螭，無角龍。”（547）以上諸書皆其證也。《類篇·虫部》:“蠬，鄰知切。蟖蠬，龍無角。一曰蟲名。”（484上）《類篇》訓“蠬”爲“龍無角”，當因承襲《集韻》之謬而誤。又《新修玉篇》卷二十五《虫部》引《玉篇》:“蠬，力支切。蟖蠬，蟲名。”（210上右）《篇海》卷十三《虫部》引《餘文》:“蠬，力支切。蟿蠬，蟲名。”（787上）“蠬”字，《新修玉篇》與《篇海》義訓不同，當以《新修玉篇》爲是，《篇海》訓“蟿蠬”，“蟿”當爲“蟖”字俗訛。《直音篇》卷六《虫部》:“蠬，音梨。蟖蠬，蟲名。”（270上）此亦其證也。《詳校篇海》卷五《虫部》:“蠬，力支切，音離。蟿蠬，蟲名。”（316下）《篇海類編》同。《詳校篇海》《篇海類編》訓“蟿蠬”，皆因承襲《篇海》之謬而誤。《字彙》改作“螯蠬”，亦非。故“蠬”與“螭”儘管部分構字部件相同，然音義俱别，二字不可混同，《正字通》謂“蠬”即“螭”字之訛，非是。《康熙字典》轉録《類篇》“龍無角”之訓而未作校正，亦失考證。《大字典》“蠬”字下據《類篇》之誤而收録“無角龍”這一義項，亦非。

31. 讔

《字彙·言部》:“讔，於謹切，音隱。詸言。又（庾）[廋]語。”（459上）

《正字通·言部》:“讔，與隱通。《吕覽·審應篇》:‘成公賈之讔喻。’高誘注:‘讔，謬也。’劉勰曰:‘讔者，隱也。’……舊注音隱，是；訓詸言，非。”（1084上）

按:《康熙字典·言部》:“讔，《集韻》倚謹切，音隱。廋語也。《字彙》詸言也。又《文心雕龍》:‘讔者，隱也。遯辭以隱意，譎譬以指事也。’《吕覽·重言篇》:‘荆莊王立三年不聽而好讔。’又《正字通》:‘與隱通。’劉向《新序》:‘齊宣王發隱書而讀之。’隱即讔字。”(1239上)《集韻》上聲隱韻倚謹切:“讔,(瘦)[廋]語。”(358)《正字通》所言是也。《文心雕龍·諧讔》:“讔者,隱也。遯辭以隱意,譎譬以指事也。”此即其證也。故“讔”本當作“隱”。《字彙》訓“讔”爲“詶言”,即如《正字通》所言,非是。《新修玉篇》卷九《言部》引《餘文》:“讔,於謹切。(瘦)[廋]語也。”下字曰:“譏,初覲切。詶言也。”(83下右)《篇海》卷三《言部》引《餘文》:“讔,於謹切。詶言也。”(612下)《篇海》訓“讔”爲“詶言也”,於前代字韻書皆無徵,當因誤脱“譏”字,故而誤植“譏”字之義於“讔”字之上所致的訓釋失誤。《集韻》去聲震韻初覲切:“譏,詶言也。”(542)此亦其證也。《詳校篇海》卷一《言部》:“讔,於謹切,音隱。詶言。又廋語。”(61上)《篇海類編》同。《詳校篇海》《篇海類編》“讔”字下收録“詶言”這一義項,皆因承襲《篇海》之謬而誤。《字彙》“讔”字下亦收“詶言”這一義項,亦因承襲前代字書之謬而誤。《大字典》“讔”字下據《字彙》之誤而收録“應答之言”這一義項,非是。

32. 跃

《字彙·足部》:“跃,陟離切,音知。蹋也。又丁計切,音帝。義同。”(472下)

《正字通·足部》:“跃,俗跃字。舊注蹋也,與《韻會》訓跃同,改音知,又音帝;《舉要》‘跃跰,皮厚也’,跃、蹢並同跃;《六書統》‘跃,竹泥切,腄也,與胝同’,並非。”(1117上)

按:《康熙字典·足部》:“跃,《廣韻》都計切,《集韻》丁計切,並音帝。《玉篇》:‘蹋也。’又《集韻》張尼切,音胝。《類篇》:‘跆也。或作蹢。’”(1280上)《廣雅·釋詁二》:“跃,蹋也。”《名義·足部》:“跃,丁戾反。蹋也。”(63上)《玉篇·足部》:“跃,丁戾切。蹋也。”(34上左)敦煌本《王韻》去聲霽韻都計反:“跃,蹋也。”(406)故宫本《王韻》、《廣韻》、《集韻》同。又《説文·足部》:“跃,尌也。从足,氏聲。”(40下)《名義·足部》:“跃,時㑮反。聚集也;(短)[尌]也。”(60下)

《玉篇・足部》:“跱,時紙切。樹也。”(33下右)《廣韻》上聲紙韻承紙切:“跱,尌也,謂立也;積聚也。”(162)“跱”與“跱”儘管形近,然音義俱别,二字不可混同,故《正字通》之説非是。又《類篇・足部》:“跱,張尼切。跲也。或作躓。跱又攄佳切。蹋也。又丁計切。躓又陟利切,又陟日切。”(68下)《類篇》訓“跱”爲“跲也”,疑非是。《集韻》平聲脂韻張尼切又曰:“胝,《説文》:‘腄也。’一曰繭也。或作疷、跱、躓。”(43)據《集韻》可知,“跱”與“胝”“疷”“躓”在“腄也”“繭也”這一義項上即爲異體字。《類篇》謂“跱”或作“躓”,是也;然訓“跲也”,當爲誤植“躓”字本義於此所致的訓釋失誤,因爲“躓”《説文》訓“跲也”,然“跱”與“躓”僅在“腄也”“繭也”這一義項上互爲異體字,而非在“跲也”這一義項上互爲異體字。《康熙字典》轉録《類篇》“跲也”之訓而未作校正,亦失考證。《大字典》“跱”字下據《類篇》之誤而收録“絆倒”這一義項,非是。

33. 䟣

《字彙・足部》:“䟣,尺律切,音出。䟣踢,獸名。”(472下)

《正字通・足部》:“䟣,尺律切,音出。《山海經》:‘南海外,流沙之東,赤水之西,有獸,左右有首,名䟣踢。’”(1117上)

按:《康熙字典・足部》:“䟣,《廣韻》丑律切,《集韻》敕律切,並音黜。獸跡。又《類篇》:‘䟣踢,獸名。’《山海經》:‘南海,赤水之西,流沙之東,有獸,左右有首,名䟣踢。’”(1280上)《龍龕》卷四《足部》:“䟣,丑律反。獸跡也。又䟣踢,獸名,左右有首也。”(467)《玉篇・足部》:“䟣,褚律切。獸跡也。《山海經》云:‘赤水之西,流沙之東,有獸,左右有首,名䟣踢。’”(34上右)《龍龕》《玉篇》訓“獸跡也”,疑非是。《玉篇校釋》“䟣”字下注:“‘獸跡也’者,傳寫漏奪‘踈’字,而以義誤入‘䟣’下也。《廣雅・釋詁三》:‘踈,迹也。’此云‘獸跡’,疑出《埤蒼》,踈、䟣形近。”(1406)胡氏所言疑是。《名義・足部》:“䟣,褚律反。獸,有左右首,名[䟣踢]也。”(62上)《新撰字鏡・足部》:“䟣,褚律反。[䟣]踢也。”(136)敦煌本《王韻》入聲質韻[丑律反]:“狘，獸名。”(425)故宫本《王韻》入聲質韻丑律反:“跊，獸名。”(513)“狘”與“跊”音義並同，且位置相同，當即異體字。《山海經·大荒南經》:“南海之外，流沙之東，赤水之西，有獸，左右有首，名曰跊踢。”郭璞注:“(跊踢)出狻名國。黜、惕二音。”故《龍龕》《玉篇》訓“獸跡也”，於前代字韻書、文獻皆無徵，當如胡氏所言，當爲誤植“踈”字之義於“跊”字之上所致的訓釋失誤。《廣韻》入聲術韻丑律切:“跊，獸跡。”同一小韻下文又曰:“狘，獸名。”(385)《廣韻》“跊”“狘”二字兼收，正如上文所言，“跊”“狘”本爲異體字，然《廣韻》將二字分列，改訓“跊”爲“獸跡”，當因承襲前代字書之謬而誤。《集韻》入聲術韻敕律切:“跊狘，《山海經》:‘流沙之東，有獸，左右有首，名曰跊踢。’或从犬。”(671)《集韻》謂“狘”即“跊”之或體，據《山海經》爲訓，所言是也。《康熙字典》收録“獸跡”這一義項，亦因承前而誤。《大字典》《字海》“跊”字下分别據《玉篇》《廣韻》之誤而收録“獸跡”這一義項，疑並非是。

34. 踑

《字彙·足部》:“踑，苦狊切，音闃。踞也。”(475上)

《正字通·足部》:“踑，蹞字之訛。舊注音闃，踞也，誤。”(1122下)

按:《康熙字典·足部》:“踑，《廣韻》丘謬切，《集韻》輕幼切，並音蹞。跔踑，行不正也。又《廣韻》苦鶪切，《集韻》苦狊切，並音闃。踞也。又《集韻》丘救切，音糗。跛行也。又《集韻》《類篇》並牛救切，音齅。義同。”(1287下)《玉篇·足部》:“踑，丘役切。踞皃。”(34上左)敦煌本《王韻》入聲錫韻苦鶪反:“踑，踞。”(430)故宫本《王韻》入聲錫韻苦鶪反:“踑，踞也。”(519)《廣韻》《集韻》同。又《龍龕》卷四《足部》:“跔，巨幼反。跔蹞，醜行之皃。”下字曰:“蹞，之謬反。[跔]蹞，蹌行皃也。”(464)《玉篇·足部》:“跔，渠幼切。跔蹞，蹌行皃。”下字曰:“蹞，丘幼切。跔蹞。”(34上左)《廣韻》去聲幼韻丘謬切:“蹞，[跔]蹞，蹌行皃。”下文巨幼切又曰:“跔，跔蹞，醜行之皃。”

（355）《集韻》去聲幼韻輕幼切："𨁂，趴𨁂，行不正也。"（620）故"踑"與"𨁂"儘管形近，然音義俱别，二字不可混同，《正字通》謂"踑"即"𨁂"字之訛，且謂"舊注"誤，既無書證亦無例證，其説非是。又《龍龕》卷四《足部》："𨁂，苦覓、古覓二反。踞皃也。"（465）據上文可知，此"𨁂"當即"踑"字誤刻。《康熙字典》"踑"字下收録"音𨁂。趴踑，行不正也""音糗。跛行也""音臭。義同"諸義，皆因"踑""𨁂"形近，故而誤植"𨁂"字之義於"踑"字之上所致的訓釋失誤。

35. 軝

《字彙·車部》："軝，渠宜切，音奇。車長轂也。《詩·商頌》：'約軝錯衡。'《詩詁》：'軝，轂之旁出者也。'按：《考工記》：'三分其轂長，二在外，一在内，以置其輻。'是轂之外者長而内者短也，軝非轂名，乃是轂之外長而旁出者。凡在輪中通謂之轂，轂之旁出者爲軝。"（480上）

《正字通·車部》："軝，渠宜切，音奇。《説文》：'長轂之軝也。以朱約之。'《詩·小雅·采芑》：'約軝錯衡。'《考工記》：'三分其轂長，二在外，一在内，以置其輻。'是轂之外者長而内者短也，軝非轂名，乃是轂之外長而旁出者。凡在輪中通名爲轂，轂之旁出者爲軝。"（1132上）

按：《康熙字典·車部》："軝，《廣韻》巨支切，《集韻》《韻會》翹移切，《正韻》渠宜切，並音奇。《説文》：'長轂之軝。'《詩·小雅》：'約軝錯衡。'注：'約束也，以皮纏束車之轂而朱之也，錯文也。'《詩詁》：'軝，轂之旁出者也。'"（1301上）《龍龕》卷一《車部》："軝，巨支反。藥草。"（81）《龍龕》訓"藥草"，疑非是。《説文·車部》："軝，長轂之軝也。以朱約之。从車，氏聲。《詩》曰：'約軝錯衡。'靯，軝或从革。"（303下）《名義·車部》："軝，渠支反。長轂。軙，同上。"（182上）《玉篇·車部》："軝，巨支切。轂飾。亦作靯。軙，同上。"（86下右）故宫本《王韻》巨支反："軝，長轂。"（439）故宫本《裴韻》平聲支韻巨支反："軝，案：朝楚車輪。《詩》曰：'約軝錯衡。'長轂之軝。"（545）《廣韻》平聲支韻巨支切："軝，《説文》曰：'長轂之軝也。以朱約之。'《詩》曰：'約軝錯衡。'靯，上同。"（17）故《龍龕》訓"軝"爲"藥草"，於歷代字韻書皆無徵，當因從“芪”爲説而誤。《説文·艸部》:“芪，芪母也。从艸，氏聲。”(15 上)《廣韻》平聲支韻巨支切:“芪，藥草。《説文》曰:‘芪母也。’”(17)《龍龕》訓“軝”爲“藥草”，當因“軝”“芪”音同，故而誤植“芪”字之義於“軝”字之上所致的訓釋失誤。《大字典》“軝”字下據《龍龕》之誤而收録“藥草”這一義項，非是。

36. 鎪

《字彙·金部》:“鎪，疏鳩切，音蒐。刻雕鐵物。一曰馬耳金飾。”(507 下)

《正字通·金部》:“鎪，疏鉤切，音蒐。鏤刻也。舊注沿《正韻》‘鎪’注引《廣韻》‘馬首金飾’，誤以鎪爲鎪。”(1206 下)

按:《康熙字典·金部》:“鎪,《廣韻》所鳩切,《集韻》《正韻》疏鳩切，並音搜。《集韻》:‘鏤也。’《爾雅·釋器》:‘鏤，鎪也。’注:‘刻鏤物爲鎪。’《釋文》:‘鎪，蘇婁反。’按:《廣韻》云‘馬首飾也’，乃‘鎪’字訓義，今芟。”(1383 上)《龍龕》卷一《金部》:“鎪，俗通；鎪，正。音搜。馬耳也。”(12)《玉篇·金部》:“鎪，師由切。鍽也。鎪，同上。”(84 下右) 箋注本《切韻》(斯 2071) 平聲尤韻所鳩反:“鎪，馬皃。”(126) 敦煌本《王韻》平聲尤韻所鳩反:“鎪，馬耳。”(378) 故宮本《王韻》平聲尤韻所鳩反:“鎪，鏤也；鍬銑也。”(466) 故宮本《裴韻》平聲尤韻所鳩反:“鎪，馬耳。”(561)《廣韻》平聲尤韻所鳩切:“鎪，馬金耳飾。”(138)《集韻》平聲尤韻踈鳩切:“鎪，鏤也。一曰馬耳也。”(265)《正字通》所言當是。《玉篇校釋》“鎪”字下注:“‘鍽也’者，《爾雅·釋器》:‘鏤，鎪也。’郭注:‘刻鏤物爲鎪。’《釋文》引《字書》:‘鎪，鍬也。’字亦作鎪，鏤字又作鍽。本書:‘鍽，鍬鍽也。’即出《字書》。慧琳引《考聲》云:‘鎪刻曰鏤。’《文選·琴賦》:‘鎪會裛廁。’李注:‘鎪會，謂鎪鏤其縫會也。’案：鍽之言穿扇，鎪之言瘦損。鎪鍽者，以剛刀彫鏤器物之面使透扇玲瓏也。《切韻》:‘鎪，馬耳。’《廣韻》:‘馬金耳飾。’《集韻》:‘一曰馬耳。’並誤認爲鎪字而図合。”(3369) 胡氏所言印證了其説。《名義·金部》:“鎪，山鳩反。刻鏤。”(175 下) 此亦其證。故《玉篇》訓“鋑”爲“鍽也”，當爲“刻鏤”之義。《龍龕》訓“馬耳也”，當爲誤植“鋑”字之義於“鋑”字之上所致的訓釋失誤，且“馬耳也”當爲“馬首飾也”之誤。箋注本《切韻》訓“馬皃”、敦煌本《王韻》訓“馬耳”，亦當爲誤植“鋑”字之義於“鋑”字之上所致的訓釋失誤，且“馬皃”“馬耳”亦當爲“馬首飾也”之誤。故宫本《王韻》訓“鏤也”，是也；然其訓“鍬銼也”，當爲“鍬也”之衍誤（詳見本書“鋄”字注）。《廣韻》訓“馬金耳飾”，亦因承前而謬。《集韻》訓“鏤也”，是也；然又謂“一曰馬耳”，亦因承前而謬。《字彙》“鋑”字下一曰“馬耳金飾”，亦因承前而謬。《康熙字典》所言是也。《大字典》“鋑”字下據《玉篇》“鍽也”之訓而轉訓爲“鍬鍽，鐵鏽”這一義項，非是。據上文可知，《玉篇》“鍽也”當爲“刻鏤”之義，而非“鍬鍽，鐵鏽”之義。故《大字典》應删去“鍬鍽，鐵鏽”這一義項，並將《玉篇》“鋑，鍽也”這一書證置於“刻鏤”這一義項下，方是。

37. 鞈

《字彙·革部》:“鞈，古狎切，音甲。鞈靸，胡履。又履根。又口答切，音溘。義同。”（533 上）

《正字通·革部》:“鞈，古洽切，音甲。鞈靸，胡履。又履跟。又合韻音榼。義同。”（1274 下）

按:《康熙字典·革部》:“鞈，《廣韻》古狎切，音甲。《玉篇》:‘紗履。’《廣韻》:‘紗胡履。’又《集韻》克盍切，音榼。[鞈]靸，革履。”（1469 下）《新修玉篇》卷二六《革部》引《玉篇》:“鞈，古狎切。鞈靸，履也。《韻》又古盍切。義同。又苦盍切。鞈靸，革履。又古洽切。履跟。”（217 下右）《新修玉篇》又訓“鞈”爲“履跟”，疑非是。《廣雅·釋器》:“鞈靸，履也。”《名義·革部》:“鞈，古狎反。[鞈]靸，履。”（268 下）《玉篇·革部》:“鞈，古狎切。鞈靸，履。”（123 上左）敦煌本《王韻》入聲狎韻古狎反:“鞈，[鞈]靸。”（433）故宫本《王韻》同。《廣韻》入聲狎韻古狎切:“鞈，鞈靸，胡履。”（440）《集韻》入聲盍韻克盍切:“鞈，鞈靸，革履。”（773）下文谷盍切又曰:“鞈，鞈靸，履也。”（774）

下文入聲洽韻訖洽切：“鞅䩭，《説文》：‘鞮，鞅沙也。’或从盍。”（786）故《新修玉篇》又訓“䩭”爲“履跟”，於前代字韻書皆無徵，當爲誤植“鞅”字之義於“䩭”字之上所致的訓釋失誤。敦煌本《王韻》入聲洽韻［古洽反］：“［鞅］，履跟。”（432）故宫本《王韻》入聲洽韻古洽反：“鞅，履跟。（522）《廣韻》入聲洽韻古洽切：“鞅，履跟。”（439）此即其證也。《直音篇》卷七《革部》：“䩭，音甲。䩭靿，胡履。”下字曰：“鞅，音夾。履跟。”（288 上）此亦其證。《詳校篇海》卷一《革部》：“䩭，古狎切，音甲。䩭靿，胡履。又履跟。又口答切，音溘。注同。”（34 下）《篇海類編》同。《詳校篇海》《篇海類編》《字彙》《正字通》“䩭”字下亦皆收“履跟”這一義項，亦皆非是。《大字典》“䩭”字下據《篇海類編》之誤而收録“履跟”這一義項，亦失考證。

38. 鞺

《字彙·革部》：“鞺，他郎切，音湯。盛貌。”（533 下）

《正字通·革部》：“鞺，舊注他郎切，音湯，盛貌。或曰鏜鞳俗作鞺鞳，汎訓盛貌，非。”（1275 上）

按：《康熙字典·革部》：“鞺，《集韻》他郎切，音湯。本作鼞。”（1470 上）《新修玉篇》卷二六《革部》引《餘文》：“鞺，音湯。盛皃。”（217 下左）《篇海》同。《新修玉篇》《篇海》訓“盛皃”，疑非是。《集韻》平聲唐韻他郎切：“鼞，《説文》：‘鼓聲也。’引《詩》：‘擊鼓其鼞。’或作闛、鞋、闦、闣、鞺。”（220）“鼞”，今本《詩·邶風·擊鼓》作“鏜”。故“鞺”同“鼞”“鏜”“闛”“鞋”“闦”“闣”，義爲“鼓聲”。《新修玉篇》《篇海》訓“盛皃”者，當因“鞺”同“闛”，故而誤植“闛”字他義於“鞺”字之上所致的訓釋失誤。《説文·門部》：“闛，闛闛，盛皃。从門，堂聲。”（249 下）《廣韻》平聲唐韻吐郎切：“闛，盛皃。又音堂。”（118）此即其證。《直音篇》卷七《革部》：“鞺，音湯。盛貌。”（287 下）《詳校篇海》《篇海類編》同。《直音篇》《詳校篇海》《篇海類編》《字彙》訓“盛貌”，皆因承襲《篇海》之謬而誤。《大字典》“鞺”字下據《篇海》之誤而收録“盛貌”這一義項，亦非。

39. 鞡

《字彙・韋部》:"鞡，蘇納切，音撒。小兒履也。又輕舉貌。亦作鞡。"(534上)

《正字通・韋部》:"鞡，同鞡。"(1276下)

按:《康熙字典・韋部》:"鞡,《廣韻》蘇合切,《集韻》息合切，並音趿。《玉篇》:'屩也。'《廣韻》:'小兒履也。'"(1472下)《詳校篇海》卷五《韋部》:"鞡，蘇納切，音撒。小兒履也。又輕舉貌。亦作鞡。"(353上)《篇海類編》同。《詳校篇海》又訓"鞡"爲"輕舉貌"，疑非是。《名義・韋部》:"鞡，舒納反。履也。"(270上)《玉篇・韋部》:"鞡，蘇納切。屩也。亦作鞡。"(124上右)《新修玉篇》《篇海》引《玉篇》同。《集韻》入聲合韻悉合切:"鞡,《説文》:'小兒履也。'或作鞈、鞡。"(771)故"鞡"當即"鞡"之異體字，義爲"鞋"，特指"小兒鞋"。故《詳校篇海》又訓"鞡"爲"輕舉貌"，於前代字韻書皆無徵，當因"鞡""鞡"同，故而誤植"鞡"字其他義項於"鞡"字之上所致的訓釋失誤。《洪武正韻》入聲合韻悉合切:"鞡，輕舉貌。相如賦:'汩淢鞡以(輕)[永]逝。'"(385)《漢書・司馬相如傳下》:"汩淢鞡以永逝兮，注平皋之廣衍。"顏師古注:"鞡然，輕舉意也。"此即其證。《篇海類編》《字彙》"鞡"字下亦收"輕舉貌"這一義項，皆因承襲《詳校篇海》之謬而誤。《大字典》"鞡"字下據《字彙》之誤而收録"輕舉貌"這一義項，疑亦非是。

40. 鹹

《字彙・鹵部》:"鹹，古暫切，音紺。味苦也。又無味。"(579下)

《正字通・鹵部》:"鹹，俗字。因鹼聲近復作鹹。舊注音紺，味苦，又無味，與鹼注同。《血部》衉別作衉、衉，鹹、鹼同一字分注，非。"(1384下)

按:《康熙字典・鹵部》:"鹹,《集韻》古禫切，音感。鹹味。又古蹔切，音橄，味過鹹也。《字彙》:'味苦也。又無味。'"(1598上)《直音篇》

卷三《鹵部》:“鰔，音紺。無味。”（121 上）《直音篇》訓“無味”，疑非是。《集韻》上聲感韻古禫切:“鰔醯，鹹味。或从西。”（444）下文去聲闞韻古暫切:“鹹鰔，味過鹹。或从感，通作䶣。”（625）《直音篇》訓“鰔”爲“無味”，於前代辭書無徵，當爲誤植“鹸”“䶣”義訓所致的訓釋失誤。《廣韻》去聲闞韻吐濫切:“鹽，䶣鹽，無味。”同一小韻下文又曰:“鹸，無味。”（358）《集韻》去聲闞韻吐濫切:“鹽鹸，䶣鹽，無味也。或从炎。”（625）《直音篇》卷三《鹵部》:“鹸，音賧。無味。”（121 上）以上諸書是其證也。《字彙》“鰔”又訓“無味”，當因承襲前代字書之謬而誤。《康熙字典》轉録《字彙》“無味”之訓而未作校正，亦失考證。《大字典》《字海》“鰔”字下皆據《字彙》之誤而收録“無味”這一義項，並非。

（二）編纂失誤

《字彙》《正字通》《直音篇》《詳校篇海》《篇海類編》《康熙字典》《字彙補》等明清大型字書的釋義問題也有很多是在編纂過程中受妄補、妄改、誤截等因素影響而產生的。

第一、因妄補致使字義失誤而產生的疑難字

漢字在長期的歷史演變過程中，數量一直在不斷增加，許多正字不斷產生新的俗字、訛體，有許多俗字、訛體與正字失去聯繫，遂致後人不識。後人編纂字書，盲目求全求大，卻往往不去考辨這些俗字、訛體的演變歷程，僅憑字形妄補釋義，這些妄補的釋義也多不可信。《字彙》《正字通》《直音篇》《詳校篇海》《篇海類編》《康熙字典》《字彙補》等明清大型字書的釋義問題有很多是因妄補義訓而產生的。

1. 儚

《字彙·人部》:“儚，武登切，音瞢。儚儚，惛也。又莫更切，音孟。悶也。”（45 上）

《正字通·人部》:“儚，同儚，與懜、懵通。”（64 下）

按:《集韻》平聲登韻彌登切:“儚，《爾雅》:‘儚儚，惛也。’或作懜、懵、儚、䔊。”（253）故“儚”同“儚”“懜”“懵”“䔊”，當訓“儚儚，惛也”。又《詳校篇海》卷五《人部》:“儚，武登切，音瞢。儚儚，惛也。又武亘切，音孟。悶也。”(379下)《篇海類編》同。《詳校篇海》“儚”字下增補“悶也”這一義項，於前代字韻書皆無徵，疑非是。“瞢”本義指“目不明”，引申爲“悶”。《左傳·襄公十四年》:“不與與會，亦無瞢焉。”杜預注:“瞢，悶也。”故《詳校篇海》“儚”字下增補“悶也”這一義項，當因從“瞢”爲説而誤，疑不可據。《篇海類編》《字彙》等後世字書承襲其誤而未作校正，俱失考證。《大字典》“儚”字下據《篇海類編》之誤而收録“悶”這一義項，疑亦非是。

2. 䫿

《字彙·口部》:“䫿，蚩招切，音超。截人言；又喉鳴。”(72下)

《正字通·口部》:“䫿，俗字。舊注音超，截人言也，又喉鳴，並非。”(142上)

按:《康熙字典·口部》:“䫿，《廣韻》敕宵切，《集韻》癡消切，並音超。《玉篇》:‘《埤倉》曰：喉鳴。’《廣韻》:‘鳴也。’”(122上)《玉篇·口部》:“䫿，丑消切。《埤倉》曰:‘喉鳴。’”(26上右)《新修玉篇》《篇海》引《玉篇》並同。故宫本《王韻》平聲宵韻初宵反:“䫿，鳴。”(456)《廣韻》平聲宵韻敕宵切:“䫿，鳴也。”(92)《集韻》平聲宵韻癡宵切:“䫿，喉鳴。”(181)《直音篇》卷一《口部》亦曰:“䫿，音超。喉鳴。”(44上)《詳校篇海》卷一《口部》:“䫿，音超。截人言；又喉鳴。”(39上)《篇海類編》同。《詳校篇海》訓“截人言”，於前代字韻書皆無徵，當因從“超”爲説而誤。《篇海類編》《字彙》亦訓“截人言”，當皆因承前之謬而誤。《康熙字典》未收“截人言”這一義項，是也。《大字典》“䫿”字下據《篇海類編》之誤而收録“打斷别人的話”這一義項，疑亦非是。

3. 㖕

《字彙·口部》:“㖕，許勿切，音旭。《玉篇》:‘氣也。’又呵㖕。”(82下)

《正字通·口部》:“𠻘,俗欻字。”(168上)

按:《康熙字典·口部》:“𠻘,《廣韻》《集韻》並許勿切,音欻。《玉篇》:‘氣也。’又《集韻》:‘呵𠻘,不明也。’”(152上)《玉篇·口部》:“𠻘,許勿切。氣也。”(27上左)《玉篇》訓“氣也”,疑非是。《廣韻》入聲物韻許勿切:“𠻘,呵𠻘。”(387)《文選·海賦》:“驫昮絶電,百色妖露,呵𠻘掩鬱,矆睒無度。”李善注:“呵𠻘掩鬱,不明貌。”故“𠻘”當以訓“呵𠻘,不明貌”爲是,《玉篇》訓“氣也”,當爲陳彭年等妄補,疑不可據。《集韻》入聲迄韻許勿切:“𠻘,氣也。一曰呵𠻘,不明也。”(676)《集韻》訓“氣也”,當因承襲《玉篇》之謬而誤。又《説文·欠部》:“欻,有所吹起。从欠,炎聲。”(177上)《廣韻》入聲物韻許勿切:“欻,暴起。”(387)《字彙·欠部》:“歘,與欻同。”(230下)“𠻘”與“歘(欻)”音同義别,二字不可混同,故《正字通》之説非是。《大字典》“𠻘”字下據《玉篇》收録“氣”這一義項,疑非是;《字海》“𠻘”字據《玉篇》徑訓“氣”,疑亦非是。

4. 㚢

《字彙·女部》:“㚢,舉友切,音久。女字。”(101下)

《正字通·女部》:“㚢,舉友切,音久。《説文》:‘女字。’《長箋》:‘㚢即九字。’按:此説非。或曰:‘从久,嫠婦守貞不移也。’義通。”(228下)

按:《康熙字典·女部》:“㚢,《廣韻》舉有切,《集韻》己有切,並音久。《説文》:‘女字。’一曰:‘嫠婦守貞不移也。’”(205上)《説文·女部》:“㚢,女字也。从女,久聲。”(261上)《玉篇·女部》:“㚢,音久。女字也。亦作奺。”(18下左)《廣韻》上聲有韻舉有切:“㚢,女字也。亦作奺。”(219)故“㚢”即指“女子人名用字”。《正字通》謂“或曰:‘从久,嫠婦守貞不移也。’義通”,此説於文獻無徵,疑不可據。《康熙字典》“一曰”之説,當因承襲《正字通》之謬而誤。《大字典》《字海》“㚢”字下皆據《正字通》“或曰”之説而收録“寡婦守節”這一義項,疑並非是。

5. 妟

《字彙·女部》:“妟，烏閒切，音晏。女言。又安也。”（102下）

《正字通·女部》:“妟，同晏，與宴通。《説文》:‘妟，安也。’引《詩》:‘以妟父母。’今《毛詩》無此語。”（231上）

按:《康熙字典·女部》:“妟，《集韻》於諫切。同晏。《説文》:‘安也。’”（207上）《説文·女部》:“妟，安也。从女、日。《詩》曰:‘以妟父母。’”（263上）《名義·女部》:“妟，烏見反。安也。”（26上）“妟”當即“晏”之異體字。《釋名·釋言語》:“安，晏也。晏晏然和喜無動懼也。”“晏”,《廣韻》音“烏澗切”。“妟”與“晏”音義並同，即爲異體字。《集韻》去聲諫韻於諫切:“妟，《説文》:‘安也。’引《詩》:‘以妟父母。’通作晏。”（560）此即其證也。又元刊本《玉篇·女部》:“妟，烏澗切。女言也。”《玉篇校釋》“妟”字下注:“義闕，元刊本云‘女言也’，非。”（601）胡氏謂元刊之訓非，是也。《名義》訓“安也”，可見原本《玉篇》亦應訓“安也”，故元刊本《玉篇》補訓“女言也”，非是。《詳校篇海》卷二《女部》:“妟，於諫切，音晏。安也。又女言。又日出清明也。”（118下）《篇海類編》同。《詳校篇海》《篇海類編》《字彙》訓“女言”，當皆因沿襲元刊本《玉篇》之謬而誤。《大字典》“妟”字下據《篇海類編》收録“女言”這一義項，亦非。又《集韻》去聲霰韻伊甸切:“妟，日出清明也。”（569）此“妟”亦當即“晏”之異體字。《説文·日部》:“晏，天清也。从日，安聲。”（134下）《小爾雅·廣言》:“晏，陽也。”“日出清明也”與“天清也”“陽也”訓異義同，故“妟”與“晏”音義並同，此“妟”亦當即“晏”之異體字。

6. 婐

《字彙·女部》:“婐，户戈切，音和。女字。”（103上）

《正字通·女部》:“婐，户羅切，音和。女字。”（233上）

按:《集韻》平聲戈韻胡戈切:“婐，女字。”（198）《新修玉篇》卷四《女部》引《餘文》:“婐，户戈切。女字。”（29上右）《篇海》同。《直音篇》卷一《女部》:“姀，音和。女字。”(28上)《詳校篇海》卷二《女部》:“姀，户戈切，音和。女字。”(119下)《篇海類編》同。故“姀”當訓“女字”，即指“女子人名用字”。《康熙字典·女部》:“姀，《集韻》胡戈切，音和。女字。一曰雅容。”(208上)《康熙字典》謂“姀”一曰“雅容”，於前代字韻書皆無徵，當從“女”“和”爲説，疑不可據。《大字典》“姀”字下據《康熙字典》之説而收録“儀態嫻雅”這一義項，疑亦非是。

7. 姃

《字彙·女部》:“姃，諸成切，音征。女字。”(103上)

《正字通·女部》:“姃，之湥切，音征。女字。一曰女容端莊。”(233上)

按:《康熙字典·女部》:“姃，《廣韻》《集韻》並諸盈切，音征。女字。又《集韻》之盛切，音政。義同。一曰女容端莊。”(208上)《集韻》平聲清韻諸盈切:“姃，女字。”(239)《新修玉篇》卷四《女部》引《餘文》:“姃，諸盈切，又之盛切。並女字。”(29上右)《篇海》卷六《女部》引《餘文》:“姃，音征。女字。”(654上)《直音篇》卷一《女部》:“媜姃，音征。女字。”(28下)《詳校篇海》卷二《女部》:“姃，諸成切，征。女字。又去聲，音政。注同。”(119下)故“姃”當訓“女字”，即指“女子人名用字”。《正字通》又謂“一曰女容端莊”，然於文獻無徵，當從“女”“正”爲説，此訓疑不可據。《康熙字典》“一曰”之説，當因承襲《正字通》之謬而誤。《大字典》《字海》“姃”字下皆據《正字通》之説而收録“女子容貌端莊”這一義項，疑並非是。

8. 姈

《字彙·女部》:“姈，離呈切，音靈。女字。”(103上)

《正字通·女部》:“姈，離呈切，音靈。女字。一曰女伎慧。”(233上)

按:《康熙字典·女部》:“姈，《廣韻》《集韻》並郎丁切，音靈。女字。一曰女巧慧也。”（208 下）《廣韻》平聲青韻郎丁切：“姈，女字。”（129）《集韻》平聲青韻郎丁切亦曰：“姈，女字。”（245）《新修玉篇》《篇海》引《餘文》並同。《直音篇》卷一《女部》：“㚞，音令。女字。姈㚞，同上。”（28 下）《詳校篇海》卷二《女部》：“姈，離呈切，音靈。女字。”（119 下）《篇海類編》同。故“姈”當訓“女字”，即指“女子人名用字”。《正字通》又謂“一曰女佼慧”，然於文獻無徵，當從“女”“伶”爲説，因爲“伶”可訓“伶俐”，即爲“聰明”“聰慧”之義。如：《朱子語類》卷三二：“仁，只似而今重厚底人；知，似今伶利底人。”《水滸傳》第四九回：“原來這樂和是一個聰明伶俐的人，諸般樂品，盡皆曉得，學着便會。”故《正字通》謂“一曰女佼慧”，此當爲望形生訓。《康熙字典》“一曰”之説，當因承襲《正字通》之謬而誤。《大字典》“姈”字下據《正字通》之説而收録“女子聰敏伶俐”這一義項，《字海》“姈”字下據《正字通》之説而收録“女子聰敏”這一義項，疑並非是。

9. 媃

《字彙・女部》：“媃，如舟切，音柔。女名。”（107 上）

《正字通・女部》：“媃，如由切，音柔。女名。一曰女媚貌。柔、媃同。”（245 上）

按：《康熙字典・女部》：“媃，《集韻》而由切，音柔。女名。一曰女媚貌。”（217 下）《集韻》平聲尤韻而由切：“媃，女名。”（264）《直音篇》卷一《女部》：“媃，音柔。女名。”（29 上）《詳校篇海》卷二《女部》：“媃，如舟切，音柔。女名。”（121 下）《篇海類編》同。故“媃”當訓“女名”，即指“女子人名用字”。《正字通》謂“媃”一曰“女媚貌”，“柔”“媃”同，於文獻皆無徵，當從“柔”爲説而妄增。《康熙字典》一曰“女媚貌”，當因承襲《正字通》之説而誤。《大字典》“媃”字下據《正字通》之説而收録“女子柔媚貌”這一義項，《字海》“媃”字據《正字通》之説而徑訓爲“女子柔媚貌”，疑並非是。

10. 嬸

《字彙・女部》:“嬸，丑六切，音畜。媚也。又姓。”（108 上）

《正字通・女部》:“嬸，俗字。舊注音畜，引《説文》‘媚也’，泥。”（247 上）

按:《康熙字典・女部》:“嬸,《廣韻》許竹切,《集韻》敕六切，並音蓄。媚也。”（219 下）《説文・女部》:“嬸，媚也。从女，畜聲。”（261 上）《名義・女部》:“嬸，休陸反。好也；媚也；妬也。”（25 上）《玉篇・女部》:“嬸，丑六切。《説文》云:‘媚也。’又許六切。”（19 上右）《新修玉篇》卷四《女部》引《玉篇》:“嬸，丑六切。《説文》云:‘媚也。’一曰（石）[妬] 也。又許六切。媚也。”（31 上左）《篇海》卷六《女部》引《玉篇》“嬸，丑六切。《説文》云:‘媚也。’又許六切。”（656 上）《詳校篇海》卷二《女部》:“嬸，昌六切，音畜。媚也。又許六切，音旭。注同。”（123 上）《篇海類編》同。故“嬸”當訓“媚也”“妬也”“好也”。《字彙》又訓“姓”，於歷代字韻書皆無徵，當因從“畜”爲説而妄補，因爲“畜”有“姓”這一義項。《大字典》《字海》“嬸”字下據《字彙》之誤而收録“姓”這一義項，應删。

11. 嫝

《字彙・女部》:“嫝，苦岡切，音康。女字。”（109 上）

《正字通・女部》:“嫝，俗字。舊注音康，女字，泥。”（250 上）

按:《集韻》平聲唐韻丘岡切:“嫝，女字。”（223）《新修玉篇》卷四《女部》引《餘文》:“嫝，苦岡切。女字。”（31 上左）《篇海》同。《直音篇》卷一《女部》:“嫝，音康。女字。”（28 下）《詳校篇海》卷二《女部》:“嫝，苦岡切，音康。女字。”（123 上）《篇海類編》同。故“嫝”當訓“女字”，即指“女子人名用字”。《康熙字典・女部》:“嫝,《集韻》丘岡切，音康。女字。一曰安也。”（221 下）《康熙字典》謂“嫝”一曰“安也”，於前代字韻書、文獻皆無徵，當因從“康”爲説而妄補，疑不可據。《大字典》“嫝”字下據《康熙字典》之説而收録“安”這一義項，疑亦非是。

12. 嬅

《字彙·女部》:“嬅，胡化切，音話。女名。”(109下)

《正字通·女部》:“嬅，俗字。舊注胡卦切，音話，女名，泥。一曰女容麗也。”(252上)

按:《康熙字典·女部》:“嬅,《集韻》胡化切，音樺。女名。一曰女容俊麗。與華同。”(223上)《集韻》去聲禡韻胡化切:“嬅，女名。”(596)《新修玉篇》卷四《女部》引《餘文》:“嬅，胡化切。女名。”(31上左)《篇海》同。《直音篇》卷一《女部》:“嬅，音畫。女字。”(28下)《詳校篇海》卷二《女部》:“嬅，胡化切，音話。女字。”(123上)《篇海類編》同。故“嬅”當訓“女名”“女字”，二者訓異義同，皆指“女子人名用字”。《正字通》謂“嬅”一曰“女容麗也”，於前代字韻書、文獻皆無徵，當因從“女”“華”爲説而妄補，疑不可據。《康熙字典》謂“一曰女容俊麗。與華同”，當因承襲《正字通》之謬而誤。《大字典》“嬅”字下據《正字通》之説而收録“女子容貌美麗”這一義項，疑非是。《字海》“嬅”字據《正字通》之説而徑訓爲“女子容貌美麗”，疑亦非是。

13. 嬚

《字彙·女部》:“嬚，力鹽切，音廉。清美也。”(110上)

《正字通·女部》:“嬚，俗字。舊注力鹽切，音廉，清美也，泥。”(253上)

按:《康熙字典·女部》:“嬚,《廣韻》力鹽切,《集韻》離鹽切，並音廉。女字。一曰清美也。”(224上)《玉篇·女部》:“嬚，力兼切。”(17下左)元刊本《玉篇·女部》:“嬚，力兼切。清美也。”《玉篇校釋》“嬚”字下注:“義缺，元刊本云:‘清美也。’《切韻》:‘嬚，女字。’《廣韻》《集韻》並同。案:以列字次第推之，此處多收録《廣雅》《埤倉》之文，元刊本云‘清美’蓋是，嬚猶溓也。《水部》‘溓’下引《廣雅》:‘清也。’宋忠注《太玄經》云:‘溓然恬静皃也。’《字書》作濂，然則嬚亦爲清美廉絜（潔）之義，故女以爲字焉。”（638）胡氏所言疑可商榷。《名義·女部》：“嬚，力冉反。女（家）［字］也。”（28上）可見原本《玉篇》亦當訓“女字也”。元刊本《玉篇》訓“清美也”，當因從“廉”爲説而妄補，其説疑不可據。胡吉宣承襲元刊本《玉篇》義訓之謬而爲説，疑亦非是。《新修玉篇》卷四《女部》引《玉篇》：“嬚，力鹽、良冉二切。女也。”（32上右）《新修玉篇》訓“女也”，當爲“女字也”之脱誤。《篇海》卷六《女部》引《玉篇》：“嬚，力謙切。女字。”（657上）《篇海》訓“女字”，是也。《直音篇》卷一《女部》：“嬚，音廉。清美也。又音斂。”（29下）《直音篇》訓“清美也”，當爲元刊本《玉篇》所誤。《詳校篇海》卷二《女部》：“嬚，力鹽切，音廉。女字。又清美。又上力冉切。女名。”（124下）《篇海類編》同。《詳校篇海》《篇海類編》又訓“清美”，亦因承襲前代字書之謬而誤。《字彙》徑訓“清美也”，亦當爲元刊本《玉篇》所誤。《正字通》謂“舊注”泥，所言當是。《康熙字典》一曰“清美也”，亦因承襲前代字書之謬而誤。《大字典》“嬚”字下據元刊本《玉篇》收録“清美”這一義項，而《字海》“嬚”字據《字彙》徑訓爲“清美”，疑並非是。

14. 嬨

《字彙·女部》：“嬨，疾之切，音慈。女字。”（110上）

《正字通·女部》：“嬨，俗字。舊注音慈，女字，泥。一曰女性寬順也。”（253下）

按：《康熙字典·女部》：“嬨，《集韻》牆之切，音慈。女字。一曰女性寬順。又婓閣。”（224下）《集韻》平聲之韻牆之切：“嬨，女字。”（54）《新修玉篇》卷四《女部》引《餘文》：“嬨，疾之切。女字。”（32上左）《篇海》同。《直音篇》卷一《女部》：“嬨，音慈。女字。”（25上）《詳校篇海》卷二《女部》：“嬨，疾之切，音慈。女字。”（124下）故“嬨”當訓“女字”，即指“女子人名用字”。《正字通》謂“嬨”一曰“女性寬順也”，於文獻皆無徵，當因從“女”“慈”爲説而妄補，疑不可據。《康熙字典》一曰“女性寬順”，當因承襲《正字通》之説而誤；又其訓“婓閣”，於前代字韻書亦皆無徵，疑亦非是。《大字典》《字海》“嬏”字下皆據《正字通》之説而收録“女子性情寬順”這一義項，疑並非是。

15. 岒

《字彙·山部》:“岒，其廉切，音鉗。山名。”（125下）

《正字通·山部》:“岒，譌字。舊注音鉗，汎云山名，泥。”（292下）

按:《康熙字典·山部》:“岒，《集韻》其淹切，音鉗。山名。”（263下）《楚辭·七諫·怨世》:“世沈淖而難論兮，俗岒峨而嵾嵯。”洪興祖注:“岒峨、嵾嵯，不齊貌。言時世之沉没財利，用心淖溺，不論是非，不别忠佞，風俗毁譽，高下嵾嵯，賢愚合同，上不任賢，化使然也。岒，一作岑。補曰：並魚今切。”故“岒”當訓“岒峨，不齊貌”，當即“岑”之異體字。又《集韻》平聲鹽韻其淹切:“岒，山名。”（292）《集韻》訓“山名”，當爲丁度等妄補，疑不可據。《大字典》“岒”字下據《集韻》之誤而收録“山名”這一義項，疑亦非是。

16. 㠟

《字彙·山部》:“㠟，莫彼切，音靡。《玉篇》:‘山也。’”（132下）

《正字通·山部》:“㠟，母禮切，音靡。山貌。王褒《洞簫賦》:‘徒觀其傍山側兮，則嶇嶔巋崎，倚巇迤㠟，誠可悲乎，其不安也。’注:‘皆山險峻貌。’言簫幹生于危地常不安也。舊注引《玉篇》汎訓山，非。”（305下）

按:《康熙字典·山部》:“㠟，《玉篇》莫彼切，《集韻》母彼切，並音靡。迤㠟，山貌。王褒《洞簫賦》:‘嶇嶔巋崎，倚巇迤㠟。’注:‘皆山險峻貌。’”（280上）《玉篇·山部》:“㠟，莫彼切。山。”（103下右）《集韻》上聲紙韻母被切:“㠟，山名。”（317）《正字通》謂《玉篇》訓“山”非，所言當是。《文選·洞簫賦》:“徒觀其傍山側兮，則嶇嶔巋崎，倚巇迤㠟，誠可悲乎，其不安也。”李善注:“嶇嶔巋崎，皆山險峻之貌。迤㠟，邪平之貌。言竹生其旁，故側不安。㠟，音靡。”（244上）故“㠟”當訓“迤㠟，邪平之貌”，即指“山微斜而平緩的樣子”。《玉篇》訓“山”，當爲望形生訓。《集韻》《字彙》訓“山名”，當皆爲《玉篇》所誤。《大字典》“嶵”字下據《玉篇》《集韻》之誤而收録“山名”這一義項，疑亦非是。

17. 戣

《字彙·戈部》:“戣，專於切，音誅。戈也。”（169下）

《正字通·戈部》:“戣，舊注音朱，戈也。按：六書戈戟屬不必別立戣字，此俗書也,《篇海》收戣，非。”（390下）

按:《康熙字典·戈部》:“戣,《廣韻》陟輸切,《集韻》追輸切，並音誅。《博雅》:‘殺也。’一曰戈名。”（378下）《龍龕》卷一《戈部》:“戣，陟朱反。戈也。”（172）《玉篇·戈部》:“戣，音誅。戈也。”（81下右）《玉篇校釋》“戣”字下注:“‘音誅’者，明戣、誅一字異文。《廣雅·釋詁一》:‘誅，殺也。’《集韻》《類篇》引並作戣。《廣韻·虞韻》:‘列，列殺。陟輸切。’重文作戣。列从歺，隸變與从歺之𠛱同作列致字書以形同相溷而亡佚。《歺部》:‘殊，絶也；死也。’《言部》‘誅’下引《説文》:‘討也。’《廣雅》:‘殺也。’誅、殊、列、戣四字同。‘戈也’者,《集韻》:‘戣，一曰戈名。’動静無異辭之例，殺謂之戣，殺人之戈即謂之戣也。”（3237）胡氏所言不確。《廣韻》平聲虞韻陟輸切:“誅，責也。”（40）同一小韻下文又曰:“列，列殺。字从歹。戣，上同。”（40）周祖謨校勘記:“‘列’字段改作‘殊’。案:《匡謬正俗》八引應劭云:‘殊者死之也。’義與誅同。”（75）段氏改“列”爲“殊”，亦不確。《集韻》平聲虞韻追輸切:“戣,《博雅》:‘殺也。’一曰戈也。”（82）方成珪考正:“《廣雅·釋詁一》作誅。《類篇》與此同。”方氏所言當是。《廣雅·釋詁一》:“誅，殺也。”箋注本《切韻》（斯2071）平聲虞韻陟輸反:“誅，責；伐。”（111）故宫本《王韻》平聲虞韻陟輸反:“誅，殺。”（444）以上二書皆其證也。據《廣雅》《切韻》可知,《廣韻》之“列”疑即“誅”字之誤，“戣”即“誅”通過改换義符而形成的異體字。《龍龕》《玉篇》訓“戈也”，疑爲望形生訓。《集韻》謂“戣”一曰“戈也”，當因承襲《玉篇》之謬而誤。“戣”“誅”與“殊”義同音別，而與“列”音義俱別，故胡吉宣謂

“誅”“殊”“列”“𢦏”四字同，疑不可據。胡吉宣又謂“動静無異辭之例，殺謂之𢦏，殺人之戈即謂之𢦏也”，疑亦非是。《字彙》訓“戈也”，當因承前而謬。《康熙字典》又收“戈名”這一義項，亦因承前而謬。《大字典》《字海》“𢦏”字下承襲《玉篇》《集韻》之誤而收録“戈名”這一義項，疑並非是。

18. 樇

《字彙·木部》:“樇，息流切，音修。木名。”(222上)

《正字通·木部》:“樇，舊注音修，汎云木名。一説木長也，本作修，俗作樇，木無樇名。”(530上)

按:《康熙字典·木部》:“樇,《唐韻》息流切,《集韻》思流切，並音脩。木名。《正字通》:‘木長也。’”(528上)《名義·木部》:“樇，先攸反，[音]羞。木名也。”(124上)《玉篇·木部》:“樇，息流切。木名。”(62下右)敦煌本《王韻》平聲尤韻息流反:“樇，木名。”(378)故宫本《王韻》、故宫本《裴韻》、《廣韻》、《集韻》皆同。故“樇”當訓“木名”。《正字通》謂“樇”一説“木長也，本作修，俗作樇”，然於前代字韻書皆無徵，此説疑不可據。《康熙字典》轉録《正字通》“木長也”之訓，亦失考證。《大字典》據《正字通》“一説”而謂“樇”一説同“修”，疑亦非是。

19. 樽

《字彙·木部》:“樽，租昆切，音尊。酒器……《韻會》:‘按:《説文》酒器字本作尊,《禮運》以尊爲尊卑之尊，别出樽字，然樽乃林木茂盛之字。’”(223上)

《正字通·木部》:“樽，祖昆切，音尊。酒器……《韻會》曰:‘《説文》酒器作尊,《禮運》以尊爲尊卑之尊，别出樽字，然樽乃林木茂盛之字。’”(533上)

按:《康熙字典·木部》:“樽,《唐韻》《集韻》《韻會》《正韻》並租昆切，音尊。《説文》作尊。《玉篇》:‘酒器也。’《正韻》:‘从木者，後人所加。亦作罇。’……又《韻會》:‘《禮運》以尊爲尊卑之尊，別出樽字，然樽乃林木茂盛之字。’”（531 上）《集韻》平聲䰟韻祖昆切：“樽，林木盛皃。”（141）《集韻》訓“樽”爲“林木盛皃”，疑非是。《名義·木部》:“樽，子昆反。酒器也。罇字。”（123 下）《玉篇·木部》:“樽，子昆切。酒器也。亦作罇。”（62 下右）慧琳《音義》卷五九《四分律》第四十二卷：“得尊，《字書》作樽。《説文》:‘酒器也。尊以奉之。’律文作鐏。音在困反。矛戟下銅鐏也，鐏非此義。”（58，P647B11）慧琳《音義》卷七五《阿育王譬喻經一》又曰：“爲樽，祖温反。《漢書》:‘樽，酒器也。’《古今正字》義同，正爲尊，俗作罇。樽，從木，尊聲也。”（58，P982A8）慧琳《音義》卷八八《集沙門不拜俗議》卷第四又曰：“樽爼，祖昆反。鄭注《周禮》:‘（楢）[樽]，酒器也。’《説文》作尊，又作罇，亦作䉢。”（59，P146A4）箋注本《切韻》（斯 2071）平聲魂韻即昆反：“罇，又[作]樽。酒器。”（115）故宫本《王韻》平聲魂韻即昆反：“樽，酒器。或作罇。”（451）《廣韻》平聲魂韻祖昆切：“（尊）[䔿]，《説文》曰：‘酒器也。’本又作尊。鐏樽，並見上注。”（71）《集韻》平聲䰟韻祖昆切：“䔿尊罇壿甎，《説文》:‘酒器也。從酋，廾以奉之。《周禮》:六䔿以待祭祀賓客之禮。’或从寸、从缶、从土、从瓦，通作樽。”（141）故“樽”本當作“尊（䔿）”，與“罇”“壿”“甎”“鐏”諸字即爲異體字。《集韻》謂“䔿（尊）”通作“樽”，所言是也；然又訓“樽”爲“林木盛皃”，於前代字韻書、文獻皆無徵，當爲丁度等妄補，不可爲據。《古今韻會舉要》“尊”“罇”二字下注：“案：《説文》尊本酒器字，《禮運》以尊爲尊卑之尊，別出樽字，亦作罇，然樽乃林木茂盛之字。”（108 上）《古今韻會舉要》此説當爲《集韻》所誤，亦不可據。《康熙字典》轉録《古今韻會舉要》之説而未作校正，亦失考證。《大字典》“樽”字下據《集韻》之誤而收録“林木茂盛的樣子”這一義項，疑亦非是。

20. 峹

《字彙·止部》:“峹，同都切，音途。止也。”（231 下）

《正字通·止部》:“峹，俗途字。舊注音途，別訓止也，因途篆作

𨕒，訛从止，六書無峹。”（555 上）

按：《康熙字典·止部》：“峹，《集韻》《類篇》並同都切，音途。止也。”（559 上）《集韻》平聲模韻同都切：“峹，止也。”（87）《正字通》所言當是。《甲骨文編》卷二·二三：“峹，从止，从余。《説文》所無。于省吾釋今‘途’字。”此是其證也。故“峹”當即“途”之異體字。《集韻》訓“止也”，當爲望形生訓。《字彙》訓“止也”，當因承前而謬。《康熙字典》訓“止也”，亦因承前而謬。《大字典》收録“峹”字，先引《甲骨文編》，再分爲兩個義項：第❶義項據《集韻》訓“止”；第❷義項據《正字通》之説而謂同“途”，訓“道路”。《大字典》這樣處理是失當的，《大字典》應據《甲骨文編》及《正字通》之説直謂同“途”，即可。《字海》“峹”字據《正字通》之説直謂同“途”，是也。

21. 泏

《字彙·水部》：“泏，側況切，音壯。泏米入甑也。”（247 下）

《正字通·水部》：“泏，俗字。泏米入甑不必别作泏。”（590 下）

按：《康熙字典·水部》：“泏，《廣韻》《集韻》並側亮切，音壯。《玉篇》：‘[泏]米入甑也。’《集韻》或作焋。”（611 下）《篇海類編》卷二《水部》：“泏，側況切，音壯。泏（當爲字頭誤重）水大盛也。”（604 下）《篇海類編》訓“水大盛也”，疑非是。《玉篇·水部》：“泏，側亮切。泏米入甑也。”（92 上右）《新修玉篇》《篇海》引《玉篇》並同。故宫本《王韻》去聲漾韻側亮反：“泏，泏米。”（505）《廣韻》同。《集韻》去聲漾韻側亮切：“泏焋，實米於甑。或從火。”（598）《直音篇》卷五《糸部》：“泏，音壯。泏米入甑。”（208 上）《詳校篇海》卷四《糸部》：“泏，側況切，音壯。泏米入甑也。”（286 下）《篇海類編》訓“泏”爲“水大盛也”，於前代字韻書皆無徵，當爲望形生訓。《大字典》“泏”字下據《篇海類編》之誤而收録“水勢盛大”這一義項，疑亦非是。“泏”本當作“裝”。《説文·衣部》：“裝，裹也。从衣，壯聲。”（170 上）“裝”本義指“包裹”“行囊”，引申義可指“貯放”“藏”。例如：《史記·越王勾踐世家》：“乃裝黄金千溢，置褐器中。”“裝”，《廣韻》音“側羊切”，又音“側亮切”。故“泶”與“裝”音義皆通，“泶”本當作“裝”。

22. 淁

《字彙·水部》：“淁，七接切，音妾。水名。”（249上）

《正字通·水部》：“淁，七接切，音妾。水名。一曰水支流也。《説文》汎訓水，非。”（594上）

按：《康熙字典·水部》：“淁，《唐韻》《集韻》並七接切，音妾。《説文》：‘水也。’又《集韻》即涉切，音接。水名。”（616上）《説文·水部》：“淁，水也。从水，妾聲。”（228上）《玉篇·水部》：“淁，七葉、子妾二切。水名。”（89下左）《廣韻》入聲葉韻七接切：“淁，水名。”（436）《正字通》又訓“淁”爲“水支流也”，於前代字韻書皆無徵，當因從“妾”爲説而誤。《大字典》“淁”字下據《正字通》之説而收録“水支流”這一義項，疑亦非是。

23. 烋

《字彙·火部》：“烋，虚尤切，音休。熏也；美也；和也；福禄也；慶［也］；善也。又虚交切，孝平聲。炰烋，氣健自矜貌。《詩·大雅》：‘女炰烋于中國。’”（265上）

《正字通·火部》：“烋，虚交切，孝平聲。火聲勢盛也。又暴悍怒號貌。《詩·大雅》：‘女炰烋于中國。’又尤韻音休。吴棫《韻補》引《文選》：‘尅翦方命，吞滅咆烋。雲徹畔換，席卷虔劉。’又烋、休音通義别。《增韻》：‘烋，福禄也。通作休。’《正韻》：‘美也；慶［也］；善也。’皆誤以休釋烋，是從逆可以爲惠迪，狼鴞可以稱鳳麟也，害義之甚。舊注訓和、美，非。”（629上）

按：《康熙字典·火部》：“烋，《集韻》《韻會》《正韻》並虚交切，音虓。炰烋……又《正韻》：‘熏也。’”（662上）《洪武正韻》平聲尤韻虚尤切：“烋，熏也；美也；福禄也；慶［也］；善也。”（140）《洪武正韻》訓“熏也”，疑非是。《名義·火部》：“烋，虚樛反。美也；微也；福也；慶也；善也；嘉也。”（212上）《龍龕》卷二《火部》：“烋，許交反。炰烋。又許尤反。”（239）《玉篇・火部》：“烋，火虯切。美也；福禄也；慶［也］；善也。又火交切。”（100 下右）慧琳《音義》卷九四《音續高僧傳》第二十七卷：“咆烋，下孝交反。《詩》云：‘汝咆烋于中國。’鄭箋云：‘自矜氣健之皃。’與虓字義同。《考聲》云：‘猛厲皃也。’《古今正字》義同，從火，休聲者也。”（59，P237B2）《廣韻》平聲幽韻香幽切：“烋，美也；福禄也；慶［也］；善也。又火交切。”（144）《集韻》平聲爻韻虚交切：“烋，炰烋，自矜氣健皃。”（186）《洪武正韻》訓“烋”爲“熏也”，於前代字韻書皆無徵，當因“炰”“烋”連用、“炰”“熏”義近，故而從“炰”爲説而妄補。《直音篇》卷五《火部》：“烋，音休。美也；熏也。又音哮。”（225 下）《詳校篇海》卷五《火部》：“烋，虚尤切，音休。熏也；美也；和也；福禄也；慶［也］；善也。又虚交切，聲同囂。炰烋，氣健自矜貌。《詩・大雅》：‘女炰烋于中國。’”（318 下）《篇海類編》同。《直音篇》《詳校篇海》《篇海類編》《字彙》亦訓“熏也”，當皆因承襲《洪武正韻》之謬而誤。又《正字通》訓“火聲勢盛也”，於前代字韻書亦皆無徵，疑亦非是。《康熙字典》轉録《洪武正韻》“熏也”之訓而未作校正，疑亦非是。《大字典》“烋”字下據《字彙》之誤而收録“熏”這一義項，疑亦非是。

24. 爔

《字彙・火部》：“爔，同曦。”（271 上）

《正字通・火部》：“爔，與熙通。舊注同曦，誤。”（642 下）

按：《康熙字典・火部》：“爔，《玉篇》許其切，音僖。火也。又《集韻》虚宜切，音犧。本作曦。赫曦，日光。或作曦。”（681 下）《玉篇・火部》：“爔，許其切。火。”（100 下左）《玉篇》訓“火”，疑非是。《可洪音義》卷一《大般若經》第八帙：“爔赫，上許宜反。日光也。正作曦也。”（59，P552A14）《集韻》平聲支韻虚宜切：“曦爔，赫曦，日光。亦从火。”（37）《大正藏》本宋善卿編《祖庭事苑》卷第七《蓮華峰語録》：“曦光，語見杜順《還源觀》：‘用則波騰鼎沸，全真體以運行，體則鏡浄水澄，舉隨緣而會寂，若曦光之流彩，無心而朗十方，如明鏡之端形，不動而呈萬象。’曦光，謂日也。堯命羲氏、和氏掌之，故以日爲曦光。曦或作爔，或作羲，一義也。”故“爔”同“曦”，當訓“日光也”。《大正藏》本唐玄奘譯《大般若波羅蜜多經》卷第七十七《初分天帝品》第二十二之一：“是諸天衆各以勝業感妙身光比如來身常所現光，百分不及一，千分不及一，百千分不及一，乃至百千俱胝那庾多分亦不及一，如是數分、算分、計分、喻分乃至鄔波尼殺曇分皆不及一。何以故？以如來身常所現光熾然爔赫，於諸光中最尊、最勝、最極、最妙、無比、無等、無上、第一，蔽諸天光皆令不現，猶如黑鐵對贍部金。”從文意來看，上文之“爔”亦當指“日光”。此亦其證也。《玉篇》訓“火也”，當爲望形生訓。《正字通》謂“舊注同曦，誤”，亦非。《康熙字典》轉録《玉篇》“火也”之訓而未作校正，亦失考證。《大字典》《字海》“爔”字下皆據《玉篇》之誤而收録“火”這一義項，疑並非是。

25. 牾

《字彙・牛部》：“牾，五故切，音誤。與忤同。逆也；違戾也。又與牾同。逢也。《史》屈原《懷沙賦》：‘重華不可牾。’《楚辭》作遻。又訛胡切，音吾。揞牾，與枝梧同。”（276 下）

《正字通・牛部》：“牾，與忤、遻通。又與牾同。逢也。屈原《懷沙賦》：‘重華不可牾。’亦作遻。又模韻音吾。揞牾，與枝梧同。”（652 下）

按：《康熙字典・牛部》：“牾，《集韻》《正韻》並訛胡切，音吾。獸名。按：牾，俗刻誤作牾。《前漢・王莽傳》：‘亡所牾意。’《後漢・桓典傳》：‘以牾宦官，賞不行。’揚子《方言》：‘適，牾也。’《穆天子傳》：‘白鹿一牾。’皆牾字之訛，其善本原作牾。《字彙》云五故切，與忤同，謬甚。”（697 下）《直音篇》卷六《牛部》：“牾，音吾。揞牾。又去聲。”（248 上）《詳校篇海》卷一《牛部》：“牾，訛胡切，音吴。揞牾。又去聲，音悟。逆也。《王莽傳》：‘無所牾意。’”（67 上）《篇海類編》同。《康熙字典》所言是也。《史記・屈原賈生列傳》：“重華不可牾兮，孰知余之從容。”司馬貞《索隱》：“《楚辭・九章》‘牾’作‘遻’，並吴故反。王師叔云：‘牾，逢也。’”《漢書・王莽傳》：“財饒勢足，亡所牾意。”顔師古注:“牾，逆也。”《説文·午部》:“啎，逆也。从午，吾聲。”（312下）徐鍇《繫傳》:“啎，相逢也。”“啎”,《廣韻》音“五故切”。“牾”與“啎”音義並同，“牾”當即“啎”字俗訛。又《集韻》平聲模韻訛胡切:“牾，獸名。”（91）《集韻》訓“牾”爲“獸名”，於文獻皆無徵，疑非是。《大字典》“牾”字下據《集韻》收録“獸名”這一義項，疑亦非是。

26. 犄

《字彙·牛部》:“犄，去奇切，音欹。牛名。又於其切，音伊。牸牛。”（277上）

《正字通·牛部》:“犄，訛字。”（653下）

按:《康熙字典·牛部》:“犄,《廣韻》於離切,《集韻》於宜切，並音漪。《廣韻》:‘牸也。’《集韻》:‘牛名。’又同猗。《廣韻》:‘長也；倚也；施也。’又牸犬也。出《字林》。或作犄。又《集韻》丘奇切，音攲。牛名。”（698下）《集韻》平聲支韻丘奇切:“犄，牛名。”（37）下文於宜切又曰:“犄，牛名。”（38）《集韻》訓“牛名”，疑非是。故宫本《王韻》平聲支韻去奇反:“犄，武牙。”（439）故宫本《裴韻》、《廣韻》皆作“猗”，作“猗”是也。《説文》亦作“猗”，故此“犄”當即“猗”字俗訛。又《廣韻》平聲支韻於離切:“犄，牸也。”（20）《集韻》訓“犄”爲“牛名”，當爲“牛牸”之誤。《新修玉篇》卷第二十三《牛部》引《餘文》:“犄，去奇切。牛名。又於離切。牛牸也。”（190下左）《篇海》同。《詳校篇海》卷一《牛部》:“犄，去奇切，音欹。牛名。又於其切，音伊。牸牛。”（67下）《篇海類編》同。《新修玉篇》《篇海》《詳校篇海》《篇海類編》《字彙》《康熙字典》“犄”字下亦收録“牛名”這一義項，皆因承襲《集韻》之謬而誤。《大字典》“犄”字下據《集韻》之謬而收録“牛名”這一義項，亦非。

27. 狠

《字彙·犬部》:“狠，俗很字。”（279下）

《正字通·犬部》:“狠，舊注俗很字。按:《説文》:‘狠，犬鬭聲。’

孫慖五還切，篆作𤞣，與很別，俗誤以狠爲傲狠字。”（659 下）

按:《康熙字典·犬部》:“狠，《唐韻》五還切，《集韻》吾還切，並音㾮。《說文》:‘犬鬭聲也。从犬，艮聲。’又《玉篇》五閑切，《集韻》牛閑切，並音訮。義同。又《集韻》:‘獸名。’又《集韻》魚巾切，音銀。義同。”（707 下）《集韻》平聲山韻牛閑切:“狠，獸名。”（155）《集韻》訓“狠”爲“獸名”，疑非是。《說文·犬部》:“狠，吠鬭聲。从犬，艮聲。”（203 下）段玉裁據宋本及《集韻》改“吠”爲“犬”，是也。《名義·犬部》:“狠，牛閑反。犬鬭音（聲）。”（234 上）《新撰字鏡·犬部》:“狠，牛閑反。犬鬭聲。”（473）《廣韻》平聲山韻五閑切:“㹞，犬鬭聲。亦作狠。”（79）《集韻》平聲删韻牛姦切:“狠，《說文》:‘犬鬭聲。’”（152）故《集韻》又訓“狠”爲“獸名”，於前代字韻書皆無徵，疑因“狠”“狼”形近，故從“狼”爲説而誤。《康熙字典》轉録《集韻》“獸名”之訓而未作校正，疑亦非是。《大字典》“狠”字下據《集韻》之誤而收録“獸名”這一義項，疑亦非是。

28. 㹂

《字彙·犬部》:“㹂，與葸同。《魯靈光殿賦》:‘心㹂㹂以發悸。’”（281 下）

《正字通·犬部》:“㹂，同葸。左思《魏都賦》:‘臨焦原而弗怳，誰勁捷而無㹂。’注:‘言城雉高峻使人莫敢近也。’王延壽《魯靈光殿賦》:‘魂悚悚其驚，斯心㹂㹂以發悸。’注:‘言殿堂北入而西廂東序濱邃不測，見者心悚驚也。’今通作葸。別作䰐，非。”（662 下）

按:《康熙字典·犬部》:“㹂，《廣韻》胥里切，《集韻》想止切，並音葸。《廣韻》:‘不安貌。又作偲。’”（713 下）《玉篇·犬部》:“㹂，音葸。”（111 上右）元刊本《玉篇》補訓爲“犬名”。《玉篇校釋》“㹂”字下注:“元刊本云‘獸（犬）名’，非也。《廣韻》:‘㹂，不安皃。又作偲。’《集韻》同。本書直音葸者，通作葸也。《文選·魏都賦》:‘誰勁捷而無㹂。’李善補注引《論語》曰:‘慎而無禮則葸。’云:‘㹂與葸同。思子反。’《魯靈光殿賦》:‘心㹂㹂而發悸。’李補注引《漢書》蘇林注曰:‘葸葸，懼皃。愢與葸同。’本書《艸部》：‘葸，畏懼也。’”（4601）胡氏所言是也。《新修玉篇》卷第二十三《犬部》引《玉篇》：“愢，音思。不安皃。《韻》又胥里切。不安皃。又作偲。”（193下右）《篇海》卷二《犬部》引《玉篇》：“愢，音葸。不安皃。”（603下）此是其證也。故元刊本《玉篇》補訓爲“犬名”，當爲望形生訓。《直音篇》卷六《犬部》：“愢，音徙。犬名。又音葸。不安貌。”（251上）《直音篇》訓“愢”爲“犬名”者，當爲元刊本《玉篇》所誤。《詳校篇海》卷一《犬部》：“愢，想里切，音徙。《魏都賦》：‘誰勁捷而無愢。’《魯靈光殿賦》：‘心愢愢以發悸。’與葸同。《廣韻》：‘不安貌。’《玉篇》：‘愢，犬名。’”（49上）《篇海類編》同。《詳校篇海》《篇海類編》亦訓“犬名”，皆因承襲元刊本《玉篇》之謬而誤。故《大字典》“愢”字下據《篇海類編》之誤而收録“犬名”這一義項，應删。

29. 瑣

《字彙·玉部》：“瑣，蘇果切，音鎖。玉聲；又玉屑。又細也；小也。又瑣瑣，繁碎猥屑貌。”（289上）

《正字通·玉部》：“瑣，蘇果切，音鎖。《説文》：‘玉聲。’又玉屑。又細小。又繁碎猥屑貌。”（680上）

按：《康熙字典·玉部》：“瑣，《唐韻》蘇果切，《集韻》《韻會》損果切，並音貨。《説文》：‘玉聲。’又《正韻》：‘玉屑。’又《韻會》：‘細也；小也。’”（737下）《洪武正韻》上聲哿韻蘇果切：“瑣，玉聲。又玉屑。又細也；小也。瑣瑣，繁碎猥屑貌。”（197）《洪武正韻》訓“瑣”爲“玉屑”，疑非是。《説文·玉部》：“瑣，玉聲也。从玉，貨聲。”（6上）《爾雅·釋訓》：“瑣瑣，小也。”郭璞注：“才器細陋。”《玉篇·玉部》：“瑣，思果切。玉聲也。”（5下右）《廣韻》上聲果韻蘇果切：“瑣，小皃。”（207）《集韻》上聲果韻損果切：“瑣，《説文》：‘玉聲也。’”（406）《洪武正韻》訓“瑣”爲“玉屑”，於歷代字韻書皆無徵，非是。《詳校篇海》卷一《玉部》：“瑣，蘇果切，音鎖。玉聲；又玉屑。又細也；小也。又瑣瑣，繁碎猥屑貌。”（76下）《篇海類編》同。《詳校篇海》《篇海類編》

《字彙》《正字通》《康熙字典》訓“玉屑”，皆因承襲《洪武正韻》之謬而誤。《大字典》“瑣”字下據《洪武正韻》之謬而收録“玉屑”這一義項，亦非。

30. 甄

《字彙·瓦部》:“甄，零帖切，音列。蹈瓦聲。”（293下）

《正字通·瓦部》:“甄，良薛切，音列。《説文》:‘蹈瓦聲。’”（688下）

按:《康熙字典·瓦部》:“甄，《唐韻》零帖切，《集韻》力協切，並音颲。《説文》:‘蹈瓦聲。’《玉篇》:‘甄甄，蹋瓦聲。’《集韻》:‘一曰瓦薄也。’”（751上）《集韻》入聲帖韻力協切:“甄瓳，《説文》:‘蹈瓦聲。’一曰瓦薄也。或省。”（782）《集韻》又訓“瓦薄也”，疑非是。《説文·瓦部》:“甄，蹈瓦聲。从瓦，耎聲。”（269下）《名義·瓦部》:“瓳，力頰反。踏瓦破也。”（161上）《新撰字鏡·瓦部》:“瓳，力頰反。瓦破聲曰甄。”（276）《龍龕》卷二《瓦部》:“瓳，俗；甄，正。良涉、盧叶二反。踏瓦聲也。”（316）《玉篇·瓦部》:“甄，力頰切。甄甄，蹋瓦聲。”（78下左）箋注本《切韻》入聲怗韻盧協反:“甄，蹈瓦聲。”（148）故宫本《王韻》、《唐韻》、《廣韻》皆同。故宫本《裴韻》入聲怗韻盧協反:“甎，蹈瓦聲。又作甄。”（618）“瓳”“甎”並即“甄”字之俗。故《集韻》又訓“瓦薄也”，於前代字韻書皆無徵，當因從“耎”爲説而誤。《廣雅·釋詁一》:“耎，弱也。”“弱”“薄”義可相通，故《集韻》又訓“瓦薄也”，非是。《康熙字典》轉録《集韻》“瓦薄也”之訓而未作校正，亦失考證。《大字典》《字海》“甄”字下皆據《集韻》之説而收録“瓦薄”這一義項，疑並非是。

31. 睟

《字彙·目部》:“睟，須兑切，音歲。清和潤澤貌。《孟子》:‘睟然見於面。’”（314下）

《正字通·目部》:“睟，須鋭切，音歲。目清明也。又清和潤澤貌。

《孟子》:‘睟然見於面。’《太玄》:‘初睟。’陸氏曰:‘純也。’”(737上)

按:《康熙字典·目部》:“睟,《廣韻》《集韻》《韻會》並雖遂切,音粹。《類篇》:‘視正貌。’《正字通》:‘目清明也。’又《廣韻》:‘潤澤貌。’……又純也。揚子《太玄經》:‘睟君道也。’注:‘陽氣純也。’”(820下)《名義·目部》:“睟,思季反。純也。粹作。”(38上)《龍龕》卷四《目部》:“睟,雖醉反。視皃。潤澤也。又子對反。際也。”(422)《玉篇·目部》:“睟,思季切。視也。又潤澤皃。《孟子》曰:‘其色睟然。’”(22下右)《廣韻》去聲至韻雖遂切:“睟,視皃。又潤澤皃。”(244)“睟”訓“純也”,當同“粹”。《廣雅·釋言》:“粹,純也。”段玉裁《説文解字注·米部》:“粹,引申爲凡純美之稱。”“粹”,《廣韻》亦音“雖遂切”。故“睟”訓“純也”,與“粹”音義並同,即爲異體字。慧琳《音義》卷七五《付法藏傳》第六卷:“純粹,又作睟同。私類反。《説文》:‘粹,不雜也。’亦細也。”(58,P974A10)慧琳《音義》卷八九《高僧傳》第二卷:“淵粹,上一玄反,下雖醉反。王弼注:《周易》云:‘精,純也。’《廣雅》云:‘純也。’《説文》云:‘粹,不雜也。從米,卒聲。’或從目作睟,音訓同。”(59,P152A5)此即其證也。又《正字通》訓“睟”爲“目清明也”,疑非是。《詳校篇海》卷三《目部》:“睟,須鋭切,音歲。視也。又潤澤皃。《孟子》:‘睟然見於面。’又子對切,音醉。目際。”(170下)《篇海類編》同。《正字通》訓“睟”爲“目清明也”,於前代字韻書、文獻皆無徵,疑不可據。《大字典》“睟”字下據《正字通》收録“眼睛清明”這一義項,疑亦非是。

32. 秓

《字彙·禾部》:“秓,旨而切,音支。稈也。”(331上)

《正字通·禾部》:“秓,章伊切,音支。稈也。”(771上)

按:《康熙字典·禾部》:“秓,《玉篇》章移切,音支。稈也。又《篇海》禾名。”(866上)《詳校篇海》卷五《禾部》:“秓,旨而切,音支。稈也;又禾名。”(327下)《篇海類編》同。《詳校篇海》《篇海類編》又訓“秓”爲“禾名”,疑非是。《玉篇·禾部》:“秓,章移切。稈也。”(74

下右)《新修玉篇》卷十五《禾部》引《玉篇》:“秓，章移切。《韻》無《篇》有。”(135上左)《篇海》卷十三《禾部》引《玉篇》:“秓，章移切。稈也。”(795下)《直音篇》卷四《禾部》:“秓，音支。稈也。”(167下)故《詳校篇海》《篇海類編》又訓“秓”爲“禾名”，於前代字書皆無徵，當爲見其從“禾”而妄補。《康熙字典》轉録《篇海》“禾名”之訓而未作校正，亦失考證。《大字典》《字海》“秓”字下皆據《篇海類編》收録“禾名”這一義項，疑並非是。

33. 笰

《字彙·竹部》:“笰，扶非切，音肥。竹名。”(344上)

《正字通·竹部》:“笰，符維切，音肥。竹名。一曰竹盛貌。”(798下)

按:《康熙字典·竹部》:“笰，《廣韻》無非切，音肥。竹名。”(904下)《名義·竹部》:“笰，扶歸反，肥。竹也。”(143下)“肥”當爲直音用字，而非釋義之文。正如上文:《名義·竹部》:“篪，徒奚反，啼。竹也。”(143上)此“啼”字即爲直音用字，而非釋義之文。此即其證也。《龍龕》卷四《竹部》:“笰，扶非反。竹名。”(389)《玉篇·竹部》:“笰，扶非切。竹名。”(70下左)敦煌本《王韻》平聲微韻符非反:“笰，竹。”(361)故宫本《王韻》同。《廣韻》平聲微韻符非切:“笰，竹名。”(32)《集韻》同。故《正字通》“笰”字“一曰竹盛貌”，於前代字韻書皆無徵，當因從“肥”“竹”爲説而誤。《大字典》《字海》“笰”字下分别據《正字通》之説而收録“竹盛貌”“竹子茂盛的樣子”這一義項，疑並非是。

34. 箜

《字彙·竹部》:“箜，苦紅切，音空。箜篌，樂器。《釋名》:‘師延所作，靡靡之樂也。後出於桑間濮上之地，蓋空國之侯所存也。’”(344上)

《正字通·竹部》:“箜，苦公切，音空。箜篌，樂器。”(800上)

按:《康熙字典·竹部》:“箜，《廣韻》《正韻》苦紅切，《集韻》《韻會》枯公切，並音空。箜篌，樂器。……又《篇海》:‘籃也。’”(906上)

《詳校篇海》卷二《竹部》:“箜，去紅切，音空。箜篌，樂器。亦作空侯。師延所作，國之侯所好靡靡之音。又籃也。”（104 下）《篇海類編》同。《詳校篇海》《篇海類編》又訓“籃也”，疑非是。《龍龕》卷四《竹部》:“箜篌，上音空，下音侯。樂器也。《釋名》云:‘師延所作。’”（387）《玉篇・竹部》:“箜，苦紅切。箜篌，樂［器］。”（71 上左）故宫本《王韻》平聲東韻苦紅反:“箜，箜篌。”（437）故宫本《裴韻》同。《廣韻》平聲東韻苦紅切:“箜，箜篌，樂器。《釋名》云:‘師延所作，靡靡之音。出桑間濮上。’”（5）《集韻》平聲東韻沽公切:“箜，箜篌，樂器。師延作，蓋空國之侯所好。”（10）《新修玉篇》卷第十四《竹部》引《玉篇》:“箜，苦紅切。箜篌，樂器。《釋名》云:‘師延所作，靡靡之音。出桑間濮上。’”（129 上左）《篇海》卷五《竹部》引《玉篇》:“箜，苦紅切。箜篌，樂［器］。”（644 上）《直音篇》卷四《竹部》:“箜，音空。箜篌，樂器。”（149 上）《詳校篇海》《篇海類編》又訓“籃也”，於前代字韻書皆無徵，當爲妄補。《康熙字典》轉録《篇海》“籃也”之訓，疑亦非是。《大字典》“箜”字下據《篇海類編》收録“籃”這一義項，亦非。

35. 篇

《字彙・竹部》:“篇，式戰切，音扇。竹也。”（346 上）

《正字通・竹部》:“篇，式戰切，音扇。竹也。”（804 上）

按:《康熙字典・竹部》:“篇，《廣韻》《集韻》式戰切，音扇。箑也。又《廣韻》:‘竹也。’通作扇。”（912 上）《玉篇・竹部》:“篇，式戰切。”（71 下左）《廣韻》去聲線韻式戰切:“篇，竹。”（317）《集韻》去聲綫韻式戰切:“篇，箑也。通作扇。”（572）《玉篇校釋》“篇”字下注:“《廣韻》去聲卅三線式戰切:‘竹。’本書缺義，元刊云‘竹器’，皆非也。《集韻》:‘篇，箑也。通作扇。’是矣。《倭名類聚》十四:‘扇，《玉篇》作篇。在《竹部》。’所據爲上元本也。篇從竹合於字例，與箑同意。”（2851）胡氏所言是也。《龍龕》卷四《竹部》:“篇，音扇。竹篇也。”（393）“竹篇”即同“竹扇”，此即其證也。韓小荆《〈可洪音義〉研究》（666）“扇”俗作“篇”，此亦其證也。《康熙字典》謂“通作扇”，此亦其證也。故“篇”當即“扇”之增旁俗字。《玉篇》“箑”字義闕，《廣韻》補訓爲“竹”，當爲望形生訓。《集韻》校作“箑也”，並謂“通作扇”，所言是也。《新修玉篇》卷十四《竹部》引《玉篇》：“箑，式戰切。竹也。”（130 上右）《篇海》卷五《竹部》引《玉篇》：“箑，式戰切。竹。”（645 上）《新修玉篇》《篇海》分别訓“竹也”“竹”，皆爲據《廣韻》而妄補。元刊本《玉篇》訓“竹器”，亦非。《直音篇》卷四《竹部》：“箑，音扇。竹器。”（152 上）《直音篇》訓“竹器”，當因承襲元刊本《玉篇》之謬而誤。《詳校篇海》卷二《竹部》：“箑，式戰切，音扇。竹也。”（106 上）《篇海類編》同。《詳校篇海》《篇海類編》《字彙》《正字通》俱訓“竹也”，亦皆因承襲《廣韻》之謬而誤。《康熙字典》轉録《廣韻》“竹也”之訓而未作校正，亦失考證。《大字典》《字海》“箑”字下分别據《廣韻》之謬而收録“竹”“竹名”這一義項，亦並非是。

36. 肇

《字彙・聿部》：“肇，直紹切，音趙。《説文》：‘始也；擊也。’《廣韻》：‘正也；長也；敏也。’从支，庫聲。肈，同上。又戟屬。”（377 下）

《正字通・聿部》：“肇，直紹切，音趙。《説文》：‘擊也。’《廣韻》：‘始也；正也；敏也。’《書・洛誥》：‘肇稱殷禮。’注：‘始舉盛禮也。’《詩・大雅》：‘肇敏戎公。’毛傳：‘謀也。’……《説文》從支，肇省聲，本作肈。舊注从支，庫聲，誤。肈，同肇。又戟屬。”（869 下）

按：《康熙字典・聿部》：“肇，《廣韻》治小切，《集韻》《韻會》《正韻》直紹切，並音趙。《説文》：‘擊也。’又《廣韻》：‘始也。’……肈，《集韻》同上。又《韻會》：‘戟屬。’”（1002 上）《古今韻會舉要》上聲篠韻直紹切：“肇，《説文》：‘始也；擊也。从支，庫聲。’《廣韻》又正也，敏也，長也。《增韻》或作肈。又戟屬。”（266 下）《古今韻會舉要》又訓“戟屬”，疑非是。《爾雅・釋言》：“肈，敏也。”《説文・戈部》：“肈，上諱。”（266 下）徐鉉等注：“後漢和帝名也。李舟《切韻》云：‘擊也。从戈，庫聲。’”段玉裁注：“按古有肈無肇，从戈之肈，漢碑或从殳，俗乃从支作肇。”《名義・戈部》：“肈，馳矯反。謀也；長也；始也；敏也。”

（168上）《玉篇・戈部》："肇，池矯切。長也；始也。"（81上左）《新撰字鏡・戈部》："肈肇，二形作馳矯反。謀也；長也；正也；始也；敏也。"（601）箋注本《切韻》（斯2071）上聲小韻治小反："肈，始。"（135）故宫本《王韻》上聲小韻治小反："肈，始。亦作肁。"（481）《廣韻》上聲小韻治小切："肈，始也；正也；敏也；長也。"（201）《集韻》上聲小韻直紹切："肈，謀也；始也。"同一小韻下文又曰："肇，《説文》：'擊也。'通作肈。"（394）"肈""肇"並即"肈"字之俗，而"肈""肇""肁"即爲異體字。故《古今韻會舉要》又訓"戟屬"，於前代字韻書皆無徵，當因從"戈"爲説而妄補。《詳校篇海》卷一《戈部》："肈，之紹切，音趙。始也；長也；敏也；正也。同肇。又戟屬。"（19下）《篇海類編》同。《詳校篇海》《篇海類編》又訓"戟屬"，當皆因承襲《古今韻會舉要》之謬而誤。《字彙》《正字通》亦又訓"戟屬"，亦皆因承前而誤。《康熙字典》轉録《古今韻會舉要》"戟屬"之訓而未作校正，亦失考證。《大字典》《字海》"肈"字下據《古今韻會舉要》之誤而分别收録"戟一類的武器""戟一類的兵器"這一義項，疑並非是。

37. 芯

《字彙・艸部》："芯，悉今切，音心。草名。"（395上）

《正字通・艸部》："芯，舊注音心，艸名。按：《六書故》曰：'凡函蓄於中者皆謂之心，艸木華葉之心是也，别作芯。'據此説，芯即心俗加艸。又楊慎《字説》：'《漢書》莎題縣作桬題。師古曰：桬古莎字。'舊注音義並非。"（910上）

按：《康熙字典・艸部》："芯，《集韻》思林切，音心。《類篇》：'草名。'"（1056上）《集韻》平聲侵韻思林切："芯，艸名。"（274）《六書故》所言是也。《大正藏》本宋法顯譯《佛説妙吉祥最勝根本大教經》卷中《吠多梨印成就句召儀軌分》第六："持明者用摩賀嚩舍安髑髏内，至日月蝕時，取此摩賀嚩舍爲油，以赤馬藥爲燈芯，用旃陀羅舍中火燃燈，以髑髏收此燈煙，加持一晝夜。""芯"即指"燈芯"，本當作"心"。《集韻》訓"艸名"，當爲望形生訓。《類篇・艸部》："芯，思林切。艸名。"

（23上）《類篇》訓“艸名”，當因承襲《集韻》之謬而誤。《直音篇》卷四《艸部》：“芯，音心。草名。”（165下）《詳校篇海》《篇海類編》同。《直音篇》《詳校篇海》《篇海類編》《字彙》訓“草名”，亦皆因承襲《集韻》之謬而誤。又《漢書・地理志上》“煔題”之“煔”即爲“莎”字俗訛，與“芯”並非同字，故《正字通》據“煔”即“莎”字異體而謂“舊注”音義並非，非是。《康熙字典》轉録《類篇》“草名”之訓而未作校正，亦失考證。《大字典》“芯”字下據《集韻》之謬而收録“草名”這一義項，亦非。

38. 莪

《字彙・艸部》：“莪，將來切，音哉。草名。”（406上）

《正字通・艸部》：“莪，子哀切，音栽。艸名。”（942上）

按：《康熙字典・艸部》：“莪，《唐韻》《集韻》並同栽。又《玉篇》：‘草也。’”（1084下）《龍龕》卷二《艸部》：“莪，音灾。”（255）《玉篇・艸部》：“莪，作才切。草。”（68上左）《玉篇》訓“莪”爲“草”，疑非是。《廣韻》平聲咍韻祖才切：“莪，莪蒔。”（58）《集韻》平聲咍韻將來切：“栽，生殖也。或作莪、載。”（115）故“莪”當即“栽”之異體字，義爲“種植”。韓小荆《〈可洪音義〉研究》（805）“栽”俗作“𢦏”，“莪”與“𢦏”形近，此亦其證也。《玉篇》訓“草”，當爲望形生訓。《字彙》《正字通》亦訓“草名”，皆因承襲《玉篇》之謬而誤。《康熙字典》轉録《玉篇》“草也”之訓而未作校正，亦失考證。《大字典》《字海》“莪”字下分别據《玉篇》之謬而收録“草名”“一種草”這一義項，疑並非是。

39. 積

《字彙・艸部》：“積，資四切，音恣。草名。見釋藏。”（418上）

《正字通・艸部》：“積，俗字。舊注草名，見釋藏，泥。”（973上）

按：《康熙字典・艸部》：“積，《集韻》子智切，音觜。草名。又《類篇》：‘草積。’又《字彙補》：‘古與積字通。漢隸碑：積萬世之基。’”（1110上）故宫本《裴韻》去聲寘韻紫智反：“積，艸。”（584）故宫本

《裴韻》訓“蓛”爲“艸”，疑非是。玄應《音義》卷二《大般涅槃經》第五卷：“穀蓛，子賜反。《埤蒼》：‘蓛，積也。’”（56，P836A7）《可洪音義》卷一一《瑜伽師地論》第二十一卷：“蓛，子賜反。積也。正作蓛。”（59，P936A13）故“蓛”當訓“積也”，義指“積聚”。《法苑珠林》卷六十八引《百喻經》：“婦哀哭懊惱，大蓛薪油，燒取其骨，以囊盛之。”從文意來看，此“蓛”亦爲“聚集”之義。故宫本《裴韻》訓“艸”，非是。“蓛”當即“積”字之俗。《説文・禾部》：“積，聚也。从禾，責聲。”（142 上）“積”，《廣韻》音“資昔切”，又音“子智切”。故“蓛”訓“積也”，與“積”音義並同，“蓛”當即“積”字之俗。《廣韻》去聲寘韻子智切：“蓛，草名。”（239）《廣韻》訓“草名”，當因承襲故宫本《裴韻》之謬而誤。《集韻》去聲寘韻子智切：“蓛，艸名。一曰艸積。”（468）《集韻》訓“艸積”，是也；然訓“艸名”，亦因承襲前代韻書之謬而誤。《字彙》訓“草名”，亦因承前而謬。《康熙字典》收録“草名”這一義項，亦因承前而誤。《大字典》“蓛”字下據《廣韻》之誤而收録“草名”這一義項，非是；《字海》“蓛”字下據《集韻》之誤而收録“一種草”這一義項，亦非。

40. 觮

《字彙・角部》：“觮，同鑣。”（447 下）

《正字通・角部》：“觮，俗字。舊注同鑣，非。”（1050 上）

按：《康熙字典・角部》：“觮，《廣韻》甫嬌切，《集韻》悲嬌切，並音穮。與鑣同。馬銜也。又《集韻》卑遥切，音猋。角名。”（1192 上）《集韻》平聲宵韻卑遥切：“觮，角名。”（179）下文悲嬌切又曰：“鑣觮，《説文》：‘馬銜也。’或从角。”（180）《集韻》謂“觮”即“鑣”之或體，是也；然又訓“角名”，非是。《説文・金部》：“鑣，馬銜也。从金，麃聲。觮，鑣或从角。”（299 下）《名義・角部》：“觮，彼驕反。鑣字。”（266 下）《龍龕》卷四《角部》：“觮，甫嬌反。馬銜也。与鑣同。”（510）《玉篇・角部》：“觮，彼妖切。亦作鑣。馬銜也。”（122 下右）《廣韻》平聲宵韻甫嬌切：“鑣，馬銜。觮，上同。”（94）故“觮”即“鑣”之異體字，當訓“馬銜也”。《集韻》謂“鰾”即“鑣”之或體，是也；然又訓“角名”，於前代字韻書皆無徵，當因從“角”爲説而誤。《詳校篇海》卷一《角部》:“鰾，彼妖切，音標。角名。亦同鑣。馬銜。”（32下）《篇海類編》同。《詳校篇海》《篇海類編》訓“角名”，皆因承襲《集韻》之謬而誤。《康熙字典》轉録《集韻》“角名”之訓而未作校正，亦失考證。《大字典》《字海》“鰾”字下皆據《集韻》之説而收録“角名”這一義項，疑並非是。

41. 諪

《字彙·言部》:“諪，七林切，音侵。私語。”（452上）

《正字通·言部》:“諪，七星切，音侵。私語。一説以言相侵犯。”（1064上）

按:《康熙字典·言部》:“諪，《集韻》千尋切，音侵。《類篇》:‘私語也。’又《正字通》:‘以言相侵犯也。’”（1211下）《集韻》平聲侵韻千尋切:“諪，私語。”（274）《新修玉篇》卷九《言部》引《餘文》:“諪，七林切。私語也。”（80下左）《篇海》同。《直音篇》卷二《言部》:“諪，音侵。私語。”（89下）《詳校篇海》卷一《言部》:“諪，七林切，音侵。私語。”（57上）《篇海類編》同。故《正字通》又訓“以言相侵犯”，於前代字韻書皆無徵，當因從“侵”爲説而誤。《康熙字典》轉録《正字通》“以言相侵犯也”這一義訓，亦非。“諪”當即“謾”字俗訛。《大正藏》本唐輸波伽羅譯《蘇悉地羯羅經持真言法品》第六:“此真言誦七遍，隨意澡浴，洗浴之時勿諪談話，心須持念沐浴心真言。”“諪”，甲本作“謾”。從文意來看，當以作“謾”爲是。此是其證也。《集韻》音“千尋切”，疑爲望形生音；又其訓“私語”，疑亦非是。

42. 豍

《字彙·豸部》:“貏，部比切，音被。相如《上林賦》:‘陂池貏豸。’郭璞曰:‘貏豸，漸平貌。’吕向曰:‘陂池貏豸，傍頽相連貌。’豍，同上。又獸名。”（463下）

《正字通·豸部》:“貏，舊注引《上林賦》‘貏豸’，附見前‘豸’注。按:‘陂池’借‘貏豸’形擬，實無意義。賦家臆撰多此類，後人强爲釋詁，非也。吕向曰‘傍頹相連貌’，與郭璞説同，並泥。𧳣，俗貏字。舊注同上，又獸名，非。”(1096下)

按:《康熙字典·豸部》:“𧳣，《字彙》同上(貏)。又《類篇》皮寄切。獸名。”(1256上)《玉篇·豸部》:“𧳣，皮寄切。”(112下左)《玉篇》義闕，元刊本《玉篇》補訓爲“獸名”，非是。《正字通》所言是也。《集韻》上聲紙韻補靡切:“貏，貏豸，漸平皃。”(316)《文選·上林賦》:“陂池貏豸，沇溶淫鬻。”郭璞曰:“貏，音被。”李善注:“貏豸，漸平貌。”王先謙《漢書補注》:“此二字以蟲喻山形，言其漸卑而隆長也。”“𧳣”與“貏”形近，又“卑”旁俗書常可寫作“畀”，正如韓小荆《〈可洪音義〉研究》“卑”俗作“𢌿”(353)、“婢”俗作“娭”(357)、“髀”俗作“髀”(357)等，“𧳣”當即“貏”字之俗。《龍龕》卷二《豸部》:“貏，正;𧳣，今。皮寄反。”(322)“貏”當即“𧳣”之異寫字，而“𧳣”當即“貏”之異寫字。此即其證也。元刊本《玉篇》補訓爲“獸名”者，當因不識其爲“貏”字之俗而妄補。《字彙》《康熙字典》謂“𧳣”同“貏”，是也;然又訓“獸名”，當因承襲前代字書之謬而誤。《大字典》“𧳣”字下據元刊本《玉篇》之誤而收録“獸名”這一義項，非是;而《字海》“𧳣”字徑謂同“貏”，是也。

43. 赥

《字彙·赤部》:“赥，迄逆切，音吸。赤也。又笑聲。又虚嚴切，音軒。亦赤也。”(468下)

《正字通·赤部》“赥，許及切，音吸。笑聲。《元包經》:‘言侃侃，笑赥赥。’傳曰:‘其聲悦也。’《篇海類編》音杴，非。又赥从欠、赤聲，非訓赤色，舊注赤也，又音軒，亦赤也，並非。”(1108上)

按:《康熙字典·赤部》:“赥，《廣韻》許激切，《集韻》《韻會》馨激切，《正韻》迄逆切，並音鬩。赥赥，笑聲。《元包經》:‘言侃侃，笑赥赥。’又《玉篇》:‘赤也。’”(1269下)《玉篇·欠部》:“赥，許迪切。笑皃。”（46 上右）《玉篇·赤部》又曰：“赦，許狄切。赤也。”（101 下右）《正字通》所言當是。《新撰字鏡·欠部》：“赦，許狄反。笑聲。”（645）箋注本《切韻》（斯 2071）入聲錫韻許狄反：“赦，笑聲。”（145）敦煌本《王韻》、故宫本《王韻》、故宫本《裴韻》、《唐韻》同。《廣韻》入聲錫韻許激切：“赦，笑聲。”（423）《集韻》入聲錫韻馨激切：“謚，笑聲。或作赦。”（753）故《玉篇》訓“赦”爲“笑皃”，是也，正如《正字通》所言，從字形結構來看，“赦”從欠、赤聲，應置於《欠部》;《玉篇》又復置於《赤部》，訓爲“赤也”，然於歷代字韻書皆無徵，非是。《龍龕》卷四《赤部》：“赦，許擊反。笑聲也。”（524）“赦”字本應置於《欠部》，《龍龕》置於《赤部》，非是；然其訓“赦”爲“笑聲也”，是也。《玉篇校釋》於《赤部》“赦”字下注：“《欠部》後增字：‘赦，笑皃。’《切韻》云：‘赦，笑聲。’與此同形。應此即《廣雅》‘烼，火也’之‘烼’。曹憲烼音呼狄反。本書《火部》：‘烼，火也。’”（4124）胡吉宣承襲《玉篇》義訓之誤而誤作認同，疑亦非是。《篇海》卷十一《赤部》引《玉篇》：“赦，許狄切。赤也。”（745 下）《篇海》承襲《玉篇》之誤而未作校正，失考證。《詳校篇海》卷四《赤部》：“赦，迄逆切，聲同吸。赤也。又笑聲。又虚嚴切，聲同軒。赤也。”（254 上）《篇海類編》同。《詳校篇海》“赦”音“軒”，非是；又其訓“赤也”，亦因承前而誤。《篇海類編》《字彙》承襲《詳校篇海》之誤而未作校正，亦失考證。《康熙字典》轉録《玉篇》“赤也”之訓而未作校正，亦失考證。《大字典》“赦”字下據《玉篇》之誤而收録“赤”這一義項，亦非是。

44. 趚

《字彙·走部》：“趚，郎擊切，音力。動也；踐也。”（471 下）

《正字通·走部》：“趚，郎敵切，音力。《說文》：‘動也。’與躒通。”（1115 下）

按：《康熙字典·走部》：“趚，《廣韻》郎擊切，《集韻》狼狄切，並音歷。《說文》：‘動也。’《玉篇》：‘或作躒。’《石鼓文》：‘多庶趚趚。’《周秦刻石釋音》：‘郭云：走也。’鄭氏云：‘與轢同。’”（1277 下）《詳校篇海》卷三《走部》:“趚，郎狄切，音力。動也；踐也。”(201下)《篇海類編》同。《詳校篇海》收録“踐也”這一義項，疑非是。《説文·走部》:“趚，動也。从走，樂聲。讀若《春秋傳》曰:‘輔趚。’”(31下)《名義·走部》:“趚，力的反。動也。躒字。”(101上)《玉篇·走部》:“趚，令的切。動也。或作躒。”(48下左)《新修玉篇》《篇海》引《玉篇》皆同。《廣韻》入聲錫韻郎擊切:“躒，動也。趚，上同。”(421)《集韻》入聲錫韻狼狄切:“趚，《説文》:‘動也。’或作躒。”(752)《直音篇》卷三《走部》:“趚，音歷。動也。”(107上)故《詳校篇海》又訓“踐也”，於前代字韻書皆無徵，疑因從“轢”爲説而誤，因爲“轢”字《説文》訓“車所踐也”。《篇海類編》《字彙》亦收“踐也”這一義項，當皆因承襲《詳校篇海》之謬而誤。《大字典》“趚”字下據《篇海類編》之説而收録“踐”這一義項，疑亦非是。

45. 鏣

《字彙·金部》:“鏣，商署切，音庶。器名。”(510上)

《正字通·金部》:“鏣，俗炙字。舊注音庶，器名，非。”(1212下)

按:《康熙字典·金部》:“鏣，《集韻》商署切，音恕。器名。”(1390下)《集韻》去聲御韻商署切:“鏣，器名。”(492)《正字通》之説疑非是。《説文·炙部》:“炙，炮肉也。从肉在火上。”(212上)《玉篇·炙部》:“炙，之亦切。熱也。又之夜切。”(101上右)故“鏣”與“炙”音義俱别，二字不可混同,《正字通》謂“鏣”即“炙”字之俗，且謂“舊注”非，既無書證亦無例證，其説非是。“鏣”疑即“鑣”字俗訛。慧琳《音義》卷二三《新譯大方廣佛花嚴經音義》卷第六十二《入法界品》之三:“轡勒，轡，鄙媚反。《説文》曰:‘勒，謂馬頭鏣銜也。’”(57, P863A9)從文意來看，此“鏣”當即“鑣”字俗訛。又《卍新纂續藏經》本唐懷素撰《四分律開宗記》卷第一:“首稱四分律藏，初分等者，然我大聖，教迹有由。始此仙菀，終彼提河。其間隨犯制儀，輕重位别。佛圓寂後，迦葉波等，乃至毱多，有百餘載。異人間出，奇士挺生，並道亞先賢，位隆法將。飛英振耀，襲藹聯耀，而毱多騰芬，一朝墜潁。衆師載駕，五部揚鑣，猶八劍之分鋒，俱爲利器。若千燈之各照，咸日光明。”佛經中作“揚鑣”者甚多，而作“揚𨭖”者僅見此例，且從文義來看，亦當以作“揚鑣”爲是，義爲“提起馬嚼子”，故此“𨭖”亦當即“鑣”字俗訛。故《集韻》所收之“𨭖”疑亦即“鑣”字俗訛。《集韻》音“商署切”，疑爲望形生音；其訓“器名”，疑爲望形生訓。

46. 黷

《字彙·黑部》:“黷，託合切，音沓。猥茸貌。又黑也。此字宜从重。《顔氏家訓》:‘顧野王《玉篇》誤爲黑旁沓。重沓是多饒積厚之意，从黑更無義旨。’”（585 上）

《正字通·黑部》:“黷，徒荅切，音沓。黑甚也。又《顔氏家訓》:‘《晉中興書》: 泰山羊曼，頽縱任俠，飲酒誕節，兖州號黷伯。俗間有䨲䨲語，蓋無所不施，無所不容之意。顧野王《玉篇》誤爲黑旁沓。吾所見數本，並無作黑者。重沓是多饒厚積意，從黑更無義旨。’據此説，《六書故》引《晉書》作‘黷伯’，誤也。以羊曼任俠誕節推之，當從䨲。《正韻》誤與《[六]書故》同。”（1399 上）

按:《康熙字典·黑部》:“黷，《廣韻》徒合切，《集韻》達合切，並音沓。黑也。又猥茸貌。《玉篇》:‘《晉書》有黷伯。’”（1613 下）《集韻》入聲合韻達合切:“黷，黑也。”（772）《集韻》訓“黑也”，疑非是。《名義·黑部》:“黷，敕合反。”（214 上）《新撰字鏡·黑部》:“黷，敕合反。（地）[姓]名。”（652）《龍龕》卷四《黑部》:“黷，他合反。人姓名也。”（533）《玉篇·黑部》:“黷，丑合切。《晉書》有黷伯。”（101 上左）故宫本《王韻》入聲合韻他闔反:“黷，羊曼爲黷伯。見《晉書》。”（521）《廣韻》入聲合韻他合切:“黷，《晉書》有兖州八伯，太山羊曼爲黷伯。”（432）《顔氏家訓·書證篇》:“《晉中興書》:‘太山羊曼，常頽縱任俠，飲酒誕節，兖州號爲黷伯。’此字皆無音訓。梁孝元帝常謂吾曰:‘由來不識。唯張簡憲見教，呼爲嚃羹之嚃。自爾便遵承之，亦不知所出。’簡憲是湘州刺史張纘謚也，江南號爲碩學。案：法盛世代殊近，當是耆老相傳；俗間又有䨲䨲語，蓋無所不施，無所不容之意也。顧野王《玉篇》

誤爲黑旁沓。顧雖博物，猶出簡憲、孝元之下，而二人皆曰重邊。吾所見數本，並無作黑者。重沓是多饒積厚之意，從黑更無義旨。”故“黭”當即“䠀”字之訛，義爲“人名”。《集韻》訓“黑也”，於前代字韻書、文獻皆無徵，當因從“黑”爲説而誤。《直音篇》卷七《黑部》：“黭，音鍩。黑也。”（296 下）《直音篇》訓“黑也”，當因承襲《集韻》之謬而誤。《詳校篇海》卷五《黑部》：“黭，託合切，聲同塌。猥茸貌。《晉書》：‘兖州八伯，泰山羊曼爲黭伯。’又黑也。”（325 上）《篇海類編》同。《詳校篇海》《篇海類編》《字彙》“黭”之下皆收“黑也”這一義項，亦皆因承前而謬。《正字通》轉訓爲“黑甚也”，亦非。《康熙字典》轉録《集韻》“黑也”之訓而未作校正，亦失考證。《大字典》“黭”字下據《集韻》之謬而收録“黑”這一義項，非是；《字海》“黭”字據《集韻》之謬而徑訓爲“黑”，亦非。

第二、因妄改致使字義失誤而産生的疑難字

楊寶忠師説：“漢字屬於表意體系的文字，漢字的意符具有表義功能，因此，漢字‘凡某之屬皆從某’，字從某者多與某義相關，此就原初字形而言也。字經變易，或導致形義關係不相切合，字書編纂者不去恢復該字原初的構形理據，考察該字爲何字所變，而是妄改字義以比附經過變易的字形，此亦‘虚假字義’産生之一途。”[1]《字彙》《正字通》《直音篇》《詳校篇海》《篇海類編》《康熙字典》《字彙補》等明清大型字書的釋義問題也有很多是因妄改義訓而産生的。

1. 刅

《字彙・刀部》：“刅，楚良切，音創。與創同。傷也。从刃，从一。”（52 下）

《正字通・刀部》：“刅，楚莊切，音窗。兩刃刀也。《説文》：‘傷也。’通作創，俗作瘡。”（88 下）

按：《康熙字典・刀部》：“刅，《集韻》楚良切，音窻。《説文》：‘傷

① 見楊寶忠《疑難字考釋與研究》第 751 頁，中華書局，2005 年。

也。从刃，从一。’徐曰：‘一刀所傷，指事也。’《韻會》：‘本作办，或作創。’”（72 上）《説文·刀部》：“办，傷也。从刃，从一。創，或从刀，倉聲。”（87 下）《集韻》平聲陽韻初良切：“办，《説文》：‘傷也。从刃，从一。’或作創。”（216）故“办”即“創”之異體字，當訓“傷也”。《正字通》訓“兩刃刀也”，於歷代字韻書皆無徵，當爲望形生訓，不可據。《大字典》“办”字下據《正字通》之誤而收録“兩刃刀”這一義項，且轉引《正字通》又誤作“兩办刀也”，並非。

2. 匼

《字彙·匸部》：“匼，胡南切，音含。受物器。”（61 上）

《正字通·匸部》：“匼，河南切，音含。受物器。與圅通，俗从含，省作匼。”（109 下）

按：《康熙字典·匸部》：“匼，《集韻》胡南切，音含。受物器。”（92 上）《名義·匸部》：“匼、𠥶，胡躭反。船没也。”（164 下）《玉篇·匸部》：“𠥶，胡耽切。船没也。”（80 上右）故宫本《王韻》平聲覃韻胡南反：“𠤳，船没。”（460）故宫本《裴韻》平聲覃韻胡男反：“匼，船没。”（564）《廣韻》平聲覃韻胡男切：“𠥶，船没。”（148）故“匼”與“𠥶”“𠤳”“𠥶”音義並同，即異體字。又《集韻》平聲覃韻胡南切：“匼，受物器。”（283）《集韻》訓“受物器”，於前代字韻書皆無徵，當因從“匸”爲説而誤。《字彙》《康熙字典》訓“受物器”，皆因承前而謬，失考證。《正字通》承襲《字彙》義訓之誤而謂“匼”與“圅”通，亦失考證。《大字典》據《集韻》訓“受物器”，非是；《字海》據《集韻》轉訓爲“裝東西的器具”，亦非。

3. 厙

《字彙·厂部》：“厙，芳無切，音敷。石文見也。”（65 下）

《正字通·厂部》：“厙，撫孤切，音敷。《説文》：‘石間見。’謂土石雜出，土多于石。《爾雅》土山帶石是也。舊注石文見，誤。”（121 上）

按：《康熙字典·厂部》：“厙，《唐韻》《集韻》並芳蕪切，音敷。《説文》:‘石閒見。’又滂模切，音鋪。石文見也。”（102上）《玉篇·厂部》:“厞，芳俱切。石文見也。”（104下左）《玉篇》訓“石文見也”，疑非是。《説文·厂部》:“厞，石閒見。从厂，甫聲。”（192上）段玉裁注:“閒見，謂突兀忽見。”原本《玉篇·厂部》:“厞，妨俱反。《説文》:‘石間見也。’”（505）《名義·厂部》:“厞，妨俱反。石間見。”（221上）敦煌本《王韻》平聲虞韻撫夫反:“厞，石閒見。”（362）故宫本《王韻》、《廣韻》同。《集韻》平聲虞韻芳無切亦曰:“厞，《説文》:‘石閒見也。’”（77）故“厞”當訓“石閒見也”。《玉篇》訓“石文見也”，於歷代字韻書皆無徵，其訓非是。《字彙》訓“石文見也”，即因承襲前代字書之謬而誤。《正字通》謂“舊注”訓“石文見”誤，所言是也。《康熙字典》又訓“石文見也”，亦因承襲前代字書之謬而誤。又《龍龕》卷二《厂部》:“厞，音敷。石門也。”（302）《龍龕》訓“石門也”，當爲“石閒見也”之訛脱。《大字典》收録“厞”字，據《説文》訓“石突兀而出”，是也；然又據《玉篇》之誤而謂“一説石文見”，失考證。《字海》亦收“厞”字，據《玉篇》之誤轉訓爲“石頭的紋理露出”，亦失考證。

4. 哈

《字彙·口部》:“哈，古禄切，音穀。鳥鳴。一曰雉鳴。”（76上）

《正字通·口部》:“哈，舊注音谷，鳥鳴。按：哈即咯之訛。”（151下）

按:《康熙字典·口部》:“哈，《廣韻》《集韻》並古禄切，音穀。《廣韻》:‘鳥鳴。’《集韻》:‘雉鳴。’又作喅。”（133上）《廣韻》入聲屋韻古禄切:“哈，鳥鳴。又作喅。”（366）《集韻》入聲屋韻古禄切:“哈喅，雉鳴。或从角。”（634）“哈”，《廣韻》訓“鳥鳴”，《集韻》卻改訓“雉鳴”，疑非是。《可洪音義》卷一五:“喅，與哈同。古木反。鳥鳴也。”（59，P1105B9）此亦其證也。故《集韻》訓“雉鳴”，當爲“鳥鳴”之誤。《字彙》“哈”字下據前代字書之誤而謂“一曰雉鳴”，非是。《大字典》“哈”字下據《集韻》義訓之誤而謂“又指野雞叫”，亦非。《集韻》入聲鐸韻歷各切:“咯詻，訟言也。或从言。”（724）下文剛鶴切又曰:“咯，雉聲。”（729）故“哊”與“咯”音義俱别，二字不可混同，《正字通》謂“哊”即“咯”字之訛，既無書證亦無例證，其説非是。

5. 嘝

《字彙·口部》：“嘝，洪孤切，音胡。何也。”（79 上）

《正字通·口部》：“嘝，洪吾切，音乎。喉也。王褒《洞簫賦》：‘瞋嗢（唅）嘝以紆鬱。’注：‘嗢（唅），頤也；嘝，咽下垂也，言氣之盛如含瞋怒也。’胡、嘝通訓何，當从胡，俗加口贅。舊注嘝專訓何，誤。”（159 上）

按：《康熙字典·口部》：“嘝，《集韻》《類篇》並洪孤切，音胡。唅嘝，聲也。王褒《洞簫賦》：‘瞋唅嘝以紆鬱。’注：‘唅，顄頤也；嘝，咽下垂也，言氣之盛唅嘝類瞋怒也。’”（141 下）《集韻》平聲模韻洪孤切：“嘝，唅嘝，聲也。”（88）下文平聲覃韻胡南切又曰：“唅，唅嘝，怒氣。”（283）《文選·洞簫賦》：“形旖旎以順吹兮，瞋唅嘝以紆鬱。”李善注：“《釋名》曰：‘嘝，咽下垂也，言氣之盛而唅嘝類瞋也。’”《新修玉篇》卷五《口部》引《廣集韻》：“嘝，户吴切。唅嘝，怒氣。”（47 上左）《篇海》卷二《口部》引《川篇》：“嘝，音胡。何也。”（598 上）《新修玉篇》與《篇海》引書不同，當以《新修玉篇》爲是；《新修玉篇》與《篇海》義訓亦不同，亦當以《新修玉篇》爲是。《篇海》訓“何也”，當因從“胡”爲説而妄改，不可據。《直音篇》卷一《口部》：“嘝，音胡。可也。”（42 上）“可也”當爲“何也”之誤刻 。《詳校篇海》卷一《口部》：“嘝，音胡。何也。”（42 下）《篇海類編》同。《詳校篇海》《篇海類編》《字彙》訓“何也”，皆因承襲《篇海》之謬而誤。《正字通》訓“喉也”，於文獻無徵，亦當因從“胡”爲説而誤。《大字典》“嘝”字下據《正字通》《篇海類編》之誤而收録第❷義項謂同“胡”，其下又分爲兩個小義項：第一義項訓“喉嚨”，第二義項訓“何”，非是。

6. 嚬

《字彙·口部》：“嚬，皮賓切，音貧。笑貌。梁王筠詩：‘含嬌起斜

眄，斂笑動微嚬。'"（84下）

《正字通·口部》："嚬，蒲明切，音貧。眉蹙也。《史》：韓昭侯敝袴，命藏之曰：'吾聞明主愛一嚬一笑，今袴豈特嚬笑哉！吾必待有功者。'梁王筠詩：'含嬌起斜眄，斂笑動微嚬。'唐杜甫詩：'誰家挑錦字，燭滅翠眉嚬。'通作顰。駱賓王詩：'妝鏡菱花暗，愁眉柳葉顰。'又通作矉。《莊子》：'西施病心而矉。'李白詩：'蛾眉不可妒，況乃效其矉。'又借作頻……嚬與《言部》䜫别，未聞訓嚬爲笑者，信如舊注訓笑，則韓昭侯所云一嚬一笑猶言一笑一笑，西施當是病心而笑，背理甚。《正韻》頻亦作顰、矉，蹙額曰矉，嚬注又云笑也，《篇海》《韻瑞》誤與《正韻》同，並非。《同文舉要》嚬訓笑，顰訓蹙，分顰、嚬爲二，尤非。梵書《五大部直音·蓮華經》'嚬，笑也'，亦非。舊注失考正。"（173下）

按：《康熙字典·口部》："嚬，《廣韻》符真切，《集韻》《韻會》《正韻》吡賓切，並音頻。《正字通》：'眉蹙貌。'《通鑑》：'韓昭侯曰：明主愛一顰一笑。'王筠詩：'斂笑動微嚬。'又《正字通》通作顰。駱賓王詩：'妝鏡菱花暗，愁眉柳葉顰。'……按：《正字通》云：'嚬與《言部》䜫别，未聞訓嚬爲笑者，信如舊注，則一嚬一笑猶言一笑一笑也。'於義難解，各韻書以爲笑貌，俱誤。"（157下）《玉篇·口部》："嚬，蒲民切。笑皃。"（26下左）《玉篇校釋》"嚬"字下注："《廣韻》：'嚬，笑也。'希麟六·十五：'顰，經文从口作嚬，笑也，非顰眉字也。'嚬因顰蹙微笑而變从口，人當痛楚或愠怒時鎖眉而微笑也，美人則輕顰淺笑益姿媚也。"（1041）胡氏所言疑可商榷，《正字通》謂"嚬"訓"笑"非，所言當是。《可洪音義》卷一："嚬蹙，上毗賓反，下子六反。皺眉皃也；面䫌促皃也。正作顰頗也。"（59，P560B12）箋注本《切韻》平聲真韻符鄰反："嚬顰，（戚）[蹙]眉。"（114）故"嚬"當即"顰"之異體字，義爲"皺眉貌"。故宫本《王韻》平聲真韻符鄰反："嚬，笑也。"同一小韻下文曰："顰，蹙皃。"（449）《廣韻》平聲真韻符真切："顰，顰眉，蹙也。"同一小韻下文又曰："嚬，笑也。"（61）"嚬"即"顰"之異體字，箋注本《切韻》列爲同條是也，故宫本《王韻》卻將二字分列，"嚬"訓"笑也"，而"顰"訓"蹙皃"，遂致二字誤分爲二，非是。《廣韻》、《玉篇》、慧琳《音義》、希麟《音義》訓“嚬”爲“笑也”，當皆因承襲故宫本《王韻》之謬而誤。《集韻》平聲真韻毗賓切：“嚬，笑皃。”（118）《集韻》訓“笑皃”，當因承襲《廣韻》之謬而誤。《字彙》訓“笑貌”，亦因承訛襲謬而誤。《康熙字典》所言亦是。《大字典》“嚬”字下據《廣韻》《集韻》之謬而收録“笑貌”這一義項，《字海》“嚬”字下據《廣韻》之謬而收録“笑的樣子”這一義項，疑並非是。

7. 妔

《字彙·女部》：“妔，丘庚切，音坑。美女。”（102 上）

《正字通·女部》：“妔，丘庚切，音坑。女性急戾也。一曰與伉通。舊注美女，非。”（230 上）

按：《康熙字典·女部》：“妔，《廣韻》客庚切，《集韻》丘庚切，並音坑。美女也。又《集韻》寒剛切，音杭。女字。一曰女性急戾。與伉通。”（206 下）《玉篇·女部》：“妔，苦庚切。美女也。”（18 上右）《集韻》平聲庚韻丘庚切：“妔，美女。”（228）《新修玉篇》《篇海》引《玉篇》皆同。故“妔”當以訓“美女”爲是。《正字通》改訓“女性急戾也”，並謂“一曰與伉通”，且謂“舊注”非，既無書證亦無例證，其説疑不可據。《康熙字典》“一曰”之説，當因承襲《正字通》之説而誤。《大字典》“妔”字下據《正字通》之説而收録“女子性情急躁暴戾”這一義項，疑應删。

8. 婝

《字彙·女部》：“婝，大透切，音豆。姓也。”（105 上）

《正字通·女部》：“婝，舊注音豆，姓也。姓譜闕。”（239 下）

按：《玉篇·女部》：“婝，丁候切。婝譳，詀謉也。亦作詎。”（17 下左）《新修玉篇》《篇海》引《玉篇》並同。《直音篇》卷一《女部》：“婝，音鬪。詀（貌）[謉]。又音豆。”（29 上）《詳校篇海》卷二《女部》：“婝，丁候切，音鬪。婝譳，詀謉也。”（120 下）《篇海類編》同。故“婝”當訓“婝譳”，“婝譳”也作“詎譳”，義指“不能言”。《字彙》改訓“姓也”，於歷代字韻書皆無徵，當因“豆”爲説而誤，因爲“豆”有“姓氏”之義，此訓非是，故《正字通》之説是也。《大字典》“短”字下據《字彙》之誤而收録“姓”這一義項，亦非。

9. 尯

《字彙·尢部》:“尯，居里切，音紀。蹇也。又一足行曰尯。今作踦。”（121下）

《正字通·尢部》:“尯，居里切，音紀。蹇也。又一足行曰尯。一作踦。”（282下）

按:《康熙字典·尢部》:“尯，《廣韻》居綺切，《集韻》去綺切，並音剞。蹇也。又一足行曰尯。一作踦。又《廣韻》《集韻》並卿義切，音掎。倦也。”（253下）《集韻》去聲寘韻卿義切:“尯，徬也。”（470）《集韻》訓“徬也”，疑非是。《名義·尢部》:“尯，居義反。一足。”（215上）《龍龕》卷一《尢部》:“尯，掎、綺二音。一足行皃也。”（179）《玉篇·尢部》:“尯，飢蟻切。一足曰尯也。今爲踦。”（102上右）故宫本《裴韻》去聲寘韻卿義反:“尯，跛。”（585）《廣韻》去聲寘韻卿義切:“尯，跛也。”（243）《集韻》訓“徬也”，於前代字韻書皆無徵，疑不可據。《康熙字典》“尯”字下亦收“倦也”這一義項，當因承襲《集韻》之謬而誤。《大字典》《字海》“尯”字下皆據《集韻》之説而收録“倦”這一義項，疑並非是。

10. 峆

《字彙·山部》:“峆，苦感切，音坎。山險貌。”（128上）

《正字通·山部》:“峆，俗坎字。《集韻》:‘坎，或作峆。’舊注克罕切，音坎，山險貌，誤分爲二。”（298上）

按:《康熙字典·山部》:“峆，《集韻》苦感切，音坎。陷也。馬融《長笛賦》:‘峆窞巖寝。’注:‘峆，坎也。’”（270上）《集韻》上聲感韻苦感切:“坎，《説文》:‘陷也。’或作峆、埳。”（444）《文選·長笛賦》:“嶰壑澮峴，峆窞巖寝。”李善注:“峆，即坎也。《周易》曰:‘入於坎窞，凶。'"（250 上）故"峪"即"坎"之異體字。《正字通》謂"舊注"訓"山險貌"，誤分爲二，所言當是。《廣韻》上聲感韻苦感切："坎，險也；陷也。"（225）《廣韻》訓"坎"爲"險也；陷也"，當爲援引陸德明《釋文》。《易·坎》："《彖》曰：習坎，重險也。"陸德明《釋文》："坎，險也；陷也。"陸德明訓"坎"爲"險也"，當指"險難之事"。《詳校篇海》卷四《山部》："峪，苦感切，音坎。義同。險也；陷也。"（263 上）《篇海類編》同。《詳校篇海》《篇海類編》謂"峪"與"坎"義同，當源自《集韻》；其訓"險也；陷也"，當源自《廣韻》"坎"字義訓。《字彙》訓"山險貌"，當爲見其從"山"而妄改，非是。《大字典》"峪"字下據《字彙》之誤而收録"山險貌"這一義項，亦非。

11. 惘

《字彙·心部》："惘，涓熒切，音扃。憶也。"（159 上）

《正字通·心部》："惘，滑永切，音扃。小明也。舊注訓憶，非。"（367 上）

按：《康熙字典·心部》："惘，《篇海》涓熒切，音扃。憶也。"（351 上）《新修玉篇》卷八《心部》引《川篇》："惘，古營切。憶也。"（75 下左）《篇海》同。《直音篇》卷二《心部》："惘，音扃。憶也。"（82 下）《詳校篇海》卷四《心部》："惘，涓熒切，音扃。憶也。"（233 上）《篇海類編》同。"惘"字，《正字通》之前的歷代字書皆訓"憶也"，《正字通》卻改訓"小明也"，於前代字書皆無徵，當因從"冋"爲説而誤。《廣雅·釋詁四》："冋，明也。"此即其證也。《大字典》《字海》"惘"字下皆據《正字通》之説而收録"小明"這一義項，疑並非是。

12. 暲

《字彙·日部》："暲，止良切，音張。日明。"（202 上）

《正字通·日部》："暲，止商切，音張。日明。通作章。"（471 上）

按：《康熙字典·日部》："暲，《集韻》諸良切，音章。日光上進也。《玉篇》：'明也。與章同。'"（472 下）《名義·日部》："暲，之羊反。明也。”（205 上）《玉篇・日部》:“暲，之羊切。明也。與章同。”（95 下右）敦煌本《王韻》平聲陽韻［諸良反］:“暲，明。”（374）故宫本《王韻》平聲陽韻諸良反:“暲，明。”（461）慧琳《音義》卷四六《音大智度論》第一卷:“不彰，又作暲同。灼羊反。《廣雅》云:‘彰，明也；著也。’亦表也。”（58，P319B11）慧琳《音義》卷五〇《攝大乘論》第五卷又曰:“彌彰，又作暲同。諸楊反。《廣雅》:‘彰，著也；明也。’”（58，P415B6）故“暲”同“彰”，本當作“章”。又《龍龕》卷四《日部》:“暲，音章。日明也。”（425）“暲”本訓“明也”,《龍龕》改訓“日明也”，當爲望形生訓。《廣韻》平聲陽韻諸良切:“暲，日明。”（112）《廣韻》訓“日明”，亦當爲望形生訓。《集韻》平聲陽韻諸良切:“暲，日光上進皃。”（214）《集韻》訓“日光上進皃”，於前代字韻書皆無徵，亦不可據。《類篇・日部》:“暲，諸良切。日光上進也。”（229 下）《類篇》訓“日光上進也”，當因承襲《集韻》之謬而誤。《字彙》《正字通》訓“日明”，亦皆因承前而謬。《大字典》“暲”字下第❶義項引《廣韻》“日明”之訓而未作校正，失考證；《大字典》“暲”字下據《集韻》《類篇》之誤而收録“日光上進”這一義項，亦失考證。《字海》“暲”字下據《玉篇》之説而謂同“章”，訓“明”，是也。

13. ⿰毛酋

《字彙・毛部》:“⿰毛酋，同⿰毛茸。”（237 下）

《正字通・毛部》:“⿰毛酋，訛字。俗音囚，毛落也。舊注同⿰毛茸，誤。”（568 上）

按:《康熙字典・毛部》:“⿰毛酋，《字彙》:‘同⿰毛茸。’”（580 上）《龍龕》卷一《毛部》:“**⿰毛昔**⿰毛酋，二俗；⿰茸毛，正。而容反。毳飾也。今作⿰革茸。三。”（134）《新修玉篇》卷十六《毛部》引《龍龕》:“⿰毛酋，而容切。毳飾。今作⿰革茸。”（214 下右）《篇海》同。《直音篇》卷七《毛部》:“⿰毛酋，音戎。毳飾。⿰革茸，同。”（282 下）《詳校篇海》卷三《毛部》:“⿰毛酋，而容切，音茸。毳飾。與⿰革茸同。”（149 上）《篇海類編》同。故“⿰毛酋”當即“⿰茸毛（⿰革茸）”之異體字。《正字通》謂“⿰毛酋”音“囚”，訓“毛落也”，於前代字書皆無徵，其說非是。《大字典》"𩑭"字下以《正字通》之説作爲"按語"，疑亦非是。

14. 泊

《字彙・水部》："泊，弼角切，音薄。止息也。舟附於岸曰泊。又漂泊流寓也。又水白貌。又澹泊，恬静無爲貌。又與薄同。楊升庵曰：'老子《道德經》薄作泊。'王充《論衡》：'酒之泊厚，同一麴糵。'"（244上）

《正字通・水部》："泊，蒲各切，音薄。水貌。又止息也。舟附岸曰泊。又漂泊流寓也。又澹泊，恬静無爲貌。《揚雄傳》：'泊，如也。'又與薄同。《老子》薄作泊。王充《論衡》：'酒之泊厚，同一麴糵。'又人生于陰陽有渥有泊。泊、薄古通。"（583上）

按：《康熙字典・水部》："泊，《廣韻》傍各切，《集韻》《韻會》白各切，並音薄。止也。舟附岸曰泊。杜甫詩：'漾舟千山内，日入泊枉渚。'又水貌。《前漢・郊祀歌》：'泊如四海之池。'"（601上）《集韻》入聲鐸韻白各切："泊，止也。一曰水白皃。"（726）《集韻》又訓"泊"爲"水白皃"，疑非是。《名義・水部》："泊，菩各反。止船也。"（195上）《龍龕》卷二《水部》："泊，傍各反。止也。"（235）《玉篇・水部》："泊，步各切。止舟也。"（91上右）故宫本《王韻》入聲鐸韻傍各反："泊，止也。"（525）《廣韻》入聲鐸韻傍各切："泊，止也。"（411）《集韻》訓"泊"爲"水白皃"，於前代字韻書皆無徵，當爲望形生訓。《詳校篇海》卷四《水部》："泊，弼角切，音薄。止息也。又漂泊流寓也。又舟附於岸曰泊。又水白貌。又澹泊，恬静無爲貌。"（283上）《篇海類編》同。《詳校篇海》《篇海類編》《字彙》亦訓"水白貌"，當皆因承襲《集韻》之謬而誤。《資治通鑒・唐紀十八》："懷舜等信之，留老弱於瓠蘆泊，率輕鋭倍道進，至黑沙，無所見，人馬疲頓，乃引兵還。"胡三省注："泊，水白爲泊。"（6516）胡三省訓"泊"爲"水白"，亦當爲《集韻》所誤。從文意來看，"瓠蘆泊"之"泊"當義同"羅布泊""梁山泊"之"泊"，義爲"湖澤"。《大字典》"泊"字下據《集韻》之誤而收録"水白貌"這一義項，疑亦非是。

15. 涑

《字彙·水部》:“涑，與漱同。先奏切。又蘇谷切，音速。水名，在河東。《左傳》:‘伐我涑川。’又疏鳩切，音搜。濯垢也。以手曰涑，以足曰瀚。”（248 上）

《正字通·水部》:“涑，蘇谷切，音速。水名……《説文》:‘涑，瀚也。从水，束聲。’”（592 上）

按:《康熙字典·水部》:“涑,《唐韻》速侯切,《集韻》《韻會》先侯切，並音鎪。《説文》:‘澣也。’……又《集韻》所救切,《正韻》先奏切，並音瘦。盪口也。與漱同。一曰水有所敗也。”（613 下）《集韻》去聲宥韻所救切:“漱嗽,《説文》:‘盪口也。’或从口。”下文又曰:“涑，水有所敗。”（614）《集韻》訓“涑”爲“水有所敗”，疑非是。《説文·水部》:“涑，瀚也。从水，束聲。河東有涑水。”（236 下）《名義·水部》:“涑，先侯反。浣也。”（193 下）《玉篇·水部》:“涑，先侯切。濯生練也。又先候切。與漱同。”（90 下右）故“涑”本爲“漱”之異體字,《集韻》誤將二字分開，又改訓“涑”爲“水有所敗”，疑爲望形生訓。《康熙字典》亦收“水有所敗也”這一義項，當因承前而誤。《大字典》“涑”字下據《集韻》收録“水有所敗”這一義項，疑亦非是。

16. 澗

《字彙·水部》:“澗，古汗切，音幹。水文也。中从目。”（248 下）

《正字通·水部》:“澗，舊注音幹，水文也，中从目。按：六書有澗無澗，改作澗，非。”（593 上）

按:《康熙字典·水部》:“澗,《廣韻》古按切，音旰。引《文選》:‘滮滮澗澗。’按:《吴都賦》‘澗’本从日，非从目，六書有澗無澗，當是澗字之訛。”（615 上）《廣韻》去聲翰韻古案切:“澗，滮滮澗澗，水流疾皃。”（306）《集韻》去聲翰韻居案切:“澗，澗澗，水迅流皃。”（553）“澗”與“澗”音義並同，“澗”當即“澗”字之俗。“滮滮澗澗”,《文選·吴都賦》作“滮滮澗澗”，此即其證也。《直音篇》卷五《水部》:“澗，音幹。水流疾貌。淠，同上。”（205 上）此亦其證也。《正字通》《康熙字典》所言亦其證也。故“淠”當即“湃”字之俗。《字彙》訓“水文也”，於前代字韻書皆無徵，當因從“彪”爲説而誤，因“湃”訓“滮滮湃湃”，“滮”字從“彪”，而“彪”《説文》即訓“虎文也”。《大字典》“淠”字下據《字彙》之誤而收録“水的波紋”這一義項，疑亦非是。

17. 濶

《字彙・水部》：“濶，母本切，門上聲。懣也。又水盈貌。又美隕切，音閔。義同。”（257 下）

《正字通・水部》：“濶，潣字之訛。舊注門上聲，水盈貌；又音閔，義同，並非。”（610 下）

按：《康熙字典・水部》：“濶，《玉篇》亡本切，《集韻》母本切，並音懣。水盈貌。”（639 下）《集韻》上聲混韻毋本切：“濶，水盈皃。”（365）《集韻》訓“濶”爲“水盈皃”，疑非是。《名義・水部》：“濶，亡本反。懣。”（195 下）《新撰字鏡・水部》：“濶，亡本反。懣也；患也。[illegible]（？）字同。”（344）《玉篇・水部》：“濶，亡本切。懣也。又音閔。”（91 上右）故《集韻》訓“濶”爲“水盈皃”，於前代字書皆無徵，當因從“水”爲説而誤。《字彙》又訓“濶”爲“水盈貌”，當因承襲《集韻》之謬而誤。《康熙字典》訓“水盈貌”，亦當因承襲《集韻》之謬而誤。又《説文・水部》：“潣，水流浼浼皃。从水，閔聲。”（230 下）《玉篇・水部》：“潣，莫殞切。《説文》曰：‘水流浼浼皃。’亦音浼。”（88 上左）故“濶”與“潣”音義俱别，二字不可混同，《正字通》謂“濶”即“潣”字之訛，既無書證亦無例證，其説非是。“濶”當即“悶”字之俗。《説文・心部》：“悶，懣也。从心，門聲。”（221 下）《玉篇・心部》：“悶，莫頓切。懣也。”（41 上右）《廣韻》去聲慁韻莫困切：“悶，《説文》曰：‘懣也。’《易》曰：‘遯世無悶。’”（304）《集韻》去聲慁韻莫困切：“悶，《説文》：‘懣也。’”（551）“悶”，《集韻》又音“毋本切”。故“濶”與“悶”音義並同，“濶”當即“悶”字之俗。《大字典》《字海》“濶”字下皆據《集韻》之誤而收録“水盈貌”這一義項，且未溝通“悶”字的字際關係，俱失考證。

18. 玽

《字彙·玉部》:"玽，舉偶切，音苟。《説文》:'石之次玉者。'"（286上）

《正字通·玉部》:"玽，古偶切，音苟。《説文》:'石之次玉者。'"（671下）

按:《康熙字典·玉部》:"玽,《唐韻》古厚切,《集韻》《韻會》《正韻》舉后切，並音耇。《説文》:'石次玉者。'又《集韻》居候切，音冓。玉名。"（726下）故宫本《裴韻》上聲厚韻古厚反:"玽，玉名。"（579）故宫本《裴韻》訓"玽"爲"玉名"，疑非是。《説文·玉部》:"玽，石之次玉者。从玉，句聲。讀若苟。"（6下）《名義·玉部》:"玽，公後反。［石］似玉。"（5下）《玉篇·玉部》:"玽，音狗。石似玉也。"（5下右）《新撰字鏡·玉部》:"玽，古厚反。石似玉也。"（319）《龍龕》卷四《玉部》:"玽，音狗。石似玉也。"（437）箋注本《切韻》（斯2071）上聲厚韻古厚反:"玽，石似玉。"（138）敦煌本《王韻》、故宫本《王韻》、《廣韻》同。故宫本《裴韻》訓"玉名"，於前代字韻書皆無徵，當爲"石似玉"之誤。《集韻》上聲厚韻舉后切:"玽,《説文》:'石之次玉者。'"（437）下文去聲候韻居候切:"玽，玉名。"（617）《集韻》據《説文》訓"石之次玉者"，是也；然其又訓"玉名"，非是。《康熙字典》轉録《集韻》"玉名"之訓，疑亦非是。《大字典》"玽"字下據《集韻》之誤而收録"玉名"這一義項，亦非。

19. 珆

《字彙·玉部》:"珆，與之切，音貽。石似玉。亦作玲。"（286下）

《正字通·玉部》:"珆，伊齊切，音貽。《説文》:'石似玉。'亦作玲。"（673上）

按:《康熙字典·玉部》:"珆,《唐韻》與之切,《集韻》盈之切，並音飴。《説文》:'石之似玉者。'《玉篇》:'五色之石也。'《廣韻》:'玉名。’”（728 上）箋注本《切韻》（斯 2071）平聲之韻與之反：“瑿，玉名。”（109）敦煌本《王韻》、故宫本《王韻》、故宫本《裴韻》、《廣韻》皆同。以上諸韻書訓“瑿”爲“玉名”，疑非是。《説文·玉部》：“瑿，石之似玉者。从玉，叵聲。讀若貽。”（6 下）《名義·玉部》：“瑿，翼之反。五色石也。”（5 上）《玉篇·玉部》：“瑿，異之切。石之次玉者。《倉頡篇》曰：‘五色之石也。’”（5 下右）以上諸書是其證也。故“瑿”當爲“石名”，而非“玉名”。《龍龕》卷四《玉部》：“瑿，與之反。玉名。”（434）《龍龕》訓“玉名”，疑亦非是。《集韻》平聲之韻盈之切：“瑿珆，《説文》：‘石之似玉者。’一曰五色玉。或从台。”（55）據上文可知，《集韻》訓“五色玉”，當爲“五色石”之誤。《康熙字典》轉録《廣韻》“玉名”之訓而未作校正，亦失考證。《大字典》“瑿”字下據《廣韻》之誤而收録“玉名”這一義項，疑亦非是。

20. 琨

《字彙·玉部》：“琨，魚巾切，音銀。《説文》：‘石之似玉者。’又苦恨切，懇去聲。玉有起跡曰琨。”（286 下）

《正字通·玉部》：“琨，魚勤切，音銀。《説文》：‘石之似玉者。’又《正韻》苦恨切，懇去聲。玉有起跡曰琨。”（674 上）

按：《康熙字典·玉部》：“琨，《唐韻》語巾切，《集韻》《正韻》魚巾切，《韻會》疑巾切，並音銀。《説文》：‘石之似玉者。’又《集韻》古痕切，音根。《五音集韻》古恨切，音艮。義並同。又《正韻》苦恨切，音硍。玉有起跡曰琨。”（728 下）《洪武正韻》去聲震韻苦恨切：“琨，玉有起跡曰琨。”（267）《洪武正韻》謂“玉有起跡曰琨”，疑不可據。《説文·玉部》：“琨，石之似玉者。从玉，艮聲。”（6 下）《玉篇·玉部》：“琨，居恨、魚巾二切。石次玉也。”（5 下右）《篇海》引《玉篇》同。《廣韻》平聲真韻語巾切：“琨，《説文》云：‘石之似玉者。’”（61）《集韻》平聲諄韻魚巾切：“琨，《説文》：‘石之似玉者。’”（126）《直音篇》卷一《玉部》：“琨，音艮。石次玉。”（10 上）故《洪武正韻》謂“玉有起跡曰琨”，於前代字韻書皆無徵，當因據“垠”字之義而妄改所産生的訓釋失誤。《集韻》去聲恨韻苦恨切："垠，土有起跡曰垠。"（550）《詳校篇海》卷一《玉部》："琂，古恨切，音艮。石次玉。又語巾切，音銀。注同。又苦恨切，音懇去聲。玉有起跡曰琂。"（75上）《篇海類編》同。《詳校篇海》《篇海類編》又訓"琂"爲"玉有起跡"，當皆因承襲《洪武正韻》之謬而誤。《字彙》《正字通》《康熙字典》亦又謂"玉有起跡曰琂"，亦皆因承襲《洪武正韻》之謬而誤。《大字典》《字海》"琂"字下皆據《字彙》之誤而收録"有隆起痕跡的玉"這一義項，疑並非是。

21. 璹

《字彙·玉部》："璹，神六切，音孰。玉器。"（291上）

《正字通·玉部》："璹，神六切，音孰。《説文》：'玉器。'本作瓙。"（683下）

按：《康熙字典·玉部》："璹，《廣韻》殖酉切，《集韻》是酉切，並音受。玉名。又《集韻》大到切，音導。義同。又《廣韻》殊六切，《集韻》神六切，並音殊。玉器也。"（743下）箋注本《切韻》（斯2071）入聲屋韻殊六反："璹，玉名。"（140）故宫本《王韻》、《唐韻》、《廣韻》同。《切韻》《廣韻》訓"璹"爲"玉名"，疑非是。《説文·玉部》："璹，玉器。从玉，䰞聲。讀若淑。"（5下）《名義·玉部》："璹，視六反。玉器。"（4下）《新撰字鏡·玉部》："璹，視左反。玉器也。"（316）《玉篇·玉部》："瓙，市六切。《説文》云：'玉器也。'璹，同上。"（5上右）故《切韻》《廣韻》訓"璹"爲"玉名"，於以上諸字書皆無徵，當爲"玉器"之誤。《集韻》入聲屋韻神六切："瓙，《説文》：'玉器也。'隸作璹。"（643）《集韻》據《説文》校作"玉器"，是也。故宫本《裴韻》入聲屋韻殊六反："璹，玉。"（605）故宫本《裴韻》訓"玉"，亦當爲"玉器"之誤。《龍龕》卷四《玉部》："璹，常六反。玉名也。"（439）《龍龕》訓"玉名"，當因承襲《切韻》之謬而誤。《康熙字典》收録"玉名"這一義項，疑亦非是。《大字典》"璹"字下據《廣韻》之誤而收録"玉名"這一義項，應刪。

22. 瓃

《字彙·玉部》:“瓃，盧回切，音雷。玉器。”（291 上）

《正字通·玉部》:“瓃，盧回切，音雷。《說文》:‘玉器。从玉，畾聲。’”（684 上）

按:《康熙字典·玉部》:“瓃,《唐韻》魯回切,《集韻》《韻會》盧回切，並音雷。《説文》:‘玉器也。’《集韻》或作瓓。”（744 上）故宫本《王韻》平聲灰韻路回反:“瓃，玉名。”（447）下文去聲至韻力遂反:“瓃，玉器。又力追反。”（490）故宫本《王韻》訓“玉名”，疑非是。《説文·玉部》:“瓃，玉器也。从玉，畾聲。”（5 下）《名義·玉部》:“瓃，力追反。玉器也。”（4 上）《新撰字鏡·玉部》:“瓃，路回反，平；又力遂反，去。玉器也。”（318）《龍龕》卷四《玉部》:“瓃，力追、力遂二反。玉器也。”（433）《玉篇·玉部》:“瓃，力追切。玉器。又力回切。”（4 下左）敦煌本《王韻》平聲灰韻路迴反:“瓃，玉器。”（365）下文去聲至韻力遂反:“瓃，玉器。又力追反。”（403）故宫本《王韻》訓“玉名”，於前代字韻書皆無徵，當爲“玉器”之誤。《廣韻》平聲灰韻魯回切:“瓃，玉器。”（55）下文去聲至韻力遂切:“瓃，玉器。又力追切。”（244）《廣韻》訓“玉器”，是也。《集韻》去聲寘韻力僞切:“瓃，玉器。一曰玉名。”（469）《集韻》又訓“瓃”爲“玉名”，亦非。《大字典》《字海》“瓃”字下分別據《集韻》之誤而收録“玉名”“一種玉”這一義項，並非。

23. 皉

《字彙·白部》:“皉，同玼。”（307 上）

《正字通·白部》:“皉，同玼。”（721 上）

按:《康熙字典·白部》:“皉,《集韻》此禮切，音泚。白也。一曰色鮮潔。又淺氏切，音此。與玼同。”（794 上）《廣韻》上聲薺韻千禮切:“玼，玉色。”同一小韻下文又曰:“皉，白色也。”（181）《廣韻》訓“皉”爲“白色也”，非是。故宫本《王韻》上聲薺韻千禮反:“玼，色鮮。或作皉。”（476）故宫本《裴韻》同。《切韻》系韻書將“皉”作爲“玼”

之異體字，同訓“色鮮”，《廣韻》卻將二字分開，訓“玼”爲“玉色”，又訓“皉”爲“白色”，非是。《玉篇·白部》：“皉，且禮切。色鮮絜也。或作玼。”（95 上右）此亦其證也。《名義·白部》：“皉，且禮反。新鮮也。”（203 上）《新撰字鏡·白部》：“皉，且禮反。新色鮮。”（653）以上二書亦未訓“白色”，此亦其證也。故“皉”即“玼”之異體字，義指“鮮明貌”。《廣韻》誤將“皉”“玼”二字分開，訓“玼”爲“玉色”，又改訓“皉”爲“白色”，非是。《集韻》上聲紙韻淺氏切：“玼，玉色鮮潔。或从白。”（310）《集韻》此説是也。《集韻》上聲薺韻此禮切又曰：“玼，《説文》：‘玉色鮮也。’引《詩》：‘新臺有玼。’”同一小韻下文又曰：“皉，白也。”（341）《集韻》又將“玼”“皉”二字分開，訓“玼”爲“玉色鮮也”，而訓“皉”爲“白也”，此當因承襲《廣韻》之謬而誤。《龍龕》卷四《白部》：“皉，千礼反。白色也。”（431）《龍龕》訓“皉”爲“白色也”，當因“玼”“皉”二字分部而妄改，亦不可據。《康熙字典》轉録《集韻》“白也”之訓而未作校正，亦失考證。《大字典》《字海》“皉”字下分别據《廣韻》《集韻》之謬而收録“白色”這一義項，並非。

24. 眐

《字彙·目部》：“眐，諸成切，音征。獨視貌。《楚辭》：‘魂眐眐以寄獨。’”（312 上）

《正字通·目部》：“眐，之深切，音征。獨視貌。《楚辭》：‘魂眐眐以寄獨。’”（732 上）

按：《康熙字典·目部》：“眐，《廣韻》《集韻》並諸盈切，音征。《玉篇》：‘獨視貌。’又《集韻》之盛切，征去聲。耑視也。”（813 上）《龍龕》卷四《目部》：“眐，音征。獨視皃也。”（418）《玉篇·目部》：“眐，之盈切。獨視皃。”（22 上右）《玉篇校釋》“眐”字下注：“《廣韻》下平十四清諸盈切：‘獨視皃。’《集韻》云：‘耑視。’耑即端，端正義近，眐蓋即窺字。《穴部》：‘窺，《説文》：正視也。’《廣雅·釋訓》：‘眐眐，行也。’《楚辭·哀時命》：‘魂眐眐以寄獨兮。’王注：‘眐眐，獨行皃。’字从目，故此云獨視皃。訓行者，上𨁂，相顧視而行也，形近而義亦兩涉。”

（827）胡氏所言疑可商榷。《廣雅·釋訓》："眐眐，行也。"《名義·目部》："眐，之盈反。行也。"（35下）《新撰字鏡·目部》："眐，之盈反。行也。"（99）《楚辭·哀時命》："魂眐眐以寄獨兮，汨徂往而不歸。"王逸注："眐眐，獨行貌也。"故《龍龕》《玉篇》訓"獨視皃"，當爲"獨行皃"之誤。《廣韻》亦訓"獨視皃"，當爲《玉篇》所誤。《集韻》平聲清韻諸盈切："眐，眐（䀌）[眐]，獨視皃。"（239）《集韻》亦訓"獨視皃"，此又當爲《廣韻》所誤。《字彙》《正字通》訓"獨視貌"，亦皆因承襲前代字書之謬而誤。《集韻》去聲勁韻之盛切又曰："眐，耑視。"（606）《集韻》又訓"耑視"，此當因從"正"爲説而誤。又《大正藏》本唐慧詳撰《弘贊法花傳》卷第五："釋大志，姓顧氏，會稽山陰人。發蒙出家，師事天台智者，顗覩其形神灑落，高放物表，因名爲大志。禪誦爲業，苦節自專，四方名所，無遠必造，而言氣清穆，儀相真嚴，故見者眐睞，知非凡器。"佛經作"眐睞"者，僅見此例，而作"眄睞"者甚多，從文意來看，此處亦當以作"眄睞"爲是，故此"眐"當爲"眄"字之誤。《大字典》"眐"字下據《玉篇》《集韻》之誤而收録"獨視貌；專視"這一義項，疑亦非是。

25. 硭

《字彙·石部》："硭，謨郎切，音茫。硭碭，山名。一曰山石貌。"（320下）

《正字通·石部》："硭，謨郎切，音茫。硭碭，山名。亦作芒。一曰山石貌。"（747下）

按：《康熙字典·石部》："硭，《廣韻》莫郎切，《集韻》謨郎切，並音茫。硭碭，山名。本作芒。一曰山石貌。"（839下）《直音篇》卷六《石部》："硭，音茫。硭碭，山石貌。"（238下）《直音篇》訓"硭"爲"硭碭，山石貌"，疑非是。《龍龕》卷四《石部》："硭，莫郎反。硭碭，山名。"（441）《廣韻》平聲唐韻莫郎切："硭，硭碭，山名。《史記》本只作芒。"（119）《集韻》平聲唐韻謨郎切："硭岇䃀，硭碭，山名。或从山、从芒，通作芒。"（221）《新修玉篇》卷二一《石部》引《餘文》："硭，莫郎切。

砿碭，山名。《史記》本只作芒。”（183 下右）《篇海》卷十二《石部》引《餘文》：“砿，莫郎切。砿碭，山名。《史記》本只作硭、㟐。”（778 上）故《直音篇》訓“砿”爲“砿碭，山石貌”，於前代字韻書皆無徵，非是。《詳校篇海》卷四《石部》：“砿，莫郎切，音茫。砿碭，山。又山石貌。《史記》本作硭、㟐。”（302 下）《篇海類編》同。《詳校篇海》《篇海類編》又訓“山石貌”，皆因承襲《直音篇》之謬而誤。《字彙》《正字通》謂“一曰山石貌”，亦因承襲前代字書之謬而誤。《大字典》“砿”字下據《篇海類編》之誤而收録“山石貌”這一義項，非是；《字海》“砿”字據《字彙》之誤而訓爲“山石貌”，亦非。

26. 碤

《字彙・石部》：“碤，於京切，音英。水中石也。”（323 上）

《正字通・石部》：“碤，伊卿切，音英。石有文采者。本借用英。舊注水中石，非。石在水中非一類，从英言文石也。”（753 下）

按：《康熙字典・石部》：“碤，《集韻》於驚切，音英。《正字通》：‘石之有文采者。本借用英。舊訓水中石，非也。’”（845 下左）《玉篇・石部》：“碤，音英。水中石也。”（105 下左）《玉篇校釋》“碤”字下注：“‘音英’者，字本作英。《廣雅・釋地》：‘水精謂之石英。’碤即石英二字之合文。《集韻》：‘碤，水中石。’”（4336）胡氏所言是也。“碤”訓“水中石也”，即《廣雅》“水精謂之石英”之“石英”，本作“英”。《正字通》訓“石有文采者”，於前代字書皆無徵，當爲望形生訓。《康熙字典》轉録《正字通》之訓而未作校正，亦失考證。《大字典》《字海》“碤”字下分別據《正字通》之説而收録“有文采之石”“有文采的石頭”這一義項，疑並非是。

27. 䄉

《字彙・示部》：“䄉，牛何切，音俄。盛貌。又祭名。”（327 下）

《正字通・示部》：“䄉，譌字。［舊注］音俄，盛貌，祭名，誤。”（763 下）

按:《康熙字典·示部》:“䄉,《集韻》牛何切，音莪。祭名。”(857下)《新撰字鏡·示部》:“䄉，音我。娥也；好也；盛之皃。”(620)《龍龕》卷一《礻部》:“䄉，音俄。盛皃。”(110)“䄉”當即“娥”之異體字。《方言》卷一:“娥、嬿，好也。秦曰娥，宋魏之間曰嬿。秦晉之間凡好而輕者謂之娥。”《方言》卷二又曰:“秦晉之間美貌謂之娥。”《廣雅·釋詁一》:“娥，美也。”“美”“盛”義可相通，故“䄉”與“娥”音同義通，“䄉”當即“娥”之異體字。《名義·示部》:“䄉，我多反。好也。爲娥字。”(3上)《玉篇·示部》:“䄉，音俄。盛皃。或作娥。”(4上左)《廣韻》平聲歌韻五何切:“娥，美好也。又姓，後魏將軍娥清。䄉，上同。”(102)以上諸書皆其證也。故“䄉”當即“娥”之異體字。又《集韻》平聲歌韻牛何切:“娥,《説文》:‘帝堯之女，舜妻。娥皇，字也。秦晉謂好曰娙娥。’”同一小韻下文又曰:“䄉，祭名。”(196)《集韻》誤將“䄉”“娥”二字分開，又改訓“䄉”爲“祭名”，然於前代字韻書皆無徵，當爲望形生訓。又《詳校篇海》卷四《示部》:“䄉，牛何切，音俄。盛貌。又祭名。又與娥同。”(300下)《篇海類編》同。《詳校篇海》《篇海類編》《字彙》亦又訓“祭名”，皆因承襲《集韻》之謬而誤。《大字典》《字海》“䄉”字下皆據《集韻》之謬而收録“祭名”這一義項，亦並非是。

28. 竨

《字彙·立部》:“竨，弋笑切，音耀。竨竨，高危也。”(339下)

《正字通·立部》:“竨，祁姚切，音喬。企也；俟也。與蹺、蹻、嶠並通。舊注音耀，非；訓高危，與嶢㵳，亦非。”(788下)

按:《康熙字典·立部》:“竨,《集韻》倪弔切，音獟。竨竨，高危也。又《正字通》:‘祁姚切，音喬。企也;(候)[俟]也。’”(891下)《集韻》去聲嘯韻徒弔切:“竨，竨竨，高危也。”(578)下文倪弔切又曰:“竨，竨(竨)[竨]，高危也。”(579)《新修玉篇》卷十《立部》引《餘文》:“竨，徒弔切。竨竨，高危也。”下文引《餘文》又曰:“竨，五弔切。竨竨，高危也。”(96上左)《篇海》同。《直音篇》卷三《立部》:“竨，音調。竨嶢，高危。”下字曰：“嶢，牛召切。[竨嶢]。”（120 上）《詳校篇海》卷五《立部》：“竨，徒弔切，音調。竨嶢，高危也。”下文又曰：“嶢，弋笑切，音耀。竨嶢，高危也。”（370 下）故《正字通》改音“喬”，改訓“企也”“俟也”，於前代字韻書皆無徵，當從“蹺”“蹻”“嶠”諸字爲説而妄改，不可據。《康熙字典》轉録《正字通》之訓而未作校正，亦失考證。《大字典》《字海》“嶢”字下皆據《正字通》之説而收録“踮起腳跟等待”這一義項，疑並非是。

29. 篃

《字彙·竹部》：“篃，亡匪切，音尾。帚也。又竹名。”（343 上）

《正字通·竹部》：“篃，無匪切，音尾。帚也。”（797 下）

按：《康熙字典·竹部》：“篃，《集韻》武斐切，《海篇》音尾。竹名。《篇海》帚也。”（902 上）元刊本《玉篇·竹部》：“篃，亡匪切。帚也。”元刊本《玉篇》訓“帚也”，疑非是。《玉篇·竹部》：“篃，亡匪切。竹。”（71 下左）《集韻》上聲尾韻武斐切：“篃，竹名。”（325）《新修玉篇》卷十四《竹部》引《玉篇》：“篃，亡匪切。竹名。”（128 下左）《篇海》義闕。元刊本《玉篇》訓“帚也”，於前代字韻書皆無徵，非是。《直音篇》卷四《竹部》：“篃，音尾。帚也。”（149 下）《直音篇》訓“帚也”，當因承襲元刊本《玉篇》之謬而誤。《詳校篇海》卷二《竹部》：“篃，亡匪切，音尾。帚也。又竹名。”（103 下）《篇海類編》同。《詳校篇海》《篇海類編》《字彙》《正字通》《康熙字典》亦訓“帚也”，皆因承襲前代字書之謬而誤。《大字典》《字海》“篃”字下皆據《字彙》之謬而收録“帚”這一義項，疑並非是。

30. 籅

《字彙·竹部》：“籅，古典字。經籅。又大篋。”（343 下）

《正字通·竹部》：“籅，鐘鼎文典字。經典也。”（798 上）

按：《康熙字典·竹部》：“籅，《玉篇》《集韻》並古文典字。又《廣韻》：‘大篋。’”（904 上）《廣韻》上聲銑韻多殄切：“籅，大篋。”（195）

《廣韻》訓“大篋”，疑非是。《説文・丌部》:“典，五帝之書也。莊都説:‘典，大册也。’ 籅，古文典从竹。”（94下）《名義・竹部》:“籅，多殄反。經典也；常也。”（144上）《新撰字鏡・竹部》:“籅，古文典字。”（453）《玉篇・竹部》:“籅，丁殄切。經也。”（71上右）故宫本《王韻》上聲銑韻多繭反:“典，亦作籅、敟。”（479）《廣韻》訓“大篋”，於前代字韻書皆無徵，當非是。《集韻》上聲銑韻多殄切:“典籅,《説文》:‘五帝之書也。从册在丌上，尊閣之也。莊都説：典，大册也。’一曰常也。古从竹。”（379）《集韻》亦未見有“大篋”之訓，此亦其證也。故《廣韻》訓“大篋”，疑爲陳彭年等妄改。《字彙》又訓“大篋”，亦當因承前而誤。《康熙字典》轉録《廣韻》“大篋”之訓而未作校正，亦失考證。《大字典》《字海》“籅”字下分别據《廣韻》收録“大篋”“大箱”這一義項，疑並非是。

31. 箉

《字彙・竹部》:“箉，求蟹切，音界。魚笱中用具。”（343下）

《正字通・竹部》:“箉，俗字。舊注音拐，魚笱中用具，泥。今俗呼竹杖曰箉。”（798下）

按:《康熙字典・竹部》:“箉,《廣韻》求蟹切,《集韻》杜買切，並音拐。竹具，用之魚笱竹器也。”（904上）《廣韻》上聲蟹韻求蟹切:“箉，竹具，用之魚笱竹器也。”（183）《集韻》上聲蟹韻杜買切:“箉，取魚竹器。”（345）故“箉”即指“魚笱上的竹具”。《正字通》謂“舊注”泥，又謂“今俗呼竹杖曰箉”，然此訓於前代字韻書皆無徵，且“拐杖”本作“拐”，其材質不一，或爲木質，或爲竹質，或爲鐵質等，皆作“拐”，而非作“箉”，故《正字通》之説疑不可據。《大字典》《字海》“箉”字下皆據《正字通》之説而收録“竹杖”這一義項，疑並非是。

32. 肚

《字彙・肉部》:“肚，忍甚切，音荏。肉汁也。又與飪同。”（378下）

《正字通・肉部》:“肚，與飪同。”（872上）

按:《康熙字典·肉部》:“肚,《廣韻》如葚切,《集韻》忍甚切,並音衽。《説文》:‘大孰也。’《廣韻》:‘肉汁。’《集韻》或作餁、𩜅、恁,通作飪。”(1005上)《廣韻》上聲寑韻如甚切:“飪,熟食。餁,上同。飪,亦同[上]。”同一小韻下文又曰:“肚,肉汁。”(224)《廣韻》訓“肚”爲“肉汁”,疑非是。《説文·食部》:“飪,大孰也。从食,壬聲。肚,古文飪。恁,亦古文飪。”(102上)故“肚”即爲“飪”之異體字。《廣韻》誤將“飪”“肚”二字分列,遂改訓“肚”爲“肉汁”,非是。《集韻》上聲寑韻忍甚切:“飪,《説文》:‘大孰也。’或作餁、𩜅、肚、恁,古作䏕,通作飪。”(442)此亦其證也。《新修玉篇》卷第七《肉部》引《餘文》:“肚,如甚切,上聲。肉汁。”(67下右)《篇海》卷十五《肉部》引《餘文》:“肚,如甚切。肉汁也。”(836上)《新修玉篇》《篇海》訓“肉汁”,皆因承襲《廣韻》之謬而誤。《直音篇》卷二《肉部》:“䏕,飪同。又肉汁。肚,同上。”(76上)《直音篇》謂“肚”同“䏕”“飪”,是也;然又訓“䏕”爲“肉汁”,亦非。《詳校篇海》卷五《肉部》:“肚,忍甚切,音荏。肉汁也。又與餁同。”(383下)《篇海類編》同。《詳校篇海》《篇海類編》《字彙》謂“肚”與“餁”同,是也;然訓“肚”爲“肉汁也”,亦皆因承襲《廣韻》之謬而誤。《正字通》謂“肚”與“餁”同,並删去“肉汁也”之訓,是也。《康熙字典》轉録《廣韻》“肉汁”之訓,疑亦非是。《大字典》《字海》“肚”字下皆據《廣韻》收録“肉汁”這一義項,疑並非是。

33. 苿

《字彙·艸部》:“苿,同麰。”(398上)

《正字通·艸部》:“苿,同麰省。《詩·周頌》作牟,義同。”(919上)

按:《康熙字典·艸部》:“苿,《唐韻》同麰。大麥也。《玉篇》:‘草也。’”(1064下)敦煌本《王韻》平聲尤韻莫浮反:“麰,麰麥。”同一小韻下文又曰:“苿,草。”(379)故宫本《王韻》平聲尤韻莫侯反:“麰,麥也。”同一小韻下文又曰:“苿,草也。”(467)故宫本《裴韻》平聲尤韻莫侯反：“麰，麰麥；又旋麥。”同一小韻下文又曰：“苿，草。”（562）以上《切韻》系韻書訓“苿”爲“草”，疑非是。《名義·艸部》：“苿，莫侯反。麰字。大麥。”（138下）《新撰字鏡·艸部》：“苿，莫侯反。大麥也。”（425）據此二書可知，“苿”當即“麰”之異體字，應以訓“大麥”爲是。以上《切韻》系韻書訓“草”者，當因誤將“苿”與“麰”拆開，遂改訓“苿”爲“草”。《廣韻》平聲尤韻莫浮切：“麰，大麥。又短粒麥。苿，上同。”（140）此亦其證也。《字彙》《正字通》謂“苿”同“麰”，亦皆爲其證。《龍龕》卷二《艸部》：“苿，音牟。草名。又大麥也。”（257）《龍龕》訓“大麥也”，是也；然訓“草名”，當因承襲《切韻》系韻書之謬而誤。《玉篇·艸部》：“苿，莫侯切。草也。”（67下左）《玉篇》訓“草也”，亦因承襲《切韻》系韻書之謬而誤。《集韻》平聲尤韻迷浮切：“麰，《説文》：‘來麰，麥也。’或作𪎊，通作苿。”同一小韻下文又曰：“苿，艸名。”（270）《集韻》於上文謂“麰”通作“苿”，是也；然又於下文訓“苿”爲“艸名”，此亦因承襲前代字韻書之謬而誤。《康熙字典》轉録《玉篇》“草也”之訓而未作校正，亦失考證。《大字典》《字海》“苿”字下分别據《玉篇》之誤而收録“草名”“一種草”這一義項，疑並非是。

34. 萺

《字彙·艸部》：“萺，莫報切，音冒。草也。”（404下）

《正字通·艸部》：“萺，莫報切，音冒。艸覆地貌。”（938上）

按：《康熙字典·艸部》：“萺，《集韻》莫報切，音帽。《説文》：‘草也。’又《廣韻》莫六切，音目。萺蓿草。又與苜同。”（1081上）《説文·艸部》：“萺，艸也。从艸，冒聲。”（20下）《名義·艸部》：“萺，莫報反。草也。萺蓿，雄草也。”（134上）《玉篇·艸部》：“萺，莫報切。草。”（69上右）《廣韻》入聲沃韻莫沃切：“萺，草也。”（375）《正字通》訓“萺”爲“艸覆地貌”，於前代字韻書皆無徵，當因從“艸”“冒”爲説而誤。《大字典》《字海》“萺”字下分别據《正字通》之誤而收録“艸覆地貌”“草覆地的樣子”這一義項，疑並非是。

35. 袟

《字彙·衣部》:“袟，與帙同。又與秩同。《唐·蕭至忠傳》:‘官袟益輕。’”（437 上）

《正字通·衣部》:“袟，同帙。舊注又與秩同。按《唐·蕭至忠傳》:‘官袟益輕。’杜甫《朝享大廟賦》:‘六官咸袟。’本作秩。凡从衣作袟者，皆譌也，从秩爲正。”（1025 下）

按:《康熙字典·衣部》:“袟，《集韻》直質切，音秩。《類篇》:‘劒衣也。’又《博雅》:‘程也。’又《韻會》與秩通。”（1161 上）《集韻》入聲質韻直質切:“帙袠，《説文》:‘書衣也。’或从衣。”同一小韻下文又曰:“袟，劍衣。”（667）《集韻》訓“袟”爲“劍衣”，疑非是。《説文·巾部》:“帙，書衣也。从巾，失聲。袠，帙或从衣。”（156 上）敦煌本《王韻》入聲質韻直質反:“帙，書衣。或作袠，亦作袟。”（424）故宫本《王韻》入聲質韻直質反:“帙，書衣。或作袠、袟。”（512）故宫本《裴韻》入聲質韻直質反:“帙，書帙。亦袟、袠。”（608）故“袟”當即“袠”之偏旁易位字，亦同“帙”，當訓“書衣”。《廣韻》失載，《集韻》收之，誤將“袟”與“帙”“袠”分列，又改訓“袟”爲“劍衣”，非是。《類篇·衣部》:“袟，直質切。劒衣。”（293 上）《類篇》訓“劒衣”，當因承襲《集韻》之謬而誤。《康熙字典》轉録《類篇》“劒衣也”之訓而未作校正，亦失考證。《大字典》《字海》“袟”字下分别據《集韻》之誤而收録“劍衣”“裝劍的套子”這一義項，疑並非是。

36. 觳

《字彙·角部》:“觳，胡谷切，音斛。治角。”（446 下）

《正字通·角部》:“觳，呼谷切，音斛。《爾雅》:‘象謂之觳。’注:‘治象牙也。’［治］角謂之觷，分二義。舊注治角，非。”（1048 上）

按:《康熙字典·角部》:“觳，《集韻》《韻會》並胡沃切，音鵠。《玉篇》:‘治象牙也。’《爾雅·釋器》:‘象謂之觳。’俗本譌作鵠，非。又《類篇》:‘治角也。’”（1189 上）《爾雅·釋器》:“象謂之鵠。”陸德明《釋文》:“䴔,胡酷、苦毒二反。白也。本亦作𪘀,同。《廣雅》作觥。”郝懿行《義疏》:“䴔乃假借字。古無正體,从齒从角,各以意爲之耳。”《玉篇・角部》:“觥,音梏。治象牙。”(122下左)故“觥”即義爲“治象牙”。又《集韻》入聲沃韻胡沃切:“觥,治角也。”(649)《集韻》訓“治角也”,於前代辭書皆無徵,當因從“角”爲説而誤。《類篇・角部》:“觥,胡沃切。治角也。”(160上)《類篇》訓“治角也”,當因承襲《集韻》之謬而誤。《直音篇》卷七《角部》:“觥,音斛。治象(卵)[牙]。一曰治角。”(284上)《直音篇》一曰“治角”,當因承襲《集韻》之謬而誤。《詳校篇海》卷一《角部》:“觥,古沃切,音梏,又音斛。並治象牙。”(31下)《篇海類編》同。《詳校篇海》《篇海類編》皆未收“治角”這一義項,是也。《字彙》徑訓爲“治角”,亦當因承襲《集韻》之謬而誤。《康熙字典》轉録《類篇》“治角也”之訓而未作校正,亦失考證。《大字典》“觥”字下據《集韻》收録“治角”這一義項,疑亦非是。

37. 譯

《字彙・言部》:“譯,壁吉切,音畢。止行;又敬也。”(456下)

《正字通・言部》:“譯,補密切,音畢。言止也。與畢通。舊注訓止行,與蹕字溷;又敬也,並非。”(1077下)

按:《康熙字典・言部》:“譯,《玉篇》卑密切,《集韻》壁吉切,並音必。敬也……又《玉篇》與趩、蹕並同。止行也。又《正字通》與畢同。言止也。”(1229下)原本《玉篇・言部》:“譯,卑謐反。《字書》:‘或趩字也。趩,止行也。在《走部》。’《聲類》:‘或爲蹕字。在《足部》。或爲㪤字。在《人部》。’”(291)《玉篇・言部》:“譯,卑密切。止行也。本作趩、蹕。”(43下右)《篇海》同。《集韻》入聲質韻卑吉切:“趩,《説文》:‘止行也。’或从足、从人。通作譯。”(664)同一小韻下文又曰:“譯,敬也。”(665)《直音篇》卷二《言部》:“譯,音畢。敬也。又與蹕同。止行人也。”(87上)《詳校篇海》卷一《言部》:“譯,音畢。止行;又敬也。”(58上)《篇海類編》同。故“譯”訓“止行也”,與“蹕”“趩”“㪤”音義並同,即異體字。故《正字通》訓“言止也”,且謂“與畢通”，於前代字韻書皆無徵，當因從“言”“畢”爲説而誤。《康熙字典》亦據《正字通》之説而謂“譁”與“畢”同，並訓“言止也”，此即因承前而誤。《大字典》“譁”字下據《正字通》之説而收録“同‘畢’。説話完畢”這一義項，非是。

38. 謸

《字彙·言部》:“謸，於到切，音奧。語也。”（457 上）

《正字通·言部》:“謸，烏到切，音奧。隱語。通作奧。”（1080 上）

按:《康熙字典·言部》:“謸，《廣韻》烏到切，《集韻》於到切，並音奧。《廣雅》:‘語也。’《類篇》:‘告也。’……又《正字通》隱語也。與奧通。”（1233 下）《廣雅·釋詁一》:“謸，語也。”又《釋詁三》:“謸，告也。”王念孫《疏證》:“謸與告聲相近。卷一云:‘謸，語也。’語亦告也。”原本《玉篇·言部》:“謸，於報反。《廣雅》:‘謸，告也。’《埤蒼》:‘謸，語也。河東云。’”（295）《玉篇·言部》:“謸，於報切。語也。”（43 下右）《新修玉篇》《篇海》引《玉篇》同。《直音篇》卷二《言部》:“謸，音奧。語也。”（88 上）《詳校篇海》卷一《言部》:“謸，於到切，音奧。語也。”（60 上）《篇海類編》同。故“謸”當爲“語”“告”之義。《正字通》訓“隱語”，且謂“通作奧”，於前代辭書皆無徵，當因從“奧”爲説而誤。《康熙字典》轉録《正字通》之説而未作校正，亦失考證。《大字典》“謸”字下據《正字通》之説而增收“隱語”這一義項，非是；《字海》“謸”字據《正字通》徑訓爲“隱語”，亦非。

39. 鶣

《字彙·鳥部》:“鶣，紕民切，音賓。飛貌。又鳥名。”（578 下）

《正字通·鳥部》:“鶣，俗翸字。舊注又鳥名，誤。”（1381 下）

按:《康熙字典·鳥部》:“鶣，《集韻》紕民切，音繽。飛貌。又鳥名。”（1594 上）《名義·鳥部》:“鶣，匹仁反。飛皃。”（246 上）《玉篇·鳥部》:“鶣，匹仁切。飛皃。或作翸。”（114 下右）《新撰字鏡·鳥部》:“翸，匹仁反。飛皃。鶣，上字。”（468）《新修玉篇》《篇海》引《玉篇》同。故“䳸”當即“翸”之異體字，義爲“飛貌”。《集韻》平聲真韻紕民切：“翸，翸翁，飛皃。”同一小韻下文又曰：“䳸，鳥名。”（118）“䳸”本爲“翸”之異體字，義爲“飛皃”，而《集韻》誤將“䳸”與“翸”分開，訓“翸”爲“飛皃”，改訓“䳸”爲“鳥名”，非是。《詳校篇海》卷二《鳥部》：“䳸，紕民切，音繽。飛貌。又鳥名。”（90下）《篇海類編》同。《詳校篇海》《篇海類編》又訓“鳥名”，當皆因承襲《集韻》之謬而誤。《字彙》亦又訓“鳥名”，亦因承前而謬。《正字通》謂“䳸”即“翸”字之俗，並謂《字彙》又訓“鳥名”誤，是也。《康熙字典》亦收“鳥名”這一義項，亦因承前而誤。《大字典》《字海》“䳸”字下分别據《字彙》之謬而收録“鳥名”“一種鳥”這一義項，並非。

第三、因誤截致使字義失誤而産生的疑難字

《字彙》《正字通》《直音篇》《詳校篇海》《篇海類編》《康熙字典》《字彙補》等明清大型字書的釋義問題也有一些是受誤截書證、例證、注文等因素影響而産生的。

1. 个

《字彙·丨部》：“个，與箇同。又東西廂也。《左傳》：‘使賓饋於个而退。’又包也。《禮·檀弓》：‘國君七个，遣車七乘，大夫五个，遣車五乘。’”（25上）

《正字通·丨部》：“个，古賀切，歌去聲。枚也。一人曰一个。《左傳·昭元年》：‘齊公孫竈卒。晏子曰：又弱一个焉。’又物數。《考工記·匠人》：‘廟門容大扃七个。’注：‘每个長三尺。’又四面偏室。《禮·月令》：‘孟春，天子居青陽左个，季春居右个。’注：‘明堂旁舍也。’《左傳》：‘使賓饋于个而退。’又《檀弓》：‘有若曰：大夫五个，遣車五乘，晏子焉知禮？’注：‘个謂所包遣奠牲體之數。’大夫以上皆大牢五个謂以牲體折爲五段，五乘者以牲體折而分載之，一个一乘也。”（8上）

按：“个”字，《字彙》訓“包也”，非是。《禮記·檀弓》：“有若曰：‘晏子一狐裘三十年，遣車一乘，及墓而返。’”鄭玄注：“个謂所包遣奠牲體之數也。”“个”字，鄭玄訓“所包遣奠牲體之數也”，當爲文意訓釋。《字彙》轉訓爲“包也”，當爲誤截注文所致的訓釋失誤，非是。《康熙字典·丨部》:“个,《廣韻》《正韻》古賀切,《集韻》居賀切，並音歌去聲。枚也。《儀禮·大射禮》:‘司射入于次，搢三挾一个。’又一人曰一个。《左傳·昭三年》:‘齊公孫竈卒。晏子曰：又弱一个焉。’又物數。《周禮·冬官考工記·匠人》:‘廟門容大扃七个。’注:‘每个長三尺。’又四面偏室。《禮·月令》:‘孟春，天子居青陽左个，季春居右个。’注:‘明堂旁舍也。’又《禮·檀弓》:‘有若曰：國君七个，遣車七乘，大夫五个，遣車五乘。’注:‘个謂所包遣奠牲體臂臑也。折爲七段五段，以七乘五乘遣車載之。’”（5下）《正字通》《康熙字典》所校亦皆其證也。故《字彙》訓“包也”，非是。

2. 冔

《字彙·冂部》:“冔，風吕切，音許。商冠名。《詩·大雅》:‘常服黼冔。’《禮·王制》:‘殷人冔而祭。’又覆也。”（49上）

《正字通·冂部》:“冔，虛吕切，音許。商冠名。《士冠禮》:‘周弁、殷冔、夏收。’《詩·大雅》:‘常服黼冔。’《禮·王制》:‘殷人冔而祭。’鄭康成曰:‘冔名出于幠。幠，覆也，所以自覆飾。’舊注又覆也，别訓冔爲覆，非。”（78上）

按:《康熙字典·冂部》:“冔,《唐韻》況于切,《集韻》《韻會》匈于切，並音吁。《玉篇》:‘覆也；殷之冕也。’《儀禮·士冠禮》:‘周弁、殷冔、夏收。’注:‘冔名出於幠。幠，覆也，言所以自覆飾也。’《詩·大雅》:‘常服黼冔。’《廣韻》或作㝔。”（63上）《名義·冃部》:“冔，況羽反。殷冕名。”（155下）《玉篇·冃部》:“冔，況羽切。覆也；殷之冕也。”（76下右）故宫本《王韻》上聲麌韻況羽反:“㝔，殷冠。”（475）故宫本《裴韻》同。《廣韻》上聲麌韻況羽切:“㝔，殷冠名。冔，上同。”（177）《集韻》上聲麌韻火羽切:“冔，商冠名。或作㝔。”（332）《玉篇》訓“冔”爲“覆也”，於歷代字韻書皆無徵，疑非是。《玉篇校釋》“冔”字下注:“‘覆也’者，‘冔’與‘幠’通。《儀禮·士冠禮》:‘殷冔。’鄭

注：‘冔名出於幠。幠，覆也，言所以自覆飾也。’又注《有司徹》云：‘膴，讀如殷冔之冔。’疏云：‘冔，覆也，可以覆首。’《釋名·釋首飾》：‘冔，幠也。幠之言覆，言以覆首也。’”（3025）胡氏所言疑可商榷。《釋名·釋首飾》：“冔，亦殷冠名也。冔，幠也。幠之言覆，言以覆首也。”（156）《儀禮·士冠禮》：“周弁、殷冔、夏收。”鄭玄注：“冔名出於幠。幠，覆也，言所以自覆飾也。”下文《有司》又曰：“司士杝魚，亦司士載，尸俎五魚，横載之，侑、主人皆一魚，亦横載之，皆加膴祭于其上。”鄭玄注：“膴，讀如殷冔之冔。”賈公彦疏：“云‘膴，讀如殷冔之冔’者，讀從《士冠禮》《郊特牲》‘周弁、殷冔’。冔，覆也，可以覆首。此亦取魚腹反覆於上可以擬祭。”據上文《儀禮·士冠禮》鄭注可知，此處賈疏中“冔，覆也，可以覆首”，當爲“幠，覆也，可以覆首”之誤。故《玉篇》訓“冔”爲“覆也”，當爲誤截書證所致的訓釋失誤。《新修玉篇》卷十五《冃部》引《玉篇》：“冔，況羽切。殷冠名。”（140下右）《新修玉篇》“冔”字下引《玉篇》未載“覆也”這一義項，是也。《篇海》卷七《冃部》引《玉篇》：“冔，況羽切。覆也；殷之冕。”（684上）《篇海》“冔”字下收録“覆也”這一義項，此爲承襲《玉篇》之謬也。《詳校篇海》卷三《冃部》：“冔，況羽切，音許。覆也；殷之冕，冠名。”（159上）《篇海類編》同。《詳校篇海》《篇海類編》《字彙》等後世字書亦訓“冔”爲“覆也”，此皆因承前而謬也。故《正字通》謂“舊注又覆也，别訓冔爲覆，非”，所言是也。

3. 勰

《字彙·力部》：“勰，古協字。同心之和也。”（59上）

《正字通·力部》：“勰，劦、協、恊、叶、叶並通。”（104上）

按：《康熙字典·力部》：“勰，《廣韻》《正韻》胡頰切，《集韻》《韻會》檄頰切，並音協。《説文》：‘同思之和。从劦，从思。’”（87下）箋注本《切韻》（斯2071）入聲怗韻他協反：“勰，思。”（148）故宫本《王韻》、《唐韻》、《廣韻》同。“勰”訓“思”，疑非是。《爾雅·釋詁上》：“勰，和也。”《説文·劦部》：“勰，同思之和。从劦，从思。”（294下）

《名義·劦部》:“勰，胡頰反。和也；合也；會也；服［也］。”（71 下）《玉篇·劦部》:“勰，乎頰切。《説文》云：‘同心之和也。’”（38 上右）“勰”“勰”即爲異體字。箋注本《切韻》訓“勰”爲“思”，於歷代字書皆無徵，當爲“同思之和”之誤截。故宫本《裴韻》入聲怗韻胡頰反：“勰，［同］思之和。”（618）《集韻》入聲怗韻檄頰反：“勰，《説文》:‘同思之和。’”（782）此即其證也。故箋注本《切韻》訓“思”，當爲“同思之和”之誤截。故宫本《王韻》、《唐韻》、《廣韻》皆承襲其謬而訓“思”，俱失考證。《大字典》“勰”字下據《廣韻》之謬而收録“思”這一義項，亦失考證。

4. 専

《字彙·寸部》:“専，諸延切，戰平聲。壹也；誠也；擅也；獨也；自是也；純篤也。又姓。吴將専諸。又徒官切，音團。聚也。《周禮》:‘其民専而長。’”（120 上）

《正字通·寸部》:“専，朱穿切，音傳。壹也；誠也；擅也；獨也。又姓。吴人専諸。又寒韻，音團。聚也。《周禮》:‘其民専而長。’”（278 下）

按:《説文·寸部》:“専，六寸簿也。从寸，叀聲。一曰専，紡専。”（61 下）《名義·寸部》:“専，之船反。紡専。”（292 上）《玉篇·寸部》:“専，之船切。六寸簿也。又紡専。”（133 下右）敦煌本《王韻》平聲仙韻職緣反：“専，精。”（368）故宫本《王韻》同。《廣韻》平聲仙韻職緣切：“専，擅也；單也；政也；誠也；獨也；自是也。亦姓。吴刺客専諸。”（88）《廣韻》訓“専”爲“政也”，於前代字韻書皆無徵，於文獻亦無徵，疑爲誤截例證所致的訓釋失誤，因爲文獻中“専政”一詞較爲常見，編者誤截例證作爲釋義，遂致此誤。《大字典》“専”字下據《廣韻》之誤而收録“政”這一義項，疑亦非是。

5. 尉

《字彙·寸部》:“尉，紆胃切，音畏。候也；安也；從上按下也。又

火斗曰尉。又太尉；又廷尉，皆官名。又姓。《左傳》：‘鄭大夫尉止。’又尉遲，複姓。”（120上）

《正字通・寸部》：“尉，烏貴切，音畏。候也；安也。又太尉、廷尉、縣尉，皆官名……又姓。《左傳》：‘鄭大夫尉止。’又尉遲，複姓。”（279上）

按：《說文・火部》：“尉，从上案下也。从𡰥、又持火，以尉申繒也。”（207下）《名義・寸部》：“尉，於魏反。自上安下。”（292下）《玉篇・寸部》：“尉，於貴切。武官之稱也。”（133下右）敦煌本《王韻》去聲未韻於謂反：“尉，理。”（404）故宮本《王韻》同。故宮本《裴韻》去聲未韻於胃反：“尉，《說文》：‘從上案下。從尺、二、寸。’”（587）《廣韻》去聲未韻於胃切：“尉，候也。《說文》作尉，云：‘从上案下也。从𡰥、又持火，以尉申繒也。’《風俗通》云：‘火斗曰尉。’俗作熨。又尉氏縣，鄭大夫尉氏邑也。亦云鄭之別獄。又姓。《左傳》：‘鄭大夫尉止。’”（255）敦煌本《王韻》、故宮本《王韻》訓“理”，源於“尉”之“廷尉”之義，因爲秦漢以太尉掌兵事，以廷尉掌獄訟，因爲“理”義可指“治獄官”。《玉篇・玉部》：“理，力紀切。治獄官也。”（5上左）《管子・小匡》：“弦子旗爲理。”尹知章注：“理，獄官。”《禮記・月令》：“命理瞻傷，察創，視折。”鄭玄注：“理，治獄官也。”此是其證也。《廣韻》訓“候也”，於前代字韻書皆無徵，疑爲誤截例證所致的訓釋失誤。漢揚雄《解嘲》：“今大漢左東海，右渠搜，前番禺，後椒涂，東南一尉，西北一候。”此“尉”即義指“都尉”，“候”即義指“斥敵的斥候”，皆爲武官名。又《北史・隋紀上》：“七德既敷，九歌已洽，尉候無警，遐邇肅清。”《大正藏》本唐道宣撰《廣弘明集啟福篇序》卷第二十八《遼陽山寺願文》：“四海懾然中外禔福，尉候無警書軌大同。”上文之“尉候”皆代指“邊境”。故“尉”無“候也”之訓，《廣韻》訓“候也”，疑因誤截例證所致的訓釋失誤。《字彙》《正字通》訓“候也”，疑皆因承襲《廣韻》之謬而誤。《大字典》“尉”字下據《廣韻》之說而收録“候”這一義項，疑亦非是。

6. 屟

《字彙·尸部》:“屟，居里切，音几。與《詩》‘赤舄几几’之几同。”（123 下）

《正字通·尸部》:“屟，舊注音几，與《詩》‘赤舄几几’之几同。按:《集韻》履或作屜，屟即屜之訛，非同几也。”（288 上）

按:《康熙字典·尸部》:“屟,《廣韻》居履切,《集韻》舉履切，並音几。《玉篇》:‘赤舄也。’《廣韻》:‘赤鞨屟也。’《正字通》:‘屟即屜字之訛。《字彙》音几。與‘赤舄几几’之几同，非’。”（258 下）《玉篇·履部》:“屟，居倚切。赤舄也。”（56 上左）《玉篇校釋》“屟”字下注:“‘赤舄也’者,《切韻》同。《集韻》:‘或作屔，通作几。’《詩·狼跋》:‘赤舄几几。’毛傳:‘几几，絇皃。’《説文·手部》引《詩》作‘赤舄掔掔’,《己部》引作‘赤舄己己’，重言形況，字無定形也。《集韻》屔又由屟省而加己聲，疑原引《廣倉》引齊魯詩作‘屟屟’。”（2221）胡氏所言當是。《名義·履部》:“屟，冀滓反。赤舄屟屟。又絇皃。”（108 上）可見原本《玉篇》所引《詩·豳風·狼跋》亦當作“赤舄屟屟”，並以毛傳爲注。《廣雅·釋訓》:“几几，盛也。”王念孫《疏證》:“《豳風·狼跋》篇云:‘赤舄几几。’是几几爲盛貌。《説文》引《詩》作‘己己’，又作‘掔掔’。”《詩·豳風·狼跋》:“公孫碩膚，赤舄几几。”程俊英、蔣見元注:“赤舄，以金爲飾的紅鞋，亦稱金舄，是貴族配衮衣禮服穿的鞋，與平日穿的履不同。几几，鞋尖彎曲貌。陳奐《傳疏》:《傳》云:‘几几，絇貌’者,《屨人》注云:‘絇謂之拘，箸舄屨之頭，以爲行戒。’《士冠禮》注云:‘絇之言拘也，以爲行戒。狀如刀衣鼻，在屨頭。’……衮冕赤舄之絇以金爲飾，其狀則几几然也。”（433）故“屟屟”同“几几”。《新撰字鏡·尸部》:“屟，冀滓反。几字。”（174）此亦其證也。“屟屟”“几几”訓“絇貌”“盛貌”“鞋尖彎曲貌”者，訓異義同，皆指“鞋頭的形狀”。《玉篇》訓“赤舄也”，當爲誤截引文所致的訓釋失誤。敦煌本《王韻》上聲旨韻居履反:“屟，赤舄。”（386）故宫本《王韻》、故宫本《裴韻》同。以上諸《切韻》系韻書訓“赤舄”，亦當爲誤截引文所致的訓釋失誤。《廣韻》上聲旨韻居履切："屌，赤鶡屌也。"（166）《廣韻》訓"赤鶡屌也"，當因承前而誤。《集韻》上聲旨韻舉履切："屌，赤舄。或作屜，通作几。"（320）《集韻》謂"屌"通作"几"，所言是也；然其訓"赤舄"，亦因承前而誤也。《説文·履部》："履，足所依也。从尸，从彳，从夊，舟象履形。一曰尸聲。䪾，古文履从頁，从足。"（173上）《集韻》上聲旨韻兩几切："履，《説文》：'足所依也。'或作屨，古作䪾、頣、𡳐、屩。"（318）故"屌"與"屩"音義俱别，字形區别亦甚明，二字不易混同，《正字通》謂"屌"即"屩"字之訛，既無書證亦無例證，此説疑不可據。《康熙字典》轉録《玉篇》《廣韻》之訓而未作校正，失考證；又其轉録《正字通》之説而未作校正，亦失考證。《大字典》收録"屌"字，據《玉篇》訓"赤舄"，又據《正字通》之説而謂"一説'屩'的訛字"，疑並非是；《字海》亦收"屌"字，據《玉篇》訓"紅鞋"，亦非。

7. 𢦏

《字彙·戈部》："𢦏，將廉切，音尖。盡絶也。"（169上）

《正字通·戈部》："𢦏，將兼切，音尖。《説文》：'絶也。一曰田器。从从持戈。讀若《詩》：攕攕女手。'徐鉉曰：'鋭意也。'"（390上）

按：《康熙字典·戈部》："𢦏，《唐韻》子廉切，《集韻》將廉切，並音尖。《説文》：'絶也。'《廣韻》：'刺也；鋭意也。'又《集韻》：'田器也。'"（378上）《龍龕》卷一《戈部》："𢦏，子廉反。刺也；鋭意也。又持戈也。"（172）《龍龕》訓"𢦏"爲"持戈也"，於歷代字韻書皆無徵，疑不可據。《説文·戈部》："𢦏，絶也。一曰田器。从从持戈。古文讀若咸，讀若《詩》云：'攕攕女手。'"（267上）故《龍龕》訓"持戈也"，當爲誤截許慎《説文》對"𢦏"字字形所作分析的用語"从从持戈"所致的訓釋失誤。《大字典》"𢦏"字下據《龍龕》之誤而收録"持戈"這一義項，亦失考證。

8. 求

《字彙·水部》："求，渠尤切，臼平聲。覓也；索也；乞也。又等

也。”（240下）

《正字通·水部》：“求，渠尤切，音毬。覓也；乞也。”（573下）

按：《康熙字典·水部》：“求，《唐韻》巨鳩切，《集韻》《韻會》渠尤切，並音裘。《説文》：‘索也。’《增韻》：‘覓也；乞也。’”（588上）《玉篇·裘部》：“裘，巨留切。索也；招也；終也；務也。又皮衣也。衮，同上。求，同上。用也；見也；索也。”（129上右）《玉篇校釋》注曰：“又‘用也’‘見也’二義並未詳，應經删誤，未必出於逸書。”（5615）胡氏所言疑可商榷。《名義·裘部》：“求，渠留反。索也；請也；終也；用也。”（284下）可見原本《玉篇》“求”字亦有“用也”之訓，而未有“見也”之訓。《玉篇》訓“見也”，於歷代字韻書皆無徵，當爲誤截引文所致的訓釋失誤，因爲在文獻中“求”“見”常連用而構成“求見”一詞。《大字典》“求”字下據《玉篇》之誤而收録“見”這一義項，疑亦非是。

9. 泤

《字彙·水部》：“泤，似由切，音囚。浮行水上也。古或以泤爲没。”（241上）

《正字通·水部》：“泤，慈由切，音囚。《説文》：‘浮行水上也。’古或以泤爲没。亦作泅，篆作，俗作氽。”（574上）

按：《康熙字典·水部》：“泤，《唐韻》似由切，《集韻》徐由切，並音囚。《説文》：‘浮行水上也。’”（589上）《玉篇·水部》：“泤，似流、余周二切。從也；人浮水上也。泅，同上。”（88下左）《玉篇》訓“泤”爲“從也”，疑非是。原本《玉篇·水部》：“泤，似流、餘周二反。《周禮》：‘掌禁川游者。’鄭玄曰：‘備沈溺也。’野王案：‘謂人拍浮水上而進也。’《左氏傳》：‘游涌而逸。’是也。《爾雅》：‘從流而下曰泝游。’《禮記》：‘孔子曰：大人不倡游言。’鄭玄曰：‘游猶浮也，不可用之言也。’《説文》：‘浮於水上也。’古文以爲没字。泅，《説文》亦泤字也。”（425）故《玉篇》訓“泤”爲“從也”，當爲誤截《爾雅》引文所致的訓釋失誤。《大字典》“泤”字下據《玉篇》之誤而收録“從”這一義項，亦非。

10. 石

《字彙·石部》:“石，賞職切，音食。山骨。”（321 上）

《正字通·石部》:“石，市隻切，音食。山骨也……又樂聲不發揚。《考工記》:‘鐘已厚則石，已薄則播。’”（747 上）

按:《康熙字典·石部》:“石,《唐韻》《集韻》《正韻》常隻切,《韻會》常亦切，並音碩。《增韻》:‘山骨也。’《釋名》:‘山體曰石。’”（839 上）《玉篇·石部》:“石，市亦切。山石也。又厚也；斛也。”（105 上右）《玉篇》訓“厚也”，疑非是。原本《玉篇·石部》:“石，時亦反。《尚書》:‘鬬石和鈞，王府則有。’孔安國曰:‘金鐵曰石，供民器用，通之使和平也。’又曰:‘擊石拊石，百獸率舞。’又曰:‘青州貢怪石。’《周禮》:‘雝州，其利宜石。’又曰:‘以嘉石平疲民，凡民有罪而未麗於法，桎梏坐諸嘉石，以肺石達窮民，凡煢獨老弱欲復於上而其長未達者立於肺石。’又曰:‘鐘已厚則石。’鄭玄曰:‘鐘太厚即如石，叩之無聲也。’”（513）據原本《玉篇》可知,《玉篇》訓“厚也”，當爲誤截原本《玉篇》所引《考工記》“鐘已厚則石”及鄭玄注所致的訓釋失誤，此義本指“鐘太厚即如石，叩之聲音不響亮”。《大字典》“石”字下據《玉篇》之誤而收録“厚”這一義項，失考證。

11. 硾

《字彙·石部》:“硾，直類切，音墜。鎮也。《吕氏春秋》:‘硾之以石。’”（322 上）

《正字通·石部》:“硾，與搥、棰通。擣也。又隊韻音墜。鎮也。《吕氏春秋》:‘硾之以石。’”（751 下）

按:《康熙字典·石部》:“硾,《唐韻》《集韻》《韻會》馳僞切,《正韻》直類切，並音縋。《説文》:‘擣也。’《玉篇》:‘鎮也；笮也。’《吕氏春秋》:‘硾之以石。’”（844 上）《玉篇·石部》:“硾，丈僞切。鎮也；笮也。亦作縋。”（105 下右）《玉篇》訓“笮也”，疑非是。原本《玉篇·石部》:“硾，除爲反。《埤蒼》:‘硾，鎮也。’野王案：鎮笮之也。《吕氏春秋》:‘硾之以石。’是也。《字書》或爲倕字，在《人部》。以繩有所縣爲縋字，在《糸部》。”（523）據原本《玉篇》可知，《玉篇》訓“笮也”，即爲野王按語“鎮笮之也”之誤截，“鎮笮之也”即野王對“鎮也”之訓的解釋，皆指“繫以重物使之下垂”。《康熙字典》轉録《玉篇》“鎮也；笮也”之訓而未作校正，亦失考證。《大字典》“硾”字下據《玉篇》之誤而收録“笮”這一義項，非是。

12. 朓

《字彙·肉部》:“朓，他彫切，音祧。祭也。从肉，與朓朒之朓不同，朓朒之朓从日月之月。”（381 上）

《正字通·肉部》:“朓，他彫切，音祧。祭也。从肉，與朓朒字别，朓从日月之月。”（877 上）

按:《康熙字典·肉部》:“朓，《唐韻》土弔切，《集韻》他弔切，並音糶。《説文》:‘祭名。’《廣韻》:‘祭也。’《集韻》:‘祭肉。’”（1012 下）《集韻》去聲嘯韻他弔切:“朓，祭肉。”（577）下文去聲笑韻丑照切又曰:“朓，祭也。从肉。”（580）《集韻》訓“朓”爲“祭也”，是也；然訓“祭肉”，疑非是。《説文·肉部》:“朓，祭也。从肉，兆聲。”（83 上）《名義·肉部》:“朓，通堯反。祭也。”（67 上）《玉篇·肉部》:“朓，通堯、他召二切。祭也。”（35 下左）故宫本《裴韻》去聲笑韻丑召反:“朓，祭。”（598）《唐韻》同。《廣韻》去聲笑韻丑召切:“朓，祭也。”（323）故《集韻》訓“朓”爲“祭肉”，於前代字韻書皆無徵，疑爲“祭也。從肉”之誤截。《康熙字典》轉録《集韻》“祭肉”之訓而未作校正，亦失考證。《大字典》“朓 2”字下據《集韻》之誤而收録“祭肉”這一義項，疑亦非是。

13. 蠻

《字彙·虫部》:“蠻，謨還切，慢平聲。《孟子》:‘南蠻鴃舌之人。’《周書》:‘九夷八蠻。’”（433 下）

《正字通·虫部》:“蠻，莫盤切，慢平聲。《詩》:‘緜蠻黄鳥。’

《韓詩》薛君章句云：‘緜蠻，文貌。’……《說文》：‘南蠻，蛇種。’”（1014下）

按：《玉篇·虫部》：“蠻，馬姦切。南方也；蟲也；慢也；（傷）［傷］也。”（118上左）《新修玉篇》《篇海》引《玉篇》同。《玉篇校釋》“蠻”字下注：“又‘蟲也’者，蓋經刪誤。《白虎通》：‘蠻蟲難化，執心違邪。’言人非蟲名。”（4987）胡氏所言疑是。《說文·虫部》：“蠻，南蠻，蛇穜。从虫，䜌聲。”（283下）《名義·虫部》：“蠻，莫姦反。南蠻人，虵種。”（256上）故《玉篇》訓“蟲也”，於前代字書、文獻皆無徵，當因誤截引文而誤。《新修玉篇》《篇海》承襲《玉篇》之謬而未作校正，俱失考證。《詳校篇海》卷五《虫部》：“蠻，謨還切，音獌。南方也；虫也；慢也；（傷）［傷］也。又蠻夷，戎狄四方總稱。”（316下）《篇海類編》同。《詳校篇海》《篇海類編》訓“蟲也”，亦皆因承前而誤。《大字典》“蠻”字下據《篇海類編》之誤而收録“蟲名”這一義項，疑亦非是。

14. 褠

《字彙·衣部》：“褠，居侯切，音鉤。單衣。又衣褶。”（440上）

《正字通·衣部》：“褠，古謳切，音鉤。巾褠、巾幘，褌衣也。”（1032下）

按：《康熙字典·衣部》：“褠，《唐韻》古侯切，《韻會》居侯切，並音鉤。《玉篇》：‘單衣也。’《釋名》：‘褠，褌衣之無褸者也，言袖（夾）［狹］直形如溝也。’……又《增韻》：‘衣褶。’”（1169上）《增韻》平聲侯韻古侯切：“褠，褌衣。又衣褶。”《增韻》又訓“衣褶”，疑非是。《釋名·釋衣服》：“褠，褌衣之無（胡）［褸］者也，言袖（夾）［狹］直形如溝也。”《名義·衣部》：“褠，古侯反。（上）［單］衣也。”（283下）《新撰字鏡·衣部》：“褠，古侯反。單［衣］。”（221）《龍龕》卷一《衣部》：“褠，古侯反。單衣也。”（103）《玉篇·衣部》：“褠，古侯切。褌衣。”（128下右）敦煌本《王韻》平聲侯韻古侯反：“褠，單衣。亦作構。”（379）故宮本《王韻》平聲侯韻古侯反：“褠，褌衣。亦構。”（467）故宮本《裴韻》平聲侯韻古侯反：“褠，單衣。亦構。”（562）《廣韻》平聲侯韻古侯切："褠，襌衣。"（142）《集韻》平聲矦韻居侯切："褠幬，單衣。或从巾。"（269）"單衣""襌衣"義同，故《增韻》又訓"衣褶"，於前代字韻書皆無徵，疑爲誤截注文所致的訓釋失誤。《三國志・吴志・吕範傳》："還吴，遷都督。"南朝宋裴松之注引《江表傳》："範出，更釋褠，著袴褶，執鞭，詣閤下啟事，自稱領都督。"《洪武正韻》平聲尤韻居侯切："褠，單衣。又衣褶。"（146）《洪武正韻》又訓"衣褶"，當因承襲《增韻》之謬而誤。《直音篇》卷七《衣部》："褠，音溝。單衣。又衣褶。"（303上）《直音篇》又訓"衣褶"，當因承襲《洪武正韻》之謬而誤。《詳校篇海》卷五《衣部》："褠，居侯切，音溝。襌衣也。又單衣。又衣褶。又針縫也。亦作幬。"（341下）《篇海類編》同。"襌衣""單衣"義同，《詳校篇海》《篇海類編》二義兼收，非是；《詳校篇海》《篇海類編》又訓"衣褶"，亦當因承前而誤；《詳校篇海》《篇海類編》又訓"針縫也"，於前代字韻書皆無徵，當因從"溝"爲説而誤。《字彙》又訓"衣褶"，亦當因承前而誤。《康熙字典》轉録《增韻》"衣褶"之訓而未作校正，亦失考證。《大字典》"褠"字下據《篇海類編》《字彙》收録"針縫"與"衣褶"這兩個義項，疑並非是。

15. 謞

《字彙・言部》："謞，黑各切，音郝。謞謞，崇讒慝也。"（455下）

《正字通・言部》："謞，音郝。《爾雅》：'謞謞，崇讒慝也。'與嗃通。"（1076上）

按：《康熙字典・言部》："謞，《廣韻》許角切，《集韻》《韻會》黑角切，並音嗃。《爾雅・釋訓》：'謞謞，崇讒慝也。'注：'樂禍助虐，增譖惡也。'疏：《詩・大雅》：'多將熇熇。'鄭箋：'多行熇熇，慘毒之惡。'謞熇，音義同。"（1226下）《玉篇・言部》："謞，火角、火各二切。讒慝也。"（43下左）《廣韻》入聲覺韻許角切："謞，讒慝。"（380）下文入聲鐸韻呵各切又曰："謞，讒慝。"（411）《玉篇校釋》"謞"字下注："'讒慝也'者，《爾雅・釋訓》：'謔謔謞謞，崇讒慝也。'郭注：'樂禍助虐，增譖惡也。'上'謔'下引《爾雅》及郭注，此亦當尔。正義引舍人曰：'謔謔謞謞，皆盛烈皃。’孫炎曰：‘厲王暴虐，大臣謔謔然喜，謞謞然盛，以興讒慝也。’案：《爾雅》釋《詩·板》篇‘無然謔謔，多將熇熇’文也，毛傳：‘熇熇然熾盛也。’本書《火部》：‘熇，熾也。’詩人本以火之熾盛喻虐政之酷烈也。字本作熇，亦通作嗃。《口部》‘嗃’下引《易·家人》：‘嗃嗃，嚴大之聲也。’《易》釋文引劉本作‘熇熇’，鄭云：‘苦熱之意。’嗃者迫於嚴熇而呼嗃也。《欠部》‘歊’下引《説文》：‘囂囂氣出皃也。’顧案：‘熱氣也。’歊與嗃、謞同取熇熱義。”（1859）胡氏所言是也。《爾雅·釋訓》：“謔謔謞謞，崇讒慝也。”郭璞注：“樂禍助虐，增譖惡也。”郝懿行《義疏》：“謞者，當作熇。《説文》云：‘火熱也。’……《詩·板》傳云：‘謔謔然喜樂，謞謞然熾盛也。’正義引舍人曰：‘謔謔、謞謞皆盛烈貌。’孫炎曰：‘厲王暴虐，大臣謔謔然喜，謞謞然盛，以興讒慝也。’是孫炎、舍人並與毛傳義合，益知《爾雅》古本與《詩》同作‘熇熇’矣。”邢昺疏：“謞、熇音義同。”以上二説是其證也。故“謞”當同“熇”，義爲“盛烈貌”。《玉篇》訓“讒慝也”，當爲誤截引文所致的訓釋失誤。《廣韻》訓“讒慝”，即因承襲《玉篇》之謬而誤。《集韻》入聲覺韻黑角切：“謞，謞謞，崇讒慝也。”（656）下文入聲鐸韻黑各切又曰：“謞，謞謞，崇讒慝也。”（729）《集韻》校作“謞謞，崇讒慝也”，是也。《大字典》“謞”字下據《玉篇》之誤而收録“讒慝”這一義項，非是。

16. 蹵

《字彙·足部》：“蹵，莊助切，阻去聲。馬阻蹄。”（477下）

《正字通·足部》：“蹵，俗字。舊注沿《篇海》莊助切，阻去聲，馬蹄痛，又行不正；《集韻》跙或作蹵，並非。”（1126下）

按：《康熙字典·足部》：“蹵，《集韻》莊助切，音詛。與跙同。《類篇》：‘行不正也。一曰馬蹄痛病。’”（1293上）《五音集韻》去聲御韻莊助切：“阻跙蹵，馬阻蹄。又莊所切。”《五音集韻》訓“馬阻蹄”，疑非是。《集韻》去聲御韻莊助切：“跙，行不正也。一曰馬蹄痛病。或作蹵、阻。”（492）唐白居易《初出藍田路作》：“人煩馬蹄跙，勞苦已如此。”

又其《和三月三十日四十韻》:“坐併船腳攲，行多馬蹄跙。”宋王禹偁《硤石縣旅社》:“處險人垂瘦，登山馬跙蹄。”故“蹵”當爲“跙”之異體字，亦或作“阻”，義爲“行不正”或“馬蹄痛病”。上文中的“馬蹄跙”“馬跙蹄”之“跙”，亦當義爲“行不正”或“馬蹄痛病”；而《五音集韻》訓“阻”“跙”“蹵”爲“馬阻蹄”之辭，當爲誤截文獻用例“處險人垂瘦，登山馬跙蹄”而致的訓釋失誤，因“跙”“阻”字同，遂改“馬跙蹄”爲“馬阻蹄”；然此誤非始於《五音集韻》，當源於《唐韻》《廣韻》。《唐韻》去聲御韻莊助反:“阻，馬阻蹄。又莊所反。”(643)《廣韻》同。此即其證也。《新修玉篇》卷七《足部》引《餘文》:“蹵，莊助切。馬阻蹄也。同作阻。”(65上左)《篇海》卷九《足部》引《餘文》:“蹵，莊助切。馬阻蹄也。”(714下)《新修玉篇》《篇海》訓“蹵”爲“馬阻蹄也”，皆因承襲《廣韻》之謬而誤。《詳校篇海》卷三《足部》:“蹵，莊助切，音阻去聲。馬阻蹄。”(206下)《篇海類編》同。《詳校篇海》《篇海類編》《字彙》訓“蹵”爲“馬阻蹄”，當皆因承前而誤。《大字典》“阻”字下據《廣韻》之誤而收録“馬阻蹄”這一義項，非是;《大字典》“蹵”字下據《五音集韻》之誤而收録“馬阻蹄”這一義項，亦非。

17. 醻

《字彙·酉部》:“醻，除留切，音儔。主人進酒於客曰獻，客答主人曰醋，主人復酌客曰醻。又叶市救切，音壽。《詩·小雅》:‘君子信讒，如或醻之。’又叶大到切，音導。《詩·小雅》:‘(鍾)[鐘]鼓既設，一朝醻之。’”(501上)

《正字通·酉部》:“醻，持留切，音儔。主賓既獻酢，主復酌客曰醻。又宥韻音綬。《詩·小雅》:‘君子信讒，如或醻之。’叶下究。又效韻音盜。《小雅》:‘鐘鼓既設，一朝醻之。’”(1186下)

按:《康熙字典·酉部》:“醻，《廣韻》市流切，《集韻》《韻會》時流切，並音讎。《説文》:‘主人進客也。’本作醻，今文作醻，《玉篇》同酬。《詩·小雅》:‘鐘鼓既設，一朝醻之。’傳:‘醻，報也。’箋:‘醻，猶厚也、勸也。’……又《集韻》承呪切，音授。報也。”(1355下)《集韻》

去聲宥韻承呪切:“醻,報爵。”(614)《集韻》訓“報爵”,疑非是。《説文·酉部》:“醻,主人進客也。从酉,𠷎聲。酬,醻或从州。”(314上)邵英《群經正字》:“今經典惟《毛詩》多作醻,如《小弁》‘如或醻之’,《楚茨》‘獻醻交錯’,《瓠葉》‘酌言醻之’之類,餘多从或體作酬。”“醻”即“酬”之異體字。《爾雅·釋詁下》:“酬,報也。”邢昺疏:“主人酌酒于賓曰獻,賓既卒爵洗而酌主人曰酢,主人既卒酢爵,又酌自飲卒爵復酌進賓曰酬。”《周禮·天官·内宰》:“大祭祀,后祼獻則贊,瑶爵亦如之。”鄭玄注:“瑶爵所以亞王酬賓也。”故《集韻》又訓“醻”爲“報爵”,於前代字韻書、文獻皆無徵,當爲誤截注文所致的訓釋失誤。《康熙字典》轉録《集韻》“報爵”之訓校作“報也”,疑是。《大字典》“醻”字下據《集韻》之誤而收録“報爵”這一義項,疑亦非是。

18. 鉊

《字彙·金部》:“鉊,之遥切,音招。大鎌。”(504上)

《正字通·金部》:“鉊,職交切,音招。《説文》:‘大鎌也。鎌謂之鉊。張徹説。’”(1195上)

按:《康熙字典·金部》:“鉊,《廣韻》止摇切,《韻會》《正韻》之遥切,並音照。《説文》:‘大鎌也。’揚子《方言》:‘刈鉤,江、淮、陳、楚之間謂之鉊。’”(1368下)《名義·金部》:“鉊,之姚反。刈也。”(173下)《説文·金部》:“鉊,大鐵也。从金,召聲。鎌謂之鉊。張徹説。”(297下)徐鍇《繫傳》作:“大鎌也。”《玉篇·金部》:“鉊,之姚切。鎌也。”(83上左)《方言》卷五:“刈鉤,江淮陳楚之間謂之鉊。”箋注本《切韻》平聲宵韻止遥反:“鉊,淮南人呼鎌。”(119)故宫本《王韻》、《廣韻》同。故《名義》訓“刈也”,於以上辭書皆無徵,當爲誤截《方言》之“刈鉤”所致的訓釋失誤。《大字典》《字海》“鉊”字下皆據《名義》之誤而收録“用鐮刀割”這一義項,並非。

19. 鐵

《字彙·金部》:“鐵,他結切,天入聲。黑金。”(511上)

《正字通・金部》:“鐵，他協切，天入聲。黑金也。”（1215下）

按:《康熙字典・金部》:“鐵,《唐韻》天結切,《集韻》《韻會》《正韻》他結切，並天入聲。《説文》:‘黑金也。’……又《集韻》徒結切，音耊。利鐵也。”（1394上）《集韻》入聲屑韻他結切:“鐵,《説文》:‘黑金也。’”（700）下文徒結切又曰:“鐵，利鐵也。”（702）《集韻》又訓“利鐵也”，疑非是。《説文・金部》:“鐵，黑金也。从金，戴聲。”（295上）《玉篇・金部》:“鐵，他結切。黑金也。”（83上右）故宫本《王韻》入聲屑韻他結反:“鐵，或作俗鐵。黑金。”（517）《廣韻》入聲屑韻他結切:“鐵,《説文》云:‘黑金也。’《神異經》云:‘南方有獸，名曰齧鐵。大如水牛，色如漆，食鐵飲水，其糞可作兵器，其利如鋼也。’”（400）故《集韻》據《説文》訓“黑金也”，是也；然又訓“利鐵也”，於前代字韻書皆無徵，當爲誤截文獻所致的訓釋失誤，因爲文獻中常見“利鐵”一詞，然“利鐵”之“鐵”亦指“黑色金屬”，即“黑金”。《康熙字典》轉録《集韻》“利鐵也”之訓而未作校正，亦失考證。《大字典》“鐵”字下據《集韻》之誤而收録“利鐵”這一義項，亦非。

四、因字際關係不明形成的疑難字

字際關係整理是歷代大型字書編纂的一項重要任務，其整理的品質是衡量一部字書編纂水準的重要標準之一。字際關係的整理主要包括兩個方面的内容：一是認同；二是別異。認同是把具有異體關係的字加以溝通；別異是把不具有異體關係的字加以區分。字際關係的整理工作，往往依賴于傳世字書。我國歷代字書，如《説文》《玉篇》《龍龕》《類篇》《新修玉篇》《篇海》等，都做了不同程度與規模的字際關係整理工作。《字彙》《正字通》《直音篇》《詳校篇海》《篇海類編》《康熙字典》《字彙補》等明清大型字書在字際關係認同方面，也做了大量的工作，取得了很大的成績。然而，由於各種因素，對其所收的許多疑難字卻仍未與正字加以認同，且就其已有的認同成果來説，也存在一些誤作認同的現象。以下即從未作認同和誤作認同這兩個方面來對明清大型字書處理字際關係方面存在的問題分別進行分析與研究。

（一）未作認同

儘管《字彙》《正字通》《直音篇》《詳校篇海》《篇海類編》《康熙字典》《字彙補》等明清大型字書在字際關係認同方面做了大量的工作，但仍存在大量疑難字未與正字認同的現象。現代大型字書如《大字典》和《字海》在轉録《字彙》《正字通》《直音篇》《詳校篇海》《篇海類編》《康熙字典》《字彙補》等明清大型字書收録這些疑難字時，也未作考辨與溝通，從而在一定程度上降低了其編纂質量和利用價值。因此，應加强對這些疑難字進行深入的考辨與研究。

第一、因增加義符而産生的疑難字

增加義符是漢字分化的常見方法，也是疑難字産生的一個重要途徑。《字彙》《正字通》《直音篇》《詳校篇海》《篇海類編》《康熙字典》《字彙補》等明清大型字書收録的很多疑難字就是通過增加義符而産生的。

1. 㒜

《字彙・人部》:“㒜，羊煮切，音與。謹也；倚也。”（44 下）

《正字通・人部》:“㒜，弋渚切，音與。謹也；倚也。”（63 上）

按:《康熙字典・人部》:“㒜,《集韻》演女切，音與。謹也；倚也。”（51 下）《玉篇・人部》:“㒜，羊煮切。謹也。”（15 下右）《玉篇校釋》“㒜”字注:“《集韻》義同，本書《心部》:‘懙，謹敬皃。’《龍龕手鑑》引本書:‘𢤳，謹也。’《走部》:‘趣，安行也。’是㒜、𢤳之訓謹者亦爲安詳之謹皃。《論語》:‘與與如也。’是也。”（539）胡氏所言當是。《論語・鄉黨》:“君在，踧踖如也，與與如也。”“踧踖”“與與”皆爲“恭謹之貌”。故《玉篇》訓“㒜”爲“謹也”，此“㒜”本當作“與”。《集韻》上聲語韻演女切:“㒜，倚也。”（332）此“㒜”亦即“與”字之俗。《戰國策・齊策五》:“今天下之相與也不並滅，有而案兵而後起，寄怨而誅不直，微用兵而寄於義，則亡天下可蹻足而須也。”鮑彪注:“與，猶恃也。言與國之相恃，亦不皆亡，在所處耳。”“倚也”“恃也”義同。《字彙・人部》:“倚，恃也。”（38 下）《書・君陳》:“無依勢作威，無倚法以削。”唐李白《扶風豪士歌》:“作人不倚將軍勢，飲酒豈顧尚書期。”上文中的“倚”字皆爲“恃也”之義。故“㥯”訓“倚也”，與“與”音義並同，此“㥯”當即“與”字之俗。

2. 凅

《字彙·冫部》：“凅，古慕切，音故。寒凝；閉也。”（50下）

《正字通·冫部》：“凅，公悟切，音固。寒凝；閉也。張衡《西京賦》：‘凅陰沍寒，［日北至而含凍］，此焉清暑。’又暮韻音互。《漢·郊祀志》：‘秋凅凍。’《五行志》：‘金鐵冰滯凅堅，不成［者衆］。’與涸別。”（83上）

按：《康熙字典·冫部》：“凅，《唐韻》《集韻》《韻會》《正韻》並古慕切，音顧。凝也；閉也。”（67上）故宫本《裴韻》去聲暮韻古慕反：“凅，《西京賦》：‘凅陰沍寒。’”（589）《廣韻》去聲暮韻古暮切：“凅，凝也；閉也。”（265）《集韻》去聲暮韻古慕切：“凅，凝也。”（501）“凅”，今本《西京賦》作“涸”。《文選·西京賦》：“其遠則九嵕甘泉，涸陰沍寒，日北至而含凍，此焉清暑。”“涸陰”，《左傳》作“固陰”。《左傳·昭公四年》：“其藏冰也，深山窮谷，固陰沍寒，於是乎取之。”楊伯峻注：“固，凝固。陰，即寒氣。固陰沍寒即寒氣凝固。”據上文可知，在“凝也；閉也”這一意義上，“涸”“凅”本當作“固”，皆當音“固”，“涸”當即“固”因涉下文“沍”字類化影響增加“氵”旁而形成的後起分化字；“沍寒”亦有別本作“冱寒”者，故“凅”當即“固”因涉下文“冱”字類化影響增加“冫”旁而形成的後起分化字。又《史記·封禪書》：“春以脯酒爲歲禱，因泮凍，秋涸凍，冬塞禱祠。”司馬貞《索隱》：“案：《字林》：‘涸，下各反。’小顏云：‘涸，讀與沍同。沍，凝也，下故反。春則解，秋則凝。’”《漢書·郊祀志上》同。師古曰：“涸讀與沍同。沍，凝也，音下故反。春則解之，秋則凝之。《春秋左氏傳》曰：‘固陰沍寒。’《禮記·月令》：‘孟冬行春令則凍閉不密。’”“涸”，《大字典》引《漢書·郊祀志上》作“凅”。據文意可知，此“涸”“凅”亦本當作“固”，亦當音“固”，顔師古謂“涸讀與沍同”，疑非是。又《漢書·五行志上》：“蓋工冶鑄金鐵，金鐵冰滯涸堅，不成者衆，及爲變怪，是爲金不從革。”師古曰：“涸讀與沍同。沍，疑（凝）也，音下故反。《春秋左氏傳》曰：‘固陰沍寒。’”“涸”，《大字典》亦引作“涸”。據文意亦可知，此“涸”“涸”亦本當作“固”，亦當音“固”，顔師古謂“涸讀與沍同”，疑亦非是。

3. 堨

《字彙·土部》：“堨，蘇骨切，音速。塵也。”（92 下）

《正字通·土部》：“堨，俗字。細塵。通作屑。當从屑音，舊注改音速，非。”（199 下）

按：《康熙字典·土部》：“堨，《集韻》先結切，音屑。細塵也。又蘇骨切，音窣。義同。”（181 下）《集韻》入聲没韻蘇骨切：“堨，塵也。”（682）《正字通》謂“堨”通作“屑”，所言當是。《説文·尸部》：“屑，動作切切也。从尸，㑛聲。”（172 上）“屑”，今作“屑”。“屑”本義指“不安”，引申義可指“碎末”，如木屑、煤屑、米屑、鐵屑、土屑等。“屑”，《廣韻》音“先結切”，又音“蘇骨切”。故“堨”與“屑”音同義通，“堨”當即“屑”因用來指“土屑”“灰塵”等而增加“土”旁所形成的後起分化字。

4. 媖

《字彙·女部》：“媖，於京切，音英。女人美稱。”（107 下）

《正字通·女部》：“媖，俗字。女美稱，經史皆作英。”（246 上）

按：《康熙字典·女部》：“媖，《廣韻》《集韻》並於驚切，音英。女人美稱。通作英。”（218 上）《玉篇·女部》：“媖，於京切。女人美稱。”（18 上右）《正字通》所言是也。《玉篇校釋》“媖”字下注：“《廣韻》下平庚韻於驚切：‘女人美稱。’《集韻》云：‘女美稱。’案：本止爲英。《詩·汾沮洳》：‘美如英。’《廣雅·釋詁》：‘英，美也。’《文選·長楊賦》：‘英華浮沉。’李注：‘英華，艸木之美者。’艸木之美謂之英，人之俊傑亦謂之英。玉之光采謂之瑛，女之美稱謂之媖，其義一也。”（655）胡氏之説印證了《正字通》之説。《康熙字典》所言亦其證也。故“媖”

本當作“英”。

5. 媳

《字彙·女部》:“媳，思積切，音昔。俗謂子婦爲媳。”（108上）

《正字通·女部》:“媳，思積切，音昔。俗謂子婦爲媳。通作息。《曹植傳》:‘大發士息，前後三送。’言士卒子息也，今俗亦有嗣息、弱息之語。”（247下）

按:《康熙字典·女部》:“媳,《字彙》思積切，音昔。俗謂子婦曰媳。通作息。”（219下）《篇海》卷六《女部》引《俗字背篇》:“媳，音息。新增。”（656上）《詳校篇海》卷二《女部》:“媳，音息。俗謂子婦爲媳。”（123上）《篇海類編》同。《正字通》《康熙字典》所言當是。“媳”本當作“息”。佛經中有“媳”字用例，如:《大正藏》本《續傳燈録》卷第二十五:“二女合爲一媳婦，機輪截斷難回互。從來往返絶蹤由，行人莫問來時路。”“媳婦”又作“息婦”。《大正藏》本宋志磐撰《佛祖統紀》卷第五《西土二十四祖紀》第二:“此鬼前世一是吾息，一是息婦。我昔布施夫妻懷嗔，我數教誨不肯信受。”“媳婦”同“息婦”,“媳”本當作“息”。

6. 獅

《字彙·女部》:“獅，疏夷切，音師。女巫。”（108上）

《正字通·女部》:“獅，舊注音師，女巫。按：經史通作師，加女，贅。”（247下）

按:《康熙字典·女部》:“獅,《集韻》霜夷切，音師。女巫也。”（219下）《集韻》平聲脂韻霜夷切:“㛩，女巫。或書作獅。”（41）“獅”“㛩”即同字異體,《正字通》所言當是。“獅”“㛩”本當作“師”,“男巫師”“女巫師”皆本作“師”，後因“女巫師”而在“師”字的基礎上增加一個“女”旁，遂形成後起區別字“獅”“㛩”。

7. 孋

《字彙·女部》:“孋，鄰溪切，音離。戎國。又孋姬。《史》晉獻公所獲驪戎女。又去聲力地切。美也。”(111上)

《正字通·女部》:“孋，鄰其切，音離。戎國名，在京兆新豐縣。《史記·晉世家》作驪……又霽韻音例。《集韻》:‘美也。’與麗通。”(255下)

按:《康熙字典·女部》:“孋,《集韻》郎計切，音麗。美也。”(226下)《集韻》去聲霽韻郎計切:“孋，美也。”(506)“孋”當即“麗”之異體字。《廣雅·釋詁一》:“麗，好也。”《廣韻》去聲霽韻郎計切:“麗，美也。”(272)《楚辭·招魂》:“被文服纖，麗而不奇些。”“孋”訓“美也”，與“麗”音義並同，故此“孋”當即“麗”之異體字。

8. 孮

《字彙·子部》:“孮，徂紅切，音叢。族盛于鄉也。”(113上)

《正字通·子部》:“孮，俗宗字。舊注音叢，族盛于鄉。《同文舉要》訓子孫。並非。”(261下)

按:《康熙字典·子部》:“孮,《廣韻》藏宗切,《集韻》徂宗切，並音琮。子孫隆盛也。”(231上)《廣韻》平聲冬韻藏宗切:“孮，族盛孮鄉。”(9)《集韻》平聲冬韻徂宗切:“孮，子孫隆盛曰孮。”(15)《正字通》所言疑是也。《説文·宀部》:“宗，尊祖廟也。从宀，从示。”(148下)《廣韻》平聲冬韻作冬切:“宗，衆也；本也；尊也。亦官名；亦姓。”(9)《文選·爲宋公修楚元王墓教》:“本支之祚，實隆鄙宗。”吕延濟注:“宗，盛也。”“宗”本義指“祖廟”，引申義可指“衆也”“本也”“尊也”“盛也”等義。“孮”與“宗”音義皆通，故“孮”本當作“宗”。

9. 峆

《字彙·山部》:“峆，胡閤切，音合。峆嵴，山貌。”(126下)

《正字通·山部》:“峆，侯閤切，音合。峆嵴，山貌。”(294上)

按:《康熙字典·山部》:“峆,《集韻》曷閤切，音合。峆嵱，山貌。”(265 下)《集韻》入聲合韻曷閤切:“峆，峆嵱，山皃。”(769)“峆”訓“峆嵱，山皃”,“峆嵱”本當作“合沓”。《大正藏》本宋陳舜俞撰《廬山記》卷第一《叙山北》第二:“昔謝靈運《登絶頂望諸嶠》詩之‘積峽忽復啟，平塗俄已閉。巒隴有合沓，往來無蹤轍。晝夜蔽日月，冬夏共霜雪’，正此處也。”又《大正藏》本唐徐靈府撰《天台山記》:“群峰崢嶸，碧障合沓。磨霄凌漢，日蒸雲起。霧桑迸芳，瑶花間發。光彩輝燭，四時如春。鳳翔神鸞棲於其上，豐狐文豹隱於其中。南馳縉雲，北接四明。東拒溟渤，西通剡川。”又《卍新纂續藏經》本宋宗鑑集《釋門正統》第二《吴興道遵》:“於戲！群峰合沓以就我，當大藏而孤峙，疑天作以待用，此持經之境也。及以清晝山空，杉吹不動，真念凝乎寂寞，經聲在乎窅冥，此持經之心也。”從文意來看，以上“合沓”皆指“山巒重疊貌”。故“峆嵱”同“合沓”,“峆”本當作“合”,“嵱”本當作“沓”。

10. 峿

《字彙·山部》:“峿，偶許切，音語。岨峿，山貌，又不安貌。陸士衡《文賦》:‘或岨峿而不安。’”(127 下)

《正字通·山部》:“峿，魚矩切，音語。岨峿，山貌，又不安貌。陸機《文賦》:‘或岨峿而不安。’與齟齬通。”(296 下)

按:《康熙字典·山部》:“峿,《廣韻》五乎切,《集韻》訛胡切，並音吾。嶇峿，山名。《集韻》通作峿。”(268 上)《玉篇·山部》:“峿，五乎切。嶇峿，山。”(103 下右)《廣韻》平聲模韻五乎切:“峿，區峿，山名。”(46)《玉篇校釋》“峿”字下注:“《廣韻》上平十一模五乎切云:‘區峿，山名。’案:《山海經·南山[經]》及《中山[經]》並作‘區吴之山’。”(4205)胡氏所言是也。《山海經·南山經》:“又東五百里，曰區吴之山，無草木，多沙石。”(12)《山海經·中山經》:“又東五十里，曰區吴之山，其木多苴。”(162)故“嶇峿”“區峿”本作“區吴”。

11. 嶜

《字彙·山部》:“嶜，達合切，音沓。山重貌。”（127 下）

《正字通·山部》:“嶜，俗字。舊注音沓，山重貌，泥。”（297 上）

按:《康熙字典·山部》:“嶜，《集韻》達合切，音踏。山重疊貌。”（268 下）《集韻》入聲合韻達合切:“嶜，山重皃。”（772）此處“山重皃”前當誤脱被訓聯綿詞“峆嶜”。《集韻》入聲合韻曷閤切又曰:“峆，峆嶜，山皃。”（769）此即其證。據上文“峆”字注可知，“峆嶜”同“合沓”，“峆”本當作“合”，“嶜”本當作“沓”。

12. 㢓

《字彙·广部》:“㢓，舉藴切，軍上聲。儲積也。”（143 上）

《正字通·广部》:“㢓，庫字之訛。”（331 下）[1]

按:《康熙字典·广部》:“㢓，《集韻》舉藴切，軍上聲。《玉篇》:‘積也。’”（310 上）《玉篇·广部》:“㢓，居吻切。積也。”（104 下右）《集韻》上聲隱韻舉藴切:“㢓，儲積也。”（359）《正字通》謂“㢓”即“庫”字之訛，疑不可據。《説文·广部》:“庫，兵車藏也。从車，在广下。”（190 上）“庫”本義指“收藏兵器和兵車的處所”，引申義泛指“收藏錢糧物品的房屋”。《釋名·釋宫室》:“庫，舍也，物所在之舍也，故齊魯謂庫曰舍也。”“庫”，《廣韻》音“苦故切”。“㢓”與“庫”音義俱别，且未見“庫”俗書有作“㢓”者，故《正字通》之説疑不可據。“㢓”本當作“軍”。《説文·車部》:“軍，圜圍也。四千人爲軍。从車，从包省。軍，兵車也。”（304 上）“軍”本義指“包圍”，引申義指“囤積”“聚集”。《吕氏春秋·權勳》:“達子又帥其餘卒，以軍於秦周，無以賞，使人請金於齊王。”高誘注:“軍，屯也。”又《國語·晉語四》:“二月甲午，晉師軍於廬柳。”韋昭注:“軍，猶屯也。”“屯”“積”義同。《廣雅·釋詁三》:“屯，聚也。”“積”“聚”義同，故“屯”“積”亦義同。“軍”，《廣韻》

---

① 筆者此前以《正字通》之説爲是，認爲“㢓”即“庫”字之訛（見拙文《〈正字通〉溝通字際關係材料的測查與研究》），今訂正於此。

音“舉云切”。“庫”與“軍”音近義同，“庫”當即“軍”通過增加“广”旁而形成的繁化俗字。《玉篇校釋》“庫”字下注：“《集韻·隱韻》：‘庫，儲積也。’音攟，軍聲、麕聲字皆有衆聚義。”（4263）胡氏所言當是。故“庫”本當作“軍”。

13. 㥲

《字彙·心部》：“㥲，所兩切，音爽。性明也。”（164上）

《正字通·心部》：“㥲，疏朗切，音爽。性明也。通作爽。”（379上）

按：《康熙字典·心部》：“㥲，《集韻》所兩切，音爽。性明也。通作爽。”（365上）《集韻》上聲養韻所兩切：“㥲，性明也。”（414）《大字典》此字没有提供文獻用例，佛經有其用例，提供如下：《卍新纂續藏經》本清寬量集《浮土救生船詩序》：“辛卯之夏，幻質失調，精神疲倦，於夢寐間，發現赤白蓮華，光明曄曄，倏然氣㥲神清。”從文意來看，此“㥲”當即“爽”字之俗。

14. 憉

《字彙·心部》：“憉，蒲庚切，音彭。憉悙，自强。”（165下）

《正字通·心部》：“憉，蒲萌切，音彭。憉悙，自强。”（381下）

按：《康熙字典·心部》：“憉，《集韻》蒲庚切，音彭。憉悙，自强也。”（368上）《名義·心部》：“憉，蒲庚反。强也，悙也。”當爲“憉悙，强也”之誤。下字曰：“悙，呼衡反。憉悙也。”（78下）《玉篇·心部》：“憉，步行切。憉悙，自强也。”下字曰：“悙，許庚切。憉悙。”（39下左）《玉篇校釋》“憉”“悙”二字下注：“‘憉悙，自强也’者，《切韻》同，憉悙疊韻，本止爲彭亨。《易·大有》：‘匪其彭。’干注：‘彭，彭亨，驕滿皃。’驕滿亦自强也。《詩·蕩》：‘炰烋于中國。’毛傳：‘炰烋猶彭亨也。’”（1674）胡氏所言是也。《大正藏》本唐道宣撰《續高僧傳》卷第八：“時梁儲在坐，素不識之，令問講者何名。乃抗聲曰：‘禹穴慧縈，江東獨步，太子不識，何謂儲君？’一坐掩耳，以爲彭亨之太甚也。縈從容如舊，旁若無人。後與諸徒還歸故邑，其母尚在，餘並物故。”“彭亨”，宋本、元本、明本皆作“憉悙”。下文卷第二十一曰：“時以其彭亨罕敵，號之爲律虎焉。至於斷處事途，多從文相商度結正。”“彭亨”，元本、明本皆作“憉悙”。又《大正藏》本梁僧祐撰《出三藏記集傳》下卷第十五《道生法師傳》第四：“生叡發天真，嚴觀窪流得。慧義彭亨進，寇淵于默塞。”“彭亨”，元本、明本亦皆作“憉悙”。以上諸書皆其證也。故“憉悙”本當作“彭亨”。

15. 㮬

《字彙・木部》：“㮬，烏紅切，音翁。水㮬，果名，出南州。”（220 上）

《正字通・木部》：“㮬，俗字。舊注音翁，水㮬，果名，無稽。”（525 上）

按：《康熙字典・木名》：“㮬，《唐韻》烏紅切，《集韻》烏公切，並音翁。《唐韻》水㮬子，果名，出南州。”（522 下）《廣韻》平聲東韻烏紅切：“㮬，水㮬子，果名，出南州。”（8）《集韻》平聲東韻烏公切：“㮬，木名。”（10）《正字通》謂“㮬”爲俗字，所言當是。“水㮬”本當作“水翁”，“㮬”當即“翁”字之俗。“水翁”亦名“水榕”，是廣泛分佈於我國南方及印度、越南、馬來西亞等南亞、東南亞國家的一種具有藥用價值的木名，其皮、枝、葉都是很好的藥材，具有祛風、解暑、消食等功用。

16. 欉

《字彙・木部》：“欉，徂送切，叢去聲。江東謂草木叢生曰欉。”（227 下）

《正字通・木部》：“欉，俗叢字。舊注徂送切，叢去聲，誤分爲二。”（545 上）

按：《康熙字典・木部》：“欉，《集韻》粗送切，悤去聲。江東謂草木叢生曰欉。”（544 上）《集韻》去聲送韻粗送切：“欉，江東謂艸木叢生。”（463）《正字通》所言是也。慧琳《音義》卷八《大般若波羅蜜多經》第五百七十五卷：“叢林，殂紅反。草木聚生。從丵，取聲也。丵，音牀學反。經作藂，俗字也。”（57，P544A5）慧琳《音義》卷五七《無上處經》又曰：“叢聚，族公反。孔注《尚書》：‘叢，亦聚也。’《説文》：‘草木聚生爲叢。從丵，取聲。’經從草作藂，非也，亦俗字也。丵，音士學反也。”（58，P597A7）故“欉”與“叢”義同，“欉”當即“叢”之增旁俗字。《集韻》改讀“粗送切”，非是。《大字典》“欉”字下以《正字通》之説作爲“一説”，不確；《字海》“欉”字下據《正字通》之説而直謂同“叢”，是也。

17. 㰔

《字彙・木部》：“㰔，烏還切，音彎。曲木。”（228 上）

《正字通・木部》：“㰔，舊注音彎，曲木。按：凡物衺曲者借用彎，象曲形，非獨木爲朕，俗作㰔。”（546 下）

按：《康熙字典・木部》：“㰔，《集韻》烏關切，音彎。曲木。”（545 上）《集韻》平聲删韻烏關切：“㰔，曲木。”（151）《正字通》所言是也。《説文・弓部》：“彎，持弓關矢也。从弓，䜌聲。”（270 下）“彎”本義指“開弓”，引申義可指“彎曲”。希麟《音義》卷五《底哩三昧耶不動使者念誦經》一卷：“先彎，下烏關反。《切韻》：‘挽弓曲勢也。’《考聲》：‘彎，環曲皃也。’”（59，P387C9）正如《正字通》所言，凡物衺曲者借用彎，用來表示曲形，木曲、水曲亦然，故“㰔”本當作“彎”。

18. 殔

《字彙・歹部》：“殔，以智切，音異。芟萟草木曰殔。”（233 下）

《正字通・歹部》：“殔，訛字。”（558 下）①

按：《康熙字典・歹部》：“殔，《集韻》以豉切，音難易之易。芟萟草木曰殔。”（564 下）《集韻》去聲寘韻以豉切：“殔，芟萟艸木曰殔。”（470）《正字通》謂“殔”爲“訛字”，非是。今案：“殔”當即“易”字

① 拙著《〈新修玉篇〉疑難字考釋》中認爲“殔”疑即“乂（刈）”字之俗，今更正於此。

之俗。《廣韻》去聲寘韻以豉切："易，難易也；簡易也。又《禮》云：'易墓，非古也。'易謂芟除草木。又以益切。"（240）《禮記·檀弓上》："易墓，非古也。"鄭玄注："易，謂芟治草木。"故"𣧑"與"易"音義並同，"𣧑"本當作"易"。

19. 㴭

《字彙·水部》："㴭，伊鳥切，音杳。㴭溟，深不測也。"（254上）

《正字通·水部》："㴭，俗滈字。"（604下）

按：《康熙字典·水部》："㴭，《集韻》伊鳥切，音杳。㴭㴭（溟），深不測。"（629下）《集韻》上聲筱韻伊鳥切："㴭，㴭溟，深不測。"（392）《正字通》之説疑非是。《玉篇·水部》："滈，户了切。流皃。"（91下左）《廣韻》上聲筱韻胡了切："滈，水渺滈皃。"（201）"㴭"與"滈"音義俱别，二字不可混同，《正字通》謂"㴭"即"滈"，既無書證亦無例證，其説疑不可據。"㴭溟"疑當同"窅冥"。"窅冥"一義爲"幽暗貌"，例如：漢陸賈《新語·資質》："楩柟豫章……仆於嵬崔之山，頓於窅冥之溪。"唐元稹《三遣悲懷》詩："同穴窅冥何所望，他生緣會更難期。"清張岱《陶庵夢憶·朱楚生》："日晡煙生，林木窅冥。"一義爲"遥遠處；遥空"，例如：唐李白《春日行》："帝不去，留鎬京。安能爲軒轅，獨往入窅冥。"唐方干《題法華寺絶頂禪家壁》詩："蒼翠岧嶢逼窅冥，下方雷雨上方晴。"清黄子云《大洋》詩："不覺舟如葉，隨風入窅冥。""窅"，《廣韻》音"烏皎切"，《集韻》音"伊鳥切"。故"㴭溟"與"窅冥"音同義通，"㴭"當即"窅"字之俗。

20. 潡

《字彙·水部》："潡，居效切，音教。水名。"（255下）

《正字通·水部》："潡，舊注音教，汎云水名。按：《水經注》《山海經》皆有教水，無潡水。"（607下）

按：《康熙字典·水部》："潡，《集韻》居效切，音教。《玉篇》：'水也。'"（635上）《玉篇·水部》："潡，音教。水也。"（92上右）《集韻》

去聲效韻居效切："潡，水也。"（583）"潡"疑即"教"字之俗。《山海經·北山經》："又東北三百里，曰教山，其上多玉而無石。教水出焉，西流注于河，是水冬乾而夏流，實惟乾河。""潡水"當同"教水"，"潡"疑即"教"之增旁俗字。

21. 琝

《字彙·玉部》："琝，訛胡切，音吾。琨琝，石次玉者。亦作珸。"（287下）

《正字通·玉部》："琝，同珸。"（675上）

按：《康熙字典·玉部》："琝，《廣韻》五乎切，《集韻》《韻會》《正韻》訛胡切，並音吾。《博雅》：'琨琝，石之次玉者。'《廣韻》：'琨琝，美石。'又《玉篇》：'琨琝，劍名。'《集韻》或作珸。"（730下）《玉篇·玉部》："琝，五胡切。琨琝，劍名，又石次玉。與珸同。"（5下右）《玉篇校釋》"琝"字下注："'琨琝，劍名'者，字亦作錕鋙，本止作昆吾。《列子·湯問》：'周穆王大征西戎，西戎獻錕鋙之劍，鍊鋼赤刃，用之切玉如切泥焉。'殷敬順釋文云：'昆吾，龍劍也。'知《列子》原作昆吾。《河圖》曰：'瀛州多積石，名昆吾，可爲劍。'《尸子》云：'昆吾之劍可切玉。'"（132）胡氏所言是也。故"琨琝"訓"劍名"，同"錕鋙"，二者本作"昆吾"。又"琨琝"訓"石之次玉者"，同"琨珸"，二者本亦作"昆吾"。《廣雅·釋地》："琨珸，石之次玉。"《廣韻》平聲模韻五乎切："琝，琨琝，美石。珸，上同。"（45）"琨珸"，《文選·上林賦》作"昆吾"。故"琨琝"訓"石之次玉者"，同"琨珸"，二者本亦作"昆吾"。

22. 痭

《字彙·疒部》："痭，側尚切，音壯。熱病。"（302上）

《正字通·疒部》："痭，舊注音壯，熱病，與痤注同，痤訛作痭。"（709上）

按：《康熙字典·疒部》："痭，《集韻》側亮切，音壯。熱病。"（778下）《集韻》去聲漾韻側亮切："痭，病熱也。"（598）《正字通》之説疑非是。《龍龕》卷四《疒部》:“㾮,俗。音狂。”(469)《龍龕》謂“㾮”爲俗字,義闕,《新修玉篇》《篇海》引《龍龕》同,《直音篇》《詳校篇海》《篇海類編》亦義闕;《字彙》補訓爲“熱病”,非是。《考正》據佛經文獻謂“㾮”爲“狂”之增旁俗字,所言是也。故“𤸯”與“㾮”音義俱别,二字不可混同,《正字通》謂“𤸯”即“㾮”字之訛,既無書證亦無例證,其説非是。“𤸯”當即“壯”之增旁俗字。佛經中常見“壯熱”一詞,今略舉幾例如下:《大正藏》本元魏吉迦夜共曇曜譯《雜寶藏經》卷第三《仇伽離謗舍利弗等緣》:“時仇伽離,於其身上,即生惡瘡,從頭至足,大小如豆。往至佛所,而白佛言:‘云何舍利弗、目連,婬牧牛女?’佛復諫言:‘汝莫説是舍利弗、目連是事。’聞佛此語,倍生瞋恚,時惡疱瘡轉大如棕。第二又以此事,而白於佛,佛復諫言:‘莫説此事。’疱瘡轉大如拳。第三不止,其疱轉大如瓠,身體壯熱,入冷池中,能令冰池甚大沸熱,疱瘡盡潰,即時命終,墮摩訶優波地獄。”《大正藏》本唐菩提流志譯《大寶積經》卷第五十五《佛爲阿難説處胎會》第十三又曰:“何者名爲衆病集身?所謂眼耳鼻舌咽喉牙齒胸腹手足有諸病生,或復風癇涕唾,癲狂乾消,上氣肺逆,小便淋瀝,疥癩癰疽,痃癖痔瘻,惡瘡膿血,煎寒壯熱,種種諸病,皆集此身。”《大正藏》本唐輸波迦羅譯《蘇磨呼童子請問經伴侶分》第一卷上《蘇磨呼請問分别金剛杵分》第四:“獻燈之時,法若有闕,彼即入身,遂令行者種種病生,所爲心痛壯熱損心,復有毘那夜迦名曰笑花。獻花之時,法若闕,彼即得便遂令行者種種障起,所爲壯熱鼻塞噴嚏,眼中淚出,支骨酸疼,及與伴侶相諍離散,復有毘那夜迦曰嚴髻。念誦之時,法若有闕,彼即得便遂令行者有諸病起,所謂壯熱便痢不出,諸毘那夜迦入身熾盛。”“壯熱”即指“生病時身體發熱”,“𤸯”當因“壯熱”指“生病時身體發熱”,故而在“壯”字的基礎上增加“疒”旁而産生的俗字。

23. 𤺋

《字彙·疒部》:“𤺋,思醉切,音歲。風𤺋病。”(305上)

《正字通·疒部》:“𤺋,俗字。”(716上)

按：《康熙字典·疒部》：“𤻾，《集韻》雖遂切，音祟。風𤻾病。”（787）《玉篇·疒部》：“𤻾，思醉切。風𤻾也。”（57下右）《集韻》去聲至韻雖遂切：“𤻾，風病。”（475）《正字通》謂“𤻾”爲俗字，所言是也。“𤻾”訓“風𤻾病”與“風病”訓異義同，即指“中風”“半身不遂”等病症，“𤻾”即因“半身不遂”這一病症而在“遂”字的基礎上增加“疒”旁而産生的俗字。

24. 笗

《字彙·竹部》：“笗，都宗切，音冬。竹也。”（341上）

《正字通·竹部》：“笗，德公切，音冬。竹名。”（792上）

按：《康熙字典·竹部》：“笗，《廣韻》《集韻》《類篇》並都宗切，音冬。竹名。”（895下）《龍龕》卷四《竹部》：“笗，音冬。竹名。”（389）《玉篇·竹部》：“笗，都宗切。竹也。”（71下右）《廣韻》平聲冬韻都宗切：“笗，竹名。”（9）《集韻》同。“笗”疑本當作“冬”。《大正藏》本唐李通玄撰《新華嚴經論》卷第三十六：“聖者以智歸情，令有情衆生報得無情草木山泉河海，悉皆隨轉以智迴轉，以末爲本，故如世間有至孝於心，冰池涌魚，冬竹抽笋，尚自如斯，況真智從慈者歟？”又《大正藏》本宋延壽集《宗鏡録》卷第四十三：“以是智境，非情所爲，故聖者以智歸情，令有情衆生報得無情草木山泉河海，悉皆隨智迴轉，以末爲本，故如世間有志孝於心，冰池涌魚，冬竹抽筍，尚自如斯，況真智從慈者歟？”故“笗”疑因“冬”字受“冬竹”類化影響而産生的俗字。

25. 𦦨

《字彙·臼部》：“𦦨，除庚切，音棖。舂也。”（389上）

《正字通·臼部》：“𦦨，俗字。舊注音棖，舂也。按：訓舂當作舂，不必别作𦦨。”（895下）

按：《康熙字典·臼部》：“𦦨，《集韻》除庚切，音鋥。舂也。”（1040下）《集韻》去聲映韻除更切：“𦦨，舂也。”（604）《類篇·臼部》：“𦦨，除更切。舂也。”（248下）“𦦨”疑即“敞”字之俗。玄應《音義》卷三

《放光般若經》第十七卷："牢敞，盧刀反。堅牢也。下又作敦、揨二形，同。丈鞕、丈莖二反。《三蒼》：'敞，撞也。'今之以木若鐵撞出孔中物，更補之，謂之敞。經文作棠，非體也。"（56，P857A5）"敞"，《集韻》亦音"除更切"。故"瞥"與"敞"音同義通，"瞥"疑即"敞"字之俗。

第二、因改換義符而產生的疑難字

改換義符也是漢字分化的常見方法，《字彙》《正字通》《直音篇》《詳校篇海》《篇海類編》《康熙字典》《字彙補》等明清大型字書收録的疑難字有很多是通過改换義符的方式而產生的。

1. 凔

《字彙·冫部》："凔，盧谷切，音録。凝雨也；又寒也。"（50下）

《正字通·冫部》："凔，譌字。凝雨本作霂雨，非冰類，改作凔，音録，又寒也，並非。"（83上）

按：《康熙字典·冫部》："凔，《集韻》力竹切，音六。凝雨也。"（67上）《玉篇·冫部》："凔，力竹切。"（93上左）此字《玉篇》義闕，元刊本《玉篇》補訓爲"寒皃"，當因從"冫"爲説而誤。《新修玉篇》卷二十《冫部》引《玉篇》："凔，力竹切。凝雨也。"（174下左）《篇海》同。《新修玉篇》《篇海》訓"凝雨也"，當是。《集韻》入聲屋韻力竹切："凔，凝雨也。"（645）此是其證也。"凔"當即"淕"字之俗。《玉篇·水部》："淕，力鞠切。凝雨也。"（91上左）"凔"與"淕"音義並同，故"凔"當即"淕"字之俗。又《直音篇》卷五《冫部》："凔，音陸。寒貌。"（211下）《直音篇》訓"寒貌"，當爲元刊本《玉篇》所誤。《詳校篇海》卷二《冫部》："凔，力竹切，音録。凝雨；又寒也。"（132上）《篇海類編》同。《詳校篇海》《篇海類編》訓"凝雨"是也；然又訓"寒也"，此皆因承前而謬也。《字彙》又訓"寒也"，此亦因承前而謬。《大字典》"凔"字下據《字彙》之謬而收録"寒"這一義項，且未溝通其與"淕"字的異體關係，並非。《字海》"凔"字下謂同"淕"，是也。

2. 凵

《字彙・冫部》:“凵，居良切，音姜。凍凝。”(51 上)

《正字通・冫部》:“凵，居章切，音姜。凍凝。”(84 上)

按:《康熙字典・冫部》:“凵,《集韻》居良切，音彊。凍凝也。”(68 上)《集韻》平聲陽韻居良切:“凵，凍凝。”(217)“凵”當即“僵”字之俗。《説文・人部》:“僵，僨也。从人，畺聲。”(164 下)《廣韻》平聲陽韻居良切:“僵，仆也。”(113)“僵”本義指“仰倒”“仆倒”，引申義指“僵硬”“不活動”。“凵”訓“凍凝”與“僵”之引申義“僵硬”“不活動”義可相通，故“凵”當因“凍僵”之“僵”受“凍”字類化影響而改换義符所形成的後起分化字。《南史・孝義傳・殷不害》:“不害行哭尋求，聲不暫輟。遇見死人溝中，即投身捧視，舉體凍僵，水漿不入口者七日，始得母屍。”明楊基《瀟湘八景・江天暮雪》詩:“風攪瑞花晚，江寒波欲凝。凍僵業漁者，歸載一船冰。”又《大字典》“凵”字下引唐樞《蜀籟》卷一“凵腳凵手”作爲例證,“凵腳凵手”當同“僵腳僵手”，此亦其證也。故“凵”當即“僵”字之俗。

3. 刡

《字彙・刀部》:“刡，美隕切，音閔。刡削。”(53 下)

《正字通・刀部》:“刡，俗字。”(91 上)

按:《康熙字典・刀部》:“刡,《唐韻》武盡切,《集韻》弭盡切，並音泯。《玉篇》:‘刡削。’《集韻》:‘削也。’”(74 下)《玉篇・刀部》:“刡，莫忍切，又莫賓切。刡削。”(82 下右)《廣韻》上聲軫韻武盡切:“刡，刡削。”(187)《玉篇校釋》“刡”字下注:“《廣韻》止收上聲十六軫武盡切，義同，此削謂削除，刡削猶泯消也。《荀子・臣道》:‘事暴君者，有補削，無撟拂。’楊注:‘削謂除去其惡也。’《管子・五輔》:‘刻鏤削。’尹注:‘削訓毁。’”(3283)胡氏所言當是。《説文新附・水部》:“泯，滅也。从水，民聲。”(237 下)《廣韻》上聲軫韻武盡切:“泯，滅也；盡也。”(187)慧琳《音義》卷八三《大唐慈恩寺三藏法師玄奘傳序》:“削稾，上相略反。《廣雅》:‘削，滅也。’《說文》從刀，肖聲。下高老反。《史記》:‘屈原爲憲令，屬令屬草稾未定也。’顧野王：稾，猶草也。《説文》:‘稈也。從禾，高聲。’《傳》從草作藁，俗字也。”(59，P44B3)故“刷”與“涃”音義並同，“刷”即“涃”通過改換義符而形成的異體字。

4. 剶

《字彙・刀部》:“剶，尺容切，音沖。刺也。”(55上)

《正字通・刀部》:“剶，俗字。”(96上)

按:《康熙字典・刀部》:“剶,《唐韻》尺容切,《集韻》昌容切，並音衝。本作劊。《博雅》:‘刺也。’”(79上)《龍龕》卷一《刀部》:“剶，尺容反。短矛也。”(96)此“剶”當即“穜(穜)”之異體字。《玉篇・矛部》:“穜，尺鍾切。短矛也。”(81上左)《集韻》平聲鍾韻昌容切:“穜穜,《廣雅》:‘短矛也。’或从重。”(16)故“剶”訓“短矛也”，與“穜(穜)”音義並同，此“剶”當即“穜(穜)”之異體字。

5. 尣

《字彙・九部》:“尣，許牛切，音休。廢也。”(121下)

《正字通・九部》:“尣，俗字。舊注音休，廢也，誤。”(282上)

按:《康熙字典・九部》:“尣,《集韻》虛尤切，音休。廢也。”(253上)《集韻》平聲尤韻虛尤切:“尣，廢也。”(255)“尣”疑即“休”字之俗。《爾雅・釋言》:“休，戾也。”郭璞注:“戾，止也。”《詩・大雅・瞻卬》:“婦無公事，休其蠶織。”毛傳:“休，息也。”此“休”即“停止”之義。又《爾雅・釋詁下》:“廢，止也。”《論語・雍也》:“力不足者，中道而廢。”《淮南子・原道》:“是故能天運地滯，輪轉而無廢。”高誘注:“廢，休也。”此“廢”亦即“停止”之義。“休”,《廣韻》音“許尤切”。故“尣”與“休”音義並同，“尣”疑即“休”字之俗。

6. 岰

《字彙・山部》:“岰，於九切，憂上聲。山曲貌。又於教切，音拗。

義同。”（126 上）

《正字通・山部》：“㟊，烏到切，音拗。山曲貌。又有韻，幽上聲。義同。”（293 下）

按：《康熙字典・山部》：“㟊，《集韻》《正韻》於糾切，《韻會》幺糾切，並幽上聲。山曲貌。又《集韻》於教切，音拗。義同。”（264 下）《集韻》去聲效韻於教切：“㟊，山曲。”（583）上文上聲黝韻於糾切：“㟊，山曲皃。”（440）“㟊”疑即“坳”之異體字。《説文新附・土部》：“坳，地不平也。从土，幼聲。”（291 下）“坳”本義指“低凹的地方”，引申義指“山曲岸隈的地方”。例如：《新唐書・百官志二》：“其後，復置起居舍人，分侍左右……若仗在紫宸内閣，則夾香案分立殿下，直第二螭首，和墨濡筆，皆即坳處。”《嘉興藏》本明通門撰、毛晉編《牧雲和尚嬾齋别集》卷之十一《白雲庵》：“蒼蒼松竹滿山坳，長夏清風日日交。菴在白雲雲不覺，去來時見宿林梢。”“坳”，《廣韻》音“於交切”，《集韻》音“於教切”。故“㟊”與“坳”音義並同，“㟊”當即“坳”之異體字。

7. 幑

《字彙・巾部》：“幑，七醉切，音翠。幑頭，古服。”（138 上）

《正字通・巾部》：“幑，舊注七醉切，音翠，幑頭，古服。按：《詩》：‘臺笠緇撮。’傳曰：‘緇撮，緇布冠，其制小，僅可撮髻。’撮，入聲，改从巾，音醉，並非。”（319 下）

按：《康熙字典・巾部》：“幑，《集韻》取外切，音襊。幑項，古服。”（295 下）《集韻》去聲夳韻取外切：“幑，幑項，古服。其制未聞。”（520）《正字通》所言當是。《説文・手部》：“撮，四圭也。一曰兩指撮也。从手，最聲。”（253 下）“撮”本義指“用三個指頭或爪子抓取”，引申義可指“古代用以束髮使帽子得以固定的布帶或綢帶”。《詩・小雅・都人士》：“彼都人士，臺笠緇撮。彼君子女，綢直如髮。”毛傳：“緇撮，緇布冠也。”陳奂《傳疏》：“緇爲緇布冠，撮即所以固緇布冠之物，傳渾言以釋之，而學者皆不得其撮字之義。”程俊英、蔣見元注：“臺，通薹，莎草。臺笠，莎草編的草帽，可禦暑與雨。緇，黑色的布。緇撮，黑布製成的束髮小帽。毛傳：‘緇撮，緇布冠也。’”“㡤”訓“㡤頭，古服”，亦當指“古代用以束髮的布帶或綢帶”，當與“撮”義同，“㡤”當即“撮”因涉義改換義符而形成的異體字。“撮”，《廣韻》音“倉括切”，又音“子括切”。“㡤”，《集韻》改音“取外切”，疑非是。

8. 忓

《字彙・心部》：“忓，居寒切，音干。極也；擾也。又豫也。《唐・萬壽公主傳》：‘無忓時事。’又叶經天切，音堅。白樂天《傷宅詩》：‘一堂費百萬，鬱鬱起青煙。洞房温且清，寒暑不能忓。’”（155 上）

《正字通・心部》：“忓，古安切，音干。求也；干預也。史《唐・萬壽公主傳》：‘無忓時事。’又先韻音堅。白居易《傷宅詩》：‘一堂費百萬，鬱鬱起青煙。洞房温且清，寒暑不能忓。’”（356 下）

按：《康熙字典・心部》：“忓，《唐韻》古寒切，《集韻》《韻會》《正韻》居寒切，並音干。《説文》：‘極也。’《玉篇》：‘擾也。’《唐書・萬壽公主傳》：‘無忓時事。’又《廣韻》《集韻》並侯旰切，音翰。《博雅》：‘善也。一曰好也。’”（339 下）《名義・心部》：“忓，何旦反。善也；抵也；極也。”（73 下）《玉篇・心部》：“忓，古安切。擾也。又胡旦切。抵也；善也。”（39 上左）《玉篇校釋》“忓”字下注：“又‘抵也’者，通作扞。慧琳廿四・十四：‘扞，或從心作忓，或從攴作敦。’本書《手部》：‘扞，抵扞也。’又‘善也’者，《廣雅》一：‘忓，善也。’又‘好也’。《切韻》：‘善也。’《方言》一：‘自關而西，秦晉之故都，謂好曰姸。’《音義》云：‘姸，一作忓。’是此義從开省聲，與姸同。”（1652）胡氏所言是也。《吕氏春秋・恃君》：“爪牙不足以自守衛，肌膚不足以扞寒暑。”高誘注：“扞，禦也。”《漢書・鄒陽傳》：“權不足以自守，勁不足以扞寇。”顏師古注：“扞，禦也。”“扞”，《廣韻》音“侯旰切”。“抵”“禦”義同，故“忓”訓“抵也”與“扞”音義並同，此“忓”當即“扞”之異體字。

9. 㤥

《字彙・心部》：“㤥，牛懈切，涯去聲。恨也。”（160 上）

《正字通・心部》:“㤥，魚懈切，涯去聲。恨也。”(369 上)

按:《康熙字典・心部》:“㤥,《集韻》牛懈切，音睚。恨也。”(354 上)《集韻》去聲卦韻牛懈切:“㤥，恨也。”(524)“㤥”當即“睚”字之俗。《廣韻》去聲卦韻五懈切:“睚，睚眦，怨也。”(284)《集韻》去聲卦韻牛懈切:“睚，怒視。或作厓。”(524)故“㤥”與“睚”音義並同，“㤥”當爲“睚”之異體字。

10. 悾

《字彙・心部》:“悾，苦紅切，音空。誠也；慤也。又悾悾，無知貌。《論語》:‘悾悾而不信。’又康董切，音孔。悾憁，倏不得志也。”(160 上)

《正字通・心部》:“悾，苦公切，音空。《六書故》:‘中無所有也。’又誠也。任昉《勸進牋》:‘實有愚誠，不任悾款。’又無能貌。《[論]語》:‘悾悾[而]不信。’又董韻音孔。悾憁，倏不得志也。又送韻音控。義同。通作倥。”(369 上)

按:《康熙字典・心部》:“悾,《廣韻》《正韻》苦紅切,《集韻》《韻會》枯公切，並音空。誠也；慤也。……又《集韻》苦動切，音孔。悾憁，倏不得志也。”(354 上)《集韻》上聲董韻苦動切:“悾，悾憁，倏不得志。”(302)“悾憁”當同“倥偬”。《玉篇・人部》:“倥，口貢切。倥偬，窮困也。”(14 下左)《楚辭・九嘆・愍命》:“悲余生之無歡兮，愁倥偬於山陸。”王逸注:“倥偬，猶困苦也。”“倥”,《廣韻》音“康董切”，又音“苦貢切”。“倏不得志”與“窮困”義可相通，故“悾憁”當同“倥偬”，此“悾”當即“倥”之異體字。

11. 悚

《字彙・心部》:“悚，德紅切，音東。愚也。”(160 下)

《正字通・心部》:“悚，德工切，音東。愚也。”(370 下)

按:《康熙字典・心部》:“悚,《集韻》都籠切，音東。愚也。”(355 上)《集韻》平聲東韻都籠切:“悚，愚也。”(4)“悚”當即“倲”之異體字。《集韻》去聲送韻多貢切："戇倲，倲戇，愚皃。或作倲。"（461）《字彙・人部》："倲，多貢切。㑣倲，愚貌。"（39 下）"㥄"與"倲"音近義同，當爲異體字。

12. 慠

《字彙・心部》："慦慠，並同傲。"（164 上）

《正字通・心部》："慦慠，敖傲並同。"（379 上）

按：《康熙字典・心部》："慠，《集韻》魚到切，音奡。《説文》：'倨也。'本从人作傲，或从心。《後漢・崔駰傳》：'生而貴者慠。'《集韻》亦作敖，亦書作慦，通作驁。"（365 上）《集韻》平聲豪韻牛刀切："慠，慠慠，憂心也。亦書作慦。"（190）此"慠"當即"嗷"之異體字。《説文・口部》："嗷，衆口愁也。从口，敖聲。"（28 上）"嗷嗷"本義指"哀嚎聲"，引申義指"悲愁"。例如：《文選・陽給事誄》："翳翳窮壘，嗷嗷群悲。"張銑注："嗷嗷，悲愁也。""嗷"，《廣韻》音"五勞切"。故"慠慠"與"嗷嗷"音義並同，此"慠"當即"嗷"之異體字。

13. 慬

《字彙・心部》："慬，渠巾切，音芹。憂也；又哀也。《公羊傳》：'慬然後得免。'又勇也。"（164 下）

《正字通・心部》："慬，其吟切，音芹。哀也。《公羊傳・定公八年》：'慬然後得免。'又勇也。與勤通。"（379 下）

按：《康熙字典・心部》："慬，《廣韻》巨斤切，《集韻》渠斤切，並音芹。《廣韻》：'憂哀也。'……又《廣韻》《集韻》並居隱切，音謹。《廣韻》：'慤也。'"（365 下）《廣韻》上聲隱韻居隱切："慬，慤也。"（189）"慤"同"愨"，《説文》訓"謹也"，此"慬"當即"謹"之異體字。《説文・心部》："謹，慎也。从言，堇聲。"（46 下）《廣韻》上聲隱韻居隱切："謹，慎也。"（189）故"慬"訓"慤也"，與"謹"音義並同，此"慬"當即"謹"之異體字。

14. 憻

《字彙・心部》:“憻，同坦。”（166 下）

《正字通・心部》:“憻，同亶。誠也。舊注同坦，非。”（384 上）

按:《康熙字典・心部》:“憻，《篇海》他旦切。與坦同。寬也；明也。亦平安也。出佛經。”（371 下）《龍龕》卷一《心部》:“憻，俗。他但反。《音義》作坦。坦，安平也；寬也；明也。出《阿差末經》第五卷。”（57）故“憻”當即“坦”字之俗。韓小荆《〈可洪音義〉研究》（698）“坦”俗作“憻”，此亦其證也。又《正字通》之説疑不可據。《爾雅・釋詁上》:“亶，信也。”又曰:“亶，誠也。”《説文・㐭部》:“亶，多穀也。从㐭，旦聲。”（106 下）“亶”，《廣韻》音“多旱切”。“憻”與“亶”音義俱别，二字不可混同，《正字通》謂“憻”同“亶”，改訓“誠也”，且謂“舊注”非，既無書證亦無例證，其説疑不可據。又《卍新纂續藏經》本明傳燈注《性善惡論》卷之六《第二阿闍世王行惡重悔滅罪緣》:“往至佛所，求哀懺悔，王聞空語，心懷怖懼，舉身憻慄，五體掉動，如芭蕉葉。”從文意來看，“憻慄”當同“顫慄”，此“憻”當即“顫”因受下文“慄”類化影響而改换義符所産生的俗字。

15. 敞

《字彙・攴部》:“敞，昌兩切，昌上聲。高也；曠也；豁也；開也；露也；明也。”（189 下）

《正字通・攴部》:“敞，齒兩切，昌上聲。高也；曠也；豁也。”（440 下）

按：慧琳《音義》卷七三《成實論》第五卷:“相棖，又作橙、敞、敦三形，同，丈庚反。棖，觸也，亦嫽敞也。”（58，P921B9）慧琳《音義》卷八一《南海寄歸内法傳》第一卷又曰:“棖觸，上字耕反。《字統》云:‘棖，猶㚘也。’《考聲》作敞、搷，云:‘撞也。從手，從長。’傳文從木作棖，人名也。”（59，P11B12）“敞”即“敞”之異寫字，此“敞（敞）”當即“敤”字之俗。慧琳《音義》卷九《放光般若經》第十七卷:

“牢敀，盧刀反。堅牢也。下又作敀、棖二形，同。丈鞕、丈莖二反。《三蒼》：‘敀，撞也。’《通俗文》：‘撞出曰朾。’今之以木若鐵撞出孔中物更補之謂之敀，經文作棠，非敀體也。”（57，P562A5）慧琳《音義》卷三三《觀彌勒菩薩上生經》：“敀觸，宅耕反。《字書》：‘敀，撞也。或作棖（揨），亦作棖。’《古今正字》從攴作敀，經作樘，柱也，非經義。”（58，P42A9）故“敞（敞）”訓“觸也”“撞也”，與“敀”音義並同，此“敞（敞）”當即“敀”字之俗。

16. 敿

《字彙·攴部》：“敿，亦殊切，音俞。投也。”（190 下）

《正字通·攴部》：“敿，羊劬切，音俞。投也。”（442 下）

按：《康熙字典·攴部》：“歈，《集韻》容朱切，音俞。《玉篇》：‘投也。’”（446 下）《玉篇·攴部》：“敿，亦殊切。投。”（85 下右）《集韻》平聲虞韻容朱切：“歈，投也。”（84）“敿”“歈”即異寫字，其訓“投”，此“投”當義指“振也”“揮也”。《左傳·宣公十四年》：“楚子聞之，投袂而起。”杜預注：“投，振也。”《莊子·漁父》：“鬚眉交白，被髮揄袂。”陸德明《釋文》：“揄，李音投。投，揮也。”“歈（敿）”疑即“揄”之異體字。《説文·手部》：“揄，引也。从手，俞聲。”（255 上）《廣韻》平聲虞韻羊朱切：“揄，動也。《説文》：‘引也。’”（40）《集韻》平聲虞韻容朱切又曰：“揄，《説文》：‘引也。’一曰動也。”（83）故“歈（敿）”與“揄”音義並同，“歈（敿）”疑即“揄”通過改換義符而形成的異體字。

17. 瞮

《字彙·日部》：“瞮，敕列切，音徹。明也。”（202 上）

《正字通·日部》：“瞮，陳列切，音徹。明也。與徹通。”（471 下）

按：《康熙字典·日部》：“瞮，敕列切，音徹。明也。又直列切，音轍。義同。”（473 上）《龍龕》卷四《日部》：“瞮，直列反。明也；通也。”（429）《集韻》入聲薛韻敕列切：“瞮，明也。”（711）《正字通》所言當是。《廣韻》入聲薛韻直列切：“徹，通也；明也；道也；達也。又丑列切。”（405）“瞮”與“徹”音義並同，“瞮”當即“徹”之異體字。慧琳《音義》卷八《大般若波羅蜜多經》第五百七十五卷：“映瞮，上英敬反，下持折反。通也。經作徹也。”（57，P544A4）此是其證也。故“瞮”當即“徹”之異體字。

18. 欶

《字彙・欠部》：“欶，即律切，音卒。吮也；飲也。”（229 下）

《正字通・欠部》：“欶，與啐通。”（549 下）

按：《康熙字典・欠部》：“欶，《廣韻》子聿切，《集韻》即聿切，並音卒。《玉篇》：‘吮也。’一曰口飲謂之欶。”（550 上）《玉篇・欠部》：“欶，子律切。吮也。”（46 上右）《廣韻》入聲術韻子聿切：“欶，飲也。《玉篇》云：‘吮也。’”（385）《正字通》所言當是。《玉篇校釋》“欶”字下注：“本書《口部》：‘啐，嘗也。’又子律切。吮聲。啐與欶同。象口吮聲。”（1950）此説是其證也。《廣雅・釋詁三》：“啐，嘗也。”故“欶”與“啐”音義並同，當爲異體字。

19. 痟

《字彙・疒部》：“痟，烏員切，音淵。與悁同。憂也；忿也。《列子》：‘心痟體煩。’”（302 上）

《正字通・疒部》：“痟，烏宣切，音淵。煩鬱也。《列子》：‘心悁體煩。’通作悁。”（708 下）

按：《康熙字典・疒部》：“痟，《廣韻》烏懸切，《韻會》幺懸切，《正韻》縈圓切，並音淵。《廣韻》：‘骨節疼也。’《集韻》：‘骨酸也。’……又《正字通》：‘煩鬱也。’”（777 下）《詳校篇海》卷二《疒部》：“痟，烏玄切，音冤。骨節疼。一曰骨酸。《列子》云：‘心痟體煩。’與悁同。”（126 下）《篇海類編》同。“痟”訓“憂也”“忿也”，即“悁”之異體字。《説文・心部》：“悁，忿也。从心，肙聲。一曰憂也。𢙇，籒文。”（221 上）“悁”，《廣韻》音“於緣切”。故“痟”訓“憂也”“忿也”，與“悁”音義並同，此“痟”即“悁”之異體字。

20. 硁

《字彙·石部》:“硁，古壞切，音怪。硁石，似玉。”（320上）

《正字通·玉部》:“硁，古壞切，音怪。硁石，似玉。”（748下）

按:《康熙字典·石部》:“硁，古文磙。《廣韻》《集韻》《正韻》並古壞切，音怪。硁石，似玉。”（841上）原本《玉篇·石部》:“硁，古拜反。《埤倉》:‘石之次玉者也。’”（525）《玉篇·石部》:“硁，古拜切。石次玉。”（105下右）《玉篇校釋》“硁”字下注:“《切韻》上聲怪韻古壞反:‘石似玉。’《書·禹貢》:‘鉛松怪石。’釋文:‘怪石，碱砆之屬。’《中山經》:‘苟牀之山多怪石。’郭注:‘怪石似玉也。’字本止爲怪，後因言怪石而變形符作硁，硁原非石名。”（4321）胡氏所言是也。《尚書·禹貢》:“厥貢鹽絺，海物惟錯。岱畎絲枲，鉛松怪石。”顔師古注:“怪石，石之次玉美好者也。”又《後漢書·馬融傳》:“神泉側出，丹水涅池，怪石浮磬，燿焜於其陂。”李賢注:“怪石，怪異好石似玉者。”以上二書亦其證也。故“硁石”本作“怪石”，“硁”當即“怪”因涉“怪石”類化影響而改换義符爲“石”旁産生的俗字。

21. 繝

《字彙·糸部》:“繝，居晏切，音澗。錦文也。唐有大繝錦。通作襉。”（362下）

《正字通·糸部》:“繝，居晏切，音澗。錦文。唐有大繝錦。通作襉。”（838下）

按:《康熙字典·糸部》:“繝，《集韻》居莧切，音瞯。《類篇》:‘錦文也。唐有大繝錦。’”（963上）《集韻》去聲襉韻居莧切:“繝，錦文也。唐有大繝錦。通作襉。”（562）《新唐書·代宗本紀》:“禁大繝、竭鑿六破錦及文紗吴綾爲龍、鳳、麒麟、天馬、辟邪者。”故“繝”當即“襉”之異體字。

22. 繟

《字彙・糸部》:“繟，尺戰切，徹去聲。寬綽也。又帶緩也。又上聲齒善切。義同。”（362 下）

《正字通・糸部》:“繟，齒淺切，音闡。《説文》:‘帶緩也。’”（838 下）

按:《康熙字典・糸部》:“繟,《廣韻》昌善切,《集韻》《韻會》齒善切，並音闡。《説文》:‘帶緩也。’《博雅》:‘繟繟，緩也。’《廣韻》:‘寬綽。’……又《集韻》時連切，音鋋。繟聯，不絶貌。”（963 上）《集韻》平聲仙韻時連切:“繟，繟聯，不絶皃。”（165）此“繟”當即“蟬”字之俗。《方言》卷一:“蟬，續也。”《玉篇・虫部》:“蟬，市然切。蟬連，系續之言也。”（118 上右）慧琳《音義》卷八七《破邪論》卷下:“蟬聯，下音連。顧野王云:‘蟬聯，相續之言也。’”（59，P119B5）慧琳《音義》卷一百《比丘尼傳序》又曰:“蟬聯，上善然反，下列纏反。連綴也；不斷絶也。”（59，P348B3）故“繟聯”同“蟬聯”,“繟”當即“蟬”字之俗。

23. 翀

《字彙・羽部》:“翀，尺勇切，音寵。羽也。”（371 下）

《正字通・羽部》:“翀，俗字。舊注翀音寵，羽也，誤。”（856 上）

按:《康熙字典・羽部》:“翀,《玉篇》尺勇切。羽也。”（985 上）此字《説文》《名義》皆未收,《廣韻》《集韻》亦不録,《玉篇》收於《羽部》之末，當即陳彭年等據俗書所增。《玉篇・羽部》:“翀，尺勇切。羽也。”（121 下右）《正字通》所言當是。《玉篇校釋》“翀”字下注:“‘羽也’當爲‘飛也’。翀猶衝也，與上翀、翧並同。”（5146）胡氏所言疑是。“翀”本作“沖”（詳見本書“翀”字注),“沖”也作“衝”，故“翀”疑即“衝”因涉義而改換義符所産生的俗字。《玉篇》訓“羽也”，疑爲望形生訓。

24. 䛥

《字彙・言部》:“䛥，他各切，音託。毁也。”（451 上）

《正字通·言部》:“詫，俗託字。舊本《人部》侂同託，从言、从人别，从厇一也。詫音厇，改訓毀，非。”（1060 上）

按:《康熙字典·言部》:“詫，《集韻》闥各切，音託。《類篇》:‘毀也。’”（1205 下）《集韻》入聲鐸韻闥各切:“詫，毀也。”（724）又《説文·言部》:“託，寄也。从言，乇聲。”（48 上）《玉篇·言部》:“託，他各切。寄也；依憑也。”（42 上左）《廣韻》入聲鐸韻他各切:“託，寄也。”（409）故“詫”與“託”音同義别，二字不可混同，《正字通》謂“詫”即“託”字之俗，非是。今案:“詫”當即“侂”之異體字。《説文·人部》:“侂，寄也。从人，厇聲。”（165 上）段玉裁注:“此與託音義皆通。”段氏所言是也，“侂”訓“寄也”，即“託”之異體字。“侂”又訓“毀也”。故宫本《王韻》入聲鐸韻他各反:“侂，毀。”（524）《廣韻》入聲鐸韻他各切:“侂，毀也。”（410）故“詫”與“侂”音義並同，“詫”當即“侂”因涉義改换義符而産生的異體字。

第三、因改换聲符而産生的疑難字

改换聲符也是漢字分化的常見方法，《字彙》《正字通》《直音篇》《詳校篇海》《篇海類編》《康熙字典》《字彙補》等明清大型字書收録的疑難字也有很多是通過改换聲符的方式而産生的。

1. 媣

《字彙·女部》:“媣，彌蔽切，音寐。吴俗呼母曰媣。”（108 上）

《正字通·女部》:“媣，俗㜷字。舊注呼母曰媣，與後㜷訓同。㜷，音迷；媣，彌蔽切，音寐，分爲二，誤。”（247 下）

按:《康熙字典·女部》:“媣，《集韻》彌計切，音謎。吴俗呼母曰媣。”（219 下）《集韻》去聲霽韻彌計切:“媣，吴俗呼母曰媣。”（503）《正字通》所言當是。《玉篇·女部》:“㜷，莫奚、莫移二切。齊人呼母。”（17 下左）《廣韻》平聲支韻武移切:“㜷，齊人呼母。”（20）“媣”與“㜷”音近義同，“媣”當即“㜷”之異體字。

2. 嫛

《字彙·女部》："嫛，莫卜切，音木。美貌。"（108 上）

《正字通·女部》："嫛，嫠字之譌。舊注音木，美貌，非。"（247 下）

按：《康熙字典·女部》："嫛，《集韻》莫卜切，音木。美貌。"（219 下）《集韻》入聲屋韻莫卜切："嫛，美皃。"（636）"嫛"當即"婺"之異體字。《類篇·女部》："婺，亡遇切。《説文》：'不繇也。'一曰星名、州名。又迷浮切。女皃。又莫卜切。美皃。"（458 下）故"嫛"與"婺"音義並同，"嫛"當即"婺"之異體字。

3. 揁

《字彙·手部》："揁，竹萌切，音争。引也。"（178 上）

《正字通·手部》："揁，側生切，音争。引也。"（411 上）

按：《康熙字典·手部》："揁，《玉篇》竹萌切，《集韻》中莖切，並音猙。讀若伐木丁丁之丁。引也。"（407 下）《玉篇·手部》："揁，竹萌切。引也。"（32 上右）《集韻》平聲耕韻中莖切："揁，引也。"（236）"揁"疑即"搷"字之俗。《玉篇·手部》："搷，知盈切。搷（當爲字頭誤重）引也。"（32 上右）《集韻》平聲清韻知盈切："搷，引也。"（239）"揁"與"搷"音近義同，"揁"疑即"搷"之異體字。

4. 揂

《字彙·手部》："揂，即由切，音啾。聚也。"（179 上）

《正字通·手部》："揂，同揫。舊注分爲二，非。"（413 下）

按：《康熙字典·手部》："揂，《唐韻》即由切，《集韻》將由切，並音啾。《説文》：'聚也。'又《集韻》字秋切，音遒。義同。"（410 下）《説文·手部》："揂，聚也。从手，酉聲。"（254 下）《正字通》所言是也。《爾雅·釋詁下》："揫，聚也。"郭璞注："《禮記》曰：秋之言揫。揫，斂也。"《玉篇·手部》："揫，子由切。《爾雅》：'聚也。'"下字曰："揂，子由切。聚也。"（30 上右）《玉篇校釋》"揫""揂"二字下注："'揂，聚也’者，《說文》:‘揂，聚也。’揂聚即《爾雅》之揫聚也。”（1195）胡氏所言印證了《正字通》之説。故“揂”訓“聚也”，與“揫”音義並同，即爲異體字。

5. 熂

《字彙·火部》:“熂，香義切，音戲。燒也。”（271上）

《正字通·火部》:“熂，俗熂字。”（642下）

按:《康熙字典·火部》:“熂，《集韻》香義切，音戲。燒也。”（682上）《集韻》去聲寘韻香義切:“熂，燒也。”（470）《正字通》所言當是。《玉篇·火部》:“熂，許氣切。燎除旁草也。”（100上左）《廣韻》去聲未韻許既切:“熂，燹火。”（257）《集韻》去聲未韻許既切:“熂，薙艸燒之曰熂。”（488）“熂”與“熂”音義並同，“熂”當即“熂”之異體字。

6. 瑈

《字彙·玉部》:“瑈，而由切，音柔。玉名。”（288下）

《正字通·玉部》:“瑈，俗瓇字。舊注誤分爲二。”（678下）

按:《康熙字典·玉部》:“瑈，《廣韻》耳由切，《集韻》《韻會》《正韻》而由切，並音柔。《廣韻》:‘玉名也。’”（735下）《廣韻》平聲尤韻耳由切:“瑈，玉名也。見《聲類》。”（137）《正字通》所言是也。《説文·玉部》:“瓇，玉也。从玉，夒聲。讀若柔。”（4上）“瑈”當據“瓇”字《説文》讀若之音改變聲符而產生的異體字。《集韻》平聲尤韻而由切:“瓇瑈，《説文》:‘玉也。’或从柔。”（264）此即其證也。故“瑈”當即“瓇”之異體字。

7. 璕

《字彙·玉部》:“璕，徐心切，音尋。美石次玉。”（290上）

《正字通·玉部》:“璕，徐盈切，音尋。美石似玉。”（682上）

按:《康熙字典·玉部》:“璕，《字彙》徐心切，音尋。美石次玉。”（740下）《直音篇》卷一《玉部》:“璕，音尋。石次玉。”（11下）《詳校篇海》卷一《玉部》:“璕，徐心切，音尋。石次玉也。”（77 上）《篇海類編》同。“璕”當即“瓙”之異體字。《集韻》平聲侵韻徐心切:“瓙，石次玉。”（275）故“璕”與“瓙”音義並同，“璕”當即“瓙”通過改換聲符而形成的異體字。

8. 睊

《字彙・目部》:“睊，古患切，音貫。直視貌。”（316 下）

《正字通・目部》:“睊，俗字。”（740 下）

按:《康熙字典・目部》:“睊,《字彙》古患切，音慣。直視貌。”（827 下）《新修玉篇》卷四《目部》引《川篇》:“睊，音慣。直視皃。”（39 下右）《篇海》同。《正字通》謂“睊”爲俗字，所言當是。“睊”疑即“矔”字之俗。《説文・目部》:“矔，目多精也。从目，雚聲。益州謂瞋目曰矔。”（65 下）段玉裁注:“矔之言灌注也。”“矔”本義指“目光灌注”，引申義指“瞪視”“張目”。《方言》卷六:“梁益之間瞋目曰矔。”《新撰字鏡・目部》:“矔，古段反。張目也。”（101）《龍龕》卷四《目部》:“矔，音貫。張目。”（422）敦煌本《王韻》去聲翰韻古段反:“矔，張目。”（412）故宫本《王韻》、故宫本《裴韻》同。《唐韻》去聲换韻古玩反:“矔，張目。”（660）《廣韻》同。“直視”與“瞪視”“張目”皆義可相通，故“睊”與“矔”音同義通，“睊”當即“矔”通過改换聲符而形成的異體字。

9. 鈉

《字彙・金部》:“鈉，儒税切，音芮。利也。”（506 下）

《正字通・金部》:“鈉，俗鋭字。舊注音義近鋭，誤分爲二。”（1202 下）

按:《康熙字典・金部》:“鈉,《類篇》儒税切，音芮。《玉篇》:‘鋭也。’又《集韻》株劣切，音叕。策耑有鐵。本作錣。”（1378 上）《玉篇・金部》:“鈉，而税切。鋭鈉。”（84 下左）注文之“鈉”當爲字頭誤重。《集韻》去聲祭韻儒税切:“鈉，鋭也。”（512）《正字通》所言當是。

《説文・金部》:"鋭，芒也。从金，兑聲。"(298上)《廣雅・釋詁二》:"鋭，利也。"《廣韻》去聲祭韻以芮切:"鋭，利也。"(274)"鏋"與"鋭"音近義同，"鏋"當即"鋭"通過改换聲符而形成的異體字。《玉篇校釋》"鏋"字下注:"《廣韻》去聲十三祭:'鈉，而鋭切。鋭鈉。'鋭鈉、鋭鏋同。"(3379)胡氏所言疑可商榷。《廣韻》"鈉"訓"鋭鈉"，注文之"鈉"亦當爲字頭誤重，而"鏋""鈉"即爲異體字，二字當同"鋭"。

第四、因偏旁易位而産生的疑難字

偏旁易位即指通過相同構字部件位置的移動而形成的,《字彙》《正字通》《直音篇》《詳校篇海》《篇海類編》《康熙字典》《字彙補》等明清大型字書收録的疑難字有些是通過偏旁易位而産生的。

1. 悇

《字彙・心部》:"悇，通都切，土平聲。懷憂也。"(159上)

《正字通・心部》:"悇，通吾切，音塗。懷憂也。"(367上)

按:《康熙字典・心部》:"悇,《廣韻》他胡切,《集韻》通都切，並音瑹。《廣雅》:'懷憂貌。'《集韻》:'憛悇，禍福未定也。'……又《集韻》羊諸切，音余。樂也。"(351上)《集韻》平聲魚韻羊諸切:"悇，樂也。"(69)此"悇"當即"悆"之異體字。《説文・心部》:"悆，忘也；嘾也。从心，余聲。《周書》曰:'有疾不悆。'悆，喜也。"(219下)《玉篇・心部》:"悆，余庶切。悦也。"(40下左)"悇"與"悆"音近義同，故此"悇"當即"悆"之偏旁易位俗字。

2. 葪

《字彙・艸部》:"葪，(胡)[古]滑切，音刮。草名。"(412上)

《正字通・艸部》:"葪，古滑切，音刮。草名。"(956上)

按:《康熙字典・艸部》:"葪,《集韻》居轄切，音鶷。草名。《玉篇》居滑切，音刮。義同。"(1097下)《玉篇・艸部》:"葪，居滑切。草名。"(69上右)《集韻》入聲鎋韻居轄切:"葪，艸名。"(698)"葪"當即"蒯"字之俗。故宫本《王韻》入聲黠韻古滑反:"蒯，草。"(516)故宫本《裴韻》、《唐韻》同。“萠”與“劀”形音皆近，“萠”當即“劀”之偏旁易位俗字。故宫本《王韻》、故宫本《裴韻》、《唐韻》訓“劀”爲“草”，非是。《説文·刀部》：“劀，刮去惡創肉也。从刀，矞聲。”（86下）《玉篇·刀部》：“劀，公八切。去血也；割也。”（82上右）下文又曰：“劀，古滑切。去惡肉。俗劀字。”（82下右）箋注本《切韻》（斯2071）入聲黠韻古（骨）[滑]反：“劀，去惡肉。”（144）敦煌本《王韻》入聲黠韻古滑反：“劀，去惡肉。”（428）《廣韻》入聲黠韻古滑切：“劀，《説文》曰：‘刮去惡瘡肉也。’《周禮》曰：‘劀殺之齊。’劀，俗。”（397）故“劀”當即“劀”之異體字，義爲“刮”“割”。故宫本《王韻》改訓“劀”爲“草”，非是。故宫本《裴韻》、《唐韻》訓“草”，皆因承襲故宫本《王韻》之謬而誤。據上文可知，“萠”即“劀”之偏旁易位俗字，亦義爲“刮”“割”。《玉篇》訓“草名”，當爲望形生訓。《集韻》訓“艸名”，當因承襲《玉篇》之謬而誤。《字彙》《正字通》《康熙字典》亦訓“草名”者，亦皆因承前而謬。《大字典》《字海》“萠”字皆沿襲《玉篇》《集韻》義訓之謬，且未溝通其與“劀”字的字際關係，俱失考證。

3. 軬

《字彙·車部》：“軬，步本切，音笨。車横木。”（480下）

《正字通·車部》：“軬，俗字。舊注步本切，音笨，車横木，泥。”（1132下）

按：《康熙字典·車部》：“軬，同軬。”（1302上）《新修玉篇》卷十八《車部》引《川篇》：“軬，扶遠切，又步本切。車横木也。”（161下右）《篇海》卷十一《車部》引《川篇》：“軬，扶選、步本二切。車横木也。”（742上）《正字通》謂“軬”爲俗字，所言當是。《釋名·釋車》：“軬，藩也，蔽水雨也。”《名義·車部》：“軬，菩遠反。車張。”（183下）《玉篇·車部》：“軬，扶遠、步本二切。車軬。”（86下左）敦煌本《王韻》上聲阮韻扶遠反：“軬，車軬。”（391）故宫本《王韻》、《廣韻》同。《集韻》上聲阮韻父遠切：“軬，車上篷。或作棆。”（363）下文上聲混韻部本切又曰：“軬，車篷也。或作輪。”（365）“軬”與“軬”音同形近，

“輽”疑即“夆”通過俗寫並經偏旁易位而產生的俗字。《康熙字典·車部》:“輽，同夆。”(1302上)《康熙字典》所言當是。《新修玉篇》《篇海》據《川篇》訓“車横木”，疑並非是。

第五、因結構變易而產生的疑難字

結構變易是通過結構關係的變換而形成的，例如由象形字變爲會意字、由會意字變爲形聲字等,《字彙》《正字通》《直音篇》《詳校篇海》《篇海類編》《康熙字典》《字彙補》等明清大型字書收録的疑難字有些是通過結構變易而產生的。

1. 㵿

《字彙·心部》:“㵿，色入切，音澀。慳也。”(166下)

《正字通·心部》:“㵿，舊注音澀，慳也。按：慳吝謂之嗇，本借嗇，别作㵿，非。”(384上)

按:《康熙字典·心部》:“㵿,《集韻》《類篇》並色入切，音澀。慳也。”(371上)《集韻》入聲緝韻色入切:“㵿，慳也。”(766)《正字通》所言疑是。《廣韻》入聲職韻所力切:“嗇，慳也。”(425)故“㵿”與“嗇”音近義同,“㵿”疑即“嗇”字之俗。

2. 氽

《字彙·水部》:“氽，土懇切，吞上聲。水推物也。”(240下)

《正字通·水部》:“氽，俗字。舊注土懇切，吞上聲，水推物，誤。”(573上)

按:《康熙字典·水部》:“氽,《字彙》:‘土懇切，吞上聲。水推物也。’《字林撮要》:‘人在水上爲氽，人在水下爲溺。’”(587下)清陶方琦《字林考逸補本》引《字林撮要》:“氽，人在水上爲氽。”宋周去非《嶺南外答》卷四:“廣西俗字甚多……氽，音泅，言人在水上也。”此“氽”當即“汓(泅)”字之俗。《説文·水部》:“汓，浮行水上也。从水，从子。古或以汓爲没。泅，汓或从囚聲。”(233上)“汓(泅)”,《廣韻》音“似由切”。故“氽”與“汓(泅)”音義並同，此“氽”即“汓(泅)”字之俗。

《正字通·水部》:“汓，慈由切，音囚。《説文》:‘浮行水上也。’古或以汓爲没。亦作泅，篆作[illegible]，俗作氽。”（574上）《正字通》所説是也。

3. 聕

《字彙·耳部》:“聕，得合切，音答。大耳垂貌。”（376下）

《正字通·耳部》:“聕，俗字。”（866下）

按:《康熙字典·耳部》:“聕，《集韻》德合切，音答。大垂耳貌。”（997下）《集韻》入聲合韻德合切:“聕，大垂耳皃。”（771）《正字通》謂“聕”爲俗字，所言是也。“聕”當即“耷”字之俗。《名義·耳部》:“耷，丁搕反。大（聲）[耳]也。”（41上）《新撰字鏡·耳部》:“耷，（不）[丁]搕反。大耳。”（119）《龍龕》卷二《耳部》:“耷，都盍反。大耳也。”（315）《玉篇·耳部》:“耷，丁盍切。大耳也。”（24上左）故宫本《王韻》入聲盍韻都盍反:“耷，大耳。”（521）故宫本《裴韻》同。故“聕”與“耷”音義皆通，“聕”當即“耷”字之俗。

4. 沋

《字彙·辵部》:“沋，于求切，音尤。經過也。”（486下）

《正字通·辵部》:“沋，俗由字。舊注音尤，經過也，與由義近，改作沋，非。”（1148下）

按:《康熙字典·辵部》:“沋，《集韻》于求切，音尤。經過也。”（1316下）《集韻》平聲尤韻于求切:“沋，經過也。”（255）《正字通》之説疑是。《廣韻》平聲尤韻以周切:“由，經也。”（135）《論語·爲政》:“視其所以，觀其所由，察其所安。”何晏注:“由，經也。”《孫子·九變》:“塗有所不由，軍有所不擊。”北魏酈道元《水經注·廬江水》:“吴郡太守張公直，自守徵還，道由廬山。”宋蘇洵《權書上·攻守》:“鄧艾攻蜀，自陰平由景谷，攀木緣磴，魚貫而進。”上文中的“由”即爲“經由”“經過”之義。故“沋”與“由”音義皆通，“沋”疑即“由”通過結構變易而産生的異體字。

5. 闧

《字彙·門部》:“闧，呼絳切，音向。直視。”（516下）

《正字通·門部》:“闧，訛字。舊注音向，直視，誤。”（1232上）

按:《康熙字典·門部》:“闧,《篇海》呼絳切，音向。直視也。”（1415下）《龍龕》卷一《門部》:“闧，俗。呼絳反。直視也。”（94）“闧”疑即“䚚”之異體字。《廣韻》去聲絳韻丑絳切:“䚚，直視。”（238）《集韻》去聲絳韻丑降切:“䚚，直視也。”（466）“闧”與“䚚”音近義同，“闧”疑即“䚚”之俗。

第六、因全體創造而產生的疑難字

張涌泉說:“這裏所講的‘全體創造’，則是完全拋開正字，另起爐竈，用全新的構件創製新字。”[①]《字彙》《正字通》《直音篇》《詳校篇海》《篇海類編》《康熙字典》《字彙補》等明清大型字書收録的疑難字有些是通過全體創造而產生的。

1. 剕

《字彙·刀部》:“剕，篇夷切，音批。削也。”（54下）

《正字通·刀部》:“剕，俗批字。《韻會》:‘剕，通作批。’舊注音批，削也，誤。”（95上）

按:《康熙字典·刀部》:“剕,《唐韻》匹迷切,《集韻》《韻會》篇迷切，並音批。《玉篇》:‘削也。’《唐韻》:‘剕斫。’《集韻》:‘或作刯。’又《韻會》:‘剕，通作批。’杜甫詩:‘竹批雙耳峻，風入四蹄輕。’”（77下）《玉篇·刀部》:“剕，匹迷切。削也。”（82上左）故宫本《王韻》平聲齊韻普鷄切:“剕，斫也。”（446）《廣韻》平聲齊韻匹迷切:“剕，剕（當爲字頭誤重）斫。”（51）《正字通》據《韻會》之說而謂“剕”當即“批”字之俗，所言當是。《廣雅·釋詁三》:“批，擊也。”《廣韻》平聲齊韻匹迷切:“批，擊也。”（51）“擊”“斫”義同。《說文·石部》:“斫，擊也。从斤，石聲。”（301上）“批”本義訓“擊也”，引申義可訓“削也”。唐

① 見張涌泉《漢語俗字研究》第113頁，商務印書館，2010年。

杜甫《房兵曹胡馬》:“竹批雙耳峻，風入四蹄輕。”仇兆鰲注:“黄注:批，削也。”故“㓦”與“批”音義並同，“㓦”當即“批”之異體字。

2. 㤮

《字彙·心部》:“㤮，于放切，音旺。《方言》:‘猖也;獪也。’”(161上)

《正字通·心部》:“㤮，㤮字之訛。舊注音旺，猖也，獪也，誤。”(371上)

按:《康熙字典·心部》:“㤮,《集韻》于放切，音旺。揚子《方言》:‘獪也。’”(356上)《方言》卷十二:“㤮，獪也。”郭璞注:“㤮，王相反。獪，市儈。”(75)《正字通》謂“㤮”即“㤮”字之訛，疑不可據。揚州使院重刻本《集韻》平聲唐韻誑王切:“㤮趪，行征伀也。或从走。”(481)“㤮”字，宋刻本《集韻》作“㣴”，述古堂本《集韻》作“㣴”，當以作“㣴”爲是。方成珪考正:“㤮當從宋本及《類篇》作㣴。”此説是也。“㤮”與“㤮(㣴)”音義俱别，二字不可混同，故《正字通》之説非是。華學誠匯證“㤮”字下注:“戴震《方言疏證》:《廣韻》作‘㤮’，云:‘誤人。’與‘旺’同音。錢繹《方言箋疏》:‘㤮’與‘㤮’同。《説文》:‘誑，欺也。’《曲禮》:‘幼子常視無誑。’鄭注云:‘以正教之，無誑欺。’‘誑’‘㤮’，古今字。季弟同人曰:今俗語猶謂詐獪曰王六，是其遺義。説者又以黄巢行六，厥性欺詐，故稱‘黄六’，非也。”(784)以上諸説是也。《説文·心部》:“㤮，誤也。从心，狂聲。”(220上)《玉篇·心部》:“㤮，九放切。誤也;詐也。又巨望切。”(40下右)《新撰字鏡·心部》:“㤮，俱放反。誤也。誑字。”(127)《廣韻》去聲漾韻居況切:“㤮，㤮(當爲字頭誤重)惑也。”(338)下文于放切又曰:“㤮，誤人。”(338)“㤮”訓“誤也”，此“誤也”與“欺也”“惑也”“誤人”訓異義同，當皆爲“欺騙”“迷惑”之義，而非“謬誤”之義。故“㤮”與“㤮”“誑”音近義通，當爲異體字。

3. 憪

《字彙・心部》:“憪，徒回切，音頹。縱弛也。”（165 上）

《正字通・心部》:“憪，應字訛省。舊注徒回切，音頹，訓縱弛，誤。”（381 上）

按:《康熙字典・心部》:“憪，《集韻》徒回切，音頹。《類篇》:‘縱弛也。’”（367 上）《集韻》平聲灰韻徒回切:“憪，縱弛也。”（109）《正字通》之説疑非是。《説文・心部》:“應，當也。从心，雁聲。”（216 下）《廣雅・釋言》:“應，受也。”“應”,《廣韻》音“於陵切”，又音“於證切”。“憪”與“應”音義俱别，二字不可混同,《正字通》謂“憪”即“應”字訛省，且謂“舊注”非，既無書證亦無例證，其説疑不可據。“憪”疑即“頹”之異體字。箋注本《切韻》平聲灰韻杜回反:“頹，禿。”（113）“頹”本義指“禿頭”，引申義可指“放任”。例如:《莊子・應帝王》:“因以爲弟靡，因以爲波逐，故逃也。”郭象注:“變化頹靡，世事波流，無往而不因也。”成玄英疏:“頹者，放任；靡者，順從。”“縱弛”當指“放縱”，故“憪”與“頹”音同義通，“憪”疑即“頹”之異體字。

4. 絣

《字彙・糸部》:“絣，批耕切，聘平聲。敝絮。”（357 上）

《正字通・糸部》:“絣，訛字。”（826 上）

按:《康熙字典・糸部》:“絣,《集韻》滂丁切，音俜。吴人數絮。”（946 下）《集韻》平聲青韻滂丁切:“絣，吴人數絮。”（242）《字彙》作“敝絮”，當爲“數絮”之誤刻，“數絮”當爲“整治絲絮”之義。今案:“絣”疑本作“洴”。《廣韻》平聲青韻薄經切:“洴,《莊子》曰:‘有洴澼絖。’造絮者也。”（130）《莊子・逍遥遊》:“宋人有善爲不龜手之藥者，世世以洴澼絖爲事。”陸德明《釋文》:“絖，音曠。《小爾雅》云:‘絮，細者謂之絖。’李云:‘洴澼絖者，漂絮於水上。’絖，絮也。”郭慶藩集釋引盧文弨曰:“疑洴澼是擊絮之聲。洴澼二字本雙聲，蓋亦象其聲也。李云:‘洴澼絖者，漂絮於水上。’絖，絮也。韋昭云:‘以水擊絮爲漂。'" 故"縛"與"洴"音義皆通,"縛"疑本當作"洴"。

5. 繪

《字彙·糸部》:"繪,胡對切,音會。衣領緣。"(359下)

《正字通·糸部》:"繪,舊注音會,衣領緣。按:六書本作襘,通作會,訛作繪,非。"(832下)

按:《康熙字典·糸部》:"繪,《集韻》胡對切,音潰。《類篇》:'衣領緣貌。'"(954下)《集韻》去聲隊韻胡對切:"繪,衣領緣皃。"(533)《正字通》所言疑是。《説文·衣部》:"襘,帶所結也。从衣,會聲。《春秋傳》曰:'衣有襘。'"(168下)《玉篇·衣部》:"襘,公外切。領會也。"(127下左)《左傳·昭公十一年》:"衣有襘,帶有結。"杜預注:"襘,領會。""襘",《集韻》又有"黄外切"一音。故"繪"與"襘"音義皆通,"繪"疑即"襘"字之俗。

6. 膥

《字彙·肉部》:"膥,呼決切,音血。瘡貌。"(385上)

《正字通·肉部》:"膥,俗字。舊注音血,瘡貌,非。"(886上)

按:《集韻》入聲屑韻呼決切:"膥,瘡皃。"(704)《康熙字典·肉部》:"膥,《集韻》呼決切,音血。瘡貌。"(1027上)"膥"當即"疦"之異體字。箋注本《切韻》(斯2071)入聲屑韻呼玦反:"疦,瘡裹空。"(144)敦煌本《王韻》、故宫本《王韻》、故宫本《裴韻》、《唐韻》、《廣韻》皆同。《集韻》入聲屑韻呼決切:"疦,瘡大者疦。"(705)又故宫本《王韻》入聲屑韻呼決反:"窩,穿皃。泬,泬寥,空皃。疦,瘡裹空。坹,空皃。闃,闃闃,無門户。"(516)從語源學角度來看,以上諸字同源,皆有"空"義,因此,《集韻》釋"膥"爲"瘡皃"與箋注本《切韻》(斯2071)釋"疦"爲"瘡裹空"義通。據上可知,"膥"與"疦"音同義通,正如"矞"同"映"、"窩"同"窔"、"璚"同"玦"、"繘"同"缺"等,"膥"當即"疦"字之俗。

（二）誤作認同

受形體相近、音同或音近、形音皆近、義同或義近以及誤解體例等因素的影響,《字彙》《正字通》《直音篇》《詳校篇海》《篇海類編》《康熙字典》《字彙補》等明清大型字書在字際關係處理方面也存在一些誤作認同的現象。其中有些還被現代大型字書如《大字典》《字海》等所承襲,在一定程度上降低了它們的編纂質量和利用價值，也給讀者對這些字的辨識造成困難。因此，我們也有必要對這些失誤進行全面清理與研究。

第一、因形體相近而致誤作認同

明清大型字書在字際關係處理方面存在很多因形體相近而致誤作認同的現象。

1. 儶

《字彙・人部》:“儶，玄圭切，音攜。提也。一曰離也。”（45 下）

《正字通・人部》:“儶，俗攜字。”（65 上）

按:《康熙字典・人部》:“儶,《廣韻》《集韻》並胡桂切，音慧。俤儶。又《集韻》懸圭切，音攜。提也。一曰離也。”（53 下）《名義・人部》:“儶，下桂反。俤儶也。”（22 上）《玉篇・人部》:“儶，下桂切。俤儶。”（15 上左）《新修玉篇》《篇海》引《玉篇》皆同。《直音篇》卷一《人部》:“儶，音惠。俤儶俊（當爲衍文）也。”（19 上）《詳校篇海》卷五《人部》:“儶，胡桂切，音慧。俤儶也。”（380 上）《篇海類編》同。《海篇直音》卷一〇《人部》:“儶，音儁。俤儶也。”（617 上）“儶”字,《篇海類編》以前歷代字書皆音“下桂切”,《海篇直音》改音“儁”，於歷代字韻書皆無徵，且“儁”字於歷代字韻書亦未見收録，疑非是。《字彙》改音“玄圭切，音攜”、訓“提也。一曰離也”者，當因“儁”與“携”形近，而“携”又即“攜”字之俗所致。《説文・手部》:“攜，提也。从手，巂聲。”（252 下）《集韻》平聲齊韻玄圭切:“攜,《説文》:‘提也。’一曰離也。”（99）又《字彙・手部》:“携，俗攜字。”（185 上）此是其證也。故《字彙》“儶”字改音“玄圭切，音攜”、訓“提也。一曰離也”者，於前代字韻書皆無徵，非是。《正字通》承襲《字彙》之誤而謂“儶”即

“攜”字之俗，亦非。《康熙字典》“儶”字下亦收“懸圭切，音攜”“提也。一曰離也”這一音義，亦因承前而誤。《大字典》“儶”字下第（二）義項承襲《字彙》《正字通》之誤而又分爲兩個義項：第❶義項謂同“攜（携）”，訓“提”。第❷義項訓“離”，此義亦源於“攜”。《字海》“儶”字下第（二）義項據《正字通》之誤而謂同“携”。據上文可知，《大字典》《字海》“儶”字下第（二）義項皆因承訛襲謬而妄增，俱應删。

2. 㖒

《字彙·口部》：“㖒，匹夷切，音批。叱聲。”（80 上）

《正字通·口部》：“㖒，俗呲字。”（161 下）

按：《康熙字典·口部》：“㖒，《類篇》篇夷切，音伂。叱聲。《集韻》作諀。”（144 下）《集韻》平聲脂韻篇夷切：“諀㖒，叱聲。或从口。”（48）故“㖒”當即“諀”之異體字。《廣韻》上聲紙韻匹婢切：“呲，訾也。出《莊子》。”（165）《廣韻》入聲質韻毗必切又曰：“呲，鳴呲呲。亦作咇。”（383）“㖒”與“呲”音義俱别，二字不可混同，《正字通》謂“㖒”即“呲”字之俗，既無書證亦無例證，其説非是。

3. 奃

《字彙·大部》：“奃，許意切，音戲。奢盛貌。又肥大。又許竭切，音歇。義同。”（100 下）

《正字通·大部》：“奃，奢字之訛。舊注音戲，奢盛貌，又肥大，又音歇，義同，並非。”（223 下）

按：《康熙字典·大部》：“奃，《集韻》顯計切，音殢。盛也；肥大也。”（201 上）《名義·大部》：“奃，（大）[火]計反。肥大。”（208 下）《新撰字鏡·大部》：“奃，（口）[呼]（引）[計]反。肥壯也。”（588）《龍龕》卷二《大部》：“奃，呼計反。肥大。”（357）《玉篇·大部》：“奃，火計切。奢盛貌。《埤倉》云：‘肥大也。’”（99 上左）又《説文·奢部》：“奢，張也。从大，者聲。奓，籀文。”（214 下）《玉篇·奢部》：“奢，式邪切。侈也；泰也；張也。亦作奓。”（99 下右）故“奃”與“奢”音義俱別，二字不可混同，《正字通》謂“奓”即“奢”字之訛，既無書證亦無例證，其説非是。“奓”，《廣雅》作“奒”，“奓”即“奒”字之俗。

4. 奷

《字彙·女部》：“奷，蒼先切，音千。女字。”（101 下）

《正字通·女部》：“奷，舊注音千，女字。一説：‘奷乃奸之訛。’”（228 上）

按：《康熙字典·女部》：“奷，《集韻》倉先切，音千。女字。一曰奸字之訛。”（205 上）《集韻》平聲先韻倉先切：“奷，女字。”（158）《説文·女部》：“奸，犯婬也。从女，从干，干亦聲。”（256）《玉篇·女部》：“奸，公安切。亂也。”（17 下左）“奷”與“奸”音義俱別，二字不可混同，故《正字通》“一説”非是。《康熙字典》“一曰”之説，當因承襲《正字通》之謬而誤。《大字典》“奷”字下以《正字通》之説作爲“一説”，疑亦非是。

5. 娚

《字彙·女部》：“娚，女咸切，音男。詀諵也。”（105 上）

《正字通·女部》：“娚，嬲字之訛。”（239 下）

按：《康熙字典·女部》：“娚，《集韻》尼咸切，音男。語聲。或作喃。束晳作娚。”（213 上）《集韻》平聲咸韻尼咸切：“諵，詀諵，語聲。或作喃。束晳作娚。”（296）故“娚”即“諵”之異體字。《玉篇·女部》：“嬲，奴好切。嬈嬲也。”（18 上左）《龍龕》卷二《女部》：“嬲，《玉篇》音惱。戲弄，擾嬲也。”（281）《疑難字》《考正》認爲“嬲”即“嬲”字之變，所言是也。“娚”與“嬲”音義俱別，二字不可混同，《正字通》謂“娚”即“嬲”字之訛，既無書證亦無例證，其説非是。

6. 娡

《字彙·女部》：“娡，胡老切，音浩。女字。”（105 上）

《正字通·女部》：“娡，俗字。舊注音皓，女字，非。一曰娡字之

訛。”（240 上）

按：《康熙字典·女部》：“媎，《集韻》居号切，音誥。女名。”（213 下）《集韻》去聲號韻居號切：“媎，女名。”（586）“媎”即“女子人名用字”。《説文·女部》：“姞，黄帝之後百鯈姓，後稷妃家也。从女，吉聲。”（259 上）“姞”，《廣韻》音“巨乙切”。故“媎”與“姞”音義俱别，二字不可混同，《正字通》一曰“媎”即“姞”字之訛，既無書證亦無例證，其説疑不可據。

7. 嫢

《字彙·女部》：“嫢，堅溪切，音機。女名。”（107 下）

《正字通·女部》：“嫢，嫠字之訛。舊注音機，女名，誤。”（246 上）

按：《康熙字典·女部》：“嫢，《集韻》堅奚切，音雞。女字。”（218 上）《集韻》平聲齊韻堅奚切：“嫢，女字。”（97）《新修玉篇》卷四《女部》引《餘文》：“嫢，古兮切。女字。”（31 上右）《篇海》卷六《女部》引《餘文》：“嫢，堅奚切。女名。”（655 下）《直音篇》卷一《女部》：“嫢，音雞。女字。”（25 下）《詳校篇海》卷二《女部》：“嫢，堅溪切，音機。女名。”（122 下）《篇海類編》同。故“嫢”即義指“女子人名用字”。《説文新附·女部》：“嫠，無夫也。从女，𠩺聲。”（265 下）“嫠”，《廣韻》音“里之切”。“嫢”與“嫠”音義俱别，二字不可混同，《正字通》謂“嫢”即“嫠”字之訛，且謂“舊注”誤，既無書證亦無例證，其説疑不可據。

8. 媴

《字彙·女部》：“媴，雨元切，音袁。女字。”（108 上）

《正字通·女部》：“媴，嬛字之訛。舊注音袁，誤。”（247 下）

按：《康熙字典·女部》：“媴，《集韻》于元切，音袁。女名。”（219 下）《集韻》平聲元韻于元切：“媴，女名。”（134）《説文·女部》：“嬛，材緊也。从女，瞏聲。《春秋傳》曰：‘嬛嬛在疚。’”（262 上）“嬛”，《廣韻》音“許緣切”。故“媴”與“嬛”音義俱别，二字不可混同，《正字通》謂“媿”即“嬛”字之訛，且謂“舊注”誤，既無書證亦無例證，其説非是。

9. 儇

《字彙・彳部》:“儇，似宣切，音旋。還反也。”（153 上）

《正字通・彳部》:“儇，獧字之訛。舊注音旋，還反也，義同還，分爲二。或以儇爲古文還，尤非。”（354 上）

按:《康熙字典・彳部》:“儇,《集韻》與還同。”（337 上）《集韻》平聲僊韻旬宣切:“還儇，復返也。或从彳。通作旋。”（169）故“儇”當即“還”通過改换義符而形成的異體字。又《説文・犬部》:“獧，疾跳也。一曰急也。从犬，瞏聲。”（204 上）“獧”,《廣韻》音“古縣切”。“儇”與“獧”儘管字形相近，然音義俱别，二字不易混同,《正字通》謂“儇”即“獧”字之訛，且謂“舊注”非，既無書證亦無例證，其説非是。

10. 忋

《字彙・心部》:“忋，居亥切，音改。恃也；仰也。又胡改切，音亥。亦恃也。”（154 下）

《正字通・心部》:“忋，同忌。舊注音改，又音海，訓恃也，兩誤。”（356 上）

按:《康熙字典・心部》:“忋,《集韻》《類篇》並公在切，音改。《博雅》:‘恃也；仰也。’”（339 上）《廣雅・釋詁三》:“忋，恃也。”《名義・心部》:“忋，公在反。恃也；仰也。”（78 下）《玉篇・心部》:“忋，公在切。恃也；仰也。”（38 下左）又《説文・心部》:“忌，憎惡也。从心，己聲。”（220 下）《名義・心部》:“忌，渠記反。怨也；畏也；敬也；難也；憎也。”（75 上）《玉篇・心部》:“忌，渠記切。畏也；惡也。”（40 下左）故“忋”與“忌”儘管構字部件相同，然音義俱别，二字不可混同,《正字通》謂“忋”同“忌”，且謂“舊注”誤，既無書證亦無例證，其説非是。

11. 箺

《字彙·手部》:“箺，陟格切，音摘。手度物也。”（175 下）

《正字通·手部》:“箺，甾格切，音摘。手度物。一説从舛無義，即絜字譌省。”（406 上）

按:《康熙字典·手部》:“箺,《集韻》陟格切，音磔。手度物也。與搩同。”（398 下）《集韻》入聲陌韻陟格切:“搩，手度物。或作箺。”（733）故“箺”當即“搩”字之俗。又《説文·糸部》:“絜，麻一耑也。从糸，㓞聲。”（278 下）《玉篇·糸部》:“絜，公節切。結束也；清也。”（125 下右）“箺”與“絜”音義俱別，二字不可混同，故《正字通》“一説”非是。

12. 拆

《字彙·手部》:“拆，他各切，音託。手承物也。又姓。又之石切，音執。義同。”（176 上）

《正字通·手部》:“拆，㨷字之譌。”（406 上）

按:《康熙字典·手部》:“拆,《正字通》:‘㨷字之譌。’按:《字彙》音義與拓同，又分爲二，非。”（399 上）《龍龕》卷二《手部》:“拆擿，二俗；拆，或作；拓，正。音託。手承物也。又姓。又之石反。四。”（217）“拆”當即“拓”字之俗。又《集韻》入聲陌韻恥格切:“㼫,《説文》:‘裂也。’引《詩》:‘不㼫不副。’或从手（㨷），亦作斥、坼、拆、宅。”（733）“㨷”即“㼫”字之俗。故“拆”與“㨷”音義俱別,《正字通》謂“拆”即“㨷”字之訛，既無書證亦無例證，其説非是。《康熙字典》所言是也。

13. 㨹

《字彙·手部》:“㨹，桑感切，音糝。撼㨹，摇動也。”（176 上）

《正字通·手部》:“㨹，揀字之訛。舊注摇動，義同摟，改音糁，非。”（407 上）

按:《康熙字典·手部》:"揬,《唐韻》《集韻》並桑感切,音糝。撼揬,摇也。"(400下)《廣韻》上聲感韻桑感切:"揬,撼揬,摇動也。"(225)《集韻》同。又《廣韻》去聲遇韻色句切:"揀,裝揀也。又所擄切。"(263)《集韻》去聲遇韻雙遇切:"揀,裝[揀]也。"(497)"裝揀"同"裝束",此"揀"亦即"束"之異體字。故"揬"與"揀"音義俱别,二字不可混同,《正字通》謂"揬"即"揀"字之訛,既無書證亦無例證,其説非是。

14. 揗

《字彙·手部》:"揗,渠云切,音群。束也。"(183下)

《正字通·手部》:"揗,俗捃字。"(424下)

按:《康熙字典·手部》:"揗,《集韻》牛尹切,音輑。束也。"(426下)《玉篇·手部》:"揗,揗(當爲字頭誤重)束。"(32上右)《集韻》上聲準韻牛尹切:"揗,束也。"(357)又《玉篇·手部》:"捃,居運切。拾也。"(29下右)《廣韻》去聲問韻居運切:"攈,《説文》:'拾也。'捃,上同。"(300)"揗"與"捃"音義俱别,二字不可混同,故《正字通》謂"揗"即"捃"字之俗,既無書證亦無例證,其説非是。

15. 擌

《字彙·手部》:"擌,與鏖同。盡死殺人曰擌。"(185下)

《正字通·手部》:"擌,摝字之訛。舊注誤同鏖,非也。"(430上)

按:《康熙字典·手部》:"擌,《集韻》於刀切,奧平聲。與鏖同。盡死殺人曰鏖糟。又捊,古作擌。又被表切,音殍。折縛也。"(434上)《集韻》平聲豪韻於刀切:"鏖,盡死殺人曰鏖糟。《漢·霍去病》:'合短兵,鏖皋蘭下。'或作擌。"(190)《漢書·霍去病傳》:"合短兵,鏖皋蘭下。"顔師古注:"鏖謂苦擊而多殺也。"故"擌"當即"鏖"之異體字。《集韻》平聲尤韻方鳩切:"捊,引取也。古作擌。"(266)故"擌"亦即"捊"之異體字。又《廣韻》入聲屋韻盧谷切:"摝,振也。《周禮》曰:'(三鼓)摝鐸。'鄭玄云:'掩上振之爲摝。'"(368)《集韻》入聲屋韻盧谷切:“搋，振也。”（639）故“摝”與“搋”音義俱别，二字不可混同，《正字通》謂“摝”即“搋”字之訛，且謂“舊注”非，既無書證亦無例證，其説非是。

16. 㯥

《字彙・手部》:“㯥，他洛切，音托。與托同。”（186上）

《正字通・手部》:“㯥，櫜字之訛。舊注同托，非。”（431下）

按:《康熙字典・手部》:“㯥,（㯥）[櫜]字之訛。”（435下）《龍龕》卷二《手部》:“托，他各反。《玉篇》云:‘推也。’㯥，音託。擊也。又同上。”（219）《玉篇・手部》:“托、㯥，二同。他落切。推也。”（32上左）《集韻》入聲鐸韻闥各切:“拓，手推物。或作㯥、托。”（724）故“㯥”與“托”“拓”音義並同，即爲異體字。又《説文・木部》:“櫜，夜行所擊者。从木，橐聲。《易》曰:‘重門擊櫜。’”（116下）朱駿聲《通訓定聲》:“經傳亦以柝爲之。”“櫜”即指“舊時巡夜人敲以報更的木梆”。“櫜”,《廣韻》音“他各切”。“㯥”與“櫜”音同義别，二字不可混同，《正字通》謂“㯥”即“櫜”字之訛，且謂“舊注”非，既無書證亦無例證，其説非是。《康熙字典》謂“㯥”即“(㯥)[櫜]”字之訛，當因承襲《正字通》之説而誤。

17. 晌

《字彙・日部》:“晌，始兩切，音賞。晌午。”（199下）

《正字通・日部》:“晌，同冋。音嚮。日向明也。舊注音賞，晌午，並非。”（466下）

按:《康熙字典・日部》:“晌,《篇海》始兩切，音賞。晌午也。”（467下）《直音篇》卷五《日部》:“晌，音賞。晌午。”（220）又《龍龕》卷四《日部》:“冋，古營、香兩二反。明也。”（425）故“晌”與“冋”儘管構字部件相同，然音義俱别，二字不可混同,《正字通》謂“晌”同“冋”，改其音爲“嚮”，改其訓爲“日向明也”，且謂“舊注”非，然既無書證亦無例證，其説非是。

18. 柍

《字彙・木部》:“柍，居月切，音決。椀也。又古縣切，音絹。義同。”（208 上）

《正字通・木部》:“柍，柍字之訛。舊注音決，椀也；又音絹，義同，並非。《方言》盌、盂，或謂柯，或謂櫂，或謂盎，無呼椀爲柍者，今音絹即《方言》盎音之轉，郭注盎讀如書卷字，从夬無絹音。”（487 下）

按:《康熙字典・木部》:“柍，《唐韻》《集韻》並古穴切，音玦。椀也。亦小盂也。”（488 下）《名義・木部》:“柍，古穴反。甌（字）[義]；（枕）[椀]也。又甂。”（123 上）《玉篇・木部》:“柍，古穴切。椀也；亦盂也。”（62 上左）又《方言》卷五:“僉，齊楚江淮之間謂之柍。”郭璞注:“僉，今連架，所以打穀者。”《説文・木部》:“柍，（柍）梅也。从木，央聲。一曰江南橦材，其實謂之柍。”（110 下）“柍”,《廣韻》音“於兩切”,《集韻》又音“於亮切”。故“柍”與“柍”音義俱別，二字不可混同,《正字通》謂“柍”即“柍”字之訛，且謂“舊注”非，既無書證亦無例證，其説非是。

19. 枔

《字彙・木部》:“枔，徐心切，音尋。木葉也。”（209 上）

《正字通・木部》:“枔，徐盈切，音尋。木葉。一説棽俗省。”（489 下）

按:《康熙字典・木部》:“枔,《唐韻》徐林切,《集韻》《類篇》徐心切，並音尋。木葉也。又《集韻》才淫切，音鬵。義同。”（490 下）《名義・木部》:“枔，才心反。葉也。”（124 下）《玉篇・木部》:“枔，才心切。木葉也。”（62 下左）又《説文・林部》:“棽，木枝條棽儷皃。从林，今聲。”（122 上）《玉篇・林部》:“棽，敕林切。《説文》曰:‘枝條棽儷皃。’”（63 下左）故“枔”與“棽”音義俱別，二字不可混同,《正字通》“一説”非是。

20. 欲

《字彙・欠部》:“欲，丘加切，音搳。出氣也。”（229 下）

《正字通・欠部》:“欲，同喀。”（550 上）

按:《康熙字典・欠部》:“欲,《玉篇》客加切,《集韻》丘加切，並音齣。出氣也。”（551 上）《玉篇・欠部》:“欲，客加切。出氣也。”（45 下左）《集韻》平聲麻韻丘加切:“欲，出氣也。”（208）又《廣韻》入聲陌韻苦格切:“喀，吐聲。”（414）又《集韻》入聲陌韻乞格切:“峈喀，嘔也。《國語》:‘伏弢喀血。’或从口。”（734）“欲”與“喀”音義俱别，二字不可混同,《正字通》謂“欲”同“喀”，既無書證亦無例證，其説非是。

21. 歈

《字彙・欠部》:“歈，同欼。”（230 上）

《正字通・欠部》:“歈，同噣，俗增。舊注同欼;《篇海》舊音齒，齧也，亦作欼，並非。”（551 下）

按:《康熙字典・欠部》:“歈,《廣韻》初紀切，音剢。與欼同。齧也。”（552 下）《廣韻》上聲止韻初紀切:“欼，齧也。歈，上同。”（171）故“歈”當即“欼”之異體字。《龍龕》卷三《欠部》:“**歈**，俗;**歈**欼，二正。初紀反。齧也。三。”（354）“**歈**”“**歈**”並即“歈”字之俗。此亦其證也。《正字通》之説疑非是。《集韻》平聲虞韻窻俞切:“噣，叱聲。”（80）“歈”與“噣”音義俱别，二字不可混同,《正字通》謂“歈”同“噣”，於前代字韻書皆無徵，其説非是。

22. 窪

《字彙・穴部》:“窪，同窳。”（337 上）

《正字通・穴部》:“窪，窪字之訛。窪本作窊，舊注同窳，誤。”（784 下）

按:《康熙字典・穴部》:“窪,《廣韻》以主切,《集韻》勇主切，並庾上聲。《篇海》器中空；亦病也。義同窳。”（884 上）《龍龕》卷四《穴部》：“窪，或作；窳，正。羊主反。器中空也；亦病也。又嬾也。二。”（508）《玉篇·穴部》：“窳，俞矩切。邪也；器空中也。《説文》曰：‘污窬也。’窪，同上。”（58 下左）故宫本《王韻》上聲麌韻以主反：“窳，器病。亦作窪。”（475）故宫本《裴韻》上聲麌韻以主反：“窳，器病。亦［作］霔。”（575）“窪”當即“窳”字之訛。《廣韻》上聲麌韻以主切：“窳，器中空；亦病也。窪，上同。”（177）《集韻》上聲麌韻勇主切：“窳窪，《説文》：‘污窬也。朔方有窳渾縣。’或作窪。”（337）注文之中的“窪”字當即“窪”字之訛。故“窪”當即“窳”通過改换聲符而形成的異體字。又《玉篇·穴部》：“窪，烏瓜切。深皃。”（59 上右）《龍龕》卷二《穴部》：“窊窪，烏瓜反。窊凹也；深也。又水名。二同。”（506）《廣韻》平聲麻韻烏瓜切：“窪，深也。《説文》曰：‘清水也。’一曰窊也。又水名。”（109）“窪”，《説文》本作“漥”。故“窪”與“漥”“窊”即爲異體字。“窪”與“窪”儘管形近義通，然讀音區别甚明，二字不可混同，《正字通》謂“窪”即“窪”字之訛，且謂“舊注”誤，非是。

23. 絁

《字彙·糸部》：“絁，申之切，音詩。《説文》：‘粗緒也。’一曰繒屬。《廣韻》：‘繒似布。’《隋史》：‘桑土調以絹絁。’《唐志》：‘丁歲輸綾絁二丈。’”（355 下）

《正字通·糸部》：“絁，同絁。《説文》本作纚，《正譌》作絁。一曰繒屬。《廣韻》：‘繒似布。’《隋史》：‘桑土調以絹絁。’《唐志》：‘丁歲輸綾絁二丈。’”（823 下）

按：《康熙字典·糸部》：“絁，《廣韻》商支切，《集韻》《韻會》式支切，並音施。《説文》徐注：‘纚，今俗别作絁，非是。’”（942 下）《集韻》平聲支韻商支切：“纚，《説文》：‘粗緒也。’一曰繒屬。或作絁。”（25）《正字通》之説非是。原本《玉篇·糸部》：“紖，直忍反。《禮記·迎牲》：‘君執紖。’鄭玄曰：‘所以牽牲也。’《周禮》作緧。又曰：‘牛則執紖。’鄭玄曰：‘所以繫制之也。’《廣雅》：‘紖，索也。’緧，《周禮》：‘祭祀牛執紖。’鄭衆曰：‘著牛鼻繩，所以牽牛者也，今謂之雉。’鄭玄曰：‘字當以豸爲聲也。’《字書》亦紖字也。絁，《字書》亦紖字也。”（631）《玉篇·糸部》：“紖，直忍切。索也。緂絁，並同上。”（125上左）《龍龕》卷四《糸部》：“緂絁，直引反。今作紖。二。”（400）“絁”與“絁”音義俱别，二字不可混同，《正字通》謂“絁”同“絁”，非是。

24. 藮

《字彙·艸部》：“藮，子小切，音勦。草似薺菜。”（417下）

《正字通·艸部》：“藮，藻字之訛。舊注音勦，草似薺菜，非。”（971下）

按：《康熙字典·艸部》：“藮，《唐韻》《集韻》並子了切，勦上聲。草名。《玉篇》：‘似薺菜。’”（1109上）《名義·艸部》：“藮，子了反。草似薺。”（139下）《玉篇·艸部》：“藮，子了切。似薺菜。”（68上右）敦煌本《王韻》上聲筱韻子了反：“藮，似薺。”（394）故宫本《王韻》同。《廣韻》上聲筱韻子了切：“藮，似薺菜。”（201）《集韻》上聲筱韻子了切：“藮，艸名，山薺也。”（390）又《説文·艸部》：“藻，水艸也。从艸，从水，巢聲。《詩》曰：‘于以采藻。’藻，藻或从澡。”（20上）《玉篇·艸部》：“藻，子道切。水中菜也。藻，同上。”（67上右）故“藮”與“藻”儘管部分構字部件相同，然音義俱别，二字不可混同，《正字通》謂“藮”即“藻”字之訛，且謂“舊注”非，既無書證亦無例證，其説非是。

第二、因音同音近而致誤作認同

明清大型字書在字際關係處理方面也存在很多因音同或音近而致誤作認同的現象。

1. 僼

《字彙·人部》：“僼，孚公切，音豐。偓僼，仙人也。”（45下）

《正字通·人部》：“僼，與豐通。舊注偓僼，仙人，誤。”（65上）

按：《玉篇·人部》：“僼，孚公切。偓僼，仙人也。”（15上左）《廣韻》平聲東韻敷空切："僼，偓僼，仙人。"（5）"豐"，本義指"豆器所盛豐滿"，引申義指"滿；滿足""大""增大；擴大"等義。"豐"，《廣韻》音"敷隆切"。故"僼"與"豐"音同義别，二字不可混同，《正字通》謂"僼"與"豐"通，既無書證亦無例證，其說非是。

2. 剢

《字彙·刀部》："剢，俗劄字。"（54下）

《正字通·刀部》："剢，剢、劄並俗臿字。"（94下）

按：《康熙字典·刀部》："剢，《篇海》音插。即剢字。"（77上）《玉篇·刀部》："劄，初洽切。切聲。"（82下右）《集韻》入聲洽韻測洽切："劄，切聲。"（787）正如"插"俗作"揷"，"剢"當即"劄"字之俗。《說文·臼部》："臿，舂去麥皮也。从臼、干，所以臿之。"（145上）《廣雅·釋詁四》："臿，舂也。""臿"，《廣韻》音"楚洽切"。故"劄"與"臿"音同義别，二字不可混同，《正字通》謂"剢""劄"並即"臿"字之俗，非是。

3. 劆

《字彙·刀部》："劆，力鹽切，音廉。輕刺。"（56下）

《正字通·刀部》："劆，鎌、鐮並同。"（97下）

按：《康熙字典·刀部》："劆，《集韻》離鹽切，音廉。輕刺也。"（81下）述古堂影宋鈔本《集韻》平聲鹽韻離鹽切："劆，輕勃也。"（291）揚州使院重刻本《集韻》、宋刻本《集韻》皆作"輕刺也"。從形義關係來看，當以作"輕刺也"爲是。《說文·金部》："鎌，鍥也。从金，兼聲。"（297下）《玉篇·金部》："鐮，力詹切。刈鉤也。鎌，同上。"（83上左）"劆"與"鎌""鐮"音同義别，不可混同，故《正字通》謂"劆"與"鎌""鐮"並同，此說非是。《大字典》《字海》皆於"劆"字下據《正字通》之誤而收録一個義項，謂同"鐮"，俱失考證。

4. 昉

《字彙・口部》:"昉，妃兩切，音紡。聞也。"（71 下）

《正字通・口部》:"昉，俗訪字。舊注音紡，問也。與訪義同，分爲二，非。"（138 上）

按:《康熙字典・口部》:"昉，《集韻》撫兩切，音髣。如聞也。按:《正字通》云'俗訪字'，無據，不可從。"（117 下）述古堂影宋鈔本《集韻》上聲養韻撫兩切:"昉，如□也。"（415）揚州使院重刻本《集韻》、宋本《集韻》作"如聞也"。《字彙》訓"聞也"，當爲"如聞也"之脱誤。《正字通》改訓爲"問也"，亦非。《説文・言部》:"訪，汎謀曰訪。从言，方聲。"（46 下）"訪"，《廣韻》音"敷亮切"。故"昉"與"訪"音同義别，二字不可混同，《正字通》謂"昉"即"訪"字之俗，既無書證亦無例證，其説非是。《康熙字典》所言亦其證也。

5. 咾

《字彙・口部》:"咾，盧高切，音牢。《玉篇》:'多言也。'"（76 上）

《正字通・口部》:"咾，俗嘮字。《玉篇》:'多言。'與《説文》'嘮'訓同，俗因勞、牢聲近改作咾。宋穆修《殘春病醒》詩:'風簾窣窣燕咾咾。'从嘮爲正。"（151 上）

按:《康熙字典・口部》:"咾，《廣韻》魯刀切，《集韻》郎刀切，並音勞。《玉篇》:'嚹咾，嗹嘍。'《集韻》:'嚹咾，嗹謱，言語不解也。'"（132 上）《方言》卷十:"讕咾、謰謱，拏也。東齊周晉之鄙曰讕咾，讕咾亦通語也。"（62）《玉篇・口部》:"咾，盧高切。嚹咾，嗹嘍。"（26 上右）"嚹咾"同"讕咾"，義指"言語繁絮不可解"。《説文・口部》:"嘮，嘮呶，讙也。从口，勞聲。"（27 上）"嘮呶"即指"喧嘩聲"。"嘮"，《廣韻》音"敕交切"，《集韻》又音"郎刀切"。"咾"與"嘮"音同義别，二字不可混同，故《正字通》謂"咾"即"嘮"字之俗，此説非是。又宋穆修《殘春病醒》:"風簾窣窣燕咾咾，卧對殘芳起鬱陶。"元武漢臣《生金閣》第三折:"傍幾家兒村雞啞啞，隔半程兒野犬咾咾。"此"咾哰”即指“鳥獸鳴叫”。此義《大字典》未收，可據補。

6. 圇

《字彙・囗部》:“圇，龍春切，音倫。囫圇。”(86下)

《正字通・囗部》:“圇，龍云切，音倫。囫圇。通作侖。”(181上)

按:《康熙字典・囗部》:“圇,《字彙》龍春切，音倫。囫圇也。”(164上)《詳校篇海》卷五《囗部》:“圇，音倫。囫圇。”(354下)“囫圇”義指“完整；渾然一體”。《説文・亼部》:“侖，思也。从亼，从冊。”(103下)“侖”,《廣韻》音“力迍切”。故“圇”與“侖”音同義別，二字不可混同,《正字通》謂“圇”通作“侖”，非是。

7. 圖

《字彙・囗部》:“圖，徒浪切，音蕩。碎石聲。”(87上)

《正字通・囗部》:“圖，俗宕字。”(181上)

按:《康熙字典・囗部》:“圖,《集韻》大浪切，音宕。砰圖，石聲。或作囥。”(164下)《廣韻》去聲宕韻徒浪切:“囥，碎石聲。”(339)《集韻》去聲宕韻大浪切:“圖囥，砰圖，石聲。或省。”(600)故“圖”即“囥”之異體字。《説文・宀部》:“宕，過也。一曰洞屋。从宀，碭省聲。汝南項有宕鄉。”(148下)“宕”,《廣韻》音“徒浪切”。故“圖”與“宕”音同義別，二字不可混同,《正字通》謂“圖”即“宕”字之俗，既無書證亦無例證，其説非是。

8. 竫

《字彙・女部》:“竫，疾正切，音淨。女名。”(106下)

《正字通・女部》:“竫，俗婧字。”(242下)

按:《康熙字典・女部》:“竫,《正字通》:‘俗婧字。’”(216上)《集韻》去聲勁韻疾正切:“竫，女字。”(606)《新修玉篇》卷四《女部》引《餘文》:“竫，疾正切。女字。”(30下右)《篇海》同。故“竫”訓“女字”，即指“女子人名用字”。《説文・女部》:“婧，竦立也。从女，青聲。

一曰有才也。讀若韭菁。”（262 上）《集韻》去聲勁韻疾正切：“婧，女貞也。一曰竦立。”（606）“竫”與“婧”音同義别，二字不可混同，《正字通》謂“竫”即“婧”字之俗，既無書證亦無例證，其説非是。《康熙字典》轉録《正字通》之説而未作校正，亦失考證。《大字典》《字海》俱收“竫”，皆據《正字通》之説而謂同“婧”，疑並非是。

9. 嫆

《字彙·女部》：“嫆，斯鄰切，音新。水名；又邑名。”（108 下）

《正字通·女部》：“嫆，姰字之訛。舊注音新，水名，又邑名，並非。”（248 下）

按：《康熙字典·女部》：“嫆，姰字之訛。”（220 上）《新修玉篇》卷四《女部》引《川篇》：“嫆，音荀。縣名。”（31 上右）《篇海》同。《直音篇》卷一《女部》：“嫆，音荀。縣名。”（26 下）《詳校篇海》卷二《女部》：“嫆，須倫切，音荀。縣名。”（122 下）《篇海類編》同。故“嫆”即音“荀”，訓“縣名”。《字彙》改音“新”，並改訓“水名；又邑名”，非是。《説文·女部》：“姰，鈞適也。男女併也。从女，旬聲。”（263 上）《玉篇·女部》：“姰，息匀切。狂也。又音縣。”（17 上右）《廣韻》去聲霰韻黄練切：“姰，狂也。又相倫切。”（313）《集韻》去聲霰韻熒絹切：“姰，《博雅》：‘狂也。’”（569）《字彙·女部》：“姰，斯鄰切，音新。縣名。”（104 上）“姰”字，《字彙》改音“新”，訓“縣名”，非是（詳見本書“姰”字注）。故“嫆”與“姰”音同義别，二字不可混同，《正字通》之説疑不可據。《大字典》《字海》俱收“嫆”字，皆據《正字通》之説而謂同“姰”，疑並非是。

10. 嶛

《字彙·山部》：“嶛，連條切，音聊。險也。《廣韻》：‘嶛巢，高也。’張平子《南都賦》：‘其山𡹔岝嶛剌。’注：‘山高而相戾也。’”（131 上）

《正字通·山部》：“嶛，同嵺。舊注誤分爲二。”（303 上）

按：《康熙字典·山部》：“嶛，《集韻》同上（嶚）。張衡《南都賦》：

‘其山嶛剌。’注：‘山高而相戾也。’左思《魏都賦》：‘劒閣雖嶛，憑之者蹶。’”（276上）原本《玉篇·山部》：“嵺，力彫反。《廣雅》：‘嵺巢，高也。’”下字曰：“巢，仕交反。《廣雅》：‘嵺巢也。’”（465）《玉篇·山部》：“嵺，力幺切。嵺巢，山高。”下字曰：“巢，士交切。嵺巢。”（102下左）《廣韻》平聲蕭韻落蕭切：“嵺，嵺巢，山［高］皃。”（91）《文選·南都賦》：“其山則崆峣嶱嵑，嵣嶝嵺剌。”李善注：“嵺，山高而相戾也。”又《文選·魏都賦》：“劒閣雖嶛，憑之則蹶。”李善注引《廣雅》曰：“嶛巢，高也。”故“嶛嶕”“嶛巢”當同“嵺巢”，“嶛”即“嵺”之異體字。又《集韻》平聲蕭韻憐蕭切：“嵺，《廣雅》：‘嵺巢，高也。’或作嵺，亦書作嶛、𡻪。”（175）《集韻》謂“嶛”同“嵺”，是也；然謂“嵺”“𡻪”同“嵺”，疑可商榷。《廣韻》平聲蕭韻落蕭切：“寥，寥廓也。”（91）《集韻》平聲蕭韻憐蕭切：“廫，《説文》：‘空虛也。’或作寥、𡻪。”（175）《楚辭·九辯》：“年洋洋以日往兮，老嵺廓而無處。”洪興祖補注：“《玉篇》云：‘廖廓，空也。’”《漢書·司馬相如傳下》：“下峥嶸而無地兮，上嵺廓而無天。”顔師古注：“嵺廓，廣遠也。”故“嵺”與“寥”“廫”“廖”“𡻪”諸字音義並同，即爲異體字，而“嵺”“𡻪”同“嵺”“嶛”音同義別，不可混同，故《集韻》謂“嵺”“𡻪”同“嵺”“嶛”，非是。《正字通》謂“嶛”同“嵺”，當因承襲《集韻》之謬而誤。

11. 捏

《字彙·手部》：“捏，除庚切，音振。舉也。”（176上）

《正字通·手部》：“捏，俗振字。”（407下）

按：《康熙字典·手部》：“捏，《唐韻》直庚切，《集韻》除庚切，並音棖。《博雅》：‘捏、掄，擇也。’一曰舉也。”（400下）《廣雅·釋詁一》：“捏，擇也。”《名義·手部》：“捏，丈生反。擇也；舉也。”（55下）《玉篇·手部》：“捏，丈生切。舉也。”（31上右）《玉篇·手部》：“振，直庚切。㯖也。”（32上右）箋注本《切韻》（斯2071）平聲庚韻直庚反：“振，觸。”（124）故“捏”與“振”音同義别，二字不可混同，《正字通》謂“捏”即“振”字之俗，既無書證亦無例證，其説非是。

12. 抚

《字彙・手部》:"抚，他谷切，音秃。(扙)[杖]指也。"(176下)

《正字通・手部》:"抚，俗揬字。"(408上)

按:《康熙字典・手部》:"抚,《唐韻》《集韻》並他谷切，音秃。杖指也。"(401下)《玉篇・手部》:"抚，他谷切。杖指。"(32上左)《玉篇・木部》又曰:"秃，他禄切。杖指也。"(63下右)"抚"與"秃"音義並同，"抚"當即"秃"字之俗。又《玉篇・手部》:"搪，達郎切。搪揬也。"(31上右)下文又曰:"揬，達骨切。衝揬也。"(31上左)故"抚"與"揬"音近義别，二字不可混同,《正字通》謂"抚"即"揬"字之俗，既無書證亦無例證，其説非是。

13. 掿

《字彙・手部》:"掿，昌者切，音撦。擊也。又止野切，音者。義同。"(179上)

《正字通・手部》:"掿，同撦省，音義同。舊本分二字，又音者，誤。"(414上)

按:《康熙字典・手部》:"掿,《廣韻》昌者切,《集韻》齒者切，並車上聲。擊也。"(411下)《廣雅・釋詁三》:"撦、掿，擊也。"王念孫《疏證》:"掿，亦撦也，方俗語轉耳。"故"掿"即"撦"之異體字。又《廣韻》上聲馬韻昌者切:"撦，裂開。"(210)"掿",《廣韻》亦音"昌者切"。故"掿"與"撦"儘管音同，然義訓區别甚明，二字不可混同,《正字通》謂"掿"同"撦"，且謂"舊本"非，既無書證亦無例證，其説非是。

14. 𢼂

《字彙・攴部》:"𢼂，許及切，音吸。擊也。"(191上)

《正字通・攴部》:"𢼂，歙字之訛。"(444下)

按:《康熙字典・攴部》:"𢼂,《集韻》迄及切，音吸。擊也。或作揄。”（448 下）《集韻》入聲緝韻迄及切：“歙揄，擊也。或从手。”（768）又《説文・欠部》：“歙，縮鼻也。从欠，翕聲。丹陽有歙縣。”（177 下）《廣韻》入聲緝韻許及切：“歙，《説文》曰：‘縮鼻也。’後漢有來歙。又舒涉切。州名。”（431）故“歙”與“歙”音同義别，二字不可混同，《正字通》謂“歙”即“歙”字之訛，既無書證亦無例證，其説疑不可據。

15. 簷

《字彙・竹部》：“簷，移廉切，音鹽。竹病，不堪（折）［析］篾。”（349 下）

《正字通・竹部》：“簷，訛字。屋檐，俗作簷，因《集韻》作閻、櫩，復加竹作簷。舊注音鹽，竹病，不堪（折）［析］篾，誤。”（810 上）

按：《康熙字典・竹部》：“簷，《集韻》余廉切，音鹽。竹病，不可析篾。”（924 上）《集韻》平聲鹽韻余廉切：“簷，竹病，不可析篾。”（287）《正字通》之説疑非是。《説文・木部》：“檐，梍也。从木，詹聲。”（116 上）《集韻》平聲鹽韻余廉切：“檐櫩櫚，《説文》：‘梍也。’或从閻、从閻，亦作簷。”（287）故“簷”與“檐”音同義别，二字不可混同，《正字通》謂“簷”即“檐”字之俗，且謂“舊注”非，既無書證亦無例證，其説非是。

16. 籋

《字彙・竹部》：“籋，力涉切，音獵。竹笪。”（350 上）

《正字通・竹部》：“籋，俗籋字。竹笪無籋名。”（810 下）

按：《康熙字典・竹部》：“籋，《集韻》力協切，音（蛺）［聑］。竹笪也。”（925 上）《集韻》入聲怗韻力協切：“籋，竹笪。”（782）《新唐書・百官志三》：“凡舟渠之備，皆先儗其半，袽塞、竹籋，所在供焉。”“籋”即義指“竹纜”。又《説文・竹部》：“籋，箝也。从竹，爾聲。”（92 下）“籋”，《廣韻》音“尼輒切”，又音“奴協切”。故“籋”與“籋”音近義别，二字不可混同，《正字通》謂“籋”即“籋”字之俗，既無書證亦無例證，其説非是。

17. 腮

《字彙・肉部》:"腮，胡困切，音慁。肥也。"（386 上）

《正字通・肉部》:"腮，圂字之訛。舊注音慁，肥也，與十画腦注同，重出。圂作腦，腦又作腮，兩誤。"（888 上）

按:《康熙字典・肉部》:"腮,《篇海》胡困切，音慁。肥也。"（1030 上）《直音篇》卷二《肉部》:"腮，音慁。肥也。"（73 下）《集韻》去聲圂韻胡困切:"腦，肥也。"（549）"腮"與"腦"音義並同，即爲異體字。又《説文・囗部》:"圂，廁也。从囗，象豕在囗中也。會意。"（125 下）《玉篇・囗部》:"圂，胡困切。廁也；豕所居也。"（131 上左）《廣韻》去聲慁韻胡困切:"圂，廁也。一云豕所居也。"（303）故"腮""腦"與"圂"音同義别，不可混同,《正字通》謂"腮"即"圂"字之訛，又謂"圂作腦，腦又作腮，兩誤"，既無書證亦無例證，其説非是。

第三、因形音皆近而致誤作認同

明清大型字書在字際關係處理方面還存在很多因形音皆近而致誤作認同的現象。

1. 㵼

《字彙・冫部》:"㵼，七林切，音侵。冷也。又上聲，七稔切。㵼㵼，寒貌。"（50 下）

《正字通・冫部》:"㵼，浸字之訛。"（83 上）

按:《康熙字典・冫部》:"㵼,《集韻》千尋切，音侵。冷也。又七稔切，侵上聲。㵼㵼，寒貌。又七鴆切，侵去聲。冷氣。"（67 上）述古堂影宋鈔本《集韻》平聲侵韻千尋切:"浸，冷也。"（274）"浸"字，揚州使院重刻本《集韻》、宋刻本《集韻》皆作"㵼"，當以作"㵼"爲是，因爲同一小韻"浸"字上文已收録"浸"字，故述古堂影宋鈔本《集韻》"浸"字同一小韻下文之"浸"當即"㵼"字誤刻。《集韻》上聲寑韻七稔切又曰:"㵼，㵼㵼，寒皃。"（441）又《集韻》去聲沁韻七鴆切:"㵼沁，冷氣。或从心。"（621）"浸"，本義指"古水名"，引申義指"湖澤”“灌溉；滋潤”“滲入；滲透”“淹没”“漸進”等義。“浸”，《廣韻》音“子鴆切”，《集韻》又音“七林切”。“㓤”與“浸”儘管音同形近，然意義區别甚明，二字不可混同，故《正字通》謂“㓤”即“浸”字之訛，所言非是。

2. 勭

《字彙・力部》：“勭，徒東切，音童。成人也。”（59上）

《正字通・力部》：“勭，俗字。本作僮，通作童。舊注音同，成人也，誤分爲二。”（104上）

按：《康熙字典・力部》：“勭，《集韻》徒東切，音童。成人也。又杜孔切，童上聲。作也。”（87上）慧琳《音義》卷六《大般若波羅蜜多經》第四百九十三卷：“緑動，動字，李斯書《嶧山碑》從童作勭，古文從彳作種，《説文》又從走作𧼼，並同。”（57，P502B3）《集韻》上聲董韻杜孔切：“動𨓜種勭，《説文》：‘作也。’一曰躁也。古从辵、从彳。或作勭。”（301）《集韻》平聲東韻徒東切又曰：“勭，成人也。”（5）又《説文・䇂部》：“童，男有辠曰奴，奴曰童。”（53上）《廣韻》平聲東韻徒紅切：“童，獨也，言童子未有室家也。”同一小韻下文曰：“僮，僮僕。又頑也；癡也。”（2）“勭”與“童”“僮”儘管讀音相同，但意義區别甚明，故《正字通》謂“勭”本作“僮”，通作“童”，且謂“舊注”誤，既無書證亦無例證，其説疑不可據。

3. 㗊

《字彙・口部》：“㗊，質入切，音執。《玉篇》：‘鳴也。’”（84上）

《正字通・口部》：“㗊，馽字之訛。舊注音執，引《玉篇》‘鳴也’，誤。”（171下）

按：《康熙字典・口部》：“㗊，《集韻》陟立切，音縶。《玉篇》：‘鳴聲也。’《集韻》：‘㗊㗊，鳴也。’《廣韻》作嚸。”（155下）《玉篇・口部》：“㗊，知立切。鳴也。”（27上左）《集韻》入聲緝韻陟立切：“㗊，㗊㗊，鳴也。”（766）《説文・馬部》：“馽，絆馬也。从馬，口其足。《春秋傳》

曰：‘韓厥執𣪠前。’讀若輒。縶，𣪠或从糸，執聲。”（200下）“𣪠”，《廣韻》音“陟立切”。故“噚”與“𣪠”音同義別，二字不可混同，《正字通》謂“噚”即“𣪠”字之譌，且謂“舊注”誤，既無書證亦無例證，其説非是。

4. 𠿬

《字彙·口部》：“𠿬，盧容切，音龍。大聲。”（84下）

《正字通·口部》：“𠿬，俗嚨字。舊注大聲，誤。”（173上）

按：《康熙字典·口部》：“𠿬，《廣韻》盧紅切，《集韻》盧東切，並音籠。《廣韻》：‘大聲。’”（157下）《新撰字鏡·口部》：“𠿬，盧江反。大聲。”（113）故宮本《王韻》平聲東韻盧紅反：“𠿬，大聲。”（437）故宮本《裴韻》、《廣韻》並同。又《説文·口部》：“嚨，喉也。从口，龍聲。”（24下）“嚨”，《廣韻》音“盧紅切”。故“𠿬”與“嚨”儘管音同，且構字部件相同，然二字意義區別甚明，不可混同，《正字通》謂“𠿬”即“嚨”字之俗，且謂“舊注”非，既無書證亦無例證，其説非是。

5. 囖

《字彙·口部》：“囖，側入切，音戢。雪囖，衆聲疾貌。”（85下）

《正字通·口部》：“囖，同㖢。俗加雨，非。”（176上）

按：《康熙字典·口部》：“囖，《集韻》仕戢切，音霵。嚅囖，衆聲疾貌。”（160上）《集韻》入聲緝韻仕戢切：“囖，嚅囖，衆聲疾皃。”（766）“嚅囖”亦作“雪囖”。《文選·洞簫賦》：“啾懰密率，掩以絶滅；雪囖曄踕，跳然復出。”李善注：“雪囖、曄踕，衆聲疾貌。”故“嚅囖”“雪囖”同。又《玉篇·口部》：“㖢，阻立切。喻也。”（27下右）《廣韻》入聲緝韻阻立切：“㖢，喻也。”（431）故“囖”與“㖢”音近義別，二字不可混同，《正字通》謂“囖”同“㖢”，疑不可據。

6. 圩

《字彙·土部》：“圩，徐吕切，音序。東西墻。”（88下）

《正字通・土部》:“圩，同堘省，从序爲正。”（187 上）

按:《康熙字典・土部》:“圩,《集韻》同序。東西墻也。阡、圩同。”（170 上）《集韻》上聲語韻象吕切:“序,《説文》:‘東西墻也。’或作圩、阡。”（329）故“圩”同“阡”，二字本作“序”。《廣雅・釋宫》:“反坫謂之堘。”《集韻》上聲語韻象吕切又曰:“堘,《博雅》:‘反坫謂之堘。’”（330）“堘”訓“反坫”，即指“古代天子、諸侯宴會時放酒杯的土臺”。故“圩”與“堘”音同義别，二字不可混同,《正字通》之説非是。

7. 儋

《字彙・彳部》:“儋，時豔切，音贍。行速貌。”（153 上）

《正字通・彳部》:“儋，儋字之訛。舊注音贍，行速貌，非。”（354 上）

按:《康熙字典・彳部》:“儋,《集韻》時豔切，音贍。行速貌。”（337 上）《集韻》去聲豔韻時豔切:“儋澹，行速皃。或从辵。”（627）故“儋”即“澹”之異體字。又《説文・人部》:“儋，何也。从人，詹聲。”（161 上）《廣雅・釋詁二》:“儋，助也。”“儋”,《廣韻》音“都甘切”,《集韻》又音“時豔切”。故“儋”與“儋”儘管音同形近，然義訓區别甚明，二字不可混同,《正字通》謂“儋”即“儋”字之訛，且謂“舊注”非，既無書證亦無例證，其説非是。

8. 忼

《字彙・心部》:“忼，工恐切，音拱。戰慄也。”（158 下）

《正字通・心部》:“忼,《説文》恐篆作，懼也，丘隴切；忼篆作，戰慄，工恐切，又户工切。按：戰慄即恐懼，義同而音異，分爲二字，此《説文》之誤。或曰：忼即恭字重文，不宜與恐相混，舊注失考正。”（366 上）

按:《康熙字典・心部》:“忼,《廣韻》居悚切,《集韻》古勇切，並音拱。戰慄也。又《五音集韻》居容切，音恭。義同。”（350 上）《説文・心部》:“忼，戰慄也。从心，共聲。”（222 下）“忼”,《廣韻》音“居悚切”，又音“户工切”。《説文・心部》又曰：“恐，懼也。从心，巩聲。”（222下）“恐”，《廣韻》音“丘隴切”，又音“區用切”。“忕”與“恐”義同而音别，二字不可混同，故《正字通》謂“忕”同“恐”，非是。又《説文・心部》：“恭，肅也。从心，共聲。”（217下）《玉篇・心部》：“恭，居庸切。法也；事也；恪也。本作恭。”（38下右）“忕”與“恭”儘管構字部件相同，讀音亦通，然義訓區别甚明，二字不可混同，故《正字通》“或曰”之説亦不可據。

9. 悀

《字彙・心部》：“悀，尹竦切，音勇。心喜也；又出也。凡以器盛而滿謂之悀。”（158下）

《正字通・心部》：“悀，同恿。舊注音勇。《正韻》《韻會》：‘悀，心喜也。’《集韻》：‘或作慂、愹。’一曰：‘凡以器盛而滿謂之悀。’《廣韻》：‘出也。’按：喜則踊躍從之，非作悀；物溢出當作涌，與悀别，舊注訓喜、訓出，並非。”（366下）

按：《康熙字典・心部》：“悀，《廣韻》余隴切，《集韻》《韻會》《正韻》尹竦切，並音勇。《玉篇》：‘怒也；忿也。’又《廣韻》：‘心喜也。’”（350下）《方言》卷六：“悀，滿也。凡以器盛而滿謂之悀。”郭璞注：“言涌出也。”（43）《玉篇・心部》：“悀，與恐切。怒也；忿也。”（39下左）《廣韻》上聲腫韻余隴切：“悀，心喜也；又出也。”（160）又《説文・力部》：“勇，气也。从力，甬聲。㦷，勇或从戈、用。恿，古文勇从心。”（294上）《廣韻》上聲腫韻余隴切：“勇，猛也。《説文》作勈，气也。恿，古文。”（160）《集韻》平聲東韻他通切：“恫，《説文》：‘痛也。’一曰呻吟。或作痌、恿。”（4）“悀”與“恿”儘管構字部件相同，讀音亦同，然義訓區别甚明，二字不可混同，《正字通》謂“悀”同“恿”，且謂“舊注”非，既無書證亦無例證，其説非是。

10. 㤽

《字彙・心部》：“㤽，市流切，音讎。匹也；仇也。”（160上）

《正字通·心部》:“惆,同惆。雖分抽、讐二音,其義同。舊注音讎,訓匹、仇,非。”(370上)

按:《康熙字典·心部》:“惆,《集韻》:‘讎,古作惆。’”(354下)《集韻》平聲尤韻市流切:“讎,《説文》:‘猶譍也。’一曰仇也。古作惆。”(264)故“惆”當即“讎”之異體字。又《説文·心部》:“惆,失意也。从心,周聲。”(221下)《廣韻》平聲尤韻丑鳩切:“惆,惆悵。”(136)故“惆”與“惆”儘管構字部件相同,且讀音相近,然義訓區別甚明,二字不可混同,《正字通》謂“惆”同“惆”,且謂“舊注”非,既無書證亦無例證,其説非是。

11. 悳

《字彙·心部》:“悳,于貴切,音位。明也。”(162上)

《正字通·心部》:“悳,俗恚字。舊注音位,訓明,非。”(374上)

按:《康熙字典·心部》:“悳,《等韻》胡桂切,音慧。明也。”(359下)《玉篇·心部》:“悳憓,二同。胡桂切。”(41上左)“憓”當即“惠”之異體字。《説文·心部》:“惠,仁也。从心,从叀。𢡆,古文惠从芔。”(78下)“惠”,《廣韻》音“胡桂切”。“憓”與“𢡆”音同形近,“憓”當即“惠”之《説文》古文“𢡆”字之俗。《龍龕》卷一《心部》:“憓,古文惠字。”(68)此即其證也。“憓”即“𢡆(惠)”之異體字,則“悳”亦當即“𢡆(惠)”之異體字。《直音篇》卷二《心部》:“惠,音慧。仁也;順也;恩也。𢡆𢡟,並同上。憓,亦同上。又與悳同。悳,音惠。明。”(79上)此是其證也。《字彙》改音“于貴切,音位”,非是,“于貴切”當爲“乎貴切”之誤。又《説文·心部》:“恚,恨也。从心,圭聲。”(221上)“恚”,《廣韻》音“於避切”。“悳”與“恚”儘管部分構字部件相同,讀音亦相近,然義訓區別甚明,二字不可混同,《正字通》謂“悳”即“恚”字之俗,既無書證亦無例證,其説非是。

12. 曞

《字彙·日部》:“曞,力涉切,音獵。日欲入也。”(202下)

《正字通・日部》:“曞，臘字之訛。舊注音獵，日欲入，非。”（473 上）

按:《康熙字典・日部》:“曞,《廣韻》良涉切,《集韻》力涉切，並音獵。《玉篇》:‘日欲入也。’”（474 下）《名義・日部》:“曞，力涉反。日欲入。”（204 下）《玉篇・日部》亦曰:“曞，力涉切。日欲入也。”（95 下右）又《説文・肉部》:“臘，冬至後三戌，臘祭百神。从肉，巤聲。”（83 上）“臘”,《廣韻》音“盧盍切”,《集韻》又音“力涉切”。故“曞”與“臘”儘管音同，字形亦相近，然義訓區別甚明，二字不可混同,《正字通》謂“曞”即“臘”字之訛，且謂“舊注”非，既無書證亦無例證，其説非是。

13. 熎

《字彙・火部》:“熎，一笑切，音要。燼也。”（268 下）

《正字通・火部》:“熎，俗耀字。舊注弋笑切，音要，燼也，誤。”（637 下）

按:《康熙字典・火部》:“熎,《集韻》一笑切，音要。燼也。”（673 上）《集韻》去聲笑韻一笑切:“熎，燼也。”（581）《正字通》之説疑非是。《説文・火部》:“耀，照也。从火，翟聲。”（208 下）《廣韻》去聲笑韻弋照切:“耀，光耀。”（322）“熎”與“耀”音同義別，二字不可混同,《正字通》謂“熎”即“耀”字之訛，且謂“舊注”非，既無書證亦無例證，其説非是。

14. 聑

《字彙・耳部》:“聑，莫堅切，音眠。《廣韻》:‘聽也。’《埤蒼》:‘注意聽也。’又武盡切，音民。義同。”（376 下）

《正字通・耳部》:“聑，瞑字之訛。舊注莫賢切，音眠，引《廣韻》‘聽也’、《埤蒼》‘注意聽也’，並非。”（866 下）

按:《康熙字典・耳部》:“聑,《廣韻》莫賢切，音眠。《廣雅》:‘聽也。’《埤蒼》:‘注意而聽也。’又《集韻》弭盡切，音泯。義同。又《集韻》忙經切，音冥。行而上聽。”（997 下）《廣雅・釋詁四》：“瞑，聽也。”《玉篇・耳部》：“瞑，莫田切。《廣雅》曰：‘聽也。’《埤蒼》曰：‘注意聽也。’”（24 上左）又《説文・目部》：“瞑，翕目也。从目、冥，冥亦聲。”（67 上）《廣韻》平聲青韻莫經切：“瞑，合目瞑瞑。又亡千切。”（130）上文平聲先韻莫賢切：“眠，寐也。瞑，上同。《説文》曰：‘翕目也。’又音麵。”（84）“瞑”與“瞑”儘管形近音同，然義訓區別甚明，二字不可混同，《正字通》謂“瞑”即“瞑”字之訛，且謂“舊注”非，既無書證亦無例證，其説非是。

15. 莑

《字彙・艸部》：“莑，側莖切，音争。莑薴，草亂貌。”（403 上）

《正字通・艸部》：“莑，側生切，音争。莑薴，艸亂貌。一説草屬有鼓箏草，一名結縷。師古曰：‘蔓生，著地處皆有細根，即《離騷》所謂胡繩也。’莑即箏之訛。”（934 上）

按：《康熙字典・艸部》：“莑，《唐韻》士耕切，音峥。莑薴，草亂貌。”（1077 下）《説文・艸部》：“莑，莑薴皃。从艸，争聲。”（17 下）《廣韻》平聲耕韻士耕切：“莑，莑薴，草亂皃。”（123）又《説文・竹部》：“箏，鼓弦竹身樂也。从竹，争聲。”（93 下）《廣韻》平聲耕韻側莖切：“箏，樂器。秦蒙恬所造。”（124）《爾雅・釋草》：“傅，横目。”郭璞注：“一名結縷。俗謂之鼓箏草。”故“莑”與“箏”儘管形音皆近，然義訓區別甚明，二字不可混同，故《正字通》一説“莑”即“箏”字之訛，疑不可據。

第四、因義同義近而致誤作認同

明清大型字書在字際關係處理方面也存在很多因義同或義近而致誤作認同的現象。

1. 瀝

《字彙・冫部》：“瀝，郎擊切，音歷。寒也。亦作瀝。”（51 上）

《正字通・冫部》：“瀝，俗凓字。”（84 下）

按：“澁”即“瀝”之異寫字。《集韻》入聲錫韻狼狄切：“瀝，瀝瀝，寒皃。”（753）《類篇·冫部》：“瀝，狼狄切。瀝瀝，寒也。”（417）《大字典》引《類篇》作“瀝，瀝冽，寒也”，並據此謂“瀝瀝”也作“瀝冽”，非是。“凓”即“凓”之異體字。《説文·仌部》：“凓，寒也。从仌，栗聲。”（241上）《玉篇·冫部》：“凓，力質切。凓冽，寒皃。”（93上左）“瀝”與“凓”儘管音義並同，然未見“歴”“栗”兩個聲符換用之例，故《正字通》謂“瀝”即“凓（凓）”字之俗，疑不可據。又《字海》收録“瀝”字，謂同“凛”。“凛”即“凜”字之俗。《玉篇·冫部》：“凜，力甚切。凜凜，寒也。”（93上左）“瀝”與“凜”儘管義同，然讀音區别甚明，二字不可混同，故《字海》謂“瀝”同“凛（凜）”，非是。

2. 剌

《字彙·刀部》：“剌，力質切，音栗。削也。”（54下）

《正字通·刀部》：“剌，剽字之訛。舊注音栗，削也。《篇海》：剌，亦作剽。並非。或曰：剸訛省作剌。六書無剌文。”（94上）

按：《康熙字典·刀部》：“剌，《玉篇》力一切，音栗。同剽。斷也；削也。”（77上）《名義·刀部》：“剽，力一反。斷也；削。剌，同上。”（170上）《龍龕》卷一《刀部》：“剌，或作；剽，正。力一反。細切也。”（100）《玉篇·刀部》：“剽，力一切。斷也；削也。剌，同上。”（82上右）故“剌”當即“剽”字之俗。又《玉篇·刀部》：“剽，古火切。割也。”（82下右）“剌”與“剽”儘管義同，然形音俱别，二字不可混同，故《正字通》謂“剌”即“剽”字之訛，此説非是。《説文·刀部》：“䡮，截也。从𠧪，从斷。剸，或从刀，専聲。”（182上）“剸”，《廣韻》音“度官切”。故“剌”與“剸”儘管義同，然讀音不同，二字不可混同，故《正字通》“或曰”之説亦不可據。

3. 匒

《字彙·勹部》：“匒，東徒切，音都。伏行也。”（60上）

《正字通·勹部》：“匒，匐字之訛。舊注伏行，與匐義近，改音都，

非。”（106下）

按:《康熙字典·勹部》:“匒,《玉篇》且烏切，音都。伏行也。”（90上）《玉篇·勹部》:“匒，且烏切。伏行也。”（129下右）“匒”字,《玉篇》本音“且烏切”,《大字典》轉録作“旦烏切”，音 dū，不確。《字海》音 dū，亦不確。《玉篇校釋》“匒”字下注:“《廣韻》《集韻》並無，應與瘏同，疲瘏匍匐而行也。”（5638）《説文·疒部》:“瘏，病也。从疒，者聲。《詩》曰:‘我馬瘏矣。’”（151上）“瘏”,《廣韻》音“同都切”。故“匒”與“瘏”音義俱别，二字不可混同，胡吉宣謂“匒”應與“瘏”同，疑不可據。又《説文·勹部》:“匐，伏地也。从勹，畐聲。”（185上）“匐”,《廣韻》音“房六切”。故“匒”與“匐”儘管義近，然形音俱别，二字不可混同,《正字通》謂“匒”即“匐”字之訛，既無書證亦無例證，其説亦不可據。

4. 卲

《字彙·卜部》:“卲，之笑切，音照。卜問也。又市照切，音邵。義同。”（64上）

《正字通·卜部》:“卲，俗兆字。一曰卟字之訛。”（116上）

按:《康熙字典·卜部》:“卲,《唐韻》之少切,《集韻》之笑切，並音照。《玉篇》:‘卜問也。’又《唐韻》直照切,《集韻》時照切，並音召。又《唐韻》市昭切,《集韻》時饒切，並音韶。又《集韻》市沼切，音紹。又田聊切，音迢。義並同。”（97下）《説文·卜部》:“卲，卜問也。从卜，召聲。”（64下）《説文·卜部》“卲”字下文曰:“兆，灼龜坼也。从卜、兆，象形。兆，古文兆省。”（64下）“卲”,《廣韻》音“寔照切”，又音“市昭切”“之少切”;“兆”,《廣韻》音“治小切”。“卲”與“兆”音義皆通,《正字通》謂“卲”即“兆”字之俗，所言疑是。又《説文·卜部》“卲”字上文曰:“卟，卜以問疑也。从口、卜。讀與稽同。《書》云:‘卟疑。’”（64上）“卟”,《廣韻》音“古奚切”，又音“康禮切”。“卲”與“卟”儘管義同，然形音俱别，二字不可混同，故《正字通》“一曰”之説亦不可據。

5. 呦

《字彙·口部》:“呦，乞協切，音怯。呦呦之聲。又居怯切，音劫。義同。”（75 下）

《正字通·口部》:“呦，呦字之訛。舊注誤。”（150 上）

按:《康熙字典·口部》:“呦,《集韻》乞業切，音怯。呦呦，聲也。又訖業切，音劫。義同。”（132 上）《集韻》入聲業韻乞業切:“呦，呦呦，聲也。”下文訖業切又曰:“呦，聲也。”（785）《説文·口部》:“呦，鹿鳴聲也。从口，幼聲。㰶，呦或从欠。”（29 上）“呦”,《廣韻》音“於虯切”。“呦”與“呦”儘管義近，然形音俱别，二字不可混同,《正字通》謂“呦”即“呦”字之訛，且謂“舊注”誤，既無書證亦無例證，故此説疑不可據。

6. 唭

《字彙·口部》:“唭，奇寄切，音忌。食也。”（76 上）

《正字通·口部》:“唭，俗喫字。舊注音忌，食也，誤。”（151 上）

按:《康熙字典·口部》:“唭,《集韻》渠記切，音忌。《玉篇》:‘喫唭。’《集韻》:‘食也。’”（132 上）《玉篇·口部》:“唭，渠義切。喫唭（當爲字頭誤重）。”（27 上左）《集韻》去聲志韻渠記切:“唭，食也。”（486）《説文新附·口部》:“喫，食也。从口，契聲。”（29 上）“喫”,《廣韻》音“苦擊切”。故“唭”與“喫”儘管義同，然讀音區别甚明，二字不可混同,《正字通》謂“唭”即“喫”字之俗，既無書證亦無例證，其説非是。

7. 㖞

《字彙·口部》:“㖞，烏化切，蛙去聲。小兒啼。”（79 下）

《正字通·口部》:“㖞，俗呱字。舊注訓與呱同，音姑，㖞改音蛙去聲，前後異同，非是。呱有平、去二音，其義一也。焦竑《俗用雜字》:‘㖞，音窪。一作㗘。’从呱爲正。”（161 上）

按:《康熙字典·口部》:“㖾,《集韻》烏化切,音窊。小兒啼也。”(144上)《集韻》去聲禡韻烏化切:“㖾,小兒啼。”(596)《説文·口部》:“呱,小兒嗁聲。从口,瓜聲。《詩》曰:‘后稷呱矣。’”(24下)“呱”,《廣韻》音“古胡切”。故“㖾”與“呱”義近音别,二字不可混同,《正字通》之説非是。“㖾”疑即“哇”之異體字。《龍龕》卷二《口部》:“嚽嚽,二俗;哇,正。鳴瓜、於佳二反。《玉篇》:‘小兒啼也。’三。”(267)“㖾”與“哇”音近義同,“㖾”疑即“哇”通過改换成與讀音更爲接近的聲符而形成的異體字,因爲“窊”《廣韻》音“烏瓜切”,與“哇”讀音相同,《集韻》改音“烏化切”,疑非是。

8. 埆

《字彙·土部》:“埆,乞約切,音卻。地不平也。……又古岳切,音覺。獄也。”(90上)

《正字通·土部》:“埆,吉岳切,音角。地不平。……《韻會》:‘埆,獄也。’引《詩·行露》注:‘獄,埆也。’盧植云:‘相質觳争訟。’《正義》云:‘獄名。’按:埆爲獄,周制無此名。一説:《説文》垍訓女牢,埆即垍之訛,舊注非。”(192下)

按:《康熙字典·土部》:“埆,《廣韻》苦角切,《集韻》《韻會》克角切,並音殼。《集韻》同嶨。……又《集韻》《韻會》並訖岳切,音角。獄也。引《詩·行露》注:‘獄,埆也。’《正字通》:‘按:埆爲獄,周制無此名。一説:《説文》垍訓女牢,埆即垍之訛。’”(175上)《集韻》入聲覺韻訖岳切:“埆,獄也。”(656)《説文·土部》:“垍,徒隸所居也。一曰女牢。一曰亭部。从土,肙聲。”(291上)“垍”,《廣韻》音“姑泫切”,又音“胡畎切”。“埆”與“垍”儘管義近,然形音俱别,二字不可混同,故《正字通》“一説”非是。《康熙字典》轉引《正字通》“一説”未作校正,亦非。

9. 媔

《正字通·女部》:“媔,妊、姙並同。《太玄·沈(首)》:‘雕鷹高翔,沈其腹，好繩惡粥。’注：‘繩，懷也；粥，出也。高翔不復，猶貪暴之君，高志穢行，好懷嗇利，惡所出也。’舊本闕。”（253 下）

按：《康熙字典・女部》：“繩，《集韻》以證切。同孕。”（224 下）《集韻》去聲證韻以證切：“孕，《説文》：‘裹子也。’古作孕、䐁、繩。”（609）《太玄・沈》：“雕鷹高翔，沈其腹，好繩惡粥。”司馬光集注：“吴曰：繩，古孕字。”故“繩”當即“孕”之異體字。《説文・女部》：“妊，孕也。从女，从壬，壬亦聲。”（259 下）“姙”即“妊”之異體字。“妊”，《廣韻》音“汝鴆切”。故“繩”與“妊”“姙”義同，然讀音區別甚明，不可混同，《正字通》謂“繩”同“妊”“姙”，非是。

10. 岦

《字彙・山部》：“岦，倉龍切，音葱。日欲夜也。”（125 上）

《正字通・山部》：“岦，昃字之訛。舊注日欲夜，近昃義，改倉龍切，音葱，《日部》岦重出，並誤。”（292 上）

按：《康熙字典・山部》：“岦，《玉篇》倉龍切，音葱。日欲夜也。按：《日部》岦字音義並同，重出。《正字通》：‘昃字之訛。《字彙》日欲夜，與昃義近。’今存此删彼。”（263 上）《玉篇・山部》：“岦，倉龍切。日欲夜。”（103 下左）《玉篇校釋》“岦”字下注：“《日部》後增字：‘昰，丑減切。日光照也。’与此从日在山之上下以會意，並淺陋俗造，擬删。”（4213）胡氏所言是也。“岦”“昰”皆爲後人俗造字，從“日”在“山”上、下以分别會“日光照”“日欲夜”之義。又《説文・日部》：“厢，日在西方時，側也。从日，仄聲。《易》曰：‘日厢之離。’”（134 下）“昃”即“厢”之異體字。“昃”，《集韻》音“札色切”。故“岦”與“昃”儘管義通，然形音俱别，且未見“昃”字俗體有作“岦”者，二字不可混同，《正字通》謂“岦”即“昃”字之訛，既無書證亦無例證，其説疑不可據。《康熙字典》轉録《正字通》之説而未作校正，亦失考證。

11. 嶒

《字彙・山部》：“嶒，黄外切，音會。峗嶒，山貌。又古外切，音

貴。義同。”（131 上）

《正字通・山部》:“嶒，訛字。舊注音會，峗嶒，山貌，誤。一曰嶒之訛。”（303 下）

按:《康熙字典・山部》:“嶒,《集韻》古外切，音會。峗嶒，山貌。”（277 上）《集韻》去聲夳韻黃外切:“嶒，峗嶒，山皃。”（521）《集韻》訓“嶒”爲“峗嶒”,“峗嶒”當即“嶒峗”之誤倒。《文選・長笛賦》:“港洞坑谷，嶰壑澮峗。”李善注:“澮峗，嶰壑深平之貌。鄭玄曰:‘澮，所以通水於川也。’”（250 上）“嶒峗”當同“澮峗”,“嶒”當即“澮”字之俗。《大字典》引《文選・長笛賦》“澮峗”作“嶒峗”，此即其證也。又《玉篇・山部》:“崚，力升切。崚嶒，山皃。”下字曰:“嶒，疾陵切。崚嶒。”（103 上左）“嶒”與“嶒”儘管義同，然形音俱別，二字不可混同，故《正字通》“一曰”之説不可爲據。

12. 憵

《字彙・心部》:“憵，匹亦切，音僻。急速也。”（166 下）

《正字通・心部》:“憵，俗憋字。”（384 上）

按:《康熙字典・心部》:“憵,《廣韻》普擊切,《集韻》匹歷切，並音霹。《博雅》:‘猝也。’”（371 上）《方言》卷十二:“憵朴，猝也。”郭璞注:“謂急速也。”《名義・心部》:“憵，普狄反。猝也；急速也。”（79 上）又《方言》卷十:“憋，惡也。”《名義・心部》:“憋，芳烈反。惡也；急性也。”（78 上）《玉篇・心部》:“憋，裨列、匹列二切。急性也。”（41 上右）《廣韻》入聲薛韻并列切:“憋，急性皃。”（404）下文芳滅切又曰:“憋，怒也。又卑列切。”（405）故“憵”與“憋”儘管義可相通，然形音俱別，二字不可混同,《正字通》謂“憵”即“憋”字之俗，既無書證亦無例證，其説非是。

13. 掤

《字彙・手部》:“掤，蒲昧切，音佩。撥也；轉戾也。”（175 下）

《正字通・手部》:“掤，捩字之訛。”（406 上）

按:《康熙字典·手部》:“㧜,《集韻》蒲蓋切,音旆。撥也。又蒲昧切,音佩。捩也”(398 下)《集韻》去聲夳韻蒲蓋切:“㧜,撥也。”(520)下文去聲隊韻蒲昧切又曰:“㧜,轉戾。”(531)《正字通》謂“㧜”即“捩”字之訛,疑非是。《玉篇·手部》:“捩,力計、力結二切。拗捩也。”(32 上左)《廣韻》入聲屑韻練結切:“捩,拗捩。出《玉篇》。”(402)“拗捩”義指“扭轉”。故“㧜”與“捩”儘管義近,然形音俱别,二字不可混同,《正字通》謂“㧜”即“捩”字之訛,既無書證亦無例證,其説非是。

14. 揇

《字彙·手部》:“揇,乃感切,南上聲。揇(當爲字頭誤重)搦也。”(179 上)

《正字通·手部》:“揇,俗捺字。”(414 上)

按:《康熙字典·手部》:“揇,《唐韻》奴感切,《集韻》乃感切,並南上聲。搦也。”(411 上)《玉篇·手部》:“揇,奴感切。揇(當爲字頭誤重)搦也。”(32 上右)《廣韻》上聲感韻奴感切:“揇,揇(當爲字頭誤重)搦。”(225)《集韻》上聲感韻乃感切:“揇,搦也。”(448)《正字通》謂“揇”即“捺”字之俗,疑非是。《玉篇·手部》:“捺,乃曷切。搦也。”(31 下右)《廣韻》入聲曷韻奴曷切:“捺,手按。”(394)“揇”與“捺”儘管義同,然讀音區别甚明,二字不可混同,故《正字通》之説非是。

15. 㫵

《字彙·方部》:“㫵,同旞。”(195 下)

《正字通·方部》:“㫵,帘字之訛。舊注同旞,非。”(456 下)

按:《康熙字典·方部》:“㫵,《篇海》呼廣切,音慌。與旞同。酒家望子。”(459 下)《詳校篇海》卷五《㫃部》:“旞㫵,二呼廣切,音慌。帘也;酒家望子。”(345 下)《篇海類編》同。“旞”“㫵”當即“幌”之異體字。《玉篇·巾部》:“幌,户廣切。帷幔也。”(127 下右)《廣韻》上聲蕩韻胡廣切："幌，帷幔也。"（214）"幌"本義指"窗簾""帷幔"，引申義可指"酒店的招子"。例如：唐陸龜蒙《和襲美初冬偶作》："小壚低幌還遮掩，酒滴灰香似去年。"《紅樓夢》第十七回："此處都好，只是還少一個酒幌，明日竟做一個。""旇""旛"與"幌"音義並同，當並即"幌"之異體字。"旇""旛"與"帘"儘管義同，然音義俱别，不可混同，故《正字通》謂"旛"即"帘"字之訛，既無書證亦無例證，其説非是。

16. 晲

《字彙・日部》："晲，語綺切，音擬。日昳也。"（200 下）

《正字通・日部》："晲，晛字之訛。舊注音擬，日昳，非。"（468 下）

按：《康熙字典・日部》："晲，《集韻》吾禮切，音堄。《玉篇》：'日昳也。'《淮南子・要略篇》：'有符曮晲。'"（469 下）《名義・日部》："晲，牛禮反。明也；日趺也。"（204 下）《玉篇・日部》："晲，牛禮切。日趺也。"（95 下右）又《説文・日部》："晛，日見也。从日，从見，見亦聲。"（134 下）《玉篇・日部》："晛，奴見切。日氣。又户顯切。明也。"（95 上左）"晲"與"晛"儘管部分義項相同，然形音俱别，二字不可混同，《正字通》謂"晲"即"晛"字之訛，且謂"舊注"非，既無書證亦無例證，其説非是。

17. 緆

《字彙・糸部》："緆，他禮切，音體。纏也。"（363 下）

《正字通・糸部》："緆，繵字之訛。舊注纏也，義與繵近，訛作緆，改他禮切，音體，非。"（840 上）

按：《康熙字典・糸部》："緆，《玉篇》音體。纏也。"（965 下）《玉篇・糸部》："緆，音體。纏也。"（126 上右）又《集韻》平聲仙韻澄延切："纏，《説文》：'繞也。'一曰束也。或作繵。"（166）故"緆"與"繵"儘管義同，然形音俱别，二字不可混同，《正字通》謂"緆"即"繵"字之訛，且謂"舊注"非，既無書證亦無例證，其説非是。

18. 艬

《字彙·舟部》:“艬，千山切，音餐。舟名。”（391下）

《正字通·舟部》:“艬，艭字之訛。”（902上）

按:《康熙字典·舟部》:“艬,《集韻》千安切，音餐。舟名。”（1049上）《集韻》平聲寒韻千安切:“艬，舟名。”（144）《集韻》平聲鍾韻渠容切又曰:“樎,《方言》:‘南楚江湖凡船小而深者謂之樎。’或作艭、舼、䢸。”（21）“艬”與“艭”儘管義同，然形音俱別，二字不可混同，故《正字通》謂“艬”即“艭”字之訛，疑不可據。

第五、因誤解體例而致誤作認同

明清大型字書在字際關係處理方面也存在一些因誤解古代辭書的編纂體例而致誤作認同的現象。

1. 刳

《字彙·刀部》:“刳，空胡切，音枯。判也；剖也；虛其中也。《易·繫辭》:‘刳木爲舟。’《禮·內則》:‘封之刳之。’”（54上）

《正字通·刀部》:“刳，空烏切，音枯。剖也；屠也；剜裹，虛其中也。《易·繫辭》:‘刳木爲舟。’《書·泰誓》:‘刳剔孕婦。’又《莊子·天地篇》:‘道覆載萬物者也，君子不可不刳心焉。’注:‘刳心猶言洗心。’郭象謂有心則累其自肰，當刳去之，誤也。又尤韻音歐。義同。一作剾。《說文》汎訓判，泥。”（92下）

按:《康熙字典·刀部》:“刳,《唐韻》苦胡切,《集韻》《韻會》《正韻》空胡切，並音枯。《說文》:‘判也。’《易·繫辭》:‘刳木爲舟。’又《玉篇》:‘空物腸也；屠也。’《前漢·王莽傳》:‘與巧屠共刳剥之。’注:‘刳，剖也。’又《集韻》墟侯切，音摳。義同。”（75上）《集韻》平聲矦韻墟侯切:“剾，剜也。或作鏂、斵、鏂、刳。”（268）“刳”從“夸”，不可音“墟侯切”。故“刳”與“剾”當爲同義關係，而非異體關係。從《集韻》編纂體例來看，其同一條目之下溝通的數字之間關係非常複雜，並非都是異體關係，還有同義關係、同音關係、通假關係等。此條“剾”

與“鏂”“斪”“鏉”當即異體關係，而“剾”與“剅”當爲同義關係。《正字通》謂“又尤韻音歐。義同。一作剾”，《康熙字典》謂“《集韻》墟侯切，音摳。義同”，皆因誤解《集韻》編纂體例而誤。《大字典》誤解《集韻》編纂體例，而於“剅”字下據《集韻》增收一個義項，謂音 kōu、同“剾（摳）”，非是。

2. 劕

《字彙・刀部》：“劕，初栗切，音尺。割聲。”（57 上）

《正字通・刀部》：“劕，劈字之訛。舊注音尺，割聲，誤。”（99 上）

按：《康熙字典・刀部》：“劕，《集韻》測乙切，音齜。本作剢。《博雅》：‘割也。’或作（剢）[剢]、剢。”（83 上）《廣雅・釋詁二》：“剢，割也。”《集韻》入聲櫛韻測乙切：“剢，《博雅》：‘割也。’或作劕、剢、剢。”（673）《正字通》所言當是。《説文・刀部》：“劈，斷也。从刀，辥聲。”（86 上）桂馥《義證》：“斷也者，《廣雅》：‘劈，割也。’”“劈”，《廣韻》音“私列切”，又音“魚乙切”。故“劕”與“劈”形近義同，“劕”當即“劈”字之訛。“劕”與“剢”儘管義同，但形音俱别，二字不可能爲異體字，當爲同義字，且據《集韻》編纂體例，其所列同條諸字之間關係非常複雜，並非都是異體關係，還有同義關係、通假關係等。故《集韻》此條所列諸字之間，“剢”與“剢”“剢”即異體關係，而“剢”“剢”“剢”與“劕”即同義關係。《字彙》“劕”音“初栗切”，當因誤解《集韻》編纂體例而誤。《康熙字典》謂“劕”本作“剢”，或作“(剢) [剢]”“剢”，亦當因誤解《集韻》編纂體例而誤。《大字典》收録“劕”字，據《集韻》謂“劕”同“剢（剢即剢字之訛）”，非是。《字海》亦收“劕”字，亦據《集韻》謂“劕”同“剢”，亦非是。

3. 圂

《字彙・囗部》：“圂，苦本切，音悃。成就也。”（87 下）

《正字通・囗部》：“圂，俗桊字。舊注音悃，成就，誤。”（183 下）

按：《康熙字典・囗部》：“圂，《集韻》與圚同。”（166 下）《集韻》上聲混韻苦本切:“稛裍圚圈,《説文》:‘豢束也。’或从衣,亦作圚、圈。”(364)“稛”,《説文》本作“稛”。《説文·禾部》:“稛,豢束也。从禾,困聲。”(142上)“圈”從囗、從豢而音“苦本切”,形音不諧,又據《集韻》的編纂體例,其所列同條諸字之間關係非常複雜,並非都是異體關係,還有同義關係、通假關係等,故“圈”與“稛(稛)”“裍”“圚”諸字當爲同義關係,而非異體字。《大字典》收録“圈”,據《集韻》而謂同“稛”,疑非是。《字海》亦收“圈”字,謂同“捆”,疑亦非是。《正字通》謂“圈”即“豢”字之俗,疑是。《説文·糸部》:“豢,攘臂繩也。从糸,𠔉聲。”(277上)《廣韻》去聲願韻去願切:“豢,束腰繩也。”(301)“豢”本義指“束腰繩”,引申義指“束縛”。例如:《太玄·狩》:“全狩豢其首尾,臨於淵。”司馬光集注引宋惟幹曰:“豢,縛也。”“圈”疑即因“豢”之“束腰繩”“束縛”之義而增加“囗”旁所形成的俗字,“圈”疑即“豢”之繁化俗字。

4. 旼

《字彙·日部》:“旼,彌鄰切,音民。和也。相如《封禪文》:‘旼旼穆穆,君子之態。’”(197下)

《正字通·日部》:“旼,同旻。旼旼,和也。司馬相如《封禪文》:‘旼旼穆穆,君子之態。’舊本分旼、旻爲二,泥。”(460下)

按:《康熙字典·日部》:“旼,《廣韻》武巾切,《集韻》《韻會》眉貧切,並音珉。旼旼,和也。《史記·司馬相如傳》:‘旼旼穆穆,君子之(能)[態]。’注:‘徐廣曰:和貌。’”(462下)《新撰字鏡·日部》:“旻,武巾反。慜也;秋天也。”下字曰:“旼,上字。和也。”(26)此處“上字”當指“旼”與“旻”同音,而非指“旼”同“旻”。《龍龕》卷四《日部》:“旻,旻天。旼,武巾反。和也。二。”(425)此處“二”當指“旻”與“旼”二者爲同音關係,而非爲異體關係。《玉篇·日部》:“旼,莫貧切。和也。”(96上右)《正字通》之説疑非是。《説文·日部》:“旻,秋天也。从日,文聲。”(134上)《玉篇·日部》:“旻,眉巾切。秋天也。仁覆慜下謂之旻天。”(95上左)故宫本《王韻》平聲真韻武巾反:

“旻，天。”同一小韻下文又曰：“旼，和。”（449）《廣韻》平聲真韻武巾切：“旻，仁覆愍下謂之旻天。”同一小韻下文又曰：“旼，和也。”（62）《集韻》平聲真韻眉貧切：“旻，《説文》：‘秋天也。’”同一小韻下文又曰：“旼，旼旼，和也。”（119）故“旼”與“旻”儘管構字部件相同，且讀音亦同，然二字意義區别甚明，不可混同。《六書故・日部》：“旻，眉巾切。《説文》曰：‘秋天也。’秋天精潔，此説近之。又曰仁閔覆下謂之旻。仁閔覆下，從日無謂。或作旼。”（36下）戴侗謂“旻”或作“旼”，於歷代字韻書皆無徵，其説疑不可據。《正字通》據《六書故》之説而謂“旼”同“旻”，疑亦非是。朱駿聲《定聲》“旻”字下注：“旻，秋天也。从日，文聲。亦作旼，左形右聲。”（785下）朱駿聲謂“旻”亦作“旼”，於歷代字韻書亦無徵，其説疑亦非是。《大字典》“旼”字下據《六書故》《正字通》之説而收録一個義項謂同“旻”，疑非是；《字海》“旼”字下據《六書故》之説而收録一個義項謂同“旻”，疑亦非是。

5. 貍

《字彙・豸部》：“貍，力才切，音來。貍别名。又與貍同。”（463下）

《正字通・豸部》：“貍，同貍。”（1096下）

按：《康熙字典・豸部》：“貍，《廣韻》落哀切，《集韻》郎才切，並音來。揚子《方言》：‘貔，陳楚江淮間謂之貍。’又《集韻》陵之切，音釐。本作貍。《玉篇》：‘貍，貍别名。’”（1256上）《方言》卷八：“貔，陳楚江淮之間謂之貍，北燕朝鮮之間謂之貊，關西謂之狸。”郭璞注：“貍，音來。”《玉篇・豸部》：“貍，力才切。貍别名。”（112下左）上文又曰：“貍，力之切。似貓也。”（112下左）故“貍”與“貍”當爲同義關係，而非異體關係。又《集韻》平聲之韻陵之切：“貍，《説文》：‘伏獸，似貙。’或作狸、貍、猍。”（54）《集韻》所列同條諸字之間，並非都是異體關係，還有假借關係、同義關係、異文關係等，此條諸字之間，“貍”“狸”爲異體關係，“貍”“猍”亦爲異體關係，而“貍”“猍”與“貍”“狸”當爲同義關係。《詳校篇海》卷二《豸部》：“貍，力才切，音來。貍别名。又音離，同貍。”（117下）《篇海類編》同。《詳校篇海》《篇海類編》《字彙》皆又謂同“貍”，皆因不明《集韻》編纂體例而誤。《正字通》徑謂“猍”同“貍”，亦非。《康熙字典》亦收“陵之切，音釐”“本作貍”這一音義，亦失考證。《大字典》“猍”字下據《集韻》而謂“又《集韻》陵之切”，亦失當。

第四章　明清大型字書疑難字考釋與研究價值

明清作爲我國字書發展史的最後總結階段，在中國辭書史上具有重要的影響。全面測查與研究《字彙》《正字通》《直音篇》《詳校篇海》《篇海類編》《康熙字典》《字彙補》等明清大型字書疑難字材料，可以發現其在收録字形、注音、釋義、字際關係認同等方面存在很多問題，這些問題大都被現代大型字書《大字典》和《字海》未作考辨地加以轉録，因此不但降低了其編纂質量與利用價值，也影響了人們對其解讀與使用。因此，系統考釋與研究《字彙》《正字通》《直音篇》《詳校篇海》《篇海類編》《康熙字典》《字彙補》等明清大型字書疑難字，不但有助於《字彙》《正字通》《直音篇》《詳校篇海》《篇海類編》《康熙字典》《字彙補》等明清大型字書文本的校理，也有助於現代大型字書《大字典》和《字海》的修訂與完善。

一、對於明清大型字書校理的價值

《字彙》《正字通》《直音篇》《詳校篇海》《篇海類編》《康熙字典》《字彙補》等明清大型字書在收録字形、注音、釋義、字際關係認同等方面存在很多問題，其中有些問題是其在傳抄過程中不斷産生的，有些問題是其在編纂過程中不斷産生的。研究《字彙》《正字通》《直音篇》《詳校篇海》《篇海類編》《康熙字典》《字彙補》等明清大型字書疑難字，能够對明清大型字書的這些問題作出考釋，從而爲其文本的校勘與整理提供可資借鑒的資料。

（一）有利於勘正字形

《字彙》《正字通》《直音篇》《詳校篇海》《篇海類編》《康熙字典》《字彙補》等明清大型字書收録的字形，有些是經過俗寫訛變而産生的，系統考釋與研究明清大型字書疑難字，可以對明清大型字書中的字形訛誤作出勘正。

1. 刺

《字彙・刀部》:“刺，恥格切，音册。割聲。”（53 下）

《正字通・刀部》:“刺，剨字之訛。舊注音册，割聲，誤。”（92 上）

按:《康熙字典・刀部》:“刺,《篇海》初栗切，音⿰黍刂。割聲。”（75 上）《新修玉篇》卷十七《刀部》引《餘文》:“刺，初栗切。割聲也。”（152 上右）下文引《廣集韻》又曰:“刹，初栗切。割声也。”（152 上右）《篇海》卷四《刀部》引《餘文》:“刺，初栗切。割声也。”（627 上）《直音篇》卷五《刀部》:“剌，初栗切。割物聲。”（188 下）《詳校篇海》卷二《刀部》:“刺，初栗切，舊音册。割聲。”（82 下）《篇海類編》同。“刺”“刹”“剌”音義並同，且形體相近，當爲一字之變。箋注本《切韻》（斯 2071）入聲質韻初栗反:“⿰黍刂，割聲。或作⿰桼刂。”（142）敦煌本《王韻》入聲質韻初栗反:“⿰黎刂，割聲。或作⿰桼刂。”（424）故宫本《裴韻》、《唐韻》同。《廣韻》入聲質韻初栗切:“⿰黎刂，割聲。⿰桼刂，上同。”（382）“⿰黎刂”“⿰黍刂”音義並同，“⿰黎刂”當即“⿰黍刂”之異寫字。“刺”“刹”“剌”與“⿰黍刂”音義並同，故“刺”“刹”“剌”當即“⿰黍刂”字之俗。又《廣韻》入聲麥韻呼麥切:“剨，破聲。”（416）“刺”與“剨”音義俱别，二字不可混同，故《正字通》謂“刺”即“剨”字之訛，非是。《大字典》“刺”字下據方成珪《集韻考正》之説而謂“刺”即“刹”的訛字，此非探本之論。據上文可知，“刹”亦爲“⿰黍刂”字之俗。故《大字典》於“刺”字下應徑謂“刺”即“⿰黍刂”的訛字，即妥。《字海》於“刺”字下謂“刺”即“刹（⿰黍刂）”的訛字，亦失妥當。《字海》亦應徑謂“刺”即“⿰黍刂”的訛字。

2. ⿰口戍

《字彙・口部》:“⿰口戍，傷豫切，音庶。使犬聲。又雪律切，音恤。口吹貌。”（75 上）

《正字通・口部》:“㖅，俗字。舊注音庶，使犬聲。按:《説文》本作嗾，改作㖅，非。又音恤。口吹貌。亦非。”（148 下）

按:《康熙字典・口部》:“㖅,《廣韻》辛聿切,《集韻》雪律切，並音恤。《玉篇》:‘吹口貌。’《廣韻》:‘口鳴㖅㖅。’《集韻》:‘聲也。或作⿰血欠。’又《集韻》春遇切，音戍。使犬聲。”（130 上）《集韻》去聲遇韻春遇切:“⿰口戍，使犬聲。”（496）《集韻》入聲術韻雪律切又曰:“⿰口戍，聲也。或作⿰血欠。”（671）此“⿰口戍”當即“㖅”字之訛。《玉篇・口部》:“㖅，息必切。吹口皃。”（27 上左）此即其證也。《廣韻》入聲術韻辛律切:“⿰口戍，口鳴⿰口戍⿰口戍。”（385）《廣韻》作“⿰口戍”，亦當爲“㖅”字之誤。《新修玉篇》卷五《口部》引《玉篇》:“⿰口戍，辛律切。吹口皃。《韻》曰:‘口鳴⿰口戍⿰口戍。’”（45 上左）此“⿰口戍”亦當以作“㖅”爲是,《篇海》作“㖅”是也。《直音篇》卷一《口部》:“⿰口戍，音戍。使犬声。”（41 下）下文又曰:“㖅，音恤。吹口貌。”（43 上）《直音篇》是也。《詳校篇海》卷一《口部》:“㖅，雪律切，音恤。吹口貌。又口鳴～～。又傷遇切，音恕。使犬聲。”（39 下）《篇海類編》同。《詳校篇海》《篇海類編》因“㖅”“⿰口戍”形近，故而誤植“⿰口戍”字音義於“㖅”字之上，非是。《字彙》因“㖅”“⿰口戍”形近，誤植“㖅”字音義於“⿰口戍”字之上，亦非。《正字通》誤刻作“㖅”，且又誤植“㖅”字音義於此，並非。《正字通》此處當校作“⿰口戍”，並删去“㖅”字音義。《正字通・口部》下文又曰:“⿰口數，俗嗾字。”（173 上）《正字通》謂“⿰口戍”本作“嗾”,“⿰口數”爲“嗾”字之俗，所言當是。《集韻》去聲遇韻雙遇切:“⿰口數，使犬聲。”（497）“⿰口戍”“⿰口數”音近義同，當爲異體字。《説文・口部》:“嗾，使犬聲。从口，族聲。《春秋傳》曰:‘公嗾夫獒。’”（28 下）“嗾”,《廣韻》音“蘇后切”，又音“蘇奏切”。“⿰口戍”“⿰口數”與“嗾”義同，皆當爲“嗾”因方言音變而産生的後起分化字，故“⿰口戍”“⿰口數”本當作“嗾”。《康熙字典》“㖅”字下收録音“戍”“使犬聲”這一音義者，亦因“㖅”“⿰口戍”形近，故而誤植“⿰口戍”字音義於“㖅”字之上所致的訓釋失誤。

3. 娋媜

《字彙·女部》:“娋媜，並同髮。”（107 上）

《正字通·女部》:“娋，𡟎字之訛。”下字注曰:“媜，舊注並同髮。按：古文髮作𡟎，篆作[illegible]。《六書統》:‘爻象頭毛形，恐與卦爻字相犯，故加頁以指之。’《説文》髮或从眥作𡟎，亦作𩑶。象形則从爻，諧聲則从犮，未有从女作娋、媜者。舊本因爻訛从女作娋、媜，楊慎《奇字韻》以娋爲髮，並非。”（245 上）

按:《康熙字典·女部》:“娋，𡟎字之訛。”下文又曰:“媜，《字彙》:‘同髮。’一曰訛字。”（217 下）《説文·髟部》:“髮，根也。从髟，犮聲。𡟎，髮或从首。𩑶，古文。”（183 上）“娋”“媜”左旁所從之“女”當皆爲“髮”字古文“𡟎”左旁所從之“犮”之訛，故“娋”“媜”並即“髮”字或體“𡟎”字之訛。《字彙》謂“娋”“媜”並同“髮”，然“髮”無緣變作“娋”“媜”，故《字彙》之説不確;《正字通》謂“娋”“媜”即“𡟎”字之訛，所言是也。《大字典》《字海》俱收“娋”“媜”，皆謂同“髮”，疑俱失當。

4. 彖

《字彙·彐部》:“彖，土玩切，湍去聲。《易·彖》‘彖者，斷也’，統論一卦之體也。又‘彖者，材也’，謂明卦中剛柔之材也。又《説文》:‘豕走也。’”（148 下）

《正字通·彐部》:“彖，土玩切，湍去聲。《易·彖辭》王弼曰:‘彖者，斷也，統論一卦之體也。’《繫辭》‘彖者，材也’，謂卦中剛柔之材也。”（344 下）

按:《康熙字典·彐部》:“彖,《唐韻》通貫切,《集韻》《韻會》土玩切,《正韻》吐玩切，並湍去聲。《説文》:‘豕走也。’……又《類篇》賞氏切，音矢。豕屬。”（326 上）《集韻》上聲紙韻賞是切:“彖，豕屬。”（308）此“彖”當即“豕”字之訛。箋注本《切韻》（斯 2071）上聲紙韻式氏反:“豕，豬。”（130）故宫本《王韻》上聲紙韻式是反:“豕，賭。”（472）故宫本《裴韻》上聲紙韻式氏反：“豕，賭。”（571）《廣韻》上聲紙韻施是切：“豕，豬也。”（165）“賭”“豬”字同，故“豕”與“豕”音義並同，此“豕”當即“豕”字之訛。

5. 橭

《字彙・木部》：“橭，苦胡切，音枯。木名；又空也。”（212 下）

《正字通・木部》：“橭，空烏切，音枯。木名；又空也。”（502 下）

按：《康熙字典・木部》：“橭，《集韻》《類篇》《正韻》並空胡切，音枯。木名。一曰空也。”（501 下）《集韻》平聲模韻空胡切：“橭，木名；一曰空也。”（90）“橭”當即“挎”字之俗。《廣韻》平聲模韻苦胡切：“挎，空也；拆也。”（47）“橭”訓“空也”，與“挎”音義並同，“橭”當即“挎”字俗訛。又“橭”訓“木名”，當即望形生訓，不可據。《大字典》《字海》“橭”字下分別據《集韻》收録“木名”“一種樹”這一義項，且未溝通其與“挎”字的字際關係，疑並非是。

6. 橇

《字彙・木部》：“橇，蚩瑞切，吹去聲。重擣也。”（223 下）

《正字通・木部》：“橇，昌瑞切，吹去聲。重擣也。《廣雅》：‘橇，謝也。’音毳，與禶、祰、禱、賕義同，非是。”（534 上）

按：《康熙字典・木部》：“橇，《唐韻》此芮切，音毳。重擣也。《博雅》：‘謝也。’”（531 下）敦煌本《王韻》去聲祭韻此芮反：“橇，重禱。又楚歲反。”（407）下文楚歲反：“橇，重禱。或作。”（407）字頭“橇”旁又增加了一個“橇”字。故宫本《王韻》去聲祭韻此芮反：“橇，重禱。又楚歲反。”（496）下文楚歲反：“橇，重［禱］。”（496）故宫本《裴韻》去聲祭韻楚歲反：“橇，重擣。”（590）《唐韻》去聲祭韻楚歲反亦曰：“橇，重擣。”（652）《廣韻》去聲祭韻此芮切：“橇，重擣。又楚稅切。”（274）下文楚稅切又曰：“橇，重擣。”（275）余迺永《校注》於《廣韻》“此芮切”之“橇”字下注：“應正作‘橇，重禱。’詳‘橇’字條。《周校》：‘擣，北宋本、巾箱本、黎本、景宋本左檮，誤。’《龍校》：‘案橇字不詳所出，《全王》《王一》𥚫下云：重禱。《集韻》無𥚫字，而𥛕下云：《博雅》謝也，一曰數祭。《廣雅・釋詁四》𥛕與禱同訓謝；《說文》𥛕，數祭也，數祭與重禱義亦相通；則是《王韻》𥚫即𥛕字之訛；本書云重擣者，擣又是禱字之誤。澤村本檮作擣，蓋張氏據《說文》𥛕下云讀若舂麥爲𥛕及《廣雅・釋詁四》𥛕舂也之文，以意改之，不可從。’按龍氏所引‘𥛕’、‘橇’二字注文見《集韻》祭韻充芮切，此芮切之‘𥛕’字注：‘《說文》：數祭也。’又‘橇’字見祖芮切：‘通作蕝。’又按鉅宋本、巾箱本、楝亭本、元本、明本並作‘擣’，非張改。南宋祖本、黎氏所據本、景宋本作‘檮’。《周校》謂巾箱本、黎本作‘檮’，尤誤。”（841）余迺永《校注》又於《廣韻》“楚稅切”之“𥚫”字下注：“按字當從示，《集韻》此芮切‘𥛕’字：‘《說文》數祭也。’又充芮切：‘《博雅》謝也。一曰數祭。’又初芮切：‘數祭也。’可證。《切韻》系書並訛從木。又詳本韻此芮切注。又注文‘擣’字，《王一》《全王》從示作‘禱’。字《王二》從木作‘檮’亦誤。”（842）以上諸家謂“𥚫”當即“𥛕”字之訛，注文“重擣”當即“重禱”之誤，所言是也。敦煌本《王韻》於“楚歲反”之“𥚫”字旁注一“𥛕”字，此即因校者認爲“𥚫”當即“𥛕”之訛而校。此即其證也。《名義・示部》：“𥛕，齒芮反。謝也；重禱也。”（2）“𥚫”與“𥛕”音義並同。此亦其證也。故“𥚫”當即“𥛕”字之訛。《大字典》《字海》俱收“𥚫”字，皆應溝通其與“𥛕”字的字際關係。

7. 㰦

《字彙・欠部》：“㰦，許介切，音喊。急氣之貌。”（230 上）

《正字通・欠部》：“㰦，同喝。《集韻》喝或作㰦。舊注音戒，急氣貌，非。”（551 上）

按：《康熙字典・欠部》：“㰦，《集韻》許介切，音譮。急氣貌。或作欱。”（552 上）《集韻》去聲怪韻許介切：“㰦，急氣皃。或作欱。”（526）故“㰦”“欱”即爲異體字。又《集韻》去聲夳韻丘蓋切：“嘅，聲也。或作喝。”（521）下文去聲怪韻乙界切：“喝，《說文》：‘㵣也。’或作噧。”（527）下文去聲夬韻於邁切又曰：“喝，饐聲。或作噧、嘅。”（528）下文入聲曷韻許葛切又曰：“噧喝嗑，訶也。或省，亦从蓋。”（686）據上文可知，《集韻》謂“喝”或作“噉”，而未言“喝”或作“歖”，《正字通》謂“《集韻》喝或作歖”，此“歖”當即“噉”字誤刻，故《正字通》據此而謂“歖”同“喝”，其説非是。

8. 涳

《字彙·水部》：“涳，烏朗切，音枉。池不流也。”（251上）

《正字通·水部》：“涳，俗洒字。漥古作窪，篆作[illegible]。舊注烏朗切，音枉，池不流，誤。”（597下）

按：《康熙字典·水部》：“涳，《集韻》鄔晃切，音汪。池不流也。”（622上）《集韻》上聲蕩韻鄔晃切：“涳，池不流。”（420）《正字通》所言疑是。《説文·水部》：“漥，清水也。一曰窊也。从水，窐聲。”（232上）桂馥《義證》：“‘清水也’者，《一切經音義》引作‘小水也’。馥謂‘清’當爲‘積’。《集韻》：‘洿，漥（窪）也。’《玉篇》：‘漥，牛蹄（積）[跡]水也。’一曰窊也者，《一切經音義·七》引《字林》音隱，云：‘漥（窪）或作窊，一瓜反。’《廣雅》：‘漥（窪），下也。’”故“漥”“窪”“洒”“窊”即爲異體字。“涳”與“漥”形義皆近，“涳”疑即“漥”字俗訛。“漥（窪）”，《廣韻》音“烏瓜切”。《集韻》“涳”音“烏朗切”者，當爲丁度等因不識其爲“漥（窪）”字俗訛而妄改。

9. 滐

《字彙·水部》：“滐，以者切，音也。泥出水也；又泥淖也。”（256上）

《正字通·水部》：“滐，埿字之訛。舊注泥淖，與埿義近，改从埜，音也，非。”（607下）

按：《康熙字典·水部》：“滐，《集韻》以者切，音野。泥淖也。或作埡。”（635上）《玉篇·水部》：“滐，余瓦切。泥水皃。”（91下左）《集韻》上聲馬韻以者切：“滐埡，泥淖也。或从邪。”（410）故“滐”“埡”即爲異體字。又《正字通》謂“滐”即“埿”字之訛，疑非是。《廣韻》上聲静韻丈井切:“垽,通也。”(217)“滢”與“垽”音義俱别,二字不可混同,《正字通》謂“滢”即“垽”字之訛,“垽”當即“垩”字誤刻。《康熙字典》亦其證也。

10. 𣿘

《字彙·水部》:“𣿘,徂郎切,音藏。没也。”(263上)

《正字通·水部》:“𣿘,才郎切,音藏。没也。一説訓没不必别作𣿘。”(622下)

按:《康熙字典·水部》:“𣿘,《字彙》徂郎切,音藏。没也。”(653下)《詳校篇海》卷四《水部》:“𣿘,徂郎切,音藏。没也。”(295下)“𣿘”當同“㵴”。《集韻》平聲唐韻慈朗切:“㵴,没也。”(222)“𣿘”與“㵴”音義並同,即爲異體字。《直音篇》卷五《水部》:“𣿘,音藏。没也。㵴,同上。”(207下)此即爲其證也。“㵴”當即“藏”字之俗(見拙著《〈新修玉篇〉疑難字考釋》“㵴”字注),故“𣿘”亦當即“藏”字之俗。

11. 琁

《字彙·玉部》:“琁,渠營切,音窮。赤玉。”(288下)

《正字通·玉部》:“琁,璚字之訛。瓊與璚通,舊注音窮,赤玉,同瓊義,改作琁非,六書無琁。”(679上)

按:《龍龕》卷四《玉部》:“琁,古;瓊,正。渠營反。玉樹也。《説文》云:‘赤玉也。’”(432)《正字通》謂“琁”即“璚”字之訛,所言當是。《説文·玉部》:“瓊,赤玉也。从玉,夐聲。璚,瓊或从矞。”(4下)《玉篇·玉部》:“瓊,渠營切。《説文》云:‘赤玉也。’《莊子》云:‘積石爲樹,名曰瓊枝。其高一百二十仞,大三十圍,以琅玕爲之寶。’璚,同上。”(4下左)儘管“璚”爲“瓊”之異體字,但從字形演變來看,“琁”當即“璚”字俗訛,而非爲“瓊”字古文。《大字典》《字海》據《龍龕》之説而謂“琁”同“瓊”,不確。

12. 皭

《字彙・白部》:“皭，弋笑切，音耀。白色。”（307 下）

《正字通・白部》:“皭，弋照切，音耀。白色。”（722 上）

按:《康熙字典・白部》:“皭，《集韻》《韻會》《正韻》並弋照切，音耀。白色。”（796 下）《集韻》去聲笑韻弋笑切:“皭，白色。”（580）“皭”疑即“曜”字之俗。《廣韻》去聲笑韻弋照切:“曜，日光也；又照也。”（322）《集韻》去聲笑韻弋笑切:“曜燿，光也。或从光。”（580）“皭”與“曜”音同，又“日”旁、“白”旁俗書或可相溷，如“晧”或作“皓”、“皖”或作“晥”、“皞”或作“暤”等，“皭”疑即“曜”字之俗。《集韻》訓“白色”，疑爲望形生訓。

13. 稫

《字彙・禾部》:“稫，徒鼎切，音定。稻麥貌。”（332 上）

《正字通・禾部》:“稫，他鼎切，音挺。稻麥傑立貌。”（773 下）

按:《康熙字典・禾部》:“稫，《集韻》待鼎切，定上聲。稻麥傑立貌。”（869 上）《集韻》上聲迥韻待鼎切:“稫稼，稻麥皃。或从定。”（428）“稫”當即“挺”字之俗。《説文・手部》:“挺，拔也。从手，廷聲。”（255 下）《廣韻》上聲迥韻徒鼎切:“挺，挺出。《説文》:‘拔也。’”（217）《集韻》上聲迥韻待鼎切:“挺，《説文》:‘拔也。’一曰直也。”（428）“稫”與“挺”音同，正如“拌”俗作“秚”（見《集韻》）、“技”俗作“䅺”（見朝鮮本《龍龕》）、“掠”俗作“稤”（見《字海》）等，“稫”當即“挺”字之俗。《集韻》訓“稻麥皃”、《正字通》訓“稻麥傑立貌”，皆當爲望形生訓。

14. 秤

《字彙・禾部》:“秤，丑人切，音嗔。禾名。”（331 上）

《正字通・人部》:“秤，俗字。禾無秤名。”（771 下）

按:《康熙字典・禾部》:“秤，《篇海》丑人切，音胂。禾名。”（866

下）《新修玉篇》卷十五《禾部》引《川篇》:“种，丑人切。禾也。”（135下右）《篇海》卷十三《禾部》引《川篇》:“种，丑人切。禾名。”（795下）《正字通》謂“种”爲俗字，所言當是。今案：此“种”疑即“抻”字俗訛。《廣韻》去聲震韻試刃切“抻，抻物長也。”（296）“抻”,《集韻》音“癡鄰切”。“种”與“抻”音同形近，正如“拌”俗作“秚”（見《集韻》）、“技”俗作“秓”（見朝鮮本《龍龕》）、“掠”俗作“稤”（見《字海》）等，此“种”疑即“抻”字俗訛。《新修玉篇》訓“禾也”、《篇海》訓“禾名”，皆當爲望形生訓。《字彙》訓“禾名”，當因承襲前代字書之謬而誤。又《篇海》卷十三《禾部》引《廣集韻》:“种，音虫。”（795下）此“种”當即“种”字之俗。《廣韻》平聲東韻直弓切：“种，稚也。或作沖。亦姓。後漢司徒河南种暠。”（3）《集韻》平聲東韻持中切：“种，稚也；亦姓。”（13）故“种”與“种”音同形近，此“种”又當即“种”字之俗。

15. 腮

《字彙・肉部》:“腮，俗顋字。”（383上）

《正字通・肉部》:“腮，俗顖字。”（882下）

按：《康熙字典・肉部》:“腮,《字彙》:‘俗顋字。’”（1021上）《廣韻》平聲咍韻蘇來切：“顋，顋頷。俗又作腮。”（58）故“腮”即“顋”之異體字。又《廣韻》去聲震韻息晉切：“囟,《說文》曰：‘頭會腦蓋也。’顖，同上。”（294）故“顖”即“囟”之異體字。《字彙》謂“腮”即“顋”字之俗，是也；《正字通》謂“腮”即“顖”字之俗，“顖”即“顋”字誤刻。

16. 觮觫

《字彙・角部》:“觮，古祿切，音谷。觮觫，多也。”（446上）

《正字通・角部》:“觮，訛字。舊注音谷，觮觫，多也，誤。”（1047上）

按：《康熙字典・角部》:“觮,《廣韻》古祿切，音穀。觮觫，多貌。按：《集韻》云：‘《博雅》：殕殐，歹也。’俗作觮，非是。《字彙》沿《廣韻》之訛，音訓與《歺部》‘殉’字相溷誤矣。再查《玉篇·角部》收‘觞’字，音杷，訓角曲，夠、觞雖旁有左右之别，似是一字，附記備考。”（1187下）此二字《切韻》未收，《集韻》亦不録，僅見《廣韻》收之，當即陳彭年等據俗書所增。《廣韻》入聲屋韻古禄切：“夠，夠𡖋，多皃。”（366）同一小韻下文桑谷切又曰：“𡖋，夠𡖋，多也。”（367）《正字通》謂“夠”爲訛字，所言當是。“夠”疑即“殉”字之訛。《廣雅·釋詁三》：“殉𣨛，歺也。”王念孫《疏證》：“各本俱脱‘死’字。《集韻》《類篇》‘殉’‘𣨛’‘殲’‘殰’四字注並引《廣雅》‘歺也’，則宋時《廣雅》本已脱去‘死’字。考《廣韻》云‘殉𣨛，死皃，出《廣雅》’。又‘殉’‘𣨛’‘殲’‘殎’‘殙’五字，諸書並訓爲死，今據以補正。”王氏所言疑可商榷。《名義·歺部》：“殉，古禄反。［殉］𣨛，歺皃也。”下字曰：“𣨛，山禄反。［殉𣨛］，無罪而就死地。”（112下）《龍龕》卷四《歺部》：“殉𣨛，上音穀，下音速。殉𣨛，死皃。”（516）《玉篇·歺部》：“殉，古鹿切。殉𣨛，死皃。”下字曰：“𣨛，思禄切。殉𣨛。”（58上右）故宫本《王韻》入聲屋韻古鹿反：“殉，殉𣨛。下文桑谷反又曰：“𣨛，殉𣨛，歺。”（509）“歺”“死”義可相通，故頗疑《廣雅》此條本訓“歺也”，而非脱“死”字。《名義》作“歺”，可見原本《玉篇》所引《廣雅》即訓“歺也”。故宫本《王韻》亦作“歺”，此亦其證。“夠𡖋”與“殉𣨛”音同，又“多”旁、“歺”旁、“夕”旁、“勹”旁俗寫或可訛混，故“夠𡖋”當即“殉𣨛”之訛，“夠”疑即“殉”字俗訛，而“𡖋”疑即“𣨛”字俗訛。《廣韻》訓“夠𡖋”爲“多也”，當爲見其從“多”而妄改。述古堂影宋鈔本《集韻》入聲屋韻古禄切：“殉，《博雅》：殉𣨛，歺也。’俗作**殉**，非是。”（634）“**殉**”，揚州使院重刻本《集韻》、宋刻本《集韻》皆作“夠”。此是其佐證也。又《玉篇·角部》：“觞，音杷。角曲。”（122下左）“夠”與“觞”儘管構字部件相同，然音義俱别，二字不可混同，《康熙字典》謂“夠”與“觞”似爲一字，既無書證亦無例證，此説疑不可據。

17. 驚

《字彙·馬部》:"驚,并結切,音別。馬名。"(554 上)

《正字通·馬部》:"驚,俗字。"(1319 下)

按:《康熙字典·馬部》:"驚,《字彙》并結切,音別。馬名。"(1528 下)《新修玉篇》卷二十三《馬部》引《奚韻》:"驚,牛結切。馬名。"(189 下左)《篇海》卷七《馬部》引《奚韻》:"驚,并結切。馬名。"(680 上)《新修玉篇》與《篇海》讀音不同,從形音關係來看,當以《篇海》爲是。"驚"疑即"鷩"字俗訛。《説文·鳥部》:"鷩,赤雉也。从鳥,敝聲。《周禮》曰:'孤服鷩冕。'"(76 下)《玉篇·鳥部》:"鷩,必列切。鷩雉,可爲冕。"(114 上右)《廣韻》去聲祭韻必袂切:"鷩,《爾雅》曰:'鷩雉。'郭璞云:'似山雞而小冠。'《周禮》云:'王享先公饗射,則鷩冕。'又音鼈。"(276)下文入聲薛韻并列切:"鷩,雉屬。似山雞而小。《周禮》有鷩冕。"(404)"驚"與"鷩"形音皆近,又"馬"旁、"鳥"旁形近,俗書常可訛混,故"驚"疑即"鷩"字俗訛。《新修玉篇》《篇海》訓"馬名"者,疑爲望形生訓。

(二)有利於校訂字音

受編纂失誤與傳抄失誤等因素的影響,《字彙》《正字通》《直音篇》《詳校篇海》《篇海類編》《康熙字典》《字彙補》等明清大型字書的字音也存在一些問題。系統考釋與研究明清大型字書疑難字,可以對明清大型字書中的字音失誤作出校訂。

1. 叱(吪)

《字彙·口部》:"叱,呼霸切,音化。開口貌。"(70 上)

《正字通·口部》:"叱,同吪,通作訛(訛)。舊注音化,開口貌。後'吪'注知'吪'與'訛'同,不知'叱'即'訛'省,分爲二,非。"(132 下)

按:《康熙字典·口部》:"叱,《集韻》火跨切,音化。開口貌。按:《正字通》同吪,通作訛(訛),無據。"(112 上)《集韻》去聲禡韻火跨切："匕，《説文》：'變也。'通作化。"同一小韻下文又曰："吪，開口皃。"（596）"匕"，《説文》本作"七"，此"匕"當即"七"字之訛。從形音關係來看，此"吪"亦當以作"吪"爲是。《大字典》第一版作"吪"，是也；第二版卻改作"叱"，非是。《説文·口部》："吪，動也。从口，化聲。"（28上）《玉篇·口部》："吪，五戈切。《詩》云：'或寢或吪。'吪，動也。"（25下右）"訛"即"吪"之異體字。《龍龕》卷二《口部》："吪，五禾反。動也；謬也；詭也。與譌、訛亦同。"（267）此即其證也。"叱"與"吪（訛）"音義俱别，二字不可混同，故《正字通》之説非是。《康熙字典》所言是其證也。《大字典》第一版、第二版"叱（叱）"字下皆據《正字通》之誤而收録一個義項，謂音é，同"吪（訛）"，疑並非是。"叱（叱）"疑即"叱"字之俗。《説文·口部》："叱，訶也。从口，七聲。"（27下）"叱（叱）"與"叱"形近，又"七""匕""七"形近，俗書常可訛混，"叱（叱）"當即"叱"字之俗。《龍龕》卷二《口部》："叱，俗；叱，正。昌栗反。~，呵~也。二。"（276）此是其證。故"叱（叱）"當即"叱"字之俗。"叱"俗作"叱"後，丁度等見其從"七"，遂改其讀爲"火跨切"，此當即望形生音；其訓"開口皃"，亦當爲丁度等妄改。《集韻》平聲麻韻呼瓜切："吪，口開。"（209）"吪"與"叱"形近義同，此"吪"當同"叱"，亦當即"叱"字之俗。"叱"字，《大字典》第一版作"叱"，是也；第二版卻作"叱"，非是。"叱"字，第一版作"叱"，是也；第二版卻作"叱"，亦非。《字海》收録"叱""叱"二字，"叱"字下謂同"叱"，"叱"字下音chì，訓"大聲呵斥"。《字海》這樣處理"叱""叱"二字的字際關係，正俗顛倒，非是。《字海》應於"叱"字下音chì，訓"大聲呵斥"，而於"叱"字下謂同"叱"。

2. 帣

《字彙·巾部》："帣，苦現切，音譴。幡係於棨者。"（137上）

《正字通·巾部》："帣，舊注音譴，旛係于棨者。按：古棨形如戟，有旛書之吏執爲信，繫棨上者即幡也，不名爲棨。啓或作启，攴爲啓之省，改苦現切，音譴，非。韔衣或从糸作綮，闕帣可也。"（316下）

按：《康熙字典・巾部》："帣，《集韻》輕甸切，音俔。幡係於棨者。"（292 上）《集韻》去聲霰韻輕甸切："帣，幡係於棨者。"（569）《正字通》所言當是。《説文・木部》："棨，傳，信也。从木，啟省聲。"（119 下）王筠《句讀》："謂棨一名傳，所以爲信也。《古今注》：'凡傳皆以木爲之，長五寸，書符信於上，又以一板封之，皆封以御史印章，所以爲信也，如今之過所。'"段玉裁注："若今之文書也……用繒帛謂之繻……用木謂之棨。"故"棨"本義即指"古代作通行用的一種木製的符信"，引申義指"古代官吏出行時用作前導的一種儀仗。用木製成，形狀似戟，上有赤黑色繒衣"。晉崔豹《古今注・輿服》："棨戟，殳之遺像也。《詩》所謂'伯也執殳，爲王前驅'。殳，前驅之器也，以木爲之，後世滋僞，無復典刑，以赤油韜之，亦謂之棨戟，王公以下通用之以前驅。"《漢書・韓延壽傳》："延壽衣黄紈方領，駕四馬，傳總，建幢棨，植羽葆，鼓車歌車。"顏師古注："棨，有衣之戟也。其衣以赤黑繒爲之。""棨"，《廣韻》音"康禮切"。"帣"與"棨"形近義同，故"帣"當即"棨"字之俗。《集韻》改音"輕甸切"，非是。又《集韻》去聲霰韻輕甸切"帣"字上一字曰："棨，戟屬。"（569）據上文可知，"棨"《廣韻》本音"康禮切"，《集韻》又音"輕甸切"，非是；其訓"戟屬"，當爲誤截書證所致的訓釋失誤。《大字典》《字海》俱收"帣"字，皆據《集韻》之誤而音 qiǎn，且未溝通其與"棨"字的字際關係，疑並非是。

3. 硄

《字彙・石部》："硄，苦光切，音近匡。石聲。"（320 上）

《正字通・石部》："硄，舊注苦光切，音匡，石聲。一説从石，光聲，讀若光。石色之光澤者。改音匡，非。"（749 上）

按：《康熙字典・石部》："硄，《玉篇》口光切，《集韻》枯光切，聲同匡。石聲。又《正字通》：'讀若光。石色之光澤者。'"（841 下）《玉篇・石部》："硄，口光切。石聲。"（105 下左）《集韻》平聲唐韻苦光切："硄，石聲。"（224）"硄"當爲象聲詞。《南齊書・張融傳》："頓浪低波，砮硡硄，折嶺挫峰，窄浪碌硞。"從文意來看，此"硄"亦爲象聲詞。《正字通》一説“從石，光聲，讀若光。石色之光澤者”，且謂“改音匡”非，於前代字韻書亦無徵，此音義分别爲望形生音、望形生訓，皆不可據。《康熙字典》轉録《正字通》音訓，亦失考證。《大字典》《字海》“硄”字下皆據《正字通》“一説”而收録“有光澤的石頭”，疑並非是。

4. 矝

《字彙·石部》：“矝，羊諸切，音（子）[予]。石名。”（320下）

《正字通·石部》：“矝，訛字。”（748上）

按：《康熙字典·石部》：“矝，《篇海》羊諸切，音予。石名。”（840上）《篇海》卷十二《石部》引《玉篇》：“矝，音予。石名。”（778上）《叢考》“矝”字下注：“此字疑爲‘硢’的俗字。‘予’‘余’《廣韻》皆有以諸切一讀，義亦相當，故此二旁往往可以换用。《廣韻》平聲魚韻載‘畬’字或作‘畭’，是其例。故‘矝’當是‘硢’的改换聲旁俗字。《集韻·魚韻》羊諸切（與‘予’字同一小韻）：‘硢，石名。’‘矝’‘硢’音義皆同。”（725）《叢考》之説疑可商榷。《疑難字》“矝”字下注：“《篇海》引《玉篇》：‘矝，音予。石名’，當是‘矴，音子。石名’之誤，‘矝’与‘矴’、‘予’与‘子’并形近。”（542）《疑難字》所言是也。《新修玉篇》卷二一《石部》引《玉篇》：“矴，音子。石名。”（183下右）《篇海》“矝”字與《新修玉篇》“矴”字位置相同，此是其確證也。故“矝”當即“矴”字俗訛，而《篇海》音“予”，“予”當爲“子”字之訛。

5. 碂

《字彙·石部》：“碂，作弄切，音粽。碎也。”（322上）

《正字通·石部》：“碂，才紅切，音叢。石聲。舊注作弄切，音粽，訓碎，誤。”（751下）

按：《康熙字典·石部》：“碂，《集韻》子宋切，音綜。碎也。又《正字通》才紅切，音叢。石聲。”（844上）《集韻》去聲宋韻子宋切：“碂，碎也。”（464）《新修玉篇》《篇海》引《餘文》並同。《直音篇》卷六《石部》：“碂，音粽。碎也。”（236下）《詳校篇海》卷四《石部》：“碂，作弄切，音粽。碎也。”（304 上）《篇海類編》同。故“碂”當音 zòng，訓“碎也”。《正字通》改音 cóng，訓“石聲”，且謂“舊注”非，既無書證亦無例證，其説疑不可據。《康熙字典》轉録《正字通》“石聲”之訓，亦失考證。《大字典》《字海》“碂”字下皆據《正字通》之説而收録“石聲”這一義項，疑並非是。

6. ⿱罒木⿱⿵冂㐅木罙

《字彙·网部》:“⿱罒木，多則切，音得。兔罟也。”（366 上）

《正字通·网部》:“⿱罒木，罘字之訛。《説文》本作⿱罒否，隸省作罘。舊注兔罟，音得，非。”（844 下）

按:《康熙字典·网部》:“⿱罒木，訛字。按:《篇海》音義同⿱罒某，疑即⿱罒某字之訛。”（972 上）《新修玉篇》卷十五《网部》引《奚韻》:“**⿱⿵冂㐅木**，莫厚切。罔也。”（141 上左）《篇海》卷八《网部》引《奚韻》:“罙，莫厚切。網網（當爲衍文）。”（707 下）“**⿱⿵冂㐅木**”“罙”即爲同字異寫，皆同“⿱罒木”。《直音篇》卷三《网部》:“⿱⿵冂㐅木，音毋。網罔（當爲衍文）。⿱罒木，同上。”（130 上）“⿱⿵冂㐅木”與“**⿱⿵冂㐅木**”“罙”亦爲同字異寫，《直音篇》謂“⿱罒木”同“⿱⿵冂㐅木”，此即其證也。《詳校篇海》卷三《网部》:“⿱⿵冂㐅木，莫厚切，音某。網網（當爲衍文）。”（197 上）《篇海類編》同。《字彙》“⿱罒木”字改音“多則切”，於前代字書皆無徵，非是；又其改訓“兔罟也”，當因“⿱罒木”“罘”形近，故而誤植“罘”字之義於“⿱罒木”字之上所致的訓釋失誤。《説文·网部》:“⿱罒否，兔罟也。从网，否聲。”（154 下）徐鉉等注:“隸書作罘，縛牟切。”《玉篇·网部》:“⿱罒否，縛牟切。兔罟也。罘，同上。”（76 下左）此是其證也。故“⿱罒木”與“罘”儘管形近，然音義俱别，二字不可混同，《正字通》謂“⿱罒木”即“罘”字之訛，疑不可據。《康熙字典》謂“⿱罒木”即“⿱罒某”字之訛，所言疑是。《玉篇·网部》:“⿱罒某，莫厚切。罔。”（77 上右）《集韻》上聲厚韻莫後切:“⿱罒某，罔也。”（438）故“⿱罒木”與“⿱罒某”音義並同，“⿱罒木”當即“⿱罒某”字之俗；而“⿱⿵冂㐅木”“罙”即“⿱罒木”之異寫字，亦當即“⿱罒某”字之俗。

7. 翗

《字彙・羽部》:“翗，徒紅切，音童。飛貌。又達貢切，音洞。義同。”（372 上）

《正字通・羽部》:“翗，徒紅切，音童。飛貌。又送韻音洞。義同。”（857 上）

按:《康熙字典・羽部》:“翗,《玉篇》:‘達貢切。飛貌。’”（986 下）此字《説文》《名義》皆未收,《廣韻》《集韻》亦不録,《玉篇》收於《羽部》之末，當即陳彭年等據俗書所增。《玉篇・羽部》:“翗，音童，又達貢切。飛皃。”（121 下右）《玉篇校釋》“翗”字下注:“飛皃義，音達貢，与‘翀’‘翧’並同，直飛而上也。翗、翧一字，猶衝、衝一字也。又直音童者，或爲幢之異文，羽蓋童童然也。”（5147）胡氏前説疑是。“翀”本作“沖”,“沖”也作“衝”，而“衝”字異體又作“衝”，故“翗”疑即“衝”因涉義而改換義符所産生的俗字。《玉篇》音“童”，又音“達貢切”，疑皆爲望形生音。

8. 㼲

《字彙・而部》:“㼲，音而。瓦也。又力協切，音獵。瓦薄。”（373 下）

《正字通・瓦部》:“㼲，甄字之訛。舊注音而，瓦也，誤。又力協切，音獵，音與甄同，改訓瓦薄，亦誤，宜删。”（861 上）

按:《康熙字典・而部》:“㼲,《集韻》人之切，音而。瓦也。按:《類篇》《篇海》在《瓦部》，今从《正字通》併入。”（990 下）《集韻》平聲之韻人之切:“㼲，瓦也。”（52）《正字通》謂“㼲”即“甄”字之訛，所言當是。《龍龕》卷二《瓦部》:“甄甈，二俗；甄，正。良涉、盧叶二反。踏瓦聲也。三。”（316）以上諸字皆爲“甄”字之俗。《説文・瓦部》:“甄，蹈瓦聲。从瓦，耎聲。”（269 下）《集韻》入聲怗韻力協切:“甄甈，《説文》:‘蹈瓦聲。’一曰瓦薄也。或省。”（782）“甄”“甄”“甈”與“甄”音義並同，“甄”“甄”即“甄”之俗寫字，而“甈”即“甄”之俗省字。

“甅”與“甋”構字部件相同，“甅”疑即“甋”通過偏旁易位而形成的異體字，亦當即“甄”字之俗。《集韻》“甅”音“如之切”，疑爲望形生音；又其訓“瓦也”，疑爲望形生訓。《詳校篇海》卷一《瓦部》：“甅甋，二如之切，音而。瓦也。又力協切，音獵。瓦薄。”（72 上）《篇海類編》。《詳校篇海》《篇海類編》謂“甅”同“甋”，是也；然其音“而”，訓“瓦也”，當因承襲《集韻》之謬而誤。《字彙》“甅”音“而”，訓“瓦也”，亦當因承前而誤。《大字典》《字海》“甅”字下皆據《集韻》收録音 ér、“瓦”這一音義，疑並非是。

9. 裋

《字彙·衣部》：“裋，文運切，音問。喪服，五服外之最輕者。亦作絻。”（438 下）

《正字通·衣部》：“裋，舊注音問，喪服五服外最輕者，亦作絻。按：袒免之免讀若問，贅作絻、裋，並非。”（1028 下）

按：《康熙字典·衣部》：“裋，《集韻》武遠切，音晚。《類篇》：‘服也。’”（1164 上）《集韻》上聲阮韻武遠切：“裋，服也。”（363）《字彙》《正字通》所言當是。原本《玉篇·糸部》：“絻，莫愠反。《儀禮》：‘主人括髮，袒，衆主人免于房。’鄭玄曰：‘齊衰將袒，以免代冠。’免之制未聞焉，舊説以爲如冠狀，廣一寸。《喪服小記》曰：‘斬衰，括髮以麻，免而以布。’此用麻布爲之，狀如今之著幓頭矣，自項中而前交額上卻繞髤。今文皆作絻。《禮記》：‘冠至尊也，故爲免以代之。’或爲帓字，在《巾部》。”（657）《玉篇·糸部》：“絻，亡運切。喪服。或作免。”（125 下左）。《左傳·哀公二年》：“使太子絻，八人衰絰，僞自衛逆者。”杜預注：“絻者，始發喪之服。”孔穎達疏：“太子絻者，禮不至喪所，不括髮，故以絻代之耳。”《禮記·大傳》：“五世袒免，殺同姓也。”陸德明《釋文》：“免，音問。”孔穎達疏：“謂其承高祖之父者也，言服袒免而無正服，減殺同姓也。”故“絻”即指“去冠，用布包裹髮髻的古代喪服之一”，“絻”或作“帓”，本作“免”。“裋”訓“服也”，此“服”即指“去冠，用布包裹髮髻這種古代喪服”，故“裋”當同“絻”，本亦作“免”。《集韻》

“㝃”音“武遠切”，非是。《康熙字典》承襲《集韻》讀音之誤而未作校正，亦失考證。《大字典》《字海》俱收“㝃”字，其下皆分爲兩個義項：第（一）義項據《集韻》音 wǎn，訓“服”；第（二）義項據《字彙》音 wèn，同“絻”。據上文可知，《集韻》所收之“㝃”即“絻”之異體字，本亦作“免”，而其音“武遠切”，非是，故《大字典》《字海》“㝃”字下皆應删去第（一）義項，據《字彙》《正字通》之説而直謂同“絻”，本作“免”。

10. 郫

《字彙・邑部》：“郫，侯旦切，音旱。縣名，在南陽。”（494 上）

《正字通・邑部》：“郫，郢字之訛。按《輿圖考》有郢無郫，舊注侯旦切，音旱，縣名，誤。又云在南陽，與《説文》‘郢’訓略同，益信郢訛爲郫也。”（1169 上）

按：《康熙字典・邑部》：“郫，《正字通》：‘郢字之訛。’”（1336 上）《新修玉篇》卷二《邑部》引《餘文》：“郫，侯旦切。邑名，在南陽。”（18 上右）《篇海》卷十三《邑部》引《餘文》：“郫，侯旦切。縣名，在南陽。”（809 下）《新修玉篇》與《篇海》義訓不同，當以《新修玉篇》爲是。《集韻》去聲翰韻侯旰切：“郫，邑名，在南陽。”（553）此是其證也。故《篇海》“縣名”當爲“邑名”之誤。《詳校篇海》卷五《邑部》：“郫，侯旦切，音旱。縣名，在南陽。”（347 下）《篇海類編》同。《詳校篇海》《篇海類編》《字彙》訓“縣名”，皆因承襲《篇海》之謬而誤。《正字通》所言疑是。《説文・邑部》：“郢，南陽西鄂亭。从邑，里聲。”（130 上）徐鍇《繫傳》：“郢，邑名。”“郢”，《廣韻》音“良士切”。“郫”與“郢”義通，又“旱”旁、“里”旁形近，俗寫或可訛混，如梁春勝《楷書異體俗體部件例字表》（未刊稿）“悝”俗作“𢚒”、“埋”俗作“𡋯”等，“郫”疑即“郢”字俗訛。《集韻》音“侯旰切”，疑爲望形生音。

11. 醊

《字彙・酉部》：“醊，巨委切，音跪。醳也。又古委切，音癸。醲

也。”（499 下）

《正字通・酉部》:“醆，醱字之訛。”（1183 下）

按:《康熙字典・酉部》:“醆,《玉篇》居誄切，音癸。醥也。”（1352 上）《直音篇》卷七《酉部》:“醆，音跪。醳也。”（321 上）《直音篇》“醆”音“跪”，訓“醳也”，疑非是。《玉篇・酉部》:“醆，音揆。醥也。”（135 下右）《新修玉篇》《篇海》引《玉篇》亦同。故《直音篇》“醆”字改音“跪”，訓“醳也”，於前代字書皆無徵，非是。《詳校篇海》卷五《酉部》:“醆，巨委切，讀如匱。醳也。又古委切，音癸。醥也。”（360 上）《詳校篇海》《篇海類編》訓“醥也”，是也；然又皆收“古委切，音癸”“醳也”這一義項，當皆因承襲《直音篇》之謬而誤。《字彙》亦收“巨委切，音跪”“醳也”這一義項，亦因承前而誤。又《集韻》入聲末韻普活切:“醱，酘謂之醱。”（692）“酘”即義指“再釀酒”。故“醆”與“醱”音義俱別，二字不可混同，《正字通》謂“醆”即“醱”字之訛，既無書證亦無例證，其説非是。《大字典》《字海》“醆”字下分別據《篇海類編》《字彙》之誤而收録“醳”這一義項，疑並非是。

12. 闋

《字彙・門部》:“闋，丘月切，音缺。無門户也。《太玄》:‘闋首。’又直意切，音致。言陰氣閉陽闋密也。”（515 上）

《正字通・門部》:“闋，與緻通。音致，舊音缺，非。《太玄》:‘闋首，次二，闋無間。測曰：無間之闋，一其二也。’注:‘二，火也，而在火行，二火相會合，闋密如一，故無間。一其二，言一陰二陽道相交也。’一説揚雄臆造闋字無深義，今不必從。”（1229 下）

按:《康熙字典・門部》:“闋,《集韻》直利切，音緻。揚子《太玄經》:‘闋首，次二，闋無間。測曰：無間之闋，一其二也。’注:‘二，火也，而在火行，二火相會合，闋密如一，故無間。一其二，言一陰二陽道相交也。’”（1411 下）《集韻》去聲至韻直利切:“闋,《太玄》眥名，陰氣閉，陽緻密也。王涯説。”（476）《太玄・闋》:“闋，陰陽交跌，相闋成一。”又“闋無間。”范望注:“闋密如一，故無間也。”《正字通》所言是也。《説文・糸部》:“緻，密也。从糸，致聲。”（278下）《廣韻》去聲至韻直利切:“緻，密也。”（247）《集韻》去聲至韻直利切:“緻,《説文》:‘密也。’”（476）故“闋”與“緻”音義並同,“闋”當即“緻”之異體字。《字彙》音“缺”，形音不諧，非是；又其訓“無門户也”，於前代字韻書皆無徵，非是。

13. 閗

《字彙・門部》:“閗，當口切，音斗。姓也。又大透切，音豆。呼也。”（516上）

《正字通・門部》:“閗，俗字。舊注音豆，呼也；音斗，姓也，誤。”（1231上）

按:《康熙字典・門部》:“閗,《廣韻》都豆切。俗鬥字。又《字彙》當口切，音斗。姓也。又大透切，音豆。呼也。”（1414上）述古堂影宋鈔本《集韻》去聲候韻丁候切:“鬭,《説文》:‘遇也。’又姓。俗作**闘**，非是。”（619）“**闘**”，揚州使院重刻本《集韻》、宋刻本《集韻》皆作“閗”，“**闘**”“閗”即同字異寫，並即“鬭”字之俗。又《新修玉篇》卷十一《門部》引《川篇》:“閗，音斗。姓也。又多豆切。呼也。”（101上左）《篇海》卷七《門部》引《川篇》:“閗，音斗。人姓也。又多豆切。呼也。”（675下）據上文所引《集韻》可知，“閗”訓“姓也”“人姓也”，亦當即“鬭”字之俗，亦當音“丁候切”，而《新修玉篇》《篇海》改音“斗”，非是；又《新修玉篇》《篇海》訓“呼也”，於前代辭書亦無徵，疑亦非是。《詳校篇海》卷三《門部》:“閗，音斗。人姓。又音豆。呼也。”（147下）《篇海類編》同。《詳校篇海》《篇海類編》亦音“豆”，又訓“呼也”，當因承前而謬。《字彙》《康熙字典》亦收“呼也”這一義項，當皆因承前而誤。《正字通》謂“舊注”誤，所言是也。《大字典》“閗”字下據《篇海類編》收録“呼”這一義項，疑非是；又其“姓”這一義項據《篇海類編》音 dǒu，且未溝通其與“鬭”字的字際關係，亦並非是。

14. 飍

《字彙·風部》:“飍，補尤切，音彪。大風起貌。又虛尤切，音休。義同。”（543下）

《正字通·風部》:“飍，舊注音彪，大風起貌，又音休，義同。按:《玉篇》:‘飍，驚走貌。’左思《吴都賦》:‘儋耳黑齒之酋，金鄰象郡之渠，驫駥飍矞，靸霅驚捷，先驅前途。’注:‘驫，音浮。駥，音月。飍，音休。矞，音聿。靸，音撒。霅，音匣。’言外國渠酋馳走爲吴王前導也，蓋借疾風形擬奔走之狀，故《玉篇》以驚走訓飍，舊注專屬大風，非。”（1294下）

按:《康熙字典·風部》:“飍，《廣韻》《集韻》並香幽切，音烋。《廣韻》:‘驚風。’又《玉篇》:‘驚走貌。’左思《吴都賦》:‘儋耳黑齒之酋，金鄰象郡之渠，驫駥飍矞，靸霅驚捷，先驅前途。’注:‘驫，音浮。駥，音月。飍，音休。矞，音聿。靸，音撒。霅，音匣。’言外國渠酋馳走爲吴王前導也，蓋借疾風形擬奔走之狀也。又《集韻》必幽切，音彪。又步幽切，音滮。義並同。”（1497上）箋注本《切韻》（斯2071）平聲幽韻香幽反:“飍，風。又風幽反。”（126）故宫本《王韻》、故宫本《裴韻》同。《廣韻》平聲幽韻香幽切:“飍，驚風。又風幽切。”（144）《集韻》平聲幽韻必幽切:“飍，風也。”下文香幽切亦曰:“飍，風也。”下文步幽切亦曰:“飍，風也。”（273）以上諸訓疑皆非是。《名義·風部》:“飍，香幽反。驚走皃。”（201下）《玉篇·風部》:“飍，香幽切。驚走皃。”（94上左）《文選·吴都賦》:“烏滸狼𦛨，夫南西屠，儋耳黑齒之酋，金鄰象郡之渠，驫駥飍矞，靸霅驚捷，先驅前途。”李善注:“驫駥飍矞，衆馬走皃。”故“飍”當以訓“驚走皃”爲是。箋注本《切韻》訓“風”，非是。故宫本《王韻》、故宫本《裴韻》訓“風”，當因承前而謬。《廣韻》轉訓爲“驚風”，亦非。《集韻》訓“風也”，亦因承襲前代韻書之謬而誤。余迺永《校注》“飍”字下注:“按本韻甫休切無此字。然《切韻》系書之《切三》《王一》及《全王》均以本字訓‘風，又風幽反’，甫休反處不互見俱如本書。考《文選·吴都賦》:‘驫駥飍矞，靸霅驚捷，先驅前途。’

李善注：‘飍颭飍矞，衆馬走皃。飍，必幽切。颭，呼橘切。飍，香幽切。矞，以出切。靸雪，走疾貌。靸，素合切。雪，徒合切。’又《玉篇》：‘飍，香幽切。驚走貌。’《切韻》系書謂‘風’，與《廣韻》之解‘驚風’，並應據二書改訓‘驚走貌’，謂詑然突走也。又風幽切即必幽切，亦即《廣韻》之甫休切，乃‘飍’字之音，尤不得用以讀‘飍’。《集韻》香幽、必幽二切外，尚音步幽切，俱訓‘風也’，疑有誤。”（692）余氏所言是也。《龍龕》卷一《風部》：“飍，香幽、火紅二反。驚風也。”（126）《龍龕》訓“驚風也”，亦當爲“驚走也”之誤。《直音篇》卷五《風部》：“飍，音休。驚走。又驚風。”（216下）《直音篇》訓“驚走”，是也；然訓“驚風”，亦因承前而謬。《詳校篇海》卷三《風部》：“飍，虚尤切，音休。驚風。《玉篇》：‘驚走皃。’又補尤切，音彪。風也。又皮彪切，音瀌。大風衆起。”（190下）《篇海類編》同。《詳校篇海》《篇海類編》訓“驚風”，亦因承前而謬；又其訓“大風衆起”，於前代字韻書皆無徵，亦非是。《字彙》訓“大風起貌”，亦因承前而謬。又《詳校篇海》《篇海類編》《字彙》音“彪”者，亦皆因承襲前代韻書之謬而誤，此誠如余氏所言，當爲誤植“飍”字之音於“飍”字之上所致的讀音失誤。《康熙字典》轉録《廣韻》“驚風”之訓而未作校正，亦失考證；又其據《集韻》而謂又“音彪”“音滮”，亦失考證。《大字典》“飍”字下據《集韻》之誤而收録“風”這一義項，非是；又其據《篇海類編》《字彙》之誤而收録“大風起貌”這一義項，亦非。

15. 鵎

《字彙·鳥部》：“鵎，他果切，音妥。鳥名。”（573下）

《正字通·鳥部》：“鵎，鴳字之譌。舊注音妥，鳥名，誤。”（1366下）

按：《康熙字典·鳥部》：“鵎，《廣韻》他果切，《集韻》吐火切，並音妥。鳥名。”（1579上）《廣韻》上聲果韻他果切：“鵎，鳥名。”（208）《正字通》所言疑是。《爾雅·釋鳥》：“鳸，鴳。”郭璞注：“今鴳雀。”《説文·鳥部》：“鴳，雇也。从鳥，安聲。”（77上）《廣韻》去聲諫韻烏澗切：

“鴩，《爾雅》曰：‘鳸，鴩。’郭璞云：‘今鴩雀。’”（311）“鵽”與“鴩”形近義同，正如梁春勝《楷書異體俗體部件例字表》（未刊稿）“綏”俗作“綏”，“鵽”疑即“鴩”字之訛。《廣韻》音“他果切”，當因不識其爲“鴩”字之俗而妄改，此當即望形生音。

16. 鷩

《字彙·鳥部》：“鷩，美隕切，音敏。鶚別名。”（576 下）

《正字通·鳥部》：“鷩，米允切，音敏。鶚別名。《廣雅》注舊音頃，非。”（1377 上）

按：《康熙字典·鳥部》：“鷩，《集韻》美隕切，音敏。鶚別名。”（1589 上）《廣雅·釋鳥》：“鷩鳥，鴞也。”曹憲音：“鷩，敏音，人多作煩音，非也。”徐復詁林：“案：曹説非是，辨見《疏證》，各本煩訛作頃，今訂正。”王念孫《疏證》：“鷩與繁通。《楚辭·天問》：‘何繁鳥萃棘，負子肆情。’王逸注云：‘言解居父聘吴，過陳之墓門，見婦人負其子，欲與之淫泆，肆其情欲，婦人則引《詩》刺之曰：墓門有棘，有鴞萃止。故曰繁鳥萃棘也。’是繁鳥即鴞也。繁與鷩俱從敏聲而音爲煩，曹憲乃云‘鷩字人多作煩音失之’，是直不知鷩鳥之爲繁鳥也。鷩或作蕃。《北山經》：‘涿光之山，其鳥多蕃。’郭璞注云：‘或云即鴞也。音煩。’又其一證矣。”以上諸説是也。《漢語大詞典》亦曰：“繁鳥，鴞的别名。”此亦其證也。故今本《廣雅》“鷩”當爲“繁”字之訛，本當音“煩”；曹憲校作“敏音”，非是；或有作“頃”者，亦當爲“煩”字之訛。《集韻》上聲準韻美隕切：“鷩，鳥名，鴞也。”（355）《集韻》音“美隕切”，亦因承襲曹憲音注之謬而誤。《新修玉篇》卷二四《鳥部》引《餘文》：“鷩，眉殞切。鳥名，鴞也。”（200 下左）《篇海》同。此亦因承襲《集韻》之謬而誤。《直音篇》卷六《鳥部》：“鷩，音敏。鳥名。”（261 上）《直音篇》音“敏”，亦因承前而謬。《詳校篇海》卷二《鳥部》：“鷩，美隕切，音敏。鳥名，鶚也。”（89 下）《篇海類編》同。《詳校篇海》《篇海類編》音“敏”，亦皆因承前而謬；又其訓“鳥名，鶚也”，於前代辭書皆無徵，“鶚也”當爲“鴞也”之誤。《字彙》《正字通》《康熙字典》音“敏”，訓“鶚別名”，亦皆因承前而謬。《大字典》《字海》俱收“鷘”字，音 mǐn，未溝通其與“繁”字的字際關係，且皆據《字彙》之誤而收録“鶚的别名”這一義項，俱失考證。

（三）有利於訂正釋義

受編纂失誤與傳抄失誤等因素的影響，《字彙》《正字通》《直音篇》《詳校篇海》《篇海類編》《康熙字典》《字彙補》等明清大型字書的字義存在很多問題。系統考釋與研究明清大型字書疑難字，也可以對明清大型字書中的字義失誤作出訂正。

1. 娩

《字彙·女部》:“娩，武綰切，音晚。媚也；遲緩也。《禮·内則》:‘女子十年不出，姆教婉娩。’婉謂言語，娩謂容貌。又按:《九嬪》注:‘婉娩總爲婦容。’又姓。”（105 下）

《正字通·女部》:“娩，武綰切，音晚。媚也；順也。《禮·内則》:‘女子十年不出，姆教婉娩聽從。’注:‘謂十歲恒處于内，婉謂言語，娩謂容貌。’又《周禮·九嬪》注:‘婉娩總爲婦容。’”（240 下）

按:《名義·女部》:“娩，無遠、無顛二反。媚也。”（27 下）《玉篇·女部》:“娩，無遠、亡辯二切。婉娩也；媚好也。”（17 下右）箋注本《切韻》（斯 2071）上聲阮韻無遠反:“娩，婉娩。”（133）敦煌本《王韻》同。故宫本《王韻》上聲阮韻無遠反:“娩，婉娩，女態。”（478）《廣韻》上聲阮韻無遠切:“娩，婉娩，媚也。”（189）《禮記·内則》:“女子十年不出，姆教婉娩聽從。”鄭玄注:“娩之言媚也，媚謂容貌也。”故“娩”即義指“容貌美好”。《字彙》訓“遲緩也”，於歷代字韻書、文獻皆無徵，當因從“晚”爲説而妄補，疑不可據。《大字典》“娩”字下據《字彙》之誤而收録“遲緩”這一義項，疑應删。

2. 娗

《字彙·女部》:“娗，蕩練切，音電。美好貌。”（105 下）

《正字通·女部》:“娗，依肰切，音延。美好貌。舊注蕩練切，音

電，誤。”（240 下）

按：《康熙字典・女部》：“娫，《廣韻》以然切，《集韻》夷然切，並音延。女字。一曰美好貌。”（214 上）《集韻》平聲僊韻夷然切：“娫，女字。”（167）《新修玉篇》卷三《女部》引《餘文》：“娫，以然切。女字。”（30 下右）《篇海》同。《直音篇》卷一《女部》：“娫，音延。女字。”（27 上）故“娫”當訓“女字”，即指“女子人名用字”。《詳校篇海》卷二《女部》：“娫，夷然切，音延。女字。又力延切，音連。長皃。”（121 下）《篇海類編》同。《詳校篇海》又音“連”，改訓“長皃”，於前代字韻書皆無徵，當因從“娗”爲説而誤。《廣韻》上聲迥韻徒鼎切：“娗，長好皃。”（217）《詳校篇海》因“娫”“娗”形近，故而又誤訓“娫”爲“長貌”。《篇海類編》訓“長貌”，當爲《詳校篇海》所誤。《字彙》改音“蕩練切，音電”，訓“美好貌”，亦因從“娗”爲説而誤。《廣韻》平聲青韻特丁切：“娗，好皃。”（127）《詳校篇海》卷二《女部》：“娗，唐丁切，音亭。娗娗，容好皃。一曰女出病。亦作婷。又徒鼎切，讀如定。亦好皃。又徒典切，讀如電。”（120 下）故《字彙》因“娫”“娗”形近，故而誤植“娗”字音義於“娫”字之上，遂致此誤。《正字通》謂“舊注”讀音誤，所言是也；然義訓仍承襲《字彙》之謬，非是。《康熙字典》一曰“美好貌”，當因承襲前代字書之謬而誤。《大字典》《字海》俱收“娫”字，分別據《字彙》《正字通》之誤而收録“美好貌”這一義項，疑並非是。

3. 嬣

《字彙・女部》：“嬣，奴丁切，音寧。女字。”（110 上）

《正字通・女部》：“嬣，尼形切，音寧。女字。一曰女態舒徐。”（253 下）

按：《康熙字典・女部》：“嬣，《廣韻》女耕切，《集韻》尼耕切，並音儜。體也。姘嬣，女劣貌。一曰女態舒徐也。又《集韻》囊丁切，音寧。女字。”（224 下）《玉篇・女部》：“嬣，女耕切。姘嬣也。”（18 上右）《集韻》平聲耕韻尼耕切：“嬣，姘嬣，女劣皃。”（236）故“嬣”訓“姘嬣，女劣皃”，“女劣皃”當義指“女弱皃”。“嬣”當同“儜”。《集韻》

平聲耕韻尼耕切:“儜,弱也。通作嬣。”(236)此即其證也。“嬣”又訓“女字”。《集韻》平聲青韻囊丁切:“嬣,女字。”(247)又《廣韻》平聲耕韻女耕切:“嬣,嬣体。”(124)《廣韻》訓“嬣体”,於文獻無徵,疑爲“嬣弱”之誤。”正如上文所引《集韻》“嬣”同“儜”,訓“弱也”,文獻中亦有“儜弱”用例,如:《宋書·明恭王皇后傳》:“后在家爲儜弱婦人,不知今段遂能剛正如此。”《舊唐書·劉仁軌傳》:“臣看見在兵募,手腳沉重者多,勇健奮發者少,兼有老弱……何因今日募兵,如此儜弱?”《新修玉篇》卷三《女部》引《玉篇》:“嬣,女耕切。姘嬣也。《韻》曰:‘嬣体。’又奴丁切。女字。”(32上左)《新修玉篇》又訓“嬣体”,當因承襲《廣韻》之謬而誤。《詳校篇海》卷二《女部》:“嬣,奴登切,音能。亦作儜。嬣體。又奴丁切,音寧。女字。”(124下)《篇海類編》同。《詳校篇海》《篇海類編》訓“嬣體”,亦因承前而誤。《直音篇》卷一《女部》:“嬣,音能。弱也;(因)[困]也。”(28下)此是其證也。《正字通》謂“嬣”一曰“女態舒徐”,於文獻皆無徵,當因從“女”“寧”爲説而妄補,疑不可據。《康熙字典》訓“體也”,亦因承前而誤;又其一曰“女態舒徐也”,當因承襲《正字通》之謬而誤。《大字典》《字海》“嬣”字下皆據《正字通》之説而收録“女子姿態舒緩”這一義項,疑並非是。

4. 宄

《字彙·宀部》:“宄,居又切,音救。貧;病也。《六書正譌》别作疚,非。”(114上)

《正字通·宀部》:“宄,居又切,音救。《説文》:‘貧;病也。’引《詩》:‘煢煢在疚。’《周頌》本作嬛、疚,疚、宄通。一説:宄,久居也。哀病之疚,經傳皆从疒,《正譌》以别作疚爲非,迂泥不必從。”(264上)

按:《康熙字典·宀部》:“宄,《唐韻》《集韻》《類篇》並居又切,音救。《説文》:‘貧病也。’引《詩》:‘煢煢在疚。’《詩》本作疚。疚、宄通。《玉篇》:疾疚也。《正字通》一曰:‘宄,久居也。’”(233下)《説文・宀部》:“灾，貧；病也。从宀，久聲。”（148下）《廣雅・釋詁四》:“灾，貧也。”《玉篇・宀部》:“灾，居舊切。疾灾也。《説文》曰：‘貧；病也。’”（54下右）故“灾”當訓“貧”“病”。《正字通》一説“灾，久居也”，於前代字韻書皆無徵，當因從“久”“宀”爲説而誤。《康熙字典》轉録《正字通》“一曰”之説而未作校正，亦失考證。《大字典》《字海》“灾”字下皆據《正字通》之説而收録“久居”這一義項，疑並非是。

5. 嫇

《字彙・山部》:“嫇，莫迥切，上聲。嵥嫇，山名。”（129下）

《正字通・山部》:“嫇，俗字。”（300下）

按:《康熙字典・山部》:“嫇,《集韻》母迥切，明上聲。嵥嫇，山貌。左思《吴都賦》:‘嵥冥鬱岪。’注:‘山氣暗昧之狀。’一曰山高貌。”（273上）《玉篇・山部》:“嫇，亡頂切。嵥嫇，山。”（103下左）《玉篇》訓“嫇”爲“嵥嫇，山”，疑非是。《文選・吴都賦》:“嵬嶷嶢屼，嵥冥鬱岪。”李善注:“嵬嶷，高大貌。嵥冥鬱岪，山氣暗昧之狀。”故“嵥嫇”當同“嵥冥”，義指“山氣暗昧之狀”。《玉篇》訓“嵥嫇，山”，非是。又《集韻》上聲迥韻母迥切:“嫇，嵥嫇，山高皃。”（427）據上文所引《文選・吴都賦》李善注可知，“嵬嶷”指“山高大貌”，而“嵥冥”“鬱岪”皆指“山氣暗昧之狀”，故《集韻》訓“嫇”爲“嵥嫇，山高皃”，當爲誤植“嵬嶷”之訓於“嵥嫇”之下所致的訓釋失誤。《篇海》卷十二《山部》引《玉篇》:“嫇，亡頂切。嵥嫇也。”（753下）《篇海》訓“嵥嫇，山”，此即因承襲《玉篇》之謬而誤。《詳校篇海》卷四《山部》:“嫇，莫迥切，音皿。嵥嫇，山名。”（263上）《篇海類編》同。《詳校篇海》《篇海類編》《字彙》訓“嵥嫇，山名”，此皆爲《篇海》所誤。《大字典》收録“嫇”字，分爲兩個義項：第一義項據《玉篇》訓“山名”；第二義項據《集韻》訓“山高貌”。據上文可知,《大字典》“嫇”字下兩個義項當皆因承訛襲謬而誤，應據正。

6. 㢚

《字彙·广部》:“㢚，郎古切，音魯。廡也。又直貌。”（144下）

《正字通·广部》:“㢚，同廬，舊注重出。又直貌，非。”（334下）

按:《康熙字典·广部》:“㢚，《説文》與廬同。”（313下）《玉篇·广部》:“㢚，郎古切。廡也。”（104下右）《篇海》卷三《广部》引《玉篇》:“㢚，郎古切。《説文》:‘廡也。’”（619上）《正字通》所言當是。《説文·广部》:“廬，廡也。从广，虜聲。讀若鹵。”（190上）原本《玉篇·广部》:“廬，力鼓反。《説文》:‘廬，廡也。’《廣雅》:‘廬，庵也。’”（482）“㢚”與“廬”音義並同，“㢚”當即“廬”之異體字。《集韻》上聲姥韻籠五切:“廬，《説文》:‘廡也。’或作㢚。”（339）此即其證也。又《直音篇》卷六《广部》:“𢊍，音魯。直貌。又廡也。㢚，同上。”（233下）“𢊍”當即“㢚”之異寫字。《直音篇》訓“直貌”，於前代字韻書皆無徵，其訓非是。《詳校篇海》卷一《广部》:“㢚，郎古切，音魯。廡也。又直貌。”（71下）《篇海類編》同。《詳校篇海》《篇海類編》訓“㢚”爲“直貌”，皆因承襲《直音篇》之謬而誤。《字彙》訓“直貌”，亦因承襲前代字書之謬而誤，《正字通》謂其訓“直貌”非，所言是也。《大字典》《字海》“㢚”字下皆據《字彙》之誤而收録“直貌”這一義項，並非。

7. 弦

《字彙·弓部》:“弦，與弸同。開張也。又弓聲。又烏通切，音翁。亦弓聲。”（146下）

《正字通·弓部》:“弦，同弸。開張也。又弓聲。又東韻音翁，義同。”（340下）

按:《康熙字典·弓部》:“弦，《類篇》同弸。”（320下）《集韻》平聲耕韻乎萌切:“弦，弸弦，弓聲。或作弸。”（234）“弸弦”同“弸弸”，“弦”即“弸”之異體字。《龍龕》卷一《弓部》:“弸，户萌反。弸弸，開張皃也。”（150）《玉篇·弓部》:“弸，禹萌切。弸弸，帷帳起皃。”（80下左）故宫本《裴韻》平聲耕韻户萌反:“弸，揚雄《甘泉賦》云:‘帷翃翝其拂［汩兮］。'”下文普耕反又曰："翃，翃翝。"（553）《廣韻》平聲庚韻户盲切："翝，翃翝，帷帳起皃。"（120）下文平聲耕韻户萌切又曰："翝，翃翝，開張也。"（123）"翝"訓"翃翝，開張皃也""翃翝，帷帳起皃"，訓異義同，皆源於《文選·甘泉賦》李善注。《文選·甘泉賦》："帷翃翝其拂汩兮，稍暗暗而靚深。"李善注："翃翝，風吹帷帳之聲也。""翃翝"，李善訓爲"翃翝，風吹帷帳之聲也"，故《集韻》訓"翃弦"爲"弓聲"非是，當爲"風吹帷帳之聲"之誤。《集韻》平聲耕韻烏宏切又曰："弦，弓聲。"（235）《集韻》徑訓"弦"爲"弓聲"亦非，亦當爲"翃弦，風吹帷帳之聲"之誤。《字彙》《正字通》訓"弦"爲"弓聲"，皆因承襲《集韻》之謬而誤。《大字典》"弦"字下第一義項據《集韻》之謬而訓"翃弦，弓聲"，疑非是；《字海》"弦"字據《集韻》之謬徑訓爲"翃弦，弓聲"，疑亦非是。

8. 昂

《字彙·日部》："昂，五剛切，音卬。日升也；又明也，舉也；高也。"（197下）

《正字通·日部》："昂，吾郎切，音卬。日升也；又舉也，高也。卬望有所庶及也，有仰意，故从卬，篆作𣈆，通作卬、仰。"（460下）

按：《康熙字典·日部》："昂，《唐韻》五岡切，《集韻》魚剛切，《韻會》疑剛切，《正韻》五剛切，並音卬。《説文》：'舉也。'……又《類篇》：'日升也。一曰明也。'又《集韻》魚向切，音仰。昂昂，君之德也。《韻會》通作卬、仰。"（462下）《説文新附·日部》："昂，舉也。从日，卬聲。"（136下）《龍龕》卷四《日部》："昂，五剛反。舉也。"（425）《玉篇·日部》："昂，五郎切。我也；君之德也。"（95下右）《廣韻》平聲唐韻五剛切："昂，舉也。"（120）《玉篇校釋》"昂"字下注："'我也'者，通作卬。《詩·白華》'卬烘于煁''卬盛于豆'。毛傳並云：'卬，我也。'本《釋詁》文，郭云：'卬猶姎也，語之轉耳。'本書《女部》：'姎，《説文》：女人自稱我也。'慧琳九三·六：'《説文》从日，卬聲，高也。'九三·六：'《字書》作卬。'又'昂昂，君之德也'者，'昂昂'二字原無，今補。《爾雅・釋訓》:‘顒顒卬卬，君之德也。’慧琳四三・十五引作‘昂昂’。本書卷十九《匕部》:‘卬，望也。又五郎切。卬卬，君之德也。’是顧氏《爾雅音》兼采衆家本異文也。《曲禮》釋文:‘卬，本又作昂，又作仰，同。’”（3971～3972）胡氏此説是也。故“昂”本當作“卬”。又《集韻》平聲唐韻魚剛切:“昂，日升也。一曰明也。”（223）《集韻》訓“日升也”“明也”，於前代字韻書皆無徵，其訓“日升也”當因從“日”“卬”爲説而誤，其訓“明也”當因從“日”爲説而誤。《字彙》訓“日升也”“明也”，皆因承前而謬。《正字通》訓“日升也”，亦因承前而謬。《康熙字典》轉録《類篇》“日升也。一曰明也”之訓而未作校正，亦失考證。《大字典》“昂”字下據《集韻》之謬而收録“日升”與“明”這兩個義項，疑並非是。

9. 橕

《字彙・木部》:“橕，抽庚切，音峥。邪拄也。又撥也。从木，俗从手，非。”（224上）

《正字通・木部》:“橕，同樘。《六書故》樘亦作橕，橕與牚通。”（535上）

按:《康熙字典・木部》:“橕，《唐韻》丑庚切，《集韻》《正韻》抽庚切，並音瞠。《説文》:‘斜柱。’徐曰:‘橕之言定也。’”（533上）箋注本《切韻》平聲庚韻丑庚反:“撐，撐撥。”（124）敦煌本《王韻》同。故宫本《裴韻》平聲庚韻丑庚反亦曰:“撐，撐撥也。”（552）《廣韻》平聲庚韻丑庚切:“橕，撥也。又橕柱也。樘，上同。《説文》曰:‘衺柱也。’”（121）《集韻》平聲庚韻抽庚切:“樘，《説文》:‘衺柱也。’或作橕、牚、橖。”（231）故“橕”與“樘”“撐”“橖”“牚”諸字音義並同，即爲異體字。《字彙》又訓“撥也”，然據上文可知，“撥也”當爲“撥也”之誤。《大字典》“橕”字下據《廣韻》收録“撥”這一義項，據上文可知，《廣韻》本作“撥”，“撥”當爲“撥”字轉録之誤。

10. 欣

《字彙・欠部》:“欣，去斤切，乞平聲。少也。”（228下）

《正字通・欠部》:“欣，俗欠字。舊注少也，即欠闕義，改去斤切，乞平聲，誤;《篇海》《類篇》音欽，嚏也，亦誤。”（548上）

按:《康熙字典・欠部》:“欣，《集韻》去斤切，音欽。《玉篇》:‘嚏也。’又《類篇》丘耕切，音硜。欬也。”（547上）《玉篇・欠部》:“欣，去斤切，又口孕切。嚏也。”（45下左）《新修玉篇》卷九《欠部》引《玉篇》:“欣，去斤切，又口孕切。嚏也。”（85下左）《篇海》同。《直音篇》卷三《欠部》:“欣，去斤切。嚏也。”（96上）《詳校篇海》卷一《斤部》:“欣，去斤切，舊音欽。嚏也；少也。又口孕切。亦嚏也。”（51下）《篇海類編》同。《詳校篇海》《篇海類編》訓“少也”，於前代字書皆無徵，當因從“欠”爲説而誤，因爲“欠”有“缺少”“不足”之義。《字彙》訓“少也”，當因承襲前代字書之謬而誤。《正字通》承襲《字彙》義訓之謬而謂“欣”即“欠”字之俗，且謂“《篇海》《類篇》音欽，嚏也，亦誤”，亦並非是。

11. 犡

《字彙・牛部》:“犡，洛帶切，音賴。牛白脊也。”（277下）

《正字通・牛部》:“犡，舊注音賴，牛白脊，訓與《説文》同。或曰从厲，本音利。犡，牛病也。《篇海》犡訓牛名，有利、賴二音，别出𤛓、𤜆，與犡同，並非，篆作犡。”（655上）

按:《康熙字典・牛部》:“犡，《唐韻》洛帶切，《集韻》落蓋切，並音賴。《説文》:‘牛白脊也。’《集韻》或作𤜆。又《廣韻》《集韻》並力制切，音例。義同。《玉篇》書作𤛓。”（701下）《説文・牛部》:“犡，牛白脊也。从牛，厲聲。”（23上）《名義・牛部》:“𤛓，力帶反。牛白脊也。”（231上）《玉篇・牛部》:“𤛓，力勢、力大二切。牛白脊也。”（109上右）《龍龕》卷一《牛部》:“𤛓，俗；犡，正。例、賴二音。牛白脊也。”（117）敦煌本《王韻》去聲祭韻力制反:“𤛓，牛白脊。又力帶反。”

（408）故宫本《王韻》同。故宫本《裴韻》去聲祭韻力滯反：“犡，牛名。又里大反。”（590）《廣韻》去聲祭韻力制切：“犡，牛白脊。”（278）《集韻》去聲祭韻力制切：“犡，牛白脊。”（514）下文去聲夳韻落蓋切又曰：“犡𤛓，《説文》：‘牛白脊也。’或从蠆。”（518）故“犡”與“犡”“𤛓”即爲異體字。《直音篇》卷六《牛部》：“犡，音賴。牛白脊。又音例。犡，同上。又音例。𤛓，亦同上。牛名。”（248下）此是其證也。《正字通》訓“犡”爲“牛病也”，於前代字韻書皆無徵，當因從“厲”爲説而誤，不可據。《漢書·嚴安傳》：“民不夭厲，和之至也。”顔師古注：“厲，病也。”《大字典》《字海》“犡”字下皆據《正字通》之誤而收録“牛病”這一義項，疑並非是。

12. 猾

《字彙·犬部》：“猾，户八切，音滑。亂也。《虞書》：‘蠻夷猾夏。’又狡也。”（282上）

《正字通·犬部》：“猾，下刮切，音滑。海獸名。猾無骨，入虎口，虎不能噬，處虎腹中，自内齧之。《書·舜典》：‘蠻夷猾夏。’取此義。《山海經》：‘堯光山有獸，如人彘鬣，穴居冬蟄，名猾褢，音如斲木，見則縣有大繇。’又狡也。”（664上）

按：《康熙字典·犬部》：“猾，《廣韻》《集韻》《韻會》《正韻》並户八切，音滑。《玉篇》：‘亂也。’《書·舜典》：‘蠻夷猾夏。’傳：‘猾，亂也。’……又《山海經》：‘堯光之山，有獸焉，狀如人而彘鬣，穴居而冬蟄，名曰猾褢，音如斲木，見則縣有大繇。’又《正字通》：‘海獸名。猾無骨，入虎口，虎不能噬，處虎腹中，自内齧之。’”（714上）《書·舜典》：“蠻夷猾夏，寇賊姦宄。”孔安國傳：“猾，亂也。”孔穎達疏：“狡猾相亂，故猾爲亂也。”故《書·舜典》“蠻夷猾夏”之“猾”當爲“亂”義，《正字通》據此而收録“海獸名。猾無骨，入虎口，虎不能噬，處虎腹中，自内齧之”這一義項，疑非是。又《山海經·南山經》：“又東三百四十里，曰堯光之山，其陽多玉，其陰多金。有獸焉，其狀如人而彘鬣，穴居而冬蟄，其名曰猾褢，其音如斲木，見則縣有大繇。”郭璞

注:“猾裹,滑懷二音。”《康熙字典》轉録《正字通》“海獸名”這一義項而未作校正,亦失考證。《大字典》“猾”字下據《正字通》之説而收録“海獸名”這一義項,疑非是;《大字典》“猾”字下未收《山海經》之“猾裹,獸名”這一義項,可據補。

13. 瘈

《字彙・疒部》:“瘈,壹甯切,音映。謳聲。”(304下)

《正字通・疒部》:“瘈,俗字。”(715上)

按:《康熙字典・疒部》:“瘈,《集韻》噎甯切,音瑩。歐聲。”(785上)《集韻》去聲徑韻噎甯切:“瘈,歐聲。”(608)《新修玉篇》卷十一《疒部》引《餘文》:“瘈,噎甯切。嘔聲。”(105下右)《篇海》卷五《疒部》引《餘文》:“瘈,壹甯切。歐聲。”(660上)《新修玉篇》《篇海》引《餘文》訓“嘔(歐)聲”,與《集韻》不同,“嘔(歐)”當爲“歐”字之誤。《直音篇》卷三《疒部》:“**瘈**,音映。歐聲。”(114下)“**瘈**”當即“瘈”字誤刻,《直音篇》訓“歐聲”,亦當爲“歐聲”之誤。《詳校篇海》卷二《疒部》:“瘈,壹甯切,音映。謳聲。”(128下)《篇海類編》同。《詳校篇海》《篇海類編》因“歐”“謳”聲同,改訓“謳聲”,亦非。《字彙》訓“謳聲”,當因承襲《詳校篇海》《篇海類編》之謬而誤,亦當爲“歐聲”之誤。《康熙字典》訓“歐聲”,亦因承襲《篇海》之謬而誤。《大字典》“瘈”字下據《字彙》之誤收録“歐聲”這一義訓,《字海》“瘈”字據《字彙》之誤訓爲“謳聲”,俱失考證。

14. 睄

《字彙・目部》:“睄,古巧切,音絞。聊睄,視貌。”(313上)

《正字通・目部》:“睄,古巧切,音絞。視貌。”(734上)

按:《集韻》上聲巧韻古巧切:“睄,聊睄,邪視。”(397)下文莫飽切又曰:“聊,睄聊。邪視。”(398)《新修玉篇》卷四《目部》引《餘文》:“睄,古巧切。聊睄,邪視。”(38上右)《詳校篇海》卷三《目部》:“睄,古巧切,音絞。聊睄,邪視。”(169下)《篇海類編》同。故“睄”當訓

“聊眩”，是一個疊韻聯連綿，義指“邪視”。《正字通》訓“眩”爲“視貌”，“視貌”之前誤脱被訓聯連綿“聊眩”，非是。《大字典》“眩”字下據《正字通》之誤而收録“視貌”這一義項，亦非。

15. 聏

《字彙·目部》：“聏，如支切，音兒。和調也。《莊子》：‘宋鈃尹文以聏合驩，以調海内。’言以和聏之意，合人之驩而調一四海也。”（313 上）

《正字通·目部》：“聏，胹字之譌。舊注引《莊子》‘以胹合驩’，改胹作聏，誤與《正韻》同。《耳部》作聏，亦誤。”（734 上）

按：《康熙字典·目部》：“聏，胹字之譌。”（816 上）《集韻》平聲之韻人之切：“聏，和也；調也。或作聏。”（52）《正字通》《康熙字典》所言是也。《莊子·天下》：“宋鈃尹文聞其風而悦之，作爲華山之冠以自表，接萬物以别宥爲始，語心之容，命之曰心之行，以聏合驩，以調海内，請欲置之以爲主。”郭慶藩《集釋》：“注：强以其道聏令合，調令和也。《釋文》：‘聏’，崔本作聏，音而，郭音餌。司馬云：色厚貌。崔、郭、王云：和也。聏和萬物，物合則歡矣。一云：調也。‘合驩’以道化物，和而調之，合意則歡。家世父曰：以聏合驩，諸本或作聏，《莊子闕誤》引作胹。《説文·肉部》：‘胹，爛也。’《方言》：‘胹，孰也。’以胹合驩，即軟孰之意。《太玄經》‘耎其中，耎其膝，耎其哇’，司馬光集注：耎字與軟同。亦正此意。《闕誤》作胹字者是也。”（1077～1078）此説即其證也。故“聏”“聏”當爲“胹”字之譌。《大字典》“聏”字下以《正字通》之説作爲“一説”，《字海》“聏”字未溝通其與“胹”字的字際關係，皆有未當。

16. 朖

《字彙·目部》：“朖，盧黨切，音朗。目明也。”（314 下）

《正字通·目部》：“朖，俗字。舊注音朗，目明，誤。”（736 下）

按：《康熙字典·目部》：“朖，《玉篇》古文朗字。”（819 下）《名義·目部》：“朖，力蕩反。眼［字］。明也。”（38 上）《新撰字鏡·目部》：

“朖，力蕩反。(眼)[朖]字。古文。明也。亦從月。”(99)《玉篇·目部》:“朖，力蕩切。古朗字。”(22下右)《方言》卷十三:“朖，明也。”故“朖”同“朖”“朗”，即訓“明也”。又《集韻》上聲蕩韻里黨切:“朖朖，目明。或从良。”(417)《集韻》謂“朖”同“朖”，是也；然“朖”“朖”本訓“明也”,《集韻》卻訓“目明也”，當爲見其從“目”而妄改。《新修玉篇》卷四《目部》引《玉篇》:“朖，盧黨切。目明也。”(38上左)《詳校篇海》卷三《目部》:“朖，盧黨切，音朗。古字。目明。”(170下)《篇海類編》同。《新修玉篇》《詳校篇海》《篇海類編》《字彙》訓“朖”爲“目明”，皆因承襲《集韻》之謬而誤。《大字典》收録“朖”字，第❶義項據《集韻》訓“目明”；第❷義項據《玉篇》謂同“朗”。《字海》亦收“朖”字，第❶義項據《玉篇》謂同“朗”；第❷義項據《集韻》訓“目明”。《大字典》《字海》皆因承襲《集韻》之謬而誤，皆應删去“目明”這一義項，據《玉篇》直謂同“朗”，即妥。《大字典》《字海》“朖”字下亦皆據《集韻》收録“目明”這一義項，亦非。

17. 砱

《字彙·石部》:“砱，魯丁切，音零。石砱也。”(320上)

《正字通·石部》:“砱，離呈切，音零。石孔開明也。一曰石聲。舊注石砱，非。”(749上)

按:《康熙字典·石部》:“砱，《廣韻》《集韻》並郎丁切，音零。石砱也。又《正字通》:‘石孔開明也。一曰石聲。’”(841下)《龍龕》卷四《石部》:“砱，音零。石砱。”(441)《玉篇·石部》:“砱，魯丁切。石。”(105下左)《廣韻》平聲青韻郎丁切:“砱，石砱。”(129)《集韻》平聲青韻郎丁切:“砱礰磍，石也。或从靈、从零。”(246)《新修玉篇》卷二一《石部》引《玉篇》:“砱，力丁切。石砱。”(183下右)《篇海》卷十二《石部》引《玉篇》:“砱，魯丁切。石砱也。”(778上)《詳校篇海》卷四《石部》:“砱，魯丁切，音零。石砱也。”(302下)“砱”字,《正字通》改訓爲“石孔開明也。一曰石聲”，且謂“舊注”非，然於前代字韻書皆無徵，當皆爲張自烈妄改，不足爲據。《康熙字典》轉録《正字通》

之訓，亦失考證。《大字典》“硂”字下據《正字通》之説而收録“石孔敞亮”與“石聲”這兩個義項，疑亦非是。

18. 穛

《字彙·禾部》:“穛，力鹽切，音廉。禾名。”（335 上）

《正字通·禾部》:“穛，俗稴字。舊注分爲二。”（780 上）

按:《康熙字典·禾部》:“穛，《集韻》離鹽切，音廉。本作稴。稴穖，草不實。”（877 下）《龍龕》卷一《禾部》:“穛，力鹽反。禾名。”（144）《廣韻》平聲鹽韻力鹽切:“穛，禾名。”（150）《龍龕》《廣韻》訓“禾名”，疑非是。《玉篇·禾部》:“秙，口故切。秙穛，禾不實。”（74 下左）《玉篇》未收“穛”字，當爲脱誤。《名義·禾部》:“穛，力結（？）反。禾稀也。”（150 下）《新撰字鏡·禾部》:“穛，歷刲（？）反。禾稀也。”（446）可見原本《玉篇》亦收“穛”字，今本《玉篇》誤脱。箋注本《切韻》上聲忝韻盧忝反:“穛，禾稀。”（139）敦煌本《王韻》、故宫本《王韻》同。“穛”字，故宫本《裴韻》作“稴”。“穛”“稴”即爲異體字。《龍龕》《廣韻》訓“穛”爲“禾名”，於前代字韻書皆無徵，當爲望形生訓。《集韻》平聲鹽韻離鹽切:“稴穛，稴穖，艸不實。或从廉。”（290）《集韻》以“穛”爲“稴”之異體字，亦未訓“禾名”，此亦其證也。《新修玉篇》卷十五《禾部》引《廣集韻》:“穛，力鹽切。禾名。”（137 上右）《新修玉篇》訓“禾名”，當因承襲《廣韻》之謬而誤。《直音篇》卷四《禾部》:“穛，音廉。禾名。”（170 上）《直音篇》《字彙》訓“禾名”，亦因承前而謬。《大字典》“穛”字下據《廣韻》之誤而收録“禾名”這一義項，疑亦非是。

19. 穮

《字彙·禾部》:“穮，之輦切，音展。禾束也。”（335 上）

《正字通·禾部》:“穮，知演切，音展。禾束。”（780 上）

按:《康熙字典·禾部》:“穮，《廣韻》《集韻》並旨善切，音膳。禾束。”（877 下）《玉篇·禾部》:“穮，之善切。禾束也。”（74 下右）《玉篇校釋》“穜”字下注：“‘禾束也’者，疑出《埤蒼》。”（2942）胡氏所言疑可商榷。《廣雅·釋詁三》：“穜，束也。”王念孫《疏證》：“穜，猶纏也，語之轉耳。”《名義·禾部》：“穜，之善反。束也。”（150下）故宫本《王韻》上聲獮韻旨善反：“穜，束。”（480）《廣韻》同。故《玉篇》訓“禾束也”，於歷代辭書皆無徵，當爲望形生訓。《篇海》卷十三《禾部》引《玉篇》：“穜，之善切。禾束也。”（797上）此即因承襲《玉篇》之謬而誤。《直音篇》卷四《禾部》：“穜，音展。禾束。”（168下）《詳校篇海》卷五《禾部》：“穜，之輦切，音展。禾束也。”（330下）《篇海類編》同。《直音篇》《詳校篇海》《篇海類編》《字彙》《正字通》訓“禾束”，亦皆因承前而謬。又《龍龕》卷一《禾部》：“穜，徒干反。禾也。”（143）此“穜”當即“檀”字俗訛。《説文·木部》：“檀，木也。从木，亶聲。”（113上）“檀”，《廣韻》音“徒干切”。“穜”與“檀”音同，又“禾”旁、“木”旁俗寫常可訛混，故此“穜”當即“檀”字俗訛。《龍龕》訓“禾名”者，亦當爲望形生訓。《大字典》“穜”字下據《玉篇》而謂“一説禾束”，非是。

20. 箑

《字彙·竹部》：“箑，丑涉切，音徹。竹葉；又竹箑。”（345上）

《正字通·竹部》：“箑，俗臿字。音徹，竹箑，非。”（802下）

按：《康熙字典·竹部》：“箑，《廣韻》丑輒切，《類篇》敕涉切，並音徹。竹葉。”（909上）《廣韻》入聲葉韻丑輒切：“箑，竹葉。”（436）《集韻》入聲葉韻敕涉切：“箑，竹葉。”（779）又《直音篇》卷四《竹部》：“箑，丑涉切。竹箑。”（154下）《直音篇》訓“竹箑”，於前代韻書皆無徵，當爲“竹葉”之誤。《字彙》訓“竹葉”，是也；然又訓“竹箑”，當因承襲前代字書之謬而誤。“箑”與“臿”音義俱别，二字不可混同，《正字通》謂“箑”即“臿”字之俗，既無書證亦無例證，其説非是。

21. 脰

《字彙・肉部》:“脰，創故切，初去聲。膳也。”（383 上）

《正字通・肉部》:“脰，脰字之訛。舊注初去聲，膳也，誤。”（882 上）

按:《康熙字典・肉部》:“脰,《集韻》芻數切,《五音集韻》芻注切，並音菆。膳也。本作䐢。”（1019 下）《廣韻》去聲遇韻芻注切:“䐢，膳也。”（263）《集韻》去聲遇韻芻數切:“䐢，膗也。或作脰。”（497）故“脰”當即“䐢”之異體字。《廣韻》與《集韻》義訓不同，當以《集韻》爲是。故宫本《王韻》去聲遇韻芻注反:“䐢，膗。”（493）此即其證也。又《玉篇・肉部》:“䐢，仄究切。䐢脯也。”（37 上左）下文又曰:“膗，楚佳切。膗腵，脯腊也。”（37 下右）“䐢”“膗”皆指“乾肉”。此亦其證也。故《廣韻》訓“脰”爲“膳也”，當爲“膗也”之誤。《新修玉篇》卷七《肉部》引《餘文》:“脰，初注切。膳也。”（69 下右）《篇海》卷十五《肉部》引《餘文》:“脰，芻數切。膳也。”（838 上）《新修玉篇》《篇海》訓“膳也”，皆因承襲《廣韻》之謬而誤。《詳校篇海》卷五《肉部》:“脰，音初去聲。膳也。”（386 上）《篇海類編》同。《詳校篇海》《篇海類編》《字彙》《康熙字典》亦訓“膳也”，亦皆因承前而謬。又《説文・肉部》:“脰，項也。从肉，豆聲。”（81 下）《廣雅・釋言》:“脰，饌也。”《玉篇・肉部》:“脰，徒姤切。頸也。”（35 下右）故“脰”與“脰”儘管形近，然音義俱别，二字不可混同，故《正字通》謂“脰”即“脰”字之訛，非是。

22. 腊

《字彙・肉部》:“腊，古諧切，音皆。臞也。”（383 上）

《正字通・肉部》:“腊，居腮切，音皆。《説文》:‘臞也。’或曰从肉、从皆義當爲肥，反訓臞，泥。”（882 下）

按:《康熙字典・肉部》:“腊,《唐韻》古諧切,《集韻》居諧切，並音皆。《説文》:‘臞也。’《廣韻》:‘瘦也。’又《廣韻》苦蟹切,《集韻》

口駭切，並音楷。義同。”（1020 下）《説文・肉部》：“腊，臞也。从肉，皆聲。”（82 下）《名義・肉部》：“腊，口駭反。臞也。”（67 上）《玉篇・肉部》：“腊，口駭、公埋二切。臞也。”（35 下左）《新修玉篇》《篇海》引《玉篇》同。《廣韻》平聲皆韻古諧切：“腊，瘦也。”（53）下文上聲蟹韻苦蟹切又曰：“腊，瘦皃。”（182）《集韻》平聲皆韻居諧切：“腊，《説文》：‘臞也。’”（104）下文上聲駭韻口駭切又曰：“腊，瘦謂之腊。”（346）《直音篇》卷二《肉部》：“腊，口駭切。瘦也。又音皆。”（73 下）《詳校篇海》卷五《肉部》：“腊，音皆。瘦貌。”（386 上）《正字通》“或曰”之説於前代字韻書皆無徵，當爲望形生訓，不可爲據。《大字典》“腊”字下據《正字通》“或曰”之説而收録“肥”這一義項，亦非。

23. 舨

《字彙・舟部》：“舨，五合切，音遏。船貌。”（390 下）

《正字通・舟部》：“舨，舊注音遏，船貌。一説舟形不一，隨方立名，非貌可似，馬行疾曰馺，舟行疾曰舨，事殊義同，故从及。馺、舨並音颯，舨音遏，非。”（899 上）

按：《康熙字典・舟部》：“舨，《廣韻》五合切，《集韻》鄂合切，並音𩕾。《廣韻》：‘船貌。’《集韻》：‘船動貌。’”（1045 上）《龍龕》卷一《舟部》：“舨，舩皃。船，五合反。舩動也。二。”（133）《廣韻》入聲合韻五合切：“舨，船皃。”（433）《集韻》入聲合韻鄂合切：“船舨，舟動皃。或从及。”（770）《新修玉篇》卷十八《舟部》引《餘文》：“舨，五合切。船皃。”（163 上右）《篇海》同。《直音篇》卷五《舟部》：“舨，音礘。船貌。”（200 下）《詳校篇海》卷四《舟部》：“舨，五合切，音遏。船皃。”（242 上）《集韻》謂“舨”同“船”，所言當是。正如《集韻》“砐”同“硆”（770）、“靸”同“鞈”（771）等，“舨”當即“船”之異體字，義指“船動貌”。又《篇海類編》卷十六《舟部》：“舨，五合切，音遏。船具。”（217 下）《篇海類編》訓“船具”，於前代字韻書皆無徵，當爲“船皃”之誤。又《正字通》“舨”字下“一説”改音“颯”，訓“舟行疾”，於前代字韻書亦無徵，亦不可據。《大字典》《字海》“舨”字下皆據《篇海類編》《正字通》之説而收録“船具”與“船行速度快”這兩個義項，疑並非是。

24. 苚

《字彙·艸部》：“苚，以忍切，音引。草也。”（394 下）

《正字通·艸部》：“苚，以忍切，音引。艸蔓延貌。”（909 上）

按：《康熙字典·艸部》：“苚，《玉篇》移軫切，音尹。草也。”（1055 下）《玉篇·艸部》：“苚，移軫切。草。”（68 下左）《新修玉篇》卷十三《艸部》引《玉篇》：“苚，移軫切。草名。”（118 上右）《篇海》卷八《艸部》引《玉篇》：“苚，移軫切。草也。”（716 上）《直音篇》卷四《艸部》：“苚，音引。草名。”（159 下）《詳校篇海》卷三《艸部》：“苚，以忍切，音引。草也。”（209 上）《正字通》訓“艸蔓延貌”，於前代字書皆無徵，當因從“引”爲説而誤。

25. 蓾

《字彙·艸部》：“蓾，區勿切，音屈。刷也。”（402 下）

《正字通·艸部》：“蓾，舊注音屈，刷也。按：《神農本經》有屈艸，生漢中川澤間，主寒熱陰痺。蓾當即屈，《説文》蓾汎訓㕞，非確詁。”（932 上）

按：《康熙字典·艸部》：“蓾，《唐韻》古忽切，音骨。《説文》：‘刷也。’又《集韻》曲勿切，音屈。義同。《正字通》：‘《神農本經》有屈草，生漢中川澤間，主寒熱陰痺。蓾當即屈。’”（1076 上）《説文·艸部》：“蓾，刷也。从艸，屈聲。”（18 下）《名義·艸部》：“蓾，故殁反。**㕞**也。”（136 上）下文《竹部》又曰：“篇，故没反。刷也。”（144 下）《玉篇·艸部》：“蓾，故殁切。刷也。”（66 上右）敦煌本《王韻》入聲没韻古忽反：“篇，刷。亦作蓾。”（426）故宫本《王韻》入聲没韻古忽反：“蓾，刷。”（514）《廣韻》入聲没韻古忽切：“蓾，刷也。或從竹。”（390）“**㕞**”即“刷”字之俗，而“㕞”即“刷”字異體。故“蓾”“篇”即爲異體字，當訓“刷也”。《正字通》據《神農本經》之“屈艸”而謂“蓾”

即“屈”字，既無書證亦無例證，其説疑不可據。《大字典》“葿”字下據《正字通》之説而收録“藥草名”這一義項，疑亦非是。

26. 諝

《字彙·言部》:“諝，新於切，音胥。有才智之稱。又私吕切，音醑。義同。”（454 上）

《正字通·言部》:“諝，相居切，音胥。《説文》:‘智也。’陸機《辯亡論》:‘謀無遺諝，舉不失策。’又詐也。《淮南子》:‘比周朋黨，設詐諝，懷機械。’又語韻音醑。義同。”（1069 下）

按:《康熙字典·言部》:“諝，《唐韻》《正韻》私吕切，《集韻》《韻會》寫與切，並胥上聲。《説文》:‘知也。’《廣雅》:‘哲也。’《玉篇》:‘才智之稱也。’陸機《辯亡論》:‘謀無遺諝，舉不失策。’注:‘諝，智也。’又《正字通》:‘詐也。《淮南子·本經訓》:比周朋黨，設詐諝，懷機械巧故之心，而性失矣。’”（1219 上）《説文·言部》:“諝，知也。从言，胥聲。”（47 上）《玉篇·言部》:“諝，相吕切。才智之稱也。”（43 下左）“諝”本義指“才智”，引申義指“計謀”。《淮南子·本經》:“比周朋黨，設詐諝，懷機械巧故之心，而性失矣。”高誘注:“諝，謀也。”故此“諝”當訓“謀也”，“詐諝”即指“狡詐的計謀”，而“諝”即指“計謀”。《正字通》訓“詐也”，非是。《大字典》“諝”字下據《正字通》之誤而收録“欺詐”這一義項，疑亦非是。

27. 諞

《字彙·言部》:“諞，各頟切，音革。智慧。”（455 下）

《正字通·言部》:“諞，舊注音革，智慧。《廣雅》:‘諞、詖，慧也。’並誤。或曰:‘語不相入，故從鬲。’義通。”（1076 上）

按:《康熙字典·言部》:“諞，《玉篇》公核切，音隔。《廣韻》:‘慧也。’又《正字通》:‘語不相入也，故从鬲。’”（1227 上）《廣雅·釋詁一》:“諞，慧也。”原本《玉篇·言部》:“諞，公核反。《廣雅》:‘諞，慧也。’《埤蒼》:‘諞，黠也。’《字書》:‘亦㦸字。㦸，智也。在《心部》。’”

（290）《玉篇·言部》："諽，公核切。智慧也。"（43 下右）《篇海》引《玉篇》同。《新修玉篇》卷九《言部》引《玉篇》："諽，古核切。《博雅》：'智慧也。'"（82 下左）《詳校篇海》卷一《言部》："諽，各額切，音革。智慧。"（60 上）《篇海類編》同。《集韻》入聲麥韻各核切："諽，《博雅》：'慧也。'"（740）故"諽""愅"即異體字，義指"智慧""狡黠"。《正字通》或曰"語不相入"，於前代辭書皆無徵，當因從"言""隔"爲說而誤。《康熙字典》轉録《正字通》"或曰"之訓，亦失考證。《大字典》《字海》皆據《正字通》之説而收録"語不相入"這一義項，疑並非是。

28. 趹

《字彙·足部》："趹，居月切，音厥。足痛。一曰馬行貌。一曰步疾。班孟堅《西都賦》：'要趹追蹤。'"（472 上）

《正字通·足部》："趹，居月切，音厥。馬後足趹地也。《戰國策》：'秦馬之良，探前趹後，蹄間三尋。'一曰步疾。班固《西都賦》：'要趹追蹤。'本作趹，从足，決省聲，篆作。《説文》專訓馬行貌，泥；舊注足痛，非。"（1116 下）

按：《康熙字典·足部》："趹，《唐韻》《集韻》《韻會》並古穴切，音抉。《説文》：'馬行貌。'《玉篇》：'疾也。'"（1279 上）《龍龕》卷四《足部》："趹，古穴反。足痛也。"（465）《龍龕》訓"足痛也"，疑非是。《説文·足部》："趹，馬行皃。从足，決省聲。"（42 上）《名義·足部》："趹，古穴反。疾也；行也；奔也。"（61 下）《新撰字鏡·走部》："趹，古穴反。疾也；行也；奔也。趉字。"（137）《玉篇·足部》："趹，古穴切。疾也。"（33 下左）《廣韻》入聲屑韻古穴切："趹，足疾。"（400）《集韻》入聲屑韻古穴切："趹，《説文》：'馬行皃。'一曰步疾也。"（705）《集韻》上文去聲霽韻涓惠切又曰："趹，踶也。"（508）故"趹"訓"疾也""足疾""步疾也"，皆指"馬疾奔貌"，此"疾"皆爲"急速"之義，而非爲"疾病"之義。《龍龕》訓"足痛也"，當因誤解"疾"爲"疾病"之義而誤。《詳校篇海》卷三《足部》："趹，居月切，音决。足痛。《説文》：'馬行皃。'一曰步疾。《西都賦》：'要趹追蹤。'"（202 上）《篇海類編》同。《詳校篇海》《篇海類編》《字彙》“趹”字下亦收“足痛”這一義項，皆因承襲《龍龕》之謬而誤。《正字通》謂《字彙》訓“足痛”非，是也。《大字典》“趹”字下據《龍龕》之誤而收録“足痛”這一義項，亦失考證。

29. 迲

《字彙·辵部》:“迲，去冀切，音器。避也。又行也。”（486下）

《正字通·辵部》:“迲，訛字。舊注音器，避也，又行也，並非。”（1148上）

按:《康熙字典·辵部》:“迲，《廣韻》《集韻》並去智切，音企。避也。”（1316上）《直音篇》卷三《辵部》:“迲，音器。遮也。”（108上）《直音篇》訓“遮也”，疑非是。《廣雅·釋詁三》:“迲，避也。”《玉篇·辵部》:“迲，丘致切。避也。”（50上右）《廣韻》去聲寘韻去智切:“迲，避也。”（241）《集韻》去聲寘韻去智切:“迲，避也。”（470）《新修玉篇》卷十《辵部》引《玉篇》:“迲，去智切。避也。”（93上右）《篇海》卷五《辵部》引《玉篇》:“迲，丘致切。避也。”（647下）故《直音篇》訓“遮也”，於歷代字韻書皆無徵，當爲“避也”之誤。《字彙》又訓“行也”，於前代字韻書亦無徵，亦非。《大字典》《字海》“迲”字下分別據《字彙》之説而收録“行”“行走”這一義項，並非。

30. 遢

《字彙·辵部》:“遢，託甲切，音塔。穩行貌。又邋遢，不謹事。”（490下）

《正字通·辵部》:“遢，徒荅切，音塔。急行貌。又邋遢，不謹事。”（1159下）

按:《康熙字典·辵部》:“遢，《廣韻》吐盍切，《集韻》託盍切，並音榻。《玉篇》:‘穩行貌。’《集韻》:‘邋遢，行貌。’又《廣韻》:‘邋遢，不謹事也。’”（1327上）《玉篇·辵部》:“遢，吐盍切。穩行皃。”（50下右）《新修玉篇》《篇海》引《玉篇》同。《直音篇》卷三《辵部》:“遢，音塔。穩行貌。又邋遢，不謹事。”（110下）《詳校篇海》卷二《辵部》:

"逷，託甲切，音塔。穩行皃。又邋逷，不謹事。"（113 上）《篇海類編》同。故《正字通》訓"急行貌"，於前代字書皆無徵，當爲"穩行貌"之誤。《玉篇校釋》"逷"字下注："《廣韻》入聲廿八盍吐盍切云：'邋逷，行皃。'又云：'邋逷，不謹事。'本書《人部》云：'㒐儠，不謹皃也。'《馬部》云：'驪騔，馬行不進皃。'是逷爲拖蹋迂緩之行，今俗謂嬾怠爲嬾逷。"（2116）胡氏所言當是。《龍龕》卷四《辵部》："邋，盧盍反。邋逷，行皃也。"下字曰："逷，他盍反。邋逷，不謹事也。"（493）此亦其證也。故"邋"當以訓"邋逷"爲是，"邋逷"一義爲"行貌"，一義爲"不謹事"。《大字典》"逷"字下據《正字通》之誤而收録"急行貌"這一義項，非是。

31. 邖

《字彙・邑部》："邖，所間切，音山。地名。"（492 下）

《正字通・邑部》："邖，所姦切，音山。地名。又姓。通用山。"（1164 下）

按：《康熙字典・邑部》："邖，《唐韻》所間切，《集韻》師間切，並音山。地名。又姓。見《正字通》。"（1332 上）《説文・邑部》："邖，地名。从邑，山聲。"（132 下）《玉篇・邑部》："邖，所間切。地名。"（11 下右）故宫本《王韻》平聲山韻所間反："邖，地名。"（453）《廣韻》平聲山韻所間切："邖，地名。出《地理志》。"（79）《集韻》平聲山師間切："邖，《説文》：'城（地）名。'"（153）《新修玉篇》卷二《邑部》引《玉篇》："邖，所間切，又相然切。地名。出《地理志》。"（17 上左）《篇海》卷十三《邑部》引《玉篇》"邖，所間切。地名。"（808 下）《直音篇》卷六《山部》："邖，音山。地名。"（241 上）《詳校篇海》卷五《邑部》："邖，所間切，音山。地名。出《地理志》。"（346 下）故《正字通》又訓"姓"，並謂"通用山"，於前代字韻書皆無徵，非是。《康熙字典》轉録《正字通》"姓"這一義項，亦失考證。《大字典》《字海》"邖"字下皆據《正字通》之説而收録"姓"這一義項，並非。

32. 郇

《字彙・邑部》:“郇，布交切，音包。地名。”(493 上)

《正字通・邑部》:“郇，博高切，音包。地名。又姓。通作包。”(1166 上)

按:《康熙字典・邑部》:“郇,《唐韻》布交切,《集韻》班交切，並音包。《説文》:‘地名。’又姓。《正字通》通作包。”(1333 下)《説文・邑部》:“郇，地名。从邑，包聲。”(130 下)段玉裁注:“當是西南夷之地。”《龍龕》卷四《邑部》:“郇，匹交反。邑名。”(454)《玉篇・邑部》:“郇，百交、百勞二切。地名。”(11 上右)箋注本《切韻》(斯 2071)平聲肴韻匹交反:“郇，邑名。”(120)敦煌本《王韻》平聲肴韻匹交反:“郇，邑名。又布毛反。”(370)故宮本《王韻》平聲肴韻匹交反:“郇，邑名。又博毛反。”(457)《廣韻》平聲肴韻布交切:“郇，邑名。《説文》:‘地名。’”(97)《集韻》平聲爻韻班交切:“郇,《説文》:‘地名。’”(186)下文披交切又曰:“郇，地名。”(187)《新修玉篇》卷二《邑部》引《玉篇》:“郇，百交切。地名。出《説文》。”(17 下右)《篇海》卷十三《邑部》引《玉篇》:“郇，百交、百勞二切。地名。”(809 上)《直音篇》卷六《邑部》:“郇，音褒。地名。”(241 上)《詳校篇海》卷五《邑部》:“郇，博毛切，音褒；又蒲交切，音庖。地名。”(347 上)《篇海類編》同。故《正字通》又訓“姓”，並謂“通作包”，於前代字韻書皆無徵，非是。《康熙字典》承襲《正字通》之説又訓“姓”，並謂“通作包”，亦失考證。《大字典》“郇”字下據《正字通》之説而收録“姓”這一義項，非是;《字海》“郇”字下承襲《大字典》之誤而收録“姓”這一義項，亦非是。

33. 郖

《字彙・邑部》:“郖，當侯切，音兜。弘農縣庾地。”(494 上)

《正字通・邑部》:“郖，當鉤切，音兜。《説文》:‘弘農縣庾地。’庾水槽倉也。又姓。或省作豆。”(1169 上)

按:《康熙字典・邑部》:“郖,《唐韻》《集韻》並當侯切，音兜。《説文》:‘弘農縣庾地。’”（1336上）《說文・邑部》:“郖，弘農縣庾地。从邑，豆聲。”（128下）段玉裁注:“‘庾’當作‘渡’，字之誤也。”朱駿聲通訓定聲:“郖，今河南陝州靈寶縣有郖津。字亦作浢。”《龍龕》卷四《邑部》:“郖，音豆。地名。”（456）《玉篇・邑部》:“郖，徒透切。《說文》云:‘弘農縣庾地。’又音兜。”（10下右）《新修玉篇》《篇海》引《玉篇》同。敦煌本《王韻》去聲候韻徒候反:“郖，地名，在弘農。”（418）故宮本《王韻》、故宮本《裴韻》同。《廣韻》去聲候韻田候切:“郖，地名。”（353）《集韻》去聲候韻大透切:“郖，地名，在弘農縣。”（619）《直音篇》卷六《邑部》:“郖，音兜。弘農縣［庾地］。又音豆。”（242上）《詳校篇海》卷五《邑部》:“郖，徒透切，音豆。《說文》云:‘弘農縣庾地。’又當侯切，音兜。亦作鄤。”（347下）《篇海類編》同。故《正字通》又訓“姓”，並謂“或省作豆”，於前代字韻書皆無徵，非是。《大字典》“郖”字下據《正字通》之說而收録“姓”這一義項，非是。

34. 靔

《字彙・青部》:“靔，丑庚切，音撐。游意也。”（529下）

《正字通・青部》:“靔，訛字。舊注音撐，游意也，泥。”（1267下）

按:《康熙字典・青部》:“靔，《玉篇》丑鄭切，音遉。覗也；譯（驛）也。亦作偵。又《集韻》抽庚切，音瞠。本作竀。正視也。一曰深意也。”（1459上）《篇海》卷九《青部》引《餘文》:“靔，丑庚切。《說文》:‘游意也。’”（715下）“游意也”當爲“深意也”之誤。《集韻》平聲庚韻抽庚切:“竀，正視也。一曰深意。或作靔。”（231）此是其證也。《詳校篇海》卷四《先部》:“靔，丑正切，音秤。覗也；譯（驛）也。亦作偵。又抽庚切，音撐。問也。又游意。通作竀。”（240上）《篇海類編》同。《詳校篇海》《篇海類編》訓“游意”，皆因承襲《篇海》之謬而誤。又《詳校篇海》《篇海類編》訓“問也”，當因“靔”“偵”同，因據“偵”字之訓而妄補。《說文新附・人部》:“偵，問也。从人，貞聲。”（166上）《玉篇・先部》:“靔，丑鄭切。覗也；譯（驛）也。亦作偵。”（132下右）《大字典》“靔”字第（二）義項之下第❶義項據《篇海》之誤而謂“一説游意”，且謂《篇海》引《玉篇》，俱失考證；又《大字典》《字海》“眥”之下皆據《篇海類編》之誤而收録“問”這一義項，疑並非是。

35. 騆

《字彙·馬部》：“騆，魚容切，音顒。走貌。”（552下）

《正字通·馬部》：“騆，魚容切，音顒。馬走貌。楊慎云：‘騆騆即顒顒。’《篇海》亦作顒，大貌，並非。”（1316下）

按：《康熙字典·馬部》：“騆，《廣韻》《集韻》並魚容切，音顒。《玉篇》：‘大貌。’《集韻》同顒。《爾雅·釋訓》：‘顒顒卬卬，君之德也。’或作騆。”（1524上）《直音篇》卷三《馬部》：“騆，魚容切。與顒同。又走貌。”（245上）《直音篇》又訓“走貌”，疑非是。《名義·馬部》：“騆，魚恭反。大皃也。”（230下）《玉篇·馬部》：“騆，魚容切。大皃。亦作顒。”（108下右）《新修玉篇》《篇海》引《玉篇》同。故宫本《王韻》平聲鍾韻魚容反：“顒，大貌。亦作騆。”（438）《廣韻》平聲鍾韻於容切：“顒，仰也。《爾雅》云：‘顒顒卬卬，君之德也。’《説文》曰：‘大頭也。’騆，上同。見《廣蒼》。”（11）《集韻》平聲鍾韻魚容切：“顒，《説文》：‘顒，大頭也。’引《詩》：‘其大有顒。’一曰顒顒，温皃。或作騆。”（21）故《直音篇》又訓“走貌”，於前代字韻書皆無徵，非是。《詳校篇海》卷三《馬部》：“騆，魚容切，音顒。亦作顒。大皃。又走皃。”（152下）《篇海類編》同。《詳校篇海》《篇海類編》又訓“走皃”，皆因承襲《直音篇》之謬而誤。《字彙》徑訓爲“走貌”，亦因承前而謬。《正字通》轉訓爲“馬走貌”，疑非是。《大字典》“騆”字下據《篇海類編》《正字通》之誤而收録“馬走貌”這一義項，非是；《字海》“騆”字下據《海篇》收録“馬跑的樣子”這一義項，亦非。

36. 鬣

《字彙·髟部》：“鬣，力涉切，音獵。髪疎也。”（558下）

《正字通·髟部》：“鬣，舊注音獵，髪疎。一説从夾有相雜交並義，當訓髪密，反訓疎，非。”（1329上）

按:《康熙字典・髟部》:“𩬂,《集韻》力協切，音甄。髮疎貌。”(1539 上)《集韻》入聲帖韻力協切:“𩬂，髮踈皃。”(782)《新修玉篇》卷五《髟部》引《餘文》:“𩬂，良協切。髮踈皃。”(52 上左)《篇海》同。《直音篇》卷二《髟部》:“𩬂，音獵。髮踈。”(53 上)《詳校篇海》卷二《髟部》:“𩬂，力涉切，音獵。髮踈皃。”(130 下)“踈”“疎”字同，故“𩬂”當訓“髮疎皃”，義爲“頭髮稀疏貌”。《正字通》一説“從夾有相雜交並義，當訓髮密”，並謂訓“疎”非，於前代字韻書皆無徵，當因從“夾”爲説而誤。《大字典》“𩬂”字下據《正字通》之説而收録“頭髮稠密”這一義項，非是;《字海》“𩬂”字據《正字通》之説而謂“一説頭髮稠密”，亦非。

37. 髲

《字彙・髟部》:“髲，莫江切，音忙。毛蒼也。”(559 上)

《正字通・髟部》:“髲，莫郎切，音忙。毛蒼也。一曰髮亂。”(1329 上)

按:《康熙字典・髟部》:“髲,《集韻》莫江切，音龙。《類篇》:‘毛蒼也。’一曰髮亂也。”(1539 上)《集韻》平聲江韻莫江切:“髲，毛蒼也。”(23)《新修玉篇》《篇海》引《餘文》同。《直音篇》卷二《髟部》:“髲，音龙。毛蒼。”(52 下)《詳校篇海》卷二《髟部》:“髲，莫江切，音忙。毛蒼也。”(130 下)《篇海類編》同。故“髲”當訓“毛蒼也”，義爲“毛髮蒼白”。《正字通》又訓“髲”爲“髮亂”，於前代字韻書皆無徵，當因從“龙亂”爲説而誤。《康熙字典》謂“一曰髮亂也”，當因承襲《正字通》之謬而誤。《大字典》《字海》“髲”字下分別據《正字通》之説而收録“髮亂”“頭髮散亂”這一義項，疑並非是。

38. 髆

《字彙・髟部》:“髆，伯各切，音博。髮髆。”(559 下)

《正字通・髟部》:“髆，伯各切，音博。髮疎貌。”(1330 下)

按:《康熙字典・髟部》:“髆,《集韻》伯各切，音博。《玉篇》:‘髮髆。’《類篇》：‘髮也。’”（1541 上）《玉篇·髟部》：“髆，補各切。髮髆。”（29 上右）《新修玉篇》引《玉篇》同。《集韻》入聲鐸韻伯各切：“髆，髮也。”（726）《玉篇校釋》“髆”字下注：“《集韻》入聲鐸韻：‘髆，髮也。’‘髮’蓋‘髲’訛。髆之言敷也，髲髢敷施于首也。”（1141）胡氏所言當是。《類篇·髟部》：“髆，伯各切。髮也。”（317 上）《類篇》訓“髮也”，當因承襲《集韻》之謬而誤。《篇海》卷六《髟部》引《玉篇》：“髆，補各切。髮髆也。”（662 下）《篇海》訓“髮髆也”，當爲“髲髆也”之誤。《直音篇》卷二《髟部》：“髆，音博。髮也。”（52 下）《直音篇》訓“髮也”，當因承襲《集韻》之謬而誤。《詳校篇海》卷二《髟部》：“髆，伯各切，音博。髮髆。”（131 上）《篇海類編》同。《詳校篇海》《篇海類編》《字彙》訓“髮髆”，當皆因承襲《篇海》之謬而誤。《正字通》訓“髮疎貌”，於前代字韻書皆無徵，當因從“薄”爲説而誤。《康熙字典》轉録《類篇》“髮也”之訓而未作校正，亦失考證。《大字典》《字海》“髆”字下分别據《正字通》之説而收録“髮疎貌”“頭髮稀疏”這一義項，疑並非是。

（四）有利於考釋疑難字

全面測查與研究《字彙》《正字通》《直音篇》《詳校篇海》《篇海類編》《康熙字典》《字彙補》等明清大型字書後，可以發現明清大型字書仍貯存大量未作考釋的疑難字。利用相關的材料和研究方法，可以對明清大型字書中貯存的這些疑難字作出考釋。

1. 劣

《字彙·力部》：“劣，良傑切，音列。有力也。”（58 上）

《正字通·力部》：“劣，俗字。”（101 下）

按：此字《説文》《名義》皆未收，《玉篇》《廣韻》亦不録，始見於《龍龕》，當即唐人據俗書所增。《龍龕》卷四《力部》：“劣，音列。”（518）《集韻》入聲薛韻力蘗切：“劣，有力也。”（711）《康熙字典·力部》：“劣，《集韻》力蘗切，音列。有力也。”（84 下）“劣”字，《龍龕》義闕，《集韻》補訓爲“有力也”，疑不可據。《正字通》謂“劣”俗字，所言是也。"𠛁"疑當以楷定作"㓧"爲是，"㓧"當即"列"字之俗。《説文·刀部》："列，分解也。从刀，𢀶聲。"（86上）"列"，《廣韻》音"良薛切"。"㓧"與"列"音同，"㓧"疑即"列"之繁化俗字。

2. 𭄒

《字彙·力部》："𭄒，財艱切，音殘。殺害也。"（58上）

《正字通·力部》："𭄒，俗殘字。"（101下）

按：此字《説文》《玉篇》皆未收，《廣韻》亦不録，《集韻》收之，當即丁度等據俗書所增。《集韻》平聲寒韻財干切："𭄒，殺害也，故从奴，从力。"（144）《康熙字典·力部》："𭄒，《集韻》財干切，音殘。殺（割）［害］也。"（85上）"𭄒"訓"殺害也"，從形義關係來看，疑當以"從奴，從刀"爲是，疑此字應楷定作"𭄒"，"𭄒"即"殘"之異體字。《説文·歺部》："殘，賊也。从歺，戔聲。"（80上）"殘"本義指"傷害"，引申義指"殺害"。《周禮·夏官·大司馬》："放弑其君，則殘之。"鄭玄注："殘，殺也。""𭄒"與"殘"音義並同，"𭄒"當即"殘"之異體字。

3. 卣

《字彙·卜部》："卣，以周切，音攸。氣行貌。《六書正譌》：'俗作逌，非。'"（64上）

《正字通·卜部》："卣，烏休切，音攸。氣行貌。篆作𠧴，《正譌》俗作逌。"（116下）

按：《康熙字典·卜部》："卣，古文。𠧴，《唐韻》以周切，《集韻》夷周切，並音由。《説文》：'氣行貌。'《廣韻》：'或作逌。'又《前漢·韋賢傳》：'萬國卣（逌）平。'注：'師古曰：卣（逌），古攸字。攸，所也。'"（98上）《廣韻》平聲尤韻以周切："卣，氣行皃也。或作逌。"（135）《説文·乃部》："卣，气行皃。从乃，鹵聲。"（95下）段玉裁注："隸作卣。"故此"卣"當即"卣（逌）"字之俗。又《集韻》去聲宥韻余救切："卣，驚聲。"（612）此"卣"當即"𠧪"字之俗。《説文·乃部》："𠧪，驚聲也。从乃省，西聲。籀文𠧪，不省。或曰：𠧪，往也。讀若仍。䨻，古文㖖。”（95下）“㖖”，《廣韻》音“如蒸切”。“㖖”訓“驚聲”，與“㖖”形近義同，此“㖖”當即“㖖”字之俗。《集韻》改音“余救切”，非是。《大字典》收録“㖖”字，第二義項據《集韻》讀音之誤而音 yòu，且未溝通其與“㖖”字的正俗關係，失考證。

4. 𡫹

《字彙·宀部》：“𡫹，謨郎切，音忙。寐也。”（118上）

《正字通·宀部》：“𡫹，俗字。舊注音忙，寐也，誤。”（274上）

按：《康熙字典·宀部》：“𡫹，《等韻》莫江切，音厖。寐也。”（243下）《新修玉篇》卷十一《宀部》引《川篇》：“𡫹，音浝。寐也。”（99下左）《篇海》同。“𡫹”疑即“𡪣”之異體字。《廣韻》平聲唐韻莫郎切：“𡪣，寐語。”（119）《集韻》平聲唐韻謨郎切：“𡪣，寐言。”（222）故“𡫹”與“𡪣”音同義通，“𡫹”疑即“𡪣”之異體字。

5. 帵

《字彙·巾部》：“帵，於願切，音怨。曲裁。”（136上）

《正字通·巾部》：“帵，俗字。舊注於願切，音怨，曲裁，泥。”（314下）

按：《康熙字典·巾部》：“帵，《類篇》縈絹切，音餶。曲裁。”（290上）《集韻》去聲霰韻縈絹切：“帵，曲裁。”（570）《正字通》謂“帵”爲俗字，所言當是。“帵”疑即“剈”字之俗。箋注本《切韻》平聲先韻焉玄反：“剈，曲剪。”（117）敦煌本《王韻》、故宮本《王韻》、《廣韻》同。《集韻》去聲霰韻縈絹切：“剈，曲刀。”（570）《集韻》改訓“剈”爲“曲刀”，非是，“曲刀”當爲“曲翦”之誤。故“帵”與“剈”音義並同，“帵”當即“剈”字之俗。

6. 庌

《字彙·广部》：“庌，茶雅切，茶上聲。屋未成也。”（141上）

《正字通·广部》：“庌，丑雅切，茶上聲。屋未成。”（327上）

按:《康熙字典·广部》:“庢,《集韻》仕下切,槎上聲。《玉篇》:‘屋也。’”(305上)此字原本《玉篇》《名義》皆未收,《玉篇》收於部末,當即陳彭年等據俗書所增。《玉篇·厂部》:“庢,士雅切。屋也。”(104下右)《玉篇》訓“屋也”,疑不可據。慧琳《音義》卷五《大般若波羅蜜多經》第四百一十五卷:“迫迮,上音伯,補格反。《玉篇》云:‘迫,猶逼也。’王逸注《楚辭》云:‘迫,附也。’《蒼頡篇》云:‘迫,近。’《廣雅》云:‘迫,陿也;迫,急也。’或作敀,古字也,見《聲類》。下阻格反。《聲類》云:‘迮,迫。’《説文》闕。或作窄。屋上板也。《埤蒼》:‘窄,或作庢。’庢,酒具。皆非此義。”(57,P482B2)又慧琳《音義》卷五一《手杖論》:“大窄,下音責。《考聲》:‘窄,陿也。’《聲類》:‘迫也。’或作迮,亦作庢。”(58,P449B8)又慧琳《音義》卷八一《三寶感通傳》第三卷:“房窄,争厄反。《埤蒼》云:‘窄,陿也。’《古今正字》云:‘迫陿也。’從穴乍聲,亦從广作庢。傳作迮,誤用也,今不取。陿,音洽。”(59,P15B7)又慧琳《音義》卷九二《續高僧傳》第十卷:“迮隘,上争革反。《埤蒼》云:‘從(定)[穴]作窄。’《聲類》云:‘窄,迫也。’《字書》:‘正從竹[作]笮。’鄭衆注《周禮》云:‘笮,陿也。’《説文》云:‘迮,從竹,乍聲。’《考聲》與《聲類》同,亦從穴作窄,云:‘陿小也。’又作庢,音同上。下戹界反。《廣雅》云:‘隘,陿也。’王逸注《楚辭》云:‘險陿傾危也。’顧野王云:隘,猶迫側也。《説文》義同,從𨸏,益聲。亦從厄作阨,俗字也。”(59,P207B12)故“庢”當同“迮”“窄”,當訓“陿也”“迫也”。《玉篇》訓“屋也”,疑爲望形生訓。又《直音篇》卷六《厂部》:“庢,茶下切。屋未成。”(234下)《直音篇》訓“屋未成”者,於前代字書皆無徵,當因從“广”“乍”爲説而誤。《詳校篇海》卷一《厂部》:“庢,茶下切,舊音詐。屋也;又屋未成。”(69上)《篇海類編》同。《詳校篇海》《篇海類編》皆訓“屋也”“屋未成”,當因承襲前代字書而誤。《字彙》《正字通》訓“屋未成”,亦當因承襲前代字書而誤。《康熙字典》轉録《玉篇》“屋也”之訓而未作校正,亦失考證。

7. 𢉇

《字彙·广部》:“𢉇，武各切，音莫。《玉篇》:‘空也。’”（143 下）

《正字通·广部》:“𢉇，譌字。舊注武各切，音莫。《玉篇》:‘空也。’誤。”（332 下）

按:《康熙字典·广部》:“𢉇,《廣韻》慕各切,《集韻》末各切，並音莫。《玉篇》:‘空也。’”（311 下）《龍龕》卷二《广部》:“𢉇,《玉篇》:‘音莫。空也。’”（301）《玉篇·广部》:“𢉇，音莫。空也。”（104 下右）《廣韻》入聲鐸韻暮各切:“𢉇，定也。”（409）《正字通》謂“𢉇”爲“譌字”，所言非是。《玉篇校釋》“𢉇”字下注:“《廣韻》入聲十九鐸暮各切:‘定也。’《集韻》:‘𢉇，定也；空也。’本書直音‘莫’者，闔本止作莫。《詩·皇矣》釋文引《韓詩》:‘莫，定也。’《禮記·禮運》:‘是爲合莫。’鄭注:‘莫，虛無也。’虛無即空也。”（4258）胡吉宣謂“𢉇”本止作“莫”，所言當是。《廣韻》入聲鐸韻暮各切:“莫，定也。”（409）又《小爾雅·廣詁》:“莫，大也。”《莊子·逍遥遊》:“何不樹之於無何有之鄉，廣莫之野。”陸德明《釋文》引簡文注:“莫，大也。”“大也”“虛無也”與“空也”義皆可相通。故“𢉇”與“莫”音義並同，“𢉇”本當作“莫”。

8. 㦉

《字彙·心部》:“㦉，胡瓜切，音華。心侈。”（165 下）

《正字通·心部》:“㦉，俗字。”（381 下）

按:《康熙字典·心部》:“㦉,《集韻》胡瓜切，音華。心侈也。”（368 上）《集韻》平聲麻韻胡瓜切:“㦉，心侈也。”（209）《正字通》謂“㦉”爲俗字，所言是也。“㦉”當即“華”字之俗。《説文·華部》:“華，榮也。从艸，从𠌶。”（124 上）“華”本義指“花”“花朵”，引申義可指“奢侈”“浮華”。例如：北魏楊衒之《洛陽伽藍記·開善寺》:“石崇乃是庶姓，猶能雉頭狐腋，畫卵雕薪；況我大魏天王，不爲華侈。”宋司馬光《訓儉示康》:“吾性不喜華靡，自爲乳兒，長者加以金銀華美之服，輒羞赧棄去之。”《後漢書・周舉傳》:“但務其華，不尋其實。”《晉書・范汪傳附范甯》:“飾華言以翳實，騁繁文以惑世。”“華”,《集韻》亦音“胡瓜切”。“㦊”與“華”音義並同,“㦊”當即“華”之異體字。

9. 㵗

《字彙・心部》:“㵗，徒黨切，音蕩。愓動也。”(166 上)

《正字通・心部》:“㵗，俗愓字。舊注徒黨切，音蕩，訓愓動，非。”(383 上)

按:《康熙字典・心部》:“㵗,《集韻》待朗切，音蕩。《博雅》:‘㵗、愓，動也。’”(370 上)《集韻》上聲蕩韻待朗切:“㵗盪,《博雅》:‘㵗、愓，動也。’或从虫。”(417)《正字通》之説疑不可據。《説文・心部》:“愓，放也。从心，昜聲。一曰平也。”(220 上)《廣韻》上聲蕩韻徒郎切:“愓，不憂。”(213)“㵗”與“愓”音同義別，二字不可混同,《正字通》謂“㵗”即“愓”字之俗，且謂“舊注”非，既無書證亦無例證，其説疑不可據。“㵗”當即“盪”字之俗。《廣雅・釋詁一》:“盪、愓，動也。”王念孫《疏證》:“盪，經傳通作盪，又作蕩。”(97 上)故“㵗”與“盪”音義並同,“㵗”當即“盪”受下文“愓”字類化影響而改換義符所産生的異體字。

10. 㪐

《字彙・支部》:“㪐，郎擊切，音歷。亂也。”(191 下)

《正字通・支部》:“㪐，俗字。”(446 上)

按:《康熙字典・支部》:“㪐,《集韻》狼狄切，音歷。亂也。”(450 上)《集韻》入聲錫韻狼狄切:“㪐，亂也。”(753)“㪐”疑即“歷”字之俗。《大戴禮記・子張問入官》:“歷者，獄之所由生也。”盧辯注:“歷，歷亂也。”又《大戴禮記・盛德》:“凡民之爲奸邪竊盜歷法妄行者，生於不足。”孔廣森補注:“歷，亂也。”“歷”,《集韻》亦音“狼狄切”。故“㪐”與“歷”音義並同,“㪐”疑本當作“歷”。

11. 㧜

《字彙·木部》:“㧜，陟教切，音罩。木刺也。”（209上）

《正字通·木部》:“㧜，柧字之訛。舊注音罩，木刺，誤。”（490下）

按:《康熙字典·木部》:“㧜,《集韻》阻教切，音醮。《玉篇》:‘木刺也。’”（491上）《玉篇·木部》:“㧜，側孝切。木刺也。”（63下右）《集韻》去聲效韻組教切:“㧜，木刺。”（584）《玉篇校釋》“㧜”字下注:“《集韻》上聲效韻同,《廣韻》作抓，爪刺也。《切韻》:‘抓，掐抓。’又:‘掐，爪刺。’本書《手部》:‘抓，抓痒也。’慧琳引作:‘掐也；刮也。’以爪搔之曰抓，此云‘木刺’者，蓋以木爲之而有列齒，用以爬搔背部之器，今人多用之，木刺者謂木有刺也。”（2511）胡氏所言不確。今案:從目前所見材料來看，“㧜”字有兩個來源：一爲“柧”字俗訛。慧琳《音義》卷四〇《阿唎多羅陀羅尼阿魯力品》:“三棱，勒登反。《説文》:‘棱，㧜也。從木，夌聲。’亦作楞，經本作稜，誤也。夌，音陵；㧜，音古胡反。”（58，P194B5）慧琳《音義》卷五二《中阿含經》第五十三卷:“八棱，又作楞同。力增反。《説文》:‘棱，㧜也。’《三蒼》:‘棱，四方也。’㧜，音孤也。”（58，P463B2）上文中的“㧜”字皆爲“柧”字之訛。《説文·木部》:“柧，棱也。从木，瓜聲。”（120下）下文又曰:“棱，柧也。从木，夌聲。”（120下）“柧”,《廣韻》音“古胡切”。此即其證也。《集韻》平聲模韻攻乎切:“柧,《説文》:‘棱也。一曰㧜棱，殿堂高處。’”（89）此“㧜”當即“柧”字誤刻。此亦其證也。一爲“抓”字俗訛。慧琳《音義》卷五三《起世因本經》卷第二:“䦨破，上莊虢反，此音見《字書》，䦨，㧜破也。舊音爲居碧反，或音九縛反，恐未切當，故改就此音。抓，音莊交反。”（58，P489A9）從文意來看，此文中之“㧜”當即“抓”字之俗。《中華大藏經》本作“抓”，此即其證也。韓小荆《〈可洪音義〉研究》（836）“抓”俗作“㧜”，此亦其證也。《玉篇》訓“木刺也”，當爲望形生訓。《集韻》亦訓“木刺”，此當因承襲《玉篇》之謬而誤。

12. 槁

《字彙·木部》："槁，古到切，音告。《廣韻》：'枯木。'"（226上）

《正字通·木部》："槁，俗字。《説文》本作槀，通作槁，加艸非。舊注引《廣韻》'枯木'，即槁義，誤分爲二。"（540下）

按：《康熙字典·木部》："槁，《廣韻》古到切，《集韻》《類篇》居號切，並音告。《廣韻》：'苦木也。'《集韻》：'木名。大苦。'"（538下）《廣韻》去聲號韻古到切："槁，苦木。"（326）《集韻》去聲號韻居號切："槁，木名，大苦也。"（586）《正字通》所言當是。《説文·木部》："槀，木枯也。从木，高聲。"（115上）《集韻》上聲晧韻苦浩切："槀，《説文》：'木枯也。'或書作槁。"（399）下文去聲號韻口到切又曰："槁，木枯。"（585）《廣韻》訓"槁"爲"苦木"，當爲"枯木"之誤。"槁"與"槀""槁"音近義同，"槁"當即"槀""槁"之異體字。《集韻》承襲《廣韻》義訓之誤，轉訓爲"木名，大苦也"，亦非。

13. 㱡

《字彙·欠部》："㱡，呼昆切，音昏。不可知也。"（229下）

《正字通·欠部》："㱡，俗字。舊注音昏，不可知也，誤。"（549下）

按：《康熙字典·欠部》："㱡，《廣韻》《集韻》並呼昆切，音昏。㱡㱡，不可知也。"（551上）《名義·欠部》："㱡，呼昆反。不可知也。"（90下）《玉篇·欠部》亦曰："㱡，呼昆切。不可知也。"（45下左）故宫本《王韻》平聲魂韻呼昆反："㱡，不可知。"（451）《廣韻》平聲魂韻呼昆切："㱡，不可知也。"（72）《集韻》平聲魂韻呼昆切："㱡，㱡㱡，不可知也。"（139）"㱡""㱡"即異寫字。《正字通》謂"㱡"爲俗字，所言當是。"㱡（㱡）"疑即"惛"字之俗。《説文·心部》："惛，不憭也。从心，昏聲。"（220下）箋注本《切韻》（斯2071）平聲魂韻呼昆切："惛，不明。"（115）故宫本《王韻》、《廣韻》同。《戰國策·秦策一》："今之嗣主，忽於至道，皆惛於教。"高誘注："惛，不明也。"唐皮日休《移元徵君書》："苟或退者，是時弊不可正，主惛不可曉。"故"㱡（㱡）"與

“惛”音義並同，“⿰昏欠（⿰昬欠）”疑即“惛”字之俗。

14. 殎

《字彙·歹部》：“殎，苦甲切，音恰。枯殎。”（233 上）

《正字通·歹部》：“殎，俗字。”（558 下）

按：《康熙字典·歹部》：“殎，《玉篇》苦甲切，《類篇》乞洽切，並音恰。⿰歹古殎也。《集韻》作⿰歹合。”（564 上）《玉篇·歹部》：“殎，苦甲切。⿰歹古殎也。”（58 上左）《玉篇校釋》“殎”字下注：“《集韻》入聲洽韻作：‘⿰歹合，⿰歹古也。’即《類篇》‘殎⿰歹古也’。”（2299）胡吉宣謂“⿰歹合”同“殎”，所言當是。《玉篇》訓“⿰歹古殎也”，注文中的“殎”字當爲字頭誤重，應删。述古堂影宋鈔本《集韻》入聲洽韻乞洽切：“殎，⿰歹古也。”（786）“殎”即“殎”之異寫字。此即其證也。又“⿰歹合”字，揚州使院重刻本《集韻》、宋刻本《集韻》皆作“姶”，“姶”即“⿰歹合”之異寫字。正如“⿰巾夾”同“帢”、“裌”同“袷”、“⿰革夾”同“鞈”、“⿰食夾”同“餄”、“⿰目夾”同“⿰目合”、“⿰身夾”同“⿰身合”等，“⿰歹合（姶）”當即“殎（殎）”之異體字。《康熙字典》所言亦其證也。

15. 涬

《字彙·水部》：“涬，堂滑切，音達。水出貌。”（252 上）

《正字通·水部》：“涬，同澾省。”（600 下）

按：《集韻》入聲曷韻陁葛切：“涬，水出皃。”（689）又慧琳《音義》卷六三《根本説一切有部百一羯磨》第八卷：“流澾，下灘達反。顧野王云：‘澾，滑也。’《説文》亦澾，滑跌過也。從水，達聲。”（58，P733B3）《玉篇·水部》：“澾，他達切。滑也。”（91 下左）《廣韻》入聲曷韻他達切：“澾，泥滑。”（392）《集韻》入聲曷韻他達切：“澾，《字林》：‘（渭）[滑]也。’”（689）故“涬”與“澾”音義俱別，二字不可混同，故《正字通》謂“涬”即“澾”字俗省，疑不可據。“涬”疑即“達”字俗訛。《玉篇·辵部》：“達，佗割切。通也。”（49 下左）《廣韻》入聲曷韻唐割切：“達，通達。”（393）“涬”與“達”音同，又“氵”旁、“辶”

旁俗書或可訛混，正如《龍龕》"清" 俗作 "遣"、《篇海》"漸" 俗作 "𨗨" 等，"湰" 疑即 "達" 字俗訛。《集韻》訓 "水出皃"，疑爲丁度等妄補。

16. 𣷷

《字彙・水部》："𣷷，古泫切，音卷。淖耕也。"（252 下）

《正字通・水部》："𣷷，畎字之訛。舊注音卷，改訓淖耕，非。"（601 上）

按：《康熙字典・水部》："𣷷，《集韻》古泫切，音畎。淖耕也。"（625 下）《集韻》上聲銑韻古泫切："𣷷，淖耕也。"（381）《正字通》之説疑是。《廣雅・釋水》："畎，坑也。" 王念孫《疏證》："畎之言穿也，穿地通水也。" 又《廣雅・釋山》："畎，谷也。" 王念孫《疏證》："畎之言穿也。" 又《易緯乾坤鑿度》卷上："聖人鑿開虚無，畎流大道，萬彙滋溢，陰陽成數。" 唐佚名《開河記》："況大梁西北有故河道，乃是秦將王離畎水灌大梁之處。" 上文之 "畎" 即 "疏通" "開鑿" 之義。"畎"，《廣韻》音 "姑泫切"。故 "𣷷" 與 "畎" 音同義通，"𣷷" 疑即 "畎" 字之俗。

17. 澓

《字彙・水部》："澓，房六切，音服。水回流。一曰伏流。又姓。漢有東海澓中翁，宣帝受詩。"（258 下）

《正字通・水部》："澓，房六切，音服。水回流也。一曰伏流。又姓。漢有東海澓中翁，宣帝受詩。"（612 下）

按：《康熙字典・水部》："澓，《廣韻》《集韻》《韻會》《正韻》並房六切，音伏。《玉篇》：'澓流也。'《增韻》：'水洄也。' 郭璞《江賦》：'迅澓增澆。' 又《集韻》方六切，音福。姓也。漢東海澓中翁。《集韻》或作洑。"（642 上）《玉篇・水部》："澓，防斛切。澓流也。"（92 上左）《廣韻》入聲屋韻房六切："澓，澓流。"（369）"澓流" 即 "回流"，此 "澓" 亦當即 "洑" 之異體字。《廣韻》入聲屋韻房六切："洑，洄流。"（369）故 "澓" 訓 "澓流也"，與 "洑" 音義並同，亦爲異體字。慧琳《音義》卷一二《大寶積經》第三十五卷："洄澓，上音回。《文字音義》

云：‘大水迴流也。’下音伏。《考聲》云：‘水旋流也。’或作洑也。”（57，P637A10）慧琳《音義》卷四一《大乘理趣六波羅蜜多經》卷第一：“洄澓，上音回。經文作古文[illegible]，字雖是正，時所不用。《介雅》：‘逆流而上曰泝洄。’郭璞曰：‘旋流者也。’下音復。或作洑。亦水之回旋也。《説文》從水，復聲也。”（58，P207B7）“洄流”“旋流”訓異義同，皆指“迴旋的水流”。此即其證也。此“澓”本當作“復”。《爾雅·釋言》：“復，返也。”《説文·彳部》：“復，往來也。从彳，复聲。”（37上）《廣韻》入聲屋韻房六切：“復，返也。”（369）故“澓”與“復”音同義通，“澓”本當作“復”。慧琳《音義》卷二〇《大方廣佛華嚴經》第一卷：“迴復，又作洄澓，二形同。胡環、扶福二反。《蒼頡篇》：‘洄，水轉也；澓，深也。’”（57，P801A9）慧琳《音義》卷四二《大佛頂經》第五卷：“旋澓，馮福反。《考聲》云：‘水回流也。’亦作復。經文作伏，誤也。”（58，P244B1）慧琳《音義》卷七〇《俱舍論》第八卷：“迴復，又作垘，同。扶福反。《漢書》：‘川塞谿垘。’蘇林曰：‘垘者，伏深也。’《宣帝紀》作澓，回水也。”（58，P857B12）慧琳《音義》卷七三《成實論》第十卷：“淀澓，似緣反。《説文》：‘迴淵也。’下又作復、垘二形，同。扶福反。垘，深也；亦迴水也。”（58，P922B6）此即其證也。故“澓”本當作“復”。

18. 烽

《字彙·火部》：“烽，蒲蠓切，蓬上聲。烽埻，煙塵雜起貌。”（269上）

《正字通·火部》：“烽，俗字。韻書埲垺，塵起貌。加火作烽，訓煙塵雜起，並非。”（638上）

按：《康熙字典·火部》：“烽，《集韻》蒲蠓切，蓬上聲。烽埻，煙塵雜起貌。”（674下）《集韻》上聲董韻蒲蠓切：“烽，烽埻，煙塵雜起皃。”（303）《正字通》所言當是。《廣韻》上聲董韻蒲蠓切：“埲，埲垺，塵起。”（159）《集韻》同。《玉篇·土部》：“埻，蒲忽切。塵皃。”（8上右）《廣韻》入聲没韻蒲没切：“埻，塵起。”（390）“煙塵起”當爲“灰塵起”

之義，與“塵起”訓異義同，例如：《大正藏》本宋正受編《嘉泰普燈録》卷第二十：“上堂，舉馬祖不安。師曰：‘兩輪舉處煙塵起，電急星馳擬何止。目前不礙往來機，正令全施無表裏。丈夫意氣自衝天，我是我兮你是你。’”從文意例來看，此“煙塵起”即“灰塵起”之義。此即其證也。故“𡑒”與“埲”音義並同，“𡑒垺”本當作“埲垺”，“𡑒”當即“埲”字之俗。

19. 牓

《字彙·片部》：“牓，鄰溪切，音離。破木爲牓。”（274 下）

《正字通·片部》：“牓，俗字。”（647 下）

按：《康熙字典·片部》：“牓，《集韻》鄰知切，音離。破木爲牓。”（690 下）《集韻》平聲支韻鄰知切：“牓，破木爲牓。”（31）《正字通》謂“牓”爲俗字，所言是也。《方言》卷六：“參、蠡，分也。齊曰參，楚曰蠡，秦晉曰離。”郭璞注：“謂分割也。”（43）“離”義指“分開”“分割”，亦可指“砍木”“破木”。例如：《韓非子·説林上》：“隰子歸，使人伐之（樹），斧離數創，隰子止之。”王先慎注：“離，割也。”“離”，《廣韻》音“吕支切”。故“牓”與“離”音義並同，“牓”當即“離”通過改换義符而形成的異體字。

20. 㸾

《字彙·片部》：“㸾，古黄切，音光。床横木。”（274 下）

《正字通·攴部》：“㸾，同牑。舊注音訓與牑同，分爲二，誤。”（647 下）

按：《康熙字典·片部》：“㸾，《篇海》古黄切，音光。牀横木也。《集韻》書作牑。”（691 上）《新修玉篇》卷二十九《片部》引《餘文》：“㸾，古黄切。牀下横木。”（233 上右）《篇海》卷六《片部》引《餘文》：“㸾，古黄切。床横木也。”（667 上）《正字通》所言是也。《集韻》平聲唐韻收録“牑”字，未見收録“㸾”，“㸾”當即“牑”之異體字。《康熙字典》所言是其證也。“牑”即“横”字之俗（詳見本書“牑”字注），故“㸾”

亦當即“横”字之俗。

21. 犅

《字彙·牛部》:“犅，博旁切，音邦。犴牛。”（277 上）

《正字通·牛部》:“犅，徬字之訛。舊注音邦，犴牛，誤。”（654 上）

按:《康熙字典·牛部》:“犅,《集韻》逋旁切，音邦。犴牛也。”（700 上）述古堂影宋鈔本《集韻》平聲唐韻逋旁切:“犅，並將牛也。”（221）揚州使院重刻本《集韻》、宋刻本《集韻》並同。《集韻校本》注曰:“陳校:‘將，當作犴，從牛。’姚校:‘余校將字作犴。’”（300）以上諸校皆可商榷。今案:《正字通》謂“犅”即“徬”字之訛，所言當是。《説文·彳部》:“徬，附行也。从彳，旁聲。”（37 上）徐鍇《繫傳》:“自旁微驅之也。”《玉篇·彳部》:“徬，蒲郎、蒲盎二切。附行也。”（47 下右）《周禮·地官·牛人》:“凡軍旅行役，共其兵車之牛，與其牽徬，以載公任器。”鄭玄注:“牽徬，在轅外輓牛也。人御之，居其前曰牽，居其旁曰徬。”“犅”訓“並將牛也”，當指“在車轅旁驅牛”，與“徬”音近義通，故“犅”當即“徬”字之俗。《新修玉篇》卷第二十三《牛部》引《餘文》:“犅，博旁切。並將牛也。”（191 上右）《新修玉篇》引《餘文》訓“並將牛也”，是也。《篇海》卷三《牛部》引《餘文》:“犅，博旁切。捋牛也。”（616 下）《篇海》訓“捋牛也”，“捋”當爲“將”字之誤。《直音篇》卷六《牛部》:“犅，音幫。將牛。”（249 上）《直音篇》訓“將牛”，亦是。《詳校篇海》卷一《牛部》:“犅，博旁切，音邦。将牛。”（67 下）“将”即“將”字之俗,《詳校篇海》訓“将牛”，亦是。《篇海類編》卷十二《牛部》:“犅，博旁切，音邦。犴牛。”（133 下）《篇海類編》訓“犴牛”非，“犴”當即“將”字之誤。《大字典》《字海》“犅”字下據《篇海類編》之誤而分别訓爲“犴牛，即白脊牛”“一種白脊背的牛”，並非。

22. 琲

《字彙·玉部》:“琲，邦妹切，音貝。琲飾。”（287 上）

《正字通·玉部》:“琲，舊注音貝，琲飾，誤與《虫部》蜱同，貝飾

本作貝。”（674下）

按:《康熙字典·玉部》:“珼,《集韻》博蓋切，音貝。貝飾。”（730下）《集韻》去聲泰韻博蓋切:“珼，貝飾。”（519）《正字通》所言當是。佛經有“珼”字用例，提供如下:《大正藏》本北涼曇無讖譯《菩薩地持經》卷第二《菩薩地持方便處力品》第五:“佛及菩薩雖至餘方，化住如故，或爲衆生暫現如幻，或作飲食、衣服、車乘、金銀、真珠、琉璃、頗梨、珂珼、玉石如是等物一切化現，如實不異常得受用，是名化身。”“珼”字，元本、明本、知本皆作“貝”。下文卷第四《菩薩地持方便處施品》第九:“所謂若瞋若打若責若毀殺縛驅擯，不畏是等而行布施，菩薩欲施心悦，施時歡喜，施已無悔，不以相似摩尼真珠、珂珼、玉石、瑠璃、珊瑚虚僞之物欺誑他人。”“珼”字，宫本、宋本、元本、明本、知本皆作“貝”。下文卷第七《菩薩地持方便處供養習近無量品》第十六:“無盡勝財摩尼真珠、珂珼、玉石、珊瑚、琥珀、車渠、馬瑙、金銀、赤寶、左旋、勝寶、摩尼、寶環，懸以寶鈴散以金錢金縷圍遶，施如是等寶，是名財物供養。”“珼”字，宫本、宋本、元本、明本皆作“貝”。此是其證也。故“珼”本當作“貝”。《集韻》訓“貝飾”，不可據。《大字典》《字海》“珼”字皆據《集韻》訓“貝飾”，俱失考證。

23. 疢

《字彙·疒部》:“疢，乞協切，音怯。欠氣。”（300下）

《正字通·疒部》:“疢，俗欠字。舊注音怯，疢與欠伸之欠通，改音怯，非。”（705上）

按:《康熙字典·疒部》:“疢,《廣韻》去劫切,《集韻》乞業切，並音怯。欠氣。”（774上）《龍龕》卷四《欠部》:“疢，去劫反。欠氣也。”（478）《廣韻》入聲業韻去劫切:“疢，欠氣。”（440）《集韻》同。《正字通》所言當是。《説文·欠部》:“欠，張口气悟也。象气从人上出之形。”（176下）王筠釋例:“人之欠伸，大抵相連印首張口而气解焉。气不循其常，故反之以見意也。”段玉裁注:“《通俗文》曰:‘張口運氣謂之欠㰦……’欠㰦，古有此語，今俗謂呵欠。”《儀禮·士相見禮》:“君子欠伸。”鄭玄注：“志倦則欠，體倦則伸。”“欠”，《廣韻》音“去劍切”。“疢”與“欠”義同，故“疢”本當作“欠”。“疢”改音“去劫反”，疑非是。

24. 㽼

《字彙·疒部》：“㽼，音琴。寒也。”（300下）

《正字通·疒部》：“㽼，俗字。”（705下）

按：《康熙字典·疒部》：“㽼，《五音集韻》巨金切，音琴。寒也。”（774上）《玉篇·疒部》：“㽼，渠吟切。寒也。”（57下右）《玉篇校釋》“㽼”字下注：“《廣韻》《集韻》並無，見《五音集韻》云：‘寒也。’案與瘁同。瘁，疾瘧惡寒振也。”（2269）胡氏所言當是。《玉篇·疒部》“㽼”字下文又曰：“瘁，口金切。疾瘧惡寒振也。”（57下左）“㽼”與“瘁”音近義通，正如“𢻫”同“鈙”、“紟”同“絵”、“扲”同“捦”、“鵮”同“鵭”、“庈”同“𢉖”等，“㽼”當即“瘁”之異體字。又《龍龕》卷四《疒部》：“痓㽼，二俗。巨禁反。正作䶃。牛舌病也。”（476）此“㽼”即“䶃”字之俗。此“㽼”與上文《玉篇》所收之“㽼”當爲同形字。《大字典》未收《龍龕》之“㽼”這一義項，可據補。

25. 𤿎

《字彙·皮部》：“𤿎，照格切，音仄。皴𤿎也。”（308上）

《正字通·皮部》：“𤿎，菑格切，音仄。皮皴𤿎也。”（722下）

按：《康熙字典·皮部》：“𤿎，《集韻》恥格切，音坼。皴𤿎也。”（798上）《玉篇·皮部》：“𤿎，丑革切。皴𤿎也。”（123上右）《廣韻》入聲陌韻丑格切：“𤿎，皴𤿎。”（414）《集韻》入聲陌韻恥格切：“𤿎，皴也。”（733）《玉篇校釋》“𤿎”字下注：“今俗謂手足皹裂曰皴𤿎，𤿎本止爲坼。上‘皹’下云：‘足坼裂也。’《土部》：‘坼，裂也。’”（5217）胡氏所言是也。箋注本《切韻》（斯2071）入聲陌韻丑格反：“坼，裂。”（146）故宮本《王韻》同。《廣韻》入聲陌韻丑格切：“𡋯，裂也。亦作坼。”（414）故“𤿎”與“坼”音同義通，“𤿎”當即“坼”字之俗。

26. 睙

《字彙・目部》:“睙，良薛切，音列。轉視也。”（314下）

《正字通・目部》:“睙，良薛切，音列。轉視。”（736下）

按:《康熙字典・目部》:“睙,《集韻》力結切，蓮入聲。轉視也。”（820上）《集韻》入聲薛韻力結切:“睙，轉視。”（702）“睙”當即“戾”字之俗。慧琳《音義》卷七五《道地經》第一卷:“矘戾，上眠苾反。《吕氏春秋》云:‘爲矒爲盲。’《説文》:‘目眵也。’形聲字。下蓮結反。《説文》從户、從犬會意字也，經文從目作睙，非。”（58，P965B7）此是其證也。故“睙”當即“戾”因受“矘”字類化影響而增加義符“目”旁所産生的俗字。《集韻》訓“轉視”，當爲見其從“目”而妄補，疑不可據。

27. 籓

《字彙・竹部》:“籓，符艱切，音煩。大箕。又蔽也。又鋪官切，音潘。姓也。”（349上）

《正字通・竹部》:“籓，符頑切，音煩。《説文》:‘大箕也。一曰蔽也。’”（809下）

按:《康熙字典・竹部》:“籓,《廣韻》甫煩切,《集韻》方煩切，並音樊。大箕。《廣雅》:‘籓籮，箕也。’一曰蔽也。”（923上）《字彙》又訓“籓”爲“姓也”，此“籓”當即“華”之異體字。《集韻》平聲桓韻隨婚切:“華,《説文》:‘箕屬，所以推棄之器也。’吕静作籓。又姓。”（148）此即其證也。

28. 葸

《字彙・艸部》:“葸，想里切，音徙。胡葸，草名。”（403下）

《正字通・艸部》:“葸，舊注音徙。胡葸，艸。按:《本草》:‘枲耳，一名胡枲。’非從畀。”（935下）

按:《康熙字典・艸部》:“葸,《集韻》想止切，音枲。胡葸，草名，枲耳也。”（1078 下）《集韻》上聲止韻想止切：“葈（葈）菒，胡葈，艸名，枲耳也。或作菒。”（323）《叢考》“葈”字下注：“此字與《漢》《字海》下文所載之‘菒’字（義項一）音義全同，當是同字異體。查《集韻》上聲止韻：‘（葈）[葈]，或作菒。’（323）已明確指出二字的異體關係，而《漢》《字海》卻未能加以溝通。”（212）《叢考》謂“葈”同“菒”，是也；然非探本之論。《正字通》所言當是。《爾雅·釋草》：“菤耳，苓耳。”郭璞注：“《廣雅》云：‘枲耳也。’亦云胡枲。江東呼爲常枲，或曰苓耳，形似鼠耳，叢生如盤。”故“胡葈”同“胡枲”，“葈”“菒”本當作“枲”，三者之間的演變關係當是：“菒”即“枲”因涉義增加“艸”旁而産生的俗字，而“葈”當即“菒”通過改换聲符而形成的異體字。

29. 襛

《字彙·衣部》：“襛，户圭切，音攜。幅巾也。”（442 下）

《正字通·衣部》：“襛，俗字。幅巾不必别作襛。”（1037 上）

按：《康熙字典·衣部》：“襛，《集韻》元圭切，音攜。《類篇》：‘一幅巾也。’”（1175 上）《集韻》平聲齊韻玄圭切：“襛，一幅巾。”（100）“幅巾”即“古代男子以全幅細絹裹頭的頭巾”。《正字通》謂“襛”爲俗字，所言當是。“襛”疑即“繷”字之俗。《説文·糸部》：“繷，維綱中繩。从糸，巂聲。讀若畫，或讀若維。”（276 上）《廣韻》平聲齊韻户圭切：“繷，《説文》：‘維綱中繩也。’”（52）故“繷”本義指“維綱中繩”，引申義可指“帶”。《廣雅·釋器》：“繷，帶也。”故“襛”與“繷”音同義通，又“衣”旁、“糸”旁義通，俗書常可换用，故“襛”疑即“繷”字之俗。

30. 訶

《字彙·言部》：“訶，胡歌切，音何。訶訶，衆聲。”（452 下）

《正字通·言部》：“訶，俗呵字。舊本《口部》啊訓衆聲，與訶注同，啊音阿，訶音何，不知啊、訶並俗書，從呵、訶爲正。”（1065 上）

按：《康熙字典·言部》：“訶，《集韻》寒歌切，音何。《類篇》：‘訶訶，衆聲也。’或作啊。”（1212下）《集韻》平聲歌韻寒歌切：“訶啊，訶訶，衆聲。或從口。”（196）《正字通》所言疑是。《説文·言部》：“訶，大言而怒也。从言，可聲。”（51上）《玉篇·口部》：“呵，許多切。責也。與訶同。”（26下右）“訶”“啊”與“訶”“呵”形音皆近，“訶”“啊”疑即“訶”“呵”之異體字。韓小荆《〈可洪音義〉研究》“訶”俗作“啊”。《可洪音義》卷二〇《成實論》第十卷：“啊，音呵。責也；怒也。正作訶也。”（60，P160C3）此是其證也。《集韻》訓“衆聲”，疑爲“怒聲”之誤。

31. 諡

《字彙·言部》：“諡，胡田切，音賢。急也。《莊子》：‘謀稽乎諡。’注：‘急而後考謀。’”（452下）

《正字通·言部》：“諡，瑚連切，音賢。急也。《莊子·外物篇》：‘謀稽乎諡，知出乎争。’注：‘急而後考謀。’”（1067上）

按：《康熙字典·言部》：“諡，《集韻》《韻會》胡千切，《正韻》胡田切，並音賢。言急也。《莊子·外物篇》：‘謀稽乎諡。’注：‘急而後考謀。’又《類篇》：‘堅正也。’又《集韻》胡涓切，音懸。亦急也。”（1214下）《集韻》平聲先韻胡千切：“諡，言急。《莊子》：‘謀稽乎諡。’一曰堅正。”（162）下文胡涓切又曰：“諡，急也。”（163）《集韻》上文謂“言急”，即指此字當訓“急”，而非謂此字訓“言急”，下文又訓“急也”，即其證也。“諡”當本作“弦”。《説文·弓部》：“弦，弓弦也。从弓，象絲軫之形。”（271上）“弦”本義指“弓弦”，引申義可指“急”。段玉裁《説文解字注·弦部》：“弦有急意。”《文選·王文憲集序》：“夷雅之體，無待韋弦。”李善注：“弦，弓弦，喻急也。”李白《任城縣廳壁記》：“寬猛相濟，弦韋適中。”此“弦”亦爲“急”義。“弦”，《廣韻》音“胡田切”，《集韻》音“胡千切”。故“諡”與“弦”音義並同，“諡”本當作“弦”。《莊子·外物篇》：“謀稽乎諡，知出乎争。”晉郭象注：“諡，急也。急而後考其謀。”唐陸德明《釋文》：“諡，向本作弦，云：堅正也。”此即其證也。故“諡”當即“弦”字之俗。

32. 𧬈

《字彙·言部》:“𧬈，巨兩切，强去聲。詞不屈。”（456 下）

《正字通·言部》:“𧬈，其兩切，强上聲。詞不屈。通作强，俗加言，與强加力作勥同，从强爲正。”（1078 上）

按:《康熙字典·言部》:“𧬈，《集韻》《類篇》並巨兩切，强上聲。詞不屈也。”（1230 上）《集韻》上聲養韻巨兩切:“𧬈，詞不屈也。”（413）《正字通》所言當是。《戰國策·齊策一》:“七日，謝病强辭。”高誘注:“强，猶固也。”此“强”即指“堅決”。“𧬈”訓“詞不屈也”，“詞不屈”與“堅決”義可相通。“强”，《廣韻》亦音“巨兩切”。故“𧬈”與“强”音義皆通，“𧬈”本當作“强”。

33. 譮

《字彙·言部》:“譮，胡箇切，音賀。應語。”（456 下）

《正字通·言部》:“譮，俗字。舊注音賀，應語，非。”（1078 上）

按:《康熙字典·言部》:“譮，《集韻》《類篇》並何佐切，音賀。應語也。”（1230 下）《集韻》去聲箇韻何佐切:“譮，應語。”（589）《正字通》謂“譮”爲俗字，所言是也。“譮”疑即“和”字之俗。《説文·口部》:“咊，相應也。从口，禾聲。”（26 上）“咊”後作“和”。《廣韻》去聲過韻胡卧切:“和，聲相應。”（330）“和”本義指“聲音相應”，引申義可指“答應”“允許”。例如:《古詩爲焦仲妻作》:“登即相許和，便可作婚姻。”此“和”即“答應”之義。又《後漢書·方術傳·徐登》:“《趙炳》又嘗臨水求度，船人不和之。”李賢注:“和，猶許也。”故“譮”與“和”音義皆通，“譮”疑即“和”字之俗。

34. 䮯

《字彙·馬部》:“䮯，渠宫切，音窮。獸似馬而青，一走千里。又居悚切，音拱。馬名。”（551 下）

《正字通·馬部》:“䮯，訛字。舊注音窮，獸似馬而青，一走千里；

又音炯，馬名，並非。”（1314 下）

按:《康熙字典·馬部》:“䮵,《廣韻》《集韻》並渠容切，音蛩。《廣韻》:‘獸，似馬而青，一走千里也。’又《集韻》古勇切，音拱。義同。”（1521 上）《玉篇·馬部》:“䮵，音邛。獸似馬。”（108 下左）《玉篇校釋》“䮵”字下注:“‘獸似馬’者，‘䮵’與‘蛩’同。‘蛩’下云:‘巨虛也。’上並應補‘䮵䮵’及‘蛩蛩’二字。《漢書》《說文》作‘蛩’,《山經》同,《切韻》止收‘蛩’。《廣韻》:‘䮵，獸如馬而青，一走千里。’《集韻》同，別出‘蛩’，皆不言‘蛩’與‘䮵’同，非也。䮵以獸似馬而從馬耳。”（4480）胡氏所言當是。《說文·虫部》:“蛩，蛩蛩，獸也。从虫，巩聲。”（283 下）故宮本《裴韻》平聲鍾韻渠容反:“蛩，張揖云:‘蛩蛩，青獸，狀如馬。’孫炎云:‘蛩蛩即距虛也。負蟨鼠而走也。’”（540）《廣韻》平聲鍾韻渠容切:“蛩，蛩蛩，巨虛，獸也。”（12）《山海經·海外西經》:“有素獸焉，狀如馬，名曰蛩蛩。”郭璞云:“即蛩蛩鉅虛也，一走百里，見《穆天子傳》。音邛。”袁珂案:“《周書·王會篇》:‘獨鹿邛邛，善走也。’孔晁注:‘獨鹿，西方之戎也；邛邛，獸，似距虛，負蟨而走也。’實則邛邛、距虛乃是一物，即《爾雅·釋地》所記‘邛邛岠虛’也。《吕氏春秋·不廣篇》云:‘北方有獸，名曰蹶，鼠前而兔後，趨則跲，走則顛，常蛩蛩虛取甘草以與之。蹶有患害也，蛩蛩距虛必負而走。’是蹶與蛩蛩距虛，猶比肩之獸也。”《漢書·司馬相如傳》:“蹵蛩蛩，轔距虛。”顏師古注引張揖曰:“蛩蛩，青獸，狀如馬。”故“䮵”與“蛩”音義並同，“䮵”當即“蛩”字之俗。《廣韻》平聲鍾韻渠容切:“䮵，獸如馬而青，一走千里也。”（12）《廣韻》訓“獸如馬而青，一走千里也”，“千里”當爲“百里”之誤。《集韻》平聲鍾韻渠容切:“䮵，獸如馬而青，一走千里。”（21）下文上聲腫韻古勇切又曰:“䮵，馬名，青毛，善走，日千里。”（306）《集韻》上文訓“一走千里”，當因承襲《廣韻》之謬而誤;《集韻》下文訓“馬名”，於前代字韻書亦皆無徵，亦非。《詳校篇海》卷三《馬部》:“䮵，渠宫切，音窮。獸似馬而青，一走千里。又居悚切，音拱。馬名，青也，日行千里。”（151 下）《篇海類編》同。《詳校篇海》《篇海類編》《字彙》訓“一走千里”“馬名”者，亦皆因承前而謬。《康熙字典》轉録《廣韻》"一走千里"之訓而未作校正，亦失考證。《大字典》《字海》俱收"鴦"字，卻皆未溝通其與"蛩"字的字際關係，俱失考證。

二、對於現代大型字典編纂與修訂的價值

現代大型字典《大字典》和《字海》大量地引用了《字彙》《正字通》《直音篇》《詳校篇海》《篇海類編》《康熙字典》《字彙補》等明清大型字書的内容，其中就包括錯誤的字形、字音、字義等方面的内容以及字際關係未作認同或誤作認同等方面的内容，因此在一定程度上降低了其編纂質量與利用價值。系統考釋與研究《字彙》《正字通》《直音篇》《詳校篇海》《篇海類編》《康熙字典》《字彙補》等明清大型字書疑難字，可對現代大型字典《大字典》和《字海》轉録自歷代字書的失誤内容進行全面的清理，有助於其以後的修訂與完善。具體地説，主要表現在以下幾個方面。

（一）有利於考釋疑難俗字

現代大型字典《大字典》和《字海》大量地轉録了《字彙》《正字通》《直音篇》《詳校篇海》《篇海類編》《康熙字典》《字彙補》等明清大型字書收録的疑難字，然而卻没有進行全面系統的考釋工作。因此，不但降低了其編纂質量，也影響了人們對其有效利用。研究本課題，可對現代大型字典《大字典》和《字海》轉録自《字彙》《正字通》《直音篇》《詳校篇海》《篇海類編》《康熙字典》《字彙補》等明清大型字書的疑難字進行全面的考釋。

1. 屇

《字彙·尸部》："屇，徒連切，音田。穴也。"（122 下）

《正字通·尸部》："屇，舊注音田。穴也。一説訓穴从尸、田無義，即屆字之訛。《舉要》屇附《田部》，亦非。"（285 下）

按：《康熙字典·尸部》："屇，《玉篇》徒連切，音田。穴也。《正字通》：'即屆字之訛。'"（256 上）《龍龕》卷一《尸部》："屇，音田。丹屇，

山穴也。”（162）《玉篇·尸部》:“届，徒連切。届穴也。”（56上右）此“届”疑即“田”字之俗。“丹田”，人體經穴名，腹部臍下陰交、氣海、石門、關元四個穴位都别稱“丹田”。故“丹届”疑同“丹田”，此“届”疑即“田”之增旁俗字。《龍龕》訓“丹届，山穴也”，“山穴也”疑爲“穴也”之衍。又《正字通》一説“届”即“屆”字之訛，亦是。“屆”字俗作“届”，“届”與“届”形近，“届”字俗寫或可作“届”。梁春勝《楷書異體俗體部件例字表》(未刊稿）“届”字俗作“届”，此即其證也。故“届”疑又即“屆（届）”字之俗。

2. 嶵

《字彙·山部》:“嶵，杜歷切，音翟。見《廣弘明集》。”（131下）

《正字通·山部》:“嶵，俗字。舊注音翟。見《廣弘明集》。”（304上）

按:《康熙字典·山部》:“嶵，《字彙》:‘杜歷切，音翟。見《廣弘明集》。’《正字通》:‘俗字。’”（278上）《篇海》卷十二《山部》引《龍龕》:“嶵，音翟。在《廣弘明集》中。”（754下）此即《字彙》所本。“嶵”疑即“濯”字之俗。《龍龕》卷一《山部》:“嶵，新經作濯。在《廣弘明集》。”（77）此即其證也。

3. 幪

《字彙·巾部》:“幪，徂紅切，音叢。帛幪；又布名。”（136下）

《正字通·巾部》:“幪，同賨。《集韻》:‘賨，或作賩、幪。’舊注音叢。帛幪；又布名。誤分爲二。”（315下）

按:《康熙字典·巾部》:“幪，《廣韻》藏宗切，《集韻》徂宗切，並音從。與賨同。《玉篇》:‘帛幪。’又《玉篇》:‘布名。’《類篇》:‘南蠻賦也。’”（291上）《玉篇·巾部》:“幪，粗冬切。帛幪；又布名。”（127上左）《廣韻》平聲冬韻藏宗切:“幪，帛幪；又布名。”（9）《集韻》平聲冬韻徂宗切:“賨幪，《説文》:‘南蠻賦也。’或从巾，亦書作賩。”（15）《正字通》所言當是。《玉篇校釋》“幪”字下注:“‘帛幪；又布名’者，

《切韻》同。《集韻》以爲‘賨’之或體，是也。《貝部》:‘賨，蠻賦也；稅也。’”（5519）胡氏所言印證了《正字通》之説。故“悰”即“賨”之異體字，當訓“南蠻賦也”，即指“我國古代四川、湖南等地的少數民族對所交賦稅的稱謂”。《玉篇》訓“帛悰”，又訓“布名”，當皆爲望形生訓。《大字典》收録“悰”字，據《集韻》之説而謂同“賨”，是也；然又據《玉篇》之誤而收録“帛悰”與“布名”這兩個義項，疑應删。

4. 廞

《字彙·广部》:“廞，火禁切，歆去聲。猛意，謂物新美者意嚮之也。”（144下）

《正字通·广部》:“廞，俗歆字。舊注猛意，謂物新美者意嚮之也，義與歆近，改火禁切，歆去聲，誤。”（334上）

按:《康熙字典·广部》:“廞，《集韻》火禁切，音歆。猛意，謂物新美者意嚮之也。”（313下）《集韻》去聲沁韻火禁切:“廞，猛意，謂物新美者意嚮之。”（622）《正字通》所言當是。《説文·欠部》:“歆，神食气也。从欠，音聲。”（178上）段玉裁注:“引申爲意悦之意。《皇矣》:‘無然歆羨。’傳釋爲貪羨。”《玉篇·欠部》:“歆，羲今切。歆羨也。”（45下左）“歆”本義指“祭祀時鬼神享受祭品的香氣”，引申爲“喜愛；喜悦”“欣羡；欽羡”等義。“廞”與“歆”音義皆近，“廞”本當作“歆”。

5. 彌

《字彙·弓部》:“彌，斯氏切，音徙。弛弓。”（148下）

《正字通·弓部》:“彌，彌字之訛。舊注弛弓，與《説文》彌訓同，因從璽改音徙，泥。”（344上）

按:《康熙字典·弓部》:“彌，《説文》與彌通，《類篇》作彌。”（325下）鉅宋本《廣韻》平聲支韻武移切:“璽，玉名。”（20）“璽”字，宋本《廣韻》作“彌”。余迺永《校注》“彌”字下注:“《説文》:‘彌，弛弓也。从弓、璽聲。’徐鉉音斯氏切。案‘玉名’之字从玉、彌聲，《玉篇》音弭規切，即此音。《王二》从玉、彌省聲作‘瓕’。《王一》及《全王》

訛作‘瓕’，鉅宋本及元本、明本於是作‘璽’，《集韻》同。南宋祖本、巾箱本、黎本、棟亭本、及本書作‘彌’，遂與‘弛弓’字混。”（578）余氏之說不確。《玉篇·玉部》：“璽，弭規切。玉名。”（4下左）故《廣韻》此處當以作“璽”爲是，作“彌”者，當即“璽”字之訛。又“璽”字，《名義》《新撰字鏡》皆作“瓕”，《切韻》作“瓕”“瓕”，“瓕”“瓕”皆爲“瓕”之異寫字，可見原本《玉篇》亦當作“瓕”，“璽”當即“瓕”字之訛（詳見《玉部》“璽”字注）。又《玉篇·弓部》：“彌，亡支切。大也；徧也。璽，同上。”（80下左）此“璽”當即“彌”字俗訛，《大字典》引《玉篇》校作“彌”，是也。《名義·弓部》：“𢐴，亡支反。廣也；徧也；終也；遠也；合也。彌，同上。”（166下）“𢐴”當即“彌”字之俗，可見《玉篇》“彌”之或體“璽”當以作“彌”爲是。《大字典》“彌”字下據誤本《廣韻》字形之誤而收録“玉名”這一義項，應刪。

6. 㦒

《字彙·心部》：“㦒，魚怯切，音業。懼也；危也。《書》作業。”（166下）

《正字通·心部》：“㦒，魚列切，音業。《正韻》：‘懼也；危也。’古通作業。”（384下）

按：《康熙字典·心部》：“㦒，《廣韻》《正韻》魚怯切，《集韻》《韻會》逆怯切，並音業。懼也；危也。”（371下）《廣韻》入聲業韻魚怯切：“㦒，懼也。”（440）《集韻》入聲業韻逆怯切：“㦒，懼也。通作業。”（784）《洪武正韻》入聲葉韻弋涉切：“㦒，懼也；危也。《書》作業業。”（388）以上諸書所言是也。《詩·商頌·長發》：“昔在中葉，有震且業。”毛傳：“業，危也。”又《詩·大雅·雲漢》：“兢兢業業，如霆如雷。”毛傳：“業業，危也。”又《詩·大雅·召旻》：“兢兢業業，孔填不寧，我位孔貶。”鄭玄箋：“業業，危也。”又《書·皋陶謨》：“無教逸欲，有邦兢兢業業，一日二日萬幾。”孔安國傳：“業業，危懼。”又《資治通鑒·魏紀二》：“時桓手下及所部兵在者才五千人，諸將業業各有懼心。”胡三省注：“業業，危懼意。”“業”，《廣韻》亦音“魚怯切”。故“㦒”與“業”

音義並同，“僕”本當作“業”。

7. 椯

《字彙·木部》：“椯，兜果切，音朵。箠也。一曰揣度也。一曰剟也。”（217下）

《正字通·木部》：“椯，丁果切，音朵。《説文》：‘箠也。一曰揣度也。一曰剟也。’”（516下）

按：《康熙字典·木部》：“椯，《集韻》都果切，音朵。《説文》：‘箠也。一曰揣度也。一曰剟也。’……又《廣韻》市緣切，《集韻》淳沿切，並音遄。木名。”（514下）《玉篇·木部》：“椯，市專切。木名。又丁果切。⿱耑木⿱遄木，並同上。”（59下右）“椯”訓“木名”，當即“⿰木遄”字之俗。《説文·木部》：“⿰木遄，木也。从木，遄聲。”（111上）“⿰木遄”，《集韻》音“淳沿切”。“椯”與“⿰木遄”音義並同，故此“椯”當即“⿰木遄”字俗省。《名義·木部》：“椯，時穿反。木名。遄字。”（116）吕浩謂“遄”當作“⿱遄木”，是也。《新撰字鏡·木部》：“⿰木遄，時穿反。木名。⿱遄木，上字。”（383）“⿱遄木”即“⿰木遄”之異體字，而“⿱遄木”又即“椯”之異體字，故“椯”當同“⿰木遄”。《類篇·木部》：“⿰木遄椯，淳沿切。《説文》：‘木也。’或省，亦書作⿱耑木。”（200下）此亦其證也。

8. ⿱艹檅

《字彙·木部》：“⿱艹檅，充税切，音毳。艸名。”（227上）

《正字通·木部》：“⿱艹檅，蘮字之訛。舊注音毳，艸名，誤。”（543下）

按：《康熙字典·木部》：“⿱艹檅，《字彙》悤税切，音毳。草名。《正字通》：‘蘮字之訛。’”（542上）《集韻》去聲祭韻充芮切：“⿱艹檅，艸名。”（511）《正字通》所言疑是。《説文·艸部》：“蘮，艸之小者。从艸，劂聲。”（16上）《集韻》去聲祭韻儒税切：“蘮，艸之小者。”（512）下文居例切亦曰：“蘮，《説文》：‘艸之小者。’”（513）“⿱艹檅”與“蘮”形音皆近，如“蔡”俗作“**⿱艹⿰木祭**”，“⿱艹檅”當即“蘮”字俗訛。《集韻》改訓“艸名”，疑非是。

9. 㰄

《字彙·木部》:“㰄，蘇興切，音廯。木名。”（227 下）

《正字通·木部》:“㰄，槲字之訛。舊注音廯，汎云木名，非。”（544 上）

按:《康熙字典·木部》:“㰄,《集韻》息淺切，音廯。木名。”（542 下）此字《説文》《玉篇》皆未收,《廣韻》亦不録,《集韻》收之，當即丁度等據俗書所增。《集韻》上聲獮韻息淺切:“㰄，木名。”（382）《正字通》所言疑是。《名義·木部》:“槲，核灑反。松頭松樠也。”（124 上）《玉篇·木部》:“槲，佳買切。松樠也。”（62 下右）《廣韻》上聲蟹韻佳買切:“槲，松樠。”（183）“㰄”與“槲”義同，正如韓小荊《〈可洪音義〉研究》（515）“解”俗作“鲜”,“㰄”疑即“槲”字俗訛。“槲”俗作“㰄”,《集韻》改其讀爲“息淺切”，疑即望形生音。

10. 橠

《字彙·木部》:“橠，乃里切，音你。絡扶也。”（228 上）

《正字通·木部》:“橠，檷字之訛。舊注音訓同檷，重出，誤。”（546 下）

按:《康熙字典·木部》:“橠,《字彙》:‘乃里切，音你。絡扶也。’《正字通》:‘檷字之訛。’”（545 上）《詳校篇海》卷三《木部》:“橠，音你。絡［絲］（扶）［柎］也。”（188 下）《篇海類編》同。《正字通》所言當是。《説文·木部》:“檷，絡絲檷。从木，爾聲。讀若柅。”（118 下）段玉裁據《易》釋文、《玉篇》、《廣韻》改作:“絡絲柎也。”並注曰:“絡絲柎者，若今絡絲架子。”“檷”,《廣韻》音“奴禮切”。“橠”與“檷”音義並同,“橠”當即“檷”字俗訛。《大字典》收録“橠”字，據《字彙》訓“絡絲的架子”，又據《正字通》之説而謂“一説‘檷’的訛字”，轉録《正字通》作:“橠,（禰）［檷］字之訛。”據上文所引《正字通》可知,《正字通》本謂“橠”即“檷”字之訛,“檷”非作“禰”,《大字典》轉録失真。《康熙字典》亦其證也。《大字典》據《正字通》之説直謂“橠”

即“欗”字之訛，即是。《字海》“欈”字直謂同“欗”，是也。

11. 欣

《字彙·欠部》：“欣，卑民切，音賓。气分也。”（228下）

《正字通·欠部》：“欣，訛字。舊注音賓，氣分，誤。”（548上）

按：《康熙字典·欠部》：“欣，《類篇》卑民切，音彬。氣分也。”（547上）此字《説文》《玉篇》皆未收，《廣韻》亦不録，《集韻》收之，當即丁度等據俗書所增。《集韻》平聲真部悲巾切：“欣，气分。”（119）《正字通》謂“欣”爲訛字，所言當是。今案：“欣”疑即“攽”字之訛。《説文·攴部》：“攽，分也。从攴，分聲。”（62下）《廣韻》平聲真韻府巾切：“攽，分也。《博雅》：‘減也。’”（62）《集韻》平聲真部悲巾切：“攽，《説文》：‘分也。’引《周書》：‘乃惟孺子攽。’”（119）“欣”與“攽”音同，正如“斆”俗作“歎”，“欣”疑即“攽”字之訛。《集韻》訓“气分”，疑爲見其從“欠”而妄改，此疑即望形生訓。《詳校篇海》卷一《欠部》：“欣，卑民切，音賓。气也。一曰气分。”（51下）《篇海類編》同。《詳校篇海》《篇海類編》訓“欣”爲“气”，疑亦非是。

12. 歹爫

《字彙·歹部》：“歹爫，郎外切，音類。病也。”（233上）

《正字通·歹部》：“歹爫，俗字。”（558上）

按：《康熙字典·歹部》：“歹爫，《玉篇》力會切，《集韻》魯會切，並音酹。病也。”（564上）《玉篇·歹部》：“歹爫，力會切。病也。”（58上左）《集韻》去聲夳韻魯外切：“歹爫，病也。”（519）《正字通》謂“歹爫”爲俗字，所言是也。“歹爫”當即“殲”字之俗。《説文·歹部》：“殲，畜産疫病也。从歺，从羸。”（80上）徐鍇《繫傳》：“从歺，羸聲。”《廣雅·釋詁一》：“殲，病也。”《名義·歹部》：“殲，力卧反。畜産疫病也。”（112下）《龍龕》卷四《歹部》：“殲，郎外反。疫病也。又力卧反。亦病疲也。”（515）《玉篇·歹部》：“殲，力外、力卧二切。畜産疫病。”（58上右）《廣韻》去聲泰韻郎外切：“殲，疫病。又力卧切。”（282）《集韻》

去聲夳韻魯外切:“𤺋，瘯也。一曰畜病。”（519）“𤺋”本義指“畜産疫病”，引申義泛指“病”。故“㱩”與“𤺋”音義並同，“㱩”當即“𤺋”字之俗。

13. 洰

《字彙·水部》:“洰，臼許切，音拒。水中物䤊曰洰。”（246 下）

《正字通·水部》:“洰，居御切，音拒。水中物䤊曰洰。”（588 下）

按:《康熙字典·水部》:“洰，《類篇》臼許切，音拒。水中物䤊曰洰。”（608 下）《集韻》上聲語韻臼許切:“洰，水中物䤊曰洰。”（329）“洰”疑即“巨”字之俗。《大正藏》本唐義浄譯《根本説一切有部略毘奈耶雜事攝頌》一卷:“金紫光禄大夫守尚書左僕射同中書門下三品上柱國史舒國公臣韋洰源等及修文館學士三十三人同監。”“韋洰源”，《大正藏》本元覺岸編《釋氏稽古略》、《大正藏》本宋贊寧等撰《宋高僧傳》、《大正藏》本唐智昇撰《續古今譯經圖紀》、《大正藏》本唐智昇撰《開元釋教録》等皆作“韋巨源”。又顏娟英主編《北朝佛教石刻拓片百品·比丘法雅等千人造九級浮圖碑》:“慨傳業之無因，寄微塵於來世，或捨五美之嘉饌，或釋纖彩之奥微。而建靈廟，營之以九級，九級之功，由盛德而顯濟。且夫泫池之流，必歸於洰海，細目之要，必總於大綱。”又《北朝佛教石刻拓片百品·朱永隆七十人等造像記》:“夫鏡日輝玄，啓妙識於浄海。澄波洰壑，運境目於生源。”又《北朝佛教石刻拓片百品·標異鄉義慈惠石柱頌》:“於是獨主義徒，晨夜吐握，寤寐驚拊，洰細不違。”從文意來看，上文之“洰”亦當即“巨”字之俗。故“洰”當即“巨”字之俗。《集韻》訓“水中物䤊”，疑爲望形生訓。

14. 焟

《字彙·火部》:“焟，思積切，音昔。乾也。”（266 下）

《正字通·火部》:“焟，思積切，音昔。乾也。”（632 下）

按:《康熙字典·火部》:“焟，《集韻》《類篇》並思積切，音昔。《玉篇》:‘乾也。與晴同。’《博雅》:‘曝也。’”（666 下）《玉篇·火部》:“焟，思亦切。乾也。亦晴同。”（100下右）《玉篇校釋》校注文中的“晴”字爲“腊”，並注曰：“‘乾也’者，《廣雅·釋詁二》：‘焟，乾也。’《切韻》同。《廣韻》云：‘火乾。’‘亦腊同’者，‘腊’原訛‘晴’，今正。《肉部》：‘腊，乾肉也。’《説文》：‘昔，乾肉也。从殘肉，日以晞之。’”（4085）胡氏所言是也。《廣雅·釋詁二》：“焟，乾也。”王念孫《疏證》：“焟者，《説文》：‘昔，乾肉也。从殘肉，日以晞之。’籀文從肉作䐨。昔、䐨、腊、焟並同。”又慧琳《音義》卷六六《集異門足論》第九卷：“脯腊，上膚武反。鄭注《周禮》云：‘乾肉也，薄析之曰脯。’《考聲》云：‘膊肉乾肉也。’從肉，甫聲；膊音普博反。下音昔。腊亦脯也。賈注《國語》云：‘腊，久也。’《説文》侍腊亦乾肉也。從殘肉，日以晞之。今時用從肉，昔聲也。或作焟，在《火部》。”（58，P799B9）以上二説皆其證也。故《玉篇》“焟”下注文之中的“晴”字當爲“腊”字之訛，“焟”與“腊（昔）”即爲異體字。

15. 㸖

《字彙·爿部》：“㸖，側入切，音職。𠬪立貌。”（273下）

《正字通·爿部》：“㸖，訛字。”（646下）

按：《康熙字典·爿部》：“㸖，《集韻》側立切，音戢。𠬪立貌。”（688下）《集韻》入聲緝韻側立切：“㸖，𠬪立皃。”（766）《正字通》所言疑是。《廣韻》入聲緝韻秦入切：“檝，舟檝。”（430）《集韻》入聲緝韻籍入切：“檝楫，舟櫂也。或省。”（765）“㸖”與“檝”形音皆近，正如“牀”同“林”、“牒”同“楪”、“牒”同“楪”、“牘”同“櫝”、“牑”同“椸”、“牆”同“檣”等，“㸖”疑即“檝”字俗訛。韓小荆《〈可洪音義〉研究》（497）“楫”俗作“𤖉”，此是其證也。故“㸖”疑即“檝”字俗訛。《集韻》訓“𠬪立皃”，疑因從“戢”爲説，“戢”《説文》訓“藏兵也”，“𠬪立皃”與“藏兵也”義可相通，故此訓不可爲據。

16. 牔

《字彙·片部》：“牔，與罅同。隙也。又地名，在晉。”（274下）

《正字通·片部》:“牗,同罅。”(647下)

按:《康熙字典·片部》:“牗,《集韻》虚訝切,音嚇。本作墉。坼也。或作隙、寎。”(690下)《新修玉篇》卷二十九《片部》引《餘文》:“牗,呼訝切。地名,在晉。”(233上右)《篇海》同。敦煌本《王韻》去聲禡韻呼訝反:“[墉],地名,在晉。”(415)故宫本《王韻》去聲禡韻呼訝反:“墉,地,在晉。”(504)故宫本《裴韻》去聲禡韻呼訝反:“墉,地名,在晉。”(600)《唐韻》《廣韻》並同。《集韻》去聲禡韻虚訝切:“墟,地名,在晉。”(595)“墟”當即“墉”字俗省。“牗”訓“地名,在晉”,與“墉”音義並同,此“牗”當即“墉”字之俗。《大字典》《字海》“牗”字下此義項皆未溝通其與“墉”字的字際關係,俱失考證。

17. 犳

《字彙·犬部》:“犳,居卿切,音京。獸名。”(278下)

《正字通·犬部》:“犳,俗字。”(657上)

按:《康熙字典·犬部》:“犳,《字彙》:‘居卿切,音京。獸名。’《正字通》:‘俗字。’”(703下)《直音篇》卷六《犬部》:“犳,音京。獸名。”(253上)《詳校篇海》卷一《犬部》:“犳,居卿切,音京。獸名。”(47下)《篇海類編》同。述古堂影宋抄本《集韻》平聲蒸韻居陵切:“狑,獸名。”(252)揚州使院重刻本《集韻》、宋刻本《集韻》並同。此“狑”當作“犳”。《集韻》平聲蒸韻居陵切這一小韻下收録“矜”“龄”“伶”諸字,皆從“今”,故此處的“狑”字亦當以從“今”作“犳”爲是。《玉篇·犬部》:“狑,郎丁切。犬名。”(110下左)又《廣韻》平聲青韻郎丁切:“狑,犬名。獵,同上。”(129)《集韻》平聲青韻郎丁切:“狑,良犬也。秦有狑。或作獵、獵。”(246)“犳”與“狑”雖然形近,“今”旁、“令”旁形近,俗書常可訛混,然從以上所見書證來看,二字音義俱别,不可混同。《新修玉篇》卷第二十三《牛部》引《玉篇》:“狑,力丁切。犬名。《韻》又居陵切。獸名。”(192下右)《新修玉篇》“狑”字下收録“居陵切”“獸名”這一義項,當爲《集韻》所誤。又《玉篇·犬部》:“猄,九卿切。”(111上右)《玉篇》義闕,《新修玉篇》《篇海》引《玉篇》

同，亦皆義闕。《五音集韻》平聲清韻去京切："猄，獸名。"元刊本《玉篇》補訓"獸名"。《直音篇》卷六《犬部》："猄，音京。獸名。"（253上）《詳校篇海》卷一《犬部》："猄，古卿切，音京。獸名。"（48下）《篇海類編》《字彙》同。《直音篇》《詳校篇海》《篇海類編》《字彙》等訓"獸名"者，當皆據元刊本《玉篇》所補。"猄"字，《玉篇》《直音篇》等字書音"京"，爲見母蒸韻；《五音集韻》音"卿"，則爲溪母清韻。從以上所見材料來看，"狑"與"猄"音義並同，"狑"當爲"猄"通過改換聲符而產生的異體字。

18. 獱

《字彙·犬部》："獱，落蓋切，音賴。狂也。"（283下）

《正字通·犬部》："獱，落蓋切，音賴。狂也。"（667下）

按：《康熙字典·犬部》："獱，《集韻》落蓋切，音賴。《玉篇》：'狂也。'"（719下）《玉篇·犬部》："獱，音賴。狂也。"（111上右）《集韻》去聲夳韻落蓋切："獱，狂也。"（518）《玉篇校釋》"獱"字下注："'音賴'者，賴與厲通，厲與狂義近。《集韻》去聲：'獱，狂也。'"（4606）胡氏所言當是。《廣韻》去聲祭韻力制切："厲，烈也；猛也。"（278）"狂"亦可訓"猛也"。例如：《字彙·犬部》："狂，猛也。"南朝梁沈約《大赦詔》："昔歲紛阻，鋒交九達；今茲狂煽，兵連萬雉。"唐韓愈《進學解》："障百川而東之，迴狂瀾于既倒。""厲"，《集韻》又音"落蓋切"。故"獱"與"厲"音義皆通，"獱"本當作"厲"。

19. 璽

《字彙·玉部》："璽，綿兮切，音彌。玉名。"（291上）

《正字通·玉部》："璽，瑿璽並俗字。"（684上）

按：《康熙字典·玉部》："璽，《廣韻》武移切，《集韻》民卑切，並音彌。玉名。又《集韻》息淺切，音獮。義同。又想氏切，音徙。弛弓也。"（744下）《玉篇·玉部》："璽，弭規切。玉名。"（4下左）《玉篇校釋》"璽"字下注："'玉名'者，《切韻》同，亦作瓕。《說文·弓部》:'㢸，弛弓也。'本書:'彌，大也；偏也。'重文作⿱彌玉。彼字從弓、璽聲，此⿱彌玉爲從玉、彌聲，同形之異文也。"(76)胡氏所言疑可商榷。《名義·玉部》:"⿰王璽，弭規反。"(3下)《新撰字鏡·玉部》:"⿰王璽瑜，同。(耳)[弭]規反。"(316)敦煌本《王韻》平聲支韻武移反:"⿰王璽，玉名。"(359)故宫本《王韻》同。又故宫本《裴韻》平聲支韻武移反:"瑜，玉名。"(547)"瑜"楷定當作"⿰王爾"，即"⿰王璽"字俗省，"⿰王璽"即"⿰王璽"之異寫字。宋本《廣韻》平聲支韻武移切:"㢸，玉名。"(48)然鉅宋本《廣韻》平聲支韻武移切作:"⿱彌玉，玉名。"(20)宋本《廣韻》"㢸"訓"玉名"，此"㢸"當即"⿱彌玉"通過偏旁易位而形成的俗訛字。又"⿱彌玉"訓"玉名"，《名義》《新撰字鏡》皆作"⿰王璽"，可見原本《玉篇》亦當作"⿰王璽"，此"⿱彌玉"當即"⿰王璽"字俗訛。"⿰王璽"訓"玉名"，本從玉、璽聲，一變爲"⿱彌玉"，再變爲"㢸"，遂與《説文》本訓"弓弛也"之"㢸"相溷。《名義》"⿰王璽"之篆文""當即"㢸"字之《説文》篆文""誤植於此而致的失誤。又《集韻》上聲紙韻想氏切:"⿱彌玉，弛弓。"(310)《説文·弓部》:"㢸，弛弓也。从弓，璽聲。"(270下)"㢸"，《廣韻》"施氏切"。故"⿱彌玉"訓"弛弓"，與"㢸"音義並同，此"⿱彌玉"當即"㢸"字之俗。《大字典》《字海》收入"⿱彌玉"字，第一義項據《玉篇》訓"玉名"，此"⿱彌玉"當即"⿰王璽"字俗訛；第二義項據《集韻》訓"弛弓"，此"⿱彌玉"當即"㢸"字俗訛。

20. ⿺辶豈

《字彙·辵部》:"⿺辶豈，之世切，音制。姓也。王莽時有⿺辶豈(暉)[惲]。"(300上)

《正字通·辵部》:"⿺辶豈，之侍切，音至。人姓。王莽時有⿺辶豈(暉)[惲]。"(704上)

按:《康熙字典·辵部》:"⿺辶豈，《玉篇》之世切。姓也。王莽時有⿺辶豈惲。"(772上)《名義·辵部》:"⿺辶豈，之逝反。[⿺辶豈]惲也。"(63下)《玉篇·辵部》:"⿺辶豈，之世切。姓也。王莽時有⿺辶豈惲。"(34下左)敦煌本《王韻》去聲祭韻職例反:"⿺辶豈，王莽時⿺辶豈惲。"(408)故宫本《王韻》同。《廣韻》去聲祭韻征例切："⿱艹逗，古人姓。"（276）"⿱艹逗"當即"䠠"之異體字。《唐韻》去聲霽韻都計反："⿱艹遰，姓。《漢書·王莽傳》有中常侍⿱艹遰惲。"（649）《廣韻》去聲霽韻都計切："䠠，姓也。《漢書·王莽傳》有中常侍䠠惲。"（268）"⿱艹遰"當即"䠠"通過改換聲符而形成的異體字。"⿱艹逗"與"䠠"義同，又"辵"旁、"足"旁形近義同，俗書常可換用，故"⿱艹逗"當即"䠠"之異體字。《漢書·王莽傳下》："事發覺，莽使中常侍䠠惲責問妨，並以責興，皆自殺。"今本《漢書》作"䠠"，此是其證也。《集韻》去聲霽韻丁計切："䠠，姓也。"（504）下文去聲祭韻征例切又曰："䠠，姓也。王莽時有䠠（渾）[惲]。"（510）《集韻》皆作"䠠"，此亦其證也。故"⿱艹逗""⿱艹遰"當並即"䠠"之異體字。

21. 疞

《字彙·疒部》："疞，許久切，音朽。病也。"（300下）

《正字通·疒部》："疞，疞、歾、朽通。《山海經》：'歾塗之山。'注：'與朽同。'《禮·月令》：'其臭朽。'陸德明作歾。《韻輯拾遺》：'《周禮》之廇即朽字，孫愐作疞。'據諸説疞即朽無疑。"（704下）

按：《康熙字典·疒部》："疞，《篇海》同上（疝）。又《廣韻》《集韻》並許九切，音朽。病也。"（773上）《龍龕》卷四《疒部》："疞，音朽。病也。"（473）箋注本《切韻》（斯2071）上聲有韻許久反："疞，病。"（138）故宫本《王韻》、《廣韻》、《集韻》同。《正字通》所言當是。《説文·歺部》："歾，腐也。从歺，丂聲。朽，歾或从木。"（80上）"朽（歾）"，《廣韻》音"許久切"。故"疞"訓"病也"，與"朽（歾）"音同義通，此"疞"當即"朽（歾）"之異體字。又《廣韻》上聲巧韻古巧切："疝，腹中急痛。俗作疞。"（203）"疞"即"疝"字之俗，本當作"絞"。《大正藏》本隋闍那崛多譯《大威德陀羅尼經》卷第九："或依彼等而起風痛，或不正住臍下絞痛，因大小便塞而致痛也。""絞"，元本、明本作"疞"。又《大正藏》本梁諸大法師集撰《慈悲道場懺法》卷第一："若言樂者。何意於中復生苦受。飲食過度便成疾疹。氣息喘迫鼓脹絞痛。""絞"，乙本作"疞"。以上二書皆其證也。故"疞""疝"訓"腹中急痛”，本當作“絞”。

22. 皲

《字彙・皮部》:“皲，他括切，音脱。皮剥也。又他骨切，音突。皮壞。”（308 下）

《正字通・皮部》:“皲，他括切，音脱。皮剥也。又他骨切，音突。皮壞。”（723 上）

按:《康熙字典・皮部》:“皲，《玉篇》他活切，音脱。皮剥也。又《集韻》徒活切，音奪。又椿劣切，音窡。義並同。”（798 下）《名義・皮部》:“皲，泰活反。皮剥。”（267 上）《玉篇・皮部》:“皲，他活切。皮剥也。”（122 下左）《玉篇校釋》“皲”字下注:“‘皮剥也’者，《切韻》末韻同。薛韻云:‘破。’《廣雅・釋詁三》:‘剥、脱、皺，離也。’脱與皲同。上文:‘皺，皮脱也。’皮脱則與肉相離矣。慧琳廿四・十七:‘《埤倉》: 皲，皮破。’皮破剥離謂之皲，猶蛇蟬解皮謂之蜕，毛落謂之毻，先落謂之奪，强取謂之敓，解離謂之挩。”（5212）胡氏所言當是。“脱”本義指“消瘦”，引申義可指“脱離”。“脱”，《廣韻》音“他括切”，又音“徒活切”。故“皲”與“脱”音同義通，“皲”本當作“脱”。

23. 瞑

《字彙・目部》:“瞑，而宣切，軟平聲。目垂也。”（315 上）

《正字通・目部》:“瞑，而宣切，軟平聲。目垂也。”（738 上）

按:《康熙字典・目部》:“瞑，《玉篇》而緣切，軟平聲。目垂也。”（822 上）此字《説文》《名義》皆未收，《廣韻》《集韻》亦不録，《玉篇》收於《目部》之末，當即陳彭年等據俗書所增。《玉篇・目部》:“瞑，而緣切。目垂也。”（22 下左）“瞑”疑即“瞤”之異體字。《説文・目部》:“瞤，目動也。从目，閏聲。”（66 下）《廣韻》平聲諄韻如匀切:“瞤，目動。”（63）《集韻》平聲仙韻而宣切:“瞤，目動。”（171）“瞤”字，異體又作“瞲”“矊”等形（見韓小荆《〈可洪音義〉研究》第 685 頁“瞤”字注）。“瞑”與“瞲”“矊”“瞤”音同，正如《集韻》“捵”同“擩”“撋”，

“瞑”疑即“瞩”“矊”之異寫字，亦當同“瞯”。《玉篇》訓“目垂也”，疑非是。

24. 暲

《字彙·目部》:“暲，知亮切，音障。目生暲翳。”（316 上）

《正字通·目部》:“暲，知亮切，音障。目生暲瞖。通作障。”（740 上）

按:《康熙字典·目部》:“暲，《等韻》之亮切，音障。《字彙》目生暲翳。《正字通》通作障。”（826 上）《新修玉篇》卷四《目部》引《奚韻》:“暲，之醬切。目生暗翳。”（39 下右）《篇海》同。《正字通》所言當是。慧琳《音義》卷二一《大方廣佛華嚴經》第三:“癡翳常蒙惑，翳，於計反。《方言》曰:‘翳，薆也。’《珠叢》曰:‘薆，蔽也。’《文字集略》曰:‘翳，目障也。’《公羊傳》曰:‘眼有眸子而無見曰蒙也。’言癡爲慧眼之障蔽不見真理，故常生疑惑也。翳字正宜作翳，薆音愛也。”（57，P816B5）又慧琳《音義》卷四一《大乘理趣六波羅蜜多經》卷第一:“翳眼，伊計反。《考聲》:‘瞖，蔽也；盖也。’《文字集略》:‘目障也。’從目，殹聲也；或從羽作翳，亦通也。”（58，P211A4）“暲”訓“目生暗翳”，義同“翳眼”，即指“目障”，義指“一種眼疾，因被障蔽而致視力模糊不清”，本作“障”，後因義而改换義符“阜”旁爲“目”旁而產生“暲”字。又《新撰字鏡·目部》:“暲，者良反。明也。”（102）此“暲”當即“暲”字俗訛。《名義·日部》:“暲，之羊反。明也。”（205 上）《玉篇·日部》:“暲，之羊切。明也。與章同。”（95 下右）“暲”訓“明也”，與“暲”音義並同，故此“暲”當即“暲”字俗訛。

25. 碔

《字彙·石部》:“碔，罔古切，音舞。碔砆，石次玉。一作武夫。”（322 下）

《正字通·石部》:“碔，舊注音舞。按：碔砆，石次玉，改从武作碔，非。”（752 下）

按:《康熙字典·石部》:“碔,《廣韻》文甫切,《集韻》《韻會》罔甫切,並音武。同珷。碔砆,詳前砆字注,一作武夫。”(845上)《龍龕》卷四《石部》:“碔,音武。美石也。”(442)《玉篇·石部》:“碔,音武。浮石。”(106上右)《玉篇校釋》“碔”字下注:“‘音武’者,碔與珷同,字本止爲武。《廣雅·釋地》:‘武夫,石之次玉。’《廣韻》碔爲珷重文。《文選·四子講德論》:‘美玉蘊於碔砆。’本書《玉部》:‘珷,石似玉也。’云:‘與碔同。’‘玞’下引《山海經》郭注:‘武玞石似玉。’《石部》既增碔字,亦應同增砆字。”(4339)胡氏所言是也。故“碔砆”同“珷玞”,本當作“武夫”,義指“似玉的美石”。《玉篇》訓“浮石”,於其他字韻書皆無徵,疑不可據。《大字典》“碔”字下據《玉篇》收録“浮石”這一義項,疑亦非是。

26. 碫

《字彙·石部》:“碨,與碫同。《列子》:‘事有破碨而後有舞仁義者。’”(324下)

《正字通·石部》:“碨,同碫。《列子》:‘事有破碨而後有舞仁義者。’又:‘商丘開投高臺下,行若飛鳥,揚于地,骪骨無碨。’”(756上)

按:《集韻》上聲紙韻虎委切:“碨,敗也。《列子》:‘事之破碨。’”(315)“碨”當即“毁”之異體字。《直音篇》卷六《石部》:“碨,與毁同。”(237上)《詳校篇海》卷四《石部》:“碨,呼罪切,音賄。與毁同。又敗也。《列子》:‘事有破碨而後有舞仁義者。’”(305下)《篇海類編》同。以上諸書皆其證也。故“碨”當即“毁”之異體字。據上文可知,《字彙》《正字通》“同碫”之“碫”又當即“毁”之增旁俗字。

27. 裺

《字彙·示部》:“裺,於檢切,音淹。禳也。”(327下)

《正字通·示部》:“裺,以淺切,音衍。禳也。”(764上)

按:《康熙字典·示部》:“裺,《集韻》衣檢切,音掩。禳也。”(858上)《集韻》上聲琰韻衣檢切:“裺,禳也。”(453)“裺”本當作“掩”。《方言》卷十二："掩，止也。"漢班昭《女誡》："是故室人和則謗掩。"《文選·西征賦》："掩細柳而撫劒，快孝文之命帥。"李善注："掩，《方言》：'止也。'""禳"即指"祭禱消災"。"掩"，《集韻》亦音"衣檢切"。故"裺"與"掩"音同義通，"裺"本當作"掩"。

28. 禰

《字彙·示部》："禰，於檢切，音掩。禰禳。"（329下）

《正字通·示部》："禰，以淺切，音衍。禰禳。"（767上）

按：《康熙字典·示部》："禰，《廣韻》《集韻》並於琰切，音嬐。禰禳也。又《集韻》於豔切，音厭。義同。"（862上）《龍龕》卷一《礻部》："禰，益琰反。禰禳也。"（111）《玉篇·示部》："禰，於琰切。禰禳也。"（4上左）箋注本《切韻》（斯2071）上聲琰韻於琰反："禰，禳。"（139）敦煌本《王韻》、故宫本《王韻》、《廣韻》同。《玉篇校釋》"禰"字下注："'禳也'者，《切韻》同。慧琳卅六·三：'《考聲》：禰，禳也。《廣雅》：壓，鎮也。《集訓》：禰，著也。'又四六·九：'厭，眠内不祥也。'希麟六·九、十七：'厭，《字書》作禰，謂禰禳也。'"（57）玄應《音義》卷一一《增一阿含經》第五十卷："禳厭，而羊反。禳，除也；卻也。下於冉反。卧厭不悟者。"（56，P986C13）《集韻》上聲琰韻於琰切："禰，禳也。通作厭。"（450）故"禰"本當作"厭"。

29. 秙

《字彙·禾部》："秙，苦故切，音庫。禾不實也。"（331上）

《正字通·禾部》："秙，與枯通。苗槁曰秙。舊注音庫，禾不實，非。"（771上）

按：《康熙字典·禾部》："秙，《集韻》苦故切，音庫。秙穅，禾不實也。"（866下）《玉篇·禾部》："秙，口故切。秙穅，禾不實。"（74下左）《集韻》去聲莫韻苦故切："秙，秙穅，禾不實。"（501）《正字通》所言當是。《説文·木部》："枯，槀也。从木，古聲。"（115上）"枯"即指"草木失去水分或生機"。"枯"，《廣韻》音"苦胡切"。故"秙"與"枯"音義皆通，“秳”本當作“枯”。《玉篇校釋》“秳”字下注：“禾不實纖弱之皃，故謂之秳，秳之爲言枯也。”（2955）此説亦印證了《正字通》之説。故“秳”本當作“枯”。《大字典》收録“秳”字，其下分爲兩個義項：第❶義項據《玉篇》訓：〔秳穅〕禾麥不結實；第❷義項據《正字通》之説而謂同“枯”，訓“禾苗枯槁”，《大字典》這樣處理是失當的。《字海》亦收“秳”字，第❶義項據《玉篇》訓：〔秳穅〕禾麥不結實；第❷義項據《正字通》訓“禾苗枯槁”，《字海》“秳”字分爲兩個義項，且未溝通其與“枯”字的字際關係，亦失當。《大字典》《字海》應該據《正字通》之説而直謂“秳”通作“枯”，訓〔秳穅〕禾麥不結實，即妥。

30. 穸

《字彙・穴部》：“穸，力丁切，音零。穸井也。”（336 下）

《正字通・穴部》：“穸，俗字。”（783 上）

按：《康熙字典・穴部》：“穸，《玉篇》力丁切。穸井也。”（882 上）《玉篇・穴部》：“穸，力丁切。穸井也。”（59 上右）《玉篇》注文之中的“穸”字當爲字頭誤重。《集韻》平聲青韻郎丁切：“竂，穴也。”（246）《玉篇校釋》“穸”字下注：“《集韻》作‘竂’，穴也，井亦穴地爲之也。”（2323）胡氏所言當是。“竂”與“穸”音同義通，正如“甊”同“瓴”、“矑”同“昤”、“獵”同“羚”、“礧”同“砛”、“蠕”同“蛉”等，“竂”當即“穸”之異體字。

31. 竨

《字彙・立部》：“竨，苦猥切，音傀。竨然，獨立貌。”（339 上）

《正字通・立部》：“竨，與倔通。竨肰，獨立貌。舊注音傀，非。”（788 上）

按：《康熙字典・立部》：“竨，《集韻》苦猥切，音傀。竨然，獨立貌。”（890 下）《集韻》上聲賄韻苦猥切：“竨，竨然，獨立皃。”（346）《正字通》之説疑非是。《玉篇・人部》：“倔，巨勿切。倔强。”（15 下左）《廣韻》入聲物韻衢物切：“倔，倔强。”（387）《文選・王命論》：“未見運世無本，功德不紀，而得倔起在此位者也。”李善注：“《埤蒼》曰：崛，特起也。崛與倔同。”“㟧”與“倔”儘管部分構字部件相同，然音義俱別，二字不可混同，故《正字通》謂“㟧”與“倔”通，且謂“舊注”非，其説疑不可據。今案：“㟧”疑即“巋”之異體字。慧琳《音義》卷七七《方志》卷下：“巋然，上虧軌反。《考聲》云：‘山孤立也。’《古今正字》從山，歸聲。”（58，P1025B7）下文卷八二《西域記》第六卷：“巋然，丘軌反。《韻英》云：‘高峻貌。’從山，歸聲。”（59，P37B4）下文《西域記》第十二卷又曰：“巋然，丘鬼反。高峻獨立之皃。”（59，P41B9）《廣韻》上聲旨韻丘軌切：“巋，巋然，高峻。”（168）《集韻》上聲旨韻苦軌切：“巋，高峻皃。”《文選・魯靈光殿賦序》：“自西京未央建章之殿，皆見隳壞，而靈光巋然獨存。”“巋然”，義指“高峻獨立貌”。故“㟧”與“巋”音義皆通，“㟧”疑即“巋”字之俗。《大字典》《字海》“㟧”字下皆據《正字通》之説而收録一個義項謂同“倔”，疑並非是。

32. 笜

《字彙・竹部》：“笜，當没切，敦入聲。筍也。”（341 上）

《正字通・竹部》：“笜，俗字。通作茁。舊注敦入聲，筍初出土也，泥。”（792 下）

按：《康熙字典・竹部》：“笜，《集韻》竹律切，音怞。《類篇》：‘竹筍生貌。’又《篇海》當没切，音咄。義同。”（896 上）《玉篇・竹部》：“笜，丁律切。筍。”（72 上右）《集韻》入聲術韻竹律切：“笜，竹筍生皃。”（671）《正字通》所言當是。《説文・艸部》：“茁，艸初生出地皃。从艸，出聲。《詩》曰：‘彼茁者葭。’”（16 上）《廣韻》入聲薛韻側劣切：“茁，草生皃。又側滑切。”（405）《集韻》入聲術韻竹律切：“茁，艸初生皃。”（671）“笜”訓“竹筍生皃”，與“茁”音義皆通，“笜”當因“茁”用來指“竹筍初生皃”而改换義符所産生的俗字。《玉篇》“笜”字音“丁律切”，訓“筍也”，其音義當不可據。《字彙》“笜”字音“當没切”，訓“筍也”，又當因承襲前代字書之謬而誤。

33. 粡

《字彙·米部》:“粡，先結切，音屑。米穀粖。”（352 上）

《正字通·米部》:“粡，舊注音屑，米穀粖。按：凡物之碎末者，經史借用屑，如木屑、金玉屑皆然。使米穀粖必作粡，木屑、金玉屑當改作榍、鎶、瑂，舊本不察物理，不深考六書，因襲《篇海》諸家訛文類如此，宜删。”（815 上）

按:《康熙字典·米部》:“粡,《廣韻》《集韻》並先結切，音屑。米麥破也。舂餘也。又《集韻》蘇骨切，音窣。米粉。”（931 下）《龍龕》卷三《米部》:“粡，先結反。米麥碎破也。”（305）《玉篇·米部》:“粡，先結切。碎米也。”（75 下左）箋注本《切韻》（斯 2071）入聲屑韻先結反:“粡，米麥破。”（144）敦煌本《王韻》、故宫本《王韻》、《廣韻》同。故宫本《裴韻》入聲屑韻先結反:“粡，米麥破。亦麱，此麱亦通。”（612）《集韻》入聲屑韻先結切:“粡麱，舂餘也。或从麥。”（699）《正字通》所言當是。希麟《音義》卷三《新花嚴經》卷第三十七:“金屑，上金字,《説文》曰:‘五色金也。黄爲長，久薶不生［衣］，百鍊不輕，從革不違。西方之行，生於土，從土，今左右注像金在土中形，今聲。’下先結反。《切韻》:‘盡也，清也，不安皃。’按：經意合作粡粖之粡。”（59，P371C7）此是其證也。又《大正藏》本《大方等大集經》卷第三十九《日藏分惡業集品》第五:“若見食時應觀是食，如死屍蟲穢惡充遍。若得麨者作如是觀，此麨粡塵猶如骨末。若得於餅，應觀是餅作人皮想，如是得臛或復得漿，得粥得羹如是想念。”“粡”，宫本、宋本、元本、明本皆作“屑”。此亦其證也。《玉篇校釋》“粡”字下注:“粡者，屑也。字從米、從麥爲分别文。”（3001）此説亦印證了《正字通》之説。故“粡”同“麱”，二字本當作“屑”。

34. 缸

《字彙·缶部》:“缸，羽俱切，音于。汲器。”（365 上）

《正字通·缶部》:“缸，舊注音于，汲器。按：缸本作盂，不必别作

缸。”（843 上）

按:《康熙字典·缶部》:“𦈢,《集韻》雲俱切，音于。《類篇》:‘汲器。’”（969 下）《集韻》平聲虞韻雲俱切:“𦈢，汲器。”（73）“𦈢”字，《大字典》《字海》轉録作“𦈢”,“𦈢”“𦈢”“缸”即爲異寫字，其訓“汲器”，當義指“盛水的器皿”。《正字通》所言當是。《説文·皿部》:“盂，飯器也。从皿，亏聲。”（99 上）段玉裁校作“飲器也”，並注曰:“飲，大徐及《篇》《韻》《急就篇》注作‘飯’，誤。”徐鍇《繫傳》:“盂，飲器也。”此即其證也。“盂”,《廣韻》音“羽俱切”。故“缸（𦈢）”與“盂”音同義通，“缸（𦈢）”疑即“盂”字之俗。

35. 艞

《字彙·舟部》:“艞，于求切，音遊。舟帷。又舟行。”（391 上）

《正字通·舟部》:“艞，易求切，音遊。舟帷。又舟行。”（901 上）

按:《康熙字典·舟部》:“艞,《集韻》夷周切，音遊。舟行也。”（1047 下）《玉篇·舟部》:“艞，以周切。”（87 下右）《玉篇》義闕，元刊本《玉篇》補訓爲“船帷也”。《集韻》平聲尤韻夷周切:“艞，舟行也。”（259）《玉篇校釋》“艞”字下注:“義闕，元刊云:‘船帷。’《集韻·尤韻》:‘艞，舟行。’舟行謂之艞，猶魚行謂之䲴，人行水中謂之游，旌旂之末謂之斿。斿隨風飄動，形狀相似也，故元刊本云船帷，亦猶斿也。”（3546）胡氏所言疑可商榷。“艞”疑本作“遊”。《嘉興藏本》宋德洪覺範著《石門文字禪》卷第二十四《送一上人序》:“無盡龍安兩勍敵，大梅龐老是同參。近聞赤壁同登賞，想見清風助笑談。已作泛舟遊夏口，又成横錫過江南。歸來萬壑松風在，依舊閑雲没草庵。”“艞”當因“舟”與“遊”連用，受“遊”字類化影響改换義符而産生的俗字。元刊本《玉篇》補訓爲“船帷也”，當因從“斿”爲説而誤；而《集韻》訓“舟行也”，當因從“舟”“遊”爲説而誤。《字彙》《正字通》訓“舟帷”“舟行”，當皆因承襲前代字韻書之謬而誤。

36. 蕮

《字彙・艸部》:“蕮，思積切，音昔。藥草。一名藫。”（413 上）

《正字通・艸部》:“蕮，蕮字之訛。藥名，澤蕮,《本草》作澤瀉。《爾雅》:‘藫，蕮。’注:‘今澤蕮，一名藫。’俗本《爾雅》誤作蕮。藥性主利水，从瀉義近。舊本十五画蕮音寫不誤，訛作蕮，改音昔，前後矛盾。”（959 上）

按:《康熙字典・艸部》:“蕮,《唐韻》思積切，音舄。車前草。”（1099 下）《名義・艸部》:“蕮，胥亦反。芣苡也。”（128 上）《玉篇・艸部》:“蕮，思亦切。馬蕮，車前。”（64 下右）此“蕮”本當作“舄”。《爾雅・釋草》:“芣苢，馬舄；馬舄，車前。”郭璞注:“今車前草，大葉長穗，好生道邊，江東呼爲蝦蟆衣。”此即其證也。又《爾雅・釋草》:“藫，蕮。”郭璞注:“今澤蕮。”邢昺疏:“藫蕮，釋曰藫一名蕮，即藥草澤蕮也。《本草》作澤瀉，一名水瀉，一名及瀉，一名芒芋，一名鵠瀉。陶注云:‘葉狹長，叢生諸淺水中。’”郝懿行《義疏》:“即澤瀉也。劉向《九嘆》云:‘筐澤瀉以豹鞹兮。’王逸注:‘澤瀉，惡草也。’《本草》云:‘一名水瀉，一名及瀉，一名芒芋，一名鵠瀉。’陶注:‘葉狹而長，叢生淺水中。’蘇頌《圖經》:‘葉似牛舌草，獨莖而長，秋開白華作叢，似穀精草。’按此即河芋頭也，華葉悉如《圖經》所説，根似芋子，故《本草》有芒芋之名。”《正字通》謂《爾雅》“藫蕮”之“蕮”本作“蕮”，當爲别本異文,《大字典》於十三畫引《爾雅》作“藫，蕮”，於十五畫引《爾雅》又作“藫，蕮”，此亦其證。故“藫蕮”又作“藫蕮”，亦作“澤瀉”，此“蕮”當即“蕮”之異體字。《大字典》《字海》“蕮”“蕮”二字兼收，皆未溝通其間的異體關係，俱失考證。

37. 蚥

《字彙・虫部》:“蚥，斐古切，音府。蝺蚥，螳蜋别名。”（422 上）

《正字通・虫部》:“蚥，舊注音府。蝺蚥，螳蜋别名。按：螳蜋名拒斧，蝺即拒之訛，蚥乃斧之訛。”（985 上）

按:《康熙字典·虫部》:"蚥,《唐韻》方矩切,《集韻》匪父切,並音甫。蟲名。《爾雅·釋蟲》:'不蜩,王蚥。'注:'未詳。'又《直音》:'蜛蚥,螳蜋别名。'又《類篇》:'去蚥,蟾諸。'又《廣韻》扶雨切,音父。義同。"(1121 下)《龍龕》卷二《虫部》:"蚥,音甫。蜛蚥,螳蜋别名也。"(223)《廣韻》上聲麌韻方矩切:"蚥,蜛蚥,螳蜋别名。"(176)《正字通》所言當是。《吕氏春秋·仲夏紀》:"小暑至,螳蜋生,鵙始鳴,反舌爲聲。"漢高誘注:"螳蜋一曰天馬,一曰齕疣,兖州謂之拒斧也。"(103)《本草綱目·蟲部》第三十九卷"螳蜋"條,釋名:"蟷蜋,刀蜋(《綱目》)、拒斧(《説文》)、不過(《爾雅》)、蝕(齕)疣。"時珍曰:"蟷蜋,兩臂如斧,當轍不避,故得當郎之名。俗呼爲刀蜋,兖人謂之拒斧,又呼不過也。代人謂之天馬,因其首如驤馬也。燕趙之間謂之蝕(齕)疣。疣即疣子,小肉贅也。今人病疣者,往往捕此食之,其來有自矣。"故"蜛蚥"本當作"拒斧"。

38. 衸

《字彙·衣部》:"衸,職略切,音勺。禪衣也。又都歷切,音的。義同。"(436 上)

《正字通·衣部》:"衸,職略切,音勺。單衣也。"(1021 上)

按:《康熙字典·衣部》:"衸,《唐韻》之若切,《集韻》職略切,並音灼。《玉篇》:'禪衣。'揚子《方言》:'衸襢謂之褌。'郭注:'今又呼爲涼衣也。'又《篇海》都歷切,音的。義同。又《類篇》皮教切,音麭。衣襟。"(1158 上)《集韻》去聲效韻皮教切:"衸,衣襟。"(583)此"衸"疑即"袌"字之俗。《方言》卷四:"襌衣有袌者,趙、魏之間謂之袏衣。"郭璞注:"前施袌囊也。房報反。"錢繹《箋疏》:"衣前襟亦謂之袌。"敦煌本《王韻》去聲號韻薄報反:"袌,衣前襟。或作褎。"(414)故宫本《王韻》同。《廣韻》去聲號韻薄報切:"袌,衣前襟。"(328)故"衸"訓"衣襟",與"袌"音義皆通,此"衸"疑即"袌"字之俗。

39. 觥

《字彙·角部》:“觥，蘇典切，音銑。角也。”（446 下）

《正字通·角部》:“觥，俗觲字。舊注音銑，訓角，誤。一曰觥字之訛。”（1047 下）

按:《康熙字典·角部》:“觥,《字彙》蘇典切，音銑。《玉篇》:‘角也。’”（1188 上）《玉篇·角部》:“觥，音銑。角也。”（122 下左）《説文·角部》:“觲，用角低仰便也。从羊、牛、角。《詩》曰:‘觲觲角弓。’”（88 下）今《詩》作“騂騂”。“觲觲”義指“弓調和貌”。“觲”,《集韻》音“思營切”。“觥”與“觲”音義俱别，字形區别亦甚明，二字不易混同，故《正字通》謂“觥”即“觲”字之俗，非是。又《説文·角部》:“觵，兕牛角可以飲者也。从角，黄聲。其狀觵觵，故謂之觵。觥，俗觵从光。”（88 下）“觥（觵）”,《廣韻》音“古横切”。“觥”與“觥”音義俱别，二字不易混同，故《正字通》“一曰”之説疑亦非是。《玉篇校釋》“觥”字下注:“‘音銑。角也’者，應謂‘鐘角也’。鐘口兩角謂之銑，字因變易偏旁爲觥。”（5205）胡氏所言疑是。《説文·金部》:“銑，金之澤者。一曰小鑿。一曰鐘兩角謂之銑。”（295 下）《周禮·考工記·鳧氏》:“鳧氏爲鐘，兩欒謂之銑。”鄭玄注:“銑，鍾口兩角。”賈公彦疏:“古之樂器應律之鍾，狀如今之鈴，不圜，故有兩角也。”故“觥”與“銑”音同義通,“觥”疑即“銑”因涉義改换義符而産生的俗字。

40. 訉

《字彙·言部》:“訉，扶泛切，音范。多言。”（448 上）

《正字通·言部》:“訉，訊字之訛。《六書統》古文訊作[illegible]，俗因作訉。舊注襲《篇海》音范，訓多言，非。按：古文作訩,《六書統》别出訉，亦非。”（1051 下）

按:《康熙字典·言部》:“訉,《玉篇》《集韻》並扶泛切，音梵。多言也。”（1193 下）《龍龕》卷一《言部》:“訉，音梵。多言也。”（49）《玉篇·言部》:“訉，扶泛切。多言。”（44 上右）《集韻》去聲梵韻扶泛切:

“訉，多言。”（631）《正字通》之説疑非是。《説文·言部》：“訊，問也。从言，卂聲。⿰言卤，古文訊从卤。”（46下）“訊”，《廣韻》音“息晉切”。“訊”字，《説文》篆文作“[illegible]”，《六書統》謂“訊”古文作“[illegible]”，“[illegible]”當即“訊”字《説文》篆文“[illegible]”字之俗。“訉”與“訊”儘管形近，然音義俱别，二字不可混同，故《正字通》據《六書統》“古文訊作[illegible]”而謂“訉”即“訊”字之訛，且謂“舊注”非，其説非是。“訉”當即“汎”字之俗，因“汎”“言”常可連用，故而“汎”受“言”字類化影響改换義符而形成“訉”字。

（二）有利於溝通正俗異體

漢字在長期的歷史發展演變過程中，不斷産生了大量音義相同的異體字。從漢字應用角度而言，異體字的存在是一種不必要的負擔，因此，我們應加强對異體字進行系統的整理與溝通。現代大型字典《大字典》和《字海》大量地轉録了《字彙》《正字通》《直音篇》《詳校篇海》《篇海類編》《康熙字典》《字彙補》等明清大型字書收録的許多異體字卻未加以溝通，這使得許多音義相同的字相互之間失去聯繫，從而影響了《大字典》和《字海》的編纂質量，也不利於人們的使用。系統考釋與研究明清大型字書疑難字，可對現代大型字典《大字典》和《字海》轉録自《字彙》《正字通》《直音篇》《詳校篇海》《篇海類編》《康熙字典》《字彙補》等明清大型字書的異體字進行溝通認同工作，從而爲其以後的修訂與完善提供參考。

1. 伔

《字彙·人部》：“伔，徒感切，音近淡。止也。”（32上）

《正字通·人部》：“伔，舊注音啖，止也。《篇海》《類編》伔同髧，引《詩》‘髧彼兩髦’，與髧涸，並非。”（30下）

按：《康熙字典·人部》：“伔，《集韻》徒感切。同髧。髮垂貌。又《正字通》音啖。止也。”（23上）“伔”訓“止也”，當同“忱”。《龍龕》卷一《心部》：“忱，徒敢、他敢二反。安也。”（58）《爾雅·釋詁下》：“安，止也。”故“伔”訓“止也”，與“安也”訓異義同，此“伔”與

“忱”音義並同，即爲異體字。

2. 侇

《字彙·人部》：“侇，延知切，音夷。儕也；等也。《古今韻會》又曰：儕、等注誤。經典通作夷。”（35下）

《正字通·人部》：“侇，與夷通。音彝。儕也；等也。别作徳，義同。”（39上）

按：《直音篇》卷一《人部》：“侇，音夷。儕也；等也。”（17下）《康熙字典·人部》：“侇，《集韻》《韻會》《正韻》並延知切，音夷。儕也；等也。”（30下）《廣韻》平聲脂韻以脂切：“夷，猶等也。”（22）《禮記·曲禮上》：“昏定而晨省，在醜夷不争。”鄭玄注：“夷，猶儕也。”故“侇”訓“儕也；等也”，與“夷”音義並同，亦爲異體字。《大字典》“侇”字下於“輩；類”這一義項未溝通其與“夷”字的異體關係，失當。

3. 嘕

《字彙·口部》：“嘕，虚延切，音軒。與嫣同。笑貌。《楚辭·大招》：‘靨輔奇牙，宜笑嘕只。’”（81下）

《正字通·口部》：“嘕，虚焉切，音軒。笑貌。《楚辭·大招》：‘靨輔奇牙宜笑嘕只。’宋玉《登徒子好色賦》：‘嫣然一笑。’與嘕同，《漢書》作僊。”（166上）

按：《康熙字典·口部》：“嘕，《廣韻》許延切，《集韻》《韻會》《正韻》虚延切，並音仚。《玉篇》：‘嘕嘕，喜也。’《博雅》：‘樂也。’《廣韻》：‘笑貌。’《楚辭·大招》：‘靨輔奇牙，宜笑嘕只。’”（149下）《廣雅·釋訓》：“嘕嘕，喜也。”《廣韻》平聲仙韻許延切：“嘕，笑皃。”《字彙》《正字通》所言是也。《廣韻》平聲仙韻許延切又曰：“嫣，好皃。”（86）《文選·登徒子好色賦》：“嫣然一笑，惑陽城，迷下蔡。”李善注引王逸《楚辭》：“嫣，笑貌。”故“嘕”與“嫣”音義並同，即爲異體字。

4. 坻

《字彙・土部》:“坻，諸氏切，音止。《説文》:‘箸止也。’”（88 上）

《正字通・土部》:“坻，舊注音止，引《説文》‘箸止也’。五画坻音邸。隴坻也……坻，本作坻。有平、上二聲，兼隴坻、小渚、箸止三義。坻訛省爲坻。”（186 下）

按:《康熙字典・土部》:“坻,《廣韻》《正韻》諸氏切,《集韻》《韻會》掌氏切，並音紙。《説文》:‘箸也。’《正字通》:‘坻，本作坻。有平、去二聲，兼隴坻、小渚、箸止三義。’”（169 下）《集韻》上聲紙韻丈尒切:“坻，秦人謂阪曰坻。”（311）此“坻”當即“坻”字之俗。《玉篇・土部》:“坻，音底。《埤蒼》云:‘坂也。’”（7 上右）《廣韻》上聲紙韻諸氏切:“坻，隴坂也。又直尼、當禮二切。”（161）《集韻》上聲紙韻章氏切:“坻，隴阪也。”（307）故“坻”與“坻”音近義同，此“坻”當即“坻”字之俗。《大字典》“坻”字下第二義項據《集韻》音 zhì，訓“山坡”，此“坻”亦即“坻”字之俗,《大字典》應溝通其與“坻”字的正俗關係。

5. 墒

《字彙・土部》:“墒，尸羊切，音商。新耕土也。”（93 下）

《正字通・土部》:“墒，舊注尸張切，音商，新耕土。或曰:‘墒字之訛。’”（203 上）

按:《康熙字典・土部》:“墒,《字彙》:‘尸羊切，音商。新耕土也。’一曰:‘墒字之訛。’”（184 下）《龍龕》卷二《土部》:“墒，音傷。新耕土也。又俗音的。”（247）“墒”音“傷”，當即“塲”之異體字。《玉篇・土部》:“塲，始羊切。耕塲。”（8 下右）箋注本《切韻》（斯 2071）平聲陽韻書羊反:“塲，耕塲。”（122）故宫本《王韻》、故宫本《裴韻》、《廣韻》皆同。“耕塲”即指“耕過的疏鬆土壤”。故“墒”與“塲”音義並同，此“墒”當即“塲”之異體字。韓小荆《〈可洪音義〉研究》（667）“塲”俗作“墒”，此即其證。“墒”又俗音“的”，此“墒”當即“墒”字俗訛。《玉篇・土部》:“墒，丁歷切。入射也。”（8 下右）《集韻》入聲錫韻丁歷切：“墒，階謂之墒。”（750）“墒”音“的”，與“墒”音同形近，韓小荆《〈可洪音義〉研究》“商”俗作“商”（666）、“嫡”俗作“𡡉”（415）、“鏑”俗作“𨦡”（415）等，故此“墒”當即“墒”字俗訛。

6. 娕

《字彙·女部》：“娕，落蓋切，音賴。好貌。”（106下）

《正字通·女部》：“娕，俗字，宜删。”（243上）

按：《康熙字典·女部》：“娕，《集韻》郎才切，音來。女字。又落蓋切，音賴。好貌。”（216上）《類篇·女部》：“娕，落蓋切。好皃。”（452下）此“娕”當即“婡”字之俗。《玉篇·女部》：“婡，音賴。好皃。”（17上右）《集韻》去聲夳韻落蓋切：“婡，好皃。”（518）“娕”與“婡”音義並同，故此“娕”當即“婡”字之俗。

7. 寨

《字彙·宀部》：“寨，與砦同。又悉則切，音塞。安也。”（118上）

《正字通·宀部》：“寨，同砦，本作塞。舊注悉則切，音色，安也。誤。”（274下）

按：《康熙字典·宀部》：“寨，《廣韻》蘇則切，《韻會》《正韻》悉則切，並音塞。安也。”（244下）故宫本《王韻》入聲德韻蘇則反：“寨，安。又先代反。”（526）《廣韻》入聲德韻蘇則切：“寨，安也。”（428）此“寨”當同“塞”“寋”。《方言》卷六：“塞，安也。”郭璞注：“物足則安。”（46）《廣雅·釋詁一》：“寋，安也。”（24）“塞”“寋”，《廣韻》皆音“蘇則切”。故“寨”與“塞”“寋”音義並同，“寨”當即“塞”“寋”之俗。

8. 嵌

《字彙·山部》：“嵌，丘銜切，掐平聲。嵌巖，山險貌。又去聲，口陷切。陷入中也。”（129上）

《正字通·山部》：“嵌，丘銜切，掐平聲。《説文》：‘山深貌。’又山開張貌。揚雄《甘泉賦》:‘金人仡仡其承鐘虡兮，嵌巖巖其龍鱗。’注:‘金人壯勇飾以龍文令負鐘虡鱗甲嵌肰開張也。’”（300上）

按:《康熙字典·山部》:“嵌，《廣韻》口銜切，《集韻》呼監切，《韻會》《正韻》丘銜切，並闞平聲。《説文》:‘山深貌。’《玉篇》:‘坎旁孔也。’《集韻》:‘嵌巖，深谷。’……又《集韻》苦濫切，音闞。岸欹峻也。”（272下）《集韻》上聲敢韻虎覽切:“㵍，溪谷皃。或作嵌。”（448）故“嵌”訓“溪谷皃”，當即“㵍”之異體字。又《集韻》去聲闞韻苦濫切:“嵌，岸欹峻。”（625）“岸欹峻”即指“岸險峻”，此“嵌”當即“坎”之異體字。《集韻》去聲勘韻苦紺切:“坎埳，險岸。或從勘。”（623）“嵌”與“坎”“埳”音義並同，即爲異體字。

9. 彯

《字彙·彡部》:“彯，匹妙切，音勡。畫飾也。又批招切，音飄。彯彯，長組貌。又弭沼切，音藐。小管也。”（149下）

《正字通·彡部》:“彯，匹妙切，音勡。《類篇》:‘畫飾。’又蕭韻音飄。彯彯，長組貌。《爾雅》:‘管小者謂之篎。’舊注泥。《正韻》‘篎，亦作彯’，非。”（345下）

按:《康熙字典·彡部》:“彯，《廣韻》《集韻》《韻會》並匹妙切，音票。《玉篇》:‘畫也。’《集韻》:‘畫飾也。’”（328下）《爾雅·釋樂》:“大管謂之簥，其中謂之篞，小者謂之篎。”《説文·竹部》:“篎，小管謂之篎。从竹，眇聲。”（93下）《洪武正韻》上聲篠韻弭沼切:“篎，小管。亦作彯。”（193）《詳校篇海》卷四《彡部》:“彯，匹妙切，音票。畫飾也。又平音飄。彯彯，長組皃。又音妙。與篎同。注:‘管之小者。’”（230上）《篇海類編》同。故“彯”訓“小管也”，即“篎”之異體字。

10. 忿

《字彙·心部》:“忿，下戒切，音械。忽也。一曰無憂貌。”（155上）

《正字通·心部》:“忿，舊注音械，忽也。一曰無憂貌。按:《説文》:‘忿，忽也。’引《孟子》:‘孝子之心不若是忿。’”（357下）

按:《康熙字典·心部》:“忦,《廣韻》《集韻》並許介切,音譮。《説文》:‘忽也。’”(340 下)《集韻》入聲黠韻讫黠切:“忦,憂也。”(695)《詳校篇海》卷四《心部》:“忦,下戒切,音解。忽也;又不和皃。又古黠切,音戛。憂皃。”(230 下)《篇海類編》同。《字彙》訓“無憂貌”,於前代字韻書皆無徵,當爲“憂皃”之誤衍。《正字通》亦收“無憂貌”這一義項,當因承襲《字彙》之謬而誤。此“忦”當即“恝”之異體字。《説文·心部》:“恝,憂也。从心,介聲。”(222 上)《廣雅·釋詁二》:“恝,懼也。”王念孫《疏證》:“恝者,憂之懼也。”“恝”,《廣韻》音“古黠切”。故“忦”訓“憂也”,與“恝”音義並同,此“忦”當即“恝”之異體字。《大字典》《字海》“忦”字下皆據《字彙》之誤而收録“無憂貌”這一義項,並非。

11. 拸

《字彙·手部》:“拸,尺里切,音恥。拍也;拽也。”(175 上)

《正字通·手部》:“拸,尺矢切,音恥。拍也。《莊子·庚桑楚篇》:‘介者拸画,外非譽也。’注:‘画,所以飾容貌。兀者,貌既虧殘,不復以好醜存懷,故拸而棄之。’又拽也。與扯音別義通。”(405 上)

按:《篇海》卷十二《手部》引《對韻音訓》:“拸,胡改、胡槩、弋支三切。動也。”(757 下)“拸”音“胡改”“胡槩”二切,訓“動也”,疑即“抾”字俗訛。《廣雅·釋詁一》:“抾,動也。”《玉篇·手部》:“抾,胡改切。撼動也。”(31 上左)《廣韻》上聲海韻胡改切:“抾,動也。”(185)“拸”與“抾”音義並同,此“拸”當即“抾”字俗訛。又“拸”音“弋支切”,訓“動也”,疑即“移”之異體字。《説文·禾部》:“移,禾相倚移也。从禾,多聲。一曰禾名。”(141 上)“移”本義指“禾柔弱皃”,引申義可指“動”。例如:《國語·晉語一》:“變非聲章,弗能移也。”韋昭注:“移,動也。”“移”,《廣韻》音“弋支切”。故“拸”與“移”音義並同,此“拸”疑即“移”之異體字。

12. 揪

《字彙·手部》:“揪，即尤切，酒平聲。手揪。”（180 上）

《正字通·手部》:“揪，揫、揂、揪並同。舊注揪，即尤切，酒平聲，手揪；揫，即由切，音啾，斂、聚。按：同字同切，分音各訓，誤。”（416 下）

按:《康熙字典·手部》:“揪，同揫。《正字通》《字彙》音酒平聲。手揪也。按：揪、揫同字，分音各訓，誤。”（414 下）《詳校篇海》卷四《手部》:“揪，即尤切，音啾。手揪，捽也。”（273 下）《篇海類編》同。又《新唐書·孫佺傳》:“佺揪聚軍中幣萬餘匹，悉袍、帶並與之。”此“揪”當爲“斂聚”之義。《正字通》所言當是。《爾雅·釋詁下》:“揫，聚也。”郭璞注:“《禮記》曰：秋之言揫。揫，斂也。”《玉篇·手部》:“揫，子由切。《爾雅》:‘聚也。’”（30 上右）又宋王安石《秋風》:“揫劍一何饕，天機亦自勞。”此“揫”義爲“抓”。“揫”異體字作“揂”，故“揪”與“揫”“揂”音義並同，即爲異體字。《康熙字典》所言亦其證也。

13. 斴

《字彙·斤部》:“斴，初刮切，音刹。斷也。又充芮切，吹去聲。義同。”（194 上）

《正字通·斤部》:“斴，舊注同斴。按:《刀部》剶音撮，斴改音刹，彼此矛盾；又增充芮切，吹去聲，義同，沿《篇海》而誤，並非。”（451 下）

按:《康熙字典·斤部》:“斴，《集韻》此芮切，音脺。斷也。剶，或作斴，亦作𠞼。”（454 下）《名義·斤部》:“斴，叉芮反。斷也。”（167 下）《玉篇·斤部》:“斴，叉刮、叉芮二切。斷也。**斴**，同上。”（81 上右）“斴”“**斴**”並即“斴”字之俗。《龍龕》卷一《斤部》:“**斴**，俗；斴，正；斴，今。此芮、楚税、初鎋三反。斷也。三。”（137）此即其證也。《玉篇校釋》“斴”字下注:“‘斷也’者,《切韻》同，亦作剶。《廣雅·釋詁一》:‘剶，斷也。’四:‘剶，截也。’《集韻》《類篇》並引《廣雅》作𥮴，以𠜾爲重文。”（3220）胡氏所言是也。《廣雅・釋詁一》：“𠜾，斷也。”《廣韻》入聲鎋韻初刮切：“𠜾，斷也。又之芮切。”（398）“𥮴”與“𠜾”音近義同，“𥮴”當即“𠜾”之異體字。《大字典》“𥮴”字第一義項未溝通其與“𠜾”字的異體關係，失考證。

14. 梏

《字彙・木部》：“梏，古禄切，音谷。手械也。”（213下）

《正字通・木部》：“梏，古禄切，音谷。手械。《禮・月令》：‘仲春，命有司省囹圄去桎梏。’”（506上）

按：《字彙補・木部》：“梏，又與覺通。《禮記・緇衣》引《詩》：‘有梏德行，四國順之。’《詩》作覺。又枯沃切，音酷。打也。”（97下）“梏”訓“打也”，當即“捁”之異體字。《集韻》入聲沃韻苦沃切：“捁，打也。”（649）故“梏”訓“打也”，與“捁”音義並同，此“梏”當即“捁”之異體字。

15. 梢

《字彙・木部》：“梢，所交切，音筲。木枝。又玉梢，舞者所執。又船舵尾，今人謂篙師爲梢子。”（214下）

《正字通・木部》“梢，所交切，音筲。《爾雅》：‘梢，梢櫂。’郭注：‘木無枝柯，梢櫂長而殺者。’”（508上）

按：《字彙補・木部》：“梢，又山巧切，音少。漸也。”（98上）此“梢”當即“稍”字俗訛。《説文・禾部》：“稍，出物有漸也。从禾，肖聲。”（142下）段玉裁注：“凡古言稍稍者，皆漸、進之謂。”《集韻》上聲巧韻山巧切：“稍，漸也。”（398）故“梢”訓“漸也”，與“稍”音義並同，此“梢”當即“稍”字俗訛。

16. 歙

《字彙・欠部》：“歙，許及切，音吸。縮鼻也；又斂氣也。《老子》：‘將欲歙之，必故張之。’又合也。與翕同。《漢・韓延壽傳》：‘郡中歙

然。'"（230 下）

《正字通·欠部》："歙，許及切，音吸。《説文》：'縮鼻也。'又斂氣也。《老子》：'將欲歙之，必故張之。'又合也。與翕同。《漢·韓延壽傳》：'郡中歙然。'"（552 下）

按：《康熙字典·欠部》："歙，《唐韻》《正韻》許及切，《集韻》《韻會》迄及切，並音吸。《説文》：'縮鼻也。'一曰斂氣也……又《集韻》虚涉切，音偞。懼貌。或作偞。"（554 上）《集韻》入聲葉韻虚涉切："歙，懼皃。或作偞。"（780）此"歙"當即"偞"之異體字。《大字典》應於"歙"字此義項下溝通其與"偞"字的字際關係。

17. 歿

《字彙·歹部》："歿，魚及切，音逆。危也。"（232 下）

《正字通·歹部》："歿，俗岌字。舊音逆，危也，誤。"（557 上）

按：《康熙字典·歹部》："歿，《集韻》殜或从及作歿。"（562 上）《廣雅·釋詁一》："殜，危也。"《廣韻》入聲緝韻魚及切："殜，危也。"（430）《集韻》入聲緝韻逆及切："殜歿，危也。或从及。"（769）《正字通》謂"歿"即"岌"字之俗，是也。《集韻》入聲緝韻逆及切："圾，危也。《莊子》：'殆哉，圾乎天下。'通作岌。"（769）《孟子·萬章上》："孔子曰：'於斯時也，天下殆哉，岌岌乎！'""岌"，《廣韻》亦音"魚及切"。故"歿""殜"訓"危也"，與"岌""圾"音義並同，並爲異體字。

18. 殈

《字彙·歹部》："殈，呼狊切，音洫。殘裂也。"（233 下）

《正字通·歹部》："殈，呼狊切，音殈。殘裂也。"（558 下）

按：《康熙字典·歹部》："殈，《集韻》忽域切，音洫。殘裂也。"（564 下）《集韻》入聲職韻忽域切："殈，殘裂也。"（760）"殈"疑即"殈"字之俗。《名義·歹部》："殈，況壁反。裂也。"（112 下）《玉篇·歹部》："殈，況壁、呼狊二切。《禮記》曰：'卵生者不殈。'殈，裂也。"（58 上右）《禮記·樂記》："胎生者不殰，卵生者不殈，則樂之道歸焉耳。"鄭玄注:“殈，裂也。”“殈”,《廣韻》音“呼臭切”,《集韻》又音“忽域切”。“殧”與“殈”音義並同，正如《集韻》(760)“洫”或作“減”,“殧”疑即“殈”之異體字。

19. 殸

《字彙·殳部》:“殸，乞約切，音却。素也。一曰皮甲。又曰盛兵器之具，以皮爲之。”(234下)

《正字通·殳部》:“殸，渠角切，音卻。果核；郛甲。《列子》曰:‘木葉幹殸。’又卵甲亦曰殸。”(560下)

按:《康熙字典·殳部》:“殸,《唐韻》苦角切,《集韻》《韻會》克角切，並音確。《説文》:‘从上擊下也。一曰素也。’”(568下)《字彙補·殳部》:“殸，古項切，講去聲。《集韻》:‘堅固也。’”(104上)此“殸”亦當即“殼”之異體字。《五音集韻》上聲講韻古項切:“殼，堅固也。”此即其證也。

20. 氤

《字彙·气部》:“氤，伊真切，音因。氤氳，元氣交密之狀。《易·繫辭》:‘天地氤氳。’”(239上)

《正字通·气部》:“氤，伊卿切，音因。氤氳，元氣交密之狀。《易·繫辭》:‘天地氤氳，萬物化醇。’”(571下)

按:《康熙字典·气部》:“氤,《廣韻》於真切,《集韻》《韻會》《正韻》伊真切，並音因。與絪同。絪緼，天地合氣也。”(586上)《類篇·气部》:“氤，因連切。火氣也。”(10上)此“氤”當即“煙(烟)”之異體字。《説文·火部》:“煙，火氣也。从火，垔聲。烟，或从因。㷑，古文。𡕎，籀文。”(208上)《集韻》平聲先韻因蓮切:“煙,《説文》:‘火氣也。[烟],或从因。’古作㷑，籀作𡕎。”(162)故“氤”訓“火氣也”,與“煙(烟)”音義並同，此“氤”當即“煙(烟)”之異體字。

21. 汵

《字彙·水部》:“汵，同淦。”(242 上)

《正字通·水部》:“汵，同淦。”(576 下)

按:《康熙字典·水部》:“汵,《唐韻》《集韻》並古暗切，音紺。與淦同。《説文》淦或从今作汵。水入舟隙也。一曰水名。又《集韻》古南切，音弇。義同。又鉏簪切，音岑。池也。”(593 上)《集韻》平聲侵韻鉏簪切:“汵，池也。”(277) 此“汵”當即“涔”之異體字。《新撰字鏡·水部》:“涔，鋤簪反。魚池也。”(335)《文選·長笛賦》:“於是山水猥至，渟涔障潰。”李善注:“薛君《韓詩章句》(《周頌·潛》) 曰:‘涔，漁池也。音岑。’”(250 上)“汵”與“涔”音義並同，故此“汵”當即“涔”之異體字。《大字典》“汵”字下第（三）義項未溝通其與“涔”字的異體關係，失考證。

22. 沆

《字彙·水部》:“沆，下黨切，杭上聲。漭沆，大水貌。又沆瀣，北方夜半氣。一曰露氣也。”(242 上)

《正字通·水部》:“沆，下黨切，杭上聲。水流聲。又漭沆，大水貌。又沆瀣。”(577 下)

按:《康熙字典·水部》:“沆,《唐韻》胡朗切,《集韻》户朗切,《韻會》合朗切，並音骯。《説文》:‘莽沆，大水也。一曰大澤貌。’……又《廣韻》胡郎切,《集韻》寒剛切,《正韻》下朗切，並音航。水流貌。一曰渡也。”(595 上)《廣韻》上聲胡郎切:“沆，渡也。”(119) 此“沆”當即“航”之異體字。慧琳《音義》卷二九《金光明最勝王經》卷第十:“舟航，上舟字,《説文》:‘船也。’刳木爲舟，以濟不通，象形字。下鶴剛反。《毛詩傳》:‘渡船也。’《方言》云:‘自關而東謂濟渡爲航。’《説文》從方作斻，從舟，亢聲。亢，音罡也。”(57P1028A9)《後漢書·李南傳》:“度宛陵浦里航。”李賢注:“航，以舟濟水也。”故“沆”訓“渡也”，與“航”音義並同，此“沆”當即“航”之異體字。

23. 泂

《字彙・水部》:“泂，户頂切，音迥。遠也。《詩・大雅》:‘泂酌彼行潦。’”（244 上）

《正字通・水部》:“泂，滑允切，音迥。遠也。《詩・大雅》:‘泂酌彼行潦。’”（582 下）

按:《康熙字典・水部》:“泂，《唐韻》户褧切，《集韻》《韻會》户茗切，並音迥。《説文》:‘滄也。’……又《集韻》玄扃切，音熒。泂澤，地名。通作熒。”（600 下）《集韻》平聲青韻玄扃切:“泂，泂澤，地名。通作熒。”（248）《集韻》所言是也。《左傳・宣公十二年》:“及熒澤，見六麋。”杜預注:“熒澤在熒陽縣東。”“熒”，《廣韻》音“翾營切”。“泂澤”當同“熒澤”，此“泂”當即“熒”之異體字。《大字典》“泂”字下第（二）義項應溝通其與“熒”字的異體關係。

24. 狷

《字彙・犬部》:“狷，吉券切，音卷。褊急也。又才不足而守有餘也。”（280 上）

《正字通・犬部》:“狷，涓願切，音眷。疾跳也。又褊急。又才不足而守有餘。”（660 上）

按:《康熙字典・犬部》:“狷，《唐韻》古縣切，《韻會》規縣切，並音絹。《説文》:‘褊急也。从犬，肙聲。’”（709 下）《説文・犬部》:“獧，疾跳也。一曰急也。从犬，瞏聲。”（204 上）“獧”，《廣韻》音“吉掾切”，又音“古縣切”。“獧”訓“疾跳也”，與“獧”音義並同，亦爲異體字。《玉篇・犬部》:“獧，古縣切。跳也；急也。狷，同上。”（110 上左）此是其證也。故據此，《大字典》“狷”字下“跳；疾跳”這一義項亦應溝通其與“獧”字的異體關係。

25. 琗

《字彙・玉部》:“琗，同璻。又七内切，音萃。珠玉光。又息晉切，

音信。義同。”（287 下）

《正字通·玉部》：“琗，舊注同瑟；又音萃，珠玉光；又息晉切，音信，義同。按：瑟俗作琗，非與琗同。”（675 下）

按：《康熙字典·玉部》：“琗，《集韻》色櫛切，音瑟。同瑟。又取内切，音倅。珠玉光。”（732 上）《集韻》去聲隊韻取内切：“琗，玉光。”（532）下文去聲稕韻思晉切又曰：“琗，珠玉光。”（540）此“琗”當即“璀”之異體字。宋善卿編《祖庭事苑》卷第五：“琗瓈，琗正作璀。七罪切，下七旦切。璀瓈，玉光也。”此是其證也。

26. 瘁

《字彙·疒部》：“瘁，與悴同。班孟堅《賓戲》：‘朝爲榮華，夕而焦瘁。’又病也；勞也。”（303 上）

《正字通·疒部》：“瘁，同悴。班固《賓戲》：‘朝爲榮華，夕而焦瘁。’又勞也；病也。”（711 上）

按：《康熙字典·疒部》：“瘁，《廣韻》《集韻》《韻會》並秦醉切，音萃。《廣韻》：‘病也。’”（780 下）《名義·疒部》：“瘁，辭醉反。病也。”（110 下）《玉篇·疒部》：“瘁，秦醉切。病也。”（57 上右）《字彙》《正字通》所言是也。敦煌本《王韻》去聲至韻疾醉反：“瘁，病。亦作悴。”（403）故宫本《王韻》同。此即其證也。故“瘁”當即“悴”之異體字。

27. 㿉

《字彙·疒部》：“㿉，以水切，音偉。瘡裂也。一曰疾㿉。”（306 上）

《正字通·疒部》：“㿉，烏鬼切，音偉。《説文》：‘瘡裂也。一曰疾㿉。从疒，巂聲。’”（717 下）

按：《康熙字典·疒部》：“㿉，《唐韻》以水切，《集韻》愈水切，並音唯。《説文》：‘創裂也。一曰疾㿉。’又《集韻》尹捶切，音蔿。又羽委切，音蔿。義並同。又呼卦切，音諣。恚也。”（789 上）《集韻》去聲卦韻呼卦切：“㿉，恚也。”（523）此“㿉”當即“孈”之異體字。《説文·女部》：“孈，恚戇多態也。从女，巂聲。讀若隓。”（264 上）敦煌本

《王韻》去聲卦韻胡卦反："嬸，愚戇多態。又尤尔反。"（408）《廣韻》去聲卦韻胡卦切："嬸，愚戇多態也。"（284）《集韻》去聲卦韻胡卦切："嬸，愚戇多態也。"（523）"癟"訓"愚也"，與"嬸"音義皆通，此"癟"當即"嬸"之異體字。《大字典》《字海》"癟"字下第（二）義項皆未溝通其與"嬸"字的字際關係，俱失考證。

28. 磅

《字彙·石部》："磅，普郎切，音滂。隕石聲。又普庚切，音烹。義同。"（323 下）

《正字通·石部》："磅，普郎切，音滂。隕石聲。又磅礴，山名。《王子年拾遺記》：'扶桑東五萬里有磅礴山，上有桃樹，百圍。花青黑，萬歲一實。'又庚韻音烹。義同。或作硼。《集韻》小石落聲，誤。"（754 上）

按：《康熙字典·石部》："磅，《廣韻》《正韻》普郎切，《集韻》《韻會》鋪郎切，並音滂。石落聲。司馬相如《上林賦》：'砰磅訇磕。'"（847 上）《玉篇·石部》："硼，普耕切。擊石也。"（105 下左）《集韻》平聲庚韻披庚切："磅，擊石。或作硼。"（229）故"磅"訓"擊石也"，與"硼"音義並同，即爲異體字。《大字典》"磅"字下"擊石"這一義項未溝通其與"硼"字的字際關係，失考證。又《大字典》"磅"字下未收"磅礴，山名"這一義項，亦可據上文《正字通》所引《王子年拾遺記》加以補充。

29. 种

《字彙·禾部》："种，昌中切，音充。稚也。"（330 下）

《正字通·禾部》："种，昌中切，音充。稚也。"（770 下）

按：《康熙字典·禾部》："种，《廣韻》直弓切，《集韻》《韻會》《正韻》持中切，並音蟲。稚也。"（865 下）《名義·禾部》："种，直忠反。稚也。"（150 上）《玉篇·禾部》："种，直中切。稚也。"（74 上左）《玉篇校釋》"'稚也'者，《切韻》同。《廣韻》云：'或作沖。'《書·盤庚》:‘肆予沖人。’孔傳:‘沖，童也。’《金縢》:‘惟予沖人弗及知。’《史記·周公世家》‘沖人’作‘幼人’。《漢書·翟方進傳》:‘幼沖孺子。’集注:‘沖，稚也。’《説文》:‘沖，讀若動。’動、童聲義俱近。以稚也、季等字例之，沖童字當作此种。”(2937)胡氏所言當是。《新撰字鏡·禾部》:“种，沖同字。直隆反。稚也。”(445)此亦其證也。故“种”訓“稚也”，與“沖”音義並同，即爲異體字。

30. 穈

《字彙·禾部》:“穈，謨奔切，音門。與虋同。赤粱粟也。《詩·大雅》:‘維穈維芑。’”(334下)

《正字通·禾部》:“穈，同虋。《詩》作穈，《爾雅》贅作虋。”(779上)

按:《康熙字典·禾部》:“穈，《集韻》謨奔切，音門。赤苗嘉穀也。《詩·大雅》:‘維穈維芑。’《爾雅·釋草》作虋，注:‘赤粱粟。’又《玉篇》:‘粥也。’”(875下)《玉篇·禾部》:“穈，亡皮切。穈粥也。”(74下左)《玉篇校釋》“穈”字下注:“‘穈’本當作‘糜’，應出《字書》，爲‘糜’之異部重文。”(2960)胡氏所言是也。《説文·米部》:“糜，糝也。从米，麻聲。”(144上)段玉裁注:“以米和羹謂之糝，專用米粒爲之謂之糜糝，亦謂之鬻。”“糜”,《廣韻》音“靡爲切”。故“穈”訓“穈粥也”，與“糜”音義並同，此“穈”當即“糜”之異體字。

31. 箄

《字彙·竹部》:“箄，布眉切，音悲。取魚竹器。又補委切，音彼。義同。”(343下)

《正字通·竹部》:“箄，布非切，音悲。箄竹，一名包竹。又取魚竹器。又紙韻音彼。義同。”(798上)

按:《康熙字典·竹部》:“箄，《唐韻》《廣韻》并弭切，《集韻》《韻會》邊迷切，並音篦。小籠也。《類篇》:‘捕魚器。’”(903下)故宫本《王韻》平聲齊韻方奚反:“箄，冠飾。”(446)《廣韻》平聲齊韻邊兮切:

“箄，冠飾。”（49）此“箄”當即“篦”之異體字。《説文新附·竹部》：“篦，導也。今俗謂之篦。从竹， 聲。”（94 上）鄭珍新附考：“《衆經音義》凡四引《小學篇》：‘篦，㕙也。今眉篦、插頭篦皆作此。’《小學篇》，王義之撰，是漢後字。大徐以爲俗名，是也。”《玉篇·竹部》：“篦，方迷切。篦釵也。”（71 上左）《廣韻》平聲齊韻邊兮切：“篦，眉篦。”（49）“篦”即義指“古代理髮用具，婦女也用插在頭上作爲裝飾”。故“箄”訓“冠飾”，與“篦”音同義通，此“箄”當即“篦”之異體字。

32. 絭

《字彙·糸部》：“絭，吉券切，音絹。攘臂繩也。又曲也。別作弮，非。”（356 下）

《正字通·糸部》：“絭，涓願切，音絹。《説文》：‘攘臂繩也。’又曲也。別作弮。非。”（825 下）

按：《康熙字典·糸部》：“絭，《廣韻》去願切，《集韻》《韻會》區願切，並音券。《説文》：‘攘臂繩也。’《博雅》：‘絭謂之纕。’”（945 下）《詳校篇海》卷三《糸部》：“絭，區願切，音券。束腰繩。《集韻》：‘臂繩。’又驅圓切，音圈。弩卷也。又古縣名。又居倦切，音眷。並同弮。又居六切，音菊。亦臂繩。又曲也。”（162 上）《篇海類編》同。“絭”訓“曲也”，亦同“弮”。《廣韻》去聲線韻居倦切：“弮，曲也。卷，同上。”（318）《集韻》去聲線韻古倦切：“卷，曲也。”（575）故“絭”訓“曲也”，與“弮”“卷”音義並同，即爲異體字。

33. 緋

《字彙·糸部》：“緋，敷尾切，音斐。蜀錦名。揚子雲《蜀都賦》：‘紌繏緋縝。’”（360 上）

《正字通·糸部》：“緋，敷尾切，音斐。蜀錦名。”（833 下）

按：《康熙字典·糸部》：“緋，《集韻》府尾切，音匪。《類篇》匪或作緋。器似竹篋。又蜀錦名。揚雄《蜀都賦》：‘紌繏緋縝。’”（956 上）《詳校篇海》卷三《糸部》：“緋，府尾切，音斐。非也。《易》曰：‘緋寇婚媾。’《説文》曰：‘器如竹篋。’”（166 上）“緋”訓“非也”，亦同“匪”。《廣韻》上聲尾韻府尾切：“匪，非也。《易》曰：‘匪寇婚媾。’《説文》曰：‘器如竹篋。’今从竹爲匡、筐字。”（171）《集韻》上聲尾韻府尾切：“匪，《説文》：‘器似竹篋。’引《逸周書》：‘實玄黄于匪。’或作緋，通作篚、匪。一曰非也。”（326）故“緋”訓“非也”，與“匪”音義並同，亦爲異體字。今本《周易》作“匪寇婚媾”，此亦其證也。《大字典》“緋”字下“非”這一義項未溝通其與“匪”字的異體關係，失當。

34. 脉

《字彙·肉部》：“脉，滂丁切，音烹。腹脹也。”（380 上）

《正字通·肉部》：“脉，普耕切，音烹。腹脹也。本作脝，古借亨，義同。”（875 下）

按：《康熙字典·肉部》：“脉，《集韻》披冰切，音淜。腹脹貌。”（1011 上）《集韻》平聲蒸韻披冰切：“脉，腹脹皃。”（250）又《龍龕》卷四《肉部》：“膨脝，上音彭，下音亨。膨脝，脹皃也。”（408）敦煌本《王韻》平聲庚韻薄庚反：“膨，膨脝，脹皃。”下文許庚反又曰：“脝，膨脝。”（376）故宫本《王韻》、故宫本《裴韻》、《廣韻》同。故“脉”與“脝”儘管義同，然讀音區别甚明，二字不可混同，故《正字通》之説非是。又《集韻》平聲耕韻披耕切：“胓，腹脹。”（237）故“脉”與“膨”“胓”音近義同，當爲異體字。

35. 脞

《字彙·肉部》：“脞，部比切，皮上聲。脞脞，胃脘也。”（381 下）

《正字通·肉部》：“脞，俗膍字。膍或作肶。舊注脞脞，胃脘，誤。”（878 下）

按：《康熙字典·肉部》：“脞，《正韻》部比切，音陛。唐李甘齧疽刳脞以急親病。又脞脞，胃脘也。”（1014 下）《詳校篇海》卷五《肉部》：“脞，部比切，音陛。與髀同。又脞脞，胃脘也。”（385 下）《篇海類編》同。《正字通》所言當是。《説文·肉部》：“膍，牛百葉也。从肉，毘聲。一曰鳥膍胵。肶，膍或从比。”（83 下）《玉篇・肉部》：“膍，婢脂切。鳥膍胵。肶，同上。”（36 上右）故“胜”訓“胜胵，胃脘也”，與“膍”“肶”音近義同，即爲異體字。

36. 舭

《字彙・舟部》：“舭，他刀切，音叨。《博雅》：‘舭、舸，舟也。’”（391 上）

《正字通・舟部》：“舭，他刀切，音叨。《博雅》：‘舭、舸，舟也。’”（900 上）

按：《康熙字典・舟部》：“舭，《集韻》《韻會》並他刀切，音饕。《博雅》：‘舭、舸，舟也。’”（1047 上）《龍龕》卷一《舟部》：“舭舭，他彫反。撥也。二。”（131）此“舭”當即“挑”字之俗。慧琳《音義》卷七《大般若波羅蜜多經》卷第五百二十卷：“挑目，體遥反。《韻詮》云：‘挑，撥也。’《考聲》云：‘挑，抉。縈悦反。’《字書》云：‘從扌，兆聲也。’經中或有從木作桃，徒刀反，非也；或從刀亦作剕，亦通用。”（57，P516B5）下文卷十二《大寶積經》第二十八卷又曰：“挑却，上體彫反。《考聲》：‘挑，抉也。音恚悦反。’《韻詮》：‘挑，撥也；剔除也。’從手，兆聲也。”（57，P630B4）下文卷第七十三《三彌底部論》上卷又曰：“挑眼，上眺彫反。《蒼頡篇》：‘挑，抉也。’《韻詮》云：‘挑，撥也；剔除也’《説文》從手，兆聲。經作挑，時用字也。”（58，P934B11）故“舭”訓“撥也”，與“挑”音近義同，此“舭”當即“挑”字之俗。

37. 茷

《字彙・艸部》：“茷，芳未切，音費。草葉盛貌。”（398 下）

《正字通・艸部》：“茷，芳未切，音費。艸葉盛貌。”（920 上）

按：《集韻》入聲末韻蒲撥切：“茷，木枝葉盤紆皃。通作茇。”（693）故此“茷”當即“茇”之異體字。

38. 蟾

《字彙·虫部》："蟾，書容切，音春。蟾蟓，蜇螽也。"（429 下）

《正字通·虫部》："蟾，書中切，音春。俗呼蜇螽爲蟾蟓。本作春，俗加虫。"（1004 下）

按：《康熙字典·虫部》："蟾，《唐韻》《集韻》並書容切，音春。《博雅》：'蜙蝑，蟾黍也。'通作春。"（1140 下）《爾雅·釋蟲》："蜇螽，蜙蝑。"郭璞注："蜙蜙也，俗呼爲蟾蟓。"《名義·虫部》："蟾，尸庸反。蚣蝑。"（258 上）《玉篇·虫部》："蟾，式容切。蟾黍，蜙蝑。"（118 下左）《正字通》《康熙字典》所言當是。《玉篇校釋》"蟾"字下注："'蟾黍'本作'春黍'。《説文》蜙蝑，春黍也，以股鳴者。《釋蟲》：'蜇螽，蜙蝑。'郭注：'蜙蜙也，俗呼爲蟾蟓。'釋文作'春黍'。《方言》十一：'春黍謂之螢蝑。'郭注：'又名蚣螢，江東呼虴蛨。'《廣雅》：'蚣蝑，蠢蠢也。'字並从虫俗。曹憲直音爲春黍，是也。《詩》'斯螽'、'螽斯'，毛傳並云'蚣蝑'，正義引舍人《爾雅》注：'蚣蝑，今所謂春黍也。陸機詩疏：螽斯，幽州人謂之春箕，春箕即春黍，蝗類也。'"（5011）此説即印證了《正字通》之説。慧琳《音義》卷六〇《根本説一切有部毘奈耶律》第二十七卷："蝗螽，上音負，下音終。幽州謂春箕，齊魯謂之春黍，蜙蝑。陸機《毛詩［草木鳥獸］蟲魚疏》云：'青白色，長股，五六月能鳴，似蝗而小，多有異名，方言不同，文繁不録，蝗蟲之類，兩股或有班點者，俗語訛轉，名爲補鍾是也。'"（58，P674A9）此亦其證也。故"蟾蟓"本作"春黍"，"蟾"本當作"春"。

39. 褉

《字彙·衣部》："褉，胡計切，音係。帶也。"（440 上）

《正字通·衣部》："褉，同繫。《集韻》或作縘，俗改作褉。舊注音係，帶也，分爲二。"（1032 下）

按：《康熙字典·衣部》："褉，《唐韻》《集韻》並户佳切，音鞋。《博雅》：'袖也。'又胡計切，音系。《類篇》帶也。與褩同。"（1169 上）《集韻》去聲霽韻胡計切："褉，帶也。或作祶、**縩**。"（506）"**縩**"，别本亦有作"縩"者，"**縩**""縩"即爲異寫字，《正字通》轉録作"縘"，疑是。此"褉"當同"繫""係"。《儀禮·士喪禮》："著組繫。"鄭玄注："組繫爲可結也。"賈公彦疏："以四角有繫，於後結之，故有組繫也。"《韓非子·外儲説左下》："文王伐崇，至鳳黄虚，韤繫解，因自結。"上文中的"繫"即指"繫東西的帶子或繩子"。又《吕氏春秋·不苟》："武王至殷郊係墮。"《樂府詩集·相和歌辭·陌上桑》："青絲爲籠係。"漢枚乘《上書諫吴王》："係方絶，又重鎮之。"上文中的"係"皆義指"繫物的帶、繩"。"繫"，《廣韻》音"胡計切"；"係"，《集韻》亦音"胡計切"。故"褉"訓"帶也"，與"繫""係"音義並同，即爲異體字。

40. 軃

《字彙·身部》："軃，同躱。"（479 上）

《正字通·身部》："軃，嚲字之譌。舊注同躱，誤。"（1129 下）

按：《康熙字典·身部》："軃，《篇韻》音妥。廣厚也；垂下也。《正字通》：'嚲字之譌。'"（1297 下）《詳校篇海》卷四《身部》："軃，音朵。"（259 上）《字彙》所言當是。《張協狀元》第九齣："合命蹇時乖撞著它，冤家要軃如何軃？"宋慧明《五燈會元·臨濟玄禪師法嗣》："昨日赴箇村齋，中途遇一陣卒風暴雨，却向古廟裏軃避得過。"從文意來看，上文中的"軃"字皆同"躱（躲）"。又《字彙補·身部》："軃，又垂也。《元曲》：'釵軃玉横。'"（218 下）此"軃"當同"嚲"。《廣韻》上聲哿韻丁可切："嚲，垂下皃。"（206）故"軃"訓"垂也"，與"嚲"音義並同，此"軃"當即"嚲"之異體字。

41. 迡

《字彙·辵部》："迡，乃計切，音膩。近也。"（487 上）

《正字通·辵部》："迡，舊注音膩，近也，與《正韻》同。或誤云：'古遲字。'與遟溷。"（1148 下）

按：《康熙字典·辵部》："迡，《廣韻》奴計切，《集韻》《正韻》乃計切，並泥去聲。近也。”（1317上）《玉篇·辵部》：“迡，奴計切。近也。”（49下右）《廣韻》去聲霽韻奴計切：“迡，近也。”（273）《集韻》去聲霽韻乃計切：“迡，近也。”（506）此“迡”當同“昵（暱）”。《説文·日部》：“暱，日近也。从日，匿聲。《春秋傳》曰：‘私降暱燕。’昵，暱或从尼。”（135下）《廣韻》入聲質韻尼質切：“暱，近也。昵，上同。”（381）“迡”訓“近也”，與“昵（暱）”音義皆通，此“迡”疑即“昵（暱）”之異體字。

42. 鉚

《字彙·金部》：“鉚，力九切，音柳。美金。”（504下）

《正字通·金部》：“鉚，鉚字之訛。舊注力九切，音柳，美金，非。”（1195下）

按：《康熙字典·金部》：“鉚，《集韻》力九切，音柳。美金。”（1369下）《集韻》上聲有韻力九切：“鉚，美金。”（435）“鉚”當即“鉚”字之俗。《集韻》平聲尤韻力求切：“鏐鉚，《説文》：‘弩眉也。一曰黄金之美者。’或从丣。”（260）故“鉚”訓“美金”，與“鉚”音近義同，正如《集韻》（435）“栁”或作“柳”，“鉚”當即“鉚”之異體字，亦同“鏐”。

（三）有利於訂正已有訓釋

《字彙》《正字通》《直音篇》《詳校篇海》《篇海類編》《康熙字典》《字彙補》等歷代字書的義訓存在許多受訛文、脱文、衍文、倒文、誤植、誤截、妄補、妄改等因素影響而産生的義訓失誤的情況，這些釋義失誤的内容往往被現代大型字典《大字典》和《字海》未加考辨地加以轉録，因此降低了其編纂質量，也給人們對其正確使用造成障礙。同時，《大字典》和《字海》也存在一些受轉録失真、誤解釋義内涵、不明訓釋體例、誤解編纂體例等因素影響而致釋義失誤的現象。系統考釋與研究明清大型字書疑難字，可對《大字典》和《字海》這些釋義失誤的内容作出訂正，避免因承訛襲謬而貽誤讀者。

1. 厧

《字彙·厂部》:“厧，多言切，音顛。厧冢。又止也。亦作厴、巓。”（66上）

《正字通·厂部》:“厧，俗顛字。舊注厧冢，又止也。非。別作厴、巓，並俗書。”（122下）

按:《康熙字典·厂部》:“厧,《唐韻》都年切,《集韻》多年切，並音顛。《廣韻》:‘顛塜。’《集韻》:‘塜也。’本作厴，省作厧。《玉篇》:‘亦作顛。’”（103上）原本《玉篇·厂部》:“厧，都田反。《尔雅》:‘山厧，冢。’郭璞曰:‘謂山顛也。’野王案：此亦顛字也。《毛詩》‘首陽之顛’是也。在《真部》。木頂爲槙字，在《木部》也。”（507）《名義·厂部》:“厧，都田反。顛字。”（221下）《新撰字鏡·厂部》:“厧，都田反。山顛。”（585）《玉篇·厂部》“厧，丁田切。止也。亦作顛。”（104下左）《玉篇》訓“止也”，於前代字書皆無徵，疑非是。《方言》卷六:“顛，上也。”（41）《廣雅·釋詁一》:“顛，上也。”“厧”即“顛”之異體字,《玉篇》訓“厧”爲“止也”，當爲“上也”之誤。又故宫本《王韻》平聲先韻都賢反:“厧，冢也。”（453）《廣韻》平聲先韻都年切:“厧，厧冢。”（83）此注文之中的“厧”字當爲字頭誤重。此“冢”當義指“山頂”。《爾雅·釋山》:“山頂，冢。”《詩·小雅·十月之交》:“百川沸騰，山冢崒崩。”毛傳:“山毛傳:“山頂曰冢。”此是其證也。原本《玉篇》引《爾雅》作“山厧，冢”，今本《爾雅》作“山頂，冢”，故“山厧”義同“山頂”，此“冢”即義指“山頂”。此亦其證也。此“厧”亦當同“顛”。《玉篇·頁部》:“顛，都堅切。頂也，山頂爲之顛。”（19上左）故“厧”訓“冢也”，與“顛”音義並同，即爲異體字。又《集韻》平聲先韻多年切:“厴厧，塜也。或省。”（160）《集韻》改訓“塜也”，非是。“塜”本指“墳墓”。《玉篇·土部》:“塜，知隴切。塜（當爲字頭誤重）墓也。正作冢。”（9上右）此是其證也。故《集韻》訓“塜也”，當爲“冢也”之誤。《龍龕》卷二《厂部》:“厧，都年反。塜也。”（302）《龍龕》訓“塜也”，亦當爲“冢也”之誤。《新修玉篇》卷二十二《厂部》引《玉篇》:“厧，丁田切。止也。亦作巔。”（182 下左）下文引《奚韻》又曰：“厧，丁堅切。塚也。”（183 上右）《新修玉篇》上文轉録《玉篇》“止也”之訓而未作校正，失考證；而下文轉録《奚韻》“塚也”之訓而未作校正，亦失考證。《篇海》卷十三《厂部》引《玉篇》：“厧，丁田切。止也。亦作巔。”（792 下）《篇海》轉録《玉篇》“止也”之訓而未作校正，亦失考證。《直音篇》卷六《厂部》：“厧，音顛。止也。厬，同上。”（235 下）《直音篇》訓“止也”，亦因承前而誤。《詳校篇海》卷五《厂部》：“厧，多言切，音顛。厧塚。又止也。亦作厬、巔。”（324 上）《詳校篇海》《篇海類編》《字彙》《正字通》亦收“止也”這一義項，亦皆因承前而誤。《康熙字典》轉録《廣韻》“厧塚”作“顛塚”，轉録失真；又《康熙字典》轉録《集韻》“塚也”之訓而未作校正，亦失考證。《大字典》收録“厧”字，第一義項據《集韻》謂同“厬”，訓“塚”；第二義項據《玉篇》謂同“顛”，訓“止”。據上文可知，《集韻》訓“塚也”，當爲“冡也”之誤，而《玉篇》訓“止也”，當爲“上也”之誤，故《大字典》應於“厧”字下直謂同“顛”，其下再分爲兩個義項：第一義項謂同“厬”，訓“山頂”；第二義項訓“上”。《字海》亦收“厧”字，亦分爲兩個義項：第一義項謂同“厬”；第二義項謂同“顛”，亦失妥當。《字海》亦應據上文於“厧”字下徑謂同“顛”，然後後再分爲兩個義項：第一義項謂同“厬”，訓“山頂”；第二義項訓“上”。

2. 㛹

《字彙・口部》：“㛹，房連切，音駢。巧言。古惟便字，俗加口。”（79 上）

《正字通・口部》：“㛹，舊注音駢，巧言。按：古即借便，俗加口。”（158 下）

按：《康熙字典・口部》：“㛹，《集韻》毗連切，音楩。巧言也。亦作辯。通作便。”（141 下）《集韻》平聲僊韻毗連切：“㛹，巧言也。亦作辯。通作便。”（168）《新修玉篇》卷五《口部》引《餘文》：“㛹，房連切。巧言也。《餘文》符蹇切，亡，非是。”（47 上右）《篇海》卷二《口部》

引"俗字背篇":"㛹,房連切。巧言也。又符蹇切。"(598上)"㛹"字,《新修玉篇》與《篇海》引書不同,當以《新修玉篇》爲是。故"㛹"同"辯",本作"便"。《大字典》收録"㛹"字,第二義項據《篇海》訓"行走困難",據《篇海》引"俗字背篇"作"行蹇也",然據上文所引《篇海》可知,《篇海》本作"又符蹇切"。故《大字典》"㛹"字下第二義項即因轉録失真而妄增,應删。

3. 埄

《字彙·土部》:"埄,蒲蠓切,蓬上聲。埄塕,塵起;壤也。"(90上)

《正字通·土部》:"埄,邊孔切,蓬上聲。埄塕,塵起貌。"(192下)

按:《康熙字典·土部》:"埄,《字彙》蒲蠓切。同埲。塵起貌。"(175上)《新修玉篇》卷二《土部》引《川篇》:"埄,音峰。壤土。"(14上右)《篇海》卷四《土部》引《川篇》:"埄,音峰。壞也。"(635上)"埄"字,《新修玉篇》與《篇海》義訓不同,當以《新修玉篇》爲是。《直音篇》卷一《土部》:"埄,音峰。壤也。"(12下)《詳校篇海》卷二《土部》:"埄,方中切,音峰。壤也。又蒲蠓切,讀如蓬。埄塕,塵起。"(93下)《篇海類編》同。以上諸書皆其證也。故《篇海》訓"壞也",當即"壤也"之誤。《大字典》"埄"字下第(二)義項中第❶義項承襲《篇海》之誤而訓"壞",又據《篇海類編》謂"一説爲壤",非是。《大字典》此義項應據《新修玉篇》《篇海類編》訓爲"壤",方妥。

4. 墁

《字彙·土部》:"墁,謨官切,音瞞。土覆也。"(93上)

《正字通·土部》:"墁,俗字。舊注音瞞,土覆也,泥。"(202上)

按:《康熙字典·土部》:"墁,《廣韻》母官切,《集韻》謨官切,並音瞞。土覆也。一曰鐵杇。亦作墁。"(183下)《集韻》平聲桓韻謨官切:"墁,土覆。或作墁。"(149)故"墁"訓"土覆",當即"墁"之異體字。又《類篇·土部》:"墁,謨官切。土覆。或作墁。又曰鐵杇也。"(501

下）《類篇》謂“又曰鐵朽也”，“朽”當爲“杇”字之誤，此訓本爲“墁”字之訓，而非“墒”字之訓。《集韻》平聲桓韻謨官切：“鏝槾墁，《説文》：‘鐵杇也。’或从木、从土。”（149）此是其證也。故《類篇》因“墁”與“墒”在“土覆”這一義項上互爲異體字，進而誤植“墁”字其他義項於“墒”字之上，且又誤録作“鐵朽也”，遂致此誤。《大字典》“墒”字下據《類篇》之誤而收録“鐵朽”這一義項，非是。

5. 娴

《字彙・女部》：“娴，普故切，音怖。美女。”（103 上）

《正字通・女部》：“娴，譌字。舊注音布，美色，泥。”（233 上）

按：《康熙字典・女部》：“娴，《集韻》普故切，音怖。美女也。”（208 上）《玉篇・女部》：“娴，普布切。美女也。”（18 上右）《集韻》去聲暮韻普故切：“娴，美女。”（498）故“娴”當訓“美女”。《字彙》亦本訓“美女”，《正字通》卻謂《字彙》訓“美色”泥，此當爲轉録失真所致。《大字典》“娴”字下轉引《正字通》卻曰：《正字通・女部》：“娴，美色。”然據上文《正字通》之文，可知《正字通》僅謂《字彙》訓“美色”泥，並非《正字通》訓“美色”，此即《大字典》誤截《正字通》義訓所致的訓釋失誤。故《大字典》據誤截之訓而於“娴”字下收録“美色”這一義項，應删。

6. 宥

《字彙・宀部》：“宥，爰救切，音又。《説文》：‘寬也。’”（115 下）

《正字通・宀部》：“宥，云救切，音又。《説文》：‘寬也。’”（267 下）

按：《康熙字典・宀部》：“宥，《唐韻》于救切，《集韻》《韻會》尤救切，並音又。《説文》：‘寬也。’”（237 上）《説文・宀部》：“宥，寬也。从宀，有聲。”（148 上）《玉篇・宀部》：“宥，禹究切。寬也。”（54 下右）《集韻》去聲宥韻尤救切：“宥，《説文》：‘寬也。’”（611）《類篇・宀部》：“宥，尤救切。《説文》：‘寬也。’”（253 上）故“宥”即訓“寬也”。《大字典》收録“宥”字，據《類篇》收録“空”這一義項，然據上文可知，

《類篇》本引《説文》訓“寬也”，故《大字典》“宥”字下此義項應删。

7. 㝓

《字彙·宀部》:“㝓，鋤駕切，音乍。寬也。”（116上）

《正字通·宀部》:“㝓，訛字。六書無㝓，注音乍，寬也，誤。”（269上）

按:《康熙字典·宀部》:“㝓,《集韻》助駕切，音乍。寬也。一曰實也。”（238上）《集韻》去聲禡韻助駕切:“㝓，寬也。”（594）《新修玉篇》卷十一《宀部》引《餘文》:“㝓，鋤駕切。寬也。”（99上右）《篇海》同。故“㝓”即訓“寬也”。《類篇·宀部》:“㝓，助駕切。實也。”（252下）“㝓”字,《集韻》與《類篇》義訓不同，當以《集韻》爲是，因爲《類篇》即以《集韻》爲基礎編纂而成的。《類篇》訓“實也”，當爲“寬也”之誤。《康熙字典》一曰“實也”，當因承襲《類篇》之謬而誤。《大字典》《字海》俱收“㝓”字，皆據《類篇》之誤而收録“實”這一義項，疑並非是。

8. 寫

《字彙·宀部》:“寫，先野切，些上聲。傾也；除也；盡也；舒也；輸也。又謄抄。又摹畫。”（118下）

《正字通·宀部》:“寫，先野切，些上聲。傾也；盡也；輸也。《詩·邶風》:‘以寫我憂。’”（275上）

按:《康熙字典·宀部》:“寫,《唐韻》悉也切,《集韻》《韻會》洗野切,《正韻》先野切，並音瀉。《説文》:‘置物也。’《廣韻》:‘除也；程也。’《增韻》:‘傾也；盡也；輸也。’”（245上）《玉篇·宀部》:“寫，思也切。盡也；除也；置物也。”（54下右）據《玉篇》可知，“思也”即“寫”之反切用字。《大字典》“寫”字下第十四義項轉録《玉篇》卻作“寫，思也”，並據此收録“思”這一義項，非是。《大字典》誤將《玉篇》反切用字作爲釋義，遂致此誤，故《大字典》“寫”字下“思”這一義項應删。

9. 峒

《字彙・山部》:“峒，徒紅切，音同。崆峒，山名，當北斗下山也。《爾雅》作空桐，北戴斗極爲空桐。一曰在梁國虞城東三十里。《漢書》作空同。武帝踰隴登空同。”（126 下）

《正字通・山部》:“峒，峒，徒紅切，音同。崆峒，山名。亦作空桐。《爾雅》:‘北戴斗極爲空桐……空桐之人武。’注:‘戴，猶值也。’《莊子》《漢書》作‘空同’。武帝踰隴登空同。杜甫送高適詩:‘崆峒小麥熟，且願休王師。’”（294 下）

按:《康熙字典・山部》:“峒，《廣韻》《正韻》徒紅切，《集韻》《韻會》徒東切，並音同。崆峒，山名。本作空桐。《爾雅・釋地》:‘北戴斗極爲空桐。’注:‘戴，猶值也。’一作空同。《莊子》司馬彪注:‘空同，當北斗下山也。’《前漢・武帝紀》:‘踰隴登空同。’今作崆峒。《唐書・地理志》:‘崆峒，在岷州溢洛縣。’《史記注》:‘在隴右。’”（265 下）《玉篇・山部》:“峒，達貢切，又徒董切。[崆峒]，山。”（103 上左）《玉篇》訓“山”，“山”字前當誤脱被訓聯連綿“崆峒”二字，故今於“山”字前補“崆峒”二字。《玉篇校釋》“崆”字下注:“《切韻》東韻云:‘崆峒，山名，在上郡。’送韻云:‘硐深。’《集韻》又收上董云:‘山穴。’本書元刊云:‘山名。’《爾雅・釋地》:‘北戴斗極爲空桐。’慧琳九七・十引作‘空峒’。又云:‘《古今正字》從山，同聲。’《淮南・氾論》作‘空同’。《莊子・在宥篇》司馬彪注:‘空同，當北斗下山也。’《史記・黄帝紀》集解引韋昭曰:‘在隴右。’正義引《括地志》云:‘笄頭山，一名崆峒山。’並疊韻爲名。”（4200）胡氏所言是也。上文所引《字彙》《正字通》皆其證也。故《玉篇》訓“山”，當爲“崆峒，山”之誤脱，“崆峒”亦作“空桐”“空同”。據文獻記載可知，“崆峒”有四處：一在甘肅。《山海經・海内東經》:“温水出崆峒山，在臨汾南。”郝懿行《箋疏》:“崆峒山在原州平陽縣西百里。”《新唐書・地理志一》:“原州平涼郡有崆峒山。”《括地志・右酒泉》:“原州平高縣西百里亦有崆峒山。”一在河南。《莊子・在宥》:“（黄帝）聞廣成子在於空同之上，故往見之。”一在四川。清顧祖禹《讀史方輿紀要·四川八·龍安府》:“崆峒山，在府西北十里，山谷深險。”一在江西。清顧祖禹《讀史方輿紀要·江西六·贛州府》:“崆峒山，府南六十里，一名空山。”《大字典》收録“峒”字，第（一）義項“崆峒”下第4義項訓“山名”，並謂也作“空同”“空桐”，並據上述文獻收列了其所指的四處地名；第（二）義項下第❸義項又據《玉篇》收録“山”這一義項,《大字典》這樣處理是失當的。《大字典》應删去“峒”字第（二）義項下第❸義項“山”這一義項，或者校《玉篇》“峒”之“山”這一訓釋爲“崆峒山”，並將《玉篇》此條訓釋移至第（一）義項“崆峒”下第4義項之内作爲書證，方妥。

10. 崣

《字彙·山部》:“崣，吐猥切，音腿。崣崔，山高貌。又他果切，音妥。山長貌。”（127下）

《正字通·山部》:“崣，吐委切，音腿。崣崔，山高貌。見《甘泉賦》。《集韻》:‘墮，或作崣。’讀若妥。”（296上）

按:《康熙字典·山部》:“崣,《廣韻》《集韻》並吐猥切，音腿。崣崔，山高貌。揚雄《甘泉賦》:‘崣嶵隗乎其相嬰。’注:‘崣嶵，山高貌，言宫殿之形制相似也。’又《廣韻》他果切,《集韻》吐火切，並音妥。山長貌。《集韻》或作墮、隓。”（267下）原本《玉篇·山部》:“崣，他罪反。《字書》:‘[山]長皃也。’”（465）《玉篇·山部》:“崣，他罪切。山長也。”（102下左）故宫本《王韻》上聲賄韻吐猥反:“崣，山長皃。”（477）故宫本《裴韻》上聲賄韻吐猥反:“崣，山長皃。”（577）“崣”當即“崣”字之俗。《文選·甘泉賦》:“駢交錯而曼衍兮，崣嶵隗乎其相嬰。”李善注:“《埤蒼》曰:‘崣，山長貌；嶵隗，高貌；嬰，繞也。’衍，弋戰切；崣，他賄切；嶵，音皋；隗，五賄切。”（113下）故“崣”即音“他罪切”，訓“山長皃”。又《廣韻》上聲賄韻吐猥切:“崣，崣崔，山高皃。”（184）下文上聲果韻他果切:“崣，山長皃。”（208）據上文諸字韻書及《文選》李善注可知,《廣韻》於上聲訓“崣”爲“崣崔，山高皃”,“崣崔”當爲《文選》“崣嶵”之誤截，因“崔”“辠”“嶵”字同，又改“崣嶉”爲“崣嶊”，然據李善注可知，“嶉”與“隗”組成聯連綿訓“高貌”，而非與“崣”組成聯連綿訓“高貌”，故《廣韻》應校作：“崣，山長皃。”下文上聲果韻他果切又收録“崣”字，訓“山長皃”，據上文可知，“崣”本音“吐猥切”，此音“他果切”當爲後人妄補，故《廣韻》此處可刪。又《集韻》上聲賄韻吐猥切：“崣，崣嶊，山高皃。”（348）此即因承襲《廣韻》之謬而誤。《集韻》下文上聲果韻吐火切又曰：“崣，山長皃。或作嶞、隓。”（407）據上文可知，“崣”本音“吐猥切”，而音“他果切”當爲後人妄補，《集韻》此處音“吐火切”，當爲《廣韻》所誤。《説文·山部》：“隓，山之墮墮者。从山，从憜省聲。讀若相推落之憜。”（188下）段玉裁改“墮墮”爲“隓隓”，並注云：“隓隓，狹長之皃。”（188下）下文又曰：“嶞，山皃。从山，陊聲。”（189上）“隓”，《廣韻》音“徒果切”；“嶞”，《廣韻》音“他果切”。故“崣”與“嶞”“隓”義通音别，不可混同，《集韻》謂“崣”或作“嶞”“隓”，疑不可據。《大字典》收録“崣”字，第（一）義項據《廣韻》音 tuǒ，據《玉篇》及《文選》李善注訓“山長貌”；第（二）義項據《廣韻》音 tuǐ，據《廣韻》訓“〔崣嶊〕山高貌”。《大字典》這樣處理是失當的，此當因承襲《廣韻》之謬而誤。《大字典》應删去第（二）義項，第一義項據《廣韻》之“吐猥切”改讀 tuǐ，據《玉篇》及《文選》李善注訓“山長貌”，方妥。《字海》亦收“崣”字，音 tuǒ，謂同“隓”，當因承襲《集韻》之謬而誤。《字海》應改音 tuǐ，並删去“同‘隓’”之説。

11. 摧

《字彙·山部》：“摧，七罪切，崔上聲。摧嶉，山林叢（崇）積之貌。揚雄《甘泉賦》：‘大厦雲譎波詭，摧嶉而成觀。’”（130下）

《正字通·山部》：“摧，舊注音崔上聲。摧嶉，山林叢（崇）積貌。引揚雄《甘泉賦》：‘大厦雲譎波詭，摧嶉而成觀。’”（302上）

按：《康熙字典·山部》：“摧，《廣韻》子罪切，《集韻》徂猥切，並崔上聲。摧嶉，山貌。司馬相如《上林賦》：‘摧崣崛崎。’又揚雄《甘泉賦》：‘雲譎波詭，摧嶉而成觀。’注：‘謂山林叢集也。’”（275下）原本《玉篇·山部》:“𡾊，子罪反。《甘泉賦》:‘[大厦雲譎]波詭，[𡾊𡾰]而成觀。’《漢書音義》曰：‘山林之崇積之也。’”(473)《玉篇·山部》:“𡾊，子罪切。山林崇積之皃。”(103上右)《玉篇校釋》“𡾊”字下注：“《漢書·揚雄傳》:‘於是大夏雲譎波詭，𡾊𡾰而成觀。’孟康曰：‘言夏屋變幻迺爲雲氣水波相譎詭也。𡾊𡾰，林木之崇積皃也。’此節引之……《切韻》:‘𡾊𡾰，山林崇積皃。’亦本孟説。”(4190)胡氏所言是也。《文選·甘泉賦》:“於是大厦雲譎波詭，𡾊𡾰而成觀。”李善注：“孟康曰：‘言夏屋變幻，迺爲雲氣水波相譎詭也。𡾊𡾰，林木崇積皃也。’善曰：‘言大厦之高，而成觀闕也。’”(112)此亦其證也。故《玉篇》訓“𡾊”爲“山林崇積之皃”，“山林”前當誤脱被訓聯連綿“𡾊𡾰”二字，應據補。《大字典》收録“𡾊”字，其下分爲兩個義項：第❶義項據《漢書·揚雄傳》王先謙補注而訓：〔𡾊𡾰〕也作“崔巍”。崇高貌。第❷義項據《玉篇》而訓：山林崇積貌。據上文可知，《玉篇》訓“山林崇積之皃”，“山林”前當誤脱被訓聯連綿“𡾊𡾰”二字，“山林崇積貌”與“崇高貌”訓異義同，皆指“高貌”，故《大字典》應將“𡾊”字下兩個義項合並爲一個義項，訓〔𡾊𡾰〕也作“崔巍”。崇高貌。同時，校補《玉篇》“𡾊”字下義訓爲“𡾊𡾰，山林崇積之皃”，然後將其置於《漢書·揚雄傳》這一例證之前作爲書證，方妥。

12. 嶕

《字彙》:“嶕，兹消切，音焦。嶕嶢，山高貌。”(130下)

《正字通·山部》:“嶕，兹消切，音焦。嶕嶢，山高貌。揚雄《解嘲》亦作蕉。又山顛曰山嶕，借用椒。”(302下)

按:《康熙字典·山部》:“嶕，《廣韻》昨焦切，《集韻》慈消切，並音樵。嶕嶢，山高貌。班固《東都賦》:‘別風嶕嶢。’注：‘別風，闕名。嶕嶢，高也。’左思《吴都賦》:‘陵絶嶚嶕。’又《集韻》兹消切，音焦。山名。又《廣韻》山巔曰嶕。亦借用椒。謝莊《月賦》:‘菊散芳於山椒。’注：‘山頂也。’”(276上)《廣雅·釋詁四》:“嶕嶢，高也。”《玉篇·山部》:“嶕，昨焦切。嶕嶢，山高。”(103上左)故此“嶕嶢”即指“山高貌”。“嶕嶢”又指“山名”。箋注本《切韻》（斯 2071）平聲宵韻昨焦反：“嶕，嶕嶢山。”（119）故宫本《王韻》平聲宵韻昨焦反：“嶕，嶕嶢。”《廣韻》同。故此“嶕嶢”即指“山名”。清顧祖禹《讀史方輿紀要・山西五・澤州》：“嶕嶢山，（陽城）縣東三十里。”此亦其證。《集韻》平聲宵韻玆消切：“嶕，山名。”（178）《集韻》訓“嶕”爲“山名”，“山名”前當誤脱被訓聯綿“嶕嶢”二字，應據補。《大字典》收録“嶕”字，第❶義項訓“嶕嶢”，其下又分爲兩個義項：1.“高貌”。也作“嶕嶤”“嶤嶕”。2.山名。第❷義項據《集韻》訓“山名”。《大字典》這樣處理即因承訛襲謬而誤，應校補《集韻》義訓爲“嶕，嶕嶢，山名”，並將《集韻》此條義項置於第❶義項下面第2義項顧祖禹《讀史方輿紀要・山西五・澤州》的例證之前作爲書證，即妥。

13. 廢

《字彙・广部》：“廢，芳未切，音費。弛也；隳壞也；不舉也；替也；圮也；放也。又方伐切，音髮。止也；絶也。《漢・郊祀歌》：‘續秀不廢。’”（144上）

《正字通・广部》：“廢，芳未切，音費。替也。”（333下）

按：《康熙字典・广部》：“廢，《唐韻》方肺切，《集韻》《韻會》放吠切，並音廢。《説文》：‘屋頓也。’《爾雅・釋詁》：‘止也。’注：‘止住也。’”（312下）《説文・广部》：“廢，屋頓也。从广，發聲。”（191上）原本《玉篇・广部》：“廢，甫吠反。《周禮・八則》：‘三曰廢置以馭其吏。’鄭玄曰：‘廢猶退也。’《毛詩》：‘廢撤不遲。’傳曰：‘廢，去。’《公羊傳》：‘廢其無聲者。’何休曰：‘廢，置也者。置不去，齊人語也。’《禮記》：‘教之所由廢。’鄭玄曰：‘廢，滅也。’又曰：‘君子遵道而行，半陰而廢而不能也。’鄭玄曰：‘廢猶罷止也。’《爾雅》：‘廢，舍也。’郭璞：‘舍，放置也。’又曰：‘廢，大也。’野王案：《毛詩》‘廢爲殘賊’是也。《説文》：‘屋頓也。’固疾爲癈字，在《疒部》也。”（491）《名義・广部》：“廢，甫吠反。退也；去也；置也；滅也；止也；舍也；大也。”（220上）《玉篇・广部》：“癈，方吠切。退也；滅也；止也；放置也；大屋頓也。”（104 上左）《篇海》卷三《广部》引《玉篇》亦曰：“廢，方吠切。退也；滅也；止也；放置也；大屋頓也。”（619 上）《詳校篇海》卷一《广部》：“廢，方肺切，音費。退也；放置也；大屋頓也；弛也；隳壞也；捨也。又方伐切，音發。亦止也；絶也。《漢・郊祀歌》：‘續秀不廢。’”（71 上）《篇海類編》同。以上諸書皆未見有訓“廢”爲“替也”，故此訓始於《字彙》。《爾雅・釋詁下》：“廢，止也。”郭璞注：“替、廢，皆止住也。”故“替”“廢”義同，皆指“停止”“中止”，《字彙》訓“廢”爲“替也”，當源自《爾雅》郭璞此注。《大字典》收録“廢”字，上文據《爾雅・釋詁下》“廢，止也”之訓而收録“停止；中止”這一義項，下文又據《字彙》“廢，替也”之訓而收録“替”這一義項，《大字典》這樣處理是失當的。據上文可知，“替”“廢”義同，皆指“停止”“中止”，故《大字典》應將以上兩個義項合並爲一個義項，方是。

14. 廫

《字彙・广部》：“廫，落簫切，音寥。空虚也。又廫霩，開朗貌。俗作寥廓。”（144 下）

《正字通・广部》：“廫，連喬切，音寥。《説文》：‘空虚也。’又廫霩，開朗貌。舊注俗作寥廓。”（334 下）

按：《康熙字典・广部》：“廫，《唐韻》洛蕭切，《集韻》憐蕭切，並音聊。《説文》：‘空虚也。’又《集韻》力交切，音髎。室中虚貌。又《玉篇》一作廖。韓愈《華山女詩》：‘座下廖落如明星。’《集韻》：‘或作寥、㢣。’”（313 下）《説文・广部》：“廫，空虚也。从广，膠聲。”（191 上）原本《玉篇・广部》：“廫，力彫反。《説文》：‘空虚也。’野王案：亦寥字也。在《宀部》。廖，亦廫字也。”（494）《集韻》平聲蕭韻憐蕭切：“廫，《説文》：‘空虚也。’或作寥、㢣。”（175）故“廫”當訓“空虚也”，同“寥”“㢣”“廖”。又《集韻》平聲爻韻力交切：“廫，室中虚皃。”（189）《集韻》又訓“室中虚皃”，於前代字韻書皆無徵，當爲“空虚皃”之訛誤。《大字典》《字海》“廫”字下分别據《集韻》之誤而收録“室内空虚貌”“室内空虚的樣子”這一義項，疑並非是。又《直音篇》卷六《广部》:“廫，寥同。空；寂。廖，同上。”（234 上）“廫”訓“寂”，當因“廫”“寥”字同，而“寥”又訓“寂也”所致。《玉篇・宀部》:“寥，力雕切。空也；寂也；廓也。”（54 下右）此即其證也。《詳校篇海》卷一《广部》:“廫，落蕭切，音寥。室中虚貌。又寂也；静也。又廓也。”（71 下）《篇海類編》同。“寂也”“静也”訓異義同，故《詳校篇海》《篇海類編》訓“廫”爲“室中虚貌”，當因承襲《集韻》之謬而誤；又其訓“廫”爲“寂也；静也”“廓也”，則因“廫”“寥”字同，而“寥”又訓“寂也；廓也”所致。《大字典》《字海》“廫”字下分别據《篇海類編》而收録“寂；静”“寂静”這一義項，據上文可知，此義之“廫”亦當同“寥”，《大字典》《字海》亦應加以認同。

15. 戭

《字彙・戈部》:“戭，以忍切，音引。長鎗。又以淺切，音衍。人名。檮（擣）戭，高陽氏才子也。”（170 上）

《正字通・戈部》:“戭，以忍切，音引。《説文》:‘長槍也。’又以淺切，音衍。人名，八元之一。《春秋傳》:‘檮（擣）戭，高陽氏才子。’”（392 上）

按:《康熙字典・戈部》:“戭，《唐韻》余忍切，《集韻》《韻會》以忍切，並音引。《説文》:‘長槍也。’”（380 上）《集韻》上聲軫韻以忍切:“戭，長戈。”（356）《集韻》訓“戭”爲“長戈”，疑非是。《説文・戈部》:“戭，長槍也。从戈，寅聲。《春秋傳》有擣戭。”（267 上）《名義・戈部》:“戭，余忍反。長（瘡）［槍］也。”（168 上）《新撰字鏡・戈部》:“戭，餘忍反。長（倉）［槍］也。”（601）《龍龕》卷一《戈部》:“戭，音演。長槍。又擣戭，八元名。”（173）《玉篇・戈部》:“戭，余忍、余淺二切。長槍也。”（81 下右）敦煌本《王韻》上聲軫韻余軫反:“戭，長（瘡）［槍］。亦作戭。”（390）故宫本《王韻》、故宫本《裴韻》同。《廣韻》上聲軫韻余忍切:“戭，長槍也。又弋淺切。”（187）《廣韻》上聲獮韻以淺切:“戭，長槍。又檮（擣）戭，八元名。”（196）以上諸字韻書皆訓“長槍也”，《集韻》卻改訓“長戈”，當爲望形生訓，不可爲據。《大字典》

“戭”字下據《集韻》之誤而收録“長戈”這一義項，亦非。《集韻》上聲有韻以九切又曰：“戭，長盾。”（432）“戭”，《集韻》又音“以九切”，訓“長盾”，形音、形義皆不諧，此音義疑亦非是。《大字典》“戭”字下據《集韻》之説收録“長盾”這一義項，疑亦非是。

16. 杓

《字彙·木部》：“杓，裳若切，音勺。杯杓；又挹抒之器。又卑遥切，音標。北斗之柄第一星。《天文志》：‘一至四爲魁，五至七爲杓。’”（207下）

《正字通·木部》：“杓，職略切，音勺。杯杓。《史·項羽傳》：‘沛公不勝桮杓。’通作勺。《息夫躬傳》：‘行于桮勺。’師古注：‘杓，所以抒挹。’又蕭韻音標。北斗之柄第一星。《天文志》：‘一至四爲魁，五至七爲杓。’”（484下）

按：《康熙字典·木部》：“杓，《唐韻》《正韻》甫遥切，《集韻》《韻會》卑遥切，並音標。《説文》：‘斗柄也。’……又《集韻》皮招切，音漂。亦斗柄也。又《説文》《唐韻》《集韻》市若切，《韻會》是若切，並音勺。徐鉉曰：‘以爲桮杓之杓，所以抒挹也。’”（486上）《龍龕》卷四《木部》：“杓，漂、標二音。北斗柄星也。又市若反。枰杓。”（374）下文又曰：“杓，市若反。木杓也。”（386）《龍龕》訓“枰杓”，疑非是。慧琳《音義》卷四二《瑜伽護摩經》一卷：“斟一杓，上章林反。《説文》云：‘斟，酌也。從斗，甚聲。’下常弱反。《文字典説》云：‘有柄木器也。’《考聲》云：‘今之杯杓也。’《説文》作勺，今承從木作杓，時用字。”（58P238B2）故宫本《裴韻》入聲藥韻市若反：“杓，杯杓。”（607）《唐韻》《廣韻》同。《龍龕》訓“枰杓”，於歷代字韻書皆無徵，當爲“杯杓”之誤，“杯杓”同“桮杓”，此“杓”本當作“勺”。《大字典》“杓”字下據《龍龕》之誤而收録“枰杓”這一義項，亦非。

17. 柰

《字彙·木部》：“柰，乃帶切，音耐。果名，有青、赤、白三種。”

（211 上）

《正字通・木部》:“柰，尼帶切，音耐。柰似林檎而大，有白、青、赤、三色。白者素柰，赤者丹柰，青者緑柰，皆夏熟……又姓。明宣德進士柰亨。”（496 上）

按:“柰”無“姓”這一義項,《正字通》“柰”字下據“明宣德進士柰亨”而收録“姓”這一義項，然查明宣德進士無“柰亨”之名，而有“李亨”之名，爲明宣德八年（即公元 1433 年）第三甲賜同進士，故“柰亨”當爲“李亨”之誤。《大字典》《字海》“柰”字下皆據《正字通》之誤而收録“姓”這一義項，並非。

18. 梋

《字彙・木部》:“梋，圭淵切，音涓。盂屬。又呼淵切，音喧。椀謂之梋。”（213 下）

《正字通・木部》:“梋，圭淵切，音涓。椀屬。《廣雅》:‘梋，盂也。’”（506 上）

按:《康熙字典・木部》:“梋,《廣韻》火圓切，音鋗。椀謂之梋，盂屬。又《玉篇》詞緣切，音旋。《博雅》:‘圓也；又（棄）[盂]也。’”（505 上）元刊本《玉篇・木部》:“梋，古玄切。盂屬。詞玄切。木名。”元刊本《玉篇》訓“木名”，疑非是。《廣雅・釋器》:“梋，盂也。”《廣雅・釋詁三》又曰:“梋，圖也。”《名義・木部》:“梋，古玄反。棬也。”（121 上）《龍龕》卷四《木部》:“梋，火玄反。椀屬也。《玉篇》:‘音古玄反。椀謂之梋。’”（378）《玉篇・木部》:“梋，古玄切。椀謂之梋，盂屬也。又辭玄切。”（61 上左）元刊本《玉篇》訓“木名”，於前代辭書皆無徵，疑非是。《大字典》《字海》“梋”字下分別據元刊本《玉篇》之誤而收録“木名”“一種樹”這一義項，疑並非是。

19. 椄

《字彙・木部》:“椄，即涉切，音接。續木。”（216 下）

《正字通・木部》:“椄，即涉切，音接。《説文》:‘續木也。’與接

通。”（514 下）

按：《康熙字典·木部》：“椄，《唐韻》即葉切，《集韻》《韻會》《正韻》即涉切，並音接。《説文》：‘續木也。’”（512 下）《集韻》入聲葉韻七接切：“椄，木名。”（776）《集韻》訓“木名”，疑非是。《説文·木部》：“椄，續木也。从木，妾聲。”（119 上）《龍龕》卷四《木部》：“椄，即葉反。栽椄，續木也。”（385）《玉篇·木部》：“椄，子捷切。《説文》曰：‘續木也。’”（63 下左）箋注本《切韻》（斯 2071）入聲葉韻紫葉反：“椄，續木。”（147）敦煌本《王韻》、故宫本《王韻》、故宫本《裴韻》、《廣韻》同。《集韻》訓“木名”，於前代字韻書、文獻皆無徵，此訓疑不可據。《大字典》“椄”字下據《集韻》之説而收録“木名”這一義項，疑亦非是。

20. 梒

《字彙·木部》：“梒，胡南切，音含。匱也。”（216 下）

《正字通·木部》：“梒，俗椷字。”（515 上）

按：《康熙字典·木部》：“梒，《正字通》：‘同椷。’亦作楲。”（513 上）《集韻》平聲咸韻胡讒切：“函，匱也；杯也。或作梒、鋡。一曰木名。”（294）《集韻》訓“函”“梒”“鋡”爲“木名”，疑非是。慧琳《音義》卷七《大般若波羅蜜多經》第五百四十卷：“寶函，霞巖反。古文作梒，或作楲。《考聲》云：‘木匧也。’《説文》作函：‘函，篋也。’《桂苑珠藂》云：‘盛經書、盛珍寶器物也。’經文作函，亦通。”（57，P521A5）慧琳《音義》卷一〇《仁王護國般若波羅蜜多經》下卷又曰：“梒盛，上霞巖反。《考聲》云：‘木匧也。’《韻詮》云：‘盛書盛表木匧也。’或作楲，亦作楠（椷），古字也。經作凾，俗字也，本凾谷關名也。”（57，P591A1）慧琳《音義》卷三五《蘇悉地經》又曰：“作梒，洽緘反。《考聲》云：‘木匧也。’亦作楲，並正經文。單作函，是函谷關名也，此非經義。”（58，P110B4）《集韻》訓“函”“梒”“鋡”爲“木名”，於前代字書皆無徵，此訓疑不可據。《類篇·木部》：“梒，胡讒切。匱也；杯也。函，或作梒。一曰木名。”（205 上）《類篇》訓“木名”，當因承襲《集韻》之謬而誤。

《大字典》“榏”字下據《類篇》之誤而收録“木名”這一義項，疑亦非是。

21. 楗

《字彙・木部》:“楗，巨展切，音件。限門本也，即户牡兩端入牝孔，所以止門者，亦曰關楗。又去聲渠建切。義同。又與蹇同。《考工記》:‘左不楗。’”（218上）

《正字通・木部》:“楗，九輦切，乾上聲。限門木，今户牡兩端入牝孔，所以止門者，亦曰關楗。《老子》:‘善閉者，無關楗而不可開。’通作鍵。又霰韻音健。義同。又椿也。《史・河渠書》:‘下淇園之竹以爲楗。’注:‘樹竹塞水決之口，以艸塞其裏，復以土石填之。’亦作揵。又與蹇同。《考工記》:‘輈人爲輈，終日馳騁，左不楗。’注:‘輈所以駕馬。楗，倦也。左面不便，馬苦蹇；輈善，則馬不蹇。’一云:‘楗猶拘束，馬行不利也。’”（519上）

按:《康熙字典・木部》:“楗，《唐韻》其偃切，《集韻》《韻會》巨偃切，並音鍵。《説文》:‘限門也。’《廣韻》:‘關楗也。’”（517上）《集韻》去聲願韻居萬切:“楗，《説文》:‘門限也。’一曰剛木。”（548）《集韻》訓“剛木”，疑非是。《説文・木部》:“楗，限門也。从木，建聲。”（116下）《玉篇・木部》:“楗，渠偃切。關楗也。與鍵同。”（61上右）《廣韻》上聲阮韻其偃切:“楗，關楗。鍵，上同。”（189）《集韻》又訓“剛木”，於前代字韻書皆無徵，當爲丁度等妄補。《大字典》“楗”字下據《集韻》之説而收録“剛木”這一義項，疑亦非是。

22. 橈

《字彙・木部》:“橈，如招切，音饒。櫂之短者曰橈。又乃巧切，鐃上聲。木曲；又動亂也。”（223下）

《正字通・木部》:“橈，如韶切，音饒。櫂之短者。一説當讀若蕘。又巧韻鐃上聲。木曲。又亂也。又摧折也。”（534上）

按:《康熙字典・木部》:“橈，《廣韻》《集韻》《韻會》《正韻》並女教切，音鬧。《説文》：‘曲木也。’……又《唐韻》《集韻》《韻會》並如招切，音饒。楫也。《博雅》：‘楫謂之橈。’”（532 上）《龍龕》卷四《木部》：“橈，音饒。揖也。又奴教反。曲木也。”（376）“揖”當即“楫”字之俗。《小爾雅·廣器》：“楫謂之橈。”《玉篇·木部》：“橈，如昭切。小楫也。”（60 下右）《楚辭·九歌·湘君》：“霹荔柏兮蕙綢，蓀橈兮蘭旌。”王逸注：“橈，船小楫也。”以上諸書皆其證也。《大字典》“橈”字下轉引《龍龕》録作“楫也”，並據此收録“楫”這一義項，非是。

23. 橚

《字彙·木部》：“橚，蘇谷切，音肅。長木貌。元結詩：‘將封灌乎善木，令橚橚以梴梴。’又《山海經》：‘陽華之山多苦辛，其狀如橚，其實如瓜，食之已瘧。’注：‘橚，即楸字。’”（224 上）

《正字通·木部》：“橚，蘇谷切，音肅。木長貌。元結《訟木魅辭》：‘將封灌乎善木，令橚橚以梴梴。’又《山海經》：‘華陽之山多苦辛，狀如橚，實如瓜，食之已瘧。’注：‘橚，即楸字。’”（535 下）

按：《康熙字典·木部》：“橚，《唐韻》息逐切，《集韻》息六切，《韻會》蘇谷切，並音肅。長木貌……又《集韻》與楸同。木名也。《山海經》：‘華陽之山，其陰多苦辛，其狀如橚，其實如瓜，食之已瘧。’注：‘橚，即楸字。’”（533 下）《集韻》平聲尤韻雌由切：“楸，木名。《説文》：‘梓也。’或作橚。”（262）《山海經·中山經》：“（陽華之山）其草多藷藇，多苦莘，其狀如橚。”郭璞注：“橚，即楸字。”故“橚”訓“木名”，當音 qiū，即“楸”之異體字。又《集韻》入聲屋韻息六切：“橚，木名。一曰木茂皃。”（641）“橚”訓“木名”，當即“楸”字異體，非别有音“息六切”之另一木名。《廣韻》入聲屋韻息逐切：“橚，木長皃。”（373）《廣韻》於此音下未收録“木名”這一義項，此即其證也。《大字典》“橚”字第（一）義項之下據《集韻》之誤而收録“木名”這一義項，疑非是。

24. 檢

《字彙·木部》：“檢，居掩切，兼上聲。《説文》：‘書署也。’《增韻》：

‘檢押，防範也。’《三蒼》：‘法度也。’又今俗謂文書藁爲檢子。又檢束也。又校也。又姓。”（225下）

《正字通·木部》：“檢，九輦切，兼上聲。《説文》：‘書署也。’徐氏曰：‘書函之蓋也。’又程式，今俗謂文書藁爲檢子。《三蒼解詁》：‘法度也。’《爾雅》：‘檢，等也。’郭注：‘模範同等。’”（539下）

按：《洪武正韻》上聲琰韻居奄切：“檢，書檢，印窠封題也。又校也；柅也；檢（柙）[押]防範也。《三蒼解詁》云：‘檢，法度也。’《爾雅》：‘檢，等也。’釋云：‘檢，模範也。’郭璞云：‘模範同等。’《説文》云：‘書署也。’署，程式也，今俗謂文書藁爲檢子是也。《漢·武帝紀》注：‘《封禪》有金策、石函、金泥、玉簡，謂以玉爲檢束也。’”（215）《詳校篇海》卷三《木部》：“檢，居奄切，聲同簡。書署也。又書檢，印窠封題也。又校也；柅也。又檢押，防範也。又法度。又模範。又檢束。又姓。”（186下）《篇海類編》同。“檢”訓“柅也”，此“柅”當義爲“止也”。《釋名·釋床帳》：“枕，檢也。”王先謙《疏證補》引蘇興曰引《易》虞翻云：“檢，止也。”此即其證。《大字典》“檢”字下轉録《篇海類編》“柅也”之訓作“扰也”，據此收録“扰”這一義項，非是。

25. 檥

《字彙·木部》：“檥，羊里切，音以。泊船曰檥。《史記》：‘烏江亭長檥舟待項羽。’《六書正訛》俗作艤，非。又延知切，音夷。榦也。一曰立物以表物也。”（225下）

《正字通·木部》：“檥，伊齊切，音移。《説文》：‘榦也。’一曰立物以表物。又紙韻音以。整舟向岸。《史記》：‘烏江亭長檥船待項羽。’與艤同。徐廣讀俄，泥。”（540上）

按：《康熙字典·木部》：“檥，《唐韻》《韻會》並魚倚切，音蟻。或作艤。《類篇》：‘附船著岸也。’”（537下）《集韻》平聲支韻魚羈切：“檥，《説文》：‘榦也。’一曰立木以表物。”（38）下文上聲紙韻語綺切：“艤，南方人謂整舟向岸曰艤。通作檥。”下字又曰：“檥，榦也。一曰木名。”（314）《集韻》“檥”又訓“木名”，疑非是。《説文·木部》：“檥，榦也。

从木，義聲。”（115下）《玉篇・木部》：“檥，義奇、儀倚二切。《史記》曰：‘烏江亭長檥舟待項羽。’應劭曰：‘檥，正也。’孟康曰：‘檥，附也。’”（60下左）《廣韻》上聲紙韻魚倚切：“艤，整舟向岸。檥，上同。《説文》魚羈切，榦也。”（163）《集韻》又訓“檥”爲“木名”，於前代字韻書、文獻皆無徵，疑非是。《大字典》“檥”字下據《集韻》收録“木名”這一義項，疑亦非是。

26. 款

《字彙・欠部》：“款，苦管切，寬上聲。衷曲也；誠也；敬也；叩也；至也；留也；徐也；惠也；愛也；親也。又與窾同。空也。”（229下）

《正字通・欠部》：“款，苦管切，寬上聲。衷曲也；誠也。《楚辭》：‘寧悃悃款款朴以忠乎。’又叩也。”（550上）

按：《廣韻》上聲緩韻苦管切：“款，誠也；叩也；至也；重也；愛也。”（193）《廣韻》訓“重也”，疑非是。慧琳《音義》卷三四《十住斷結經》第二卷：“蜜欵，又作款同。口緩反。《蒼頡篇》：‘欵，誠重也。’至也。《説文》：‘欵，意有所欲也。’”（58，P90A6）又慧琳《音義》卷五二《增一阿含經》第三十五卷：“舊款，或作欵同。口緩反。《廣雅》：‘款，愛也。’《蒼頡篇》：‘款，誠重也。’”（58，P469A10）又慧琳《音義》卷五六《佛本行集經》第三十七卷：“面欵，又作款同。口緩反。欵，至也。《蒼頡篇》：‘欵，誠重也。’《説文》：‘欵，意有欲也。’《廣雅》：‘欵，愛也。’”（58，P569A2）故《廣韻》訓“重也”，當爲誤截“誠重也”之訓所致的訓釋失誤。《大字典》“款”字下據《廣韻》之誤而收録“重”這一義項，疑亦非是。

27. 歋

《字彙・欠部》：“歋，丘剛切，音康。穀不升曰歋。飢虚也。”（230下）

《正字通・欠部》：“歋，口岡切，音康。《説文》：‘飢虚也。’穀不升

曰歑。”（552上）

按：《康熙字典·欠部》：“歑，《玉篇》《唐韻》苦岡切，《集韻》丘岡切，並音康。《説文》：‘饑虛也。’《博雅》：‘四穀不升曰歑，五穀不升曰大侵。’……《集韻》：‘通作康。’”（553上）《類篇·欠部》：“歑，丘剛切。《説文》：‘飢虛也。’通也。”（304下）《類篇》訓“通也”，疑非是。《説文·欠部》：“歑，飢虛也。从欠，康聲。”（178上）《廣雅·釋天》：“四穀不升曰歑。”《玉篇·欠部》：“歑，苦岡切。飢虛也。”（45下右）《廣韻》平聲唐韻苦岡切：“歑，穀不升謂之歑。”（117）《集韻》平聲唐韻丘岡切：“歑，《説文》：‘飢虛也。’通作康。”（223）《類篇》訓“通也”，於前代字韻書皆無徵，當爲誤截《集韻》“通作康”之訓而產生的訓釋失誤。《大字典》“歑”字下據《類篇》義訓之誤而收録“通”這一義項，亦非。

28. 淔

《字彙·水部》：“淔，恥力切，音敕。水名。”（249下）

《正字通·水部》：“淔，昌石切，音敕。水名。”（594下）

按：《康熙字典·水部》：“淔，《唐韻》恥力切，《集韻》蓄力切，並音敕。《説文》：‘水也。’一曰出潁川。又草名。《爾雅·釋草》：‘淔灌。’郭璞注：‘未詳。’”（617上）《類篇·水部》：“淔，丞職切。水名。又蓄力切。《説文》：‘水也。’一曰出潁川。一曰州名。”（412下）《類篇》訓“州名”，疑非是。《説文·水部》：“淔，水也。从水，直聲。”（228上）《玉篇·水部》：“淔，恥力切。水名。”（89下左）《廣韻》入聲職韻恥力切：“淔，水名。”（424）《集韻》入聲職韻丞職切：“淔，水名。”下文蓄力切又曰：“淔，《説文》：‘水也。’一曰出潁川。一曰艸名。”（757）故《類篇》訓“淔”爲“州名”，於前代字韻書皆無徵，當爲“艸名”之誤刻。《大字典》《字海》“淔”字下皆據《類篇》之誤而收録“州名”這一義項，並非。

29. 淬

《字彙·水部》：“淬，七醉切，音翠。滅火器。《前漢·天文志》：‘火

與水合爲淬。’晉灼曰：‘火入水故曰淬。’又染也；犯也。”（250 上）

《正字通·水部》：“淬，與焠通。《說文》：‘淬，滅火器也。’‘焠，堅刀刃也。’分爲二，泥。”（595 下）

按：《康熙字典·水部》：“淬，《唐韻》七内切，《集韻》《韻會》取内切，並音倅。《說文》：‘滅火器也。’徐曰：‘淬劒燒而入水也。’《前漢·天文志》：‘火與水合爲淬。’王褒《聖主得賢臣頌》：‘清水淬其鋒。’又《廣韻》：‘染也；犯也。’”（619 上）原本《玉篇·水部》：“淬，此潰反。《淮南》：‘身淬霜露。’許叔重曰：‘冒犯霜露也。’《子虛賦》：‘脟割輪淬。’郭璞曰：‘淬，染也。’《方言》：‘淬，寒也。’郭璞曰：‘淬，猶瀨也。’《説文》：‘滅火器也。’淬堅金刃爲焠字，在《火部》。”（452）《玉篇·水部》：“淬，七内切。深也；染也；寒也。”（90 上左）《玉篇校釋》“淬”字下注：“《文選·子虛賦》作焠，韋昭曰：‘焠謂割鮮焠輪也。’《漢書·相如傳》同。《史記》作淬，賦文上云：‘割鮮染輪。’郭璞曰：‘染，擩也，擩之於輪鹽而食之。’李奇亦謂切生肉擩車輪鹽而食之也。司馬貞曰：‘染或爲淬，與下文脟割輪淬意同。’案其説是也。六朝書卒旁作卆，故形誤爲染。本書原本淬亦作𣲮，廣益本之深又爲染訛（實重出）。引《方言》爲卷十三文，《廣雅·釋詁四》同，字作淬。《切韻》：‘淬，染也。’引《字林》：‘滅火器也。’《唐韻》云：‘犯也。’”（3734）胡氏所言當是。《龍龕》卷二《水部》：“淬，七内反。染也；犯也；寒也。”（234）《廣韻》去聲隊韻七内切：“淬，染也；犯也；寒也。”（290）《玉篇》訓“淬”爲“深也”，於原本《玉篇》《切韻》系韻書、《龍龕》皆無徵，當爲“染也”之誤。又慧琳《音義》卷九八《廣弘明集》卷第二十：“沾淬，崔碎反。郭璞注《上林賦》云：‘淬，深也。’《文字典説》從水，卒聲。”（59，P306B5）據上文所引原本《玉篇》可知，慧琳《音義》謂“郭璞注《上林賦》”之《上林賦》當爲《子虛賦》之誤，又其亦訓“深也”，亦當爲“染也”之誤。《大字典》“淬”字下據《玉篇》之誤而收録“深”這一義項，疑亦非是。

30. 漬

《字彙・水部》:“漬，資四切，音恣。漚也；浸也。又獸死也。《曲禮》:‘四足曰漬。’”(256下)

《正字通・水部》:“漬，資四切，音恣。漚也；浸也。又獸死。《曲禮》:‘四足曰漬。’注:‘獸，能動之物；漬，謂體腐漸漬也。’”(608下)

按:《康熙字典・水部》:“漬,《唐韻》前知切,《集韻》《韻會》疾智切，並音眥。《説文》:‘漚也。’”(636下)《類篇・水部》:“漬，疾智切。《説文》:‘漚也。’古作涑。涑又色責切。雨零皃。又七迹切。水名。在北地。”(406上)《類篇》謂“漬”古作“涑”，是就《説文》“漬”之“漚也”這一義項而言的。《集韻》去聲寘韻疾智切:“漬,《説文》:‘漚也。’古作涑。”(468)此是其證也。“涑”又音“色責切”，訓“雨零皃”；又音“七迹切”，訓“水名。在北地”。《説文・水部》:“涑，小雨零皃。从水，朿聲。”(233下)《集韻》入聲麥韻色責切:“涑,《説文》:‘小雨零皃。’”(738)又《廣韻》入聲昔韻七迹切:“涑，水名。在北[地]。”(419)《集韻》入聲昔韻七迹切:“涑，水名。在北地。”(742)此是其證也。《大字典》“漬”字下據《類篇》收録音qì、“水名”這一義項，此即因誤斷《類篇》注文而産生的訓釋失誤，應删。

31. 濼

《字彙・水部》:“濼，歷各切，音落。水名，在濟南。又弼各切，音薄。陂澤也。”(261上)

《正字通・水部》:“濼，力竹切，音鹿。水名，在濟南。”(618下)

按:《康熙字典・水部》:“濼,《唐韻》《集韻》並盧谷切，音禄。《説文》:‘齊魯閒水也。’《玉篇》:‘水，在濟南。’”(648下)《類篇・水部》:“濼，普木切。水名。又盧谷切。《説文》:‘齊魯閒水也。’引《春秋傳》:‘公會齊侯于濼。’又盧篤切。地名，在濟南。又力角切。水名。又弋灼切。又歷各切。又匹各切。又郎狄切。”(409下)《類篇》“濼”字未見收録“水動皃”這一義項，此義於歷代字韻書亦無徵，然《大字典》“濼”

字下卻據《類篇》收録“水動貌”這一義項，疑非是。

32. 牟

《字彙・牛部》：“牟，莫侯切，音謀。牛鳴。又中牟，地名。又過也；陪（倍）也；愛也；進也；大也；侵也；取也；奪也。”（275 下）

《正字通・牛部》：“牟，莫侯切，音謀。牛鳴聲。柳宗元《牛賦》：‘牟肰而鳴，黄鍾滿脰。’”（649 下）

按：《康熙字典・牛部》：“牟，《唐韻》莫浮切，《集韻》《韻會》迷浮切，並音謀。《説文》：‘牛鳴也。从牛，象其聲气从口出。’”（693 上）《玉篇・牛部》：“牟，亡侯切。牛鳴也。又姓也；大也；愛也；取也；奪也；過也；倍也；進也；首也。”（109 上右）《玉篇校釋》校“首也”爲“牟首也”，並注曰：“又‘牟首也’者，原作‘首也’，經删之誤，今補‘牟’字。左思《魏都賦》：‘長塗牟首。’劉逵曰：‘牟首，閣道有室也。’”（4499）胡氏校“首也”爲“牟首也”，是也。左思《魏都賦》：“長塗牟首，豪徼互經。”劉逵曰：“牟首，閣道有室屋也。”《漢書・霍光傳》：“會下還，上前殿，擊鐘磬，召内泰壹宗廟樂人輦道牟首，鼓吹歌舞，悉奏衆樂。”孟康曰：“牟首，地名也，上有觀。”如淳曰：“輦道，閣道也。牟首，屏面也。以屏面自隔，無哀戚也。”臣瓚曰：“牟首，池名也，在上林苑中。方在衰絰而輦游於池，言無哀戚也。”師古曰：“召泰壹樂人，内之於輦道牟首而鼓吹歌舞也。牟首，瓚説是也。屏面之言，失之遠矣。又左思《魏都賦》云‘長塗牟首’，劉逵以爲牟首閣道有室屋也，此説更無所出。或者思及逵據此‘輦道牟首’便誤用之乎？”師古所言是也。故《玉篇》訓“首也”，當爲“牟首也”之脱誤，“牟首”當爲“池名”。《大字典》“牟”字下據《玉篇》之誤而收録“首”這一義項，亦失考證。

33. 犡

《字彙・牛病》：“犡，同㹎。”（278 上）

《正字通・牛部》：“犡，同㹎。”（656 上）

按：《康熙字典・牛部》：“犡，《廣韻》力追切，《集韻》倫追切，並音纍。《廣韻》:'求子牛。'又《集韻》一曰騰𧴬也。《集韻》或作犦、累(㹎)。《類篇》或作㹎。"(702 下)箋注本《切韻》平聲脂韻力追反:"犦,求子牛。"(108)故宫本《王韻》平聲脂韻力追反:"㹎,求子牛。"(441)故宫本《裴韻》同。《廣韻》平聲脂韻力追切:"犦,求子牛。"(25)"犦"與"㹎"音義並同,即爲異體字。《集韻》平聲脂韻倫追切:"犦,求子牛。一曰騰𧴬也。或作犦、累(㹎)。"(45)《集韻》謂"犦"或作"犦""累(㹎)",是也;然又訓"犦"爲"騰𧴬也",疑非是。《淮南子·時則》:"乃合㹎牛騰馬,游牝于牧。"高誘注:"㹎牛,特牛也。"故"犦"字"一曰"之義當爲"特牛也",而非"騰𧴬也",《集韻》謂"一曰騰𧴬也","騰𧴬"疑爲"騰馬"之誤。《大字典》《字海》"犦"字下皆據《集韻》收録"騰𧴬"這一義項,疑並非是。

34. 玲

《字彙·玉部》:"玲,胡夾切,音匣。玉玲,一云蜃器,蜃甲所飾之器。"(286 下)

《正字通·玉部》:"玲,呼夾切,音匣。玉玲,一云蜃器,蜃甲所飾器。"(674 上)

按:《康熙字典·玉部》:"玲,《廣韻》侯夾切,《集韻》轄夾切,並音洽。《玉篇》:'玉蛤,一云蜃器。'《集韻》蜃飾器。又《五音集韻》烏甲切,音鴨。開閉門也。"(729 下)《玉篇·玉部》:"玲,胡甲切。玉玲,一云蜃器。"(6 上左)《玉篇校釋》"玲"字下注:"'玉玲,一云蜃器'者,玉玲亦名玉珧,以蛤甲之潔白如玉者飾器,即《周禮》之蜃器。《切韻》:'玲,蜃器。'《集韻》《類篇》並云蜃飾[器],字即由蛤變易偏旁。"(160)胡氏所言當是。《玉篇》謂"玉玲"一云"蜃器"者,即謂"玉玲"又云"蜃器",二者訓異義同,即爲同一義項。《詳校篇海》卷一《玉部》:"玲,胡夾切,音匣。玉玲,一云蜃器。蜃,音慎。大蛤蜃甲所以飾物。"(75 上)《篇海類編》同。以上諸書皆其證也。故"玲"訓"玉玲""蜃器",二者義同,本當作"蛤"。又《康熙字典》據《五音集韻》收録"開閉門也"這一義項,然查《五音集韻》本作"閘",《説文》《廣韻》《集韻》亦本作“閘”，故《康熙字典》此義當因轉録失真而誤收，應删。《大字典》“玲”字下收録“玉玲”與“蜃飾器”兩個義項，《字海》“玲”字下收録“玉玲”與“用大蛤蜊殼裝飾的器物”兩個義項，皆因不解“玉玲”與“蜃器”本爲同一義項而誤分，並非。

35. 璗

《字彙·玉部》：“璗，徒黨切，音蕩。《爾雅》：‘黄金謂之璗，其美者謂之鏐。’”（290上）

《正字通·玉部》：“璗，杜浪切，音蕩。《爾雅》：‘黄金謂之璗，其美者謂之鏐。’《説文》：‘金之美者，與玉同色。’又養韻，湯上聲。義同。”（682上）

按：《康熙字典·玉部》：“璗，《廣韻》徒郎切，《集韻》《韻會》待朗切，《正韻》徒黨切，並音蕩。《説文》：‘金之美者，與玉同色。’《爾雅·釋器》：‘黄金謂之璗。’郭璞注：‘金之别名。’”（740下）箋注本《切韻》上聲蕩韻堂朗反：“璗，玉名。”（137）故宫本《王韻》同。《切韻》訓“璗”爲“玉名”，疑非是。《爾雅·釋器》：“黄金謂之璗，其美者謂之鏐。”《説文·玉部》：“璗，金之美者，與玉同色。从玉，湯聲。”（7下）《名義·玉部》：“璗，達黨反。金美也。”（6下）《玉篇·玉部》：“璗，徒黨切。《爾雅》云：‘黄金謂之璗。’郭璞曰：‘金之别名。’”（6上右）故《切韻》訓“玉名”，於前代辭書皆無徵，非是。《廣韻》上聲蕩韻徒朗切：“璗，玉名。《説文》：‘金之美者，與玉同色也。’”（213）《廣韻》訓“玉名”，當因承襲《切韻》之謬而誤。《龍龕》卷四《玉部》：“璗，徒朗反。玉名也。”（436）《龍龕》訓“玉名”，亦因承襲《切韻》之謬而誤。《大字典》《字海》“璗”字下皆據《廣韻》之誤而收録“玉名”這一義項，疑並非是。

36. 盻

《字彙·目部》：“盻，胡計切，音係。恨視貌。又勤苦不休息貌。按：此字今人混作盼。《詩》：‘美目盻兮。’郭忽先曰：‘流俗以盻恨之盻

爲盼睞之盼，莫以爲非。'"（311下）

《正字通·目部》："盻，虛器切，音係。恨視貌。又勤苦不休息貌。盼、盻音義别。《佩觿集》曰：'以盻恨之盻爲盼睞之盼，莫以爲非。'其説甚明。按：《洪武正韻》霽韻盻訓恨視，諫韻盼訓顧也，亦作盻，盻注同盼，前後矛盾。《集韻》盼或作盻；《讀書通》引《詩》'美目盻'，引《孟》'盼盼'，謂字書盼音辦，盻音係，古實可通；《同文舉要》盼亦同盻；《同文鐸》盻本作盼，誤合盼、盻爲一，並非。"（730下）

按：《康熙字典·目部》："盻，《唐韻》《集韻》《韻會》《正韻》並胡計切，音係。《説文》：'恨視貌。'《魏志·許褚傳》：'馬超問虎侯安在，魏太祖顧指褚，褚瞋目盻之，超不敢動。'又勤苦貌。《孟子》：'使民盻盻然。'趙注：'勤苦不休息貌。'朱注：'恨視也。'《字彙》盻字乃盻恨之盻，今人混作盼睞之盼，非。"（810上）《集韻》上聲産韻匹限切："盻，動目也。一曰美目皃。"（375）《字彙》《正字通》所言是也。《集韻校本》注曰："汪校：'盻，胡計切。恨視皃。《説文》從目兮。《廣韻》不收，此字應删。'方校：'案：盻，當從《類篇》作盼。《説文》盻訓恨視皃。五禮、五計二切。與盼音義迥别，俗多混用。'"（492）此亦其證也。"動目也"與"美目皃"訓異義同，皆指"眼珠黑白分明"，喻指"美目流轉"。《詩·衛風·碩人》："巧笑倩兮，美目盼兮。"程俊英、蔣見元注："盼，眼睛轉動現出黑白分明貌。《論語·八佾》引這句詩，馬融注：'盼，動目貌。毛傳：'盼，黑白分。'''"《詩·衛風·碩人》"美目盼兮"之"盼"本作"盼"，誤本作"盻"當爲"盼"之形誤。故《集韻》訓"盻"爲"動目也""美目皃"，此"盻"即"盼"字之訛。後世字韻書因"盼""盻"形近，常將二字訛混，皆失考證。《大字典》"盻"字下第（二）義項收録兩個義項：第❶義項據《集韻》訓"動目"；第❷義項據《集韻》訓"美目貌"，又以《詩·衛風·碩人》"美目盻兮"及漢蔡邕《青衣賦》"盻倩淑麗"作爲例證。據上文可知，《詩·衛風·碩人》"美目盻兮"之"盻"當爲"盼"字之訛。又《大字典》所引漢蔡邕《青衣賦》："盻倩淑麗，皓齒蛾眉。"從文意來看，此"盻"亦當即"盼"字之訛。故《大字典》"盻"字下第（二）義項的兩個義項皆因承訛襲謬而誤增，應删。《字海》

盻”字下第（二）義項據《詩·衛風·碩人》“美目盻兮”而收録“美目貌”這一義項，此亦因承訛襲謬而誤設，亦應删。

37. 䀯

《字彙·目部》：“䀯，盧各切，音落。邪視。”（313上）

《正字通·目部》：“䀯，訛字。舊注音落，邪視，誤。”（733下）

按：《康熙字典·目部》：“䀯，《唐韻》盧各切，《集韻》歷各切，並音落。《説文》：‘眄也。’《博雅》：‘視也。’揚子《方言》：‘吴、揚、江、淮謂眄曰䀯。’又吴、揚謂視曰䀯，東齊亦曰䀯。又《廣韻》離灼切，《集韻》力灼切，並音略。義同。”（815下）《廣韻》入聲藥韻離灼切：“䀯，《説文》曰：‘眄也。’《方言》云：‘視之也。’”（406）下文入聲鐸韻盧各切又曰：“䀯，大目也。”（409）《廣韻》“䀯”又訓“大目也”，疑非是。《説文·目部》：“䀯，眄也。从目，各聲。”（67下）《方言》卷二：“䀯，眄也。吴、揚、江、淮之間或曰䀯，自關而西，秦晉之間曰眄。”（15）《名義·目部》：“䀯，來各反。視也。”（34下）《新撰字鏡·目部》：“䀯，來各、來（均）[灼]二反。盻（眄）也；視也。”（98）《玉篇·目部》：“䀯，來各、來灼二切。盼（眄）也。”（21下左）故宫本《王韻》入聲藥韻離灼反：“䀯，視。又來各反。”（524）下文入聲鐸韻盧各反又曰：“䀯，視。又來灼反。”（524）故《廣韻》“䀯”又訓“大目也”，於前代字韻書皆無徵，當爲陳彭年等妄改。《集韻》入聲藥韻力灼切：“䀯，盼（眄）也。”（721）下文入聲鐸韻歷各切：“䀯，《説文》：‘眄也。’”（724）《集韻》“䀯”字於“歷各切”這一讀音之下校作“眄也”，是也。《大字典》《字海》皆據《廣韻》之誤而收録“大目”這一義項，疑並非是。

38. 瞀

《字彙·目部》：“瞀，慈鹽切，音潛。閉目内思也。又去聲慈豔切。義同。一曰憂也。”（317上）

《正字通·目部》：“瞀，舊注音潛，閉目内思，一曰憂也。按：内思義近潛，憂義同潛，瞀兼二義，非。”（741上）

按:《康熙字典·目部》:“瞀,《廣韻》昨鹽切,《集韻》慈鹽切,並音潛。閉目内思也。又《廣韻》漸念切,《集韻》慈豔切,並潛去聲。義同。”(828上)《玉篇·目部》:“瞀,自廉切。閉目也。”(22下左)《玉篇》訓“閉目也”,非是。《新撰字鏡·目部》:“瞀,士念反。閇目思也。”(97)《龍龕》卷四《目部》:“瞀,疾鹽、思暫二反。閉目内思也。”(419)故《玉篇》訓“閉目也”,當爲“閉目思也”或“閉目内思也”之脱誤。《大字典》“瞀”字下第❷義項據《廣韻》訓“閉目思”,是也;然又據《玉篇》謂“一説閉目”,非是。

39. 瞼

《字彙·目部》:“瞼,居掩切,音檢。目上下瞼也。”(317下)

《正字通·目部》:“瞼,九輦切,音檢。目上下弦也。”(742上)

按:《康熙字典·目部》:“瞼,《唐韻》《集韻》《韻會》《正韻》並居奄切,音檢。《説文》:‘目上下瞼也。’”(830上)宋郭忠恕《佩觿》卷中:“瞼,目也。”《佩觿》訓“瞼”爲“目也”,疑非是。《説文·目部》:“瞼,目上下瞼也。从目,僉聲。”(68上)《玉篇·目部》:“瞼,九儉切。眼瞼也。”(23上右)慧琳《音義》卷九四《音續高僧傳》第十七卷:“瞼下,上音檢。《字書》云:‘目上下皮也。’《文字典説》云:‘瞼,目瞼也。’從目僉聲也。”(59,P224A10)故《佩觿》訓“目也”,當爲“目瞼也”之脱誤。又慧琳《音義》卷三一《新翻密嚴經》第二卷:“慢瞼,下居儼反。《考聲》云:‘瞼,眼也。’《文字集略》云:‘目外皮也。’從目,僉聲也。”(58,P15B1)慧琳《音義》此處引《考聲》作“眼也”,當爲“眼瞼也”之脱誤。慧琳《音義》卷七二《阿毘達磨顯宗論》第四卷:“眼瞼,劫奄反。《桂苑珠叢》云:‘瞼,目邊皮也。’《文字典説》云:‘瞼,目外皮也。’《考聲》云:‘瞼,眼瞼也。’《説文》從目,僉聲。僉,妾閻反。”(58,P899B1)此即其證也。《大字典》“瞼”字下據《佩觿》之誤而收録“目”這一義項,失考證。

40. 礐

《字彙・石部》:“礐，乞約切，音却。山多大石。”(325 上)

《正字通・石部》:“礐，舊注音卻，山多大石。按：礐與嶨通，有卻、學二音，兼山多石、石聲二義，字雖从石、从山小别，山與石一類也。《説文》嶨，山多大石；礐，石聲，誤分爲二。”(757 上)

按:《康熙字典・石部》:“礐,《廣韻》苦角切,《集韻》《韻會》克角切，並音確。《爾雅・釋山》:‘山多大石也。’又《廣韻》胡覺切，音學。《正字通》:‘礐與嶨通，有卻、學二音，兼山多石、石聲二義，字雖有从石、从山之别，然山石一類。《説文》嶨，山多大石；礐訓石聲，誤分爲二。’《集韻》合之是也。”(850 下)述古堂影宋鈔本《集韻》入聲沃韻胡沃切:“礐，石名。”(649)揚州使院重刻本《集韻》、宋刻本《集韻》皆作“玉名”。《集韻校本》注曰:“方校:‘案：礐,《爾雅》《釋名》皆云：山多大石。《説文》：石聲。《類篇》：石名。此訓玉名，誤。當從《類篇》。’按：明州本、錢鈔注‘玉’字作‘石’。陳校、龐校、錢振常校同。余校作‘石聲’，蓋據《説文》。”(851)今案：當以作“石名”爲是。《廣韻》入聲沃韻胡沃切:“礐，石礐也。”(374)此注文之中的“礐”字當爲字頭誤重。此即其證也。又唐元稹《有鳥二十章》之三:“有鳥有鳥如鸛雀，食蚳抱礐天姿惡。”從上下文意來看，此“礐”當義指“石也”。此亦其證也。故“玉名”即爲“石名”之誤。《大字典》“礐”字下據誤本《集韻》收録“玉名”這一義項，失考證。

41. 竊

《字彙・穴部》:“竊，千結切，音切。盜也。又私也。《孟子》:‘竊負而逃。’又淺也。《爾雅》:‘虎竊毛，謂之虦貓。’”(338 上)

《正字通・穴部》:“竊，七接切，音切。盜也。又私也。又淺也。《爾雅》:‘虎竊毛，謂之虦貓。’”(786 下)

按:《康熙字典・穴部》:“竊,《廣韻》《集韻》《韻會》《正韻》並千結切，音切。盜也。《集韻》:‘盜自中出曰竊。’”(888 上)《玉篇・穴部》:“竊，千結切。穴也；盜也。又淺也。”（59上右）《玉篇校釋》“竊”字下注:“‘穴也’者，元刊本無此義，諸書未有訓竊爲穴者，不宷爲何者之删誤。《孟子》:‘鑽穴隙相窺。’《方言》十:‘凡相竊視，南楚謂之窺。’”（2323）胡氏所言當是。《龍龕》卷四《穴部》:“竊，千結反。盜也；私取也。又淺也。”（510）《龍龕》亦未見有“穴也”之訓，此亦其證也。故《玉篇》訓“竊”爲“穴也”，於歷代字韻書、文獻皆無徵，當爲陳彭年等妄補。《大字典》“竊”字下據《玉篇》之誤而收録“穴”這一義項，亦非。

42. 竩

《字彙·立部》:“竩，以智切，音異。正也。又古儀字。”（339下）

《正字通·立部》:“竩，余祭切，音意。正也。又古儀字。”（788下）

按:《康熙字典·立部》:“竩，《廣韻》同儀。”（892上）《廣韻》平聲支韻魚羈切:“儀，儀容。又義也；正也。亦州名。竩，上同。”（17）下文去聲寘韻宜寄切:“竩，正也；止也。”（240）《廣韻》訓“止也”，疑非是。《名義·立部》:“竩，魚奇反。儀字。善也；則也；匹也；義（儀）榦也；來也；度也，正也；宜也。”（103上）《龍龕》卷四《立部》:“竩，音義。正也。”（519）《玉篇·立部》:“竩，魚奇切。古儀字。”（51上右）故《廣韻》訓“止也”，於前代字韻書皆無徵，當爲“正也”之誤。《集韻》平聲支韻魚羈切:“儀竩，容也；度也；亦姓。又州名。或从立。”（38）下文去聲寘韻宜寄切又曰:“竩，正也。”（471）《集韻》校作“正也”，此亦其證也。《大字典》“竩”字下據《廣韻》之謬而收録“止”這一義項，應删。

43. 筊

《字彙·竹部》:“筊，何交切，音爻。小簫。又竹索。又古巧切，音攪。義同。”（342上）

《正字通·竹部》:“筊，虚勞切，音爻。竹索也。《史·河渠書》:‘搴長筊沈美玉。’注:‘竹葦絙曰筊。’又簫名。《爾雅》:‘簫小者謂之筊。’

注：‘十六管，長尺二寸。’又巧韻音絞。義同。又效韻音教。卜筊。祭禮有筊，後人所增也。”（795上）

按：《康熙字典·竹部》：“筊，《廣韻》胡茅切，《集韻》《正韻》何交切，並音爻。《説文》：‘竹索也。’《史記·河渠書》：‘搴長筊沈美玉。’注：‘竹葦絚曰筊。’《廣雅》：‘筊，繩索也。’又簫名。《爾雅·釋樂》：‘大簫謂之言，小者謂之筊。’注：‘十六管，長尺二寸。’”（899上）《類篇·竹部》：“筊笅篧，何交切。《説文》：‘竹索也。’一曰簫之小者謂之筊。或从爻、从殽。篧又居肴切，又下巧切。筍也。又後教切。竹萌也。筊又古巧切。”（164上）據《類篇》可知，“筊”在“竹索也”“簫名”這兩個義項上與“笅”“篧”音義並同，即爲異體字。《集韻》平聲爻韻何交切：“筊笅篧，《説文》：‘竹索也。’一曰簫之小者謂之筊。或从爻、从殽。”（184）此亦其證也。《類篇》下文又曰“又居肴切，又下巧切。筍也。又後教切。竹萌也”，此即“篧”字之訓，而非“筊”字之訓。《廣韻》上聲巧韻下巧切：“篧，竹筍。”下文古巧切又曰：“篧，竹筍。”（203）《集韻》去聲效韻後教切：“篧，竹萌也。”（582）此是其證也。《大字典》“筊”字下據《類篇》收録“筍；竹萌”這一義項，即因誤解《類篇》説字體例而誤植“篧”字之義於“筊”字之上所致的訓釋失誤，應删。

44. 籑

《字彙·竹部》：“籑，須兖切，音選。竹緣。又去聲須絹切。義同。”（349上）

《正字通·竹部》：“籑，俗字。舊注音選，竹緣。一説以篾緣竹器口當借用緣，俗因衣緣作襈，故譌从選作籑。”（809下）

按：《康熙字典·竹部》：“籑，《廣韻》思兖切，《集韻》須兖切，並音選。竹緣。”（923下）《集韻》上聲獮韻須兖切：“籑，竹名。”（383）《集韻》訓“竹名”，疑非是。《玉篇·竹部》：“籑，息卷切。竹緣。”（71下右）《廣韻》上聲獮韻思兖切：“籑，竹緣。”（199）《集韻》訓“竹名”，於前代字韻書皆無徵，當爲“竹緣”之誤。《大字典》《字海》“籑”字下皆據《集韻》收録“竹名”這一義項，疑並非是。

45. 𦒴

《字彙・羽部》:"𦒴，落合切，音臘。𦒴䎀，飛初起貌。"(372 下)

《正字通・羽部》:"𦒴，落荅切，音臘。𦒴䎀，飛初起貌。"(857 下)

按:《康熙字典・羽部》:"𦒴,《廣韻》盧合切,《集韻》力盍切，並音臘。𦒴䎀，飛初起貌。"(987 下)《集韻》入聲盍韻力盍切:"𦒴鶶，飛皃。或从鳥。"(775)《集韻》訓"𦒴"爲"飛皃"，當誤脱被訓聯連綿"𦒴䎀"。《新撰字鏡・羽部》:"𦒴，力闔反。𦒴䎀，飛初起。"下字曰:"䎀，耻闔反。𦒴[䎀]也。"(468)《龍龕》卷二《羽部》:"𦒴，或作;𦒴，今。盧盍反。𦒴𦐇(䎀)，飛初起皃。二。"下字曰:"䎀，鶶(𦒴)䎀。"(327)故宫本《裴韻》入聲蹋韻盧盍反:"𦒴，𦒴曝(䎀)，飛起。"(619)《廣韻》入聲盍韻盧盍切:"𦒴，𦒴䎀，飛初起皃。"(434)以上諸書皆其證也。故《集韻》訓"𦒴"爲"飛皃","飛皃"之前誤脱被訓聯連綿"𦒴䎀"。《大字典》"𦒴"字下據《集韻》之誤而收録"飛貌"這一義項，應删。《大字典》"鶶"字下亦據《集韻》之誤而收録"同'𦒴'。飛貌"這一義項，亦非。《大字典》應校補《集韻》義訓爲"𦒴，𦒴䎀，飛皃。或從鳥"，並將此義項合並到第一義項中去，謂"鶶鷴"亦作"𦒴䎀"，並訓"鳥初飛貌"(詳見本書"䎀"字注)，方妥。

46. 臠

《字彙補・肉部》:"臠，吕員切，音攣。《集韻》:'驢馬腹(肤)[腴]。'"(173 下)

按:《康熙字典・肉部》:"臠,《集韻》閭員切，音攣。驢馬腹(肤)[腴]。"(1032 上)《類篇・肉部》:"臠，閭員切。臆臠，驴馬腸也。"(146 下)《類篇》訓"臆臠，驢馬腸也"，疑非是。《集韻》平聲仙韻閭員切:"臠，臆臠，驢馬腹腴。"(171)故《類篇》訓"臆臠，驴馬腸也"，當爲"臆臠，驢馬腹腴"之訛脱。《大字典》"臠"字下據《類篇》之誤而謂"一説驢馬的腸"，非是。

47. 皶

《字彙·自部》:“皶，同殏。”（387 下）

《正字通·自部》:“皶，同殏。”（891 下）

按:《康熙字典·自部》:“皶，《類篇》蒲撥切，音跋。病氣。”（1034 下）《類篇·自部》:“皶，蒲撥切。病氣。”（118 上）《類篇》訓“皶”爲“病氣”，疑非是。《集韻》入聲末韻蒲撥切:“殏皶，腐氣。或从臭。”（693）故“皶”即“殏”之異體字，義爲“腐氣”。《類篇》訓“病氣”，當爲“腐氣”之誤。《康熙字典》轉録《類篇》“病氣”之訓而未作校正，亦失考證。《大字典》“皶”字下據《類篇》之誤而收録“病氣”這一義項，應删。

48. 蘄

《字彙·艸部》:“蘄，渠宜切，音奇。《爾雅》:‘薜，白蘄。’郭璞云:‘即山蘄。’《廣雅》:‘山蘄，當歸。’……又州名。漢蘄春縣，晉孝武鄭后諱春改蘄陽縣，後周改爲州，因蘄水名。又姓。”（417 下）

《正字通·艸部》:“蘄，渠宜切，音奇。《爾雅》:‘蘄茝，蘪蕪。’郭注:‘香艸，葉小如萎狀。《淮南子》曰似蛇牀。’《本草圖經》曰:‘蘪蕪一名蘄。’……又州名。《前漢志》江夏郡有蘄春縣，晉避元帝鄭后諱春改蘄陽，唐升爲州，因蘄水名。又姓。”（971 下）

按:《康熙字典·艸部》:“蘄，《唐韻》《集韻》《類篇》渠之切，《正韻》渠宜切，並音其。《玉篇》:‘草也。’《韻會》:‘似蛇牀。’《爾雅·釋草》:‘蘄茝，蘪蕪。’”（1109 上）述古堂影宋鈔本《集韻》平聲之韻渠之切:“蘄，《説文》:‘艸也。江夏有蘄春亭。’一曰水名。亦姓。”（57）宋刻本《集韻》同，揚州使院重刻本《集韻》作“一曰木名”，當以述古堂影宋鈔本《集韻》、宋刻本《集韻》爲是；揚州使院重刻本《集韻》“木名”當爲“水名”誤刻。《廣韻》平聲之韻渠之切:“蘄，州名。漢蘄春縣也，晉孝武鄭后諱春改蘄陽，周平淮南改爲州，因蘄水以爲名。又姓也。”（29）此是其證也。《字彙》《正字通》亦皆謂“因蘄水名”，此亦其證。《集韻校本》注曰："方校：'水訛木，據《類篇》正。'按：明州本、潭州本、錢鈔注'木'字正作'水'。龐校、朱校、錢校同。"（77）以上諸校皆是也。《大字典》"蘄"字下據誤本《集韻》收録"木名"這一義項，非是。

49. 諦

《字彙·言部》："諦，下戒切，音械。善也。"（449上）

《正字通·言部》："諦，諦、諽，俗誡字。因《天官書》介借用戒，故誡訛作諦。舊注沿《篇海》音械，善也，誤。"（1054上）

按：《康熙字典·言部》："諦，《玉篇》胡介切，《集韻》下介切，並音械。言善也。"（1197上）《玉篇·言部》："諦，胡介切。善也。"（44上右）《集韻》去聲怪韻下介切："諦，言善也。"（527）《集韻》云"言善也"，即謂"諦"當訓"善也"，而非謂"諦"義爲"言善也"，如下文"訌"字《集韻》云"言具也"，亦謂"訌"當訓"具也"，而非謂"訌"義爲"言具也"。《正字通》之説疑非是。《説文·言部》："誡，敕也。从言，戒聲。"（47上）《集韻》去聲怪韻居拜切："誡諽，《説文》：'敕也。'或从界。"（525）故"諦"與"誡""諽"音義俱比，不可混同，《正字通》謂"諦""諽"並即"誡"字之俗，且謂"舊注"非，非是。《大字典》《字海》"諦"字皆據《集韻》訓"言善"，俱因不明《集韻》訓釋體例而誤。

50. 譣

《字彙·言部》："譣，思廉切，音暹。譣詖，姦言也。又虛檢切，音險。義同。"（457下）

《正字通·言部》："譣，蘇焉切，音暹。譣詖，姦言也。又琰韻音險。義同。與憸通。"（1080下）

按：《康熙字典·言部》："譣，《唐韻》息廉切，《集韻》《韻會》《正韻》思廉切，並音纖。《説文》：'問也。'引《周書》'勿以譣人'，今《書·立政》作憸，馬云：'憸利佞人也。'又《玉篇》：'詖也。'《字彙》：'譣詖，姦言也。'"（1234上）《玉篇·言部》："譣，虛儉、息廉二切。

詖也。”（42 上右）《玉篇校釋》“譣”字下注：“‘詖也’者，《集韻》引《廣雅》：‘譣，詖也。’《增韻》引《説文》：‘譣詖，姦言也。’《切韻》：‘譣，譣詖。’又：‘憸，憸詖。’《周書·立政》：‘勿以憸人。’《説文》引作‘譣’。本書《心部》：‘憸，《説文》曰：詖也。’”（1758）以上諸説是也。佛經有“譣詖”一詞用例，提供如下：《大正藏》本唐實叉難陀譯《大方廣佛華嚴經》卷第三十五《十地品》第二十六之二：“此菩薩忍辱心、柔和心、諧順心、悦美心、不瞋心、不動心、不濁心、無高下心、不望報心、報恩心、不諂心、不誑心、無譣詖心皆轉清浄。”“譣”，宫本作“險”。“譣詖”亦當同“險詖”。《漢書·翟方進傳》：“義父故丞相方進，險詖音賊。”顔師古注：“詖，佞也。”此即其證也。“譣”“詖”即爲同義連用，皆爲“奸佞”“諂媚”之義。《大正藏》本唐澄觀撰《大方廣佛華嚴經疏》卷第三十七：“不誑心無隱覆諂佞，故無譣詖。譣詖者，諂佞也。”此亦其證也。故“譣”訓“詖也”，即爲“奸佞”“諂媚”之義，與“險”“憸”音義並同，即異體字。《大字典》“譣”字下第❸義項據《玉篇》“詖也”之訓而轉訓爲“偏頗的話”，非是。據上文可知，《大字典》此義項應以校作“奸佞”“諂媚”爲是。

51. 豵

《字彙·豕部》：“豵，同鬣。”（462 下）

《正字通·豕部》：“豵，俗鬣字。”（1093 下）

按：《康熙字典·豕部》：“豵，《唐韻》良涉切，《集韻》力涉切，並音獵。《説文》與鬣同。髮鬣鬣也。《類篇》：‘豕長毛謂之豵。’”（1253 上）《龍龕》卷二《豕部》：“豵，良涉反。豕也。”（321）《龍龕》訓“豕也”，疑非是。《説文·髟部》：“鬣，髮鬣鬣也。从髟，巤聲。氊，鬣或从毛；豵，或从豕。”（183 下）《名義·豕部》：“豵，閭葉反。長［毛］。”（237 上）《玉篇·豕部》：“豵，力涉切。長毛也。或作鬣。”（111 上左）敦煌本《王韻》入聲葉韻良涉反：“氊，長毛。亦作豵。”（433）《廣韻》入聲葉韻良涉切：“鬣，須鬣。《説文》曰：‘髮鬣鬣也。’氊，長毛。《説文》同上。又作豵。”（435）故“豵”即“鬣”之異體字，義爲“髮上指貌”“長毛”。《龍龕》訓“豕也”，於前代字韻書皆無徵，當因從“豕”爲説而誤。《大字典》《字海》“豧”字下皆據《龍龕》之誤而收録“豬”這一義項，並非。

52. 賟

《字彙·貝部》：“賟，倚兩切，音仰。無貲。”（465下）

《正字通·貝部》：“賟，俗字。舊注倚兩切，音仰，無貲。《篇海》：‘無貲量，謂無極限也。’按：二説並非。”（1101下）

按：《康熙字典·貝部》：“賟，《廣韻》於兩切，《集韻》倚兩切，並音怏。無貲量，謂無極限也。”（1261下）《玉篇·貝部》：“賟，於兩切。無訾。”（120下左）故宫本《王韻》上聲養韻於兩反：“賟，無訾。”（484）《廣韻》上聲養韻於兩切：“賟，無資量，謂無極限也。”（211）《集韻》上聲養韻倚兩切：“賟，無貲也。”（413）《玉篇校釋》校“無訾”爲“無貲”，並注曰：“‘無貲’者，貲原作訾，《切韻》同，並形誤，今依《廣韻》《集韻》正。《集韻》：‘賟，無貲也。’《廣韻》云：‘無資量。’又申之云：‘謂無極限也。’是賟之言央也。《廣雅》：‘央，盡也；極也。’無貲量謂貲財無限量，非無貲也。”（5107）胡吉宣謂“訾”爲“貲”字形誤，疑可商榷。余迺永《校注》“賟”字下注：“《王二》《全王》云：‘無訾。’無訾猶言無量。《國語·齊語》云：‘桓公召而與之語，訾相其質，足以比成事，誠可立而授之。’韋昭注：‘訾，量也。’《集韻》釋‘賟’爲‘無貲’。《後漢書·陳蕃傳》：‘采女數千，食肉衣綺，汁油粉黛不可貲計。’李賢注：‘貲，量也。’‘訾’‘貲’二字皆可釋量，然‘貲量’似限於財貨，故宜從《王書》。”（783）余氏謂“訾”“貲”皆可訓“量”，所言是也。“無貲”“無訾”皆謂“無限量”“無極限”，而非謂“無財”。《龍龕》卷三《貝部》：“賟，於兩反。無財也。”（350）《龍龕》訓“無財也”，當因“賟”本訓“無訾”，亦可作“無貲”，空海不明“無貲”義爲“無限量”，故而據“貲”字妄改，因爲“貲”《玉篇》亦訓“財也”。《大字典》“賟”字下據《龍龕》之誤而收録“無財”這一義項，疑亦非是。

53. 趧

《字彙·走部》:“趧，莫還切，音蠻。行遲。”(471 上)

《正字通·走部》:“趧，莫盤切，音蠻。《説文》:‘行遲也。’”(1114 下)

按:《康熙字典·走部》:“趧,《廣韻》莫奔切,《集韻》謨奔切，並音門。《説文》:‘行遲也。’又《廣韻》謨官切,《集韻》謨元切，並音瞞。又《集韻》謨還切，音蠻。義並同。”(1276 上)《説文·走部》:“趧，行遲也。从走，曼聲。”(31 上)《玉篇·走部》:“趧，莫頑、莫官二切。行遲也。”(48 下左)《篇海》同。《詳校篇海》卷三《走部》:“趧，謨官切，音瞞。行遲皃。”(201 上)《直音篇》卷三《走部》:“趧，音瞞。行遲。”(106 下)《篇海類編》同。故“趧”訓“行遲也”,《字彙》同，義爲“遲緩”。《大字典》“趧”字下轉録《字彙》作“行皃”，據此收録“行貌”這一義項，然據上文可知,《字彙》本作“行遲”,《大字典》此義項即因轉録失真而誤設，應删。

54. 趢

《字彙·走部》:“趢，盧谷切，音鹿。趢趚，走聲。”(471 上)

《正字通·走部》:“趢，力竹切，音鹿。趢趚，走聲。”(1114 下)

按:《康熙字典·走部》:“趢,《集韻》盧谷切，音録。《類篇》:‘趢趚，走(貌)[聲]。’”(1276 下)《集韻》入聲屋韻盧谷切:“趢，趢趚，走聲。”(639)《類篇·走部》:“趢，盧谷切。趢趚，走聲。”(55 上)故“趢”《字彙》《正字通》皆同《集韻》，訓“趢趚，走聲”。《大字典》“趢”字下據《字彙》收録“行貌”這一義項，於《字彙》無徵，非是。

55. 趭

《字彙·走部》:“趭，子肖切，音醮。《博雅》:‘犇也。’《廣韻》:‘走也。’揚子雲《河東賦》:‘神騰鬼趭。’”(471 下)

《正字通·走部》:“趭，子肖切，音醮。《博雅》:‘犇也。’《廣韻》:

‘走也。’揚雄《河東賦》:‘神騰鬼趭。’”(1115上)

按:《康熙字典·走部》:“趭,《廣韻》弋照切,音耀。《博雅》:‘奔也。’《玉篇》:‘走貌。’《前漢·司馬相如傳》:‘騰而狂趭。’注:‘奔走也。’揚雄《河東賦》:‘神騰鬼趭。’注:‘走也。’又《廣韻》才肖切,音嘸。又子肖切,音醮。義並同。”(1277上)《玉篇·走部》:“趭,子妙切。走皃。”(49上右)《新修玉篇》《篇海》引《玉篇》皆同。《廣韻》去聲笑韻子肖切:“趭,走皃。”(323)《集韻》去聲笑韻子肖切:“趭(趭),《博雅》:‘犇也。’”(579)《直音篇》卷三《走部》:“趭,音醮。走也。”(107上)《詳校篇海》卷三《走部》:“趭,子肖切,音醮。走皃。《博雅》:‘犇也。’漢《河東賦》:‘神騰鬼趭。’注:‘走也。’又弋照切,音燿。亦走也。”(201上)《篇海類編》同。故“趭”即訓“走也”“犇也”,《字彙》同。《大字典》“趭”字下轉録《字彙》作“趭,進也”,據此而收録“進”這一義項,然據上文可知,《字彙》卻未收“進也”這一義項,《大字典》此義項亦因轉録失真而誤設,應删。

56. 躳

《字彙·身部》:“躳,符遇切,音婦。躳軀,著衣也。”(479上)

《正字通·身部》:“躳,俗字。舊注音婦,躳軀,著衣也,誤。”(1129上)

按:《康熙字典·身部》:“躳,《廣韻》《集韻》並符遇切,音附。躳軀,著衣也。《類篇》:‘躳軀,服稱也。’”(1297上)《唐韻》去聲遇韻符遇反:“躳,躳躳(軀),著衣。出《字書》。”下文傷遇反又曰:“軀,躳軀。”(644)《廣韻》去聲遇韻符遇切:“躳,躳軀,著衣也。”(260)下文傷遇切又曰:“軀,躳軀。”(261)故“躳”當訓“躳軀,著衣也”,“著衣”即爲“穿衣”之義。又《集韻》去聲遇韻方遇切:“躳,躳軀,服稱也。”(495)下文舂遇切又曰:“軀,躳軀,服稱也。或作袱。”(496)《集韻》訓“躳”爲“躳軀,服稱也”,“服稱”亦義爲“穿衣之名”。如:《詩·魏風·葛屨》:“要之襋之,好人服之。”《漢書·王莽傳上》:“周公服天子之冕。”《陳書·沈衆傳》:“恒服布袍芒屩,以麻繩爲帶。”元元懷

《捫掌録》:“坐客乃執政及貴遊子弟，皆服白襴衫。”上文中的“服”字皆爲“穿衣”“穿戴”之義。此即其證。《大字典》《字海》俱收“䑺”字，其下皆分爲兩個義項：第❶義項據《廣韻》訓“穿衣”；第❷義項據《集韻》訓“服稱”。據上文可知,《大字典》《字海》即因不解“服稱”亦爲“穿衣”之義而誤分，故《大字典》《字海》應將第❷義項合並到第❶義項中去，訓“〔䑺褕〕穿衣”，方妥。

57. 鄿

《字彙・邑部》:“鄿，徒含切，音覃。國名，齊桓公之所滅。”（497上）

《正字通・邑部》:“鄿，徒寒切，音覃。國名，爲齊桓公所滅。”（1176上）

按:《康熙字典・邑部》:“鄿,《唐韻》徒含切,《集韻》徒南切，並音覃。《說文》:‘國也。齊桓公之所滅。’又通作譚。《詩・衛風》:‘譚公維私。’《春秋・莊十年》:‘譚子奔莒。’”（1343下）《龍龕》卷四《邑部》:“鄿，徒含反。鄿城，縣名。”（455）《廣韻》平聲覃韻徒含切:“鄿，鄿城，縣名。”（147）《龍龕》《廣韻》訓“鄿城，縣名”，疑非是。《說文・邑部》:“鄿，國也。齊桓公之所滅。从邑，覃聲。”（132上）朱駿聲通訓定聲:“鄿，在今山東濟南府歷城縣東南。”《玉篇・邑部》:“鄿，徒耽切。地在濟南平陵縣南。”（11上左）箋注本《切韻》（斯2071）平聲覃韻徒含反:“鄿，鄿城，在（濟）南。”（122）故宮本《王韻》平聲覃韻徒南反:“鄿，鄿城，在濟南。”（460）故宮本《裴韻》同。《集韻》平聲覃韻徒南切:“鄿,《說文》:‘國也。齊桓公之所滅。’通作譚。”（280）故《龍龕》《廣韻》訓“鄿城，縣名”，於歷代字韻書皆無徵，當爲“鄿城，國名”之誤。《大字典》《字海》“鄿”字下皆據《廣韻》之誤而收録“縣名”這一義項，疑並非是。

58. 醔

《字彙・酉部》:“醔，莫候切，音茂。醔醶，榆醬也。”（499下）

《正字通·酉部》:“𨢋,莫候切,音茂。《説文》:‘𨢋醶,榆醬也。’”(1183下)

按:《康熙字典·酉部》:“𨢋,《唐韻》《集韻》並莫候切,音茂。《説文》:‘𨢋醶,榆醬也。’”(1351下)《玉篇·酉部》:“𨢋,亡侯切。𨢋醶,醬也;醳也。”下字曰:“醶,大侯切。𨢋醶醬。”(135上左)《玉篇校釋》校“醳”爲“䤖”,並注曰:“‘𨢋醶,醬也’者,《廣雅·釋器》文,《説文》云:‘𨢋醶,榆醬也。’《切韻》云:‘榆子醬。’《廣韻》作‘榆人醬’,榆人即榆子中仁也。《齊民要術》七引《四民月令》曰:‘榆莢色變白將落,可作𨢋醶。’《楚辭·大招》:‘吴酸蒿蔞。’王注:‘一作吴酢𨢋醶。’本書:‘醆酳,醬也。’‘醆酳’即‘𨢋醶’之語轉。醶本爲榆,涉𨢋而變從酉。又‘䤖也’者,‘䤖’原形誤爲‘醳’,下文:‘䤖,擣榆醬。’應本書原引《廣雅》及《埤蒼》文。”(5861)胡氏所校當是。《名義·酉部》:“𨢋,亡溝反。[𨢋]醶醬。”下字曰:“醶,達溝反。騖(𨢋)[醶]也;醽也。”(296上)“醽”“䤖”字同。《廣雅·釋器》:“醽,醬也。”王念孫《疏證》:“䤖,擣榆醬也。䤖與醽同。”《玉篇·酉部》:“醽,亡一切。𨢋醶也。或作䤖。”(135上左)此即其證也。故《玉篇》訓“𨢋”爲“醳也”,“醳”當爲“䤖”字之訛。“䤖也”與“𨢋醶”訓異義同,皆指“榆醬”,又名“蒿蔞”。《大字典》“𨢋”字下據《玉篇》之誤而收録“醳”這一義項,非是。

59. 醫

《字彙·酉部》:“醫,於宜切,音衣。治病者。”(500上)

《正字通·酉部》:“醫,于欺切,音衣。治疾者。”(1185上)

按:《五音集韻》平聲齊韻烏兮切:“醫,相言應辭。”《五音集韻》訓“醫”爲“相言應辭”,疑非是。《方言》卷十:“譩,然也。南楚凡言然者曰欸,或曰譩。”故宫本《王韻》平聲齊韻烏鷄反:“譩,相然詞。”(446)《廣韻》平聲齊韻烏奚切:“譩,相言應辭。”(50)《集韻》平聲齊韻煙奚切:“譩,《方言》:‘欸、譩,然也。’或作誒。”(98)故“相言應辭”本爲“譩”字之訓,而《五音集韻》作“醫”者,“醫”即“譩”字之誤。《大字典》“醫”字下據《五音集韻》之誤而收録“相言應辭”這一義項，非是。

60. 鈚

《字彙·金部》:“鈚，蒲縻切，音皮。犂（館）[錧]别名。又長鈚，箭也。杜詩:‘長鈚及狡兔。’”（503下）

《正字通·金部》:“鈚，頻縻切，音皮。長鈚，箭也。杜甫詩:‘長鈚及狡兔。’錍、鎞並同，省作鈋。”（1194上）

按:《康熙字典·金部》:“鈚，《廣韻》房脂切，《集韻》《韻會》頻脂切，並音毗。《玉篇》:‘鐵也。’又《廣韻》:‘犂錧别名也。’又《集韻》一曰箭名。或作鎞、錍。杜甫詩:‘長鈚及狡兔。’又《集韻》篇迷切，音攙。本作錍。”（1366下）《類篇·金部》:“鈚，頻脂切。犂也。一曰箭名。或作鈚（鎞）、錍。又並篇迷切。《方言》:‘箭鏃廣長而薄（鑣）[鐮]。’錍又班縻切。斧屬。又賓迷切。《説文》:‘鉴錍也。’《博雅》:‘錍謂之銛。’”（513上）《正字通》所言是也。《集韻》平聲脂韻頻脂切:“鈚，犂錧也。一曰箭名。或作鎞、錍。”（49）下文平聲齊韻篇迷切又曰:“錍，《方言》:‘箭鏃廣長而薄鐮謂之錍。’或作鈚、鈋、鎞。”（100）故“鈚”在“犂錧”“箭鏃”這兩個義項上與“錍”“鎞”“鈋”音義並同，即爲異體字。《類篇》謂“錍”又音“班縻切”，義爲“斧屬”，是也。《説文·金部》:“錍，鉴錍也。从金，卑聲。”（297上）桂馥《義證》:“鉴錍，短斧也。”《廣韻》平聲支韻府移切:“錍，鉴錍，斧也。”（19）此即其證也。《大字典》“鈚”字下據《類篇》收録“斧屬”這一義項，其轉録《類篇》作“鈚，斧屬”，此即因誤截《類篇》義訓而致的釋義失誤，因爲《類篇》本謂“錍”又訓“斧屬”，而非謂“鈚”又訓“斧屬”。

61. 錇

《字彙·金部》:“錇，於葉切，音靨。椎錇，田器也。又烏含切，音庵。温器。”（507上）

《正字通・金部》:“鍦，烏干切，音庵。温器。”（1204 下）

按:《康熙字典・金部》:“鍦,《廣韻》於業切,《集韻》乙業切，並音腌。《博雅》:‘椎也。’《集韻》一曰治甲器。”（1380 下）《廣韻》入聲業韻於業切:“鍦，椎鍦（當爲字頭誤重）；甲器。”（441）《集韻》入聲業韻乙業切:“鍦，椎也。一曰治甲器。”（785）周祖謨校勘記校《廣韻》“甲器”爲“田器”，並注曰:“田，日本、宋本、黎本、景宋本均作甲。案:《廣雅・釋詁二》云:‘鍦，椎也。’《集韻》云:‘一曰治甲器。’未詳。”周氏校《廣韻》“甲器”爲“田器”，是也；而《集韻》之“治甲器”，當爲“治田器”之誤。《集韻校本》“鍦”字下注:“陳校:‘甲當作田。’”（1042）陳校是也。《康熙字典》轉録《集韻》“治甲器”之訓而未作校正，亦失考證。《大字典》“鍦”字下據《集韻》之誤而收録“治甲器”這一義項，非是。

62. 頭

《字彙・頁部》:“頭，雛戀切，泉去聲。《説文》:‘選具也。’”（540 上）

《正字通・頁部》:“頭，隨願切，旋去聲。《説文》:‘選具也。’”（1288 上）

按:《康熙字典・頁部》:“頭,《五音集韻》雛晥切，音撰。《説文》:‘選具也。’《玉篇》或作僎。”（1488 上）《廣韻》上聲獮韻士免切:“頭，具也；見也。”（199）《廣韻》訓“見也”，疑非是。《説文・頁部》:“頭，選具也。从二頁。”（181 下）《名義・頁部》:“頭，鉏轉反。具也。”（31 下）《玉篇・頁部》:“頭，助轉切。《説文》曰:‘選具也。’或爲僎，古文作選。”（20 上右）故“頭”當同“僎”。《廣韻》訓“見也”，於前代字書皆無徵，當爲“具也”之誤。《集韻》上聲獮韻須兖切:“頭，選具也。”（383）下文鶵免切亦曰:“頭，選具也。”（386）《集韻》未收“見也”之訓，此亦其證也。《大字典》《字海》“頭”字下皆據《廣韻》之誤而收録“見”這一義項，疑並非是。

63. 騂

《字彙·馬部》:“騂，博漫切，音半。騂騈，馬行貌。又普半切，音判。義同。”（550下）

《正字通·馬部》:“騂，俗字。”（1312上）

按:《康熙字典·馬部》:“騂，《廣韻》《集韻》並博慢切，音半。《玉篇》:‘騂騈，馬行也。’又《集韻》普半切，音判。義同。”（1518上）述古堂影宋鈔本《集韻》去聲換韻博漫切:“騂，騂騈，馬行皃。”（556）宋刻本《集韻》同，然揚州使院重刻本《集韻》作“騂騈，馬皃”。述古堂影宋鈔本《集韻》、宋刻本《集韻》與揚州使院重刻本《集韻》不同，當以述古堂影宋鈔本《集韻》、宋刻本《集韻》爲是。《玉篇·馬部》:“騂，博幔切。騂騈，馬行也。”（108下左）《廣韻》去聲換韻博慢切:“騂，騂騈，馬行。”（310）以上二書皆其證也。故揚州使院重刻本《集韻》“馬皃”當爲“馬行皃”之脱誤。《大字典》“騂”字下據誤本《集韻》收録“馬貌”這一義項，非是。

64. 鴂

《字彙·鳥部》:“鴂，居月切，音厥。《説文》:‘鷤鴂。’”（571上）

《正字通·鳥部》:“鴂，居月切，音厥。鷤鴂，鶗也。”（1360下）

按:《類篇·鳥部》:“鴂，均窺切。子規，鳥名。或作鳺。”（128下）此“鴂”當即“鳺”字之訛。《廣雅·釋鳥》:“鸛鴂、鷤鴂，子鳺也。”《集韻》平聲支韻均窺切:“雉，子規，鳥名。或作鳺、巂。”（36）《史記·曆書》:“於時冰泮發蟄，百草奮興，秭鳺先滜。”裴駰《集解》引徐廣曰:“秭音姊；鳺音規。子鳺，鳥也。一名鸛鴂。”此即其證。故《大字典》“鴂”字下據《類篇》之誤而收録音guī”、“子規鳥”這一義項，非是。

65. 齂

《字彙·鼻部》:“齂，烏怪切，歪去聲。喘息聲。”（589下）

《正字通·鼻部》:“齂，俗字。舊注歪去聲，喘息聲，誤。”

（1408 下）

按：《康熙字典·鼻部》："䶑，《廣韻》《集韻》並烏快切，音噲。《玉篇》：'喘息也。'又《廣韻》《集韻》並烏外切，音薈。義同。又《集韻》呼外切，音譮。鼻息。又火夬切，音咶。息也。"（1625 下）《類篇·鼻部》："䶑，呼外切。鼻息。又烏外切。鼻息。又大夬切。臥息聲。又烏快切。"（118 下）《類篇》訓"鼻皃"，非是。《名義·鼻部》："䶑，大快反。臥聲也。"（33 上）《龍龕》卷三《鼻部》："䶑，烏外、烏快二反。喘息聲。又火怪反。臥聲。"（363）《玉篇·鼻部》："䶑，烏快切。喘息也。"（21 上左）《廣韻》去聲泰韻烏外切："䶑，息也。"（282）下文去聲夬韻烏快切又曰："䶑，喘息聲。又烏外切。"（288）《集韻》去聲夳韻呼外切："䶑，鼻息。"（523）下文去聲夬韻火夬切："䶑，臥息聲。"（528）故《類篇》訓"鼻皃"，於前代字韻書皆無徵，當爲"鼻息"之誤。《大字典》"䶑"字下據《類篇》之誤而收録"鼻貌"這一義項，非是。

（四）有利於提供適當例證

例證是字典辭書中的重要内容，理想的字典，是字典編纂者爲每一個字的每一個義項找到適當的文獻例證，最好是最早的例證。然而，由於各種主客觀方面條件的制約，傳統字書大都不太注意爲其所收的字提供例證。現代大型字典，如《大字典》，有一個顯著的進步就是儘量爲每一個字的每一個義項提供適當的例證。全面測查与研究《大字典》收録的字形，可以發現其轉録自歷代字書的疑難字仍有很多缺乏文獻例證。没有文獻用例的字稱爲死字，有文獻用例的字稱爲活字，因此，在研究《字彙》《正字通》《直音篇》《詳校篇海》《篇海類編》《康熙字典》《字彙補》等明清大型字書疑難字的過程中，應盡可能地爲一些疑難字找到適當的文獻例證。系統考釋與研究明清大型字書疑難字，不但可以使明清大型字書所收的一些疑難字與文獻用字激活，也可爲現代大型字典《大字典》提供適當的文獻例證。

1. 儷

《字彙·人部》："儷，力齊切，音例。伉儷，偶也。《左傳》：'不能庇

其伉儷。'《六書正譌》:'音離。棽儷，林木繁蔚之貌。' 非訓偶也，是或一見。"（45下）

《正字通・人部》:"儷，力地切，音例。伉儷，偶也。《左傳》:'郤犨奪施氏婦，婦人曰：鳥獸猶不失儷，子將若何？又不能庇其伉儷而亡之。' 通作麗。《説文》:'儷，棽儷也。从人，麗聲。'"（65上）

按:《説文・人部》:"儷，棽儷也。从人，麗聲。"（163上）《大字典》未提供"儷"之"棽儷"這一義項的例證，佛經有其用例，今提供如下：《大正藏》本唐尸羅達摩譯《佛説十地經》卷第九《菩薩法雲地之餘》:"爾時，金剛藏菩薩即入示現一切佛刹體性菩薩三摩地。時金剛藏菩提薩埵，入此示現一切佛刹體性菩薩三摩地已，時彼一切天、龍、藥叉、健達縛、阿素洛、釋、梵、護世、摩醯首羅、浄居天衆，皆見自身在金剛藏菩薩身内；於中復見成佛刹土，於其刹中所有種種行相莊嚴，彼經滿足俱胝大劫説不能盡。又即於中見菩提樹，其身周圍量等百萬三千世界，枝條棽儷高廣無量，垂蔭圓滿俱胝三千大千世界；稱樹形量有師子座，其上見佛號一切神通慧王如來，坐在樹下菩提道場。如是於中所現種種妙莊嚴事，設使圓滿俱胝大劫説不能盡。"

2. 嘋

《字彙・口部》:"嘋，虛交切，音囂。鬬聲。"（81下）

《正字通・口部》:"嘋，俗哮字。舊注音同哮，别訓鬬聲，誤分爲二。"（165上）

按:《康熙字典・口部》:"嘋,《篇海》呼交切，音哮。鬬也。"（148下）《龍龕》卷二《口部》:"哮，呼交反。鬫也。嘋，俗；唬，或作。同上。三。"（266）故《字彙》訓"鬬聲"，當爲"鬫聲"之誤，"嘋"即"哮"之異體字。《康熙字典》轉録《篇海》作"鬬也"，亦當爲"鬫也"之誤。《大字典》"嘋"字下没有提供例證，佛經有其文獻用例，提供如下:《大正藏》本隋吉藏撰《勝鬘寶窟》卷下:"如師子吼，有所摧伏，勝鬘如是外化之德，能摧惡人，是故就喻名師子吼。如經中説，世間師子嘋吼之時，爲十一事。"又《卍新纂續藏經》本隋惠遠撰《勝鬘義記》卷下:“師子吼者，借喻名德，如世師子嗷吼之時，有所摧伏，勝鬘如是，外化之德，能摧惡人，是故就喻，名師子吼。如經中說，世間師子，嗷吼之時，爲十一事。”“嗷吼”同“哮吼”，“嗷”即“哮”字之俗。佛經中“哮吼”文獻用例甚多，此不贅。

3. 塷

《字彙·土部》:“塷，同滷。”（93上）

《正字通·土部》:“塷，滷、塷、澛並俗鹵字。舊注同滷，非。”（201下）

按:《康熙字典·土部》:“塷，《集韻》籠五切。同鹵。西方鹹地也。鹵或从土，别作壚。”（183下）《集韻》上聲姥韻籠五切:“鹵滷塷澛，《説文》:‘西方鹹地也。象鹽形。安定有鹵縣，東方謂之㡿，西方謂之鹵。’或从水，从土。亦作澛。”（338）“塷”與“鹵”“滷”“澛”即爲異體字。《大字典》“塷”字下未提供文獻用例，佛經有其用例，提供如下:《大正藏》本唐法寶撰《俱舍論疏》卷第一:“即有能生，亦能增漏名爲有漏。如沃壤田能生苗稼，亦令增盛名爲有苗。如醎塷田雖生其苗，不能增盛名曰無苗。”此“塷”即“鹵”之異體字。

4. 娦

《字彙·女部》:“娦，同嬪。”（105下）

《正字通·女部》:“娦，俗嬪字。舊注同嬪，誤。”（240下）

按:《康熙字典·女部》:“娦，同嬪。”（214上）《大字典》此字没有提供文獻用例，佛經有此字用例，提供如下:《卍新纂續藏經》本宋沈孟柈叙述《錢塘湖隱濟顛禪師語録》:“太后懿旨，備辨鑾駕。娦妃彩女隨往浄慈寺行香，毛太尉押解三千貫鈔。”從文意來看，“娦妃”同“嬪妃”，“娦”即“嬪”字之俗。

5. 娧

《字彙·女部》:“娧，吐内切，音退。好貌。”（105下）

《正字通・女部》:“娧，吐内切，音退。好貌。”（240 下）

按:《説文・女部》:“娧，好也。从女，兑聲。”（261 下）《集韻》去聲夳韻徒外切:“娧，《説文》:‘好皃。’”（519）《大字典》此字没有提供文獻用例，佛經有此字用例，提供如下:《大正藏》本唐菩提流志譯《不空羂索神變真言經》卷第十三《溥遍心印真言出世間品》第二十:“口氣香潔如優鉢花香，膚色充娧獲得一切隱行大仙三昧耶。”又《大正藏》本唐阿目佉譯《佛説不空羂索陀羅尼儀軌經》卷上:“世尊當知是人現世之中則得二十種功德勝利，何名二十？一者身無衆病，若有宿業病生速令除滅；二者身膚細軟姝娧妙好……二十者當所生處具大慈大悲大喜大捨。”

6. 婇

《字彙・女部》:“婇，倉代切，音菜。女字。”（106 上）

《正字通・女部》:“婇，譌字。”（242 上）

按:《玉篇・女部》:“婇，七宰切。婇女也。”（18 上左）《正字通》直斥“婇”爲譌字，所言非是。《大字典》收録“婇”字，第一義項據《玉篇》訓“宫女”，然未提供文獻用例，佛經此字用例甚多，提供如下:《大正藏》本後秦佛陀耶舍共竺佛念譯《佛説長阿含經》卷第一:“爾時，父王默自思念:‘昔日相師占相太子，言當出家，今者不悦，得無爾乎？當設方便，使處深宫，五欲娱樂，以悦其心，令不出家。’即便嚴飾宫館，簡擇婇女以娱樂之。”又《大正藏》本東晉瞿曇僧伽提婆譯《增壹阿含經》卷第十三《地主品》第二十三:“時，王竟日抱此太子，未常離目。時，王爲此王子立三講堂，秋、冬、夏節隨適所宜，宫人婇女充滿宫裏，使吾太子於此遊戲。”“婇女”本當作“采女”。《大正藏》本東晉佛馱跋陀羅譯《大方廣佛華嚴經》卷第十六《金剛幢菩薩十迴向品》第二十一之三:“或復施與栴檀香車，種種寶輪以爲莊嚴，寶師子座以敷其上，百千采女列侍其内，人相具足，顔容姝妙，衆寶華蓋彌覆其上，十萬壯士而牽御之”“采”，宫、宋、元、明本皆作“婇”。又《大正藏》本隋闍那崛多等譯《無所有菩薩經》卷第三:“彼王供養彼比丘已，滿足三月，及於八萬四千采女，各自莊嚴持諸香華及諸音樂衆寶瓔珞塗香衣服，如是等事供養比丘，及彼比丘所有門徒。”“采”，聖、宫、明本亦皆作“婇”。故“婇女”同“采女”，“婇”本當作“采”。

7. 㝮

《字彙·宀部》:“㝮，黎沈切，音林。室深貌。”（117 上）

《正字通·宀部》:“㝮，俗字。舊注黎沈切，音林，室深，泥。”（272 上）

按:《康熙字典·宀部》:“㝮,《玉篇》力針切,《集韻》黎針切，並音林。室深也。”（241 上）此字《説文》《名義》皆未收,《廣韻》亦不録,《玉篇》收於部末，當即陳彭年等據俗書所增。《玉篇·宀部》:“㝮，力針切。㝮（當爲字頭誤重）深也。”（54 下右）《集韻》平聲侵韻犂針切:“㝮，室深也。”（278）《正字通》謂“㝮”爲俗字，所言當是。佛經有“㝮”字用例，提供如下:《卍新纂續藏經》本宋善卿編正《祖庭事苑》卷第八《雜志》:“佛有五種祛蚊子物，一者撚羊毛作，二（周）[用] 㝮作，三用細裂㲲布，四用故物，五用樹枝梢。若用寶物，得惡作罪。”《大正藏》本唐義净譯《根本説一切有部毗奈耶雜事》卷第六:“俗人既見廣説如前，乃至佛言，有其五種祛蚊子物，一者撚羊毛作，二用麻作，三用細裂疊布，四用故破物，五用樹枝梢。若用寶物，得惡作罪。”“疊”，宫、宋、元、明本作“㲲”。又《卍新纂續藏經》本明智旭彙輯《重治毗尼事義集要》卷第十四:“(拂)[佛] 有五種，一撚羊毛作，二用麻作，三細裂㲲布，四用故破物，五用樹枝稍。若用寶物，得惡作罪。”“(周)[用] 㝮作”同“用麻作”，“㝮”當即“麻”字之俗。《玉篇》音“力針切”，疑爲望形生音；其訓“深也”，疑爲望形生訓。

8. 寍

《字彙·宀部》:“寍，息井切，音惺。悟也。”（118 上）

《正字通·宀部》:“寍，俗字。通作惺，亦借醒。”（275 上）

按:《康熙字典·宀部》:“寍,《字彙》:‘息井切，音惺。悟也。’《正字通》:‘通作惺，亦借作醒。’”（244下）《龍龕》卷二《宀部》:“寤，俗；寤，或作。息井反。悟也。二。”（156）此字《大字典》《字海》皆未提供具體文獻用例，佛經有此字用例，提供如下:《大正藏》本元魏瞿曇般若流支譯《正法念處經》卷第四十三《觀天品》之二十二:“我復爲汝説餘七法，次謂傲慢無時寤寤。傲慢行者常不寤寤，於天人中恒爲妨礙，常妨一切世間之法出世間法，云何名爲妨世間義出世間義？身傲慢者，亂其心意，一切法義意爲前導，是故轉行。彼亂心意行不善處，非所應處。非時而行，行邊嶮處近惡知識，不自測度，亦不知他，不知自力，不知他力。以傲慢故，不能作業，於自家事，不知籌量。”“寤寤”，元本、明本皆作“惺悟”，故“寤寤”同“惺悟”，“寤”當即“惺”字之俗，而此“寤”當即“悟”字之俗。

9. 岴

《字彙·山部》:“岴，俗嶇字。”（126上）

《正字通·山部》:“岴，俗嶇字。”（293下）

按:《康熙字典·山部》:“岴，《玉篇》同嶇。俗省。”（265上）《玉篇·山部》:“嶇，音區。崎嶇。岴，同上。”（103上左）“岴”即“嶇”之異體字。《大字典》“岴”字没有提供文獻例證，佛經有其用例，提供如下:《大正藏》本隋吉藏撰《法華玄論》卷第一:“始終屈曲積劫崎岴，有斯十種恩也，此序信解品意兼身子等領解文也。”下文又曰:“又上信解品明昔始結緣終于今會，隨逐根情崎岴屈曲，有若難心何能利物，是故今明如來若形若教猶如雲雨，雖順物崎岴無心屈曲也。”又《大正藏》本隋吉藏撰《法華義疏》卷第八《藥草喻品》第五:“若爲釋成信解品者，上明十譬十恩，無漏無爲諸法之王，能爲下劣忍于斯事，即時衆謂佛過去之始今會之終屈曲崎岴難心苦心，是故今明如來雖復府仰順從而無心屈曲，故華嚴云無心於彼此而能應一切，故舉雲雨無心之譬釋成信解品也。”

10. 崠

《字彙·山部》:“崠，多貢切，音凍。山脊也。”（128下）

《正字通·山部》:“崠，俗字。舊注音凍，山脊，泥。”（298下）

按:《康熙字典·山部》:“崠,《廣韻》德紅切,《集韻》都籠切，並音東。山名。又《集韻》《類篇》並多貢切，音凍。山脊也。”（270下）《玉篇·山部》:“崠，得紅切。山名。”（103上左）《集韻》去聲送韻多貢切:“崠，山脊。”（461）佛經亦收“崠”字:《大正藏》本宋張商英述《續清涼傳》卷下《臺山瑞應記》:“白雲中，亦有菩薩端嚴相者，有奮迅如文殊所乘者，有天橋如龍之上飛者，有横光青紅黄緑而相間者，有如玉石爲佛冠者。黑雲中，有獨現師子者。金橋有如鯨鯢負天者，有如蝃崠而中斷者，有重疊如魚鱗相次者。圓光有玉連環者，有現金網而光耀奪人目者。”“蝃崠”當同“蝃蝀”。《説文·虫部》:“蝃，蝃蝀，虹也。从虫，帶聲。”下字曰:“蝀，蝃蝀也。从虫，東聲。”（284上）故“蝃崠”同“蝃蝀”，“崠”即“蝀”字之訛。此“崠”與上文《玉篇》《集韻》所收之“崠”即爲同形字。

11. 徏

《字彙·彳部》:“徏，竹力切，音陟。升也；進也。”（151上）

《正字通·彳部》:“徏，與陟通。”（424下）（國際文化出版公司本）

按:《康熙字典·彳部》:“徏,《集韻》與陟同。”（331下）《集韻》入聲職韻竹力切:“陟,《説文》:‘登也。’或作億、倁、隲、徏、徝。”（757）故此“徏”當即“陟”之異體字。佛經有“徏”字用例，提供如下:《卍新纂續藏經》本宋祖琇編《龍興佛教編年通論》卷第二《曹魏》:“始魏武欲立爲嗣，植荒酒自穢以故得免。文帝頗嫉其才，抑而不用。嘗求自試，帝不允。既而十一年中三徏其藩，植滋不得志而薨。”從文意來看，此“徏”當以作“徙”爲正。《大正藏》本元念常集《佛祖歷代通載》卷第五:“始魏武欲立爲嗣，植荒酒自穢，以故得免。文帝頗嫉其才，抑而不用。嘗求自試，帝不允。既而十一年中，三徙其藩，植滋不得志而薨。”此即其證也。故此“徔”當即“徙”字之俗。此“徔”與上文“陟”之異體字“徔”即爲同形字。

12. 㥠㛎

《字彙·心部》:“㥠，郎古切，音魯。㛎㥠，心惑也。”下字曰:“㛎，莫補切，音姥。注見上。”（164 上）

《正字通·心部》:“㥠㛎，並俗字。本作鹵莽。”（379 上）

按:《康熙字典·心部》:“㥠，《集韻》籠五切，音魯。《類篇》:‘㛎㥠，心惑也。’”（365 下）《集韻》上聲姥韻滿補切:“㛎，㛎㥠，心惑。”（337）下文籠五切又曰:“㥠憦，㛎㥠，心惑。或從虜。”（338）《正字通》謂“㥠㛎”本作“鹵莽”，所言當是。“鹵莽”，文獻用例衆多，例如:《莊子·則陽》:“昔予爲禾，耕而鹵莽之，則其實亦鹵莽而報予。”成玄英疏:“鹵莽，不用心也。”《大正藏》本宋本嵩述、琮湛注《華嚴七字經題法界觀三十門頌》卷上:“鹵莽者，輕薄不用心也。莊子云:‘君爲正焉勿鹵莽，治民勿易滅裂矣。’”又《卍新纂續藏經》本宋戒環解《大佛頂如來密因修證了義諸菩薩萬行首楞嚴經要解》卷第三:“因聞法音，悟妙明心，本來圓徧，了無遺失，故曰常住心地，然情猶鹵莽，見未精明，尚以能聞緣心爲所悟本性，此固常情疑混根於心而難拔者，故願佛與拔之。”“鹵莽”，亦作“莽鹵”。例如:《大正藏》本宋元照撰《四分律行事鈔資持記》上一上《釋受欲篇》:“觀此二文，亦不明各説而委囑精選，意使僧中識知名字不容莽鹵，取此義意證非合説。”又《大正藏》本宋紹隆等編《圓悟佛果禪師語録》卷第十四《示材知莊》:“俱胝承當處，莽鹵只認得一機一境。”又《大正藏》本宋集成等編《宏智禪師廣録》卷第四:“只知推過商量，誰信分明酬價。玲籠底相知，莽鹵底相訝。寧可與曉事人相罵，不可共不曉事人説話。”“㛎㥠”或可作“㥠㛎”，其訓“心惑也”，與“鹵莽”訓“不用心也”義可相通，故“㛎㥠”本當作“莽鹵”，而“㥠㛎”則本當作“鹵莽”。

13. 懂

《字彙·心部》:“懂，多動切，音董。懵懂，心亂貌。”(166下)

《正字通·心部》:“懂，多孔切，音董。俗謂昏愚曰懜懂。《正韻》訓心亂，非。《説文》有懜無懂，懜與懂音別義同,《正韻》收懂，泥。”(384下)

按:《康熙字典·心部》:“懂,《正韻》多動切，音董。懵懂，心亂也。”(372上)《廣韻》上聲董韻多動切:“懂，懵懂，心亂。”(158)《集韻》《古今韻會舉要》《洪武正韻》皆同。《正字通》所言當是。佛經有“懵懂”字用例，提供如下:《大正藏》本宋藴聞編《大慧普覺禪師法語》卷第二十四《示智嚴禪人》:“二老如金翅擘海直取龍吞，懵懂之流如何商量? 如何湊泊? 還有爲人底道理麼? ”又《大正藏》本宋惟蓋竺編《明覺禪師祖英集》卷第六:“不是風旙何處著，新開作者曾拈卻。如今懵懂癡禪和，謾道玄玄爲獨腳。”又《大正藏》本宋紹隆等編《圜悟佛果禪師語録》卷第十八《拈古下》:“這僧擔一擔懞懂，换得箇不安樂。”又《大正藏》本宋藴聞編《虚堂和尚語録》卷之九:“不知歲之餘閏，不知月之大小，懵懵懂懂，如是者僅三十年。一旦眼睛活，便見朝旨踵門，趣歸慶遠，衲僧家潛行密用，得與麼靈驗。”從文意來看,“懵懂”“懞懂”“懵懵懂懂”並同，皆指“昏愚之皃”。故《廣韻》訓“懵懂”爲“心亂”，非是。《集韻》《古今韻會舉要》《洪武正韻》亦訓“懵懂”爲“心亂”，皆因承襲《廣韻》之謬而誤。《字彙》訓“懵懂”爲“心亂貌”，亦因承前而謬。《大字典》“懂”字下未收“懵懂”這一義項，可據補。

14. 抦

《字彙·手部》:“抦，補永切，音丙。持也。”(173下)

《正字通·手部》:“抦，同秉省。”(400上)

按:《康熙字典·手部》:“抦,《集韻》《韻會》《正韻》並補永切，音丙。持也。與秉通，或作柄，亦作摈。”(390下)《玉篇·手部》:“抦，悲景切。執持也。”(31下左)《集韻》上聲梗韻補永切:“抦，持也。或作柄、𢪛。通作秉。”（421）“抦”即“秉”之異體字。《大字典》此字没有提供文獻用例，佛經有其字用例，提供如下：《大正藏》本失譯《雜阿含經》：“若有女人貞良無有女色，大貞便爲持兩善教，已受兩善教便欲治産，不欲瞋恚，便欲抦持家，如是者不用端正，故爲是人但心爲人耳，不用多男兄弟强，不用家豪貴自貢高，不用多財産意適等耳，便爲受教，已教善持之不懈，便欲治生。”“抦”，宋本、元本、明本皆作“秉”。又《大正藏》本隋吉藏撰《勝鬘寶窟》卷上：“實知照於此理，一切善法皆從佛出，故爲法根本。佛知一切法，爲通達法，爲正法依。佛能抦持此法，法由人弘，故爲正法依。”又《大正藏》本宋集成等編《宏智禪師廣録》卷第四：“惡水驀頭澆莫嗔，何須念彼觀音力，自然還著於本人，諸仁者只如抦杓在爾手裏時，合作麽生，不因一事，不長一智。”

15. 攊

《字彙·手部》：“攊，郎狄切，音歷。擊也。”（186上）

《正字通·手部》：“攊，郎敵切，音歷。擊也。”（431下）

按：《康熙字典·手部》：“攊，《唐韻》郎擊切，《集韻》郎敵切，並音歷。擊也。與擽同。”（435下）《廣韻》入聲錫韻郎擊切：“攊，擊口（當爲衍文）也。”（421）《集韻》入聲錫韻狼狄切：“擽攊攦，《博雅》：‘擊也。’或从麗、从歷。”（752）《大字典》没有提供此字文獻用例，佛經有其用例，提供如下：《大正藏》本西晉竺法護譯《修行道地經》卷第五《修行道地經數息品》卷第二十三：“獄卒説言：‘吾有便手無所不搏，無有比倫安有勝乎？吾身前後以此便手，殺無央數男子、女人，又斷手、足、耳、鼻及頭，以手挑眼不用刀刃；住立諸囚擎博攊揮，龕弶懸頭，竹篋勉窟，在於榜床五毒治之，布纏其指油塗火燒，膏灌髮上放火然之，草纏其身以火焚之，臠臠割體問其辭對，決口截脣剥其面皮，口嚼其指譬如噉菜，若鞭榜人竹杖革鞭，獄卒喜踊以針刺指，繩絞脇腹纏頭木梢。’”又《大正藏》本劉宋佛陀什共竺道生等譯《五分律》卷第八：“佛在舍衛城，爾時十七群比丘，至六群比丘住處，共相擊攊，有一比丘衆共擊攊，不勝笑故氣絶而死，十七群比丘爲之悲哭。”又《大正藏》本劉宋佛陀什等譯《五分戒本》:“若比丘惱亂他比丘，波夜提若比丘以指相擊攊。波夜提若比丘以指戲水中者，波夜提。”“攊”，宫本、宋本、元本皆作“歷”。又《大正藏》本劉宋法顯集出《十頌比丘尼波羅提木叉戒本》一卷:“若比丘尼，以指擊攊他，波夜提。”“攊”，聖本作“擽”，宫本、宋本作“歷”，明本作“櫪”。又《大正藏》本唐義浄譯《根本説一切有部苾芻尼毘奈耶》卷第十五《以指擊攊他學處》第四十八:“緣處同前，時有苾芻，以指擊攊令他致死，世尊訶責乃至爲二部弟子制其學處，應如是説。”

16. 旘

《字彙·方部》:“旘，同幟。”（195 下）

《正字通·方部》:“旘，同幟。”（456 下）

按:《康熙字典·方部》:“旘，《正字通》:‘同幟。’”（459 下）《字彙》《正字通》謂“旘”同“幟”，所言是也。《大字典》《字海》俱收“旘”字，皆據《正字通》之説而謂同“幟”，然未提供文獻用例，佛經有其用例，提供如下:《卍新纂續藏經》本福善日録、通炯編輯《憨山老人夢遊集》卷第二十三《重修英德縣堯山天心寺記》:“山靈海若，載欣載犇。過兹窮髮，投誠布金。赤旘一立，其應如響。妙麗莊嚴，地平如掌。”從文意來看，“旘”當即“幟”字之俗。

17. 暸

《字彙·日部》:“暸，盧皎切，音了。明也。”（202 上）

《正字通·日部》:“暸，盧皎切，音了。明也。”（471 下）

按:《康熙字典·日部》:“暸，《集韻》憐蕭切，音聊。明也。”（473 上）《龍龕》卷四《日部》:“暸，音聊。明也。”（425）《集韻》平聲蕭韻憐蕭切:“暸，明也。”（175）今案:“暸”字有兩個來源：一爲“瞭”字之俗。《卍新纂續藏經》本宋本覺編集《釋氏通鑒序》:“同志君子，欲觀古今諸聖諸賢諸祖諸師出處事跡，須先閲此集，如登須彌山頂，四天下暸然在目，方知此集立志頗勤。”又《卍新纂續藏經》本明王肯堂集釋《因明入正理論集解自序》:“余伏枕無所用心，因得從容讀之，開卷瞭然，具有定見，非餘揣摩依傍者比也。”又《卍新纂續藏經》本明大佑集《浄土指歸集》卷下《浄土非權》:“此等聖賢，應皆不逮今之利根勝器乎，況若以此爲權，將何爲實？權實之判，非止一途，自非教眼瞭焉，何以甄別？”從文意來看，以上“瞭”字皆爲“瞭”字之俗。一爲“嘹”字之俗。《卍新纂續藏經》本清了根纂注《佛説阿彌陀經直解正行》:“此談金地之上，華樂交輝也。凡諸天，聲聞。羅漢，供養諸佛者，豈用他物，惟以百千香華，百千伎樂，轉相争勝，皆是自然伎樂，無非法音。清暢瞭喨，微妙明雅。一切音聲所不能及，非世樂可比。爲之天樂，非敲作聲。”從文意來看，此“瞭”當即“嘹”字之俗。

18. 脸

《字彙·月部》:“脸，離呈切，音陵。脸朧，月光也。”（205 上）

《正字通·月部》:“脸，離呈切，音零。脸朧，月光也。”（478 上）

按:《康熙字典·月部》:“脸，《集韻》《韻會》並郎丁切，音靈。脸朧，月光也。”（480 上）此字《説文》《玉篇》皆未收，《廣韻》亦不録，《集韻》收之，當即丁度等據俗書所增。《集韻》平聲青韻郎丁切:“脸，脸朧，月光。”（245）佛經有“脸”字用例，提供如下:《大正藏》本唐善導集記《觀經正宗分定善義》卷第三:“寶地莊嚴無比量，處處光明照十方，寶閣華臺皆遍滿，雜色脸朧難可量。”又《卍新纂續藏經》本釋宋居士沮渠京聲譯本《佛説觀彌勒菩薩上生兜率天經述贊》:“今此中紺，與彼稍異，如紫青色，珠乃瑠璃頗梨之色，紫紺摩尼之光，内外脸朧，故表裏映徹。”從文意來看，上文中“脸朧”皆非“月光”之義，當爲“明貌”之義。《集韻》訓“脸”爲“月光”，疑不可據。今案:“脸”疑即“昤”字之俗。《廣韻》平聲青韻郎丁切:“昤，昤曨，日光。出道書。”（129）《集韻》平聲青韻郎丁切:“昤，昤曨，日光。”（245）《大正藏》本唐善導撰《依觀經等明般舟三昧行道往生贊》:“光光照曜自他國，照處昤曨隨物色。光能變現希奇事，盡是彌陀願力作。”從文意來看，此“昤曨”亦非“日光”之義，亦當爲“明貌”之義。故“脸朧”當同

“昑曨”,“肣”當即“昑”字之俗,而“昑曨”當即“玲瓏”之俗。《文選・甘泉賦》:“前殿崔巍兮,和氏玲瓏。”李善注引晉灼曰:“玲瓏,明見皃也。”《文選・游天台山賦》:“朱闕玲瓏於林間,玉堂陰映於高隅。”李善注引晉灼《漢書注》:“玲瓏,明見皃也。”“玲”,《廣韻》亦音“郎丁切”。故“昑曨”與“玲瓏”音義並同,“昑曨”當同“玲瓏”。

19. 梛

《字彙・木部》:“梛,奴何切,音那。木名。”(214 上)

《正字通・木部》:“梛,俗橠字。舊注音那,木名,誤。”(507 上)

按:《康熙字典・木部》:“梛,《集韻》《類篇》並囊何切,音那。木名。《桂海虞衡志》:‘拘那花,葉瘦長,略似楊柳,夏開淡紅花,一朵數十萼,秋深猶有之。’”(505 下)《集韻》平聲戈韻囊何切:“梛,木名。”(201)佛經有此字文獻用例,提供如下:《大正藏》本唐輸波迦羅譯《蘇悉地羯囉經》卷中《蘇悉地羯囉經供養次第法品》第十八:“二手頭指無名指捻,右手掐念,通一切用。若阿毘遮嚕迦,豎其母指,捻數珠印。菩提子珠,佛部念誦。蓮花子珠,觀音部用。嚕梛囉叉子,金剛部珠。三部遍用,各如前説。”此“梛”當爲佛經譯音用字,無釋義。《集韻》訓“木名”,疑爲望形生訓。又《廣韻》上聲哿韻奴可切:“橠,榱橠,木盛皃。”(206)《集韻》平聲戈韻囊何切:“橠,榱橠,枝弱。”(201)“梛”與“橠”儘管讀音相同,然義訓區别甚明,二字不可混同,故《正字通》之説疑非是。《康熙字典》引《桂海虞衡志》“拘那花”作爲例證,然其字本作“那”,非作“梛”,故其説亦不可據。

20. 桮

《字彙・木部》:“桮,同盃。”(217 下)

《正字通・木部》:“桮,俗桮字。”(517 下)

按:《康熙字典・木部》:“桮,同杯。”(515 下)《龍龕》卷四《木部》:“桮,俗。布迴反。”(375)“桮”與“杯”“盃”“桮”諸字即爲異體字。《大字典》收録此字,没有提供例證,佛經有此字文獻用例,提供如下:

《大正藏》本後秦鳩摩羅什譯《持世經》卷第二《持世經五陰品》第二之二："不聽受人一桮之水。所以者何？是人於我法中，乃至無有柔順法忍。""桮"，宫本、宋本、元本、明本皆作"杯"。又《大正藏》本唐窺基撰《妙法蓮華經玄贊》卷第四："若教衆生盡以大乘，智者可爾，無智愚人錯學亂行，心迷不信，疑惑誹謗，便返增惡，不能領受，亦如覆桮水於坳塘致桮即膠故，由此返增愚人之咎，故不純以大乘教化。"

21. 樒

《字彙·木部》："樒，覓筆切，音密。木樒，樹名，斫久乃香。亦作榓。"（219下）

《正字通·木部》："樒，莫必切，音密。木樒樹，斫久乃香。俗作櫁、榓。"（523上）

按：《康熙字典·木部》："樒，《唐韻》彌畢切，《集韻》覓筆切，並音蜜。《字林》：'香木。'《類篇》：'似槐。或从密。'"（521上）慧琳《音義》卷三九《不空羂索經》第七卷："木樒，民必反。《埤蒼》云：'香木也。'《字指》：'取香皆當預斫，久乃香出。'銘曰：'樒之爲木，其樹甚大，欲取其香必彌年。'載《古今正字》，從木，监聲，亦作樒。"（58，P169B10）《玉篇·木部》："櫁，亡質切。香木也。取香皆當豫斫之，久乃香出。樒，同上。"（62下左）《大字典》收録"樒"字，没有提供例證，佛經有其文獻用例，今提供如下：《大正藏》本後秦竺佛念譯《出曜經》卷第九《戒品》第七："旃檀多香者，諸世所説，沈水、木樒、旃檀、都良，此是根香。華香者，青蓮、芙蓉、瞻蔔、須乾提末、須乾提華，至解脱華、純日精華、分陀利華，如是衆華數十百種，於持戒香，百倍千倍萬倍巨億萬倍不可以譬喻爲比，非心所思非意所度。""樒"，宋本、元本、明本皆作"榓"。下文又曰："華香氣微者，旃檀木樒中國所貴邊土所無；戒德之香，上熏過諸天，下徹十方，彌滿世界無不聞者。是故説曰，華香氣微，不可謂真。""樒"，宋本、元本、明本亦皆作"榓"。又《大正藏》本西晉竺法護譯《正法華經》卷第八《正法華經歎法師品》第十八："柔軟香須曼香生香，傅飾鬚香思夷華香，青蓮紅蓮黄蓮白蓮，若干樹木果實薰陸香，蘇合香華香，栴檀香木樒香，青木樒香種種衆香，百千殊品處處生者，諸質朴香人所嗅香，男子女人童男童女香，皆自聞。”“樒”，宫本作“蜜”，宋本、元本、明本皆作“榓”。又《大正藏》本唐菩提流志譯《一字佛頂輪王經》卷第五《一字佛頂輪王經護摩壇品》第十三：“若當呪者，成就一字頂輪王祕密法者，應常持以風香木樒木柏木（壇）［檀］木。”“樒”，宋本、元本、明本作“櫁”，甲本作“榓”。

22. 榢

《字彙・木部》：“榢，古訝切，音價。俗作架屋之架字。”（220 上）

《正字通・木部》：“榢，俗架字。”（524 下）

按：《康熙字典・木部》：“榢，俗架字。”（522 上）《集韻》去聲禡韻居迓切：“椵，《博雅》：‘杙也。’所以舉物。或作榢、架，亦書作枷。”（595）《大字典》收録“榢”字，没有提供例證，佛經有其文獻用例，提供如下：《大正藏》本後唐景霄纂《四分律鈔簡正記》卷第五：“行者現行，事謂事相，榢略樞要，故彰抄名。”

23. 樑

《字彙・木部》：“樑，龍張切，音梁。見釋藏。”（222 下）

《正字通・木部》：“樑，俗梁字。舊注樑見釋藏，泥。”（530 下）

按：《康熙字典・木部》：“樑，《字彙》吕張切，音梁。見釋藏。《淮南子・主術訓》：‘大者以爲舟航、柱樑。’不獨見釋藏也。”（528 下）《詳校篇海》卷三《木部》：“樑，音梁。棟樑也。”（182 下）《篇海類編》同。《大字典》收録此字，没有提供例證，文獻有其用例，今提供如下：《淮南子・主術訓》：“故賢主之用人也，猶巧工之制木也，大者以爲舟航、柱樑，小者以爲楫、楔。”《大正藏》本後秦佛陀耶舍共竺佛念譯《佛説長阿含經》卷第二十《第四分世記經阿須倫品》第六：“於其城内别立議堂，名曰七尸利沙，堂牆七重，七重欄楯、七重羅網、七重行樹，周匝校飾，七寶所成，議堂下基純以車璩，其柱樑純以七寶，其堂中柱圍千由旬，高萬由旬，當此柱下有正法座，縱廣七百由旬，彫文刻鏤，七寶所成。”“樑”，宋本、元本、明本皆作“梁”。又《大正藏》本東晉瞿曇僧伽提婆譯《增壹阿含經》卷第十四《高幢品》第二十四之一：“園果施清涼，及作水橋樑。”“樑”，聖本、宋本、元本、明本亦皆作“梁”。又《大正藏》本唐玄奘譯《大般若波羅蜜多經》卷第五百五十二《第四分無雜無異品》第二十四：“我應和解一切有情令相敬愛，何容復起勃惡語言與彼乖争？我應堪耐一切有情長時履踐，猶如道路亦如橋樑，何容於彼反加凌辱？”“樑”，宋本、元本、明本亦皆作“梁”。

24. 樒

《字彙・木部》：“樒，同櫁。”（222下）

《正字通・木部》：“樒，俗櫁字。”（530下）

按：《康熙字典・木部》：“樒，《唐韻》美畢切，《集韻》莫必切，並音蜜。香木。《本草》引《南越志》：‘交州有蜜香樹，欲取先斷其根，經年後外皮朽爛，木心與節堅黑，沉水者爲沉香，浮水面平者爲雞骨，最麤者爲棧香。’（528下）”慧琳《音義》卷三五《一字頂輪王經》第二卷：“樒木，民必反。《考聲》云：‘木名也。’甚有香，文理似白檀，香非白檀也。欲取令香者，皆須斫經多年，久乃香出，其樹白檀之種類也。赤者爲上，世多不識，呼爲白檀香。”（58，P101B5）《集韻》入聲質韻覓畢切：“櫁樒，《字林》：‘香木也，似槐。’或從密。”（665）《大字典》收録此字，没有提供例證，佛經有其文獻用例，提供如下：《大正藏》本唐菩提流志譯《不空羂索神變真言經》卷第八《護摩安隱品》第十：“唯通供養一切三寶，若加持波羅奢木木樒木柏木，截治然火，加持沈水香白栴檀香稻穀花酥蜜，護摩萬遍得金萬兩，分爲三分，一分供養一切三寶，一分寫經造像，一分自用。”“樒”，宋本、元本、明本、乙本皆作“櫁”。又《大正藏》本隋吉藏撰《法華義疏》卷第四《方便品》之二：“廟者貌也，寺塔供養對之如神在有狀貌也。木樒者，形似白檀微有香氣。”“樒”，聖本作“密”。

25. 樓

《字彙・木部》:“樓，盧侯切，漏平聲。重屋也。”（222 下）

《正字通・木部》:“樓，盧侯切，漏平聲。重屋也。”（530 下）

按:《康熙字典・木部》:“樓,《唐韻》落侯切,《集韻》《韻會》郎侯切,《正韻》盧侯切，並音婁。《説文》:‘重屋也。’……又離樓，衆木交加之貌。王延壽《魯靈光殿賦》:‘嶔崟離樓。’”（528 下）《集韻》平聲虞韻龍珠切:“樓，離樓，參差皃。通作婁。”（83）《大字典》“樓”字此義下没有提供例證，文獻有其用例，提供如下:《文選・長門賦》:“羅豐茸之遊樹兮，離樓梧而相撐。”李善注:“離樓，攢聚衆木貌。”又《文選・魯靈光殿賦》:“倔佹雲起，嶔崟離樓。”李善注:“離樓，衆木交加之貌。”

26. 檔

《字彙・木部》:“檔，丁浪切，音擋。横木框檔。”（225 上）

《正字通・木部》:“檔，登浪切，音擋。俗謂横木框檔。”（539 上）

按:《康熙字典・木部》:“檔,《唐韻》《集韻》《類篇》並都郎切，音當。《玉篇》:‘木牀也。’《集韻》:‘木名。’又《類篇》登浪切，當去聲。横木框檔。”（536 下）《玉篇・木部》:“檔，都郎切。牀也。”（63 上左）《玉篇校釋》“檔”字下注:“‘牀也’者，似當云‘牀檔也’。《切韻》:‘檔，車檔。’《廣韻》作轞。《集韻》:‘檔，横木。’《類篇》云:‘横木框檔也。’是凡器物横木通名爲檔。檔之言當，兩相對當也。”（2508）胡氏所言當是。佛經有此字用例，提供如下:《大正藏》本後秦弗若多羅共羅什譯《十誦律》卷第十一《九十波逸提法》之三:“時草敷中生蟲，噉是草，噉床脚、床梐、床檔、床繩，噉被褥枕，噉已入壁中住。”下文又曰:“諸比丘往居士舍，爾時佛自持户鉤，從一房至一房看諸房舍，佛即持户鉤從一房至一房，開一房户，見是草敷蟲生，噉草，噉床脚、床梐、床檔、床繩、被褥枕，佛見已入是舍内，徐徐舉被褥枕，安徐舉床，漸漸舉敷草却蟲已。”下文又曰:“汝等入居士舍已，我持户鉤遊行諸房，開一房户，見草敷中生蟲，蟲噉是草，噉床脚、床梐、床檔、床繩，噉被褥枕，噉已入壁中住欲齧人，是事不是非法不應爾，云何僧卧具？”《大正藏》本後秦弗若多羅共羅什譯《十誦律》卷第三十八《明雜法》之三又曰："時多有人衆象馬牛車男女音聲，妨諸比丘坐禪讀經。諸比丘心不喜，是事白佛。佛言：‘從今若得和香，應塗舍内，塗床髀、床脚、床板、床檔、衣橛、衣架，塗地四壁，如是塗者，坊舍得香，施者得福。’”“檔”，宫本、宋本、元本、明本皆作“當”。“床檔”即指“床上的横木”，“檔”當指“横木”。《玉篇》訓“牀也”，當非是。《康熙字典》轉録《玉篇》作“木牀也”，亦非。《大字典》“檔”字下據《玉篇》之誤而收録“牀”這一義項，疑亦非是。

27. 檦

《字彙・木部》："檦，方小切，音表。表也。《北史》：‘檦其門閭。’”（226上）

《正字通・木部》："檦，標字之訛。舊本存檦闕標，誤。”（540下）

按：《康熙字典・木部》："檦，標訛字。”（538下）《集韻》上聲小韻俾小切："檦，表也。《北史》：‘檦其門閭。’”（395）《大字典》此字没有提供例證，佛經有其文獻用例，提供如下：《大正藏》本吴支謙譯《撰集百緣經》卷第八《比丘尼品》第八："佛在舍衛國祇樹給孤獨園。爾時波斯匿王及梵摩達王，常共忿諍，各將兵衆，象兵馬兵車兵步兵，住河兩岸，各立檦相。”又《大正藏》本《佛説佛名經》卷第六："或於鄉鄰比近移籬拓牆，侵奪地宅改檦易相，虜掠田園因公託私，奪他邸店及以毛野，如是等罪無量無邊，今日發露歸命懺悔。”又《大正藏》本唐道世撰《法苑珠林》卷第四十一《妖怪篇》第二十四："又覩一物形如猴，懸在樹檦，令人刺，中其髀墮地奄没。”又《卍新纂續藏經》本隋慧遠撰《勝鬘經義記》卷上："拔苦理亦須力，但今爲明拔苦與樂，人皆樂從。不假强力，降惡授善，違情難作，人多不從。故求强力，於彼彼處見此衆生，檦牒所化，惡者非一，故稱彼彼。”

28. 橐

《正字通・木部》:“橐，鞴、韛並同。《奇字韻》有橐，吹火韋囊。舊本闕。”（543上）

按:《康熙字典・木部》:“橐，同鞴。”（541下）慧琳《音義》卷一六《大方廣三戒經》卷下:“橐囊，上音敗，下諸郎反。《蒼頡》《玉篇》:‘鞴囊，吹火具也。’或從革作鞴，或從（車）［韋］作（鞴）［韛］，並通，經作排，非也。”（57，P711B6）《集韻》去聲怪韻步拜切:“韛，吹火韋囊也。或作鞴、橐。”（527）《大字典》“橐”字没有提供例證，佛經有其文獻用例，提供如下:《大正藏》本後秦鳩摩羅什譯《大莊嚴論經》卷第七:“金師常吹橐，出入氣是風，”“橐”，宋本、元本、明本皆作“韛”。又《大正藏》本隋闍那崛多譯《大方等大集經賢護》分卷第三《觀察品》第六之二:“譬如金鎚安置火中，善作鑪橐融消鍊冶熾然毒熱。又如鐵丸新從火出炎赫熾然，有智之人不應執觸，何以故？鐵流金熾，觸則熾然故。”“橐”，明本作“韛”。又《大正藏》本元魏瞿曇般若流支譯《正法念處經》卷第五《地獄品》第三之一:“若以橐筒置糞門中，鼓橐吹之。”

29. 殨

《字彙・歹部》:“殨，於廢切，音穢。殘殨，死物。”（234上）

《正字通・歹部》:“殨，烏貴切，音穢。殘殨，死物。”（560上）

按:《康熙字典・歹部》:“殨,《集韻》烏廢切，音薉。殘殨，死物。”（567上）《集韻》去聲廢韻烏廢切:“殨，殘殨，死物。”（537）“殘殨”本當作“殘穢”。佛經中“殘穢”用例甚多，提供如下:《大正藏》本唐菩提流志譯《不空羂索神變真言經》卷第一:“三白飲食諸果飲食敷獻供養，惟除一切殘穢觸食惡律儀家百味飲食五辛酒肉，皆不供養餘者盡通。”又《大正藏》本唐玄奘譯《不空羂索神呪心經》:“世尊若善男子善女人等，能斷酒肉及諸熏辛，不食殘穢身常清潔，日日三時轉誦如是不空羂索神呪心經，彼勝功德晝夜增長。”又《大正藏》本唐阿目佉譯《不空羂索神變真言經》卷上:“以淨黃土瞿摩夷香泥如法塗壇，清潔晝彩中置其像，幡華莊飾，四角中央置香水瓶三白飲食諸菓飲食敷獻供養，惟除一切殘穢觸食惡律儀家百味飲食五辛酒肉皆不供養，餘者盡通請召供養。”又《大正藏》本唐圓暉述《俱舍論頌疏論本》第十二：“爾時有非耕種，香稻自生，衆共取之，以充所食，此食麁故，殘穢在身，爲欲蠲除，便生二道，因斯遂復有男女根生。”又《大正藏》本宋志磐撰《佛祖統紀》卷第三十《三世出興志》第十四：“由耽地味顔色粗悴，地味既隱乃生林藤，復共耽食林藤復隱，便生自然粳稻無有糠檜，備衆美味，此食稍粗殘穢在身，爲欲蠲除，便在二道，成男女根。”從文意來看，“殘穢”即爲“污穢”之義。“殘殨”當同“殘穢”，“殨”當即“穢”受上文“殘”字類化影響而改换義符所産生的俗字。《集韻》訓“殘殨”爲“死物”，疑爲望形生訓。

30. 漄

《字彙·水部》：“漄，五皆切，音崖。水際也。”（255 下）

《正字通·水部》：“漄，俗涯字。”（606 下）

按：《康熙字典·水部》：“漄，《集韻》宜佳切，音厓。與涯同。水畔也。”（634 上）《集韻》平聲佳韻宜佳切：“涯，水畔也。或作漄。”（101）故“漄”當即“涯”之異體字。《大字典》收録“漄”字，没有提供例證，佛經有其文獻用例，提供如下：《大正藏》本梁寶唱等集《經律異相》卷第三十九《六師共誓伺欲降佛累遣覘觀皆從佛化》二：“瞿曇所顯如海無漄，我等所見如牛蹄水。”“漄”，宫本、宋本、元本、明本皆作“涯”。又《大正藏》本失譯《别譯雜阿含經》卷第三《初頌》第三：“是名僧福田，廣大無漄際。”下文卷第五《初頌》第五又曰：“從無量劫來，受身無漄際。”“漄”，宋本、元本、明本皆作“崖”。

31. 燽

《字彙·火部》：“燽，除留切，音儔。著也；明也。”（270 下）

《正字通·火部》：“燽，同焘。舊注音儔，著也，明也，分燽、焘爲二，誤。”（641 下）

按:《康熙字典・火部》:“燽,《廣韻》直由切,《集韻》陳留切,並音儔。《廣韻》:‘著也。’《集韻》本作燾。”(680 上)《廣韻》平聲尤韻直由切:“燽,著也。”(139)《大字典》收録此字,没有提供例證,佛經有此字用例,提供如下:《卍新纂續藏經》本《法華經大義》一卷《妙法蓮華經見寶塔品》第十一:“燽燽兩尊,巋然居高。煌煌一塔,森然秀峙。”從文意來看,“燽燽”當爲“顯著”之義。又《集韻》平聲尤韻陳留切:“燾,溥覆照也。或書作燽。”(260)《集韻》所言疑非是。《説文・火部》:“燾,溥覆照也。从火,壽聲。”(209 上)王筠《句讀》:“燾衹是覆,而云照者,字從火也。天之所覆即爲日月所照矣。云溥者,溥天之下也。”“燾”當爲“覆蓋”之義。“燾”,《廣韻》音“徒到切”,又音“徒刀切”。故“燽”與“燾”儘管構字部件相同,然音義俱别,二字不可混同,《集韻》於平聲豪韻、去聲號韻收録“燾”字,然又置“燾”於平聲尤韻“陳留切”這一反切之下,且謂“燾”或書作“燽”,於前代字韻書皆無徵,其説非是。《正字通》謂“燽”同“燾”,且謂“舊注”非,疑亦非是。《康熙字典》謂《集韻》本作“燾”,疑亦非是。

32. 狹

《字彙・犬部》:“狹,烏郎切,音央。貉屬。”(279 下)

《正字通・犬部》:“狹,同貁,俗省。”(658 下)

按:《康熙字典・犬部》:“狹,《集韻》於良切,音央。獸名,貉也。”(706 下)《廣韻》平聲唐韻烏郎切:“貁,貉屬。狹,上同。”(119)《大字典》收録“狹”字,没有提供例證,佛經有其文獻用例,提供如下:《卍新纂續藏經》本唐湛然述《止觀輔行搜要記》卷第八:“若邪下,正明發相。今欲下,以時驗獸。此九屬東木等者,九中三正,故以三正對孟仲季。言前後者,孟在初故正獸居後,仲居中故正獸處中,季在末故正獸居初,餘方皆爾,欲使孟仲季座均等故也。餘五行文皆但十二,唯六住式具列三十六。彼文云‘已有三蟬鱓虵’,恐今文悮,餘名同式。既防其來,須略辨相。我,大足狢,應作貃(胡名反)。《爾雅》云:‘雌者曰貑(乃步反)。’今江東人呼狹狫。貐字從豸,猰貐類貙(刃株反)。

虎爪食人迅走，更開一百八者，恐時間寬，故各開三，還同本獸，但稱三十六名，百八自去。夫鬼神法懼人知名，況今識形呼其名，不敢爲非。”

33. 癮

《字彙·疒部》:“癮，同㿃。”（305 下）

《正字通·疒部》:“癮，同㿃。”（717 下）

按:《康熙字典·疒部》:“癮，《集韻》同㿃。”（788 下）《集韻》平聲隱韻倚謹切:“㿃癮，㿃胗，皮小起皃。或不省。”（358）故“癮”即“㿃”之異體字，二字本當作“隱”。《大正藏》本後秦鳩摩羅什譯《大智度論釋轉不轉品》第五十六之餘:“譬如大軍，退敗則怖懅迷悶，卧地似死；親族見之，欲知活不，以杖鞭之，若癮疹起者，則知必活。菩薩亦如是，皆是肉身，何以故知必能成佛？若聞説佛法，身中相現——衣毛爲豎，顔色相異；餘人聞不入心，則無異相，如死人無異。”“癮”，宮本、宋本、石本皆作“隱”；“疹”，宋本、宮本、石本作“軫”，元本、明本作“胗”。又《大正藏》本唐道世撰《法苑珠林》卷第七十三《殺生部》第四:“梁時有人爲縣令，經劉敬躬縣廨被焚，寄寺而住，民將牛酒作禮縣令，以牛繫剎，屏除形像鋪設床座，於堂上接賓。未殺之頃牛解徑來，至階而拜，縣令大笑，命左右宰之。飲噉飽酒便卧簷下，投醒即覺體痒，把搔癮胗，因爾須臾變成大患，經十餘年便死。”此即其證也。《大字典》“癮”字下此義項没有提供文獻例證，以上佛經用例可補其失。

34. 睢

《字彙·目部》:“睢，與濉同。又呼回切，音揮。仰目視貌。《漢·五行志》:‘萬衆睢睢。’又睢盱，元氣也。”（314 下）

《正字通·目部》:“睢，呼杯切，音揮。《説文》:‘仰目也。’又視周章貌。《莊子》:‘而睢睢盱盱，而誰與居？’《漢·五行志》:‘萬衆睢睢，驚怪連日。’”（737 上）

按:《康熙字典·目部》:“睢，《唐韻》許惟切，《集韻》呼維切，並音倠。《説文》:‘仰目也。’《聲類》:‘大視也。’……又《集韻》翾畦切,音近醯。睢睢,元氣貌。”(820下)《廣雅·釋訓》:“睢睢、盱盱,元氣也。”《集韻》平聲脂韻呼維切:“睢,睢睢,元氣也。”(47)《莊子·寓言》:“老子曰:‘而睢睢盱盱,而誰與居?大白若辱,盛德若不足。’”郭慶藩《集釋》:“注:‘睢睢盱盱,跋扈之貌。人將畏難而疏遠。’疏:‘睢盱,躁急威權之貌也。而,汝也。跋扈威勢,矜莊燿物,物皆哀悼,誰將汝居處乎?’釋文:‘睢睢’,郭呼維反,徐許圭反。‘盱盱’,香于反,又許吴反,又音虚。《廣雅》云:‘睢睢盱盱,元氣也。’而,汝也。言汝與元氣合德,去其矜驕,誰復能同此心?”《大字典》“睟”字下據《集韻》收録“元氣貌”這一義項,書證過晚,可據《廣雅》提前書證;此義項下没有提供文獻例證,可據《莊子·寓言》補充例證。

35. 秐

《字彙·禾部》:“秐,同耘。”(331上)

《正字通·禾部》:“秐,同耘。”(770下)

按:《康熙字典·禾部》:“秐,《集韻》於分切,音雲。除苗間穢也。同耘。”(865下)《集韻》平聲文韻于分切:“䢵耘秐秐,《説文》:‘除苗間穢也。’或從芸、從云,亦作秐,通作芸。”(130)故“秐”與“䢵”“耘”“秐”諸字即爲異體字,《大字典》没有提供文獻例證,佛經有其用例,提供如下:《大正藏》本隋闍那崛多譯《佛本行集經》卷第八《從園還城品》第七上:“時,淨飯王生是心已,是時工巧毘首羯磨,即時化作七寶輦輿,自然而成,不由人作,端嚴微妙,殊特少雙。時淨飯王即出嚴敕,勒令修理迦毘羅城,灑掃秐除一切荆蕀、沙礫礓石、糞穢土搥,惡露不馨悉令淨潔。”從文意來看,此“秐”亦即“耘”之異體字。

36. 篛

《字彙·竹部》:“篛,同箬。”(346上)

《正字通·竹部》:“篛,同箬。”(804上)

按:《康熙字典·竹部》:“篛,《集韻》日灼切,音弱。同箬。謝靈運

《山居賦》:‘摘篛于谷。’又筍名。《書·顧命傳》:‘筍篛，竹也。’僧贊寧《筍譜》:‘筍，一名篛，竹土内皮中謂之篛也。’”(912上)《集韻》入聲藥韻日灼切:“箬,《說文》:‘所謂竹皮曰箬。’或作篛。”(720)《大字典》收録此字，没有提供例證，文獻有其用例，提供如下:《大正藏》本宋集成等編《宏智禪師廣録》卷第一《江州廬山圓通崇勝禪院語録》:“上堂云:‘月低天曉，雪積山寒。風樹蕭蕭，野雲冉冉。廣長舌相，無爾藏縮處。浄妙法身，無爾蓋覆處。到這裏如何?得端的相應去，還會麽?蓑衣篛笠賣黄金，幾處相逢不解唤。’”又《卍新纂續藏經》本宋師明集《續刊古尊宿語要》第五集《頌古》:“千山鳥影滅，萬里人跡絶。孤舟篛笠翁，獨釣寒江雪。”又《卍新纂續藏經》本《嘉泰普燈録》卷第二十一《隆興府泐潭山堂德淳禪師》:“信之上饒人，上堂曰:‘俱胝一指頭，一毛拔九牛。華嶽連天碧，黄河徹底流。截却指，急回眸。青篛笠前無限事，緑蓑衣底一時休。’”

37. 胢

《字彙·肉部》:“胢，同軻。”(380上)

《正字通·肉部》:“胢，同軻。”(875上)

按:《康熙字典·肉部》:“胢,《正字通》:‘同軻。’”(1010下)《龍龕》卷四《肉部》:“胢，俗。苦何反。正作軻。”(407)《新修玉篇》卷七《肉部》引《龍龕》:“胢，苦何切。正作軻。”(68上右)《篇海》同。“胢”字,《新修玉篇》《篇海》皆謂引《龍龕》,《大字典》卻謂《篇海》引《俗字背篇》，非是。《大字典》没有提供例證，佛經有其文獻用例，提供如下:《大正藏》本唐不空譯《文殊師利菩薩及諸仙所說吉凶時日善惡宿曜經》卷上《宿曜曆經祕密雜占品》第五:“凡人有災厄時，可持真言立道場而用禳之若有人不記得本所屬宿，而來問我者何以答之，曰皆先須看人初來之時，觸著處而斷之，則可知耳。若先觸頭者則屬昴宿，若先觸額者則屬畢宿，若先觸眉者則屬觜宿，若先觸眼者則屬參宿，若觸兩頰及耳者則屬井宿，若先觸牙及胸者則屬鬼宿，若觸齒者則屬柳宿，若觸項者則屬星宿，若觸右肩則屬張宿，若觸左肩則屬翼宿，若觸手者則屬軫宿，若觸頬頤者則屬角宿，若觸缺盆及項下胸上者則屬亢宿，若觸臆者則屬氐宿，若觸右臂則屬房宿，若觸左臂則屬心宿，若觸心脾骨者則合屬尾宿，若觸右脅者則屬箕宿，若觸左脅者則屬斗宿，若觸臍者則屬牛宿若觸腹肚者則屬女宿，若觸小腸下者則屬虚宿，若觸胯腿及後分者則屬危宿，若觸右腿髀者則屬室宿，若觸左腿髀者則屬壁宿，若觸膝胻者則屬奎宿，若觸脛者則屬婁宿，若觸脚者則屬胃宿。”

38. 蜆

《字彙·虫部》:“蜆，同貝。”（424 下）

《正字通·虫部》:“蜆，俗貝字。”（992 上）

按:《康熙字典·虫部》:“蜆,《正字通》:‘俗貝字。’”（1127 下）《龍龕》卷二《虫部》:“蜆，俗，音貝。同。”（224）據《龍龕》體例，“蜆”當即“貝”字之俗,《字彙》謂“蜆”同“貝”,《正字通》謂“蜆”即“貝”字之俗，皆是。《大字典》《字海》收録“蜆”字，分别據《字彙》《正字通》之説而謂同“貝”，然未提供文獻用例，佛經有其用例，提供如下:《大正藏》本佚名《大佛頂廣聚陀羅尼經》卷第二《大佛頂無畏廣聚如來佛頂造珍寶品》第十一:“作白銀方及藥，錫百兩，銅三百兩，延壽藥三兩，螺蜆五兩，油王三兩，金鑛三兩，銀鑛二十兩，合灰三兩，阿迦吏羅三兩，羅娑嚩吒二兩，多羅二十兩，右以上准前和合，欲熟時，光如月色，即知是熟。”從文意來看,“螺蜆”當同“螺貝”，且文獻中“螺貝”用例甚多（此不贅），故“蜆”當即“貝”字之俗。

39. 躟

《字彙·足部》:“躟，汝兩切，音壤。躟躟，行疾貌。又如羊切，音穰。義同。”（478 上）

《正字通·足部》:“躟，汝兩切，音壤。躟躟，行疾貌。又陽韻音穰。通作驤，古借襄。”（1128 上）

按:《康熙字典·足部》:“躟,《廣韻》汝陽切,《集韻》如陽切，並音穰。《博雅》:‘征躟，惶劇也。’《玉篇》:‘躟躟，疾行也。’《類篇》:‘跙躟，行遽也。’傅毅《舞賦》：‘擾躟就駕。’注：‘《埤蒼》云：躟，疾行貌。’《集韻》或作儴。”（1295上）《名義·足部》：“躟，仁羊反。疾行也。”（62下）《玉篇·足部》：“躟，仁羊、仁養二切。躟躟，行疾皃。”（34上右）又《廣韻》平聲陽韻息良切：“襄，除也；上也；駕也；返也。亦州名。又姓。”同一小韻下文又曰：“驤，馬騰躍。又速也。”（113）“躟”與“驤”義通音别，而“躟”與“襄”音義俱别，故《正字通》謂“躟”通作“驤”，古借“襄”，非是。《大字典》收録“躟”字，没有提供文獻用例，《文選》有此字用例，今提供如下：《文選·舞賦》：“於是歡洽宴夜，命遣諸客。擾躟就駕，僕夫正策。”李善注：“《埤蒼》：‘躟，疾行貌。’《史記》曰：‘天下躟躟。’”按：今本《史記·貨殖列傳》作“攘攘”。

40. 軲

《字彙·車部》：“軲，古胡切，音姑。姓也。又空胡切，音枯。《山海經》有依軲之山。”（480下）

《正字通·車部》：“軲，攻呼切，音姑。姓也。又空烏切，音枯。《山海經》有依軲之山。”（1132下）

按：《康熙字典·車部》：“軲，《廣韻》苦胡切，《集韻》空胡切，並音枯。《廣韻》：‘車也。’又山名。《山海經》有依軲之山。”（1302上）原本《玉篇·車部》：“軲，口胡反。《廣雅》：‘軲，車也。’《廣倉》：‘人姓也。在汝南朗陵。’《埤蒼》：‘依軲，山名也。’”（410）《龍龕》卷一《車部》：“軲，苦胡反。車也。又山名。亦姓。”（81）《大字典》“軲”字下據《龍龕》收録“山名”這一義項，然未提供文獻用例，《山海經》有其用例，提供如下：《山海經·中山經》：“又東南三十里，曰依軲之山，其上多杻、橿、多苴。有獸焉，其狀如犬，虎爪有甲，其名曰獜，善駚坌，食者不風。”

41. 釯

《字彙·金部》：“釯，無方切，音亡。刃端。”（503上）

《正字通·金部》:“釯，俗鋩字。舊注刃端，改音亡，非。”（1192下）

按:《康熙字典·金部》:“釯，《正字通》:‘俗鋩字。’”（1364上）《龍龕》卷一《金部》:“鉒，俗；鋩，音亡。刃端也。二。”（10）“釯”當即“鉒”之楷定字，亦即“鋩”之異體字。《大字典》收録“釯”字，據《正字通》之説而謂同“鋩”，是也；然未提供文獻用例，佛經有其用例，提供如下:《大正藏》本《佛説佛名經》卷第三《大乘蓮華寶達問答報應沙門經》:“其地獄中有鐵鏃鏇，裂如鋒釯遍布其地。”《大正藏》本《圓悟佛果禪師語録》卷第十六《與耿龍學書》又曰:“師云:‘和光順物與世同塵，不犯鋒釯收放自在。’”

42. 鍊

《字彙·金部》:“鍊，郎殿切，連去聲。冶金。”（507下）

《正字通·金部》:“鍊，力見切，連去聲。煎冶銅鐵使精熟也。《皇極經世》曰:‘金百鍊肰後精，人亦如此。’又精金。王褒《四子講德論》:‘精鐮藏于鑛鏷。’”（1206上）

按:《康熙字典·金部》:“鍊，《唐韻》《韻會》《正韻》並郎甸切，音練。《説文》:‘冶金也。’《正字通》:‘煎冶銅鐵使精熟也。’陳琳《武庫賦》:‘鎧則東（吴）[胡]闕鞏，百鍊精剛。’《皇極經世》:‘金百鍊然後精，人亦如此。’又精金也。王褒《四子講德論》:‘精鐮藏於鑛鏷。’”（1382下）《大字典》“鍊”字下據《正字通》收録“精金”這一義項，然未提供例證，據《正字通》所引王褒《四子講德論》可補之:《文選·四子講德論》:“精練藏於礦朴，庸人視之忽焉。”李善注:“精練，金也。金百練不耗，故曰精練也。”“精練”，一本作“精鍊”。

43. 阮

《字彙·阜部》:“阮，古原字。又上聲五遠切。國名。今陝西平涼府涇州是也。又姓。”（517上）

《正字通·阜部》:“阮，虞遠切，原上聲。《説文》:‘代郡，五阮關

也。’又國名。又姓。”（1234上）

按:《康熙字典·阜部》:“阮,《唐韻》虞遠切,《集韻》《韻會》《正韻》五遠切，並音邧。《玉篇》:‘山名。’”（1418下）《玉篇·阜部》:“阮，牛遠切。山名。又五阮關。”（106下左）《大字典》據《玉篇》收録“山名”這一義項，然未提供例證，“阮”義爲“山名”，有其文獻用例，今提供如下：原本《玉篇·阜部》:“阮，牛遠反。《吕氏春秋》:‘乃之阮隃之陰。’高誘曰:‘山名。’《説文》:‘代郡，五阮關。’”（550）《吕氏春秋·仲夏紀·古樂》:“伶倫自大夏之西，乃之阮隃之陰，取竹於嶰谿之谷，以生空竅厚鈞者，斷兩節間，長三寸九分，而吹之以爲黄鐘之宫，吹曰舍少。次制十二筒，以之阮隃之下，聽鳳凰之鳴，以別十二律。”高誘注:“阮隃，山名。”畢沅曰:“‘阮隃’,《漢書·律歷志》作‘昆侖’,《説苑·修文篇》《風俗通·音聲篇》《左氏·成九年》正義皆作‘崑崙’,《世説·德行篇》引《吕》亦同。”王念孫曰:“‘崑崙’或作‘崐崘’，因訛爲‘阮隃’。”許維遹案:“畢、王説是。《御覽》五百六十五引亦作‘崑崙’。《晉書·律曆志》同。至《宋書·律志》、《路史·黄帝紀》始誤爲‘阮隃’。又案：畢校引《世説》原作《德行篇》，誤，今改正。”以上諸家謂“阮隃”當爲“崑崙”之誤，所言當是；然據上文所引原本《玉篇》可知，自顧野王《吕氏春秋》“崑崙”已誤作“阮隃”。

44. 陳

《字彙·阜部》:“陳，池鄰切，音臣。列也。《商書》:‘我祖底遂陳于上。’又張也；布也；故也。又敷告也。又衆也。又久也。”（519上）

《正字通·阜部》:“陳，稱人切，音臣。堂除也。《爾雅》:‘堂除謂之陳。’注:‘堂下至門之徑也。’”（1240上）

按:《康熙字典·阜部》:“陳,《唐韻》直珍切,《集韻》《韻會》《正韻》池鄰切，並音塵。《玉篇》:‘列也；布也。’……又《廣韻》:‘衆也。’”（1426下）《廣韻》平聲真韻直珍切:“陳，陳列也；張也；衆也；布也；故也。亦州名。”（60）《大字典》“陳”字下據《廣韻》收録“衆”這一義項，然未提供例證，原本《玉篇》“陳”字下注文有其文獻用例，提供如下：原本《玉篇·阜部》："陳，除珍反。《尚書》：'失於政，陳於兹。'孔安國曰：'陳，尸也。'《周易》：'卑高以陳，貴賤位矣。'韓康伯曰：'陳，列也。'《周禮》：'正其肆，陳其貨賄。'鄭玄曰：'陳，猶處也。'《毛詩》：'胡逝我陳。'傳曰：'陳，堂塗也。'《爾雅》亦云。郭璞曰：'堂下至門徑也。'《韓詩》：'塗左右曰陳。'又曰：'陳錫載周。'陳，見也。《左氏傳》：'陳魚而觀之。'杜預曰：'陳，設張也。捕魚之備而觀之也。'《吕氏春秋》：'丈夫女子，陳陳殷殷。'高誘曰：'陳陳，衆也。'"（551）《玉篇校釋》"陳"字下注："引《吕氏春秋》爲《孝行覽·慎人篇》文，今作'振振殷殷'。《文選·曲水詩序》注一引亦作'陳陳殷殷'，又引作'軙軙磤磤'，《廣韻·先韻》引作'輷輷磤磤'，重之形況，字異而義同，故傳本不一也。"（4384）胡氏所言是也。

45. 駓

《字彙·馬部》："駓，鋪杯切，音丕。馬黄白雜色。《詩·魯頌》：'有騅有駓。'"（550下）

《正字通·馬部》："駓，鋪杯切，音丕。《爾雅》：'黄白雜毛曰駓。'注：'今桃花馬。'《詩·魯頌》：'有騅有駓。'"（1312下）

按：《康熙字典·馬部》："駓，《唐韻》敷悲切，《集韻》《韻會》攀悲切，並音丕。《玉篇》：'駓駓，走貌。'《楚辭·招魂》：'逐人駓駓些。'王注：'駓駓，走貌。'"（1518下）《玉篇·馬部》："駓，普悲、步悲二切。黄白色（毛）[駓]，今之桃華[馬]。又駓駓，走皃。"（107下左）《玉篇校釋》"駓"字下注："'又駓駓，走皃'者，《楚辭·招魂》：'逐人駓駓些。'王注：'駓駓，走皃。'《廣雅·釋訓》：'駓駓，走也。'《詩·駉》：'以車伾伾。'釋文引《字林》：'駓，走也。'《毛傳·吉日》：'儦儦俟俟。'《説文》引作'伾伾俟俟。'《後漢·馬融傳》注引《韓詩》作'駓駓騃騃'，《文選·西京賦》注引韓章句云：'趨曰駓駓，行曰騃騃。'"（4428）胡氏所言當是。《楚辭·招魂》："敦脄血拇，逐人駓駓些。"王逸注："駓駓，走貌也。"《大字典》"駓"字下據《玉篇》收録"馬走貌"這一義項，然未提供文獻用例，可據《楚辭·招魂》補之。

46. 齺

《字彙·齒部》:“齺，食角切，音浞。齒相近。《博雅》:‘齧也。’又上下相向貌。《荀子》:‘齺然上下相信。’”（591下）

《正字通·齒部》:“齺，舊注食角切，音浞，齒相近。引《博雅》:‘齧也。’又上下相向貌。引《荀子》:‘齺然上下相信。’按:《説文》:‘齺，齒搚也。一曰齰也。一曰馬口中橜也。從齒，芻聲。’側鳩切。”（1412上）

按:《康熙字典·齒部》:“齺,《唐韻》側鳩切,《集韻》甾尤切，並音鄒。《説文》:‘齒搚也。一曰齰也。一曰馬口中橛也’又《玉篇》:‘無牙名也。’”（1631上）《玉篇·齒部》:“齺，士角、壯留二切。無牙名也。《説文》云:‘齒搚也。一曰齰也。一曰馬口中橜也。’”（27下左）《玉篇校釋》“齺”字下注:“‘無牙名也’者，謂有齒無牙謂之齺也。王延壽《王孫賦》:‘口嗛呥以鬜齺。’章樵注:‘鬜齺，有齒無牙狀。’”（1078）漢王延壽《王孫賦》:“有王孫之狡獸……鼻鼪齁以𪖐𪖙，耳聿役以嘀知，口嗛呥以鬜齺，脣皺㗖以䏚䁕。”章樵注:“鬜齺，有齒無牙狀。”《大字典》據《玉篇》收録“無牙名”這一義項，但卻未提供文獻用例，可據漢王延壽《王孫賦》補之。

（五）有利於增補未收義項

《大字典》在《前言》中説:“在字義方面，不僅注重收列常用字的常用義，而且注意考釋常用字的生僻義和生僻字的義項，還適當地收録了複音詞中的詞素義。”由於我國漢文文獻的浩如煙海，要想窮盡地爲每個漢字找到所有義項是不可能一次完成的，這是一個不斷累積的過程。系統考釋與研究《字彙》《正字通》《直音篇》《詳校篇海》《篇海類編》《康熙字典》《字彙補》等明清大型字書疑難字，可以爲《大字典》收録的許多字形增補未收義項。

1. 仇

《字彙·人部》:“仇，渠尤切，音求。匹也。與逑同。《詩·周南》:

‘公侯好仇。’又讎也；又傲也；又姓。”（31上）

《正字通·人部》：“仇，渠尤切，音求。匹也；又怨敵也。《詩·秦風》：‘修我戈矛，與子同仇。’”（26下）

按：《康熙字典·人部》：“仇，《唐韻》巨鳩切，《集韻》《韻會》《正韻》渠尤切，並音求。匹也。匡衡引《詩》：‘君子好仇。’同逑。《爾雅·釋詁》：‘仇，合也。’注：‘謂對合也。’又怨敵也。《詩·秦風》：‘修我戈矛，與子同仇。’《左傳·桓二年》：‘師服曰：嘉耦曰妃，怨耦曰仇。’又讐也。《史記·留侯世家》：‘張良爲韓報仇。’又《爾雅·釋訓》：‘仇仇、敖敖，傲也。’《詩·小雅》：‘執我仇仇。’傳：‘猶謷謷也。’”（19下）《爾雅·釋訓》：“仇仇、敖敖，傲也。”郭璞注：“皆傲慢賢者。”《詩·小雅·正月》：“執我仇仇，亦不我力。”毛傳：“仇仇，猶謷謷也。”孔穎達疏：“《釋訓》云‘仇仇、敖敖，傲也’，義同。”《大字典》未收“仇”字此義，可據補。

2. 件

《字彙·人部》：“件，巨展切，乾上聲。名件；條件。《説文》：‘分也。’”（32上）

《正字通·人部》：“件，巨展切，乾上聲。《説文》：‘分也。’《六書故》：‘物别也。’又名件；條件。”（30上）

按：《直音篇》卷一《人部》：“件，巨展切。名件。”（20上）《詳校篇海》卷五《人部》：“件，巨展切，讀如建。名件也。《説文》：‘分也。’”（372上）《篇海類編》同。《康熙字典·人部》：“件，《唐韻》其輦切，《集韻》《韻會》《正韻》巨展切，並乾上聲。《説文》：‘分也。’《六書故》：‘物别也。’又名件；條件。俗號物數曰若干件。”（23上）《大字典》未收“件”字“名件”“條件”之義，可據補。

3. 俙

《字彙·人部》：“俙，虚宜切，音希。依俙，仿佛也。一曰訟也，面相是心相非也。”（37下）

《正字通・人部》:“俙，虛期切，音希。《説文》:‘訟面相是也。’長箋曰:‘當是漢語人自以爲直也。’又，依俙，猶仿佛也。”(44上)

按:《康熙字典・人部》:“俙,《廣韻》《集韻》《韻會》並香衣切，音希。《説文》:‘訟面相是也。’長箋:‘當是漢語人自以爲直也。’又依俙，猶言仿佛也。又僾俙，不明也。李登《聲類》:‘僾俙，一作靉霼。僾俙不明莫如雲也。’”(35上)《廣韻》平聲微韻香衣切:“俙，依俙。”(32)《集韻》平聲微韻香依切:“俙，依俙，猶言髣髴也。”(60)“依俙”當同“依稀”，文獻中多作“依稀”，此例甚多，今不贅。《大字典》未收“俙”之“依俙，仿佛也”“僾俙，不明也”這兩個義項，可據補。

4. 僊

《字彙・人部》:“僊，與仙同。又僊僊，舞貌。”(42下)

《正字通・人部》:“僊，同仙。劉知古謂明皇曰:‘人主長生，與庶人異。欲得長生，當先道化。人和氣洽，則僊自致。若爲庶人之事，臣所未悉。’又僊僊，舞皃。《詩・小雅》:‘屢舞僊僊。’注:‘軒舉之狀。’又《莊子・在宥篇》:‘鴻蒙謂雲將曰：毒哉！僊僊乎歸矣。’”(57下)

按:《康熙字典・人部》:“僊,《集韻》同仙。又僊僊，舞貌。《詩・小雅》:‘屢舞僊僊。’注:‘軒舉之狀。’《莊子・在宥篇》:‘鴻蒙謂雲將曰：毒哉！僊僊乎歸矣。’”(46下)《詩・小雅・賓之初筵》:“舍其坐遷，屢舞僊僊。”孔穎達疏:“僊僊，舞貌也。”又《莊子・在宥》:“鴻蒙曰:‘噫，毒哉！僊僊乎歸矣。’”成玄英疏:“僊僊，輕舉之貌。”《大字典》未收“僊”字“僊僊，舞貌”“僊僊，輕舉之貌”之義，可據補。

5. 僬

《字彙・人部》:“僬，兹消切，音焦。僬僬，明察貌。《荀子》:‘以己之僬僬，受人之掝掝。’又僬僥，短人。又去聲子肖切。趨走促數不爲容止之貌也。《曲禮》:‘庶人僬僬。’”(43上)

《正字通・人部》:“僬，兹消切，音焦。僬僬，明察貌。《荀子》:‘以己之僬僬，受人之掝掝。’又僬僥氏長三尺。韋昭曰:‘西南夷別

名。'……又嘯韻音醮。趨走促數不爲容止也。《曲禮》:'士蹌蹌，庶人僬僬。'鄭氏曰:'卑者體蹙。'"(60上)

按:《康熙字典·人部》:"僬,《廣韻》即消切,《集韻》慈焦切,《韻會》《正韻》兹消切，並音焦。僬僬，明察貌。《荀子·不苟篇》:'誰能以己之僬僬，受人之掝掝。'"(48下)《荀子》卷二:"其誰能以己之僬僬，受人之掝掝者哉。"楊倞注:"僬僬，明察之貌。""僬"之"僬僬，明察貌"這一義項,《大字典》未收，可據補。

6. 㿖

《字彙·人部》:"㿖，七肖切，音悄。僥㿖，長貌。"(43下)

《正字通·人部》:"㿖，七妙切，音悄。僥㿖，長貌。"(61上)

按:《集韻》去聲笑韻七肖切:"㿖，僥㿖，長皃。"(579)《康熙字典·人部》:"㿖,《集韻》七肖切，音悄。僥㿖，長貌。"(49下)"㿖"字有其他兩種用法，提供如下:一、"㿖"當即"操"字之俗。慧琳《音義》卷六〇《根本説一切有部毗奈耶律》第六卷:"貞操，草奧反。《韻英》云:'(橾)[操]，志也。'或從人作㿖。《文字典説》從手，喿聲也。喿，音桑到反。"(58，P661B4)此"㿖"當即"操"字之俗。二、"㿖"當即"懆"字之俗。宋善卿編《祖庭事苑》卷第一:"性㿖，㿖當作懆。蘇到切。性踈貌。"宋正受編《嘉泰普燈録》卷第二十六《雪峰祖燈瑢禪師》一則:"舉，日出連山，月圓當户。不是無身，不欲全露。師曰:'大衆，龍牙山裹無眼毒龍，從前行脚，不曾性㿖道得一句。及于住院，盡力只道得一半，山僧今日爲混沌畫眉去也。'良久，曰:'放憨作麼。'"《廣韻》去聲號韻蘇到切:"懆，性情踈皃。"(328)《集韻》去聲號韻先到切:"懆，性踈也。"(587)"㿖"與"懆"音義並同，此"㿖"當即"懆"字之俗。"㿖"字以上兩種用法,《大字典》未收，可據補。

7. 儍

《字彙·人部》:"儍，無發切，音襪。儍羯，東北夷名。又彌列切，音篾。儍偕，多詐。"(44下)

《正字通·人部》:“儚，無發切，音襪。儚羯，東北夷，似高麗。又屑韻，音篾。儚偺，多詐。”(63下)

按:《康熙字典·人部》:“儚,《集韻》莫結切，音蔑。儚偺，多詐。”(51下)《廣韻》入聲屑韻莫結切:“儚，儚偺，多詐。”(401)《集韻》入聲屑韻莫結切:“儚，偺也。”(707)據《廣韻》可知,《集韻》訓“偺也”，當爲“儚偺也”之脱誤。《大字典》“儚”字下承襲《集韻》之誤而收録“偺”這一義項，失考證。又慧琳《音義》卷七〇《阿毗達摩俱舍論》第四卷:“淩懱，力昇反。下又作儚，同。莫結反。《蒼頡篇》:‘淩，侵犯也。’《説文》:‘懱，相輕傷也。’”(58，P864B11)此“儚”當即“懱”之異體字。“儚”字此種用法,《大字典》未收，可據補。

8. 㷴

《字彙·人部》:“㷴，郎狄切，音歷。人名。”(45上)

《正字通·人部》:“㷴，舊注音歷，人名，無稽。”(64下)

按:《集韻》入聲錫韻狼狄切:“㷴，闕人名。”(753)鄧福禄、韓小荆《考正》“㷴”字下注:“今考‘㷴’爲‘歷’的俗字。”(11)佛經中還有“㷴”字其他用法，今提供如下:《大正藏》本唐大覺撰《四分律鈔批》卷第十二末《二衣總别篇》第十七:“出家行道，無欲之人，而行嗔恚，甚不可也。譬如清冷雲中，礔㷴起火，非所應也。”“礔㷴”,《大正藏》本後秦鳩摩羅什譯《佛垂般涅槃略説教誡經》、《大正藏》本宋元照述《遺教經論住法記》等皆作“霹靂”，故“礔㷴”當同“霹靂”,“礔”當即“霹”之異體字；而“㷴”當即“靂”之異體字。《集韻》入聲錫韻匹歷切:“霹礔，霹靂，雷之急激者。或從石。”(749)此亦其證也。

9. 㕥

《字彙·八部》:“㕥，與笑同。亦作关。”(48上)

《正字通·八部》:“㕥，同笑，譌省。《漢·薛宣傳》:‘一㕥相樂。’”(75上)

按:《康熙字典·八部》:“㕥,《集韻》:‘笑，古作㕥。’《前漢·谷永傳》:‘罷歸倡優之关。’《正韻》亦作咲。”(60 下)《直音篇》卷七《八部》:“关，與笑同。关，俗。”(315 下)《詳校篇海》卷二《八部》:“关，音笑。《薛宣傳》:‘一关相樂。’《集韻》作关，同笑。”(136 上)《篇海類編》同。“关”當即“笑”字之俗，而“关”又當即“关”之異寫字。《集韻》去聲笑韻仙妙切:“笑咲关，喜也。古作咲，或省。俗作咲。”(579)《新修玉篇》卷三十《八部》引《餘文》:“关，私妙切。欣也；喜也。笑同。”(236 上右)此是其證也。韓小荆《〈可洪音義〉研究》(745～746)“笑”俗作“关”，此亦其證也。此“关”與《大字典》《字海》所收“關”之簡化字“关”即爲同形字。

10. 冞

《字彙·冖部》:“冞，綿兮切，音迷。深也；冒也。《詩·商頌》:‘冞入其阻。’又周行也。又扜冞，國名，在大宛之東。”(49 下)

《正字通·冖部》:“冞，莫皮切，音迷。扜冞，國名，在大宛東。《史記·大宛傳》:‘東則扜冞于寘。’音汙彌。荀悦《漢紀》曰:‘拘彌國去于寘三百里。’拘音俱，彌即冞，拘彌、扜冞同是一名。《説文》作:‘罙，周［行］也。’引《詩》:‘罙入其阻。’徐曰:‘网即周布意，今文作冞。’《韻會小補》支韻收冞，音義與《説文》同，皆未詳突與冞、罙别。舊注深也，冒也；又周行也，並誤。”(79 下)

按:《康熙字典·冖部》:“冞，《唐韻》武移切，《集韻》《韻會》民卑切，《正韻》綿兮切，並音彌。《説文》:‘周［行］也。从网，米聲。’徐曰:‘网即周布之意，今文作冞。’《廣韻》:‘入也；周行也。’《詩·商頌》:‘冞入其阻。’《韻會》:‘深也；冒也。’又扜冞，國名，在大宛東。《史記·大宛傳》:‘東則扜冞于寘。’”(64 下)《説文·网部》:“罙，周行也。从网，米聲。《詩》曰:‘罙入其阻。’”(154 上)“罙”，《廣韻》音“必移切”。“冞”訓“周行也”，與“罙”音義並同，即“罙”字之俗。《史記·大宛列傳》:“其北則康居，西則大月氏，西南則大夏，東北則烏孫，東則扜冞、于寘。”裴駰《集解》:“徐廣曰:‘《漢紀》曰拘彌國去于寘三百里。’”司馬貞《索隱》:“扜冞，國名也，音汙彌二音。《漢紀》謂荀悦所譔《漢紀》：拘音俱，彌即罙也，則拘彌與扜罙是一也。”（3160）《大字典》未收“罙”之“周行也”“扜罙，國名”這兩個義項，可據補。

11. 寃

《字彙・冖部》：“寃，烏員切，音淵。屈也；枉也；曲也。”（49下）

《正字通・冖部》：“寃，烏宣切，音淵。枉曲也。史漢宣帝地節元年，以于定國爲廷尉，語曰：‘張釋之爲廷尉，天下無寃民。定國爲廷尉，民自以不寃。’又寃句，縣名，在曹州。句，音劬。”（80下）

按：《康熙字典・冖部》：“寃，《唐韻》《集韻》《韻會》並於袁切，音鴛。《説文》：‘屈也。从兔，从冖。兔在冖下不得走，益屈折也。’《廣韻》：‘枉曲也。’……又寃句縣。《韻會》：‘在曹州。’句，音劬。”（65上）《禹貢論》：“南過滎陽、陽武、寃句乘氏等縣，一遵《禹貢》舊道。”《尚書通考》卷七：“《水經》謂：‘南濟東過寃句縣南，又東過定陶縣南，又東北菏水東出焉。’是也。”《禹貢長箋》卷七：“《水經》：‘南濟東過寃句縣南，又東過定陶縣南，又東北菏水出焉。’注：“寃句，音淵劬。故城在今曹州。”“寃”之“寃句，縣名，在曹州”這一義項，《大字典》未收，可據補。

12. 冥

《字彙・冖部》：“冥，眉兵切，音明。昏也；暗也；幽也。又室奥窔之間曰冥。《詩・小雅》：‘噦噦其冥。’又青冥，天也。北冥，海也。玄冥，水神也。《禮・月令注》：‘少皞氏子曰脩、曰熙，爲水官。’又姓。禹後因國爲氏。又上聲莫迥切。昏蔽也。《詩・小雅》：‘維塵冥冥。’又去聲眉病切。義同。又入聲莫狄切。覆也。又以繩縻取禽獸也。《周禮》：‘冥氏掌設弧張，爲阱獲以攻猛獸。’”（49下）

《正字通・冖部》：“冥，眉平切，音明。青冥，天也。《楚辭》：‘（拗）［據］青冥而攄虹。’又室奥窔之間。《詩・小雅》：‘噦噦其冥。’又北冥，海也。《莊子》：‘北冥有魚。’俗作溟。又玄冥，水神也。《禮・月令》：‘其神玄冥。’注：‘少昊氏子曰修、曰熙，爲水官。’又黄庭經腎神曰玄冥。

又姓……又上聲梗韻音茗。昏蔽也。《詩·小雅》:‘維塵冥冥。’叶下頬。又去聲敬韻音命。義同。與暝通。又入聲錫韻音覓。覆也；以繩縻取禽獸也。《周禮》:‘冥氏掌設弧（矢）[張]，爲阱獲以攻猛獸。’”（81上）

按:《康熙字典·冖部》:“冥,《唐韻》莫經切,《集韻》《韻會》忙經切,《正韻》眉兵切，並音銘。《説文》:‘幽也。’……又青冥，天也。《楚辭·九章》:‘據青冥而攄虹。’又北冥，海也。《莊子·逍遥遊》:‘北冥有魚。’《正韻》:‘通作溟。’又玄冥，水神。《禮·月令》:‘其神玄冥。’注:‘少皡氏子曰脩、曰熙，爲水官。’”（65上）《楚辭·九章·悲回風》:“據青冥而攄虹兮，遂儵忽而捫天。”“青冥”即義指“天也”。《禮記·月令》:“其帝顓頊，其神玄冥，其蟲介其。”“玄冥”即義指“水神也”。《集韻》入聲錫韻冥狄切:“冖,《説文》:‘覆也。’”（749）同一小韻下文又曰:“冥，以繩縻取禽獸之名。周官有冥氏，鄭康成説。”（750）故“冥”訓“覆也”，當即“冖”之異體字。《大字典》皆未收以上“冥”字諸義，可據補。

13. 哮

《字彙·口部》:“哮，普没切，噴入聲。吹氣聲。”（76上）

《正字通·口部》:“哮，朋没切，噴入聲。吹氣聲。又哮羅，軍器。戚繼光《號令篇》:‘凡吹哮羅，是要衆兵起身，執器站立。’”（151上）

按:《康熙字典·口部》:“哮,《廣韻》《集韻》並普没切，音馞。《廣韻》:‘吹氣聲。’又《正字通》:‘哮羅，軍器。戚繼光《新書·號令篇》:凡吹哮羅，是要衆兵起身，執器站立。’”（132上）“哮”之“哮羅，軍器”這一義項,《大字典》未收，可據補。

14. 坮

《字彙·土部》:“坮，古文臺字。”（89上）

《正字通·土部》:“坮，同臺省。”（189下）

按:《康熙字典·土部》:“坮，同臺。”（172上）《龍龕》卷二《土部》:“坮，俗；臺，古文臺字。土高也。又姓。”（247）故此“坮”即“臺”

之異體字。又慧琳《音義》卷四六《音大智度論》第十八卷："榜㙠，薄衡反。下又作笞，同。丑之反。《字書》：'榜，捶也。'《廣雅》：'榜，笞擊也。'"（58，P330B3）從形義關係來看，此"㙠"當即"抬"字俗訛。《可洪音義》卷一二《增一阿含經》第四十卷："抬，丑之反。正作笞也。"（59，P1004B10）《集韻》平聲之韻超之切："笞抬，《説文》：'擊也。'或從手。"（54）"㙠"與"抬"音義並同，故此"㙠"當即"抬"字俗訛。此"㙠"與上文"臺"之異體字"㙠"即爲同形字。

15. 埌

《字彙·土部》："埌，郎宕切，音浪。《博雅》：'墦埌，冢也。'又壙埌，猶曠蕩也。《莊子》：'以處壙埌之野。'"（90上）

《正字通·土部》："埌，郎宕切，音浪。《博雅》：'墦埌，冢也。'《方言》：'秦晉謂冢曰埌。'又壙埌，原野迥貌。《莊子》：'處壙埌之野。'注：猶曠蕩也。"（193上）

按：《康熙字典·土部》："埌，《集韻》《韻會》《正韻》並郎宕切，音浪。《博雅》：'墦埌，冢也。'揚子《方言》：'秦晉謂冢曰埌。'又壙埌，原野迥貌。《莊子·應帝王》：'遊無何有之鄉，以處壙埌之野。'"（175上）《集韻》去聲蕩韻里黨切："埌，壙埌，原野迥皃。"（417）《集韻》去聲宕韻郎宕切又曰："埌，《博雅》：'墦埌，冢也。'一曰壙埌，原野迥皃。"（601）《莊子·應帝王》："予方將與造物者爲人，厭，則又乘夫莽眇之鳥，以出六極之外，而遊無何有之鄉，以處壙埌之野。"陸德明《釋文》："壙，徐苦廣反；埌，徐音力黨反，李音浪。壙埌，無滯爲名也。崔云：猶曠蕩也。"《大字典》未收"埌"之"壙埌，猶曠蕩也"（即指"原野迥皃"）這一義項，可據補。

16. 嫈

《字彙·女部》："嫈，永平切，音榮。女字。"（110上）

《正字通·女部》："嫈，俗字。"（254上）

按：《康熙字典·女部》："嫈，《集韻》于平切，音榮。女字。"（225

上）《集韻》平聲庚韻于平切："嫈，女字。"（233）慧琳《音義》卷七六《賓頭盧爲王説法經》："榮樂，爲明反。榮猶光華也、光寵也。經文作嫈，非也。"（58，P1008B2）此"嫈"即"榮"字之俗。《大字典》未收"嫈"字此義項，可據補。

17. 穷

《字彙・宀部》："穷，古文貧字。"（114 下）

《正字通・宀部》："穷，古文貧。今不從。"（265 上）

按：《康熙字典・宀部》："穷，《集韻》：'貧，古作穷。'"（234 上）《説文・貝部》："貧，財分少也。从貝，从分，分亦聲。穷，古文。"（127 上）故"穷"當即"貧"字古文。又《龍龕》卷一《宀部》："穷，俗；介，正。音界。獨居也。二。"（157）此"穷"當即"介"字之俗。此"穷"與上文"貧"之古文"穷"字即爲同形字。

18. 屼

《字彙・山部》："屼，五忽切，音兀。崫屼，秃山貌。元結詩：'山屹屼兮水淪漣。'又山名。五屼山，在犍爲。"（125 上）

《正字通・山部》："屼，五忽切，音兀。山名。一山有五重，在犍爲。左思《蜀都賦》：'躡五屼之蹇嵼。'又崫屼，秃山貌。元結詩：'山屹屼兮水淪漣。'《泝原》从阢，以屼爲俗字，不知从阜者誤也。"（291 下）

按：《康熙字典・山部》："屼，《廣韻》《集韻》《韻會》《正韻》並五忽切，音兀。崫屼，山貌也。一曰秃山貌。唐元結系樂府：'山屹屼兮水淪漣。'又五屼，山名，在犍爲郡。一山有五重，故名。左思《蜀都賦》：'躡五屼之蹇嵼。'"（262 下）《龍龕》卷一《山部》："屼，音兀。山皃；亦山名也。"（78）《廣韻》入聲没韻五忽切："屼，（崛）［崫］屼，秃山皃。又五屼，山名，在犍爲。"（391）《集韻》入聲没韻五忽切："屼，山名。一曰崫屼，童山。"（685）《文選・蜀都賦》："經三峽之崢嶸，躡五屼之蹇嵼。"李善注："五屼，山名也。一山有五重，在越嶲，當犍爲南安縣之南也。""屼"之"五屼，山名，在犍爲"這一義項，《大字典》未收，可據補。又《類篇·山部》："屼，魚屈切。屼崪，山皃。"（327 下）《集韻》入聲迄韻魚屈切："峗屼，峗崪，山皃。或從兀。"（677）故"屼崪"同"峗崪"，此"屼"當即"峗"之異體字。

19. 岪

《字彙·山部》："岪，符勿切，音佛。岪鬱，山貌。司馬相如《子虛賦》：'盤紆岪鬱。'"（126 上）

《正字通·山部》："岪，敷勿切，音佛。《説文》：'山脅道也。'又岪鬱，山貌。相如《子虛賦》：'盤紆岪鬱。'"（293 上）

按：《康熙字典·山部》："岪，《廣韻》敷勿切，《集韻》《韻會》《正韻》符勿切，並音佛。《説文》：'山脅道也。'又岪鬱，山貌。司馬相如《子虛賦》：'盤紆岪鬱。'"（264 下）《玉篇·山部》："岪，扶勿切。山皃。"（102 下左）《玉篇》當於"山皃"前增補"岪鬱"二字。原本《玉篇·山部》："岪，扶弗反。《説文》：'山脅道也。'《埤蒼》：'岪鬱，山皃也。'野王案：《子虛賦》：'盤紆岪鬱。'是也。"（464）《名義·山部》："岪，扶弗反。[岪]鬱，山皃。"（217）以上二書皆其證也。《大字典》"岪"字下未收"岪鬱，山皃也"這一義項，可據補。

20. 弜

《字彙·弓部》："弜，其兩切，强上聲。彊也；弓有力也。《六書正譌》：'从二弓會意，隸用强。'"（146 下）

《正字通·弓部》："弜，其兩切，强上聲。弓有力也。又弜頭，夷名。《通雅》曰：常璩《巴志》：'弜頭在朐忍。'《華陽國志》言：'張儀城江州，司馬錯自巴涪水取楚商於之地，爲黔中郡。白虎爲患有夷，秦精作白竹弩殺之。秦王刻石與盟，其夷號白虎復夷，即今弜頭虎子也。'又曰：'板楯蠻。'"（340 下）

按：《康熙字典·弓部》："弜，《唐韻》其兩切，强上聲。《説文》：'彊也；弓有力也。'《集韻》：'弓彊貌。'《華陽國志》：'秦昭襄王時，白虎爲害於是夷，作白竹弩射殺白虎，世號白虎復夷，一曰板楯蠻，今所謂弜頭虎子者也。'”（320上）晉常璩《華陽國志·巴志序》:“夷人安之。漢興，亦從高祖定秦有功，高祖因復之，專以射白虎爲事，户歲出賨錢，口四十，故世號白虎復夷。一曰板楯蠻。今所謂弜頭虎子者也。”“弜”之“弜頭，夷名”這一義項,《大字典》未收，可據補。

21. 怶

《字彙·心部》:“怶，篇夷切，音披。恐也；又憂也。又彼義切，音賁。心怶懒也。”（157上）

《正字通·心部》:“怶，匹伊切，音披。恐也；憂也。又彼義切，音賁。心怶憸也。”（363上）

按:《康熙字典·心部》:“怶,《五音集韻》敷羈切,《五音篇海》普皮切，並音披。怒也；憂也。又《五音篇韻》彼義切，音賁。心怶憸也。”（346下）《玉篇·心部》:“怶，普皮切。恐也。”（40上右）《集韻》去聲寘韻彼義切:“怶，心怶憸也。通作詖。”（472）又《龍龕》卷一《心部》:“怶，俗。被義反。正作帔。衣帔。”（61）此“怶”當即“帔”字之俗。此“怶”與上文《玉篇》《集韻》所收之“怶”即爲同形字。

22. 惂

《字彙·心部》:“惂，苦感切，音坎。憂困。”（160上）

《正字通·心部》:“惂，苦感切，音坎。《説文》:‘憂困也。'”（369下）

按:《康熙字典·心部》:“惂,《唐韻》《集韻》《韻會》《正韻》並苦感切，音坎。《説文》:‘憂困也。从心，臽聲。'”（354上）《説文·心部》:“惂，憂困也。从心，臽聲。”（222上）又《龍龕》卷一《心部》:“惂，俗；慆，正。他刀反。悦樂也。二。”（53）此“惂”當即“慆”字之俗。此“惂”與上文《説文》所收之“惂”即爲同形字。

23. 掝

《字彙·手部》:“掝，獲北切，音或。惛也。《荀子》:‘以己之僬僬，

受人之掝掝。'"（178 下）

《正字通·手部》："掝，霍國切，音或。惑也。《荀子》：'以己之僬僬，受人之掝掝。'注：'昏也。與或、惑通。'"（412 上）

按：《康熙字典·手部》："掝，《正韻》穫北切，音或。與或、惑通。《荀子·不苟篇》：'以己之僬僬，受人之掝掝。'注：'掝，惽也。'"（408 下）《荀子·不苟》："其誰能以己之僬僬，受人之掝掝者哉。"楊倞注："掝，當爲惑。掝掝，惽也。"此義《大字典》未收，可據補。

24. 搙

《字彙·手部》："搙，奴篤切，農入聲。捻搙。"（181 上）

《正字通·手部》："搙，尼各切，農入聲。捻搙。"（418 下）

按：《康熙字典·手部》："搙，《廣韻》内沃切，《集韻》奴沃切，並音傉，讀若農入聲。捻搙也。又《唐韻》女角切，《集韻》昵角切，並音蒻。搵也。又《唐韻》乃豆切，音耨。拄也。"（418 上）《廣韻》入聲沃韻内沃切："搙，捻搙（當爲字頭誤重）。"（375）《集韻》入聲沃韻奴沃切："搙，捻也。"（651）佛經有"搙"字用例，提供如下：《大正藏》本唐惠詳撰《弘贊法華傳》卷第三："上堂即鼓翼引前，下講即傾身隨從。法師或令其舞，即搙翮頖足，顧影迴頭，乍起乍仰，或來或去，變態殊絶，難以具名。"從文意來看，此"搙"當即"振"字之俗，而"頖"當即"斂"字俗訛。又慧琳《音義》卷九七《廣弘明集》卷第十一："波振，真刃反。《集》從辱作搙，誤寫。"（59，P290A4）此"搙"亦即"振"字之俗。此"搙"與上文《廣韻》《集韻》所録之"搙"當爲同形字。

25. 昄

《字彙·日部》："昄，蒲版切，瓣上聲。大也；又善也。又補綰切，音板。義同。"（197 下）

《正字通·日部》："昄，補綰切，音板。《説文》：'大也。'《詩·大雅》：'爾土宇昄章，亦孔之厚矣。'朱傳：'昄，大；章，明也。'引或曰：'昄，當作版，版章猶版圖。'據此説義與上文土宇相應，亦通。"

（461 上）

按：《名義·日部》："昄，菩板反。善皃；大也。"（204 上）《玉篇·日部》："昄，步板切。大也；善也。"（95 下右）《玉篇校釋》"昄"字下注："'大也'者，《詩·卷阿》：'爾土宇昄章。'毛傳：'昄，大也。'用《釋詁》文，《説文》亦同。'善也'者，《詩·賓之初筵》：'威儀反反。'釋文引《韓詩》作'昄昄'，云'善皃'。"（3962）胡氏所言是也。《大字典》未收"昄"之"善皃"這一義項，可據補。

26. 暩

《字彙·日部》："暩，子計切，音祭。光也。又居胃切，音桂。義同。"（201 下）

《正字通·日部》："暩，俗字。"（470 下）

按：《康熙字典·日部》："暩，《海篇》音桂。光也。"（472 上）《新修玉篇》卷二十《日部》引《類篇》："暩，音桂。光也。"（180 上左）《篇海》同。《叢考》（600）謂"暩"當是"暌"字俗訛，所言當是。又《大正藏》本宋有嚴注《止觀輔行傳弘決助覽》卷第四《止觀輔行傳弘決》卷第十二："啾暩，千結切。"（0907C13）《玉篇·口部》："嚓，千結切。小語。又子細切。"（27 上左）"暩"與"嚓"音同形近，此"暩"當即"嚓"字俗訛。此"暩"與上文《新修玉篇》《篇海》所録之"暩"當爲同形字。

27. 暹

《字彙·日部》："暹，思廉切，音纖。日光升也。又進也；又長也。"（202 上）

《正字通·日部》："暹，蘇焉切，音纖。日光升也。又進也；長也。又暹羅，海中國名。"（471 下）

按：《康熙字典·日部》："暹，《廣韻》息廉切，《集韻》思廉切，並音銛。日光升也。"（473 上）《卍新纂續藏經》本明傳燈著《維摩詰所説經無我疏》卷第九："西天貴勝，澡浴之後，則以香水塗身，經久不散。

曾於番禺，見暹羅人貢薔薇露，器五合，價五十金，言宫中澡浴，以涓滴入水，沐浴其身，香氣經月不散，此其效也。菩薩則五分法身爲香，戒香是其始也。”又《卍新纂續藏經》本清世宗皇帝製《御製揀魔辨異録》：“今使蒙古人來，便接蒙古。俄羅斯人來，便接俄羅斯。暹羅、蘇禄、琉球、日本人來，便接暹羅、蘇禄、琉球、日本。若必待伊識得文字，然後接得，則佛法不能蓋天蓋地矣。”又《卍新纂續藏經》本福善日録、通炯編輯《憨山老人夢遊集》卷第二十三：“無論諸將領士卒，皆知將軍能，無不嚮將軍意指者，因而群盜日就擒，獨道乾乘大艘，逃暹羅。”《大字典》未收“暹”之“暹羅，海中國名”這一義項，可據補。

28. 暨

《字彙・日部》：“暨，奇寄切，音忌。及也。《説文》：‘日頗見也。’又暨暨，果毅之貌。《玉藻》：‘戎容暨暨。’又吉器切，音季。諸暨，邑名。”（202 上）

《正字通・日部》：“暨，奇寄切，音忌。《説文》：‘日頗見也。’《六書故》：‘宿戒待旦而趨事也。’又及也……又諸暨，縣名。”（471 下）

按：《康熙字典・日部》：“暨，《唐韻》居豙切，《集韻》居氣切，並音既。《説文》：‘日頗見也。’又《爾雅・釋詁》：‘暨，與也。’……又《集韻》：‘諸暨，縣名，在越。’”（473 上）《大正藏》本宋志磐撰《佛祖統紀》卷第十《左溪旁出世家》：“禪師神邕，字道恭，晉太尉蔡謨之後，世居越之諸暨。在襁褓中聞唱經聲必凝神静聽，年十三入道，依法華俊師。”又《大正藏》本宋贊寧等撰《宋高僧傳》卷第九：“釋慧忠，俗姓冉氏，越州諸暨人也。”《大字典》未收“暨”之“諸暨，縣名”這一義項，可據補。

29. 脝

《字彙・月部》：“脝，同膯。”（205 下）

《正字通・月部》：“脝，俗字，舊注同膯，非。”（479 下）

按：《康熙字典・月部》：“脝，《集韻》他昆切，音燉。膯或省作脝。

月光也。”（481 上）《玉篇·月部》：“朜，他敦切。月光也。”（96 下右）《集韻》平聲魂韻他昆切：“朜朜，月光也。或省。”（141）《〈新修玉篇〉疑難字考釋》謂“朜”疑即“暾”字俗訛，則“朜”亦當即“暾”字俗訛。佛經有“朜”字文獻用例，提供如下：《卍新纂續藏經》本宋法泉繼頌《永嘉真覺禪師證道歌》：“終朝更不勞脣吻，一飽膨朜萬事休，任他人笑無思忖。”又《卍新纂續藏經》本元如瑛編《高峰龍泉院因師集賢語録》卷之十三《僧溺死》：“百尺竿頭進步未是作家，千尋浪裏翻身方爲遊戲，吸盡西江一口水，莫謂同徒踏翻船，不覓蹤由殊非知己，不顧一身沉没，任教滿腹彭朜，須知落水見長人，不作臨河渴死漢。”從文意來看，“膨朜”當同“彭朜”，義指“腹脹皃”。《廣韻》平聲庚韻薄庚切：“膨，膨脝，脹皃。”（120）下文許庚切又曰：“脝，膨脝，脹也。”（121）故“膨朜”“彭朜”與“膨脝”音義並同，“朜”當即“脝”字俗訛。此“朜”與上文《集韻》所録之“朜”音義俱别，當爲同形字。

30. 棳

《字彙·木部》：“棳，朱劣切，音拙。與梲同。又縣名。《漢·地理志》：‘益州郡有毋棳縣。’”（216 上）

《正字通·木部》：“棳，同梲。又縣名。《漢·地理志》：‘益州郡有毋棳縣。’師古曰：‘毋，音無。’”（513 下）

按：《康熙字典·木部》：“棳，《唐韻》《集韻》《正韻》並同梲。又毋棳，縣名。《前漢·地理志》屬益州郡。”（511 下）《漢書·地理志》：“益州郡，户八萬一千九百四十六，口五十八萬四百六十三。縣二十四：滇池、雙柏、同勞、銅瀨、連然、俞元、收靡、穀昌、秦臧、邪龍、味、昆澤、葉榆、律高、不韋、雲南、巂唐、弄棟、比蘇、賁古、毋棳、勝休、健伶、來唯。”顔師古注：“毋讀與無同。棳音之悦反，其字從木。”《大字典》未收“棳”之“毋棳，縣名”這一義項，可據補。

31. 椂

《字彙·木部》：“椂，力篤切，音禄。木名。”（216 下）

《正字通·木部》:“椂,棣字之訛。木無椂名。”(514 下)

按:《康熙字典·木名》:“椂,《玉篇》力篤切,《集韻》盧谷切,並音禄。木名。”(512 下)《玉篇·木部》:“椂,力篤切。木名。”(63 下右)《正字通》謂“椂”即“棣”字之訛,所言當是。《説文·木部》:“棣,白棣也。从木,隶聲。”(112 下)“棣”,《廣韻》音“特計切”。“椂”與“棣”形音俱别,二字不可混同,《正字通》之説疑不可據。《疑難字》(374)謂“椂”當是“棣”字俗訛,此説印證了《正字通》之説。佛經亦有“椂”字用例,與《玉篇》所收之“椂”當爲同形字:《大正藏》本唐惠英撰、胡幽貞纂《大方廣佛華嚴經感應傳》:“今内苑生百葉者,明是天華也,則天嘉此。翻譯瑞應,詔出花椂使中官,送向佛授記寺翻譯之所,舉寺僧衆,及懷洲大雲寺什法師,在悉同觀覩,敬歎希奇。”“椂”,宫本作“樣”。從文意來看,當以作“樣”爲是,則此“椂”當即“樣”字之俗。又《卍新纂續藏經》本唐栖復集《法華經玄贊要集》卷第二:“夫求道者,離苦樂二邊,簡凡夫離樂,簡外道離苦,行處中行,不同外道。日食麻麥,自餓投巖,入泉赴火,編椂卧棘,五熱炙身。此之徒黨,皆非正術,遂捨而去。”“編椂卧棘”,《卍新纂續藏經》本唐栖復集《法華經玄贊要集》下文卷五作“編椽卧棘”。從文意來看,當以作“編椽卧棘”爲是,此“椂”當即“椽”字之俗。

32. 樌

《字彙·木部》:“樌,古玩切,音貫。木叢生。”(222 上)

《正字通·木部》:“樌,俗灌字。舊注音貫,木叢生,即灌義。《毛詩》《爾雅》並从灌。《集韻》本作樌,或作權,通作灌。按:灌訛作權,以權溷灌,非是。”(530 上)

按:《康熙字典·木部》:“樌,《唐韻》古玩切,音貫。木叢生也。又《玉篇》古灌字。”(528 下)《名義·木部》:“樌,古换反。木族生也。灌字。”(124 上)《玉篇·木部》:“樌,古换切。木叢生也。今作灌。”(62 下左)《集韻》去聲换韻古玩切:“樌,木叢生。或作權,通作灌。”(555)故此“樌”當即“灌”之異體字。又慧琳《音義》卷八一《南海寄歸内法傳》第四卷："樌體，上關患反。《考聲》云：'穿衣也。'傳文作樌，音患，誤也。"（59，P17B9）此"樌"當即"貫"字之俗。《論衡・祀義》："以所見長大之神，貫一尺之衣，其肯喜而加福於人乎？"此"貫"即"穿衣"之義。"貫"，《廣韻》亦音"古玩切"。故"樌"訓"穿衣也"，與"貫"音義並同，當即"貫"之異體字。此"樌"與上文《玉篇》所録之"樌"當爲同形字。

33. 欒

《字彙・木部》："欒，徒官切，音團。大木。"（226 上）

《正字通・木部》："欒，俗梱字。"（540 下）

按：《康熙字典・木部》："欒，《集韻》《類篇》並徒官切，音團。大木。"（538 下）《集韻》平聲桓韻徒官切："欒，大木。"（150）《正字通》之説疑非是。《説文・木部》："梱，梡，木未析也。从木，圂聲。"（120 下）《廣韻》平聲魂韻户昆切："梱，大木未剖。"（69）"欒"與"梱"儘管義近，然形音俱别，二字不可混同，故《正字通》謂"欒"即"梱"字之俗，其説疑不可據。又《大正藏》本宋元照撰《四分律行事鈔資持記》中三下："《歡喜丸古記》云：'西國多用酥油砂糖爲欒，故名丸也。'"從文意來看，此"欒"當即"團"字之俗。此"欒"與上文《集韻》所録之"欒"當爲同形字。

34. 毷

《字彙・毛部》："毷，莫報切，音冒。《博雅》：'解也。'"（237 下）

《正字通・毛部》："毷，俗毦字。舊注音冒，引《博雅》'解也'，泥。"（568 上）

按：《康熙字典・毛部》："毷，《集韻》莫報切，音帽。《博雅》：'解也。'"（580 上）《集韻》去聲號韻莫報切："毷，《博雅》：'解也。'"（587）又《説文新附・毛部》："毦，羽毛飾也。从毛，耳聲。"（171 下）《廣雅・釋器》："毦，罽也。"《玉篇・毛部》："毦，仁志切。以毛羽爲飾。"（122 上右）"毷"與"毦"音義俱别，二字不可混同，《正字通》謂"毷"

即“毦”字之俗，且謂“舊注”非，既無書證亦無例證，其説非是。又《大正藏》本後唐景霄纂《四分律鈔簡正記》卷第十五：“鞭厚過三衣量，如上斷重。軟薄堪所裁，從無論大小多少入輕，毾㲪類同錦繡者。”下文又曰：“此土本無其物，皆從西北、塞外而來，若聚毛編織，而出毛頭通有文，像人獸等狀者，名曰氍毹。若以經紬班毛，似此方錦者，名毾㲪，用爲地、敦壁障等。以有綺色，分明如錦繡，入重也。”從文意來看，此“毾㲪”義指“毛毯”，佛經作“毾㲪”者僅見以上兩處用例，而“毾㲪”文獻用例甚多，例如：《大正藏》本《增一阿含經》卷第十九：“復以八萬四千玉女布施，衣裳自覆。復以八萬四千卧具，皆用氍毹文繡毾㲪自覆。”下文卷第四十八又曰：“猶如村落側有好高廣講堂，彫文刻鏤，懸繒幡蓋，香汁灑地，敷好坐具，氍毹毾㲪，文繡綩綖。”又《大正藏》本後秦竺佛念譯《出曜經》：“爾時阿那邠伭長者，有少俗緣來至羅閱城中，造大長者欲得寄住，正值彼家男女僕從各各作役，或破薪然火，或吹生熟食，或有布置坐具氍毹毾㲪。”又《大正藏》本唐道宣撰《四分律删繁補闕行事鈔》卷下：“準此四分減量者入輕，必依量硬厚入重，不堪披著，不同氍毹法服厚軟可服，毾㲪類同錦繡，雖是小氈，而屬床几者相隨入重。”從文意來看，“毾㲪”當同“毾㲪”。《説文新附・毛部》：“毾，毾㲪也。从毛，㬱聲。”下字曰：“㲪，毾㲪也。从毛，登聲。”（171 下）《玉篇・毛部》：“毾，他臘切。毾㲪，席。”下字曰：“㲪，都能切。毾㲪也。”（122 上右）慧琳《音義》卷五二《增一阿含經》第十九卷：“毾㲪，他盍反。《通俗文》：‘毛蓐細者曰毾㲪。’”（58，P467A2）慧琳《音義》卷五四《佛説兜調經》又曰：“氍毹，上具俱反，下色于反。《埤蒼》云：‘氍毹，毾㲪也。’《聲類》云：‘亦毛席也。’《廣雅》云：‘氍毹，罽也。’《説文》並從毛，形聲字也。”（58，P510A8）下文又曰“毾㲪，上吐盍反，下得能反。《埤蒼》云：‘毾㲪，毛席也。’《説文》並從毛，形聲字也。經作此闒登字，非也。”（58，P510A9）故“毾㲪”義同“毾㲪”，“毾㲪”同“毾㲪”，此“毾”當即“毾”字俗訛。此“毾”與上文《集韻》所録之“毾”當爲同形字。

35. 丞

《字彙·水部》:“丞，之郢切，音拯。與拯同。又人名。晉譙王名丞。又署陵切，音承。與丞同。又次也；奉也；受也。又姓。又縣名。”（240下）

《正字通·水部》:“丞，丞承同。从卩，从廾，篆作𠬝，非從⺂、水，舊本列《水部》非。舊注又與拯同，又晉譙王名丞；又音承，與丞同；又次也，奉也；又縣名，蓋誤與水同類，因形似而失丞本義也，並非。”（573上）

按:《康熙字典·水部》:“丞,《廣韻》只影切，蒸上聲。與拼同。救助也。一曰縣名。又人名。《晉書·宗室傳》譙王丞。”（587上）《字彙》訓“丞”爲“人名”，此“丞”當即“丞”字之俗。《廣韻》拯韻蒸上聲：“丞，晉譙王名。”（218）“丞”與“丞”音義並同，故此“丞”當即“丞”字之俗。又《字彙》訓“丞”爲“姓”，此“丞”當即“承”字之俗。《廣韻》平聲蒸韻署陵切：“承，次也；奉也；受也。又姓。後漢有承宫。”（130）《集韻》平聲蒸韻辰陵切：“承,《説文》:‘奉也；受也。’又姓。或作弆、季、丞。”（249）故“丞”訓“姓”，當即“承”字之俗。《大字典》“丞”字下未收“人名”這一義項，可據補;《大字典》“丞”字下“姓”這一義項未溝通其與“承”字的異體關係，失考證。

36. 氿

《字彙·水部》:“氿，居里切，音己。水涯。”（240下）

《正字通·水部》:“氿，氾字之訛。《正韻》‘氿，水涯’，誤。”（573上）

按:《康熙字典·水部》:“氿,《韻會》苟起切,《正韻》居里切，並音己。水涯也。”（587下）《名義·水部》:“氿，居洧反。”下字曰:“氿，居洧反。泉也。”（190上）《龍龕》卷二《水部》:“氿，正；氿，俗。居水反。水涯枯土也。二。”（233）此“氿”當即“氿”字之俗。又《可洪音義》卷二七《續高僧傳》第十七卷:“氿，芳梵反。正作汎也。”（60,

P482A2）《可洪音義》卷七《不空羂索神變真言經》第九卷又曰："泡（氾），芳梵反。浮也。正作泛、汎二形。"（59，P782B14）"氾""汎"即爲異體字，故此"汎"當即"汎（氾）"字之俗。此"汎"與上文《龍龕》所收之"汎"即爲同形字。

37. 洓

《字彙·水部》："洓，師止切，音史。水名，在河南。又式至切，音試。義同。"（244 下）

《正字通·水部》："洓，師止切，音史。水名，在河南。又寘韻，音試。義同。"（583 下）

按：《康熙字典·水部》："洓，《集韻》疏吏切，使去聲。水名，在河南。或从吏作浭。"（601 下）《集韻》去聲志韻疏吏切："洓浭，水名，在河南。或從吏。"（484）故"洓"即"浭"之異體字。佛經有"洓"字文獻用例，提供如下：《大正藏》本宋子璿録《金剛經纂要刊定記》卷第六："答：'前則對無取疑有取，此則對無人疑有人。然此與第十二皆從十一中起。以彼文云無發菩提心者，佛意但是拂於我人之心，不是泯於菩薩。空生不達此意，將謂我人與菩薩不異，由是空生起疑之處則云若無菩薩，如來斷疑之處則言無人，彼此媕含未嘗顯説，直至此處方乃洓通。經文特言：通達無我法者，如來説名真是菩薩。'"從文意來看，此"洓"當即"決"字俗訛。《卍新纂續藏經》本唐宗密疏、宋子璿記《金剛經疏記科會》卷第八："然此與第十二，皆從十一中起。以彼文云無發菩提心者，佛意但是拂於我人之心，不是泯於菩薩。空生不達此意，將謂我人與菩薩不異，由是空生起疑之處，則云若無菩薩，如來斷疑之處，則言無人，彼此媕含未嘗顯説，直至此處，方乃決通。經文特言：通達無我法者，如來説名真是菩薩。"《嘉興藏本》唐宗密述疏、宋子璿録記《金剛般若經疏論纂要刊定記會編》卷第九亦同。此即其證也。此"洓"與上文《集韻》所録之"洓"當爲同形字。

38. 淅

《字彙·水部》:“淅，思積切，音昔。汰米。《孟子》:‘接淅而行。’又淅瀝，雨聲。”(249上)

《正字通·水部》:“淅，思積切，音昔。汰米。又淅瀝，雨聲。”(594上)

按:《康熙字典·水部》:“淅,《唐韻》先擊切,《集韻》《韻會》先的切，並音錫。《説文》:‘汰米也。’《孟子》:‘接淅而行。’又淅瀝，雨聲。”(616上)《詳校篇海》卷四《水部》:“淅，思積切，音析。汰米也。《孟子》:‘接淅而行。’又淅瀝，雨聲。”(286上)《篇海類編》同。《文選·雪賦》:“霰淅瀝而先集，雪紛糅而遂多。”“淅瀝”即指“雨雪落下的聲音”。《大字典》“淅”字下未收“淅瀝，雨聲”這一義項，可據補。

39. 浘

《字彙·水部》:“浘，山皆切，音篩。漉米也。”(251下)

《正字通·水部》:“浘，濾字之訛。舊注音篩，漉米，誤。”(599下)

按:《康熙字典·水部》:“浘,《玉篇》山佳切,《集韻》所佳切，並音崽。漉米也。”(624上)《玉篇·水部》:“浘，山佳切。漉米。”(91下左)《集韻》平聲佳韻所佳切:“浘，漉米也。”(103)又《玉篇·水部》:“濾，力預切。濾水也。”(92上右)《集韻》去聲御韻良據切:“濾，洗也；澄也。”(493)“浘”與“濾”義近音别，且未見“濾”俗書有作“浘”者，故《正字通》謂“浘”即“濾”字之訛，疑不可據。又《大正藏》本宋贊寧等撰《宋高僧傳》卷第十四《明律篇》第四之一《唐杭州華嚴寺道光傳》:“上元元年庚子仲秋示疾終於本寺，春秋七十九，法臘五十八。是日馳陽昧昧，淫雨浘浘，烈風崇朝，嘉木爲折，乃東土福盡之徵也。”從文意來看,“淫雨浘浘”當同“淫雨霏霏”。此“浘”與上文《玉篇》所録之“浘”當爲同形字。

40. 烑

《字彙·火部》:“烑，餘招切，音姚。光也。”（265下）

《正字通·火部》:“烑，俗字。舊注音姚，光也，誤。”（629下）

按:《康熙字典·火部》:“烑，《廣韻》《集韻》並餘昭切，音遥。《玉篇》:‘光也。’”（662下）《玉篇·火部》:“烑，弋招切。光也。”（100下右）《廣韻》平聲宵韻餘昭切:“烑，光也。”（94）又慧琳《音義》卷九三《續高僧傳》卷第十二:“舊垗，下音奥。《説文》云:‘古文奥字也。’《文字典説》云:‘土窖也。’又趙、姚二音。《説文》:‘窯也，燒瓦竈也。’傳作烑，非也。”（59，P213B2）此“烑”當即“垗”字俗訛。此“烑”與上文《玉篇》《廣韻》所録之“烑”當爲同形字。

41. 熂

《字彙·火部》:“熂，許意切，音戲。芟草燒之。《宋書》:‘西陽王子尚上言：熂山封水，保爲家利。’”（268下）

《正字通·火部》:“熂，虚器切，音戲。芟草燒之。《宋書》:‘西陽王子尚上言：熂山封水，保爲家利。’”（636下）

按:《康熙字典·火部》:“熂，《廣韻》《集韻》並許既切，音餼。《玉篇》:‘燎除旁草也。’《廣韻》:‘爇火也。’”（672下）《玉篇·火部》:“熂，許氣切。燎除旁草也。”（100上左）《廣韻》去聲未韻許既切:“熂，爇火。”（257）又慧琳《音義》卷一《大唐三聖教序》:“慨深，康愛反。顧野王云:‘忼慨，不得志也，憤壯慨歎太息也。’或作熂。《説文》深字從水，從罙省也。”（57，P404B1）“熂”，甲本作“愾”，作“愾”是也，此“熂”當即“愾”字俗訛。此“熂”與上文《玉篇》《廣韻》所收之“熂”即爲同形字。

42. 燩

《字彙·火部》:“燩，乞約切，音却。火乾物也。又苦擊切，音喫。乾燥也。”（270下）

《正字通・火部》:“燩，俗字。”（641 上）

按:《康熙字典・火部》:“燩,《廣韻》苦角切,《集韻》克角切，並音確。《玉篇》:‘火乾物。’《博雅》:‘曝也。’又《集韻》詰歷切，音喫。《廣韻》:‘乾燥也。’”（679 下）《廣雅・釋詁二》:“燩，乾也。”《玉篇・火部》:“燩，口角切。火乾物。”（100 下右）又慧琳《音義》卷八〇《開元釋教録》第十四卷:“燉煌，上徒魂反，下音黄。菩薩號。録作燩，非也。”（58，P1091B3）《大正藏》本唐道世撰《法苑珠林》卷第八十九《述意部》第一:“涼州有道進法師者，道心超絶，慧力俊猛，流聞戒來，乃馳往燩煌，躬自迎接。”又《大正藏》本宋善卿編《祖庭事苑》卷第七:“《魏略》曰:‘皇甫陰爲燩煌太守，民不曉耕種，因教民作耬犂，省力過半。’”“燩煌”同“燉煌”，故“燩”當即“燉”字俗訛。此“燩”與上文《廣雅》《玉篇》所收之“燩”即爲同形字。

43. 畱

《字彙・田部》:“畱，同畹。”（297 下）

《正字通・田部》:“畱，與畹同。”（698 下）

按:《康熙字典・田部》:“畱,《集韻》同畹。”（763 下）《集韻》上聲阮韻委遠切:“畹,《説文》:‘田三十畝也。’或作畱。”（360）此“畱”當即“畹”之異體字。又慧琳《音義》卷八《大般若波羅蜜多經》第五百七十八卷:“稽留，上湼溪反。《考聲》:‘稽，滯也。’古文作乩，又作卟，本作禾，又作秖。《説文》:‘稽，留止也。從旨，秖聲也。’禾木初生，頭曲未能上也。又音礙。義訓同。下留，力稠反。《考聲》:‘留，止也。’《説文》:‘止田也。從田，卯聲也。’卯，音柳。經作畄，或作畱，又作畱，皆訛也。”（57，P549A9）此“畱”當即“留”字之俗。此“畱”與上文《集韻》所録“畹”之異體字“畱”即爲同形字。

44. 疏

《字彙・疋部》:“疏，山徂切，音梳。親疏。又通也。《禮經解》:‘疏通知遠。’又遠也。《孟子》:‘疏踰戚。’又分也。禹疏九河。《黥布傳》:

‘疏爵而貴之。’又麤也。《孟子》：‘齊疏之服。’又麤米。《詩・大雅》：‘彼疏斯粺。’又綺疏，門户疏牕也。又與疎同。稀也。又扶疏，枝葉盛也。又灑也；除也。”（300 上）

《正字通・疋部》：“疏，疎本字，與延同。親屬之遠者曰疏。又通也。《禮經解》：‘疏通知遠。’又《月令》：‘其器疏以達。’注：‘刻鏤之也。’又分也。禹疏九河。《史・黥布傳》：‘疏爵而貴之。’又衣服盛貌。《韓詩外傳》：‘子路盛服見孔子，孔子曰：由疏。疏者何也？子路趨出，改服入。’又麤米。《詩・大雅》：‘彼疏斯粺。’又綺疏。《梁冀傳》：‘窗牖皆綺疏青瑣。’注：‘鏤爲綺文也。’又扶疏，枝葉盛也。《韓非子》：‘木枝扶疏，將塞公閭。’又滌除也。《楚語》：‘教之樂以疏其穢。’”（703 下）

按：《康熙字典・疋部》：“疏，《唐韻》所葅切，《集韻》《韻會》山於切，《正韻》山徂切，並音梳。《説文》：‘通也。’本作延，今作疏……又扶疏，枝葉盛貌。揚子《太玄經》：‘見小勿用，以我扶疏。’注：‘秋木扶疏而大，故可用。’”（771 上）玄應《音義》卷一五《僧祇律》第三十四卷：“櫳疏，力同反。《説文》：‘櫳，房屋之疏也。’疏，窻也。”（56，P1050B15）《廣韻》平聲魚韻所葅切：“疏，窻也。”（35）《史記・禮書》：“疏房牀第几席，所以養體也。”司馬貞《索隱》：“疏，謂窻也。”此“疏”當即“䟽”之異體字。《説文・疋部》：“䟽，門户疏窻也。从疋，疋亦聲；囱象䟽形。讀若疏。”（42 下）清黄生《字詁》：“疋，鳥足之疏也……鳥足開而不斂，故作疋字象之。疋有稀義，故窗户之稀者曰䟽。”“䟽”，《集韻》音“山於切”。故“疏”訓“窻也”，與“䟽”音義並同，即爲異體字。又《韓非子・揚權》：“爲人君者，數披其木，毋使木枝扶疏；木枝扶疏，將塞公閭，私門將實，公庭將虚，主將壅圍。”《吕氏春秋・任地》：“樹肥無使扶疏，樹磽不欲專生而旅居。肥而扶疏則多秕，磽而專居則多死。”當如上文《字彙》《正字通》所言，以上“扶疏”皆爲“枝葉盛也”之義。《大字典》“疏”字下未收“扶疏，枝葉盛也”這一義項，可據補。

45. 篸

《字彙・竹部》：“篸，蘇旱切，音散。篔篸，桃枝竹名。”（347 下）

《正字通·竹部》:“簓,俗字。”(806下)

按:《康熙字典·竹部》:“簓,《廣韻》蘇旱切,《集韻》顙旱切,並音散。篙簓,桃枝竹也。”(917上)《廣雅·釋草》:“篙簓,桃枝也。”《廣韻》上聲旱韻蘇旱切:“簓,篙簓,桃枝竹名。”(192)又《大正藏》本唐行滿集《涅槃疏私記》卷第六《釋月喻品》第十五:“天如圓簓者(散音)。簓者,蓋也。”此“簓”當即“傘”之異體字。《卍新纂續藏經》本宋智圓述《涅槃經疏三德指歸》卷第九《月喻品》:“天如圓傘者,蓋也。”“圓簓”當同“圓傘”,“簓”當即“傘”之異體字。此“簓”與上文《廣雅》《廣韻》所録之“簓”當爲同形字。《大字典》“簓”字此義未收,可據補。

46. 翧

《字彙·羽部》:“翧,咨登切,音增。《博雅》:‘翧、翥,飛也。’一曰:‘舉也。’”(372上)

《正字通·羽部》:“翧,咨登切,音增。《博雅》:‘翧、翥,飛也。’一曰:‘舉也。’”(857上)

按:《康熙字典·羽部》:“翧,《廣韻》作滕切,《集韻》《韻會》咨滕切,《正韻》咨登切,並音增。《廣雅》:‘舉也。’又:‘飛也。’”(986下)《名義·羽部》:“翧,子恒反。矢羽也;飛也;舉也。”(263下)《名義》訓“翧”爲“矢羽也”,此“翧”當即“矰”之異體字。慧琳《音義》卷四一《大乘理趣六波羅蜜多經》卷第三:“矰繳,上則登反。鄭注《周禮》云:‘結繳於矢爲之矰。’《考工記》云:‘矰,矢弓所用也。’又云:‘矢羽名矰。’《説文》從矢,曽聲。經作繒,誤也。下章若反。《廣雅》云:‘繳,纏也。’《説文》云:‘生絲縷也。從糸,敫聲。’或作繁。”(58,P222B4)慧琳《音義》卷九二《音續高僧傳》第九卷:“矰繳,上則僧反。鄭注《周禮》云:‘結繳於矢謂之矰。’矰字從矢,或從羽作翧。矰知七分,三在前,四在後。《説文》從矢,曽聲。下章弱反。顧野王云:‘繳即矰矢具也。’《説文》云:‘繳,生絲縷也。從糸,敫聲。’敫,音藥。亦作繁。”(59,P203B5)此即其證也。故“翧”訓“矢羽也”,與“矰”

音義並同，即爲異體字。《大字典》未收“翺”字此義，可據補。

47. 茸

《字彙·艸部》：“茸，而隴切，音冗。闒茸，猥賤也。《史·賈誼傳》：‘闒茸尊顯兮，讒諛得志。’又而中切，音戎。草生貌。又聚貌。又尨茸，亂貌。《左傳》：‘狐裘尨茸，一國三公，吾誰適從？’”（398下）

《正字通·艸部》：“茸，而容切，音戎。茸母，艸名。北地寒，食昔母生。宋徽宗詩：‘昔母初生認禁煙。’又草盛貌。盧仝詩：‘相逢出處華茸茸。’又聚貌。相如賦：‘蘘以蘢茸。’又尨茸，亂貌。《左傳》：‘狐裘尨茸，一國三公，吾誰適從？’又董韻音宂。闒茸，庸鄙無才能也。賈誼賦：‘闒茸尊顯兮，讒諛得志。’别作傝𠋫，義同。”（920上）

按：《康熙字典·艸部》：“茸，《唐韻》而容切，《集韻》而融切，《韻會》如容切，並音戎。《説文》：‘草茸茸貌。’張衡《南都賦》：‘阿那蓊茸。’謝靈運詩：‘新蒲含紫茸。’又《史記·晉世家》：‘狐裘蒙茸。’注：‘蒙茸以言亂貌。《左傳》作尨茸。’……又《前漢·司馬遷傳》：‘僕又茸以蠶室，重爲天下觀笑。’師古注：‘茸，推也。’”（1065下）《玉篇·艸部》：“茸，而容切。尨茸，亂皃。又草生也。又而勇切。不肖也。”（66上右）又明李時珍《本草綱目·草五·鼠曲草》：“鼠耳，言其葉形如鼠耳，又有白毛蒙茸似之，故北人呼爲茸母。”明楊慎《丹鉛總録·詩話·茸母孟婆》：“宋徽宗在北虜，清明日詩曰：‘茸母初生認禁煙，無家對景倍凄然。’”“茸”之“尨茸，亂皃”“闒茸，猥賤也（庸鄙無才能也）”“聚貌”“茸母，艸名”這四個義項，《大字典》皆未收，可據補。又《漢書·司馬遷傳》：“而僕又茸以蠶室，重爲天下觀笑。”顔師古注：“茸，音人勇反。推也。蠶室，初腐刑所居温密之室也。謂推至蠶室之中也。”此“茸”本當作“搑”。《説文·手部》：“搑，推擣也。从手，茸聲。”（256上）“搑”，《廣韻》音“而容切”，又音“而隴切”。故“茸”與“搑”音同義别，《漢書》“而僕又茸以蠶室”之“茸”當爲“搑”之假借字。

48. 跍

《字彙·足部》:“跍，空胡切，音枯。跍蹲貌。”（472下）

《正字通·足部》:“跍，踞字之訛。舊注蹲貌，義與踞近，改作跍，音枯，非。”（1117下）

按:《康熙字典·足部》:“跍，《廣韻》苦胡切，《集韻》空胡切，並音枯。蹲貌。”（1280下）《廣韻》平聲模韻苦胡切:“跍，跍蹲皃。”（47）《集韻》平聲模韻空胡切:“跍，蹲皃。”（90）又《説文·足部》:“踞，蹲也。从足，居聲。”（41下）“踞”，《廣韻》音“居御切”。“跍”與“踞”儘管義同，然音義俱别，二字不可混同，《正字通》謂“跍”即“踞”字之訛，且謂“舊注”非，既無書證亦無例證，其説非是。又慧琳《音義》卷八八《釋法琳本傳》卷第五:“跍屣，上音帖。《考聲》云:‘跍屣，徐行也。’履，踐也。”（59，P140B4）此“跍”當即“跕”字俗訛。《龍龕》卷四《足部》:“跍，音帖。跍屣。”（465）《玉篇·足部》:“跕，都牒、他協二切。跕屣也。”（34上左）故“跍”與“跕”音義並同，“跍”當即“跕”字俗訛。此“跍”與上文《廣韻》《集韻》所收之“跍”即爲同形字。

49. 釨

《字彙·金部》:“釨，兹里切，音子。剛也。”（503上）

《正字通·金部》:“釨，釨字之訛。舊注音子，剛也，七畫鋅同釨，並非。”（1192上）

按:《康熙字典·金部》:“釨，《集韻》祖似切，音子。《玉篇》:‘剛也。’《集韻》:‘或作鋅。’”（1364上）《玉篇·金部》:“釨，祖里切。剛也。鋅，同上。”（84下右）《集韻》上聲止韻祖似切:“釨，剛也。或作鋅。”（323）故“釨”即“鋅”之異體字，義爲“剛也”。又《方言》卷九:“戟，楚謂之釨。凡戟而無刃，秦、晉之間謂之釨。”下文又曰:“矛，或謂之釨。”“釨”，《廣韻》音“居列切”。故“釨”與“釨”儘管形近，然音義俱别，二字不可混同，《正字通》謂“釨”即“釨”字之訛，且謂“舊注”

非，既無書證亦無例證，其説非是。又慧琳《音義》卷五九《四分律》第二十一卷："持鉾，古文𢦬、釪二形，今作矛，同。莫侯反。《説文》：'酋矛。長二丈，建於兵車也。'酋，自由反。"（58，P641B4）《龍龕》卷一《金部》："鉾鉾，莫侯反。與矛同。長丈二，建於兵車也。"（8）《集韻》平聲矦韻莫浮切："矛鉾戕，《説文》：'酋矛也。建於兵車，長二丈。象形。'或從戈，或從金。"（270）"𢦬"當即"戕"字俗訛，而"釪"當即"鉾"字俗訛，此"釪"誤與上文《玉篇》《集韻》所收之"釪"同形。

50. 錝

《字彙・金部》："錝，牆容切，音從。金毛。"（507 上）

《正字通・金部》："錝，俗字。舊注音從，金毛，誤。"（1203 上）

按：《康熙字典・金部》："錝，《五音集韻》徂紅切，音叢。《玉篇》金毛。"（1379 下）《玉篇・金部》："錝，葅聾切。金毛也。"（84 下左）《叢考》（1077）謂"錝"疑即"鏓"的或體，可備一説。又《卍新纂續藏經》本明通潤箋《蓮華大竅叙》："言我即於經首，錯錝其説而成此序，亦欲藉此微因，庶幾現世六根清浄，仰見慈尊，他生四德圓成，得趨樂土。然此經之妙，豈可以筆舌罄之哉？貽之後人，作敲門瓦子耳。""錯錝"同"錯綜"，此"錝"即"綜"因受上文"錯"字類化影響而産生的俗字。此"錝"與上文《玉篇》所收之"錝"當爲同形字。

51. 鞺

《字彙・革部》："鞺，東徒切，音都。析皮具；牛牽船。"（532 下）

《正字通・革部》："鞺，訛字。舊注音都，析皮具，泥；牛牽船，尤非。"（1274 上）

按：《康熙字典・革部》："鞺，《廣韻》當孤切，《集韻》東徒切，並音都。《廣韻》：'析皮具；牛牽船。'《集韻》：'牛牽舟謂之鞺。'"（1468 下）《廣韻》平聲模韻當孤切："鞺，析皮具；牛牽船。出《通俗文》。"（47）又慧琳《音義》卷一五《大寶積經》第一百九卷："鞾履，上亦鞢。履屬也。《廣雅》謂之甲沙，或謂之鞢鞺，皆夷人方言異也。"（57，

P694A10）慧琳《音義》卷六五《五百問事經》亦曰："韡鞋，上酗禾反。胡服也。《廣雅》謂之甲沙，或謂之鞣韄，皆夷人方言有異也"（58，P767B1）"鞣韄"當同"鞣釋"。故宫本《王韻》入聲鐸韻徒各反："釋，鞣釋。"（524）《廣韻》入聲鐸韻徒落切："釋，鞣釋，胡履也。"（409）《急就篇》："旃裘鞣釋蠻夷民。"顔師古注："鞣釋，胡履之缺前雍者也。言蠻夷之人唯以氈爲裘而足著鞣釋也。今西羌，其服亦然。"故"鞣韄"當同"鞣釋"，此"韄"當即"釋"之異體字。此"韄"與上文《廣韻》所收之"韄"當爲同形字。

（六）有利於校正溝通失誤

現代大型字典《大字典》和《字海》對其收録的疑難字做了大量的溝通與認同工作，取得了很大的成績，但也存在許多誤作認同的現象。系統考釋與研究《字彙》《正字通》《直音篇》《詳校篇海》《篇海類編》《康熙字典》《字彙補》等明清大型字書疑難字，可以對《大字典》和《字海》中許多溝通失誤的内容作出訂正，爲其以後修訂與完善提供參考。

1. 倈

《字彙·人部》："倈，力計切，音利。怒也；又很倈。"（38 下）

《正字通·人部》："倈，力地切，音利。怒也；又很倈。本作戾，俗作倈。"（47 下）

按：《康熙字典·人部》："倈，《廣韻》《集韻》並郎計切，音麗。怒也。又很倈也。本作戾，俗作倈。"（37 下）《廣雅·釋詁二》："倈，怒也。"又《廣雅·釋詁三》："戾，很也。"《玉篇·人部》："倈，力計切。怒也。"（15 上左）《廣韻》去聲霽韻郎計切："倈，乖也；待也；利也；立也；罪也；來也；至也；定也。又很戾。《説文》：'曲也。从犬出户下。戾者，身戾曲也。'倈，很戾，俗。"（272）《集韻》去聲霽韻郎計切："倈，《博雅》：'怒也。'通作戾。"（505）《論語·陽貨》："古之矜也廉，今之矜也忿戾。"何晏集解引孔安國曰："恶理多怒。"故"倈"與"戾"音義並同，"倈"當即"戾"之異體字。《正字通》《康熙字典》謂"倈"即"戾"字之俗，所言是也。《大字典》《字海》俱收"倈"字，皆分爲兩個義項：第一個義項訓“怒”；第二義項謂同“戾”。《大字典》《字海》這樣處理“倵”與“戾”的字際關係是失當的。《大字典》《字海》應於“倵”字下直謂同“戾”，其後再分列兩個義項：第一義項訓“怒”；第二義項訓“狠戾”。

2. 傯

《字彙·人部》：“傯，楚兩切，音磢。衆蠻也。”（44下）

《正字通·人部》：“傯，俗傯字。舊注音磢，訓衆蠻，無稽。”（62下）

按：《康熙字典·人部》：“傯，《集韻》初講切，窻上聲。衆齊也。《字彙》訓衆蠻，非。”（51上）《玉篇·人部》：“傯，初講切。衆齊也。”（15上左）《新修玉篇》《篇海》引《玉篇》並同。《集韻》上聲講韻初講切：“傯，衆齊也。”（307）又《直音篇》卷一《人部》：“傯，初講切。衆蠻也。”（21下）《直音篇》訓“衆蠻也”，然於前代字書、韻書皆無徵，當爲“衆齊也”之誤。《詳校篇海》卷五《人部》：“傯，楚兩切，音磢。衆蠻也。舊本：衆齊也。”（379下）《篇海類編》同。《詳校篇海》《篇海類編》承襲《直音篇》之誤而訓“衆蠻也”，亦失考證。《字彙》訓“衆蠻也”，此亦因承襲前代字書之謬而誤。《正字通》謂“舊注”訓“衆蠻”無稽，所言是也。《康熙字典》謂《字彙》訓“衆蠻”非，亦是。又《廣韻》上聲董韻作孔切：“偬，倥偬。”（159）下文去聲送韻作弄切又曰：“偬，倥偬。”（235）《集韻》平聲東韻麤叢切：“偬，志衆也。”（8）《字彙·人部》：“偬，同傯。”（40上）《字彙·人部》“傯”字下文曰：“傯，作孔切，音緫。倥傯，窮困也。又不暇也。又去聲，作弄切。義同。”（41下）《正字通·人部》：“偬，俗傯字。”（52上）《正字通·人部》“偬”字下文曰：“傯，作孔切，音緫。倥傯。又送韻，緫去聲。義同。”（55下）“偬”與“傯”音義並同，即爲同字異寫；然“傯”與“偬（傯）”音義俱別，二字不可混同，故《正字通》謂“傯”爲“傯”字之俗，非是。《大字典》“傯”字下據《玉篇》訓“衆齊”，然以《正字通》之説作爲“按語”，非是；《字海》“傯”字下據《正字通》之説而謂同“偬”，亦非。

3. 儣

《字彙・人部》:"儣，苦廣切，壙上聲。儣俍，不平。"（45 上）

《正字通・人部》:"儣，壙字之訛。"（63 下）

按:《康熙字典・人部》:"儣，《廣韻》苦廣切，《集韻》苦晃切，並音壙。儣俍，不平也。"（52 上）《集韻》上聲蕩韻苦晃切:"儣，儣俍，不平。"（420）《説文・人部》:"壙，塹穴也。一曰大也。从土，廣聲。"（290 上）《集韻》上聲蕩韻苦晃切:"壙，窨也。一曰壙埌，原野逈皃。"（420）"儣"與"壙"儘管音同，然意義區别甚明，二字不可混同，故《正字通》之説非是。《大字典》"儣"字下以《正字通》之説作爲"一説"，亦非。"儣俍"當同"懭悢"。《集韻》上聲蕩韻苦晃切:"懭，懭悢，意不得也。"（420）《楚辭・九辯》:"愴怳懭悢兮，去故而就新。"王逸注:"中情悵惘，意不得也。"洪興祖補注:"懭悢，不得志。"又《楚辭・九嘆・惜賢》:"心懭悢以冤結兮，情舛錯以曼憂。"王逸注:"懭悢，失志貌也。""不平"與"意不得也""不得志""失志貌也"訓異義同，故"儣俍"當同"懭悢"，"儣"當即"懭"之異體字。

4. 冞

《字彙・冂部》:"冞，同㚠。"（49 上）

《正字通・冂部》:"冞，舊注同㚠。按:《六書統》冞與侈同。《篇海》'㚠''㡰'二文即《説文》'移'字之訛。音義與'移''衺'相背，此《篇海》誤也。舊本《巾部》六畫無㚠，今云:'冞，同㚠。'誤。"（78 上）下文《日部》又曰:"冞，同侈。奢也。《六書統》:'從多、從日，日以多也。'舊本闕。"（467 上）

按:《康熙字典・冂部》:"冞，《集韻》乃可切，音娜。本作㚠。《玉篇》:'㢀也。'㢀，屋所容受也。《集韻》《類篇》或又作㡰。"（63 上）《名義・冃部》:"𦌸，時紙反。冞，古文。"（156 上）《玉篇・冃部》:"𦌸，市紙切。古文㚠。冞，同上。"（76 下右）《集韻》上聲哿韻乃可切:"㚠，《博雅》:'㢀㚠（當爲字頭誤重）也。或作㡰、冞。'"（405）《類篇・冃部》："㝖，乃可切。《博雅》：'宬𢁼（當爲字頭誤重）也。'或作㝖。又市紙切。"（263 下）《新修玉篇》卷十五《冃部》引《玉篇》："𠕯，市紙切。古文𢁼。㝖，同上。又奴可切。宬也。同作𢁼、𢅥。"（140 下右）《篇海》卷七《冃部》引《玉篇》："𠕯，市紙切。古文𢁼。㝖，同上。"（684 上）《詳校篇海》卷三《冃部》："𠕯，市紙切，舊音侍。古文𢁼字。㝖，同上。"（159 上）《篇海類編》同。故"㝖"當即"㝖"字之俗，而"㝖"與"𠕯""𢁼""𢅥"諸字音義並同，即爲異體字。又《六書統》卷七："㝖，尸氏切。奢也。從多、從日，日以多也。"（190 下）據上文可知，"㝖"當即"㝖"之異寫字，並同"𠕯""𢁼""𢅥"，皆當訓"宬也"，義指"儲藏室"。《六書故》改訓"奢也"，且謂"從多、從日，日以多也"，然於歷代字韻書皆無徵，此訓疑不可據。《正字通》於《冂部》"㝖"字下承襲《六書統》之謬而謂"㝖"與"侈"同，非是；《正字通》又於《日部》"㝖"字下承襲《六書統》之謬而謂"㝖"同"侈"，亦非。又《説文·衣部》："袳，衣張也。从衣，多聲。《春秋傳》曰：'公會齊侯於袳。'"（169 上）"袳"，《廣韻》音"尺氏切"。"𢁼""𢅥"與"袳"音義俱别，不可混同，故《正字通》謂"《篇海》'𢁼''𢅥'二文即《説文》'袳'字之訛"，亦非。《大字典》《字海》俱收"㝖"字，皆分爲兩個義項：第一義項據《集韻》之説而謂同"𢁼"，訓"儲藏室"；第二義項據《正字通》之謬而謂同"侈"，訓"奢"。據上文可知，《大字典》《字海》"㝖"字下第二義項皆應删。《大字典》《字海》亦俱收"㝖"字，《大字典》據《字彙》《集韻》而謂"㝖"同"㝖"；《字海》據《字彙補》之説而謂"㝖"即"㝖"的訛字。今查《字彙補》未見收録此字，《字海》謂字見《字彙補》，疑爲《字彙》之誤。據上文可知，"㝖"當即"㝖"字之俗。《字海》謂"㝖"即"㝖"的訛字，正俗顛倒，疑亦非是。

5. 咢

《字彙·口部》："咢，許驍切，音囂。諠咢之聲。按：此字即呺字。"（73 上）

《正字通·口部》："咢，咢字之訛。吅，音暄。讙也。舊注咢，音

囂，諠咢之聲，義與吅同，音與吅反。又云：此即嗃字。不知嗃亦号、枵之訛也。”（143 下）

按:《康熙字典·口部》:“咢,《字彙》:‘即嗃字。’”（124 上）《龍龕》卷二《口部》:“咢，通；䜌（囂），正。許饒反。~喧也；大也；動也；不安静也。”（265）故“咢”當即“囂”字之俗。又《廣韻》平聲許嬌切:“嗃，嗃然，大皃。”（93）《集韻》平聲宵韻虛嬌切:“嗃，嗃然，虛大皃。李軌説。或作謞、号。”（183）故“咢”與“嗃”音同義别，二字不可混同,《字彙》謂“咢”即“嗃”字，既無書證亦無例證，其説非是。《康熙字典》轉録《字彙》之説而未作校正，亦失考證。又《正字通》謂“咢”即“咢”字之訛，所言亦當是。韓小荆《〈可洪音義〉研究》“咢”俗作“咢”、“萼”俗作“萼”、“鄂”俗作“鄂”、“愕”俗作“愕”等，此即其證也。又“咢”當即“號”字之俗。韓小荆《〈可洪音義〉研究》“號”俗作“咢”,《可洪音義》卷一二《雜阿含經》卷一六:“號呼，上户高反。咢呼，同上。”（59，P1008B6）故“咢”字有三個來源：一、“咢”即“囂”字之俗；二、“咢”即“咢”字之俗；三、“咢”即“號”字之俗。《大字典》收録“咢”字，據《龍龕》之説而謂同“囂”，然後又據《正字通》之説而謂“一説‘咢’的訛字”。《大字典》這樣處理，有失妥當。《大字典》應於“咢”字下分爲三個義項：第一個義項音 xiāo，據《龍龕》之説而謂同“囂”；第二個義項音 è，據《正字通》之説而謂“咢”的訛字；第三個義項音 háo，據《可洪音義》之説而謂“號”的俗字。《字海》亦收“咢”字，據《龍龕》之説而謂同“囂”，亦非完備。

6. 坓

《正字通·土部》:“坓，古文型，見《六書統》，從型爲正。《篇海》坓、坓並音浄，訓阬阱，非。”（188 下）

按:《康熙字典·土部》:“坓,《六書統》:‘古文型字。’”（171 上）《龍龕》卷二《土部》:“坓坓，才性切。坑坓也。二。”（251）《新修玉篇》卷二《土部》引《龍龕》:“坓坓，才性切。坑坓也。”（13 上右）《篇海》

同。“荓”“垪”當即“阱”之異體字。《説文·井部》:“阱，陷也。从𨸏，从井，井亦聲。穽，阱或从穴。汬，古文阱从水。”(101上)“阱”,《廣韻》音“疾郢切”。“荓”“垪”與“阱”音近義同，“荓”“垪”當即“阱”之異體字。《集韻》平聲青韻乎經切:“㓝,《説文》:‘鑄器之法也。’”(247)“㓝”,《説文》作“型”。故“荓”與“㓝(型)”音義俱别，二字不可混同,《正字通》據《六書統》之説而謂“荓”即“㓝(型)”字古文，非是。《康熙字典》轉録《六書統》之説而未作校正，亦失考證。第一版《大字典》“荓”字下未轉引《正字通》之説，是也；第二版《大字典》“荓”字下據《正字通》之誤而收録一個義項，謂同“型”，非是。

7. 㚾

《字彙·女部》:“㚾，同胚。”(102下)

《正字通·女部》:“㚾，同胚。”(230下)

按:《康熙字典·女部》:“㚾，同胚。”(206下)《玉篇·女部》:“妚，普梅切。孕也。與胚同。”(18上右)下文又曰:“㚾，方酉切。好皃。”(18上左)《新修玉篇》卷四《女部》引《玉篇》:“㚾，方久切。好皃。”(28下左)《新修玉篇》卷四《女部》下文引《玉篇》:“妚，普梅切。孕也。或作胚。”(28下左)《篇海》同。《直音篇》卷一《女部》:“妚，音杯。孕也。㚾，同上。又音否。好貌。”(26上)據上文可知，“㚾”與“妚”音義俱别，二字不可混同,《直音篇》謂“㚾”同“妚”，非是。《詳校篇海》卷二《女部》:“㚾，俯九切，音缶。好皃。又鋪杯切，音坏。孕一月也。同胚。”(119上)《篇海類編》同。“胚”“胚”即同字異體,《詳校篇海》《篇海類編》謂“㚾”字又音“鋪杯切，音坏”，訓“孕一月也”，同“胚”，此當因承襲《直音篇》之謬而誤。《字彙》《正字通》《康熙字典》謂“㚾”同“胚(胚)”，亦因承襲前代字書之謬而誤。《大字典》“㚾”字下據《字彙》之説而收録一個義項謂同“胚”,《字海》“㚾”字下據《正字通》之説而收録一個義項謂同“胚”，疑並非是。

8. 宧

《字彙・宀部》:“宧，古文響字。”（116 下）

《正字通・宀部》:“宧，舊注古文響字。按:《集韻》古作窨，舊本省作宧,《舉要》篆作、，皆似而非。”（270 下）

按:《康熙字典・宀部》:“宧,《字彙》:‘古響字。’按:《集韻》:‘響，古作窨。’當即窨字之訛。”（239 下）《爾雅・釋宫》:“東南隅謂之窔。”《玉篇・宀部》:“宧，於弔、於鳥二切。《爾雅》曰:‘東南隅謂之宧。’宧亦隱闇。本亦作窔。又户樞聲。窔，同上。宎，同上，俗。”（54 上左）《集韻》上聲筱韻伊鳥切:“宧,《説文》:‘户樞聲也。室之東南隅。’或作窔、𡨋、宎。”（392）故“宧”與“窔”音義並同,“宧”當即“窔”通過改换成與字音更爲接近的聲符而形成的異體字，因爲“𦣞”《廣韻》音“烏皎切”。又《新修玉篇》卷十一《宀部》六畫引《玉篇》作“宧”,“宧”即“宧”字之俗。《篇海》亦作“宧”，此亦其證也。《新修玉篇》卷十一《宀部》七畫引《餘文》又曰:“宧，於堯切。户樞聲也。”（99 上右）《篇海》同。據上文《集韻》可知，此“宧”亦當即“宧”字之俗。《直音篇》卷三《宀部》:“宧，音杳。室東（北）［南］隅。宎，同上。又音要。宧，亦同上。”（124 上）據上文可知，此“宧”亦當即“宧”字之俗。故“宧”當即“宧”字之俗，同“窔”。又《説文・音部》:“響，聲也。从音，鄉聲。”（52 下）《集韻》上聲養韻許兩切:“響,《説文》:‘聲也。’古作窨。”（414）“窨”,《字彙補》作“窨”,“窨”“窨”當即“響”之異體字。“宧”與“窨”“窨”字形區别甚明，故《字彙》謂“響”字古文，非是。《正字通》謂“宧”當即“窨”字之省，亦非。《康熙字典》謂“宧”當即“窨”字之訛，亦因承前而誤。《大字典》《字海》“宧”字下皆據《字彙》之誤而收録一個義項謂同“響”，疑並非是。

9. 𡮣

《字彙・尢部》:“𡮣，力口切，音簍。高貌。”（121 下）

《正字通・尢部》:“𡮣，與僂通。舊注高貌，非。”（283 上）

按:《康熙字典·尢部》:“尵,《正字通》:‘與僂通。’尪也;曲背也。《字彙》音婁,訓高貌,非。”(253 下)《龍龕》卷四《兀部》:“𡯾,力口反。高皃。”(522)“𡯾”“尵”即同字異寫,《正字通》謂“尵”與“僂”通,所言當是。《説文·人部》:“僂,尪也。从人,婁聲。”(164 下)“僂”即指“背脊彎曲,向上隆起”。“僂”,《廣韻》音“落侯切”。故“尵”與“僂”音義皆近,“尵”當即“僂”因涉義改换義符而形成的異體字。《康熙字典》所言亦其證也。《大字典》《字海》俱收“尵”字,皆分爲兩個義項:第一義項分别據《龍龕》《字彙》訓“高貌”;第二義項據《正字通》之説而謂同“僂”。《大字典》《字海》這樣處理俱失妥當,其實《正字通》即謂“尵”與“僂”通,《大字典》《字海》據《正字通》之説直謂“尵”同“僂”,即妥。

10. 峊

《字彙·山部》:“峊,魚結切,音業。山高。”(126 下)

《正字通·山部》:“峊,𡴀字之訛。《六書本義》:‘𡴀,从𠂤、中聲。山高貌。’篆作𡴀。舊注音訓同𡴀,改从山,非。”(294 上)

按:《康熙字典·山部》:“峊,《集韻》魚列切,音臬。《説文》:‘高危也。’與嵲、巀同。”(265 下)箋注本《切韻》入聲薛韻魚列反:“峊,山高危。又藝哲反。”(145)敦煌本《王韻》入聲屑韻五結反:“峊,山高皃。”(429)故宫本《王韻》入聲屑韻五結反:“峊,山高皃。”(517)下文入聲薛韻魚列反又曰:“峊,山高。”(517)故宫本《裴韻》入聲薛韻魚列反:“峊,山高危。又藝哲反。”(613)《唐韻》入聲薛韻魚列反:“峊,山高危皃也。又藝哲反。”(707)《廣韻》入聲屑韻五結切:“峊,山高皃。《説文》作峊。本音孼。”(401)下文入聲薛韻魚列切又曰:“峊,山高皃。《説文》作𡴀,危高也。又藝哲切。”(403)《説文·𠂤部》:“𡴀,危高也。从𠂤,中聲。讀若臬。”(305 上)“峊”“峊”“𡴀”並即“𡴀”字之俗,故《正字通》謂“峊”即“𡴀”字之訛,所言是也。《考正》(110)謂“峊”爲“𡴀”的異寫字,此即其證也。又《直音篇》卷六《山部》:“嵲,音齧。巀嵲。峊𡾊𡸑,並同上。”(230 上)《廣韻》入聲屑韻昨結切:“巀,嶭巀,山名。”下文五結切:“嶭,嶭巀。”(401)“巀”“巀”即異體字,“嶭”訓“巀(巀)嶭”,義指“山名”。又《廣雅·釋邱》:“𡿺,細也。”《龍龕》卷一《山部》:“嶭峷,五蕩、伍結二反。巀嶭。”下文又曰:“𡿺,或作;峊,正。五結反。山高皃也。二。”(78)故“峷”即“嶭”字之俗,而“峊”“𡿺”與“嶭”音同義別,不可混同,《直音篇》謂“峊”“𡿺”同“嶭”,非是。《大字典》收録“峊”字,然未溝通其與“𡿺”字的正俗關係,失考證;《字海》亦收“峊”字,據《直音篇》之誤而謂同“嶭”,亦失考證。《大字典》亦收“𡿺”字,第(二)義項據《龍龕》之説而謂同“峊”,是也;《字海》亦收“𡿺”字,第(二)義項謂“同‘嶭’。字見《龍龕》”,此亦因承襲《直音篇》之謬而誤。

11. 嵚

《字彙·山部》:“嵚,牽奚切,音欺。《玉樞經》:‘九曜嶔嵚。’”(130下)

《正字通·山部》:“嵚,舊注欠兮切,音欺。引《玉樞經》:‘九曜嶔嵚。’一曰嵌字之訛,六書無嵚。”(302下)

按:《康熙字典·山部》:“嵚,《字彙》牽奚切,音欺。引《玉樞經》:‘九曜嶔嵚。’《正字通》:‘嵌字之訛,六書無嵚。’”(276上)《直音篇》卷六《山部》:“𡾋,音欺。嶔𡾋,山不平貌。嵚𡾋,同上。”(228下)《詳校篇海》卷四《山部》:“𡾋,牽奚切,音欺。嶔𡾋,山不平皃。”下字曰:“嵚,牽奚切,音欺。《玉樞經》云:‘九曜嶔嵚。’”(264上)《篇海類編》同。“𡾋”即“嵚”字異寫。《玉樞寶經》:“五行奇蹇,九曜嶔嵚。”宋文天祥《跋誠齋錦江文稿》:“惟亭閣尚留其名,而屋亦化爲烏有矣;有則嶔嵚老壓,亦未知其爲當時屋否也。”“嶔嵚”同“嶔𡾋”“嵚𡾋”,義爲“不平”“不正”,“嵚”當即“𡾋”“𡾋”通過改換聲符而產生的異體字。又《正字通》一曰“嵚”爲“嵌”字之訛,所言當是。《漢語大詞典》“嵚”字下第❶義項訓“高”,謂參見“嵚巖”,並以《正字通》之説而謂“一説‘嵌’的訛字”,其“嵚巖”一詞以前蜀杜光庭《詔與黄萬祐相見謝表》“弘道大師夙探至術,深隱嵚巖,名姓可聞,儀形莫覩”作爲例證。

今查閱大量文獻，“嵌巗”一詞僅見此一例，而“嵌巗”用例甚多，例如：唐盧照鄰《五悲・悲昔遊》：“因嵌巗以爲室，就芬芳以列筵。”唐李白《明堂賦》：“寥惚恍以洞啟，呼嵌巗而傍兮。”唐孟郊《吊盧殷》：“磨一片嵌巗，書千古光輝。”宋陳亮《又甲辰秋書》：“亮之生於斯世也，如木出於嵌巗嶔崎之間，奇蹇難澀，蓋未以常理論。”故“嵌巗”當以作“嵌巗”爲是，此“嵌巗”當即“嵌”字俗訛，因“嵌”“嵌”形近而訛混。又《卍新纂續藏經》本明無愠録《山菴雜録》卷之下：“扶杖而言曰：‘老僧嵌空倚杖黎，分明畫出須菩提。’”“嵌空”，《卍新纂續藏經》本明文琇集《增集續傳燈録》卷第五、《卍新纂續藏經》本明通問編定、施沛彙集《續燈存稿》卷第六、《卍新纂續藏經》本清超永編輯《五燈全書》卷第五十、《卍新纂續藏經》本清性統編集《續燈正統》卷二十二等皆作“嵌空”，從文意來看，當以作“嵌空”爲是，“嵌”當爲“嵌”字之訛。此亦爲其證。《大字典》收録“嵌”字，訓“高”，又據《正字通》“一曰”之説而謂“一曰‘嵌’的訛字”，《大字典》這樣處理有失妥當。《大字典》“嵌”字下應分爲兩個義項：第一義項音 qī，據《直音篇》之説而謂同“嵚”“𡾊”，並以《玉樞寶經》作爲例證；第二義項音 qiàn，據《正字通》之説而謂“嵌”的訛字，並以上文所引杜光庭《詔與黃萬祐相見謝表》或佛經文獻作爲例證。

12. 巜

《字彙・巛部》：“巜，即川字。《説文》：‘く巜之水會爲巜也。’”（132 下）

《正字通・巛部》：“巜，川本字。《説文》：‘貫穿通流水也。’引《書》‘濬く巜距巜’，言深く巜之水會爲巜也。按：く、巜，今作畎、澮，字别義同。”（306 下）

按：《康熙字典・巛部》：“巜，《唐韻》：‘川本字。’《説文》：‘巜，貫穿通流水也。《虞書》曰：濬く巜距巜。’巜作川，文異義同。又《字彙補》：‘古文𩯭字。’”（280 下）《説文・川部》：“川，貫穿通流水也。《虞書》曰：‘濬く巜距川。’言深く巜之水會爲川也。”（239 上）“川”，古文作“巛”（見《楚帛書》）、“巛”（見《矢簋》）、“巛”（見《孫臏》一〇九）等，故“巛”當即“川”之異體字。《太玄·難》：“大車川川，上轅於山，下觸於川。”宋司馬光集注：“宋、陸、王本‘川川’作‘巛巛’。吳曰：‘巛，川古字。’”此即其證也。故“巛”當即“川”之異體字。又《字彙補·巛部》：“巛，又古文鬊字。見《古音附録》。”（58下）《説文·髟部》：“鬊，鬢髮也。从髟，春聲。”（183下）“鬊”，《廣韻》音“舒閏切”。“鬊”本義即指“篦落的頭髮”。故“巛”與“鬊”音義俱别，且未見“鬊”古文有作“巛”者，《字彙補》據《古音附録》而謂“巛”即“鬊”字古文，其説疑不可據。《康熙字典》轉録《字彙補》之説而未作校正，亦失考證。《大字典》“巛”字下據《字彙補》之説而增收一個義項謂同“鬊”，疑亦非是。

13. ⿸广忩

《字彙·广部》：“⿸广忩，作孔切，音總。屋中舍。”（142下）

《正字通·广部》：“⿸广忩，俗窗字。窗俗作窓，又訛爲⿸广忩。舊注音總，屋中舍，非。”（330上）

按：《康熙字典·广部》：“⿸广忩，《海篇》音總。屋［階］中舍。”（308上）《龍龕》卷二《广部》：“⿸广忩，俗；⿸广怱，正。作孔、倉紅二反。屋［階］中會也。二。”（300）“⿸广忩”“⿸广怱”並即“㢔”字之俗。《説文·广部》：“㢔，屋階中會也。从广，悤聲。”（190下）“㢔”，《廣韻》音“倉紅切”，又音“作孔切”。“⿸广忩”“⿸广怱”與“㢔”音義並同，故“⿸广忩”“⿸广怱”並即“㢔”字之俗。《篇海》卷三《广部》引《龍龕》：“⿸广忩，作孔、倉紅二切。屋［階］中舍也。”（618上）《篇海》訓“屋［階］中舍也”，當爲“屋［階］中會也”之訛。《詳校篇海》卷一《广部》：“⿸广忩，作孔切，音總。屋［階］中舍。”（70上）《篇海類編》同。《詳校篇海》《篇海類編》《字彙》訓“屋［階］中舍”，皆因承襲《篇海》之謬而誤。又《説文·穴部》：“窻，通孔也。从穴，悤聲。”（149下）又下文《囪部》曰：“囪，在牆曰牖，在屋曰囪。象形。窗，或从穴。”（212上）《廣韻》平聲江韻楚江切：“囪，《説文》曰：‘在牆曰牖，在屋曰囪。’”同一小韻下字又曰：“窻，《説文》

作窻。通孔也。《釋名》曰：‘窻，聰也，於内見外之聰明也。’窓，俗。”（13）“窓”“𥦗”“窻”“窗”“囱”諸字即爲異體字。故“㡐”與“窗”音義俱别，儘管“窗”俗體或作“窓”，然未見“窓”有訛變作“㡐”者，故《正字通》謂“㡐”即“窗”字之俗，且謂“舊注”非，既無書證亦無例證，其説非是。《大字典》收録“㡐”，據《龍龕》之説而謂同“廖”，是也；然又據《正字通》之説而謂“一説‘窗’的訛字”，非是。《字海》亦收“㡐”字，直謂同“廖”，是也。

14. 奠

《字彙·廾部》：“奠，奠本字。《六書正訛》：‘从酋，酋，酒也；丌，盛酒具也。俗作奠，从大非。’然今皆从大，故注詳於《大部》。”（145下）

《正字通·廾部》：“奠，奠本字。舊注載《正訛》：‘从酋，酋，酒也；丌，盛酒具也。俗作奠，从大非。’又云：‘今皆从大，故注詳于《大部》。’按：奠本从丌，非从廾，篆作，楷作奠。舊注以从大爲非，未詳從廾亦訛文也。”（337上）

按：《康熙字典·廾部》：“奠，《玉篇》同尊。《説文》：‘奠，酒器也。从酋，廾以奉之。’或作尊。按：《字彙》以奠爲奠本字，非。”（317上）《説文·酋部》：“奠，酒器也。从酋，廾以奉之。《周禮》六尊：犧尊、象尊、著尊、壺尊、太尊、山尊，以待祭祀賓客之禮。尊，或从寸。”（315上）“奠”，篆文作“”，古文作“”“”“”“”等形，從“奠”字以上諸古文形體來看，其下部皆從“廾”，故“奠”當爲其楷定字，而“尊”當爲“奠”字之或體。又《説文·丌部》：“奠，置祭也。从酋，酋，酒也。下其丌也。《禮》有奠祭者。”（94下）“奠”，篆文作“”，古文作“”“”“”“”“”等形，從“奠”字以上諸古文形體來看，其下部皆從“丌”，今“奠”字下部從“大”者，當爲字形訛變所致。故“奠”與“奠”儘管形近，然其古文形體區别甚明，二者不可誤溷，故《字彙》《正字通》之説並非。《康熙字典》所言是也。又《儀禮·士喪禮》：“脯醢醴酒，冪奠用功布。”從文意來看，此“奠”當即“奠（尊）”

字之訛。鄭玄注："古文奠爲尊。"清朱珔《説文假借義證》引此云："惠（棟）云：'古尊字作奠，與尊相似，故訛。'則非假借字。"以上二説皆其證也。故此"奠"當即"奠（尊）"字之訛。《大字典》"奠"字下據《儀禮·士喪禮》"脯醢醴酒，冪奠用功布"之文及鄭玄、朱珔二家之説而增加一個義項謂同"尊"，非是。據上文可知，此"奠"當即"奠（尊）"字之訛，故《大字典》此義項當改作："尊"的訛字，方妥。

15. 彊

《字彙·弓部》："彊，古文鏘字。"（148 上）

《正字通·弓部》："彊，俗字。舊注古文鏘，誤。"（343 上）

按：《龍龕》卷一《弓部》："彊，古文。七羊反。"（150）《新修玉篇》卷十六《弓部》引《龍龕》："彊，古文。音鏘。"（149 上右）《篇海》同。《直音篇》卷五《弓部》："彊，古鏘字。"（192 上）"彊"，《龍龕》音"七羊反"，《新修玉篇》《篇海》皆改反切爲直音，謂"音鏘"，然未言"彊"即"鏘"字古文。《直音篇》卻徑謂"彊"即"鏘"之古字，然於前代字書皆無徵，且"彊"與"鏘"字形相去甚遠，二字不易混同，故其説疑不可據。《詳校篇海》卷一《弓部》："彊，音鏘。古文。"（20 下）《篇海類編》同。《詳校篇海》《篇海類編》校作"音鏘。古文"，是也。《字彙》謂"彊"即"鏘"字古文，此即因承襲《直音篇》之謬而誤。《大字典》《字海》"彊"字下皆據《字彙》之謬而謂同"鏘"，疑並非是。

16. 忾

《字彙·心部》："忾，與忔同。又喜夷切，音希。義同。"（156 上）

《正字通·心部》："忾，同愾。氣本作气，忾、忥即愾之省。舊注與忔同，又音希，義同，亦非。"（359 上）

按：《廣雅·釋詁一》："忾，喜也。"《廣韻》入聲迄韻許訖切："忔，喜也。"（387）"忔""忾"即異寫字。又《説文·心部》："愾，大息也。从心，从氣，氣亦聲。《詩》曰：'愾我寤歎。'"（221 下）《廣雅·釋詁一》："愾，滿也。"《玉篇·心部》："愾，口代、許氣二切。太息也。"（39

下右）“忾”與“愾”音義俱别，二字不應混同，《正字通》僅據“氣”本作“气”，即謂“忾”同“愾”，其説非是。《大字典》“忾”字下據《正字通》之誤而收録一個義項謂同“愾”，非是。至於“忾”今爲“愾”的簡化字，此僅是借用簡單字形，而非二字本爲異體字。

17. 恩

《字彙·心部》:“恩，牙入切，顔入聲。賽也。”（162 上）

《正字通·心部》:“恩，恩字之譌。舊注顔入聲，訓賽，非。”（373 上）

按:《康熙字典·心部》:“恩，《集韻》古達切，音葛。賽也。”（359 上）《新修玉篇》卷八《心部》引《川篇》:“恩，五葛切。賽也。”（73 下右）《篇海》卷十《心部》引《類篇》:“恩，五葛切，賽也。”（731 下）“恩”字，《新修玉篇》與《篇海》引書不同，疑以《新修玉篇》爲是。又《説文·心部》:“恩，憂也。从心，圂聲。一曰擾也。”（222 上）《玉篇·心部》:“恩，户困切。患也；憂也。”（41 上右）“恩”與“恩”音義俱别，二字不可混同，《正字通》謂“恩”即“恩”字之訛，且謂“舊注”非，既無書證亦無例證，其説疑不可據。《大字典》《字海》“恩”字下皆據《正字通》之説而謂“恩”的訛字，疑並非是。

18. 慐

《字彙·心部》:“慐，稱人切，音真。恚也。”（163 下）

《正字通·心部》:“慐，俗慎字。舊注音瞋，恚也，與《説文》‘謓’義溷。《六書故》:‘謓，别作慐，與謓、嗔同。’並非。从嗔、謓爲正。”（377 上）

按:《康熙字典·心部》:“慐，《篇海》稱人切，音嗔。恚也。《字彙補》:‘古文慎字。’”（362 下）《名義·心部》:“慐，昌仁反。恚也；怒也。”（80 上）慧琳《音義》卷八九《高僧傳》第一卷:“既慐，下叱人反。《字書》云:‘正作慐。’顧野王云:‘慐謂恚也。’《古今正字》:‘從心，真聲也。’”（59，P151B6）此“慐”當即“慐”字之俗，而非“慐”

之正字，“𢙁”又當即“瞋”之異體字。《大字典》“𢙁”字下没有提供文獻用例，佛經有其用例，提供如下：《大正藏》本後秦佛陀耶舍共竺佛念等譯《四分律》卷第三《十三僧殘法》之二：“時有慈地比丘來至羅閱城中，時沓婆摩羅子爲客比丘分卧具，隨上座次第隨應得處與，時彼慈地比丘衆中下座，得惡房惡卧具，便生𢙁恚言。”“𢙁”，宫本、宋本、元本、明本皆作“瞋”。下文卷四《十三僧殘法》之三又曰：“沓婆摩羅子有愛，隨所喜者與好房好卧具，不喜者與惡房惡卧具。以不愛我故與惡房惡卧具，差次受請與我惡食處，由此倍增𢙁恚言。”“𢙁”，宫本、宋本、元本、明本亦皆作“瞋”。下文又曰：“若比丘𢙁恚所覆故，非波羅夷比丘以無根波羅夷法謗欲壞彼清浄行。若於異時若問若不問，知此事無根説，我𢙁恚故作是語。”以上“𢙁”字，宫本、宋本、元本、明本亦皆作“瞋”。故“𢙁”當即“瞋”之異體字。《可洪音義》卷二〇《舍利佛阿毗曇論》第十三卷：“𢙁恚，上昌真反。正作𢙁、瞋二形也。又音德，非也。”（60，P170B3）《新撰字鏡·心部》：“𢙁，昌仁反。謓字。恚也；怒也。”（129）《集韻》平聲真韻稱人切：“謓嗔𢙁，《説文》：‘恚也。賈侍中説：謓笑。’或從口，亦作𢙁。”（116）以上諸書亦其證也。故“𢙁”與“瞋”“謓”“嗔”音義並同，即爲異體字。又《爾雅·釋詁上》：“慎，静也。”《方言》卷一：“慎，憂也。宋魏或謂之慎，或曰𥉻。”（4）《説文·心部》：“慎，謹也。从心，真聲。昚，古文。”（216下）《玉篇·心部》：“慎，市振切。謹也；思也。”（38上左）“𢙁”與“慎”儘管構字部件相同，然音義俱别，二字不可混同，《正字通》謂“𢙁”即“慎”字之俗，既無書證亦無例證，其説疑不可據。《字彙補·心部》：“𢙁，又古文慎字。”（74上）《字彙補》謂“𢙁”即“慎”字古文，於歷代字韻書亦無徵，此説亦不可據。《康熙字典》轉録《字彙補》之説而未作校正，亦失考證。《大字典》《字海》“𢙁”字下皆據《字彙補》之説而收録一個義項謂同“慎”，疑並非是。

19. 憦

《字彙·心部》：“憦，郎到切，音澇。懊憦，悔也。”（166上）

《正字通・心部》:“憦，同憥。舊注音澇，懊憦，悔也，分二字，非。”（383 上）

按:《康熙字典・心部》:“憦，《集韻》郎到切，勞去聲。懊憦，悔也。”（370 上）《集韻》去聲號韻郎到切:“憦，懊憦，悔也。”（588）《正字通》謂“憦”同“憥”，疑非是。《玉篇・心部》:“憥，力高切。心力乏也；疾也。”（40 下左）“憦”與“憥”儘管構字部件相同，然音義俱別，二字不可混同，故《正字通》之説疑不可據。今案:“懊憦”當同“懊惱”。慧琳《音義》卷七三《僧伽羅剎集》下卷:“懊惱，上隩浩反，下猱老反。《考聲》云:‘懊惱，痛恨也。’《集訓》云:‘心内結怨也。’經作憹，俗用，非也。”（58，P959B11）故“懊憦”與“懊惱”音義皆通，“憦”當即“惱”字之俗。《大字典》《字海》“憦”字下皆據《正字通》之説而收録一個義項謂同“憥”，疑並非是。

20. 懯

《字彙・心部》:“懯，同怤。”（167 下）

《正字通・心部》:“懯，同怤。”（386 下）

按:《康熙字典・心部》:“懯，《集韻》《韻會》《正韻》並芳無切，音敷。《類篇》:‘懯，憋懯，急速貌。’或書作怤。”（374 下）《集韻》平聲虞韻芳無切:“懯，憋懯，急速皃。”（77）又《説文・心部》:“怤，思也。从心，付聲。”（217 上）《列子・力命》:“墨杘、單至、嘽咺、憋懯四人相與游於世。”張湛注:“此皆默詐、輕發、迂緩、急速之貌。”《玉篇・心部》:“怤，芳俱切。悦也；憘也；樂也。”（41 上右）“懯”與“怤”音義俱別，二字不可混同，《字彙》謂“懯”同“怤”，非是。《正字通》謂“懯”同“怤”，當因承襲《字彙》之謬而誤。《康熙字典》謂“或書作怤”，亦因承前而誤。《大字典》《字海》“懯”字下皆據《正字通》之説而收録一個義項謂同“怤”，疑並非是。

21. 撝

《字彙・手部》:“撝，于鬼切，音委。逆追也。”（180 上）

《正字通・手部》:“揈,烏鬼切,音委。逆追也。《同文舉要》:‘揈與揮同。’”(416上)

按:《康熙字典・手部》:“揈,《唐韻》于鬼切,《集韻》羽鬼切,並音偉。逆追也。又《同文舉要》:‘與揮同。’”(414上)敦煌本《王韻》上聲尾韻韋鬼反:“揈,逆追。”(387)故宫本《王韻》、故宫本《裴韻》、《廣韻》、《集韻》皆同。又《爾雅・釋詁下》:“揮,竭也。”郭璞注:“揮,振去水。”《廣雅・釋詁一》:“揮,動也。”《説文・手部》:“揮,奮也。从手,軍聲。”(256上)“揮”,《廣韻》音“許歸切”。故“揈”與“揮”音義俱别,二字不可混同,《同文舉要》謂“揈”與“揮”同,既無書證亦無例證,其説非是。《康熙字典》轉録《同文舉要》之説而未作校正,亦失考證。《大字典》《字海》“揈”字下皆據《正字通》引《同文舉要》之説而收録一個義項,謂同“揮”,疑並非是。

22. 摰

《字彙・手部》:“摰,倪制切,音詣。木相磨也。”(182下)

《正字通・手部》:“摰,舊注音詣。木相磨。《正韻》去聲寘韻摰、槸兩存,並訓木枝相磨。入聲屑韻槸汎言見《車攻》詩注,合摰、槸爲一。按:《説文》:‘槸,木相磨也。从木,埶聲。’《爾雅》注疏:‘槸即門闑,通作臬。’《集韻》:‘闑,或作槷。’由此推之,木枝切磨之槸借爲門闑字,分詣、孽二音非。从手作摰,摰爲摯字重文,未可與槷、槸混。舊注泥《正韻》‘木相磨’,非。本从執,省作摰,亦非。”(422上)

按:《康熙字典・手部》:“摰,摯字變體。又《正韻》:‘倪制切,音詣。木相磨也。’《正字通》:‘按:《説文》:槸,木相磨也。魚祭切。又《集韻》闑或作槷。是木枝相磨之槸借爲闑字,分蓺、孽二音,非。从手也摰,不宜與槸、槷混。’”(423上)《洪武正韻》去聲未韻以袂切:“摰,木相磨也。”(228)“摰”當即“槸”字俗訛。《爾雅・釋木》:“木相磨槸。”郭璞注:“樹枝相切磨。”《説文・木部》:“槸,木相磨也。从木,埶聲。”(115上)《廣韻》去聲祭韻魚祭切:“槸,樹枝柞摩。”(277)《集韻》去聲祭韻倪祭切:“槸,《説文》:‘木相磨也。’亦書作槷。”(516)

“⿰扌埶”與“槸”音義並同，故“⿰扌埶”當即“槸”字俗訛。又《廣雅·釋詁一》：“摰，引也。”曹憲《博雅音》：“摰，音至。”王念孫《疏證》：“案：摰、摯二字音義各別。摰音充世反，與瘛、掣同。引也。字從手，埶聲。摯音至，握持也。字從手，執聲。《廣雅》摰訓爲引，當音充世反，曹憲音至，誤也。”《集韻》入聲屑韻倪結切：“隉，《説文》：‘危也。’或作摰。”（704）故“⿰扌埶”與“摰”音義俱别，二字不可混同，《正字通》僅據“⿰扌埶”與“摰”構字部件相同，即謂“⿰扌埶”爲“摰”字重文，且謂“舊注”非，其説非是。《康熙字典》謂“⿰扌埶”爲“摰”字變體，當因承襲《正字通》之説而誤。《大字典》《字海》皆據《正字通》之説而謂“⿰扌埶”同“摰”，疑並非是。

23. ⿱𠩺夂

《字彙·攴部》：“⿱𠩺夂，力之切，音釐。微盡也。又⿱𠩺夂牛，鄉名。”（191 上）

《正字通·攴部》：“⿱𠩺夂，𠩺字之訛。本作⿱𠩺文，篆作[illegible]，氂、犛、斄通。舊本𠩺載《厂部》九画，加支改作⿱𠩺夂，非。本注又⿱𠩺夂牛，鄉名，誤。”（444 上）

按：《康熙字典·攴部》：“⿱𠩺夂，《正字通》：‘𠩺字之訛。’”（448 上）《集韻》平聲之韻陵之切：“⿱𠩺文，《説文》：‘微畫也。’”（54）“⿱𠩺夂”當即“⿱𠩺文”字俗訛。《説文·文部》：“⿱𠩺文，微畫也。从文，𠩺聲。”（182 下）《廣韻》平聲之韻里之切：“⿱𠩺文，《字統》云：‘微畫也。’”（29）“⿱𠩺夂”與“⿱𠩺文”音義並同，故“⿱𠩺夂”當即“⿱𠩺文”字俗訛。《字彙》訓“微盡也”，當即“微畫也”之誤刻。又其訓“⿱𠩺夂牛，鄉名”，亦誤。《廣韻》平聲之韻里之切：“犛，犛牛。又音茅。”（29）“犛牛”本爲“牛名”，《字彙》於“⿱𠩺夂”誤録作“⿱𠩺夂牛”，又轉訓爲“鄉名”，非是。《正字通》謂“⿱𠩺夂”即“𠩺”字之訛，疑亦非是。《説文·攴部》：“𠩺，坼也。从攴，从厂。厂之性坼，果孰有味亦坼，故謂之𠩺。从未聲。”（63 下）“𠩺”，《廣韻》音“許其切”。“⿱𠩺夂”與“𠩺”音義俱别，二字不可混同，故《正字通》之説非是。《康熙字典》轉録《正字通》之説而未作校正，亦失考證。《大字典》收録“䕅”字，謂“䕅”的訛字，是也；然又據《正字通》之説而謂“一説‘䓝’的訛字”，非是；其引《字彙》作“微盡也”，未作校正，亦非。《字海》亦收“䕅”字，直謂同“䕅”，是也。

24. 斀

《字彙·攴部》：“斀，市玉切，音孰。擊也；連也。”（191下）

《正字通·攴部》：“斀，俗屬字。舊注音義同屬，加攴，非。”（446上）

按：《康熙字典·攴部》：“斀，《集韻》殊玉切，音蜀。《玉篇》：‘擊也。’”（450上）《玉篇·攴部》：“斀，市玉切。擊。”（85下左）元刊本《玉篇·攴部》作：“斀，市玉切。連也。”《集韻》入聲燭韻殊玉切：“斀，擊也。”（652）《新修玉篇》卷十八《攴部》引《餘文》：“斀，市玉切。擊也。”（160上右）《篇海》同。《玉篇校釋》“斀”字下注：“元刊云‘連也’，以屬爲説。《集韻》燭韻云：‘擊也。’”（3433）胡氏所言是也。元刊本《玉篇》訓“連也”，當因從“屬”爲説而誤，不可據。《直音篇》卷三《攴部》：“斀，音孰。擊也；連也。”（101上）《詳校篇海》卷二《攴部》：“斀，市玉切，音孰。擊也；連也。”（140下）《篇海類編》同。《直音篇》《詳校篇海》《篇海類編》《字彙》訓“連也”，皆因承襲元刊本《玉篇》之謬而誤。《正字通》承襲《字彙》義訓之誤而謂“斀”即“屬”字之俗，亦失考證。《集韻》入聲燭韻朱欲切又曰：“斣，擊也。”（651）“斀”與“斣”音近義同，正如“襡”同“裯”（見《集韻》652），“斀”當即“斣”之異體字。《大字典》《字海》“斀”字下皆據《正字通》之謬而收録一個義項謂同“屬”，疑並非是。

25. 昮

《字彙·日部》：“昮，弋笑切，音曜。光也。”（200下）

《正字通·日部》：“昮，古文晃。因照耀之義借與耀同。”（468下）

按：《康熙字典·日部》：“昮，《集韻》：‘曜，古作昮。’”（470上）《集韻》去聲笑韻弋笑切：“曜燿昮，光也。或从光，古作昮。”（580）《集韻》

謂“⿱日炗”即“曜”之古文，疑非是。從字形來看，當以“⿱日炗”爲“晃”字古文爲是。《説文·火部》:“光，明也。从火在人上，光明意也。𤎫，古文。炗，古文。”(209下)《名義·火部》:“灮，古光反。明也。炗，古文。”(210下)《玉篇·火部》:“灮，古黄切。灮榮也。今作光。炗，古文。”(100上右)故“炗”即“光”字古文。“⿱日炗”字從日、炗聲，其所從之“炗”即“晃”字所從之“光”的古文，故“⿱日炗”當即“晃”字古文。“⿱日炗”與“曜”字形相去甚遠，《集韻》以“⿱日炗”爲“曜”字古文，疑非是。杜從古《集篆古文韻海》將“”作爲“曜”字古文，疑亦非是。《大字典》《字海》俱收“⿱日炗”，皆據《集韻》之説而謂同“曜”，疑並非是。

26. 棇

《字彙·木部》:“棇，七紅切，音聰。尖頭擔也。”(215上)

《正字通·木部》:“棇，同⿰木葱，俗省。舊注音聰，尖頭擔，誤。”(509下)

按:《康熙字典·木部》:“棇，《唐韻》作樬。倉紅切，音悤。尖頭擔也。”(508下)《新修玉篇》卷十二《木部》引《玉篇》:“棇，七紅切。尖頭擔也。”(112上左)《篇海》同。《玉篇·木部》作:“樬，七紅切。尖頭擔也。”(62下左)“棇”與“樬”音義並同，“棇”當即“樬”字之俗。《正字通》謂“棇”即“⿰木葱”字俗省，疑非是。《新修玉篇》卷十二《木部》引《川篇》:“⿰木葱，音嵩。小籠。”(114下左)《篇海》同。“⿰木葱”當即“檧”字之俗。《方言》卷五:“箸筩，自關而西謂之桶檧。”郭璞注:“今俗亦通呼小籠爲桶檧。”《廣韻》平聲東韻蘇公切:“檧，小籠。又先孔切。”(8)“⿰木葱”與“檧”音義並同，故“⿰木葱”當同“檧”。“棇”與“⿰木葱”音義俱別，二字不可混同，故《正字通》謂“棇”即“⿰木葱”字俗省，且謂“舊注”非，其説非是。《大字典》《字海》“棇”字下皆據《正字通》之誤而收録一個義項謂同“⿰木葱”，並非。

27. 檶

《字彙・木部》:“檶，丘廉切，音撁。泄水器。”（226上）

《正字通・木部》:“檶，俗奩字。匣類。或作匳。舊注音撁，泄水器，非。”（540下）

按:《康熙字典・木部》:“檶，《集韻》丘廉切，音謙。泄水器。又《正字通》俗奩字，或作匳。鏡匳也。”（538下）《集韻》平聲鹽韻丘廉切:“杴檶，泄水器。或從奩。”（291）故“檶”當即“杴”之異體字。又《廣韻》平聲鹽韻力鹽切:“匳，盛香器也。又鏡匳也。俗作奩。”（150）故“檶”與“奩”音義俱別，二字不可混同，《正字通》謂“檶”同“奩”，且謂“舊注”非，既無書證亦無例證，其說非是。《康熙字典》據《正字通》之説而謂“檶”即“奩”字之俗，或作“匳”，並訓“鏡匳也”，亦失考證。《字海》“檶”字下據《正字通》之説而收録同“奩”這一義項，疑亦非是。

28. 浾

《字彙・水部》:“浾，同浾。”（244下）

《正字通・水部》:“浾，同浾。”（584上）

按:《康熙字典・水部》:“浾，《唐韻》敕貞切，《集韻》癡貞切，並音檉。《玉篇》:‘赤也。’一曰棠棗汁也。《説文》本作赬，或从水作浾，或从正作浾。”（602下）《説文・赤部》:“赬，赤色也。从赤，巠聲。《詩》曰:‘魴魚赬尾。’赬，赬或从貞。赪，或从丁。浾，赬，棠棗之汁。或从水。浾，浾或从正。”（212下）“浾”與“赬”當爲兩個字頭，二徐本誤合爲一。《名義・赤部》:“浾，子承反。棗汁。”（214上）下文又曰:“赬，恥荆反。淺赤。赬赪，並上。”（214上）《名義・水部》又曰:“浾，恥京反。赤色也。”（196下）《龍龕》卷二《水部》:“浾，側加反。（染）[滓]；棠木汁也。又子升反。”（229）《龍龕》卷四《赤部》又曰:“赪赬，二或作；赬，俗通；赬，正。丑貞反。赤也。”（524）《玉篇・水部》:“浾，恥京切。赤也。亦作赬。”（91上左）下文又曰:“浾，側加切浾，滓也。又棠木汁。”（91 上左）《玉篇·赤部》又曰：“䞓，丑貞切。赤色也。赬䟓，並同上。”（101 下右）故宫本《王韻》平聲麻韻側加反：“浾，棠汁。”（460）下文平聲清韻敕貞反又曰：“赬，赤色。亦作浾。”（464）《廣韻》平聲麻韻側加切：“浾，棠汁。”（108）下文平聲清韻丑貞切又曰：“赬，赤色。俗作赬。䞓，上同。”（125）據《名義》《龍龕》《玉篇》《切韻》《廣韻》諸書可知，“浾”與“䞓”二字當分列，而“䞓”與“赬”“䞐”“泟”即爲異體字。故《説文》本當作：“䞓，赤色也。从赤，巠聲。《詩》曰：‘魴魚䞓尾。’赬，䞓或从貞。䞐，或从丁。泟，或从正。”“浾，棠棗之汁。从赤，从水。”《集韻》平聲清韻癡貞切：“䞓，《説文》：‘赤色也。’引《詩》：‘魴魚䞓尾。’或作赬、䞐。”同一小韻下文又曰：“浾泟，《説文》：‘赬，棠棗之汁。’或從正。”（239）《集韻》謂“浾”或作“泟”，當因承襲誤本《説文》而誤。《字彙》《正字通》亦謂“泟”同“浾”，亦皆因承襲誤本《説文》而誤。《康熙字典》訓“泟”爲“赤也”，並謂“䞓”或作“浾”“泟”，亦因承襲誤本《説文》而誤。《大字典》《字海》俱收“泟”字，皆據二徐本《説文》之説而謂同“浾”，疑並非是。

29. 浧

《字彙·水部》：“浧，楚懈切，音瘥。水浦。”（245 下）

《正字通·水部》：“浧，俗汊字。舊注音瘥，水浦，誤分爲二。”（586 下）

按：《康熙字典·水部》：“浧，《唐韻》《集韻》楚解切，《韻會》《正韻》楚懈切，並差去聲。水浦也。”（605 下）《廣韻》去聲卦韻楚懈切：“浧，浦浧。”（284）《廣韻》訓“浦浧”，當指“水流的分岔處”。《集韻》去聲卦韻楚懈切：“浧，水浦也。”（524）《集韻》改訓“水浦也”，疑非是。《字彙》《康熙字典》訓“水浦”，當因承襲《集韻》之謬而誤。《正字通》之説疑是。《集韻》去聲禡韻楚嫁切：“汊，水歧流也。”（596）“浧”與“汊”音近義同，“浧”疑即“汊”之異體字。《大字典》《字海》俱收“浧”字，皆分爲兩個義項：第（一）義項據《集韻》訓“水浦”；第（二）義項據《正字通》之説謂同“汉”。《大字典》《字海》這樣處理“泾”與“汉”的字際關係，疑並失當，《大字典》《字海》應據《正字通》之説徑謂“泾”同“汉”，即妥。

30. 浾

《字彙·水部》:“浾，側加切，音楂。滓也；又棠棗之汁。”（248 上）

《正字通·水部》:“浾，䞓、赬同。《説文·赤部》䞓或作赬、䞒。棠棗之汁，从水作浾，篆作[illegible]，亦作泟，篆作[illegible]。”（591 上）

按:《康熙字典·水部》:“浾，《唐韻》敕貞切，《集韻》癡貞切，並音檉。《説文》:‘棠棗汁。’……《説文》本作䞓，《集韻》或作赬，亦作泟。”（612 下）《説文·赤部》:“䞓，赤色也。从赤，巠聲。《詩》曰:‘魴魚䞓尾。’赬，䞓或从貞。䞒，或从丁。浾，䞓，棠棗之汁。或从水。泟，浾或从正。”（212 下）“浾”與“䞓”當爲兩個字頭，二徐本誤合爲一。《名義·赤部》:“浾，子承反。棗汁。”（214 上）下文又曰:“䞓，恥荆反。淺赤。赬䞒，並上。”（214 上）《名義·水部》又曰:“泟，恥京反。赤色也。”（196 下）《龍龕》卷二《水部》:“浾，側加反。（染）[滓]；棠木汁也。又子升反。”（229）《龍龕》卷四《赤部》又曰:“䞒䞓，二或作；頳，俗通；赬，正。丑貞反。赤也。”（524）《玉篇·水部》:“泟，恥京切。赤也。亦作䞓。”（91 上左）下文又曰:“浾，側加切。浾滓也。又棠木汁。”（91 上左）《玉篇·赤部》又曰:“䞓，丑貞切。赤色也。頳䞒，並同上。”（101 下右）故宫本《王韻》平聲麻韻側加反:“浾，棠汁。”（460）下文平聲清韻敕貞反又曰:“赬，赤色。亦作泟。”（464）《廣韻》平聲麻韻側加切:“浾，棠汁。”（108）下文平聲清韻丑貞切又曰:“赬，赤色。俗作頳。䞓，上同。”（125）據《名義》《龍龕》《玉篇》《切韻》《廣韻》諸書可知，“浾”與“䞓”二字當分列，而“䞓”與“赬”“䞒”“泟”即爲異體字。故《説文》本當作:“䞓，赤色也。从赤，巠聲。《詩》曰:‘魴魚䞓尾。’赬，䞓或从貞。䞒，或从丁。泟，或从正。”“浾，棠棗之汁。从赤，从水。”段玉裁校作:“䞓，赤色也。从赤，巠聲。《詩》曰:‘魴魚䞓尾。’赬，䞓或从貞。䞒，或从丁。”“浾，棠棗之汁也。从赤、水。洆，浾或从正。”並注曰：“各本轉寫舛誤，今正。浾與赬音雖同而義異，別爲一字，非即赬字也。棠棗汁皆赤，故从赤、水會意。”段玉裁謂“浾”與“赬”別，所言是也；然謂“洆”爲“浾”之或體，當因承襲誤本《説文》而誤。朱駿聲通訓定聲“赬”字下注：“按：棠棗之赬汁作‘浾’作‘洆’者，俗字也。”朱氏此説當因承襲誤本《説文》而誤，不可爲據。《正字通》謂“浾”同“赬”“赬”，當因承襲誤本《説文》而誤。《康熙字典》謂“浾”同“赬”“赬”“洆”，亦當因承襲誤本《説文》而誤。《大字典》收録“浾”字，以段玉裁“各本轉寫舛誤，今正。浾與赬音雖同而義異，別爲一字，非即赬字也”之説作爲“按語”，當是；然又據朱駿聲之説而謂“一説同‘赬’”，當失考證。

31. 瀌

《字彙・水部》：“瀌，補尤切，音彪。水聲。”（264上）

《正字通・水部》：“瀌，俗滮字，《説文》作淲。水聲。”（625上）

按：《康熙字典・水部》：“瀌，《玉篇》甫休切，《集韻》必幽切，並音淲。水聲也。”（656上）《玉篇・水部》：“瀌，甫休切。水聲。”（91下右）《集韻》平聲幽韻必幽切：“瀌，水聲。”（273）又《廣雅・釋訓》：“滮滮，流也。”《説文・水部》：“淲，水流皃。从水，彪省聲。《詩》曰：‘淲沱北流。’”（229上）《集韻》平聲幽韻皮虯切：“淲，《説文》：‘水流皃。’引《詩》：‘淲沱北流。’或作滮。”（274）故“瀌”與“滮（淲）”音近義別，二字不可混同，《正字通》謂“瀌”即“滮（淲）”字之俗，既無書證亦無例證，其説疑不可據。《大字典》“瀌”字下據《正字通》之説而謂“一説同‘滮（淲）’”，《字海》“瀌”字下據《正字通》之説而直謂同“滮”，疑並非是。

32. 焩

《字彙・火部》：“焩，呼對切，音誨。再煮爛也。”（270上）

《正字通・火部》：“焩，爛字之訛。舊注再煮爛，與爛義近，改音誨，非。”（640上）

按:《康熙字典・火部》:“烕,《廣韻》武罪切,《集韻》毋罪切，並音浼。《玉篇》:‘烕烕，爤也。’《集韻》:‘熟謂之烕。’又《廣韻》呼罪切,《集韻》虎猥切，並音賄。又《集韻》呼回切，音灰。義並同。”(678上)箋注本《切韻》(斯2071)上聲賄韻呼猥反:“烕，爤皃。又亡罪反。”(132)故宫本《王韻》、故宫本《裴韻》同。《廣韻》上聲賄韻呼罪切:“烕，熟皃。又亡罪切。”(183)“爤皃”“熟皃”義同。又《説文・火部》:“爤，熟也。从火，蘭聲。”(207下)段玉裁注:“隸作爛，不從艸。”《方言》卷七:“爛，熟也。自河以北，趙、魏之間火熟曰爛，氣熟曰糦。”(48)《廣韻》去聲翰韻郎旰切:“爛，火熟。爤，上同。見《説文》。”(307)故“烕”與“爛”儘管義同，然形音俱别，二字不可混同,《正字通》謂“烕”即“爛”字之譌，且謂“舊注”非，既無書證亦無例證，其説非是。《大字典》“烕”字下以《正字通》之説作爲“一説”，疑亦非是。

33. 瓵

《字彙・瓦部》:“瓵，延知切，音移。瓶也。又甀瓵，甎也。”(293上)

《正字通・瓦部》:“瓵，俗瓯字。”(688上)

按:《康熙字典・瓦部》:“瓵,《廣韻》與之切,《集韻》盈之切，並音怡。《玉篇》:‘瓶也。’《廣韻》:‘甀、瓵，甎也。’”(749下)《玉篇・瓦部》:“瓵，余之切。瓶也。”(79上右)《玉篇校釋》“瓵”字下注:“‘瓶也’者，‘瓶’當爲‘甎’。《廣雅・釋宫》:‘瓵，甎也。’《切韻》:‘瓵，甀也。’《廣韻》云:‘甀、瓵，甎也。’是瓵亦大甎之名。又應此訓‘瓶’者，或出《埤倉》。瓵與瓯同。瓯，余之切。小甖也。《廣雅》甖亦瓶也。”(3131)胡吉宣前後兼采兩説，其説疑可商榷。《廣雅・釋宫》:“甀瓳、甈、瓵、甗，甎也。”曹憲音:“瓵，音夷。”(531上)《説文・瓦部》:“瓯，甌瓿謂之瓯。从瓦，台聲。”(269下)《爾雅・釋器》:“甌瓿謂之瓯。”郭璞注:“瓿甊，小甖，長沙謂之瓯。”(65)敦煌本《王韻》平聲之韻[與之反]:“瓵，甀。”同一小韻下字曰:“瓯，小甖。”(360)故宫本《王韻》平聲之韻與之反："瓯，甋。"同一小韻下字曰："瓵，小罌。"（441）故宫本《裴韻》平聲之韻與之反："瓵，長沙云小瓷（罌）。"（549）《廣韻》平聲之韻與之切："瓯，甋、瓯，甎也。"（27）同一小韻下字曰："瓵，《爾雅》云：'甌瓿也。'"（28）《集韻》平聲之韻盈之切："瓵，《説文》：'甌瓿謂之瓵。'"同一小韻下字曰："瓯，《博雅》：'甈（甋）、瓯，甎也。'"（55）《玉篇》訓"瓯"爲"瓶也"，於歷代辭書皆無徵，當因"瓯""瓵"音同，故而據"瓵"字之義而妄補。故胡吉宣謂《玉篇》訓"瓶也"當爲"甎也"，是也；然其又謂"此訓'瓶'者，或出《埤倉》。瓯與瓵同"，此即因承訛襲謬而誤作説辭。《新修玉篇》卷十六《瓦部》引《玉篇》："瓯，以之切。瓶也。"（144下左）《篇海》同。《新修玉篇》《篇海》訓"瓶也"，當皆因承襲《玉篇》之謬而誤。《直音篇》卷四《瓦部》："瓯，音夷。甎也。又瓶名。"（179上）《直音篇》訓"甎也"，是也；然又訓"瓶名"，此亦因承襲《玉篇》之謬而誤。《詳校篇海》卷一《瓦部》："瓯，延知切，音移。瓶也。又甋瓯，甎也。"（72上）《篇海類編》同。《詳校篇海》《篇海類編》《字彙》訓"瓶也"，亦因承襲前代字書之謬而誤。《正字通》據《字彙》誤訓而謂"瓯"即"瓵"字之俗，此即因承訛襲謬而誤作認同。《康熙字典》轉録《玉篇》"瓶也"之訓而未作校正，亦失考證。《大字典》"瓯"字下據《正字通》之誤而收録一個義項謂同"瓵"，非是；《字海》"瓯"字據《正字通》之説而直謂同"瓵"，亦非。

34. 畐

《字彙·田部》："畐，古福字。又芳逼切，音拂。滿也。《六書正譌》：'从高省，从田。高有厚之義，田所以厚生也。會意。'"（297下）

《正字通·田部》："畐，古文福。《正譌》：'畐，滿也。从高省，从田。高有厚之義，田所以厚生也。會意。方六切。隸作，福从此，借爲得合切。報也。又芳逼切。通作畣，俗作答，非。'舊注節删《正譌》，轉音拂，滿也，不知滿即福義，畐非拂音，分二音二義，誤也。"（698上）

按:《康熙字典·田部》:“畗,《集韻》:‘答,古作畗。’又《五音集韻》:‘古文福字。’”(763上)《集韻》入聲屋韻芳六切:“畗,滿也。”下文房六切又曰:“畗,滿也。”(640)此“畗”當即“畐”之異體字。《説文·畐部》:“畗,滿也。从高省,象高厚之形。讀若伏。”(106下)“畗”字,《名義》《龍龕》《玉篇》《切韻》《廣韻》皆楷定作“畐”。《名義·畐部》:“畐,扶立反。滿也。”(155上)《龍龕》卷一《田部》:“畐,芳逼反。道滿也。又古文。音福。”(154)《玉篇·畐部》:“畐,普逼、扶六二切。腹滿謂之涌腸,滿謂之畐。”(76上左)故宫本《王韻》入聲屋韻房六反:“畐,滿。又普逼反。”(510)《廣韻》入聲屋韻房六切:“畐,滿也。”(369)段玉裁據《説文解字注》亦校作“畐”。故“畗”訓“滿也”,當即“畐”之異體字。《字彙》《正字通》謂“畗”即“福”之古字,然“福”字從示、畐聲,其古文、或體皆未有作“畗”者,故《字彙》《正字通》之説並非。《大字典》“畗”字下第(二)義項據《字彙》之誤而收録同“福”這一義項,且未溝通其與“畐”字的字際關係,失考證;《字海》“畗”字下第(二)義項謂同“畐”,是也。

35. 畟

《正字通·田部》:“畟,初格切,音測。《説文》:‘治稼畟畟進也。’又田器利也。《詩·周頌》:‘畟畟良耜。’舊本存畟闕畟,非。”(699上)

按:《康熙字典·田部》:“畟,《廣韻》初力切,《集韻》《韻會》察色切,並音測。《説文》:‘治稼畟畟進也。’《爾雅·釋訓》:‘畟畟,耜也。’注:‘言嚴利。’《詩·周頌》:‘畟畟良耜。’傳:‘畟畟猶測測也。’釋文:‘嚴利也。’”(764上)《詳校篇海》卷二《田部》:“畟,初力切,音測。《説文》:‘治稼畟畟進也。’又子力切,音即。同稷。五穀總名。”(98上)《篇海類編》同。《詳校篇海》《篇海類編》又謂“畟”同“稷”,訓“五穀總名”,非是。《爾雅·釋訓》:“畟畟,耜也。”邢昺疏引舍人曰:“畟畟,耜入地之貌。”《説文·田部》:“畟,治稼畟畟進也。从田、人,从夊。《詩》曰:‘畟畟良耜。’”(107下)《名義·田部》:“畟,楚力反,側(當爲直音用字)。利也。”(11上)《玉篇·田部》:“畟,楚力切。《説文》

云：‘治稼畟畟進也。’《詩》云：‘畟畟良耜。’又音即。”（9下右）《龍龕》卷一《田部》：“畟，音惻。畟畟，陳器狀也；又方也。又音即。治稼畟畟進也。”（154）故宫本《裴韻》入聲職韻初力反：“畟，陳器狀。《字林》音即。”（617）《唐韻》入聲職韻初力反：“畟，畟畟，陳器狀。又音即。”（726）下文子力反又曰：“畟，《説文》云：‘理稼畟［畟］之進也。’《詩》云：‘畟畟良耜。’又音側。”（727）《廣韻》入聲職韻初力切：“畟，畟畟，陳器狀。《説文》云：‘治稼畟畟進也。’《詩》云：‘畟畟良耜。’又音即。”（425）下文子力切又曰：“畟，又初力切。”（426）《集韻》入聲職韻察色切：“畟稄，《説文》：‘治稼畟畟進也。’引《詩》：‘畟畟良耜。’或從耒。”（756）下文節力切又曰：“畟稄㓷，畟畟耜利也。或從耒、從刀。”（757）《詩·周頌·良耜》：“畟畟良耜，俶載南畝。”毛傳：“畟畟，猶測測也。”孔穎達疏：“以畟畟文連良耜，則是利刃之狀，故猶測測以爲利之意也。”朱熹集傳：“畟畟，嚴利也。”故“畟”音 cè，又音 jì，皆義指“利耜深耕快進貌”。《新修玉篇》卷二《田部》引《玉篇》：“畟，楚力切。《説文》云：‘治稼畟畟進也。’《詩》云：‘畟畟良耜。’又子力切。同上。”（20上右）此亦其證也。故《詳校篇海》《篇海類編》於又音 jì 下謂同“稷”，訓“五穀總名”，當因“畟”字“又音”與“稷”相同而誤作認同，非是。《大字典》“畟”字下據《篇海類編》之誤而收録同“稷”“五穀總名”這一義項，亦非。

36. 畻

《字彙·田部》：“畻，古猛切，音獷。死禾也。”（299下）

《正字通·田部》：“畻，俗磽字。因田有肥磽，改从田作畻，《篇海》作畻。舊注古猛切，音獷，死禾也，並非。”（702下）

按：《康熙字典·田部》：“畻，《字彙》古猛切，音獷。死禾也。又《正字通》：‘俗磽字。’《篇海》作畻。”（770上）《篇海》卷四《田部》引《搜真玉鏡》：“畻，音獷。死禾。”下文引《龍龕》又曰：“畻，音獷。死禾也。”（639下）“畻（畻）”“畻”音義並同，當即一字之變。《直音篇》卷三《田部》：“畻，音獷。死禾也。畻，同上。”（131上）《詳校篇海》

卷二《田部》:“䃓𤳤，二古猛切，音獷。死禾也。”（99 上）《篇海類編》同。以上諸書皆其證也。《説文·石部》:“磽，磬石也。从石，堯聲。”（193 上）《玉篇·石部》:“磽，苦交切。堅硬也。”（105 上左）《廣韻》平聲肴韻口交切:“磽，石地。”（97）故“䃓”與“磽”音義俱别，二字不可混同，《正字通》謂“䃓”即“磽”字之俗，且謂“舊注”非，既無書證亦無例證，其説疑不可據。《康熙字典》轉録《正字通》之説而未作校正，亦失考證。《大字典》“䃓”字下據《正字通》之説而收録一個義項，謂同“磽”，訓“瘠薄，土地堅硬不肥沃”，疑亦非是。

37. 瘽

《字彙·疒部》:“瘽，渠斤切，音芹。勞苦之病。《漢文紀》:‘瘽身從事。’又具吝切，音覲。義同。”（304 下）

《正字通·疒部》:“瘽，其吟切，音芹。《説文》:‘病也。’《漢文紀》:‘瘽身從事。’又震韻，音僅。義同。與僅、殣别。”（715 上）

按:《康熙字典·疒部》:“瘽，《唐韻》巨斤切，《集韻》《韻會》渠斤切，《正韻》渠巾切，並音勤。《爾雅·釋詁》:‘瘽，病也。’”（785 上）《爾雅·釋詁上》:“瘽，病也。”邢昺疏:“瘽者，勞苦之病也。”《説文·疒部》:“瘽，病也。从疒，堇聲。”（151 上）《名義·疒部》:“瘽，[渠]勤反。病也。”（108 下）《玉篇·疒部》:“瘽，渠謹切。病也。”（56 下右）《玉篇校釋》“瘽”字下注:“‘病也’者，《釋詁》文，《説文》同。本書:‘慬，憂也；煩也。’疑瘽爲勤勞或饑饉所改也。《釋詁》本亦作懃。”（2228）胡氏兼采兩説，其説疑可商榷。《字彙補·疒部》:“瘽，《漢書》注:即古勤字。晉灼説。”（138 下）《字彙補》所言是也。《漢書·文帝紀》:“今瘽身從事，而有租稅之賦，是謂本末者無以異也，其於勸農之道未備。”晉灼曰:“瘽，古勤字。”（125）段玉裁注於“瘽”字下注:“《釋詁》曰:‘瘽，病也。’字亦作懃。”（348 下）故“瘽”當即“勤”之古字，“懃”同“勤”，故“瘽”亦同“勤”。《大字典》“瘽”字下以《字彙補》之説作爲“一説”，而《字海》“瘽”字未溝通其與“勤”字的字際關係，皆未當。

38. 癃

《字彙・疒部》:“癃，俗聾字。”（305 下）

《正字通・疒部》:“癃，俗聾字。”（717 下）

按:《康熙字典・疒部》:“癃,《集韻》梁用切，音朧。瀛癃，病也。”（788 下）《新修玉篇》卷第十一《疒部》引《餘文》:“癃，良用切。瀛癃，病也。”（106 上左）《篇海》卷五《疒部》引《餘文》:“癃，良用切。耳癃病也。”（661 上）《新修玉篇》與《篇海》義訓不同,《新修玉篇》所言是也。《集韻》去聲用韻良用切:“癃，瀛癃，病也。”（465）此即其證也。《直音篇》卷三《疒部》:“癃，音弄。瀛癃，病。”（112 上）《直音篇》校作“瀛癃，病”，此亦其證也。《詳校篇海》卷二《疒部》:“癃，良用切，音龍去聲。耳癃病。”（129 下）《篇海類編》同。《詳校篇海》《篇海類編》訓“耳癃病”，皆因承襲《篇海》之謬而誤。《字彙》《正字通》承襲前代字書義訓之謬而謂“癃”即“聾”字之俗，俱失考證。《大字典》《字海》“癃”字下皆據《字彙》之謬而收録同“聾”這一義項，亦俱失考證。

39. 旻

《字彙・目部》:“旻，呼臭切，音洫。舉目使人。”（311 下）

《正字通・目部》:“旻，呼臭切，音洫。舉目使人也。”（730 下）

按:《康熙字典・目部》:“旻,《唐韻》火劣切,《集韻》翾劣切，並音颰。《説文》:‘舉目使之也。从攴，从目。’……《泝原》與瞲同,《六書故》别作眏。”（810 下）《説文・目部》:“旻，舉目使人也。从攴，从目。讀若颰。”（65 上）《玉篇・旻部》:“旻，火域切，又火滅切。舉目使人也。”（23 上左）《集韻》入聲月韻許月切:“旻，舉目使人也。”（678）下文勿發切又曰:“旻，舉目使人。”（681）下文入聲屑韻莫結切又曰:“旻，舉目使人謂之旻。”（707）下文入聲薛韻翾劣切又曰:“旻,《説文》:‘舉目使人也。’”（712）下文入聲昔韻七役切又曰:“旻，舉目使人。一曰小動也。”（748）下文入聲職韻忽域切又曰:“旻，舉目使人也。”（760）故“旻”字有諸多讀音，其訓“舉目使人也”與“小動也”訓異義同，皆指“使人”。《玉篇校釋》“旻”字下注：“‘舉目使人也’者，引《說文》文，《切韻》同。本書《頁部》：‘頣，舉目視人皃。’亦引《說文》文，字訛從臣，本從晵目，舉目之象也，金甲文並有旻字，典籍皆以瞚眴爲之。《目部》：‘瞚，動目也。’重文下眣下引《公羊傳》：‘郤克眣魯衛之使。’何休曰：‘以目通指曰眣。’即舉目使人也。《史記·項羽本紀》：‘梁眴籍曰：可行矣。’亦是也。”（868）此說是也。又《六書故·目部》：“旻，火劣切。目使也。又忽域切。别作𥅠。”（233下）《集韻》入聲屑韻呼決切：“瞲，驚視也。或作𥄎、𥅠。”（704）“旻”與“𥅠”音近而義别，二字不可混同，《六書統》謂“旻”别作“𥅠”，於前代字韻書皆無徵，其說非是。又《大字典》“旻”字下引《六書泝原直音》：“旻，與瞲同。”據上文可知，“旻”與“瞲”亦音近而義别，二字亦不可混同，故《六書泝原直音》謂“旻”與“瞲”同，疑亦非是。

40. 眀

《字彙·目部》：“眀，眉兵切，音名。視也。俗以爲明暗之明。”（312上）

《正字通·目部》：“眀，舊注音民，視也，俗以爲明暗之明；又《正韻》平聲庚韻明、眀、朙並存，眀注引《玉篇》‘視也’。按：此說迂泥。《莊子》：‘目徹爲明。’不借用眀，从日、月會明意，目眀與明暗之明義同，專訓視非。《正韻》謂明古文作眀，篆文作朙，並非。舊注爲《正韻》所蔽，故誤分明、眀爲二。田藝蘅曰：‘古皆从日月作明，漢乃从目作眀。’肰則从明廢眀可也。”（730下）

按：《康熙字典·目部》：“眀，《集韻》《正韻》並眉兵切，音鳴。視瞭也。按：《正字通》云：‘《莊子·外物篇》：目徹爲明。不借用眀，从日、月會明意，目明意，目明與明暗之明義同。田藝衡曰：古皆从日月作明，漢乃从目作眀。’《廣韻》《禮部韻略》俱不收眀字，《正韻》沿《玉篇》《集韻》之誤分明、眀爲二，非。”（811上）《玉篇·目部》：“眀，莫兵切。視也。”（22下左）《正字通》《康熙字典》所言是也。《玉篇校釋》“眀”字下注：“‘視也’者，《禮部韻略》引同。又云：‘俗以爲明暗字，非。’蓋爲本書上元本文。《切韻》：‘明，亦作朙、明。’《集韻》：‘明，視瞭也。’希麟一・二：‘明，《説文》从囧作朙，蔡邕从目作明，古文从日作明，並通。’案漢隸从目作者，《書・洪範》：‘視曰明。’《禮記・檀弓》：‘子夏喪其明。’鄭注：‘明，目精。’《周語》：‘在目爲明。’《莊子・外物》：‘目徹爲明。’故字變爲明。”（855）此説印證了《正字通》之説。又《卍新纂續藏經》本元如瑛編《高峰龍泉院因師集賢語録》卷之二《大輪結界文》：“謹爇明香，稽首和南，一心奉請千百億化身本師釋迦如來。光含萬像，德庇四生，巍巍光降道場，歷歷證明結界。信士虔誠，躬伸設拜。”《卍新纂續藏經》本元如瑛編《高峰龍泉院因師集賢語録》卷之三《大聖佛陀耶佛寶》又曰：“謹爇明香，稽首和尚，一心奉請十方盡虚空界三世過現未來無窮佛寶。恭惟佛寶者，百福尊相，千光妙身，果滿三祇，恩霑九有，道德遍通於遐邇，威靈變化於人天。”“謹爇明香”同“謹爇明香”，此是其證也。韓小荆《〈可洪音義〉研究》（592）“明”俗作“明”，此亦其證也。故“明”當即“明”之異體字。《大字典》《字海》在徵引《正字通》的考釋成果時失於片面，誤將《正字通》之説作爲一個單獨的義項，俱失當。《大字典》《字海》應據《正字通》之説直謂“明”同“明”，方是。

41. 𥄕

《字彙・目部》：“𥄕，徒結切，音耋。目不正也。从𦫳與从艸不同。”（312上）

《正字通・目部》：“𥄕，矆本字，與蔑通。舊注音耋，目不正，非。《舉要》音末，《總要》訓衺視，亦非。又舊注从𦫳與从艸別，《艸部》𥄕从艸，自相矛盾。《六書略》或作[illegible]，象目生華形，尤非。”（731上）

按：《康熙字典・目部》：“𥄕，《唐韻》莫撥切，音末。《説文》：‘目不正也。从𦫳，从目。’徐鍇曰：‘𦫳，角戾也。’又《廣韻》《集韻》並徒結切，音垤。義同。又《集韻》莫結切，音蔑。義同。或書作[illegible]。《字彙》从𦫳與从艸者不同。”（811下）《説文・目部》：“𥄕，目不正也。从𦫳，从目。𥄕从此，讀若末。”（72上）段玉裁注：“𦫳者，外向之象，故爲不正。”徐灝《注箋》:“𦫳,反戾也。兩目各外向苜然也。”“苜”,《廣韻》音“莫撥切”;《集韻》又音“徒結切”“莫結切”。又《廣韻》入聲屑韻莫結切:“䁾,目赤。《説文》:‘目眵也。’俗作矆。”(401)《釋名·釋疾病》:“矆,目眥傷赤曰矆。矆,末也,創在目兩末也。”畢阮疏證:“矆,《説文》作䁾,云:‘目眵也。从目,蔑省聲。’眵,目傷眥也。”《吕氏春秋·盡數》:“處耳則爲挶爲聾;處目則爲矆爲盲。”《文選·風賦》:“中脣爲胗,得目爲蔑。”李善注:“《吕氏春秋》曰:‘氣鬱處目則爲矆,爲盲。’高誘曰:‘蔑,眵也。’蔑與矆古字通。”故“苜”與“矆”音通義别,二字不可混同,《正字通》謂“苜”爲“矆”本字,與“蔑”通,非是。《大字典》“苜”字下據《正字通》之説而謂“一説同‘矆’”,亦非。

42. 矊

《字彙·目部》:“矊,莫堅切,音綿。瞳子黑。又矊眇,遠視也。又宋玉《招魂》:‘靡顏膩理,遺視矊些。’注:‘矊,脈也。言諸[美]女顏容脂(緻)[細],身體(柔)[夷]滑,心中矊脈,時時竊視,安詳審諦,志不可動也。’”(318上)

《正字通·目部》:“矊,俗矏字,本作𥉂。舊注音同矏,訓瞳子黑,非。又矊眇,遠視。引《招魂》‘遺眂矏’,改作視矊,分矏、矊爲二,尤非。”(742下)

按:《康熙字典·目部》:“矊,《廣韻》武延切,《集韻》彌延切,並音綿。瞳子黑也。”(831上)箋注本《切韻》(斯2071)平聲仙韻武連反:“矊,瞳子黑。”(118)敦煌本《王韻》平聲仙韻武連反:“矈,瞳子黑。”(368)故宫本《王韻》同。《新撰字鏡·目部》:“矊,武延反,平。瞳子黑。矈,上字。”(100)《楚辭·招魂》:“靡顏膩理,遺視矊些。”王逸注:“遺,竊視也。矊,脈也。言諸美女顏容脂細,身體夷滑,心中矊脈,時時竊視,安詳審諦,志不可動也。矊,一作矈,一作𥈅。”五臣云:“矊,目中瞳子。言目清澈,炯然見其瞳子。”故“矊”與“矈”音義並同,當即同字異體。又《爾雅·釋言》:“矏,密也。”郭璞注:“謂緻密。”《説文·目部》:“矏(矏),目旁薄緻宀宀也。从目,𢡧聲。”(65下)

《廣韻》平聲先韻莫賢切："矈，《爾雅》曰：'密也。'矏，同上。"（84）《集韻》平聲先韻民堅切："矈，《說文》：'目旁薄緻矈矈也。'一曰密也。或作矏。"（159）"矈""矈"即異寫字，而"矏""矏"亦即異寫字。"矊"與"矈（矈）"音同義別，二字不可混同，故《正字通》謂"矊"即"矈（矈）"字之俗，本作"矏（矏）"，其說非是。《大字典》"矊"字下據《正字通》之誤而增加一個義項謂同"矈"，非是；又其轉引《正字通》"本作矏"誤作"本作矊"，轉録失真。

43. 祫

《字彙·示部》："祫，同婍。"（328 上）

《正字通·示部》："祫，俗字。同婍，非。"（764 上）

按：《康熙字典·示部》："祫，《玉篇》乞喜切，音起。好貌。"（858 上）《玉篇·示部》："祫，乞喜切。好貌。"（4 上左）《玉篇校釋》"祫"字下注："'祫'爲'裿'之訛字。《廣韻》《集韻》並無從示之祫。"（56）此字始見於《玉篇·示部》之末，《名義》未收，《廣韻》《集韻》亦不録，當即陳彭年等據俗書所增。胡吉宣謂"祫"爲"裿"之訛字，所言是也。《名義·衣部》："裿，丘蟻反。好也。"（283 下）《玉篇·衣部》："裿，丘蟻切。好也。亦作婍。"（128 下右）"祫"與"裿"音義並同，又"衤"旁、"礻"旁形近，俗書常可訛混，故"祫"當即"裿"字俗訛。《詳校篇海》卷四《示部》："祫，區里切，音起。與婍同。好貌。"（300 下）《篇海類編》同。儘管"婍"即"裿"之異體字，故"祫"與"婍"音義亦同，然從字形演變來看，"祫"當即"裿"字俗訛，而非"婍"之異體字。《篇海類編》《字彙》謂"祫"同"婍"，皆因承襲《詳校篇海》之謬而誤。《大字典》《字海》"祫"字皆據《字彙》之説而謂同"婍"，亦並非是。

44. 稌

《字彙·禾部》："稌，同都切，音徒。禾穗。"（334 上）

《正字通·禾部》："稌，俗稌字。舊注音徒，禾穗，誤。"（778 下）

按：《康熙字典·禾部》："稌，《廣韻》《集韻》《韻會》《正韻》並同都切，音徒。禾穗。”（875 上）《龍龕》卷一《禾部》：“䅷，音徒。穗也。”（143）《廣韻》平聲模韻同都切：“䅷，穗也。”（45）《集韻》平聲模韻同都切：“䅷𥝩，禾穗曰䅷。或從斜。”（86）“䅷”本當作“荼”。《詩・豳風・鴟鴞》：“予手拮据，予所捋荼。”毛傳：“荼，萑苕也。”孔穎達疏：“《七月》傳云：薍爲萑。此爲萑苕，謂薍之秀穗也。《出其東門》箋云：‘荼，茅秀。’然則茅薍之秀其物相類，故皆名荼也。”“荼”，《廣韻》亦音“同都切”。“䅷”與“荼”音同義通，故“䅷”本作“荼”。《正字通》之說疑非是。《爾雅・釋草》：“稌，稻。”《說文・禾部》：“稌，稻也。从禾，余聲。《周禮》曰：‘牛宜稌。’”（141 上）《廣韻》平聲他胡切：“稌，稻也。又他古切。”（47）《集韻》平聲模韻同都切：“稌，稉稻也。今俗謂稌糜酒。”（87）故“䅷”與“稌”音同義別，二字不可混同，《正字通》謂“䅷”即“稌”字之俗，且謂“舊注”非，既無書證亦無例證，其說疑不可據。《大字典》《字海》“䅷”字下皆據《正字通》之說而收録一個義項謂同“稌”，疑並非是。

45. 䅇

《字彙・禾部》：“䅇，才本切，存上聲。禾穳也。”（334 下）

《正字通・禾部》：“䅇，俗穳字。䅇、䉶皆穳字訛文。舊注䅇，才本切，存上聲，禾穳也，䉶同穳，非。”（778 下）

按：《康熙字典・禾部》：“䅇，《集韻》粗本切，存上聲。禾穳也。與稕同。”（875 上）《集韻》上聲混韻粗本切：“稕，禾穳也。或作䅇。”（366）《正字通》所言應當是。《集韻》謂“稕”或作“䅇”，疑非是。《玉篇・禾部》：“穳，在官切，又在管切。禾𥟍也。䉶，同上。”（74 上左）“穳”即“穳”之異寫字，而“䉶”當即“穳”通過改换聲符而形成的異體字。“䅇”當即“䉶”字俗訛，因“艸”旁、“竹”旁俗寫形近而誤，故“䅇”亦當同“穳”。又“䅇”與“稕”儘管義同，然形音俱别，二字不可混同，故《集韻》謂“稕”或作“䅇”，疑不可據。《大字典》《字海》“䅇”字下皆據《集韻》之誤而謂同“稕”，疑並非是。

46. 箹

《字彙·竹部》:“箹,如委切,音蘂。筍初生。”(348上)

《正字通·竹部》:“箹,與《艸部》蕊通,舊注筍初生,泥。”(807下)

按:《康熙字典·竹部》:“箹,《玉篇》女委切。筍初生也。《類篇》:‘竹葉(垂)[再]生曰箹。’”(919上)《玉篇·竹部》:“箹,女委切。筍初生。”(71下右)《集韻》上聲紙韻乳捶切:“箹,竹葉再生曰箹。”(310)又《玉篇·艸部》:“蕊,如累切。草木實節生。”(69上左)《廣韻》上聲紙韻如累切:“蕊,草木叢生皃。”(164)《集韻》上聲紙韻乳捶切:“蕊,艸木叢生皃。一曰香艸,根似茅,蜀人所謂葅香。”(310)“箹”與“蕊”音同義別,二字不可混同,《正字通》謂“箹”與“蕊”通,且謂“舊注”泥,其説不可據。《大字典》《字海》“箹”字下皆據《正字通》之説而收録一個義項謂同“蕊”,亦並非是。

47. 簜

《字彙·竹部》:“簜,徒黨切,音蕩。竹名。”(350上)

《正字通·竹部》:“簜,與欓同。盛物之器。舊注音蕩,竹名,非。竹類有簜無簜。”(811上)

按:《康熙字典·竹部》:“簜,《集韻》待朗切,音蕩。竹名。”(925下)《玉篇·竹部》:“簜,徒郎切。竹。”(71下左)《新修玉篇》卷十四《竹部》引《玉篇》:“簜,徒郎切。竹名。”(131下左)《篇海》同。《集韻》上聲蕩韻待朗切:“簜,竹名。”(417)又《廣韻》上聲蕩韻多朗切:“欓,木名。”(214)《集韻》上聲蕩韻底朗切:“欓,木名,越椒也。”(417)故“簜”與“欓”音近義別,二字不可混同,《正字通》謂“簜”同“欓”,改訓爲“盛物之器”,並謂“舊注”非,既無書證亦無例證,其説疑不可據。《大字典》“簜”字下以《正字通》之説作爲“一説”,疑亦非是。

48. 糃

《字彙・米部》:“糃，徒郎切，音糖。精米。”（351下）

《正字通・米部》:“糃，與餳同。”（814下）

按:《康熙字典・米部》:“糃,《集韻》徒郎切，音糖。精米。”（931上）《玉篇・米部》:“糃，徒郎切。精米。”（75下左）《集韻》平聲唐韻徒郎切:“糃，精米。”（219）《正字通》之説疑非是。《集韻》平聲唐韻徒郎切:“餹,《方言》:‘餳謂之餹。’或作糖、糛、餳。”（219）“餳”“餹”“糖”“糛”即爲異體字。“糃”與“餳”音同義別，二字不可混同，故《正字通》謂“糃”與“餳”同，疑非是。《大字典》“糃”字下據《正字通》之説而收録一個義項謂同“餳”，並以清潘榮陛《帝京歲時紀勝・四月》“立夏取平日曝晾之米粉春芽，並用糃麪煎作各式果疊，往來餽遺”作爲例證，然從上下文文意來看，“糃麪”當指“米麪”，而非指“餳麪”，故《大字典》此義項疑應删。《字海》“糃”字下據《正字通》之説而收録一個義項謂同“餳”，疑亦非是。

49. 粇

《字彙・米部》:“粇，胡光切，音皇。祭米。”（351下）

《正字通・米部》:“粇，舊注音皇，祭米。按：祭米非必別立粇名。一説粇與餭同。”（814下）

按:《康熙字典・米部》:“粇,《集韻》胡光切，音皇。祭米。《類篇》:‘稃稈，穄别名也。’”（931上）《集韻》平聲唐韻胡光切:“稈粇,《説文》:‘稃稈也。’穄别名。或從米。”（225）故“粇”當即“稈”之異體字，當訓“穄也”。《篇海》卷七《米部》引《餘文》:“粇，胡光切。粇（當爲字頭誤重）祭米。”（682下）《篇海》訓“祭米”，當爲“穄名”之誤。《新修玉篇》卷十五《米部》引《餘文》:“粇，胡光切。稃稈，穄名。或作稈。”（138上右）此是其證也。《詳校篇海》卷三《米部》:“粇，胡光切，音皇。祭米。”（157上）《篇海類編》同。《詳校篇海》《篇海類編》《字彙》訓“祭米”，當皆因承襲《篇海》之謬而誤。《康熙字典》收録“祭米”

這一義項，亦因承前而誤。又箋注本《切韻》（斯 2071）平聲唐韻胡光反："餭，餦餭，餳。"（123）故宫本《王韻》、故宫本《裴韻》、《廣韻》同。"粻"與"餭"音同義别，二字不可混同，故《正字通》一説"粻"同"程"，此説非是。《大字典》《字海》"粻"字下皆據《正字通》之説而收録一個義項謂同"餭"，亦並非是。

50. 糸黃

《字彙・米部》："糸黃，胡光切，音黄。糸黃麈。"（352 上）

《正字通・米部》："糸黃，俗餭字。舊音黄，糸黃麈，誤。"（816 上）

按：《康熙字典・米部》："糸黃，《集韻》胡光切，音黄。糸黃麈。亦作䵍。"（933 下）《集韻》平聲唐韻胡光切："䵍糸黃，䵍麈。或從米。"（226）故"糸黃"當即"䵍"之異體字。又箋注本《切韻》（斯 2071）平聲唐韻胡光反："餭，餦餭，餳。"（123）故宫本《王韻》、故宫本《裴韻》、《廣韻》同。"糸黃"與"餭"音同義别，二字不可混同，《正字通》謂"糸黃"即"餭"字之俗，且謂"舊注"誤，既無書證亦無例證，非是。《大字典》"糸黃"字下以《正字通》之説作爲"一説"，亦非。又《卍新纂續藏經》本唐藏川述《佛説預修十王生七經》："凡人現棲於幽冥，則真身定降於苦類，極濟沉倫，拔苦與樂，莫爲及也。道人某廣勸緇素，敬成供養儀典，粧糸黃披閱，願蒙冥祐。"從文意來看，"粧糸黃"當同"裝潢"。慧琳《音義》卷八六《辯正論》卷第八："裝潢，上側霜反。《考聲》云：'裝，飾也。'下黄曠反。《考聲》云：'潢，染黄色也。'案：（黄）[潢]，今修飾經書置縹軸也。"（59，P116A9）"故"粧糸黃"同"裝潢"，此"糸黃"當即"潢"之異體字。《大字典》未收"糸黃"字此義，可據補。

51. 繱

《字彙・糸部》："繱，同鬈。"（363 下）

《正字通・糸部》："繱，俗字。舊注同鬈，非。"（840 上）

按：《康熙字典・糸部》："繱，《廣韻》所櫛切，《集韻》色櫛切，並音瑟。《類篇》：'繱繱，色也。'《集韻》通作璱。"（965 下）《新修玉篇》

卷二七《糸部》引《餘文》:"縰,所櫛切。縰縰,色赤青。鬹[字]。"(222 下右)《篇海》卷七《糸部》引《餘文》:"縰,所櫛切。縰縰,色赤青縠。"(689 上)《新修玉篇》與《篇海》義訓不同,當以《新修玉篇》爲是。《廣韻》入聲櫛韻所櫛切:"縰,縰縰,色也。亦作鬹。"(386)此即其證也。故《篇海》訓"色赤青縠","縠"當爲"鬹"字之誤,"鬹"本爲"縰"之或體,而非釋義之文。又《集韻》入聲櫛韻色櫛切:"縰,縰縰,色也。通作瑟。"(673)據上文所引《廣韻》可知,《集韻》"縰"字下"通作瑟"之"瑟"當爲"鬹"字之誤。《詳校篇海》卷三《糸部》:"縰,所櫛切,音瑟。縰縰,色赤青縠。亦作鬹。"(167 上)《篇海類編》同。《詳校篇海》《篇海類編》謂"縰"亦作"鬹",所言是也;然其訓"色赤青縠",當因承襲《篇海》之謬而誤。《康熙字典》轉録《集韻》之説而未作校正,亦失考證。《大字典》"縰"字下收録兩個義項:第❶義項據《集韻》之謬而謂"縰縰"也作"瑟瑟";第❷義項據《篇海類編》之誤而訓爲"紫色的縐紗",並非。《字海》"縰"字據《篇海類編》之誤而徑訓爲"紫色的縐紗",亦非。

52. 翗貉

《字彙·羽部》:"翗,歷各切,音洛。翗翻,飛貌。又匹各切,音朴。飛去也。貉,同上。"(370 下)

《正字通·羽部》:"翗,歷各切,音洛。翗翻,飛貌。又匹各切,音朴。飛去也。貉,同翗。"(854 上)

按:《康熙字典·羽部》:"翗,《廣韻》匹各切,音粕。飛去也。又《集韻》歷各切,音洛。翗翻,飛貌。貉,與翗同。"(983 下)《龍龕》卷四《羽部》:"翍,俗;貉,正。匹各、步各二反。飛去也。二。"(327)《玉篇·羽部》:"翍,匹各切。飛。"(121 下右)《廣韻》入聲鐸韻匹各切:"貉,飛去也。又步各切。"(410)《集韻》入聲鐸韻歷各切:"翗,翗翻,飛皃。"(725)下文匹各切:"翻翢翸,翗翻,飛皃。或從白,或從専。"(726)余迺永《校注》於《廣韻》鐸韻盧各切下增補"貉"字,並注曰:"按本韻匹各切注:'飛去也,又步各切。'匹各、步各二切字當作

'翻'，而'翎'字則音盧各切。"（956）又於下文匹各切下注曰："按本韻傍各切無，《切韻》系書不録此字；《集韻》音歷各切，云'翎翻，飛皃。'匹各切則列'翻、翢、䎊'三字或體。《龍龕手鑑》'翍'字音義同《廣韻》。考各聲不讀唇音，且就複聲母 p'l 或 bl 擬之，匹各、步各二切宜爲'翻'字，'翍'字則依《集韻》改入本韻盧各切始合。"（957）余氏根據《集韻》所校並結合音理對《廣韻》進行了校注，其校是也。從形音關係來看，"翍""翎"當以《集韻》音"盧各切"爲是，即通過偏旁易位而產生的異體字；"翻""翢""䎊""猊"當以音"匹各切""步各切"爲是，即通過改換聲符而形成的異體字，"翎（翍）""翻"連用是爲聯綿詞。《新修玉篇》卷二十六《羽部》六畫下引《餘文》："翍，匹各切。飛去也。又步各切。"同一筆畫下文引《廣集韻》："翎，盧各切。翎翻，飛皃。"（212 下左）《新修玉篇》"翍"音讀承襲《廣韻》之誤而未作校正，失考證。《篇海》卷十四《羽部》五畫下引《川篇》："狛，音粕。飛皃。"下文六畫下引《餘文》："翍，匹各切。飛去也。又步各切。"（819 上）"狛"當即"翢"之偏旁易位俗字，亦同"翻""䎊""猊"；而"翍"音讀也承襲《廣韻》之誤而未作校正，亦失考證。《直音篇》卷七《羽部》："翍，音粕。飛去也。又飛也。猊狛，同上；翢，同上。飛貌。翻䎊，同上。"（281 下）下字又曰："翎，音洛。翎翻，飛貌。"（282 上）據上文可知，"猊""狛""翢""翻""䎊"諸字音義並同，當爲異體字；而《直音篇》謂"猊""狛""翢""翻""䎊"與"翍"同，當因承襲《廣韻》音讀之誤而謬。《詳校篇海》卷五《羽部》："翍，匹各切，音朴。飛去也。舊本又步各切，音薄。"下字曰："翎，歷各切，音洛。翎翻，飛貌。"（362 下）《篇海類編》同。《詳校篇海》《篇海類編》"翍"字皆承襲《廣韻》音讀之誤而未作校正，亦失考證。《字彙》《正字通》《康熙字典》謂"翍"同"翎"，是也；然"翎"字下又謂音"朴（粕）"，亦皆爲《廣韻》所誤。《大字典》《字海》"翍"字皆據《正字通》之説而謂同"翎"，是也；然讀音卻據《廣韻》之誤而音 pò，並非。又《大字典》《字海》"翎"字下皆收録兩個義項，第（一）義項皆據《集韻》音 luò，訓"翎翻"；第（二）義項據《正字通》音 pò，訓"飛去"。據上文可知，《大字典》《字海》“翖”字下第（二）義項俱因誤而設，皆應删。

53. 粺

《字彙·耒部》：“粺，普拜切，音派。《博雅》：‘種也。’”（374 下）

《正字通·耒部》：“粺，稗字之訛。舊注音派，引《博雅》‘種也’，誤。”（862 下）

按：《康熙字典·耒部》：“粺，《集韻》普卦切，音派。《博雅》：‘種也。’”（991 下）《集韻》去聲卦韻普卦切：“糪，《博雅》：‘種也。’”（524）“粺”當即“糪”字俗省，而“糪”《廣雅》本作“㵒”。《廣雅·釋地》：“䅌、穆、稯、穛、稴、積、埶、植、樹、稭、㵒、投、蒔，種也。”王念孫《疏證》：“㵒，曹憲音派，各本訛作㶖，字書所無。考《説文》《玉篇》《廣韻》㵒，匹賣切，正合曹憲之音，今據以訂正。《集韻》引《廣雅》作糪，《説文》《玉篇》《廣韻》皆無此字，今不從。”王氏所言是也。“㶖”“糪”皆爲“㵒”字之俗；而“粺”即“糪”字俗省，亦當即“㵒”字之俗。又《説文·禾部》：“稗，禾别也。从禾，卑聲。琅邪有稗縣。”（141 上）《集韻》去聲卦韻旁卦切：“稗，《説文》：‘禾别也。’”（524）故“粺”與“稗”儘管形近，然音義俱别，二字不可混同，故《正字通》謂“粺”即“稗”字之訛，且謂“舊注”非，既無書證亦無例證，其説非是。《大字典》據《字彙》收録“粺”字，據王念孫之説而謂“粺”即“㵒”的訛字，所言是也；然又據《正字通》之説而謂“一説爲‘稗’的訛字”，非是。《字海》亦收“粺”字，據《正字通》之説而徑謂“稗”的訛字，亦非。

54. 耷

《字彙·耳部》：“耷，都合切，擔入聲。大耳也。”（375 上）

《正字通·耳部》：“耷，舊注擔入聲，大耳也。《總要》：‘耴，俗作耷。’據此説，舊注耷改都合切，音義並非。”（864 上）

按：《康熙字典·耳部》：“耷，《集韻》德盍切，音擸。大耳曰耷。”（994 上）《名義·耳部》：“耷，丁搕反。大（聲）[耳]也。”（41 上）《新撰字鏡・耳部》:“𦔮,(不)[丁]搕反。大耳。”(119)《龍龕》卷二《耳部》:“𦔮,都盍反。大耳也。”(315)《玉篇・耳部》:“𦔮,丁盍切。大耳也。”(24 上右)故宫本《王韻》入聲盍韻都盍反:“𦔮,大耳。”(521)故宫本《裴韻》同。吴元滿《六書總要》謂“耴”俗作“𦔮”,非是。《説文・耳部》:“耴,耳垂也。从耳下垂,象形。《春秋傳》曰:‘秦公子輒者,其耳下垂,故以爲名。’”(250 下)“耴”,《廣韻》音“陟葉切”。故“𦔮”與“耴”儘管義可相通,然形音俱别,二字不可混同,故吴元滿之説非是。又《玉篇校釋》“𦔮”字下注:“‘大耳也’者,《切韻》同。‘𦔮’即‘耽’之後出或體。上:‘耽,丁含切。大耳垂也。’”(917)胡氏之説疑可商榷。《説文・耳部》:“耽,耳大垂也。从耳,冘聲。《詩》曰:‘士之耽兮。’”(250 上)《玉篇・耳部》:“耽,丁含切。耳大垂也。《詩》云:‘士之耽兮。’耽,樂也。”(23 下左)故“𦔮”與“耽”儘管義可相通,然形音亦别,二字亦不可混同,故胡氏之説亦不可據。《大字典》“𦔮”字下據《正字通》所引吴元滿《六書總要》之説而收録“同‘耴’。耳下垂”這一義項,亦非。

55. 肧

《字彙・肉部》:“肧,鋪杯切,音坯。肉醬未成醬也。”(378 下)

《正字通・肉部》:“肧,俗肧字。舊注音丕,肉醬未成醬,誤。”(872 上)

按:《康熙字典・肉部》:“肧,《集韻》鋪枚切,音胚。肉醬未成醬。”(1005 下)《集韻》平聲灰韻鋪枚切:“肧,肉醬未成醬。”(110)又《説文・肉部》:“肧,婦孕一月也。从肉,不聲。”(81 下)《玉篇・肉部》:“肧,匹尤、普回二切。婦孕一月。”(35 下右)故“肧”與“肧”儘管構字部件相同,且讀音亦同,然義訓區别甚明,二字不可混同,《正字通》謂“肧”即“肧”字之俗,且謂“舊注”非,既無書證亦無例證,其説非是。《大字典》《字海》“肧”字下分别據《正字通》之説而收録一個義項謂同“肧(胚)”、同“胚”,疑並非是。

56. 脂

《字彙·肉部》:“脂,羽求切,音尤。結病,出皮上,高如地之有丘。按:此字宜从丘,則諧聲會意兩得之矣,从缶無謂。”(380下)

《正字通·肉部》:“脂,舊注音尤,結病,出皮上,高如地之有丘;此字宜从丘,則諧聲會意兩得之,从缶無謂。按:脂即肬字譌文。舊注知缶宜从丘,不知从丘作朐亦非,宜删。”(876下)

按:《康熙字典·肉部》:“脂,《集韻》于求切,音尤。縣名,在東萊。本作**脏**。又《五音集韻》羽求切。與疣同。結病也。”(1012下)《廣韻》平聲尤韻羽求切:“腄,縣名,在東萊。”同一小韻下字又曰:“疣,結病也。《釋名》曰:‘疣,丘也。出皮上,聚高如地之有丘也。’肬,上同。”(133)《集韻》平聲尤韻于求切:“腄,縣名,在東萊。或作**脏**。”同一小韻下字又曰:“疣,《說文》:‘贅也。’或作肬、默。”(255)“**脏**”當即“脂”字之俗,《大字典》《字海》即楷定作“脂”,故“脂(**脏**)”即“腄”字之俗。又《新修玉篇》卷七《肉部》引《餘文》:“**脏**,羽求切。結病也。出皮上,聚高如地之有丘也。”(68下左)《篇海》卷十五《肉部》引《餘文》:“脂,羽求切。結病也。出皮上,聚高如地之有丘也。”(837下)“**脏**”“脂”即同字異寫,亦當即“腄”字之俗。《新修玉篇》《篇海》訓“結病也。出皮上,聚高如地之有丘也”,當因“脂(**脏**)”“疣(肬)”音同,故而誤植“疣(肬)”字之義於“脂(**脏**)”字之上所致的訓釋失誤。又《詳校篇海》卷五《肉部》:“脂,羽求切,音尤。結病也。出皮上,聚高如地之有丘也。”《篇海類編》同。《詳校篇海》《篇海類編》亦訓“結病也。出皮上,聚高如地之有丘也”,皆因承襲《篇海》之謬而誤。《字彙》“脂”字承襲前代字書義訓之謬,且謂“此字宜從丘,則諧聲會意兩得之矣,從缶無謂”,此即因承訛襲謬而誤作說辭。《正字通》謂“脂”即“肬”字訛文,此即因承訛襲謬而誤作認同。《康熙字典》又謂同“疣”,並訓“結病也”,亦因承前而誤。《大字典》《字海》“脂”字下分別據《正字通》之誤而收録一個義項謂同“肬(疣)”、同“疣”,並非。

57. 䐨

《字彙·肉部》:“䐨，同餼。”(383 下)

《正字通·肉部》:“䐨，同餼。”(883 下)

按:《康熙字典·肉部》:“䐨,《篇海》許意切，音戲。塊病也。《正字通》與餼同。”(1023 上)《新修玉篇》卷七《肉部》引《川篇》:“䐨，音餼。塊病。”(70 上右)《篇海》卷十五《肉部》引《川篇》:“䐨，音餼。義同。”(839 上)據《新修玉篇》可知,《篇海》謂“䐨”與“餼”義同，非是。《直音篇》卷二《肉部》:“䐨，音餼。塊病。”(72 下)此亦其證也。《字彙》《正字通》謂“䐨”同“餼”，當皆因承襲《篇海》之謬而誤。《康熙字典》轉録《正字通》之説而未作校正，亦失考證。“䐨”疑即“愾”字之俗。《廣雅·釋詁一》:“愾，滿也。”王念孫《疏證》:“愾，謂氣滿也。”《集韻》去聲代韻口溉切:“愾，滿也。”(536)“愾”訓“滿也”，即義指“氣滿胸臆”。“愾”,《廣韻》又音“許既切”。“䐨”訓“塊病”，當爲“氣滿鬱結之病”，故“䐨”與“愾”音義皆通,“䐨”疑即“愾”之異體字。《大字典》《字海》“䐨”字下分别據《篇海》《正字通》之誤而收録一個義項謂同“餼”，亦並非是。

58. 腱

《字彙·肉部》:“腱，同腱。”(384 上)

《正字通·肉部》:“腱，俗腱字。”(884 下)

按:《康熙字典·肉部》:“腱,《字彙》:‘同腱。’”(1024 上)《新撰字鏡·肉部》:“腱，居言反。觔(筋)肉也。腱，上字。”(31)《玉篇·肉部》:“腱，渠言、渠建二切。筋本也。腱，同上。”(37 上右)故“腱”即“腱”通過改換聲符而形成的異體字。《龍龕》卷四《肉部》:“腱，俗。腱，正。居言、居偃二反。筋也。一曰筋頭。二。”(407)“腱”即“腱”字俗寫，此亦其證。《集韻》平聲元韻居言切:“腱腱笏,《博雅》:‘膂、腱，肉也。’一曰筋之大者。或作腱、笏。”(135)《集韻》此説是也。《説文·筋部》:“笏，筋之本也。从筋，从夗省聲。腱，笏或从肉、建。”(85

下）故“膔”與“腱”“笏”皆爲異體字。又《集韻》上文平聲欣韻舉欣切：“筋竻腱膔，《説文》：‘肉之力也。从竹。竹，物之多筋者。’又姓。古作竻，或作腱、膔，亦省。俗作簕，非是。”（132）“竻”“肋”“簕”皆爲“筋”字之俗，指“附著在骨頭上的韌帶”，能夠拉伸，對支撐人體的關節活動等起著至關重要的作用；而“腱”“膔”則指“連接肌肉和骨骼的結締組織”，也叫“肌腱”，可以起到屈伸關節的作用，因此，從概念内涵來説，二者在結構和功能上都存在嚴格的區别，但人們常常將二者混爲一談。故“腱”“膔”與“筋”“竻”“肋”“簕”音義俱别，且字形相去甚遠，二者不可混同，丁度等亦誤認爲“腱”“膔”與“筋”“竻”“肋”“簕”諸字義同，而將“腱”“膔”與“筋”“竻”“肋”“簕”作爲同義詞置於一條之内，因爲《集韻》同條之下並非都是異體關係，也有同義關係、同音關係、通假關係等。又《集韻》平聲元韻渠言切又曰：“䭈腱筋，《字林》：‘筋鳴也。’或作腱、筋。”（135）“䭈”，揚州使院重刻本《集韻》、宋刻本《集韻》皆作“䭈”，當以作“䭈”爲是。“筋”與“䭈”“腱”字形區别甚明，它們不可混同，從形音關係來看，此處的“筋”疑爲“笏”字誤刻。又《集韻》平聲僊韻渠焉切：“筋，大腱也。”（168）揚州使院重刻本《集韻》、宋刻本《集韻》同。《集韻校本》注曰：“方校：‘案：《韻會》出腱字，注：大筋也。引《禮記·内則》注：筋，腱也。惟《釋文》筋止音斤，腱亦止其言、其偃、紀偃三反，並無乾音，俟别考。’”（228）方氏指出了“筋”無“乾”音，是也。從形音關係來看，“筋”不可能音“渠焉切”，正如上文“渠言切”之下的“筋”當爲“笏”字誤刻，此處的“筋”亦當即“笏”字誤刻，“渠焉切”與“渠言切”聲母同爲群母，韻母“元韻”與“僊韻”相通。《大字典》《字海》“膔”字下據《集韻》收録一個義項謂同“筋”，此當因不明《集韻》編纂體例而誤作認同，應删。《大字典》“筋”字下據《集韻》平聲僊韻渠焉切“筋，大腱也”收録了“大腱”這一義項，並引清徐灝説作爲佐證。徐灝《注箋》“笏”字下注：“箋曰：筋、腱一聲之轉，笏即筋之小省，非有二字二義也。”（467上）徐灝謂“筋”“腱”一聲之轉，“筋”“腱”聲母同爲見母，“筋”韻母爲平聲欣韻，“腱”韻母爲去聲願韻，二字雖聲母相同，然韻母相去甚遠，不可相轉；又其謂“竻”爲“筋”之小省，亦無據，其説不可爲據。《大字典》“筋”字下又據《集韻》平聲元韻渠言切“𦠆腱筋，《字林》：‘筋鳴也。’或作腱、筋”收録同“𦠆”這一義項，然據上文可知，此處的“筋”當爲“竻”字誤刻。綜上所述，《大字典》“筋”字下收録的“大腱”“同‘𦠆’”這兩個義項，都是因誤刻而産生的虚假義項，皆應删。

59. 臡

《字彙·肉部》：“臡，年題切，音泥。《周禮》：‘朝事之豆，實麋臡、鹿臡、麇臡。’注：‘有骨爲臡，無骨爲醢。’”（386下）

《正字通·肉部》：“臡，同腝。《周禮》：‘朝事之豆，實麋臡、鹿臡、麇臡。’注：‘有骨爲臡，無骨爲醢。’《説文》腝或作臡。”（889下）

按：《康熙字典·肉部》：“臡，《廣韻》奴低切，《集韻》《韻會》《正韻》年題切，並音泥。《玉篇》：‘麋臡，肝髓醢也。’《廣韻》：‘雜骨醬也。’”（1032上）《爾雅·釋器》：“肉謂之醢，有骨者謂之臡。”《説文·肉部》：“腝，有骨醢也。从肉，耎聲。臡，腝或从難。”（84上）《周禮·天官·醢人》：“朝豆之實，其實：韭菹，醓醢，昌本，麋臡。”鄭玄注：“臡，亦醢也……有骨曰臡，無骨曰醢。”《字彙補·肉部》：“臡，同臡。”（173下）下文又曰：“臡，又諾何切，音那。義同。又汝來切，音荋。義亦同。”（176上）故“臡”即“腝”之異體字，義指“帶骨的肉醬”。《大字典》《字海》“臡”字下皆據《字彙補》之説而收録一個義項謂同“臠”，然據上文所引《字彙補》可知，《字彙補》未見有言“臡”同“臠”者，故《大字典》《字海》此義項皆應删。

60. 臠

《字彙·肉部》：“臠，與臞同。一曰驢腸胃也。”（386下）

《正字通·肉部》：“臠，臠字之訛。舊注同臞，一曰驢腸胃，音訓兩誤。”（889下）

按:《康熙字典·肉部》:“臠,《集韻》驢韡切。驢腸胃也。”(1032上)《玉篇·肉部》:“臠,縷迦切。驢腸胃。”(37下右)《廣韻》平聲戈韻縷駝切:“臠,驢腸胃也。”(106)《集韻》平聲戈韻驢韡切:“臠,驢腸胃也。”(203)又《集韻》平聲麻韻利遮切:“臞,驢腹下肉。”(210)故“臠”與“臞”音近義别,二字不可混同,《字彙》謂“臠”同“臞”,非是。又《説文·肉部》:“臠,臞也。从肉,䜌聲。一曰切肉臠也。《詩》曰:‘棘人臠臠兮。’”(83上)“臠”,《廣韻》音“力兖切”,又音“落管切”。故“臠”與“臠”音義俱别,二字不可混同,《正字通》謂“臠”即“臠”字之訛,且謂“舊注”非,既無書證亦無例證,其説疑亦非是。又《可洪音義》卷五《不退轉法輪經》第二卷:“臠曲,上吕圓反。不伸也。正作攣、癵二形。又吕靴反。驢腸胃也。非用。”(59,P730A11)此“臠”當即“攣”“癵”之異體字,義指“手足捲曲”。此“臠”與上文《玉篇》所收“驢腸胃”之“臠”當爲同形字。《大字典》《字海》“臠”字下皆據《字彙》收録一個義項謂同“臞”,疑並非是。

61. 舚

《字彙·舌部》:“舚,與舑同。舚舑,吐舌。”(389下)

《正字通·舌部》:“舚,與饞通。舊注同舑,非。”(897下)

按:《康熙字典·舌部》:“舚,同舑。”(1043上)《集韻》平聲沾韻他兼切:“舑甜,舑,吐舌皃。或作舚。”(292)“甜”“舑”即爲同字異寫,“舚”當即“舑”通過改換聲符而形成的異體字。《字彙》謂“舚”同“舑”,是也。又《玉篇·食部》:“饞,士咸切。不嫌也。”(46下左)《廣韻》平聲咸韻士咸切:“饞,不廉。”(154)故“舚”與“饞”儘管部分構字部件相同,然音義俱别,二字不可混同,《正字通》謂“舚”與“饞”通,且謂“舊注”非,既無書證亦無例證,其説非是。《大字典》“舚”字下據《集韻》之説而謂同“舑”,是也;然又以《正字通》之説作爲“一説”,非是。

62. 䔧

《字彙·艸部》:“䔧，鄰溪切，音黎。與莉同。又地名。《穆天子傳》:‘讀書於䔧丘。’”（402上）

《正字通·艸部》:“䔧，與莉同。又地名。《穆天子傳》:‘讀書于䔧丘。’《漢·匈奴傳》:‘䔧庶無干戈之役。’即黎庶。”（931下）

按:《康熙字典·艸部》:“䔧,《集韻》良脂切，音黎。地名。《穆天子傳》:‘讀書于䔧丘。’又通黎。《前漢·匈奴傳》:‘䔧庶無干戈之役。’”（1076上）《集韻》平聲脂韻良脂切:“䔧，地名。《穆天子傳》:‘讀書於䔧丘。’”（44）此“䔧”即“黎”之異體字。《穆天子傳》卷五:“季冬甲戌，天子東游，飲於留祈，射於麗虎，讀書於䔧丘。”檀萃:“䔧丘，則黎丘也。《爾雅》云:‘陳有宛丘，晉有潛丘，淮南有州黎丘。’”洪頤煊:“宋咸熙云:‘䔧丘即下文所謂黎丘之陽也。’”陳逢衡:“《一統志·河南歸德府》:‘黎丘在虞城縣北二十里，高二丈。’《寰宇記》:‘梁地有黎丘，鬼善效人即此（衡案：黎丘鬼見《吕氏春秋》)。’”丁謙:“留祈、麗虎，均當在范宮東，然地無考。䔧丘，漢黎陽縣，今濬縣地。”櫟案:“黎丘，《吕覽》地在今河南虞城縣北二十里，方位在東是對的，但距離是遠了些。丁説即漢黎陽縣（今河南浚縣東），地雖近似，但黎陽之名與黎丘畢竟有異。又另有古城黎丘，在今湖北宜城西北，則地更遠而不合。故黎丘之地尚需考稽落實。留祈、麗虎，丁説是。”據上文可知，雖“黎丘”之地尚需考稽，但“䔧丘”當即“黎丘”之俗，已無争議矣。此是其證也。《集韻》平聲齊韻憐題切又曰:“黎,《説文洪》:‘履黏也。’作履所用。一曰衆也；老也。或作䔧。”（96）故“䔧”當即“黎”之異體字。又《漢書·匈奴傳贊》:“三世無犬吠之警，䔧庶無干戈之役。”顔師古注:“䔧，古黎字。”此亦其證也。又《新修玉篇》卷十三《艸部》引《餘文》:“䔧，力脂切。地名。《穆天子傳》:‘讀書於䔧丘。’又郎兮切。衆也。又姓。䔧，侯國之後。”（121上右）“䔧”又訓“姓”，亦當爲“黎”字之俗。《廣韻》平聲齊韻郎奚切:“黎，衆也。又姓。黎，侯國之後。”（48）此是其證也。《篇海》卷九《艸部》引《餘文》:“䔧，力脂切。地名。《穆天子傳》:‘讀書於菞丘。’又郎奚切。衆也。又姓。黎，侯國之後。”（719上）此亦其證也。《詳校篇海》卷三《艸部》:“菞，鄰溪切，音棃。地名。《穆天子傳》:‘讀書於菞丘。’又衆也。又姓。黎，侯國之後。與黎同。”（214上）《篇海類編》同。此二書亦其證也。又《字彙》《正字通》謂“菞”同“莉”，疑非是。箋注本《切韻》（斯2071）平聲齊韻落嵇反：“莉，莉茈，織荆。”（112）此“莉”當即“筣”字俗訛（詳見本書“莉”字注）。故“菞”與“莉”音同義别，二字不可混同，《字彙》《正字通》謂“菞”同“莉”，並非。《大字典》《字海》“菞”字下皆據《正字通》之誤而收録同“莉”這一義項，且“姓”這一義項未溝通其與“黎”字的異體關係，俱失考證。

63. 䚍

《字彙·見部》:“䚍，語駭切，艾上聲。笑視也。”（444下）

《正字通·見部》:“䚍，同睚。”（1042上）

按：《康熙字典·見部》:“䚍，《廣韻》五駭切，《集韻》語駭切，並騃上聲。《廣韻》:‘笑視也。’又《集韻》五買切，崖上聲。《博雅》:‘視也。’《正字通》與睚同，《字彙補》一作覷，非。”（1180下）《廣雅·釋詁一》:“䚍，視也。”王念孫《疏證》:“䚍者，《廣韻》:‘䚍，笑視也。’”《龍龕》卷三《見部》:“䚍，五駭反。䚍（當爲字頭誤重）笑視皃。”（344）《玉篇·見部》:“䚍，牛買切。視也。”（23下右）《玉篇校釋》“䚍”字下注：“‘視也’者，《廣雅·釋詁一》:‘䚍，視也。’《廣韻》:‘䚍，笑視也。娾，喜樂。’《切韻》:‘娾，喜樂之皃。五駭反。’本書無。”（887）胡氏所言是也。又《説文·目部》:“睚，目際也。从目、厓。”（68上）《廣韻》去聲卦韻五懈切：“睚，目際。又睚眦，怨也。又五佳切。”（284）《集韻》去聲禡韻魚駕切：“睚，睚眦，恨視。”（596）故“䚍”與“睚”音義俱别，二字不可混同，《正字通》謂“䚍”同“睚”，既無書證亦無例證，其説非是。《大字典》《字海》“䚍”字下皆據《正字通》之誤而收録一個義項謂同“睚”，並非。

64. 䜭

《字彙・谷部》:“䜭，須閏切，音峻。深谷。”（460上）

《正字通・谷部》:“䜭，俗睿字。睿本从谷，加谷旁贅。舊注音峻，深谷，非。”（1086下）

按:《康熙字典・谷部》:“䜭，《集韻》須閏切，音迅。深谷也。”（1243上）《集韻》去聲稕韻須閏切:“䜭，深谷。”（541）又《説文・谷部》:“睿，深通川也。从谷，从𣦵。𣦵，殘地阬坎意也。《虞書》曰：‘睿，濬距川。’濬，睿或从水。濬，古文睿。”（240上）《集韻》去聲稕韻須閏切:“睿，《説文》:‘深通川也。从谷，从𣦵。𣦵，殘地，阬坎意也。’引《虞書》‘睿，濬距川。’或作濬、濬。”（541）“睿”“濬”異體亦作“浚”。“䜭”與“睿”音同義別，二字不可混同，故《正字通》謂“䜭”即“睿”字之俗，且謂“舊注”非，既無書證亦無例證，其説非是。《大字典》“䜭”字下據《正字通》之誤而收録一個義項謂同“睿（浚）”，非是；《字海》“䜭”字下承襲《大字典》之誤也收録一個義項謂同“浚”，亦非。

65. 貯

《字彙・貝部》:“貯，同財。”（466上）

《正字通・貝部》:“貯，俗財字。”（1102下）

按:《康熙字典・貝部》:“貯，《篇海》同財。”（1262下）《龍龕》卷三《貝部》:“貯，俗；貯，正。知吕反。貯，畜也；居也；積也。”（350）故“貯”當即“貯”字之俗。韓小荆《〈可洪音義〉研究》（835）“貯”俗作“貯”，此亦其證也。《新修玉篇》卷二十五《貝部》引《龍龕》:“貯，音貯。”（211下右）《篇海》卷六《貝部》引《龍龕》:“貯，音貯。義同。”（664下）此“貯”即轉録於《龍龕》，亦即“貯”字之俗。又《直音篇》卷六《貝部》:“財，音才。賄也；寶貨也。貯賕賕，並同上。”（277下）“貯”與“財”字形區别甚明，二字不易混同，《直音篇》謂“貯”同“財”，於前代辭書皆無徵，非是。《詳校篇海》卷二《貝部》:“貯，音財。義同。《集成》財字注云：‘或作貯。’”（134 下）《篇海類編》同。《詳校篇海》《篇海類編》轉録《集成》“貯”或作“貯”，是也；然謂“貯”字“音財。義同”，皆因承襲《直音篇》之謬而誤。《字彙》謂“貯”同“財”，《正字通》謂“貯”即“財”字之俗，亦皆因承襲前代字書之謬而誤。《康熙字典》據《篇海》而謂同“財”，於《篇海》無徵，當亦因承前而誤。《大字典》“貯”字下據《篇海類編》《直音篇》之誤而收録同“財”這一義項，非是；《字海》“貯”字下亦據《篇海類編》之誤而收録同“財”這一義項，亦非。

66. 䟦

《字彙·走部》：“䟦，同魃。”（469 下）

《正字通·走部》：“䟦，魃字之訛。經史皆不从䟦，舊注同魃，非。一曰與跋通。”（1111 上）

按：《康熙字典·走部》：“䟦，《廣韻》《集韻》並蒲撥切，音跋。同跡。行貌。《篇海》同魃。旱䟦也。”（1272 上）《詳校篇海》卷三《走部》：“䟦，蒲末切，音鈸。同魃。旱䟦。”（199 下）《篇海類編》同。《詳校篇海》謂“䟦”同“魃”，疑非是。《廣韻》入聲末韻蒲撥切：“跡，行皃。䞥，上同。䟦，上同。”（396）《集韻》入聲末韻蒲撥切：“迖，《説文》：‘行皃。’一曰猝也。或作跡、䞥、䟦。”（693）《新修玉篇》卷十《走部》引《餘文》：“䟦，蒲撥切。行皃。”（91 下左）《篇海》卷九《走部》引《餘文》：“䟦，蒲撥切。行皃也。”（710 上）《直音篇》卷三《走部》：“䞥䟦，音鈸。行貌。又急行貌。”（106 下）故《詳校篇海》謂“䟦”同“魃”，非是。《説文·鬼部》：“魃，旱鬼也。从鬼，犮聲。”（186 上）《廣韻》入聲末韻蒲撥切：“魃，旱魃。”（396）《詳校篇海》當因“䟦”“魃”音同而誤作認同，進而又改其訓爲“旱䟦”。《篇海類編》《字彙》《康熙字典》謂“䟦”同“魃”，皆因承襲《詳校篇海》之謬而誤。《正字通》謂“䟦”即“魃”字之訛，亦因承前而謬。又《説文·足部》：“跋，蹎跋也。从足，犮聲。”（41 上）《爾雅·釋言》：“跋，躐也。”“跋”，《廣韻》音“蒲撥切”。“䟦”與“跋”音同義别，二字不可混同，《正字通》“一曰”之説亦不可據。《大字典》“趚”字下據《篇海類編》《正字通》之誤而收録同“䞇”、同“跋”這兩個義項，非是;《字海》“趚”字下據《正字通》之誤而收録同“跋”這一義項，亦非。

67. 蹳

《字彙·足部》:“𨁼，蒲官切，音盤。屈足。蹳，同上。”（476上）

《正字通·足部》:“𨁼，蒲桓切，音盤。屈足也。通作槃、槃。又與蹣同。别作跘，泥。蹳，同𨁼。”（1124上）

按:《康熙字典·足部》:“𨁼,《集韻》《韻會》《正韻》並蒲官切，音槃。《類篇》:‘屈足也。’蹳,《集韻》《類篇》並蒲官切，音槃。與蹣同。”（1289下）《玉篇·足部》:“蹳，步般切。蹳跚，跛行皃。跘，同上。”（34下左）《集韻》平聲桓韻蒲官切:“蹣，蹣跚，跛行皃。亦作蹳、跘。”同一小韻下文又曰:“𨁼，屈足也。”（148）《新修玉篇》卷七《足部》引《玉篇》:“蹳，蒲官切。蹣跚，跛行皃。同作蹣。”下文引《餘文》:“𨁼，薄官切。屈足皃。”（64下右）《篇海》卷九《足部》引《玉篇》:“蹳，步般切。蹳跚也。”下文引《餘文》:“𨁼，音盤。屈足皃。”（713下）《直音篇》卷二《足部》:“𨁼，音槃。屈足也。”下字曰:“蹳，音槃。蹳跚，跛行皃。蹣，同上；跘，同上。”（65上）《詳校篇海》卷三《足部》:“蹳，步般切，音盤。蹳跚也。”下文又曰:“𨁼，蒲官切，音盤。屈足皃。”（205上）《篇海類編》同。故“蹳”與“𨁼”儘管構字部件相同，且讀音亦相同，然義訓區别甚明，二字不可混同，故《字彙》《正字通》謂“蹳”同“𨁼”，並非。《大字典》“蹳”字下據《字彙》《正字通》之誤而收録“同‘𨁼’。屈足”這一義項，亦失考證。

68. 躳

《字彙·身部》:“躳，欺用切，穹去聲。曲躬也。一曰役使也。”（479上）

《正字通·身部》:“躳，俗窮字。形體小變，非分爲二。舊注沿《篇海》改欺用切，穹去聲，曲躬也，一曰役使也，並非。”（1129上）

按:《康熙字典·身部》:“躳,《廣韻》《集韻》《韻會》並去仲切,音焪。使役也。亦作㑋。《類篇》:‘曲躬也。’”(1297 上)《廣韻》去聲送韻去仲切:“躳,役使也。亦作㑋。”(235)《集韻》去聲送韻去仲切:“躳,曲躬也。一曰役使也。”(463)《集韻》去聲送韻去仲切又曰:“㑋,屈也。”(463)“屈”“曲”義同。《玉篇·出部》:“屈,丘勿切。曲也。”(131 上右)此即其證也。故“躳”與“㑋”音義並同,即爲異體字。又《説文·穴部》:“竆,極也。从穴,躳聲。”(150 上)《玉篇·穴部》:“窮,渠躬切。極也。竆,同上。”(58 下左)故“躳”與“竆(窮)”音義俱别,二字不可混同,《正字通》謂“躳”即“竆(躳)”字之俗,且謂“舊注”非,既無書證亦無例證,其説非是。《大字典》“躳”字下據《正字通》之誤而收録一個義項謂同“竆”,非是;《字海》“躳”字據《正字通》之説而徑謂同“竆”,亦非。

69. 輷

《字彙·車部》:“輷,胡骨切,音鶻。轉物軸也。”(483 上)

《正字通·車部》:“輷,俗輥字。舊注音鶻,轉物軸,泥。”(1139 上)

按:《康熙字典·車部》:“輷,《集韻》胡骨切,音鶻。轉物軸也。”(1308 上)《集韻》入聲没韻胡骨切:“輷,轉物軸也。”(683)《正字通》之説疑非是。《説文·車部》:“輥,轂齊等皃。从車,昆聲。《周禮》曰:‘望其轂,欲其輥。’”(303 下)慧琳《音義》卷一〇〇《惠超往五天竺國傳》上卷:“輥芥,昆穩反。《韻詮》云:‘手轉之令下也。’或從手作掍,以手轉也。或作緷。《考聲》云:‘如車轂轉也。’”(59,P333B11)故“輷”與“輥”音義俱别,二字不可混同,《正字通》謂“輷”即“輥”字之俗,且謂“舊注”泥,既無書證亦無例證,其説非是。《大字典》《字海》“輷”字下皆據《正字通》之説而收録一個義項謂同“輥”,疑並非是。

70. 轀

《字彙・車部》:“轀，力各切，音落。車轉聲也。”（484 下）

《正字通・車部》:“轀，俗轠字。舊注力各切，音落，車轉聲，誤。”（1142 上）

按:《康熙字典・車部》:“轀,《廣韻》盧各切,《集韻》歷各切，並音落。《玉篇》:‘車轉聲。’《廣韻》:‘䡾轀，車聲。’”（1311 上）《玉篇・車部》:“轀，盧各切。車轉聲也。”（87 上左）《廣韻》入聲鐸韻盧各切:“轀，䡾轀，車聲。”（409）又原本《玉篇・車部》:“轠，力迴反。揚雄《羽獵賦》:‘繽紛往來，轠轤不絶。’《漢書音義》曰:‘連屬皃也。’《漢書》:‘爲嘗所轠。’野王案:‘轠，猶轢也。’”（413）《龍龕》卷一《車部》:“轠，雷、壘二音。轠轤，車屬也。又不絶；又擊也。”（80）《玉篇・車部》:“轠，力回切。《漢書》:‘轠轤不絶。’”（87 上右）《廣韻》平聲灰韻魯回切:“轠，轠轤，不絶。”（55）下文上聲旨韻力軌切又曰:“轠，轠轤，車屬。”（167）故“轀”與“轠”音義俱别，二字不可混同,《正字通》謂“轀”即“轠”字之俗，且謂“舊注”誤，既無書證亦無例證，其説非是。《大字典》《字海》“轀”字下皆據《正字通》之誤而收録一個義項謂同“轠”，疑並非是。

71. 酞

《字彙・酉部》:“酞，息中切，音嵩。酒也。”（499 上）

《正字通・酉部》:“酞，俗醲字。舊注音嵩，誤。”（1181 上）

按:《康熙字典・酉部》:“酞,《集韻》思融切，音嵩。酒名。”（1348 下）《集韻》平聲東韻思融切:“酞，酒名。”（12）又《説文・酉部》:“醲，厚酒也。从酉，農聲。”（313 下）《廣雅・釋詁三》:“醲，厚也。”《玉篇・酉部》:“醲，女容切。厚酒也。”（135 上右）故“酞”與“醲”音義俱别，二字不可混同,《正字通》謂“酞”即“醲”字之俗，且謂“舊注音嵩”誤，既無書證亦無例證，其説非是。《大字典》“酞”字下據《正字通》之誤而收録一個義項謂同“醲”，非是。

72. 醂

《字彙·西部》:“醂，謨杯切，音枚。醋之别名。”（499下）

《正字通·西部》:“醂，與媒蘗之媒通，俗作酶。舊本酶音枚，酒母，醂訓醋别名，非。”（1183上）

按:《康熙字典·西部》:“醂，《廣韻》莫杯切，《集韻》莫杯切，並音枚。《廣韻》:‘醋之别名。’”（1351下）《龍龕》卷二《西部》:“醂，莫回反。醋别名也。”（309）《玉篇·西部》:“醂，音媒。醋名。”（135下右）《新修玉篇》《篇海》引《玉篇》同。《廣韻》平聲灰韻莫杯切:“醂，醋之别名。”（55）《集韻》平聲灰韻謀杯切:“醂，醯也。”（111）《直音篇》卷七《西部》:“醂，音梅。醋之别名。”（321上）《詳校篇海》卷五《西部》:“醂，謀杯切，音媒。醋之别名。”（360下）《篇海類編》同。《玉篇校釋》“醂”字下注:“‘音媒’者，‘媒’當爲‘某’。某，古梅字，酸果也，故酸醋别名醂。”（5875）“醂”即爲“醋”的别名。又《集韻》平聲灰韻謀杯切:“楳酶，酒本曰楳。或從西，通作媒。”（111）“酶”即“楳”之異體字，義爲“酒麴”。故“醂”與“酶”音同義别，二字不可混同，《正字通》謂“醂”與“媒蘗”之“媒”通，俗作“酶”，且謂“舊本”非，既無書證亦無例證，其説非是。《大字典》“醂”字下據《正字通》之誤而收録同“酶”“酒母”這一義項，非是;《字海》“醂”字下亦據《正字通》之誤而收録同“酶”這一義項，亦非。

73. 鍌

《字彙·金部》:“鍌，同銑。”（507下）

《正字通·金部》:“鍌，俗銑字。唐竇懷真族弟名維鍌，讀先典切，六書無鍌字。”（1206上）

按:《康熙字典·金部》:“鍌，《集韻》穌典切，音銑。義闕。人名。唐有竇維鍌。”（1382下）《直音篇》卷五《金部》:“銑，蘇典切。金之澤者。鍌，同上。”（184下）《直音篇》謂“鍌”同“銑”，疑非是。《集韻》上聲銑韻蘇典切:“鍌，闕。人名。唐有竇維鍌。”（378）《新修玉篇》

《篇海》引《餘文》並同。宋孫奕《履齋示兒編・字説》:“又竇懷真族弟名維鍌。考諸字書,並無此字。自唐史以來,相傳以爲先典切。”又《説文・金部》:“銑,金之澤者。一曰小鑿。一曰鐘兩角謂之銑。从金,先聲。”(295下)“銑”,《廣韻》音“息典切”。“鍌”與“銑”音同義别,二字不可混同,故《直音篇》謂“鍌”同“銑”,非是。《詳校篇海》卷一《金部》:“鍌,息淺切,音尠。闕。人名。唐有竇維鍌。”(15下)《篇海類編》同。《詳校篇海》《篇海類編》未言“鍌”同“銑”,此亦其證也。《字彙》謂“鍌”同“銑”,而《正字通》謂“鍌”即“銑”字之俗,當皆因承襲《直音篇》之謬而誤。《大字典》“鍌”字下據《字彙》之誤而收録同“銑”“古代鐘口的兩角”這一義項,亦失考證。

74. 䧢

《字彙・隹部》:“䧢,烏候切,歐去聲。鳥聲。”(524下)

《正字通・隹部》:“䧢,俗鷗字。舊注烏候切,歐去聲,鳥聲,誤。”(1254下)

按:《康熙字典・隹部》:“䧢,《集韻》於候切,音漚。鳥聲。”(1445上)述古堂影宋鈔本《集韻》去聲候韻於候切:“䧢,烏聲。”(617)揚州使院重刻本《集韻》、宋刻本《集韻》同。《類篇》作“鳥聲”,疑爲“烏聲”之誤。《字彙》《康熙字典》訓“鳥聲”,亦當爲“烏聲”之誤。《正字通》所説疑非是。《説文・鳥部》:“鷗,水鴞也。从鳥,區聲。”(75下)《廣韻》平聲侯韻烏侯切:“鷗,水鳥。《説文》云:‘水鴞也。’”(141)“鷗”“鷗”即異體字。“䧢”與“鷗(鷗)”音義俱别,二字不可混同,《正字通》謂“䧢”即“鷗(鷗)”字之俗,且謂“舊注”誤,既無書證亦無例證,疑不可據。《大字典》“䧢”字下以《正字通》作爲“一説”,《字海》“䧢”字據《正字通》之説而直謂同“鷗”,疑並非是。

75. 䨌

《字彙・隹部》:“䨌,卑民切,音賓。小雀也。”(525上)

《正字通・隹部》:“䨌,同鶣。”(1256上)

按:《康熙字典・隹部》:"䨨,《五音集韻》必鄰切,音賓。《玉篇》:'小雀。'"(1446下)《玉篇・隹部》:"䨨,音賓。小雀。"(115下右)《正字通》所言非是。《名義・鳥部》:"鷏,匹仁反。飛皃。"(246上)《玉篇・鳥部》:"鷏,匹仁切。飛皃。或作翸。"(114下右)故"鷏"訓"飛皃",即"翸"之異體字。又《集韻》平聲真韻紕民切:"翸,翸翁,飛皃。"下字曰:"鷏,鳥名。"(118)"鷏"本爲"翸"之異體字,《集韻》誤將二字分開,又改訓"鷏"爲"鳥名",非是。故"䨨"與"鷏"音同義别,二字不可混同,《正字通》謂"䨨"同"鷏",非是。《玉篇校釋》"䨨"字下注:"《集韻・真韻》:'鷏,鳥名。'無䨨字。本書《鳥部》:'鷏,飛皃。或作翸。'並與此别。應䨨即雀别名。《古今注》:雀一名佳賓,言常棲宿人家如賓客也。"(4821)胡吉宣未校"鷏"訓"鳥名"誤,失考證;然其謂"䨨"當爲"雀别名",是也。五代馬縞《中華古今注》卷下:"雀一名佳賓,言常棲宿人家,如賓客也。"此亦其證也。故"䨨"即爲"雀"之别名,本當作"賓"。《大字典》《字海》"䨨"字皆據《正字通》之誤而謂同"鷏",並非。

76. 靣靣

《字彙・面部》:"靣靣,呼對切,音悔。面肥貌。"(530下)

《正字通・面部》:"靣靣,舊注呼對切,音悔,面肥貌。按:面肥必从三面,面肥甚者當四面五面爲字以似之,古象形無此例也,舊注非。"(1270上)

按:《康熙字典・面部》:"靣靣,與頮同。"(1462下)《篇海》卷七《面部》引《龍龕》:"靣靣,音頮。義同。"(684上)《篇海》謂"靣靣"音"頮",義同,非是。《龍龕》卷三《面部》:"靣靣,或作;靧,正。呼對反。洗面也。二。"(347)《新修玉篇》卷四《面部》引《龍龕》:"靣靣,音靧。"(34上右)故"靣靣"當即"靧"之異體字,義爲"洗面"。《新修玉篇》"靣靣"音"靧",此"靧"不但用於注音,還兼于用來指明二者的字際關係。《篇海》音"頮","頮"當即"靧"字之誤。因爲"頮"不僅有"洗面"之義,還有"面肥貌"之義。《玉篇・頁部》:"頮,呼憒切。面肥皃。《聲類》:‘頮字。謂洗面也。’”（20 上右）此即其證也。《直音篇》卷一《面部》:“靧，音誨。洗面。頮醐靧，並同上。又面肥貌。”（33 下）《直音篇》謂“靧”同“靧”，是也；然又訓“靧”爲“面肥貌”，當因承襲《篇海》之謬而誤。《詳校篇海》卷三《面部》:“靧，呼對切，音悔。面肥皃。同頮。”（158 下）《篇海類編》同。《詳校篇海》《篇海類編》訓“面肥貌”，並謂同“頮”，亦因承襲《篇海》之謬而誤。《康熙字典》謂“靧”與“頮”同，亦當爲《篇海》所誤。《大字典》“靧”字下據《龍龕》之説而謂同“靧”，是也；然又據《篇海》《篇海類編》之誤而謂“一説同‘頮’”，非是。《字海》“靧”字據《篇海》之誤而直謂同“頮”，亦非。

77. 靻

《字彙·革部》:“靻，總五切，音祖。靻勒也。又陟革切，音摘。柔革。”（531 下）

《正字通·革部》:“靻，靼字之訛。舊注音摘，柔革，與靼義近，改音祖，靻勒也，誤。”（1271 上）

按:《康熙字典·革部》:“靻，《廣韻》則古切，《集韻》總古切，並音祖。《廣韻》:‘靻勒名。’《集韻》:‘馬鞴也。’”（1464 上）《詳校篇海》卷一《革部》:“靻，總五切，音祖。靻勒名。又陟革切，音摘。柔革。”（33 上）《篇海類編》同。“靻”字，《詳校篇海》又音“摘”，訓“柔革也”，疑非是。《廣韻》上聲姥韻則古切:“靻，靻勒名。”（179）《集韻》上聲姥韻總古切:“靻，馬鞴也。”（338）《新修玉篇》卷二六《革部》引《玉篇》（當爲《餘文》之誤）:“靻，則古切。靻勒名。”（216 下左）《篇海》卷二《革部》引《餘文》:“靻，則古切。靻勒名。”（591 上）《直音篇》卷七《革部》:“靻，音祖。靻勒名。”（286 下）故《詳校篇海》又訓“靻”爲“柔革”，於前代字韻書皆無徵，當因“靻”“靼”形近，故而誤植“靼”字之義於“靻”字之俗所致的訓釋失誤。《説文·革部》:“靼，柔革也。从革，旦聲。鞮，古文靼从亶。”（55 上）《玉篇·革部》:“靼，多達、之列二切。柔革也。”（123 上右）此即其證也。故《篇海類編》《字彙》又訓“靻”爲“柔革”，皆因承襲《詳校篇海》之謬而誤。《正字通》

謂“鞙”即“靼”字之訛，亦因承訛襲謬而誤作認同，儘管“靼”俗寫或可作“鞙”，但《廣韻》《集韻》所收之“鞙”與“靼”音義俱别，二字不可誤作認同。《大字典》“鞙”字下據《正字通》之誤而收録一個義項謂“靼”的訛字，非是。

78. 韍

《字彙·韋部》：“韍，同上（韍）。又與紼同。引棺繩也。”（534下）

《正字通·韋部》：“韍，同韍。《集韻》韍或作韍，《增韻》作祓，誤。又與紼同。引棺繩也。”（1276下）

按：《康熙字典·韋部》：“韍，《集韻》分物切，音弗。《玉篇》：‘引棺繩也。’”（1473上）《玉篇·韋部》：“韍，音弗。引棺繩。”（124上右）《新修玉篇》《篇海》引《玉篇》同。《直音篇》卷七《韋部》：“韍，音弗。［引］棺繩。”（288下）“韍”當即“紼”之異體字。原本《玉篇·糸部》：“紼，甫物反。《周禮》：‘及葬，帥而屬六紼。’鄭玄曰：‘舉棺索也。’鄭玄注《儀禮》：‘引棺在軸輴曰紼。’《禮記》：‘助葬必執紼。’鄭玄曰：‘挽車索也。’”（643）《玉篇·糸部》：“紼，甫勿切。引棺索也；車索也。”（125下右）“韍”與“紼”音義並同，“韍”當即“紼”通過改换義符而産生的異體字。《詳校篇海》卷五《韋部》：“韍，分勿切，音弗。引棺繩也。亦作紼。”（353下）《篇海類編》同。此亦其證也。《字彙》《正字通》謂“韍”同“紼”，是也；然謂“韍”同“韍”，非是。《説文·韋部》：“市，韠也。上古衣蔽前而已，市以象之。天子朱市，諸侯赤市，大夫蔥衡。从巾，象連帶之形。韍，篆文市从韋，从犮。”（157下）《玉篇·韋部》：“韍，甫勿切。今作市。”（124上右）《集韻》入聲勿韻分物切：“市韍韠，《説文》：‘韠也。上古衣蔽前而已，市以象之。天子朱市，諸侯赤市，大夫蔥衡。从巾，象連帶之形。’或從韋、犮，亦從弗。”（674）故“韍”與“韍”音同義别，二字不可混同，且《集韻》謂“韍”或作“韠”，而未言“韍”或作“韍”，故《字彙》《正字通》謂“韍”同“韍”，非是。《大字典》“韍”字下據《字彙》之誤而收録一個義項謂同“韍”，非是。《字海》“韍”字下亦收録同“韍”這一義項，且謂此義見《直音篇》，亦非。

79. 䫑

《字彙·頁部》:“䫑，於宜切，音猗。好也。”（539 下）

《正字通·頁部》:“䫑，俗䫏字。舊注音猗，好也，誤。”（1286 下）

按:《康熙字典·頁部》:“䫑，《字彙》於宜切，音猗。好也。”（1487 上）《新修玉篇》卷四《頁部》引《川篇》:“䫑，音猗。好也。”（36 上右）《篇海》同。又《說文·頁部》:“䫏，醜也。从頁，其聲。今逐疫有䫏頭。”（181 下）《玉篇·頁部》:“䫏，丘之切。醜也。今逐疫有䫏頭。”（19 下左）故“䫑”與“䫏”音義俱别，二字不可混同，《正字通》謂“䫑”與“䫏”字之訛，且謂“舊注”誤，既無書證亦無例證，其説非是。《叢考》“䫑”字下注:“按：此字疑爲‘顲’字俗省。‘顲’從‘旖’聲，而‘旖’又從‘奇’得聲，故‘顲’可以徑從‘奇’聲作‘䫑’。《廣雅·釋詁》:‘顲，好也。’（26）《集韻》平聲支韻於宜切（與‘猗’字同一小韻）:‘顲，美容也。’‘䫑’‘顲’音義皆合。”（1103）《叢考》所言當是。《大字典》《字海》“䫑”字下皆據《正字通》之誤而收録一個義項謂同“䫏”，並非。

80. 饛

《字彙·食部》:“饛，胡光切，音黄。糜也。”（547 上）

《正字通·食部》:“饛，俗餭字。舊注音黄，糜也，誤。”（1304 下）

按:《康熙字典·食部》:“饛，《集韻》胡光切，音黄。糜也。”（1508 下）《集韻》平聲唐韻胡光切:“饛，糜也。”（226）又原本《玉篇·食部》:“餭，胡光反。《楚辭》:‘粔籹蜜餌有餦餭。’王逸注:‘餦餭，餳也。’《方言》:‘餳謂之餦餭。’郭璞曰:‘即乾飴也。’”（361）《玉篇·食部》:“餭，户光切。乾飴也。”（46 下右）《廣韻》平聲唐韻胡光切:“餭，餦餭，餳也。”（118）《集韻》平聲唐韻胡光切:“餭，餦餭，（餌）[餳]也。”（225）“餭”義爲“古代饊子之類的麵食品”“飴糖”。故“饛”與“餭”儘管音同，且“黄”“皇”作爲聲符可以互换，然義訓區别甚明，二字不可混同，

《正字通》謂“饋”即“餭”字之俗，且謂“舊注”非，既無書證亦無例證，非是。《大字典》“饋”字下以《正字通》之説作爲“一説”，亦非。

81. 饈

《字彙・食部》：“饈，同鑴。”（547 下）

《正字通・食部》：“饈，俗臇字。臇，膗也。《集韻》臇或作臈，故後人增饈字，與《金部》鑴别，舊注同鑴，非。”（1306 上）

按：《康熙字典・食部》：“饈，《正字通》：‘俗臇字。’”（1510 下）《方言》卷十二：“饈、餟，餽也。”錢繹《箋疏》：“《説文》：‘吴人謂祭曰餽。’……《説文》：‘餟，小餟也。’餟與饈同。”原本《玉篇・食部》：“餟，始鋭、始垂二反。《説文》：‘小餟也。’《蒼頡篇》：‘門祭名也。’《字書》：‘或爲祱字。在《示部》。’饈，《方言》：‘饈，餽也。’《字書》：‘亦餟字也。’”（359）《龍龕》卷四《食部》：“餟，音税。小餟也。又郎外反。門祭也。饈，以芮、書芮二反。小餟也。二。”（503）故“饈”與“餟”“饈”音義並同，當即異體字。又《説文・金部》：“鑴，瓽也。从金，巂聲。”（296 上）《玉篇・金部》：“鑴，呼規、胡圭二切。大鑊也。”（83 上右）故“饈”與“鑴”音義俱别，二字不可混同，《字彙》謂“饈”同“鑴”，此“鑴”當即“饈”字誤刻。又《説文・肉部》：“臇，膗也。从肉，雋聲。讀若纂。𦢎，臇或从火、巽。”（84 下）《玉篇・肉部》：“臇，子選、子遺二切。膗少汁也。亦作𦢎。”（36 上右）《集韻》平聲支韻遵爲切：“臇，臛（膗）也。或作臈、熣、𦢎。”（29）故“饈”與“臇”“臈”音義俱别，不可混同，《正字通》謂“饈”即“臇”字之俗，非是。《康熙字典》轉録《正字通》之説，亦失考證。《大字典》《字海》“饈”字下皆據《正字通》之誤而收録一個義項謂同“臇”，並非。

82. 馫

《字彙補・香部》：“馫，虚陵切，音馨。香氣也。”（253 下）

按：《康熙字典・香部》：“馫，《字彙補》：‘虚陵切，音興。香氣也。’”（1514 上）《新修玉篇》卷十五《香部》引《類篇》：“馫，音馨。”

（143 下右）《篇海》同。《直音篇》卷四《香部》："馨，音興。香之遠聞。𩡶，同上。"（171 上）《詳校篇海》卷五《香部》："𩡶，音馨。"（308 上）"𩡶"字上文又曰："馨，呼刑切，聲同興。香之遠聞也。或作𩡶。"（308 上）《篇海類編》同。朝鮮本《龍龕》卷三《香部》："馨，虚廷切。香之遠聞也。𩡶，同上。"（50）"𩡶"即"馨"之異體字。《説文·香部》："馨，香之遠聞者。从香，殸聲。"（143 下）《廣雅·釋器》："馨，香也。"《玉篇·香部》："馨，虚廷切。香之遠聞也。"（75 上左）《廣韻》平聲青韻呼刑切："馨，香也。"（128）故"𩡶"與"馨"音義並同，"𩡶"當即"馨"之俗體會意字，從三香會"馨"字之義。《大字典》收録"𩡶"字，其下分爲兩個義項：第❶義項謂同"馨"，訓"香氣遠聞"；第❷義項訓"香氣"。《大字典》這樣處理是有失妥當的，應直謂同"馨"，其下再分爲倆個義項第❶義項訓"香氣遠聞"；第❷義項訓"香氣"。《字海》亦收"𩡶"字，直謂同"馨"，是也。

83. 駐駍

《字彙·馬部》："駐，周宣王《石鼓文》：'遊馬既駐。'鄭音寶。郭云：'恐是籀文駒字。'"（551 下）

《正字通·馬部》："駍，駐本字。舊本闕，訛作駐。"（1314 下）下文又曰："駐，駍字之訛。《石鼓文》：'遊馬既駍。'叶好字韻，鄭音寶，一音皁。一説音與《詩》'駟鐵孔阜'之'阜'通，言馬肥大也。籀文駒省作駍，雖見六書，肰郭氏以《石鼓文》駍疑即籀文駒，則上下文義難通，舊注引郭説失考正。《石鼓文》本作駍，俗作駐。"（1315 上）

按：《康熙字典·馬部》："駍，《正字通》：'駐本字。'音與《詩》'駟鐵孔阜'之'阜'通，言馬肥大也。又叶博晧切，音寶。《石鼓文》：'遊馬既駍。'叶好韻，鄭音寶。又籀文駒省作駍，詳駒字注。《字彙》訛作駐，非。"（1521 下）下文又曰："駐，《正字通》：'駍字之訛。'"（1522 上）《正字通》所言是也。《石鼓文·車工》："遊（吾）車既好，遊（吾）馬既駍。"楊慎《音釋》："馬肥皃。"《正字通》謂"駐"即"駍"字之訛，所言是也，因爲這是"缶"字或"缶"旁常見的俗寫字形。《正字通》謂

“叶好字韻，鄭音寶，一音阜。一説與《詩》‘駟鐵孔阜’之‘阜’通，言馬肥大也”，當是。“駈”字右邊聲符從“缶”而非“匋”，“缶”即是“寶”的聲符，與“阜”古音相同。杜從古《集篆古文韻海》（17下）謂“駈”即“騊”字異體，非是。《説文·馬部》：“騊，騊駼，北野之良馬。从馬，匋聲。”下字曰：“駼，騊駼也。从馬，余聲。”（201上）《玉篇·馬部》：“騊，大刀切。騊駼，獸，如良馬。又北狄良馬也。”下字曰：“駼，同都切。騊駼。”（108上左）“駈”與“騊”聲符不同，如果以《石鼓文》“駈”爲“騊”字，則上下文音不相諧，義也難通，杜從古僅據“駈”與“騊”部分構字部件相同，然全然不顧二字音義有别，即認爲“駈”爲“騊”字，非是。高明《古文字類編》（194）、徐在國《傳抄古文字編》（972）等亦皆承襲杜從古之説而謂“駈”即“騊”字異體，俱失考證。“駈”當同“騲”，本作“阜”。《集韻》上聲有韻扶缶切：“騲，馬盛也。”（433）“駈”與“騲”音義皆同，“駈”當同“騲”。《字彙補·馬部》：“駐，又《風雅廣逸》云：‘與騲同。’”（257下）“駐”當即“駈”字之俗。此是其佐證也。《續考》（400）謂“騲”本作“阜”，是也。故“駈”同“騲”，二字本當作“阜”。《大字典》收録“駐”，據《字彙補》之説而謂同“騲”，又據《正字通》之説而謂“一説‘駈’的訛字”。《大字典》這樣處理“駐”與“駈”“騲”二字的字際關係，有失妥當。根據字形演變關係來看，“駐”應據《正字通》之説而直謂“駈”的訛字，並於“駈”字下謂同“騲”，本作“阜”，方爲妥當；《字海》“駐”字據《正字通》之説而直謂“駈”的訛字，是也。《大字典》《字海》“駈”字皆未溝通其與“騲”“阜”的字際關係，俱失考證。

84. 䮭

《字彙·馬部》：“䮭，同驏。”（553上）

《正字通·馬部》：“䮭，舊注同驏。據《六書統》‘䮭，馬步習也’，與驏别。”（1317上）

按：《康熙字典·馬部》：“䮭，《玉篇》諧閒切。今作閑。《六書統》：‘䮭，馬步習也。’”（1525上）《名義·馬部》：“䮭，胡（問）［間］反。

閑字。防也。”（230下）《玉篇·馬部》：“𩦺，諧間切。今作閑。”（108下左）《正字通》所言當是。《新修玉篇》《篇海》引《玉篇》同。《直音篇》卷三《馬部》：“𩦺，音閑。今作閑。”（246上）以上諸書亦皆其證也。《詳校篇海》卷三《馬部》：“𩦺，何艱切，音閑。今作𩧉。出《玉篇》。”（153上）《篇海類編》同。《詳校篇海》《篇海類編》謂“𩦺”今作“𩧉”，非是。《説文·馬部》：“驏，馬一目白曰驏，二目白曰魚。从馬，閒聲。”（198上）《集韻》平聲山韻何閒切：“驏𩧉，《説文》：‘馬一目白曰驏，二目白曰魚。’或從閑。”（154）“𩧉”即“驏”之異體字。故“𩦺”與“𩧉”音同義别，二字不可混同，《詳校篇海》《篇海類編》謂“𩦺”今作“𩧉”，“𩧉”當爲“閑”字之聲誤。《字彙》謂“𩦺”同“驏”，當因承前而謬。《大字典》《字海》“𩦺”字下皆據《字彙》之誤而收録一個義項謂同“驏”，並非。

85. 𩦎

《字彙·馬部》：“𩦎，户安切，音寒。馬多貌。”（554上）

《正字通·馬部》：“𩦎，騫字之訛。”（1319下）

按：《康熙字典·馬部》：“𩦎，《集韻》河干切，音寒。馬多貌。”（1528下）《玉篇·馬部》：“𩦎，户安切。馬多皃。”（108下右）《集韻》平聲寒韻河干切：“𩦎，馬多皃。”（143）又《説文·馬部》：“騫，馬腹縶也。从馬，寒省聲。”（200上）徐鍇《繫傳》作“馬腹熱”。《玉篇·馬部》：“騫，丘焉切。馬腹縶也；虧也。”（108上左）故“𩦎”與“騫”儘管構字部件相同，然音義俱别，二字不可混同，《正字通》謂“𩦎”即“騫”字之訛，既無書證亦無例證，其説疑不可據。《大字典》“𩦎”字下據《正字通》之説而收録一個義項謂同“騫”，疑亦非是。

86. 𩧐

《康熙字典·馬部》：“𩧐，《五音集韻》權俱切。與𩣡同。”（1531上）

按：《詳校篇海》卷三《馬部》：“𩧐，求於切，音衢。同𩣡。馬後足皆白。”（154下）《篇海類編》同。《集韻》平聲虞韻權俱切：“驹𩣡𩢿𩧐，

《爾雅》:‘馬後足皆白狗。’或作騆、耩、䮷。”(76)《集韻》謂“狗”或作“騆”“耩”“䮷”，非是。《爾雅·釋畜》:“前足皆白，騱；後足皆白，駒。”《玉篇·馬部》:“騆，音劬。馬後足皆白。亦作駒。”(108下右)箋注本《切韻》(斯2071)平聲虞韻其俱反:“騆，馬右足白。”(110)“右”當爲“后(後)”字之誤。故宫本《王韻》平聲虞韻其俱反:“鴝，名鳥足白。”(444)龍宇純《唐寫全本王仁昫刊謬補缺切韻校箋》注曰:“《切三》躍下爲騆字，注云馬右足白，無鴝字。《廣韻》下騆云:‘馬左足白。《爾雅》云：馬後足皆白。本作駒。’本書無騆字，此字當即騆之訛誤。注文名是右字之誤，鳥是馬字之誤，二字又誤倒(鳥旁有鉤爲識)。原當與《切三》同。《廣韻》云左足，未詳孰是。《集韻》字騆而外又出鴝字，云鳥左足白，則亦未審鴝是騆之訛誤耳。其注文與本書不盡相同，所據或非本書；或即本書又從《廣韻》改之。”(58)龍氏謂此“鴝”當即“騆”字之訛，是也；然其謂“注文名是右字之誤，鳥是馬字之誤，二字又誤倒”，疑可商榷，注文“名”字未必是訛字，而“鳥”字當爲“馬”字之誤。《廣韻》平聲虞韻其俱切:“騆，馬左足白。《爾雅》云:‘馬後足皆白。’本作駒。”(39)“左”亦當爲“后(後)”字之誤。此是其證也。故“馬後足皆白”本作“駒”,“騆”當爲“駒”因涉義改换義符而産生的異體字，而“耩”“䮷”又當即“騆”之换旁俗字，亦爲“駒”字異體。又《龍龕》卷二《豕部》:“狗，呼豆反。豕聲也。”(321)《廣韻》去聲候韻呼漏切:“狗，豕聲。”(355)《集韻》去聲候韻許候切:“狗,《字林》:‘豕鳴也。’”(616)故“騆”“耩”“䮷”與“狗”音義俱别，不可混同,《集韻》平聲虞韻權俱切之下與“騆”“耩”“䮷”列爲同條的“狗”字當爲“駒”字之誤。《集韻校本》於平聲虞韻權俱切“狗”字下注:“陳校:‘狗,《爾雅》《廣韻》並作駒。’方校:‘駒訛從豕。《類篇》同。據《釋畜》正。’某氏曰:‘汪云:《爾雅》作駒。釋文：舍人本作狗。’”(102)陳校、方校是也；“狗”訓“馬後足皆白”，形義不諧，舍人本作“狗”，亦非。《五音集韻》平聲虞韻其俱切:“狗,《爾雅》:‘馬後足皆白，狗。’或作騆耩䮷。”下文又曰:“騆耩䮷，並同上。”《五音集韻》此處亦作“狗”，當因承前而誤。《詳校篇海》《篇海類編》《康熙字典》謂“䮷”同“騆”是也，然非探本之論。《大字典》“䩰”據《集韻》之誤而謂同“狗”，非是。

87. 髺

《字彙·髟部》：“髺，胡昆切，音魂。剪髮也。”（558 下）

《正字通·髟部》：“髺，舊注音魂，剪髮也。按：剪髮與髡義近，俗或以髺爲髡，改音魂，誤。”（1329 上）

按：《康熙字典·髟部》：“髺，《集韻》吾昆切，音僤。翦髮也。”（1539 上）《集韻》平聲魂韻吾昆切：“髺，翦髮也。”（139）又《説文·髟部》：“髡，鬄髮也。从髟，兀聲。髨，或从元。”（183 下）《集韻》平聲魂韻枯昆切：“髡髨，《説文》：‘鬄髮也。’或從元。”（139）故“髺”與“髡”義近音别，二字不可混同，《正字通》謂“髺”同“髡”，且謂“舊注”誤，既無書證亦無例證，其説非是。《大字典》“髺”字下據《正字通》之説而收録一個義項謂同“髡”，而《字海》“髺”字據《正字通》之説而直謂同“髡”，疑並非是。

88. 鬲鬲

《字彙·鬲部》：“鬲鬲，郎狄切，音歷。去滓也。”（561 下）

《正字通·鬲部》：“鬲鬲，俗鬲字。”（1334 下）

按：《康熙字典·鬲部》：“鬲鬲，《篇海》音歷。去滓也。”（1545 下）《龍龕》卷四《鬲部》：“鬲鬲，音歷。去滓也。”（535）又《説文·鬲部》：“鬲，鼎屬，實五瞉，斗二升曰瞉。象腹交文，三足。甂，鬲或从瓦。歷，漢令鬲，从瓦，麻聲。”（56 下）《集韻》入聲錫韻狼狄切：“鬲，《説文》：‘鼎屬也，實五瞉，斗二升曰瞉。象腹交文，三足。’”（752）故“鬲鬲”與“鬲”音同義别，二字不可混同，《正字通》謂“鬲鬲”即“鬲”字之俗，既無書證亦無例證，非是。“鬲鬲”當即“醨”之異體字。《説文·酉部》：“醨，滬酒也。从酉，鬲聲。”（313 下）“醨”，《廣韻》音“郎擊切”。“漉酒”即“通過一定的裝置除去酒的雜質”，故“鬲鬲”與“醨”音同義通，“鬲鬲”疑即“醨”字之俗。《大字典》《字海》“鬲鬲”字下皆據《正字通》之誤而收録一個義項謂同“鬲”，並非。

89. 鸐

《康熙字典·鬲部》："鸐，《篇韻》同鬻。按：即鬻字之訛。"（1546下）

按：《篇海》卷十五《䰜部》引《搜真玉鏡》："鸐，音藥。"（826下）《字彙補·鬲部》："鸐，余霍切，音藥。見《海篇》。"（260下）《康熙字典》所言是也。《説文·䰜部》："鬻，内肉及菜湯中薄出之。从䰜，翟聲。"（57下）《玉篇·䰜部》："鬻，余灼切。内肉及菜於湯中。"（79下右）《廣韻》入聲藥韻以灼切："鬻，内肉及菜湯中薄出之。"（406）故"鸐"與"鬻"音同，又"翟"旁、"瞿"旁、"霍"旁形近，俗書或可訛混，如韓小荆《〈可洪音義〉研究》（647）"臛"俗作"曜"、"鸐"俗作"鶴"等，故"鸐"當即"鬻"字俗訛。《大字典》收録"鸐"字，謂同"鬻"，又據《康熙字典》之説而謂"一説'鬻'的訛字"。《大字典》這樣處理是有失妥當的，應據《康熙字典》之説而直謂"鬻"的訛字，即可。《字海》亦收"鸐"字，據《康熙字典》之説而直謂"鬻"的訛字，是也。

90. 鳶

《字彙·鳥部》："鳶，與職切，音弋。鳥名。"（571上）

《正字通·鳥部》："鳶，同鳶。《夏小正》：'十二月：鳴弋。'注：'當作鳶。'舊本鳶音員，鳶音弋，汎云鳥名，不知鳶鳶猶鴮鴹、旗𪆰之類，音義並同，分切非是。或云：鳶與隿同。《説文》：'隿，繳射飛鳥也。'與'弋不射宿'之'弋'通。"（1359下）

按：《康熙字典·鳥部》："鳶，《唐韻》與職切，《集韻》逸職切，並音弋。鳥名。與隿通。《説文》：'繳射飛鳥也。'今作弋。"（1571上）《集韻》入聲職韻逸職切："鳶，鳥名。"（758）《説文·隹部》："隿，繳射飛鳥也。从隹，弋聲。"（71下）《廣韻》入聲職韻與職切："隿，繳射也。或作弋。"（426）《集韻》入聲職韻逸職切："隿，《説文》：'繳射飛鳥也。'"（758）《玉篇·隹部》："隿，余力切。繳射飛鳥也。今作弋。雈，同上。"（115上左）故"鳶"與"隿"音同義别，二字不可混同，《正字通》或云“䲨與𨿽同”，亦不可據。又《爾雅·釋鳥》：“鳶烏醜，其飛也翔。”郝懿行《義疏》：“鳶即鴟也，今之鷂鷹。”《玉篇·鳥部》：“鳶，以專切。鴟類也。”（113下右）《廣韻》平聲仙韻與專切：“鳶，鴟類。”（88）《詩·小雅·四月》：“匪鶉匪鳶，翰飛戾天。”陸德明《釋文》：“鳶，鴟也。”《大戴禮記·夏小正》：“十二月：鳴弋。弋也者，禽也。”王聘珍《大戴禮記解詁》：“弋，謂鷙鳥也，鷹隼之屬。”孔廣森補注引金氏云：“弋，當作鳶。”段注“䳡”字下注：“又名䳡，今之鷂鷹也。《廣雅》曰：‘䳡，鴟。’《夏小正》謂之弋。十有二月鳴弋。弋即鴟也。弋之字變爲鳶，讀與專切，鳶行而弋廢矣。”（154下）故“鳶”本作“弋”，而“䲨”與“鳶”音義皆通，當同“鳶”，本亦作“弋”。《正字通》謂“䲨”同“鳶”，所言當是。《康熙字典》謂“䲨”與“𨿽”通，當爲《正字通》“或云”之説所誤。《大字典》收録“䲨”字，其下分爲兩個義項：第（一）義項據《正字通》“或云”之説而謂同“弋”，訓“用帶有繩子的箭射鳥”；第（二）義項據《正字通》之説而謂同“鳶”，訓“鳥名”。《字海》亦收“䲨”字，其亦據《正字通》之説分爲兩個義項：第（一）義項謂同“弋”，其下又分爲兩個義項，第❶義項訓“帶有繩子的射鳥的箭”，第❷義項訓“用帶有繩子的箭射（鳥）”；第（二）義項謂同“鳶”，訓“鳥名”。《大字典》《字海》這樣處理俱失妥當，《大字典》《字海》於“䲨”字下直謂同“鳶”，本作“弋”，訓“鳥名”，即可。

91. 鳻

《字彙·鳥部》：“鳻，敷文切，音分。《爾雅》：‘春鳸，鳻鶞。’”（571上）

《正字通·鳥部》：“鳻，敷因切，音分。《爾雅》：‘春鳸，鳻鶞。’《説文》作鴍。鳥聚貌。一曰飛貌。”（1360上）

按：《康熙字典·鳥部》：“鳻，《唐韻》府文切，《集韻》《韻會》敷文切，並音芬。《説文》：‘鳥聚貌。一曰飛貌。’又鳥名。《爾雅·釋鳥》：‘春鳸，鳻鶞。’”（1571下）《玉篇·鳥部》：“鳻，扶云切。鳻雀似鷃。”下字曰：“鴍，同上。又鳥（衆）［聚］皃。又飛皃。”（114上右）《玉篇校釋》

校“鳻雀似鷃”爲“春鳸鳻鶞”，並注曰：“‘春鳸鳻鶞’者，《釋鳥》文，原作‘鳻雀似鷃’，誤以鳻爲鳻也，今改正。”（4751）胡氏所校是也。又《玉篇》謂“鳻”同“鳻”，非是。《名義·鳥部》：“鳻，（林）[扶]雲反。鳥聚皃。”（244上）下文又曰：“鳻，補姦反。鳩也。鴘，同上。”（244下）《名義》“鳻”字置於“鶱”“鶞”之間，而“鳻”字置於“鵂”“鵗”之間，二字相隔較遠，並未溝通認同，原本《玉篇》亦當如此。此是其證也。《爾雅·釋鳥》：“春鳸，鳻鶞。”《方言》卷八：“鳩，自關而西，秦漢之間謂之鵴鳩，其大者謂之鳻鳩。”（52）《説文·鳥部》：“鳻，鳥聚皃。一曰飛皃。从鳥，分聲。”（77上）《新撰字鏡·鳥部》：“鳻，扶雲反。鳥聚[皃]；飛皃。”（465）《龍龕》卷二《鳥部》：“㲏，或作；鳻，今。音斑。大鳩。二。”（287）箋注本《切韻》（斯2071）平聲删韻布還反：“鳻，大鳩也。”（81）故宫本《王韻》同。以上諸辭書，“鳻”與“鳻”義訓亦區别甚明，二字並非異體。此亦其證也。據此可知，“鳻”與“鳻”儘管構字部件相同，“鳻”訓“春鳸，鳻鶞”《廣韻》音“符分切”，讀音也有相同之處，然二字義訓區别甚明，不可混同，故《玉篇》謂“鳻”同“鳻”，非是。《廣韻》平聲文韻符分切：“鳻，春鳸，鳻鶞。亦作鳻。又《説文》曰：‘鳥聚皃。一曰飛皃。’”（65）《廣韻》謂“鳻”亦作“鳻”，當爲《玉篇》所誤。《集韻》平聲文韻敷文切：“翂鳻，翂翂，飛也。或從羽。”（128）同一小韻下文又曰：“鳻，鳥名。《爾雅》：‘春鳸，鳻鶞。’”下文方文切又曰：“鳻，《説文》：‘鳥聚皃。一曰飛皃。’”下文符分切又曰：“鳻，鳻鶞，鳥名。”（129）《集韻》“鳻”“鳻”二字未作認同，所校是也。《新修玉篇》卷二十四《鳥部》引《玉篇》：“鳻，扶云切。鳻雀似鷃。”下文引《玉篇》又曰：“鳻，鳥（衆）[聚]皃。又飛皃。”（198下右）《新修玉篇》承襲《玉篇》義訓之誤而未作校正，失考證；然未將“鳻”“鳻”二字作爲異體字加以認同，是也。《篇海》卷四《鳥部》引《玉篇》：“鳻，扶云切。鳻雀似鷃。”下字曰：“鳻，同上。又鳥（衆）[聚]皃。又飛皃。”（629上）《篇海》承襲《玉篇》義訓之誤而未作校正，失考證；又謂“鳻”同“鳻”，亦爲《玉篇》所誤。《直音篇》卷六《鳥部》：“鳻，音焚。飛貌。又音斑。大鳩。鳻，同上，又音分。”（261

上)《直音篇》謂“鴍”同“鳻”，當因承襲《篇海》之謬而誤。《詳校篇海》卷二《鳥部》:“鳻鴍，符分切，音汾。鳻雀似鵲。又鳥聚貌；飛貌。又敷文切，音芬。鳥名。又音鳻。大鳩。”(85下)《篇海類編》同。《詳校篇海》《篇海類編》將“鳻”“鴍”二字認同，且將二字義訓雜糅在一起，俱失考證。《正字通》謂“鳻”字《説文》作“鴍”，亦因承前而誤。《康熙字典》“鳻”字下轉録《説文》“鴍”字之訓“鳥聚貌。一曰飛貌”，亦失考證。《大字典》《字海》“鳻”字下皆據《篇海類編》之誤而收録同“鴍”這一義項，亦並非是。

92. 鳼

《字彙·鳥部》:“鳼，無分切，音文。鶉子。”(571上)

《正字通·鳥部》:“鳼，無焚切，音文。《爾雅》:‘鶉子鳼。’或作鳿、𩿧。又《山海經·大荒［西經］》玄丹之山，有五色鳥，人面有髮，名青鳿。與《爾雅》鳼别一種。”(1360上)

按:《康熙字典·鳥部》:“鳼，《廣韻》《集韻》並無分切，音文。《玉篇》:‘鶉子也。’《爾雅·釋鳥》:‘鶉子，鳼。’疏:‘鶉之鶵名鳼。’又《玉篇》:‘鳼鳼，越鳥。’又《集韻》眉貧切，音珉。義同。又《類篇》亦作鳿。《山海經》:‘大荒元丹之山，有五色鳥，人面有髮，名青鳿。’”(1571下)《爾雅·釋鳥》:“鶉子，鳼；鴽子，鸋。”郭璞注:“别鵪鶉雛之名。”邢昺疏:“鶉之子雛名鳼。”《玉篇·鳥部》:“鳼，亡云切。鶉子也。”(115上右)《廣韻》平聲文韻無分切:“鳼，鳥也。《爾雅》曰:‘鶉子鳼。’”(65)《集韻》平聲文韻無分切:“鳼雯，鳥也。《爾雅》:‘鶉子鳼。’或從隹。”(128)《正字通》所言疑可商榷。《集韻》平聲文韻無分切:“鳿，鳥名。《山海經》:‘玄丹之山，有青鳿。’”(128)《山海經·大荒西經》:“玄丹之山，有五色鳥，人面有髮。爰有青鳿、黄鷔、青鳥、黄鳥，其所集者其國亡。”故“鳼”與“鳿”音同義别，二字不可混同，《正字通》謂“鳼”或作“鳿”“𩿧”，於前代字韻書皆無徵，非是；然又於下文謂《山海經》之“鳿”與《爾雅》之“鳼”别一種，是也。《類篇·鳥部》:“鳼，眉貧切。鳥名，鶉子也。又無分切。”(130上)下文又曰:“鳿，無分切。鳥名。《山海經》:‘玄丹之山，有青鳶。’”(130下)《類篇》“鳱”與“鳶”義訓區別甚明，並未言“鳱”亦作“鳶”,《康熙字典》謂“鳱”《類篇》亦作“鳶”者，當爲《正字通》所誤。《大字典》《字海》“鳶”字下皆據《正字通》之説而收録同“鳱”這一義項，並非。

93. 鸰

《字彙·鳥部》:“鸰，離呈切，音零。鸰鳥，鶺別名。”(578上)

《正字通·鳥部》:“鸰，俗鴒字。《詩》作脊令,《集韻》作鸗，誤與俗作鸰同。舊注鸰鳥，鶺別名，析脊令爲二，不知脊令非一名鶺，一名鴒也，尤誤。”(1380下)

按:《康熙字典·鳥部》:“鸰,《廣韻》《集韻》並郎丁切，音靈。《廣韻》:‘鶴別名。’《字彙》:‘鸰鳥，脊鴒别名。’”(1593上)《詳校篇海》卷二《鳥部》:“鸰，離呈切，音零。鸰鳥，鶮別名。”(90下)《篇海類編》同。《詳校篇海》《篇海類編》訓“鶮別名”，疑非是。《玉篇·鳥部》:“鸰，郎丁切。鳥名。”(114下左)箋注本《切韻》(斯2071)平聲青韻郎丁反:“鸰，鸰鳥。”(125)《廣韻》平聲青韻郎丁切:“鸰，鸰鳥，鶴別名也。”(129)《集韻》平聲青韻郎丁切:“鸰雞，鳥名，鵠小者鸰。或從隹。”(246)《玉篇校釋》“鸰”字下注:“‘鳥名’者,《切韻》同。《倭名鈔》引《唐韻》云:‘鶴別名也。’《集韻》云:‘鵠小者鸰。’”(4792)《新修玉篇》卷二十四《鳥部》引《玉篇》:“鸰，力丁切。鳥名。《韻》曰:鸰鳥，鶴別名。”(201上左)《篇海》卷四《鳥部》引《玉篇》:“鸰，郎丁切。鳥名。”(632下)《直音篇》卷六《鳥部》:“鸰，音令。鶴別名。”(262下)《詳校篇海》《篇海類編》訓“鶮別名”，於前代字韻書皆無徵，“鶮”當爲“鶴”字之訛。《字彙》訓“鸰鳥，鶺別名”，於前代字韻書亦皆無徵，“鶺”當爲“鶴”字之訛。《正字通》謂“鸰”即“鴒”字之俗，當因承襲《字彙》義訓之誤而誤作認同。《康熙字典》轉録《字彙》“鸰鳥，脊鴒别名”之訓而未作校正，亦失考證。《大字典》《字海》“鸰”字下皆據《正字通》之誤而收録同“鴒”這一義項，並非。

94. 黬黚

《字彙·黑部》："黬，乙減切，音黶。痕也。一云釜底黑。"（585 上）下文又曰："黚，古咸切，音兼。雖晳而黑也。"（585 下）

《正字通·黑部》："黬，以淺切，音黶。痕也。一云釜底黑。"（1399 下）下文又曰："黚，舊注音兼，雖晳而黑，與《説文》黬訓同。一説黑白不容並立，晳，白也，黑之反也。黚从黑，非白義，既云晳，又云黑，矛盾。又《説文》有黚無黬，舊本黬、黚兩存，音訓各別，分爲二，非。"（1400 下）

按：《康熙字典·黑部》："黬，《廣韻》五咸切，《集韻》魚咸切，並音喦。《玉篇》：'釜底黑也。'又《廣韻》《集韻》並古咸切，音緘。義同。"（1613 下）下文又曰："黚，《廣韻》古咸切，《集韻》居咸切，並音緘。《説文》：'雖晳而黑也。'又《集韻》諸深切，音斟。義同。"（1615 上）敦煌本《王韻》平聲咸韻古咸反："黬，黑。又止林反。"同一小韻下字曰："黬，釜底黑。"下文五咸反又曰："黬，釜底黑。"（382）"黬"當即"黚"字之俗。《龍龕》卷四《黑部》："黬黚，針緘二音。二同。"（531）此即其證也。敦煌本《王韻》謂"黬"音"五咸反"，是也；然將"黬"置於"古咸反"這一音讀之下，非是。《説文·黑部》："黚，雖晳而黑也。从黑，箴聲。"（210 上）《名義·黑部》："黬，止林反。黑。"（213 上）下文又曰："黬，居咸反。黑。"（213 上）下文又曰："黬，五函反。釜底黑。"（214 上）"黬"即"黚"字之俗。《玉篇·黑部》："黚，之林切。《説文》：'雖晳而黑也。古人名黚，字子（當衍）晳。'又音緘。"（101 上右）下文又曰："黬，五咸切。釜底黑也。"（101 上左）《名義》《玉篇》"黚""黬"二字讀音顯然有別，義訓亦不相同，二字不可混同。此是其證也。敦煌本《王韻》將"黬"置於"五咸反"這一音讀之下，是也；然又將其置於"古咸反"這一音讀之下，當因"黬""黬（黚）"形近而誤置。故宮本《王韻》平聲咸韻古咸反："黬，黑。又（上）[止] 林反。"同一小韻下字曰："黬，釜底黑。"（470）故宮本《王韻》將"黬"字置於"古咸反"這一音讀之下，又於"五咸反"這一讀音之下刪去"黬"

字，此謬之甚也。故宫本《裴韻》平聲咸韻古咸反："黬，黑。又（士）［止］林反。"下文五咸反又曰："黬，釜底黑。"（565）故宫本《裴韻》於上文古咸反"黬"字之下删去"黬"字，又於下文五咸反這一讀音之下增補"黬"字，所校是也。此亦其佐證也。《廣韻》平聲咸韻古咸切："黬，釜之底黑也。"（154）下文五咸切又曰："黬，釜底黑也。又音緘。"（154）《廣韻》於上文"古咸切"這一讀音之下收録"黬"字，又於下文"五咸切"之下謂"黬"又音"緘"，此亦因承前而誤。《集韻》平聲咸韻居咸切："黬，《説文》：'雖皙而黑。古人名黬，字皙。'一曰釜底黑。或作黬。"（295）《集韻》謂"黬"或作"黬"，此即因承訛襲謬而又誤作認同。《新撰字鏡·黑部》："黬，（上）［止］林、居咸二反。雖皙而黑也。"下字曰："黬，上字。釜底黑。"（651）此處"上字"指"黬"讀音與上字"黬"字同，此當爲《切韻》所誤。《龍龕》卷五《黑部》："黬，五咸、古咸二反。釜底黑也。"（531）《龍龕》謂"黬"音"五咸、古咸二反"，此亦當爲《切韻》所誤。《直音篇》卷七《黑部》："黬，疑咸切，又乙減切。"（296 上）《詳校篇海》卷五《黑部》："黬，魚咸切，音巖。釜底黑。又乙減切，音黯。注同。"（325 下）《篇海類編》同。《直音篇》《詳校篇海》《篇海類編》《字彙》"黬"字下皆未收"音緘"這一讀音，是也；《康熙字典》謂"黬"字又音"緘"，亦因承前而誤。《大字典》"黬"字下據《廣韻》《集韻》收録音 jiān，"同'黬'。釜底黑"這一義項，非是。據上文可知，"黬"無音 jiān 這一讀音，且與"黬"音義不同，不可誤作認同，"釜底黑"這一義訓應置於音 yán 這一讀音之下作爲一個義項。又《大字典》《字海》"黬"字下分别據《集韻》收録"釜底黑"、"鍋底黑"這一義項，亦並非是。

95. 黬

《字彙·黑部》："黬，巨金切，音琴。黄黑色。又巨炎切，音虔。義同。"（585 下）

《正字通·黑部》："黬，黬字之訛。《説文》篆作黬，舊注分黬、黬爲二，誤。"（1400 上）

按:《康熙字典·黑部》:“黷,《字彙》:‘巨金切,音琴。黄黑色也。’”（1615上）《集韻》平聲侵韻渠金切:“黚黔黷,淺黄黑。或從禽、從葴。”（280）“黚”,《廣韻》音“巨淹切”,又音“巨金切”,《集韻》又音“紀炎切”;“葴”,《廣韻》音“職深切”,《集韻》又音“其淹切”。故從音理角度來看,“黚”或可通過改換聲符;然從字形角度來看,未見聲符“甘”旁換作“葴”旁的情況,且未見“黚”俗作“黷”的例證,故《集韻》謂“黚”或作“黷”,疑非是。《正字通》謂“黷”即“黬”字之訛,所言當是。《龍龕》卷四《黑部》:“黷黬,針緘二音。二同。”（531）此即其證也。又《新撰字鏡·黑部》:“黷,（上）[止]林、居咸二反。雖皙而黑也。”（651）敦煌本《王韻》平聲咸韻古咸反:“黷,黑。又止林反。”（382）故宫本《王韻》平聲咸韻古咸反:“黷,黑。又（上）[止]林反。”（470）故宫本《裴韻》平聲咸韻古咸反:“黷,黑。又（士）[止]林反。”（565）以上諸書中的“黷”字亦皆爲“黬”字之訛。此亦其證也。故“黷”當即“黬”字之訛。《大字典》收録“黷”字,據《集韻》之説而謂同“黚”,又據《正字通》之説而謂“一説‘黚’的訛字”,疑有未當;《字海》亦收録“黷”字,據《集韻》之説直謂同“黚”,疑亦未當。

96. 鼛

《字彙·鼓部》:“鼛,土盍切,音榻。鼓鼙聲。”（587下）

《正字通·鼓部》:“鼛,舊注音榻,鼓鼙聲。按:《同文鐸》:‘鼜,俗作鼛。’鼛即鼜之訛,从缶無榻音。”（1404下）

按:《康熙字典·鼓部》:“鼛,《唐韻》土盍切,《集韻》托合切,並音錔。《説文》:‘鼓鼙聲。’”（1620下）《説文·鼓部》:“鼛,鼓鼙聲。从鼓,缶聲。”（97下）段玉裁注:“缶者,去之訛。去聲古或入侵部也。然（鼛、鼕）皆鼛之誤字耳。”《玉篇·鼓部》:“鼛,他盍切。鼓鼙聲。或作鞳。”（78上左）“鼜”當即“鼜”之異寫字,亦同“鼟”。《龍龕》卷二《鼓部》:“鼜鼟,二或作;鼕,今。力中反。鼓聲也。三。”（337）正如“皷”即“鼓”字之俗,“鼜”當即“鼜”之異寫字,亦當同“鼟”。“鼛”

與“蘴”儘管義通，然音義俱別，二字不可混同，故《同文鐸》謂“蘴”俗作“蓍”，此説非是；《正字通》據《同文鐸》之誤而謂“蓍”即“蘴”字之訛，亦非。《大字典》“蓍”字下據《正字通》引《同文鐸》之説而收録一個義項謂同“蘴”(《大字典》轉録作“蘴”，當因其未收“蘴”字)，非是；《字海》“蓍”字下據《正字通》引《同文鐸》之説而收録一個義項謂同“蘴”(“蘴”亦當爲“蘴”字轉録之誤)，亦非。

明清大型字書疑難字考釋與研究

下册

熊加全　著

岳麓書社·長沙

國家社科基金重大項目（23&ZD313）
國家社科基金一般項目（21BYY027）
中國博士後科學基金特別資助項目（2017T100600）
中國博士後科學基金面上一等資助項目（2016M600629）
湖南師範大學中國語言文學一流學科資助項目

下　篇

明清大型字書疑難字考釋

明清大型字書疑難字考釋

明清是我國字書發展史的最後總結階段，在中國辭書史上具有重要的影響。近年來，學界對其收録的疑難字也作了大量的考釋，取得了很大的成績，但通過對《字彙》《正字通》《直音篇》《詳校篇海》《篇海類編》《康熙字典》《字彙補》等明清大型字書所收疑難字進行全面的測查與研究，可以發現其中仍貯存大量未作考釋的疑難字。然而，這些疑難字卻基本上被現代大型字書《大字典》和《字海》未作考辨地加以轉録，成爲字典中的老大難問題，降低了其編纂質量與利用價值，也影響了人們對其解讀與使用。此外，《字彙》《正字通》《直音篇》《詳校篇海》《篇海類編》《康熙字典》《字彙補》等明清大型字書自身在疑難字考釋方面也做了不少工作，其中有些考釋成果是可信的，現代大型字書《大字典》和《字海》卻未予利用；有些考釋成果是明顯存在争議的，現代大型字書《大字典》和《字海》卻未作考辨地加以轉録，不但降低了其編纂質量與利用價值，也給人們的使用造成障礙。因此，我們需要對《字彙》《正字通》《直音篇》《詳校篇海》《篇海類編》《康熙字典》《字彙補》等明清大型字書所收疑難字進行全面的考釋，並對其疑難字考釋成果作出全面的甄别。

以下即以《字彙》《正字通》《直音篇》《詳校篇海》《篇海類編》《康熙字典》《字彙補》等明清大型字書所收疑難字爲研究對象，以漢字構形理論爲指導，通過《字彙》《正字通》《直音篇》《詳校篇海》《篇海類編》《康熙字典》《字彙補》等明清大型字書與歷代相關字韻書的比勘，利用文字學、訓詁學、音韻學、校勘學及辭書學知識，以形、音、義爲綫索，根據漢字俗寫變易規律，並結合具體文獻用例，綜合運用以形考字、以音考字、以義考字、以序考字、以用考字等考釋方法，並盡可能地多方面收集相關材料和利用不斷發現的新的材料，運用直接材料或間接材料對《字彙》《正字通》《直音篇》《詳校篇海》《篇海類編》《康熙字典》《字彙補》等明清大型字書所收疑難字進行全面的考釋，並對其考釋成果作出全面的甄别，以期爲明清大型字書的整理與研究以及現代大型字書《大字典》和《字海》的修訂與完善提供可資借鑒的資料。

1. 乿

《字彙·乙部》:“乿，於戲切，音意。左太沖《吴都賦》:‘簡其華質，則乿費錦繢。’吕延濟曰:‘乿費，猶依稀也。’言其依稀如錦綵也。又《方言》:‘貪而不施謂之乿，或謂之嗇。’”（28 上）

《正字通·乙部》:“乿，余祭切，衣去聲。貪吝也。揚雄《方言》:‘乿、嗇，貪也。荆汝江湘之間，凡貪而不施謂之乿，或謂之嗇，或謂之吝。’又左思《吴都賦》:‘簡其華質，則乿費錦繢。料其虓勇，則鵰悍狼戾。’注:‘雕題國，其人斷髮文身。乿費，錦文貌。’吕延濟曰:‘乿費，猶依稀。’言依稀如錦綵也。按:‘鵰悍狼戾’對‘乿費錦繢’而言，必實有所指，未可以依稀髣髴釋之，義與《方言》别，今無確詁，闕可也。舊注引吕説，非。”（18 上）

按:《康熙字典·乙部》:“乿，《廣韻》《集韻》並乙冀切，衣去聲。貪也。揚子《方言》:‘乿、嗇，貪也。荆汝江湘之間，凡貪而不施者謂之乿，或謂之嗇，或謂之吝。’又左思《吴都賦》:‘簡其華質，則乿費錦繢。料其虓勇，則鵰悍狼戾。’注:‘雕題國，其人斷髮文身。乿費，錦文貌。’”（12 下）《文選·吴都賦》:“雕題之士，鏤身之卒。比飾虬龍，蛟螭與對。簡其華質，則乿費錦繢。料其虓勇，則鵰悍狼戾。”李善注:“乿費，錦文貌。”吕延濟注:“乿費，猶依稀也。”“乿費”,《字彙》引吕延濟之訓“猶依稀也”，謂“言其依稀如錦綵也”。《正字通》謂《字彙》引吕説非，所言疑是。“乿費錦繢”與“鵰悍狼戾”相對爲文，“鵰悍”與“狼戾”是同義並列關係，皆指“兇狠”“暴戾”；則“乿費”與“錦繢”亦當是同義並列關係，“錦繢”當指“色彩艷麗的絲織品”，則“乿費”亦當指“色彩艷麗的絲織品”。

2. 仆

《字彙·人部》:“仆，芳故切，音赴。偃也；簡也。”（31 上）

《正字通·人部》:“仆，符遇切，音赴。偃也；僵也。”（26 下）

按:《康熙字典·人部》:“仆,《唐韻》《集韻》《韻會》芳遇切,《正韻》芳故切，並音赴。偃也；僵也。”（19 下）《字彙》訓“簡也”，疑非是。《説文·人部》:“仆，頓也。从人，卜聲。”（164 下）《集韻》入聲屋韻普木切:“仆，僵也。”（635）故《字彙》訓“仆”爲“簡也”，於諸字韻書皆無徵，當爲“僵也”之誤。《正字通》《康熙字典》校作“僵也”，皆其證也。

3. 仉

《字彙·人部》:“仉，五忽切，音兀。𠊿仉，不安。”（32 上）

《正字通·人部》:“仉，同兀。”（29 下）

按:《集韻》入聲没韻五忽切:“卼,《博雅》:‘危也。’或作仉、𣧙、䠷。”（685）《説文·出部》:“䠷，槷䠷，不安也。从出，臬聲。《易》曰:‘槷䠷。’”（123 下）“䠷”,《廣韻》音“五滑切”。“䠷”與“卼”儘管義同，然讀音有别，當爲同義字，而非異體字。“仉”字,《玉篇》《廣韻》皆不録,《集韻》始收之，當即丁度等據俗書所增。《廣雅·釋訓》:“𠊿𠊿、**卼卼**，危也。”郭璞注:“**卼卼**，音兀。”《名義·出部》:“䠷，五結反。不安也。”（287 下）《玉篇·出部》:“䠷，五結切。不安皃也。亦作𠊿、隉。”下字曰:“𣧙，五骨切。䠷𣧙也。”（130 下左）敦煌本《王韻》入聲屑韻奴結反:“𠊿，~𠜾，不安。亦作隉、䠷。”（429）《唐韻》入聲屑韻五結反:“𠊿，~𠜾，不安。又作䠷。”（705）故宫本《裴韻》入聲没韻五忽反:“𠜾，𠊿~，不安。”（514）下文入聲屑韻奴結反又曰:“𠊿，~𠜾，不安皃。”（517）《廣韻》入聲没韻五忽切:“𠜾，𠊿𠜾，不安也。”（391）下文入聲屑韻五結切又曰:“𨇨，𨇨**卼**，不安。《書》作杌隉。”（401）《易·困》:“困于葛藟，于𨇨**卼**。”王弼注:“行則纏繞，居不獲安，故曰困于葛藟，于𨇨**卼**。”孔穎達疏:“《正義》曰:‘葛藟，引蔓纏繞之義；𨇨

卼，動摇不安之辭。'”（122 下）“**卼**”與“卼”即同字異寫，而“**卼**”與“飢”、“䬳”與“鶂”當即通過偏旁易位而形成的異體字。據上文可知，“鶂**卼**”“䬳飢”“䬳䡆”“鼿飢”“鼿屼”“杌隉”並同，故“卼”與“屼”“䡆”“杌”即爲異體字，“䬳”與“鼿”“隉”即爲異體字，而《集韻》所收之“伆”疑即“杌”字之訛。又《新修玉篇》卷三《人部》引《餘文》：“伆，五忽切。䬳伆，不安也。同作**卼**。”（21 下左）《新修玉篇》承襲《集韻》之謬又進一步轉訓爲“䬳伆”，並謂“伆”同作“**卼**”，非是。《字彙》訓“䬳伆”，亦因承前而誤。《正字通》直謂“伆”同“兀”，既無書證亦無例證，亦不可據。《大字典》“伆”字下收録兩個義項：第❶義項據《集韻》之説而謂同“**卼**”，第❷義項據《正字通》之説而謂同“兀”；《字海》“伆”字下據《正字通》之説而徑謂同“兀”，疑並非是。又《大字典》“鶂”字下據《廣韻》訓“鶂尯，不安”，所引《廣韻》《易·困》及孔穎達疏皆作“鶂尯”，然據上文可知，當以作“鶂**卼**”爲是；其又於此字之下引唐李德裕《攲器賦》作“虛則鶂尯，似君子之困蒙”，據此文文意可知，此“鶂尯”亦當即“鶂**卼**”之誤。

4. 佽

《字彙·人部》：“佽，同飲。”（32 上）

《正字通·人部》：“佽，俗欠字。《集韻》《篇海》佽同欠。”（30 上）

按：《康熙字典·人部》：“佽，《集韻》同欠。”（22 下）《廣韻》去聲梵韻去劒切：“欠，欠伸。《説文》：‘張口氣悟也。’今借爲欠少字。佽，俗。”（363）《集韻》去聲驗韻去劒切：“欠，《説文》：‘張口氣悟也。从人上出之形。’一曰不足也。古作㒎，或作佽。”（629）《新修玉篇》卷三《人部》：“佽，去劒切。欠伸。《説文》：‘張口氣悟也。’今借爲欠少。同作欠。”（22 上左）故“佽”當即“欠”字之俗，《正字通》所言是也。《字彙》謂“佽”同“飲”，於前代字韻書皆無徵，所言非是，“飲”當爲“欠”字誤刻。

5. 倂

《字彙·人部》:“倂，方中切，音封。仙人名。”(32上)

《正字通·人部》:“倂，與丰通。舊注仙人名，因《篇海》誤。”(30下)

按:《康熙字典·人部》:“倂,《廣韻》《集韻》並同丰。又《篇海》:‘仙人名。’”(23上)《廣韻》平聲鍾韻敷容切:“倂，仙人。”(12)《集韻》平聲鍾韻敷容切:“倂，闕。仙人名。”(18)《新修玉篇》《篇海》《直音篇》《詳校篇海》《字彙》皆同。《正字通》謂“倂”同“丰”，且謂“舊注”誤，既無書證亦無例證，其説疑不可據。《康熙字典》謂“倂”《廣韻》《集韻》並同“丰”，於《廣韻》《集韻》皆無徵，當因承襲《正字通》之謬而誤。“倂”當即“僼”之異體字。《玉篇·人部》:“僼，孚公切。偓僼，仙人也。”(15上左)《廣韻》平聲東韻敷空切:“僼，偓僼，仙人。”(5)故“倂”與“僼”音義並同，故“倂”當即“僼”之異體字。《大字典》“倂”字下據《正字通》之説而增收一個義項謂同“丰”，疑亦非是。

6. 侹

《字彙·人部》:“侹，他鼎切，汀上聲。《説文》:‘長貌。一曰著地侹伊直也。’又代也，敬也。又平也。韓詩:‘石梁平侹侹。’”(36下)

《正字通·人部》:“侹，他頂切，汀上聲。《説文》:‘長貌。一曰著地，一曰代也。’又平也。韓愈《答張徹詩》:‘石梁平侹侹，沙水光泠泠。’注:侹作挺，與挺通。”(42上)

按:《康熙字典·人部》:“侹，《集韻》待鼎切，《韻會》他頂切，《正韻》徒鼎切，並汀上聲。《説文》:‘長貌。一曰著地。一曰代也。’揚子《方言》:‘陳楚之間謂之侹。’又敬也。又平也。韓愈《答張徹詩》:‘石梁平侹侹，沙水光泠泠。’”(33上)宋王伯大編《别本韓文考異》卷二:“石梁平侹侹，沙水光泠泠。”注:“侹，音挺。《説文》:‘長貌。’”宋魏仲舉編《五百家注韓昌黎集》卷二:“石梁平侹侹，沙水光泠泠。”注:“祝曰:石絶水曰梁，梁所以節水。《説文》:‘侹侹，長貌。’韓曰:‘《説文》楚人謂橋爲圯，凡橋有木梁有石梁。’侹侹，直也。”宋廖瑩中《東雅堂昌黎集注》卷二：“石梁平侹侹，沙水光泠泠。”注：“侹，音挺。《説文》：‘侹侹，長貌。’”故此“侹侹”當如上述諸家所言訓“長貌”“直也”，而非訓“平也”。《字彙》訓“平也”，非是。《正字通》《康熙字典》亦訓“平也”，當皆因承襲《字彙》之謬而誤。《大字典》“侹”字下據《正字通》之誤而收録“平”這一義項，疑亦非是。

7. 佴

《字彙·人部》：“佴，尺涉切，音謵。偛佴，小人貌。又丁協切，音跕。義同。”（36 下）

《正字通·人部》：“佴，陳列切，音徹。偛佴，小人貌。又丁協切，音跌。義同。”（42 上）

按：《詳校篇海》卷五《人部》：“佴，丁協切，音跕。低佴也。又尺涉切，音謵。偛佴，小人貌。”（374 下）《篇海類編》同。《康熙字典·人部》：“佴，《集韻》的協切，音聑。偛佴，小人貌。”（33 上）“偛佴”訓“小人貌”，當同“偛㥲”。《廣韻》入聲葉韻叱涉切：“㥲，偛㥲，小人皃。”（436）故“偛佴”與“偛㥲”音義並同，此“佴”當即“㥲”之異體字。

8. 俍

《字彙·人部》：“俍，與良同。《莊子》：‘工乎天而俍乎人。’”（37 上）

《正字通·人部》：“俍，同良。《莊子》：‘工乎天而俍乎人。’”（43 上）

按：《康熙字典·人部》：“俍，《集韻》《韻會》吕張切，《正韻》龍張切，並音良。《莊子·庚桑楚》：‘工乎天而俍乎人者，唯全人能之。’又《廣韻》盧黨切，音朗。俍傷，長貌。又《集韻》郎宕切，音浪。良工也。”（34 上）《集韻》平聲陽韻吕張切：“俍，良工也。”（217）《莊子·庚桑楚》：“夫工乎天而俍乎人者，唯全人能之。”陸德明《釋文》：“俍，崔云，良工也。”成玄英疏：“俍，善也。”《説文·亯部》：“良，善也。从亯，亡聲。”（106 下）《廣韻》平聲陽韻吕張切：“良，善也。”（111）“俍”

與“良”音義並同，故《字彙》《正字通》謂“俍”同“良”，所言是也。

9. 倰

《字彙·人部》:“倰，魯鄧切，稜去聲。倰僜，行貌。”（39下）

《正字通·人部》:“倰，與夌通。越也；欺倰也。借用陵、勎。又敬韻稜去聲：‘倰僜，行疲貌。’《正韻》汎訓行貌，非。”（49下）

按:《康熙字典·人部》:“倰，《廣韻》魯登切，《集韻》閭承切。並與夌通。越也；欺倰也。借用陵、勎。”（39下）《詳校篇海》卷五《人部》:“倰，盧登切，音稜。~儱，長貌。又去聲，音稜。~僜，行貌。又力膺切，音陵。欺~也。或作勎。”（375上）《篇海類編》同。《正字通》《康熙字典》所言當是。《説文·夊部》:“夌，越也。”（107下）段玉裁注:“夌，《廣韻》‘陵’下云:‘犯也；侮也；侵也。’皆夌義之引申，今字概作陵矣。”故“倰”訓“越也”“欺倰也”，與“夌”音義並同，即爲異體字。《大字典》“倰”字下第（二）義項應溝通其與“夌”字的異體關係。

10. 倘

《字彙·人部》:“倘，昌兩切，音敞。怱止貌。又他曩切，湯上聲。義同。”（38下）

《正字通·人部》:“倘，同儻省。《莊子》云:‘將見之，倘肰止。’舊注音敞，非;《六書故》通作黨，亦非。”（48上）

按:《康熙字典·人部》:“倘，《集韻》齒兩切，《正韻》昌兩切，並音敞。怱止貌。又《集韻》他朗切，湯上聲。義同。又同儻。《莊子·在宥篇》:‘雲將見之，倘然止。’”（38上）《集韻》上聲蕩韻坦朗切:“倘，止皃。一曰自失皃。《莊子》:‘倘然止。’李軌説。”（417）《莊子·在宥》:“雲將見之，倘然止，贄然立。”成玄英疏:“倘，驚疑貌。”陸德明《釋文》:“司馬（彪）云：欲止貌。李（頤）云：自失貌。”又《莊子·田子方》:“文侯儻然，終日不言。”陸德明《釋文》:“儻，司馬云：失志貌。”“儻”,《廣韻》音“他朗切”。“倘”與“儻”音義並同，“倘”當即

“儻”之異體字。故《正字通》《康熙字典》謂“倘”同“儻”，所言當是。

11. 偌

《字彙·人部》：“偌，人夜切，惹去聲。姓也。”（39下）

《正字通·人部》：“偌，人夜切，惹去聲。姓也。”（50下）

按：《玉篇·人部》：“偌，人夜切。姓也。”（15下右）《康熙字典·人部》：“偌，《集韻》人夜切，惹去聲。姓也。”（40下）《玉篇校釋》“偌”字下注：“《集韻》《類篇》同，本作若。《廣韻·馬韻》：‘若，以國爲姓，《後燕録》有步兵校尉若久和。’又《鐸韻》：‘偌，亦姓，魯人也。《後魏書》有若口引氏，後改爲寇氏。’《路史》：‘顓帝後有若姓。’《漢書·王莽傳》：‘蜀西南夷若姓。’”（547～548）胡氏所言當是。慧琳《音義》卷三二《放鉢經》一卷：“若頭：上而者、穰灼二反。梵語佛剎名也。或作惹，經作偌，俗字也。”（58，P32B7）此亦其證也。故“偌”當即“若”字之俗。

12. 僔

《字彙·人部》：“僔，松閏切，音殉。疾也。”（39下）

《正字通·人部》：“僔，同嬛。《篇海》音瓊，孤孑貌，義近，別音旬去聲，與侚同訓以身從物，合僔、侚爲一，非。”（51上）

按：《名義·人部》：“侚，詞駿反。疾也。僔，同上。”（16上）《玉篇·人部》：“僔，《字書》侚字。”（13上右）《集韻》去聲稕韻徐閏切：“侚，《説文》：‘疾也。’或作僔。”（541）《康熙字典·人部》：“僔，《玉篇》：‘《字書》侚字。’疾也。”（40下）故“僔”與“侚”在“疾也”這一意義上音義並同，即爲異體字。又《詳校篇海》卷五《人部》：“僔，松閏切，音旬去聲。與侚同。以身從物也；疾也。又渠營切，音瓊。孤孑貌。”（376上）《篇海類編》同。《玉篇·女部》：“嬛，巨營切。《詩》云：‘嬛嬛在疚。’家道未成嬛嬛然，亦孤特也。嬛，同上。”（16下左）“僔”訓“孤孑貌”，與“嬛”音義並同，即爲異體字。《大字典》收録“僔”字：第（一）義項據《玉篇》謂同“侚（徇）”，是也；第（二）義項據

《篇海類編》音 qióng，訓“孤獨貌”，然未溝通其與“嬛”字的異體關係，失當。《字海》亦收録“儚”字，第（一）義項亦據《玉篇》謂同“佝（㑆）”，是也；第（二）義項謂同“煢”，在“孤單”之義上，“儚”雖同“煢”，然從字形演變來看，當以同“嬛”爲是。

13. 偦

《字彙·人部》：“偦，私呂切，音諝。有才智者之稱。又相居切，音胥。疏也。”（40 上）

《正字通·人部》：“偦，舊注私呂切，音諝。有才智者之稱。又相居切，音胥。疏也。按：《説文》：‘諝，知也。’與惰通。又：‘疋，通也。’《正譌》：‘㽰，疏囪也。’舊注音義與諝、疋相近，改作偦，失考正。今俗以偦爲女壻字，非。”（52 上）

按：《康熙字典·人部》：“偦，《集韻》寫與切，音諝。有才智者之稱。又新於切，音胥。疏也。”（41 下）《集韻》平聲魚韻新於切：“偦，蹠也。通作揟。”（65）“蹠”即“疏”之異體字，“偦”訓“疏也”，當因“胥”“疏”二字相互通用而産生的虚假釋義。朱駿聲《説文通訓定聲》：“胥，假借爲疏。”《莊子·山木》：“雖飢渴隱約，猶且胥疏於江湖之上求食焉，定也。”郭慶藩集釋：“案：胥、疏二字古通用，胥即疏也。宣十四年《左傳》‘車及於蒲胥之市’，《呂氏春秋·行論篇》左‘蒲疏’；《史記·蘇秦傳》‘東有淮、穎、煮棗、無胥’，《魏策》左‘無疏’。是其證。”故“偦”訓“疏也”，此“偦”當因“胥”假借爲“疏”，故而在“胥”字的基礎上增加義符“亻”旁而形成的後起分化字。

14. 偰

《字彙·人部》：“偰，先結切，音屑。高辛氏之子，堯之司徒，商之祖也。亦作契、卨。又姓也。”（40 下）

《正字通·人部》：“偰，先結切，音屑。《説文》：‘高辛氏子，堯司徒，殷之先也。’通借契，古用㓞。又姓。”（52 下）

按：《廣韻》入聲屑韻先結切：“偰，僁偰，浄也。”（399）《大字典》

“㑊”字下據《廣韻》收入“儳㑊”這一義項，然未提供具體的文獻用例，佛經有其用例，提供如下:《大正藏》本宋道原纂《景德傳燈録》卷第二十五:“上堂謂衆曰:‘夫欲慕道，也須上上根器始得，造次中下不易承當，何以故？佛法非心意識境界，上坐莫恁麽儳㑊地。他古人道，沙門眼把定世界函蓋乾坤，綿綿不漏絲髮，所以諸佛讚歎讚歎不及，比喻比喻不及。道上座威光赫奕亘古亘今，幸有如是家風何不紹續取，爲什麽自生卑劣，枉受辛勤不能曉悟，只爲如此所以諸佛出興於世，只爲如此所以諸佛唱入涅槃，只爲如此所以祖師特地西來。’”下文卷第二十八又曰:“漳州羅漢桂琛和尚上堂，大衆立久，師曰:‘諸上座，不用低頭思量，思量不及。便道不用揀擇，委得下口處麽。汝向什麽處下口，試道看，還有一法近得汝，還有一法遠得汝麽、同得汝異得汝麽。既然如是爲什麽却特地艱難去，蓋爲不丈夫男子。儳儳㑊㑊無些子威光，慼慼地遮護箇意根，恐怕人問著。’”從文意來看，“儳儳㑊㑊”當同“儳㑊”，當義指“不恭敬”“不恭順”。又“儳㑊”，宋普濟集《五燈會元》、《卍新纂續藏經》本明通容集《五燈嚴統》、《卍新纂續藏經》本清超永編輯《五燈全書》皆作“懴猰”，《卍新纂續藏經》明如卺集《禪宗正脈》作“懴揳”。《廣韻》訓“浄也”，於文獻無徵，疑爲“不浄也”之脱誤，因“不浄也”與“不恭敬”“不恭順”義可相通。又箋注本《切韻》(斯 2071)入聲屑韻先結反:“揳，攕揳，不方正。”下文莫結反:“攕，攕揳，不方正。”(144)敦煌本《王韻》、故宮本《王韻》、故宮本《裴韻》、《切韻》、《廣韻》同。“攕揳”訓“不方正”，與“儳㑊”訓“不恭敬”“不恭順”義亦可相通，故“儳㑊”亦作“懴猰”“懴揳”，當同“攕揳”。《大字典》“㑊”字下據《廣韻》之謬而收録“浄”這一義項，疑亦非是。

15. 傇

《字彙・人部》:“傇，而隴切，音茸。衆也。”(41 上)

《正字通・人部》:“傇，而隴切，音茸。衆也。通作茸，别作㲨、毴。”(54 上)

按:《康熙字典・人部》:“傇，《集韻》乳勇切，音宂。衆也。通作茸，别作㲰、毧。”（43 下）《正字通》《康熙字典》謂“傇”通作“茸”，所言當是。《玉篇校釋》“傇”字下注：“《集韻》《類篇》義同，傇之言茸也。《艸部》云：‘尨茸，亂皃；又艸生也。’茸爲細艸叢生，故引申爲衆多義。”（537）此説是其證也。故“傇”本當作“茸”。又《廣韻》上聲腫韻而隴切：“㲰，不肖也。一曰傝㲰，劣也。或作搑茸，又作毾毧。”（160）《集韻》上聲腫韻乳勇切：“毧，毾毧，猥雜皃。一曰不肖。”（303）故“傇”與“㲰”“毧”音同義别，不可混同，《正字通》《康熙字典》謂“傇”别作“㲰”“毧”，所言非是。

16. 傘

《字彙・人部》：“傘，朔律切，音率。行貌。”（41 下）

《正字通・人部》：“傘，同𢔦。《説文》‘率’从行作‘衛’”（55 下）

按：《康熙字典・人部》：“傘，《廣韻》所律切，《集韻》朔律切。並同𢔦。”（45 上）《廣韻》入聲質韻所律切：“傘，行皃。”（384）《集韻》同。《正字通》《康熙字典》所言皆是。《玉篇・彳部》：“𢔦，䟽聿切。行皃。”（48 上右）《説文・率部》：“率，捕鳥畢也。”（279 下）“率”本義指捕鳥網，引申義可指行。《名義・行部》：“衛，所律反。循也；將也；遵也；行也；自也；用也。”（98 下）《名義・率部》又曰：“率，山律反。循也；行也；尊（遵）也。”（277 下）《廣韻》入聲質韻所律切：“率，循也；領也；將也；用也；行也。”（383）《左傳・哀公十六年》：“周仁之謂信，率義之謂勇。”杜預注：“率，行也。”（4730）故“傘”與“𢔦”“衛”“率”音義並同，即異體字。

17. 偉

《字彙・人部》：“偉，與媁同。又偉遑，驚恐貌。《楚辭》：‘遽偉遑兮驅林澤。’”（42 上）

《正字通・人部》：“偉，同媁。又偉偟，驚恐貌。《楚辭》：‘遽偉偟兮驅林澤。’通作慞，别作徫，非。”（57 上）

按：《康熙字典・人部》：“偉，《集韻》同媁。又偉偟，驚恐貌。《楚辭·九思》:‘遽傽偟兮驅林澤。’通作慞。”(46上)以上諸書所言皆是。《楚辭·九思·逢尤》:“遽傽遑兮驅林澤,步屏營兮行丘阿。”又《吴越春秋·夫差内傳》:“臣聞章者,戰不勝,敗走傽偟也。”“傽遑”同“傽偟”,皆指“驚恐貌”。又《玉篇·心部》:“慞,之羊切。慞惶也。”(40上右)《廣韻》平聲陽韻諸良切:“慞,[慞惶],懼也。”(112)《集韻》平聲陽韻諸良切:“慞,慞惶,懼也。”(214)又《集韻》平聲陽韻諸良切:“徫,徫徨,行不正。”(214)下文去聲漾韻之亮切:“徫,徫徨,行遽皃。”(598)“行不正”“行遽皃”與“驚恐貌”“懼也”訓異義同,皆指驚恐之狀。故“傽遑”“傽遑”與“慞惶”“徫徨”音義並同,即同一聯連綿的不同寫法。

18. 僪

《字彙·人部》:“僪,陟革切,音摘。無憚也。又僪傺,惡也。又側下切,音鮓。偈僪,行貌。”(42上)

《正字通·人部》:“僪,舊注音摘,無憚也。又僪傺,惡也。又音鮓。偈僪,行貌。按:六書無僪,訓辭雜出,並非。音鮓,亦非。”(57上)

按:《康熙字典·人部》:“僪,《集韻》陟格切,音摘。無憚也。又僪傺,惡也。又展賈切,音觰。偈僪,行貌。”(46上)《集韻》入聲麥韻陟革切:“僪,無憚也。”(739)此“僪”疑即“讁”字之俗。慧琳《音義》卷五九《四分律》第十八卷:“罰摘,上扶發反。《說文》:‘罪之小者罰。’《廣疋》:‘罰,折伏也。’字從刀,從詈。讁,《說文》都革反。罰也。《字林》:‘過責也。’《方言》:‘讁,罪過。’《通俗文》:‘罰罪者曰讁。’律文作僪,非也。”(58,P640A3)又《可洪音義》卷一六《四分律》第卌九卷:“僪罰,上知革反。正作讁。”(60,P39A1)故此“僪”當即“讁”字之俗。《集韻》訓“無憚也”,疑非是。

19. 傓

《字彙·人部》:“傓,許及切,音吸。歛也。《老子》:‘將欲傓之。’”

（43 上）

《正字通・人部》:“傄，許及切，音吸。斂也。與翕通。《老子》:‘將欲翕之。’舊注引《老子》改作傄，非。”（59 下）

按:《康熙字典・人部》:“傄，《集韻》同翕。”（48 下）《集韻》入聲緝韻迄及切:“傄，斂也。《老子》:‘將欲傄之。’或作噏，通作歙。”（768）《集韻》引《老子》作“將欲傄之”,《正字通》引《老子》作“將欲翕之”，然查今本《老子》本作:“將欲歙之，必固張之。”景龍碑“歙”字作“翕”，河上本作“將欲噏之”，顧、傅、范三本‘歙’字作“翕”，遂州與敦煌丁二本作“將欲噏之”。今案:“傄”訓“斂也”，同“歙”“噏”，本當作“翕”。《爾雅・釋詁上》:“翕，合也。”《説文・羽部》:“翕，起也。从羽，合聲。”（69 下）段玉裁注:“翕從合者，鳥將起必斂翼也。”《易・繫辭上》:“夫坤，其静也翕。”韓康伯注:“翕，斂也。”《荀子・議兵》:“代翕代張，代存代亡。”楊倞注:“翕，斂也。”“翕”,《廣韻》音“許及切”。故“傄”與“翕”音義並同，“傄”本當作“翕”。

20. 儅

《字彙・人部》:“儅，丁浪切，當去聲。正中。”（44 上）

《正字通・人部》:“儅，俗當字。”（62 上）

按:《康熙字典・人部》:“儅，《廣韻》《集韻》並都郎切，音當。止也。又《集韻》他浪切，當去聲。倨儅。《正字通》:‘俗當字。’”（50 上）慧琳《音義》卷三七《陁羅尼集》第十卷:“摒儅，上并娉反，去聲字也。《廣雅》云:‘摒，除也。’《古今正字》從手屏聲，亦作拼。下當浪反。《字鏡》云:‘儅者，不中儅也，今摒除之。’《文字典説》從人當聲，經從手作擋，非也。”（58，P140B12）今案:“摒儅”之“儅”當以作“擋”爲是，慧琳謂“經從手作擋，非也”，疑不可據。慧琳《音義》卷五六《佛本行集經》第四十五卷:“摒擋，卑政反。《廣雅》云:‘摒、擋，除。’謂掃飾摒除也。下都浪反。”（58，P570B8）下文卷五八《十誦律》第二十六卷又曰:“摒擋，并政反，下當浪反。《通俗文》:‘除物曰摒擋。’摒，除也。”（58，P617A7）下文卷七三《解脱道論》第三卷:“摒擋，卑政反，下都浪反。謂掃除也。《廣雅》云：‘摒，除也。’”（58，P929A3）隋闍那崛多譯《佛本行集經》卷第四十五《布施竹園品》下：“汝等至於竹林園内，乃至修治，使令平正，世尊今欲住此安居。是故我等故來此處，摒擋料理此竹園中。”下文第四十六卷又曰：“爾時，跋陀羅遣人摒擋彼烏麻已，入於室内，閉門思惟，心中不樂，低頭默然寂静而坐。”元魏慧覺等譯《賢愚經》卷第三《貧女難陀品》第二十：“是時目連，次當日直，察天已曉，收燈摒擋，見此一燈，獨燃明好，膏炷未損，如新燃燈，心便生念：‘白日燃燈，無益時用。欲取滅之，暮規還燃。’即時舉手，扇滅此燈，燈焰如故，無有虧滅；復以衣扇，燈明不損。”又後秦弗若多羅共羅什譯《十誦律》卷第二十六《七法中醫藥法》第六：“知佛受已，頭面禮佛足繞佛三匝而去，還家摒擋大堂重閣四合舍廳舍小房舍，除去種種所有，灑掃清浄懸雜色繒幡，燒衆名香布種種花，敷金銀頗梨紺琉璃床，各千二百五十。”“摒擋”，宋、元、明、宫本作“併當”。又《十誦律》卷第四十一《明雜法》之六：“若客比丘欲去時，以灌繩掃篲，還付本主，摒擋卧具，閉門下欂已去。”“摒擋”，宫本、聖本作“并當”。又《十誦律》卷第五十七《比尼誦行法之餘》：“若是客比丘欲去，鑵繩掃篲還付本主，摒擋卧具閉户下欂已去。”“鑵”，宋本、宫本作“灌”；“摒擋”，宋、元、明、宫本作“屏當”；“欂”，宋、元、明、宫本作“店”。從以上文意來看，“摒儅”“併當”“并當”“屏當”皆當以作“摒擋”爲是，義指“掃除也”，故“摒儅”之“儅”當即“擋”字之俗。又《字鏡》訓“儅”爲“不中儅也”不辭，且於文獻亦無徵，疑爲“正當也”之誤。唐道世撰《法苑珠林》卷第四《星宿部》第二：“右此七宿儅於東門。”下文又曰：“右此七宿儅於南門。”又下文曰：“右此七宿儅於北門。”“儅”，明本皆作“當”。從以上文意來看，此“儅”當同“當”，即義指“正當”。此是其證也。又故宫本《王韻》去聲宕韻丁浪反：“儅，不中當。”（505）故宫本《王韻》訓“不中當”，疑亦當爲“正當也”之誤。故宫本《裴韻》去聲丁浪反：“儅，不中。”（584）故宫本《裴韻》轉訓爲“不中”，疑亦當爲“正當”之誤。《廣韻》去聲宕韻丁浪切：“儅，不中。”（340）《廣韻》承襲前代韻書之誤而訓“不中”，疑亦非是。又

《廣韻》平聲唐韻都郎切："儅，止也。又丁宕切。"（117）《廣韻》又訓"儅"爲"止也"，於文獻亦無徵，疑爲"正也"之誤。此"儅"亦當即"當"字之俗。故宫本《王韻》平聲唐韻都郎反："當，正。"（462）"儅"與"當"音義並同，故此"儅"亦當即"當"字之俗。又《集韻》去聲宕韻丁浪切："儅，了也。"（600）《集韻》訓"儅"爲"了也"，當因承襲《廣韻》之謬而誤，因"了也"與"止也"訓異義同，實爲一義。《廣雅·釋詁四》："了，訖也。""訖也""止也"都可表示"停止""結束"之義，故"了也""止也"當爲同義。正如上文所言，《廣韻》訓"止也"，當爲"正也"之誤，故《集韻》承襲《廣韻》之誤而轉訓爲"了也"，疑亦非是。

21. 儊

《字彙·人部》："儊，創故切，初去聲。不滑也。"（44上）

《正字通·人部》："儊，濋字之訛。"（62上）

按：《康熙字典·人部》："儊，《廣韻》瘡據切，初去聲。不滑也。"（50下）《廣韻》去聲御韻瘡據切："儊，儊（當爲字頭誤重）不滑也。"（260）《集韻》去聲御韻創據切："儊，不滑也。"（491）《爾雅·釋水》："水自河出爲灉，濟爲濋。"郭璞注："皆大水溢出别爲小水之名。"《水經注·濟水》又曰："河水東北出於定陶縣，北屈，左合氾水。氾水西分濟瀆，東北逕濟陰郡南，《爾雅》曰：'濟别爲濋。'吕忱曰：'水決復入爲氾。'廣異名也。"《廣韻》上聲語韻創舉切："濋，水名。"（174）《集韻》同。故"儊"與"濋"音義俱别，二字不應混同，《正字通》謂"儊"即"濋"字之訛，既無書證亦無例證，其説非是。《漢語大詞典》"儊"字下收録一個義項謂"濋"的訛字，當即據《正字通》之誤而妄增。

22. 㑻

《字彙·人部》："㑻，徒了切，調上聲。與佻同。又獨立也。"（44下）

《正字通·人部》："㑻，徒了切，調上聲。與佻同。又獨立貌。"

（63 上）

按：《康熙字典·人部》："傜，《篇海》徒了切，調上聲。獨立也。"（51 上）此字《玉篇》《廣韻》皆未收，《集韻》始收之，當即丁度等據俗書所增。《集韻》上聲篠韻徒了切："傜，獨立也。"（391）《集韻》訓"獨立也"，疑爲"獨立行也"之脱誤。《集韻》上聲篠韻徒了切"傜"字下文又曰："佻，獨行皃。《詩》：'佻佻公子。'"（391）《詩·小雅·大東》："佻佻公子，行彼周行。"毛傳："佻佻，獨行貌。""傜"與"佻"音義並同，"傜"當即"佻"之異體字。《直音篇》卷一《人部》："傜，徒了切。獨行貌。佻，同上。"（20 下）此是其證也。又《詳校篇海》卷五《人部》："傜，徒了切，讀如調。與佻同。又獨立也。"（379 下）《篇海類編》同。《詳校篇海》謂"傜"與"佻"同，是也；然謂"又獨立也"，疑爲《集韻》所誤，正如上文所言，"獨立也"當爲"獨立行也"之脱誤。《篇海類編》亦謂"又獨立也"，當爲《詳校篇海》所誤。《字彙》《正字通》謂"傜"與"佻"同，是也；然承襲前代字書之誤謂"又獨立也""又獨立貌"，疑並非是。《康熙字典》訓"獨立也"，亦因承前而誤。

23. 僒

《字彙·人部》："僒，披經切，聘平聲。使也；補也。"（44 下）

《正字通·人部》："僒，俗甹字。舊注使也，義與甹同，别訓補也，誤。"（63 上）

按：《康熙字典·人部》："僒，《集韻》同竮。"（51 上）《新修玉篇》卷三《人部》引《奚韻》："僒，普并切。使也。"（27 下右）《篇海》同。又《直音篇》卷一《人部》："僒，音娉。使也。又僒（當爲字頭誤重）補也。"（21 下）《直音篇》又訓"補也"，於前代字書皆無徵，此訓非是。《字彙》承襲前代字書之誤别訓"補也"，亦非。《説文·彳部》："德，使也。从彳，甹聲。"（37 上）又《説文·人部》："甹，使也。从人，甹聲。"（162 上）《廣韻》平聲青韻普丁切："德，使也。"（128）《集韻》平聲青韻滂丁切："德竮，《説文》：'使也。'或從立。"（242）"甹"，《廣韻》皆音"普丁切"。"僒"與"德"音義並同，又"亻"旁、"彳"旁形近，俗書常可换用，故“僡”當即“徳”字之俗。《正字通》謂“僡”即“㥁”字之俗，儘管“僡”與“㥁”音義並同，然從字形演變關係來看，當以“僡”即“徳”字之俗爲是。《康熙字典》謂“僡”字《集韻》同“𢓊”，然《集韻》本作“徳”，此即其證也。故“僡”當即“徳”字俗訛。

24. 儚

《字彙·人部》:“儚，眉庚切，音萌。儚儚，惛也。”（44下）

《正字通·人部》:“儚，與懜通。”（63上）

按:《康熙字典·人部》:“儚，《韻會》彌登切，音萌。《爾雅·釋訓》:‘儚儚、恛恛，惛也。’”（51下）《集韻》平聲東韻謨中切:“儚，《爾雅》:‘儚儚，惛也。’一曰慙也。或作懜。”（11）故“儚”與“懜”音義並同，“儚”當即“懜”之異體字。《大字典》收録“儚”字，分爲兩個義項：第❶義項謂同“懜”，訓“昏昧”；第❷義項據《集韻》訓“慚”。其實，據《集韻》可知，“儚”訓“昏昧”“慙也”，與“懜”皆爲異體字。《大字典》應於“儚”字下直謂同“懜”，其後分爲兩個義項：一義訓“昏昧”；一義訓“慚”。

25. 㣐

《字彙·人部》:“㣐，博堅切，音邊。身不正也。又步堅切，音駢。㣐僊，舞容。”（45上）

《正字通·人部》:“㣐，俗字。舊注音邊，身不正，與偏義近；又音駢，㣐僊，舞容，與蹁躚義近，改作㣐，非。”（63下）

按：敦煌本《王韻》平聲先韻布玄反:“㣐，身不正。”（367）故宫本《裴韻》同。《廣韻》平聲先韻布玄切:“𠋬，身不正也。”（84）“㣐”與“𠋬”音義並同，即爲異體字。《集韻》平聲先韻卑眠切:“㣐𠋬，身不正。一曰傍也。或省。”（159）《集韻》謂“㣐”“𠋬”即異體字，所言是也；然又謂“㣐”“𠋬”一曰“傍也”，當爲從“邊”爲説而誤。《説文·人部》:“傍，近也。从人，旁聲。”（162下）《廣韻》平聲先韻布玄切:“邊，近也。”（84）此是其證也。故《集韻》“㣐”“𠋬”又謂“一曰傍也”，此訓不足爲據。又“㑂”“𠐍”二字，《切韻》《廣韻》《集韻》諸韻書皆訓“身不正也”，疑亦非是。《名義・人部》：“㑂，博堅反。脛外曲也。或蹁。”（22上）《新撰字鏡・人部》：“㑂，博堅反。蹁字。足不正也。”（81）《玉篇・人部》：“㑂，博堅、步堅二切。或蹁字。足不正也。”（15上右）“脛外曲也”與“足不正也”訓異義同。故“㑂”當即“蹁”之異體字，當訓“足不正也”；而“𠐍”即“㑂”之異體字，亦當同“蹁”，亦應訓“足不正也”。《大字典》“㑂”字下據《集韻》之誤而增收“一説身不正”及“傍”之義，疑並非是。《大字典》下文又收“𠐍”字，第（一）義項之下的兩個義項分别承襲《廣韻》《集韻》之誤而訓“身不正”“傍”，並非。《字海》亦收“𠐍”字，第（一）義項據《廣韻》之誤而訓“身子不正”，亦非。

26. 㒤

《字彙・人部》：“㒤，齒涉切，音徹。心服也。”（45下）

《正字通・人部》：“㒤，與慴通。心服也。”（65下）

按：《康熙字典・人部》：“㒤，《玉篇》尺涉切。與慴通。《説文》：‘心服也。’”（53下）《説文・人部》：“㒤，心服也。从人，聶聲。”（161上）《正字通》《康熙字典》所言是也。《説文・心部》又曰：“慴，失氣也。从心，聶聲。一曰服也。”（222下）《廣韻》入聲葉韻之涉切：“慴，心伏也。”（436）“㒤”，《廣韻》音“尺涉切”。“㒤”與“慴”音近義通，即爲異體字。

27. 㒍

《字彙・人部》：“㒍，力遂切，音類。極困也。又上聲，魯偉切。與儡同。”（45下）

《正字通・人部》：“㒍，俗儡字。”（65上）

按：《康熙字典・人部》：“㒍，《集韻》魯猥切，音磊。極困也。又與儡同。”（53下）《集韻》上聲賄韻魯猥切：“儡㒍，傀儡，木偶戲。或作儡（㒍）。”（349）《詳校篇海》卷三《人部》：“㒍，力遂切，音類。極困也。又上音畾。亦作儡。傀儡戲。”（380 上）《篇海類編》同。故“儡”訓“傀儡”，同“儽”；而“儽”訓“極困也”，亦同“儡”。《集韻》去聲隊韻盧對切：“儡，極也。”（530）此“極也”當指“疲困”。故“儽”訓“極困也”，與“儡”音義亦同，亦爲異體字。《大字典》《字海》“儽”字下第二義項皆據《字彙》而音 lèi、訓“極疲困”，然卻未溝通其與“儡”字的異體關係，俱失當。

28. 卼

《字彙・儿部》：“卼，與**卼**同。卼䠊，不安貌。”（47 上）

《正字通・儿部》：“卼，俗䡂字，別作䠊，亦非。”（71 下）

按：《康熙字典・儿部》：“卼，《韻會》五忽切，音兀。卼，亦作卼。《易・困卦》：‘于䡂卼。’《博雅》：‘不安也。’”（57 下）《集韻》入聲没韻五忽切：“卼，《博雅》：‘危也。’或作仡、卼、䠊。”（685）《說文・出部》：“䠊，槷䠊，不安也。从出，臬聲。《易》曰：‘槷䠊。’”（123 下）“䠊”，《廣韻》音“五滑切”。“䠊”與“卼”儘管義同，然讀音有別，當爲同義字，而非異體字。“仡”字，《玉篇》《廣韻》皆不録，《集韻》始收之，當即丁度等據俗書所增。《廣雅・釋訓》：“𩞄𩞄、**卼卼**，危也。”郭璞注：“**卼卼**，音兀。”《名義・出部》：“䠊，五結反。不安也。”（287 下）《玉篇・出部》：“䠊，五結切。不安皃也。亦作𩞄、隉。”下字曰：“卼，五骨切。䠊卼也。”（130 下左）敦煌本《王韻》入聲屑韻奴結反：“𩞄，~𠨿，不安。亦作隉、䠊。”（429）《唐韻》入聲屑韻五結反：“𩞄，~𠨿，不安。又作䠊。”（705）故宫本《裴韻》入聲没韻五忽反：“𩠐，𩞄~，不安。”（514）下文入聲屑韻奴結反又曰：“𩞄，~𩠐，不安皃。”（517）《廣韻》入聲没韻五忽切：“𩠐，𩞄𩠐，不安也。”（391）下文入聲屑韻五結切又曰：“䡂，䡂**卼**，不安。《書》作杌隉。”（401）《易・困》：“困于葛藟，于䡂**卼**。”王弼注：“行則纏繞，居不獲安，故曰困于葛藟，于䡂**卼**。”孔穎達疏：“《正義》曰：‘葛藟，引蔓纏繞之義；䡂**卼**，動摇不安之辭。’”（122 下）“**卼**”與“卼”即同字異寫，而“**卼**”與“𩠐”、“𩞄”與“䡂”當即通過偏旁易位而形成的異體字。據上文可知，“䡂**卼**”“𩞄𩠐”“𩞄䠒”“𪘲𩂲”“𪘲䚇”“杌陧”並同，故“䖇”與“䚇”“䠒”“杌”即爲異體字，“𪖸”與“𪘲”“陧”即爲異體字，而《集韻》所收之“伌”疑即“杌”字之訛。故《字彙》謂“䚇”與“𪖸”同，《康熙字典》謂“䖇”亦作“䚇”，是也；然《正字通》謂“䚇”即“䖇”字之俗，别作“𪘲”，所言非是。

29. 㒳

《字彙·入部》:“㒳，良奬切，音兩。義無考。《説文》:‘二入也。兩从此。’”（47 上）

《正字通·入部》:“㒳，古文兩。篆作㒳。《説文》:‘二入也。㒳从此。’孫氏良奬切，音同兩，訓與㒳小異。據孫氏㒳、㒳、兩一音，㒳即兩字省文。”（72 下）

按:《康熙字典·入部》:“㒳，《集韻》里養切，良上聲。《説文》:‘二入也。兩字从此。’”（58 下）《説文·入部》:“㒳，二入也。兩从此。闕。”（104 上）“㒳”，《集韻》音“里養切”。《正字通》所言疑是。《可洪音義》卷一八《毗尼母經》同帙第八卷:“𠕂乳，上力掌反。正作兩、㒳、㒳。”（60，P85B2）宋郭忠恕《佩觿》卷中:“从㒳，上泉雍反。順也。下紆賞反。兩也。”故“㒳”疑即“兩”之異體字。《説文》訓“兩入也”，疑爲望形生訓。

30. 冋

《字彙·冂部》:“冋，同冂。”（48 下）

《正字通·冂部》:“冋，同冂。”（77 上）

按:《康熙字典·冂部》:“冋，《唐韻》《集韻》並古文坰字。”（62 下）《詳校篇海》卷一《冂部》:“冋，涓熒切。古文冂字從冂。從口，象國邑。又空也。又户塤切。亦與冂同。”（24 下）《詳校篇海》所言是也。《説文·冂部》:“冂，邑外謂之郊，郊外謂之野，野外謂之林，林外謂之冂，象遠界也。冋，古文冂。从口，象國邑。坰，冋或从土。”（105 下）《廣韻》平聲青韻古螢切:“坰，野外曰林，林外曰坰。冋，古文。”（130）

故“冋”訓“都邑的遠郊”，同“冂”。《廣韻》上聲迥韻户頂切又曰：“冋，空也。”（217）“冋”訓“空也”，亦同“冂”。《集韻》上聲迥韻户茗切：“冂，空也。或作冋。”（426）此是其證也。《大字典》收録“冋”字，分爲兩個義項：第（一）義項據《廣韻》謂同“冂”，訓“都邑的遠郊”；第（二）義項據《廣韻》訓“空”。據上文可知，“冋”訓“空也”，亦同“冂”。故《大字典》“冋”字下第（二）義項未溝通其與“冂”字的異體關係，失當。

31. 冏

《字彙・冂部》：“冏，俗冋字。”（48 下）

《正字通・冂部》：“冏，俗冋字。”（77 下）

按：《康熙字典・冂部》：“冏，《篇海》古熒切，音扃。木華《海賦》：‘冏然鳥逝。’注：‘光也。’”（63 上）“冏”字，《字彙》與《正字通》正字不同，當以《正字通》爲是。《字彙》謂“俗冏字”，此“冏”當即“冋”字誤刻。《龍龕》卷一《冂部》：“冋，今；冏，正。古熒反。象遠界也。二。”（202）《龍龕》謂“冏”爲正，正俗顛倒，非是；然其溝通“冏”與“冋”的異體關係，是也。此是其證也。又《廣雅・釋詁四》：“冏，明也。”“冏”，曹憲《博雅音》：“冏，古丙。”此“冏”當同“炯”。《説文・火部》：“炯，光也。从火，冋聲。”（208 下）下文又曰：“光，明也。从火在人上，光明意也。”（209 上）“炯”，《廣韻》音“户頂切”，又音“古迥切”。故“冏”訓“明也”，與“炯”音義並同，即爲異體字。

32. 晟

《字彙・冂部》：“晟，時征切，音成。飯匱。從冃。從日者，去聲。”（49 上）

《正字通・冂部》：“晟，舊注音成，飯匱。按：凡器皿受物者，通用盛。盛有平、去二音，如：《禮・喪大記》：‘食粥於盛。’《左傳》：‘旨酒一盛。’盛，音成。六書未嘗因飯匱别立晟字，訛作晟，無稽。”（78 下）

按：《康熙字典・冂部》：“晟，《集韻》時征切，音成。飯匱也。《字彙》從冃，從日者去聲。”（63 下）《集韻》平聲清韻時征切：“晟，明也。”同一小韻下文又曰：“晟，飯匱也。從曰。”（239）下文去聲勁韻時正切又曰：“晟，明也。或書作晠。”（606）從形義關係來看，“明也”之訓當以作“晟”爲是，而“飯匱也”之訓當以作“晟”爲是，《集韻》此處作“晟”者，當爲“晟”字誤刻，而其謂“從曰”者，當爲“從冃”誤刻。《説文新附·日部》：“晟，明也。从日，成聲。”（136 上）《玉篇·日部》：“晟，是政切。明也。”（95 下左）慧琳《音義》卷九九《廣弘明集》卷第二十四：“晟論，成政反。《廣雅》：‘晟，多也。’或作盛。兩字義同。”（59，P314A8）《類篇·冃部》：“晟，時征切。飯匱也。從冃。”（263 下）此是其證也。故宫本《王韻》平聲清韻市征反：“晟，日晟。”（464）下文去聲勁韻市政反：“盛，多。亦作晟、墭。三。”（506）故宫本《王韻》去聲勁韻承政反：“晟，茂晟。”（599）《唐韻》去聲勁韻承正反：“晟，明也；熾也。出《玉篇》。”（676）此亦其證也。《字彙》《康熙字典》所言亦其證也。又《名義·日部》：“晟，是政反。器也；多也。”（205 下）《名義》訓“晟”爲“多也”，是也；然訓“器也”，當因“晟”“晟”形近，故而誤植“晟”字之義於“晟”字之上所致的訓釋失誤。《龍龕》卷四《日部》：“晠，俗；晟，正。音成。食器也。又承正反。明也；熾也。亦器也。二。”（425）《龍龕》訓“晟”爲“食器也”“器也”，亦當爲誤植“晟”字之義於“晟”字之上所致的訓釋失誤。《廣韻》去聲勁韻承政切：“晟，明也；熾也；器也。”（344）《廣韻》又訓“晟”爲“器也”，亦當爲誤植“晟”字之義於“晟”字之上所致的訓釋失誤。又《禮記·喪大記》：“食粥於盛。”鄭玄注：“盛，謂今時杯杅也。”“盛”，《廣韻》音“是征切”。故“晟”與“盛”音同義通，《正字通》謂“晟”即“盛”字之譌，可備一説。《大字典》收録“晟”字，據《集韻》訓“盛飯器具”，又據《正字通》謂“一説‘盛’的訛字”，並加“按語”曰：“與‘晟’殊”，是也。又《大字典》於“晟”字下據《廣韻》“器也”之訓與《康熙字典》“飯匱也”之訓而收録“盛器；飯匱”這一義項，非是。據上文可知，《廣韻》“晟”字下“器也”之訓當爲誤植“晟”字之義於“晟”字之上所致的訓釋失誤，而《康熙字典》“飯匱也”之訓其字本作“晟”，非作“晟”，故《大字典》“晟”字下應刪去“盛器；飯匱”這一義項。

33. 㳙

《字彙・冫部》：“㳙，伊真切，音因。寒貌。”（50 下）

《正字通・冫部》：“㳙，訛字。”（83 上）

按：《康熙字典・冫部》：“㳙，《集韻》伊真切，音因。本作凐。寒貌。”（67 上）“㳙”當即“洇”字之俗（詳見本書“凐”字注）。

34. 浧

《字彙・冫部》：“浧，巨郢切，擎上聲。寒也。”（50 下）

《正字通・冫部》：“浧，俗涜字。”（83 上）

按：《康熙字典・冫部》：“浧，《集韻》巨井切，音痙。《玉篇》：‘寒也。’”（67 上）《廣雅・釋詁四》：“浧，寒也。”《玉篇・冫部》：“浧，巨井切。寒也。”（93 上左）故宮本《王韻》上聲静韻具郢反：“浧，寒也。”（485）《廣韻》上聲静韻巨郢切：“浧，《玉篇》云：‘寒也。’”（216）《集韻》上聲静韻丈井切：“浧，寒也。”（424）下文巨井切又曰：“浧，《博雅》：‘寒也。’”（425）又《集韻》上聲拯韻其拯切：“涜，涜冼，寒皃。”（429）儘管“浧”與“涜”音近義同，然未見“巠”與“克”兩個聲符換用之例，且“涜”字始見録於《集韻》，晚於“浧”字，故《正字通》謂“浧”即“涜”字之俗，疑不可據。

35. 凈

《字彙・冫部》：“凈，楚耕切，音撐。冷也。”（50 下）

《正字通・冫部》：“凈，初耕切，音撐。寒冷也。與淨（净）别。”（83 下）

按：《康熙字典・冫部》：“凈，《唐韻》楚耕切，《集韻》初耕切。並音琤。冷貌。”（67 上）《廣韻》平聲耕韻楚耕切：“凈，冷也。出《字書》。”（124）《集韻》平聲初耕切：“凈，冷皃。”（235）“凈”當即“净”字之俗。《方言》卷十三：“凓，凈也。”郭璞注：“皆冷貌也。初兩、禁耕二反。”（85）錢繹《方言箋疏》引《方言》作：“滄，浄也。”並注曰：“浄，《説文》作瀞，云：‘無垢薉也。’經傳通作浄。《玉篇》：‘滄，浄也；冷也。’《説文》：‘甗，䃂垢瓦石也。’徐鍇傳曰：‘以碎瓦石甗去瓶内垢也。’《西山經》：‘錢來之山，其下多洗石。’郭注云：‘澡洗可以磢體去垢圿。’木華《海賦》：‘飛澇相磢。’李善注引《方言》注云：‘滄，錯也。’即此注文，今本誤脱耳。‘皆’，疑‘亦’字之訛。‘滄’‘甗’‘磢’，聲義並同。郭氏《江賦》云：‘奔溜之所磢錯。’李善注引《廣雅》：‘錯，摩也。’‘滄’‘錯’，一聲之轉。”（716）華學誠《揚雄方言校釋匯證》引《方言》作：“凔，淨也。”並於“凔”字下注曰：“戴震《方言疏證》作‘滄’。按：《説文·仌部》：‘滄，寒也。’段玉裁注：‘此與《水部》滄音義皆同……按《方言》曰：滄，淨也。二字當從冫。滄即滄字。淨即清字。’錢繹《方言箋疏》：‘《玉篇》：滄，浄也；冷也。《説文》：甗，䃂垢瓦石也。徐鍇傳曰：以碎瓦石甗去瓶内垢也。《西山經》：錢來之山，其下多洗石。郭注云：澡洗可以磢體去垢圿。木華《海賦》：飛澇相磢。李善注引《方言》注云：滄，錯也。即此注文，今本誤脱耳。’段、錢二氏説，未知孰是。”又於“淨”字下注曰：“段玉裁《説文注》‘滄’字下謂‘淨’即‘清’字。《説文·仌部》：‘清，寒也。’‘寒’即與冷義近。錢繹《方言箋疏》：‘浄，《説文》作瀞，云：無垢薉也。經傳通作浄。’”又於“皆”字下注曰：“錢繹《方言箋疏》：‘皆，疑亦字之訛。’”又於“初兩、禁耕二反”下注曰：“盧文弨《重校方言》移植上‘滄’字下。劉台拱《方言補校》：‘禁耕不可爲切，當作楚耕。《集韻》作初耕反（切），皆浄字之音，非滄字之音。此條誤列滄字下。’吴承仕《經籍舊音辨證》卷七《方言郭璞注》：‘《方言》郭音本以初兩音滄，以楚耕音浄，楚形近禁，故訛作禁。《説文》：瀞，冷寒也。《方言》以浄爲瀞，《世説新語》字又作凈，聲義大同。郭反楚耕，唯平去異耳。’按：‘禁’‘耕’皆見母字，不能作切，劉、吴二氏校作‘楚耕’是也，‘初兩’音‘滄’、‘楚耕’音‘浄’亦是也。”（929～930）今案：《方言》當以作“滄，浄也”爲是。《名義·水部》：“滄，初養反。浄也；冷也。”（196下）《玉篇·水部》：“滄，初兩切。浄也；冷也。”（91上左）據此可知，原本《玉篇》“滄”

字下亦以《方言》及郭璞注爲訓，其所見《方言》當以作“滄，净也”爲是，《名義》《玉篇》訓“净也；冷也”者，當因誤合《方言》及郭璞注所致的訓釋失誤，“冷也”當爲郭璞注。敦煌本《王韻》上聲養韻［測兩反］：“滄，净。”（397）故宫本《王韻》上聲養韻測兩反：“滄，净也。”（484）《廣韻》《集韻》並同。以上諸韻書亦皆其證也。故《方言》此條當以作“滄，净也”爲是。又此“净”義當指“冷也”，郭璞謂“皆冷貌也”即指“滄”“净”二字而言。“滄”訓“冷也”，於文獻亦有徵，今提供如下：《卍新纂續藏經》本唐栖復集《法華經玄贊要集》卷第二十七：“言如去風痺等者，脚冷滄病（爽音）。障染者，即上所言五種過是也。於中沉掉忘念不正知，並是隨惑，故名染障。染如風痺，斷如油，能除冷風，八斷能除染障。”“冷滄”當即同義連用，“滄”即“冷也”。此即其證也。故《方言》“滄，净也”，“滄”“净”二字當如郭璞所言皆指“冷貌也”。華學誠據劉台拱、吴承仕之説而謂“‘禁’‘耕’皆見母字，不能作切，劉、吴二氏校作‘楚耕’是也，‘初兩’音‘滄’、‘楚耕’音‘净’亦是也”，所言是也。“禁耕”之“禁”當爲“楚”字之訛。故“淨”訓“冷也”，與“净”音義並同，當即“净”字之俗。綜上所述，今本《方言》作“㳛，淨也”者，“㳛”當即“滄”字之俗，而“淨”當即“净”字之俗。故《正字通》謂“淨”與“淨（净）”别，非是。又據上文可知，錢繹引《方言》作“滄，净也”，是也。又錢繹謂“净，《説文》作瀞，云：‘無垢薉也。’經傳通作净”，疑可商榷。《説文・水部》：“瀞，無垢薉也。从水，静聲。”（235上）《方言》“滄，净也”條之“净”與《説文》之“瀞”音義俱别，不可混同，故錢繹謂“净，《説文》作瀞，云：‘無垢薉也。’經傳通作净”，疑不可據。錢繹又據李善引《方言》注“滄，錯也”之訓而謂今本《方言》郭注誤脱此文，並謂“‘皆’，疑‘亦’字之訛。‘滄’‘甎’‘磢’，聲義並同”，然“滄”訓“錯也”，僅見於《文選》此處注文，於歷代字韻書皆無徵，亦非郭注，故錢繹此説疑不可據。又段玉裁謂“按《方言》曰：㳛，淨也。二字當從仌。㳛即滄字。淨即清字”，此説亦不可據。據上文可知，《方言》此條當以作“滄，净也”爲是。又《説文・仌部》：“凊，寒也。从仌，青聲。”下文又曰：“滄，寒也。从仌，倉聲。”（240 下）“凊”，《廣韻》音“七政切”；“滄”，《廣韻》音“七岡切”，又音“初亮切”。故“凔”與“滄”、“凈”與“凊”儘管義同，然讀音區別甚明，不可混同，故段玉裁謂“二字當從冫。凔即滄字。凈即凊字”，非是。又華學誠引吴承仕《方言郭璞注》作“《説文》：瀞，冷寒也。《方言》以凈爲瀞”，此“瀞”皆當作“瀙”。《説文·水部》：“瀙，冷寒也。从水，靚聲。”（236 上）此是其證也。《廣韻》《集韻》所訓“冷也”之“凈”，《大字典》轉録作“凈”，然未溝通其與“凈”字異體關係，失考證。《大字典》“凔”字第（一）義項、《字海》“凔”字皆訓“凈”“冷”，不知“凔”“凈”皆指“冷也”，“凈”“冷”二義相同，亦失考證。

36. 凔

《字彙·冫部》：“凔，所兩切，音爽。冷貌。又楚兩切，瘡上聲。義同。”（51 上）

《正字通·冫部》：“凔，疏朗切，音爽。冷貌。舊注又楚兩切，瘡上聲，非本音。”（84 上）

按：《康熙字典·冫部》：“凔，《集韻》楚兩切，音愴。冷貌。”（68 上）《集韻》上聲養韻楚兩切：“凔，冷皃。”（414）“凔”即“凔”之異寫字，而“凔”當即“凔”字之俗（詳見本書“凈”字注）。

37. 凐

《字彙·冫部》：“凐，同洇。”（50 下）

《正字通·冫部》：“凐，訛字。”（84 上）

按：《康熙字典·冫部》：“凐，《集韻》伊真切，音因。寒貌。或作洇。”（67 下）《集韻》平聲諄韻伊真切：“凐洇，寒皃。或從因。”（125）“凐”字，《説文》《玉篇》皆未收，《廣韻》亦不録，疑即“湮”字之俗。《説文·水部》：“湮，没也。从水，垔聲。”（233 上）《玉篇·水部》：“湮，於神切。没也；落也。”（88 下左）《廣韻》平聲真韻於真切：“湮，落也；沉也。”（59）《集韻》平聲諄韻伊真切：“湮《説文》：‘没也。’《爾雅》：‘落也。’通作洇。”（125）故“凐”與“湮”、“洇”與“洇”音同，又“冫”

旁、“氵”旁形近，俗書常可訛混，故“凐”疑即“湮”字之俗，而“洇”疑即“洇”字之俗。《卍新纂續藏經》本唐洪州百丈山沙門懷海集編《百丈叢林清規證義記》卷第五：“或曰：‘果如子言，則佛像凐没，誰其整之？壒寺崩頹，誰其立之？僧餓於道路，而不得食，誰其濟之？人人唯辦己事，而三寶荒蕪矣，豈不聞脩慧不脩福，羅漢應供薄乎？’”從文意來看，此“凐”即“湮”字之俗。此是其證也。故“凐”當即“湮”字之俗，而“洇”當即“洇”字之俗。《集韻》訓“寒皃”者，當因從“冫”爲説而誤。

38. 𰕶𰕷𰕸

《字彙·冫部》：“𰕶，下各切，音鶴。煎鹽也。”（51 上）

《正字通·冫部》：“𰕶，瀚字之訛。《説文·水部》涸重文从鹵、舟作瀚，仌部無𰕶。舊注音鶴，訓煎鹽，非。”（84 下）

按：《康熙字典·冫部》：“𰕶，《篇海》下各切，音鶴。煎鹽也。”（68 下）《集韻》入聲鐸韻曷各切：“𰕷，煎鹽也。”（728）《新修玉篇》卷二十《冫部》引《餘文》：“𰕷，下各切。煎鹽也。”（174 下左）《篇海》卷六《冫部》引《餘文》：“𰕸，下各切。獸名。”下一字又曰：“𰕶，下各切。煎鹽也。”（663 上）“𰕸”與“𰕷”音同形近，“𰕸”當即“𰕷”之異寫字，亦當訓“煎鹽也”，《篇海》改訓“獸名”，非是。《字海》收録“𰕸”字，又據《篇海》義訓之誤而謂“𰕸”即“貉”的訛字，即因承訛襲謬而誤。“𰕷”與“𰕶”音義並同，即異體字。《正字通》謂“𰕶”即“瀚”字之訛，疑是。《説文·水部》：“涸，渴也。从水，固聲。讀若狐貈之貈。瀚，涸亦从水、鹵、舟。”（234 下）《玉篇·水部》：“涸，乎各切。水竭也；盡也。”（90 上右）“涸”本義即指“水乾枯”。“𰕶”訓“煎鹽也”，“煎鹽”即“煮鹽”，“煮鹽”即指“煮乾鹵水使之成鹽”，與“涸”義可相通。故“𰕶”與“瀚”音同義通，又“冫”旁、“氵”旁形近義通，俗書常可換用，“𰕶”當即“瀚”字之俗，而“𰕷”當即“𰕶”改换聲符而形成的異體字，亦當即“瀚”字之俗。

39. 潐

《字彙・冫部》:“潐，子肖切，音醮。冰裂。”(51上)

《正字通・冫部》:“潐，俗字。舊注子肖切，音醮，冰裂，非。一曰瀺之訛省。”(84下)

按:《康熙字典・冫部》:“潐,《集韻》子肖切，音醮。冰裂。”(68下)《集韻》去聲笑韻子肖切:“潐，冰裂。”(579)《正字通》“一曰”之説疑是。《説文・水部》:“灂，水小聲。从水，爵聲。”(229下)《廣韻》入聲覺韻士角切:“灂，瀺灂。”(378)《集韻》去聲笑韻子肖切:“灂，車轅漆也。”(579)《古今韻會舉要》入聲覺韻仕角切:“灂,《説文》:‘瀺灂，水小聲也。’一曰環灂，漆沂鄂也。《周禮・弓人》:‘冰析灂。’”(420上)《周禮・冬官・弓人》:“凡爲弓，冬析幹而春液角，夏治筋，秋合三材，寒奠體，冰析灂。”故“潐”與“灂”音同，又“冫”旁、“氵”旁形近義通，俗書常可換用，故“潐”疑即“灂”字之俗。述古堂影宋鈔本《集韻》入聲覺韻仕角切:“瀺灂,《説文》:‘水小聲也。’隸從爵。一曰環灂漆沂鄂。”(660)此字頭“潐”即“灂”字之俗，揚州使院重刻本《集韻》、宋刻本《集韻》作“灂”，是也。此是其證也。故“潐”疑即“灂”字之俗。《集韻》訓“冰裂”，疑因《周禮・冬官・弓人》“冰析灂”而産生的誤訓。

40. 剣

《字彙・刀部》:“剣，所鑑切，衫去聲。刈也。”(53上)

《正字通・刀部》:“剣，與芟通。舊注改所鑑切，衫去聲，誤。”(90上)

按:《康熙字典・刀部》:“剣,《集韻》所鑒切，衫去聲。刈也。《玉篇》:‘刀剣。’”(73上)《玉篇・刀部》:“剣，所鑑切。刀剣。”(82下左)《正字通》謂“剣”與“芟”通，所言當是，此“通”即指異體關係。《玉篇校釋》“剣”字下注:“《集韻・鑑韻》:‘剣，刈也。’是‘剣’即‘芟’。此云‘刀剣’當爲‘刀刈’。刀殳兩合，乖於字例。《金部》:‘釤，大鎌也。’鎌所以刈艸也，‘剣’與‘釤’同。”（3284）《疑難字》“剣”字下注：“‘剣’字晚出，其字蓋本作‘芟’。《説文》一篇下艸部：‘芟，刈艸也。从艸、殳。’大徐等音所銜切。由於方言音變，刈草之‘芟’讀入去聲，因制‘剣’字。”（23）以上二説皆其證也。《詳校篇海》卷一《金部》：“釤，師銜切，音衫。又去所鑑切，音剣。大鎌也；又刈也。”（12上）《抱朴子·外篇·博喻》：“猶釤禾以討蝗蟲，伐木以殺蠹蝎。”此“釤”即義指“割”。故“剣”與“釤”音義並同，即爲異體字，“剣”本當作“芟”。

41. 刵

《字彙·刀部》：“刵，七慮切，音覷。耕起土也。”（53下）

《正字通·刀部》：“刵，俗鉏字。舊注音覷，非。”（91上）

按：《康熙字典·刀部》：“刵，《唐韻》《集韻》並七慮切，音覷。耕土器（起）。”（74上）《廣韻》去聲御韻七慮切：“刵，耕土起。亦作耝。”（257）《集韻》去聲御韻七慮切：“耝刵，耕而上（土）起謂之耝。或從刀。”（491）“刵”與“耝”音義並同，即異體字。又《説文·金部》：“鉏，立薅所用也。从金，且聲。”（297下）《廣韻》平聲魚韻士魚切：“鉏，誅也；又田器。《釋名》曰：‘鉏，助也，去穢助苗也。’《説文》：‘立薅斫也。’又姓。《左傳》有鉏麑。”（35）故“刵”與“鉏”音義俱別，二字不可混同，《正字通》謂“刵”即“鉏”字之俗，既無書證亦無例證，其説非是。

42. 㓮

《字彙·刀部》：“㓮，他凋切，音挑。剔也。又都聊切，音貂。斷也。”（53下）

《正字通·刀部》：“㓮，俗字。舊注音挑，剔也，又音貂。斷也。誤。《泝原》：‘銚，俗作㓮。’”（92上）

按：《康熙字典·刀部》：“㓮，《集韻》他彫切，跳平聲。剔也。又丁聊切，音貂。斷也。”（75上）《玉篇·刀部》：“㓮，他凋切。剔也。”（82上左）《集韻》平聲蕭韻他彫切：“㓮，剔也。”（174）《集韻》平聲蕭韻丁聊切又曰:“刟卲𠜶,《博雅》:‘斷也。’或從召、從兆。”(174)《泝原》謂“𠜶”即“銚”的俗字,所言非是。《説文·金部》:“銚,温器也。一曰田器。从金,兆聲。”(296下)《廣韻》平聲宵韻餘昭切:“銚,燒器;亦古田器。又姓。又徒弔切。”(93)故“𠜶”與“銚”音義俱别,二字不可混同,《正字通》引《泝原》謂“銚”俗作“𠜶”,非是。“𠜶”訓“剔也”,當即“挑”字之俗。《廣雅·釋詁三》:“挑,穿也。”唐玄應《音義》卷二:“挑,他堯反。《説文》:‘挑,抉也。’以手抉挑出物也。”(56,P841A1)“𠜶”與“挑”音義並同,“𠜶”當即“挑”字之俗。從字形演變來看,“𠜶”當因“挑”“剔”常連用,“挑”受“剔”字類化影響而改换義符“扌”旁爲“刂”旁,故而形成“𠜶”字。

43. 剳

《字彙·刀部》:“剳,苦洽切,音恰。入也。”(54上)

《正字通·刀部》:“剳,苦甲切,音恰。刺入也。”(93上)

按:《康熙字典·刀部》:“剳,《唐韻》苦洽切,《集韻》乞洽切,並音恰。陷也。”(75下)敦煌本《王韻》入聲洽韻苦洽反:“剳,入。亦作斜。”(432)故宫本《裴韻》入聲洽韻苦洽反:“剳,入。”(619)《唐韻》《廣韻》並同。《集韻》入聲洽韻乞洽切:“剳,陷也。通作斜。”同一小韻下字又曰:“斜,入也。”(786)“陷”“入”義同,故“剳”與“斜”音義並同,“斜”當即“剳”字之俗,而“剳”又當即“掐”之異體字。《説文新附·手部》:“掐,爪刺也。从手,臽聲。”(258下)“掐”,《廣韻》音“苦洽切”。“掐”即指“用指甲刺或按”,“剳”訓“入也”“陷也”與“掐”義可相通,故“剳”與“掐”音同義通,“剳”當即“掐”之異體字。慧琳《音義》卷四九《大莊嚴經論》第三卷:“掐傷,枯狹反。又作剳。口(合)[洽]反。《通俗文》:‘爪也。’案曰:掐,《韻集》作剳,入也。江南今有剳竇器當作此也。”(58,P406B7)又慧琳《音義》卷六二《根本毘奈耶雜事律》第二十一卷:“剳其,上口甲反。《韻英》云:‘剳,入也。’案:律文於指甲中藏藥,剳其半顆,令藥入中,則以爪甲剳破菴摩勒果致毒藥於其中也。”(58,P713A10)又慧琳《音義》卷六四《大比丘三千威儀》卷上:“如掐,又作刽同。口洽反。《埤蒼》:‘掐,抓也。’謂爪傷也。”(58,P757B2)又慧琳《音義》卷七三《立世阿毘曇論》第八卷:“(搯)[掐]齧,口狹反。爪傷曰(搯)[掐]。《韻集》作刽。口洽反。入也。”(58,P927A10)此是其證也。故“刽”當即“掐”之異體字。

44. 剹

《字彙·刀部》:“剹,與戮同。又削也。”(55下)

《正字通·刀部》:“剹,僇、戮並同。”(97上)

按:《玉篇·刀部》:“剹,力竹切。削也。”(82上左)“剹”當即“戮”之異體字。《名義·刀部》:“剹,力菊反。殺也;辱也。”(171下)《廣韻》入聲屋韻力竹切:“戮,刑戮。《説文》:‘剎(殺)也。’《爾雅》:‘病也。’剹,上同。”(370)《玉篇》訓“削也”,“削也”“殺也”義可相通,故“剹”當即“戮”之異體字。《字彙》謂“剹”與“戮”同,是也;然又訓“削也”,非是。《大字典》“剹”字第(一)義項下分爲兩個義項:第❶義項據《廣韻》謂“剹”同“戮”;第❷義項據《玉篇》訓“削”。據上文可知,第❷義項應合併到第❶義項中去。又《集韻》入聲屋韻力竹切:“戮僇翏对,《説文》:‘殺也。古作僇、翏,或從寸。’”(645)“僇”當爲“戮”之假借字,非同“戮”“剹”。段玉裁《説文解字注》:“僇,《大學》借爲戮字,荀卿書同。”此是其證。故《正字通》謂“剹”與“僇”“戮”並同,非是。又“对”從“寸”訓“殺也”,形義不諧,“对”當即“剹”字俗訛。《大字典》《字海》俱收“对”字,然皆據《集韻》之誤而謂同“戮”,俱非確論。《大字典》《字海》應於“对”字下徑謂“剹”字之訛,方妥。

45. 劚

《字彙·刀部》:“劚,古文㓠字。”(57上)

《正字通·刀部》:“劚,劚字之訛。舊注古文㓠字,誤。”(99上)

按:《康熙字典·刀部》:“劚,《字彙》:‘古文㓠字。’”(83上)《新修玉篇》卷十七《刀部》引《奚韻》:“劚,音㓠。”(153下右)《篇海》卷四《刀部》引《龍龕》:“劅，音剔。”（628下）“劅”字，《新修玉篇》與《篇海》引書不同，疑以《篇海》爲是。《龍龕》卷一《刀部》:“**剔**，他歷、他計二反。割也。”（100）“**剔**”即“剔”之繁化俗字，而“劅”與“**剔**”音同形近，“劅”當即“**剔**”字異寫，亦當即“剔”字之俗。《説文·斤部》:“斸，斫也。从斤，屬聲。”（301上）《廣韻》入聲燭韻陟玉切:“斸，斫也。”（377）“劚”即“斸”之異體字。《正字通·刀部》:“劚，同斸。”（99上）此即其證也。“劅”與“劚”形音俱别，二字不可混同，故《正字通》謂“劅”即“劚”字之訛，此説疑不可據。

46. ⿰龺力

《字彙·力部》:“⿰龺力，侯幹切，音翰。勤也。”（58下）

《正字通·力部》:“⿰龺力，飭字之訛。《説文·力部》有‘飭’無‘⿰龺力’。舊注音翰，勤也；《同文舉要》收‘⿰龺力’，並非。”（103上）

按:《康熙字典·力部》:“⿰龺力，《集韻》下罕切，翰上聲。勤也。”（86上）《玉篇·力部》:“⿰龺力，何滿切。勤也。”（38上右）《集韻》上聲旱韻下罕切:“⿰龺力，勤也。”（367）《玉篇校釋》“⿰龺力”字下注:“《集韻·旱韻》同，‘⿰龺力’之言榦也。《淮南·兵略》:‘此善爲充榦者也。’許注:‘榦，强也。’本書:‘幹，强也。’楨、榦有堅强之義，故人之勤奮自强者謂之⿰龺力，今能幹、幹練字即此。”（1600）“勤也”“强也”義别，故胡吉宣謂“⿰龺力”之言“榦”，此説疑不可據。又《説文·力部》:“飭，致堅也。从人、从力，食聲。”（294上）《玉篇·力部》:“飭，丑力切。正也。”（37下左）《玉篇·食部》又曰:“飭，恥力切。謹皃。”（46下左）“⿰龺力”與“飭”音義俱别，《正字通》謂“⿰龺力”即“飭”字之訛，既無書證亦無例證，此説亦不可據。“⿰龺力”疑即“汗”字之俗。《説文·水部》:“汗，人液也。从水，干聲。”（237上）“汗”本義指“人和部分動物汗腺里排放出來的液體”，引申義可指“勞也”。《後漢書·崔駰傳》:“游不倫黨，苟以徇己，汗血競時，利合而友。”李賢注:“汗血，謂勞力也。”“汗”，《廣韻》音“侯旰切”。“⿰龺力”與“汗”音近義同，“⿰龺力”疑即“汗”通過全體創造而形成的異體字。

47. 莭

《字彙・力部》:"莭，末各切，音莫。勤動也。"(58下)

《正字通・力部》:"莭，同募。舊注改音莫，勤動也，誤。"(103下)

按:《康熙字典・力部》:"莭，《集韻》末各切，音莫。動也。"(86下)《集韻》入聲鐸韻末各切:"莭，動也。"(727)《新修玉篇》卷七《力部》引《餘文》:"莭，慕各切。莭勤。"(72上右)《篇海》卷十五《力部》引《餘文》:"莭，音莫。莭勤也。"(825上)"莭"字,《新修玉篇》《篇海》皆訓"莭勤"，注文中的"莭"字當爲字頭誤重；又《集韻》本訓"動",《新修玉篇》《篇海》卻改訓"勤"，亦非。又《直音篇》卷二《力部》:"莭，音莫。莭動。"(71下)《直音篇》訓"莭動"，注文中的"莭"字亦爲字頭誤重。又《詳校篇海》卷五《力部》:"莭，末各切，音莫。莭勤也。《集成》:莭動也。"(369下)《詳校篇海》訓"莭勤也"，又訓"莭動也"，注文中的"莭"字皆爲字頭誤重，"勤也"當爲"動也"之誤。《字彙》又轉訓爲"勤動也"，亦非。《説文・力部》:"募，廣求也。从力，莫聲。"(294下)《玉篇・力部》:"募，莫故切。求也。"(37下左)"莭"與"募"儘管構字部件相同，然音義俱别，二字不可混同，故《正字通》謂"莭"同"募"，疑不可據。

48. 勦

《字彙・力部》:"勦，與譑同。《曲禮》:'毋譑説。'謂取他人之説以爲己説也。又勞也。又鋤交切，音巢。輕捷也。又子了切，焦上聲。亦勞也。《春秋傳》:'安用勦民。'《孟子・題辭》:'心勦形瘵。'"(59上)

《正字通・力部》:"勦，子小切，焦上聲。《説文》:'勞也。'《春秋傳》:'安用勦民。'《孟子・題辭》:'心勦形瘵。'又嘯韻音醮，效韻音鈔，並義同。又爻韻音巢。《廣韻》:'輕捷也。'韓愈詩:'稟生肖勦剛。'"(104上)

按:《類篇・力部》:"勦，初交切。《説文》:'勞也。'引《春秋傳》:'安用勦民以力。'又鋤交切，又子了切，又子小切，又子肖切，又子六切。截也。”（509下～510上）《大字典》“㔉”字下引《類篇・力部》作：“㔉，大指名。”據此收録“大拇指”這一義項，然據上文所引《類篇》可知，《類篇》並未收録“大指名”這一義項，故《大字典》“㔉”字下所收“大拇指”這一義項應删。

49. 勮

《字彙・力部》：“勮，居御切，音踞。《説文》：‘勤務也。’《廣韻》：‘動也。又懼也，疾也。’”（59上）

《正字通・力部》：“勮，居御切，音踞。《説文》：‘務也。’《廣韻》：‘勤也。’”（104上）

按：《康熙字典・力部》：“勮，《唐韻》《集韻》《韻會》並其據切，音遽。《説文》：‘務也。’《廣韻》：‘勤務也。又懼也，疾也。’”（87下）《名義・力部》：“勮，渠據反。務也；疾也；懼也。”（71上）《廣韻》去聲御韻其據切：“勮，勤務也。又懼也，疾也。”（259）“勮”訓“懼也”“疾也”，當同“遽”。《廣雅・釋詁二》：“遽，懼也。”《廣韻》去聲御韻其據切：“遽，疾也；戰慄也。”（258）故“勮”訓“懼也”“疾也”，與“遽”音義並同，此“勮”當即“遽”之異體字。

50. 劸

《字彙・力部》：“劸，口駭切，音楷。勸劸，疲也。”（59上）

《正字通・力部》：“劸，俗懈字。《毛詩》省作解，音義通。舊注疲也，與懈近，誤分爲二。改口駭切，音楷，非。”（104下）

按：《康熙字典・力部》：“劸，《集韻》口蟹切，揩上聲。勸劸，疲也。《正字通》與懈同。”（87下）《廣韻》上聲蟹韻薄蟹切：“勸，勸劸，惡怒。”（182）《集韻》上聲蟹韻口蟹切：“劸，勸解，疲也。”（344）注文之中的“解”字，揚州使院重刻本《集韻》、宋刻本《集韻》皆作“劸”，是也。《集韻》上聲蟹韻部買切又曰：“勸，勸劸，疲也。一曰惡怒。”（345）“勸劸”當爲疊韻聯連綿，一訓“惡怒”，一訓“疲也”。又《爾雅・釋言》：“懈，怠也。”《説文・心部》：“懈，怠也。从心，解聲。”（220

上）“懈”，《廣韻》音“古隘切”。“㔥”與“懈”讀音不同，且“㔥”當連“𠢁”字爲訓，分開則無義，故《正字通》謂“㔥”爲“懈”字之俗，疑不可據。《康熙字典》據《正字通》之説而謂“㔥”與“懈”同，亦非。《大字典》《字海》“㔥”字下皆據《正字通》之説而收録一個義項，謂同“懈”，疑並非是。

51. 𠢁

《字彙·力部》：“𠢁，部買切，音近敗。𠢁㔥，惡怒。”（59下）

《正字通·力部》：“𠢁，俗疲字。經史借罷，凡言罷士、罷女、罷馬，與疲同，俗作𠢁。舊注音擺，𠢁㔥，惡怒，非。又惡怒，與前㔥注矛盾，亦非。”（104下）

按：《康熙字典·力部》：“𠢁，《唐韻》薄蟹切，《集韻》部買切，並音罷。《廣韻》‘𠢁㔥’，《集韻》疲也，一曰惡怒。”（87下）《廣韻》上聲蟹韻薄蟹切：“𠢁，𠢁㔥，惡怒。”（182）《集韻》上聲蟹韻部買切：“𠢁，𠢁㔥，疲也。一曰惡怒。”（345）“𠢁㔥”即疊韻聯連綿，一訓“惡怒”，一訓“疲也”。《説文·疒部》：“疲，勞也。从疒，皮聲。”（153上）“疲”，《廣韻》音“符羈切”。“𠢁”與“疲”雖音可相通，古字“罷”與“疲”也多通用，然如上文所言“𠢁”當連“㔥”字爲訓，分開則無義，故《正字通》謂“𠢁”爲“疲”字之俗，疑不可據。《大字典》《字海》“𠢁”字下皆據《正字通》之説而收録一個義項，謂同“疲”，疑並非是。

52. 𠥍

《字彙·匚部》：“𠥍，胡耽切，音含。船没底也。”（61下）

《正字通·匚部》：“𠥍，㔆字之訛。舊注音含，船没底，誤。”（110上）

按：《康熙字典·匚部》：“𠥍，《玉篇》胡耽切，音含。船没底也。”（92下）《名義·匚部》：“㔆，𠥍。胡躭反。船没也。”（164下）《玉篇·匚部》：“𠥍，胡耽切。船没也。”（80上右）故宫本《王韻》平聲覃韻胡南反：“㔆，船没。”（460）故宫本《裴韻》平聲覃韻胡男反：“㔆，船没。”（564）《廣韻》平聲覃韻胡男切：“㴁，船没。”（148）《玉篇校釋》“㴁”字下注：“‘船没也’者，《切韻》同。《集韻》引《方言》：‘涻，沈也。或作㴁、淦。’慧琳引《方言》亦作涻，今《方言》十作：‘涵，沈也。’郭音含。本書《水部》：‘淦，《説文》：水入船中。或作汵。’‘涵，《説文》：水澤多也。《字書》：沈没也。’”（3171）胡吉宣謂《玉篇》訓“㴁”爲“船没也”，《切韻》同，此説非是。《切韻》本作“㴁”“㴁”，非作“㴁”。《方言》卷十：“涵，沉也。楚郢以南曰涵，或曰潛。”（62）《集韻》平聲覃韻胡南切：“涻，《方言》：‘沈也。’或作㴁、澏、淊、淦、湆。”（283）“沉”“沈”字同，“船没也”與“沈也”訓異義同，故“㴁”“㴁”“㴁”“㴁”與“涻”“澏”“淊”“淦”“湆”音義並同，即爲異體字。《正字通》溝通“㴁”與“㴁”的字際關係，是也；然謂“㴁”即“㴁”字之訛，不確。

53. 匶

《字彙・匚部》：“匶，古坎切，音感。器蓋。一曰覆頭也。又古送切，音貢。《説文》：‘小杯也。’”（62上）

《正字通・匚部》：“匶，古送切，音貢。《説文》：‘小杯也。’重文从木作櫝。舊注音感，訓器蓋，非。”（111上）

按：《康熙字典・匚部》：“匶，《唐韻》《集韻》《韻會》《正韻》並古禫切，音感。揚子《方言》：‘箱類。’《廣韻》又覆頭也。《增韻》：‘器蓋。’《集韻》：‘或作篢。’又《唐韻》《集韻》《韻會》《正韻》並古送切，音貢。《説文》：‘小杯也。从匚，贛聲。’”（93下）《增修互注禮部韻略》（簡稱《增韻》）上聲感韻古禫切：“匶，箱類。又器蓋。”《增韻》又訓“器蓋”，疑非是。《説文・匚部》：“匶，小桮也。从匚，贛聲。櫝，匶或从木。”（268下）《名義・匚部》：“匶，公棟反。小盃也；倉也。”（164下）《龍龕》卷一《匚部》：“匶，音感。箱類。一曰覆頭也。又音貢。小杯名。”（192）《玉篇・匚部》：“匶，公棟切。小桮也。”（79下左）《廣韻》上聲感韻古禫切：“匶，《方言》云：‘箱類。’又云：‘覆頭也。’”（225）《集韻》上聲感韻古禫切：“匶，箱類。或作篢。”（444）《新修玉篇》卷十六《匚部》引《玉篇》:“匲,古送切。小杯名。”(147 上左)《篇海》卷八《匚部》引《玉篇》:“匲,公楝切。小桮也。”(703 下)故《增韻》又訓“匲”爲“器蓋”,於以上字韻書皆無徵,當因涉《廣韻》《集韻》“匲”字下文“竷”訓“蓋也”而妄改。《洪武正韻》上聲感韻古紞切:“匲,箱類。又器蓋。”(212)《洪武正韻》又訓“器蓋”,當因承襲《增韻》之謬而誤。《直音篇》卷七《匚部》:“匲,音貢。小杯。又音感,器蓋。”(312 下)《直音篇》訓“匲”爲“器蓋”,當因承襲《洪武正韻》之謬而誤。《詳校篇海》卷三《匚部》:“匲,古送切,音貢。小桮也。又古禫切,音感。器蓋。一曰覆頭也。又箱類。”(191 上)《篇海類編》同。《詳校篇海》《篇海類編》訓“器蓋”,當因承襲《直音篇》之謬而誤。《字彙》訓“器蓋”,此亦因承前而誤。《正字通》謂“舊注音感,訓器蓋,非”,所言是也。《康熙字典》“匲”字下轉録《增韻》“器蓋”之訓而未作校正,亦失考證。《大字典》“匲”字下據《字彙》之謬而收録“器蓋”這一義項,又以宋耐得翁《都城紀勝·酒肆》之“門首紅梔子鐙(燈)上,不以晴雨,必用箬匲蓋之”這一例句作爲例證。據上文可知,“匲”訓“器蓋”,當爲“箱類”之誤,且從《大字典》所舉例證中“箬匲”上下文文意來看,“箬匲”當指竹皮箱子一類的器物,而非指竹皮器蓋。《字海》“匲”字下據宋耐得翁《都城紀勝·酒肆》之“門首紅梔子鐙(燈)上,不以晴雨,必用箬匲蓋之”這一用例而收録“器物蓋子”這一義項,疑亦非是。

54. 厄

《字彙·厂部》:“厄,章移切,音支。酒厄。”(65 上)

《正字通·厂部》:“厄,卮字之譌。舊注音支,酒厄,重出,一曰庀字之譌,誤入此。”(120 上)

按:《康熙字典·厂部》:“厄,《篇海》章移切,音支。酒厄。”(101 上)《龍龕》卷二《厂部》:“厄,音支。酒 ~ 。”(302)《廣韻》平聲支韻章移切:“巵,酒器。”(14)“卮”即“巵”字之俗。“厄”與“卮(巵)”音義並同,故“厄”當即“卮(巵)”字俗訛。《正字通》謂“厄”即“卮

（巵）”字之訛，所言是也。又《廣韻》上聲紙韻匹婢切：“庀，具也”（165）《集韻》上聲紙韻普弭切：“庀，治也；具也。”（316）“厄”與“庀”儘管形近，然音義俱别，二字不可混同，故《正字通》“一曰”之説疑不可據。

55. 叜

《字彙·厂部》：“叜，與叟同。老人之稱。按：此字本作叟，《玉篇》從厂作叜。”（66上）

《正字通·厂部》：“叜，舊注同叟，又云本作叟，《玉篇》作叜。按：古稱老曰叜，《玉篇》加厂，非是。”（122下）

按：《康熙字典·厂部》：“叜，《集韻》所九切，音溲。隈也。又蘇后切，音叟。或作叜。”（103上）“叜”“叜”即異寫字。述古堂影宋鈔本《集韻》上聲有韻所九切：“廋叜，隈也。或從叜。”（434）“叜”字，宋刻本《集韻》、揚州使院重刻本《集韻》皆作“叜”。“叜”訓“隈也”，當即“廋”字之俗。《玉篇·广部》：“廋，所留切。隈也。”（104上左）《楚辭·憂苦》：“遵壄莽以呼風兮，步從容於山廋。”王逸注：“廋，隈也……廋，一作廋。”“廋”“廋”即異寫字。故“叜”訓“隈也”，與“廋（廋）”音近義同，此“叜”當即“廋（廋）”字之俗。《大字典》《字海》俱收“叜”字，第❶義項皆據《集韻》訓“山、水彎曲處”，未溝通其與“廋（廋）”字的異體關係，俱失考證。

56. 㚘𠬢

《字彙·又部》：“㚘，奔模切，音逋。相次之貌。舊本博亮切，邦去聲。”（68上）

《正字通·又部》：“㚘，夃字之訛。舊注相次貌，與《匕部》皀訓同，改音逋，引舊音邦去聲，並非。六書無㚘。”（127下）

按：《康熙字典·又部》：“𠬢，《篇海》奔模切，音逋。相次之貌。”（107上）《新修玉篇》卷六《又部》引《切韻》：“𠬢，博抱切。相與（次）。皀同。”（62上右）《篇海》卷十四《又部》引《奚韻》：“𠬢，博亮切。相次之皃。”（820上）“匋”字，《新修玉篇》與《篇海》引書不同，《新修玉篇》所言是也；又二者反切不同，亦以《新修玉篇》所言爲是，“博亮切”當即“博抱切”之誤。《疑難字》“匋”字下注：“《篇海》卷十四又部作‘匋’，《大字典》《字海》轉録失真。以義求之，此字疑即‘𠂤’字俗書。《説文》八篇上匕部：‘𠂤，相次也。从匕、十。’大徐等引《唐韻》博抱切。《萬象名義·匕部》作‘𠂤’，注云：‘𠂤，補道反。相次也。’故宫本《王韻》上聲晧韻博抱反作‘𠂤’，敦煌本《王韻》亦作‘𠂤’。‘匋（匋）’與‘𠂤（𠂤）’形近義同，當是‘𠂤（𠂤）’字之變。‘𠂤’字博抱切，‘匋（匋）’字博亮切者，‘亮’字有誤。”（75）楊師所言甚是。《新修玉篇》所言是其證也。又《説文·夊部》：“夃，秦以市買多得爲夃。从乛，从夊。”（109上）“夃”，《廣韻》音“公户切”。故“匋”與“夃”音義俱别，二字不可混同，《正字通》謂“匋”即“夃”字之訛，既無書證亦無例證，其説非是。

57. 叭

《字彙·口部》：“叭，普活切，音鏺。口開貌。”（70上）

《正字通·口部》：“叭，俗字。舊注音鏺，口開貌。按：叭爲俗書。《斗經陀羅尼呪》叭字無音義，戚繼光《新書·號令篇》喇叭，軍中吹器。喇讀如粹上聲，叭讀如霸，俗謂之號筒。”（132上）

按：《康熙字典·口部》：“叭，《集韻》普八切，音汃，聲也。又《五音集韻》普活切，音鏺。口開也。”（111下）《五音集韻》入聲鎋韻普八切：“叭，聲也。”上文入聲末韻普活切又曰：“叭，口開。”《五音集韻》訓“口開”，疑非是。《玉篇·口部》：“叭，普八切，又匹活切。聲也。”（27下右）《集韻》入聲黠韻普八切：“叭，聲也。”（696）《新修玉篇》卷五《口部》引《玉篇》：“叭，普八切。聲也。又普活切。”（43下左）《篇海》卷二《口部》引《玉篇》：“叭，普八、匹活二切。”（594上）《篇海》義闕，當補訓爲“聲也”。故《五音集韻》訓“聲也”，是也；然又訓“口開”，於以上字韻書皆無徵，當因從“口”“八”爲説而誤，因爲“八”字《説文》訓“别也”，即“分開”之義。《直音篇》卷一《口部》：“叭，普八切。口開貌。”（43 下）《直音篇》訓爲“口開貌”，當因承襲《五音集韻》之謬而誤。《詳校篇海》卷一《口部》：“叭，普八切，音汃。口開貌。又聲。又普活切，音鏺。注同。”（37 下）《篇海類編》同。《詳校篇海》《篇海類編》《字彙》訓“口開貌”，皆爲《直音篇》所誤。《康熙字典》轉録《五音集韻》“口開貌”之訓而未作校正，亦失考證。《大字典》“叭”字下據《篇海類編》之誤而收録“口開貌”這一義項，應删。

58. 㕦

《正字通・口部》：“㕦，同吪。《太玄・闞上九》：‘陰陽啟㕦，其變赤白。’注：‘九金也，啓開也。十月之首，陰盛陽開，金當襲外，故開㕦。金玉火廢，故變赤爲白。’㕦，音化。舊本闕。一曰與吪同。《奇字韻・禡韻》《六書略》有㕦，注云：‘㕦，古文化。’按此説無據。”（138 下）

按：《康熙字典・口部》：“㕦，《六書略》：‘古文化字。’”（118 上）《集韻》去聲禡韻火跨切：“化，《説文》：‘教行也。’古作㕦。”（596）《太玄・闞》：“陰陽啟㕦，其變赤白。”王涯注：“㕦，古化字。”故“㕦”當即“化”之異體字。又《説文・口部》：“吪，動也。从口，化聲。”（28 上）“吪”本義指“行動”，引申義“感化；教化”。《詩・豳風・破斧》：“周公東征，四國是吪。”毛傳：“吪，化也。”“吪”，《廣韻》音“五禾切”。儘管“㕦”與“吪”義可相通，且構字部件相同，然讀音區别甚明，二字不可混同，故《正字通》“㕦”同“吪”，既無書證亦無例證，其説非是。

59. 叵

《字彙・口部》：“叵，普火切，音叵。聲也。”（73 上）

《正字通・口部》：“叵，俗叵字。舊注音叵，聲也，切同訓異，非。《舉要》叵同叵，亦非。”（143 下）

按：《康熙字典・口部》：“叵，《集韻》普火切，音叵。聲也。”（124 上）《可洪音義》卷一三《浄飯王般涅槃經》一卷：“叵峨，上普可反，下五跛反。”（59，P1057B12）《龍龕》卷二《口部》：“叵，俗。普可反。”（271）《正字通》謂“叵”爲“叵”字之俗，所言當是。慧琳《音義》卷九《放光般若經》第一卷：“叵我，普我反。謂傾側摇動不安也。經文作距蹉二形，或作岠峨二形，並未見字所出也。”（57，P557B7）又慧琳《音義》卷七四《賢愚經》第四卷：“叵我，普我反。謂摇動不安也。經文作距哦，或作岠峨，皆非也。”（58，P954B2）故“叵我”又作“距蹉”“岠峨”“距哦”，“叵峨”與“叵我”“距蹉”“岠峨”“距哦”並同，“叵”當即“叵”字之俗。又《集韻》上聲果韻普火切：“叵，聲也。”（406）《集韻》訓“聲也”，當爲望形生訓。《字彙》《康熙字典》亦訓“聲也”，當皆因承前而謬。《大字典》收録“叵”字，據《集韻》訓“聲”，又以《正字通》之説作爲“一説”，失考證。《字海》亦收“叵”字，據《集韻》轉訓爲“象聲詞”，亦失考證。

60. 咵

《字彙・口部》：“咵，苦瓦切，音胯。言戾。”（74下）

《正字通・口部》：“咵，舊注苦瓦切，誇上聲，言戾也。一曰與夸、誇通。”（147上）

按：《康熙字典・口部》：“咵，《集韻》苦瓦切，音跨。言戾也。”（128上）《集韻》上聲馬韻苦瓦切：“咵，言戾也。”（412）《正字通》“一曰”之説當是。《説文・言部》：“誇，譀也。从言，夸聲。”（50上）《廣韻》平聲麻韻苦瓜切：“誇，大言也。”（107）《廣雅・釋詁一》：“夸，大也。”《吕氏春秋・下賢》：“貴爲天子而不驕倨，富有天下而不騁夸。”高誘注：“夸，詫而自大也。”“夸”，《廣韻》亦音“苦瓜切”。“誇”與“夸”在“誇大；自大”這一意義上音義並同，即爲異體字。“咵”訓“言戾也”，當指“言語乖張”，與“夸”“誇”訓“誇大；自大”義可相通，故“咵”與“夸”“誇”音近義通，當爲異體字。

61. 咻

《字彙・口部》：“咻，虚尤切，音休。噢咻，痛念聲。又嚾也。《孟

子》:‘衆楚人咻之。’又虚吕切，音許。義同。”（74下）

《正字通·口部》:“咻，虚攸切，音休。噢咻，痛念聲。又嚾也。《孟子》:‘衆楚人咻之。’又語韻，音許。義同。《集韻》:‘咻，通作休。’按：此説泥。”（147下）

按:《康熙字典·口部》:“咻,《廣韻》况羽切,《集韻》《韻會》火羽切，並音詡。《玉篇》:‘噢咻，痛念之聲。’《廣韻》:‘噢咻，病聲。’《集韻》或省作休。又《正韻》:‘讙也。’又《廣韻》《集韻》《韻會》《正韻》並虚尤切，音休。《廣韻》:‘口病聲也。’”（129上）《廣韻》平聲尤韻許尤切:“咻，口病聲也。”（138）下文上聲麌韻况羽切:“咻，噢咻，病聲。”（177）《廣韻》訓“口病聲也”“噢咻，病聲”，疑並非是。《名義·口部》:“咻，許流反。噢咻也。”（45下）《玉篇·口部》:“咻，許主切。噢咻，痛念之聲也。又許流切。”（26上左）《新撰字鏡·口部》:“咻，虚流、許主二反。噢咻，痛念之聲。”（105）慧琳《音義》卷四二《七佛神咒經》第一卷:“咻咻，許流、許主二反。依字噢咻，痛念之聲也。”（58，P248B1）《廣韻》訓“口病聲也”“噢咻，病聲”，於前代字書皆無徵，“口病聲也”當爲“噢咻，痛念聲也”之訛脱，而“噢咻，病聲”當爲“噢咻，痛念聲也”之訛誤。《左傳·昭公三年》:“民人痛疾，而或燠休之。”杜預注:“燠咻，痛念之聲。”孔穎達疏引服虔曰:“燠休，痛其痛而念之，若今時小兒痛，父母以口就之曰‘燠休’，代其痛也。”“燠休”“燠咻”並同“噢咻”。此亦其證也。《集韻》平聲尤韻虚尤切:“咻，痛念聲。或作（煦）[呴]，通作休。”（255）下文上聲麌韻火羽切:“咻休，噢咻，痛聲。或省。”（332）《集韻》上文訓“痛念聲”，當爲“噢咻，痛念聲”之脱誤；而下文訓“噢咻，痛聲”，則當爲“噢咻，痛念聲”之脱誤。又《龍龕》卷二《口部》:“咻，況雨反。噢~，病聲也。”（271）《龍龕》訓“病聲也”，亦當爲“痛念聲也”之誤。《康熙字典》轉録《廣韻》之訓而未作校正，亦失考證。《大字典》“咻”字下據《廣韻》之謬而收録“口病聲”這一義項，疑亦非是。

62. 哘

《字彙·口部》:“哘，胡孔切，音汞。鳥聲哘哘。”（76下）

《正字通·口部》:“哘，俗字。舊注呼貢切，音汞，鳥聲哘哘，泥。”（152上）

按:《康熙字典·口部》:“哘，《廣韻》胡孔切，《集韻》户孔切，並音澒。《玉篇》:‘鳥聲哘哘也。’”（134上）《玉篇·口部》:“哘，胡孔切。鳴聲哘哘也。”（27上右）《廣韻》上聲董韻胡孔切:“哘，鳴聲哘哘也。”（159）故“哘”當訓“鳴聲哘哘”，而非僅謂“鳥聲哘哘”,《字彙》改作“鳥聲哘哘”，非是。《康熙字典》轉録《玉篇》作“鳥聲哘哘也”，當因承襲《字彙》之謬而誤。

63. 唬

《字彙·口部》:“唬，同虠。”（76下）

《正字通·口部》:“唬，同虠。”（152下）

按:《康熙字典·口部》:“唬，《唐韻》呼訝切，《集韻》虚訝切，並音嚇。《説文》:‘嗁聲也。’又《説文》:‘一曰虎聲也。’又《集韻》虚交切，音哮。義同。本作虠，亦作猇。”（134下）《説文·口部》:“唬，嗁聲也。一曰虎聲。从口，从虎。”（29上）段玉裁改作“唬，虎聲也。”並注云:“虎亦聲也。”王筠《句讀》:“《玉篇》《廣韻》皆曰‘虎聲也’，玄應引作‘虎怒聲也’。”以上諸説皆是也。《名義·口部》:“唬，呼交反。虎聲也。”（44上）可見原本《玉篇》所引《説文》亦作“虎聲也”。《説文·虎部》又曰:“虠，虎鳴也。一曰師子。从虎，九聲。”（98下）丁福保詁林據慧琳《音義》改“師子”爲“師子大怒聲”。“唬”,《集韻》音“虚交切”;“虠”,《廣韻》音“許交切”。故“唬”與“虠”音義並同，當爲異體字。

64. 㫗

《字彙·口部》:“㫗，古文箕字。”（76下）

《正字通・口部》:“⿱口其，舊注古文箕。按：箕古文非一，借爲箕踞之箕，無从口作⿱口其者。《説文・己部》有𢀇，从己，讀若杞，長踞也。篆作，己古文作㠯，因㠯之形訛爲口，舊本《己部》有𢀇，⿱口其，列《口部》，非。”（152 下）

按:《康熙字典・口部》:“⿱口其，《篇海》:‘古文箕字。’《正字通》:‘《説文》𢀇讀若杞，長踞也。己古文作㠯，因訛爲口，列《口部》，非。’”（135 上）《集韻》平聲之韻居之切:“箕，《説文》:‘簸也。’一曰星名。亦姓。古作𠀠、笄、𠔏、𠥱，或作⿱口其、𥷚。”（56）《集韻》謂“⿱口其”爲“箕”之或體，所言是也。《説文・竹部》:“箕，簸也。从竹；𠀠，象形；下其丌也。𠀠，古文箕省。𠔏，亦古文箕。𠥱，亦古文箕。”（94 上）“𠔏”即“箕”《説文》古文，篆文作“”。“⿱口其”當即“𠔏”字楷定之俗，亦當即“箕”之異體字。《正字通》謂“⿱口其”字所從之“口”當爲“𢀇”字所從之“己”古文“㠯”之形訛，“⿱口其”即“𢀇”之訛字，既無書證亦無例證，且“己”字未見有作“口”者，“𢀇”字古文、俗體亦未見有作“⿱口其”者，故《正字通》之説疑不可據。《康熙字典》轉録《正字通》之説而未作校正，亦失考證。《大字典》收録“⿱口其”字，分爲兩個義項：第（一）義項據《集韻》之説而謂同“箕”；第（二）義項據《正字通》之説而謂“𢀇”的訛字。《大字典》這樣處理“⿱口其”與“箕”“𢀇”二字的字際關係是不妥的，如果《大字典》認同《集韻》之説，就應該删去《正字通》之説；相反，如果《大字典》認同《正字通》之説，就應該删去《集韻》之説。據上文考證可知，“⿱口其”當即“箕”字之俗，《正字通》謂“⿱口其”即“𢀇”字之訛，此説不可據，故《大字典》應該删去第（二）義項。《字海》亦收“⿱口其”，據《集韻》之説而直謂同“箕”，是也。

65. 啇

《字彙・口部》:“啇，丁歷切，音的。本也。木根、果蒂、獸蹄皆曰啇。”（77 下）

《正字通・口部》:“啇，丁歷切，音的。《廣韻》:‘本也。’木根、果蒂、獸蹄皆曰啇。”（154 下）

按:《康熙字典・口部》:“啇,《廣韻》都歷切,《集韻》丁歷切，並音的。《廣韻》:‘本也。’又《集韻》施隻切，音釋。和也。”(137 上)《集韻》入聲昔韻施隻切:“啇，和也。”(744)此“啇”當即“適”字俗訛。《説文・辵部》:“適，往也。从辵，啻聲。適，宋、魯語。”(33 下)“適”，本義指“往;至”，引申義可指“和諧;順適”。例如:《莊子・天下》:“以反人爲實而欲以勝人爲名，是以與衆不適也。”成玄英疏:“故不能合適於世者也。”《漢書・王吉傳》:“吸新吐故以練藏，專意積精以適神。”顔師古注:“適，和也。”“適”,《廣韻》音“施隻切”。“啇”訓“和也”，與“適”音義並同，此“啇”當即“適”之俗訛字。

66. 喠

《字彙・口部》:“喠，知隴切，音塚。不能言。又喠喀，欲吐。又丑勇切，音寵。氣急之貌。”(79 上)

《正字通・口部》:“喠，俗字。舊注音塚，不能言;又喠喀，欲吐;又音寵，氣急貌，並非。”(159 上)

按:《康熙字典・口部》:“喠,《廣韻》之隴切,《集韻》主勇切，並音腫。《玉篇》:‘不能言。’”(142 上)《玉篇・口部》:“喠，之勇切。不能言。”(27 上右)《大字典》“喠”字此義項下没有提供文獻例證，佛經有此字用例，提供如下:《大正藏》本失譯《大愛道比丘尼經》卷下:“女人憙貪者得惡亡，得便歡憙亡便愁惱，呼嗟怨天語言喠口，是七十二態。”

67. 嗺

《字彙・口部》:“嗺，津雖切，觜平聲。山高皃。”(81 上)

《正字通・口部》:“嗺，津雖切，觜平聲。送歌也。又嗺酒即催酒。《名賢詩話》王仁裕詩:‘芳尊每命管絃嗺。’又趙緦《交趾事跡》言‘嗺酒逐歌’。據此説則嗺酒猶送酒也。李涪刊誤作‘臎酒’，云:‘臎當作啐，今訛平聲。’肰李氏不知嗺訛爲臎字,《字書》‘臎，屈破也’，必欲改嗺爲啐泥。又揚雄《甘泉賦》:‘大厦云譎波詭，摧嗺而成觀。’注:‘厦屋巧飾，幻爲云氣水波，相譎詭也。摧音罪，嶉音崔上聲，林木崇積貌。觀音貫，成奇觀也。’由諸説推之，嶉非山高甚明。《正韻》七灰：‘嶉，遵綏切。山高貌。’舊注誤與《正韻》同，山高本作崔，加口非。《篇海》‘嶉，撮口也；又嗟也’，亦非。”（163 下）

按：《康熙字典·口部》：“嶉，《玉篇》子雖切，《正韻》遵綏切，並音追。《玉篇》：‘撮口也。’……又《集韻》祖猥切，音摧。口醜也。”（147 上）《廣韻》平聲脂韻醉綏切：“嵟，高皃。”（27）《集韻》平聲脂韻遵綏切：“崔，崔崔，高大也。或作嵟。”（43）故“嵟”即“崔”之異體字。“嶉”字，《字彙》音“津雖切，觜平聲”，訓“山高皃”，當因“嶉”與“嵟”形近，故而誤植“嵟”字音義於“嶉”字之上所致的訓釋失誤，此訓不可據。又《集韻》上聲賄韻祖猥切：“嶉，口醜也。”（348）此“嶉”當即“觜”之異體字。《可洪音義》卷二二《龍樹菩薩勸誡王頌》一卷：“嘴，即水反。口～也。正作嶵、嶉、觜、柴四形也。”（60，P251A10）此是其證。《集韻》改訓“口醜也”，非是。《大字典》“嶉”字下據《集韻》之誤而收録“口醜”這一義項，且未溝通其與“觜”字的異體關係，俱失考證。

68. 嗔

《字彙·口部》：“嗔，余蓥切，音演。大笑。”（81 下）

《正字通·口部》：“嗔，俗吲字。舊注音演，大笑，非。”（165 上）

按：《康熙字典·口部》：“嗔，《廣韻》《集韻》並以淺切，音演。《玉篇》：‘大笑也。’又《廣韻》余忍切，《集韻》以忍切，並音引。又《廣韻》于線切，《集韻》延面切，並音羨。義並同。”（148 下）《廣雅·釋詁一》：“嗔，笑也。”《玉篇·口部》：“嗔，余蓥切。大笑也。”（26 下右）又《集韻》上聲軫韻矢忍切：“弞，《説文》：‘笑不壞顔曰弞。’或作哂、吲。”（352）故“嗔”與“吲”音義俱別，二字不可混同，《正字通》謂“嗔”即“吲”之俗，且謂“舊注”非，既無書證亦無例證，其説非是。

69. 喘

《字彙・口部》:“喘,同喘。”(82 上)

《正字通・口部》:“喘,俗嚅字。”(167 下)

按:《康熙字典・口部》:“喘,《字彙》:‘同喘。’”(151 上)《龍龕》卷二《口部》:“喘,俗;喘,正。昌兗反。~息也。二。”(271)故“喘”當即“喘”字之俗。故《字彙》謂“喘”同“喘”,是也;《正字通》謂“喘”即“嚅”字之俗,從字形演變規律來看,“嚅”俗寫或可作“喘”,然於其他辭書、文獻皆未見“嚅”俗作“喘”之例,故此説非是。

70. 嘛

《字彙・口部》:“嘛,下戒切,音解。怒聲。”(83 上)

《正字通・口部》:“嘛,俗喊字。”(169 上)

按:《康熙字典・口部》:“嘛,《集韻》下解切,音邂。與謑同。怒聲也。”(152 下)《集韻》去聲卦韻下解切:“謑,怒聲。或作嘛。”(523)故“嘛”即“謑”之異體字。《康熙字典》所言亦其證也。又《玉篇・口部》:“喊,許戒切。喝喊也。”(27 上右)故“嘛”與“喊”音義俱别,二字不可混同,《正字通》謂“嘛”即“喊”字之俗,其説非是。

71. 嚳

《字彙・口部》:“嚳,同耋。”(84 下)

《正字通・口部》:“嚳,嚳字之訛。”(173 下)

按:《康熙字典・口部》:“嚳,《廣韻》徒到切,《集韻》大到切,並音導。《玉篇》:‘年九十曰嚳。’又《集韻》本作叡,《博雅》:‘老也。’七十曰叡。《廣韻》本作耋。”(158 上)《玉篇・磬部》:“嚳,徒到切。年九十曰嚳。”(106 上左)《新撰字鏡・口部》:“耋,徒到反。年九十。”(116)《廣韻》去聲號韻徒到切:“耋,年九十或作耋。”(326)故“嚳”與“耋”音義並同,“嚳”即“耋”之異體字。又《集韻》去聲號韻大到切:“叡嚳,《博雅》:‘老也。’一曰:七年曰叡,或作嚳。”(588)“七年”，宋刻《集韻》、揚州使院重刻本《集韻》作“七十”。“七年”“七十”皆爲“九十”之誤，此誤當源於《玉篇》。《玉篇・老部》：“耇，徒到切。七年曰耇。今爲悼。”（56上左）《玉篇校釋》“耇”字下改注文爲“九十曰耇，今爲謷”，是也。《名義・老部》：“耇，徒到反。九十也。七十（‘十’當爲‘年’字之誤。）曰悼也。”（108下）《新修玉篇》卷十一《老部》引《玉篇》：“耇，徒到切。九十曰耇。或作耇（謷）。”（103下右）以上二書皆其證也。故“耇”當訓“九十”，“耇”“㖈”“謷”諸字音義並同，即爲異體字。又《説文・言部》：“謦，欬也。从言，殸聲。殸，籀文磬字。”（45下）“謦”，《廣韻》音“去挺切”。故“謷”與“謦”音義俱别，二字不可混同，《正字通》謂“謷”即“謦”字之訛，非是。《大字典》收録“謷”字，分爲兩個義項：第❶義項據《玉篇》訓“九十歲”；第❷義項據《集韻》謂同“耇”。據上文可知，“謷”與“耇”“㖈”即異體字，《大字典》直謂“謷”同“耇”，即妥。《字海》亦收“謷”字，直謂同“耇”，是也。

72. 埣

《字彙・土部》：“埣，象吕切，音序。《博雅》：‘反坫謂之埣。’”（90上）

《正字通・土部》：“埣，同序。《博雅》：‘反坫謂之埣。’别作圩，古作序。”（192下）

按：《康熙字典・土部》：“埣，《集韻》象吕切。同序。《博雅》：‘反坫謂之埣。’”（175上）《正字通》所言當是。《廣雅・釋宫》：“反坫謂之埣。”《集韻》上聲語韻象吕切：“埣，《博雅》：‘反坫謂之埣。’”（330）錢大昭《廣雅疏義》注曰：“《論語》：‘邦君爲兩君之好，有反坫。’《明堂位》云：‘崇坫反圭，皆在廟中。其行禮之所，則謂之埣也。’焦氏循云：‘坫者，《説文》云：屏也。’鄭氏云：‘堂角，蓋堂上每角爲小屏，高於堂戺，如城隅宫隅之設浮思也，大射取決拾於坫上，則坫又卑於人，以崇坫土坫例之，其狀可觀。’”又《爾雅・釋宫》：“東西墻謂之序。”《説文・广部》：“序，東西墻也。从广，予聲。”（190下）《集韻》上聲語韻象吕切："序，《説文》：'東西墻也。'或作阡、垿。"（329）故"壄"與"序"音同義通，"壄"本當作"序"。《正字通》謂"壄"同"序"，别作"垿"，是也。《康熙字典》謂"壄"同"序"者，亦是。

73. 墶

《字彙·土部》："墶，達合切，音踏。累土也。"（90下）

《正字通·土部》："墶，俗字。舊注音沓，累土，非，本作沓。"（194下）

按：《康熙字典·土部》："墶，《集韻》達合切，音沓。累土也。"（176下）《集韻》入聲合韻達合切："墶，累土也。"（772）《正字通》謂"墶"本作"沓"，當是。《玉篇·曰部》："沓，徒荅切。重疊也。"（44上左）故"墶"與"沓"音同義通，"墶"本當作"沓"。

74. 壔

《字彙·土部》："壔，古臺字。"（92下）

《正字通·土部》："壔，舊注古臺字。按：《集韻》古文臺作坴，或省作壔。籀文堂从高省作臺，《説文》篆作𩫖，壔即臺之訛，非古文臺也。"（200下）

按：《康熙字典·土部》："壔，《字彙》：'古臺字。'《正字通》：'籀文堂從高省作臺，壔即臺之訛，非古文。'"（182上）《集韻》平聲咍韻堂來切："臺坴壔，《説文》：'觀四方而高者。'亦姓。古作坴，或省。"（113）《集韻》謂"壔"即"臺"字異體，所言當是。《龍龕》卷二《土部》："壔，古文臺字。土高也。"（247）此是其證也。"臺"，韓小荆《〈可洪音義〉研究》（697）俗作"𡏖"，此亦其證。故"壔"當即"臺"字之俗。又《説文·土部》："堂，殿也。从土，尚聲。坐，古文堂。臺，籀文堂从高。"（288下）"壔"與"臺"字形區别甚明，且未見"堂"字古文或俗體有作"壔"者，故《正字通》謂"壔"即"臺"字之訛，此説疑不可據。《康熙字典》轉録《正字通》之説而未作校正，亦失考證。《大字典》"壔"字下據《字彙》之説而謂"壔"同"臺"，是也；然又據《正字通》之誤而謂“一説‘臺’的訛字”，非是。《字海》“𡒊”字下直謂同“臺”，是也。

75. ⿱聚土

《字彙·土部》：“⿱聚土，族遇切，徐去聲。土積也。”（95 上）

《正字通·土部》：“⿱聚土，同埾。”（207 上）

按：《康熙字典·土部》：“⿱聚土，同埾。”（188 下）《説文·土部》：“埾，土積也。从土，从聚省。”（290 上）《龍龕》卷二《土部》：“埾，才句反。垛也。”（251）敦煌本《王韻》去聲遇韻才句反：“埾，垜。”（405）玄應《音義》卷一九引《纂文》：“吴人以積土爲垜；垜，埾也。”故“垛（垜）”與“土積”訓異義同，皆指“聚集的土”。故宫本《王韻》去聲遇韻才句反：“⿱聚土，垜。”（493）故宫本《裴韻》去聲遇韻才句反：“埾，[illegible]。”（588）“[illegible]”當即“垛”字之俗。又《唐韻》去聲遇韻才句反：“埾，[illegible]也。”（645）“[illegible]”亦當即“垛”字之俗。《廣韻》去聲遇韻才句切：“埾，[illegible]也。”（263）“[illegible]”亦當即“垛”字之俗，《大字典》轉録《廣韻》校作“垜”，是也。故“⿱聚土”與“埾”音義並同，“⿱聚土”當即“埾”之異體字。《集韻》去聲遇韻從遇切：“埾⿱聚土，《説文》：‘土積也。’或不省。”（496）此即其證也。又《新修玉篇》卷二《土部》引《廣集韻》：“⿱聚土，才句切。⿱穴木也。”（16 上左）據上文可知，《新修玉篇》訓“⿱穴木也”，“⿱穴木”當爲“垛”字之誤。《直音篇》卷一《土部》：“⿱聚土，音聚，族遇切。築也。埾，同上。又《玉篇》：‘土積也。’”（13 上）《直音篇》訓“築也”，“築”當爲“⿱穴木”字進一步訛變所致，亦爲“垛”字之誤。《詳校篇海》卷二《土部》：“⿱聚土，族遇切，音聚。土積。又築也。亦作埾。”（96 下）《篇海類編》同。《詳校篇海》《篇海類編》訓“築也”，皆因承前代而誤，亦爲“垛也”之誤。《大字典》“⿱聚土”字下據《篇海類編》之誤而收録“築”這一義項，疑應删。

76. 壛

《字彙·土部》：“壛，同閻。”（95 上）

《正字通·土部》:“壛，舊注同閻。按:《楚辭·大招》:‘曲屋步壛，宜擾畜只。’注:‘曲屋，周閣也；步壛，長砌也。’蓋壛有閻音，非與閻同義也。”（207下）

按:《康熙字典·土部》:“壛，《廣韻》《集韻》並余廉切。同檐。《楚辭·大招》:‘曲屋步壛。’注:‘曲屋，周閣也；步壛，長砌也。’”（189上）《廣韻》平聲鹽韻余廉切:“櫩，步櫩，長廊。”（150）《楚辭·大招》:“曲屋步壛，宜擾畜只。”王逸注:“步壛，長砌也。”洪興祖補注:“《上林賦》:‘步櫚周流。’李善云:‘步櫚，長廊也。’”“步壛”“步櫚”“步櫩”並同，此“壛”與“櫚”“櫩”音義並同，即爲異體字。

77. 干

《字彙·夂部》:“干，苦瓦切，誇上聲。跨步也。”（96下）

《正字通·夂部》:“干，苦化切，誇去聲。《説文》:‘跨步也。从反夂。酙字从此。’”（212上）

按:《康熙字典·夂部》:“干，《廣韻》苦化切，《集韻》枯化切，並音胯。《説文》:‘跨步也。’兩股間曰干。跨、胯、骻通。”（192下）《廣韻》上聲馬韻苦瓦切:“干，跨步。又口化切。”（210）下文去聲禡韻苦化切又曰:“干，一步也。又口瓦切。”（335）“干”，《廣韻》於上聲馬韻訓“跨步”，是也；然又於去聲禡韻訓“一步”，非是。《説文·夂部》:“干，跨步也。从反夂。酙从此。”（109上）《玉篇·夂部》:“干，口化、口瓦二切。跨步也。與跨同。”（48上左）敦煌本《王韻》上聲馬韻口瓦反:“干，跨步。又口化反。”（396）下文去聲禡韻苦化反又曰:“跨，越。亦作干。又口寡反。”（415）故“干”即“跨”之異體字，當訓“跨步”。“干”字，敦煌本《王韻》於去聲禡韻置於“跨”字之下作爲異體字，《廣韻》卻於去聲禡韻將“干”與“跨”二字分列，“跨”訓“越也”，而“干”卻訓“一步”，“一步”之訓於歷代字韻書皆無徵，非是。《集韻》去聲禡韻枯化切:“干，舉足越。一曰一步也。”（596）《集韻》於“干”字下謂“一曰一步也”，此當因承襲《廣韻》之謬而誤。《大字典》“干”字下據《廣韻》之謬而收録“一步”這一義項，疑應删。

78. 奆

《字彙·大部》:“奆,才邪切,藉平聲。《玉篇》:‘奆奆,大口也。’”(99下)

《正字通·大部》:“奆,俗字。舊注才邪切,藉平聲。引《玉篇》‘奆奆,大口也’,泥。”(222上)

按:《康熙字典·大部》:“奆,《廣韻》《集韻》並才邪切,藉平聲。大口貌。又徐嗟切,音邪。奆奆,大貌。”(200上)《名義·大部》:“奆,才耶反。大口。”(208下)《新撰字鏡·大部》:“奆,才耶反。大口也。”(589)《龍龕》卷三《大部》:“奆,才邪反。大口也。《玉篇》又音邪。”(356)《玉篇·大部》:“奆,才邪切。奆奆,大口也。”(99上左)敦煌本《王韻》平聲麻韻才邪反:“奆,大口。”(373)故宫本《王韻》、故宫本《裴韻》同。故“奆”當訓“大口”。《廣韻》平聲麻韻才邪切:“奆,大口皃。”(109)“大口皃”與“大口”訓異義同,皆指“口大”。《集韻》平聲麻韻徐嗟切:“奆,奆奆,大皃。”(204)下文才邪切又曰:“奆,大口皃。”(210)據上文可知,《集韻》訓“大皃”,當爲“大口皃”之脱誤。《大字典》“奆”字下據《集韻》之誤而收録“大貌”這一義項,疑應删。

79. 奫

《字彙·大部》:“奫,於云切,音氲。水深廣也。元結《樂歌詩》:‘聖德至深兮,奫奫如淵。’”(101上)

《正字通·大部》:“奫,烏倫切,音氲。水深廣貌。左思《吴都賦》:‘泓澄奫潫。’注:‘潫,音淵。’元結《樂歌》:‘聖德至深兮,奫奫如淵。’”(226上)

按:《康熙字典·大部》:“奫,《廣韻》於倫切,《集韻》紆倫切,並音贇。奫潫,水深廣貌。左思《吴都賦》:‘泓澄奫潫。’元結《樂歌》:‘聖德至深兮,奫奫如淵。’”(203下)《廣韻》平聲真韻於倫切:“奫,泉水。”(62)《廣韻》訓“泉水”,疑非是。《名義·大部》:“奫,猗筠反。[奫]潫。”(209上)《玉篇·大部》:“奫,猗筠切。水皃。《吴都賦》曰:

‘泓澄奫潫。’”（99 上左）箋注本《切韻》（斯 2071）平聲真韻於倫反：“奫，水皃。”（114）故宫本《王韻》同。《文選·吴都賦》：“泓澄奫潫，澒溶沆瀁。”李周翰注：“以上皆水深廣皃。”故《廣韻》訓“泉水”，於文獻無徵，當爲“水皃”之誤。《龍龕》卷三《大部》：“奫，於倫反。泉水。又水勢也。”（356）《龍龕》訓“泉水”，疑亦非是。《大字典》“奫”字下據《廣韻》之謬而收録“泉水”這一義項，疑應删。

80. 奻

《字彙·女部》：“奻，女還切，音難。訟也。”（101 下）

《正字通·女部》：“奻，吾還切，音頑。《説文》：‘訟也。’《廣韻》：‘愚也。’與頑通。篆作。朱謀瑋泥易二女同居，志不相得，以奻爲古嫌字，非；舊注改音難，尤非。”（228 下）

按：《康熙字典·女部》：“奻，《廣韻》奴還切，《集韻》尼還切。《説文》：‘訟也。’又女患切。諠訟也。”（205 上）《説文·女部》：“奻，訟也。从二女。”（265 下）《廣韻》平聲删韻奴還切：“奻，訟也。”（78）下文去聲諫韻女患切亦曰：“奻，訟也。”（312）故《廣韻》本訓“奻”爲“訟也”，《正字通》謂《廣韻》訓“愚也”，非是，此誤當因從“頑”爲説而妄補。《廣雅·釋詁一》：“頑，愚也。”此即其證也。又“奻”，《廣韻》音“奴還切”，又音“女患切”，《字彙》音“難”，《正字通》音“頑”，皆誤。《大字典》“奻”字下據《正字通》之誤而收録“愚”這一義項，應删。

81. 姰

《字彙·女部》：“姰，規倫切，音均。女始妝。”（102 下）

《正字通·女部》：“姰，㚷字之訛。舊注音均，女始妝，誤。”（231 上）

按：《康熙字典·女部》：“姰，《集韻》規倫切，音均。女始妝。”（207 上）《集韻》平聲諄韻規倫切：“姰，女始粧。”（125）“姰”疑即“㚷”之異體字。《集韻》去聲霰韻翾縣切：“㚷，狂也。一曰女粧。”（570）

“姰”,《集韻》又音“規倫切”。故“姁”與“姰”音義皆通,“姁”疑即“姰”之異體字。

82. 婟

《字彙·女部》:“婟,户吴切,音胡。女字。”(102下)

《正字通·女部》:“婟,俗字。或曰同嫭,譌省,應刪。”(232上)

按:《康熙字典·女部》:“婟,同嫮。”(207下)《集韻》平聲模韻洪孤切:“嫮婟,女字。或從乎。”(89)故“婟”當即“嫮”之異體字,即爲“女子人名用字”。又《廣韻》去聲暮韻胡誤切:“嫭,美好。”(266)《集韻》去聲莫韻胡故切:“嫭,妒也。一曰好皃。”(500)故“婟”與“嫭”音義俱别,二字不可混同,《正字通》“或曰”之説非是。

83. 姰

《字彙·女部》:“姰,斯鄰切,音新。縣名。”(104上)

《正字通·女部》:“姰,須倫切,音洵。《説文》:‘鈞適也。男女併也。’《長箋》:‘旬,十日也,猶言女初來也,故从旬。’舊注音新,縣名,無稽。”(237下)

按:《康熙字典·女部》:“姰,《廣韻》相倫切,《集韻》須倫切,並音荀。《博雅》:‘狂也。’又熒絹切,音縣。又翾縣切,音絢。義並同。一曰女妝……又規倫切,音鈞。《説文》:‘鈞適也。男女併也。’《字彙》又音新,縣名,無稽,蓋因《廣韻》本注又音縣而誤。”(211上)《説文·女部》:“姰,鈞適也。男女併也。从女,旬聲。”(263上)《玉篇·女部》:“姰,息匀切。狂也。又音縣。”(17上右)《廣韻》去聲霰韻黄練切:“姰,狂也。又相倫切。”(313)《集韻》去聲霰韻熒絹切:“姰,《博雅》:‘狂也。’”(569)《新修玉篇》卷四《女部》引《玉篇》:“姰,相倫切。狂也。”(29上左)《篇海》卷六《女部》引《玉篇》:“姰,息旬切。狂也。又音縣。”(654上)《直音篇》卷一《女部》:“姰,音荀。狂也。又音縣。”(26下)《詳校篇海》卷二《女部》:“姰,須倫切,音荀。狂也。又熒絹切,音縣。注同。又女妝。”(120上)《篇海類編》同。據以上諸字韻書可知，“姰”有“音縣”這一讀音，而未有“縣名”這一義項，故《正字通》謂《字彙》“音新，縣名”無稽，所言是也。《康熙字典》所言是也。《大字典》“姰”字下據《字彙》之誤而收録“縣名”這一義項，亦失考證。

84. 姎

《字彙·女部》：“姎，同嬮。”（104 上）

《正字通·女部》：“姎，妮字之訛。舊注同嬮，誤。”（237 下）

按：《康熙字典·女部》：“姎，同嬮。”（211 下）《新修玉篇》卷四《女部》引《類篇》：“姎，音嬮。”（29 下右）《篇海》卷六《女部》引《類篇》：“姎，音嬮，同。”（654 下）“姎”字，《新修玉篇》僅謂“音嬮”，《篇海》改作“音嬮，同”，非是。《詳校篇海》卷二《女部》：“姎，一決切，音月。同嬮。”（120 下）《篇海類編》同。《玉篇·女部》：“嬮，於月切。胎肥皃。”（17 下左）《廣韻》入聲月韻於月切：“嬮，嬉嬮，婦人皃。”（389）“姎”與“嬮”儘管音同，然二字字形區別甚明，從“嬮”字音義來看，“嬮”無緣變作“姎”，故《詳校篇海》謂“姎”同“嬮”，疑不可據。《篇海類編》《字彙》《康熙字典》承襲其説而謂“姎”同“嬮”，疑亦非是。《正字通》謂“姎”即“妮”字之訛，當是。《可洪音義》卷一三《禪秘要法》下卷：“姎，奴果反。正作妮、姤二形。婐妮，弱皃也。”（59，P1055A5）此即其證也。《大字典》《字海》俱收“姎”字，皆據《字彙》之説而謂同“嬮”，疑並非是。

85. 娓

《字彙·女部》：“娓，無匪切，音尾。《説文》：‘順也。’一曰美也。又勉也。《六書正訛》別作亹、斖，並非。”（105 上）

《正字通·女部》：“娓，無匪切，音尾。《説文》：‘順也。’一曰美也。又勉也。本作斖。”（239 下）

按：《康熙字典·女部》：“娓，《廣韻》無匪切，《集韻》《韻會》武斐切，並音尾。《説文》：‘順也。’一曰美也。”（213 上）《玉篇·女部》：

"娓，亡利、眉鄙二切。美也。又音尾。"（17上右）《廣韻》上聲尾韻無匪切："亹，美也。《爾雅》：'亹亹，勉也。'亹，俗。"（171）慧琳《音義》卷八八《釋法琳本傳》卷第五："亹亹，微匪反。《考聲》云：'美也；勉也；進也。'正作娓。"（59，P141A4）故"娓"訓"美也""勉也"，與"亹""亹"音義並同，即爲異體字。

86. 姓

《字彙·女部》："姓，昨禾切，坐平聲。安也；又少貌。"（105上）

《正字通·女部》："姓，才何切，坐平聲。《説文》：'訬疾也。'《長箋》：'女不雜坐，从女、坐，寓戒也。'舊注安也，又少貌，誤。"（240上）

按：《康熙字典·女部》："姓，《廣韻》《集韻》並蘇禾切，音莎。女字。《穆天子傳》：'盛姬之喪，叔姓爲主。'《寰宇記》：'沙麓在元城縣東，亦名女姓丘。時穆王東征，至此喪盛姬，其女叔姓過之，思哭，因名。'"（213下）《玉篇·女部》："姓，子戈切。主也。"（17上左）《説文·女部》："姓，訬疾也。从女，坐聲。"（264上）《名義·女部》："姓，采和、子和二反。訬疾也。"（27上）敦煌本《王韻》平聲歌韻倉和反："姓，訬疾。又子和反。"（372）故宫本《王韻》、故宫本《裴韻》同。《廣韻》平聲戈韻醋伽切："姓，訬疾。"（105）《玉篇》訓"姓"爲"主也"，於字韻書皆無徵，其訓可疑。《玉篇校釋》"姓"字下注："'主也'者，文經刪誤。原本當爲引《穆天子傳》云：'盛姬喪，天子三女叔姓爲主也。'刪節者魯莽滅裂，往往即截取句末二字當作訓義。"（621）《穆天子傳》卷六："壬寅，天子命哭。啟爲主，祭文賓喪，天子王（三）女叔姓爲主。"胡氏謂"主也"之訓爲刪節者誤截引文所致，其言是也。《疑難字三考》謂"姓"不當訓"主"，亦是。《大字典》《字海》引《穆天子傳》作"天子王女叔姓爲王"，"爲王"當即"爲主"之誤。《集韻》平聲戈韻村戈切："姓，少皃。一曰女字。"（200）《集韻》訓"少皃"，於歷代字韻書皆無徵，疑爲"訬皃"之訛。《新修玉篇》卷四《女部》引《玉篇》："姓，子戈切。主也。又子髗切。《説文》：'少皃。'一曰女字。又醋伽切。訬也。《韻》則卧切。輕也。”（29下左）《新修玉篇》訓“主也”，當因承襲《玉篇》之謬而誤；又其引《説文》作“少皃”，當爲“訬皃”之誤。《篇海》卷六《女部》引《對韻音訓》：“㛗，蘇禾切。《穆天子［傳］》：‘喪，三女叔㛗爲主。’又醋和［切］。訬疾。又昨禾切。亦訬疾也。一曰女字。又七戈切。亦周穆王女字。又子䑯切。安也。又則卧切。”（654下）《篇海》訓“㛗”爲“安也”，亦非。《廣韻》平聲戈韻子䑯切：“侳，安也。”（105）《集韻》平聲戈韻臧戈切：“侳，安也。”（200）故《篇海》訓“㛗”爲“安也”，當因誤植“侳”字音義於“㛗”字之上所致的訓釋失誤。《大字典》“㛗”字下第（二）義項皆因沿襲而誤爲收録，疑應删。

87. 娖

《字彙·女部》：“娖，七角切，音錯。謹貌。《史·申屠嘉傳》：‘娖娖廉謹。’又整也。”（105上）

《正字通·女部》：“娖，才各切，音錯。謹貌；又整也。”（239下）

按：《玉篇·女部》：“娖，側角切。辯也。”（17上右）箋注本《切韻》（斯2071）入聲覺韻測角反：“娖，辯。”（141）《廣韻》同。“娖”訓“辯”，此“辯”當指“治理”“整理”之義，與《字彙》《正字通》訓“整也”訓異義同。《説文·辡部》：“辯，治也。从言在辡之間。”（311上）段玉裁注：“治者，理也。”《左傳·昭公元年》：“主齊盟者，誰能辯焉。”杜預注：“辯，治也。”此即其證也。《大字典》收録“娖”字，第❷義項據《資治通鑒·唐德宗貞元元年》“東城娖隊矣”、宋梅堯臣《寄題知儀州太保蒲中書》“老繫戰馬向庭下，廚架整娖齋籤牙”等文獻例證訓“整頓；整理”；第❸義項據《玉篇》訓“辯”。據上文可知，《玉篇》訓“辯也”，即“治理”“整理”之義，與“整頓；整理”義同，故《大字典》“娖”字下第❸義項應合併於第❷義項作爲書證，方妥。

88. 婡

《字彙·女部》：“婡，盧感切，音懶。好貌。”（105下）

《正字通·女部》:“婪,同婪。舊注改音懶,好貌,非。”(241下)

按:《康熙字典·女部》:“婪,《集韻》盧感切,音壈。好貌。”(214下)《玉篇·女部》:“婪,郎感切。好皃。”(18上左)《集韻》上聲感韻盧感切:“婪,好皃。”(448)《説文·女部》:“婪,貪也。从女,林聲。杜林説:卜者黨相詐驗爲婪。讀若潭。”(264下)《名義·女部》:“婪,力南反。貪婪之惏也。”(27上)《集韻》上聲感韻盧感切:“婪,不謹也。一曰(木)[卜]人詐告吉凶也。或作惏。”(448)故“婪”與“婪”儘管構字部件相同,且讀音亦通,然意義區别甚明,二字不可混同,《正字通》謂“婪”同“婪”,且謂“舊注”非,既無書證亦無例證,其説疑不可據。

89. 婟

《字彙·女部》:“婟,胡故切,音護。婟嫪,戀惜也。又古暮切,音固。姓也。”(106下)

《正字通·女部》:“婟,呼誤切,音互。戀也。孫愐曰:‘婟嫪,戀惜也。’又音固。人姓。《説文》:‘婟,嫪也;嫪,婟也。’”(243上)

按:《康熙字典·女部》:“婟,《廣韻》胡誤切,《集韻》胡故切,並音護。婟嫪,戀惜也。”(216上)《集韻》去聲暮韻胡故切:“婟,《説文》:‘姓也。’一曰戀也。”(500)《集韻》引《説文》作“姓也”,疑非是。《説文·女部》:“婟,嫪也。从女,固聲。”(263下)故《集韻》引《説文》作“姓也”,當爲“嫪也”之誤。《廣韻》去聲暮韻胡誤切:“婟,婟嫪,戀惜也。出《聲類》。”(266)《集韻》去聲暮韻古慕切:“婟,嫪惜也”(501)故“婟”《廣韻》音“胡誤切”,《集韻》又音“古慕切”。《字彙》訓“姓也”,《正字通》訓“人姓”,當皆因承襲《集韻》之謬而誤也。《大字典》“婟”字下據《正字通》之誤而收録“姓”這一義項,疑亦非是。

90. 媿

《字彙·女部》:“媿,苦淮切,快平聲。娢媿,女貌。”(107下)

《正字通·女部》:“媿,媿字之訛。”(246下)

按:《康熙字典·女部》:“媿,《集韻》空媧切,音跬。女媿也。跨

（姱）娃，美（女）貌。”（218下）《玉篇·女部》：“娃，口娃切。女娃也。”（18上右）《集韻》平聲佳韻空媧切：“娃，姱娃，女皃。”（102）《説文·女部》：“娡，不説也。从女，恚聲。”（264上）《名義·女部》：“娡，於韮反。恚也。”（27上）《玉篇·女部》：“娡，縈利切。不悦也。”（17上左）故“娃”與“娡”音義俱别，二字不可混同，《正字通》謂“娃”即“娡”字之訛，既無書證亦無例證，其説疑不可據。

91. 嫶

《字彙·女部》：“嫶，慈消切，音樵。嫶悴，憂患也。《李夫人傳》：‘嫶妍太息。’晉灼曰：‘三輔謂憂愁面省瘦曰嫶冥。嫶妍，猶嫶冥。’一作癄。”（109上）

《正字通·女部》：“嫶，慈堯切，音樵。嫶悴也。《漢書·外戚傳·武帝李夫人賦》：‘嫶妍太息。’晉灼曰：‘三輔謂憂愁面省瘦曰嫶冥。嫶妍，猶嫶冥。’一作癄。”（251下）

按：《康熙字典·女部》：“嫶，《集韻》慈焦切，《正韻》慈消切。並同憔。《前漢·外戚傳》：‘嫶妍太息。’注：‘晉灼曰：三輔謂憂愁面省疲（瘦）曰嫶冥。嫶妍，猶嫶冥。’”（222下）《集韻》平聲宵韻慈消切：“憔顦嫶癄，憔悴憂患也。或從頁、從女、從疒。”（179）《漢書·外戚傳·孝武李夫人》：“嫶妍太息，嘆稚子兮。”顔師古注引晉灼曰：“三輔謂憂愁面省瘦曰嫶冥。嫶冥，猶嫶妍也。”故“嫶”即指“憔悴憂患也”，同“憔”“顦”“癄”。《大字典》收録“嫶”字，第（一）義項下分爲兩個義項：第❶義項據《漢書》注訓爲“憂傷消瘦”；第❷義項據《集韻》之説而謂同“憔”。《大字典》這樣處理以上兩個義項是失當的，其實，《集韻》謂“嫶”同“憔”，即從“憂傷消瘦”這一義項而言的。故《大字典》應將這兩個義項合併爲一個義項，以《集韻》作爲書證，並以《漢書》作爲例證，謂同“憔”，訓“憂傷消瘦”，方爲妥當。

92. 孖

《字彙·子部》：“孖，津私切，音咨。雙生子謂之孖。亦作滋。蕃長

也。”（112 下）

《正字通・女部》:“孖，古文孿。同體會意，亦象形。篆作㜽，小篆作孿。舊注雙生子，與孿訓同，改音咨，亦作滋，蕃長也，溷孳非。《六書統》及《備考》‘一産二子’，訓是；津之、子私二切，並非。朱謀㙔曰：‘孖蓋兩兒争戲，當讀作䜌，俗謂之頑。’按：此説迂泥，尤非。”（258 下）

按:《康熙字典・子部》:“孖，《廣韻》子之切，《集韻》《類篇》津之切，並音兹。《玉篇》:‘雙生子也。’亦作滋。蕃長也。”（228 下）《名義・子部》:“孖，子辭反。滋字。”（294 上）《玉篇・子部》:“孷，力辭切。孷孖，雙生也。”下字曰：“孖，子辭切。亦作滋。蕃長也。亦作嗞（嗞）。或辭恣切。孷孖。”（134 下右）故宫本《王韻》平聲之韻子慈反：“孖，雙生。”（442）《廣韻》平聲之韻子之切：“孖，雙生子也。”（31）《説文・子部》:“孿，一乳兩子也。从子，䜌聲。”（311 下）《方言》卷三：“陳、楚之間，凡人獸乳而雙産謂之釐孳，秦、晉之間謂之僆子，自關而東趙、魏之間謂之孿生。”周祖謨校箋：“‘釐孳’,《集韻・之韻》‘孷’下引作孷孳。《玉篇・子部》:‘孷，力辭切，孷孖，雙生也’，字又作孷孖。”（18）周祖謨所言是也，“釐孳”當同“孷孳”。《名義・子部》:“孿，力縣反。人畜乳雙生。”（293 下）《玉篇・子部》:“孿，嗇患切，又力員切。雙産也。”（134 上左）“孖”與“孿”儘管義同，然形音俱别，二字不可混同，故《正字通》謂“孖”爲“孿”字古文，疑不可據。徐在國《傳抄古文字編》據杜從古《集篆古文韻海》而謂“㜽”即“孿”字古文，從字形來看，“㜽”當即“孖”字古文，“孖”與“孿”義同音别，二字不可混同，徐氏將“㜽”作爲“孿”字古文，疑可商榷。敦煌本《王韻》平聲之韻理之反：“孷，孷孳，雙生。”（360）故宫本《王韻》同。慧琳《音義》卷九《摩訶般若波羅蜜經》第二十卷：“滋味，古文孖、嗞二形同。子夷反。滋，益也；潤也。經文從口作嗞。《説文》:‘嗞，嗟也。’”（57，P568B1）又慧琳《音義》卷三八《大方等無相大雲請雨經》:“滋味，古文孖、嗞二形同。子夷反。滋，益也；滋潤也。經文從口作嗞，嗟也。又作孳。似思、子思二反。《説文》:‘孳，汲汲［生］也’或作孜。《方言》:‘東(陳)、楚之間雙生謂之釐孳。’”(58,P155A2)故“孖”訓“蕃長也”,此“孖”當即“滋”之異體字;而“孖”訓“雙生也”,“孷孖”同“孷孳”,此“孖”當即“孳”之異體字。

93. 呰

《字彙·子部》:“呰,此移切,音雌。小腸也。”(112下)

《正字通·子部》:“呰,孳字之訛。舊注音雌,小腸,非。”(260上)

按:《康熙字典·子部》:“呰,《集韻》七支切,音雌。小腸也。又祖似切,音子。縣名。在犍爲。”(230上)《集韻》平聲支韻七支切:“胔,人子腸也。或作呰。”(28)此“呰”當即“胔(胔)”之異體字。《集韻》上聲止韻祖似切又曰:“呰,縣名。在犍爲。”(323)《説文·子部》:“孳,汲汲生也。从子,兹聲。”(311下)《玉篇·子部》:“孳,疾利、子思二切。孳産也。”(134上左)《方言》卷三:“陳、楚之間,凡人獸乳而雙産謂之釐(孷)孳,秦、晉之間謂之僆子,自關而東趙、魏之間謂之孿生。”(18)故“呰”與“孳”音義俱别,二字不可混同,《正字通》謂“呰”即“孳”字之訛,且謂“舊注”非,既無書證亦無例證,其説非是。

94. 孷

《字彙·子部》:“孷,力詞切,音黎。雙生子也。”(113下)

《正字通·子部》:“孷,舊注音黎。雙生子。按:《女部》‘嫠’爲寡婦,‘孷’蓋獨子也,與‘孤’音殊義通。雙生子有孿、孌二文,不必别作孷。《方言》雙生子謂之釐孿,釐,離也,孿而分生也,非以孷訓雙生子也。俗作孷,非。”(262下)

按:《康熙字典·子部》:“孷,《廣韻》里之切,《集韻》《類篇》陵之切,並音釐。《玉篇》:‘孷孖,雙生也。’揚子《方言》:‘陳、楚間,凡人獸乳而雙産謂之釐孳。’又《集韻》良志切,音吏。義同。按:《方言》雙生子本作釐孳,釐,離也,孿而分生也,俗作孷。《正字通》曰:‘雙生有孿、孌二文,《女部》‘嫠’爲寡婦,‘孷’蓋獨子也,與‘孤’音殊義通。’説亦是。”（232 上）《方言》卷三：“陳、楚之間，凡人獸乳而雙産謂之釐孳，秦、晉之間謂之僆子，自關而東趙、魏之間謂之孿生。”周祖謨校箋：“‘釐孳’，《集韻·之韻》‘孷’下引作孷孳。《玉篇·子部》：‘孷，力辭切，孷孖，雙生也’，字又作孷孖。”（18）周祖謨所言是也，“釐孳”當同“孷孳”。華學誠《揚雄方言校釋匯證》：“釐孳：戴震《方言疏證》：‘《廣雅》：釐孳、僆，孿也。’‘雙、孿，二也。’義本此。‘釐’亦作‘孷’，‘孳’亦作‘孖’。《玉篇》云：‘孷孖，雙生也。’王念孫《疏證》：‘《堯典·傳》云：乳化曰孳。釐、連，語之轉，釐孳猶言連生。《方言》：娌，耦也。娌與釐亦聲近義同。’按：《集韻·之韻》‘孷’字下引《方言》作‘孷孳’，‘孷孳’、‘孷孖’與‘釐孳’同，乃‘僆子’之轉語。”（176）華氏所言亦是也。《名義·子部》：“孷，力辭反。[孷孖]，雙生也。”（293 下）敦煌本《王韻》平聲之韻理之反：“孷，孷孳，雙生。”（360）故宫本《王韻》同。此亦其證也。故“釐孳”“孷孳”“孷孖”並同，即指“人和哺乳動物産雙子”。又《廣韻》平聲之韻里之切：“孷，孷孳，雙生子也。”（30）《廣韻》訓“孷孳，雙生子”，與敦煌本《王韻》、故宫本《王韻》訓“孷孳，雙生”義同，亦指“人和哺乳動物産雙子”。《正字通》謂“《女部》‘嫠’爲寡婦，‘孷’蓋獨子也，與‘孤’音殊義通”，又謂“《方言》雙生子謂之釐孿，釐，離也，孿而分生也，非以孷訓雙生子也”，然據上文可知，《方言》本作“釐孳”，非作“釐孿”，其説於文獻無徵，不足爲據。《康熙字典》謂《正字通》之説亦是，失考證。《大字典》收録“孷”字，謂“孷孖”也作“孷孳”，下面分爲兩個義項：第 1 義項據《玉篇》《集韻》訓“人和哺乳動物産雙子”；第 2 義項據《廣韻》訓“雙生子”。其下又據《正字通》之説而謂：一説爲獨子。據上文可知，“雙生子”與“雙生”訓異義同，皆指“人和哺乳動物産雙子”，《大字典》分爲兩個義項，非是，應將第 2 義項併入第 1 義項而訓“人和哺乳動物産雙子”；又《正字通》之説不足爲據，《大字典》亦應删去“孷”字下“一説爲獨子”之訓。《字海》亦收“孷”字，亦分爲兩個義項：第❶義項據《集韻》訓“人和哺乳動物産雙子”，第❷義項據《廣韻》訓“雙生子”。據上文可知，《字海》第二義項亦應併入到第一義項中去。

95. 定

《字彙・宀部》:“定，徒徑切，庭去聲。安也；静也；止也；凝也；決也；奠也。”（115 上）

《正字通・宀部》:“定，他徑切，庭去聲。安也；静也；止也；凝也。”（266 下）

按:《字彙》訓“奠也”，當源於《國語》韋昭注。《國語・齊語・桓公霸諸侯》:“教大成，定三革，隱五刃，朝服以濟河而無怵惕焉，文事勝矣。”韋昭注:“定，奠也。”此“定”訓“奠也”，當指“置放不用”之義，與“定”訓“止也”“住也”“息也”訓異義同。《爾雅・釋詁下》:“定，止也。”《玉篇・宀部》:“定，徒聽切。往也；息也。”（54 上左）《大字典》收録“定”字，第❸義項據上文《爾雅》《玉篇》之訓而訓“停止；停息”。又以《詩・小雅・采薇》《荀子・儒效》等文獻作爲例證。《詩・小雅・采薇》:“我戍未定，靡使歸聘。”鄭玄箋:“定，止也。我方守於北狄，未得止息。”《荀子・儒效》:“反而定三革，偃五兵。”楊倞注:“定，息；偃，仆也，皆不用之義。”第⑲義項據《字彙》訓“奠”。據上文可知，《字彙》訓“奠也”，源於《國語》韋昭注，《國語》“定三革”之“定”與《荀子・儒效》“定三革”之“定”義同，故此義項應併入第三義項中去，方妥。

96. 窕

《字彙・宀部》:“窕，土了切，音朓。肆也，輕窕放肆也。”（115 下）

《正字通・宀部》:“窕，徒了切，音朓。肆也，輕窕放肆也。一説窕、窕音切同。《詩》傳:‘窈窕，幽閒貞静意。’舊本專訓輕窕，非。”（268 上）

按:《康熙字典・宀部》:“窕，《集韻》土了切，音朓。肆也。輕窕，放肆也。又《正字通》:‘一説窕、窕音切同。引《詩》傳:‘窈窕，幽閒貞静意。’《字彙》專訓輕窕，非。’按：諸韻書止《集韻》有窕字，《詩・周南》窈窕本從穴。《爾雅・釋言》:‘窕，肆也。’注:‘輕窕者好放肆也。’亦從穴。《正字通》所引音義並與窕同，恐即窕之訛。”（237下）《爾雅・釋言》:“宨，肆也。”郭璞注:“輕宨者好放肆。”《爾雅・釋言》又曰:“佻，偷也。”郭璞注:“謂苟且。”《廣韻》平聲蕭韻吐凋切:“佻，輕佻。《爾雅》曰:‘佻，偷也。’”（90）《集韻》平聲蕭韻他彫切:“佻,《説文》:‘愉也。’引《詩》:‘視民不佻。’或作恌、窕、誂。”（174）《説文・穴部》:“窕，深肆極也。从穴，兆聲。讀若挑。”（150上）“窕”與“佻”音近義别,《集韻》謂“佻”或作“窕”，二者當即通假關係。朱駿聲《説文通訓定聲・小部》:“窕，假借爲宨。”此是其證也。“佻”“恌”“誂”諸字音義並同，即爲異體字，皆謂“輕薄放縱；不莊重”；而“宨”與“佻”“恌”“誂”諸字音近義同，亦當爲異體字。《康熙字典》引《爾雅・釋言》“宨”誤作“窕”，非是；又其謂“《正字通》所引音義並與窕同，恐即宨字之訛”，於《正字通》亦無徵，亦非。

97. 寎

《字彙・宀部》:“寎，補永切，音丙。《爾雅》:‘三月爲寎月。’與窉同。”（117上）

《正字通・宀部》:“寎，比井切，音丙。多寐也。《爾雅》:‘三月爲寎月。’俗作窉。”（272下）

按:《康熙字典・宀部》:“寎,《唐韻》皮命切,《集韻》陂病切，並音柄。《説文》:‘卧驚病也。’一曰多寐也。《爾雅・釋天》:‘三月爲寎月。’”（241下）《説文・㝱部》:“寎，卧驚病也。从㝱省，丙聲。”（150下）《廣韻》去聲映韻陂病切:“寎，驚病。”（342）《爾雅・釋天》:“三月爲寎。”陸德明《釋文》:“寎，本或作窉。”郝懿行《義疏》:“寎，本亦作窉。”《廣韻》上聲梗韻兵永切:“窉,《爾雅》云:‘三月爲窉。’今本作寎。”（215）故“寎”有兩個義項：一讀“陂病切”，訓“卧驚病”；一讀“兵永切”，訓“三月”。《正字通》訓“多寐也”，於歷代字韻書皆無徵，此訓疑不可據。《康熙字典》一曰“多寐也”，當因承襲《正字通》之説而誤。《大字典》“寎”字下據《正字通》之説而收録“嗜睡”這一義項，

《字海》“㾋”字下據《正字通》之説而收録“睡覺多；老想睡覺”這一義項，疑並非是。

98. 㝛

《字彙·宀部》：“㝛，與䆘同。又喪也。”（117下）

《正字通·宀部》：“㝛，俗䆘字。”（273上）

按：《康熙字典·宀部》：“㝛，《集韻》同䆘。夜也。”（242下）《集韻》入聲昔韻思積切：“㝛䆘，夜也。或省，通作昔。”（742）《新修玉篇》卷十一《宀部》引《餘文》：“㝛，先積切。夜也。”（99下右）《篇海》同。《直音篇》卷三《宀部》：“㝛䆘，音昔。夜也。”（124下）“㝛”“䆘”即訓“夜也”，二字本當作“昔”。《廣雅·釋詁四》：“昔，夜也。”“昔”，《廣韻》音“思積切”。“䆘”“㝛”與“昔”音義並同，“䆘”“㝛”並即“昔”之異體字。又《詳校篇海》卷三《宀部》：“㝛，思積切，音昔。夜也；又喪也。亦作昔、䆘。”（145下）《篇海類編》同。《詳校篇海》謂“㝛”亦作“昔”“䆘”，所言是也，此亦爲“䆘”“㝛”並即“昔”字之俗之證；然其謂“㝛”又訓“喪也”，於前代字韻書皆無徵，此訓疑不可據。《篇海類編》亦訓“喪也”，當因承襲《詳校篇海》之謬而誤。《字彙》訓“喪也”，亦因承襲前代字書之謬而誤。《大字典》《字海》“㝛”字下皆據《字彙》之誤而收録“喪”這一義項，且未溝通其與“昔”字的字際關係，疑並非是。

99. 䆕

《字彙·宀部》：“䆕，古候切，音遘。室深密處。”（117下）

《正字通·宀部》：“䆕，干候切，音遘。室深密處。本作冓。”（273上）

按：《康熙字典·宀部》：“䆕，《廣韻》古候切，《集韻》居候切，並音遘。《玉篇》：‘夜也。’引《詩》：‘中䆕之言。’中夜之言也。又《正字通》：‘室深密處。本作冓。’”（242下）《廣雅·釋詁四》：“䆕，夜也。”《玉篇·宀部》：“䆕，古候切。夜也。《詩》曰：‘中䆕之言。’中夜之言也。

本亦作冓。”（54 下左）敦煌本《王韻》去聲候韻古候反：“𡨧，僻邪。”（419）故宫本《王韻》去聲候韻古候反：“𡫳，僻邪。”（507）“𡫳”當即“𡨧”之異體字。《詳校篇海》卷三《宀部》：“𡨧，居候切，音遘。室深密處。《詩》曰：‘中𡨧之言。’亦作冓。”（145 下）《篇海類編》同。《玉篇校釋》“𡨧”字下注：“‘夜也’者，《廣雅四》：‘𡨧，夜也。’引《詩》爲《鄘風・墻有茨》文，此引《韓詩》也。毛作冓，傳云：‘中冓，内冓也。’釋文引《韓詩》云：‘中冓，中夜，謂淫僻之言也。’《漢書・文三王傳》：‘聽聞中冓之言。’晉灼曰：‘冓，《魯詩》以爲夜也。’《切韻》：‘𡨧，僻邪。’”（2173）“𡨧”訓“夜也”“室深密處”“僻邪”諸訓，皆源於對《詩・鄘風・墻有茨》中的“中冓之言”不同訓釋。《詩・鄘風・墻有茨》：“墻有茨，不可掃也；中冓之言，不可道也。所可道也，言之醜也。”毛傳：“中冓，内冓也。”胡承珙後箋：“傳云‘内冓’，猶言‘内室’。《漢書・文三王傳》谷永上書曰：‘是故帝王之意，不窺人閨門之私，聽聞中冓之言。’以‘中冓’與‘閨門’對舉，亦是指内室而言……《玉篇・宀部》引《詩》作‘𡨧’，從宀者，亦取交覆深屋之義。其以‘中冓’爲‘中夜’，則用魯、韓詩説。”此説是也。故《切韻》訓“僻邪”，當源於釋文“中冓，中夜，謂淫僻之言也”之文；而“𡨧”訓“夜也”“室深密處”則爲歷代注家《詩・鄘風・墻有茨》“中𡨧之言”之“𡨧”的不同訓解，“𡨧”本當作“冓”。

100. 寰

《字彙・宀部》：“寰，胡關切，音環。天子封畿内縣也。又州名。”（118 下）

《正字通・宀部》：“寰，户煩切，音環。宫周垣也。又天子畿内。《穀梁傳》：‘寰内諸侯。’又州名。”（275 下）

按：《康熙字典・宀部》：“寰，《唐韻》户關切，《集韻》《韻會》《正韻》胡關切，並音環。《説文》：‘天子封畿内縣也。’又州名。河東化外。又《正字通》：‘宫周垣也。’”（245 下）《説文・宀部》：“寰，王者封畿内縣也。从宀，瞏聲。”（149 上）《名義・宀部》：“寰，胡關反。圻也。”

（105 上）《玉篇・宀部》:“寰，胡絹、胡關二切。王者封畿内縣也。”（54 下左）《篇海》同。《直音篇》卷三《宀部》:“寰，音縣。畿内縣名。”（124 上）《詳校篇海》卷三《宀部》:“寰，熒絹切，音眩。王者封畿内縣也。又胡關切，音還。又形甸切，音現。注俱同。”（145 下）《篇海類編》同。《廣韻》平聲删韻户關切:“寰，王者封畿内縣。”（78）《集韻》平聲删韻胡關切:“寰，寰内，天子畿内也。”（152）故《正字通》訓“宫周垣也”，於歷代字韻書皆無徵，當從“闤”爲説而誤，因爲“闤”《説文》訓“市垣也”。《康熙字典》轉録《正字通》之訓而未作校正，亦失考證。《大字典》“寰”字下據《正字通》之誤而收録“古代王宫的圍墻”這一義項，疑亦非是。

101. 尋

《字彙・寸部》:“尋，徐心切，集平聲。繹理也；搜求也；仍也；繼也……又斧也。”（120 上）

《正字通・寸部》:“尋，徐盈切，音潯。度名，八尺曰尋。又繹理也；搜求也；仍也；繼也……毫末不札，將尋斧柯，非尋即斧，大斧謂之鉞，小斧謂之戚。《説文》‘鈇，斧也’，不聞謂之尋。舊注又斧也，誤。”（279 下）

按:《詳校篇海》卷三《寸部》:“尋，徐心切，音潯。繹理也；用也；遂也；搜求也；仍也；繼也；俄也……又尋斧也。”（225 下）《篇海類編》同。《詳校篇海》《篇海類編》訓“尋斧也”，當源自《孔子家語・觀周》文。《孔子家語・觀周》:“涓涓不壅，終爲江河；綿綿不絶，或成羅網；毫末不札，將尋斧柯。”王肅注:“札，拔也；尋，用者也。”故此“尋”即“用也”之義。《詳校篇海》訓“尋斧也”，即“用斧也”之義。《字彙》轉訓作“斧也”，非是。故《正字通》謂“舊注”訓“斧也”誤，是也。

102. 尖

《字彙・小部》:“尖，同些。少也。”（120 下）

《正字通・小部》:“尖，舊注同些，少也。按：尖、尖皆尖字之譌。

尖下大从火，尖上小从少，並非。”（281 上）

按：《康熙字典·小部》：“尖，《集韻》思嗟切。同些。少也。”（251 上）《集韻》平聲麻韻思嗟切：“些，少也。或作尖。”（204）“尖”與“些”字形相去甚遠，《集韻》謂“些”或作“尖”，此説疑可商榷。《正字通》謂“尖”“炏”皆“尖”字之訛，此説疑是。《疑難字》“炏”字下注：“此字當是‘尖’字俗體，‘炏’‘尖’形近義同。”（340）此説是其證也。又《名義·小部》：“尖，子廉反。鋭也。”下文：“𡮡，子（乃）口反。小皃。”（207 下）“尖”即“尖”字之俗，而“𡮡”即“𡮡”字之俗。此亦爲其證也。故“尖”疑即“尖”字之俗，其上部所從之“少”當即“小”字之俗。

103. 尐

《字彙·小部》：“尐，力鹽切，音廉。欠也；又少也。又去聲，力店切。小也。”（121 上）

《正字通·小部》：“尐，俗字。舊注音廉，欠也，少也；又去聲，力宴切，小也，並誤。”（281 下）

按：《康熙字典·小部》：“尐，《集韻》勒兼切，音溓。少也。《篇海》：‘欠也。’”（251 下）《集韻》平聲添韻他兼切勒兼切：“尐，小也。”（293）《篇海》卷十《小部》引《餘文》：“尐，力兼切。欠也。”（735 下）據《集韻》可知，《篇海》訓“欠也”，當爲“小也”之誤。《直音篇》卷四《小部》：“尐，音廉。小也。”（176 下）此亦其證也。《詳校篇海》卷四《小部》：“尐，力鹽切，音廉。欠也；又少也。又力店切，音稴。小也。”（240 下）《篇海類編》同。《詳校篇海》訓“欠也”，此爲《篇海》所誤；又其訓“少也”，於前代字韻書皆無徵，疑亦非是；又其改音“力店切，音稴”，疑亦非是。《篇海類編》《字彙》等後世字書承襲其謬而未作校正，俱失考證。《康熙字典》轉録《篇海》“欠也”之訓而未作校正，亦失考證。《大字典》“尐”字下分别據《篇海》《篇海類編》之誤而收録“欠”“少”這兩個義項，疑亦非是；《字海》“尐”字下分别據《字彙》《字彙補》（當爲《字彙》之誤，《字彙補》未見收録此字）之誤而收録“欠”“少”這兩個義項，疑亦非是。

104. ⿸尸朿

《字彙·尸部》:“⿸尸朿，此咨切，音雌。《玉篇》:‘⿸尸朿⿸尸虘，盜視也。與䚦同。’”（122 下）

《正字通·尸部》:“⿸尸朿，俗字。舊注音雌，引《玉篇》:‘⿸尸朿⿸尸虘，盜視也。與䚦同。’今不从。”（285 上）

按:《康熙字典·尸部》:“⿸尸朿，《廣韻》取私切，《集韻》千咨切，並音雌。《玉篇》:‘⿸尸朿⿸尸虘，盜視也。與䚦同。’《集韻》引《蒼頡篇》:‘此也。或從資。’”（255 下）《玉篇·尸部》:“**⿸尸弟**，此咨切。**⿸尸弟**⿸尸虘，盜視。與䚦同。”上字曰:“⿸尸虘，此踞切。[**⿸尸弟**⿸尸虘]，與覰同。”（56 上右）“**⿸尸弟**”“⿸尸朿”當即同字異寫。《説文·見部》:“䚦，䚦覰，闚觀也。从見，朿聲。”下字曰:“覰，拘覰，未致密也。从見，虘聲。”（175 下）段玉裁依《説文》通例於“覰”字注文“拘覰，未致密也”前補“䚦覰也。一曰”五字，段氏所言是也。故“⿸尸朿⿸尸虘”同“䚦覰”，“⿸尸朿”即“䚦”之異體字，而“⿸尸虘”即“覰”之異體字。敦煌本《王韻》平聲魚韻七余反:“覰，相似（伺）視。又七慮反。”下字曰:“⿸尸虘，此。”（362）故宫本《王韻》平聲脂韻取私反:“䚦，盜視。”下字曰:“⿸尸朿，此々。”（440）下文魚韻七余反:“覰，相伺視。又七慮反。”下字曰:“⿸尸虘，此々。”（443）故宫本《王韻》平聲脂韻次私反:“**⿸尸弟**，此。”下字曰:“䚦，視。”（548）故宫本《裴韻》平聲脂韻次私反:“**⿸尸弟**，此。”（548）據上文可知，“⿸尸朿”即“䚦”之異體字，而“⿸尸虘”即“覰”之異體字。由此可以推論，以上《切韻》注文之中的“此”或“此々”，當爲溝通字際關係所用的術語，而非釋義用字，是指此字與上下字爲異體字。《廣韻》平聲脂韻取私切:“䚦，盜視。**⿸尸弟**，上同。亦此也。”（23）《廣韻》謂“**⿸尸弟**”與“䚦”同，是也；然又謂“亦此也”，當因誤解《切韻》溝通字際關係所用術語而致的訓釋失誤。《集韻》平聲脂韻千咨切:“䚦，盜視也。”下字曰:“⿸尸朿，《蒼頡篇》:‘此也。或从資。’”（42）“⿸尸朿”當即“⿸尸朿”之異寫字，亦當同“䚦”，《集韻》誤將二字分開，謂引《蒼頡篇》改訓“此也”，亦非。《名義·尸部》:“⿸尸朿，此咨反。此也；盜也；視也。”下字曰：“㞙，此居反。視也。”（107下）據《玉篇》可知，《名義》“屄”“㞙”下皆誤脱被訓聯連綿“屄㞙”，《名義》訓“屄”爲“此也”，於《玉篇》無徵，此字收字比較靠前，如果原本《玉篇》“屄”字下收録此義，宋本《玉篇》理應收録，然今宋本《玉篇》卻未收列此義，故《名義》訓“屄”爲“此也”，頗爲可疑，這種失誤可能爲反切上字“此”字誤入釋義所致，也可能是原本《玉篇》指出“屄”字的異體爲“覰”字，並如上文《切韻》於“覰”字下標明“此”，用來説明二者的字際關係，空海不明，誤作釋義，遂致此誤。其訓“盜也；視也”，當爲“盜視也”之誤拆。《新撰字鏡·尸部》：“屄，此咨反。此也。［屄］㞙也。覰字。盜視也。”下字曰：“㞙，此居反。此也；𡲬（？）也；視也。覷字。”（174）《新撰字鏡》訓“屄”“㞙”爲“此也”，亦並非是。又《廣雅·釋詁二》：“屄，猝也。”錢大昭疏義：“屄者，此咨切。《玉篇》：‘屄㞙，盜視。與覰同。’是見之猝也。”（180）故《廣雅》訓“猝也”，與《玉篇》訓“屄㞙，盜視”，訓異義同。《康熙字典》轉録《集韻》之訓而未作校正，亦失考證。《大字典》《字海》“屄”字下皆據《廣韻》之誤而收録“此”這一義項，疑並非是。

105. 屎

《字彙·尸部》：“屎，七四切，音次。屎覷，足前卻也。”（123上）

《正字通·尸部》：“屎，七四切，音次。屎覷，足前卻也。”（286下）

按：《康熙字典·尸部》：“屎，《集韻》《類篇》並七賜切，音次。屎覷，足前卻也。”（257上）《廣韻》平聲脂韻取私切：“覰，盜視。屄，上同。亦此也。”下字曰：“㞕，此也。”（23）《集韻》平聲脂韻千咨切：“屎㞕，《倉頡篇》：‘此也。’或從資。”（42）據上文“屄”字注可知，《廣韻》訓“此也”，當爲誤解《切韻》溝通字際關係所用術語而致的訓釋失誤。《集韻》之“屎”與《廣韻》之“屄”位置相同，當爲一字之變，故“屎”當即“屄（屄）”之異體字，其訓“此也”，當因承襲《廣韻》之謬而誤。《廣韻》“屄”“㞕”二字分列，“㞕”字始見録於《廣韻》此小韻韻尾，《集韻》將“㞕”列爲“屎”之或體，疑是；然其謂“屎”字見録於《倉頡篇》，於前代字韻書皆無徵，此説疑不可據。又《集韻》去聲寘韻七賜切：“㞢，㞢屟，足前卻也。”（468）《玉篇·尸部》：“𡲮，此咨切。𡲮屟，盜視。與覰同。”上字曰：“屟，此踞切。［𡲮屟］，與覻同。”（56上右）“𡲮”即“屖”異寫字。《説文·見部》：“覰，覰覻，闚觀也。从見，朿聲。”（175下）“足前卻也”與“盜視”“闚觀也”義可相通，當指“偷視時所表現的一種身體姿態”。故“㞢屟”當同“屖屟”“覰覻”，此“㞢”亦當即“屖”之異體字。《大字典》收録“㞢”字，第（一）義項據《集韻》之誤而訓“此”，應删；第（二）義項據《集韻》訓“〔㞢屟〕足前卻”，然未溝通其與“屖”字的異體關係，亦失考證。《字海》亦收“㞢”字，謂同“屖”，所言是也。

106. 屐

《字彙·尸部》：“屐，去罽切，音氣。（心）［止］息也。今作憩。”（123下）

《正字通·尸部》：“屐，舊注音氣，（心）［止］息也，今作憩。按：經史通作塈。《詩·大雅》：‘民之攸塈。’傳曰：‘塈，息也。’俗作屐。舊注同憩，非。”（288上）

按：《康熙字典·尸部》：“屐，《廣韻》《集韻》並去例切，音憩。《玉篇》：‘（心）［止］息也。今爲憩。’《正字通》：‘經史通作塈。《詩·大雅》：民之攸塈。傳：塈，息也。或作屐。’”（258下）《玉篇·尸部》：“屐，去罽切。（心）［止］息也。今爲憩。”（56上右）“憇”“憩”即爲同字異體。《玉篇校釋》“屐”字下注：“‘止息也’者，《切韻》同，原皆訛作‘心息’，今正。原本當云：《倉頡篇》：‘屐，止息也。’《爾雅》爲憩字。憩，止乏息也。《説文》爲愒字，並在《心部》。云云。慧琳廿二·十五、卌一·十三：《倉頡篇》：‘屐，止息也。’《爾雅》：‘憩，止也。’注云：‘止乏息也。’《説文》作愒。即迻録本書文。又引《考聲》：‘古文憩作屐，止息也。’張戩亦本《倉頡篇》也。《心部》：‘憩，安息也。’‘憠，息也。’‘愒，《説文》曰：息也。’案：息字具三義，此止息爲休息之息，字亦塈。《詩·谷風》：‘伊余來塈。’《假樂》：‘民之攸塈。’毛傳並云：

‘塈，息也。’《説文》愒、歇二字並訓息，字與遏止字同從曷聲，故皆爲止息。”（2212）胡氏所言是也。《名義・尸部》：“⿸尸既，去㕟反。止息也。憇字。”（107下）《新撰字鏡・尸部》：“⿸尸既，去㕟反。憩字。（上）[止]息也。”（174）以上二書是其證也。故“⿸尸既”當訓“止息也”。《説文・土部》：“墍，仰涂也。从土，既聲。”（288下）“塈”即“墍”之異體字，本義指“塗抹屋頂”。《詩・大雅・假樂》：“不解于位，民之攸塈。”毛傳：“塈，息也。”清朱駿聲《説文通訓定聲・履部》：“塈，假借爲呬。”“塈”，《廣韻》音“許既切”；“呬”，《廣韻》音“虛器切”。故《詩・大雅・假樂》“民之攸塈”之“塈”，當即“呬”之通假字。“⿸尸既”當因“塈”用作“呬”之通假字，進而又因假借義在“塈”字的基礎上通過改變義符而形成的後起字，“⿸尸既”與“憩”“愒”音義並同，即爲異體字；而“⿸尸既”與“塈”當即後起本字與假借字的關係，而非異體關係，故《正字通》謂“⿸尸既”即“塈”字之俗，且謂“舊注同憩，非”，疑不可據。《康熙字典》轉録《正字通》之説而未作校正，亦失考證。

107. ⿸尸虘

《字彙・尸部》：“⿸尸虘，《玉篇》與覻同。”（123下）

《正字通・尸部》：“⿸尸虘，舊注《玉篇》與覻同。按：‘覻’訓‘伺視’，當从見，今改从尸無義，宜删。”（288上）

按：《康熙字典・尸部》：“⿸尸虘，《玉篇》此踞切。同覻。伺視也。”（258下）《玉篇・尸部》：“⿸尸帝，此咨切。⿸尸帝⿸尸虘，盜視。與⿰朿見同。”上字曰：“⿸尸虘，此踞切。[⿸尸帝⿸尸虘]，與覻同。”（56上右）“⿸尸帝”即“⿸尸朿”異寫字。《説文・見部》：“⿰朿見，⿰朿見覻，闚觀也。从見，朿聲。”（175下）故“⿸尸朿⿸尸虘”同“⿰朿見覻”，“⿸尸朿”即“⿰朿見”之異體字，而“⿸尸虘”即“覻”之異體字。敦煌本《王韻》平聲魚韻七余反：“覻，相似（伺）視。又七慮反。”下字曰：“⿸尸虘，此。”（362）故宫本《王韻》平聲脂韻取私反：“⿰朿見，盜視。”下字曰：“⿸尸朿，此〻。”下文魚韻七余反：“覻，相伺視。又七慮反。”下字曰：“⿸尸虘，此〻。”（443）故宫本《王韻》平聲脂韻次私反：“⿸尸帝，此。”下字曰：“⿰朿見，視。”（548）據上文“⿸尸朿”字注可知，以上《切韻》注文之中的“此”或

"此々"，當爲溝通字際關係所用的術語，而非釋義用字，是指此字與上下字爲異體字。《廣韻》平聲魚韻七余切："屘，此也。"（35）《廣韻》訓"屘"爲"此也"，即因誤解《切韻》溝通字際關係所用術語而致的訓釋失誤。《大字典》《字海》"屘"字下據《廣韻》之誤而收録"此"這一義項，疑並非是。

108. 峕

《字彙·山部》："峕，士力切，音食。嶽也；又山貌。"（125 上）

《正字通·山部》："峕，訛字。舊注音食，嶽也；又山貌，誤。"（292 上）

按：《康熙字典·山部》："峕，《集韻》實側切。同嵮。嵮嶷，山貌。省作峕。"（263 上）原本《玉篇·山部》："嵮，仕力反。《字指》：'嵮嶷也。'"（465）《龍龕》卷一《山部》："嵮，士力反。嵮嶷。"（77）《玉篇·山部》："嵮，仕力切。嵮嶷也。"（102 下左）《廣韻》入聲職韻士力切："嵮，嵮嶷。"（425）《集韻》入聲職韻實側切："嵮峕，嵮嶷，山峻皃。或省。"（756）故"峕"當即"嵮"字之俗。又成化本《篇海》卷十二《山部》引《餘文》："峕，士力切。嶽也。"（752 上）正德本《篇海》卷十三《山部》卻謂引《川篇》："峕，士力切。嶽也。"成化本《篇海》與正德本《篇海》引書不同，當以成化本《篇海》爲是；又其皆訓"嶽也"，於《集韻》卻無徵，疑皆爲"峕嶷也"之訛脱。《直音篇》卷六《山部》："嵮，音宅。嵮嶷，山貌。峕，同上。"（231 下）此亦爲其證也。《詳校篇海》卷四《山部》："峕，士力切，音崱。嶽也。又山皃。本作峕。與嵮同。"（261 上）《篇海類編》同。《詳校篇海》《篇海類編》《字彙》訓"嶽也"，當皆因承襲《篇海》之謬而誤。《大字典》"峕"字下據《篇海》之謬而收録"嶽"這一義項，疑亦非是。

109. 岋

《字彙·山部》："岋，五合切，音嶪。動摇之貌。揚子雲《校獵賦》：'天動地岋。'"（125 下）

《正字通·山部》:“岋，同岌。動摇貌。揚雄《校獵賦》:‘天動地岋。’有櫱、屹二音。《莊子》:‘殆哉岋乎。’或从土作圾。舊本：岋音櫱，岌音及，誤分爲二。”（292上）

按:《康熙字典·山部》:“岋,《集韻》鄂合切，音砐。動貌。揚雄《校獵賦》:‘天動地岋。’或從土作圾。《莊子·天地篇》:‘殆哉岋乎。’”（263上）《集韻》入聲合韻鄂合切:“岋，動皃。《漢書》:‘天動地岋。’”（770）《文選·羽獵賦》:“洶洶旭旭，天動地岋。”李善注:“洶洶旭旭，鼓動之聲也。韋昭曰:‘岋，動貌也。’洶，旭勇切；岋，五合切。”《説文·山部》:“岌，山高皃。从山，及聲。”（189下）《玉篇·山部》:“岌，魚及切。山高皃。”（103上右）《集韻》入聲合韻鄂合切:“圾岌，危也。《莊子》:‘殆哉圾圾乎。’或從山。”（770）《莊子·天地》:“許由曰:‘殆哉圾乎天下！’”陸德明《釋文》:“圾，本又作岌。郭、李云:‘危也。’”故“岋”與“岌”儘管構字部件相同，讀音亦相同，然義訓區别甚明，二字不可混同，故《正字通》謂“岋”同“岌”，疑不可據。《正字通》引《莊子》作“殆哉岋乎”，據上文可知,《莊子》本作“殆哉圾圾乎”，故其引文亦誤。《大字典》“岋”字下據《正字通》之誤而收録一個義項謂同“岌”，疑亦非是。

110. 岵

《字彙·山部》:“岵，古含切，音甘。《玉篇》:‘山名。’”（126上）

《正字通·山部》:“岵，譌字。舊注音甘，引《玉篇》‘山名’，泥。”（294上）

按:《康熙字典·山部》:“岵,《集韻》沽三切，音甘。山名。”（265上）此字《説文》、原本《玉篇》皆未收,《廣韻》亦不録,《玉篇》收於部末，當爲陳彭年等人所增。《玉篇·山部》:“岵，古含切。山。”（103下右）《玉篇》本訓“山”,《字彙》謂《玉篇》訓“山名”，非是。漢揚雄《蜀都賦》:“增嶄重崒，岵石巘崔。”從文意來看，“岵”當訓“山”。《集韻》平聲談韻沽三切:“岵，山名。”（286）《集韻》改訓“山名”，於文獻無徵，疑不可據。《玉篇校釋》“岵”字下注:“《集韻》談韻云:‘山名。'應與邯同。《後漢・光武紀》:'上進至邯鄲。'李注:'邯,山名。'《前漢・地理志》:'趙國邯鄲。'張晏曰:'邯鄲山在東城縣。'單,盡也。城郭從邑,故加邑云。本書《邑部》:'邯,邯鄲縣。'縣以山名也。"(4205)據上文可知,"岵"與"邯"音義俱别,二字不可混同,故胡氏之説非是。《大字典》"岵"字下據《集韻》之説而收録"山名"這一義項,疑應删。

111. 岲

《玉篇・山部》:"岲,徒外切,音兑。《玉篇》:'山也。'"(127上)

《正字通・山部》:"岲,俗字。舊注音兑,引《玉篇》'山也'泥,山不必别名岲。"(295下)

按:《康熙字典・山部》:"岲,《廣韻》《集韻》並徒外切,音兑。岲嶒,山貌。馬融《長笛賦》:'嶰壑嶒岲。'注:'嶒岲,深平貌。'"(267上)《玉篇・山部》:"岲,徒外切。山。"(103上左)《廣韻》去聲泰韻杜外切:"岲,山名。"(281)《正字通》所言當是。《玉篇》訓"山",《廣韻》訓"山名",疑並非是。《文選・長笛賦》:"港洞坑谷,嶰壑澮岲。"李善注:"澮岲,嶰壑深平之皃。鄭玄曰:'澮,所以通水於川也。'"(250上)"岲嶒"當即"嶒岲"之倒誤,而"嶒岲"當同"澮岲","嶒"當即"澮"字之俗。故"岲"當訓"澮(嶒)岲,山貌"。《玉篇》訓"山",《廣韻》訓"山名",疑皆爲"山皃"之誤。

112. 㟅

《字彙・山部》:"㟅,乃殄切,音涊。殿臺之勢。又峨㟅,山美貌。"(129上)

《正字通・山部》:"㟅,宜殿切,音彦。山貌;又殿臺之勢屹立貌。"(299下)

按:《康熙字典・山部》:"㟅,《廣韻》魚蹇切,《集韻》語蹇切,並音讞。峨㟅,山峻貌。潘岳《西征賦》:'峻㟅峭以繩直。'注:'㟅峭,高峻貌。'又郭璞《江賦》:'厓隒謂之泐㟅。'注:'厓隒,岸也。泐㟅,猶巖崿也。’又《玉篇》:‘殿臺之勢。’”(272上)原本《玉篇·山部》:“嶘,魚彦反。《西京賦》:‘坻崿嶙峋,㠔嶘巉嶮。’薛宗曰:‘殿基之形勢也。’”(473)《玉篇·山部》:“嶘,魚蹇切。殿臺之勢也。”(103上右)據原本《玉篇》可知,今本《玉篇》訓“殿臺之勢也”,當爲“殿基之勢也”之誤。《文選·西京賦》:“坻崿嶙眴,棧巘巉嶮。”李善引薛宗注:“殿基之形勢也。”此亦其證也。《字彙》訓“殿臺之勢也”,《正字通》又轉訓“殿臺之勢屹立貌”,皆爲《玉篇》所誤。《康熙字典》轉録《玉篇》“殿臺之勢也”而未作校正,亦失考證。據原本《玉篇》引《西京賦》,可知今《文選·西京賦》“嶙眴”當爲“嶙峋”之誤,而“棧巘”當爲“㠔嶘”之誤。《大字典》“嶘”字第(一)義項下第❷義項據《玉篇》之誤而訓“殿臺之勢”,且未提供文獻例證,可據原本《玉篇》校正義訓之誤,並提供文獻例證。

113. 嵑

《字彙·山部》:“嵑,與碣同。”(129下)

《正字通·山部》:“嵑,同碣。山特立也。又《[後]漢[書]·[竇融傳附]竇憲傳》:‘封神丘兮建隆嵑。’注:‘碑碣也。’《集韻》‘碣’或作‘嵑’。”(300上)

按:《康熙字典·山部》:“嵑,《廣韻》苦葛切,《集韻》丘葛切,並音渴。《廣韻》:‘嵑嵑,山貌。’又山特立也。《前漢·竇憲傳》:‘封神丘兮建隆嵑。’注:‘嵑,碑碣也。’《集韻》碣或作嵑。”(272下)《集韻》入聲月韻其謁切:“碣嵑,碣石,山名。或从山。”(680)《正字通》謂“嵑”同“碣”,是指在“山特立也”與“碑碣也”這兩個義項上二字即爲異體字。《漢書·揚雄傳上》:“外則正南極海,邪界虞淵,鴻蒙沆茫,碣以崇山。”顏師古注:“碣,山特立貌。”又《後漢書·竇融傳附竇憲》:“封神丘兮建隆嵑,熙帝載兮振萬世!”李賢注:“方者謂之碑,員者謂之碣。嵑亦碣也。”“嵑”“碣”二字,《集韻》皆音“其謁切”。故“嵑”與“碣”在“山特立也”與“碑碣也”這兩個義項上音義並同,即爲異體字。《大字典》收録“嵑”字,第(二)義項據《集韻》“其謁切”而音 jié，其下分爲兩個義項：第❶義項據《正字通》“山特立也”之訓而訓爲“山突兀聳立”；第❷義項據《集韻》及《後漢書・竇融傳附竇憲》李賢注而謂同“碣”。《大字典》這樣處理“嵑”與“碣”的字際關係是失當的，據上文可知，“嵑”與“碣”在這兩個義項上皆爲異體字，故《大字典》應於第（二）義項下應據《集韻》《正字通》之説而謂同“碣”，其下再分列兩個義項：第❶義項據《正字通》訓“山突兀聳立”；第❷義項據《後漢書・竇融傳附竇憲》李賢注訓“圓頂的石碑”。

114. 嵧

《字彙・山部》：“嵧，力幺切，音聊。《玉篇》：‘山名。’又洛包切，音勞。義同。”（130 上）

《正字通・山部》：“嵧，連喬切，音聊。《玉篇》：‘山名。’張協《七命》：‘嶰谷嵧嶆張其前。’注：‘嵧嶆，深空貌。’又爻韻音勞，義同。”（301 下）

按：《康熙字典・山部》：“嵧，《玉篇》力幺切，《集韻》憐蕭切，並音聊。《玉篇》：‘山名。’又《集韻》：‘嵧嶆，山險也。’張協《七命》：‘嶰谷嵧嶆張其前。’注：‘山深空貌。’”（274 下）《玉篇・山部》：“嵧，力幺切，又落包切。山名。”（103 上左）《玉篇》訓“山名”，疑非是。《文選・張協〈七命〉》：“溟海渾濩涌其後，嶰谷嵧嶆張其前。”李善注：“《漢書》曰：‘取竹之嶰谷。’《音義》曰：‘嶰谷，崐崘北谷名。’嵧嶆，深空之貌也。嶰，音解。嵧，音牢。嶆，音曹。”（491 上）故“嵧”當訓“嵧嶆，深空之貌也”。《玉篇》訓“山名”，疑爲望形生訓。又《玉篇・山部》“嵧”字下文又曰：“嶆，昨遭切。山。”（103 下右）《玉篇》訓“嶆”爲“山”，疑亦非是。據上文所引《文選・七命》李善注可知，“嶆”亦當訓“嵧嶆，深空之貌也”。《集韻》平聲爻韻力交切：“嵧，山名。”（189）《集韻》訓“山名”，當因承襲《玉篇》之謬而誤。《集韻》平聲豪韻郎刀切又曰：“嵧，嵧嶆，山險。或作嶗。”（195）《集韻》於此處訓“嵧”爲“嵧嶆，山險”，是也；然其謂“嵧”或作“嶗”，疑非是。《玉篇・山部》：“嶗，力刀切。山名。”（103 下右）故“嵧”訓“嵧嶆，山險”，與“嶗”音同義别，二字不可混同，《集韻》謂“㠖”或作“嶗”，非是。《大字典》“㠖”字下據《集韻》之誤而收録“山名”這一義項，疑亦非是。

115. 嵷

《字彙·山部》:“嵷，昨木切，音族。聚齊也。”（130下）

《正字通·山部》:“嵷，舊注音族，聚齊也，不知族聚古借族，或作蔟，故《爾雅》云:‘木族生。’俗作嵷，非。”（302上）

按:《康熙字典·山部》:“嵷，《集韻》士六切，音族。聚齊貌。《正字通》:‘《字彙》[音]族，聚齊也，不知族聚古借族，或作蔟，故《爾雅》云木族生，俗作嵷，非。’”（275上）《集韻》入聲屋韻仕六切:“嵷，聚齊皃。”（648）《正字通》謂“嵷”古借“族”，所言當是。《爾雅·釋木》:“木族生爲灌。”郭璞注:“族，叢。”《廣雅·釋詁三》:“族，聚也。”《集韻》入聲屋韻昨木切:“族，聚也。”（637）故“嵷”與“族”音近義通，“嵷”本當作“族”。

116. 崫

《字彙·山部》:“崫，苦骨切，音窟。崫屼，秃山貌；又穴也。”（131上）

《正字通·山部》:“崫，同崛。《説文》本作崛，山短高也。俗作崫。”（303下）

按:《康熙字典·山部》:“崫，《玉篇》苦忽切，《廣韻》《集韻》苦骨切，並音窟。崫屼，山貌。一曰童山。《説文》本作崛，《集韻》或作岀。”（277上）原本《玉篇·山部》:“屼，五骨反。《字指》:‘崫屼，秃山也。’”（473）下文又曰:“崫，口骨反。《字指》:‘崫屼，秃山也。’”（474）《玉篇·山部》:“屼，五骨切。崫屼，秃山也。”下字曰:“崫，苦忽切。崫屼。”（103上右）《廣韻》入聲没韻苦骨切:“崫，崫屼，秃山皃。”（391）《集韻》入聲没韻苦骨切:“崫，崫屼，山皃。一曰童山。”（684）《集韻》訓“崫屼，山皃”，當爲“崫屼，秃山皃”之誤脱。《大字典》收録“㟷”字，訓“㟷屼”，其下又分爲兩個義項：第 1 義項據《玉篇》與《集韻》訓“山貌”；第 2 義項據《廣韻》訓“光秃的山”。據上文可知，《玉篇》於“屼”字下訓“㟷屼，秃山也”，而於“㟷”字下訓“㟷屼”，此爲《玉篇》訓釋聯連綿之體例，故《玉篇》訓“㟷”爲“㟷屼”，亦義指“秃山也”。《大字典》“㟷”字下第 1 義項即因不明《玉篇》訓釋體例，且又據《集韻》義訓之誤而妄增，應删。《篇海》卷十二《山部》引《玉篇》：“㟷，苦忽切。㟷穴也。”（754 下）《篇海》訓“㟷（當爲字頭誤重）穴也”，於前代字韻書皆無徵，非是。《直音篇》卷六《山部》：“㟷，音窟。㟷屼，山短而高。”（229 下）《直音篇》訓“山短而高”，於前代字韻書亦無徵，當因“㟷”“崛”形近，故而誤植“崛”字之義於“㟷”字之上所致的訓釋失誤。《説文·山部》：“崛，山短高也。从山，屈聲。”（188 下）《龍龕》卷一《山部》：“崛，渠物反。山短而高。”（78）《直音篇》卷六《山部》“㟷”字上文曰：“崛，渠勿切。山短而高貌。”（229 上）此即其證也。《詳校篇海》卷四《山部》：“㟷，苦骨切，音窟。㟷屼，秃山皃。又穴也。”（264 下）《篇海類編》同。《詳校篇海》《篇海類編》《字彙》訓“穴也”，皆因承襲《篇海》之謬而誤。“㟷”與“崛”儘管形近，然音義俱别，二字不可混同，故《正字通》之説疑不可據。《康熙字典》謂“《説文》本作崛”，當因承襲《正字通》之説而誤。

117. 嵄

《字彙·山部》：“嵄，魚奚切，音宜。山峰。《玉篇》：‘山名。’”（131 上）

《正字通·山部》：“嵄，與㕒通。《集韻》：‘㕒，或作嵄。’舊注引《玉篇》‘山名’，誤分爲二，省作嵄，亦誤。”（303 下）

按：《康熙字典·山部》：“嵄，《玉篇》宜崎切，《集韻》魚羈切，並音儀。《玉篇》：‘山名。’《集韻》：‘山峰巇巖也。’本作㕒，或作嵄。王延壽《魯靈光殿賦》：‘上崎嵄而重注。’注：‘崎嵄，高峻也。’又《廣韻》魚倚切，《集韻》魚綺切，並音蟻。岌嵳，山高貌。《集韻》亦作㠜。”（277 上）《集韻》平聲支韻虚宜切：“㕒，㕒㕒，山險。或作巇、嵄。”

（37）此“嶬”即“巇”之異體字。《集韻》平聲支韻語綺切又曰：“㕒，山峰巉巖曰厜㕒。或作嶬。”（38）此“嶬”又即“㕒”之異體字。《集韻》上聲紙韻語綺切：“㠖，岌㠖，山高皃。或作𨻶，亦書作嶬。”（314）此“嶬”又即“㠖”之異體字。又《玉篇·山部》：“㠖，宜崎切。山名。”（103下右）《玉篇》訓“山名”，於文獻無徵，此訓當爲陳彭年等妄補，不可爲據。《篇海》卷十二《山部》引《玉篇》：“㠖，宜崎切。山名。”（754下）《篇海》訓“山名”，此即因承襲《玉篇》之謬而誤。《直音篇》卷六《山部》：“㠖，音宜。山名。”（227下）《詳校篇海》卷四《山部》：“㠖，魚紀切，音以。岌㠖，山高皃。又平音夷。山名。”（264下）《篇海類編》同。《直音篇》《詳校篇海》《篇海類編》訓“山名”，皆因承訛襲謬而誤。《篇海》卷十二《山部》：“嶬，許羈切。嶮巇，山嶮也。又魚羈切。山峰巉巖曰厜㕒也。”（754下）《詳校篇海》卷四《山部》：“嶬，許羈切。嶮巇，山嶮也。又魚羈切。山峰。”（264下）《篇海類編》同。“嶬”字，《集韻》《篇海》《詳校篇海》《篇海類編》皆未訓“山名”，《字彙》引《玉篇》訓“山名”者，因“嶬”同“㠖”，故而謂“嶬”字《玉篇》訓“山名”，然據上文可知，《玉篇》訓“山名”，當爲陳彭年等妄補，不可爲據。《大字典》“㠖”字下據《玉篇》之誤而收録“山名”這一義項，疑亦非是。

118. 嶷

《字彙·山部》：“嶷，延知切，音夷。九嶷，山名，舜所葬處，山有九峰，相似可疑，故曰嶷。文穎曰：‘山半在蒼梧，半在零陵。’又叶宜戟切，音逆。《詩·大雅》：‘克岐克嶷。’注：‘岐，知也；嶷，識也。言小兒有知識也。’又朱子曰：‘岐、嶷，言其能立也。’”（131下）

《正字通·山部》：“嶷，魚奇切，音宜。九嶷，山名，在營道縣北舜所葬處……又質韻音逆。《詩·大雅》：‘克岐克嶷，以就口食。’注：‘峻茂之狀。’朱傳：‘岐、嶷，言其能立也。’”（303下）

按：《康熙字典·山部》：“嶷，《唐韻》《集韻》語其切，《韻會》疑其切，並音宜。《説文》：‘九嶷山，舜所葬，在零陵營道。從山，疑聲。’……又《玉篇》魚力切,《集韻》《類篇》《韻會》鄂力切, 並音逆。《説文》:‘小兒有知也。’本作嶷, 今文作嶷。《詩·大雅》:‘克岐克嶷。’箋:‘嶷, 識也。其貌嶷嶷然有所識别也。’”(277下)《説文·口部》:“㘈, 小兒有知也。从口, 疑聲。《詩》曰:‘克岐克㘈。’”(25上)《集韻》入聲職韻鄂力切:“㘈嶷懝譺,《説文》:‘小兒有知也。’引《詩》:‘克岐克㘈。’或從山, 從心, 從言。”(760)《詩·大雅·生民》:“克岐克嶷, 以就口食。”毛傳:“岐, 知意也; 嶷, 識也。”故“嶷”訓“小兒有知識也”, 與“㘈”音義並同, 即爲異體字。

119. 嶵

《字彙·山部》:“嶵, 杜對切, 音隊。山貌。”(131下)

《正字通·山部》:“嶵, 杜貴切, 音隊。山貌。亦作對。左思《魏都賦》:‘對若崇山崫起而崔嵬, 髣若玄雲舒蜺以高垂。’注:‘言殿宇高麗也。’”(304上)

按:《康熙字典·山部》:“嶵,《玉篇》《集韻》並徒對切, 音墜。山貌。亦作對。左思《魏都賦》:‘對若崇山崫起而崔嵬。’注:‘言殿宇高峻也。’”(278上)《集韻》入聲隊韻徒對切:“嶵, 山皃。或書作對。”(530)《集韻》訓“山皃”, 疑非是。《文選·魏都賦》:“築曾宫以迴匝, 比岡隒而無陂。造文昌之廣殿, 極棟宇之弘規。對若崇山崫起以崔嵬, 髣若玄雲舒蜺以高垂。”李善注:“對, 高貌也。”張銑注:“對, 山貌。”從文意來看,“對”當以訓“高貌也”爲是; 而張銑訓“山貌”, 疑不可據。《集韻》訓“山皃”, 疑爲張銑注所誤也。《篇海》卷十二《山部》引《玉篇》(當爲《餘文》之誤):“嶵對, 二徒對切。山皃。”(754下)《篇海》訓“山皃”, 當爲《集韻》所誤也。《直音篇》卷六《山部》:“嶵, 音隊。山貌。對, 同上。”(228下)《詳校篇海》卷四《山部》:“嶵對, 二杜對切, 音隊。山皃。”(264下)《篇海類編》同。《直音篇》《詳校篇海》《篇海類編》《字彙》《正字通》訓“山皃”, 亦當皆因承前而謬也。《大字典》“嶵”字下據《集韻》之誤而收録“山貌”這一義項, 疑亦非是。

120. 巴

《字彙·己部》:“巴，邦加切，霸平聲。蛇名。又州名。秦漢屬巴郡，元魏立巴州。”（134上）

《正字通·己部》:“巴，邦加切，音豝。州名……又方俗有尾巴語，《正韻》‘巴’注‘又尾也’，非。”（310上）

按:《康熙字典·己部》:“巴,《廣韻》伯加切,《集韻》《正韻》邦加切，並音芭。《廣韻》:‘巴蜀。’……又《正韻》:‘尾也。’”（284下）《洪武正韻》平聲麻韻邦加切:“巴，巴蜀。又姓。蛇名。地名。又尾也。”（115）《正字通》謂“《正韻》‘巴’注‘又尾也’，非”，所言是也。“尾巴”本爲方俗用語，現已發展成爲普通話的一個基本詞彙，其中“巴”即爲後綴，没有詞彙意義，故《洪武正韻》訓“巴”爲“尾也”，非是。《康熙字典》轉録《洪武正韻》之訓而未作校正，亦失考證。《大字典》“巴”字下據《洪武正韻》之誤而收録“尾巴”這一義項，亦非。

121. 帉

《字彙·巾部》:“帉，師加切，音沙。細絲。”（135下）

《正字通·巾部》:“帉，俗紗字。”（312上）

按:《康熙字典·巾部》:“帉,《五音集韻》所加切，音沙。細絲也。”（287下）《玉篇·巾部》:“帉，音沙。細絲。”（127上左）《正字通》所言疑是,《玉篇》訓“細絲”，疑即“細絲縠”之脱誤。原本《玉篇·糸部》:“紗，所加反。《周禮·内司服》:‘掌王后之六服：褘衣、揄狄、鞠衣、展衣、緣衣、素紗。’鄭衆曰:‘素紗，赤衣也。’鄭玄曰:‘謂今之白絹也。’六服者皆袍制，以白絹爲其裹，使之張顯也。今世有紗縠者，名出於此耳。《廣雅》:‘紗，小也。紗，微也。’”（648）《玉篇·糸部》:“紗，所加切。紗縠也。”（125下右）《集韻》平聲麻韻師加切:“紗，絹屬。一曰紡纑。通作沙。”（205）“紗”即指輕細的絲麻織物，古時多以蠶絲爲之，古亦作“沙”。“帉”與“紗”音同，又“巾”旁、“衣”旁義通，常可换用，故“帉”疑即“紗”字之俗。

122. 帿

《字彙・巾部》:"帿，徒紅切，音仝。巾帿；又幡也。"（135 下）

《正字通・巾部》:"帿，俗幢字。舊注音工，幡也，與幢義近，分爲二，別訓巾帿，非。"（312 上）

按:《康熙字典・巾部》:"帿,《廣韻》《集韻》並徒冬切，音彤。《玉篇》:'巾帿也。'《廣韻》:'幡也。'"（287 下）《廣韻》平聲冬韻徒冬切:"帿，戎云:'幡也。'"（9）《集韻》平聲冬韻徒冬切:"帿，幡名。"（15）《正字通》所言疑是。"帿"字,《廣韻》訓"幡也",《集韻》訓"幡名"，此"幡"當義指"旗幟"，而非義指"抹巾"。又《玉篇・巾部》:"帿，徒冬切。巾帿也。"（127 上左）《玉篇校釋》"帿"字下注:"'巾帿也'者，'帿'字複舉，'巾'當爲'幡'。《切韻》:'帿，戎云幡。'謂戎稱呼幡爲帿也。《集韻》:'帿，幡也。'"（5518）胡氏所言是也。故《字彙》訓"巾帿"，此即因承前之誤而謬。《説文・巾部》:"幢，旌旗之屬。从巾，童聲。"（157 上）"幢",《廣韻》音"宅江切",《集韻》又音"徒東切"。"帿"與"幢"音義並同，"帿"疑即"幢"之異體字。

123. 帚

《字彙・巾部》:"帚，止酉切，周上聲。帚彗也。"（135 下）

《正字通・巾部》:"帚，止酉切，周上聲。[帚]彗也。"（313 下）

按:《康熙字典・巾部》:"帚,《唐韻》支手切,《集韻》止酉切,《韻會》止酒切，並音帚。《説文》:'糞也。从又持巾埽冂內。古者少康初作箕帚秫酒，少康，杜康也。'《玉篇》:'掃除糞穢也。'"（288 下）《説文・巾部》:"帚，糞也。从又持巾埽冂內。古者少康初作箕帚秫酒，少康，杜康也。"（156 下）段玉裁注本作:"帚，所以糞也。"《玉篇・巾部》:"帚，之酉切。掃除糞穢也。"（127 上右）《玉篇校釋》"帚"字下注:"慧琳五三・六十、五二・八四、八三・九三各卷引《世本》云:'少康初作箕帚。'宋忠云:'少康，杜康也。夏后祖之子，葬長桓。'顧野王云:'帚，所以掃除糞穢也。'《説文》:'帚，除糞也。从又持巾掃冂內也。'

即本書原文。《説文》亦引《世本》，二徐本作‘糞也’，無‘除’字，糞稱爲坌也。慧琳又引《考聲》：‘帚，掃地具也。’”（5495～5496）胡氏所言當是。《名義·巾部》：“帚，之酉反。除穢［也］。”（278 下）可見顧野王所見《説文》亦訓爲“除糞也”，二徐本《説文》作“糞也”，當爲“除糞也”之脱誤。又今本《玉篇》訓“掃除糞穢也”，當爲“所以掃除糞穢也”之脱誤，因爲“帚”爲“掃除糞穢的工具”，而非爲“掃除糞穢”。《康熙字典》轉録《玉篇》之訓而未作校正，亦失考證。《大字典》“帚”字下據《玉篇》之誤而收録“掃除穢土”這一義項，應删。

124. 幍

《字彙·巾部》：“幍，胡閤切，音合。吹火幍。又於蓋切，音隘。義同。”（137 下）

《正字通·巾部》：“幍，俗帢字。舊注音合，吹火幍；又音隘，義同，並非。”（318 上）①

按：《康熙字典·巾部》：“幍，《字彙》胡閤切，音合。吹火幍。又於蓋切，音隘。義同。”（293 下）《龍龕》卷一《忄部》：“㥶，俗。胡塔反。正作幍。吹火幍也。”（63）下文《巾部》又曰：“幍，胡臘反。吹火也。又俗於蓋反。”（140）《叢考》“幍”字下注：“此字疑爲‘熆’的俗字。《廣韻》入聲盍韻胡臘切：‘熆，吹火也。’（433）‘幍’‘熆’音義皆合。”（360）《叢考》所言當是。《字彙補·心部》：“㥶，與熆同。吹火熆也。”（72 上）“㥶”即“幍”字之俗，《字彙補》謂“㥶”同“熆”，此即其證也。《説文·巿部》：“帢，士無巿，有帢，制如榼，缺四角，爵弁服，其色韎，賤不得與裳同。司農曰：‘裳纁色。’从巿，合聲。韐，或从韋。”（156）“帢”，《廣韻》音“古沓切”。“幍”與“帢”音義俱别，二字不可混同，故《正字通》謂“幍”即“帢”字之俗，且謂“舊注”非，其説疑不可據。《大字典》《字海》“幍”字下皆據《正字通》之誤而收録一個

① 筆者在《〈新修玉篇〉研究》“㥶”字下注，原認爲“幍”與“熆”疑非一字，進而認爲“㥶”與“熆”亦非一字，今據《叢考》之説，並通過全面考察，認爲“幍”與“熆”當爲同字，“㥶”亦當同“熆”。故而更正於此。

義項，謂同“帢”，疑並非是。

125. 幰

《字彙·巾部》:“幰，呼典切，音顯。車幔。”（139上）

《正字通·巾部》:“幰，許𧀼切，音顯。《説文》:‘車幔也。’”（321上）

按:《康熙字典·巾部》:“幰，《唐韻》虚偃切，《集韻》《韻會》許偃切，並音忓。《説文》:‘車幔也。’《玉篇》:‘車幰也。’《蒼頡篇》:‘帛張車上爲幰。’《廣雅》:‘幨謂之幰。’《釋名》:‘幰，憲也，禦熱也。’”（297下）《説文新附·巾部》:“幰，車幔也。从巾，憲聲。”（157下）《名義·巾部》:“幰，虚甗反。布張車上。”（279下）《玉篇·巾部》:“幰，許偃切。車幰也。忓，同上。又音幹。布袋。”（127上左）《廣韻》上聲阮韻虚偃切:“幰，《倉頡篇》:‘帛張車上爲幰。’”（189）《集韻》上聲阮韻許偃切:“幰忓，張繒車上爲幰。或從軒省。”（361）下文去聲翰韻居案切又曰:“忓，布囊。”《類篇·巾部》:“幰，許偃切。張繒車上爲幰。或從軒省。忓，又居案切。布囊也。”（268上）據以上諸字韻書可知，“幰”即義指“車上的帷幔”，在此意義上，“忓”與“幰”即爲異體字。據《玉篇》《集韻》《類篇》諸書亦可知，“忓”字又音gàn，訓“布袋”或“布囊也”，“布袋”與“布囊”訓異義同。《大字典》收録“幰”字，第❸義項訓“布囊”，引《類篇·巾部》曰:“幰，布囊也。”據上文所引《類篇》可知，《類篇》訓“布囊也”，當爲“忓”字之義，而非“幰”字之義，《大字典》“幰”字下第❸義項即因誤解《類篇》説字體例而致的訓釋失誤，應删。

126. 庀

《字彙·广部》:“庀，普弭切，披上聲。治也。《左傳》:‘子木使庀賦。’又具也。《左傳》:‘季文子卒，宰庀家器爲葬備。’”（140下）

《正字通·广部》:“庀，普米切，丕上聲。叙也；治也。《周禮》:‘庀其委積。’《左傳》:‘子木使庀賦。’又具也。《左傳》:‘官庀其司。’又:

‘季文子卒，宰庀家器爲葬備。’”（326 上）

按：《康熙字典·广部》：“庀，《廣韻》匹婢切，《集韻》《正韻》普弭切，並音仳。《玉篇》：‘具也。’《左傳·襄九年》：‘官庀其司。’又《集韻》：‘治也。’《左傳·襄二十五年》：‘楚子木使庀賦。’疏：‘治之使具也。’”（304 上）《名義·广部》：“庀，平婢反。具也；理也。”（220 下）《玉篇·广部》：“庀，匹婢切。具也。”（104 下右）箋注本《切韻》上聲紙韻匹婢反：“庀，具。又匹幾反。”（130）故宫本《王韻》、故宫本《裴韻》同。《廣韻》上聲紙韻匹婢切：“庀，具也。”（165）《集韻》上聲紙韻普弭切：“庀，治也；具也。或作庇、比。”（316）《詳校篇海》卷一《广部》：“庀，匹靡切，音嚭。具也。又治也。又匹婢切，音比。亦具也。”（69 上）《篇海類編》同。《周禮·地官·遂師》：“賓客，則巡其道修，庀其委積。”鄭玄注引鄭司農云：“庀，具也。”又《左傳·襄公二十五年》：“楚蔿掩爲司馬，子木使庀賦，數甲兵。”《正字通》訓“叙也”，於前代字韻書皆無徵，於文獻注疏亦無徵，疑不可據。《大字典》“庀”字下據《正字通》之誤而收録“叙”這一義項，疑亦非是。

127. 廥

《字彙·广部》：“廥，苦弔切，音竅。高屋。”（144 上）

《正字通·广部》：“廥，苦弔切，音竅。高屋。”（334 上）

按：《康熙字典·广部》：“廥，《廣韻》《集韻》並丘召切，音趬。《玉篇》：‘高屋。’”（313 上）《玉篇·广部》：“廥，丘召切。高屋。”（104 下右）《廣韻》去聲笑韻丘召切：“廥，《玉篇》云：‘高屋。’”（323）《玉篇校釋》“廥”字下注：“《集韻·笑韻》義同，廥之言喬也。喬，高也。屋高謂之廥，猶人高謂之僑，山高謂之嶠，馬高大謂之驕，鼎高足謂之鐈，舉足引高謂之蹻。”（4260）胡氏所言當是。《爾雅·釋詁上》：“喬，高也。”郭璞注：“高大貌。”故“廥”本當作“喬”。

128. 廦

《字彙·广部》：“廦，必歷切，音壁。牆也。”（144 上）

《正字通・广部》:“廦,與廦通。音僻。仄也;陋也。舊本《厂部》廦重出,分廦、廦爲二。”(334 上)

按:《康熙字典・广部》:“廦,《廣韻》北激切,《集韻》必歷切,並音䵗。《廣韻》:‘室屋。’又《廣韻》《集韻》並必益切,音壁。《説文》:‘牆也。’”(313 上)《説文・广部》:“廦,牆也。从广,辟聲。”(190 下)又《説文・厂部》:“厤,仄也。从厂,辟聲。”(192 上)原本《玉篇・广部》:“廦,補的反。《説文》:‘廦,廧也。’野王案:室之屏蔽也。《儀禮》:‘主人避於東廦南面。’是也。《廣雅》:‘廦,垣也。’今或爲壁字,在《土部》也。”(477)又原本《玉篇・厂部》:“厤,孚赤反。《左氏傳》:‘厤君之執事。’杜預曰:‘厤,陋也。’《楚辭》:‘扈江蘺與厤芷。’王逸曰:‘厤,幽也。’野王案:幽亦隱蔽也。《禮記》曰:‘隱厤而後屨。’是也。《説文》:‘厤,仄也。’邪厤爲僻字,在《人部》。”(506)故“廦”與“厤”儘管形音皆近,然意義區别甚明,二字不可混同,故《正字通》之説非是。《大字典》“廦”字下據《正字通》之誤而收録同“厤”這一義項,非是。又《廣韻》入聲錫韻北激切:“廦,室屋。”(423)余迺永《校注》“廦”字下注:“按注文於《王一》云‘室屏’,與《説文》‘廦,牆也’、《廣雅・釋室》‘廦,垣也’義合,當據正。《全王》‘室’下缺‘屏’字。”(969)余氏所言是也。敦煌本《王韻》入聲錫韻北激反:“廦,室屏。”(430)故宫本《王韻》入聲錫韻北激反:“廦,室。”(519)”“室屏”與“牆也”“垣也”訓異義同,故故宫本《王韻》訓“室”,當即“室屏”之脱誤。《廣韻》承襲故宫本《王韻》義訓之誤而又轉訓爲“室屋”,亦非。《集韻》入聲錫韻必歷切:“廦,《説文》:‘牆也。’”(749)《集韻》據《説文》校《廣韻》“室屋”之訓爲“牆也”,此亦其證也。《康熙字典》轉録《廣韻》“室屋”之訓而未作校正,亦失考證。《大字典》《字海》“廦”字下皆據《廣韻》之誤而收録“室屋”這一義項,並非。

129. 弆

《字彙・廾部》:“弆,余六切,音育。兩手捧物。又居六切,音菊。義同。”(145 下)

《正字通・廾部》:“𢍰,同𦥑。小篆從収諧𡴀音作𢍰,篆作𢍰,與掬通。舊注兩手捧物,訓同𦥑,改音育,非。”(337上)

按:《康熙字典・廾部》:“𢍰,《唐韻》余六切,音育。《説文》:‘兩手盛也。’《廣韻》:‘兩手捧物。’又《集韻》居六切,音匊。義同。”(316下)《説文・収部》:“𢍰,兩手盛也。从収,𡴀聲。”(53下)《名義・収部》:“𢍰,居陸反。兩手盛也。”(58下)《玉篇・収部》:“𢍰,余六切。《説文》曰:‘兩手盛也。’又居六切。”(32下右)故宫本《王韻》入聲屋韻與逐反:“𢍰,兩手捧物。”(510)《廣韻》入聲屋韻余六切:“𢍰,兩手捧物。《説文》音匊。”(371)《正字通》所言當是。《説文・𦥑部》:“𦥑,叉手也。从𠄔、彐。”(54下)《名義・𦥑部》::“𦥑,居陸反。叉手也。”(59上)《玉篇・𦥑部》:“𦥑,居六切。叉手也。兩手捧物曰𦥑。”(32下左)“叉手也”與“兩手捧物”訓異義同,《玉篇》謂“兩手捧物曰𦥑”,疑即顧氏原本《玉篇》對“叉手也”所作的訓釋。又箋注本《切韻》(斯2071)入聲燭韻居玉反:“𦥑,斂手。”(141)敦煌本《王韻》入聲燭韻居玉反:“𦥑,斂手。又居六反。”(423)“斂手”與“叉手也”“兩手捧物”亦當訓異義同,“斂手”“叉手也”皆側重於表述動作的姿態,而“兩手捧物”則側重於表述動作的結果。故“𢍰”與“𦥑”音義並同,當爲異體字。

130. 弢

《字彙・弓部》:“弢,毗意切,音備。弢𢏳,張弓也。”(147上)

《正字通・弓部》:“弢,俗字。舊注音備,弢𢏳,張弓,誤。”(341上)

按:《康熙字典・弓部》:“弢,《廣韻》《集韻》並平義切,音髮。《玉篇》:‘弢𢏳,所以張弩也。’《集韻》:‘弢𢏳,張弓貌。’又《廣韻》:‘弢弓。’《集韻》:‘絲皮飾弓也。一曰曲弓也。’”(321上)《玉篇・弓部》:“弢,皮僞切。弢𢏳,所以張弩也。”下字曰:“𢏳,女恚切。弢𢏳也。”(80下左)《玉篇校釋》“弢”“𢏳”二字下注:“‘弢𢏳,所以張弩也’者,《切韻》同。又:‘弢,絲弢弓。’《廣韻》:‘弢𢏳,弓皃。’《集韻》云:‘所以張弩也。一曰弓曲也。’又彂瓾，張弓皃，彂瓾疊韻，彂之言披張，瓾之言委曲，弩張則弦曲也。”（3207）胡氏之説疑可商榷。《名義·弓部》：“彂，皮僞反。［彂瓾，所以］張弓。”下字曰：“瓾，女恚反。彂［瓾］。”（166下）《新撰字鏡·弓部》：“瓾，女恚反。彂瓾也。”（598）以上二書皆同今本《玉篇》，可見原本《玉篇》“彂”亦當訓“彂瓾，所以張弓也”，“瓾”當訓“彂瓾”，而“彂瓾”訓“所以張弓也”，當指一種用於輔助張弓的物件。又《廣韻》去聲寘韻平義切：“彂，彂弓。”（240）下文女恚切又曰：“瓾，瓾彂，弓皃。”（243）余迺永《校注》“彂”字下注：“《王二》及《全王》云：‘絲彂弓。’《集韻》訓：‘絲皮飾弓也。’余謂以絲皮飾弓，不若解以絲裹皮條或牛筋以爲弓弦之弓也。”（814）下文“瓾”字下又注：“《王一》及《全王》云：‘彂瓾。’《全王》‘彂’字訛作‘彼’，《玉篇》：‘彂瓾，所以張弩也。’《集韻》：‘彂瓾，張弓皃。’或體作‘弫’。《王二》‘彂’字訓：‘絲彂弓。又瓾也，所以張弓。’‘彂’乃以絲裹皮條或牛筋爲弦之弓，已見前注。‘所以張弓’之物，《周禮·夏官·繕人》：‘弓弩、弓箙、矰俠、抉拾。’鄭玄注引鄭司農云：‘抉，或謂抶，謂引弦彄也。’‘彄’乃射手戴於右手大拇指用以鉤弦之環狀物。《説文》釋‘彄’爲：‘弓弩耑，弦所居也。’乃另一義。夬聲《詩》韻在祭部，皮聲在歌部，二部音最近；故‘抉’猶言‘彂’也。區聲爲侯部字，‘瓾’之或體爲‘弫’，垂聲亦在歌部。上古陰聲韻尾消失，歌、侯二部字乃得通轉，故‘弫’亦‘彄’也。”（817）余迺永謂“彂”訓“絲彂弓”，即指“以絲裹皮條或牛筋以爲弓弦之弓也”，疑可商榷；然其謂“彂瓾，所以張弓”當指“古代射箭時套在右手拇指上，用以鉤弦的扳指”，所言疑是。《周禮·夏官·繕人》：“弓弩、弓箙、矰俠、抉拾。”鄭玄注：“鄭司農云：‘抉者，所以縱弦也。’玄謂抉，挾矢時所以持弦飾也，著右手巨指。”“彂”“瓾”訓“彂瓾，所以張弓（弩）也”，當指“著於右手巨指，用以持弦的扳指”。《廣韻》訓“彂”爲“彂弓”，當爲“彂瓾，所以張弓”之脱誤；又其訓“瓾”爲“瓾彂，弓皃”亦當爲“彂瓾，所以張弓”之誤。又敦煌本《王韻》去聲寘韻女恚反：“瓾，彂瓾。”（402）敦煌本《王韻》訓“瓾”爲“彂瓾”，是也。又故宫本《王韻》去聲寘韻皮義反："弢，絲弢弓。"（490）下文女恚反又曰："弩，弢弩。"（490）故宫本《王韻》訓"弩"爲"弢弩"，是也；然其訓"弢"爲"絲弢弓"不辭，亦當爲"弢弩，所以張弓"之誤。又故宫本《裴韻》去聲寘韻皮義反："弢，絲弢弓。又弩也，所以張弓。"（584）故宫本《裴韻》訓"弢"爲"絲弢弓。又弩也，所以張弓"，亦當爲"弢弩，所以張弓"之誤。《集韻》去聲寘韻而睡切："弩，弓曲謂之弩。一曰張弩。"（467）下文女恚切又曰："弩弻，弢弩，張弓皃。或從垂。"（469）下文於僞切又曰："弩，弩弢，張弓皃。"（471）《集韻》訓"弩"爲"弓曲"，於前代字韻書皆無徵，亦不可據；又其訓"弩"爲"張弩""弢弩，張弓皃""弩弢，張弓皃"，當皆爲"弢弩，所以張弩（弓）"之誤。又《集韻》去聲寘韻平義切又曰："弢，絲皮飾弓也。一曰所以張弩。一曰弓曲也。"（472）《集韻》訓"弢"爲"絲皮飾弓也"，此當因承襲《廣韻》之謬而誤；其訓"一曰所以張弩"，"所以"前當誤脱被訓聯連綿"弢弩"二字；又其訓"弓曲"，亦非。又《龍龕》卷一《弓部》："弢，音被。弢弓。"（151）《龍龕》訓"弢"爲"弢弓"，亦當爲"弢弩，所以張弓"之脱誤。《字彙》訓"弢"爲"弢弩，張弓也"，此即因承前而謬，亦當爲"弢弩，所以張弓也"之誤。《正字通》謂"舊注"誤，所言是也。《康熙字典》轉録《廣韻》《集韻》之訓而未作校正，亦失考證。

131. 弰

《字彙・弓部》："弰，所交切，音梢。弓末也。"（147 下）

《正字通・弓部》："弰，疏操切，音梢。弓末也。"（342 上）

按：《康熙字典・弓部》："弰，《廣韻》《正韻》所交切，《集韻》《韻會》師交切，並音稍。《玉篇》：'弓使箭。'又弓末也。《廣韻》：'弓弰。'《集韻》：'弓末。'"（322 上）《玉篇・弓部》："弰，山交切。弓使箭。"（80 下左）《新修玉篇》《篇海》引《玉篇》同。《玉篇校釋》："'弓使箭'者，經删不成義。當依慧琳四一・十五引《埤蒼》：'弰，弓兩端末也。'《切韻》：'弰，弓上。'《廣韻》作'弓弰'。《集韻》云：'弓末。'希麟引《考聲》云：'弓兩頭也。'弰之言梢也，末端之名也。"（3208）胡氏所言是也。《玉篇》訓“弓使箭”不辭，且於文獻無徵，當如胡氏所言，爲經刪而誤而產生的虛假義項。箋注本《切韻》(斯 2071)平聲肴韻所交反:“弰，弓上。”(120)箋注本《切韻》訓爲“弓上”，“上”當爲“弰”字之聲誤。故宫本《王韻》、《廣韻》校作“弓弰”，是也。此是其證也。《龍龕》卷一《弓部》:“弰，所交反。弓弰也。”(150)《龍龕》改訓“弓弰也”，此亦其證也。故“弰”即指“弓的末梢”，本當作“梢”。此誤由來已久，非始於宋本《玉篇》。《名義・弓部》:“弰，山交反。[弓]使箭。”(166下)可見此誤自《名義》已然。《新撰字鏡・弓部》:“弰，所交、所李二反。弓弰也；弓使箭也。”(598)“李”，張磊、吴美富《〈新撰字鏡〉校注》(886)校作“孝”，是也。《新撰字鏡》訓“弓弰也”，是也；然又訓“弓使箭也”，當因承前而誤。《新修玉篇》《篇海》轉録《玉篇》之訓而未作校正，俱失考證。《直音篇》卷五《弓部》:“弰，音梢。弓末也。”(192上)《直音篇》改訓“弓末也”，亦是。《詳校篇海》卷一《弓部》:“弰，所交切，音梢。弓使箭。又弓末。”(20下)《篇海類編》同。《詳校篇海》《篇海類編》亦訓“弓使箭”，皆因承前而誤；然其又訓“弓末”，此訓是爲確訓。《字彙》《正字通》俱未收“弓使箭”這一義項，皆是也。《康熙字典》轉録《玉篇》“弓使箭”之訓而未作校正，亦失考證。《大字典》“弰”字下據《玉篇》收録“弓使箭”這一義項，疑亦非是。

132. 弽

《字彙・弓部》:“弽，奴對切，音内。弢弽，弓張貌。”(147下)

《正字通・弓部》:“弽，弢、弽並俗字。”(342上)

按:《康熙字典・弓部》:“弽，《廣韻》女恚切，音諉。《玉篇》:‘弢弽也。’《廣韻》:‘弢弽，弓貌。’《集韻》:‘弓曲謂之弽。一曰張弩。’《類篇》:‘張弓貌。’”(322下)《名義・弓部》:“弢，皮僞反。[弢弽，所以]張弓。”下字曰:“弽，女恚反。弢[弽]。”(166下)《新撰字鏡・弓部》:“弽，女恚反。弢弽也。”(598)《玉篇・弓部》:“弢，皮僞切。弢弽，所以張弩也。”下字曰:“弽，女恚切。弢弽也。”(80下左)“弽”當訓“弢弽，所以張弓(弩)也”，當指“古代射箭時套在右手拇指上，用以鉤弦的扳指”。《字彙》訓“彂彂，弓張貌”，此亦當因承前而謬，亦當爲“彂彂，所以張弓也”之誤。

133. 𢐗

《字彙·弓部》:“𢐗，蒲光切，音傍。弦急也。”（148 上）

《正字通·弓部》:“𢐗，譌字。《説文》:‘榜，所以輔弓弩。’俗改從弓作𢐗。舊注蒲光切，音傍，弦急，非。”（343 上）

按:《康熙字典·弓部》:“𢐗,《集韻》蒲光切，音旁。《玉篇》:‘弦急。’”（323 下）《玉篇·弓部》:“𢐗，平忙切。弦急。㓤，同上。”（81 上右）《集韻》平聲唐韻蒲光切:“𢐗㓤，弦急也。或省。”（221）《説文·木部》:“榜，所以輔弓弩。从木，旁聲。”（119 上）《廣韻》平聲庚韻薄庚切:“榜,《説文》曰:‘所以輔弓弩也。’又甫孟切。”（121）“𢐗”與“榜”音義俱别，二字不可混同,《正字通》謂“𢐗”即“榜”字之俗，且謂“舊注”非，既無書證亦無例證，其説非是。

134. 𢏺

《字彙·弓部》:“𢏺，吉典切，音蹇。弓彊。”（148 上）

《正字通·弓部》:“𢏺，俗字。弓彊本作彊，或作弜、强。”（343 上）

按:《康熙字典·弓部》:“𢏺,《集韻》紀偃切，音蘚。弓强也。又九件切，音蹇。揚子《方言》:‘𢏺，展也，齊晉曰𢏺。山之東西，凡難貌曰展。荆吴之人相難謂之展，若齊魯（晉）之言相彈（憚）矣。’注:‘𢏺，音蹇。’”（323 下）《方言》卷六:“𢏺，難也，齊晉曰𢏺。”戴震疏證:“𢏺即蹇。”《疑難字》（286）亦謂“𢏺”“𡨴”並即“蹇”字之變。以上二説並是。《集韻》上聲獮韻九件切:“僆，偃僆，傲慢也。或作𠌯。”（389）“僆”或作“𠌯”，此是其佐證也。又《集韻》上聲獮韻九件切:“𢏺，弓彊也。”（389）《集韻》訓“𢏺”爲“弓彊也”，於前代辭書皆無徵，此當爲丁度等妄補。《字彙》訓“弓彊”者，當爲《集韻》所誤。《康熙字典》轉録《集韻》“弓强也”之訓而未作校正，亦失考證。《大字典》《字海》“𢏺”字下皆據《集韻》收録“弓强”這一義項，疑並非是。

135. 彄

《字彙·弓部》："彄，驅侯切，口平聲。《説文》：'弓弩耑弦所居也。'又環屬。《西京雜記》：'漢戚姬以百鍊金爲彄環照見指骨。'又人名。魯公子彄，即大夫僖伯也。又姓。"（148 上）

《正字通·弓部》："彄，區鉤切，口平聲。《説文》：'弓弩耑弦所居也。'又環屬。《西京雜記》：'漢戚姬以百鍊金爲彄環照見指骨。'又人名。春秋魯公子彄，即大夫僖伯也。又姓。"（343 上）

按：《康熙字典·弓部》："彄，《唐韻》恪侯切，《集韻》《韻會》墟侯切，並口平聲。《説文》：'弓弩端弦所居也。'又環屬。《西京雜記》：'戚夫人以百鍊金爲彄環照見指骨。'……又姓。《韻會》：'魯公子彄之後。'"（324 上）《集韻》平聲矦韻居侯切："彄，闕。人名。《春秋傳》：'陳有夏彄夫。'或作嘔。"（269）《公羊傳·哀弓十三年》："盜殺夏彄夫。"陸德明《釋文》："一本作嘔，音同。"此"彄"即爲"人名"，又"春秋魯公子彄"之"彄"，亦爲"人名"。《古今韻會舉要》平聲尤韻墟侯切："彄，《説文》：'弓弩耑弦所居也。从弓，區聲。'又姓。魯公子彄之後也。"（195 下）"魯公子彄"即"臧僖伯"，"彄"即其名，而非其姓，其後也非姓"彄"，故《古今韻會舉要》謂"彄"爲"魯公子彄之後的姓氏用字"，非是。《字彙》《正字通》謂"魯公子彄"之"彄"爲"人名"，是也；然又訓"彄"爲"姓"，並非。《康熙字典》轉録《古今韻會舉要》"姓"之訓而未作校正，亦失考證。《大字典》"彄"字下據《古今韻會舉要》之謬而收録"姓"這一義項，非是；《字海》"彄"字下亦收録"姓"這一義項，此又因承襲《大字典》之謬而誤，亦非。

136. 彌

《字彙·弓部》："彌，綿兮切，音迷。《説文》：'弛弓也。'又弓張滿也。《易》之'彌綸'、《詩》之'彌月'，皆取此義。又長也；久也；大也；徧也；甚也；益也。"（148 下）

《正字通·弓部》："彌，莫皮切，音迷。益也；久也；甚也；徧也。

《易·繫辭》:‘彌綸天地之道。’《詩·大雅》:‘俾爾彌爾性。’又:‘誕彌厥月。’注:‘彌,終也,終十月之期也。’”(343下)

按:《字彙》據《易》之“彌綸”、《詩》之“彌月”而訓“彌”爲“弓張滿也”,疑非是。《易·繫辭上》:“《易》與天地準,故能彌綸天地之道。”高亨注:“《釋文》引京云:‘準,等也。彌,遍也。’《集解》引虞翻曰:‘綸,絡也。’彌綸即普遍包絡。此二句言《易經》所講之道與天地齊等,普遍包絡天地之道。”又《詩·魯頌·閟宫》:“彌月不遲,是生后稷。”程俊英、蔣見元注:“彌,滿。彌月,滿月。鄭箋:‘彌,終也……終人道十月而生子,不遲晚。’”故《字彙》據《易》之“彌綸”、《詩》之“彌月”而訓“彌”爲“弓張滿也”,非是。《大字典》“彌”字下據《字彙》此誤而收録“弓張滿”這一義項,亦非。又《集韻》上聲紙韻母婢切:“瀰,水盛皃。或作濔、洋、沔。”(316)同一小韻下文又曰:“彌,止也。《周禮》:‘彌災兵。’或作辟,通作弭。”(316)《集韻》“瀰”訓“水盛皃”,而“彌”訓“止也”,二者義訓區別甚明,《大字典》引《集韻》“彌”字此訓卻作“水盛皃”,據此而收録“水盛貌”這一義項,此即因誤植“瀰”字之義於“彌”字之上而致的訓釋失誤,故《大字典》“彌”字下此義項應删。

137. 彐

《字彙·彐部》:“彐,吉器切,音寄。彙頭。《説文》:‘豕之頭,象其鋭而上見也。’”(148下)

《正字通·彐部》:“彐,舊注吉器切,音寄,彙頭,引《説文》:‘豕之頭,象其鋭而上見也。’按:彑訛作彐,非。”(344上)

按:《康熙字典·彐部》:“彐,《唐韻》《集韻》並居例切,音罽。《廣韻》:‘‘彙頭也。’”(326上)《名義·彐部》:“彐,居厲反。彙之類。”(237上)《玉篇·彐部》:“彐,居例切。彙類也。”(111下右)《玉篇校釋》“彐”字下注:“‘彙頭也’者,《廣韻》同。《説文》云:‘豕之頭,象其鋭而上見也。’本書‘頭’字原形誤爲‘類’,今正。”(4631)胡氏所言是也。《説文·彑部》:“彑,豕之頭,象其鋭而上見也。讀若罽。”

（195 下）“彑”“彐”即異寫字，“彙頭”與“豕之頭”訓異義同，故《廣韻》訓“彙頭”是也，《玉篇》訓“彙類也”當爲“彙頭也”之誤。《龍龕》卷三《彐部》：“彐，居利反。彐頭也。”（368）此亦其證也。《名義》訓“彙之類”，當爲“彙之頭”之誤。《新修玉篇》卷二十三《彐部》引《玉篇》：“彑彐，居例切。彙頭。《説文》作彑，云：‘豕之頭，象其鋭而上見也。’”（195 上左）《新修玉篇》引《玉篇》校作“彙頭”，是也。《篇海》卷三《彐部》引《玉篇》：“彐，居例切。彙類也。”（588 下）《篇海》“彐”字義訓沿襲《玉篇》之謬而未作校正，非是。《大字典》“彐”字下據《玉篇》之謬而收録“猬屬”這一義項，《字海》“彐”字下據《玉篇》之謬而收録“刺猬一類的動物”這一義項，疑並非是。

138. 徇

《字彙・彳部》：“徇，詳倫切，音循。與循同。《漢・高帝紀》：‘張良徇韓池。’謂撫其人民也。又略也。又松閏切，音殉。《説文》：‘行示也。’《夏書》：‘遒人以木鐸徇于路。’《字詁》：‘巡也。’又順也；歸也。又自衒名行。又以身從物曰徇。與殉同。”（151 上）

《正字通・彳部》：“徇，巡、循通。《夏書・胤征》：‘遒人以木鐸徇于路。’《國語》：‘王則大徇。’《周禮》：‘斬牲以左右徇陳，曰：不用命則斬之。’《蘇秦傳》：‘車裂以徇。’《史・漢高紀》：‘張良徇韓地。’注：‘蘇林曰：謂撫其人民。’孟康曰：‘徇，略也。’又順也。又自衒名行。又以身从物曰徇。與殉通。《説文》分循、侚爲二。”（347 下）

按：《康熙字典・彳部》：“徇，《集韻》《韻會》並松倫切，音旬。《爾雅・釋言》：‘徧也。’注：‘周徧也。’”（330 下）《玉篇・彳部》：“侚，辭峻切。師宣令也。《説文》曰：‘行示也。’”下字曰：“徇，似閏切。止也。亦同侚字。”（47 下左）《玉篇校釋》“侚”“徇”二字下注：“‘侚，師宣令也’者，文經删誤併。《書・(僞）泰誓》：‘王乃徇師而誓。’《左氏桓十三年傳》：‘莫敖使徇于師。’杜注：‘徇，宣令也。’慧琳五五・十七：《尚書》：‘乃徇師而誓。’孔安國曰：‘侚，循也。’亦巡行也，行走宣令曰侚。《説文》：‘行示也。’《爾雅》：‘徧也。’即本書原文。《爾雅・釋言》作徇，引張揖《字詁》:‘徇，今作巡。’《康熙字典》引本書作:‘巡師宣令也。’‘徇’下云‘止也’者，‘止’爲‘從’之蝕訛。元刊本作‘順也’，可證。‘順’字原本避梁諱作‘從’，從、順義同。”(2018)胡吉宣謂《玉篇》訓“彴，師宣令也”者，文經刪誤併，所言是也。《廣韻》去聲稕韻辭閏切:“彴，巡師宣令。又從也。或作徇。”(298)此亦其證也。故《玉篇》訓“彴”爲“師宣令也”，當爲“巡師宣令也”之誤刪。又胡吉宣謂《玉篇》訓“徇”爲“止也”，“止”當爲“從”字之訛，所言亦是。《名義·彳部》:“彴，辭峻反。循也；巡也；從也；行也；徧也；示也；述也；略也。”(98上)《龍龕》卷四《彳部》:“徇，自衒名行也。彴，詞閏反。求也；從也。又私閏反。徧也。二。”(498)“彴”“徇”即異體字。以上二書亦其證也。故《玉篇》訓“徇”爲“止也”，當爲“從也”之誤。《大字典》“徇”字下據《玉篇》之誤而收録“止”這一義項，應刪。

139. 徎

《字彙·彳部》:“徎，丈井切，程上聲。雨後徑也；行也。”(151上)

《正字通·彳部》:“徎，丑郢切，程上聲。《説文》:‘徑行也。’舊注‘雨後徑’，因《篇海》誤。《㴱原》:‘徎、逞同。’篆作𢓊。”(424下)(國際文化出版公司出版本)

按:《康熙字典·彳部》:“徎，《唐韻》《集韻》並丑郢切，音騁。《説文》:‘徑行也。’又《廣韻》丈井切，音徎。雨後徑也。”(331下)《説文·彳部》:“徎，徑行也。从彳，呈聲。”(37上)《玉篇·彳部》:“徎，力整、丈井二切。徑也。”(47下右)《新修玉篇》卷十《彳部》引《玉篇》:“徎，良郢切。徑也。”(89下左)《篇海》卷五《彳部》引《玉篇》:“徎，力整、丈井二切。徑也。”(650下)《玉篇校釋》“徎”字下注:“《廣韻》上聲静韻丈井切:‘雨後徑也。’又迥韻他鼎切亦云:‘徑也。’《説文》:‘徎，徑行也。’王筠云:‘行’蓋衍文，云‘徑行’則與‘逞’下‘疾行’義同,《玉篇》‘徎，徑也’，或即本之《説文》。《廣韻》云‘雨後徑’，分別言之，而亦無‘行’字。案:《説文》‘行’字爲名詞而非動字。《爾雅·釋宫》:‘路、行，道也。’然則‘徑行’即‘徑道’，亦即

《易·說卦》之‘艮’爲徑路也。”（2009）胡氏所言疑可商榷。《名義·彳部》：“俓，丈井反。徑也。”（97 下）《新撰字鏡·彳部》：“俓，丑整、丈井二反。徑也。”（538）可見原本《玉篇》所見《説文》亦當訓“俓”爲“徑也”，今訓“徑行也”，當爲二徐本《説文》之誤。段玉裁於《説文》“俓”字下注：“按：依今本《説文》，音義則‘俓’與‘逞’同。”（76 上）段玉裁據誤本《説文》而謂“俓”同“逞”，疑不可據。《直音篇》卷三《彳部》：“俓，仗井切。雨後徑。”（105 上）《直音篇》訓“雨後徑”，當爲《廣韻》所誤。《詳校篇海》卷二《彳部》：“俓，里郢切，音領。徑也。又丈井切，音鄭。雨後徑也。”（115 上）《篇海類編》同。《詳校篇海》《篇海類編》訓“徑也”，是也；然又訓“雨後徑也”，亦皆因承前而謬。《字彙》訓“雨後徑也”，亦當因承前而謬；又其訓“行也”，當爲“徑行也”之誤脱。《康熙字典》轉録《説文》《廣韻》之訓而未作校正，亦失考證。《大字典》“俓”字下據誤本《説文》及段注而收録“同‘逞’。疾行”這一義項，疑非是；《字海》“俓”字下據段注之説而收録“同‘逞’”這一義項，疑亦非是。

140. 㣭

《字彙·彳部》：“㣭，子紅切。音騣。《玉篇》：‘數也。’”（152 上）

《正字通·彳部》：“㣭，舊注音宗，引《玉篇》‘數也’，與緵義近，訛从彳，分爲二，誤。《篇海》引《詩》‘越以鬷邁’，鬷亦作㣭，尤誤。”（352 上）

按：《康熙字典·彳部》：“㣭，《集韻》祖叢切，音騣。行也。或作䢩。又《玉篇》：‘教（數）也。’引《詩》：‘越以㣭邁。’按：《詩·陳風》今本作鬷。”（334 下）《玉篇·彳部》：“㣭，子紅切。數也。《詩》曰：‘越以㣭邁。’”（47 下左）《玉篇校釋》“㣭”字下注：“‘數也’者，原引《詩·陳風·東門之枌》毛傳文，今作鬷。鄭箋：‘總也。’毛訓疾數之數，鄭則爲計數之數，據此引《詩》作‘㣭’，可證上文‘徚’下亦本有引《詩》文。今《詩》作‘鬷’，假借，‘㣭’爲後起專字，本止爲‘夎’。《夊部》：‘夎，飛而斂足也。’引申爲疾數義。”（2023）胡氏之説疑可商榷。《名義・彳部》:“傻,子公反。數也。騣(鬷)字。”(98下)《新撰字鏡・彳部》:“傻,子公反。數也。輚(鬷)字。”(539)《龍龕》卷四《彳部》:“傻,子公反。數也。”(497)故宫本《裴韻》平聲東韻子紅反:“傻,數也。”(539)《廣韻》同。《詩・陳風・東門之枌》:“穀旦于逝,越以鬷邁。”程俊英、蔣見元注:“逝,往。這句意爲,趁好日子前往歡聚。”下文又曰:“越以,發語詞。陳奂《傳疏》:‘越讀同粤。《爾雅》:粤,于也。《采蘩》《采蘋》《擊鼓》皆云于以,此云越以,皆合二字爲發語之詞。’鬷(zōng),數,屢次。邁,往、去。毛傳:‘鬷,數(shuò碩)。邁,行也。’這句意爲,屢次去聚會處遊玩。”(366)據以上諸文可知,《詩・陳風・東門之枌》“越以鬷邁”之“鬷”本當作“鬷”,有異文作“傻”者,當因“鬷”字罕構,又“彳”旁、“辶”旁義通,俗書常可换用,故“鬷”字受下文“邁”字類化影響而改换義符“鬲”旁爲“彳”旁,遂形成“傻”字。“鬷”“傻”訓“數也”,當爲“屢次”“多次”之義,而非如胡氏所言爲“疾數”義,更非如胡氏所言今《詩》作“鬷”爲“假借”,而“傻”爲後起專字。又《集韻》平聲東韻祖叢切:“傻逡,行也。或從辵。”(8)《集韻》訓“傻”爲“行也”,於前代字韻書、文獻皆無徵,其訓非是。“逡”又當因丁度等誤訓“傻”爲“行也”,且“彳”、“辶”旁義通,俗書常可换用,故而改“彳”旁爲“辶”旁而産生的俗字。又《玉篇・糸部》:“緵,子公切。縷也。”(125下左)“傻”與“緵”音同義别,二字不可混同,故《正字通》謂“傻”即“緵”字之訛,其説亦不可據。《大字典》《字海》“傻”字下皆據《集韻》之誤而收録“行”這一義項,疑並非是。

141. 忄勺

《字彙・心部》:“忄勺,丁了切,刁上聲。《集韻》:‘垂心。’《玉篇》:‘憂也。’又職略切,音灼。痛也。又丁歷切,音的。義同。”(155上)

《正字通・心部》:“忄勺,怐字之訛。《集韻》《玉篇》及舊注音訓並誤。”(357下)

按:《康熙字典・心部》:“忄勺,《廣韻》都了切,《集韻》丁了切,並音鳥。《廣韻》:‘垂心。’《類篇》:‘憂也。’又《廣韻》之若切，《集韻》職略切，並音灼。《博雅》:‘驚也。’”（340上）《方言》卷一：“怕，痛也。”郭璞注：“怕，音的，一音灼。”（3）《廣雅·釋詁一》:“怕，驚也。”曹憲《博雅音》:“怕，音灼。”《玉篇·心部》:“怕，都了切。憂也。又之藥切。痛也。”（40上左）又《廣韻》平聲清韻渠營切：“悤，憂也。恂，同上。”（127）《集韻》平聲諄韻殊倫切：“悤，《説文》:‘憂也。’或作恂。”（122）“怕”“恂”儘管義同，但讀音區別甚明，二字不可混同，故《正字通》之説非是。又箋注本《切韻》上聲篠韻都了反：“怕，垂。”（135）故宫本《王韻》上聲篠韻都了反：“怕，垂乚。”（481）“乚”即《切韻》中的省文符號，可以是字頭的代稱，也可以代指“字”“也”等，此處當指“也”。《廣韻》上聲篠韻都了切：“怕，垂心。”（200）《廣韻》訓“怕”爲“垂心”，當因誤認《切韻》中的省文符號“乚”爲“心”所致的訓釋失誤。又《切韻》訓“垂”“垂也”，與“憂也”“驚也”義同。《新撰字鏡·心部》:“怕，之若反。又鳥音。垂也，謂憂懼也，痛也。”（543）此是其證也。《集韻》上聲筱韻丁了切：“怕，憂也。”（390）《集韻》訓“憂也”，此亦其證。《字彙》《正字通》皆收“垂心”這一義項，俱失考證。《大字典》“怕”字下據《廣韻》“垂心”這一誤訓而收録“關心”這一義項，非是。

142. 怋

《字彙·心部》:“怋，奴骨切，音訥。慍怋，憂悶也。”（155上）

《正字通·心部》:“怋，怲字之訛。舊注訓憂悶，與怲義近，改作怋，音訥，非。”（357下）

按：《康熙字典·心部》:“怋，《集韻》奴骨切，音訥。瘟怋，憂悶也。”（340下）《集韻》入聲没韻奴骨切：“怋，瘟怋，憂悶。”（683）下文烏没切又曰：“瘟，[瘟怋]，心悶皃。”（685）《説文·心部》:“怲，憂也。从心，丙聲。《詩》曰：‘憂心怲怲。’”（222上）“怲”,《廣韻》音“兵永切”。“怋”與“怲”儘管義近，然形音俱別，二字不可混同，故《正字通》之説非是。“瘟怋”當同“殟𣧱”。《玉篇·歺部》:“𣧱，奴没切。

殟殁，心亂也。”（58 上左）《廣韻》入聲没韻烏没切：“殟，[殟殁]，心悶。”（391）下文奴骨切又曰：“殁，殟殁。”（392）《集韻》入聲没韻奴骨切：“殁，殟殁，心亂。”（683）故“瘟怲”當同“殟殁”，“怲”當即“殁”之異體字。

143. 忄心

《字彙·心部》：“忄心，七鴆切，音沁。惻也。《集韻》：‘悧也。’”（155 下）

《正字通·心部》：“忄心，伈字之訛。舊注音沁，惻也，《集韻》悧也，並非，六書無忄心。”（358 下）

按：《康熙字典·心部》：“忄心，《玉篇》七鴆切，音沁。惻也。”（341 下）此字《説文》《名義》皆未收，《廣韻》《集韻》亦不録，當即陳彭年等據俗書所增。《玉篇·心部》：“忄心，七鴆切。惻也。”（40 上左）《新修玉篇》《篇海》引《玉篇》並同。《直音篇》卷二《心部》亦曰：“忄心，音沁。惻也。”（83 下）《詳校篇海》卷四《心部》：“忄心，七鴆切，音沁。惻也。《集韻》：‘悧也。’”（230 下）《篇海類編》同。《集韻》未見收録“忄心”字，《詳校篇海》《篇海類編》謂《集韻》訓“悧也”，並非。《字彙》亦謂《集韻》訓“悧也”，此即因承襲前代字書之謬而誤。又《正字通》謂“忄心”即“伈”字之訛，疑亦非是。《玉篇·人部》：“伈，悉枕切。伈伈，恐皃。”（15 上右）《集韻》上聲寑韻斯荏切：“伈，《博雅》：‘伈伈，懼也。’”（441）下文去聲沁韻七鴆切又曰：“伈，恐也。”（621）“忄心”與“伈”音同義别，二字不可混同，故《正字通》之説疑不可據。“忄心”當即“疒心”之異體字。《集韻》去聲沁韻七鴆切：“疒心，痛也。”（621）《説文·心部》：“惻，痛也。从心，則聲。”（221 下）故“忄心”與“疒心”音義並同，即爲異體字。

144. 忺

《字彙·心部》：“忺，虚嚴切，險平聲。《方言》：‘青、齊呼意所好爲忺。’”（155 下）

《正字通·心部》：“忺，虚焉切，險平聲。《篇海（方言）》：‘青、齊

呼意所好爲忺。’又貪欲亦曰忺。皆方俗語也。”（359 上）

按：《康熙字典·心部》：“忺，《韻會》《正韻》並虛嚴切，音杴。意所欲也。揚子《方言》：‘青、齊呼意所好爲忺。’”（342 上）《廣韻》平聲嚴韻虛嚴切：“杴，《方言》云：‘青、齊呼意所好爲杴。’”（155）《古今韻會舉要》平聲鹽韻虛嚴切：“忺，《方言》：‘青、齊呼意所好爲忺。’”（209 上）《洪武正韻》平聲鹽韻虛嚴切：“杴，《方言》：‘青、齊呼意所好爲杴。’俗作忺。”同一小韻下字又曰：“忺，意所欲也。”（151）“忺”“杴”音義並同，當即異體字；而“忺”“杴”又並即“㰦”字之俗。《廣雅·釋詁一》：“㰦，欲也。”《廣韻》平聲添韻許兼切：“㰦，貪慾也。”（153）“忺”“杴”與“㰦”音義並同，“忺”“杴”並即“㰦”字之俗。

145. 忢

《字彙·心部》：“忢，同㥄。”（156 上）

《正字通·心部》：“忢，㥄、怮通。《説文》㥄或省作忢，篆作。”（360 上）

按：《康熙字典·心部》：“忢，《説文》㥄省作忢。”（344 上）《集韻》平聲尤韻而由切：“忢，心安也。”（264）此“忢”當即“柔”字之俗。《爾雅·釋詁》：“柔，安也。”（16）《書·舜典》：“柔遠能邇。”孔傳：“柔，安。”此“安”即“安撫”之義，“安撫”即通過安慰、撫慰使之安定。“柔”，《集韻》亦音“而由切”。故“忢”與“柔”音同義通，此“忢”本當作“柔”。

146. 怮

《字彙·心部》：“怮，於尤切，音幽。憂也。又含怒不言也。又上聲於九切。義同。又伊姚切，音邀。義同。”（157 上）

《正字通·心部》：“怮，烏休切，音幽。憂貌。又含怒。又烏九切，又伊嬌切。義同。或作怺。又怮、抝別，《正韻》篠十三效逸字怮同抝，非。”（363 上）

按：《康熙字典·心部》：“怮，《唐韻》《集韻》於虯切，《韻會》幺虯切，並音幽。《説文》：‘憂貌。从心，幼聲。’………又《集韻》《類篇》《韻會》並於教切，音勒。《集韻》：‘心戾也。’”（346 下）《集韻》去聲效韻於教切：“㤊，心戾。”（583）《正字通》所言疑可商榷。敦煌本《王韻》去聲效韻乙罩反：“拗，佷。又於絞反。”（414）故宫本《王韻》同。《廣韻》去聲效韻於教切：“㑃，很也；戾也。”（326）“佷”“很”字同，故“㤊”“㑃”與“㑃”音義並同，“㤊”“㑃”當即“㑃”之異體字。又《古今韻會舉要》去聲效韻於教切：“拗，心戾也。《玉篇》拗捩，固相違也。”（371 下）《古今韻會舉要》校“㤊”爲“拗”，此即其證也。又《洪武正韻》去聲效韻於教切：“拗，《玉篇》拗捩，固相違也。亦作㤊、㑃。”（288）《洪武正韻》謂“拗”與“㤊”“㑃”同，此亦其證也。《大字典》《字海》“㤊”字下第（二）義項皆應溝通其與“拗”的異體關係。

147. 恂

《字彙·心部》：“恂，須倫切，音荀。信也；樂也；又嚴謹貌；又温恭貌。’”（157 下）

《正字通·心部》：“恂，須倫切，音荀。《説文》：‘信心也。’又謹厚貌。”（363 下）

按：《康熙字典·心部》：“恂，《唐韻》相倫切，《集韻》《韻會》《正韻》須倫切，並音荀。《説文》：‘信心也。从心，旬聲。’……又《集韻》輸閏切，音瞬。恂然，遽也。列子《黄帝篇》：‘怵然有恂目之志。’何承天《纂文》：‘吴人呼瞬目爲恂目。’”（347 上）《玉篇·心部》：“恂，思巡切。信也；均也；慄也；温恭皃也。”（38 下右）《玉篇校釋》“恂”字下注：“又‘均也’者，通作詢、洵。《尚書·大傳》：‘詢十有二變。’鄭注：‘詢，均也。’《爾雅·釋言》：‘洵，均也。’又通作旬。《周禮·均人》：‘豐年則公用旬三日焉。’鄭注：‘旬，均也。’字並從勻聲，勻、均古今字也。”（1616～1617）《尚書大傳·虞夏傳》：“故更著四時，推六律、六吕，詢十有二變，而道宏廣。”鄭玄注：“詢，均也。”又《爾雅·釋言》：“洵，均也。”郭璞注：“洵，謂調均。”郝懿行《義疏》：“洵者，旬之假借也。《説文》云：‘旬，徧也。’徧即均。”又《易·豐》：“初九，遇其配主，雖旬無咎，往有尚。”王弼注：“旬，均也。”“恂”“詢”“洵”，《廣韻》皆音“相倫切”。故“恂”訓“均也”，同“詢”“洵”，本當作“旬”。又《字彙補·心部》：“恂，又瞬也。《列子》：‘怵然有恂目之志。’何承天《纂文（要）》云：‘吴人呼瞬目爲恂目。’”（73 上）此“恂”當即“眴（瞬）”之異體字。《廣韻》去聲稕韻舒閏切：“瞬，瞬目，目動也。瞚眴，並同上。”（299）《集韻》去聲稕韻輪閏切：“瞚，《說文》：‘開闔目數搖也。’或作瞬、眹、眴、瞤。”（539）“恂”訓“瞬也”，與“眴（瞬）”音義並同，當即“眴（瞬）”通過改换義符而形成的異體字。

148. 恁

《字彙·心部》：“恁，忍枕切，音飪。思也；念也。又女禁切，音賃。如此也。”（157 下）

《正字通·心部》：“恁，如禁切，音任。念也。班固典引：‘勤恁旅力，以充厥道。’注：‘恁，思也。’”（363 下）

按：《康熙字典·心部》：“恁，《唐韻》如甚切，《集韻》《韻會》《正韻》忍甚切，並音飪。《說文》：‘下齎也。从心，任聲。’……又弱也；信也。”（347 上）《玉篇·心部》：“恁，如針切。信也。”（41 上右）《廣韻》平聲侵韻如林切：“恁，信也。又音荏。”（145）《玉篇校釋》“恁”字下注：“‘信也’者，《切韻》同，疑出《聲類》或《倉頡［篇］》，通作任。《周禮》：‘孝友睦媦任恤。’鄭注：‘任，信於友道也。’《漢書·季布傳》如淳注：‘相與信爲任。’本書《人部》：‘任，委任也。’委任亦信意也。”（1728）胡氏所言是也。《詩·邶風·燕燕》：“仲氏任只。”鄭玄箋：“任者，以恩想親信也。”《戰國策·魏策二》：“王聞而弗任也，史舉不辭而去。”高誘注：“任，信也。”以上二書亦其證也。“任”，《廣韻》音“汝鴆切”，亦音“如林切”。故“恁”訓“信也”，與“任”音義並同，此“恁”即“任”之異體字。

149. 悁

《字彙·心部》：“悁，吉券切，音絹。躁急也。”（158 下）

《正字通·心部》:“悁，涓願切，音絹。躁急也。與獧、狷通。《史記》:‘魯連曰：捐忿悁之節。’”（366下）

按:《康熙字典·心部》:“悁,《唐韻》於緣切,《集韻》《正韻》縈圓切,《韻會》縈緣切，並音娟。《説文》:‘忿也。从心，肙聲。’……又《廣韻》《正韻》吉掾切,《集韻》《韻會》規掾切，並音絹。躁急也。”（350下）《集韻》去聲線韻規掾切:“悁，躁急也。”（575）《正字通》所言當是。《説文新附·犬部》:“狷，褊急也。从犬，肙聲。”（205上）《玉篇·犬部》:“獧，古縣切。跳也；急也。狷，同上。”（110上左）“悁”與“狷（獧）”音義並同，故此“悁”當即“狷（獧）”之異體字。

150. 悂

《字彙·心部》:“悂，篇夷切，音批。誤也。”（158下）

《正字通·心部》:“悂，匹伊切，音批。誤也。左思《魏都賦》:‘兼重悂以貤繆，偭辰光而罔定。’注:‘悂，音皮。用心誤也。’”（366下）

按:《康熙字典·心部》:“悂,《廣韻》匹夷切,《集韻》篇夷切，並音紕。錯謬也。”（350下）《名義·心部》:“悂，補奚反。誤也。”（79下）《玉篇·心部》:“悂，必迷切。誤也。”（39下左）《玉篇校釋》“悂”字下注:“‘誤也’者，悂與諀同。《廣雅》三:‘諀，誤也。’《切韻》:‘悂，誤也。諀，謬也。’《廣韻》以悂爲諀之重文。《文選·魏都賦》:‘重悂以貤繆。’注引《廣倉》:‘悂，用心并誤也。’本書《言部》:‘諀,《字書》或紕字也。紕，縷并也。或爲悂字。悂，誤也；謬也。在《心部》。’《糸部》:‘紕,《字書》或爲悂字。悂亦誤也。在《心部》。或爲諀字，在《言部》。’”（1678）胡氏所言是也。原本《玉篇·糸部》:“紕，補奚反。《廣雅》:‘紕，并也。’《埤倉》:‘縷并也。’《字書》:‘或爲悂字。悂亦誤也，在《心部》。或爲諀字，在《言部》。’”（656）《廣韻》平聲齊韻邊兮切:“紕，謬也。又芳脂切。”同一反切下文又曰:“悂，誤也。”（49）“謬”“誤”義同，故“悂”與“諀”“紕”音義並同，即爲異體字。

151. 𢜾

《字彙·心部》:“𢜾，古況切，音誑。惑也。”（158 下）

《正字通·心部》:“𢜾，居況切，音誑。《説文》:‘誤也。’《正韻》:‘惑也。’”（366 下）

按:《康熙字典·心部》:“𢜾,《唐韻》居況切,《集韻》《韻會》《正韻》古況切，並音誑。《玉篇》:‘詐也；誤也。’”（350 下）《説文·心部》:“𢜾，誤也。从心，狂聲。”（220 上）《玉篇·心部》:“𢜾，九放切。誤也；詐也。又巨望切。”（40 下右）《廣韻》去聲漾韻居況切:“𢜾，𢜾（當爲字頭誤重）惑也。”（338）下文于放切又曰:“𢜾，誤人。”（338）《玉篇校釋》“𢜾”字下注:“《説文》:‘𢜾，誤也。’《廣韻》云:‘誤人。’六朝《説文》無𢜾字，𢜾出《聲類》,《言部》‘誑’下引賈注《國語》:‘誑，猶惑也。’杜注《左傳》:‘欺也。’《聲類》或爲𢜾字，在《心部》。可證顧氏所據《説文》無𢜾字，二徐本以《聲類》爲《説文》也。”（1702 ~ 1703）胡氏所言當是。《新撰字鏡·心部》:“𢜾，俱放反。誤也。誑字。”（127）此亦其證也。“𢜾”訓“誤也”，此“誤也”與“欺也”“惑也”“誤人”訓異義同，當皆爲“欺騙”“迷惑”之義，而非“謬誤”之義，故“𢜾”與“誑”音義並同，即爲異體字。《大字典》《字海》“𢜾”字下第一義項皆據《説文》訓“謬誤”，且未溝通其與“誑”字的異體關係，俱失考證。

152. 悙

《字彙·心部》:“悙，虚庚切，音亨。憉悙，自强。”（159 上）

《正字通·心部》:“悙，俗字。”（367 下）

按:《康熙字典·心部》:“悙,《廣韻》許庚切,《集韻》虚庚切，並音亨。憉悙，自矜健貌。”（352 上）“憉悙”本當作“彭亨”（詳見本書“憉”字注）。

153. 悝

《字彙·心部》:“悝，枯回切，音奎。《説文》本詼諧字。又病也；憂也；悲也；大也。又人名。衛孔悝、魏李悝。又良以切，音里。義同。”（159下）

《正字通·心部》:“悝，枯灰切，音奎。《説文》:‘啁也。一曰病也。’張衡《東京賦》:‘由余以西戎孤臣而悝穆（繆）公于宫室。’注:‘嘲也。’與詼通。又人名。衛孔悝、魏李悝。又良以切，音里。義同。古借里。《詩·大雅》:‘云如何里。’朱傳:‘里，憂也。’與《漢書》‘無俚’之‘俚’同，無聊賴之意，從悝爲正。舊注別訓大也，誤。”（368上）

按:《康熙字典·心部》:“悝，《唐韻》苦回切，《集韻》《韻會》《正韻》枯回切，並音恢。《説文》:‘啁也。从心，里聲。’與詼通。”（352下）《龍龕》卷一《心部》:“悝，苦回反。病也；憂也；愁也。又大也。又音里。亦憂也。”（52）《廣韻》平聲灰韻苦回切:“悝，病也；憂也。一曰悲也。亦大也。又音里。”（55）下文上聲止韻良士切又曰:“悝，憂也。《詩》云:‘悠悠我悝。’又口回切。”（170）《龍龕》《廣韻》訓“悝”爲“大也”，疑非是。《説文·心部》:“悝，啁也。从心，里聲。《春秋傳》有孔悝。一曰病也。”（220上）《名義·心部》:“悝，枯灰反。憂也；謿也；病也。”（74下）《新撰字鏡·心部》:“悝，苦回反。病也；憂也。一曰悲。《春秋》有孔悝也。”（548）《玉篇·心部》:“悝，力止切。憂也；悲也；疾也。又口回切。”（39上左）箋注本《切韻》（斯2071）平聲灰韻苦回反:“悝，病。一曰悲。”（112）敦煌本《王韻》同。故宫本《王韻》平聲灰韻苦回反:“悝，病。一曰悲聲。”（447）《龍龕》《廣韻》訓“悝”爲“大也”，於前代字韻書皆無徵，當因與“恢”字音同而誤增，因爲“恢”字《廣韻》亦音“苦回切”，《説文》訓“大也”。又《集韻》平聲灰韻枯回切:“悝，《説文》:‘啁也。’引《春秋傳》有孔悝。一曰病也。私也。”（106）《集韻》訓“悝”爲“私也”，於前代字韻書亦皆無徵，疑爲“疾也”之誤。《詳校篇海》卷四《心部》:“悝，力止切，音里。憂也；悲也；疾也。又苦回切，音奎。注同。又大也。又孔悝。人名。”

（232下）《篇海類編》同。《詳校篇海》《篇海類編》《字彙》訓“悝”爲“大也”，當皆因承襲《廣韻》之謬而誤。《大字典》“悝”字下分别據《廣韻》《集韻》之謬而收録“大”“私”這兩個義項，疑並非是。

154. 㥁

《字彙·心部》：“㥁，惕得切，音忒。快也；得也。又㥁㥁，動心。”（160上）

《正字通·心部》：“㥁，俗字。”（369上）

按：《康熙字典·心部》：“㥁，《廣韻》《集韻》並他德切，音忒。得也。”（353下）《廣韻》入聲德韻他德切：“㥁，㥁㥁也。”（428）余迺永《校注》“㥁”字下注：“㥁，他德切。注：‘㥁㥁，快也。’《五代刊本P二〇一四》云：‘驚㥁㥁，亦作慝。’巾箱本、楝亭本同本書，《周校》據黎刻以爲張改，非也。元本及明本但釋‘快也’。‘快也’疑當作‘怯也’。《集韻》‘㥁’字訓‘心懼’。《玉篇》：‘怯’字云：‘懼也；畏也。’”（972）余氏所言當是。《廣韻》訓“㥁”爲“㥁㥁”，當即“心懼”之義；而别本訓“㥁㥁，快也”，“快”當爲“怯”字之誤；《集韻》訓“心懼”，當爲“㥁㥁，心懼”之脱誤。又《新修玉篇》卷八《心部》引《餘文》：“㥁，他得切。㥁㥁也。”（76上左）《篇海》卷十《心部》引《餘文》：“㥁，音忒。㥁得也。”（730下）《篇海》訓“㥁得也”，“得”當爲“㥁”字之誤。又《直音篇》卷二《心部》：“㥁，音忒。快也。”（83）《直音篇》訓“快也”，當爲誤本《廣韻》所誤。又《詳校篇海》卷四《心部》：“㥁，惕德切，音忒。得也；快也。又㥁㥁，動心也。”（233下）《篇海類編》同。《詳校篇海》《篇海類編》訓“得也”，當因承襲《篇海》之謬而誤；其訓“快也”，亦當爲誤本《廣韻》所誤；其訓“㥁㥁，動心也”，於前代字韻書皆無徵，疑不可據。《字彙》“㥁”字義訓亦因承襲前代字書而誤，失考證。《康熙字典》訓“得也”，亦因承前而誤。《大字典》“㥁”字第一義訓“㥁㥁”下據《廣韻》《字彙》之誤而收録“快”與“動心”這兩個義項，非是；第三義項“得”亦因據《字彙》之誤而妄增，亦非。《字海》“㥁”字下據《字彙》之誤而收録“快”這一義項，亦非。

155. 㥅

《字彙・心部》:“㥅，是有切，音受。人名。漢有武安侯㥅。”(160 上)

《正字通・心部》:“㥅，舊注音受，漢武安侯㥅。按:《史》田蚡子梧國除外，同姓異姓王子侯、恩澤侯、功臣侯，皆無武安侯名㥅者，舊注人名，無稽。《詩・陳風》:‘舒懮受兮。’朱傳:‘懮受，憂思也。’㥅，時倒反，叶懰、皓、慅。㥅即懮受之義，《詩》借用受，義難通。”(369 上)

按:《康熙字典・心部》:“㥅，《集韻》是酉切，音受。義闕。”(354 上)《集韻》上聲有韻是酉切:“㥅，闕。人名。漢有武安侯㥅。”(434)《前漢書・王子侯表》:“武安侯㥅，楚思王子。”故“㥅”即爲“人名用字”。又《正字通》謂“㥅”即“懮受”之義，《詩・陳風・月出》“舒懮受兮”之“受”借用“受”，其説疑非是。《詩・陳風・月出》:“月出皓兮，佼人懰兮，舒懮受兮，勞心慅兮。”程俊英、蔣見元注:“懮受，疊韻，形容女子行步舒徐婀娜。《玉篇》:‘懮受，舒遲之皃。’”此説是也。“懮受”即爲疊韻聯連綿，義爲“行步舒遲之皃”，而非“憂思也”之義，而且《詩經》本作“受”，而非作“㥅”，“㥅”更無“懮受”之義，故《正字通》之説不可爲據。《大字典》“㥅”字下據《正字通》之説而收録“憂思”這一義項，非是。

156. 㤴

《字彙・心部》:“㤴，徒協切，音牒。安也。”(160 下)

《正字通・心部》:“㤴，他協切，音牒。安也。通作帖。”(370 上)

按:《康熙字典・心部》:“㤴，《廣韻》徒協切，《集韻》達協切，並音牒。《集韻》:‘安也。或作惵。’”(354 下)《廣雅・釋詁一》:“㤴，安也。”曹憲《博雅音》:“㤴，音牒，又齒廉。”《正字通》所言當是。《資治通鑒・梁紀二》:“巴西廣袤千里，户逾四萬。若於彼立州，鎮攝華獠，則大帖民情。”胡三省注:“帖，静也，安也，伏也。”“帖”，《廣韻》音

“他協切”。“㤠”與“帖”音近義同，二者當爲古今字。

157. 惌

《字彙・心部》：“惌，於遠切，淵上聲。小孔貌。”（160 下）

《正字通・心部》：“惌，烏捲切，淵上聲。小孔貌。”（370 上）

按：《康熙字典・心部》：“惌，《廣韻》《集韻》並於袁切，音鴛。《廣韻》：‘惌枉也。’”（355 上）《玉篇・心部》：“惌，於元切。惌枉。”（41 上左）《玉篇校釋》“惌”字下注：“‘惌枉’者，《切韻》同，字本作冤。《廣雅・釋言》：‘冤，枉也。’《釋詁一》：‘冤，曲也。’四：‘冤，詘也。’本書《兔部》：‘冤，枉曲也。’”（1734）胡吉宣謂此“惌”本作“冤”，所言當是。“惌枉”當同“冤枉”，此“惌”當即“冤”之異體字，義指“冤枉”“冤屈”，而非“屈縮”“屈曲”之義。《大字典》“惌”字下據《玉篇》“惌枉”之訓而收録“屈曲”這一義項，且未溝通其與“冤”字的字際關係，俱失考證。

158. 惏

《字彙・心部》：“惏，力閑切，音闌。地名。又盧含切，音婪。貪也。”（160 下）

《正字通・心部》：“惏，同惏。舊注重出，增地名，無稽。”（370 下）

按：《康熙字典・心部》：“惏，《廣韻》力閒切，音斕。地名。出《玉篇》。按：今《玉篇》失此字。”（355 上）《龍龕》卷一《心部》：“惏，力閑反。地名。”（64）《廣韻》平聲山韻力閑切：“惏，地名。出《玉篇》。”（79）《廣韻》謂“惏”字出《玉篇》，然宋本《玉篇》未見收録此字。《新修玉篇》卷八《心部》引《餘文》：“惏，力閑切。地名。出《玉篇》。”（73 上左）《篇海》同。《直音篇》卷二《心部》：“惏惏，藘含切。貪惏。”（84 上）《直音篇》之説疑不可據。《説文・心部》：“惏，河内之北謂貪曰惏。从心，林聲。”（220 下）《玉篇・心部》：“惏，力南切。貪也。”（38 下左）“惏”與“惏”儘管構字部件相同，讀音也相同，然義訓區別甚明，二字不可混同，故《直音篇》謂“惏”“惏”同，訓“貪惏”，並非。《詳校篇海》卷四《心部》:“惏,力閑切,音闌。地名。又盧含切,音婪。義同。貪也。”(234 上)《篇海類編》同。《詳校篇海》《篇海類編》《字彙》訓“貪也”,皆因承襲《直音篇》之謬而誤。《正字通》謂“惏”同“惏”,疑亦非是。

159. 惹

《字彙·心部》:“惹,如灼切,音若。亂也。又與惹同。”(161 下)

《正字通·心部》:“惹,同惹。《集韻》:‘惹,或作惹。’舊注增如灼切,音若,亂也,分爲二,非。”(372 下)

按:《集韻》入聲鐸韻匿各切:“惹,心然也。”(725)此“惹”當即“諾”之異體字。《説文·言部》:“諾,譍也。从言,若聲。”(45 下)“諾”本義指“答應聲”,引申義指“答應”“允許”。例如:《老子》第六十三章:“夫輕諾必寡信,多易必多難。”《荀子·王霸》:“刑賞已諾,信乎天下矣。”楊倞注:“諾,許也。”《史記·季布欒布列傳》:“楚人諺曰:‘得黄金百(斤),不如得季布一諾。’”“諾”,《廣韻》音“奴各切”,《集韻》音“匿各切”。“心然”與“答應”“允許”義同,故“惹”與“諾”音義並同,此“惹”當即“諾”字之俗。

160. 惺

《字彙·心部》:“惺,先青切,音星。惺憽,了慧也。又静也。又上聲息井切。義同。”(161 下)

《正字通·心部》:“惺,思今切,音星。《字林》:‘悟也。’又静也。又上聲息井切。義同。”(372 下)

按:《康熙字典·心部》:“惺,《廣韻》《集韻》《韻會》桑經切,《正韻》先青切,並音星。《字林》:‘悟也。’《廣韻》:‘惺憽,了慧也。’又《增韻》:‘静也。’”(358 上)《龍龕》卷一《心部》:“惺,音星。惺憽,了惠人也。又息井反。惺悟也。”(56)《玉篇·心部》:“惺,桑經切。惺憽,了慧也。”(40 上右)《新修玉篇》《篇海》引《玉篇》並同。《廣韻》平聲青韻桑經切:“惺,惺憽,了慧皃。出《聲類》。”(128)下文上聲静韻息井切又曰:“惺，惺悟。出《字林》。”同一小韻相隔一字曰:“惺，惺悟皃。俗。”(217)《集韻》平聲青韻桑經切:“惺，惺憽，了慧。”(242)下文上聲静韻息井切又曰:“惺惺，悟也。或從星。”(424)《直音篇》卷三《心部》:“惺，音星。了慧。又上聲。”(82下)故“惺”即訓“惺憽，了慧也”、“惺悟也”。又毛晃《增修互注禮部韻略》(簡稱《增韻》)平聲青韻先青切:“惺，惺憽，了慧也。又悟也；静也。”《增韻》訓“静也”，於前代字韻書皆無徵，於文獻亦無徵，此訓疑不可據。《洪武正韻》平聲庚韻先青切:“惺，惺憽，了慧也。又悟也；静也。”(130)《洪武正韻》訓“静也”，當因承襲《增韻》之謬而誤。《詳校篇海》卷四《心部》:“惺，桑經切，音星。惺憽，了慧也。悮(悟)也。又静也。又上音省。《廣韻》惺悟，亦作惺。”(234下)《篇海類編》同。《詳校篇海》《篇海類編》訓“静也”，當因承襲《洪武正韻》之謬而誤。《字彙》《正字通》訓“静也”，亦因承襲前代字書之謬而誤。《康熙字典》轉録《增韻》“静也”之訓而未作校正，亦失考證。《大字典》“惺”字下據《字彙》之説而收録“静”這一義項，疑亦非是。

161. 愄

《字彙·心部》:“愄，達各切，音鐸。忖愄。”(161下)

《正字通·心部》:“愄，俗度字。本作忖度，舊注重出。”(372下)

按:《康熙字典·心部》:“愄，《廣韻》徒落切，《集韻》《韻會》《正韻》達各切，並音鐸。忖愄也。與度同。”(358上)《廣韻》入聲鐸韻徒落切:“愄，忖愄。”(408)《集韻》入聲鐸韻徒各切:“恎，忖也。一曰企也。或作忳、愄。”(723)《正字通》所言是也。《爾雅·釋詁上》:“度，謀也。”《玉篇·又部》:“度，徒各切。揆也。”(33上右)“愄”與“度”音義並同，“愄”當即“度”之異體字。《大字典》收録“愄”字，第❶義項據《集韻》之説而謂同“恎”；第❷義項據《正字通》之説而謂同“度”。其實，這兩個義項應合併爲一個義項，謂同“度”“恎”，即妥。《字海》“愄”字下據《正字通》之説而直謂同“度”，是也。

162. 愿

《字彙・心部》:“愿，遇玄切，音元。測量也。”(163下)

《正字通・心部》:“愿，同愿。《六書統》愿爲古文愿，愿亦有元音。舊注音元，訓測量，非。又愿、愿一字，非古文,《六書統》亦非。”(377上)

按:《康熙字典・心部》:“愿,《集韻》愚袁切，音元。測量也。”(362下)《集韻》平聲元韻愚袁切:“愿，測量也。”(133)此“愿”當同“謜”，本作“原”。《廣雅・釋詁一》:“謜，度也。”曹憲《博雅音》:“謜，音元。”(74下)《讀書雜誌・漢書第八・不可勝原》念孫案:“師古以原爲本數，非也。原者，量也；度也，言其麗與盛不可勝量也。《廣雅》曰:‘量、謜，度也。’謜與原古字通。宋玉《神女賦》曰:‘志未可乎得原。’韓子《主道篇》曰:‘掩其跡，匿其端，下不能原。’《列女傳・頌義小序》曰:‘原度天道，禍福所移。’皆其證也。”(286上)又《讀書雜誌・漢書第八・功無原》念孫案:“《王莽傳》曰:‘功亡原者，賞不限。’原，亦量也，有無量之功，故有不限之賞。”(286上)“謜”“原”,《廣韻》皆音“愚袁切”。故“愿”與“謜”“原”音義並同，“愿”即“謜”之異體字，本當作“原”。又《正字通》謂“愿”同“愿”，此說亦當是也。徐在國《傳抄古文字編》(1044)“愿”字古文或作“”,“愿”當即“”之楷定字。此即其證也。此“愿”與上文《集韻》所收之“愿”當爲同形字。

163. 慊

《字彙・心部》:“慊，苦簟切，音歉。恨也。一曰不滿也。又厭也。又入聲乞協切。足也；快也。”(163下)

《正字通・心部》:“慊，苦掩切，音歉。意不滿也。又入聲轉乞協切，音怯。足也；快也。”(378上)

按:《康熙字典・心部》:“慊,《廣韻》《集韻》《韻會》《正韻》並古簟切，音歉。《廣韻》:‘恨也。’《玉篇》:‘切齒恨也。’《集韻》:‘意不滿也。’……又《集韻》《正韻》詰叶切,《韻會》乞協切，並音匧。《集韻》:‘足也。或從口。’《莊子・天運篇》:‘盡去而後慊。’”（363下）《集韻》入聲怗韻詰叶切:“慊嗛，足也。或從口。”（783）《廣韻》入聲帖韻他協切:“愜，快也。㥦，上同。”同一小韻下字又曰:“悏，快也。”（437）《集韻》入聲怗韻詰叶切:“㥦，《説文》:‘快也。’或作悏、㛍，亦書作愜。”（683）“足也”“滿也”訓異義同，“慊”“嗛”與“㥦”“愜”“悏”“㛍”諸字音義並同，即爲異體字。《洪武正韻》入聲葉韻乞協切:“愜。快也；適也。亦作㥦、慊、悏。”（390）此是其證也。故“慊”“嗛”“㥦”“愜”“悏”“㛍”諸字爲異體字。

164. 憁

《字彙・心部》:“憁，作孔切，音總。憁恫，不得意貌。又千弄切，聰去聲。義同。”（165上）

《正字通・心部》:“憁，俗悤字。舊注音總，泥。《正韻》:‘憁恫，不得意貌。’非。又《正韻》一送‘憁’注:‘俗作惚。’不知加心作憁亦俗增也，宜删。”（381上）

按:《康熙字典・心部》:“憁，《正韻》作孔切，音總。憁恫，不得意貌。又《正韻》千弄切。義同。按:《玉篇》《集韻》作惚。”（367下）《龍龕》卷一《心部》:“惚恫，上千弄反，下徒弄反。惚恫，不得志皃也。”（60）《玉篇・心部》:“惚，七弄切。惚恫，不得志。”（39下左）《集韻》平聲東韻麤叢切:“惚，惚恫，無知。”（8）“憁恫”“惚恫”“惚恫”並同，皆爲疊韻聯連綿。《正字通》謂“憁”即“悤”字之俗，疑非是。《説文・心部》:“悤，多遽悤悤也。从心、囪，囪亦聲。”（212上）“悤”，《集韻》音“麤叢切”。“憁”與“悤”雖然部分構字部件相同，且讀音亦同，然“憁恫”爲疊韻聯連綿，合則有義，分則無義，且文獻亦作“憁恫”，而未見“憁”有作“悤”者，故《正字通》之説非是。

165. 憀

《字彙・心部》:“憀，連條切，音聊。與聊同。憀賴。又悲恨也。又力求切，音留。亦恨也。”（165上）

《正字通·心部》:"憀，連橋切，音聊。悲恨也。又尤韻音留。義同。《説文》:'憀然也。'義未詳。聊、憀音同義别,《玉篇》'憀'誤訓'賴也；且也'，舊注憀賴，與聊同，合爲一，非。"(381上)

按:《康熙字典·心部》:"憀,《唐韻》落蕭切,《集韻》《韻會》憐蕭切,《正韻》連條切，並音聊。《説文》:'憀然也。'《集韻》:'無憀賴也。'《玉篇》:'賴也；且也。'"(367下)《説文·心部》:"憀，憀然也。从心，翏聲。"(218上)段玉裁注:"憀然，猶了然也。"又《名義·心部》:"憀，力周反。賴也；然也；且也。"(73上)《玉篇·心部》:"憀，力周、力彫二切。賴也；且也。"(39上左)《淮南子·兵略》:"上下不相寧，吏民不相憀。"高誘注:"憀，賴。"可見"憀"訓"賴也"，於前代字書、文獻皆有徵,《正字通》之説非是,《字彙》謂"憀"同"聊"，是也。《玉篇校釋》"憀"字下注:"'賴也'者,《淮南·兵略篇》:'吏民不相憀。'許注:'憀，賴也。'《切韻》尤韻同，蕭韻云:'無憀賴也。'本書:'恑，心無憀也。'《人部》:'俚，賴也。《説文》:'聊也。'聊與憀通。又'且也'者,《人部》:'僇，一曰且也。'《文選·笙賦》注引《聲類》:'憀，且也。'憀、僇今皆爲聊。《詩·素冠》:'聊與子同歸。'鄭箋:'聊猶且也。'《泉水》:'聊與之謀。'箋云:'聊，且略之辭也。'《廣雅》三:'聊，且也。'《文選·思玄賦》注引賈逵:'聊，賴也。'本書:'聊，且略之辭。'"(1650)此説即印證了《字彙》之説。"憀""聊",《廣韻》皆音"落蕭切"。故"憀"訓"賴也""且也"，與"聊"音義並同，即爲異體字。

166. 憢

《字彙·心部》:"憢，吁驕切，音囂。懼也。"(166上)

《正字通·心部》:"憢，虚驕切，音囂。懼也。"(383上)

按:《爾雅·釋訓》:"惴惴憢憢，懼也。"郭璞注:"皆危懼。"陸德明《釋文》:"憢，本又作嘵。"又《淮南子·兵略》:"其後驕溢縱欲，拒諫喜諛，憢悍遂過，不可正喻。"高誘注:"憢，勇急也。"此"憢"當即"驍"之異體字。《廣雅·釋詁二》:"驍，健也。"《玉篇·馬部》:"驍，古幺切。勇急捷也。"(107下左)《史記·韓長孺列傳》:"衛尉李廣爲驍騎將軍，出雁門，軍各萬騎。”裴駰《集解》引張晏曰：“驍，勇也。”“憢”，《廣韻》音“許幺切”；“驍”，《廣韻》音“古堯切”，《洪武正韻》音“吁驕切”。故“憢”訓“勇急也”，與“驍”音義並同，此“憢”當即“驍”之異體字。

167. 憨

《字彙·心部》：“憨，乎鑑切，音陷。害也；又果決也。又火含切，漢平聲。愚也。”（166上）

《正字通·心部》：“憨，呼山切，漢平聲。癡皃。《唐韻》：‘愚也。’……《正韻》二十一覃闕憨，《韻會》轉勘韻訓言果決，非。舊注乎鑑切，音陷，害也，尤非。《集韻》或作㦟，亦非。”（383上）

按：《康熙字典·心部》：“憨，《廣韻》呼談切，《集韻》《韻會》呼甘切，並音蚶。《玉篇》：‘愚也；癡也。’”（370上）《名義·心部》：“憨，呼濫反。愚也；急也。”（78下）《名義》訓“急也”非，吕浩《〈篆隸萬象名義〉校釋》（125A）失校。《爾雅·釋鳥》：“鶟鳩，寇雉。”郭璞注：“鶟，大如鴿，似雌雉，鼠脚，無後指，岐尾，爲鳥憨急群飛，出北方沙漠地。”陸德明《釋文》引《字書》云：“憨，愚也。”故《名義》訓“急也”，當爲誤截郭璞注文所致的訓釋失誤。又《新撰字鏡·心部》：“憨，口三反，去。愚也；害也。”（125）《新撰字鏡》訓“害也”，當爲“急也”之誤，亦非。敦煌本《王韻》去聲闞韻下瞰反：“憨，害。又呼甘反。”（416）故宫本《王韻》、故宫本《裴韻》同。《唐韻》去聲闞韻下瞰反：“憨，害也；果決也。又呼甘反。”（672）《廣韻》同。龍宇純《校箋》“憨”字下注：“‘害’字，王一、S六一七六、王二、《唐韻》、《廣韻》並同，未詳。《集韻》云：‘愚也。’案《爾雅·釋鳥》‘鶟鳩’注云：‘爲鳥憨急群飛。’釋文云：‘憨，愚也。’本書談韻火談反亦云：‘癡。’此疑‘愚’訛作‘患’（患字古文作悳，與愚字極近），又易作‘害’。”（544）龍氏謂“憨”訓“害”非，是也；然謂“害”爲“患”字之訛，疑不可據。余迺永《校注》“憨”字下注：“按《王韻》諸本、《唐韻》俱無‘果決也’一訓，餘同。《集韻》單訓：‘愚也。’《玉篇》：‘火含切，愚也，癡也。’亦無‘害也’一義。疑此注‘害也’乃‘愚也’之誤,《廣韻》既不得其解，於是復就敢聲謬言‘果決也’者，當正。”（903）余氏謂“憨”訓“害”非，亦是；然謂“害”爲“患”字之訛，亦不可據。又其謂“果決也”之訓當爲《廣韻》所增，亦非。據上文可知,《唐韻》已增“果決也”之訓，然此訓於文獻無徵，當即望形生訓所致的訓釋失誤。又《可洪音義》卷二二又曰:“荒憸，呼甘反。癡也。正作憨也。又下瞰反。害也；果決也。”（60，P246B1）《可洪音義》訓“害也”“果決也”，亦當因承襲前代字韻書之謬而誤。《字彙》訓“害也”“果決也”，亦因承前而誤。《正字通》謂“憨”訓“果決”“害也”非，所言是也。《大字典》“憨”之訓據《廣韻》之誤而收録“果決”“害”這兩個義項，亦非。

168. 憪

《字彙·心部》:“憪，下簡切，閑上聲。寬大貌。又不安貌。《漢（孝）文帝紀》:‘憪然念外人之有非。’又勁忿貌。《唐王叔文傳》:‘憪然以爲天下無人。’又何艱切，音閑。愉也；静也。”（166上）

《正字通·心部》:“憪，胡顔切，音閒。寬大貌。又愉也；静也。又下簡切，限上聲。義同。又不安貌。《漢（孝）文帝詔（紀）》:‘朕既不能遠德，憪然念外人之有非。’注:‘非姦。’非也。一曰邊患。又勁忿貌。通作撊，亦作僩。”（383上）

按:《康熙字典·心部》:“憪,《唐韻》户閒切,《集韻》《韻會》何閒切。《説文》:‘愉也。从心，閒聲。’《廣韻》:‘心静也。或作憫。’又《玉篇》《廣韻》《集韻》並下赧切，音僩。《廣韻》:‘寬大貌。’又不安貌。《史記·文帝紀》:‘憪然念外人之有非。’又勁忿貌。《唐書·王叔文傳》:‘憪然以爲天下無人。’”（370上）《玉篇·心部》:“憪，户閒切。戾也。《説文》曰:‘愉也。’”（39上左）《正字通》所言當是。《玉篇校釋》“憪”字下注:“‘戾也’者,《切韻》:‘憪，介然不平之意。’《史記·孝文帝紀》:‘憪然念外人之有非。’《集解》引蘇林曰:‘憪，寢視不安之皃。’孟康曰:‘猶介然也。’案猶忿也。忿，不和皃。《左氏·昭十八年傳》:‘撊然援兵登陴。’杜注:‘撊然，勁忿皃。’服云:‘猛皃。’《方言》三:‘撊，猛也。’本書《人部》:‘僩，武皃。’《犬部》:‘㺉，犬争皃。’《覞部》:‘䙺，很視也。’《説文》云‘齊景公之勇士有成䙺’者，《孟子》作‘成覵’，皆很戾義也。”（1653）此説印證了《正字通》之説。故“戾也”與“不安皃”“勁忿皃”訓異義同。“㒯”，《集韻》音“下赧切”；“僩”，《廣韻》亦音“下赧切”。故“憪”與“㒯”“僩”音義並同，即爲異體字。又《廣韻》上聲潸韻下赧切：“憪，寬大。”（194）此“憪”亦當即“僩”之異體字。《玉篇·人部》:“僩，下板切。寬大也。”（13上右）故“憪”與“僩”音義並同，此“憪”亦當即“僩”之異體字。

169. 㥶

《字彙·心部》:“㥶，所力切，音色。悲恨。”（167上）

《正字通·心部》:“㥶，俗字。嗇或作㱇，訛作㥶，訓悲恨，非。”（385下）

按:《康熙字典·心部》:“㥶，《廣韻》所力切，音色。恨也。”（372下）《玉篇·心部》:“㥶，所力切。恨也。”（40上左）《玉篇校釋》“㥶”字下注:“案本作歗。《欠部》:‘歗，《説文》:悲意也。《埤倉》:恐懼也。顧氏案《公羊傳》歗然而駭是也。’”（1697）《考正》“㥶”字下注:“考《龍龕·心部》:‘㥶，音色，悲恨也。’在字韻書中乃此字之早見者。竊以爲‘㥶’即‘歗’的换旁字。”（157）以上二説是也。又《集韻》入聲職韻殺測切:“嗇，《説文》:‘愛濇也。從來，從㐭。來者㐭而藏之，故田夫謂之嗇夫。’亦作㱇。”（756）故“㥶”與“㱇”音同義别，二字不可混同，《正字通》謂“㥶”即“㱇”字之訛，既無書證亦無例證，其説非是。

170. 㦹

《字彙·心部》:“㦹，以兩切，音養。心所欲也。有藝欲達曰技㦹。潘岳《射雉賦》:‘徒心煩而技㦹。’”（167下）

《正字通·心部》:“㦹，於兩切，音養。心憂不定也。又有藝欲達曰技㦹。潘岳《射雉賦》:‘徒心煩而技㦹。’”（386上）

按:《康熙字典·心部》:“㦹，《集韻》《韻會》《正韻》並以兩切，音養。心所欲也。潘岳《射雉賦》:‘徒心煩而技懩。’注:‘有藝欲逹曰技懩。’”(374上)《集韻》上聲養韻以兩切:“懩,心所欲也。”(412)《文選·射雉賦》:“屏發布而累息,徒心煩而技懩。”李善注引徐爰曰:“有伎藝欲逞,曰技懩也。”《正字通》訓“心憂不定也”,於歷代字韻書、文獻皆無徵,此訓疑不可據。《大字典》《字海》“懩”字下皆據《正字通》之説而收録“心憂不定”這一義項,疑並非是。

171. 㦒

《字彙·心部》:“㦒,力至切,音利。惡㦒;又恐人。”(167下)

《正字通·心部》:“㦒,俗字。古通用厲。”(386下)

按:《康熙字典·心部》:“㦒,《集韻》郎達切,音喇。惡也。又力制切,音例。驚也。本作㤡,或從厲。”(374下)《廣韻》去聲祭韻力制切:“㦒,恐人。”(278)余迺永《校注》“㦒”字下注:“《王二》訓‘恐人’者字作‘愒’,音去例切。《王一》《全王》《唐韻》其字作‘揭’,又諸書力制切無‘㦒’或‘愒’若‘揭’字。《説文》‘愒’字解:‘息也。’無‘憩’字。‘愒’字段注云:‘《釋詁》及《甘棠》傳皆曰:憩,息也。憩者,愒之俗體。《民勞》傳又曰:愒,息也。非有二字也。’案《詩·大雅·民勞》:‘民亦勞止,汔可小愒。’《毛傳》:‘愒,息也。’又《詩·召南·甘棠》:‘勿翦勿拜,召伯所憩。’《毛傳》:‘憩,息也。’《爾雅·釋言》:‘貪羨也。’曹操《氣出唱》三首之一:‘心恬澹無所愒欲。’《廣韻》去例切‘愒’字云:‘《爾雅》:貪也。《説文》:息也。’正據二書而不著‘恐人’義。蓋‘恐人’義之‘愒’字已改入力制切,又因聲母而移其諧聲偏旁爲‘厲’也。‘揭’乃‘愒’之誤字。‘愒’字作‘恐人’解,見《史記·蘇秦列傳》:‘是故夫衡人日夜務以秦權恐愒諸侯,以求割地。’司馬貞《索隱》:‘愒,謂相恐脅也。’”(844~845)余氏所言不確。敦煌本《王韻》去聲祭韻去例反:“愒,恐人。”(408)故宫本《王韻》、《唐韻》同。故以上諸韻書皆作“愒”,《校注》謂作“揭”,當即“愒”字誤刻。故宫本《裴韻》去聲祭韻去例反:“愒,恐人。”(590)《龍龕》卷一《心部》:“愒,去例反。恐人也。”(60)“愒”與“愒”音義並同,“愒”

當即“愒”字之俗。又“㦡”字，《廣韻》之前的韻書皆未見收録，敦煌本《王韻》、故宮本《王韻》、《唐韻》“去例反”這一反切之下皆收録“愒”字，訓“恐人”，故宮本《裴韻》“去例反”這一反切之下“恐人”這一義訓改作“愒”，《廣韻》“去例切”這一反切之下收録“愒”字，訓“貪也”“息也”，又於“力制切”這一反切之下收録“㦡”字，訓“恐人”，據此可知，“㦡”疑爲“愒”字之訛，因“愒”字訛作“㦡”，故改讀爲“力制切”，此當即望形生音。又《集韻》入聲曷韻郎達切：“㦡，惡也。”（689）此“㦡”疑即“厲”字之俗。敦煌本《王韻》去聲祭韻力制反：“厲，惡。”（408）故宮本《王韻》、故宮本《裴韻》、《唐韻》、《廣韻》同。《詩·大雅·瞻仰》：“孔填不寧，降此大厲。”毛傳：“厲，惡也。”“㦡”與“厲”音近義同，此“㦡”本當作“厲”。

172. 㦥

《字彙·心部》：“㦥，呼典切，音顯。恨也。”（168 上）

《正字通·心部》：“㦥，憲字之訛。”（386 下）

按：《康熙字典·心部》：“㦥，《集韻》許元切，音暄。本作愋。《博雅》：‘愋、諒，智也。’或作㦥。又《集韻》許偃切，音幰。恨也。”（375 上）《廣韻》平聲元韻況遠切：“愋，恨也。”（68）《集韻》平聲元韻許元切：“愋，《博雅》：‘愋、諒，智也。’一曰很也。或作㦥。”（134）下文上聲阮韻許偃切又曰：“㦥，恨也。”（361）“很”“狠”字同，故“㦥”與“愋”音義並同，“㦥”當即“愋”之異體字。《集韻》“㦥”又音“許偃切”，此當爲“㦥”字“又音”。又《説文·心部》：“憲，敏也。从心，从目，害省聲。”（217 上）《龍龕》卷一《心部》：“憲，許建反。法度也；制禁也。”（67）《集韻》上聲銑韻呼典切：“憲，興盛貌。《詩》：‘憲憲令德。’”（380）故“㦥”與“憲”音義俱别，二字不可混同，《正字通》謂“㦥”即“憲”字之訛，既無書證亦無例證，其説非是。

173. 㦦

《字彙·心部》：“㦦，下戒切，音械。忖度也。”（168 上）

《正字通・心部》:“㦓，與㑸通。《揚雄傳》作䶵，舊本因械，改訓忖度，非。”（387 上）

按:《康熙字典・心部》:“㦓,《集韻》下介切，音薤。忖度也。”（375 下）《集韻》去聲怪韻下介切:“㦓，忖度也。”（527）又《廣雅・釋詁一》:“㑸，陿也。”《集韻》去聲怪韻下介切:“㑸,《博雅》:‘陿也。’一曰速也。”（527）又《漢書・揚雄傳上》:“素初貯厥麗服兮，何文肆而質䶵。”顔師古注引應劭曰:“䶵，䶵，狹也。”（527）“䶵”,《集韻》亦音“下介切”。“㦓”與“㑸”“䶵”音同義别，不可混同，故《正字通》之説非是。“㦓”疑即“𢡆”字之俗。《集韻》去聲怪韻下介切“㦓”字下一字曰:“𢡆,《博雅》:‘悵也。’”（527）“悵也”與“忖度也”義可相通，故“㦓”與“𢡆”音同義通，“㦓”疑即“𢡆”字之俗。《正字通》“㦓”字下文“𢡆”字下即謂“同㦓”，所言疑是。

174. 戹

《字彙・户部》:“戹，乙革切，音戹。户小門也。借義爲隘戹、䩻戹字。”（170 下）

《正字通・户部》:“戹，烏革切，音戹。户小門也。借義爲隘戹、䩻戹字。”（393 上）

按:《康熙字典・户部》:“戹,《唐韻》於革切,《集韻》《韻會》《正韻》乙革切，並音戹。《説文》:‘隘也。’徐曰:‘户小門也。’”（381 下）《説文・户部》:“戹，隘也。从户，乙聲。”（248 上）林義光《文源》:“戹,……實即軶之古文。”容庚《金文編》:“戹象車戹形,《录伯簋》:‘金戹畫轉。’即《詩・韓奕》之‘鞗革金厄’。”故“戹”即爲象形字，本義即指“車軶，即套在牲口脖子上的曲木”，引申義可指“險要之處”“困難；艱苦”“災難”。《玉篇・户部》:“戹，倚革切。困也；災也。亦作厄。”（55 下左）《廣韻》入聲麥韻於革切:“戹，災也。《説文》:‘隘也。’厄，上同。”（417）《新修玉篇》卷十一《户部》引《玉篇》:“戹，於革切。困也；災也。《説文》:‘隘也。’亦作厄。”（101 下左）《篇海》卷十三《户部》引《玉篇》:“戹，倚革切。困也；災也。亦作厄。”（798 上）《直音篇》卷三《户部》:“戹，與戹同。”（134 下）《詳校篇海》卷五《户部》:“戹，乙革切，音戹。困也；災也。亦作戹。”（332 下）以上諸書皆其證也。徐鍇《繫傳》:“臣鍇曰：‘户小門也。’”（233 下）據上文可知，徐鍇謂“戹”爲“户小門也”，非是。《字彙》《正字通》訓“户小門也”，當因承襲徐鍇之説而誤。《康熙字典》轉録徐鍇之説而未作校正，亦失考證。《大字典》“戹”字下據《字彙》之誤而收録“小門”這一義項，疑亦非是。

175. 扒

《字彙·手部》:“扒，布怪切，音拜。拔也。”（171 下）

《正字通·手部》:“扒，博邁切，音拜。拔也。《詩》:‘勿翦勿拜。’拜或作扒，誤。”（396 上）

按:《康熙字典·手部》:“扒，《唐韻》博怪切，《集韻》《韻會》《正韻》布怪切，並音拜。拔也。”（384 下）述古堂影宋鈔本《集韻》去聲怪韻布怪切:“扒，拔也。通作拜。”（527）“拔也”，揚州使院重刻本《集韻》、宋刻本《集韻》皆作“救也”，“救也”當爲“拔也”之誤。趙振鐸《集韻校本》:“段校：‘當是拔。’錢校同。馬校：‘救當作拔，宋亦誤，《類篇》布怪切作拔。’《方校》:‘案:《廣韻》救作拔，引《詩》勿翦勿扒。《類篇》《韻會》同，今據正。’按：明州本、錢鈔本校作‘拔’。”（689）以上諸説皆是也。述古堂影宋鈔本《集韻》作“拔也”，此是其證也。《龍龕》卷二《手部》:“扒，音拜。拔也。”（215）此亦其證也。《大字典》“扒”字下據誤本《集韻》義訓之誤而收録“救”這一義項，失考證。

176. 扤

《字彙·手部》:“扤，五忽切，音兀。動摇也。新安胡氏曰：‘扤有齟齬頓挫之意。’《詩·小雅》:‘天之扤我。’”（172 上）

《正字通·手部》:“扤，五忽切，音兀。動摇也。新安胡氏曰：‘扤有齟齬頓挫意。’《考工記》:‘輻廣而鑿淺，[則] 是以大扤。’《詩·小雅》:

‘天之抓我，如不我克。’”（396 下）

按：《康熙字典·手部》：“抓，《唐韻》《集韻》《韻會》《正韻》並五忽切，音兀。《説文》：‘動也。’《詩·小雅》：‘天之抓我，如不我克。’”（385 下）《龍龕》卷二《手部》：“抓，月、兀二音。搔動也。”（219）《龍龕》訓“搔動也”，義當同“摇動也”。《説文·手部》：“抓，動也。从手，兀聲。”（257 上）《廣韻》入聲没韻五忽切：“抓，動摇。”（391）《周禮·考工記·輪人》：“輻廣而鑿淺，則是以大抓，雖有良工，莫之能固。”鄭玄注：“抓，摇動貌。”“搔動也”與“動也”“摇動”“動摇”訓異義同，亦指“摇動”之義。《大字典》第一版“抓”字下轉録《龍龕》作“抓，騷動也”，並據此收録“騷動”這一義項，轉録失真，非是。《大字典》第二版轉録《龍龕》校作“搔動也”，是也；然據此收録“搔動”這一義項，疑不確。“搔動”與“動也”“摇動”“動摇”訓異義同，故此義項應歸入到第一義項内，方是也。

177. 拝

《字彙·手部》：“拝，步項切，音棒。搁也；打也。亦作棒。又符容切，音逢。奉也。亦作摓。”（172 下）

《正字通·手部》：“拝，俗摓字。《説文》摓，从手，夆聲，奉也。舊注音逢，亦作摓。又音義與《説文》同，訛省作拝，非。又音俸，訓打，亦作棒，尤非。”（397 下）

按：《康熙字典·手部》：“拝，《集韻》符容切，音逢。與摓同。奉也。通作摓。又上聲撫勇切。與捧同。搁也。又部項切，音蚌。打也。”（387 下）《集韻》上聲講韻部項切：“拝，打也。”（307）《字彙》所言當是，《正字通》所言非是。《廣韻》上聲講韻步項切：“棒，打也。棒，同上。”（161）故“拝”訓“打也”，與“棒”“棒”音義並同，此“拝”當即“棒”“棒”之異體字。

178. 抆

《字彙·手部》：“抆，武粉切，音刎。揩拭也。《楚辭·九章》：‘孤子

唫而抆淚。’又摩也。”（172 下）

《正字通・手部》：“抆，武粉切，音刎。拭也。《漢・朱博傳》：‘抆拭用之。’注：‘摩也。’《楚辭・九章》：‘孤子唫而抆淚。’”（398 上）

按：《康熙字典・手部》：“抆，《唐韻》《集韻》《韻會》《正韻》並武粉切，音吻。拭也。又抿也。”（388 上）《玉篇・手部》：“抆，武粉切。拭也；拒也。”（31 上右）《玉篇校釋》“抆”字下校注文“拒也”爲“抿也”，並注曰：“又‘抿也’者，‘抿’原訛‘拒’，今正。抿，《爾雅》清也。《切韻》：‘抿，拭也。通作揰。’揰，清也；《説文》拭也。拭與抿義相因，抆拭所以爲清絜也。”（1252）胡氏所言當是。《玉篇》訓“拒也”，於歷代字韻書皆無徵，當爲“抿也”之誤。《大字典》“抆”字下據《玉篇》之誤而收録“拒”這一義項，疑亦非是。

179. 扨

《字彙・手部》：“扨，丘加切，音揢。捋也；抗也。亦作抲、揢。又牛加切，音牙。扠扨，不正貌。”（173 上）

《正字通・手部》：“扨，牛霞切，音牙。扠扨，不正貌。與枒通。又抗也。《集韻》本作抲，或作揢。抲、揢讀平聲。”（398 下）

按：《康熙字典・手部》：“扨，《集韻》《韻會》並牛加切，音牙。扠扨，不正貌。又《五音集韻》魚駕切，音訝。與砑同。碾也。又《集韻》丘加切。與抲同。扼也。或作揢。”（388 下）《玉篇・手部》：“扨，客加切。將也。”（31 下左）《玉篇校釋》“扨”字下注：“‘將也’未詳，疑爲‘捋’字形訛，扨、捋蓋方俗語。《字彙》：‘扨，將也。’”（1293）胡吉宣謂“將也”當爲“捋也”形訛，所言疑可商榷。又《詳校篇海》卷四《手部》：“扨，丘加切，音揢。捋也；抗也。亦作抲、揢。又牛加切，音牙。扠扨，不正貌。”（269 上）《篇海類編》同。《詳校篇海》《篇海類編》訓“扨”爲“捋也”“抗也”，疑並非是。《新修玉篇》卷六《手部》引《玉篇》：“扨，客加切。將也。”（54 上左）《篇海》同。《直音篇》卷二《手部》亦曰：“扨，丘加切。將也。”（58 下）《詳校篇海》《篇海類編》以前歷代字書皆訓“將也”，《詳校篇海》《篇海類編》卻改訓“捋也”，“捋”

當爲“將”之形誤。《字彙》訓“捋也”，當因承襲前代字書之謬而誤。胡吉宣卻據《字彙》之謬而謂“將也”疑爲“捋也”之誤，其説疑不可據。又《集韻》平聲麻韻丘加切：“抲，扼也。或作挌、搿。”（208）《詳校篇海》《篇海類編》訓“搿”爲“抗也”，於歷代字韻書亦無徵，當爲“扼也”之誤。“將”有“持”義，“持”“扼”義可相通，故《玉篇》當以訓“將也”爲是。《字彙》《正字通》訓“抗也”，亦因承襲前代字書之謬而誤。《大字典》“搿”字下據《正字通》之誤而收録“抗”這一義項，《字海》“搿”字下據《字彙》之誤而收録“抗”“捋”這兩個義項，並非。

180. 拰

《字彙·手部》：“拰，尼廩切，賃上聲。拰搦。一曰摇也。”（175 上）

《正字通·手部》：“拰，俗字。訓摇，非。”（404 下）

按：《康熙字典·手部》：“拰，《唐韻》《集韻》並尼凜切，紝上聲。搦也。一曰拰搦，調弓貌。”（396 下）《名義·手部》：“拰，如甚反。搦也。”（56 下）《玉篇·手部》：“拰，如甚、女甚二切。搦也。”（31 上左）箋注本《切韻》（斯 2071）上聲寑韻尼甚反：“拰，拰搦。”（139）《廣韻》上聲寑韻尼凜切：“拰，拰搦。”（224）《集韻》上聲寑韻尼凜切：“拰，搦也。一曰拰搦，調弓皃。”（443）《直音篇》卷二《手部》：“拰，尼凜切。拰搦。”（60 下）《詳校篇海》卷四《手部》：“拰，尼凜切，音恁。搦也。又如甚切，音壬上聲。注同。”（270 上）《字彙》訓“拰”爲“摇也”，於前代字韻書皆無徵，疑不可據。《大字典》《字海》“拰”字下據《字彙》之説而收録“摇”這一義項，並非。

181. 拸

《字彙·手部》：“拸，胡改切，音亥。撼動也。”（175 上）

《正字通·手部》：“拸，俗揩字。”（404 下）

按：《康熙字典·手部》：“拸，《唐韻》胡改切，《集韻》下改切，並音亥。動也；減也。又《集韻》許既切，音餼。動摇貌。”（396 下）《廣雅·釋詁一》：“拸，動也。”《玉篇·手部》：“拸，胡改切。撼動也。”（31

上左）又《廣雅・釋詁三》:“揩，磨也。”《廣韻》平聲皆韻口皆切:“揩，摩拭。”（54）故“抜”與“揩”音義俱別，二字不可混同,《正字通》謂“抜”即“揩”字之俗，其説非是。

182. 搣

《字彙・手部》:“搣，而中切，音戎。相助也。又而隴切，音茸。拒也。”（175上）

《正字通・手部》:“搣，而容切，音戎。相助也。《詩・小雅》作戎，義同。又而隴切，音宂。《正韻》上聲:‘搣，拒也。’”（405上）

按:《康熙字典・手部》:“搣，《集韻》《韻會》而融切，《韻略》《正韻》而中切，並音戎。相也；助也。與《詩・小雅》‘烝也無戎’之‘戎’通。又《唐韻》《正韻》而隴切，《集韻》《韻會》乳勇切，並音宂。拒也。與輤通。又《唐韻》穠用切，《集韻》戎用切，並宂去聲。《博雅》:‘推也。’”（397上）《廣韻》上聲腫韻而隴切:“搣，拒也。亦作輤。”（160）《廣韻》訓“拒也”，疑非是。敦煌本《王韻》上聲腫韻［而隴反］:“搣，⿰扌𠂤。亦作輤。”（384）正如韓小荆《〈可洪音義〉研究》（427）“堆”俗作“⿰土𠂤”，“⿰扌𠂤”當即“推”字之俗。故宮本《裴韻》上聲腫韻而隴反:“搣，⿰木肯。疑輤。”（568）“⿰木肯”當即“⿰扌𠂤”字轉録之誤，亦當即“推”字之俗。《廣韻》訓“拒也”，亦當即“⿰扌𠂤”字轉録之誤，亦當即“推”字之俗。原本《玉篇・車部》:“輤，如勇反。《淮南》:‘輤車奉餉。’許叔重曰:‘輤，推也。’野王案:《吕氏春秋》:‘樹相近而靡。’《漢書》:‘再三發輤。’是也。《説文》:‘推車有所付也。’故從車，付聲。《聲類》:‘或爲搣字，在《手部》。’”（407）《廣雅・釋詁三》:“搣，推也。”王念孫《疏證》:“《玉篇》:‘搣，如勇切，推車也。’《説文》:‘輤，反推車令有所付也。’……《説文》:‘揖，推擣也。’搣、揖、輤，並音如勇反，其義一也。”此即其證也。余迺永《校注》“搣”字下注:“《龍校》:搣字注文《全王》《王一》同（《王一》拒作⿰扌𠂤，當是拒之誤）。《王二》云:‘⿰木肯。’《集韻》云:‘相。’案搣訓拒或相不詳。《集韻校本》引《爾雅・釋言》‘戎，相也’爲證。《釋文》亦云:‘戎，如字，或作搣，顧如勇反。’並與《集韻》正合。然訓‘相’之𢧵字又作軵，未詳所據。《説文》：‘軵，反推車令有所付也。’《淮南・覽冥》‘軵車奉饟’，注：‘軵，推也。’《廣雅・釋詁三》𢧵下訓‘推’，疑拒若𢪃，並推字之誤。推其誤拒，本書遂又增軵字云：‘推車。’《集韻》云‘相’者，蓋即據拒字傅會爲相。可從。又同紐尚有‘揖’字，其爲‘軵’字或體已見本字注文，亦當與‘𢧵’並移‘軵’下，三字俱均以‘推擣’爲義也。”（707）龍氏謂“𢪃”當即“拒”之誤，不確；然其謂“拒”“𢪃”並“推”字之誤，是也；又其謂“《集韻》云‘相’者，蓋即據拒字傅會爲相”，未必可信，“𢧵”訓“相”，當爲“戎”字之俗，未必誤也。《字彙》《正字通》“𢧵”字下收録“拒也”這一義項，皆因承前而謬。《康熙字典》轉録《廣韻》“拒也”之訓而未作校正，亦失考證。《大字典》“𢧵”字下據《廣韻》之誤而收録“拒”這一義項，非是；《字海》“𢧵”字下據《集韻》（當爲《廣韻》之誤）而收録“拒”這一義項，亦非。

183. 捲

《字彙・手部》：“捲，逵員切，音權。用力貌。又氣勢。《國語》：‘予有捲勇。’一曰收也。”（177 下）

《正字通・手部》：“捲，與卷通。《史》：‘捲甲而趨。’亦作卷。”（409 下）

按：《康熙字典・手部》：“捲，《唐韻》巨員切，《集韻》《韻會》《正韻》逵員切，並音權。《説文》：‘氣勢也。’……又《集韻》苦遠切，音綣。搏也。”（405 上）述古堂影宋鈔本《集韻》上聲阮韻苦遠切：“捲，摶也。”（361）揚州使院重刻本《集韻》作“搏也”，當以述古堂影宋鈔本《集韻》爲是。《説文・手部》：“捲，氣勢也。从手，卷聲。《國語》曰：‘有捲勇。’一曰捲，收也。”（257 上）《集韻》上聲阮韻窘遠切又曰：“卷捲，斂也。或從手。”（361）“摶也”與“捲收也”“斂也”義可相通，故《集韻》當以訓“摶也”爲是。《集韻校本》上聲阮韻苦遠切“捲”字下注：“明州本、潭州本、金州本、毛鈔、錢鈔注‘搏’字作‘摶’。陳校、顧校、陸校、龐校、濮校、錢校同。”（476）此即其證也。《康熙字典》

轉録《集韻》作“搏也”，此亦當爲誤本《集韻》所誤。《大字典》“捲”字下據誤本《集韻》而收録“搏”這一義項，應據正。

184. 揤

《字彙·手部》:“揤，乙黠切，音軋。手捺也。”（177下）

《正字通·手部》:“揤，扎、揠同。”（410上）

按:《康熙字典·手部》:“揤，《正字通》與扎、揠同。《海篇》:‘手捺也。’”（405下）《新修玉篇》卷六《手部》引《奚韻》:“揤，烏轄切。手搩也。”（56下右）“搩”即“揲”字之俗，“手揲也”當義指“手取也”。《篇海》卷十二《手部》引《奚韻》:“揤，烏轄切。手捺也。”（759上）“手捺也”當義指“用手壓”“用手按”。從字形來看，當以《篇海》爲是。《説文·車部》:“軋，輾也。从車，乙聲。”（304上）段玉裁注:“軋，引申之爲勢相傾。”“軋”本義指“用車輪或圓軸壓路”，引申爲“傾軋”。“軋”，《廣韻》音“烏黠切”。“揤”訓“手捺也”，與“軋”音同義通，故“揤”本當作“軋”。又《正字通》謂“揤”同“扎”“揠”，疑非是。《説文·手部》:“揠，拔也。从手，匽聲。”（255下）《集韻》入聲黠韻乙黠切:“揠，《説文》:‘拔也。’或作扎。”（695）“揤”與“扎”“揠”音同義別，不可混同，故《正字通》之説疑非是。《康熙字典》轉録《正字通》之説而未作校正，亦失考證。《大字典》“揤”字下以《正字通》之説作爲“一説”，疑亦非是。

185. 捯

《字彙·手部》:“捯，丘瞎切，音恰。拔著也。”（177下）

《正字通·手部》:“捯，俗拮字。”（410上）

按:《康熙字典·手部》:“捯，《海篇》丘瞎切，音劼。拔著也。《正字通》:‘俗拮字。’”（405）《新修玉篇》卷六《手部》引《奚韻》:“捯，苦轄切。搒著也。”（56下右）《篇海》卷十二《手部》引《奚韻》:“捯，苦轄切。拔著也。”（759上）“捯”字，《新修玉篇》與正德本《篇海》義訓不同，疑以《新修玉篇》爲是。《直音篇》卷二《手部》:“捯，音楬。

拶著也。”（57 上）《詳校篇海》卷四《手部》：“掛，丘瞎切，聲同恰。拶著也。”（272 下）《篇海類編》同。以上諸書皆其證也。故正德本《篇海》訓“拔著也”，“拔”當爲“拶”字誤刻。又《直音篇》訓“拶著也”，是也；然音“楬”，於前代字書皆無徵，疑非是。“掛”訓“拶著也”，當義指“按著”“壓著”。《正字通》謂“掛”即“拮”字之俗，疑非是。《説文·手部》：“拮，手口共有所作也。从手，吉聲。《詩》曰：‘予手拮据。’”（256 下）《廣韻》入聲屑韻古屑切：“拮，手口共有所作。”（399）《集韻》入聲薛韻丘傑切：“揭，舉也。或作拮。”（713）“掛”與“拮”儘管部分構字部件相同，然音義俱别，二字不可混同，故《正字通》之説疑不可據。《康熙字典》轉録《正字通》之説而未作校正，亦失考證。“掛”疑即“掐”字之俗。《説文新附·手部》：“掐，爪刺也。从手，臽聲。”（258 下）《玉篇·手部》：“掐，口洽切。掐抓也。爪按曰掐。”（31 上右）“掛”與“掐”音近義通，“掛”疑即“掐”字之俗。《大字典》《字海》“掛”字下皆據《正字通》之説而收録一個義項，謂同“拮”，疑並非是。

186. 掁

《字彙·手部》：“掁，除庚切，音橙。觸也；撞也。”（178 上）

《正字通·手部》：“掁，除明切，音棖。《博雅》：‘撥也。’《廣雅》：‘觸也；撞也。’”（410 下）

按：《康熙字典·手部》：“掁，《唐韻》直庚切，《集韻》《韻會》除庚切，並音棖。《廣雅》：‘觸也；撞也。’《博雅》：‘揬也。’……《集韻》或作揨，又作敒。”（406 上）《龍龕》卷二《手部》：“掁，直庚反。觸也。”（207）《玉篇·手部》：“掁，直庚切。牚也。”（32 上右）《廣雅》未見收録此字，《正字通》引書疑誤。《玉篇校釋》“掁”字下注：“‘牚也’者，‘牚’即‘觸’字。《切韻》：‘掁，掁觸。’本書原本無掁，掁觸字作敒，在《攴部》。慧琳六二·七‘掁觸’下云：《玉篇》作揨，云：‘刺也。’或作敒，云：‘棖觸也。’‘棖觸’即此‘掁牚’。《木部》‘棖’與‘橕’本同，義亦爲觸撞。慧琳十七·十七：《説文》作橕，柱也。《字統》作棖，丈耕反。棖觸也。《廣雅》作揨，刺也。《考聲》作振，撞也。或作敦。十二・九:《字書》:‘敞，撞也。’或作揨，亦作振。《古今正字》作敞。卅二・十六:《字統》:‘棖，猶皐也。’《考聲》作敞、揨，云:‘撞也。’八一・九:《韻略》云:‘振，猶觸也。’《古今正字》作棖。九九・十二:《韻詮》:‘振，觸也。’六五・四:《三倉》:‘敞，撞也。’《通俗文》:‘撞出曰朾。今以木若鐵撞出孔中物更補之謂之敞。’(此慧琳語)本書:‘揨，刺也；撞也。’下:‘撐，撐拄。’《攴部》:‘敦，撞也。’《木部》:‘樘，柱也。’重文橕。《殳部》:‘敞，推也。’慧琳六三・十六:振或作敹,《考聲》:‘敹，展也。’本書無敹,《廣雅》四:‘敹，揬也。’《集韻》:‘敹，或作振。’”(1297～1298)胡氏所言是也。《龍龕》卷二《手部》:“揨，宅耕反。撞也；觸也。與敦、敹三同。”(207)《集韻》平聲庚韻除庚切:“榖(敹)振揨,《博雅》:‘揬也。’或從長、從登。”(231)以上二書亦其證也。故“振”與“敹”“揨”“敦”“朾”“揨”“敞”諸字音義並同，即爲異體字。

187. 挆

《字彙・手部》:“挆，直紹切，音趙。刺也。又田聊切，調平聲。攪也；按也。”(178上)

《正字通・手部》:“挆，直紹切，音趙。《正韻》:‘刺也。’通作趙。《考工記》注引《詩・周頌》:‘其鎛斯挆。’今《詩》作趙。又田聊切，音條。按也。《韻會》:挆，或作挑;《集韻》或作趒，並非。”(411下)

按:《康熙字典・手部》:“挆,《集韻》《韻會》《正韻》並直紹切，音趙。刺也。”(407下)《玉篇・手部》:“挆，徒聊切，又去周切。”(32上右)《篇海》引《玉篇》同。元刊本《玉篇》補訓爲“按也”。《玉篇校釋》“挆”字下注:“義闕，元刊云‘按也’，非是。《集韻》上聲筱韻:‘趙，刺也。或作挆。’《詩・良耜》:‘其鎛斯趙。’毛傳:‘趙，刺也。’鄭箋:‘以田器刺地也。’《考工總記》:‘粵無鎛。’注引《詩》作:‘其鎛斯挆。’蓋出三家詩。”(1299)胡氏所言當是。《集韻》平聲蕭韻田聊切:“挑，撓挑，宛轉也。一曰攪也。或作挆。”(175)《新修玉篇》卷六《手部》

引《玉篇》:“挏，徒聊切。撓挑，宛轉也。一曰攪也。或作撊。《韻》又徒了切。刺也。《詩》曰:‘其鎛斯趙。’同作挏。又治小切。刺也。《詩》曰:‘其鎛斯挏。’”(55 下左)“挏”字,《集韻》《新修玉篇》《篇海》皆未見有“按也”之訓，元刊本《玉篇》卻訓“按也”，疑非是。《直音篇》卷二《手部》:“挏，音迢。按也。又音趙。”(58 上)《直音篇》亦訓“按也”，此當因承襲元刊本《玉篇》之謬而誤。《詳校篇海》卷四《手部》:“挏，田聊切，音調。宛轉也；攪也；按也。又直紹切，音趙。刺也。或作趙。”(271 下)《篇海類編》同。《詳校篇海》《篇海類編》《字彙》《正字通》等字書訓“按也”，亦皆因承襲前代字書之謬而誤。《大字典》《字海》“挏”字下皆據《字彙》之誤而收録“按”這一義項，疑並非是。

188. 掟

《字彙・手部》:“掟，徒經（徑）切，音定。天掟。出《道書》。又陟猛切，争上聲。揮張也。”(178 下)

《正字通・手部》:“掟，俗定字。《正韻》十八敬‘掟’注:‘天掟。出《道書》。’按：掟字經史不載，宜删。舊注又音争上聲，揮張也，亦非。”(412 上)

按:《康熙字典・手部》:“掟,《玉篇》陟猛切,《集韻》張梗切，並睁上聲。揮張也。又《唐韻》《正韻》並徒徑切，音定。天掟。見《道書》。”(408 下)《廣韻》去聲徑韻徒徑切:“掟，天掟。出《道書》。”(345)《正字通》謂“掟”即“定”字之俗，所言疑是。天定宿命論者謂人間的吉凶、禍福、貴賤等皆由天命所定，謂之“天定”。文獻中“天定”一詞用例甚多，例如:《史記・伍子胥列傳》:“人衆者勝天，天定亦能破人。”明李東陽《對鷗閣賦》:“數雖天定，業乃人爲。”《兒女英雄傳》第二二回:“萬事都有天定，這如何是人力防得來的？”“天掟”疑同“天定”,“掟”疑即“定”字之俗。《大字典》《字海》“掟”字下第（二）義項皆分爲兩個義項：第❶義項據《廣韻》訓“天掟”；第❷義項據《正字通》之説而謂同“定”。《大字典》《字海》這樣處理是失當的,《正字通》即謂“天掟”之“掟”當即“定”字之俗,《大字典》《字海》既然引用《正字通》之説，就應當將以上兩個義項合併爲一個義項，謂同“定”，並訓“天掟”，方是也。

189. 捼

《字彙·手部》:“捼，吐火切，音妥。落也；又棄也。又于鬼切，音委。義同。”（179上）

《正字通·手部》:“捼，他果切，音妥。落也；棄也。一説撱俗省。”（414上）

按:《康熙字典·手部》:“捼，《唐韻》以水切，《集韻》愈水切，並音唯。棄也。或作擴……又《玉篇》他果切，《集韻》吐火切，並音妥。揲也。又落也。揚子《方言》:‘脱也。又《集韻》杜果切，音惰。揬也。”（411上）述古堂影宋鈔本《集韻》上聲果韻吐火切:“捼，揲也。”（407）揚州使院重刻本《集韻》、宋刻本《集韻》同。述古堂影宋鈔本《集韻》上聲果韻杜果切又曰:“捼，揲也。”（408）揚州使院重刻本《集韻》、宋刻本《集韻》皆作“揬也”。《集韻校本》於“杜果切”這一反切之内“捼”字下注:“明州本、錢鈔注‘揬’字作‘揲’。龐校、濮校、錢校同。按:本韻吐火切‘捼’字注正作‘揲’。”（532）以上諸説疑皆可商榷。“捼”訓“揲也”，於歷代字韻書皆無徵，《集韻》“吐火切”“杜果切”之下的“捼”字疑皆以訓“揬也”爲是。慧琳《音義》卷四九《大莊嚴經論》第三卷:“鼻捼，初委反。《通俗文》:‘捫摸曰捼。’論文作揣，初委反，又都果反。揣量也；破（敁）揣也。敁，音丁兼反。揣非此用也。”（58，P407A1）慧琳《音義》卷七〇《俱舍論》第十二卷又曰:“揣觸，古文敊同。初委反。謂測度前人也。江南行此音。又音都果反。揣量也；試也。北人行此音。案論意字宜作捼。捼，初委反。捼摸也。《通俗文》:‘捫摸曰捼。’是也。”（58，P859A4）故在文獻中，“揣”或作“捼”，“捼”本訓“捫摸”，因“揣”有“都果反”“揣量也”這一音義，故而《集韻》又誤訓“捼”爲“揬也”，因“揬”亦有“量度”之義。《廣雅·釋詁三》:“揬，量也。”此即其證也。故“捼”訓“揲也”，當爲“揬也”之誤，此當即傳抄失誤；而“捼”訓“揬也”，當因誤植“揣”字之義於“捼”字之上所致的訓釋失誤，此當即編纂失誤。《大字典》“揹”字下據《集韻》之誤而收録“揲”與“稱量”這兩個義項，疑非是;《字海》“揹”字下據《集韻》之誤而收録“揲”這一義項，疑亦非是。

190. 摰

《字彙・手部》:“摰，支義切，音志。刺也；刧也。又至也。揚子雲《甘泉賦》:‘摰北極之嶟嶟。’”（180 下）

《正字通・手部》:“摰，之侍切，音志。《説文》:‘刺也。一曰刺之財至也。’又至也。揚雄《甘泉賦》:‘洪臺崛其獨出，摰北極之嶟嶟。’注：‘大臺高出，上至北極。’嶟嶟，峻貌。”（417 下）

按:《康熙字典・手部》:“摰,《唐韻》《集韻》並陟利切，音致。《説文》:‘刺也。一曰刺之財至也。’又劫財也。一曰搏也。”（416 上）《龍龕》卷二《手部》:“摰，陟利反。到也；又劫財也。又陟里反。指也。”（214）《廣韻》去聲至韻陟利切:“摰，刺也。又劫財也。”（247）《龍龕》《廣韻》訓“劫財也”，疑非是。敦煌本《王韻》去聲至韻陟利反:“摰，刧。”（403）“刧”旁批注一個“到”字，即説明“刧”當爲“到”字之訛。故宫本《王韻》去聲至韻陟利反:“摰，到。”（491）龍宇純《校箋》“摰”字下注:“《王一》云‘刧’，與《廣韻》云‘劫財也’義合（案《説文》云:‘刺之財至也。’）《方言》云:‘摰，到也。’是本書所本。”（429）龍氏所言不確。據上文可知，敦煌本《王韻》(即《王一》) 訓“刧”,“刧”當爲“到”字之誤。《説文・手部》:“摰，刺也。从手，刺聲。一曰刺之財至也。”（256 下）段玉裁注:“財，今纔（才）字。”桂馥《義證》:“‘一曰刺之財至也’者,《廣雅》:‘摰，至也。’《方言》:‘摰，到也。’”《名義・手部》:“摰，智利反。到也；搏也，刺也。”（54 上）《集韻》去聲至韻陟利切:“摰,《説文》:‘刺也。一曰刺之財至也。’一曰搏也。”（476）以上諸書皆未見有“劫財也”之訓,“劫財也”疑即“刧”轉訓之誤。《新撰字鏡・手部》:“摰，知利反。刺也；刧也；搏也。”（565）此“刧也”亦當爲“到也”之誤。《詳校篇海》卷四《手部》:“摰，知意切，音致。挃也；刺也；劫財也；指也。又陟里切，音徵。亦指也；刺也。”（274

上）《篇海類編》同。《詳校篇海》《篇海類編》訓“劫財也”，皆因承襲《廣韻》之謬而誤。《字彙》訓“刼也”，“刼”即“刦”字異體，此亦因承襲前代字書之謬而誤。《正字通》未收“劫財也”之訓，是也。《康熙字典》收録“劫財也”這一義項，亦因承襲《廣韻》之謬而誤。《大字典》“撽”字下據《廣韻》之誤而收録“劫財”這一義項，疑亦非是。

191. 搈

《字彙・手部》：“搈，余隴切，音勇。動搈也。”（180 下）

《正字通・手部》：“搈，尹竦切，音勇。動搈也。”（417 下）

按：《康熙字典・手部》：“搈，《玉篇》與種切，《集韻》尹竦切，並音勇。動搈也。又《唐韻》《集韻》並餘封切，音容。不安也。”（416 下）《廣韻》平聲鍾韻餘封切：“搈，不安。”（10）《廣韻》訓“不安”，疑非是。《説文・手部》：“搈，動搈也。从手，容聲。”（254 下）《名義・手部》：“搈，與種反。重（動）搈也。”（52 上）《玉篇・手部》：“搈，與種切。動搈也。”（30 上右）故宫本《王韻》平聲鍾韻餘封反：“搈，動。”（438）故宫本《裴韻》同。《集韻》平聲鍾韻餘封切：“搈，《博雅》：‘動也。’”（19）以上諸字韻書皆未見有訓“搈”爲“不安”者，故此訓非是。《説文・人部》：“傛，不安也。从人，容聲。”（159 下）故宫本《裴韻》平聲鍾韻餘封反：“傛，不安。”（540）“傛”即位於“搈”字之下，“搈”訓“動”，而“傛”訓“不安”，二字義訓區别甚明，故《廣韻》訓“不安”，當爲誤植“傛”字之訓於“搈”字之上所致的訓釋失誤。《集韻》平聲鍾韻餘封切：“傛，漢制傛華，婦官名。一曰傛傛，便習意。一曰不安。”（19）此亦其證也。《康熙字典》“搈”字下亦收“不安也”這一義項，當因承襲《廣韻》之謬而誤。《大字典》“搈”字下據《廣韻》之誤而收録“不安”這一義項，應删；《字海》“搈”字下亦收録“不安”這一義項，並謂見《集韻》，然據上文可知，《集韻》“搈”訓“動也”，未見有“不安”之訓，故《集韻》當爲《廣韻》之誤，亦應删。

192. 搃

《字彙・手部》:“搃，息勇切，鬆上聲。推也。”（181 上）

《正字通・手部》:“搃，俗摠字。《六書故》:‘摠，作捒、搃。’舊注搃，鬆上聲，推也，與摠義近，分爲二字，非。”（418 上）

按:《康熙字典・手部》:“搃，《集韻》損動切，檧上聲。推也。《六書故》:‘摠，或作搃。’”（417 下）《集韻》上聲董韻損動切:“搃，推也。”（302）《六書故・手部》:“摠，筍勇切。推撼也。”戴侗注“摠，又作捒、搃。”（342 上）戴侗謂“摠”又作“捒”，非是。《集韻》上聲腫韻筍勇切:“竦捒，《説文》:‘敬也。从立，从束。[束]，自申束也。’或从手。”（304）“摠”與“捒”音同義别，二字不可混同，故戴侗謂“摠”又作“捒”，疑不可據。然戴侗謂“摠”又作“搃”，所言當是。敦煌本《王韻》上聲腫韻[息拱反]:“摠，推。”（384）故宫本《王韻》上聲腫韻息拱反:“摠，推。”（471）故宫本《裴韻》、《集韻》同。故“搃”與“摠”音義並同，當爲異體字。《大字典》“搃”字下以《正字通》之説作爲“一説”，疑不確。《字海》“搃”字下據《正字通》之説而謂同“扨（摠）”，疑是也。

193. 搛

《字彙・手部》:“搛，力鹽切，音廉。打鼓也。又古甜切，音兼。夾持也。”（181 上）

《正字通・手部》:“搛，俗字。擊鼓不必别作搛，夾持即當借用兼，舊注沿《篇海》誤。”（418 下）

按:《康熙字典・手部》:“搛，《集韻》離鹽切，音廉。擊鼓也。與𪔵同。又堅嫌切，音兼。夾持也。”（418 上）《集韻》平聲鹽韻離鹽切:“𪔵𪔳搛，擊鼓謂之𪔵。或從壴、從手。”（290）故“搛”訓“擊鼓”，即“𪔵”之異體字。《集韻》平聲沾韻堅嫌切又曰:“搛，夾持也。”（293）此“搛”當如《正字通》所言，本當作“兼”。《説文・秝部》:“兼，并也。从又持秝。兼，持二禾，秉，持一禾。”（143 上）“兼”，《集韻》亦音“堅嫌切”。“搛”訓“夾持也”，與“兼”音同義通，故此“搛”本當作“兼”。

又慧琳《音義》卷六五《善見律》第八卷："㡘户，又作㨜同。口減反。《通俗文》：'小户曰㡘。'《字書》：'㡘，窗也。'律文作店，字與㡘同。音餘冉反。户鍵也。又音簟，非今所用也。"（58，P774A8）《説文·木部》："槏，户也。从木，兼聲。"（116上）《玉篇·木部》："槏，去減切。户也。"（61上右）"㨜"與"槏"音義並同，此"㨜"當即"槏"字俗訛。此"㨜"與上文《集韻》所録之"㨜"即同形字。

194. 摧

《字彙·手部》："摧，徂回切，音漼。挫也；折也；抑也；沮也。"（182上）

《正字通·手部》："摧，倉雖切，音崔。挫也；抑沮也。《詩·邶風》：'我入自外，室人交徧摧我。'又滅也。《大雅》：'先祖于摧。'注：'言祖祀將自此滅也。'毛傳：'摧，至也。'《釋詁》云：'先祖之神于何所至。'並非。"（421下）

按：《康熙字典·手部》："摧，《唐韻》《集韻》並昨回切，音漼，讀若罪平聲。《説文》：'擠也。一曰挏也。一曰折也。'……又滅也。《詩·大雅》朱傳：'先祖之祀，將至此而滅也。'又《集韻》遵綏切，醉平聲。退也。《易·晉卦》：'晉如摧如。'鄭康成讀。又摧内切，音啐。減也。"（422上）述古堂影宋鈔本《集韻》去聲隊韻摧内切："摧，滅也。"（532）揚州使院重刻本《集韻》、宋刻本《集韻》皆作"減也"，當以述古堂影宋鈔本《集韻》爲是。《集韻校本》注："明州本、毛鈔、錢鈔注'減'字作'滅'。韓校、陸校、錢校同。馬校：'減，局作滅。'方校：'按：《類篇》同。宋本滅作減。'"（696）以上諸説皆是也。《詩·大雅·雲漢》："胡不相畏？先祖于摧。"朱熹集傳："摧，滅也。"《文選·漢高祖功臣頌》："凌險必夷，摧剛則脆。"吕延濟注："摧，滅也。"此是其證也。故"摧"當以訓"滅也"爲是。《康熙字典》亦收"減也"這一義項，當因承襲誤本《集韻》之謬而誤。《大字典》"摧"字下第（二）義項據誤本《集韻》訓作"減"，疑亦非是。

195. 揓

《字彙·手部》:“揓，隨戀切，音鏇。長引也。又轉也。又長繩繫牛馬放。又平聲旬緣切。亦引也。”（182 下）

《正字通·手部》:“揓，俗旋字。舊訓長引，非。”（421 下）

按:《康熙字典·手部》:“揓，《唐韻》辭戀切，《集韻》隨戀切，並音鏇。手挑物也。又《玉篇》:‘長引也。’又《集韻》旬宣切，音旋。亦引也。”（422 下）《玉篇·手部》:“揓，囚絹切。長引也。”（31 下左）《玉篇校釋》“揓”字下注:“‘長引也’者，《廣韻》爲‘縼’之重文。本書《糸部》:縼，《説文》:‘以長繩繫牛也。’《字書》:‘或爲揓字，在《手部》。’《廣雅》二:‘縼，係也。’《切韻》:‘縼，長繩繫牛馬放之。’”（1287）《名義·手部》:“揓，囚絹反。縼字。長引也。”（58 上）故“揓”當即“縼”之異體字。《集韻》平聲僊韻旬宣切:“揓，引也。”（170）《集韻》訓“引也”，當爲“長引也”之脱誤。《直音篇》卷二《手部》:“揓，隨戀切。長引也；轉也。掟，同上。”（57 下）“掟”即“旋”字之俗（見《龍龕》),《直音篇》謂“揓”同“掟(旋)”，所言當是。《廣雅·釋詁二》:“縼，係也。”王念孫《疏證》:“縼之言旋繞也。”此説是其證也。《正字通》謂“揓”即“旋”字之俗，此亦其證也。又《詳校篇海》卷四《手部》:“揓，隨戀切，音縼。長引也。或作掟。又轉也。又長繩繫牛馬放。又平聲，音旋。亦引也。”（275 上）《篇海類編》同。《詳校篇海》《篇海類編》《字彙》《康熙字典》“揓”字下亦皆收“引也”這一義項，皆因承襲《集韻》之謬而誤。《大字典》“揓”字下分爲兩個義項：第（一）義項據《廣韻》音 xuàn，其下又分爲兩個義項，第❶義項據《集韻》訓“手挑物”；第❷義項謂同“縼”，訓爲“用長繩牽引牛馬放牧”。第（二）義項據《集韻》音 xuán，其下亦分爲兩個義項，第❶義項據《集韻》訓“引”；第❷義項據《正字通》之説而謂同“旋”。《大字典》這樣處理“揓”字上述音義有失妥當，《大字典》應删去“揓”字第（二）義項中的第❶義項，而第（二）義項中的第❷義項應合併入第（一）義項中的第❷義項中去，謂同“縼”，本當作“旋”。

196. 摮

《字彙·手部》:“摮，魚到切，音傲。動也。”（182 下）

《正字通·手部》:“摮，同摮。舊注烏竅切，音傲，動也，誤。”（422 上）

按:《康熙字典·手部》:“摮，《集韻》魚到切，音傲。動也。”（422 下）《集韻》去聲號韻魚到切:“摮，動也。”（586）《正字通》所言疑是。《廣雅·釋詁三》:“摮，擊也。”《廣韻》平聲豪韻五勞切:“摮，擊皃。”（101）正如“熬”俗作“熝”（見《〈可洪音義〉研究》第 345 頁“熬”字條）、“鏊”俗作“鐓”（見《〈可洪音義〉研究》第 346 頁“鏊”字條）等，“摮”當即“摮”之偏旁易位俗字。《集韻》訓“動也”，疑非是。《大字典》《字海》俱收“摮”字，《大字典》第（一）義項、《字海》第（二）義項皆據《集韻》訓“動”，《大字典》第（二）義項、《字海》第（一）義項皆據《正字通》之說而謂同“摮”，《大字典》《字海》這樣處理“摮”與“摮”字的字際關係，疑並失當。《大字典》《字海》應據《正字通》之說而直謂同“摮”，方妥。

197. 擿

《字彙·手部》:“擿，千木切，音簇。促也。”（182 下）

《正字通·手部》:“擿，千木切，音促。促也；斂也。”（422 上）

按:《康熙字典·手部》:“擿，《集韻》仕角切，音浞。刺也。與捔同。又㩣字變體。”（422 下）《集韻》入聲屋韻昨木切:“㩣，斂也。或書作擿。”（637）“㩣”“擿”當即通過偏旁易位而形成的異體字，二字本當作“族”。《廣雅·釋詁三》:“族，聚也。”“族”，《廣韻》亦音“昨木切”。“斂”“聚”義同，故“㩣”“擿”與“族”音義並同，“㩣”“擿”二字本當作“族”。又《龍龕》卷二《手部》:“擿，俗；**挨**，正。千木反。《玉篇》:‘促也。’二。”（218）“**挨**”當即“族”字之俗。《龍龕》謂“擿”即“族”字之俗，是也；然其謂《玉篇》訓“促也”，於《玉篇》無徵，“促”疑即“蔟”之聲誤，因“促”“蔟”《廣韻》皆音“千木切”。“蔟”

亦有“聚”義。《尚書大傳》卷一:“蔟以爲八。”鄭玄注:“蔟,猶聚也。”正如上文所言,“斂”“聚”義同,故《龍龕》訓“促也”,疑爲“蔟也”之誤。《新修玉篇》卷六《手部》引《龍龕》:“撤,千木切。促也。”(58下右)《篇海》同。《直音篇》卷二《手部》:“撤,音促。促也。”(54上)《詳校篇海》卷四《手部》:“撤,千木切,音簇。促也。”(275下)《篇海類編》同。《新修玉篇》《篇海》《直音篇》《詳校篇海》《篇海類編》《字彙》《正字通》等後世字書訓“促也”,當皆因承襲《龍龕》之謬而誤。《大字典》“撤”字下據《正字通》之謬而收録“促”這一義項,而《字海》“撤”字下據《字彙》之謬而收録“促”這一義項,疑並非是。

198. 撪

《字彙·手部》:“撪,盆本切,盆上聲。上車撪也。”(184上)

《正字通·手部》:“撪,葷字之譌。葷亦作樺,非从手。舊注音盆上聲,上車撪,誤。車撪之樺本作葷。《木部》有楍,與畚同。”(426上)

按:《康熙字典·手部》:“撪,《海篇》音義同揜。按:《集韻》作畚,部本切,加手贅。”(428上)《新修玉篇》卷六《手部》引《川篇》:“撪,盆本切,上。車撪。”(59上右)《篇海》卷十二《手部》引《川篇》:“撪,盆本切,上。車撪也。”(761下)“撪”字,《新修玉篇》《篇海》“盆本切”下之“上”字,當皆指“撪”讀“盆本切”爲上聲字,而非釋義用字,“車撪”即指“車篷”。《詳校篇海》卷四《手部》:“撪,盆本切,音盆,上聲。上車撪也。”(277上)《篇海類編》同。《詳校篇海》《篇海類編》《字彙》訓“上車撪也”,當皆因誤認“上”爲釋義用字而誤。《正字通》謂“撪”即“葷”字之譌,疑非是。《説文·車部》:“葷,大車駕馬也。从車,共聲。”(305上)段玉裁注:“葷,按:《左氏傳》:‘陳畚梮。’梮者,土轝。《漢(書)·五行志》作葷,是梮乃葷之或字也。《史(記)·河渠書》‘山行即橋’,一作樺,《夏本紀》正作樺,《漢(書)·溝洫志》作‘山行即梮’。韋昭注:‘梮,木器,如今轝牀,人舉以行也。’”“葷”,《廣韻》音“居玉切”。“撪”與“葷(樺)”音義俱別,二字不可混同,故《正字通》之説非是。《康熙字典·手部》:“撪,《海篇》音義同揜。按:《集韻》

作奙，部本切，加手贅。"（428 上）《康熙字典》所言是也。《玉篇·手部》："捹，蒲本切。車弓也。"（32 上左）《字海》謂"捹"即"楍"的訛字，所言亦是。《方言》卷九："車枸簍，秦晉之間自關而西謂之枸簍，西隴謂之楍，南楚之外謂之篷。"郭璞注："車枸簍，即車弓也。楍，即畚字，蒲晚反。"周祖謨校箋："畚，戴本作奙，是也。"（56）"枸簍""車奙""車弓"義同，皆指"車篷"。"楍"，《集韻》音"部本切"；"奙"，《廣韻》音"扶晚切"，《集韻》又音"部本切"。"撪"與"楍""奙"音義並同，即爲異體字。從字形演變關係來看，"撪"當即"奙"之增旁俗字。《大字典》收録"撪"字，其下分爲兩個義項：第❶義項據《康熙字典》所引《海篇》之説而謂同"捹"；第❷義項據《篇海》訓"上車撪"。據上文可知，"撪"當即"奙"之增旁俗字，而《大字典》收録"上車撪"這一義項，亦當因誤認"上"爲釋義用字而妄增，因此，《大字典》應刪去第❷義項，直謂"撪"即"奙"之俗字，即可。《字海》亦收"奙"字，謂同"楍"，亦不確。《字海》亦應據《康熙字典》之説而謂同"奙"，方是。

199. 擄

《字彙·手部》："擄，郎古切，音魯。與虜同。擄掠也。又覆也；服也。"（184 下）

《正字通·手部》："擄，郎古切，音魯。掠也。舊注又覆也，服也，並非。吴元滿以擄爲俗，改作勴，亦泥。"（427 下）

按：《康熙字典·手部》："擄，《唐韻》郎古切，《集韻》《韻會》籠五切，並音魯。掠也；獲也。通作鹵。"（430 上）《廣韻》上聲姥韻郎古切："虜，虜掠。又獲也；服也。"下字曰："擄，虜掠。或從手。"（178）《集韻》上聲姥韻籠五切："虜，《説文》：'獲也。'或從手。"（338）《新修玉篇》卷六《手部》引《餘文》："擄，郎古切。擄掠。又覆也；服也。"（59 上右）《篇海》卷十二《手部》引《餘文》："擄，郎古切。擄掠也；覆也；服也。"（761 下）據上文可知，《新修玉篇》《篇海》又訓"擄"爲"覆也"，於《廣韻》《集韻》皆無徵，"覆也"當爲"獲也"之聲誤，"獲也""服也"

本爲“虜”字之義，《新修玉篇》《篇海》又誤植於“擄”字之上。《詳校篇海》卷四《手部》：“擄，郎古切，音魯。擄掠也。又覆也；服也。同虜。”（276下）《篇海類編》同。《詳校篇海》《篇海類編》《字彙》訓“覆也”“服也”，當皆因承襲前代字書之謬而誤。《正字通》謂“舊注”又訓“覆也”“服也”並非，所言是也。《大字典》“擄”字下據《字彙》之誤而收録“覆”“服”這兩個義項，疑並非是。

200. 挱

《字彙·手部》：“挱，所加切，音沙。拘引也。”（185上）

《正字通·手部》：“挱，俗抄字。音沙，拘引，非。”（428下）

按：《康熙字典·手部》：“挱，《集韻》師加切，音沙。拘引也。”（431上）《集韻》平聲麻韻師加切：“挱，拘引也。”（205）《正字通》之説疑不可據。《集韻》平聲戈韻桑何切：“抄抄，摩抄也。亦省。或書作挲。”（199）“摩抄”同“摩挲”，義指“撫摸”。“挱”與“抄”音義俱别，二字不可混同，《正字通》謂“挱”即“抄”字之俗，且謂“舊注”非，既無書證亦無例證，其説疑不可據。

201. 攰

《字彙·支部》：“攰，去其切，音溪。傾低不正也。《説文》：‘攰，險也。’”（187下）

《正字通·支部》：“攰，欠衣切，音溪。傾低不正。《説文》：‘攰，險也。’”（434下）

按：《康熙字典·支部》：“攰，《唐韻》去奇切，《集韻》丘奇切，並音攲。《説文》：‘攰隔也。从危，支聲。’《廣韻》：‘不正也。’《集韻》或作戱、攲……又《集韻》古委切，音詭。佹，或作攰。重累也。一曰依也。”（439下）《集韻》上聲紙韻古委切：“佹攰，重累也。一曰依也。或從支。”（315）《文選·魏都賦》：“輿騎朝猥，蹀攰其中。”張銑注：“蹀攰，言累積也。”又《文選·上林賦》：“攢立叢倚，連卷欐佹。”劉良注：“謂木之重疊累積盤結傾欹貌。”故“攰”與“佹”音義並同，即爲異體字。

《大字典》“䬸”字下第（三）義項分爲兩個義項：第❶義項據《集韻》及《文選·魏都賦》張銑注訓“重疊”“累積”；第❷義項據《集韻》訓“依”。據上文可知，《大字典》“䬸”字第（三）義項與“侂”音義並同，即爲異體字，故《大字典》“䬸”字第（三）義項應溝通其與“侂”字的異體關係。

202. 䏞

《字彙·攴部》：“䏞，莫報切，音冒。手扶之也。”（189 下）

《正字通·攴部》：“䏞，敢字之訛。舊注音冒，手扶之也，誤。”（441 上）

按：《康熙字典·攴部》：“䏞，《字彙》：‘莫報切，音冒。手扶之也。’按：《集韻》作敳。”（445 下）《新修玉篇》卷十八《攴部》引《餘文》：“䏞，莫報切。手扶之也。同作揖。”（159 上左）《篇海》卷六《攴部》引《餘文》：“䏞，莫報切。手扶之也。又古禫切。”（668 下）《新修玉篇》與《篇海》字頭字形不同，當以《新修玉篇》爲是。《廣韻》去聲號韻莫報切：“揖，手扶之也。”（327）《集韻》去聲號韻莫報切：“揖敳，抵也。或從攴。”（587）“手扶之也”與“抵也”訓異義同，“敳”當即“揖”通過改換義符而形成的異體字，而“䏞”當即“敳”字之俗。“䏞”字，《篇海》又音“古禫切”，當因其與“敢”之異體字“敨”形近而誤。《説文·受部》：“叡，進取也。从受，古聲。設，籒文叡。敢，古文叡。”（79 上）《玉篇·受部》：“叡，古膽切。進取也。籒文作設，今作敢。”（130 下右）《集韻》上聲叡韻古覽切：“叡，《説文》：‘進也。从受，古聲。’古作敢、設，隸作敢。”（448）此即其證也。《正字通》謂“䏞”即“敨”字之訛，亦非。《玉篇·攴部》：“敢，古膽切。敢果也。敨敨敢，並篆文，出《説文》。”（85 下右）“敨”即“設”之異體字，亦同“敢”。“䏞”與“敨”音義俱别，二字不可混同，故《正字通》謂“䏞”即“敨”字之訛，且謂“舊注”非，其説非是。《康熙字典》所言是也。《大字典》收録“䏞”字，未溝通其與“敳”字的字際關係，失考證。《字海》亦收“䏞”字，謂同“揖”，儘管“揖”即“䏞”之異體字，然從字形演變來看，當以謂“𢿱”即“散”字之俗爲是。

203. 𢿾

《字彙·攴部》:“𢿾，力谷切，音禄。擊也。”(190上)

《正字通·攴部》:“𢿾，俗字。舊注訓擊，非。”(442上)

按:《康熙字典·攴部》:“𢿾,《廣韻》《集韻》並盧谷切，音禄。剥聲。《類篇》:‘擊也。’又《廣韻》力玉切,《集韻》龍玉切，並音録。《類篇》:‘撲聲。’”(446上)《玉篇·攴部》:“𢿾，力谷、力玉二切。”(85下左)《正字通》謂“𢿾”爲俗字，所言是也。《玉篇校釋》“𢿾”字下注:“義闕，元刊云‘摇也’，非。《廣韻》入聲屋韻盧谷切:‘剥聲。’燭(韻)力玉切:‘剥𢿾，又聲𢿾。’《集韻》屋韻云:‘擊也。’燭(韻)云:‘扑聲。’案:‘剥𢿾’爲裂文，今作‘剥落’”，擊聲爲剥啄，一從其義，一寫其聲，並疊韻語。”(3431)胡吉宣謂“‘剥𢿾’爲裂文，今作‘剥落’”，擊聲爲剥啄，一從其義，一寫其聲，並疊韻語”，於文獻無徵，疑不可據。《廣韻》入聲屋韻盧谷切:“𢿾，剥聲。”(368)下文入聲燭韻力玉切又曰:“𢿾，剥𢿾；又聲𢿾。”(376)《集韻》入聲屋韻盧谷切:“𢿾，擊也。”(639)下文入聲燭韻龍玉切又曰:“𢿾，扑聲。”(653)余迺永《校注》於《廣韻》燭韻力玉切“𢿾”字下注:“‘剥𢿾，又聲𢿾。’字又見屋韻盧(各)[谷]切，訓‘剥聲。’《玉篇》‘力谷、力玉二切’，無釋義。《切韻》系書無此字。疑‘剥𢿾’應作‘剥聲’,‘又聲𢿾’本作‘又音禄’或‘本作剥’。蓋‘𢿾’爲‘剥’之衍生字，‘剥’從录聲，其本乃複輔音 pl。此後‘剥’字爲覺韻北角切，即 P 聲母之音專行。由是另做‘𢿾’字。《集韻》於屋韻盧(各)[谷]切云:‘擊也。’於燭韻龍玉切云:‘扑聲。’皆以從攴而妄生臆説者。”(915～916)余氏謂“蓋‘𢿾’爲‘剥’之衍生字”，所言近似；然謂“《集韻》於屋韻盧(各)[谷]切云:‘擊也。’於燭韻龍玉切云:‘扑聲。’皆以從攴而妄生臆説者”，疑可商榷。今案:“𢿾”疑即“剥”字之俗。《集韻》入聲屋韻普木切:“攴,《説文》:‘小擊也。’或作剥。”(635)《詩·豳風·七月》:“八月剥棗，十月穫稻，爲此春酒，以介眉壽。”鄭玄注:“剥，擊也。”段玉裁《毛詩故訓傳定本小篆》:“剥，即攴字假借也，今字作扑。”朱駿聲《說文通訓定聲·需部》:“剥，假借爲攴。”故“剥”訓“擊也”，當即“攴”之假借字。“𢼊”疑即“剥”“攴”二字交互影響而産生的俗字，疑以訓“擊也”爲是。《廣韻》訓“剥𢼊”，“𢼊”疑爲字頭誤重；又其訓“聲𢼊”，當爲“𢼊聲”之倒誤，此二訓疑並非是;《集韻》於燭韻訓“扑聲”，疑亦非是。

204. 敽

《字彙·攴部》:“敽，吉了切，音皎。連也；擊也。《周書》:‘敽乃干。’”（191 上）

《正字通·攴部》:“敽，古巧切，音皎。《說文》:‘繫連也。’《書·費誓》:‘敽乃干。’注:‘連盾絲所以繫盾鼻。’王肅曰:‘敽盾（楯）當有紛繫持之。’舊注繫訛作擊，又敽俗訛作㪣，非。撟、敿與敽別,《集韻》或作敿,《六書故》疑即撟,《同文舉要》敽同敿，並非。”（444 下）

按:《康熙字典·攴部》:“敽,《唐韻》居夭切,《集韻》《韻會》舉夭切，並音矯。《說文》:‘繫連也。’《書·費誓》:‘敽乃干。’傳:‘施汝楯紛。’鄭云:‘敽猶繫也。’王肅云:‘敽楯，當有紛繫持之。’”（448 下）《說文·攴部》:“敽，繫連也。从攴，喬聲。”（62 下）《玉篇·攴部》:“敿，居表切。擊連也。”（85 上左）“敽”“敿”即異寫字。《玉篇校釋》“敿”字下注:“‘擊連也’者,《說文》文。引《周書》曰:‘敿乃干。’小徐本作‘繫連也’。鍇傳曰:‘干，盾也。’《尚書》注云:‘連盾紛也。’鍇以爲紛，小組帶，所以繫盾鼻也。《書·費誓》鄭注:‘敽猶繫也。’王肅韻:‘敽楯當有紛繫持之。’是大徐《說文》‘擊’字爲‘繫’之形訛。本書爲後人據誤本《說文》改，非顧原文也。”（3404）張氏、胡氏所言皆是。《名義·攴部》:“敿，居表反。繫連［也］。”可見原本《玉篇》所見《說文》亦作“繫連也”。此是其證也。《正字通》《康熙字典》引《說文》作“繫連也”，是也。朱駿聲《定聲》“敽”引《說文》作:“敿，擊連也。从攴，喬聲。”並注曰注:“《書·費誓》:‘敿乃干。’鄭注:‘猶繫也。’按：器有鐏，拍而合之曰敿。鄭注‘繫’字‘擊’之誤。”（331 上）朱氏反據誤本《說文》謂“繫”爲“擊”字之訛，非是。《大字典》收録

“敿”字，據小徐本《説文》及孔穎達疏訓“繫連”，是也；然又據《玉篇》及朱駿聲注而謂“一説‘繫連’當爲‘擊連’，義爲相合”，此説非是。

205. 㪗

《字彙·攴部》：“㪗，除留切，音酬。棄也。”（191 下）

《正字通·攴部》：“㪗，持留切，音儔。《説文》本作㪧，棄也。”（445 下）

按：《康熙字典·攴部》：“㪗，《廣韻》市流切，《集韻》時流切，《正韻》除留切，並音儔。《説文》作㪧，棄也。《周書》以爲討。《詩》云：‘無我𢿨兮。’按：《詩·鄭風》今作魗。”（449 下）《玉篇·攴部》：“𢿨，視由切。計也。《説文》曰：‘棄也。’㪗，同上。”（85 上左）“𢿨”與“㪧”、“㪗”與“㪗”皆爲異寫字。《玉篇校釋》校注文“計也”爲“討也”，並注曰：“‘討也’者，‘討’原訛‘計’，今正。《説文》云：‘《周書》以爲討。’《周書》無‘討’字，蓋謂《虞書·臯繇謨》‘天討有罪’即此‘𢿨’字也。”（3415）胡氏所校是也。《説文·攴部》：“𢿨，棄也。从攴，𠷎聲。《周書》以爲討。《詩》云：‘無我𢿨兮。’”（63 下）此即其證也。故《玉篇》訓“計也”，當爲“討也”之誤。又述古堂影宋鈔本《集韻》去聲號韻大到切：“㪗𢿨，棄也；討也。”（588）“討也”，揚州使院重刻本《集韻》、宋刻本《集韻》皆作“詐也”，當以述古堂影宋鈔本《集韻》爲是。趙振鐸《集韻校本》：“明州本、金州本、毛鈔、錢鈔注‘詐’字作‘討’。龐校、錢氏父子校同。”（762）以上諸校皆是也。故“詐也”當爲“討也”之誤。《大字典》“㪗”字下據誤本《集韻》收録“詐”這一義項，疑亦非是。

206. 旙

《字彙·方部》：“旙，呼廣切，音慌。帘也；酒家望子。”（195 下）

《正字通·方部》：“旙，舊注音慌，帘也。按：酒家望子本作帘，音廉，改作旆、旙，並非。”（456 下）

按：《康熙字典·方部》："旟，《篇海》呼廣切，音慌。酒家望子。亦作旝。"（459下）《詳校篇海》卷五《㫃部》："旟旝，二呼廣切，音慌。帘也；酒家望子。"（345下）《篇海類編》同。"旟""旝"當並即"幌"之異體字，"旟"當即"幌"通過改换義符而形成的異體字，而"旝"當即"幌"通過結構變易而形成的異體字。《正字通》謂"旟""旝"本作"帘"，非是。《大字典》收録"旟"字，未溝通其與"幌"字的異體關係，失考證；《字海》亦收"旟"字，謂同"幌"，所言是也。

207. 旺

《字彙·日部》："旺，于放切，王去聲。光美也；明也。"（197下）

《正字通·日部》："旺，俗暀字。舊本八畫'暀'引《正譌》别作旺，非。今音訓重出，分爲二，誤。"（460下）

按：《康熙字典·日部》："旺，《集韻》《正韻》並于放切，王去聲。同暀，或作旺。光美也。《玉篇》：'日暈。'"（462上）《玉篇·日部》："旺，王放切。日暈。"（96上右）《玉篇校釋》"旺"字下注："'日暈'者，'暈'即'暉'，光也。《切韻》：'旺，美光。'又作暀。《廣韻》以'暀'爲'旺'之重文，《集韻》以'旺'爲'暀'之省文。《説文》：'暀，美光也。'"（3996）胡氏所言當是。《新撰字鏡·日部》："暉暈，二字同；或作輝、煇。同虚歸、肝飛二反。光也；猶光明也。"（23）此即其證也。故《玉篇》訓"旺"爲"日暈"，即同"日暉"，義指"日光"。《新撰字鏡·日部》："旺，于放反。美［光］也。暀，同作。"（24）《龍龕》卷四《日部》："暀，正；暀旺，二今。于況反。美光也。三。"（429）此亦其證也。故"旺"當即"暀"之異體字。《大字典》收録"旺"字，第❶義項據《玉篇》訓"日暈"，第❷義項據《集韻》《類篇》訓"光美"。《大字典》這樣處理有失妥當，第❶義項應合併到第二義項中去，謂同"暀"，訓"光美"，方妥。《字海》亦收"旺"字，第❶義項據《玉篇》訓"日暈"，未溝通其與"暀"字的異體關係，亦當因不識"日暈"即指"日光"之義而失。

208. 晵

《字彙·日部》:“晵，區里切，音起。雨而晝見日。又姓。”（200下）

《正字通·日部》:“晵，區里切，音啓。雨而晝見日也。又姓。”（468下）

按:《康熙字典·日部》:“晵，《唐韻》康禮切，《集韻》遣禮切，並音啓。《説文》:‘雨而晝姓也。’又《廣韻》去戰切，音譴。義同。又《集韻》輕甸切，音俔。霽也。又姓。《姓氏急就篇》:‘後漢將軍晵倫。’”（469下）《集韻》上聲薺韻遣禮切:“晵，《説文》:‘雨而晝姓（姓）也。’亦姓。”（343）“晵”訓“姓”，當即“啓”字之俗。《廣韻》上聲薺韻康禮切:“晵，《説文》:‘雨而晝姓（姓）也。’又姓。後燕有將軍晵倫。或作啓。”（182）此是其證也。宋王應麟《姓氏急就篇》:“晵，後漢將軍晵倫。”宋鄭樵《通志·氏族略第四》作:“啓氏，夏后啓之後也。後燕有啓倫。”故《姓氏急就篇》之“後漢”當即“後燕”之誤，而“晵倫”當即“啓倫”之俗。此亦即其證也。故“晵”訓“姓”，當即“啓”字之俗。《大字典》《字海》“晵”字下“姓”這一義項皆未溝通其與“啓”的字際關係，俱失考證。

209. 暯

《字彙·日部》:“暯，末各切，音莫。虚無也。”（202上）

《正字通·日部》:“暯，與漠、寞並通。”（471上）

按:《康熙字典·日部》:“暯，《集韻》末各切，音莫。冥也。”（472下）《集韻》入聲鐸韻末各切:“暯，冥也。”（727）此“冥”當即“夜”“夜晚”之義，而非“昏暗”之義。宋文天祥《回曾連推宗甫》:“朝發軔兮，咸池暯曝鱗於沃焦，以其時可矣。”此“暯”即義指“夜”“夜晚”。此即其證也。《大字典》第一版“暯”字下第❶義項據《集韻》及文天祥《回曾連推宗甫》例證訓“夕；昏暗”不確，“昏暗”之義應删。《大字典》第二版“暯”字下第❷義項據《集韻》訓“昏暗”，亦非。又《字彙》訓“虚無也”，於前代字韻書皆無徵，當因從“莫”爲説而誤。《正字通》承襲《字彙》義訓之誤而謂“暯”與“漠”“寞”並通，亦非。《大字典》第一版、第二版“暯”字下皆據《字彙》之誤而收録“虛無”這一義項，並非。“暯”當即“暮”之異體字。《廣雅·釋詁四》：“暮，冥也。”《説文·日部》：“莫，日且冥也。从日在茻中。”（21下）徐鍇《繫傳》：“平野中，望日且莫將落，如在茻中也。今俗作暮。”“暮”，《廣韻》音“莫故切”。“暯”與“暮”音近義同，故“暯”當即“暮”之異體字，二字本當作“莫”。《字海》謂“暯”同“暮”，是也。

210. 柍

《字彙·木部》：“柍，於京切，音英。《説文》：‘江南橦材，其實謂之柍。’又於亮切，音怏。打穀具。《方言》：‘齊、楚、江、淮之間謂之柍。’又倚兩切，音鞅。屋中央。揚子雲《甘泉賦》：‘日月纔經於柍桭。’又於良切，音央。義同。”（210上）

《正字通·木部》：“柍，伊卿切，音英。《説文》：‘梅也。一曰江南橦材，其實謂之柍。’又漾韻音怏。《廣雅》：‘柍，杖也。’又打穀具。《方言》：‘齊、楚、江、淮之間謂之柍。’又養韻音鞅。屋中央也。又陽韻音央。義同。”（493上）

按：《康熙字典·木部》：“柍，《集韻》《韻會》《正韻》並於驚切，音英。《説文》：‘梅也。’《爾雅·釋木》：‘時，英梅。’郭注：‘雀梅也。’又《類篇》：‘杏也。’”（493下）《類篇·木部》：“柍，倚兩切。屋中央。一曰架屋皃。一曰木名，梅也。又於亮切。僉也。《方言》：‘齊、楚謂之柍。’即今連枷。又於浪切，又於驚切。杏也。”（207下）《類篇》訓“杏也”，疑非是。《方言》卷五：“僉，齊、楚、江、淮之間謂之柍。”郭璞注：“僉，今連架，所以打穀者。”《説文·木部》：“柍，（柍）梅也。从木，每聲。一曰江南橦材，其實謂之柍。”（110下）姚文田、嚴可均校議：“‘梅也’上脱‘柍’字。”《集韻》平聲庚韻於驚切：“柍楧，《説文》：‘梅也。一曰江南橦材，其實謂之柍。’或從英。”（233）下文上聲養韻倚兩切又曰：“柍，屋中央。一曰架屋皃。一曰木名，梅也。”（413）下文去聲漾韻於亮切又曰：“柍，僉也。《方言》：‘齊、楚謂之柍。’即今連枷。”

（600）下文去聲宕韻於浪切又曰："柍，中央。"（602）故《類篇》訓"杏也"，於前代字韻書皆無徵，又《類篇》是在《集韻》的基礎上編纂而成的，然《集韻》於浪、於驚二切之下亦皆無"杏也"之訓，故此訓當爲司馬光妄改，不可據。《康熙字典》轉録《類篇》"杏也"之訓而未作校正，疑亦非是。《大字典》"柍"字下據《類篇》之説而而收録"杏"這一義項，疑亦非是。

211. 栟

《字彙·木部》："栟，同抃。"（210 下）

《正字通·木部》："栟，舊注同抃。按：从手，俗从木，非。一曰拚字之訛。"（495 上）

按：《康熙字典·木部》："栟，《正韻》毗面切，音卞。《玉篇》：'[門]柱上欂櫨也。亦作閞。'按：《字彙》同抃，《正字通》抃訛字，皆非。"（495 上）《名義·木部》："栟，皮變反。柱上欂也。閞字。"（120 上）《玉篇·木部》："栟，皮變切。門柱上欂櫨也。亦作閞。"（60 下左）《集韻》去聲線韻皮變切："閞栟，《説文》：'門欂櫨也。'或从木。"（576）故"栟"即"閞"之異體字。又《説文·手部》："拚，拊手也。从手，弁聲。"（255 上）《集韻》去聲線韻皮變切："拚抃，《説文》：'拊手也。'或從卞。"（576）"栟"與"拚""抃"儘管音同，然義訓區別甚明，不可混同，故《字彙》謂"栟"同"抃"，非是；《正字通》謂"從手，俗從木，非"，又謂"一曰拚字之訛"，亦並非是。《康熙字典》所言是也。

212. 柌

《字彙·木部》："柌，寸資切，音慈。無柌木，一名榆。又子禮切，"（211 上）

《正字通·木部》："柌，舊注音慈，無柌木，一名榆。按：《爾雅》：'棆，一名無疵。'非作柌，未可溷疵柌、棆榆爲一。'棆'注'無疵'，與《爾雅》合。今疵訛作柌，棆訛作榆，並非。"（497 上）

按：《康熙字典·木部》："柌，《廣韻》疾移切，《集韻》才資切，並音疵。《廣韻》：'無枇木。一名榆。'《爾雅·釋木》：'棆，無疵。'郭注：'楩屬，似豫章木。'邢疏：'棆木，無疵病因名。'《類篇》與槐、㮺並同。"（496下）《廣韻》平聲支韻疾移切："枇，無枇木。一名榆。"（18）《正字通》所言是也。《爾雅·釋木》："棆，無疵。"郭璞注："棆，楩屬，似豫章木。"邢昺疏："棆，美木也。無疵病因名之。"《名義·木部》："槐，辭貲反。棆也。"（116上）《新撰字鏡·木部》："槐，辭貲反。棆也。"（383）《玉篇·木部》："枇，疾貲切。無枇木。槐，同上。"（59下右）故宮本《王韻》平聲支韻疾移反："枇，棆。"（439）故宮本《裴韻》同。《玉篇校釋》"枇"字下注："《釋木》：'無疵。'釋文：'疵，本又作槐。'《字書》云：'無槐棆也。'《切韻》云：'棆也。'《廣韻》云：'無枇木，一名棆。'案：《爾雅》作'疵'是也，本以無疵表棆木之德，後涉木而變易偏旁，遂亦以爲木名，文字演變多類此。"（2340）以上諸書皆其證也。故"枇""槐"本當作"疵"，其訓"棆也""無枇木"，皆爲後人妄改。

213. 栫

《字彙·木部》："栫，在殿切，音荐。籬也。《左傳》：'囚諸樓臺，栫之以棘。'又以柴木壅水而取魚也。"（211下）

《正字通·木部》："栫，在殿切，音荐。《説文》：'以柴木壅水也。'郭璞《江賦》：'栫澱爲涔。'注：'取魚具，蜀人呼魚栫。'又籬也。《左傳·定［公］八年》：'囚諸樓臺，栫之以棘。'杜注：'擁也。'"（499下）

按：《康熙字典·木部》："栫，《唐韻》《集韻》《類篇》並徂悶切，音鐏。《説文》：'以柴木壅水。'亦木名。"（499上）《説文·木部》："栫，以柴木壅也。从木，存聲。"（118下）《廣雅·釋宮》："栫，杝也。"王念孫《疏證》："杝，今籬字也。"《名義·木部》："栫，在見反。籬也；杝也。"（121下）《玉篇·木部》："栫，在見切。木也；柴木壅水也。"（61下右）《玉篇》訓"木也"，於前代字書皆無徵，疑非是。《廣韻》去聲慁韻徂悶切："栫，木名。"（304）《廣韻》訓"木名"，於前代字韻書亦無徵，當因承襲《玉篇》之謬而誤。《集韻》去聲圂韻徂悶切校作："栫，以柴木壅曰栫。"（551）《集韻》所校當是也。《康熙字典》收"木名"這一義訓而未作校正，疑亦非是。《大字典》“栫”字下據《玉篇》收録“木名”這一義項，疑亦非是。

214. 栻

《字彙・木部》:“栻，施隻切，音釋。木局，所以推陰陽占吉凶者。”（212 上）

《正字通・木部》:“栻，施職切，音釋。木局。《王莽傳》:‘持虞帝匕首，天文郎按栻于前。’師古曰:‘栻，所以占時日。天文［郎］，即今之用栻也。’”（500 下）

按:《康熙字典・木部》:“栻，《唐韻》恥力切，《集韻》蓄力切，並音敕。《廣韻》:‘木名。’又《博雅》:‘梮也。’梮有天地，所以推陰陽，占吉凶，以楓子棗心木爲之。”（500 上）《廣雅・釋器》:“栻，梮也。”《名義・木部》:“栻，丑力反。局也。”（124 上）《新撰字鏡・木部》:“栻，丑力反。局也。”（389）《玉篇・木部》:“栻，丑力切。局也。”（62 下右）故“栻”即指“古代占卜時日的器具”。又故宫本《王韻》入聲職韻楮力反:“栻，局。又木名。”（525）故宫本《王韻》又訓“木名”，然於前代字書無徵，疑不可據。《唐韻》入聲職韻恥力反:“栻，局。又木名。”（726）《廣韻》入聲職韻恥力切:“栻，局。又木名。”（424）《唐韻》《廣韻》訓“木名”，當皆因承襲前代韻書之謬而誤。《集韻》入聲職韻設職切:“栻，木局也。有天地，所以推陰陽，占吉凶，以楓子棗心爲之。通作式。”（755）《集韻》“栻”下未收“木名”這一義項，是也。《康熙字典》轉録《廣韻》“木名”之訓，疑亦非是。《大字典》《字海》“栻”字下分别據《廣韻》收録“木名”“一種樹”這一義項，疑並非是。

215. 梍

《字彙・木部》:“梍，與皁同。櫟實也。”（213 下）

《正字通・木部》:“梍，俗皁字。舊注同皁，誤。”（506 上）

按:《康熙字典・木部》:“梍，《集韻》《類篇》並在早切，音皁。木名。莢實。《字彙》:‘櫟實。’”（505 上）《集韻》上聲晧韻在早切:“梍，木名。莢實者。”(401)《類篇·木部》:“梍,在早切。木名。莢實者。”(207上)《新修玉篇》卷十二《木部》引《餘文》:“梍,昨早切。木名。莢實也。”(111下左)《篇海》同。《詳校篇海》卷三《木部》:“梍,在早切,音皂。木名。莢實者。”(179下)《篇海類編》同。又《南史·虞玩之傳》:“儉方盥,投皁莢於地曰:‘卿鄉俗惡,虞玩之至死煩人。’”宋歐陽修《歸田録》卷二:“淮南人藏鹽酒蟹,凡一器數十蟹,以皁莢半挺置其中,則可藏經歲不沙。”明李時珍《本草綱目·木二·皂莢》:“皁樹高大。葉如槐葉,瘦長而尖;枝閒多刺;夏開細黄花,結實有三種。”故皂莢亦作“皁莢”。是一種落葉喬木,枝幹上有刺,開淡黄色花,結莢果。莢果富胰皂質,可去污垢。莢果、樹皮和刺均可入藥,有祛痰功能。也稱皂角。“皁”,《廣韻》音“昨早切”。“梍”與“皁”音義並同,“梍”即“皁”之異體字。《字彙》謂“梍”同“皁”,是也;然改訓“櫟實”,於前代字韻書皆無徵,非是。《康熙字典》轉録《字彙》“櫟實”之訓而未作校正,亦失考證。《大字典》“梍”字下收録兩個義項,第❶義項據《集韻》訓“木名,即皂莢樹”,第❷義項據《字彙》謂同“皁”,訓“櫟實”;《字海》“梍”下亦收録兩個義項,第❶義項據《集韻》訓“皂莢樹”,第❷義項據《字彙》訓“櫟樹的果實”。《大字典》《字海》這樣處理“梍”字義項,皆因承襲《字彙》之謬而誤。《大字典》《字海》“梍”字皆應直謂同“皁”,並訓“木名,即皂莢樹”,即可。

216. 椁

《字彙·木部》:“椁,古博切,音郭。葬者具棺之外有木椁也。《檀弓》:‘殷棺椁。’注:‘大也。’言椁大於棺也。《六書正譌》别作槨,非。”(216下)

《正字通·木部》:“椁,古博切,音郭。棺外木椁也。《檀弓》:‘天子柏椁,端長六尺。’注:‘以柏木爲椁,端猶頭也。’”(514下)

按:《康熙字典·木部》:“椁,《唐韻》《正韻》古博切,《集韻》《韻會》光鑊切,並音郭。或作槨。《説文》:‘葬有木𩫖也。’《釋名》:‘椁,廓也。’……又《廣韻》:‘木名。’”(512)《廣韻》入聲鐸韻古博切:“椁,

《禮》曰：‘殷人棺椁。’又木名。”（412）《廣韻》訓“木名”，疑非是。《説文·木部》：“椁，葬有木𩫏也。从木，𩫏聲。”（121 上）《玉篇·木部》：“椁，古莫切。棺椁。槨，同上。”（62 上左）故宫本《王韻》入聲鐸韻古博反：“槨，棺槨。”（525）《唐韻》同。《集韻》入聲鐸韻光鑊切：“椁，《説文》：‘葬有木𩫏也。’或作槨。”（731）《廣韻》訓“木名”，於前代字韻書皆無徵，於《集韻》亦無徵，此訓疑不可據。《康熙字典》轉録《廣韻》“木名”之訓而未作校正，亦失考證。《大字典》“椁”字下據《廣韻》之誤而收録“木名”這一義項，疑亦非是。

217. 椑

《字彙·木部》：“椑，部皆切，音排。籍也。《六書正譌》別作簰，非。”（217 上）

《正字通·木部》：“椑，音排。籍也。別作簰，非。”（515 下）

按：《康熙字典·木部》：“椑，《唐韻》部迷切，《集韻》《韻會》駢迷切，《正韻》蒲麋切，並音鼙。《説文》：‘圜榼也。’……又《字彙》：‘部皆切，音排。籍也。’”（514 上）《廣雅·釋器》：“箄簰，籍也。”《集韻》平聲皆韻蒲皆切：“簰，篁（箄）簰，籍也。”（105）故“椑”訓“籍也”，與“簰”音義並同，當即“簰”之異體字。

218. 椼

《字彙·木部》：“椼，他計切，音替。《廣韻》：‘椼枝，整髮釵也。’”（219 上）

《正字通·木部》：“椼，他計切，音替。《廣韻》：‘椼枝，整髮釵也。’一説揥從手。《詩·邶風》：‘象之揥也。’《魏風》：‘佩其象揥。’注：‘揥，以摘髮，用象骨爲之。’”（522 上）

按：《康熙字典·木部》：“椼，《唐韻》《正韻》並他計切，音涕。椼枝，整髮釵也。或從手作揥。《詩·鄘風》：‘象之揥也。’《魏風》：‘佩其象揥。’注：‘揥，以摘髮，象骨爲之。’……又《篇海》式志切，音世。木名。”（520 上）《廣韻》去聲霽韻他計切：“椼，椼枝，整髮釵也。”

（269）《集韻》去聲至韻徒二切："㮅，簪屬。"（476）下文去聲霽韻大計切又曰："㮅，笄屬。"（505）《正字通》所言當是，此"㮅"當即"揥"之異體字。《釋名·釋首飾》："揥，摘也。所以摘髮也。"《廣韻》去聲祭韻丑例切："揥，佩飾。"（279）《集韻》去聲霽韻他計切："揥，所以摘髮。《詩》：'象之揥也。'"（504）《詩·鄘風·君子偕老》："玉之瑱也，象之揥也。"鄭玄注："揥，所以摘髮也。"孔穎達疏："以象骨搔首因以爲飾，名之揥，故云所以摘髮。《葛屨》云'佩其象揥'是也。"故"㮅"與"揥"音義並同，"㮅"當即"揥"之異體字。又《新修玉篇》卷十二《木部》引《玉篇》："㮅，弋志切。木名。"（113上左）《篇海》卷七《木部》引《玉篇》："㮅，式志切。木名。"（697上）《新修玉篇》與《篇海》音讀不同，當以《新修玉篇》爲是，《篇海》"式"字當爲"弋"字之誤。《玉篇》未收"㮅"字，收録了"樴"字，此"㮅"當即"樴"字異體。《玉篇·木部》："樴，於力切。梓屬。"（59下左）"㮅"與"樴"音義並同，故此"㮅"當即"樴"字之俗；而"樴"當即"槓"字之俗，故此"㮅"亦當即"槓"字俗訛（詳見拙著《〈玉篇〉疑難字考釋與研究》"樴"字注）。《詳校篇海》卷三《木部》："㮅，他計切，音替。正髮釵也。又式志切，音世。木名。"（182上）《篇海類編》同。《詳校篇海》《篇海類編》"㮅"字下收録"音世"、"木名"這一音義，皆因承襲《篇海》之謬而誤。《康熙字典》"㮅"字下據《篇海》收録"音世"、"木名"這一義項，亦失考證。《大字典》"㮅"字下據《篇海類編》之誤而收録音 shì、"木名"這一義項，亦非。

219. 㮢

《字彙·木部》："㮢，同枇。"（220上）

《正字通·木部》："㮢，俗字。舊注同枇，非。"（524下）

按：《康熙字典·木部》："㮢，同枇。"（522上）《名義·木部》："㮢，辭貲反。棆也。"（116上）《新撰字鏡·木部》："㮢，辭貲反。棆也。"（383）《玉篇·木部》："枇，疾貲切。無枇木。㮢，同上。"（59下右）"㮢"本當作"疵"（詳見本書"枇"字注）。

220. 樋

《字彙·木部》:“樋，唐丁切，音亭。欞樋，長木貌。”（220下）

《正字通·木部》:“樋，梃字之訛。舊注長木貌，與梃義近，改音亭，分爲二。”（525下）

按:《康熙字典·木部》:“樋,《集韻》《類篇》並唐丁切，音亭。欞樋，長木貌。《正字通》以爲梃字之訛，非。”（523上）《集韻》平聲青韻唐丁切:“樋，欞樋，長木。”（244）《正字通》之説疑非是。《廣雅·釋器》:“梃，杖也。”《説文·木部》:“梃，一枚也。从木，廷聲。”（114下）《廣韻》上聲迥韻徒鼎切:“梃，木片。”（217）“樋”與“梃”音義俱别，二字不可混同,《正字通》謂“樋”即“梃”字之訛，疑非是。《康熙字典》謂《正字通》以“樋”爲“梃”字之訛非，所言當是。

221. 檍

《字彙·木部》:“檍，渠京切，音擎。鑿柄。”（222上）

《正字通·木部》:“檍，舊注音擎，鑿柄。按：檍與橿同，音橿。《廣雅》:‘柄也。’檍當即橿字，改音擎，非。鑿柄名檍無證據，不必從。”（530上）

按:《康熙字典·木部》:“檍,《唐韻》《集韻》並渠京切，音擎。鑿柄也。”（528上）《名義·木部》:“檍，渠京反。鑿柄也。”（124上）《玉篇·木部》:“檍，渠京切。鑿柄。”（62下左）《正字通》之説疑非是。《玉篇校釋》“檍”字下注:“‘鑿柄’者,《切韻》同。《御覽》引《通俗文》云:‘鑿柄曰檍。’本書:‘橿，柯橿，鉏柄。’橿、檍一聲之轉。《穀梁·昭二年傳》:‘疆之爲言猶竟也。’本書:‘疆，境也。’疆謂之境，猶橿謂之檍矣。”（2482）胡氏所言是也。《釋名·釋用器》:“鋤……齊人謂其柄曰橿。”《説文·木部》:“橿，鉏柄名。”（112下）“橿”,《廣韻》音“居良切”。故“檍”與“橿”聲近義通，當爲同源字，而非異體字。《正字通》謂“檍”同“橿”，所言非是。

222. 檦

《字彙·木部》:“檦，卑遥切，表平聲。木杪也。”(222 下)

《正字通·木部》:“檦，彼妖切，表平聲。木末。”(531 下)

按:《集韻》去聲笑韻毗召切:“檦，落也。”(581)此“檦”當即“摽”字之俗。《爾雅·釋詁上》:“摽，落也。”《廣韻》去聲小韻符少切:“摽，落也。”(202)下文去聲笑韻匹妙切又曰:“摽，摽(當爲字頭誤重)落。”(322)《詩·召南·摽有梅》:“摽有梅，其實七兮。”毛傳:“摽，落也。”故“檦”訓“落也”，與“摽”音義並同，此“檦”當即“摽”字之俗。

223. 櫕

《字彙·木部》:“櫕，房未切，音吠。木名。又木櫕，碎木皮也。”(223 下)

《正字通·木部》:“櫕，芳未切，音費。木名。又木櫕，與柿通。”(533 下)

按:《康熙字典·木部》:“櫕，《唐韻》芳味切，音費。《説文》:‘木也。’又同柿。木櫕也。”(531 下)《直音篇》卷四《木部》:“櫕，音費。又木櫕。柿同。木名。”(139)“木名”當置於“又木櫕”之前。《詳校篇海》卷三《木部》:“櫕，芳未切，音費。木名。又木櫕，碎木皮也。”(185 下)《篇海類編》同。以上二書是其證也。《正字通》所言當是。《説文·木部》:“柿，削木札樸也。从木，市聲。陳楚謂櫝爲柿。”(120 上)段玉裁改作:“柿，削木朴也。从木，市聲。陳楚謂櫝爲札柿。”並注曰:“柿，削木朴也。各本作:‘削木札樸也。’今依玄應書卷十九正。朴者，木皮也。”《集韻》上聲旨韻側凡切:“柿，削木餘也。《詩》傳:‘許許，柿皃。’”(321)“柿”,《集韻》又音“芳廢切”。“杮”即“柿”之異體字。故“櫕”訓“碎木皮也”，與“柿(杮)”音義並同，此“櫕”當即“柿(杮)”之異體字。

224. 橉

《字彙·木部》:“橉，良忍切，鄰上聲。門限也。”（223下）

《正字通·木部》:“橉，力錦切，鄰上聲。橉木堅實，工人謂之橉筋，木入染絳用，葉可釀酒。一名橝。又《廣雅》:‘橉，砌也。’舊注門限，並非。”（534下）

按:《康熙字典·木部》:“橉，《唐韻》《集韻》並良刃切，音吝。木名……又《類篇》:‘木皮曰橉。’”（532上）《集韻》上聲準韻里忍切:“橉，木皮曰橉。一曰砌也；閾也。”（355）下文去聲稕韻良刃切:“橉，門閾也，楚人曰橉。一曰木名。”（543）《集韻》訓“木皮”，疑非是。《廣雅·釋宮》:“橉，砌也。”《玉篇·木部》:“橉，力進、力盡二切。木名。又楚人呼門限曰橉。”（62下左）《廣韻》上聲軫韻良忍切:“橉，門限也。又牛車絶橉。又力進切。”（186）下文去聲震韻良刃切又曰:“橉，木名。”（295）《文選·江賦》:“橉杞稹薄於潯涘，栛槤森嶺而羅峰。”李善注:“橉、杞，二木名。”《集韻》訓“木皮”，於前代字韻書、文獻皆無徵，疑爲“木名”之誤。《康熙字典》轉録《類篇》“木皮”之訓，亦當因承襲《集韻》之謬而誤。《大字典》“橉”字下據《集韻》之説而收録“樹皮”這一義項，疑亦非是。

225. 槮

《字彙·木部》:“槮，山樞切，音書。車轂中空。又蘇曹切，音騷。木長貌。”（224下）

《正字通·木部》:“槮，蘇操切，音騷。木長貌。《説文》:‘槮，木長貌。’孫愐所今切，與槮分爲二。槮，車轂中空也。讀若藪。孫愐山樞切，讀切矛盾。《正韻》槮在十三爻，音搔，以俗从参作槮爲譌。按：此説是，舊注書、騷二音分訓，非。”（537上）

按:《康熙字典·木部》:“槮，《唐韻》山芻切，音毹。《説文》:‘車軸中空也。’……又《正韻》蘇曹切，音騷。槮本字。橚槮，長貌。”（535下）《洪武正韻》平聲爻韻蘇曹切“槮，橚槮，木長。亦作槮。”同一小韻下字又曰："橾，本從喿，字訛從參也。"（109）《洪武正韻》之説疑非是。《説文·木部》："槮，木長皃。从木，參聲。《詩》：'槮差荇菜。'"（115上）《玉篇·木部》："槮，楚今、史今二切。木長皃。"（60上左）《楚辭·九辯》："萷櫹槮之可哀兮，形銷鑠而瘀傷。"洪興祖補注："櫹槮，樹長皃。"故"橾"訓"木長皃"，當即"槮"字之俗。"槮"俗作"橾"，後人改其讀爲"蘇曹切"，此當即望形生音。《洪武正韻》謂本作"橾"而訛作"槮"，此即正俗顛倒，非是。《詳校篇海》卷四《木部》："橾，七遥切，音鍬。臿也。又蘇曹切，音騷。櫹橾，木長皃。又昌朱切，音樞。車轂中空也。"（186下）《篇海類編》同。《詳校篇海》《篇海類編》"橾"音"騷"，訓"櫹橾，木長皃"，此"橾"即"槮"字之俗，《詳校篇海》《篇海類編》皆應溝通其與"槮"字的字際關係。《大字典》"橾"字下據《洪武正韻》及《篇海類編》收録"櫹橾，木長皃"這一義項，未溝通其與"槮"字的字際關係，失考證。

226. 樥

《字彙·木部》："樥，市緣切，音遄。木名。"（225上）

《正字通·木部》："樥，舊注音遄，木名。按：樥雖載《説文》，汎訓木也，無確證，今不必從。"（539上）

按：《康熙字典·木部》："樥，《集韻》淳沿切，音遄。《説文》：'木也。'亦作椯、桗。又《類篇》楚委切。箠也；揣也。"（536下）《類篇·木部》："樥椯，淳沿切。《説文》：'木也。'或省，亦書作桗。椯，又楚委切。箠也；揣也。又都果切。"（200下）《類篇》謂"椯"又音"楚委切"，訓"箠也""揣也"，而非指"樥"有此項音義。《説文·木部》："椯，箠也。从木，耑聲。一曰椯度也。一曰揣也。"（118下）《集韻》上聲紙韻楚委切："椯，捶（箠）也；揣也。"（309）下文上聲都果切又曰："椯，《説文》：'箠也。一曰椯度也。一曰揣也。'"（407）以上諸書皆其證也。《康熙字典》據《類篇》而收録"箠也；揣也"之訓，當因誤斷《類篇》注文而誤增。《大字典》《字海》"樥"字下第（二）義項皆據《類篇》而音 chuǎi，訓"箠""揣"，《大字典》《字海》此義項皆因誤斷《類篇》注文而誤增，皆應删。

227. 㮛

《字彙·木部》:“㮛，牛紀切，音擬。又五代切，音艾。出釋典。”（226上）

《正字通·木部》:“㮛，同檥。舊注音擬，又音艾，出釋典，分爲二。”（540上）

按:《康熙字典·木部》:“㮛，《字彙》牛紀切，音擬。《正字通》同擬。出釋典。”（538上）《龍龕》卷四《木部》:“㮛，江西《隨函音》牛紀、五代二反。”（381）“㮛”音“牛紀反”，當即“薿”“㰯”之異體字。《可洪音義》卷二一《道地經》一卷:“㮛，魚起反。草盛皃也。正作薿、㰯二形也。又魚力反。”（60，P208C3）“㮛”音“五代反”，疑即“檥”字之俗。《龍龕》卷四《木部》:“檥，五代反。門下木也。”（383）“㮛”與“檥”音同，且構字部件相同，當如《正字通》所言，此“㮛”同“檥”。《康熙字典》轉録《正字通》謂“同擬”，據上文所引《正字通》可知，“擬”當即“檥”字轉録之誤。《大字典》“㮛”字下據《正字通》之説而謂同“擬”，“擬”亦當即“檥”字轉録之誤;《字海》據《正字通》之説而謂同“檥”，是也。《大字典》《字海》“㮛”字皆未溝通其與“薿”“㰯”二字的字際關係，俱失考證。

228. 櫔

《字彙·木部》:“櫔，力制切，音利。木名，實如栗子。”（226下）

《正字通·木部》:“櫔，俗栵字。舊注義同栵，誤分爲二。”（542上）

按:《康熙字典·木部》:“櫔，《唐韻》《集韻》並力制切，音例。木名，實如栗。《山海經》:‘歷兒之山，其上多櫔，方莖而員葉，黄華而毛，其實如楝，服之不忘。’”（540下）《玉篇·木部》:“櫔，力制切。木名，實如栗也。”（62上左）《正字通》所言疑是。《玉篇校釋》“櫔”字下注:“‘木名，實如栗也’者，《切韻》止云‘木名’，《集韻》同本書，皆本《山海經》而删節。《中山經》:‘歷兒之山，其上多櫔木，是木也，方莖而員葉，黄華而毛，其實如楝，食之不忘。’顧所見本‘楝’为‘栗’。”（2464）胡氏所言當是。“𣘻”字，《切韻》已收，《新撰字鏡》亦收，然義闕，《名義》未收，當爲誤脱，原本《玉篇》亦當收録此字。今本《山海經》作“其實如楝”，“楝”疑即“栗”字傳抄之誤。《爾雅・釋木》：“栵，栭。”郭璞注：“樹似槲樕而庳小，子如細栗而可食，今江東亦呼爲栭栗。”“栵”，《廣韻》音“良薛切”，又音“力制切”。故“𣘻”與“栵”音義並同，正如“驪”同“鴷”、“穲”同“秎”、“㦡”同“烈”等，“𣘻”疑即“栵”之異體字。

229. 棃

《字彙・木部》：“棃，鄰溪切，音黎。木名。”（226 下）

《正字通・木部》：“棃，俗棃字。”（542 上）

按：《康熙字典・木部》：“棃，《集韻》憐題切，音棃。木名。”（540 下）此字《説文》《玉篇》皆未收，《廣韻》亦不録，《集韻》收之，當即丁度等據俗書所增。《集韻》平聲齊韻憐題切：“棃，木名。”（96）《正字通》所言疑是。《説文・木部》：“棃，果木名。从木，㓟聲。”（110 上）《廣韻》平聲脂韻力脂切：“棃，果名。”（24）《集韻》平聲脂韻良脂切：“棃，果［木］名。”（44）下文平聲齊韻憐題切亦曰：“棃，果［木］名。”（96）“棃”與“棃”音義並同，正如“犂”俗作“犂”、“䵚”俗作“黐”、“鑗”俗作“𨫼”等，“棃”疑即“棃”字之俗。

230. 橊

《字彙・木部》：“橊，力求切，音劉。木名。”（226 下）

《正字通・木部》：“橊，力求切，音劉。棃屬。《爾雅》：‘劉，劉杙。’郭注：‘劉子，生山中，實如棃，酢甜核堅，出交阯。’當從橊，省作劉，舊注汎云木名，誤。”（542 下）

按：《康熙字典・木部》：“橊，《集韻》力求切，音劉。木名。《爾雅・釋木》：‘劉，劉杙。’郭注：‘劉子，生山中，實如棃，酢甜核堅，出交阯。’本作橊，省作劉。”（540 下）《集韻》平聲尤韻力求切：“橊，木名。”（261）《正字通》所言當是。《爾雅·釋木》：“劉，劉杙。”郭璞注：“劉子，生山中，實如梨，酢甜核堅，出交阯。”《廣韻》平聲尤韻力求切：“劉，劉子，木名。實如梨，核堅味酸美，出交阯”（134）“橊”與“劉”音義並同，“橊”本借“劉”，“橊”當即“劉”因涉義增加義符“木”旁而形成的後起分化字。

231. 櫹

《字彙·木部》：“櫹，先彫切，音宵。櫹槮，樹落葉貌。《楚辭》：‘萷櫹槮之可哀。’”（227 上）

《正字通·木部》：“櫹，先彫切，音宵。櫹槮，樹落葉貌。《楚辭》宋玉《九辯》：‘萷櫹槮而可哀。’《説文》作橚，山巧切，《長箋》云‘同櫹’，《説文》有橚無櫹。《山海經》橚即楸，音與楸同。《九辯》櫹改諧蕭，橚亦有蕭音也。按：張衡《西京賦》：‘嘉卉灌蘌，蔚若鄧林。鬱蓊薆薱，橚爽櫹槮。’橚、櫹平、入不同音，橚讀如肅，櫹讀如蕭，二字分用，似橚、櫹各爲音義，然諸賦俗本滋訛，字多臆造，未可據以是正六書，櫹、橚合可也。又《西京賦》櫹槮對灌蘌蓊薆言，蓋形容卉木之繁茂，非專指葉落。考《説文》‘橚，長木貌’，則《西京賦》之櫹槮與《説文》義近，《九辯》所云猶言同一歌曲聽者自分哀樂，雖對樹木繁茂亦哀，非櫹槮與《西京賦》之櫹槮分二義，諸韻書並失考正。”（544 上）

按：《康熙字典·木部》：“櫹，《集韻》先雕切，音蕭。櫹槮，草木盛貌。又草木落貌。《類篇》疏鳩切，音捘。木長貌。又《類篇》山巧切，梢上聲。義同。”（542 下）《類篇·木部》：“櫹橚，先彫切。櫹槮，艸木盛皃。或從肅。櫹又雌由切。木名。又踈鳩切。木長皃。又山巧切。《説文》：‘長木皃。’”（201 上）《文選·蜀都賦》：“其樹則有木蘭梫桂，杞櫹椅桐。”李善注引劉逵曰：“櫹，大木也。”《正字通》所言當是。“櫹”訓“木名”“木長皃”，亦爲“橚”之異體字。《説文·木部》：“橚，長木皃。从木，肅聲。”（115 上）《集韻》平聲尤韻雌由切：“楸，木名。《説文》：‘梓也。’或作橚。”（262）下文踈鳩切又曰：“橚，木長皃。”（265）《文選・吴都賦》:“櫹矗森萃，蓊茸蕭瑟。”李善注:“櫹矗，長直貌。”又《山海經・中山經》:“(陽華之山)其草多藷藇，多苦莘，其狀如櫹。”郭璞注:“櫹，即楸字。”故“欛”訓“木名”“木長皃”，與“櫹”音義並同，亦爲異體字。《大字典》“欛”字下第(二)(三)義項亦應溝通其與“櫹”字的異體關係。

232. 欂

《字彙・木部》:“欂，伯各切，音博。欂櫨，枅也。又曰壁柱。又曰椽。又弼角切，音泊。義同。”(227下)

《正字通・木部》:“欂，伯各切，音博。欂櫨，枅也。亦曰椽。韓愈《進學解》:‘欂櫨侏儒。’《説文》作樽，从薄省聲，从欂爲正。”(544下)

按:《康熙字典・木部》:“欂，《唐韻》補各切，《集韻》《韻會》《正韻》伯各切，並音博。《説文》:‘壁柱也。’……又《廣韻》蒲革切，音䌟。木名。”(543上)《廣韻》入聲麥韻蒲革切:“欂，欂櫨。又木名也。”(416)《廣韻》又訓“欂”爲“木名也”，疑非是。《玉篇・木部》:“欂，補各、弼戟二切。欂櫨，枅也。樽，弼戟切。《説文》曰:‘壁柱也。’”(61上右)《玉篇校釋》“欂”“樽”二字下注曰:“‘欂櫨，枅也’者，‘欂’‘樽’字同。《説文》‘樽’从薄省聲，則欂即不省者。《漢書》作‘薄櫨’,《文選》注屢引《説文》‘欂櫨，柱上枅也’，慧琳各卷引亦然。疑《説文》正篆本作‘欂’，或體省作‘樽’，一曰壁柱也。徐顥曰:‘言壁柱者，在兩壁之上也，即梁上短柱欂櫨也。’段氏補‘欂’字可也，以‘欂’‘樽’分爲二字二義則非矣。《釋宫》釋文引《字林》:‘欂櫨也。’又:‘櫨即欂也。’《字林》云:‘柱上柎也。’‘柎’爲‘枅’訛。慧琳五八・六引《説文》:‘欂櫨，柱上枅也。’《廣雅》:‘欂謂之枅。’即本書原文。”(2406~2407)胡氏所言當是。《廣韻》訓“欂”爲“木名也”，於前代字韻書皆無徵，當爲“櫨”字之義誤植於此所致的訓釋失誤。《説文・木部》:“櫨，一曰宅櫨木，出弘農山也。”(115下)《集韻》入聲麥韻薄革切校作:“欂，欂櫨，壁柱。或作薄、樽。”(738)此亦其證也。《康熙字典》轉録《廣韻》“木名”之訓而未作校正，亦失考證。《大字典》

《字海》“構”字下據《廣韻》之誤而收録“木名”、“一種樹”這一義項，疑並非是。

233. 欃

《字彙·木部》：“欃，初銜切，插平聲。欃檀，木名。《皇覽》：‘孔子墓後有欃檀樹。’又欃槍，彗星也，俗云掃帚星。”（227下）

《正字通·木部》：“欃，豺寒切，插平聲。欃檀，白檀也。相如《上林賦》：‘欃檀木蘭。’注：‘欃檀，樓別名。’誤。《皇覽》：‘孔子墓後有欃檀樹。’又欃槍，彗星名，俗名掃帚星。”（544下）

按：《康熙字典·木部》：“欃，《唐韻》士咸切，音讒。檀木别名。《玉篇》：‘木蘭也。’或作㰹……又《玉篇》：‘鋭也。’”（543下）《名義·木部》：“欃，仕杉反。鋭也。”（119下）《玉篇·木部》：“欃，仕杉切。木蘭也。又楚咸切。《爾雅》云：‘彗星爲欃槍。’又鋭也。”（60下右）《玉篇校釋》“欃”字下注：“又‘鋭也’者，《説文》：‘攙，鋭也。’《廣雅》四：‘攙，鋭也。’”（2385）《廣雅·釋詁四》：“攙，鋭也。”“攙”，《廣韻》音“楚銜切”，又音“士咸切”。“欃”訓“鋭也”，與“攙”音義並同，此“欃”當即“攙”之異體字。

234. 欐

《字彙·木部》：“欐，力霽切，音例。梁棟名。《列子》：‘餘音繞梁欐，三日不絶。’”（228上）

《正字通·木部》：“欐，力地切，音例。屋棟也。《列子》：‘餘音繞梁欐，三日不絶。’又曰：‘居則連欐。’”（546上）

按：《康熙字典·木部》：“欐，《唐韻》《韻會》盧啓切，《集韻》里弟切，並音禮。小船也。又《唐韻》《集韻》《韻會》郎計切，《正韻》力霽切，並音例。梁棟别名……又《類篇》：‘木名。’”（544下）《集韻》平聲支韻山宜切：“欐，棟也。一曰木名”（25）《集韻》又訓“欐”爲“木名”，疑非是。《玉篇·木部》：“欐，力底、力計二切。小船也。又梁棟名。又所宜切。”（61下左）“欐”音“所宜切”，亦訓“梁棟”。《廣韻》平聲支韻所宜切："欐，梁棟别名。"（21）此即其證也。《集韻》又訓"欐"爲"木名"，於前代字韻書皆無徵，疑不可據。《康熙字典》轉録《類篇》"木名"之訓，當因承襲《集韻》之謬而誤。《大字典》"欐"字下據《廣韻》之誤而收録"木名"這一義項，疑亦非是。

235. 殘

《字彙・歹部》："殘，魯鄧切，棱去聲。殘殲，困病也。"（233下）

《正字通・歹部》："殘，魯鄧切，棱去聲。殘殲，困病貌。"（558下）

按：《康熙字典・歹部》："殘，《玉篇》力升切，《廣韻》力膺切，《集韻》閭承切，並音陵。殘殑，鬼出也。一曰病貌。又《玉篇》《廣韻》《正韻》魯鄧切，《集韻》郎鄧切，並棱去聲。殘殲，困病貌。"（564下）《名義・歹部》："殘，力亘反。殘殲，牛馬卒死名也。"下字曰："殲，徒亘反。殘殲也。"（113上）《玉篇・歹部》："殲，徒亘切。殘殲，困病皃。"（58上右）"殘殲"當同"倰僜""踜蹬""睖瞪"。《玉篇・馬部》："睖，力亘切。睖瞪，馬病也。"（108下右）《廣韻》去聲嶝韻徒亘切："殲，殘殲，困病。"下文魯鄧切又曰："倰，倰僜，行皃。"（347）《集韻》去聲證韻里孕切："倰，倰僜，行疲。"（609）下文去聲嶝韻郎鄧切："殘，殘殲，困病皃。"下字又曰："睖，睖瞪，馬病。"相隔一字又曰："踜，踜蹬，馬病。"（610）故"殘殲"與"倰僜""踜蹬""睖瞪"音同義通，"殘殲""倰僜""踜蹬""睖瞪"當爲同一聯綿詞的不同寫法。

236. 殰

《字彙・歹部》："殰，於阮切，淵上聲。人死貌。又烏括切，音斡。臭氣。"（233下）

《正字通・歹部》："殰，烏捲切，淵上聲。人死貌。《詩・唐風》：'宛其死矣。'單作宛，義同。"（559上）

按：《康熙字典・歹部》："殰，《集韻》委遠切，音宛。人死貌。或作宛。《詩・唐風》：'宛其死矣。'"（565下）《集韻》上聲阮韻委遠切："殰，人死皃。"（360）《正字通》所言當是。《詩・唐風・山有樞》："宛其死矣，他人是愉。”毛傳：“宛，死貌。”陸德明《釋文》：“本亦作苑。”馬瑞辰通釋：“宛即苑之假借。”故“殦”訓“人死皃”，此“殦”當因“宛”假借作“苑”之後，後人遂在“宛”字的基礎上增加義符“歹”旁而形成的後起分化字。《集韻》入聲末韻烏括切又曰：“殦，臭氣。”（691）此“殦”當即“饂”之異體字。《集韻》入聲没韻烏没切：“饂，臭氣。”（685）故“殦”訓“臭氣”，與“饂”音近義同，此“殦”當即“饂”之異體字。

237. 殩

《字彙・歹部》：“殩，秦醉切，音翠。殘敗。”（234 上）

《正字通・歹部》：“殩，七醉切，音萃。殘敗。”（559 下）

按：《康熙字典・歹部》：“殩，《集韻》摧内切，音啐。殘敗。”（566 下）《集韻》去聲隊韻摧内切：“殩，殘敗。”（532）“殩”當即“摧”字之俗。《説文・手部》：“摧，擠也。从手，崔聲。一曰挏也。一曰折也。”（252 上）《玉篇・手部》：“摧，在回切。折也。”（30 下右）慧琳《音義》卷四〇《千手千眼觀世音菩薩無礙大悲心陀羅尼經》：“摧折，上徂隈反。《考聲》云：‘斷也；損也；敗也。並從手。’”（58，P191B10）《廣韻》平聲灰韻昨回切：“摧，折也。”（56）《集韻》去聲隊韻摧内切：“摧，滅也。”（532）《楚辭・九歎・憂苦》：“折鋭摧矜，凝氾濫兮。”王逸注：“摧，挫也。”故“殩”與“摧”音義皆通，“殩”當即“摧”字之俗。

238. 殰

《字彙・歹部》：“殰，才賜切，音自。死人骨也。又獸死。亦作胔。”（234 上）

《正字通・歹部》：“殰，俗骴字。”（559 下）

按：《康熙字典・歹部》：“殰，《廣韻》《集韻》並疾賜切，音漬。《玉篇》：‘病也；獸死也。’一曰鳥獸殘骨。與胔、骴同。”（566 下）《玉篇・歹部》：“殰，才賜切。病也。”（58 上左）此“殰”當即“漬”之異體字。《吕氏春秋・貴公》：“管仲有病，桓公往問之，曰：‘仲父之（病）病矣，漬甚，國人弗諱，寡人將誰屬國？’”高誘注：“漬，亦病也。按：

《公羊傳》曰：‘大眚者何？大漬也。’”孫鏘鳴補證：“漬，浸也，謂病浸深也。”“漬”，《廣韻》音“疾智切”。故“殰”訓“病也”，與“漬”音義並同，此“殰”當即“漬”之異體字。《名義·歹部》：“殰，才賜反。病也。漬字。”（113 上）此即其證也。

239. 㲃

《字彙·殳部》：“㲃，居又切，音救。揉屈也。从㠯。㠯，古文叀字。廄字从此。”（235 上）

《正字通·殳部》：“㲃，居又切，音救。《説文》：‘揉屈也。从殳，从㠯。㠯，古文叀字。廄字从此。’徐鉉曰：‘叀，小謹也，亦屈服意。’或曰：小謹于揉屈義難通。”（562 上）

按：《康熙字典·殳部》：“㲃，《唐韻》《集韻》並居又切，音救。《説文》：‘揉屈也。从殳，从㠯。㠯，古文叀字。’徐鉉曰：‘叀，小謹也，亦屈服之意。’又《廣韻》：‘强擊也。’”（570 上）故宫本《裴韻》去聲宥韻久祐反：“㲃，强掘。”（601）故宫本《裴韻》訓“强掘”，非是。《説文·殳部》：“㲃，揉屈也。从殳，从㠯。㠯，古文叀字。廄字从此。”（61 上）《名義·殳部》：“㲃，去流反。（揉）屈。”（169 上）《玉篇·殳部》：“㲃，居又、去流二切。揉屈也。”（81 下左）故宫本《王韻》訓“强掘”，於《説文》《名義》《玉篇》皆無徵，當爲“揉屈”之誤。《廣韻》去聲宥韻居祐切：“㲃，强擊。”（348）《廣韻》承襲故宫本《裴韻》之誤，又轉訓爲“强擊”，亦非。《集韻》去聲宥韻居又切：“㲃，《説文》：‘揉屈也。从殳，从㠯。㠯，古文叀字。廄字从此。’徐鉉曰：‘叀，小謹也，亦屈服之意。’”（612）《集韻》據《説文》校作“揉屈也”，是也。《龍龕》卷一《殳部》：“㲃，音救。强擊。”（194）《龍龕》訓“强擊”，亦當爲《切韻》所誤。《康熙字典》轉録《廣韻》“强擊也”之訓而未作校正，亦失考證。《大字典》《字海》“㲃”字下皆據《廣韻》之誤而收録“强擊”這一義項，疑並非是。

240. 毾

《字彙・毛部》:"毾，土盍切，音榻。毾㲪，毛席也。"(238 上)

《正字通・毛部》:"毾，徒荅切，音榻。毾㲪，毛席。"(568 上)

按:《康熙字典・毛部》:"毾，《廣韻》吐盍切，《集韻》託盍切，並音榻。《説文》:'毾㲪也。'《後漢・西域傳》:'天竺國有細布、好毾㲪。'注:'《埤蒼》曰:毛席也。'"(581 上)《類篇・毛部》:"㲪，都騰切。毾㲪，羽悴皃。"(295 下)《類篇》訓"毾㲪"爲"羽悴皃"，疑非是。《説文新附・毛部》:"毾，毾㲪也。从毛，㒓聲。"下字曰:"㲪，毾㲪也。从毛，登聲。"(171 下)《玉篇・毛部》:"毾，他臘切。毾㲪，席。"下字曰:"㲪，都能切。毾㲪也。"(122 上右)慧琳《音義》卷五二《增一阿含經》第十九卷:"毾㲪，他盍反。《通俗文》:'毛蓐細者曰毾㲪。'"(58，P467A2)慧琳《音義》卷五四《佛説兜調經》又曰:"氍毹，上具俱反，下色于反。《埤蒼》云:'氍毹，毾㲪也。'《聲類》云:'亦毛席也。'《廣雅》云:'氍毹，罽也。'《説文》並從毛，形聲字也。"(58，P510A8)下文又曰"毾㲪，上吐盍反，下得能反。《埤蒼》云:'毾㲪，毛席也。'《説文》並從毛，形聲字也。經作此闟登字，非也。"(58，P510A9)《廣韻》平聲登韻都騰切:"㲪，毾㲪。"(132)《集韻》平聲登韻都騰切:"㲪，毾㲪，罽也。"(252)故"毾㲪"即指"一種有細紋的細毛毯"。《類篇》訓"毾㲪"爲"羽悴皃"，於前代字韻書皆無徵，疑非是。《大字典》"毾"字下據《類篇》之誤而收録"羽悴貌"這一義項，疑亦非是。

241. 毢

《字彙・毛部》:"毢，想里切，音壐。毛垂貌。亦作縰。"(238 上)

《正字通・毛部》:"毢，與縰通。《篇海》《類編》毢亦作㹫，誤。"(568 下)

按:《康熙字典・毛部》:"毢，《字彙》想里切，音壐。《篇海》:'毛垂貌。'"(581 下)《直音篇》卷七《毛部》:"毢，音徙。毛垂貌。"(283 上)"毢"當即"㹫"之異體字。《集韻》上聲紙韻所綺切:"㹫，毛垂皃。”（309）“毲”與“縰”音義並同，“毲”當即“縰”之異體字。《詳校篇海》卷三《毛部》：“毲，想里切，音璽。毛垂皃。亦作縰。”（149下）《篇海類編》同。以上二書皆其證也。《廣韻》上聲紙韻所綺切：“纚，韜髮者。又颯纚，長紳皃。縱，上同。”（164）《集韻》上聲紙韻所綺切：“纚，《説文》：‘冠織也。’謂以緇帛韜髮。或作縱。”（309）“毲”與“縱”音同而義別，二字不可混同，《字彙》謂“毲”亦作“縱”，“縱”當即“縰”字誤刻。又《正字通》謂“毲”與“縱”通，亦非；其謂《篇海》《類篇》“毲”亦作“緌”，然歷代字韻書皆未收“緌”，“緌”亦當即“縰”字誤刻。《大字典》收録“毲”字，沿襲《字彙》之誤而未作校正，失考證；《字海》亦收“毲”字，未溝通其與“縰”字的字際關係，亦失考證。

242. 汮

《字彙·水部》：“汮，九峻切，君去聲。水名，在沂（析）。”（241下）

《正字通·水部》：“汮，洵字之訛。”（576上）

按：《康熙字典·水部》：“汮，《廣韻》居銀切，音巾。水名。出沂（析）縣。”（592上）《廣韻》平聲諄韻居勻切：“汮，水名。出析縣北山，入沔。今作均。”（64）又《説文·水部》：“洵，過水中也。从水，旬聲。”（228上）姚文田、嚴可均校議：“《説文》當言：‘過水別也。’與‘稗，禾別也’、‘沱，江別流也’、‘澥，郣澥，海之別也’語例同。”《廣韻》平聲諄韻相倫切：“洵，水名。在晉陽。”（63）故“汮”與“洵”音義俱別，二字不可混同，《正字通》謂“汮”即“洵”字之訛，既無書證亦無例證，其説非是。

243. 沌

《字彙·水部》：“沌，徒本切，豚上聲。渾沌，不開通之貌。”（242下）

《正字通·水部》：“沌，徒本切，豚上聲。渾沌，不開通貌。”（578上）

按:《康熙字典·水部》:“沌,《廣韻》徒損切,《集韻》杜本切,《正韻》徒本切,並音囤。混沌,元氣未判也。亦作渾沌。揚子《太玄經》:‘渾沌無端,莫見其根。’又不開通之貌。《莊子·應帝王》:‘中央之帝爲渾沌。’注:‘渾沌,無孔竅也。’”(595下)《集韻》上聲混韻杜本切:“沌,水不通。一曰混沌,元氣未判。”(366)《集韻》訓“沌”爲“水不通”,疑非是。《名義·水部》:“沌,徒損反。混沌;凝也。”(195上)《新撰字鏡·水部》:“沌,徒損反。混沌也;凝也。”(336)《名義》《新撰字鏡》訓“凝也”,於文獻無徵,“凝”當爲“癡”字之誤。《龍龕》卷二《水部》:“沌,徒本反。混沌也。”(231)《玉篇·水部》:“沌,徒損切。混沌也。”(91上右)慧琳《音義》卷一六《優填王經》:“倱伅,又作混沌,二形同。胡本反,徒損反。謂不通類也。《通俗文》:‘大而無形曰倱伅。’”(57,P725B3)下文卷三九《不空罥索經》第十七卷又曰:“倱伅,上魂穩反,下豘穩反。杜注《左傳》云:‘倱伅,無知暗昧不通之類也。’《古今正字》從人,昆、屯皆聲,經從水作混沌,並水名也。”(58,P175A1)下文卷八一《南海寄歸内法傳》第一卷:“渾沌,上魂穩反,下豘穩反。杜注《左傳》云:‘渾沌,不通類也。’王弼:‘無所分别不可爲名也。’《莊子》中央之帝名,亦四凶名,是無知之皃也。案:清濁未分也。《古今正字》並從水,軍、屯皆聲。亦從人作倱伅,或作混字。”(59,P10B6)箋注本《切韻》(斯2071)上聲混韻徒損反:“沌,混沌。”(133)敦煌本《王韻》、故宫本《王韻》、《廣韻》皆同。故《集韻》訓“沌”爲“水不通”,於前代字韻書皆無徵,當爲“混沌,不通類也”之誤。又《廣韻》平聲魂韻徒渾切:“沌,水勢。”(72)《廣韻》訓“沌”爲“水勢”,於前代字韻書亦無徵,疑亦非是。《集韻》平聲魂韻徒渾切:“沌,水流皃。一曰混沌,愚也。”(141)《集韻》轉訓爲“水流皃”,於前代字韻書亦無徵,亦非。《類篇·水部》:“沌,徒渾切。水流皃。又杜本切。水不通。”(394上)《類篇》訓“水流皃”“水不通”者,當因承襲《集韻》之謬而誤。《大字典》“沌”字下分别承襲《集韻》與《廣韻》《類篇》之誤而收録“水不通”“水流貌”這兩個義項,疑並非是。

244. 沼

《字彙·水部》:“沼，止少切，昭上聲。池沼。圓曰池，曲曰沼。”(243下)

《正字通·水部》:“沼，止少切，昭上聲。池別名。或方或圓，無定形，其鑿地種水一也。舊注圓曰池，方曰沼，誤。”(582上)

按:《康熙字典·水部》:“沼,《唐韻》之少切,《集韻》《正韻》止少切,《韻會》止小切，並昭上聲。《説文》:‘池也。’一説圓曰池，曲曰沼。”(600上)《直音篇》卷五《水部》:“沼，止少切。池沼也；清也。”(206下)《直音篇》又訓“清也”，疑非是。《説文·水部》:“沼，池水。从水，召聲。”(232上)《玉篇·水部》:“沼，支紹切。池沼也。”(88下右)《新修玉篇》《篇海》引《玉篇》並同。《廣韻》上聲小韻之少切:“沼，池沼。”(201)《集韻》上聲小韻止少切:“沼,《説文》:‘池水。’”(393)《洪武正韻》上聲筱韻止少切:“沼,《説文》:‘池也。’”(192)《直音篇》訓“沼”爲“清也”，於前代字韻書皆無徵，疑非是。《詳校篇海》卷四《水部》:“沼，止少切，音招上聲。池沼也；清也。”(282下)《篇海類編》同。《詳校篇海》《篇海類編》亦訓“清也”，當皆因承襲《直音篇》之謬而誤。《大字典》“沼”字下據《篇海類編》之誤而收録“清”這一義項，疑亦非是。

245. 泆

《字彙·水部》:“泆，弋質切，音逸。水蕩泆；又淫放也。”(244上)

《正字通·水部》:“泆，伊悉切，音佚。《説文》:‘水所蕩泆也。’”(582下)

按:《康熙字典·水部》:“泆,《唐韻》夷質切,《集韻》《韻會》《正韻》弋質切，並音逸。《説文》:‘水所蕩泆也。’與溢同。”(600下)故宫本《王韻》入聲屑韻徒結反:“泆，泆蕩，水動。”(612)《廣韻》入聲屑韻徒結切:“泆，泆蕩。”(400)《集韻》入聲屑韻徒結切:“泆，泆蕩，滌也。”(701)佛經有“泆蕩”用例，與此義别，提供如下:《大正藏》本吳康僧會譯《六度集經》卷第三《布施度無極經》(二二):“昔者菩薩爲大理家，積寶齊國，常好濟貧惠逮衆生，受一切歸猶海含流。時，有友子，以泆蕩之行，家賄消盡。理家愍焉，教之曰:‘治生以道，福利無盡。’以金千兩給子爲本。對曰:‘敬諾。不敢違明誨。’即以行賈。性邪行躄，好事鬼妖，婬蕩酒樂，財盡復窮。如斯五行澌盡其財，窮還守之。”下文卷六《精進度無極章》第四(六五)又曰:“隣人好事鬼術，殘賊群生，泆蕩女色，酒亂不孝，自謂得志。輪轉三道，苦毒無量。”又《卍新纂續藏經》本清智祥述《禪林重刻寶訓筆説》卷上:“尊，重也。美，嘉也。道德解見前，謂世間可尊可重者，莫有過於道。可嘉可美者，莫有過於德。若人心能存道，身能養德，縱居於窮困之中，如匹夫匹婦，不以爲苦，故曰非窮。設或道德不修，身心泆蕩，雖貴同天子，不以爲榮，故曰非通。匹夫者，窮獨之稱，所謂三軍之中可奪帥，匹夫之志不可奪也。”從文意來看，此“泆蕩”當義指“淫亂”“放蕩”。此“泆蕩”與上文韻書所收之“泆蕩”當爲同形詞。

246. 浘

《字彙·水部》:“浘，無匪切，音尾。水流貌。又俗作尾閭字。《莊子》‘尾閭’字不从水。”(247上)

《正字通·水部》:“浘，俗字。或借‘浘’作尾閭字，非。又楊慎《字説·紙韻》‘浘’《韓詩》‘河水浘浘’,《釋文》作‘浘浘’,盛貌。按:《邶風》‘河水瀰瀰’,音米，改作浘、浘，並非。”(589下)

按:《康熙字典·水部》:“浘,《廣韻》無匪切,《集韻》武匪切，並音尾。浘澗，海洩。《莊子·秋水篇》作尾閭。又水流貌。與浼同。《詩·邶風》:‘河水浼浼。’《韓詩》作:‘河水浘浘。’”(610上)《玉篇·水部》:“浘，音尾。浘浘，水流皃。”(91上右)《詩·邶風·新臺》:“新臺有洒，河水浼浼。”陸德明《釋文》:“《韓詩》作‘浘浘’，音尾，云:‘盛貌。’”故此“浘”當即“浼”之異體字。《廣韻》上聲尾韻無匪切:“浘，水流皃。又浘澗，海水洩處。案:《莊子》作尾閭，字不從水。”(171)《集韻》上聲尾韻武斐切:“浘，浘澗，海洩。一曰水流皃。一曰泉底。”（325）故“浘”又即“尾”字之俗。《集韻》又訓“泉底”，於文獻無徵，疑爲望形生訓。“浘”又當即“尿”之異體字。慧琳《音義》卷一九《奮迅王菩薩所問經》上卷：“屎尿，正字從尸，矢聲也。《説文》浘，從尾，從水，俗作尿。”（57，P789B10）又慧琳《音義》卷三九《不空羂索經》第二十七卷：“牛尿，寧耀反。俗字也。《説文》作浘，人小便也。從尾，從水。亦作屘。”（58，P179A5）又慧琳《音義》卷四三《僧伽吒經》第四卷：“屎浘，上失尔反，下乃弔反。人小便也。從尾，從水。亦作尿，或作尿。”（58，P270B8）故“浘”亦即“尿”之異體字。此“浘”與上文《玉篇》《廣韻》《集韻》所録之“浘”當爲同形字。

247. 浽

《字彙・水部》：“浽，蘇回切，音綏。浽溦，小雨。”（248上）

《正字通・水部》：“浽，蘇灰切，音綏。浽溦，小雨。”（591上）

按：《康熙字典・水部》：“浽，《廣韻》息遺切，《集韻》《韻會》宣隹切，並音綏。浽溦，小雨……又《廣韻》奴罪切，《集韻》弩罪切，並音餒。《博雅》：‘濁也。’或作浽。”（612下）箋注本《切韻》（斯2071）上聲賄韻胡罪反：“溾，溾浽，穢濁。”下文奴罪反又曰：“浽，溾浽。”（132）敦煌本《王韻》上聲賄韻［胡罪反］：“溾，溾浽，穢濁。”下文［奴罪反］又曰：“浽，溾浽。”（389）故宫本《王韻》上聲賄韻胡罪反：“溾，溾浽，穢濁。”下文奴罪反又曰：“浽，溾浽。”（477）故宫本《裴韻》、《廣韻》同。“溾浽”當同“溾浽”。《廣雅・釋詁三》：“溾浽，濁也。”曹憲《博雅音》：“溾，烏回；浽，烏禾。”（231上）《廣雅・釋訓》又曰：“溾浽，污穢也。”（491下）故“溾浽”同“溾浽”，此“浽”當即“浽”之異體字。《大字典》《字海》“浽”字下第（二）義項皆未溝通其與“浽”字的字際關係，俱失考證。

248. 涮

《字彙・水部》：“涮，生患切，栓去聲。涮洗也。又所劣切，音刷。水名。”（248下）

《正字通・水部》:"涮，俗字。舊注生患切，栓去聲，涮洗；又音刷，水名，並非。"（593 上）

按:《康熙字典・水部》:"涮,《廣韻》生患切,《集韻》數患切，並音㵹。涮洗也。又《集韻》數眷切，音簨。義同。又所劣切，音刷。水名。"（614 下）《集韻》去聲諫韻數患切:"涮，滌也。"（562）《集韻》入聲薛韻所劣切又曰:"涮，水名。"（710）《集韻》又訓"涮"爲"水名"，疑非是。《龍龕》卷二《水部》:"涮，所患反。涮洗也。又茶别名也。"（235）《廣韻》去聲諫韻生患切:"涮，涮洗也。"（311）《集韻》訓"涮"爲"水名"，於前代字韻書皆無徵,《集韻》於諫韻收録"涮"字，又於下文薛韻重收"涮"字者，此當因"涮"從"刷"而產生的"又音"，而非"涮"别有"水名"之義，故《集韻》訓"水名"，當爲望形生訓。《字彙》《康熙字典》亦收"水名"這一義項，當皆因承襲《集韻》之謬而誤。《大字典》"涮"字下據《集韻》收録"水名"這一義項，疑亦非是。

249. 汪

《字彙・水部》:"汪，紆往切，音枉。大水貌。又于放切，音旺。義同。"（249 上）

《正字通・水部》:"汪，俗字。舊注紆往切，音枉，大水貌，音旺，義同。一説从枉無義，大水貌不必别作汪。"（594 下）

按:《康熙字典・水部》:"汪,《廣韻》烏晃切,《集韻》鄔晃切，並音瀇。大水也。"（616 下）《名義・水部》:"汪，烏晃反。大水皃。"（195 上）《玉篇・水部》:"汪，於晃切。大水皃。"（90 下左）此"汪"當即"汪"之異體字。《説文・水部》:"汪，深廣也。从水，㞷聲。"（229 上）《玉篇・水部》:"汪，烏光切。水深廣也。"（88 上右）"汪"與"汪"音近義同，"汪"當即"汪"之異體字。慧琳《音義》卷七五《修行道地經》第六卷:"有汪，烏光反。《古今正字》云:'水大皃也。'《考聲》:'水停皃也。'《説文》正作汪，從水，枉聲也。"（58，P972B7）此是其證也。《大字典》《字海》"汪"字下"大水貌"這一義項皆未溝通其與"汪"中的異體關係，俱失考證。

250. 淩

《字彙・水部》:“淩，離呈切，音靈。水名，出臨淮。又歷也；犯也。”（250 上）

《正字通・水部》:“淩，離呈切，音靈。水名，出臨淮。又歷也；犯也。”（595 下）

按:《康熙字典・水部》:“淩,《唐韻》力膺切,《集韻》《韻會》閭承切，並音陵。《博雅》:‘淩，馳也。’一曰歷也。木華《海賦》:‘泛海淩山。’”（618 上）箋注本《切韻》（斯 2071）平聲蒸韻力膺反:“凌（淩），歷。又水名。”（127）敦煌本《王韻》平聲蒸韻力膺反:“淩，歷。又水名。”（381）故宫本《王韻》平聲蒸韻力膺反:“淩，瀝（歷）。又水名。”（469）《廣韻》平聲蒸韻力膺切:“淩，歷也。又水名，出臨淮。”（131）“淩”訓“歷也”，此“歷”當爲“跨越”“昇登”之義，而非“經歷”之義。例如:《吕氏春秋・論威》:“雖有江河之險則淩之，雖有大山之塞則陷之。”高誘注:“淩，越也。”漢蔡邕《述行賦》:“登長坂以淩高兮，陟葱山之嶢陘。”“淩”字未見有“經歷”這一義項的文獻用例。《大字典》“淩”字下第❺義項據《廣韻》“歷也”之訓而轉訓爲“經歷”；第❻義項據上文所引《吕氏春秋・論威》及漢蔡邕《述行賦》的文獻用例訓“跨越”“昇登”。《大字典》這樣處理是失當的，因爲“淩”訓“歷也”當爲“跨越”“昇登”之義，而非“經歷”之義，故《大字典》第❺、❻義項應合併爲一個義項，以《廣韻》“歷也”之訓作爲書證，以《吕氏春秋・論威》及漢蔡邕《述行賦》作爲例證，方爲妥當。

251. 添

《字彙・水部》:“添，他廉切，忝平聲。益也。”（250 下）

《正字通・水部》:“添，舊注他廉切，忝平聲，益也。按:《説文》沾有益義，俗作添。”（597 上）

按:《康熙字典・水部》:“添,《唐韻》《集韻》《韻會》《正韻》並他兼切，音沾。《玉篇》:‘益也。’通作沾、酟。又《集韻》他念切，音栝。

味益也。”（620下）《類篇・水部》:“添，他兼切。益也。又他念切。味益也。”（401下）《類篇》訓“味益也”，非是。《集韻》去聲㮇韻他念切:“添，和益也。”（627）揚州使院重刻本《集韻》、宋刻本《集韻》同。故《類篇》訓“味益也”，當爲“和益也”之誤。《康熙字典》轉録《集韻》作“味益也”，當因承襲誤本《集韻》而誤。《大字典》“添”字下承襲《類篇》之誤而收録“味益”這一義項，疑亦非是。

252. 渧

《字彙・水部》:“渧，丁計切，音帝。水滴也。”（251上）

《正字通・水部》:“渧，俗滴字。”（598上）

按:《康熙字典・水部》:“渧，《廣韻》都計切，《集韻》丁計切，並音帝。《埤蒼》:‘瀌漉也。’一曰滴水。《説文》本作滳（滴），梵書省作渧。”（622上）《廣韻》去聲霽韻都計切:“渧，《埤倉》云:‘渧，瀌漉也。’”（268）《集韻》去聲霽韻丁計切:“渧，泣皃。一曰滴水。”（504）“瀌漉也”與“滴水”訓異義同，皆指“水慢慢滲下”，此“渧”當即“滴”之異體字。《説文・水部》:“滴，水［欒］注也。从水，啻聲。”（232下）“水［欒］注也”即指“水一點一點地落下”。“渧”與“滴”義同，“渧”當即“滴”之異體字。慧琳《音義》卷三《大般若波羅蜜多經》第三百四十一卷:“滴數，丁歷反。《考聲》云:‘水落也。’《説文》云:‘水欒注也。從水，啻省聲也。’啻字，從帝，從口。經文略去口作渧，俗字也。啻，音翅。下霜句反。”（57，P453B8）又慧琳《音義》卷七《大般若波羅蜜多經》第五百二十一卷:“滴數，丁歷反。《考聲》云:‘水落也。’或作適。《説文》云:‘水欒注也。’欒，力桓反。漏流也。《字書》云:‘水滴也。’經文從水作渧，俗字也。下霜句反。”（57，P517A10）此是其證也。又《集韻》訓“泣皃”，此“渧”當即“涕”字之俗。《説文・水部》:“涕，泣也。从水，弟聲。”（237上）《廣韻》去聲霽韻他計切:“涕，涕淚。”（269）“渧”訓“泣皃”，與“涕”音義皆通，此“渧”當即“涕”字之俗。慧琳《音義》卷一三《大寶積經》第五十四卷:“渧泣，天禮反。《韻詮》:‘涕淚也。’”（57，P657A4）“渧泣”

即同“涕泣”。此即其證也。

253. 渨

《字彙・水部》:“渨，同隈。”（251 上）

《正字通・水部》:“渨，同隈。《説文》:‘渨，没也。’一曰與《阜部》隈同。”（598 上）

按:《康熙字典・水部》:“渨，《唐韻》烏恢切，《集韻》烏回切，並音隈。《説文》:‘没也。’《玉篇》:‘水澳曲也。或作隈。’”（622 上）《説文・阜部》:“隈，水曲隩也。从𨸏，畏聲。”（307 下）原本《玉篇・水部》:“渨，於回反。《説文》:‘渨，没也。’水澳曲名渨爲隈字，在《阜部》。”（427）《玉篇・水部》:“渨，於回切。水澳曲也；没也。或作隈。”（88 下左）故“渨”訓“水澳曲也”，當即“隈”之異體字。

254. 渳

《字彙・水部》:“渳，莫禮切，音米。水貌。又飲歃也。又浴也。《周禮》:‘王崩，大肆，以秬鬯渳。’謂以秬鬯浴尸也。”（251 下）

《正字通・水部》:“渳，母禮切，音米。水貌。又浴也。《周禮・小宗伯》:‘王崩，大肆，以秬鬯渳。’注:‘以秬鬯浴尸。’”（598 下）

按:《康熙字典・水部》:“渳，《廣韻》綿婢切，《集韻》《韻會》母婢切，並音弭。《説文》:‘歙也。’一曰水貌。”（623 上）《廣韻》上聲紙韻綿婢切:“渳，水皃。”（165）此“渳”當即“瀰”之異體字。《玉篇・水部》:“瀰，莫爾、奴禮二切。深也；盛也。”（88 上左）《廣韻》上聲紙韻綿婢切:“瀰，《詩》曰:‘河水瀰瀰。’水盛皃也。”（165）“渳”與“瀰”音義並同，故“渳”當即“瀰”之異體字。

255. 湦

《字彙・水部》:“湦，所庚切，音生。人名。曹桓公終湦，生也。”（252 下）

《正字通・水部》:“湦，所臻切，音生。人名。曹桓公終生，《史記》

注：‘一作終湦。’”（601 下）

按：《康熙字典・水部》：“湦，《集韻》師庚切，音生。人名。曹桓公終生，《史記》注：‘一作終湦。’”（626 上）《集韻》平聲庚韻師庚切：“湦，闕。人名。曹桓公終湦。”（232）“湦”本當作“生”。《史記・管蔡世家》：“三十六年，惠伯卒，子石甫立，其弟武殺之代立，是爲繆公。繆公三年卒，子桓公終生立。”裴駰《集解》注：“孫檢云：‘一作終湦、湦，音生。’”（1571）此是其證也。

256. 湴

《字彙・水部》：“湴，蒲鑑切，音辦。深泥也。又水泛也。”（253 上）

《正字通・水部》：“湴，普暗切，音辦。深泥也；又水泛。”（602 上）

按：《康熙字典・水部》：“湴，《廣韻》蒲鑒切，《集韻》薄鑑切，並音膴。與埿同。深泥也……又《集韻》皮咸切，音踫。行淖中也。”（627 上）玄應《音義》卷一八《立世阿毘曇論》第十卷：“湴泥，又作淜同。排咸、白監二反。無舟渡河也。《説文》：‘涉渡水也。’《玉篇》皮冰反。”（57，P36A23）慧琳《音義》卷七三《立世阿毘曇論》第十卷亦曰：“湴泥，又作淜同。排咸、白監二反。無舟渡河也。《説文》：‘涉渡水也。’”（58，P928B5）故“湴”即“淜”之異體字。又《集韻》平聲銜韻皮咸切：“湴，行淖中也。”（297）“行淖中也”與“無舟渡河也”義同，故此“湴”亦當即“淜”之異體字。《大字典》《字海》“湴”字下第（二）義項皆未溝通其與“淜”字的字際關係，俱失考證。

257. 渷

《字彙・水部》：“渷，伊鳥切，音杳。浩渷，大水貌。”（253 上）

《正字通・水部》：“渷，俗溔字。《子虛賦》：‘浩溔潢漾。’沿俗作渷，非。”（602 上）

按：《康熙字典・水部》：“渷，《廣韻》以沼切，《集韻》《韻會》以紹切，並音鷕。《玉篇》：‘浩渷，水無際也。’司馬相如《上林賦》：‘灝渷潢漾。’”（627 下）《廣韻》上聲小韻以紹切：“渷，浩渷，大水皃。”（202）

《文選・上林賦》:“寂漻無聲，肆乎永歸，然後灝溔潢漾，安翔徐回。”李善注引郭璞曰:“皆水無涯際貌。灝，音皓。溔，弋少切。”《正字通》之説疑非是。《玉篇・水部》:“滈，户了切。流皃。”(91下左)《廣韻》上聲筱韻胡了切:“滈，水渺滈皃。”(201)“溔”與“滈”儘管義近，然形音俱別，二字不可混同，《正字通》謂“溔”即“滈”字之俗，且以《子虛賦》“浩滈潢漾”作爲例證，然據上文所引《上林賦》可知，《子虛賦》當爲《上林賦》之誤，“浩滈潢漾”當爲“灝溔潢漾”之誤，故其説非是。

258. 淪

《字彙・水部》:“淪，蘆困切，論去聲。水中曳船曰淪。”(253下)

《正字通・水部》:“淪，俗淪字。舊注音論去聲，水中曳船曰淪，無確據。”(603下)

按:《康熙字典・水部》:“淪，《廣韻》《集韻》並盧困切，音論。水中曳船曰淪。”(629上)《廣韻》去聲慁韻盧困切:“淪，水中曳船曰淪。”(304)《集韻》去聲慁韻盧困切:“淪，水中曳舟曰淪。”(552)又《説文・水部》:“淪，小波爲淪。从水，侖聲。《詩》曰:‘河水清且淪漪。’一曰没也。”(229下)《廣韻》平聲諄韻力迍切:“淪，没也。”(63)“淪”與“淪”音義俱別，二字不可混同，《正字通》謂“淪”即“淪”字之俗，既無書證亦無例證，其説疑不可據。

259. 涒

《字彙・水部》:“涒，具運切，音郡。水名。又古困切，音棍。亦水名。又大水也。”(253下)

《正字通・水部》:“涒，涒字之訛。舊注郡、棍二音，汎云水名，誤。”(603下)

按:《康熙字典・水部》:“涒，《玉篇》公困切，《集韻》古困切，並音睔。水名。一曰大水。”(629上)《名義・水部》:“涒，公困反。”(196下)《玉篇・水部》:“涒，公困切。水名；又大水。”(91上右)敦煌本

《王韻》去聲慁韻古鈍反："灁，水名。"（411）故宫本《王韻》、《唐韻》、《廣韻》同。又《説文·水部》："涒，食已而復吐之。从水，君聲。《爾雅》曰：'太歲在申曰涒灘。'"（236上）"涒"，《廣韻》音"他昆切"。"灁"與"涒"音義俱别，二字不可混同，《正字通》謂"灁"即"涒"字之訛，且謂"舊注"非，既無書證亦無例證，其説非是。

260. 滈

《字彙·水部》："滈，與鎬同。又久雨。又水名。又轄覺切，音學。水激聲。"（254下）

《正字通·水部》："滈，與鎬同。水名，在京兆。《荀子·議兵篇》：'武王以滈。'揚雄《羽獵賦》：'經縈酆滈。'注：'因水爲名。'又藥韻音學。《廣韻》：'水貌。'《玉篇》：'水激聲。'"（605上）

按：《康熙字典·水部》："滈，《唐韻》胡老切，《集韻》下老切，《韻會》合老切，並音皓。《説文》：'久雨也。'……又《廣韻》許角切，《集韻》黑角切，並音嗃。滈瀑，水沸湧貌。或作灂、㵿。"（631上）《廣韻》入聲覺韻許角切："滈，水皃。"（380）《集韻》入聲覺韻黑角切："滈，滈瀑，水沸湧皃。或作灂、㵿。"（656）下文轄覺切又曰："灂，灂瀑，水皃。"（657）"水皃"與"水沸湧皃"訓異義同，故"滈"與"灂""㵿"即爲異體字。《大字典》"滈"字第（二）義項下第❶義項據《集韻》謂"滈瀑"也作"灂瀑"，訓"水沸湧貌"；第❷義項據《廣韻》訓"水貌"。據上文可知，《大字典》"滈"字第（二）義項下第❷義項應併入第❶義項，方妥。又述古堂影宋鈔本《集韻》入聲沃韻呼酷切："滈，夂雨。"（649）"夂"即"久"之異體字。揚州使院重刻本《集韻》、宋刻本《集韻》皆作"大雨"。當以述古堂影宋鈔本《集韻》爲是，"大雨"即"久雨"之誤。《集韻校本》注曰："陳校：'大當作久。'按：明州本、錢鈔注：'大'字作'夂'。龐校、錢氏父子校同。《類篇》亦訓久雨。上聲《晧韻》下老切'滈'字注亦訓久雨。"（852）以上諸校皆是。《大字典》"滈"字下據誤本《集韻》收録"大雨"這一義項，非是。

261. 滞

《字彙・水部》:“滞，直意切，音治。凝也；積也；淹也；留也；廢也；止也。”（255 上）

《正字通・水部》:“滞，持世切，音治。《説文》:‘凝也。’又淹也；廢也。”（606 上）

按:《康熙字典・水部》:“滞,《唐韻》《集韻》《韻會》《正韻》並直例切，音彘。《説文》:‘凝也。’……又《集韻》尺制切，音掣。音敗不和也。或作懘，亦作憏、殢。”（632 下）《集韻》去聲祭韻尺制切:“滞懘，音敗不和也。或從心。”（510）《説文・心部》:“懘，惉懘也。从心，滞聲。”（223 下）《廣韻》去聲祭韻尺制切:“懘，惉懘，音不和也。惉,《樂記》作怗。”（276）故“滞”訓“音敗不和也”，當即“懘”字俗省。

262. 潒

《字彙・水部》:“潒，同潒。”（255 上）

《正字通・水部》:“潒，同潒。”（606 上）

按:《康熙字典・水部》:“潒,《正字通》與潒同。”（632 下）《龍龕》卷二《水部》:“潒，或作；潒，正。徐兩反。潒遠也。又徒朗反。水大之皃也。二。”（231）《集韻》上聲蕩韻待朗切:“潒,《説文》:‘水潒漾也。’或作潒。”（416）故“潒”當即“潒”字之俗。《大字典》“潒”字下第（一）義項據《集韻》音 dàng，謂同“潒（蕩）”；第（二）義項據《篇海類編》音 xiàng，訓“遠”。據上文可知，“潒”訓“遠也”，亦當即“潒”字之俗。故《大字典》“潒”字下第（二）義項亦應溝通其與“潒”字的正俗關係。《字海》“潒”字下據《正字通》之説而直謂同“潒”，是也。

263. 滴

《字彙・水部》:“滴，丁歷切，音的。涓滴，水點。又瀝下也。”（255 上）

《正字通·水部》:“滴，丁歷切，音的。涓滴，小水也。又瀝下曰滴。”（606上）

按:《康熙字典·水部》:“滴,《廣韻》都歷切,《集韻》《韻會》《正韻》丁歷切，並音的。《説文》:‘水注也。’”（633上）《説文·水部》:“滴，水注也。从水，啻聲。”（232下）二徐本《説文》訓“水注也”，非是。慧琳《音義》卷三《大般若波羅蜜多經》第三百四十一卷:“滴數，丁歷反。《考聲》云:‘水落也。’《説文》云:‘水欒注也。從水，啻省聲也。’啻字，從帝，從口。經文略去口作渧，俗字也。啻，音翅。下霜句反。”（57，P453B8）又慧琳《音義》卷七《大般若波羅蜜多經》第五百二十一卷:“滴數，丁歷反。《考聲》云:‘水落也。’或作適。《説文》云:‘水欒注也。’欒，力桓反。漏流也。《字書》云:‘水滴也。’經文從水作渧，俗字也。下霜句反。”（57，P517A10）故《説文》本當訓“滴”爲“水欒注也”，義指“液體一點一點地落下”。今本作“水注也”，當爲二徐本之脱誤。《玉篇校釋》“滴”字下注:“《三教指歸》注（四）引本書云:‘水欒注也。’爲節録原引《説文》文。今二徐本作‘水注也’，奪一‘欒’字，即於‘滴’下義不切合。”（3614）胡氏所言是也。故“滴”《説文》本當訓“水欒注也”。

264. 滻

《字彙·水部》:“滻，楚簡切，音剗。水名。在京兆。”（255上）

《正字通·水部》:“滻，楚反切，音産。滻水。在西安府城東十里，源出藍田縣，合金谷水北流至灞陵，入灞水。”（606下）

按:《康熙字典·水部》:“滻,《唐韻》《集韻》《韻會》所簡切,《正韻》楚簡切，並音産。水名。《説文》:‘水，出京兆藍田谷。’……又《類篇》一曰出涕貌。”（633上）《玉篇·水部》:“滻，所簡切。出涕皃。”（89上右）《玉篇校釋》“滻”字下注:“‘出涕皃’者，通作潸。潸，出涕皃。疑此處原有引《韓詩》‘滻然出涕’，字作滻。”（3646）胡吉宣謂“滻”同“潸”，當是。《説文·水部》:“潸，涕流皃。从水，散省聲。”（237上）“潸”,《廣韻》音“所姦切”，又音“數板切”。“滻”訓“出涕皃”，與

“潸”音近義同，此“漄”當即“潸”之異體字。

265. 漴

《字彙·水部》：“漴，鉏中切，音崇。水聲。又士降切，牀去聲。水所衝決也。”（256 下）

《正字通·水部》：“漴，俗淙字。”（609 上）

按：《康熙字典·水部》：“漴，《集韻》鉏弓切，《正韻》《韻會》鉏中切，並音崇。水聲。”（637 上）《玉篇·水部》：“漴，柴融切。水聲也。”（91 上左）《正字通》之説當是。《説文·水部》：“淙，水聲也。从水，宗聲。”（230 上）《廣韻》平聲冬韻藏宗切：“淙，水聲。又士江切。”（9）“漴”與“淙”音近義同，“漴”當即“淙”之異體字。

266. 潫

《字彙·水部》：“潫，烏玄切，音冤。淵潫，水深貌。又烏還切，音彎。義同。”（257 下）

《正字通·水部》：“潫，俗滕字。”（611 上）

按：《康熙字典·水部》：“潫，《廣韻》《集韻》並烏關切，音彎。水深廣貌。又左思《吴都賦》：‘泓澄奫潫。’注：‘奫潫，迴復之貌。’”（640 上）《名義·水部》：“潫，猗權反。下接重泉也。”（196 下）《玉篇·水部》：“潫，猗拳切。淵（奫）潫，水深皃。”（91 上左）故宫本《王韻》平聲删韻烏關反：“潫，奫潫。”（453）《廣韻》平聲删韻烏關切：“潫，奫潫。”（78）下文平聲仙韻於權切又曰：“潫，水深皃。”（90）《文選·吴都賦》：“泓澄奫潫，澒溶沆瀁，莫測其深，莫究其廣。”李善注：“奫潫，迴復之貌。”《正字通》之説非是。《説文·水部》：“滕，水超涌也。从水，朕聲。”（229 下）《玉篇·水部》：“滕，大登切。《詩》曰：‘百川沸滕。’水上涌也。”（88 上右）故“潫”與“滕”音義俱别，二字不可混同，《正字通》謂“潫”即“滕”字之俗，既無書證亦無例證，其説非是。

267. 澡

《字彙·水部》："澡，子藁切，音早。洗滌。"（259上）

《正字通·水部》："澡，子杲切，音早。洗滌也。"（613下）

按：《康熙字典·水部》："澡，《唐韻》《集韻》《韻會》《正韻》並子晧切，音早。與璪同。《説文》：'玉飾如水藻之文。'或從水作澡。又澡洗也……又《集韻》倉刀切，音操。澡澡，欲沸。"（642下）《詳校篇海》卷四《水部》："澡，子老切，音早。洗滌也；治也。又平聲，音操。澡澡，欲沸。"（293上）《篇海類編》卷二《水部》："澡，子老切，音早。洗滌也；治也。又平聲，音操。澡澡，欲沸皃。"（612上）"澡"訓"澡澡，欲沸（皃）"，此"澡"當即"澡"字之俗。《集韻》平聲豪韻倉刀切："澡，澡澡，欲沸。"（192）"澡"訓"澡澡，欲沸（皃）"，與"澡"音義並同，故此"澡"當即"澡"字俗訛。

268. 渴

《字彙·水部》："渴，何葛切，音曷。水名。"（259上）

《正字通·水部》："渴，渦字之訛。舊注音曷，水名，誤。"（614上）

按：《康熙字典·水部》："渴，《集韻》何葛切，音曷。水貌。"（643下）《詳校篇海》卷四《水部》："渴，何葛切，音曷。水名。"（293下）《篇海類編》同。《詳校篇海》《篇海類編》訓"水名"，疑非是。《集韻》入聲曷韻何葛切："渴，水皃。"（686）《新修玉篇》卷十九《水部》引《餘文》："渴，胡葛切。水白（皃）。"（171下左）《篇海》卷十二《水部》引《餘文》："渴，胡葛切。水皃。"（771上）《直音篇》卷五《水部》："渴，音曷。水貌。"（205下）《詳校篇海》《篇海類編》訓"水名"，於前代字韻書皆無徵，當爲"水皃"之誤。《字彙》訓"水名"，當因承襲前代字書之謬而誤。《説文·水部》："渦，水。受淮陽扶溝浪蕩渠，東入淮。从水，過聲。"（226下）《廣韻》平聲戈韻古禾切："渦，亦作過。水名。出淮陽扶溝浪蕩渠。"（104）下文烏禾切又曰："渦，水回。"（105）"渴"與"渦"形音俱别，二字不可混同，《正字通》謂"渴"即"渦"字之訛，疑不可據。《大字典》收録“濄”字，據《集韻》訓“水貌”，然又據《篇海類編》而謂“一説水名”，疑非是。

269. 澸

《字彙·水部》:“澸，都感切，音紞。水滓也。”(259下)

《正字通·水部》:“澸，俗潒字，本作淌。”(614下)

按:《康熙字典·水部》:“澸，《集韻》都感切，音黕。水滓。”(644上)《集韻》上聲感韻都感切:“澸，水滓。”(447)《正字通》之説疑非是。《説文新附·水部》:“潒，水派也。从水，巷聲。”(237下)“潒”，《廣韻》音“古項切”。故“澸”與“潒”形音俱別，二字不可混同，《正字通》謂“澸”即“潒”字之俗，既無書證亦無例證，其説疑不可據。

270. 濘

《字彙·水部》:“濘，乃梃切，寧上聲。泥淖也；又水貌；又滑也。又去聲乃定切。義同。”(260上)

《正字通·水部》:“濘，乃挺切，寧上聲。泥淖；又滑也。《左傳》:‘晉戎馬旋濘而止。又敬韻音佞。義同。’”(616上)

按:《康熙字典·水部》:“濘，《唐韻》《集韻》《韻會》《正韻》並乃定切，音甯。淖也……又乃計切，泥去聲。涵也。”(646上)《集韻》去聲霽韻乃計切:“濘，涵也。”(506)《集韻》訓“涵也”，疑非是。敦煌本《王韻》去聲霽韻奴細反:“濘，陷濘。又尼證反。”(407)故宫本《王韻》去聲霽韻奴細反:“濘，滔濘。尼訂反。”(495)“滔濘”之“滔”當即“陷”字之訛。故宫本《裴韻》去聲霽韻泥戾反:“濘，陷濘。又乃定反。”(590)《廣韻》去聲霽韻奴計切:“濘，陷濘。”(273)此二書亦其證也。《集韻》訓“涵也”，於前代韻書皆無徵，“涵”當爲“陷”字之訛。《康熙字典》收録“涵也”這一義項，當因承襲《集韻》之謬而誤。《大字典》“濘”字下據《集韻》之誤而收録“涵”這一義項，非是。又《詳校篇海》卷四《水部》:“濘，奴丁切，音寧。汀濘，水也。又乃挺切。泥淖也；又水貌。淵謂之瀠濘。又去聲，音甯。滑也；亦泥淖也。”(293

下)《篇海類編》同。《詳校篇海》《篇海類編》訓"滑也",疑非是。《廣雅·釋詁一》:"濘,清也。"慧琳《音義》卷九九《廣弘明集》第二十九卷:"濎濘,上丁冷反,下寧定反。《考聲》:'傾濘,水貌也。'《廣雅》:'濘,清也。'《説文》:'瀅也。從水,寧聲。'"(59,P323B12)《集韻》去聲徑韻乃定切:"濘,《説文》:'滎濘也。'一曰清也。"(608)故《詳校篇海》訓"滑也",當爲"清也"之誤。《篇海類編》亦訓"滑也",當因承襲《詳校篇海》之謬而誤。《大字典》"濘"字下據《篇海類編》之誤而收録"滑"這一義項,疑亦非是。

271. 潤

《字彙·水部》:"潤,淩如切,音閭。水名。"(261下)

《正字通·水部》:"潤,淩如切,音閭。水名。"(619下)

按:《康熙字典·水部》:"潤,《廣韻》力居切,《集韻》淩如切,並音閭。泥潤,泄海水出外者。《莊子》作尾閭。"(649下)《詳校篇海》卷四《水部》:"潤,淩如切,音閭。水名。又泥潤,海水洩處。又潤者,聚也。"(293下)《篇海類編》同。《詳校篇海》《篇海類編》又訓"潤"爲"潤者,聚也",疑非是。《玉篇·水部》:"潤,力舒切。水名。"(91下右)《廣韻》平聲魚韻力居切:"潤,泥潤,海水洩處。案:《莊子》作尾閭。"(36)《集韻》平聲魚韻淩如切:"潤,泥潤,泄海水出外者。通作閭。"(68)《莊子·秋水》:"尾閭泄之,不知何時已。"郭慶藩《集解》引司馬彪注:"閭者,聚也。水聚族之處,故稱閭也。"故《詳校篇海》《篇海類編》又訓"潤者,聚也",本當作:"閭者,聚也。"《大字典》"潤"字下據《篇海類編》之誤而收録"聚"這一義項,疑亦非是。又《玉篇》訓"潤"爲"水名",疑爲望形生訓。《大字典》"潤"字下據《玉篇》收録"水名"這一義項,疑亦非是。

272. 潐

《字彙·水部》:"潐,子小切,音剿。灑酒也。一曰浚也。"(262下)

《正字通·水部》:"潐,子小切,音剿。《説文》:'灑酒也。一曰浚

也。'"（621 下）

按:《康熙字典·水部》:"潐,《唐韻》《集韻》並子小切,音剿。《説文》:'灑酒也。一曰浚也。'又《類篇》:'盪也,盡也。'"（652 上）《集韻》上聲小韻子小切:"潐,《説文》:'灑酒也。一曰浚也。'盪也,盡也。或作湫。"（393）下文樵小切又曰:"潐,盪也。"（393）《集韻》又訓"潐"爲"盡也",疑非是。《集韻》訓"潐"爲"盪也","盪也"與《説文》"灑酒也"之訓當訓異義同。《説文·水部》:"潐,灑酒也。一曰浚也。从网,从水,焦聲。讀若《夏書》'天用勦絶。'"（235 下）徐鉉等曰:"以縑帛漉酒,故从网。"《廣雅·釋詁二》:"潐,盪也。"原本《玉篇·水部》:"潐,子紹反。《説文》:'灑酒也。從水,從网,從焦聲。'《廣雅》:'潐,盪也。'"（446）《廣雅·釋詁一》:"盪,盡也。"王念孫《疏證》:"盪、盝、漉並通。"《詩·小雅·伐木》:"伐木許許,灑酒有藇。"陸德明《釋文》:"謂以筐盪酒。"故"盪也"與"灑酒也"訓異義同,皆指"漉酒也"。又據上文可知,《廣雅》訓"盪"爲"盡也",與"潐"訓"盪也"義同,亦指"漉酒也"。《集韻》又訓"潐"爲"盡也",當因《廣雅》"潐"訓"盪也"、"盪"又訓"盡也"而誤設。故《集韻》"潐"字下"盡也"這一義訓應删。《類篇·水部》:"潐,子小切。《説文》:'灑酒也。一曰浚也。'盪也,盡也。"（404 上）《類篇》亦訓"盡也",當因承襲《集韻》之謬而誤。《康熙字典》轉録《類篇》"盡也"之訓而未作校正,亦失考證。《大字典》《字海》"潐"字下分别據《集韻》《類篇》之誤而收録"盡"這一義項,疑並非是。

273. 瀹

《字彙·水部》:"瀹,弋灼切,音藥。漬也;又肉及菜湯中薄熟出之也。又疏瀹,開滌也。"（262 下）

《正字通·水部》:"瀹,弋灼切,音藥。《説文》:'漬也。'又踈瀹,開滌也。又肉及菜湯中薄熟出之。"（622 上）

按:《康熙字典·水部》:"瀹,《唐韻》以灼切,《集韻》《韻會》《正韻》弋灼切,並音藥。《説文》:'漬也。'……又《集韻》弋笑切,音燿。

水清也。”（652 下）《集韻》入聲藥韻弋灼切：“瀹，《說文》：‘漬也。’”（718）上文去聲笑韻弋笑切又曰：“瀹，水清也。”（580）《集韻》又訓“瀹”爲“水清也”，疑非是。《説文·水部》：“瀹，漬也。从水，龠聲。”（235 下）原本《玉篇·水部》：“瀹，與灼、余召二反。《孟子》：‘禹疏九河，瀹濟漯而注諸海。’劉熙曰：‘瀹，通利之言也。’《説文》：‘瀹，漬也。’《聲類》：‘此亦鬻字也。’野王案：鬻，以肉菜内湯中而出之也。”（446）《廣韻》入聲藥韻以灼切：“瀹，漬也。”（406）故《集韻》又訓“瀹”爲“水清也”，當爲“漬也”之誤。《康熙字典》轉録《集韻》“水清也”之訓而未作校正，疑亦非是。又《名義·水部》：“瀹，余灼反。潰也；清也。”（193 上）據上文可知，“潰也”“清也”當皆爲“漬也”之誤。《大字典》“瀹”字下據《集韻》之誤而收録“水清”這一義項，疑亦非是。

274. 湃

《字彙·水部》：“湃，蒲拜切，音敗。水波也。”（263 上）

《正字通·水部》：“湃，普隘切，音派。郭璞《江賦》：‘溭湃瀼瀫，潰濩泧漷。注：‘皆水勢相激洶涌貌。’”（622 下）

按：《康熙字典·水部》：“湃，《廣韻》蒲拜切，《集韻》步拜切，並音憊。水波也。郭璞《江賦》：‘溭湃瀼瀫。’又《集韻》旁卦切，音粺。水名。”（653 下）《玉篇·水部》：“湃，薄賣切。水。”（91 下左）《廣韻》去聲怪韻蒲拜切：“湃，水波。”（287）《玉篇》訓“水”，《廣韻》訓“水波”，疑並非是。《集韻》去聲怪韻步拜切：“湃，水涌。”（527）《文選·江賦》：“溭湃瀼瀫，潰濩泧漷。”李善注：“皆水勢相激洶湧之貌。”故《玉篇》訓“水”，《廣韻》訓“水波”，疑皆爲“水皃”之誤。《集韻》去聲卦韻旁卦切又曰：“湃，水名。”（524）《集韻》又訓“水名”，於文獻亦無徵，疑亦爲“水皃”之誤。《康熙字典》轉録《集韻》“水名”之訓而未作校正，疑亦非是。

275. 灝

《字彙·水部》:“灝，胡老切，音浩。《博雅》:‘灝灝，大水（也）。’”（263下）

《正字通·水部》:“灝，澤字之訛。舊注音浩，引《博雅》‘灝灝，大水（也）’，與‘洪水浩浩’之‘浩’相近，改作灝，非。”（624上）

按:《康熙字典·水部》:“灝，《集韻》下老切，音皓。《博雅》:‘灝灝，大也。’”（655上）《集韻》上聲晧韻下老切:“灝，《博雅》:‘灝灝，大也。’”（399）《廣雅·釋訓》本作:“灝灝，大也。”故“灝灝”同“灝灝”，“灝”當即“灝”字之俗。又《説文·水部》:“澤，新也。从水，臯聲。”（235上）“澤”，《廣韻》音“七罪切”。“灝”與“澤”音義俱别，二字不可混同，《正字通》謂“灝”即“澤”字之訛，非是。

276. 灯

《字彙·火部》:“灯，俗燈字。”（264上）

《正字通·火部》:“灯，俗燈字。”（626下）

按:《康熙字典·火部》:“灯，《集韻》當經切，音丁。《玉篇》:‘火也。’《類篇》:‘烈火（火烈）也。’《字彙》《正字通》並云:‘俗燈字。’按:《玉篇》《集韻》《類篇》灯、燈分載，音切各異，强合爲一，非。”（657下）《玉篇·火部》:“灯，的庭切。火。”（100下右）《集韻》平聲青韻當經切:“灯，火也。”（243）《玉篇校釋》“灯”字下注:“《集韻·青韻》同，今俗以爲燈字。”（4091）胡氏所言是也。佛經有此字用例，提供如下:《大正藏》本隋慧遠述《大般涅槃經義記》卷第一:“文别有四:一嚴辯供事，供事有十，所謂香木、蓋、帳、幢、甘饍、伎樂、床座、灯、華；二念佛將滅，心懷悲惱；三爲生詣佛，文同前釋；四請佛受供。”又《大正藏》本唐窺基撰《觀彌勒菩薩上兜率天經》:“居净域而嚴净因，非上士之弘濟，願於盲暗世界爲作灯明，邪見衆中安立正道。”又東晉慧遠問、羅什答《鳩摩羅什法師大義》卷中《次問法身佛盡本習並答》:“爲斷三界凡夫煩惱故，法身菩薩，不斷煩惱者，此説亦實，有菩薩細微煩惱故，如燃灯時有闇有明者，得有所見，有闇者，燃第二燈時，其明增益，當知先有微闇故，若光無闇，燃第二燈時，不應有異。"《大正藏》本唐慧沼撰《勸發菩提心集》卷下《施灯十功德門》："以燈明施得十功德：一照世如燈；二隨所生處肉眼不壞；三得於天眼；四於善惡法得善智慧；五除滅大闇；六得智慧明；七流轉世間常不在於黑闇之處；餘三如前。"從文意來看，以上"灯"字當皆爲"燈"之異體字。《詳校篇海》卷五《火部》："灯，當經切，音丁。火也。俗作燈，非。"（317下）《篇海類編》同。《詳校篇海》《篇海類編》溝通"灯"與"燈"的字際關係，是也；然謂"灯"爲"燈"字之俗，正俗顛倒，非是。《字彙》《正字通》謂"灯"爲"燈"字之俗，所言皆是也。《玉篇》音"的庭切"，當爲望形生音；又其訓"火"，當爲望形生訓。《集韻》"灯"字承襲《玉篇》音義之誤，亦非。又《類篇・火部》："灯，當經切。火烈也。"（363下）《類篇》承襲《集韻》之誤而轉録作"火烈也"，亦非。《康熙字典》所言疑不可據。《大字典》收録"灯"字，分爲兩個義項：第（一）義項據《集韻》音 dīng，其下又分爲兩個義項，第❶義項據《玉篇》訓"火"，第❷義項據《類篇》訓"火烈"；第（二）義項據《正字通》之説而音 dēng，並謂同"燈"。據上文可知，《大字典》"灯"字下第（一）義項當因承襲《玉篇》《類篇》之誤而妄增，應删。《大字典》"灯"字下據《正字通》之説而直謂同"燈"，即妥。

277. 炏

《字彙・火部》："炏，口戒切，音鞜。火盛也。"（264下）

《正字通・火部》："炏，俗炎字。舊注火盛，與炎義同，改音鞜，非。"（627下）

按：《康熙字典・火部》："炏，《篇海》苦戒切，開去聲。熾火盛也。"（659下）《龍龕》卷二《火部》："炏，或作；烗烕，二今。苦戒反。熾；火盛也。三。"（243）故"炏"當即"烗""烕"之異體字。又《説文・火部》："炎，火光上也。从重火。"（209下）《玉篇・火部》："炎，于詹切。熱也；焚也。《説文》曰：'火光上也。'"（100下左）"炏"與"炎"儘管義同，且構字部件相同，然二字讀音區别甚明，且“炎”字未見有俗字作“炏”者，故《正字通》謂“炏”即“炎”字之俗，疑不可據。《大字典》“炏”字下據《正字通》之説而收録一個義項謂同“炎”，而《字海》“炏”字又據《正字通》之説而直謂同“炎”，疑並非是。

278. 焢

《字彙・火部》：“焢，呼紅切，音烘。火氣。《六書正訛》俗作烘，非。”（267 上）

《正字通・火部》：“焢，烘、灴並同。”（633 上）

按：《康熙字典・火部》：“焢，《集韻》呼公切，音烘。火氣貌。”（667 上）《集韻》平聲東韻呼公切：“焢，火氣皃。”（10）“焢”與“烘”“灴”當爲異體字。《玉篇・火部》：“灴，户公切。火盛。”（100 下右）《廣韻》平聲東韻呼東切：“烘，火皃。”（8）故“焢”與“烘”“灴”音義皆通，當爲異體字。

279. 熀

《字彙・火部》：“熀，吁往切，音怳。寬明也。”（268 下）

《正字通・火部》：“熀，俗晃字。”（636 下）

按：《康熙字典・火部》：“熀，《篇海》爲輒切，音聶。煒熀，火光盛貌。又王延壽《魯靈光殿賦》：‘鴻爌熀以爣閬。’注：‘寬明也。’”（672 下）“熀”訓“寬明也”，當即“炾”之異體字。《大字典》“熀”字下據《字彙》收録“明亮”這一義項，其下又以漢王延壽《魯靈光殿賦》“鴻爌熀以爣閬，飋蕭條而清泠”作爲例證。今本《文選・魯靈光殿賦》作：“鴻爌炾以爣閬，飋蕭條而清泠。”李善注引張載曰：“爌熀、爣閬，皆寬明也。爌，苦晃切；炾，呼廣切。”“爌熀”同“爌炾”，故此“熀”當即“炾”字之俗。《大字典》據《字彙》訓“光明”不確，應以訓“寬闊明亮”爲是。又“熀”亦爲“晃”字之俗。《大正藏》本西晉竺法護譯《佛説弘道廣顯三昧經》卷第二《無欲行品》第五：“當爾之時，三千大千世界六反震動，普遍十方熀然大明。於雪山下無熱池中，周匝現有所未見聞，光耀妙花皆至于膝。”“熀”，宫本、宋本、元本、明本皆作“晃”。此是其證也。

280. 焫

《字彙·火部》:“焫，舒贍切，閃去聲。火行貌。”（268下）

《正字通·火部》:“焫，爛字之訛。舊注舒贍切，閃去聲，火行貌，非。”（637下）

按:《康熙字典·火部》:“焫,《集韻》《類篇》並舒贍切，音閃。《集韻》本作煔，或作炶。火行也。”（673上）《集韻》去聲豔韻舒贍切:“煔，《説文》:‘火行也。’或作焫。”（627）故“焫”當即“煔”之異體字。又《説文·火部》:“爤，孰也。从火，蘭聲。爛，或从閒。”（207）“爛（爤）”,《廣韻》音“郎旰切”。故“焫”與“爛”音義俱別，二字不可混同,《正字通》謂“焫”即“爛”字之訛，且謂“舊注”非，既無書證亦無例證，其説非是。

281. 焪

《字彙·火部》:“焪，丘中切，音芎。乾也；曝也；爐也。”（268下）

《正字通·火部》:“焪，烘烘同。舊注別訓爐，誤。”（637下）

按:《康熙字典·火部》:“焪,《集韻》丘弓切，音芎。本作焪。”（673上）《篇海》卷十三《火部》引《餘文》:“焪，去宫切。乾也；曝也；爐也。”（789下）《篇海》訓“爐也”，非是。《集韻》平聲東韻丘弓切:“焪焪，曝也；熁也。或从宫。”（14）故“焪”即“焪”之異體字，當訓“曝也”“熁也”。《篇海》訓“爐也”，“爐”當爲“熁”字之誤。《詳校篇海》卷五《火部》:“焪，丘中切，音芎。乾也；曝也；爐也。”（320上）《篇海類編》同。《詳校篇海》《篇海類編》《字彙》亦訓“爐也”，皆因承襲《篇海》之謬而誤。又《廣韻》平聲東韻呼東切:“烘，火皃。”（8）《集韻》平聲東韻呼公切:“烘，火氣皃。”（10）“焪”與“烘”“烘”音義俱別，不可混同，故《正字通》謂“焪”同“烘”“烘”，非是。

282. 爦

《字彙·火部》:"爦，虚嚴切，音忺。火貌。"(270下)

《正字通·火部》:"爦，俗字。火貌不必别作爦。"(641上)

按:《康熙字典·火部》:"爦,《集韻》虚嚴切，音杴。《玉篇》:'火貌。'《集韻》:'《字林》云:爦，熇熱也。'"(679下)《玉篇·火部》:"爦，火嚴切。火皃。"(100下左)《集韻》平聲嚴韻虚嚴切:"爦,《字林》:'爦，熇熱也。'"(294)此"爦"當即"焰(燄)"之異體字。慧琳《音義》卷二八《正法華經》第一卷:"焰明,《字詁》:'古文作燄，今作爓。'《三蒼》作焰，同。餘贍反。《説文》:'火行徽燄燄然也。'經文作爦，許凡反。《埤蒼》:'爦，味辛也。'"(57，P994B8)慧琳《音義》卷七八《音經律異相》第八卷:"燄光，閻漸反。燄，光也。經從僉作爦，非也。"(58，P1038A4)《大正藏》本東晉瞿曇僧伽提婆譯《中阿含經》卷第二:"復次，有時七日出世，七日出時，一切大地須彌山王洞燃俱熾，合爲一爦;如是七日出時，一切大地須彌山王洞燃俱熾，合爲一爦，風吹火爦，乃至梵天。""爦"，宋本、元本、明本皆作"焰"。《大正藏》本西晉竺法護譯《正法華經》卷第二:"火爦然熾，人遭此難。""爦"，元本、明本皆作"焰"。此是其證也。"爦"字,《玉篇》訓"火皃",《集韻》據《字林》訓"熇熱也"，與"焰(燄)"皆義通，亦當即"焰(燄)"之異體字。"爦"又當即"爚"字俗訛。慧琳《音義》卷九九《廣弘明集》第二十九卷:"光爚，羊灼反。《字指》云:'爚，電光貌也。'《説文》亦光也。從火、龠，龠亦聲。《集》從僉作爦，旡此字，書寫誤。"(59，P322B7)此是其證也。

283. 爁

《字彙·火部》:"爁，盧感切，音覽。黄焦也。"(271上)

《正字通·火部》:"爁，俗畬字。宜删。"(642下)

按:《康熙字典·火部》:"爁,《篇海》盧感切，音覽。黄焦也。按:爁當爲燣字之訛。"(682上)《龍龕》卷二《火部》:"爦，或作;燣，今。盧感反。黄焦也。二。"(242)"爁"即"爦"之異寫字，亦當即"燣"

字之俗。《康熙字典》謂“燷”即“爍”字之訛，所言是也。又《説文·火部》:“燊，侵火也。从炎，㐭聲。”(209下)“燊”,《廣韻》音“力稔切”。故“燷”與“燊”音義俱別，二字不可混同,《正字通》謂“燷”即“燊”字之俗，既無書證亦無例證，其説非是。

284. 牀

《字彙·爿部》:“牀，巨鳩切，音求。《廣雅》:‘牘牀，柎也。’柎，華下蕚也。又榆柎，木名。又棐古切，音府。節樂也。”(273下)

《正字通·爿部》:“牀，訛字。舊注音求，引《廣雅》‘牘牀，柎也。’柎，華下蕚也，誤；音府，節樂也，尤誤。”(646上)

按:《康熙字典·爿部》:“牀,《集韻》渠尤切，音求。《廣雅》:‘牘牀，柎也。’按:《廣韻》本作橨梂，牀當與梂通。又《集韻》:‘櫟實也。一曰鑿首。’又《字彙》棐古切，音府。節樂也。《類篇》作牀。”(688上)《集韻》平聲尤韻渠尤切:“牀,《廣雅》:‘牘牀，柎也。’”(257)《廣雅》本作“橨梂”,“牘牀”當即“橨梂”之俗。《詳校篇海》卷四《爿部》:“牀，巨鳩切，音求。《廣雅》:‘牘牀，柎也。’柎，敷、附二音。華下蕚。又榆柎，木名。又音府。節樂也。”(254下)《篇海類編》同。《詳校篇海》《篇海類編》“牀”字下謂“又音府。節樂也”，此即“柎”字又一義項，而非“牀”字又一義項。《字彙》“牀”字下謂“又棐古切，音府。節樂也”，此亦當“柎”字又一義項。《康熙字典》轉録《字彙》“節樂也”這一義訓而未作校正，亦失考證。《大字典》“牀”字下據《篇海類編》“牀”字下“又音府。節樂也”而收録音fǔ、“節樂”這一音義，此即因誤解《篇海類編》釋字體例而妄增，應刪。

285. 牘

《字彙·爿部》:“牘，姑黄切，音光。牀下横木。”(273下)

《正字通·爿部》:“牘，孤荒切，音光。牀下横木。”(646下)

按:《康熙字典·爿部》:“牘,《集韻》姑黄切，音光。牀下横木。”(688下)《集韻》平聲唐韻姑黄切:“牘，牀下横木。”(225)“牘”當即

"横"字之俗。《集韻》去聲宕韻古曠切："横櫎，俎跗衡木。或從廣。"（602）"衡""横"義同。《集韻》別本有作"俎跗衡水"，方成珪《考正》據《類篇》校作"俎跗横木"，是也。《淮南子·原道》："横四維而含陰陽，紘宇宙而章三光。"高誘注："横讀桄車之桄。"此"横"即義指"車、船、梯、牀、織機等上的横木"。故"牋"與"横"音近義同，正如"牀"同"梂"、"牒"同"楪"、"牒"同"楪"、"牘"同"櫝"、"牕"同"椸"、"牆"同"檣"等，"牋"當即"横"字之俗。

286. 爏

《字彙·爿部》："爏，同柃。"（273下）

《正字通·爿部》："爏，柃㯪爏並俗字。"（646下）

按：《康熙字典·爿部》："爏，《集韻》郎丁切，音靈。牀笫。或作㯪、柃。"（688下）《新修玉篇》卷二十九《牀部》引《餘文》："爏㯪柃，三力丁切。牀笫也。"（233上左）《篇海》卷十一《牀部》引《餘文》："爏㯪柃，三力丁切。牀梯也。"（746上）"爏""㯪""柃"諸字，《新修玉篇》與《篇海》義訓不同，《新修玉篇》所言是也。《集韻》平聲青韻郎丁切："爏㯪柃，床笫。或從零、從令。"（246）此是其證也。《直音篇》卷七《爿部》："爏，音令。牀笫。㯪柃，並同上。"（307下）據上文可知，《直音篇》訓"牀笫"，當爲"床笫"之誤。《詳校篇海》卷四《爿部》："爏㯪柃，力丁切，音零。牀梯也；又床笫。"（255上）《篇海類編》同。《詳校篇海》《篇海類編》"爏""㯪""柃"三字下亦收録"牀梯也"這一義項，皆因承襲《篇海》之謬而誤。《大字典》《字海》"爏"字下皆據《篇海類編》之謬而收録"牀梯"這一義項，俱失考證。

287. 牏

《字彙·片部》："牏，蒲閑切，音瓣。片也。"（274上）

《正字通·片部》："牏，俗字。"（646下）

按：《康熙字典·片部》："牏，《集韻》步還切。片也。"（689上）《集韻》平聲删韻步還切："牏，片也。"（153）"牏"疑即"牉"之異體字。

《名義·片部》:“牉，並半反。片也；半也。判字。”（289 上）《玉篇·片部》:“牉，普半切。半也；分也。”（131 下左）故“肦”與“牉”音近義同，“肦”疑即“牉”之異體字。

288. 猗

《字彙·牙部》:“猗，去奇切，音欺。邪也；又虎牙。”（275 上）

《正字通·牙部》:“猗，舊注音欺，邪也。按戴侗曰:《説文》:‘武牙也。’鼂説之云:‘馮野王曰虎牙也，唐人諱虎改爲武。’侗謂猗蓋牙之巨者，武、虎言其壯也。”（648 下）

按:《康熙字典·牙部》:“猗，《唐韻》去奇切，《集韻》丘奇切，並音崎。《説文》:‘虎牙也。’《篇海》:‘邪也。’”（692 上）《篇海》卷三《牙部》引《玉篇》:“猗，丘奇切。虎牙也。”下文又引《俗字背篇》:“猗，去奇切。邪也。”（613 上）《篇海》據《俗字背篇》訓“猗”爲“邪也”，疑非是。《説文·牙部》:“猗，武牙也。从牙，从奇，奇亦聲。”（39 下）《名義·牙部》:“猗，丘奇反。武牙也。”（48 上）《玉篇·牙部》:“猗，丘奇切。虎牙也。”（28 上右）《龍龕》卷一《牙部》:“猗，去奇反。牙邪也。一曰武牙。”（198）故《篇海》據《俗字背篇》訓“邪也”，當爲“牙邪也”之脱誤。“牙邪”與“武牙”“虎牙”訓異義同，皆指“門齒與臼齒之間的鋭齒”。《詳校篇海》卷一《牙部》:“猗，牽奚切，音欺。邪也；又虎牙。”（61 下）《篇海類編》同。《詳校篇海》《篇海類編》《字彙》《康熙字典》亦訓“邪也”，當皆因承襲《篇海》之謬而誤。《大字典》“猗”字下據《篇海》之謬而收録“邪”這一義項，疑亦非是。

289. 牪

《字彙·牛部》:“牪，魚變切，音彦。牛伴也。”（276 上）

《正字通·牛部》:“牪，同犨。《六書略》:‘犨，古作牪。抵也。’舊注音彦，牛伴，非。又《六書統》牪，古文友，引《詩》‘或群或友’，改从二牛;《備考》牪，音友，鳥獸相友也，字見鐘鼎文。按：鳥獸相友並借友，二説並非。”（651 下）

按:《康熙字典·牛部》:“牪,《玉篇》牛眷切,《五音集韻》魚變切,並音彥。《玉篇》:‘牛件也。’《正字通》:‘《六書統》牪,古文友,引《詩》或群或友。又《備考》牪,音友。字見鐘鼎文。按:鳥獸相友並借友,二説並非。’”(695下)《龍龕》卷一《牛部》:“牪,羊眷反。牛伴也。”(117)《玉篇·牛部》:“牪,牛眷切。牛件也。”(109下右)《正字通》據《六書略》之説而謂“牪”同“觕”,非是。《玉篇·角部》:“觸,昌燭切。牴也;據也。觕,同上;𧤗,古文。”(122上左)“𧤗”即“觸”之異體字,“𧤗(觸)”未見有或體作“牪”者,故《正字通》據《六書略》之説而謂“牪”同“𧤗”,不可據。當如《六書統》所言,“牪”當即“友”字之俗。《説文·又部》:“友,同志爲友。从二又,相交友也。𠬸,古文友。䎂,亦古文友。”(59下)“友”字《説文》古文“𠬸”之篆文作“𠬸”,其所從兩個構字部件與“牛”之《説文》篆文“牛”形近,據其楷定或可作“牪”,故“牪”當即“友”字之俗。《龍龕》改音“羊眷反”,疑非是;又其訓“牛伴也”,當爲望形生訓。《玉篇》音“牛眷切”,疑亦非是;又其訓“牛件也”,當爲“牛伴也”之誤刻。

290. 犝

《字彙·犬部》:“犝,以中切,音容。牛名。郭璞曰:‘犝牛,領有肉堆。’即今之犦牛也。顔師古曰:‘即犎牛。’”(277下)

《正字通·牛部》:“犝,以紅切,音容。大月氏國封駝也。《相如傳》言犝旄,《爾雅》有犦牛。師古曰:‘即犎牛。’《穆天子傳》謂之牞牛。”(654下)

按:《康熙字典·牛部》:“犝,《廣韻》《集韻》並餘封切,音容。《玉篇》:‘牛胅領。’《集韻》:‘牛名。領有隆肉。’司馬相如《上林賦》:‘犝旄貘犛。’注:‘郭璞曰:犝,犝牛,領有肉堆,即今之犦牛。’師古曰:‘即今之犎牛。’《廣韻》本作㺎,或作猏。按:《集韻》㺎、猏與犝分訓,《文選·上林賦》作猏,與《廣韻》合,《漢書》作庸。”(700下)《玉篇·牛部》:“犝,余鍾切。牛胅領。”(109上左)《玉篇校釋》“犝”字下注:“‘牛胅領’者,《切韻》同。《史記·司馬相如傳》:‘獸則犝旄貘犛。’徐廣曰：‘獯，獸也。’《索隱》引郭璞曰：‘犝，犝牛，領有肉堆。即今之犎牛也。’《漢書・相如傳》作庸，《文選・上林賦》作獯。《廣韻》以犝、獯爲貗之重文。本書貗，與獯同，猛獸。与此亦爲異部重文。犝爲猛獸，故字或从豸、从犬。”（4511）胡氏所言是也。故宫本《王韻》平聲鍾韻餘封反：“獯，似牛，領有肉。案猛獸名，今犎牛也。出郊州。又貗。”（540）《廣韻》平聲鍾韻餘封切：“貗，獸似牛，領有肉也。獯犝，並同上。”（10）《史記・司馬相如列傳》：“獸則犝旄貘犛，沈牛麈麋。”司馬鎮《索引》：“郭璞云：‘犝，犝牛，領有肉堆。音容。’案：今之犎牛也。”“犝旄貘犛”，《文選・上林賦》作“獯旄貘犛”。故“犝”與“獯”“貗”音義並同，即爲異體字。

291. 犦

《字彙・牛部》：“犦，匹各切，音朴。牛未大曰犦牛。”（277 下）

《正字通・牛部》：“犦，俗字。舊注音朴，牛未大曰犦牛，泥。”（655 上）

按：《康熙字典・牛部》：“犦，《廣韻》《集韻》並匹角切，音璞。《玉篇》：‘特牛。’《集韻》：‘牛未劇。’”（701 上）《名義・牛部》：“犦，普角反。特也。”（232 上）《龍龕》卷一《牛部》：“犦，匹角反。牛未劇也。”（117）《玉篇・牛部》：“犦，普角切。特牛也。”（109 上左）《新修玉篇》《篇海》引《玉篇》皆同。箋注本《切韻》（斯 2071）入聲覺韻匹革反：“犦，牛未治。”（141）敦煌本《王韻》入聲覺韻匹角反：“犦，［牛］未［治］；特牛。”（423）故宫本《王韻》入聲覺韻匹角反：“犦，特牛。”（512）故宫本《裴韻》入聲覺韻匹角反：“犦，牛未治。”（606）《唐韻》入聲覺韻匹革反：“犦，牛未劇。”（692）《廣韻》入聲覺韻匹角切：“犦，牛未處（劇）。”（379）《集韻》入聲覺韻匹角切：“犦，特牛。”（659）《直音篇》卷六《牛部》：“犦，音朴。特牛。”（249 下）《詳校篇海》卷一《牛部》：“犦，匹角切，音朴。特牛。”（68 上）《篇海類編》同。故《字彙》訓“牛未大曰犦牛”，於前代字韻書皆無徵，“牛未大”當爲“牛未劇”之誤。《大字典》“犦”字下據《字彙》之誤而收録“小牛”這一義項，失考證。

292. 犻

《字彙·犬部》:“犻，牛吉切，音逆。犬怒貌。又步昧切，音佩。犬張齗貌。”（278下）

《正字通·犬部》:“犻，俗犻字。舊注音逆，犬怒貌；又音佩，犬張齗，並非。”（657下）

按:《集韻》去聲夳韻博蓋切:“犻，犬張齗皃。”（518）《康熙字典·犬部》:“犻，《集韻》博蓋切，音貝。犬張齗貌。”（704上）《集韻》訓“犬張齗皃”，當爲“犬張齗怒皃”之脱誤。《集韻》去聲隊韻蒲昧切又曰:“犻，犬過也。一曰犬怒皃。或書作犻。”（531）《正字通》所言當是。“犬張齗怒皃”與“犬怒皃”義同，故“犻”當即“犻”通過偏旁易位而形成的異體字。《大字典》《字海》“犻”字下第（一）義項皆據《集韻》訓“犬張齒齦貌”，且未溝通其與“犻”字的字際關係，疑並非是。又《龍龕》卷二《犬部》:“犻犻，二俗；犻，正。篇（箭）射也。三。”（320）敦煌本《王韻》入聲没韻勒没反:“䟵，箭射。”（426）故宫本《王韻》入聲没韻勒没反:“犻，箭射。”（514）《廣韻》入聲没韻勒没切:“䟵，箭射。”（391）“犻”與“䟵”音義並同，此“犻”當即“䟵”字之俗。此“犻”與上文《集韻》所收之“犻”即爲同形字。

293. 狭

《字彙·犬部》:“狭，古壞切，音怪。狡也。又居月切，音決。獸狂走也。”（278下）

《正字通·犬部》:“狭，古壞切，音怪。狡也。亦作獪。又屑韻音決。獸狂走也。”（657下）

按:《康熙字典·犬部》:“狭，《集韻》古穴切，音決。獸走也。《類篇》:‘獸名。’又《集韻》古邁切，音夬。《集韻》本作獪，或作狤。”（704下）《集韻》入聲屑韻古穴切:“狭，獸走也。”（705）上文入聲迄韻九勿切又曰:“猔，狤猔，西域獸名。食香，無毛，但自鼻有毛，廣寸，至尾，燒刺不能傷。”（676）上文去聲夬韻古邁切又曰：“獪，《博雅》：‘擾也。’一曰狡也。或作狭、狤（狧）。”（528）《疑難字三考》“狤”字下注：“《集韻》夬韻古邁切：‘獪、狭、狤，《博雅》：擾也。一曰狡也。或作狭、狤。’（《類篇》‘狤’字同‘狭’）此《大字典》所本。從吉得聲之字不入夬韻，‘狤’蓋‘狧’字形誤。”（166）此説是也。《類篇·犬部》：“狭狤，古邁切。《博雅》：‘擾也。’一曰狡也。或作狤。狤又激質切。狂也。一曰狤㹸，獸名，出西域。敢熏陸香，身無毛。又極乙切，又吉屑切。狤猛（㹸），獸名。狭，又古穴切。獸名。”（357上）《類篇》謂“狭”或作“狤”，當爲《集韻》所誤。《類篇》“狭”字下又謂“狭，又古穴切。獸名”，然據上文所引《集韻》可知，“狭”無“獸名”這一義項，訓“獸名”者，當爲“狤㹸”，而非“狭”。《直音篇》卷六《犬部》：“狭，音決。狂也。又音怪。狡狭。”（252下）據上文所引《類篇》可知，“狂也”當爲“狤”字之義，而非“狭”字之義。《名義·犬部》：“狤，居一反。狂。”（235下）《新撰字鏡·犬部》：“狤，居一反。狂。”（473）《玉篇·犬部》：“狤，居一切。狂也。”（110下左）此亦其證也。故《直音篇》訓“狭”爲“狂也”，非是。《詳校篇海》卷一《犬部》：“狭，居月切，音決。獸走。又狂也。又音恠。狡也；擾也。亦作獪。”（47上）《篇海類編》同。《詳校篇海》《篇海類編》訓“狭”爲“狂也”，皆因承襲《直音篇》之謬而誤。《大字典》《字海》“狭”字下皆據《類篇》之誤而收録“獸名”這一義項，並非；《大字典》“狭”字下又據《篇海類編》之誤而收録“狂”這一義項，亦非。

294. 犿

《字彙·犬部》：“犿，毗面切，音汴。犬争貌。”（279上）

《正字通·犬部》：“犿，俗犿字。”（658上）

按：《康熙字典·犬部》：“犿，《集韻》皮變切，音卞。《玉篇》：‘犬争貌。’《集韻》本作獢。”（705下）《玉篇·犬部》：“犿，皮戀切。犬争皃。”（111上右）“犿”當即“獢”之異體字。《説文·犬部》：“獢，犬鬭聲。从犬，番聲。”（203下）“獢”，《廣韻》音“附袁切”，又音“皮戀切”。“狒”與“獢”音義並同，故“狒”當即“獢”之異體字。《集韻》去聲線韻皮變切又曰：“獢，犬争謂之獢。或从（作）狒。”（576）此即其證也。又《廣韻》平聲桓韻呼官切：“獾，野豚。犿，上同。”（76）《集韻》平聲元韻方煩切：“犿，連犿，宛轉皃。一曰相從皃。”（136）“狒”與“犿”音義俱别，二字不可混同，《正字通》謂“狒”即“犿”字之俗，非是。

295. 犳

《字彙・犬部》：“犳，側買切，音獕。豹文。”（279 上）

《正字通・犬部》：“犳，俗字。”（658 上）

按：《康熙字典・犬部》：“犳，《字彙》：‘側買切，音獕。豹文。’《正字通》：‘俗字。’”（705 下）《直音篇》卷六《犬部》：“犳，音獕。豹犬。”（252 上）《詳校篇海》卷一《犬部》：“犳，側買切，音獕。豹犬。”（47 下）《篇海類編》同。《新修玉篇》卷二十三《豸部》引《川篇》：“豹，側買切。豹犬。”（197 下左）成化本《篇海》卷五《豸部》引《川篇》：“豹，側買切。”（653 上）成化本《篇海》“豹”字義闕，而泰和本《篇海》同《新修玉篇》，亦訓“豹犬”。故“犳”與“豹”音義皆同，“犳”當即“豹”之異體字。《叢考》“犳”字下注：“‘豸’‘犭’二旁形義皆近，俗書混用不分，‘犳’‘豹’疑即一字之變，而‘豹文’‘豹犬’當有一誤。”（376）《叢考》謂“犳”“豹”疑即一字之變，所言是也。《字彙》訓“犳”爲“豹文”，於前代字書皆無徵，當因轉録失真而誤。《康熙字典》轉録《字彙》“豹文”之訓而未作校正，亦失考證。《大字典》《字海》皆收“犳”字，分别據《字彙》訓“豹紋”“豹身上的花紋”，並非。

296. 狟

《字彙・犬部》：“狟，呼淵切，音暄。貉類。與貆同。”（279 下）

《正字通・犬部》：“狟，同貆。”（659 下）

按：《康熙字典・犬部》：“狟，《唐韻》《集韻》並胡官切，音桓。《説文》：‘犬行也。从犬，亘聲。’引《書》：‘尚狟狟。’按：今《周書・牡誓》作‘桓桓’。”（707 下）《説文・犬部》:“貆，犬行也。从犬，亘聲。《周書》曰:‘尚狟狟。’”（204 上）《説文》訓“犬行也”，疑非是。《名義・犬部》:“狟，胡端反。大也；威也。”（234 下）《玉篇・犬部》:“狟，乎官切。狟（當爲字頭誤重）武皃也；威也。今作桓。”（110 上左）《説文》訓“犬行也”，疑爲“大行也”之誤，“大行也”與“大也”“威也”“武皃也”義通，皆指“威武貌”。《新撰字鏡・犭部》:“狟，胡官反。大犬。”（470）《新撰字鏡》訓“大犬”，於前代字書無徵，疑爲“大也”之衍誤。鉅宋本《廣韻》平聲桓韻胡官切:“狟，犬大也。《周書》曰:‘尚狟狟。’”（75）“犬大也”，宋本作“大犬也”。“大犬也”“犬大也”疑並非是，亦當爲“大也”之衍誤。《集韻》平聲桓韻胡官切:“狟,《説文》:‘犬行也。’《周書》曰:‘尚狟狟。’”（146）《集韻》承襲二徐本《説文》之誤而未作校正，疑亦非是。《字彙補・犬部》:“狟，又何亨切，音恒。獸舞也。”（126 下）《字彙補》又訓“獸舞也”，於前代字韻書皆無徵，疑亦非是。

297. 猗

《字彙・犬部》:“猗，於宜切，音伊。嘆辭。又語辭。《周書》:‘斷斷猗。’又取葉存條曰猗。《詩・豳風》:‘猗彼女桑。’又犗犬也。又姓。”（281 上）

《正字通・犬部》:“猗，于期切，音伊。語辭。《詩・魏風》:‘河水清且漣猗。’注:‘猗與兮同。’又歎辭。《齊風》:‘猗嗟昌兮。’又取葉存條曰猗。《豳風》:‘猗彼女桑。’又姓。”（661 上）

按：述古堂影宋鈔本《集韻》上聲紙韻巨綺切:“徛，舉脛渡也。”（313）揚州使院重刻本《集韻》、宋刻本《集韻》並同。《集韻校本》注曰:“方校:‘案：徛訛從犬，據《説文》正。二徐本《説文》渡上並有有字。’按：明州本、毛鈔、錢鈔‘猗’字正作‘徛’。陳校、龐校、濮校、錢校同。”（410）以上諸校皆是也。故《大字典》“猗”字下據誤本《集韻》收録“舉足渡水”這一義項，非是。

298. 猒

《字彙·犬部》:“猒，胡孝切，音効。猒猒，犬吠。”（281 上）

《正字通·犬部》:“猒，俗獋字。”（662 上）

按:《康熙字典·犬部》:“猒，《集韻》後教切，音效。猒猒，犬吠。”（712 下）《集韻》去聲效韻後教切:“猒，猒猒，犬吠。”（582）《正字通》之説疑非是。《説文·口部》:“嗥，咆也。从口，皋聲。獋，譚長説嗥从犬。”（28 下）“嗥（獋）”，《廣韻》音“胡刀切”。故“猒”與“嗥”音義俱别，二字不可混同，《正字通》謂“猒”即“嗥”字之俗，疑不可據。“猒”當即“狡”之異體字。《集韻》上聲巧韻下巧切:“狡，犬吠。通作獿。”（398）“猒”與“狡”音近義同，故“猒”當即“狡”之異體字，亦同“獿”。

299. 㵗

《字彙·犬部》:“㵗，蒲官切，音盤。㵗狐，犬也。”（282 上）

《正字通·犬部》:“㵗，舊注音盤，㵗狐，犬也。按:《桂海虞衡志》有盤瓠蠻，今辰州地，即古五溪蠻也。《風俗通》載高辛之犬盤瓠討滅犬戎，高辛以少女妻之，封盤瓠氏，世稱狗封氏。一作槃弧。事雖誕不可信，然足證㵗狐之誤，宜删。”（663 下）

按:《康熙字典·犬部》:“㵗，《廣韻》薄官切，《集韻》蒲官切，並音盤。《廣韻》:‘㵗狐，犬也。’《集韻》:‘㵗狐，犬短尾。’”（714 下）《廣韻》平聲桓韻薄官切:“㵗，㵗狐，犬也。”（77）《正字通》所言近是。《後漢書·南蠻傳》:“昔高辛氏有犬戎之寇，帝患其侵暴，而征伐不剋。乃訪募天下，有能得犬戎之將吴將軍頭者，購黄金千鎰，邑萬家，又妻以少女。時帝有畜狗，其毛五采，名曰槃瓠。下令之後，槃瓠遂銜人頭造闕下，群臣怪而診之，乃吴將軍首也。帝大喜，而計槃瓠不可妻之以女，又無封爵之道，議欲有報而未知所宜。女聞之，以爲帝皇下令，不可違信，因請行。帝不得已，乃以女配槃瓠。槃瓠得女，負而走入南山，止石室中。所處險絶，人跡不至。於是女解取衣裳，爲僕鑒之結，著獨力之衣。帝悲思之，遣使尋求，輒遇風雨震晦，使者不得進。經三年，生子一十二人，六男六女。槃瓠死後，因自相夫妻。織績木皮，染以草實，好五色衣服，製裁皆有尾形。其母後歸，以狀白帝，於是使迎諸子。衣裳班蘭，語言侏離，好入山壑，不樂平曠。帝順其意，賜以名山廣澤。其後滋蔓，號曰蠻夷。外癡内黠，安土重舊。以先父有功，母帝之女，田作賈販，無關梁符傳，租税之賦。有邑君長，皆賜印綬，冠用獺皮。名渠帥曰精夫，相呼爲姎徒。今長沙武陵蠻是也。”唐李賢等注：“《魏略》曰：‘高辛氏有老婦，居（正）[王]室，得耳疾，挑之，乃得物大如繭。婦人盛瓠中，覆之以槃，俄頃化爲犬，其文五色，因名槃瓠。’”故“獙狐”本當作“槃瓠”，亦作“盤瓠”。又《集韻》平聲桓韻蒲官切：“獙，獙狐，犬短尾。”（148）《集韻》改訓爲“犬短尾”，非是。《大字典》《字海》“獙”字據《集韻》分別訓爲“〔獙狐〕短尾犬”、“〔獙狐〕一種短尾巴狗”，且未溝通其與“槃瓠”之間的演變關係，俱失考證。

300. 猼

《字彙·犬部》：“猼，普各切，音粕。猼且。且，音疽。巴蕉也。郭璞以爲蘘荷之屬。《史記·子虛賦》：‘諸蔗猼且。’《文選》作：‘諸柘巴苴。’”（282上）

《正字通·犬部》：“猼，蒲各切，音粕。犬名。又猼且，巴蕉也。郭璞以爲蘘荷之屬。《史[記]·子虛賦》：‘諸蔗猼且。’《文選》作：‘諸柘巴苴。’”（663下）

按：《康熙字典·犬部》：“猼，《廣韻》補各切，《集韻》伯各切，並音博。《廣韻》：‘犬名。’又《集韻》：‘獸名，似人有翼。’《山海經》：‘基山有獸，狀如羊，九尾四耳，目在背，名曰猼訑，佩之不畏。’注：‘郭璞曰：猼訑，音博施。’按：《廣韻》别書作䍸羻。”（714下）《唐韻》入聲鐸韻補各反：“猼，水名。”（725）《廣韻》入聲鐸韻補各切：“猼，犬名。”（412）“猼”字，《唐韻》訓“水名”，《廣韻》訓“犬名”，疑並非是。《龍龕》卷二《犬部》：“猼，音博。猼羻，獸名，似牛（羊），九尾四耳，目在耳（背）後也。羻，音陁。”（320）《山海經·南山經》：“又東三百里，曰基山，其陽多玉，其陰多怪木。有獸焉，其狀如羊，九尾四耳，其目在背，其名曰猼訑，佩之不畏。”“猼訑”，畢阮校作“獛㹱”，並注曰：“獛，舊本作‘猼’，非是。《說文》《玉篇》無‘猼’字。《玉篇》有獛㹱。”畢氏所言是也。《名義》、故宫本《王韻》、《切韻》亦皆作“獛㹱”，此亦其證也。故“猼㹱”“猼訑”本當作“獛㹱”，“猼”當即“獛”字之俗。《唐韻》訓“猼”爲“水名”，非是；《廣韻》訓“猼”爲“犬名”，亦非。又《集韻》入聲鐸韻伯各切：“猼貘，獸名，似人有翼。一曰地名。信都有下猼縣。或從豸。”（726）《集韻》訓“猼”爲“獸名”，是也；然其下又曰“似人有翼”，於文獻無徵，亦非。又其訓“猼”爲“地名”，此“猼”當爲“博”字之俗。“下猼縣”，《漢書・地理志》作“下博”，《深州直隸州志》載“漢高帝初置下博縣，屬信都國，下博縣之名始此”，此即其證也。《新修玉篇》卷第二十三《犬部》引《餘文》：“猼，匹各、補各、匹沃三切。犬名。”（193下右）《篇海》同。《直音篇》卷六《犬部》：“猼，音博。犬名。”（253上）《詳校篇海》卷一《犬部》：“猼，伯各切，音搏。犬名。”（49上）《篇海類編》同。《新修玉篇》《篇海》《直音篇》《詳校篇海》《篇海類編》《正字通》亦訓“犬名”，皆因承襲《廣韻》之謬而誤。《大字典》《字海》“猼”字第（一）義項下分别據《廣韻》《集韻》之誤而收録兩個義項，且未溝通其與“獛”字的字際關係，俱失考證。

301. 㺌

《字彙・犬部》：“**㺌**，牛姦切，音顔。犬争貌。又胡簡切，限上聲。猛也。”（282下）

《正字通・犬部》：“**㺌**，俗字。”（665下）

按：《康熙字典・犬部》：“㺌，《廣韻》五閒切，《集韻》牛閑切，並音訮。《玉篇》：‘犬争貌。’《廣韻》：‘犬鬭聲。或作狠。’《集韻》或作㹮，通作㘖。又《玉篇》音簡。義同。又《廣韻》《集韻》並下赧切，音僩。《廣韻》：‘猛也。’”（717上）《廣韻》上聲潸韻下赧切：“㺌，猛也。”（194）“**㺌**”即“㺌”之異寫字。《集韻》上聲潸韻下赧切：“㪬，猛也。”（371）此“㪬”當即“㺌”字之訛。“㺌”當即“撊”字之俗。《方言》

卷二："撊，猛也。晉魏之間曰撊。"《小爾雅·廣言》："撊，忿也。"《集韻》上聲潸韻下赧切："撊，忿皃。《春秋傳》：'撊然授兵登陴。'"（372）《左傳·昭公十八年》："今執事撊然授兵登陴，將以誰罪。"杜預注："撊然，勁忿貌。"孔穎達疏："服虔云：'撊然，猛貌也。'杜言勁忿貌亦是猛也，但述晉人責鄭之意，故以勁忿解之。""㺹"與"撊"音義並同，又"犭"旁、"扌"旁形近，俗書或可訛混，故"㺹"當即"撊"字之俗。

302. 獔

《字彙·犬部》："獔，呼高切，音蒿。豕名。"（283下）

《正字通·犬部》："獔，猇、獔皆獢字訛文。舊注音蒿，豕名，非。"（667上）

按：《康熙字典·犬部》："獔，《集韻》呼高切，音蒿。豕名。"（719上）《集韻》平聲豪韻呼高切："獔，豕名。"（190）《正字通》之説疑非是。《集韻》平聲爻韻虚交切："漻，《説文》：'犬獿獿咳吠也。'或作狰、猇。"（186）故"猇"當即"漻"之異體字。又《説文·犬部》："獢，猲獢也。从犬，喬聲。"（203上）"獢"，《廣韻》音"許嬌切"。故"獔""猇""獢"音近義別，三字不可混同，故《正字通》謂"猇""獔"皆"獢"字訛文，且謂"舊注"非，既無書證亦無例證，其説疑不可據。"獔"疑即"豪"字之俗。《説文·豕部》："𧰯，豕。鬣如筆管者，出南郡。从希，高聲。豪，籀文从豕。"（195下）《玉篇·豕部》："豪，户刀切。豬。毛如笄而端黑也。此籀文。小篆作𧰯。"（111下右）《廣韻》平聲豪韻胡刀切："豪，《説文》曰：'豕。鬣如筆管者。'"（98）故"獔"與"豪"音近義同，"獔"疑即"豪"字之俗。

303. 玐

《玉篇·玉部》："玐，方甲切，音法。玉名。"（285下）

《正字通·玉部》："玐，舊注音法，玉名。或曰：《禮［記］》：'孚尹旁達。'俗作玐，玉無玐名。"（670下）

按：《康熙字典·玉部》："玐，《川篇》音法。玉名。"（725上）《新修玉篇》卷第一《玉部》引《川篇》:“玡，音法。玉也。”(8上左)《篇海》同。《正字通》“或曰”之説疑是。《集韻》平聲諄韻于倫切:“尹，孚尹，玉采。”(126)《禮記·聘義》:“孚尹旁達，信也。”鄭玄注:“孚，讀爲浮。尹，讀爲竹箭之筠。孚筠謂玉采色也。”“玡”疑即“尹”之增旁俗字。《新修玉篇》《篇海》音“法”，形音不諧，疑不可據；又其訓“玉也”，疑爲望形生訓。

304. 玬

《字彙·玉部》:“玬，多簡切，音亶。玉名。”(285下)

《正字通·玉部》:“玬，俗字。”(671上)

按:《康熙字典·玉部》:“玬,《川篇》音亶。玉也。”(726上)《新修玉篇》卷一《玉部》引《川篇》:“玬，音亶。玉名。”(8下左)《篇海》卷二《玉部》引《川篇》:“玬，音亶。玉名。”(621上)《正字通》謂“玬”爲俗字，所言當是。今案:“玬”疑即“丹”之增旁俗字。“丹朱”本指“堯帝之子”，亦可指“硃砂”。例如:《大正藏》本唐窺基撰《阿彌陀經通贊疏》卷中:“白鶴者，丹朱作頂霜雪爲毛，鳴之則聲振九皋，舞之則雅和八節，迥異諸鳥故云白鶴。”又《卍新纂續藏經》本宋宗鏡述、明覺連重集《銷釋金剛科儀會要注解》卷第一:“面滿月，目鳳睛，耳秋荷，眉分八字，唇若丹朱。”“丹朱”亦有作“丹珠”者，例如:《大正藏》本唐澄觀述《大方廣佛華嚴經隨疏演義鈔》卷第四十九:“八十世尊手足，及胸臆前俱有吉祥喜旋德相，文同綺畫，色類丹珠，善現，是名八十隨好。”下文卷第五十又曰:“輪相等即第八十隨好，上説八十世尊手足，及胸臆前俱有吉祥喜旋德相，文同綺畫，色類丹珠，裹面皆有。”《大正藏》本元盛熙明述《補陀洛迦山傳》:“眉横纖黛，如海門之秋月初彎。目紺重瞳，似水面之青蓮乍秀。齒排珂玉，舌瑩紫檀。丹珠一點豔頻婆，兩臉朦朧匀琥珀。”“玬”疑即因“丹朱”作“丹珠”，故而“丹”受“珠”類化影響而産生的類化俗字。《新修玉篇》訓“玉也”,《篇海》訓“玉名”，疑並非是。

305. 玹

《字彙·玉部》:“玹，于眷切，音眩。玉名。又胡涓切，音玄。姓也。”（286上）

《正字通·玉部》:“玹，虛眷切，音眩。玉名。又呼沿切，音玄。姓也。”（671下）

按:《康熙字典·玉部》:“玹,《廣韻》黃練切,《韻會》《正韻》熒涓切，並音縣。《廣韻》:‘玉名。’又《廣韻》《集韻》並胡涓切，音懸。《玉篇》:‘玉色。’《廣韻》:‘石次玉。’又人名。《後漢·趙岐傳》:‘中常侍唐衡兄玹爲京兆虎牙都尉。’”（726下）《龍龕》卷四《玉部》:“玹，音縣。玉名。”（438）《玉篇·玉部》:“玹，胡涓切。玉色。”（6上右）故宫本《裴韻》去聲霰韻玄絢反:“玹，玉名。”（595）《廣韻》去聲霰韻黃練切:“玹，玉名。”（313）《龍龕》《切韻》《廣韻》訓“玹”爲“玉名”，疑非是;《玉篇》訓“玉色”，疑亦非是。《新撰字鏡·玉部》:“玹，胡涓反。石似（次）玉。”（318）《廣韻》平聲先韻胡涓切:“玹，石次玉。”（84）“玹”當以訓“石次玉”爲是，本當作“玄”。《漢書·司馬相如傳上》:“其石則赤玉玫瑰，琳珉昆吾，瑊玏玄厲，碝石武夫。”顏師古注引張揖曰:“皆石之次玉者。”“玹”,《廣韻》音“胡涓切”。“玹”訓“石次玉”，與“玄”音義並同，故“玹”本當作“玄”。又《集韻》平聲先韻胡千切:“玹，姓也。”（162）《集韻》訓“姓也”，疑非是。《後漢書·趙岐傳》:“先是中常侍唐衡兄玹爲京兆虎牙都尉，郡人以玹進不由德，皆輕侮之。”唐李賢等注:“玹，音玄。”從文意來看，此“玹”當爲“人名”，而非“人姓”。故《集韻》訓“姓也”，疑爲“人名”之誤。

306. 玼

《字彙·玉部》:“玼，此禮切，音泚。玉色鮮潔貌。《詩·鄘風》:‘玼兮玼兮。’又雌氏切，音此。義同。又才資切，音慈。玉病。”（286上）

《正字通·玉部》:“玼，此禮切，音泚。玉色鮮潔貌。凡物之鮮盛者皆曰玼。《詩·鄘風》:‘玼兮玼兮，其之翟也。’……又支韻，音慈。玉

病。與疵通。”（671 下）

按：《康熙字典·玉部》：“玼，《唐韻》千禮切，《韻會》《正韻》此禮切，並音泚。《説文》：‘玉色鲜也。’引《詩》：‘新臺有玼。’……又《廣韻》疾移切，《集韻》《韻會》才支切，並音疵。《廣韻》：‘玉病。’又《集韻》：‘玉中石也。’”（726 下）《集韻》平聲支韻才支切：“玼，玉中石也。一曰玉病。”（29）《集韻》訓“玼”爲“玉中石也”，疑非是。《説文·玉部》：“玼，玉色鮮也。从玉，此聲。《詩》曰：‘新臺有玼。’”（5 下）《名義·玉部》：“玼，且礼反。鮮明也。”（5 上）《新撰字鏡·玉部》：“玼，雌氏反。玉色鮮也。”（319）《玉篇·玉部》：“玼，且禮切。玉色鮮也。”（5 上左）《龍龕》卷四《玉部》：“玼，疾移反。玉病也。又音此。玉色鮮也。”（433）故宫本《王韻》平聲支韻疾移反：“玼，玉病。”（439）故宫本《裴韻》、《廣韻》皆同。故《集韻》又訓“玼”爲“玉中石也”，於前代字韻書皆無徵，當因據“玉病”之訓而妄改。《康熙字典》轉録《集韻》“玉中石也”之訓而未作校正，亦失考證。《大字典》“玼”字下據《集韻》之誤而收録“玉中石”這一義項，疑亦非是。

307. 珽

《字彙·玉部》：“珽，徒鼎切，庭上聲。玉名。又他鼎切，音挺。笏也，即大圭，長三尺者。”（287 上）

《正字通·玉部》：“珽，他頂切，音挺。笏也。《説文》：‘大圭，長三尺者。抒上，終葵首。’”（674 下）

按：《康熙字典·玉部》：“珽，《唐韻》他鼎切，《韻會》他頂切，《正韻》徒鼎切，並音挺。《廣韻》：‘玉名。’《博雅》：‘珽，笏也。’”（730 下）箋注本《切韻》（斯 2071）上聲迥韻他鼎反：“珽，玉名。”（138）敦煌本《王韻》、故宫本《王韻》同。《切韻》訓“珽”爲“玉名”，疑非是。《説文·玉部》：“珽，大圭，長三尺。抒上，終葵首。从玉，廷聲。”（5 上）《名義·玉部》：“珽，他鼎反。笏也。”（4 上）《玉篇·玉部》：“珽，他鼎切。《説文》云：‘大圭，長三尺。抒上，終葵首。’”（5 上右）故“珽”爲“圭名”，而非“玉名”。《廣韻》上聲迥韻他鼎切：“珽，玉名。《説文》

曰：‘大圭，長三尺。抒上，終葵首。’”（217）《廣韻》訓“玉名”，此即因承襲《切韻》之謬而誤。《龍龕》卷四《玉部》：“珽，他頂反。玉名。又徒頂反。圭名。大圭，長三尺。”（436）《龍龕》訓“圭名”，亦因承襲《切韻》之謬而誤。《詳校篇海》卷一《玉部》：“珽，他頂切，音挺。玉名。大圭，長三尺。抒上，終葵首。”（75 上）《篇海類編》同。《詳校篇海》《篇海類編》《字彙》《康熙字典》亦訓“玉名”，皆因承襲前代韻書之謬而誤。《大字典》“珽”字下據《廣韻》之誤而收録“玉名”這一義項，亦非。

308. 現

《字彙・玉部》：“現，形殿切，音縣。顯也；露也。”（287 上）

《正字通・玉部》：“現，許戰切，音俔。顯露也。通作見，義同。”（675 上）

按：《康熙字典・玉部》：“現，《集韻》《正韻》並形甸切，音見。《集韻》：‘玉光。’又《正韻》：‘顯也；露也。’《抱朴子・至理卷》：‘或形現往來。’又《集韻》胡典切，音蜆。石之次玉者。”（730 下）《集韻》去聲霰韻形甸切：“現，玉光。”（568）《集韻》訓“現”爲“玉光”，疑非是。敦煌本《王韻》去聲霰韻户見反：“現，謁；遵。”（413）故宫本《王韻》去聲霰韻户見反：“現，遵；謁。”（501）《唐韻》去聲霰韻胡甸反：“現，露也。”（663）《廣韻》去聲霰韻胡甸切：“見，露也。現，俗。”（314）故《集韻》訓“現”爲“玉光”，於前代字韻書皆無徵，當爲丁度等妄補，不可據。《集韻》上聲銑韻胡典切又曰：“現，石之次玉者。”（381）《集韻》訓“現”爲“石之次玉者”，於前代字韻書亦無徵，亦當爲丁度等妄補，亦不可據。《大字典》“現”字下據《集韻》之誤而收録“玉名”與“次於玉的石”這兩個義項，亦非。

309. 瑽

《字彙・玉部》：“瑽，倉紅切，音聰。瑽瑢，佩玉行聲。”（289 下）

《正字通・玉部》：“瑽，倉松切，音聰。瑽瑢。”（681 上）

按:《康熙字典·玉部》:“瑽,《集韻》七恭切,音樅。《玉篇》:‘瑽瑢,佩玉行貌。’《集韻》:‘佩玉聲。’”(739下)《龍龕》卷四《玉部》:“瑽瑢,上七恭反,下音容。瑽瑢,佩玉行皃也。”(434)《玉篇·玉部》:“瑽,七恭切。瑽瑢,佩玉行皃。”下字曰:“瑢,余恭切。瑽瑢。”(6上右)《廣韻》平聲鍾韻七恭切:“瑽,瑽瑢,佩玉行皃。”(13)《玉篇校釋》“瑽”“瑢”二字下注:“《廣韻》義同。《集韻》云:‘佩玉聲也。’瑽瑢疊韻連語,字本止爲從容,徐行閑暇皃也。《詩·都人士序》:‘從容有常。’《楚辭·懷沙》:‘孰知予之從容。’《廣雅·釋訓》:‘從容,舉動也。’古人佩玉,行止合度,則佩聲瑲然應節,字涉佩玉而變作瑽瑢。”(153~154)胡氏所言是也。《廣韻》平聲鍾韻七恭切:“從,從容。”(13)《禮記·緇衣》:“衣服不貳,從容有常。”孔穎達疏:“從容,謂舉動有其常度。”《急就篇》:“璧碧珠璣玫瑰瓮,玉玦環佩靡從容。”顔師古注:“從容,言行止有節度也。”此亦其證。故“瑽瑢”與“從容”音義並同,“瑽瑢”本作“從容”。

310. 璋

《字彙·玉部》:“璋,止良切,音章。半圭曰璋。”(290上)

《正字通·玉部》:“璋,止商切,音章。《説文》:‘剡上爲圭,半圭爲璋。’”(681下)

按:《康熙字典·玉部》:“璋,《唐韻》《集韻》《韻會》諸良切,《正韻》止良切,並音章。《説文》:‘剡上爲圭,半圭爲璋。’”(740上)《名義·玉部》:“璋,之陽反。明也。”(4上)《玉篇·玉部》:“璋,之陽切。明也。”(4下左)《玉篇校釋》“璋”字下注:“‘又明也’者,《白虎通·瑞贄》:‘璋之言明也。’本書‘章’下引《礼記》鄭注:‘大章,言堯之德彰明也。’《廣雅·釋詁四》:‘彰,明也。’”(90)《廣韻》平聲陽韻諸良切:“章,明也。”同一小韻下文又曰:“彰,明也。”(112)故“璋”訓“明也”,與“章”“彰”音義並同,即爲異體字。

311. 璙

《字彙·玉部》:“璙，連條切，音聊。玉名。又去聲力弔切。義同。”（290上）

《正字通·玉部》:“璙，連喬切，音寮。《説文》:‘玉也。’又嘯韻，寮去聲。義同。”（682上）

按:《康熙字典·玉部》:“璙,《唐韻》洛蕭切,《集韻》《韻會》憐蕭切,《正韻》連條切，並音聊。《説文》:‘玉也。’又《集韻》《韻會》《正韻》並力弔切，音料。又《廣韻》力小切,《集韻》朗鳥切，並音繚。義並同。”（741上）《龍龕》卷四《玉部》:“璙，音聊。玉名。又力小反。好皃也。”（434）《廣韻》平聲蕭韻落蕭切:“璙，玉名。”（91）下文上聲小韻力小切又曰:“璙，好皃。”（203）下文去聲嘯韻力弔切又曰:“璙，玉名。”（321）《玉篇校釋》“璙”字下注:“《廣韻》上聲:‘璙，好皃。’本書《女部》‘嫽’下引《方言》云:‘青徐之間謂好爲嫽。’《心部》:‘憭，意精明也。’《説文》:‘僚，好皃。’是尞聲字有美好義，蓋取光明璀璨意。”（76）胡氏所言疑可商榷。《説文·玉部》:“璙，玉也。从玉，尞聲。”（4上）《名義·玉部》:“璙，力小反。玉名也。”（3上）《新撰字鏡·玉部》:“璙，落蕭及力弔、力小二反。玉名。”（318）箋注本《切韻》（斯2071）平聲蕭韻落蕭反:“璙，玉名。”（119）敦煌本《王韻》、故宫本《王韻》同。《龍龕》《廣韻》訓“好皃”，於前代字韻書皆無徵，當因從“僚”“嫽”爲説而誤。《集韻》上聲篠韻朗鳥切:“僚,《説文》:‘好皃。’或作嫽。”同一小韻下文又曰:“璙，玉名。”（391）此是其證。故“璙”音“力小切”，亦當訓“玉名”，非訓“好皃”。《大字典》“璙”字下據《廣韻》之誤而收録“好貌”這一義項，疑亦非是。

312. 璛

《字彙·玉部》:“璛，蘇谷切，音肅。姓也。”（290上）

《正字通·玉部》:“璛，蘇谷切，音肅。姓也。見《姓苑》。”（682上）

按:《康熙字典·玉部》:“璛,《廣韻》息逐切,《集韻》息六切,並音肅。《玉篇》:‘姓也。’又《集韻》琢玉工。《類篇》亦作瑦。”(741上)《玉篇·玉部》:“璛,思六切。人姓。”(6上左)《玉篇校釋》“璛”字下注:“《切韻》入聲屋韻:‘玊,息逐反,音肅。人姓。’《廣韻》又出璛,姓也;又瑦,姓也。本書玊亦姓也。璛、瑦並與玊同。《史記·索隱》引《三輔決録》:‘玊,音肅。’《後漢·光武紀》注亦云:‘玊,音肅。’故字變作璛。”(162)胡氏所言是也。《廣韻》入聲屋韻息逐切:“肅,亦姓。出《姓苑》。”同一小韻下文又曰:“玊,琢玉工。又姓,後漢有玊況。”(373)同一小韻下文又曰:“瑦,又姓也。”(373)《集韻》入聲屋韻息六切:“玊,琢玉工。或作瑦、璛。又姓。”(641)“璛”訓“姓也”,與“玊”“瑦”“肅”音義並同,亦爲異體字。《大字典》“璛”字下“姓”這一義項未溝通其與“玊”“瑦”“肅”諸字的異體關係,失當。

313. 璞

《字彙·玉部》:“璞,匹各切,音朴。玉未琢者。《孟子》:‘今有璞玉於此。’”(290上)

《正字通·玉部》:“璞,蒲各切,音朴。玉未琢者。”(682上)

按:《康熙字典·玉部》:“璞,《廣韻》《韻會》匹角切,《正韻》匹各切,並音樸。《玉篇》:‘玉未治者。’《增韻》:‘玉未琢。’《韻會》:‘玉素也。’”(741下)《詳校篇海》卷一《玉部》:“璞,匹各切,音朴。玉未治者。又普卜切,音撲。瑰也。亦作玣。”(77下)《篇海類編》同。《詳校篇海》《篇海類編》訓“瑰也”,疑非是。《龍龕》卷四《玉部》:“璞,匹角反。玉璞未剖,玉坯也。又真也。”(438)《玉篇·玉部》:“璞,普角切。玉未治者。《老子》曰:‘璞散則爲器。’王弼曰:‘璞,真也。’”(5上左)《新修玉篇》《篇海》引《玉篇》皆同。《直音篇》卷一《玉部》:“璞,音朴。玉未琢。”(11上)箋注本《切韻》(斯2071)入聲覺韻匹角反:“璞,璞玉。”(142)敦煌本《王韻》同。故宫本《王韻》入聲覺韻匹角反:“璞,玉皮。”(512)故宫本《王韻》訓“玉皮”,當爲“玉璞”之誤。故宫本《裴韻》入聲覺韻匹角反:“璞,玉名。”(606)故宫本《裴韻》汎訓“玉名”，亦非。《唐韻》入聲覺韻匹角反：“璞，璞玉。”（692）《廣韻》入聲覺韻匹角切：“璞，玉璞。”（379）《集韻》入聲覺韻匹角切：“璞，玉素也。或作玔。”（659）“玉璞”“璞玉”“玉未治者”“玉素也”“玉未琢者”訓異義同，皆指“未經雕琢的玉”。故《詳校篇海》《篇海類編》訓“瑰也”，於前代字韻書皆無徵，非是。《大字典》“璞”字下據《篇海類編》之誤而收録“瑰”這一義項，疑亦非是。

314. 譔

《字彙・玉部》：“譔，柱戀切，音傳。珍譔。”（290 下）

《正字通・玉部》：“譔，俗字。”（682 下）

按：《康熙字典・玉部》：“譔，《廣韻》士戀切，《集韻》雛戀切，並音簒。《廣韻》：‘珍譔。’”（741 下）《廣韻》去聲線韻士戀切：“譔，珍譔。”（319）《正字通》謂“譔”爲俗字，所言當是。“譔”疑即“饌”字之俗。《説文・食部》：“簒，具食也。从食，算聲。饌，簒或从巽。”（102 上）《廣韻》去聲線韻士戀切：“簒，《説文》曰：‘具食也。’饌，上同。”（319）慧琳《音義》卷二〇《華嚴經》第十四卷：“珍饌，又作簒，同。士掾反。《説文》：‘備具飲食也。’”（57，P804A6）《大正藏》本《佛説衆許摩訶帝經》卷第十三：“浄飯王曰：‘速令所司辦造種種珍饌飲食令極香美。’”又《大正藏》本《大方廣佛華嚴經卷》第十二《大方廣佛華嚴經菩薩十無盡藏品》第十八：“何等爲菩薩修習施法？此菩薩從本以來，習平等施，珍饌美味不自貪著，惠施一切，其餘諸物亦復如是。”“珍譔”當同“珍饌”，“譔”當即“饌”因受“珍”字類化而産生的俗字。《集韻》去聲線韻雛戀切：“譔，玉名。”（573）《集韻》訓“玉名”者，疑爲丁度等不識其爲“饌”字之俗而妄補。《大字典》《字海》“譔”字皆據《集韻》訓“玉名”，疑並非是。

315. 瓊

《字彙・玉部》：“瓊，同瑈。”（291 上）

《正字通・玉部》：“瓊，瓔字之訛。舊注同瑈，非。”（684 上）

按:《康熙字典·玉部》:“瓇,《五音集韻》耳由切,音柔。玉名也。見《聲類》。”《五音集韻》平聲尤韻耳由切:“瑈瓇,玉名也。見《聲類》。”(744上)《正字通》所言當是。《集韻》平聲尤韻而由切:“瓔瑈,《説文》:‘玉也。’或從柔。”(264)“瓇”當即“瓔”字之俗,而“瑈”當據“瓔”字《説文》讀若之音改變聲符而産生的異體字,故“瓇”同“瑈”“瓔”。《大字典》“瓇”字據《五音集韻》之説而謂同“瑈”,又據《正字通》之説而謂“一説‘瓔’的訛字”。《大字典》這樣處理“瓇”與“瑈”“瓔”二字的字際關係有失妥當,應直謂同“瑈”“瓔”。

316. 瓖

《字彙·玉部》:“瓖,息良切,音湘。馬帶玦。張平子《東京賦》:‘鉤膺玉瓖。’又瓖嵌,婦飾。”(291下)

《正字通·玉部》:“瓖,息匡切,音湘。玉名。一名馬帶玦。張衡《東京賦》:‘鉤膺玉瓖。’馬融《廣成頌》:‘金鋄玉瓖。’又婦女釵釧加飾,或金、或玉不同,其爲瓖一也。”(684上)

按:《康熙字典·玉部》:“瓖,《廣韻》《正韻》息良切,《集韻》《韻會》思將切,並音襄。《玉篇》:‘馬上飾。’《廣韻》:‘馬帶飾。’《韻會》:‘馬帶玦。’”(744下)《集韻》平聲陽韻思將切:“瓖,玉名。一名馬帶玦。”(212)《集韻》訓“瓖”爲“玉名”,疑非是。《玉篇·玉部》:“瓖,息將切。馬上飾。《東京賦》云:‘鉤膺玉瓖。’”(6上左)《廣韻》平聲陽韻息良切:“瓖,馬帶飾。《東京賦》曰:‘鉤膺玉瓖。’”(113)《文選·東京賦》:“方釳左纛,鉤膺玉瓖。”薛綜注:“瓖,馬帶玦,以玉飾也。”《集韻》訓“玉名”,並謂“一曰馬帶玦”,即謂“瓖”爲“玉名”,别名“馬帶玦”,然“玉名”與“馬帶玦”義訓相去甚遠,其訓非是。“瓖”當訓“玉飾”或“玉瓖”,其與“馬帶玦”訓異義同,皆指“馬帶上的玉飾”。《正字通》訓“玉名”,並謂“一曰馬帶玦”,此當爲《集韻》所誤。《大字典》《字海》“瓖”字沿襲《集韻》之誤,又分别收録“玉名”“一種玉”這一義項,並非。

317. 𤓰庾

《字彙·瓜部》:“瓜庾，以主切，音與。本不勝末，微弱也。”（292 上）

《正字通·瓜部》:“瓜庾，弋渚切，音羽。《說文》:‘本不勝末，微弱也。’”（686 上）

按:《康熙字典·瓜部》:“瓜庾，《唐韻》以主切，《集韻》勇主切，並音庾。《說文》:‘本不勝末，微弱也。’《六書故》:‘瓜庾，瓜實繁也，故引之有本不勝末之義。’又《玉篇》:‘勞病也。’”（746 下）《玉篇·瓜部》:“瓜庾，弋主切。勞病也。”（73 上右）《玉篇校釋》“瓜庾”字下注:“‘勞病’者，字之引申義。《說文》:‘瓜庾，本不勝末，微弱也。讀若庾。’《爾雅·釋訓》:‘瘐瘐，病也。’釋文:‘瘐，本作庾。’又《釋詁》:‘勞、瘉，病也。’又愉，勞也。郭注:‘勞苦者多惰愉。今字或作窳，同。’本書《穴部》‘窳’下原本引作‘窳’。《史記·五帝紀》:‘皆不苦窳。’《貨殖傳》:‘以故呰窳。’《集解》引晉灼曰:‘窳，病也。’本書‘窳’下原引徐廣曰:‘窳亦嬾惰也。’《漢書·地理志》晉灼注:‘窳，惰也。’應劭曰:‘弱也。’《切韻》:‘瓜庾，本不勝末。’蓋瓜大而本弱，結實委地上，故引申取譬以爲微弱、勞病、愉惰等義。”（2893）《名義·玉部》:“瓜庾，餘乳反。勞也；弱也；病也。”（146 下）故《玉篇》訓“勞病也”，當爲“勞也”與“病也”二義之誤合。《爾雅·釋詁》:“愉，勞也。”郭璞注:“勞苦者多惰愉。今字或作窳，同。”慧琳《音義》卷六七《阿毘曇毘婆沙論》第十五卷:“窳惰，臾乳反。《爾雅》:‘窳，勞也。’郭璞曰:‘勞苦者多惰窳也。’言嬾人不能自起，如瓜瓠在地不能自立，故字從瓜；又嬾人恒在室中，故字從穴。”（58，P813B1）《廣韻》上聲麌韻以主切:“窳，病也。”（177）故“瓜庾”訓“勞也”“弱也”“病也”，與“窳”音義並同，即爲異體字。

318. 瓜柬

《字彙·瓜部》:“瓜柬，郎甸切，音練。瓜瓜柬。”（292 上）

《正字通·玉部》:“瓜柬，力見切，音練。瓜中瓣。”（686 下）

按:《康熙字典·瓜部》:"瓈,《廣韻》《集韻》並郎甸切,音練。瓜中瓣。"(747上)《龍龕》卷一《瓜部》:"瓈,郎電反。瓜瓈也。"(195)敦煌本《王韻》去聲霰韻落見反:"瓈,瓜𤬪。"(413)故宫本《王韻》同。故宫本《裴韻》去聲霰韻洛見反:"瓈,瓜瓈。"(595)《唐韻》去聲霰韻郎甸反:"瓈,瓜瓡。"(663)"𤬪"當即"瓡"之異體字。《廣韻》去聲霰韻郎甸切:"瓈,瓜瓈。"(314)《集韻》去聲霰韻郎甸切:"瓈,天瓜也。"同一小韻下文又曰:"瓣,瓜中實。通作瓈。"(568)龍宇純《校箋》"瓈"字下注:"瓈,瓜𤬪。注文《王一》同。《王二》《廣韻》云:'瓜瓈。'周云:'《字鏡》云:瓈,瓜樓也,瓜棲也。莊姜齒如瓜瓈(案未詳,《詩》云齒如瓠犀。),則知瓈者瓜核也。'案此字不詳所出。李時珍曰:'瓠瓡,今俗作瓜瓡。'《廣雅·釋草》:'瓠瓡,王瓜也。'《詩·豳風·東山正義》引孫炎《爾雅注》云:'括樓,齊人謂之天瓜。瓠瓡與括樓同。'《集韻》此下云'天瓜',與本書云'瓜𤬪'蓋合。又《集韻》别出'瓣'字,注云'瓜中實。通作瓈',則又與《字鏡》同。"(514)據上文可知,"瓈"字歷代字韻書義訓有所不同,前人説解亦存争議,佛經有"瓈"字用例,可爲解决以上紛争提供例證:《大正藏》本隋灌頂撰《大般涅槃經疏》卷第十四:"《法顯傳》云:'王妃生肉如瓜。有千瓈,一瓈一子者是。'"又《卍新纂續藏經》本隋灌頂撰、唐湛然再治《南本大般涅槃經會疏》卷第十一亦云:"《法顯傳》云:'王妃生肉如瓜,有千瓈,一瓈一子者是。'"又《大正藏》本唐湛然述《法華文句記》卷第二:"《法顯傳》云:'王妃生肉團如瓜,瓜有千瓈,瓈生一子,有千子。'"從以上文意來看,"瓈"當指"瓜中之子",故當以訓"瓜中實"爲是。《龍龕》、故宫本《裴韻》、《廣韻》訓"瓜瓈"者,亦指"瓜中實",即"瓜中之子"。敦煌本《王韻》、故宫本《王韻》、《唐韻》訓"瓜𤬪(瓡)",於文獻無徵,疑爲"瓜瓈"之誤。《集韻》又訓"天瓜也",當因承襲前代韻書之謬而誤。《正字通》訓"瓜中瓣","瓜中瓣"亦指"瓜中子"。《爾雅·釋草》:"離南,活莌。"郭璞注:"莖中有瓣。"陸德明《釋文》引《三蒼》云:"瓣,瓜中子也。"此是其證也。"瓈"疑即"瓤"之異體字。《廣雅·釋草》:"水芝,瓜也,其子謂之瓤。"曹憲音:"瓤,力占反。"王念孫《疏證》:"《神農本草》云：‘瓜，一名水芝，蓋以其瓤中多水，故得此名也。’又謂之土芝。稽含《瓜賦序》云：‘甘瓜普植，用薦神祇，其名孔瞻。其味亦奇，是謂土芝。’是也。瓜子今有紅黑白三種。《神農本草》云：‘瓜子味甘平，主令人悦澤好顔色。’又謂之瓣。《説文》：‘瓣，瓜中實也。’《御覽》引《吴普本草》云：‘瓜子一名瓣，七月七日採，可作面脂。又謂之瓤。’《爾雅·釋草》釋文引《三倉》云：‘瓤，瓜中子也。’”（895）《名義·瓜部》：“瓤，力玷反。瓜子也。”（146下）《玉篇·瓜部》：“瓤，力玷切。瓜子。”（73上右）“瓤”與“瓤”音近義同，“瓤”當即“瓤”之異體字。

319. 瓨

《字彙·瓦部》：“瓨，徒古切，度上聲。甑别名。又瓶也。又神夜切，音射。瓦器。又口含切，音堪。義同。”（292下）

《正字通·瓦部》：“瓨，瓨字之訛。舊注度上聲，甑别名，又瓶也；又音射，瓦器，並非。”（687下）

按：《康熙字典·瓦部》：“瓨，《廣韻》徒古切，《集韻》動五切，並音杜。《廣韻》：‘瓶也。’《博雅》：‘瓨，甖也。’又《廣韻》口含切，《集韻》枯含切，並音龕。瓦器。又《集韻》徒故切，音度。土瓶。”（748下）《廣雅·釋器》：“瓨，甖也。”曹憲音：“瓨，音杜。”（549下）《名義·瓦部》：“瓨，徒古反。瓶。”（161下）《玉篇·瓦部》：“瓨，徒古切。瓶也。”（79上右）《玉篇校釋》於此字下注：“‘瓶也’者，《切韻》同，並本《廣雅》。慧琳十六·十七：‘《廣雅》：瓨，瓶也。《埤倉》：大题也。’即本書原文。今《廣雅》此條奪瓨字。蓋涉瓨字而寫漏（形相近故）。其上條云：‘甇、瓨，甖也。’三名皆大盆。题則爲小盆，故《埤倉》變文以釋之云：‘瓨，大题也。’盆與瓶皆有瓨名，故《廣雅》分釋之，猶瓿之爲缶而亦爲瓶也。”（3125）胡氏所言當是。《説文·瓦部》：“瓨，似罌，長頸。受十升。讀若洪。从瓦，工聲。”（269下）《廣雅·釋器》：“瓨，瓶也。”曹憲音：“瓨，下江反。”（550上）《名義·瓦部》：“瓨，胡江反。似罌，長頸。”（161上）《玉篇·瓦部》：“瓨，户江切。長頸瓶。”（78下左）故“瓨”與“瓨”義近音别，二字不可混同，《正字通》謂“瓨”即

“瓨”字之訛，其説非是。又《玉篇·土部》：“坻，時夜切。坻器也。”（8下右）《玉篇校釋》於此字下注：“‘坻器’當爲‘瓦器’。《廣韻》收下平覃韻口含切，云‘瓦器’，與本書坩同。坩，口含切，土器也。慧琳引《古今正字》：‘坩，瓦器也。’本書《瓦部》：‘坻，瓶也。’徒古切，字從瓦，土聲，與此爲同形之異文。亦疑此坻爲坩之形訛分化字”（259）胡氏所言當是。《龍龕》卷二《瓦部》：“甔，或作；瓨坻，二正。苦含反。瓦器也。三。”（315）《集韻》平聲談韻苦甘切：“坩甔，土器也。或從瓦。”（286）此是其證也。故“坻”訓“瓦器也”，當即“坩（甔）”之異體字。

320. 瓬

《字彙·瓦部》：“瓬，妃兩切，音倣。摶埴之工。”（293上）

《正字通·瓦部》：“瓬，妃罔切，音倣。摶埴之工。”（687下）

按：《康熙字典·瓦部》：“瓬，《唐韻》分兩切，《集韻》《韻會》甫兩切，《正韻》妃兩切，並音倣。《説文》：‘周家摶埴之工也。’”（749上）《龍龕》卷二《瓦部》：“瓬，甫兩反。瓦也。又音甫。”（316）《龍龕》訓“瓦也”，疑非是。《説文·瓦部》：“瓬，周家摶埴之工也。从瓦，方聲。讀若抵破之抵。”（269上）《名義·瓦部》：“瓬，甫罔反。瓶也；缾也。”（161上）《新撰字鏡·瓦部》：“瓬，符罔反。缾也。”（276）《玉篇·瓦部》：“瓬，方往切。《周禮》有‘瓬人爲簋’。”（78下左）故宫本《王韻》上聲養韻方兩反：“瓬，缾也。”（484）《廣韻》上聲養韻分兩切：“瓬，《周禮》有瓬人爲簋者，蓋埏埴之工。又音甫。”（212）《龍龕》訓“瓦也”，於前代字韻書皆無徵，疑爲“瓦工”之脱誤。《大字典》“瓬”字下據《龍龕》之誤而收録“瓦”這一義項，疑亦非是。

321. 瓮

《字彙·瓦部》：“瓮，與溢同。水溢也。《晉·食貨志》：‘水潦瓮溢，大爲民害。’”（292下）

《正字通·瓦部》：“瓮，舊注同溢，水溢也，引《晉·食貨志》

'水澇瓫溢'。按:《漢·溝洫志》:'河水湓溢',《晉·志》訛爲'瓫溢',非瓫、湓古通也。《集韻》盆或作瓫,不誤;又云湓通作瓫,引《晉·志》瓫溢,因訛强通,誤甚。舊注不考音義,合瓫、湓爲一,非。"(687下)

按:《康熙字典·瓦部》:"瓫,《集韻》步奔切。與盆同。盎也。又與湓同。水溢也。《前漢·溝洫志》:'河水湓溢。'《晉書·食貨志》:'水澇瓫溢。'"(749上)《晉書·食貨志》:"況於今者,水澇湓溢,大爲民害。"《正字通》所言當是。箋注本《切韻》(斯2071)平聲魂韻蒲奔反:"湓,水涌出。"(115)故宫本《王韻》平聲魂韻蒲奔反:"湓,水涌皃。"(451)《廣韻》平聲魂韻蒲奔切:"湓,水涌也。"(72)《集韻》平聲魂韻蒲奔切:"湓,水溢也。"(72)《漢書·溝洫志》:"是歲,渤海、清河、信都河水湓溢,灌縣邑三十一,敗官亭民舍四萬餘所。"顏師古注:"湓,踊也。"故"瓫溢"義同"湓溢",此"瓫"當即"湓"之聲誤,而非爲"湓"之異體字。《字彙》謂"瓫"同"湓",非是。《康熙字典》謂"瓫"同"湓",亦非。《大字典》"瓫"字下據《字彙》及《晉書·食貨志》收録一個義項,謂"用同'湓(fèn)'。水溢",《大字典》這樣處理失當。《字海》"瓫"字下據《晉書·食貨志》收録一個義項,謂"通'湓',水溢出",《字海》這樣處理亦失當。《大字典》《字海》應謂此"瓫"即"湓"的訛字,或直接删去這一義項,方妥。又《類篇·瓦部》:"瓫,蒲奔切。《説文》:'盎也。'又姓。"(467上)《類篇》又訓"瓫"爲"姓"非是,當因承襲《集韻》之謬而誤。《集韻》平聲魂韻蒲奔切:"盆,《説文》:'盎也。'又姓。或作瓫。"(140)《集韻》注文中"又姓"當置於"或作瓫"之後,"盆"僅在"盎也"這一義項上與"瓫"爲異體字,而"瓫"無"姓"這一義項。《廣韻》平聲魂韻蒲奔切:"盆,瓦器。亦作瓫。《爾雅》曰:'盆謂之缶。'《説文》曰:'盎也。'又姓。《風俗通》曰:'盆成括仕齊,孟軻知其必死,其子逃難,改氏成焉。'"(72)此是其證也。《大字典》《字海》"瓫"字下皆據《類篇》收録"姓"這一義項,並非。

322. 㼢

《字彙·瓦部》:"㼢，詳里切，音似。瓻、㼢，甎也。"（293 上）

《正字通·瓦部》:"㼢，瓵字之訛。訓甎，誤。"（688 上）

按:《康熙字典·瓦部》:"㼢,《集韻》象齒切，音似。《博雅》:'㼢，甎也。'"（749 下）《集韻》上聲止韻象齒切:"㼢，瓻、㼢，甎也。"（323）"㼢"即"瓯"的訛字。《廣雅·釋宫》:"瓻、瓯，甂甎也。"王念孫《疏證》:"《集韻》《類篇》'瓯'字注引《廣雅》:'瓻、瓯，甎也。'又有'㼢'字，注亦云:'瓻、㼢，甎也。'蓋俗書'瓯'字作'𤭛'，故訛而爲'㼢'。"王氏所言是也。韓小荆《〈可洪音義〉研究》"姬"俗作"𡜊""𡛥","頤"俗作"𩔃""𩔄"，此是其佐證也。又《説文·瓦部》:"瓵，甌瓿謂之瓵。从瓦，台聲。"（269 下）《玉篇·瓦部》:"瓵，余之切。小甖也。"（78 下左）故"㼢"與"瓵"音義俱别，二字不可混同,《正字通》謂"㼢"即"瓵"字之訛，既無書證亦無例證，其説非是。

323. 㼠

《字彙·瓦部》:"㼠，唐何切，音陀。瓦盌。"（293 上）

《正字通·瓦部》:"㼠，俗瓵字。舊注音陀，訓瓦盌，分爲二。俗作㼠，亦非。"（688 上）

按:《康熙字典·瓦部》:"㼠,《廣韻》徒何切,《集韻》唐何切，並音陀。《廣韻》:'瓦瓫。'《集韻》:'缶也。'"（749 下）《名義·瓦部》:"㼠，徒何反。瓫也。"（161 下）《新撰字鏡·瓦部》:"㼠，徒何反。瓦瓫。"（277）《龍龕》卷二《瓦部》:"㼠，音陁。瓦盌。"（316）《玉篇·瓦部》:"㼠，徒河切。瓦盌也。"（79 上右）敦煌本《王韻》平聲歌韻徒何反:"㼠，瓦瓫。"（372）故宫本《王韻》同。故宫本《裴韻》平聲歌韻徒何反:"㼠，瓦瓫。"（556）"盌""瓫"字同,"㼠"即"㼠"字之俗。《集韻》平聲戈韻湯何切:"㼠，缶也。"（201）《集韻》改訓"缶也"，於前代字韻書皆無徵，非是。《説文·瓦部》:"瓵，甌瓿謂之瓵。从瓦，台聲。"（269 下）《玉篇·瓦部》:"瓵，余之切。小甖也。"（78 下左）故"㼠"

與“瓴”音義俱別，二字不可混同，《正字通》謂“瓴”即“瓴”字之俗，既無書證亦無例證，其説非是。

324. 㼛

《字彙·瓦部》:“㼛，扶汎切，音梵。瓶貌；又瓦也。”（293 上）

《正字通·瓦部》:“㼛，舊注音梵，瓶貌；又瓦也，按：瓦無㼛名，瓶雖成形，何貌之有。”（688 上）

按:《康熙字典·瓦部》:“㼛，《字彙》扶汎切，音梵。瓶貌；又瓦也。”（750 上）《玉篇·瓦部》:“㼛，扶汎切。瓦。”（79 上右）《集韻》去聲梵韻扶泛切:“瓰，瓦也。”（631）“㼛”與“瓰”音義並同，即爲異體字。《直音篇》卷四《瓦部》:“㼛瓰，並音梵。瓦名。一曰瓦也。”（180 上）此是其證也。《新修玉篇》卷十六《瓦部》引《玉篇》:“㼛，扶汎切。瓦也。”（144 下左）《篇海》卷三《瓦部》引《玉篇》:“㼛，扶汎切。皃。”（619 上）“㼛”字，《新修玉篇》與《篇海》義訓不同，《新修玉篇》所言是也，《篇海》訓“皃”，非是。《詳校篇海》卷一《瓦部》:“㼛，扶汎切，音梵。瓶貌。又瓦也。亦作瓰。”（72 上）《篇海類編》同。《詳校篇海》《篇海類編》訓“瓶貌”，於前代字韻書皆無徵，當因承襲《篇海》之謬而又進一步妄改所致的訓釋失誤。《字彙》《康熙字典》訓“瓶貌”，當因承襲前代字書之謬而誤。《大字典》《字海》“㼛”字下皆據《字彙》之謬而收録“瓶貌”這一義項，疑並非是。

325. 㼜

《字彙·瓦部》:“㼜，古諧切，音皆。牡瓦。”（293 下）

《正字通·瓦部》:“㼜，居腮切，音皆。牡瓦。”（688 下）

按:《康熙字典·瓦部》:“㼜，《廣韻》古諧切，《集韻》居諧切，並音皆。牡瓦。”（751 上）《龍龕》卷二《瓦部》:“㼜，音皆。瓴瓦。一曰器也。”（316）《龍龕》又訓“器也”，疑非是。《玉篇·瓦部》:“㼜，古諧切。牡瓦也。”（79 上右）故宫本《王韻》平聲皆韻古諧反:“㼜，（牝）[牡]瓦。”（447）《廣韻》平聲皆韻古諧切:“㼜，牡瓦。”（53）《集韻》

平聲皆韻居諧切："㼋，（壯）［牡］瓦謂之㼋。"（103）《龍龕》又訓"㼋"爲"器也"，於歷代字韻書皆無徵，當爲行均妄補。《大字典》"㼋"字下據《龍龕》之誤而收録"器名"這一義項，亦非。

326. 甏

《字彙·瓦部》："甏，蒲孟切，彭去聲。瓶甕。"（294 上）

《正字通·瓦部》："甏，俗字。"（690 上）

按：《康熙字典·瓦部》："甏，《字彙》蒲孟切，彭去聲。瓶甕。"（753 上）《詳校篇海》卷一《瓦部》："甏，蒲孟切，音彭去聲。甖屬。亦作瓬。"（73 上）《篇海類編》同。《詳校篇海》《篇海類編》所言是也。《集韻》去聲映韻蒲孟切："瓬，瓴屬。"（603）下文普孟切又曰："瓬，罌屬。"（605）故"甏"與"瓬"音義並同，"甏"當即"瓬"之異體字。《詳校篇海》卷一《瓦部》："瓬，普孟切，音烹去聲。甖屬。又蒲迸切，音彭去聲。亦作甏。"（72 上）《篇海類編》同。此亦其證也。

327. 瓽

《字彙·瓦部》："瓽，都郎切，音當。題瓽也。"（294 下）

《正字通·瓦部》："瓽，舊注音當，題瓽，本作當，俗作瓽。"（690 上）

按：《康熙字典·瓦部》："瓽，《集韻》都郎切，音當。《玉篇》：'題瓦也。'《類篇》：'甌屬。一曰題瓦謂之瓽溝。'"（753 下）《龍龕》卷二《瓦部》："瓽，音當。題瓽也。"（316）《玉篇·瓦部》："瓽，丁桑切。題瓦也。"（79 上右）《正字通》所言當是。《玉篇校釋》"瓽"字下注："'題瓦'當爲'題瓦'，瓽即瓦當。古建築宮殿所用之㼬甎，當擔際之題也，瓽溝謂瓦溝。"（3126）胡氏所言是也。《名義·瓦部》："瓽，丁桑反。題瓦。"（162 上）此即其證也。故《龍龕》訓"題瓽也"，當爲"題瓽也"之誤，而《玉篇》訓"題瓦也"，當爲"題瓦也"之誤，此"瓽"本當作"當"。又《集韻》平聲唐韻都郎切："瓽，甌屬。"（220）《玉篇校釋》"瓽"字下又曰："案訓甌屬者與甞同。"（3126）胡氏此説亦是。《説文·瓦部》：

"甞，大盆也。从瓦，尚聲。"（269 下）《廣韻》去聲宕韻丁浪切："甞，大甕。"（340）故"甑"訓"甌屬"，與"甞"音義皆近，此"甑"當即"甞"之異體字。

328. 㼫

《字彙·瓦部》："㼫，胡谷切，音斛。瓦坯。"（294 下）

《正字通·瓦部》："㼫，舊注音斛，瓦坯。按：甎瓦坯無㼫名。"（690 下）

按：《康熙字典·瓦部》："㼫，《廣韻》《集韻》並胡谷切，音斛。瓦器。又《玉篇》：'坯也。'"（753 下）《玉篇·瓦部》："㼫，胡谷切。坯。"（79 上右）《廣韻》入聲屋韻胡谷切："㼫，瓦坏。"（366）《玉篇校釋》"㼫"字下注："《廣韻》入聲一屋胡谷切：'瓦坯。'《集韻》云：'瓦器。一曰坯也。'本書《土部》：'塙，土墼也。'墼者瓦未燒，與坯同。《缶部》：'㲉，未燒瓦器也。'瓦器未燒即爲坯。塙、㲉並與㼫同。"（3133）胡氏所言當是。《説文·缶部》："㲉，未燒瓦器也。从缶，㱿聲。讀若筩莩。"（109 上）"㲉"亦指没有燒過的磚瓦、陶器等的坯。"㲉"《廣韻》音"苦候切"，又"空谷切"。《廣韻》入聲屋韻空谷切："塙，土墼。"（367）"瓦坏"與"未燒瓦器也""土墼也"訓異義同，故"㼫"與"塙""㲉"音近義同，當爲異體字。《集韻》入聲屋韻胡谷切："㼫，瓦器。一曰坯也。"（635）據上文可知，《集韻》謂"㼫"一曰"坯也"，是也；然訓"瓦器"非是，當爲"未燒瓦器"之脱誤，"未燒瓦器"與"坯"訓異義同。《大字典》"㼫"字下據《集韻》之誤而收録"瓦器"這一義項，亦非。

329. 畺

《字彙·田部》："畺，居良切，音江。界也。又三百里之地曰畺。《周禮》：'以大都之田任畺地。'"（299 上）

《正字通·田部》："畺，疆本字。从二田，三隔指所界。《篇海》作畺，俗作壃，今通作疆。"（701 下）

按:《康熙字典・田部》:"畺,《唐韻》《集韻》《正韻》並居良切,音薑。《説文》:'界也。从畕,三其界畫也。'《博雅》:'竟也。'……又《集韻》丘亮切,音唴。死不朽也。或从弓。"(768 上)故宫本《王韻》去聲漾韻居亮反:"疆,屍勁。"(505)《廣韻》去聲漾韻居亮切:"彊,屍勁硬也。"(339)《集韻》去聲漾韻居亮切:"畺彊,死不朽也。或從弓。"(599)龍宇純《校箋》注:"疆字,《廣韻》作彊,《集韻》作畺,或體與《廣韻》同。《廣韻》云:'屍勁硬也。'《集韻》云:'死而不朽。'案:《爾雅・釋木》:'殭木。'釋文云:'《字書》云:死而不朽。'本書陽韻殭下云:'白死不朽。'《陳君閣道碑》云:'車馬疆頓。'疆與殭同。"(548)龍氏所言疑可商榷。余迺永《校注》云:"《全王》字作'疆',訓'屍勁';《集韻》謂'死不朽也',以之爲'畺'字或體。按《玉篇》'彊'音巨章、其兩二切,無'屍勁'義,'殭'音居良、居亮二切,謂'死不朽也'。與本書陽韻居良切'殭'字音義同。又本書陽韻巨良切、養韻其兩切之'彊'字亦不録'屍勁'義,足證本切'彊'字固應作'殭'。'殭'字見《爾雅・釋木》'棧木,干木'條郭注:'橿木也。'《釋文》字作'殭'云:'居良反。《字書》云:死而不朽。本或作僵。《説文》云:僵,偃也。又作橿。'《全王》作'疆',尤誤。"(889)余氏所言是也。《新撰字鏡・歹部》:"殭,居良反。仆也;[死]也。"(650)《龍龕》卷四《歹部》:"殭,居良反。死不朽也。"(513)《玉篇・歹部》:"殭,居良、居亮二切。死不朽也。"(58 上左)以上諸書皆其證也。故據上文可知,故宫本《王韻》訓爲"屍勁"之"疆"當即"殭"字之訛,《廣韻》訓爲"屍勁硬也"之"彊"亦爲"殭"字之訛,《集韻》"畺"之或體"彊"字亦當爲"殭"字之訛。故"畺"訓"死不朽也",與"殭"音義並同,即異體字,二字本當作"僵"。《康熙字典》轉録《集韻》之訓而未作校正,亦失考證。《大字典》《字海》"畺"字下第(二)義項皆未溝通其與"殭"字的異體關係,俱失考證。

330. 畓

《字彙・田部》:"畓,古文穡字。"(299 上)

《正字通・田部》:“畱，舊注古文穡字。按:《説文》:‘嗇，愛濇也；穡，穀可收。’穡無古文,《集韻》嗇古作畱，通作穡，今誤以畱爲古穡字，非。《集韻》改从囘爲从田，亦非。”(701下)

按:《康熙字典・田部》:“畱,《五音集韻》:‘古文穡字。’”(768下)《説文・㐭部》:“嗇，愛濇也。从來，从㐭。來者㐭而藏之，故田夫謂之嗇夫。畱，古文嗇从田。”(106下)朱駿聲《説文通訓定聲》:“此字本訓當爲收穀，即穡之古文也。”商承祚《殷虚文字類編》:“卜辭從田，與許書嗇之古文合……穡字《禮記》皆作嗇，此穡、嗇一字之明證矣。”《集韻》入聲職韻殺測切:“嗇,《説文》:‘愛濇也。从來，从㐭。來者㐭而藏之，故田夫謂之嗇夫。’古作畣、畬。”(756)“畬”即“畱”之異寫字。《直音篇》卷三《田部》:“畱，古文嗇字。畣，同上。”(131上)“嗇”與“穡”本爲一字,“畱”爲“嗇”之古文，亦爲“穡”字古文，故《字彙》謂“畱”即“穡”字古文，亦可。《大字典》收録“畱”字，據《説文》而謂同“嗇”，是也；然又據《字彙》之説而謂“一説同‘穡’”，失當。《大字典》據《説文》《字彙》之説而謂同“嗇”“穡”，即可。

331. 疓

《字彙・疒部》:“疓，囊亥切，音乃。病也。”(300上)

《正字通・疒部》:“疓，俗字。舊注音乃，病也，經史通用病，不必别作疓，一曰㽱字之譌。”(704下)

按:《康熙字典・疒部》:“疓,《廣韻》如亥切,《集韻》汝亥切，並茼上聲。病也。又《集韻》囊亥切，音乃；又女蟹切，音妳。義並同。”(773上)《廣雅・釋詁一》:“疓，病也。”《名義・疒部》:“疓，如(奴)亥反。欲病也。”(111上)《玉篇・疒部》:“疓，奴亥切。病也。”(57上左)《正字通》一説“疓”即“㽱”字之譌，疑非是。箋注本《切韻》(斯2071)上聲有韻許久反:“㽱，病。”(138)故宫本《王韻》、《廣韻》同。又《廣韻》上聲巧韻古巧切:“疞，腹中急痛。俗作㽱。”(203)此“㽱”即“疞”字之俗。故“疓”與“㽱”儘管義同，然形音俱别，二字不可混同,《正字通》“一説”非是。

332. 疺

《字彙・疒部》:“疺，呈兩切，音丈。病也。”（300 下）

《正字通・疒部》:“疺，俗字。舊注音丈，訓病，誤。一曰疢字之訛。”（705 上）

按:《康熙字典・疒部》:“疺,《廣韻》直兩切,《集韻》雉兩切，並音丈。病也。”（773 下）《名義・疒部》:“疺，治兩反。病也。”（111 下）《玉篇・疒部》:“疺，治兩切。病也。”（57 下右）故宮本《王韻》上聲養韻直兩反:“疺，病。”（484）《廣韻》《集韻》同。又《説文・疒部》:“疢，熱病也。从疒，从火。”（152 下）《廣雅・釋詁一》:“疢，病也。”“疢”，《廣韻》音“丑刃切”。故“疺”與“疢”儘管義同，然形音俱別，二字不可混同，《正字通》“一説”非是。

333. 痵

《字彙・疒部》:“痵，居義切，音計。癡也；又羸也。”（300 下）

《正字通・疒部》:“痵，疧字之訛。舊注訓癡、羸，並非。《篇海》痵同疧，亦非。”（705 下）

按:《康熙字典・疒部》:“痵,《集韻》居氣切，音既。癡也。或作疙。”（774 上）《集韻》去聲未韻居氣切:“痵，癡也。或作疙（疧）。”（488）《新修玉篇》卷十一《疒部》引《餘文》:“痵，居豙切。癡也。”（103 下左）《篇海》同。《直音篇》卷三《疒部》:“痵，音既。癡也。”（112 上）故“痵”即“疙（疧）”之異體字，當訓“癡也”。《詳校篇海》卷二《疒部》:“痵，居義切，音計。癡也；又羸也。與疙同。”（126 上）《篇海類編》同。《詳校篇海》《篇海類編》又訓“羸也”，此訓於前代字韻書皆無徵，疑不可據。《字彙》又訓“羸也”，當因承襲前代字書之謬而誤。《大字典》《字海》“痵”字下據《篇海類編》分別收録“羸”“羸弱”這一義項，疑並非是。

334. 痃

《字彙·疒部》:"痃，乞恊切，音怯。病劣。"(301上)

《正字通·疒部》:"痃，乞恊切，音怯。病劣。與怯通。"(706上)

按:《康熙字典·疒部》:"痃,《廣韻》去刧切,《集韻》乞業切，並音怯。病劣。與怯通。又《集韻》口舉切，音去。病也。"(775上)《廣韻》入聲業韻去刧切:"痃，病劣。"(440)《集韻》入聲業韻乞業切:"痃，羸也。"(785)《集韻》上聲語韻口舉切又曰:"痃，病也。"(328)《集韻》音"口舉切"，此即爲"痃"字"又音"。《正字通》所言當是。慧琳《音義》卷四《大般若波羅蜜多經》第三百六十六卷:"無怯，欠業反。《蒼頡篇》云:'怯，畏劣也。'《集訓》云:'懼也。'《韻詮》:'弱也。'說文從犬作狜，以犬多畏，故從犬、去聲也，形聲字也。"(57，P460A5)《集韻》入聲葉韻去涉切:"怯，弱也。"(776)故"痃"與"怯"音同義通，"痃"本當作"怯"。

335. 痮

《字彙·疒部》:"痮，式亮切，商去聲。疾憂貌。"(301下)

《正字通·疒部》:"痮，時亮切，商去聲。疾憂貌。《篇海》痮同慯。"(708上)

按:《康熙字典·疒部》:"痮,《廣韻》《集韻》《正韻》並式亮切，音餉。《說文》:'憂也。'《廣韻》同慯。《集韻》一曰痛也。又《集韻》尸羊切，音商。義同。《類篇》或作瘍。"(777上)《名義·疒部》:"痮，尸向反。慯字。憂思也。"(111下)《龍龕》卷四《疒部》:"痮，失亮反。憂也。"(476)《廣韻》去聲漾韻式亮切:"慯，憂也。痮，上同。"(336)《集韻》平聲陽韻尸羊切:"痮瘍，憂疾。或从商。"(214)下文去聲漾韻式亮切又曰:"慯,《說文》:'憂也。'一曰閔也。或作痮。"(597)"痮"即"慯"之異體字。《說文·心部》:"慯，憂也。从心，殤省聲。"(222上)《廣雅·釋詁二》:"慯，痛也。"《廣韻》平聲陽韻式羊切:"慯，憂皃。"(112)《集韻》平聲陽韻尸羊切又曰:"慯，痛也；憂也。"(214)"憂也”“憂思也”“痛也”“憂疾”諸義訓異義同，故“瘍”與“慯”音義並同，“瘍”即“慯”之異體字。《大字典》收録“瘍”字，其下分爲兩個義項：第一義項音 shàng，據《集韻》謂同“慯”；第二義項音 shāng，據《集韻》訓“憂疾”。據上文可知，“瘍”字有平、去兩讀，“慯”字亦有平、去兩讀，二者皆爲異體字，故《大字典》這樣處理“瘍”與“慯”的字際關係是失當的。《大字典》應將“瘍”字下第（二）義項以“又音”的形式合併到第（一）義項中去，直謂同“慯”即可。《字海》“瘍”字下據《集韻》直謂同“慯”，是也。

336. 㾜

《字彙・疒部》：“㾜，蘇骨切，音速。㾜瘍，癡病。”（303 下）

《正字通・疒部》：“㾜，痟、痏二文之譌。舊注音速，㾜瘍，癡病。按：瘍與癡外内重輕各别，瘍創也，癡騃也，合癡瘍訓㾜，益信其誤，宜删。”（713 上）

按：《康熙字典・疒部》：“㾜，《集韻》蘇骨切，音窣。㾜瘍，癡病。”（782 下）《集韻》入聲没韻蘇骨切：“㾜，㾜㾑，癡皃。”（682）上文入聲月韻五紇切：“㾑，㾜㾑，癡皃。”（679）《新修玉篇》卷十一《疒部》引《餘文》：“㾜，息骨切。㾜㾑，癡病也。”（105 上左）《篇海》卷五《疒部》引《餘文》：“㾜，息骨切。㾜瘍，癡病也。”（660 上）據上文《集韻》《新修玉篇》可知，《篇海》訓“㾜瘍”，當爲“㾜㾑”之誤。《直音篇》卷三《疒部》：“㾜，蘇骨切。[㾜㾑]，癡貌。”（113 上）下文又曰：“㾑，音孽。痟㾑，癡貌。”（113 下）據上文可知，“痟㾑”之“痟”當爲“㾜”字誤刻。《詳校篇海》卷二《疒部》：“㾜，蘇骨切，音速。㾜瘍，癡病。”（128 下）《篇海類編》同。《詳校篇海》《篇海類編》《字彙》訓“㾜”爲“㾜瘍”，皆因承襲《篇海》之謬而誤。又《説文・疒部》：“痟，酸痟，頭痛。从疒，肖聲。《周禮》曰：‘春時有痟首疾。’”（151 下）《玉篇・疒部》：“痏，烏玄切。骨節疼。”（57 下右）下文又曰：“痟，思燋切。痟渴病也。”（57 下右）故“㾜”與“痟”“痏”音義俱别，不可混同，《正字通》謂“㾜”即“痟”“痏”二文之訛，且承襲《字彙》之誤而妄説，非是。

337. 瘧瘮

《字彙·疒部》:"瘧,乃亞切,拏去聲。病也。"(304 上)

《正字通·疒部》:"瘮,瘧字之訛。"(713 下)

按:《康熙字典·疒部》:"瘮,《集韻》乃嫁切,拏去聲。病也。"(783 下)《玉篇·疒部》:"瘧,尼夜切,又女下切。瘧病也。"(57 下左)《集韻》去聲禡韻乃嫁切:"瘧,病也。"(594)"瘮"即"瘧"之異寫字,《正字通》謂"瘮(瘧)"即"瘳"字之訛,疑不可據。《説文·疒部》:"瘳,引縱曰瘳。从手,瘛省聲。"(254 下)《名義·手部》:"瘳,充世反。牽也。"(52 上)《玉篇·手部》:"瘳,充世切。牽也。《説文》曰:'引縱曰瘳。'"(29 上左)故"瘮(瘧)"與"瘳"形音義俱別,不可混同,《正字通》謂"瘮(瘧)"即"瘳"字之訛,既無書證亦無例證,其説非是。

338. 瘳

《字彙·疒部》:"瘳,丑鳩切,音抽。病愈也。《商書》:'若藥弗瞑眩,厥疾弗瘳。'"(304 下)

《正字通·疒部》:"瘳,丑鳩切,音抽。《説文》:'疾瘉也。'《書·盤庚》:'不共或稽,自怒曷瘳。'"(714 下)

按:《康熙字典·疒部》:"瘳,《唐韻》敕鳩切,《集韻》《韻會》《正韻》丑鳩切,並音抽。《説文》:'疾病瘉也。'"(784 下)揚州使院重刻本《集韻》入聲屋韻力竹切:"瘳,病也。"(1334)此"瘳"字,述古堂影宋鈔本《集韻》、宋刻本《集韻》皆作"瘳",作"瘳"是也。《集韻校本》於此字下注曰:"明州本、潭州本、金州本、毛鈔、錢鈔'瘳'字作'瘳'。陳校、龐校、錢氏父子校同。與《類篇·疒部》合。"(843)此説是也。《玉篇·疒部》:"瘳,力竹切。病也。"(57 下左)此亦其證也。故此"瘳"當即"瘳"字之俗,而"瘳"又當即"戮"字之俗(詳見本書"瘳"字注)。

339. 瘺

《字彙・疒部》:“瘺，毗面切，音卞。肉瘺。”（304 下）

《正字通・疒部》:“瘺，㾫字之訛。”（715 上）

按:《康熙字典・疒部》:“瘺,《字彙》毗面切，音卞。肉瘺。”（785 下）《直音篇》卷三《疒部》:“瘺，音便。肉瘺。”（113 下）《詳校篇海》卷二《疒部》:“瘺，毗面切，音卞。肉瘺。”（129 上）《篇海類編》同。《正字通》所言疑是。《説文・疒部》:“㾫，半枯也。从疒，扁聲。”（152 下）段玉裁注:“㾫之言偏也。”王筠《句讀》:“群書皆作偏，王冰注《素問》曰：偏枯，半身不隨。”“㾫”,《廣韻》音“芳連切”,《集韻》音“紕延切”;“便”,《廣韻》音“房連切”,《集韻》音“毗連切”。“瘺”字,《直音篇》音“便”，當音“房連切”，而非音“婢面切”。故“瘺”與“㾫”音近，“瘺”當因“㾫”義指“偏枯，半身不遂”，又“偏”“徧”字同，故而俗書變作“瘺”。《直音篇》訓“肉瘺”，疑爲望形生訓。

340. 瘳

《字彙・疒部》:“瘳，力竹切，音録。病也。”（305 上）

《正字通・疒部》:“瘳，訛字。”（716 上）

按:《康熙字典・疒部》:“瘳,《集韻》力竹切，音六。病也。”（786 下）《玉篇・疒部》:“瘳，力竹切。病也。”（57 下左）《集韻》入聲屋韻力竹切:“瘳，病也。”（645）“瘳”當即“戮”字之俗。《爾雅・釋詁下》:“戮，病也。”《廣韻》入聲屋韻力竹切:“戮，刑戮。《説文》:‘殺也。’《爾雅》:‘病也。’”（370）“瘳”與“戮”音義並同，又因“戮”“勠”相通，故而“戮”俗書變作“瘳”。

341. 瘳

《字彙・疒部》:“瘳，羊益切，音亦。病相染。”（305 上）

《正字通・疒部》:“瘳，訛字。”（716 上）

按:《康熙字典・疒部》:“瘳,《集韻》夷益切，音亦。病相染。”（787

上)《新修玉篇》卷十一《疒部》引《餘文》:“癉,羊益切。病相染也。”(106 上右)《篇海》同。“癉”訓“病相染也”,當即“瘍”之異體字。《名義·疒部》:“瘍,以赤反。脈(易)[瘍]也;癡也。”(110 上)《玉篇·疒部》:“瘍,羊赤切。脈病也。又病相染也。”(57 上右)《玉篇》訓“脈病也”,當爲“脈瘍也”之誤。《廣韻》入聲昔韻羊益切:“瘍,病相染也。”(418)故“癉”訓“病相染也”,與“瘍”音義並同,即爲異體字。《集韻》入聲昔韻夷益切:“瘍,《説文》:‘脈瘍也。’一曰病也。或作癉。”(746)《集韻》一曰“病也”,當爲“病相染也”之脱誤;然《集韻》謂“瘍”或作“癉”,是也。故“癉”即“瘍”之異體字。《大字典》收録“癉”字,其下分爲兩個義項:第❶義項據《字彙》訓“病相染”;第❷義項據《集韻》之説而謂同“瘍”。據上文可知,“癉”訓“病相染也”,亦同“瘍”,《大字典》“癉”字此義未與“瘍”認同,非是。《字海》“癉”字直謂同“瘍”,是也。

342. 癔

《字彙·疒部》:“癔,于謹切,音隱。癔疹,皮外小起。”(305 下)

《正字通·疒部》:“癔,以忍切,音隱。癔疹,皮外小起。本作隱。”(716 下)

按:《康熙字典·疒部》:“癔,《廣韻》於謹切,《集韻》倚謹切,並音隱。癔疹,皮外小起。《類篇》或作癮。”(787 下)箋注本《切韻》(斯 2071)上聲隱韻於謹反:“癔,癔胗,皮上小起。”(133)敦煌本《王韻》上聲隱韻於謹反:“癔,癔胗,皮水(外)小起。”(390)故宫本《王韻》上聲隱韻於謹反:“癔,癔胗,皮外小起。”(478)《廣韻》同。《正字通》所言當是。《集韻》平聲隱韻倚謹切:“癔癮,癔胗,皮小起皃。或不省。”(358)故“癮”即“癔”之異體字,本作“隱”(詳見本書“癮”字注)。

343. 癀

《字彙·疒部》:“癀,都皓切,音倒。病也。”(305 下)

《正字通·疒部》:“㾀,俗疛字。舊注音宙,與疛同,非。又音倒,病也;音紬,心𢚎,並非。”(716下)

按:《康熙字典·疒部》:“㾀,《廣韻》都皓切,《集韻》覩老切,並音倒。病也。又《廣韻》《集韻》並直祐切,音胄。與疛同。小腹疾也。又《集韻》陟柳切,音肘。義同。又《集韻》陳留切,音儔。心𢚎。”(787下)《玉篇·疒部》:“㾀,覩老切。病也。”(56下右)故宫本《王韻》上聲晧韻都浩反:“㾀,病也。”(482)《廣韻》上聲晧韻都晧切:“㾀,病也。”(205)《集韻》同。此“㾀”當同“𤺺”,本作“擣”。《名義·疒部》:“𤺺,丁道反。心病也。擣字。”(111下)《新撰字鏡·疒部》:“𤺺,丁道反。心痛。”(150)《詩·小雅·小弁》:“我心憂傷,惄焉如擣。”毛傳:“擣,心疾也。”陸德明《釋文》:“擣,本或作㾀。”故“㾀”訓“病也”,當即“𤺺”之異體字,而“𤺺”又當即在“擣”字的基礎上因涉義增加義符“疒”旁所産生的分化字。又《集韻》平聲尤韻陳留切:“㾀,心𢚎。”(260)“㾀”字,《集韻》又音“陳留切”,當爲“㾀”字又音,其訓“心𢚎”,與“病也”“心病也”“心痛”“心疾也”諸訓皆訓異義同,亦當即“𤺺”之異體字,本亦作“擣”。

344. 𤸹

《字彙·疒部》:“𤸹,口蓋切,音慨。喉疾。又烏合切,音遏。短氣。”(305下)

《正字通·疒部》:“𤸹,俗字。舊注音慨,喉疾,與欬義近,改作𤸹,非;又音遏,短氣,亦非。”(716下)

按:《康熙字典·疒部》:“𤸹,《玉篇》口蓋切,音慨。喉疾。又《字彙》烏合切,音遏。短氣也。”(787下)《玉篇·疒部》:“𤸹,口蓋切。喉疾也。”(57下左)《集韻》去聲夳韻丘蓋切:“𤹉,喉疾。”(521)《集韻》此“𤹉”當即“𤸹”字轉録之誤,當如《正字通》所言,此“𤸹”即“欬”之異體字。《説文·欠部》:“欬,屰气也。从欠,亥聲。”(177下)《玉篇·疒部》:“欬,口載切。上欶也。”(45下右)《廣韻》去聲代韻苦蓋切:“欬,欬瘶。”(292)“𤸹”與“欬”音義皆通,此“𤸹”當即

“欸”之異體字。《字彙》又音“遏”，訓“短氣”，此“𤸱”當即“𤺄”之異體字。玄應《音義》卷八：“𤺄樓，烏合反。病短氣曰𤺄。”（56，P943B17）《龍龕》卷四《疒部》：“𤺄，烏合反。短氣也。”（478）《廣韻》入聲合韻烏合切：“𤺄，短氣。”（433）故“𤸱”訓“短氣”，與“𤺄”音義並同，此“𤸱”當即“𤺄”之異體字。

345. 𤻪

《字彙·疒部》：“𤻪，桑孤切，音蘇。病也。”（305下）

《正字通·疒部》：“𤻪，舊注音蘇，病也。按：病初起曰蘇。《史［記］·扁鵲傳》：‘有間，太子蘇。’或作穌，俗作甦，今改作𤻪，訓病，誤。”（717上）

按：《康熙字典·疒部》：“𤻪，《集韻》孫租切，音蘇。病也。”（788上）《玉篇·疒部》：“𤻪，桑孤切。病也。”（57下右）《集韻》平聲模韻孫租切：“𤻪，病也。”（85）《正字通》所言當是。《玉篇校釋》“𤻪”字下注：“疑此爲病蘇息字。”（2268）此說印證了《正字通》之說。“蘇”可義指“再生；更生”。《小爾雅·廣名》：“死而後生謂之蘇。”《左傳·宣公八年》：“晉人獲秦諜，殺諸絳市，六日而蘇。”《南史·任昉傳》：“昉先以毁瘠，每一慟絶，良久乃蘇。”亦可指“蘇息；緩解”。《方言》卷十：“悦、舒，蘇也。”郭璞注：“謂蘇息也。”《書·仲虺之誥》：“徯予后，後來其蘇。”孔傳：“待我君來，其可蘇息。”唐杜甫《江漢》：“落日心猶壯，秋風病欲蘇。”“𤻪”疑即因“蘇”之“再生；更生”之義或“蘇息；緩解”之義而改換義符所産生的俗字。《玉篇》訓“病也”，當爲望形生訓。《集韻》亦訓“病也”，當因承襲《玉篇》之謬而誤。

346. 𤻶

《字彙·疒部》：“𤻶，許典切，音顯。寒病。”（305下）

《正字通·疒部》：“𤻶，俗字。”（717上）

按：《康熙字典·疒部》：“𤻶，《集韻》許偃切，音幰。病也。”（788下）《玉篇·疒部》：“𤻶，許偃切。病也。”（57下右）《新修玉篇》《篇海》

引《玉篇》皆同。《集韻》上聲阮韻許偃切:“瘻,寒病。”(361)《玉篇校釋》“瘻”字下注:“疑瘻爲中寒抽筋之病。”(2272)《直音篇》卷三《疒部》:“瘻,音顯。病疑。”(113下)《直音篇》訓“瘻”爲“病疑”,於前代字韻書皆無徵,非是。《詳校篇海》卷二《疒部》:“瘻,許偃切,音顯。寒病。又病疑。”(129下)《篇海類編》同。《詳校篇海》《篇海類編》訓“寒病”,是也;然又訓“病疑”,當因承襲《直音篇》之謬而誤。《大字典》“瘻”字下據《篇海類編》之誤而收録“病疑”這一義項,亦失考證。

347. 癱

《字彙·疒部》:“癱,楚鑑切,音懺。病也。”(305下)

《正字通·疒部》:“癱,俗字。”(717下)

按:《康熙字典·疒部》:“癱,《集韻》叉鑑切,音懺。病也。”(788下)《集韻》去聲鑑韻叉鑑切:“癱,病也。”(630)《正字通》謂“癱”爲俗字,所言當是。今案:“癱”疑即“懺”字之俗。《廣韻》去聲鑑韻楚鑒切:“懺,自陳悔也。”(362)《集韻》去聲鑑韻叉鑑切:“懺,悔也。”(630)“癱”疑即“懺”因“懺悔”之義而改换義符所産生的俗字。

348. 瘤

《字彙·疒部》:“瘤,役征切,音營。病作也。”(305下)

《正字通·疒部》:“瘤,俗字。”(717下)

按:《康熙字典·疒部》:“瘤,《集韻》維傾切,音營。病作也。”(788下)《玉篇·疒部》:“瘤,役征切。病也。”(57下右)《集韻》平聲清韻伊盈切:“瘤,病也。”(241)元刊本《玉篇》改作“病作也”,非是。《字彙》訓“病作也”,亦因承襲前代字書之謬而誤。《玉篇校釋》“瘤”字下注:“疑爲瞢亂之病。《目部》:‘瞢,《説文》:惑也。’通作營。《淮南·精神》:‘揚無能營。’高注:‘營,惑也。一曰亂也。’”(2268)胡氏所言當是。故“瘤”當即“瞢”因假借“營”而增加義符所産生的俗字。

349. 瓘

《字彙·疒部》:“瓘，公翫切，音貫。病也。”(306上)

《正字通·疒部》:“瓘，癯字之訛。舊音貫，訓病，非。”(717下)

按:《康熙字典·疒部》:“瓘,《廣韻》《集韻》《韻會》並古玩切，音貫。病也。本作痯。”(788下)《集韻》去聲换韻胡玩切:“肒,《説文》:‘搔生創也。’或作瓘。”(554)此“瓘”即“肒”之異體字。《集韻》去聲换韻古玩切又曰:“痯,《爾雅》:‘痯痯，病也。’或作瓘。”(555)此“瓘”當即“痯”之異體字。又《廣韻》平聲虞韻其俱切:“臞，瘠也。癯，同上。”(39)故“瓘”與“癯”音義俱别，二字不可混同,《正字通》謂“瓘”即“癯”字之訛，且謂“舊注”非，既無書證亦無例證，其説非是。

350. 皟

《字彙·白部》:“皟，側革切，音責。深白也。又恥格切，音徹。浄也。”(307下)

《正字通·白部》:“皟，俗字。”(721下)

按:《康熙字典·白部》:“皟,《集韻》側革切，音責。浄也。一曰深白也。”(796上)《玉篇·白部》:“皟，側革切。”(95上左)《玉篇校釋》“皟”字下注:“《切韻》入聲麥韻:‘皟，浄也。惻革反。’本書《米部》:‘糣，白米。’糣與皟義近，皟之言漬也，浸漬使白浄也。”(3946)胡氏所言當是。《龍龕》卷四《白部》:“皟，楚革反。浄也。”(432)此是其證也。《新修玉篇》卷二十《白部》引《玉篇》:“皟，側革切。浄也。又初革切。浄也。”(178下右)此亦其證也。《篇海》卷七《白部》引《玉篇》:“皟，側策切。深白也。”(672上)《篇海》訓“深白也”，於前代字韻書皆無徵，非是。元刊本《玉篇·白部》:“皟，側革切。深白也。”元刊本《玉篇》訓“深白也”，當爲《篇海》所誤。《直音篇》卷五《白部》:“皟，音責。深白。”(217下)《直音篇》訓“深白”，亦當爲《篇海》所誤。《詳校篇海》卷三《白部》:“皟，陟革切，音責。浄也；深白也。又恥格切，音策。亦浄也。”（143 下）《篇海類編》同。《詳校篇海》《篇海類編》《字彙》訓“浄也”，是也；然又訓“深白也”，亦皆當爲《篇海》所誤。《康熙字典》一曰“深白也”，亦當因承前而誤。《大字典》《字海》“皟”字下分别據《字彙》之謬而收録“深白色”“深白”這一義項，疑並非是。

351. 皣

《字彙·白部》:“皣，弋涉切，音葉。明也；又草木白華。”（307 下）

《正字通·白部》:“皣，同皣，俗省。”（722 上）

按:《康熙字典·白部》:“皣，《正字通》同皣。”（796 上）《玉篇·白部》:“皣，于輒切。”（95 上左）元刊本《玉篇·白部》:“皣，于輒切。明也。”《玉篇校釋》“皣”字下注:“原依《説文》收卷十四《華部》:‘草木白華也。’此處後人所增，應删。元刊云‘明也’，即《日部》曄字。”（3946）胡氏所言是也。《説文·白部》:“皣，艸木白華也。从華，从白。”（124 上）《龍龕》卷四《白部》:“皣，爲輒反。草木白華也。”（432）《廣韻》入聲葉韻筠輒切:“皣，草木白華。”（436）《新修玉篇》卷二十《白部》引《玉篇》:“皣，于輒切。草木白華。”（178 下右）以上諸書皆其證也。元刊本《玉篇》訓“明也”，當因承襲《篇海》之謬而誤。《篇海》卷七《白部》引《玉篇》:“皣，于輒切。明也。草木白［華］。”（672 上）《篇海》訓“明也”，當因“皣”“曄”音同，故而誤植“曄”字之義於“皣”字之上所致的訓釋失誤。《説文·日部》:“曄，光也。从日、𠌶。”（134 下）《廣韻》入聲葉韻筠輒切:“曄，光也。”（436）“光”“明”義同，此即其證也。《字彙》訓“明也”，亦因承襲前代字書之謬而誤。《大字典》“皣”字下據元刊本《玉篇》之謬而收録“明”這一義項，亦非。

352. 皣

《字彙·白部》:“皣，魚怯切，音業。草木白花。”（307 下）

《正字通·白部》:“皣，同皣。本从業，皣即皣之省，分爲二，非。”

（722 上）

按：《康熙字典·白部》："皣，《篇海》魚怯切，音業。草木白花。"（796 上）《龍龕》卷四《白部》："皣，俗；曅，正。爲輒反。草木白華也。"（432）故"皣"當即"曅"通過改換聲符而形成的異體字。又《集韻》入聲屋韻普木切："皣，物氣蒸白。"（635）儘管"業"旁、"菐"旁俗書常可訛混，然"皣"與"皣"二字義訓區別甚明，二字不易混同，故《正字通》謂"皣"同"皣"，並謂"皣"即"皣"之訛分，疑不可據。

353. 皧

《字彙·皮部》："皧，於亮切，音鞅。青面。"（308 上）

《正字通·皮部》："皧，俗字，青面不必别作皧。"（722 下）

按：《康熙字典·皮部》："皧，《廣韻》《集韻》並於驚切，音英。《玉篇》'青貌'。又《廣韻》《集韻》《正韻》並於亮切，音怏。義同。又青血也。一曰面蒼。"（798 上）《康熙字典·皮部》："皧，"《玉篇·皮部》："皧，於亮、於明二切。青皃。"（122 下左）《玉篇》訓"青皃"，疑非是。《名義·皮部》："皧，於向反。青面。"（267 上）故宫本《王韻》去聲漾韻於亮反："皧，青面。"（505）《廣韻》去聲漾韻於亮切："皧，青面。"（337）以上諸書皆其證也。故《玉篇》訓"青皃"，當爲"青面"之誤。《廣韻》平聲庚韻於驚切："皧，清（青）皃。"（121）《廣韻》又訓"清（青）皃"，當爲《玉篇》所誤。又《集韻》去聲漾韻於亮切："皧，青血也。一曰面蒼。"（600）《集韻》訓"青血也"，於前代字韻書皆無徵，當爲"青面也"之誤。《康熙字典》承襲前代辭書義訓之誤而未作校正，亦失考證。《大字典》"皧"字下分别據《玉篇》《集韻》之誤而收録"青貌""青血"這兩個義項，疑並非是。

354. 盒

《字彙·皿部》："盒，胡閤切，音合。盤覆也。俗作器名。"（309 下）

《正字通·皿部》："盒，侯閤切，音合。盤覆也。俗作器名。"（725 上）

按：《康熙字典·皿部》："盒，《廣韻》侯閤切，《集韻》曷閤切，《正韻》胡閤切，並音合。《類篇》：'盤屬。'《廣韻》：'盤覆也。'《字彙》俗作器名。又《集韻》烏含切，音諳。器口斂也。"（801下）《廣韻》入聲合韻侯閤切："盒，盒盤覆也。"（431）《廣韻》注文之中的"盒"字當爲字頭誤重，《字彙》《正字通》録作"盤覆也"，是也。《集韻》平聲覃韻烏含切："盒，器曰斂。"（284）"曰"字，揚州使院重刻本《集韻》、宋刻本《集韻》皆作"口"，疑以作"口"爲是，"器口斂"與"盤覆也"義可相通，皆當指"覆蓋之器"。此"盒"疑即"盦"字之俗。《説文·皿部》："盦，覆蓋也。从皿，酓聲。"（99下）段玉裁注："盦，此謂器之蓋也。"段氏所言是也。《名義·皿部》："盦，於含反。覆蓋器也。"（160上）此即其證也。"盦"，俗書或可作"盫"。《龍龕》卷二《皿部》："盫，烏盍反。覆蓋也。"（329）"盫"，《廣韻》音"烏含切"，又音"安盍切"。"盫"與"盦"音義並同，"盫"當即"盦"字之俗。據上文可知，"盒"訓"盤覆也""器口斂"，與"盦（盫）"音近義通，此"盒"當即"盦（盫）"字之俗。《新撰字鏡·皿部》："盦，烏含反。覆蓋皃（也）；推也。**盦盫**，二上字。"（657）《龍龕》又訓"推也"，不知何據？然其謂"**盦**""**盫**"爲"盦（盫）"之或體，"盒"與此二字形近，故亦當即"盦（盫）"字之俗。此即其證也。《玉篇校釋》"盦"字下注："'覆蓋也'者，《説文》文，《切韻》同。《血部》'盇'下引《説文》：'覆也。'……《廣韻》：'盒，盤覆也。'並與盦音近義同。盦疑本作盦。亼象器蓋，以覆皿，皿中有酒也。古鉢文作盦、盦，殆與盇同字。今字作盒，金文作盦，從罇下有薦藉，或以供祭祀，故而從奠，亦古文之變例。"（3075）胡氏此説亦佐證了以上之説。故"盒"訓"盤覆也""器口斂"，疑爲"盦（盫）"字之俗。

355. 盬

《字彙·皿部》："盬，黄孤切，音胡。器也。"（310下）

《正字通·皿部》："盬，俗鹽字。舊注改音胡，分爲二，非。"（727下）

按：《康熙字典·皿部》："盬，《集韻》洪孤切，音胡。器也。"（805

下)《玉篇·皿部》:“𥁕,黄孤切。器也。”(77下左)《集韻》平聲模韻洪孤切:“𥁕,器也。”(89)《正字通》所言當是。《説文·皿部》:“盬,器也。从皿,从缶,古聲。”(99上)《玉篇·皿部》:“盬,公户切。器也。”(77下右)“𥁕”與“盬”義同,且部分構字部件相同,“𥁕”當即“盬”字之俗。《玉篇校釋》“𥁕”字下注:“《集韻·模韻》同。本書:‘盬,器也。’𥁕與盬同。”(3081)此説印證了《正字通》之説。故“𥁕”當即“盬”字之俗。《玉篇》改音“黄孤切”,疑不可據;《集韻》音“洪孤切”,又當爲《玉篇》所誤。

356. 𥂁

《字彙·皿部》:“𥂁,財艱切,音殘。(安)[盌]𥂁,盞也。”(310下)

《正字通·皿部》:“盞,俗盞字。舊注音殘,(安)[盌]盞,盞也,誤。”(727下)

按:《康熙字典·皿部》:“盞,《廣韻》昨干切,《集韻》《韻會》財干切,並音殘。詳‘盌’字注。”(805下)《方言》卷十三:“盂謂之櫂,河、濟之間謂之盌𥂁。”《玉篇·皿部》:“盌,於干切。盌𥂁,大盂也。”下字曰:“𥂁,才丹切。盌𥂁。”(77下左)《玉篇校釋》“盌”“𥂁”二字下注:“‘盌𥂁,大盂也’者,《切韻》同,蓋並出《埤倉》。《方言》十三:‘盂謂之櫂,河、濟之間謂之盌𥂁。’《廣雅·釋器》:‘案𥂁,盂也。’字亦作安殘。《御覽》引李尤安殘銘云:‘安殘令名,甘旨是盛。’”(3078)胡氏所言是也。《直音篇》卷二《皿部》:“盌,音安。盌𥂁,大盂。”下文又曰:“𥂁,音殘。盞也。”(70上)《直音篇》於“盌”字下訓“盌𥂁,大盂”,是也;然於“𥂁”字下訓“盞也”,誤脱被訓聯連綿“盌𥂁”,又改訓爲“盞也”,並非。《詳校篇海》卷三《皿部》:“𥂁,財艱切,音殘。盌𥂁,盞也。《廣韻》:‘大盂。’”(155上)《篇海類編》同。《詳校篇海》《篇海類編》訓“盞也”,皆因承襲《直音篇》之謬而誤;然其後又謂《廣韻》訓“大盂”,是也。《字彙》訓“盞也”,亦因承襲前代字書之謬而誤。《方言》卷五:“盞,桮也。自關而東,趙魏之間曰椷,或曰盞。”郭璞注:“盞,最小桮也。”“盞”,《廣韻》音“阻限切”。“𥂁(盞)”與“盞”

音義俱别，二字不可混同，故《正字通》謂“𤿎（𥁧）”即“盞”字之俗，其説非是。

357. 䀆

《字彙・目部》：“䀆，於教切，音要。深目。”（311 上）

《正字通・目部》：“䀆，舊注於教切，音要，深目，《舉要》作皃。按：《穴部》‘窅’注音義相近，别作䀆、皃，並非。一曰見字之譌。”（729 下）

按：《康熙字典・目部》：“䀆，《字彙》於教切，音靿。深目也。《廣韻》作皃，《集韻》昍，與窅、𥄗、曉、眑同。”（809 上）《新修玉篇》卷第四《目部》引《餘文》：“昍，於教切。深目。”（36 下左）《篇海》卷七《目部》引《餘文》：“皃，於絞切。深目也。䀆，於教切。同上。”（689 下）“䀆”“皃”“昍”當即同字異寫。《廣韻》上聲巧韻於絞切：“皃，深目。”（204）《集韻》上聲巧韻於絞切：“窅，深目也。或作昍。”（397）下文去聲效韻於教切又曰：“昍，深目。”（583）“䀆”“皃”“昍”與“窅”音義並同，並即“窅”字之俗。又《説文・目部》：“見，視也。从儿，从目。”（175 上）《廣韻》去聲霰韻古電切：“見，視也。”（314）“䀆”與“見”儘管形近，然音義俱别，二字不可混同，故《正字通》一曰“䀆”即“見”字之譌，其説疑不可據。

358. 䀛

《字彙・目部》：“䀛，覔筆切，音密。不見貌。”（311 下）

《正字通・目部》：“䀛，覔字之譌。舊注音覔，不見貌，非是。覔，尋求也。”（729 下）

按：《康熙字典・目部》：“䀛，譌𣅀字。《説文》本作否。美畢切。不見也。从日，否省聲。《類篇》或作𣅀，載《日部》。《字彙》从目，非。”（809 下）《廣韻》入聲質韻美畢切：“䀛，不見皃。”（384）周祖謨校勘記：“䀛，段云：‘䀛，《説文》作否，在《日部》。’”朱駿聲《説文通訓定聲・頤部》：“否，不見也。不聲。字亦誤作䀛。”以上二説是也。《説文·日部》:“否，不見也。从日，否省聲。”（136上）敦煌本《王韻》入聲質韻美筆反:“肙，不見。”（425）故宫本《王韻》入聲質韻美筆反:“𥄉，不見。”（513）“肙”“𥄉”與“否”音義並同，故“肙”“𥄉”皆爲“否”字俗訛。又《玉篇·見部》:“覓，莫狄切。索也。”（23下右）《廣韻》入聲錫韻莫狄切:“覓，求也。”（423）故“肙”與“覓”音義俱别，二字不可混同，《正字通》謂“肙”即“覓”字之訛，且謂“舊注”非，既無書證亦無例證，其説疑不可據。

359. 眀

《字彙·目部》:“眀，七計切，音砌。視也。”（311下）

《正字通·目部》:“眀，舊注音砌，視也，一曰覷俗作眀，汎訓視，非。”（730下）

按:《康熙字典·目部》:“眀，《廣韻》《集韻》並七計切，音砌。《玉篇》:‘視也。’《類篇》:‘察也。一曰衺視。’與瞡同。”（810下）《玉篇·目部》:“眀，七例切。視也。”（23上右）《説文·目部》:“瞡，察也。从目，祭聲。”（66下）《廣雅·釋詁一》:“瞡，視也。”（80上）“瞡”，《廣韻》“七計切”。“視也”“察也”義同，故“眀”與“瞡”音義並同，即爲異體字。《集韻》去聲霽韻七計切:“瞡眀，《説文》:‘察也。’一曰衺視。或从切。”（502）此即其證也。又《廣雅·釋詁一》:“覷，視也。”《廣韻》去聲御韻七慮切:“覷，伺視也。”（257）“眀”與“覷”義同而音别，二字不可混同，故《正字通》一曰“眀”即“覷”字之俗，且謂汎訓“眀”爲“視”非，既無書證亦無例證，其説非是。《大字典》“眀”字下分爲兩個義項:第❶義項據《玉篇》訓“視”；第❷義項據上文所引《集韻》之説而謂同“瞡”，其下據《集韻》又曰:“瞡，聰也。或从切。”《大字典》此處有兩個問題:第一個問題是“視也”“察也”義同，《大字典》誤分爲兩個義項，一義溝通，一義未加溝通，失當；第二個問題是《集韻》訓“聰也”，本作“聺”。《集韻》去聲霽韻七計切:“聺聑，聰也。或从切。”（502）揚州使院重刻本《集韻》、宋刻本《集韻》皆同。此即其證也。《字海》“眀”字據《集韻》之説而謂同“瞡”，是也。

360. 貼

《字彙·目部》:“貼,昌豔切,諂去聲。視也。”(312下)

《正字通·目部》:“貼,昌豔切,諂去聲。瞯視也。亦作覘。”(732下)

按:《康熙字典·目部》:“貼,《廣韻》丑豔切,《集韻》敕豔切,並諂去聲。《玉篇》:‘視也。’《類篇》:‘窺也。與覘同。’又《集韻》《韻會》並癡廉切,諂平聲。亦同覘。《類篇》:‘闚也。’揚子《方言》:‘凡相竊視,南楚或謂之貼。’又《集韻》之廉切,音詹。目垂也。又《廣韻》《集韻》並丁兼切,店平聲。《類篇》:‘竊視也。’又《廣韻》:‘目垂貌。’”(813下)《詳校篇海》卷三《目部》:“貼,昌豔切,音蹌;又蚩占切,音襜。注並視也。又丁廉切,音佔。目摇也;又目垂皃。”(169上)《篇海類編》同。《詳校篇海》《篇海類編》訓“目摇也”,疑非是。《方言》卷十:“貼,視也。凡相竊視,南楚謂之闚,或謂之貼。”(67)《玉篇·目部》:“貼,敕驗切。視也。”(22上右)箋注本《切韻》平聲添韻丁廉反:“貼,目垂。”(127)故宫本《王韻》平聲添韻丁廉反:“貼,目垂。又丁念反。”(469)故宫本《裴韻》、《廣韻》同。《集韻》平聲添韻丁兼切:“貼,竊視也。一曰目垂皃。”(293)故《詳校篇海》《篇海類編》訓“目摇也”,於前代字韻書皆無徵,當爲“目垂也”之誤。《詳校篇海》《篇海類編》誤作“目摇也”,故於下文又補“目垂皃”之訓。《大字典》“貼”字下據《篇海類編》之誤而收録“目摇”這一義項,疑亦非是。

361. 眪

《字彙·目部》:“眪,兵永切,音丙。視也;又目明。”(313上)

《正字通·目部》:“眪,比井切,音丙。目明。”(733下)

按:《康熙字典·目部》:“眪,《集韻》補永切,音丙。視也。又《類篇》:‘目明也。’”(815上)《龍龕》卷四《目部》:“昺,俗;眪,正。音丙。明也。二。”(420)《玉篇·目部》:“眪,筆皿切,又孚皿切。親也。”(22下左)《玉篇校釋》校“親也”爲“視也”,並注曰:“‘視也’

者，‘視’原訛‘親’，今正。《集韻》：‘眪，視也。’《類篇》云：‘目明也。’是也。凡丙聲字有明義，部首：‘丙，光明也。’《日部》：‘昞，明也。’《火部》：‘炳，明著也。’《艸部》：‘苪，著明也。’是眪訓視爲視明也。《集韻》又爲昉之或體亦是也。上：‘昉，古仿佛。’《人部》：‘仿，籀文作俩。’故眪、昉亦爲一字也。”（852）胡吉宣校“親也”爲“視也”，所校是也。《新修玉篇》卷第四《目部》引《玉篇》：“眪，筆皿切，又孚皿切。視也。”（37下右）《篇海》同。此是其證也。《玉篇》訓“眪”爲“視也”，亦非原本《玉篇》之訓，當爲宋人所增。《名義・目部》：“眪，芳往反。仿字也。”（36下）《集韻》上聲養韻撫兩切：“昉，微見也。或作眪。”（415）故原本《玉篇》僅謂“眪”爲“仿”之異體字，而未見“視也”之訓，故“眪”本爲“仿”“昉”之異體字。《龍龕》訓“㫥”“眪”爲“明也”是也，此“㫥”“眪”當分别爲“昺”“昞”之俗。《廣雅・釋詁四》：“昞，明也。”故宫本《王韻》上聲梗韻兵永反：“昞，光。亦作昺。”（484）“光”“明”義同，故“㫥”“眪”訓“明也”，與“昺”“昞”音義並同，此“㫥”“眪”分别爲“昺”“昞”之俗。《玉篇》訓“眪”爲“視也”，當爲見其從“目”而妄改；《集韻》訓“眪”爲“目明也”，亦當爲見其從“目”而妄改。《字彙》訓“視也”，又訓“目明”，皆因承襲前代字韻書之謬而誤。《正字通》訓“目明”，亦因承襲前代韻書之謬而誤。《康熙字典》訓“視也”，又訓“目明也”，亦因承襲前代字韻書之謬而誤。

362. 眮

《字彙・目部》：“眮，徒總切，同上聲。瞋目顧視也。”（313上）

《正字通・目部》：“眮，徒弄切，音痛。《説文》：‘吴楚謂瞋目顧視曰眮。’”（733下）

按：《康熙字典・目部》：“眮，《廣韻》徒紅切，《集韻》徒東切，並音同。目眶也。又揚子《方言》：‘轉目也。吴楚謂瞋目顧視亦曰眮。’”（815下）《廣韻》平聲東韻徒紅切：“眮，目眶。又徒揔切。”（3）下文上聲董韻徒揔切又曰：“眮，瞋目。”（159）下文去聲送韻徒弄切又曰：

“眮，轉目。”（235）《廣韻》訓“眮”爲“目眶”，疑非是。《説文·目部》：“眮，吴、楚謂瞋目、顧視曰眮。从目，同聲。”（66上）《方言》卷六：“眮，轉目也。轉目顧視亦曰矔，吴、楚曰眮。”（40）《新撰字鏡·目部》：“眮，同音上。瞋目也。”（102）《龍龕》卷四《目部》：“眮，徒弄反。瞋目顧視皃；亦轉目也。”（422）《玉篇·目部》：“眮，大孔、大貢二切。轉目視。”（21下右）故宫本《王韻》上聲董韻徒揔反：“眮，瞋目。又大貢反。”（471）下文去聲送韻徒弄反又曰：“眮，轉目。又大孔反。”（489）《廣韻》訓“眮”爲“目眶”，於前代字韻書皆無徵，非是。《集韻》平聲東韻徒東切：“眮，吴、楚謂瞋目顧視曰眮。”（5）《集韻》據《説文》校作“吴楚謂瞋目顧視曰眮”，是也。《康熙字典》轉録《廣韻》“目眶也”之訓而未作校正，疑失考證。《大字典》“眮”字下據《廣韻》之誤而收録“目眶”這一義項，疑亦非是。

363. 眕

《字彙·目部》：“眕，古洽切，音夾。眼細暗。又丁本切，敦上聲。朦朧欲睡之貌。”（313上）

《正字通·目部》：“眕，略字之訛。舊注音夾，眼細暗；又敦上聲，欲睡貌，並非。”（734上）

按：《康熙字典·目部》：“眕，《廣韻》古洽切，《集韻》訖洽切，並音夾。眼細暗。又眇也。一曰目睫動。或作睞。又《字彙》丁本切，敦上聲。朦朧欲睡貌。”（816上）《新撰字鏡·目部》：“眕，古洽反。眼細諳。”（101）《玉篇·目部》：“眕，古狎切。眼細暗。”（23上右）箋注本《切韻》（斯2071）入聲洽韻［古洽反］：“眕，眼細諳。”（147）敦煌本《王韻》入聲洽韻［古洽反］：“眕，眼眕眨。”（432）故宫本《裴韻》入聲洽韻古洽反：“眕，眼語（諳）。”（619）《唐韻》入聲洽韻古洽反：“眕，眼細諳。”（717）《廣韻》入聲洽韻古洽切：“眕，眼細暗。”（439）《集韻》入聲洽韻訖洽切：“眕睞，眇也。一曰目睫動。或从夾。”（786）又《説文·目部》：“略，眄也。从目，各聲。”（67下）《方言》卷二：“略，眄也。吴、揚、江、淮之間或曰略，自關而西，秦晉之間曰眄。”（15）《名義·目部》:“略，來各反。視也。”(34下)《新撰字鏡·目部》:“略，來各、來均(灼)二反。眄(眄)也；視也。”(98)故“眙”與“略”音義俱别，二字不可混同,《正字通》謂“眙”即“略”字之訛，既無書證亦無例證，其説疑不可據。

364. 䀞

《字彙·目部》:“䀞，尸周切，音收。瞜䀞，斂容視貌。”(313下)

《正字通·目部》:“䀞，俗字。舊注音收，瞜䀞，斂容視貌。”(734下)

按:《康熙字典·目部》:“䀞,《集韻》尸周切，音收。瞜䀞，斂容視貌。又《集韻》居虯切，音樛。義同。”(817上)《集韻》平聲尤韻尸周切:“䀞，瞜䀞，斂容視皃。”(263)下文幽韻居虯切又曰:“䀞，瞜䀞，視皃。”(273)“瞜䀞”本當作“黎收”“邌收”。《文選·舞賦》:“黎收而拜，曲度究畢。”李善注:“言舞將罷，徐收斂容態而拜，曲度於是究畢。《蒼頡篇》曰:‘邌，徐也。’邌與黎同。力奚切。曹憲曰:‘瞜䀞而拜，上音戾，下居虯反。’今檢《玉篇·目部》無此二字。”(248下)徐鍇《繫傳》:“傅毅《舞賦》曰‘邌收而拜’，謂徐收其舞勢也。”此即其證也。故“瞜䀞”本作“黎收”“邌收”，義指“斂容之態”。《集韻》訓“斂容視皃”“視皃”，當爲見其從“目”而妄改。

365. 䁢

《字彙·目部》:“䁢，鄰溪切，音犁。目閉。”(314下)

《正字通·目部》:“䁢，同瞜，瞜、䁢皆俗字。舊注䁢，目閉；瞜，視也，分爲二，非。”(737上)

按:《康熙字典·目部》:“䁢,《集韻》良脂切，音棃。目閉也。”(820上)《集韻》平聲脂韻良脂切:“䁢，目閉也。”(44)《正字通》所言疑是。《玉篇·目部》:“瞜，力隄、力帝二切。視也。”(22下右)《廣韻》平聲齊韻郎溪切:“瞜，視。”(48)《集韻》同。《文選·舞賦》:“黎收而拜，曲度究畢。”李善注:“言舞將罷，徐收斂容態而拜，曲度於是究畢。《蒼頡篇》曰：'邌，徐也。'邌與黎同。力奚切。曹憲曰：'瞜瞅而拜，上音戾，下居虯反。'今檢《玉篇·目部》無此二字。"（248下）徐鍇《繫傳》："傅毅《舞賦》曰'邌收而拜'，謂徐收其舞勢也。"故"瞜瞅"爲聯連綿，本作"黎收""邌收"，義指"斂容之態"。《玉篇》訓"視也"，當爲望形生訓。《廣韻》訓"視也"，當爲《玉篇》所誤。《集韻》訓"視也"，又因承襲《廣韻》之謬而誤。正如"犂"俗作"犁"、"黐"俗作"䵅"等，"瞀"疑即"瞜"字俗省。《集韻》訓"瞀"爲"目閉也"，疑亦非是。

366. 睶

《字彙·目部》："睶，丑降切，悵去聲。直視也。"（315上）

《正字通·目部》："睶，俗字。《正韻》十七漾收覩、睶二文，並丑降切。覩，視不明；睶，直視，分爲二。不知《説文》本作覩，兼視不明、直視二義。《目部》無睶，从巷者，舂之訛省。舊注誤與《正韻》同，《説文》覩無義，宜刪。"（738上）

按：《康熙字典·目部》："睶，《廣韻》《集韻》《韻會》《正韻》並丑降切，踔去聲。直視也。《集韻》或作覩、䙰，亦書作睶。《字彙補》訛省作睶，非。"（822上）《龍龕》卷四《目部》："睶，俗；睶，正。丑絳反。直視也。二。"（422）《集韻》去聲絳韻丑絳切："睶，直視。"（466）《正字通》所言近是。《説文·目部》："覩，視不明也。一曰直視。从見，舂聲。"（176上）慧琳《音義》卷二四《方廣大莊嚴經序品》第六卷："覩然，丑江反，又丑巷反。《蒼頡篇》云：'覩，視貌也。'《説文》：'視不明也。一云直視也。從見，舂聲。'"（57，P899B6）《集韻》平聲江韻抽江切："覩䙰，《説文》：'視不明也。一云直視也。'或从巷。亦書作覩。"（24）故"睶"與"覩（覩）"音義並同，正如"䙰"當即"覩（覩）"通過改换聲符而形成的異體字，"睶"當即"覩（覩）"通過改换義符、聲符而形成的異體字。《正字通》溝通"睶"與"覩（覩）"的字際關係，是也；然謂"睶"當即"覩（覩）"字訛省，不確。

367. 瞗

《字彙·目部》:“瞗，同𥄳。”（315下）

《正字通·目部》:“瞗，譌字。”（738下）

按:《康熙字典·目部》:“瞗,《集韻》姑華切，音瓜。《類篇》:‘目也。或作𥄳。’”（823上）《玉篇·目部》:“瞗，古花切。瞗眼。”（22下左）上文又曰:“𥄳，古花切。眼也。”（22下右）《集韻》平聲麻韻姑華切:“瞗，目也。或作𥄳。”（210）《玉篇校釋》於“𥄳”字下注:“《集韻》麻韻𥄳同瞗，眼也。本書:‘瞗，眼也。’瞗、𥄳一字，猶㾌、𤵸一字。”（846）胡氏所言是也。正如“䯄”同“騧”、“䯄”同“騧”等，“𥄳”當即“瞗”之異體字。《玉篇》訓“瞗”爲“瞗眼”，注文之中的“瞗”字當爲字頭誤重。《直音篇》卷一《目部》:“𥄳，音瓜。眼也。瞗，同上。”（36下）此是其證也。又《篇海》卷七《目部》引《玉篇》:“瞗，古華切，音瓜。瞗眼皃。”（691下）《篇海》訓“瞗”爲“瞗眼皃”，注文之中的“瞗”字亦當爲字頭誤重，注文中的“皃”字當爲“也”字之誤。《詳校篇海》卷三《目部》:“瞗，古花切，音瓜。瞗眼皃。同𥄳。”（171上）《篇海類編》同。《詳校篇海》《篇海類編》訓“瞗”爲“瞗眼皃”，皆因承襲《篇海》之謬而誤。《大字典》“瞗”字下據《篇海類編》收録“瞗恨貌”這一義項，然據上文所引《篇海類編》可知，其本訓“瞗眼皃”，故《大字典》此義項即因轉録失真而誤設，應删。

368. 暖

《字彙·目部》:“暖，呼淵切，音暄。大目也。又上聲况遠切。義同。又胡管切，音緩。義同。”（315下）

《正字通·目部》:“暖，呼淵切，音暄。《説文》:‘大目。’”（738下）

按:《康熙字典·目部》:“暖,《唐韻》況袁切,《集韻》《韻會》許元切，並音暄。《説文》:‘大目也。’……又《廣韻》《正韻》胡管切,《集韻》户管切,《韻會》合管切，並音緩。《玉篇》:‘大目皆也。’”（823上）《説文·目部》:“暖，大目也。从目，爰聲。”（65下）《説文》訓“大目也”，疑非是。《名義・目部》：“暖，于（乎）但反。眥也。”（33下）《玉篇・目部》：“暖，胡管切。大目眥也。又況晚切。”（21下右）《説文》訓“大目也”，疑即“大目眥也”之脱誤。《新撰字鏡・目部》：“暖，況晚反。大目也。”（101）《新撰字鏡》訓“大目也”，當因承襲誤本《説文》之謬而誤。敦煌本《王韻》上聲旱韻何滿反：“暖，大目。”（392）故宫本《王韻》平聲元韻況袁反：“暖，大目。”（450）下文上聲旱韻何滿反又曰：“暖，大目。”（479）敦煌本《王韻》、故宫本《王韻》訓“暖”爲“大目”，亦當爲“大目眥”之脱誤。《廣韻》平聲元韻況遠切：“暖，大目。”（68）下文上聲緩韻胡管切：“暖，目眥。《説文》：‘大目也。’”（192）《廣韻》訓“暖”爲“目眥”，當是；然其訓“大目”，當因承襲前代字韻書之謬而誤。《集韻》平聲元韻許元切：“暄暖，大目也。或从爰。”（134）《集韻》訓“暄”“暖”爲“大目也”，亦當爲“大目眥也”之脱誤。《集韻》上聲旱韻下罕切：“睅，大目。或作暖。”（367）《説文・目部》：“睅，大目也。从目，旱聲。晥，睅或从完。”（65下）《名義・目部》：“睅，何板反。大目也。”（33下）“暖”與“睅”義别，《集韻》承襲前代字韻書義訓之誤而謂“睅”或作“暖”，疑亦非是。《集韻》上聲緩韻户管切又曰：“暖，大目眥也。”（368）《集韻》於此處訓“暖”爲“大目眥也”，當是。《字彙》《正字通》訓“大目”，亦皆因承前而誤。《康熙字典》轉録《説文》“大目也”之訓而未作校正，疑亦非是。

369. 瞀

《字彙・目部》：“瞀，莫候切，音茂。目不明也。”（315下）

《正字通・目部》：“瞀，莫候切，音茂。視眩易也。”（738下）

按：《康熙字典・目部》：“瞀，《唐韻》《集韻》《韻會》《正韻》並莫候切，音茂。《説文》：‘低目謹視也。’又《玉篇》：‘目不明貌。’……又被髮也。《淮南子・道應訓》：‘去其瞀而載之木。’注：‘木鶩，鳥冠也。’”（823下）《字彙補・目部》：“瞀，又被髮也。《淮南子》：‘乃去其瞀而載之木，解其劒而帶之笏。’”（143下）《淮南子・道應訓》：“於是乃去其瞀而載之木，解其劍而帶之笏。”高誘注：“瞀，被髮也。”王紹蘭云：“正文

‘瞀’亦訛字，古無訓瞀爲被髮者。若云借‘瞀’爲‘髳’，《説文》：‘髳，髮至眉也。’引《詩》曰‘髧彼兩髳’，與《淮南》此文無涉。且去其被髮，亦文不成義。若云借‘瞀’爲‘旄’，既與被髮之解相違，又與載鷸之文不配，蓋‘瞀’即‘鍪’之訛借字。《説文·冃部》：‘胄，兜鍪也。’謂‘去其鍪而載之鷸’，與下文解劍帶笏相對成文，示天下不復用兵也。《氾論訓》：‘古者，有鍪而綣領以王天下者矣’，高彼注云：‘一説：鍪，放髮也。’‘鍪’訓‘放髮’與‘瞀’訓‘被髮’，未之前聞，於此文‘去’字，尤不可通。高注非是。”俞樾云：“‘瞀’當爲‘鍪’，鍪者，兜鍪也。《説文·兜部》：‘兜，兜鍪，首鎧也。’從省言之，則止曰鍪。《氾論篇》‘古者有鍪而綣領’，高注曰：‘鍪，頭著兜鍪帽’是也。‘去其瞀而載之术’，謂去其首鎧而載之鷸鳥之冠，正與‘解其劍而帶之笏’文義一律。作‘瞀’者，叚字耳。高注以‘被髮’説之，夫被髮豈可言去，足知其非矣。”以上二説是也。故《淮南子·道應訓》“乃去其瞀而載之木”之“瞀”當即“鍪”之假借字，義指“古代武士的頭盔”，高誘訓“被髮”，非是。《康熙字典》訓“被髮也”，亦因承前而誤。《大字典》“瞀”字下據《字彙補》收録“披髮”這一義項，然又據《墨子·備水》孫詒讓注及《淮南子·道應訓》俞樾注謂通“鍪”，前後矛盾，非是。《大字典》應刪去“披髮”這一義項，方是。

370. 睘

《字彙·目部》：“睘，古患切，音慣。視也。”（315 下）

《正字通·目部》：“睘，睩字之訛。”（739 上）

按：《康熙字典·目部》：“睘，《集韻》古幻切，瘝去聲。《類篇》：‘視貌。’與鰥同。”（824 下）《集韻》去聲襉韻古幻切：“鰥睘，視皃。或从目。”（562）“睘”即“鰥”字之俗，然《集韻》訓“鰥”爲“視皃”，疑非是。敦煌本《王韻》去聲襉韻［古盼反］：“鰥，鰥視。”（412）故宫本《王韻》去聲襉韻古盼反：“鰥，寡。”（501）“鰥”字，敦煌本《王韻》與故宫本《王韻》義訓不同，當以故宫本《王韻》爲是。《玉篇·魚部》：“鰥，古頑切。老而無妻曰鰥。”（115 下左）《書·堯典》：“有鰥在下曰堯舜。”孔傳:“無妻曰鰥。”孔穎達疏:“《王制》云:老而無妻曰鰥,舜於時年未三十而謂之鰥者……鰥者無妻之名,不拘老少。”此是其證也。敦煌本《王韻》訓“鰥視”,“鰥”當爲字頭誤重,其訓“視”當因承襲《釋名》之謬而誤。《釋名·釋親屬》:“無妻曰鰥。鰥,昆也。昆,明也;愁悒不寐,目恒鰥鰥然也。故其字從魚,魚目恒不閉者也。”《釋名》謂“無妻曰鰥”,是也;然其又謂“鰥,昆也。昆,明也;愁悒不寐,目恒鰥鰥然也。故其字從魚,魚目恒不閉者也”,據此解釋“鰥”字從“魚”之由,此説當爲臆説,不足爲據。《廣韻》去聲裥韻古幻切:“鰥,鰥視。”(312)《廣韻》訓“鰥視”,當因承襲敦煌本《王韻》之謬而誤。《集韻》訓“鰥”爲“視皃”,當因承襲《廣韻》之謬而誤;“睘”當因“鰥”誤訓爲“視皃”,進而改换義符所産生的俗訛字。又《説文·目部》:“睩,目睞謹也。从目,录聲。讀若鹿。”(67下)“睩”,《廣韻》音“盧谷切”。“睘”與“睩”形音俱别,二字不可混同,故《正字通》謂“睘”即“睩”字之訛,非是。《大字典》“睘”字據《集韻》之説而謂同“鰥”,是也;然其轉録《集韻》“鰥”字義訓而未作校正,失考證;《字海》“睘”字據《類篇》訓“視貌”,亦失考證。

371. 界

《字彙·目部》:“界,居御切,音據。目驚界界然;又恐也。”(315下)

《正字通·目部》:“界,眲、瞿並通。《説文》:‘界,舉目驚界然也。’義與眲同,戴侗合眲、瞿、界爲一。舊本界、眲同音義,分爲二,非。《六書統》:界,放目而視,从目、从夰。夰,放也,背《説文》本訓,因夰立義,亦非。”(739上)

按:《康熙字典·目部》:“界,《唐韻》九遇切,《集韻》俱遇切,並音句。《説文》:‘舉目驚界然也。’《玉篇》:‘恐也。’又《廣韻》《集韻》並苦礦切,坑上聲。義同。一曰好貌。又《集韻》畎迥切,音頞。目驚也。《六書統》:‘界,放目而視,从目、从夰。夰,放也。’戴侗合眲、瞿、界爲一。”(824下)《説文·夰部》:“界,舉目驚界然也。从夰,从䀠，䀠亦聲。”（215 上）《正字通》所言當是。《説文・䀠部》：“䀠，左右視也。从二目。”（68 上）徐灝《注箋》：“左右視者，驚顧之狀。”又《説文・瞿部》：“瞿，鷹隼之視也。从隹，从䀠，䀠亦聲。”（73 下）徐鍇《繫傳》：“驚視也。”“䀠”“瞿”“界”，《廣韻》皆音“九遇切”。故“䀠”“瞿”“界”音義皆同，當爲同字異體。《正字通》謂《六書統》從“夰”爲説而訓“界”爲“放目而視”非，所言是也。又《詳校篇海》卷三《目部》：“界，九遇切，音句。恐也；又目驚界界。又古迥切，音冋。注同。又覺悟也。”（173 下）《篇海類編》同。《詳校篇海》《篇海類編》又訓“界”爲“覺悟也”，疑非是。《集韻》上聲迥韻畎迥切：“界，目驚也。”同一小韻下文又曰：“憬，覺悟也。”（426）故《詳校篇海》《篇海類編》又訓“界”爲“覺悟也”，當因“界”“憬”音同，進而誤植“憬”字之義於“界”字之上所致的訓釋失誤。《大字典》“界”字下據《正字通》所引《六書統》而收録“放目而視”這一義項，然《正字通》本謂此義非是，故《大字典》轉録失當；《大字典》“界”字下又據《篇海類編》之誤而收録“覺悟”這一義項，亦失考證。

372. 睩

《字彙・目部》：“睩，力谷切，音鹿。瞴睩，眼浄。”（316 上）

《正字通・目部》：“睩，俗睩字。”（740 上）

按：《康熙字典・目部》：“睩，《廣韻》《集韻》並盧谷切，音鹿。瞴睩，眼浄也。又目明也。”（826 上）《廣韻》入聲屋韻盧谷切：“睩，瞴睩，眼浄也。”（368）《集韻》入聲屋韻盧谷切：“睩，瞴睩，目明。”（639）《正字通》所言疑非是。《説文・目部》：“睩，目睞謹也。从目，录聲。讀若鹿。”（67 下）《廣雅・釋詁一》：“睩，善也。”王念孫《疏證》：“睩與禄義亦通也。”“睩”，《廣韻》音“盧谷切”。“睩”與“睩”音同義别，二字不可混同，故《正字通》謂“睩”即“睩”字之俗，其説非是。

373. 瞰

《字彙・目部》：“瞰，七迹切，音戚。見也。”（316 上）

《正字通·目部》:“瞡，訛字。舊注音戚，見也，誤。”（740上）

按:《康熙字典·目部》:“瞡,《集韻》倉歷切，音戚。見也。”（826上）《玉篇·目部》:“瞡，七歷切。見也。”（23上右）《集韻》入聲錫韻倉歷切:“瞡，見也。”（748）《正字通》所言當是。《玉篇校釋》“瞡”字下注:“《集韻》入聲錫韻義同，慧琳十一·十以爲古顰慼字。”（861）慧琳《音義》卷一一《大寶積經》第二卷:“嚬慼，上毘寅反。《考聲》云:‘嚬，蹙也。音悶。’《字書》云:‘嚬噈，聚眉也。’《説文》:‘涉水者則嚬噈也。’顧野王曰：案嚬噈者，憂愁思慮不樂之狀也。《説文》正體從卑，從瀕，今隸書從略省涉爲步，又去卑，從口作嚬減省也。下酒育反。《考聲》云:‘噈，嚬也。’《書》曰:‘喊咨忸怩。’或從口作㗩，一也。或從目作瞡，古字也。經文從足作蹙，非本字也。”（57，P610A3）故“嚬慼”亦作“顰慼”“嚬噈”“嚬㗩”“嚬瞡”，義指“憂愁思慮不樂之狀也”，“瞡”當即“慼”字之俗。《玉篇》訓“見也”，此當爲望形生訓。《集韻》亦訓“見也”，此又當因承襲《玉篇》之謬而誤。

374. 瞟

《字彙·目部》:“瞟，普沼切，瓢上聲。目際。又一目病。”（316下）

《正字通·目部》:“瞟,《説文》本作瞍。”（740下）

按:《康熙字典·目部》:“瞟,《唐韻》敷沼切,《集韻》《韻會》匹沼切,《正韻》普沼切，並飄上聲。《説文》:‘瞭也。’又《埤蒼》:‘一目病也。’”（827上）《直音篇》卷一《目部》:“瞟，匹沼切。一目病；又目際。”（36下）《直音篇》訓“目際”，疑非是。《説文·目部》:“瞍（瞟），瞭也。从目，𤼜聲。”（66下）《龍龕》卷四《目部》:“瞟，普澆反。明察也。又撫昭反。瞟瞭，明視也。”（419）《玉篇·目部》:“瞟，匹昭切。瞟瞭，明察。又匹小切”（21下左）《新修玉篇》卷四《目部》引《玉篇》:“瞟，匹昭切。瞟瞭，明察。又敷沼切。《埤蒼》云:‘一目病也。’”（39上左）《廣韻》上聲小韻敷沼切:“瞟,《埤蒼》云:‘一目病。’”（202）《集韻》上聲小韻匹沼切:“瞟,《説文》:‘瞭也。’一曰目小皃。”（395）《直音篇》訓“目際”，於前代字韻書皆無徵，當爲“瞟瞭”之誤。《字彙》

訓“目際”，當因承襲《直音篇》之謬而誤。《大字典》“瞟”字下據《字彙》之謬而收録“眼邊”這一義項，亦非。

375. 瞟

《字彙·目部》:“瞟，卑遥切，音標。惡視貌；又望也。”（316下）

《正字通·目部》:“瞟，彼妖切，音標。惡視貌；又望也。”（741上）

按:《康熙字典·目部》:“瞟，《集韻》卑遥切，音標。惡視貌。又《篇海》望也。”（828上）《詳校篇海》卷三《目部》:“瞟，卑遥切，音標。惡視皃；又望也。”（172下）《篇海類編》同。《詳校篇海》《篇海類編》又訓“望也”，疑非是。《玉篇·目部》:“瞟，必昭切。惡視。”（23上右）《集韻》平聲宵韻卑遥切:“瞟，惡視皃。”（179）《新修玉篇》《篇海》引《玉篇》同。《直音篇》卷一《目部》:“瞟，音猋。惡視也。”（36上）《詳校篇海》《篇海類編》又訓“望也”，於前代字韻書皆無徵，疑不可據。《字彙》《正字通》《康熙字典》亦又訓“望也”，當因承襲前代字書之謬而誤。《大字典》《字海》“瞟”字下皆據《字彙》收録“望”這一義項，疑並非是。

376. 瞱

《字彙·目部》:“瞱，弋涉切，音葉。目動貌。一曰怒視。”（317上）

《正字通·目部》:“瞱，余舌切，音葉。目動貌。一曰怒視。”（741下）

按:《康熙字典·目部》:“瞱，《廣韻》筠輒切，《集韻》域輒切，並音饁。目動貌。一曰怒視也。”（829上）此字《説文》《名義》皆未收，《切韻》亦不録，《龍龕》《玉篇》始收之，當即唐宋人據俗書所增。《龍龕》卷四《目部》:“瞱，筠涉反。目不記也。”（424）《玉篇·目部》:“瞱，于劫切。目動。”（23上右）《廣韻》入聲葉韻筠輒切:“瞱，目不記。”（436）《集韻》入聲葉韻益涉切:“瞱，目動皃。”（776）“瞱”疑即“曄”字俗訛。《説文·日部》:“曄，光也。从日、𠌶。”（134下）箋注本《切韻》（斯2071）入聲葉韻筠輒反:“曄，光。”（147）故宮本《王韻》、故宫本《裴韻》、《唐韻》、《廣韻》皆同。“瞱”與“曄”音同，又“目”旁、“日”旁形近，俗書常可訛混，“瞱”疑即“曄”字俗訛。《大正藏》本宋克勤撰、紹隆等編《圓悟佛果禪師語録》卷第八《小參一》:“座斷千差路，不立一纖塵。巍巍堂堂暐暐瞱瞱，蓋天蓋地。應聲應色，不與千聖同途，不與萬法爲侣。”從文意來看，此“瞱”當即“曄”之形誤。又《大正藏》本唐道宣撰《續高僧傳》卷第二十四:“初未終前，遺令焚身。及闍維訖，乃見骸骨圓全都無縫道。當其頂上紫色瞱然，遂瘞于巖下。”從文意來看，此“瞱”亦爲“曄”字之俗。又《卍新纂續藏經》本《續佛祖統計》卷之一:“氣貌奇偉，耳垂肩，眼瞱瞱如電。”從文意來看，此“瞱”亦爲“曄”字之俗。又《大正藏》本魏楊衒之撰《洛陽城内伽藍記》卷第一:“帝遣侍中源子恭黄門郎楊寬領步騎三萬鎮河内，世隆至高都，立太原太守長廣王瞱爲主，改號曰建元元年。”《大正藏》本元覺岸等編《釋氏稽古略》卷二《高祖武帝》“瞱”作“曄”。以上諸例是其證也。又《〈可洪音義〉研究》(775)“曄”字俗作“瞱”。此亦其證也。《類篇·目部》:“䀰瞱曅，域輒切。《説文》:‘光也。’或作瞱、曅。”(117上)以上諸字，從“目”皆爲從“日”之訛。此亦其證也。故“瞱”當即“曄”字之俗。《龍龕》訓“瞱”爲“目不記也”，未審所出，當爲後人妄改。《玉篇》訓“目動”，亦當爲陳彭年等妄補。《廣韻》訓“目不記”、《集韻》訓“目動皃”，皆因承前而謬。《直音篇》卷一《目部》:“瞱，音葉。怒視。”(37下)《直音篇》訓“怒視”，於前代字韻書皆無徵，亦不可據。《字彙》《正字通》《康熙字典》訓“目動貌”“怒視”，亦當因承襲前代字韻書之謬而誤。

377. 矆

《字彙·目部》:“矆，許縛切，音謞。大視也。”(317下)

《正字通·目部》:“矆，屋郭切，音臒。《説文》:‘大視也。’”(742下)

按:《康熙字典·目部》:“矆，《唐韻》許縛切，《集韻》怳縛切，並況入聲。《説文》:‘大視也。’”(831上)述古堂影宋鈔本《集韻》入聲藥韻鬱縛切："矆，遽視皃。"（723）宋刻本《集韻》同，揚州使院重刻本《集韻》作"遠視皃"。揚州使院重刻本《集韻》與述古堂影宋鈔本《集韻》、宋刻本《集韻》不同，當以述古堂影宋鈔本《集韻》、宋刻本《集韻》爲是。《集韻校本》注曰："陳校'遠'當作'遽'。按：明州本、潭州本、金州本、毛鈔、錢鈔注'遠'字正作'遽'。陳校、陸校、龐校、錢氏父子校同。馬校：'遽，局作遠。'"（953）以上諸説皆其證也。故揚州使院重刻本《集韻》作"遠視皃"，當爲"遽視皃"之誤刻。此"矆"當即"矆"之異體字。《説文·隹部》："矆，視遽皃。"（72上）"矆"，《集韻》音"胡陌切"，又音"鬱縛切"。故"矆"訓"遽視皃"，與"矆"音義並同，此"矆"當即"矆"之異體字。《集韻》入聲没韻屋虢切："矆，視遽皃。通作矆。"（735）"視遽皃""遽視皃"義同，此即其證也。《大字典》"矆"字下第（二）義項據誤本《集韻·藥韻》音 yuè、訓"遠視皃"，第（三）義項據《集韻·陌韻》音 wò、訓"視遽皃"。據上文可知，《大字典》"矆"字下第（二）義項即據誤本《集韻》之謬而妄設，應校作"遽視皃"，其後以"又音"的形式將第（二）、第（三）義項合併爲一個義項，即妥。

378. 瞜

《字彙·目部》："瞜，鄰溪切，音梨。視也。又力地切，音利。義同。"（318上）

《正字通·目部》："瞜，俗字。舊注音棃，視也；又音利，義同，並非。"（743上）

按：《康熙字典·目部》："瞜，《廣韻》郎奚切，《集韻》憐題切，並音黎。視也。又《集韻》郎計切，黎去聲。義同。"（831下）《玉篇·目部》："瞜，力隄、力帝二切。視也。"（22下右）《廣韻》平聲齊韻郎奚切："瞜，瞜（當爲字頭誤重）視。"（48）《集韻》平聲齊韻憐題切："瞜，視也。"（96）《文選·舞賦》："黎收而拜，曲度究畢。"李善注："言舞將罷，徐收斂容態而拜，曲度於是究畢。《蒼頡篇》曰：'邌，徐也。'邌與黎同。力奚切。曹憲曰：'瞜瞅而拜，上音戾，下居虯反。'今檢《玉篇·目部》

無此二字。”（248 下）《説文・辵部》:“邌，徐也。从辵，黎聲。”（34 下）徐鍇《繫傳》:“傅毅《舞賦》曰‘邌收而拜’，謂徐收其舞勢也。”故“瞜”當連“瞅”字爲訓，“瞜瞅”同“邌收”，本當作“黎收”，義指“斂容之態”。《玉篇》訓“視也”，當爲望形生訓。《廣韻》訓“視”，當爲《玉篇》所誤。《集韻》訓“視也”，亦當因承前而謬。

379. 矘

《字彙・目部》:“矘，他曩切，音儻。矘䀎，目無睛也；又直視貌。”（318 下）

《正字通・目部》:“矘，他朗切，音儻。目不明。舊注又直視，因《説文》而誤。”（743 下）

按:《康熙字典・目部》:“矘，《唐韻》他朗切，《集韻》坦朗切，並音儻。《説文》:‘目無精直視也。’”（832 下）《説文・目部》:“矘，目無精直視也。从目黨聲。”（66 上）《名義・目部》:“矘，他蕩反。無光也。”（34 上）《玉篇・目部》:“矘，他朗切。目無精直視。”（21 下右）玄應《音義》卷一《大威德陀羅尼經》第一卷:“矘眼，他莽反。《字林》:‘目無精直視也。’亦失志皃也。”（56，P823B22）故《字彙》訓“目無睛也；又直視貌”，當爲“目無精直視也”之誤分，義指“眼睛無神，茫然直視貌”。又“矘”訓“失志皃”，當即“儻”之異體字。箋注本《切韻》上聲蕩韻他朗反:“儻，儻慌，失意。”（137）敦煌本《王韻》、故宫本《王韻》同。《廣韻》上聲蕩韻他朗切亦曰:“儻，儻慌，失意皃。”（213）“失志皃”與“失意皃”義同，故“矘”與“儻”音義並同，即爲異體字。

380. 矲

《字彙・矢部》:“矲，衣架切，音亞。矲矲，短貌。”（319 下）

《正字通・矢部》:“矲，稏字之訛。舊注音亞，矲矲，短貌，非。”（746 下）

按:《康熙字典・矢部》:“矲，《集韻》衣架切，音亞。矲矲，短也。”（837 上）《集韻》去聲禡韻步化切:“矲，矲矲，短皃。”（592）下文衣駕切又曰："矬，䆉矬，短也。"（595）《正字通》之説疑非是。《廣韻》去聲禡韻衣駕切："稏，䆉稏，稻名。"（332）《集韻》去聲禡韻禡韻步化切："䆉䆉，䆉稏，稻也。或從巴。"（592）下文衣駕切又曰："稏，䆉稏，稻也。"（595）"䆉矬""䆉稏"皆爲疊韻聯連綿，分别訓"短皃""稻也"，故"矬"與"稏"音同義别，二字不可混同，《正字通》謂"矬"即"稏"字之訛，且謂"舊注"非，既無書證亦無例證，其説非是。

381. 矼

《字彙·石部》："矼，驅羊切，音羌。慤實貌。《莊子》：'德厚信矼。'又居郎切，音岡。聚石爲步渡水也。周伯温謂：'聚石渡水是杠字，别作矼，非。'愚謂以木渡水宜从杠，以石渡水宜从矼。"（320下）

《正字通·石部》："矼，曲江切，音羌。慤實貌。《莊子·人間世》：'德厚信矼，未達人氣。彊以仁義繩墨之言述暴人之前，是以人惡有其美也，命之曰菑人。'又居康切，音岡。聚石爲步渡水也。通作杠。《爾雅》：'石杠謂之徛。'郭注：'今石橋。'舊注以木渡水宜从杠，以石渡水宜从矼，分爲二，泥。"（747下）

按：《康熙字典·石部》："矼，《廣韻》《集韻》《韻會》《正韻》並枯江切，音腔。慤實貌。《莊子·人間世》：'德厚信矼。'又《集韻》苦貢切，音控。義同。又《廣韻》《集韻》《韻會》並古雙切，音江。聚石爲步渡水也。通作杠。《孟子》：'歲十一月，徒杠成。'《爾雅·釋宫》：'石杠謂之徛。'注：'今石橋。'"（839下）《玉篇·石部》："矼，古雙切。石橋也。"（105下左）《正字通》所言當是。《玉篇校釋》"矼"字下注："《廣韻》上平四江古雙切：'石矼，石橋也。'引《爾雅》曰：'石杠謂之徛。'字俗從石。《集韻》：'矼，聚石水中以爲步度彴。通作杠。'《釋宫》郭注：'今之石橋。'本書《木部》：'杠，石矼，今之石橋。'"（4337）此説印證了《正字通》之説。故"矼"訓"石橋也"，與"杠"音義並同，此"矼"當即"杠"字之俗。又《集韻》平聲江韻枯江切："矼，堅實皃。"（22）下文去聲送韻苦貢切又曰："矼，慤實皃。《莊子》：'德厚信矼。'"（462）《莊子·人間世》："且德厚信矼，未達人氣，名聞不争，未達人心。而强以仁義繩墨之言述暴人之前者，是以人惡有其美也，命之曰菑人。”陸德明《釋文》:“信矼，徐古江反。崔音控。簡文云：慤實貌。”成玄英疏:“矼，確實也。假且道德純厚，信行確實，芳名令聞，不與物争，而衛君素性頑愚，凶悖少鑒，既未達顏回之意氣，豈識匡扶之心乎！”故“矼”當以訓“慤實貌”“確實也”爲是。《集韻》平聲江韻訓“矼”爲“堅實皃”，當爲“慤實皃”或“確實皃”之誤;《集韻》去聲送韻訓“慤實皃”，是也。《大字典》“矼”字下據《集韻》之誤而收録“堅實”這一義項，疑非是。此“矼”當即“悾”之異體字。《廣韻》平聲江韻苦江切:“悾，信也；慤也。又音空。”(14)下文去聲送韻苦貢切又曰:“悾，誠心。又苦紅切。”(235)《集韻》平聲江韻枯江切:“悾，信慤皃。”(22)下文去聲送韻苦貢切又曰:“悾,《博雅》:‘誠也。’”(462)故“矼”訓“慤實皃”“確實也”，與“悾”音義並同，此“矼”當即“悾”之異體字。

382. 砞

《字彙·石部》:“砞，莫葛切，音抹。碎石也。”(320下)

《正字通·石部》:“砞，彌葛切，音抹。碎石也。”(748下)

按:《康熙字典·石部》:“砞,《集韻》莫葛切，音抹。《玉篇》:‘碎石也。’”(840下)《玉篇·石部》:“砞，音抹。碎石。”(106上右)《集韻》入聲末韻莫葛切:“砞，碎石。”(690)《玉篇校釋》“砞”字下注:“砞之言末也，碎石謂之砞，猶微塵謂之坺，米屑謂之粖也。”(4343)胡氏所言是也。《大正藏》本東晉法顯譯《佛説大般泥洹經》卷第一《序品》第一:“若以一毛渧大海水尚可知數，此毒樹身四百四病，無量衆穢不可稱計，如世尊説譬喻，天下草木斬以爲籌，大地土石末爲微塵，猶可知數。”又《大正藏》本唐不空譯《蕤呬耶經》卷中《摩訶曼荼羅品》第七:“極須微細，或用石末。所用彩色總有四種，謂鐵及竇粳米及石末。”又《大正藏》本唐不空譯《阿唎多羅陀羅尼阿嚕力經》:“用嘻利（二合）多囉安闍都摩那多（二合）尸羅，及用金末鍮石末銅末，六物相和擣篩便丸之。”又《大正藏》本唐義净譯《根本説一切有部毘奈耶》卷第二十二《乞鉢學處》第二十二:“佛言:‘有二種屑末，謂鐵末石末，鐵鉢瓦鉢如次應用，苾芻以水研末安鉢孔中尋便墮落。'”又《大正藏》本宋贊寧等撰《宋高僧傳》卷第二十七《唐成都福感寺定光傳》：“至夜輒填滿遣人潛伺之，見有白㺍數十，以喙推石末塞之，隨以舌舐其堅如鐵銅矣。“碎石”“石末”義同，故“碎石”本作“末”，“砞”即“末”之增旁俗字。

383. 硞

《字彙·石部》：“硞，乞約切，音卻。石聲。”（321 下）

《正字通·石部》：“硞，渠角切，音卻。《説文》：‘石聲。’”（750 上）

按：《康熙字典·石部》：“硞，《唐韻》苦角切，《集韻》《韻會》克角切，並音確。《説文》：‘石聲。’”（842 下）原本《玉篇·石部》：“硞，苦學反。《爾雅》：‘硞，鞏也。’郭璞曰：‘硞然固也。’”（517）敦煌本《王韻》入聲覺韻苦角反：“硞，固。”（423）故宫本《王韻》入聲覺韻苦角反：“硞，固也。”（512）故宫本《裴韻》入聲覺韻苦角反：“硞，轂聲。”（606）《廣韻》入聲覺韻苦角切：“硞，固也。”（379）《集韻》入聲覺韻克角切：“硞，鞏也。”（656）故宫本《裴韻》訓“硞”爲“轂聲”，於其它字韻書皆無徵，當爲“固也”之誤。此“硞”當即“確”“碻”之異體字。原本《玉篇·石部》：“確，口角反。《周易》：‘夫乾確然，示人易矣。’韓康伯曰：‘確，堅皃也。’《埤蒼》爲塙字，在《土部》。碻，《字書》亦確字也。”（525）箋注本《切韻》（斯 2071）入聲覺韻苦角反：“確，鞕也。或作碻。”（141）敦煌本《王韻》、故宫本《王韻》、故宫本《裴韻》同。《唐韻》入聲覺韻苦角反：“確，鞭也。又作碻。”（692）《廣韻》入聲覺韻苦角切：“確，靳固也。或作碻。”（379）《集韻》入聲覺韻克角切：“確，堅也。或作碻。”（656）《唐韻》訓“鞭也”，於其它字韻書亦無徵，當爲“鞕也”之誤刻。故“硞”訓“固也”，與“確”“碻”音義並同，即爲異體字。

384. 硧

《字彙·石部》：“硧，斐古切，音甫。硧磍，磑也。”（321 下）

《正字通·石部》：“硧，俗字。”（750 下）

按:《康熙字典·石部》:“硦,《廣韻》方矩切,《集韻》匪父切,並音甫。硦磖,磑也。”(843上)原本《玉篇·石部》:“硦,包禹反。《埤蒼》:‘硦磖,場外也。’”(523)《玉篇·石部》:“硦,方宇切。硦磖,磑。”下字曰:“磖,子吕切。硦磖。”(105下右)《龍龕》卷四《石部》:“硦,音甫。大石也。”(442)《玉篇校釋》“硦”字下注:“引《埤蒼》原作‘悵外也’,今依《廣韻》《集韻》俱作‘場外’正。”(4314)胡氏所言當是。故“硦”當以原本《玉篇》訓“硦磖,場外也”爲是。《玉篇》訓“硦磖,磑”,非是。《龍龕》訓“大石也”,當爲從“甫”(《爾雅》訓“大也”)、“石”爲説,亦非。《字彙》《康熙字典》訓“硦磖,磑也”,亦因承襲前代字書之謬而誤。

385. 碏

《字彙·石部》:“碏,七雀切,音鵲。恭也。又人名。衛大夫石碏。”(322下)

《正字通·石部》:“碏,且藥切,音鵲。《説文》引《左傳》:‘衛大夫石碏。’一曰敬也。按:碏訓敬無義,亦無確據。諸家泥《説文》,誤也。舊注沿《正韻》訓恭,非。《韻會》一云‘石雜色’,義通。”(752上)

按:《康熙字典·石部》:“碏,《廣韻》《正韻》七雀切,《集韻》《韻會》七約切,並音鵲。《玉篇》:‘敬也。’又人名。《説文》衛大夫石碏。又石雜色。”(844下)《説文新附·石部》:“碏,《左氏傳》:‘衛大夫石碏。’一曰敬也。从石(未詳),昔聲。”(194上)原本《玉篇·石部》:“碏,七惜、七略二反。《毛詩》:‘執爨碏碏。’傳曰:‘言執爨竈有容也。’《韓詩》:‘碏碏,敬也。’《左氏傳》:‘衛大夫石碏也。’”(528)《龍龕》卷四《石部》:“碏,七雀反。敬也;亦人名。又張略反。斫也。”(446)《玉篇·石部》:“碏,七昔、七略二切。敬也。《左氏傳》:‘衛大夫石碏。’”(105下左)故宫本《王韻》入聲藥韻七雀反:“碏,衛大夫之名。”(524)《唐韻》入聲藥韻七雀反:“碏,敬也。又姓(當衍)衛大夫石碏。”下文張略反又曰:“碏,《説文》云:‘斫也。’”(723)《廣韻》入聲藥韻七雀切:“碏,敬也。又人名,衛大夫石碏。”下文張略切又曰:

“䃺，《説文》云：‘斫也。’”（408）《玉篇校釋》“碏”字下注：“引《毛詩》爲《小雅·楚茨》文，今作踖。引《韓詩》原寫誤存一‘朝’字，今補正。引《左氏》見《隱三年傳》杜注：‘石碏，衛大夫。’《公羊石經》作踖。《切韻》：‘碏，春秋石碏。又敬也。’《説文新附》：‘碏，衛大夫石碏。’鉉引《唐韻》云：‘敬也。从石未詳。’案通作踖。《爾雅·釋訓》：‘踖踖，敏也。’《廣雅·釋訓》：‘踧踖，畏敬也。’《切韻》：‘踧踖，敬皃。’本書《足部》：‘踖，踧踖也。’《立部》：‘竫，竦也。’並爲敬義。踧踖雙聲，重之爲踖踖、碏碏，同耳。”（4329）胡氏所言是也。《詩·小雅·楚茨》：“執爨踖踖，爲俎孔碩。”孔穎達疏：“踖踖然，敬慎於事而有容儀焉。”“踖”“竫”，《集韻》亦音“七雀切”。故“碏”訓“敬也”，與“踖”“竫”音義並同，即爲異體字。“碏”訓“斫也”，當爲“䃺”字之俗。《説文·石部》：“䃺，斫也。从石，箸聲。”（193 下）故“碏”訓“斫也”，與“䃺”音義並同，當即“䃺”字俗省。《説文》《廣韻》皆作“䃺”，此即其切證也。又《集韻》入聲藥韻七約切：“碏，石雜色。一曰敬也。”（718）《集韻》訓“碏”爲“石雜色”，於前代字韻書皆無徵，當爲丁度等妄補，疑不可據。

386. 磌

《字彙·石部》：“磌，之人切，音真。山名。《山海經》：‘東山之南有磌山。’”（323 上）

《正字通·石部》：“磌，之溱切，音真。山名。《山海經》：‘東山之南有磌山。’”（753 下）

按：《康熙字典·石部》：“磌，《集韻》之人切，音真。石也。又伊真切，音因。山名。《山海經》：‘東山之南有磌山。’”（846 上）《龍龕》卷四《石部》：“磌，音真。岩也。出《川韻》。”（439）《玉篇·石部》：“磌，音真。石山。”（106 上右）《集韻》平聲真韻之人切：“磌，石也。”（116）下文伊真切又曰：“磌，山名。《山海經》：‘東山之南有磌山。’”（125）《山海經·東山經》：“又南五百里曰磌山，南臨磌水，東望湖澤。”郭璞注：“磌，一真反。”郝懿行《箋疏》：“案《玉篇》云：‘磌，音真。石山也。’

蓋即此。郭注‘一’‘反’二字疑衍。”郝氏之説疑是。袁珂校注：“王慶崇云：‘硜音真。’”此是其證也。故《玉篇》之“硜”當即《山海經》“硜山”之“硜”，其訓“石山”，當爲望形生訓。《集韻》訓“石也”，又當爲“石山也”之脱誤。《龍龕》訓“岩也”，疑爲“山石也”之誤合，亦不可據。《康熙字典》收録“石也”這一義項，亦因承前而誤。《大字典》《字海》“硜”字下皆據《玉篇》《集韻》之誤而收録“石山”與“石”這兩個義項，疑並非是。

387. 磥

《字彙·石部》：“磥，魯偉切，音壘。與磊同。衆石貌。又平聲盧回切。突也。”（324 上）

《正字通·石部》：“磥，俗磊字。舊注又盧回切，突也，誤。”（755 上）

按：《康熙字典·石部》：“磥，《集韻》同磊。洪适《隸釋》：‘磥，通作磊。出《朱龜碑》。’又王延壽《魯靈光殿賦》：‘層櫨磥垝以岌峩。’嵇康《琴賦》：‘踸踔磥硌。’皆同磊。”（848 下）《詳校篇海》卷四《石部》：“磥，魯猥切，音壘。與磊同。衆石貌。又平聲音雷。突也。又東齊謂磨曰磥硊。”（304 下）《篇海類編》同。《詳校篇海》《篇海類編》“磥”又音“雷”，訓“突也”，疑並非是。原本《玉篇·石部》：“磊，力罪反。《楚辭》：‘石磊磊兮葛蔓蔓。’《説文》：‘衆石也。’《蒼頡篇》：‘磊砢也。’磥，《聲類》：‘亦磊字也。’”（529）《玉篇·石部》：“磊，力罪切。磊砢。磥，同上。”（105 上左）《廣韻》上聲賄韻落猥切：“磥，衆石皃。磊，同上。”（183）《集韻》上聲賄韻魯猥切：“磊磥礧，《説文》：‘衆石也。’或从累，亦作礧。”（349）《集韻》上文平聲脂韻倫追切：“磥，東齊謂磨曰磥硊。”（45）《詳校篇海》《篇海類編》又音“雷”，訓“突也”，於前代字韻書皆無徵，疑不可據。《字彙》又音“盧回切”，訓“突也”，則當因承襲前代字書之謬而誤。《大字典》《字海》“磥”字下皆據《字彙》收録“突”這一義項，疑並非是。

388. 磘

《字彙·石部》:“磘，同硑。見《集成》。”（324下）

《正字通·石部》:“磘，俗字。一説礊字之訛。舊注同硑，見《集成》，誤。”（756下）

按:《康熙字典·石部》:“磘，《集韻》蒲孟切，彭去聲。磅磘，石聲。按：磘當作硑。”（850下）《直音篇》卷六《石部》:“磘，蒲孟切。磅磘。”（239上）《字彙》謂“磘”同“硑”，所言是也。《集韻》去聲映韻普孟切:“硑，磅硑，石聲。”（605）故“磅磘”同“磅硑”，“磘”即“硑”字俗訛。《字彙》《康熙字典》所言是也。又《説文·石部》:“礊，堅也。从石，毄聲。”（193上）《廣韻》入聲麥韻楷革切:“礊，鞕皃。”下文呼麥切又曰:“礊，鞕聲。又口革切。”（416）“磘”與“礊”音義俱别，二字不可混同，故《正字通》一説“磘”即“礊”字之訛，非是。

389. 礭

《字彙·石部》:“礭，苦角切，音卻。鞭也。”（325下）

《正字通·石部》:“礭，舊注音卻，鞭也，一説確作礭。”（758上）

按:《康熙字典·石部》:“礭，《篇海》苦角切，音㱿。鞭也。”（852上）《新修玉篇》卷二一《石部》引《龍龕》:“礭，苦角切。鞕也。”（185下右）《篇海》卷十二《石部》引《龍龕》:“礭，苦角切。鞭也。”（780下）“礭”字，《新修玉篇》與《篇海》義訓不同，當以《新修玉篇》爲是。《龍龕》卷四《石部》:“礭，苦角反。鞕也。”（444）此即其證也。《廣雅·釋詁一》:“確，堅也。”“堅也”“鞕也”義同，此亦其證也。《詳校篇海》卷四《石部》:“礭，苦角切，音卻。鞭也。”（306上）《篇海類編》同。《詳校篇海》《篇海類編》《字彙》訓“鞭也”，皆因承襲《篇海》之謬而誤。《康熙字典》轉録《篇海》“鞭也”之訓而未作校正，亦失考證。

390. 禍

《字彙·示部》:“禍，所交切，音稍。祐也。”（327下）

《正字通·示部》:“禉,俗字。舊音稍,祐也,誤。”(763下)

按:《康熙字典·示部》:“禉,《玉篇》所交切,音稍。祮也。”(857下)《玉篇·示部》:“禉,所交切。祮也。”(4上左)《新修玉篇》《篇海》引《玉篇》並同。故“禉”即訓“祮也”。又《直音篇》卷一《示部》:“禉,音梢。祐也。”(8下)《直音篇》訓“祐也”,於前代字書皆無徵,當爲“祮也”之誤。《詳校篇海》卷四《示部》:“禉,所交切,音稍。祐也。”(300下)《篇海類編》同。《詳校篇海》《篇海類編》《字彙》亦訓“祐也”,皆因承襲《直音篇》之謬而誤。《疑難字》“禉”字下注:“此字《萬象名義·示部》未見,《廣韻》亦不載,今本《玉篇》收之於示部之末,蓋陳彭年輩所增。以音求之,並參考字形,此字當是‘褙’之俗訛,釋文‘祮’字乃‘袩’字之誤。《方言》卷四:‘褙謂之袩。’郭璞注:‘袩即衣衽也。’《廣韻》平聲肴韻所交切:‘褙,衣衽。’故宫本《王韻·肴韻》所交反字從衤作‘褙’,釋文‘袩’字亦變從衤。《萬象名義·衣部》:‘褙,(印)[所]交反。袺。’字亦從衤作‘褙’,而其義‘袩’則誤作‘袺’。《玉篇·示部》之‘禉’又訓‘祮’,‘祮’與‘袩’亦形近。《萬象名義·衣部》:‘袩,丁兼反。褘也,衣袛。’‘袩’正‘袩’字俗訛。是其證。”(527~528)《疑難字》謂故宫本《王韻》、《名義》之“褙”即“褙”字俗訛,所言是也;然謂《玉篇》之“禉”亦即“褙”字俗訛,疑可商榷。今案:《玉篇》之“禉”當即“稍”字俗訛。《説文·禾部》:“稍,出物有漸也。从禾,肖聲。”(142下)徐鍇《繫傳》:“《周禮》謂群臣之禄食爲稍食,稍稍給之也。”《周禮·天官·宫正》:“月終則會其稍食,歲終則會其行事。”賈公彦疏:“稍食,謂宫中官府等月禄。”又《周禮·天官·宫正》:“幾其出入,均其稍食。”鄭玄注“稍食,禄稟也。”“稍”,《廣韻》音“所教切”,《集韻》又音“師交切”。又“祮”“禄”義可相通,故“禉”與“稍”音同義通,“禉”當即“稍”字俗訛。韓小荆《〈可洪音義〉研究》“稍”字俗作“禉”。《可洪音義》卷一七《沙彌威儀戒》一卷:“禉從,所孝反。禄也;小也。正作稍也。”(60,P50B12)此是其證也。故《玉篇》之“禉”當即“稍”字俗訛。

391. 禨

《字彙·示部》:"禨，堅溪切，音雞。祥也；又祟也。又吉器切，音寄。沐而飲酒也。《禮·玉藻》:'進禨。'注:'飲作樂也，沐必進飲盈氣也，以新沐體虛補溢氣，故沐而飲謂之禨。'"（329上）

《正字通·示部》:"禨，古奚切，音雞。祥也；又祟也。又寘韻音寄。沐而飲酒也。《禮·玉藻》:'進禨。'注:'飲作樂也，沐必進飲盈氣也，以新沐體虛益其氣，故沐而飲謂之禨。'"（766下）

按:《康熙字典·示部》:"禨，《廣韻》居依切，《集韻》《韻會》居希切，並音機。祥也。《列子·說符篇》:'楚人鬼而越人禨。'又祟也。又《集韻》居氣切，音既。沐而飲酒也。《禮·玉藻》:'進禨。'疏:'新沐體虛，必進禨酒補益氣也。'"（861上）《直音篇》卷一《示部》:"禨，音機。祥也；樂也。"（7下）《直音篇》訓"樂也"，疑非是。《廣雅·釋天》:"禨，祭也。"王念孫《疏證》:"禨之言祈也。"《玉篇·示部》:"禨，居衣切。祥也。"（3下左）《廣韻》平聲微韻居依切:"禨，祥也。"（32）《集韻》去聲未韻其既切:"禨，福祥也。"同一小韻下字又曰:"醆，沐酒也，謂既沐飲酒。《禮》有進禨。通作禨。"（488）《禮記·玉藻》:"進禨進羞。"鄭玄注:"沐醴必進禨作樂盈氣也。"孔穎達疏:"工乃升歌者，又進羞之後，樂工乃升堂以琴瑟而歌。所以進禨進羞，乃歌者以其新沐體虛補益氣也。"故《直音篇》訓"樂也"，於前代字韻書皆無徵，當爲誤截《禮記·玉藻》"進禨"之注文所致的訓釋失誤。又《詳校篇海》卷四《示部》:"禨，音譏。祥也；祟也。又去聲音寄。福祥也。又沐而飲也。"（301下）《篇海類編》同。《詳校篇海》《篇海類編》訓"祟也"，於前代字韻書亦無徵，又當爲"樂也"之誤刻。《字彙》《正字通》訓"祟也"，皆因承襲前代字書之謬而誤。《大字典》"禨"字下據《正字通》之誤而收録"舊謂鬼神降禍"這一義項，亦非。

392. 秚

《字彙·禾部》:"秚，蒲滿切，音伴。物相和也。"（331上）

《正字通·禾部》:“秚，俗字。舊音伴，物相和也，泥。”(771上)

按:《康熙字典·禾部》:“秚,《集韻》部滿切，音伴。物相和也。”(866下)述古堂影宋鈔本《集韻》上聲緩韻部滿切:“秚，物之相和。通作拌。”(369)揚州使院重刻本《集韻》、宋刻本《集韻》皆作“通作伴”，當以述古堂影宋鈔本《集韻》爲是。《集韻校本》“秚”字下注:“明州本、毛鈔、錢鈔注‘伴’字注‘拌’。龐校、濮校、錢校同。”(486)以上諸校亦是也。《大字典》“秚”字下引《集韻》沿襲誤本而未作校正，非是;《字海》“秚”字下謂“拌”的訛字，所言是也。

393. 秹

《字彙·禾部》:“秹，爾軫切，音忍。禾弱也。”(332上)

《正字通·禾部》:“秹，爾軫切，音忍。禾弱也。與荏通。”(773上)

按:《康熙字典·禾部》:“秹,《集韻》忍甚切，音荏。禾弱也。”(868下)《集韻》上聲寑韻忍甚切:“秹，禾弱也。”(442)“秹”當本作“栠”。《説文·木部》:“栠，弱皃。从木，任聲。”(114上)段玉裁注:“《小雅》《大雅》皆言:‘荏染柔木。’……孔曰:‘荏，柔也。’按:此‘荏’當作‘栠’……經典多假‘荏’而‘栠’廢矣。”《廣雅·釋詁一》:“栠，弱也。”又《釋訓》:“栠栠，弱也。”《集韻》上聲寑韻忍甚切:“栠,《説文》:‘弱皃。’或書作栣。”(442)故“秹”與“栠(栣)”音同義通，“秹”本當作“栠(栣)”。

394. 稜

《字彙·禾部》:“稜，如追切，音蕤。禾四把曰稜。”(332下)

《正字通·禾部》:“稜，如追切，音蕤。長沙謂禾四把曰稯。丁度作稜。”(774下)

按:《康熙字典·禾部》:“稜,《集韻》儒隹切。同稯。又《五音集韻》雖遂切，音邃。義同。或作穗。”(870下)《玉篇·禾部》:“稜，汝雖切。禾。”(74下右)《玉篇校釋》“稜”字下注:“《集韻》爲‘稯’之或體，是也。本書:‘稯，禾四把也。’‘稜’字後增，依例當列‘稯’下爲重文。”（2952）胡氏所言當是。敦煌本《王韻》去聲寘韻思累反：“稜，［禾］四把。”（402）故宫本《王韻》平聲脂韻息遺反：“稄，禾四把，長沙云。”（441）下文去聲寘韻思累反又曰：“稜，［禾］四把。”（490）《廣韻》同。“稜”“稄”義同，當即異寫字，其音“息遺反”，又音“思累反”，非二音二字，《集韻》將二字溝通一起，是也。《新修玉篇》卷十五《禾部》引《玉篇》：“稜，如隹切。禾四把曰稜。”（136上右）此亦其證。故“稜”當即“稄”之異體字。《玉篇》訓“禾”，當爲“禾四把”之脱誤。《篇海》卷十三《禾部》引《玉篇》：“稜，汝雖切。禾皃。”（796上）《篇海》訓“禾皃”，當因承襲《玉篇》之謬而誤。《大字典》“稜”字下據《玉篇》《篇海》之誤而收録“禾貌”這一義項，亦非。

395. 稢

《字彙·禾部》：“稢，乙六切，音郁。黍稷茂盛貌。”（333上）

《正字通·禾部》：“稢，余六切，音郁。黍稷盛貌。本作彧。《詩·小雅》‘黍稷彧彧’，義同。”（775下）

按：《康熙字典·禾部》：“稢，《玉篇》於鞠切，《集韻》乙六切，並音郁。黍稷盛貌。”（871下）《玉篇·禾部》：“稢，於鞠切。茂盛。”（74下左）《正字通》所言是也。《正字通》所言當是。敦煌本《王韻》入聲屋韻於六反：“稢，黍稷盛。”（422）故宫本《王韻》入聲屋韻於六反：“稢，黍稷盛。”（511）“稢”當即“稶”字俗省。《廣韻》入聲屋韻於六切：“稶，黍稷盛皃。”（373）《廣韻》校作“稶”，是也。《集韻》入聲屋韻乙六切：“稶稶，黍稷盛皃。或省，通作彧。”（648）此即其證也。《玉篇校釋》“稢”字下注：“‘茂盛’者，當作‘稢稢，茂盛皃’，爲原引《韓詩》文。《毛詩·信南山》作‘彧彧’。《彡部》‘彧’下引《詩》：‘黍稷彧彧。’《纂要》引《韓詩》作‘稢’。《切韻》：‘稢，黍稷盛。’《廣韻》作：‘稶，黍稷盛皃。’《集韻》‘稶’或有作‘稢’，通作‘彧’。”（2960）《詩·小雅·信南山》：“疆埸翼翼，黍稷彧彧。”毛傳：“彧彧，茂盛貌。”胡吉宣謂“‘茂盛’者，當作‘稢稢，茂盛皃’”，是也；然“稢稢”當爲“稶稶”之省，“稶稶”同“彧彧”，“稶”當即“彧”之增旁俗字。

396. 稢

《字彙·禾部》:"稢，乙六切，音郁。黍稷盛貌。"(333 下)

《正字通·禾部》:"稢，稶本字。舊注音義同稶，重出。"(777 上)

按:《康熙字典·禾部》:"稢,《集韻》稶本字。"(873 上)敦煌本《王韻》入聲屋韻於六反:"稢，黍稷盛。"(422)《正字通》所言是也。"稢"當即"稶"之本字，其字本又作"彧"(詳見本書"稶"字注)。

397. 稞

《字彙·禾部》:"稞，胡瓜切，音華。禾盛也。"(335 上)

《正字通·禾部》:"稞，俗字。禾盛通用華,《詩·小雅》'黍稷方華'是也。别作稞，非。"(779 下)

按:《康熙字典·禾部》:"稞,《集韻》胡瓜切，音華。禾盛貌。"(876 下)《集韻》平聲麻韻胡瓜切:"稞，禾盛也。"(209)《正字通》所言是也。《詩·小雅·出車》:"昔我往矣，黍稷方華。"朱熹《集傳》:"華，盛也。"又《文選·補亡詩》:"黍華陵巔，麥秀亡中。"吕延濟注:"華，茂盛也。""華",《廣韻》音"户花切"。故"稞"與"華"音義並同,"稞"當本作"華"。《大字典》"稞"字下以《正字通》之説作爲"一説",《字海》"稞"字未溝通其與"華"字的字際關係，皆有未當。

398. 穳

《字彙·禾部》:"穳，徂本切，存上聲。禾穳也。"(335 上)

《正字通·禾部》:"穳，徂本切，存上聲。禾穳也。通作蕁。"(779 下)

按:《康熙字典·禾部》:"穳,《集韻》同蕁。"(876 下)《集韻》上聲混韻粗本切:"穳，禾穳也。或作蕁。"(366)"蕁"當即"穳"之異體字，而非"穳"之異體字。《正字通》之説當是。《説文·艸部》:"蕁，叢艸也。从艸，尊聲。"(19 上)《廣雅·釋詁二》:"蕁，聚也。"王念孫《疏證》:"蕁之言攢聚也。"《廣韻》上聲混韻兹損切:"蕁，草叢生皃。"

（191）“𥞬”與“蕁”音義皆通，故“𥞬”本當作“蕁”。又《類篇·禾部》：“𥞬，粗本切。禾租也。”（242）《類篇》是在《集韻》的基礎上編纂而成的，然《類篇》訓“禾租也”，於《集韻》卻無徵，當爲“禾穳也”之誤。《大字典》《字海》“𥞬”字下皆據《類篇》之誤而收録“禾租”這一義項，且未溝通其與“蕁”字的字際關係，俱失考證。

399. ⿱穴木

《字彙·穴部》：“⿱穴木，疏簪切，音森。幽深也。”（336上）

《正字通·穴部》：“⿱穴木，所臻切，音森。幽深也。”（782下）

按：《康熙字典·穴部》：“⿱穴木，《廣韻》所今切，音森。𥥍也。與⿱穴豕同。”（880下）《廣韻》平聲侵韻所今切：“⿱穴豕，𥥍也。⿱穴木，同上。”（147）“⿱穴豕”“⿱穴木”當爲“𥥍”字之俗。《説文·穴部》：“𥥍，深也。一曰竈𥥍。从穴，从火，从求省。”（149上）《集韻》平聲侵韻疏簪切：“𥥍，深也。一曰竈𥥍也。”（276）“𥥍”，《説文》篆文作“”，“⿱穴豕”當即“𥥍”之《説文》篆文“”字楷定之俗。“⿱穴木”即“⿱穴豕”之異體字，故亦同“𥥍”。《大字典》《字海》“⿱穴木”字第❶義項據《廣韻》謂同“⿱穴豕”，訓“煙囱”，此非探本之論，據上文可知，“⿱穴豕”又即“𥥍”字之俗；第❷義項分别據《字彙》《正字通》訓“幽深”，然未溝通其與“𥥍”字的字際關係，亦失當。

400. ⿱穴抉

《字彙·穴部》：“⿱穴抉，於決切，音抉。空也；穿也；深抉也。”（337上）

《正字通·穴部》：“⿱穴抉，同⿱穴夬。《説文》：‘⿱穴夬，穿也。’又：‘⿱穴抉，深抉也。’孫氏並於決切。按：⿱穴抉、⿱穴夬音義通，《説文》誤分爲二。”（783下）

按：《康熙字典·穴部》：“⿱穴抉，《唐韻》於決切，音抉。《説文》：‘深抉也。’《玉篇》：‘穴貌；空也；穿也。’”（883上）《説文·穴部》：“⿱穴抉，深抉也。从穴，从抉。”（149下）徐鍇《繫傳》作：“从穴，抉聲。”段玉裁注：“此以會意包形聲，小徐作‘抉聲’，亦通。”《玉篇·穴部》：“⿱穴抉，於決切。穴皃也；空也；穿也。"（58 下右）《正字通》所言當是。《説文・穴部》："窔，穿也。从穴，決省聲。"（149 下）《廣雅・釋詁三》："窔，空也。"《玉篇・穴部》："窔，於穴、呼穴二切。穿也；空也。"（58 下右）"窫""窔"，《廣韻》皆音"於決切"。"窫"與"窔"音義並同，二字當爲異體字。《龍龕》卷四《穴部》："窫，或作；窔，今。於決［反］。穿皃。二。"（510）此是其證也。朱駿聲《説文通訓定聲》於"窫"字下注："窫，疑即窔字之或體。"（771 上）《玉篇校釋》於"窫""窔"二字下注："'窫'與'窔'音義並同，當爲一字。"（2306）以上二説亦印證了《正字通》之説。故"窫""窔"當爲異體字。

401. 篝

《字彙・穴部》："篝，居候切，音構。篝空也；穴也。"（337 下）

《正字通・穴部》："篝，于候切，音構。空也；穴也。"（785 上）

按：《康熙字典・穴部》："篝，《集韻》居候切，音構。篝穴也。"（885 上）《玉篇・穴部》："篝，古候切。篝穴也。"（59 上右）《玉篇》注文中的"篝"字，當爲字頭誤重。《集韻》去聲候韻居候切："篝，穴也。"（617）此即其證也。《篇海》卷十三《穴部》引《玉篇》："篝，古候切。篝空也。"（802 下）《篇海》改訓"篝空也"，"空"當爲"穴"字之誤。《新修玉篇》《直音篇》亦皆作"篝穴也"，此亦其證也。《詳校篇海》卷五《穴部》："篝，居候切，音構。篝空也；穴也。"（338 上）《詳校篇海》《篇海類編》《字彙》"篝"字下皆收録"篝空也"這一義項，皆因承襲《篇海》之謬而誤。《玉篇校釋》"篝"字下注："本書《宀部》'篝'下引《詩》'中篝之言'，疑'篝''篝'字同。由穴義引申爲内，中冓猶言内室，内室淫僻之辭不可聞于外也，從穴取幽閉意。"（2324）胡氏所言疑是。《廣雅・釋詁四》："篝，夜也。"《玉篇・宀部》："篝，古候切。《詩》曰：'中篝之言。'中夜之言也。本亦作冓。"（54 下左）《詩・鄘風・牆有茨》："中冓之言，不可道也。"程俊英、蔣見元注："中冓，宫闈，宫廷内部。陳奂傳疏：'中冓與牆對稱，牆爲宫牆，則中冓當爲宫中之室。'王先謙集疏引《韓詩》，訓'中冓'爲'中夜'，亦通。"（125）故"篝"與

“寗”音義皆通，“寗”疑即“寗”字之俗。

402. 窡

《字彙·穴部》：“窡，丁滑切，撾入聲。短面也。”（337下）

《正字通·穴部》：“窡，知滑切，撾入聲。《説文》：‘短面也。’”（785上）

按：《康熙字典·穴部》：“窡，《集韻》張滑切，音竅。短面也。又乎刮切，音姡。又張刮切。義並同。又《篇海》：‘嬌姿也。’”（885下）“窡”字，《康熙字典》又引《篇海》訓“嬌姿也”，疑非是。《説文·女部》：“窡，短面也。从女，竅聲。”（263下）《玉篇·女部》：“窡，丁滑切。《説文》云：‘短面也。’”（17上右）《集韻》入聲術韻竹律切：“窡，面短皃。或作娺、嬨。”（671）下文入聲黠韻張滑切又曰：“窡，《説文》：‘短面也。’或作頢。”（697）下文入聲舝韻乎刮切又曰：“窡，面短也。或書作嬨。”（698）下文張刮切又曰：“窡，面短皃。”（699）《新修玉篇》卷三《女部》引《玉篇》：“窡嬨，丁滑切。《説文》：‘短面也。’”（32上右）下文卷十一《穴部》引《廣集韻》又曰：“窡，竹律、下刮二切。面短也。又丁滑切。《説文》：‘短面也。’”（107下右）《篇海》“窡”字收於《女部》，而於《穴部》未收。《篇海》卷五《女部》引《玉篇》：“窡娺，二知律、丁刮二切。短面皃。”（657上）《詳校篇海》卷二《女部》：“窡娺嬨，三竹律切，舊音祝。短面皃。又丁刮切，音撾入聲。又下刮切，音滑。注同。”（124）《篇海類編》同。故《康熙字典》又引《篇海》訓“嬌姿也”，於《篇海》無徵，於其它字韻書亦皆無徵，疑非是。《大字典》《字海》“窡”字下皆據《康熙字典》之誤而收録“嬌姿”這一義項，疑並非是。

403. 䆸

《字彙·穴部》：“䆸，郎狄切，音歷。穿也。”（338上）

《正字通·穴部》：“䆸，郎敵切，音歷。穿也。”（786下）

按：《康熙字典·穴部》：“䆸，《集韻》《類篇》並郎狄切，音歷。穿也。”（888上）《集韻》入聲錫韻狼狄切：“䆸，穿也。”（753）“歷”本當作“歷”。《説文·止部》:“歷，過也。从止，厤聲。”（32 上）《集韻》入聲錫韻狼狄切:“歷,《説文》:‘過也。’”（752）漢司馬遷《報任少卿書》:“深踐戎馬之地，足歷王庭，垂餌虎口。”宋王禹偁《送鞠仲謀序》:“自申抵陜，歷河陽，下洛都。”故“䧙”與“歷”音同義通，“䧙”當本作“歷”。

404. 竦

《字彙·立部》:“竦，力地切，音利。臨也。《六書正譌》:‘俗作莅、涖、竝，非。’”（339 上）

《正字通·立部》:“竦，力地切，音利。《説文》:‘臨也。’經史通作莅、涖，别作蒞，贅。”（788 上）

按:《康熙字典·立部》:“竦,《廣韻》力地切,《集韻》力至切，並音利。臨也；從也；疏也。《篇海》與莅、涖同。”（890 下）《玉篇·立部》:“竦，力季、力至二切。臨也；從也；踈也。”（50 下左）《玉篇校釋》“竦”字下注:“‘臨也’者,《説文》:‘竦，臨也。’《切韻》同。《集韻》:‘竦，或作莅、蒞、位。’案又通涖。《詩·采芑》:‘方叔涖至。’毛傳:‘涖，臨也。’本書《人部》引作‘莅’。《周禮·鄉師》:‘以涖匠師。’故書‘涖’作‘立’。鄭司農‘立’讀爲‘涖’，涖，臨視也。‘肆師’注:‘故書位爲涖。’杜子春云:‘涖當爲位。’《爾雅·釋詁》:‘涖，視也。’疏引《禮記·文王世子》:‘成王幼不能蒞阼。’今《禮記》作‘涖’。《儀禮·士冠禮》:‘吾子將莅之。’鄭注:‘莅，臨也。’《老子》:‘以道莅天下。’釋文:‘古無此字,《説文》作竦。’本書《人部》:‘莅，臨也。’《艸部》:‘莅，臨也。’與‘涖’同。《水部》‘涖’下今本止云:‘水聲。’又古立、位同字，故《切韻》緝韻:‘立，臨也。’本書又‘從也；疏也’者，其義未見于它書，不審所出，蓋經删誤。”（2130）胡氏所言當是。《名義·立部》:“竦，力季反。臨也；視也；位也。莅字。”（102 下）《龍龕》卷四《立部》:“竦，類、利、立三音。臨也。”（519）以上二書亦未見有“從也”“疏也”之訓。此亦其證也。故《玉篇》“竦”又訓“從也”“疏也”，當如胡氏所言，當爲陳彭年等因誤删而産生的虚假義項。

《康熙字典》收録“從也”“疏也”這兩個義項，亦因承前而誤。《大字典》《字海》“逮”字下皆據《玉篇》之誤而收録“從”“疏”這兩個義項，疑並非是。

405. 笌

《字彙・竹部》：“笌，五加切，音牙。竹笋。”（340 下）

《正字通・竹部》：“笌，舊注音牙，竹始生。按：古通作芽，本作牙。”（791 上）

按：《康熙字典・竹部》：“笌，《集韻》牛加切，音牙。筍也。”（894 下）《玉篇・竹部》：“笌，五加切。筍。”（71 下右）《集韻》平聲麻韻牛加切：“笌，筍也。”（209）《正字通》所言是也。《説文・艸部》：“芽，萌芽也。从艸，牙聲。”（16 上）段玉裁注：“古多以牙爲芽。”“芽”“牙”，《廣韻》皆音“五加切”。故“笌”與“芽”“牙”音同義通，“笌”當即“芽”字之俗，二字本作“牙”。《玉篇校釋》“笌”字下注：“元刊作：‘竹初生筍也。’《集韻・麻韻》：‘笌，筍也。’笌之言牙也，初生纖小之名也。艸謂之萌芽，竹謂之簹笌，其義一也。”（2838）此説印證了《正字通》之説。故“笌”當通作“芽”，本作“牙”。

406. 笁

《字彙・竹部》：“笁，居郎切，音剛。竹名。又筏也。”（342 上）

《正字通・竹部》：“笁，俗字。舊注音剛，竹名；又筏也，泥。”（795 下）

按：《康熙字典・竹部》：“笁，《集韻》古雙切，音江。《篇海》竹名。又筏也。”（899 上）元刊本《玉篇・竹部》：“笁，古缸切。筏也。”《玉篇・竹部》：“笁，古缸切。竹名。”（71 下右）《集韻》平聲江韻古雙切：“笁，竹名。”（22）《新修玉篇》卷十四《竹部》引《玉篇》：“笁，古雙切。竹名。”（128 下右）《篇海》卷五《竹部》引《玉篇》：“笁，古缸切。竹名。”（643 下）元刊本《玉篇》訓“筏也”，於前代字韻書皆無徵，非是。《直音篇》卷四《竹部》：“笁，《玉篇》古缸切，今音扛。筏也。”（152

下）《直音篇》訓“筏也”，當因承襲元刊本《玉篇》之謬而誤。《詳校篇海》卷二《竹部》：“笐，居郎切，音剛。竹名。又筏也。”（103 上）《篇海類編》同。《詳校篇海》《篇海類編》“笐”字又訓“筏也”，皆因承襲《直音篇》之謬而誤。《字彙》“笐”字亦又訓“筏也”，亦因承襲前代字書之謬而誤。“笐”疑本當作“江”。唐李商隱《淚》詩：“湘江竹上痕無限，峴首碑前灑幾多。”“湘江竹”即“湘妃竹”。“笐”疑即因“湘江竹”而增加“竹”旁所産生的俗字。《大字典》《字海》“笐”字下皆據《字彙》之謬而收録“筏”這一義項，並非。

407. 箹

《字彙·竹部》：“箹，側角切，瘡入聲。傘帶。又蒲角切，音雹。義同。”（343 上）

《正字通·竹部》：“箹，筋字之訛。舊注瘡入聲，傘帶，誤。”（797 上）

按：《康熙字典·竹部》：“箹，《廣韻》蒲角切，《集韻》弼角切，並音雹。箹，箕傘帶也。揚子《方言》：‘車枸簍，宋、魏、陳、楚之間，其上約謂之箹。’郭注：‘即傘帶也。’”（901 下）《方言》卷九：“車枸簍，宋、魏、陳、楚之間謂之筷，或謂之䉤籠，其上約謂之箹。”《廣韻》入聲覺韻蒲角切：“箹，車傘帶也。”（379）下文測角切又曰：“箹，傘帶。”（380）又《説文·筋部》：“筋，手足指節鳴也。从筋，勺聲。”（85 下）《廣韻》入聲覺韻北角切：“筋，手足指節之鳴者。”（378）故“箹”與“筋”音義俱别，二字不可混同，《正字通》謂“箹”即“筋”字之訛，且謂“舊注”非，既無書證亦無例證，其説非是。

408. 筀

《字彙·竹部》：“筀，直真切，音呈。筵也。又他定切，音廳。笭筀，車中筵也。”（343 上）

《正字通·竹部》：“筀，篁字之訛。”（797 上）

按：《康熙字典·竹部》：“筀，《廣韻》直貞切，《集韻》馳貞切，並音呈。筳也。《博雅》：'笭筭，竹席。'一曰竹名，可爲笛。又《集韻》湯丁切，音汀。竹器。又《集韻》他定切，音聽。車中筳也。"（901下）《名義·竹部》："筭，託經反。筳也。"（143上）《玉篇·竹部》："筭，直經切。筳。"（71下左）《廣雅·釋器》："笭筭。"王念孫《疏證》："此條内有脱文，不可復考。《玉篇》：'筭，筳也。'《集韻》笭，郎丁切；筭，馳貞切。云：'《廣雅》：笭筭，竹席。'案：上文'簞'與'籧篨'皆是竹席，則竹席不獨'笭筭'。蓋'竹席'二字乃《集韻》釋《廣雅》之辭，非《廣雅》原文也。《集韻》'笭'又郎丁切、'筭'又他定切，云：'笭筭，車中筳也。'"《續考》"筭"字下注："'筭'字兩讀，皆訓筳，其訓竹席、竹器、車中筳者，訓異而義實無別。《大字典》分作二音，訓釋各異，恐有未安。《集韻》'筭'又訓竹名，可爲笛，竹可爲笛者乃'簹'字，非'筭'字也。宋唐慎微《證類本草》卷十三：'《竹譜》簹字音斤。其竹堅而促節，體圓而質勁，皮白如霜，大者宜刺船，細者可爲笛。'今本《竹譜》'簹'誤作'篁'，元李衎《竹譜詳録》又誤作'筭'。《集韻》'筭'字訓竹名，可爲笛，蓋據誤本《竹譜》。"（110）以上諸説皆是也。《名義·竹部》："箳，俾井反。箳篁，車篕也。"（143下）下字又曰："篁，蘇庭反。箳篁，車篕也。"（144上）《玉篇·竹部》："箳，卑星切。箳篁，車轓。"下字又曰："篁，桑經切。箳篁。"（71上右）故"筭"與"篁"儘管形近，然音義俱别，二字不可混同，《正字通》謂"筭"即"篁"字之訛，非是。

409. 篋

《字彙·竹部》："篋，胡夾切，音狹。竹器。"（343上）

《正字通·竹部》："篋，與匣同。"（797下）

按：《康熙字典·竹部》："篋，《集韻》轄甲切，音狎。竹名。"（902下）《玉篇·竹部》："篋，胡夾切。竹。"（72上右）元刊本《玉篇》改訓"竹器"。《正字通》所言當是。《詳校篇海》卷二《竹部》："篋，胡筴切，音狹。竹器。與筪同。"（104下）《篇海類編》同。以上二書是其證也。又《玉篇校釋》"篋"字下注："元刊云'竹器'，《集韻·狎韻》以爲'竹名'，似'竹器'是。猶筐匡、篋匧一字也。"（2853）此説亦印證了《正字通》之説。故"篚"當即"匣"字之俗。《玉篇》訓"竹"，當爲"竹器"之脱誤。又《廣韻》入聲狎韻胡甲切："筪，竹名。"（439）《集韻》入聲狎韻轄甲切："篚筪，竹名。或省。"（788）"筪""篚"當並即"匣"字之俗。《廣韻》《集韻》訓"竹名"，疑皆爲"竹器"之誤。《大字典》《字海》"篚"字下據《玉篇》《集韻》收録"竹名"這一義項，疑並非是。《大字典》《字海》"筪"字下據《集韻》收録同"篚"這一義項，是也；然卻皆訓"竹名"，疑亦非是。

410. 箌

《字彙·竹部》："箌，居正切，音敬。筋竹。"（344下）

《正字通·竹部》："箌，居慶切，音敬。筋竹。"（801下）

按：《康熙字典·竹部》："箌，《集韻》堅正切，音勁。筋竹。"（908上）《玉篇·竹部》："箌，古政切。筋竹。"（72上右）《集韻》去聲勁韻堅正切："箌，筋竹。"（605）《玉篇校釋》"箌"字下注："《集韻》勁韻同，箌之言堅勁也。'箌竹'本止作'筋竹'。《切韻》：'筋，竹名。'《齊民要術》十引竺法真《登羅浮山疏》云：'又有筋竹，色如黃金。'《竹譜》：'筋竹長二丈許，圍數寸，至堅利，南土以爲矛，其筍未成竹時堪爲弩弦。'"（2851）胡吉宣謂"箌之言堅勁也"，是也；然其又謂"'箌竹'本止作'筋竹'"，疑可商榷。"箌"當因"勁竹"連用而產生的類化俗字（"勁竹"文獻用例甚多，今不贅），"箌"即"勁"字之俗。又《龍龕》卷四《竹部》："簕，音斤。竹名。出日南九真，可爲弓絃也。"（388）元李衎《竹譜詳録》亦作"簕竹"。故"箌"與"簕（筋）"義同音别，二字不應混同，故《正字通》謂"箌竹"本作"筋（簕）竹"，疑不可據。

411. 箷

《字彙·竹部》："箷，延知切，音夷。衣架。《曲禮》作椸。"（345上）

《正字通·竹部》："箷，同椸。"（802上）

按:《康熙字典·竹部》:“箷,《集韻》商支切,音施。竹名。又《廣韻》弋支切,《集韻》常支切,並音匙。衣架。《爾雅·釋器》:‘竿謂之箷。’疏:‘凡以竿爲衣架者名曰箷。’”(908下)述古堂影宋鈔本《集韻》平聲支韻商支切:“箷,竹枝。”(25)揚州使院重刻本《集韻》、宋刻本《集韻》皆作“竹名”。今案:當以述古堂影宋鈔本《集韻》訓“竹枝”爲是。《爾雅·釋器》:“竿謂之箷。”郭璞注:“衣架。”《廣雅·釋器》:“箷謂之枷。”王念孫《疏證》:“《曲禮》:‘男女不同椸枷。’鄭注云:‘椸,可以枷衣者。’釋文‘椸’作‘杝’。《内則》云:‘不可縣於夫人之楎椸。’椸、杝、箷並與箷同。”《名義·竹部》:“箷,翼支反。衣架也。椸字。”(142下)《龍龕》卷四《竹部》:“箷,音移。衣架也。”(390)《玉篇·竹部》:“箷,翼支切。衣架。”(71下右)慧琳《音義》卷二八《普曜經》第二卷:“椸架,古文椻、椸二形,今作箷,同。余支反。《禮記》:‘男女不同椸架。’鄭注云:‘竿謂之椸,可用架衣也。’《蒼頡篇》云:‘椸格也。’”(57,P993A6)慧琳《音義》卷五五《太子本起瑞應經》上卷:“椸架,又作箷。《埤蒼》作椸,同。餘支反。竿謂之椸,椸可以架衣也。《蒼頡篇》:‘椸,格也;亦衣杆也。’經文作簃,音弋支反。”(58,P537B2)故宫本《裴韻》平聲支韻弋支反:“椸,案:《説文》:‘衣架。’又箷。”(545)《廣韻》平聲支韻弋支切:“箷,衣架。椸,上同。”(15)故“箷”即“椸”之異體字,義指“衣架;晾衣桿”。揚州使院重刻本《集韻》、宋刻本《集韻》訓“竹名”,於前代字韻書皆無徵,當爲“竹枝”之誤,“竹枝”與“衣架”“竿”義可相通,此“商支切”當爲“箷”字又音。《新修玉篇》卷十四《竹部》引《玉篇》:“箷,弋支切。衣架。《韻》又是支切。《爾雅》:‘竿謂之箷。’所以架衣者。通作箷。又式支切。竹枝。”(129下右)《新修玉篇》所引《韻》當爲《集韻》,《新修玉篇》所引《集韻》即作“竹枝”。此亦其證也。《康熙字典》收録“竹名”之訓而未作校正,亦失考證。《大字典》《字海》“箷”字下皆據誤本《集韻》收録“竹名”這一義項,並非。

412. 篵

《字彙·竹部》:“篵，陟隆切，音中。戎人呼篋曰篵。”(346 下)

《正字通·竹部》:“篵，之雍切，音中。戎人呼篋曰篵。”(805 上)

按:《康熙字典·竹部》:“篵,《廣韻》職戎切,《集韻》《韻會》之戎切，並音終。竹也。又戎人呼篋曰篵。”(914 下)《玉篇·竹部》:“篵，祝融切。竹。”(71 上左)《廣韻》平聲東韻職戎切:“篵，篋篵，戎人呼之。”(3)《集韻》平聲東韻之戎切:“篵，戎人呼篋曰篵。”(12)《玉篇校釋》“篵”字下注:“‘竹’下應有一字，元刊作‘竹也’，亦非。《切韻》:‘篵，篋篵。’《廣韻》云:‘戎人呼之。’《集韻》作:‘戎人呼篋曰篵。’是‘竹’下可補一‘篋’字。”(2834)胡氏所言當是。《玉篇》訓“竹”，於歷代諸韻書皆不同，當爲“竹篋”之脱誤。《康熙字典》收録“竹也”這一義項，當因承前而誤。《大字典》《字海》“篵”字下分別據《玉篇》之誤而收録“竹”“竹名”這一義項，疑並非是。

413. 篰

《字彙·竹部》:“篰，薄胡切，音蒲。竹篰，沈水取魚具。”(346 下)

《正字通·竹部》:“篰，俗字。”(805 上)

按:《康熙字典·竹部》:“篰,《廣韻》薄胡切，音酺。竹筥，沈水取魚之具。”(914 下)《廣韻》平聲模韻薄胡切:“篰，竹筥，沈水取魚具。”(43)“篰”當同“箁”“箬”。《集韻》平聲模韻蓬逋切:“箁，箁箷，小竹網。或作箬。”(85)“竹筥，沈水取魚具”與“箁箷，小竹網”訓異義同，當指“用竹子做成的放在水底的捕魚用具”。故“篰”與“箁”“箬”音義並同，當爲異體字。

414. 箄

《字彙·竹部》:“箄，步皆切，音牌。大桴也。”(346 下)

《正字通·竹部》:“箄，鋪埋切，音牌。桴也。”(805 上)

按:《康熙字典·竹部》:“箄,《廣韻》薄佳切,《集韻》蒲街切,《正韻》步皆切，並音牌。簰筏也；大桴曰簰。”（914下）述古堂影宋鈔本《集韻》去聲霽韻匹計切：“澼，水名。在丹陽。”（503）揚州使院重刻本《集韻》、宋刻本《集韻》皆同。《説文》訓“水。在丹陽”者，亦本作“澼”。《大字典》“簰”字下卻據誤本《集韻》收録“水名”這一義項，此即因“簰”“澼”形近訛混而誤設，應删。

415. 簄

《字彙·竹部》：“簄，侯古切，音户。海中取魚竹。”（347上）

《正字通·竹部》：“簄，呼誤切，音户。海中取玉器。”（805下）

按：《康熙字典·竹部》：“簄，《廣韻》侯古切，《集韻》後五切，並音户。海中取魚竹名曰簄。”（915下）《廣韻》上聲姥韻侯古切：“簄，海中取魚竹名曰簄。”（180）“簄”當即“滬”之異體字。唐陸龜蒙《漁具詩序》：“網罟之流曰罛、曰罾、曰罺……列竹於海澨曰滬。”清黄叔璥《臺海使槎録·賦餉》：“滬者，於海泙潮漲所及處，周圍築土岸，高一、二尺，留闕爲門……潮漲淹没滬岸，魚蛤隨漲入滬。潮退水由滬門出，魚蛤爲網所阻。寬者爲大滬，狹者爲小滬。”“滬”，《廣韻》亦音“侯古切”。故“簄”與“滬”音義並同，即爲異體字。《集韻》上聲姥韻後五切：“簄，取魚竹罔。通作楛、滬。”（340）此即其證也。故“簄”與“滬”“楛”即爲異體字。

416. 簩

《字彙·竹部》：“簩，即兩切，音蔣。剖竹未去節謂之簩。”（347上）

《正字通·竹部》：“簩，即兩切，音蔣。《説文》：‘剖竹未去節謂之簩。’”（806上）

按：《康熙字典·竹部》：“簩，《廣韻》即兩切，《集韻》子兩切，並音獎。剖竹未去節也。《篇海》一曰觚（篚）也。又《集韻》似兩切，音象。在兩切，音趚。義並同。又資良切，音將。席也。又七亮切，音蹡。竹也。”（916上）《集韻》上聲養韻似兩切：“簩，剖竹未去節。”（413）下文去聲漾韻七亮切：“簩，竹也。”（597）“簩”字，《廣韻》置於上聲養韻“即兩切”之下,《集韻》卻於養韻置於“似兩切”之下，非是。又《集韻》訓“竹也”，疑非是。《説文·竹部》:“箬，剖竹未去節謂之箬。从竹，將聲。”(90下)《廣雅·釋器》:“箬，簏也。”《龍龕》卷四《竹部》:“箬，即兩反。剖竹未去節也。又秦杖反。”(392)《玉篇·竹部》:“箬，子兩切。剖竹未去節謂之箬。”(70上右)《廣韻》上聲養韻即兩切:“箬，剖竹未去節也。又秦杖切。”(211)故《集韻》訓“竹也”，於前代字韻書皆無徵，疑爲“簏也”之誤。《康熙字典》收録“竹也”這一義項，當因承前而誤。《大字典》《字海》“箬”字下分別據《集韻》之誤而收録“竹”“竹名”這一義項，疑並非是。

417. 䈼

《字彙·竹部》:“䈼，莫佩切，音妹。筍冬生名。”(347下)

《正字通·竹部》:“䈼，同篃。《山海經》:‘英山多箭䈼。’舊本分爲二。”(806下)

按:《康熙字典·竹部》:“䈼,《廣韻》《集韻》並明祕切,《海篇》音媚。《廣韻》:‘筍冬生名。’又竹名。《山海經》:‘英山多箭、䈼。’注:‘郭璞曰：今漢中郡出䈼竹，厚裹而長節，根深，筍冬生地中，人掘取食之。’”(917下)《廣韻》去聲至韻明祕切:“䈼，笋(筍)冬生名。”(243)《廣韻》訓“筍冬生名”，疑非是。《廣雅·釋草》:“䈼，䈽也。”《名義·竹部》:“䈼，美秘反。筍冬生地中，掘食也。”(142下)《玉篇·竹部》:“䈼，美祕切。竹長節，深根，筍冬生。”(70下左)故宫本《王韻》去聲至韻美秘反:“䈼，筍冬生地中。”(490)故宫本《裴韻》去聲至韻美秘反:“䈼，箭竹，出漢中，筍冬生。”(585)《集韻》去聲至韻明祕切:“䈼,《博雅》:‘箭、䈼，䈽也。’一曰竹名，長節，深根，筍冬生。”(482)《山海經·西山經》:“又西七十里，曰英山……其陽多箭、䈼。”郭璞注:“今漢中郡出䈼竹，厚裹而長節，根深，筍冬生地中，人掘取食之。”(22)據上文可知,“䈼”即“竹名”，其筍冬生,《廣韻》訓“筍冬生名”，於歷代字韻書皆無徵，當爲“筍冬生”之衍誤。《字彙》訓“筍冬生名”，此即因承前而謬。又晉戴凱之《竹譜》:“篃亦篃徒，概節而短。”自注:“《山海經》云:其竹名篃。生非一處,江南山谷所饒也。故是箭竹類。一尺數節,葉大如履,可以作篷,亦中作矢。其筍冬生。”據上文可知,《山海經》作“𥳑”,故《正字通》謂“𥳑”同“篃”,是也。《康熙字典》轉録《廣韻》之訓而未作校正,失考證。《大字典》據《廣韻》之誤而收録“冬筍”這一義項,亦失考證。

418. 簝

《字彙·竹部》:“簝,連條切,音聊。宗廟盛食器。鄭司農云:‘受肉籠也。’《周禮》:‘凡祭祀,共其牛牲之互,與其盆簝,以待事。’”(347下)

《正字通·竹部》:“簝,連喬切,音聊。《説文》:‘宗廟盛肉竹器。’《周禮·牛人》:‘凡祭祀,共其盆簝,以待事。’注:‘盆以盛血,簝以受肉。’”(806下)

按:《康熙字典·竹部》:“簝,《廣韻》落蕭切,《集韻》《韻會》憐蕭切,《正韻》連條切,並音聊。宗廟盛肉竹器。”(917下)《玉篇·竹部》:“簝,力彫切。宗廟盛肉器。又竹也。”(71上左)《玉篇校釋》於“器”後補“也”字,並校“竹也”爲“竹籠也”,其注曰:“‘宗廟盛肉器也’者,引《説文》文,原作‘宗廟盛肉器’。‘又竹也’,今訂正。《周禮·牛人》:‘供瓮簝以待事。’鄭衆曰:‘簝,受肉籠也。’《廣雅·釋器》:‘簝,籠也。’《切韻·蕭韻》云:‘宗廟盛肉方竹器。’《豪韻》云:‘肉籠。’《廣韻》:‘簍,籠也。’云:‘《周禮》作簝。’本書:‘簍,籠也。’簍、籠、簝聲相轉,皆婁孔義。”(2828)胡氏所言近似。《名義·竹部》:“簝,力刀反。盛肉籠;宗廟器。”(141上)此亦其證也。《新撰字鏡·竹部》:“簝,黎刀反。竹筥也。”(453)《龍龕》卷四《竹部》:“簝,音聊。宗廟盛肉方竹器也。”(389)以上二書亦未見有“竹也”之訓,此亦其證也。故《玉篇》訓“竹也”,於前代字韻書皆無徵,疑爲“竹籠也”或“竹器也”之脱誤。《大字典》“簝”字下據《玉篇》之誤而收録“竹名”這一義項,疑亦非是。

419. 篨

《字彙·竹部》:“篨，徐醉切，音遂。籧篨。又竹徑。”（347 下）

《正字通·竹部》:“篨，俗字。”（806 下）

按:《康熙字典·竹部》:“篨,《廣韻》《集韻》並徐醉切，音遂。籧篨。又竹徑。”（918 上）《玉篇·竹部》:“篨，似醉切。”（71 下左）《玉篇》義闕，元刊本《玉篇》補訓爲“竹徑名”。《玉篇校釋》“篨”字下注:“義闕，元刊云‘竹徑名’，似以‘隧’爲説。《切韻》:‘篨，籧篨。’《集韻》同，或作蒢、篴。”（2849）胡氏所言當是。《新修玉篇》卷十四《竹部》引《玉篇》:“篨，似醉切。籧篨。”（130 下左）《篇海》同。此是其證也。《龍龕》卷四《竹部》:“篴，音遂。籧篨也。”（393）此亦其證也。故“篨”“篴”即異體字，當以訓“籧篨”爲是。元刊本《玉篇》訓“竹徑名”，當爲望形生訓。《直音篇》卷四《竹部》:“篨，音遂。籧篨。又竹徑名。篴，同上。”（150 下）《直音篇》又訓“竹徑名”，此即因承襲元刊本《玉篇》之謬而誤。《詳校篇海》卷二《竹部》:“篨，徐醉切，音遂。籧篨。又竹徑。”（107 上）《篇海類編》同。《詳校篇海》《篇海類編》《字彙》《康熙字典》亦又皆訓“竹徑”，皆因承襲前代字書之謬而誤。《大字典》《字海》“篨”字下皆據《字彙》之誤而收録“竹徑”這一義項，並非。

420. 篯

《字彙·竹部》:“篯，千山切，音餐。竹篯定物。”（348 上）

《正字通·竹部》:“篯，籖字之訛。”（807 下）

按:《康熙字典·竹部》:“篯,《集韻》千安切，音餐。竹籖也。或作簗。又《篇海》篯笒。又竹篯，定物定簽也，俗云簽子。”（919 上）《廣韻》平聲寒韻七安切:“篯，篯笒。出《異字苑》。”（73）《集韻》平聲寒韻千安切:“篯簗，竹籖也。或从粲。”（144）又《説文·竹部》:“籖，驗也。一曰鋭也，貫也。从竹，韱聲。”（93 上）《玉篇·竹部》:“籖，七尖切。貫也。”（70 下右）《廣韻》平聲鹽韻七廉切:“籖,《説文》:‘驗也。

一曰鋭也，貫也。'"（151）"籤"亦可引申爲"竹籤"。例如：南朝梁元帝《秋興賦》："聽夜籤之響殿，聞懸魚之扣扉。"《陳書·世祖紀》："每雞人伺漏，傳更籤於殿中，乃敕送者必投籤於階石之上，令鎗然有聲。"故"籛"與"籤"儘管義同，然形音俱别，二字不可混同，《正字通》謂"籛"即"籤"字之訛，既無書證亦無例證，其説非是。

421. 篴

《字彙·竹部》："篴，大計切，音地。篴鍾，樂器。"（348上）

《正字通·竹部》："篴，俗篪字。"（807下）

按：《康熙字典·竹部》："篴，《集韻》大計切，音弟。篴鐘，樂器。"（919上）《集韻》去聲霽韻大計切："篴，篴鍾，樂器。晉灼曰：'二十四鍾各有節奏，聲不常也。'"（505）《漢書·王褒傳》："雖伯牙操遞鍾，逢門子彎烏號，猶未足以喻其意也。"晉灼曰："遞音遞迭之遞。二十四鍾各有節奏，擊之不常，故曰遞。"臣瓚曰："《楚辭》云：'奏伯牙之號鍾。'號鍾，琴名也。馬融《笛賦》曰：'號鍾高調。'伯牙以善鼓琴，不聞説能擊鍾也。"師古曰："琴名是也，字既作遞，則與《楚辭》不同，不得即讀爲號，當依晉音耳。"故"篴"當即"遞"字之俗。又《爾雅·釋樂》："大篪謂之沂。"郭璞注："篪，以竹爲之，長四寸，圍三寸；一孔上出，寸三分，名翹，横吹之。小者尺二寸，《廣雅》云：'八孔。'""篪"，《廣韻》音"直離切"。故"篴"與"篪"儘管形近，然音義俱别，二字不可混同，《正字通》謂"篴"即"篪"字之俗，疑非是。

422. 簨

《字彙·竹部》："簨，聳允切，音筍。簨簴，所以懸鐘磬者。横木曰簨，直木曰簴。"（348上）

《正字通·竹部》："簨，俗筍字。"（807下）

按：《康熙字典·竹部》："簨，《廣韻》思尹切，《集韻》《韻會》聳尹切，《正韻》聳允切，並音筍。《廣韻》：'簨虡。'……又《正韻》：'《考工記》作筍，亦作栒、箕。'"（919上）《釋名·釋樂器》："簨，所以懸鐘鼓者，横曰簨。簨，峻也，在上高峻也。"《玉篇·竹部》："簨，先尹切。簨虡，所以懸鐘鼓也。簨，同上。"（69下左）《禮記·明堂位》："夏后氏之龍簨簴，殷之崇牙。"鄭玄注："簨虡所以懸鐘磬也。横曰簨，飾之以鱗屬；植曰虡，飾之以嬴屬、羽屬。"《正字通》所言當是。《周禮·考工記·梓人》："梓人爲筍虡。"鄭玄注："樂器所縣，横曰筍，植曰虡。"《文選·西京賦》："洪鐘萬鈞，猛虡趪趪。負筍業而餘怒，乃奮翅而騰驤。"李善注引薛宗曰："縣鐘格曰筍。""筍"，《廣韻》音"思尹切"。故"簨簴"同"筍虡"。《玉篇校釋》"簨""簴"二字下注："'簨簴，所以懸鐘鼓也'者，'簨'本止爲'筍'，比象以名之也，後起專字爲栒、爲簨，故《爾雅》《説文》並無此字，'簴'本作'虡'，《説文》作'虡'，字涉筍而亦從竹，違於命名之誼矣。"（2761）此説亦印證了《正字通》之説。《康熙字典》所引《正韻》亦其證也。故"簨"當即"筍"之異體字，"簨"本作"筍"，"簴"本作"虡"。

423. 箈箈

《字彙·竹部》："箈，直意切，音治。幼竹。箈，同上。此字宜爲正。"（348下）

《正字通·竹部》："箈箈，並俗字。幼竹本借稚。"（808上）

按：《康熙字典·竹部》："箈，《玉篇》直利切。竹也。箈，《集韻》直利切，音雉。幼竹也。"（920下）《玉篇·竹部》："箈，直利切。竹。"（71下右）《集韻》去聲至韻直利切："箈，幼竹。"（477）《字彙》《正字通》所言當是。"箈"當即"箈"字之俗，二字本當作"稚"。"幼竹"即"稚竹"，文獻有其用例，"箈"當因"稚"受"竹"字類化影響而産生的俗字。

424. 篙

《字彙·竹部》："篙，各額切，音革。篙子，竹障。"（348下）上文"篙"字注："篙，迄逆切，音吸。籬也。"（346上）

《正字通·竹部》："篙，與篙同。舊注篙音吸，篙音革，誤分爲二。"

（808 下）上文“箊”字注：“箊，同篇省。以竹作障。舊注箊音吸，籭也，分箊、篇爲二，非。”（804 上）

按：《康熙字典·竹部》：“篇，《廣韻》古核切，《集韻》各核切，並音革。《通俗文》：‘篇子，竹障。’亦作槅。”（921 上）《廣韻》入聲麥韻古核切：“篇，篇子，竹障。出《通俗文》。”（417）《集韻》入聲麥韻各核切：“篇槅，竹障。或从木。”（740）又《方言》卷五：“所以注斛，陳、魏、宋、楚之間謂之箊，自關而西謂之注。箕，陳、魏、宋、楚之間謂之籭。”郭璞注：“注斛，盛米穀寫斛中者也。箊，今江東亦呼爲箊。箊亦籭屬也，形小而高無耳。”敦煌本《王韻》入聲錫韻許狄反：“箊，籭屬。”（430）《廣韻》《集韻》同。故宫本《王韻》入聲錫韻許狄反：“箊，籭屬。亦作篘。”（519）故宫本《裴韻》入聲錫韻許狄反：“篘，籭也。”（616）“箊”“篘”即異體字，義指“籭筐”。故“篇”與“箊”音義俱别，二字不可混同，《正字通》謂“篇”同“箊”，且謂“舊注”非，既無書證亦無例證，其説非是。“篇”疑本作“隔”。《説文·𨸏部》：“隔，障也。从𨸏，鬲聲。”（307 上）《大正藏》本東晉瞿曇僧伽提婆譯《增一阿含經》卷第三十四《七日品》第四十之一：“鐵圍中間有八大地獄，一一地獄有十六隔子。”下文卷第三十六《八難品》第四十之一又曰：“一一地獄有十六隔子，其名優鉢地獄、鉢頭地獄、拘牟頭地獄、分陀利地獄、未曾有地獄、永無地獄、愚惑地獄、縮聚地獄、刀山地獄、湯火地獄、火山地獄、灰河地獄、荆棘地獄、沸屎地獄、劍樹地獄、熱鐵丸地獄。如是比十六隔子不可稱量，使彼衆生，生地獄中。”又《大正藏》本姚秦竺佛念譯《出曜經》卷第二十四《觀品》第二十八：“是時，世尊即接難陀將至地獄，示彼苦痛考掠搒笞酸毒難計，八大地獄湯煮罪人，一大地獄十六隔子圍繞其獄，刀山劍樹火車爐炭，燒炙炰煮苦痛難陳。”又《大正藏》本北涼曇無讖譯《大方等大集經》卷第三十九《日藏分惡業集品》第五：“地獄四面各有十六隔子，以爲眷屬周匝圍遶。”又《大正藏》本唐道世撰《法苑珠林》卷第七《受報部》第三：“阿鼻地獄者，縱廣正等八千由旬，七重鐵城七層鐵網，有十八隔子周匝七重，皆是刀林。”“隔”，《廣韻》音“古核切”。“篇子”當同“隔子”，“篇”疑即“隔”

字之俗。

425. 籭

《字彙·竹部》:“籭,力計切,音隸。葛也。”(349 下)

《正字通·竹部》:“籭,簶字之訛。舊注音隸,葛也,誤。别作籙,亦誤。”(810 上)

按:《康熙字典·竹部》:“籭,《廣韻》《集韻》並郎計切,音隸。篙也。《博雅》:‘笘、籭,籥也。’”(924 上)《新修玉篇》卷十四《竹部》引《玉篇》:“籭,力計切。篙也。”(131 下右)《篇海》卷五《竹部》引《玉篇》:“籭,力計切。葛也。”(646 下)“籭”字,《新修玉篇》與《篇海》義訓不同,當以《新修玉篇》爲是。《名義·竹部》:“籭,力翅反。篙也。”(142 下)《新撰字鏡·竹部》:“籭,力翅反。篙也。”(451)《玉篇·竹部》:“籭,力計切。篙也。”(71 下右)以上諸書皆其證也。故《篇海》訓“葛也”,當爲“篙也”之誤。《詳校篇海》卷二《竹部》:“籭,力計切,音隸。葛也。”(108 上)《篇海類編》同。《詳校篇海》《篇海類編》《字彙》訓“葛也”,皆因承襲《篇海》之謬而誤。又《新撰字鏡·竹部》:“簶,力玉反。圖簶。”(457)《龍龕》卷四《竹部》:“簶,力玉反。啚(圖)簶。”(395)箋注本《切韻》(斯 2071)入聲燭韻力玉反:“簶,圖。”(141)敦煌本《王韻》入聲燭韻力玉反:“簶,圖簶。”(423)故宫本《王韻》、故宫本《裴韻》、《唐韻》、《廣韻》皆同。“篙”義指“古代供寫字用的一種竹簡”。故“籭”與“簶”音義俱别,二字不可混同,《正字通》謂“籭”即“簶”字之訛,非是。

426. 籭

《字彙·竹部》:“籭,力霽切,音利。札也;竹篳也。”(349 下)

《正字通·竹部》:“籭,訛字。”(810 下)

按:《康熙字典·竹部》:“籭,《廣韻》《集韻》並力智切,音麗。札也。《博雅》:‘笘、籭,籥也。’又《篇海》:‘竹篳也。’”(925 上)《直音篇》卷四《竹部》:“籭,音例。札也;竹篳也。籭,同上。”(150 上)正如“𥴧”同“隸”,“𥴧”“簶”當即異體字。《直音篇》謂“𥴧”同“簶”,是也;然訓“𥴧”爲“竹箠也”,疑非是。《廣雅·釋器》:“𥴧,䈕也。”《集韻》去聲寘韻力智切:“𥴧,《博雅》:‘笘、𥴧,䈕也。’”(469)下文去聲霽韻郎計切又曰:“𥴧,篤也。”(506)“篤”即“篙”字之誤。又《名義·竹部》:“𥴧,力翅反。篙也。”(142下)《新撰字鏡·竹部》:“𥴧,力翅反。篙也。”(451)《玉篇·竹部》:“𥴧,力計切。篙也。”(71下右)《廣韻》去聲寘韻力計切:“𥴧,篙𥴧(當爲字頭誤重)。”(239)下文去聲霽韻郎計切又曰:“𥴧,札也。”(273)“篙也”“䈕也”“札也”訓異義同,義指“古代用於寫字的一種木櫝”,“𥴧”“簶”當即同字異體。《直音篇》又訓“竹箠也”,於前代字韻書皆無徵,當爲章黼妄補。《詳校篇海》卷二《竹部》:“𥴧,力霽切,音利。札也;篙也;竹箠也。”(108下)《篇海類編》同。《詳校篇海》《篇海類編》《字彙》《康熙字典》亦又訓“竹箠也”,當皆因承襲《直音篇》之謬而誤。《大字典》“𥴧”字下據《字彙》收録“竹鞭”這一義項,疑亦非是。

427. 籊

《字彙·竹部》:“籊,直角切,音濁。以竹傷物也。”(349下)

《正字通·竹部》:“籊,直角切,音濁。以竹傷物也。”(810下)

按:《康熙字典·竹部》:“籊,《集韻》直角切,音濁。竹名。”(925上)《玉篇·竹部》:“籊,池卓切。竹。”(72上右)《集韻》入聲覺韻直角切:“籊,竹名。”(662)《新修玉篇》卷十四《竹部》引《玉篇》:“籊,直角切。竹名。”(131下左)《篇海》卷五《竹部》引《玉篇》:“籊,池卓切。竹名。”(647上)《詳校篇海》卷二《竹部》:“籊,直角切,音戳。竹名。”(108下)《篇海類編》同。故《字彙》《正字通》訓“以竹傷物也”,於前代字書皆無徵,疑非是。又《直音篇》卷四《竹部》:“籜,音托。竹籜。籊,同上。”(153上)《玉篇·竹部》:“籜,他各切。竹籜。”(72上右)《集韻》入聲鐸韻闥各切:“籜,竹皮。”(724)“籊”與“籜”音義俱別,二字不可混同,《直音篇》謂“籊”同“籜”,非是。又《玉篇校釋》“籊”字下注:“籊之言擢也,當與‘籊’同。《詩》云‘籊籊竹竿’是也。擢，引也，竹竿擢引長皃也。”（2854）胡氏所言可備一説。《大字典》《字海》“籊”字下皆據《字彙》收録“以竹傷物”這一義項，疑並非是。

428. 粠

《字彙·米部》：“粠，户公切，音紅。陳臭米也。《六書正譌》俗作粠，非。”（350下）

《正字通·米部》：“粠，湖同切，音紅。《説文》：‘陳臭米也。’一説米陳則紅。《漢書》：‘太倉之黍，紅腐。’粠、紅義同。《正譌》俗作粠，非。”（811下）

按：《康熙字典·米部》：“粠，《廣韻》户公切，《集韻》胡公切，並音紅。陳臭米。一曰赤米。同粠。或作紅。《前漢·武帝紀》：‘大倉之粟紅腐。’”（926下）《説文·米部》：“粠，陳臭米。从米，工聲。”（144下）《正字通》所言當是。《名義·米部》：“粠，胡同反。腐米。”（153上）《新撰字鏡·米部》：“粠，户公反。粟米腐敗。”（230）《龍龕》卷二《米部》：“粠，或作；粠，正。陳赤米也。二。”（304）《玉篇·米部》：“粠，胡同切。陳臭米也。或作紅。”（75下右）故宫本《王韻》平聲東韻胡籠反：“粠，赤米。”（437）故宫本《裴韻》同。《廣韻》平聲東韻户公切：“粠，陳赤米也。”（7）《集韻》平聲東韻胡公切：“粠粠，《説文》：‘陳臭米。’一曰赤米。或从共。”（9）“粠”訓“陳臭米”“腐米”“粟米腐敗”“陳赤米”“赤米”，以上諸訓訓異義同，皆指“因變質而發紅的陳米”。段玉裁注：“《賈捐之傳》：‘太倉之黍，紅腐而不可食。’師古曰：‘粟久腐壞，則色紅赤也。’按：紅即粠之假借字。”桂馥《義證》：“米久則紅也。”以上二説亦皆其證也。《大字典》收録“粠”字，其下分爲兩個義項：第❶義項據《説文》訓“變質發紅的陳米”；第❷義項據《集韻》訓“紅米”。據上文可知，“陳臭米”與“赤米”訓異義同，皆指“因變質而發紅的陳米”，故《大字典》“粠”字下第❷義項應合併到第❶義項中去，訓“變質發紅的陳米”，即妥。

429. 粇

《字彙·米部》:“粇，下没切，音紇。糠粇，米粖也。杜詩:‘黎民糠粇窄。’”(350上)

《正字通·米部》:“粇，呼白切，音紇。糠粇，米末也。與麧、覈同。本音覈，俗讀若殼。《漢書》:‘食糠粇。’注:‘今京師人謂粗屑爲麧頭。’《陳平傳》:‘食糠覈。’杜甫詩:‘黎民糠粇窄。’韓愈詩:‘士不厭糠粇。’覈、麧即粇也。覈加米作㰸，贅。别作紇，非。蓋粇有紇音，非紇、粇一字也。”(811下)

按:《康熙字典·米部》:“粇，《廣韻》胡結切，《集韻》奚結切，並音纈。屑米細者曰粇。又《類篇》恨竭切。米粉。又《類篇》下扢切。堅麥也。一曰俗謂粗屑爲粇。”(926下)《玉篇·米部》:“粇，胡骨切。粉。”(75下左)《玉篇》訓“粇”爲“粉”，當指“屑米”。慧琳《音義》卷二七《妙法蓮華經序品》第一:“糠，苦崗反。米粇也。”(57，P986B3)《廣韻》入聲屑韻胡結切:“粇，屑米也。”(401)《列子·力命》:“食則粢糲。”殷敬順釋文引三國魏李登《聲類》:“粇，米不碎。《史記》曰:‘陳平食糠粇。’孟康云:‘麥糠中不破者是也。’”又《卍新纂續藏經》本唐智周撰《法華玄贊攝釋》卷第三《疏》第四卷:“疏米粇名糠者。按:檢字書，不見此字，然《切韻》中，有麧字者，麧䅹頭也。音下没反。”又《卍新纂續藏經》本唐栖復集《法華經玄贊要集》卷第二十:“言粇者，䅹也。攝云:檢字書，不見粇字，應依切中麧。䅹也，屑。《漢書》云:‘張良常食麧。’即麥䅹也。牟云:‘應爲檜，悮爲粇也。’”據上文諸書可知，“粇”當爲“麧”之異體字，而非“檜”字之訛，義指“糠中的米麥粗屑”，多用來指“粗食”。《集韻》入聲没韻下扢切:“麧秔粇，《説文》:‘堅麥也。’一曰俗謂粗屑爲麧。或从禾、从米。”(683)《集韻》於此處謂“粇”爲“麧”之或體，所言是也。《集韻》入聲月韻恨竭切又曰:“粇，米粉。”(679)《集韻》於此處訓“粇”爲“米粉”，於前代字韻書、文獻皆無徵，當因不解《玉篇》訓“粇”爲“粉”當指“屑米”而誤。《大字典》“粇”字下據《集韻》之誤而收録“米粉”這一義項，亦非。

430. 紲

《字彙·糸部》:“紲，與紖同。又索也。”（353 上）

《正字通·糸部》:“紲，同纚。徐鉉曰:‘俗作紲，非。’亦作絁。舊注與紖同，又索也，並誤。”（818 下）

按:《康熙字典·米部》:“紲,《玉篇》紖亦作紲。”（936 下）原本《玉篇·糸部》:“紖，直忍反。《禮記·迎牲》:‘君執紖。’鄭玄曰:‘所以牽牲也。’《周禮》作絼。又曰:‘牛則執紖。’鄭玄曰:‘所以繫制之也。’《廣雅》:‘紖，索也。’絼,《周禮》:‘祭祀牛執絼。’鄭衆曰:‘著牛鼻繩，所以牽牛者也，今謂之雉。’鄭玄曰:‘字當以豸爲聲也。’《字書》亦紖字也。紲,《字書》亦紖字也。”（631）《玉篇·糸部》:“紖，直忍切。索也。絼紲，並同上。”（125 上左）《龍龕》卷四《糸部》:“絼紲，直引反。今作紖。二。”（400）故“紲”與“紖”“絼”即爲異體字。又《説文·糸部》:“纚，粗緒也。从糸，璽聲。”（274 上）《集韻》平聲支韻商支切:“纚,《説文》:‘粗緒也。’一曰繒屬。或作絁。”（25）故“紲”與“纚”音義俱别，二字不可混同,《正字通》據徐鉉之説而謂“紲”同“纚”，非是。

431. 綡

《字彙·糸部》:“綡，龍張切，音良。冠纚。”（357 下）

《正字通·糸部》:“綡，舊注音良，冠纚。按:幘梁，鄭康成作梁，改作綡，非。”（828 上）

按:《康熙字典·糸部》:“綡,《廣韻》《集韻》並吕張切，音良。《玉篇》:‘冠纚也。’”（949 上）《玉篇·糸部》:“綡，力羊切。冠纚也。”（125 下左）《正字通》所言當是。《儀禮·士冠禮》:“緇纚，廣終幅，長六尺。”鄭玄注:“纚，今之幘梁也……纚一幅長六尺，足以韜髮而結之矣。”原本《玉篇·糸部》“纚”字下注:“纚，山綺反。《儀禮》:‘纚，廣終幅，長六尺。’鄭玄曰:‘纚，今之幘涼也……纚一幅六尺，足以韜髮而結之也。’”（609）“涼”當爲“綡”之聲誤。“幘綡”同“幘梁”，義指“古代包髮的頭巾”，故“綡”本作“梁”。《玉篇校釋》“綡”字下注：“《切韻》：‘綡，纚也。’亦本《埤蒼》。《廣韻》作‘冠纚’，《篇》《韻》皆經宋人竄改。上（121）‘纚’下引《儀禮》鄭玄注云：‘纚，今之幘梁也。’今本《士冠禮》作‘幘梁’。”（5425）此亦其證也。

432. 緭

《字彙·糸部》：“緭，于位切，音位。繒也。”（359 下）

《正字通·糸部》：“緭，烏貴切，音位。繒也。”（832 下）

按：《康熙字典·糸部》：“緭，《廣韻》《集韻》並于貴切，音胃。《説文》：‘繒也。’《博雅》：‘絛也。’《玉篇》：‘緒也。’”（954 下）《廣雅·釋器》：“䙺、緭、絖、編緒、繶、紃，絛也。”王念孫《疏證》：“各本‘絖’下脱‘也’字，遂與下絛相連，今補。”《玉篇校釋》“緭”字下注：“《切韻》：‘緭，繒也。’亦本許書。《廣雅·釋器》：‘絖、編緒、繶、紃，絛也。’疏證於‘絖’下加一‘也’字，與‘絛也’分成二條，蓋以《説文》緭爲繒名不合絛義也。今據《埤蒼》緭訓爲緒，緒，絲端也，絛，編緒也，二書義正相符合。張揖當别有所受，不必同於《説文》，王氏分之非是。”（5330）胡氏所言當是。原本《玉篇·糸部》：“緭，胡貴反。《説文》：‘緭，繒也。’《埤蒼》：‘緭，緒也。’”（602）此是其證也。《大字典》《字海》“緭”字下皆據王念孫之説而收録“絲絮”這一義項，疑並非是。

433. 縺

《字彙·糸部》：“縺，居忍切，音謹。織文縺密。”（361 上）

《正字通·糸部》：“縺，俗字。通作縝，《周禮》《爾雅》借用稹，皆密緻義。織文稠密，改作縺非，六書無縺。”（835 上）

按：《康熙字典·糸部》：“縺，《集韻》几隱切，音謹。《類篇》：‘織文緻密。’”（958 下）《集韻》上聲隱韻几隱切：“縺，織紋緻密。”（359）又《禮記·聘禮》：“縝密以栗，知也。”鄭玄注：“縝，緻也。”“縝”，《廣韻》音“章忍切”。故“縺”與“縝”儘管義可相通，然形音俱别，二字不可混同，《正字通》謂“縺”通作“縝”，既無書證亦無例證，其説非是。

434. 繁

《字彙・糸部》:“繁，符艱切，音煩。多也；雜也。”（362 上）

《正字通・糸部》:“繁，符頑切，音煩。絲采繁縟也。又多也；雜也。”（836 下）

按:《康熙字典・糸部》:“繁,《廣韻》附袁切,《集韻》《韻會》《正韻》符袁切，並音煩。《書・仲虺之誥》:‘實繁有徒。’傳:‘繁，多也。’又《鄉飲酒義》:‘拜至、獻、酬、辭讓之節繁。’注:‘繁，盛也。’又《孝經序》:‘安得不翦其繁蕪。’注:‘繁，雜也。’又《廣韻》:‘繁，穊也’”（960 下）述古堂影宋鈔本《集韻》平聲元韻符袁切:“繁，多也；槪也。”（136）揚州使院重刻本《集韻》同，宋刻本《集韻》作“穊也”。述古堂影宋鈔本《集韻》、揚州使院重刻本《集韻》與宋刻本《集韻》不同，當以宋刻本《集韻》爲是。《龍龕》卷四《糸部》:“繁，音煩。穊也。”（395）《廣韻》平聲元韻附袁切:“繁，穊也；多也。”（68）以上諸書皆其證也。“穊”,《説文》訓“稠也”，義指“稠密”，與“繁”義可相通，而“槪”與“繁”義不相涉，故當以訓“穊也”爲是。《集韻校本》注曰:“方校:‘案：槪訛從木，據《廣韻》《類篇》正。’按：潭州本、金州本、毛鈔‘槪’字正作‘穊’。”（185）趙氏所言是也。《大字典》“繁”字下據誤本《集韻》收録“槪”這一義項，應據正。

435. 繐

《字彙・糸部》:“繐，須兑切，音歳。練布。”（363 上）

《正字通・糸部》:“繐，俗繐字。《説文》本作繐,《集韻》作繐。舊注音歳，練布，分爲二，非。”（839 上）

按:《康熙字典・糸部》:“繐,《集韻》須鋭切，音歳。繐，或作繐。《玉篇》:‘練布也。’”（964 上）《玉篇・糸部》:“繐，音歳。鍊布也。”（126 上左）元刊本作“練布也”。《集韻》去聲祭韻須鋭切:“繐繐,《説文》:‘細䟽布也。’亦从歳。”（509）《玉篇校釋》校作“練布也”，並注曰：

"'練布'原作'鍊布'，今從元刊本。《集韻》以爲'繐'之或體，細疏布也。"（5453）胡氏所校是也。《新修玉篇》卷二七《糸部》引《玉篇》："繊，音歳。練布也。"（222 下右）成化本《篇海》卷七《糸部》引《玉篇》亦曰："繊，音歳。練布也。"（689 上）泰和本《篇海》、正德本《篇海》皆同。以上諸書皆其證也。"練布"當指"祭祀時所受之服"，而非指"經過練製的布"，與"古代多用作喪服的細疏布"義通，故"繊"即"繐"之異體字。《大字典》《字海》"繊"字下皆據《玉篇》之誤而收録"經過練製的布"這一義項，疑並非是。

436. 繬

《字彙・糸部》："繬，所力切，音色。縫也；緙也；繩也。"（363 上）

《正字通・糸部》："繬，俗字。舊注音色，縫也，緙也，繩也，泥。"（839 上）

按：《康熙字典・糸部》："繬，《廣韻》所力切，《集韻》殺測切，並音色。《博雅》：'交合也。'《玉篇》：'縫也。'《廣韻》：'緙也。'"（964 下）《詳校篇海》卷三《糸部》："繬，所力切，音色。縫也；緙也；繩也。"（167 上）《篇海類編》同。《詳校篇海》《篇海類編》訓"繩也"，疑非是。《廣雅・釋詁二》："繬，縫也。"原本《玉篇・糸部》："繬，所棘反。《廣雅》：'繬，縫也；繬，合也。'《埤蒼》：'緙，繬也。'"（653）《玉篇・糸部》："繬，所力切。縫也。"（125 下左）《新修玉篇》《篇海》引《玉篇》並同。故宫本《裴韻》入聲職韻所力反："繬，紩。"（617）《廣韻》入聲職韻所力切："繬，緙也；縫也。"（425）《集韻》入聲職韻殺側切："繬，《博雅》：'縫也。'"（756）《直音篇・糸部》："繬，音色。縫也；緙也。"（293 下）"緙""繬"義同。《玉篇・糸部》："緙，口革切。紩也。"（125 下左）此亦其證也。《詳校篇海》《篇海類編》訓"繩也"，於前代字韻書皆無徵，非是。《字彙》亦訓"繩也"，當因承襲前代字書之謬而誤。《大字典》《字海》"繬"字下皆據《字彙》之誤而收録"繩索"這一義項，疑並非是。

437. 辮

《字彙·糸部》:“辮，婢免切，便上聲。交也；繆也。”（363下）

《正字通·糸部》:“辮，婢免切，便上聲。左右交辮也。《説文》:‘交也。’《增韻》:‘繆也。’與編通。”（840上）

按:《康熙字典·糸部》:“辮,《廣韻》薄泫切,《集韻》婢典切,《韻會》平免切,《正韻》婢免切，並音辨。《説文》:‘交也。’《增韻》繆也。與編通。”（966上）《古今韻會舉要》上聲銑韻婢典切:“辮，音與辨同。《説文》:‘交也。从糸，辡聲。’《增韻》:‘繆也。’通作編。”（262下）《增韻》訓“繆也”，與《説文》訓“交也”訓異義同。《説文·糸部》:“辮，交也。从糸，辡聲。”（273下）“辮”訓“交也”，即“交織”“編結”之義。《增韻》訓“辮”爲“繆也”，亦當爲“交結”之義。《後漢書·輿服志上》:“金薄繆龍，爲輿倚較。”李賢注引徐廣曰:“辮，交錯之形。”此是其證也。《大字典》“辮”字下據《古今韻會舉要》引《增韻》收録“繆”這一義項，據上文可知，“繆也”“交也”訓異義同,《大字典》應將此義項合併到第一義項“交織”“編結”中去，方妥。

438. 纍

《字彙·糸部》:“纍，盧回切，音雷。繫也。又聯絡貌。《樂記》:‘纍纍乎端如貫珠。’”（364上）

《正字通·糸部》:“纍，盧回切，音雷。繫也。《詩·周南》:‘葛藟纍之。’又聯絡貌。《樂記》:‘歌者纍纍乎端如貫珠。’又羸憊失意貌。《禮·玉藻》:‘喪容纍纍。’”（841下）

按:《康熙字典·糸部》:“纍,《廣韻》力追切,《集韻》《韻會》倫追切，並音欙。《説文》:‘綴得理也。’《禮·樂記》:‘纍纍乎端如貫珠。’又《説文》一曰大索也。《小爾雅》:‘纍，繘也。’《前漢·李廣傳》:‘以劍斫絶纍。’注:‘纍，索也。’又《玉篇》:‘繫也。’《廣韻》:‘係也。亦作縲。’《左傳·僖三十三年》:‘不以纍臣釁鼓。’注:‘纍，囚繫也。’《前漢·司馬遷傳》:‘幽於纍紲。’注:‘纍，係也。’《詩·周南》:‘葛藟纍之。’釋文：‘纍，纏繞也。’《詩・小雅》：‘甘瓠纍之。’注：‘纍，蔓也。’又《禮・玉藻》：‘喪容纍纍。’注：‘纍，羸憊貌。’又《齊語》：‘諸侯甲不解纍。’注：‘纍，所以盛甲也。’又《史記・孔子世家》：‘纍纍若喪家之狗。’注：‘纍纍然不得志之貌也。’”（967 上）《禮記・樂記》：“故歌者，上如抗，下如隊，曲如折，止如槀木，倨中矩，句中鉤，纍纍乎端如貫珠。”此“纍纍”即指“連綿不絶”之義，與《説文》訓“綴得理也”義通。《説文・糸部》：“纍，綴得理也。从糸，畾聲。”（276 下）段玉裁注：“綴者，合箸也。合箸得其理則有條不紊，是曰纍。《樂記》曰：‘纍纍乎端如貫珠。’此其證也。”段氏所言即其證也。故《字彙》《正字通》“纍”字以《禮記・樂記》“纍纍乎端如貫珠”作爲例證而訓“聯絡貌”，與《説文》訓“綴得理也”訓異義同。《大字典》“纍”字下據《正字通》收録“聯絡貌”這一義項，據上文可知，“聯絡貌”與“綴得理也”訓異義同，故《大字典》應將此義項合併到第一義項“相連綴得其條理”中去，方妥。又《禮記・玉藻》：“喪容纍纍，色容顛顛。”鄭玄注：“纍纍，羸憊貌也。”又《史記・孔子世家》：“纍纍若喪家之狗。”裴駰《集解》引王肅曰：“喪家之狗，主人哀荒，不見飲食，故纍然而不得意。孔子生於亂世，道不得行，故纍然不得志之貌也。”《大字典》未收“纍”之“纍纍，羸憊貌”和“纍纍，不得志之貌”，可據補。

439. 纀

《字彙・糸部》：“纀，芳無切，音夫。布也。又細紬。”（364 上）

《正字通・糸部》：“纀，俗字。本作敷。”（841 下）

按：《康熙字典・糸部》：“纀，《集韻》芳無切，音孚。紨或从敷作纀。”（967 下）《集韻》平聲虞韻芳無切：“紨纀，《博雅》：‘紨、綐，紬也。’一曰大絲曰紨。或从敷。”（77）《廣雅・釋器》：“紨、綐，紬也。”“紨”“綐”，《廣雅》雖同訓爲“紬也”，然二字意義有別。《説文・糸部》：“紨，布也。一曰粗紬。从糸，付聲。”（278 上）原本《玉篇・糸部》：“紨，豐扶反。《説文》：‘紨，布也。一曰粗紬也。’《漢書》：‘嚴延年女名羅紨。’”（637）下文又曰：“綐，徒外反。《埤蒼》：‘綐，紬也。’

《聲類》:‘細紬也。’”(656)此是其證也。又《廣韻》平聲虞韻芳無切:“紨,布也。又細紬也。”(42)據上文可知,《廣韻》訓“細紬也”,非是。箋注本《切韻》(斯2071)平聲虞韻撫夫反:“紨,麁細。”(111)“麁細”當爲“麁紬”之誤。敦煌本《王韻》平聲虞韻撫夫反:“紨,麁細(紬)。”(362)故宫本《王韻》同。以上諸書亦其證也。故《廣韻》訓“細紬也”,當爲“麁紬也”之誤。《新修玉篇》卷二七《糸部》引《餘文》:“纀,芳無切。布也;細紬也。”(222下右)《篇海》同。《新修玉篇》《篇海》訓“細紬也”,皆因承襲《廣韻》之謬而誤。《詳校篇海》卷三《糸部》:“纀,芳無切,音夫。布也;細紬也。”(167下)《篇海類編》同。《詳校篇海》《篇海類編》《字彙》亦訓“細紬也”,皆因承襲《篇海》之謬而誤。據《集韻》可知,“纀”即“紨”通過改换聲符而形成的異體字。“纀”與“敷”音同義别,二字不可混同,故《正字通》謂“纀”本作“敷”,非是。《大字典》收録“纀”字,據《集韻》之説而謂同“紨”,是也;然其轉録《集韻》引《博雅》作:“紨,《博雅》:‘紨,綐紬也。’”,非是。據上文可知,“紨”“綐”雖同訓爲“紬也”,但意義有别,故當以校作“紨,《博雅》:‘紨、綐,紬也。’”爲是。

440. 罉

《字彙·缶部》:“罉,許慎切,音釁。器裂謂之罉。”(365下)

《正字通·缶部》:“罉,許定切,音釁。器裂曰罉。通作釁、舋。”(844上)

按:《康熙字典·缶部》:“罉,《集韻》許慎切,《正韻》許刃切,並音釁。器裂也。”(970下)《集韻》去聲稕韻許慎切:“罉,器裂。”(543)《正字通》所言當是。《玉篇·爨部》:“釁,許靳切。瑕隙也。”(101上右)慧琳《音義》卷一《大般若波羅蜜多經》第九卷:“釁心,欣覲反。《考聲》云:‘釁,罪也。’杜注《左傳》云:‘瑕隙也。’賈注《國語》云:‘動也。’《説文》從酉,從分,從爨省。經文作舋,俗字,謬也。”(57,P415B12)段玉裁《説文解字注·爨部》:“凡坼罅謂之釁。”《集韻》去聲稕韻許慎切又曰:“舋,罅坼也。”(543)《資治通鑒·魏紀三》:“合黨連群，互相褒歎，以毀呰爲罰戮，用黨譽爲爵賞，附己者則歎之盈言，不附者則爲作瑕釁。”胡三省注：“玉之病曰瑕，器之隙曰釁。”故“𤿚”與“釁”“舋”音義皆同，“𤿚”當即“釁”“舋”之俗。

441. 罜

《字彙·网部》：“罜，徒谷切，音獨。魚網。”（365 下）

《正字通·网部》：“罜，罟字之訛。”（844 下）

按：《康熙字典·网部》：“罜，《玉篇》徒穀切。同䍆。魚罔。按：即罜字之訛。”（971 下）《玉篇·网部》：“䍆，徒穀切。魚罔。罜，同上。”（77 上右）《集韻》入聲屋韻徒谷切：“罜，罜麗，小罟。或作䍆。”（638）故“罜”同“䍆”“罜”。又《説文·网部》：“罟，网也。从网，古聲。”（154 下）“罟”，《廣韻》音“公户切”。故“罜”與“罟”儘管義同，但讀音區别甚明，二字不可混同，《正字通》謂“罜”即“罟”字之訛，既無書證亦無例證，其説非是。

442. 罖

《字彙·网部》：“罖，胡盲切，音横。綱網也。”（366 上）

《正字通·网部》：“罖，户萌切，音横。揚雄賦：‘遥噱虖罖中。’通作紘。”（844 下）

按：《康熙字典·网部》：“罖，《廣韻》古横切，《集韻》姑横切，並音觥。罖，或作罖。罔滿也。又《集韻》乎萌切，《韻會》乎盲切，並音宏。《玉篇》：‘罖，索也。’”（972 上）《玉篇·网部》：“罖，公盲切。索也。”（77 上右）《新修玉篇》《篇海》引《玉篇》皆同。《玉篇校釋》“罖”字下注：“‘索也’者，當爲‘罔索也’。《淮南·原道》：‘紘宇宙而章三光。’高注：‘紘，綱也，若小車蓋四維謂之綱繩之類也。’左思《吴都賦》：‘狼跋乎紭中。’劉逵曰：‘紭，網綱也。’紘、紭並與罖同。惟《糸部》‘紘’下不言‘或爲罖字’，是此爲後人所增。”（3044）胡氏所言疑可商榷。《名義·网部》：“罖，公閇反。［罔］滿也。”（157 上）吕浩《〈篆隸萬象名義〉校釋》謂：“疑當作‘公閎反’。”（254B）吕氏所言當是。

敦煌本《王韻》平聲庚韻古横反："罖，罔滿。亦作槖。"（376）故宫本《王韻》同。故宫本《裴韻》平聲庚韻古横反："罖，罔滿。"（551）《廣韻》平聲庚韻古横切："罖，網滿。槖，上同。"（120）《集韻》平聲庚韻姑横切："罡，罔滿也。或作罖、槖。"（229）下文平聲耕韻乎萌切又曰："槖，罔滿也。或作罖。"（235）故《玉篇》訓"罖"爲"索也"，於歷代字韻書皆無徵，非是。《新修玉篇》《篇海》亦訓"索也"，當皆因承襲《玉篇》之謬而誤。又《古今韻會舉要》平聲庚韻乎盲切："罖，網綱也。本作槖，或作罖，通作紭，亦書作紘。《漢書·揚雄傳》：'遥噱虖紘中。'《文選·吴都賦》：'狼跋乎紘中。'注：'網綱也。'"（178上）"紭"即"紘"之異寫字。《古今韻會舉要》訓"罖"爲"網綱也"，並據此謂"罖"或作"紘（紭）"，於前代字韻書皆無徵，非是。又《詳校篇海》卷三《网部》："罖，姑横切，聲同公。索也。亦作槖。又胡盲切，音宏。《韻會》：'網綱也。亦作紘。'"（197上）《篇海類編》同。《詳校篇海》《篇海類編》訓"罖"爲"索也"，當皆因承襲《玉篇》之謬而誤；又其轉録《韻會》"網綱也。亦作紘"而未作校正，亦失考證。《字彙》訓"網綱也"，當亦因承襲前代字書之謬而誤。《正字通》據所引揚雄《羽獵賦》之"遥噱虖罖中"而謂"罖"通作"紘"，然查今本《文選·羽獵賦》本作"紘"，故其説亦非是。《康熙字典》轉録《玉篇》"索也"之訓而未作校正，亦失考證。《大字典》"罖"字下據《玉篇》《篇海類編》《正字通》收録"索；網綱"這一義項，而《字海》"罖"字下據《正字通》收録"網綱"這一義項，疑並非是。

443. 罛

《字彙·网部》："罛，羊舒切，音于。網也。"（367上）

《正字通·网部》："罛，俗罛字。《毛詩》《爾雅》皆作罛，舊注'網也'，與罛訓'魚網'近，改羊舒切，音于，非。"（846下）

按：《康熙字典·网部》："罛，《篇海》羊舒切，音余。罔也。"（974上）《新修玉篇》卷十五《网部》引《類篇》："罛，羊舒切。罔也。"（141下右）《篇海》卷八《网部》引《鍚韻》："罛，羊舒切。罔也。"（708上）

“罛”字,《新修玉篇》與《篇海》引書不同，疑當以《新修玉篇》爲是。《説文·网部》:“罛，魚罛也。从网，瓜聲。《詩》曰:‘施罛濊濊。’”(154下)“罛”,《廣韻》音“古胡切”。故“罛”與“罛”形音俱别，二字不可混同,《正字通》謂“罛”即“罛”字之俗，既無書證亦無例證，其説疑不可據。《淮南子·説林訓》:“釣者静之，罛者扣舟，罩者抑之，罣者舉之，爲之異，得魚一也。”高誘注:“罛者，以柴積水中以取魚。扣，擊也。魚聞擊舟聲，藏柴下，壅而取之。罛，讀沙糝。今沇州人積柴水中搏魚爲罛，幽州名之爲涔也。”莊逵吉云:“‘罛’,據《爾雅》《説文解字》當作‘罧’。今《爾雅》作‘槮謂之涔’。‘槮’亦即‘糝’字。”王念孫云:“《説文》《玉篇》《廣韻》《集韻》皆無‘罛’字,‘罛’當爲‘罧’,字之誤也。《説文》:‘罧，濟柴水中以聚魚。从网，林聲。’《字林》山沁反。故高注云‘罧，讀沙糝’也……罣非取魚之具,《意林》《埤雅》及《初學記》《太平御覽·資産部》十四引此並作‘罾者舉之’,是也。罩者下罩而得魚，故言‘抑’,罾者舉罾而得魚，故言‘舉’。”范寧注:“‘罣’景宋本正作‘罾’,王説是。”以上諸説疑是。“木”旁俗寫與“爪”旁、“瓜”旁形近，或可訛混，如韓小荆《〈可洪音義〉研究》(670)“深”俗作“㴱”“㴱”等，故從字形及《淮南子》之“罛者扣舟”前後文意來看,“罛”疑即“罧”字俗訛，即指“積柴於水中以捕魚”。《新修玉篇》《篇海》音“羊舒切”,疑即望形生音；又其訓“罔也”,疑即望形生訓。

444. 罧

《字彙·网部》:“罧，與罧同。又網也。”(367上)

《正字通·网部》:“罧，同罧。”(847上)

按:《康熙字典·网部》:“罧,《集韻》所禁切，音滲。罧，或作罧。”(974下)《玉篇·网部》:“罧，所禁切。罔也。”(77上右)《玉篇》訓“罔也”,疑非是。《爾雅·釋器》:“槮謂之涔。”郭璞注:“今之作槮者，聚積柴木於水中，魚得寒，入其裹藏隱，因以簿圍捕取之。”《廣韻》去聲沁韻所禁切:“罧,《爾雅》曰:‘槮謂之涔。’郭璞云:‘今之作罧者，聚積柴木於水中，魚得寒，入其裹藏隱，因以簿圍捕取。’又息甚切。槮與罧同也。”（356）“罧”“槮”即爲異體字。“罧”與“槮”音同，“罧”當即“槮”因涉義而改換義符所産生的俗字，亦當同“罧”。《集韻》去聲沁韻所禁切：“罧，積柴水中以取魚。或作槮、罧。”（621）《集韻》所言是也。《玉篇校釋》“罧”字下注：“《集韻·沁韻》爲‘罧’之或體。本書：‘罧，力金切。積柴於水中取魚。又音所禁切。’《木部》槮，所錦切。引《爾雅》‘槮謂之涔’，作罧同。此‘罧’即由‘槮’變易偏旁。”（3050）胡氏所言亦是也。故“罧”當同“槮”“罧”，義指“積柴於水中以捕魚”。《玉篇》訓“罔也”，當因不識其爲“槮”“罧”異體而妄補，不可爲據。《新修玉篇》卷十五《网部》引《玉篇》：“罧，所禁切。罔也。”（141下右）《篇海》同。《新修玉篇》《篇海》訓“罔也”，當皆因承襲《玉篇》之謬而誤。《直音篇》卷三《网部》：“罧，所禁切。積柴水中取魚。罧，同上。又網也。”（130上）《直音篇》謂“罧”同“罧”，所言是也；然又訓“網也”，亦當因承襲《玉篇》之謬而誤。《詳校篇海》卷三《网部》：“罧，所禁切，音滲。與罧同。又網也。”（198上）《篇海類編》同。《詳校篇海》《篇海類編》《字彙》又訓“網也”，亦皆因承襲前代字書之謬而誤。《正字通》“罧”字下徑謂同“罧”，删去“網也”之訓，是也。《大字典》“罧”字下據《玉篇》《篇海類編》之誤而收録“罔”這一義項，而《字海》“罧”字下亦據《玉篇》之誤而收録“罔”這一義項，疑並非是。

445. 羄

《字彙·网部》：“羄，與罩同。又曰小網。”（367下）

《正字通·网部》：“羄，同罩。又小網。”（847下）

按：《康熙字典·网部》：“羄，《集韻》陟教切，音罩。罩，或作羄。《玉篇》：‘小網。’”（975下）《玉篇·网部》：“羄，知教切。小罔。”（77上右）《玉篇》訓“羄”爲“小罔”，疑非是。《名義·网部》：“罩，都校反。籠也；管也。羄，罩字。”（156下）“管”即“篧”字之訛，吕浩《〈篆隸萬象名義〉校釋》（253B）謂“管”當作“篧”，是也。《龍龕》

卷二《网部》:“罩䍜，二古；罩，今。卓教反。取魚竹器也。三。”（330）敦煌本《王韻》去聲效韻如（知）教反:“罩，取魚器。或作罩、䍜、䍜、箌。”（414）故宫本《王韻》去聲效韻丁教反:“罩，取魚器。或作罩、䍜、䍜、箌。”（503）據以上諸字韻書可知，“䍜”本爲“罩”之異體字，當置於“罩”字之下作爲或體，義指“一種取魚竹器”。《玉篇》“罩”字下誤脱“䍜”字，又於《网部》之末補收“䍜”字，並改訓爲“小罔”，非是。《篇海》卷八《网部》引《玉篇》:“䍜，知校切。小罔。”（708下）《直音篇》卷三《网部》:“䍜，音罩。小網。”（129下）《篇海》《直音篇》訓“小罔（網）”，皆因承襲《玉篇》之謬而誤。《詳校篇海》卷三《网部》:“䍜，陟教切，音罩。與罩同。《玉篇》:‘小罔。’”（198上）《篇海類編》同。《詳校篇海》《篇海類編》謂“䍜”同“罩”，是也；然又引《玉篇》之訓而未作校正，俱失考證。《字彙》《正字通》訓“䍜”爲“小罔”，亦皆因承襲前代字書之謬而誤。《康熙字典》轉録《玉篇》“小網”之訓而未作校正，亦失考證。《大字典》“䍜”字下據《玉篇》之誤而收録“小網”這一義項，亦非。

446. 罍

《字彙·网部》:“罍，力回切，音雷。百囊魚網。一曰罾也。”（367下）

《正字通·网部》:“罍，盧回切，音雷。百囊魚網。一曰罾。”（847下）

按:《康熙字典·网部》:“罍，《廣韻》魯回切，《集韻》盧回切，並音雷。網百囊者。《爾雅·釋器》注:‘罭，今之百囊罟，亦謂之罍也。’《類篇》或作罍。”（975下）《玉篇·网部》:“罍，落槌切。罾也。”（77上右）《玉篇校釋》“罍”字下注:“‘罾也’者，連類言之，依義當云‘緵也’，此或經删所改。《爾雅·釋名》:‘緵罟謂之九罭。’郭注:‘今之百囊罟是，亦謂罍，今江東謂之緵。’故罍當訓爲緵。《集韻》:‘罍，或作罍。’《文選·江賦》:‘罾罍比船。’李注:‘皆網名。’通釋之也。別言之，罾爲方形之網，罍爲圓形之網。緵之言總，罍之言纍，以其囊括言之名曰緵，就其九罭言之名曰罍，故亦謂之百囊。”（3046）胡氏所言是也。“罍”即“罍”之異體字，當訓“百囊魚網”“緵罟”“九罭”，諸訓訓異義同，皆指“一種網眼細密的魚網”。《玉篇》訓“罍”爲“罶也”，當因《文選·江賦》“罶罍比船”之“罶”“罍”連用而誤，實則“罶”“罍”義訓有别。《新修玉篇》卷十五《网部》引《玉篇》：“罍，吕回切。罶也。”（141下左）《篇海》卷八《网部》引《玉篇》：“罍，落槌切。罶也。”（708下）《新修玉篇》《篇海》訓“罶也”，皆因承襲《玉篇》之謬而誤。《詳校篇海》卷三《网部》：“罍，力回切，音雷。百囊魚網。一曰罶也。或作罍。”（198上）《篇海類編》同。《詳校篇海》《篇海類編》《字彙》《正字通》訓“百囊魚網”，是也；然又訓“罶也”，皆因承襲前代字書之謬而誤。《大字典》“罍”字下據《玉篇》之誤而謂“一説罶”，亦非。

447. 罻

《字彙·网部》：“罻，同罥。”（367下）

《正字通·网部》：“罻，俗羂字。”（847上）

按：《康熙字典·网部》：“罻，《篇海》音罥。義闕。按：即罻字之譌。”（976上）《新修玉篇》卷十五《网部》引《類篇》：“罻，音罥。”（141下左）《篇海》卷八《网部》引《龍龕》：“罻，音罥。”（708下）《新修玉篇》與《篇海》引書不同，當以《新修玉篇》爲是，通行本《龍龕》未見收録此字。《字彙》《正字通》所言當是。《直音篇》卷三《网部》：“羂，音畎。繫取也；罔張羂也。罥罻，同上。又音絹。罻罥罥，亦同上。”（129下）此是其證也。《康熙字典》所言亦是。《大字典》收録“罻”字，據《正字通》之説而謂同“羂（罥）”，又據《康熙字典》之説而謂“一説‘罻’的譌字”，《大字典》這樣處理“罻”與“羂（罥）”“罻”諸字的字際關係，是失當的。據上文可知，《大字典》據《正字通》《康熙字典》直謂同“羂（罥）”“罻”，即可。

448. 羗

《字彙·羊部》：“羗，區羊切，音腔。章也；强也。又西夷名。南

方蠻从虫，北方狄从犬，東方貉从豸，西方羌从羊。又語端辭。《楚辭》注：‘羌猶乃也。’”（368 上）

《正字通・羊部》：“羌，曲江切，音腔。西戎名。南方蠻閩從虫，北方狄从犬，東方貉从豸，西方羌从羊。《後漢・光武紀》注：‘羌有百五十四種，散處三河。’又語端辭。”（848 下）

按：《康熙字典・羊部》：“羌，《廣韻》去羊切，《集韻》墟羊切，並音蜣。《説文》：‘西戎牧羊人也。’……又《玉篇》：‘卿也；反也；章也；强也。’”（976 下）《玉篇・羊部》：“羌，去央切。西方國也；楚語辭也；卿也；反也；章也；强也。”（109 下左）《玉篇校釋》校爲“西方國也；楚人語辭也；卿也；乃也；章也；强也”，並注曰：“‘卿也；乃也；章也’者，‘乃’字原訛‘反’，‘章’上應補‘卿’字。《廣雅・釋言》：‘羌，乃也；羌，卿也；羌，章也。’顧引之以明爲楚人語辭。”（4536）胡氏所校是也。《名義・羊部》：“羌，去央反。夷名也；乃也；卿也；强也。”（233 上）此是其證也。故《玉篇》訓“反也”，當爲“乃也”之誤。《康熙字典》轉録《玉篇》“反也”之訓而未作校正，亦失考證。《大字典》“羌”字下轉録《玉篇》之訓而未作校正，且謂“羌”可表示“轉折關係”，相當於“反而”，此即因承訛襲謬而誤作説辭。

449. 羚

《字彙・羊部》：“羚，似魚切，音徐。野羊。”（368 上）

《正字通・羊部》：“羚，羜字之訛。訓野羊，非。”（849 上）

按：《康熙字典・羊部》：“羚，《集韻》祥余切，音徐。羭，或作羚。”（977 上）《廣韻》平聲魚韻似魚切：“羭，野羊。”（35）《集韻》平聲魚韻祥余切：“羭，郊羊也。皮可冒鼓，擊之益急。或作羚。”（66）“野羊”“郊羊”訓異義同，故“羚”當即“羭”通過改换聲符而形成的異體字。又《爾雅・釋畜》：“未成羊，羜。”郭璞注：“俗呼五月羔爲羜。”《説文・羊部》：“羜，五月生羔也。从羊，宁聲。讀若煮。”（72 下）“羜”，《廣韻》音“直吕切”。故“羚”與“羜”音義俱别，二字不可混同，《正字通》謂“羚”即“羜”字之訛，且謂訓“野羊”非，既無書證亦無例證，其説非是。

450. 羉

《字彙・羊部》:“羉，胡沃切，音斛。小羊。”（369 下）

《正字通・羊部》:“羉，俗羔字。”（852 下）

按:《康熙字典・羊部》:“羉，《集韻》胡沃切，音鵠。小羊。”（980 上）《集韻》入聲沃韻胡沃切:“羉，小羊。”（649）又《説文・羊部》:“羔，羊子也。从羊，照省聲。”（72 下）《詩・召南・羔羊》:“羔羊之皮，素絲五紽。”毛傳:“小曰羔，大曰羊。”“羔”,《廣韻》音“古勞切”。故“羉”與“羔”儘管義同，然形音俱別，二字不可混同,《正字通》謂“羉”即“羔”字之俗，既無書證亦無例證，其説非是。

451. 翀

《字彙・羽部》:“翀，昌中切，音充。直上飛貌。亦作冲。”（370 上）

《正字通・羽部》:“翀，昌中切，音充。直上飛貌。俗作冲、沖。”（853 上）

按:《康熙字典・羽部》:“翀,《廣韻》直弓切,《集韻》《韻會》持弓切，並音蟲。直上飛也。又《集韻》敕中切，音忡。義同。通作沖。”（982 上）《玉篇・羽部》:“翀，直中切。飛上天。”（121 下右）《廣韻》平聲東韻直弓切:“翀，直上飛也。”（3）《集韻》平聲東韻持中切:“翀，上飛。通作沖。”（13）《玉篇校釋》“翀”字下注:“《廣韻》上平一東直弓切:‘直上飛也。’古止作沖。《史記・楚世家》:‘三年不蜚，蜚飛將沖天。’《滑稽列傳》:‘不飛則已，一飛沖天。’《吕覽・重言》:‘飛將沖天。’高注:‘沖，至也。’《素問・解精微論》:‘惋則沖陰。’王冰注:‘沖猶升也。’《説文》:‘沖，讀若動。’《集韻》:‘翀，通作沖。’案：沖猶衝也，因云沖天而變字從羽。”（5145）胡氏所言是也。《楚辭・九歌・大司命》:“乘龍兮轔轔，高駝兮沖天。”洪興祖補注:“沖，《史記》云:‘一飛沖天。’沖，持弓切，直上飛也。《集韻》作翀，與沖通。”《資治通鑒・宋紀六》:“夫有逸群之才，必思沖天之據。”胡三省注:“沖與翀同，上飛也。古語云：‘一飛沖天。’”以上二説皆其證也。故“翀”與“沖”音義並同，“翀”本當作“沖”。“冲”即“沖”字之俗，故《字彙》謂“翀”亦作“冲”，是也；《正字通》謂“翀”俗作“冲”“沖”，正俗顛倒，所言非是。《大字典》收録“翀”字，未溝通其與“沖”字的字際關係，失當；《字海》亦收“翀”字，謂“相當於‘冲’”，所言亦不確，應直謂同“冲（沖）”。

452. 翍

《字彙·羽部》：“翍，篇夷切，音批。張羽貌。又古披字。揚子雲《甘泉賦》：‘翍桂椒而鬱栘楊。’”（370下）

《正字通·羽部》：“翍，匹衣切，音批。張羽貌。又與披通。揚雄《甘泉賦》：‘翍桂椒而鬱栘楊。’”（854上）

按：《康熙字典·羽部》：“翍，《廣韻》敷羈切，《集韻》攀糜切，並音帔。張羽貌。《玉篇》：‘張也。亦作披。’《前漢·揚雄傳》：‘翍桂椒而鬱栘楊。’注：‘翍，古披字。’又《集韻》滂禾切，音頗。飛貌。又《集韻》平義切，音髲。羽也。”（982下）《龍龕》卷二《羽部》：“翍，普碑反。翍張之皃。”（327）《廣韻》平聲支韻敷羈切：“翍，翍張之皃。”（16）《龍龕》《廣韻》訓“翍張之皃”，疑非是。《名義·羽部》：“翍，普皮反。張也；散也；析也。”（264上）《玉篇·羽部》：“翍，普皮切。張也。亦作披。”（121下右）《漢書·揚雄傳上》：“翍桂椒，鬱栘楊。”顏師古注：“翍，古披字。”故“翍”當爲“披”之異體字，本當訓“張也”。《龍龕》《廣韻》訓“翍張之皃”，注文中的“翍”字當爲字頭誤重。周祖謨校勘記謂注文中的“翍”字當作“羽”，所言不確。《集韻》平聲支韻攀糜切：“翍，張羽皃。或書作翄。”（31）《集韻》轉訓作“張羽皃”，當因承襲《廣韻》之謬而誤，“翍”即“披”之異體字，義爲“張開”“散開”“分開”，而非僅指“張羽貌”。《直音篇》卷七《羽部》：“翍，音披。張羽貌。翄，同上。”（281上）《直音篇》訓“張羽貌”，當因承襲《集韻》之謬而誤。《詳校篇海》卷五《羽部》：“翍，篇夷切，音披。張羽也。亦作披。”（362上）《篇海類編》同。《詳校篇海》《篇海類編》訓“張羽也”，亦因承襲前代字書之謬而誤。《字彙》《正字通》訓“張羽貌”，亦然。《大字典》“翍”字下據《廣韻》《集韻》之誤而收録“張羽貌”這一義項，疑非是。又《集韻》去聲寘韻平義切：“披，散也。”同一小韻下字又曰：“翍，羽也。”（472）《集韻》又訓“翍”爲“羽也”，於前代字韻書皆無徵，“平義切”當爲“披”“翍”之“又音”，此“翍”亦當爲“披”之異體字，《集韻》誤將二字分開，又改訓“翍”爲“羽也”，非是。《康熙字典》轉録《集韻》“羽也”之訓而未作校正，亦失考證。《大字典》“翍”字下又據《集韻》收録“羽也”這一義項，疑亦非是。

453. 翃

《字彙·羽部》：“翃，昌六切，音畜。飛貌。又羽齊也。”（370下）

《正字通·羽部》：“翃，俗書。舊本音畜，飛貌，又羽齊也，沿《篇海》而誤，宜删。”（854下）

按：《康熙字典·羽部》：“翃，《廣韻》子六切，音蹙。飛貌。又《集韻》初六切，音矗。羽齊貌。”（983下）《玉篇·羽部》：“翃，初六切。”（121下右）元刊本《玉篇》補訓爲“羽”。《廣韻》入聲屋韻初六切：“翃，飛皃。”（372）《集韻》入聲屋韻初六切：“翃，羽齊皃。”（644）《玉篇校釋》“翃”字下注：“《廣韻》屋韻初六切云‘飛皃’，本書元刊云‘羽’，並非。《集韻》云‘羽齊皃’，是也。本書《玉部》：‘琡，等也；齊也。’《足部》：‘蹴，謹慎皃。’《集韻》云：‘齊謹也。’案：《足部》蹴當爲足恭，《齒部》有同形之蹴，當爲齒齊。齒齊整謂之蹴，故足齊謹謂之蹴，羽齊整謂之翃，同比喻爲稱也。”（5147）胡氏所言疑是。從形義關係來看，“翃”當以訓“羽齊皃”爲是。元刊本《玉篇》補訓爲“羽”，《廣韻》補訓爲“飛皃”，疑並非是。《字彙》《康熙字典》亦訓“飛貌”者，當因承襲前代韻書之謬而誤。又《類篇·羽部》：“翃，初六切。羽高皃。”（120下）據《集韻》可知，《類篇》訓“翃”爲“羽高皃”，當爲“羽齊皃”之誤。

454. 翖

《字彙·羽部》:"翖，呼含切，音憨。小鳥飛也。"(370下)

《正字通·羽部》:"翖，翎字之訛。舊注音憨，小鳥飛，誤。"(854下)

按:《康熙字典·羽部》:"翖,《集韻》呼含切，音峆。小鳥飛貌。"(984上)《集韻》平聲覃韻呼含切:"翖，小鳥飛皃。"(282)又《説文·羽部》:"翎，羽也。从羽，令聲。"(70上)《廣韻》平聲青韻郎丁切:"翎，鳥羽。"(129)故"翖"與"翎"音義俱别，二字不可混同,《正字通》謂"翖"即"翎"字之訛，且謂"舊注"非，既無書證亦無例證，其說非是。

455. 翜

《字彙·羽部》:"翜，山洽切，音殺。捷也，飛之疾也。一曰俠也。"(370下)

《正字通·羽部》:"翜，霜轄切，音殺。《説文》:'捷也，飛之疾也。一曰俠也。'"(854下)

按:《康熙字典·羽部》:"翜,《廣韻》色立切，音澀。《説文》:'捷也，飛之疾也。'《爾雅·釋詁》:'翜，捷也。'又《説文》:'一曰俠也。'又《廣韻》所甲切，音唼。《類篇》:'飾羽棺也。'《六書正譌》:'翣，别作翜。'又《集韻》《韻會》並色洽切，音歃。《類篇》:'一曰使也。'"(984上)《類篇·羽部》:"翜，色入切。《説文》:'捷也，飛之疾也。'又色洽切。一曰使也。又色夾切。飾羽棺也。"(121上)《類篇》訓"使也"，疑非是。《説文·羽部》:"翜，捷也，飛之疾也。从羽，夾聲。讀若瀒。一曰俠也。"(70上)《集韻》入聲狎韻色洽切:"翜,《説文》:'捷也，飛之疾也。一曰俠也。'"(787)據上文可知,《類篇》訓"使也"，當爲"俠也"之誤。《康熙字典》轉録《類篇》"使也"之訓而未作校正，亦失考證。《大字典》"翜"字下據《類篇》之誤而收録"使"這一義項，非是。

456. 翭

《字彙·羽部》:"翭，測洽切，音插。飛貌。"（371上）

《正字通·羽部》:"翭，俗翜字。"（854下）

按:《康熙字典·羽部》:"翭,《篇海》音插。飛貌。"（984上）《新修玉篇》卷第二十六《羽部》引《川篇》:"翭，音插。飛皃。"（213上左）《篇海》同。《正字通》之説疑非是。《説文·羽部》:"翜，捷也，飛之疾也。从羽，夾聲。讀若澀。一曰俠也。"（70上）《集韻》入聲狎韻色洽切:"翜,《説文》:'捷也，飛之疾也。一曰俠也。'"（787）"翭"與"翜"儘管義通，然形音俱别，二字不可混同，故《正字通》謂"翭"即"翜"字之俗，非是。《字海》謂"翭"同"翿"，當是。《玉篇·羽部》:"翿，音插。飛皃。"下字曰:"翋，女法切。"（121下右）《玉篇校釋》於"翿""翋"字注文之中補被訓聯綿"翿翋"，並注曰:"'翿翋，飛皃'者，原止云'飛皃'，'翋'下亦闕義，今依疊韻字通例補正。《廣韻》云:'翿翋，飛上皃。'《集韻》:'翿翋，飛皃。'《切韻·洽韻》有'翭'字音插，云'飛聲'，'翭'即'翿'。"（5149）胡氏所言是也。《玉篇》"翿"訓"飛皃"，"飛皃"之前誤脱被訓聯綿"翿翋"。"翭"與"翿"音義並同，正如《集韻》（787）"插"或體作"捷"，"翭"當即"翿"之異體字。《大字典》收録"翭"字，亦應溝通其與"翿"字的異體關係。

457. 翪

《字彙·羽部》:"翪，慈衃切，音卒。飛疾也。"（371上）

《正字通·羽部》:"翪，俗翠字。舊注音卒，飛疾，非。"（855上）

按:《康熙字典·羽部》:"翪,《集韻》昨律切，音崒。飛疾貌。"（984上）《集韻》入聲術韻昨律切:"翪，飛疾皃。"（671）又《説文·羽部》:"翠，青羽雀也。出鬱林。从羽，卒聲。"（69下）《玉篇·羽部》:"翠，七遂切。青羽雀。出南方。"（121上左）故"翪"與"翠"儘管構字部件相同，然音義俱别，二字不可混同,《正字通》謂"翪"即"翠"字之俗，且謂"舊注"非，既無書證亦無例證，非是。

458. 翤

《字彙・羽部》:"翤，測洽切，音插。飛貎。"（371 下）

《正字通・羽部》:"翤，俗翜字。舊本分爲二，非，宜删。"（856 上）

按:《康熙字典・羽部》:"翤，《廣韻》丑法切，《集韻》敕法切。翤𦐇，飛貎。"（985 下）《玉篇・羽部》:"翤，音插。飛皃。"下字曰:"𦐇，女法切。"（121 下右）《玉篇校釋》於"翤""𦐇"字注文之中補被訓聯連綿"翤𦐇"，並注曰:"'翤𦐇，飛皃'者，原止云'飛皃'，'𦐇'下亦闕義，今依疊韻字通例補正。《廣韻》云:'翤𦐇，飛上皃。'《集韻》:'翤𦐇，飛皃。'"（5149）胡氏所言是也。《玉篇》"翤"訓"飛皃"，"飛皃"之前誤脱被訓聯連綿"翤𦐇"。《字彙》徑訓爲"飛貎"，亦誤脱被訓聯連綿"翤𦐇"。《大字典》"翤"字下轉録《玉篇》而未作校正，亦失考證。又《説文・羽部》:"翜，捷也，飛之疾也。从羽，夾聲。讀若濇。一曰俠也。"（70 上）《集韻》入聲狎韻色洽切:"翜，《説文》:'捷也，飛之疾也。一曰俠也。'"（787）"翤"與"翜"儘管義通，然形音俱别，二字不可混同，故《正字通》謂"翤"即"翜"字之俗，非是。

459. 翑

《字彙・羽部》:"翑，達合切，音踏。飛也。"（371 下）

《正字通・羽部》:"翑，徒荅切，音踏。群飛次相及也。"（856 下）

按:《康熙字典・羽部》:"翑，同䍇。"（985 下）《玉篇・羽部》:"翑，翑翑，飛皃。"（121 上左）《玉篇校釋》"翑"字下注:"'翑翑，飛皃'者，似當如《切韻》云:'𦒉翑，飛皃。'下（102）:'翽，飛皃。'傳寫漏奪後所補入，二字分列，改於此作'翑翑'重言。《廣雅・釋詁三》:'翋翑，飛也。'左思《吴都賦》:'趁䠇翋翑。'李善補注:'相隨驅逐衆多皃。'《廣韻》:'翽䳴，鳥飛。'又:'𦒉翑，飛初起皃。'本書《鳥部》:'䴓䳴，飛起皃。'本部:'䎎，高飛皃。''翻翻，飛皃。'漢鐃歌思悲翁曲:'拉沓高飛莫安宿。'並字異而義同。"（5124）胡氏所言當是。《新撰字鏡・羽部》:"𦒉，力闔反。𦒉翑，飛初起。"下字曰:"翑，恥闔反。𦒉［翑］也。"

（468）《龍龕》卷二《羽部》："䎂，或作；䎖，今。盧盍反。䎖䎃（翋），飛初起皃。二。"下字曰："翋，䳴（䎖）翋。"（327）以上二書亦其證也。故《玉篇》"翋"訓"翋翋，飛皃"，"翋翋"當爲"䎖翋"之誤；《玉篇》"䎂"訓"飛皃"，"飛皃"前當誤脱被訓聯連綿"䎂翋"。《正字通》訓"群飛次相及也"，當源自於李善注"拉翋"爲"相隨驅逐衆多皃"，《字彙》《正字通》"翋"字下皆誤脱被訓聯連綿"䎖翋"，亦並非是。"䎖翋""拉翋""䎂䳴""䳴䳴""翋翋""拉沓"諸詞音義並同，即爲同一聯連綿的不同詞形，義指"飛皃"。《大字典》"翋"字下轉録《玉篇》而未作校正，亦失考證。

460. 翯

《字彙·羽部》："翯，同翽。"（372 下）

《正字通·羽部》："翯，同翽。"（857 下）

按：《康熙字典·羽部》："翯，《廣韻》虎伯切，《集韻》霍虢切，並音謋。䎀翯，飛疾也。《玉篇》：'䎀也。'又《集韻》郝格切，音赫。義同。或作翽。又《集韻》忽麥切，音儘。䎀，或作翯。"（987 下）《名義·羽部》："翯，呼號反。䎀翯。"（263 下）《新撰字鏡·羽部》："翯，呼號反。䎀翯也。"（469）《龍龕》卷二《羽部》："翯，虎伯反。飛疾皃。"（328）《玉篇·羽部》："翯，呼伯切。䎀也。"（121 下右）《廣韻》入聲陌韻虎伯切："翯，䎀翯，飛疾皃。"（414）《集韻》入聲陌韻霍虢切："翯翽，䎀翯，飛疾皃。或从隺。"（735）"翽"即"翯"字之俗，義指"快飛""疾飛"，本當作"霍"。《玉篇·隹部》："霍，呼郭切。鳥飛急疾皃也。"（115 上左）故"翯（翽）"與"霍"音義皆通，"翯（翽）"本當作"霍"。

461. 耎

《字彙·而部》："耎，耎字之訛。"（373 下）

《正字通·而部》："耎，耎字之訛。"（861 上）

按：《康熙字典·而部》："耎，《正字通》：'耎字之訛。'又《字彙補》泥短切，音暖。縮也。揚子《太玄經》：'耎首。'"（990 上）《龍龕》卷二

《火部》："烎，而兖反。柔也；弱也。"（241）《字彙》《正字通》所言是也。《廣雅・釋詁一》："耎，弱也。"《資治通鑒・漢成帝永始元年》："人有懼心，精鋭銷耎。"胡三省注引蘇林曰："耎，弱也。"《漢書・王吉傳》："數以耎脆之玉體，犯勤勞之煩毒，非所以全壽命之宗也。"顔師古注："耎，柔也。""耎"，《廣韻》音"而兖切"。故"烎"與"耎"音義並同，"烎"當即"耎"字之俗。韓小荆《〈可洪音義〉研究》（657）"耎"俗作"烎"，此亦其證也。又《字彙補・而部》："烎，又尼短切，音暖。縮也。《太元經》烎首。"（170上）《太玄・烎》："烎其心，中無勇也。"范望注："烎，縮之性，故無勇也。"此"烎"亦當即"耎"字之俗。《史記・天官書》："其已出三日而復，有微入，入三日乃復盛出，是謂耎。"裴駰集解引晉灼曰："耎，退之不進。""退之不進"即謂"退縮"，與"烎"訓"縮也"義同，故此"烎"亦即"耎"字之俗。《大字典》收録"烎"字，其下分爲兩個義項：第❶義項據《字彙補》及《太玄・烎》之"烎其心，中無勇也"而訓"退縮"；第❷義項據《龍龕》及《戰國策・楚策一》之"楚之烎國"、《敦煌變文集・維摩詰經講經文》之"烎弱柔和如似水"而訓"柔弱"，並據《字彙》之説而謂"一説'耎'的訛字"。《大字典》這樣處理"烎"與"耎"的字際關係，是失當的。《大字典》應直謂"烎"即"耎"的訛字，其下再分爲兩個義項：第❶義項據《字彙補》及《太玄・烎》之"烎其心，中無勇也"而訓"退縮"；第❷義項據《龍龕》及《戰國策・楚策一》之"楚之烎國"、《敦煌變文集・維摩詰經講經文》之"烎弱柔和如似水"而訓"柔弱"，方爲妥當。《字海》"烎"字直謂同"耎"，是也。

462. 耜

《字彙・耒部》："耜，渠録切，音局。《玉篇》：'耕麥地也。'"（374上）

《正字通・耒部》："耜，舊注音局，引《玉篇》：'耕麥地也。'或曰：農人所耕之地非一，耕麥地謂之耜，耕它地何不各立名以著之，曲説無稽。"（862上）

按:《康熙字典·耒部》:"耞,《集韻》衢六切,音局。《博雅》:'耕也。'《玉篇》:'耕麥地。'"(991下)《篇海類編》卷一六《耒部》:"耞,渠玉切,音局。耕也。又田具。"(223下)《篇海類編》"耞"又訓"田具",疑非是。《廣雅·釋地》:"耞,耕也。"《名義·耒部》:"耞,渠録反。暵也。"(147上)《新撰字鏡》同。《龍龕》卷三《耒部》:"耞,渠玉反。耕地也。"(365)《玉篇·耒部》:"耞,渠録切。耕麥地。"(75上右)《新修玉篇》卷十五《耒部》引《玉篇》:"耞,渠玉切。耕麥[地]也。"(138下右)《篇海》卷十五《耒部》引《玉篇》:"耞,渠録切。耕麥[地]也。"(823下)《直音篇》卷四《耒部》:"耞,音局。耕麥地也。"(148上)《詳校篇海》卷五《耒部》:"耞,渠玉切,音局。耕也。"(367上)敦煌本《王韻》入聲燭韻渠玉反:"耞,耕麥地。"(423)故宫本《王韻》同。《廣韻》入聲燭韻渠玉切:"耞,耕也。"(376)《集韻》入聲燭韻衢六切:"耞,《博雅》:'耞、耩,耕也。'"(655)故《篇海類編》訓"耞"爲"田具",於前代字韻書皆無徵,疑不可據。《大字典》"耞"字下據《篇海類編》之誤而收録"農具名"這一義項,疑亦非是。

463. 耒來

《字彙·耒部》:"耒來,六臺切,音來。耕也。"(374下)

《正字通·耒部》:"耒來,俗字。舊注音來,訓耕,非。"(862下)

按:《康熙字典·耒部》:"耒來,《集韻》郎才切,音來。耕也。"(991下)《玉篇·耒部》:"耒來,六臺切。耕也。"(75上右)《正字通》所言當是。《玉篇校釋》"耒來"字下注:"《集韻》咍韻同。案:應同睞。《田部》:'睞,田睞。今爲萊。'《廣韻》:'睞,耕外舊場。'"(2970)胡吉宣謂"耒來"應同"睞",所言疑是。《名義·田部》:"睞,力才反。萊字也。"(10下)《玉篇·田部》:"睞,力才切。田睞。今爲萊。"(9下右)故"耒來"與"睞"音同,正如《集韻》"耩"同"暵","耒來"疑即"睞"之異體字。《玉篇》訓"耒來"爲"耕也",疑爲望形生訓。

464. 耧

《字彙·耒部》:“耧，以冉切，音琰。利耜也。”（374下）

《正字通·耒部》:“耧，舊注音琰，利耜也。按:《爾雅》:‘剡、畧，利也。’《詩·小雅》‘覃耜’，音剡。《周頌》‘略耜’，‘略’即《爾雅》之‘畧’，朱傳‘覃’‘略’並訓利，覃剡、畧略音義同。《韻會》:‘《詩》覃耜或作耧。’不知覃俗改从耒作耧也。舊本存耧，非。”（862下）

按:《康熙字典·耒部》:“耧，《集韻》以冉切，音琰。耜也。或作覃。又《玉篇》:‘耕也。’”（991下）《玉篇·耒部》:“耧，以斂切。耕也。”（75上右）《玉篇校釋》“耧”字下注:“《廣韻》上聲爲十琰以冉切:‘耧耜。’《集韻》云:‘利耜也。或作覃。’本書云‘耕也’者，應原引《淮南·氾論》‘古者耧耜而耕也’之删誤。賈本如是，高本作剡。《説文》:‘剡，鋭利也。’本書《刀部》剡，原本引《爾雅》‘利也’,《埤蒼》‘削也’。《東京賦》:‘介馭閒以剡耜。’薛宗曰:‘剡與覃同。’《詩·大田》:‘以我覃耜。’毛傳:‘覃，利也。’《爾雅·釋詁》注引作‘剡’。”（2971）胡氏所言當是。從形義關係來看，“耧”當以訓“利也”爲是;《玉篇》訓“耕也”者，當如胡氏所言，因誤截書證而誤。《新修玉篇》卷十五《耒部》引《玉篇》:“耧，以冉切。耕也。”（138下左）《篇海》卷十五《耒部》引《玉篇》:“耧，以斂切。耕也。”（823下）《新修玉篇》《篇海》訓“耕也”，當皆因承襲《玉篇》之謬而誤。《直音篇》卷四《耒部》:“耧，音琰。耕也。”（148下）《直音篇》訓“耕也”，亦因承襲《玉篇》之謬而誤。《詳校篇海》卷五《耒部》:“耧，以冉切，音琰。耕也。又利耜也。”（367上）《篇海類編》同。《詳校篇海》《篇海類編》亦訓“耕也”，亦皆因承襲《玉篇》之謬而誤。然又訓“利耜也”，是也。《字彙》“耧”字下未載“耕也”之訓，是也。《正字通》謂“耧”同“覃”“剡”，亦是也。《康熙字典》轉録《玉篇》“耕也”之訓而未作校正，亦失考證。《大字典》《字海》“耧”皆據《玉篇》收録“耕”這一義項，疑並非是。

465. 耧

《字彙·耒部》:“耧，於爲切，音煨。田器也。”（374下）

《正字通·耒部》:“耧，稜字之訛。”（862下）

按:《康熙字典·耒部》:“耧,《集韻》邕委切，音逶。田器。”（992上）《玉篇·耒部》:“耧，於爲切。田器也。”（75上右）“耧”即“棲”之異體字。故宫本《王韻》平聲支韻於爲反:“棲，田器。”（438）故宫本《裴韻》、《廣韻》同。“耧”與“棲”音義並同，即爲異體字。《集韻》平聲支韻邕爲切:“棲耧，田器。或从耒。”（39）此即其證也。又《廣韻》去聲寘韻思累切:“稜，禾四把也。”（242）《集韻》去聲寘韻思累切:“稜，禾四把也。一曰禾積。”（468）故“耧”與“稜”音義俱別，二字不可混同,《正字通》謂“耧”即“稜”字之訛，既無書證亦無例證，其説非是。

466. 䅼

《字彙·耒部》:“䅼，亡旦切，音萬。《玉篇》:‘不蒔田也。又謨官切，音瞞。種遍貌。’”（374下）

《正字通·耒部》:“䅼，縵字之訛。《漢·食貨志》:‘一歲之收，常過縵田晦一斛以上。’注:‘縵田，謂不爲甽者。’據此説，本作縵。縵，莫半切，音幔。舊注音萬，引《玉篇》‘不蒔田’；音瞞，種遍貌，並非。”（863上）

按:《康熙字典·耒部》:“䅼,《廣韻》《集韻》並莫半切，音縵。不蒔田也。又《廣韻》母官切,《集韻》謨官切，並音蹣。種遍貌。《博雅》:‘種也。’《正字通》:‘䅼即縵字之訛。《漢·食貨志》:一歲之收，常過縵田晦一斛以上。師古曰：縵田，謂不爲甽者。據此説，䅼本作縵。’”（992下）《龍龕》卷三《耒部》:“䅼，莫半反。不蒔田也。”（365）《玉篇·耒部》:“䅼，亡旦切。不蒔田也。”（75上右）《玉篇校釋》“䅼”字下注:“‘不蒔田也’者,《切韻》同，應並本《埤蒼》。字亦作稵。《禾部》:‘稵，不蒔田。’”（2968）胡氏所言是也。故此“䅼”當即“稵”之異體字。

《廣雅·釋地》："耰，種也。"曹憲音："耰，亡旦反。"王念孫《疏證》："耰之言漫也。"《漢書·食貨志上》："率十二夫爲田一井一屋，故畮五頃，用耦犂，二牛三人，一歲之收，常過縵田畮一斛以上，善者倍之。"顔師古注："縵田，謂不爲（畮）[甽]者也。縵音莫幹反。""縵田"訓"不爲（畮）[甽]者也"，即指"不開溝，不分行，將穀種散播在田中的一種耕種方法"。故此"耰"當同"縵"，本當作"漫"。

467. 穭

《字彙·耒部》："穭，骨外切，音貴。《玉篇》：'耒耜具也。'"（375上）

《正字通·耒部》："穭，穭字之訛。舊注音貴，引《玉篇》'耒耜具'，非。"（863下）

按：《康熙字典·耒部》："穭，《玉篇》骨外切，音儈。耕具。"（993上）此字《説文》《名義》皆未收，《廣韻》《集韻》亦不録，《玉篇》收於《耒部》之末，當爲陳彭年等據俗書所增。《玉篇·耒部》："穭，骨外切。耕具。"（75上右）元刊本改作"耒耜具也"。《正字通》所言當是。《説文·禾部》："穭，穅也。从禾，會聲。"（142上）"穭"，《廣韻》音"苦會切"，又音"苦夬切"。故"穭"與"穭"音同形近，正如"穜"同"穜"、"穫"同"穫"、"穮"同"穮"等，"穭"當即"穭"字之俗。《玉篇》訓"耕具"，疑爲望形生訓；元刊本《玉篇》改訓爲"耒耜具也"，疑亦非是。《字彙》轉録元刊本《玉篇》而未作校正，亦失考證。

468. 聈

《字彙·耳部》："聈，伊堯切，音妖。聊聈，耳鳴也。"（375上）

《正字通·耳部》："聈，聇字之訛。舊注耳鳴，與聇注耳中聲相近，改音妖，聊聈，耳鳴，非。"（864上）

按：《康熙字典·耳部》："聈，《集韻》伊堯切，音幺。聊聈，耳鳴。"（994上）《集韻》平聲蕭韻伊堯切："聈，聊聈，耳鳴。"（177）《正字通》之説疑非是。《廣雅·釋詁三》："聇，聾也。"王念孫《疏證》："聇者，《集韻》:‘耾，耳中聲也。’凡聽而不聰，聞而不達者，耳中常耾耾然，故謂之耾也。”“耾”,《廣韻》音“户萌切”。故“耺”與“耾”儘管義可相通，然形音俱别，二字不可混同,《正字通》謂“耺”即“耾”字之訛，且謂“舊注”非，既無書證亦無例證，其説當非是。

469. 聇

《字彙・耳部》:“聇，諸盈切，音征。聇聇，行也。”（375下）

《正字通・耳部》:“聇，征字之訛。舊注音征，聇聇，行也，誤。耳司聽，與行義遠。一曰《肉部》胵訛爲聇。”（865上）

按:《康熙字典・耳部》:“聇,《集韻》諸盈切，音征。《博雅》:‘聇聇，行也。’”（995上）《廣雅・釋訓》:“眐眐，行也。”曹憲:“眐，音征。”《楚辭・哀時命》:“魂眐眐以寄獨兮，汩徂往而不歸。”王逸注:“眐眐，獨行貌也。”宋朱熹集注:“眐，從目，獨視也。一作聇，從耳，獨行也。”故“聇”當即“眐”字俗訛。又《爾雅・釋言》:“征，行也。”《詩・小雅・小明》:“我征徂西，至於艽野。”鄭玄箋:“征，行。”“聇”與“征”儘管音義並同，然從字形演變來看，“征”無緣變作“聇”，故《正字通》謂“聇”即“征”字之訛，且謂“舊注”非，其説非是。又《廣韻》平聲清韻諸盈切:“鯖，煮魚煎食曰五侯鯖。胵，同鯖。”（126）“聇”與“胵”儘管義同，然形義俱别，二字不可混同，故《正字通》一説“聇”同“胵”，亦非。

470. 聎

《字彙・耳部》:“聎，土刀切，音叨。耳鳴。又他彫切，音挑。耳病。”（375下）

《正字通・耳部》:“聎，聊字之訛。耳鳴與聊注同，音叨，非。又音挑，耳病，亦非。”（865下）

按:《康熙字典・耳部》:“聎,《廣韻》吐彫切,《集韻》他彫切，並音祧。《廣韻》:‘耳疾。’《集韻》一曰耳鳴。又《集韻》他刀切，音饕。又徒刀切，音匋。義並同。”（995下）《名義・耳部》:“聎，他彫反。耳病也。”（40下）《龍龕》卷二《耳部》：“聎，他刀反。耳明（鳴）也”（313）《玉篇·耳部》：“聎，他刀切，又他彫切。耳鳴。”（24上左）又《説文·耳部》：“聊，耳鳴也。从耳，卯聲。”（250上）《玉篇·耳部》：“聊，力彫切。《説文》云：‘耳鳴也。’”（24上右）“聎”與“聊”儘管義同，然形音俱别，二字不可混同，故《正字通》謂“聎”即“聊”字之譌，且謂“舊注”非，既無書證亦無例證，其説非是。

471. 聏

《字彙·耳部》：“聏，而至切，音二。和也。《莊子》：‘以聏合驩。’音義：‘聏和萬物也。’又如支切，音而。義同。”（375下）

《正字通·耳部》：“聏，胹字之譌。”（865下）

按：《康熙字典·耳部》：“聏，《集韻》女六切，音朒。慙也。本作忸，或作聴。又《韻會》仍吏切，《正韻》而至切，並音餌。和也。《莊子·天下篇》：‘以聏合驩。’《音義》：‘和萬物也。’”（995下）《集韻》平聲之韻人之切：“胹，和也；調也。或作聏。”（52）《正字通》所言是也。《莊子·天下》：“宋鈃尹文聞其風而悦之，作爲華山之冠以自表，接萬物以别宥爲始，語心之容，命之曰心之行，以聏合驩，以調海内，請欲置之以爲主。”郭慶藩集釋：“注：强以其道聏令合，調令和也。釋文：‘聏’崔本作胹，音而，郭音餌。司馬云：色厚貌。崔、郭、王云：和也。胹和萬物，物合則歡矣。一云：調也。‘合驩’以道化物，和而調之，合意則歡。家世父曰：以胹合驩，諸本或作聏，《莊子闕誤》引作胹。《説文·肉部》：‘胹，爛也。’《方言》：‘胹，孰也。’以胹合驩，即軟孰之意。《太玄經》‘耎其中，耎其膝，耎其哇’，司馬光集注：耎字與軟同。亦正此意。《闕誤》作胹字者是也。”（1077～1078）此説即其證也。故“胹”“聏”並爲“胹”字之譌。又《類篇·耳部》：“聴，女六切。慙也。或作聏。聏又人之切。和也；調也。”（440下）據此可知，《類篇》是謂在“慙也”這一義項上“聴”或作“聏”；“聏”又音“人之切”，訓“和也；調也”，此與“聴”音義不同，並非異體。《大字典》誤解《類篇》説字體例而於第（一）義項之下第❶義項謂同“聴”，非是。《大字典》應於此義項下謂同“眲”“胹”，方是。又《龍龕》卷二《耳部》：“聏，又音而。毛多也。”（315）《龍龕》訓“聏”爲“毛多也”，於歷代字韻書皆無徵，當爲從“而”爲説。《大字典》“聏”字下據《龍龕》收録“毛多”這一義項，疑亦非是。《大字典》“聏”字下據《類篇》而收録音 ér、“調和”這一音義，亦因誤解《類篇》説字體例而妄增，應删。

472. 聅

《字彙·耳部》：“聅，胡孔切，音汞。聅聅，耳中鳴也。”（376 上）

《正字通·耳部》：“聅，俗联字。”（865 下）

按：《康熙字典·耳部》：“聅，《集韻》胡孔切，音澒。聅聅，耳中鳴也。”（996 上）《集韻》上聲董韻户孔切：“聅，聅聅，耳中鳴。”（302）《正字通》所言疑是。《集韻》平聲東韻呼公切：“联，耳有聲。”（10）“聅”與“联”音義皆近，故“聅”疑即“联”之異體字。

473. 聗

《字彙·耳部》：“聗，力協切，音列。耳（重）［垂］也。”（376 上）

《正字通·耳部》：“聗，俗耴字。改音列，非。”（866 上）

按：《康熙字典·耳部》：“聗，《集韻》力協切，音甄。耳垂也。《釋名》：‘幘，蹟也。或曰聗，聗折其後也。’”（996 上）《廣韻》入聲帖韻盧協切：“聑，耳垂。”（438）《集韻》入聲怗韻力協切：“聑聗，耳垂也。或从夾。”（782）故“聗”當即“聑”之異體字。又《説文·耳部》：“耴，耳垂也。从耳下垂，象形。《春秋傳》曰：‘秦公子輒者，其耳下垂，故以爲名。’”（250 下）“耴”，《廣韻》音“陟葉切”。“聗”與“耴”儘管義同，然形音俱别，二字不可混同，故《正字通》謂“聗”即“耴”字之俗，非是。

474. 聑

《字彙·耳部》：“聑，他典切，音腆。青徐謂慙曰聑。”（376 上）

《正字通·耳部》：“聑，惧字之訛。舊本《目部》作睓，誤與本注

同,《方言》本作惧。"(866上)

按:《康熙字典·耳部》:"聃,《正字通》:'惧字之訛。'"(997上)《新修玉篇》卷四《耳部》引《餘文》:"聃,他典切。《説文》曰:'青徐謂慙曰聃。'"(40下左)《篇海》同。《正字通》所言不確。《集韻》上聲銑韻他典切:"惧腆,《説文》:'青徐謂慙曰惧。'或作腆。"(379)從字形演變來看,"聃"當即"腆"字之訛,雖然"腆"同"惧",但"惧"無緣變作"聃",故《正字通》徑謂"聃"即"惧"字之訛,不確。《大字典》《字海》"聃"字皆據《正字通》之説而徑謂"惧"的訛字,亦不確。

475. 聖

《字彙·耳部》:"聖,先青切,音星。聰也。"(376上)

《正字通·耳部》:"聖,思今切,音星。聰也。"(866下)

按:《康熙字典·耳部》:"聖,《玉篇》桑經切,音星。聰也。"(997上)此字《説文》《名義》皆未收,《廣韻》《集韻》亦不録,《玉篇》收於《耳部》之末,當爲陳彭年等據俗書所增。《玉篇·耳部》:"聖,桑經切。聰也。"(24下右)《玉篇校釋》"聖"字下注:"《廣韻》《集韻》並無,聖之爲聰也,猶瞐之爲明也。《目部》:'瞐,視也。'《廣韻》云:'照視。'《集韻》云:'目精照也;明也。'《日部》:'暒,精明也。'《心部》:'惺,了慧也。'並從星取明義。亦疑瞐字訛分字。"(920)胡吉宣謂"聖"疑爲"瞐"之訛分字,所言疑是。《玉篇·目部》:"瞐,息頂切。視也。"(22下左)《集韻》平聲青韻桑經切:"瞐,目睛照也。"(242)"聖"與"瞐"音同,又"耳"部、"目"部俗寫常可訛混,故"聖"疑即"瞐"字俗訛。《玉篇》訓"聰也",疑因從"耳"爲説而誤。

476. 肆

《字彙·聿部》:"肆,息恣切,音四。放也;恣也。又遂也。《詩·大雅》:'其風肆好。'又陳也。《詩·周頌》:'肆于時夏。'又既刑陳其尸曰肆。《論語》:'肆諸市朝。'又列也。《左傳》:'歌鍾二肆。'"(377下)

《正字通·聿部》:“肆，息寺切，音四。《説文》:‘極陳也。’《詩·周頌》:‘肆于時夏。’又縱兵也。《大雅》:‘是伐是肆。’又既刑陳其尸曰肆。又列也。《左傳》:‘襄六年，秦人歸晉侯歌鍾二肆。’注:‘縣鐘十六爲一肆，，二肆三十二枚也。’……又恣也；踞也。又遂也。《詩·大雅》:‘其風肆好。’”（869下）

按:《康熙字典·聿部》:“肆,《玉篇》《廣韻》《集韻》《類篇》《韻會》息利切,《正韻》悉漬切，並音四。《説文》:‘極陳也。’《爾雅·釋言》:‘力也。’疏:‘極力也。’……又《玉篇》:‘量也。’”（1001下）《玉篇·長部》:“肆，思利切。次也；陳也；緩也；放也；列也；遂也；恣也；踞也；量也。”（130上右）《玉篇校釋》“肆”字下注:“又‘量也’者，未詳，‘量’疑‘置’之形誤。《廣雅·釋詁四》:‘放、恣、署，置也。’顧引《廣雅》恒連舉諸義也。”（5642）胡氏所言是也。《名義·長部》:“肆，相利反。次也；陳也；緩也；遂也；疾也；長也；信也；伸也；列也；放也；極也；習也；恣也；殺也；故也；力也；閣也；踞也；置也；滅也。”（285下）此即其證也。《康熙字典》轉録《玉篇》“量也”之訓而未作校正，亦失考證。《大字典》“肆”字下據《玉篇》之誤而收録“量”這一義項，亦非。

477. 脜

《字彙·肉部》:“脜，都罪切，堆上聲。脜膭，大腫貌。又呼罪切，音悔。義同。”（380下）

《正字通·肉部》:“脜，脽字之訛。舊注都罪切，堆上聲，脜膭，大腫貌，誤。”（876上）

按:《康熙字典·肉部》:“脜,《廣韻》呼罪切，音賄。膭脜，大腫貌。又《集韻》都回切，音塠。義同。”（1012上）《名義·肉部》:“脜，竹罪反。大腫也。”（69上）《玉篇·肉部》:“脜，都罪切。脜膭，大腫皃。”（36下左）《廣韻》上聲賄韻呼罪切:“脜，膭脜，大腫皃。又都罪切。”（183）《集韻》平聲灰韻都回切:“瘖，腫也。或作脜。”（108）又《説文·肉部》:“脽，屍也。从肉，隹聲。”（82下）《廣韻》平聲脂韻視佳切："脽，尻也。亦汾脽，巨靈所坐也。"（26）故"胉"與"脽"音義俱别，二字不可混同，《正字通》謂"胉"即"脽"字之訛，且謂"舊注"非，既無書證亦無例證，其説非是。

478. 腩

《字彙·肉部》："腩，奴紺切，南去聲。腩膻，肥貌。"（381下）

《正字通·肉部》："腩，肭字之訛。舊注南去聲，腩膻，肥貌，非。"（878下）

按：《康熙字典·肉部》："腩，《集韻》奴紺切，音媂。腩膻，肥貌。"（1014下）《集韻》去聲勘韻徒紺切："膻，腩膻，肥皃。"下文奴紺切又曰："腩，腩膻，肥皃。"（624）鄧福禄、韓小荆《考正》（225）據佛經提供了"腩膻"一詞的文獻用例。又《名義·肉部》："腽，一瓦反。[腽肭]，肥也。"下字曰："肭，女滑反。腽肭，肥也。"（69下）《玉篇·肉部》："腽，乙八、烏没二切。腽肭，肥也。"下字曰："肭，女滑、奴骨二切。腽肭。"（36下左）《廣韻》入聲黠韻女骨切："肭，腽肭，肥皃。"（397）《集韻》入聲黠韻女滑切："肭，腽肭，肥皃。"（697）儘管"腩膻"與"腽肭"義同，然"腩"與"肭"讀音區别甚明，二字不可混同，故《正字通》謂"腩"即"肭"字之訛，且謂"舊注"非，既無書證亦無例證，其説疑不可據。

479. 脴

《字彙·肉部》："脴，普偶切，音剖。豕肉醬。又蒲枚切，音徘。姓也。"（382上）

《正字通·肉部》："脴，普偶切，音剖。《説文》：'豕肉醬也。'"（879下）

按：《康熙字典·肉部》："脴，《唐韻》《集韻》《韻會》薄口切，《正韻》莫厚切，並音餢。《説文》：'豕肉醬也。'又《集韻》蒲侯切，音捊。義同。又《廣韻》《集韻》並蒲候切，音轐。《廣韻》：'尻衣。'又《廣韻》扶來切，音脴。姓也。"（1016下）《説文·肉部》："脴，豕肉醬也。从肉，否聲。”（84 上）《玉篇・肉部》：“腤，蒲候切。豕肉醬。”（36 上右）《廣韻》上聲厚韻蒲口切：“腤，豕肉醬。”（221）《集韻》上聲厚韻薄口切：“腤，豕肉醬。”（438）《新修玉篇》卷七《肉部》引《玉篇》：“腤，蒲候切。《韻》又蒲口、薄侯二切。豕肉醬也。”（69 上右）《篇海》卷十五《肉部》引《玉篇》：“腤，蒲厚切。豕肉醬。”（837 下）《直音篇》卷二《肉部》：“腤，蒲候切。豕肉醬。”（76 上）《詳校篇海》卷五《肉部》：“腤，蒲厚切，音剖。豕肉醬也。”（385 上）《篇海類編》同。故《字彙》“腤”字又音“徘”，訓“姓也”，於前代字韻書皆無徵，此“腤”疑爲“棓”字之俗。《集韻》平聲灰韻蒲枚切：“棓，姓也。漢有棓生。”（111）故“腤”訓“姓也”，與“棓”音義並同，疑爲“棓”字之俗。

480. 腂

《字彙・肉部》：“腂，魯猥切，音壘。皮起也。”（382 上）

《正字通・肉部》：“腂，訛字。舊注音壘，皮起，誤。”（880 上）

按：《康熙字典・肉部》：“腂，《集韻》古卧切，音過。腫赤也。又户瓦切，音踝。藥草名，生山谷中，益氣延年。又《五音集韻》力軌切，音壘。皮起也。《唐書・酷吏傳》：‘膝腂皆碎。’”（1017 下）《龍龕》卷四《肉部》：“腂，今。《玉篇》：‘音累。皮起也。’”（411）《玉篇・肉部》：“腂，力水切。又作膘。皮起也。”（37 上左）《集韻》上聲旨韻魯水切：“膘，皮起也。”（319）“腂”“膘”即爲異體字，從形音關係來看，當以作“膘”爲是，因“累”旁、“果”旁俗寫形近，或可訛混，正如韓小荊《〈可洪音義〉研究》（467）“蜾”俗作“螺”，“腂”當即“膘”字之俗。又《集韻》去聲過韻古卧切：“腂，腫赤也。”（590）“腫赤也”與“皮起也”義可相通，《集韻》“腂”音“古卧切”者，當因不識其爲“膘”字之俗而妄補。又《玉篇・肉部》：“朤，力賄切。朤腲，腫皃。”（37 上右）下文《疒部》又曰：“瘤，力罪切。皮起也。”（57 下右）《集韻》上聲賄韻魯賄切：“朤，朤腲，腫皃。”同一小韻下文又曰：“瘤，小腫。”（349）“腂”“膘”與“朤”“瘤”音義皆通，當爲異體字。

481. 腍

《字彙·肉部》:“腍，忍枕切，音飪。熟也。《禮·郊特牲》:‘腥、肆、爛、腍祭。’《廣韻》:‘味好。’”（382下）

《正字通·肉部》:“腍，仍枕切，音飪。熟也。《廣韻》:‘味好也。’《禮·郊特牲》:‘腥、肆、爛、腍祭，豈知神之所饗，主人自盡其敬而已。’”（880下）

按:《康熙字典·肉部》:“腍,《廣韻》如甚切,《集韻》《韻會》《正韻》忍甚切，並音飪。《廣韻》:‘味好。’《集韻》:‘飫也。’又《增韻》:‘熟也。’《禮·郊特牲》:‘腥、肆、爛、腍祭。’注:‘腍，熟也。’又《五音集韻》式任切，音沈。義同。又《集韻》徒念切，音磹。《博雅》:‘美也。’”（1018下）《集韻》上聲寑韻忍甚切:“腍，飫也。”（442）“飫”即指“飽”。《廣韻》訓“飫”爲“飽也”“厭也”。此即其證也。此“腍”當即“餁”之異體字。《玉篇·食部》:“餁，如枕切。飽也。”（47上右）《廣韻》上聲寑韻如甚切:“餁,《玉篇》云:‘飽也。’”（224）故“腍”訓“飫也”，與“餁”音義並同，即爲異體字。又《集韻》去聲㮇韻徒念切:“腍,《博雅》:‘美也。’”（628）此“腍”當即“䑠”字之俗。《廣雅·釋詁一》:“䑠，美也。”曹憲音:“䑠，大念反。”故“腍”訓“美也”，與“䑠”音義並同，當爲異體字。《廣雅》“美也”條收録“䑠”字，而未見收録“腍”字，此亦其證。

482. 膉

《字彙·肉部》:“膉，欲直切，音益。脰肉也。又肥也。《埤蒼》:‘豕伏槽。’”（383下）

《正字通·肉部》:“膉，舊注音益，脰肉也……舊注又肥也，引《埤蒼》‘豕伏槽’，非。”（884上）

按:《康熙字典·肉部》:“膉,《廣韻》《集韻》並伊昔切，音益。《廣韻》:‘肥也。’《集韻》:‘脰肉也。’《儀禮·士虞禮》:‘取諸左膉。’注:‘膉，脰肉也。’又《集韻》:‘一曰豕伏槽。’”（1023上）《廣韻》入聲昔韻伊昔切："膉，肥也。"（418）《廣韻》訓"肥也"，疑非是。《名義·肉部》："膉，於亦反。脰肉也。"（68上）《玉篇·肉部》："膉，於亦切。脰肉也。《埤蒼》云：'豕伏槽。'"（36上左）敦煌本《王韻》入聲昔韻伊昔反："膉，脰肉。"（431）故宫本《王韻》同。《廣韻》訓"肥也"，於前代字韻書皆無徵，當爲"脰肉也"之訛誤。《儀禮·士虞禮》："膚祭三，取諸左膉上。"鄭玄注："膉，脰肉也。"此亦其證也。《集韻》入聲昔韻伊昔切："膉，脰肉也。一曰豕伏槽。一曰肥也。"（745）《集韻》改訓"脰肉也"，是也；然又謂"一曰肥也"，當爲《廣韻》所誤。又《直音篇》卷二《肉部》："膉，音益。肥也。"（75下）《直音篇》訓"肥也"，亦因承襲《廣韻》之謬而誤。《字彙》又訓"肥也"，亦因承前而謬。《康熙字典》轉録《廣韻》"肥也"之訓而未作校正，亦失考證。《大字典》"膉"字下據《廣韻》之誤而收録"肥"這一義項，亦非。

483. 脽

《字彙·肉部》："脽，同屍。"（384上）

《正字通·肉部》："脽，同屍。又與脱同。"（884上）

按：《康熙字典·肉部》："脽，《集韻》徒渾切。同屍。髀也。或作臀、臋。"（1023上）《説文·尸部》："屍，髀也。从尸下丌居几。脽，屍或从肉。"（172）《集韻》平聲魂韻徒魂切："屍，《説文》：'髀也。'或作脽。"故"脽"即"屍"之異體字。又《説文·肉部》："脱，消肉臞也。从肉，兑聲。"（83上）《玉篇·肉部》："脱，徒活、吐活二切。肉去骨。"（35下左）"脽"與"脱"音義俱别，二字不可混同，故《正字通》謂"脽"又與"脱"同，非是。

484. 膕

《字彙·肉部》："膕，古伯切，音國。曲腳。"（384上）

《正字通·肉部》："膕，古或切，音國。膝後曲節中也。"（884下）

按：《康熙字典·肉部》："膕，《廣韻》《集韻》《韻會》古獲切，《正韻》古伯切，並音聝。《廣韻》：'曲腳中也。'《集韻》：'膕脳，曲腳也。'

《正字通》:‘膝後曲節中也。’《博雅》:‘膕，腳也。’……又忽麥切，音𢤱。並足也。”（1024下）《集韻》入聲麥韻忽麥切:“膕，並足也。”下文古獲切又曰:“膕䯤,《博雅》:‘膕、朏，曲腳也。’或从骨。”（741）《集韻》訓“膕”爲“曲腳也”，是也；然訓“並足也”，疑非是。箋注本《切韻》入聲麥韻古獲反:“膕，曲腳中。”（146）敦煌本《王韻》入聲麥韻古獲反:“膕，曲腳［中］。”下文呼麥反又曰:“膕，曲腳中。”（431）故宮本《王韻》入聲麥韻古獲反:“膕，曲腳中。”下文呼麥反又曰:“膕，曲腳中。”（520）故宮本《裴韻》入聲麥韻古獲反:“膕，曲腳中。”（614）《唐韻》入聲麥韻古獲反:“膕，曲腳中。或作䯤。”（712）《廣韻》入聲麥韻古獲切:“膕，曲腳中也。䯤，上同。”（415）下文呼麥切又曰:“𦢊，曲腳中也。”（416）《集韻》“忽麥切”之“膕”與敦煌本《王韻》、故宮本《王韻》“呼麥反”之“膕”、《廣韻》“呼麥切”之“𦢊”位置相同，當即同字，故亦應訓“曲腳也”。《集韻》改訓“並足也”，疑非是。《康熙字典》轉録《集韻》“並足也”之訓而未作校正，疑失考證。《大字典》“膕”字下據《集韻》收録“並足”這一義項，疑亦非是。

485. 膭

《字彙·肉部》:“膭，側革切，音責。魚子脯也。”（384下）

《正字通·肉部》:“膭，菑格切，音責。《字林》:‘魚子脯。’俗作鰿。”（885上）

按:《康熙字典·肉部》:“膭，《廣韻》《集韻》《韻會》並側革切，音責。《廣韻》:‘膭子，魚子脯。出《新字林》。’俗作鰿，誤。”（1025上）《廣韻》入聲麥韻側革切:“膭，膭子，魚子脯。出《新字林》。”（416）《集韻》入聲麥韻側革切:“膭，魚子脯也。”（739）又《爾雅·釋魚》:“貝，小者鰿。”《玉篇·魚部》:“鰿，子亦切。鮒也。鰿鯽，並同上。”（116上右）故“膭”與“鰿”音義俱別，二字不可混同，《正字通》謂“膭”俗作“鰿”，非是。《康熙字典》所言是也。

486. 膨

《字彙·肉部》:“膨，蒲庚切，音彭。膨脝，脹貌。”（385 上）

《正字通·肉部》:“膨，舊注音彭，膨脝，脹貌，古借用彭。”（886 上）

按:《康熙字典·肉部》:“膨，《廣韻》《集韻》並蒲孟切，音甏。脹也。又《廣韻》薄庚切，《集韻》蒲庚切，並音彭。《廣韻》:‘膨脝，脹貌。’《集韻》:‘膨脝，大腹。’”（1026 下）《廣韻》平聲庚韻薄庚切:“膨，膨脝，脹皃。”（120）下文許庚切又曰:“脝，膨脝，脹也。”（121）《正字通》所言當是。《太平御覽》卷七二〇引北魏高湛《養生論》:“尋常飲食，每令得所，多餐令人彭亨短氣，或致暴疾。”唐韓愈《石鼎聯句》詩序:“龍頭縮菌蠢，豕腹漲彭亨。”《卍新纂續藏經》本宋悟明集《聯燈會要》卷第十《漳州羅漢和尚》:“駭散疑團獦狚落，舉頭看見日初圓。從兹蹬蹬而碣碣，直至如今常快活。只聞肚裏飽膨脝，更不東西去持鉢。”又《大正藏》本宋集成等編《宏智禪師廣録》卷第九《禪人并化主寫真求贊》:“老節疎蹤，傲雪之松，真智證理，吟雲之龍，飽叢林而彭亨肚，善知識而隗磊胸，春成萬物兮平等無像。”從文意來看，“膨脝”同“彭亨”，“膨”本當作“彭”。

487. 膭

《字彙·肉部》:“膭，霍虢切，轟入聲。曲腳中也。”（385 上）

《正字通·肉部》:“膭，俗膕字。”（886 上）

按:《康熙字典·肉部》:“膭，《廣韻》《集韻》並呼麥切，音砉。曲腳中也。”（1027 上）《廣韻》入聲麥韻呼麥切:“膭，曲腳中也。”（416）《正字通》所言當是。箋注本《切韻》入聲麥韻古獲反:“膕，曲腳中。”（146）敦煌本《王韻》入聲麥韻古獲反:“膕，曲腳［中］。”下文呼麥反又曰:“膕，曲腳中。”（431）故宫本《王韻》入聲麥韻古獲反:“膕，曲腳中。”下文呼麥反又曰:“膕，曲腳中。”（520）故宫本《裴韻》入聲麥韻古獲反:“膕，曲腳中。”（614）《唐韻》入聲麥韻古獲反:“膕，曲腳中。或作䐤。”（712）《廣韻》入聲麥韻古獲切：“膕，曲脚中也。䐤，上同。”（415）故“膧”與“膕”音義並同，當爲異體字，“膧”當因“膕”又音“呼麥反”而改換聲符所産生的俗字。敦煌本《王韻》、故宫本《王韻》“呼麥反”下皆作“膕”，此即其證也。《大字典》收録“膧”字，其下分爲兩個義項：第（一）義項據《廣韻》訓“曲脚中”；第（二）義項據《正字通》謂同“膕”。《大字典》這樣處理“膧”與“膕”的字際關係失當，應據《正字通》之説直謂同“膕”，訓“曲脚中”，即妥。《字海》亦收“膧”字，據《正字通》之説而直謂同“膕”，是也。

488. 腗

《字彙·肉部》：“腗，與癖同。瘕腗，腹病。又扶歷切，音辟。腑也。”（385 下）

《正字通·肉部》：“腗，俗字。舊注扶歷切，音辟，腑也，誤。”（887 下）

按：《康熙字典·肉部》：“腗，《集韻》蒲歷切，音甓。臍也。《五音集韻》：‘腑也。’又匹歷切，音霹。積病。本作癖。又《廣韻》博厄切，音檗。豆中小梗者。出《新字林》。”（1029 上）述古堂影宋鈔本《集韻》入聲錫韻匹歷切：“癖腗，積病。或从肉。”下文蒲歷切又曰：“腗，腑也。”（749）揚州使院重刻本《集韻》、宋刻本《集韻》皆作“臍也”。述古堂影宋鈔本《集韻》與揚州使院重刻本《集韻》、宋刻本《集韻》不同，疑以述古堂影宋鈔本《集韻》爲是。《類篇·肉部》：“腗，匹歷切。積病。又蒲歷切。腑也。”（154 下）《類篇》亦作“腑也”，此是其證也。《集韻校本》注曰：“明州本、錢鈔注‘臍’字作‘腑’。龐校、錢氏父子校同。與《類篇》合。”（990）以上諸校亦是也。《康熙字典》亦收“臍也”這一義項，當因承襲誤本《集韻》而誤。《大字典》《字海》“腗”字下皆據誤本《集韻》收録“肚臍”這一義項，疑並非是。

489. 臑

《字彙·肉部》：“臑，人余切，音如。嫩耎貌。又如延切，音然。義

同。又上演切，音軟。義同。又奴刀切，音獶。臂也。一曰臂節。一曰牛羊臂也。”（386上）

《正字通·肉部》：“臑，尼教切，腦去聲。肘下曰臑……又魚韻音如。《廣韻》：‘嫩耎貌。’與腝通。”（888上）

按：《康熙字典·肉部》：“臑，《唐韻》那到切，《集韻》《韻會》乃到切，《正韻》奴報切，並音𦬓。《説文》：‘臂羊矢也。’……又《集韻》人之切，音而。與胹同。爛也。秦晉之郊，謂熟曰胹。枚乘《七發》：‘熊蹯之臑。’注：‘臑，音而。熟也。’宋玉《招魂》：‘肥牛之腱，臑若芳些。’注：‘臑若，熟爛也。’又《集韻》五管切，音輐。體㬉也。又《集韻》昏困切，音𪏻。肉醢。又《集韻》汝朱切，《正韻》如朱切，並音儒。《廣韻》：‘嫩耎貌。’《集韻》：‘肱骨也。一曰衣名。襦者本取臑義。’”（1030上）《集韻》平聲虞韻汝朱切：“臑，肱骨也。一曰衣名。襦者本取臑義。”（81）《説文·衣部》：“襦，短衣也。从衣，需聲。一曰䰲衣。”（169下）段玉裁注：“襦，若今之襖之短者。”“䰲衣猶温衣也。””故宫本《王韻》平聲虞韻日朱反：“襦，衣。”（444）《廣韻》平聲虞韻人朱切：“襦，《説文》：‘短衣也。’”同一小韻下文又曰：“臑，嫩耎皃。”（39）故《集韻》訓“臑”爲“衣名”，於文獻無徵，當爲“襦”字之義誤植於“臑”字之上所致的訓釋失誤。又其謂“襦者本取臑義”，“臑”當義指“温暖”，此“臑”當即“㬉（暖）”字之訛。此亦爲“臑”字“衣名”之義當爲誤植“襦”字之義所致的訓釋失誤之證。《康熙字典》轉録《集韻》“衣名”之訓而未作校正，亦失考證。《大字典》“臑”字下據《集韻》之誤而收録“衣名”這一義項，非是。

《集韻》上聲緩韻乃管切：“臑，體㬉也。”（372）此“臑”當即“㬉（暖）”字之訛。箋注本《切韻》上聲旱韻乃管反：“暖，或作㬉、煖。”（134）敦煌本《王韻》上聲旱韻乃管反：“暖，暄。或作㬉。”（392）故宫本《王韻》上聲旱韻乃管反：“暖，暄也。”（479）《廣韻》上聲緩韻乃管切：“煗，《説文》曰：‘温也。’㬉，上同。暖，亦同。煖，亦上同。”（193）《集韻》上聲緩韻乃管切：“煗，《説文》：‘温也。’或作煖、暖、㬉。”（372）故“暖”“㬉”“煖”“煗”即爲異體字。“暖（煗）”俗書亦作“嚅”（見拙著《〈玉篇〉疑難字考釋與研究》“嚅”）字注，“臑”與“嚅”音同形近，“臑”當即“嚅”字俗訛，亦當同“暖（煗）”。韓小荆《〈可洪音義〉研究》（610）“煗”俗作“臑”，此是其佐證。《集韻》訓“體燠也”，當爲望形生訓。又《大字典》“臑”字此義項下以南朝梁江淹《泣賦》“視左右而不臑，具衣冠以自涼”及《宋書・劉湛傳》“會湛入，因命臑酒炙車螯，湛正色曰：‘公當今不宜有此設。’”作爲例證，從以上所舉例證文意來看，上述兩例中的“臑”字亦皆爲“暖和”“温暖”之義，此“臑”亦當爲“嚅”字之訛，亦當同“暖（煗）”。此亦其證。《大字典》“臑”字下此義項未溝通其與“嚅（暖）”的字際關係，失考證。

490. 䐑

《字彙・肉部》：“䐑，女洽切，拏入聲。臑也。又肉消也。又而涉切，音日。動䐑也。又之涉切，音摺。切肉也。”（386下）

《正字通・肉部》：“䐑，同牒。《集韻》牒或作㓞、聶，或作䐑。舊注拏入聲，臑也，又肉消也；又音摺，切肉也，分䐑、聶、牒爲二，非。《説文》：‘牒，薄切肉也。’《禮・少儀》作聶，《集韻》贅作䐑，亦非。”（889上）

按：《康熙字典・肉部》：“䐑，《廣韻》而涉切，《集韻》日涉切，並音讘。《廣韻》：‘動䐑。’《集韻》：‘（内）［肉］動也。’又《集韻》昵洽切，音図。臑也。又質涉切，音讋。［切］肉也。”（1031下）《玉篇・肉部》：“䐑，女洽切。臑也。”（37下右）此“臑”當爲“動”義，而非《説文》訓“臂羊矢也”之“臑”。《荀子・臣道》：“喘而言，臑而動。”此“臑”同“蠕”，即爲“動”義。《龍龕》卷四《肉部》：“䐑，而涉反。動䐑也。”（416）《廣韻》入聲葉韻而涉切：“䐑，動䐑。”（436）《集韻》入聲葉韻日涉切：“䐑，肉動也。”（779）以上諸書皆其證也。元刊本《玉篇》改訓爲“肉消也”，於前代字韻書皆無徵，非是。《字彙》又訓“肉消也”，此即因承襲元刊本《玉篇》之謬而誤。《大字典》《字海》“䐑”字下皆據元刊本《玉篇》之謬而收録“肉消”這一義項，疑並非是；又《大字典》《字海》據《玉篇》“臑也”之訓而轉訓爲“牲畜的前肢”，疑亦非是。

491. 臈

《字彙·自部》:“臈，同餀。”（387 下）

《正字通·自部》:“臈，同餀，本作餲。”（892 上）

按:《康熙字典·自部》:“臈,《廣韻》《集韻》並許葛切，音嗽。《廣韻》:‘犬臭氣。’又《集韻》:‘臥息。’又《集韻》許介切，音欸。臭也。又虛艾切，音餀。義同。又於歇切，音謁。物敗氣也。同餀，本作餲。《類篇》作䭈。”（1034 下）敦煌本《王韻》入聲末韻許葛反:“臈，犬臭。”（427）故宮本《王韻》同。《廣韻》入聲曷韻許葛切:“臈，犬臭氣。”（392）述古堂影宋鈔本《集韻》入聲曷韻許葛切:“臈，大臭也。”（686）揚州使院重刻本《集韻》、宋刻本《集韻》皆作“犬臭也”。余迺永《校注》注曰:“《全王》謂‘犬臭’,《集韻》亦訓‘犬臭也’。按《P二〇一一》云:‘大臭。’(《王一》鈔訛作‘犬’)‘臈’字又見夳韻呼艾切，爲‘餀’字或體。《爾雅·釋器》:‘餀謂之餘。’是‘餀’、‘餘’俱謂穢臭,《全王》此訛‘犬臭’，當鈔胥牽就臭旁而誤者。”（934）余氏所言是也。敦煌本《王韻》、故宮本《王韻》訓“犬臭”，皆當爲“大臭也”之誤;《廣韻》訓“犬臭氣”，當因承襲《切韻》之謬而誤。述古堂影宋鈔本《集韻》校作“大臭也”，是也；揚州使院重刻本《集韻》、宋刻本《集韻》作“犬臭也”，亦皆爲“大臭也”之誤。《集韻校本》注曰:“明州本、錢鈔注‘犬’字作‘大’。顧校、陸校、龐校、錢氏父子校同。似誤。《廣韻》:‘臈，犬臭氣。’”（904）趙氏據《廣韻》之誤而疑前人所校爲誤，非是。《大字典》“臈”字下據《廣韻》、誤本《集韻》之誤而收録“狗的臭氣”這一義項，非是;《字海》“臈”字下據《廣韻》之誤而收録“狗的臭氣”這一義項，亦非。

492. 臶

《字彙·至部》:“臶，存殿切，音荐。重也；至也；再也。通作洊，一作荐。”（388 上）

《正字通·至部》:“臶，荐、薦、洊通。［舊］注重出。《泝原》以臶

爲俗瀳字，亦泥。”（892 下）

按:《康熙字典・至部》:“䮒,《集韻》《韻會》才甸切,《正韻》在甸切，並音荐。《廣韻》:‘再至也。’《韻會》:‘重也。’通作洊。《易・坎卦》:‘水洊至。’又《震卦》:‘洊雷震。’亦通作荐。《左傳・僖十三年》:‘晉荐饑。’《爾雅・釋天》:‘仍饑爲荐。’亦通作薦。《詩・大雅》:‘天方薦瘥，饑饉薦臻。’注:‘薦、荐義同。’”（1036 上）《廣韻》去聲慁韻徂悶切:“䮒，至也。”（304）下文去聲霰韻在甸切:“䮒，重至。”（315）《字彙》《正字通》《康熙字典》所言當是。《玉篇・艸部》:“荐，在見切。重也；數也；再也。”（68 下左）故宫本《王韻》去聲霰韻在見反:“荐，重。或作洊。”（501）故宫本《裴韻》亦同。《廣韻》去聲霰韻在甸切:“荐，重也；仍也；再也。”（315）《集韻》去聲恨韻徂悶切:“䮒洊，再至也。或从水。”（551）下文去聲霰韻才甸切又曰:“荐，再也。通作洊。”同一小韻下文又曰:“䮒，重也。或作薦。”（567）故“䮒”與“洊”“薦”“荐”音義皆通，即爲異體字。

493. 臸

《字彙・至部》:“臸，人質切，音日。到也。《六書正譌》:‘从兩至會意，晉字从此。’”（388 上）

《正字通・至部》:“臸，舊注引《正譌》:‘音日。到也。从兩至會意，晉字从此。’按:《元命包》曰:‘醜臸臸，言讕讕。’注:‘臸，音臻。至也。’《六書統》:‘音日。並至也。或重二至作臺。’《泝原》:‘臸，音日，又音進。’臺改音疊，皆無定音定義，獨趙古則曰:‘臸，即刃切。前往也。今用進，或借晉。方音人質切。亦作遷。’據此説,《正譌》分晉、臸爲二,《泝原》分臸、臺爲二，日、臻、疊三音，並非。晉、進、臸、遷字別義通。”（892 下）

按:《康熙字典・至部》:“臸,《唐韻》《集韻》並人質切，音日。《説文》:‘到也。’又《廣韻》止而切，音之。又《集韻》竹力切，音陟。義並同。又《廣韻》如一也（切）。又《春秋・元命包》曰:‘醜臸臸，言讕讕。’注:‘臸，音臻。至也。’又《正字通》:‘趙古則曰：臸，即刃切。

前往也。'”（1036下）《説文·至部》:“臸，到也。从二至。”（247下）《玉篇·至部》:“臸，而力、而吉二切。到也。”（121下左）《廣韻》之韻止而切:“臸，到也。又如一也（切）。”（27）故“臸”從二“至”，義爲“到也”。趙古則謂“臸”音“即刃切”，訓“前往也”，進而謂“臸”今用“進”，或借“晉”，然於前代字韻書皆無徵，前人僅謂“晉”字從“臸”，且“進”字諸古文或俗體亦未見有作“臸”者，故其説疑不可據。《正字通》卻據其説謂《正譌》《泝原》非，並謂“晉”“進”“臸”“遷”字别義通，亦不可據。《康熙字典》轉録《正字通》所引趙古則之説而未作校正，亦失考證。《大字典》“臸”字下徑據《正字通》而收録“前往”這一義項，亦非。

494. 艕

《字彙·舟部》:“艕，待禮切，音弟。船也。”（391上）

《正字通·舟部》:“艕，俗字。”（900上）

按:《康熙字典·舟部》:“艕，《廣韻》徒禮切，音弟。船也。又《五音集韻》特計切，音第。義同。”（1047上）《玉篇·舟部》:“艕，徒禮切。船也。”（87下右）《玉篇校釋》“艕”字下注:“《廣韻》上聲十一薺徒禮切:‘艕，船。’《集韻》云:‘船名。’蓋涉梯航爲名。《木部》:‘梯，木階也。’《埤蒼》:‘梯，隥也。’登高以梯，登岸以艕，其義同也。”（3546）胡氏所言近似。《卍新纂續藏經》本嗣法子文編《佛果圜悟真覺禪師心要》卷上始《示一書記》:“直使如枯木朽株相似，驀地穿透豈從他得。發覆藏然暗室明燈，擬艕航於津要。”從文意來看，“艕航”當同“梯航”，佛經中“艕航”僅見此一例，而“梯航”用例甚多，故“艕”當即“梯”因受“航”字類化影響而改换義符所産生的俗字。“艕”字，《玉篇》改音“徒禮切”，疑非是；其訓“船也”，當爲望形生訓。

495. 艍

《字彙·舟部》:“艍，其月切，音掘。艍頭船也。”（391下）

《正字通·舟部》:“艍，舊注音掘，艍頭船。按:《幽明録》云：陽羡小吏吴龕乘掘頭船過溪，獲五色浮石，取之，石變爲女。見虞氏南《北堂書鈔》。今繫舟木曰橛，古謂之牂牁，俗因加舟作𦨭，與橛同，非船名也。”（901下）

按：《康熙字典·舟部》：“𦨭，《篇海》其月切，音掘。𦨭頭船。《正字通》：‘按：《幽明録》云：陽羡小吏吴龕乘掘頭過溪，獲五色浮石，取之，石變爲女。見虞氏南《北堂書鈔》。今繫舟木曰橛，古謂之牂牁，俗因加舟作𦨭，與橛同，非船名也。’”（1048下）《篇海》卷十一《舟部》引《川篇》：“𦨭，具月切。𦨭頭船也。”（738上）《正字通》謂“𦨭”與“橛”同，是也。唐張志和《漁父歌》：“釣車子，橛頭船，樂在風波不用仙。”清錢謙益《送瞿稼軒給事南還》詩：“橛頭船裹新茶灶，折脚鐺邊舊佛龕。”亦省稱“橛頭”。宋張元幹《漁家傲·題玄真子圖》詞：“釣笠披雲青障繞，橛頭細雨春江渺。”故“𦨭頭船”同“橛頭船”，“𦨭”當即“橛”因涉義而改换義符所産生的俗字，“橛頭船”即指“尖頭小船”，則此“𦨭（橛）”即爲“尖”義，而非“繫舟木”。《大字典》《字海》俱收“𦨭”字，其下皆分爲兩個義項：第❶義項據《篇海》訓“𦨭頭船”；第❷義項據《正字通》之説而謂同“橛”，訓“短木橛”。據上文可知，《大字典》《字海》皆應删去第❷義項，謂“𦨭”同“橛”，並訓“𦨭頭船”亦作“橛頭船”“尖頭小船”，即妥。

496. 𦪇

《字彙·舟部》：“𦪇，許竭切，音歇。𦪇艎，大船。”（391下）

《正字通·舟部》：“𦪇，許列切，音歇。見前‘艎’注。”（902上）

按：《康熙字典·舟部》：“𦪇，《廣韻》《集韻》並許竭切，音歇。𦪇艎，大船。”（1049上）《廣韻》入聲月韻許竭切：“𦪇，𦪇艎，大船。”（389）《集韻》入聲月韻許竭切：“𦪇䑸，𦪇艎，大舟。或省。”（679）“𦪇”當本作“歇”。《新唐書·食貨志三》：“晏爲歇艎支江船二千艘，每船受千斛。”“𦪇艎”同“歇艎”，“𦪇”當即“歇”因受“艎”字類化影響增加義符“舟”旁而産生的俗字。

497. 艩

《字彙·舟部》:“艩，前西切，音齊。艣艩，用以承艣者。按：此物形似臍，故以臍名，今去肉从舟非義矣。”（392 上）

《正字通·舟部》:“艩，舊注音齊，艣艩，用以承艣者，形似臍，故以臍名，俗去肉旁从舟。”（902 上）

按:《康熙字典·舟部》:“艩,《篇海》前西切，音齊。艣艩，用以承艣者。”（1049 上）《詳校篇海》卷四《舟部》:“艩，前西切，音臍。艣艩。”（243 上）《篇海類編》同。《字彙》《正字通》所言當是。“艩”當本作“臍”,“艩”即“臍”因涉義改换義符而産生的俗字。

498. ⿰舟⿱彖虫

《字彙·舟部》:“⿰舟⿱彖虫，郎以切，音禮。《玉篇》:‘大舟。’”下文又曰:“⿰舟蠡，同⿰舟⿱彖虫。”（392 上）

《正字通·舟部》:“⿰舟⿱彖虫，舊注音禮。《玉篇》:‘大舟。’按：俗呼瓢曰蠡，故小舟从⿱彖虫，通作蠡。”下文又曰:“⿰舟蠡，同⿰舟⿱彖虫。”（902 上）

按:《康熙字典·舟部》:“⿰舟⿱彖虫,《集韻》里弟切，音禮。《玉篇》:‘大舟。’”（1049 下）《篇海》卷十一《舟部》引《餘文》:“⿰舟⿱彖虫，小舟補也。”（738 下）《字彙》《正字通》謂“⿰舟⿱彖虫”同“⿰舟蠡”，是也。原本《玉篇·舟部》:“⿰舟蠡，力底反。《字書》或欚字也。欚，小艖也。在《木部》。”（420）《玉篇·舟部》:“⿰舟蠡，音禮。大舟。”（87 下右）箋注本《切韻》（斯 2071）上聲薺韻盧啓反:“⿰舟蠡，小舡。”（132）故宫本《王韻》上聲薺韻盧啓反:“[illegible]，小舩。”（476）故宫本《裴韻》上聲薺韻盧啓反:“⿰舟⿱彖虫，小舩。”（576）“舡”“舩”義同,“[illegible]”當即“⿰舟蠡”字之俗,“⿰舟⿱彖虫”亦當即“⿰舟蠡”字之俗。《名義》亦作“⿰舟⿱彖虫”，此亦其證也。《新撰字鏡·舟部》:“⿰舟⿱彖虫⿰舟蠡，二同欚。盧啓反。天（水）上小舩也。”（267）此亦爲其證。又《廣韻》上聲薺韻盧啓切:“⿰舟蠡，小船補也。”（181）余迺永《校注》:“⿰舟蠡，盧啓切。注:‘大舟也。’楝亭本同。《切三》《王二》《全王》云:‘小船。’南宋祖本、鉅宋本、巾箱本、黎本、元各本、明永樂本云:‘小船補也。’《方言》卷九謂：'南楚、江、湘凡船大者謂之舸，小者謂之艖……東南丹陽、會稽之間謂艖爲欚。'《廣雅・釋水》：'艬，舟也。'王念孫《疏證》：'艬本作欚，《説文》：欚，江中大船名。洪氏稚存《釋舟》云：案《方言》艖爲小舸。欚與艖同，則欚亦不盡是大舟矣。'余案《原本玉篇殘卷》亦釋'艬'爲：'字書或欚字也。欚，小船也。'惟宋本《玉篇》云：'艬音禮，大舟。'又《集韻》引《説文》義且以'欚、艬'爲或體。諸本'小船補也'四字宜作'小船，艖也'。"（738）余氏謂惟宋本《玉篇》訓"大舟"，是也；然其謂《廣韻》訓"小船補也"應作"小船，艖也"，疑可商榷。據原本《玉篇》、《切韻》可知，《廣韻》訓"小船補也"，當爲"小船也"之衍誤，而"補""艖"字形相去甚遠，二者不易訛混。《篇海》訓"艬"爲"小船補也"，當因承襲《廣韻》之謬而誤。《字彙》《正字通》訓"艬"爲"大舟"，皆因承襲前代字書之謬而誤。《康熙字典》轉録《玉篇》"大舟"之訓而未作校正，亦失考證。《大字典》"艬"字下據《篇海》之誤而收録"小船補"這一義項，非是；《字海》"艬"字據《字彙》訓"大船"，亦非。

499. 艟

《字彙・舟部》："艟，盧容切，音龍。小船上安蓋者。《玉篇》：'舟名。'"（392上）

《正字通・舟部》："艟，盧容切，音龍。小船上安蓋。"（902上）

按：《康熙字典・舟部》："艟，《廣韻》《集韻》並力鍾切，音龍。小船上安蓋者。又《集韻》盧東切，音籠。舟名。"（1049下）《集韻》平聲鍾韻盧鐘切："艟，扁舟蓋謂之艟。"（19）《集韻》訓"艟"爲"扁舟蓋"，疑非是。《龍龕》卷一《舟部》："艟，音龍。小船上安蓋者也。"（131）《玉篇・舟部》："艟，音籠。"（87下右）元刊本補訓爲"舟名"。《廣韻》平聲鍾韻力鍾切："艟，小船上安蓋者。"（10）據上文可知，"艟"即指"一種安蓋（有蓬）的小船"。《集韻》謂"扁舟蓋謂之艟"者，當爲"扁舟安蓋者謂之艟"之脱誤。《大字典》《字海》"艟"字下分别據《集韻》之誤而收録"小船的蓋""扁舟的蓋"這一義項，疑並非是。

500. 𦬁

《字彙·艸部》:“𦬁，陟格切，音摘。藥名。”（394 上）

《正字通·艸部》:“𦬁，俗乇字。舊本加草作𦬁，音摘，汎云藥名，誤。”（906 上）

按:《康熙字典·艸部》:“𦬁,《集韻》《篇海》陟格切，音摘。藥草也。”（1053 上）《玉篇·艸部》:“𦬁，音乇。藥名。”（68 上左）《集韻》入聲陌韻陟格切:“𦬁，藥艸。”（733）《正字通》之説疑非是。《説文·艸部》:“乇，艸葉也。从禾穗，上貫一，下有根，象形。”（123 下）“乇”，《集韻》亦音“陟格切”。儘管“𦬁”與“乇”音同，然未見“乇”字俗體有作“𦬁”者,《正字通》謂“𦬁”即“乇”字之俗，且謂“舊注”非，既無書證亦無例證，其説疑不可據。又《玉篇校釋》“𦬁”字下注:“《集韻·陌韻》:‘𦬁，藥草。’疑即（533）䅟蓿之省文。”（2710）胡氏之説亦可商榷。《廣雅·釋草》:“䅟蓿，黄岑也。”《玉篇·艸部》:“䅟，竹亞切。䅟蓿，黄岑也。”（67 下右）儘管“𦬁”與“䅟”義可相通，然未見“䅟”字異體有作“𦬁”者，故胡吉宣謂“𦬁”爲“䅟”字省文，疑亦非是。今案:“𦬁”疑即“芚”字俗訛。《玉篇·艸部》:“芚，徒昆切。菜，似莧，可食。”（67 下左）“乇”旁、“屯”旁俗寫常可訛混，故“𦬁”疑即“芚”字俗訛。《名義·艸部》:“**𦬁**，徒昆反。似莧，可食。”（138 上）此“**𦬁**”即“芚”字之訛。“𦬁”與“**𦬁**”形同，故“𦬁”疑即“芚”字之俗。《玉篇》音“陟格切”，疑爲望形生音；又其訓“藥名”，疑爲望形生訓。《集韻》承襲《玉篇》音義之誤而未作校正，疑亦非是。

501. 芠

《字彙·艸部》:“芠，無分切，音文。草名。”（394 下）

《正字通·艸部》:“芠，舊注五汾切，音文，艸名。按:《本草》:‘五加，一名文章草。穀精草，一名文星草。’草屬無芠名。”（908 上）

按:《康熙字典·艸部》:“芠,《玉篇》《集韻》並無分切，音文。芠草。”（1054 下）《玉篇·艸部》:“芠，無分切。芠草。”（68 下左）《集韻》

平聲文韻無分切："芠，艸名。"（128）《正字通》所言疑是。明李時珍《本草綱目·木三·五加》："蜀人呼爲白刺。譙周《巴蜀異物志》名文章草。有贊云：'文章作酒，能成其味，以金買草，不言其貴。'是矣。""芠"當即"文"因涉義增加義符"艸"旁而産生的俗字。

502. 芣

《字彙·艸部》："芣，魚求切，音牛。芣膝，藥名。"（394下）

《正字通·艸部》："芣，舊注音牛，牛膝，藥名。按：《本草綱目》：'春生，苗高二三尺，葉尖圓如匙，兩兩相對，有節似牛膝，節上生花作穗，二、八、十月采根。'用滁州者，良苦，酸，平，補中續絶。本作牛，舊本沿俗作芣，誤。"（908上）

按：《康熙字典·艸部》："芣，《玉篇》魚丘切，《集韻》魚尤切，並音牛。草名。《類篇》：'芣膝，藥草。'《本草》：'苗高二三尺，葉尖圓如匙，兩兩相對，有節似牛膝，節上生花作穗，秋結實。'"（1054下）《玉篇·艸部》："芣，魚丘切。芣草。"（68下右）《集韻》平聲尤韻魚尤切："芣，艸名。一曰芣膝，藥艸。"（257）《正字通》所言當是。《玉篇校釋》"芣"字下注："《集韻》：'草名。一曰芣膝，藥草。'《廣雅·釋草》：'牛莖，牛蓛也。'《本草》：'牛膝，一名百倍。'《别録》：'牛膝生河内川谷及臨朐。'陶注：'其莖有節似牛膝，故以爲名。'本書：'藤，牛藤，藥名。'字從艸皆俗加。"（2721）胡氏所言亦是也。故"芣"當訓"芣膝，藥艸"，"芣膝"同"牛膝"，即指"一種藥草"，"芣"本當作"牛"。《玉篇》訓"芣草"不辭，當爲"芣膝，藥艸"之誤。《集韻》"芣"字下一曰"芣膝，藥草"，是也；然訓"草名"，應删。《大字典》收録"芣"字，據《玉篇》訓"草名"，又據《集韻》"一曰"之説而謂"一説爲藥艸'牛膝'"，非是。《字海》亦收"芣"字，據《集韻》訓"一種藥草"，未溝通其與"牛"字的字際關係，亦非。《大字典》《字海》"芣"字皆應訓"芣膝，藥艸"，並謂"芣膝"亦作"牛膝"，方妥。

503. 苳

《字彙·艸部》:"苳，都宗切，音冬。草名。"(396下)

《正字通·艸部》:"苳，舊注音冬，草名。按：忍冬非作苳。"(914下)

按:《康熙字典·艸部》:"苳,《唐韻》都宗切，音冬。《説文》:'草也。'《類篇》:'苣苳，冬生。'"(1060下)《説文·艸部》:"苳，艸也。从艸，冬聲。"(20下)《玉篇·艸部》:"苳，丁彤切。草也。"(66上右)《正字通》所言當是。《名義·艸部》:"苳，丁彤反。荵苳也。"(136上)《新撰字鏡·艸部》:"苳，都宗反。荵苳也。"(408)"荵苳"同"荵冬"，本作"忍冬"。《説文·艸部》:"荵，荵冬艸。从艸，忍聲。"(11上)桂馥《義證》:"'荵冬艸'者，荵當爲忍，荵、忍聲相近……《本草》'忍冬'陶注云:'今處處皆有，藤生。淩冬不凋，故名忍冬。'"此是其證也。故"苳"當訓"荵苳","荵苳"本作"忍冬"。

504. 茩

《字彙·艸部》:"茩，呼決切，音血。草名。"(398下)

《正字通·艸部》:"茩，呼決切，音血。薜荔在石受霜而丹，一種曰石血,《説文》贅作茩，汎訓艸名。"(920上)

按:《康熙字典·艸部》:"茩,《唐韻》呼決切,《集韻》呼旻切，並音血。《玉篇》:'草名。'《類篇》:'地茩，蒨也。'"(1065下)《廣韻》入聲屑韻呼決切:"茩，草皃。"(399)《廣韻》訓"草皃"，疑非是。《説文·艸部》:"茩，艸也。从艸，血聲。"(20下)《玉篇·艸部》:"茩，許決切。草名。"(69上右)敦煌本《王韻》入聲屑韻呼決反:"茩，草。"(428)故宫本《王韻》同。故《廣韻》訓"草皃"，於前代字韻書皆無徵，當爲"草名"之誤。《集韻》入聲屑韻胡決切:"茩,《説文》:'艸也。'一曰地茩，蒨也。"(704)《集韻》據《説文》校作"艸也"，此亦其證也。《正字通》謂"茩"當爲"石血"之"血"，於前代字韻書皆無徵，疑不可據。《大字典》《字海》"茩"字下皆據《廣韻》之誤而收録"草貌"這一義項，疑並非是。

505. 萠

《字彙·艸部》:“萠，圭淵切，音涓。萠萌（明）草。”（399下）

《正字通·艸部》:“萠，同稍。舊注萠萌（明）草，非。”（923上）

按:《康熙字典·艸部》:“萠，《玉篇》古玄切，音涓。萠明草。《類篇》:‘祭以爲藉。’或作荺，義同。”（1069上）《名義·艸部》:“萠，公玄反。[萠]明草。”（138下）《玉篇·艸部》:“萠，公玄切。萠明草。”（67下左）箋注本《切韻》（斯2071）平聲先韻古玄反:“萠，草名。”（84）敦煌本《王韻》、故宫本《王韻》、《廣韻》同。《集韻》平聲先韻圭玄切:“萠荺，萠明，艸名，祭以爲藉。或从玄。”（163）“萠”“荺”即爲異體字，指“一種可用作祭祀的草”。又《説文·禾部》:“稍，麥莖也。从禾，肙聲。”（142上）“稍”，《廣韻》音“古玄切”。故“萠”與“稍”音同而義别，二字不可混同，《正字通》謂“萠”同“稍”，且謂“舊注”非，既無書證亦無例證，其説疑不可據。

506. 萁

《字彙·艸部》:“萁，奇寄切，音忌。艸名。”（399下）

《正字通·艸部》:“萁，奇寄切，音忌。禾秉也。《孫子兵法》:‘智將務食于敵，食敵一鍾，當吾三十鍾。萁秆一石，當吾二十石。’注:‘萁與萁通。秆即禾莖，皆芻茭之類。’舊注艸名，誤。”（923上）

按:《康熙字典·艸部》:“萁，《唐韻》奇寄切，《集韻》渠記切，並音忌。草名。”（1069上）《集韻》去聲志韻渠記切:“萁，艸名。”（485）《正字通》所言當是。《孫子·作戰》:“萁秆一石，當吾二十石。”曹操注:“萁，豆稭也。”王晳注:“萁，今作萁。”此是其證也。又明歸莊《澄城知縣徐君墓碣》:“萁秆鉛鐵，皆取辦州縣。”從文意來看，此“萁”亦當同“萁”。此亦其證也。故“萁”當即“萁”之異體字。《集韻》訓“艸名”，當爲望形生訓。《字彙》亦訓“艸名”，當因承襲《集韻》之謬而誤。《大字典》“萁”字下據《集韻》之謬而收録“艸名”這一義項，疑亦非是。

507. 莉

《字彙·艸部》:“莉，陳知切，音持。姓也。又鄰溪切，音離。茉莉，花名。”（400上）

《正字通·艸部》:“莉，鄰其切，音離。茉莉。又支韻音持。花名。”（924下）

按:《康熙字典·艸部》:“莉，《唐韻》直尼切，《集韻》陳尼切，並音墀。姓也。《姓苑》云:‘淮南人。’又郎奚切，音梨。莅莉，織荆。又《玉篇》:‘草名。’又音利。茉莉，花名。”（1070上）《玉篇·艸部》:“莉，力奚切。草。”（68下右）箋注本《切韻》（斯2071）平聲齊韻落嵆反:“莉，莉莅，織荆。”（112）敦煌本《王韻》平聲齊韻落嵆反:“莉，莉莅，織荆。又力底反。”（364）故宫本《王韻》平聲齊韻落嵆反:“筣，筣笓，織荆。又力底反。”（445）此“莉”當爲“筣”字俗訛，而此“莅”當爲“笓”字俗訛。《名義·竹部》:“筣，力雞反。[筣笓]，藩障也。”（143上）《玉篇·竹部》:“筣，力之、力兮二切。織竹爲筣笓，障也。”（70下左）下文又曰:“笓，裨之、步雞二切。筣[笓]也。”（71上右）“織荆”與“藩障”訓異義同，故“莉莅”當同“筣笓”，“莉”當爲“筣”字俗訛。《玉篇》訓“莉”爲“草”，當因不識其爲“筣”字俗訛而妄補。《廣韻》平聲齊韻郎奚切:“莉，莅莉，織荆。”（48）“莅莉”當爲“莉莅”之誤倒，此“莉莅”亦爲“筣笓”之誤。《集韻》平聲齊韻憐題切:“莉，艸名。一曰莅莉，織荆，障。”（96）《集韻》訓“艸名”，當因承襲《玉篇》之謬而誤；又其謂“一曰莅莉”，“莅莉”亦爲“莉莅”之誤倒，此“莉”亦爲“筣”字俗訛。《集韻》下文上聲薺韻里弟切:“筣，筣笓，織荆。”（343）《集韻》於此處作“筣笓”，是也。龍宇純《校箋》:“《切三》《廣韻》筣字作莉，笓字作莅，當據正。本（韻）[書]脂韻房脂反莅下云‘藜莅，荆藩’，姜書P二〇一一亦誤作筣笓。又力底反，《王一》同。本書薺韻盧啓反下無此字，《廣韻》同。《集韻》收之，亦誤作筣笓，蓋所據即本書。”（73）龍氏謂“筣笓”當爲“莉莅”之誤，正俗顛倒，非是。《康熙字典》轉録《玉篇》“草名”之訓而未作校正，亦失考證。《大字典》“莉”字下據《玉篇》收録“草名”這一義項，且未溝通其與“筣”字的字際關係，亦失考證。

508. 莡

《字彙·艸部》：“莡，七各切，音錯。行草聲。”（400下）

《正字通·艸部》：“莡，才各切，音錯。行艸聲。”（926下）

按：《康熙字典·艸部》：“莡，《唐韻》倉各切，音錯。《玉篇》：‘行草聲。’”（1072上）《集韻》入聲鐸韻倉各切：“莡，艸名。”（728）《集韻》訓“艸名”，疑非是。《玉篇·艸部》：“莡，麤各切。草聲。”（69上右）《廣韻》入聲鐸韻倉各切：“莡，草聲。”（410）《集韻》訓“艸名”，於前代字韻書皆無徵，當爲“艸聲”之誤。《大字典》《字海》“莡”字下分别據《集韻》之誤而收録“草名”、“一種草”這一義項，疑並非是。

509. 莦

《字彙·艸部》：“莦，所交切，音梢。惡草。”（401上）

《字同·艸部》：“莦，所交切，音梢。《説文》：‘惡艸貌。’”（926下）

按：《康熙字典·艸部》：“莦，《唐韻》所交切，音梢。《説文》：‘惡草貌。’《淮南子·修務》：‘野彘有艽莦槎櫛窟虛，連比以象宫室。’又《集韻》思邀切，音消。草根也。”（1072下）《玉篇·艸部》：“莦，所交切。草根。又相遥切。”（65下左）《玉篇》訓“草根”，疑非是。《説文·艸部》：“莦，惡艸皃。从艸，肖聲。”（17上）《名義·艸部》：“莦，所交反。惡草也。”（135下）敦煌本《王韻》平聲肴韻所交反：“莦，惡草。又胥遥反。”（370）故宫本《王韻》平聲宵韻相焦反：“莦，惡草。又所交反。”（456）下文平聲肴韻所交反又曰：“莦，惡草。又胥遥反。”（457）故《玉篇》訓“草根”，於前代字韻書皆無徵，當爲“惡草”之誤。又《廣韻》平聲宵韻相邀切：“莦，草名。又使交切。”（92）《廣韻》訓“草名”，於前代字韻書亦無徵，亦當爲“惡草”之誤。又《集韻》平聲宵韻思邀切：“莦，艸根也。”（178）《集韻》訓“艸根也”，又當爲《玉篇》所誤。《康熙字典》轉録《集韻》“草根也”之訓而未作校正，亦失考證。《大字典》“莦”字下分别據《玉篇》《廣韻》之誤而收録“草根”“草名”這兩個義項，疑非是；而《字海》“莦”字下亦分别據《玉篇》《廣韻》之誤而收録“草根”“一種草”這兩個義項，疑亦非是。

510. 菇

《字彙·艸部》:“菇，攻乎切，音姑。蔜菇。”(401下)

《正字通·艸部》:“菇，舊注音姑，蔜菇。按:《爾雅》本作姑，俗作菇。”(928下)

按:《康熙字典·艸部》:“菇，《玉篇》故吴切，音姑。《博雅》:‘蔜菇，王瓜也。’”(1074下)《廣雅·釋草》:“蔜菇，王瓜也。”《玉篇·艸部》:“菇，故吴切。蔜菇。”(67下右)《正字通》所言當是。《爾雅·釋草》:“鉤，蔜姑。”郭璞注:“鉤瓠也。一名王瓜，實如瓝瓜，正赤，味苦。”陸德明《釋文》:“蔜，本或作睽。”故“蔜姑”“蔜菇”本作“睽姑”，“菇”即“姑”字之俗。

511. 茹

《字彙·艸部》:“茹，詩止切，音始。茹草。”(401下)

《正字通·艸部》:“茹，茹字之訛。舊注升止切，音始，茹草，誤。”(928下)

按:《康熙字典·艸部》:“茹，《集韻》首止切，音始。草也。”(1074下)《玉篇·艸部》:“茹，式止切。草。”(68下右)《集韻》上聲止韻首止切:“茹，艸名。”(322)《新修玉篇》卷十三《艸部》引《玉篇》:“茹，式止切。草名。”(120下左)《篇海》卷九《艸部》引《玉篇》:“茹，式止切。草也。”(718下)《直音篇》卷四《艸部》:“茹，音始。茹草也。”(156下)注文中的“茹”當爲字頭誤重。《詳校篇海》卷三《艸部》:“茹，詩止切，音始。茹草。”(214上)《篇海類編》同。《詳校篇海》《篇海類編》訓“茹草”，當皆爲“茹草”之誤。《字彙》亦訓“茹草”，當因承襲前代字書之謬而誤。又《説文·艸部》:“茹，飤馬也。从艸，如聲。”(19

上)《玉篇·艸部》:“茹,而預、而與、而諸三切。柔也;貪也;菜茹也;度也;飯牛也;相牽引皃。”(66上右)故“茹”與“茹”音義俱別,二字不可混同,《正字通》謂“茹”即“茹”字之訛,疑不可據。

512. 菺

《字彙·艸部》:“菺,舉魚切,音居。苴菺草。”(403上)

《正字通·艸部》:“菺,莙字之訛。舊注音居,苴菺艸,非。”(933下)

按:《康熙字典·艸部》:“菺,《唐韻》九魚切,音居。《玉篇》:‘苴菺草也。’”(1077下)《名義·艸部》:“菺,與(舉)魚反。草。”(137下)《新撰字鏡·艸部》:“菺,舉魚反。苴菺也。”(431)《玉篇·艸部》:“菺,舉魚切。苴菺草。”(67下右)又《説文·艸部》:“莙,井藻也。从艸,君聲。”(12上)《玉篇·艸部》:“莙,其隕、俱云二切。牛藻也。一云馬藻。”(64下右)“菺”與“莙”音義俱別,二字不可混同,故《正字通》謂“菺”即“莙”字之訛,且謂“舊注”非,既無書證亦無例證,疑不可據。《玉篇校釋》“菺”字下注:“‘苴菺草’者,《切韻》同。《廣雅·釋草》:‘屈居,盧茹也。’《吴普本草》:‘閭茹一名屈居。’疑此苴菺即屈居。”(2686)胡氏所言可備一説。“菺”疑本當作“居”。

513. 萌

《字彙·艸部》:“萌,眉庚切,音盲。草芽。”(403下)

《正字通·艸部》:“萌,媒朋切,音盲。艸芽。”(936上)

按:《康熙字典·艸部》:“萌,《唐韻》莫耕切,《正韻》眉庚切,並音氓。《説文》:‘草芽也。’……又眉兵切,音明。蕨萌,草名。”(1079上)《集韻》平聲庚韻眉兵切:“萌,蕨萌,艸名。”(231)“蕨萌”疑本作“決明”。《爾雅·釋草》:“薢茩,芵茪。”邢昺疏:“藥草芵明也,一名芵茪,一名決明……陶注《本草》云:‘葉如茳豆(芒),子形似馬蹄,呼爲馬蹄決明。’《廣雅》謂之羊躑躅也。”“蕨萌”當同“芵明”,二者本當作“決明”,此“萌”疑即“明”因涉義增加義符“艸”旁而産生的俗字。

514. 菒

《字彙·艸部》："菒，同葈。"（404 下）

《正字通·艸部》："菒，俗枲字。"（939 上）

按：《康熙字典·艸部》："菒，《集韻》想止切，音葸。本作葈。胡葈，枲耳也。《正字通》：'俗枲字。'"（1082 上）《集韻》上聲止韻想止切："葈（葈）菒，胡葈，艸名，枲耳也。或作菒。"（323）《正字通》所言當是。"菒""葈"本當作"枲"（詳見本書"葈"字注）。《大字典》《字海》"菒"字下皆分爲兩個義項：第❶義項謂"菒耳"即"蒼耳"；第❷義項據《正字通》之説而謂同"枲"，訓"麻"，俱失妥當。《大字典》《字海》應直謂"菒"同"枲"，其下再分爲兩個義項：第❶義項謂"菒耳"即"蒼耳"，本作"枲耳"；第❷義項據唐田再思《服母齊衰三年議》之"猶子咸衣苴菒，季父不服緦麻"這一文獻用例訓"麻"，即妥。

515. 薶

《字彙·艸部》："薶，謨皆切，音埋。葬於草下曰瘞薶。"（407 下）

《正字通·艸部》："薶，俗薶字。"（946 上）

按：《康熙字典·艸部》："薶，《集韻》陵之切，音釐。《篇海》：'豆名，可食。'《正字通》：'俗薶字。'"（1089 上）《集韻》平聲之韻陵之切："薶，豆名，可食。"（54）此"薶"當即"貍"之分化字（詳見《〈類篇〉新收字考辨與研究》"薶"字注）。又《正字通》謂"薶"即"薶"字之俗，亦是。《爾雅·釋言》："薶，塞也。"《説文·艸部》："薶，瘞也。从艸，貍聲。"（19 下）段玉裁注："《周禮》假借'貍'字爲之，今俗作'埋'。"《玉篇·艸部》："薶，莫皆切。瘞也。與埋同。"（66 上右）《廣韻》平聲皆韻莫皆切："埋，瘞也；藏也。薶，上同。"（54）《集韻》平聲之韻陵之切："薶，塞也。"（54）正如"貍"俗作"狸"，"薶"疑即"薶"字之俗。韓小荊《〈可洪音義〉研究》（576）"埋"俗作"薶"，此是其證也。《名義·艸部》："薶，莫階反。藏也。"（136 上）此"薶"亦即"薶"字之俗。

此亦其證。此“蕥”與上文《集韻》所收之“蕥”即爲同形字。

516. 葰

《字彙・艸部》:“葰，想里切，音洗。物數也。五倍曰葰。《孟子》:‘或相倍葰。’又相咨切，音司。義同。”（409 上）

《正字通・艸部》:“葰，想里切，音洗。物數也。五倍曰葰。《孟子》:‘或相倍葰。’又支韻音司。義同。”（949 下）

按:《康熙字典・艸部》:“葰，《集韻》想氏切，音璽。草名。又《韻會》所綺切，音屣。《綱目集覽》:‘物數也。’《孟子》:‘或相倍葰。’趙岐注:‘葰，五倍也。’”（1091 下）《龍龕》卷二《艸部》:“葰，斯氏反。草也。”（260）《玉篇・艸部》:“葰，息紫切。草。”（68 下右）《龍龕》《玉篇》訓“葰”爲“草”，疑非是。今案:“葰”字有以下諸義：一、訓“物數”，義指“五倍”。《集韻》上聲紙韻所綺切:“葰，物數也。五倍曰葰。《孟子》:‘或相倍葰，或相什百。’”（309）《孟子・滕文公上》:“夫物之不齊，物之情也。或相倍葰，或相什佰，或相千萬，子比而同之，是亂天下也。”趙岐注:“葰，五倍也。”二、同“屣”，義指“鞋子”。《大正藏》本梁寶唱等集《經律異相》卷第十七《僧大不納其妻出家山澤賊害得道一》:“賊前斷頭，取身上衣杖葰及鉢，持與兄所。兄以金銀重謝賊，兄取弟頭，爲作假身，以頭著上，以衣衣之，杖鉢及葰皆著其傍。”“葰”，宮本、宋本、元本、明本皆作“屣”。此是其證也。三、同“纚”，義指“粗衣”。《大正藏》本唐道宣撰《廣弘明集》卷第十五《釋迦文佛像讚》:“慨在玆之致淹，遂乃明發遐征栖遲幽閑，脱皇儲之重寶，希無待以輕舉，褫龍草之盛飾，貿窮巖之葰褐，資送之儔，自崖而反矣。”“草”，宮本、宋本、元本、明本皆作“章”，從文意來看，當以作“章”爲是。“葰”，宮本、宋本、元本、明本皆作“纚”，從文意來看，“纚”當即“纚”字俗訛，“纚褐”當義指“粗衣”。《龍龕》《玉篇》訓“葰”爲“草”，於文獻無徵，當爲望形生訓。《康熙字典》收録“草名”這一義項，當因承前而誤。《大字典》“葰”字下據《玉篇》之誤而收録“草名”這一義項，疑亦非是。

517. 萶

《字彙·艸部》:"萶，疾葉切，音捷。草簾也；編草障户。"(409上)

《正字通·艸部》:"萶，萐字之訛。艸簾無萶名。"(949下)

按:《康熙字典·艸部》:"萶,《集韻》疾葉切，音捷。《類篇》:'編草障户。'又與蕥同。"(1092上)《集韻》入聲葉韻疾葉切:"萶，編艸障户。"(777)下文入聲怗韻疾協切又曰:"蕥萶，艸簾。或从捷。"(784)又《玉篇·艸部》:"蕥，才帀切。户簾也。"(67下右)"蕥"從"雜",不可能音"疾協切",與"萶"當爲同義關係，而非異體關係。《正字通》謂"萶"即"萐"字之訛，疑不可據。《説文·艸部》:"萐，萐莆，瑞艸也。堯時生於庖廚，扇暑而涼。从艸，疌聲。《詩》曰:'莑莑萐萐。'"(9下)"萐",《廣韻》音"山洽切"。"萶"與"萐"儘管部分構字部件相同，然音義俱别，二字不可混同，故《正字通》之説非是。

518. 萠

《字彙·艸部》:"萠，之遥切，音招。姓也。"(411下)

《正字通·艸部》:"萠，舊注音招，姓也。按：萠雖見《直音》，今無萠姓。"(954下)

按:《康熙字典·艸部》:"萠,《集韻》陟遥切，音朝。《類篇》:'姓也。'"(1096下)《集韻》平聲宵韻陟遥切:"萠，姓也。"(181)"萠"當即"朝"之異體字。《廣韻》平聲宵韻陟遥切:"朝，亦姓。《左傳》有蔡大夫朝吴。"(92)《集韻》平聲宵韻陟遥切:"𠦝朝，亦姓。隸作朝。"(181)《左傳·昭公十五年》:"夏，蔡人逐朝吴，朝吴出奔鄭。""萠"與"朝"音義並同,"萠"疑即"朝"之異體字。

519. 蒢

《字彙·艸部》:"蒢，長魚切，音除。草名。"(412上)

《正字通·艸部》:"蒢，蒢字之訛。舊注音除，草名，非。"(956上)

按:《康熙字典·艸部》:"蒢,《類篇》同藷。"(1098上)《集韻》平聲魚韻陳如切："藷，艸名。《山海經》：'景山北望少澤，多藷藇。'或作藸、蒢。"（68）故"蒢"當即"藷"之異體字。《説文·艸部》："蒢，黄蒢，職也。从艸，除聲。"（11下）《集韻》平聲魚韻陳如切："蒢，艸名。《説文》：'黄蒢，職也。'葉似酸漿，華小而白，中心黄，江東以作葅食。"（68）故"蒢"與"蒢"音同義别，二字不可混同，《正字通》謂"蒢"即"蒢"字之訛，且謂"舊注"非，既無書證亦無例證，其説非是。

520. 蕣

《字彙·艸部》："蕣，離珍切，音鄰。草名，似竹中實。又上聲良忍切。義同。又去聲良慎切。《廣韻》草名，《玉篇》鬼火。"（412下）

《正字通·艸部》："蕣，舊注音鄰，草名，似竹中實。良慎切引《廣韻》草名，《玉篇》鬼火。按：《爾雅》本作簩，俗本《爾雅》作粼。又鬼火，《博物志》《説文》本作粦，《淮南子》贅作燐，《集韻》誤作蟒，未有從艸作蕣者，舊本引《廣韻》《玉篇》並非。"（957下）

按：《康熙字典·艸部》："蕣，《唐韻》良刃切，音吝。《玉篇》：'草名。'又《集韻》離珍切，音遴。似竹中實。又《玉篇》同燐。"（1098下）《廣韻》去聲震韻良刃切："蕣，草名。"（295）《廣韻》訓"草名"，疑非是。《名義·艸部》："蕣，力振反。鬼火也。"（139上）《玉篇·艸部》："蕣，力振、力因二切。鬼火。或作燐。"（68上右）《新撰字鏡·艸部》："蕣，力刃反。鬼火。"（422）敦煌本《王韻》去聲震韻［力晉反］："燐，鬼火。亦作蕣。"（410）故宫本《王韻》去聲震韻力晉反："燐，鬼火。"（498）故宫本《裴韻》去聲震韻力進反："燐，鬼火。亦𦵽。"（593）此"𦵽"當即"蕣"字俗訛。故"蕣"即"燐"之異體字，當訓"鬼火"。《廣韻》訓"草名"者，當因《廣韻》誤將"蕣"與"燐"二字分開，遂改"蕣"爲"草名"，此當即望形生訓。又《集韻》去聲震韻良刃切："粼，竹類。《爾雅》：'粼，堅中。'或作蕣、簩、簐。"（542）《集韻》謂"蕣"同"粼"，於前代字韻書皆無徵，非是。《字彙》訓"蕣"爲"草名，似竹中實"者，即因承襲《廣韻》《集韻》之謬而誤。《康熙字典》轉録《玉篇》訓"草名"，據上文所引《玉篇》可知，《玉篇》"蕣"字未見"草名"

之訓,《玉篇》當爲《廣韻》之誤,《康熙字典》訓“草名”者,當因承襲《廣韻》之謬而誤;又其轉録《集韻》“似竹中實”之訓而未作校正,亦失考證。《大字典》“蕣”字下分别據《廣韻》、《集韻》之謬而收録“草名”、同“篺”這兩個義項,非是;《字海》“蕣”字下分别據《廣韻》《集韻》之謬而收録“一種草”“同篺”這兩個義項,亦非是。

521. 薻

《字彙·艸部》:“薻,楚交切,音抄。薻取也。”(415上)

《正字通·艸部》:“薻,舊注音抄,薻取也。按:《手部》本作摷,加草非。薻即藻字之訛。”(964下)

按:《康熙字典·艸部》:“薻,《唐韻》楚交切,音鈔。薻取也。《集韻》作摷,别見《手部》。”(1103下)箋注本《切韻》(斯2071)平聲肴韻楚交反:“薻,薻耳(取)。”(120)敦煌本《王韻》平聲肴韻楚交反:“薻,薻取。”(370)故宫本《王韻》同。《廣韻》平聲肴韻楚交切:“薻,摷取。”(98)“薻”當即“摷”字之俗。《廣雅·釋詁一》:“摷,取也。”《集韻》平聲爻韻初交切:“鈔,《説文》‘叉取也’,或作剿、抄、摷。”(188)故“薻”與“摷”音義並同,“薻”當即“摷”字之俗。又《説文·艸部》:“藻,水艸也。从艸、水,巢聲。《詩》曰:‘于以采藻。’藻,藻或从澡。”(20上)“藻”“藻”即爲異體字。“薻”與“藻”儘管部分構字部件相同,然音義俱别,二字不可混同,故《正字通》謂“薻”即“藻”字之訛,非是。《大字典》“薻”字下謂同“摷”,並引《正字通》作:“薻,本作摷。”《大字典》謂“薻”同“摷”,是也;然援引《正字通》有誤。據上文所引《正字通》可知,《正字通》謂“薻(摷)取”本作“摷”,“薻”即“藻”字之訛,而非謂“薻”本作“摷”,故《大字典》應直謂“薻”同“摷”,訓“取”,並删去所引《正字通》之文,方爲妥當。

522. 蒪

《字彙·艸部》:“蒪,匹各切,音璞。蘀蒪;又落也。”(415下)

《正字通・艸部》："蔢，俗丵字。叢生艸也。舊注匹各切，音璞，蘀蔢；又落也，並非。"（966下）

按：《康熙字典・艸部》："蔢，《唐韻》匹各切，音粕。《博雅》：'蔢、蘀，落也。'又《集韻》普木切，音撲。義同。"（1105下）《廣雅・釋木》："蘀、蔢，落也。"《廣韻》入聲鐸韻匹各切："蔢，蘀蔢也。"（410）王念孫《疏證》："蔢之言剥也。馬融注剥卦云：'剥，落也。'鄭注云：'陰氣侵陽，上至於五，萬物零落，故謂之剥也。'"又《説文・丵部》："丵，叢生艸也。象丵嶽相並出也。"（53上）《廣韻》入聲覺韻士角切："丵，叢生草。"（378）故"蔢"與"丵"音義俱别，二字不可混同，《正字通》謂"蔢"同"丵"，並改訓"叢生艸也"，且謂"舊注"非，既無書證亦無例證，其説非是。

523. 翳

《字彙・艸部》："翳，於計切，音医。翳薈，草盛貌。"（418上）

《正字通・艸部》："翳，余祭切，音医。翳薈，草盛貌。"（973上）

按：《集韻》去聲霽韻壹計切："翳，艸名。一曰艸茂皃。"（507）《集韻》訓"翳"爲"艸茂皃"，是也；然訓"艸名"，疑非是。《廣韻》去聲霽韻於計切："翳，翳薈。"（271）《文選・江賦》："標之以翠翳，泛之以遊菰。"李善注："翳，草之翳薈也。"此"翳薈"即指"草木茂盛貌"。"翳"亦可指"遮蔽"。《龍龕》卷二《艸部》："翳，於計反。以障也。"（262）《孫子兵法・行軍》："山林翳薈者，必謹覆索之，此伏奸之所處也。"曹操注："翳薈者，可屏蔽之處也。"梅堯臣《和石昌言十題・葵花》："此心生不背朝日，肯信衆草能翳之。"以上"翳"字皆爲"遮蔽"之義。故《集韻》訓"翳"爲"艸名"，於前代韻書、文獻皆無徵，非是。《字彙》《正字通》"翳"皆未收"草名"這一義項，是也。《大字典》《字海》"翳"字下分别據《集韻》之誤而收録"草名""一種草"這一義項，並非。

524. 蕗

《字彙·艸部》:“蕗，魯故切，音露。菸葵，蘩蕗。”（419 上）

《正字通·艸部》:“蕗，俗字。《爾雅》‘菸葵’一名‘蘩露’。郭注：‘承露也，大莖小葉，華紫黄色。’蕗，本作露。”（977 上）

按:《康熙字典·艸部》:“蕗,《唐韻》洛故切，音路。菸葵，繁（蘩）蕗也。《集韻》或作蕗。”（1113 下）《名義·艸部》:“蕗，力故反。蘩路（蕗），菸葵。”（139 上）《玉篇·艸部》:“蕗，力故切。菸葵，蘩蕗。”（68 上右）《正字通》所言當是。《爾雅·艸部》:“菸葵，蘩露。”郭璞注:“承露也，大莖小葉，華紫黄色。”故“蘩蕗”同“蘩露”,“蕗”本當作“露”。《玉篇校釋》“蕗”字下注:“‘菸葵，蘩蕗’者,《釋草》文。《切韻》引同。郭注:‘承露也，大莖小葉，華紫黄色。’蕗本止作露。”（2700）此説印證了《正字通》之説。故“蕗”本當作“露”。

525. 蠡

《字彙·艸部》:“蠡，力啓切，音蠡。赤草。”（419 下）

《正字通·艸部》:“蠡，舊注音蠡，赤草。按：本作蠡。蠡實即馬藺子，一名馬楝子，又有馬薤、馬帚、三堅、旱蒲、劇草、鐵掃帚諸名。《本草》謂之荔實。《月令》:‘荔挺出。’即此草也。葉似薤，花紫碧色，實似麻子，赤色有棱，根細長，人取爲刷。舊注汎言赤草，非。”（977 下）

按:《康熙字典·艸部》:“蠡,《集韻》里弟切，音蠡。赤草也。按:《正字通》引《本草》强合作蠡，恐未足信。”（1114 上）《集韻》上聲薺韻里弟切:“蠡，赤艸也。”（343）《正字通》所言當是。《本草綱目·艸部》第十五卷“蠡實”條，釋名:“荔實（《别録》)、馬藺子（《唐本》)、馬楝子（《圖經》)、馬薤（《禮記注》)、馬帚（《爾雅》)、鐵掃帚（《救荒》)、劇草（《本經》)、旱蒲（《禮記》)、豕首（《本經》)、三堅。”弘景曰:“方藥不用，俗無識者。惟天名精亦名豕首。”恭曰:“此即馬藺子也。《月令》:‘仲冬荔挺出。’鄭玄注云:‘荔，馬薤也。’《通俗文》云:‘一名馬藺。本草謂之荔實。'" 頌曰："馬藺子，北人訛爲馬楝子。《廣雅》云：'馬薤，荔也。' 高誘云：'荔挺出，荔草挺出也。' 講禮者不識，呼爲荔挺，又作馬莧，並誤矣。馬莧亦名豚耳，即馬齒也。" 時珍曰："《爾雅》云：'荓，音瓶，馬帚也。' 此即荔草，謂其可爲馬刷，故名。今河南北人呼爲鐵掃帚，是矣。" 集解："《别録》曰：'蠡實生河東川谷，五月采食，陰乾。'" 頌曰："今陝西諸郡及鼎、澧州亦有之，近汴尤多。葉似薤而長厚，三月開紫碧花，五月結實作角子，如麻大而赤色有棱，根細長，通黄色，人取以爲刷。三月開花，五月采食，並陰乾用。許慎《説文》云：'荔似蒲而小，根可爲刷。' 高誘云：'河北平澤率生之。江東頗多，種於階庭，但呼爲旱蒲，不知即馬薤也。'" 時珍曰："《别録》蠡實亦名荔實，則蠡亦荔字之訛也。張揖《廣雅》云 '荔又名馬藺'，其説已明。又按周定王《救荒本草》言：其嫩苗味苦，炸熟換水浸去苦味，油鹽調食，則馬藺亦可作菜矣。寇氏但據陶説疑之，欠考矣。陶氏不識藥多矣。今正其誤。" 故"蘲"疑即"蠡實"之"蠡"增旁俗字，而"蠡實"之"蠡"當即"荔"字之誤。《康熙字典》謂"《正字通》引《本草》强合作蠡，恐未足信"，當失考證。

526. 盧

《字彙·虍部》："盧，龍都切，音盧。甒也；飯器。从甾非田。"（420 上）

《正字通·虍部》："盧，力吾切，音盧。甒也；飯器。从甾非从田。"（979 下）

按：《康熙字典·虍部》："盧，《篇海》力胡切，音蘆。飯器。《説文》：'甒也。'《六書正訛》从甾，虍聲。又《字彙補》：'虎文也。'《唐韻》作盧。"（1115 下）敦煌本《王韻》平聲模韻落胡反："盧，飰器。"（363）故宫本《王韻》同。《廣韻》平聲模韻落胡切："䍡，飯器。《説文》曰：'甒也。' 盧，上同。"（46）"盧"即"盧"字之俗，而"飰"即"飯"字異體。《説文·甾部》："盧（䍡），𤮊也。从甾，虍聲。讀若盧同。𦉜，篆文䍡。𤮯，籀文䍡。"（269 上）《名義·甶部》："盧，力胡反。

飲器。罏，籀文。”（165 上）《玉篇·甶部》：“䢵，力胡切。飲器也。罏，籀文。”（80 上右）敦煌本《王韻》訓“餠器”，於前代字書皆無徵，儘管“䢵”後來作“盧”，然“䢵”無“飯器”之訓，“餠器”當爲“飲器”之誤。故宫本《王韻》訓“餠器”，當因承襲敦煌本《王韻》之謬而誤。《廣韻》訓“䲐”爲“飯器”，亦因承襲前代韻書之謬而誤；又其引《説文》作“瓴也”，“瓴”當爲“甀”字之誤，因“甀”“罌”爲異體字，《説文》本訓“罌也”。《集韻》平聲模韻龍都切：“䲐䡎罏甗，《説文》：‘罌也。’古作䡎，籀作罏，亦从瓦。”（87）《集韻》據《説文》校作“罌也”，此亦其證也。《龍龕》卷一《虍部》：“䲐，音盧。飰器也。”（200）《龍龕》訓“飰器也”，亦當因承襲《切韻》之謬而誤。《字彙》《正字通》訓“甀也”，是也；然又訓“飯器”，亦皆因承襲前代字韻書之謬而誤。又《字彙補·虍部》：“䲐，虎文也。”（192 下）《字彙補》訓“䲐”爲“虎文也”，當因承襲《龍龕》之謬而誤（詳見本書“䲐”字注）。《康熙字典》訓“䢵”爲“飯器”“瓴也”，皆因承前而誤；又其轉録《字彙補》訓“虎文也”，因“䢵”“䲐”字同，故訓“䢵”爲“虎文也”，此亦因承前而誤。《大字典》“䢵”字下據《字彙》之謬而收録“飯器”這一義項，亦非。

527. 虘

《字彙·虍部》：“虘，昨何切，音醝。虎不柔也。”（420 上）

《正字通·虍部》：“虘，倉多切，音醝。《説文》：‘虎不柔不信也。’”（979 下）

按：《康熙字典·虍部》：“虘，《集韻》才何切，音醝。《玉篇》同䖑。”（1116 上）通行本《龍龕》收録“虘”字，然音義殘蝕，難以見其全貌。朝鮮本《龍龕》卷三《虍部》：“虘，昨何切。虎文也。又才都切。”（133）朝鮮本《龍龕》補訓爲“虎文也”，疑非是。《説文·虍部》：“虘，虎不柔不信也。从虎，且聲。讀若鄌縣。”（98 上）《名義·虍部》：“虘，才都反。不信也。”（239 上）《新撰字鏡·虍部》：“虘，才他、才都二反。虎不柔不信。”（649）《玉篇·虍部》：“虘，昨何、才都二切。虎不柔也。”（112 下右）敦煌本《王韻》平聲歌韻昨何反：“虘，虎不柔。”（372）故宫本《王韻》平聲歌韻昨何反："虘，虎不信。又在都反。"（459）故宫本《裴韻》同。《廣韻》平聲歌韻昨何切："虘，虎不柔也。又才都切。"（102）《集韻》平聲戈韻才何切："虘，《説文》：'虎不柔不信也。'"（199）故朝鮮本《龍龕》補訓爲"虎文也"，於前代字韻書皆無徵，當爲妄補，不足爲據。《大字典》"虘"字下據朝鮮本《龍龕》收録"虎紋"這一義項，疑亦非是。

528. 虣

《字彙·虍部》："虣，同虖。"（420下）

《正字通·虍部》："虣，俗字。"（980下）

按：《康熙字典·虍部》："虣，《唐韻》胡甲切，音狎。虎習搏也。《玉篇》今作狎。又《字彙補》與柙同。見《金石韻府》。亦作㺉。"（1115下）《龍龕》卷二《虎部》："虣，胡甲反。虎習皃。"（322）《龍龕》卷一《虍部》又曰："虖，音匣。虎習皃也。"（200）"虣""虖"即同字異寫，《字彙》謂"虣"同"虖"，是也；然《龍龕》訓"虣""虖"爲"虎習皃"，疑非是。《名義·虍部》："虖，胡甲反。狎字。習也；傷也；近也；更也。"（239上）《新撰字鏡·虍部》："虖，胡甲反。狎字。習也；傷（傷）也；近也；更也。"（650）故"虖"即"狎"之異體字，當訓"習也"，而"虣"即"虖"之異寫字，亦當訓"習也"。《龍龕》訓"虣""虖"爲"虎習皃"，當爲望形生訓。敦煌本《王韻》入聲狎韻［胡甲反］："虖，虎習搏。"（432）故宫本《王韻》同。《廣韻》入聲狎韻胡甲切："虖，虎習搏也。"（439）《集韻》入聲狎韻轄甲切："虖，虎習搏貌。"（788）敦煌本《王韻》訓"虖"爲"虎習搏"，於前代字書亦皆無徵，當爲望形生訓。故宫本《王韻》、《廣韻》、《集韻》訓"虎習搏""虎習搏也""虎習搏貌"，當皆因承襲敦煌本《王韻》之謬而誤。《新修玉篇》卷二十三《虎部》引《龍龕》："虣，胡甲切。虎習皃。"（196下左）《篇海》同。《新修玉篇》《篇海》轉録《龍龕》而未作校正，俱失考證。《直音篇》卷六《虎部》："虣，音狎。虎習貌。"（258上）《詳校篇海》卷五《虎部》："虣，胡夾切，音匣。虎習貌。"（322下）《篇海類編》同。以上諸書亦訓“虎習貌”，皆因承前而謬。《康熙字典》訓“虎習搏也”，亦因承前而誤。又《字彙補·虍部》：“虖，又《金石韻府》與柙同，亦作㭘。”（192上）《集韻》入聲狎韻轄甲切：“柙，《説文》：‘檻也，以藏虎兕。’或作㭘。”（788）故“虖”與“柙”“㭘”音同義别，不可混同，《字彙補》據《金石韻府》之説而謂“虖”與“柙”同，亦作“㭘”，非是。《康熙字典》轉録《字彙補》之説而未作校正，亦失考證。《大字典》“虥”字下分爲兩個義項：第❶義項據《龍龕》訓“虎習貌”；第❷義項據《字彙》謂同“虖”。據上文可知，第❶義項即因據《龍龕》之謬而誤設，應删，直謂“虥”同“虖”，即可。《字海》“虥”字據《字彙》徑謂同“虖”，是也。

529. 䖮

《字彙·虍部》：“䗯，俗虘字。”（420下）

《正字通·虍部》：“䗯，俗虘字。”（980下）

按：《康熙字典·虍部》：“䖮，古文䡪。《集韻》龍都切，音盧。與鑪、甗同。罌也。《唐韻》作䗯。”（1117上）《廣韻》平聲模韻落胡切：“䖮，飯器。《説文》曰：‘瓻也。’虘，上同。”（46）“䗯”即“䖮”之異寫字。據上文可知，《廣韻》訓“䖮”爲“飯器”，當因承襲《切韻》之謬而誤；又其引《説文》作“瓻也”，“瓻”當爲“甀”字之誤，因“甀”“罌”爲異體字，《説文》本訓“罌也”。又《龍龕》卷一《虍部》：“䖮，音盧。虎文也。”（200）《龍龕》訓“虎文也”，於前代字韻書皆無徵，亦不可據。《大字典》“䖮”字下第❶義項謂同“虘”，訓“盛飯的器皿”，以《廣韻》爲書證；第❷義項據《龍龕》訓“虎紋”。《大字典》“䗯”字下第❶義項謂同“虘”，是也，然其訓“盛飯的器皿”，即因承襲《廣韻》之謬而誤；又其第❷義項即因據《龍龕》之謬而妄設，應删。

530. 䖪

《字彙·虍部》：“䖪，昨誤切，音祚。且往也。”（421上）

《正字通·虍部》：“䖪，訛字。舊注音婇，且往也。按：且往不必从虎，六書無䖪。一曰虘字之訛。”（981下）

按:《康熙字典・虍部》:“䣯,《集韻》坐五切,音蘆。同粗。讀上聲。《說文》:‘疎也。’又才布切,音祚。且往也。《字彙補》作䖑,又訛作䖒。”(1118上)《說文・且部》:“䣯,且往也。从且,豦聲。”(301上)段玉裁注:“且往也,姑且往也,匆遽之意。”《集韻》去聲莫韻存故切:“䣯,《說文》:‘且往也。’”(499)又《說文・虍部》:“虘,虎不柔不信也。从虎,且聲。讀若䣛縣。”(98上)《玉篇・虍部》:“虘,昨何、才都二切。虎不柔也。”(112下右)“䣯”與“虘”音義俱別,二字不可混同,《正字通》一曰“䣯”即“虘”字之訛,非是。

531. 虬

《字彙・虫部》:“虬,俗虯字。又姓。”(421上)

《正字通・虫部》:“虬,同虯。俗作虯。又姓。《篇海類編》又音軋,非。”(982上)

按:《康熙字典・虫部》:“虬,《直音篇》同虯。”(1119上)《龍龕》卷一《虫部》:“虬,渠幽、居幽二反。無角龍也。”(222)《新修玉篇》卷二十五《虫部》引《餘文》:“虬,渠黝切。蚴蟉,龍皃。又烏黠切。蟲聲。”(206上右)《篇海》同。《直音篇》卷六《虫部》:“虯,音求。無角龍。虬,同上。”(274上)《詳校篇海》卷五《虫部》:“虬,渠幽切,讀如舊。蚴虬,龍貌。又烏黠切,音軋。蟲名(聲)。又渠尤切,音求。與虯同。”(309上)《篇海類編》同。“虬”訓“無角龍”,此“虬”即“虯”之異體字,《說文》《集韻》皆作“虯”,此即其證也。又《集韻》入聲黠韻乙黠切:“虬,蟲聲。”(695)此“虬”字,《類篇》轉録作“虬”,“虬”即“虬”字之俗。《大字典》“虬”字未收“蟲聲”這一義項,應據補,而於“虬”字下《大字典》亦應謂同“虬”。又《字彙》訓“虬”爲“姓”,於前代字韻書皆無徵,非是。《正字通》亦又訓“姓”,當因承襲《字彙》之謬而誤。《大字典》“虬”字下據《字彙》之謬而收録“姓”這一義項,非是;《字海》“虬”字下亦收“姓”這一義項,當因承襲《大字典》之謬而誤。

532. 蚨

《字彙·虫部》："蚨，古協切，音劫。《南越志》：'石蚨，形似龜腳，得春雨則生花。'"（423 上）

《正字通·虫部》："蚨，古協切，音劫。蛤屬，殼如蟹，色紫，可食。郭璞《江賦》：'石蚨應節而揚葩。'"（987 上）

按：《康熙字典·虫部》："蚨，《唐韻》羌舉切，《集韻》口舉切，並去上聲。蚨蚥也。亦作鼁。《爾雅·釋魚》：'鼁䱂，蟾諸。'又《韻會》訖業切，音劫。與蜐通。"（1123 上）《名義·虫部》："蚁（蚥），扶甫反。蟾也。"（258 下）《龍龕》卷二《虫部》："蚥，音父。蟾蜍別名也。"（223）《玉篇·虫部》："蚥，方父切。蟾蠩。"（119 上右）故宮本《王韻》上聲麌韻扶雨反："蚥，蟾蠩。"（475）故宮本《裴韻》同。《廣韻》上聲語韻丘據切："蚨，蚨蚥。"（174）下文上聲麌韻又曰："蚥，蟾蜍別名。"（176）《正字通》"蚥"字下注："蚨蚥，蟾蠩別名。按：蟾蠩一名去蚊，蚨即去之訛，蚥乃蚊之訛。"（985 上）《正字通》所言非是。《玉篇校釋》"蚥"字下注："'蟾蠩'者，《切韻》同，當云：'去蚥，蟾蠩。'蠩亦作蜍，蚥本爲父。《釋魚》：'鼁䱂，蟾蠩。'郭注：'似蝦蟇，居陸地，淮南謂之去蚥。'慧琳四七引作'去父'，云：'江南俗呼蟾蜍。'《廣雅》：'去蚥、苦蠪、胡蜢、鼀，蝦蟆也。'《名醫別録》：'蝦蟇一名蟾蜍，一名去甫。'去甫即去蚥也。"（5016）胡氏所言是也。《集韻》上聲語韻口舉切："鼁，蟲名。《爾雅》：'鼁䱂，蟾諸（蠩）。'一曰去父。或作蚨。"（328）下文上聲麌韻匪父切又曰："蚥，去蚥，蟲名，蟾諸（蠩）也。"（334）此亦其證也。故"蚨""蚥"當連字成訓，"蚨蚥"又作"去蚥"，本當作"去父"。《正字通》謂"蟾蠩"一名"去蚊"，"蚥"乃"蚊"字之訛，然據上文可知，"蚊"即"蚥"字之訛，而非"蚥"爲"蚊"字之訛。

533. 蚈

《字彙·虫部》："蚈，竹洽切，音劄。斑身小蝱。"（423 上）

《正字通·虫部》："蚈，同蝨，俗作蝩。舊注蚈音劄，斑身小蝱，蝨

音最，蟲名，分爲二，誤。”（987 上）

按：《康熙字典·虫部》：“蚻，《唐韻》竹洽切，音劄。斑身小蟲（蝱）。”（1123 上）《玉篇·虫部》：“蚻，竹洽切。斑身小蝱。”（119 上左）敦煌本《王韻》入聲洽韻竹洽反：“蚻，斑身小宝。”（432）故宫本《王韻》入聲洽韻竹洽反：“蚻，斑身小虫（宝）。”（522）《廣韻》入聲洽韻竹洽切：“蚻，斑身小蟲（蝱）。”（439）又《説文·虫部》：“蠽，蟲也。从虫，㡭聲。”（279 下）段玉裁注：“謂蟲名。”“蠽”，《廣韻》音“此芮切”。故“蚻”與“蠽”形音俱别，二字不易混同，《正字通》謂“蚻”同“蠽”，俗作“蟨”，既無書證亦無例證，且“蟨”字歷代字韻書皆未收，故其説疑不可據。《玉篇校釋》“蚻”字下注：“《切韻》入聲洽韻音義並同，惟寫本作‘小蚊’，‘蚊’即‘虻’訛。《廣韻》作‘斑身小蟲’，‘蟲’亦當爲‘蝱’。蚻從囚聲，囚音女洽切，同韻也。《廣雅》作蠥，蠥、囚复聲，蚻、蠥一字一物也。”（5037）下文“蠥”字下又注：“又蚻，斑身小蝱，字從囚聲，與蠥爲一聲之轉，一字異構也。”（5063）胡氏所言疑是。《廣雅·釋蟲》：“蠥，蝱也。”《玉篇·䖵部》：“蠥，乃北、乃代二切。似蝱而小，斑色，螫人。”（119 下左）《廣韻》入聲德韻奴勒切：“蠥，蟲名，似蝱而小，青紅色，螫人。”（429）故“蚻”與“蠥”音義皆通，“蚻”疑即“蠥”之異體字。

534. 蚩

《字彙·虫部》：“蚩，津私切，音咨。《山海經》：‘栒狀之山有鳥，如雞而鼠毛，名曰蚩鼠，見則其邑大旱。’”（423 上）

《正字通·虫部》：“蚩，津私切，音咨。《山海經》：‘栒狀之山有鳥，如雞而鼠毛，名曰蚩鼠，見則邑大旱。’”（988 下）

按：《康熙字典·虫部》：“蚩，《唐韻》即移切，《集韻》將支切，並音貲。蟲，似蟬。又《山海經》：‘栒狀之山，有鳥焉，其狀如雞而鼠尾，其名曰蚩鼠，見則其邑大旱。’又《集韻》仄蟹切，音抧。亦蟲名。又《玉篇》徂移、子爾二切。義同。按：蚩鼠，蚩字本作鴜，經从虫。”（1124 上）《玉篇·虫部》：“蚩，徂移、子爾二切。蟲也；蹈也。”（119

上右)《廣韻》平聲支韻即移切:“鼊,鼊名似雞。”(18)同一小韻下文又曰:“蚩,蟲,似蟬。”(19)《玉篇校釋》“蚩”字下注:“‘蟲也’者,與《鼠部》‘鼊’同。《東山經》:‘栒狀之山有鳥焉,其狀如雞而鼠毛,其名曰蚩鼠。’《切韻》:‘蚩,又作鼊。出《山海經》。’《廣韻》:‘蚩,蟲,似蟬。’《集韻》同。又‘蹈也’者,通作跐。《廣雅・釋詁二》:‘跐,蹋也。’又一:‘跐,蹈、蹋、跐,履也。’”(5022)《玉篇》訓“蟲也”,疑非是。《名義・虫部》:“蚩,頌解反。蹈也;履也。”(259上)故宫本《裴韻》平聲支韻即移反:“蚩,[蚩]鼠,鳥狀如雞而鼠尾。又鼊。出《山海經》。”(546)《山海經・東山經》:“又南三百里,曰栒狀之山,其上多金、玉,其下多青碧、石。有獸焉,其狀如犬,六足,其名曰從從,其鳴自詨。有鳥焉,其狀如雞而鼠毛,其名曰蚩鼠,見則其邑大旱。”郝懿行《箋疏》:“毛,《說文》作尾。”珂案:“今圖正作鼠尾。”(93)故“蚩”當即“鼊”之異體字,義指“一種雞形、鼠尾、大如麻雀的動物”。《玉篇》訓“蟲也”,於前代字韻書、文獻皆無徵,當爲望形生訓。“蚩”本爲“鼊”之異體字,《廣韻》誤將二字拆開,又改訓“蚩”爲“蟲,似蟬”,於前代字韻書、文獻亦無徵,亦不可據。《集韻》平聲支韻將支切:“鼊,《說文》:‘[鼊]鼠,似雞鼠尾。’通作蚩。”同一小韻下文又曰:“蚩,蟲,似蟬。”(28)《集韻》謂“鼊”或作“蚩”,是也;然又訓“蚩”爲“蟲,似蟬”,當因承襲《廣韻》之謬而誤。又“蚩”訓“蹈也”“履也”,與“跐”音近義同,即如胡氏所言爲“跐”之異體字。《康熙字典》“蚩”訓“蟲,似蟬”“蟲名”者,亦因承前而誤;然其謂“蚩鼠,蚩字本作鼊,經從虫”,是也。《大字典》“蚩”字下據《玉篇》《廣韻》之誤而收録“蟲”與“蟲名,似蟬”這兩個義項,且“蹈”這一義項未溝通其與“跐”字的字際關係,俱失考證;《字海》“蚩”字下據《玉篇》之誤而收録“蟲”這一義項,亦失考證。

535. 蛐

《字彙・虫部》:“蛐,丘六切,音曲。蚓也。”(423下)

《正字通・虫部》:“蛐,舊注音曲,蚓也。按:六書本作曲。今俗呼

蚓爲蛐蟮。”（988 下）

按：《康熙字典·虫部》：“蛐，《集韻》區玉切，音曲。《玉篇》：‘蛐蟮也。’”（1124 上）《方言》卷六：“螾𧊒謂之坥。”郭璞注：“螾，蛐蟮也。其糞名坥。”《玉篇·虫部》：“蛐，音曲。蛐蟮。”（119 下右）《正字通》所言是也。《玉篇校釋》“蛐”字下注：“‘音曲’者，本止爲曲，俗增虫旁，蛐蟮即曲蟮。上（345）：‘蟮，曲蟮也。’”（5039）此説印證了《正字通》之説。又晉崔豹《古今注·魚蟲》：“蚯蚓，一名蜿蟺，一名曲蟮，善長吟於地中。”《大正藏》本元魏瞿曇般若流支譯《正法念處經》卷第十一《地獄品》之七：“地獄處爾乃得脱，既得脱已，於四百世生餓鬼中，食不浄食。彼處脱已，於五百世生畜生中，而作曲蟮蜣蜋等虫，飢渴燒身，是彼惡業餘殘果報。”此亦其證也。故“蛐蟮”本當作“曲蟮”，“蛐”當即“曲”字之俗。

536. 衍

《字彙·虫部》：“衍，同蝘。”（423 下）

《正字通·虫部》：“衍，俗蝘字。”（989 下）

按：《康熙字典·虫部》：“衍，《集韻》以淺切，音演。同蝘。”（1125 上）《爾雅·釋蟲》：“螾衍，入耳。”郭璞注：“蚰蜒。”《字彙》《正字通》所言是也。《玉篇·虫部》：“衍，以淺切。螾衍。蜒，同上。”（119 上左）《玉篇校釋》“衍”字下注：“‘螾衍’者，《釋蟲》：‘螾衍，入耳。’郭注：‘蚰蜒。’《釋文》：‘衍，本又作蝘。’《方言》作‘螾蝘’。”（5031）《廣韻》上聲獮韻以淺切：“蝘，螾蝘，蟲。衍，上同。”（196）《直音篇》卷六《虫部》：“蝘，音演。螾蝘，蟲。衍蜒，並同上。”（272 上）《詳校篇海》卷五《虫部》：“衍，以淺切，音演。亦作蝘。蟲名。”（310 下）以上諸書皆其證也。故“衍”與“蝘”“蜒”音義並同，即爲異體字。

537. 蛦

《字彙·虫部》：“蛦，延知切，音夷。螗蛦，蟬類。”（424 上）

《正字通·虫部》：“蛦，同蟡。舊注蟡音題，蛦音夷，分爲二。”

（990下）

按：《康熙字典·虫部》："蛦，《唐韻》以脂切，《集韻》延知切，並音夷。螗蛦。又鵜蛦。左思《蜀都賦》：'鵜蛦山棲。'注：'鵜蛦，鳥名也，如今之山雞。'又田黎切，音題。義同。"（1125下）《玉篇·虫部》："蛦，以脂切。蝭蛦，蟲名。又鵜蛦，山雞也。"（119上左）箋注本《切韻》（斯2071）平聲脂韻以脂反："蛦，蝭蛦。"（108）故宫本《王韻》、故宫本《裴韻》同。《廣韻》平聲脂韻以脂切："蛦，蝭蛦，蟲名。又鵜蛦，山雞也。"（22）《集韻》平聲脂韻延知切："蛦，蝭蛦，蟲名。"（46）下文平聲齊韻田黎切又曰："蛦，鵜蛦，蟲名（二字當爲衍文）山雞也。"（95）《詳校篇海》卷五《虫部》："蛦，以脂切，音夷。蝭蛦，蟲名。又鵜蛦，山雞也。又杜奚切，音提。注同。"（310下）故《字彙》改訓"螗蛦，蟬類"，於前代字韻書皆無徵，非是。又《龍龕》卷二《虫部》："蜣，音啼。螗蜣，小蟬也。"（222）《廣韻》平聲齊韻杜奚切："蜣，螗蜣，小蟬。"（49）"蛦"與"蜣"儘管音可相通，然義訓區別甚明，二字不可混同，故《正字通》據《字彙》義訓之謬而謂"蛦"同"蜣"，非是。《康熙字典》亦訓"螗蛦"者，當因承襲《字彙》之謬而誤。

538. 蚗

《字彙·虫部》："蚗，以朱切，音余。蟲名。"（424上）

《正字通·虫部》："蛱，俗蝡字。"（991上）

按：《康熙字典·虫部》："蚗，《集韻》容朱切，音俞。蠾蚗，蜘蛛。詳'蛛'字注，字亦作蝓。又雙雛切，音毹。蠷蚗，多足蟲。或作蛟。"（1126上）《玉篇·虫部》："蚗，以朱切。蟲。"（119下右）述古堂影宋鈔本《集韻》平聲虞韻容朱切："蝓，蟲名。《説文》：'虒蝓也。'《方言》：'趙魏謂鼅鼄爲蠾蝓。'或作蛱。"（83）宋刻本《集韻》同，揚州使院重刻本《集韻》"蛱"作"蚗"，"蛱""蚗""蝡"即同字異寫，並即"蝓"之異體字。又述古堂影宋鈔本《集韻》平聲虞韻雙雛切："螋，蠷螋，多足蟲。或作蛟。"（80）字頭"螋"，揚州使院重刻本《集韻》作"蚗"，宋刻本《集韻》作"蛱"，而注文"蠷螋"，揚州使院重刻本《集韻》、宋刻本《集韻》亦皆作“蠷螋”。今案：字頭當以作“螋”爲是，“蝡”“蝡”皆爲“螋”字之訛。《玉篇·虫部》：“蠼，音瞿。蠼螋。”下字曰：“螋，所由切。亦作蝮。”（119 上左）《廣韻》平聲虞韻山芻切：“螋，蠷螋蟲。又所留切。”（43）“蠼螋”“蠷螋”同。以上二書是其證也。《集韻校本》注曰：“方校：‘案：螋訛蝡，據《類篇》正。’按：明州本、毛鈔、錢鈔‘蝡’字正作‘螋’。陸校、龐校、錢校同。馬校：‘局誤蝡。注作蠷螋，是。’姚校：‘宋本蝡作螋，是。影宋本同。吕校作螋。’”（109）以上諸校皆是也。《康熙字典》所言亦其證也。故“蝡”即“蝓”之異體字，而“蠷螋”之“螋”當以作“螋”爲是，作“蝡”“蝡”者，當皆爲“螋”字俗訛。《大字典》“蝡”字下據誤本《集韻》收録“蠼蝡，多足蟲”這一義項，非是。

539. 蜁

《字彙·虫部》：“蜁，旬緣切，音旋。蜁蝸，蝸螺也。”（424 下）

《正字通·虫部》：“蜁，同螿省，亦作蝾，本作旋。舊本蜁、螿同音旋，蜁訓蜁蝸，蝸螺，與螿訓𧋍螿，沙蝨矛盾，分蜁、螿爲二，誤。蝸蠃有旋殻弇口者，非蝒螿類也。”（992 下）

按：《康熙字典·虫部》：“蜁，《唐韻》似宣切，音旋。蜁蝸，蝸螺也。郭璞《江賦》：‘鸚螺蜁蝸。’《韻學集成》亦作蝾。”（1127 下）《廣韻》平聲仙韻似宣切：“蜁，蜁蝸，蝸螺也。”（88）《文選·江賦》：“三蝬蝦江，鸚螺蜁蝸。”李善注引舊說曰：“蜁蝸，小螺也。”又《玉篇·虫部》：“蝒，婢沿切。蝒螿，沙蝨。𧋍，同上。”下文又曰：“螿，似緣切。蝒螿。蝾，同上。”（118 下左）敦煌本《王韻》平聲仙韻房連反：“蝒，沙蟲（蝨）。亦作𧋍。”下文似泉反又曰：“蝾，蝒蝾。亦作螿。”（368）故宫本《王韻》平聲仙韻房連反：“蝒，沙蝨。亦作𧋍。”下文似泉反又曰：“蝾，蝒蝾。亦作螿。”（454）故“蜁”與“螿（蝾）”音同而義别，二字不可混同，《正字通》謂“蜁”同“螿”省，亦作“蝾”，既無書證亦無例證，其説非是。《康熙字典》據《韻學集成》而謂“蜁”亦作“蝾”，亦非。

540. 蝒

《字彙·虫部》:“蝒，古杏切，音梗。蟲名。”（424下）

《正字通·虫部》:“蝒，蝡字之訛。舊注音梗，蟲名，誤。”（993上）

按:《康熙字典·虫部》:“蝒，《唐韻》《集韻》並古杏切，音梗。《玉篇》:‘蟲名。’”（1128上）《玉篇·虫部》:“蝒，古杏切。蟲名。”（119下右）《廣韻》上聲梗韻古杏切:“蝒，蟲名。”（214）又《玉篇·虫部》:“蝡，以朱切。蟲。”（119下右）述古堂影宋鈔本《集韻》平聲虞韻容朱切:“蝓，蟲名。《説文》:‘虒蝓也。’《方言》:‘趙魏謂鼅鼄爲蠾蝓。’或作螁。”（83）宋刻本《集韻》同，揚州使院重刻本《集韻》“螁”作“蝡”，“螁”“蝡”即同字異寫，並即“蝓”之異體字。故“蝒”與“蝡”音義俱別，二字不可混同，《正字通》謂“蝒”即“蝡”字之訛，且謂“舊注”非，既無書證亦無例證，其説疑不可據。

541. 蝹

《字彙·虫部》:“蝹，縈員切，音淵。蜎蝹，蟲名。”（426上）

《正字通·虫部》:“蝹，同蜎。《六書故》:‘蜎，亦作蝌。’蝹即蝌。舊注音淵，蜎蝹，蟲名，分爲二，誤。”（996下）

按:《康熙字典·虫部》:“蝹，《集韻》縈玄切，音淵。蜎蝹，巧蟲。又蝹蜎，深廣貌。”（1131下）《集韻》平聲諄韻一均切:“蝹，蝹蜎，蟲名。”（127）下文平聲先韻縈玄切又曰:“蝹，蜎蝹，巧蟲名。”（164）下文上聲獮韻以轉切:“蜎，井中小蟲。或作蝹。”（389）“蝹”當訓“蝹蜎”，義爲“曲折深遠貌”。《漢書·揚雄傳上》:“蓋天子穆然，珍臺閒館，琁題玉英，蝹蜎蠖濩之中。”顔師古注:“蝹蜎蠖濩，言屋中之深廣也。”胡紹煐箋證:“蝹蜎，猶媕娟，屈曲貌。”此是其證也。又宋劉才邵《漢宣武箴》:“蓋惟相羊于蝹蜎蠖濩之中，絶塵去紛，一無世喧，真粹之地，清寧平夷。”從文意來看，此“蝹蜎”亦爲“曲折深遠貌”。此亦其證也。《集韻》平聲諄韻收録“蝹”字，訓“蝹蜎，蟲名”，於文獻無徵，當爲望形生訓;《集韻》又於下文平聲先韻收録“蝹”字，訓“蜎蝹，巧蟲名”，“蜎蠕”當爲“蠕蜎”之誤倒，“巧蟲名”之訓於文獻亦無徵，亦當爲丁度等妄補；《集韻》又於下文上聲獮韻謂“蠕”同“蜎”，於前代字韻書亦皆無徵，當因在文獻中“蠕”“蜎”常連用而誤作認同。《字彙》訓“蠕”爲“蠕蜎，蟲名”，即因承前而謬；《正字通》據《六書故》之誤而謂“蠕”同“蜎”，亦非。《康熙字典》收録“蜎蠕，巧蟲”這一義項，亦因承襲《集韻》之謬而誤。《大字典》“蠕”字下據《集韻》收録“同‘蜎’。孑孓”“〔蠕蜎〕蟲名”這兩個義項，疑並非是；《字海》“蠕”字據《集韻》徑訓爲“同‘蜎’。孑孓，蚊子的幼蟲”“〔蠕蜎〕一種蟲”這兩個義項，疑亦非是。

542. 蠑

《字彙·虫部》：“蠑，昨結切，音截。水蟲名。海葅有蠑蝂。”（427 下）

《正字通·虫部》：“蠑，蠞字之訛。舊注音截，水蟲，即蠞也，誤作蠑，非。”（999 上）

按：《康熙字典·虫部》：“蠑，《集韻》昨結切，音截。《類篇》：‘小（水）蟲名，海葅有蠑蝂。’或省作蚧。”（1135 上）《集韻》入聲屑韻昨結切：“蠑蚧，水蟲名。海葅有蠑蝂。或省。”（700）“蝂”即“蝑”之異體字。《集韻》去聲禡韻四夜切：“蝑蝂，蟹醢。或从夜。”（592）此即其證也。故“蠑”即義指“一種肉可作醬的海蟲名”。今案：“蠑”當即“蠽”之異體字。故宫本《裴韻》入聲屑韻昨結反：“蠽，蟹屬。”（612）《廣韻》入聲屑韻昨結切：“蠽，蠽似蟹，生海中。”（401）《集韻》入聲屑韻昨結切：“蠽，蟲名，海蟹也。”（700）故“蠑”與“蠽”音同義通，“蠑”當即“蠽”通過改換聲符而形成的異體字；而“蠞”即“蠽”之異體字，故“蠑”亦當同“蠞”。《正字通》溝通“蠑”與“蠞”的字際關係，是也；然謂“蠑”即“蠞”字之訛，不確。《大字典》《字海》“蠑”“蠽”二字兼收，未溝通其間的字際關係，失考證。

543. 蜑

《字彙·虫部》:“蜑，以淺切，音衍。蠙蜑，蚰蜒也。”（427下）

《正字通·虫部》:“蜑，以淺切，音衍。蠙蜑，蚰蜒也。”（999下）

按:《康熙字典·虫部》:“蜑,《唐韻》以淺切，音演。蠙蜑，蟲。見‘蝸’字注。又《集韻》夷然切，音延。與蜒通。”（1135上）《集韻》上聲獮韻以淺切:“蜑，蟲行皃。”（388）《集韻》訓“蟲行皃”，疑非是。《方言》卷十一:“蚰蜑，自關而東謂之蠙蜑。”《廣韻》上聲獮韻以淺切:“蜑，蠙蜑，蟲。衍，上同。”（196）《集韻》訓“蟲行皃”，於前代辭書皆無徵，當爲丁度等妄補。《字彙》《正字通》“蜑”字下未收録“蟲行貌”這一義項，是也。《大字典》“蜑”字下據《集韻》之誤而收録“蟲行貌”這一義項，疑亦非是。

544. 蝀

《字彙·虫部》:“蝀，郎殿切，音練。赤蝀，蛇名。”（428上）

《正字通·虫部》:“蝀，舊注音練，赤蝀蛇。按:《本草》作赤楝蛇，非作蝀。”（1001上）

按:《康熙字典·虫部》:“蝀,《篇海》音練。赤蝀，蛇名。《類篇》作蝩。《正字通》:‘按:《本草》赤楝蛇从木，非从虫。’”（1136下）《集韻》去聲願韻力健切:“蝩，赤蝩，蛇名。”（549）《直音篇》卷六《虫部》:“蝀，音練。赤蝀，蛇名。亦作蝩。”（272上）《正字通》所言當是。《本草綱目·鱗部》第四十三卷“黄頷蛇（附赤楝蛇）”條，釋名：黄喉蛇（俗名）、赤楝蛇（一名桑根蛇）。時珍曰:“頷，喉下也。以色名赤楝，陶氏作赤蝩。”集解:“赤楝紅黑，節節相間，儼如赤楝、桑根之狀。”此即其證也。故“赤蝀”同“赤楝”,“蝀”本當作“楝”。

545. 蝺

《字彙·虫部》:“蝺，丑主切，音杵。蟲名。又創祖切，音楚。義同。”（428下）

《正字通・虫部》:“蝺，譌字。舊注音杵，汎云蟲名。一說蜻蛉猶絳緅（騶）、赤弁諸名，俗譌作蝺。”（1002上）

按:《康熙字典・虫部》:“蝺，《玉篇》丑主切。蟲名。《字彙》音杵。”（1138上）《玉篇・虫部》:“蝺，丑主切。蟲名。”（119上左）《正字通》“一說”疑是。晉崔豹《古今注・魚蟲》:“蜻蛉，一曰蜻蝏……小而赤者曰赤卒，一名絳騶，一名赤衣使者，好集水上，亦名赤弁丈人。”《本草綱目・蟲部》第四十卷“蜻蛉”條，釋名:“蜻虰（音丁）、蜻蝏（亦作蜓）、虰蛵（音馨）、負勞（《爾雅》）、蟌（音匆）、諸乘（弘景）、紗羊（《綱目》），赤者名赤足。”時珍曰:“蜻、蟌，言其色青蔥也。蛉、虰，言其狀伶仃也，或云其尾如丁也。或云其尾好亭而挺，故曰蝏，曰蜓。俗名紗羊，言其翅如紗也。按崔豹《古今注》云：大而色青者曰蜻蜓；小而黃者，江東名胡黎，淮南名蠊蚺，鄱陽名江雞，小而赤者，名曰赤卒，曰絳騶，曰赤衣使者，曰赤弁丈人；大而玄紺者，遼海名紺蠻，亦曰天雞。陶氏謂胡黎爲蜻蛉，未考此耳。”此是其證也。故“蝺”疑本當作“騶”，“蝺”當因“蜻蛉”别名“絳騶”而改換“騶”之“馬”旁爲“虫”旁所產生的一個俗字。《玉篇》改音“丑主切”，疑不可據。

546. 蟨

《字彙・虫部》:“蟨，池鄰切，音陳。蟨蜳，蟲行貌。又蟨蜳，不安定意。”（429上）

《正字通・虫部》:“蟨，稱人切，音陳。附見前‘蜳’注。”（1003下）上文“蜳”字注:“蜳，都昆切，音敦。蟨蜳，蟲行貌。又不安定貌。”（996下）

按:《康熙字典・虫部》:“蟨，《集韻》池鄰切，音陳。蟨蜳。”（1140上）《集韻》平聲真韻池鄰切:“蟨，蟨蜳，不安定皃。”（120）下文平聲魂韻都昆切又曰:“蜳，蟨蜳，氣不安定也。”（141）下文上聲準韻主尹切:“蟫蜳，蟨蟫，蟲行。隸作蜳。”（353）《集韻》訓“蟲行”，疑非是。《莊子・外物》:“有甚憂兩陷而無所逃，蟨蜳不得成，心若縣於天地之間，慰暋沈屯，利害相摩，生火甚多，衆人焚和，月固不勝火，於是乎有儨然而道盡。”成玄英疏：“䗖蜳，猶怵惕也。”陸德明《釋文》：“司馬云：‘䗖蜳，讀曰忡融，言怖畏之氣，忡融兩溢，不安定也。’”故《集韻》訓“不安定皃”“氣不安定也”，於文獻有徵，是也；然又訓“蟲行”，於文獻無徵，不可據。《字彙》“䗖”字下收録“蟲行貌”這一義項，當因承襲《集韻》之謬而誤；《正字通》“蜳”字下亦收“蟲行貌”這一義項，亦當因承襲《集韻》之謬而誤。《大字典》《字海》“䗖”字下皆據《集韻》之誤而收録“蟲行”這一義項，疑並非是。

547. 螸

《字彙·虫部》：“螸，余足切，音欲。《爾雅》：‘蠭醜螸。’垂腴曰螸，腹下曰腴，謂蠭類好垂其腴以伏息也。”（429 上）

《正字通·虫部》：“螸，余六切，音欲。凡蟲之峻曰螸。《爾雅》：‘螽（蠭）醜螸。’注：‘垂其腴。’或曰：‘蠭類好垂其腴以伏息也’垂腴猶梵書言流出穢惡也。舊注螸訓蠭飛，螸引《爾雅》，不知螸與螸同，誤分爲二。”（1003 下）

按：《康熙字典·虫部》：“螸，《唐韻》羊朱切，《集韻》弋朱切，並音俞。《爾雅·釋蟲》：‘蠭醜螸。’疏：‘螸，垂腴也。’腴即腹下也。《説文長箋》：‘猶釋典言流出穢惡也。’”（1140 上）《集韻》平聲虞韻容朱切：“螸，蟲名。《爾雅》：‘蠭醜螸。’郭璞曰：‘垂其腴。’或書作螸。”（83）《集韻》謂“螸”或作“螸”，是也；然訓“蟲名”，疑非是。《爾雅·釋蟲》：“蠭醜螸。”郭璞注：“垂其腴。”陸德明《釋文》：“螸，亦作螸。”郝懿行《義疏》：“《爾雅翼》引《孝經援神契》曰：‘蜂蠆垂芒。’按：蠭類腹多肥腴，下垂，以自休息，非必欲螫人也。”《説文·虫部》：“螸，螽醜螸。从虫，欲聲。”（282 上）段玉裁注：“《釋蟲》曰：‘蠭醜螸。’音義曰：‘蠭，施乾作螽。’施所據與許合。”《名義·虫部》：“螸，翼珠反。螽醜螸。”（255 上）《玉篇·虫部》：“螸，弋朱切。蠭醜螸。”（118 上右）《廣韻》平聲虞韻羊朱切：“螸，《爾雅》云：‘蠭醜螸。’”（40）故“螸”即“螸”之異體字，“螸（螸）”即義指“腹部膏腴下垂”。《集韻》訓“蟲名”，於前代字韻書皆無徵，非是。又《集韻》去聲遇韻俞戍切：“螸，螽飛皃。”（495）據上文可知，“蝵”當即“螸”之異體字，《集韻》於此處訓“螽飛皃”，於前代字韻書亦皆無徵，疑爲“螽醜蝵”之誤。《大字典》《字海》“螸”字下分别據《集韻》之誤而收録“蟲名”“一種蟲”這一義項，疑並非是；《大字典》《字海》“蝵”字下亦分别據《集韻》之誤而收録“螽飛貌”“螽飛的樣子”，疑亦非是。

548. 蝺

《字彙・虫部》：“蝺，强魚切，音渠。蝺蟟也。”（429上）

《正字通・虫部》：“蝺，其余切，音渠。蜉蝣，别名蝺蟟，即《爾雅》渠略，《説文・䖵部》贅作蠸。”（1003下）

按：《康熙字典・虫部》：“蝺，《唐韻》强魚切，《集韻》求於切，並音渠。蝺蜛。詳‘蜛’字注。又《集韻》其吕切，音巨。獸名。《詩疏》本作渠，《説文》作蠸，或作蝶、蠽。”（1140上）《説文・虫部》：“蠸，蠸蟟也。从䖵，巨聲。”（285下）又《説文・虫部》：“蟟，蠸蟟也。一曰蜉游，朝生莫死者。从虫，㝗聲。”（282上）段玉裁注：“《釋蟲》：‘蜉蝣，渠略。’《曹風》毛傳曰：‘蜉蝣，渠略也。朝生夕死。’”《名義・䖵部》：“蠸，巨於反。蜉蝣。”（259下）《玉篇・䖵部》：“蠸，巨於切。蠸蟟也。”（119下左）故此“蝺”當訓“蝺蟟”，亦作“渠略”，即蜉蝣（蝣）别名。又《龍龕》卷二《虫部》：“蚷，俗；蝺，正。音渠。獸名也。二。”（222）《集韻》上聲語韻臼許切：“蝺，獸名蹷也。”（329）《集韻校本》注曰：“方校：‘案：蹷譌從足，據《類篇》正。但蝺、蹷二獸此牽混爲一，亦誤。’”（431）慧琳《音義》卷九六《音弘明集》第九卷：“蛩蝺，上局顒反，下强魚反。《尒疋》云：‘西方比肩獸焉，與蛩蛩、蝺虚爲比。蝺虚齧甘草即有難，蛩蛩、蝺虚負而走，其各謂之蹷。’《吕氏春秋》云：‘北方有獸，其名蹷。前足似兔，趍則頓，走則顛。’然則蛩蛩、蝺虚亦宜鼠後而兔前，前高不得甘草，故須蹷食之。今鴈門廣武縣夏屋山有獸，形如兔而大，相負共行，土俗名之爲蹷鼠。《説文》：‘蛩，獸也。從虫，卭（巩）聲。’蝺，從䖵，巨聲。集本作駏驉，如馬，非此獸也，失之甚矣。蹷，音居衛反。”（59，P263B1）今查《爾雅・釋地》作：“西方有比肩獸焉，與邛邛、岠虚比，爲邛邛、岠虚齧甘草，即有難，邛邛、岠虚負而走，其名謂之蟨。”郭璞注：“《吕氏春秋》曰：‘北方有獸，其名爲蟨，鼠前而兔後，趨則頓，走則顛。’然則邛邛、岠虚亦宜鼠後而兔前，前高不得取甘草，故須蟨食之。今鴈門廣武縣夏屋山中有獸，形如兔而大，相負共行，土俗名之爲蟨鼠。音厥。”《吕氏春秋·不廣》：“北方有獸，名曰蹶，鼠前而兔後，趨則跲，走則顛，常爲蛩蛩、距虚取甘草以與之。”畢沅曰：“蹶，《説苑·復恩篇》作‘蟨’，《淮南·道應訓》作‘蹷。’距虚，《爾雅》作‘岠虚’，《淮南》作‘駏驉’。”故“蝨”訓“獸名”，即指“蝨虚”，本作“距虚”，亦作“岠虚”“駏驉”，“蝨”當即“距”因受上文“蛩”字類化影響而産生的俗字，因“虫”旁、“䖵”旁義可相通。

549. 蟖

《字彙·虫部》：“蟖，慈染切，音漸。蟖離，蟲名。又蟖胡，獸名。張揖曰：‘蟖胡，似獮猴，頭上有髮，腰以後黑。’徐廣曰：‘似猿黑身。’”（429上）

《正字通·虫部》：“蟖，舊注慈染切，音漸，蟖離，蟲名。與《説文》同……又蟖胡，獸名。本作獑。”（1003下）

按：《康熙字典·虫部》：“蟖，《唐韻》慈染切，音漸。《説文》：‘蟖蠬也。’又《玉篇》才廉切。義同。”（1140上）《類篇·虫部》：“蠬，鄰知切。蟖蠬，龍無角。一曰蟲名。”（484上）《類篇·虫部》下文又曰：“蟖，慈鹽切。蟖蠬，虫名。一曰蟖胡，似猨。又鋤咸切，又疾染切。一曰魚名。”（489上）《類篇》訓“蠬”爲“蟖蠬，龍無角”，當因承襲《集韻》之謬而誤（詳見本書“蠬”字注）。《大字典》“蟖”字下謂據《類篇》“蟖，蟖蠬，龍無角”而收録“無角龍”這一義項，然據上文所引《類篇》可知，《類篇》“蟖”字下未收“蟖蠬，龍無角”之訓，此當因承襲《類篇》“蠬”字之誤而妄增，應删。

550. 蝊

《字彙・虫部》:“蝊，力延切，音連。蜷蝊，蟲貌。又與蝀同。蛇也。”（430 上）

《正字通・虫部》:“蝊，零年切，音連。赤蝊，蛇名。伏人家屋間，食鼠子、雀雛，即赤楝蛇。色紅黑，節節相間，如赤楝、桑根狀，故又名桑根蛇。又蜷蝊，蟲盤曲貌。楝蛇，陶弘景作赤蝊蛇雖同，蝊、楝音别，非蝊、楝同一字。舊本楝訛蝀，今又云蝊與蝀同，並非。”（1005 下）

按:《康熙字典・虫部》:“蝊,《集韻》陵延切，音連。蜷蝊，蟲盤曲貌。又《類篇》力健切，音健。赤蝊蛇。”（1141 下）《集韻》去聲願韻力健切:“蝊，赤蝊，蛇名。”（549）《正字通》所言近似。《本草綱目・鱗部》第四十三卷“蛇蜕”條，集解:“弘景曰：草中少虺、蝮蜕，惟有長者，多事赤蝊、黄頷輩，其皮不可辨，但取石上完全者爲佳。”“赤蝊”本當作“赤縺”。元祖柏逸句:“誰呼蓬島青頭鴨，來殺松江赤縺蛇。”故“赤蝊”同“赤縺”,“蝊”本當作“縺”。

551. 蝚

《字彙・虫部》:“蝚，賞吕切，音黍。蝽蝚，蟲名。”（431 上）

《正字通・虫部》:“蝚，舊注音黍，蝽蝚，蟲名。按：舂黍即蜇螽别名，改作蝽蝚，非。”（1007 下）

按:《康熙字典・虫部》:“蝚,《唐韻》舒吕切,《集韻》賞吕切，並音暑。《玉篇》:‘蝼蝚也。’《本草》:‘鼠婦，一名蝼蝚。’詳‘蜙蝑’二字注。亦作螽，或作蝠。”（1143 上）《爾雅・釋蟲》:“蜇螽，蜙蝑。”郭璞注:“蜙蜒也，俗呼爲蝽蝚。”《正字通》所言當是。“蝽蝚”本作“舂黍”,“蝚”本當作“黍”（詳見本書“蝽”字注）。

552. 蝹

《字彙・虫部》:“蝹，居良切，音江。蠶白不朽。”（431 上）

《正字通・虫部》:“蝹，居章切，音江。蠶白不朽。《備考》:‘蟲直死堅殭也。’本作殭。《本草》：‘自死者名白殭蠶。蠶病風死自白，死而不朽曰殭。’寇宗奭曰：‘蠶有兩三番，惟頭番殭蠶，大而無蛆。’”（1008上）

按：《康熙字典·虫部》：“蝹，《唐韻》《集韻》並居良切，音姜。蠶白。《類篇》：‘蠶死貌。’”（1144上）《玉篇·虫部》：“蝹，記良切。蝹蠶。”（119下右）箋注本《切韻》（斯2071）平聲陽韻居良反：“蝹，蠶白死。”（122）故宮本《王韻》、《廣韻》、《集韻》同。《類篇·虫部》：“蝹，居良切。蠶死皃。”（487下）“蝹蠶”“蠶白死”“蠶死皃”諸訓訓異義同，皆指“因發生白僵病而僵死的蠶體”。《正字通》謂“蝹”本作“殭”，非探本之論。箋注本《切韻》（斯2071）平聲陽韻居良反：“殭，死不朽。”（122）故宮本《王韻》平聲陽韻居良反：“殭，白死不朽。”（461）“蝹”與“殭”音同義通，“蝹”“殭”本當作“僵”。《本草綱目·蟲部》第三十九卷“蠶（《本經》中品）”條，釋名：“自死者名白僵蠶。”時珍曰：“蠶病風死，其色自白，故曰白僵（死而不朽曰僵）。”下文“白僵蠶”，弘景曰：“人家養蠶時，有合箔皆僵者，即暴燥都不壞。今見小白似有鹽度者爲好。”恭曰：“蠶自僵死，其色自白。陶云似有鹽度，誤矣。”此即其證。故“蝹”“殭”本當作“僵”。《大字典》收録“蝹”字，其下分爲兩個義項：第❶義項據《玉篇》《廣韻》《正字通》訓“僵蠶”；第❷義項據《類篇》訓“蠶死貌”。據上文可知，“蠶死貌”與“蝹蠶”“蠶白死”訓異義同，故《大字典》應將第❷義項併入第❶義項内，方妥。

553. 蝨

《字彙·虫部》：“蝨，與蜍同。蝨蝜也。”（431下）

《正字通·虫部》：“蝨，舊注與蜍同，蝨蝜。按：蛜威，一名委黍，一名鼠負，同物異名。俗作蝨蝜、蜍蝜；蝜又作蝂，並非。”（1009上）

按：《康熙字典·虫部》：“蝨，《集韻》賞吕切，音暑。同蜍。”（1145上）《集韻》上聲語韻賞吕切：“蜍蝨，蟲名。《博雅》：‘蛩蝑，蛣蜍。’一曰蜍蝜。或从鼠，亦書作蝨。”（330）《正字通》所言當是。《爾雅·釋蟲》：“蟠，鼠負。”郭璞注：“甕器底蟲。”下文又曰：“蛜威，委黍。”郭璞注："舊説鼠蝂别名，然所未詳。"《説文·虫部》："蛜，蛜威，委黍。委黍，鼠婦也。从虫，伊省聲。"（281下）王筠《句讀》："蛜，當作蛜。《詩·東山》：'伊威在室。'傳：'伊威，委黍也。'陸疏：'伊威，一名委黍，一名鼠婦。在壁根下、甕底土中生，似白魚者是也。'"《本草綱目·蟲部》第四十一卷"鼠婦"條，釋名："鼠負（弘景）、負蟠（音煩。《爾雅》）、鼠姑（弘景）、鼠粘（《蜀本》）、蟃蝚（《别録》）、蛜威（伊威。《本經》），濕生蟲（《圖經》）、地雞（《綱目》）、地虱。"弘景曰："鼠婦，《爾雅》作鼠負，言鼠多在坎中，背粘負之，故曰鼠負。今作婦字，殊似乖理。"時珍曰："按陸佃《埤雅》云：鼠負，食之令人善淫，故有婦名。又名鼠姑，猶鼠婦也。鼠粘，猶鼠負也。然則婦、負二義俱通矣。因濕化生，穀芒濕生蟲。曰地雞、地虱者，象形。"《初學記》卷十九引南朝梁劉思真《醜婦賦》："朱脣如踏血，畫眉如鼠負。"晉干寶《搜神記》卷十九："出東門，入園中覆船下，就視之，皆是鼠婦。"唐封演《封氏聞見記·竊蟲》："余曾睹此蟲，大如半胡麻，形如鼠婦。"故"蝙蝜"同"蟃蝜"，"蝙蝜"亦作"鼠蝂"，"蝙蝜"本當作"鼠負"，而"鼠蝂"本當作"鼠婦"。

554. 蠡

《字彙·虫部》："蠡，良以切，音里。蚌屬。《説文》：'蟲齧木中也。'"（432下）

《正字通·虫部》："蠡，良徙切，音里。《説文》：'蟲齧木中也。'又物欲絶貌。追蠡言鐘之款文追起處剥落也。凡器物用久剥落若蟲蝕者謂之蠡。"（1012上）

按：《康熙字典·虫部》："蠡，《唐韻》盧啓切，《集韻》里弟切，並音禮。《説文》：'蠡，蟲齧木中也。'……又《集韻》力至切，音利。蟲名。"（1147下）《集韻》去聲霽韻郎計切："蠡，《方言》：'參、蠡，分也。'一曰蟲名，食木。"（506）《集韻》訓"蠡"爲"蟲名，食木"，非是。《説文·䖵部》："蠡，蟲齧木中也。从䖵，彖聲。"（285下）段玉裁注："此非蟲名，乃謂蝱之食木曰蠡也……蠡之言劙也，如刀劙物。"據

《說文》及段注可知,《集韻》訓“蟲名,食木”,當爲“蟲食木”之誤。《康熙字典》轉録《集韻》“蟲名”之訓而未作校正,亦失考證。《大字典》“蠡”字下據《集韻》之誤而收録“蟲名”這一義項,亦非。

555. 蟻

《字彙·虫部》:“蟻,許羈切,音希。蟲名。”(432 下)

《正字通·虫部》:“蟻,舊注音希,汎云蟲名。一曰蟻字之譌。”(1012 下)

按:《康熙字典·虫部》:“蟻,《集韻》虛宜切,音犧。同蠘。《篇海》蟲名。”(1148 上)《集韻》平聲支韻虛宜切:“櫼,蠡也。或作蠘、樓、蟻、檥。”(37)《新修玉篇》卷二十五《虫部》引《餘文》:“蠘蟻,二許羈切。蠡名。”(210 上右)《篇海》同。《直音篇》卷六《虫部》:“蠘,音羲。蠡也。蟻,同上。”(269 下)故“蟻”即“蠘”之異體字,其訓“蠡也”,即爲“瓢勺”之義。《詳校篇海》卷三《虫部》:“蠘蟻,二許羈切,音希。蟲名。”(316 下)《篇海類編》同。《詳校篇海》《篇海類編》改訓“蟲名”,非是。《字彙》訓“蟲名”,即因承襲前代字書之謬而誤。“蟻”即“蟻”之異寫字,《正字通》承襲《字彙》義訓之謬而未作校正,亦非;又其一曰“蟻”字之譌,儘管“義”旁、“羲”旁形近,俗書常可譌混,然“蟻”即“蟻”之異寫字,亦同“蠘”,故《正字通》“一曰”之説非是。《康熙字典》謂“蟻”同“蠘”,是也;然承襲《篇海類編》之誤而訓“蟲名”,亦非。《大字典》“蟻”字下謂同“蠘”,是也;然其轉録《正字通》《康熙字典》“蟲名”之訓而未作校正,失考證。

556. 蠔

《字彙·虫部》:“蠔,許謹切,欣上聲。蚯蚓也。”(432 下)

《正字通·虫部》:“蠔,俗豎字。蚓俗呼爲蠔,舊注許謹切,非。”(1012 下)

按:《康熙字典·虫部》:“蠔,《唐韻》休謹切,《正韻》許謹切,並欣上聲。蚯蚓,吴楚呼爲寒蠔。又《玉篇》許偃切,音幰。義同。”(1148

上）《玉篇·虫部》:“𧑈，許偃切。寒𧑈，即蚯蚓。”（119下左）敦煌本《王韻》上聲阮韻虚偃反:“𧑈，寒𧑈，蚯蚓蟲。”（391）《廣韻》上聲阮韻虚偃切:“𧑈，寒𧑈。又休謹切。”（189）《集韻》上聲隱韻許謹切:“𧑈，蟲名，蚯蚓也。吴、楚呼爲寒𧑈。或作蚓。”（358）“蚓”與“𧑈”當爲同義關係，而非異體關係。又《爾雅·釋蟲》:“螼蚓，蜸蚕。”郭璞注:“即蛩蟺也。江東呼寒蚓。”邢昺疏:“螼蚓，一名寒蚓。即蛩蟺也。《廣雅》云:‘蛩蟺，蚯蚓也。’《月令》:‘四月，蚯蚓出。十一月，蚯蚓結。’是也。”“蜸”,《廣韻》音“牽繭切”。“𧑈”與“蜸”義同而音别，二者當爲同義關係，而非異體關係，故《正字通》謂“𧑈”即“蜸”字之俗，非是。

557. 蠵

《字彙·虫部》:“蠵，于貴切，音位。蜰蠵，神蛇。（二）[一]首，六足四翼，見則大旱。”（433上）

《正字通·虫部》:“蠵，烏貴切，音位。《山海經》:‘太華山有蛇名肥蠵，六足四翼，見則天下大旱。’亦作肥遺。宋張唐英《蜀檮杌》曰:‘蜀王衍乾德三年五月不雨，至九月肥遺見紅樓後，蜀辛夤遜修《王氏開國記》，以肥遺爲旱魃。’按:肥遺，蛇名，角上有火，見則旱，非魃也。詳《山海經外傳》。《山海經》:‘肥遺鳥。’郭注:‘似鶉，食之已疾。’”（1012下）

按:《康熙字典·虫部》:“蠵,《唐韻》以追切,《集韻》夷隹切，並音惟。肥蠵，蛇名。《山海經》:‘太華之山有蛇焉，名曰肥蠵，六足四翼，見則天下大旱。’郭注:‘湯時此蛇見於陽山下。’”（1148下）《名義·虫部》:“蠵，餘雖反。[肥蠵，蛇名。]六足四翼。”（259上）《玉篇·虫部》:“蠵，余雖切。肥蠵，蛇名。一首兩身，六足四翼，見則天下大旱，湯時見陽山下。”（119上右）故宫本《裴韻》平聲脂韻以隹切:“蠵，肥蠵，虵名。一首兩身，六足四翼，見則大旱。出《山海經》。”（549）《廣韻》平聲脂韻以追切:“蠵，蜰（蜰）蠵，神蛇。一首兩身，六足四翼，見則其國大旱，湯時見於陽山。出《山海經》。”（25）《集韻》平聲脂韻夷隹切："䖶，蜰䖶，蛇名。《山海經》：'泰華山有蛇，六足四翼，見則天下旱。'"（46）《正字通》所言當是。《山海經·西山經》："又西六十里，曰太華之山，削成而四方，其高五千仞，其廣十里，鳥獸莫居。有蛇焉，名曰肥䖶，六足四翼，見則天下大旱。"郝懿行《箋疏》："䖶當爲遺，劉昭注《郡國志》及《藝文類聚》九十六卷並引此經作肥遺。"郭璞云："湯時此蛇見於陽山下。復有肥遺蛇，疑是同名。"袁珂案："郭云'復有肥遺蛇'，見《北次三經》渾夕山、彭毗山。又有肥遺鳥，見此經下文英山。"《山海經·北山經》："又北百八十里，曰渾夕之山，無草木，多銅、玉。嚻水出焉，而西北流注于海。有蛇一首兩身，名曰肥遺，見則其國大旱。"下文又曰："又東三百里，曰彭毗之山，其上無草木，多金、玉，其下多水。蚤林之水出焉，東南流注于河。肥水出焉，而南流注于牀水，其中多肥遺之蛇。"晉張華《博物志》卷十："華山有蛇名肥遺，六足四翼，見則天下大旱。"晉郭璞《山海經圖贊·肥遺蛇》："肥遺爲物，與災合契。"以上諸書皆其證也。故"肥䖶"亦作"蜰䖶"，本當作"肥遺"。

558. 蠱

《字彙·虫部》："蠱，公土切，音古。事也。又《易》卦名。又亂也。又腹中蠱……又以者切，音野。媚也。"（433上）

《正字通·虫部》："蠱，公虎切，音古。蠱毒也……又媚也。張衡《南都賦》：'侍者蠱媚，巾韝鮮明。'"（1013上）

按：《康熙字典·虫部》："蠱，《唐韻》公户切，《集韻》《韻會》果五切，《正韻》公五切，並音古。《説文》：'腹中蠱也。'……又《正韻》以者切，音冶。媚也。又《集韻》音義並與冶同。《後漢·馬融傳·廣成頌》：'田開古蠱。'注：'蠱與冶通。'"（1149下）《集韻》上聲馬韻以者切："蠱，媚也。"（410）《後漢書·張衡傳》："咸姣麗以蠱媚兮，增嫮眼而蛾眉。"李賢注："蠱，謂妖麗也。"《康熙字典》所言當是，此"蠱"當即"冶"之異體字。《廣韻》上聲馬韻羊者切："冶，妖冶。"（209）《集韻》上聲馬韻以者切："冶，女態。"（410）《易·繫辭上》："慢藏誨道，冶容誨淫。”孔穎達疏：“女子妖冶其容。”《楚辭·九章·惜往日》：“妒佳冶之芳芬兮，嫫母姣而自好。”洪興祖補注：“冶，妖冶，女態。”故“蠱”與“冶”音義並同，此“蠱”當即“冶”之異體字。

559. 蠷

《字彙·虫部》：“蠷，求於切，音劬。猿猴之類。相如賦：‘赤猿蠷蝚。’”（433下）

《正字通·虫部》：“蠷，同蝨。《六書故》蠷螋即多足蟲。蠷與蠼别。舊注音劬，猿猴之類，引相如賦‘赤猿蠷猱’，賦本作蠼，訛省作蠷，非。”（1014下）

按：《康熙字典·虫部》：“蠷，《唐韻》其俱切，《集韻》權俱切，並音劬。蠷螋，蟲。”（1150上）《廣韻》平聲虞韻其俱切：“蠷，蠷螋，蟲。”（39）《集韻》平聲虞韻權俱切：“蠷，蠷螋，蟲名。”（76）又《玉篇·虫部》：“蠼，音瞿。蠼蛟。”（119上左）“蠷螋”當同“蠼蛟（螋）”，此“蠷”當即“蠼”之異體字。又《史記·司馬相如列傳》：“其上則赤猿蠷蝚，鵷鶵孔鸞，騰遠射干。”裴駰集解：“蠷蝚，音劬柔。”張守節《正義》：“蠷音瞿，蝚音柔，皆猿猴類。”此“蠷”當即“蠼”字訛省，同“玃”。《集韻》入聲藥韻厥縛切：“玃蠼，獸名。《説文》：‘母猴也。’引《爾雅》：‘玃父善顧，攫持人也。’或从虫。”（723）《文選·上林賦》：“蛭蜩蠼猱，獑胡豰蛫，棲息乎其間。”郭璞注引司馬彪曰：“玃猱，獼猴也。”此即其證。故《史記·司馬相如列傳》“赤猿蠷蝚”之“蠷蝚”當爲“蠼猱”之俗，此“蠷”當即“蠼”字俗省，“蠼”即“玃”之異體字，而“蝚”當即“猱”字之俗，故此“蠷”當音 jué，“蝚”當音 náo。裴駰音“劬柔”，當爲望形生音；張守節“蠷”音“瞿”，“蝚”音“柔”，當因承襲裴駰之謬而誤。《字彙》“蠷”音“劬”，此亦因承前而謬。又《説文·蚰部》：“蝨，多足蟲也。从蚰，求聲。蛷，蝨或从虫。”（285下）《玉篇·蚰部》：“蝨，巨牛切。亦作蛷。蛷（蝨）螋，多足蟲。”（119下左）《本草綱目·蟲部》第四十二卷“蠼螋”條，時珍曰：“蠼螋，或作蛷螋。”“蛷（蝨）螋”當同“蛷螋”，而“蠷螋”“蠼螋”與“蝨螋”皆義同，“蠷（蠼）”與“蝨”義同而音別，二者爲同義關係，而非異體關係，故《正字通》謂“蠷”同“蝨”，非是。《大字典》收録“蠷”字，據《廣韻》音 qú，據《字彙》及《史記》訓“獸名。猿猴之類”。據上文可知，《大字典》這樣處理“蠷”字的音義關係是失當的。《大字典》“蠷”字下應分爲兩個義項：第（一）義項應據《廣韻》《集韻》音 qú，訓“蠷螋”，並謂亦作“蠼螋”；第（二）義項應據《史記·司馬相如列傳》之“赤猿蠷蝚”而音 jué，謂“蠷蝚”即“蠼猱”之訛省，本作“玃猱”，訓“猿猴之類”。

560. 衑

《字彙·行部》：“衑，魯丁切，音靈。道也。”（435 上）

《正字通·行部》：“衑，俗字。舊注音靈，道也，誤。”（1018 上）

按：《康熙字典·行部》：“衑，《篇海》魯丁切，音靈。《玉篇》：‘道也。’”（1154 下）《玉篇·行部》：“衑，魯丁切。道也。”（48 上右）《玉篇校釋》“衑”字下注：“二韻並無，疑同彾。彾，雨後徑也。”（2033）胡氏所言疑是。《玉篇·彳部》：“彾，力郢切。雨後徑也。”（47 下左）“衑”與“彾”音義皆通，又“彳”旁、“行”旁義通，俗書或可換用，故“衑”“彾”疑即通過義通義符換用而形成的異體字。

561. 衟

《字彙·行部》：“衟，見《周宣王石鼓文》。疑是𨘢字，此恐訛。”（435 下）

《正字通·行部》：“衟，衜字之訛。《石鼓文》本作𨘢。”（1019 下）

按：《康熙字典·行部》：“衟，《石鼓文》𨘢字之訛。”（1156 下）《石鼓文》作“”，《古文苑·石鼓文》楷定作“𨘢”，章樵注：“𨘢，即導字。”“衟”與“𨘢”形近，疑即“𨘢”通過偏旁易位並經俗寫而形成的俗訛字，故《字彙》謂“衟”疑是“𨘢”字，當是。又《玉篇·行部》：“衜，徒老切。古文道。”（48 上右）“衜”即“道”之異體字。“衟”與“衜”字形有別，二字不易訛混，故《正字通》謂“衟”即“衜”字之訛，

非是。《大字典》“衜”字下據《字彙》謂“衜”即“導”的訛字，是也；然又據《正字通》謂“衜”即“衜”的訛字，非是。《字海》“衜”字下據《正字通》謂“衜”即“衜（道）”的訛字，亦非。

562. 衳

《字彙·衣部》：“衳，職容切，音鍾。小褌也。又息拱切，音悚。義同。”（436 上）

《正字通·衣部》：“衳，之雍切，音鍾。褌也。師古曰：‘褌，今之衳也。’別作㧐，俗從巾作帪，舊注又音悚，並非。”（1022 上）

按：《康熙字典·衣部》：“衳，《唐韻》職容切，《集韻》諸容切，並音鍾。《玉篇》：‘小褌也。’《博雅》：‘衳、褠，褌也。’”（1158 下）《玉篇·衣部》：“衳，音鍾。小褌也。㧐，同上。”（128 下左）故宮本《裴韻》平聲鍾韻職容反：“衳，小褌。”（539）《廣韻》平聲鍾韻職容切：“衳，小褌也。”（10）《玉篇校釋》“衳”字下注：“‘衳’‘㧐’並應與前‘褸（褸）’字合併，與《巾部》‘帪’爲異部重文。（165）：‘褸（褸），褌也。或作幒（幒）。’《巾部》：‘帪，裩也。’重文作幒（幒），猶褌與幝亦同。”（5607）胡氏所言是也。《集韻》平聲鍾韻諸容切：“幒，《説文》：‘幝也。一曰帙。’或作帪、㧐、衳。”（16）下文上聲腫韻取勇切又曰：“衳，《博雅》：‘衳、褠，幝也。’一曰帙也。或作幒、褸、帪、㧐。”（304）此是其證也。故“衳”“㧐”與“幒（幒）”“帪”“褸（褸）”音義並同，即爲異體字。

563. 裝

《字彙·衣部》：“裝，資四切，音恣。衣不展也。《玉篇》：‘襦縐。’”（437 上）

《正字通·衣部》：“裝，資四切，音恣。衣不展也。《玉篇》：‘襦縐。’”（1024 上）

按：《康熙字典·衣部》：“裝，《唐韻》《集韻》並爭義切，音庛。衣不展也。《類篇》：‘衣不伸謂之裝。’《玉篇》：‘襦縐也。’又將支切，音貲。

複襦也。又才詣切，音劑。衣交衿也。”（1160 上）《集韻》去聲霽韻才詣切：“裝，衣交衿。”（502）“衣交衿”即指“衣交領”之義，此“裝”當即“眥”之異體字。《爾雅·釋器》：“衣眥謂之襟。”郭璞注：“交領。”郝懿行《義疏》：“衣有眥者，《淮南·齊俗篇》云：‘隅眥之削。’蓋削殺衣領以爲斜形，下屬於襟，若目眥然也。”“眥”，《集韻》亦音“才詣切”。故“裝”訓“衣交衿”，與“眥”音義並同，此“裝”當即“眥”之異體字。

564. 裃

《字彙·衣部》：“裃，食聿切，音术。劍衣。”（437 上）

《正字通·衣部》：“裃，舊注音術，劍衣。按：裃絀，粗縫也。《史·趙世家》：‘黑齒雕題，卻冠裃絀。’徐廣曰：‘縫紩之別名。裃絀言女工鍼縷粗也。’《戰國策》作：‘鯷冠秫縫。’裃訛从禾作秫，裃與鉥同。綦鍼也。”（1024 下）

按：《康熙字典·衣部》：“裃，《集韻》食律切，音述。《博雅》：‘劍衣也。’又直律切，音术。義同。《正字通》引《史記》‘卻冠裃絀’，曰粗縫也。按：《史記》本作秫，从禾不从衣。”（1160 下）《集韻》入聲術韻食聿切：“裃，劍衣。”（670）《正字通》所言近似。《戰國策·趙策二》：“黑齒雕題，鯷冠秫縫，大吴之國也。”郭希汾集注：“秫，同鉥綦鍼也……言鍼縷之粗疏也。”又《史記·趙世家》：“黑齒雕題，卻冠秫絀，大吴之國也。”裴駰集解引徐廣曰：“《戰國策》作‘秫縫’，絀亦縫紩之別名也。秫者，綦鍼也。古字多假借，故作‘秫絀’耳。此蓋言其女工鍼縷之麤拙也。”“裃”字，《戰國策》《史記》皆作“秫”，然從文意來看，疑以作“裃”爲是，“秫”當即“裃”字之訛，而非如徐廣所言爲古字假借。“裃”當訓“綦鍼”，義爲“長針”，“裃”當即“鉥”之異體字。《說文·金部》：“鉥，綦鍼也。从金，术聲。”（297 上）“鉥”，《集韻》亦音“食聿切”。故“裃”與“鉥”音義並同，“裃”當即“鉥”因涉義改換義符而形成的異體字。《集韻》訓“劍衣”，疑不可據。《大字典》《字海》俱收“裃”字，分別據《集韻》之誤而訓爲“劍衣”“裝劍的套子”，疑並非是。

565. 袹

《字彙·衣部》:"袹，古狎切，音甲。《廣雅》:'襦也。'又侯夾切，音匣。衿也。"（437 上）

《正字通·衣部》:"袹，俗字。舊注音甲，引《廣雅》:'襦也。'又音匣，衿也。一説衿與襦不必别立袹名。"（1024 下）

按:《康熙字典·衣部》:"袹，《集韻》古狎切，音甲。《廣雅》:'襦也。'又轄甲切，音狎。衿也。"（1160 下）《集韻》入聲狎韻古狎切:"袹，《廣雅》:'襦也。'"（789）《集韻》謂引《廣雅》訓"襦也"，然今本《廣雅》未見收録"袹"，此"袹"本當作"甲"。《方言》卷四:"汗襦，江淮南楚之間謂之襘，自關而西或謂之祇裯，自關而東謂之甲襦，陳魏宋楚之間謂之襜襦，或謂之襌襦。""甲襦"即"汗襦"之别名，義指"短汗衫"，故"袹"當因"甲""襦"連用，"甲"受"襦"字類化影響而增加義符"衣"旁所産生的類化俗字。

566. 袘

《字彙·衣部》:"袘，與袖同。衣緣也。又衣袖。《史·子虚賦》:'揚袘卹削。'"（437 上）

《正字通·衣部》:"袘，同袖。"（1025 上）

按:《康熙字典·衣部》:"袘，《集韻》余支切，音移。《類篇》:'衣中謂之袘。'又《韻會》以豉切，音易。裳下緣也。"（1160 下）《集韻》平聲支韻余支切:"褷，《博雅》:'袖也。'或作袘。"（34）同一小韻下文又曰:"袘，衣中謂之袘。"（35）《集韻》訓"袘"爲"衣中"，疑非是。《史記·司馬相如列傳》:"衯衯裶裶，揚袘卹削，蜚纖垂髾。"司馬貞《索隱》引張晏曰:"袘，衣袖也。""揚袘卹削"，《漢書·司馬相如傳》作"揚袘戍削"。故"袘"當即"袖"之異體字，應訓"衣袖"。《集韻》謂"衣中謂之袘"，於文獻亦無徵，"衣中"疑爲"衣袖"之訛。《康熙字典》轉録《集韻》"衣中"之訓而未作校正，疑失考證。《大字典》"袘"字下據

《集韻》之誤而收録“衣中”這一義項，疑亦非是。

567. 袻

《字彙·衣部》:“袻，補梗切，伯上聲。急也。”（439 上）

《正字通·衣部》:“袻，俗字。舊注補梗切，伯上聲，急也，誤。”（1030 上）

按:《康熙字典·衣部》:“袻,《唐韻》布梗切，音併。袻（當爲字頭誤重）急貌。又《集韻》《類篇》並必幸切，音絣。義同。”（1166 上）《廣韻》上聲梗韻布梗切:“袻，袻（當爲字頭誤重）急也。”（215）《集韻》上聲梗韻必幸切:“袻，急也。”（424）“袻”“袻”即同字異寫，“袻（袻）”疑即“絣”字之俗。《廣韻》平聲耕韻北萌切:“絣，振繩墨也。”（124）“絣”訓“振繩墨也”，即指“振動繩墨使之變緊變直”。《集韻》上聲梗韻必幸切:“絣，急絚也。”（424）“絣”訓“急絚也”，即指“拉緊弓弦”。“袻（袻）”與“絣”音義皆通，又“糸”旁、“衣”旁義通，俗書常可换用，故“袻（袻）”疑即“絣”字之俗。

568. 褏

《字彙·衣部》:“褏，是酉切，音受。衣也。”（439 上）

《正字通·衣部》:“褏，俗字。舊注音受，衣也。按：衣者，通稱也，不必别立褏名。一曰袓字之訛。”（1030 下）

按:《康熙字典·衣部》:“褏,《玉篇》音受。衣也。”（1166 下）《玉篇·衣部》:“褏，音受。衣也。”（129 上右）《正字通》“一曰”之説疑非是。《廣韻》去聲襇韻丈莧切:“袒，衣縫解。又作綻。”（312）《集韻》去聲襇韻直莧切:“袒,《説文》:‘衣縫解也。’或作綻、袓。”（563）“袓”即“袒”“綻”之異體字。“褏”與“袓”形音俱别，二字不可混同，故《正字通》一曰“褏”即“袓”字之訛，非是。《玉篇校釋》“褏”字下注:“若據音‘受’推之，當爲‘衣袖也’。《釋名》:‘袖，受也。’”（5610）胡氏所言疑可商榷。今案:“褏”疑即“綬”字之俗。唐白居易《有感》詩之一:“鬢髮已斑白，衣綬方朱紫。”“衣綬”即指“朝服和佩綬”。“綬”，

《廣韻》音“殖酉切”。“裋”與“綬”音同，“裋”疑即“綬”因與“衣”連用，受“衣”字類化影響改换義符而産生的俗字。《玉篇》訓“衣也”，疑爲望形生訓。

569. 裓

《字彙·衣部》：“裓，所銜切，音衫。縫帛。一曰旌旗游也。”（440上）

《正字通·衣部》：“裓，俗縿字。《集韻》：‘縿，或作裓、襂、衫。’舊注音衫，旌旗斿，與《説文》縿訓同，誤分爲二。”（1032上）

按：《康熙字典·衣部》：“裓，《集韻》師銜切，音衫。《類篇》：‘旌旗之斿也。’”（1168下）《新修玉篇》卷二十八《衣部》引《餘文》：“裓，所銜切。絳帛。《説文》曰：‘旌旗游也。’”（226下右）成化本《篇海》卷十三《衣部》引《餘文》亦曰：“裓，所銜切。絳帛。《説文》曰：‘旌旗游也。’”（805上）萬曆本《篇海》、正德本《篇海》同，然《大字典》所引《篇海》“絳帛”作“縫帛”，當以作“絳帛”爲是。《廣韻》平聲銜韻所銜切：“縿，絳帛。《説文》曰：‘旌旗游也。’”（154）《集韻》平聲銜韻師銜切：“縿，《説文》：‘旌旗之游也。’一曰正幅。或作幓、襳、襂、裓，通作幓、衫。”（297）此即其證也。故“縫帛”當爲“絳帛”之誤，“裓”與“縿”音義並同，“裓”當即“縿”之異體字。《詳校篇海》卷五《衣部》：“裓，所銜切，音衫。縫帛。《説文》：‘旌旗游也。’”（341下）《篇海類編》同。《詳校篇海》《篇海類編》訓“縫帛”，皆因承襲誤本《篇海》之謬而誤。《字彙》亦訓“縫帛”，亦因承前而謬。《大字典》“裓”字下第❷義項據誤本《篇海》《字彙》之謬而訓“縫帛”，而《字海》“裓”字下第❷義項亦據《字彙》之謬而訓“縫帛”，俱失考證。《大字典》《字海》“裓”字應直謂同“縿”，其下再分爲兩個義項：第❶義項據《集韻》訓“古時旌旗垂飾物的正幅”；第❷義項據《新修玉篇》、成化本《篇海》、正德本《篇海》等校作“絳帛”。

570. 褞

《字彙·衣部》:“褞，烏昆切，音温。褐衣也。晉王沈《釋時論》:‘衮龍出於褞褐，卿相起於匹夫。’”（440 上）

《正字通·衣部》:“褞，俗緼字。舊注音温，褐衣也。引晉王沈《釋時論》:‘衮龍出於褞褐，卿相起於匹夫。’按：王論本作緼，訛作褞。”（1032 下）

按:《康熙字典·衣部》:“褞,《唐韻》於粉切,《集韻》委粉切，並音韞。衣也。《廣韻》:‘褞袿也。’又《韻會》烏昆切，音温。《類篇》:‘褞褐，衣也。’”（1169 上）《廣韻》上聲吻韻於粉切:“褞，褞袿。”（188）《集韻》平聲䰟韻烏昆切:“褞，褞褐，衣也。”（139）下文上聲隱韻委隕切又曰:“褞，衣也。”（359）《新語·本行》:“二三子布敝褞袍，不足以避寒。”《後漢書·桓榮傳附桓鸞》:“少立操行，褞袍糟食，不求盈餘。”晉王沈《釋時論》:“衮龍出於褞褐，卿相起於匹夫。”從文意來看，“褞”即指“亂麻、舊絮”。《正字通》謂“褞”即“緼”字之俗，所言當是。《説文·糸部》:“緼，紼也。从糸，昷聲。”（278 下）王筠《句讀》:“緼、紼，亂麻也。”《論語·子罕》:“衣敝緼袍，與衣狐貉者立，而不恥者，其由也與。”陸德明《釋文》:“緼，鄭云:‘絮也。’”邢昺疏:“今云枲著者，雜用枲麻以著袍也。”《顏氏家訓·勉學》:“藜羹緼褐，我自欲之。”故“緼”本義即指“亂麻，舊絮”。“緼”,《廣韻》音“於問切”，又音“於云切”“於粉切”,《集韻》又音“委隕切”。故“褞”與“緼”音義皆通，“褞”當即“緼”字之俗。

571. 䙘

《字彙·衣部》:“䙘，于六切，音足。好衣貌。又鮮白也。又創租切，音楚。義同。”（441 上）

《正字通·衣部》:“䙘，俗𦄂字。”（1034 上）

按:《康熙字典·衣部》:“䙘,《唐韻》創舉切,《集韻》創所切，並音楚。《埤蒼》:‘鮮也。’《類篇》:‘美好貌。’又《廣韻》子六切，音蹙。

好衣也。《類篇》:‘衣鮮明貌。’”(1171上)《直音篇》卷七《衣部》:“䙘,子六切。好衣貌。又鮮白也。”(300下)《直音篇》又訓“鮮白也”,疑非是。《廣韻》上聲語韻創據切:“䙘,《埤蒼》云:‘鮮也。’一曰美好皃。”(174)下文入聲屋韻子六切又曰:“䙘,好衣皃。”(372)《集韻》上聲語韻㴑所切:“䙘,美皃。”(330)下文入聲屋韻子六切又曰:“䙘,衣鮮明皃。”(642)《新修玉篇》卷二十八《衣部》引《玉篇》(當爲《餘文》之誤):“䙘,子六切。好衣皃。又七六切。《博雅》:‘好也。’又將毒切。衣鮮皃。又創舉切。《埤蒼》云:‘鮮也。’一曰美好皃。”(227上右)《篇海》卷十三《衣部》引《餘文》:“䙘,子六切。好衣皃。又七六切。《博雅》:‘好也。’又將毒切。衣鮮皃。又創舉切。《埤蒼》云:‘鮮也。’又曰美好皃。”(805下)故《直音篇》又訓“鮮白也”,於前代字韻書皆無徵,當爲“衣鮮明皃”或“衣鮮皃”之訛誤。又《詳校篇海》卷五《衣部》:“䙘,子六切,音足,又音楚。好衣皃。又鮮白也。”(342上)《篇海類編》同。《詳校篇海》《篇海類編》《字彙》亦又訓“鮮白也”,皆因承襲《直音篇》之謬而誤。又《廣韻》入聲屋韻子六切:“縬,縮也。又縬文。”(372)《集韻》入聲屋韻子六切:“縬,縮也。一曰縐文。”(642)故“䙘”與“縬”音同義别,二字不可混同,《正字通》謂“䙘”即“縬”字之俗,非是。《大字典》“䙘”字下據《篇海類編》之誤而收録“鮮白”這一義項,亦非。

572. 襇(襉)

《字彙·衣部》:“襇,古限切,音簡。帬襵也。又殺縫。又去聲居晏切。義同。”(441上)

《正字通·衣部》:“襇,九輦切,音簡。帬襵也,言帬幅相間厠也。又襒縫也。又諫韻音澗。義同。”(1034下)

按:《康熙字典·衣部》:“襉,《唐韻》古莧切,《集韻》居莧切,並音澗襉裙。《類篇》:‘帬幅相攝也。’又《玉篇》:‘暈衣。’又賈限切,音簡。義同。或作襇。”(1171下)《洪武正韻》上聲産韻古眼切:“襇,暈衣。又殺縫。”(184)下文去聲諫韻居晏切又曰:“襇,帬幅相厠。”(272)

“襉”“襇”即爲異寫字。《洪武正韻》又訓“殺縫”，疑非是。《名義·衣部》：“襇，公限反。帬中［䌫］。”（283下）《新撰字鏡·衣部》：“襇，古莧反。帬中䌫。”（221）“䌫”當即“䌫”之異體字，“帬中䌫（䌫）”當義指“帬上的錦文”。《龍龕》卷一《衣部》：“襇，古莧反。襇裙。”（106）《玉篇·衣部》：“襇，公限切。暈衣。又帬襇。”（128下左）《新修玉篇》《篇海》引《玉篇》同。故宫本《王韻》上聲産韻古限反：“襇，襇㪊。”（479）下文去聲襇韻古莧反亦曰：“襇，［襇］㪊。”（501）“㪊”同“裙”“帬”。《廣韻》上聲産韻古限切：“襴，帬襵。”（194）下文去聲襇韻古莧切又曰：“襇，襇裙。”（312）“襴”即“襇”字之俗。《集韻》上聲産韻賈限切：“襴襇，帬幅相攝也。或省。”（374）下文去聲襇韻居莧切又曰：“襇，帬幅相廁也。”（562）《玉篇校釋》“襇”字下注：“‘暈衣’未詳所出，蓋亦狀其褶文。”（5594）胡氏所言疑是。“暈”本義即指“日月周圍的光圈”，“暈衣”亦當狀指“衣裙上的褶子”，與“帬中䌫（䌫）”“帬襇”“帬襵”諸訓訓異義同。故《洪武正韻》又訓“襇”爲“殺縫”，於前代字韻書皆無徵，當因從“閒（間）”爲説而誤。《詳校篇海》卷五《衣部》：“襇，音簡。暈衣。又殺縫。《韻會》作：‘襇，帬幅相廁也。’又去聲音諫。注同。”（342下）《篇海類編》同。《詳校篇海》《篇海類編》《字彙》亦又訓“殺縫”，當皆因承襲《洪武正韻》之謬而誤。《正字通》又轉録作“褖縫也”，亦非。《大字典》“襇”字下據《正字通》之誤而收録“衣斜縫”這一義項，疑亦非是。

573. 褘

《字彙·衣部》：“褘，羽非切，音圍。重衣也。”（441上）

《正字通·衣部》：“褘，羽回切，音圍。重衣貌。”（1034下）

按：《康熙字典·衣部》：“褘，《唐韻》雨非切，《集韻》于非切，並音圍。《説文》：‘重衣貌。’又羽鬼切，音偉。義同。”（1172上）《龍龕》卷一《衣部》：“褘，音韋。重衣皃。又垂也。”（103）《龍龕》又訓“垂也”，疑非是。《説文·衣部》：“褘，重衣皃。从衣，圍聲。《爾雅》曰：‘褘褘褙褙。’”（169上）《名義·衣部》：“褘，禹歸反。重衣。”（281下）

敦煌本《王韻》平聲微韻［王非反］:“襩，重衣。”（361）故宫本《王韻》平聲微韻王非反：“襩，重衣。”（442）《廣韻》平聲微韻雨非切：“襩，重衣。”（31）故《龍龕》又訓“垂也”，於前代字韻書皆無徵，當爲“重也”之誤。《大字典》“襩”字下據《龍龕》之誤而收録“垂”這一義項，疑亦非是。

574. 襘

《字彙・衣部》:“襘，子孕切，音甑。《方言》:‘汗襦，江淮南楚之間謂之襘。’”（441 下）

《正字通・衣部》:“襘，側并切，音甑。《方言》:‘汗襦，江淮南楚之間謂之襘。’”（1035 上）

按：《康熙字典・衣部》:“襘，《唐韻》《集韻》並子孕切，音甑。汗濡也。揚子《方言》:‘汗襦，江淮南楚之間謂之襘。’又《集韻》慈陵切，音繒。又徂稜切，音層。義並同。又《類篇》子鄧切，增去聲。複也。”（1172 下）《集韻》平聲蒸韻慈陵切：“襘，汗襦。”（250）下文平聲登韻徂棱切又曰：“襘，楚謂［汗］襦曰襘。”（254）下文去聲證韻子孕切又曰：“襘，《方言》:‘汗襦，江淮南楚謂之曰襘。’”（609）下文去聲隥韻子鄧切又曰：“襘，複也。”（611）《集韻》又訓“複也”，疑非是。《方言》卷四：“汗襦，江淮南楚之間謂之襘。”《名義・衣部》:“襘，子孕反。汗襦也。”（283 上）《新撰字鏡・衣部》:“襘，子盈（孕）反。汗襦。”（216）《玉篇・衣部》:“襘，子孕切。汗襦也。”（128 下右）敦煌本《王韻》去聲證韻子證反：“襘，（于）［汗］襦。”（419）故宫本《王韻》同。故宫本《裴韻》去聲證韻子孕反：“（磳）［襘］，江淮［南楚］間謂（汙）［汗］［襦］。出《方言》。”（601）《廣韻》去聲證韻子孕切：“襘，汗襦。”（346）故《集韻》又訓“複也”，於前代字韻書皆無徵，當因從“襦”爲説而誤。《説文・衣部》:“襦，短衣也。从衣，需聲。一曰䰈衣。”（169 下）段玉裁注：“襦，若今襖之短者。”“䰈衣猶温衣也。”故“襦”本義即指“短衣、短襖”，與“複”本義指“夾衣”義可相通，在文獻中亦可連用，例如：《樂府詩集・相和歌辭十三・孤兒行》:“冬無複襦，夏無單衣。”此即其證也。故"襘"即"汗襦"之别名，而非"襦"之别名，《集韻》又訓"複也"，非是。《類篇·衣部》："襘，慈陵切。汗襦。又徂稜切。楚謂［汗］襦曰襘。又子孕切，又子鄧切。複也。"（290上）《類篇》又訓"複也"，當因承襲《集韻》之謬而誤。《字彙》《正字通》"襘"字下皆未收"複也"這一義項，是也。《康熙字典》轉録《類篇》"複也"之訓而未作校正，亦失考證。《大字典》《字海》"襘"字下分别據《類篇》《集韻》之誤而收録"夾衣"這一義項，疑並非是。

575. 襱

《字彙·衣部》："襱，盧容切，音龍。袴也。又他總切，音統。襱鼻褌。楊升菴曰：'如南夷關頭衣也。'"（442下）

《正字通·衣部》："襱，盧容切，音龍。《説文》：'袴踦也。'徐鍇曰：'踦，袴足也，今俗呼袴之兩股曰襱。'楊慎曰：'如南夷關頭衣。'"（1036下）

按：《康熙字典·衣部》："襱，《唐韻》盧紅切，《集韻》盧東切，並音籠。《説文》：'袴踦也。'揚子《方言》：'袴謂之襱。'《急就篇注》：'袴之兩股曰襱。'……又《集韻》良用切，音曨。襱緟，衣寬貌。或作裲。"（1175上）《廣韻》平聲東韻盧紅切："襱，襱裙。裲，上同。"（7）下文上聲董韻力孔切又曰："襱，袴也。又直隴切。"（159）下文上聲腫韻直隴切又曰："襱，袴也。又來公、力董二切。又作裲。"（160）《廣韻》訓"襱裙"，疑非是。《方言》卷四："袴，齊魯之間謂之襳，或謂之襱。"郭璞注："今俗呼袴踦爲襱。"華學誠匯證："按：《方言》乃云齊魯之間謂'袴'或爲'襱'，此褲即套褲，非僅謂'袴腳'也。後世吴語閩語中猶謂套褲爲'襱'。"《説文·衣部》："襱，袴踦也。从衣，龍聲。"（169上）朱駿聲《通訓定聲》："襱者，蘇俗曰褲腳管。"《廣雅·釋器》："袴，其棺謂之襱。"《名義·衣部》："襱，來公反。袴。"（281上）《新撰字鏡·衣部》："襱，力董反。袴踦也。裲，上字。"（222）《玉篇·衣部》："襱，除龍、力公二切。袴襠也；踦袴也。裲，同上。"（128上右）敦煌本《王韻》上聲董韻力董反："襱，袴，又直隴反。亦作裲。又來公反。"（384）

故宫本《王韻》平聲東韻盧紅反:“襱,袴。又力董反,又直隴反。亦作裥字。”(437)下文上聲董韻力董反又曰:“襱,袴。又直隴反。亦作裥。又來公反。”(471)下文上聲腫韻直隴反又曰:“襱,袴。又來公反、力董反。亦作裥。”(471)故宫本《裴韻》略同。故《廣韻》訓“襱裙”,於以上諸字韻書皆無徵,“襱”當爲字頭誤重,“裙”當爲“袴”字之訛。《集韻》平聲東韻盧東切:“襱裥,《方言》:‘齊魯之間謂之襱,關西謂之袴。’一曰裙也。或从同。”(6)《集韻》“襱”一曰“裙也”,當因承襲《廣韻》之謬而誤。《大字典》“襱”字下據《集韻》之誤而收録“裙”這一義項,疑亦非是。

576. 覣

《字彙·襾部》:“覣,烏攜切,音威。行竈,今之三隅竈也。”(443上)

《正字通·襾部》:“覣,舊注音威,行竈,今之三隅竈也。按:《説文》从《爾雅》作烓,《集韻》改作覣,舊本訓同烓,訛作覣。”(1038下)

按:《康熙字典·襾部》:“覣,《唐韻》烏攜切,《集韻》淵畦切,並音巂。同烓。《説文》:‘行竈也。’《篇海》:‘今之三隅竈也。’”(1177下)《廣韻》平聲齊韻烏攜切:“烓,《説文》曰:‘行竈也。’《爾雅》曰:‘煁烓。’郭璞云:‘今之三隅竈。’覣,上同。”(52)《集韻》平聲齊韻淵畦切:“烓,《説文》:‘行竈也。’一曰明也。或作覣。”(100)“覣”“覣”即同字異寫,“覣(覣)”當即“烓”之異體字。又《篇海》卷十三《覀(襾)部》引《餘文》:“覣,烏攜切。行竈也。[一]曰姓也。今之三隅竈也。”(808下)《篇海》又訓“姓也”,於《廣韻》《集韻》皆無徵,當爲“明也”之誤。《新修玉篇》卷十五《襾部》引《餘文》:“覣,烏攜切。行竈也。郭璞曰:‘今三隅竈。’”(140下左)《新修玉篇》未見“姓也”之訓,此亦其佐證也。《方言》卷十二:“烓,明也。”《廣雅·釋言》:“烓,明也。”此亦其佐證也。故《篇海》曰“姓也”,疑爲“明也”之誤。《大字典》“覣”字下據《篇海》之誤而收録“姓”這一義項,疑亦非是;《大字典》

"烓"字下據清徐珂《清稗類鈔·姓名類》"烓，姓"之説而收録"姓"這一義項，然徐珂訓"烓"爲"姓"，疑因《篇海》又訓"𨗨"爲"姓也"，而"𨗨""烓"即爲異體字，故而又誤訓"烓"爲"姓也"，故亦非是。

577. 皃

《字彙·見部》："皃，烏版切，音綰。姓也。"（444上）

《正字通·見部》："皃，烏管切，音綰。姓也。載《千家姓》，《直音》訛作皃。"（1040上）

按：《康熙字典·見部》："皃，《字彙》烏版切，音綰。姓也。載《千家姓》。《直音篇》訛作皃。"（1178上）《萬姓統譜·旱韻》："皃，出《千家姓》，見《直音》。""皃"當即"皃"之異體字。《篇海》卷九《自部》引《俗字背篇》："皃，音綰。出《千家姓》。今增此。"（726下）"皃""皃"音義並同，當爲異寫字。

578. 覞

《字彙·見部》："覞，昌召切，超去聲。普視貌。"（444下）

《正字通·見部》："覞，舊注昌照切，超去聲，普視貌。按：《説文》本訓並視，篆作覞。或曰：'从二見，同體會意。'或曰：'據《説文》訓辭，當是从二儿、二目會意。'又《元包經》：'晉覞於醜。'傳曰：'觀夫衆也。'注：'覞，音耀。'舊注超去聲，非。《總要》：'視誤也。《説文》謬訓並視。或諧龠去聲作覦。'按：此説妄斥《説文》，尤非。"（1042上）

按：《康熙字典·見部》："覞，《唐韻》《集韻》並弋笑切，音耀。《説文》：'並視也。'《元包經》：'晉覞於醜。'傳曰：'觀夫衆也。'"（1180下）《説文·覞部》："覞，竝視也。从二見。"（176上）《玉篇·覞部》："覞，昌召、弋召二切。竝視也。"（23下左）敦煌本《王韻》去聲笑韻弋笑反："覞，普視。又昌召反。"（413）下文昌召反又曰："覞，普視。又弋召反。"（414）故宫本《王韻》去聲笑韻弋笑反："覞，普視。又昌召反。"（502）下文又曰："覞，竝也。"（503）故宫本《裴韻》去聲笑韻弋笑反：

"覞，普［視］也。"（597）《唐韻》去聲笑韻弋笑反："覞，普視。"（666）《廣韻》去聲笑韻弋照切："覞，普視。《説文》曰：'並視也。'"（322）《集韻》去聲笑韻弋笑切："覞,《説文》：'竝視也。'"（580）下文昌召切又曰："覞，普視皃。"（582）龍宇純《校箋》注："《王一》云：'昌召反。普視。又弋召反。'《集韻》亦云：'昌召切。普視皃。'本書此誤奪反語，'竝也'即'普視'之誤。前弋笑反'覞'下云'普視。又昌召反'，是其證。"（527）龍氏所言是也。《名義・覞部》："覞，昌召反。普見。"（39下）《龍龕》卷三《見部》："覞，弋笑反。普視。又音□。亦普觀皃。"（345）以上二書亦其證也。故宫本《王韻》訓"竝也"，"竝"當即"普"字之訛，"竝也"當爲"普（晋）視也"之訛脱。《説文》訓"竝視也"，亦當爲"普（晋）視也"之誤。饒炯部首訂："竝視，非二人同視一物，謂二人相對爲視也。"饒氏此説即因承襲誤本《説文》而謬，不可據。《玉篇》訓"竝視也"，當因承襲誤本《説文》之謬而誤。《廣韻》訓"普視"，是也；然又引《説文》"竝視也"，亦因承襲誤本《説文》之謬而誤。《集韻》訓"普視皃"，是也；然引《説文》訓"竝視也"，亦因承襲誤本《説文》之謬而誤。《康熙字典》轉録《説文》"竝視也"之訓，亦因承襲今本《説文》而誤。《大字典》"覞"字下據誤本《説文》及饒注收録"兩人相對而視"這一義項，疑非是；《字海》"覞"字下據誤本《説文》收録"兩人相對而視"這一義項，疑亦非是。

579. 覌

《字彙・見部》："覌，思兖切，音選。見也。"（444下）

《正字通・見部》："覌，俗字。舊注音選，見也，非。"（1042下）

按：《康熙字典・見部》："覌，《集韻》須兖切，音選。見也。"（1181上）《玉篇・見部》："覌，思兖切。見也。"（23下右）《集韻》上聲獮韻須兖切："覌，見也。"（383）《玉篇校釋》"覌"字下注："《集韻》獮韻同，覌之言宣也。宣，顯也，顯亦見也，覌見猶宣現也。"（889）胡氏所言近是。"覌"疑因"宣見"連用，"宣"受"見"字類化影響而形成"覌"。佛經中有"宣見"一詞的文獻用例，如：《大正藏》本宋念常集《佛祖歷代通載》卷第二十："七年，育王虛席，露章乞老，得請東歸。又承聖問《圓覺》四病，冬召見便殿。紹熙改元，孝宗御重華宫召見，奏對逾時。四年被旨住徑山，抗奏辭免。孝宗曰：'欲速相見郡將。'堅請不容辭，二月望宣見于重華。自後兩賜聖問，應機而答，天顔皆悦。"又《大正藏》本宋陳田夫撰《南嶽總勝集》卷中《九真觀》："忽一日遇高力士，見而異之，問所來，答是南嶽山九真觀道童，爲殿宇頽毀，特將茶來，募化施主。力士喜其言，因聞明皇宣見。帝喜清秀，問曰：'卿有願否？'對曰：'願虇虇家國盛，濟濟經道興。'"故"䚯"本當作"宣"。

580. 覑

《字彙·見部》："覑，紕連切，音偏。斜視。"（444下）

《正字通·見部》："覑，俗字。舊注音偏，斜視，非。"（1042下）

按：《康熙字典·見部》："覑，《集韻》紕延切，音篇。斜視也。"（1181上）《玉篇·見部》："覑，匹連切。斜視。"（23下右）《集韻》平聲仙韻紕延切："覑，斜視。"（168）《玉篇校釋》"覑"字下注："《集韻》仙韻義同，覑之言偏也。"（888）胡氏所言當是。"覑"疑因"偏見"連用，"偏"受"見"字類化影響而形成"覑"。文獻中常見"偏見"一詞，本義指"從側面看到"，如：《漢書·杜鄴傳》："疏賤獨偏見，疑内亦有此類。"顔師古注："鄴自謂傍觀而見之也。"《漢書·匈奴傳贊》："縉紳之儒則守和親，介胄之士則言征伐，皆偏見一時之利害，而未究匈奴之終始也。"《大正藏》本隋智顗説《妙法蓮華經文句》卷第六上："牖窓者，偏見則小。"引申義可指"側重某一點或一面"，如：《大正藏》本西晉竺法護譯《佛説成具光明定意經》："佛有大妙極深無量法門十二部要，佛滅度後，弟子各學一經，偏見一卷，不能遍洽，未解四説方便之等，便轉相難。"故"覑"與"偏"音義皆通，"覑"本當作"偏"。

581. 覨

《字彙·見部》："覨，五各切，音鄂。久視也。"（444下）

《正字通·見部》："覨，與睎、𥊍通。舊注久視，誤。"（1042下）

按:《康熙字典·見部》:“覨,《集韻》逆各切,音咢。久視也。”(1181上)《玉篇·見部》:“覨,五各切。久視。”(23下左)《集韻》入聲鐸韻逆各切:“覨,久視也。”(729)《正字通》所言當是。《玉篇校釋》“覨”字下注:“《集韻》鐸韻同,覨之言愕也,驚愕而駐目久視也,猶瞪爲怒目而亦爲久視也。《爾雅·釋詁》:‘遌,見也。’《説文》云:‘相遇驚也。’相遇即相見。”(892)此説印證了《正字通》之説。《説文·辵部》:“遻,相遇驚也。从辵,罬聲。”(34上)《集韻》入聲鐸韻逆各切:“遻愕遌愕,《説文》:‘相遇驚也。’或从心,隸作遌、愕。”(730)“遻”與“遌”、“愕”與“愕”、“䚥”與“咢”皆爲同字異寫,“遌”“愕”“咢”即爲異體字,而“覨”本當作“愕”。文獻中常見“愕視”一詞,如:《大正藏》本元魏慧覺等譯《賢愚經》卷第八《大施抒海品》第三十五:“見有二龍以身繞城,交頭門閫,見於大施,仰頭愕視。”下文又曰:“到於城門,亦見二龍,以身纏城,交頭門閫,已見菩薩,仰頭愕視,菩薩如法,入于慈定,龍毒得除,低頭而視,即前躡上,度入城中。”又《大正藏》本西晉竺法護譯《榆迦遮復彌經晉名修行道地》卷第一《修行道地經五陰成敗品》第五:“譬如屠家群中捕猪,牽欲殺之,餘猪悉聚驚怖,側耳聽聲,惶懅愕視。”又《大正藏》本元念常集《佛祖歷代通載》卷第十九:“今朝塵盡光生,照見山河萬朵。會大笑起去,端愕視左右,通夕不寐。”“愕視”當指“驚愕而駐目久視”,故“覨”與“愕”音義皆通,“覨”當即“愕”因涉義改換義符而形成的異體字。

582. 覩

《字彙·見部》:“覩,所景切,音眚。審視。”(444下)

《正字通·見部》:“覩,俗省字。”(1042下)

按:《康熙字典·見部》:“覩,《廣韻》所景切,生上聲。《廣韻》:腳露也。又《字彙》:‘審視也。’”(1181上)《玉篇·見部》:“覩,所景切。”(23下右)《篇海》引《玉篇》同。《玉篇》義闕,元刊本《玉篇》補訓爲“審視”,疑非是。《龍龕》卷三《見部》:“覩,所景反。腳露。”(344)《廣韻》上聲梗韻所景切:“覩,腳露也。”(215)故“覩”當以訓“腳露”

爲是。元刊本《玉篇》補訓爲“審視”，當因從“省”爲説而妄補。《新修玉篇》卷四《見部》引《玉篇》:“覩，所景切。腳露也。”（42下右）此亦其證也。《直音篇》卷一《見部》:“覩，音省。審視。”（39上）《直音篇》訓“審視”，當因承襲元刊本《玉篇》之謬而誤。《詳校篇海》卷一《見部》:“覩，所景切，音眚。腳露也。一曰審視。”（29下）《篇海類編》同。《詳校篇海》《篇海類編》訓“腳露也”，是也；然又訓“審視”，亦皆因承襲元刊本《玉篇》之謬而誤。《字彙》訓“審視”，亦當因承襲元刊本《玉篇》之謬而誤。《正字通》據《字彙》義訓之誤而謂“覩”即“省”字之俗，疑亦非是。《康熙字典》轉録《字彙》“審視也”之訓而未作校正，亦失考證。《大字典》“覩”字下據元刊本《玉篇》、《正字通》之誤而收録“仔細觀察”“同‘省’”這兩個義項，疑並非是;《字海》“覩”字下亦收録“仔細看”這一義項，且謂此義見於《廣韻》，亦並非是。

583. 覵

《字彙·見部》:“覵，況晚切，音烜。大視也。”（444下）

《正字通·見部》:“覵，火犬切，音烜。《説文》:‘大視也。’《泝原》:‘暖同。’”（1042下）

按:《康熙字典·見部》:“覵，《唐韻》況晚切，《集韻》火遠切，並晅上聲。《説文》:‘大視也。’又《集韻》户管切，音緩。又《類篇》逵員切，音權。義並同。又《泝原》與暖同。《集韻》或作奱。”（1181上）《説文·見部》:“覵，大視也。从見，爰聲。”（175上）又《説文·目部》:“暖，大目也。从目，爰聲。”（65下）“覵”，《廣韻》音“胡管切”，又音“況晚切”;“暖”，《廣韻》音“況袁切”，又音“況晚切”。故“覵”與“暖”音近義别，二字不可混同，《泝原》謂“覵”同“暖”，非是。“覵”當即“奱”之異體字。《説文·䀠部》:“奱，大目也。从大、䀠。”（65上）王筠《句讀》:“奱，與覵同字。从大、䀠，䀠亦聲。”《集韻》上聲阮韻火遠切:“覵，《説文》:‘大視也。’或作奱。”（360）“奱”“奱”即異寫字。《康熙字典》轉録《泝原》之説而未作校正，亦失考證。《大字典》收録“䙠”字，其下分爲兩個義項：第❶義項據《説文》訓“大視”；第❷義項據《集韻》之説而謂同“𡖌（夐）”。據上文可知，“䙠”“𡖌（夐）”即異體字，《大字典》應將以上兩個義項合並爲一個義項，直謂同“𡖌（夐）”，並訓“大視”，即可。《字海》“䙠”字直謂同“夐”，是也。

584. 䙡

《字彙·見部》：“䙡，具位切，音匱。視也。”（445 上）

《正字通·見部》：“䙡，丘位切，音匱。視也。與睽通。”（1042 下）

按：《康熙字典·見部》：“䙡，《集韻》其季切，音悸。視也。亦作䁛。”（1181 下）《玉篇·見部》：“䙡，祇淚切。視也。”（23 下右）《集韻》去聲至韻其季切：“䙡，視也。亦作䁛。”（478）《直音篇》卷一《見部》：“䙡，音悸。視也。”（38 下）《詳校篇海》卷一《見部》：“䙡，具位切，音匱。視也。舊本音貴。”（29 下）《篇海類編》同。《正字通》所言當是。《集韻》去聲至韻其季切：“睽，睽睢，張目皃。”（478）“張目皃”與“視皃”義可相通，故“䙡”與“睽”音同義通，“䙡”當即“睽”之異體字。《玉篇校釋》“䙡”字下注：“《集韻》至韻同，云：‘或作䁛。’案：䙡當同睽。”（890）此説印證了《正字通》之説。故“䙡”與“睽”“䁛”即爲異體字。《大字典》收録“䙡”字，其下分爲兩個義項：第（一）義項據《集韻》音 guì，同“䁛”，第（二）義項據《正字通》音 kuì，同“睽”。據上文可知，“匱”當爲“䙡”字又音，且“䙡”與“睽”“䁛”並爲異體字，故《大字典》應將“䙡”字下第（二）義項以“又音”的形式合並到第（一）義項中去，並謂同“睽”“䁛”，即可。《字海》亦收“䙡”字，其下亦分爲兩個義項：第（一）義項據《集韻》音 guī，訓“視”；第（二）義項據《正字通》音 kuí（ì），同“睽”。據上文可知，《字海》亦應將第（二）義項以“又音”的形式合並到第（一）義項中去，並謂同“睽”。

585. 䚣

《字彙·角部》：“䚣，渠語切，音巨。雞䚣。亦作距。”（446 上）

《正字通·角部》:"䚡,居御切,音巨。雞䚡。通作距。"(1047上)

按:《康熙字典·角部》:"䚡,《廣韻》其吕切,《集韻》《韻會》《正韻》臼許切,並音巨。與距同。雞距也。又凡刃鋒倒刺者皆曰䚡。司馬相如《子虛賦》:'雄戟'注:'張揖曰:雄戟,胡中有䚡者,干將所造也。'又《廣韻》《集韻》並居御切,音據。獸名,角似雞距。《類篇》或作𧤴。"(1186下)敦煌本《王韻》去聲御韻居御反:"𧤴,角似雞。亦作䚡。"(405)故宫本《王韻》同。龍宇純《校箋》注曰:"角似雞,《王一》同,《廣韻》'雞'下有'距'字,當據補。《集韻》云:'獸名,角似雞距。'"(446)龍氏所言疑可商榷。《名義·角部》:"𧤴,居語反。距。"(266下)《新撰字鏡·角部》:"䚡𧤴,同。又作距。渠吕反。雞足距也。"(259)《玉篇·角部》:"𧤴,渠語切。雞𧤴。或作距。䚡,同上。"(122下右)《龍龕》卷四《角部》:"𧤴,或作;䚡,正。音巨。雞䚡。與矩(距)同。上又音居。二。"(512)慧琳《音義》卷五六《音正法念經》第二十五卷:"鱗䚡,又作𧤴、距二形,同渠吕、居吕二反。雞足距也。字從角,從魚作鮔非也。"(56,P551B5)敦煌本《王韻》、故宫本《王韻》訓"角似雞",於以上諸字書、音義書皆無徵,當因從"角"爲説而誤。《廣韻》上聲語韻其吕切:"距,雞距。䚡,上同。"(173)下文去聲御韻居御切又曰:"𧤴,角似雞距。"(257)《廣韻》於上文上聲語韻謂"䚡"同"距",訓"雞距",是也;然又於下文去聲御韻訓"𧤴"爲"角似雞距",當因承襲前代韻書之謬而誤。《集韻》上聲語韻臼許切:"距,《説文》:'雞距也。'或作䚡、𧤴。"(328)下文去聲御韻丘據切又曰:"𧤴,獸名,角似雞距。或作䚡。"(491)《集韻》於上文上聲語韻謂"䚡""𧤴"同"距",訓"雞距也",是也;然又於下文去聲御韻訓"𧤴"爲"獸名,角似雞距",亦因承襲前代韻書之謬而誤。《類篇·角部》:"䚡𧤴,臼許切。《説文》:'雞距也。'或作𧤴。又並居御切。獸名,角似雞距。"(159下)《類篇》訓"䚡""𧤴"爲"雞距也",是也;然又訓"䚡""𧤴"爲"獸名,角似雞距",則當因承襲《集韻》之謬而誤。《康熙字典》收録"獸名,角似雞距"這一義項,當亦因承襲《集韻》之謬而誤。《大字典》"䚡"字下據《類篇》之誤而收録"獸名"這一義項,疑亦非是。

586. 觫

《字彙·角部》:“觫，蘇谷切，音速。觳觫，牛懼貌。《孟子》:‘吾不忍其觳觫。’”（446下）

《正字通·角部》:“觫，蘇谷切，音速。角初出繭栗也。又觳觫，牛懼貌。”（1048上）

按:《康熙字典·角部》:“觫,《集韻》《正韻》蘇谷切,《韻會》蘇木切，並音速。觳觫，懼死貌。《孟子》:‘吾不忍其觳觫。’”（1189下）《集韻》入聲屋韻蘇谷切:“觫，觳觫，懼死皃。”（637）《新修玉篇》《篇海》引《餘文》並同。《詳校篇海》卷一《角部》:“觫，桑谷切，音速。觳觫，懼死貌。”（31下）《孟子·梁惠王上》:“吾不忍其觳觫，若無罪而就死地。”趙岐注:“觳觫，牛當到死地處恐貌。”故《正字通》訓“觫”爲“角初出繭栗也”，於前代字韻書、文獻皆無徵，疑不可據。

587. 觪

《字彙·角部》:“觪，昨没切，音近促。角初生。”（447上）

《正字通·角部》:“觪，觲字之訛。舊注音促，角初生，誤。”（1048下）

按:《康熙字典·角部》:“觪,《廣韻》《集韻》並昨没切，音崪。角初生也。又《博雅》:‘挾也。’”（1189下）《名義·角部》:“觪，仕兀切。角始生也。”（266下）《玉篇·角部》:“觪，在兀切。角初生。”（122下右）《正字通》之説疑非是。《玉篇·角部》:“觲，思營切。角弓調利也，用角便也。”（122上左）《集韻》平聲清韻思營切:“觲觪,《説文》:‘用角低仰便也。’引《詩》:‘觲觲角弓。’或省。”（238）“觪”即“觲”之異體字。儘管“卒”旁、“辛”旁形近，俗書或可訛混，然“觪”與“觪（觲）”音義俱别，二字不可混同，故《正字通》謂“觪”即“觪（觲）”字之訛，且謂“舊注”非，既無書證亦無例證，其説疑不可據。

588. 觽

《字彙・角部》:“觽，與觚同。亦作距。”（447 上）

《正字通・角部》:“觽，俗觚字。”（1048 下）

按:《康熙字典・角部》:“觽，《類篇》同觚。”（1189 下）《廣韻》去聲御韻居御切:“觽，角似雞距。”（257）《集韻》去聲御韻丘據切:“觽，獸名，角似雞距。”（491）據上文可知，《廣韻》訓“角似雞距”，《集韻》訓“獸名，角似雞距”，並非（詳見本書“觚”字注）。《大字典》“觽”字下據《廣韻》《集韻》之誤而收録“獸名”這一義項，疑亦非是。

589. 觻

《字彙・角部》:“觻，力幽切，音流。觓觻，器貌。揚子雲《甘泉賦》:‘玄瓚觓觻。’”（447 下）

《正字通・角部》:“觻，力求切，音流。觓觻，器貌。揚雄《甘泉賦》:‘玄瓚觓觻，秬鬯泔淡。’”（1049 下）

按:《康熙字典・角部》:“觻，《廣韻》《集韻》並力求切，音劉。角不正也。又觓觻，角貌。揚雄《甘泉賦》:‘玄瓚觓觻。’”（1191 上）《名義・角部》:“觻，力悠反。角皃。”（266 下）《玉篇・角部》:“觻，力悠切。角不正。”（122 下右）“角皃”與“角不正”訓異義同，皆當義指“彎曲而有棱角貌”，《名義》《玉篇》皆當誤脱被訓聯綿“觓觻”。《新撰字鏡・角部》:“觻，力求反。觓［觻］也。”（261）《龍龕》卷四《角部》:“觻，正；觮，同。音流。觓觻，角皃。二。”（511）《廣韻》平聲尤韻力求切:“觻，觓觻，角皃。”（134）《集韻》同。《文選・甘泉賦》:“玄瓚觓觻，巨鬯泔淡。”李善注引張晏曰:“瓚受五升，口徑八寸，以大圭爲柄，用灌鬯。觓觻，其貌也。”清梁章鉅《文選旁證》卷九:“林先生曰:‘《詩》:兕觥其觓。觓，曲貌。’觻，有稜貌。”以上諸書皆其證也。故《名義》《玉篇》“觻”字皆應於注文下補被訓聯綿“觓觻”。《康熙字典》“觻”字下“角不正也”亦誤脱被訓聯綿“觓觻”。《大字典》“觻”字下據《玉篇》之誤而收録“角不正”這一義項，非是。

590. 訛

《字彙·言部》:“訛，匹靡切，音鞁。言具也。又匹婢切，音比。義同。”（448上）

《正字通·言部》:“訛，訛字省文，與訛通。《六書故》:‘訛，亦作訛。’舊注音鞁，言具也；又音比，義同，並非。”（1051上）

按:《康熙字典·言部》:“訛,《集韻》同訛省。《正字通》:‘訛字省文，與訛通。《六書故》:訛亦作訛。’”（1193下）原本《玉篇·言部》:“訛，匹尔反。《廣雅》:‘訛，具也。’《字書》:‘古文爲庀字，在《广部》。’毁呰之訛爲諀字也。”（295）《玉篇·言部》:“訛，匹（示）[尔]切。具也。今作庀。”（43下右）《廣韻》上聲紙韻匹婢切:“訛，具也。”（165）《集韻》上聲紙韻普弭切:“訛訛，言具也。或省。”（316）故“訛”即“訛”之異體字，當訓“具也”。《集韻》云“言具也”，即指“訛(訛)”當訓“具也”，而非謂“訛（訛）”義爲“言具也”。又《六書故·言部》:“訛，五禾切。傳繆（謬）也。亦作訛，又作訛。”（269上）“訛”當即“訛”字篆文，因“匕”即“化”之古字，而“匕”字篆文作“𠤎”，“訛”楷定可作“**訛**”。故“**訛**（訛）”與“訛”儘管形近，然音義俱别，二字不可混同,《正字通》轉録《六書故》之“訛”作“**訛**”，並據此謂“訛”即“訛”字省文，且謂“舊注”非，其説非是。《康熙字典》轉録《正字通》之説而未作校正，亦失考證。“訛”字,《大字典》《字海》皆轉録作“**訛**”，形音不諧，當以校作“訛”爲是;《大字典》《字海》“訛（**訛**）”字下皆據《正字通》之説而收録同“訛”這一義項，亦並非是。又《大字典》“訛(**訛**)”字下第（一）義項據《集韻》謂同“訛”，並訓“言具”，此謂同“訛”，是也；然訓“言具”，即因不明《集韻》訓釋體例而誤。

591. 訨

《字彙·言部》:“訨，諸氏切，音止。訐也。”（449上）

《正字通·言部》:“訨，古文詩字之訛。詩从之，篆作䛐，因篆形誤作訨。舊注音止，訐也，非。”（1054下）

按：《康熙字典·言部》："訨，《集韻》諸市切，音止。訐也。又《玉篇》諸是切，音紙。義同。"（1197下）《龍龕》卷一《言部》："䛳，今；訨，正。旨、止二音。訨，訐也；訐發人惡也。二。"（45）《玉篇·言部》："訨，諸是切。詐也。"（43下左）《叢考》據《龍龕》校"詐也"爲"訐也"，是也。又《説文·言部》："詩，志也。从言，寺聲。訨，古文詩省。"（46上）故"訨"與"訨（詩）"音義俱别，二字不可混同，《正字通》謂"訨"即古文"詩"字之訛，且謂"舊注"非，其説非是。

592. 訵

《字彙·言部》："訵，昌志切，音熾。陰知伺察。又抽知切，音痴。義同。"（449下）

《正字通·言部》："訵，舊注音熾，陰知伺察；又音痴，義同。按：伺察與詗義同，熾、痴二音與詗異，四即同之訛，六書有詗無訵，《舉要》受訵，亦非。"（1055下）

按：《康熙字典·言部》："訵，《廣韻》丑飢切，《集韻》抽遲切，並音絺。《字林》：'陰知也。'《類篇》：'伺察也。'"（1199下）原本《玉篇·言部》："訵，丑利反。《蒼頡篇》：'陰知也。'"（295）《玉篇·言部》："訵，丑利切。陰知也。"（43下右）《廣韻》平聲脂韻丑飢切："訵，陰知也。出《字林》。"（23）下文去聲至韻丑利切又曰："訵，陰知。亦作呬。"（247）又《説文·言部》："詗，知處告言之。从言，冋聲。"（51下）《玉篇·言部》："詗，呼政、火迥二切。知處告言之也。"（43上右）"訵"與"詗"儘管義通，然形音俱别，二字不可混同，故《正字通》謂"訵"即"詗"字之訛，非是。"訵"當同"伺"。《説文新附·人部》："伺，候（候）望也。从人，司聲。"（165下）《玉篇·司部》："伺，胥咨、司志二切。候也；察也。《廣雅》《埤蒼》並作覗。"（12上右）故"訵（呬）"與"伺"音義皆通，"訵（呬）"疑即"伺"之異體字。

593. 詙

《字彙·言部》："詙，奇寄切，音芰。謀也。又香義切，音戲。義

同。又七賜切，音次。義同。”（450上）

《正字通·言部》：“誎，訛字。舊注音芰，謀也；音戲，音次，義同。按：誎雖見《集成》，音訓無據，宜删。”（1057上）

按：《康熙字典·言部》：“誎，《廣韻》《集韻》並七賜切，音刺。《玉篇》：‘謀也。’”（1201下）《玉篇·言部》：“誎，七賜切。謀也。”（44上右）故宫本《王韻》去聲寘韻此豉反：“誎，謀。”（490）《廣韻》去聲寘韻奇寄切：“誎，謀也。”下文七賜切亦曰：“誎，謀也。”（240）《集韻》去聲寘韻七賜切：“誎，謀也。”（468）下文奇寄切亦曰：“誎，謀也。”（471）“誎”當即“諫”字之俗。《名義·言部》：“**諓**，千吏反。謀也。”（86下）“誎”與“**諓**”形近義同，當爲一字之變。原本《玉篇·言部》：“諫，千吏反。《字書》：‘謀也。’”（297）“**諓**”與“諫”音義並同，且位置相同，故“**諓**”當即“諫”字之俗；而“誎”“**諓**”即同字異寫，則“誎”亦當即“諫”字之俗。《玉篇校釋》注曰：“原本列字於此，廣益本以與（37）‘諫，且録切。從也’字同形而逸奪此‘諫’字。它書亦未見有訓謀之諫字，古同形異文失傳者不僅此也，字疑從敕省聲。”（1853）胡吉宣謂此“諫”與《玉篇》上文所録之“諫”爲同形字，是也；然謂此字訛奪，不確。據上文可知，此字實際上訛變爲“誎”，廣益本《玉篇》將其置於部末。《大字典》“諫”字下應據原本《玉篇》增補“謀”這一義項，並溝通“誎”與“諫”的字際關係，方是。

594. 訨

《字彙·言部》：“訨，如深切，音壬。信也；念也。又女林切，賃平聲。訨訨，喉聲。《玉篇》：‘多言。’”（450下）

《正字通·言部》：“訨，舊注音壬，信也，念也；又女林切，賃平聲；訨訨，喉聲。《玉篇》：‘多言。’或曰：訨與《皋陶謨》‘孔壬’之‘壬’義同。《舜典》：‘任人。’注：‘任，古文作壬。包藏凶惡之人也。’壬訛爲任，俗加言作訨，《玉篇》‘多言’，似而非；舊注訓信，亦非；喉聲，尤非。”（1059下）

按：《康熙字典·言部》：“訨，《廣韻》《集韻》並如林切，音壬。信也；念也。”（1205 上）《廣韻》平聲侵韻如林切：“訫，信也；念也。”（145）《集韻》平聲侵韻如林切：“訫，信也。”同一小韻下文又曰：“訌，念也。”（276）“訌”即“訫”字之省，而“訫”當同“恁”。《廣雅·釋詁一》：“恁，思也。”《玉篇·心部》：“恁，如針切。信也。又如甚切。念也。”（41 上右）敦煌本《王韻》平聲侵韻如林反：“恁，信。”（380）故宮本《王韻》、故宮本《裴韻》、《廣韻》同。故“訫”訓“信也”“念也”，與“恁”音義並同，此“訫”當即“恁”之異體字。

595. 誠

《字彙·言部》：“誠，《集成》有誠無誠，此字或訛。”（451 上）

《正字通·言部》：“誠，舊注《集成》有誠無誠，此字或訛。按：訹音戌，俗作誠，因聲近而訛。从戊無戌音，《集成》載誠，亦誤。”（1061 上）

按：《康熙字典·言部》：“誠，《正字通》：‘《字彙》：《集成》有誠無誠，此字疑訛。按：訹音戌，俗作誠，因聲近而訛。从戊無戌音，《集成》載誠，亦誤。’”（1207 上）《篇海》卷三《言部》引《餘文》：“誠，七次、許記二切。謀也。”（609 下）“誠”當即“誠”字之俗。《玉篇·言部》：“誠，七賜切。謀也。”（44 上右）故宮本《王韻》去聲寘韻此豉反：“誠，謀。”（490）《廣韻》去聲寘韻奇寄切：“誠，謀也。”下文七賜切亦曰：“誠，謀也。”（240）《集韻》去聲寘韻七賜切：“誠，謀也。”（468）下文奇寄切亦曰：“誠，謀也。”（471）《新修玉篇》卷九《言部》引《玉篇》：“誠，七賜切。《韻》又許記切、下快二切。並謀也。丁公《集韻》又奇寄切。”下文引《餘文》又曰：“誠，七賜切。謀也。又奇寄切。”（80 上右）“誠”與“誠”音義並同，故“誠”當即“誠”字之俗。又《説文·言部》：“訹，誘也。从言，术聲。”（48 下）“訹”，《廣韻》音“辛聿切”。故“誠”與“訹”音義俱別，二字不可混同，《正字通》之説非是。《康熙字典》轉録《正字通》之説而未作校正，亦失考證。“誠”字，《大字典》《字海》俱轉録作“誠”，並據《正字通》之説而謂同“訹”，疑並非是。

596. 諮

《字彙·言部》:“諮，達合切，音踏。言相惡也。又諮諮，多言也。”（453 上）

《正字通·言部》:“諮，徒答切，音沓。言相惡也。《荀子》:‘諮諮然而沸。’注:‘多言。’借用沓，俗加言。”（1067 上）

按:《康熙字典·言部》:“諮,《唐韻》徒合切,《集韻》《韻會》《正韻》達合切，並音遝。《説文》:‘譅諮也。’《玉篇》:‘妄語也。’《正韻》:‘言相惡也。’又諮諮，多言也。《荀子·正名篇》:‘愚者之言諮諮然而沸。’又《廣韻》譐諮。亦作沓。《詩·小雅》:‘噂沓背憎。’箋:‘噂噂沓沓，相對談語，背則相憎逐沓。’”（1215 上）《詳校篇海》卷一《言部》:“諮，達合切，音沓。《説文》本作沓。語多沓沓，若水流貌。《荀子》:‘諮諮然而沸。’注:‘多言也。’”（57 上）《篇海類編》同。《荀子·正名》:“故愚者之言，芴然而粗，嘖然而不類，諮諮然而沸。”楊倞注:“諮諮，多言也。”《正字通》所言當是。《説文·曰部》:“沓，語多沓沓也。从水，从曰。”（95 下）《玉篇·曰部》:“沓，徒荅切。多言也。”（44 上左）《詩·小雅·十月之交》:“噂沓背憎，職競由人。”毛傳:“噂猶噂噂，沓猶沓沓。”鄭玄箋:“噂噂沓沓，相對談語。”故“諮”訓“多言”，與“沓”音義並同，此“諮”本當作“沓”。

597. 謳

《字彙·言部》:“謳，口答切，音榼。謳讘，笑語。”（453 上）

《正字通·言部》:“謳，舊注音盍（榼），謳讘，笑語。一説謡字之訛。”（1068 上）

按:《康熙字典·言部》:“謳,《集韻》渴合切，音峇。《類篇》:‘謳讘，笑語也。’”（1216 上）《集韻》入聲合韻渴合切:“謳，謳讘，笑語。”（769）又《爾雅·釋歌》:“徒歌謂之謡。”《玉篇·言部》:“謡，與招切。獨歌也。徒歌曰謡。”（42 上左）“謳”與“謡”音義俱别，二字不可混同，故《正字通》一説“謳”即“謡”字之訛，非是。

598. 諭

《字彙·言部》:“諭，羊遇切，音豫。告也；警也；曉也。”（454 上）

《正字通·言部》:“諭，余據切，音豫。告也；譬也；曉也。”（1071 上）

按:《康熙字典·言部》:“諭,《唐韻》羊戍切,《集韻》《韻會》俞戍切，並音裕。《説文》:‘告也。’《類篇》:‘曉也。’……又《玉篇》他口切，偷上聲。誘也。”（1220 下）《玉篇·言部》:“諭，他口切。諭（當爲字頭誤重）誘也。”（44 上右）此“諭”當同“訃”。《玉篇·言部》:“訃，他口切。訃（當爲字頭誤重）誘。”（43 下左）《集韻》上聲厚韻他口切:“訃，誘也。”（439）故“諭”訓“誘也”，與“訃”音義並同，此“諭”當即“訃”之異體字。

599. 諰

《字彙·言部》:“諰，與葸同。又思也。”（454 上）

《正字通·言部》:“諰，同葸。《説文》:‘思之意也。’本作謥。《通雅》曰:‘《赤蛟篇》：靈禠禠。’《荀子》:‘諰諰肰恐天下之合而軋己。’《漢書·刑法志》:‘鰓鰓常恐。’《唐韻》收入支韻,《漢志》注上聲。王延壽《魯靈光［殿］賦》:‘心猥猥以發悸。’即《魯論》葸字。《長箋》:‘葸不成字，不知何見。’篆作。舊注與葸同，不知禠、鰓、猥並通。”（1071 上）

按:《康熙字典·言部》:“諰,《唐韻》胥里切,《集韻》想止切,《韻會》《正韻》想里切，並音枲。《説文》:‘思之意。’《廣韻》:‘言且思之。’又《類篇》:‘直言也。’又懼貌。《荀子·議兵篇》:‘諰諰肰常恐天下之合而軋己也。’……《説文》本作謥,《字彙》同葸。”（1221 上）《詳校篇海》卷一《言部》:“諰，想里切，音徙。亦作葸。又言且思之意。”（58 上）《篇海類編》同。《正字通》所言近似。《玉篇·艸部》:“葸，胥里切。畏懼也。”（68 下右）《集韻》上聲止韻想止切:“猥偲，不安也。或从人。”（323）《荀子·强國》:“佚而治，約而詳，不煩而功，治之至也。秦類之矣。雖然，則有其諰矣。”楊倞注：“諰，懼。”《荀子·議兵》：“秦四世有勝，諰諰肰恐天下之合而軋己也，此所謂末世之兵，未有本統也。”楊倞注：“《漢書》作鰓。”又《論語·泰伯》：“恭而無禮則勞，慎而無禮則葸。”何晏注：“葸，畏懼之貌。”又《漢書·刑法志》：“故雖地廣兵强，鰓鰓常恐天下之一合而共軋己也。”顔師古注引蘇林曰：“鰓音‘慎而無禮則葸’之葸。鰓，懼貌也。”故“諰”訓“懼”，與“葸”“㒽”“偲”音義並同，當爲異體字；而“鰓”本義當指“魚類的呼吸器官”，而其訓“懼貌也”，當因用作“葸”之假借字而産生的假借義。《大字典》“諰”字第（一）義項下收録五個義項，其中第❷義項據《荀子·强國》及《睡虎地秦墓竹簡·爲吏之道》的文獻例證訓“恐懼”，第❺義項據《字彙》之説而謂同“葸”，《大字典》這樣處理是失當的。據上文可知，《大字典》應將以上第❷義項與第❺義項合並爲一個義項，直謂同“葸”，以《字彙》作爲書證，並以《荀子·强國》及《睡虎地秦墓竹簡·爲吏之道》作爲例證。

600. 誒

《字彙·言部》：“誒，昨悉切，音疾。毒；苦。又語急。”（455 上）

《正字通·言部》：“誒，與疾通。語急。本用疾。舊注别訓毒、苦，非。”（1074 下）

按：《康熙字典·言部》：“誒，《廣韻》秦悉切，《集韻》昨悉切，並音疾。《廣雅》：‘苦也。’《類篇》：‘毒也。’《玉篇》作㤭。又《廣韻》：‘語急也。’《正字通》：‘與疾通。’”（1225 上）《廣雅·釋詁四》：“誒，苦也。”敦煌本《王韻》入聲質韻秦悉反：“㤭，毒；苦。亦作誒。”（424）《廣韻》入聲質韻秦悉切：“㤭，毒；苦也。”同一小韻下文又曰：“誒，語急。”（382）《集韻》入聲質韻昨悉切：“誒，語速。一曰毒也。”（664）《正字通》所言當是。故宫本《王韻》入聲質韻秦悉反：“疾，急。”（512）《集韻》入聲質韻昨悉切：“疾，急也。”（382）《左傳·宣公十五年》：“諺曰：‘高下在心，川澤納汙，山藪藏疾。’”杜預注：“山之有林藪，毒害者居之。”又《管子·小問》：“凡牧民者，必知其疾。”戴望注：“疾，謂患苦也。”故“謏”“㑵”與“疾”音同義通，本當作“疾”。

601. 謙

《字彙·言部》:“謙，苦兼切，欠平聲。敬也；讓也；不自滿也。又姓。”（455下）

《正字通·言部》:“謙，苦堅切，欠平聲。《説文》:‘敬也。’又讓也；不自滿也。又卦名。”（1075上）

按:《康熙字典·言部》:“謙，《唐韻》《集韻》《韻會》《正韻》並苦兼切，歉平聲。《説文》:‘敬也。’《玉篇》:‘讓也。’《增韻》:‘致恭也；不自滿也。’……又姓。見《字彙》。”（1225下）《説文·言部》:“謙，敬也。从言，兼聲。”（47下）原本《玉篇·言部》:“謙，去兼反。《周易》:‘謙，輕也。天道虧盈而益謙，地道變盈而流謙，鬼神害盈而福謙，人道惡盈而好謙，謙尊而光，卑而不可踰。’野王案:‘謙猶沖讓也。’《尚書》:‘滿招損，謙受益。’是也。《國語》:‘謙謙之德。’賈逵曰:‘謙謙，猶小小也。’《説文》:‘謙，敬也。’《蒼頡篇》:‘謙，虚也。’”（248）《玉篇·言部》:“謙，苦嫌切。輕也；讓也；敬也。”（42上左）《新修玉篇》引《玉篇》同。《篇海》卷二《言部》引《玉篇》:“謙，苦嫌切。逕也；讓也；敬也。”（611上）“逕”當爲“輕”字之訛。《直音篇》卷二《言部》:“謙，苦兼切。逕；讓。”（90上）“逕”亦爲“輕”字之訛。《詳校篇海》卷一《言部》:“謙，苦兼切，舊音牽。逕（輕）；讓。又致恭。又敬也。又自滿也。”（58下）《篇海類編》同。《廣韻》平聲添韻苦兼切:“謙，敬也；讓也。”（153）《集韻》平聲沾韻苦兼切:“謙，《説文》:‘敬也。’”（293）故《字彙》又訓“姓”，於前代字韻書皆無徵，疑因從“兼”爲説而誤。《廣韻》平聲添韻古甜切:“兼，又姓。衛公子兼之後。”（153）《集韻》平聲沾韻堅嫌切:“兼，亦姓。”（293）《康熙字典》轉録《字彙》“姓”這一義訓而未作校正，亦失考證。《大字典》“謙”字下據《字彙》之誤而收録“姓”這一義項，疑非是;《字海》“謙”字下亦收“姓”這一義項，疑亦非是。

602. 謟

《字彙·言部》:“謟，他刀切，音叨。疑也。《左傳·昭二十六年》:‘王子朝辭曰：天道不謟。’”（455 下）

《正字通·言部》:“謟，慆字之訛。《爾雅》《左傳》本作慆，别出謟，俗本誤也。”（1076 上）

按:《爾雅·釋詁下》:“謟，疑也。”陸德明《釋文》:“謟，字或作慆。”原本《玉篇·言部》:“謟，他勞反。《爾雅》:‘謟，疑也。’郭璞曰：《傳》云‘天名不謟’是也。或爲慆字，在《心部》。”（297）《玉篇·言部》:“謟，他勞切。疑也。”（43 下左）《玉篇校釋》“謟”字下注:“引《爾雅》爲《釋詁》文，郭注引《傳》爲《左哀十七年傳》文，又《昭廿六年傳》:‘天道不謟。’杜注:‘謟，疑也。’《釋文》:‘謟，本又作慆。’”（1854）故“謟”訓“疑也”，與“慆”音義並同，即爲異體字。

603. 譳

《字彙·言部》:“譳，郎豆切，音陋。譳詬，忽怒。”（456 上）

《正字通·言部》:“譳，譪字之訛。舊注郎候切，音陋，譳詬，忽怒，非。六書無譳。”（1077 上）

按:《康熙字典·言部》:“譳,《廣韻》盧候切,《集韻》郎豆切，並音陋。《類篇》:‘譳詬，暴怒也。’”（1228 下）《廣韻》去聲候韻盧候切:“譳，譳詬，忽怒。”（355）《集韻》去聲候韻郎豆切:“譳，譳詬，暴怒。”（620）又《正字通·言部》:“譪，同謾。”（1078 上）“譪”即“謾”之異體字。故“譳”與“譪”音義俱别，二字不可混同,《正字通》謂“譳”即“譪”字之訛，且謂“舊注”非，既無書證亦無例證，其説非是。

604. 譄

《字彙·言部》:“譄，作滕切，音增。加也。”（456 下）

《正字通·言部》:“譄，咨登切，音增。《説文》:‘加也。’篆作譄。按：譄、增音義通,《説文》贅作譄,《六書統》作⿱曾言，並泥。”（1078 上）

按:《康熙字典·言部》:"譄,《唐韻》作滕切,《集韻》咨騰切,並音增。《説文》:'加也。'"(1230下)《説文·言部》:"譄,加也。从言,曾聲。"(50上)徐鍇《繫傳》:"以言增加之也。"段玉裁注:"加下曰:'語相譄加也。'按:譄、加、誣三字互訓。"《正字通》所言當是。《方言》卷六:"誣,與也。"錢繹箋疏:"譄,與增同。"《爾雅·釋言》:"增,益也。"郝懿行《義疏》:"增,又通作譄。"以上二説皆其證也。故"譄"與"增"音義皆通,"譄"本當作"增"。《大字典》收録"譄"字,其下分爲兩個義項:第❶義項據《説文》、段注等訓"言辭誇大";第❷義項據《正字通》之説而謂同"增"。據上文可知,《大字典》應將第❷義項合並到第❶義項中去,謂通作"增",訓"言辭誇大",即妥。

605. 譹

《字彙·言部》:"譹,胡到切,音號。相欺。"(456下)

《正字通·言部》:"譹,嗥字之訛。舊注音號,相欺,誤。"(1078上)

按:《康熙字典·言部》:"譹,《廣韻》胡到切,《集韻》後到切,並音號。《類篇》:'譹讀,相欺也。'……《正字通》:'嗥字之訛。'"(1230下)原本《玉篇·言部》:"譹,胡報反。《蒼頡篇》:'譹,譹讀也。'《聲類》:'譹讀,相欺也。'"(296)《正字通》之説疑非是。《説文·口部》:"嗥,咆也。从口,皋聲。"(28下)《玉篇·口部》:"嘷,胡高切。《左氏傳》云:'犲狼所嘷。'嘷,咆也。"(25下左)"嗥""嘷"即異寫字。故"譹"與"嗥(嘷)"音義俱别,二字不可混同,《正字通》謂"譹"即"嗥(嘷)"字之俗,且謂"舊注"非,既無書證亦無例證,其説非是。《康熙字典》轉録《正字通》之説而未作校正,亦失考證。

606. 譔

《字彙·言部》:"譔,與撰同。撰述也。又且緣切,音詮。《説文》:'專教也。'《廣韻》:'善言也。'"(457上)

《正字通·言部》:"譔,同撰。撰述也。又才緣切,音詮。《説文》:

‘專教也。’……《廣韻》：‘善言也。’”（1079上）

按：《康熙字典·言部》：“譔，《唐韻》此緣切，《集韻》《韻會》逡緣切，《正韻》且緣切，並音銓。《説文》：‘專教也。’《類篇》：‘殊也。’《廣韻》：‘善言也。’……又《五音集韻》雛晥切，饌上聲。與撰同。《類篇》：‘述也。’《韻會》：‘造也；爲也。’揚子《法言》：‘訓諸理譔孝行。’《集韻》：‘或作篹。’”（1232上）《古今韻會舉要》上聲獮韻雛免切：“譔，述也；造也；爲也。《廣韻》：‘又專敬也。’《集韻》：‘或作篹，通作撰。’”（264上）“譔”訓“述也”，當同“篹”“撰”。《集韻》上聲獮韻鶵免切：“譔，述也。或作篹，通作撰。”（386）此即其證也。又“譔”訓“造也”“爲也”，“造也”“爲也”訓異義同，此“譔”亦當同“撰”。《古今韻會舉要》上聲潸韻雛綰切：“撰，《增韻》：‘造也。’”（257上）唐李白《化城寺大鐘銘》：“乃採鳧氏，撰鳴鐘，火天地之爐，扇陰陽之炭。”宋羅大經《鶴林玉露》乙編卷三：“韓平原作南園於吴山之上，其中有所謂村莊者，竹籬茅舍，宛然田家氣象。平原君嘗遊其間，甚喜曰：‘撰得極是，但欠鷄鳴犬吠耳。’”上述文獻中的“撰”皆爲“造”之義。故“譔”訓“造也”“爲也”，與“撰”音義並同，亦爲異體字。《大字典》“譔”下據《古今韻會舉要》收録“造，爲”這一義項，亦應溝通其與“撰”字的異體關係。

607. 譗

《字彙·言部》：“譗，竹洽切，音劄。譗譡，言無倫脊。”（457上）

《正字通·言部》：“譗，俗答字。舊注音劄，譗譡，言無倫脊，非。”（1079下）

按：《康熙字典·言部》：“譗，《集韻》竹洽切，音劄。譗譡。”（1232下）《集韻》入聲洽韻竹洽切：“譗，譗譡，言無倫脊也。”（788）上文入聲質韻陟栗切又曰：“譡，譗譡，言無倫脊也。”（666）“譗”與“答”音義俱别，二字不可混同，《正字通》謂“譗”即“答”字之俗，且謂“舊注”非，既無書證亦無例證，其説非是。佛經有“譗譡”的文獻用例，提供如下：《大正藏》本宋妙源編《虚堂和尚語録》卷第六《代别》：“舉，龕上座到百丈。丈云：‘闍梨有事，相借問得麽？’龕云：‘幸自非言，何須譗謺。’丈云：‘收得安南，又憂塞北。’龕擘開胸云：‘與麽不與麽？’丈云：‘要且難搆，要且難搆。’龕云：‘知即得，知即得。’”“譗謺”即爲雙聲聯連綿，亦作“劄窒”“偺㥄”。《大正藏》本宋善卿編《祖庭事苑》卷第七《八方珠玉集》：“劄窒，當作譗謺。言無倫脊也。或作偺㥄。抵鋙也。一曰不循理。上竹狹切，下知栗切。”此即其證也。故“譗謺”，或作“劄窒”“偺㥄”，義爲“言語無條理”或“牴牾”“不循理”。又《廣韻》入聲質韻陟栗切：“㥄，偺㥄，愛觸忤人也。”（382）下文入聲洽韻竹洽切又曰：“偺，偺㥄，忽觸人也。”（439）《集韻》入聲質韻陟栗切：“㥄，偺㥄，牴牾也。一曰不循理。”（666）下文入聲洽韻竹洽切又曰：“偺，偺㥄，忽觸人也。”（788）故“偺㥄”與“偺㥄”“譗謺”音義皆同，“偺㥄”亦當同“偺㥄”“譗謺”，“偺”“偺”即異寫字。

608. 諜

《字彙·言部》：“諜，失涉切，音攝。讋諜，言失。”（457 上）

《正字通·言部》：“諜，俗諜字。舊注音攝，讋諜，言失，誤。”（1080 上）

按：《康熙字典·言部》：“諜，《集韻》《類篇》並失涉切，音攝。讋諜，言失也。”（1233 下）《集韻》入聲葉韻失涉切：“諜，讋諜，言失也。”（777）又《説文·言部》：“諜，軍中反閒也。从言，枼聲。”（52 上）《玉篇·言部》：“諜，徒頰切。伺也。”（43 上左）儘管“葉”旁、“枼”旁俗書常可換用，然“諜”與“諜”音義俱别，二字不可混同，故《正字通》謂“諜”即“諜”字之訛，且謂“舊注”非，既無書證亦無例證，其説非是。

609. 譪

《字彙·言部》：“譪，許介切，音解。譀譪，怒罵貌。又莫懈切，音賣，誇誕也。”（457 下）

《正字通·言部》：“譪，同噶。舊注音械，怒駡；又音賣，誇誕，非。《説文》噧在《口部》，訶介切，从口，蠆省聲；譪在《言部》，莫話切，从言，萬聲，分二音二義，噧、譪合可也。”（1080下）

按：《康熙字典·言部》：“譪，《唐韻》莫話切，《集韻》莫敗切，並音邁。《説文》：‘譀也。’《廣韻》：‘誇誕也。’《集韻》或作讗……又《玉篇》火界切，《廣韻》許介切，並音喊。譀譪，争怒貌。《類篇》或作讗。《篇海》亦作譪。《正字通》與噧同。”（1233下）《説文·言部》：“譪，譀也。从言，萬聲。”（50上）《玉篇·言部》：“譪，火界切。譀譪，諍駡怒皃。又音邁。”（42下左）《廣韻》去聲怪韻許介切：“譪，譀譪。”（286）下文去聲夬韻莫話切：“譪，誇誕。又火犗切。”下文火犗切又曰：“譪，譀譪。”（288）又《説文·口部》：“噧，高气多言也。从口，蠆省聲。”（27下）《廣韻》去聲怪韻許介切：“噧，高聲皃；又多言。”（286）故“譪”與“噧”音同義别，二字不可混同，《正字通》謂“譪”同“噧”，且謂“舊注”非，既無書證亦無例證，其説非是。《康熙字典》轉録《正字通》之説而未作校正，亦失考證。

610. 䜧

《字彙·言部》：“䜧，昨答切，音雜。䜧䜧，聲也。”（457下）

《正字通·言部》：“䜧，俗㗳字。”（1080下）

按：《康熙字典·言部》：“䜧，《字彙》昨答切，音雜。䜧䜧，聲也。”（1234下）《集韻》入聲盍韻疾盍切：“䜧，䜧䜧，聲也。”（774）又《玉篇·口部》：“㗳，先榼切。《字書》云：‘㗳㗳，醜也。’”（26上右）《廣韻》入聲盍韻蘇盍切：“㗳，㗳㗳，食皃。”（434）《集韻》入聲盍韻才盍切：“㗳，㗳㗳，醜也。一曰食皃。”（774）故“䜧”與“㗳”音義俱别，二字不可混同，《正字通》謂“䜧”即“㗳”字之俗，既無書證亦無例證，其説疑不可據。

611. 謴

《字彙·言部》：“謴，古困切，音棍。摩人也。”（457下）

《正字通·言部》：“謴，俗諢字。舊注音棍，摩人，非。”（1080下）

按:《康熙字典·言部》:"諢,《廣韻》《集韻》並古困切,袞去聲。摩人也。又翫人也。或作讃、謴。"(1234下)《龍龕》卷一《言部》:"諢,古困反。摩人也。"(49)《廣韻》去聲慁韻古困反:"諢,摩人也。"(304)"摩人"當同"玩人",義爲"戲弄人""玩弄人"之義。如:宋李清照《〈金石録〉後序》:"每獲一書,即同共勘校,整集籤題。得書畫、彝鼎,亦摩玩舒卷,指摘疵病,夜盡一燭爲率。""摩玩"亦作"摩翫"。清鈕琇《觚賸續編·畫水》:"遍購法書名畫,日夕摩翫,故所作行草,得枝山筆意,而畫尤入神。""摩玩""摩翫"當爲聯合式複合詞,即爲"玩摩"之義,其中"摩"與"玩(翫)"當爲近義或同義關係。此即其證也。又《玉篇·言部》:"諢,五困切。弄言。"(44上右)《廣韻》去聲慁韻五困切:"諢,《玉篇》云:'弄言。'"(304)"諢"即義指"逗趣的話",亦可引申爲"戲謔""戲弄"之義。故"諢"與"諢"義通音別,二字不可混同,《正字通》謂"諢"即"諢"字之俗,非是。"諢"當即"讃"之異體字。《龍龕》卷一《言部》:"讃,古困反。順言調弄之皃也。"(49)《廣韻》去聲慁韻古困切:"讃,順言謔弄皃。出《聲譜》。"(304)《龍龕》《廣韻》注文中的"順言"疑皆爲"順謂"或"義指"之義,《大字典》《字海》"讃"字下皆以"順言"作爲一個義項,疑並非是。故"諢"與"讃"音義並同,"諢"當即"讃"之異體字。《集韻》去聲圂韻古困切:"諢讃謴,翫人也。或从貫、从袞。"(550)此即其證也。《集韻》改訓"翫人也",亦證明了"摩人也"與"翫(玩)人也"義同。《大字典》《字海》俱收"諢"字,其下皆分爲兩個義項:第❶義項據《廣韻》訓"摩人";第❷義項據《集韻》謂同"讃",並分别訓爲"玩人""戲弄人"。據上文可知,《大字典》《字海》應將"諢"字下兩個義項合並爲一個義項,謂同"讃",並訓"玩人"或"戲弄人",即妥。

612. 譾

《字彙·言部》:"譾,子踐切,音翦。語煩。"(457下)

《正字通·言部》:"譾,俗讝字。舊注重出。"(1080下)

按:《康熙字典·言部》:"譾,《集韻》《類篇》並子淺切,音翦。語煩也。”（1234下）《集韻》上聲獮韻子淺切：“譾，語煩。”（383）又《集韻》上聲獮韻子淺切：“譾，淺也。《史記》：‘能薄而材譾。’或作俴。”（383）《史記·李斯列傳》：“能薄而材譾，彊因人之功，是不能也。”司馬貞《索隱》：“譾，劉氏音將淺反。則譾亦淺義。”“譾”與“譾”音同義別，二字不可混同，故《正字通》謂“譾”即“譾”字之俗，既無書證亦無例證，其説疑不可據。

613. 譮

《字彙·言部》：“譮，下戒切，音械。怒聲。《六書正譌》：‘籀文話字。’”（457下）

《正字通·言部》：“譮，籀文語，語、話、譮同。”（1081上）

按：《康熙字典·言部》：“譮，《説文》：‘籀文話字。’……又《集韻》黄外切，音會。悟也。”（1234下）《集韻》去聲夳韻黄外切：“譮，悟也。”（522）此“譮”本當作“會”。《世説新語·言語》：“簡文入華林園，顧謂左右曰：‘會心處，不必在遠。翳然林水，便自有濠濮間想也。覺鳥獸禽魚，自來親人。’”唐孟郊《聽琴》：“聞彈一夜中，會盡天地情。”宋陳亮《念奴嬌·登多景樓》：“危樓還望，嘆此意，今古幾人曾會！”以上諸文中的“會”字皆義爲“悟也”。“會”，《廣韻》音“黄外切”。故“譮”訓“悟也”，與“會”音義並同，此“譮”本當作“會”。

614. 譟

《字彙·言部》：“譟，鋤祐切，音驟。僝僽，惡貌。”（458上）

《正字通·言部》：“譟，千候切，音驟。衆言會集也。舊注僝僽，惡貌，非。”（1082上）

按：《康熙字典·言部》：“譟，《集韻》鉏救切，音驟。與僽同。僝僽，詈也。《字彙》：‘惡貌。’《正字通》：‘衆言會集也。’”（1236下）《集韻》去聲宥韻鉏救切：“僽譟，僝僽，詈也。或从言。”（615）《新修玉篇》卷九《言部》引《餘文》：“譟，鋤祐切。僝僽，惡言罵也。”（83上左）《篇海》同。《直音篇》卷二《言部》：“譟，音驟。惡言罵也。”（89下）《詳校篇海》卷一《言部》:“諏,鋤祐切,音驟。僝僽,惡貌。”(61上)《篇海類編》同。故“諏”當即“僽”之異體字,當訓“僝僽,詈也”。《正字通》改訓“衆言會集也”,並謂“舊注”非,既無書證亦無例證,當因從“言”“聚”爲説而誤。《康熙字典》轉録《正字通》“衆言會集也”之訓而未作校正,亦失考證。《大字典》“諏”字下據《正字通》之説而收録“衆言會集”這一義項,疑非是;《字海》“諏”字據《正字通》徑訓爲“衆言會集”,疑亦非是。

615. 讀

《字彙·言部》:“讀,之日切,音質。野人之言。”(458上)

《正字通·言部》:“讀,俗質字。舊注真日切,音質,野人之言。與《口部》嚽注同,加口、加言並非。”(1082下)

按:《康熙字典·言部》:“讀,《集韻》職日切,音質。同嚽。野人之言也。”(1237上)《説文·口部》:“嚽,野人言之。从口,質聲。”(25下)徐鍇《繫傳》作:“野人之言。”《集韻》入聲質韻職日切:“嚽讀,《説文》:‘野人之言。’或从言。”(662)《正字通》謂“讀”爲“質”字之俗,所言當是。段玉裁注:“《論語》曰:‘質勝文則野。’”徐灝《注箋》:“質、嚽,相承增口旁,蓋漢時之俗字耳。”以上二書是其證也。故“讀”“嚽”即爲異體字,二字本當作“質”。

616. 譴

《字彙·言部》:“譴,以追切,音遺。譯惡言也。又他回切,音推。江南呼欺曰譴。”(458下)

《正字通·言部》:“譴,譴字之訛。舊注沿《篇海》音遺,譯惡言也;又音推,江南呼欺曰譴,並非。一曰俗因詒有相欺之義,故贅作譴。”(1083上)

按:《康熙字典·言部》:“譴,《玉篇》以隹切,音遺。譯惡言也。又《廣雅》:‘怒也;讓也。’又《集韻》《類篇》並通回切,音推。揚子《方言》郭璞解:‘汝南人呼欺爲譴。’”(1237下)《方言》卷三:“膠、譎,詐也。”郭璞注：“汝南人呼欺爲讉，託回反。亦曰詒，音殆。”周祖謨校箋：“膠，當作謬。原本《玉篇》‘謬’下引《方言》云：‘謬，詐也，自關而東西或曰謬。’《爾雅·序》釋文及玄應《音義》卷二、慧琳《音義》卷六、卷七、卷三十四等引《方言》並云‘謬，詐也’，當據正。”（21）周氏所校是也，“膠”當爲“謬”字之訛。《玉篇·言部》：“讉，以隹切。譯惡言也。”（43下左）《玉篇校釋》校“譯惡言也”爲“諜（譟）也；惡言也”，並注曰：“‘諜（譟）也；惡言也’者，原作‘譯惡言也’，‘譯’爲‘諜（譟）’之形誤，又奪‘也’字，今補正。上（82）：‘讀，諜（譟）也。’‘諜（譟）’原亦訛‘譯’。（405）：‘諜（譟），《蒼頡篇》：諜（譟），讀也。《聲類》：諜（譟）、讀，相欺也。’讀與讉同。《方言》三：‘膠、譎，詐也。’郭注：‘汝南人呼欺爲讉，亦曰詒。’詒亦欺也，欺謂之詒，亦謂之讀，猶貽謂之詒，亦謂之遺也。”（1861）胡氏所校亦是也，“譯惡言也”當爲“諜（譟）也；惡言也”之訛脱。“諜（譟）也”與“詐也”義同，而“惡言也”與“諜（譟）也”“詐也”義亦可相通。又《説文·言部》：“譴，謫問也。从言，遣聲。”（51上）《玉篇·言部》：“譴，詰戰切。謫也；問也；責也。”（43上右）“讉”與“譴”儘管字形相近，然音義俱别，二字不可混同，故《正字通》謂“讉”即“譴”字之訛，非是。又《説文·言部》：“詒，相欺也。从言，台聲。”（49上）“詒”，《廣韻》音“與之切”，又音“徒亥切”。故“讉”與“詒”音義皆通，故《正字通》“一曰”之説當是。《康熙字典》轉録《玉篇》“譯惡言也”之訓而未作校正，亦失考證。《大字典》《字海》“讉”字，第（一）義項皆據《玉篇》音 yí，訓“譯惡言”；第（二）義項據《方言》《集韻》音 tuí，分别訓“欺”“欺詐”。據上文可知，《大字典》《字海》第（一）義項應據胡氏之説校作“諜（譟）也；惡言也”，並將第（二）義項以“又音”的形式與第（一）義項合並爲一個義項，方妥。

617. 譮

《字彙·言部》：“譮，下戒切，音解。誡也。”（458下）

《正字通·言部》：“譮，儙字之訛。舊注音懈，誡也，誤。”

（1083 上）

按：《康熙字典・言部》："儮，《集韻》下介切，音械。（誡）［誡］也。"（1238 上）《集韻》去聲怪韻下介切："譮，誡也。"（527）又《廣雅・釋詁》："儮，陿也。"王念孫《疏證》："儮者，《漢書・揚雄傳》：'何文肆而質䶎。'應劭注云：'䶎，狹也。䶎與儮通，狹與陿通。'"《集韻》去聲怪韻下介切："儮䙲，《博雅》：'陿也。'一曰速也。或省。"（527）故"譮"與"儮"音同義别，二字不可混同，《正字通》謂"譮"即"儮"字之訛，且謂"舊注"非，既無書證亦無例證，其説疑不可據。

618. 讌

《字彙・言部》："讌，同醼。"（458 下）

《正字通・言部》："讌。醼、宴並同，古借燕。《戰國策》：'孟嘗君讌坐。'《後漢・樊宏傳》：'樊準每讌會，［則］論［難］衎衎。'"（1083 上）

按：《康熙字典・言部》："讌，《廣韻》於甸切，《集韻》《韻會》伊甸切，並音宴。《類篇》：'合語也。'《戰國策》：'孟嘗君讌坐。'注：'合語也。'讌即燕字。又《玉篇》：'讌設也。'《廣韻》：'燕會也。'與醼同。"（1238 上）《龍龕》卷一《言部》："讌，烏見反。讌會也。"（47）《玉篇・言部》："讌，烏見切。讌設也。"（44 上右）敦煌本《王韻》去聲霰韻［烏見反］："讌，讌會。"（413）"讌設""讌會"訓異義同，皆爲"宴會"之義。故宫本《裴韻》、《唐韻》同。故宫本《王韻》去聲霰韻烏見反："讌，馬名。"（501）"馬名"當因誤脱"驠"字，遂致誤植"驠"字之義於"讌"字之上所致的訓釋失誤。《正字通》所言當是。故宫本《裴韻》去聲霰韻烏見反："醼，［醼］飲。"（595）《唐韻》去聲霰韻於甸反："醼，醼飲。古無西，今通用之。亦作宴。"（663）"讌會""醼飲"義同，故"讌"與"醼"音義並同，即爲異體字，二字亦同"宴"。《廣韻》去聲霰韻於甸切："醼，醼飲。《周禮》云：'以饗燕之禮，視四方之賓客。'《詩》云：'《鹿鳴》燕群臣嘉賓也。'古無西，今通用。亦作宴。"下字曰："讌，讌會。本亦同上。"（315）《集韻》去聲霰韻伊甸切："醼，合飲也。通作讌、燕。"（569）以上二書皆其證也。又《集韻》去聲霰韻伊甸切：“讌，合語也。”（569）《戰國策·齊策三》：“孟嘗君讌坐，謂三先生曰：‘願聞先生有以補文之闕者！’”鮑彪注：“讌，合語也。”“讌坐”，即指“坐而聚談”，“讌坐”亦作“燕坐”，《康熙字典》謂此“讌”亦作“燕”，是也。《大字典》“讌”字下據《集韻》“合語也”之訓而收録“相聚叙談”這一義項，然未溝通其與“燕”字的字際關係，失當。

619. 譤

《字彙·言部》：“譤，弋笑切，音耀。誤言。”（458下）

《正字通·言部》：“譤，弋照切，音耀。誤言。”（1083下）

按：《康熙字典·言部》：“譤，《廣韻》弋照切，《集韻》弋笑切，並音耀。《廣雅》：‘誤也。’《廣韻》：‘誤言貌。’又《類篇》：‘讙也。’”（1238下）《集韻》去聲笑韻弋笑切：“譤，讙也。”（580）“譤”訓“讙也”，疑非是。《廣雅·釋詁三》：“譤，誤也。”原本《玉篇·言部》：“譤，餘照反。《廣雅》：‘譤，誤也。’”（288）《玉篇·言部》：“譤，羊照切。誤言也。”（43上左）敦煌本《王韻》去聲笑韻弋笑反：“譤，誤。”（413）故宫本《王韻》同。《廣韻》去聲笑韻弋照切：“譤，誤言皃。”（322）故《集韻》訓“讙也”，於前代字韻書皆無徵，非是。《類篇·言部》：“譤，弋笑切。讙也。”（86下）《類篇》訓“讙也”，當因承襲《集韻》之謬而誤。《康熙字典》轉録《類篇》“讙也”之訓而未作校正，亦失考證。《大字典》“譤”字下皆據《集韻》之誤而收録“喧嘩”這一義項，疑並非是。

620. 譻

《字彙·言部》：“譻，於京切，音英。怒也。”（458下）

《正字通·言部》：“譻，俗嚶字。舊注音與嚶同，訓怒，誤。”（1083下）

按：《康熙字典·言部》：“譻，《集韻》於莖切，音罌。《類篇》：‘怒也。或作謍。’”（1238下）《集韻》平聲耕韻於莖切：“譻，怒也。或作謍。”（234）“譻”即“謍”之異體字。又《説文·言部》：“譻，聲也。从言，賏聲。”（45下）《集韻》平聲耕韻於莖切：“嚶，《説文》：‘鳥鳴也。’通作嚶。”（234）“嚶”“嚶”即爲異體字。故“謥”與“嚶”音同義别，二字不可混同，《正字通》謂“謥”即“嚶”字之俗，且謂“舊注訓怒誤”，既無書證亦無例證，其説疑不可據。

621. 讘

《字彙・言部》：“讘，尼輒切，音捻。多言。又詀讘，語細。”（459上）

《正字通・言部》：“讘，同囁。《集韻》：‘讘，或作囁。’口將言囁嚅也。《説文》：‘讘，多言。’與‘囁嚅’義反。《韻會》：‘讘，本作嵒。’舊注分囁、讘爲二，兼多言、細語二訓，並非。”（1084上）

按：《康熙字典・言部》：“讘，《唐韻》之涉切，《集韻》質涉切，並音慴。《説文》：‘多言也。’”（1239下）《説文・言部》：“讘，多言也。从言，聶聲。河東有狐讘縣。”（51上）《正字通》謂“讘”同“囁”，是也。原本《玉篇・言部》：“讘，之涉反。《説文》：‘讘，多言也。河東有狐讘縣。’《埤蒼》：‘或爲囁字。在《口部》。’”（273）《集韻》入聲葉韻日涉切：“讘，詀讘，多言。或作囁、嵒。”（779）此是其證也。故“讘”與“囁”音義並同，即異體字。

622. 谽

《字彙・谷部》：“谽，胡閤切，音合。兩山相合。”（459下）

《正字通・谷部》：“谽，侯閤切，音合。兩山相合。一説本借用合，俗从谷作谽，泥。”（1086上）

按：《康熙字典・谷部》：“谽，《字彙》胡閤切，音合。兩山相合”（1242上）《新修玉篇》卷二十《谷部》引《類篇》：“谽，音合。兩山相合也。”（174下右）《篇海》同。《正字通》“一説”無據，疑不可信。“谽”疑即“峆”之異體字。《集韻》入聲合韻曷閤切：“峆，峆嶜，山皃。”（769）“峆”訓“峆嶜，山皃”，即指“山巒重疊貌”。故“谽”與“峆”音同義通，又“谷”旁、“山”旁義通，俗書或可換用，正如《集韻》“岫”或作“谞”，“谽”疑即“峆”通過改換聲符而形成的異體字。

623. 豬

《字彙·豕部》:“豬，徒郎切，音唐。豕名。又急行也。”（462 上）

《正字通·豕部》:“豬，台郎切，音唐。豕名。舊注又急行，誤。”（1092 下）

按:《康熙字典·豕部》:“豬,《集韻》徒郎切，音唐。豕名。”（1252 上）《玉篇·豕部》:“豬，徒郎切。”（111 下右）《玉篇》義闕，元刊本《玉篇》補訓爲“急行”，形義不諧，非是。《集韻》平聲唐韻徒郎切:“豬，豕名。”（219）《集韻》訓“豕名”，當是。《玉篇校釋》“豬”字下注:“元刊云‘急行’，非也。《集韻》唐韻:‘豕名。’”（4628）《正字通》《玉篇校釋》謂“豬”訓“急行”誤，所言是也。《新修玉篇》卷二十三《豕部》引《玉篇》:“豬，徒郎切。豕名。”（195 上右）《篇海》同。以上二書是其證也。《直音篇》卷六《豕部》:“豬，音唐。急行。”（254 下）《直音篇》訓“急行”，當因承襲元刊本《玉篇》之謬而誤。《詳校篇海》卷四《豕部》:“豬，徒郎切，音唐。豕名。又急行也。”（296 下）《篇海類編》同。《詳校篇海》《篇海類編》《字彙》“豬”字下皆收“急行也”這一義項，亦因承襲前代字書之謬而誤。《大字典》“豬”字下據元刊本《玉篇》之謬而收録“急行”這一義項，非是。

624. 豨

《字彙·豕部》:“豨，苦堅切，音牽。豕三歲曰豨。亦作豜。音異而義一。”（462 下）

《正字通·豕部》:“豨，俗豜字。舊注訓同豜，又云亦作豜，音異而義一，並非。”（1093 上）

按:《康熙字典·豕部》:“豨,《集韻》同豜。”（1252 下）《玉篇·豕部》:“豨，音牽。豕也。”（111 下右）《正字通》所言當是。《説文·豕部》:“豜，三歲豕，肩相及者。从豕，幵聲。”（194 下）《名義·豕部》:“豜，公延反。三歲獸。豣，同上。”（236 下）《玉篇·豕部》:“豜，公田切。豕（一）［三］歲。豣，同上。”（111 上左）《廣韻》平聲先韻古賢切:

“豜，大豕也。一曰豕三歲。豣，同上。”（82）“豜”即指“三歲的大豬”，也泛指“大豬”。“豜”，《廣韻》音“古賢切”；又因其從“幵”，或可音“輕煙切”，因爲“幵”《集韻》音“經天切”，又音“輕煙切”。故“豵”與“豜”音義皆通，“豵”當即“豜”因又音“牽”而改换聲符所産生的異體字。《集韻》平聲先韻輕煙切：“豜，獸三歲曰豜。或作豵。”（161）《集韻》謂“豜”或作“豵”，此是其證也。《大字典》收録“豵”字，據《集韻》音 qiān，其下分爲兩個義項：第❶義項據《廣韻》訓“豕”；第❷義項據《集韻》謂同“豜”。《字海》亦收“豵”字，其下亦分爲兩個義項：第（一）義項音 qiān，訓“豬”；第（二）義項音 jiān，謂同“豜”。《大字典》《字海》這樣處理，是皆有未當的。據上文可知，《大字典》《字海》“豵”字直謂同“豜”即可。

625. 豻

《字彙·豸部》：“豻，胡骨切，音鶻。獸名。”（463 上）

《正字通·豸部》：“豻，貊字之訛。舊注音鶻，獸名，非。”（1094 下）

按：《康熙字典·豸部》：“豻，《玉篇》音鶻。獸名。”（1254 上）《玉篇·豸部》：“豻，音鶻。獸名。”（112 下左）又《集韻》入聲陌韻莫白切：“貉貊，《説文》：‘北方豸穜也。’或从百。”（732）“貊”本義指“古代漢族稱北方少數民族的一種”，引申義可指“獸名”。《後漢書·西南夷傳》：“（哀牢人）出銅鐵貊獸。”李賢注引《南中八郡志》曰：“貊，大如驢，狀頗似熊。多力，食鐵，所觸無不拉。”“豻”與“貊”儘管義同，然形音俱别，二字不可混同，故《正字通》謂“豻”即“貊”字之訛，非是。《玉篇校釋》“豻”字下注：“《集韻·没韻》：‘貋，獸名。’‘貋’即此‘豻’。”（4689）胡氏所言當是。《集韻》入聲没韻古忽切：“豻，豻貀，獸名。”（685）“鶻”，《廣韻》音“古忽切”，又音“户骨切”。“豻”字《玉篇》音“鶻”，當爲“古忽切”這一讀音。故“豻”與“貋”音義並同，正如《集韻》（685）“滑”或作“扫”，“豻”“貋”當爲異體字。

626. 豝

《字彙·豸部》:“豝，伯加切，音巴。獸醜狀。”（463 上）

《正字通·豸部》:“豝，豝字之訛。舊注音巴，獸醜狀，非。”（1094 下）

按:《康熙字典·豸部》:“豝,《集韻》邦加切，音巴。《類篇》:‘獸醜狀。’”（1254 上）《集韻》平聲麻韻邦加切:“豝，獸醜狀。”（203）《正字通》所言當是。《説文·豕部》:“豝，牝豕也。从豕，巴聲。一曰一歲能相把拏也。《詩》曰:‘一發五豝。’”（194 下）《集韻》平聲麻韻邦加切:“豝犯,《説文》:‘牝豕也。一曰（二）[一] 歲能相把拏也。’引《詩》:‘一發五豝。’或从犬。”（203）《詩·召南·騶虞》:“彼茁者葭，壹發五豝。”毛傳:“豕牝曰豝。”“豝”與“豝”音同，又“豸”旁、“犭”旁、“豕”旁形近，俗書或可换用，如“豣”同“豜”、“豾”同“狐”、“豿”同“狗”、“貇”同“豤”、“豲”同“獂（豲）”等，故“豝”當即“豝”字之俗。明邵璨《香囊記·起兵》:“骨鼕鼕亂敲畫鼓，急綳綳滿挽弓號。腷膊膊雲外落雙鵰，霍靡靡五豝踣倒。”“五豝”當同“五豝”，此“豝”當即“豝”字之俗。此即其證也。《集韻》訓“獸醜狀”，當因從“疤”爲説而誤。《大字典》《字海》“豝”字下皆據《集韻》之誤而收録“獸醜狀”這一義項，疑並非是。

627. 豿

《字彙·豸部》:“豿，舉后切，音姤。熊虎之子。又黑角切，音近學。豕聲。”（463 上）

《正字通·豸部》:“豿，豞字之訛。舊注音學，豕聲，與豞義同，改音姤，熊虎之子，誤。”（1094 下）

按:《康熙字典·豸部》:“豿,《廣韻》古厚切，音苟。熊虎之子。《爾雅·釋獸》:‘熊虎醜，其子狗。’《釋文》:‘狗，本或作豿。’又《集韻》舉厚切，音竘。又許候切，音詬。本作豞。義並同。又《廣韻》許角切，音嗀。豕聲。”（1254 上）《爾雅·釋獸》:“熊虎醜，其子狗。”陸德明《釋文》:“狗，本或作豞。”故“豞”同“狗”，義爲“熊虎幼子名”。又敦煌本《王韻》入聲覺韻許角反:“狗，豕聲。”（424）故宫本《王韻》、故宫本《裴韻》、《唐韻》、《廣韻》皆同。《集韻》入聲覺韻黑角反:“豞，豕聲。或作哮。”（656）《集韻》作“豞”，是也。《名義·豕部》:“豞，呼（叵）[逅]反。豕鳴。”（237上）《玉篇·豕部》:“豞，呼逅切。豕鳴也。”（111上左）敦煌本《王韻》去聲候韻呼候反:“豞，豕聲。”（419）故宫本《王韻》、故宫本《裴韻》、《廣韻》皆同。《集韻》去聲候韻許候切:“豞，《字林》:‘豕鳴也。’”（616）故“豞”即訓“豕聲”“豕鳴”。故宫本《王韻》、故宫本《裴韻》、《唐韻》、《廣韻》於《覺韻》又收“狗”字，訓“豕聲”，此“狗”當即“豞”字誤刻，此爲“豞”字又音，《集韻》校作“豞”，是也。《新修玉篇》卷二十三《豸部》引《玉篇》:“豿，音苟。熊虎之子。《韻》又呼漏切。熊虎子名。又許角切。豕聲。《省韻》作豞。”（197上左）《新修玉篇》“豿”字下收録“豕聲”這一義項，即因承襲《廣韻》之謬而誤。《省韻》作豞，是也。《詳校篇海》卷二《豸部》:“豿，舉后切，音佝。熊虎之子。又黑角切，聲同學。豕聲。”（117上）《篇海類編》同。《詳校篇海》《篇海類編》《字彙》《康熙字典》“豿”字下皆收“豕聲”這一義項，亦因承襲《廣韻》之謬而誤。《正字通》承襲《字彙》義訓之謬而謂“豿”即“狗”字之訛，此即因承訛襲謬而誤作認同。

628. 豾

《字彙·豸部》:“豾，部比切，皮上聲。獸名。又符羈切，音皮。貔也。”（463下）

《正字通·豸部》:“豾，俗貔字。舊注貔也，分爲二，非。”（1096上）

按:《康熙字典·豸部》:“豾，《集韻》貧悲切，音邳。貔也。揚子《方言》:‘貔，北燕朝鮮之間謂之豾。’或書作貂。”（1256上）《方言》卷八:“貔，北燕朝鮮之間謂之豾，關西謂之狸。”郭璞注:“貔，狸别名也，音毗。豾，今江南呼爲豾狸，音丕。”錢繹箋疏:“貔，猛獸之稱。釋狸而亦稱貔者，蓋當時混呼之。”“貔”，《廣韻》音“房脂切”；“豾”，《集韻》

音“貧悲切”。故“豯”與“貔”音義並同，當爲異體字，《正字通》謂“豯”同“貔”，所言是也。

629. 豵

《字彙·豸部》:“豵，此觜切，崔上聲。獸也。”（463下）

《正字通·豸部》:“豵，猝字之訛。”（1096上）

按:《康熙字典·豸部》:“豵，《玉篇》此觜切。獸也。”（1256上）此字《説文》《名義》未收，《廣韻》《集韻》亦不録，《玉篇》收於《豸部》之末，當即陳彭年等據俗書所增。《玉篇·豸部》:“豵，此觜切。獸也。”（112下左）《正字通》所言疑是。《説文·犬部》:“猝，犬从艸暴出逐人也。从犬，卒聲。”（203上）《玉篇·犬部》:“猝，且没切。犬從艸中暴出也，言倉猝暴疾也，突也。今作卒。”（110上右）《廣韻》入聲没韻倉没切:“猝，倉猝暴疾也。”（392）“豵”與“猝”部分構字部件相同，又“豸”旁、“犭”旁形近義通，俗書常可換用，如“豣”同“豣”、“豿”同“狐”、“豿”同“狗”、“貇”同“狠”、“豲”同“獂（豲）”等，“豵”疑即“猝”字之俗。“豵”音“此觜切”，訓“獸也”，疑爲陳彭年等妄補，不可爲據。

630. 貋

《字彙·豸部》:“貋，陟教切，音罩。豸也。”（463下）

《正字通·豸部》:“貋，俗字。舊注音罩，豸也，誤。”（1096上）

按:《康熙字典·豸部》:“貋，《玉篇》張貌切，音罩。豸也。”（1256上）此字《玉篇》收於《豸部》之末，《廣韻》《集韻》皆不録，當即陳彭年等據俗書所增。《玉篇·豸部》:“貋，張皃切。豸。”（112下左）《正字通》謂“貋”爲俗字，所言是也。“貋”疑即“猈”之異體字。《玉篇·犬部》:“猈，音濁。猛犬。”（110下左）下文又曰:“猈，豬孝切。狩也。”（111上右）《集韻》去聲效韻陟教切:“猈，獸名。”（584）《玉篇校釋》於上一“猈”字下注曰:“《集韻·覺韻》:‘猈，犬猛噬。’又收去效云:‘獸名。’本書部末重出:‘猈，狩也。’‘狩’即‘獸’。”（4591）並於下一“猼”字注曰:“此重出應删。”(4606)胡吉宣謂“狩”即“獸”,所言是也,“狩也”“獸名”訓異義同,“狩”“獸”二字古書亦多通用。故“貘”與“猼”音義皆通,又“豸”旁、“犭”旁形近義通,俗書常可换用,如“豣”同“狦”、“貑”同“狐”、“豿”同“狗”、“貇”同“狠”、“豲”同“獂(豲)”等,“貘”疑即“猼”字之俗。

631. 貘

《字彙·豸部》:“貘,方六切,音福。獸也。”(464上)

《正字通·豸部》:“貘,豯字之訛。舊注音福,汎訓獸,非。”(1097下)

按:《康熙字典·豸部》:“貘,《篇海》方六切,音福。獸也。”(1257下)《新修玉篇》卷二十三《豸部》引《川篇》:“貘,孚玉切。獸也。”(197下左)《篇海》同。又《方言》卷八:“豬,北燕朝鮮之間謂之豭,關東西或謂之彘,或謂之豕。其子或謂之豚,或謂之豯,吴楊之間謂之豬子。”《廣韻》平聲齊韻胡雞切:“豯,幽州藪澤曰豯養。出《周禮》。”(50)“貘”與“豯”字形區别甚明,二字不易混同,《正字通》謂“貘”即“豯”字之訛,疑不可據。“貘”疑即“獛”字之俗。《廣韻》入聲屋韻博木切:“獛,獛鉛,南極之夷。尾長數寸,巢居山林。出《山海經》。”(368)《集韻》入聲屋韻博木切:“獛,[出]《山海經》。獛鈆,南極之夷。”(635)“貘”與“獛”部分構字部件相同,又“豸”旁、“犭”旁形近義通,俗書常可换用,如“豣”同“狦”、“貑”同“狐”、“豿”同“狗”、“貇”同“狠”、“豲”同“獂(豲)”等,“貘”疑即“獛”字之俗。《新修玉篇》“貘”字音義當爲編者妄補,疑不可據。

632. 貚

《字彙·豸部》:“貚,徒干切,音壇。貙屬。”(464上)

《正字通·豸部》:“貚,俗字。或曰貋字之訛。”(1097下)

按:《康熙字典·豸部》:“貚,《唐韻》徒干切,《集韻》唐干切,並音壇。《説文》:‘貙屬。’”(1257下)《説文·豸部》:“貚,貙屬也。从豸,單聲。”（196 上）《玉篇・豸部》：“貚，大丹切。貙屬也。”（112 下左）又《集韻》上聲紙韻補靡切：“貏，貏豸，漸平皃。”（316）“貚”與“貏”音義俱別，二字不可混同，故《正字通》“或曰”之說非是。

633. 貗

《字彙・豸部》：“貗，同貉。”（464 上）

《正字通・豸部》：“貗，俗豦字。舊注同貉，因《集韻》‘貉作貗’而誤。”（1097 下）

按：《康熙字典・豸部》：“貗，《集韻》曷各切，音鶴。《玉篇》同貈。”（1257 下）《名義・豸部》：“貈，何各反。似狐，［善］睡。貘，同上。貉，同上。貗，同上。”（240 上）《玉篇・豸部》：“貈，何各切。似狐也。貘貗，並同上。”（112 下左）《集韻》入聲鐸韻曷各切：“貈，《説文》：‘似狐，善睡獸。’引《論語》：‘狐貉之厚。’一曰《説文》从舟誤，當从亢聲。或作狢、貉、貗。”（728）故“貗”當即“貈”“貉”之異體字。又《説文・豕部》：“豦，鬭相丮不解也。从豕、虍。豕虍之鬭不解也。讀司馬相如説：‘豦，封豕之屬。’一曰虎兩足舉。”（195 上）《爾雅・釋獸》：“豦，迅頭。”郭璞注：“今建平山中有豦，大如狗，似獼猴，黄黑色，多髯鬣，好奮迅，其頭能舉石擿人，貜類也。”“豦”，《廣韻》音“居御切”，又音“强魚切”。“貗”與“豦”儘管部分構字部件相同，然音義俱別，二字不可混同，《正字通》謂“貗”即“豦”字之俗，且謂“舊注”因《集韻》而誤，既無書證亦無例證，其説非是。

634. 貓

《字彙・豸部》：“貓，魚枕切，音嚴。獸名。”（464 上）

《正字通・豸部》：“貓，訛字。舊注音嚴，獸名，非。”（1097 下）

按：《康熙字典・豸部》：“貓，《玉篇》音嚴。獸名。”（1258 上）此字《玉篇》收於《豸部》之末，《廣韻》《集韻》皆不録，當即陳彭年等據俗書所增。《玉篇・豸部》：“貓，音嚴。獸名。”（112 下左）《正字通》所言疑是。“貓”疑即“玁”字之俗。《名義・犬部》：“玁，戲檢反。北狁。”（236 上）《玉篇·犬部》:“獵，喜檢切。獵狁，北狄也。”（110 下左）《廣韻》上聲琰韻虚檢切:“獫，獫狁。獵，上同。”（227）“貚”與“獵”部分構字部件相同，又“豸”旁、“犭”旁形近義通，俗書常可换用，如“豜”同“豣”、“狐”同“狐”、“豿”同“狗”、“豤”同“狠”、“豲”同“獂（豲）”等，“貚”疑即“獵”字之俗。“貚”音“嚴”，疑爲望形生音；其訓“獸名”，疑爲望形生訓。

635. 賅

《字彙·貝部》:“賅，歌開切，音該。贍也；具也；貨也。”（466 上）

《正字通·貝部》:“賅，歌開切，音該。贍也；具也。又與侅通。《集韻》:‘侅，或作賅。’”（1102 下）

按:《康熙字典·貝部》:“賅，《廣韻》古哀切，《集韻》柯開切，並音該。贍也。《玉篇》:‘奇也；非常也。亦作侅。’”（1263 上）《集韻》平聲咍韻柯開切:“賅，貨也。”（112）下文上聲海韻下改切:“侅賅，奇侅，非常。或从貝。”（350）《集韻》謂“賅”同“侅”，是也；然訓“賅”爲“貨也”，疑非是。《名義·貝部》:“賅，古來反。奇也；非常。”（262 下）《龍龕》卷三《貝部》:“賅，垓、亥二音。奇；非常也。又贍也。”（350）《玉篇·貝部》:“賅，乎改、古才二切。奇也；非常也。亦作侅。”（120 下左）敦煌本《王韻》平聲咍韻古哀反:“賅，奇；非常。又胡改反。亦作侅。”（365）下文上聲海韻胡改反:“賅，奇；非常。又古來反。”（389）故宫本《王韻》平聲咍韻古哀反:“賅，奇；非常。又胡改反。亦作侅。”（448）下文上聲海韻胡改反:“賅，奇；非常。又古來反。亦作侅。”（477）《廣韻》平聲咍韻古哀切:“侅，奇侅，非常。賅，上同。又贍也。”（57）故“賅”訓“奇”“非常”，即同“侅”；亦訓“贍也”，即爲“完備”“齊備”之義。《集韻》訓“貨也”，於前代字韻書皆無徵，當因從“貝”爲説而誤。《直音篇》卷六《貝部》:“賅，音該。贍也；貝也；奇也。”（277 下）“貝也”當爲“具也”之誤，因爲“具”有“完備”之義，如：宋王安石《寄題睡軒》:“朝庭法令具，百官但循持。”此“具”即爲“完備”之義。此蓋因“具”“貝”俗寫形體相同，導致相混也。《詳校篇海》卷二《貝部》:"賅,胡改切,讀如害。奇侅,非常也。又古才切,音該。與侅同。又贍也;貝也;貨也。"(134下)《篇海類編》同。《詳校篇海》《篇海類編》收"貝也""貨也"之訓,皆因承前而謬。《字彙》《正字通》校作"具也",是也。《大字典》"賅"字下據《集韻》《篇海類編》之誤而收録"貨,貝"這一義項,非是。

636. 賌

《字彙・貝部》:"賌,烏懈切,音隘。貯也。"(466上)

《正字通・貝部》:"賌,訛字。舊注音隘,貯也,誤。"(1102下)

按:《康熙字典・貝部》:"賌,《玉篇》烏邁切,音隘。貯賌也。"(1263上)此字《説文》《名義》未收,《廣韻》《集韻》亦不録,《玉篇》收於《貝部》之末,當即陳彭年等據俗書所增。《玉篇・貝部》:"賌,烏邁切。貯賌也。"(121上右)"賌"疑即"安"字之俗。《大正藏》本唐慧立本、彦悰箋《大唐大慈恩寺三藏法師傳》卷第五:"王敕於墠上建施場,豎蘆爲籬,面各千步,中作草堂數十間,安貯衆寶,皆金、銀、真珠、紅頗梨、寶帝青珠、大青珠等,其傍又作長舍數百間,貯憍奢耶衣、斑氎衣、金銀錢等。籬外别作造食處,於寶庫前更造長屋百餘行,似此京邑肆行,一一長屋可坐千餘人。"又《卍新纂續藏經》本唐道誠注《釋迦如來成道記注》:"太子自以寶裝佩刀,左手握紺青之髮而發願云:'我今落此髮,誓與衆生斷除煩惱及與習障。'尋即截下擲向空中,天帝釋接往忉利天建塔安貯供養,此天上四塔之二也。"又《大正藏》本隋闍那崛多譯《佛本行集經》卷第二十五《佛本行集經向菩提樹品》第三十上:"爾時菩薩至於二月二十三日,於晨朝時,齊整著衣,欲向優婁頻蠡聚落而行乞食,漸漸至於難提迦村。至彼村已,在村主家大門之外默然而立,欲求食故。是時善生村主之女,見於菩薩在其門邊默然求食,見已即便取一金鉢,盛貯安置和蜜乳糜,滿其鉢中,自手執持,向菩薩前,到已即住白菩薩言:'唯願尊者!受我此鉢和蜜乳糜,憐愍我故。'"又《大正藏》本唐道世撰《法苑珠林》卷第十一《食糜部》第五:"爾時菩薩至於二月二十三日,於晨朝時,至彼村主家大門之外,默然而立欲求食。女見即便取一金鉢，盛貯安置，和蜜乳糜，滿其鉢中，自手執持，向菩薩前，到已即住，向菩薩言：'唯願尊者，受我此鉢和蜜乳糜，憐愍我故。'""賥"疑因"安"與"貯"連用，"安"受"貯"字類化影響增加"貝"旁而產生的俗字。《玉篇》"賥"音"烏邁切"，形音不諧，疑非是。

637. 賿

《字彙·貝部》："賿，龍張切，音良。賦也。"（466下）

《正字通·貝部》："賿，俗字。舊注音良，賦也，泥。"（1103下）

按：《康熙字典·貝部》："賿，《廣韻》《集韻》並吕張切，音良。《玉篇》：'賦也。'又《集韻》力讓切，音亮。義同。"（1264上）《名義·貝部》："賿，力章反。賦。"（262下）《玉篇·貝部》："賿，力章切。賿賦也。"（120下左）《玉篇校釋》"賿"字下注："'賦也'者，《切韻》同，賿之言量也。《釋言》：'賦，量也。'即此'賿賦'。《左氏·襄廿五年傳》：'量入修賦。'杜注：'量九土之所入，而治理其賦稅也。'"（5106）胡氏所言當是。此"賿"本當作"量"。又慧琳《音義》卷四六《音大智度論》第十卷："考掠，古文剠、賿二形同。力尚反。《蒼頡篇》：'掠，問也。'謂榜捶治人也。"（58，P324B2）此"賿"當即"掠"之異體字。此"賿"與上文《玉篇》所收之"賿"即爲同形字。

638. 質

《字彙·貝部》："質，職日切，真入聲。朴也；主也；信也；謹也；形也；考也；驗也；證也；券也。又成也；定也。"（467上）

《正字通·貝部》："質，之日切，真入聲。朴也；主也。《禮·樂記》：'中正無邪，禮之質也。'注：'質猶本也，禮爲之文飾也。'《詩·小雅》：'民之質矣。'注：'質，實無僞也。'又《大雅》：'質爾人民。'注：'質，成也；定也。'"（1105上）

按：《集韻》入聲質韻職日切："質，《説文》：'以物相贅。'一曰朴也，成也，正也，形也。亦國名。"（662）《集韻》訓"質"爲"國名"，疑非是。《説文·貝部》："質，以物相贅。从貝，从所。"（126下）《名義·貝部》:“質，之逸反，亦知異反。體也；成［也］；信也；主也；斷也；誠也；性也；醇也；樸也；本也；問也；定也。”（261下）《新撰字鏡·貝部》:“質，之逸反。體也；平也；斷也；問也；定也；信也；主也；誠也；性也；醇樸也；實也；成［也］；謹也；軀也。”（574）《龍龕》卷三《貝部》:“質，之日反。朴；謹；正；信也。”（353）《玉篇·貝部》:“質，之逸切。信也；主也；平也；樸也；軀也。”（120下右）《廣韻》入聲質韻之日切:“質，朴也；主也；信也；平也；謹也；正也。又姓。《漢書·貨殖傳》云:‘質氏以洒削而鼎食。’”（380）故《集韻》訓“質”爲“國名”，於前代字韻書、文獻皆無徵，疑不可據。《大字典》“質”字下據《集韻》收録“國名”這一義項，疑亦非是。

639. 賲

《字彙·貝部》:“賲，布老切，音保。有也。”（467上）

《正字通·貝部》:“賲，俗字。舊注布老切，音保，有也，誤。”（1105下）

按:《康熙字典·貝部》:“賲，《廣韻》博抱切，《集韻》補抱切，並音保。《玉篇》:‘有也。亦作宲。粟藏。’《類篇》:‘和價物者。’”（1266上）《名義·貝部》:“賲，補晧反。有。”（262下）《玉篇·貝部》:“賲，布老切。有也。亦作宲。粟藏也。”（120下左）《玉篇·宀部》又曰:“宲，補道切。藏也。或作賲。”（54下右）《玉篇校釋》“賲”字下注:“‘賲’亦爲‘宲’之異部重文。《山部》:‘宲，藏也。或作抱。’應此粟藏義出《埤蒼》。《廣雅》四:‘宲，藏也。’通釋之，《埤蒼》别釋之也。《切韻》:‘賲，有也。宲，藏也。’不以爲一字。賲訓有者，通作保。[illegible]（？）有之也。慧琳四六:‘保，古文賲。’訓藏者，通作寶。《書·顧命》:‘陳寶。’《説文》引作宲。宲、寶並從宀，所藏處也。”（5104）胡氏所言疑可商榷。“有也”“藏也”義可相通，非必分爲二義，“賲”同“宲”“寶”，本當作“保”。又《集韻》上聲晧韻補抱切:“賲，和價物者。”（400）《集韻》訓“和價物者”，於前代字韻書皆無徵，當因從“保”“貝”爲説而誤，因爲“保”有“保持”之義，與“和”義相近。《類篇·貝部》:“賲，補抱切。和僨物者。”（221 上）《類篇》亦訓“和僨物者”，當因承襲《集韻》之謬而誤。《康熙字典》轉録《類篇》“和僨物者”之訓而未作校正，亦失考證。《大字典》“僨”字下據《集韻》之誤而收録“和僨物者”這一義項，疑亦非是。

640. 贇

《字彙·貝部》:“贇，卑民切，音賓。美好貌。”（467 下）

《正字通·貝部》:“贇，補京切，音賓。美好貌。”（1106 下）

按:《康熙字典·貝部》:“贇，《廣韻》於倫切，《集韻》《韻會》紆倫切，並音頵。美好貌。”（1267 下）《篇海》卷六《貝部》引《玉篇》:“贇，於倫切。美也。”（665 下）下文引《搜真玉鏡》又曰:“贇，烏君切。通文解武也。”（666 上）《篇海》訓“美也”，是也；而其又訓“通文解武也”，疑非是。《名義·貝部》:“斌（贇），彼憐反。美也。”（262 上）《新撰字鏡·貝部》:“贇，紆旻、筆旻、旻筠三反。美好也。又於倫反。”（576）《龍龕》卷三《貝部》:“贇，於倫反。美好也。”（350）《玉篇·貝部》:“贇，於倫切。美也。”（120 下左）慧琳《音義》卷八五《辯正論》第三卷:“諱贇，委倫反。《考聲》:‘美也。’後周宣帝名也。”（59，P95B12）箋注本《切韻》（斯 2071）平聲真韻於倫反:“贇，美好。”（114）故宫本《王韻》、《廣韻》同。《集韻》平聲諄韻紆倫切:“贇，美皃。”（126）《五音集韻》平聲諄韻於倫切:“贇，美好也。”故《篇海》據《搜真玉鏡》訓“通文解武也”，於前代字韻書皆無徵，當爲望形生訓，不可爲據。《大字典》“贇”字下據《篇海》之誤而收録“通文解武”這一義項，疑亦非是。又《大字典》“贇”字下轉録《五音集韻》爲“贇，大也”，據此收録“大”這一義項，然據上文可知，《五音集韻》本作“贇，美好也”，故《大字典》此義項當據誤本所增，亦應删。

641. 贓

《字彙·貝部》:“贓，兹郎切，音臧。吏受賄也。凡非理所得財賄皆曰贓。亦作臧。”（468 上）

《正字通·貝部》:“贓，側霜切，音臧。吏受賄也。又盜所取物。凡非理所得財賄皆曰贓。五代唐明宗見吏犯贓者，輒置之死曰:‘此民之蠹也。’詔褒廉吏孫岳等風示天下。宋太宗嘗言:‘犯大辟，非情理深害者，［多］得貸死。惟贓吏棄市，不可貰也。’《史記》《漢書》省作臧，義同。”（1107上）

按:《康熙字典·貝部》:“贓，《廣韻》則郎切，《集韻》《韻會》《正韻》兹郎切，並音臧。《玉篇》:‘藏也。’《廣韻》:‘納賄曰贓。’又通作臧。”（1268下）《玉篇·貝部》:“贓，作郎切。藏也。”（120下左）《玉篇校釋》“贓”字下注:“‘藏也’者，謂匿藏財賄也。《切韻》云:‘贓賄。’《廣韶》云:‘納賄曰贓。’《集韻》:‘受賕曰贓。’慧琳八六·十一:《考聲》:‘贓，賄也。’《方言》:‘受貨曰贓也。’又十三·十二‘臧賕’字下引顧野王云:‘納受財貨曰臧。’爲原本《臣部》‘臧’字注文，申所引書義也，原本蓋不收‘贓’字。”（5108）胡吉宣謂“原本蓋不收‘贓’字”，是也，《名義·貝部》未收“贓”字，即其證也；然其謂“‘藏也’者，謂匿藏財賄也”，疑可商榷。《新撰字鏡·貝部》:“贓，則郎反。納賄也。”（579）《龍龕》卷三《貝部》:“贓，則郎反。納受財曰贓也。或作臧。”（349）《可洪音義》卷八《善現律毗婆沙》第六卷:“其贓，子郎反。納賄曰贓。”（60，P77B2）箋注本《切韻》（斯2071）平聲唐韻則郎反:“贓，贓貨。”（123）敦煌本《王韻》平聲唐韻則郎反:“贓，贓賂。”（376）故宫本《王韻》、故宫本《裴韻》同。《廣韻》平聲唐韻則郎切:“贓，納賄曰贓。”（119）故“贓”一爲動詞，義指“納賄”；一爲名詞，義指“納賄所得財物”。《玉篇》訓“藏也”，於歷代辭書皆無徵，當因從“藏”爲説而誤，因“臧”可用作“藏”，如:《管子·侈靡》:“故天子臧珠玉，諸侯臧金石。”《漢書·食貨志上》:“春耕夏耘，秋穫冬臧。”《大字典》“贓”字下據《玉篇》之誤而收録“藏”這一義項，疑亦非是。

642. 贗

《字彙·貝部》:“贗，魚澗切，音鴈。僞物。”（468上）

《正字通·貝部》:“贗，與鴈通。僞物曰贗。”（1107下）

按：《康熙字典·貝部》："贋，《廣韻》五宴切，《集韻》《韻會》《正韻》魚澗切，並音鴈。僞物。同偐。《玉篇》：'不直也。'"（1268下）《直音篇》卷六《貝部》："贋，音顔。貨物不好也。亦作贗。"下字曰："贗，音鴈。僞物。"（278上）"贗"即"贋"之異寫字，《直音篇》謂"贋"亦作"贗"，所言是也；然其改"贋"音"顔"，訓"貨物不好也"，非是。《龍龕》卷三《貝部》："贋，五晏反。僞物也。"（352）《玉篇·貝部》："贋，五晏切。不直也。"（121上右）"不直也"當爲"不真也"之誤，《玉篇校釋》校"直"爲"真"，是也。《新修玉篇》轉録《玉篇》校作"不真也"，是也；《篇海》轉録《玉篇》亦作"不直也"，失校。敦煌本《王韻》去聲諫韻五晏反："贋，僞物。"（412）故宫本《王韻》、《唐韻》、《廣韻》、《集韻》皆同。故《直音篇》"贋"改音"顔"，訓"貨物不好也"，於前代字韻書皆無徵，非是。《直音篇》應校作："贋，音鴈。僞物。亦作贗。"《詳校篇海》卷二《貝部》："贋，魚澗切，音鴈。不真也；僞物也。又牛姦切，音顔。貨不好也。"（135下）《篇海類編》同。《詳校篇海》《篇海類編》"贋"字下收録"音顔""貨不好也"這一義項，皆因承襲《直音篇》之謬而誤。《康熙字典》轉録《玉篇》"不直也"之訓而未作校正，亦失考證。《大字典》"贋"字下據《直音篇》《篇海類編》之誤而收録"貨不好"這一義項，亦失考證。

643. 贚

《字彙·貝部》："贚，良用切，龍去聲。貧也。"（468上）

《正字通·貝部》："贚，龓字之訛。舊注龍去聲，貧也，《篇海》'龍貌'，並非。"（1108上）

按：《康熙字典·貝部》："贚，《廣韻》《集韻》並良用切，音躘。貧也。又《玉篇》：'龍貌。'"（1269上）《新撰字鏡·貝部》："贚，力用反。貧也。"（579）《龍龕》卷三《貝部》："贚，良用反。貪（貧）贚。"（352）《玉篇·貝部》："贚，良用切。貧也。又龍皃。"（121上右）故宫本《王韻》去聲用韻良用反："贚，貧也。"（489）故宫本《裴韻》、《廣韻》、《集韻》同。《玉篇》又訓"龍皃"，於歷代字韻書皆無徵，疑非是。又《説文・龍部》:"龓,兼有也。从有,龍聲。讀若聾。"(138上)《廣韻》上聲董韻力孔切:"龓,乘馬,又牽也。《説文》:'兼有也。'"(159)"贚"與"龓"音義俱别,二字不可混同,《正字通》謂"贚"即"龓"字之訛,且謂"舊注"非,既無書證亦無例證,其説非是。《康熙字典》轉録《玉篇》"龍貌"之訓,亦失考證。《大字典》《字海》"贚"字下皆據《玉篇》收録"龍貌"這一義項,疑並非是。

644. 赳

《字彙・走部》:"赳,舉有切,音九。武也;勇也;輕勁有才力也。《詩・周南》:'赳赳武夫。'"(469上)

《正字通・走部》:"赳,舉友切,音九。《説文》:輕勁有才力也。《六書故》:'矯捷也。'《詩・周南》:'赳赳武夫。'"(1110上)

按:《康熙字典・走部》:"赳,《廣韻》居黝切,《集韻》《韻會》吉酉切,《正韻》舉有切,並音糾。《説文》:'輕勁有力也。'《爾雅・釋訓》:'赳赳,武也。'注:'果毅之貌。'《詩・周南》:'赳赳武夫。'朱傳:'武貌。'"(1271上)《直音篇》卷三《走部》:"赳,音九。輕舞。"(107上)《直音篇》訓"輕舞",疑非是。《説文・走部》:"赳,輕勁有才力也。从走,丩聲。讀若鐈。"(30上)《玉篇・走部》:"赳,居柳切。武也;輕勁有才力也。"(48下右)《廣韻》上聲黝韻居黝切:"赳,武皃。《詩》曰:'赳赳武夫。'"(223)《集韻》上聲黝韻吉酉切:"赳,《説文》:'輕勁有才力也。'"(440)《新修玉篇》《篇海》引《玉篇》同。《詩・周南・兔罝》:"赳赳武夫,公侯干城。"毛傳:"赳赳,武貌。"故《直音篇》訓"輕舞",於前代字韻書、文獻皆無徵,非是。《詳校篇海》卷三《走部》:"赳,舉有切,音久。武也;勇也;輕勁有才力也。又平聲音谬。亦輕勁皃。"(199下)《篇海類編》同。《詳校篇海》《篇海類編》《字彙》《正字通》未收"輕舞"這一義項,是也。《大字典》"赳"字下據《直音篇》之誤而收録"輕舞"這一義項,亦非。

645. 赲

《字彙·走部》:“赲,郎狄切,音力。赲趩,行貌。”(469上)

《正字通·走部》:“赲,舊注音力,赲趩,行貌。按:六書有趩無赲。一曰劲字之譌。”(1110上)

按:《康熙字典·走部》:“赲,《集韻》六直切,音力。《類篇》:‘赲趩,行貌。’”(1271上)《集韻》入聲職韻六直切:“赲,赲趩,行皃。”(758)《正字通》“一曰”之説非是。《集韻》去聲寘韻居僞切:“倠,疲也。或作劲。”(471)“劲”即“倠”之異體字,義爲“疲也”。故“赲”與“劲”音義俱别,二字不可混同,《正字通》一曰“赲”即“劲”字之譌,非是。

646. 趄

《字彙·走部》:“趄,居許切,音矩。行貌。”(469下)

《正字通·走部》:“趄,俗踽字。”(1111上)

按:《康熙字典·走部》:“趄,《廣韻》居許切,《集韻》苟許切,並音舉。《玉篇》:‘行貌。’”(1272上)《名義·足部》:“趄,居語反。行也。”(101上)《新撰字鏡·走部》:“趄,居語反。行皃。”(503)《龍龕》卷二《走部》:“趄,居許反。行皃。”(325)《玉篇·走部》:“趄,居語切。行皃。”(49上右)《正字通》所言當是。《説文·足部》:“踽,疏行皃。从足,禹聲。《詩》曰:‘獨行踽踽。’”(40上)《名義·足部》:“踽,九羽反。獨行也。”(60上)《玉篇·足部》:“踽,九禹、區禹二切。獨行皃。《詩》曰:‘獨行踽踽。’”(33上左)“趄”與“踽”音義皆通,“走”旁、“足”旁義通,俗書常可换用,如“趍”同“距”、“趌”同“跬”等,“巨”旁、“禹”旁作爲聲符亦可换用,如《集韻》(333)“瞒”或作“眲”,故“趄”當即“踽”之異體字。

647. 趍

《字彙·走部》:“趍,同距。”(470上)

《正字通・走部》:“趠,趡字之訛。舊注同跓,誤。”(1112 上)

按:《康熙字典・走部》:“趠,《集韻》曲王切,音匡。跓,或从走。跓躟,行遽。”(1273 下)《新修玉篇》卷十《走部》引《餘文》:“趠,去王切。跓躟,行遽也。”(92 上右)《篇海》同。《集韻》平聲陽韻曲王切:“跓趪,跓躟,行遽。或从走。”(218)《集韻》未收“趠”字,“趠”與“跓”“趪”音義並同,“趠”當同“跓”“趪”。《字彙》謂“趠”同“跓”,是也。《直音篇》卷三《走部》:“趠,音匡。趡同。跓躟,行貌。”(107 上)《玉篇・足部》:“踓,千水切。蹵也。亦趡字。”(34 上左)“趠”與“踓”音義俱别,二字不可混同,《直音篇》謂“趠”同“踓”,“踓”當即“跓”字誤刻。又《説文・走部》:“趡,動也。从走,隹聲。”(31 下)《玉篇・走部》:“趡,且水切。動也;走也。”(48 下左)“趠”與“趡”音義俱别,二字不可混同,《正字通》謂“趠”同“趡”,且謂“舊注”誤,既無書證亦無例證,其説亦非是。

648. 趚

《字彙・走部》:“趚,時制切,音誓。踰也。又征例切,音制。義同。”(470 上)

《正字通・走部》:“趚,逝字之訛。舊注音誓,踰也;又音制,義同,並非。”(1112 下)

按:《康熙字典・走部》:“趚,《廣韻》《集韻》並時制切,音逝。《玉篇》:‘踰也。’”(1274 上)《新撰字鏡・走部》:“趚,時曳反。踰。”(503)《龍龕》卷二《走部》:“趚,音逝。踰也。”(325)《正字通》溝通“趚”與“逝”的字際關係,是也;然謂“趚”即“逝”字之訛,且謂“舊注”非,不確。《爾雅・釋詁上》:“逝,往也。”《説文・辵部》:“逝,往也。从辵,折聲。讀若誓。”(33 下)“逝”,本義指“往”“過去”,引申義可指“經過”“越過”。如:《詩・小雅・何人斯》:“彼何人斯?其心孔艱。胡逝我梁,不入我門。”此“逝”即“經過”“越過”之義。“逝”,《廣韻》音“時制切”。故“趚”與“逝”音義並同,“趚”當即“逝”通過改换義符而産生的異體字。《名義・走部》:“趚,時曳反。逝。踰也。”(101

下)《名義》注文中的"逝"字當爲説明"逝"與"逝"爲異體關係的用字。此即其證也。

649. 趡

《字彙·走部》:"趡，取偉切，催上聲。走也；動也。又魯地名。"(470下)

《正字通·走部》:"趡，取偉切，催上聲。《説文》:'動也。'《博雅》:'奔也。'《類篇》:'走皃。'又魯地名。"(1113上)

按:《集韻》上聲語韻在吕切:"趡，邪進也。"(330)此"趡"當即"趞(䟄)"字俗訛。《廣韻》上聲語韻慈吕切:"趞，雅(邪)出前也。又前結切。"(174)下文入聲屑韻昨結切:"䟄，傍出前也。"(401)周祖謨校勘記:"趞,《屑韻》昨結切作䟄。"周氏所言是也。"趞"字,《玉篇》亦作"䟄"，此亦其證也。《集韻》上聲語韻所收之"趡"與《廣韻》上聲語韻所收之"趞"音義相同，且位置相同,《廣韻》此處收録"趞"而未見收録"趡"，而《集韻》此處收録"趡"而未見收録"趞"，故"趡""趞"當爲同字異寫，從形音關係來看，當以作"趞(䟄)"爲是，故此"趡"當即"趞(䟄)"字俗訛。

650. 趚

《字彙·走部》:"趚，德紅切，音東。狂走。"(470下)

《正字通·走部》:"趚，俗字。舊注音東，狂走，泥。"(1113上)

按:《康熙字典·走部》:"趚,《篇海》德紅切，音東。狂走。"(1275上)《新修玉篇》卷十《走部》引《川篇》:"趚，德紅切。狂走也。"(92上左)《篇海》同。《正字通》謂"趚"爲俗字，是也。"趚"疑即"徚"字之俗。《玉篇·彳部》:"徚，德紅切。行皃。"(47下左)《廣韻》平聲東韻德紅切:"徚，行皃。"(2)《集韻》平聲東韻都籠切:"徚，徚然，行皃。"(4)"趚"與"徚"音同義通，又"走"旁、"彳"旁義通，俗書或可换用，如《集韻》(585)"趠"或作"逴",《集韻》(752)"趣"或作"䞘""𨓈",《集韻》(788)"䟕"或作"𢕹"。"趚"當即"徚"通過改换義符而形成的異體字。

651. 遑

《字彙・走部》:"遑，胡光切，音皇。走貌。"（470 下）

《正字通・走部》:"遑，偟、徨並通，俗作遑。"（1113 下）

按:《康熙字典・走部》:"遑,《篇海》胡光切，音皇。走貌。"（1275 上）《新修玉篇》卷十《走部》引《川篇》:"遑，户光切。走皃。"（92 上左）《篇海》同。《正字通》所言疑是。《集韻》平聲陽韻諸良切:"徸，徸徨，行不正。"（214）"徸徨"亦作"儃遑""儃偟"。《楚辭・九思・逢尤》:"遽儃遑兮驅林澤，步屏營兮行丘阿。"《吴越春秋・夫差内傳》:"臣聞章者，戰不勝，敗走儃偟也。""遑"疑以訓"趫遑，走皃"爲是，"趫遑"當同"徸徨""儃遑""儃偟"，"趫"當即"徸"之異體字，而"遑"當即"徨"之異體字。

652. 趏

《字彙・走部》:"趏，士甲切，音閘。行疾貌。又山洽切，音殺。義同。"（471 上）

《正字通・走部》:"趏，俗字。舊注音閘，行疾貌；又音殺，義同，泥。"（1114 上）

按:《康熙字典・走部》:"趏,《廣韻》士洽切,《集韻》實洽切，並音箑。《玉篇》:'行疾也。'"（1275 下）《龍龕》卷二《走部》:"趏，士洽反。行疾皃。"（326）《玉篇・走部》:"趏，山洽、士洽二切。行疾也。"（49 上左）《玉篇校釋》"趏"字下注:"《廣韻》卅一洽，士洽切，義同。《集韻》:'徆，行疾。或作趏。'又出徆:'行皃。或作迊。'"（2068）《玉篇・彳部》:"徆，山洽切。行皃。"（48 上右）《集韻》入聲洽韻測洽切:"徆迊，行皃。或从辵。"（787）下文實洽切又曰:"徆，行疾。或作趏。"（788）故"趏"與"徆""迊"音義皆通，即爲異體字。

653. 䞭

《字彙・走部》:“䞭，慈語切，音聚。邪出前也。又前結切，音截。義同。”（471 上）

《正字通・走部》:“䞭，趡字之訛。舊注音聚，邪出前也；又音截，義同，並非。”（1114 下）

按:《康熙字典・走部》:“䞭，《廣韻》慈月切，音咀。邪出前也。又前結切，音截。義同。按：與趞同。”（1276 上）《廣韻》上聲語韻慈吕切:“䞭，（雅）[邪] 出前也。又前結切。”（174）下文入聲屑韻昨結切:“趞，傍出前也。”（401）周祖謨校勘記:“䞭，《屑韻》昨結切作趞。”周氏所言是也。“䞭”字，《玉篇》亦作“趞”，此亦其證也。《康熙字典》所言亦其證也。又《廣雅・釋宫》:“趡，犇也。”《説文・走部》:“趡，動也。从走，隹聲。《春秋傳》曰：‘盟于趡。’”（31 下）《玉篇・走部》:“趡，且水切。動也；走也。又地名。”（48 下左）故“䞭”與“趡”音義俱别，二字不可混同，《正字通》謂“䞭”即“趡”字之訛，且謂“舊注”非，既無書證亦無例證，其説非是。

654. 䞤

《字彙・走部》:“䞤，陟良切，音章。走也。”（471 上）

《正字通・走部》:“䞤，俗字。舊注音章，走也，泥。”（1114 下）

按:《康熙字典・走部》:“䞤，《玉篇》之陽切，音章。走也。”（1276 上）《玉篇・走部》:“䞤，之陽切。走也。”（49 上右）《正字通》謂“䞤”爲俗字，所言當是。《玉篇校釋》“䞤”字下注:“《廣韻》《集韻》並無，案：傽徨而走也。《楚辭・遠遊序》:‘傽徨山澤。’《文選・羽獵賦》:‘章皇周流。’李注：‘章皇猶彷徨也。’《吴越春秋・夫差内傳》:‘臣聞章者，戰不勝，敗走傽偟也。’《集韻》:‘傽徨，行不正也。’《廣雅・釋訓》:‘章章，行也。’”（2063）胡氏所言是也。“䞤”當以訓“䞤䞶，走也”爲是，“䞤䞶”當同“傽徨”，“䞤”當即“傽”之異體字。

655. 趗

《字彙・走部》:"趗，昌六切，音畜。直走貌。"（471 上）

《正字通・走部》:"趗，適字之訛。舊注音畜非，从崇無畜音。"（1114 下）

按:《康熙字典・走部》:"趗,《集韻》初六切，音矗。《類篇》:'直貌。'"（1276 下）《新修玉篇》卷十一《走部》引《餘文》:"趗，初六切。直皃。"（92 下右）《篇海》卷九《走部》引《餘文》:"趗，初六切。直走皃。"（711 上）《新修玉篇》與《篇海》義訓不同，當以《新修玉篇》爲是。《集韻》入聲屋韻初六切:"趗，直皃。"（644）此即其證也。《詳校篇海》卷三《走部》:"趗，昌六切，音畜。直走皃。"（201 上）《篇海類編》同。《詳校篇海》《篇海類編》《字彙》訓"直走皃"，皆因承襲《篇海》之謬而誤。又《爾雅・釋詁上》:"適，往也。"《説文・辵部》:"適，之也。从辵，啻聲。適，宋、魯語。"（33 下）《玉篇・辵部》:"適，尸亦切。之也；女子出嫁也。又之赤切。得也；往也。又音滴。從也。"（49 下右）故"趗"與"適"音義俱别，二字不可混同,《正字通》謂"趗"即"適"字之訛，且謂"舊注"非，既無書證亦無例證，其説非是。《大字典》"趗"字下據《篇海》之説而收録"直走貌"這一義項，疑亦非是。

656. 趚

《字彙・走部》:"趚，蘇谷切，音肅。走也。"（471 下）

《正字通・走部》:"趚，俗字。舊注音肅，走也，泥。"（1114 下）

按:《康熙字典・走部》:"趚,《玉篇》所六切，音肅。走也。"（1276 下）《玉篇・走部》:"趚，所六切。走也。"（49 上右）《玉篇校釋》"趚"字下注:"《廣韻》《集韻》並無，趚之言肅也。《詩・小星》:'肅肅宵征。'毛傳:'肅肅，疾皃。'《爾雅・釋詁》:'肅，疾也。'又:'速也。'蓋以疾趨爲敬肅也。"（2067）胡氏此説當是。《文選・雜詩》:"肅肅宵征，造我友廬。"李善注:"《毛詩》曰:'肅肅宵征。'"劉良注:"肅肅，静而獨行貌。"故"趚"與"肅"音義皆通,"趚"本當作"肅"。

657. 𧼩

《字彙·走部》:"𧼩，徒總切，動上聲。走也。又徒弄切，音洞。義同。"（471 下）

《正字通·走部》:"𧼩，俗字。或曰與衝、衟、蹱並通。"（1115 上）

按:《康熙字典·走部》:"𧼩，《玉篇》徒孔切，動上聲。走也。"（1277 上）《玉篇·走部》:"𧼩，徒孔切。走也。又徒弄切。"（49 上右）"𧼩"當同"動""勭""㣫"。慧琳《音義》卷六《大般若波羅蜜多經》第四百九十三卷:"遷動，淺錢反。《毛詩》傳曰:'遷，去也。'又從也。賈注《國語》:'易也。'鄭注《禮記》云:'變改也。'《説文》:'登也。從辵，䙴聲。'古文從手作拪，經作遷，俗字也。䙴，音千。下動字李斯書《嶧山碑》從童作勭，古文從彳作㣫，《説文》又從走作𧼩，並同。"（57，P502B3）此即其證也。故"𧼩"與"動""勭""㣫"即爲異體字。《玉篇》訓"走也"，疑爲望形生訓。

658. 𧾐

《字彙·走部》:"𧾐，求於切，音瞿。小走貌。"（471 下）

《正字通·走部》:"𧾐，遽字之譌。"（1115 上）

按:《康熙字典·走部》:"𧾐，《廣韻》强魚切，《集韻》求於切，並音渠。犯也。一曰小跳。《玉篇》:'小步也。'"（1277 上）慧琳《音義》卷七五《道地經》一卷:"𧾐驚，上音渠御反。《考聲》云:'有所持而走曰𧾐。'《韻詮》云:'忽也。'"（58，P964A5）下文又曰:"𧾐風，渠御反。前已釋。賈注《國語》云:'速疾也。'《説文》從走，豦聲也，經從草非也。"（58，P964B5）"𧾐"訓"忽也""速疾也"，當即"遽"之異體字。《玉篇·辵部》:"遽，渠庶切。疾也。"（50 上右）慧琳《音義》卷一一《大寶積經序》:"遽即，强御反，去聲。俗字也。賈逵注《國語》云:'遽，疾也。'顧野王曰:'遽，急也。'"（57，P601B2）慧琳《音義》卷一五《大寶積經》第一百五卷:"遽告，渠據反……《蒼頡篇》:'速也。'賈注《國語》:'疾也。'"（56，P964B7）故"𧾐"訓"忽也""速疾也"，與“遽”音義並同，即爲異體字。

659. 趨

《字彙·走部》:“趨，布賢切，音邊。走意。”（471 下）

《正字通·走部》:“趨，悲堅切，音邊。《説文》:‘走意。’”（1115 下）

按:《康熙字典·走部》:“趨，《集韻》卑眠切，音邊。《説文》:‘走意。’《集韻》:‘走頓也。’”（1277 下）《類篇·走部》:“趨，卑眠切。走意。又多年切。走頓也。”（53 下）“趨”訓“走頓也”，當即“趙”之異體字。《説文·走部》:“趙，走頓也。从走，真聲。讀若顛。”（31 下）《玉篇·走部》:“趙，都年切。《説文》曰:‘走頓也。’”（48 下左）《廣韻》平聲先韻都年切:“趙，走頓。”（83）《集韻》平聲先韻多年切:“趙，《説文》:‘走頓也。’”（160）故“趨”訓“走頓也”，與“趙”音義並同，此“趨”即“趙”之異體字。

660. 趨

《字彙·走部》:“趨，詳遵切，音旬。走貌。又隨戀切，音鏇。《廣韻》:‘大也。’《玉篇》:‘走也。’”（471 下）

《正字通·走部》:“趨，趨字之訛。舊注引《玉篇》‘走也’，與《説文》趨訓同，改音鏇，引《廣韻》‘大也’，誤。”（1115 下）

按:《康熙字典·走部》:“趨，《廣韻》辭戀切，《集韻》隨戀切，並音鏇。《玉篇》:‘走也。’《類篇》:‘大也。’”（1277 下）《廣韻》去聲線韻辭戀切:“趨，大也。”（319）《集韻》去聲線韻隨戀切:“趨，大也。”（572）余迺永《校注》（874）“趨”字下注謂各本《廣韻》云“大也”，“大”乃“走”字之訛。余氏所言是也。《名義·走部》:“趨，祀眷反，旋去。走皃也。”（100 上）《新撰字鏡·走部》:“趨，祀眷反。走皃。”（501）《玉篇·走部》:“趨，祀傳切。走也。”（49 上右）以上諸書皆其證也。《正字通》謂《廣韻》“大也”誤，此亦其佐證也。故《廣韻》訓“大也”，當爲“走也”之訛。《集韻》亦訓“大也”，此即因承襲《廣韻》之謬而誤。《類篇·走部》:“趨，隨戀切。大也。”（55 上）《類篇》訓“大也”，亦因承前而誤。《字彙》轉録《廣韻》“大也”之訓而未作校正，失考證。《康熙字典》轉録《類篇》“大也”之訓而未作校正，亦失考證。《大字典》《字海》“趣”字下皆據《集韻》之誤而收録“大”這一義項，並非。

661. 趯

《字彙·走部》：“趯，巨員切，音權。《説文》：‘行趯趢也。’又曲脊行也。”（471 下）

《正字通·走部》：“趯，巨員切，音權。《説文》：‘行趯趢也。一曰行曲脊貌。’”（1115 下）

按：《康熙字典·走部》：“趯，《廣韻》巨員切，《集韻》逵員切，並音權。《説文》：‘行趯趢也。一曰行曲脊貌。’《類篇》：‘或作趯。’又《集韻》巨班切，音犍。《類篇》：‘行傴也。’”（1278 上）《龍龕》卷二《走部》：“趯，渠員反。曲脚也。”（324）《龍龕》訓“曲脚也”，疑非是。《説文·走部》：“趯，行趯趢也。一曰行曲脊皃。从走，雚聲。”（31 下）《名義·走部》：“趯，渠圓反。曲脊也；不能行皃。”（100 下）《新撰字鏡·走部》：“趯，渠圓反。［行趯］趢也。曲脊不能［行］皃。”（502）《玉篇·走部》：“趯，巨員切。行趯趢也。一曰曲脊也。”（48 下左）敦煌本《王韻》平聲仙韻巨員反：“趯，曲脊。”（368）故宫本《王韻》同。《廣韻》平聲仙韻巨員切：“趯，曲走皃。”（89）《集韻》平聲仙韻逵員切：“趯，《説文》：‘行趯趢也。一曰行曲脊皃。’”（173）故《龍龕》訓“曲脚也”，於歷代字韻書皆無徵，當爲“曲脊也”之誤。《大字典》“趯”字下據《龍龕》收録“曲脚”這一義項，疑亦非是。

662. 䟘

《字彙·足部》：“䟘，舉盎切，岡上聲。伸脛；又伸足；又擊踝。又胡朗切，航去聲。亦伸脛也。”（472 上）

《正字通·足部》：“䟘，與蹎、䟘（远）同。足跡也。舊注伸脛、擊踝，泥。”（1116 下）

按：《康熙字典·足部》：“䟘，《廣韻》胡郎切，《集韻》下朗切並音沆。《玉篇》:‘伸脛也。’又《廣韻》各朗切,《集韻》舉朗切,並音亢。伸足也。一曰擊踝。”(1279 上)《名義・足部》:“䟘,公朗反。伸脛也。”(62 下)《新撰字鏡・足部》:“䟘,公朗反。肆伸脛也。”(136)《龍龕》卷四《足部》:“䟘,音剛。肆伸脛也。”(461)《玉篇・足部》:“䟘,公朗切。伸脛也。”(34 上左)《廣韻》上聲蕩韻胡朗切:“䟘,伸脛也。”(213)下文各朗切亦曰:“䟘,伸脛也。”(214)《集韻》上聲蕩韻下朗切:“䟘,伸足也。”(418)下文舉朗切又曰:“䟘,伸足也。一曰擊踝。”(419)又《說文・辵部》:“迒,獸迹也。从辵,亢聲。踁,迒或从足,从更。”(36 下)《玉篇・足部》:“踁,胡唐切。獸迹。與迒同。”(34 上左)故“䟘”與“踁”“迒”音義俱別,不可混同,《正字通》謂“䟘”與“踁”“䟘(迒)”同,改訓“足跡也”,非是。

663. 跍

《字彙・足部》:“跍,乞約切,音却。行不進也。又力者切,來上聲。身不就貌。”(472 下)

《正字通・足部》:“跍,俗字。行不進,本作卻,改作跍,非。”(1117 下)

按:《康熙字典・足部》:“跍,《集韻》力者切,音㸒。身不就貌。又乞約切,音卻。《類篇》:‘行不進也。’”(1280 下)《龍龕》卷四《足部》:“跍,去約反。步跍。”(467)《集韻》入聲藥韻乞約切:“跍,行不進。”(721)《正字通》所言疑是也。《廣韻》入聲藥韻去約切:“卻,退也。却,俗。”(407)《集韻》入聲藥韻乞約切:“卻,《說文》:‘節欲也。’一曰退也。或作却。”(721)故“跍”訓“步跍”“行不進”,與“卻(却)”音同義通,此“跍”疑即“卻(却)”字之俗。

664. 跑

《字彙・足部》:“跑,蒲交切,音庖。足跑地也;蹴也。”(472 下)

《正字通・足部》:“跑,博高切,音包。跳躍也;獸前足掊地也。”(1117 下)

按:《康熙字典·足部》:“跑,《廣韻》薄交切,《集韻》《韻會》《正韻》蒲交切,並音庖。足跑地也……又《廣韻》蒲角切,《集韻》弼各切,並音雹。秦人言蹴曰跑。《博雅》:‘趵也。’”(1280下)《廣雅·釋言》:“跑,趵也。”《名義·足部》:“跑,蒲篤反。蹴也。”(62上)《玉篇·足部》:“跑,蒲篤切。蹴也。又蒲包切。”(34上右)《廣韻》平聲肴韻薄交切:“跑,足跑地也。”(98)下文入聲覺韻蒲角切:“跑,秦人言蹴。”(379)《直音篇》卷二《走部》:“跑,音雹。蹴也。又音庖。”(66下)《詳校篇海》卷三《足部》:“跑,弼角切,音雹。蹴也。又蒲包切,音孢。足跑地也。”(202下)《篇海類編》同。故《正字通》訓“跳躍也”,於前代字韻書皆無徵,非是。《大字典》“跑”字下據《正字通》之説而收録“跳躍”這一義項,亦非。

665. 踇

《字彙·足部》:“踇,莫厚切,音母。大踇指。又行貌。”(472下)

《正字通·足部》:“踇,踇、踌並俗字。”(1117下)

按:《康熙字典·足部》:“踇,《廣韻》莫厚切,《集韻》莫後切,並音母。《玉篇》:‘大踇指。’”(1281上)故宫本《裴韻》上聲厚韻莫後反:“踇,行。”(579)《廣韻》上聲厚韻莫厚切:“踇,行皃。”(221)此“踇”當即“踌”之異體字。敦煌本《王韻》上聲厚韻莫厚反:“踌,行。”(398)故宫本《王韻》上聲厚韻莫厚反:“踌,行也。”(486)《集韻》上聲厚韻莫後切:“踌,行皃。”(438)故“踇”訓“行”,與“踌”音義並同,此“踇”當即“踌”之異體字。

666. 跓

《字彙·足部》:“跓,丈吕切,音柱。勇足也。又停足。”(472下)

《正字通·足部》:“跓,俗字。舊注音主,停足也。一説通作住。跓音主,非。”(1117下)

按:《康熙字典·足部》:“跓,《廣韻》直主切,《集韻》冢庾切,並音拄。停足也。《類篇》:‘足不正。’”(1281上)《龍龕》卷四《足部》:

“跓，直主反。勇足也。”（461）《玉篇·足部》：“跓，直主切。勇足。”（34 下右）《廣韻》上聲麌韻直注切：“跓，勇足。”（177）《玉篇校釋》“跓”字下注：“‘勇足’疑爲‘雍足’。雍，遏也，勇、雍聲之誤也。《廣韻》上聲麌韻：‘跓，直主切。停足。’《集韻》同。《楚辭·九思》：‘［垂屣兮］將起，跓竢兮碩明。’跓竢即雍足不前也。《立部》：‘竚，俟也。’竚俟與跓竢同。”（1433）余迺永《校注》“跓”字下注：“跓，直主切。停足。楝亭本、覆元泰定本及《集韻》同，餘本及《玉篇》作‘勇足’。《楚辭》王逸《九思·遭厄》：‘垂屣兮將起，跓竢兮碩明。’洪興祖補注釋‘跓’字正引《集韻》之‘停足’義。”（734）以上諸説皆是也。《龍龕》《玉篇》及《廣韻》别本訓“勇足”，形義不諧，皆當爲“雍足”之誤，楝亭本、覆元泰定本《廣韻》、《集韻》及《楚辭》皆其佐證也。又慧琳《音義》卷七八《經律異相》第十四卷：“不駐，下誅屨反。《蒼頡篇》云：‘駐，止也。’《説文》云：‘立馬也。從馬，主聲。’”（58，P1044A1）如《古詩爲焦仲卿妻作》：“行人駐足聽，寡婦起彷徨。”故“跓”與“駐”“竚”音義皆通，當爲異體字。《大字典》“跓”字下據《玉篇》收録“勇足”這一義項，疑亦非是。

667. 趶

《字彙·足部》：“趶，下蓋切，音亥。急行也。”（473 上）

《正字通·足部》：“趶，俗字。舊注下蓋切，音亥，急行也，泥。”（1118 下）

按：《康熙字典·足部》：“趶，《集韻》户代切，音瀣。《玉篇》：‘急行也。’”（1282 上）《直音篇》卷二《足部》：“趶，音害。行止也。”（65 上）《龍龕》卷四《足部》：“趶，胡愛反。行皃也。”（463）《玉篇·足部》：“趶，户愛切。急行。”（34 下右）《新修玉篇》《篇海》引《玉篇》皆同。《集韻》去聲代韻户代切：“趶，行急。”（536）“行皃也”“急行”“行急”當訓異義同。故《直音篇》訓“行止也”，於前代字韻書皆無徵，非是。《詳校篇海》卷三《足部》：“趶，下蓋切，音亥。行止。一曰急行。”（203 上）《篇海類編》同。《詳校篇海》《篇海類編》訓“急行”，是也；然俱又訓“行止”，當皆因承襲《直音篇》之謬而誤。《大字典》“跢”字下據《篇海類編》之誤而收録“行止”這一義項，疑亦非是。

668. 蹃

《字彙·足部》:“蹃，如灼切，音若。足下文也。”（473 下）

《正字通·足部》“蹃，俗字。舊注音若，足下文，誤。《集韻》若改作叒，蹃即踷，舊本分踷、蹃爲二，不知二文皆可廢。”（1119 上）

按:《康熙字典·足部》:“蹃，《廣韻》而灼切，《集韻》日灼切，並音若。足下文也。”（1282 下）《龍龕》卷四《足部》:“蹃，音若。足文。”（464）《廣韻》入聲藥韻而灼切:“蹃，足下文。”（407）又《名義·足部》:“踷，如藥反。蹂也。”（62 上）《龍龕》卷四《足部》:“踷，女白反。蹈也。”（464）《玉篇·足部》:“踷，如藥切。蹈足也。”（34 上右）《廣韻》入聲藥韻女略反:“踷，踐也。”（408）儘管“叒”同“若”，然“蹃”與“踷”音義俱别，二字不可混同，故《正字通》謂“蹃”即“踷”，且謂“舊注”誤，既無書證亦無例證，其説非是。

669. 跅

《字彙·足部》:“跅，徒各切，音奪。跣足蹋也。”（473 下）

《正字通·足部》:“跅，蹽字之訛。舊注音奪，跣足蹋，誤。”（1119 上）

按:《康熙字典·足部》:“跅，《集韻》達各切，音鐸。與踱同。跣足也。一曰乍前乍卻也。”（1282 下）《集韻》上聲鐸韻達各切:“踱跅，跣足［蹋也］。一曰乍前乍卻。或从（宅）［厇］。”（723）正如《集韻》“度”或作“厇”，“跅”當即“踱”之異體字。又《玉篇·足部》:“蹽，他各切。蹽弛。亦作跅。”（34 下右）“蹽弛”同“跅弛”，義爲“放縱不羈”，“蹽”當即“跅”之異體字。儘管“厇”旁亦可寫作“庨”，如《集韻》（724）“侂”或作“㢜”，然“跅”與“蹽”音義俱别，二字不可混同，《正字通》謂“跅”即“蹽”字之訛，且謂“舊注”非，既無書證亦無例證，其説非是。

670. 踕

《字彙·足部》:“踕，丑栗切，音敕。踕踱，乍前乍卻也。”（473 下）

《正字通·足部》:“踕，舊注音敕，乍前乍卻。”（1119 下）

按:《康熙字典·足部》:“踕,《廣韻》丑利切,《集韻》丑二切，並音屎。《玉篇》:‘踕踱，乍前乍卻。’《史記·司馬相如傳》:‘踕踱輵容以委麗兮。’注:‘張揖曰：踕踱，疾行互前卻也。’又《類篇》一曰忿戾。”（1283 上）《集韻》去聲至韻丑二切:“踕，忿戾。”（476）此“踕”當即“𨐨”之異體字。《説文·至部》:“𨐨，忿戾也。从至，至而復遜。遜，遁也。《周書》曰:‘有夏之民叨𨐨。’𨐨，讀若摯。”（247 下）《集韻》去聲至韻丑二切:“𨐨,《説文》:‘忿戾也。从至，至而復遜。遜，遁也。’引《周書》:‘有夏氏之民叨𨐨。’”（476）故“踕”訓“忿戾”，與“𨐨”音義並同，此“踕”當即“𨐨”之異體字。

671. 踻

《字彙·足部》:“踻，渠玉切，音局。踡踻，不伸。又促也，曲也。”（473 下）

《正字通·足部》:“踻，渠六切，音局。踡踻，不伸。《廣韻》又俛也，曲也。與局通。”（1120 上）

按:《康熙字典·足部》:“踻,《廣韻》渠玉切，音局。《玉篇》:‘踡踻，不伸也。’《廣韻》:‘曲也，俛也，促也。’”（1283 下）《玉篇·足部》:“踻，渠足切。踡踻。”（34 上左）箋注本《切韻》（斯 2071）入聲燭韻渠玉反:“踻，踡踻。”（141）敦煌本《王韻》、故宫本《王韻》同。故宫本《裴韻》入聲燭韻渠玉反:“踻，踡踻，不伸。”（606）《集韻》同。《廣韻》入聲燭韻渠玉切:“踻，踡踻。又曲也，俛也，促也。”（376）《廣韻》訓“踻”爲“促也”，當爲“踻促也”之省，“踻促”即爲“迫仄”“狹小”之義，如：南朝梁何遜《贈江長史别》詩:“籠禽恨踻促，逸翮超容與。”《冷眼觀》第二四回:“當因地方踻促，就在老夫妻卧房外面擺了一床卧具，請他睡覺。”“踻促”當同“侷促”“局促”。《説文·口部》:“局，促也。”（29 上）《廣韻》入聲燭韻渠玉切：“局，《説文》：‘促也。’”同一小韻下文又曰：“侷，侷促，短小。”（376）故“踻促”與“侷促”“局促”並同。“俛也”即爲“屈身”“低頭”之義，而“曲也”即爲“彎曲不得伸展”之義。故“蹗踻”“曲也”“俛也”“［踻］促也”諸訓訓異義同，皆爲“迫仄”“迫屈不伸”之義。《大字典》“踻”字第（一）義項下第❶義項據《玉篇》《廣韻》《集韻》等書訓爲“蹗踻，迫屈不伸”；第❷義項據《廣韻》訓“俯”；第❸義項據《廣韻》訓“促”。據上文可知，以上三個義項應合並爲一個義項，訓“迫屈不伸”，即可。

672. 踻

《字彙・足部》：“踻，下罕切，音旱。偏立。”（473 下）

《正字通・足部》：“踻，俗字。舊注音罕，偏立，非。一説赶俗作趕，踻即俗趕字。”（1120 上）

按：《康熙字典・足部》：“踻，《集韻》下罕切，音悍。《類篇》：‘偏立也。’”（1284 上）《集韻》上聲旱韻下罕切：“踻，偏立。”（367）又《字彙・走部》：“趕，古旱切，干上聲。追也。”（470 上）《正字通・走部》：“趕，同赶。”（1112 下）“趕（赶）”即“追逐”之義。故“踻”與“趕（赶）”音義俱别，二字不可混同，《正字通》謂“舊注”非，並謂“一説赶俗作趕，踻即俗趕字”，既無書證亦無例證，其説疑不可據。

673. 踂

《字彙・足部》：“踂，尼輒切，音聶。足不相過。一云聚合不解。”（474 上）

《正字通・足部》：“踂，尼葉切，音聶。《玉篇》：‘細行；兩足不相過。’一曰聚合不解。俗訛作蹑。”（1120 上）

按：《康熙字典・足部》：“踂，《廣韻》《正韻》尼輒切，《集韻》《韻會》昵輒切，並音聶。《玉篇》：‘兩足不相過。’”（1284 上）《玉篇・足部》：“踂，女輒切。兩足不相過，楚謂之踂。”（34 上右）故《玉篇》並未訓“細行”，“細行”之訓當源於《詳校篇海》。《詳校篇海》卷四《足部》:“跜,尼輒切,音聶。細行皃。兩足不相過,楚謂之跜。一曰聚合不解。”(203下)《篇海類編》同。“跜”訓“細行皃”,當即“躡”之異體字。唐封演《封氏聞見記·繩妓》:“妓者先引長繩,兩端屬地,埋鹿盧繫之。鹿盧内數丈立柱以起繩,繩之直如絃。然後妓女自繩端躡足而上,往來倏忽之間,望之如仙。”元張壽卿《紅梨花》第二摺:“花陰裹躡足行行,柳影中潛身等等。”元李好古《張生煮海》第一折:“我躡足潛踪,他換羽移宫。”《紅樓夢》第五四回:“於是大家躡手躡腳,潛蹤進鏡壁去一看,只見襲人和一個人對歪在地炕上。”《二十年目睹之怪現狀》第八九回:“到得晚飯時,姨媽便躡手躡腳,把那小包子裹的混帳東西,放些在茶裹面。”以上“躡”字都是指“走路時腳步放得很輕”。“躡”,《廣韻》音“尼輒切”。故“跜”訓“細行皃”,與“躡”音義並同,此“跜”當即“躡”之異體字。

674. 踆

《字彙·足部》:“踆,延面切,音硯。行不正。”(474上)

《正字通·足部》:“踆,跟字之訛。舊注音硯,行不正,非。”(1120下)

按:《康熙字典·足部》:“踆,《廣韻》吾甸切,《集韻》倪甸切,並音硯。行不正也。”(1284下)《廣韻》去聲霰韻吾甸切:“踆,行不正也。”(315)《集韻》去聲霰韻倪甸切:“踆,行不正。”(569)又《説文·足部》:“跟,足踵也。从足,皀聲。”(40上)“跟”,《廣韻》音“古痕切”。“跟”即“跟”之異體字。故“踆”與“跟(跟)”音義俱别,二字不可混同,《正字通》謂“踆”即“跟(跟)”字之訛,且謂“舊注”非,既無書證亦無例證,其説疑不可據。

675. 踔

《字彙·足部》:“踔,尺約切,音綽。趵踔,不常貌。又竹角切,音捉。與卓同。《孔光傳》:‘踔絕之能。’又敕教切,超去聲。踰也。揚子雲《校獵賦》:‘踔天蹻。’”(474上)

《正字通・足部》:“踔，昌約切，音綽。踸踔，一足行貌。《莊子》:‘夔謂蚿曰：吾以一足踸踔而行。’又超也。與趠同。韓愈《岳陽樓詩》:‘騰踔頗健壯。’又效韻超去聲。踰也。揚雄《校獵賦》:‘踔天蹻。’”（1121上）

按:《康熙字典・足部》:“踔,《唐韻》丑教切,《集韻》《韻會》敕教切，並音騍。《説文》:‘踶也。’注:‘徐曰：踶亦當蹋意。’……《玉篇》:‘(踐)[跛]也。踸踔，跛者行也。’……又《集韻》敕略切，音䅖。略踔，行貌。”（1285上）《新撰字鏡・足部》:“踔，丑角、敕角二反。跛也。”（132）《玉篇・足部》:“踔，敕卓切。跛也。踸踔，跛者行。”（33下右）箋注本《切韻》(斯2071)入聲覺韻敕角反:“踔，跛。”（141）故宮本《裴韻》、《廣韻》同。“踔”訓“跛”，與“尯”“逴”“趠”當爲異體字。《方言》卷六:“逴，騷。尯，蹇也。吴楚偏蹇曰騷，齊楚晉曰逴。”郭璞注:“跛者，行跣踔也。逴，行略逴也。”《集韻》入聲覺韻敕角切:“逴趠,《説文》:‘遠也。’一曰蹇也。或从走。”同一小韻下文又曰:“尯,《博雅》:‘蹇也。’”（661）故“踔”訓“跛”，與“尯”“逴”“趠”音義並同，即爲異體字。敦煌本《王韻》入聲覺韻敕角反:“踔，跛。亦作尯。”（424）故宮本《王韻》同。此是其證也。又《集韻》入聲藥韻敕略切:“踔，略踔，行皃。”此“踔”亦當即“尯”之異體字。故宮本《王韻》入聲藥韻丑略反:“逴，略逴，行皃。”（524）故宮本《裴韻》、《唐韻》、《廣韻》同。“略踔”當同“略逴”，且據上文所引《方言》及郭璞注可知，“略逴”即爲郭璞對“逴”所作的訓釋，義亦爲“蹇”，故此“踔”亦當同“尯”“逴”“趠”。

676. 踕

《字彙・足部》:“踕，疾葉切，音捷。足疾。”（474下）

《正字通・足部》:“踕，俗踥字。舊注音捷，足疾，泥。”（1121上）

按:《康熙字典・足部》:“踕,《廣韻》《集韻》並疾葉切，音捷。《玉篇》:‘足疾。’又《集韻》疾協切，音蕺。行貌。又與踥同。”（1285下）《名義・足部》:“踕，才協反。”（61下）《龍龕》卷四《足部》:“踕，疾葉反。足疾也”(467)《玉篇・足部》:“踕，才協切。足疾也。”(33下左)《廣韻》入聲葉韻疾葉切:“踕，足疾。”(435)《集韻》入聲葉韻疾葉切:“踕，足疾。”(777)下文入聲帖韻疾協切又曰:“踕，行皃。”(784)“足疾”與“行皃”訓異義同。又《名義・足部》:“踥，且獵反。行皃。”(62下)《玉篇・足部》:“踥，且獵切。踥踥，往來皃。”(34上右)《楚辭・九章・哀郢》:“衆踥蹀而日進兮，美超遠而逾邁。”洪興祖補注:“踥蹀，行貌。”王夫子通釋:“踥蹀，相踵而進。”故“踕”與“踥”音義俱别，二字不可混同,《正字通》謂“踕”即“踥”字之俗，且謂“舊注”非，既無書證亦無例證，其説非是。《康熙字典》亦謂“踕”又與“踥”同，當因承襲《正字通》之説而誤。“踕”本當作“疌(捷)”。《説文・止部》:“疌，疾也。从止，从又。又，手也。屮聲。”(32上)錢坫《斠詮》:“此古捷字。”《小爾雅・廣詁》:“捷，疾也。”《廣韻》入聲葉韻疾葉切:“捷，疾也。”同一小韻下文又曰:“疌,《説文》:‘疾也。’”(435)故“踕”與“疌(捷)”音義皆通，“踕”本當作“疌(捷)”。

677. 踗

《字彙・足部》:“踗，奴協切，音捻。輕行也。”(474下)

《正字通・足部》:“踗，俗字。”(1121上)

按:《康熙字典・足部》:“踗,《集韻》諾叶切，音捻。《類篇》:‘行輕也。’”(1285下)《集韻》入聲帖韻諾叶切:“踗，行輕也。”(782)《正字通》謂“踗”爲俗字，當是。“踗”疑即“躡”之異體字。唐封演《封氏聞見記・繩妓》:“妓者先引長繩，兩端屬地，埋鹿盧繫之。鹿盧内數丈立柱以起繩，繩之直如絃。然後妓女自繩端躡足而上，往來倏忽之間，望之如仙。”元張壽卿《紅梨花》第二摺:“花陰裏躡足行行，柳影中潛身等等。”元李好古《張生煮海》第一折:“我躡足潛踪，他换羽移宫。”以上“躡”字皆爲“走路時脚步放得很輕”之義。“躡”,《廣韻》音“尼輒切”。故“踗”與“躡”音義皆通，“踗”疑即“躡”之異體字。

678. 踼

《字彙・足部》:“踼，仲良切，音長。東郡謂跪曰踼。踼，跪拜也。”（474下）

《正字通・足部》:“踼，空、牚並同。舊本改仲良切，音長，東郡謂跪曰踼，跪拜也，誤分爲二。”（1121下）

按:《康熙字典・足部》:“踼，《廣韻》直良切，《集韻》仲良切，並音長。《玉篇》:‘踼𨇨，拜也。’”（1286上）《方言》卷七:“踼𨇨，立也。東齊海岱北燕之郊跪謂之踼𨇨。”郭璞注:“今東郡人亦呼長跽爲踼𨇨。”《玉篇・足部》:“踼，仗良切。東郡謂跪曰踼。踼𨇨，拜也。”（34上左）《說文・止部》:“空，歫也。从止，尚聲。”（32上）《廣雅・釋詁二》:“空，蹋也。”《廣韻》平聲庚韻直庚切:“空，距也。《周禮》曰:‘唯角空之。’”（122）《廣韻》下文去聲映韻他孟切又曰:“牚，衺柱也。”（342）故“踼”與“空”“牚”音義俱別，《正字通》謂“踼”與“空”“牚”同，且謂“舊注”非，其說非是。

679. 踜

《字彙・足部》:“踜，盧登切，音稜。蹶也。一曰踜蹬，行貌。又上聲魯梗切。義同。”（474下）

《正字通・足部》:“踜，俗夌字。《正韻》十八庚:‘夌，越也。亦作陵、淩。’舊注音稜，蹶也，泥。”（1121下）

按:《康熙字典・足部》:“踜，《廣韻》魯鄧切，《集韻》郎鄧切，並倰去聲。踜蹬，行貌。《類篇》:‘踜蹬，馬病。’又《集韻》盧登切，音棱。《玉篇》:‘蹶也。’《類篇》:‘踜騰，行貌。’又丑拯切。踜，或从足。止也。”（1286上）《玉篇・足部》:“踜，魯登切。蹶也。”（34下右）《玉篇校釋》“踜”字下注:“‘蹶也’者，《集韻》同，此‘蹶’爲‘跳躍’‘踰越’義，古文爲夌。夌，越也，字從夂即足，今作陵、踜。《廣韻》收去聲嶝韻云:‘踜蹬，行皃。’又曰:‘踜騰，行皃。’疊韻連語，踜騰亦騰躍意。”（1432）《正字通》《玉篇校釋》所言皆可商榷。敦煌本《王韻》去聲嶝韻魯鄧反："僜，僜蹬。"（420）故宫本《裴韻》同。此字頭及注文之"僜"當皆爲"倰"字之訛。《廣韻》去聲嶝韻魯鄧切："倰，倰蹬，行皃。"（347）此亦其證也。故宫本《王韻》去聲嶝韻魯鄧反："僜，倰癡。"（508）此注文"僜"字作"倰"，即其證也；然字頭"僜"字亦爲"倰"字誤刻，注文"癡"當爲"僜"字之訛。《唐韻》去聲嶝韻魯鄧反："僜，僜蹬，行皃。"（682）此"僜"亦爲"倰"字之訛。"倰蹬"，别本亦有作"踜蹬"者，文獻亦有其用例，例如：唐張敬忠《詠王主敬》："有意嫌兵部，專心望考功。誰知腳踜蹬，卻落省牆東。""倰蹬"當同"踜蹬"，義爲"行走失足，踏空受挫"。《玉篇》訓"踜"爲"蹶也"，當誤脱被訓聯連綿"踜蹬"，"蹶也"當爲"跌倒"之義，而非"跳躍""踰越"義，故"踜"與"夌"音義俱别，二字不可混同，《正字通》《玉篇校釋》之説皆不可據。《玉篇·馬部》："駿，力亘切。駿騐，馬病也；馬傷穀也。"（108下右）《廣韻》去聲嶝韻徒亘切："殑，殎殑，困病。"下文魯鄧切又曰："倰，倰僜，行皃。"（347）《集韻》去聲證韻里孕切："倰，倰僜，行疲。"（609）下文去聲嶝韻郎鄧切："殎，殎殑，困病皃。"下字又曰："駿，駿騐，馬病。"相隔一字又曰："踜，踜蹬，馬病。"（610）故"殎殑"與"倰僜""踜蹬""駿騐"音同義通，"殎殑""倰僜""踜蹬""駿騐"當爲同一聯綿詞的不同寫法。《大字典》《字海》"踜"字下皆據《玉篇》收録"跌倒"這一義項，據上文可知，《玉篇》訓"蹶也"，當爲"踜蹬，蹶也"之脱誤，故此義項應以"又音"的形式合並到"踜蹬，行貌"這一義項上去，方妥。

680. 踷

《字彙·足部》："踷，側下切，音鮓。衺行貌。"（475上）

《正字通·足部》："踷，踖字之訛。舊注音鮓，衺行貌，非。"（1122下）

按：《康熙字典·足部》："踷，《集韻》展賈切。衺行貌。"（1287下）《龍龕》卷四《足部》："踷，俗。丑加反。跛也。"（459）《集韻》上聲馬韻展賈切："踷，衺行皃。"（410）又《説文·足部》："踖，長脛行也。从足，昔聲。一曰踧踖。"（40 上）《廣韻》入聲昔韻秦昔切："踖，踐也。"（420）故"踷"與"踖"音義俱别，二字不可混同，《正字通》謂"踷"即"踖"字之訛，且謂"舊注"誤，既無書證亦無例證，其説非是。

681. 䠫

《字彙·足部》："䠫，丑戀切，音串。行也。"（475 上）

《正字通·足部》："䠫，遂、遯、踲通。舊注音串，汎訓行，誤。"（1122 下）

按：《康熙字典·足部》："䠫，《集韻》寵戀切，音猭。行也。或作遂。"（1287 下）《集韻》去聲綫韻寵戀切："䠫遂，行也。或从辵。"（574）"䠫"與"遂"在"行也"這一義項上音義並同，即爲異體字。又《説文·辵部》："遯，逃也。从辵，从豚。"徐鍇《繫傳》作："从辵，豚聲。"（35 下）《集韻》上聲混韻杜本切："遯遁遂踲，遷也；逃也。或从盾、从彖，亦作踲。"（366）故在"遷也；逃也"這一義項上，"䠫"與"遂""遯""踲"音義俱别，不可混同，《正字通》謂"䠫"與"遂""遯""踲"通，且謂"舊注"誤，既無書證亦無例證，其説非是。《大字典》"䠫"字下以明馮惟敏《河西六娘子十首》之十"也有青山也有泉，抵多少陸地神仙，南村北疃沿門兒䠫"作爲文獻用例，據此文獻用例，可知"䠫"當同"串"。《宣和遺事》前集："向汴京城裏串長街，驀短檻。"《水滸傳》第二十回："從小兒在東京時，只去行院人家串，那一個行院不愛他？"《清平山堂話本·快嘴李翠蓮記》："不曾走東家，不曾西鄰串。"以上"串"字皆爲"逛遊""走動"之義。"串"，《洪武正韻》音"樞絹切"。故"䠫""遂"訓"行也"，與"串"音義皆通，當爲異體字。

682. 踹

《字彙·足部》："踹，都管切，音短。足踢也。又去聲都玩切。《玉篇》：'足跟。'"（475 上）

《正字通·足部》："踹，俗跐字。舊注足踢，與跐義近，改音短，

非；又都玩切，引《玉篇》‘足跟’，亦非。”（1122 下）

按：《康熙字典·足部》：“踹，《廣韻》市兖切，《集韻》豎兖切，並音剬。足踹也。《玉篇》：‘足跟也。’《淮南子·人間訓》：‘踹足而怒。’注：‘踹足，蹀足也。’”（1287 下）《玉篇·足部》：“踹，都館、市兖二切。足跟也。”（34 上左）敦煌本《王韻》上聲獮韻［視兖反］：“踹，腳跟。”（393）下文去聲翰韻都亂反：“踹，足。”（411）故宫本《王韻》上聲獮韻視兖反：“踹，足跟根（當衍）。”（480）下文去聲翰韻都亂反：“踹，足。”（500）《玉篇校釋》“踹”字下注：“《切韻》：‘踹，腳跟。’跟猶根也，踹猶端也。鄭注《禮器》云：‘端，本也。’《廣雅》一：‘耑，末也。’耑，古端字。《淮南》許注：‘垠，崖端也。’足後謂之跟，亦謂之踹，猶木本謂之根，亦謂之端。崖端謂之垠，亦猶足踹謂之跟也。”（1426）胡氏之説疑可商榷。《名義·足部》：“踹，都館反。足、。”（63 下）此“、”當代替字頭“踹”。慧琳《音義》卷一《大般若波羅蜜多經》卷第一《初分緣起品》之一：“兩腨，遄耎也。《文字集略》云：‘脛之腹也。’《説文》：‘足跳（腓）腸也。’或作蹲、踹、膞四形，並同。今從肉。遄音船。”（57，P409B8）下文卷九《摩訶般若波羅蜜經》第一卷又曰：“兩腨，又作蹲同。時耎反。《説文》：‘脛腨腸也。’《三蒼》：‘腓腸也。’經文作踹。丁管反。蹀足也。踹非此用也。”（57，P565A3）下文卷十二《大寶積經》第三十二卷又曰：“膞傭，或作蹲、腨、踹，四形皆一也。殊耎反。足跳（腓）腸也。《説文》從肉，專聲。拙舡反。”（57，P632B11）下文卷二四《大方廣普賢菩薩所説經》一卷又曰：“腨，船耎反。《説文》：‘蹲跳（腓）腸也。從月，耑聲。’或作踹、膞，經文從專、從足作蹲，亦通也。”（57，P888B10）下文卷六二《根本毘奈耶雜事律》第二十五卷又曰：“足踹，下船耎反。《考聲》云：‘腓腸也。’《説文》作腨，從月，耑聲。”（58，P716B2）下文卷七五《道地經》一卷：“足腨，殊耎反。《説文》：‘腓腸也。’或從足作踹，或作蹲，音並同體異者，是先儒不能記憶偏傍，率意作之，或肉或足，後人倣習傳用，故無的從，今並出之也。”（58，P966A8）以上諸書皆其證也。故《名義》“踹”字下作“足、”，當即“足踹”之省，“足踹”即指“足腓腸也”，即所謂“小腿肚子”，此

“踹”當同“腨”“蹲”。又《新撰字鏡·足部》:“踹，時彦反。腨足也。”（139）“腨足也”當爲“足腨也”之倒誤，“足腨”當指“足肚”，即俗稱“小腿肚子”。此亦其佐證也。《龍龕》卷四《足部》:“蹲踹，舡耎反。脛腸也。二。”（462）“脛腸”“腓腸”義同。此亦其佐證也。《玉篇》訓“足跟”，當因從“耑”爲説而誤。敦煌本《王韻》訓“足跟也”，亦因從“耑”爲説而誤，又其訓“足”，當爲“足踹”之脱誤。故宫本《裴韻》承襲其誤而未作校正，失考證。又《廣韻》上聲獮韻市彦切:“踹，腳跟。”（199）下文去聲换韻丁貫切又曰:“踹，足踹。”（309）《廣韻》上文訓“腳跟”，此即因承前而謬；下文校作“足踹”，是也。又《集韻》上聲獮韻豎兖切:“踹，足踵也。”（385）下文去聲换韻都玩切又曰:“踹，足也。”（559）《集韻》訓“足踵也”，即據“足跟也”之訓而改，“足踵”“足跟”義同；下文訓“足也”，亦因承前而謬。又《詳校篇海》卷三《足部》:“踹，都管切，音短。足踼也。又去聲音煅。足踹。《玉篇》:‘足跟。’”（205上）《篇海類編》同。《詳校篇海》訓“足踼也”，當爲“足踹也”之誤。《篇海類編》《字彙》訓“足踼也”，皆因承襲《詳校篇海》之謬而誤。又“踹”雖有“踩”“践踏”之義，在此意義上“踹”與“跐”義同，然二字形音俱别，不可混同，故《正字通》謂“踹”即“跐”字之俗，非是。

683. 踿

《字彙·足部》:“踿，千木切，音促。驅迫之也。”（475上）

《正字通·足部》:“踿，與趥通。”（1123上）

按:《康熙字典·足部》:“踿，《集韻》雌由切，音秋。與趥同。《玉篇》:‘行貌。’又與鰌同。《莊子·秋水篇》:‘鰌我亦勝我。’音義:‘鰌，藉也。本亦作踿。’又《集韻》七六切，音褫。迫也。又子六切。蹙或作踿，義同。”（1288上）《直音篇》卷二《足部》:“踿，音秋。足病。又千木切。”（67上）《直音篇》訓“足部”，疑非是。《玉篇·足部》:“踿，七由切。行皃。”（34下右）《集韻》平聲尤韻雌由切:“趥踿，《説文》:‘行皃。’或从足。”（262）下文入聲屋韻七六切又曰:“踿，迫也。”（642）

《洪武正韻》入聲屋韻千木切："蹵，驅迫之也。《荀子》：'蹵之以刑罰。'"（323）《新修玉篇》卷七《足部》引《玉篇》："蹵，七由切。《説文》曰：'行皃。'《韻》又七宿切。迫也。又子六切。迫也；促也；近也；急也。蹙同。"（64上左）《篇海》卷九《足部》引《玉篇》："蹵，七由切。行皃。"（713下）故《直音篇》訓"足病"，於前代字韻書皆無徵，非是。《詳校篇海》卷三《足部》："蹵，七由切，音秋。行皃。與趥同。又足病。又千木切，音促。驅迫之也。"（204下）《篇海類編》同。《詳校篇海》《篇海類篇》"蹵"字下亦收"足病"這一義項，當皆因承襲《直音篇》之謬而誤。《大字典》"蹵"字下據《篇海類編》之誤而收録"足病"這一義項，亦非。

684. 踤

《字彙·足部》："踤，苦化切，誇去聲。踞也。"（475下）

《正字通·足部》："踤，俗跨字。《説文》贅作踤。"（1123下）

按：《康熙字典·足部》："踤，《廣韻》苦化切，《集韻》枯化切，並音跨。《説文》：'踞也。'"（1289上）《説文·足部》："踤，踞也。从足，荂聲。"（41下）上文又曰："跨，渡也。从足，夸聲。"（40下）《玉篇·足部》："跨，苦瓦切，又苦化切。越也。"（34下左）《正字通》所言疑是。《玉篇校釋》"跨"字下注："'越也'者，《西京賦》：'跨谷彌阜。'薛綜曰：'跨，越也。'《切韻》同，云：'亦作干。'慧琳四四·十八、八十·二並引杜注《左傳》云：'跨謂過其上也。'顧野王云：'跨謂舉足也。'賈注《國語》云：'股也。'《説文》：'渡也。'《蒼頡篇》云：'兩股間也；踰也；過也；越渡也。'即本書原文。又音《字書》：'跉，越也；渡也。'《字林》：'跉，踞也；亦躡也。'《古今正字》：'跨，越也。'俗典云：'江南謂開膝坐爲趶跨，山東謂之甲趺。'又引《考聲》云：'卻坐也。'《説文》：'跉，渡也。跨，踞也。'今二徐《説文》作：'跨，渡也。踤，踞也。'又云：'跨，正從夅作跉。《字林》或作胯。'《五經文字》亦云：'跨，《説文》作跉。'是唐《説文》猶爲跉，二徐以跨爲跉，乃别作踤以當跨，《集韻》《類篇》並以跉爲跨之重文。"（1442）段玉裁於

“踍”字下注：“按此恐又跨字之異體。”（83下）以上二説皆其證也。《名義》《新撰字鏡》以及《切韻》《廣韻》皆未收録“踍”字，此亦其證也。《名義·足部》：“踤，苦霸反。服（股）也；渡也；兩股間也。”（60下）可見顧野王所見《説文》本亦作“踤”，今本《説文》作“跨”，當爲二徐所改。《新撰字鏡·足部》：“跨，苦化反。踞也；股也；蠚也；渡也。”（133）《新撰字鏡》“跨”字下收録“踞也”這一義項，此亦其證也。故“踍”當即“踤（跨）”之異體字。

685. 蹗

《字彙·足部》：“蹗，盧谷切，音鹿，行貌。又與踛同，恭也。”（476上）

《正字通·足部》：“蹗，俗字。舊注音鹿，行貌；又與踛同，恭也，並非。”（1124下）

按：《康熙字典·足部》：“蹗，《集韻》盧谷切，音禄。《玉篇》：‘行貌。’《類篇》：‘或作踛。’”（1290上）《集韻》入聲屋韻盧谷切：“蹗，行皃。或作踛。”（639）《直音篇》卷二《足部》：“蹗，音鹿。行也。踛，同上。”（64上）故“蹗”訓“行皃”“行也”，當即“踛”之異體字。《詳校篇海》卷三《足部》：“蹗，音鹿，行皃。又音録，恭也。”（205下）《篇海類編》同。“蹗”音“録”，訓“恭也”，當同“踛”，二字本作“逯”。《説文·辵部》：“逯，行謹逯逯也。从辵，录聲。”（35上）《廣韻》入聲燭韻力玉切：“逯，謹也。”同一小韻下文又曰：“踛，恭踛（當爲字頭誤重）也。”（376）《集韻》入聲燭韻龍玉切：“逯，行謹也。”同一小韻下文又曰：“踛，恭也。”（654）“恭”“謹”義通，故“蹗”音“録”，訓“恭也”，與“踛”音同義通，亦爲異體字，二字本當作“逯”。《字彙》謂“蹗”訓“恭也”，與“踛”同，是也。《正字通》謂“舊注”非，所言非是。《大字典》“蹗”字下第❸義項據《篇海類編》《字彙》而訓“恭”，並謂同“碌”，其轉録《字彙》作“蹗，與碌同，恭也”，然據上文可知，《字彙》本謂“蹗”與“踛”同，而非謂“蹗”與“碌”同，故《大字典》“碌”當爲“踛”字轉録之誤。

686. 蹌

《字彙·足部》:“蹌，千羊切，音鏘。行動貌。《虞書》:‘鳥獸蹌蹌。’又容貌舒揚也。《詩·大雅》:‘濟濟蹌蹌。’鄭康成曰:‘士大夫之威儀也。’”（476上）

《正字通·足部》:“蹌，七襄切，音鏘。步趨有儀也。《詩·齊風》:‘巧趨蹌兮。’《大雅》:‘濟濟蹌蹌。’《曲禮》:‘士蹌蹌。’注:‘容貌舒揚也。’”（1124上）

按:《康熙字典·足部》:“蹌,《唐韻》七羊切,《集韻》《韻會》《正韻》千羊切，並音鏘。《説文》:‘動也。’《爾雅·釋訓》:‘蹌蹌，動也。’”（1289下）《龍龕》卷四《足部》:“蹌，七羊反。和鳴也。”（459）此“蹌”當同“瑲”“鏘”。《集韻》平聲陽韻千羊切:“瑲,《説文》:‘玉聲也。’引《詩》:‘鞗革有瑲。’一曰樂聲。或作鏘。”（213）《荀子·富國》:“撞鐘擊鼓而和,《詩》曰:‘鐘鼓喤喤，管磬瑲瑲。’”楊倞注:“《詩·周頌·執競》之篇，毛云：喤喤、瑲瑲，皆聲和貌。”《左傳·莊公二十二年》:“初，懿氏卜妻敬仲。其妻占之，曰:‘吉。是謂“鳳皇于飛，和鳴鏘鏘”。’”楊伯峻注:“此二語蓋言其夫妻必能和好。”故“蹌”訓“和鳴也”，與“瑲”“鏘”音義皆通，即爲異體字。

687. 蹱

《字彙·足部》:“蹱，蒙弄切，音夢。蹱趨，疲行貌。”（476下）

《正字通·足部》:“蹱，俗字。《篇海》音夢，跛行，引《玉篇》‘蹱趨，疲行貌’，並非。”（1125上）

按:《康熙字典·足部》:“蹱,《廣韻》《集韻》並莫鳳切，音夢。《玉篇》:‘蹱趨，疲行貌。’《類篇》:‘極行也。’”（1291上）《新修玉篇》卷七《足部》引《玉篇》:“蹱，莫鳳切。蹱趨，疲行皃。”（64下左）《篇海》卷九《足部》引《玉篇》:“蹱，莫仲切。蹱趨，跛行皃。”（714上）“蹱”字,《新修玉篇》與《篇海》義訓不同，當以《新修玉篇》爲是。《名義·足部》:“蹱，莫仲反。［蹱］趨，極行也。”（63上）《玉篇·足部》:“蕄，莫仲切。蕄趟，疲行皃。”（34 上左）此是其證也。故《篇海》訓“蕄趟，跛行皃”，當爲“蕄趟，疲行皃”之誤。《詳校篇海》卷三《足部》:“蕄，蒙弄切，音夢。跛行貌。《廣韻》:‘蕄趟，疲行皃，極行也。’”（205 下）《篇海類編》同。《詳校篇海》《篇海類編》“蕄”字下收録“跛行貌”這一義項，皆因承襲《篇海》之謬而誤。《大字典》《字海》“蕄”字下皆據《篇海類編》之誤而收録“跛行”這一義項，並非。

688. 蹪

《字彙·足部》:“蹪，徒回切，音頹。蹎仆也。”（476 下）

《正字通·足部》:“蹪，舊注音頹，蹎仆也。按：蹪音貴，蹶有貴、厥二音。《淮南·原道訓》:‘足蹪趎埳，頭抵植木而不自知也。’與蹶同。舊注義近蹶，改音頹，誤以蹪同𨻳隤之隤，不知蹪、隤音義微别也。”（1125 下）

按:《康熙字典·足部》:“蹪,《廣韻》杜回切,《集韻》徒回切，並音頹。《博雅》:‘疐也。’《玉篇》:‘仆也。’《類篇》:‘楚人謂蹎仆爲蹪。’”（1291 下）《廣雅·釋言》:“蹪，疐也。”《玉篇·足部》:“蹪，徒雷切。仆也。”（33 下左）又《説文·足部》:“蹶，僵也。从足，厥聲。”（41 上）《玉篇·足部》:“蹷，渠月、居月、居衛三切。《説文》:‘僵也。’蹶，同上。”（33 下右）“蹪”與“蹶”儘管義通，然形音俱别，二字不可混同，故《正字通》之説非是。王念孫《疏證》:“《淮南子·原道訓》:‘先者隤陷。’高注云:‘楚人謂蹎爲隤。’《原道訓》又云:‘足蹪趎埳。’蹪與隤通，疐與蹎通。”《玉篇校釋》“蹪”字下注:“‘仆也’者，疑出《埤蒼》。《廣雅·釋言》:‘蹪，疐也。’《爾雅·釋言》:‘疐，仆也。’《切韻》:‘蹪，蹎仆。’蹎仆即疐仆。郭璞以蹎釋疐。本書:‘疐，或作蹎。’《淮南·説林》:‘莫蹪於山。’高注:‘蹪，蹎也。’《原道》:‘先者隤陷。’高注:‘楚人謂蹎爲隤。’隤即蹪。《阜部》‘隤’下引《説文》:‘墜下也。’墜下則蹎仆，字涉失足下墜而爲蹪。”（1399）以上諸説皆是。故“蹪”本當作“隤”，因涉義改换義符而爲“蹪”。

689. 蹫

《字彙·足部》:"蹫，厥筆切，音橘。跛貌。"(476 下)

《正字通·足部》:"蹫，同趫。舊注音橘，改訓跛，非。跛不必别作蹫。"(1125 下)

按:《康熙字典·足部》:"蹫,《廣韻》訣律切，音橘。《類篇》:'狂走也。'《玉篇》:'疲貌。'"(1291 下)此字《説文》《名義》皆未收,《玉篇》收於《足部》之末，當即陳彭年等據俗書所增。《玉篇·足部》:"蹫，圭律切。跛皃。"(34 下左)《新修玉篇》《篇海》引《玉篇》同。《正字通》所言當是。《説文·走部》:"趫，狂走也。从走，矞聲。"(31 上)《集韻》入聲術韻訣律切:"趫蹫，狂走。或从足。"(673)故"蹫"當即"趫"字之俗。《玉篇》訓"跛皃"，當爲陳彭年等妄補。《新修玉篇》《篇海》承襲《玉篇》義訓之誤而未作校正，俱失考證。《玉篇校釋》"蹫"字下注:"蹫與趫同。《説文》:'趫，狂走也。'狂走病如跛行，亦行之不正也。《類篇》:'蹫，狂走也。'《集韻》趫，或作蹫。本書《走部》:'趫，狂走也。'《犬部》:'獝，狂也。'《人部》:'僪，亦作獝。'凡矞聲字有風狂急疾意。"(1440)胡吉宣謂"蹫"與"趫"同、"凡矞聲字有風狂急疾意"，是也；然謂"狂走病如跛行，亦行之不正也"，當因承襲《玉篇》義訓之誤爲説，非是。《直音篇》卷二《足部》:"蹫，音橘。跛行貌。"(65 上)《直音篇》訓"跛行貌"，即因承前而謬。《詳校篇海》卷三《足部》:"蹫，厥筆切，音橘。跛皃。"(205 下)《篇海類編》同。《詳校篇海》《篇海類編》《字彙》訓"跛貌"，亦皆因承前而謬。《大字典》"蹫"字下據《玉篇》《直音篇》之誤而收録"跛行貌"這一義項，疑非是;《字海》"蹫"字下據《玉篇》之誤而收録"跛貌"這一義項，疑亦非是。

690. 蹯

《字彙·足部》:"蹯，符艱切，音煩。與番同。獸之掌也，狐狸之類有之。"(477 上)

《正字通·足部》:"蹯，符頑切，音煩。獸掌也。《説文》本作番。"

（1125 下）

按:《康熙字典·足部》:“蹯,《唐韻》附袁切,《集韻》符袁切,《正韻》符艱切，並音煩。《説文》作番，獸足也。《左傳·文元年》:‘食熊蹯。’注:‘熊掌。’《類篇》亦作蹞、𧾩、𤐩。”（1292 上）《集韻》平聲文韻符分切:“蹯，獸跡。”（130）下文平聲元韻符袁切:“番,《説文》:‘獸足謂之番。从釆，田象其掌。’或作蹞、蹯。”（136）《集韻》謂“蹯”爲“番”之或體，是也；然訓“蹯”爲“獸跡”，疑非是。《爾雅·釋獸》:“貍、狐、貒、貈、醜，其足蹯。”郭璞注:“皆有掌蹯。”《廣雅·釋獸》:“蹯，足也。”《名義·足部》:“蹯，輔園反。熊掌也。蹞，番、蹯字。”（61 下）《玉篇·足部》:“蹯，輔袁切。熊掌也。《左氏傳》曰:‘宰夫胹熊蹯不熟。’蹞，同上。”（33 下左）箋注本《切韻》（斯 2071）平聲元韻附袁反:“蹯，熊掌。”（115）故宫本《王韻》同。《廣韻》平聲元韻附袁切:“番,《説文》曰:‘獸足謂之番。’經典作蹯。又翻、盤、潘三音。蹞，同上。蹯，亦同上。”（68）故《集韻》訓“蹯”爲“足跡”，於前代字韻書皆無徵，“符分切”當爲“蹯”字又音，亦當義指“獸足掌”,《集韻》改爲“足跡”，非是。《大字典》“蹯”字下據《集韻》收録“足跡”這一義項，疑亦非是。

691. 𨂝𨃅

《字彙·足部》:“𨃅，得合切，音答。跛行也。”（477 上）

《正字通·足部》:“𨃅，同𨂝,《説文》本作𨂝。舊注𨂝音託，跛（𨂝）也；𨃅音答，跛行，誤分爲二。”（1126 上）

按:《康熙字典·足部》:“𨃅,《廣韻》都合切,《集韻》德合切，並音答。與𨂝同。”（1292 下）箋注本《切韻》入聲合韻都合反:“𨂝，𨂝跛，行惡皃。”（147）故宫本《王韻》入聲合韻都合反:“𨂝，𨂝跛，行惡皃。”（521）故宫本《裴韻》入聲合韻都合反:“𨂝，𨂝跛，行惡皃。”下文蘇合反又曰:“趿，𨂝趿。”（618）《唐韻》入聲合韻都合反:“𨂝，跛行惡皃。”（715）《廣韻》入聲合韻都合切:“𨂝，跛行皃。”（432）《集韻》入聲合韻德合切:“𨂝𨃅，跳也；跛也。或从答。”（771）“𨂝”“𨃅”即同字異寫。龍宇純《校箋》注曰:“注文《切三》《王二》同,《唐韻》云‘跛行惡皃’,《廣韻》云‘跛行’,《集韻》云‘跛也’。案:‘跛’字誤,當作‘趿’。《説文》‘踏’下云‘趿也’,《王二》蘇合反‘趿’下云‘踏趿’,《玉篇》‘踏’下云‘踏趿’,並其證。《唐韻》‘跛’上奪重文,《廣韻》又減‘惡’字,《集韻》省之云‘跛’,幾至不可正矣。‘惡’字不詳,本書‘趿’下云‘急’,與小徐‘踏’下云‘馺’合(《萬象名義》同),‘惡’字疑當作‘急’。”(687)余迺永《校注》注曰:“《切三》《王二》及《全王》云:‘踏跛,行惡貌。’《唐韻》注文缺‘踏’字;又《全王》字作‘踏’,與《説文》《玉篇》及《方言》合。然《説文》‘踏’字訓‘趿也’,大徐音他合切。《玉篇》他合切‘踏’字云‘踏趿也’;而《方言》卷一:‘踏,跳也。’郭璞注:‘古蹋字,他匣反。’《集韻》德合切以踏、踏或體,云:‘跳也,跛也。’又託合切‘跆’字云:‘《説文》:趿也。一曰跳也。’另有達合切‘踏’字云:‘跳也。’可見《切韻》系書‘踏’字當作‘踏’,注文‘跛’字當作‘趿’;自《唐韻》脱‘踏’字,《廣韻》遂去‘惡’字,至《集韻》乃兼録《方言》之‘跳也’義外,但解‘跛也’。”(975)以上二説是也。《龍龕》卷四《足部》:“踏,都合反。跛行也。”下字曰:“踏,都合反。踏趿,龜(惡)行。又他合、徒合二反。跳也。”(465)“踏”“踏”本爲同字異寫,《龍龕》誤將二字拆開,改訓“踏”爲“跛行也”,當因承襲前代韻書之謬而誤;然其訓“踏”爲“踏趿,龜(惡)行”,亦爲“跛”即“趿”字之訛之證。《新修玉篇》卷七《足部》引《餘文》:“踏,都合切。跛行皃。”(65上左)《篇海》卷九《足部》引《餘文》:“踏,都合切。跛行也。”(714下)《直音篇》卷二《足部》:“踏,音荅。跛行皃。”(67上)《詳校篇海》卷三《足部》:“踏,得合切,音荅跛行也。《集韻》或作踏。”(206上)《篇海類編》同。《新修玉篇》《篇海》《詳校篇海》《篇海類編》《字彙》諸書訓“跛行皃”“跛行也”,亦皆因承襲前代韻書之謬而誤。《大字典》“踏”字下據《集韻》之誤而收録“跛行”這一義項,非是。

692. 蹻

《字彙・足部》:"蹻，與撠同。又以足據持也。"(477下)

《正字通・足部》:"蹻，同撠。又動作貌。《太玄》:'蹻戰喈喈。'又漢班固《答賓戲》:'應龍，超荒忽而蹻顥蒼。'師古曰:'蹻，以足據持也。'又御韻音據。義同。"(1126下)

按:《康熙字典・足部》:"蹻，《集韻》居御切，音據。手據地。《前漢・敘傳》:'超忽荒而蹻顥蒼也。'注:'師古曰：蹻與據同。'又《類篇》:'僑蹻，猶動作也。'揚子《太玄經》:'蹻戰喈喈。'"(1293下)《集韻》去聲御韻居御切:"蹻，手據地。一曰僑蹻，猶動作也。"(491)下文入聲陌韻訖逆切又曰:"蹻，手據地也。《太玄》:'蹻戰喈喈。'一曰動作也。"(737)《集韻》訓"手據地"，疑非是。《文選・答賓戲》:"應龍潛於潢汙，魚黿媟之，不覩其能奮靈德，合風雲，超忽荒而蹻昊蒼也。"李善注引徐廣《史記》注:"蹻，音戟。蹻與據同，謂以足戟持之。"據"蹻"音"戟"，當同"撠"。《漢書・揚雄傳下》:"不階浮雲，翼疾風，虛舉而上升，則不能撠膠葛，騰九閎。"王先謙補注:"如淳曰:'撠，著也。'……先謙案：膠葛猶寥闊。""撠",《集韻》亦音"訖逆切"。故"蹻"與"撠"音義並同，即爲異體字。《集韻》訓"手據地"，當爲"足據持"之誤。《新修玉篇》卷七《足部》引《餘文》:"蹻，几據切。手據地也。《太玄》:'蹻戰喈喈。'一曰動作也。《韻》又居御切。手據地。一曰僑蹻，猶動作也。"(65上左)《篇海》卷九《足部》引《餘文》:"蹻，古逆切。手據地也。《太玄》:'蹻戰喈喈。'一曰動作也。"(714上)《新修玉篇》《篇海》訓"手據地"，皆因承襲《集韻》之謬而誤。《直音篇》卷二《足部》:"蹻，音據。手據地。又音戟。"(64下)《直音篇》訓"手據地"，亦因承前而謬。《詳校篇海》卷三《足部》:"蹻，訖逆切，聲同吉。與撠同。又手據地也。"(206上)《詳校篇海》《篇海類編》謂"蹻"與"撠"同，是也；然又訓"手據地也"，亦皆因承前而謬。《字彙》謂"蹻"與"撠"同，並改訓爲"以足據持也"，是也。《康熙字典》訓"手據地"，亦因承前而誤。《大字典》"蹻"字下據《集韻》之誤而收録"手據地"

這一義項，非是。

693. 躒

《字彙·足部》："躒，郎狄切，音力。動也；踐也。"（478 上）

《正字通·足部》："躒，郎敵切，音力。踐也。與轢通。又人名。《左傳》晉荀躒。又藥韻音洛。《類篇》曰：'逴躒，超絶也。'又晉大夫輔躒。《説文》無躒，《走部》'趯，動也'，義通。"（1127 下）

按：《康熙字典·足部》："躒，《廣韻》郎擊切，《集韻》《韻會》《正韻》狼狄切，並音歷。同趯。《玉篇》：'動也。'《大戴禮記》：'騏驥一躒，不能千步。'"（1294 下）《詳校篇海》卷三《足部》："躒，郎狄切，音歷。動也；踐也。"（206 下）《篇海類編》同。《正字通》《康熙字典》所言當是。《説文·走部》："趯，動也。从走，樂聲。"（31 下）《廣韻》入聲錫韻郎擊切："躒，動也。趯，上同。"（421）《詳校篇海》卷三《走部》："趯，狼狄切，音力。動也；踐也。"（201 下）唐柳宗元《行路難》："遺餘毫末不見保，躪躒磵壑何當存。"蔣之翹輯注："躒，車所踐。亦或作轢。"故"躒"訓"踐也"，與"趯""轢"音義並同，即爲異體字。

694. 蹮

《字彙·足部》："蹮，同躚。"（478 上）

《正字通·足部》："蹮，同（蹮）[躚]。跰蹮，行步欹危貌。《莊子·德充符篇（當爲'大宗師篇'之誤）》：'子輿病，其心閒而無事，跰蹮而鑑於井，曰：嗟乎！[夫]造物者又將以予爲此拘拘也。'司馬氏曰：'病不能行，故跰蹮也。'崔譔本改作邊（蹮）[鮮]，誤。"（1127 下）

按：《康熙字典·足部》："蹮，《集韻》相然切，音僊。行步欹危貌。與躚同。《玉篇》：'行也。'《莊子·大宗師》：'跰蹮而鑑於井。'音義：'司馬云：病不能行故跰蹮也。'"（1295 上）《玉篇·足部》："蹁，布眠切。行不正。"下字曰："蹮，相然切。行。"（34 下右）《正字通》所言當是。《説文·足部》："躚，蹁躚，旋行。从足，䙴聲。"（42 上）《集韻》平聲僊韻相然切："躚躚蹮，跰躚，猶蹣跚也。或省，亦作蹮。"（164）《莊子·大宗師》:“俄而子輿有病子祀往問之,曰:‘偉哉夫造物者,將以予爲此拘拘也!曲僂發背,上有五管,頤隱於齊,肩高於頂,句贅指天。’陰陽之氣有沴,其心閒而無事,跰䠣而鑑於井,曰:‘嗟乎!夫造物者又將以予爲此拘拘也。’”陸德明《釋文》引司馬彪云:“病不能行,故跰䠣也。”郭慶藩集釋:“疏:跰䠣,曳疾貌。言曳疾力行,照臨於井,既見己貌,遂使發傷嗟。尋夫大道自然,造物均等,豈偏於我,獨此拘攣?欲顯明物理,故寄兹嗟嘆也。《釋文》:‘跰䠣’步田反,下悉田反。崔本作邊鮮。司馬云:病不能行,故跰䠣也。”以上諸説是其證也。《玉篇校釋》校“蹩”下義訓爲“蹩䠣,行不正”,校“䠣”下義訓爲“蹩䠣”,並注曰:“‘蹩䠣,行不正’者,‘蹩䠣’二字今補,‘䠣’下原止一‘行’字,亦依通例改作‘蹩䠣’。《莊子·大宗師》:‘跰䠣而鑑於井。’崔本作‘邊鮮’,‘邊鮮’即‘蹩䠣’,亦即‘蹁躚’。”(1431)此説亦印證了《正字通》之説。故“䠣”當以訓“蹩䠣”或“跰䠣”爲是,“蹩䠣”“跰䠣”與“跰躚”“蹁躚”“跰躚”“蹁躚”並同,皆爲同一聯連綿的不同詞形。《玉篇》訓“蹩”爲“行不正”,訓“䠣”爲“行”,皆誤脱被訓聯連綿“蹩䠣”。又《五音集韻》平聲仙韻相然切:“躚躚䠣,舞皃。”《五音集韻》謂“躚”“躚”“䠣”同,是也;然誤脱被訓聯連綿“跰躚”,且改訓“舞皃”,亦非。《大字典》“䠣”字下據《玉篇》《五音集韻》收録“行”與“舞貌”這兩個義項,非是。據上文可知,《大字典》“䠣”字應訓爲“蹩䠣”,並謂“蹩䠣”亦作“跰䠣”“跰躚”“蹁躚”“蹁躚”“跰躚”,方是。

695. 躣

《字彙·足部》:“躣,逵員切,音權。曲脊行也。”(478 上)

《正字通·足部》:“躣,同趯。舊注音權,曲脊行,義同趯,誤分爲二。《説文·走部》有趯,《足部》無躣。”(1128 上)

按:《康熙字典·足部》:“躣,《廣韻》巨員切,《集韻》逵員切,並音權。曲脊行也。《類篇》踡,或从雚作躣。”(1295 上)箋注本《切韻》(斯 2071)平聲仙韻巨員反:“躣,曲脊行。”(118)敦煌本《王韻》、故宫本《王韻》、《廣韻》同。《集韻》平聲僊韻逵員切:“踡躣,踡跼,不伸也。或从雚。”（173）《正字通》所言當是。《説文·走部》：“趯，行趯逯也。一曰行曲脊皃。从走，雚聲。”（31下）《名義·走部》：“趯，渠圓反。曲脊也；不能行皃。”（100下）《新撰字鏡·走部》：“趯，渠圓反。［行趯］逯也。曲脊不能［行］皃。”（502）《玉篇·足部》：“趯，巨員切。行趯逯也。一曰曲脊也。”（48下左）敦煌本《王韻》平聲仙韻巨員反：“趯，曲脊。”（368）故宫本《王韻》同。《廣韻》平聲仙韻巨員切：“趯，曲走皃。”（89）《集韻》平聲僊韻逵員切：“趯䞼，《説文》：‘行趯逯也。一曰行曲脊皃。’或从卷。”（173）故“躍”“踡”與“趯”“䞼”音義並同，當爲異體字。

696. 躲

《字彙·身部》：“躲，虛加切，音蝦。身傴貌。”（479上）

《正字通·身部》：“躲，般字之譌。舊注音蝦，身傴貌，非。”（1129上）

按：《康熙字典·身部》：“躲，《集韻》虛加切，音岈。身傴貌。”（1297下）《集韻》平聲麻韻虛加切：“躲，身傴皃。”（208）《正字通》之説疑非是。慧琳《音義》卷九四《音續高僧傳》第十八卷：“般餌，上音伏。《字書》：‘正服字。’已見前釋。下而志反。《蒼頡》云：‘餌，食也。’《説文》云：‘餌，即餅也。從食，耳聲。’”（59，P226A9）故“躲”與“般”音義俱別，二字不可混同，《正字通》謂“躲”即“般”字之譌，且謂“舊注”誤，既無書證亦無例證，其説非是。

697. 軩

《字彙·車部》：“軩，徒改切，怠上聲。輆軩，不平。”（480下）

《正字通·車部》：“軩，俗字。舊注徒改切，怠上聲，輆軩，不平，與前‘軖’注相近，不知軖、軩皆訛文也。”（1132上）

按：《康熙字典·車部》：“軩，《廣韻》徒亥切，《集韻》蕩亥切，並音殆。《廣韻》：‘輆軩，車不平也。’”（1301下）原本《玉篇·車部》：“輆，口亥反。《廣雅》：‘輆軖，不平也。’”下字曰：“軖，徒改反。《埤蒼》：‘輆軐，不平也。'"（410）《玉篇·車部》："輆，口亥切。輆軩，不平。"下字曰："軩，徒改切。輆軩。"（86下左）《新修玉篇》卷十八《車部》引《玉篇》："軩，徒亥切。輆軩，不平也。"（161上左）《篇海》同。《詳校篇海》卷四《車部》："軩，徒改切，舊音戴。輆軩，不平。"（248下）《篇海類編》同。故宫本《王韻》上聲海韻徒亥反："軐，輆軐。"（477）故宫本《裴韻》同。《廣韻》上聲海韻徒亥切："軩，輆軩，不平。"（185）《集韻》上聲蕩亥切："軩，《博雅》：'輆軩，不平也。'"（351）今本《廣雅》作"輆軐"，"輆軩"當同"輆軐"。《大字典》收録"軩"字，第❶義項訓"輆軩"；第❷義項轉録《字彙》作"車不平也"，據此訓"車不平"。據上文可知，《字彙》本訓"輆軩，不平"，《大字典》"軩"字下第❷義項即因轉録失真而誤收，應删。

698. 軴

《字彙·車部》："軴，陟慮切，音注。車止也。"（480下）

《正字通·車部》："軴，之樹切，音注。車止。"（1132下）

按：《康熙字典·車部》："軴，《廣韻》中句切，《集韻》《韻會》株遇切，並音注。《廣韻》《正韻》車軴。《集韻》《韻會》車止也。"（1302上）《龍龕》卷一《車部》："軴，中句反。車軴。"（84）《玉篇·車部》："軴，中戍切。軴車。"（87上左）敦煌本《王韻》去聲遇韻中句反："軴，車軴。"（405）故宫本《王韻》、故宫本《裴韻》、《廣韻》同。《集韻》去聲遇韻株遇切："軴，車止也。"（497）"軴"本當作"駐"。《説文·馬部》："駐，馬立也。从馬，主聲。"（200上）"駐"，本義指"馬立止"，引申義指"車駕停住"。如：《漢書·韓延壽傳》："今旦明府早駕，久駐未出。"南朝梁簡文帝《茱萸女樂府》："不無夫婿馬，空駐使君車。"唐杜甫《曲江對雨》："龍武新軍深駐輦，芙蓉别殿謾焚香。"上文中的"駐"字皆爲"車駕停止"。"駐"，《廣韻》音"中句切"。故"軴"與"駐"音義並同，"軴"本當作"駐"。

699. 軥輷

《字彙・車部》:"軥，徒年切，音田。軥軥，衆車聲。"（480下）下文又曰:"輷，同軥。"（481下）

《正字通・車部》:"軥，俗字。舊注音田，軥軥，衆車聲，泥。"（1133上）下文又曰:"輷，俗字。舊注同軥，泥。"（1135下）

按:《康熙字典・車部》:"軥，《集韻》亭年切，音田。輷輷，車衆聲。或从田。"（1302下）《龍龕》卷一《車部》:"輷，音田。輷輷，衆車聲。"（81）《玉篇・車部》:"輷，徒年切。車聲。"下文又曰:"軥，徒年切。"（87上右）《廣韻》平聲先韻徒年切:"輷，輷輷，衆車聲。"（83）《集韻》平聲先韻亭年切:"輷軥，輷輷，車衆聲。或从田。通作顛闐。"（160）《玉篇校釋》"輷"字下注:"元刊本作'衆車聲'，下'軥'字闕義，元刊亦云'衆車聲'。《廣韻》云:'輷輷，衆車聲。'《集韻》同，云:'或作軥，通作闐。'左思《魏都賦》李善補注引《蒼頡篇》:'輷輷，衆車聲也（原訛輷）。呼萌切。今爲輷字，音田。'雖分別出音，而以字形相近致淆溷。賦文云'振振輷輷'，明本《詩・采芑》之'振振闐闐'。本書《口部》引作'振旅嗔嗔'。《易林・頤・大有》云:'轟轟輷輷，馳東逐西。'"（3515）胡氏所言是也。《廣雅・釋訓》:"闐闐，聲也。"敦煌本《王韻》平聲先韻徒賢反:"闐，車聲。亦作嗔。"（453）《詩・小雅・采芑》:"伐鼓淵淵，振旅闐闐。"鄭玄箋:"伐鼓淵淵謂戰時進士衆也。至戰止將歸，又振旅伐鼓闐闐然。"故"輷輷""軥軥"與"闐闐""嗔嗔"音義並同，而"軥""輷"當並同"闐""嗔"。

700. 輐

《字彙・車部》:"輐，胡管切，音緩。圓也；刓去圭角也。又五换切，音玩。義同。"（481下）

《正字通・車部》:"輐，呼管切，音緩。車具也。又圓貌，刓去圭角也。《莊子》:'椎拍輐斷。'又翰韻音玩。義同。"（1135下）

按:《康熙字典・車部》:"輐，《集韻》户管切，《韻會》五管切，《正韻》胡管切，並音緩。《集韻》：'圓也；刑截之所用。'《莊子序》：'椎拍輐斷。'或作魭。又《韻會》《正韻》並五換切，音翫。刓去圭角也。"（1304上）《玉篇・車部》："輐，虞遠切。"（87上右）《玉篇》義闕，元刊本《玉篇》補訓爲"車具也"。《新修玉篇》卷十八《車部》引《玉篇》："輐，虞遠切。出《玉篇》。"（161下右）《篇海》卷十一《車部》引《玉篇》："輐，虞遠切。車具。"（742下）《集韻》上聲緩韻户管切："輐，圓也，刑截之所用。"（368）下文去聲換韻胡玩切："輐，輐斷，刑截所用。"（554）《玉篇校釋》"輐"字下注："元刊云：'車具。'《集韻》上聲緩韻：'輐，圓也，刑截之所用。'又收去換：'輐斷，刑截所用。'《莊子・天下篇序》：'椎拍輐斷。'案：與刓同。《説文》：'刓，剸也。'《廣雅・釋詁一》：'刓，斷也。'《切韻》云：'圓削。'本書《刀部》：'刓，削也。'"（3522）胡氏所言是也。《莊子・天下》："椎拍輐斷，與物宛轉。"郭慶藩《集釋》引郭嵩燾曰："輐斷即下文'魭斷'。郭象云：'魭斷，無圭角也。'《説文》：'椎，擊也；拍，拊也。'言擊拊之而已；不用攻刺，魭斷之而已；不用鋒稜，所以處制事物而與爲宛轉也。"《莊子・天下》下文又曰："常反人，不見觀，而不免於魭斷。"成玄英疏："魭斷，無圭角貌也。"故"輐斷"當同"魭斷"。又《説文・刀部》："刓，剸也。从刀，元聲。"（87上）桂馥《義證》："'剸也'者，《廣韻》：'刓，圓削。'《廣雅》：'鈋，刓也。'本書：'鈋，吪圜也。'"《玉篇・刀部》："刓，五元切。削也。"（82上右）《史記・酈生陸賈列傳》："爲人刻印，刓而不能授。"裴駰《集解》引孟康曰："刓斷，無復廉鍔也。"司馬貞《索隱》引郭象注《莊子》云："立法而刓團無圭角。"故"輐斷""魭斷"當同"刓斷"，而"輐""魭"與"刓"音義皆通，"輐""魭"當即"刓"之異體字。元刊本補訓爲"車具也"，非是。《篇海》訓"車具也"，當因承襲元刊本《玉篇》之謬而誤。《正字通》"輐"字下收録"車具"這一義項，亦因承前而謬。《大字典》"輐"字下據元刊本《玉篇》之誤而收録"車具"這一義項，亦非。

701. 輗

《字彙·車部》:"輗，莫校切，音貌。引也。"(481下)

《正字通·車部》:"輗，輓字之訛。舊注莫校切，音貌，引也，誤。"(1136上)

按:《廣雅·釋詁一》:"輗，引也。"下文《釋器》又曰:"軥謂之輗。"曹憲:"輗，音皃。"原本《玉篇·車部》:"輗，亡校反。《廣雅》:'軥謂之輗。'又曰:'輗，引也。'"(410)王念孫《疏證》:"軥、輗皆罥名，所以引取禽獸者也。"又《説文·車部》:"輓，引之也。从車，免聲。"(305上)徐鍇《繫傳》作"引車也"。《廣雅·釋詁一》:"輓，引也。"曹憲:"輓，音晚。"《玉篇·車部》:"輓，無阮切。引也。"(86下左)故"輗"與"輓"儘管義同，然形音俱别，二字不可混同,《正字通》謂"輗"即"輓"字之訛，且謂"舊注"非，既無書證亦無例證，其説非是。

702. 輂䡮

《字彙·車部》:"輂，力足切，音陸。轓輂，車箱。《玉篇》:'軸也。'"(482上)下文又曰:"䡮，思流切，音羞。䡮輂，載喪車。"(483下)

《正字通·車部》:"輂，力竹切，音陸。轓輂，車箱。《玉篇》:'軸也。'"(1136上)下文又曰:"䡮，輂字之訛。舊注音羞，䡮輂，載喪車，誤。"(1140上)

按:《康熙字典·車部》:"輂,《廣韻》《集韻》並力竹切，音陸。《玉篇》:'軸也。'《廣韻》:'轓輂，車箱。'《集韻》:'轓輂，三箱車也。'"(1305上)下文又曰:"䡮,《廣韻》息流切,《集韻》思流切，並音修。《玉篇》:'䡮輂，載喪車。'"(1309上)《玉篇·車部》:"輂，力六切。軸也。"(87上左)上文又曰:"䡮，思流切。䡮輂，載喪車。"(86下左)《廣韻》入聲屋韻力竹切:"輂，轓輂，車箱。"(370)上文平聲尤韻息流切又曰:"䡮，䡮輂，載喪車。"(136)余迺永《校注》"輂"字下注:"按

《全王》云：‘䡴，三箱。’《集韻》云：‘䡴輘，三箱車。’考《廣雅·釋器》：‘䡴，箱也。’不言‘䡴輘’，此‘䡴輘’之‘䡴’蓋即‘𨎮’字之誤。本書尤韻息流切‘𨎮’注：‘𨎮輘，載喪車。’《玉篇》同。《集韻》思留切注：‘𨎮輘，載麥三箱車，河南穫麥用之，或說載喪車，非是。’蓋‘麥’‘喪’二字形近而訛。《廣韻》‘𨎮’字既誤作‘䡴’，遂採《廣雅》‘䡴’義改《全王》之‘三箱’爲‘車箱’。《玉篇》‘輘’字云：‘力竹切。軸也。’此‘軸’亦當作‘𨎮’。”（911）余氏所言近是。原本《玉篇·車部》：“輘，力竹反。《埤倉》：‘輘𨎮，三箱也。’”下字曰：“𨎮，思流反。《埤倉》：‘輘𨎮也。’”（409）《名義·車部》：“輘，力竹反。［輘］𨎮，三箱。”下字曰：“𨎮，思流反。上文。”（183下）《新撰字鏡·車部》：“輘，力六反。輘𨎮，三箱。”下字曰：“𨎮，思流反。輘［𨎮］也。”（273）以上諸書皆其證也。故“輘”當以訓“輘𨎮”爲是，“輘𨎮”即爲“一種載麥用的三箱車”。《玉篇》訓“輘”爲“軸也”，非是；又其訓“𨎮”爲“𨎮輘，載喪車”，當爲“輘𨎮，載麥車”之誤。《廣韻》訓“輘”爲“䡴輘，車箱”，當爲“輘𨎮，三箱車”之誤；而其訓“𨎮”爲“𨎮輘，載喪車”者，又當因承襲《玉篇》之謬而誤。《集韻》入聲屋韻力竹切又曰：“輘，䡴輘，三箱車。”（645）上文平聲尤韻思留切：“𨎮，𨎮輘，載麥三箱車，河南穫麥用之，或說載喪車，非是。”（261）《集韻》訓“輘”爲“䡴輘，三箱車”，當爲“輘𨎮，三箱車”之誤；而其訓“𨎮”爲“𨎮輘”，當爲“輘𨎮”之倒誤。《字彙》《正字通》“輘”字義訓皆因承襲前代字韻書之謬而誤；《字彙》訓“𨎮”爲“𨎮輘，載喪車”，當爲“輘𨎮，載麥車”之誤，此亦因承前而謬。又《說文·車部》：“䡨，連車也。一曰郤車抵堂爲䡨。从車，差省聲。”（305上）《廣雅·釋詁三》：“䡨，塞也。”“䡨”，《廣韻》音“士佳切”。故“𨎮”與“䡨”音義俱别，二字不可混同，《正字通》僅據“𨎮”與“䡨”部分構字部件相同，即謂“𨎮”即“䡨”字之訛，非是。《康熙字典》“輘”“𨎮”二字義訓承襲前代辭書之誤而未作校正，亦失考證。

703. 軲

《字彙・車部》:"軲，苦盍切，音溘。車聲。"(483上)

《正字通・車部》:"軲，克盍切，音溘。車聲。"(1138下)

按:《康熙字典・車部》:"軲,《集韻》口盍切，音渴。《玉篇》:'車也。'《集韻》:'車聲。'"(1308上)《玉篇・車部》:"軲，口盍切。車也。"(87上左)《玉篇》訓"車也",疑非是。《龍龕》卷一《車部》:"軲，苦盍反。車聲也。"(86)《廣韻》入聲盍韻苦盍切:"軲，車聲。"(434)《集韻》入聲盍韻克盍切:"軲，車聲。"(773)故《玉篇》訓"車也",於以上諸字韻書皆無徵，非是。正如《説文》訓"磕"爲"石聲也","軲"當以訓"車聲"爲是。《玉篇》訓"車也",當爲"車聲也"之誤。《康熙字典》轉録《玉篇》"車也"之訓而未作校正，亦失考證。

704. 軵

《字彙・車部》:"軵，與輔同。《廣韻》(當爲《集韻》之誤):'輕車。'"(483上)

《正字通・車部》:"軵，俗輔字。舊注引《廣韻》(當爲《集韻》之誤)'輕車',誤。"(1139下)

按:《康熙字典・車部》:"軵，同輔。"(1308上)《廣韻》上聲腫韻而隴切:"軵，輕也。"(160)《廣韻》訓"輕也",疑非是。《説文・車部》:"輔，反推車，令有所付也。从車，付聲。讀若胥。"(304下)原本《玉篇・車部》:"輔，如勇反。《淮南》:'輔車奉餉。'許叔重曰:'輔，推也。'野王案:《吕氏春秋》:'樹相近而靡。'《漢書》:'再三發輔。'是也。《説文》:'推車有所付也。'故從車，付聲。《聲類》:'或爲搣字，在《手部》。'"(407)"軵"與"輔"音同,"軵"當即"輔"通過改换成與讀音更爲接近的聲符而形成的異體字。《廣韻》訓"輕也",當因從"茸"爲説而誤。《集韻》上聲腫韻乳勇切:"輔軵軏,《説文》:'反推車，令有所付也。'一曰輕車。或从茸、从宂，通作搣。"(303)《集韻》謂"軵"同"輔",是也；然其又謂"一曰輕車",當因承襲《廣韻》之謬而誤。《字彙》轉録《廣韻》（當爲《集韻》之誤）義訓而未作校正，亦失考證。《大字典》《字海》“輯”字下皆據《廣韻》收録“輕”這一義項，疑並非是；《大字典》“軵”字下據《集韻》收録“輕車”這一義項，疑亦非是。

705. 轚

《字彙·車部》：“轚，丘庚切，音鏗。車堅也。又車鞭。”（483 下）

《正字通·車部》：“轚，丘庚切，音鏗。《説文》：‘車堅也。’舊注又車鞭，非。”（1140 上）

按：《康熙字典·車部》：“轚，《廣韻》口莖切，《集韻》丘耕切，並音鏗。《説文》：‘車堅也。’又《集韻》苦杏切，音伉。車聲。”（1309 上）《直音篇》卷五《車部》：“轚，音阬。車堅牢。又車鞭。”（198 上）《直音篇》訓“車鞭”，非是。《説文·車部》：“轚，車堅也。从車，殸聲。”（304 下）原本《玉篇·車部》：“轚，苦耕反。《説文》：‘車堅也。’”（407）故宫本《王韻》平聲耕韻口莖反：“轚，車鞕。”（464）故宫本《裴韻》平聲耕韻口莖反：“轚，車鞕。一曰車聲。”（553）《廣韻》平聲耕韻口莖切：“轚，車鞕。又車堅牢。”（123）故《直音篇》又訓“車鞭”，於前代字韻書皆無徵，當爲“車鞕”之誤。《字彙》又訓“車鞭”，當因承襲前代字書之謬而誤。《正字通》謂“舊注”又訓“車鞭”非，所言是也。又《集韻》上聲梗韻苦杏切：“轚，車聲。”（423）“轚”訓“車聲”，當即“轃”之異體字。《説文·車部》：“轃，車轃鉉也。从車，真聲。讀若《論語》‘鏗爾，舍瑟而作’。又讀若堅。”（304 下）徐鍇《繫傳》作：“轚，車轃鉉聲也。”《廣韻》平聲耕韻口莖切：“轃，車聲。”（123）故“轚”訓“車聲”，與“轃”音義並同，即爲異體字。

706. 轖

《字彙·車部》：“轖，所力切，音色。車籍交革也。”（484 上）

《正字通·車部》：“轖，山責切，音色。《説文》：‘車籍交錯也。’”（1141 下）

按：《康熙字典·車部》：“轖，《廣韻》所力切，《集韻》殺側切，並音色。《説文》：‘車籍交錯也。’”（1310上）《玉篇・車部》：“轖，所力切。”（87上右）《玉篇》義闕，元刊本《玉篇》補訓爲“車不行也”，疑非是。《説文・車部》：“轖，車籍交錯也。从車，嗇聲。”（303上）段玉裁注：“各本‘革’作‘錯’，李善《七發》注、顔師古《急就篇》注作‘交革’，今從之……交革者，交猶遮也。謂以去毛獸皮鞔其外。”桂馥《義證》：“‘籍’當爲‘藉’，‘錯’當爲‘革’。”以上二説皆是也。原本《玉篇・車部》：“轖，所力反。《説文》：‘車藉交革也。’或爲轖字，在《革部》。”（398）此即其證也。故“轖”當以訓“車藉交革也”爲是。元刊本《玉篇》補訓爲“車不行也”，於前代字韻書皆無徵，非是。《大字典》“轖”字下據元刊本《玉篇》之誤而收録“車不行”這一義項，亦失考證。

707. 轊

《字彙・車部》：“轊，徐醉切，音遂。輰轊，車也。《玉篇》：‘車飾。’”（484上）

《正字通・車部》：“轊，俗字。舊注音遂，輰轊，車也，《玉篇》‘車飾’，誤與九畫輰注同。”（1141下）

按：《康熙字典・車部》：“轊，《廣韻》《集韻》並徐醉切，音遂。《廣韻》：‘輰轊，車也。’又《玉篇》：‘車飾。’”（1310下）《玉篇・車部》：“轊，似醉切。”（86下左）《玉篇》義闕，元刊本《玉篇》補訓爲“車飾也”，疑非是。《廣雅・釋器》：“輰轊，車也。”王念孫《疏證》：“輰轊，通作陽遂。”《名義・車部》：“輰，余章反，[輰]轊，車。”下字曰：“轊，辭醉反。上文。”（183上）《新撰字鏡・車部》：“輰，余章反。[輰]轊，車。”下文又曰：“轊，辭醉反。輰[轊]，車也。”（272）《龍龕》卷一《車部》：“輰，音羊。輰轊，車也。”（81）下文又曰：“轊，音遂。輰[轊]也。”（84）《廣韻》去聲至韻徐醉切：“轊，輰轊，車也。”（244）《集韻》去聲至韻徐醉切：“轊，《博雅》：‘輰轊，柳車也。’”（475）故“轊”當以訓“輰轊”爲是。元刊本《玉篇》訓“車飾”，於前代字韻書皆無徵，非是。《新修玉篇》卷十八《車部》引《玉篇》：“轊，似醉切。輰轊，車也。”（162下右）《篇海》同。此亦其證也。《玉篇校釋》於“轊”字下補“輰轙”之訓，並將“轙”字置於“輰”字之後，注曰：“‘輰轙，車也’者，《廣雅·釋器》文，疏證云：‘通作陽遂。《晉書·輿服志》：陽遂車駕牛，蓋本於魏制。’此‘轙’下原無‘輰轙’二字，今依例補。元刊本云‘車飾也’，蓋以蕤爲説。”（3500）胡氏所校是也。《直音篇》卷五《車部》：“轙，音遂。車飾。”（197 上）《直音篇》訓“車飾”，即因承襲元刊本《玉篇》之謬而誤。《詳校篇海》卷四《車部》：“轙，徐醉切，音遂。輰轙，車也。《玉篇》：‘車飾。’”（251 上）《篇海類編》同。《詳校篇海》《篇海類編》《字彙》《康熙字典》“轙”訓“輰轙，車也”，是也；然又皆轉録元刊本《玉篇》“車飾”之訓，俱失考證。《大字典》《字海》“轙”字皆據元刊本《玉篇》之謬而訓爲“車飾”，亦並非是。

708. 轚

《字彙·車部》：“轚，古逆切，音戟。車轄相擊也。《周禮·野廬氏》：‘凡道路之舟車轚互者，叙而行之。’轚互，謂迫隘處。”（484 上）

《正字通·車部》：“轚，紀逆切，音戟。《説文》：‘車轄相擊。’《周禮·野廬氏》：‘凡道路之舟車轚互者，叙而行之。’注：‘轚互，謂迫隘處。’又寘韻音計。義同。”（1141 下）

按：《康熙字典·車部》：“轚，《廣韻》《集韻》《韻會》吉歷切，《等韻》訖歷切，並音激。《説文》：‘車轄相擊也。’《集韻》：‘舟車序行也。’《周禮·秋官·野廬氏》：‘凡道路舟車轚互者，叙而行之。’注：‘轚互，謂迫隘處。’”（1310 下）《龍龕》卷一《車部》：“[illegible]，今；[illegible]，正。計、擊二音。舟車互序而行苦也。二。”（84）“[illegible]”當即“轚”字之俗，而“[illegible]”當即“轚”字之俗。《龍龕》訓“舟車互序而行苦也”，疑非是。《説文·車部》：“轚，車轄相擊也。从車，从毄，毄亦聲。《周禮》曰：‘舟輿轚互者。’”（304 下）原本《玉篇·車部》：“轚，古麗反。《周禮·野廬氏》：‘掌凡道路之舟車轚互者，叙而行之。’鄭玄曰：‘舟車轚互，謂於迫隘處也。車有轘轅坻閣，舟有砥柱之屬，其過之也，使以次叙之。’《穀梁傳》：‘流旁容榣，轚者不得入。’劉兆曰：‘流旁容榣，謂車兩轊頸各去門旁容榣。榣，四寸也。轚，絓也，絓中門棖則不得入矣。’”（406）此文中的“榣”

字當爲“握”字俗寫，今本《穀梁傳》正作“握”。《周禮·秋官·野廬氏》：“凡道路之舟車轚互者，叙而行之。”鄭玄注：“舟車轚互，謂於迫隘處也。車有轘轅坻閣，舟有砥柱之屬，其過之也，使以次叙之。”賈公彦疏：“謂水路之道，舟車往來狹隘之所，更互相擊。”故《龍龕》訓“舟車互序而行苦也”，於前代字韻書皆無徵，當爲“舟車轚互者，叙而行之”之誤。又《玉篇·車部》：“轚，古詣切。往也。”（86下右）《玉篇校釋》謂“往也”當爲“絓也”之誤，所言是也。敦煌本《王韻》去聲霽韻［古詣反］：“轚，絓也。”（407）故宫本《王韻》去聲霽韻古詣反亦曰：“轚，絓也。”（495）此亦其證也。又《廣韻》去聲霽韻古詣切：“轚，舟中互序而行也。”（270）下文入聲錫韻古歷切又曰：“轚，舟車。”（421）《廣韻》訓“舟中互序而行也”“舟車”，並非。據上文可知，其訓“舟中互序而行也”，當爲“舟車轚互者，叙而行之”之誤；又其訓“舟車”，當爲“舟車轚互者”之脱誤。又《集韻》去聲霽韻吉詣切：“轚，舟車序行也。”（507）下文入聲錫韻吉歷切：“轚，《説文》：‘車轄相擊也。’引《周禮》：‘舟輿轚互者。’”（754）《集韻》據《説文》訓“車轄相擊也”，是也；然其“舟車序行也”，亦當爲“舟車轚互者，叙而行之”之誤。又《直音篇》卷五《車部》：“轚，音計。車舝。”（196下）《直音篇》訓“車舝”，於前代字韻書皆無徵，當爲“車舝相擊”之脱誤，“舝”“轄”字同。《詳校篇海》卷四《車部》：“轚，吉詣切，音計。車舝也；車舝相擊也。”（251上）《篇海類編》同。《詳校篇海》《篇海類編》“轚”字下亦收“車舝也”這一義項，當皆因承襲《直音篇》之謬而誤。《大字典》“轚”字第❶義項下又據《篇海類編》之誤而謂“又車轄”，非是；《大字典》“轚”字下又據《集韻》之誤而收録“舟車依次行進”這一義項，亦非是。

709. 轛

《字彙·車部》：“轛，都内切，音對。車前有式，其兩箱立木置式，其上立者爲轛，横者爲軹。《考工記》：‘參分軹圍，去一以爲轛圍。’”（484下）

《正字通·車部》：“轛，都貴切，音對。《説文》：‘車横軨也。’或曰：

車前有式，其兩箱立木置式，其上立者爲轛，横者爲軹。《考工記》：‘参分軹圍，去一以爲轛圍。’疏云：‘此轛形狀與軹同，但在式木之下，對人爲名耳。’”（1142上）

按：《康熙字典·車部》：“轛，《廣韻》《集韻》《韻會》《正韻》並都内切，音對。《説文》：‘車横軨也。’《正字通》：‘車前有式，其兩箱立木置式，其上立者爲轛，横者爲軹。’《周禮·冬官·考工記》：‘参分軹圍，去一以爲轛圍。’注：‘謂車輿軨立者也。立者爲轛，横者爲軹，在式木之下，對人爲名耳。’”（1310下）《玉篇·車部》：“轛，都憒、追遂二切。車飾也；車横軨也。”（86上左）《玉篇》訓“車飾也”，疑非是。《説文·車部》：“轛，車横軨也。从車，對聲。《周禮》曰：‘参分軹圍，去一以爲轛圍。’”（303上）原本《玉篇·車部》：“轛，都憒、中歲二反。《考工記》：‘参分軹圍，去一以爲轛圍。’鄭玄曰：‘兵車之轛圍二寸八十一分寸之十四，轛，式之植者衡者也，以其向人爲名也。’鄭衆曰：‘謂車輿軨立者也。立者爲轛，横者爲軹。’《説文》：‘横笭也。’或爲樹字，在《木部》。”（397）敦煌本《王韻》去聲至韻追類反：“轛，車横軨。”（404）下文去聲隊韻都佩反：“轛，横笭。亦作樹。”（409）故宫本《王韻》同。《周禮·考工記·輿人》：“参分軹圍，去一以爲轛圍。”鄭玄注：“鄭司農云：‘轛讀如繫綴之綴，謂車輿軨立者也。立者爲轛，横者爲軹。’”故《玉篇》訓“車飾也”於前代字韻書皆無徵，非是。又《唐韻》去聲隊韻都對反：“樹，車箱作轛。《考工記》：‘立曰轛，横（只）[曰]軹。’”（656）據上文可知，“樹”即“轛”之異體字。《唐韻》訓“車箱”，當爲“車笭”之誤。“車笭”“横笭”“横軨”義同，皆指“車軾下面横直交接的闌木”。又《廣韻》去聲隊韻都隊切：“樹，車箱。《考工記》云：‘立曰樹，横曰軹。’轛，同上。”（290）《廣韻》訓“車箱”，當爲《唐韻》所誤。《集韻》去聲至韻追萃切：“轛樹，《説文》：‘車横軨也。’引《周禮》：‘参分軹圍，去一以箱（當衍）爲轛圍。’一曰車。或从木。”（477）下文去聲隊韻都内切又曰：“轛樹，車箱。或从木。”（530）《集韻》訓“轛”爲“車”，於前代字韻書亦皆無徵，當爲“車笭”之脱誤；又其下文訓“車箱”者，亦當爲“車笭”之誤。又《龍龕》卷一《車部》：“轛，音對。

車箱。又陟類反。車横軨也。”（84）《龍龕》訓“車箱”，當因承襲《唐韻》之謬而誤，亦當爲“車笭”之誤。《大字典》“轛”字下據《玉篇》之誤而收録“車飾”這一義項，疑亦非是。

710. 轞

《字彙・車部》：“轞，玄圭切，音攜。車輪轉一周爲轞。《曲禮》：‘立視五轞。’今文單作巂。”（484 下）

《正字通・車部》：“轞，呼杯切，音攜。車輪轉一周爲轞。本作巂。《曲禮》：‘立視五巂。’注：‘巂，猶規也，謂輪轉之度。’”（1142 下）

按：《康熙字典・車部》：“轞，《集韻》《韻會》並玄圭切，音攜。《集韻》：‘車輪轉一周爲轞。’通作巂。”（1311 下）《玉篇・車部》：“轞，户圭切。”（87 上左）《玉篇》義闕，元刊本《玉篇》補訓爲“車軸也”，疑非是。《集韻》平聲齊韻玄圭切：“轞，車輪轉一周爲轞。通作巂。”（100）《集韻》所言當是。《新修玉篇》卷十八《車部》引《玉篇》：“轞，户圭切。車輪轉一周爲轞。”（163 上右）《篇海》卷十一引《玉篇》：“轞，户圭切。車輪轉［一］周爲轞。”（744 上）此亦其證也。《直音篇》卷五《車部》：“轞，户圭切。車軸也。轉，同上。”（197 上）《直音篇》訓“車軸也”，當爲元刊本《玉篇》所誤。《詳校篇海》卷四《車部》：“轞，户圭切，音惠平聲。車輪轉一周爲轞。《曲禮》：‘立視五轞。’又車軸。”（251 下）《篇海類編》同。《詳校篇海》《篇海類編》“轞”字下亦收“車軸”這一義項，皆因承襲前代字書之謬而誤。《大字典》“轞”字下據《篇海類編》之誤而收録“車軸”這一義項，亦非。

711. 轚

《字彙・車部》：“轚，厥縛切，音腳。車輞；又車輻。”（484 下）

《正字通・車部》：“轚，俗字。舊注音腳，車輞，又車輻，非。”（1142 下）

按：《康熙字典・車部》：“轚，《廣韻》九縛切，《集韻》厥縛切，並音脚。車輞也。”（1311 下）《直音篇》卷五《車部》：“轚，音矍。車輻；

車輞也。”（198 上）《直音篇》訓“車輻”，疑非是。《廣雅·釋器》：“韗轚，輞也。”原本《玉篇·車部》：“轚，九縛反。《埤蒼》：‘韗轚也。’”（409）《玉篇·車部》：“轚，九縛切。車輞也。”（86 下左）《龍龕》卷一《車部》：“轚，九縛反。車輞也。”（85）“輞”即“輞”字之俗。《廣韻》入聲藥韻居縛切：“轚，車輞。”（408）《集韻》入聲藥韻厥縛切：“轚，韗轚，車輞也。”（723）故《直音篇》訓“車輻”，於前代字韻書皆無徵，非是。《詳校篇海》卷四《車部》：“轚，厥縛切，聲同腳。車輞也；又車輻。”（251 下）《篇海類編》同。《詳校篇海》《篇海類編》亦收“車輻”這一義項，當皆因承襲《直音篇》之謬而誤。《大字典》“轚”字下據《篇海類編》之誤而收録“車輻”這一義項，疑亦非是。

712. 辮

《字彙·辛部》：“辮，婢免切，音辯。交也；繆也。”（485 下）

《正字通·辛部》：“辮，弼面切，音辯。《説文》：‘交也。’《增韻》：‘繆也。’通作編。”（1145 下）

按：《康熙字典·辛部》：“辮，《廣韻》薄泫切，《集韻》婢典切，《正韻》婢免切，並音扁。《説文》：‘交織也。’《增韻》：‘繆也。’”（1313 下）《增韻》上聲銑韻婢免切：“辮，交也；繆也。亦作編。”“辮”，《説文》訓“交也”。“交也”“繆也”義同，例如：《後漢書·輿服志上》：“金薄繆龍，爲輿倚較。”李賢注引徐廣曰：“繆，交錯之形。”北魏酈道元《水經注·渭水三》：“項王在鴻門，亞父曰：‘吾使人望沛公，其氣衝天，五色采相繆，或似龍，或似雲，非人臣之氣，可誅之。’”元孫季昌《點絳唇·集赤壁賦》：“山川相繆鬱昌昌。”以上例中的“繆”字即爲“交結”“交錯”之義，故“繆也”與“交也”義同。《古今韻會舉要》上聲銑韻婢典切：“辮，音與辨同。《説文》：‘交也。从糸，辡聲。’《增韻》：‘繆也。’通作編。”（263 下）《古今韻會舉要》“辮”字下分别據《説文》《增韻》收録“交也”“繆也”之義，《字彙》《正字通》同。《大字典》“辮”字下第❶義項據《説文》“交也”之訓等而訓“交織”“編織”，並謂“也作‘編’”；第❸義項據《古今韻會舉要》轉録《增韻》“繆也”之訓而訓

“繆”。據上文可知，“交也”“繆也”義同，故《大字典》第❸義項應合並到第❶義項，訓“交織”“編織”，並謂“也作‘編’”，方妥。

713. 㖵

《字彙·辰部》：“㖵，而隴切，戎上聲。不肖也。一曰傝㖵，劣也。亦作闒茸。”（486 上）

《正字通·辰部》：“㖵，而隴切，戎上聲。傝㖵，劣也。《賈誼傳》亦作闒茸。一說本作宂，義通。《韻會》作毾㲝，非。”（1146 下）

按：《康熙字典·辰部》：“㖵，《廣韻》《正韻》而隴切，《集韻》乳隴切，並音宂。不肖也。又傝㖵，劣也。亦作闒茸。”（1315 上）箋注本《切韻》上聲腫韻而隴反：“㖵，不肖。一曰傝㖵，劣。或作搨茸。”（129）故宮本《王韻》同。《廣韻》上聲腫韻而隴切：“㖵，不肖也。一曰傝㖵，劣也。或作搨茸，又作毾㲝。”（160）《集韻》上聲腫韻乳勇切：“㖵，不肖也。一曰傝㖵，劣也。通作茸。”同一小韻下字曰：“㲝，毾㲝，猥雜皃。一曰不肖。”（303）《楚辭·九嘆·憂苦》：“同駑贏與乘駔兮，雜班駮與闒茸。”王逸注：“闒茸，駑鈍也。”洪興祖《補注》：“闒茸，劣也。上託盍、下乳勇切。”《史記·屈原賈生列傳》：“闒茸尊顯兮，讒諛得志。”司馬貞《索隱》：“闒音天臘反。茸音而隴反。案：應劭、胡廣云：‘闒茸不才之人，無六翮翱翔之用而反尊貴。’《字林》曰：‘闒茸，不肖之人。’”故“傝㖵”與“闒茸”“搨茸”“毾㲝”並同。

714. 辶乚 辶乚

《字彙·辵部》：“辶乚，斐古切，音撫。逃去也。”（486 上）

《正字通·辵部》：“辶乚，舊注斐古切，音撫，逃去。按：《古文奇字》撫古作辵，安恤其衆也，隸作辶乚，義同，訓逃去，非。”（1147 下）

按：《康熙字典·辵部》：“辶乚，《集韻》斐父切，《等韻》芳武切，並音撫。安也；循也。《古文奇字》撫古作辵，安恤其衆也，隸作辶乚。又《字彙》：‘逃去也。’”（1315 下）《玉篇·辵部》：“辶乚，孚武切。安也；循也；追也。”（50 下右）元刊本《玉篇·辵部》：“辶乚，孚武切。逃走。”

《篇海》卷五《辵部》引《玉篇》:“辿,音撫。逃去。”下文引《川篇》又曰:“辷,音撫。追也。”(647下)《正字通》所言是也。《玉篇校釋》“辿”字下注:“《説文》以辿爲撫之古文,原本當云:‘《説文》古文撫字也。撫,安也,循也。在《手部》。’‘追’義蓋後人所加,元刊本作‘逃走’,並依從亾爲説。‘撫’見《手部》,引《説文》:‘安也。一曰循也。’”(2118)此説即印證了《正字通》之説。“辷”即“辿”之異寫字,而“辿”即“撫”字古文,故“辷”亦同“撫”。《集韻》上聲麌韻斐父切:“撫,《説文》:‘安也。一曰循也。’或作辷。”(334)《新修玉篇》卷十《辵部》引《廣集韻》:“辷,芳武切。安存也;持也;循也。同作撫、攺。”(93上左)以上二書亦皆其證也。故《玉篇》“辿”訓“追也”,當因從“亾”爲説而誤。元刊本《玉篇》“辿”訓“逃走”,亦當因從“亾”爲説而誤。《篇海》訓“辿”爲“逃去”,當因承襲元刊本《玉篇》之謬而誤;又其訓“辷”爲“追也”,當因承襲《玉篇》之謬而誤。《直音篇》卷三《辵部》:“辿,音府。逃也;走也。辷,同上。又追也。”(108下)《直音篇》訓“辿”爲“逃也”“走也”,當爲“逃走也”之誤分,即因承前而謬;又訓“辷”爲“追也”,亦因承前而謬。《詳校篇海》卷二《辵部》:“辿,斐古切,音撫。迯去也。”(111上)下文又曰:“辷,斐古切,音撫。同辿。又追也。”(111下)《篇海類編》同。《詳校篇海》《篇海類編》訓“辿”爲“迯去也”,即因承襲《篇海》之謬而誤;其又訓“辷”爲“追也”,亦因承襲《篇海》之謬而誤。《字彙》訓“辷”爲“逃去也”,亦因承前而謬。《康熙字典》轉録《字彙》“逃去也”之訓而未作校正,亦失考證。《大字典》“辿”字轉録《玉篇》之訓而未作校正,失考證;而《大字典》“辷”字下據《玉篇》《篇海》之誤而收録“追”這一義項,又據《字彙》之誤而收録“逃去”這一義項,亦失考證。《字海》“辷”字下分别據《玉篇》《字彙》之誤而收録“追”“逃去”這兩個義項,亦失考證。

715. 迗

《字彙·辵部》:“迗,呼骨切,音忽。遠也。”(486下)

《正字通·辵部》:“迗,遏字之訛。舊注遠也,改音忽,非。”

（1148 上）

按：《康熙字典・辵部》："迿，《廣韻》《集韻》並文弗切，音物。《博雅》：'遠也。'又《廣韻》《集韻》並呼骨切，音忽。義同。"（1316 上）《廣雅・釋詁一》："迿，遠也。"《玉篇・辵部》："迿，無弗切。遠也。又呼骨切。"（50 上右）王念孫《疏證》："《方言》：'伆、邈，離也。楚謂之越，或謂之遠，吴越曰伆。'迿與伆同。《楚辭・九歌》云：'平原忽兮路超遠。'《荀子・賦篇》云：'忽兮其極之遠也。'迿、忽，古亦通用。"又《爾雅・釋詁上》："逷，遠也。"《説文・辵部》："逖，遠也。从辵，狄聲。逷，古文逖。"（36 上）"逷"即"逖"之異體字。"逷（逖）"，《廣韻》音"他歷切"。故"迿"與"逷"儘管義同，然形音俱别，二字不可混同，《正字通》謂"迿"即"逷"字之訛，既無書證亦無例證，其説非是。

716. 迒

《字彙・辵部》："迒，而隴切，音宂。行貌。"（487 上）

《正字通・辵部》："迒，俗冘字。舊注行貌，與冘義近，改而隴切，音宂，非。"（1148 下）

按：《康熙字典・辵部》："迒，《集韻》乳勇切，音宂。行也。"（1317 上）《集韻》上聲腫韻乳勇切："迒，行也。或作蹖。"（304）又《説文・冂部》："冘，淫淫，行皃。从人出冂。"（105 下）《廣韻》平聲侵韻餘針切："冘，行皃。"（145）"迒"與"冘"儘管義近，然形音俱别，二字不可混同。《正字通》謂"迒"即"冘"字之俗，既無書證亦無例證，其説疑不可據。"迒"疑即"宂"字之俗。《説文・宀部》："宂，椒也。从宀，人在屋下，無田事。《周書》曰：'宫中之宂食。'"（148 上）《廣韻》上聲腫韻而隴切："宂，散也。"（160）"宂"本義指"閒散"，引申義指"離散"。例如：《後漢書・光武帝紀上》："更始破敗，棄城逃走，妻子裸袒，流宂道路。"《資治通鑒・漢桓帝永興元年》："秋，七月，郡、國三十二蝗，河水溢。百姓饑窮流宂者數十萬户，冀州尤甚。"故"迒"與"宂"音同義通，"迒"本當作"宂"。

717. 追

《字彙・辵部》:“追，朱雖切，音錐。逐也；隨也；逮也。”（487 下）

《正字通・辵部》:“追，朱暉切，音錐。《説文》:‘逐也。’《廣韻》:‘隨也。’”（1150 上）

按:《集韻》去聲隊韻吐内切:“追，和柔皃。”（530）此“追”本當作“退”。《禮記・檀弓下》:“文子其中退然如不勝衣，其言吶吶然如不出其口。”鄭玄注:“中，身也。退，柔和貌。”陸德明《釋文》:“追然，音退。本亦作退。”此是其證也。故“追”訓“和柔皃”，本當作“退”。

718. 逃

《字彙・辵部》:“逃，徒刀切，音陶。逸去也；避也；亡也；播也。”（488 上）

《正字通・辵部》:“逃，徒勞切，音陶。《説文》:‘亡也。’今謂逸去曰逃。”（1151 上）

按:《詳校篇海》卷二《辵部》:“逃迯，徒勞切，音陶。遁也；避也；逸去也；亡也；播也。”（111 下）《篇海類編》同。“逃”訓“播也”，與“遁也”“逸去也”“亡也”訓異義同。《字彙・手部》:“播，逋也；越也；遷也。”（184 上）《正字通・手部》:“播，亡逃也。”（426 上）《書・大誥》:“予惟以爾庶邦，于伐殷逋播臣。”孔穎達疏:“播謂播蕩逃亡之意。”《後漢書・獻帝紀》:“獻生不辰，身播國屯。”李賢注:“播，遷也。”此即其證也。《大字典》收録“逃”字，第❶義項據《説文》《玉篇》等訓“逃亡；逃走”，第❺義項據《篇海類編》訓“播”，《大字典》這樣處理是失當的。據上文可知，《大字典》應將第❺義項合並到第❶義項上去，訓“逃亡；遷徙”，即可。

719. 逞

《字彙・辵部》:“逞，丑郢切，稱上聲。矜而自呈也。又通也；快也；疾也；盡也。又不檢謂之不逞。”（488 下）

《正字通・辵部》:"逞，丑郢切，音騁。疾行也。《方言》:'楚謂疾行爲逞。'又快也；恣也。《左傳》:'乃可以逞。'又:'疲民以逞。'又:'子産曰：陳馮陵我敝邑，不可億逞。'又不檢謂之不逞。《左傳》:'鄭五聚群不逞之徒以作亂。'"（1152 下）

按:《康熙字典・辵部》:"逞，《唐韻》《韻會》《正韻》並丑郢切，音騁。《説文》:'通也。'《玉篇》:'快也。'《左傳・隱十一年》:'鬼神實不逞于許君。'又《玉篇》:'極也；盡也。'《左傳・襄二十五年》:'不可億逞。'又《玉篇》:'解也。'《左傳・隱九年》:'乃可以逞。'注:'謂可以解患也。'又《廣韻》:'疾也。'揚子《方言》:'東齊海岱之間疾曰速，楚曰逞。'又《增韻》:'矜而自逞也。'又《正韻》:'不檢謂之不逞。'"（1321 上）《增韻》上聲静韻丑郢切:"逞，矜而自呈也；通也；快也；疾也；克也；盡也。又不檢謂之不逞。"毛晃又謂"不檢謂之不逞"，疑非是。《左傳・襄公十年》:"初子駟爲田洫，司氏、堵氏、侯氏、子師氏皆喪田焉。故五族聚群不逞之人，因公子之徒以作亂。"楊伯峻注:"逞，快也。不逞之人即不得快意之人，失意之人。"從文意來看，楊氏所言是也。《正韻》"不檢謂之不逞"之"不逞"，亦當源於《左傳》之文，故其謂"不檢謂之不逞"，非是。《洪武正韻》上聲梗韻丑郢切:"逞，矜也；自呈（逞）也；通也；快也；疾也；免也；盡也。又不檢謂之不逞。"（206）《詳校篇海》卷二《辵部》:"逞，丑郢切，音騁。快也；極也；矜也；通也；疾也；盡也。又不檢謂之不逞。"（112 上）《篇海類編》同。《洪武正韻》《詳校篇海》《篇海類編》《字彙》《正字通》"逞"字下收録"不檢謂之不逞"這一義項，皆因承襲《增韻》之謬而誤。《康熙字典》轉録《洪武正韻》"不檢謂之不逞"之訓而未作校正，亦失考證。《大字典》"逞"字下據《增韻》"不檢謂之不逞"之訓而收録"檢點"這一義項，亦失考證。

720. 速

《字彙・辵部》:"速，蘇谷切，音肅。疾也。又召也。《易・需上爻》:'有不速之客。'《詩・小雅》:'以速諸父。'又促也。"（488 下）

《正字通·辵部》:“速，蘇谷切，音肅。疾也。又召也。《易·需上爻》:‘不速之客三人來。’《詩·小雅》:‘以速諸父。’”（1152下）

按:《龍龕》卷四《辵部》:“速，桑木反。徵也；召也；疾也；戚也。”（495）《廣韻》入聲屋韻桑谷切:“速，疾也；召也；戚也；徵也。”（367）“戚也”之“戚”當通“促”。《集韻》入聲燭韻趨玉切:“促，《説文》:‘迫也。’或作戚。”（653）朱駿聲《通訓定聲·孚部》:“戚，叚借爲促。”《周禮·考工記·序官》:“凡察車之道，欲其樸屬而微至……不微至，無以爲戚速也。”鄭玄注:“齊人有名疾爲戚者。”陸德明《釋文》:“李音促，注同。”《孔子家語·曲禮子夏問》:“周以戚，吾從殷。”王肅注:“戚，猶促也。”此是其證也。故“速”訓“戚也”，此“戚”當爲“促”之通假字，“促也”“疾也”義通。《大字典》收録“速”字，第❶義項據《爾雅》《方言》“疾也”之訓而訓“迅速”；第❹義項據《廣韻》“戚也”之訓而訓“戚”，《大字典》這樣處理是失當的。據上文可知，《大字典》應將第❹義項合並到第❶義項上去，訓“迅速；急速”，即可。

721. 逕

《字彙·辵部》:“逕，夷今切，音淫。過也。”（489上）

《正字通·辵部》:“逕，余勤切，音淫。過也。與遥别。”（1154上）

按:《康熙字典·辵部》:“逕，《集韻》夷針切，音淫。過也。”（1322下）此字《説文》《玉篇》皆未收，《廣韻》亦不録，《集韻》始收之，當即丁度等據俗書所增。《集韻》平聲侵韻夷針切:“逕，過也。”（278）“逕”疑即“淫”字之俗。《説文·水部》:“淫，侵淫隨理也。从水，㸒聲。一曰久雨爲淫。”（231上）“淫”本義指“浸淫”“浸漬”，引申義可指“過度”，例如:《書·大禹謨》:“罔游于逸，罔淫于樂。”孔安國傳:“淫，過也。”又《書·召誥》:“其惟王勿以小民淫用非彝。”孫星衍今古文注疏引高誘注《吕氏春秋》:“淫，過也。”“淫”訓“過也”，此“過”即“過度”“過分”之義。“淫”，《集韻》亦音“夷針切”。《集韻》訓“逕”爲“過也”，此“過”亦當即“過度”“過分”之義，而非“經過”之義。故“逕”與“淫”音義並同，“逕”當因“淫”又訓“過也”而改换義符産生的俗字。

722. 逜

《字彙·辵部》:"逜,衣架切,音亞。次也;次第行也。"(489上)

《正字通·辵部》:"逜,同亞。舊注音亞,次也,次第行也,誤分爲二。"(1154下)

按:《康熙字典·辵部》:"逜,《廣韻》衣嫁切,《集韻》衣駕切,並音亞。《玉篇》:'次也。'《廣韻》:'次第行也。'"(1323上)《名義·辵部》:"逜,烏訝反。亞字。次也。"(97上)《新撰字鏡·辵部》:"逜,烏訝反。亞字。次也。"(533)《玉篇·辵部》:"逜,烏詐切。次也。或作亞。"(50上左)《正字通》所言是也,"逜"即"亞"之異體字。又《龍龕》卷四《辵部》:"逜,依嫁反。次第行也。"(492)《龍龕》訓"次第行也",當因從"辵"爲説而誤。《廣韻》去聲禡韻衣駕切:"逜,次第行也。"(332)《廣韻》訓"次第行也",亦當因從"辵"爲説而誤。《集韻》去聲禡韻衣駕切:"逜,次第行也。"(596)《集韻》訓"次第行也",當因承襲《廣韻》之謬而誤。《字彙》收録"次第行也"這一義項,亦當因承前而謬。《康熙字典》轉録《廣韻》"次第行也"之訓而未作校正,亦失考證。《大字典》"逜"字下據《廣韻》之説而收録"次第行"這一義項,疑應删。

723. 逷

《字彙·辵部》:"逷,丞職切,音寔。流行貌。"(489下)

《正字通·辵部》:"逷,俗字。舊注音寔,流行貌,非。"(1156上)

按:《康熙字典·辵部》:"逷,《廣韻》常職切,《集韻》丞職切,並音寔。《廣韻》:'流行貌。'《集韻》:'行也。'"(1324下)《廣韻》入聲職韻常職切:"逷,流行。"(425)《正字通》所言當是。《玉篇·辵部》:"逷,時職切。行。"(50下右)"逷""逷"當即同字異寫,《玉篇》訓"行",是也。《集韻》入聲質韻丞職切:"逷,行也。"(755)《集韻》校作"行也",當是。《新修玉篇》卷十《辵部》引《餘文》:"逷,常職切。流行也。"(94上左)《篇海》卷五《辵部》引《餘文》:"逷,常職切。流行皃。”（649上）《新修玉篇》訓“流行也”、《篇海》訓“流行皃”，當皆因承襲《廣韻》之謬而誤。《直音篇》卷三《辵部》：“遈遈，音植。流行也。”（110上）《直音篇》謂“遈”“遈”同，是也；然訓“流行也”，亦因承襲《廣韻》之謬而誤。《詳校篇海》卷二《辵部》：“遈遈，丞職切，音寔。流行皃。”（113上）《篇海類編》同。《詳校篇海》謂“遈”“遈”同，亦是；然訓“流行皃”，亦因承襲而謬。《字彙》訓“流行貌”，亦非。《康熙字典》轉録《廣韻》“流行貌”之訓而未作校正，亦失考證。《玉篇校釋》“遈”字下注：“《廣韻》入聲廿四職常職切：‘流行。’《方言》六：‘徥，行也。’《廣雅》同。本書《彳部》：‘徥，行皃。’徥、遈同。”（2116）胡吉宣謂“徥”與“遈”同，當是。《説文·彳部》：“徥，徥徥，行皃。从彳，是聲。”（37上）《廣韻》上聲紙韻承紙切：“徥，行皃。又池爾切。”（162）“遈（遈）”與“徥”音通義同，“遈（遈）”當即“徥”之異體字。《大字典》“遈”字下據《廣韻》《字彙》之誤而收録“流行貌”這一義項，亦非是；《字海》“遈”字據《字彙》之誤而訓爲“流行貌”，疑亦非是。

724. 遚

《字彙·辵部》：“遚，子同切，音宗。數也。”（490上）

《正字通·辵部》：“遚，逡字之訛。舊注音宗，數也，訓與緵同，改作遚，非。”（1157上）

按：《康熙字典·辵部》：“遚，《集韻》祖叢切，音聰。行也。《正字通》：‘逡字之訛。’”（1325下）《集韻》平聲東韻祖叢切：“堫，行也。或作遚。”（8）“遚”即“堫”之異體字，然《集韻》訓“行也”，非是。《名義·彳部》：“堫，子公反。數也。騣（鬷）字。”（98下）《新撰字鏡·彳部》：“堫，子公反。數也。鬷（鬷）字。”（539）《玉篇·彳部》：“堫，子紅切。數也。《詩》曰：‘越以堫邁。’”（47下左）《龍龕》卷四《彳部》：“堫，子紅反。數也。”（497）故宫本《裴韻》平聲東韻子紅反：“堫，數也。”（539）《廣韻》同。《新修玉篇》卷十《辵部》引《餘文》：“遚，子紅切。數也。”（94上左）《篇海》同。以上諸書皆其證也。又《爾雅·釋言》:“逡，退也。”《説文・辵部》:“逡，復也。从辵，夋聲。”(35上)《玉篇・辵部》:“逡，且旬切。逡巡也；退也；卻也。”(50上右)“逫”與“逡”音義俱别，二字不可混同，《正字通》謂“逫”即“逡”字之訛，且謂“舊注”非，既無書證亦無例證，其説非是。《康熙字典》轉録《正字通》之説而未作校正，亦失考證。

725. 遦

《字彙・辵部》:“遦，工患切，音慣。習也；行也。”(490下)

《正字通・辵部》:“遦，古患切，音慣。《説文》:‘習也。’本借貫，俗改从慣，舊本誤分爲二。”(1159下)

按:《康熙字典・辵部》:“遦，《廣韻》《集韻》古翫切，音貫。《説文》:‘習也。’《廣韻》:‘行也。’按：習貫字，本作貫，俗加心作慣，又加辶作遦，並非。”(1327上)敦煌本《王韻》去聲翰韻古段反:“遦，行。”(412)故宫本《王韻》同。故宫本《裴韻》去聲翰韻古段反:“遦，行；習。”(594)《唐韻》去聲换韻[古玩反]:“遦，行。”(660)《廣韻》《集韻》同。敦煌本《王韻》訓“行”，疑非是。《説文・辵部》:“遦，習也。从辵，貫聲。”(33下)《名義・辵部》:“遦，古患反。習也。串、慣字。”(94下)慧琳《音義》卷五《大般若波羅蜜多經》第四百三十八卷:“慣習，關患反。《考聲》云:‘謂習也。’《左傳》作貫，假借字也。《説文》作遦，通也。經中作串，古字亦通也。”(57，P487A10)慧琳《音義》卷八《大般若波羅蜜多經》第五百九十二卷又曰:“慣習，關患反。《爾雅》:‘慣，習也。’言久習於事曰慣，從心，貫聲也。《左傳》作貫，《説文》從辵作遦，同。經作串，俗字也。”(57，P554A5)敦煌本《王韻》訓“行”，於以上辭書皆無徵，當因從“辵”爲説而誤。故宫本《王韻》、《唐韻》、《廣韻》、《集韻》訓“行”，皆因承襲前代韻書之謬而誤。故宫本《裴韻》訓“習”，是也；然訓“行”，亦因承襲前代韻書之謬而誤。《新撰字鏡・辵部》:“遦，慣、摜同字。古旦反。行也；習也。”(533)《新撰字鏡》訓“行也”，亦當因從“辵”爲説而誤。《康熙字典》轉録《廣韻》“行也”之訓，亦失考證。《大字典》《字海》“遦”字下皆據《廣韻》之謬而收録"行"這一義項，並非。

726. 㳲

《字彙·辵部》："遙，餘亮切，音漾。走也。"（491 上）

《正字通·辵部》："遙，俗字。舊注音漾，走也，誤。"（1160 上）

按：《康熙字典·辵部》："遙，《字彙》餘亮切，音漾。走也。"（1328 上）《新修玉篇》卷十《辵部》引《川篇》："遙，音羕。"（94 下右）《篇海》卷五《辵部》引《川篇》："遙，音漾。走也。"（649 上）《新修玉篇》與《篇海》直音用字不同，當以《篇海》爲是；又《新修玉篇》義闕，而《篇海》卻補訓爲"走也"，當爲見其從"辵"而妄補。今案："遙"疑即"漾"字俗訛。《説文·水部》："漾，水。出隴西相道，東至武都爲漢。从水，羕聲。瀁，古文从養。"（224 下）"遙"與"漾"音同形近，又"辶"旁、"氵"旁俗寫或可訛混，如《龍龕》"清"俗作"逩"、《字海》"**漸**"同"漸"等，"遙"疑即"漾"字俗訛。

727. 遻

《字彙·辵部》："遻，七漸切，僉上聲。遻遻，欲近貌。"（491 下）

《正字通·辵部》："遻，俗字。舊注七（斬）[漸]切，僉上聲，遻遻，欲近貌，誤。"（1162 上）

按：《康熙字典·辵部》："遻，《集韻》七漸切，音憸。遻遻，欲近貌。"（1330 上）《直音篇》卷三《辵部》："遻，七漸切。遻遻，欲進貌。"（110 下）《直音篇》訓"遻遻，欲進貌"，疑非是。《集韻》上聲琰韻七漸切："遻，遻遻，欲近皃。"（451）《新修玉篇》卷十《辵部》引《餘文》："遻，七漸切。遻遻，欲近皃。"（95 上右）《篇海》同。故《直音篇》訓"遻遻，欲進貌"，當爲"遻遻，欲近皃"之誤。《詳校篇海》卷二《辵部》："遻，七漸切，音僉上聲。遻遻，欲近皃。又欲進皃。"（114 上）《篇海類編》同。《詳校篇海》《篇海類編》訓"欲近皃"，是也；然又訓"欲進皃"，皆因承襲《直音篇》之謬而誤。《大字典》"遻"字下據《篇海類編》之誤而又訓"欲進貌"，亦非。

728. 邌

《字彙・辵部》:"邌,胡蓋切,音害。無違也。"(492上)

《正字通・辵部》:"邌,呼蓋切,音害。《説文》:'無違也。'"(1163上)

按:《康熙字典・辵部》:"邌,《集韻》黄外切,《等韻》胡外切,並音會。《説文》:'無違也。'"(1331上)《玉篇・辵部》:"邌,胡貝切。遠也。"(50上左)《玉篇校釋》"邌"字下注:"'遠也'者,'遠'當爲'違',形之誤也。下'薳'訛作'蘧',是其例。《説文》:'邌,無違也。'鈕樹玉、王筠並謂'無'字衍,許讀若害,害與違義近。《舛部》:'舝,車軸端鐵。'《説文》云:'兩舛相背,從舛。'舛,相背也,故邌從之而訓違。違,背也。"(2112)胡氏所言是也。《龍龕》卷四《辵部》:"邌,音會。無違也。"(492)《廣韻》去聲泰韻黄外切:"邌,《説文》云:'無違也。'"此亦其證也。故《玉篇》訓"遠也","遠"當爲"違"字之訛。《説文》訓"無違也",正如前人所言,當爲衍文;而《龍龕》《廣韻》訓"無違也"者,亦皆因承襲誤本《説文》而謬。《大字典》"邌"字下據《玉篇》之誤而收録"遠"這一義項,亦非。

729. 遯

《字彙・辵部》:"遯,狼狄切,音歷。近也。"(492上)

《正字通・辵部》:"遯,與歷通。舊注誤分爲二。"(1163下)

按:《康熙字典・辵部》:"遯,《集韻》狼狄切,音歷。近也。"(1331上)《集韻》入聲錫韻狼狄切:"遯,近也。"(753)《正字通》所言當是。《爾雅・釋詁下》:"歷,傅也。"郭璞注:"傅,近也。""歷",《集韻》亦音"狼狄切"。故"遯"與"歷"音義並同,"遯"當即"歷"字之俗。

730. 還

《字彙・辵部》:"還,夷益切,音亦。疾趨也。"(492上)

《正字通・辵部》:"還,伊昔切,音亦。疾趨也。通作翼。"

（1163 下）

按:《康熙字典·辵部》:“還,《廣韻》與職切,音弋。疾趨也。”（1331 下）《廣韻》入聲職韻與職切:“還,疾趨。”（426）《集韻》入聲職韻逸織切:“趯還,《説文》:‘趨進趯如也。’或从辵。”（758）“還”“趯”即爲異體字。《正字通》所言當是。《楚辭·九章·悲回風》:“漂翻翻其上下兮,翼遥遥其左右。”洪興祖補注:“翼,疾趨也。”《文選·琴賦》:“雙美并進,駢馳翼驅。”李善注:“翼,疾貌。”“翼”,《廣韻》亦音“與職切”。故“還”“趯”與“翼”音義並同,二字本當作“翼”。

731. 邏

《字彙·辵部》:“邏,郎佐切,羅去聲。巡也;遮也。又游偵也。”（492 上）

《正字通·辵部》:“邏,郎佐切,羅去聲。徼巡也;遮也;遊偵也。《史（三國志）·江表傳》:昭烈日遣邏吏候望權軍。又山色環繞。杜甫詩:‘春山紫邏長。’”（1163 上）

按:《康熙字典·辵部》:“邏,《唐韻》《集韻》《韻會》《正韻》並郎佐切,羅去聲。《説文》:‘巡也。’《玉篇》:‘游兵也。’《正韻》:‘游偵也。’”（1331 下）杜甫《送賈閣老出汝州》:“宫殿青門隔,雲山紫邏深。”《杜詩詞典》:“紫邏,山名,在汝州梁縣。汝州臨汝郡,屬河南道。本名伊州,貞觀八年,更名汝州（治所在今河南臨汝縣）。”《杜詩詳注》:“蔡琰《胡笳》:‘雲山萬重兮歸路遐。’《九域志》:‘汝州梁縣有紫邏山。’”“雲山紫邏深”,《正字通》轉録作“春山紫邏長”,非是;又“紫邏”義爲“山名”,《正字通》訓“山色環繞”,亦非。《大字典》“邏”字下據《正字通》之誤而收録“山色環繞”這一義項,非是;《字海》“邏”字下據杜甫《送賈閣老出汝州》“雲山紫邏深”這一例證而收録“環繞”這一義項,亦非。

732. 邞

《字彙·邑部》:“邞,同沛。”（492 下）

《正字通·邑部》:“邞,舊注同沛。按:《説文》:‘邞,沛郡。从邑,

市聲。’”（1165 上）

按:《康熙字典·邑部》:“邶,《廣韻》布蓋切,《集韻》博蓋切，並音貝。《説文》:‘郡名。’又《集韻》普蓋切。同沛。邑名。”（1332 下）《集韻》去聲夳韻博蓋切:“邶,《説文》:‘沛郡。’或作沛。”（518）下文普蓋切又曰:“邶，邑名。”（519）《集韻》訓“邑名”，疑非是。《説文·邑部》:“邶，沛郡。从邑，市聲。”（131 上）《名義·邑部》:“邶，補大反。沛字。”（13 下）《玉篇·邑部》:“邶，補大切。郡名。亦作沛。”（11 上右）故宫本《王韻》去聲泰韻博蓋反:“沛，郡名。亦作邶。”（494）《廣韻》去聲泰韻博蓋切:“沛，郡名。又姓。出《姓苑》。又匹蓋切。邶，上同。”（281）故“邶”即“沛”之異體字，義爲“郡名”，又義爲“姓”。《集韻》於“博蓋切”一讀下據《説文》訓“邶”爲“沛郡”，是也；然於“普蓋切”一讀下改訓“邑名”，非是，此爲“邶”字“又音”，亦當訓“郡名”。《康熙字典》轉録《集韻》“邑名”這一義訓而未作校正，亦失考證。《大字典》“邶”字下據《集韻》之誤而收録“邑名”這一義項，非是;《大字典》《字海》“邶”字下“姓”這一義項皆未溝通與“沛”的異體關係，亦非。

733. 郲

《字彙·邑部》:“郲，魯猥切，音壘。鄓郲，不平。又郎才切，音來。地名。《左傳》:‘夏公會鄭伯于郲。’又姓。”（495 上）

《正字通·邑部》:“郲，郎才切，音來。《春秋》:‘魯隱公會鄭于時來。’《左傳》作郲，杜注:‘鄭地。’又:‘衛獻公出奔，齊人以郲寄衛侯。’杜注:‘齊所滅郲國。’《類篇》曰:‘在滎陽縣東。’舊注音壘，鄓郲，不平，誤。”（1171 上）

按:《康熙字典·邑部》:“郲,《廣韻》落哀切,《集韻》郎才切，並音來。地名。《春秋·隱十一年》:‘公會鄭伯于時來。’注:‘時來，郲地，滎陽縣東有釐城鄭地也。’又山名。《前漢·王尊傳》:‘行部至邛崍。’注:‘邛崍，山名也。在蜀郡嚴道縣。’又《廣韻》落猥切，音磥。鄓郲，不平貌。”（1338 下）箋注本《切韻》（斯 2071）上聲賄韻烏賄反:“鍡，鍡鑸，不平。”下文落猥反又曰：“郲，磈郲，不平皃。磈字，胡罪反。”（132）敦煌本《王韻》上聲賄韻［落猥反］：“郲，殨郲，不平皃。殨字，胡罪反。”（389）故宮本《王韻》上聲賄韻烏賄反：“鍡，鍡鑸，不平。”下文落猥反又曰：“郲，殨（磈）郲，不平皃。磈字，胡罪反。”（477）故宮本《裴韻》上聲賄韻烏賄反：“鍡，鍡鑸，不平。”下文落猥反又曰：“郲，殨（磈）郲，不平皃。殨（磈）字，胡罪反。”（577）《廣韻》上聲賄韻烏賄切：“鍡，鍡鑸，不平。”同一小韻下文又曰：“郻，郻郲，不平。”下文落猥切又曰：“郲，郻郲，不平。”（183）《集韻》上聲賄韻鄔賄切：“鍡，《説文》：‘鍡鑸，不平也。’”同一小韻下文又曰：“䠑，䠑耒阝，墝埆也。”（347）下文魯猥切又曰：“耒阝，䠑耒阝，墝埆。”（349）“墝埆”亦指“不平”。余迺永《校注》“郻”字下注：“按落猥切有‘郲’字，注：‘郻郲，不平。’《切三》及《王韻》各本作：‘磈郲，不平皃。’《王韻》各本訛作‘殨’，蓋韻書鈔本‘石’多訛作‘歹’，‘鬼’與‘畏’每相混，此即其例。《玉篇》石部有‘碨’字音烏罪切，云：‘碨磊，不平。’或體爲‘䃁’。又‘礧’字音力罪切，云：‘碨礧，亦山名。’或體爲‘磊’。‘磈耒阝’因耒阝從邑旁又或作‘郻郲’。‘碨’乃‘磈’字或體，亦即‘郻’字之或體也。”（743）余氏所言近是。從形音關係來看，“郻郲”之“郲”當以作“耒阝”爲是，“磈郲”“殨郲”“殨（磈）郲”之“郲”亦皆應校作“耒阝”；而從形義關係來看，“殨郲”之“殨”則當以作“碨”爲是。“郻耒阝”與“鍡鑸”“碨耒阝”“磈耒阝”“殨郲”“䠑耒阝”“碨磊”並同。

734. 郞

《字彙·邑部》：“郞，火五切，音虎。地名。”（495 上）

《正字通·邑部》：“郞，訛字。舊注音虎，地名，泥。一曰鄜字之訛。”（1171 上）

按：《康熙字典·邑部》：“郞，《集韻》呼古切，《集韻》火五切，並音虎。地名。”（1338 下）《説文·邑部》：“鄜，地名。从邑，虍聲。”（132 下）《玉篇·邑部》：“鄜，呼古切。地名。”（10 下右）《集韻》上聲姥韻火五切：“鄜，《説文》：‘地名。’或作郞。”（339）故“郞”當即“鄜”之異體字。又《説文·邑部》:“𨛫，河東聞喜聚。从邑，虔聲。”（129 上）“𨛫”,《廣韻》音“渠焉切”。“𨛫”與“鄘”形音俱別，二字不可混同，故《正字通》“一曰”之説非是。

735. 鄅

《字彙·邑部》:“鄅，牛居切，音愚。地名。”（495 下）

《正字通·邑部》:“鄅，牛劬切，音愚。地名。”（1172 上）

按:《康熙字典·邑部》:“鄅,《廣韻》《集韻》並元具切，音遇。地名。又《五音集韻》元俱切，音愚。義同。”（1339 下）《玉篇·邑部》:“鄅，五俱切。地名。”（12 上右）《廣韻》平聲虞韻麌俱切:“鄅，地名。”（37）《玉篇校釋》“鄅”字下注:“本書《𨸏部》後增字重出‘隅’，地名，蓋即‘鄅’字。”（383）胡氏所言當是。箋注本《切韻》（斯 2071）平聲虞韻語俱反:“禺，番禺縣，在南海。”（110）故宫本《王韻》、《廣韻》同。《文選·游天台山賦》“八桂森挺以凌霜，五芝含秀而晨敷”唐李善注:“《山海經》曰:‘桂林八樹在賁隅東。’郭璞曰:‘八樹成林，言其大也。賁隅，音番禺。’”按：今本《山海經·海内南經》作“桂林八樹在番禺東”。故“鄅”當同“隅”，二字本當作“禺”。

736. 郤

《字彙·邑部》:“郤，所景切，音省。地名。”（495 下）

《正字通·邑部》:“郤，色景切，音省。地名。”（1172 上）

按:《康熙字典·邑部》:“郤,《廣韻》《集韻》並所景切，音省。地名。”（1340 上）《廣韻》上聲梗韻所景切:“渻，水名。亦丘名。郤，上同。”（215）故“郤”當即“渻”之異體字，而《廣韻》訓“水名”，當爲“水門”之誤，此訓應校作“水門，渻丘也”，所言是也（見余迺永《校注》“渻”字注）。又《集韻》上聲梗韻所景切:“渻,《爾雅》:‘水出其前，渻丘。’一曰水名。一曰少減。亦姓。或作渻。”同一小韻下文又曰:“郤，地名。”（422）“郤”本爲“渻”之異體字,《集韻》誤將二字分開，改訓“地名”，非是;《集韻》又訓“渻”爲“水名”，當因承襲《廣韻》之謬而誤。《新修玉篇》卷二《邑部》引《餘文》:“郜,所景切。地名。”(18下右)《篇海》同。《新修玉篇》《篇海》訓“地名”,皆因承襲《集韻》之謬而誤。《直音篇》卷六《邑部》:“郜,所景切。丘名。”(242上)《直音篇》訓“丘名”,當因承襲《廣韻》之謬而誤。《詳校篇海》卷五《邑部》:“郜,所景切,音省。同渻。又地名。”(348下)《篇海類編》同。《詳校篇海》《篇海類編》謂“郜”同“渻”,是也;然又訓“地名”,皆因承前而謬。《字彙》《正字通》《康熙字典》訓“地名”,亦因承前而謬。《大字典》“郜”字下第❶義項謂同“渻”,是也,然訓“水名,亦丘名”,當因承襲《廣韻》之謬而誤;第❷義項訓“地名”,即因據《集韻》之謬而妄增。《字海》“郜”字下第❶義項謂同“渻”,亦是也,然訓“水名”,亦因承襲《廣韻》之謬而誤;第❷義項訓“地名”,則亦因據《集韻》之謬而妄增。

737. 鄌

《字彙·邑部》:“鄌,徒郎切,音唐。國名。”(495下)

《正字通·邑部》:“鄌,台郎切,音唐。國名。本作唐。”(1172下)

按:《康熙字典·邑部》:“鄌,《集韻》徒郎切,音唐。國名。《正字通》:‘本作唐。’”(1340下)《玉篇·邑部》:“鄌,徒郎切。國名。”(11下左)《集韻》平聲唐韻徒郎切:“鄌,國名。”(219)《正字通》所言當是。敦煌本《王韻》平聲唐韻徒朗反:“唐,國名。”(375)故宫本《王韻》、故宫本《裴韻》同。“鄌”與“唐”音義並同,故“鄌”當即“唐”字之俗。《玉篇校釋》“鄌”字下注:“《周書·王會》:‘唐叔、荀叔、周公在左。’孔晁曰:‘唐、荀,國名。’本書《口部》‘唐’下止舉唐堯義,國名有二:一在山西翼城縣南。《寰宇記·都城記》云:‘夏后孔甲時有劉累者,夏后賜氏姓曰御龍,封其孫于此,至周武王時,唐作亂,成王滅之,而封其弟太叔虞,更遷唐之子孫於杜。’一爲周時國,侯爵,春秋時滅于楚,即今湖北隨縣西北九十里之唐縣鎮。杜注《左傳》云:‘唐屬楚之小國,義陽安昌縣東南有上唐鄉。’故唐國,字並不從邑。”(376)此説亦印證了《正字通》之説。故“鄌”當即“唐”字之俗。

738. ⿰鬲阝

《字彙·邑部》:“⿰鬲阝，鄰溪切，音離。戎國名。又郎狄切，音歷。縣名。又姓。”（495下）

《正字通·邑部》:“⿰鬲阝，舊注音歷，縣名。按:《地理志》本作鬲。又音離，戎國名，非。”（1172下）

按:《康熙字典·邑部》:“⿰鬲阝,《字彙》，鄰溪切，音離。戎國名。又郎狄切，音歷。縣名。《正字通》:‘《地理志》本作鬲。’”（1340下）《龍龕》卷四《邑部》:“⿰鬲阝⿰鬲阝⿰鬲阝，三俗；酈，正。音離。酈（當爲字頭誤重）戎國名。又音歷。縣名。又姓。四。”（453）“⿰鬲阝”“⿰鬲阝”“⿰鬲阝”當即“酈”字之俗，而“⿰鬲阝”當即“⿰鬲阝”“⿰鬲阝”“⿰鬲阝”之楷定字，亦當即“酈”之異體字。《直音篇》卷六《邑部》:“酈，音歷。地名。又音黎。⿰鬲阝，同上。”（242上）此是其證也。《正字通》謂“⿰鬲阝”本作“鬲”，於前代字韻書皆無徵，非是。《康熙字典》轉録《正字通》之説而未作校正，亦失考證。《大字典》“⿰鬲阝”字下轉録《正字通》之説，且未溝通其與“酈”字的異體關係，俱失考證；而《字海》“⿰鬲阝”字亦未溝通其與“酈”字的異體關係，亦失考證。

739. ⿰袲阝

《字彙·邑部》:“⿰袲阝，余之切，音移。地名。”（496上）

《正字通·邑部》:“⿰袲阝，伊齊切，音移。地名。”（1173上）

按:《康熙字典·邑部》:“⿰袲阝,《集韻》余支切，音移。地名。”（1341上）《玉篇·邑部》:“⿰袲阝，余之切。地名。”（12上右）《玉篇校釋》“⿰袲阝”字下注:“《集韻》同。案：字亦作‘衺’。《春秋·桓十五年》:‘公會宋公衛侯、陳侯于衺，伐鄭。’杜注:‘衺，宋地，在沛國相縣西南。’《廣韻》支韻:‘衺，宋地名。’”（385）胡氏所言疑是。《説文·衣部》:“袲，衣張也。从衣，多聲。《春秋傳》曰:‘公會齊侯於袲。’”（169上）《廣韻》上聲紙韻尺氏切:“袲，衣長。亦作衺。又宋地名。衺，上同。”（165）“衺”,《廣韻》又音“弋支切”。“⿰袲阝”與“衺（袲）”音義並同，“⿰袲阝”當即“袲（移）”的異體字。

740. 郥

《字彙・邑部》:“郥，於葉切，音壓。臭也。”（496 上）

《正字通・邑部》:“郥，郹字之訛。舊注於葉切，音壓，臭也，誤。”（1173 上）

按:《康熙字典・邑部》:“郥，《正字通》俗郹字。”（1341 上）《集韻》入聲業韻乙業切:“餲郥餣，餲饑，臭也。或从臭、从奄。”（785）故“郥”與“餲”“餣”音義並同，即爲異體字。又《説文・邑部》:“郹，蔡邑也。从邑，狊聲。”（130 上）《玉篇・邑部》:“郹，古闃切。蔡邑也。”（11 上右）故“郥”與“郹”儘管字形相近，然音義俱别，二字不可混同,《正字通》謂“郥”即“郹”字之訛，且謂“舊注”誤，既無書證亦無例證，其説非是。《康熙字典》據《正字通》之説而謂“郥”即“郹”字之俗，亦失考證。

741. 䅺鄁

《字彙・邑部》:“鄁，在各切，音昨。姓也。”（497 上）

《正字通・邑部》:“鄁，䢧字之訛。舊注音昨，姓也，分鄁、䢧爲二，非。《説文》有䢧無鄁。”（1176 下）

按:《康熙字典・邑部》:“鄁，同䢧。”（1343 下）《新修玉篇》卷二《邑部》引《餘文》:“鄁，在各切。鄉名。在臨邛。亦姓。”（19 上左）《篇海》卷十三《邑部》引《餘文》:“鄁，在各切。鄉名。在臨邛。亦姓。”（811 上）“鄁”“鄁”並即“䢧”字之俗。《説文・邑部》:“䢧，蜀地也。从邑，耤聲。”（130 下）徐鍇《繫傳》:“䢧，《字書》:‘鄉，在臨邛。’”朱駿聲《通訓定聲》:“䢧，漢䢧鄉在四川臨邛。”故宫本《王韻》入聲鐸韻在各反:“䢧，地名，在蜀臨邛。”（525）“䢧”,《廣韻》作“䢧”,“䢧”即“䢧”字之訛。《集韻》入聲鐸韻疾各切:“䅺，鄉名。在臨邛。亦姓。或作䢧。”（728）故“鄁”“鄁”與“䢧”音義並同，“鄁”“鄁”並即“䢧”字俗訛；而“䅺”與“䢧”音義並同，當即“䢧”字俗訛。《大字典》

“稭”“穊”二字皆未溝通其與“䣶”字的字際關係，俱失考證。《字海》“稭”字未溝通其與“䣶”字的字際關係，亦失考證。《字海》“穊”字第（一）義項謂同“郜”；第（二）義項訓“姓”。“郜”雖是“䣶”之異體字，然從字形演變來看，“穊”當即“䣶”字俗訛，且“穊”訓“姓”，亦同“䣶”，故《字海》應直謂“穊”當即“䣶”字俗訛，即可。

742. 鄤

《字彙·邑部》:“鄤，無販切，音萬。鄉名，在蜀廣漢。”（497 下）

《正字通·邑部》:“鄤，同鄤。《説文》贅作鄤，舊注誤分爲二。”（1177 上）

按:《康熙字典·邑部》:“鄤,《説文》鄤字。”（1344 下）《説文·邑部》:“鄤，蜀廣漢鄉也。从邑，蔓聲。”（130 下）姚文田、嚴可均校議:“‘蜀’字議删。《地理志》：廣漢縣屬廣漢郡，非蜀郡所領，蓋轉寫涉上文而誤耳。”《玉篇·邑部》:“鄤，亡願切。廣漢鄉名。”（11 上右）《正字通》所言當是。《集韻》去聲願韻無販切:“鄤鄤,《説文》:‘蜀廣漢鄉也。’或从曼。”（549）此即其證也。故“鄤”與“鄤”在“鄉名”這一義項上即爲異體字。《大字典》“鄤”字下收録兩個義項：第❶義項據《説文》《玉篇》訓“鄉名”；第❷義項據《字彙》《正字通》之説而謂同“鄤”，其轉引《字彙》作“鄤，即鄤字”。據上文可知,《大字典》轉録《字彙》有誤，且《大字典》這樣處理是失當的,《大字典》應將第❷義項合並到第❶義項中去，並校正《字彙》引文，謂同“鄤”，訓“鄉名”，即可。《字海》“鄤”字下亦分爲兩個義項：第❶義項據《説文》訓“鄉名”；第❷義項據《集韻》之説而謂同“鄤”。《字海》這樣處理亦失當,《字海》亦應將第❷義項合並到第❶義項中去，謂同“鄤”，訓“鄉名”，即可。

743. 鄻

《字彙·邑部》:“鄻，呼官切，音歡，魯下邑。《春秋》:‘齊人來歸鄻。’”（497 下）

《正字通·邑部》:“鄻，呼官切，音歡。魯下邑。一作讙。《春

秋》:‘定十年，齊人來歸鄆、讙、龜陰之田。’《説文》引《傳》作酄。”(1177下)

按:《康熙字典·邑部》:“酄,《唐韻》《集韻》《韻會》並呼官切，音歡。《説文》:‘魯下邑。’《玉篇》:‘濟北蛇丘縣。’《正字通》一作讙。《左傳·定十年》:‘齊人來歸鄆、讙、龜陰之田。’《説文》引《傳》作酄。又《集韻》驅圓切，音卷。鄉名。在聞喜縣。”(1345上)《集韻》平聲僊韻驅圓切:“酄，鄉名。在聞喜縣。”(172)此“酄”當即“䣐”之異體字。《廣韻》平聲仙韻丘圓切:“䣐，鄉名。在聞喜縣。”(90)“酄”訓“鄉名。在聞喜縣”，與“䣐”音義並同，且位置相同，故此“酄”當即“䣐”之異體字。

744. 酡

《字彙·西部》:“酡，皮教切，音暴。酒之色也。又與皰同。面上瘡也。”(498下)

《正字通·西部》:“酡，鋪告切，音暴。酒之色也。又與皰同。面上瘡。”(1181上)

按:《康熙字典·西部》:“酡,《集韻》皮教切，音皰。酒之色。《楚辭·招魂》:‘美人既醉，朱顔酡些。’注:‘美人醉酡，則面著赤色而鮮好也。’又《玉篇》:‘面上瘡。’”(1348下)《龍龕》卷二《西部》:“酡,《玉篇》:‘平孝反。面上瘡也。’”(311)《玉篇·西部》:“酡，平孝切。面上瘡也。”(135下左)“酡”當即“皰”字俗訛。《玉篇·面部》:“皰，蒲皃切。面瘡也。”(20下左)敦煌本《王韻》去聲効韻防孝反:“皰，面瘡。”(414)故宫本《王韻》、《唐韻》、《廣韻》同。故宫本《裴韻》去聲教韻防教反:“皰，面瘡。《説文》亦皰。”(598)“酡”與“皰”音義並同，“酡”當即“皰”字俗訛。《集韻》去聲效韻皮教切:“皰皰靤,《説文》:‘面生氣也。’或从面，亦作靤、疱。”(583)同一小韻下文又曰:“酡，酒之色。”(584)“酡”本爲“皰”“皰”之異體字,《集韻》誤將“酡”與“皰”“皰”諸字分開，又改訓“酡”爲“酒之色”，非是，此當因從“西”爲説而誤。《玉篇校釋》“酡”字下注:“‘酡’蓋‘皰’之訛分，猶酴爲醶也。《面部》：‘皰，面瘡也。’《鼻部》：‘皰，面瘡。’《疒部》：‘疱，瘡也。’《皮部》：‘皰，面皮生氣也。’諸字並同。此酡或因酒發瘡而變從酉。今俗謂酒糟鼻，鼻上生小气皰作紅色，《集韻》酡爲酒之色，亦是。”（5879）胡吉宣謂“酡”爲“皰”之訛分，是也；然又謂“此酡或因酒發瘡而變從酉，今俗謂酒糟鼻，鼻上生小气皰作紅色，《集韻》酡爲酒之色，亦是”，此即因承訛襲謬而妄説。《詳校篇海》卷五《酉部》：“酡，皮教切，聲同暴。酒之色也。又與皰同。面上瘡也。”（359 下）《篇海類編》同。《詳校篇海》《篇海類編》《字彙》《正字通》謂“酡”同“皰”，是也；然又訓“酒之色也”，皆因承襲《集韻》之謬而誤。《大字典》《字海》“酡”字下分别據《集韻》之誤而收録“酒之色”“酒的顔色”這一義項，疑並非是。

745. 醓

《字彙·酉部》：“醓，他感切，貪上聲。肉汁。《詩·大雅》：‘醓醢以薦。’《周禮》：‘朝事之豆，其實韭菹醓醢。’按：此字下宜从血。”（499 下）

《正字通·酉部》：“醓，徒覽切，貪上聲。《説文》：‘血醓也。’徐鉉曰：‘肬血汁滓也。’《詩·大雅》：‘醓醢以薦。’《周禮》：‘朝事之豆，其實韭菹醓醢。’注：‘以牛乾脯入粱麴鹽酒。’鄭康成曰：‘酸肉汁。’非。《説文》从血，本作䀋，訛从皿，非。”（1183 下）

按：《康熙字典·酉部》：“醓，《集韻》《韻會》《正韻》並他感切，貪上聲。《説文》：‘血醓也。’本作䀋，今文作醓。《博雅》：‘醓，醬也。’《詩·大雅》：‘醓醢以薦。’疏：‘用肉爲醓，特有多汁，故以醓爲名。’按：朱注醓作平聲，音貪。又《周禮·天官·醢人》：‘深蒲醓醢。’注：‘醓醢，肉醬也。’又《玉篇》：‘酷也；酸也。’《集韻》：‘或作盜、醄。’”（1352 上）《玉篇·酉部》：“醓，音毯。酷也；酸也。”（135 下左）《玉篇校釋》“醓”字下注：“‘酷也；酸也’者，誤與醶㵒合而增入此字。醶，酸也，酸甚爲酷（與醂通），醶、醓形近。《血部》：‘䀋，《周禮·醢人》：掌朝事之豆，其實［韭菹］䀋醢。’䀋，肉汁也。重文作䀋《肉部》：‘肬，肉汁滓也。'《說文》以䀋字從血隸《血部》，以醓入《皿部》，實並誤也。䀋非從血，血者象皿中有所盛，非血肉字。此醓如作從血，則應刪。今字從皿，則或爲逸書所録之醓字別體異文，應与上醢、醯類列，去'酷也''酸也'二訓而易以'肉汁也''醬也'二義，然字列部末，當爲後人增入之僞字。"（5878）胡氏所言疑可商榷。"醓"本當訓"醬也""肉汁也"，其訓"酷也""酸也"者，"酷也"當爲"醢也"之誤，而"酸也"之訓當爲誤植"醯"字之義於"醓"字之上所致的訓釋失誤。《名義·酉部》："⿱⿰酉欠皿，敕感反。⿰酉𠮷也。"（296下）"⿱⿰酉欠皿"音"敕感切"，是徹母，隋唐以前，徹母與透母無別，所以"敕感切"與《玉篇》"音毯"相同，且從形音關係來看，從"冘"更切合其讀音，偏旁"冘"的一撇書寫不到位，遂成"欠"，故"⿱⿰酉欠皿"當即"醓"字之俗，而"⿰酉𠮷"當即"醢"字之俗，吕浩《〈篆隸萬象名義〉校釋》據《玉篇》校"⿰酉𠮷"作"酷"，非是。《廣雅·釋器》："醢、醑、醔醶、醓、醯、醹、醇，醬也。"《名義》訓"醓"爲"醢也"，即因"醓""醢"《廣雅》同訓"醬也"，故而誤截"醢"字作爲"醓"字義訓，由此也證明了"醓"字當如《廣雅》訓"醬也"。箋注本《切韻》（斯2071）上聲感韻他感反："⿱⿰臣冘皿，⿰酉⿱𠂉台。"（136）"⿱⿰臣冘皿"當即"醓"字之俗，而"⿰酉⿱𠂉台"當即"醢"字之俗。敦煌本《王韻》上聲感韻他感反："醓，醓醢。"（396）此即其證。故宮本《王韻》上聲感韻他感反："⿰酉⿱厶皿，⿰酉⿱厶皿醢。亦作⿰⿱𠂉酉⿱厶皿。"（483）據上文可知，"⿰酉⿱厶皿""⿰⿱𠂉酉⿱厶皿"亦並即"醓"字之俗。故宮本《裴韻》上聲禫韻他感反："⿰酉⿱𠆢皿，⿰酉⿱𠆢皿醢。"（481）據上文可知，"⿰酉⿱𠆢皿"亦當即"醓"字之俗。《廣韻》上聲感韻他感切："䀋，䀋醢。亦作醓。"（225）以上諸韻書皆其證也。故"醓"當以據《廣雅》訓"醬也"爲是，《玉篇》訓"酷也""酸也"，於歷代字韻書皆無徵，其訓"酷也"，當爲"醢也"之誤；而其訓"酸也"，當爲誤植"醯"字之義於"醓"字之上所致的訓釋失誤。又據"醓"字形義關係來看，當以從"血"旁爲是。《玉篇·血部》："⿰酉⿱冘血，吐感切。《周禮·醢人》：'朝事之豆，其實韭菹⿰酉⿱冘血醢。'肉汁也。又曰：'深蒲⿰酉⿱冘血醢。'䀋，同上。"（35上左）《集韻》上聲感韻他感切："䀋，《說文》：'血醢也。《禮》有䀋醢，以牛乾脯粱𥻨鹽酒也。'或作盜、⿰酉⿱冘血、酟。"（447）以上二書是其證也。《康熙字典》轉録《玉篇》"酷也；酸也"之訓而未作校正，亦失考證。《大字典》"醢"字下據《玉篇》之誤而收録"酷"與"酸"這兩個義項，並非。

746. 醻

《字彙·酉部》："醻，同觴。"（500上）

《正字通·酉部》："醻，俗觴字。"（1184下）

按：《康熙字典·酉部》："醻，《集韻》同觴。《禮》：'投壺行觴。'《釋文》：'觴，或作醻。'"（1353下）《玉篇·酉部》："醻，音傷。耆酒也。"（135下左）元刊本《玉篇》作"嗜酒也"。《玉篇校釋》校作"嗜酒也"，並注曰："'嗜'原作'耆'，依元刊改。《廣韻》《集韻》並以爲'觴'之或體，此音'傷'而云'嗜酒'，蓋謂傷于酒也。"（5880）胡氏所言疑可商榷。《龍龕》卷二《酉部》："醻，音傷。酒器也。"（309）《可洪音義》卷二二《法句喻經》第三卷："醻酌，尸羊反。清酒也。或作觴。音商。酒器也。"（60，P247A13）下文卷二七《高僧傳》第四卷："濫醻，音傷。酒器也。"（60，P449A11）慧琳《音義》卷八七《十門辯惑論》卷下："濫觴，上藍淡反。濡上也；漬也。下賞章反。《説文》云：'觴，觶也。實曰觴，虚曰觶。從角，（昜）[煬][省]聲。'籀文作𧣾。觶，音志。論本作醻，誤也。"（59，P131A3）《廣韻》平聲陽韻式羊切："觴，酒器。俗作醻。"（112）《集韻》平聲陽韻尸羊切："觴醻，《説文》：'觶實曰觴，虚曰觶。'或从酉。"（214）《禮記·投壺》："命酌曰請行醻，酌者曰諾。"陸德明《釋文》："觴，字或作醻，同。"故"醻"當即"觴"之異體字，亦或訓"清酒也"。《玉篇》訓"耆（嗜）酒也"，於以上辭書、文獻皆無徵，當因從"傷"爲説而誤。《大字典》《字海》"醻"字下皆據《玉篇》之誤而收録"嗜酒"這一義項，疑並非是。

747. 醪

《字彙·酉部》："醪，郎刀切，音勞。濁酒也。"（500下）

《正字通·酉部》："醪，舊注音勞，濁酒。一説《月令》：孟春，天

子躬耕帝籍，反，執（觳）[爵]于大寢，行燕禮，群臣皆侍，命曰勞酒。俗因加酉作醪。舊注音訓並非。”（1185 下）

按：《康熙字典・酉部》：“醪，《字彙》郎刀切，音勞。濁酒也。”（1354 下）《新修玉篇》卷三十《酉部》引《川篇》：“醪，音勞。濁酒也。”（240 上右）《篇海》卷十四《酉部》：“醪，音勞。濁酒也。”（818 上）“醪”當即“醪”字之俗。《説文・酉部》：“醪，汁滓酒也。从酉，翏聲。”（313 下）《龍龕》卷二《酉部》：“醪，音勞。濁酒也。”（309）故“醪”與“醪”音義並同，“醪”當即“醪”通過改換聲符而形成的異體字。《直音篇》卷七《酉部》：“醪，音勞。濁酒。醪，同上。”（321 下）《直音篇》所言是也。《正字通》一説“醪”即“勞”字之俗，且謂“舊注”非，然於前代字韻書、文獻皆無徵，其説非是。《大字典》“醪”字下據《正字通》之説而收録“以酒慰勞”這一義項，亦非。

748. 醥

《字彙・酉部》：“醥，疋貌切，音砲。面生氣皰。”（500 下）

《正字通・酉部》：“醥，皰、醥並俗字，宜删。”（1186 上）

按：《康熙字典・酉部》：“醥，《字彙》疋貌切，音砲。面生氣［皰］也。”（1355 下）《龍龕》卷二《酉部》：“醥，舊藏作皰。疋皃反。面上生氣醥。”（311）《龍龕》卷二《酉部》又曰：“皰，《玉篇》：‘平孝反。面上瘡也。’”（311）“面上瘡”與“面上生氣醥”訓異義同，“醥”與“皰”音義皆通，二字當爲同字異體。從形義關係來看，正如“皰”當即“皰”字俗訛（詳見本書“皰”字注），“醥”亦當以校作“醥”爲是，而“醥”與“皰”“皰”音義皆通，即爲異體字。

749. 醼

《字彙・酉部》：“醼，伊殿切，音燕。合飲。與宴同。”（501 上）

《正字通・酉部》：“醼，同宴，通作燕。”（1186 下）

按：《康熙字典・酉部》：“醼，《廣韻》同宴。”（1356 上）《玉篇・酉部》：“醼，於見切。設也。”（135 下左）《玉篇》訓“設也”，疑非是。

故宫本《裴韻》去聲霰韻烏見反："醼，飲。"（595）故宫本《王韻》訓"飲"，當爲"醼飲"之脱誤。《唐韻》去聲霰韻於甸反："醼，醼飲。古無西，今通用之，亦作宴。"（663）《廣韻》去聲霰韻於甸切："醼，醼飲。《周禮》云：'以饗燕之禮視四方之賓客。'《詩》云：'《鹿鳴》，燕群臣嘉賓也。'古無西，今通用，亦作宴。讌，讌會。本亦同上。"（315）此即其證也。又《龍龕》卷二《西部》："醼，於見反。飲醼也"（310）《龍龕》訓"飲醼也"，當爲"醼飲也"之倒誤。故《玉篇》訓"醼"爲"設也"，於以上字韻書皆無徵，當爲"醼設也"之脱誤。《玉篇·言部》："讌，烏見切。讌設也。"（44 上右）此是其佐證也。"醼""讌"字同，"醼設"與"醼飲"訓異義同，故《玉篇》訓"醼"爲"設也"，當爲"醼設也"之脱誤。《大字典》"醼"字下據《玉篇》之誤而收録"設"這一義項，非是。

750. 穬

《字彙·釆部》："穬，古曠切，光去聲。上色也。"（501 下）

《正字通·釆部》："穬，穬字之訛。舊注古曠切，光去聲，上色，誤。"（1188 下）

按：《康熙字典·釆部》："穬，《類篇》古曠切，光上聲。飾色也。"（1358 下）《集韻》去聲宕韻古曠切："光，飾色也。或作穬。"（602）故"穬"即"光"之異體字，義爲"給器物塗上油料或漆，使之有光澤"。又《説文·禾部》："穬，芒粟也。从禾，廣聲。"（141 上）《玉篇·禾部》："穬，古猛切。穬粟。《説文》曰：'芒粟也。'"（74 上右）《廣韻》上聲梗韻古猛切："穬，穀芒。又曰稻不熟。"（215）故"穬"與"穬"儘管形近，然音義俱别，二字不可混同，《正字通》謂"穬"即"穬"字之訛，且謂"舊注"非，既無書證亦無例證，非是。

751. 釖

《字彙·金部》："釖，都牢切，音刀。割也。一曰兵也。"（503 上）

《正字通·金部》："釖，同釗。从刂、从刀一也。舊注改音刀，割

也；一曰兵器，並非。《説文》釖篆作𠛂，經傳作釗，舊本誤分爲二。”（1191 下）

按：《康熙字典・刀部》：“釖，《集韻》與刀同。”（1363 上）《龍龕》卷一《金部》：“釖，音刀。”（12）《集韻》平聲豪韻都勞切：“刀釖，《説文》：‘兵也。’或從金。”（193）故“釖”當即“刀”之異體字。《大正藏》本隋吉藏撰《無量壽經義疏》：“釖有斬斫之用。内合佛説法以生物解，有斷結之用也。”從文意來看，此“釖”亦同“刀”。此亦其證也。《新修玉篇》卷十八《金部》引《餘文》：“釖，都牢切。刀同。”（154 上右）《直音篇》卷五《刀部》：“釖，刀同。”（185 下）以上二書亦是也。《詳校篇海》卷一《金部》：“釖，都牢切。同刀。割也。《説文》云：‘兵也。’”（12 上）《篇海類編》同。《詳校篇海》《篇海類編》訓“割也”，當爲“所以割也”之脱誤，因爲“刀”有“割也”之用，而非有“割也”之義。《字彙》訓“割也”，當因承襲前代字書之謬而誤。又《爾雅・釋詁上》：“釗，勉也。”又《爾雅・釋詁下》：“釗，見也。”《説文・刀部》：“釗，刓也。从刀，从金。周康王名。”（87 上）《玉篇・刀部》：“釗，之姚切。遠也；剽也。周康王名。又古堯切。”（82 上右）故“釖”與“釗”儘管構字部件相同，僅寫法有異，然音義俱别，二字不可混同，《正字通》謂“釖”同“釗”，且謂“舊注”非，既無書證亦無例證，其説非是。

752. 釵

《字彙・金部》：“釵，初皆切，音差。婦人岐笄。”（503 下）

《正字通・金部》：“釵，初皆切，音差。婦人兩股笄。”（1192 下）

按：《康熙字典・金部》：“釵，《唐韻》楚佳切，《集韻》《韻會》初佳切，並音叉。《説文》：‘笄屬。’本只作叉，此字後人所加。《玉篇》：‘婦人岐笄也。’”（1364 下）《詳校篇海》卷一《金部》：“釵，初皆切，音差。婦人笄。又音叉。兵器。”（12 上）《篇海類編》同。《詳校篇海》《篇海類編》又音“叉”，訓“兵器”，疑非是。《説文新附・金部》：“釵，笄屬。从金，叉聲。”（300 下）《名義・金部》：“釵，楚佳反。笄也。”（175 下）《玉篇・金部》：“釵，楚街切。婦人歧笄也。”（83 下左）《新修玉篇》引

《玉篇》同。《篇海》卷二《金部》引《玉篇》:“釵，楚街切。笄也。”(575上)《直音篇》卷五《金部》:“釵，初皆切。歧笄也。”(183下)故宫本《王韻》平聲佳韻楚佳反:“釵，婦人歧笄。”(447)《廣韻》同。《集韻》平聲佳韻初佳切:“釵，歧笄也。”(103)故“釵”本義指“古代婦女的首飾，形似叉，用金、玉、銅、木等材質製作而成”,《詳校篇海》《篇海類編》又訓“兵器”，當爲明代字書因字義引申而收録的新增義項，此義之“釵”亦本當作“叉”。“叉”本義指“手指相交錯”，引申爲“歧頭的器具或兵器”。《文選·西征賦》:“垂餌出入，挺叉來往。”李善注:“叉，取魚叉也。”明茅元儀《武備志·馬叉圖考》:“钂鈀……馬叉，皆短兵中之長者也。钂鈀即叉也。”“叉”,《廣韻》音“初牙切”，又音“楚佳切”。故“釵”訓“兵器”，與“叉”音義並同，此“釵”當即“叉”通過增加義符“金”旁而産生的俗字。佛經有其用例，今提供如下:《嘉興藏》本清道澄説、德儒編《空谷道澄禪師語録》卷十:“譬如礦石，入於高廣大爐鞴煉成生鐵，復入紅火地爐炒成熟，仍過鉗錘敲打九煉成鋼，方纔造成器皿，還要更加切磋琢磨，細細刨刮，無斑痕疤缺，内外光亮，美玉無瑕，時人一見便生歡喜愛慕之心，方可中用器也。是寶劍賣與烈士，農器賣與耕夫，刀斧賣與樵子，鉤釵賣與漁人，獵户喜的利器，武將愛的鎧甲，一物必有一主。”從上下文意來看，此“釵”當同“叉”。此是其證也。故“釵”訓“兵器”，當即“叉”字之俗。

753. 鈍

《字彙·金部》:“鈍，徒困切，音遯。不利也；頑也。”(503下)

《正字通·金部》:“鈍，他困切，音遯。刀劍不利也。又凡質魯者曰鈍。”(1193上)

按:《康熙字典·金部》:“鈍,《廣韻》《韻會》徒困切,《正韻》杜困切，並音遯。《説文》:‘錭也。’又《玉篇》:‘頑鈍也。’”(1365下)《詳校篇海》卷一《金部》:“鈍，徒困切，音屯去聲。不利也；頑鈍也。亦作頓。又田器。”(12下)《篇海類編》同。《詳校篇海》《篇海類編》又訓“田器”，疑非是。《説文·金部》:“鈍，錭也。从金，屯聲。”(300

下)《玉篇·金部》:“鈍，大困切。頑鈍也。”(83下左)《新修玉篇》卷十八引《玉篇》:“鈍，徒困切。頑鈍也。”(154上左)《篇海》引《玉篇》同。《直音篇》卷五《金部》:“鈍，徒困切。頑鈍。”(184上)敦煌本《王韻》去聲慁韻徒困反:“鈍，不利。”(411)故宫本《王韻》、故宫本《裴韻》同。《廣韻》去聲慁韻徒困切:“鈍，不利也;頑也。”(304)《集韻》去聲圂韻徒困切:“鈍，《説文》:‘錭也。’”(552)故《詳校篇海》《篇海類編》又訓“田器”，於前代字韻書皆無徵，當因“鈍槌”而産生的一個虚假義項。“鈍槌”亦作“鈍鎚”，本義指笨重的槌子，比喻愚鈍。例如:《晉書·祖納傳》:“君汝潁之士，利如錐;我幽冀之士，鈍如槌。持我鈍槌，捶君利錐，皆當摧矣。”宋王禹偁《謫居感事》:“自此韜餘刃，終當學鈍鎚。”“鈍槌(鎚)”之“鈍”義指“笨重”，而非指“槌子”。《大字典》“鈍”字下據《篇海類編》之誤而收録“田器”這一義項，亦非。

754. 釿

《字彙·金部》:“釿，以忍切，寅上聲。《爾雅》:‘錫謂之釿。’又去聲羊進切。義同。”(503下)

《正字通·金部》:“釿，以忍切，音引。《爾雅》:‘錫謂之釿。’注:‘白鑞也。’又震韻音印。義同。”(1193下)

按:《康熙字典·金部》:“釿，《廣韻》余忍切，《集韻》《韻會》以忍切，並音引。《爾雅·釋器》:‘錫謂之釿。’疏:‘錫金，白鑞也，一名釿。’《釋文》:‘釿，音引。’……又《唐韻》:‘鐵釿。’《五音集韻》:‘鉄釿。’”(1365下)《廣韻》去聲震韻羊晉切:“釿，鐵釿。”(295)《廣韻》訓“鐵釿”，疑非是。《爾雅·釋器》:“錫謂之釿。”郭璞注:“釿，白鑞。”邢昺疏:“錫，今白鑞也。一名釿。”《説文·金部》:“釿，錫也。从金，引聲。”(295上)《玉篇·金部》:“釿，羊刃切。白錫也。《爾雅》曰:‘錫謂之釿。’”(83上右)敦煌本《王韻》去聲震韻與晉反:“釿，錫。”(410)故宫本《王韻》去聲震韻與晉反:“釿，錫也。”(498)故《廣韻》訓“鐵釿”，於前代字韻書皆無徵，“鐵”當爲“錫”字之誤，而“釿”當爲字頭誤重。《集韻》去聲震韻時刃切:“釿，《爾雅》:‘錫謂之釿。’”(538)《集韻》據《爾雅》訓作“鍚”，此亦其證也。又《五音集韻》去聲震韻羊晉切：“釼，鉄釼。”“鉄”又爲“鐵”之異體字，《五音集韻》訓“鉄釼”，當因承襲《廣韻》之謬而誤。《康熙字典》分別轉録《廣韻》《五音集韻》“鐵釼”“鉄釼”之訓而未作校正，亦失考證。《大字典》“釼”字下據《廣韻》《五音集韻》之誤而收録“鐵釼”這一義項，非是。

755. 鉠

《字彙・金部》：“鉠，於良切，音央。鉠鉠，鈴聲。”（504 下）

《正字通・金部》：“鉠，舊注音央，鉠鉠，鈴聲。《正韻》十七陽收鉠。按：《毛詩》本作央。”（1196 上）

按：《康熙字典・金部》：“鉠，《廣韻》《集韻》《韻會》《正韻》並於良切，音央。《玉篇》：‘鈴聲。’張衡《東京賦》：‘和鈴鉠鉠。’”（1369 下）《名義・金部》：“鉠，於良反。和鈴。”（177 上）《玉篇・金部》：“鉠，於良切。鈴聲。”（84 上右）漢張衡《東京賦》：“鑾聲噦噦，和鈴鉠鉠。”《正字通》所言是也。《詩・周頌・載見》：“龍旂陽陽，和鈴央央。鞗革有鶬，休有烈光。”朱熹注：“央央、有鶬，皆聲和也。”此是其證也。故“鉠鉠”同“央央”，“鉠”本當作“央”。

756. 鋛

《字彙・金部》：“鋛，徂悶切，存去聲。鑽也。”（505 上）

《正字通・金部》：“鋛，俗鐏字。舊注徂悶切，存去聲，沿《篇海》訓鑽，非。”（1198 上）

按：《康熙字典・金部》：“鋛，《五音集韻》徂悶切，音鐏。鑽也。”（1372 下）《集韻》去聲慁韻徂悶切：“鋛，鑽也。”（551）《正字通》所言疑非是。《説文・金部》：“鐏，柲下銅也。从金，尊聲。”（299 上）桂馥《義證》：“矛戟下曰鐓，戈下曰鐏。”《玉篇・金部》：“鐏，在困切。《説文》：‘柲下銅也。’”（83 下右）《廣韻》去聲慁韻徂悶切：“鐏，《説文》曰：‘柲下銅也。’《曲禮》：‘進戈者前其鐏。’”（304）“鋛”與“鐏”音同義別，二字不可混同，《正字通》謂“鋛”即“鐏”字之俗，且謂“舊注”非，既無書證亦無例證，其説非是。《大字典》"鋳"字下以《正字通》作爲"按語"，而《字海》"鋳"字據《正字通》之説而直謂同"鐏"，並非。

757. 鋐

《字彙·金部》:"鋐，胡盲切，音宏。器也。"（506上）

《正字通·金部》:"鋐，俗鈜字。舊注汎訓器也，誤。"（1200下）

按:《康熙字典·金部》:"鋐，《玉篇》户萌切，音宏。器也。"（1375下）《玉篇·金部》:"鋐，户萌切。器也。"（84上左）《正字通》所言是也。《玉篇校釋》"鋐"字下注:"'器也'未詳。《切韻·耕韻》:'鈜，金聲。户萌反。'《廣韻》《集韻》亦並止有鈜而無鋐，鋐當與鈜同。鋐之言宏大也。《廣韻》:'吰，噌吰，鐘音。'又'砿'下引本書云:'石聲。'《集韻》:'鈜，鏗鈜，鐘鼓聲。或作吰。'慧琳八三·十三:'《考聲》云:鏗鍧，鐘聲。正作鍧。傳從宏作鋐，檢字書無此字。'可知本書原無此鋐字，亦不録鍧。"（3364）此説印證了《正字通》之説。韓小荆《〈可洪音義〉研究》（478）"鈜"異體作"鋐"，此亦其證也。故"鋐"當即"鈜"之異體字。《玉篇》訓"器也"，非是。《新修玉篇》卷十八《金部》引《玉篇》:"鋐，户萌切。器也。"（155上左）《篇海》同。《直音篇》卷五《金部》:"鋐，音横。器也。"（186上）《詳校篇海》卷一《金部》:"鋐，胡盲切，音宏。器也。"（14上）《篇海類編》同。《新修玉篇》《篇海》《直音篇》《詳校篇海》《篇海類編》《字彙》《康熙字典》訓"器也"，皆因承襲《玉篇》之謬而誤。《大字典》《字海》"鋐"字下皆據《玉篇》之誤而收録"器"這一義項，並非。

758. 鋑

《字彙·金部》:"鋑，同鐫。"（506上）

《正字通·金部》:"鋑，同鐫。《集韻》鐫，或作鋑，今从鐫。"（1200下）

按:《康熙字典·金部》:"鋑，《廣韻》:'古文鐫字。'又《集韻》七丸切，音爨。《玉篇》:'刀也。'又將廉切，音尖。錐也。或作稜。"（1375

下)《集韻》平聲鹽韻將廉切:“鋑,錐也。或作稄、鐫。”(288)此“鋑”“稄”“鐫”訓“錐也”,當爲“尖鋭”之義,並當同“鋟”。《廣雅·釋器》:“鋟,錐也。”王念孫《疏證》:“鋟之言鑯也。卷四云:‘鑯,鋭也。’”《集韻》平聲鹽韻將廉切:“鋟,《博雅》:‘鋭也。或作尖。’”(288)故“鋑”“稄”“鐫”訓“錐也”,與“鋟”音義並同,即爲異體字。《大字典》《字海》“鋑”字第(二)義項皆據《集韻》訓“錐”,未溝通其與“鋟”“稄”“鋑”諸字的異體關係,俱失考證。

759. 錁

《字彙·金部》:“錁,古火切,音果。車錁角。又與銙同。”(506下)

《正字通·金部》:“錁,俗銙字。《集韻》銙,或作錁。舊注泥。”(1202上)

按:《康熙字典·金部》:“錁,《集韻》苦瓦切,音髁。帶具。本作鞜,亦作銙。又《集韻》古火切,音果。車膏器也。本作輠。”(1377下)《新修玉篇》卷十八《金部》引《餘文》:“錁,古火切。車脂角。又苦瓦切。帶飾也。”(155下左)《篇海》卷二《金部》引《餘文》:“錁,古火切。車錁角。又苦瓦切。帶飾也。”(576下)《新修玉篇》與《篇海》義訓不同,當以《新修玉篇》爲是。箋注本《切韻》(斯2071)上聲哿韻古火反:“輠,車脂角。”(136)敦煌本《王韻》、故宫本《王韻》、《廣韻》同。《集韻》上聲果韻古火切:“輠,車膏器曰輠。或从金。”(405)“車脂角”與“車膏器”訓異義同,皆指“車上盛潤滑油的器具”,故“錁”與“輠”音義並同,即爲異體字。此即其證也。故《篇海》訓“車錁角”,當爲“車脂角”之誤。《詳校篇海》卷一《金部》:“錁,古火切,音果。車錁角。又苦瓦切,音胯。同銙。”(15上)《篇海類編》同。《詳校篇海》《篇海類編》《字彙》“錁”下亦收“車錁角”這一義項,皆因承襲《篇海》之謬而誤。《大字典》“錁”字下據《字彙》之誤而收録“車錁角”這一義項,亦非。

760. 錊

《字彙·金部》:“錊，千木切，音鏃。姓也。”（506下）

《正字通·金部》:“錊，舊注音鏃，姓也。《篇海》:音醉。鍊也。音足。人姓。音促。小刀。或曰:‘鍊鐵本作淬、焠。’《姓譜》闕錊姓。”（1202下）

按:《康熙字典·金部》:“錊,《五音集韻》子對切，音晬。《玉篇》:‘鍊也。’”（1378上）《玉篇·金部》:“錊，子對切。鍊。”（84下左）《集韻》去聲隊韻祖對切:“錊，鍊也。”（532）《正字通》“或曰”之説當是。《玉篇校釋》“錊”字下注:“錊當同焠，猶鍊之同煉也。《火部》:‘焠，堅刀刃也。’《水部》‘淬’下云:‘淬堅金刃爲焠字。’不及錊字，原本所無也。能煉者火，所鍊者刀，故别字從火、從金也。”（3378）此説印證了《正字通》“或曰”之説。《説文·火部》:“焠，堅刀刃也。从火，卒聲。”（208上）王筠釋例:“焠與《水部》淬蓋同。焠，堅刀刃也。淬，滅火器也……正謂以器盛水滅刀之火，以堅其刃也。今謂之濺，刀甫出火，即投之水，故兩从也。”“焠”“淬”,《廣韻》音“七内切”。故“錊”訓“鍊”，與“焠”“淬”音義皆通，此“錊”當同“焠”“淬”。

761. 錏

《字彙·金部》:“錏，於加切，音鴉。錏鍜，頸鎧。”（507上）

《正字通·金部》:“錏，于加切，音鴉。《説文》:‘頸鎧也。’或曰:‘盔之後垂者，以首鎧之次，故从亞。’”（1202下）

按:《康熙字典·金部》:“錏,《唐韻》烏牙切,《集韻》於加切，並音雅。《説文》:‘錏鍜，頸鎧也。’或作鐚。又《集韻》衣駕切，音亞。柔剛鐵也。”（1378下）《集韻》平聲麻韻於加切:“錏,《説文》:‘錏鍜，頸鎧也。’或作鐚。”（209）下文去聲禡韻衣駕切又曰:“錏，柔剛鐵也。”（596）《集韻》據《説文》訓“錏鍜，頸鎧也”，是也；然又訓“柔剛鐵也”，疑非是。《説文·金部》:“錏，錏鍜，頸鎧也。从金，亞聲。”（299上）《玉篇·金部》:“錏，乙加切。錏鍜，頸鎧也。”（83下右）箋注本

《切韻》(斯 2071)平聲麻韻烏加反:“鐚,鐚鍜。”(121)故宫本《王韻》、《廣韻》同。故《集韻》又訓“柔剛鐵也”,於前代字韻書皆無徵,當因從“亞”“金”爲説而誤。《正字通》或曰“盔之後垂者,以首鎧之次,故從亞”,亦當爲望文爲説,不可據。《康熙字典》轉録《集韻》“柔剛鐵也”之訓而未作校正,亦失考證。《大字典》“鐚”字下據《集韻》之誤而收録“柔剛鐵”這一義項,亦非。

762. 錘

《字彙·金部》:“錘,直追切,音垂。稱錘。又直類切,音墜。義同。”(507 上)

《正字通·金部》:“錘,直回切,音椎。鄭康成曰:‘稱權也。’《博雅》:‘權謂之錘,其形垂也。’又隊韻音墜。義同。”(1203 上)

按:《康熙字典·金部》:“錘,《廣韻》直垂切,《集韻》重垂切,《正韻》直追切,並音鬌。《説文》:‘八銖也。’……又《集韻》竹恚切,音諈。義同。一曰側意。”(1379 上)《集韻》去聲寘韻竹恚切:“錘,權也。一曰側意。”(469)《集韻》訓“錘”爲“側意”,非是。《説文·金部》:“錗,側意也。从金,委聲。”(300 下)《名義·金部》:“錗,竹恚反。側意。”(175 下)《新撰字鏡·金部》:“錗,竹恚反。側意也;縣也。”(360)敦煌本《王韻》去聲寘韻[馳僞反]:“錘,秤錘。又直爲反。”(402)故宫本《王韻》、故宫本《裴韻》同。《廣韻》去聲寘韻馳僞切作:“錘,秤錘。或作鎚。又直危切。”(241)“錘”字,《切韻》《廣韻》皆未見有“竹恚切”“側意”這一音義。“錗”與“錘”音義俱别,二字不可混同。《集韻》此“錘”字當爲“錗”字之訛,“錗”誤作“錘”後,進而又誤植“錘”字之訓於此,遂致此誤。《康熙字典》轉録《集韻》“側意”之訓而未作校正,亦失考證。《大字典》“錘”字下據《集韻》之誤而收録“側意”這一義項,亦非。

763. 錟

《字彙·金部》:“錟,徒藍切,音談。長矛。又以冉切,音琰。利

也。《蘇秦傳》：‘錟戈在後。’”（507 上）

《正字通·金部》：“錟，徒寒切，音談。《説文》：‘長矛。’又琰韻音剡。利刃也。《史·蘇秦傳》：‘錟戈在後。’《集韻》銛，或作錟，與銛通。”（1203 下）

按：《康熙字典·金部》：“錟，《唐韻》《集韻》並徒甘切，音談。《説文》：‘長矛也。’揚子《方言》：‘錟謂之鈹。’……又《集韻》思廉切。同銛。利也。《史記·秦始皇紀》：‘非錟於句戟長鎩也。’注：‘錟，一作銛。’又《集韻》《韻會》《正韻》並以冉切，音琰。利刃也。《史記·蘇秦傳》：‘錟戈在後。’注：‘錟，由冉反。’”（1379 下）《集韻》上聲琰韻以冉切：“錟，利刃也。《史》：‘錟戈在後。’”（450）《集韻》訓“利刃也”，非是。《史記·蘇秦列傳》：“彊弩在前，錟戈在後。”張守節《正義》引劉伯莊云：“錟，利也。”此“錟”當同“剡”。《爾雅·釋詁下》：“剡，利也。”《廣韻》上聲琰韻以冉切：“剡，利也。”（227）“錟”訓“利也”，與“剡”音義並同，即異體字。《字彙》訓“利也”，是也；《正字通》訓“利刃也”，當因承襲《集韻》之謬而誤。《康熙字典》轉録《集韻》“利刃也”之訓而未作校正，亦失考證。《大字典》“錟”字下據《集韻》之誤而收録“利刃”這一義項，非是。

764. 鍉

《字彙·金部》：“鍉，仁之切，音時。歃血器也。《隗囂傳》：‘奉盤錯鍉，割牲而盟。’又鏑也。又鑰也。”（507 下）

《正字通·金部》：“鍉，梯尼切，音題。歃血器。《後漢·陳囂傳》：‘奉盤錯鍉，割牲而盟。’又支韻音時。鑰鍉，所以啓鑰者。俗作匙。讀時、矢二音，義同。鑰以閉户，鍉以啓鑰，鎖腹有須鍉，入内鉤合其須，則鑰開。鍉與鑰别，舊注沿《韻會》鑰也，尤非。”（1205 下）

按：《康熙字典·金部》：“鍉，《廣韻》都奚切，《集韻》都黎切，並音低。《玉篇》：‘鋒也。’又《集韻》田黎切，音題。歃血器。又《集韻》《韻會》並常支切，音匙。鑰也。《正字通》：‘鑰鍉，所以啓鑰者。俗作匙。讀時、矢二音。鑰以閉户，鍉以啓鑰，鎖腹有須鍉，入内鉤合其須，則鑰開。鍉與鑰別，舊注沿《韻會》鑰也，尤非。'"（1382 上）《集韻》平聲支韻常支切："鍉，鑰也。"（26）《正字通》所言當是。宋蘇轍《子瞻寄示岐陽十五碑》："古人有遺迹，箟短不及鑠。"此"箟"即"鑰匙"之義，後作"匙"。又宋張君房《雲笈七籤》卷十二引《上清黄庭内景經》："玉笓金籥常完堅"注："笓，或爲匙也。""匙""箟"，《集韻》亦皆音"常支切"。故"鍉"訓"鑰也"，與"匙""箟"音義並同，即爲異體字，亦同"笓"。

765. 鍣

《字彙·金部》："鍣，之遥切，音招。錐也。又徒聊切，音條。義同。"（508 上）

《正字通·金部》："鍣，鉊字之訛。舊注招、條二音，同前鉊，改訓錐，誤與《篇海》同。"（1207 上）

按：《康熙字典·金部》："鍣，《集韻》之遥切，音昭。《博雅》：'錐也。'又《集韻》田聊切，音迢。又都聊切，音貂。義並同。"（1383 下）《方言》卷十三："錐謂之鍣。"郭璞注："《廣雅》作鉊字。"周祖謨《校箋》："鉊，原作銘，戴氏改作鉊。今《廣雅》字作鍣，曹憲音昭。今據戴本改。"又《方言》卷五："刈鉤，江、淮、陳、楚之間謂之鉊，或謂之鐹。自關而西或謂之鉤，或謂之鎌，或謂之鍥。"郭璞注："鉊，音昭。"儘管"鍣"或有别本作"鉊"者，然"鍣"與"鉊"音同義别，二字不可混同，故《正字通》謂"鍣"就"鉊"字之訛，且謂"舊注"誤，其説非是。

766. 鍥

《字彙·金部》："鍥，乞吉切，音挈。刻也；絶也。又去計切，音契。義同。又古屑切，音結。刈鉤也。《説文》：'鎌也。'"（508 上）

《正字通·金部》："鍥，同契。《荀子》：'鍥而不舍，金石可鏤。'晉《虞溥傳》作契。"（1207 上）

按：《康熙字典·金部》："鍥，《唐韻》苦結切，《集韻》《正韻》詰結切，並音猰。《説文》：‘鎌也。’揚子《方言》：‘刈鉤，自關而西，或謂之鎌，或謂之鍥。’”（1384 上）《龍龕》卷一《金部》：“鐭，音結。鐮别名也。鍥，苦結反。咸也。又斷絶也。又同上。二。”（20）《龍龕》訓“咸也”，疑非是。《説文・金部》：“鍥，鎌也。从金，契聲。”（297 下）《方言》卷五：“刈鉤，江淮陳楚之間謂之鉊，或謂之鐹。自關而西或謂之鉤，或謂之鎌，或謂之鍥。”《玉篇・金部》：“鍥，古節切。鎌也。又口結切。”（83 上左）箋注本《切韻》（斯 2071）入聲屑韻千結反：“鍥，鐮别名。”（144）敦煌本《王韻》入聲屑韻千結反：“鍥，鎌别名。又口結反。”（428）故宫本《王韻》入聲屑韻古屑反：“鍥，鐮别名。”（517）故宫本《裴韻》入聲屑韻古屑反：“鐭，鐮别名。”（612）《廣韻》入聲屑韻古屑切：“鐭，鎌别名也。鍥，上同。”（399）下文苦結切又曰：“鍥，刻也。又斷絶也。又古屑切。”（402）故“鍥”“鐭”即爲異體字，當訓“鎌也”“刻也”“斷絶也”。《龍龕》訓“鍥”爲“咸也”，於以上辭書皆無徵，疑爲“鎌也”之聲誤。《大字典》“鍥”字下據《龍龕》之誤而收録“咸”這一義項，疑亦非是。

767. 錔

《字彙・金部》：“錔，都合切，擔入聲。錔鉤。”（508 下）

《正字通・金部》：“錔，都蠟切，擔入聲。錔鉤也。俗作鐺。”（1208 下）

按：《康熙字典・金部》：“錔，《五音集韻》都合切，音答。錔鉤也。”（1386 上）《龍龕》卷一《金部》：“錔，俗。都盍反。”（20）《玉篇・金部》：“錔，都盍切。”（84 下左）《玉篇》義闕，《新修玉篇》《篇海》引《玉篇》同。元刊本《玉篇》補訓爲“金錔也”，當因從“金”爲説而誤。《五音集韻》訓爲“錔鉤”，當是。《正字通》謂“錔”俗作“鐺”，所言是也。《集韻》入聲盍韻德合切：“剳，鉤也。或作鐺。”（774）“錔”與“剳”“鐺”音義並同，當爲異體字。《大字典》“錔”字下據元刊本《玉篇》之誤而收録“金錔”這一義項，疑亦非是。

768. 鑗

《字彙·金部》:“鑗，田聊切，音條。金石。”（509 上）

《正字通·金部》:“鑗，鋚字之訛。舊注音條，金石，誤。”（1210 上）

按:《康熙字典·金部》:“鑗，《字彙》田聊切，音條。金石。”（1387 下）《新修玉篇》卷十八《金部》引《川篇》:“鑗，音條。金石。”（157 上左）《篇海》同。“鑗”，《大字典》轉録作“鑗”。《正字通》所言當是。《説文·金部》:“鋚，鐵也。一曰轡首銅。从金，攸聲。”（295 下）《玉篇·金部》:“鋚，大幺切。鐵也。又轡首銅也。”（83 上右）《廣韻》平聲蕭韻徒聊切:“鋚，紖頭銅飾也。”（91）《集韻》平聲蕭韻田聊切:“鋚，紖首垂銅謂之鋚。一曰鐵也。”（175）“鑗”與“鋚”音同，正如《集韻》“鰷”或作“鯈”，“鑗”當即“鋚”通過改换成與字音更爲接近的聲符而産生的異體字。《新修玉篇》《篇海》訓“金石”，當因從“金”爲説而誤。《字彙》訓“金石”，當因承前而謬。《康熙字典》轉録《字彙》“金石”之訓而未作校正，亦失考證。

769. 鎪

《字彙·金部》:“鎪，與鎪同。又先奏切，音嗽。鐵蝕。”（509 上）

《正字通·金部》:“鎪，俗鎪（鋑）字。”（1210 上）

按:《康熙字典·金部》:“鎪，《廣韻》《集韻》《韻會》《正韻》並先侯切，音涑。《廣韻》:‘刻鏤也。’《集韻》:‘彫也。’左思《魏都賦》:‘木無彫鎪。’又《增韻》:‘鐵蝕也。’《集韻》本作鏉。又《韻會》疏鳩切，音捜。鏤也。一曰馬耳金飾也。本作鋑。”（1388 上）《玉篇·金部》:“鋑，師由切。鍽也。鎪，同上。”（84 下右）故宫本《王韻》平聲尤韻所鳩反:“鎪，鏤也；鏉鉎也。”（466）據上文可知，《玉篇》訓“鋑”爲“鍽也”，當即“刻鏤”之義（詳見本書“鋑”字注）。故宫本《王韻》訓“鏤也”，是也；然其訓“鏉鉎也”，當爲“鏉也”之衍誤，此當因誤解陸德明《爾雅》注“鏉也”之義而誤。《爾雅·釋器》:“鏤，鋑也。”郭璞注:

“刻鏤物爲鋑。”陸德明注：“字又作鎪，同。蘇婁反，又色留反。《字書》云：‘鎪，鏉也。’”此“鏉”當爲“刻鏤”之義，而非爲“鐵鏽”之義。《洪武正韻》平聲尤韻踈鳩切：“鋑，《廣韻》：‘馬［金］耳飾。’又雕鏤。亦作（鋑）［鎪］。”（145）下文先侯切又曰：“鎪，刻鏤鐵物。又鐵蝕也。亦作鏉。”（146）下文去聲宥韻先奏切又曰：“鎪，鐵蝕。”（313）《洪武正韻》“鋑”字轉録《廣韻》之訓而未作校正，失考證；《洪武正韻》又訓“鎪”爲“鐵蝕”，亦因不解“鋑”訓“鍽也”“鏉也”皆爲“刻鏤”之義而非“鐵鏽”之義而誤。《字彙》訓“鐵蝕”，亦因承前而誤。《康熙字典》收録“鐵蝕也”“馬耳金飾也”這兩個義項，亦因承前而誤。《大字典》“鎪”字下據《玉篇》《洪武正韻》而收録“同‘鋑’，鐵鏽”這一義項，亦非。

770. 鏟

《字彙·金部》：“鏟，同鏟。”（509 上）

《正字通·金部》：“鏟，俗剗字。剗或作剷、鏟，改作鏟，舊注同鏟，並非。”（1210 下）

按：《康熙字典·金部》：“鏟，《字彙》同鏟。”（1388 上）《龍龕》卷一《金部》：“鏟，俗；鏟鏟，二正。初産反。平木器也。又初限反。三。”（15）《詳校篇海》卷一《金部》：“鏟，初産切，音産。平木器。同鏟。”（16 上）《篇海類編》同。《説文·金部》：“鏟，平鐵。从金，産聲。”（296 下）徐灝《注箋》：“平鐵者，平木器之鐵也。”《玉篇·金部》：“鏟，楚簡切。平木器。”（84 上左）“平木器”與“平鐵”訓異義同，故“鏟”與“鏟”音義並同，“鏟”當即“鏟”之異體字。《可洪音義》卷一六《四分律》第六十卷：“釿剗，初眼反。平木器也。正作鏟、剗二形。”（60，P43A10）此亦其證也。故“鏟”與“鏟”“剗”即爲異體字。《大字典》收録“鏟”字，第❶義項據《龍龕》訓“平木器”；第❷義項據《篇海類編》之説而謂同“鏟”。《大字典》這樣處理是失當的，《大字典》應直謂“鏟”同“鏟”，並訓“平木器”，即妥。《字海》“鏟”字下直謂同“鏟”，是也。

771. 鍒

《字彙・金部》:"鍒，郎豆切，音漏。鏉鍒，鐵衣。又田候切，音豆。義同。"（509 下）

《正字通・金部》:"鍒，俗字。"（1211 下）

按:《康熙字典・金部》:"鍒,《集韻》大透切，音豆。鏉鍒，鐵生衣。又《廣韻》盧候切,《集韻》郎豆切，並音陋。義同。"（1389 下）《名義・金部》:"鍒，力候反。"（175 上）《龍龕》卷一《金部》:"鍒，盧候反。鏉鍒也。"（18）《玉篇・金部》:"鍒，力逅切。鏉鍒也。"（83 下左）敦煌本《王韻》去聲候韻盧候反:"鍒，鏉鍒。"（419）故宫本《王韻》、《廣韻》同。《玉篇校釋》"鍒"字下注:"'鏉鍒也'者,《切韻》同。《爾雅・釋器》:'鏤，鏉也。'《釋文》:'鏤，音漏。字又作鍒。銰，又作鎪。《字書》:鎪，鏉也。'本書:'鏤，屬鏤，劒名。又音漏。'下注文被删，原本有引《爾雅》《説文》義。'銰，鏤也。'銰與鎪同，鏤與鍒同。鎪鏉與鏉鉎義異。鏤之言婁，婁，空也。鍒之言扇，扇下云屋穿水入也，故爲刻彫使空之義。"（3338）胡氏所言是也。《爾雅・釋器》:"鏤，銰也。"陸德明《釋文》:"鏤，字又作鍒。"故"鍒"當同"鏤"，義爲"刻鏤"。"鍒"訓"鏉鍒也"，"鏉""鍒"即同義連用，亦爲"刻鏤"之義。《集韻》去聲候韻大豆切:"鍒，鏉鍒，鐵生衣。"（619）下文郎豆切又曰:"鍒，鏉也。"（620）"鍒"訓"鏉鍒""鏉也"，亦皆爲"刻鏤"之義，而非"鐵鏽"之義。《集韻》訓"鐵生衣"者，即因誤解"鍒""鏉"爲"鐵鏽"之義而誤。《類篇・金部》:"鍒，大透切。鏉鍒，鐵生衣。又郎豆切。"（519 下）《類篇》訓"鏉鍒，鐵生衣"，即因承襲《集韻》之謬而誤。《詳校篇海》卷一《金部》:"鍒，郎豆切，音漏。鏉鍒，鐵衣。又田候切，又豆。注同。"（16 下）《篇海類編》同。《詳校篇海》《篇海類編》《字彙》訓"鏉鍒，鐵衣"，亦皆因承前而謬。《康熙字典》轉録《集韻》"鏉鍒，鐵生衣"這一義訓而未作校正，亦失考證。《大字典》"鍒"下第❷義項據《玉篇》《類篇》訓爲"〔鏉鍒〕鐵鏽"，非是；而《字海》"鍒"字據《廣韻》訓爲"〔鏉鍒〕鐵鏽"，亦非是。

772. 鏕

《字彙·金部》:“鏕，力木切，音鹿。鉅鏕，鄉名。《漢書》作鹿。”(509下)

《正字通·金部》:“鏕，俗鏖字。《六書故》:‘鑣，亦作鏖，麀省聲。’據此説，鏕、鏖横直小別義通，舊注改音鹿，鉅鏕，鄉名，無確證。《漢書》鉅鹿縣，非鉅鏕鄉也。”(1211下)

按:《康熙字典·金部》:“鏕，《廣韻》《集韻》並盧谷切，音祿。《玉篇》:‘鉅鹿，鄉名。俗作鏕。’又《集韻》:‘釜名。’”(1389下)《集韻》入聲屋韻盧谷切:“鏕，釜名。一曰鉅鏕，縣名。”(639)《集韻》訓“釜名”，非是。《廣韻》入聲屋韻盧谷切:“鏕，鉅鏕，郡名。案:《漢書》只作鹿。”(368)故《廣韻》“鏕”字下未收“釜名”這一義項，《集韻》訓“釜名”者，當因“鏕”又爲“鏖”“鑣”之異體字而誤增於此。《龍龕》卷一《金部》:“鏕，鉅鏕，鄉名。又於刀反。與鏖同。”(19)“鏖”即“鑣”之異體字。《説文·金部》:“鑣，温器也。从金，麀聲。”(296下)《廣雅·釋器》:“鑣，釜也。”《廣韻》平聲豪韻於刀切:“鑣，《説文》云:‘温器也。’鏖，同上。”(101)“温器”與“釜”訓異義同。此即其證也。故“鏕”有兩個義項:一音 lù，訓“鉅鏕”，本作“鹿”;一音 áo，訓“温器”“釜也”，同“鏖”“鑣”。《集韻》“鏕”字於“盧谷切”下訓爲“釜名”，非是。《正字通》不明“鏕”字有兩個來源，顧此失彼，其説亦不確。《康熙字典》轉録《集韻》“釜名”這一義訓而未作校正，亦失考證。《大字典》“鏕”字音 lù 這一讀音之下據《集韻》之誤而收録“釜名”這一義項，應刪。

773. 鏨

《字彙·金部》:“鏨，先結切，音屑。田器。”(509下)

《正字通·金部》:“鏨，舊注音屑，田器，訓與鏨同，音與鏨異，不知《説文》有鏨無鏨。”(1212上)

按:《康熙字典·金部》:“鏨，《正字通》:‘鏨字之訛。’”下字曰:

“鍌，《正字通》鑿字之訛，《説文》本作鑿，十二畫。《字彙》省作鍌，又分鍌、鑿爲二，非。”（1390 下）《玉篇·金部》：“鍌，先列切。田器也；椹也。又之二切。”（83 下左）《玉篇校釋》“鍌”字下注：“又‘椹也’未詳，應爲原引《廣雅·釋詁二》‘鍌，椎’之誤，椎、椹形近寫訛也。”（3334）胡氏所言當是。《集韻》入聲薛韻私列切：“鍌，《博雅》：‘椎也。’一曰羊箠耑有鐵。一曰田器，以治苗殺草。”（708）“鍌”“鑿”即爲異體字。此亦其證。故《玉篇》訓“鍌”爲“椹也”，當爲“椎也”之誤。《篇海》卷二《金部》引《玉篇》：“鍌，先列切。田器也；椹也。又之二切。”（578 上）《篇海》“鍌”字轉録《玉篇》“椹也”之訓而未作校正，失考證。《直音篇》卷五《金部》：“鍌，音薛。田器。又椹也。”（185 上）《詳校篇海》卷一《金部》：“鍌，蒲計切，音陛。所以理苗殺草。又先結切，音屑。田器。又椹也。”（16 下）《篇海類編》同。《直音篇》《詳校篇海》《篇海類編》“鍌”字下亦收“椹也”這一義項，皆因承襲前代字書之謬而誤。《大字典》“鍌”字下據《篇海類編》之誤而收録“椹”這一義項，亦非。

774. 鏴

《字彙·金部》：“鏴，魯故切，音路。金輅。”（510 上）

《正字通·金部》：“鏴，訛字。《篇海》金鏴，周輅也，誤。古借用路。”（1213 上）

按：《康熙字典·金部》：“鏴，《玉篇》力故切，音路。《篇海》：‘金路。’”（1391 上）《玉篇·金部》：“鏴，力故切。”（84 下左）《玉篇》義闕，元刊本《玉篇》補訓爲“金路也”。《玉篇校釋》“鏴”字下注：“元刊云‘金路也’，蓋是。路爲車名，後起專字作輅。《儀禮·覲禮》：‘路先設。’鄭注：‘路謂車也。凡君所乘車曰路。’《周官》有典路。又：‘巾車掌王之五路，一曰玉路，二曰金路，鉤。’鄭注：‘金路，以金飾諸末。鉤，婁頷之鉤也。金路無鍚有鉤，亦以金爲之。’此鏴即合‘金’‘路’二字爲之，較‘輅’尤晚出。”（3378）胡氏所言疑可商榷。鄭賢章《漢文佛典疑難俗字彙釋與研究》“鏴”字下注：“‘鏴’乃‘露’或‘路’字……‘錮鏴’即‘錮露’，其中‘鏴’即‘露’字。”（438）鄭氏所言當是。《新修玉篇》卷十八《金部》引《玉篇》：“鏴，力故切。錮鏴。”（157 上左）《新修玉篇》亦訓“錮鏴”，此亦其證也。佛經中“錮鏴”用例甚多，此不贅。故“鏴”當以訓“錮鏴”爲是。元刊本《玉篇》訓“金路也”，於前代字書皆無徵，非是。胡吉宣據元刊本《玉篇》之誤而爲説，亦不可據。《直音篇》卷五《金部》：“鏴，音路。金路也。”（183 下）《直音篇》訓“金路也”，當爲元刊本《玉篇》所誤。《詳校篇海》卷一《金部》：“鏴，音路。金路，蓋周輅也。”（17 下）《篇海類編》同。《詳校篇海》《篇海類編》訓爲“金路，蓋周輅也”，亦當爲元刊本《玉篇》所誤。《字彙》轉訓爲“金輅”，亦當因承前而謬。《康熙字典》轉録《篇海》“金路”之訓而未作校正，亦失考證。《大字典》《字海》“鏴”字第❶義項分別據《篇海類編》之誤而訓爲“金路，金飾之車”“古代有金黃色裝飾的車”，並非。

775. 鐴

《字彙·金部》：“鐴，古伯切，音虢。鐵器。”（511 上）

《正字通·金部》：“鐴，鐺字之訛。舊注音虢，鐵器，非。”（1215 下）

按：《康熙字典·金部》：“鐴，《集韻》古獲切，音馘。鐵器。”（1394 上）《玉篇·金部》：“鐴，古麥切。鐵器。”（84 下右）《集韻》入聲麥韻古獲切：“鐴，鐵器。”（742）又《玉篇·金部》：“鐺，仕萌切。玉聲也。”（84 上右）《廣韻》平聲耕韻七耕切：“鐺，鐺鎗，玉聲。”（123）故“鐴”與“鐺”音義俱別，二字不可混同，《正字通》謂“鐴”即“鐺”字之訛，且謂“舊注”非，既無書證亦無例證，其説非是。

776. 鐳

《字彙·金部》：“鐳，盧回切，音雷。瓶也；壺也。”（511 上）

《正字通·金部》：“鐳，俗罍字。”（1215 下）

按：《康熙字典·金部》：“鐳，《廣韻》魯回切，《集韻》盧回切，並音雷。《廣韻》：‘瓶也；壺也。’《集韻》：‘古缾也。’”（1394 上）《廣韻》

平聲灰韻魯回切："鐳，瓶也；壺也。"（556）《集韻》平聲灰韻盧回切："鐳，瓶也；壺也。"（109）《正字通》所言當是。敦煌本《王韻》平聲灰韻路迴反："罍，酒器。或作櫑、蠱、罍。"（365）故宮本《王韻》平聲灰韻路回反："罍，酒器。或作鑘。"（447）故"鐳"與"鑘"音同義通，如《集韻》（109）"罍"或作"罍"，"鐳"當即"鑘"之異體字。

777. 鍻

《字彙·金部》："鍻，於歇切，音謁。以鐵爲楬也。楬所以表識。"（511上）

《正字通·金部》："鍻，俗字。凡有所表識，揭而豎之。《周禮》《左傳》皆作楬。舊注以鐵爲楬，贅作鍻，非；楬音竭，改音謁，尤非。"（1215下）

按：《康熙字典·金部》："鍻，《集韻》於歇切，音謁，以鐵爲（揭）［楬］也。"（1394上）《集韻》入聲月韻於歇切："鍻，以鐵爲楬也。"（680）《詳校篇海》卷一《金部》："鍻，於歇切，音謁。以鐵爲楬也。楬所以表識。"（17下）《篇海類編》同。《正字通》所言當是。《説文·木部》："楬，楬桀也。从木，曷聲。《春秋傳》曰：'楬而書之。'"（121上）《廣雅·釋宫》："楬，杙也。"《廣韻》入聲月韻其謁切："楬，表楬。"（390）《文選·東京賦》："大室作鎮，揭以熊耳。"李善注引薛綜曰："揭，猶表也。"又郭璞《江賦》："峨嵋爲泉陽之揭，玉壘作東别之標。"李善注："揭、標，皆表也。""揭"，《廣韻》亦音"其謁切"。故"鍻"與"楬""揭"音義皆通，"鍻"本當作"楬""揭"。《大字典》收録"鍻"字，其下分爲兩個義項：第❶義項據《集韻》《篇海類編》訓"以鐵爲楬"；第❷義項據《正字通》之説而謂同"楬"，並訓"凡有表識，揭而豎之"。《大字典》這樣處理是失當的，應將其下兩個義項合並爲一個義項，謂同"楬""揭"，訓"標誌""標識"，即可。《大字典》"鍻"字未溝通其與"楬""揭"的字際關係，亦失考證。

778. 鐭

《字彙·金部》:“鐭，羊恕切，音遇。錮謂之鐭。”（511 上）

《正字通·金部》:“鐭，錪字之訛。舊注音遇，錮謂之鐭;《篇海》又作鑍，並非。”（1216 下）

按:《康熙字典·金部》:“鐭,《集韻》羊茹切，音豫。錮謂之鐭，或書作鑍。”（1395 下）《集韻》去御韻羊恕切:“鐭，錮謂之鐭。或書作鑍。”（493）“錮”即指“用金寶鑲成的華形首飾”。又《説文·金部》:“錪，朝鮮謂釜曰錪。从金，典聲。”（296 上）《方言》卷五:“鍑，北燕、朝鮮、洌水之間或謂之錪，或謂之鉼。”郭璞注:“錪，音腆。”又《方言》卷六:“錪、錘，重也。東齊之間曰錪，宋魯曰錘。”郭璞注:“錪，吐本反。”故“鐭”與“錪”音義俱别，二字不可混同,《正字通》謂“鐭”即“錪”字之訛，且謂“舊注”、《篇海》並非，既無書證亦無例證，其説非是。

779. 鑟

《字彙·金部》:“鑟，徒谷切，音獨。印鑟。”（511 下）

《正字通·金部》:“鑟，俗匵字。通作櫝。舊注音獨，專訓印鑟，誤分爲二。”（1218 上）

按:《康熙字典·金部》:“鑟,《類篇》徒谷切，音獨。印匵也。”（1396 下）《集韻》入聲屋韻徒谷切:“鑟，印之匵。”（638）《正字通》所言當是。《説文·匚部》:“匵，匱也。从匚，賣聲。”（268 下）王筠《句讀》:“字與《木部》櫝同。”《集韻》入聲屋韻徒谷切:“匵,《説文》:‘匱也。’通作櫝。”（638）故“鑟”與“匵”“櫝”音同義通,“鑟”當即“匵（櫝）”之異體字。《大字典》“鑟”字下以《正字通》之説作爲“一説”，而《字海》“鑟”字未溝通其與“匵”與“匵（櫝）”的字際關係，疑並非是。

780. 鑂

《字彙·金部》:“鑂，眉庚切，音萌。鑂銷。”（511 下）

《正字通·金部》:“鏋，媒朋切，音萌。飛鏋。《周禮·司弓矢》:‘枉矢利火射。’注:‘枉矢，取流星之名，可緒火射敵，其鐵比鍭鏃差小，前較重，後微輕，行甚疾，故利火攻。’即今之飛矛也。《東觀記》:‘光武作飛䖟，攻赤眉賊。’䖟當作鏋。舊注沿《篇海》汎云鏋銷，誤。”（1218上）

按:《康熙字典·金部》:“鏋，《廣韻》武庚切，《集韻》眉耕切，並音盲。銷也。又《正字通》:‘即今之飛矛也。《東觀記》:光武作飛䖟，攻赤眉賊。䖟當作鏋。’”（1396下）故宫本《裴韻》平聲庚韻武庚反:“鏋，鏋銷。”（551）《廣韻》平聲庚韻武庚切:“鏋，鏋銷。”（120）《集韻》平聲庚韻眉耕切:“鏋鋩，銷也。或省。”（230）《集韻》訓“鏋”爲“銷也”，當爲“鏋銷也”之脱誤。“鏋銷”“鋩銷”當同“硭硝”，本作“芒消”“芒硝”，義爲“硫酸鈉，用於治療腸胃實熱積滯、大便燥結、痰熱壅積等症”。《玉篇·石部》:“硭，無方切。硭硝，藥也。”下字曰:“硝，思焦切。硭硝。”（105下左）晉左思《蜀都賦》:“其中則有青珠黄環，碧砮芒消。”明李時珍《本草綱目·石五·朴消》:“此物見水即消，又能消化諸物，故謂之消。生於鹽鹵之地，狀似末鹽……煎煉入盆，凝結在下，粗朴者爲朴消，在上有芒者爲芒消，有牙者爲馬牙消。”《正字通》改訓爲“飛鏋”，於前代字韻書皆無徵，非是。《康熙字典》“鏋”字義訓承襲前代辭書之誤而未作校正，亦失考證。《大字典》“鏋”字下第❶義項據《集韻》之誤而訓“銷”；第❷義項據《正字通》之説而訓“飛矛”，並非是。《字海》“鏋”字下第❶義項據《集韻》之誤而訓“銷”；第❷義項據《正字通》之説而訓“矛”，亦並非是。

781. 鑩

《字彙·金部》:“鑩，逆各切，音鄂。以鐵作鉤也。”（511下）

《正字通·金部》:“鑩，俗鍔字。舊注音鄂，以鐵作鉤，誤。”（1218下）

按:《康熙字典·金部》:“鑩，《廣韻》五閣切，《集韻》逆各切，並音咢。《廣韻》:‘以鐵作鉤物也。’”（1397上）《廣韻》入聲鐸韻五各切:

“鑩，以鐵作鉤物也。”（410）《集韻》入聲鐸韻逆各切：“鑩，鉤也。”（730）又故宫本《王韻》入聲鐸韻五各反：“鍔，刀刃。”（524）故宫本《裴韻》入聲鐸韻五各反：“鍔，劒端。”（608）《唐韻》《廣韻》同。《集韻》入聲鐸韻逆各切：“㓵鍔，《説文》：‘刀劍刃也。’或从金。”（730）“鍔”即“㓵”之異體字。故“鑩”與“鍔”音同義别，二字不可混同，《正字通》謂“鑩”即“鍔”字之俗，且謂“舊注”誤，既無書證亦無例證，其説疑不可據。

782. 㸧

《字彙・長部》：“㸧，詳容切，音松。燕云長也。”（512下）

《正字通・長部》：“㸧，俗鬆字。舊注音松，燕云長也，誤。”（1221上）

按：《康熙字典・長部》：“㸧，《字彙》詳容切，音松。燕云長也。《正字通》：‘俗鬆字。’”（1400上）《龍龕》卷一《長部》：“㸧，息恭反。燕云長也。”（87）《正字通》所言當是。《龍龕》卷一《長部》：“鬔鬆，二俗；鬆，正。私宗、息恭二反。鬔鬆也。”（87）“鬔”當連“鬆”爲訓，而非爲“鬆”之異體字。《玉篇・髟部》：“鬆，先凶、私宗二切。亂髮皃。鬆，同上。”（28下左）《廣韻》平聲冬韻私宗切：“鬆，鬔鬆，髮亂皃。鬆，上同。”（9）“長也”與“鬔鬆”義可相通，故“㸧”與“鬆”“鬆”音同義通，“㸧”疑即“鬆（鬆）”字之俗。

783. 䯾

《字彙・長部》：“䯾，奴弔切，音尿。柔長也。”（513上）

《正字通・長部》：“䯾，舊注奴弔切，音尿，柔長也。按：史傳本作褭，加镸，非。”（1221下）

按：《康熙字典・長部》：“䯾，《類篇》奴弔切，溺去聲。柔長也。”（1401上）《集韻》去聲嘯韻奴弔切：“䯾，柔長也。”（578）《正字通》所言當是。《説文・衣部》：“褭，以組帶馬也。从衣，从馬。”（170下）段玉裁注：“《百官志》注曰：‘秦爵二十等……三曰簪褭，御駟馬者。’按：

於本義引伸之，因以爲馬名。要褭，古之駿馬也。”桂馥《義證》：“字或作裊。《漢書・百官公卿表》：‘秦爵二十級……三簪裊。’顏注：‘以組帶馬曰裊。簪裊者，言飾此馬也。’”宋王安石《材論》：“夫然後騏驥騕褭與駑駘别矣。”“褭”本義指“以絲帶繫馬”，用以代稱“馬名”，引申爲“柔弱細長貌”。唐許渾《和常秀才寄簡歸州鄭使君借猿》：“謝守攜猿東路長，褭藤穿竹似瀟湘。”宋吴文英《天香・蠟梅》詞：“豆蔻釵頭恨褭，但悵望天涯歲華老。”“褭”，《廣韻》音“奴鳥切”。故“㜵”與“褭”音義皆通，“㜵”當即“褭”字之俗。

784. 閒

《字彙・門部》：“閒，居顔切，音姦。中閒。又《禮記》：‘少閒，願有復也。’又何艱切，音閑。暇也。《孟子》：‘國家閒暇。’又安也；習也；空隙也。又姓。又居晏切，音諫。亦隙也。又廁也；隔也；迭也；伏也；訾也；非也。又杜預曰：‘閒猶與也。’”（513下）

《正字通・門部》：“閒，居慳切，音姦。中也。《樂記》：‘一動一静者，天地之閒也。’……又音閑。空隙也；暇也；安也。又姓。又諫韻音澗……又代也……又廁也……又别也；異也……。”（1224上）

按：《康熙字典・門部》：“閒，《唐韻》古閑切，《集韻》《韻會》居閑切，《正韻》居顔切，並音蕑。《説文》：‘隙也。’从門从月會意，亦形……又送也。”（1404上）《廣韻》去聲襇韻古莧切：“間，廁也；瘳也；代也；送也；迭也；隔也。”（312）“間”“閒”即同字異寫。《廣韻》訓“送也”，疑非是。《説文・門部》：“閒，隟也。从門，从月。閖，古文閒。”（249上）《名義・門部》：“間，居閑反。間隙也；愈也；俄也；頃也；伺也；取（伣）也；紂（候）也；伐（代）也；迭也；譯（驛）也；毀也；加也；隔也；非也；開也；塞也；與［也］。”（106上）《玉篇・門部》：“閒。居閑切。隙也。又居莧切。迭也。又音閑。”（55上左）故宫本《王韻》去聲襇韻古莧反：“間，廁。又古閑反。”（501）故宫本《裴韻》同。《唐韻》去聲襇韻古莧反：“間，廁也；瘳也；代也；逸也。”（662）《集韻》去聲襇韻居莧切：“閒，廁也；瘳也；代也。”（562）

《書·益稷》:“笙鏞以閒，鳥獸蹌蹌。”孔安國傳:“閒，迭也。”《廣韻》訓“送也”，於歷代字韻書皆無徵，當爲“迭也”誤刻，故於後補“迭也”之訓。《康熙字典》收録“送也”這一義項，當因承襲《廣韻》之謬而誤。《大字典》“閒”字下據《廣韻》之誤而收録“送”這一義項，疑亦非是。

785. 閜

《字彙·門部》:“閜，與閜同。《史·上林賦》:‘谽呀豁閜。’《文選》:‘谽呀豁閜。’”（513下）

《正字通·門部》:“閜，舊注閜同，引《史·上林賦》:‘谽呀豁閜。’《文選》:‘谽呀豁閜。’按：賦本作‘豁閜’。可者，牙之訛。‘谽呀’之‘呀’，或作谺，亦作谻、𡀋，必合閜、閜爲一，泥。”（1224下）

按:《康熙字典·門部》:“閜,《集韻》虛加切，音煆。門閉也。又魚駕切，音訝。開裂也。司馬相如《上林賦》:‘谽呀豁閜。’注:‘呵下反。豁閜，空虛也。’”（1405上）《玉篇·門部》:“閜，火加切。門閉也。”（55下右）《新修玉篇》《篇海》引《玉篇》同。《集韻》去聲麻韻虛加切:“閜，門閉也。”（208）下文去聲禡韻魚駕切:“閜，開裂也。”（596）《玉篇校釋》“閜”字下注:“《集韻》收去聲禡韻同，平聲麻韻云‘開裂’，則與閜同。《文選·上林賦》:‘谽呀豁閜。’注引司馬彪曰:‘豁閜，空虛也。’史、漢《相如傳》並作‘豁閜’。本書:‘閜，大也。《説文》云：大開也。’凡字從可、從牙得聲者，皆具開張義，故閜、閜通，試呼閜必張口見大齒，故字從牙，本義爲大開，引申爲虛空義，虛空大無邊也。閜爲門閉者，當爲門開閉聲。”（2196）胡氏所言疑可商榷。《新撰字鏡·門部》:“閜，虛（可）[牙]反。大開也。閜，上字。桮也。”（247）“桮也”亦爲“閜”字之義。《説文·門部》:“閜，大開也。从門，可聲。大杯亦爲閜。”（249上）《方言》卷五:“閜，桮也，其大者爲之閜。”“杯”“桮”字同。此即其證也。故“閜”當即“閜”之異體字。《字彙》謂“閜”與“閜”同，亦其證也。《文選·上林賦》:“谽呀豁閜。”“閜”字，《史記·相如傳》《漢書·相如傳》皆作“閜”，此亦其證。《玉篇》訓“門閉也”，當爲“門開也”之誤。《集韻》“閜”訓“開裂也”，是也；然訓“門閉也”，當爲《玉篇》所誤。胡吉宣謂“閕爲門閉者，當爲門開閉聲”，當爲承訛襲謬爲説。《直音篇》卷三《門部》：“閕，音呀。門閉。”（133上）《新修玉篇》《篇海》《直音篇》訓“門閉”，當皆因承襲《玉篇》之謬而誤。《詳校篇海》卷三《門部》：“閕，虚加切，音蝦。門閉也。又五駕切，音訝。開裂也。”（146下）《篇海類編》同。《詳校篇海》《篇海類編》訓“開裂也”，是也；然訓“門閉也”，亦皆因承前而謬。《康熙字典》收録“門閉也”這一義項，亦因承襲《玉篇》之謬而誤。《大字典》《字海》“閕”字下皆據《玉篇》之誤而收録“門閉”這一義項，疑並非是。

786. 閪

《字彙·門部》：“閪，延知切，音移。門臼。”（514上）

《正字通·門部》：“閪，俗扅字。舊注音移，門臼，義同扅，改作閪，誤分爲二。”（1224下）

按：《康熙字典·門部》：“閪，《集韻》余支切，音移。門臼也。《正字通》：‘義同扅。’”（1405下）《玉篇·門部》：“閪，余支切。門臼也。”（55下右）又《玉篇·户部》：“扊，余染切。扊扅，户（壯）[牡]。”下文又曰：“扅，余之切。扊扅。”（55下左）“扊”訓“扊扅”，義爲“門閂”。故“閪”與“扅”音同義别，二字不可混同，《正字通》謂“閪”即“扅”字之俗，且謂“舊注”誤，既無書證亦無例證，其説非是。《康熙字典》轉録《正字通》之説而未作校正，亦失考證。

787. 閶

《字彙·門部》：“閶，他但切，音坦。閑也。門傍橛，所以止扉。又多旱切，單上聲。義同。”（514上）

《正字通·門部》：“閶，閑字之訛。舊注門傍橛，所以止扉，義與閑近，改音坦，又單上聲，並非。”（1225上）

按：《康熙字典·門部》：“閶，《集韻》黨旱切，音亶。扊扅也。又儻旱切，音坦。闟也。《玉篇》：‘閑也。門傍橛，所以止扉也。’”（1405下）《玉篇·門部》：“閶，他但切。閑也。門傍橛，所以止扉。”（55下右）

又《爾雅·釋宮》:“樂謂之闑。”《説文·門部》:“闑,門梱也。从門,臬聲。”(248 下)《玉篇·門部》:“闑,魚列切。門欒也;亦門梱也。”(55 上右)故“闓”與“闑”儘管義同,然形音俱别,二字不可混同,《正字通》謂“闓”即“闑”字之訛,既無書證亦無例證,其説非是。

788. 閡

《字彙·門部》:“閡,與陔同。又與礙同。隔閡。”(514 上)

《正字通·門部》:“閡,同陔。又隊韻音礙。與硋、礙同。”(1225 上)

按:《康熙字典·門部》:“閡,《唐韻》五漑切,《集韻》《韻會》牛代切,《正韻》牛蓋切,並音礙。《説文》:‘外閉也。’……又《五音集韻》苦亥切,音愷。開也。”(1406 上)《五音集韻》上聲海韻苦亥切:“閡,開也。又音開。”《五音集韻》訓“開也”,疑非是。《説文·門部》:“閡,外閉也。从門,亥聲。”(249 下)《玉篇·門部》:“閡,五載切。止也。與礙同。”(55 上左)《集韻》上聲海韻下改切:“閡,藏塞也。”(350)故《五音集韻》訓“閡”爲“開也”,於前代字韻書皆無徵,此“閡”當爲“闓”字誤刻。《説文·門部》:“闓,開也。从門,豈聲。”(249 上)《玉篇·門部》:“闓,苦亥切。開也。又音開。”(55 上右)《廣韻》上聲海韻苦亥切:“闓,開也。亦音開。”(185)《集韻》上聲海韻可亥切:“闓,《博雅》:‘欲也。’一曰開也。”(350)《五音集韻》於“苦亥切”一讀下所收之“閡”與“闓”音義並同,且與《廣韻》《集韻》所收之“闓”位置相同,《廣韻》《集韻》此讀下只收“闓”而未收“閡”,而《五音集韻》此讀下卻只收“閡”而未收“闓”,故《五音集韻》此“閡”當即“闓”字誤刻。《康熙字典》轉録《五音集韻》“開也”之訓而未作校正,亦失考證。《大字典》“閡”字下據《五音集韻》之誤而收録音 kǎi、“開”這一義項,應删。

789. 閈

《字彙·門部》:“閈,居六切,音菊。閉閈也。與臼字不同,臼字下

畫連，音舅。”（514 下）

《正字通・門部》：“閰，舊注音菊，閉閰也；與臼字不同，臼字下畫連，音舅。按：閰訓閉閰無義，知分別臼、臼異音，不知閰爲俗增也。”（1227 下）

按：《康熙字典・門部》：“閰，《廣韻》《集韻》並居六切，音匊。閑也。《類篇》：‘閉也。’又《篇海類編》：‘兩手捧物也。又斂手曰臼，與臼字不同，臼字下畫連，音舅。’”（1408 下）《新修玉篇》卷十一《門部》引《餘文》：“閰，居六切。閑閰。”（100 下左）《篇海》卷七《門部》：“閰，居六切。閉閰。”（675 上）《新修玉篇》與《篇海》義訓不同，當以《新修玉篇》爲是。《廣韻》入聲屋韻居六切：“閰，閑閰。”（370）《集韻》入聲屋韻居六切：“閰，閑也。”（647）此即其證也。《龍龕》卷一《門部》：“閰，居六反。閑閰也。”（95）《類篇・門部》：“閰，居六切。閑也。”（431 下）《直音篇》卷三《門部》：“閰，音匊。閑閰也。”（132 上）《詳校篇海》卷三《門部》：“閰，音菊。閑閰也。臼，居六切，音菊。兩手捧物也。即掬。又斂手曰臼，與臼字不同，臼字下畫連，音舅。”（147 上）《篇海類編》同。以上諸書亦皆其證也。故《篇海》訓“閉閰”，“閉”當爲“閑”字誤刻。《字彙》訓“閉閰也”，“閉”亦爲“閑”字之誤。“閰”訓“閑閰也”或“閑也”，當義指“木欄之類的遮攔物”。《康熙字典》轉録《類篇》作“閉也”，然據上文所引可知，《類篇》本作“閑也”，《康熙字典》轉録失真。“閰”字，《大字典》第一版録作“閰”，是也；《大字典》第二版、《字海》録作“閰”，並非。又《大字典》“閰（閰）”字下據《類篇》收録“閉”這一義項，然據上文所引《類篇》可知，《類篇》本訓“閑也”，此當據誤本所增，應删。《字海》“閰”字據《類篇》訓爲“閉”，當因承襲《大字典》之謬而誤。

790. 閞

《字彙・門部》：“閞，同扉。”（514 下）

《正字通・門部》：“閞，俗扉字。舊注同扉，泥。”（1227 下）

按：《康熙字典・門部》：“閞，《玉篇》孚微切，《五音集韻》符非切，並音肥。《玉篇》:'門火氣。'《篇海類編》同扉。"(1409上)此字《説文》《名義》皆未收,《廣韻》《集韻》亦不録,《玉篇》收於《門部》之末,當即陳彭年等據俗書所增。《玉篇·門部》:"䦇,孚微切。門火氣。"(55下右)《字彙》《正字通》所言是也。《龍龕》卷一《門部》:"䦇,音非。俗。正作扉。户䦇也。"(91)此是其證也。韓小荆《〈可洪音義〉研究》(438)"扉"俗作"䦇",此亦其證也。故"䦇"當即"扉"通過改換義符而形成的異體字,因"門""户"義可相通,俗書或可换用,如"扃"或作"閅"。《玉篇》訓"門火氣",當爲陳彭年等不識其爲"扉"字之俗而妄補。《康熙字典》轉録《玉篇》"門火氣"之訓而未作校正,疑失考證。《大字典》《字海》"䦇"字下皆據《玉篇》之説而收録"門火氣"這一義項,疑並非是。

791. 闂

《字彙·門部》:"闂,呼郎切,夯平聲。開也。又香也。"(515上)

《正字通·門部》:"闂,俗字。舊注音杭,開也,誤;又香也,尤誤。"(1228下)

按:《康熙字典·門部》:"闂,《篇海類編》呼郎切,夯平聲。開也。又香也。"(1411上)《直音篇》卷三《門部》:"闂,火(即)[郎]切。開也;香也。"(133下)《直音篇》訓"香也",疑非是。《新修玉篇》卷十一《門部》引《類篇》:"闂,火郎切。開也。"(101上左)《篇海》同。故《直音篇》又訓"香也",於前代字韻書皆無徵,當因從"香"爲説而誤。《詳校篇海》卷三《門部》:"闂,呼郎切,夯平聲,音欿。開也。又香也。"(147下)《篇海類編》同。《詳校篇海》《篇海類編》《字彙》《康熙字典》"闂"字下亦收"香也"這一義項,當皆因承襲《直音篇》之謬而誤。"闂"字産生很晚,當爲一個俗字,正字俟考。《大字典》《字海》"闂"字下皆據《篇海類編》之謬而收録"香"這一義項,疑並非是。

792. 闇

《字彙·門部》:"闇,烏感切,庵上聲。《説文》:'閉門也。'又晦

也。”（515 上）

《正字通・門部》：“闇，烏感切，庵上聲。冥也；晦也。”（1229 上）

按：《康熙字典・門部》：“闇，《唐韻》《集韻》《韻會》烏紺切。《正韻》胡紺切，並音暗。《説文》：‘閉門也。’又《廣韻》：‘冥也。’《玉篇》：‘幽也。’……又《五音集韻》於錦切，音歆。大水至也。”（1411 上）《五音集韻》上聲寑韻於錦切：“闇，大水至。又於感切。”《五音集韻》訓“闇”爲“大水至”，疑非是。《説文・水部》：“灙，水大至也。从水，闇聲。”（228 下）敦煌本《王韻》上聲寑韻於錦反：“灙，水大至。又於感反。”（399）故宫本《王韻》同。《廣韻》上聲寑韻於錦切：“灙，大水至。又於感切。”（224）《集韻》上聲寑韻於錦切：“灙，水大至也。”（444）《五音集韻》於“於錦切”一讀下所收之“闇”與敦煌本《王韻》、故宫本《王韻》、《廣韻》、《集韻》所收之“灙”音義相同，且位置相同，《五音集韻》此讀下只收“闇”而未收“灙”，而敦煌本《王韻》、故宫本《王韻》、《廣韻》、《集韻》此讀下只收“灙”而未收“闇”，故《五音集韻》此“闇”當爲“灙”字誤刻。《康熙字典》轉録《五音集韻》“大水至”之訓而未作校正，亦失考證。《大字典》“闇”字下據《五音集韻》之誤而收録音 yǐn、“大水至”這一義項，應删。

793. 闉

《字彙・門部》：“闉，胡麥切，音獲。破物也。”（516 上）

《正字通・門部》：“闉，舊注音獲，破物也。按：子史皆从劃，凡破聲或用砉、剨，俗从門作闉，非。”（1231 下）

按：《康熙字典・門部》：“闉，《集韻》忽麥切，音畫。開也。又《字彙》：‘破物也。’”（1414 下）《龍龕》卷一《門部》：“闉，俗。音獲，又呼伯反。破物也。”（95）《集韻》入聲麥韻忽麥切：“闉，開也。”（741）《正字通》所言當是。《説文・刀部》：“劃，錐刀曰劃。从刀，从畫，畫亦聲。”（86 下）《玉篇・刀部》：“劃，乎麥切。以刀劃破物也。”（82 上右）《集韻》入聲麥韻胡麥切：“劃，裂也。”下文忽麥切又曰：“劃，《説文》：‘錐刀曰劃。’”（741）故“闉”與“劃”音義並同，“闉”當即“劃”

字之俗。

794. 闧

《字彙·門部》:“闧，昌豔切，諂去聲。窺視也。”（516 下）

《正字通·門部》:“闧，舊注昌豔切，諂去聲，窺視也。按:《説文》:‘闧謂之樀。樀，廟門也。’孫愐余廉切。又《爾雅》:‘檐謂之樀。’郭注:‘屋相。’《正韻》平聲鹽韻閼闧收檐，注:‘梍也。’據諸説，闧與檐通。舊注沿《篇海》，音義並非;《説文》訓樀爲廟門，與《爾雅》反，亦非。”（1232 上）

按:《康熙字典·門部》:“闧,《唐韻》《集韻》並余廉切，音鹽。《説文》:‘闧謂之樀。樀，廟門也。’……又《廣韻》《集韻》並昌豔切，音檐。《廣韻》:‘闚闧。’《集韻》:‘視貌。’”（1416 上）《廣韻》去聲豔韻昌豔切:“闧，闚闧。”（360）《集韻》去聲豔韻昌豔切:“闧，視皃。”（627）此“闧”當即“覘”之異體字。《説文·見部》:“覘，闚也。从見，占聲。《春秋傳》曰:‘公使覘之，信。’”（175 下）《廣韻》去聲豔韻丑豔切:“覘，候也。《説文》云:‘窺視也。《春秋傳》曰:‘公使覘之。’”（360）《集韻》去聲豔韻敕豔切:“覘貼,《説文》:‘闚也。’引《春秋傳》:‘公使覘之。’或从目。”（627）故“闧”訓“闚闧”“視皃”，與“覘”“貼”音義並同，此“闧”與“覘”“貼”即爲異體字。

795. 阳

《字彙·阜部》:“阳，徒年切，音田。地名。”（517 下）

《正字通·阜部》:“阳，譌字。舊注音田，汎云地名，非。”（1234 下）

按:《康熙字典·阜部》:“阳,《集韻》亭年切，音田。《玉篇》:‘地名。’”（1419 下）《玉篇·阜部》:“阳，達堅切。地名。”（107 上左）《玉篇校釋》“阳”字下注:“《集韻·先韻》同。《切韻》作畇，地名，在絳，音田，字從匀、田聲。與本書《田部》畇從田、匀聲者别。”（4409）胡氏所言當是。箋注本《切韻》平聲先韻徒賢反:“畇，地名。在絳。”

（117）此“畇”當即“畇”字之訛。故宮本《王韻》平聲先韻徒賢反：“畇，地名。在絳。”（453）此即其證也。《廣韻》亦誤作“畇”，周祖謨校作“畇”，是也。“陑”與“畇”音義並同，“陑”疑即“畇”因涉義而通過改換義符産生的俗字。

796. 阿

《字彙・阜部》：“阿，於何切，音窩。曲也；隈也；近也；倚也。又大陵也；丘也；水岸也；曲阜也。”（517 下）

《正字通・阜部》：“阿，烏戈切，惡平聲。《説文》：‘大陵也。一曰曲𨸏。’《詩・大雅》：‘有卷者阿。’又《小雅》：‘止于丘阿。’正義曰：‘丘阿非二物，阿即丘之曲中也。’又丘名。《爾雅》：‘偏高曰阿丘。’”（1235 上）

按：《康熙字典・阜部》：“阿，《唐韻》《集韻》《韻會》《正韻》並於何切，音婀。《爾雅・釋地》：‘大陵曰阿。’《玉篇》：‘水岸也；邸也。’”（1420 下）《玉篇・阜部》：“阿，烏何切。倚也；大陵也；北也；曲也；水岸也；邸也；丘也。”（106 上左）《玉篇》訓“北也”“邸也”“丘也”，疑非是。原本《玉篇・阜部》：“阿，於何反。《尚書》：‘弗惠於阿衡。’孔安國曰：‘阿，倚也。’《毛詩》：‘考槃在阿。’傳曰：‘曲陵曰阿。’又曰：‘隰桑有阿。’傳曰：‘阿然美皃。’又曰：‘止於丘阿。’傳曰：‘丘阿，曲阿。’《儀禮》：‘當阿東面。’鄭玄曰：‘阿，屋棟也。’《考工記》：‘門阿之制五雉，殷人重屋四阿。’鄭玄曰：‘四阿，若今四滙也，重屋複笮也。’《左氏傳》：‘阿下執事。’杜預曰：‘阿，比也。’《國語》：‘大臣弗諫而阿。’野王案：‘阿謂曲隨人意也。’又曰：‘不阿其惑。’賈逵曰：‘阿，隨也。’《楚辭》：‘皇天無私阿。’王逸曰：‘竊愛曰私，所私曰阿。’《穆天子傳》：‘獵于河水之阿。’郭璞曰：‘阿，水岸也。’《廣雅》：‘阿，邪也。阿，近也。’”（535）據原本《玉篇》可知，《玉篇》之“北也”當爲“比也”之誤；“邸也”當爲“邪也”之誤。又“丘也”之訓，與“大陵也”義近，遂致訓釋重複，故“丘也”當爲“近也”之誤。胡吉宣《玉篇校釋》據原本《玉篇》校作“倚也；大陵也；比也；曲也；水岸也；邪也；近也”，當是。《康熙字典》轉録《玉篇》“邸也”之訓而未作校正，亦失考證。《大字典》“阿”字下據《玉篇》之誤而收録“邸”這一義項，應删。

797. 陕

《字彙・阜部》:“陕，延知切，音夷。隇陕，險阻也。”(518 上)

《正字通・阜部》:“陕，舊注音夷，隇陕，險阻。按：隇陕本于《詩》:‘周道倭遲。’倭，音威。《釋文》作‘周道倭夷’，或作逶迤、威遲、逶迆、倭佗、逶移、逶徥、蝺蛇、蝛虵、隝陭，雖聲義相通，皆錯互無足取。《爾雅・釋獸》:‘威夷，長脊而泥。’郭注：‘泥，少才力。’《文選》薛注：‘周道威夷，言險也。’或因‘威夷，獸名’加𨸏旁作隇陕。《博雅》云：‘隇陕，險也。’舊注訓本《博雅》，不知隇陕爲後人所增。《正韻》二支‘陕’注：‘隇陕，險阻。’七灰威部不收‘隇’，亦未詳‘陕’與‘隇’皆俗增，从夷可也。”(1236 下)

按:《康熙字典・阜部》:“陕,《廣韻》以脂切,《集韻》《韻會》延知切，並音姨。《玉篇》:‘地名。’又《廣韻》:‘隇陕，險阻。’”(1422 下)《玉篇・阜部》:“陕，以之切。地名。”(107 上左)《正字通》所言當是。《廣雅・釋邱》:“隇陕，險也。”王念孫《疏證》:“隇陕、威夷，字異而義同。”箋注本《切韻》(斯 2071)平聲脂韻以脂反：“陕，隇陕。”(108)故宫本《王韻》、故宫本《裴韻》同。《廣韻》平聲脂韻以脂切：“陕，隇陕，險阻。”(22)《集韻》平聲脂韻延知切：“陕,《博雅》:‘隇陕，險也。’”(46)原本《玉篇・阜部》:“隇，於歸反。《廣雅》:‘隇夷，阻險也。’《字指》:‘隇夷，深邃。’”(559)故“陕”當訓“隇陕”,“隇陕”同“隇夷”，本當作“威夷”。《玉篇》訓“陕”爲“地名”，當因從“阜”爲説而誤。《玉篇校釋》“陕”字下注：“《切韻》平聲脂韻以脂反云：‘陕，隇陕，艱危。’《廣雅・釋邱》:‘隇陕，險也。’本書引作：‘隇夷，阻險也。’故原本不收‘陕’字。此云‘地名’者，字亦本爲夷。《書・堯典》:‘宅嵎夷。’孔傳：‘東表之地稱嵎夷。’《釋文》引馬云：‘夷，萊夷也。’《史記》作‘禺銕’。《集韻》:‘銕，嵎銕，東表之地。通作夷。’”(4409)胡氏前者據《切韻》《廣雅》等訓“隇陕”，是也；後者又謂“此云‘地名’者，字亦本爲夷”，於前代辭書皆無徵，非是。《康熙字典》轉録《玉篇》"地名"之訓而未作校正，亦失考證。《大字典》"陕"字下據《玉篇》之誤而收録"地名"這一義項，亦非。

798. 陖

《字彙·阜部》:"陖，蘇回切，音雖。地名。"(518下)

《正字通·阜部》:"陖，譌字。舊注音雖，汎云地名，泥。"(1238上)

按:《康熙字典·阜部》:"陖,《集韻》宣隹切，音雖。《玉篇》:'地名。'"(1424下)《玉篇·阜部》:"陖，音雖。地名。"(107上左)《集韻》平聲脂韻宣隹切:"陖，地名。"(42)"陖"疑即"綏"之異體字。《廣韻》平聲脂韻息遺切:"綏，州名。春秋時爲白翟所居，秦并天下爲上郡，後魏廢郡置州，取綏德縣以爲名。"(25)《集韻》平聲脂韻宣隹切:"綏，州名。"(42)"陖"與"綏"音義並同,"陖"疑即"綏"通過改换義符而形成的異體字。

799. 堋

《字彙·阜部》:"堋，古文崩字。"(519上)

《正字通·阜部》:"堋，同崩。《集韻》:'崩，或作䃣，古作堋。'按:从崩加𨸏、从朋去山並非。堋必非古文，舊注誤。"(1239上)

按:《康熙字典·阜部》:"堋,《集韻》步等切，朋上聲。《玉篇》:'山名。'又《集韻》崩，古作䃣。"(1426上)《玉篇·阜部》:"堋，步等切。山。"(107上左)《玉篇》訓"山"，疑非是。《説文·山部》:"崩，山壞也。从山，朋聲。堋，古文从𨸏。"原本《玉篇·山部》:"崩，補朋反。《毛詩》:'不虧不崩。'箋云:'崩，毁壞也。'又曰:(牧)[羊]來思，矜矜兢兢，不騫不崩。'傳曰:'騫，曜也。崩，群疾也。'《論語》:'封(邦)分崩析離。'孔安國曰:民有異心曰分，欲去曰崩。《爾雅》:'崩，死也。'《穀梁傳》高曰:'崩，古文爲堋字，在《阜部》也。'"(474)原本《玉篇·阜部》又曰:"䃣，補明反。《説文》古文崩字也。崩，壞也;死也。在《山部》。"(561)"崩""崩"即異體字。據《説文》、原本《玉篇·山部》"崩"字注文，可知"堋"當爲"崩（㠠）"之異體字；然原本《玉篇·阜部》誤作"𨻐"，故又於部末增補"堋"字，然改音"步等切"，並改訓爲"山"，非是。《集韻》平聲登韻悲朋切："㠠堋𨻐，《説文》：'山壞也。'古从𠂤，或作𨻐，亦書作崩。"（253）下文上聲等韻步等切又曰："堋，山名。"（430）《集韻》上文謂"堋"同"崩（㠠）""𨻐"，是也；下文又訓"山名"，當因承襲《玉篇》之謬而誤。《玉篇校釋》"堋"字下注："《集韻》上聲等韻：'堋，山名。'按：《説文》'㠠'之古文作'堋'。本書'崩'下亦云：'古文爲堋字。在《阜部》。'而本部作'𨻐'，云：'《説文》古文崩字也。'校者因而復補'堋'於此。今應改'𨻐'爲'堋'而删此'堋'。依後增字例，則當如《集韻》訓山名，與古文崩爲同形異文。"（4411）胡吉宣謂"今應改'𨻐'爲'堋'而删此'堋'"，是也；然又謂"依後增字例，則當如《集韻》訓山名，與古文崩爲同形異文"，此當爲《玉篇》《集韻》所誤，非是。《康熙字典》轉録《玉篇》"山名"之訓而未作校正，亦失考證。《大字典》《字海》"堋"字下皆據《玉篇》之誤而收録"山名"這一義項，並非。

800. 陯

《字彙·阜部》："陯，盧春切。山阜陷也。"（519上）

《正字通·阜部》："陯，龍云切，音倫。《説文》：'山𠂤陷也。'"（1239下）

按：《康熙字典·阜部》："陯，《唐韻》《集韻》並盧昆切，音崘。《説文》：'山阜陷也。'"（1426上）箋注本《切韻》（斯2071）平聲真韻力屯反："陯，山名。"（114）故宫本《王韻》平聲真韻力屯反："陯，山阜。"（448）"陯"訓"山名""山阜"，並非。龍宇純《校箋》"陯"字下注："《廣韻》《集韻》並云：'山阜陷也。'案：《説文》：'陯，山阜陷也。'即淪陷本字。'阜'下當有'陷'字。《切三》云'山名'，尤誤。"（96）龍氏所言是也。原本《玉篇·阜部》："陯，力均、力昆二反。《説文》：'山阜陷也。'野王案：亦淪字也。論，没也；變也。在《水部》。"（557）顧野王原本《玉篇》亦據《説文》訓"山阜陷也"，此亦其證也。《大字典》

“𡿖”字下據《切韻》之誤而收録“山名”這一義項，亦非。

801. 陱

《字彙·阜部》:“陱，居六切，音菊。養也；盈也。”（519 上）

《正字通·阜部》:“陱，俗陁字。舊注音菊，養也，盈也，並非。”（1239 下）

按:《康熙字典·阜部》:“陱,《集韻》居六切，音菊。養也。又盈也。通作鞠。”（1426 下）《集韻》入聲屋韻居六切:“陱，養也；盈也。通作鞠。”（647）故“陱”當即“鞠”之異體字。又《玉篇·阜部》:“陁，居六切。古岸。”（107 上左）《廣韻》入聲屋韻居六切:“陁，曲岸水外曰陁。”（370）《集韻》入聲屋韻居六切:“陁，水厓外也。”（647）故“陱”與“陁”音同義别，二字不可混同,《正字通》謂“陱”即“陁”字之俗，且謂“舊注”非，既無書證亦無例證，其説非是。

802. 㱭

《字彙·阜部》:“㱭，都玩切，音煅。險也。”（519 下）

《正字通·阜部》:“㱭，譌字。舊注音段，險也;《篇海》又人名，或作鍛、碫，並非。”（1241 下）

按:《康熙字典·阜部》:“㱭,《集韻》都玩切，音斷。《玉篇》:‘人名。或作鍛、碫。’又《集韻》:‘險也。’”（1429 下）《集韻》去聲换韻都玩切:“㱭，險也。”（559）《集韻》訓“險也”，疑非是。原本《玉篇·阜部》:“㱭，都館反。《埤蒼》:‘晉大夫子㱭也。’《字書》:‘或爲碫字。碫，石可以爲鍛質者。在《石部》。’”（558）原本《玉篇》本作“㱭”，黎本校作“叚”，非是。《玉篇·石部》:“㱭，丁亂切。人名。或作鍛、碫。”（107 上右）敦煌本《王韻》去聲翰韻都亂反:“碫，礪石。亦作㱭。”（411）故宫本《王韻》同。故“㱭”當即“碫”之異體字，義爲“人名”“礪石”。《集韻》誤將“㱭”與“碫”二字分開，改訓“㱭”謂“險也”，然於前代字韻書皆無徵，非是。《康熙字典》轉録《集韻》“險也”之訓而未作校正，亦失考證。《大字典》“㱭”字下第❶義項據《玉篇》

訓“人名”，又加“按語”謂“卷子本《玉篇》(即原本《玉篇》)訛作‘瑕’”，然據上文可知，原本《玉篇》本作“㻶”而非作“瑕”，此當爲黎本所誤，故“按語”應删；《大字典》“㻶”字下第❷義項據《集韻》之誤而訓“險”，亦應删。《字海》“㻶”字據《集韻》訓爲“險”，亦非。又《大字典》《字海》皆據卷子本《玉篇》(即原本《玉篇》)收録“瑕”，當爲黎本所誤，亦應删。

803. 隐

《字彙·阜部》:“隐，思積切，音息。地名。”(520下)

《正字通·阜部》:“隐，訛字。《地志》有鄎、息無隐名。”(1243下)

按:《康熙字典·阜部》:“隐，《集韻》悉即切，音息。地名。”(1431下)此字《説文》《玉篇》皆未收，《廣韻》亦不録，《集韻》始收之，當即丁度等據俗書所增。《集韻》入聲職韻悉即切:“隐，地名。”(757)“隐”疑即“鄎”字之俗。《説文·邑部》:“鄎，姬姓之國。在淮北。从邑，息聲。今汝南新鄎。”(130上)段玉裁注:“今河南光州息縣，淮水在縣南五里，故息城在縣北三十里。”朱駿聲《通訓定聲》:“在今河南光州息縣……《春秋》皆以‘息’爲之。”《廣韻》入聲職韻相即切:“鄎，新鄎縣，在豫州。”(424)《集韻》入聲職韻悉即切:“鄎，《説文》:‘姬姓之國。在淮北。今汝南新鄎。’”(757)又《左傳·哀公十年》:“公會吴子、邾子、郯子伐齊南鄙，師于鄎。”杜預注:“鄎，齊地。”故“隐”與“鄎”音義並同，如“邙”或作“阠”、“野”或作“陻”、“鄗”或作“隔”、“鄟”或作“陣”、“鄏”或作“隔”、“鸛”或作“隺”等，“隐”疑即“鄎”之異體字。

804. 陸

《字彙·阜部》:“陸，於罽切，音意。堅也。又幽隱也。”(520下)

《正字通·阜部》:“陸，俗瘞字。舊注音意，堅也，又幽隱也。《土部》‘堲’，注同瘞。按：堲、陸同一字，誤分爲二，不知堲、陸皆瘞字訛省也。”(1244上)

按：《康熙字典·阜部》："陸，《集韻》《類篇》並與瘞同。"（1432下）《詳校篇海》卷三《阜部》："陸，於罽切，音意。陸（當爲字頭誤重）堅也。又幽隱也。"（195上）《篇海類編》同。《詳校篇海》訓"堅也"，疑非是。《龍龕》卷二《阜部》："**陸**陸，二古文。於罽反。今作瘞。埋也。"（297）《集韻》去聲霽韻壹計切："瘞，幽隱也。或作陸。"（507）下文去聲祭韻於例切又曰："瘞，埋也。古作𨸏。"（512）《新修玉篇》卷二十一《阜部》引《龍龕》："**陸**，於罽切。埋也。"（186下左）《篇海》同。《直音篇》卷六《阜部》："陸，瘞同。埋也。𨸏，古文。"（242下）"𨸏""陸"即異寫字，而"𡎸"當即"陸"之偏旁易位字，"𨸏""陸""𡎸""**陸**"當皆爲"瘞"之異體字。《詳校篇海》訓"堅也"，於前代字韻書皆無徵，當爲"埋也"之誤。《篇海類編》《字彙》"陸"字下亦收"堅也"這一義項，當皆因承襲《詳校篇海》之謬而誤。《大字典》"陸"字下據《篇海類編》之誤而收録"堅"這一義項，疑亦非是。

805. 隯

《字彙·阜部》："隯，徐心切，音尋。小堆也。"（521上）

《正字通·阜部》："隯，潯字之譌。水厓曰潯，舊注小堆，非。"（1246上）

按：《康熙字典·阜部》："隯，《廣韻》徐林切，《集韻》徐心切，並音尋。《玉篇》：'小阜。'《廣韻》：'小堆阜也。'《集韻》：'小阜，在三輔。'按：《正字通》云'潯字之訛'，未知何據。"（1434下）原本《玉篇·阜部》："隯，似林反。《蒼頡篇》：'小阜，在三輔也。'"（560）《玉篇·阜部》："隯，似林切。小阜。"（107上右）又《説文·水部》："潯，旁深也。从水，尋聲。"（230下）《廣雅·釋邱》："潯，厓也。""潯"，《廣韻》音"徐林切"。故"隯"與"潯"音同義別，二字不可混同，《正字通》謂"隯"即"潯"字之訛，且謂"舊注"非，既無書證亦無例證，其説非是。

806. 隟

《字彙·阜部》:“隟，魚怯切，音業。險也。又崖危貌。”（521 上）

《正字通·阜部》:“隟，俗嶪字。《子虛賦》作嶫，改从阜，非。”（1246 上）

按:《康熙字典·阜部》:“隟,《廣韻》魚怯切,《集韻》逆怯切，並音業。《玉篇》:‘險也；危也。’《廣韻》:‘危貌。’《玉篇》:‘今作業。’《篇海》別作隟。”（1434 下）原本《玉篇·阜部》:“隟，魚刦反。《蒼頡篇》:‘隟，險也；危也。’野王案:‘今並爲業字，在《丵部》。’”（560）《正字通》所言當是。《廣韻》入聲業韻魚怯切:“嶪，岌嶪，山皃。”（440）《集韻》入聲業韻逆怯切:“嶪，岌嶪，山皃。或書作嶫。”（784）“嶪（嶫）”訓“山皃”，即指“山高危之貌”。此是其證也。《玉篇校釋》“隟”字下注:“《業部》:‘業，業業，危懼也；高大也。’《山部》有‘岌嶫’,《石部》有‘磼碟’，皆狀山之高險。”（4399）此說亦印證了《正字通》之說。故“隟”與“嶪（嶫）”“碟”音義並同，即爲異體字，本當作“業”。

807. 隵

《字彙·阜部》:“隵，昌豔切，諂去聲。陷也。又丈陷切，音賺。義同。”（521 上）

《正字通·阜部》:“隵，墖字之訛。”（1246 上）

按:《康熙字典·阜部》:“隵,《集韻》昌豔切，音襜。《玉篇》:‘陷也。’又《廣韻》仕陷切，音儳。又《集韻》叉鑑切，音讖。義並同。”（1434 下）《廣雅·釋詁四》:“隵，陷也。”《玉篇·阜部》:“隵，尺焰切。陷也。”（107 上右）《廣韻》去聲陷韻仕陷切:“隵，陷也。”（361）又《玉篇·土部》:“墖，之豔切。蔽也。”（8 下左）《廣韻》去聲豔韻昌豔切:“墖，蔽也。”（360）故“隵”與“墖”音近義別，二字不可混同,《正字通》謂“隵”即“墖”字之訛，既無書證亦無例證，其說非是。

808. 雂

《字彙・隹部》:“雂，古含切，音甘。《説文》:‘鳥也。’然亦不言其何鳥。又人名。《左傳》:‘吴公子苦雂。’”（522下）

《正字通・隹部》:“雂，舊注音甘。《説文》:‘雂，鳥也。’引《春秋傳》:‘吴公子苦雂。’按:《類編》曰:‘句喙鳥也。’孫氏巨淹切，陸氏古含切，从孫切爲近。”（1249下）

按:《康熙字典・隹部》:“雂，《唐韻》巨淹切，《集韻》其淹切，並音箝。《説文》:‘鳥也。’《廣韻》:‘白喙鳥。’本作鸪。又《廣韻》巨金切，《集韻》渠金切，並音琴。又《集韻》枯含切，音堪。又枯南切，音弇。又胡南切，音含。義並同。”（1439下）《龍龕》卷一《隹部》:“雂，渠淹反。鳥喙也。《玉篇》又古林反。”（148）《龍龕》訓“鳥喙也”，疑非是。《説文・隹部》:“雂，鳥也。从隹，今聲。《春秋傳》有公子苦雂。”（71上）段玉裁注:“《廣韻》云‘句喙鳥’，本《字林》。”朱駿聲《通訓定聲》:“字亦作鸪。”《名義・隹部》:“雂，古含反。”（246下）《新撰字鏡・隹部》:“雃，古含、渠林二反。鳥名也。雂，上字。”（593）敦煌本《王韻》平聲侵韻［渠金反］:“雂，鳥。又渠炎反。”（380）下文平聲鹽韻［巨淹反］:“鸪，（白啄）［句喙］鳥。”下字曰“雂，鳥。又渠林反。”（381）故宫本《王韻》平聲侵韻［渠金反］:“鵭，鳥。又渠炎反。”（468）下文平聲鹽韻［巨淹反］:“鸪，（白）［句］［喙］鳥。”下字曰“雂，鳥。又渠林反。”（469）故宫本《裴韻》平聲侵韻渠今反:“鸪，［句］（鵅）［喙］［鳥］。又渠炎反。”（559）下文去聲鹽韻巨淹反:“鸪，鳥。亦雂。又其林反。”（563）《廣韻》平聲侵韻巨金切:“鵭，［句］（鵅）［喙］鳥。亦作鸪。”同一小韻下文又曰:“雂，鳥名。又巨炎切。”（146）下文平聲鹽韻巨淹切又曰:“鸪，（曰）［句］喙鳥。雂，上同。”（152）故“鵭”即“鸪”字之俗，“雃”即“雂”字異體，而“雂”“鸪”即義通而通過義符换用形成的異體字，義爲“句喙鳥”。《龍龕》訓“鳥喙也”，於前代字韻書皆無徵，當爲“句喙鳥”之誤。《康熙字典》轉録《廣韻》“白喙鳥”之訓而未作校正，亦失考證。《大字典》“雂”字下據《龍龕》之誤而收録“鳥嘴”這一義項，非是。又《大字典》《字海》皆未收“雒”，可據《新撰字鏡》補收。

809. 𨾬

《字彙·隹部》:“𨾬，昌止切，音齒。鳥之雌也。又巨支切，音祁。雞也。”（522下）

《正字通·隹部》:“𨾬，雄字訛省。《説文》雄，籒文作鴟。舊注音齒，鳥之雌也；又音祁，雞也，並誤。”（1250下）

按:《康熙字典·隹部》:“𨾬，《玉篇》昌耳切，音齒。《五音集韻》:‘雌也。’又《集韻》翹移切，音忯。本作鴟。雞也。”（1440下）《龍龕》卷一《隹部》:“𨾬，昌耳反。”（149）《玉篇·隹部》:“𨾬，昌耳切。”（115上右）《龍龕》《玉篇》皆義闕，元刊本《玉篇》補訓爲“鳥也”。《正字通》謂“𨾬”即“雄”字訛省，疑是。《説文·隹部》:“雄，雖也。从隹，氏聲。鴟，籒文雄从鳥。”（71上）段玉裁注:“今江蘇俗呼鷂鷹，盤旋空中，攫雞子食之。”《玉篇·隹部》:“雄，尺之切。惡鳴之鳥。亦作鴟。”（115上右）《名義·隹部》:“雄，齒時反。（鼠）[梟]鳥。”（246下）《新撰字鏡·隹部》:“雄，齒時反。梟類。”（592）《集韻》平聲脂韻稱脂切:“雄，鳥名。《説文》:‘雖也。’一曰鳶也。或作鴟。”（41）“𨾬”與雄”形音皆近，“𨾬”當即“雄”字俗訛。《集韻》平聲支韻翹移切:“鴟雄，《方言》:‘雞，陳楚宋魏之間謂之鸊鴟。’或从隹。”（35）此“𨾬”即“鴟”之異體字。此“𨾬”與上文《玉篇》所收之“𨾬”當爲同形字。又《五音集韻》上聲旨韻昌里切:“𨾬，雌也。”《五音集韻》訓“雌也”，於前代字韻書皆無徵，非是。《詳校篇海》卷四《隹部》:“𨾬，昌止切，音齒。鳥類。又雌也。又巨支切，音祁。雞也。同鴟。”（244下）《篇海類編》同。《詳校篇海》《篇海類編》又訓“雌也”，當因承襲《五音集韻》之謬而誤。《字彙》轉訓作“鳥之雌也”，亦非。《康熙字典》轉録《五音集韻》“雌也”之訓而未作校正，亦失考證。《大字典》《字海》“𨾬”字下皆據《篇海類編》之説而收録“雌”這一義項，疑並非是。

810. 䳠

《字彙·隹部》:“䳠，直追切，音垂。雅鳥。又鴟也。”（523 下）

《正字通·隹部》:“䳠，同䳠。《説文》本作䳠，俗作䳠。”（1253 上）

按:《康熙字典·隹部》:“䳠，《唐韻》是僞切，《集韻》樹僞切，並音睡。《説文》:‘鴟也。’《廣韻》:‘雉鳥別名。’《集韻》:‘雅鳥也。’又《廣韻》《集韻》並是爲切，音垂。《玉篇》:‘子䳠，巂也。’《集韻》或作鶽。”（1442 下）《玉篇·隹部》:“䳠，示規、市惴二切。子䳠，巂也。”（115 上左）《玉篇校釋》“䳠”字下注:“‘子䳠，巂也’者，‘子䳠’即‘子巂’‘子規’，蓋聲近通稱，未審所出。《説文》:‘䳠，雖也。’又:‘雖，䳠也。’《切韻》:‘䳠，雅鳥。’一本作:‘鶽，鵄也。’‘鵄’即‘鴟’。《集韻》:‘䳠，一曰雅鳥。或作鶽。’義並異。”（4809）胡氏所言疑可商榷。《説文·隹部》:“雖，䳠也。从隹，氏聲。鴟，籀文雖从鳥。”下字曰:“䳠，雖也。从隹，垂聲。”（71 上）《名義·隹部》:“雖，齒時反。（鼠）［梟］鳥。”下文又曰:“䳠，時規反。鴟也。”（246 下）《新撰字鏡·隹部》:“雖，齒時反。梟類。”下文又曰:“䳠，時規、時惴二反。應同雕也。”（592）此謂“應同雕也”，當指“䳠”義同“雕”。故宫本《王韻》平聲支韻是爲反:“䳠，雅。又時惴反。”（439）龍宇純《校箋》:“案《説文》:‘䳠，雖也。’氏字俗書作[illegible]，與互字形近；而互字俗書作㸦，遂有此誤。”（23）故宫本《王韻》去聲寘韻是僞反又曰:“䳠，雅鳥。又時規反。”（490）龍宇純《校箋》:“雅烏，《王一》《廣韻》作‘雅鳥’;《王二》云‘鵄’,《集韻》云‘鳥名。《説文》: 雖也。一曰雅鳥’。本書支韻云‘雅’,《王二》同,《廣韻》云‘雅鳥’,《集韻》云‘鴟’。案《説文》‘雖，䳠也；䳠，雖也。’二字互訓。《説文校録》云:‘《廣韻》平聲訓雅鳥，去聲訓雅烏，並誤。’俗書氏字作[illegible]，互字作㸦。互與牙形近，故互多誤爲牙；此又以[illegible]、互形近，遂誤雖爲雅，而或加‘鳥’字云‘雅鳥’耳（作‘雅烏’者，‘烏’當是‘鳥’字之誤）。《集韻》不知‘雅’爲‘雖’字之誤，遂陳二義。《王二》此云‘鵄’，鵄即鴟字（見《廣韻》），獨又誤。”（422）龍氏所言是也。《龍龕》卷一《隹部》:“䳠，垂、睡二音。雅鳥別名。”

（148）《龍龕》訓“雉鳥別名”，當因承襲《切韻》之謬而誤。《詳校篇海》卷四《隹部》：“䧳，直追切，音垂。雉鳥。又鴟也。亦作䳠。”（245上）《篇海類編》同。《詳校篇海》《篇海類編》《字彙》“䧳”字下收録“雉鳥”這一義項，亦皆因承前而謬。《玉篇》訓“子䧳，巂也”，於前代字韻書皆無徵，且“子規”未見有作“子䧳”者，且“巂”亦未見有訓作“子䧳”者，故《玉篇》此訓非是。《康熙字典》轉録《集韻》“雉鳥也”、《玉篇》“子䧳，巂也”之訓而未作校正，亦失考證。《大字典》“䧳”字下據《玉篇》之誤而收録“鳥名。即子規鳥”這一義項，疑非是；《字海》“䧳”字下亦據《玉篇》之誤而收録“子規鳥”這一義項，疑亦非是。

811. 䨓

《字彙·隹部》：“䨓，呼回切，音灰。鳥飛貌。”（525上）

《正字通·隹部》：“䨓，同䨓，俗省。舊注䨓，呼回切，音灰；䨓，山垂切，水平聲，誤分爲二。”（1255下）

按：《康熙字典·隹部》：“䨓，《集韻》匀規切，音蔄。同鷶。又《集韻》翾畦切，音睳。義同。”（1446上）《類篇·隹部》：“䨓，翾畦切。鳥飛皃。民卑切。鳥名。”（122上）《類篇》又音“民卑切”、訓“鳥名”，疑非是。《集韻》平聲支韻匀規切：“䨓，飛也。或作䨓、鷶。”（36）下文平聲齊韻翾畦切又曰：“䨓，鳥飛皃。”（99）故《類篇》又音“民卑切”、訓“鳥名”，於《集韻》無徵，且“䨓”音“民卑切”，形音不諧，故此訓疑不可據。《大字典》“䨓”字下據《類篇》收録“鳥名”這一義項，疑亦非是。

812. 雬

《字彙·雨部》：“雬，莫卜切，音木。鳥澤羽。”（525下）

《正字通·雨部》：“雬，䍌字之訛。舊注音木，鳥澤羽，誤。”（1257下）

按：《康熙字典·雨部》：“雬，《集韻》莫卜切，音木。鳥羽澤也。”

（1447 下）《集韻》入聲屋韻莫卜切："毣，鳥澤羽。"（636）《正字通》所言近是。《廣韻》入聲屋韻莫卜切："罞，毛濕也。"（369）"毣"與"罞"音同義通，"毣"當即"罞"通過改換義符而產生的異體字。

813. 霦

《字彙·雨部》："霦，敷勿切，音弗。雲貌。"（526 上）

《正字通·雨部》："霦，與䨴靅同。雲布狀。音吠。舊注音弗，泥。"（1259 上）

按：《康熙字典·雨部》："霦，《集韻》敷勿切，音拂。雲貌。"（1448 下）《集韻》入聲勿韻敷勿切："霦，雲皃。"（674）《正字通》所言當是。《玉篇·雲部》："靅，芳味切。雲皃。"（94 上右）《集韻》去聲未韻芳未切："靅䨴，雲布皃。或省。"（486）"霦"與"靅""䨴"音義皆通，又"雨"旁、"雲"旁義通，俗書或可換用，故"霦"當即"靅""䨴"之異體字。

814. 霺

《字彙·雨部》："霺，山責切，音色。霰也。"（526 上）

《正字通·雨部》："霺，霄字之訛。舊注音色，訓霰，非。"（1260 上）

按：《康熙字典·雨部》："霺，《集韻》色責切，音棟。霰也。"（1449 下）《集韻》入聲麥韻色責切："霺，霰也。"（738）又《正字通·雨部》："霄，先結切，音屑。《爾雅》：'雨霓爲霄雪。'郭注：'《詩》：如彼雨雪，先集維霓。霓，水雪雜下者，故謂之霄雪。'"（1260 上）"霄"當爲"霄"字之訛（詳見本書"霄"字注）。故"霺"與"霄（霄）"儘管義同，然形音俱別，二字不可混同，《正字通》謂"霺"即"霄（霄）"字之訛，且謂"舊注"非，既無書證亦無例證，其説非是。

815. 霄

《正字通·雨部》："霄，先結切，音屑。《爾雅》：'雨霓爲霄雪。'郭

注：‘《詩》：如彼雨雪，先集維霓。霓，水雪雜下者，故謂之霄雪。’又陸佃云：‘閔俗呼水雪。’又杜甫詩：‘帶雨不成花。’謝莊賦：‘霄淅瀝而先集，雪紛糅而遂多。’皆指霄言。《詩·小雅》作霰，郭引《詩》作霓，與霰同。《説文》霄，從雨、肖聲，訓雨霓爲霄。孫氏相邀切。徐鉉不詳考霄、霄音義别，謂霄，雪著地則消，與《爾雅》相反，誤也。《轉注古音》深駁徐説之謬甚確，然謂霄即古文霰字，合霄與霰爲一，亦誤也。舊本存霄闕霄，《正韻》‘霓’注引《爾雅》‘雨霓爲霄’，‘霄’注‘雲霄。又雨霓爲霄’，誤合霄、霄爲一，並非。”（1260 上）

按：《康熙字典·雨部》：“霄，《字義總略》：‘音屑。雪也。’楊慎《轉注古音》：‘《説文》：雨霓爲霄。从雨，肖聲。霓即古文霰字。肖音佾，霄亦當音佾。徐鉉以相邀切音之，蓋誤以肖爲肖耳。’按：《説文》本作霄，升庵以爲霄字，不知何據。《正字通》仍《字義總略》作先結切，音屑，而歷引《爾雅·釋天》、謝莊《雪賦》駁‘相邀切’之非。今按，諸書本俱作霄，並無作霄者，姑誌以備參考。”（1449 下）王玉樹《説文拈字》：“考《説文》無霄字，本作霄。升庵以爲霄字，不知何據。《正字通》仍《字義總略》作先結切，音屑，而歷引《爾雅·釋天》、謝莊《雪賦》駁‘相邀切’之非，今考諸書本俱作霄，並無作霄者。”《正字通》所言非是。《爾雅·釋天》：“雨霓爲霄雪。”郭璞注：“《詩》曰：‘如彼雨雪，先集維霓。’霓，水雪雜下者，故謂之消雪。”《説文·雨部》：“霄，雨霓爲霄。从雨，肖聲。齊語也。”（241 上）《名義·雨部》：“霄，思姚反。雪交下。”（199 上）《名義》作“霄”，可見顧野王原本《玉篇》所見《説文》《爾雅》亦當作“霄”。以上諸書皆作“霄”，未見有作“霄”者，故“霄”當爲“霄”字之訛。

816. 䨺

《字彙·雨部》：“䨺，牛殞切，音允。雨也。又巨隕切，音郡。義同。”（526 下）

《正字通·雨部》：“䨺，霒字之訛。舊注音允，雨也；又音郡，義同，並非。”（1261 上）

按:《康熙字典・雨部》:"霣,《集韻》牛尹切,音輑。《玉篇》:'雨也。'"(1450下)《玉篇・雨部》:"霣,巨隕切。雨也。"(94上右)《集韻》上聲準韻牛尹切:"霣,雨也。"(357)又《説文・雨部》:"零,雨零也。从雨,各聲。"(241下)《玉篇・雨部》:"零,力各切。雨零也。或作落。"(93下右)故"霣"與"零"形音俱别,二字不可混同,《正字通》謂"霣"即"零"字之訛,且謂"舊注"非,既無書證亦無例證,其説疑不可據。

817. 霔

《字彙・雨部》:"霔,延面切,音硯。霔霔,雲貌。"(526下)

《正字通・雨部》:"霔,霆字之訛。舊注音硯,霔霔,雲貌,非。"(1261上)

按:《康熙字典・雨部》:"霔,《集韻》延面切,音衍。霔霔,雲貌。"(1450下)《集韻》去聲線韻延面切:"霔,霔霔,雲皃。"(574)《正字通》之説疑非是。《説文・雨部》:"霆,雷餘聲也鈴鈴,所以挺出萬物。从雨,廷聲。"(241上)《玉篇・雨部》:"霆,大泠、大丁二切。電也;霹靂也。"(93下右)故"霔"與"霆"儘管形近,然音義俱别,二字不可混同,《正字通》謂"霔"即"霆"字之訛,且謂"舊注"非,既無書證亦無例證,其説非是。

818. 霋

《字彙・雨部》:"霋,千西切,音妻。霽也。又雲行貌。"(527上)

《正字通・雨部》:"霋,此西切,音妻。《説文》:'霽謂之霋。'《毛詩》作萋,音義同。"(1261下)

按:《康熙字典・雨部》:"霋,《唐韻》七稽切,《集韻》《韻會》《正韻》千西切,並音妻。《説文》:'霽謂之霋。从雨,妻聲。'又《玉篇》:'雲行貌。'"(1451上)《名義・雨部》:"霋,且奚反。雲行。"(199下)《玉篇・雨部》:"霋,千兮切。雲行皃。"(93下右)《正字通》所言當是。《玉篇校釋》"霋"字下注:"'雲行皃'者,通作萋、淒。《詩・大田》:

‘有渰萋萋。’毛傳：‘萋萋，雲行皃。’本書《水部》‘渰’下引作‘淒淒’。又‘淒’下引《説文》：‘雨雲起也。雨雲起即雲行皃也。’《漢書・食貨志》集注：‘淒淒，雲起皃。’”（3883）此説印證了《正字通》之説。《説文・水部》：“淒，雲雨起也。从水，妻聲。《詩》曰：‘有渰淒淒。’”（233上）姚文田、嚴可均《校議》：“《初學記》卷一、《御覽》卷八引作‘雨雲起也’，此作‘雲雨’，誤。”《詩・小雅・大田》：“有渰萋萋，興雨祈祈。”毛傳：“萋萋，雲行貌。”“霋”“萋”“淒”，《廣韻》皆音“七稽切”。故“霋”訓“雲行皃”，與“萋”“淒”音義並同，即爲異體字。

819. 霐

《字彙・雨部》：“霐，胡盲切，音橫。霐寥，幽深貌。王文考《魯靈光殿賦》：‘霐寥窲以崢嶸。’”（527上）

《正字通・雨部》：“霐，户萌切，音橫。幽深貌。本作𩃬。王延壽《[魯]靈光殿賦》：‘隱陰夏以中處，𩃬寥窲以崢嶸。’舊本作霐，非。”（1261下）

按：《康熙字典・雨部》：“霐，《五音集韻》烏宏切，音泓。水名。出《靈寶經》。又幽深貌。王延壽《魯靈光殿賦》：‘霐寥窲以崢嶸。’注：‘霐，幽深之貌。’”（1452上）《篇海》卷十四《雨部》引“俗字背篇”：“霐，音泓。深皃。出《靈寶經》中。”（816上）《文選・魯靈光殿賦》：“隱陰夏以中處，霐寥窲以崢嶸。”李善注：“霐、寥窲、崢嶸，皆幽深之貌。霐，烏宏切。寥，魚夭切。窲，音巢。”“霐”“𩃬”即異體字，當並即“宖”字之俗。《説文・宀部》：“宖，屋響也。从宀，弘聲。”（147下）容庚《金文編》：“《説文》‘宏，屋深響也’，《説文》‘宖，屋響也’，其義同。”“宖”即指“房屋幽深而有回響”。《集韻》平聲耕韻烏宏切：“宖，屋響也。”同一小韻下文又曰：“竤，幽深也。”（235）下文于萌切又曰：“宖竤，屋響也。或从穴。”（237）“竤”訓“幽深也”，與“宖”音同義通，亦當即“宖”之異體字。故“霐”“𩃬”與“宖（竤）”音義並同，“霐”“𩃬”當即“宖（竤）”之異體字。徐鍇《繫傳》“宖”字下引《魯靈光殿賦》作“宖寥窲以崢嶸”，此是其證也。又《五音集韻》平聲庚韻烏宏切："霐，水名。出《靈寶經》。"《五音集韻》訓"霐"爲"水名"，於文獻無徵，當因從"氵"旁爲説而誤。《大字典》"霐"字下據《五音集韻》之説而收録"水名"這一義項，疑亦非是。

820. 霸

《字彙・雨部》："䨴，烏孔切，翁上聲。雲貌。"（527 下）

《正字通・雨部》："䨴，烏孔切，翁上聲。雲貌。"（1263 上）

按：《康熙字典・雨部》："䨴，《集韻》鄔孔切，音翁。䨴䨴，雲貌。"（1453 上）《集韻》上聲董韻鄔孔切："䨴，䨴䨴，雲皃。"（303）"䨴"當即"滃"字之俗。《説文・水部》："滃，雲氣起也。从水，翁聲。"（233 上）《集韻》上聲董韻鄔孔切："滃，《説文》：'雲氣起也。'"（303）漢賈誼《旱雲賦》："遥望白雲之蓬勃兮，滃滃澹澹而妄止。"清張岱《陶庵夢憶・筠芝亭》："亭前後，太僕公手植樹皆合抱，清樾輕嵐，滃滃翳翳，如在秋水。"故"䨴䨴"當同"滃滃"，"䨴"當即"滃"之異體字。

821. 䨼

《字彙・雨部》："䨼，直刃切，音陣。雲也。"（527 下）

《正字通・雨部》："䨼，俗字。舊注音陣，雲也，泥。"（1263 上）

按：《康熙字典・雨部》："䨼，《玉篇》直吝切，音陣。雲也。"（1453 下）《玉篇・雨部》："䨼，直吝切。雲也。"（94 上右）《正字通》謂"䨼"爲俗字，所言當是。"䨼"本當作"陣"。《史記・天官書》："陣雲如立垣。"南朝梁何遜《學古》詩之一："陣雲横塞起，赤日下城圓。"唐高適《燕歌行》："殺氣三時作陣雲，寒聲一夜傳刁斗。""陣雲"即指濃重厚積形似戰陣的雲，古人以爲戰争之兆。故"䨼雲"當同"陣雲"，"䨼"當即"陣"字之俗。

822. 雺

《字彙・雨部》："雺，莫弄切，音夢。雷聲也。"（527 下）

《正字通・雨部》："雺，雺、霿並同。舊注音夢，雷聲，誤。《泝

原》：‘濛，俗作靀。’”（1263 下）

按：《康熙字典·雨部》：“霥，《集韻》莫弄切，音幏。靁聲。”（1454 上）《集韻》去聲送韻莫弄切：“霥，靁聲。”（462）《正字通》謂“霥”同“靀”，是也。《廣雅·釋訓》：“靀靀，雨也。”《集韻》平聲東韻謨蓬切：“濛，《説文》：‘微雨也。’或作靀。”（7）“霥”與“靀”形近，又“冡”後作“蒙”，故“冡”旁、“蒙”旁常可換用，如“幏”或作“幪”、“䤓”或作“醿”、“駥”或作“驝”、“䝉”或作“䝉”等，“霥”當即“靀”之異體字，亦同“濛”。《名義·雨部》：“，莫公反。雨。”（200 上）《新撰字鏡·雨部》：“，莫公反。雨也。濛字。”（43）“”“”皆爲“靀”字之俗，而“霥”與“”“”皆形近，此即其證也。故《集韻》訓“靁聲”，疑非是。又《爾雅·釋天》：“天氣下地不應曰雺。”郭璞曰：“雺，言蒙昧。”《集韻》平聲東韻謨蓬切：“雺，《爾雅》：‘天氣下地不應曰雺。’”（7）故“霥”與“雺”音同義别，二字不可混同，《正字通》謂“霥”同“雺”，非是。《大字典》“霥”字據《集韻》訓“雷聲”，而又據《正字通》所引《泝原》之説而謂“一説同‘濛’”，《字海》“霥”字據《集韻》訓“雷聲”，皆未溝通其與“靀”字的字際關係，俱失考證。

823. 霨

《字彙·雨部》：“霨，紆胃切，音畏。雲起貌。”（528 上）

《正字通·雨部》：“霨，烏貴切，音畏。雲起貌。通作蔚。”（1263 下）

按：《康熙字典·雨部》：“霨，《集韻》紆胃切，音尉。雲起貌。”（1454 上）《玉篇·雨部》：“霨，乙位切。起。”（94 上右）《集韻》去聲未韻紆胃切：“霨，雲起皃。”（490）《正字通》所言當是。《詩·曹風·候人》：“薈兮蔚兮，南山朝隮。”毛傳：“薈、蔚，雲興貌。”南朝宋劉義慶《世説新語·言語》：“草木蒙蘢其上，若雲興霞蔚。”“雲興貌”與“雲起貌”義同。“蔚”，《集韻》亦音“紆胃切”。故“霨”與“蔚”音義並同，“霨”當即“蔚”字之俗。

824. 𩂃

《字彙・雨部》:"𩂃，兩舉切，音吕。雨貌。"（528 上）

《正字通・雨部》:"𩂃，舊注音吕，雨貌。按:《説文・雨部》無'𩂃'。《水部》:'漊，雨漊漊也。'徐曰:'小雨不絶貌。'从雨作𩂃，義同。"（1263 下）

按:《康熙字典・雨部》:"𩂃，《集韻》隴主切，音縷。雨貌。"（1454 上）《集韻》上聲麌韻隴主切:"𩂃，雨皃。"（336）《正字通》所言當是。《説文・水部》:"漊，雨漊漊也。从水，婁聲。"（233 下）王筠《句讀》:"謂密雨漊漊不絶也。"《集韻》上聲麌韻隴主切:"漊，《説文》:'雨漊漊也。'"（336）"雨皃""雨漊漊也"義同，當皆指"雨不絶貌"。故"𩂃"與"漊"音義並同，"𩂃"當即"漊"通過改換義符而産生的異體字。

825. 霪

《字彙・雨部》:"霪，夷今切，音淫。久雨。一曰雨過十日以往謂之霪。"（528 上）

《正字通・雨部》:"霪，余勤切，音淫。久雨。《爾雅》《左傳》作淫。《左傳》:'天作淫雨。'與霪同。《梁益記》稱大漏天、小漏天，皆謂淫雨也。"（1264 上）

按:《康熙字典・雨部》:"霪，《廣韻》餘針切，《集韻》《韻會》《正韻》夷針切，並音淫。《玉篇》:'久雨也。'《韻會》:'雨過十日以往。'又《淮南子・修務訓》:'禹沐浴霪雨。'《集韻》:'或作湛，通作淫。'"（1454 上）《玉篇・雨部》:"霪，余林切。久雨也。"（94 上右）《正字通》所言是也。《集韻》平聲侵韻夷針切:"霪，久雨爲霪。或作湛，通作淫。"（278）《玉篇校釋》"霪"字下注:"'久雨也'者，《廣韻》同。《淮南・脩務》:'禹沐霪雨。'高注:'禹以久雨爲沐浴。'古通作淫。《禮記・月令》:'淫雨蚤降。'《爾雅・釋文》:'久雨謂之淫。'本書《水部》:'淫，久雨曰淫。'"（3896）以上二書是其證也。《左傳・莊公十一年》:"天作淫雨，害於粢盛，若之何不弔？"《史記・龜策列傳》:"淫雨不霽，水不可治。"

宋司馬光《知永興軍謝上表》:“經夏亢陽，苗青乾而不秀；涉秋淫雨，穗腐黑而無收。”故“淫雨”文獻用例甚多，“霪”當即“淫”因受“雨”字類化影響增加“雨”旁而產生的俗字。

826. 靚

《字彙·雨部》:“靚，虚器切，音戲。見雨而止息。”（528下）

《正字通·雨部》:“靚，虚器切，音戲。《説文》:‘見雨而止息。’一説即霓重文。从二見，非。”（1265下）

按:《康熙字典·雨部》:“靚，《唐韻》《集韻》並虚器切，音齂。《説文》:‘見雨而止息。从雨，从覞。讀若歒。’又《集韻》丘閑切，音掔。義同。又香依切，音希。雨止貌。”（1456下）《説文·雨部》:“靚，見雨而比（止）息。从覞，从雨。讀若歒。”（176上）又《説文·雨部》:“霰，稷雪也。从雨，散聲。霓，或从見。”（241上）“霓”即“霰（霰）”之異體字。“靚”，《廣韻》音“虚器切”。“霰”，《廣韻》音“蘇佃切”。“靚”與“霓”儘管部分構字部件相同，然音義俱别，二字不可混同，故《正字通》“一説”非是。

827. 㶏

《字彙·雨部》:“㶏，於謹切，音隱。㶏㶏，雲貌。”（529上）

《正字通·雨部》:“㶏，俗字。舊注音隱，㶏㶏，雲貌，非。”（1266下）

按:《康熙字典·雨部》:“㶏，《集韻》倚謹切，音隱。㶏㶏，雲貌。”（1457下）《集韻》上聲隱韻倚謹切:“㶏，㶏㶏，雲皃。”（358）《正字通》所言當是。“㶏”疑即“隱”字之俗。南朝宋鮑照《還都道中》詩之二:“隱隱日没岫，瑟瑟風發谷。”《大正藏》本宋志磐撰《佛祖統紀》卷第四十四《法運通塞志》十七之十一:“舒王元偁夢青衣童持書以授中使，足蹈黄雲隱隱而没。”又《大正藏》本宋陳舜俞撰《廬山記》卷第一《叙山北》第二:“凡遊人在二林，望上化成樓閣隱隱在雲靄中。有若圖畫。”《大正藏》本元覺岸編《釋氏稽古略》卷四《神宗》:“太尉悔前言之謬，即頓首下拜，纔起之間，童子現大士形，誇獅于隱隱雲中不見。太尉自爾惋恨，心神恍惚。”又《大正藏》本宋陳田夫撰《南嶽總勝集》卷上《瑰霄峰》：“昔齋張司空謁融頂，回登此峰，宴坐久之，環眺群峰，見陰氣太盛，浮屠之舍比鱗，遥觀大江之南，祥煙瑞霧繚繞亘天，隱隱數峰高插雲漢。”“霒霒”疑同“隱隱”，義爲“隱約不分明貌”。《集韻》訓“雲皃”，疑非是。

828. 霪

《字彙·雨部》：“霪，直角切，音濁。大雨霪霪。”（529 上）

《正字通·雨部》：“霪，俗濯字。舊注音濁，大雨霪霪，泥。”（1266 下）

按：《康熙字典·雨部》：“霪，《廣韻》《集韻》並直角切，音濁。《玉篇》：‘大雨。’《廣韻》：‘大雨霪霪。’”（1458 上）《龍龕》卷二《雨部》：“霪，音濁。大雨也。”（309）《玉篇·雨部》：“霪，直卓切。大雨也。”（94 上右）《廣韻》入聲覺韻直角切：“霪，大雨霪霪。”（379）《正字通》所言當是。《玉篇校釋》“霪”字下注：“《廣韻》入聲覺韻云：‘大雨霪霪。’霪之言濯，大雨淋漓如澣濯也。”（3900）此説印證了《正字通》之説。《爾雅·釋詁上》：“濯，大也。”例如：《初學記》卷二引晉周處《風土記》：“六月有大雨，名濯枝雨。”“濯枝雨”亦省稱“濯枝”，即指“農曆五六月間的大雨”。唐韓鄂《歲華紀麗·五月》：“芒種之日，螗蜋之生，風名黄雀，雨曰濯枝。”“濯”，《廣韻》亦音“直角切”。“霪”與“濯”音同義通，“霪”當即“濯”用來指“大雨”，遂增加義符“雨”旁而産生，故“霪”本當作“濯”。

829. 靇

《字彙·雨部》：“靇，式竹切，音叔。靇昱，疾貌。木華《海賦》：‘靇昱絶電。’”（529 上）

《正字通·雨部》：“靇，式竹切，音叔。靇昱，疾貌。木華《海賦》：‘靇昱絶電。’又蔚盛貌。左思《蜀都賦》：‘坰野艸昧，林麓幽靇。’與儵

通。”（1266 下）

按：《康熙字典・雨部》：“䨽，《集韻》式竹切，音叔。人名。晉庾䨽，字玄默。又木華《海賦》：‘䨽昱絶電。’注：‘䨽昱，疾貌。’”（1458 上）《正字通》據左思《蜀都賦》“林麓幽䨽”又訓“䨽”爲“蔚盛貌”，然查《文選・蜀都賦》本作“林麓幽儵”，故此訓非是。又《文選・海賦》：“䨽昱絶電，百色妖露。”李善注：“䨽，音叔。䨽昱，疾貌。”“䨽”當即“儵”字之俗。《廣雅・釋詁一》：“儵，疾也。”《莊子・大宗師》：“翛然而往、翛然而來而已矣”唐陸德明《釋文》：“翛然，本又作儵……司馬云：儵，疾貌。”“儵”，《廣韻》音“式竹切”。故“䨽”與“儵”音義並同，“䨽”當即“儵”字之俗。

830. 啨

《字彙・青部》：“啨，慈盈切，音情。《説文》：‘人之陰氣有所欲也。’又静也。又于京切，音英。義同。”（529 上）

《正字通・青部》：“啨，情字之訛。舊注引《説文》‘人陰氣有所欲’以訓‘情’者訓‘啨’，又音英，義同，並非。”（1267 上）

按：《康熙字典・青部》：“啨，《集韻》於丁切，音熒。《玉篇》：‘小語。’又《集韻》慈盈切。本作情。《史記・禮書》：‘啨文俱盡。’注：‘啨，古情字。’”（1458 下）《詳校篇海》卷一《口部》：“啨，于京切，音英。小語。又音情。義同。又静也。《説文》：‘人之陰氣有所欲也。’”（41 上）《篇海類編》同。“啨”訓“静也”“人之陰氣有所欲也”，皆當同“情”。《廣雅・釋詁四》：“情，静也。”王念孫《疏證》：“情者，静也，静與情古同聲而通用。《表記》：‘文而静。’静或爲情。《逸周書・官人解》：‘情忠而寬。’《大戴禮》情作静。”《廣韻》平聲清韻疾盈切：“清，静也。《説文》曰：‘人之陰氣有所欲也。’”（124）《集韻》平聲清韻慈盈切：“情啨，《説文》：‘人之陰氣有所欲者。’或从口。”（238）故“啨”訓“静也”“人之陰氣有所欲也”，與“情”音義並同，即爲異體字。《大字典》“啨”字第（二）義項下分爲兩個義項：第❶義項據《集韻》之説而謂同“情”；第❷義項據《篇海類編》訓“静”，《大字典》這樣處理是失當的。據上文所考可知，《大字典》“晴”字第（二）義項應直謂同“情”，其下再分爲兩個義項：第❶義項據《集韻》訓“感情；情緒”；第❷義項據《篇海類編》訓“静”。

831. 靡

《字彙・非部》：“靡，莫禮切，音米。披靡。又靡曼，美色也。又靡麗，奢侈也。又順也。《周書》：‘商俗靡靡。’注：‘紂使師延作靡靡之樂，相順從之意。’”（530上）

《正字通・非部》：“靡，母禮切，音米。《説文》：‘披靡也。’又靡曼，美色也。又靡麗，奢侈也。又順也。《周書》：‘商俗靡靡。’注：‘紂使師延作靡靡之樂，相順從意。’”（1268下）

按：《集韻》去聲寘韻縻詖切：“靡，曳也。”（472）《大字典》據《集韻》收録“曳”這一義項，然未提供文獻用例。文獻有“靡”字此義用例，今提供如下：《文選・子虛賦》：“靡魚須之橈旃，曳明月之珠旗。”張銑注：“靡、曳皆執持之貌。”

832. 靶

《字彙・面部》：“靶，披巴切，音葩。面廣。”（530上）

《正字通・面部》：“靶，俗字。舊注音葩，面廣，泥。”（1269上）

按：《康熙字典・面部》：“靶，《集韻》披巴切，音葩。面黄。”（1461下）述古堂影宋鈔本《集韻》平聲麻韻披巴切：“靶，面廣。”（203）揚州使院重刻本《集韻》、宋刻本《集韻》皆作“面黄”，當以作“面廣”爲是。《集韻校本》“靶”字下注：“明州本、錢鈔注‘黄’字作‘廣’。陳校、龐校、黄校、錢校同。與《類篇》合。”（276）以上諸説亦是也。《新修玉篇》《篇海》引《餘文》亦皆作“面廣”，此亦其證也。《康熙字典》訓“面黄”，當爲誤本《集韻》所誤。《大字典》《字海》“靶”字下皆據誤本《集韻》收録“面黄”這一義項，疑並非是。

833. 䤻

《字彙·面部》:“䤻，沙瓦切，音耍。面醜。亦作䫖。”(530下)

《正字通·面部》:“䤻，峻字之訛。舊注沙瓦切，音耍，面醜。亦作䫖，並非。”(1269上)

按:《康熙字典·面部》:“䤻,《集韻》數瓦切，音葰。面醜。或作䫖。”(1462上)《集韻》上聲馬韻數瓦切:“䤻䫖，面醜。或从頁。”(410)“䤻”“䫖”即爲異體字。又《廣韻》平聲灰韻臧回切:“朘，赤子陰也。峻，上同。見《老子》。”(56)“峻”當即“朘”之異體字。故“䤻”與“峻”音義俱別，二字不可混同,《正字通》謂“䤻”即“峻”字之訛，且謂“舊注”非，既無書證亦無例證，其説非是。

834. 䤼

《字彙·面部》:“䤼，七感切，音慘。䤽䤼，蹙容貌。”(530下)

《正字通·面部》:“䤼，舊注七感切，音慘，䤽䤼，蹙容貌。”(1269下)

按:《康熙字典·面部》:“䤼,《集韻》七感切，音慘。䤽䤼。”(1462下)元刊本《玉篇·面部》:“䤽，烏感切。面䤽䤼色也。”下字曰:“䤼，倉感切。面皃。”元刊本《玉篇》訓“䤼”爲“面皃”，非是。《龍龕》卷三《面部》:“䤽䤼，二俗。上烏感反，下七感反。面䤽䤼。”(347)《玉篇·面部》:“䤽䤼，上烏感切，下倉感切。面䤽䤼色也。”(20下左)《集韻》上聲感韻七感切:“䤼，䤽䤼，戚容。”(446)據以上字韻書可知，元刊本《玉篇》“䤼”當訓“䤽䤼”，元刊本《玉篇》訓“䤼”爲“面皃”，當誤脱被訓聯連綿“䤽䤼”。《大字典》“䤽”字下據元刊本《玉篇》之誤而收録“面貌”這一義項，非是。

835. 䤾

《字彙·面部》:“䤾，都回切，音堆。面醜貌。”(530下)

《正字通·面部》:“䤾，俗頧字。舊注音堆，訓面醜，非。”

（1269 上）

按:《康熙字典·面部》:“䩉,《廣韻》《集韻》並都回切，音磓。《廣韻》:‘䩇䩉，醜面。’”（1462 上）《廣韻》平聲灰韻都回切:“䩉，䩇䩉，醜面。”（56）《集韻》平聲灰韻都回切:“䩉，䩇䩉，面陋。”（108）《正字通》所言當是。《廣韻》上聲賄韻都罪切:“頧，頭不正皃。”（184）“頧”,《廣韻》又音“都回切”。“面醜貌”與“頭不正皃”義通，故“䩉”與“頧”音義皆通,“䩉”當即“頧”之異體字。《可洪音義》卷二二《無明羅剎經》一卷:“疣㾽，上于求反，下都迴反。聚也，言身上聚肉如地上土堆也。又䩇䩉，醜皃也。正作堆、塠、㾽、頧、䩉五形也。”（60，P250C12）此即其證也。故“䩉”當即“頧”之異體字。

836. 䩐

《字彙·面部》:“䩐，他典切，音腆。面黄色。”（530 下）

《正字通·面部》:“䩐，俗字。舊注音腆，訓面黄色，非。”（1269 下）

按:《康熙字典·面部》:“䩐,《篇海》他典切，音腆。面黄色。”（1462 下）《新修玉篇》卷四《面部》引《川篇》:“䩐，他典切。面黄色。”（34 上右）《篇海》同。《正字通》所言當是。“䩐”疑即“靦”字之俗。《説文·面部》:“靦，面見也。从面、見，見亦聲。《詩》曰:‘有靦面目。’䩄，或从旦。”（181 下）桂馥《義證》:“《詩》正義引作‘面見人’，馥謂當作‘面皃也’。”《名義·面部》:“靦，他殄反。厚顔也；姡也。䩄，靦字，同上。䩦，同上。䩩，同上。”（32 上）《玉篇·面部》:“靦，他典切。《詩》云:‘有靦面目。’靦，姡也。又靦，慙皃。䩄,《埤蒼》同上。䩩,《字書》靦字。䩦，同上。”（20 下左）《集韻》上聲銑韻他典切:“靦,《説文》:‘面見也。’引《詩》:‘有靦面目。’或作䩄、䩦、䩩。”（379）“䩐”與“靦”“䩩”音同,“䩐”疑即“靦”“䩩”交互影響而産生的俗字。《新修玉篇》《篇海》訓“面黄色”，疑非是。

837. 鞖

《字彙·革部》:“鞖，與鞶同。又蒲官切，音盤。皮繩。又旒也。又所咸切，音衫。義同。”（531 上）

《正字通·革部》:“鞖，俗字。舊注與鞶同；又音盤，皮繩；又旒也；又音衫，義同，並非。”（1270 下）

按:《康熙字典·革部》:“鞖，《玉篇》徒果切，音墮。履跟緣也。同鞶。又《集韻》師銜切，音衫。本作幓。”（1464 上）《詳校篇海》卷一《革部》:“鞖，杜果切，讀如惰。履跟緣。同鞶。又蒲官切，音盤；又所咸切，音衫。皮繩。又旒也。”（33 上）《篇海類編》同。《詳校篇海》《篇海類編》訓“鞖”爲“皮繩”，當音“盤”。《集韻》平聲桓韻蒲官切:“鞶鞖，《説文》:‘大帶也。’引《易》:‘或錫之鞶帶。’男子帶鞶，婦人帶絲。或省。”（148）“鞶”訓“大帶也”，即“古人佩玉的革帶”，故“皮繩”與“大帶”訓異義同，《詳校篇海》《篇海類編》訓“鞖”爲“皮繩”，即因《集韻》“鞖”同“鞶”而收録。又其訓“鞖”爲“旒也”，疑非是。《玉篇·革部》:“幓，所銜切。旌旗旒也。亦作縿。鞖，同上。”（123 下右）《廣韻》平聲咸韻所咸切:“幓，鞍幓垂皃。”（154）下文平聲銜韻所銜切又曰:“幓，又所咸切。”（155）《集韻》平聲鹽韻思廉切:“𩏂，旌旗木也。或作幓、縿。”（288）下文平聲銜韻師銜切又曰:“幓，馬鞘垂皃。或作鞖。”（297）據《玉篇》可知，《集韻》謂“鞖”同“幓”，此“鞖”當即“鞖”字俗訛；而《詳校篇海》《篇海類編》又訓“旒也”，當因《集韻》“鞖”同“幓”，又據“幓”字“旌旗旒也”之訓而妄補。《字彙》“鞖”字下又收“旒也”之訓，即因承前而謬。《康熙字典》謂“鞖”本作“幓”，此亦因承襲《集韻》之謬而誤。《大字典》“鞖”字第（二）義項據《集韻》“師銜切”音 shān，其下收録三個義項：第❶義項據《集韻》訓“鞍鞘垂貌”；第❷義項據《篇海類編》訓“皮繩”；第❸義項據《篇海類編》訓“旒”。據上文可知，第❶義項、第❸義項當分別據《集韻》《篇海類編》之誤而妄收，應删；第❷義項“皮繩”與下文第（三）義項音 pán、同“鞶”之訓相同，應置於第（三）義項之上。《字海》“鞖”字下據《集韻》之誤而收録同“轔”這一義項，亦非。

838. 靰

《字彙・革部》:“靰，於阮切，音遠。履也。”（531 下）

《正字通・革部》:“靰，鞔字之訛。舊注於阮切，音遠，訓履也，誤。”（1271 下）

按:《康熙字典・革部》:“靰，《玉篇》於阮切，音婉。履也。揚子《方言》:‘自關而東複履，其庳者謂之靰下。’注:‘音婉。’《集韻》作鞔。”（1464 下）《方言》卷四:“自關而東複履，其庳者謂之靰下。”郭璞注:“靰，音婉。”《玉篇・革部》:“靰，於（院）[阮] 切。履也。”（123 下右）又《説文・革部》:“鞔，量物之鞔。一曰抒井鞔。古以革。从革，冤聲。鞔，或从宛。”（55 下）《玉篇・革部》:“鞔，於元切。量物之鞔也；抒井鞔也。又於阮切。鞔，同上。”（123 上右）故儘管“靰”與“鞔”形音皆近，然義訓區别甚明，二字不可混同，《正字通》謂“靰”即“鞔”字之訛，且謂“舊注”非，既無書證亦無例證，其説非是。

839. 鞅

《字彙・革部》:“鞅，古洽切，音夾。鞮屬；履跟。”（532 上）

《正字通・革部》:“鞅，與韐通。《説文》同切異訓，分爲二，泥。”（1272 上）

按:《康熙字典・革部》:“鞅，《唐韻》古洽切，《集韻》訖洽切，並音夾。《説文》:‘鞮，鞅沙也。’《玉篇》:‘鞮屬。’《集韻》或作鞈。又《集韻》葛合切，音閤。本作韐。”（1466 上）《集韻》入聲合韻葛合切:“韐鞅，橐也。一曰捍防也。或从夾。”（770）故“鞅”在“橐也”“捍防也”這兩個義項上與“韐”音義並同，即爲異體字。《大字典》“鞅”字下第（二）義項收録兩個義項：第❶義項據《集韻》訓“橐”；第❷義項據《集韻》《篇海類編》之説而謂同“韐”，並訓“古代革制的胸甲”。《字海》“鞅”字下第（二）義項亦收録兩個義項：第❶義項據《集韻》訓“皮口袋”；第❷義項據《集韻》之説而謂同“韐”，並訓“古代革制的胸甲”。

《大字典》《字海》這樣處理“鞅”與“軩”的字際關係，俱失妥當。《大字典》《字海》應於第（二）義項下直謂同“軩”，其下再收録兩個義項：第❶義項據《集韻》訓“橐”；第❷義項據《集韻》訓“古代革制的胸甲”。

840. 鞻

《字彙·革部》：“鞻，作弄切，音粽。鞚鞻，駕馬具。”（533 上）

《正字通·革部》：“鞻，子弄切，音粽。鞚鞻，駕馬具也。”（1274 上）

按：《康熙字典·革部》：“鞻，《集韻》作弄切，音粽。鞚鞻，駕馬遽也。”（1468 下）《集韻》去聲送韻作弄切：“鞻，鞚鞻，駕馬遽也。”（461）《新修玉篇》引《餘文》同。《篇海》卷二《革部》引《餘文》：“鞻，作弄切。（鞍）［鞚］鞻，駕馬遽者也。”（591 下）《直音篇》卷七《革部》：“鞻，音粽。鞚鞻，駕馬遽也。”（286 上）《集韻》訓“鞚鞻，駕馬遽也”，不辭。《初學記》卷二十二引《通俗文》：“所以制馬口曰鞚。”《太平御覽》卷三百五十八引《埤蒼》：“鞚，馬勒也。”“鞚”即指“帶爵子的馬籠頭”，“鞚鞻”當爲疊韻聯連綿，亦指“一種馬具”，故“駕馬遽也”疑爲“駕馬具也”之誤。《詳校篇海》卷一《革部》：“鞻，作弄切，音粽。鞚鞻，駕馬具。”（34 上）《篇海類編》同。《詳校篇海》《篇海類編》訓“駕馬具”，此即其證也。《新修玉篇》《篇海》《直音篇》亦訓“駕馬遽也”，當皆因承襲《集韻》之謬而誤。《字彙》《正字通》校作“駕馬具”，疑是也。《康熙字典》轉録《集韻》“鞚鞻，駕馬遽也”之訓而未作校正，疑失考證。

841. 䩷

《字彙·革部》：“䩷，補各切，音博。車下索也。”（533 上）

《正字通·革部》：“䩷，伯各切，音博。《説文》：‘車下索也。’”（1274 下）

按：《康熙字典·革部》：“䩷，《唐韻》補各切，《集韻》伯各切，並音博。《説文》：‘車下索也。’《玉篇》：‘或作轉。’又《集韻》方縛切，音鱒。車上囊。亦作轉。又《廣韻》《集韻》並蒲候切，音脑。《廣韻》：‘尻衣。'"（1469 下）敦煌本《王韻》去聲候韻蒲候反："䩳，尸衣。"（419）故宫本《王韻》、《廣韻》同。此"䩳"當同"䪙"。《玉篇·韋部》："䪙，扶豆切，又扶武切。尸衣。"（124 上右）故"䪙"訓"尸衣"，與"䩳"音近義同，此"䩳"亦當即"䪙"之異體字。

842. 韼

《字彙·革部》："韼，符容切，音逢。鼓聲。"（533 下）

《正字通·革部》："韼，舊注音逢，鼓聲。按：《毛詩》借逢，俗加革。"（1275 上）

按：《康熙字典·革部》："韼，《廣韻》《集韻》並符容切，音逢。《玉篇》：'鼓聲。'又《集韻》：'《字林》云：被縫也。'又一曰靴韼，草名。"（1470 上）《玉篇·革部》："韼，符容切。鼓聲。"（123 下左）《集韻》平聲鍾韻符容切："韼，《字林》：'被縫也。'一曰鼓聲。一曰靴韼，草名。"（18）《正字通》所言當是。《玉篇校釋》"韼"字下注："'鼓聲'者，《切韻》同。《集韻》引《字林》云：'被縫也。一曰鼓聲。'《詩·靈臺》：'鼉鼓逢逢。'毛傳：'逢逢，和也。'釋文引《埤蒼》：'逢逢，鼓聲也。'本亦作韸韸。"（5259）此説印證了《正字通》之説。故"韼"訓"鼓聲"，當同"韸"，二字本當作"韼"；又其訓"被縫也"者，本當作"縫"。

843. 䩬

《字彙·革部》："䩬，同韣。"（533 下）

《正字通·革部》："䩬，韣字之訛。《説文》作韣，篆作[illegible]，通作韤。六書無䩬，舊注同韣，非。"（1275 上）

按：《康熙字典·革部》："䩬，《廣韻》似足切，《集韻》松玉切，並音續。《玉篇》：'鞮也。'《廣韻》：'白䩬，鞮也。'《集韻》：'或作韣。'又《廣韻》神蜀切，音贖。鞮也。又《集韻》仕角切，音浞。《廣雅》：'履也。'"（1470 上）《廣雅·釋器》："䩬，履也。"《玉篇·革部》："䩬，似足切。鞮也。"（123 下右）《集韻》入聲燭韻松玉切："䩬，《博雅》：'履也。或作韣。'"（653）故"䩬""韣"即爲異體字。又《説文·革部》："韣，馬鞁具也。从革，薦聲。”（56下）《玉篇・革部》：“韉，音牋。鞍韉也。䩞，同上。”（123下右）《集韻》平聲先韻將先切：“韀䩞𦃑，馬被具。或从戔、从糸。”（158）故“韀”“韉”“䩞”“𦃑”即爲異體字。“韣”“韉”與“韀”“韉”儘管形近，然音義俱别，不可混同，故《正字通》謂“韣”即“韀”字之訛，且謂“舊注”非，非是。

844. 鞴

《字彙・革部》：“鞴，乃里切，音你。轡垂貌。”（533下）

《正字通・革部》：“鞴，俗緷字。舊注音你，轡垂貌，與緷義近，改作緷，非。”（1275下）

按：《康熙字典・革部》：“鞴，《廣韻》奴禮切，《集韻》乃禮切，並音禰。《廣韻》：‘轡垂。’《集韻》：‘通作䩌。’”（1471上）《廣韻》上聲薺韻奴禮切：“鞴，轡垂皃。”（181）“鞴”當即“鞎”之異體字。《玉篇・革部》：“鞎，乃米切。轡垂皃。”（123下右）故宫本《王韻》上聲薺韻乃禮反：“䩌，轡垂皃。”（476）故宫本《裴韻》上聲薺韻乃禮反：“鞎，轡垂皃。”（576）“鞴”與“鞎”“䩌”音義並同，即爲異體字。又《玉篇・糸部》：“緷，如止切。六轡盛皃。”（125下左）《集韻》上聲止韻忍止切：“緷，緷緷，轡威皃。通作耳。”（322）故“鞴”與“緷”音義俱别，二字不可混同，《正字通》謂“鞴”即“緷”字之訛，且謂“舊注”非，既無書證亦無例證，其説非是。

845. 韉

《字彙・革部》：“韉，似足切，音續。白韉，鞮也。”（534上）

《正字通・革部》：“韉，韉字之訛。舊注似足切，音續，白韉，鞮也，誤。”（1276上）

按：《康熙字典・革部》：“韉，《集韻》神蜀切，音贖。鞮也。又松玉切，音續。本作韣。”（1471下）《集韻》入聲燭韻松玉切：“韣，《博雅》：‘履也。或作韉。’”（653）故“韉”即“韣”之異體字。又《説文・革部》：“韉，馬鞁具也。从革，薦聲。”（56下）《玉篇・革部》：“韉，音牋。

鞍韉也。韄，同上。”（123 下右）故“韉”與“韉”儘管形近，然音義俱别，二字不可混同,《正字通》謂“韉”即“韉”字之訛，且謂“舊注”誤，既無書證亦無例證，其説非是。

846. 韕

《字彙·韋部》:“韕，古肴切，音交。囊也。”（534 下）

《正字通·韋部》:“韕，俗櫜字。舊注音交，囊也，泥。”（1277 上）

按:《康熙字典·韋部》:“韕,《集韻》居肴切，音交。囊也。亦作韍。”（1473 上）《集韻》平聲爻韻居肴切:“韕韍，囊也。或从爻。”（185）又《説文·櫜部》:“櫜，車上大櫜。从櫜省，咎聲。《詩》曰:‘載櫜弓矢。’”（124 下）段玉裁注:“云車上大櫜者，謂可藏任器載之於車也……引申之義，凡韜於外者皆爲櫜。”《玉篇·櫜部》:“櫜，古刀切。弓衣也。”（131 上左）故“櫜”本義指“囊”，引申義指“收藏盔甲、弓箭的器具”。故“韕”與“櫜”儘管義同，然形音俱别，二字不可混同,《正字通》謂“韕”即“櫜”字之俗，且謂“舊注”泥，既無書證亦無例證，其説非是。

847. 韐

《字彙·韋部》:“韐，託合切，音塔。指衣也。又徒合切，音沓。義同。”（534 下）

《正字通·韋部》:“韐，韘、弽同。舊注音塔，指衣也，與韘義近，分爲二，誤。”（1277 下）

按:《康熙字典·韋部》:“韐,《集韻》託合切，音錔。指衣也。又達合切，音沓。本作搭。”（1473 下）《集韻》入聲合韻託合切:“韐，指衣也。”下文達合切又曰:“搭韐,《説文》:‘縫指搭也。一曰韜也。’或从韋。”（772）故“韐”即“搭”之異體字。又《説文·韋部》:“韘，射決也。所以拘弦，以象骨韋系著右巨指。从韋，枼聲。《詩》曰:‘童子佩韘。’弽，或从弓。”（108 下）《玉篇·韋部》:“韘，尸涉切。決也；指沓也。”（124 上右）故“韐”與“韘”儘管義通，然形音俱别，二字不可混同,《正字通》謂“韂”即“韘”字之俗，且謂“舊注”誤，既無書證亦無例證，其説非是。

848. 韰

《字彙·韭部》:“韰，下戒切，音邂。韰倮，陜隘也。”(535 下)

《正字通·韭部》:“韰，與㒠通。舊本誤分爲二。”(1279 上)

按:《康熙字典·韭部》:“韰,《廣韻》胡介切,《集韻》下介切，並音械。《廣韻》:‘韰倮，猶果敢也。’又《集韻》與㒠同。《博雅》:‘陿也。’又一曰速也。”(1476 上)《集韻》上聲怪韻下介切:“㒠韰,《博雅》:‘陿也。’一曰速也。或省。”(527)故“韰”與“㒠”在“陿(陜)也”“速也”這兩個義項上音義並同，即爲異體字。《大字典》“韰”字下據《集韻》“速也”之訓收録“迅速”這一義項，未溝通其與“㒠”字的字際關係，有失考證。

849. 䪩

《字彙·音部》:“䪩，於禽切，音音。聲和靖也。又烏含切，音諳。義同。”(536 下)

《正字通·音部》:“䪩，俗愔字。《左傳》及《琴賦》皆从愔。舊注音音，聲和靖也，與愔義近，改作䪩，非。”(1281 上)

按:《康熙字典·音部》:“䪩,《廣韻》挹淫切,《集韻》伊淫切，並音愔。《廣韻》:‘聲和靖也。’”(1478 上)《廣韻》平聲侵韻挹淫切:“䪩，聲和靖也。”(145)《集韻》同。《正字通》所言當是。《玉篇·心部》:“愔，於斟切。安和皃；悦皃。”(38 下左)慧琳《音義》卷七三《舍利弗阿毘曇論》第一卷:“愔愔，於針反。《聲類》:‘愔，和静貌也。’《三蒼》:‘性和。’”(58，P930A8)故宫本《王韻》平聲侵韻於淫反:“愔，靖。”(468)故宫本《裴韻》、《廣韻》同。《集韻》平聲侵韻挹淫切:“愔，愔愔，安和皃。”(278)李賀《相勸酒》:“歌淫淫，管愔愔，横波好送雕題金。”王琦注:“愔愔，管聲安和貌。”故“䪩”與“愔”音同義通,“䪩”當即“愔”字之俗。

850. 頄

《字彙・頁部》:“頄，渠爲切，音葵。面顴……又渠尤切，音求。義同。”（536 下）

《正字通・頁部》:“頄，渠回切，音葵。面頰骨……又渠尤切，音求。義同。《説文》作頯。”（1281 下）

按:《康熙字典・頁部》:“頄，《廣韻》巨鳩切，《集韻》《正韻》渠尤切，並音求。《玉篇》:‘面顴也。’《廣韻》:‘頰閒之骨。’……又《廣韻》渠追切，《集韻》《韻會》渠龜切，《正韻》渠爲切，並音逵。義同。又《集韻》厚也，與頯同。”（1479 上）《説文・頁部》:“頯，權也。从頁，𢍺聲。”（179 下）段玉裁注:“權者，今之顴字。”《廣雅・釋詁三》:“頯，厚也。”《集韻》平聲脂韻渠龜切:“頯，頰骨。《説文》:‘權也。’一曰厚也。或作頄。”（48）“頰骨”“顴骨”義同。故“頄”與“頯”在“顴骨”“厚”這兩個義項上音義並同，即爲異體字。《大字典》“頄”字下據《集韻》收録“厚”這一義項，未溝通其與“頯”字的異體關係，失當。

851. 頛

《字彙・頁部》:“頛，無沸切，音未。面前。”（537 下）

《正字通・頁部》:“頛，頛字之訛。舊注音未，面前，誤。”（1283 下）

按:《康熙字典・頁部》:“頛，《廣韻》《集韻》並無沸切，音未。面前也。”（1482 上）《玉篇・頁部》:“頛，勿沸切。面前也。”（20 上左）敦煌本《王韻》去聲未韻無沸反:“頛，面前。”（404）故宫本《王韻》、《廣韻》同。《集韻》去聲未韻無沸切:“頛，面俯前也。”（486）又《説文・頁部》:“頛，頭不正也。从頁，从耒。耒，頭傾也。讀又若《春秋》‘陳夏齧’之齧。”（181 上）按：徐鍇《繫傳》作:“耒亦聲。”《玉篇・頁部》:“頛，力罪切。《説文》云:‘頭不正也。’”（19 下左）故“頛”與“頛”儘管字形相近，然音義俱别，二字不可混同，《正字通》謂“頛”即“頛”字之訛，且謂“舊注”誤，既無書證亦無例證，其説非是。

852. 㚉

《字彙·頁部》："㚉，丁可切，音朶。醜貌。"（538 上）

《正字通·頁部》："㚉，頦字之訛。舊注醜貌，與《説文》頦訓近，訛从多，音朶，非。"（1284 上）

按：《康熙字典·頁部》："㚉，《廣韻》丁可切，《集韻》典可切，並音哆。《玉篇》：'醜貌。'"（1483 上）《廣雅·釋詁二》："㚉、嗎，醜也。"《玉篇·頁部》："㚉，丁可切。醜皃。"（20 上右）又《説文·頁部》："頦，醜也。从頁，亥聲。"（181 下）"頦"，《廣韻》音"户來切"。故"㚉"與"頦"儘管義同，然形音俱别，二字不可混同，《正字通》謂"㚉"即"頦"字之俗，既無書證亦無例證，其説非是。

853. 頢

《字彙·頁部》："頢，盧活切，音捋。頢頢，面醜也。"（538 下）

《正字通·頁部》："頢，頯字之訛。舊注音捋，頢頢，面醜，非。"（1285 下）

按：《康熙字典·頁部》："頢，《集韻》盧活切，音捋。頢頢，面醜。"（1485 下）《集韻》入聲末韻盧活切："頢，頢頢，面醜。"（694）又《説文·頁部》："頯，權也。从頁，𡕥聲。"（179 下）段玉裁注："權者，今之顴字。"《廣雅·釋詁三》："頯，厚也。"《廣韻》平聲脂韻渠追切："頯，小頭。"（26）《集韻》平聲脂韻渠龜切："頯，頰骨。《説文》：'權也。'一曰厚也。或作頄。"（48）故"頢"與"頯"儘管形近，然音義俱别，二字不可混同，《正字通》謂"頢"即"頯"字之訛，且謂"舊注"非，既無書證亦無例證，其説非是。

854. 頪

《字彙·頁部》："頪，七稔切，音寑。醜貌。又士錦切，音近甚。頳頪，俯首。又士針切，音岑。義同。"（538 下）

《正字通·頁部》："頪，俗字。舊注音寑，醜貌；又音甚，頳頪，俯

首，並非。”（1285 下）

按：《康熙字典・頁部》：“顉，《集韻》士瘁切，岑上聲。醜貌。或作頣。又時鴆切，音甚。頳顉，俯首。或作㑇。又鋤簪切，音岑。義同。”（1485 下）《玉篇・頁部》：“頣，丘飲切。醜皃。”（20 上右）《廣韻》上聲寑韻士瘁切：“頣，頣顯，醜皃。”（225）《集韻》上聲寑韻士瘁切：“顉，醜皃。或作頣。”（442）故“顉”訓“醜皃”，與“頣”音義並同，此“顉”當即“頣”之異體字。又《集韻》平聲侵韻鉏簪切：“顉，頳顉，俯首。”（277）下文去聲沁韻時鴆切又曰：“顉，頳顉，俯首。或作㑇。”（621）故“顉”訓“頳顉，俯首”，與“㑇”音義並同，此“顉”當即“㑇”之異體字。

855. 噞

《字彙・頁部》：“噞，宜禁切，音近印。噞噞，首動貌。一曰顩噞，首動貌。”（538 下）

《正字通・頁部》：“噞，頷字之訛。舊注音印，噞噞，首動貌；一曰顩噞，首動貌，並非。”（1285 下）

按：《康熙字典・頁部》：“噞，《集韻》宜禁切，吟去聲。顩噞，首動也。”（1485 下）《集韻》去聲沁韻丘禁切：“顩，顩噞，首動。”下文宜禁切又曰：“噞，顩噞，首動。”（622）又《説文・頁部》：“頷，面黄也。从頁，含聲。”（180 上）《方言》卷十：“頷、頤，頜也。南楚謂之頷，秦晉謂之頜，頤其通語也。”《廣韻》上聲感韻胡感切：“頷，《漢書》曰：‘班超虎頭燕頷。’《説文》曰：‘面黄也。’”（226）《集韻》上聲感韻五感切：“顉，《説文》：‘低頭也。’或作頷。”（446）故“噞”與“頷”儘管構字部件相同，然音義俱別，二字不可混同，《正字通》謂“噞”即“頷”字之訛，且謂“舊注”非，既無書證亦無例證，其説非是。

856. 頙

《字彙・頁部》：“頙，訛胡切，音吾。大頭。”（539 上）

《正字通・頁部》：“頙，俗顐字。”（1286 上）

按:《康熙字典・頁部》:“頶,《集韻》訛胡切,音吾。大頭也。”（1485下）《玉篇・頁部》:“頶,五孤切。大頭也。”（20上左）《集韻》平聲模韻訛胡切:“頶,大頭也。”（91）又《廣雅・釋詁一》:“顥,大也。”王念孫《疏證》:“顥者,《玉篇》:‘大頭也。’”《龍龕》卷四《頁部》:“顥頫,上苦老反,下五老反。顥頫,大頭也。”（485）《廣韻》上聲晧韻五老切:“頫,顥頫,大頭。”（206）故“頶”與“頫”儘管義同,然形音俱別,二字不可混同,《正字通》謂“頶”即“頫”字之俗,既無書證亦無例證,其説非是。

857. 頶

《字彙・頁部》:“頶,胡谷切,音斛。鼻高貌。”（539上）

《正字通・頁部》:“頶,頡字之訛。”（1286上）

按:《康熙字典・頁部》:“頶,《廣韻》《集韻》並胡沃切,音鵠。《廣韻》:‘鼻高貌。’”（1485下）《廣韻》入聲沃韻胡沃切:“頶,鼻高皃。”（374）《集韻》入聲沃韻胡沃切:“頶,高鼻謂之頶。”（649）又《説文・頁部》:“頡,直項也。从頁,吉聲。”（180下）《玉篇・頁部》:“頡,紅結切。《説文》曰:‘直項也。’”（19下左）故“頶”與“頡”儘管形近,然音義俱別,二字不可混同,《正字通》謂“頶”即“頡”字之俗,既無書證亦無例證,其説非是。

858. 顅

《字彙・頁部》:“顅,魚幹切,音岸。額也。”（539下）

《正字通・頁部》:“顅,顙字之訛。舊注額也,與顙義近,改音岸,非。”（1286下）

按:《康熙字典・頁部》:“顅,《集韻》魚旰切,音岸。額也。”（1486下）《集韻》去聲翰韻魚旰切:“顅,額也。”（554）又《説文・頁部》:“顙,額也。从頁,桑聲。”（179上）《玉篇・頁部》:“顙,蘇朗切。額也。《易》曰:‘其於人也,爲廣顙。’”（19上左）故“顅”與“顙”儘管義同,然形音俱別,二字不可混同,《正字通》謂“顅”即“顙”字之訛,且謂“舊注”非，既無書證亦無例證，其説非是。

859. 顧

《字彙・頁部》:“顧，魚勿切，音育。顧頦，面短貌。”（539 下）

《正字通・頁部》:“顧，頢字之訛。”（1286 下）

按:《康熙字典・頁部》:“顧，《集韻》魚屈切，音崛。顧頦，面短貌。”（1487 上）《集韻》入聲迄韻魚屈切:“顧，顧頦，面短。”（677）《正字通》之説非是。《集韻》入聲末韻户括切:“頢，《説文》:‘短面也。’或作䯏。”（690）“頢”即“䯏”之異體字。故“顧”與“頢（䯏）”儘管義同，然形音俱别，二字不可混同，《正字通》謂“顧”即“頢（䯏）”字之訛，既無書證亦無例證，其説非是。

860. 頙

《字彙・頁部》:“頙，安古切，音伍。頭巾也。”（539 下）

《正字通・頁部》:“頙，頸字之訛。舊注音伍，頭巾，誤。”（1286 下）

按:《集韻》上聲姥韻於五切:“幠，首巾謂之幠。或作頙。”（340）故“頙”當即“幠”之異體字。又《説文・頁部》:“頸，頭莖也。从頁，巠聲。”（179 下）《玉篇・頁部》:“頸，古郢切。《説文》云:‘頭莖也。’”（19 上左）故“頙”與“頸”音義俱别，二字不可混同，《正字通》謂“頙”即“頸”字之訛，且謂“舊注”誤，既無書證亦無例證，其説非是。

861. 頮

《字彙・頁部》:“頮，胡計切，音係。伺人也。一曰恐也。”（539 下）

《正字通・頁部》:“頮，虛器切，音係。《説文》:‘伺人也。一曰恐也。’”（1287 上）

按:《字彙補・頁部》:“頮，其規切，音葵。小頭也。”（249 下）此“頮”當即“頯（𩒻）”“頄”之異體字。《説文・頁部》:“𩒻，小頭𩒻𩒻也。从頁，枝聲。讀若規。”（180 上）段玉裁注：“亦作頍，亦作⿰木頁。”《玉篇・頁部》：“頍，吉惟切。《說文》云：‘小頭頍頍也。’䫏，同上。”（19 下右）《廣韻》平聲支韻居隋切：“䫏，《說文》曰：‘小頭䫏䫏也。’頍，上同。”（21）《集韻》平聲支韻均窺切：“䫏，小頭䫏䫏也。或書作⿰木頁。”（36）故“類”與“頍（䫏）”“⿰木頁”音義並同，此“類”當即“頍（䫏）”“⿰木頁”之異體字。

862. ⿰礻頁

《字彙・頁部》：“⿰礻頁，丁結切，音闉。⿰礻頁頰，小頭貌。”（539 下）

《正字通・頁部》：“⿰礻頁，頍字之訛。舊注小頭，與《說文》‘䫏’訓同，改音闉，誤。”（1287 上）

按：《康熙字典・頁部》：“⿰礻頁，《集韻》丁結切，音窒。⿰礻頁頰，小頭貌。”（1487 下）《集韻》入聲屑韻丁結切：“⿰礻頁，⿰礻頁頰，小頭皃。”（700）又《玉篇・頁部》：“頍，吉惟切。《說文》云：‘小頭䫏䫏也。’䫏，同上。”（19 下右）“頍”“䫏”即異體字。故“⿰礻頁”與“頍（䫏）”儘管義同，然形音俱別，二字不可混同，《正字通》謂“⿰礻頁”即“頍（䫏）”字之訛，且謂“舊注”誤，既無書證亦無例證，其說非是。

863. ⿰阝頁

《字彙・頁部》：“⿰阝頁，何加切，音瑕。傾⿰阝頁，言語無度。”（539 下）

《正字通・頁部》：“⿰阝頁，頗字之訛，因頗篆作[illegible]，形似而誤。”（1287 上）

按：《康熙字典・頁部》：“⿰阝頁，《廣韻》胡加切，《集韻》何加切，並音遐。《玉篇》：‘傾⿰阝頁。’《廣韻》：‘言語無度。’《集韻》或作㥶。”（1487 下）《玉篇・頁部》：“傾，胡鉤切。傾⿰阝頁，言不正也。”下字曰：“⿰阝頁，胡加切。傾⿰阝頁。”（20 上右）《廣韻》平聲麻韻胡加切：“⿰阝頁，傾⿰阝頁，言語無度。”（107）《集韻》平聲麻韻何加切：“⿰阝頁㥶，傾⿰阝頁，言不正也。或从心。”（207）又《說文・言部》：“頗，頭偏也。从頁，皮聲。”（181 上）《玉篇・頁部》：“頗，普波切。不平也；偏也。又匹跛切。”（19 下左）故“顯”與“頞”音義俱別，二字不可混同，《正字通》據“頞”字篆文“”而謂“顯”即“頞”字之訛，既無書證亦無例證，其説非是。

864. 顯

《字彙・頁部》:“顯，胡割切，音曷。健貌。”（539 下）

《正字通・頁部》:“顯，俗頞字。《説文》頞或从鼻、曷作齃，俗改爲顯。舊注音曷，健貌，非。”（1287 上）

按:《康熙字典・頁部》:“顯，《廣韻》胡葛切，《集韻》何葛切，並音曷。《玉篇》:‘健貌。’又《集韻》:‘傾顯，揚言也。一曰頼顯，鼻面平也。一曰健也。’”（1487 下）《玉篇・頁部》:“顯，胡割切，又呼割切。健皃。”（20 上左）《廣韻》入聲曷韻胡割切:“顯，頼顯，健也。又音曒。”（391）又《説文・頁部》:“頞，鼻莖也。从頁，安聲。齃，或从鼻、曷。”（179 上）《玉篇・頁部》:“頞，惡葛切。鼻莖也。《孟子》曰:‘蹙頞相告。’亦作齃。”（19 上左）故“顯”與“頞（齃）”音義俱別，二字不可混同，《正字通》謂“顯”即“頞（齃）”字之俗，且謂“舊注”非，既無書證亦無例證，其説非是。

865. 顤

《字彙・頁部》:“顤，五弔切，音耀。高長頭，胡人貌也。”（541 上）

《正字通・頁部》:“顤，弋炤切，音耀。《説文》:‘高長頭也。’又蕭韻音堯。義同。”（1290 上）

按:《康熙字典・頁部》:“顤，《廣韻》許交切，《集韻》虛交切，並音虓。《廣韻》:‘顤顤，人面也。’《釋名》:‘高也。’……又《集韻》丘召切，音嶠。舉首也。”（1490 下）《集韻》去聲笑韻丘召切:“顤，舉首。”（581）此“顤”本當作“翹”。三國魏阮籍《奏記詣蔣公》:“群英翹首，俊賢抗足。”唐韓愈《賀皇帝即位表》:“天下翹首，以望太平。”“翹首”即指“抬頭而望”，多以喻“盼望或思念之殷切”。“顤”訓“舉首”，與“翹首”義同，此“顤”當因“翹”“首”連用、“首”“頁”義通，遂改换義符“羽”旁爲“頁”旁而産生的俗字，此“䪼”本當作“翹”。

866. 顮

《字彙·頁部》:“顮，山責切，音色。頬也。”（541 上）

《正字通·頁部》:“顮，顩字之訛。舊注音色，頬也，誤。”（1290 下）

按:《康熙字典·頁部》:“顮，《廣韻》所力切，《集韻》殺測切，並音色。頬也。”（1491 上）《廣韻》入聲職韻所力切:“顮，頬也。”（425）《集韻》入聲職韻殺測切:“顮，頬也。”（756）又《説文·頁部》:“顩，面顣顩皃。从頁，酓聲。”（181 上）《玉篇·頁部》:“顩，來感切。《説文》云:‘面顣顩皃。’《聲類》云:‘面瘠皃。’”（19 下左）《廣韻》上聲寢韻力稔切:“顩，顩然作色皃。”（223）故“顮”與“顩”儘管形近，然音義俱别，二字不可混同，《正字通》謂“顮”即“顩”字之訛，且謂“舊注”誤，既無書證亦無例證，其説非是。

867. 顬

《字彙·頁部》:“顬，汝朱切，音儒。顳顬。”（541 上）

《正字通·頁部》:“顬，顬字之訛。舊注音儒，顳顬，非。”（1290 下）

按:《康熙字典·頁部》:“顬，《廣韻》人朱切，《集韻》汝朱切，並音儒。耳穴動謂之顳顬。”（1491 下）《玉篇·頁部》:“顬，仁于切。顳顬，耳前動也。”（19 下左）《廣韻》入聲虞韻人朱切:“顬，顳顬，耳前動。”（39）下文入聲葉韻而涉切:“顳，顳顬，鬢骨。”（436）又《説文·頁部》:“䰗，面瘦淺䰗䰗也。从頁，霝聲。”（180 上）《玉篇·頁部》:“䰗，郎丁切。《説文》云:‘面瘦淺䰗䰗也。’”（19 下右）故“顬”與“䰗”儘管形近，然音義俱别，二字不可混同，《正字通》謂“顬”即“䰗”字之訛，且謂“舊注”非，既無書證亦無例證，其説非是。

868. 顭

《字彙・頁部》:"顭，五各切，音愕。面高貌。又嚴敬曰顭。"(541下)

《正字通・頁部》:"顭，頟字之訛。舊注音愕，面高貌，又嚴敬曰顭，分爲二，非。"(1290下)

按:《康熙字典・頁部》:"顭,《集韻》逆各切，音愕。《玉篇》:'面高貌。'與顎同。"(1492上)《玉篇・頁部》:"顭顎，二同。音愕。面高皃。"(20上左)《集韻》入聲鐸韻逆各切:"顎，恭嚴也。或作顭。"(730)故"顭"即"顎"之異體字。又《説文・頁部》:"頟，面前岳岳也。从頁，岳聲。"(180上)《龍龕》卷四《頁部》:"頟，音岳。《説文》云:'面前頟頟。'《玉篇》云:'鼻高也。'"(487)《玉篇・頁部》:"頟，五角切。面前頟頟。"(19下右)故"顭"與"頟"儘管義通，然形音俱别，二字不可混同,《正字通》謂"顭"即"頟"字之訛，且謂"舊注"誤，既無書證亦無例證，其説非是。

869. 飩

《字彙・風部》:"飩，徒孫切，音屯。風也。"(542上)

《正字通・風部》:"飩，舊注徒孫切，音屯，風也。按:《爾雅・釋天》:'風與火爲庉。'郭注:'庉庉，熾盛貌。'飩即俗庉字。舊注專訓風，泥。"(1292上)

按:《康熙字典・風部》:"飩,《集韻》徒渾切，音屯。風也。"(1493上)《集韻》平聲䰟韻徒渾切:"飩，風也。"(142)《正字通》之説疑是。《爾雅・釋天》:"風與火爲庉。"郭璞注:"庉庉，熾盛之貌。"邢昺疏:"言風自火出，火因風熾，而有大風者爲庉。"王引之《述聞》:"案:《釋文》:'庉，本或作炖，字同。'《玉篇》:'炖，風與火也。'《方言》:'炖、㶴、煓，赫也。'郭璞注曰:'皆火盛熾之貌。'然則炖者，火得風而炖炖然盛，非謂風自火出也。古無炖字，故借庉爲之。"《爾雅》"庉"當爲"炖"之假借字。"炖",《集韻》亦音"徒渾切"。"飩"疑即"炖"因涉義改換義符而産生的異體字。《集韻》訓“風也”，疑爲望形生訓。

870. 颵

《字彙・風部》：“颵，力丁切，音零。寒風。”（542 上）

《正字通・風部》：“颵，離呈切，音零。寒風。又梗韻音泠。義同。通作泠。”（1292 上）

按：《康熙字典・風部》：“颵，《集韻》郎丁切，音靈。《玉篇》：‘寒風。’”（1493 下）《龍龕》卷一《風部》：“颵，音零。寒風。”（126）《玉篇・風部》：“颵，力丁切。寒風。”（94 下右）《正字通》所言當是。《玉篇校釋》“颵”字下注：“《集韻》下平青韻同。《楚辭・初放》：‘下泠泠而來風。’王注：‘泠泠，清涼風皃。’《莊子・齊物論》：‘泠風則小和。’李注：‘泠泠，小風也。’本書《仌部》：‘冷，寒也。又力丁切。’”（3917）此説印證了《正字通》之説。故“颵”與“泠”“冷”音義皆通，“颵”本當作“泠”“冷”。

871. 颹

《字彙・風部》：“颹，無匪切，音尾。颹颹，風偃物也。”（542 下）

《正字通・風部》：“颹，俗字。舊注音尾，颹颹，風偃物，誤。”（1293 上）

按：《康熙字典・風部》：“颹，《集韻》武斐切，音尾。颹颹，風偃物也。”（1494 下）《新修玉篇》卷二十《風部》引《餘文》：“颹，無匪切。颹颹，風偃物也。”（177 上右）《篇海》卷八《風部》引《餘文》：“颹，音尾。颹颹，風偃物也。”（703 上）《新修玉篇》與《篇海》義訓不同，當以《新修玉篇》爲是。《集韻》上聲尾韻武斐切：“颹，颹颹，風偃物也。”（325）此即其證。《詳校篇海》卷三《風部》：“颹，音尾。颹颹，風偃物也。”（190 上）《篇海類編》同。《詳校篇海》《篇海類編》《字彙》亦皆訓“颹颹，風偃物也”，此亦其證。《大字典》“颹”字據《篇海》之誤而訓“颹颹”，又據《篇海類編》而謂“也作‘颹颹’”，失考證。《字海》“颹”字據《篇海類編》而訓“颹颹”，是也。

872. 颵

《字彙・風部》:“颵，先擊切，音昔。颵颵，風聲。”（542 下）

《正字通・風部》:“颵，思積切，音昔。颵颵，風聲。”（1293 上）

按:《康熙字典・風部》:“颵,《集韻》先的切，音錫。颵颵，風聲。”（1494 下）《集韻》入聲錫韻先的切:“颵，颵颵，風聲。”（748）“颵”本當作“淅”。杜甫《雨》:“朔風鳴淅淅，寒雨下霏霏。”仇兆鰲《詳注》:“淅淅，風細聲。”又杜甫《薄遊》:“淅淅風生砌，團團日隱墻。”仇兆鰲《詳注》:“淅淅，風聲細也。”“淅”,《廣韻》音“先擊切”。故“颵颵”與“淅淅”音義並同,“颵”當即“淅”字之俗。

873. 颹

《字彙・風部》:“颹，須鋭切，音碎。破也。”（542 下）

《正字通・風部》:“颹，俗字。舊注音碎，破也，誤。”（1293 上）

按:《康熙字典・風部》:“颹,《字彙》須鋭切，音碎，破也。”（1494 下）《龍龕》卷一《風部》:“颹，音碎。破也。”（127）“颹”音“碎”，當即“碎”字之俗。《説文・石部》:“碎，䃺也。从石，卒聲。”（193 下）段玉裁注本作“糠也”，並注:“糠，各本作䃺，其義迥殊矣。䃺所以碎物，而非碎也。今正。《米部》曰:‘糠，碎也。’二篆爲轉注。”《玉篇・石部》:“碎，先潰切。散也；破也。”（105 上左）故“颹”與“碎”音義並同,“颹”當即“碎”字之俗。

874. 颽

《字彙・風部》:“颽，徒官切，音團。颽風也。”（543 上）

《正字通・風部》:“颽，俗字。舊注徒官切，音團，颽風也，泥。”（1294 上）

按:《康熙字典・風部》:“颽,《集韻》徒官切，音團。風也。”（1496 上）《集韻》平聲桓韻徒官切:“颽，摶風也。”（150）《正字通》謂“颽”爲俗字，是也。今案:“颽”當即“摶”字之俗。《莊子・逍遥游》:“摶扶摇而上者九萬里。”“扶摇”，旋風，後因稱乘風捷上爲“摶風”。《藝文類聚》卷二七引南朝梁簡文帝《阻歸賦》：“躡九枝而耀景，總六翮而摶風。”唐錢可復《鶯出谷》：“摶風翻翰疾，向日弄吭頻。”宋文瑩《玉壺清話》卷八：“縱轡誠虧於遠到，摶風勉屈於卑飛。”明張四維《雙烈記·寇逸》：“夾攻裏外施英勇，看他鵬翮怎摶風？”唐元稹《賦得春雪映早梅》：“摶風飄不散，見晛忽偏摧。”宋王安石《寄李秀才兄弟》詩：“怒水摶風雪壟高，亂流追我隻魚舠。”“䫿”當因“摶”“風”連用，“摶”受“風”字類化影響增加“風”旁形成的俗字，故“䫿”本作“摶”。

875. 飃

《字彙·風部》：“飃，紕招切，音漂。風聲。又旋風。又匹妙切，音勡。與飄同。”（543 上）

《正字通·風部》：“飃，同飄。舊注音縹，旋風；又匹妙切，音勡，與飄同。不知飃即飄，别作飄，其音義一也，誤分爲二。”（1294 上）

按：《康熙字典·風部》：“飃，《集韻》匹妙切，音勡。風貌。或作飄。又《五音集韻》撫招切，音漂。旋風也。”（1496 上）《新修玉篇》卷二十《風部》引《餘文》：“飃，匹妙切。風聲。”（177 上左）《篇海》同。《新修玉篇》《篇海》訓“風聲”，疑非是。《集韻》去聲笑韻匹妙切：“飃、飄，風皃。或从麃。”（581）故《新修玉篇》《篇海》訓“風聲”，當爲“風皃”之誤。《詳校篇海》卷三《風部》：“飃，紕招切，音漂。風聲。又旋風。又匹妙切，音漂。風皃。同飄。”（190 下）《篇海類編》同。《詳校篇海》《篇海類編》《字彙》“飃”字下亦收“風聲”這一義項，當皆因承襲《篇海》之謬而誤。《大字典》“飃”字下據《篇海類編》之誤而收録“風聲”這一義項，亦非。

876. 颾

《字彙·風部》：“颾，甾耕切，音争。颾颼，風聲。”（543 上）

《正字通·風部》：“颾，颼字之訛。”（1294 下）

按：《康熙字典·風部》：“颾，《集韻》中莖切，音丁。颾颼，風聲。”

（1496 下）《集韻》平聲耕韻中莖切："颾，颾颬，風聲。"（236）《正字通》之説非是。又《集韻》平聲豪韻蘇遭切："颾，風聲。"（100）故"颾"與"颾"儘管義同，然形音俱别，二字不可混同，《正字通》謂"颾"即"颾"字之訛，既無書證亦無例證，其説非是。

877. 飋

《字彙·風部》："飋，狼狄切，音歷。颼飋，風聲。"（543 下）

《正字通·風部》："飋，郎敵切，音歷。颼飋，風聲。"（1294 下）

按：《康熙字典·風部》："飋，《集韻》狼狄切，音歷。颼飋，風聲。"（1497 上）《集韻》入聲錫韻狼狄切："飋，颼飋，風聲。"（752）"飋"本當作"瀝"。唐喬知之《定情篇》："碧榮始芬敷，黄葉已淅瀝。"唐李商隱《到秋》詩："扇風淅瀝簟流灕，萬里南雲滯所思。"《紅樓夢》第四五回："……又聽見窗外竹梢蕉葉之上，雨聲淅瀝，清寒透幕，不覺又滴下淚來。"曹禺《雷雨》第四幕："外面雨聲淅瀝可聞，窗前帷幕垂下來了。""淅瀝"即爲象聲詞，形容雪霰、風雨、落葉等的聲音。"瀝"，《廣韻》音"郎擊切"。故"飋"訓"颼飋，風聲"，與"淅瀝"音義並同，"飋"當即"瀝"字之俗。

878. 飥

《字彙·食部》："飥，去毅切，音氣。食怒。又許訖切，音迄。飽也。"（544 上）

《正字通·食部》："飥，舊注音氣，食怒；又音迄，飽也。按：《集韻》飥訓飽，或作餼、餼。此《集韻》曲説也。古借氣爲餼，飥即餼之省，當與饋客同義，轉音吸，專訓飽，非；舊注音氣，食怒，尤非。"（1296 上）

按：《康熙字典·食部》："飥，《玉篇》去毅切，音氣。食怒。又《五音集韻》許訖切，音迄。飽也。《正字通》：'古借氣爲餼，飥即餼之省。'"（1499 上）《玉篇·食部》："飥，去毅切。食怒。餼，許氣切。同上訓。"（46 下左）《正字通》之説疑可商榷。原本《玉篇·食部》："飥，呼乞反。《埤蒼》:‘飥,飽也。’”(363)《名義·食部》:“餼,呼乞反。飽也。”(92下)“飥”與“餼”音義並同,且位置相同,原本《玉篇》收録“飥”字而未收“餼”字,《名義》收録“餼”字而未收“飥”,故“飥”“餼”當爲同字異體。原本《玉篇》“飥”字本置於“餥”“餸”二字之間,《玉篇》於前漏收,遂於部末補收“飥”字,然改音“去毅切”,並改訓“食怒”,於前代字書皆無徵,非是。又其音“餼”爲“許氣切”,是也;然其謂“餼”字“同上訓”,亦非。又《方言》卷十二:“饑,飽也。”郭璞注:“饑,香既反。”故“飥”“餼”與“饑”音義皆同,即爲異體字。《新修玉篇》卷九《食部》引《玉篇》:“飥,去毅切。食怒。”(87上左)《篇海》同。《新修玉篇》《篇海》轉録《玉篇》之訓而未作校正,俱失考證。《直音篇》卷三《食部》:“飥,音氣。食怒。”(93上)此亦當爲《玉篇》所誤。《詳校篇海》卷四《食部》:“飥,去毅切,音氣。食怒。又許訖切,音迄。飽也。”(255下)《篇海類編》同。《詳校篇海》《篇海類編》《字彙》“飥”字下亦收“音氣,食怒”這一義項,亦皆因承前而謬。《正字通》謂“舊注”音“氣”、訓“食怒”非,是也;然其謂“飥”當與“饋客”同義,非是。《康熙字典》轉録《玉篇》“音氣,食怒”這一義項而未作校正,亦失考證。《大字典》《字海》“飥”字下皆據《玉篇》之誤而收録“食怒”這一義項,並非。

879. 餖

《字彙·食部》:“餖,與餖同。又式列切,音設。陳(餘)[飲]食也。”(544上)

《正字通·食部》:“餖,舊注與餖同;又音設,陳(餘)[飲]食也。”(1297上)

按:《康熙字典·食部》:“餖,《廣韻》都豆切,《集韻》丁候切,並音鬭。《廣韻》:‘餖飣。’又《集韻》大透切,音豆。與餖同。飣也。又式列切,音設。陳飲食也。”(1499下)《集韻》入聲薛韻式列切:“餖,陳飲食也。”(709)“陳飲食”即“設食”,“設食”一詞文獻用例甚多,此不贅。故“餖”訓“陳飲食也”,此字本作“設”。

880. 餙

《字彙·食部》:“餙，而至切，音貳。食也。《説文》:‘粉餅。’《玉篇》:‘祭也。’”（544上）

《正字通·食部》:“餙，俗餌字。舊注音貳，食也，引《説文》‘粉餅’,《玉篇》‘祭也’。按：餌,《集韻》作餙,《説文》訓‘鬻’爲粉餅，非訓‘餙’，舊本引《説文》《玉篇》並非。”（1297下）

按:《康熙字典·食部》:“餙,《集韻》同餌。”（1500下）元刊本《玉篇·食部》:“餙，而至切。祭也。”元刊本《玉篇》訓“祭也”，疑非是。《玉篇·食部》:“餙，而至切。粉餅也。”（46下左）《廣韻》去聲志韻仍吏切:“餌，食也。《説文》:‘粉餅也。’鬻，同上。”（252）《集韻》去聲志韻仍吏切:“鬻,《説文》:‘粉餅也。’或作弻、餌、餙。”（483）故“餙”當同“餌”“鬻”“弻”，義爲“粉餅”“食”。《新修玉篇》卷九《食部》引《玉篇》:“餙，仍吏切。食也。《説文》:‘粉餅也。’”（87上左）《篇海》卷十一《食部》引《玉篇》:“餙，而至切。食也。《説文》:‘粉餅也。’”（747上）以上二書亦其證也。故元刊本《玉篇》訓“祭也”，於前代字韻書皆無徵，當因從“示”爲説而誤。《直音篇》卷三《食部》:“餌，音二。食也；餅也。餙，同上。又祭也。”（93上）《直音篇》謂“餙”同“餌”，食也；然又訓“祭也”，當因承襲元刊本《玉篇》之謬而誤。《詳校篇海》卷四《食部》:“餙，而至切，音貳。食也。《説文》:‘粉餅。’《玉篇》:‘祭也。’又與餌同。”（256上）《篇海類編》同。《詳校篇海》《篇海類編》《字彙》“餙”字下亦收“祭也”這一義項，亦皆因承前而謬。《正字通》謂“舊注”引《玉篇》“祭也”之訓非，是也；然謂“舊注”引《説文》“粉餅”之訓亦非，非是。《大字典》《字海》“餙”字下皆據元刊本《玉篇》之謬而收録“祭祀”這一義項，亦並非是。

881. 錄

《字彙·食部》:“錄，力谷切，音祿。食也。”（545下）

《正字通·食部》:“錄，俗字。舊注音祿，食也，誤。”（1301上）

按:《康熙字典·食部》:“𩚵,《玉篇》力谷切,音禄。食也。”(1504上)《玉篇·食部》:“𩚵,力谷切。食也。”(46下左)《玉篇校釋》“𩚵”字下注:“《廣韻》《集韻》並無,疑俗因‘禄食’而造作。”(1993)胡氏所言當是。“禄食”義爲“俸禄”。如:《漢書·食貨志上》:“税給郊社宗廟百神之祀,天子奉養、百官禄食庶事之費。”明李東陽《文林郎謝公墓志銘》:“公自奉素儉,雖被封錫,禄食僅僅,益自節縮爲義舉。”亦指“食禄”,指“供職官府享有俸禄”。如:《後漢書·朱暉傳》:“禄食之家,不與百姓争利。”唐韓愈《順宗實録四》:“萬福自始從軍至卒,禄食七十年,未嘗病一日,典九郡皆有惠愛。”“禄食”亦作“食禄”,義爲“享受俸禄”。如:《史記·循吏列傳》:“食禄者,不得與下民争利。”宋司馬光《范景仁傳》:“景仁時年六十三,因上言:‘即不用臣言,臣無顔復居位食禄。’”亦指“迷信者稱人一生中注定應享之食”。如:宋周密《齊東野語·洪端明入冥》:“復扣平生食禄,遂於袖中出大帙示之。”故“𩚵”當因“食”“禄”經常連用,“禄”受“食”字類化影響,遂改换義符而形成的異體字,“𩚵”本當作“禄”。

882. 餁

《字彙·食部》:“餁,同飪。”(545下)

《正字通·食部》:“餁,舊注沿《篇海》同飪,然考《篇海》又拏協切,音捻。餅也。亦作䬯。其説差近,其義未詳。舊注削不載,誤也。寒具,一名環餅。劉禹錫《佳話》以寒具爲捻頭。《雲溪友議》載李日新《題仙娥驛詩》云:‘商山食店太悠悠,陳黯𩜼饠古餁頭。’即捻頭也。”(1301上)

按:《康熙字典·食部》:“餁,《廣韻》如甚切,《集韻》忍甚切,並音荏。《玉篇》:‘飽也。’……又《集韻》諾叶切,音捻。《篇海》:‘餅也。’《正字通》:‘寒具,一名環餅。《劉賓客佳話》以寒具爲捻頭。《雲溪友議》李日新《題仙娥驛詩》:商山食店太悠悠,陳黯𩜼饠古餁頭。即捻頭也。’《集韻》:‘或作䬯。’”(1504上)《玉篇·食部》:“餁,如枕切。飽也。”(47上右)《玉篇》訓“飽也”,疑非是。原本《玉篇·食部》:“飪,如甚反。《周易》:‘鼎象也，以木巽火，烹飪也。’王弼曰:‘飪，熟也。’《方［言］》:‘徐揚之間謂熟曰飪。’《説文》:‘大熟也。’《字書》:‘或爲腍字。在《肉部》。或爲恁字。在《火部》。’”（346）“餘”與“飪”“餁”“腍”音同，當爲異體字，“餘”當即“飪”“餁”與“腍”交互影響而産生的俗字。《龍龕》卷四《食部》:“餁餘，音稔。熟食也。二同。”（501）此是其證也。故“餘”當即“飪（餁）”之異體字。《玉篇》訓“飽也”，非是。又《正字通》謂“餘頭”即“捻頭”，所言是也。明李時珍《本草綱目·穀四·寒具》:“捻頭，捻其頭也……林洪《清供》曰:‘寒具，捻頭也。以糯粉和麵，麻油煎成，以糖食之。可留月餘，宜禁煙用。’”此即其證也。《康熙字典》轉録《玉篇》“飽也”之訓而未作校正，亦失考證。《大字典》《字海》“餘”字下皆據《玉篇》收録“飽”這一義項，並非。

883. 饏

《字彙·食部》:“饏，丑庚切，音撐。饏餕，飽也。”（547 上）

《正字通·食部》:“饏，俗字。舊注音撐，饏餕，飽也，誤。”（1304 上）

按:《康熙字典·食部》:“饏，《字彙》丑庚切，音撐。饏餕，飽也。”（1508 下）《詳校篇海》卷四《食部》:“饏饓，二丑庚切，音撐。饏餕，飽也。”（258 上）《篇海類編》同。《正字通》謂“饏”爲俗字，所言當是。“饏”“饓”本當作“撐”。元馬致遠《任風子》第一折:“吃的來眼又睁，撐的來氣又喘。”《紅樓夢》第四十九回:“你們兩個要吃生的，我送你們到老太太那裹吃去，那怕一隻生鹿，撐病了不與我相干。”“撐”，《廣韻》音“丑庚切”。“撐”，俗書作“㯼”。故“饏”“饓”與“撐（㯼）”音義並同，“饏”“饓”當即“撐（㯼）”字之俗。

884. 饋

《字彙·食部》:“饋，古外切，音貴。食也。”（547 上）

《正字通·食部》:“饋，譌字。舊注音貴，食也，泥。一説膾，《集韻》作鱠，俗作饋。”（1304 下）

按:《康熙字典·食部》:“𩝅,《集韻》古外切,音儈。食也。”(1509上)《集韻》去聲夳韻古外切:“𩝅,食也。”(522)《正字通》“一説”當是。《説文·肉部》:“膾,細切肉也。从肉,會聲。”(84下)《廣韻》去聲泰韻古外切:“膾,魚膾。《説文》曰:‘細切肉也。’”(281)《集韻》去聲夳韻古外切:“膾鱠,《説文》:‘細切肉也。’或从魚。”(522)“食也”“肉也”義通,故“𩝅”與“膾”音同義通,“𩝅”當即“膾”字之俗。《大字典》《字海》“𩝅”字下第❶義項皆據《集韻》訓“食”;第❷義項據《正字通》“一説”而謂同“膾”。《大字典》《字海》這樣處理“𩝅”與“膾”的字際關係,疑並非是。《大字典》《字海》應據《正字通》“一説”而直謂“𩝅”同“膾”,方妥。

885. 䭤

《字彙·食部》:“䭤,去善切,音遣。噍也。又乾麵餅也。”(547下)

《正字通·食部》:“䭤,䭔字之譌。”(1305下)

按:《康熙字典·食部》:“䭤,《廣韻》《集韻》並去演切,音遣。《玉篇》:‘噍也。’又乾麪餅。《集韻》一曰乾餌。又《博雅》:‘摶也。’一曰黏也。《集韻》或省作饋。”(1510上)原本《玉篇·食部》:“[䭤],去善反。《廣雅》:‘䭤,摶也。’《埤蒼》:‘噍也。’《聲類》:‘黏也。’或爲繾字。在《糸部》。”(364)《玉篇·食部》:“䭤,去善切。噍也;乾麵餅。”(46下右)《正字通》之説非是。原本《玉篇·食部》:“飷,丁回反。《埤蒼》:‘飷,膏也。’”(362)《玉篇·食部》:“䭔,丁回切。蜀人呼蒸餅爲䭔。飷,同上。”(46下右)《廣韻》平聲灰韻都回切:“䭔,餅也。”(56)“飷”“䭔”即爲異體字。故“䭤”與“䭔”儘管義通,然形音俱别,二字不可混同,《正字通》謂“䭤”即“䭔”字之訛,既無書證亦無例證,其説非是。

886. 騆

《字彙·馬部》:“騆,都忽切,敦入聲。騆騔,獸。出北海。”(550上)

《正字通·馬部》:“馻，貀字之譌。”（1312 上）

按:《康熙字典·馬部》:“馻,《廣韻》《集韻》並當没切，音咄。《廣韻》:‘䮝馻，獸名。出北海。’”（1518 上）《玉篇·馬部》:“䮝，古忽切。䮝馻，獸。出北海。”下字曰:“馻，都忽切。䮝馻。”（108 下左）《廣韻》入聲没韻古忽切:“䮝，䮝馻，獸。出北海。”（390）下文當没切又曰:“馻，䮝馻，獸。出北海。”（390）《集韻》入聲没韻當没切:“馻，䮝馻，獸名。出北海。”（682）下文古忽切又曰:“䮝，䮝馻，獸名。出北海。”（685）《正字通》所言疑是。《集韻》入聲没韻當没切:“貀，貖貀，獸名。”（682）下文古忽切又曰:“貖，貖貀，獸名。”（685）故“䮝馻”與“貖貀”音義並同，“䮝”疑即“貖”之異體字，而“馻”疑即“貀”之異體字。

887. 駗

《字彙·馬部》:“駗，之人切，音真。駗驙，馬載重難行也。”（550 下）

《正字通·馬部》:“駗，之溱切，音真。《説文》:‘馬載重難也。’”（1313 上）

按:《康熙字典·馬部》:“駗,《廣韻》章忍切,《集韻》知忍切，並音鬒。《玉篇》:‘駗驙，馬載重難行。’又《集韻》知鄰切，音珍。義同。又《廣韻》力珍切,《集韻》離珍切，並音鱗。《廣韻》:‘馬色。’”（1519 上）故宫本《王韻》平聲真韻力珍反:“駗，馬色。”（449）《廣韻》平聲真韻力珍切:“駗，馬色。”（60）下文上聲軫韻章忍切又曰:“駗，馬色也。”（186）《集韻》平聲真韻之人切:“駗，駗驙，馬載重難行皃。”（116）下文離珍切又曰:“駗，馬載重難也。”（121）下文上聲軫韻止忍切又曰:“駗，馬載重難行也。”（352）龍宇純《校箋》“駗”字下注:“‘駗’字《切三》作‘駖’。《廣韻》《集韻》同本書。唯《集韻》‘駗’下云‘馬載重難也’，不云‘馬色’。案《説文》‘駗，駗驙，馬載重難行也’，大徐‘駗’音張人切，小徐章引切。‘駗’‘驙’二字雙聲連語，《易》作‘屯亶’，與此音義俱異。《集韻》别有‘驎’字云‘馬斑文’，見《詩》傳及《爾雅》。此'駗'字蓋與《集韻》'驎'字同，當從《切三》作'駖'，從令爲聲。驎又作駖，與鱗或作鯪、憐或作怜同。《集韻》不從'駗'字'馬色'之訓，而仍'駗'字'力珍反'之音，亦誤也。"（98）龍氏所言是也。箋注本《切韻》（斯2071）平聲真韻力珍反："駖，馬色。"（114）故宫本《王韻》所收之"駗"與箋注本《切韻》所收之"駖"音義相同，且位置相當，故此"駗"當即"駖"字之訛。《説文·馬部》："駗，馬載重難也。从馬，㐱聲。"下字曰："驙，駗驙也。从馬，亶聲。《易》曰：'乘馬驙如。'"（200下）《名義·馬部》："駖（駗），張忍反。馬載重難也。"下字曰："驙，張連反。難也。"（229下）《玉篇·馬部》："駗，章忍、知鄰二切。駗驙，馬載重難行。"（108上左）以上諸字書亦未見"駗"有"馬色"之訓，此亦其證也；《名義》"駗"字寫作"駖"，此亦其佐證也。《廣韻》平聲真韻力珍切下所收之"駗"亦當爲"駖"字之訛，此當因承襲《切韻》之謬而誤。又《廣韻》下文上聲軫韻章忍切下收録"駗"字，是也；然訓"馬色也"，亦當因承襲《切韻》之謬而誤。《集韻》平聲真韻離珍切下收録"駗"字，此"駗"亦當爲"駖"字之誤，《集韻》改訓爲"馬載重難也"，亦非。又《龍龕》卷二《馬部》："駗，力珍反。馬色也。"（290）《龍龕》訓"馬色也"，亦當因承襲《切韻》之謬而誤。《康熙字典》轉録《廣韻》"馬色"之訓而未作校正，亦失考證。《大字典》《字海》"駗"字下皆據《廣韻》之誤而收録"馬色"這一義項，並非。

888. 駒

《字彙·馬部》："駒，求於切，音劬。馬後足皆白謂之駒。又曰馬左足白。"（551上）

《正字通·馬部》："駒，其余切，音劬。《爾雅》：'馬後足皆白。'俗本《爾雅》作狗。"（1314上）

按：《康熙字典·馬部》："駒，《廣韻》其俱切，《集韻》權俱切，並音衢。《玉篇》：'馬後足皆白。'《爾雅·釋畜》亦作狗，《集韻》或作䮝、䮷。"（1520上）《廣韻》平聲虞韻其俱切："駒，馬左足白。《爾雅》云：

‘馬後足皆白。’本作𤝔。”（39）《廣韻》訓“馬左足皆白”，非是。《爾雅·釋畜》：“前足皆白，騱；後足皆白，𤝔。”《玉篇·馬部》：“𩣡，音劬。馬後足皆白。亦作𤝔。”（108下右）以上諸書皆其證也。箋注本《切韻》（斯2071）平聲虞韻其俱反：“𩣡，馬右足白。”（110）“右”當爲“后（後）”字之誤。此亦其佐證也。故《廣韻》訓“馬左足皆白”，當爲“馬后（後）足皆白”之誤。《大字典》收録“𩣡”字，據《玉篇》訓“馬後足皆白”，並謂“也作‘𤝔’”，是也；然又承襲《廣韻》之訓而謂“一説馬左足皆白”，非是。

889. 駿

《字彙·馬部》：“駿，祖峻切，音俊。馬之良者。又須晉切，音峻。《詩·大雅》：‘崧高維嶽，駿極於天。’又疾速也；嚴急也。又大也。《詩·大雅》：‘駿命不易。’”（551下）

《正字通·馬部》：“駿，須閏切，音峻。良馬也。《史》：‘周穆王時，造父以善御得幸王，欲驅八駿，周行天下。祭公祈父作詩以諫八駿，各有名稱。’詳《玉海·博物志》，不具録。又與峻通。《詩·大雅》：‘崧高維嶽，駿極于天。’从峻爲正。又敏疾貌。又《周頌》：‘駿奔走在廟。’‘駿發爾私。’又大也。《大雅》：‘駿命不易。’”（1315下）

按：《康熙字典·馬部》：“駿，《唐韻》子峻切，《集韻》《韻會》《正韻》祖峻切，並音俊。《玉篇》：‘馬之美稱。’《博物志》：‘周穆王欲驅八駿，周行天下。’又與俊同。英儁也。《史記·屈原傳》：‘誹駿疑桀。’”（1522下）《詳校篇海》卷三《馬部》：“駿，祖峻切，音俊。良馬；又馬之美稱；又大也。又須晉切，音峻。義同。《詩·崧高》：‘駿極於天。’又疾速也；嚴急也。”（152上）《篇海類編》同。《大字典》“駿”字據《篇海類編》“嚴急也”之訓收録“嚴厲”這一義項，並以《史記·商君列傳》“殘傷民以駿刑，是積怨畜禍也”作爲書證。此“駿”當同“峻”。《史記·淮南衡山列傳》：“政苛刑峻，天下敖然若焦。”《新唐書·李實傳》：“乃峻責租調，人窮無告，至徹舍鬻苗輸于官。”以上二例之中的“峻”字皆爲“嚴厲；苛酷”之義。故“駿”訓“嚴急也”，與“峻”音義並同，此“駿”當即“峻”之異體字。又《大字典》“駿”字下第❺義項據《南史·蕭子雲傳》“筆力勁駿，心手相應”這一文獻用例收録“挺拔”這一義項，此義之“駿”亦當同“峻”。唐張彦遠《法書要録》卷六：“頓挫穎達曰峻。”《美術叢書後集·湯厚〈古今畫鑑〉》：“不知當時用何筆，如此峻利。”以上“峻”字當爲“挺拔”“遒勁”之義。故“駿”訓“挺拔”，與“峻”音義並同，此“駿”亦當同“峻”。

890. 騴

《字彙·馬部》：“騴，魚及切，音乙。馬名。又馬行貌。”（551下）

《正字通·馬部》：“騴，俗馺字。舊注沿《篇海》音乙，馬名，誤。又本注馬行貌，與馺注同，益見騴溷馺，分音切，非。”（1315上）

按：《康熙字典·馬部》：“騴，《集韻》逆及切，音岌。馬行貌。”（1522上）《集韻》入聲緝韻逆及切：“騴，馬行皃。”（769）《新修玉篇》卷二十三《馬部》引《餘文》：“騴，魚及切。馬行皃。”（189上右）《篇海》卷七《馬部》引《餘文》：“騴，魚及切。馬名。”（679上）“騴”字，《新修玉篇》與《篇海》義訓不同，當以《新修玉篇》所言爲是。《篇海》訓“騴”爲“馬名”，當爲“馬行皃”之誤。《詳校篇海》卷三《馬部》：“騴，魚及切，舊音乙，馬名；又馬行皃。”（152上）《篇海類編》同。《詳校篇海》《篇海類編》《字彙》訓“騴”爲“馬名”，皆因承襲《篇海》之謬而誤。又《方言》卷十三：“馺，馬馳也。”《玉篇·馬部》：“馺，先合切。馬行皃。”（108上右）故“騴”與“馺”儘管義同，然讀音區别甚明，《正字通》謂“騴”即“馺”字之俗，且謂“舊注”音切非，既無書證亦無例證，其説疑不可據。《大字典》《字海》“騴”字下皆據《正字通》之説而收録一個義項謂同“馺”，疑並非是。

891. 騗

《字彙·馬部》：“騗，烏皓切，音襖。馬名。”（552上）

《正字通·馬部》：“騗，騕字之訛。［騕］省作騗，騗訛作騗。舊注騗同騕，騗改音襖，馬名，非。”（1316上）

按:《康熙字典·馬部》:"䮛,《集韻》烏浩切,音媪。馬名。"(1523下)《玉篇·馬部》:"䮛,音懊。馬名。"(108下左)《集韻》上聲晧韻烏浩切:"䮛,馬名。"(400)又《廣雅·釋獸》:"金喙騕褭。"《玉篇·馬部》:"騕,於皎切。騕褭,良馬。䮍,同上。"(108上右)《字彙·馬部》:"䮍,同騕。"(550上)故"䮛"與"騕"義同音別,字形區別甚明,且《玉篇》《字彙》皆謂"騕"或作"䮍",而未見"騕"有作"䮛"者,故《正字通》謂"騕"省作"䮛",訛作"鴁",疑不可據。《玉篇校釋》"䮛"字下注:"《集韻·晧韻》同,應爲'鴁,鳥名'之訛分。"(4482)胡氏所言疑是。《説文·鳥部》:"鴁,鳥也。从鳥,芺聲。"(74下)《廣韻》上聲晧韻烏晧切:"鴁,鳥名。"(206)《集韻》上聲晧韻烏浩切:"鴁䳬,《説文》:'鳥也。'或省。"(400)故"䮛"與"鴁"音同,又"馬"旁、"鳥"旁形近,俗書常可訛混,故"䮛"當即"鴁"字之訛。《玉篇》訓"馬名",當爲望形生訓。《集韻》亦訓"馬名"者,當因承襲《玉篇》之謬而誤。

892. 騠

《字彙·馬部》:"騠,士洽切,音牐。馬行也。又與涉切,音葉。馬行輕貌。"(552下)

《正字通·馬部》:"騠,俗蹀字。"(1316下)

按:《康熙字典·馬部》:"騠,《集韻》實洽切,音箑。《玉篇》:'馬行也。'《集韻》同騙。馬驟貌。又《集韻》弋涉切,音葉。馬輕行貌。"(1524上)《玉篇·馬部》:"騠,士甲切。馬行也。"(108下左)《集韻》入聲葉韻弋涉切:"騠,馬行輕皃。"(776)下文入聲洽韻實洽切:"騙,馬驟皃。或作騠。"(788)《正字通》之説疑非是。《廣雅·釋詁一》:"蹀,履也。"《廣韻》入聲怗韻徒協切:"蹀,蹀躞。"(437)《集韻》入聲帖韻託協切:"蹀,蹈也。"(781)故"騠"與"蹀"音義俱別,二字不可混同,《正字通》謂"騠"即"蹀"字之俗,既無書證亦無例證,非是。

893. 騡

《字彙·馬部》:“騡，他紺切，音探。馬行步向前。”（552下）

《正字通·馬部》:“騡，俗字。”（1316下）

按:《康熙字典·馬部》:“騡,《字彙》他紺切，音探。馬行步向前。”（1524上）《新修玉篇》卷二十三《馬部》引《類篇》:“騡，音探。馬行步向前也。”（189上左）《篇海》同。《正字通》謂“騡”爲俗字，所言是也。“騡”當即“探”字之俗。《戰國策·韓策一》:“秦馬之良，戎兵之衆，探前趹後，蹄間三尋者，不可稱數也。”《史記·張儀列傳》“探前趹後”，司馬貞《索隱》:“謂馬前足探向前，後足趹於後。”故“騡”與“探”音義並同,“騡”當即“探”字之俗。

894. 騟

《字彙·馬部》:“騟，羊諸切，音俞。紫色馬。一曰馬雜色。”（552下）

《正字通·馬部》:“騟，羊劬切，音余。紫色馬。《博物志》載八駿有騊騟，即《穆天子傳》踰輪。又《酉陽雜俎》:‘骨利幹國馬名，決波騟。’舊注馬雜色，非。”（1317上）

按:《康熙字典·馬部》:“騟,《廣韻》羊朱切,《集韻》容朱切，並音諛。《玉篇》:‘紫色馬。’《博物志》八駿有騊騟。按：即《穆天子傳》踰輪。又《酉陽雜俎》:‘骨利幹國馬名，決波騟。’”（1524下）《集韻》平聲虞韻容朱切:“騟，馬雜色。”（83）《正字通》謂《字彙》訓“馬雜色”非，是也。《龍龕》卷二《馬部》:“騟，音俞。紫色馬也。”（291）《玉篇·馬部》:“騟，羊朱切。紫色馬。”（108下右）《廣韻》平聲虞韻羊朱切:“騟，紫馬。”（40）故《集韻》訓“馬雜色”，於前代字韻書皆無徵，當爲“馬紫色”之誤。《詳校篇海》卷三《馬部》:“騟，羊諸切，音俞。紫色馬。一曰馬雜色。”（152下）《篇海類編》同。《詳校篇海》《篇海類編》《字彙》皆又謂“一曰馬雜色”，俱因承前而誤。《康熙字典》未收“馬雜色”這一義項，是也。《大字典》“騟”字下據《集韻》收録“雜色馬”

這一義項，疑亦非是。

895. 䮷

《字彙·馬部》："䮷，所瓦切，音耍。所言不當。"（553 上）

《正字通·馬部》："䮷，舊注音耍，所言不當。按：䮷，六書不載，或方言俚説如此。"（1317 上）

按：《康熙字典·馬部》："䮷，《字彙》所瓦切，音耍。所言不當。《正字通》：'按：䮷，六書不載，或方言俚説如此。'"（1525 上）《龍龕》卷二《馬部》："䮷，俗。所瓦反。所言不當也。"（293）"䮷"疑即"譺"之異體字。《廣韻》上聲馬韻沙瓦切："譺，强事言語。"（210）《集韻》上聲馬韻數瓦切："譺，强語。"（410）清桂馥《札樸·鄉里舊聞·雜言》："言語强拗曰譺。"故"䮷"與"譺"音同義通，當爲異體字。

896. 騼

《字彙·馬部》："騼，胡嵒切，音咸。騼驩，古縣名。《漢書》作咸。"（553 上）

《正字通·馬部》："騼，瑚碞切，音咸。馬和也。與騇音别義同。《漢·地理志》九真郡有咸驩縣，非作騼。舊注知《漢書》作咸，復引入騼注，誤。又釋氏《諸經音義》：'騷騼，俳戲人也。'騼，魚洽切，楊慎引入洽韻，今不從。"（1317 上）

按：《康熙字典·馬部》："騼，《廣韻》《集韻》並胡讒切，音咸。《廣韻》：'騼驩，古縣名。'按：《前漢·地理志》九真郡有咸驩縣，非作騼，存考。又《正字通》：'釋氏《諸經音義》：騷騼，俳戲人也。騼，魚洽切，楊慎引入洽韻，今不从。'"（1525 上）《玉篇·馬部》："騼，音咸。縣名。"（108 下右）《新修玉篇》《篇海》引《玉篇》同。《廣韻》平聲咸韻胡讒切："騼，騼驩，古縣名。《漢書》只作咸。"（153）《集韻》平聲咸韻胡讒切："騼，騼驩，縣名。通作咸。"（294）《直音篇》卷六《馬部》："騼，音咸。縣名。"（247 下）《詳校篇海》卷三《馬部》："騼，胡嵒切，音咸。騼驩，古縣名。《漢書》作咸。"（152 下）《篇海類編》同。故"騼"

當訓"騴驩，縣名"，本當作"咸"。《正字通》訓"馬和也"，於前代字韻書皆無徵，當因"咸""皆"義同，故而從"騔"爲説而誤。《説文·馬部》："騔，馬和也。从馬，皆聲。"（199下）此即其證也。又慧琳《音義》卷五六《佛本行集經》第十一卷："騒鹹，仕洽反，下魚洽反。騒鹹謂俳戲人也。經文作唊嗡，唊音古協反，下嗡許及反，非此用。"（56，P560A9）據此可知，慧琳《音義》本作"騒鹹"，《正字通》轉録作"騒騴"，並據此收録"騒騴，俳戲人也"這一義項，亦非。《康熙字典》轉録《正字通》"騒騴，俳戲人也"之訓而未作校正，亦失考證。又《龍龕》卷二《馬部》："騴，音咸。騴驩，縣名。亦馬名。"（291）《龍龕》訓"馬名"，於以上字韻書亦皆無徵，亦非。《大字典》"騴"字下分别據《龍龕》《正字通》之誤而收録"馬名""馬性温和"這兩個義項，非是；而《字海》"騴"字據《正字通》之誤而徑訓爲"馬性温和"，亦非。

897. 驨

《字彙·馬部》："驨，古忽切，音骨。驨騳，獸。出北海。"（553下）

《正字通·馬部》："驨，猾字之訛。舊注驨騳，誤。"（1318下）

按：《康熙字典·馬部》："驨，《廣韻》《集韻》並古忽切，音骨。《玉篇》：'驨騳，獸名。出北海。'"（1526下）《玉篇·馬部》："驨，古忽切。驨騳，獸。出北海。"下字曰："騳，都忽切。驨騳。"（108下左）《正字通》所言當是。"驨騳"當同"猾貀"，"驨"疑即"猾"之異體字，而"騳"疑即"貀"之異體字（詳見本書"騳"字注）。

898. 驓

《字彙·馬部》："驓，唐亘切，音鄧。行欲倒也。"（554上）

《正字通·馬部》："驓，舊注音鄧，行欲倒也。一説本作蹬。"（1319下）

按：《康熙字典·馬部》："驓，《廣韻》徒亘切，《集韻》《正韻》唐亘切，並音鄧。《廣韻》：'行欲倒也。'又《集韻》：'驋驓，馬傷穀病。'又《集韻》他登切，音鼟。義同。"（1528下）《廣韻》去聲嶝韻徒亘切：

"驓，行欲倒也。"（347）《集韻》平聲登韻他登切："驓，馬傷穀病。"（252）《廣韻》《集韻》分别訓"驓"爲"行欲倒也""馬傷穀病"，皆誤脱被訓聯綿詞"駿驓"。《玉篇·馬部》："駿，力亘切。駿驓，馬病也；馬傷穀也。"下字曰："驓，徒亘切，又天登切。[駿驓]。"（108下右）《集韻》去聲嶝韻郎鄧切："駿，駿驓，馬病。"（610）此是其證也。"駿驓"與"殑殌""倰僜""踜蹬"音同義通，"殑殌""倰僜""踜蹬""駿驓"當爲同一聯連綿的不同寫法。《新修玉篇》卷二十三《馬部》引《玉篇》："驓，徒亘切。行欲倒也。"（189下左）《新修玉篇》訓"行欲倒也"，亦誤脱被訓聯綿詞"駿驓"。《直音篇》卷六《馬部》："驓，他登切。馬傷穀病。"（247上）《詳校篇海》卷三《馬部》："驓，唐亘切，音登。行欲倒也。又他登切，音鼟。馬傷穀病。"（154上）《篇海類編》同。《詳校篇海》《篇海類編》訓"行欲倒也""馬傷穀病"，亦皆誤脱被訓聯綿詞"駿驓"。《字彙》《正字通》徑訓"行欲倒也"，亦皆因承前而誤。《康熙字典》轉録《廣韻》"行欲倒也"之訓而未作校正，非是；然其轉録《集韻》"駿驓，馬傷穀病"之訓，是也。《大字典》《字海》"驓"字下分别據《廣韻》《集韻》收録"行欲倒"與"馬傷穀病"兩個義項，皆未補被訓聯綿詞，俱失考證。

899. 驡

《字彙·馬部》："驡，盧容切，音龍。充實也。又蒲紅切，音蓬。義同。又去聲良用切。重騎也。"（555上）

《正字通·馬部》："驡，舊注音龍，充實也；又音蓬，義同；又去聲良用切，重騎也。按：《詩·車攻》章：'四牡龐龐。'音龍。叶，上同，下東。《傳》曰：'充實也。'《集韻》龐，或作驡。又《易·繫辭》：'震爲龍。'虞翻作驡，讀爲龐。諸家或以龐同驡，或改龍爲驡，皆曲説不足信。充實當从龐，不必借用驡，虞氏謂古易龍作驡，非；舊注訓重騎，亦非。"（1321上）

按：《康熙字典·馬部》："驡，《廣韻》薄紅切，音蓬。《玉篇》：'驡驡，充實貌。與龐同。'又《集韻》盧東切，音籠。又《廣韻》吕江切，

《集韻》閭江切，並音瀧。義並同。《集韻》良用切，音曨。重騎也。”（1530下）《集韻》去聲用韻良用切：“驡，重騎。”（465）《集韻》訓“驡”爲“重騎”，疑非是。清桂馥《札樸·金石文字·驡驤將軍印》：“余在洛陽得古銅印，涂金，龜鈕，文曰：‘驡驤將軍章德州。’封氏有北魏《高湛墓志》石刻，亦作驡驤，六朝文字好增加偏旁，無他義也。”桂氏所言當是。“驡驤”亦作“䮾驤”，是古代將軍的名號。《北魏恒農太守寇臻墓志》：“主上垂悼，乃追勳孝行，顯贈䮾驤將軍幽州刾（刺）史，謚曰‘威’。”“驡驤（䮾驤）”本作“龍驤”。唐李白《永王東巡歌》之八：“君看弟子浮江日，何似龍驤出峽來！”王琦注引《晉書·武帝紀》：“咸寧十一年五月大舉伐吴，遣龍驤將軍王濬、廣武將軍唐彬率巴蜀之兵浮江而下。”故“驡驤（䮾驤）”本作“龍驤”。“龍驤將軍”是古代軍事戰争中騎兵部隊的長官，屬於古代戰争中的重型兵種，又稱重騎兵，是古代戰争中威力最大的力量之一，《集韻》訓“重騎”，即當來源於此；而其改音“良用切”，當爲有意爲俗字改音而産生的俗讀。《新修玉篇》卷二十三《馬部》引《玉篇》：“驡，步公切。驡驡，充實也。《韻》又盧紅切。充實也。《詩》：‘四牡龐龐。’或從馬。又吕江切。充塞皃，又良用切。重騎也。”（190上右）《詳校篇海》卷三《馬部》：“驡，盧容切，音龍。亦作龍。充實也。又去良用切。重騎也。又蒲紅切，音蓬。充塞皃。”（154下）《篇海類編》同。《新修玉篇》《詳校篇海》《篇海類編》《字彙》《康熙字典》“驡”字下俱收“重騎”這一義項，當皆爲《集韻》所誤。《正字通》謂《字彙》訓“重騎”非，是也。《大字典》“驡”字下據《集韻》收録“重騎”這一義項，亦失考證。

900. 驤

《字彙·馬部》：“驤，息良切，音湘。馬低昂騰躍也。又遠也；舉也。又馬後右足白曰驤。”（555上）

《正字通·馬部》：“驤，息匡切，音湘。《爾雅》：‘馬後右足白，驤。’《説文》：‘馬之低昂也。’《六書故》：‘馬行迅疾首騰驤也。’又舉也；遠也。潘岳《籍田賦》：‘龍驥驤騰。’”（1321上）

按:《康熙字典·馬部》:“驤,《唐韻》《正韻》息良切,《集韻》《韻會》思將切,並音襄。《爾雅·釋畜》:‘後右足白,驤。’又《説文》:‘馬之低昂也。’《六書故》:‘馬行迅疾首騰驤也。’又舉也;遠也。《蜀志·諸葛亮傳》:‘亮之素志,欲龍驤虎視,苞括四海。’潘岳《籍田賦》:‘龍驥驤騰。’”(1530下)《玉篇·馬部》:“驤,思良切。駕也;超也;低卬也。”(108上右)《玉篇校釋》校作“駕也;起也;[馬]低卬也”,並注曰:“三義爲原引《詩》鄭箋、《漢書》注及《説文》文。經刪‘起也’誤作‘超也’,引《説文》奪‘馬’字,今並依慧琳引補正。慧琳五一·五、八九·十:《毛詩》箋:‘驤,駕也。’(《大叔於田》:‘兩服上驤。’《大東》:‘終日七驤。’鄭箋並云:‘驤,駕也。’本《釋文》文,今《詩》及《爾雅》並作襄。)薛綜注《西京賦》云:‘驤,馳也。’(賦云:乃奮翅而騰驤。)臣瓚注《漢書》云:‘驤,起也。’(《鄒陽傳》:‘交龍驤首。’《司馬相如傳》:‘放散畔岸驤以孱顔。’)《説文》:‘馬低卬也。’即本書原文。希麟十·八:《字書》:‘驤,馬騰躍也。’《考聲》云:‘逸也。’”(4442)胡氏所言是也。《説文·馬部》:“驤,馬之低仰也。从馬,襄聲。”(199上)《名義·馬部》:“驤,思楊反。駕也;馳也;低仰也。”(229上)《新撰字鏡·馬部》:“驤,思楊反。駕也;儵忽言甚速也。”(254)《龍龕》卷二《馬部》:“驤,音箱。馬騰躍也。又速也;低昂也;馳駕也。”(292)箋注本《切韻》(斯2071)平聲陽韻息良反:“驤,馬騰躍。”(122)敦煌本《王韻》、故宫本《王韻》同。《廣韻》平聲陽韻息良切:“驤,馬騰躍。又速也;低昂也;馳駕也。”(113)《集韻》平聲陽韻思將切:“驤,《説文》:‘馬之低卬也。’一曰馬後右足白。”(212)《玉篇》訓“超也”,於以上字韻書皆無徵,當如胡氏據慧琳《音義》所校,爲“起也”之誤。又《詳校篇海》卷三《馬部》:“驤,息良切,音襄。馬之低卬騰躍也。遠也;舉也。潘岳《籍田賦》:‘龍驥驤騰。’”(154下)《篇海類編》同。《詳校篇海》又收録“遠也”這一義項,於前代字韻書、文獻亦皆無徵,疑爲“逸也”之誤,“逸也”與“馳也”“騰躍也”義可相通。《篇海類編》《字彙》亦收“遠也”這一義項,當皆爲《詳校篇海》所誤。《大字典》“驤”字下分别據《字彙》《玉篇》收録“遠”“超”這兩個義項,俱失考證。

901. 驩

《字彙·馬部》:“驩，與歡同。《孟子》:‘驩虞如也。’又馬名。”(555上)

《正字通·馬部》:“驩，讙懽歡並通。《説文》:‘馬名。’《備考》:‘馬和樂貌。’《孟子》:‘驩虞如也。’”(1321下)

按:《康熙字典·馬部》:“驩,《唐韻》《集韻》《韻會》《正韻》並呼官切，音歡。《玉篇》:‘馬名。’又《備考》:‘馬和樂貌。’又驩頭，南荒國名。又州名，秦屬象郡，隋改驩州。又咸驩，縣名。《前漢·地理志》:‘合浦郡咸驩縣。’又驩兜，人名。《書·舜典》:‘放歡兜於崇山。’又與歡同。《孟子》:‘驩虞如也。’《左傳·昭四年》:‘寡人願結驩於二三君。’《前漢·董仲舒傳》:‘驩然有恩。’《王褒傳》:‘驩然交欣。’”(1531上)《正字通》轉録王應電《同文備考》“馬和樂貌”這一義項而未作校正，疑失考證。《説文·馬部》:“驩，馬名。从馬，雚聲。”(199上)《龍龕》卷二《馬部》:“驩，呼官反。馬名也。”(291)《玉篇·馬部》:“驩，火丸切。馬名。”(108上右)《新修玉篇》《篇海》引《玉篇》並同。玄應《音義》卷一六《摩得勒伽律》第三卷:“子驩,《三蒼》云:‘此古歡字。’同音呼官反。《説文》:‘馬名也。’”(57，P7A7)箋注本《切韻》(斯2071)平聲寒韻呼官反:“驩，馬名。”(116)敦煌本《王韻》、《廣韻》、《集韻》同。《直音篇》卷六《馬部》:“驩，音歡。馬名。”(246上)《詳校篇海》卷三《馬部》:“驩，呼官切，音歡。同懽。又馬名；州名。”(154下)《篇海類編》同。故王應電《同文備考》訓“馬和樂貌”，於前代字韻書、文獻皆無徵，當爲望形生訓。《正字通》《康熙字典》轉録“馬和樂貌”之訓而未作校正，俱失考證。《大字典》“驩”字下據《正字通》收録“馬和樂貌”這一義項，應删;《大字典》“驩”字未收“驩頭，南荒國名”“咸驩，縣名”“驩兜，人名”諸義，可據補。

902. 驫

《字彙·馬部》:"驫，疏臻切，音森。馬行貌。又衆盛貌。又阻立切，音戢。木盛貌。"(555 上)

《正字通·馬部》:"驫，舊注音森，馬行貌；又衆盛貌；又音疾，木盛貌。按:《説文》驫在《木部》，衆盛也。今移入《馬部》，然三馬下加一木訓馬行，一木上加三馬訓木盛，文同訓別，皆曲説無深義，舊注失考正。"(1321 下)

按:《康熙字典·馬部》:"驫,《廣韻》所臻切,《集韻》疎臻切，並音莘。《玉篇》:'衆馬行貌。'《説文》:'衆盛也。'《逸周書》:'驫疑沮事。'又《廣韻》《集韻》並仕戢切，音霵。木盛貌。又《集韻》側立切，音戢。義同。"(1531 上)《玉篇·木部》:"驫，所臻切。《説文》曰:'衆盛也。'《逸周書》:'驫疑沮事。'"(60 下右)下文《馬部》又曰:"驫，所臻切。衆馬行皃。"(108 下右)《集韻》平聲臻韻疏臻切:"驫,《説文》:'衆盛也。'引《逸周書》:'[驫]疑沮[事]。'"(128)下文入聲緝韻仕戢切又曰:"驫，木盛皃。"(766)《玉篇校釋》於上文"驫"字下注:"本書《(驫)[馬]部》又出'驫'字，云:'衆馬行皃。'後人妄增，應删。"(2381)《玉篇校釋》又於下文"驫"下注:"原依《説文》隸《木部》。此爲宋人妄增，應删。"(4477)《正字通》《玉篇校釋》所言皆是。《説文·木部》:"驫，衆盛也。从木，驫聲。《逸周書》曰:'[驫]疑沮事。'"(114 下)《名義·木部》:"驫，仕及反。衆盛。《逸》:'[驫疑沮事]。'"(119 上)《説文》《名義》皆於《木部》收録"驫"字，而於《馬部》皆未收録"驫"字，此即其證也。故《玉篇》又於"馬部"重收"驫"字，並改訓爲"衆馬行皃"，當因從"驫"爲説而誤。又《廣韻》平聲臻韻所臻切:"驫，衆盛皃。"(64)下文入聲緝韻仕戢切亦曰:"驫，衆盛皃。"(431)故"驫"音"所臻切"，又音"仕戢切"，皆義爲"衆盛"。《集韻》於上文"疏臻切"一讀下訓"驫"爲"衆盛也"，是也；然於"仕戢切"一讀下改訓"驫"爲"木盛皃"，當因從"木"爲説而誤。《新修玉篇》卷二十三《馬部》引《玉篇》:"驫，所臻切。衆馬行皃。"(190 上左)《篇海》卷七《馬部》引《玉篇》:“驫，所臻切。[衆]馬行皃。”(680下)此當皆因承襲《玉篇》之謬而誤。《詳校篇海》卷三《馬部》:“驫，疏臻切，舊音森。馬行皃。又衆盛皃。又阻立切，音戢。木盛皃。”(154下)《篇海類編》同。《詳校篇海》《篇海類編》《字彙》“驫”字下亦收“馬行皃”“木盛皃”，亦皆因承前而謬。《康熙字典》“驫”字下亦收“衆馬行貌”“木盛皃”，亦皆因承前而謬。《大字典》“驫”字下分别據《玉篇》《集韻》之謬而收録“衆馬行貌”“木盛貌”這兩個義項，非是;《字海》“驫”字下亦分别據《玉篇》《集韻》之謬而收録“許多馬行走的樣子”“樹木茂盛的樣子”這兩個義項，亦非。

903. 骴

《字彙・骨部》:“骴，資四切，音恣。死人骨也。《周禮》:‘蜡氏掌除骴。’”(556上)

《正字通・骨部》:“骴，資四切，音恣。死人骨之有肉者。”(1323上)

按:《集韻》去聲卦韻仕懈切:“髊骴，獸死。或从骨。”(525)故“骴”訓“獸死”，當即“髊”之異體字。《大字典》“骴”字下據《集韻》收録“獸死”這一義項，然未溝通其與“髊”字的異體關係，失當。

904. 骺

《字彙・骨部》:“骺，胡鉤切，音侯。骷骺，骨耑。又古侯切，音遘。義同。”(556上)

《正字通・骨部》:“骺，骷字之訛。舊注骨耑，與骷義近，改侯、遘二音，非。”(1323下)

按:《康熙字典・骨部》:“骺，《廣韻》户鉤切，《集韻》胡溝切，並音侯。骨骺。《玉篇》:‘骷骺也。’《類篇》:‘骨端謂之骺。一曰骨鏃。或作髌。’”(1533上)《正字通》所言當是。《名義・骨部》:“骺，下溝反。[illegible]，骨端。”(64下)吕浩《〈篆隸萬象名義〉校釋》校作:“骺，下溝反。骷也;骨端也。”(105B)吕校當是。敦煌本《王韻》平聲侯韻胡溝反:

“骺，⿰骨𠯑。”（379）“⿰骨𠯑”當即“䯏”字之俗。此是其證也。《新撰字鏡·骨部》：“骺，下溝反。骼也。”（170）張磊、吴美富《〈新撰字鏡〉校注》（257）校“骼”爲“䯏”，是也。此亦其證也。《玉篇·骨部》：“骺，下溝切。䯏骺也。”（35上右）《龍龕》卷四《骨部》：“骺，音侯。骨骺。”（479）《玉篇》訓“䯏骺也”、《龍龕》訓“骨骺”，皆不可據。又《説文·骨部》：“䯏，骨耑也。从骨，𠯑聲。”（81上）《名義·骨部》：“䯏，光秣反。骨端。”（63下）《玉篇·骨部》：“䯏，光末切。骨端也。”（34下左）《龍龕》卷四《骨部》：“⿰骨昏，俗；䯏，正。古活反。骨端也。《玉篇》又音刮。二。”（481）故“骺”與“䯏”義同，又“后”“舌”形近，俗書或可相混，如韓小荊《〈可洪音義〉研究》(479)“后”俗作“舌”，“逅”俗作“适”，“⿰口后”俗作“咶”等，故“骺”當即“䯏”字俗訛。“䯏”變作“骺”，後人不識，改其讀爲“下溝反”，此即望形生音。龍宇純《校箋》於“骺”字下注：“《切三》無此字，《王一》《王二》《廣韻》《集韻》並同本書。姜書P二〇一一云‘骺’(《王一》作䯏字，恐失真)，《王二》云‘骨’，《廣韻》云‘骨骺’，《集韻》云‘骨端謂之䯏骺’。案：骺字不詳所出。《説文》‘⿰骨昏，骨耑也’，與《集韻》‘骨端’之義同。‘⿰骨昏’字隸定作‘䯏’，與‘骺’形近，疑‘骺’即‘䯏’之誤字耳。《説文》：‘骭，骹也。’骭䯏一語之轉。本書翰韻‘骭’下云‘骺’，覺韻‘⿰骨隺’下云‘骭骺’，‘骺’並‘䯏’之誤，是其例。”（250）龍氏所言是也。龍氏此説印證了《正字通》之説。《集韻》去聲候韻居候切：“骺，（骺）[䯏]骺，骨耑。一曰骨鏃。”（617）《集韻》又訓“骺”爲“骨鏃”，於前代字韻書皆無徵，疑亦非是。

905. ⿰骨隺

《字彙·骨部》：“⿰骨隺，古岳切，音腳。骨堅白。又伯各切，音博。骱骺。”（556下）

《正字通·骨部》：“⿰骨隺，吉岳切，音腳。骨堅白。”（1324下）

按：《康熙字典·骨部》：“⿰骨隺，《廣韻》《集韻》並北角切，音剝。骱骺。《玉篇》：‘骨耑也。’《類篇》：‘骨堅白。’又《集韻》訖岳切，音覺。

義同。”（1534 上）元刊本《玉篇・骨部》:“髉,(此)[北]角切。骨也。”元刊本《玉篇》訓“骨也”,非是。《玉篇・骨部》:“髉,北角切。骨耑也。”（35 上左）敦煌本《王韻》入聲覺韻北角反:“髉,骱骺。”（423）故宫本《王韻》入聲覺韻北角反:“髉,骭骺。”（512）《廣韻》入聲覺韻北角切:“髉,骱骺。”（378）龍宇純《校箋》注曰:“骭骺,姜書P二〇一一云‘骺骺’,《廣韻》云‘骱骺’(《王一》云‘骭骺’,與姜書P二〇一一異,未詳孰是。)《集韻》云:‘骨耑。’案:當云‘骭髺’,骭髺一語之轉。本書翰韻‘骭’下云:‘髺。’《説文》:‘髺,骨耑也。’”（604）龍氏所言是也。“骱骺”當以作“骭髺”爲是,“骭髺”即爲“骨耑”之義。《集韻》入聲覺韻北角切:“髉,骨耑。”（658）此是其證也。故元刊本《玉篇》訓“骨也”,於以上字韻書皆無徵,當爲“骨耑也”之脱誤。《直音篇》卷二《骨部》:“髉,音𢒉。骱骺。一曰骨也。”（69 上）《詳校篇海》卷一《骨部》:“髉,古岳切,音腳。骨堅白。又伯各切,音博。骱骺。一曰骨也。”（36 下）《篇海類編》同。《直音篇》《詳校篇海》《篇海類編》亦訓“骱骺”,當爲“骭髺”之誤;其又收“骨也”這一義項,當皆爲元刊本《玉篇》所誤。《字彙》《正字通》《康熙字典》皆未收“骨也”這一義項,是也;《字彙》《康熙字典》訓“骱骺”,亦皆因承前而誤。《大字典》《字海》“髉”字下皆據元刊本《玉篇》之誤而收録“骨”這一義項,俱失考證。

906. 髞

《字彙・骨部》:“髞,甫遥切,音標。體壯貌。”（556 下）

《正字通・骨部》:“髞,同膘。小腹兩邊肉也。舊注音標,體壯貌,音義並非,蓋未詳髞與膘通也。”（1324 下）

按:《康熙字典・骨部》:“髞,《集韻》卑遥切,音猋。體壯也。或作僄。”（1534 下）《集韻》平聲宵韻卑遥切:“髞僄,體壯也。或从人。”（179）“髞”本當作“膘”。《説文・肉部》:“膘,牛脅後髀前合革肉也。从肉,𤐫聲。”（83 下）“膘”本義指“牲畜小腹兩邊的肉”,引申義指“畜獸肥壯或其肥壯之處”,如:宋李新《與馮德夫書》:“馬無他損,特膘稍落，微磨破耳。”元關漢卿《單刀會》第一摺：“軍罷戰，馬添膘。”亦可指“人肥壯”，如：梁斌《紅旗譜》一：“一個個膘膘楞楞的，一戳四直溜的五尺漢子，打架鬥毆，不嫌人家笑話？”“膘”，《廣韻》音“敷沼切”，《集韻》又音“紕招切”。故“髎”“膘”音義皆通，“髎”當即“膘”字之俗。“僄”訓“體壯也”，當即“髎”之異體字，故此“僄”亦當即“膘”字之俗。《正字通》謂“髎”同“膘”，是也；然謂“髎”當訓“小腹兩邊肉也”，並謂“舊注”音訓並非，非是。《大字典》《字海》俱收“髎”字，皆未溝通其與“膘”字的字際關係，俱失考證。

907. 髃

《字彙·骨部》：“髃，同軀。”（556下）

《正字通·骨部》：“髃，同軀。”（1324下）

按：《康熙字典·骨部》：“髃，《廣韻》昌朱切，音樞。髃骨。《玉篇》：‘身也。’《正字通》與軀同。”（1534下）《廣韻》平聲虞韻昌朱切：“髃，髃骨。”（43）《集韻》平聲虞韻春朱切：“髃，骨名。”（80）“髃”本當作“樞”。《黄帝靈樞經·骨節篇》：“肋下臑内爲腋，自柱骨至腋中，計長四寸。脅骨以下爲季脅，自腋以下至季脅，計長一尺二寸。捷骨之下爲髀樞，在臀之兩旁，即足少陽之環跳穴處，自季脅以下至髀樞，計長六寸。髀樞以下至膝蓋骨内之中分，計長一尺九寸，即上之腿數也。”又曰：“自柱骨下行腋中不見者，長四寸。腋以下至季脅，長一尺二寸，季脅以下至髀樞，長六寸。”又曰：“肩上脅下際爲腋，自柱骨行於腋下之隱處，長四寸。脅骨之下爲季脅，腋以下至季脅，長一尺二寸。捷骨之下爲髀樞，一名髀厭，股外爲髀，季脅以下至髀樞，長六寸。髀樞以下至膝之中，長一尺九寸。”王肯堂《證治準繩·節骨》亦曰：“揵骨之下爲髀樞骨者，左右共二。髀樞下端爲膝蓋骨者，左右共二。”故“髃”當即“樞”因受“髀”字類化影響或因涉義改换義符“木”旁爲“骨”旁而産生的的俗字，“髃”本作“樞”。

908. 髅

《字彙·骨部》:“髅，胡郭切，音鑊。骨聲。又美肉。”（557上）

《正字通·骨部》:“髅，俗字。舊注音鑊，骨聲；又美肉，並非。”（1325下）

按:《康熙字典·骨部》:“髅,《篇海》胡郭切，音鑊。骨聲。又美肉。”（1535下）《龍龕》卷四《骨部》:“髅，胡郭反。”（482）《玉篇·骨部》:“髅，胡郭切。骨聲。”（35上左）《新修玉篇》卷七《骨部》引《玉篇》:“髅，胡郭切。”（66下左）《篇海》卷二《骨部》引《玉篇》:“髅，胡郭切。骨聲。”（594上）《玉篇校釋》“髅”字下注:“《廣韻》《集韻》並無,《篇海》云‘骨聲’，猶嚄爲笑聲、剨爲裂聲，並摹聲之詞，此髅應爲解骨聲。《石部》:‘砉,《莊子》: 砉然嚮然也。’原本又出騞,《淮南子》:‘騞然莫不方音。’《莊子·養生主》:‘砉然嚮然’‘奏刀騞然’。司馬彪曰:‘砉然，皮骨相離聲。’崔譔云:‘騞音近獲。聲大於砉也。’髅蓋涉解骨而變易形聲。”（1468）胡氏所言當是。又《五音集韻》入聲鐸韻胡郭切:“髅，美肉也。”《五音集韻》改訓“美肉也”，於前代字韻書無徵，非是。《名義·肉部》:“臒，安郭切。善肉也。”（69上）《玉篇·肉部》:“臒，烏郭切。善肉也。”（36下左）《廣韻》入聲鐸韻烏郭切:“臒，羹肉。《玉篇》云:‘善肉。’”（412）“善肉”即“美肉”。《五音集韻》改訓“美肉也”，疑因“髅”與“臒”音近，且“骨”旁、“月（肉）”旁義符相通，故而妄改爲“美肉也”。《直音篇》卷二《骨部》:“髅，音鑊。骨聲。”（69上）《直音篇》未收“美肉”之訓，是也。《詳校篇海》卷一《骨部》:“髅，胡郭切，音鑊。骨聲。又美肉。”（37上）《篇海類編》同。《詳校篇海》《篇海類編》《字彙》《康熙字典》亦收“美肉”這一義項，當皆爲《五音集韻》所誤。《大字典》“髅”字下據《五音集韻》收録“美肉”這一義項，疑亦非是。

909. 髟

《字彙·髟部》:“髟，息廉切，音仙。好髮貌。”（557下）

《正字通·髟部》:“髮,髮字之訛。舊注音仙,好髮貌,誤。”(1326下)

按:《康熙字典·髟部》:“髮,《篇海》息廉切,音銛。好髮貌。”(1537上)《龍龕》卷一《長部》:“髮鬘,息廉反。好髮也。二同。”(87)故“髮”當即“鬘”之異體字。《叢考》(1133)據《龍龕》而謂“髮”即“鬘”字俗省,所言是也。又《説文·髟部》:“髮,根也。从髟,犮聲。”(183上)《玉篇·髟部》:“髮,府月切。首上毛也。”(28下右)故“髮”與“髮”音義俱别,二字不可混同,《正字通》謂“髮”即“髮”字之訛,且謂“舊注”非,既無書證亦無例證,其説非是。

910. 髳

《字彙·髟部》:“髳,奴登切,音能。鬡髳,髮亂。又囊來切,音鲐。義同。”(557下)

《正字通·髟部》:“髳,俗鬡字。舊注男騰切,音能,鬡髳,髮亂,非。”(1326下)

按:《康熙字典·髟部》:“髳,《集韻》囊來切,乃平聲。鬡髳,髮亂。”(1537上)《集韻》平聲咍韻囊來切:“髳,鬡髳,毛亂皃。”(114)下文平聲登韻都騰切又曰:“鬡,鬡髳,毛不理皃。”(252)又《玉篇·髟部》:“鬇,士行切。鬇鬡,髮亂。”下文又曰:“鬡,女耕切。鬇鬡也。”(28下左)故“髳”與“鬡”儘管義近,然形音俱别,二字不可混同,《正字通》謂“髳”即“鬡”字之俗,且謂“舊注”非,既無書證亦無例證,其説非是。

911. 髰

《字彙·髟部》:“髰,他計切,音替。髮也。”(558下)

《正字通·髟部》:“髰,俗字。舊注他計切,音替,髮也,非。”(1328下)

按:《康熙字典·髟部》:“髰,《集韻》同鬄。”(1538下)《新修玉篇》卷五《髟部》引《餘文》:“髰,他計切。髮也。”(52上左)《篇海》同。

《新修玉篇》《篇海》引《餘文》訓“髮也”，疑非是。《集韻》去聲霽韻他計切：“鬄髢鬀，髲也。或从世、从曳。”（504）故“鬀”同“鬄”“髢”，當訓“髲也”，義爲“假髮”。《新修玉篇》《篇海》轉引《餘文》作“髮也”，當爲“髲也”之誤。《直音篇》卷二《髟部》：“鬀，音替。髮也。”（51下）《詳校篇海》卷二《髟部》：“鬀，他計切，音替。髮也。”（130下）《篇海類編》同。《直音篇》《詳校篇海》《篇海類編》《字彙》亦訓“髮也”，皆因承襲《篇海》之謬而誤。《大字典》“鬀”字下據《篇海類編》之誤而收録“頭髮”這一義項，非是；《字海》“鬀”字據《篇海類編》之誤而徑訓爲“頭髮”，亦非。

912. 髼

《字彙·髟部》：“髼，蒲紅切，音蓬。髼鬆，髮亂貌。”（558下）

《正字通·髟部》：“髼，蒲紅切，音蓬。髼鬆，髮亂貌。或借蓬，别作鬔，非。”（1329上）

按：《康熙字典·髟部》：“髼，《廣韻》薄紅切，《集韻》《韻會》蒲蒙切，《正韻》蒲紅切，並音蓬。髼鬆，髮亂貌。或作鬔。”（1539上）《名義·髟部》：“髼，部公反。蓬亂皃。”（49下）《玉篇·髟部》：“髼，部公切。髮亂皃。”（28下左）《廣韻》平聲東韻薄紅切：“髼，髼鬆，髮亂皃。”（8）《集韻》平聲東韻蒲蒙切：“髼，《字林》：‘髼鬆，髮亂皃。’或作鬔。”（7）《正字通》所言當是。《玉篇校釋》“髼”字下注：“‘髮亂皃’者，《切韻》‘髼，髮亂’，《集韻》引《字林》云‘髼鬆，髮亂皃’，《切韻》‘鬆’下注同，本書‘鬆，亂髮皃’，重文作‘鬆’，髼鬆疊韻，字應並列。髼之言豐盛也，盛與亂義近。通作蓬。《山海經·西山經》：‘西王母蓬髮。’郭注：‘蓬髮，蓬頭亂髮。’”（1129）此即印證了《正字通》之説。唐陸龜蒙《自憐賦》：“首蓬鬆以半散，支棘瘠而枯疏。”此“蓬鬆”即義指“髮亂貌”。此亦其證也。故“髼鬆”“髼鬆”“鬔鬆”“蓬鬆”並同，“髼”“鬔”本當作“蓬”。

913. 鬆

《字彙・髟部》:“鬆，七恭切，音蔥。髮亂貌。又與鬆同。鬆角也。”（559下）

《正字通・髟部》:“鬆，俗鬆字。舊注音蔥，髮亂貌；又與鬆同，鬆角也，並非。”（1330下）

按:《康熙字典・髟部》:“鬆，《廣韻》《集韻》並七恭切，音樅。髳鬆，髮亂貌。或作鬆。又《集韻》祖動切，音總。與鬆同。馬鬣。一曰鬆角。”（1541上）《類篇・髟部》:“鬆，七恭切。髳鬆，髮亂。又祖動切。馬鬣。一曰鬆角。”（314下）“鬆”訓“馬鬣”“鬆角”，當即“鬆”之異體字。《集韻》上聲董韻祖動切:“鬆，馬鬣。一曰鬆角。或作鬆，通作總。”（302）此即其證也。《大字典》“鬆”字下第（一）義項分爲兩個義項：第❶義項據《集韻》之“鬆，鬆角；或作鬆”而訓“束頭髮”；第❷義項據《類篇》訓“馬鬣”,《大字典》這樣處理是失當的。《大字典》“鬆”字第（一）義項應直謂同“鬆”，其下再分爲兩個義項：第❶義項據《集韻》訓“束頭髮”；第❷義項據《類篇》訓“馬鬣”。

914. 鬌

《字彙・髟部》:“鬌，博木切，音卜。須也。”（560上）

《正字通・髟部》:“鬌，同髤。舊注音卜，訓須，誤。”（1331上）

按:《康熙字典・髟部》:“鬌，《集韻》博木切，音卜。髯鬌貌。”（1541下）《廣韻》入聲屋韻博木切:“鬌，鬙髯。”（369）《集韻》入聲屋韻博木切:“鬌，髯鬌。”（635）又箋注本《切韻》（斯2071）入聲屋韻蒲木反:“髤，髵髤，不理。”（140）故宫本《王韻》入聲屋韻蒲木反:“髤，髵髤，毛不理。”（510）《廣韻》同。故“鬌”與“髤”音近義别，二字不可混同，《正字通》謂“鬌”同“髤”，且謂“舊注”誤，既無書證亦無例證，其説非是。

915. 鬲𩰲

《字彙·鬲部》:“鬲𩰲,狼狄切,音力。瓦器。亦作鬲。”(561下)

《正字通·鬲部》:“鬲𩰲,同鬲。”(1334上)

按:《康熙字典·鬲部》:“鬲𩰲,《集韻》狼狄切,音歷。《説文》:‘歷也。象孰飪[五味]氣上出也。’又《集韻》父沸切,音扉。義同。”(1545上)《集韻》去聲未韻父沸切:“鬲𩰲,上烝氣也。”(488)此“鬲𩰲”當即“鬻”字訛省,亦同“灩”“沸”。《説文·鬲部》:“灩,涫也。从鬲,沸聲。”(57上)段玉裁注:“涫,灩也。今俗字涫作滚。”《龍龕》卷四《鬲部》:“鬻灩,方味反。陽灩。二同。”(534)《玉篇·鬲部》:“灩,方未切。亦作沸。”(79上左)《集韻》去聲未韻方未切:“沸灩,涫也。或从鬲。”(486)故“鬻”即“灩”之異體字,亦同“沸”。“涫也”“陽灩”義爲“沸騰”,而“上烝氣也”與“涫也”“陽灩”訓異義同,亦當指“沸騰之貌”。據此可知,“鬲𩰲”訓“上烝氣也”,與“鬻”音義皆通,此“鬲𩰲”當即“鬻”字訛省,亦同“灩”“沸”。

916. 鬲裘

《字彙·鬲部》:“鬲裘,楷革切,音客。裘裹也。”(561下)

《正字通·鬲部》:“鬲裘,乞格切,音客。裘裹,與皮相隔,故从鬲,取其温厚也。”(1335上)

按:《康熙字典·鬲部》:“鬲裘,《廣韻》楷革切,《集韻》克革切,並音客。《説文》:‘裘裹也。’《集韻》或作褔。又《集韻》吉歷切,音激。義同。”(1546上)《玉篇·裘部》:“鬲裘,口革切。裘也;裹也。或爲褔。”(129上右)王筠《説文句讀》謂“裘也”之“也”爲衍文,所言是也。《玉篇·衣部》:“褔,口革切。擣也。又裘裹也。或作鬲裘。”(128下右)此即其證也。《集韻》入聲麥韻克革切:“鬲裘褔,《説文》:‘裘裹也。’一曰薄也。或从衣。”(740)“鬲裘”,《説文》本作“鬲裘”,“鬲裘”“鬲裘”即同字異寫。《詳校篇海》卷五《鬲部》:“鬲裘,古歷切,音激。裘裹也。又乞格切,音客。注同。又擣也。亦作褔。”(371上)故“鬲裘”訓“裘裹也”,當同

“褔”；又“䙫”訓“薄也”“擣也”，亦當同“褔”。《大字典》於“裻裹”這一義項溝通了“䙫”與“褔”的異體關係，然於“薄也”“擣也”這兩個義項卻未溝通二者的異體關係，失當。

917. 魁

《字彙・鬼部》：“魁，式鄰切，音申。山神也。”（562下）

《正字通・鬼部》：“魁，審真切，音申。《説文》：‘神也。’《山海經》：‘青要山多［僕纍］、［蒲盧］，魁武羅司之。狀如人面豹文，小腰白齒，穿耳以鐻，其鳴如鳴玉。’注：‘武羅，神名。鳴玉，如人［鳴］玉珮聲。’魁即神重文。”（1337上）

按：《康熙字典・鬼部》：“魁，《廣韻》失人切，《集韻》升人切，並音申。《説文》：‘神也。’《山海經》：‘青要之山是多僕纍、蒲盧，魁武羅司之。’注：‘武羅，神名。’魁即神也。”（1548上）《玉篇・鬼部》：“魁，始人切。山神也。”（94下左）《新修玉篇》《篇海》引《玉篇》同。《玉篇》訓“山神”，非是。《説文・鬼部》：“魁，神也。从鬼，申聲。”（186上）《名義・鬼部》：“魁，始人反。神。”（202上）《新撰字鏡・鬼部》：“魁，神字同。［始］人反。聖也。天神、地祇、人鬼，三靈也。”（525）《龍龕》卷二《鬼部》：“魁，音申。《説文》云：‘魁，神也。’《山海經》云：‘青要山，魁也。’又古文神字。”（323）《廣韻》平聲真韻失人切：“魁，《山海經》云：‘青要山，魁也。’《説文》曰：‘神也。’”（60）《集韻》平聲真韻乘人切：“魁，《説文》：‘神也。’”（117）《山海經・中山經》：“……是多僕纍、蒲盧，魁武羅司之。”郭璞注：“魁即神字。”故“魁”即義爲“神也”，而非僅義指“山神”，《玉篇》訓“山神也”，於以上諸書皆無徵，當因誤截書證而致的訓釋失誤。《新修玉篇》《篇海》轉録《玉篇》“山神也”之訓而未作校正，俱失考證。《直音篇》卷三《鬼部》：“魁，音申。山神。”（118上）《詳校篇海》卷一《鬼部》：“魁，音申。山神。”（26下）《篇海類編》同。《直音篇》《詳校篇海》《篇海類編》《字彙》亦訓“山神”，皆因承前而誤。《正字通》《康熙字典》未收“山神”之訓，是也。《大字典》“魁”字下據《玉篇》收録“山神”這一義項，疑亦非是。

918. 𩴵

《字彙・鬼部》:“𩴵，力刃切，音吝。鬼名。”（563 上）

《正字通・鬼部》:“𩴵，舊注音吝，鬼名。或曰：鬼火也。義與燐同。”（1339 上）

按:《康熙字典・鬼部》:“𩴵,《集韻》良刃切，音吝。鬼也。”（1549 下）《玉篇・鬼部》:“𩴵，力刃切。鬼名。”（94 下左）《新修玉篇》《篇海》引《玉篇》同。《集韻》去聲震韻良刃切:“𩴵，鬼名。”（543）《玉篇校釋》“𩴵”字下注:“又疑此即鬼火之燐。”（3934）《正字通》“或曰”、胡氏“又疑”之説當是。《名義・艸部》:“蕣，力振反。鬼火也。”（139 上）《玉篇・艸部》:“蕣，力振、力因二切。鬼火。或作燐。”（68 上右）《新撰字鏡・艸部》:“蕣，力刃反。鬼火。”（422）敦煌本《王韻》去聲震韻[力晉反]:“燐，鬼火。亦作蕣。”（410）故宫本《王韻》去聲震韻力晉反:“燐，鬼火。”（498）故宫本《裴韻》去聲震韻力進反:“燐，鬼火。亦𦳝。”（593）此“𦳝”即“蕣”字俗訛。“蕣”即“燐”之異體字，義爲“鬼火”。“𩴵”當因“燐（蕣）”訓“鬼火”，進而改换義符爲“鬼”旁，遂產生“𩴵”字。《玉篇》訓“鬼名”，當爲望形生訓。《集韻》亦訓“鬼名”，當爲《玉篇》所誤。《新修玉篇》《玉篇》承襲《玉篇》之誤而未作校正，俱失考證。《直音篇》卷三《鬼部》:“𩴵，音吝。鬼名。”（118 上）《詳校篇海》卷一《鬼部》:“𩴵，力刃切，音吝。鬼名。”（27 上）《篇海類編》同。《直音篇》《詳校篇海》《篇海類編》《字彙》亦訓“鬼名”，皆因承前而誤。《康熙字典》訓“鬼也”，亦因承前而誤。《大字典》《字海》“𩴵”字下分别據《玉篇》《集韻》收録“鬼名”這一義項，疑並非是。

919. 𩴿

《字彙・鬼部》:“𩴿，符真切，音繽。鬼貌。”（563 下）

《正字通・鬼部》:“𩴿，披經切，音繽。《説文》:‘鬼貌。’《玉篇》《廣韻》訓同。”（1339 上）

按:《康熙字典・鬼部》:“𩴿,《唐韻》符真切，音頻。《説文》:‘鬼貌。’又《廣韻》必鄰切，《集韻》卑民切，並音賓。又《集韻》紕民切，音繽。義並同。”（1549 下）《新修玉篇》卷二十《鬼部》引《玉篇》：“䰣，必鄰切，又符真切，又匹賓切。《説文》：‘鬼皃。’”（177 下左）《篇海》卷二《鬼部》引《玉篇》：“䰣，必人、扶人二切。鬼名。”（585 下）《新修玉篇》與《篇海》義訓不同，當以《新修玉篇》爲是。《説文·鬼部》：“䰣，鬼皃。从鬼，賓聲。”（186 下）《玉篇·鬼部》：“䰣，必人、扶人二切。鬼皃。”（94 下左）《名義·鬼部》：“䰣，扶人反。鬼皃；惡也。”（202 上）《廣韻》平聲真韻必鄰切：“䰣，鬼皃。”（60）下文匹賓切又曰：“䰣，《説文》云：‘鬼皃。’又音頻。”（61）下文符真切又曰：“䰣，鬼皃。”（61）以上諸書皆其證也。《詳校篇海》卷一《鬼部》：“𩴴䰣，二卑民切，音賓。又紕民切，音繽。鬼名。又鬼皃。”（27 上）《篇海類編》同。《詳校篇海》《篇海類編》訓“鬼皃”，是也；然訓“鬼名”，當皆因承襲《篇海》之謬而誤。《大字典》“䰣”字下據《篇海類編》之誤而收録“鬼名”這一義項，非是；《字海》“䰣”字據《篇海類編》之誤而訓爲“鬼名”，亦非。

920. 䰩

《字彙·鬼部》：“䰩，徒歷切，音狄。醜也。”（563 下）

《正字通·鬼部》：“䰩，魗字之譌。舊注醜也，義與魗近，改从賣音狄，非。”（1339 上）

按：《康熙字典·鬼部》：“䰩，《玉篇》徒歷切，音覿。醜也。”（1550 上）《玉篇·鬼部》：“䰩，徒歷切。醜。”（94 下左）又《玉篇·鬼部》：“魗，視由、齒由二切。惡也。”（94 下左）《集韻》上聲有韻齒九切：“醜，《説文》：‘可惡也。’或作魗。”（433）《詩·鄭風·遵大路》：“無我魗兮，不寁好也。”毛傳：“魗，棄也。”鄭玄箋：“魗，亦惡也。”孔穎達疏：“魗與醜，古今字，醜惡可棄之物，故《傳》以爲棄。”故“䰩”與“魗”儘管義可相通，然形音俱别，二字不可混同，《正字通》謂“䰩”即“魗”字之譌，且謂“舊注”非，既無書證亦無例證，其説非是。

921. 魛

《字彙·魚部》:"魛，而震切，音刃。魚名。"(564上)

《正字通·魚部》:"魛，魝字之譌。舊注音刃，汎云魚名，非。"(1341上)

按:《康熙字典·魚刀》:"魛，《篇海》音刃。魚名。按：即魛字之譌。"(1551下)《新修玉篇》卷二十四《魚部》引《奚韻》:"魛，如(悋)[悋]切。魚名。"(203上右)《篇海》卷三《魚部》引《奚韻》:"魛，如悋切。魚名。"(613上)"悋""悋"即異體字。《詳校篇海》卷一《魚部》:"魛，音刃。魚名。"(62上)《篇海類編》同。《正字通》所言疑非是。《説文·刀部》:"魝，楚人謂治魚也。从刀，从魚。讀如鍥。"(87上)桂馥《義證》:"治魚即剖魚。"《玉篇·刀部》:"魝，山俱切，又公節切。割也。"(82上左)故"魛"與"魝"形義俱别，二字不可混同,《正字通》謂"魛"即"魝"字之譌，且謂"舊注"非，既無書證亦無例證，其説非是。又《説文·魚部》:"鮆，飲而不食，刀魚也。"段玉裁注:"刀魚，今人語尚如此，以其形像刀也。俗字作魛。"《玉篇·魚部》:"魛，丁高切。蔑魛魚。"(116上左)"魛"與"魛"義同，又"刃"旁、"刀"旁形近，俗寫常可譌混，故"魛"當即"魛"字之譌。《新修玉篇》《篇海》音"如悋切"，疑爲望形生音。《詳校篇海》《篇海類編》《字彙》亦音"刃"，當皆因承前而謬。《大字典》收録"魛"字，其下分爲兩個義項：第(一)義項據《篇海類編》音 rèn，訓"魚名"；第(二)義項音 dāo，謂同"魛"，並以《正字通》《康熙字典》作爲書證。《大字典》這樣處理存在兩個問題：一、《正字通》謂"魛"即"魝"字之譌，而非謂"魛"即"魛"字之譌，所以不能以《正字通》作爲書證；二、《大字典》既然謂"魛"即"魛"字之譌，就應删去第(一)義項。因此,《大字典》應據《康熙字典》之説而謂"魛"即"魛"字之譌，即妥。《字海》"魛"字據《篇海》音 rèn，訓"一種魚"，疑亦非是。

922. 鮒

《字彙·魚部》:“鮒，呼甘切，音蚶。魚似蛤，其文如瓦屋。又胡男切，音含。蛤也。”（564下）

《正字通·魚部》:“鮒，俗蚶字。舊注魚似蛤，其文如瓦屋；又音含，蛤也。按：蛤即蚶類，蚶非魚類，魚屬無鮒名。”（1342下）

按:《康熙字典·魚部》:“鮒，《廣韻》《集韻》並胡甘切，音酣。蚶，或作鮒。蛤也。《玉篇》:‘似蛤，有文如瓦屋。’《類篇》:‘蚌屬，魁陸也，横縱其理。’”（1553上）《名義·魚部》:“鮒，呼甘反。蚌屬。”（251下）《玉篇·魚部》:“鮒，呼甘切。似蛤，有文如瓦屋。”（116下右）《新修玉篇》引《玉篇》同。《正字通》所言當是。《爾雅·釋魚》“魁陸”郭璞注:“《本草》云：魁狀如海蛤，員而厚，外有理縱横。即今之蚶也。”箋注本《切韻》（斯2071）平聲談韻火談反:“蚶，蚌屬。出會稽。”（123）《文選·江賦》:“洪蚶專車。”李善注引《臨海水土物志》:“蚶則徑四尺，背似瓦壟，有文。”故“鮒”與“蚶”音義並同，“鮒”即“蚶”之異體字。《集韻》平聲談韻呼甘切:“蚶鮒，蚌屬，魁陸也。或从魚。”（285）下文胡甘切又曰:“鮒蚶，蛤也。或从虫。”（286）此即其證也。故“鮒”即“蚶”之異體字。故宫本《王韻》平聲談韻胡甘反:“鮒，蛤也。”下文火談反又曰:“蚶，蚌屬。出會稽。”（461）故宫本《王韻》將“鮒”“蚶”二字分列，分别訓“蛤也”“蚌屬”。據上文可知，其實“蛤也”“蚌屬”“魁陸”訓異義同，故宫本《王韻》應溝通其間的異體關係。《廣韻》平聲談韻胡甘切:“鮒，蛤也。”下文呼談切又曰:“蚶，蚌屬。《爾雅》曰:‘魁陸。’《本草》云:‘魁狀如海蛤，員而厚，外有理縱横。即今之蚶也。’亦作鮒。”（150）《廣韻》“蚶”字下謂“亦作鮒”，是也；然“鮒”卻未溝通其與“蚶”字的異體關係，亦失考證。《篇海》卷三《玉部》引《玉篇》:“鮒，呼甘切。魚似蛤，有文如瓦屋。”（613下）《篇海》訓“魚似蛤，有文如瓦屋”，“魚”字當爲衍文。《詳校篇海》卷一《魚部》:“鮒，呼甘切，音蚶。魚似蛤，其文如瓦屋。又胡男切，音含。蛤也。”（62下）《篇海類編》同。《詳校篇海》《篇海類編》《字彙》亦訓“魚似蛤，有文如瓦屋”，皆因承襲《篇海》之謬而誤。《大字典》收録“鮒”字，其下分爲兩個義項，第（一）義項據《廣韻》訓“蛤”，第（二）義項據《集韻》之説而謂同“蚶”，訓“魁陸”。據上文可知，《大字典》應將第（一）義項合並到第（二）義項上去，直謂同“蚶”，訓“魁陸”，方妥。《字海》亦收“鮒”字，據《集韻》之説而直謂同“蚶”，是也。

923. 鮼

《字彙·魚部》：“鮼，七林切，音侵。魚名。”（566 上）

《正字通·魚部》：“鮼，鱘字之譌。”（1346 上）

按：《康熙字典·魚部》：“鮼，《玉篇》七尋切，音侵。魚名。”（1557 下）《玉篇·魚部》：“鮼，七尋切。魚名。”（116 下左）又《本草綱目·鱗部·鱘魚》：“鱘魚（一名）鱏魚。其狀如鱣，而背上無甲。其色青碧，腹下色白。其鼻長與身等，口在頷下，食而不飲。頰下有青斑紋，如梅花狀。尾歧如丙，肉色純白。”《本草綱目·鱗部·鱘魚》又引陳藏器曰：“鱘生江中，背如龍，長一二丈。”“鱘”，《中原音韻》音同“尋”。故“鮼”與“鱘”形音俱別，二字不可混同，《正字通》謂“鮼”即“鱘”字之譌，既無書證亦無例證，其説非是。

924. 鯔

《字彙·魚部》：“鯔，旨而切，音支。魚名。”（566 下）

《正字通·魚部》：“鯔，鯔本字。舊注鯔音玆，鯔音支，汎云魚名，分鯔、鯔爲二，非。”（1347 上）

按：《康熙字典·魚部》：“鯔，《廣韻》側持切，《集韻》莊持切，並音菑。魚名。《本草》：‘鯔魚，似鯉，身圓，頭扁，骨軟，生江海淺水中。’”（1558 下）《廣韻》平聲之韻側持切：“鯔，魚名。”（30）晉葛洪《神仙傳·介象》：“吴主共論膾魚何者最美。象曰：‘鯔魚膾爲上。’”《農政全書·牧養·魚》：“鯔魚，松之人於潮泥地鑿池，仲春，潮水中捕盈寸者養之，秋而盈尺。腹背皆腴，爲池魚之最。是食泥，與百藥無忌。《京口録》云：‘頭匾而骨軟。’《閩志》云：‘目赤而身圓，口小而鱗黑。吴王論魚，以鰡爲上也。'" 又《爾雅·釋魚》:"鮂，黑鰦。" 郭璞注:"即白鯈魚。"《玉篇·魚部》:"鰦，子夷切。黑鰦也。"（116 上左）《廣韻》平聲之韻子之切:"鰦，魚名。"（31）故"鰡"與"鰦"音近義別，二字不可混同,《正字通》謂"鰡"同"鰦"，既無書證亦無例證，其説非是。

925. 鮬

《字彙·魚部》:"鮬，丘瞎切，音恰。魚名。"（566 下）

《正字通·魚部》:"鮬，鰗字之訛。"（1347 下）

按:《康熙字典·魚部》:"鮬,《集韻》丘八切，音劼。魚名。或作鮚。"（1559 上）《集韻》入聲黠韻丘八切:"鮬鮚，魚名。或省。"（694）又《説文·魚部》:"鰗，魚名。从魚，幼聲。讀若幽。"（243 下）《廣雅·釋魚》:"鰗，鰌也。""鰗",《廣韻》音"於柳切"，又音"於堯切"。故"鮬"與"鰗"形音俱別，二字不可混同,《正字通》謂"鮬"即"鰗"字之訛，既無書證亦無例證，其説非是。

926. 鰯

《字彙·魚部》:"鰯，與專切，音員。魚也。"（567 下）

《正字通·魚部》:"鰯，俗魨字。本作豚，後加彖作鰯，非。舊注音員，汎云魚名，誤。"（1350 下）

按:《康熙字典·魚部》:"鰯,《廣韻》與專切,《集韻》余專切，並音沿。魚名。"（1562 上）《正字通》所言非是。《名義·魚部》:"鰯，與專反。"（251 上）《新撰字鏡·魚部》:"鰯，與專反。"（496）《玉篇·魚部》:"鰯，與專切。魚名。"（116 上左）《新修玉篇》《篇海》引《玉篇》同。敦煌本《王韻》平聲仙韻與專反:"鰯，魚。"（368）故宫本《王韻》平聲仙韻與專反:"鰯，魚也。"（454）《廣韻》平聲仙韻與專切:"鰯，魚名。"（88）《集韻》平聲仙韻余專切:"鰯，魚名。"（172）《名義》已收"鰯"字，音"與專反"，可見原本《玉篇》亦已收録"鰯"字，也當音"與專反"。又《玉篇·魚部》:"魨，音豚。魚名。"（116 下左）"魨"訓"魚名"，即指"河魨"，本作"河豚"。故"鰯"與"魨（豚）"讀音區别申明，且未見“魨（豚）”有作“鯵”者，《正字通》謂“鯵”即“魨”字之俗，並認爲其演變過程爲“鯵”本作“豚”，後加“豸”演變作“鯵”，既無書證亦無例證，此説疑不可據。

927. 䱟

《字彙·魚部》：“䱟，昵力切，音匿。魚名。”（568 下）

《正字通·魚部》：“䱟，鰋字之訛。”（1353 上）

按：《康熙字典·魚部》：“䱟，《廣韻》女力切，《集韻》昵力切，並音匿。魚名。《類篇》：‘似鯇而小。’”（1564 上）《廣韻》入聲職韻女力切：“䱟，魚名。”（425）《集韻》入聲職韻昵力切：“䱟，魚名。似鯇而小。”（758）又《詩·小雅·魚麗》：“魚麗于罶，鰋鯉。君子有酒，旨且有。”毛傳：“鰋，鮎也。”《本草綱目·鱗部·鮧魚》：“魚額平夷低偃，其涎黏滑……鰋，偃也；鮎，黏也；古曰鰋，今曰鮎；北人曰鰋，南人曰鮎。”《爾雅·釋魚》：“鰋。”郭璞注：“今鰋額白魚。”郝懿行《義疏》：“白魚名鮊。《廣雅》云：‘鮊，鱎也。’《玉篇》：‘鱎，白魚也。’……今白魚生江湖中，細鱗白色，頭尾俱昂，大者長六七尺也。”“鰋”，《廣韻》音“於幰切”。故“䱟”與“鰋”形音俱别，二字不可混同，《正字通》謂“䱟”即“鰋”字之訛，既無書證亦無例證，其説非是。

928. 鰶

《字彙·魚部》：“鰶，子計切，音際。魚名。”（568 下）

《正字通·魚部》：“鰶，鱭字之訛。”（1353 上）

按：《康熙字典·魚部》：“鰶，《廣韻》《集韻》並子例切，音祭。《玉篇》：‘魚名。’《類篇》：‘或作䰥。’”（1564 上）《名義·魚部》：“鰶，子衣反。”（251 下）《玉篇·魚部》：“鰶，子裔切。魚名。”（116 下右）《廣韻》去聲祭韻子例切：“鰶，魚名。”（273）《集韻》去聲祭韻子例切：“鰶，魚名。或作䰥。”（509）明屠本畯《閩中海錯疏》卷上：“鰶，如鰣而小，鱗青色，俗呼青鯽，又名青鱗。”鰶爲“魚綱鯡科，側扁，長橢圓形，背部灰黑色，兩側銀白色，具黑斑。主要分佈在我國、朝鮮、韓國等淺海中”。又《廣韻》上聲薺韻徂禮切：“鮆，魚名。常以春時出九江也。鱭，上同。”（180）《集韻》上聲薺韻在禮切：“鮆鱭，《説文》：‘飲而不食，刀魚也。’或从齊。”（341）“鱭”爲“魚綱鯷科，身體側扁，尾部延長，眼白色，胸鰭上方具有游離的絲狀鰭條，盛産於長江流域”。故“鰶”與“鱭”音義俱别，二字不可混同，《正字通》謂“鰶”即“鱭”字之訛，既無書證亦無例證，其説非是。

929. 鰤

《字彙・魚部》：“鰤，息茲切，音斯。魚名。一曰鮪之别名。”（569上）

《正字通・魚部》：“鰤，舊注音斯，魚名；一曰鮪别名。按：鮪，江淮曰鯀，伊洛曰鮪，海濱曰鮥，無鰤名。”（1354上）

按：《康熙字典・魚部》：“鰤，《集韻》相支切，音斯。魚名也。又《字彙》：‘一曰鮪别名。’”（1565上）《詳校篇海》卷一《魚部》：“鰤，息茲切，音斯。魚名。一曰鮪。”（65下）《篇海類編》同。《正字通》所言是也。《集韻》平聲支韻相支切：“鰤，魚名。一曰鮒。”（28）據《集韻》，“鰤”别名“鮒”，即今之鯽魚。《新修玉篇》卷二十四《魚部》引《餘文》：“鰤，息移切。魚名。一曰鮒。”（205上右）《篇海》同。《直音篇》卷六《魚部》：“鰤，音斯。魚名。”（266上）故《詳校篇海》《篇海類編》又謂“一曰鮪”，於前代字韻書皆無徵，“鮪”當爲“鮒”字之誤。《字彙》又轉訓爲“一曰鮪别名”，當因承前而誤。《康熙字典》轉録《字彙》“一曰”之訓而未作校正，失考證。《大字典》“鰤”字下據《字彙》收録“鮪别名”這一義項，亦失考證。

930. 鱍

《字彙・魚部》：“鱍，北末切，音鉢。魚掉尾貌。《詩》作發。”（569上）

《正字通・魚部》：“鱍，俗鮁字。《毛詩》作發。舊本‘鮁’注訓魚跳，俗作鱍，非。本注‘魚掉尾貌’，前後矛盾。按：魚掉尾亦曰撥剌。

杜甫詩：‘跳魚撥剌鳴。’張衡《思玄賦》：‘彎威弧之撥剌。’注：‘剌，郎達反。撥剌者，劃裂震激之聲。’箭鳴有是聲，魚躍亦有是聲。《合併五音》‘鱍，尾長貌’，誤。魚尾長曰鮮，非鱍也。”（1354上）

按：《康熙字典·魚部》：“鱍，《廣韻》《集韻》《正韻》並北末切，音撥。與鮁同。魚掉尾也。《玉篇》：‘尾長貌。’《詩·衛風》：‘鱣鮪發發。’《釋文》：‘發，《韓詩》作鱍。’”（1565下）《正字通》所言近是。《玉篇·魚部》：“鱍，市活、普活二切。尾長皃。”（116上左）《新修玉篇》《篇海》引《玉篇》同。《玉篇校釋》“鱍”字下注：“‘尾長皃’者，爲原引《韓詩》‘鱣鮪發發’及章句文。《毛詩·碩人》篇作‘發發’，《傳》云：‘盛皃。’《釋文》引馬云：‘魚著網，尾發發然。’《韓詩》作鱍，《説文》引《詩》作：‘鱣鮪鮁鮁。’”（4871）胡氏所言疑可商榷。《名義·魚部》：“鱍，補達反。鱣鮪掉尾。”（250下）《龍龕》卷二《魚部》：“鱍，北末反。魚掉尾也。”（171）《新撰字鏡·魚部》：“鱍，方達反。掉尾。”（500）箋注本《切韻》（斯2071）入聲末韻博末反：“鱍，魚掉尾皃。”（143）敦煌本《王韻》、故宫本《王韻》、故宫本《裴韻》、《唐韻》同。《廣韻》入聲末韻北末切：“鱍，魚掉尾也。”（394）《集韻》入聲末韻疕末切：“鮁發鱍，《説文》‘鱣鮪鮁鮁’，或作發，亦从魚。”（692）下文普活切又曰：“鱍鮻鮁，魚遊皃。或省，亦作鮁。”（693）故《玉篇》訓“鱍”爲“尾長皃”，於以上字韻書皆無徵，非是。又《詩·衛風·碩人》：“施罛濊濊，鱣鮪發發。”《毛傳》：“發發，盛貌。”“發發”，《韓詩》作“鱍鱍”，《説文》“鮁”字義訓引《詩》作“鮁鮁”，“鱍”“鮁”字同，本作“發”。“發發”訓“盛貌”，當義指“魚多跳躍貌”，而非“尾長貌”。《新修玉篇》《篇海》承襲《玉篇》之誤而未作校正，俱失考證。《直音篇》卷六《魚部》：“鱍，音撥。魚掉尾。又音潑。”（267上）《直音篇》改訓“魚掉尾”，是也。《詳校篇海》卷一《魚部》：“鱍，北末切，音鉢。尾長貌。又魚掉尾。又普活切，音潑。注同。”（65下）《篇海類編》同。《詳校篇海》《篇海類編》皆收“尾長貌”這一義項，亦因承前而誤。《字彙》未收“尾長貌”之訓，是也。《康熙字典》轉録《玉篇》“尾長貌”之訓而未作校正，亦失考證。《大字典》“鱍”字下據《玉篇》收録“魚尾長貌”這一義項，亦非。

931. 鱒

《字彙·魚部》:“鱒，徂本切，存上聲。似鯶而鱗細，眼赤。《埤雅》:‘鱒魚圓，魴魚方。’鱒好獨行，制字从尊殆以此也。又去聲徂悶切。魚入泥也。”（569 上）

《正字通·魚部》:“鱒，徂本切，存上聲。似鯶鱗細，青質赤章，目中一道赤横貫瞳，俗呼赤眼魚。《詩·豳風》:‘九罭之魚，鱒魴。’注:‘魚之美者。’一説鱒好獨行，故从尊，見網輒逝。《埤雅》:‘鱒魚圓，魴魚方。’《爾雅》:‘鮅，鱒。’注:‘鱒，一名鮅。’舊注沿《正韻》又去聲徂悶切，魚入泥，非是。”（1354 下）

按:《康熙字典·魚部》:“鱒,《廣韻》才本切,《集韻》《韻會》粗本切，並蹲上聲。《説文》:‘赤目魚也。’《爾雅·釋魚》:‘鮅，鱒。’注:‘似鯶子，赤眼。’疏:‘鮅，一名鱒。’陸機《草木蟲魚疏》:‘鱒似鯶魚而鱗細於鯶，赤眼。’《詩·豳風》:‘九罭之魚，鱒魴。’傳:‘大魚也。’又《五音集韻》士晚切，音撰；又柱兖切，音篆。義並同。又《廣韻》《集韻》《韻會》並徂悶切，音鐏，魚名。又魚入泥。”（1565 下）《廣韻》上聲混韻才本切:“鱒,《説文》曰:‘赤目魚也。’”（191）下文去聲慁韻徂悶切又曰:“鱒，魚名。又魚入泥。”（304）《廣韻》“鱒”又訓“魚入泥”，疑非是。《爾雅·釋魚》:“鮅，鱒。”郭璞注:“似鯶子，赤眼。”鄭樵注:“似鯶而小，眼赤，多生溪澗，附麗水底，難網捕。”《説文·魚部》:“鱒，赤目魚。从魚，尊聲。”（242 下）《名義·魚部》:“鱒，組（徂）[illegible]（本）反。大魚，目赤。”（248 上）《新撰字鏡·魚部》:“鱒，徂本反，上。万須。”（751）張磊、吴美富《〈新撰字鏡〉校注》:“万須（ます）【鱒】。”（751）《龍龕》卷一《魚部》:“鱒，才悶反。鱒魚也。”（170）《玉篇·魚部》:“鱒，慈損切。赤目魚。”（115 下左）《新修玉篇》《篇海》引《玉篇》同。箋注本《切韻》（斯 2071）上聲混韻徂本反:“鱒，魚名。”（133）敦煌本《王韻》同。故宫本《王韻》上聲混韻徂本反:“鱒，魚,（魚）[鱒]魴。”（478）故《廣韻》又訓“魚入泥”，於以上辭書皆無徵，非是。《廣韻》又訓“鱒”爲“魚入泥”，或許是因爲“鱒”屬於鯉科魚類，鯉科魚類常於水底棲息，亦常深入泥中，但即使如此，“入泥”也只能是其一個特徵，而非其獨立義項。《集韻》去聲恨韻徂悶切：“鱒，魚名。”（551）《集韻》删去《廣韻》“魚入泥”之訓，是也。《洪武正韻》去聲震韻祖悶切：“鱒，魚名。又魚入泥也。”（266）《洪武正韻》亦收“魚入泥”這一義項，當因承襲《廣韻》之謬而誤。《直音篇》卷六《魚部》：“鱒，徂本切。赤目魚。”（267上）《直音篇》未收“魚入泥”這一義項，是也。《詳校篇海》卷一《魚部》：“鱒，徂本切。《爾雅》：‘鮅，鱒。’注：‘赤目魚。似鯶而鱗細，多獨行。’又徂悶切。魚名。又魚（如）[入]泥。並讀如尊去聲。”（65下）《篇海類編》同。《詳校篇海》《篇海類編》亦收“魚入泥”這一義項，當皆爲《廣韻》所誤。《正字通》謂《字彙》訓“魚入泥”非，所言是也。《康熙字典》又訓“魚入泥”，亦因承前而誤。《大字典》“鱒”字下據《廣韻》收録“魚入泥”這一義項，非是。

932. 鱶

《字彙·魚部》：“鱶，牛饑切，音移。魚子。”（569下）

《正字通·魚部》：“鱶，伊齊切，音移。附見前‘鮇’注。”（1355上）

按：《康熙字典·魚部》：“鱶，《集韻》魚羈切，音宜。魚子。”（1566下）《玉篇·魚部》：“鱶，義奇切。”（116下左）《玉篇》義闕，元刊本《玉篇》補訓爲“魚名”，疑非是。《集韻》平聲支韻魚羈切：“鱶，魚子。”（38）《五音集韻》平聲支韻亦曰：“鱶，牛肌切。魚子。”《新修玉篇》卷二十四《魚部》引《玉篇》：“鱶，魚羈切。魚子。”（205上右）《篇海》卷三《魚部》引《玉篇》：“鱶，義奇切。魚子也。”（615下）李時珍《本草綱目·鱗部·魚鮞》：“魚子曰鮇、曰鱶。”“鱶”義同“鮇”，當爲“魚子”。故元刊本《玉篇》訓“魚名”，於歷代字韻書皆無徵，非是。《直音篇》卷六《魚部》：“鱶，音宜。魚名。”（266上）《直音篇》訓“魚名”，當爲元刊本《玉篇》所誤。《詳校篇海》卷一《魚部》：“鱶，牛飢切，音移。魚子。”（66上）《篇海類編》同。《詳校篇海》《篇海類編》《字彙》《正字通》《康熙字典》改訓“魚子”，皆未收“魚名”之訓，是也。《大字典》

《字海》“䲛”字下分别據元刊本《玉篇》之誤而收録“魚名”“一種魚”這一義項，俱失考證。

933. 鱙

《字彙·魚部》:“鱙，直例切，音治。魚名。”(569下)

《正字通·魚部》:“鱙，舊注音治，魚名。一説俗因河豚臆造鱙字，非是。”(1355上)

按:《康熙字典·魚部》:“鱙，《廣韻》《集韻》並直例切，音滯。魚名。”(1567上)《廣韻》去聲祭韻直例切:“鱙，魚名。”(278)《集韻》同。《正字通》“一説俗因河豚臆造鱙字，非是”者，於前代字韻書、文獻皆無徵，非是。“鱙”本當作“彘”。馬王堆漢墓帛書整理小組編《馬王堆漢墓帛書四·五十二病方》:“令金傷毋痛方，取鼢鼠，乾而冶；取彘魚，燔而冶。”注:“彘魚，疑即《名醫别録》鮧魚，彘、鮧，古脂部字，音近相通。”(29)故“鱙”當即“彘”因受“魚”類化影響而產生的俗字，本當作“彘”。

934. 鱁

《字彙·魚部》:“鱁，延之切，音疑。魚名。”(569下)

《正字通·魚部》:“鱁，訛字。”(1356上)

按:《康熙字典·魚部》:“鱁，《篇海》音疑。魚名。”(1567下)《篇海》卷三《魚部》引《搜真玉鏡》:“鱁，音疑。魚力。”(615下)“力”當爲“也”字之誤。《詳校篇海》卷一《魚部》:“鱁，音疑。魚名。”(66上)《篇海類編》同。《正字通》謂“鱁”爲訛字，所言當是。今案:“鱁”當爲“䲌”字之訛。《玉篇·魚部》:“䲌，口換切。魚撞罩。”(116上左)敦煌本《王韻》去聲翰韻口換反:“䲌，魚撞罩聲。”(412)故宫本《王韻》同。《廣韻》上聲緩韻苦管切:“䲌，魚名。”(193)下文去聲換韻口換切又曰:“䲌，魚撞罩聲。”(310)“鱁”與“䲌”形近義同，“鱁”疑即“䲌”字俗訛。《名義·魚部》:“䲌，口換反。”(250下)《新撰字鏡·魚部》:“䲌䲌，同作口換反。”(496)《龍龕》卷一《魚部》:“䲌，苦管反。魚名。”（170）“[illegible]”“[illegible]”“[illegible]”皆爲“[illegible]”字之俗。“[illegible]”與“[illegible]”“[illegible]”“[illegible]”諸字皆形近義同，當爲一字之變，“[illegible]”當即“[illegible]”字俗訛。《篇海》音“疑”者，當因不識其爲“[illegible]”字俗訛，又見其從“疑”而妄改，此當即望形生音。

935. 鱲

《字彙·魚部》：“鱲，落合切，音臘。淹魚。又良涉切，音獵。魚名。”（570上）

《正字通·魚部》：“鱲，俗字。”（1356下）

按：《康熙字典·魚部》：“鱲，《廣韻》良涉切，《集韻》力涉切，並音獵。《類篇》：‘魚名。’”（1567下）《詳校篇海》卷一《魚部》：“鱲，音臘。淹魚。又良涉切，音獵。魚名。”（65下）《篇海類編》同。《名義·魚部》：“鱲，力涉反。”（250下）《新撰字鏡·魚部》：“鱲，良涉反。”（499）《玉篇·魚部》：“鱲，力涉切。魚名。”（116上左）敦煌本《王韻》入聲葉韻良涉反：“鱲，魚名。”（433）故宫本《王韻》、《廣韻》、《集韻》同。《新修玉篇》《篇海》引《玉篇》皆同。《類篇·魚部》：“鱲，良涉切。魚名。”（426下）《直音篇》卷六《魚部》：“鱲，音獵。魚名。”（269上）故《詳校篇海》《篇海類編》“鱲”字下皆收録“音臘，淹魚”這一義項，於前代字韻書皆無徵，當因從“臘”爲説而妄增。《字彙》亦收“淹魚”這一義項，此當因承前而誤。《康熙字典》未收“淹魚”這一義項，是也。《大字典》“鱲”字下據《字彙》收録音 là、“腌魚”這一義項，亦失考證。

936. 鴅

《字彙·鳥部》：“鴅，丁紺切，音旦。鴅鳥。”（571上）

《正字通·鳥部》：“鴅，鴠字之訛。舊注音旦，鴅鳥，誤。”（1360上）

按：《康熙字典·鳥部》：“鴅，《廣韻》丁紺切，音馾。鳥名。《集韻》本作鴤，亦作䳍。”（1572上）《廣韻》去聲勘韻丁紺切：“鴅，鴅鳥。”（358）《集韻》去聲勘韻丁紺切：“鴤䳍鴅，鳥名。或从冬、从井。”（624）

“鳱”即“鴆”之異體字，義爲“毒鳥”。《正字通》之説非是。《爾雅·釋鳥》:“鳽，䴔鶄。”《説文·鳥部》:“鳽，䴔鶄也。从鳥，幵聲。”（76 上）《廣韻》平聲先韻古賢切:“鳽，䴔鶄，鳥名。又五革、五堅二切。”（82）“䴔鶄”即“池鷺”。故“鳱”與“鳽”儘管形近，然音義俱别，二字不可混同，《正字通》謂“鳱”即“鳽”字之訛，且謂“舊注”誤，既無書證亦無例證，其説非是。

937. 鳺

《字彙·鳥部》:“鳺，扶古切，音父。鳺鴀，越鳥。”（571 上）

《正字通·鳥部》:“鳺，鴀字之訛。舊注扶古切，音父，鳺鴀，越鳥，誤。”（1360 下）

按:《康熙字典·鳥部》:“鳺，《廣韻》扶雨切，《集韻》奉甫切，並音父。《玉篇》:‘鳺鴀，越鳥。’”（1572 上）《龍龕》卷二《鳥部》:“鳺，音父。鳺鴀，越鳥。”（288）《玉篇·鳥部》:“鳺，音父。鳺鴀，越鳥。”（114 下左）箋注本《切韻》（斯 2071）上聲麌韻扶雨反:“鳺，鳺鴀，越鳥。”（131）敦煌本《王韻》、故宫本《王韻》、故宫本《裴韻》、《廣韻》同。故“鳺”當連“鴀”字爲訓，是一個聯連綿，二字連訓，而非同字，《正字通》謂“鳺”即“鴀”字之訛，且謂“舊注”誤，既無書證亦無例證，其説非是。

938. 鴺

《字彙·鳥部》:“鴺，以智切，音異。鳥名。”（572 下）

《正字通·鳥部》:“鴺，鵜字之訛。舊注音異，汎云鳥名，誤。”（1364 下）

按:《康熙字典·鳥部》:“鴺，《廣韻》餘制切，《集韻》以制切，並音曳。《玉篇》:‘鳥名。’《集韻》:‘飛生也。’”（1576 上）《玉篇·鳥部》:“鴺，余制切。鳥名。”（115 上右）《廣韻》去聲祭韻餘制切:“鴺，鳥名。”（277）《集韻》去聲祭韻以制切:“鴺，鳥名，飛生也。”（515）“飛生”，即“鼯鼠”。又《集韻》入聲燭韻俞玉切:“鵒，鳥名。《説文》:‘鵒鴒也。古者鳹鴒不踰沛。’或作鶶。”（654）“鶶”即“鴒”之異體字。故“鳹”與“鶶”儘管形近，然音義俱別，二字不可混同，《正字通》謂“鳹”即“鶶”字之訛，且謂“舊注”誤，既無書證亦無例證，其説非是。

939. 鵉

《字彙·鳥部》：“鵉，渠容切，音窮。水鳥。”（572 下）

《正字通·鳥部》：“鵉，鴛字之訛。舊注音窮，水鳥，誤。”（1364 下）

按：《康熙字典·鳥部》：“鵉，《集韻》渠容切，音蛩。水鳥。”（1576 下）《集韻》平聲鍾韻渠容切：“鵉，水鳥名。”（21）又《説文·鳥部》：“鴛，鴛鴦也。从鳥，夗聲。”（75 上）《玉篇·鳥部》：“鴛，於元切。鴛鴦，匹鳥也。”（113 下右）故“鵉”與“鴛”儘管義通，然形音俱別，二字不可混同，《正字通》謂“鵉”即“鴛”字之訛，且謂“舊注”誤，既無書證亦無例證，其説非是。

940. 鴂

《字彙·鳥部》：“鴂，居中切，音恭。鳥，似雉，鳴自呼。”（572 下）

《正字通·鳥部》：“鴂，鵋字之訛。舊注音恭，鳥，似雉，鳴自呼，誤。”（1365 上）

按：《康熙字典·鳥部》：“鴂，《廣韻》九容切，《集韻》居容切，並音恭。鳥，似雉，鳴自呼。”（1577 上）《廣韻》平聲鍾韻九容切：“鴂，鳥，似雉，鳴自呼。”（12）《集韻》平聲鍾韻居容切：“鴂，鳥名，似雉，啼自呼。”（20）又《爾雅·釋鳥》：“鵅，鵋鵙。”郭璞注：“今江東呼鵂鶹爲鵋鵙，亦謂之鴝鵅。”《玉篇·鳥部》：“鵙，去其切。鵋鵙。”（114 上左）“鵋鵙”即“貓頭鷹”，又名“鵂鶹”。故“鴂”與“鵙”音義俱別，二字不可混同，《正字通》謂“鴂”即“鵙”字之訛，且謂“舊注”誤，既無書證亦無例證，其説非是。

941. 鴝

《字彙・鳥部》:"鴝，其俱切，音渠。鳥羽。又胡鉤切，音侯。羽初生貌。"（572下）

《正字通・鳥部》:"鴝，舊注音渠，鳥羽；又音侯，羽初生貌。按：本作羽，俗加鳥，移《羽部》猴訓。入鴝注鳥羽，改音渠，並非。"（1365上）

按:《康熙字典・鳥部》:"鴝,《集韻》權俱切，音劬。鳥左足白。又《廣韻》户鉤切,《集韻》胡溝切，並音侯。《廣韻》鴝同猴。羽本也。一曰羽初生貌。"（1577上）《集韻》平聲虞韻權俱切又曰:"鴝䳜，鳥左足白。或從眀。"（75）"鴝"訓"鳥左足白"，當爲"駒"字之訛。《爾雅・釋畜》:"前足皆白，騱；後足皆白，狗。"《玉篇・馬部》:"駒，音劬。馬後足皆白。亦作狗。"（108下右）故宫本《王韻》平聲虞韻其俱反:"鴝，名鳥足白。"（444）龍宇純《唐寫全本王仁昫刊謬補缺切韻校箋》注曰:"《切三》躍下爲駒字，注云馬右足白，無鴝字。《廣韻》駒下云:'馬左足白。'《爾雅》云:'馬後足皆白。本作狗。'本書無駒字，此字當即駒之訛誤。注文名是右字之誤，鳥是馬字之誤，二字又誤倒（鳥旁有鉤爲識）。原當與《切三》同。《廣韻》云左足，未詳孰是。《集韻》駒字而外又出鴝字，云鳥左足白，則亦未審鴝是駒之訛誤耳。其注文與本書不盡相同，所據或非本書；或即本書又從《廣韻》改之。"（58）龍氏謂此"鴝"當即"駒"字之訛，是也；然其謂"注文名是右字之誤，鳥是馬字之誤，二字又誤倒"，疑可商榷，注文"名"字未必是訛字，而"鳥"字當爲"馬"字之誤。箋注本《切韻》（斯2071）平聲虞韻其俱反:"駒，馬右足白。"（110）"右"當爲"后（後）"字之誤。《廣韻》平聲虞韻其俱切:"駒，馬左足白。《爾雅》云:'馬後足皆白。'本作狗。"（39）"左"亦當爲"后（後）"字之誤。此二書是其證也。故"馬後足皆白"本作"狗"，"駒"當爲"狗"因涉義改換義符而產生的異體字。《集韻》訓爲"鳥左足白"之"鴝"，當如龍氏所言爲"駒"字之誤，而"䳜"當爲"䭾"字俗訛，注文"鳥左足白"當爲"馬后（後）足白"之誤。《正字通》謂

“舊注音渠，鳥羽；又音侯，羽初生貌。按：本作羽，俗加鳥”，此説無據，非是。《康熙字典》“䲹”字下據《集韻》收録“鳥左足白”這一義項，據上文可知，此“䲹”當即“翑”字俗訛。《大字典》《字海》“䲹”字下皆據《集韻》之誤而收録“鳥左足白”這一義項，且未溝通其與“翑”字的字際關係，俱失考證。

942. 䳑

《字彙·鳥部》:“䳑，同鵴。”（573 上）

《正字通·鳥部》:“䳑，鶖字之訛。舊注同鵴，非。”（1365 上）

按:《康熙字典·鳥部》:“䳑，《玉篇》巨六切，《廣韻》渠竹切，並音鞠。鳴鳩也。”（1577 下）《名義·鳥部》:“䳑，渠陸反。鳩。”（244 下）《玉篇·鳥部》:“䳑，巨六切。䳑鳩也。”（114 上左）《字彙》所言是也。《爾雅·釋鳥》:“鳲鳩，鴶鵴。”郭璞注:“今之布穀也。”《廣韻》入聲屋韻居六切:“鵴，《説文》曰:‘秸鵴，鳴鳩。’《爾雅》作鴶鵴。郭璞云:‘今之布穀也。’鵴，上同。”（370）“䳑”與“鵴”“鵴”音義並同，當爲異體字。又《説文·鳥部》:“鶖，秃鶖也。从鳥，尗聲。鶖，或从秋。”（75 上）《廣韻》平聲尤韻七由切:“鶖，秃鶖鳥。亦作鶖。”（135）故“䳑”與“鶖”儘管形近，然音義俱別，二字不可混同，《正字通》謂“䳑”即“鶖”字之訛，且謂“舊注”誤，既無書證亦無例證，其説非是。

943. 䳂

《字彙·鳥部》:“䳂，先彫切，音消。鳥名。”（573 下）

《正字通·鳥部》:“䳂，鷯字之訛。舊注音消，鳥名，誤。”（1366 下）

按:《康熙字典·鳥部》:“䳂，《字彙》先彫切，音消。鳥名。”（1579 上）《玉篇·鳥部》:“䳂，音消。鳥名。”（114 下左）又《爾雅·釋鳥》:“鷯，鶉。其雄鶛，牝痺。”邢昺疏:“鶉，一名鷯。其雄名鶛，其牝名痺。”《説文·鳥部》:“鷯，刀鷯，剖葦，食其中蟲。从鳥，尞聲。”（75

上）《玉篇・鳥部》:“鷚，力幺切。鷦鷚，小鳥，在葦。”（113 下左）故“鵤”與“鷚”形音俱別，二字不可混同，《正字通》謂“鵤”即“鷚”字之訛，且謂“舊注”誤，既無書證亦無例證，其説非是。

944. 鸄

《字彙・鳥部》:“鸄，息約切，音削。鳥名。”（575 上）

《正字通・鳥部》:“鸄，鴷字之訛。舊注音削，鳥名，誤。”（1372 下）

按:《康熙字典・鳥部》:“鸄，《集韻》息約切，音削。鳥名。”（1584 下）《集韻》入聲薛韻息約切:“鸄，鳥名。”又《爾雅・釋鳥》:“鴷，斲木。”郭璞注:“口如錐，長數寸，常斲樹食蟲，因名云。”《玉篇・鳥部》:“鴷，音列。斲木也。口如錐，長數寸。”（113 下右）故“鸄”與“鴷”形音俱別，二字不可混同，《正字通》僅據“鸄”之構字部件“削”與“鴷”之義訓“斲木”之“斲”義同，即謂“鸄”即“鴷”字之訛，且謂“舊注”誤，既無書證亦無例證，其説非是。

945. 鸆

《字彙・鳥部》:“鸆，羊諸切，音臾。鳥名。”（575 下）

《正字通・鳥部》:“鸆，鵃字之訛。舊注音臾，鳥名。誤。”（1373 上）

按:《康熙字典・鳥部》:“鸆，《五音集韻》羊朱切，音臾。鳥名。”（1585 上）《玉篇・鳥部》:“鸆，音臾。鳥名。”（114 下左）又《説文・鳥部》:“鵃，鶻鵃也。从鳥，舟聲。”（74 上）“鵃”，《廣韻》音“陟交切”，《集韻》又音“張流切”。故“鸆”“鵃”形音俱別，二字不可混同，《正字通》謂“鸆”即“鵃”字之訛，且謂“舊注”誤，既無書證亦無例證，其説非是。《玉篇校釋》“鸆”字下注:“‘音臾’者，應即‘鶐’字。《説文》‘鵒’，或體作‘鶐’。本書作‘雓’。”（4790）胡氏所言當是。《説文・鳥部》:“鵒，鴝鵒也。从鳥，谷聲。古者鴝鵒不踰泲。雓，鵒或从隹、从臾。”（76 下）《集韻》入聲燭韻俞玉切:“鵒，鳥名。《説文》:‘鴝鴿也。古者鳹鴿不踰（沛）[泲]。或作鵮、䳺。”（654）“鶬”與“䳺（鵮）”音近義同，正如“腴”或作“腧”，“鶬”當即“䳺（鵮）”之異體字。

946. 鶼

《字彙·鳥部》：“鶼，古嫌切，音兼。比翼鳥，似鳧，青赤色，一目一翼，相得乃飛。《爾雅》：‘南方有比翼鳥焉，不比不飛，其名謂之鶼鶼。’”（576 上）

《正字通·鳥部》：“鶼，經天切，音堅。比翼鳥。《爾雅》：‘南方有比翼鳥，不比不飛，名曰鶼鶼。”（1374 下）

按：《康熙字典·鳥部》：“鶼，《廣韻》古甜切，《集韻》《韻會》堅嫌切，《正韻》古嫌切，並音兼。比翼鳥。《爾雅》：‘南方有比翼鳥焉，不比不飛，其名謂之鶼鶼。’”（1587 上）《類篇·鳥部》：“鶼，丘咸切。鳥啄物。”（133 上）此“鶼”當即“鵮”之異體字。《廣韻》平聲咸韻竹咸切：“鵮，鳥啄物。又苦咸切。”（154）《集韻》平聲咸韻丘咸切：“鵮，鳥啄物也。”（295）《類篇·鳥部》：“鵮，丘咸切。鳥啄物也。又知咸切。”（133 上）故“鶼”訓“鳥啄物”，與“鵮”音義並同，此“鶼”即“鵮”之異體字。

947. 鵿

《字彙·鳥部》：“鵿，思尹切，音筍。急疾之鳥。”（576 上）

《正字通·鳥部》：“鵿，俗隼字。”（1375 上）

按：《康熙字典·鳥部》：“鵿，《玉篇》思尹切，音筍。祝鳩也；急疾之鳥也。本作隼。”（1587 上）《龍龕》卷二《鳥部》：“䳉，正。鵿，今。私閏反。飛也。”（289）此“䳉”“鵿”本當作“卂”。《説文·卂部》：“卂，疾飛也。从飛而羽不見。”（246 上）《玉篇·卂部》：“卂，思進切。疾飛也。亦作迅。”（121 下左）《廣韻》去聲震韻息晉切：“迅，疾也。又私閏切。”同一小韻下文又曰：“卂，疾飛而羽不見。”（294）下文去聲稕韻私閏切：“迅，疾也。又音信。”（298）《集韻》去聲稕韻思晉切：“卂，《説文》：‘疾飛也。从飛而羽不見。’”同一小韻下文又曰：“迅，《説文》：‘疾也。’”（540）“卂”“迅”即異體字。“䳄”“鵯”訓“飛也”，與“卂（迅）”音義並同，此“䳄”“鵯”當即“卂（迅）”之異體字。

948. 鷄

《字彙補·鳥部》：“鷄，牽奚切。與鸂同。見《集韻》。又居其切。與雞同。知時鳥。”（265下）

按：《康熙字典·鳥部》：“鷄，《字彙補》：‘與鸂同。’”（1588下）《康熙字典》“鷄”字下僅轉録《字彙補》“與鸂同”這一義項，而未轉録《字彙補》“與雞同”這一義項，是也。《集韻》平聲齊韻牽奚切：“鸂，鸂鶒，水鳥。或作鷄。”（97）此是其證也。故“鷄”當即“鸂”通過改換聲符並經偏旁易位而形成的異體字。《字彙補》又謂“鷄”與“雞”同，非是。《説文·隹部》：“雞，知時畜也。从隹，奚聲。鷄，籒文雞从鳥。”（71上）《玉篇·鳥部》：“鷄，古奚切。知時鳥。又作雞。”（114下右）《廣韻》平聲齊韻古奚切：“雞，《説文》云：‘知時畜也。’鷄，籒文。”（49）《集韻》平聲齊韻堅奚切：“雞鷄，《説文》：‘知時畜也。籒文从鳥。’”（96）故“鷄”即“雞”通過改換義符而形成的異體字。“鷄”與“鷄（雞）”儘管構字部件相同，然音義俱別，且未見“鷄”字俗體有作“鷄”者，故《字彙補》又謂“鷄”與“雞（鷄）”同，非是。《大字典》《字海》“鷄”字下皆據《字彙補》之説收録同“雞”這一義項，疑並非是。

949. 鶄

《字彙·鳥部》：“鶄，才甘切，音慙。鶚別名。又士陷切，音賺。似鵰而斑白。”（577上）

《正字通·鳥部》：“鶄，才寒切，音慙。《廣雅》：‘鶄，鵰也。’又勘韻音賺。義同。”（1378上）

按：《康熙字典·鳥部》：“鶄，《廣韻》昨甘切，《集韻》財甘切，並音慙。《廣雅》：‘鶄、鷲，鵰也。’又《廣韻》仕咸切，《集韻》仕懺切，並音鑱。《廣韻》：‘似鵰而斑白。’”（1590上）《廣雅·釋鳥》：“鶄，鳥也。”《名義·鳥部》：“鶄，才三反。鵰也。”（246上）《玉篇·鳥部》：“鶄，才三切。雕也。”（114 下右）“雕”“鵰”字同。敦煌本《王韻》平聲談韻昨甘反：“鶦，鶚。又仕咸反。”（374）故宫本《王韻》、故宫本《裴韻》同。《廣韻》平聲談韻昨甘切：“鶦，鶚别名。”（150）“鶚”與“鵰”義同。明李時珍《本草綱目·禽三·鶚》：“鶚，鵰類也。似鷹而土黄色，深目好峙。雄雌相得，鷙而有别，交則雙翔，别則異處。能翱翔水上捕魚食，江表人呼爲食魚鷹。亦啖蛇。《詩》云：關關雎鳩，在河之洲。即此。”此即其證也。《集韻》平聲談韻財甘切：“鶦雔，鳥名。《博雅》：‘鶦、鷲，鵰也。’或从隹。”（285）此亦其證也。又《唐韻》去聲鑑韻士懺反：“鶦，似雕而斑白。出《音譜》。”（683）《廣韻》同。“士懺反”當爲“鶦”字“又音”，然《唐韻》改訓“似雕而斑白”，疑非是。《漢語大詞典》訓“鶚”爲“鳥名。雕屬。性凶猛，背褐色，頭頂頸後及腹部白色，嘴短腳長，趾具鋭爪，栖水邊，捕魚爲食，俗稱魚鷹。”“鶚”與“鵰”訓異義同，同爲“鶦”之義訓，故《唐韻》訓“鶦”爲“似雕而斑白”，“似”字疑爲衍文。《集韻》去聲鑑韻仕懺切：“鶦，鵰屬。”（630）《集韻》改作“鵰屬”，此即其證也。《廣韻》承襲《唐韻》義訓之謬而未作校正，失考證。《康熙字典》轉録《廣韻》“似鵰而斑白”之訓而未作校正，亦失考證。《大字典》《字海》俱收“鶦”字，皆據《廣韻》之誤而收録“一種形狀似雕有白色斑紋的鳥”這一義項，疑並非是；又《大字典》《字海》“鶦”字第（一）義項下又皆分爲兩個義項：第❶義項分别據《廣雅》訓“鳥名，雕”“一種猛禽，即雕”；第❷義項皆據《廣韻》訓“鶚的别名”。據上文可知，“鶚”與“鵰（雕）”訓異義同，故《大字典》《字海》皆應將第（一）義項之下的第❷義項合並到第❶義項上去，方妥。

950. 鷗

《字彙·鳥部》：“鷗，呼侯切，音齁。鷗鳥，似鵓鳩。”（577 下）

《正字通·鳥部》：“鷗，鴝字之訛，舊注音齁，鷗鳥，似鵓鳩，誤。”（1379 上）

按：《康熙字典·鳥部》：“鷗，《廣韻》《集韻》並呼侯切，音齁。《廣韻》：‘鷗鳥，青色，似浮（鵓）鳩。’”（1591 上）《廣韻》平聲侯韻呼侯切：“鷵，鷵鳥，青色，似鵶鳩也。”（142）“鵶鳩”即“鶉鳩”。又《説文・鳥部》：“鷕，雌雉鳴也。从鳥，唯聲。《詩》曰：‘有鷕雉鳴。’”（76下）《玉篇・鳥部》：“鷕，以沼切。雉鳴也。”（114上右）“鷕”“鷕”即異體字。“鷵”與“鷕（鷕）”形音俱别，二字不可混同，《正字通》謂“鷵”即“鷕（鷕）”字之訛，且謂“舊注”誤，既無書證亦無例證，其説非是。

951. 鷭

《字彙・鳥部》：“鷭，符難切，音煩。鷭（鵤）[鶋]，鳥。”（577下）

《正字通・鳥部》：“鷭，鷭字之訛。舊注音煩，鷭（鵤）[鶋]，鳥，誤。”（1379上）

按：《康熙字典・鳥部》：“鷭，《廣韻》附袁切，《集韻》符袁切，並音煩。《廣韻》：‘鷭鶋。’”（1591上）箋注本《切韻》（斯2071）平聲元韻附袁反：“鷭，鷭鶋，鳥似鶡而斑頸。”（115）故宫本《王韻》平聲元韻附袁反：“鷭，鷭鶋，鳥似[鶡]，斑頸。”（450）《廣韻》平聲元韻附袁切：“鷭，鷭（鵤）[鶋]，鳥。”（68）《集韻》平聲元韻符袁切：“鷭雔，鷭鶋，鳥名，似鶡。或从隹。”（137）據上文可知，“鶡”當爲“鶡”字之誤。又《名義・鳥部》：“鷭，薄肝反。烏[形]人面。”（244下）《玉篇・鳥部》：“鷭，步干切。鳥（烏）形，人面，名鷭鵑，宵飛晝伏。”（114上左）故“鷭”與“鷭”音義俱别，二字不可混同，《正字通》謂“鷭”即“鷭”字之訛，且謂“舊注”誤，既無書證亦無例證，其説非是。

952. 鷀

《字彙・鳥部》：“鷀，同䳮。”（578上）

《正字通・鳥部》：“鷀，鷃字之訛。”（1380下）

按：《康熙字典・鳥部》：“鷀，《正字通》：‘鷃字之訛。’”（1592下）《直音篇》卷六《鳥部》：“鷀，音密。鳥，如鵲。䳮，同上。”（261上）《詳校篇海》卷二《鳥部》：“鷀，覓筆切，音密。鳥，如鵲。亦作䳮。”

（90 下）《篇海類編》同。故“鸃”即“䳑”之異體字。又《爾雅・釋鳥》：“鴟鴞，鸋鴂。”邢昺疏引陸機《毛詩草木鳥獸蟲魚疏》云：“鴟鴞，似黄雀而小，其喙尖如錐，取茅莠爲巢，以麻紩之，如刺韤然，縣著樹枝，或一房，或二房。幽州人謂之鸋鴂，或曰巧婦，或曰女匠。關東謂之工雀。”《爾雅・釋鳥》又曰：“鶉子，鳼；鴽子，鸋。”郭璞注：“别鴾鶉雛之名。”邢昺疏：“鶉之子雛名鳼，鴽之子雛名鸋。”“鸋”，《廣韻》音“奴丁切”，又音“乃定切”。故“鸃”與“鸋”儘管義通，然形音俱别，二字不可混同，《正字通》謂“鸃”即“鸋”字之訛，既無書證亦無例證，其説非是。《康熙字典》轉録《正字通》之説，亦失考證。

953. 鸌

《字彙・鳥部》：“鸌，彌列切，音滅。鸌雀，即巧婦。”（578 下）

《正字通・鳥部》：“鸌，舊注音滅，鸌雀，即巧婦。按：韤雀，鷦鷯别名，本作韤。《韻書》韤，無發切，言其以麻紩巢如刺韤然，改作鸌，音滅，非。”（1382 上）

按：《康熙字典・鳥部》：“鸌，《廣韻》《集韻》並莫結切，音蔑。工雀也。一曰巧婦。”（1595 上）《名義・鳥部》：“鸌，莫結反。同上（指義同上工雀）。”（244 下）《玉篇・鳥部》：“鸌，亡結切。鸌雀，亦巧婦。”（114 上左）箋注本《切韻》（斯 2071）入聲屑韻莫結反：“鸌，工雀。”（144）敦煌本《王韻》、故宫本《王韻》、《廣韻》同。《集韻》入聲屑韻莫結切：“鸌雛，鳥名，工雀也，一曰巧婦。或从隹。”（707）《正字通》所言疑可商榷。《爾雅・釋鳥》：“桃蟲，鷦，其雌鴱。”郭璞注：“鷦鷯，桃雀也，俗呼爲巧婦。”《方言》卷八：“桑飛，自關而東謂之工爵，或謂之過贏，或謂之女鴎。自關而東謂之鸋鴂，自關而西謂之桑飛，或謂之懱爵。”郭璞注：“懱爵，言懱截也。”《玉篇校釋》“鸌”字下注：“‘鸌雀，亦巧婦’者，《方言》八：‘自關而東謂之工爵，或謂之女鴎，自關而西或謂之懱爵。’郭注：‘女鴎，今亦名爲巧婦。懱爵，言懱截也。’宋本作鸌爵。《詩・豳風》正義引作‘韈雀’，顧據本作‘鸌雀’，鸌雀猶言蔑尐也，以微小爲名也。陸機《詩疏》云：‘關西謂之桑飛，或謂之韈雀，言其鳥取茅秀爲巢，以麻紩之，如刺韈然。'説近傅會，非命名意。鷯從蔑，蔑從苜，《説文》苜讀若末，故蔑有小意。"（4759）胡氏所言是也。阮元《爾雅注疏校勘記》："原本作韈爵，閩本、監本、毛本改作韈雀。按：本作懱字，心懱猶細也。"此亦其證也。故"鷯""䴏"本當作"懱"，而"韈爵"之"韈"、"韈爵（雀）"之"韈"當爲"懱"字之誤。

954. 䳗

《字彙補·鳥部》："䳗，力何切，音羅。鳥名。"（266下）

按：《康熙字典·鳥部》："䳗，《字彙補》：'力何切，音羅。鳥名。'"（1596上）"䳗"疑本當作"羅"。玄應《音義》卷一七《阿毗曇毗婆沙論》第七卷："瞿翅羅鳥，經中或作拘抧羅鳥，或作俱翅羅鳥，同一種也。此譯云鵶鷗好聲鳥也。此鳥形醜聲好，從聲爲名。共命鳥。"（57，P13C9）慧琳《音義》卷一一《大寶積經》卷第一："鴝鳭羅鳥，梵語印度國鳥名也。或云俱翅羅，或云俱耆羅，皆梵語輕重也。《涅盤經》云此鳥聲好，從聲立名，本性愛榮，不栖止於枯樹。"（57，P604B4）《大正藏》本東晉瞿曇僧伽提婆譯《增壹阿含經》卷第十七《四諦品》第二十五："彼云何鳥聲好而形醜？拘翅羅鳥是也。是謂此鳥聲好而形醜。彼云何鳥形好而聲醜？所謂鷙鳥是也。是謂此鳥形好而聲醜。彼云何鳥聲醜形亦醜？所謂兔梟是也。是謂此鳥聲醜形亦醜。復有何鳥聲好形亦好？所謂孔雀鳥是也。是謂此鳥聲好形亦好。是謂，比丘！有此四鳥，當共覺知。""拘翅羅"，宋、元、明本皆作"拘抧羅"。《大正藏》本宋法顯譯《佛説月光菩薩經》："鸚鵡舍利、迦陵頻伽、俱計羅鳥等，於諸樹間作微妙音。"《大正藏》本西晉竺法護譯《佛説德光太子經》："佛語賴吒和羅：其園觀中，有鸚鵡、鸕鷀、拘耆、孔雀、鴈鳥、鴛鴦、鳩那羅鳥、鶡鵯鳥、諸耆域鳥，皆共悲鳴，有種種音聲，以樂德光太子，常作五百味供具。"《大正藏》本唐地婆訶羅譯《方廣大莊嚴經》卷第一《序品》第一："無量羽族，鸚鵡、舍利、拘抧羅鳥、鵝鴈、鴛鴦、孔雀、翡翠、迦陵頻伽、命命等鳥，雜類形色出微妙音。""抧"，宋、元、明本皆作"枳"。《大正藏》本隋闍那崛多譯《佛本行集經》卷第二《發心供養品》中："復有無量微妙鳥音，所謂鸜鵒、鸚鵡、孔雀、拘翅羅鳥、命命鳥等，無量無邊，種種諸鳥，皆出微妙殊異音聲，無時暫息。”等等。據此可知，文獻中常見有“拘翅羅鳥”“俱計羅鳥”“鳩那羅鳥”“拘枳羅鳥”等名，“鸁”當因“羅”“鳥”連用，“羅”受“鳥”字類化影響增加“鳥”旁而産生的一個俗字，故“鸁”本當作“羅”。

955. 麂

《字彙·鹿部》:“麂，居矣切，音已。鹿二歲曰麂。又詳子切，音似。義同。”（579 下）

《正字通·鹿部》:“麂，麂字之訛。舊注音巳，鹿二歲曰麂；又音似，並非。”（1386 上）

按:《康熙字典·鹿部》:“麂,《廣韻》詳里切,《集韻》象齒切，並音似。《廣韻》:‘鹿一歲曰麛，二歲曰麂。’”（1599 上）《龍龕》卷四《鹿部》:“麂，音似。鹿一歲曰麛，二歲曰麂。”（521）《廣韻》上聲止韻詳里切:“麂，鹿一歲曰麛，二歲曰麂。”（169）《集韻》上聲止韻象齒切:“麂，鹿二歲名。”（323）又《説文·鹿部》:“麐，大麇也。狗足。从鹿，旨聲。麂，或从几。”（201 下）段玉裁注本作“大麇也”，並注:“麇，各本誤麋，今正。”《玉篇·鹿部》:“麐，居履切。《爾雅》云:‘麐，大麢。旄毛，狗足。’麂，同上。”（112 上右）故“麂”與“麂”音義俱别，二字不可混同,《正字通》謂“麂”即“麂”字之訛，且謂“舊注”非，既無書證亦無例證，其説非是。

956. 麐

《字彙·鹿部》:“麐，胡官切，音完。鹿三歲也。”（579 下）

《正字通·鹿部》:“麐，舊注音完，鹿三歲。”（1386 上）

按:《康熙字典·鹿部》:“麐,《集韻》胡官切，音桓。《玉篇》:‘鹿一歲。’”（1599 下）《集韻》平聲桓韻胡官切:“麐，鹿三歲也。”（146）《集韻》訓“鹿三歲也”，疑非是。《新撰字鏡·鹿部》:“麐，胡官反。鹿一歲。”（474）《龍龕》卷四《鹿部》:“麐，胡官反。鹿一歲也。”（520）《玉篇·鹿部》:“麑,胡官切。鹿一歲。”(111下左)箋注本《切韻》平聲寒韻胡官反:“麑,鹿一歲。”(116)故宫本《王韻》、《廣韻》同。故《集韻》訓“鹿三歲也”,於前代韻書皆無徵,當爲“鹿一歲也”之誤。《字彙》訓“鹿三歲也”,當因承襲《集韻》之謬而誤。“麑”,《正字通》轉録作“麂”,非是;《大字典》第一版、《字海》亦轉録作“麂”,亦非;《大字典》第二版校作“麑”,是也。《叢考》“麂”字下注:“‘麂’當作‘麑’。‘麑’從‘丸’得聲,從‘凡’非聲。”(1176)《叢考》所言是也。《大字典》《字海》“麑(麂)”字下皆據《集韻》之誤而謂“一説鹿三歲”,並非。

957. 麊

《字彙·鹿部》:“麊,莫兮切,音迷。鹿跡。又曰鹿媒也。”(580下)

《正字通·鹿部》:“麊,舊注音迷,鹿迹;一曰鹿媒。按:《爾雅》:‘鹿其跡速。’《説文》𪊑訓鹿跡,無从迷作麊者,迷即速之訛,因形相近而誤,訓鹿跡當从𪊑。”(1388下)

按:《康熙字典·鹿部》:“麊,《集韻》緜批切,音迷。鹿跡也。又曰鹿媒。”(1602上)《玉篇·鹿部》:“麊,莫兮切。”(111下左)《玉篇》義闕。《集韻》平聲齊韻緜批切:“麊,鹿跡。一曰鹿媒。”(101)《正字通》所言當是。《説文·鹿部》:“𪊑,鹿迹也。从鹿,速聲。”(201下)《集韻》訓“麊”爲“鹿跡”,當因“麊”“𪊑”形近,故而據“𪊑”字之義而妄補“麊”字之訓。《玉篇校釋》“麊”字下注:“《集韻·齊韻》:‘麊,鹿跡。一曰鹿媒。’案:鹿跡爲𪊑,形近而誤。依字當同麋。見前。”(4646)上文“麋”字下據日本《香字鈔》引原本《玉篇》:“麋,莫悲反。《周禮·獸人》:‘夏獻麋。’野王案:《説文》:‘鹿屬也。以冬至解角。’《白虎通》:‘諸侯射麋者,示遠迷惑人者也,麋之爲言迷也。’《方言》:‘麋,老也。’郭璞曰:‘麋猶眉也。’”並注曰:“字又與迷通。《漢書·五行志》:‘麋之爲言迷也。’李奇曰:‘麋,迷也。’或謂麋爲獸之淫者也,《三體石經》迷之古文即作麋。本書後增字麊,缺義,即此麋字。”(4638)胡氏所言亦是。“麊”當因“麋,迷也”而改换聲符形成的異體字。《集韻》“鹿媒”當爲從“鹿”“迷”爲説而妄補。《新修玉篇》卷二十三《鹿部》引《玉篇》:“麊,莫兮切。鹿跡。又曰鹿媒。”(195 下左)《篇海》卷十五《鹿部》:“麊,莫兮切。鹿跡也。又曰鹿媒也。”(824 上)《直音篇》卷六《鹿部》:“麊,音迷。鹿跡。又曰鹿媒。”(255 下)《詳校篇海》卷五《鹿部》:“麊,莫兮切,音迷。鹿跡。又曰鹿媒也。”(368 上)《篇海類編》同。《新修玉篇》《篇海》《直音篇》《詳校篇海》《篇海類編》《康熙字典》訓“鹿跡”,又訓“鹿媒”,當皆因承襲《集韻》義訓之謬而誤。又《龍龕》卷四《鹿部》:“麊,俗;麛,正。音迷。鹿兒也。”(520)此“麊”當即“麛”字之俗。《大字典》“麊”之訓據《集韻》之誤而收録“獵人用於引誘野鹿的鹿”這一義項,疑亦非是。

958. 麺

《字彙·麥部》:“麺,所諫切,音訕。麧麺,餅麯。”(581 上)

《正字通·麥部》:“麺,俗秈字。舊注音訕,麧麺,餅麯,非。”(1390 下)

按:《康熙字典·麥部》:“麺,《廣韻》《集韻》並所宴切,音訕。《玉篇》:‘麧麺。’《字彙》:‘餅麯也。’”(1603 下)《玉篇·麥部》:“麺,所諫切。麧麺也。”(73 下右)敦煌本《王韻》去聲諫韻所晏反:“麺,餅麯。”(412)故宫本《王韻》、《廣韻》同。又《玉篇·禾部》:“秈,息延切。秔稻也。”(74 下右)《廣韻》平聲仙韻相然切:“秈,秈稻。”(85)故“麺”與“秈”音義俱別,二字不可混同,《正字通》謂“麺”即“秈”字之俗,且謂“舊注”非,既無書證亦無例證,其説非是。

959. 麫

《字彙·麥部》:“麫,託合切,音拖。餌也。或作粍。”(581 下)

《正字通·麥部》:“麫,湯戈切,音拖。餌也。或作粍。一曰飥字之譌。《廣雅》:‘飥,餌也。’”(1391 上)

按:《康熙字典·麥部》:“麫,《集韻》湯何切,音佗。餅也。或作粍。”(1604 上)《集韻》平聲歌韻湯何切:“麫粍,餌也。或從米。”(200)

《正字通》“一曰”之説當非是。《方言》卷十三：“餌謂之糕，或謂之䬯。”《廣雅・釋器》：“䬯，餌也。”《廣韻》平聲元韻愚袁切：“䬯，餌。又五丸切。”(67)“麧”與“䬯”儘管義同，然形音俱别，二字不可混同，故《正字通》一曰“麧”即“䬯”字之訛，非是。

960. 䴴

《字彙・麥部》：“䴴，他協切，音帖。餅屬。又尼占切，音黏。青黏，藥草，地節也。”(581下)

《正字通・麥部》：“䴴，他協切，音帖。餅屬。又鹽韻音黏。青䴴，藥草名。《後漢・方術(書)[傳]》：‘樊阿從華佗學，佗授以桼葉青䴴散、桼葉屑一斗，青䴴十四兩，以是爲率，久服去三蟲，利五藏，輕體，使人頭不白。阿從其言，壽百餘歲。桼葉所在皆有之，青䴴生豐、沛、彭城及朝歌間。’注：‘青䴴，一名地節，一名黄芝。’亦作黏。”(1391上)

按：《康熙字典・麥部》：“䴴，《集韻》托協切，音帖。餅屬。《爾雅・釋草》‘衆秫’注：‘謂䴴粟也。’又動䴴，西南夷。《後漢・明帝紀》：‘永平十七年，西南夷白狼動䴴諸種，慕義貢獻。’又《集韻》尼占切，音黏。《後漢・華佗傳》：‘佗授人漆葉青䴴散。’青䴴，藥草，一名地節，一名黄芝。亦作黏。”(1604上)《集韻》平聲鹽韻尼占切：“䴴，青䴴，藥草，地節也。華佗説。”(291)《後漢書・方術傳下・華佗》：“阿從佗求方可服食益於人者，佗授以漆葉青䴴散……漆葉處所而有，青䴴生豐、沛、彭城及朝歌間。”李賢注：“《佗别傳》曰：‘青䴴者，一名地節，一名黄芝。’”《正字通》《康熙字典》所言當是。《漢語大詞典》注曰：“青黏，草藥名。即黄芝。”故“青䴴”同“青黏”，此“䴴”當同“黏”。《大字典》第(二)義項下收録兩個義項：第❶義項據《集韻》訓“〔青黏〕藥草名。又名地節、黄芝”；第❷義項據《正字通》之説而謂同“黏”。《大字典》這樣處理是失當的，據上文可知，《正字通》本謂“青䴴”之“䴴”亦作“黏”，故《大字典》應將第(二)義項下的兩個義項合並爲一個義項，直謂同“黏”，並訓“〔青黏〕藥草名。又名地節、黄芝”，方妥。《字海》“䴴”字下第(一)義項據《正字通》之説直謂同“黏”，是也。

又《大字典》未收“動黏，西南夷”這一義項，可據《康熙字典》補之。

961. 麫

《字彙·麥部》:“麫，蒲没切，音孛。麥屑。”(581下)

《正字通·麥部》:“麫，麬字之譌。舊注麥屑，即麬也，改从孛，音孛，非。”(1391下)

按:《康熙字典·麥部》:“麫，《集韻》薄没切，《韻會》蒲没切，並音孛。《集韻》:‘屑麥也。’”(1604下)《名義·麥部》:“麫，蒲没反。麪也。”(148上)《集韻》入聲没韻薄没切:“麫，屑麥也。”(681)“屑麥”當同“麥屑”“麪”，義爲“麥磨成的細粒兒”。又《玉篇·麥部》:“麸，妨娱切。麥皮也。”(73下右)下文又曰:“麬，芳無切。俗麸字。”(73下左)《集韻》平聲虞韻芳無切:“麸麬，《説文》:‘小麥屑皮也。’或从孚。”(76)儘管“孚”旁、“孛”旁俗寫或可訛混，然“麫”與“麬”音義俱别，二字不可混同，《正字通》謂“麫”即“麬”字之訛，且謂“舊注”非，既無書證亦無例證，其説疑不可據。

962. 麲

《字彙·麥部》:“麲，胡諫切，音莧。陳麥也。又麥屑。”(581下)

《正字通·麥部》:“麲，俗字。舊注音莧，陳麥，又麥屑，並非。”(1391下)

按:《康熙字典·麥部》:“麲，《篇海》胡諫切，音莧。麥屑。”(1604下)《玉篇·麥部》:“麲，余諫切。麥屑也。”(73下左)元刊本《玉篇》改訓爲“陳麥也”，疑非是。《集韻》去聲襇韻侯襇切:“麲，麥屑。”(563)《新修玉篇》卷十五《麥部》引《玉篇》:“麲，侯襇切。麥屑。”(134上左)《篇海》卷七《麥部》引《玉篇》:“麲，胡諫切。麥屑。”(684下)元刊本《玉篇》改訓爲“陳麥也”，於以上字韻書皆無徵，非是。《詳校篇海》卷三《麥部》:“麲，胡諫切，音莧。麥屑。又陳麥。”(159下)《篇海類編》同。《詳校篇海》《篇海類編》《字彙》亦收“陳麥”這一義項，當皆爲《玉篇》所誤。《康熙字典》未收“陳麥”這一義項，是也。

《大字典》“麲”字下據元刊本《玉篇》收録“陳麥”這一義項，疑亦非是。

963. 麶

《字彙·麥部》:“麶，鄰溪切，音離。麥酒。”(581下)

《正字通·麥部》:“麶，俗黎字。舊注音離，誤分爲二，別訓麥酒，非。”(1391下)

按:《康熙字典·麥部》:“麶,《集韻》良脂切，音離。麥酒。”(1604下)《玉篇·麥部》:“麶，力尸切。麥酒也。”(73下左)《集韻》平聲脂韻良脂切:“麶，麥酒也。”(45)《正字通》之説疑非是。《名義·麥部》:“麮，裨之反。[麮]黎，麯也。”下字曰:“黎，力尸反。麮黎也。”(148上)《玉篇·麥部》:“麮，婢之切。麮黎，麯。”下字曰:“黎，力尸切。麮黎也。”(73下右)《集韻》平聲脂韻良脂切:“黎，麮黎，麯也。”(44)“黎”訓“麮黎也”，即指“炒後磨成的米粉或麵粉”。故“麶”與“黎”儘管音同，且“秎”旁俗書常可寫作“利”，然“麶”與“黎”義訓區別甚明，二字不可混同,《正字通》謂“麶”即“黎”字之俗，且謂“舊注”非，既無書證亦無例證，其説疑不可據。

964. 麫

《字彙·麥部》:“麫，魯過切，音邏。麫麴，麥粥。”(581下)

《正字通·麥部》:“麫，俗字。舊注魯過切，音邏，麫麴，麥粥，非。一曰䴬字之訛。”(1391下)

按:《康熙字典·麥部》:“麫,《集韻》盧卧切，音贏。麫麴，粟粥。《齊民要術》有麫麫粥法。”(1604下)《集韻》去聲過韻盧卧切:“麫，麫麴，粟粥。”(591)《新修玉篇》《篇海》引《餘文》同。《直音篇》卷四《麥部》:“麫，音邏。麫麴，粟粥。”(174上)《詳校篇海》卷三《麥部》:“麫，魯過切，音邏。麫麴，粟粥。”(159下)《篇海類編》同。故《字彙》訓“麫麴，麥粥”，於前代字韻書皆無徵，“麥粥”當爲“粟粥”之誤。又《玉篇·麥部》:“麩，妨娛切。麥皮也。”(73下右)下文曰:“麫，芳無切。俗麸字。”（73 下左）《集韻》平聲虞韻芳無切：“麸䴸，《説文》：‘小麥屑皮也。’或從孚。”（76）故“麪”與“䴸”儘管形近，然音義俱别，二字不可混同，故《正字通》“一曰”之説非是。《大字典》“麪”字下據《字彙》之誤而謂“又指麥粥，做法與粟粥同”，非是；《字海》“麪”字下據《字彙》之誤而收録“麥粥”這一義項，亦非。

965. 麴

《字彙·麥部》：“麴，徒刀切，音陶。餌也。”（581 下）

《正字通·麥部》：“麴，麹字之訛。舊注音陶，訓餌，誤。”（1391 下）

按：《康熙字典·麥部》：“麴，《集韻》徒刀切，音匋。餌也。亦作餾，通作餉。”（1605 上）《集韻》平聲豪韻徒刀切：“麴，餌也。或作餾，通作餉。”（194）《正字通》之説非是。《玉篇·麥部》：“麹，丘竹切。麹蘗。”（73 下左）《集韻》入聲屋韻丘六切：“籟，《説文》：‘酒母也。’或作麹。”（646）故“麴”與“麹”音義俱别，二字不可混同，《正字通》謂“麴”即“麹”字之訛，且謂“舊注”誤，既無書證亦無例證，其説非是。

966. 麹

《字彙·麥部》：“麹，户昆切，音渾。不碎麥。”（581 下）

《正字通·麥部》：“麹，俗餛字。舊注音渾，不碎麥，誤。”（1391 下）

按：《康熙字典·麥部》：“麹，《集韻》胡昆切，音魂。《類篇》：‘未破麥。’”（1605 上）《集韻》平聲䰟韻胡昆切：“麳麲麹，《方言》：‘麹也。’一曰麥不破也。或從完、從昆。”（137）故“麹”即“麳”“麲”之異體字。又《方言》卷十三：“（餅）或謂之餦餛。”《廣韻》平聲魂韻户昆切：“餛，餛飩。”（137）《集韻》平聲公渾切：“餛，餦餛，餅也。”（138）故“麹”與“餛”音同義别，二字不可混同，《正字通》謂“麹”即“餛”字之訛，且謂“舊注”誤，既無書證亦無例證，其説非是。

967. 麴+昷

《字彙·麥部》:“麴+昷,於問切,音醞。麴也。”(582上)

《正字通·麥部》:“麴+昷,俗字。舊注音醞,麴也,誤。”(1392上)

按:《康熙字典·麥部》:“麴+昷,《集韻》紆問切,《正韻》於問切,並音醞。《集韻》:‘麴也。’”(1605下)《集韻》去聲問韻紆問切:“麴+昷,麴也。”(547)“麴”即指“酒曲”。“麴+昷”當即“醞”之異體字。慧琳《音義》卷五四《雜藏經》:“醞酒,於運反。醞,釀也。《蒼頡篇》:‘酒母也。’《廣雅》:‘醞,投也。’”(58,P518B11)“酒曲”與“酒母”義同,故“麴+昷”與“醞”音義並同,“麴+昷”當即“醞”通過改換義符而形成的異體字。

968. 麴+冡

《字彙·麥部》:“麴+冡,莫宮切,音蒙。有衣麴也;女麴也。”(582上)

《正字通·麥部》:“麴+冡,莫紅切,音蒙。有衣麴也。”(1392上)

按:《康熙字典·麥部》:“麴+冡,《廣韻》莫紅切,《集韻》謨逢切,並音蒙。《玉篇》:‘有衣麴也;女麴也。’《廣韻》:‘麴生衣貌。’《廣雅》:‘麴+冡,糏也。’一作醭。”(1605下)《玉篇·麥部》:“麴+冡,莫公切。有衣麴也;女麴也。”(73下右)《玉篇校釋》“麴+冡”字下注:“‘有衣麴也’者,原引《方言》十三‘麴+冡,麴也’及郭注文。今本作麴+蒙。《廣雅·釋器》:‘麴+冡,麴也。’《切韻》:‘醿,麴生衣;細屑也。’《廣韻》麴+冡爲醿重文。本書《酉部》:‘醿,麴生衣也;細屑也。或作麴+蒙。’是此處應有重文麴+蒙,字本從冡。冡者覆蔽也,故麴生衣謂之麴+冡。麴爲酒母,故字又從酉爲醭。又‘女麴也’者,蓋爲小麥麴。女者小稱也,冡亦爲幼小義,今通作蒙,故醭亦爲細屑,即《廣雅》‘麴+冡,糏也。’”(2902)胡氏所言當是。《廣雅·釋器》:“麴+冡,糏也。”王念孫《疏證》:“糏,通作屑,糏之言屑也。《玉篇》:‘糏,碎米也。’《廣韻》云:‘糏,米麥破也。’”故此“麴+冡”即爲“米、麥的碎末”。又《詩·豳風·七月》:“猗彼女桑。”毛傳:“女桑,荑桑也。”朱熹《集傳》:“女桑,小桑也。”此“女”即爲“幼小;柔弱”之義,《玉篇》又訓“麴+冡”爲“女麴也”,誠如胡氏所言當義爲“小麥麴”,

與《廣雅》“麲，糏也”之訓訓異義同。《大字典》“麲”字下收録三個義項：第❶義項據《廣雅》“麲，麴也”之訓而訓“酒曲”；第❷義項據《玉篇》“麲，女麴也”之訓而訓“女曲”；第❸義項據《廣雅》“麲，糏也”之訓而訓“米、麥的碎末”。據上文可知，《玉篇》“女麴也”之訓與《廣雅》“糏也”之訓訓異義同，皆爲“細屑”“碎末”之義，而非爲“女曲”之義，故《大字典》“麲”字下第❷義項、第❸義項應合並爲一個義項，訓爲“米、麥的碎末”，方是。

969. 麮

《字彙·麥部》：“麮，求於切，音渠。麥小者曰麮。”（582 上）

《正字通·麥部》：“麮，俗字。舊注音渠，麥小者曰麮，誤。本借瞿，《爾雅》作蘧。”（1392 下）

按：《康熙字典·麥部》：“麮，《集韻》求於切，音渠。《類篇》：‘麥小者曰麮。’《正字通》本借瞿，亦作蘧。《爾雅·釋草》：‘大菊，蘧麥。’注：‘一名麥句薑，即瞿麥。’《本草》：‘瞿麥，一名巨句，一名大菊，一名大蘭。’”（1606 上）《集韻》平聲魚韻求於切：“麮，麥小者麮。”（65）《正字通》謂“麮”本借“瞿”，《爾雅》作“蘧”，是也。《爾雅·釋草》：“大菊，蘧麥。”郝懿行《義疏》：“《繫傳》云：‘（蘧麥）今謂之瞿麥。又名句麥。其小而華色深者，俗謂石竹。’《本草》云：‘瞿麥，一名巨句麥，一名大菊，一名大蘭。’陶注：‘一莖生細葉，花紅紫赤可愛，子頗似麥，故名瞿麥。’”《説文·艸部》：“蘧，蘧麥也。从艸，遽聲。”（10 上）《集韻》平聲魚韻求於切：“蘧，《説文》：‘蘧麥也。’”（64）故“蘧麥”即“瞿麥”，而“麮”與“蘧”音義並同，“麮”當即“蘧”因涉義改換義符並省略聲符部分構件而産生的異體字。

970. 麲

《字彙·麥部》：“麲，與麱同。古猛切。”（582 上）

《正字通·麥部》：“麲，與穬同。麲麥。西川人種食之，山東河北人正月種，名春麲。形似大麥，味甘微寒，無毒，久服令人力健。舊注謂

䵃即大麥，非。又麥麸謂之䵃。”（1392 下）

按：《康熙字典・麥部》：“䵃，《廣韻》《集韻》《韻會》《正韻》並古猛切，音礦。《玉篇》：‘大麥也。’《齊民要術》：‘旱稻，法宜五六月暵之，以擬䵃麥。’又大小麥法皆須五六月暵地。一作𪌉。”（1606 上）《正字通》又訓“麥麸”，疑非是。《名義・麥部》：“䵃，古猛反。麥也。”（148 上）《新撰字鏡・麥部》：“䵃，古永反。大麥。”（686）《龍龕》卷四《麥部》：“𪌉，或作；䵃，正。古猛反。䵃麥也。二。”（505）《玉篇・麥部》：“䵃，古猛切。大麥也。𪌉，同上。”（73 下左）箋注本《切韻》（斯 2071）上聲梗韻古猛反：“䵃，䵃麥。”（137）故宫本《王韻》同。《廣韻》上聲梗韻古猛切：“䵃，䵃麥。𪌉，同上。”（215）《集韻》上聲梗韻古猛切：“䵃𪌉，麥也。或從黄，通作穬。”（420）《新修玉篇》《篇海》引《玉篇》同。《直音篇》卷四《麥部》：“䵃，音礦。大麥。𪌉，同上。”（74 下）《詳校篇海》卷三《麥部》：“䵃，古猛切，音礦。大麥。亦作𪌉、穬。”（160 上）故“䵃”即訓“䵃麥”或“大麥”，“䵃麥”即“大麥”的一種。《正字通》又訓“麥麸”，於以上字韻書皆無徵，非是。《康熙字典》未收“麥麸”之訓，是也。《大字典》“䵃”字下據《正字通》收録“麥麸”這一義項，疑亦非是。

971. 黇

《字彙・黄部》：“黇，他耑切，音湍。黄黑色也。”（583 上）

《正字通・黄部》：“黇，他官切，音湍。《説文》：‘黄黑色也。’”（1395 下）

按：《康熙字典・黄部》：“黇，《唐韻》他耑切，《集韻》他官切，並音湍。《説文》：‘黄黑色。’《廣韻》：‘黄也。’”（1609 上）《新撰字鏡・黄部》：“黇，他官反。煓字。黄色也。”（663）《龍龕》卷一《黄部》：“黇，他端反。黄色。”（182）《新撰字鏡》《龍龕》訓“黇”爲“黄色”，疑非是。《説文・黄部》：“黇，黄黑色也。从黄，耑聲。”（293 上）《名義・黄部》：“黇，他官反。黑黄色也。”（11 上）《玉篇・黄部》：“黇，他官切。黄黑色。或作煓。”（9 下左）故《新撰字鏡》《龍龕》訓“黄色”，於以上字書皆無徵，當爲“黄黑色”或“黑黄色”之脱誤。箋注本《切韻》（斯 2071）平聲寒韻他端反：“黇，黄色。”（116）敦煌本《王韻》、故宫本《王韻》同。箋注本《切韻》、敦煌本《王韻》、故宫本《王韻》訓“黄色”，亦當爲“黄黑色”或“黑黄色”之脱誤。《廣韻》平聲桓韻他端切：“黇，黄黑色。”（75）《集韻》平聲桓韻他官切：“黇，《説文》：‘黄黑色也。’”（150）《廣韻》《集韻》皆校作“黄黑色也”，此即其證也。《康熙字典》轉録《廣韻》作“黄也”，然據上文所引可知，《廣韻》本作“黄黑色”，《康熙字典》轉録失真。《大字典》“黇”字下據《龍龕》收録“黄色”這一義項，疑亦非是。《字海》“黇”字下據《廣雅・釋器》“黇，黄也”之訓而收録“黄色”這一義項，疑亦非是。《廣雅・釋器》：“黈、黊、黟、黷、黇、黗、黔、黕、䵍、䵎，黄也。”王念孫《疏證》：“《説文》：‘黇，黄黑色也。’……‘黗，黄濁黷也。’黗與黕同，亦黇也，方俗語有輕重耳。”《爾雅》《廣雅》所收同條諸字共用一個注釋，是就“渾言”而言，然而就“析言”而言，它們所收同條諸字之間義訓仍有不同。作爲現代大型字書收録義項，應注意加以區别，應析而言之，而不可統而言之，《大字典》將《廣雅・釋器》“黇，黄也”這一書證置於“黄黑色”這一義項下，無疑是正確的。《字海》應據《廣雅》及王念孫《疏證》將“黄色”校爲“黄黑色”，方是。

972. 㿠

《字彙・黄部》：“㿠，胡光切，音黄。卵中㿠。”（583 上）

《正字通・黄部》：“㿠，舊注音黄，卵中㿠。本作黄，俗加㱿，非。”（1395 下）

按：《康熙字典・黄部》：“㿠，《集韻》胡光切，音黄。卵中黄。”（1609 上）《集韻》平聲唐韻胡光切：“㿠，卵中黄。”（226）《正字通》所言當是。明陸深《玉堂漫筆》：“天如雞卵，地如卵黄，天大地小。”“卵中黄”即“卵黄”，而“卵黄”即“蛋黄”。“㿠”當因“卵黄”而增加義符“㱿”旁所産生的俗字，因爲“㱿”本義指“從上擊下”，引申義指“堅硬的外皮”，“堅硬的外皮”與“卵”義通，故而在“黄”字的基礎上增加“殸”旁，遂産生“𪏰”字。《説文・殳部》:“殸，從上擊下也。一曰素也。从殳，青聲。”（60下）段玉裁注:“素謂物之質如土坯也。今人用腔字，《説文》多作空，空與殸義同。”桂馥《義證》:“《字書》:‘殸，外堅也。’《詩・伐檀》:‘不素餐兮。’《傳》云:‘素，空也。’”朱珔《説文假借義證》:“殸，俗作殼，以爲卵殼，字或作𣪊。”此即其證也。故“𪏰”本當作“黄”。

973. 黊

《字彙・黄部》:“黊，古對切，音貴。病貌。”（583上）

《正字通・黄部》:“黊，訛字。舊注病貌，與䵍訓近，誤分爲二，不知䵍訛爲黊，黊又訛爲黊，並非。”（1395下）

按:《康熙字典・黄部》:“黊，《廣韻》《集韻》並古對切，音憒。《玉篇》:‘病貌。’”（1609上）《玉篇・黄部》:“黊，古對切。病皃。”（10上右）《玉篇校釋》“黊”字下注:“《廣韻》去聲十八隊:‘黊，古對切。病皃。’《切韻》:‘䵍，古對反。黄色。’黊蓋與䵍同，凡人病或物殨爛則色黄黑，黊之爲䵍，猶惑之爲郁也。”（307）胡吉宣謂“黊”蓋與“䵍”同，所言當是。《廣雅・釋器》:“䵍，黄也。”王念孫《疏證》:“䵍色在青黄之間，故青黑亦謂之䵍。”章炳麟《新方言・釋器》:“今人謂人面色襍青黄者曰䵍氣色。”“人面色襍青黄者曰䵍氣色”即爲“病色”，與“病皃”義同，故“黊”與“䵍”音義並同，“黊”當即“䵍”之異體字。《正字通》謂“黊”同“䵍”“黊”是也；然謂“䵍訛爲黊，黊又訛爲黊”，非是。因爲“黊”當爲“黊”字俗省，而“黊”又即“䵍”字異體（詳見《叢考》“黊”字注），故“黊”字晚出，“黊”不可能由“黊”字訛變而來。《大字典》《字海》俱收“黊”字，皆應溝通其與“䵍”字的異體關係。

974. 黐

《字彙・黍部》:“黐，莊加切，音抯。黐黐，相黏著也。又竹下切，音鮓。黐黐，黏貌。”（583下）

《正字通・黍部》:“黐，俗字。舊注收黐，又訛爲黐，誤與黐同。”

（1396 下）

按：《康熙字典·黍部》：“黍差，《集韻》陟加切，音奓。黍差黍多，相黏著也。又竹下切，音縿。黏貌。又陟稼切，音托。義同。”（1610 下）《詳校篇海》卷四《黍部》：“黍差，莊加切，音抯。黍差黍多，相黏著也。又竹下切，音鮓。黍差黍差，黏貌。”（279 下）《篇海類編》同。《詳校篇海》《篇海類編》謂“黍差”音“竹下切”，訓“黍差黍差，黏貌”，非是。《集韻》平聲麻韻陟加切：“黍差，黍差黍多，相黏也。”（206）下文女加切又曰：“黍多，黍差黍多，黏著。”（207）《集韻》上聲馬韻女下切：“黍多𥹥，黍差黍多，黏也。或作𥹥。”下文竹下切又曰：“黍差，黍差黍多，粘也。”（410）《集韻》去聲禡韻乃嫁切：“黍多，黍差黍多，黏也。”（594）《新修玉篇》卷十五《黍部》引《餘文》：“黍差，陟加切。黍差黍多，相黏也。又竹下、乃亞二切。”同部下文引《餘文》又曰：“黍多，奴下切。黍差黍多，粘也。《韻》又女加、乃亞二切。黍差黍多，黏著。”同部下文引《餘文》又曰：“𥹥，女下切。黍差𥹥，粘也。”（134 下左）《篇海》卷十二《黍部》引《餘文》：“黍差，陟加切。黍差黍多，相黏也。又竹下、乃亞二切。”同部下文引《餘文》又曰：“黍多，奴下切。黍差黍多，粘也。𥹥，上同。”（763 上）《直音篇》卷四《黍部》：“黍差，音柤。黍差黍多，相黏貌。黍多，音拏。𥹥，同上。黍差黍多。”（171 上）故《詳校篇海》《篇海類編》訓“黍差”爲“黍差黍差，黏貌”，於前代字韻書皆無徵，當爲“黍差黍多，黏貌”之誤。《字彙》“黍差”字下亦收“黍差黍差，黏貌”，當因承前而誤。《正字通》謂“黍多”訛爲“黍差”，非是。《康熙字典》謂“黍差”字“又竹下切，音縿”，訓“黏貌”，“黏貌”前當誤脱被訓聯綿詞“黍差黍多”。《大字典》“黍差”字下收録兩個義項：第（一）義項據《集韻》陟加切音 zhā，並據《集韻》“黍差黍多，相黏也”與《篇海類編》“黍差黍多，相黏著也”而訓〔黍差黍多〕相黏著；第（二）義項據《集韻》竹下切音 zhǎ，並據《篇海類編》“黍差黍差，黏貌”而訓〔黍差黍差〕黏貌。據上文可知，《篇海類編》又訓“黍差黍差，黏貌”當爲“黍差黍多，黏貌”，“黏貌”與“相黏著”訓異義同，故《大字典》第（二）義項應校作“黍差黍多，黏貌”，並以“又音”的形式合並到第（一）義項上去，方是。

975. 黏

《字彙・黍部》:“黏，尼占切，音黏。心有所著也。”（583 下）

《正字通・黍部》:“黏，黏字之訛。舊注音黏，心有所著，誤。《心部》有惉，不必借黏。”（1396 下）

按:《康熙字典・黍部》:“黏,《集韻》尼占切，音黏。心有所著也。”（1610 上）《集韻》平聲鹽韻尼占切:“黏，心有所箸。”（291）“黏”當即“黏”字之俗。《説文・黍部》:“黏，相箸也。从黍，占聲。”（143 上）《玉篇・黍部》:“黏，女廉切。相箸也。”（73 下左）《集韻》平聲鹽韻尼占切:“黏,《説文》:‘相箸也。’”（291）“黏”本義指“膠附，黏合”，引申義指“接近，貼近”，例如:《朱子語類》卷一一六:“自家此心都不曾與他相黏，所以眊燥，無汁漿。”故“黏”與“黏”音同義通，“黏”當即“黏”字之俗。

976. 黐

《字彙・黍部》:“黐，勒兼切，音廉。禾黍疏貌。”（584 上）

《正字通・黍部》:“黐，零年切，音連。禾黍疏貌。”（1396 下）

按:《康熙字典・黍部》:“黐,《集韻》勒兼切，音鬑。禾黍疏貌。”（1610 下）《集韻》平聲沾韻勒兼切:“黐，禾黍疎皃。”（293）“黐”當即“穅（穛）”之異體字。箋注本《切韻》上聲忝韻盧忝反:“穅，禾稀。”（139）敦煌本《王韻》、故宮本《王韻》並同。故宮本《裴韻》上聲忝韻盧忝反:“穛，禾稀。”（581）《廣韻》同。“穅”“穛”即爲異體字。故“黐”與“穅（穛）”音義皆近,“黐”當即“穅（穛）”之異體字。

977. 黓

《字彙・黑部》:“黓，似也切，音謝。黓（當爲字頭誤重）漫污也。”（584 下）

《正字通・黑部》:“黓，俗汙字。舊注訓漫汙是，改音謝非，从汙非謝音。”（1398 上）

按:《康熙字典·黑部》:“黗,《廣韻》徐野切,音灺。漫汙也。出《文字辨疑》。”(1612下)此字《説文》《玉篇》皆未收,《切韻》《集韻》亦不録,《廣韻》收之,當爲宋人所增。《廣韻》上聲馬韻徐野切:“黗,黗(當爲字頭誤重)漫污也。出《文字辨疑》。”(209)《正字通》所言當是。“漫污”,别本有作“墁污”者,當以作“漫污”爲是,“漫污”即爲“污衊”“誣陷”之義。例如:《楚辭·九嘆·逢紛》“讒夫藹藹而漫著兮”漢王逸注:“言讒人相聚,藹藹而盛,欲漫污人以自著。”“污”即“汙”之異體字。《説文·水部》:“汙,薉也。从水,于聲。”(234下)“汙”本義指“污穢”“污垢”,引申義可指“污辱”“污衊”。例如:《楚辭·九辯》:“竊不自聊而願忠兮,或黕點而汙之。”王逸注:“讒人誣謗,被以惡名也。”《法言·先知》:“若汙人老,屈人孤。”李軌注:“汙,慢。”《史記·淮南衡山列傳》:“王后有侍者,善舞,王幸之,王后欲令侍者與孝亂以汙之。”唐韓愈《原道》:“入者附之,出者汙之。”故“黗”與“汙(污)”義同,“黗”當即“汙(污)”字之俗。“黗”,《廣韻》音“徐野切”,形音不諧,當爲陳彭年等妄補。《大字典》《字海》“黗”字下皆收録兩個義項:第(一)義項據《廣韻》音 xiè,並據誤本《廣韻》訓“墁污”;第(二)義項據《正字通》之説而音 wū,並分别謂同“汙”、同“污”。據上文可知,《大字典》《字海》“黗”字下皆應删去第(一)義項,直謂同“汙(污)”,訓“漫污”,並謂“漫污”即“污衊”“誣陷”之義,方妥。

978. 黯

《字彙·黑部》:“黯,虛本切,昏上聲。黑也。”(584下)

《正字通·黑部》:“黯,俗字。”(1398下)

按:《康熙字典·黑部》:“黯,《集韻》虎本切,音惛。《玉篇》:‘黑也。’”(1612下)《玉篇·黑部》:“黯,火衮切。黑也。”(101下右)《集韻》上聲混韻虎本切:“黯,黑也。”(364)《玉篇校釋》“黯”字下注:“《集韻·混韻》同。黯之言昏也,昏暗之黑也。”(4119)胡氏所言是也。“黯”當因“昏”“黑”連用而造的俗字。唐于鵠《過凌霄洞天謁張先生祠》詩:“斷崖晝昏黑,槎臬横隻椽。”《大正藏》本宋法賢譯《佛説月光菩薩經》:“山有天人，知婆羅門來乞王頭，悲痛傷歎:‘苦哉，苦哉！此王心懷慈愍，利樂群生；如若命終，世間薄祐。’作是語時，天地昏黑，日月不現，泉井枯乾，暴風卒起，吹砂走石，樹木摧折，大地震動，有如是不祥之相。”又《大正藏》本宋宗曉編《樂邦文類》卷第二《修行浄土法門後序》:“娑婆苦境也，欲脱衆苦，必修西方，西方樂國也。欲生極樂，必信佛言。譬如有人行於曠野，暮夜昏黑，群賊在後，執持利器，競來逼逐。四顧旁皇，逃避無所，呼天叫地，誰來救卹？”“昏黑”即義指“天色昏暗”，“黬”即因“昏”“黑”經常連用而産生的一個俗字。

979. 黬

《字彙·黑部》:“黬，于逼切，音域。羔裘之縫。《六書正訛》俗作緎，非。”（585 上）

《正字通·黑部》:“黬，營逼切，音域。黑色也。《説文》:‘羔裘之縫。’長箋:‘《詩·召南》:羔羊之革，素絲五黬。石經改作緎，《正訛》俗作緎，非。’按：裘縫，从糸義通，諸説並泥。”（1399 上）

按:《康熙字典·黑部》:“黬，《唐韻》于逼切，《集韻》越逼切，並音域。《説文》:‘羔裘之縫。’又《廣韻》《集韻》並乙六切，音郁。又《廣韻》況逼切，《集韻》忽域切，並音洫。義並同。《六書正訛》俗作緎，非。”（1613 下）《説文·黑部》:“黬，羔裘之縫。从黑，或聲。”（210 下）段玉裁注:“《召南》:‘羔羊之革，素絲五緎。’傳曰:‘革猶皮也；緎，縫也。’許所據《詩》作‘黬’。”《名義·黑部》:“黬，爲逼反。羔裘縫。”（213 下）《新撰字鏡·黑部》:“黬，於六反。羔裘之縫。”（652）《玉篇·黑部》:“黬，爲逼切。羔裘之縫。亦韄字。”（101 上左）《廣韻》入聲職韻況逼切:“黬，羔裘之縫。緎，縫也。亦同上。”（427）《集韻》入聲職韻越逼切:“黬緎韄羬，《説文》:‘羔裘之縫。’或从糸、从革、从羊。”（760）《篇海》卷十三《黑部》引《玉篇》:“黬，爲逼切。羔裘之縫。亦韄字。”（793 下）《直音篇》卷七《黑部》:“黬，音域。（羊）[羔] 裘縫。”（296 上）《詳校篇海》卷五《黑部》:“黬，越逼切，音域。羔裘之縫。亦韄字。”（325 上）《篇海類編》同。故“黬”同“緎”“韄”“羬”，義爲"羔裘的接縫"。《正字通》訓"黑色也",於前代字韻書皆無徵,當因從"黑"爲説而誤。《大字典》《字海》"黬"字下皆據《正字通》之誤而收録"黑色"這一義項,並非。

980. 黪

《字彙·黑部》:"黪,初八切,音臿。黑也。"(585上)

《正字通·黑部》:"黪,訛字。"(1399上)

按:《康熙字典·黑部》:"黪,《玉篇》初八切,音剎。黑也。"(1613下)《玉篇·黑部》:"黪,初八切。黑也。"(101下右)《正字通》謂"黪"爲訛字,所言當是。《玉篇校釋》校"黪"爲"黟",並注曰:"'黟'原訛作'黪',形聲不諧,《集韻·鎋韻》'黟,黑也',今依《集韻》正。"(4121)胡氏所校當是。《集韻》入聲鎋韻初轄切:"黟,黑也。"(699)"黪"與"黟"音義並同,從形音關係來看,當以作"黟"爲是,"黪"當即"黟"字俗訛。《直音篇》卷七《黑部》:"黟,音察。黑也。黪,同上。"(296上)《詳校篇海》卷五《黑部》:"黟,初戛切,音察。黑也。亦作黪。"(325上)《篇海類編》同。以上諸書皆其證也。故"黪"當即"黟"字俗訛。

981. 黵

《字彙·黑部》:"黵,莫轄切,音帓。黑也。又莫拜切,音賣。義同。"(585下)

《正字通·黑部》:"黵,俗黯字。舊注誤。"(1400上)

按:《康熙字典·黑部》:"黵,《廣韻》莫八切,音傛。《玉篇》:'黑也。'又《集韻》暮拜切,音昒。黑貌。"(1614下)《名義·黑部》:"黵,亡八反。黑。"(214上)《玉篇·黑部》:"黵,亡八切。黑也。"(101上左)又《説文·黑部》:"黯,沃黑也。从黑,會聲。"(210上)段玉裁注:"'沃黑',《玉篇》《廣韻》皆作'淺黑',疑'沃'字誤,'淺'字長。"《名義·黑部》:"黯,於會反。少黑色。"(213上)《玉篇·黑部》:"黯,於央切。淺黑也。"(101下右)故"黵"與"黯"音義俱別,二字不可混同,

《正字通》謂“黷”即“黵”字之俗，且謂“舊注”誤，既無書證亦無例證，其説非是。

982. 鼃

《字彙・黽部》:“鼃，布火切，音跛。蟲名，蟾蜍也。”（586 下）

《正字通・黽部》:“鼃，同蚾。蚵蚾，蟾蜍别名。”（1401 下）

按:《康熙字典・黽部》:“鼃,《集韻》《類篇》並補火切，音跛。《集韻》:‘蟲名，蟾蜍也。’”（1617 上）《集韻》上聲果韻補火切:“鼃蚾，蟲名，蟾蜍也。或從虫。”（406）故“鼃”當即“蚾”之異體字。《大字典》《字海》收録“鼃”字，皆未溝通其與“蚾”字的異體關係，俱失考證。

983. 鼆

《字彙・黽部》:“鼆，苦曷切，音渴。蛙類。”（586 下）

《正字通・黽部》:“鼆，舊注音渴，蛙類。按：鼆，蛙聲也。因聲閣閣，俗遂立鼆字。鼆即閣之轉音，非蛙屬别有鼆也。”（1402 上）

按:《康熙字典・黽部》:“鼆,《集韻》丘葛切，音渴。蛙類。《正字通》:‘鼆，蛙聲也。因聲閣閣，俗遂立鼆字。鼆即閣之轉音，非蛙屬别有鼆也。’”（1617 下）《集韻》入聲曷韻丘葛切:“鼆，蛙類。”（686）《新修玉篇》卷二十五《黽部》引《餘文》:“鼆，苦葛切。蛙類。”（211 上右）《篇海》同。《直音篇》卷六《黽部》:“鼆，音渴。蛙屬。”（277 上）《詳校篇海》卷三《黽部》:“鼆，苦曷切，音渴。蛙類。”（156 上）《篇海類編》同。故《正字通》改訓“蛙聲也”，於前代字韻書皆無徵，又其謂“因聲閣閣，俗遂立鼆字。鼆即閣之轉音，非蛙屬别有鼆也”，既無書證亦無例證，其説疑不可據。《康熙字典》轉録《正字通》之説而未作校正，失考證。《大字典》《字海》“鼆”字下皆據《正字通》之説而收録“蛙聲”這一義項，疑並非是。

984. 鼆

《字彙・黽部》:“鼆，母耿切，音猛。句鼆，魯邑。《左傳》:‘一人門

于句鼆。'"（586 下）

《正字通・黽部》:"鼆，同黽。句鼆，魯邑。《左傳》:'一人門于句鼆。'《[篇海]類編》曰：'蟲名。'《博雅》曰：'冥也。'《六書故》曰：'疑即黽字。'按：鼆即黽重文，加冥非。"（1402 上）

按:《康熙字典・黽部》:"鼆,《唐韻》亡耿切,《集韻》《正韻》母耿切，並音黽。句鼆，魯邑。《左傳・文十五年》:'一人門於句鼆。'又《唐韻》武庚切,《集韻》眉耕切，並音盲。《説文》:'鼆，冥也。从冥，黽聲。讀若黽蛙之黽。'"（1617 下）《集韻》上聲耿韻母耿切："鼆，蟲名。《博雅》:'冥也。'一曰句鼆，魯邑名。"（423）《集韻》訓"蟲名"，疑非是。《廣雅・釋言》:"鼆，冥也。"《説文・冥部》:"鼆，冥也。从冥，黽聲。讀若黽蛙之黽。"（137 下）《名義・冥部》:"鼆，莫耿反。魯邑也；冥也。"（206 下）《玉篇・冥部》:"鼆，亡耿切。杜預曰：'魯邑。'又冥也。又亡庚切。"（98 下左）《廣韻》上聲耿韻武幸切："鼆，句鼆，魯邑名。"（216）《左傳・文公十五年》:"一人門于句鼆，一人門于戾丘，皆死。"杜預注："句鼆、戾丘，魯邑。"楊伯峻注："'鼆'又作'黽'，音黽。"故《集韻》訓"蟲名"，於前代辭書、文獻皆無徵，當因從"黽"爲説而誤。《類篇・黽部》:"鼆，母耿切。蟲名。《博雅》:'冥也。'一曰句鼆，魯邑名。"（498 下）《類篇》訓"蟲名"，當因承襲《集韻》之謬而誤。《六書故・黽部》:"鼆，母耿切。《類篇》曰：'蟲名。'《博雅》曰：'冥也。'《左氏傳》:'一人門于句鼆。'疑即黽字。"（482 上）《六書故》謂"句鼆"之"鼆"疑即"黽"字，所言當是；然轉録《類篇》"蟲名"之訓而未作校正，失考證。《詳校篇海》卷三《冥部》:"鼆，母梗切，音猛。冥也。又蟲名。又句鼆，魯邑。又莫耕切，音萌。冥也。"（150 下）《篇海類編》同。《詳校篇海》《篇海類編》"鼆"字下亦收"蟲名"這一義項，亦皆因承襲《集韻》之謬而誤。《字彙》《康熙字典》"鼆"字下未收"蟲名"這一義項，是也。《正字通》轉録《篇海類編》"蟲名"之訓而未作校正，失考證。《大字典》"鼆"字下據《集韻》之誤而收録"蟲名"這一義項，亦非。

985. 磬

《字彙·鼓部》:“磬，疑鼜字之訛。”（587 下）

《正字通·鼓部》:“磬，鼛字之訛。”（1404 上）

按:《康熙字典·鼓部》:“磬,《集韻》《類篇》並蒲孟切，音膨。磞磬，石聲。”（1620 上）《集韻》去聲映韻蒲孟切:“磬，磞磬，石聲。”（603）下文普孟切又曰:“磬，磞磬，石聲。”（605）“磞磬”當同“磞磬”，從形音關係來看，當以作“磬”爲是,“磬”當即“磬”字之訛。《詳校篇海》卷四《石部》:“磬，蒲孟切，音鼜。磞磬，石聲。亦作磬。意從磬爲正，從磬訛也。”（305 下）《篇海類編》同。故“磬”當即“磬”字之訛。《字彙》謂“磬”疑即“鼜”字之訛,“鼜”當即“磬”字誤刻。又《説文·鼓部》:“鼓，郭也。春分之音，萬物郭皮甲而出，故謂之鼓……鼛，籀文鼓。”（97 上）《玉篇·鼓部》:“鼓，姑户切。瓦爲椌，革爲面，可以擊也。鼛，籀文。”（78 上左）故“磬”與“鼛”儘管形近，然音義俱别，二字不可混同,《正字通》謂“磬”即“鼛”字之訛，非是。

986. 鼛

《字彙·鼓部》:“鼛，託合切，音塔。鼓寬。”（587 下）

《正字通·鼓部》:“鼛，徒荅切，音塔。鼓聲雜沓也。舊注鼓寬，非。一説同鼛，俗作鼛，鼛亦有沓音。”（1404 下）

按:《康熙字典·鼓部》:“鼛,《字彙》托合切，音鞳。《玉篇》:‘鼓寬也。’《正字通》:‘鼓聲雜沓也。’”（1620 下）《龍龕》卷二《鼓部》:“鼛,《玉篇》:‘他合反。鼓寬也。’”（337）《玉篇·鼓部》:“鼛，音鞳。鼓寬。”（78 上左）《玉篇校釋》“鼛”字下注:“‘音鞳。鼓寬’者,《切韻》鼛（鼛），鼓聲，音鞳。鞳，器物鞳頭也，今俗謂之套，亦寬義也。上文:‘鼛，寬也。’《皮部》:‘皮，寬也。’是鼓寬謂蒙鼓之皮寬弛也。”（3097）胡氏所言當是。《正字通》訓“鼛”爲“鼓聲雜沓也”，於前代字書皆無徵，當因從“鼓”“沓”爲説而誤。又《説文·鼓部》:“鼛，鼓聲也。从鼓，合聲。”（97 上）“鼛”,《廣韻》音“他合切”。“鼛”與“鼛”音同義别，二字不可混同，《正字通》“一説”亦非。《康熙字典》轉録《正字通》“鼓聲雜沓也”之訓而未作校正，亦失考證。《大字典》《字海》“鼜”字下皆據《正字通》之誤而收録“鼓聲雜沓”這一義項，亦並非是。

987. 鼛

《字彙·鼓部》:“鼛，七入切，音緝。鼓無聲也。”（587 下）

《正字通·鼓部》:“鼛，音緝。《説文》:‘鼓無聲也。’舊本鼛、鼜二注並用《説文》鼛訓，誤。一説鼛者，鼓聲止而餘音在也。如唐人詩，軍敗鼓聲死，雖有聲猶無聲，故以死象之，鼛未可謂之無聲也。”（1405 上）

按:《康熙字典·鼓部》:“鼛，《唐韻》《集韻》並他協切，音帖。《説文》:‘鼓無聲。’又《廣韻》《集韻》並七入切，音緝。義同。又《正字通》:‘一説鼓聲止而餘音在也。’”（1621 上）《説文·鼓部》:“鼛，鼓無聲也。从鼓，咠聲。”（97 下）《名義·鼓部》:“鼛，妬（五）[立]反。[鼓]無（户）[聲]。”（159 上）《龍龕》卷二《鼓部》:“鼛，七入反。鼓無聲。”（337）《玉篇·鼓部》:“鼛，七立、他叶二切。鼓無聲也。”（78 上左）《新修玉篇》《篇海》引《玉篇》同。故宫本《王韻》入聲怗韻他協反:“鼛，鼓無聲。亦作鼜。”下文入聲緝韻七入反:“鼛，鼓無聲。”（523）《廣韻》入聲緝韻七入切:“鼛，鼓無聲。”（429）下文入聲怗韻他協切:“鼜，鼓無聲。或作鼛。”（437）《集韻》入聲緝韻七入切:“鼛，鼓無聲。”（764）下文入聲帖韻託協切:“鼛鼘，鼓無聲。或作鼘。”（780）《詳校篇海》卷一《鼓部》:“鼛，七入切，音緝。鼓無聲也。又音帖。”（27 下）《篇海類編》同。據以上字韻書可知，“鼛”亦作“鼜”“鼘”，義爲“鼓無聲”。馬叙倫《説文解字六書疏證·鼓部》:“鼓無聲者，非謂鼓不能發聲，乃謂擊鼓至於無聲。鼓聲以彭彭爲盛，擊其中也；漸擊面、邊，乃成鼛鼛，此可實驗也。”馬叙倫謂“鼓無聲者，非謂鼓不能發聲”，而是指“擊鼓至於無聲”，此即是對“鼛”訓“鼓無聲”的進一步闡釋，此説當是。《正字通》謂“一説鼓聲止而餘音在也”，與馬説相通，亦指“擊鼓聲漸進停止”，此亦是對“鼛”訓“鼓無聲”的進一步闡釋。《大字典》“鼙”字下第❷義項據《正字通》“一説鼙者，鼓聲止而餘音在也”而收録“鼓的餘音”這一義項，非是。據上文可知，《大字典》第❷義項應删去，並將《正字通》“一説”作爲書證合並到“鼓無聲”這一義項上去，方是。

988. 鼜

《字彙·鼓部》：“鼜，七迹切，音戚。《説文》：‘夜戒守鼓也。’《周禮》：‘軍旅，夜鼓鼜。’杜子春讀爲戚，疏云：‘在軍警戒，急在於夜。言鼜者，音同憂戚，取軍旅憂懼意。’”（587下）

《正字通·鼓部》：“鼜，千昔切，音戚。《説文》：‘夜戒守鼓也。’《周禮》：‘軍旅，夜鼓鼜。’注：‘擊聲急數，故曰鼜。’”（1405上）

按：《康熙字典·鼓部》：“鼜，《廣韻》《集韻》《韻會》並倉歷切，音戚。《玉篇》：‘守夜鼓也。’《周禮·地官·鼓人》：‘軍旅，夜鼓鼜。’釋文：‘杜子春讀爲戚。’疏：‘在軍警戒，急在於夜。言鼜者，音同憂戚，取軍中憂懼之意。’”（1621上）《龍龕》卷二《鼓部》：“鼜，俗；鼜，正；䶂鼜，二今。倉歷反。鼓聲。又守夜鼓也。四。”（337）“䶂”即“鼜”字之俗；而“鼜”即“鼜”字之俗。《龍龕》於“倉歷反”這一讀音之下訓“鼜”“鼜”“䶂（䶂）”“鼜（鼜）”諸字爲“鼓聲”，非是。《説文·壴部》：“鼜，夜戒守鼓也。从壴，蚤聲。《禮》：‘昏鼓四通爲大鼓，夜半三通爲戒晨，旦明五通爲發明。’讀若戚。”（97上）《名義·鼓部》：“鼓，且的反。夜戒鼓。”下字曰：“鼜，夜戒鼓也。”（159上）“鼓”當即“鼜（鼜）”字殘誤，而“鼜”當即“䶂（鼜）”字之俗。《玉篇·鼓部》：“鼜，音戚。守夜鼓也。”下字曰：“鼜，同上。俗。”（78上左）箋注本《切韻》（斯2071）入聲錫韻倉歷反：“慼鼜，守夜鼓。”（145）“慼”當爲“鼜”字殘誤。敦煌本《王韻》入聲錫韻倉歷反：“鼜，守夜鼓。”同一小韻下字曰：“磬，夜戒鼓。”（430）故宫本《王韻》同。故宫本《裴韻》入聲錫韻倉歷反：“鼜（鼜），守夜鼓。”（616）《唐韻》入聲錫韻倉歷反：“鼜，守夜鼓。”（710）《廣韻》入聲錫韻倉歷切：“鼜，《説文》：‘夜戒守鼓也。’鼜，同上。”（423）《集韻》入聲錫韻倉歷切：“鼜，《説文》：‘夜戒守鼓。四通爲大鼓，夜半三通爲戒晨，旦明五通爲發明。’俗作鼜，非是。”（748）故“鼜”“鼜”“鼜（鼜）”“鼜（鼜）”“鼜”諸字音義並同，皆爲“𪔂”之異體字。《龍龕》訓“鼜”“鼜”“鼜（鼜）”“鼜（鼜）”爲“鼓聲”，於以上字韻書皆無徵，非是。此當因“鼜”字又音 lóng，訓“鼓聲”，進而誤植此音之訓於音 qì 之上所致的訓釋失誤。《玉篇》“鼜”字又於《金部》重出，注曰：“鼜，七昔切，又力宗切。鼓聲。”（85 上右）“鼓聲”當爲“力宗切”這一讀音之訓，而“七昔切”之音則當訓“守夜鼓”。故宫本《裴韻》平聲冬韻力宗反：“鼜（鼜），鼓聲。”（539）《廣韻》平聲力宗切：“鼜，鼓聲。”（9）《集韻》平聲冬韻（虚）［盧］冬切：“鼜，鼓聲。或作鼜、鼜、鼜、鼜。”（15）故“鼜”音 lóng，訓“鼓聲”，與“鼜”“鼜”“鼜”諸字音義並同，皆爲“鼜”字之俗。故《龍龕》誤植“鼜”字音 lóng 之訓於音 qì 之上，遂致“鼜”“鼜”“鼜（鼜）”“鼜（鼜）”誤訓爲“鼓聲”，而“鼜”“鼜（鼜）”“鼜（鼜）”諸字僅有“守夜鼓也”之義，皆無“鼓聲”之訓。《直音篇》卷四《鼓部》：“鼜，音戚。（赤）［守］夜鼓。鼜鼜鼜鼜，並同上。”（177 下）《詳校篇海》卷一《金部》：“鼜，千立切，音戚。守夜鼓。鼜者，取軍旅憂懼意。俗作鼜。見《金部》。”（27 下）《篇海類編》同。《直音篇》《詳校篇海》《篇海類編》《字彙》《正字通》《康熙字典》“鼜”字下皆未收録“鼓聲”這一義項，是也。《大字典》“鼜”字下據《龍龕》之誤收録音 lóng、“鼓聲”這一音義，應删；又《大字典》“鼜”字下未收同“鼜”“𪔂”、“守夜鼓”這一義項，亦可據補。

989. 鼢

《字彙・鼠部》：“鼢，胡男切，音含。鼠屬。”（588 上）

《正字通・鼠部》：“鼢，舊注音含，鼠屬。按：《説文》：‘鼸，鼢也。’一鼠二名，義未詳，《爾雅》鼠屬無鼢。”（1405 下）

按：《康熙字典・鼠部》：“鼢，《唐韻》胡男切，《集韻》胡南切，並音含。《説文》：‘鼠屬。’又《廣韻》古南切，《集韻》姑南切，並音弇。《廣韻》：‘鼠名。’又《玉篇》：‘鼢，蜥蜴也。’亦作䶁。”（1622 上）《玉篇·鼠部》:“鼢,胡貪切,又公含切。蜥蜴也。”(117上左)《篇海》引《玉篇》同。《玉篇校釋》“鼢”字下注:“‘蜥蜴也’者,未詳所出。《説文》:‘鼢,鼠屬。讀若含。’故《廣雅》作:‘鼢,鼠。’”(4916)《説文·鼠部》:“鼢,鼠屬。从鼠,今聲。讀若含。”(205下)《名義·鼠部》:“鼢,胡貪反。似蜥蜴有文。”(252上)《新撰字鏡·鼠部》:“鼢,胡貪、公含二反。似蜥蜴,鼠屬。”(479)故“鼢”義指“一種似蜥蜴的鼠”,《玉篇》訓“蜥蜴”,當爲誤截注文所致的訓釋失誤。《篇海》承襲《玉篇》之誤而未作校正,失考證。《直音篇》卷六《鼠部》:“鼢,音含。鼠屬。又姑南切。鼢,同上。”(276下)《詳校篇海》卷四《鼠部》:“鼢,古南切,音甘。鼠屬。又胡南切,音含。”(279下)《篇海類編》同。《直音篇》《詳校篇海》《篇海類編》《字彙》校作“鼠屬”,是也。《康熙字典》轉録《玉篇》“蜥蜴也”之訓而未作校正,亦失考證。《大字典》“鼢”字下據《玉篇》收録“蜥蜴”這一義項,亦失考證。

990. 鼤

《字彙·鼠部》:“鼤,亡云切,音文。斑尾鼠也。又文運切,音問。義同。”(588上)

《正字通·鼠部》:“鼤,無焚切,音文。《爾雅》:‘鼤鼠。鼨鼠。’據此説,鼤即鼨别名。舊注斑尾鼠,又音問,義同,並非。”(1405下)

按:《康熙字典·鼠部》:“鼤,《廣韻》《集韻》並無分切,音文。《玉篇》:‘斑尾鼠。’《爾雅·釋獸》:‘鼤鼠,鼨鼠。’注:‘未詳。’又《廣韻》亡運切,《集韻》文運切,並音問。《廣韻》:‘鼠文。’”(1622上)《廣韻》平聲文韻無分切:“鼤,斑鼠。”(65)下文去聲問韻亡運切又曰:“鼤,鼠文。”(299)《廣韻》訓“斑鼠”,是也;然又訓“鼠文”,疑非是。《爾雅·釋獸》:“鼤鼠。”郝懿行《義疏》:“《玉篇》:‘鼤,斑尾鼠。’《廣韻》:‘鼤,斑鼠。’”《名義·鼠部》:“鼤,莫云反。尾斑。”(252上)《名義》訓“尾斑”,當爲“斑尾鼠”之訛脱。《玉篇·鼠部》:“鼤,亡云、亡運二切。斑尾鼠。”(117上左)故《廣韻》訓“鼠文”,於前代辭書皆無徵,當爲“鼠名”之誤。故宫本《裴韻》去聲問韻亡運反:“鼤,《尔疋》:‘鼠名。’”（594）此是其證也。《集韻》去聲問韻文運切：“鼤，《爾雅》：‘鼠屬。’”（544）《集韻》據《爾雅》校作“鼠屬”，此是其佐證也。《玉篇》“亡云”“亡運”二切皆訓“斑尾鼠”，此亦其佐證也。《康熙字典》轉録《廣韻》“鼠文”之訓而未作校正，疑失考證。《大字典》《字海》“鼤”字下分别據《廣韻》之誤而收録“鼠文”“鼠紋”這一義項，並非。

991. 鼾

《字彙·鼠部》：“鼾，同鼪。”（588 上）

《正字通·鼠部》：“鼾，鼮字之訛。《説文》有鼪無鼾。舊注同鼪，誤。”（1406 上）

按：《康熙字典·鼠部》：“鼾，《字彙》同鼪。”（1622 上）《集韻》平聲模韻洪孤切：“鼪，《説文》：‘斬鼪鼠。黑身，白腰若帶。手有長白毛，似握版之狀，類猿蜼之屬。’或書作鼾、猢，亦書作鶘。”（89）故“鼾”當即“鼪”之異體字。又《説文·鼠部》：“鼮，鼮令鼠。从鼠，平聲。”（205 下）《玉篇·鼠部》：“鼮，步丁切。鼮鼢鼠。”（117 上右）故“鼾”與“鼮”儘管形近，然音義俱别，二字不可混同，《正字通》謂“鼾”即“鼮”字之訛，且謂“舊注”誤，既無書證亦無例證，其説非是。

992. 鼵

《字彙·鼠部》：“鼵，千木切，音促。鼵鼩，小鼠。”（588 下）

《正字通·鼠部》：“鼵，鼨字之訛。舊注改音促，非。鼠族有鼨鼩無鼵鼩。”（1406 下）

按：《康熙字典·鼠部》：“鼵，《集韻》趨玉切，音促。鼵鼩，小鼠。”（1623 上）《集韻》入聲燭韻趨玉切：“鼵，鼵鼩，小鼠。”（653）又《玉篇·鼠部》：“鼨，子徇切。鼫鼠也。”（117 上左）《廣韻》去聲稕韻子峻切：“鼨，石鼠。出蜀。毛可作筆。”（298）故“鼵”與“鼨”形音俱别，二字不可混同，《正字通》謂“鼵”即“鼨”字之訛，且謂“舊注”非，既無書證亦無例證，其説疑不可據。

993. 嶎

《字彙・齊部》:"嶎，子計切，音祭。山名。"（589 下）

《正字通・齊部》:"嶎，譌字。舊注音祭，山名，誤。"（1409 上）

按:《康熙字典・齊部》:"嶎,《集韻》子計切，音霽。山名。"（1626 下）《集韻》去聲霽韻子計切:"嶎，山名。"（502）"嶎"當即"躋"之異體字。《集韻》去聲霽韻子計切:"躋隮跻,《方言》:'登也。'一曰墜也。或从自，古作跻，通作嶎。"（502）此即其證也。故"嶎"當即"躋""隮"之異體字。《集韻》又於上文收録"嶎"字，訓"山名"，當爲望形生訓。

994. 䶒

《字彙・齊部》:"䶒，前西切，音齊。美也。"（589 下）

《正字通・齊部》:"䶒，俗齋字。舊注音齊，美也，泥。俗以䶒爲齋舍字，亦泥。"（1409 上）

按:《康熙字典・齊部》:"䶒,《玉篇》在奚切，音齊。美貌。又《正字通》:'俗以䶒爲（齋）[齋]舍字。'"（1626 下）《玉篇・广部》:"䶒，在奚切。美皃。"（104 下右）《正字通》之説非是。《説文・示部》:"齋，戒潔也。从示，齊省聲。"（2 上）《廣韻》平聲皆韻側皆切:"齋，潔也。亦莊也；敬也。經典通用齊也。"（54）故"䶒"與"齋"音義俱別，二字不可混同,《正字通》謂"䶒"即"齋"字之俗，非是。《康熙字典》轉録《正字通》"俗以䶒爲（齋）[齋]舍字"之説而未作校正，亦失考證。《玉篇校釋》"䶒"字下注:"《廣韻》《集韻》並無，䶒之言齊也。《廣雅・釋言》:'齊，整也。'《釋詁一》:'𪗉，好也。'䶒从广蓋謂屋宇之齊整美好也。本書《女部》:'𪗉，有𪗉季女。'毛詩作齊。"（4258）胡氏所言是也。故"䶒"本當作"齊"。

995. 𪗋

《字彙・齊部》:"𪗋，津私切，音咨。裳下縫也。"（590 上）上文

《衣部》:“穧，子梨切，音咨。裳下緝也。又疾也；縷也。”（442 上）

《正字通・齊部》:“齋，舊本齋見《衣部》，重出。”（1409 下）上文《衣部》:“穧，同齋。見《齊部》。”（1036 下）

按:《康熙字典・齊部》:“齋，《唐韻》即夷切，《集韻》《韻會》《正韻》津私切，並音咨。《説文》:‘縷也。’《玉篇》:‘裳下緝也。’《前漢・朱雲傳》:‘有薦雲者召入，攝齋升堂。’師古注:‘齋，衣下之裳。’”（1627 上）上文《衣部》:“穧，《唐韻》同齋。”（1174 上）《玉篇・衣部》:“穧，子梨切。裳下緝也；疾也；縷也。齋，同上。”（128 上左）《新修玉篇》《篇海》引《玉篇》同。《玉篇校釋》注曰:“又‘疾也’者，此齊字義。疾或爲紩形誤。《爾雅・釋詁》:‘齊，疾也。’《廣雅・釋詁一》:‘齊，疾也。穧，緁也。’本書《系部》‘緁’下引《喪服傳》:‘齋，緁也。’顧氏案:‘紩，裳下也。’今《儀禮》作:‘齊，緝也。’《御覽》引《禮記外傳》:‘齊之言齊也。’《釋名・釋喪制》:‘期曰齋。齋，齊也。’《切韻》:‘齋，緝也。齋衰，喪衣也。’”（5572）胡氏謂“又‘疾也’者，此齊字義”，所言是也；然又謂“疾或爲紩形誤”，所言非是。《説文・衣部》:“齋，縷也。从衣，齊聲。”（170 上）《名義・衣部》:“穧，子黎反。緝也；裳下縷也。齋，上字。”（282 下）箋注本《切韻》（斯 2071）平聲脂韻即脂反:“齋，喪衣。”（108）故宫本《王韻》平聲脂韻即夷反:“齋，齋縗，凶服。亦作穧。”（440）故宫本《裴韻》平聲脂韻即脂反:“齋，緝也；縗也。”（548）《廣韻》平聲脂韻即夷切:“齋，齋縗。經典通用齊。”（23）以上諸字韻書皆未見有“疾也”之訓，“疾也”之訓當爲誤截注文“齊，疾也”所致的訓釋失誤。“疾”“紩”字形相去較遠，不易訛混，故胡吉宣謂“疾或爲紩形誤”，非是。《新撰字鏡・衣部》:“穧，子利反。喪服也。緝也。紩，疾也。縷也。”（215）張磊、吴美富《〈新撰字鏡〉校注》注曰:“注文‘利’當作‘黎’，‘紩’當作‘紩’。《名義・衣部》:‘穧，子黎反。’《禮記・玉藻》:‘縫齊倍要。’鄭注:‘縫，紩也。紩下齊，倍要中。’《釋文》:‘齊，音咨，亦作齋。’《原本玉篇・糸部》:‘縫，《禮記》:縫齊倍要。鄭玄注：縫紩下齊也。’兹據校改。《爾雅・釋詁》:‘齊，疾也。’此處注文‘疾’蓋‘齊’字義。”（321）此説是也。此亦其證。故

《玉篇》“䘡”訓“疾也”，非是。《新修玉篇》《篇海》轉録《玉篇》“疾也”之訓而未作校正，俱失考證。《直音篇》卷七《衣部》：“𧞀，音兹。衣下緝。又（緶）［縍］也。䘡，同上。”（300 下）《直音篇》未收“疾也”之訓，是也。《詳校篇海》卷五《衣部》：“䘡，子梨切，音咨。裳下緝也。又疾也；縍也。𧞀，同上。”（342 下）《篇海類編》同。《詳校篇海》《篇海類編》《字彙》“䘡”字下亦收“疾也”這一義項，皆爲《玉篇》所誤。《正字通》《康熙字典》未收“疾也”之訓，亦是。《大字典》“𧞀”字下據《玉篇》之誤而收録“疾”這一義項，亦失考證。

996. 齝

《字彙·齒部》：“齝，同齕。”（590 上）

《正字通·齒部》：“齝，齕字之譌。舊注同齕，不知齕亦俗書也。”（1410 上）

按：《康熙字典·齒部》：“齝，《廣韻》直離切，《集韻》陳知切，並音馳。《玉篇》：‘齒斷（貌）［見］。’《集韻》：‘齒（齧）［斷］［見］謂之齝。’一作齕。”（1628 上）《名義·齒部》：“齝，治離反。斷齒見也。”（47 下）《玉篇·齒部》：“齝，直離切。齒斷見。”（28 上右）《集韻》平聲支韻陳知切：“齝齕，齒斷［見］謂之齝。或從它。”（30）故“齝”“齕”即爲異體字。又《説文·齒部》：“齕，齧也。从齒，气聲。”（39 上）《名義·齒部》：“齕，形結反。齧也。”（47 下）《玉篇·齒部》：“齕，痕没、下結二切。齧也。”（27 下左）故“齝”與“齕”音義俱别，二字不可混同，《正字通》謂“齝”即“齕”字之訛，既無書證亦無例證，其説非是。

997. 齡

《字彙·齒部》：“齡，巨金切，音琴。舌病也。”（590 下）

《正字通·齒部》：“齡，齡字之訛。舊注音琴，舌病，誤。”（1410 下）

按：《康熙字典·齒部》：“齡，《廣韻》《集韻》並巨禁切，音噤。《玉篇》：‘舌病。’《廣韻》：‘牛舌下病。’又作㸳。《説文》：‘㸳，牛舌病。’

又《字彙》巨今切，音琴。義同。一作𪗨。”（1628 上）《名義・齒部》：“齡，渠陰反。舌病也。𪗨，或字。”（48 上）《玉篇・齒部》：“齡，渠蔭切。舌病。”（28 上右）又《説文新附・齒部》：“齡，年也。从齒，令聲。”（39 下）《名義・齒部》：“齡，吕經反。年也。或秢。”（47 下）《玉篇・齒部》：“齡，吕經切。古謂年齡也。”（28 上左）故“齡”與“齡”儘管字形相近，然音義俱别，二字不可混同，《正字通》謂“齡”即“齡”字之訛，且謂“舊注”誤，既無書證亦無例證，其説非是。

998. 齧

《字彙・齒部》：“齧，同掣。”（591 上）

《正字通・齒部》：“齧，齧字之訛。手齒分部，義不相借，舊注同掣，非。”（1411 下）

按：《康熙字典・齒部》：“齧，《字彙》同掣。”（1629 下）《龍龕》卷二《齒部》：“齧，俗。昌折、昌制二反。正作掣。牽也。”（313）故“齧”當即“掣”字之俗。又《龍龕》卷二《齒部》：“齧，盧葛［反］。齧聲也。”（313）《玉篇・齒部》：“齧，力曷切。齒分骨聲。”（27 下右）故“齧”與“齧”音義俱别，二字不可混同，《正字通》謂“齧”即“齧”字之訛，且謂“舊注”非，既無書證亦無例證，其説非是。

999. 齮

《字彙・齒部》：“齮，語綺切，音擬。齧也。《前漢・田儋傳》：‘齮齕首用事者。’如淳曰：‘側齧貌。’又姓。”（591 上）

《正字通・齒部》：“齮，牛起切，音擬。《説文》：‘齧也。’《漢・田儋傳》：‘齮齕首用事者。’如淳曰：‘側齧貌；齩也。’又姓。又人名。《左傳》：‘卜齮弑閔公。’”（1411 下）

按：《康熙字典・齒部》：“齮，《廣韻》魚倚切，《集韻》語綺切，並音錡。《説文》：‘齧也。’又《集韻》：‘姓也。’又人名。桓齮，秦將。見《秦本紀》。又《集韻》丘其切，音欺。亦齧也。又去倚切，音綺。義同。”（1630 上）《詳校篇海》卷四《齒部》：“齮，語綺切，音以。齧也。

亦作巇。又丘几切，音起。切齒也。又去奇切，音攲。齧也。同齵。”（253 上）《篇海類編》同。《詳校篇海》《篇海類編》又訓“切齒也”，疑非是。《説文·齒部》：“齮，齧也。从齒，奇聲。”（39 上）《玉篇·齒部》：“齮，魚綺切。《説文》：‘齧也。’”（27 下左）《廣韻》上聲紙韻魚倚切：“齮，齧也。”（163）《集韻》平聲之韻丘其切：“齵齮，《博雅》：‘齧也。’或从奇。”（56）《集韻》上聲紙韻去倚切又曰：“齮，齧也。”下文語綺切又曰：“齮巇，《説文》：‘齧也。’或从義。亦姓。”（313）《詳校篇海》《篇海類編》又訓“切齒也”，於前代字韻書皆無徵，《集韻》“去倚切”一讀之下亦訓“齧也”，“去倚切”與“丘几切，音起”讀音相同，據此可推論，《詳校篇海》《篇海類編》訓“切齒也”，當爲“齧也”之誤，“齧”訛分作“切”“齒”二字。《字彙》《正字通》《康熙字典》皆未收“切齒也”這一義項，是也。又《集韻》訓“齮”爲“姓”，“齮”有用作人名用字者，上文所引《正字通》《康熙字典》皆有其用例，然未見有用作姓氏用字，故《集韻》訓“姓”，疑不可據。《字彙》《正字通》《康熙字典》皆轉録《集韻》“姓也”之訓，疑皆非是。《大字典》“齮”字下據《篇海類編》收録“切齒”這一義項，非是；《大字典》“齮”字下又據《集韻》收録“姓”這一義項，疑亦非是。

1000. 齠

《字彙·齒部》：“齠，千羊切，音鏘。齒傍小齒也。”（591 下）

《正字通·齒部》：“齠，七襄切，音鏘。齒旁小齒。一曰齧聲。”（1412 下）

按：《康熙字典·齒部》：“齠，《五音集韻》千羊切，音鏘。《字彙》：‘齒旁小齒。’又《正字通》：‘齧聲。’”（1631 下）《詳校篇海》卷四《齒部》：“齠，千羊切，音鏘。小齒也。”（253 上）《篇海類編》同。《正字通》：“鏘，同齠。”是也。《玉篇·齒部》：“鏘，七良切。小齒。”（28 上右）《集韻》平聲陽韻千羊切：“鏘，小齒。”（213）《直音篇》卷一《齒部》：“鏘，音槍。小齒。”（49 下）《詳校篇海》卷四《齒部》：“鏘，七羊切，音槍。小齒。”（253 下）《篇海類編》同。故“齠”與“鏘”音義並同，“齡”當即“鏘”通過改换聲符而形成的異體字。《正字通》又訓“齡”爲“齧聲”，於前代字韻書無徵，當因從“音鏘”爲説而誤，因爲“音鏘”的字形如“瑲”“鏘”“鎗”“牄”等多有“聲”義。《康熙字典》轉録《正字通》“齧聲”之訓，疑亦非是。《大字典》《字海》“齡”字下分别據《正字通》收録“齧聲”“啃咬”這一義項，疑並非是。

1001. 齧

《字彙·齒部》：“齧，渠介切，音械。睡中切齒聲。又渠轄切，音近戛。齒也。”（591 下）

《正字通·齒部》：“齧，許介切，音械。睡中切齒聲。又轄韻音戛。義同。”（1412 下）

按：《康熙字典·齒部》：“齧，《集韻》渠介切，音械。睡中切齒聲。”（1631 下）《詳校篇海》卷四《齒部》：“齧，渠介切，聲同械。睡中切齒聲。又渠轄切，聲同戛。齒也。”（253 上）《篇海類編》同。《詳校篇海》《篇海類編》又訓“齒也”，疑非是。《集韻》去聲怪韻渠介切：“齧，睡中切齒聲。”（528）《新修玉篇》《篇海》引《餘文》同。《直音篇》卷一《齒部》：“齧，渠介切。睡中切齒聲。”（49 上）故《詳校篇海》《篇海類編》又訓“齒也”，於前代字韻書皆無徵，非是。“渠轄切”當爲“齧”之“又音”，當如《正字通》之説，與音“械”之義義同。《字彙》亦收“齒也”這一義項，則當因承襲前代字書之謬而誤。《正字通》《康熙字典》未收“齒也”這一義項，是也。《大字典》《字海》“齧”字下分别據《篇海類編》之説而收録“齒”“牙齒”這一義項，疑並非是。

1002. 齴

《字彙·齒部》：“齴，初限切，音産。小兒齒也。”（591 下）

《正字通·齒部》：“齴，同齾。舊注音與齾同，别訓小兒齒，分爲二。”（1412 下）

按：《康熙字典·齒部》：“齴，《玉篇》初産切。小兒齒。”（1631 下）《玉篇·齒部》：“齴，初産切。小兒齒。”（28 上右）又《玉篇·齒部》：

“齴，士眼切。齒不正。”（28 上右）《廣韻》上聲潸韻士板切：“齴，齴齖，齒不正。”（194）故“齸”與“齴”音義俱别，二字不可混同，《正字通》謂“齸”即“齴”字之俗，既無書證亦無例證，其説非是。

1003. 齌

《字彙・齒部》：“齌，才詣切，音劑。齌齸，齒生也。”（592 上）

《正字通・齒部》：“齌，七計切，音劑。齒齊不齵也。”（1412 下）

按：《康熙字典・齒部》：“齌，《廣韻》在詣切，《集韻》才詣切，並音嚌。《玉篇》：‘齧也。’”（1631 下）《詳校篇海》卷四《齒部》：“齌，才詣切，音劑。齌齸也，齒生也。”（253 下）《篇海類編》同。《詳校篇海》《篇海類編》訓“齌齸也，齒生也”，疑非是。慧琳《音義》卷二七《妙法蓮華經序品》第一：“齌齧，相傳在詣反。謂没齒齩也。”（57，P973B10）《龍龕》卷二《齒部》：“齌，在詣反。齌齸也。又齌齧，没齒齩也。”下字曰：“齸，音詣。齌［齸］也。”（312）《玉篇・齒部》：“齌齸，上殂詣切，下五計切。齌齸，齧也。”（28 上右）故宫本《裴韻》去聲霽韻在細反：“齌，齌齧。”（589）《廣韻》去聲霽韻在詣切：“齌，齌齸。”（269）《集韻》去聲霽韻才詣切：“齌，齌齸，齧也。”（502）下文研計切又曰：“齸，齌齸，齧也。”（508）《新修玉篇》卷五《齒部》引《玉篇》：“齌，殂詣切，《韻》在詣切。並齌齸。”（51 上左）《篇海》卷十一《齒部》引《玉篇》：“齌，殂詣切。齌齸也。”（745 上）《直音篇》卷一《齒部》：“齌，音齊。齌齸。”（49 上）故《詳校篇海》《篇海類編》訓“齌齸也，齒生也”，於前代字韻書皆無徵，當爲“齌齸，齧也”之誤。《字彙》訓“齌齸，齒生也”，當因承前而謬。《正字通》訓“齒齊不齵也”，當因從“齊”爲説而誤。《大字典》“齌”字下分别據《字彙》《正字通》之誤而收録“齒生”與“牙齒平正整齊”這兩個義項，非是；《字海》“齌”字下據《正字通》之誤而收録“牙長得整齊”這一義項，亦非。

1004. 龑

《字彙・龍部》：“龑，於檢切，音掩。高明之貌。”（592 上）

《正字通·龍部》:“龑，舊注音掩，高明貌。按:《五代史·南漢》劉巖改名龔，後復改名龑。古無龑字，巖取飛龍在天之義創此名。或云:‘龑，音儼。郭尚書《劍記》作劉龔儼，誤。’舊注汎訓高明貌，非；是《篇海》別作𪚑，亦非。”（1413下）

按:《康熙字典·龍部》:“龑,《篇海》於檢切，音掩。高明之貌。又《南唐書》:‘南漢劉巖改名龔，後復改名龑。古無龑，巖取飛龍在天之義創此名。’龑，音儼。”（1633上）《新修玉篇》卷二十三《龍部》引《類篇》:“龑𪚑，二音掩。高明皃。出《五代史》。人名。”（196下右）《篇海》卷十五《龍部》引《類篇》:“龑𪚑，二音掩。高明之皃。出《五代史》。人名。”（822上）《正字通》所言當是。《新五代史·南漢世家·劉龑》:“龑初名巖，又更曰陟。九年，白龍見南宫三清殿，改元曰白龍，又更名龔，以應龍見之祥。有胡僧言:‘讖書:滅劉氏者龔也。’龑乃採《周易》‘飛龍在天’之義爲‘龑’字，音儼，以名焉。”宋趙與時《賓退録》卷五:“南漢劉巖自製龑（音儼）字爲名，蓋取飛龍在天之意云。”此即其證也。故“龑”當訓“人名”，採《周易》“飛龍在天”之義。《新修玉篇》訓“高明皃”，非是。《篇海》訓“高明之皃”，亦非。《詳校篇海》卷五《龍部》:“龑𪚑，二音掩。高明之貌。出《五代史》。人名。”（365上）《篇海類編》同。《詳校篇海》《篇海類編》訓“高明之貌”，當因承襲《篇海》之謬而誤。《字彙》訓“高明貌”，亦因承前而謬。《康熙字典》訓“高明之貌”，亦因承襲《篇海》之謬而誤。《大字典》“龑”字據《新五代史·南漢世家·劉龑》之文獻例證訓“人名”，是也；然又引《字彙》“高明貌”之訓，非是。

1005. 龗

《字彙·龍部》:“龗，同靇。又盧紅切，音籠。龗龗，雷聲。”（592下）

《正字通·龍部》:“龗，舊本靇載《雨部》，此重出，宜刪。”（1414上）

按:《康熙字典·龍部》:“龗,《集韻》盧東切，音籠。龗龗，雷聲。

又《玉篇》與䨻同。”（1633 下）《集韻》平聲東韻盧紅切：“䨻，䨻䨻，雷聲。”（6）此“䨻”當即“隆”之異體字。《詩·大雅·雲漢》：“旱既大甚，蘊隆蟲蟲。”毛傳：“隆隆而雷。”孔穎達疏：“隆隆，是雷聲不絶之狀。”漢王充《論衡·雷虚》：“盛夏之時，雷電迅疾……隆隆之聲，天怒之音，若人之呴吁矣。”“隆”，《廣韻》音“力中切”。故“䨻䨻”與“隆隆”音義並同，此“䨻”當即“隆”之異體字。

1006. 龜今

《字彙·龜部》：“龜今，古暗切，音淦。龜也。”（592 下）

《正字通·龜部》：“龜今，俗字。《史·龜策傳》：‘首仰足肣。’注：‘肣，音黔。歛也。’《正韻》二十侵收肣，俗作龜今。舊注古暗切，音淦，龜也，誤。”（1415 上）

按：《康熙字典·龜部》：“龜今，《字彙》古暗切，音淦。龜也。”（1634 上）《新修玉篇》卷二十五《龜部》引《川篇》：“龜今，音今。龜也。”（210 下左）《篇海》卷二《龜部》引《川篇》：“龜今，音淦。龜也。”（584 上）“龜今”字，《新修玉篇》與《篇海》讀音不同，當以《新修玉篇》爲是。《正字通》所言當是。《集韻》平聲侵韻渠金切：“肣，歛也。龜首仰足肣。”（280）《史記·龜策列傳》：“首仰，足開肣開。”司馬貞《索隱》：“肣，謂兆足歛也。”張文虎札記：“肣開，當作足肣。”故“龜今”與“肣”音近，“龜今”當即“肣”因涉義改换義符而産生的俗字。《新修玉篇》《篇海》訓“龜也”，當因不識其爲“肣”字之俗而妄補。《字彙》《康熙字典》亦音“淦”，訓“龜也”，當皆因承襲《篇海》之謬而誤。

1007. 龥斤

《字彙·龠部》：“龥斤，魚巾切，音銀。大篪。通作沂。”（593 上）

《正字通·龠部》：“龥斤，魚勤切，音銀。《爾雅》：‘大篪謂之龥斤。’俗本訛作沂。舊注通作沂，誤。”（1415 下）

按：《康熙字典·龠部》：“龥斤，《廣韻》語巾切，《韻會》疑巾切，《正韻》魚巾切，並音銀。《廣韻》：‘大篪也。’《爾雅·釋器》作沂，大篪謂之沂。”（1635上）故宫本《王韻》平聲殷韻語斤反：“䶍，大䶯。”（450）《廣韻》平聲殷韻語斤切：“䶍，大篪。”（67）“䶯”“篪”即爲異體字。《字彙》《康熙字典》所言當是，而《正字通》所言不確。《爾雅·釋樂》：“大篪謂之沂。”郭璞注：“篪以竹爲之。長尺四寸，圍三寸，一孔上出，寸三分，名翹。横吹之小者尺二寸，《廣雅》云八孔。”《集韻》平聲欣韻魚斤切：“䶍，大篪。或作𥫍、𥬒，通作沂。”（132）故《爾雅》本作“沂”。“䶍”與“沂”音義並同，“䶍”當即“沂”之異體字。

結　語

明清是我國字書發展史的最後總結階段，在這一時期出現了《字彙》《正字通》《直音篇》《詳校篇海》《篇海類編》《康熙字典》《字彙補》等一批重要的大型字書，對現代大型字典的編纂産生了重大影響。學界對這一時期的字書已有一些研究，取得了一定的成績，但其中仍貯存大量未被考釋的疑難字。這些疑難字，大都被現代大型字典《漢語大字典》和《中華字海》未作考辨地加以轉録，不但降低了其編纂質量與利用價值，也影響了人們對其解讀與使用。因此，對《字彙》《正字通》《直音篇》《詳校篇海》《篇海類編》《康熙字典》《字彙補》等明清大型字書收録的疑難字進行系統的考釋與研究，有其重要的學術價值與應用價值。

本書以《字彙》《正字通》《直音篇》《詳校篇海》《篇海類編》《康熙字典》《字彙補》等明清大型字書所收疑難字爲研究對象，以文字學、音韻學、訓詁學、漢字構形學、辭典學、文獻學等理論爲指導，以形、音、義、用爲綫索，綜合運用以形考字、以音考字、以義考字、以序考字、以用考字等考釋方法，並結合漢字俗寫變易規律及具體用例，對明清大型字書疑難字及其考釋成果進行了全面測查與考辨，對其考釋成果的成就和不足給予了客觀評析，全面系統地探討了明清大型字書疑難字的成因及類型，還通過實例闡釋了明清大型字書疑難字考釋與研究在明清大型字書文本校理和現代大型字典修訂等方面的價值，最後對明清大型字書收録的疑難字作了全面深入的考釋。

1. 通過對《字彙》《正字通》《直音篇》《詳校篇海》《篇海類編》《康熙字典》《字彙補》等明清大型字書疑難字考釋成果的測查和考辨，本書認爲，明清大型字書有的考釋結論確當，在現代大型字典編纂與修訂中應予採用；明清大型字書有的考釋結論存在失誤，需要審慎地加以辨别。

2. 通過對《字彙》《正字通》《直音篇》《詳校篇海》《篇海類編》《康熙字典》《字彙補》等明清大型字書疑難字的形成與字形、字音、字義以及字際關係的探討，本書認爲，疑難字主要有因字形致誤形成的疑難字、因字音致誤形成的疑難字、因字義致誤形成的疑難字以及因字際關係不明形成的疑難字等四種主要類型。

3. 本書通過對明清大型字書疑難字進行全面的測查與研究，根據漢字俗寫變易規律，以形、音、義、用爲綫索，綜合運用以形考字、以音考字、以義考字、以用考字等考釋方法，並充分利用現代檢索手段，盡可能提供具體的文獻用例，對《字彙》《正字通》《直音篇》《詳校篇海》《篇海類編》《康熙字典》《字彙補》等明清大型字書收録的 2000 餘個疑難字進行了考釋。

4. 本書認爲，明清大型字書疑難字的考釋與研究，無論是對於《字彙》《正字通》《直音篇》《詳校篇海》《篇海類編》《康熙字典》《字彙補》等明清大型字書及相關字書、韻書的文本校理，對於現代大型字典的修訂與完善，還是對於完整漢語文字學體系的構建，以及漢字相關理論的深入研究，都有其不可忽視的學術價值和應用價值。從這個意義上説，本書研究不僅可以豐富《字彙》《正字通》《直音篇》《詳校篇海》《篇海類編》《康熙字典》《字彙補》等明清大型字書研究的成果，在漢字學、辭典學等方面也有一定的積極意義。

最後需要説明的是，筆者從 2018 年已經開始本課題的研究工作，2023 年初步成稿，之後又持續不斷地進行了修改，至今也已七年有餘，但由於筆者水平有限，本書可能還存在不少問題，對一些疑難字恐未能作出確切考釋，對一些有價值的問題尚未過多涉獵，這些有待今後繼續進行深入研究。

主要參考文獻

［1］梅膺祚．字彙［M］．上海：上海辭書出版社，1991.

［2］張自烈，廖文英．正字通［M］．北京：中國工人出版社，1996.

［3］張自烈，廖文英．正字通［M］．北京：國際文化出版公司，1996.

［4］張自烈，廖文英．正字通［M］// 續修四庫全書：第 234—235 册．上海：上海古籍出版社，2002.

［5］張玉書，陳廷敬，等．康熙字典［M］．上海：上海古籍出版社，1996.

［6］李登．重刊詳校篇海［M］// 續修四庫全書：第 232 册．上海：上海古籍出版社，2002.

［7］（舊題）宋濂．篇海類編［M］// 四庫存目叢書：第 229—230 册．上海：上海古籍出版社，2002.

［8］章黼．重訂直音篇［M］// 續修四庫全書：第 231 册．上海：上海古籍出版社，2002.

［9］吴任臣．字彙補［M］．上海：上海辭書出版社，1991.

［10］許慎．説文解字［M］．北京：中華書局，1963.

［11］徐鍇．説文解字繫傳［M］．北京：中華書局，1987.

［12］段玉裁．説文解字注［M］．上海：上海古籍出版社，1988.

［13］桂馥．説文解字義證［M］．北京：中華書局，1987.

［14］朱駿聲．説文通訓定聲［M］．北京：中華書局，1984.

［15］王筠．説文解字句讀［M］．北京：中華書局，1988.

［16］王筠．説文釋例［M］．北京：中華書局，1987.

［17］沈濤．説文古本考［M］// 續修四庫全書：第 223 册．上海：

上海古籍出版社，2002.

［18］鈕樹玉．説文解字校録［M］// 續修四庫全書：第 212 册．上海：上海古籍出版社，2002.

［19］錢坫．説文解字斠詮［M］// 續修四庫全書：第 211 册．上海：上海古籍出版社，2002.

［20］丁福保．説文解字詁林［M］．北京：中華書局，1988.

［21］張舜徽．説文解字約注［M］．武漢：華中師範大學出版社，2009.

［22］湯可敬．説文解字今釋［M］．長沙：岳麓書社，1997.

［23］季旭昇．説文新證［M］．臺北：藝文印書館，2010.

［24］周祖謨．爾雅校箋［M］．昆明：雲南人民出版社，2004.

［25］朱祖延，等．爾雅詁林［M］．武漢：湖北教育出版社，1998.

［26］朱祖延，等．爾雅詁林叙録［M］．武漢：湖北教育出版社，1998.

［27］陸德明．經典釋文［M］．上海：上海古籍出版社，1985.

［28］黄焯．經典釋文匯校［M］．北京：中華書局，2006.

［29］郝懿行．爾雅義疏［M］．上海：上海古籍出版社，2017.

［30］郝懿行．山海經箋疏［M］．北京：中國書店，1991.

［31］釋空海．篆隸萬象名義［M］．北京：中華書局，1995.

［32］顧野王．大廣益會玉篇［M］．北京：中華書局，1987.

［33］顧野王．玉篇（殘卷）［M］// 續修四庫全書：第 228 册．上海：上海古籍出版社，2002.

［34］顧野王．大廣益會玉篇［M］// 四部叢刊初編：16. 上海：上海書店，1989.

［35］賈思勰．齊民要術今釋［M］．石聲漢，校釋．北京：中華書局，2022.

［36］釋玄應．一切經音義［M］// 中華大藏經：第 56—57 册．北京：中華書局，1993.

［37］釋慧琳．一切經音義［M］// 中華大藏經：第 57—59 册．北京：

中華書局，1993.

［38］釋希麟．續一切經音義［M］// 中華大藏經：第 59 册．北京：中華書局，1993.

［39］可洪．新集藏經音義隨函録［M］// 中華大藏經：第 59—60 册．北京：中華書局，1993.

［40］釋昌住．新撰字鏡［M］// 佛藏輯要：第 33 册．成都：巴蜀書社，1993.

［41］周祖謨．唐五代韻書集存［M］．北京：中華書局，1983.

［42］陳彭年．鉅宋廣韻［M］．上海：上海古籍出版社，1983.

［43］陳彭年．宋本廣韻［M］．南京：江蘇教育出版社，2005.

［44］周祖謨．問學集［M］．北京：中華書局，2004.

［45］周祖謨．廣韻校本［M］．北京：中華書局，2004.

［46］葛信益．廣韻叢考［M］．北京：北京師範大學出版社，1993.

［47］余迺永．新校互注宋本廣韻（定稿本）［M］．上海：上海人民出版社，2008.

［48］丁度，等．集韻［M］．上海：上海古籍出版社，1985.

［49］丁度，等．集韻［M］．北京：中國書店，1983.

［50］丁度，等．宋刻集韻［M］．北京：中華書局，1989.

［51］司馬光．類篇［M］．上海：上海古籍出版社，1988.

［52］戴侗．六書故［M］．上海：上海社會科學院出版社，2006.

［53］洪适．隸釋·隸續［M］．北京：中華書局，2003.

［54］毛晃，增注；毛居正，校勘重增．增修互注禮部韻略［M］// 四庫全書：第 237 册．臺北：臺灣商務印書館，1986.

［55］杜從古，撰；丁治民，校補．集篆古文韻海校補［M］．北京：中華書局，2013.

［56］釋行均．龍龕手鏡（高麗本）［M］．北京：中華書局，1985.

［57］郭忠恕．佩觿［M］// 叢書集成初編．上海：商務印書館，1936.

［58］邢準．新修絫音引證群籍玉篇［M］// 續修四庫全書：第 229

册 . 上海：上海古籍出版社，2002.

［59］韓道昭 . 改併五音類聚四聲篇海［M］// 四庫存目叢書：第 187 册 . 濟南：齊魯書社，1996.

［60］黄公紹，熊忠 . 古今韻會舉要［M］. 北京：中華書局，2000.

［61］佚名 . 新校經史海篇直音［M］// 續修四庫全書：第 231 册 . 上海：上海古籍出版社，2002.

［62］樂韶鳳，宋濂，等 . 洪武正韻［M］. 北京：中華書局，2016.

［63］吴元滿 . 六書正義［M］// 續修四庫全書：第 194 册 . 上海：上海古籍出版社，2002.

［64］吴元滿 . 六書泝原直音［M］// 續修四庫全書：第 194 册 . 上海：上海古籍出版社，2002.

［65］陳士元 . 古俗字略［M］// 續修四庫全書：第 238 册 . 上海：上海古籍出版社，2002.

［66］淩迪知 . 萬姓統譜［M］. 上海：上海古籍出版社，1994.

［67］顧藹吉 . 隸辨［M］. 北京：中華書局，1986.

［68］郭忠恕，夏竦 . 汗簡・古文四聲韻［M］. 北京：中華書局，1983.

［69］草書大字典［M］. 北京：中國書店，1983.

［70］王念孫 . 廣雅疏證［M］. 南京：江蘇古籍出版社，2000.

［71］方成珪 . 集韻考正［M］// 續修四庫全書：第 253 册 . 上海：上海古籍出版社，2002.

［72］錢繹 . 方言箋疏［M］. 李發舜，黄建中，點校 . 北京：中華書局，2013.

［73］王先謙 . 釋名疏證補［M］. 上海：上海古籍出版社，1984.

［74］徐灝 . 説文解字注箋［M］// 續修四庫全書：第 225—227 册 . 上海：上海古籍出版社，2002.

［75］徐復，等 . 廣雅詁林［M］. 南京：江蘇古籍出版社，1992.

［76］周祖謨 . 方言校箋［M］. 北京：中華書局，1993.

［77］寧忌浮 . 校訂五音集韻［M］. 北京：中華書局，1992.

［78］袁珂．山海經校注［M］．成都：巴蜀書社，1993.

［79］蕭統，編；李善，注．文選［M］．北京：中華書局，1977.

［80］李昉，等．太平御覽［M］．北京：中華書局，1960.

［81］李昉，等．太平廣記［M］．北京：中華書局，1961.

［82］宗福邦，等．故訓匯纂［M］．北京：商務印書館，2003.

［83］阮元，校刻．十三經注疏［M］．北京：中華書局，1980.

［84］王聘珍．大戴禮記解詁［M］．北京：中華書局，1983.

［85］司馬遷．史記［M］．北京：中華書局，1959.

［86］班固．漢書［M］．北京：中華書局，2007.

［87］劉珍．東觀漢記校注［M］．吴樹平，校注．北京：中華書局，2008.

［88］戴德．大戴禮記［M］// 四部叢刊初編：10. 上海：上海書店，1989.

［89］郭璞，注．穆天子傳匯校集釋［M］．王貽樑，陳建敏，校釋．北京：中華書局，2019.

［90］段成式．酉陽雜俎［M］．北京：中華書局，1981.

［91］范曄，撰；李賢，等，注．後漢書［M］．北京：中華書局，1965.

［92］朱熹．四書章句集注［M］．北京：中華書局，2011.

［93］洪邁．容齋隨筆［M］．孔凡禮，點校．北京：中華書局，2015.

［94］脱脱，等．宋史［M］．北京：中華書局，1985.

［95］方以智．通雅［M］．北京：中國書店，1990.

［96］方以智．物理小識［M］．上海：商務印書館，1937.

［97］阮葵生．茶餘客話［M］．北京：中華書局，1959.

［98］王念孫．讀書雜誌［M］．南京：江蘇古籍出版社，2000.

［99］許維遹．吕氏春秋集釋［M］．梁運華，整理．北京：中華書局，2009.

［100］趙爾巽，等．清史稿［M］．北京：中華書局，1977.

［101］楊伯峻．孟子譯注［M］．北京：中華書局，2010.

［102］吕不韋 . 吕氏春秋新校釋［M］. 陳奇猷，校釋 . 上海：上海古籍出版社，2002.

［103］李富孫 . 易經異文釋［M］// 續修四庫全書：第 27 册 . 上海：上海古籍出版社，2002.

［104］國家文物局古文獻研究室 . 馬王堆漢墓帛書［M］. 北京：文物出版社，1980.

［105］焦循 . 孟子正義［M］. 沈文倬，校注 . 北京：中華書局，1987.

［106］楊伯峻 . 春秋左傳注［M］. 北京：中華書局，1990.

［107］楊伯峻 . 論語譯注［M］. 北京：中華書局，1980.

［108］高明 . 帛書老子校注［M］. 北京：中華書局，1996.

［109］程俊英，蔣見元 . 詩經注析［M］. 北京：中華書局，1991.

［110］郭慶藩 . 莊子集釋［M］. 北京：中華書局，2004.

［111］何寧 . 淮南子集釋［M］. 北京：中華書局，1998.

［112］黄暉 . 論衡校釋［M］. 北京：中華書局，1990.

［113］王先謙 . 荀子集解［M］. 北京：中華書局，1988.

［114］洪興祖 . 楚辭補注［M］. 北京：中華書局，1983.

［115］楊伯峻 . 列子集釋［M］. 北京：中華書局，1979.

［116］顔之推 . 顔氏家訓集解［M］. 王利器，集解 . 北京：中華書局，2013.

［117］顧頡剛，劉起釪 . 尚書校釋譯論［M］. 北京：中華書局，2005.

［118］孔子家語校注［M］. 高尚舉，張濱鄭，張燕，校注 . 北京：中華書局，2021.

［119］賈思勰 . 齊民要術校釋［M］. 繆啟愉，校釋 . 北京：中國農業出版社，1998.

［120］秦公 . 碑别字新編［M］. 北京：文物出版社，1985.

［121］秦公，劉大新 . 廣碑别字［M］. 北京：國際文化出版公司，1995.

［122］李圃，等．古文字詁林［M］．上海：上海教育出版社，1999.

［123］高明，涂白奎．古文字類編［M］．增訂本．上海：上海古籍出版社，2008.

［124］胡朴安．中國文字學史［M］．上海：上海書店，1984.

［125］唐蘭．中國文字學［M］．上海：上海古籍出版社，1979.

［126］唐蘭．古文字學導論［M］．濟南：齊魯書社，1981.

［127］陳垣．校勘學釋例［M］．北京：中華書局，1959.

［128］王鳳陽．漢字學［M］．長春：吉林文史出版社，1989.

［129］蔣善國．漢字學［M］．上海：上海教育出版社，1987.

［130］劉葉秋．中國字典史略［M］．北京：中華書局，1992.

［131］錢劍夫．中國古代字典詞典概論［M］．北京：商務印書館，1986.

［132］龍宇純．唐寫全本王仁昫刊謬補缺切韻校箋［M］．香港：香港中文大學，1968.

［133］胡吉宣．玉篇校釋［M］．上海：上海古籍出版社，1989.

［134］蔣禮鴻．類篇考索［M］．濟南：山東教育出版社，1996.

［135］趙振鐸．集韻校本［M］．上海：上海辭書出版社，2012.

［136］黄錫全．汗簡注釋［M］．武漢：武漢大學出版社，1990.

［137］裘錫圭．文字學概要［M］．北京：商務印書館，1988.

［138］王寧．漢字學概要［M］．北京：北京師範大學出版社，2001.

［139］王寧．漢字構形學講座［M］．上海：上海教育出版社，2002.

［140］王寧．訓詁學原理［M］．北京：中國國際廣播出版社，1996.

［141］蔣冀騁．説文段注改篆評議［M］．長沙：湖南教育出版社，1993.

［142］蔣冀騁．《説文解字》注音釋義研究［M］．北京：商務印書館，2023.

［143］蔡夢麒．廣韻校釋［M］．長沙：岳麓書社，2007.

［144］蔡夢麒．《説文解字》字音注釋研究［M］．濟南：齊魯書社，2007.

［145］趙克勤．古代漢語詞彙學［M］．北京：商務印書館，1994.

［146］蔣紹愚．古漢語詞彙綱要［M］．北京：商務印書館，2005.

［147］周志鋒．大字典論稿［M］．杭州：浙江教育出版社，1998.

［148］黄征．敦煌俗字典［M］．上海：上海教育出版社，2005.

［149］張涌泉．舊學新知［M］．杭州：浙江大學出版社，1999.

［150］張涌泉．漢語俗字研究［M］．長沙：岳麓書社，1995.

［151］張涌泉．敦煌俗字研究［M］．上海：上海教育出版社，1996.

［152］張涌泉．漢語俗字叢考［M］．北京：中華書局，2000.

［153］楊寶忠．疑難字考釋與研究［M］．北京：中華書局，2005.

［154］楊寶忠．疑難字續考［M］．北京：中華書局，2011.

［155］楊寶忠．疑難字三考［M］．北京：中華書局，2018.

［156］鄭賢章．《龍龕手鏡》研究［M］．長沙：湖南師範大學出版社，2004.

［157］鄭賢章．《新集藏經音義隨函録》研究［M］．長沙：湖南師範大學出版社，2007.

［158］鄭賢章．漢文佛典疑難俗字彙釋與研究［M］．成都：巴蜀書社，2016.

［159］鄧福禄，韓小荆．字典考正［M］．武漢：湖北人民出版社，2007.

［160］韓小荆．《可洪音義》研究：以文字爲中心［M］．成都：巴蜀書社，2009.

［161］劉釗．古文字構形學［M］．福州：福建人民出版社，2011.

［162］趙平安．隸變研究［M］．保定：河北大學出版社，2009.

［163］徐在國．傳抄古文字編［M］．北京：綫裝書局，2006.

［164］何琳儀．戰國古文字典［M］．北京：中華書局，1998.

［165］漢語大字典編輯委員會．漢語大字典［M］．2 版．成都：四川辭書出版社；武漢：崇文書局，2010.

［166］冷玉龍，等．中華字海［M］．北京：中國友誼出版公司，1994.

[167] 羅竹風，等．漢語大詞典［M］．上海：漢語大詞典出版社，1990—1993.

[168] 張守中．包山楚簡文字編［M］．北京：文物出版社，1996.

[169] 釋空海．篆隸萬象名義校釋［M］．吕浩，校釋．上海：學林出版社，2007.

[170] 徐前師．唐寫本玉篇校段注本説文［M］．上海：上海古籍出版社，2008.

[171] 華學誠．揚雄方言校釋匯證［M］．北京：中華書局，2006.

[172] 徐時儀．一切經音義三種校本合刊［M］．上海：上海古籍出版社，2023.

[173] 姚永銘．慧琳《一切經音義》研究［M］．南京：江蘇古籍出版社，2003.

[174] 柳建鈺．《類篇》新收字考辨與研究［M］．瀋陽：遼寧大學出版社，2011.

[175] 張磊．《新撰字鏡》研究［M］．北京：中國社會科學出版社，2012.

[176] 昌住．新撰字鏡校注［M］．張磊，吴美富，校注．杭州：浙江大學出版社，2024.

[177] 張青松．《正字通》異體字研究［M］．北京：語文出版社，2016.

[178] 熊加全．《新修玉篇》研究［M］．北京：中國社會科學出版社，2019.

[179] 熊加全．《新修玉篇》疑難字考釋［M］．北京：中國社會科學出版社，2019.

[180] 熊加全．《玉篇》疑難字考釋與研究［M］．北京：中華書局，2020.

[181] 張涌泉．論吴任臣的《字彙補》［M］// 中國文字研究：第一輯．南寧：廣西教育出版社，1999.

[182] 郭春霞，劉敏．校讀《重刊詳校篇海》［M］// 古籍研究：第

七十四輯．南京：鳳凰出版社，2021.

［183］張青松．《正字通》異體字考釋成果與現代大型字典編纂［M］// 勵耘學刊・語言卷：第十五輯．北京：學苑出版社，2012.

［184］張青松．《正字通》異體字訓釋指瑕［M］// 勵耘語言學刊：第十九輯．北京：學苑出版社，2014.

［185］張青松．《正字通》疑難字考釋八則［M］// 中國文字學報：第五輯．北京：商務印書館，2014.

［186］王亞彬．《字彙補》疑難字考釋十二則［M］// 語言研究集刊：第二十四輯．上海：上海辭書出版社，2019.

［187］王亞彬．《字彙補》疑難字例釋［M］// 漢語史研究集刊：第二十七輯．成都：四川大學出版社，2019.

［188］熊加全．《漢語大字典》《中華字海》疑難俗字考 9 則［M］// 中國文字研究：第十五輯．鄭州：大象出版社，2011.

［189］熊加全．利用《正字通》考辨大型字書疑難俗字舉例［M］// 中國文字學報：第五輯．北京：商務印書館，2014.

［190］熊加全．利用《正字通》考釋現代大型字書疑難俗字［M］// 民俗典籍文字研究：第十六輯．北京：商務印書館，2015.

［191］熊加全．《正字通》字際關係認同失誤辨正［M］// 漢語史研究集刊：第二十輯．成都：巴蜀書社，2015.

［192］熊加全．《漢語大字典》釋義失誤考正［M］// 漢語史研究集刊：第三十三輯．成都：四川大學出版社，2022.

［193］熊加全．明清大型字書釋義失誤例釋［M］// 歷史語言學研究：第十八輯．北京：商務印書館，2022.

［194］熊加全．明清大型字書釋義失誤辨正［M］// 漢語史學報：第二十八輯．上海：上海教育出版社，2023.

［195］張涌泉．論梅膺祚的《字彙》［J］．中國語文，1999（6）．

［196］張涌泉．《正字通》對《字彙》的匡正及存在的問題［J］．中國語文，2005（4）．

［197］楊琦．《詳校篇海》較《四聲篇海》新增釋義研究［J］．語言

研究，2023（2）.

［198］劉曉英.《漢語大字典》引用《篇海類編》釋義的疏失［J］.古漢語研究，2021（4）.

［199］吴萍，鄭賢章.《字彙》音義訛誤例析［J］.古漢語研究，2016（4）.

［200］張青松.《正字通》疑難字考釋九則［J］.中國文字研究，2013（1）.

［201］張青松.《正字通》異體字誤釋探因［J］.古漢語研究，2016（2）.

［202］楊寶忠，辛睿龍.《漢語大字典》收録《字彙補》疑難字考（十則）［J］.語文研究，2016（1）.

［203］王亞彬.大型字書疑難字新考（12則）［J］.漢語史學報，2023（1）.

［204］熊加全.《正字通》俗訛字考［J］.河北大學學報（哲學社會科學版），2011（4）.

［205］白薇.《直音篇》與《四聲篇海》字頭對比研究［D］.保定：河北大學，2009.

［206］王學敏.《直音篇》與《四聲篇海》釋義對比研究［D］.保定：河北大學，2009.

［207］李學蓮.《直音篇》異體字整理與研究［D］.保定：河北大學，2016.

［208］王碩鵬.《詳校篇海》與《四聲篇海》字頭對比研究［D］.保定：河北大學，2008.

［209］李二忠.《詳校篇海》與《四聲篇海》釋義對比研究［D］.保定：河北大學，2009.

［210］陳建貴.《詳校篇海》校補《四聲篇海》研究［D］.長沙：湖南師範大學，2018.

［211］吴麗君.《篇海類編·花木類》注音釋義研究［D］.長沙：湖南師範大學，2015.

［212］楊琴.《篇海類編·身體類》注音釋義研究［D］. 長沙：湖南師範大學，2017.

［213］趙宇陽.《篇海類編》天文類和地理類注音釋義研究［D］. 長沙：湖南師範大學，2018.

［214］李超. 基於字料庫的《篇海類編》與《詳校篇海》字頭比較研究［D］. 錦州：渤海大學，2019.

［215］吕瑞生.《字彙》異體字研究［D］. 臺北：中國文化大學，2000.

［216］陳英傑.《字彙》字形整理之研究［D］. 保定：河北大學，2000.

［217］哈達.《字彙》研究［D］. 呼和浩特：内蒙古師範大學，2004.

［218］毛承慈.《字彙》《正字通》俗字比較研究［D］. 北京：北京師範大學，2009.

［219］鄧瑾繁.《字彙》釋義研究［D］. 長沙：湖南師範大學，2016.

［220］曹軍.《正字通》中的訛字研究［D］. 北京：北京師範大學，2008.

［221］單志鵬. 基於字料庫的《正字通》新收字研究［D］. 錦州：渤海大學，2019.

［222］白俊騫.《康熙字典》古文研究［D］. 福州：福建師範大學，2012.

［223］林秀芳.《康熙字典》與《漢語大字典》宀部字比較研究［D］. 福州：福建師範大學，2015.

［224］夏敏.《康熙字典》俗字整理與研究［D］. 上海：華東師範大學，2015.

［225］王亞彬.《字彙補》"補字"問題研究［D］. 保定：河北大學，2022.

［226］司玉俠.《字彙補》釋義研究［D］. 長沙：湖南師範大學，

2016.

［227］陳凡.《字彙補》“古文”研究［D］. 武漢：華中科技大學，2018.

［228］馬健.《字彙補》研究［D］. 錦州：渤海大學，2019.

［229］熊加全.《正字通》溝通字際關係材料的測查與研究［D］. 保定：河北大學，2010.

後 記

本書是在筆者主持的2021年國家社科基金項目“明清大型字書疑難字考釋與研究”的結項報告的基礎上修改而成的。這次出版作了較大的改動，删除了原稿中一些尚存争議的考釋條目，又增加了很多新的考釋條目，還調整了原稿内容的次序。

明清字書作爲我國字書發展史的最後總結階段，對現代大型字典的編纂産生了重要影響。筆者選擇以明清大型字書所收疑難字爲研究對象，一方面是因爲明清字書衆多，且個人精力有限，難以對明清所有字書進行全面深入的研究，只能選擇以明清時期比較具有代表性的大型字書如《字彙》《正字通》《直音篇》《詳校篇海》《篇海類編》《康熙字典》《字彙補》等爲研究對象；另一方面是因爲明清大型字書是現代大型字書編纂的重要基礎，其中包括大量的疑難字，它們大都被現代大型字典《漢語大字典》和《中華字海》未作考辨地加以轉録，産生了不良影響，因而對這些疑難字進行全面的考釋與研究具有非常重要的現實意義。

從2018年開始，筆者即著手對明清大型字書疑難字進行全面系統的考釋。感謝諸位專家的支持，該課題於2021年獲批爲國家社科基金項目。至2021年課題立項時，筆者已完成該課題近百分之八十的研究内容。到2022年底，完成該課題全部研究内容，經過全面修改之後，提交申請結項，並於2023年初獲批結項。近兩年，筆者結合本人主持的國家社科基金重大項目“歷代大型字書傳承與發展研究”的内容，又持續不斷地對其進行了全面的修改與完善。這部書稿，即爲其全貌。

本書通過對明清大型字書所收疑難字進行系統的考釋與研究，對明清大型字書收録的2000餘個疑難字作出了考釋，並對明清大型字書疑難字的成因與類型進行了全面的分析與歸納，還對明清大型字書疑難字考釋與研究的價值進行了系統的分析。本書爲明清大型字書文本的校勘與整理、現代大型字典的修訂與完善，以及近代漢字的整理與研究等提供了大量的參考資料。

在此，感謝兩位業師蔣冀騁先生和楊寶忠先生。蔣冀騁先生是我的博士後合作導師，他治學思路開闊、學識淵博，待人寬容大度、和藹可親，爲人爲學都堪稱典範。蒙蔣師厚愛，我於 2023 年調入湖南師範大學，得以在蔣師身邊工作，聆聽蔣師的教誨。在湖南師範大學工作，無論生活還是工作，蔣師都給我細緻入微的關照，讓我時刻感受到親人般的温暖。楊寶忠先生是我的碩博導師，他潛心學術，嚴謹治學，30 年來一直深耕於疑難字的考釋與研究，在疑難字研究方面取得了卓越的成就。得益於楊師的諄諄教誨，追隨楊師的治學思路，多年來我一直從事歷代字書的考釋與研究，這些年取得的每一點進步，都離不開楊師的指導與教誨。

在湖南師範大學工作期間，唐賢清老師、鄭賢章老師、蔡夢麒老師、徐朝紅老師、劉曉英老師、張幼軍老師、蔣志遠老師、凌宏惠老師、蔡欣然老師等給予我很多的幫助與支持，在此亦深表感謝。

也感謝學界很多前輩與同人給予的無私關懷與幫助，使我得以在學術之路上不斷前進。也感謝湖南師範大學的諸位領導和同人給予的諸多關懷與幫助，使我得以在湖南師範大學安心工作。

廣西師範大學吕炫師弟對書稿中的一些條目提出了修改意見，爲書稿的完善提供了很多幫助，友生陳衛、程鑫、胡同梅共同完成了書稿文獻的核對工作，發現了不少問題，也爲書稿的修改提供了幫助，在此亦表感謝。

本書的出版得到了岳麓書社崔燦社長的全力支持，在此深表感謝。

本書是以疑難字爲研究對象，書稿中不可避免地存在大量的疑難字形，給排版、編輯工作帶來很多麻煩。岳麓書社李業鵬、孫世傑、胡寶亮、許静、潘素雅等編輯爲本書的出版付出了很多辛勞，在此亦向他們表示誠摯的感謝。

由於本人學術根底不厚，且水平有限，書中可能存在不少疏失之處，懇請諸位專家學者批評指正。

熊加全

2025 年 2 月

圖書在版編目(CIP)數據

明清大型字書疑難字考釋與研究/熊加全著. --長沙:岳麓書社,2025. 8.
ISBN 978-7-5538-2385-0

Ⅰ. H162

中國國家版本館 CIP 數據核字第 2025CM7616 號

MING-QING DAXING ZISHU YINAN ZI KAOSHI YU YANJIU

明清大型字書疑難字考釋與研究

著　　者:熊加全
出 版 人:崔　燦
責任編輯:李業鵬　孫世傑　潘素雅　許　静　胡寶亮
責任校對:舒　舍
封面設計:羅志義

岳麓書社出版發行
地址:湖南省長沙市愛民路 47 號
直銷電話:0731-88804152　0731-88885616
郵編:410006

版次:2025 年 8 月第 1 版
印次:2025 年 8 月第 1 次印刷
開本:710mm×1000mm　1/16
印張:88. 25
字數:1310 千字
書號:ISBN 978-7-5538-2385-0
定價:498. 00 元(全二册)

承印:長沙超峰印刷有限公司

如有印裝質量問題,請與本社印務部聯繫
電話:0731-88884129